湖南船山学社 编辑

船山学报

（一）

湖湘文库编辑出版委员会
湖南师范大学出版社

湖湘文库
甲编

出版说明

湖湘文化源远流长，博大精深，是中华文化中独具地域特色的重要一脉。特别是近代以来，一批又一批三湘英杰，以其文韬武略，叱咤风云，谱写了辉煌灿烂的历史篇章，使湖湘文化更为绚丽多彩，影响深远。为弘扬湖湘文化、砥砺湖湘后人，中共湖南省委、湖南省人民政府决定编纂出版《湖湘文库》大型丛书。

《湖湘文库》编辑出版以『整理、传承、研究、创新』为基本方针，分甲、乙两编，其内容涵盖古今，编纂工作繁难复杂，兹将有关事宜略述如次：

一、甲编为湖湘文献，系前人著述。主要为湘籍人士著作和湖南地区的出土文献，同时酌收历代寓湘人物在湘作品，以及晚清至民国时期的部分报刊。

二、乙编为湖湘研究，系今人撰编。包括研究、介绍湖湘人物、历史、风物的学术著作和资料汇编等。

三、乙编中的通史、专题史，下限断至一九四九年。

四、甲编文献以点校后排印或据原本影印两种方式出版。

五、除少数图书以外，一律采用简体汉字横排。

六、每种图书均由今人撰写前言一篇。甲编图书前言，主要简述原作者生平、该书主要内容、学术文化价值及版本源流、所用底本、参校本等。乙编图书前言，则重在阐释该研究课题的研究视角和主要学术观点等。

七、对文献的整理，只据底本与参校本、参校资料等进行校勘标点，对底本文字的讹、夺、衍、倒作正、补、删、乙，有需要说明的问题，则作出校记，一般不作注释。

八、甲编民国文献中的用语、数字、标点等，除特殊情况外，一般不作改动。乙编图书中的标点、数字用法、参考文献著录规则等均按现行出版有关规定使用和处理。

《湖湘文库》卷帙浩繁，难免出现缺失疏漏，热望社会各界批评指正。

《湖湘文库》编辑出版委员会

前言

刘苏华

清朝康熙年间，湖广学政潘宗洛为王船山作传。后来清政府在编修《四库全书提要》时收录了王船山的著作三十余种。阮元任职史馆时（约一八〇四年）修《国史儒林传》将王船山列为清史儒林中的一员，名声始闻天下。清朝末年，湖南人认为船山『仁』与『礼』能『纲维万世』，大肆宣传船山，出版船山著作。在曾国藩、郭嵩焘等人的呼吁与努力下，王船山跻身于清初五大名人学者行列，后来更跻身三大儒，入祀孔庙。民国时期，船山思想更是被赋予了强烈的爱国主义与民族主义精神色彩，成为反对专制主义的武器，影响进一步扩大。实际上，无论是曾国藩兄弟还是其他湘人，他们都从湖南人自身角度出发，从政治、文化上提升湖南人的品位。王船山由衡阳并最终走向全国，其影响逐步发展扩大是湖南有识之士深层次的恋乡文化情绪发展的结果①，与省内研究机构与研究刊物的发展息息相关。

一八六六年，湘人在长沙小吴门正街曾国藩祠侧建船山祠，并在郭嵩焘等人的倡议下在船山祠内创办思贤讲舍，研究讲

① 肖奇：《船山研究的历史回顾》，《船山学刊》二〇〇〇年第三期。

述船山学说。一九一四年六月十四日，在思贤讲舍旧址创办了船山学社，首议者原湖南都督府民政司长刘人熙被公推为第一任总理（社长）。为了使船山学术思想发扬光大，在刘人熙、曹佐熙、徐明谔、彭政枢、廖名缙等人的倡议下，一九一五年八月二十日创办了《船山学报》。

《船山学报》是湖南船山学社出版的群众性学术研究刊物。它以发表王船山未刊著作和研究船山学术思想的文章为主，积极宣扬了船山的爱国、爱民族的思想。社长刘人熙在《船山学报叙意》中对《船山学报》名称的由来以及办刊宗旨进行了详细的说明：『《船山学报》何为而作也，忧中华民国而作也。其忧中国奈何？中国者地球之东，帝出乎震，三皇五帝以来，文明最先之古国也。……愤政府之昏暗，悲列强之侵凌，人人有亡国灭种之惧……因以导众人之忧，令国家危而不亡。……其曰《船山学报》奈何？船山者，湘西之一片石耳，其形似船，自衡阳子王子隐居求志于此，船山遂名于世。王子名夫之，字而农，学者称船山先生。』所以，创立《船山学报》其实是为了『忧中华民国而作』，也就是面对西方列强的入侵，忧中国可能之亡，因而『欲免奴隶牛马之厄运』。而『船山之学，通天人，一事理，而独来独往之精神，足以廉顽而立懦，是圣门之狂狷，洙泗之津梁也。』『在湘言湘，愿与湘人士，昌明正学，以新吾湘。……愿广船山于天下，以新天下。』从《船山学报叙意》来看，一方面表达了船山学社会员们不满北洋军阀统治、要求改革现状和主张抵抗帝国主义侵略、使民族得到解放的思想与愿望，另一方面也反映出《船山学报》的创办在当时具有一定的进步意义。①

《船山学报》前期为月刊，从一九一五年八月出版第一期，至一九一六年一月出版第六期，每月出版一期。后期实际上成为了季刊。一九一七年四月出版了第七期，八月出版了第八期。第九期、十期虽然编辑完成，但苦于经费困难，未能刊

① 梁绍辉：《刘人熙与船山学社》，《船山学报》一九八六年第二期。

行。①

《船山学报》共设立了九个栏目，内容十分丰富，涉及古今学术。『征文条例』对刊物的文章内容进行了确定：『本社为研究学术、集思广益起见，按期征文，其目如左：一、船山师友述，二、船山语类叙例，三、论现在教育之缺点及改良之法，四、提倡国货条议，五、续修各省通志议，六、史学丛书叙目，七、绎史拾遗，八、经籍纂诂拾遗。』刊物栏目的具体内容如下：

《图画》一栏，分期刊录船山手稿墨迹和船山故居遗址照片，包括船山先生遗像、船山先生手迹、菊花园、船山书院、观生居、姜斋湾、石鼓书院、石船山图、船山子王子墓庐、船山祠、别峰庵、回雁峰寺图等重要历史文物图像。这些图像对今后恢复重建船山遗址有一定的参考价值。

《师说》栏，分期刊登船山著作，『校补阙文』，并加以阐释引申，『冀与海内通人发挥光大』船山思想。本栏曾连续刊载了王船山的《尚书引义》、《四书授义》两书，并经编辑者加了注释。

《广师》栏，论述『孔子集群圣之大成，门弟子学焉各得其性之所近，千支万派，皆归于海』。本栏先后刊登了《鬻子释义》、《人伦道德讲义》、《文中子补注》等。

《通论》栏，『凡哲学政学合一者，成己之仁，成物之智，合内外之道，故时措之宜，归之通论。』本栏发表了徐明谔的《原师》，刘人熙的《原盗篇》，曾佐熙的《包羲氏周易大义述》、《讨论祀天配孔征集意见案》，曾庆榜的《黄书宣义》等著作。

《讲演》栏是刊登船山学社的讲演文章，第一卷第一至八期共出过三十六篇。计有刘人熙、廖名缙、彭政枢、王瀚声等的讲演稿。

---

① 刘志盛：《〈船山学报〉与〈船山杂志〉》，《船山学报》一九八六年第一期。

《专论》栏，凡涉及『天文地理』、『诸子百家』，能增人见闻，『启人神智』之文，以及针对『国病民瘼』，『为一时一事而发者』，均归之专论。本栏先后刊登刘人熙《琴旨申邱》、《春秋公法内传达旨》，曹佐熙的《原史》，邱之稑的《律音汇考》等湘人专著。

《文苑》栏，主要是刊登湘人纪实、抒情的诗文和纪念船山先生的诗文。计刊登益阳王德基的《玉屏集》、曹苑熙的《毅庵类稿》、浏阳欧阳中鹄的《瓣姜诗》，以及刘人熙、袁钦绪、曹佐熙、刘善泽、彭政枢、傅绍岩等二十九人的《船山先生生日释菜诗》。还刊登陈澧、严复、杜贵墀、刘人蓉、谢光绮、颜楷、梁鼎芬、阎镇珩、谭嗣同等人的部分诗文。

《说苑》栏，凡『朝野轶闻、从残杂说，可以供史料，可以资考订』者，皆归于本栏。计先后刊登王船山的《箨史》、文廷式的《补晋书艺文志》、夏寿华的《琼游笔记》、曹佐熙的《曾文正公语录》、何卓英的《读汉书地理志札记》、彭政枢的《楚南经师记》等著作。

《附编》一栏，分为二类：『曰国语者，纪本国也，曰邻戒者，纪外国也。』国语即国内大事纪要，例如第七期『国语栏』记载了民国四年（一九一五年）五月四日至十月三十一日国内大事。『邻戒』是记叙国际大事，第七期的『邻戒栏』记载了民国四年（一九一五年）六月十七日至十月二十九日的国际大事。①从篇幅上来看，国语与邻戒内容所占比例很重。

《船山学报》一九一七年停刊以后，主办学报的船山学社仍然继续开展活动。一九三〇年，船山学社开始酝酿改组。一九三一年八月，学社正式向湖南省政府提出改组呈请，并得到了湖南省政府和国民党省党部的批准，成立了改组筹备委员会。一九三二年六月，船山学社董事会成立。九月，召开了社员大会，选举赵启霖为社长，陶思曾为副社长，并通过了船山学

① 刘志盛：《〈船山学报〉与〈船山杂志〉》，《船山学报》一九八六年第一期。

社章程。省政府拨出四千八百元作为学社的常年经费。新的船山学社成立后，开始着手复刊《船山学报》。一九三二年十二月，《船山学报》出版了复刊后的第一期，至一九三八年六月停刊止，断断续续一共出版了十五期。后来，由于抗日战争爆发，日军进攻长沙城，在城内轮番轰炸，刊物难以为继。实际上，《船山学报》第十六、十七、十八期已经编辑定稿，但因抗战爆发，经费困难，未付印。① 从出版的时间来看，复刊后的《船山学报》为不定期刊物。

复刊后的《船山学报》内容和栏目基本上承继了先前刊物的设置，但也有稍许的变化。统计这十五期刊物的栏目，包括图画、师说、讲演、转载、通论、专论、专著、文苑、说苑、公牍、札记、从录、本社纪事等。《图画》栏目继续了原刊物收录王船山遗迹的宗旨，先后刊登了船山先师遗像、船山王先生祠碑记和船山题词手稿等。另外，还刊登了部分《船山学报》重要人物的照片，如赵芷荪、陶叔惠、周木崖等人，还有社员合影等。《师说》栏目主要刊登了王船山的某些著作与后人所作的注释，如《张子正蒙注诠言》、《惜余鬒赋》、《相宗络索》、《船山思问录内篇》等。《专著》一栏刊登了《船山师友记》、《管子学商榷》、《墨子通释》等著作。《文苑》栏包括『文录』与『诗录』。『文录』刊登了《补辑船山先生年谱跋后》、《船山师友记序》以及王闿运、赵启霖、颜昌峣、陈嘉会、黄兆枚等人的文章。『诗录』则刊登了刘人熙、石广叔、傅绍岩、陈嘉会等人悼念王船山的诗歌和其他诗歌。《本社纪事》栏为新增设的一个专题栏目，它主要记载了当时船山学社的社务活动、社员发展情况、新社员名单等，保存了大量船山学社史料，对于研究船山学社发展史具有一定的参考价值。《船山学报》还刊登了一部分湖南学人的未刊著作和有关船山学社的文告、函电、公牍、档案等。②

---

① 刘志盛：《湖南船山学社大事记》（下），《船山学刊》一九九一年第一期。
② 刘志盛：《〈船山学报〉与〈船山杂志〉》，《船山学报》一九八六年第一期。

复刊后的《船山学报》虽然声称只注重学术，『绝对不含任何政治意味，不作任何方面之工具，除遵守船山师遗教外，不立何项派别，力排一切门户偏私之见，凡关六艺微言，三湘文献，应有发扬光大者，引为任务。』①但实际上复刊后的《船山学报》除继续刊载一些研究船山的文章外，主要以推动读经活动的开展为主要内容：刊载学社举行的以阐发孔子经义为主的演讲论题，转载何键鼓吹读经的文章，发表季课获奖征文，开辟『恒心堂读书问答』专栏，介绍四书五经的知识。《船山学报》实际上已经偏离了原来的传统，成了鼓吹和推动湖南读经的一个重要舆论阵地。这一转变与一九三三年论争后，船山学社已经由倡明国学转变成为倡明孔道有着直接的关系。②

复刊后的《船山学报》在前两年办得十分红火，稿件很多，内容丰富，发行量大，全国各地索要学报的个人和单位多，每年差不多可出版三至四期，但在一九三五年下半年以后，刊物的出版发行遇到了极大困难。出版期数减少，稿件内容缺乏，只得转载别人已经发表过的言论。这与当时学社以读经为主的国学研究难以为继密切相关。它也成为刊物停刊的主要原因之一。③总的来说，复刊后的《船山学报》在研究船山学方面，虽然稍逊于以前的《船山学报》，但从保存湖南地方文献资料的角度来衡量，还是很有用处的。④

《船山学报》以弘扬王船山爱国主义思想和爱民族的精神为宗旨，以砥砺国人承担社会重任、振兴中华民族为目标，对于传播船山思想与船山文化起到了重要的作用，成为二十世纪初年学术思想界一支异军突起的劲旅，极大地推动了当时的

---

① 湖南图书馆藏：《湖南船山学社二十三年以前社务概况》（善本）。
② 罗玉明：《船山学社与三十年代湖南读经运动》，《船山学刊》二〇〇三年第二期。
③ 罗玉明：《船山学社与三十年代湖南读经运动》，《船山学刊》二〇〇三年第二期。
④ 刘志盛：《〈船山学报〉与〈船山杂志〉》，《船山学报》一九八六年第一期。

社会思想解放运动。与此同时，《船山学报》也一直是湖湘学人的战斗阵地与精神家园，汇集了大批学贯中西的学者和仁人志士，包括中国近现代著名学者王闿运、文廷式、赵启霖、陈三立、欧阳中鹄、周逸、杨昌济等都曾为该刊撰稿。中国近现代一批学人正是通过《船山学报》得以成长起来。

此次《湖湘文库》收录的《船山学报》包括了一九一五年至一九一七年出版的八期，以及一九三二年至一九三八年出版的十五期原刊，为影印出版。此次影印，依据湖南省图书馆收藏的《船山学报》缩微胶卷，参照其他散件，将全部二十三期刊物按照刊物原貌予以出版。同时，将前八期编为第一卷，复刊出版的十五期编为第二卷，以示区别。对于部分散佚的刊物内容，也尽可能地予以补全。未能查找到的，也在适当位置进行了说明。由于原刊物印刷质量问题而导致糊版的页面，虽然无法辨认，但为了还原刊物的整体面貌，没有进行删减。而对于缩微胶卷中部分重复的期刊内容，则予以了删除。刊物页面中存在的部分藏书章，为谨慎起见，也没有进行过多的修饰处理。正文中的错误之处，也基本上保留了原样，没有对其进行更改，留待读者使用时自己辨析。同时，为了真实地还原刊物的原状，在必要时适当插入了空白页码，以保证原刊物奇偶数页码的真实位置。

此次影印出版时，增加了介绍刊物的前言以及目录。目录基本上按照刊物原编目录并参照正文的标题编排，适当增加了目录收录的范围。同时，对于原目录中所标示的一些栏目名称和篇目名称，虽然刊物正文中没有与此对应的篇章页，或者正文内的表述与原目录有一定出入，但是为了整个期刊分栏情况的清晰和目录表述内容的简洁，以及读者查找利用的便利，在新编目录中予以了保留。如目录标示的二级标题《图画》，正文中没有对应的栏目名称。但从结构上来看，它却是与《师说》、《广师》等栏目名称并列的，如若去掉，它下属的各图画名称则必须改为与栏目并列的二级标题，反而造成了内容结构的混乱。再如目录标示的二级标题《发例》，正文页为《船山学报发例》，保留《发例》的表述，使得全书的各栏目名称更为统一。篇名如《四书授义》，正文页为《船山子王子授义》，保留前一标示方法，与其他篇名《尚书引义》等相并列，显得更为简洁。而在第一卷第二期的《师说》栏目《四书授义》篇、《尚书引义》篇中，正文页根本就没有出现篇名，只出现了『接第一期』字样，但在目录中也标示了《四书授义》篇、《尚书引义》篇。所有出现的类似情况，因其表达上不会影响阅读，故均按此方法处理。

当然，新编目录中在处理原刊物目录与正文不一致的问题时，除了上述为了表述的清晰、简洁而保留原目录的标示内容外，明显的错误，新编目录还是进行了适当的说明与修正。对于不涉及对错的目录，当出现与正文不一致的情况时，基本原则还是以正文的表述为准。如第一卷第一期目录中出现的《记芭蕉》、《记李习昇事》两篇文章，实际刊载在第一卷第二期上。（《记李习昇事》在第一卷第二期上由于某种原因没有以全名的形式出现，实际标为《记李习□事》）第一卷第一期的新编目录以加注的形式进行了说明。第一卷第一期目录中的《序意》，正文的表述为《船山学报叙意》，新编目录从正文将其改为了《叙意》。第一卷第一期目录中的《补晋书艺文志》，正文中在此篇文章之前还有一个序，新编目录增加了《补晋书艺文志序》。再如第一卷第二期原目录中的《谢陈兰甫先生惠近箸五种及赠诗书》，『陈兰甫』在正文为『陈兰浦』，但实际应为『陈兰甫』①，『箸』通『著』②，按照现代汉语的规范表述也应为『著』，故新编目录改为《谢陈兰甫先生惠近著五种及赠诗书》。第一卷第二期原目录中的《与王壬秋孝廉论史书》，正文实际题为《与王壬秋孝廉论修史书》，新编目录从正文予以了修改。

① 『陈澧，［清］番禺人，字兰甫，道光举人。』臧励龢等编：《中国人名大辞典》，商务印书馆一九二一年第一版，一九九八年影印第一版，第一一〇一页。

② 《古代汉语词典》，商务印书馆一九九八版，第二〇五三页。

总目录

① 原正文未见与《图画》栏目对应的篇章页，但为了目录的清晰与简洁，在不影响阅读的情况下，新编目录延续了原目录的标示方法。类似情况均按此方法处理。

① 此篇文章正文未见，原期刊后编入第一卷第二期。
② 此篇文章正文未见，原期刊后编入第一卷第二期。

第一卷第二期

① 原刊物目录为陈兰甫，正文为陈兰浦。经查证，应为陈兰甫。『陈澧，[清]番禺人，字兰甫，道光举人。』（藏励龢等编：《中国人名大辞典》，商务印书馆一九九八年影印第一版，第一二〇一页。）——编者注

① 原件短缺。

① 此篇见于目录标示，原正文不见此文。

第一卷第四期…………五一九

第一卷第六期

①原件短缺。

第一卷第七期

① 原件短缺。

① 原目录如此。

第二卷第一期

文苑

文录

诗录

文苑……一八〇五

第二卷第三期

① 原目录如此。正文未见此诗。

通讯

诗录……二三七五

专论

专著

文苑

文录

诗录

第二卷第六期

二七一七

第二卷第七期

① 原目录与原正文的表述有出入，原目录表达更为准确，从目录。

① 原正文未见此图。

第二卷第九期……三一七五

诗录

第二卷第十二期

① 正文位置未见此篇。实际上，原电文作为『补遗』置于本期页末，参见四二五三页。

第二卷第十三期……四二五七

文苑

诗录……四六八九

① 原件短缺。
② 原件短缺。

分册目录

① 原正文未见与《图画》栏目对应的篇章页，但为了目录的清晰与简洁，在不影响阅读的情况下，新编目录延续了原目录的标示方法。类似情况均按此方法处理。

① 此篇文章正文未见，原期刊后编入第一卷第二期。
② 此篇文章正文未见，原期刊后编入第一卷第二期。

① 原刊物目录为陈兰甫，正文为陈兰浦。经查证，应为陈兰甫。『陈澧，[清]番禺人，字兰甫，道光举人。』（臧励龢等编：《中国人名大辞典》，商务印书馆一九九八年影印第一版，第一一〇一页。）——编者注

第一卷第三期……三五三

① 原件短缺。

① 此篇见于目录标示，原正文不见此文。

民國四年八月二十日出版

船山學報

第一期

湖南船山學社印行

船山學社徵文條例

一本社爲研究學術集思廣益起見按期徵文其目如左

一船山師友述

二船山語類敘例

三論現在教育之缺點及改良之法

四提倡國貨條議

五續修各省通志議

六史學叢書敘目

七繹史拾遺

八經籍纂詁拾遺

二海內通疋有以右開各題文藁見惠者除擇尤登入學報外並贈以學報一分及四元以上十元以下之酬勞金

三酬勞金及贈報於惠藁登報後送達之但惠藁者須開明住所

四本社編輯事忙惠藁無論已登未登概不送還以省手續惟數期之後必將篇目及譔人姓名列單報告一次以答海內通疋殷勤見惠之心

船山學社文徵例

船山學報第一期目錄

目錄

說苑

附編

目錄

船山先生遺像

船山先生遺像

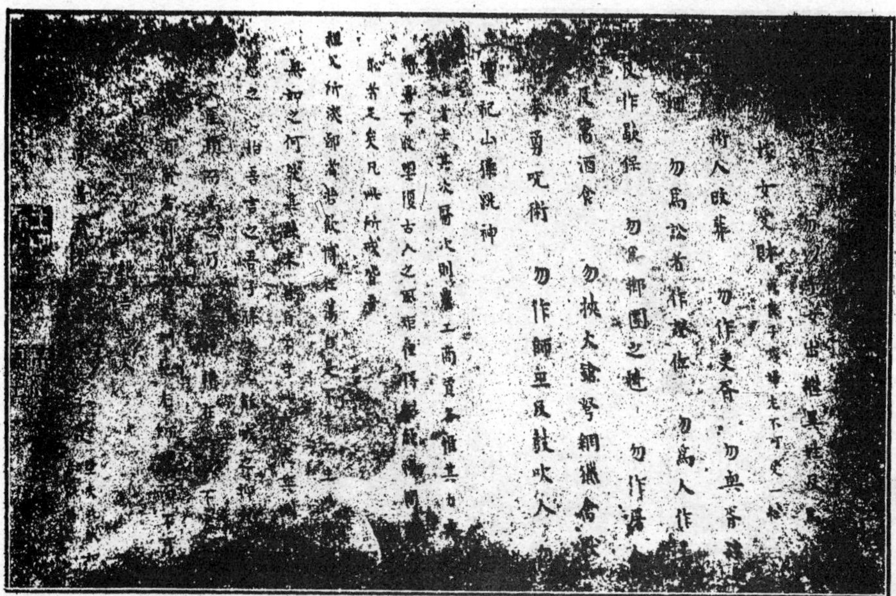

船山先生手蹟（其一）

船山先生手蹟（其二）

船山先生手蹟（其一）

船山學社開講攝影

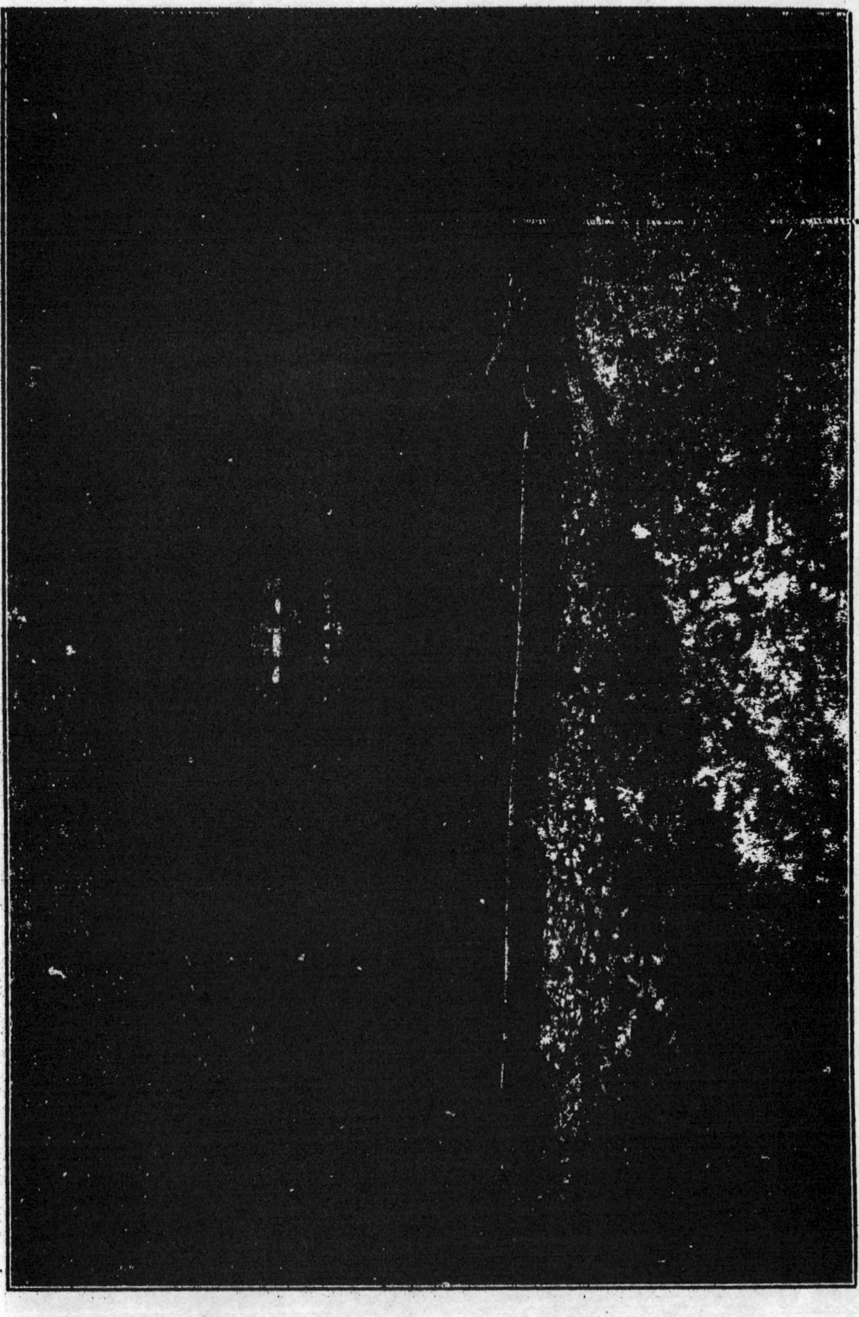

船山先生墓圖

船山先生墓圖

船山學報敍意

瀏陽劉人熙

船山學報何爲而作也憂中華民國而作也其憂中國奈何中國者地球之東帝出乎震三皇五帝以來文明最先之古國也東漸於海西被於流沙朔南暨聲教近則漢滿蒙回藏五族一家又地球之最大國也國大易富易强而統治難則亦易亂文明久則易治易安而人亡政息則文而弱文而巧則亦易危閉關之時一治一亂辟人辟世海濱待清往往數十年一小亂數百年一大亂大亂旣訖與民休息黃老之術亦致小康漢之文景唐之貞觀劉宋之永嘉史官美爲刑措而自智者觀之則知爲架漏度日固未易一二爲俗人言也迨歐西物質文明勢力滿溢敂關請吏帶甲通商因勢利導固自有術而中外隔閡非諂則驕深閉固拒卒歸失敗憒政府之昏闇悲列强之侵陵人人有亡國滅種之懼懼則思思則變變則通革命之義大道之行三代之英選賢與能以公天位治天職其數千年以前播種於鄒魯之學海者乃潛滋暗長軒然而大波起矣天降時雨山川出雲觸石而出膚寸而合不崇朝而遍天下黃帝四千六百九年武昌一呼南北響應此豈一手一足之烈亦豈適逢其會之數十人所敢貪天之功以爲己力哉民國已創建矣繼自今幸而建設日新奠磐石苞桑之固凡我同胞皆食數聖人之舊德與歷代逸民遺耆憂患之所餉遺也故曰殷憂啟聖多難興邦居不幽志不廣思不深志不遠衆人不憂而聖人憂之有聖人之憂而火盡薪傳得多數之志士仁人以分其憂而因以導衆人之憂令國家危而不亡假令泄泄沓沓舍飲食男女之外不知有憂而欲免奴隸牛馬之厄運蓋亦難矣其曰船山學報奈何船山者湘西之

一片石耳。其形似船。自衡陽子王子隱居求志於此。船山遂名於世。王子名夫之。字而農。學者稱船山先生。明思宗殉國後。子以鄉舉從王嶺外。仕行人司行人。知不可爲。歸隱故山。榛徑荒邱。契知禮成性之學。聲沈響寂。而雷雨之動滿盈。砣砣窮年。上繼孔孟。下啟後賢。自濂溪以來。未能或之先也。當是時。中國不絕如綫。忠臣烈士殉義而死者踵相接。前明遺老。如李顒黃宗羲顧炎武諸君子。皆被清廷徵聘。困於赤紱。僅而獲免。船山遯世潛龍。以不見成德。遺書萬卷。世無聞也。乾隆時。呂留良文字之獄。波及船山。以兵圍搜。幸取去稗蔬數種中無忌諱之辭。入之四庫。餘匿而免。其裔孫終懼賈禍。議悉焚之。中有達者。聞而趨捄。則火已炎上矣。以水熄之。先世遺編多燼。而船山書無恙。遂請藏之其家。曰。倘有禍。不相及也。亦可見天之不喪斯文矣。昔者文王演易。囚於羑里。周公繫爻。困於流言。孔子贊之曰。作易者其有憂患乎。又曰。易之興也。其於中古乎。其當殷之末世。周之盛德耶。當文王與紂之世耶。孔子之作春秋也。傳者曰。憂天下與後世至矣。船山處明夷之時。更難於殷周。而憂天下後世之心。則與先聖若合符節。孔子之神化不可及矣。篤實而有光輝。庶幾大人與。然則非一國之士。蓋天下之士也。民國革命。爲先河。民國建設。爲宗匠。邇日權利之爭。幾危社稷。痛定思痛。皆以人才衰息。民德墮落爲病源。於是海內喁喁。祀孔配天。登之議。案夫尊孔。誠是也。尊其名而不尊其實。尊以口而不尊以身。猶弗尊也。清承漢族之命。祀何嘗不尊孔也。而出治無本。與秦漢以下同弊。其隱微幽獨之地。惟恐權勢之不獨尊。惟恐廉恥之不盡喪。以忌諱文字。錮士類。以儒術浮藻飾太平。其士大夫沈酣利祿。以狀元宰相爲無上之尊榮。其號爲傑出者。以考据詞章爲不朽之盛業。至於流俗失世。敗壞稱人忠厚則無用之代名辭。稱人道學則輕薄之代名辭也。

則一時朝野之風尙可知方寸之中舍富貴利達殆無淸虛容物之地人莫哀於心死數百年之神功聖德殆無一非死其心者也船山蒙難正志善藏其用君子之道闇然而日章道光之季其裔孫世全始刋其遺書經部於湘潭未幾燬於兵燹同治之初旣平洪楊之難湘鄉曾氏兄弟爵爲通侯刋行遺書於金陵世家大族乃有其書然未通於社會也光緒之季廢時文改經義策論坊間始刋行各種史論及通縣王芝祥所刋之四書訓義而應試之士子皆知有船山矣船山之學通天人一事理而獨來獨往之精神足以廉頑而立懦是聖門之狂狷洙泗之津梁也獨立之國不可無獨立之敎育獨立之敎育不可無獨立之學術獨立之學術不可無獨立之精神不佞湘產也在湘言湘願與湘人士昌明正學以新吾湘又民國之一分子也願廣船山於天下以新天下學報之作竊比桃李之報投僑札之縞紵誠不知其德薄年衰力小任重以爲世之君子倘亦有不鄙棄於斯賡續於斯者也

船山學報發例

瀏陽劉人熙

師說　分期刋行遺書校補闕文並箋記引申冀與海內通人發揮光大之

講演　同社分任哲學政學互相師友於來復休沐日會講擇尤登錄冀與海內通人接洽賞奇析疑收麗澤之滋乳得輔仁之鍼砭

廣師　孔子集羣聖之大成門弟子學焉各得其性之所近千支萬派皆歸於海東賢西哲其映心合魄之處不以時地限也邇日嚴瘉野譯西儒衞西琴中國敎育議語長心重多引我大學中庸之言凡有血氣者莫不尊親已露地球大同之朕兆而我出震向離之大國幸生聖人之後導文明之先兼綜條

貫金聲而玉振之。凡所服膺。皆本心得。無門戶之見。亦無中外之殊。師說云。異端之學。君子亦學之以辨異端。況先知先覺。瞀乎講其非以存其是。但求日月常見而光景常新。不爲已陳之芻狗。寰海同志。或以儒先學者之論著。（以有關學術政術世所希傳爲標準）或譯述東西哲家之學說。或自抒心得成一家言。或對於本社質疑問難。惠而好我。所望起予。緬詩人他山之懷。揆亭林廣師之旨。同人不勝歡迎。並圖瓊報。

通論　哲學政學合一者。成己之仁。成物之智。合內外之道。故時措之宜。歸之通論。

專論　天文地理。諸子百家。博學多聞。啟人神智。以及國病民瘼。爲一時一事而發者。歸之專論。

文苑　言之不文。行而不遠。至聖贊易。標目文言。文辭之於言。尤其精焉者也。文自典墳以來。詩自賡歌而後。藻繢乾坤。沐浴日月。高矣美矣。照耀全球。下至晚近。逸士騷人。牧童游女。雖燕越殊風。雅鄭不一。而攬厥芳馨。搴其榛莽。亦足以駘宕心靈。潔蠲頑鄙。移風易俗。意在斯乎。

說苑　朝野軼聞。叢殘雜說。可以供史料。可以資考訂。固史官之支流。餘裔亦學海之零璣碎錦也。既有獨坐之娛。復資抵掌之助。世有述者。所不廢焉。

附編　孔氏遺書。藏之屋壁。宋人學約。不言朝廷利害。邊報差除。前清臥碑。禁止秀才上書言事。此孤秦陋宋專制流毒之寫生。諸君子危行言孫。以避禍害。則其國可知已。中華民國所當引爲殷鑒者也。士有諍友。不失令名。況國之元宰。號曰公僕。明目達聰。而可自壅蔽乎。莠言亂政。禁令不得不嚴。矇誦師箴。取善不能不廣。閭巷迂生。不達時變。使之從政。歧路亡羊。匪獨瞀儒之羞。抑亦國家之恥。老子云。不出戶知天下。孔子適周。周流列國。然後雅頌得所。狂簡知裁。故時政不敢妄議。而國勢要不可不知。附以時事要聞。使之同憂中國。上下一心。朝野同力。患貧患弱。未之前聞。范文正作秀才時。便以天下爲己任。至天下興亡匹夫有責之論出。則不如范文正之立志。皆不免自棄天職。衰周之際猶有不恤緯而憂宗周將隕之嫠。炎漢之興。且有士不談王道而樵夫笑之之諺。堂堂民國之國民。豈衰周炎漢之可擬乎。人能弘道。非道弘人。凡我同胞。息壤在彼。凡分二類。曰國語者。紀本國也。曰鄰戒者。紀外國也。

船山學報發例

師說

尚書引義卷一

船山學報師說之一

衡陽王夫之譔

後學劉人熙箋

學者徵信六藝而尚書獨載堯以來蓋五十國之寶書爲孔子所刪者多矣中國信史此其權輿孔門之雅言合成己之仁成物之智而爲一故師說首尚書云

堯典一

聖人之知智足以周物而非不慮也聖人之能才足以從矩而非不學也是故帝堯之德至矣而非欽則亡以明也非明則亡以文思安安而允恭克讓也嗚呼此則學之大原而爲君子儒者所以致其道矣

不慮而知不學而能乃天賦之自然慮之學之乃聖功也夫子發憤忘食樂以忘憂明有聖功在故曰我非生而知之者好古敏以求之者也今以不逮之姿而求逸獲此道之所以不行不明也

何以明其然邪天下之爲文思恭讓而不明者有之矣天下之求明而不欽者有之矣不欽者非其明不明者非其文思恭讓也文有所以文思有所以思恭有所以恭讓有所以讓固有於中而爲物之所待增之而無容損之而不成舉之而能堪廢之而必悔凡此者明於其所以則安之而允安矣不明其所以將以非物之必待將以爲非己之必勝將以爲惟己之所勝而蔑不安將以爲絕物之待而奚不可不明者之害有四而其歸一也

青年學子惟不知此故客氣噴湧卒亂世而亡其身道豈遠人乎哉

以爲非物之必待者。曰物自治也。卽其不治者猶治也。以文治之而物琢。以思治之而物滑。以恭治之而物擾。以讓治之而物疑。夫物固自治而且治之。是亂物也。則莫若絕聖而棄智。此無他。不明於物之必待也。物之必待者。物之安也。何以知物之安也。且夫物之自治者。固不治也。苟簡以免一日之禍亂。而禍亂之所自生。在是也。

漢唐以來。從政者架漏度日。爲學者干祿媚時。如滿清之危亡。民國初基之搖動。皆是物也。

若夫不治者之猶治也。是其言也爲欺而已矣。明於其必待。而後聖人固曰。物自有之。待我之先而已矣。乃若琢者則惟其無文。滑者則惟其不思。擾者則惟其未恭。疑者則惟其弗讓。信能之。未有罹此四患者也。以爲非己之必勝者。曰道不可盡。聖人非盡。時不可一。聖人弗一。

令之從政者。一遇禍亂。則以必有之階級自寬。何其放棄人權。而自甘濩落耶。

是故堯有不令之子。舜有不諧之弟。夏有不輯之觀扈。周有不若之商奄。堯有不令之子。胡亥之淫。非始皇之失敎也。舜有不諧之弟。大叔之叛。非鄭莊之養惡也。夏有不輯之觀扈。藩鎭之逆。非盧杞之姦也。周有不若之商奄。七國之反。非鼂錯之激也。然則天下者。時勢而已矣。乘其時。順其勢。或右武以絀文。或立斷以廢思。雄才可任。而不必於恭。盛氣能爭。而何容多讓。是故操之以刑。畫之以名。敺之以法。馭之以術中主具臣守之而可制天下。此無他。不明於己之所必勝也。夫惟不得於天。而後己可用也。惟見詘於時。而後道可伸也。堯有不令之子而不爭。舜有不諧之弟而不弑。夏有不輯之觀扈而不敗。周有不若之商奄而不危。是故質立而文必生。物感而思必起。退而自念。則自作其恭。進而交物。則不容不讓。內取之身。

外取之物。因其自然之成。能以坐消篡弑危亡之禍。明乎此。則何爲其不勝以爲惟己之所勝而無不安者。曰文日生也。思日益也。恭有權也。讓有機也。聖人之所爲。天無與授。地無與制。前古無與詔。天下無與謀。可以爲而爲之。聖人已爲矣。可以爲而爲之。我亦爲也。其未爲者。彼之未爲。而非不可爲也。非不可爲。而我可以爲矣。於是窮亡實之文。而文淫。馳不度之思而思荒。貌以恭而恭以欺。飾以讓而讓以賊。故蔡京以豐亨豫大爲文。曹叡以辨察苛細爲思。漢成以穆皇文致其慆淫。燕噲以禪授陸沈其宗社。此無他不明於惟己勝者之非可安也。天無與授而授之以宜其民。地無與制而制之以當其物。前古無與詔而考之也必其不謬。天下無與謀而徵之者必其咸服。明於其故。如寒裘如暑葛也。臧惟二耳而白馬固馬也。

臧三耳者。謂二耳而有使聽者存。白馬非馬。公孫龍之辨。亦有名而無實也。苟立一說而欲以動天下。則平等自由之附會。雖弑逆烝報。亦可誣爲人道之當然。

以爲絕物之待而無不可者。曰物非待我也。我見爲待而物遂待也。執我以爲物之待而我礙。執物以爲待我而物亦礙。徇物之華。文以生妄。逐物之變。思以益迷。欲以示威於物。恭以增憍。欲以干譽於物。讓以導欲。欲四者之病不生。則莫若絕待。內絕待乎己。外絕待乎物。絕己絕物而色相以捐。寂光之照。無有不文也。參證之悟。無所容思也。行住坐臥。如如不動。亦恭也。貲財妻子。喜舍不吝。亦讓也。乃以廢人倫壞物理。握頑虛。蹈死趣。而曰吾以安於所安也。此無他。不明於物之不可絕也。且夫物之不可絕也。以己有物。物之不容絕也。以物有己。己有物而絕物。則內戕於己。物有己而絕己。則外賊乎物。物我交受其戕賊。而害乃極於天下。況乎欲絕物者。固不能充其絕也。一眠一食。而皆與物俱。一動一言。而必依物起。不能充其絕而欲絕之。物且前却而困己。己且齟齬而自困。則是害繇己作。而旋報於己也。故聖人因其所待而必授之。樸者授之以文。率者授之以思。玩者授之以恭。亢者授之以讓。泰然各得其安。而無所困。則已眞有其可。而非其無不可。固知無不可者之必不可矣。繇此言之。聖人之所以文思恭讓而安安者。惟其明也。明則知有。知有則不亂。不亂則日生。日生則應無窮。故曰日新之謂盛德。富有之謂大業。此之謂也

孔子贊易。言幽明而不言有無。言有無者。諸子之陋也。是以橫渠之學。獨得其宗。

盛德立。大業起。被四表。格上下。豈非是哉。雖然。繇文思恭讓而言之。明者其所自生也。若夫明而或非其明。非其明而不足以生。尤不可不辨也。明誠相資者也。而或至於相離。非誠之離明。而明之離誠也。誠者心之獨用也。明者心依耳目之靈而生者也。夫抑奚必廢聞見而孤恃其心乎。而要必慎於所從。立心以爲體。而耳目從心。則聞見之知。皆誠理之著矣。心不爲之君。而下從乎耳目。則天下苟有其象。古今苟有其言。理不相當。道不自信。而亦捷給以知之。故人之欲誠者。不能卽誠。而欲明者。則輒報之以明也

如宗教家。隨立一義。而使人信從。其不誠甚矣。

報以其實。而實明生。報之以浮。而浮明生。浮以求明。而報以實者。未之有也。浮明者。道之大賊也。其麗於文則亦集形聲以炫其榮華也。其麗於思則亦窮纖曲以測夫幽隱也。以言乎恭。則亦辨貞淫於末節以致戒也。以言乎讓。則亦揣物情之逆順。以弗侮也。恍惚之間。若有見焉。窅寂之中。若有聞焉。介然之幾。若有覺焉。高而亢之。登於九天。下而沉之。入於九淵。言之而不窮。引之而愈出

譚生之仁學。好知而蕩。惜乎未見其止也。

乃以冪岸於世曰予旣已知之矣而於道之誠然者相似以相離相離以相毁揚雄關朗王弼何晏韓愈蘇軾之徒。日猖狂於天下。而張子韶陸子靜王伯安竊浮屠之邪見以亂聖學爲其徒者。弗妨以其耽酒嗜色漁利剌寵之身。蕩閑蔑恥而自矜妙悟焉。嗚呼。求明之害。尤烈於不明。亦至此哉。夫聖人之明則以欽爲之本也。欽之所存而明生。誠則明也。明之所照而必欽。明則誠也。誠者實也。實有天命而不敢不畏。實有民彝而不敢不祗。無惡者實有其善。不敢不存也。至善者不見有惡。不敢不愼也。收視聽。正肰體。謹言語。愼動作。整齊。寅畏。而皆有天則存焉。則理隨事著。而明無以加。文思恭讓。無有不安也。而尹和靖曰。其心收斂不容一物。非我所敢知矣。

何等平實。何等精微。船山繼往開來。厥功偉矣。

欽之爲言。非徒敬之謂也。實有所奉至重而不敢褻越之謂也。今曰不容。不容者何物乎。天之風霆雨露亦物也。地之山陵原隰亦物也。則其爲陰陽爲柔剛者皆物也。物之飛潛動植亦物也。民之厚生利用亦物也。則其爲得失爲善惡者皆物也。凡民之父子兄弟亦物也。往聖之嘉言懿行亦物也。則其爲仁義禮樂者皆物也。若是者。帝堯方日乾夕惕以祗承之。念茲在茲而不釋於心。然後所欽者條理無違而大明終始。道以顯。德行以神。會是之不容。則豈非浮屠之實相眞如。一切皆空。而威侮五行。怠棄三正。亦其所不恤矣。無已。其以聲色臭味增長人欲者爲物乎。而又豈可屛絕而一無所容乎。食色者。禮之所麗也。利者。民之依也。辨之於毫釐而使當。其則者。德之凝也。治之實也。自天生之而皆誠。自人成之而不敢不明。

故以知帝堯以上聖之聰明而日取百物之情理如奉嚴師如事天祖以文其文思其思恭其恭讓其讓成盛德建大業焉心無非物也物無非心也故其聖也如天之無不覆幬而俊德九族四門百姓黎民草木鳥獸咸受化焉聖人之學聖人之慮歸於一欽而欽之爲實備萬物於一己而已矣其可誣哉其可誣哉

孔門之學以復禮爲至而言爲國亦以禮讓爲極卽形色而明天性斯所以師表萬世也孔子祖述堯舜孟子私淑孔子者也道性善言必稱堯舜非船山孰發堯舜之蘊乎

堯典二

昔夫子之贊堯舜至矣而其舍子以授賢未之及焉審乎此而唐虞之際有定論矣人之親其子也而靳與之位以授異姓三代以降未有能焉者而不以爲盛德之極致然則夫子其以爲非常而不可訓與曰非也古者無君存而立世子之禮其立嗣也肇於夏而定於周也古之有天下者皆使親而賢者立乎輔相之位儲以爲待其耄且沒矣而因授之人心定而天位以安黃帝以前不可考也繼黃帝而興者率循其道然則以相而紹位其軒轅之制乎

此論發前賢所未發知此則所以建設中華民國者固自有道共和國尙道德非至德不足以行至道使開國烈士而知此則不僅爲烈士又何至爲叛黨乎

故少昊軒轅之孫也降江水就侯服入而代黃帝顓頊少昊之弟也佐少昊十年而代少昊高辛顓頊之從子也佐顓頊二十五年而代顓頊堯帝摯之弟也佐摯五年而代摯蓋古之命相猶後世之建嗣堯不

船山子王子授義叙一

船山學報師說之一

船山子王子授義衡陽王君鑑衡之所藏而廖君琳錦之所搜求者也王君之先人蓋親炙船山授四子書得其口講指畫而筆之書如論語記先聖之言尊之曰子王子蓋倣公穀傳春秋尊其師說以明傳授之有自也人熙讀之與船山平生宗旨映心合魄非高足弟子升堂而入室者曷克臻此殆聖門之顏曾游夏乎當明社既屋中原板蕩仁人志士賫志於荒山榭徑之中故老遺民生從滿清沒則斂以漢服以爲徵此無以見先人於地下船山倣體詩云局爭成敗天難主情到華夷感亦同悲哉其言之也而乾坤正氣賴此長存讀先生石船山記遯世無悶藐焉寡儔銜恤沒齒視嚴之瀨司空之谷若有餘慕焉而不可得者而故人子弟尙有求志問業孜孜矻矻追隨於地棘天荆之外豈非天理民彝之在人心而斯文不喪者乎昔孟子慨然念天下之生一治一亂以孔子作春秋比之禹抑洪水周公驅猛獸而韓愈氏亦以孟子息邪說放淫辭爲功不在禹下迄今思之則禹一治也桀亂而湯一治紂亂而周公一治幽厲亂而孔子一治洙泗之間德星所聚三千七十比之五臣十亂九官十二牧施及於今有餘榮焉孟子之徒稍衰矣然樂正子萬章公孫丑之流皆千古豪傑之士下及河汾關閩濂洛火盡薪傳亦不可謂非一治也至於船山剝極而復譬之嚴冬大雪百草萎落而陽氣動於黃泉春和始芽潛滋暗長則亦漢唐以來之一大治也先生詩云無功之功徵乘龍而御乾嗚呼天下有知無功之功而不自菲薄者則中華民國之興未可涯量也人熙校讎是書付之寫官爲公於世而敘其緣起於此時中華民國三年初伏日劉人

熙序於長沙船山學社之凝粹堂。

船山子王子四書授義叙二

此書不著撰人名氏。船山高足弟子。親炙光儀。得諸口授。其時明社已屋。仁人志士。戢影於荒山榛徑之中。衣冠文物。舉目全非。顧影無儔。人間何世。中國之否塞極矣。船山先生潛龍以不見成德。尙有游夏之徒。於寂寥人境之外。考道問業。醞釀雲雷之經綸。此中國之人心。所以不死。天理民彝之終不可亡。固不待武昌起義。推倒滿淸政府時。而後操左券也。余細繹其書。與先生講學宗旨。映心合魄。蓋非門人之殆庶者不能記。如論語一書。非尋常人所可支借。大學中庸。非曾子子思子不能述也。雖有拱璧以先駟馬。不如獲讀此書。以是知中華賢哲。其姓氏不顯者。殆不可以數計。而豎子成名。震耀於庸耳俗目者何限。看朱成碧。逐影吠聲。中華之所以衰者。意在斯乎。而無數之君子。遯世不見知而不悔。又中華之所以危而不亡者也。本社同人。亟取其書以公諸世。天下之寶。當與天下共之。其時科舉未廢。間引時文。辨正之言。未爲纇也。宋明以來。其有翼道探微之箸述。爲秘笈所藏而未顯於世者。本社極爲歡迎。廣師之義。固無型鄂也。瀏陽蔚廬老人劉人熙時中華民國三年秋再叙。

船山子王子授義

大學

大學一書本以言學。凡所言者皆立教之法。爲學之方。註所云大人者。亦對小子之小學言。卽以大人爲孟子所言之大人。亦是學爲大人之事。時文塡以作君作師建極錫福大話。則是稱贊大人之德。不通莫甚焉。古之欲明明德言欲。則是爲學之志如此。先治其國。是先求治國之理。如孝弟慈是也。時文動云古之大人全是不通。當云古之學者。下明言自天子以至於庶人。則序所謂天子之元子。凡民之俊秀是也。

大學之道全旨

此章分明二段。只依註爲萬不可易。前一段括大學之旨以爲三。見其並至而不可偏廢。而學有其序。以順成。以物有本末一節結之。後一段列序其爲學之方有八。互相因以相成。而八者有其樞要。以自天子以至於庶人二節結之。切忌將知所先後起下而有知所後不通之胡談。後廣釋之。

大學節

大學之道四字。已包有八條目在內。三在字言其大旨在於此也。謂之三綱領者。以網喻。綱以絜網之衆目。（綱上方眼曰目）以衣喻領以攝衣之衆條。（條幅也）綱者目之綱也。領者條之領也。明德身心意知之德也。虛靈知之德。不昧意之德。具衆理心之德。應萬事身之德。明之者格致誠正修以著其全體大用也。時文以昭宣瑩徹等字貼明字。俱是說夢。民天下國家之人也。新者齊之治之平之。使孝弟慈好仁好義。日進於善也。

舊染之汚是古今相沿之習氣流爲風俗雖至治之世亦有之切不可以桀紂汚之湯武新之解習卽是染反其習以向善卽是新止於至善者明德則必使身心意知之無不明新民則必使家國天下之無不新明德非但以修己卽以齊治平而理皆得新明非但務治人必根本明德以化民成俗必至於是是盡心力以求至不遷是持守其大全而不使欠缺此節言大學之所以格致誠正修齊治平畢致其功者以明德必欲明民必使新所止者必於至善也切不可於明新止字上下工夫語

知止節

知止是省文實謂知止於至善也知乃大學之敎使學者知以此爲學非止至善之上別有求知之方法定靜安慮是爲學時功候志有定向是志學時便向至善上下功夫心不妄動是專一寧靜不浮慕而坐馳所處而安是安於所學雖有不合者更無畏難而生危疑之心此句最忌將富貴貧賤患難等語胡混處事精詳事卽明德新民之事處者學其所以處之之理得乃全乎至善之學而以待用皆是學時節次與孟子居之安三句略同此節之意以方學而卽以至善爲止疑於太高故申言必先知所必至然後明新之理無不得不可以近小拘蔽之也

物有本末節

上言三者並重而此以學之序言物有本末結首節新民必明德以新之故必止於至善事有終始結知止節必知止至善而後德無不明民無不新時解有云推開泛論者不通須依註直指明新知得明德所以謂之物者以身心意知亦是待治之物如言有物有則相似事有終始之先後與本末之先後不同先

言終者。終其所始。不以其善成於終者。立規模於前。則後所得者善不至不可迫求小有得而苟成其終也。

古之節

此二節俗解分一節知先。一節知後。乃至不通之說。且道如何是知後。豈如事君後其食將作不要緊丟放後面乎。如不曾修身。且莫修身。而急於正心。身既不修。便陷大惡。又何有於心之不正乎。大學後后二字異用。後者且勿急而姑待異日之意。對前字。則先字作在前解。而后者始得之意。言物格知始得至。餘倣此纔完了致知之功。不對前字。不以時言。則先字亦是從彼處下工夫。為此工夫地之意。況云物格而后知至云云。乃以效之必然者言之。非云物格而後致知。有次序。不可不知所後。且勿致知待物已格而後求致知也。本文欲字。則已有上一截功夫矣。但不得純全。故須下一截工夫以成之。以是思之。知所後之不通明矣。致知格物變文言在者。以若云先格其物。則其字不妥。若云先格物。又不成句矣。時文不言先而言在。云云不通。

齊家以教。而教可通於國。治國以政。而政可通於天下。玩傳則不錯。身以視聽言動言。心以所持之志言。意以偶發之念言。知以知是知非言。俗解於心知兩字。全不分曉。但云心者身之主。此是寬簷大帽語。直當不曾說有以統性情之心言者。則是心之全體。知與意皆在其中。有云心是虛靈之覺體這是知不是心。且此虛靈之心。有何不正。而須正之。則此心字以志言。明矣。正其心。常持其志。使一於善也。知字只說是昭昭靈靈的。則又何以致之。且此昭昭靈靈者。心意之所共有。不僅屬知。聖賢之學。其於知也。止以知是非爲大用。原不要他光明徧焰。如釋氏之般若。致知者。析理之是非。無毫髮之差也。故必格物以因事辨理。而後是非昭著。是非昭著。則意之方動。其爲善爲惡。無不審而知所愼也。此解最明。當詳辨之。 般（讀萬）若（讀也）

物格節

正心誠意。是自心密用。非學所及。故以格物致知爲知止。是可盡力以學事。意誠以下。自得之功。故以爲得止。大抵大學之教。以詩書禮樂爲功。而格物致知。自誠意以至平天下。節節俱要。故註以此爲止至善。

康誥章

曰釋明明德者。省文也。實云釋大學之道在明明德。又以釋明德爲新民之本。故曰自明。自字對天下國家言。此原不釋德之何以明。止見大學必極致其功。以自明其德。而明德自明於天下。其所以明之者。如堯之欽明。是正心誠意。文思是格物致知。允恭克讓。是修身。要皆以之明其明德。而睦九族則家以齊。平章百姓則國以治。於變時雍則天下平。要皆自明之德克盡耳。餘二節（做此推之）舉三帝王者。以其皆明明德於天下。而根本自見。學者必以格致修自明其明德。而後推以及於天下。

此章自字引新民下章。用其極引至善。是朱子所云血脉貫通處。

湯之盤銘節

人之身心。一念放下。不用功於學。則有生以來所見所聞。流俗之習氣。相引而入於利欲。此即是舊染之汚。一事有一事之理。一物有一物之理。格致誠正以盡其理。則終身爲之。日有所進。而其德新矣。言新之

廣師

鬻子釋義

船山學報廣師之一

瀏陽劉人熙箋

聖人師於天地萬物。故曰夫子焉不學。而亦何常師之有。況古之神聖賢人乎。能自得師。則無往而不得益。先鬻子。鬻子者。楚人也。在湘言湘。請從楚始。非以地域限也。

鬻子名熊。楚人。周文王之師。年九十見文王。王曰。老矣。鬻子曰。使臣捕獸逐麋。已老矣。使臣坐策國事。尚少也。文王師之。著書二十二篇。今所傳本篇第錯亂殘闕。唐逢行珪注亦多疏蔓。稍加刪正。錄之於篇。惟其中甚多格言。亦學者所當珍惜也。

撰吏五帝三王傳政乙第五　篇次前後不倫存而不論可也

政曰

政者法教也。此明帝王之政事。以爲法教可稱也。

君子不與人謀之則已矣。

言君子修於內。理於外。端其形。正其景。體眞德之要。守冲妙之機。言出以爲教方。謀事必爲法則。苟於政而不預。豈安爲之哉。所以止也。

若與人謀之。則非道無由也。

君子不與人謀。則已矣。若與人謀。務存大道。而言之不以違道飾非。不以苟合求正。由用也。

故君子之謀。能必用道。

君子終日言之而不離體要。謀於政事而咸由於道。故同於道者。道亦得之。非道之言。君子不用也。

而不能必見受。

衆目視於僞不留視於眞。衆心耀於名。不能察於實。夫庸主必惑於衆。豈能受於道教哉。故君子之道。

不必見納也。

能必忠。

盡心論道。而必竭忠盡道。言不邪譎也。

而不能必入。

盡忠論道。聖君必納。庸主所難。故有道之君。上下親愛。忠讜進用。智術無隱。以石投水。何齟齬哉。而不明之主。君臣疏忌。小人侍側。端正棄遺。諂佞是親。忠信不用。掩目而視。豈不惑歟。必忠言之不入。

能必信。

言君子不苟合。不妄言。正色端辭。澄淸眞實。必存之於信也。

而不能必見信。

信言不美而合於道。庸主惑於衆邪。豈信用君子之言乎。言不以見信也。

君子非人者。不出之於辭而施之於行。

言君子但爲善。將以攻惡。善不自是。惡不非人。施之於行。不顯之於言說。

故非非者行是。

言是非於人是所同也。非於人者人亦非之。君子將非於人。終不以非非人。自行其是。以諭彼之非。

惡惡者行善

善惡在身。是所共也。君子務善以攻惡。不以惡惡於人。所以彰惡於行善道也。

而道論矣。

謀事必忠。出言必信。行善以攻惡。顯是而明非。不苟求所以知。而道德自明也。

大道文王問第八

夫道者覆天地。廓四方。斥八極。高而無際。深不可測。綿六合。橫四維。不可以言象盡。不可以指示說。應無間之迹。終政敎之端。包萬物之形。彰三光之外。爲而不有。行而不見。有道之王。動而同之。妙用無窮。故謂之大。文王因用無窮。故謂之大師。問道可爲永則。因以名篇也。

政曰。昔者文王問於鬻子。

昔者往日也。言雖臨馭億兆。而不獨專。從師問道。以政術之門。

敢問人有大忘乎。

尊師道。故曰敢問。文思存大道。以終政事。心迹在於經遠。所以先問於大忘也。

對曰。有。文王曰。敢問大忘奈何。鬻子曰。知其身之惡而不改也。以賊其身。乃喪其軀。

過則勿憚改。終日不爲惡。惡去於身也。豈但墨面髠髮。是爲刑餘哉。故其蚩尤見誅。四凶就戮。夏癸絕祀。商辛覆宗。賊身害軀。破家失國。其行如此。是爲大忘也。

其行如此是謂之大忘。

家語載魯人有善忘者徙宅而忘其妻。孔子曰更有甚於此者。桀紂乃忘其身。皆警世之危言也。

貴道五帝三王周政乙第五

夫爲政以德。必貴於道。爲化國之福焉。當文王之時。而通稱三王者。據近以及遠明道以同也。周者合也。備也。言五帝三王貴道。其政能合若一也。而無所不備也。

昔之帝王。

昔者在昔貴道德之帝王。稱曰昔者。以遠喻近爲之勸也。民國總統所以異於帝王者以由衆選任期有限不世及耳而行政之道則聖帝明王皆可師也

所以爲明者。以其吏也。

言帝王而有聖明之稱者。皆委賢吏使在顯職。故道化興而萬國寧。明聖不獨運也。

昔之君子。其所以爲功者。以其民也。

人爲邦本。得衆斯昌。建極乘時。必資兆庶。人皆効力。以成其功也。

力生於神。

神者天人合應之謂。湯武革命。應天順人。固不藉白魚入舟。赤烏流屋之祥也。圖讖之妄。興於是而有篝火狐鳴之僞。民國既建。尚有信燒餅歌及黃糵禪師詩者。不亦惑乎。

而功最於吏。

王者發政施令而不自爲。必屬賢能以任使之。是故天下和平。人知所保。此賢吏善最之功也。

船山學報廣師之一

瀏陽劉人熙

人倫道德講義

會辦廣西法政學堂時作

第一章　緒言

學堂以人倫道德冠各科之首如衣服之有冠冕木水之有本源一身善敗吉凶之數國家存亡治亂之機靡不由之所有名教大綱諸君既已飫聞之矣鄙人總角聞道白首無成時時有陶靖節先生之歎適會辦法政學堂斯席有缺諸君子熱心謬推暫行承乏勢難以不敏辭躬行君子自視歉然然甘苦曲折則四十年來亦嘗聞之矣今所欲與諸君講明切究者在用功之方法耳船山有言三教溝分至於言功不言道則一也請舉所知共相切劘可乎

第二章　道與德之辨

大哉聖人之道洋洋乎發育萬物峻極于天優優大哉禮儀三百威儀三千

君子之道四某未能一焉

天命之謂性率德之謂道

由第一說見道之大也聖人乘六龍以御天凡文爲制度禮樂兵刑幽贊神明字甿長世之法以及進退語默飲食男女潛躍生死皆道也皆聖人修之以爲教者也非索之渺渺求之冥冥枯坐澄心之道也

由第二說見盡道之難也道之範圍雖廣子臣弟友則專就人倫言之也故曰舜明於庶物察於人倫又曰聖人人倫之至也規矩方圓之至也孔子集羣聖之大成宜無不能而曰某未能一或以爲自謙以勉

人云爾。但此等處須見得眞切。知孔子並非謙辭。以其見道之大。放彌六合。卷退藏於密。實見量之不易滿也。孝弟庸行也。而孝弟之至。通於神明。光於四海。舜聖人也。子曰舜其大孝也與。武王周公聖人也。子曰武王周公其達孝矣乎。止此庸言庸行。便困心衡慮。終身莫盡

由第三說見道之大原出於天。而修道之君子。皆盡性之君子。此可見德與道之關係。又可見人倫與道德之關繫也。

道與德之辨。爲入手第一方法。賢關由此。聖域由此。通人而自外於人倫。無志於道德。斯亦已矣。旣受人形。卽具人性。況士大夫尤爲凡民之俊秀乎。我知其必無是矣。請繼此而引申之。

志於道。據於德。依於仁。

人倫者人道也。君臣有君臣之道。父子有父子之道。夫婦昆弟朋友。有夫婦昆弟朋友之道。人雖不自愛。可諉曰我不能盡倫。可諉曰我不能爲人乎。詈以非人。吾知強者怒於言。弱者怒於色矣。其怒也是天機之動。德性之見於情也。但此等機關。如石火電光。一縱卽逝。牿亡之餘。雖有偶動之機。終無爲善之路。則以志之不立也。天下事有有志而不成者矣。未有無志而成者也。故人不立志。已自絕於人倫。所謂近於禽獸者也。所謂下愚不移者也。

志於道矣。然後從而行之。今日辨一理。明日辨一理。久則自然通貫。今日行一難事。明日行一難事。久則自然從容。此所謂行道有得於心之謂德也。一言之當。一事之安。執持而弗失。如闢荒地。得尺則尺。得寸則寸。保護愛惜。以爲根據之地。則前途之遠大。未可量也。荀子曰積土成山。風雨興焉。積水成淵。蛟龍生

焉。積善成德。而神明自格。聖心循焉。此皆身體力行造道深至之言。譬之見轉蓬落葉。始爲舟車。而爾日科學發達。火輪航海。火車馳陸。瞬息萬里。不可思議。皆由大輅椎輪刳木而來者也。宗廟之美。百官之富。雖不易窺。苟有志矣。則明明有門可入。濂溪先生之言曰。志伊尹之所志。學顏子之所學。過則聖。及則賢。不及則亦不失於令名。諸君得無意乎。

聖門之學。求仁至矣。陳文子賢大夫也。清矣。令尹子文賢大夫也。忠矣。夫子許其清忠。而不知其仁。仁者。心之全德。此第一問題。非口耳所能盡也。願懸此一問題。與諸君同爲終身之指南車可乎。

第三章 廣義甲

一闠之市。必立之平。百人之羣。必立之長。自元黃剖判。以還文明漸啟。其初人者。獉獉而處。狉狉而遊。由射獵時代。進爲畜牧時代。由酋長時代。進爲封建時代。由封建時代。至於統一時代。由專制統一時代。至於君主立憲。民主立憲時代。然不可無君臣。則一也。卽美法總統。期滿更替。然在職之日。所執行者。君道也。其佐治者。皆臣道也。以事勢觀之。有政府必安於無政府。卽腐敗惡劣之政府。其禍亂亦差愈於無政府。則知君臣之道。固不可一日絕於天壤之間也。

封建世及之代。各君其國。各子其民。天子不過諸侯之長而已。一人元良。萬國以貞。然氣數則有不可必者。所恃以爲萬世之安。則豫立太子一法而已。世子入學。則與士齒。所以養其德義之心。損其驕矜之志。貴冑儕於平等。此可見立法之深遠也。禮家釋其義曰。將君我而與我齒讓。何也。曰有君在。則禮然。然後衆著於君臣之義矣。將君我而與我齒讓。何也。曰有父在。則禮然。然後衆著於父子之恩矣。將君我而與我齒讓何也。曰有兄在則禮然。然後衆著於長幼之等矣。禮失而求之野。英之君主。日之太子。皆從學校卒業者也。以是之故。得象賢。然氣數不齊。以堯舜之聖德。堯之子丹朱。舜之子商均。皆不肖。故孟子曰。君子之澤。五世而斬。小人之澤。五世而斬。蓋亦見世及之決不能規及萬世也。

堯舜當封建極盛時代。（禹會諸侯於塗山執玉帛者萬國故知爲封建極盛時代）逆知事勢所極。以身作則。爲萬世規。堯與舜禪。公天下之心。與日月並明。華盛頓產於數萬里之遙。生於數千年之後。因利乘便。得國而弗有。再任總統。頒布憲法。遂以開環球民主立憲之先聲。其於堯舜公天下之心。固不謀而合者也。堯舜之聖德。放勳重華。豈華盛頓之所及。然不能爲華盛頓之爲者。當封建極盛時代。固不可取萬國之世及而盡變爲禪讓。時爲之也。天子當陽。諸侯守度。萬姓熙熙。懷而慕思。封建有道。固亦無負於人民矣。無如菁華既竭。不能蹇裳而去之。蒙業而安。患氣四溢。往往數十年而小亂。數百年而大亂。一姓之興。而芸生之衆受其禍者。蓋已不可勝書。強凌弱。衆暴寡。塗山之萬國。未及千年而已爲數百國。又未及千年而已爲七國。春秋之譏世卿。而書錄秦誓。蓋逆知七雄之必爲秦。而中國大一統之勢成矣。

秦之滅六國也。上無堯舜之德。下無華盛頓之心。專以苛法鈐制。消兵器。焚詩書。以愚黔首。因之泰古以來之小封建盡廢。而大封建成。專制之淫威。遂開歷史未有之創局。積茲數因。遂成三果。

船山先生曰。三代之天下。多失之強臣。雖湯武之應天順人。亦強諸侯也。此爲第一果。

又曰。三代下之天下。多失之盜賊。揭竿而起。仗義執言。以救民於水火。雖漢高帝之豁達大度。唐太宗之果銳英明。謂之非起於羣盜不可。唐太宗雖有太原之憑藉。似類於強臣。然非李密王世充等之披猖廹而爲自救之計。固不敢翻革命之旗也。此爲第二果。

又降則必延外族而授之矣。此其故何也。三代之禮教。徽君愈聖神。臣愈奴隸。民愈倚賴。無獨立之氣。無參政之思。因之無愛國之想。撫我則后。虐我則仇。謂他人父。謂他人昆。雖有忠臣義士揮戈以挽鄧林之頹陽。張空拳冒白刃。惟以頸血謝天下。而無益勝負之數。文天祥死而文璧不能不留以存祀。佼佼者一。庸庸者千。唱而莫余和也。呼而莫余聞也。百足之蟲。死而不僵。斷夔一足。其顛必矣。此亦事勢之大可哀而無可如何者矣。此爲第三果。

明政不綱。果於殺戮。倚貂璫爲心腹。刈賢士大夫若寇讎。啟禎之際。海內魚爛土崩。岌岌不可終日。天子既殉社稷。滿朝入關。削平內亂。改正朔。殊徽號。救民水火之中。登之衽席。固猶是東海之接壤。黃人之同種。衣冠雖改。文教從同。闢土開疆。邊亭息燧。三百年來。固已柔服之矣。環球溝通。列強虎視。用滅國之新法。不急去其位號。而徐收其主權。但攫取其利源。而徐滅其種族。此尤曠古未有之局。殷憂啟聖。多難興邦。於是豫備立憲。消融滿漢之畛域。不操同室之戈。而後能合大羣以禦外侮。振興大道。以力反孤秦陋宋之覆轍。中國殆自此有朝氣矣。諸君能無加之意乎。

何謂孤秦。由秦之道。無變秦之法。是獨夫之道也。以武力并列國。非有積德累仁之素也。君以威御下。臣以術愚上。其進說於君曰。有天下而不恣睢。是謂以天下爲桎梏。故滅絕詩書。專任法吏。今日刑黥師傅。明日夷人三族。人人重足而立。側目而視。而其君臣恣睢於上。自以爲萬世之安。中國之民莫余毒也。所畏者胡耳。北築長城以禦胡。而上策得矣。可無往而不恣睢矣。商君徙木以示信。法由是行。卒作法而自鮀文信侯召遊士賓客著書。所謂呂覽者也。當日懸之國門。有能增損一字者。予之千金。竟無易一字者。豈眞一字不可增損哉。積威之下。固無人敢增損也。祖述其道。至於趙高指鹿爲馬。望夷之禍起。軹道之勢成。一夫作難。九廟遂夷。爲天下笑。則以君非君道。臣非臣道故也。

請以朝禮一端言之。今之朝禮。非古之朝禮。叔孫通攟拾秦法爲漢高帝制之者也。高帝以馬上得天下。賜酒殿庭。諸功臣拔劍擊柱。於是乃制爲尊卑懸絕之禮。高帝乃喟然歎。吾今乃知天子之尊。子貢曰。見其禮而知其政。聞其樂而知其德。由百世之後。等百世之王。莫之能違也。卽朝禮一端言之。見漢唐以來。架漏度日。豈細故哉。今請徵之秦漢以前。

天子當依而立。諸侯北面而見天子。曰覲。（依如屏風有繡斧文）

天子當宁而立。諸公東面。諸侯西面。曰朝。（宁謂門屏之間）

周禮外朝之法。左九棘。孤卿大夫位焉。羣士在其後。右九棘。公侯伯子男位焉。羣吏在其後。面三槐。三公位焉。州長衆庶在其後。（卽此可見古人謀及庶民之制度）

天揖同姓。土揖庶姓。時揖異姓。

朝畢。適路寢聽政。使人視大夫。大夫退。然後適小寢釋服。

以上數說觀之。則古者無坐見臣下之禮。禮者讓也。天子有善。讓善於天。諸侯有善。讓於天子。士庶有善。本諸父母。存諸長老。禮讓之風。行人爭遷善改過。選賢與能。講信修睦。兵革息而刑措。此所謂君君臣臣父父子子大同之世也。

天下事其始也由情而生文其繼也亦可由文而生情子貢欲去告朔之餼羊孔子則曰爾愛其羊我愛其禮此卽由文生情之說也故當民智已開民德已蒸之日則必以憲政造國民

朝廷維新注重國會紆尊降貴延輿論而進之亦欲合天下之手足以爲執行合天下之耳目以爲聰明此誠萬世太平之至德要道法古宜今以改革朝禮是亦憲政之一端也

振貝子之使英也適値英君主賞功之時呈遞國書之會親見其臣次第鞠躬而前君主一一與之握手取寶星而親佩之亦可見上下情文之不隔矣

凡國之害在於上德不下究下情不上達故民常仇吏而臣每疑君古諺曰刻木爲吏期不對畫地爲獄期不入民仇吏而吏亦仇民臣疑君而君亦疑臣君臣相疑吏民相仇而國乃不國其在周易泰否二卦皆三陰三陽也天地則否地天則泰此其故蓋非難知也天道不下濟地氣不上行是天地不交而萬物不通也大往小來小人道長君子道消是以否也地氣上行而交乎天天道下濟而交乎地小往大來君子道長小人道消是以泰也今欲開泰運消否塞則君臣之道不可不講也

孔子曰君使臣以禮臣事君以忠

孟子曰欲爲君盡君道欲爲臣盡臣道二者皆法堯舜而已矣

禮者天理之節文人道之所以異於禽獸者也故曰人有禮則安無禮則危又曰禮者體也體不備君子謂之不成人君者禮法之宗議道自己者也故君有事師之禮則師臣庶幾可使矣君有事友之禮則友臣庶幾可使矣

頤指氣使。惟余言而莫余違。非讒諂面諛。淺中弱植之徒。孰甘爲之奴隸哉。故曰帝者與師處。王者與友處。亡國與徒處。此千古興亡之龜鑑也。

自古帝王莫不有師。湯師伊伊。務光。文王師太公望。武王且北面而受丹書。疏附奔走先後禦侮。命曰四友。其在書曰。臣哉鄰哉。鄰哉臣哉。大廷之吁咈賡歌。不殊同學之攻錯絃誦也。

覲禮。至於郊。王使人皮弁用璧勞。入國門。天子賜舍。天子袞冕負斧依。嗇夫承命告於天子。天子曰。非他伯父實來。予一人嘉之。伯父其入。四享皆束帛加璧。庭實唯國所有。此禮之行於三享者也。

三享事畢。乃肉袒於廟門之東。以逃職以待罪也。天子曰。伯父無罪。其歸寧乃邦。賜以車服。此禮之行於賜賚者也。

饗行於廟。以訓恭儉。燕行於朝。以示慈惠。君臣從容燕飲。咨道談心。其在詩曰。湛湛露斯。匪陽不晞。厭厭夜飲。不醉無歸。此所謂以賓禮親諸侯者也。

同姓大國則曰伯父。異姓則曰伯舅。同姓小邦則曰叔父。異姓小邦則曰叔舅。天子自稱曰予一人。侯王自稱孤寡不穀。此禮之見於名稱者也。

三代之學。皆所以明人倫。人倫明於上。小民親於下。學也者。所以學爲君臣。父子。夫婦。昆弟。朋友之道也。

堯舜以聖人踐天子之位。建極以範百世。故曰不以舜之所以事堯事君。不敬其君者也。不以堯之所以治民治民。賊其民者也。

周之文王。有君人之大德。有事君之小心。故曰能爲人子。然後可以爲人父。能爲人臣。然後可以爲人君。

講演

介紹新著

史學通論

是書凡七篇一原流二經緯三緐難四關係四研究六旁通七未來前清提學使吳以爲條理精詳陳義宏達研究史學者所不可少之書作者益陽曹佐熙

船山學社講演集第一

船山學報之一

開講六月十四日

錄湖南公報

民國三年六月十四日船山學社開始會講。社員之熱心者。冒雨而至。雖人數不甚衆而一時耆彥勝流。莫不畢集。會於臨水之樓。首由總理劉蔚廬先生報告發起學社之經過事蹟。繼述學社宗旨大略。謂同人互相師友爲講學之會。非尋常結社集會可儗。國體既更。未堪多難。深思其故。惟在人心陷溺。道德墮落。欲正人心。舍昌明學術實無他法。講學最是靜業。其生涯最枯淡。其功效最遼緩。先哲所稱布帛之文。菽粟之味。知德者希。孰知其貴者也。茲值文敝道喪之日。而諸君子惠然肯來。眞可爲民國慶幸。所有愚見。請與諸君共之。一在述而不作。溫故知新。新之一字。是天地間生機。如日月常見而光景常新。此所以遞嬗無窮也。我國文化自伏羲堯舜文周以來。甲於列國。而孔子集羣聖之大成。爲生民所未有。刪詩訂禮。正樂。贊易。作春秋。大義微言。挹之無盡。我輩幸生其後。當窺其宗廟之美。百官之富。時習默識。以日闢其新機。此乃無盡之藏也。故不必專販異說以求新。在溫故而知新。則日新之盛德在是矣。船山先生固空所依傍。有獨來獨往之精神。然所憑藉者。亦在詩書六藝。於宋儒橫渠知禮成性之旨。尤爲獨得其宗。此則食芹之美。願與諸公共之者也。一在虛以受人。凡人自以爲是。久則流爲剛愎自誤誤國。恆必由之。否則鄉愿之流。曲學阿世。以爲苟能是是。亦足矣。苟善是是。亦足矣。此尤不可入道。而鄉里自好之士。則謹守自利主義。於世局淡然無與。此皆中國不振之由也。須思人爲萬物之靈。我輩幸得祖父之栽培。師友之教訓。爲士大夫。又凡民之秀者也。世輒言人民程度不及。不知斯民也。三代之所以直道而行也。政敎雖衰。天性如故。不能謂程度之不及也。我輩有提攜社會之責。我輩程度不及。則眞程度不及矣。故願與諸君。竪起脊梁。勿放棄責任。一則介紹議員。取天理自然之結合。則歷常變而不渝。一則自由籌貲。以補公家之不及。維持擴充。冀達無上之目的。正學昌明。人才輩出。增民國不朽之光榮。秦始皇自一世以至萬世爲皇帝。此則壟斷權利之私心。二世而亡。爲天下笑。我輩志在道德。則願自一世以至萬世光景常新。諸君諒不以爲奢願也。次則社員方君坦伯略謂船山學社。經劉先生籌備數歲。至今日始得正式成立。其間展轉紆徊。煞費苦心。皆湘人士之所共知者也。惟是先生組織斯社之意。一面爲抗懷先哲。表彰船山之絕學。一面爲拯溺救焚。亟於維持人心風俗。本社同人處此時艱。均與有責。自當一致進行。船山之學。至今不能磨滅者。以義理之充足也。船山之人。至今動人景仰者。以道德之高尚也。本社對於討論學說。須以闡發義理爲主旨。對於指導社會一切之事。必以提倡道德爲要素。庶與船山之宗旨相符。而於人心風俗。稍有裨益。現今世界趨勢。競言法治。無非欲以法律保障人民。使之有所範圍。不知法律者。有形之範圍。服從多出於勉强。義理者。固有之良知。感化默運於無形。其勢之難易。有不可同年而語者。歷代以來。若宋若明。士大夫多講求義理。崇尚實踐。及至國步變遷。節義之士。猶正氣凜然。昭於史册。斯講學之效也。前淸學派。偏重詁訓。咸同以後。學術益微。民國反正之初。如沈痾乍起。衞生無術。變證環生。人心狂蕩。國本飄搖。此本社之所當亟亟引爲己憂者也。所幸吾湘山水雄厚。俗尚敦樸。名儒畸士。嘖嘖在人耳目間者。率以氣節操守稱。今雖風氣稍變。而山水之性質未改。先哲之典型猶在。趁此時機。竭力挽救風聲既樹海內之士羣起響應庶幾乎船山之學不脛而走而於我劉先生扶世翼教之苦心亦無所負云又次王君樹之相繼演講略謂無知識者尙易使知今則知識愈多人心愈壞非講學無挽救之術權利之集合號召極易講學則無權利之可得願同人以船山之心爲心以船山之學爲學其語尤爲扼要蔚廬先生起謂本社一切進行事宜甚多望諸君於會期公同研究以後諸君各抒心得來共切磋以自具稿爲妙本社發行雜誌當選擇登錄現在未有速記生且學問精微語氣之間亦有非速記所能盡者散會同在假山攝影時雨適霽水明荷凈風景幽夐令人有山澤間意攝影畢赴凝翠堂茶話而散誠一時之佳會也

第二期 六月二十一日

劉人熙

日前開始會講本社講學宗旨略啟其端已蒙諸君印可但須知學之一字是明善復初爲人生第一切己之事任重道遠蘊之則爲德行建之則爲事業日就月將終身之事綿綿延延如長日加益而不自知也必有事焉勿亡勿助長不佞日前所謂靜業者是也諸葛孔明爲世間人三國人才推爲巨擘平生得力亦曰才須學也學須靜也非澹泊無以明志非寧靜無以致遠如以膠膠擾擾之心浮慕淺嘗則終日辨論不見意趣求爲孔明而不可得況繼往開來如船山之津逮鄒魯者乎講學第一步是立志天下事有有志而不成者矣未有無志而成者也卽以淺事論或志在詞章或志在技術或志在科名或志在仕宦亦必有一番攻苦一番作用然後可成卽推而廣之如陳涉隴上輟耕便有起兵代秦之意楚霸王爲布衣時見秦皇車駕卽曰彼可取而代也宋太祖黃袍加身似乎事出意外然杜太后言吾兒素有大志

今果然矣亦是一向有此志乃成此事然功名富貴儻來之物遭逢時會蛇化爲龍狂謀謬算得者不過偶然亦有饔人千金屠狗王侯非徒出人意表亦且自己夢想不到此且不得謂之爲志不佞所以言此者見志之關繫於人者大也若學之爲道求則得之舍則失之非外物可比如孔子生民未有當時賢人君子推爲生知孔子曰我非生而知之者好古敏以求之者也諸君於此莫看作聖人謙辭蓋聖人亦有聖功如無聖功像佛出世便知道天上地下唯吾獨尊何以發憤忘食樂以忘憂不知老之將至可知聖賢學問皆從艱難辛苦得來富貴可以倖獲學問不能襲取故曰吾十有五而志於學所志者何卽三十而立四十而不惑五十知天命六十耳順七十從心所欲不踰矩之學也苟非志及之安能如此孟子私淑孔子也願學孔子卽孟子之志也其詔門人學分五級（非是聖人上又有一等神人故分五級）一善二信三美四大五聖神是孟子之志卽在聖神可知然天姿學力所限船山推其所至篤實而有光輝可謂大人矣是亦如禹比堯舜入聖域而未優也周濂溪先生曰志伊尹之所志學顏子之所學過則聖及則賢不及則亦不失於令名可見人能志學是極有福氣事貧賤富貴無往不宜如蟬蛻汙泥超然尊貴所謂天爵也況修其天爵而人爵從之亦事理之常窮則獨善其身達則兼善天下道與權合澤潤生民施及蠻貊固皆我同社之所有事也不佞姿性駑下志學苦晚然功力斷續不常而此志未敢暴棄壯歲自署其齋曰愚而不能明柔而不能强不足謂之學危而不能安敗而不能成不足謂之才荏苒百年如駒過隙尙友古人倏已衰白然區區之志猶壯年也船山詩云澈骨療沈疴焉得辭老醜請爲諸君誦之愼勿謂老大帝國之不能爲新命民國也

廖名縉

國家與社會其組織同於有機體之生物此今日研究國家社會學者所公認也

生物之發達循序漸進然或六氣之淫四時之變與爲緣感而生物以病病不可無以藥之俞跗扁倉種種之方劑起焉故方劑者所以藥生物之病界之復於健康者也

國家社會之發達循序漸進然或奇衺之論狂嬻之俗與爲緣感而國家社會以病病不可無以藥之聖哲仁賢種種之學說興焉故學說者所以藥國家社會之病界之復於寧謐者也

船山先生生明清改革之交目覩當時國家社會之慘黷發憤著書冒大難犯大險而不辭其學說皆患難生死之餘創鉅痛深如布帛菽粟之直質如雷霆焱霰之驚悚遺書數十百種有清中葉以前無敢刋布一二者髮亂既平禁網稍疏遺書漸出中國學者始知濂溪而後湘衡停峙間復產命世之大儒湖表人士景慕邦賢讀船山書因而摹想其爲人故清季國俗媮靡而湘士用倔强聞皆漸濡先生之化於不自覺耳

國體改變是我國無上光榮之事然弊亦乘之六籍泥塗五經芻狗家習强權之說人師蹻跖之行滄海橫流陸沈無日我輩逃山竄海之餘追憶先生遺書愈覺鞭辟向裏施之今日尤爲針對時病之方劑此蔚廬先生所以有開社講學之舉也縉雖譾陋無似然幼誦先生遺書愾慕殷拳今日勉厠社員謹[illegible]舉先生著書行事之最足拯救時弊者得四事焉貢諸同社儻荷切劘匡所不逮有厚幸焉

四事維何一曰礪廉恥一曰明責任一曰懲惛逸一曰袪頑舊曷言乎礪廉恥也共和初建開國之勳震

耀中外。固已揭日月以行矣。然暴徒乘之。爭權刲利。廉恥道喪。此固爲仁人君子之所哀悼。南北統一。宜若可與更始矣。然而附羶之徒。蟻聚蜂屯。賄託鑽營之舊染。仍未能一律湔除。哀哉民國。寧堪此輩更破壞耶。惟我船山守貞抱義。甘伏巖阿。新豐折臂。卻蒲輪以自殘。謝女沈江。演龍舟而爲劇。救人道於不敝。留國維之一綫。肅霜識羽。勁草知風。是之謂矣。假令今日熱中覥顏之夫。因先生之遭逢。想先生之志行。廉頑立懦。其庶幾乎。此吾社表章先生之所以刻不容已也。

曷言乎明責任也。自俗士誤讀進化論及天演之學說。以人爲脊椎之動物。上祖猨狙。吾人失其自尊自重之心。視先聖位育參贊之說爲虛誕。於是秉彝攸好。含醇負性之人類。僅與翾毛蠕動者同爲肉體生活之競爭。弱肉强食。浸致有今茲社會兇慘之現象。嚴復氏近乃極力主張學校讀經之說。其覘我民國不少也。船山之學。根本張子乾坤中處民胞物與之旨。信之甚篤。而執之極堅。吾輩社員。茍能闡先生之遺說。知吾人受命於天。界以完全之性靈。應自負完全之責任。小之基於洒掃應對。大之極於位育參贊。不外盡吾性中所固有。庶幾正學復昌。重離再曜。禹域神州。五百年名世。或有絕而復續之望乎。

曷言乎懲惰逸也。晚淸之季。異說坌興。又有爲今日厲階之一者。則文明程度愈進。生活程度愈高之說是也。此其結果。在於社會爲浮華。爲奢逸。爲最後之貧竭。十年前梁啟超氏倡之尤力。今其結果一一實現矣。又不得謂非通人之弊也。船山先生當末世。轉徙窮鄉。艱辛刻苦。實見明季國亡。由於患貧。患貧之禍。則又中葉以還。宮廷之土木遊幸。士夫之書畫骨董。逸遊玩愒。有以致之。故其尙論古人。雖以蘇軾氏之賢。責備引戒。無少假借。蓋書畫骨董之蘇軾。固有與船山并世者。錢謙益吳偉業皆其人也。船山惟深鄙錢。吳故不郵藉蘇氏發憤耳。今民國之患貧。社會之惛逸。安得起船山而一救之。

曷言乎袪頑舊也。世界進化。必由革新。此自東西歷史之公例。十九世紀。列強銳意變革。中國以頑舊自封。獨落文明潮流之後。庚子以來。亦既認鼎新爲國是。故近十稔間。國勢雖一落千丈。民智實一日千里。善因時者。在因其所長。舍其所短。不可矯枉過正。而適得其枉。推極端復舊者之用意。不過懲前此暴徒之敗耳。不知暴徒之敗。以暴敗。非以新敗也。以僞新敗。非以眞新敗也。船山先生祖孔孟而宗宋儒。淺夫目論。荒經蔑古。或妄謂篤於守舊矣。豈知先生通達治體。崇尚日新。實爲古今儒者所僅見。觀其論史之文。於唐之王伾王叔文。有平議焉。於宋之王安石呂惠卿。無苛詞焉。可以窺其用意所在矣。我輩今日講學。以舊道德爲本根。以新政藝爲筏柑。庶其能得先生之意乎。

要之國家之病患。常因時勢而發生。集社講學者之立言。貴因時勢而施治。我輩今日以救時爲目的。船山學說。實目今救時之良方。蓋一代改革之初。武力所懾。廉恥道喪。正學淪淹。得志者多惛淫而逸樂。失志者率偃守以自全。古今雖異。其揆一也。然則本社於國家改革之初。所以闡揚船山學說者。豈徒以其爲鄉邦先賢。禮宜崇信而已哉。

抑更有進於諸君者。國家社會。同爲法人。法人之有生命也。與自然之個人等。個人衛生之法。衣食起居、運動之貴得其宜。是矣。國家社會衛生之法。法律政治敎育之貴得其宜。是矣。顧個人衛生。縱曲盡調攝極其生命之期。不過百年上下。止爾國家社會之衛生。苟失其宜。剿而絕之可也。伊古滅國滅種之事。史不絕書也。苟得其宜。則法人生命之延。實可終天地而無紀。是故古之聖賢豪傑。志士仁人。處天步艱難國勢漂搖之秋。往往捐棄個人。以拯此國家社會於危亡。彼固深思熟慮。知其所失者眇。而所全者鉅也。讀船山詩七尺從天乞活埋之語。蓋庶幾乎。蓋庶幾乎。

第三期 六月二十八日

劉人熙

前期會講。言爲學首在立志。志者。萬事之根本也。天下事作始也簡。其終也鉅。志既立。則如植物種下種子。譬之豫章千尋。干霄蔽日。其始不過一粒種子而已。聖賢立德立功立言。勒之鼎鐘。傳之來裔。其始亦不過志學而已。學之爲功與造化等。人苟有志。鬼神來告。金石爲開。士別三日。刮目相看。凡以好學故也。諸君子莫看好學是容易事。孔子弟子三千。獨稱顏淵爲好學。又曰十室之邑。必有忠信如丘者焉。不如丘之好學也已。人既志學。則如吾輩出遊計畫。或到北京。或到外洋。趨向既定。則必問清路程。何處遵陸。何處登舟。聚糧起行。方不迷於所往。否則南轅北轍。倀倀無之。雖有志焉。終亦無補。審是則入德之門。不可不愼。問途必於已經。何以辨清途徑。則古之賢人君子。先知先覺。嘉言懿行。燦如日星。以孔子之聖。祖述堯舜。見堯於羹。見舜於牆。千聖一堂。映心合魄。本社崇拜船山。即是尙友古人。讀其遺書。如親謦欬。即是詔我以途徑者也。求之於今。則名儒碩彥。奉爲矜式。問德考業。不恥相師。昔者王豹處於淇。而河西善謳。華周杞梁之妻。善哭其夫而變國俗。事理有固然者。一夫善射。百夫決拾。苟能虛中取益。則亦不患無師。本社濟濟多士。以互相師友爲宗旨。尊其所聞。行其所知。父兄以是敎其子弟。耆老以是敎其社會。安知湘中不如昔之鄒魯乎。惟是下邑窮鄉。人文未啟。超然獨秀。良亦難之。不見正人。不聞正論。君子之所憫也。濂溪先生蓋嘗有慨於此矣。其言曰。人生而蒙。長無師友則愚。是道義由師友有之。其繫不亦重乎。

通論

原盜篇上

船山學報通論之一

瀏陽劉人熙

原盜三篇乃蔚廬先生民國元年所作其時國是未定海內騷然先生既知不可爲而掛申屠之冠復以不得已而好子輿之辯是篇所言大都希冀當時元勛偉人洗心學道而發也今所言多中而來日方長用出是篇質之當世賢豪以爲針砭之一助　屹厂識

盜者天下之公敵也殺越人於貨愍不畏死凡民罔不憝是不待敎而誅者也自草昧以來迄於今日國患盜民皆苦盜若苗之有莠若粟之有粃道不拾遺夜不閉戶華胥國之境徒懸於想像之中是以老聃發憤有聖人不死大盜不止之激論嗚呼盜獨非人乎哉猶是圓顱方趾也猶是父生母鞠也猶是陰陽之妙合也猶是黃炎之子孫也而竟盜以中華論南之兩粵中州之曹濮奉吉黑之馬賊鬍匪皆爲盜區盜害民吏亦捕盜盜殺民民亦殺盜有時極其武力草薙而禽獮之如前清方提督之於潮州僅能平及十稔故老子曰民不畏死奈何以死懼之殺無道以就有道此孔子之所不許者也粗陳禍始厥有二因失養失敎而已顧敎養之事經緯萬端又非截然可分二途如車兩輪如鳥兩翼蓋巧結不解之緣民國肇興民生主義之談强迫敎育之論時賢蓋多宗之更僕未易數也而其絕對無上之因則一言以蔽之曰負乘而已矣

孔子曰作易者其知盜乎易曰負且乘致寇至負也者小人之事也乘也者君子之器也小人而乘君子之器盜思奪之矣上慢下暴盜思伐之矣慢藏誨盜冶容誨淫易曰負且乘致盜至盜之招也

原盜篇上

孟子曰天下有道小德役大德小賢役大賢天下無道小役大弱役强我中華黃中通理之世勳華御極岳牧扶輪九官十二牧師師一堂濟濟相讓太和元氣溢溢中區白叟黃童衢歌巷舞順帝之則比戶可封唐哉皇哉庶幾小德役大德小賢役大賢爲有道之天下矣嗣是以降至禹德衰君位世及諸侯放恣天子盜其天位則諸侯盜其國諸侯盜其國則卿大夫盜其家上行下效捷於影響琥珀拾芥磁石引針身爲盜竽又安能禁十姓百家綠林豪客之鴟張乎唐宋之際宣麻命相當時士論謂不待除書之出而早知非天下之第一流至於亡清之季則豺虎出柙罔兩晝游中樞政府非徒無天下之第一流恐求二三流等亦不可得未知於九等人表中果作何位置也當斯時也冠履倒施朱碧異色縱無外潮之激射而害氣所積鬼謀曹社人嘯東門尸居餘氣溘然待盡固已岌岌可危矣而況列强虎視協約瓜分黃炎子孫滅國滅種之禍近在眉睫是以羣雄起而亡清江漢一呼南北響應袁大總統知時善變停戰議和南京臨時政府既退北京臨時政府遂成易鐵血以敦盤化干戈爲玉帛袁大總統乃登五族共和國之大舞臺矣各省都督或以反正首功或以舊時物望登壇司令戮力同心莫不感會風雲奮其智勇殺專制之淫威圖大同之碩業不及一稔除舊布新中外革命之成功蓋未有若斯之速者也日月以冀庶幾去無道以就有道乎正朔改矣徽號殊矣大總統之位由民選之公僕之義務非復稱孤道寡威福自由矣地方行政都督可斟酌衆論毅然行之專制之時再三哀籲而卒格於部議者今則不患其不報可矣苟能以至公之心行至平之政公是公非不可泯也有時捐至大之權利與無上之尊榮以與同胞共之雖有嬰人攖之私人泥之而必揭日月以行曹好曹惡不足憑也有時奮其獨裁以探本人心天理之同

然始則孰殺繼則孰嗣舉八元八凱而天下不以爲私誅四凶而天下不以爲虐此之謂能舉其職而非傀儡登場俯仰隨人者之所能藉口也然則有道無道亦惟於負乘不負乘之間辨之而已矣

原師

益陽徐明謌

今之論國本者必曰重教育夫教育誠足重矣然教育未振而師道先乖吾見學校之流弊將遠不如制藝也夫萃青年子弟而入學校將以造就人才爲職志而司造就之柄者則師也夫惟大匠而後可以訓工羿而後可以誨射今之所謂師者果可以爲師乎不可以爲師而爲師直賊夫人之子而已是故教育家賊人之子與政治家誤人之國其罪厥均而其毒尤甚也夫古無別有所謂師也自君師之職不修學校廢并牧壞民散而無所係於是始有師弟子羣居以相講授蓋先王之道裂矣然春秋戰國之亂猶有聖賢爲之師秦漢以來猶有專門爲之師自是以還尊師重道垂爲大法教權之高於政權幾若泰西中世紀之羅馬教皇焉有慢師者則爲名教之罪人蓋其尊師如君也若是人之生也初受教於父兄繼受教於師長故學者稱爲弟子教者稱爲先生先生者父兄也禮弟子事師心喪三年孔子沒三年之外門人相嚮而哭子貢築室獨居其視斬衰廬墓何如乎今之九流雖以一藝一技之微受業者終身稱爲師父蓋其尊師如父也若是古之弟子各祭其先師至於詩書禮樂各立師而不能以相通後世之漢宋門戶朱陸異同聚訟而不相下皆由自師其師迷信之見所成也今之家宅堂上莫不供奉天地君親師位而目爲福神非但以師媲君親且以師配天地此實吾國人之一種純粹高美之道德非可任加詆毀者也蓋其尊師如神也若是故中國自古稱爲教化之國其文明遠過於四夷士氣之盛衰國運恆與爲轉移焉非細故也今也不然風俗日媮學術日靡而人才愈日以不出一言以蔽之師道不立而已師道曷

以不立則由於以師爲官吏也前清末年罷天下學官廣設學堂其欽定章程將教員作爲實官並有保舉以爲奬勵蓋其時爲學堂監督者每係官吏兼差高等以上率爲道府翰林中學以上率爲部曹州縣其人多不明教科不諳學務非得節制教員之權不足以保存體制而又恐教員之以學問相尙非以教員作實官不便行使其實行節制之權於是爲教員者大都由監督照會或長官札委充任不必其實有學問但使善於夤緣卽可得差且可借長官監督之勢力以壓制學生而免其衝突不佞前在某省某學堂時有一教員不諳官話學生以聽講不清相詰某教員怒責之曰我爲提學司所札委爾等侮慢我卽係侮慢提學司侮慢提學司卽係侮慢皇上學生聞之咋舌教員既以官自命學生亦以官視之平日投手本稟見朔望掛號請安其事恆見名不正則言不順分愈隔則情愈漓師道之不立者此其一又由於以師爲傭役也夫師以賢得民者也古之講學者弟子輒負笈以從之蓋中心悅而誠服也今則定爲契約之關係釋爲僱傭之性質。師以此爲謀生之路弟以此爲工作之人至於師不敢責難其弟弟可以欺辱其師幾如爲人傭奴但免笞罵已足師道之不立者又其一更由於以師爲過客也學堂中以學生爲主體以教員爲客體此二語幾爲教育家之名言實則不通之論也夫父兄教養子弟而謂父兄爲客體可乎教員視學校如傳舍去此而可以適彼學生視教員如路人甲去而可以乙來常有授課經年而學生不知教員之姓字者師道之不立者又其一綜此三因遂生三害一師品太雜一師範不嚴一師學不完曷言之孟子曰人之患在好爲人師今之爲師者或以文憑相要或以團體相結初尙有願盡義務之浮詞繼則爲應享權利之負固論者至謂以十教員教一學生猶苦無法安置淮陰羞與噲伍寵下可致中郎此師品太雜之害也師也者教之以事而喻諸德者也故師嚴然後道尊道尊然後能知敬學今之爲師者既以爲營業之具平日於修己立人之道全不講求方講授之時或說笑話以博鬨堂或愧無顏而仍戀棧及考試之際或先畫範圍使之預備或豫出題目以示圓通其有一二守正不阿者必大傷感情不安講席寡廉鮮恥無所不至敗壞士習有不忍言此師範不嚴之害也昔孔子設教弟子身通六藝者三千人胡安定課士以經義治事分門其於學無所不通如是即視今各國學校之校長皆必於其校中諸學科悉數通曉者用能考察教員主持教務為教員者於所擔任之科必研究有素而又能兼通各科方可以教人今之為校長者不必能通一藝校中各科一任教員之所為其良窳不能過問為教員者反正未淸即忝主國文之席乘除略識即儼登算術之壇語云取法乎上必得乎中取法乎中必得乎下今將以何者資學生之取法乎此師學不完之害也其害如此使長此不改不及十年讀書種子絕矣改良之道維何一地方官宜明學務馬端臨曰古者惟國學有司樂司成專主教事而州閭鄉黨之學則未聞有司職教之任者蓋黨正各掌其黨之政治教令州長各掌其州之政治教令黨正即一黨之師州長即一州之師下之為比長閭胥上之為鄉遂大夫莫不皆然為吏者其德行道藝俱足以為人師長故發施政令無非教也秦漢以來儒與吏始異趨政與教始殊途於是曰郡守曰縣令則吏所以治其民曰博士曰文學掾則師所以教其弟二者不相為謀榮途捷徑旁午雜出未嘗由學而升者滔滔也夫今之地方官既有監督教育之權而不明教育之理將何以化民成俗哉漢何武為刺史行部必先即學宮見諸生試其誦論問以得失誠使地方官皆能如此則巡按使即一省之師道尹即一道之師知事即一縣之師不致以教育之事專委之於視學員矣催科之外幾無考成殊可歎也一學校校長宜愼擇人入芝蘭之室久而不聞其香入鮑魚之

肆久而不聞其臭校長爲全校之表率得其人則取友必端作事可法而弟子亦涵濡漸染於不覺古之立學者必擇可爲經師人師者以爲學官今宜仍師其意凡各校校長由敎育總長巡按使道尹知事遴選學行俱優衆望允洽之士隆禮敦聘一如從前書院山長之制布衣可爲大學校長不以爲僭上卿可爲小學校長不以爲卑庶濫竽之嫌可免而庠序之敎以謹矣一學校敎員宜久任今之爲敎員者每以久困靑氈爲病一若作官之必以升遷爲榮者此大誤也夫敎員之久爲敎員猶農之終身於農工之終身於工初無窮達之可言也蓋敎員之不能久任者一由人不以敎員爲貴薪修權勢皆不如作官一由敎員常以校長爲進退易一校長卽另用一番人一由敎員之不能敎學相長學生之業日升敎員之技已罄嘗見某師範學校其學生已入第三年級博物講義已及百餘幅敎員已易四人而所授之程度卽植物一項尙不及三分之一每人所編之講義如出一手而此四敎員者則已各歷數校之博物講席矣若輩固自視爲得計其如學生之光陰何今宜訂定敎員之任期以學生畢業爲限由校長指定敎科書遴聘敎員擔任講授非至畢業期滿不得辭退成績優良者獎敘衍塞責者如處罰學生之例通知他校不得收錄則師無曠職而費不虛糜矣以上所云非敢輕誹當世特以國勢阽危人心陷溺有不能已於言耳知我罪我非所計也

專論

琴旨申邱

船山學報專論之一
瀏陽劉人熙

正體第一

琴制。或以爲三尺六寸。四倍黃鐘之數。或以爲四尺五寸。法五行四時。以今況古。則中琴四倍。大琴五倍與。余與王舍人芝祥皆好樂。得名琴三。一金聲。一黃鐘。一飛鴻。長短不同。皆能入律。其故何哉。竹受氣以成音。琴張弦而發響。受氣者以圍徑爲量。杪忽必分。張弦者以緩急爲程。亦猶道隆從隆。道汚從汚。四倍五倍。可用粗率。不責微差。如岳山。龍齦。龍池。鳳沼。雁足。比擬法象。似之云爾。非如二十四管。必多其數至十七萬而後密。宋崔諭德張弓附案。隨其長短。次第泛之。鏗然而鳴。則當徽矣。此天地自然之數。而絲竹之別也。琴無論大小。自岳山以至龍齦。定爲黃鐘九九。三分而損益之。五音皦如。此其妙也。雖后夔拊石師曠調弦。莫能違矣。

釋徽第二

琴十三徽。奇偶以取中。當徽泛之。有不鳴者。未有不當徽而鳴者也。此造化之自然。豈人力私智之鑿哉。或以琴身三尺六寸六分。當期之日。十二徽當十二月。中徽象閏。此亦卦畫既成之後。近取遠取。見知見仁。擬而議之。有一端之合。非事實也。乾爲龍。乾非盡於龍也。而龍未始非乾。坤爲馬。坤非盡於馬也。而馬未始非坤。若夫中徽象閏。其理易窒。閏者氣盈朔虛之餘。中徽則黃鐘之弦。亦黃鐘也。太呂之弦。亦大呂也。龍德正中。距分閏位。十二月者。春生夏長。秋收冬藏。董子有言。陰常居大冬。積於空虛不用之處。亦四之一耳。若夫雅琴之用。皆在七徽以下。三分損一。九徽得徵。三分益一。十三徽外得商。三分損一。七徽九分得羽。三分益一。十徽八分得角。角之上十徽得變徵。羽之上七徽七分得變宮。七徽以上。其聲抑鬱。皆不可用。五六之間。不得已偶取子聲耳。幽明晝夜。庶幾近之。其偶用者。戴星出入。非常度也。十三徽者。體之所以立也。七徽以下。用之所以行也。世傳琴譜。多取五六徽孤清繁促之音。非卓爾宏達之君子。孰能屏鄭衛而學韶武邪。

釋絃第三

考古者曰。三弦爲宮。二應七爲下羽。一應六爲下徵。國朝四庫書目。凡燕樂之類。歸於藝術。通州王坦琴旨。獨尊之經。以其定三弦爲宮也。趣時者曰。舜彈五弦之琴。周加二弦。六應一爲少宮。七應二爲少商。則一弦爲宮者也。是二說者。水火相爭。是丹非素。漢唐以來。未之能一。余以爲皆是也。宮三弦者。管仲之遺法也。管子地員篇曰。凡將起五音。凡首先主一而三之。四合以合九九。注一而三之、即四也、以是四開、合於五音、九也、又九九之爲八十一也、以是生黃鐘小素之首以成宮。注、素本宮八十一數生黃鐘之宮、爲五音之本、三分而益之以一。爲百有八爲徵。注、本八十一益以三分之一、二十七、通前爲百有八、是爲徵之數、〇朱子曰、百有八、半之則爲五十四、不無有三分而去其乘。適足以是生商。注、乘亦三分之一也、三分百八而去一、餘七十二、是商之數也、有三分而復於所以是成羽。注、三分七十二、而益其一分二十四、爲九十六、是羽之數也、〇朱子曰、九十六、半之則爲四十八、有三分而去其乘。適足以是成角。注、三分九十六、去其一分、餘六十四、是角之數、徵羽之數。大於宮。用徵羽之倍數。故曰下徵下羽。今之太古加重弦。是也。正樂也。於大琴宜宮一弦者。司馬遷之遺法也。史記律書曰。九九八十一以爲宮。三分去一。五十四以爲徵。三分益一。七十二以爲商。三分去一。四十八以爲羽。三分益一。六十四以爲角。徵羽之數小於宮。此五弦之本數也。六用一之半數。七用二之半數。故曰少宮少商。今所通用蘇杭之弦。皆是也。燕樂也。於中琴宜。今或執大琴之譜以調中琴。執中琴之譜以鼓大琴。曰某也是某也非。果是非也歟哉

中琴表第四

司馬法　蘇杭通用弦　七徽以上皆以下清聲闕

弦	一徽	二徽	三徽	四徽	五徽	六徽	宮七徽	變宮七分 羽八徽九分	徵九徽	變徵十徽	角十一徽八分	十二徽	商外十三徽
太簇							宮 黃鐘	倍無射 無射	夷則	蕤賓	姑洗		
姑洗							商 太簇	黃鐘 半黃鐘	無射	夷則	蕤賓		
蕤賓							角 姑洗	太簇 半太簇	半黃鐘	無射	夷則		
無射							徵 夷則	蕤賓 姑洗	半姑洗	半太簇	半黃鐘		
半黃鐘							羽 無射	夷則 蕤賓	姑洗	太簇	半太簇		
太簇清							少宮 半太簇	半黃鐘 無射清	夷則清	蕤賓清	姑洗清		
姑洗清							少商 半姑洗	半太簇 半黃鐘	無射清	夷則清	蕤賓清		

桓譚新論。神農氏王天下。於是始削桐爲琴。繩絲爲弦。以通神明之德。合天人之和焉。一弦爲宮。其次商

角徵羽。文王武王各加一弦以爲少宮少商此中琴度也。表中琴先燕樂何也。君子無故不去琴瑟。表中琴。便俗也古樂之崩久矣。金石之樂非廟堂莫窺羣祀鄉飲胡樂競奏賓興肅客俳優登場君子復古以放鄭聲必自便俗始矣。

大琴表第五

管子法　太古加重弦　七徽以上皆以下清聲闕

	一徽	二徽	三徽	四徽	五徽	六徽	七徽	八徽（七九分分）	九徽	十徽	十一徽（八分）	十二徽	十三徽	外
倍夷則							倍蕤賓　下徵	蕤賓　姑洗	半姑洗	半太簇	半黃鐘			
半黃鐘							倍夷則　下羽	夷則　蕤賓	姑洗	太簇	半太簇			
太簇							黃鐘　宮	倍無射　無射	夷則	蕤賓	姑洗			
姑洗							太簇　商	黃鐘　半黃鐘	無射	夷則	蕤、賓			
蕤賓							洗姑　角	太簇　半太簇	半黃鐘	無射	夷則			
無射							夷則　徵	蕤賓　姑洗	半姑洗	半太簇	半黃鐘			
半黃鐘							無射　羽	夷則　蕤賓	姑洗	太簇	半太簇			

凡不見者。以前表求之。呂不列表。律之黃鐘太簇姑洗蕤賓夷則無射。即呂之大呂夾鐘仲呂林鐘南呂應鐘。半黃鐘。半太簇。半姑洗。即半大呂。半夾鐘。半仲呂。倍無射。倍夷則。倍蕤賓。即倍應鐘。倍南呂。倍林鐘。但吹鳳簫定宮絃。濁為黃鐘。清爲大呂。黃鐘如唱。大呂如和。其弦一也。

明準第六

宋元豐間吳郡朱長文伯原。箸琴史六卷。其言曰。五音之作。始於宓羲之琴。其後神農黃帝堯舜氏作。播之爲八音。而大樂備矣。故琴者五聲之準。六律之元。八音之輿也。攷世本言。神農作琴。要之先於黃帝。古之聖人。竭耳力以定中聲。或不必候氣制律。據先後之次。遽謂伶綸截竹。應鳳皇之鳴者。以琴爲之準。我有以知其不知音。且不知琴也。竹以圍徑爲量。弦以緩急爲程。竹可定。弦弦不能定。竹昭昭也。竹之圍徑雖定。吹氣不和。尙不中律。況可緩可急之弦乎。荀勖律笛。雖不合古。尙可正也。梁武以絲立均。謂之無知妄作也。奚辭。故知隨意命弦。多乖律呂。況乎飛走綽注。高下從心者乎。

甄俗第七

君子行禮。不求變俗。惟樂亦然。俗之可用者。因而用之。裁之以正。此聖人變化習俗之微權。亦禮失求野之古義也。王文成常言。就世俗優伶。去其淫暴。便可希蹤韶武。此好徑欲速之粗論也。孟子今樂猶古樂。救時權辭。且特引申。況獶雜子女。雅鄭胥漢者乎。古樂邈矣。惟琴之一器。羊體嵇心。流傳勿絕。余觀明以來琴譜多矣。但詳論飛推因難見巧。未有能探律呂之原者。攬其佳勝。則抱殘守闕。竭力審音。亦有足多者焉。近世金谿周顯祖。鑽研律呂。凡數萬言。箸琴簫合譜。以竹合絲。旁注工尺。可謂勤矣。然所用者世俗之籥所合者承譌之譜不知隨律定工尺而以工尺命律此其惑也上海道士張鶴箸琴學入門旁注工尺兼注一板三眼攷其部位與邱君所論十合六七惜所用者絲弦促節之譜所譜者巴人下里之詞此其惑也工尺字譜不知所始然上尺工凡六五一四合恰當宮商角變徵徵羽變宮下羽下徵之位斯亦神矣且四上競氣見於楚詞則亦周人之舊術也一板三眼似爲不典要之即古者鐘磬搏拊之節儀禮所謂間若一也目論之士疑爲非古豈非知二五而不知十乎樂節禮樂自昔難之況當瓦缶雷鳴之日而一二醮額㜸壹之士獨涉溱水奏清徵雖不能追英擅莖亦庶幾濯清波而滌泥滓矣取其所長以勸能者不亦善乎

旋宮第八

律呂十二半之倍之爲二十四而後旋相爲宮如環無端無奪倫之患邱君之旨邃矣淵哉余嘗舉退之原道語示學者五聲二變道與德爲虛位也六律六呂仁與義爲定名也或疑黃鐘最尊不復爲他律役歐陽舍人中鵠君再傳弟子也釋之云譬十二人醵迭爲賓主則坐次自別譚知府嗣同自甘肅來京師雅好音樂善南北崑齣能歌樂章黎知縣先澐縣局二丁之教習也引商刻羽華妙絕倫一日余同門人攜壎箎籥管會於宣武城南之縣館習樂章酣嬰之際復舉原道二語且贊聲字譜之妙黎兵部宗曦者君受業弟子也曰上尺工六五其聲也宮商角徵羽其義也余爲擊節兵部丈不以藝名而談言微中可以見聲字之妙焉可以見旋宮之義焉

魚麗旋宮譜

大琴中琴二表。黃鐘大呂之正調。未及旋宮也。錄魚麗三譜。見旋宮引而申之。無餘蘊矣。

魚麗太簇均

慢三弦一徽。用夷則均作。此大琴譜。邱君舊制。不重錄。

中琴魚麗黃鐘均

如前表此正宮也。非知正。奚以旋。

魚 麗 于 罶 鱨 鯊 君

巳七六匹 中七勺 中七勻 寫 正䖝 六九巨丁上七七复 寫 䖝才 芍 六九勻

子 有 酒 旨 且 多

七七六芍丁 芍 七七六句丁 匹 苟 七九六洵才 芍丁 四 芍 芍 七九六洵 寫 芍 六九䖝

魚 麗 于 罶 鱨 鯉 君 子 有

莅 芍 六九芍丁巾巳 䖝 六九䖝 芍 七七六巨 芍 莫 芍 扁 芍 歷 芍 七七六巨上七

酒 多 且 旨

芍 莫 芍 中九芍 七九六匹 芍 匹 芍 芍 中九芍 䖝才

魚 麗 于 罶 鰋 鯉 君

七九六芍五 七七六洵 七七六匹 苟 七七六洒 七九六亾 芍女一 七九六四丁 芍 芍 七九六濁 芍

子 不 酒 旨 且

第一卷第一期　八一

七九六匹 芍 七九六四 芍 七九六匌 七七六匹 七九六洶才 七九六四 芍 芍 七九六匹亍 六七何小亍

七九六匹 六九䕏 有

物 其 多 矣 維 其 嘉 矣

七七六匹亍 芍 六七匬 七九六匹才 芍 七九六匹 且 芍 七九六寫 芍 七九六匹

物 其 旨 矣 維 其 偕 矣

芍 六九芍 七七六匞亍 芍 七九六四 芍 葦 七九六匹 蔔 芍 芍 六九巨 芍 籗

物 其 有 矣 維 其 時 矣

七正中十匀 六九蔔 六九芍 簦 中九巨 六七幂 六七寫正 七九六匹亍 蔔 中九蔔 芍 中九匀 六九䕏

中䗆魚麗遯賓均

間一弦十徽取和三弦十徽八分取和卽時下正調或名中呂調。

魚 麗 于 罶 鱨 鯊 君 子

七正六乜 中七匀 中七何 寫 籗 六九匹才上七七复 寫 籗 蔔 六九匹 六九匋 蓄

有 酒 旨 且 多

六七匊亍 六七乜 芍 七九六洶 七九六匹 芍 芍 蔔 七九六洶 寫 蔔 六七䕏

魚 麗 于 罶 魴 鱧 君 子 有

筐 芍 匌 句 鼉 荀 罱 蘸 荀 厌 蓟 匴 訶

酒 多 且 旨

麗 蘸 訶 蓟 匕 蓟 匕 蓟 匌 蓟 跣

魚 麗 于 罶 鱨 鯊 鯉 君

匕 句 猗 匸 訇 匸 芍 匌 沘 荀

子 有 酒 旨 且

匕 匌 匌 厌 沘 匌 芍 匌 匑 句

有 鼉

物 其 多 矣 維 其 嘉 矣

茋 匌 匸 冩 沘 荀 匕 蘸 匤 芍 沘

物 其 旨 矣 維 其 偕

荷 匤 蚼 四 茋 訶 蘸 匸 蓟 罱 匌 匤 芍

矣 鼉

物 其 有 矣 維 其 時

茍 六九乇 茍 茍 中九匹正 䒦 六七寫 六七九乇丁 茍 六九匹丁 芍

矣

六九匹丁 六七罨

陽湖繆可齋闓定琴爲蕤賓之器。吾不知其何以云也。以中琴緊三弦譜蕤賓乃知之矣。琴之爲器。惟黃鐘大呂二均。五聲順弦。其餘則必錯綜取聲。蕤賓緊三弦。爲宮商角徵羽順弦而下如黃鐘。故相沿以爲正調。取其便也。繆氏定爲蕤賓之器。殆有相遇於徵者乎。然不知蕤賓者十二律中旋宮之一。宮可命曰蕤賓。變徵宮不可曰蕤賓之器。則亦知二五而不知十也。陽九陰六。世變日新。競以變徵爲正調。世皆狂。則以不狂者爲狂。狂者爲不狂。觚不觚。觚哉觚哉。余之譜蕤賓。甄俗也。禮失求之野也。匪風下泉之思也。聖門五尺童子羞稱五霸。而春秋美桓文。意在斯乎。意在斯乎。

導和第九

雍門之琴。愴然流涕。衰周以來。民氣墊隘。而言音者以悲哀爲主。離鸞別鵠。廣陵止息。劫掎抗慨。怨沮躊躇。聞者悽愴傷心。含哀噢咿。則以爲天下之至妙矣。而山顚水湄之士。放情高寄。或能發蕭疏淡遠之音。然亦不能和也。或曰。就世俗之樂。去其淫凶過慢。被以古樂之節奏。不亦和乎。曰。非也。俗樂有五聲而無六律。偶有合者。幸中而已。或陽出陰聲。陰出陽聲。第其高下。仿佛而已。故雅器而俗用之則雅亦俗。世傳胡笳十八拍。則亦胡笳而已。俗器而雅用之。終不能雅。以琵琶弦鹿鳴關雎。豈有當哉。俗之可用者君子甄之。王道不遠人情也。鄭之亂雅者。君子惡之。惡似而非者也。

制器第十

或曰秦漢以來賢人君子衆矣吾子獨以復古之功推邱君得毋近於張楚乎曰非也此論六藝之一耳邱君布衣覃思正樂候氣制律吹律審音蓋終身焉優而游之厭而飫之博孜旁稽卒得神解語有之易不畫詩不歌終無入處邱君之得以制器也專且久也紫陽船山諸君子亦深通樂理而不得其數者非其智不及未制器且遜其專且久也如半黃鐘不應黃鐘半泰簇不應泰簇此亦非必師曠之聰而後察何以四寸五分之清黃至國朝康熙始覺其謬哉故鳳簫者衆器之宗祖舍鳳簫而張弦律乎呂乎智者千慮必有一失

闡義第十一

琴者禁也所以禁止人之邪心也余賡之曰琴者訢也所以訢合陰陽培養人之浩氣也禁者克己訢者復禮克己之學寡嗜欲安澹泊方外之士或有能之者矣至於復禮則位天育物天下歸仁非孔顏以下所庶幾也不克己固不能復禮不復禮則己烏能盡克哉船山先生每舉雷雨之動滿盈開陳闔奕讀衡門之詩三致意焉非言琴也於琴遇之矣

同聲第十二

客有訪余西專寓齋者左右張二琴翦小紙鳶加其上鼓左宮則右宮之鳶飛鼓右商則左商之鳶翔獨張一琴鼓宮宮躍鼓商商翥客曰異哉有鬼神乎曰昔旌德逸士姚配中善鼓琴客造焉案瓦皆鳴姚曰毋恐凡數同則聲同聲同則響應銅山西崩洛鐘東應古志之矣易曰同聲相應同氣相求雲從龍風從

虎。聖人作而萬物覩。書曰。惠迪吉。從逆凶。惟影響。記曰。君子樂得其道。小人樂得其欲。周子曰。君子修之吉。小人悖之凶。豈有爽哉。豈有爽哉。客肅而起曰。吾今而後知功不虛立。名不幸成。樂之爲教大也。與治同道。罔不興。與亂同事。罔不亡。故君子愼所以感之者。余曰。未也。請爲子鼓宮則少宮應。鼓商則少商應。疾鼓少宮少商則宮商應。遲。子知之乎。宮爲君。商爲臣。君子也。君子之德風。小人之德草。草上之風必偃。孔子賢於堯舜。而堯舜在上。於變時雍。猶登高而呼。聲非加疾而聞者自遠。少宮子道也。臣道也。少商庶僚百執事也。周宣明君。杜伯。劉吉甫。賢父伯奇。放。淸獻名臣。茂叔疑此。陳思發憤。所以有人之忱。不能動天。譬蝮蟻之忱。不能動人之激論也。故君父不能通下情者謂之聾聵。大臣不能舉賢才求民隱者謂之負乘。

敍意第十三

孔子曰。興於詩。立於禮。成於樂。蓋詩爲樂心。聲爲樂體。始於誦讀。終於弦歌。始於立志。終於成德。樂之爲教。若是其大且急也。弦歌闋宋則關睢哀樂之義得半失半。宋代名儒所以發古今成材難易之論。四詩淵。奧。正立顯顯然百家爭鳴。篇什具在。由西河以通。洙泗。博學精思。厥有津徑。秦火以還。樂爲絕學。國朝久道化成。乾隆嘉慶之際。有布衣起於桑梓之里。曰邱君穀士先生。名之稑。覃思律呂。制器審音。邑中從髦。聞風肄業。是時民物康阜。士庶慕義。不憚捧萬金之產。開黌舍。備膏火。君擁皋比。口講指畫。稱老師者數十年。文廟二丁之祭。八音諧。六佾備。瀏陽之樂遂名天下。箸律音彙攷八卷。丁祭禮樂備攷三卷。同治初元。湘鄉曾文正公將克金陵。留意文治。徵君季子及弟子數人習樂安慶。光緒十三年。常熟翁尚書同録取彙攷八卷進呈乙覽鄉人之官京朝者呈禮部祀君鄉賢復古之功沒世漸顯是書亦稍稍流傳都下第金石之樂非私家所能備而琴德最優無故不徹邱君統論衆樂於琴爲簡初學操縵未易貫通余懼妙旨之終閟特爲引申且袪未寤凡邱君所已明者不贅欲學者讀其全書也嗟乎郎曹戢影歲星一周退食省醫閉門問業吾黨斐然唱予和汝將外乞小州鉛刀一割雞鳴風雨豈免懷人溽暑箸書傳之儔侶竊比康成箋毛沖遠疏鄭先河後海爲之前驅指窮爲薪火傳不盡天降時雨山川出雲然後合樂以祀瞽宗升歌而弦文武制氏賚公之倫執技事上紀其鼓舞鏗鏘而不言其義夫惟大雅卓爾不羣邱君近之矣時光緒十有五年己丑夏日也

原史一

船山學報專論之一

益陽曹佐熙述

流別甲

史之爲體周疏離合語人人殊欲訂其是非匪有浩博之書莫能竟其恉也於浩博之塗求其統系欲閎無不函纖無不入以守約以致精史氏辨體之通術也顧求之於古尙無其書將合諸書而折衷之以自成一家則諸書之宗恉不可不先辨也

辨體之書於古有二有爲藏書作者如劉歆七略班固漢書藝文志是也有爲修書作者如劉知幾史通六家二體諸篇是也爲修書作者以義例爲主所析之體咸以爲起例之端訂例彌精斯辨體彌密爲藏書作者以部次爲主某書與某書爲同類則引而近之某書與某書爲異類則離而遠之故體之辨止於書至於書之內容尙有無算之體焉未遑及也劉略班志所以異於史通六家二體諸篇此耳茲區別甲乙條論左方

甲類辨類之書

藏書之目自劉略班志始顧其書未立史部凡後世之所謂史胥入六藝於類目未詳定也荀勗晉中經簿始立丙部以諸史入之阮孝緒七錄承之於紀傳錄分立子目隋唐以降暨武希風茲表其沿革於左

七錄紀傳錄	隋書經籍志史之所紀	通志藝文畧史類	四庫提要史部
國史部	正史	正史	正史

注歷部	舊事部	職官部	儀典部	法制部	僞史部	雜史部	鬼神部	土地部	譜狀部	簿錄部			
古史	雜史	霸史	起居注	舊事	職官	儀注	刑法	雜傳	地理	譜系	簿錄		
編年	霸史	起居注	故事	職官	刑法	傳記	地理	譜系	食貨	目錄			
編年	紀事本末	別史	雜史	詔令奏議	傳記	史鈔	載記	時令	地理	職官	政書	目錄	史評

右表首阮錄以史之立專部分類目自阮錄始也次隋志以四部之類目至是而確定也次通志藝文略以校讎之學鄭氏爲專家也次提要以其類目爲近世所通行也不及劉略班志以二書尚未立史部也

乙類辨體之書

史家義例之學。世推劉章。而辨體則劉氏之書。視章氏爲備。茲都其說。略以意條理之。詮次如左。

正史之體六

一尚書家、
二春秋家、
三左傳家、
四國語家、
五史記家、
六漢書家、

雜述之體十、

一偏記、
二小錄、
三逸事、
四瑣言、
五郡書、
六家史、

七別傳、

八雜記、

九地理書、

十都邑簿、

正史內容之體十、

一本紀、

二世家、

三列傳、

四書志、

五載言、

六表歷、

七論贊、

八序例、

九補注、

十序傳、

右方所述凡目至二十有六。辨章流別。視阮錄隋志爲詳矣。然遂以謂史之體於此備焉。所不敢信也。隋書經籍志史之所紀有職官類所錄凡二十七部如何晏官族傳十四卷王秀道百官春秋五十卷之類皆官史也而史通雜述篇未之論及其不備者一也三代治書圖表並重史通論正史內容諸體有表歷而無圖其不備者二也至於甲之與乙類聚之而統系成焉經正緯從相守以成其治官察民之用有一體獨立而不能者則尤劉氏所未言也擴而充之蓋有待於後之作者

原史二

船山學報專論之一

益陽曹佐熙述

流別乙

史之有別猶人之有別也人烏乎別別以倫也史烏乎別別以類也寓宙終古一人則人無倫人之倫生於羣也寓宙終古一史則史無類史之類生於集也人孳乳浸多則羣羣而無紀則亂慮其亂也爲之別以紀之而倫以生而人以治史孳乳浸多則集集而無紀則亂慮其亂也爲之別以紀之而類以生而史以治

類生則史烏乎治也曰經緯治也今夫曰圖曰書曰表曰注曰徵曰論曰辨曰序曰例曰目曰綱曰計此別史之經緯也曰記事曰記言曰記人曰記世曰記年曰紀修書此集史之經緯也史無經緯史之功用不成獨體弗足以紀載也史有經緯而不治史之功用仍不成衆體無紀亦弗足以紀載也（侯岡氏造六書、有獨體之文、即有合體之字、亦知獨體弗足以紀載也、文字具矣、爲之別以紀之、於是有象形焉、有指事焉、有形聲焉、有會意焉、亦如衆體無紀弗足以紀載也、）

經緯烏乎治曰經無失其爲經緯無失其爲緯則經緯治經不侵緯緯不侵經則經緯治經以濟緯緯以濟經則經緯治經無失其爲經緯無失其爲緯各正之義也經不侵緯緯不侵經明辨之義也經以濟緯緯以濟經合德之義也不知斯三義經緯末由治也

史之最初圖而已矣（侯岡氏造六書、象形爲首、象形即圖也、）因圖有弗能明也而益之以書書者圖之變式也因圖書有弗能明也而益之以表表者圖與書之公變式也因圖書表有弗能明也而益之以注注者綴文於後以明圖書表之所未明也圖書表注四者具矣有箸根據以徵信者謂之徵有箸中失以知來者謂之論徵與論之辨正前說者謂之辨箸作意者謂之序箸凡例者謂之例標目者謂之目提要者謂之綱記數者謂之計此別史之經緯合德也史之最初紀事而已矣（說文解字云史記事者也蓋就最初義言之）因紀事有未備也而益之以紀言言者事之指也因紀事紀言有未備也而益之以紀人人者事與言所從出也因紀人有未備也而益之以紀世世者人與人賡續而成者也因紀事紀言紀人紀世之散無統紀也而綴之以紀年紀年者所以提紀事紀言紀人紀世之綱也五紀具矣而有爲之專篇以明其宗恉義法條理名數及譔人姓名世屬爵里者謂之紀修書紀修書者紀書之所由修也此集史之經緯合德也因國史代史之不足以言備也於是由國史代史而分之有人史以紀一人事言本末有家史以紀一家事言本末有方史以紀一方事言本末有官史以紀一官事言本末有皇史以紀一皇事言本末因國史代史之不足以言通也於是由國史而合之有列國史以紀列國事言本末由代史而合之有歷代史以紀歷代事言本末譬則耳目口鼻相守成功此集史與集史之互爲經緯者合德也良於圖者不可廞於書良於書者不可廞於表良於表者不可廞於圖務使一篇之內無偏枯焉此別史之經緯各正也良於紀事者不可廞於紀言良於紀言者不可廞於紀事良於紀言紀事者不可廞於紀人紀世紀年務使一書之內無偏枯焉此集史之經緯各正也良於歷代史者不可廞於代史良於列國史者不可廞於國史良於國史代史者不可廞於人史家史方史官史皇史務使一切集史之內無偏枯焉此集史與集史之互爲經緯者各正也有圖之義法有書之義法有表之義法推之注徵論辨序例目綱計廱不各有義法而不相蒙此別史之

經緯明辨也有紀事之義法有紀言之義法有紀人之義法推之紀世紀年紀修書靡不各有義法而不相蒙此集史之經緯明辨也有國史之義法有代史之義法有列國史之義法有歷代史之義法推之人史家史方史官史皇史靡不各有義法而不相蒙此集史與集史之互爲經緯者明辨也惟明辨也故各正也惟各正也故合德也則甚矣治史之弗可以弗知別也

弗知別則弗知類弗知類則弗知經緯弗知經緯則體弗可得而備也名弗可得而正也法弗可得而立也政弗可得而修也然而劉覽自秦以下二千餘年知史別者有幾人邪卽如二十四史惟明史曆志有割圓弧矢諸圖明史豈特曆志宜有圖邪二十四史豈特明史宜有圖邪二十四史惟史記漢書新唐書新五代史宋史遼史金史元史明史有表餘史豈盡無可表邪二十四史惟史記漢書後漢書晉書宋書齊書魏書隋書舊唐書新唐書舊五代史新五代史宋史遼史金史元史明史有志（宋書謝儼傳曰、范曄所譔十志、一皆託儼搜尋、垂畢遇曄敗、悉蠟以覆車、宋文帝令丹陽尹徐湛之就儼尋求、已不復得、一代以爲恨、據此則後漢書原有十志、十志之篇目可考者、百官志見后紀、禮樂與服志見東平王蒼傳、天文五行志見蔡邕傳、）餘史豈盡無可志邪二十四史惟史記漢書宋書魏書南史北史有自序（南史北史、同一敍傳、以其同出一人之手也、匪南史無敍傳也、）餘史遂可無自序邪二十四史惟遼史金史國語有解遼史金史豈特國語宜有解邪二十四史豈特遼史金史宜有解邪二十四史惟史記有紀言（史記三王世家、名世家、實紀言也、故太史公自序曰、三子之王、文辭可觀、三王世家序曰、燕齊之事、無可采者、然封立三王、天子恭讓、羣臣守義、文辭爛然、甚可觀、也是以附之世家、）餘史豈無言可紀邪此因史家經緯之義不明而體於焉不備者也史有別有集別有紀事紀言紀人紀世紀年紀修書集有人史家史方史官史皇史國史代史列國史歷代史凡此皆循其經緯之實別而目之名與實賓無能移易者也自劉歆七略班固漢書藝文志立六藝諸子詩賦兵書術數方技等名荀勗晉中經簿因之變爲甲乙丙丁王儉七志因之又變爲經典諸子文翰軍書陰陽術藝圖譜阮孝緒七錄因之又變爲經典紀傳子兵文集技術道佛長孫無忌等隋書經籍志劉昫等舊唐書經籍志因之又變爲經史子集鄭樵通志藝文略因之又變爲經禮樂小學史諸子星數五行藝術醫方類書文展轉移易莫定一宗惟其首鄉之名之不與經緯之實符也夫是以後之作者可沿可不沿也此一名實也彼一名實也此一是非也彼一是非也楚固失之齊亦未爲得也此因史家經緯之義不明而名於焉不正者也法生於義義生於類聚羣分類聚羣分生於經緯明後之爲史者以一切之法馭之視圖如書視書如圖視表如圖書視紀事如紀言視紀言紀事視紀人如紀世視紀世如紀年視紀年如紀事紀言紀人紀世視人史如家史視方史如官史視官史如家史人史視皇史如官史視列國史如國史視歷代史如代史既失之混淆不則以獨行之法馭之爲圖者不復知有書爲書者不復知有圖爲圖書者不復知有表爲紀言者不復知有紀事爲紀人者不復知有紀事紀言爲紀世者不復知有紀人爲紀年者不復知有紀事紀言紀人紀世爲國史代史者不復知有列國史歷代史以合提其要有人史家史方史官史皇史以分語其詳又失之睽孤決裂此因史家經緯之義不明而法於焉不立者也集衆修史各因所長授之職焉甲圖乙書丙表甲紀事乙紀言丙紀人丁紀世戊紀年己紀修書以史之經緯定員之經緯焉以員之經緯定局之經緯焉故能相守以成功也後之爲史者綱目不析職守不明優於圖者或乃治表優於表者或乃治圖優於圖表者或乃治書急則以一人治衆史既紛紜馳騖以成乎蟲疏緩則以衆人治一史又牽制徇隱以成乎曠廢此因史家經緯之義不明而政於焉不修者

也。則甚矣治史之弗可以弗知別也。然而後之治史者皆於此義或知或不知也。甚則於此義一無所知。也。則史之不治固其宜也。茲將古史流別表列左方

古史流別表上

集史流別	別史流別
一代之史（一統者謂之代若漢若唐）	紀事
一國之史（鼎立者謂之國若蜀魏吳）	紀言
歷代之史	紀人
列國之史	紀世
一皇之史	紀年
一官之史	
一方之史	
一家之史	

文苑

中華書局發行

小學教員檢定注意

僅費洋三元 可得檢定文憑

實用小學教員講義

教育部注重國民教育。實行檢定考驗京兆業已舉辦各省亦次第實行。將來非檢定及格得有文憑者不准充當教員然非預備有素當選殊難。本局出版實用小學教員講義。即專爲小學教員講習所及教員檢定之用科目與部章相吻合且多經教育部審定實爲預備應檢定考驗者最適宜之書全書六册已出四册現正加工趕印。九月內一律出全定價每册六角全份六册三元郵費每册五分

教育部審定

批教育學云說理透闢。述辭簡明。切於實用尤爲特色。批各科教授法云照本部現行教則參酌日本教授法教科書并加以實地經驗各科咸備所選教材亦應有盡有頗合師範學校程度。批管理法云本書遵照本國教育法令參孜外國制度加以編者實際經驗精心結撰於實用尤爲適宜批倫理學云此書融和中外倫理學說提綱挈領注重實行文理亦簡明無疵頗合講習科程度。批算術云所取教材及排列次序。均合教科之用。

▲全書目錄

實用教育學
實用管理法
實用各科教授法
實用兒童心理學
實用單級教授法
實用修身講義
實用倫理講義
實用算術講義
實用歷史講義
實用地理講義
實用理科講義
實用體操講義
改良私塾法

中華書局發行

玉屏集

船山學報文苑之一

益陽王德基

七復

琅邪公子陟乎不其之山高劍彗雲長波際天極視海曲星漢窈然思翼皇輿贊清都振袖紫臺鳴琴玉扆家遘閔凶國鮮澄乂朱紱中絏射策不適綠墀青瑣譏錯乎蒿艾炎風朔雪慘慄乎肌骨旅坐內訟獨寐永歎歲華飈馳呿吟以旦乃操桂楫躡藤屩濟巴曲越氐道入青城揖紫霞元君而詔焉曰僕南鄙喬介懵道眢學妄覬康濟泥溷蠖蝓中實紆鬱外罕愉樂意欲竊聞大道閉謝世慮脫屣乎域中冥情乎巖戶或亦至人之所許乎元君曰君質非巢居情無滄洲上罕得乎龍彲之用而下不安於鶉鷇之流無已則請述平陂之事狀菀枯之邸以瀹子慮以舒子憂公子曰夙昧元象狂痼自恥敬承清音庶其有豸乃枕石拊樹而聽焉

元君曰羲昊既沒軒黃不居世則榛狉民猶睢盱二帝速嬗三王遂徂泗鼎湮水景鐘墜燕於是囓吠堙鬱干盾詐狙地蠹周簡谷淹秦儒峻法則駭鹿驕兵則沸魚神聖之胄降及輿皁桓穀之屬輿於牧奴利亟智盡仁沮義迂九十六聖荒忽不起二十四帝卒爲補苴乃有玄菟黃龍之主赤髮黠蹕之徒窺我皇象肆爲帝圖怪禽啼於紫宮陰虺蟄於廟隅尺籍易於朝夕姓系混其黃虞九州之內賢憂惷吁忽焉哲王出睪相俱害馬去神羊趨夜戶不闔行糧不儲萬物棣通朝野歡娛乃登明堂頒璽符調鐘律陳典謨幸辟雍開爻閭越裳來密須呼表裏文武奔走管狐冬官補周禮之缺封建復三代之模神孫聖子踵興

接衢自茲百代民歌嗎嗎豈非終古之景運而天下之所樂覩乎公子曰唯唯此兆人之福也非一身之慶也夫天垂其象星有流隕地茁其芽草亦夭札則固八紘所踊蹈而非吾蒙之所發乎願子語其近也

元君曰天有四變霆孛暵蝕人有四病寒暑燥溼故一體受病則百體不仁一人向隅則滿堂不適蓋宣尼所不能禱五嶽所不能殖矣若夫王粲體羸崔駰善病牀有鐺匕室絕吟詠飛龜之散無靈畫龍之符不競嗟鑿齒之坐廢占叔寶之不永涼燈曉淡落葉宵警孺人倚帷泣下連緶既而問鴻烈之仙方得倉公之祕傳榮衛導和肝鬲鬱宣疽背不發消渴亦痊良朋展襟佳人拭筵一彈繁霜再鼓流泉陽城下蔡之音游魚火鳳之絃衆響雲會妙容月姸鄣袖墜其金蟲飛汗沾其鬢蟬遂駢帷而避日長酌觥以延年於斯時也則有張頤動脣其樂油然者矣公子曰善然七年之病乃困於醫一日之瘳適返其故子且以爲害而僕能無懼乎

元君曰客有抱石銜寃飛沙礪齒形慴於毒骨鑠於毀丁鴻家破龐娥父死親交怯援文吏持議械繫灰釘歐刀盤水憶黃犬於東門抱素琴於西市血飛肉碎魄悸魂恥欷歔行路流離弱子寄身櫟陽之亭賣餅臺卿之里斂痛緘怨曾無有豸忽焉嗣子嶷立仁君溫旨生徒鳴杜喬之寃門人出李寬之姊關西遣祭則大鳥來墳亭下刺仇則血痕染指是以車前殞命乃有鄗塢之身敗也樓中劫姬不知河橋之兵潰也而後身受者齒嚓目擊者心快伊筳篿之可卜雖梟獍而何賴此褫衣所以快烈士之魂而入郢所以甘鴟夷之罪乎公子曰快矣抑猶未也淮陰封於彭城則鍾離喪矣陳餘敗於泜水則張耳王矣恩怨道乖未可籌量也

元君曰。相如四壁。敬通三厄。公孫牧豕而吟。買臣負薪而餓。門無典謁。室有交謫。姓氏羞稱。慶弔並絕。臨邛多病。長安苦熱。聆海上之悲風。避越山之夏暍。龍蛇失運。騏驥無色已而建武騎之麾結御史之轍半津開丞相之館會稽驚逆旅之客亭長負弩以前驅姻戚獻酒而諛說向之棘目荆心膏脣拭舌棄彼猥賤笑彼庸劣莫不蛇行洛陽之道烟視都亭之側曰此大丈夫之所爲非吾儕小人所能測也公子曰嘻有進乎元君曰亦有衛青之奴庫辱之僕或口承其咳唾或身被乎笞辱語富貴而心恚求福慧而不足而乃勒兵天山振翼河曲貌留丹青功繪旂竹此一世之奇傑而初不自知其局促者也公子蹙然不怡曰。名與遇顯勢隨。運移一朝失貴衆口。詆諆翟公之榜難謝乎門客灌夫之駡何裨於魏其哉

元君曰若夫塞外草衰千里轉戰刁斗曉動胡笳夕囀萬馬銜枚千夫受箭脣兵裂背驚沙入面貳師失。道都護驚變指墮殷血甲委沉練重圍不開孤軍難戀束手旌麾之下俛首刀筆之掾亦既進退俱窮勝負皆讞矣乃復操畫鼓挽雕弓渡交河趨湟中馬蹀雪士呼風刀劍響氈廬空虜名王跨空同驅牛羊以入塞質子弟而偃烽於是封李廣爲徹侯褒陳湯之元功圖形麒麟之閣置酒未央之宮乃拜手而稽首天子曰予嘉乃懋績倘克有終公子避席而稱曰是非振古之烈抑亦萬夫之雄也願更有聞焉

元君曰悲莫悲兮別離遠莫遠兮夷狄漢皇所語長安遠於日邊揚雄有言交州在於天際乃有李陵北屈班超西繫王褒遣祀於滇池虞翻竄身於交桂形越鄉國愛割親誼淚盡日南之珠血灑幕北之地對長河而歲暮望浮雲而誰寄髮短心長魂飛體瘁盼嶺表之歸舟問隴西之驛使況復出塞辭君入宮別弟北去長城西來旅次小別十年永離此世悲風滿襟遠夢塡臆爾乃表通天之臺返玉門之騎赦才子

於南荒。迎將軍於西第。雁門書達。長陵車至。骨肉相見。姻黨把臂。喜迸泣下。會疑夢寐。舉匏爵以相屬。述疇曩之思。憶願自茲以百齡長相守而弗棄。公子愀然曰。代馬鳴於北風。越鳥巢於南枝。情之所至。雖遠弗移。自非詄蕩之奇觀。又安能稍易其悲思也。元君曰。貪夫殉財。烈士殉名。魯陽揮戈。白日乃停。子且將奮滬池而引三辰乎。曰然。

元君曰。補天立柱。鑿空者奇。駕海鞭山。成功者巧。止漏水之溶溶。墮妖雲其如掃。若乃百六運丁。陽九數早。長星禍吳。白氣入趙。銅頭鐵額之兇。封豕長蛇之暴。九廟痛哭。三州離擾。文武道窮。晉鄭兵少。廟屋筋懸。郭門車倒。樂陵永訣之時。平陽蒙塵之道。鐘簴寒沙。山陵荒草。金人淚下。銅駝恨曉。重以甲興淮右。劍及繁陽。託負愛子。身居讓王。紅袍濺血。金玦擢賜。喧後宮之鹵簿。進別院之鳩觴。於斯時也。三靈無光。乃神人所共憤。憯長夜其不揚。爾乃張天步。收帝京。提金鼓。問賊臣。斬綠林而告廟。爇丹穴以求君。誅蚩尤於鹿野。瘞長狄於駒門。則有股肱伊呂。爪牙良平。外受圖籍。中釐典文。行司隸之章。復南陽之民。衣冠復覩。父老涕零。是日也。郊天地。祀列祖。陳琥瓚。飾簋簠。建翠鳳之旗。鳴斑麟之鼓。朱紘玉瑱。黃琮赤羽。公侯駿奔。胥在壇所。帝乃敷告於有衆曰。惟皇天誕眷我烈祖。允升大猷。奄有九有。爰逮中葉。寇亂我邦家。戕賊我黔首。寢廟震驚。予小子煢煢在疚。實惟若臣左右予小子。宏濟中夏。誕膺天威。綏定宗社。羣生攸遂。于天之下。勸功崇德。國有常典。今以元勳錫之黻冕。汝往欽哉。視茲爵顯。於是謝太常之封冊。循石戶之遐跡。角巾歸里。石室長揖。游神窈冥。窺道清秘。尋洪厓之故居。挹音塵而靡及。豈復馮鄧之所知。巢由之所計乎。公子奮然曰。吾病愈矣。遂刺舟而返。

穀庵類稿 記事

船山學報文苑之一

益陽曹佐熙

記釐卡事

同舍長沙李孟麒子奇爲予言武穴釐卡。有布商偸越。委員廉其直三千兩。倍罰之。商鬻船不足數。則下獄勒追。商百計營脫。比出而家蕩然矣。痛絕自經。其妻孕九月矣。亦自經。無何委員寢。大呼布商家人駭。視之。氣則絕矣。頸血淋漓。爪痕深入肉寸也。委員者賈良雲。湖北候補同知也。後十年而有羅金壽。亦湖北候補同知。奉檄徵鸚鵡洲木釐。一夕集聽事。鞠偸越。傳呼甚嚴。同局陳甲往窺之。則一村人以泉九百市三木支牆而急歸者。勒罰三緡。村人哀告。淚隨聲下。甲憐而代求之。卒罰三百。村人則退。一木木店取原直繳局。乃得脫歸。歸且泣曰。吾牆不知倒否。吾老母病。妻幼子。不知死生矣。吾聞而怵然曰。有是哉。子奇曰。吾昔上湖北。當事書目卡員爲虎狼。此耳。子奇又言有中表某在釐卡。月給三兩。而陋規乃至十五六兩。或二十兩。孟麒問故。則曰。釐泉例足陌。逐緡而核之。不能也。則任核一緡以槪其餘。而取足焉。有羸則吾之得也。泉色低者吾責其全青平頭。不則勿收。有迫而入泉以升色者。亦吾之得也。船乘風趣時者吾故留難之。貨易破損者。吾故震撼之。報已足數也。而吾故少之。彼勢不出於賄不止也。吾乃安坐而瓜分之。故至此也。孟麒曰。哀哉。子之心乎。則曰。吾始入局。亦惻隱。難安久。則化焉。而不自知也。予聞而益怵然曰。有是哉。昔湘潭周大寬靜軒。述其縣人胡錫燕伯薊。篤窮至死。不奉檄徵釐。吾始竊疑焉。乃今而知其用意過人遠也。

蘇厚庵曰敘次娓娓動人是有關世道之作

記周靜軒事

予始識靜軒在長沙求賢書院未有以異之也一日過予借朱子年譜予臥病靜軒自從架上抽之因覓予課卷笑謂予曰以子之木訥而文顧斐然不見予文吾幾失子矣更索佗卷予强起傾匣示之則引繩落斧不少假借自是予有作無弗示靜軒靜軒亦無弗盡言言之亦無弗可予意也靜軒篤學嗜書目所未見必展轉假借絕人事而讀之夜漏垂盡猶然脂和墨口誦手鈔乃至目眵赤腫寒飲纍纍然如貫珠下不顧也同舍之士咸笑目爲書淫然靜軒博涉而有統宗匪宋五子書亦弗數數讀也庚子和議成過長沙語予曰海通以來國恥日重此臥薪嘗膽時也今文武酣熙方相尚以敖放國奚恃哉又言自俗儒輕詆宋賢以義理之學爲空疏寡效風尚所激防檢蕩然匪詞而闢之時事之壞未知胡底予則大韙之以爲知道者言也靜軒譪譪若無所能然朋齒緩急義激於中世所謂能者殆無以過予與靜軒相處久所見蓋非一事靜軒不自言人亦鮮能知也靜軒以光緒甲辰某月日死距其生得年四十飢驅者蓋去其大半也嗟乎斯人也而所遇若斯孰使之然邪靜軒諸所讀書朱墨雜下箋識甚多天假之年條理整齊宜有所存以爲斯道之羽翼賫志遂沒尤可哀也靜軒名大寬周氏湘潭縣學生

蘇厚庵曰文情最深

記向蓬蘭事

蓬蘭名樹桃湖向氏當同光之際朝廷承明之敝用四書五經文試士繩墨之拘攣詞氣之痲下特達之

船山學報文苑之一

瓣薑詩

瀏陽歐陽中鵠

九日將至置酒招客既酣之後、慨然有懷因事造端、詞不一恉、意所未竟不憚反復、當陶飲酒二十首、卽用其韻、

登高望中原滔滔將何之吾道命千載生當履霜時盛衰有定理當前悟來茲天運苟無變何爲陰陽疑一醉解百憂尊酒惟自持

平時出門去車上迎西山覿面自相得悠悠久忘言山氣忽若暝蕭森非昔年情殊境亦異幽憂誰能傳

鷄鳴舜蹠起孳孳竭其情但遂當初志寧知身後名聖狂一分驚各自全其生危詞互相聳道異兩不驚君子不愼始白首將胡成

鷄鶩侈羣聚鳳兮惟獨飛有國不可適朝陽鳴亦悲梧桐勁風折欲集將何依環顧望儔侶矯翼乘風歸路逢楚狂人狂歌譏德衰來追往不諫此理詎相違

長安激羣動輪蹶朝夕喧薄宦喜不顯戢影城南偏念我素心人何時歸故山誅茅結精舍乘興相往還常持一尊酒與君同笑言

夷清柳下和所居各一是師夷苦量隘學惠懼方毀尼山聖之時步趨誰能爾遐哉曠達儔異代招園綺

昔聞洙泗言有志三代英衰周至今日人人抗其情君子澤苦斬私淑誰心傾明燭逮幽室先聲嚶鳥鳴醇醪一再飲油然道心生

翹首望停雲停雲終不開亮無排空力何以申所懷綱維萬古在此道寧能乖晨興俟蟲飛晦息遲鷄棲
區區一寸心阿膠澄河泥莊論揖大雅寓言雜詼諧但令己志得何惜物情迷擾擾塵世中空悲時命違
俗人豔苟合君子飭廉隅廉隅不易飭努力在半途父師責已寬聖賢相鞭驅堅忍苟不逮電逝已無餘
曠覽古今人此時多失居
人生二三十自謂當聞道日月不可留奄忽成衰老蕭蕭白楊下一邱葬黃槁太璞俟玉人雕琢成美好
質美不肯學終焉喪其寶空嗟少壯時英氣橫八表
祿養難可必善養寧俟時緬懷介之推功成賞猶辭胡爲世俗人持論不如茲屈節謀稻粱託言若不疑
皇天鑒幽獨此心何能欺成親在令名擇術愼所之昔遊衆山中趨伏鮮常境忽然得開朗有若夢初醒
當時苟自阻深曲未遑領始知窮攀躋乃得發新穎青天排雲煙皎皎日星炳
獨坐少佳趣忽逢舊交至陶然進壺觴主客不辭醉殷勤重請客爲我豁胸次客持尊酒言人生有良貴
辟如飲此酒宜知酒中味
杖策出門去還顧曠安宅逆旅多遊蹤家庭少行跡論得未及一計失何止百習習春風和炯炯秋月白
此時不歸飲徒爲居者惜
束髮入家塾一年視離經責望良不薄謂言當大成胡爲及四十悠悠歲時更疇昔禀明訓詩禮聞過庭
韋編篋中孚在陰徒鶴鳴明發耿不寐終天恫此情
陳詩十五國所陳多變風治亂相倚伏消息在其中轉移繫人事道窮當變通文武生斯時焉能不張弓

俯仰天人間所難在自得攖心積萬端何以解所惑至死果不變乃能不變塞尙論友古人友善先一國
勿信於陵義致失閔損默
盛年當有爲况乃爲貧仕有時忽長辭婉轉去知己相期苟不尊言餂士所恥戮力自有分翩然返鄉里
君親同天倫所重各綱紀離之信兩美仁義安所止勿爲血氣用異日難可恃
憂患無斷絕往往失其眞曩者吾猶及風氣雜澆淳如何十年中世變日以新有客叩我門皇皇言避秦
不見縱橫時戰骨彌沙塵桃源儻可入殷勤重殷勤我持一尊酒怡然謝交親舉世莫與易欲往誰知津
立命旣不忒何必憂綦巾夷齊死西山天寧私聖人

擬阮嗣宗詠懷

悲商叩虛堂蕭蕭生夕驚寸慮苦欲屏萬端巧相縈信非枯槁流誰能輕此情撫桐發哀歌危弦無緩聲
中園有奇樹移植高山岑下視松柏儔迢迢隔千尋託根詎孤迥懷憂從此深燠俟朝陽晞寒防多露侵
矧伊藤蘿質蜿蜒蔓連林攀條損枝葉蔭暍遲綠陰生理恃誰保嗟哉有專任
長安眷陳迹元封柏梁災承露復摧折金人安在哉豈知漢業盛斯時良可懷旣縣南越頭遂登單于臺
築宮塞瓠子負薪歌思哀成功謷六合奮厲驅風雷如何陋武皇縹緲誇仙才
一山石戴土崔嵬復崔嵬面臨大海水高成九層臺培塿宮其中斂抑相追陪仰視羣木翳陰森不能開
青天照白日有若遮塵埃謂言千秋基巖巖勿崩摧滔天一朝至瓦解同寒灰
陽春起百舌飛飛集高柯宛轉伺人意掩抑成淸歌主人悅心賞愛惜情孔多常恐弋者篡勿令張網羅

鳳皇雖善鳴非時當奈何
阿環居瑤池云是神仙府周迴結綺窗窈窕隱朱戶八瑣響清風雲和戛靈雨有時朝羣眞龍鸞各參伍
俯視下界人軀命如苴土自非東方朔屏息誰敢侮
暴秦起西戎立國如孤根東田盡改步周制無復存兼幷侈富彊欲拐尼山尊儒生既坑盡詩書一朝燔
自非丞相斯誰能倡此言牽犬逐狡兔徒悲蔡東門
被髮祭伊川君子惡其始衞侯自晉歸夷言又甚矣剏彼去人倫禍更烈洪水因緣實有徒辛螫若甘旨
豈伊天心夢一世任終否重光聖道昌禮盛亂斯已
齊桓會衣裳霸業日以新匪風既徒怛流涕思下泉卑之勿高論此意難具申是以若賜達猶疑稱管仁
長蛇肆慘毒計尺千百强卽且食其性心命須臾僵物以小制大理則柔克剛達人解正變愚者昏存亡
撫形惡已短睨影驚彼長傾身入虎口死猶爲虎倀
長安遊俠子車馬有光榮出門意已決千金一朝輕友朋盡懽娛握手相逢迎行樂當及早羲和易西傾
陋彼貧窶流常懷慳吝情手持徑寸寶意氣方縱橫豪貴棄不顧當前誰盛名
嘉樹足美蔭枝葉延四隅丹朱相炤耀灼灼舒朝華晅風蕩微和佳辰良足娛一朝繁霜警嚴凝遏根株
豈不勤護惜誰能保中枯
欽䲹匿野性人言是鳳凰啄我田中粟偶來實囷倉感念手口瘏遂云功用彰雌雄逐之去招令棲山梁
倫類日以廣羽翼日以張倚奮勢搏擊所至如螗蝗求取本無厭何時當遠颺坐視飛鳥肆先使良弓藏

說苑

籜史序

衡陽王船山先生籜史舊有十傳鈔本家藏歲久漫漶可省視者僅八篇所述則鄭公古愛袁公從諤董公雲驤李公芳先周公師文李公興瑋朱公旻如夏公汝弼咸明季忠義之士也考先生永歷實錄周公師文李公興瑋朱公旻如已入死節列傳鄭公古愛已附傳何堵章後而所述或詳略異詞袁公從諤董公雲驤李公芳先則僅姓名附見紀傳（袁公死事贛州董公因雷德復訐奏大學士嚴起恆抗疏見大行皇帝紀李公芳先被執不屈見熊興麟傳）至於夏公汝弼姓名亦未之及焉賴此書存猶可據為補證篤古之士宜如何寶貴之也明之亡也忠義視前古為多微獨膺軍國重事者蹈刃如飴即巖穴肥遯之民亦扶誼閭里以相應和前仆後起百折不渝何其篤也將賦之天者異耶抑一二鉅儒長德提倡正學揚厲風義有以漸被而養成之邪然則先生之為此書也其有深意邪新化鄧氏湘鄉曾氏刻先生遺書此書咸未采入今年夏先生八世孫廷贊攜至船山學社始印行之書之傳播遲蚤倘亦有數存乎其間邪中華民國三年十一月二十九日益陽曹佐熙序

請君毋忘五月九日國恥

船山學報說苑之一

衡陽王夫之

籜史

僉都御史鄭公

公諱古愛字子遺武昌江夏人本姓陳幼出後鄭所後父俄生二子因苦公不令就學從人乞讀殘書夜秉葦火就廡下苦吟年二十不得試郡邑求歸所生不得公間擁墻哭鄰人哀之所後父顧訟之郡時洪垶天擢守武昌召公置對公惟叩頭乞杖洪異之曰是豈嘗學乎而知道爾也令屬文伏堦蝥立就奇挺攞目洪曰此熊芝岡一流人也喩所後父終育之是年二十六矣始試補諸生秋試於鄉華亭伯章公薦之主者不得中把卷而哭冬見章公於沔陽補貢將上太學讀書會江北淪沒隨章公泛舟下吳越痛飲五湖三泖間結死士同公復沔陽公才氣英磊縱說天下事累日夕口不吶息使酒善罵會洪觀察武漢義興相公視楚學中湘王撫楚軍聞公名次第引見公布衣排闥入首言主死臣生中原無一男子請先斬茸場者而後及讐寇諸公皆聳折已而從義興公較士湖上章公監江北軍辟公幕府督府承制授監紀推官理會鹽稅折節茹苦盡括佐公糈不以一錢自名軍興不匱新寧令魯可藻罷官游督幕以貲委總理鹾政日課羨潤公於督府棨下大罵起批可藻頰棄官從義興公軍中遣調忠貞十八部盡得要領丁亥夏至武岡上事劉承胤引留之不聽授廣東道御史監忠貞營出荆澧持節出經嘗德嘗德已陷道阻入江南山谿中就石崖爲巢屋伏處其中晝夜號哭悲吟虎爲驚走著崖咏二十四首罵吳炳劉承胤諸逆吏甚痛戊子春聞義興公及武昌侯馬進忠之兵壁江北土司以笠帽遮髮匹馬日夜馳虜地三百

里告武昌侯曰侯堅守窮山糧已盡雖涸民血而吮之涸盡矣嘗虜臥股掌上糧在二百里不卽飽人望侯爲餓虎不意其爲涸魚侯卽日發師襲嘗德拔之虜金固山援至公復衣介馬持手槊從武昌侯破虜麻河殲殺萬計侯嘗儆文吏視爲書生見公輕身挑戰矢及馬前不瞬歸署則擁書危坐不責取僞賕自潤異一切極推重公奉敎江南村塢草本無犯以公故也義興公銳於恢復思用忠貞營檄公同上歸峽約高李諸大帥出楚六月走峽道熱暑四十日復返嘗德辰州叛帥馬蛟鱗與公夙知聞慕公節槩武昌侯招降之未報公遣一卒走函徑投蛟鱗軍中蛟鱗陽收繫之至夜漏半召卒入臥內燈下露刃夾左右蛟鱗偃臥徐問曰若眞鄭相公遣者當悉其內外姻亞起家本末何似我居辰三年乃不知鄭相公在何耶卒具以告蛟鱗起歎曰武昌侯同我左侯軍中令招我我今未應者事未可知耳鄭相公在我以死報一書生武昌侯將無笑我乎因問曰鄭相公何官曰察院曰卽此足矣袖出白金犒卒曰十一月當以一軍至嘗德過堂與武昌合營其日使他文吏非鄭察院款我我整軍歸也鄭公豪人不須我書汝持我心往矣遂夜縱之歸武昌侯得問大喜將以其冬合營下荆岳會忠貞營卒至武昌侯大疑義興公圖己一夜盡焚糧草拔營走上湘公痛哭留之不得馬蛟鱗聞公已出湖南遂不果降猶間使覔公不輟公會督師於湘潭督制不相恊兵無紀大掠湖上公赴行在見上面對求以一詔招蛟鱗旋武昌之師於嘗德東下廷議紀麻河功馬侯進爵鄂國公擬公僉都御史義興公誤有所聽劾公擅離部曲激走勳帥請逮繫監督某與公不愜赴闕益左證之公辨不申廷議詔公回道時大中丞以反正總臺公輕其人罵曰我回何道將回畜生道也龜士益不能容會中湘之變山陰相公爲請之上令持詔出訪督師至平樂督師凶

補晉書藝文志序

補晉書藝文志者吾所見有二家其一常熟丁國鈞其一萍鄉文廷式丁氏書凡四卷附錄一卷文氏書凡六卷二書部目分合不同箸錄之多寡解題之詳畧亦時有差異假有方聞大疋之士合而爲一各取所長拾其闕遺正其舛誤徵獨蘭臺之賡續抑亦典午之功臣已民國三年十月六日益陽曹佐熙

補晉書藝文志

船山學報說苑之一

萍鄉文廷式

經部十一類。一曰易。二曰書。三曰詩。四曰禮。五曰樂。六曰春秋。七曰論語。八曰孝經。九曰羣經。十曰小學。十一曰經緯。

易類

薛貞歸藏注十三卷。太尉參軍

隋書經籍志云歸藏漢初已亡。晉中經簿有之。唯載卜筮。不似聖人之旨。以本卦尚存。故取冠周易之首以備殷易之缺。 明人世善堂書目尚著錄。左傳襄九年正義曰世有歸藏易者僞妄之書非殷易也

韓伯周易繫辭注三卷。字康伯潁川人東晉太常卿

今存。 陳蘭甫東塾讀書記曰。康伯繫辭注道者何无之稱也。又云常无欲以觀其妙殆可以語至而言極也。又云聖人雖體道以爲用未能全无以爲體。如是類者是談元非注經矣。

黃穎周易注十卷。儒林從事

經典釋文序錄云穎南海人。朱彝尊經義攷云黃氏易貢於邱園賁作奔豚魚作遯魚。余案釋文引黃氏說共九條。釋文經論黃穎云經論匡濟也、以從黃子用反、翰黃云爲畢頭高也、戔戔黃云猥積貌、辨黃云牀簀也繫辭爲罟黃本作爲网罟

干寶周易注十卷。散騎常侍

晉書本傳寶用京氏占候之法。以爲象而援文武周公遭遇之期運一一比附之。張惠言易義別錄云。

今令升之注僅存者三十卦。而又不完。然言文武革紂周公攝成王者十有八焉。馬國翰集此書三卷。朱彝尊經義攷曰干寶注十卷今止存一卷鹽邑志林載之按明姚士粦集本三卷近人丁杰集十二卷

王廙周易注十卷。驃騎參軍

釋文序錄作十二卷。馬國翰玉函山房輯佚書從正義釋文集解世說注太平御覽等書集得二十四條。

劉邠易注。本名炎避晉太子諱改

見裴松之三國志管輅傳注引輅別傳。

張璠周易注十卷。著作郎安定人

釋文序錄作集解十二卷。集二十二家。案文選卷三十八李善注。引張璠易注序云。蜜蜂以兼釆爲味。釋文引序云。依向秀本。二十二家者。鍾會向秀庾運應貞荀輝張輝王宏阮咸阮渾楊乂王濟衞瓘欒肇鄒湛杜育楊瓚張軌宣舒邢融裴藻許適楊藻者也。七錄云。集二十八家。釋文子夏易傳引張璠云或馯臂子弓所作。唐志張璠集解十卷。又略論一卷。

向秀易義。

釋文序錄引張璠所集各家。今並著其目於後。 史記屈原傳裴駰集解易正義經典釋文並引之。馬國翰有集本。不盡足據。世說文學門注。秀別傳曰。注周易大義可觀。而與漢世諸儒互有彼此。未若隱莊之絕倫也。

瓊遊筆記

船山學報說苑之一

益陽夏壽華

中華民國三年三月十三日陰、微雨如霧、甚寒、起程赴瓊、至省長處辭行、先是李隱塵先生以瓊州一島屏蔽海中。實南洋之門戶。在秦漢爲南海外徼地。唐宋爲逐臣安置藪。數千年來皆視爲不毛之區。至明太祖始有南溟奇甸之稱。然不過聞其田有三收之稻家有八登之蠶究未嘗注意經營也迄萬曆中海忠介一疏乃詳盡深切大發其底蘊。於是人稍稍知黎母五指七指小五指諸山屈蟠磅礴於中。水深土厚生黎環居之。生歧又環之。熟黎又環之。滋生繁殖不知幾千百年。與外人間隔。其民情風俗居然太古混沌之人。而十三州縣拱立環繞於外多海濱沙漠斥鹵之地。地利之不盡。實人生之大恥辱也。然海忠介之意注重消黎岐之患。取荒土而州縣之。闢治之。蓋狃於宋元明之刼殺而屢煩征討也。而不知黎無患岐更無患。皆自我奸民蹂之躪之逼之導之使不得不出於刼殺之一途。而又從中取利。果能被以文化。俾之儕伍齊民。則奸民之伎倆自窮矣。滿清一代注意經營西北而東南荒徼爲政府目光所不及。故自海忠介三百年後無一人更議及者。豈知海禁大開以來。昔之以偏僻見遺者。今乃爲吾國險要之地矣。昔之以磽确爲疑者。今乃爲吾國富饒之區矣。雖二十年前之張文襄曾念及之以辦理多未周密故勞而無功。今者時愈迫矣。勢愈急矣。我猶遺忘放棄。人已隱然覬覦之。我猶瞻顧遲疑。人將悍然攘奪之此正我南洋門戶一髮千鈞之時也。吾環顧國中。其稍具眼光而知南洋中有瓊州一島爲吾國重要之地者。惟君略有研究。此行非君莫屬。君其勉之。將來務箸成一小單行本。俾吾國人人皆知此地之關係吾南洋門戶皆有開闢經營之義務而開闢經營之權利亦在其中昔海忠介發議於明張文襄繼踵於清尤願君有以大倡於民國不必功自我成也吾第樂得觀其成焉則幸矣不寧惟是瓊島地居海外天高帝遠不獨黎人未曾得見天日卽漢人亦未盡享法律之保護君其一一調查以副吾之厚望至是復鄭重屬之余受命卽行午後三時登佛山船攜嚮導文和亭及跟人劉雨田而江國鏞亦送至香港賃居船之後樓費五元有二五時開行舟中晤蔣乂唐任瓊山知事者頗不孤寂十二時抵香港寓名利棧房黑闇而價昂貴每人日一元有二滬上火食雖貴而房屋可居京中房屋雖劣而火食可口此則一無可取矣

十四日陰時雨大風甚寒香港英國人禁用他國銀元從三月一號起令行禁止整齊畫一令人羨慕無極先是余因瓊地不用小毫一律購換大洋每元紙幣兌雙毫五角七分再由雙毫十一角三分換大洋一洋至是復以大洋換港毫每元僅換十毫此事於國權財政俱蒙莫大之損失他不具論卽粵人之商於上海汕頭省城者已不堪計算粵商苟顧大局者祇須十日不作生意則其無理取鬧之苛例卽可取消矣奈粵人祇圖私利不顧公益名雖尚未奴隸而性實先已奴隸可哀也矣午後五旹登英商大利臣船居統艙價共九元非專爲惜費也船上幷無頭二等客艙若大餐間一晝夜須二十五元未免利權外溢不獲已與百餘下等社會人共處一艙吸煙吐痰自由放肆宜外人以禽獸視之也宵深余已寢梅經武登船話別云日內將攜眷遊大吡叨今午始抵港遇國鏞知之因告以通信處是日作信致黃召南陳復卿朱殿香各一函言事兼留別也

十五日。陰夜雨大風。寒尤加緊。舟中有着裘者。午前九時開行。船左右反側而不上下顛簸。順風行故也。是以通舟無嘔吐者。否則惡濁何堪設想。余頭頗爲風傷。

十六日。午前雨。午後陰。風愈緊。寒愈嚴。十一時停輪瓊海口外二十里之遙。久之。海關之驗貨帆船始到。本船懸木梯迎之。又久之。撥貨划船陸續到。波浪如山。小舟每一起落輒丈餘。本舟懸繩梯度搭客下行。李以繩遞之。危險萬狀。余不敢行。海關監督程蟄庵賃大餐間者。例由木梯下。余假其情面附海關船渡。與蔣乂唐倪堯則等乃得由木梯下。既登舟。小浪大一起落甚失自由。因憶唐子方渡淮遇風。有平生尚忠信今日涉風波之句。不禁失笑。夫我以忠信待人。尚難必人以忠信諒我。況無知無識之風濤。求其相諒。豈非迂歟。蓋子方實心怯無聊。聊作此語以自寬慰。然畏死之心。亦已極矣。或詰暴虎馮河死不足貴。子方安得不畏。余謂孔子之意。謂不必暴而暴。不必馮而馮。是謂徒勇。非所論於萬不能已於暴且馮者。因遂成七律一章。僅得四句。已抵岸後足成之。按子方詩先僅四句。後補完之。但子方詩未免着迹。而余詩無是也。登岸倪邀諸人至渠府稅處小坐。幷留晚餐。隨寓安益利客棧。房屋尚可。價亦相安。夜蕭孝楣來訪。海口猪稅局委員也。言及今日之危險。馬頭有萬不容緩之勢。孝楣言數日前。尚翻兩船。幸未溺人。此等事時有所聞。余謂此間修馬頭之說。君有所聞否。孝云。聞有英人欲以六十萬包修。又有說四十萬者。余謂有二十六萬包修之說確否。孝云現口外橫亙一洲。洲內之水甚淺。當不難修云云。宵深雨大作。

三月十六渡瓊海遇風

扁舟一葉上濤頭。顛簸乾坤不自由。廿里風帆快騏驥。萬重雲海押蛟虯。此身老共波瀾壯。詩思飄然汗漫遊。回首忽驚登彼岸。斜陽人醉倚高樓。

十七日晴。訪蔣义唐程蟄菴於同安棧。程尚高臥。晤蔣暢談瓊崖現象。再訪蕭孝楣。不得其所。走遍大街小巷。仍不得。久乃得之。言每年出口之猪。大約七萬餘頭。多產自澄臨文三屬。每頭抽稅一錢六分。約一萬五六千元。瓊山再抽一毫。半年可得七千餘。并鷄鴨牛羊等稅。亦在一萬以外。供地方之用。府稅年不過一萬二三千。而開支在五千左右。公家所得甚微。再訪僑興僑豐兩公司管事區秀卿(南海人)情意甚殷。云僑興公司開辦儋縣那大墟鳥翙嶺錫礦六年。於茲尚未見利。探有那金金礦。距儋城四十里。因水土惡劣未開。又距儋城三十里之灰窰河種植咖啡樹膠。均數百萬株。尚無利可言。惟烟有成效。棉花甘蔗尚在試驗中。僑豐專辦崖縣之三亞港昌化之北黎港及臨高之鹽田。去年秋冬甚佳。又言公家如肯開路。則諸事易舉矣。余問此間馬頭不可緩。從前議論何如。區云由海口左旁山麓開一火車路至秀英礮台。再造一浮馬頭。不過十餘萬元。前有人言之。尚未得工程師之確鑿估計耳。並贈余公司章程一分奏稿一分。午後與孝楣往秀英礮台。由海口左行步鹽田中。約三里許。阻水。呼漁艇載之。行一里。復登岸。越山上村(村名)有墟數十家。約三里至秀英礮台。晤排長彭文珍。聞此台乃張文襄所築。費百餘萬。造法與虎門同。旋登礮台。望海灘約十里之遙。潮至水深五六尺不等。須造一鐵橋直出乃可。但十里之鐵橋。難憑臆估。車路沿山麓如弓背。約八里而工省。若直行絃上。不過六里。工略鉅。惟海岸地多為外人購去。不知有無窒礙。然亦可由商家築造。准其專利十年二十年。由公家酌價贖歸。尤便。再細觀礮五座。中三座礮口徑一尺。旁二礮略小。每尊費二百餘萬。礮棚五架。均壞。蓋板存不及半。日晒雨洗。任其銹鏽。

甚爲惜之。詢其何不修補。彭云每架須千元。上頭以經費支絀不允所請。然以余大概計之百元一架有多無少。因慨然曰。今日用錢大都急其所緩。緩其所急。寧失其大無失其小。如此顚倒錯亂。雖欲不亡胡可得也。歸孝楣邀至瓊南酒店便餐。并邀羅君同飲。夜孝楣等送余反寓。復久談始去。余今日行街市中迨遍。正街一道。純以石條勻鋪。較省城之街道整潔妥帖不止百倍。卽橫街小巷亦平如砥。全市居戶二千六百十二號。出口大宗牛羊猪雞糖油魚鹽檳椰牛皮等不下二千萬。約略計之。卽檳榔一項亦三十餘萬之多。餘之重要於此者可知矣。午後區秀卿來訪。并爲作介紹信二函。備余參觀分公司之用。及蔣乂唐程鼇菴來訪。均相左。

十八日。晴。午後微陰。午前十時。移行李入城。行八里。皆平岡。田畝縱橫。禾苗蓬勃。大約已栽揷一月之光景矣。入北門。街道平整。較勝省城百倍。惟民居低壓。生意亦覺蕭索。寓萬縣會館。因攜帶嚮導文和亭。乃萬人也。卽往見瓊崖綏靖處陳榮廷（世華）欽州人。六十九歲之老軍官也。人甚謙抑。心慈善而操守亦嚴。生平有妻二十九人。除死去十一人。現存一十有八。去年猶納一姬也。昔馬伏波據鞍顧盼。人稱之曰矍鑠哉是翁。此翁精神尤覺颯爽。福澤可知矣。有丈夫子十三人。其大公子不隨任。不預事。人多賢之。再至縣署。爲蔣乂唐道喜。蔣今日接印。復晤前知事陸開梅。調查其成績。既歸潘逸衮（玉棨）來訪。順德人。滿清宣統初元。曾晤談於太平府中學。當時一見心契。自言亦有意經營瓊州。君此來瓊人之福星也。吾去冬曾代理澄邁縣一月。雖虧累二百元之譜。差幸無負澄人。余謂君存心渾厚而多情。祗有人負君。安有君負人之理。又言綏靖處有一詳晰瓊州圖。柳震青（汝霖）有一經營瓊崖條陳。當爲余假來一覽。旋邀余出遊。由西門至北門出城。至三公祠遊觀。三公者蘇邱海是也。近將籌辦團練。設局於此。地極幽雅。卽海忠介之故里。復繞至西城外。十餘里。訪邱文莊墓道。至則乃文莊之父母塚也。已毀壞不堪矣。暮歸。逸袞復邀小酌。夜。復邀往觀劇。此地新開廣智戲院。每年納稅二千元。生意甚佳。女客觀者亦不下四五百人。爲中國劇場未有之盛。夜半一時始歸。

訪海忠介故里二絕

尼山未見眞剛者。閱二千年始有之。我自跨天一横覽。撥雲尋訪海公祠。

黎山突兀起滄瀛。屹立東南萬里城。三百年來遺策在。令人思慕海先生。

十九日。微晴。早起作信致張子敬。萬縣倩其訪前清開路之某委員。詳詢一切。因該委員現流寓萬寧也。同鄉周德斌來訪。因詢問黎中道路。略知一二。欲從余往陵水。允之。訪潘逸袞於其家。適柳震青亦至。偕至東門一覽。吳子雲亦從之。頹垣敗瓦。滿目荒涼。緣該地溼氣太重。夜半居人身冷如浸。羣以爲鬼風。遷徙一空。故成荒園廢圃耳。出城野眺。田禾甚美。吳子雲發起訪東坡浮粟泉。柳以衙門有事先返。余與潘吳二君緩步行三里許。有蘇公祠一所。旁有南海第一樓。祀李公德裕。李公綱。趙公鼎。李公光。胡公銓。五木主於其上。又謂五公祠。梁柱甚新。何毀壞若此。詢之旁人。云反正時駐兵其中。凡椅棹之精者。皆爲攜去。其餘劣者及門窗板壁聯額。盡析而爲薪。蘇祠亦然。惟井尚完好。因方石所砌。不能移動耳。然井水不知如何。亦攙得汚穢不堪。中國兵性之喜破壞。眞有神妙莫測之本事也。往返約走十餘里。入北門。子雲邀入酒肆小酌。子雲文昌人。瓊南法政學生。旋逸袞取柳震青治瓊芻議。羅正貴瓊州新圖示余。議有中背處圖尚詳於外而惜略於內。復偕逸袞至綏靖署赴陳榮廷飲。欵以燕菜燒烤殊費也。并晤其實業課長陳錦珊。詳詢其昌化冒高嶺之鉛礦。每礦沙二斤可得凈鉛五兩餘銀二釐金一釐之譜。夜歸。某同鄉來言有友人崖縣某君熟悉黎峒情形彼甚思與君一談。君曷訪之。至則出示其條陳。非老生迂朽之談。卽殺黎邀功腐敗不堪之舊腦筋也。自言從馮子材入黎峒開軍路。已成七路。充當撫黎局委員。又從胡國廉深入探礦。余欲其將已成之七路明白開出。故未直斥其虛誇。因問胡國廉所辦之實業何以毫無成效。某云皆由辦事者某姓人不是東西。旣私售公物。復欺壓鄉民。何能辦到獲利。旣辭出。詢同鄉此何如人。同鄉云。前年反正時。某人帶兵攻瓊。彼爲嚮導。許彼作瓊州知府者也。吁。亦想過官癮之人

登南海第一樓謁五公祠

搖落深知逐客憂。江山今已付東流。蕭寥異代同悲感。贏得天南獨倚樓。

二十日晴。天甫明。崖縣某開送黎中軍路至不與余面。取視之。但云某縣至五指山爲某路。某縣至五指山爲某路。并無地名道里。其吹牛之伎倆。纖細畢露矣。且名之曰軍路。則其用心之謬妄益見。旋善化葉黃二君過訪。均自稱爲昔年之隊官排長。自防營解散後。其無旅費歸者遂流落此間。余以其居此皆有十餘年二十餘年之久。細問黎中路線。黃言久駐定安之嶺門。由定城至嶺門百八十里。由嶺門至紅毛洞。（卽志稱紅茂洞）百七十里。惟紅毛洞所豁甚寬。再至五指山下。大路約四十里之遙。此卽有明林如楚丁字路之一直也。若黎人由山徑小路行不過二十餘里。凡五指山距百數十里外望之如指爪。及至近則不知誰爲五指山矣。蓋萬山叢錯。雖黎人亦不能指出。昨日周德斌亦如此言。可信也。周又言由臨儋交界處

之南豐市八十里至小水峒。又七十里至大水峒。又行兩日至船門峒。因路難行。無里可記。又行一日半至紅毛峒。又行三日至陵水屬之保亭司。再百四十里至陵城。保亭司有水路可通舟楫。此自西至東之路。已經開通。今雖荒蕪。當有遺跡可尋。此即有明林如楚下字路之一橫也。黃所言嶺門至紅毛峒一線乃北路也。紅毛峒至昌化一線尚未開通。此西南路也。由保亭司南行二日出崖縣之葫蘆口（即多港嶺）至樂安司。此正南路也。所言皆信而有徵。午後樓仲輿（湛鑾）來為余搨印蘇海二公遺像。因倩其多搨幾副。陳督辦遣送茶酒點心香腸乾肉火腿等件。為途中需要之品。感其盛情。受餅乾香腸二事。餘璧。當作信道謝。幷借馬二匹。又作信致李省長報告。壹是凡輪船渡客下艇須懸木梯之交涉及秀英礮台修補礮棚事。皆言之。凡十三紙。事畢。隨意至景賢祠一遊。祀蘇邱二公。因題壁一絕。歸雇定輿夫三名。挑夫一名。大洋百二十元。停歇日補助火食六百文。陸野橋（開梅）來訪。夜潘逸袞樓仲輿來談。樓為余租借籐轎均未得。然其意甚可感也。潘言今日接省中急電下令戒嚴。下此財政之艱難。何堪再有兵事。余曰我生不辰。逢天亶怒。旋蔣乂唐來訪。言中國之亡亡於人心。苟人心不死。即破產亦不能亡也。余以為知言。

景賢祠題壁

靈光留得尙巋然。香火濛騰海外天。蘇子文章邱道學。救時偏逸衞公賢。

廿一日晴。晨起作信致易惠卿。告以行程。午前八時起程赴定安。樓仲輿來送。勸余先由西行。因昌感崖之瘴以檳榔為最。須三月半前趕過崖縣。迨至三月半後檳榔盛開時。君已至陵水無礙矣。綏靖處派兵四名。馬二匹。夫一名護送。出西門。行平山中。四望無際。惟水利未興。稻田少而蕷田多。甘蔗亦綠蓬蓬遍野。二十里至龍橋市。有兩等小學校一所。已停辦。詢之每歲公家補助二百元。開辦兩年。學生八十人。前年知事王某將公欵取消。遂廢。又十里至十字市。亦有兩等小學一所。聞有學生二百人。未知確否。忽忽未暇參觀。時甫午後二時。輿夫即欲下店。力迫之。又十里至那柚市。剛四時。而僕馬已瘏痡矣。遂卸裝。地甚荒涼。宿石室中。是日四十里中。未見石山。而所用皆石。如造屋築墳鋪路砌堤。大者如羅。小者如斗。故路凸凹難行。而屋與墳則用石工平之。

廿二日晴。午前六時。發那柚。行平岡五里。猶石路也。落平原。田疇廣漠。然已栽種者不過十之三四。間有種蕷薯者。皆水利未興之故。涉一大川。橋在水中。名那三橋。橋面水深尺有咫。可通舟。有筒車數部。取水灌田。種禾亦漸多。五里至那三。早餐。東南行。皆沙地。頗難積水。故遍野青葱。禾蕷並種。約盡地利之七八。又十里至文山。一大村莊。無茅屋。有水池。長里許。可想見其富饒。又五里至上元村。渡河。河北屬瓊山。河南屬定安。登南岸。即定安北城。入門厲容姓家。時十一時二十五分。人言府城至此九十里。較之內地之官路。實不過六十五里之譜。按站計之。照步數之均無多也。縣治在府東南八十里。城周五百九十三丈四尺。高一丈四尺。濠廣一丈五尺。深一丈。今查城垣規模尚存。而傾圮亦多。四門猶全。濠已湮沒無迹。城內荒蕪不堪。樹木成林。街有南北東西兩道。屋甚低淺破陋。路鋪有石。縣域東西距八十七里。南北距二百四十五里。東至文昌界四十七里。西至黎界四十里。南至黎界二百三十八里。北至瓊山界二里。一作三十六步 東南至會同界六十五里。西南至儋縣界百一十里。東北至瓊山界十三里。西北至澄邁界六十五里。往晤知事沈鑄屏鎔言及黎峒開路事。沈云此間有一湖南人最熟悉。盍晤之。旋沈與之偕來。自言方文勳號春波巴陵人前在馮子材部下辦文案多年。曾至五指山下。祗能遠望及近並不能確定誰爲五指山與周德斌言同余因倩其詳細開示。午後訪韓景猶連長鍊借馬一匹。晚訪方春波言此河卽建江。黎峒木材皆可浮出。惟河水淺狹。不能編簰河沙浮動不能開濬云。

瓊山道中

嫩綠平原十里遙。一鞭飛渡水心橋。（橋名那三低於水尺許上又可通船川廣十丈水深丈餘）樹搖隔岸鳥聲碎。花葬春泥馬足驕。

蕪穢不堪滋惡草（田畝以無水之故荒廢甚多）芟鋤誰解立嘉苗。（多種雜糧）兩三破屋晨星似。點綴江山太寂寥。

廿三日晴。作信致李省長報告改道由西而東及縣境情形。又致陳綏靖處一函道謝派護借馬之雅。方春波偕葉茂林來談。謂沿途均有湘人。皆昔年隨營而來者。開示數人以備諮訪。彼等於此中狀況皆熟悉也。訪沈鑄屏談事。沈云潮州之變已平。降者二百餘人逃者五百餘人。死傷共三十人云。韓景猶及本地紳士吳拱宸莫君顯來訪。均相左。檢點行篋。寄其可省之衣數件於府城。以減輕負擔也。晚韓景猶再來相訪。繼之沈鑄屏來邀同出北門河干一眺。適沈爲前任封船下府。內有上水貨船一艘。跪沙中乞情免封。沈見其滿載准免。突前任之家人洶洶然至。卽扭船戶亂毆。猶然滿清時官場氣燄也。余方不平。沈怒斥之。卽呼帶入衙門收押。頗快人意。沈回至余寓小坐。余出一匿名貼單相示。沈攜之而去。夜春波來開路線。不免混雜不清。

廿四日晴。晨起。遣綏靖處兵馬歸。給茶資三串文。沈鑄屏來送行。并派警隊二名護送。將發。挑夫忽稱擔重不能行。爲其所卡。不得已加夫一名。午前七時二十分發。定安出東門渡河。入瓊山境。沿河上行二十

曾文正公語錄

船山學報說苑之一

益陽曹佐熙述

立身

從流俗毀譽上討消息必至站脚不住與胡文忠書

君子欲有所樹立必自不妄求人知始與張絾瓶書

趨時者博無識之喜損有道之眞與許仙屏書

作人之道以勤信廉愼為要廉則臨財不苟信則出言不欺愼則心畏敬而言退讓勤則可以補救愚拙

有是四端小則寡過大則有為與歐星泉

吾輩治心治身理不可太多知不可太雜日日用得着的不過一二句與李申夫

聖賢豪傑豈有種子大半皆銖積寸累漸作而漸進漸似而漸成批彭椿年稟

天下事大處着眼小處下手與口口口書

朱子踐履篤實令人易學勝於陸子者亦以從小處下手也與口口口書

佐熙謹按易傳云積小以高大論語云小不忍則亂大謀卽此意也

立身以不妄語為本日記

作人之道宜專學一古人或得今人之賢者而師之庶易長進日記

立身之道當以禹墨之勤儉兼老莊之靜虛日記

不爲聖賢便爲禽獸莫問收穫但問耕耘 日記座右銘

立言

聖人有所言有所不言積善餘慶所言者也萬事由命不言者也人當以不言者存諸心以所言者勉諸身 日記

佐熙謹按聖人不言者甚多論語所載罕言不語咸有深意後人知此者鮮矣

公事知而不言坐視成敗自非所宜凡正話實話多說幾句久之人自能諒其心卽直話亦不妨多說但不可以訐爲直尤不可背後攻人之短除此二戒外概宜知無不言言無不盡 與李小泉

謹言

心得語一經說破胸中便無餘味所謂德之棄也況無心得而有掠影之談乎 日記

養生

養生以勞臣逸君爲主 與李希庵

佐熙謹按君爲心臣謂手足

養生以少惱怒爲主

佐熙謹按郇子云美意延年卽此意也

寡言養氣寡視養神寡思養精 與胡文忠

讀書看書

附篇

附編概言

孟子有言。入則無法家拂士。出則無敵國外患者。國恆亡。今四方多難。果可藉外懼以免亡乎。頻年以來。國中民氣。銷磨殆盡。其冥然罔覺者無論矣。矯行者抱厭世主義。置理亂於不聞。無恥者持媚外主義。惟私利之是務。事業不同。亡羊則一。此固由於政治觀念之薄弱。實則迂拘學說之所誤也。孔子曰。不得中道而與之。必也狂狷乎。狂者進取。狷者有所不爲也。使今世而有狂狷。則厭世媚外之徒。何自而來哉。禮有云。四郊多壘。卿大夫之辱。地廣大荒而不治。亦士之辱。苟盈全國卿士大夫。皆忍辱而不知奮。雖無外患。其可存乎。昔者齊景公涕出而女於吳。夫豈兵革不多。城郭不完。田野不闢。貨財不聚哉。固由君君臣臣父父子子之道。未加之意。雖有粟不得而食耳。今以中國之大。而歐亂發生。欲求中立而不可得。是何以異於既不能令。又不受命之齊乎。此其故可深長思矣。衡陽子當明夷肥遯之秋。發憤著書。其心未嘗須臾忘天下。蓋舍學術外無政治。舍政治外無學術。士生今日。欲言救國。安可趨歧用迷。是編竊比如矢。首紀本國之大事。次載外國之要聞。國語斷自約法修正之時。鄰戒托始奧塞失和之日。庶世之覽者。咸憬然於人方進取之不休。我則救亡之不暇。公理之不可恃。圖強之不可緩。使中國不永淪亡於異族。而數千年之文化。亦賴以不墜矣。易曰。作易者其有憂患乎。此本編之所爲不能已於作也。中華民國三年冬月益陽徐明謌識於屹厂。

附　編　概　書

船山學報附編之一

徐明謣編

國語（自五月一日起至七月滿日止）

五月一日

公布中華民國約法。

中華民國約法。

第一章　國家

第一條　中華民國由中華人民組織之。

第二條　中華民國之主權本於國民之全體。

第三條　中華民國之領土依從前帝國所有之疆域。

第二章　人民

第四條　中華民國人民無種族階級宗教之區別法律上均爲平等。

第五條　人民享有左列各欵之自由權。

一　人民之身體非依法律不得逮捕拘禁審問處罰。

二　人民之家宅非依法律不得侵入或搜索。

三　人民於法律範圍內有保有財產及營業之自由。

四　人民於法律範圍內有言論著作刊行及集會結社之自由。

五　人民於法律範圍內有書信秘密之自由。

六　人民於法律範圍內有居住遷徙之自由。

七　人民於法律範圍內有信教之自由。

第六條　人民依法律所定有請願於立法院之權。

第七條　人民依法律所定有訴訟於法院之權。

第八條　人民依法律所定有訴願於行政官署及陳訴於平政院之權。

第九條　人民依法令所定有應任官考試及從事公務之權。

第十條　人民依法律所定有選舉及被選舉之權。

第十一條　人民依法律所定有納稅之義務。

第十二條　人民依法律所定有服兵役之義務。

第十三條　本章之規定與陸海軍法令及紀律不相牴觸者軍人適用之。

第三章　大總統

第十四條　大總統爲國之元首總攬統治權。

第十五條　大總統代表中華民國。

第十六條　大總統對國民之全體負責任。

第十七條　大總統召集立法院宣告開會停會閉會。

大總統經參政院之同意解散立法院但須自解散之日起六箇月以內選舉新議員並召集之。

第十八條　大總統提出法律案及預算案於立法院。

第十九條　大總統爲增進公益或執行法律或基於法律之委任發布命令並得使發布之但不得以命令變更法律。

第二十條　大總統爲維持公安或防禦非常災害事機緊急不能召集立法院時經參政院之同意。得發布與法律有同等効力之敎令但須於次期立法院開會之始。請求追認前項敎令立法院否認時嗣後卽失其効力。

第二十一條　大總統制定官制官規。　大總統任免文武職官。

第二十二條　大總統宣告開戰媾和。

第二十三條　大總統爲陸海軍大元帥統率全國陸海軍。

大總統定陸海軍之編制及兵額。

第二十四條　大總統接受外國大使公使。

第二十五條　大總統締結條約但變更領土或增加人民負擔之條欵須經立法院之同意。

第二十六條　大總統依法律宣告戒嚴。

第二十七條　大總統頒給爵位勳章並其他榮典。

第二十八條　大總統宣告大赦特赦減刑復權但大赦須經立法院之同意。

第二十九條　大總統因故去職或不能視事時副總統代行其職權。

第四章　立法

第三十條　立法以人民選舉之議員組織立法院行之。立法院之組織及議員選舉方法由約法會議議決之。

第三十一條　立法院之職權如左。

一　議決法律。

二　議決豫算。

三　議決或承諾關於公債募集及國庫負擔之條件。

四　答覆大總統諮詢事件。

五　收受人民請願事件。

六　提出法律案。

七　提出關於法律及其他事件之意見建議於大總統。

八　提出關於政治上之疑義要求大總統答覆但大總統認爲須秘密者得不答覆之。

九　對於大總統有謀叛行爲時以總議員五分四以上之出席出席議員四分三以上之可決提起彈劾之訴訟於大理院。

前項第一欵至第八欵及第二十條第二十五條第二十八條第五十五條第五十七條事件其表

決以出席議員過半數之同意行之。

第三十二條　立法院每年召集之會期以四箇月爲限但大總統認爲必要時得延長其會期並得於閉會期內召集臨時會。

第三十三條　立法院之會議須公開之但經大總統之要求或出席議員過半數之可決時得秘密之。

第三十四條　立法院議決之法律案由大總統公布施行立法院議決之法律案大總統否認時得聲明理由交院覆議如立法院出席議員三分二以上仍執前議而大總統認爲於內治外交有重大危害或執行有重大障礙時經參政院之同意得不公布之。

第三十五條　立法院議長副議長由議員互選之以得票過投票總數之半者爲當選。

第三十六條　立法院議員於院內之言論及表決對於院外不負責任。

第三十七條　立法院議員除現行犯及關於內亂外患之犯罪外會期中非經立法院許可不得逮捕。

第三十八條　立法院法由立法院自定之。

第五章　行政

第三十九條　行政以大總統爲首長置國務卿一人贊襄之。

第四十條　行政事務置外交內務財政陸軍海軍司法教育農商交通各部分掌之。

第四十一條　各部總長依法律命令執行主管行政事務。

第四十二條　國務卿各部總長及特派員代表大總統出席立法院發言。

第四十三條　國務卿各部總長有違法行爲時。受肅政廳之糾彈及平政院之審理。

第六章　司法

第四十四條　司法以大總統任命之法官組織法院行之。法院之編制及法官之資格以法律定之。

第四十五條　法院依法律獨立審判民事訴訟刑事訴訟。但關於行政訴訟及其他特別訴訟各依其本法之規定行之。

第四十六條　大理院對於第三十一條第九欵之彈劾事件。其審判程序別以法律定之。

第四十七條　法院之審判。須公開之。但認爲有妨害安寧秩序或善良風俗者。得秘密之。

第四十八條　法官在任中。不得減俸或轉職。非依法律受刑罰之宣告或應免職之懲戒處分。不得解職。懲戒條規。以法律定之。

第七章　參政院

第四十九條　參政院應大總統之諮詢。審議重要政務。參政院之組織。由約法會議議決之。

第八章　會計

第五十條　新課租稅及變更稅率。以法律定之。現行租稅未經法律變更者。仍舊徵收。

第五十一條　國家歲出歲入。每年度依立法院所議決之預算行之。

第五十二條　因特別事件得於預算內預定年限設繼續費。

第五十三條　爲備預算不足或於預算以外之支出須於預算內設預備費。

第五十四條　左列各款之支出非經大總統之同意不得廢除或裁減之。

一　法律上屬於國家之義務

二　法律之規定所必需者。

三　履行條約所必需者。

四　陸海軍編制所必需者。

第五十五條　爲國際戰爭或勘定內亂及其他非常事變不能召集立法院時大總統經參政院之同意得爲財政緊急處分但須於次期立法院開會之始請求追認。

第五十六條　預算不成立時執行前年度預算會計年度既開始預算尙未議定時亦同。

第五十七條　國家歲出歲入之決算每年經審計院審定後由大總統提出報告書於立法院請求承諾。

第五十八條　審計院之編制由約法會議議決之。

第九章　制定憲法程序

第五十九條　中華民國憲法案由憲法起草委員會起草憲法起草委員會以參政院所推舉之委員組織之其人數以十名爲限。

第六十條　中華民國憲法案由參政院審定之。

第六十一條　中華民國憲法案經參政院審定後由大總統提出於國民會議決定之國民會議之組織由約法會議議決之。

第六十二條　國民會議由大總統召集並解散之。

第六十三條　中華民國憲法由大總統公布之。

第十章　附則

第六十四條　中華民國憲法未施行以前本約法之効力與憲法等約法施行前之現行法令與本約法不相牴觸者保有其効力。

第六十五條　中華民國元年二月十二日所宣布之大清皇帝辭位後優待條件清皇族待遇條件滿蒙回藏各族待遇條件永不變更其効力其與待遇條件有關係之蒙古待遇條例仍繼續保有其効力非依法律不得變更之。

第六十六條　本約法由立法院議員三分二以上或大總統提議增修經立法院議員五分四以上之出席出席議員四分三以上之可決時由大總統召集約法會議增修之。

第六十七條　立法院未成立以前以參政院代行其職權。

第六十八條　本約法自公布之日施行民國元年三月十一日公布之臨時約法於本約法施行之日廢止。

布告修正臨時約法情形。

文曰。中華民國約法業經[illegible]議議決。咨由本大總統公布。查增修約法之議。發端於中華民國二年十月。咨交國會未議。是年十二月間。據前兼領湖北都督事黎元洪等。以救國大計。爲請本大總統乃以增修約法程序。一再諮詢政治會議。迭據開會全體議決。既主張特設造法機關於前。復力請召集約法會議於後。所有組織條例之頒行。議員選舉之籌備。至本年三月十八日。而我國民所引領而望之約法會議。遂以告成。計自提議增修。以及約法會議成立。歷時幾六閱月之久。中央政府竭誠擘畫於上。選舉監督實力奉行於下。其維持約法不敢輕於改造之苦衷。我國民愛國既有同情。當時計已共諒。顧此猶爲約法會議成立時代之情形也。迨約法會議開會後。本大總統依照臨時約法原有增修提案之權。惟爲尊重造法機關起見。以爲事關救國大計。與其逕提草案。恐滋千慮一失之嫌。何若臚舉大綱。冀收廣益集思之效。爰於本年三月二十日。以增修約法大綱案咨交約法會議。原咨內開。約法會議爲中華民國特設之造法機關。其職權首在議決增修約法案。增修約法。事關民國建設根本大計。前經一再諮詢政治會議。議決乃克次第施行。本大總統尊重國憲之苦心。純出於與民更始之誠意。現在約法會議業已召集開會。改良根本大法。自應急起直追。以慰國人之望。查增修約法案。本大總統曾於民國二年十月。咨行國會提議。原咨內稱。查臨時約法。原爲臨時政府而設。自公布施行以來。於茲已二十閱月。凡從約法上所生障礙。均有事實可憑。本大總統以爲臨時約法適用於臨時大總統。已覺有種種困難。若再適用於正式大總統。則其困難將益甚。本大總統無狀。尸位以至今日萬萬不敢再博維持現狀之虛名。致我國民之哀哀無告者。且身受施行約法之實禍。特於受任伊始。將約法內應行增加修正之處。彙提一增修案。並逐條附具理由。俾資討論。事關緊急。希速議決見覆等因。咨達國會以後。展轉遷延。遲遲不議。懸案以至今日。而時局艱危。又非四五月前之比。本大總統內審吾國之現情。外察世界之趨勢。竊以爲民國草創。根本大法。雖不能不取法於共和先進諸國。而事事削足適履。究其實。或將以利吾國者始而害吾國者終。福吾民者求而禍吾民者應。治亂興亡。各國憲史。具有前車。民國初基。敢忘殷鑒。故爲目前建設國家計。根本法上之關係。宜有兩種時期。蓋增修約法爲一時期。制定憲法又爲一時期。質言之。則施行約法爲一時期。而施行憲法當別爲一時期也。增修約法與施行約法。既應別爲一時期。則第一要義之所在。當知施行約法。爲國家開創時代之所有事。卽與施行憲法。爲國家守成時代之所有事者。截然不同。夫以吾國領土之廣。人民之衆。國家之財政。人民之生計。復日趨於困窮。加以紀綱廢墜。法制淩雜。行政之秩序。既紛若亂絲。地方之情形。尤危若累卵。積以上種種險象。幾於不可終日。而溯厥由來。仍無非約法上行政權薄弱之所致。惟事關改造國家根本大法。未便以本大總統一得之愚。拘束衆議。約法會議議員諸君。或深通治術。或學有專長。代表人民。依法膺選。以視南京參議院議員之由少數各省長官倉卒指任者。其愼重苟簡。相去倍蓰。必能外瞻內矚。因民國開創時代之所宜。折衷至當。勒爲成規。俾政府與國民共相遵守。相應依照臨時約法之規定。將增修大綱彙案提出。咨請約法會議開會討論。如荷贊同。此項增修約法案。卽由約法會議起草議決。事關緊急。尙希速議見覆等因。此本大總統彙提增修約法大綱之情形也。四月三十日。接准約法會議咨覆文開。准大總統咨交增修約法大綱案。歷敘臨時約法亟須增修之理由。復列舉增修之綱要。並聲明如荷贊同。卽由約法會議起草議決等因。本會議當將大總統提出增修約法大綱案列入議事日程。開會討論。決定先付審查。由議長依照議事規則。指任議員馬良那彥圖嚴復王揖唐王邵廉鄧鎔王丕煦傅增湘許世英李湛陽陳瀛洲關冕鈞莊蘊寬趙惟熙曾彝進等十五人爲審查員。審查會迭次討論結果。對於增修約法大綱。一致贊成。具書報告。本會議卽經開會討論。審查報告成立後。復由議長依照議事規則。指任議員施愚顧鼇黎淵程樹德鄧鎔王世澂夏壽田等七人爲起草員。旋准咨開。擬將優待等條件增入約法確定効力等因。亦經開會討論。並由議長依照議事規則。指任議員寶熙那彥圖阿旺根敦江曲達結噶拉增夏壽田劉心源賈耕嚴天駿王世澂王祖同王樹枏梁士詒秋桐豫邵章等十五人爲審查員。審查報告到會。決定併案起草。草案提出後。本會議當將中華民國約法增修案提交大會討論。大體決定。仍付審查。續由議長依照議事規則。指任議員嚴復王揖唐梁士詒曾彝進許世英陳瀛洲龍建章朱文劭張國淦王印川李槃舒禮鑑汪涵王學曾張其鍠等十五人爲審查員。迭次詳悉審查。分別修正。具書報告。接開讀會。計議定中華民國約法。都十章。共六十八條。於中華民國三年四月二十九日。依照議事規則之規定。開三讀會。卽於是日全體議決。查約法會議組織條例第十七條。載約法會議議決事件。咨由大總統公布等語。茲合將本會議議決之中華民國約法全文。咨請大總統公布。並撮舉此次本會議全體議員對於增修約法之意見。掬誠爲我大總統反覆言之。夫國法者。社會心理之所胚胎。而社會公同之心理。又純由一國之歷史地理風俗習慣所鑄造而成。制定國法。而與一國之歷史地理風俗習慣過相違反。則畢雨箕風之未協。勢將南轅北轍而無功。由是之故。所以世界國家無論國體政體有何異同。而其根本法絕未有能與他國勉强一致者。君主國家無論矣。即同爲共和國。而法之憲法。不與葡同。美之憲法。不與墨同。何者。其沿革異也。以同處一洲之國。削足適履。尚且不能。而況於遠隔數萬里。其歷史地理風俗習慣逈不相侔者乎。我中華民國自臨時約法施行以來。障礙環生。未遑枚舉。雖對人關係之說。無實據之可憑。而違反國民公同之心理。則實無可爲諱。今於情見勢絀之餘。爲亡羊補牢之舉。痛定思痛。豈容再誤。故本會議此次增修約法主旨所在。不外力謀國權之統一。以期鞏固國家之基礎。但求於統治組織無所變更。而於統治作用。則必求適合於國情國勢。不敢附和苟同。蓋中華民國約法之增修。實應表示國家制度之特性。非可剿襲成文數典而忘其祖也。查中國有史歷數千年。治亂興亡之迹。代各不同。然無論何種時期。其國家之能治與不能治。率視政權之能一與不能一以爲衡。是以春秋著大一統之文。孟子垂定於一之訓。微言大義。深入人心。此與最近世紀憲法學家所揭之統治權惟一不可分之原則。實爲先後同符。歷稽史乘。斷未有政權能一而其國不治。亦未有政權不一而其國不亂且亡者。方今共和成立。國體變更。而細察政權之移轉。實出於因而不出於創。故雖易帝國爲民國。然一般人民心理。仍責望於政府者獨重。而責望於議會者尚輕。使爲國之元首而無權。即有權而不能完全無缺。則政權無由集中。羣情因之渙散。恐爲大亂所由生。此以歷史證之而知應含有特性者也。世界各共和國。其幅員皆不及我國之廣大。蓋地狹則治之也易。地廣則治之也難。

中國橫亙東亞方二萬萬里而且五族各異其性南北各異其宜苟無一強有力之政府爲之提挈全局各自爲政不相統一勢必以內部之破裂妨及國際之和平此以地理證之而知其應含有特性者也且共和成立開自古未有之創局建設未遑飄搖風雨綱解紐絕無可遵循當此千鈞一髮之時卽遇事過爲審顧已有稍縱卽逝之虞若設法牽掣多方將不免立見危亡之禍乃臨行約法於立法權極力擴張行政權極力縮減束縛馳驟使政策不得遂行卒之築室道謀徒滋紛擾貽害全國坐失事機夫國家處開辦之時當多難之際與其以挽救之責委之於人民委之於議會其收效緩而難不如得一強有力之政府以挽回之其收效速而易所謂易則易知簡則易從也況人民政治知識尚在幼稚時代欲其運用議院政治竊恐轉致亂亡此以現在時勢及風俗習慣證之而知其應含有特性者也本會議基此理論勒爲成文以統治權之不可分割也於是設總攬機關以議會政治之萬不宜於今日之中國也於是以總攬統治權屬之於國家元首以重大總統之權而又不能無所限制也於是有對於全體國民負責之規定以國勢至今非由大總統以行政職權急起直追無以救危亡也於是凡可以掣行政之肘如官制官規之須經院議任命國務員外交官以及普通締結條約之須得同意等項皆與刪除凡可以爲行政之助者如緊急命令緊急財政處分等悉與增加以國權脆弱亟宜注重軍防也於是特定陸海軍之統率及編制權以揚國威而崇兵備以共和建設來日方長非策勵殊勛不克宏濟艱難也於是設各項特別榮典以符優待而勸有功以大總統之職責既重必須有審議政務機關以備諮詢也於是有參政院之設以維持共和立憲之精神至於優待條件爲統治權移轉

所關。亦民國國家之所由成立。確定効力。尤屬當然。其餘增損各節。均係普通立法之例。既無特殊之精神。卽無論述之必要。總之我國改建共和政體。既有種種特別情形。勢必施行特別制度。而後可以圖國家之長治久安。當爲國內外有識者所公認。本會議議員等目擊披荆斬棘之艱難。身親火熱水深之痛苦。竊以爲改造民國根本大法。首在力求實利。而不在徒飾美觀。首在爲多數人謀幸福。而不在與少數人言感情。救國但出於至誠。毀譽實不敢計及。是以此次增修約法之結果。名以隆大總統之權。卽實以重大總統之責。夫民國成立。三載於茲矣。徒以制度不良。以致一籌莫展。民德之墮落。民生之憔悴。實爲見不忍見。聞不忍聞。顧我人民。猶忍死須臾而不敢稍涉怨尤者。蓋深諒我大總統痌瘝在抱。苟遇可以藉手之時。必有拯溺救焚之計。今者約法改訂。障礙已除。政治刷新。正在今日。苟利國家之事。計無不猛進厲行。查民國元年大總統就職宣言。曾經鄭重聲明。不使帝政復活。皇天后土。實鑒苦心。此後關於政務進行。但能挈總攬之實權。企國家於強盛。應請大總統遠覘國勢。俯察輿情。毋庸自遠嫌疑。稍涉顧忌。此尤本會議於約法增修後。馨香祝禱而爲我四萬萬同胞請命不遑者也。相應咨請查照施行等因。此約法會議咨覆議決約法暨撮舉增修意見之情形也。查約法會議對於中華民國約法之起草議決。反覆討論。歷時四旬。來咨所稱我國改建共和政體。既有種種特別情形。勢必施行特別制度。而後可以圖國家之長治久安。當爲識者所公認等語。遠謀碩畫。敢不拜嘉。本大總統以耄老無能之日月。處民國建設之時期。責任雖有所難寬。職權竊虞其過重。惟事關國家根本大法。究非一人所敢而私。亦非本大總統所敢濫用。茲既議決公布。本大總統謹當率我百職有司。恪守勿渝誓於施行約法期內使我中華民國之國基愈以鞏固國權愈以恢張一俟憲法制定國會告成他日者由開創以達守成積極以企我國家於强盛之域俾得同享共和之幸福斯則本大總統所昕夕祈望者也。

廢止國務院官制設政事堂於大總統府。

照約法行政以大總統爲首長於大總統府設政事堂所有各官署呈報國務總理事件一律改呈大總統特任徐世昌爲國務卿世昌爲清末內閣協理大臣清攝政王退位後爲清帝太保。

三日

赦民國二年附亂黨人。

令曰上年七月之變贛寧肇亂皖粵繼之政府以救國救民爲亟不得已而用兵征討五旬始獲次第戡定追維地方受禍之慘人民茹痛之深迄今言之猶爲憤慨所有首謀倡亂及行爲殘暴之徒罪惡昭彰實爲國家公敵衡情論法兩無可容至其附亂人等或因事被脅或無識盲從雖迷誤於一時恆追悔於事後自應從寬赦免予以自新倂由各該所在地方官呈報該管都督民政長核發憑照令各回籍安業不准各該廳吏根究株連。

五日

公布禁種罌粟條例。

令各省栽種罌粟自本條例施行之日起不得再行栽種責成地方長官督率所屬縣知事切實查禁。

八日

公布陸海軍大元帥統率辦事處組織令。

於大總統府設統率辦事處旋以蔭昌薩鎭冰王士珍爲統率處辦事員。

十四日

布告財政困難暫行縮減新政各項新政基礎仍當加意保全

文曰。環球大勢競進文明故步自封斯難立國本大總統中年從政飽歷艱辛察時勢之所宜怵他人之先我確知非改革政治不足以圖存凡一切新政莫不孜孜求進實力創行當爲全國士民所共見乃自政體變更人思速化風氣敗壞財政困難幾致無從措手大抵少年新進偏於理想而不適於國情持重老成短於遠圖而每拘於保守將欲貫通新舊冶爲一爐必須於穩愼之中寓進取之意天相中國幸而獲全然負債纍纍瀕於破產近來竭力節減漸有轉機何堪緣飾空文鋪張門面貽生民以無窮之累陷國家於不測之危是以權度輕重急所先務不得不將各項新政之可從稍緩者暫行縮減核實經營俟人才漸多財力少裕分別次第擴充須知世界潮流日新月異太過不及厥失惟均用特申儆京外大小百官善體此意所有各項新政基礎仍當加意保存以爲日後恢張地步總之人民無負擔過重之能力行之以漸則無偏無陂國家有自強不息之精神持之以恆則可大可久勿狃一時之成見勿忘百世之遠圖布告此意咸使聞知。

通布誥誡縣知事訓詞。

令曰設官本以爲民縣知事爲親民之官關係尤切得人則黎庶蒙其福不得人則地方受其害責任至爲重大況現値閭閻凋敝民不聊生非地方官共體時艱勤求撫字何以拯斯民於水火策全國之治安此縣知事賢否實爲吏治窳隆之根本而本大總統所由殷殷注意者也前於第一次覲見縣知事時開誠布公諄諄誥誡雖言之未能盡意而於居官治民之道固已概括大凡茲特飭將訓詞錄登政府公報俾衆周知並著各省民政長通飭各縣知事務各按照訓詞身體力行勉爲循吏於以整肅官常奠安衆庶本大總統有厚望焉。

十四日

政事堂設立政治討論會。

新約法施行後凡百政治均須次第舉行大總統特諭政事堂設政治討論會本日開第一次會議。

十八日

公布地方保衛團條例。

凡縣屬未設警察地方皆設立保衛團凡二十七條略仿古保甲成法。

二十三日

公布省道縣官制。

省置巡按使管轄全省民政各官及巡防警備等隊並受政府之特別委任監督財政及司法行政暨其他特別官署之行政事務分全國爲八十八道道置道尹隸屬於巡按使爲一道行政長官並受巡

接使之委任。監督財政及司法行政。縣道知事。隸屬於道尹。為一縣行政長官。兼理司法。

令教育部通飭各省振興小學

令曰。自古育才。端賴興學。翼教乃以扶世。民邦肇建。一切草創。禮樂未遑。益以亂事頻仍。司農仰屋。因是之故。學務日弛。本大總統愍焉憂之。前曾特頒明令。責成教育部暨各主管長官。對於固有之公私各學校。均應切實攷察。竭力維持。誠以民之於教。猶菽粟水火之不可離。矧在國體甫定。民德未純。設非敦敎勸學。遷流所及。何堪設想。本大總統對於教育事業。提倡有年。不遺餘力。因承凋敝之後。不能並力擴張。實有不得已之苦。斷不許淺識之徒。妄肆揣摩。致為根本之搖動。着教育部分行各省民政長。督飭所屬。各儘現有財力。先將小學切實振興。萬勿徒事鋪張。轉荒本業。務期篤志興學者。通而不泥。實而不華。使蒙養之用。日以擴充。則我國教育前途。自有絕大希望。歷代良牧守及鄉賢士夫。往往於荒遠之域。獉狉之區。廣興教化。比於鄒魯。流風具在。明證非遙。各縣知事為親民之官。興學尤其職責。遇有地方劣紳。藉辦學之名。侵漁學款者。自應嚴予懲處。一面延納公正紳士。商榷進行。以樹教育普及之基礎。本大總統以樂育斯民。躋此大同為心。用再明申誥誡。嗣後各該地方官。如有實心任事。振興文化者。斷不靳予褒獎。紳董等有肯捐助興學者。亦必優為旌揚。其或因循玩忽。忘國家樹人百年之大計。貽社會不可終日之隱憂。尤難曲予優容。致隳國本。其各善體此意。以隆教化而正人心。有厚望焉。

二十四日

公布參政院組織法。

第一條　參政院應大總統之諮詢審議重要政務其職權依本法之規定行之。

第二條　左列各欵由大總統交參政院議決之。

一　依約法所定須經參政院同意事件。

二　約法及附屬於約法各法律疑義之解釋事件。

三　行政官署與司法官署之權限爭議事件。

第三條　左列各欵大總統得諮詢參政院徵集其意見。

一　關於締結條約事件。

二　關於設置行政官署事件。

三　關於整理財政事件。

四　關於振興教育事件。

五　關於擴充實業事件。

六　其他大總統特交事件。

第四條　參政院對於第三條第一欵至第五欵事件得建議於大總統。

前項建議之提案須有參政十人以上之連署。

第五條　參政院設院長一人由大總統特任副院長一人由大總統於參政中特任之。

第六條　院長總理全院事務會議時以院長爲議長副院長輔佐院長院長有事故時代行其職務。

第七條　參政院設參政五十人至七十人由大總統就具有左列資格之一者簡任之。

一　有勳勞於國家者。

二　有法律政治之專門學識者。

三　有行政之經驗者。

四　碩學通儒有經世著述者。

五　富於實業之學識經驗者。

第八條　參政院之會議日期由院長定之。

第九條　第二條第一欵依約法所定須經參政院同意事件以參政三分二以上之出席出席參政三分二以上之議決行之第二條第二欵第三欵及第三條第四條所定交議或諮詢及建議事件以參政過半數之出席出席參政過半數之議決行之可否同數時取決於議長。

第十條　參政院會議時大總統得派員出席說明交議或諮詢之主旨。

第十一條　大總統交議第二條第一欵所定須經參政院之同意事件由議長於會議時指任審查員十人審查之。

第十二條　第二條第二欵第三欵及第三條第四條所定之交議或諮詢及建議事件經參政過半數之同意認爲須付審查或起草者由議長指任審查員或起草員。

第十三條　參政院議事規則由參政院定之。

第十四條　參政院置秘書廳由大總統以官制定之。

第十五條　本法自公布日施行。

二十六日

參政院成立政治會議停止特任黎元洪爲參政院院長任命汪大燮陸徵祥等七十人爲參政。

三十一日

取銷國稅地方稅名目。

財政部呈請將國稅地方稅名目取銷凡此兩類收入均解交各省主管財政官署酌量支配果係地方有益之舉亦不令停輟。

六月一日

交通總長梁敦彥就任。

梁敦彥自奉命任爲交通總長後卽遭母喪呈請給假批令給假二十日至是假滿就任。

二日

公布各省所屬道區域表。

道所轄之縣一如前淸原有各道所轄之區域凡各道屬縣原管土司均仍其舊。

五日

公布官吏犯贓治罪條例

改革以來紀綱敗壞道德淪亡。執法婪贓肆無忌憚。政府深悉其弊。至是頒布官吏犯贓治罪條例。凡枉法贓至五百圓以上者處死刑。不枉法贓至一千圓以上者處無期徒刑。捲攜公欵潛逃至五千圓以上者處死刑。未逮前三條所揭之數者。依常律。

十日

直隸臨榆等縣鄉民因驗契滋事。

臨榆縣知事派員下鄉。按戶查催驗契。鄉民羣起反抗。拘押一人。鄉民聚衆要求釋放。不許。全城罷市。永年縣連年荒旱。人民以無力繳稅。請從緩。知事不允。人民聚衆數千至縣署要求。並擊毀公案。行唐縣知事催促驗契甚嚴。鄉民入城求緩。不允。鄉民堅守署門不去。縣警開槍轟擊。斃十人。傷五六人。

十三日

申令保守古物。

今日。中國文化最古。藝術尤精。凡國家之所留貽。社會之所珍護。非第供考古之研究。實關於國粹之保存。乃聞近來多有將中國古物採運出口者。似此紛紛售運。漫無考查。若不禁令重申。何以遺傳永久。嗣後關於中國古物之售運。應如何區別種類。嚴密稽查。規定罰例之處。著內務部會同稅務處分別核議。呈候施行。並由稅務處擬訂限制古物出口章程。通飭各海關一體遵照。至保存古物。本係內務部職掌。其京外商民。如有嗜利私售情事。尤應嚴重取締。並由各地方官實行禁止。以防散佚而廣流傳。

十七日

調查東三省之國際河流。

政府以東三省之松花黑龍鴨綠圖們烏蘇里各江面航權。向來放棄。致外人乘勢推廣。若不挽救。將來必致因航權而延及江河流域。牽涉數千里之土地。盡失其自主之權。特由外交海軍交通三部。電令東三省巡按使將各江流域現在情形。調查報部。以便擬定徵收航稅辦法。及各國軍艦游弋專條。以固主權。惟三省航權。久已在於日俄之手。中國至今方從事調查。未雨綢繆。蓋亦疏矣。

十八日

令內務部調查各地方社會情形。釐訂自治章程。

地方自治。前清末年。卽已從事籌備。光復後各省成立者。幾及大半。去年亂事平定後。諭令停止各自治會。並令內務部迅速擬定自治章程。另行選舉。內務部久未舉行。至是令部通咨各省。於所屬各地方關於公立或向辦一切地方公益事宜。凡欵目之收支管理之方法。分類別表報部。以爲釐定章程之據。於調查完竣後審酌規定。

二十三日

內務部定勸誡剪髮專條。

二十四日

令肅政史獻納箴規指陳利病。

二十七日

代理都肅政史夏壽康糾彈前順天府府尹王治馨枉法貪贜令交平政院審理。

二十九日

申令參政院代行立法職權。

國會解散後立法機關中止新約法雖有立法院之規定而組織法尚未議決選舉召集手續繁難不如參政院之簡易依約法六十七條立法院未成立以前參政院代行其職權故由大總統以申令由參政院行之。

三十日

裁撤各省都督於京師建將軍府設將軍名號。

令曰都督之稱肇自漢魏武昌舉事倉猝定名其時兵事初興人心未定類晉齊之雄長似楚漢之剖分民國紀元未遑變置黎副總統首倡軍民分治所陳十害三無之弊劌目怵心海內賢達咸表同情方今大難削平主權統一各省都督皆深明大義恪守準繩若復因仍方鎮之名詞無以移易軍民之耳目即欲實行省制而窒礙殊多應將各省都督一律裁撤於京師建將軍府並設將軍諸名號有督理各省軍政者就所駐省分開府建牙俱出則膺閫寄入則總師屯內外相重呼吸一氣合全國之軍有如同體畛域胥化指臂相聯蘄進歐美之強而無叔季軍民牽合之弊從此分途程功不相侵越司

我備者得專意夫軍謨。治民事者益精求夫吏理。揄循共勗。文武交歡。永息割裂之端。同進昇平之化。

七月一日

政事堂設禮制館。

廣東廣西湖南江西大水。

江蘇安徽山東飛蝗爲災。

五日

內務部遵擬祀天通禮。規定祭禮祭品並祭用冠服。

祭天案前經政治會議定爲通祭。聲明冠服及祭禮祭品之詳細條目。應飭所司編定。當奉大總統令如議辦理。飭部議擬。本日內務部分呈具覆。其遵擬祀天通禮。分別規定祭禮祭品呈文。略謂五禮莫先於吉禮。吉禮莫重於祀天。歷代相因。未之或廢。儀文末節。略有異同。竊謂殷人尙質。周人尙文。雖繁簡殊宜。而制禮之意則一。惟是簡者易行。繁或難備。今玆政尙共和。無囿不下庶人之說。凡所制定。利在通行。且祀天之禮。以質爲敬。故禮器云至敬不壇。掃地而祭。郊特牲云祭天掃地而祭。爲於其質而已矣。蓋以天者至尊無上。無物足以配天。則唯從至儉至簡。以象天地之性。是以牲不過繭栗。太羹玄酒。粢食不鑿。其器犧尊疏布鼏。樿杓豆登鼎俎簠簋匏陶之類。其藉蒲越槀秸。其車素車。其服大裘。如此而已。閱世久遠。寖有違失。夫因時制宜。各從其便。欲盡復上古之制。固已扞格難通。而踵事增華。抑又非禮。今謹擬大總統祀天儀。及各地方行政長官祀天儀。國民祀天儀。經在會各員分別起草。開會逐次審查議決。大抵斷自唐代。下逮明清。斟酌取舍。唯從其簡。至所删易各條。悉有依據。不敢憑臆妄作。理合將所擬各項儀節並理由說明書。繕呈鈞鑒。其遵擬冠服呈文。略謂謹案禮記王制言有虞氏皇而祭。夏后氏收而祭。殷人冔而祭。周人冕而祭。明有史以來。祭服之規定。代各不同。而用冕則自周始。後世泥於周制。一若非冕服不足以昭崇敬者。不知漢初去周爲近。而西京二百年。郊祀之服。皆以袀玄。初不聞其被褒。誠以一代之開國。本可不相沿襲。特朝祭異服。則古今同之。今議於大禮服外。規定特別冠服。以供祀天。暨其他祭禮所用。蓋猶朝祭異服之意也。竊謂祭服與禮服不同。禮服以接人。大勢所趨。自貴從同。祭服以接神鬼。則其制不妨略古。用昭我四千餘年文化由來之遠。周室祼將而助祭。乃有殷冔。日本神官神職之服。多採唐制。皆其先例也。考史記五帝本紀。稱堯黃收純衣。而劉昭後漢志。以收與冔皆謂爵弁。尤古有冕。若民國採之。以爲通祭之服。則遠法放勳。彌足以昭共和之盛軌。迭經在會各員一再討論。僉謂祭冠倣古之爵弁。祭服即倣爵弁服之玄衣纁。最於民國國體爲宜。惟是致美黻冕。文質貴得其中。觀象古人。彰施不可無別。服以順禮。非有上下之辨。曷以定民志而示有尊。法國由帝制而成共和之先進國。其職官禮服。亦皆分別等級。我國政禮變遷相同。擬自大總統以下。祭冠祭服分爲特任官簡任官薦任官委任官及士庶五等。各綴冠章於冠。團章於服。以爲之別。此外如冠服之緣。大帶之飾。中衣之制。以及紘之易而爲組。舄之改而爲韠。類皆悉心釐訂。參酌古今。凡此損益之因時。無取拘牽於往制。要期變通之盡善。俾成巍煥之新儀。謹繕具祭祀冠服制說明書。並附圖式。呈請核定頒行。均奉大總統批准。交政事堂禮制館通行遵照。

八日。

公布奬學基金條例。

第一條　國家置奬學基金一千二百萬元。按年以其息金充奬學經費。

前項基金額。由民國六年起。分四、十年設備。每年三十萬元。設備之前及設備未滿息金未足時。按年由國家如數補充。均列爲歲出。

第二條　奬學基金存儲於中國銀行。

第三條　奬學基金監教育總長兼任之。掌基金本息及補充費出納事務。其管理員由基金監委任。酌給薪金。

第四條　基金本息及補充費之出納。其預算決算。每年度由基金監先期呈報大總統。

第五條　奬學經費分左列各欵。

學費。

加奬或特派外國留學費。

管理委員薪金及其他關於奬學之費。

第六條　全國設學費額一千二百名。每名每年領取四百元。

前項名額每年評取四分之一。已經評取有缺額時。隨時補之。

第七條　舉行評取其缺額不及全額四分之一或超過時。以取足缺額爲度。不能滿額時。暫缺待補。

經評取以額滿見遺者。列爲候補。
補缺之次序。以提出論文或著述之先後爲準。同時提出者。先年長。年同抽籤定之。

第八條　中華人民在本國或外國高等專門以上學校畢業者。得提出其專攻科目之論文或著述於學術評定委員會。並送驗畢業證書。經評取後。得領學資。至滿四年爲止。

前項所稱本國或外國高等專門以上學校。本國高等學校以高等師範爲限。專門以上學校依教育部大學令及專門學校令所指定之種類爲限。

學術評定委員會之組織。另定之。

第九條　學術評定委員會評取論文或著述。認爲學問優異者。得特別加獎。或特派外國留學。

第十條　受領學資人。於受領學資期內。須提出論文或報告學程及其心得諸記錄於學術評定委員會。每年至少兩次。曠者除其學資。

第十一條　受領學資人受有俸薪每月百元以上時。停止學資。

官俸停止。除因褫奪公權或受懲戒處分者外。得再提出論文或著術。並具聲明書於學術評定委員會。經評定後。復其學資。

復資次序。適用第七條第三項之規定。

第十二條　學資之頒發。每年分春秋兩季。各領半額。其日期及頒發程序。基金監定之。

第十三條　本條例自公布日施行。

公布學術評定委員會組織令。

第一條　學術評定委員會掌校閱各學科論文著述獎勵學問事務。

第二條　委員會設委員長一人。總理會務。大總統於左列各項人員中選派之。

現任或曾任教育總長。

現任或曾任教育次長。

現任或曾任京師大學校長。

第三條　委員會設常任委員五人至十人。分校評定各學科論文著述。以富有學識者。由大總統選派之。

第四條　委員會因校閱各學科論文或著述之必要。於常任委員外得由委員長隨時聘請碩學通儒爲襄校員。

第五條　委員長委員之薪金每月自二百元至四百元。由大總統定之。但委員長以現任人員兼任時。不支薪金。聘請員之報酬由委員長定之。

第六條　委員會校閱各論文著述。經評定後。隨時以其應補學資名額及加獎或特派外國留學費之數。知會獎學基金監。

第七條　委員會每年以其經辦事件呈報大總統一次。並刊行之。

第八條　委員會校閱各論文著述認爲學問優異可資攷證者。得彙刊發行之。

第九條　委員會得設事務員辦理繕校及庶務。

第十條　本令未盡事宜得由委員長酌核辦理。

湖南籍官詐騙匪徒唐子良伏誅。

湖南亂黨楊禮臣被逮時。唐子良藉官詐索。稱認識都督府官員。代爲運動取保。向楊禮臣家屬詐騙巨款。經靖武將軍訪拏。按照軍法槍斃。聞者快之。

十三日

派駐奧公使沈瑞麟爲奧國皇太子大葬弔唁專使。

十四日

申令查緝亂黨散放銷售僞國債票僞軍用票及各種僞造紙幣。

二十八日

公布文官官秩令。

令曰。歷代官制。精意重在官與職分。誠以因資序官。斯人無躁進。量才授職。斯事有專司。成周卿大夫士。爲設官之權輿。唐宋以還。率本此制。尚書令中書令以下。迄於州縣掾屬。皆謂之職。開府特進至勳功耶。皆謂之官。一以爲積資敘功之階。一以爲因才器使之用。故官人者無遷就之失。而在位者有激厲之方。法至善也。洎於明清。官職混合。內而閣部院寺。外而督撫司道。職權所屬。官位隨之。遂至列名功簿。輸貲販曹。但使循例得官。莫不因官授職。登進之濫。流弊已多。改革之初。藩籬潰決。人懷非分之念士存干進之心。要挾營謀。無所不至。衣冠儕於厮養。名器等於弁髦。因無明試之階。遂多出位之想。民志因而不定。政治無從剧新。甚或以平民制度本無階級爲詞。不知平等之說。係以法律爲範圍。而任用之途。應以資格爲標準。秩序所在。中外攸同。現在海陸軍已定有官職分離各法令。所有京外文官官秩。自應一律釐定。另令公布。與文職相輔而行。本九品官人之法。仿六計弊吏之遺。庶幾賢者在位。能者在職。矢靖共之意。杜奔競之風。

文官官秩令

第一條　文官分爲九秩。

上卿

中卿

少卿

上大夫

中大夫

少大夫

上士

中士

少士

同中卿同上大夫同少大夫同中士同少士秩同本官。

第二條　文官任職依左列之規定。

上卿中卿少卿。均得任特任職。

少卿上大夫中大夫。均得任簡任職。

中大夫少大夫上士。均得任薦任職。

上士中士少士。均得任委任職。

同中士同少士。得署委任職。

凡　大總統特別任職。不以官秩爲限。

第三條　文官授官進官加秩依左列之規定。

任特任職者。初敍授少卿。進敍中卿上卿。但歷職積資十六年以上。曾爲特任職者。初敍得授中卿。歷職積資十八年以上曾爲特任職者。初敍得授上卿。

任簡任職者。初敍授中大夫。進敍上大夫少卿。加秩同中卿。但歷職積資十二年以上曾爲簡任職者。初敍得授上大夫。歷職積務十四年以上曾爲簡任職者。初敍得授少卿。

任薦任職者初敍授上士。進敍少大夫中大夫。加秩同上大夫。但歷職積資八年以上曾爲薦任職者。初敍得授少大夫。特職積資十年以上曾爲薦任職者。初敍得授中大夫。

任委任職者。初敍授少士。進敍中士上士。加秩同少大夫。但歷職積資三年以上。初敍得授中士。歷職積資四年以上。初敘得授上士。
同中士少士服習公務一年或二年期滿者。敍授中士少士。
凡加秩者。轉任上等職。改敍實官。
凡　大總統特別授官。不以在職爲限。
第四條　凡文官在職。每滿二年爲期。著有勞績者。得進官或加秩。其勞績異常者。得隨時先期進官或加秩。並無勞績者。得停止本期之進官或加秩。
第五條　凡轉職者。續計前資。免職者。存原官及原資。褫職者。奪官或降官。均斷前資。奪官或降官仍留職者。不斷原資。
第六條　凡授官進官加秩及奪官降官者。係特任簡任職由　大總統命令行之。係薦任職由所屬長官呈請　大總統命令行之。係委任職由所屬長官彙案呈請　大總統命令行之。

三十日

公布徒刑改遣條例。

令曰。世界刑法。惟吾國之流刑。爲最古。遺與流制雖各異。而按諸刑事政策與移民政策。究亦名異而實同。清季修訂新刑律。始一律定爲徒刑。易以拘禁。蓋以最新刑事政策義取感化。服定役於監獄。易發其遷善改過之心。正不必屏諸遠方。俾其自甘暴棄。揆當時立法之用意。陳義非不甚高。而不謂行之數年。其結果乃適與相反。獄政尚未修明。則多數雜居。既難於實施教化。設備多仍舊貫。則分房未

圖畫

易更不免妨害衛生積是種種原因遂使在獄者幾成學習犯罪之地因之出獄者適爲獎勵犯罪之媒爲害公安所關甚鉅加以事變而後盜賊橫行反獄重案既時有所聞管獄各官每窮於防護法久生弊亟宜酌量變通本大總統爲執行刑律起見特制定徒刑改遣條例以濟監獄執行之窮嗣後凡屬於本條例第一條所列徒刑各犯均一律酌改發遣並准其編入各該遣地戶籍近可以爲疏通監獄之謀遠可以收充實邊防之效於刑事政策移民政策兩有裨益自本條例施行之日起著司法總長督飭該管官司實力奉行用副國家刑期無刑之至意

鄉戒 自六月二十八日起至八月十四日止

船山學報附編之一

徐明譯編

六月二十八日

奧地利皇太子斐迪南及其妃霍亨保爲塞維亞人泊里司地區所殺。

奧國皇太子偕其妃遊歷巴斯里亞（奧屬巴爾幹之一州）及赫士戈文那（土耳其之一州）二州二十六日。在巴斯里亞首府塞拉熱窩乘車赴市政廳行接見式未至市政廳之前途中有向太子乘車擲炸彈者。爲太子臂所格落地僅傷及從者。迨至市政廳行禮既畢歸途忽遇塞爾維亞學生名泊里司地區用勃郎寧手槍向太子及妃轟擊兩響中太子之頭部妃之腸部均即隕命兩次之兇手均已拘獲聞塞維亞政府曾預戒奧太子勿作此游因探悉巴斯里亞之塞維亞僑民有極大之陰謀學生尤爲志堅之故奧皇年已八十四聞之大痛即離伊斯其爾向維也納德皇聞此兇耗即停止本星期擬行之各事維也納大震德國各處亦深悲憫此次被殺之原因自一千九百零八年奧國幷有巴赫二州太子大有所盡力及一九一二年巴土戰爭復下大動員令威壓塞國塞人甚有怨忌也

七月一日

英紐西蘭排斥亞洲人。

英國南太平洋之殖民地紐西蘭。提出排斥亞洲人民入境之議案。凡亞洲人及印度人入境者。須受嚴格之語學試驗。

塞維亞向奧辯白。

塞政府正式抗議於奧匈政府。辯明奧太子之暗殺與塞政府無關係。並稱必嚴懲兇手之同黨。監視大塞維亞黨之運動。

美墨和議成。

和約已簽定。和平照舊回復。約内規定墨國各政黨各舉代表組織臨時政府。美國及阿根廷巴西智利三國政府。俟新政府成立後。卽承認之。墨國對於美國無須賠欵。但現總統胡爾泰必行辭職。

奧國布領土戒嚴令。

奧匈政府因國內發生排塞性質之運動。特布巴赫二州之戒嚴令。

二日

英大政治家張伯倫卒。

亞爾巴尼亞全國叛亂。

亞爾巴尼亞全國反叛國王希臘之亂黨。亦向南亞爾巴尼亞進行。亞爾巴尼亞王求列强以武力干涉。

四日

瑙威議會決議支出費一千一百五十克耶。以整頓國防。

五日

墨西哥選舉總統。

七日

奧匈聯合內閣會議開會於維也納。議整理巴赫二州與塞國之關係。及調查塞國與抱大塞維亞者之陰謀。

九日

奧備兵於邊境。

奧軍界向塞國邊界集中以為奧塞交涉之後盾。

十日

亞爾巴尼亞國王得羅馬尼亞義勇兵之援平定國亂。

十二日

美政府在下院提出非利濱自治案。

十四日

美國華太勃立葛脫製造局所造世界第一大砲成。

此砲計重二百四十五噸。射擊力達二十三英里。為預備用於巴拿馬之防備者。

十五日

墨西哥總統胡爾泰辭職。

由上下院推舉加巴吉爾爲後任者。

英國海軍開始動員試驗。

參列之各級軍艦大小共四百九十三艘。

十六日

法大總統遊俄。

法國組織陸軍軍需缺陷調查會。

法之陸軍經上院陸軍委員文培耳宣言於戰爭之準備。殊爲缺乏。法國人民全體聞之驚愕。乃另舉下院委員組織陸軍軍需缺陷調查會。以期補救。

塞維亞召集預備兵七萬人。

二十日

墨前總統胡爾泰往牙買加。

俄皇與法總統會於克龍斯達德。

二十一日

俄京工人大同盟罷工。

聖彼得堡有工人十餘萬因政府欲加嚴厲之限制於勞動組合。乃同盟罷工。政府派哥薩克兵彈壓之。

二十三日
奧國開備戰會議。
二十四日
奧國發最後通牒於塞國。
要求凡七條一政府於塞國新聞紙第一頁發表宣言。明告國民以排奧之不正當。若有排奧行爲。政府當禁止之。且同時以同意發陸軍令交付各軍隊。二政府當抑制新聞紙。不得使用一切助長塞國民對於奧國民憎惡輕蔑心之定論。三解散塞維亞主義之某協會。並禁止將來再組織此等性質之團體四各學校之教科書删除助長排奧運動之事項五加入排奧運動之官吏及軍人一律罷黜六由奧匈政府之代表人會同塞政府在塞國內檢查暗殺之陰謀。七暗殺者之處罰。須於奧匈政府監督之下行之。限二十四小時答覆。
奧政府外務部宣告關於塞維亞問題。不受仲裁。
俄國開緊急內閣會議。議關於奧塞事。
二十五日
塞政府拒絕奧國之要求。下動員令。
俄政府要求奧國展延最後通牒之期限。奧拒絕之。
奧匈國布告戒嚴令及預備兵集合令。

德皇威廉第二自瑙威回國。

俄國開御前會議發非常緊急命令。

二十六日

塞國自貝爾格來特遷都於南方克拉古茄克斯

奧國宣戰。

二十七日

奧塞開戰。

兩軍在道利那河沿岸大戰。

英外相葛雷向列國提議調停戰事德國拒之。

二十九日

奧軍占領貝爾格來特。

門的內哥羅向奧宣戰

門爲斯拉夫族與塞同種。

俄國華沙火藥庫災。

三十日

荷蘭比利時布動員令。

求果守中立之義務也。

俄國下全國動員令

三十一日

俄土戰爭後柏林會議。俄志不得伸。而奧得巴赫二州。俄遂怨奧。一九一二年。巴土戰爭。俄陰援塞門諸國。而奧則竭力限制塞門諸國。俄奧之間。屢起衝突。此次奧塞開釁。俄政府要求奧政府以對塞要求事件之最後通牒。寬限答覆。奧不允。二十五日。俄開御前會議。俄帝慨然曰。德奧兩國。頻頻挑戰。吾人隱忍之。已七年有半。今無可避矣。至是發動員令與戒嚴令。

德國下戒嚴令

自柏林會議以來。德與奧與比爲同盟。俄與法比爲同盟。俄既受柏林會議之限制。不得志於地中海。乃注意於遠東之海上權。德又利俄之經營遠東。已得在歐洲申其勢力。故中日戰役。方定。德與俄法協議。廹日本退還遼東半島。德乃乘勢佔領青島。爲遠東之根據地。日俄戰爭以後。俄國之極東經營。均歸失敗。俄法同盟之勢力稍弱。一九一八年。奧並巴赫二州。德力助奧。以拒俄之干涉。俄以是飲恨於德。巴土戰爭之際。俄與奧間。屢起衝突。德乘機聯絡土耳其。以援奧。大擴勢力於土。德之外交。屢得勝利。俾於巴爾幹方面。勢力漸損。奧塞失和。俄既備兵以窺德之舉動。俄皇復請德皇阻奧之出兵。德皇初允爲盡力斡旋。俄備戰遂通牒。俄政府致詰問於今日下戒嚴令。

八月一日

意大利宣布中立

意於一八八三年與德奧結三國同盟此次戰事宜其加入而意獨宣布中立此事頗非外人所能推測或謂意大利海岸甚長受敵最易設助奧以排法助德以敵英則受損失必巨故不得不爲自保之計耳

瑞典瑙威丹麥宣布中立

德國向俄國宣戰

德兵侵入法國境

師丹戰役後法之霸權盡爲德有乃利用俄德不睦之機會訂俄法同盟日俄戰爭以後俄勢稍挫法乃漸與英親一九零四年訂英法協約英向與俄爭霸於歐洲及俄爲日敗俄不足懼遂移爲英德爭霸而英俄法三國之協商成歐洲之外交局遂成二大團體至是俄旣下動員法亦陰戒兵備德卽發兵侵入法境西雷向龍韋進發

二日

俄國對德國宣戰

德布戒嚴令於膠州灣

德假道於比利時以攻法比不許

德向比致最後之通牒於比政府曰若許德兵過比之領土德當與比結好限次日午前七時以前答

復比。政。府。聲。明。願。守。中。立。拒。其。要。求。

法向德國抗議布全國戒嚴令。

德之向法執戰鬥行爲也未受法何項挑撥。遽行進兵。法特提出抗議。詰責德人。布告全國戒嚴。

德。政。府。要。求英國守中立。

日。本。宣。言。助。英。

初英有事於南非。防俄人拊其背。與日本同盟。及日俄戰事終。俄大受挫。於是向之爭霸於歐洲之英

俄。乃。移。之。於。英。德日既與英同盟。又挾甲午德國干涉遼東半島之宿怨。至是遂急欲干與戰事。

奧軍及塞軍大戰於里納河。

塞軍將渡河爲奧軍所阻。

三日

德艦擊毀俄國波羅的海沿岸里播海口。

四日

比。國。求。助。於。英。英向德國提出最後通牒。要。求。德。國。尊。重。比。之。中。立。

德艦隊在芬蘭之亞蘭得斯島附近。與俄艦隊會戰。敗之。德軍佔據亞蘭得斯島及海口。俄艦隊退入芬

蘭。灣。

英國商務院長約翰麗斯辭職。

麗斯素抱社會主義。不主戰爭。與政府不合。乃辭職。

美國宣告中立美大總統請調停戰事。

美國之態度。一面守嚴正之中立。一面又以恢復和平爲責任。美大統總威爾遜自以加盟於海牙平和條約之一國元首之資格。請依據該約居中調停。於本日以公函致各交戰國元首書曰海牙公斷調約。僕忝爲署名者之長。今感於誠摯友誼之精神。按原約第三條權利義務。供獻於諸貴國元首之前。余歡欣鼓舞以待此一日。余或能竭力以贊助保持歐洲之和平。此日或卽今日或在今日之後。則從諸貴國元首之便。倘貴國以爲便利者。僕將歡迎此日。如僕果能以微力贊助貴國或與戰之各國。則僕將引此以爲樂。

英德外交斷絕德國魚雷艇隊襲擊碇泊恆比河口之英艦隊。擊沈英旗艦及弩級艦三艘。傷六艘。德失魚雷艇四艘

士耳其下動員令。

五日

英德宣戰。

近日德大擴北海之海軍。與英相抗。英忌德已久。至是互宣告開戰。

法德宣戰。

自三日以來。二國已在戰爭狀態。本日乃正式宣戰。

意國下動員令。

瑞士宣告中立。

德向比國宣戰以兵侵入比境向里愛巨前進。遂侵入荷蘭之的爾堡。

六日

德軍攻里愛巨不克。

是役比軍二萬五千人。德軍四萬人。比軍抵禦非常堅忍。卒擊退德軍。德之死傷兵卒凡二萬餘人。因要求停戰以收拾傷亡之兵。

奧國向俄宣戰。

羅馬尼亞國宣告中立。

西班牙國宣告中立。

荷蘭宣布土地一部戒嚴令。

英屬坎拿大頒發海陸軍召集令。

美大總統夫人卒。

七日

英法軍占領西非洲德國殖民地土哥倫之羅姆。

英國會議決戰費。

凡一萬萬磅。

八日

俄國向奧宣戰。

俄國會開會。

德奧力要意國助戰意不許。

法軍入亞爾薩斯佔領愛爾克區鎮及墨爾化斯。

普法戰爭後法割亞爾薩斯及勞倫二地與德法人飲恨不已至於法軍攻入亞爾薩斯佔據亞爾克區向墨爾化斯進發亞勞二地之人民見法軍抵境異常歡忭皆碎其界石法軍總司令霞飛將軍出示曰亞爾薩斯之子弟乎法兵含憂忍待四十五年矣今重履此土法兵乃復仇巨業之先鋒也。

九日

阿根廷大總統羅拉聖斯伯拉卒。

十日

門的內哥羅取奧大馬爾歇之斯關柴鎮奧宣言封鎖門的內哥羅沿岸。

德帝親督師攻比。

英法聯軍救比。

英遠征軍二十萬人以費蘭巨為大將至法國登岸會同法軍向納末爾前進。

土耳其集軍於堤台茄區附近之布里亞國境內。

土耳其與巴爾幹諸小國。屢動干戈因列强之干涉。勉强鎮定。歐洲戰爭起。巴土諸國之葛藤。又將訴諸武力。塞門諸國。倚俄以敵。奧土則倚德以制諸國。至是土集軍於布國境內。巴爾幹之風雲。將捲土重來矣。

十一日

俄軍侵入奧國。

俄軍向奧國加里西亞省首府萊姆堡前進。奧亦遣兵進攻波蘭。

德軍猛攻里愛巨。

十二日

德軍及英法比聯軍大戰於里愛巨。

奧軍渡維斯土拉河入波蘭界。

德軍由里愛巨渡河攻狄克士特取之。遂向比京不魯捨勒進發。

十三日

俄皇。赴莫斯科。

奧軍攻塞軍渡驪河取薩巴士。

奧軍凡四十萬。

十四日

德軍擊亞爾薩斯。法軍退走。

俄軍及奧軍戰於特里司特河。奧軍大敗。俄取沙開鎮。

鎮據彼格河旁。河之上游。卽萊姆堡。

法內閣辭職。

法德軍大戰於哇台英河。

哇台英在法國宋斯省芒特曼地之南。兩軍大戰二日。法軍大勝。德軍損失甚巨。

德殺其社會民主黨首領里博克奈希。

德國社會民主黨素以限制軍備反對戰爭爲主義。蓋勞動者知戰勝之利益。多爲權力階級所獲。分配於勞動階級者較少。若戰爭永續。則其所受之害。非所能堪。也里博克奈希博士主張拒兵役爲政府所槍斃。聞者哀之。

中華民國四年八月〓出版

定價表

期數	定價	郵費 本國	郵費 日本	郵費 各國
一期	四角	五分	一角	一角五分
六期	二元二角	三角	六角	九角
十二期	四元	六角	一元二角	一元八角

廣告刊例

期限	一期	三期	六期	十二期
一面	十二元	三十二元	六十元	一百十元
半面	七元	十八元	三十二元	六十元
四分之一	四元	十元	十八元	三十二元

●面頁　底頁　加倍　篇末加半

船山學社發行印

船山學報

第一期

編輯者　益陽曹佐熙

發行者　長沙小吳門正街　湖南船山學社

印刷者　上海虹口東百老滙路　中華書局

發行所　長沙府正街　楚益圖書局

發行所　長沙南陽街　翰墨山房

代售處

上海漢口武昌奉天廣東　會文堂書局

上海漢口北京長沙廣東　廣益書局

各省　中華書局

上海四馬路　羣學社書局

上海漢口蘇州松江　掃葉山房

各省大書局

民國四年九月二十日出版

船山學報

第 期

湖南船山學社印行

請君毋忘

五月九日

國恥

船山學社徵文條例

一本社爲研究學術集思廣益起見按期徵文其目如左

一船山語類叙例

二論現在教育之缺點及改良之法

三提倡國貨條議

四續修各省通志議

五史學叢書叙目

六繹史拾遺

七經籍纂詁拾遺

二海內通疋有以右開各題文藁見惠者除擇尤登入學報外並贈以學報一分及四元以上十元以下之酬勞金

三酬勞金及贈報於惠藁登報後送達之但惠藁者須開明住所

四本社編輯事忙惠藁無論已登未登概不送還以省手續惟數期之後必將篇目及譔人姓名列單報告一次以答海內通疋殷勤見惠之心

船山學報第二期目錄

目錄

說苑

附編

菊花園圖攝影

船山先生手蹟

船山先生手蹟

瀏陽縣孔聖丁祭禮樂合影

師說

本社重要啓事　本報原議照國粹學報辦法通用漢裝後由印刷處改用洋裝間有錯誤聲明於下

一毋忘國恥四字誤印在籀史序後兹仍移到売面并另印籀史序一葉以符原議

一原史中古史流别表排印至半幅而止若下期從餘幅印起則此表爲中間空白所隔斷不便省覽兹將此表全體一次印出以便閲者

一原史流别乙第四葉第七行視紀言如紀事句脱一如字

接第一期

義如此。有將桀紂汚染湯武洗濯言者乃治道語。不全相干涉。且湯豈受桀之汚而爲惡。而一旦始新之乎。

康誥節

作新民、本諸身之德以敎之。愼於德以立政而治之。使日興於仁讓之謂。

詩曰節

新民無功夫。但自新以新民。則國家皆昭明而興治。有新之象焉。乃爲天所佑。而國以興。亦不當泛及受命革商等語。

是故君子節

君子之道如此。故學者必如此。

邦畿節

侯國之人。朝貢而來者。是必至於是土著之人。不徒侯國是遷。

緡蠻節

黃鳥必周翔顧視以求丘隅之安。學者必審至善之所在而求至之。較前節多一知字意。

穆穆文王節

緝熙是明德至密無間之功。此二字要緊。有此緝熙之聖功。乃以見之事爲無不愼而皆底於至善。仁敬孝慈信。內有以盡乎身心之安。外有以盡乎天下國家之理。此明新合一之至善也。

仁敬孝慈信皆極其至之謂止。有提敬止敬字作主者乃小註因程子教學者以主敬而遇着敬字便扯着湊巧。不知敬字在此章引詩之意原不要緊。

詩云瞻彼節

道學也等句切不可但作釋詩解。道學者道其學之至精已切而又磋也。自修等句皆然。正在詩所言上見其必止於至善之功。

恂慄是戰兢恐懼意。恂字音俊者見莊子。懼也。不可作學修自致之美說。威儀亦自有功夫。如君子不重則不威。學則不固。固有學修而不治其威儀者矣。學是格物致知。自修及威儀是修身。自修以言行。言威儀以動言。恂慄是正心誠意。雖不必板分而自脗合如此。

時解有以恂慄威儀應敬字尤謬。

子曰聽訟章

有以聽訟爲末。無訟爲本者。無訟止是新民。不可云本。固已。其以無訟爲末。使無訟爲本者。亦不是。聽訟亦以彰善癉惡。不可謂非新民之事。使無訟亦只是新民之極致。不可云本。須知在此章以下。俱是講三綱八目相因之理。不可滯分實貼。大畏民志而民之志大畏。則亦是末。若云君以明德大畏之。則明德以畏民。故而明。豈不是顧末失本。此章俱是止講有本則末自應。本在言外。乃民所以大畏者方是本。使字亦自然而致。不可分何句何字是本。而何者爲末也。

此謂知本。既非贊孔子之言。又非謂大畏民志者以知本。乃由此思之。則知新民之必有本矣。

釋誠意章

可笑數十年來爭愼獨在致知前。在致知後。若說在致知前。則已能誠意。何待致知。若說在致知後。則豈致知時任其意之惡而不愼。直待知至後。方去愼獨。經云知至而后意誠。非言致知而後誠意。其謬在誤將先字作前字解。恰似今年且致知。明年方誠意一般。可笑甚矣。不知此愼獨工夫知未致以前亦然。致知以後亦然。知未致以前。豈可任其意之橫行。惟既有事於愼獨。而知未致。則有不能盡愼者。有非愼其所必當愼者。故必致知以審之。故經云欲誠其意者。先致其知。欲誠其意。則已在愼獨上用功矣。既致知矣。而愼獨自別有加謹之功。則不可以知已致而忽於愼。且知無盡者也。愈致而愈精。則愼獨之功愈加密。故致知誠意。俱是通梢一樣工夫。格物正心修身。無不皆然。有何前後之有。而相爭不已。豈不愚哉。

所謂誠其意節

所謂誠其意者。是通絜一章之詞。與所謂修身在正其心者同。毋自欺也。連下如惡惡臭十二字。是一句。言其毋自欺。必如此其至。然後可以自慊。也字與舜禹之有天下也。君子之事君也。也字同。乃起下之詞。將也字應者字。以毋自欺作誠意註脚。非是。自欺自慊二自字。兼心與知而言。蓋此章上通正心。下統致知。心之所欲正。既是素志所秉。爲立身行己之主。知之所致。亦分明在心。自信爲已得之理。而意之妄動。則有心之所不欲。知之所自昧者。皆欺也。惡惡臭。好好色。自心素定。而至前便知。皆所謂自也。乃此章上通正心處多。下連致知處少。俗解專在致知上說。失之矣。

欺者凌壓之謂。如強臣欺君悍僕欺主相似。全不照顧任其恣行。自欺者任意之所之。使其素志不能自伸。所知者不能行也。作詐字解者非。但是觸物而動。卽爲意。自初起念直至爲善爲惡之成。人所共知亦是意。爲之獨者。意之初幾。愼獨乃是誠意及早下手工夫。不待著見而始愼。誠意之功在獨愼。不可以愼字當誠字。獨字當意字。惡惡臭好好色。一見一聞。便欲去欲得。亦是最速之幾。

小人節

此節只是借喩以見意之所係甚大。時解說小人自欺。又說小人欺人。俱是葛藤語。小人有何自之可欺。若云其欺君子。則向使小人於君子之前。全無忌憚。又豈不是目無君子而欺之。見君子而厭然。是他本心不自昧處。揜不善著善。是他知有善不善之明。只是他任意橫行。便心之不昧知之倘明者。皆成無益。可見欲正其心者。必誠其意。而致知者。乃以求意之必誠也。

誠於中誠字。只是實然之意。非誠意之誠。

誠意誠字對虛字。不對僞字。不講到僞不僞上。正心只是所志者立個大綱。不使邪到意上。方實實落落。爲善去惡在事物上決擇。令所欲正之心有其實。而充滿篤實。純一於善也。

曾子節

十目所視。是人知得分明。十手所指。指出他爲善爲惡之情。而目言之。

其嚴乎。文義與其恕乎同。嚴字是好字面。言當如此而嚴持之。亦愼意也。此節亦只發明意之最重。不可將小人入講。上節原不要緊。此爲欲正其心而致知之學者言。非以斥戒小人使之改也。

接第一期

傳子亦修軒轅之法爾。少昊顓頊高辛以洎於摯堯。親以賢者。近取之兄弟子姓而前可以相後可以帝地邇勢易。不假於側陋而事順。其事順。故以帝摯之不順。弗能違焉。堯之在位七十載。而親以賢者未有其人。亦遲之七十載而未有相也。而堯已耄期矣。故不獲已而命之四岳。使徵舜。四岳雖欲終讓而不得矣。若舜之倦勤。禹已久即百揆之位。無異乎顓頊之十年。高辛之二十五年也。終陟元后。又何疑焉。故曰五帝官天下。官天下者。五帝之通典。豈堯舜之僅德哉。堯在位七十載而未有相變也。使四岳而不得辭則以侯陟帝。循少昊之已事。而不必於相。舜舉側陋。非有江水可與之素。則必以相承統。用顓頊高辛之典禮。故繇徽庸總揆賓門納麓以訖受終。凡三十載而後格於文祖。事以漸而信從壹焉。浸使四岳受巽位之命。固不待於此矣。五帝之援立也夙。三王之建儲也早。近而百工。遠而九服。疏賤而兆民。耳目一聽從審引領而望曰。此他日之君我者也。日用不知而習以安。故曰天視自我民視。天聽自我民聽。四海翕從而莫有異志。斯以謂之天矣。堯因法而從時。因人而順天。非有異也。是固無與於堯之高深矣。

舜格文祖。古今積疑。或以舜為妻祖姑。或以舜為堯壻而祀妻家之祖。流俗人所不為也。而謂聖人為之乎。知禪讓為軒轅以來傳位之典禮。則文祖猶後代之歷代帝王廟耳。固軒轅以來之典禮也。由是推之。共和國民選總統。則擇總統之賢勞者祀之。為歷代民國元首廟。我知無嚮壁虛造之誚也。此議愚於廣西法政講義言之綦詳。志其略於此。以待來哲。

古之帝王。願大位之將有託也。或命相而試以功。或立子而豫以教。立子以適而不以賢。立而後教之。故三代崇齒冑之禮。命相以德而不以世。故唐虞重百揆之任。試而命之。以重其禮也。立而教之。以成其德也。定民志者存乎禮。堪大業者存乎德。德其本也。禮其末也。本末具舉則始於無疑而終於克任矣。試而後命。本先於末。立而後教。末先於本。先難而後以易。故堯遲之七十載而以不得舜爲已憂。先末而後本則初吉而終或亂。故桀紂幽厲得奄有四海。待湯武而後革。雖然法豈有定邪。知人之哲如堯舜不易得也。教胄有恒而中主可守也。則試而後命。立而後教。義協於一而效亦同。迨其弊也。秦失其本於後而胡亥速亡。漢魏亂其末於先而逆臣繼篡。則必盡者人也。不可恃者法也。固不得以堯之授舜。舜之授禹。爲必治不亂之道。又惡足以爲二帝之絕德哉。況堯之以因而不以創。即有德焉。亦歸之軒轅而堯不任受乎。

家天下進而爲官天下。由一國之官天下進而爲全地球之官天下。乃達孔子大同之旨。得此發揮。不繁言而已解。

法豈有定。是千古不磨語。則販他國之法以爲枕祕者。可以悟矣。官天下雖立萬世之極而祕魯之禍至今未已。則知法待人而後行。不可專恃法也。船山學貫天人。故於今日時局洞若觀火

蘇氏曰。聖人之所大過人而天下後世之所不能。斯亦未達於時之剿說。已至若莊周創立王倪齧缺披衣支父善卷伯昏之名。而謂聖人桎梏神器。左顧右盼。索草野畸人以代己而脫於樊。若稚子之獲窖金而無所措也。亦陋甚矣。

聖人之大寶曰位。位者天之所秩以崇德而廣業也。自謀其荒耄之樂。遽求夫褰裳之去。褻天經。慢民紀。以亂天下而有餘矣。予無樂乎爲君。一言而喪邦。此之謂也。孟子敝屣之論。又將羅執而即刑天下。故敝

屣矣垂衣倦勤而敝屣乎天下其與敝屣君親者又何殊焉莊周曼衍之辭奚足以存哉

斥莊周曼衍之辭開悟後學不少

然則稷契皆堯弟也以親以賢無異於堯摯高辛顓頊之相承散置之有位而不以相逮迨及而迫以命之四岳何也稷契之不可以相而授也堯知之四岳明揚而弗及四岳且知之而非立乎千世以下者之得知矣其德稱一官而有所限與其年未及而望且輕與堯非故抑之四岳亦無所媢焉斯必有其故矣德者望之基望者德之助舜德優於望四岳望優於德稷契望絀於四岳而德不逮舜堯所不能強也而況於王倪齧缺之區區

舜典一

舜之升聞也師錫帝堯者曰有鰥在下克諧以孝烝烝乂不格姦舜之德自孝而外未有聞也非其無以聞也亦非其韜光斂采而不欲聞也虞幕之後降爲庶人雖欲章之末繇章之則固不得而聞矣迺其僅章於孝者父子兄弟之變也舜且引以爲疚不顯居以爲德矣潛移密化之烝乂名有所必辭事有所必隱事隱而無可聞名辭而不可見史以謂之玄職此故也

此專闢老子玄之又玄衆妙之門乃知贊易天玄地黃之義玄卽不測之謂蒼蒼者衆色畢著西人光學太陽七色無以名之名之曰玄

藉令舜紹虞幕之業處天倫之常光被邦家勳施下土史不得以玄言之矣濬哲文明非玄以爲知溫恭允塞非玄以爲行也玄也者潛也隱而未見行而未成之謂也夫君子以成德爲行日可見之行豈欲其

不見而不成也哉。不可見而不見。不可成而不成。君子以敦隨時之義。濬哲文明。德成於知。溫恭允塞。德成於仁。而可行矣。然而玄焉者其時也。舜之玄。玄以時而不以德明矣。且夫玄之為言。不可測之辭也。不可測者非其正也。易曰天玄而地黃。地不適黃而象以黃。天不固玄而象以玄。非名之從實者也。莊周曰天之蒼蒼者其正色邪。其遠而無所極耶。其視下亦若此而已矣。則玄非天之正色。從人之不可見者言之爾。故象潛德者以其隱而未著者。託於無所極以命之曰玄。亦非舜之固以玄為德也。玄非正色。而無實。君子固不以為德。亟言玄者。老聃之說也。是以知其德之非正也。人於其所不見。以不玄視玄而玄在己。乃己固無有實也。則以玄視不玄而玄又在他。德非正者邪也。視己視他而俱在者妄也。邪不可以為德。妄不足以有成。故其言曰大道汎兮其可左右。我是以知其弗正。大成若缺。我是以知其不成。則以非老子視老子而老子玄。以老子視非老子而非老子者又胡不玄也。何也。不俾人見。不俾人知。互相逕庭而不測。無定質。無固實。無必正色。蟲臂鼠肝而玄。支離兀者而玄。必且詭言譎行。挾詐藏姦。無父無君而不玄矣。嗚呼。孰謂舜而以此為德哉。

老子陰謀之書。將欲取之。必固與之。其機甚險。

濬哲文明。以光昭其知。溫恭允塞。以駿發其行。處深山。臨憂患。而光明赫奕之氣不可遏也。從五典。敘百揆。賓四門。格大麓。殛大姦。晉羣賢。庸有必奮。載有必熙。豈嘗韜光同塵以蒼蒼之無正色者為師而徜徉乎不測之域曰眾妙之門也哉。妙也者。所以為利也。劫持天下而潛用之。取與陰陽而密刺之。己所獨喻。人所不得而見之。我知其所懷來矣。陰持人所不覺而利存焉耳。子曰小人喻於利。密知而不洩之謂也。

玄之又玄者。不謂之小人奚得哉。是故君子擇善以法天。法天之正。極高明也。彊不息也。不法天之玄。玄非天之正也。玄非天。正人。玄天也。人玄天。天亦玄。人豈猶乎高明而健行者易知可親而已不可階升者乎。易固曰龍戰於野。其血玄黃。疑而戰。戰而血。血而玄。而龍傷矣。其位潛。其時疑。其志傷。舜德以玄爲玄者。聖人之不幸也。父非瞽瞍。弟非象。居非木石。遊非鹿豕。何爲其玄哉。

舜典二

敬以嚴乎己也。寬以恕乎物也。嚴乎己以立法。恕乎物以達情。春秋立法謹嚴而宅心忠恕。敬敷五教在寬之見諸行事者也。

此篇政治學之原理。亦社會學之原理。恃源而往。則一切之法。百家之言。不足以淆之。願吾黨之愼之也。

夫司徒之敎五品而已。人之異於禽。華之異於夷。此也。禽偏而不全。夷略而不詳。偏則亦有至焉矣。略則亦姑備焉矣。然則以五教求異於彼。覈其大全而致其精詳。固不容於寬矣。易知簡能而持以寬。無亦幾微不審。名異禽獸而實有同焉者乎。朱子曰。反之於嚴。矯之而後得其常。職此謂也。而實有不然者。五教者。禮之本也。禮者。刑之相與爲出入者也。出乎禮。斯入乎刑矣。刑者。籍之使合。抑之使受也。不親者豈籍之而親。不遜者豈抑之而可使遜哉。

民不畏死。奈何以死懼之。老子之言。以針砭申商之名法。則得之矣。固知諸子皆偏至之言。羣言淆亂。折衷於聖。船山其尼山之津梁乎。

且夫人之敢於無禮於君親者非盡不畏清議而肆爲之也其始也荏苒於貨財妻子以生嫌隙其既也睽孤有鬼豕之疑而不蒙遇雨之釋操之已蹙勢重難反則處無將之地而見絕於賢人君子者已無可湔洗之一日於是以成不忠不孝之巨慝君無所用其威師無所用其戒而帝王之教思亦窮是故夏楚之收以施於絃誦之不率而司徒之教未聞撻子以使孝扑弟以使順也夫人自有其父子兄弟夫婦朋友之情待敎於人然且不謹而又蒙刑罰豈復有拂拭自新以立於人世之理哉唐賜于公異以孝經而公異落拓以終其身况有加於此者乎若夫中人以上所遇不幸用意未至迷瞀以乖於親遜者無以利導而予之安則亦周章纏棘自困於名教之地救過不遑而忠孝之心抑不足油然以生是則嚴以教君子而阻其自然之愛敬嚴以教小人而激其滔天之巨惡通於古今達於四海咸以寬而成其涵泳熏陶之化奈之何其欲矯之以嚴邪宋之立國寬柔已過馴至不競君子之所傷也然其所爲弊者政也非教也教雖未純乎先王之道法而不以束溼待學校俾得以寬衍之歲月緝先王之墜緒胡安定孫明復倡之寖昌寖明底於濂雒關閩之盛在寬之效亦可覩矣蕭梁之世戚近之臣除喪初見而無毀容者皆切責而廢棄之於是有含辛以爲淚及禫而節食者罔上欺天以避誹謫而天眞泯絕馴至其極侯景一叛父子兄弟相戕相滅彝倫斬而國亦隨亡無他弛敬於立教之身而過嚴於物也故君子所甚嚴者法故能養之孝而下斥之犬馬所必寬者情故閨門叢亂而僅曰帷薄不修惟其敬也則亦重愛其名而不忍以不親不遜之大慝加諸與同覆載之人羣藉其不然閨庭小有不謹忮媢者翹之以相告訐形迹可摘證佐罔徵蔣之奇以陷歐陽修温體仁以殺鄭鄤毒流於搢紳害傾夫人國自非漢高之明景帝之察陳

廣師

本報月刊一册按期出版全年定價四元郵費三角六分半年定價二元郵費一角八分如荷訂閱全年或半年請查照下列預約單塡明幷現款至本社總分發行所訂閱當照單按期寄送不誤惟祈鑒察

湖南船山學社啓

預約單

姓名　號　住　省　縣
地方今向湖南船山學社定閱
船山學報　册自第　年第　號起至第　號止
計共洋銀　元　角　分並郵費　元　角　分
照奉請卽收入將收據寄下以後按期照寄爲要
年　月　日

接第一期

福歸於君。

俊德在官。盡心竭力。人敎其道。俗順其敎。上下相親。而德交歸焉。國土平康。而爲君之福者也。

昔者五帝之治天下也。

五帝謂黃帝顓頊高辛堯舜也。

其道昭昭。若日月之明然。若以晝代夜然。

日月運明。明不私照。必須幽隱。始終不息。故昭昭然所不舍也。夫聖人與天地合德。日月齊明。道大不淪。可以崇遠也。

故其道首首然。萬世爲福。萬世爲敎者。惟從黃帝以下舜禹以上而已矣。

首者。始也。言五帝之道。爲萬代之始。後之不能加也。夫黃帝始垂衣裳。造書契。置史官。爲舟楫以濟不通。服牛乘馬。立棟宇。重門擊柝。以待暴客。爲杵臼以利萬姓。作弧矢以威天下。造律管。興封禪。顓頊平九黎之亂。人神不雜。萬物有序。高辛氏作鞀鞞鐘鼓。莞席。帝堯茅茨不翦。土階三尺。夏日葛衣。冬日鹿裘。蕩蕩乎人無能名。巍巍乎其有成功也。帝舜少而至孝。堯聞聰明而用之。舜乃舉禹爲司空。以平水土。弃爲后稷。以播百穀。契爲司徒。以敎百姓。皐陶爲士師。以理獄訟。垂爲共工。以典衆作。益作朕虞。以育草木。伯夷爲秩宗。以典三禮。夔爲樂正。以和神人。舜彈五絃之琴。歌南風之詩。夏禹櫛風沐雨。冠履不顧。敷九土。乘四載。鑿龍門。闢伊闕。導百川。建萬國。微禹之功。人皆魚矣。帝王之功。莫此爲盛。故百代不易。爲福爲敎也。

君王欲緣五帝之道而不失。則可以長久。

守道五帝三王周政甲第四

聖人在上賢士百里而有一人。則猶無有也。

言聖人在上。化被蒼生。德周萬物。雖百里而有一賢士。以聖道廣宣。賢迹不見其賢。雖多則若無有也。

王道衰微。暴亂在上。賢士千里而有一人。則猶比肩也。

王道衰微暴虐亂政人皆思德雖千里有一賢士其若比肩言賢士不可得也。

撰吏五帝三王傳政乙第三

帝王所以安國家行政教。其在良吏乎。言必博廣以取也。

政曰。民者賢不肖之杖也。賢不肖皆具焉。

杖者人所恃以爲行者也。爲政者必賴民以行。無賢不肖一也。

故賢人得焉。不肖人休焉。杖能側焉。忠信飾焉。

賢者得民。不肖休廢。猶杖能扶人。亦能使人傾側。如水能載舟。亦能覆舟也。賢者忠信而民懷。猶杖之有文飾也。

民積愚也。雖愚明主撰吏焉。必使民與焉。

所謂民至愚而不可欺也。張官置吏與民共之。

士民與之。明上舉之。士民若（苦之別文）之明上去之。故王者取吏不忘。必使民唱。然後和。民者吏之程焉。

程式法也。知之在下。觀民生之苦樂文野。以爲察吏之方。

察吏於民。然後隨政。曰民者、至卑也。而使之取吏焉。必取所愛。故十人愛之。則十人之吏也。百人愛之。則百人之吏也。千人愛之。則千人之吏也。萬人愛之。則萬人之吏也。故萬人之吏。撰卿相矣。卿相者。諸侯之丞也。故封侯之土秩出焉。卿相君侯之本也。

曲阜魯周公政甲第十四

政曰。昔者魯周公曰。吾聞之於政也。知善不行者謂之狂。知惡不改者謂之惑。夫狂與惑者。聖王之戒也。

道符五帝三王傳政甲第二

夫開國崇基。必先於道。道既符合。無往不眞。影響相同。自然合應。

不肖者不自謂不肖。而不肖見於行。雖自謂賢。人猶謂之不肖也。愚者不自謂愚。而愚見於言。雖自謂智。人猶謂之愚。

政始五帝治天下第七

昔者帝顓頊年十五而佐黃帝。二十而治天下。其治天下也。上緣黃帝之道而行之。

因修黃帝之道而行其政令。不改革也。

學黃帝之道而常之。

化迹不及。所以效也。效其通道而常見之。

昔者帝嚳年十五而佐帝顓頊。三十而治天下。其治天下也。上緣黃帝之道而明之。

不能盡行。但明之。學帝顓頊之道而行之。

（未完）

接第一期

其分殊。其道殊。其德一也。文王之爲世子也。朝於王季日三。食上必在視寒暖之節。有疾不說冠帶而養。武之事文也亦然。故文武孝子也。其爲臣則純臣也。其爲君則仁君也。此所謂一以貫之者也。

何謂陋宋。趙宋之興也。陳橋兵變。黃袍加身。取大位若反掌。不知天下公器。有德以昌。無德以亡。如堯舜相傳之心法。即曰有天命者任自爲之。亦尙不失英雄磊落之言。乃量不及此。其旦夕所祕計者。取人國於孤兒寡婦之手。惟恐人亦效其故智而取之。急罷功臣兵權。置酒聯姻。勸其多買歌兒舞女。雖繼五季殘虐之後。郡縣皆易文吏。頗有勝殘去殺之效。然文治可觀。而武功不振。無腹心也。無干城也。無好仇也。狄靑王德用偶露頭角。而即有宅枕乾岡貌類藝祖之飛語。胡文定宋儒之傑者也。其說春秋也。羣之帥師也。貶去族。柔之盟折也。貶去族。仰不見天。俯不見地。惟惴惴焉懼君側之有羿操民政之良旒不計也。外族之覬覦不顧也。不亦陋乎。陋則必愚。愚則必弱。謬種流傳。放韓斬岳。不至崖山之沈不止。嗚呼。學說一偏。流毒生民。是亦祖孤秦銷兵之祕鑰也。

旨哉孟子之述五等也。天子一位。公一位。侯一位。伯一位。子男同一位。於尊卑等殺之中。見咸有一德之義。位皆天位也。職皆天職也。祿皆天祿也。各居其位。各盡其職。各有責任。而不敢以權勢驕人。各有心知。而不敢以聰明傲物。尊德樂義。相敬相承。上下相見以心。而不見有堂廉之高遠。此所以天地位而萬物育也。自秦禮相傳。蜷伏於專制政體之下。俗士數典忘祖。乃以公侯伯子男爲五等。惟天子一位於聖神不可知之域。非尊君。實慢君也。非親君。實疏君也。天位世及。生於深宮之中。長於婦人之手。未嘗知哀。未嘗知懼。以喜怒爲是非。以愛憎爲黜陟。心習於所是。目習於所見。耳習於所聞。一聞正論。如批逆鱗。忠直者誅夷阿諛者保位卽號爲帷幄重臣者朝跪而入夕跪而出一言稱旨則曰天子聖明片語譴訶則曰微臣萬死卽橫恣如嚴嵩刈賢人君子如草芥宜若跋扈不可制矣不知其結內豎進靑詞皆妾婦之道也於是而相臣皆奴隸矣此所謂亡國與徒處也源濁者流不得淸爲大僚者以其屈於朝廷者伸於屬吏屬吏懾於專制之威偶假辭色則曰大人栽培一遇乖違則曰大人教訓至流俗相傳以爲天子有諍臣未聞督撫有諍吏於是而庶僚皆奴隸矣庶僚又以屈於大僚者伸於吏民故有滅門縣令之謠又有一世爲官九世爲牛之謠怨氣所積結爲刀兵赤眉靑犢乘時雲擾而生民之禍烈矣明思宗殉社稷其言曰朕非亡國之君諸臣皆亡國之臣亦足悲矣然使反而詰之旣非亡國之君何以所用皆亡國之臣也九泉有知當亦爽然自失然思宗非桀紂之流也無聲色之好有求治之心惜其智不以之察理而用以拒諫其辨不用以知人而用以飾非猜忌之甚疑中國無一好人十餘年易相四十有一文震孟而不能用待人不以誠而謂天下人皆不肖以求治之主而以猜疑之一念致末路與桀紂同歸豈不哀哉

然人臣之自處則有道矣夷險一節順逆一心自盡者也自慊者也孟子曰有天民者有大人者正己而物正者也有安社稷臣者以安社稷爲悅者也天民大人吾不得而見之矣得見安社稷臣者斯可矣三代以下汲長孺諸葛孔明宋之韓范明之楊左孫高陽庶幾近之若事君人者則車載斗量不可勝數矣

第四章　廣義乙

仁之於父子也義之於君臣也禮之於賓主也智之於賢者也聖人之於天道也性也有命焉君子不謂命也父子君臣倫也仁義則性也君臣以義合故三諫不聽則去之父子天親故道在幾諫又敬不違勞

講演

此單特由本社印贈祇限於學校之用如以此單塡寄訂閱一律照定價八折全年計三元二角半年計一元七角郵費照加定閱者必於下列特約單蓋印學校圖記寄交長沙本社收受方可有效如無學校圖記須照上列預約單收價凡本社各發行所亦不得收受此單并此布告卽祈鑒察

湖南船山學社啓

特約單

姓　名　號　住　省　縣

地方今向湖南船山學社特約定閱

船山學報　冊自第　年第　號起至第　號止

計共洋銀　元　角　分並郵費　元　角　分

照奉請卽收入將收據寄下以後按期照寄爲要

年　月　日　此處蓋學校圖記

接第一期

其聚不亦樂乎其言可謂深切著明矣朱晦庵先生讀此而贊之曰此重此樂今人鮮知之者亦慨乎世衰道微而師友之道薄也記曰鼓無當於五聲五聲不得弗和水無當於五色五色不得弗彰師無當於五服五服不得弗親三代之學皆所以明人倫吾人之求學亦以盡倫爲要義無新奇可喜之論而實爲人禽分界之途有子曰孝弟也者其爲仁之本與船山先生釋其義曰養其心於敦愛敦敬之中則薄待生人之意不起而以長養萬彙之道因之以生其條理靜其氣於爲子爲弟之內則淩厲天下之氣不恣而以包容庶物之道因之以生其含宏亦所謂正其本而萬事理也先儒苦心發明之言我輩能涵泳而得其趣以之爲己則順而祥以之爲天下國家則無所施而不當謂之好學不亦宜乎

第四期七月五日

蔚翁

前期所言學之功與造化等此七字包孕閎深正所謂天賦人權既已賦之則爲仁由己天亦不能限量自暴自棄天亦不能鞭策人能盡人則自然合天船山先生每言命日受而性日生非只受於呱呱墮地之日此言極爲精透但非身體力行則覿面失之者多矣行之而不著焉習矣而不察焉芸芸衆生與草木同腐者蓋不知其幾千萬億也天賦人權而人放棄其權奈之何哉本社宗旨主張人權非欲與人爭競長短要而言之上策莫如自治彼丈夫也我丈夫也吾何畏彼哉則愧奮之心生而精神爲之一振勝人者無志自勝者強故治人爲重責之己尸居而龍見淵默而雷聲孔子所謂修己以安人修己以安百姓其操劵而獲者蓋守約而施博也然則學之爲道亦反求諸己而已矣反己奈何行有不得者皆反求諸己子曰射有似乎君子失諸正鵠反求諸其身若射不能中不責力之不足巧之不至而反怨正鵠之

不我就非喪心病狂決不至此聖人就人情明白處指點循循然善誘人亦可見一斑矣人不欲中鵠則已欲中鵠則必求之內志正外體直然後持弓矢審固此是天然必經之階級人不欲利用安身則已如欲利用安身則孟子之所謂三自反者便是學者一定之途徑請舉船山之釋孟子三自反者與諸君共尋繹之嘗其一臠而知其味則全鼎之求自不容已

君子以爲吾心萬物並生之理仁也吾心所以治萬物而得其序之理禮也故以仁存心惟恐私僞之傷吾生理而保全此心者無念忘之以禮存心惟恐蕩逸之喪吾天則而防閑此心者無念忘之

　事理雙顯示人入德之門船山釋經皆此類也

忠於仁而後無媿於此心之萬物一體忠於禮而後無媿於此心之性命各正君子之量益弘君子之才乃無所可困

　量之弘以自反而弘才之大以自反而大

所可化者人而不可動者禽獸橫逆之來人方爲君子憤爲君子懼而君子但保其大中至和之體以容受天下而不驚

好生如舜而後可言仁用中如舜而後可言禮審於危微之幾如舜而後可言存心

　此釋終身之憂

有妄人者出以橫逆相加而爲一朝之患君子於此秉和平中正之心以涖之其害在一己而權無可伸避之可也不及避而受之亦無媿也其害在國家而法有可行責之使改可也不改而誅之亦無尤也終

不以累吾心而引為己患也

此釋無一朝之患

致有所不屑而不致亦仁刑出於無心而刑以佐禮

高言冠世良為百世之師船山之為船山亦以仁存心以禮存心而已

論衛道之精神

彭政樞

大哉聖人之道洋洋乎發育萬物峻極於天優優大哉禮儀三百威儀三千此極贊聖人所修之道大無外小無內垂為訓典懸日月而不刊也至矣盡矣蔑以加矣然卽繼之曰待其人而後行故曰苟不至德至道不凝焉吾儕講學之旨云何亦修至德以凝至道而已世衰道微邪說暴行充塞仁義吾輩生聖人之後讀聖人之書則衛道之責任不容辭也

衛字分保衛捍衛兩層易言王公設險以守其國蠻夷猾夏不得不整軍經武以防意外之虞此捍衛之說也生聚教訓人人有愛國之心兔罝野人皆為干城腹心之選可以不戰而屈人之兵此保衛之說也本社維持道德研求衛道本旨亦當作如是觀孔子曰自吾門有回而門人益親自吾門有賜而遠方之士日至自吾門有由而惡言不入於耳由是觀之則端木顏子為孔門保衛之大臣子路好勇為孔門禦侮之健將也

自獲麟絕筆大義微言日形衰歇諸侯去籍古制蕩然祖龍專尚申韓漢興亦多雜霸幸兩漢師儒輩出董賈倡於前馬鄭繼其後陳農搜求遺書中壘校書天祿諸經典籍孳乳於灰燼之餘雖其間紹述師說

不無出入異同衞道之功皆不可沒非有與天地合德日月合明之眞精神何以歷奕葉而不磨經萬刼而不灰哉本社景仰船山師其含宏循其條理見萬彙長養之精神自然生保衞之興趣（船山先生釋本立道生云、長養萬彙之道、因之以生其條理、包容庶物之道、因之以生其含宏、）與捍衞之實力春秋公羊傳言朋友相衞註云相衞者不致讎勝我民國鑿造異端紛起戴平等自由之假面具敢於讎視聖道侮聖亂經以致流血成渠國基幾潰諸君子同爲名教中人知名教中自有樂地何至依異族而動蕭牆之釁爭權利而操同室之戈乎法家之言盜賊侵害於人人必有正當之防衞此中外古今不易之通論也吾人以天理自然之結合昌明正學衆志成城請自隗始下走雖劣所不敢辭

廖名縉

前次會講聞蔚廬先生以仁存心以禮存心之說歸後涵泳紬繹若有啓發今特就敎諸公儻荷匡逮所深幸焉

蒙以四端之性發自子輿氏孔門敎人只是言仁言禮然仁禮又非二事論語言克己復禮爲仁一日克己復禮天下歸仁焉中庸言仁者人也親親爲大義者宜也尊賢爲大親親之殺尊賢之等禮所生也依此看去克己復禮而仁歸仁親尊賢而禮生孔門敎人歸宄止是一仁字禮也者又不過求仁之途術耳傳稱羣言淆亂折衷於聖論語爲諸經中純粹以精之書學而一章爲孔子自叙猶之遷史之有敍傳其下十二章一反一正均係言仁明明揭出孔敎眞正宗綱矣

天命謂性率性謂道道之大原雖出於天而其發現則自人與人相見始（此漢儒相人偶之通義）

堯桀之仁暴亦殊矣。今使彼二君者。獨生深山窮谷孤島絕嶼之中。自幼少以至老死。曾無與接爲緣之一人。則善惡之性無所表。卽仁暴之行無所區。唯自人與人相見而施受取與生焉。施受取與生而厚薄溫冷之情起焉。由是而演爲一羣之治亂。成爲一國之存亡者。胥係此也。

人爲自營之動物。充其自營之量。可以人人皆化爲豺虎。原人之社會。蓋卽未離此態矣。然而天生人類。原畀以主宰萬物之權。卽賦之主宰萬物之性。此不僅維皇降衷、推理的論說、可謂證據、近日歐西進化論、僵石史中、實見地層構造、當人類未生數期以前、卽生出種種人類應用之物、亦若造物眞主創造世界、預定稿本、某期應令何物出生、某期應令何物出生、要皆以備未後人類之應用、然則謂人類降生、一出自然之演進、造物眞主、初無特別之意可乎、有聖人出。本天所以賦我之性。行天所以畀我之權。於是離萬物而建人類獨有之社會。役萬物而供人類共用。之生活。然後羣治興焉。國家立焉。遂以成今日之世界矣。

夫所謂本天賦之性。行天賦之權者何也。仁是也。

今人讀書病在不加體貼。仁智等字。隨口滑過。以爲不過道德之名詞。其實仁字之義。至精至湛。就其先天而言。仁者壬也。草木秋蘉結爲仁。實胚犧外被。中含一點幺匿斅妙。而造物大生廣生之意。於是焉寓。此幺匿斅妙之一點。梏之剝之。可以盡蹙生機。絕天理而使熄。滋之長之。可以發皇美滿。成干霄之茂蔭。而益衍其大生廣生之傳。此猶於穆之精。圓顱同秉。而或桀或堯。則亦聽其自爲矣。就其後天而言。仁者人也。二五靈淑。所以異於翾飛蠕動之倫者。蓋在乎此。昔歐人某氏研究論理學、爲人下一定義曰、人者兩足而無毛之動物也、德國大學教授某氏講授心理學時、持一去毛之雞、舉示生徒曰、諸生視吾此物、與某氏所言之人何似乎、全場生徒、不覺同時失笑、耶之博愛。釋之慈悲。視吾儒之忠恕。雖醇駁有間。忠恕卽仁之妙用、故孔子之道、以仁爲本、而一貫之傳、又曰忠恕、要其窺見天之所以畀賦吾人之性與權者。則無不同耳。耶釋知仁、而不知所以推行此仁之途術、故修齊治平之序、位育參贊之功、爲吾儒所獨有、近日嗜新忘本之士。動曰中國社會之腐敗由無宗教上之信仰。孔子非宗教之說。淺夫瞀士。一倡百和。其言以爲凡言宗教者必抱悲觀主義。必其捨現在而爲身後之希望。耶之末日審判。釋之天堂地獄。回之咕𠻳經所言悉此義也。孔子爲樂天的爲現世主義。觀其與仲由語生死人鬼之辭。其不能成爲宗教章章矣。噫。是何言歟。此對外國宗教而言夫宗教云者何以其行可宗仰而言。足垂爲教訓也耶。釋欲用其仁而擇術未審。故不免借永生極樂之說。欣動衆生。彼其視衆生皆以爲輪轉五濁。可悲可憫。故非以我出世。必不能救在世之人類。是猶視衆生與我爲二物。是其所謂仁者猶屬在我之一隅。而徐待擴及衆生也。吾儒之道。一視同仁。無間物我。故孔子斯人吾與。孟子萬物皆備。張子言民吾同胞。蓋知仁之爲仁。彌綸六合。爲聖爲愚。無乎不在。修齊治平不過盡其推暨之力。位育參贊。曾非越乎性量所有。故修身可以俟命。盡己卽以事天。其爲道也大中而至正。其爲敎也易知而簡能。異日大同實見。放乎東海。放乎西海。天覆地載。血氣之倫。莫不感敎化而同宗仰。尙何宗教不宗教之足議耶。

第五期　七月十二日　蔚翁

易之大象曰。麗澤兌。君子以朋友講習。此言君子學易之道也。何以取象麗澤。凡卦分上下。此卻是兩澤並流。有互相孳乳之意。朋友相聚。敬業樂羣。陶彭澤詩云。奇文共欣賞。疑義相與析。亦如麗澤並流。互相孳乳。行道則得吾徒。傳道則得吾與。此是人生極可樂事。顧亭林有言。飽食終日。無所用心。北方學者之通病也。羣居終日。言不及義。好行小慧。南方學者之通病也。本社每七日休沐會講。發揮經籍之微言大義內求之身心外達之天下國家之故決無南方學者之通病而日就月將學有緝熙於光明其事正未易也明道云未讀論語是此等人既讀後仍是此等人便是不曾讀諸君試思明道此語決非欺人正是現身說法想是研究一次便長進一次涵泳一次便浹洽一次後之論者謂其得不傳之學於遺經今遺經具在諸君試思其不傳之學安在晦翁言纔學須知有得力處不知用力處何以有得力處也四十年前歐西勢力灌於中原西法東漸京朝士大夫之識時務者見國勢日衰謂西人識我國中五經之毒其最爲詬病者爲白虎通三綱之說君爲臣綱則君權太重父爲子綱則父權太重夫爲妻綱則夫權太重於是有毀三綱之說夫君位世及庸劣相承暴君恣睢具臣洩遝數千年憔悴呻吟於專制政體之下君權太重之說亦非無因而不知此言暴君若堯舜文武天子當陽諸侯用命則爲福於斯世斯民者厥績懋焉若君無權則如衰周之人自爲政又安能圖治君爲臣綱之本義言常道也是以孔子作春秋譏世卿卿不可世象賢之難也大道之行三代之英公選元首或三年更選或五年更選此乃大同之化傳之萬世而不可易特程度不能遽及耳既公選元首則行政權自不可薄弱國會之法須含監督輔助二義專以監督爲義則築室道謀一事無成暴徒乘之遂釀流血之禍而反動之力又或矯枉而過正癸甲之際其前車矣至若不慈之父虐殺其子不令之夫虐殺其妻此乃野蠻之習未除懲其禍者矯爲平等亦以毒攻毒之說也若文化稍深之國則父不患其不慈而患過於慈而流爲姑息以致子之不孝者多諺云驕兒不孝驕狗上竈是以孝經言五刑之屬三千而罪莫大於不孝不曰五刑之屬三千而罪莫大於不慈也中法有故殺子孫律斯得其平則父綱不可壞也衰亂之世陰盛陽衰刑于德衰夫綱不振而妾婦乘其夫夫婦

之道苦矣牝雞之晨惟家之索今興女學校固是維新亦是反古古者有胎敎有女師有四德三從之條目雖其時校制不復可考而其意固已昭然今興學之旨亦冀爲賢婦賢母而已國語敬姜論勞逸一篇勝曹大家之女誡矣日本夏田歌子之通脫其又足訓乎吾輩於學爲終身之事又皆負敎人之責不可不加之意也下次會講擬以論語第一章與諸君共酌之

第六期　七月十九日　蔚翁

孔門之學只是求仁前期廖先生發揮天賦人權與人爲萬物之靈甚爲親切專以仁言則仁統四端新安所謂仁者心之全德是也仁義對言新安所謂仁者心之德愛之理義者事之宜心之制也先賢苦心爲分明正是格物窮理之學論語開章第一義首先提出學字便是示人入德之門（不可云入道之門、俗說入道者、淺言也、）凡學有兼存養省察言者此學字卻只作講習討論說何以言之存養是自彊不息之功省察是隨幾應物之事不可云時習若講習討論則有休息時不可怠荒故必時習六書之義習鳥數飛也有飛時自有棲時故此學字卽是格物窮理之事游氏曰立如齋立時習也坐如尸坐時習也意欲推到躬行上恐人以文字語言爲學不知立言自有本旨正不必多作張羅反令後學入五里霧中新安釋學字言人性皆善而覺有先後後覺者必效先覺者之所爲此乃千眞萬當講習討論雖是就書籍事物上用功究之皆是證明天之所以與我者不比俗學異端陷於利慾流於空寂也時習而說朋來而樂不知不慍而君子分三段說說字樂字君子字要注意此書在科舉時代三家村子弟皆童而習之其文義田夫野老亦能粗解自學堂廢經之說興視四書五經均爲怪物今學社諸君研究船山之學而不佞又首舉此章以爲

通論

介紹新箸

史學通論

是書一名史學研究法一原流二經緯三緜難四關繫五研究六旁通七未來條理最詳而又陳義精引證博初印數百部不半月而銷罄蓋一部可抵他書數部也作者益陽曹佐熙中華宏文楚益書局發行

史學叢稿

凡十二種一史記釋例二漢書釋例三漢書地理志釋例四漢書藝文志述義五漢書藝文志釋例六漢書藝文志拾遺七史通補正八文史通義補正九唐史館會要十五代史館會要十一王氏漢書補注補十二文氏補晉書藝文志補作者益陽曹佐熙

蔚廬文

船山學報通論之一

瀏陽退士

答友人問學書

僕無所肖似。謬竊時名。蓋於章句訓詁間所以追蹤經生之業者。已不免孤露鹵莽。況堯舜周孔之道乎。足下猥辱書禮。恭而意厚。若以僕爲識途之馬。愧何敢當。雖然。張子有言。凡事蔽蓋不見底。只是不求益。學者於師友之前。不肯言其所得之淺深。惟恐人知其底裏。祗此一心。已不可入堯舜之道。而又聞古者有贈言之義。雖自視闕然。不可不爲足下言之。僕少年所習者。不過干祿文字而已。朋友之間。意氣相高。飲酒罵坐。旁若無人。有語以陳同甫侯朝宗之爲人者。輒心喜而庶幾遇之。有以周程張朱之說進者。則鑿鑿終日扞格而氣不寧。雖心不敢非之。亦不解其析理於毫芒。原心於杪忽。何令人自苦如是也。縱情肆志於君子之三戒者。皆未免短垣之踰焉。戊辰禮闈報罷。與黃小麓孝廉連軫出都。至汴梁。迴車達揚州。下金陵。過洞庭。聚首三月。示以老莊浮屠氏之書。且言其與孔孟合。而宋儒之所以非者。自漢以來。獨推東方朔。宋之濂溪。明之白沙陽明。粗有明焉爾。其言恢奇高妙。若不可涯涘。相勸勉不可不坐進此道。僕得其說。如窶人獲千金。歸卽閉門卻埽。取老莊浮屠之書。如陰符道德南華參同金剛楞嚴之屬。不下數十種。俯而誦。仰而思。窅然冥然。以爲天下之美在是。雖衆人嗤笑。不以介意。忘寢廢食。冀日暮而吾學可成。則進可以騰實蜚聲。退不失蓬萊三島。如是者近三年。而僕年則已三十有六矣。其法以虛無爲宗。錙銖天地。幻妄日月。以禁絕男女之欲爲急。而言動視聽取與辭受。則以爲蟲跡而不必嚴。僕因是而取之不廉者偶亦有之然沈溺既久而清夜平旦之間或不能無愧於心於是專取陽明之說讀之雖其本原之地若有合契者而規模則於儒者爲近而非若二氏之誕怪且又時時借重程朱於是又取程朱之書讀之初入其中未免齟齬迨半年之後則於異端之差以毫釐謬以千里者若發鐍啓鑰而無所遁回視向所習數十種之書雖投之水火弗惜也辛未春計偕北上與黃子相遇京邸以程朱之所以得二氏之所以失者相辨論黃子猶初說也繼而遷延其詞以對益信彼學之無據無怪有心世道諸君子昌言而排之也邇來又三年矣雖一暴十寒未有所得覺周道如砥深可依據而異端之誕妄與少年之樂放縱賤名檢貢乃處汚泥之中而自忘其不潔而學者舍是則亦無所從事矣僕不能有所發明數自訟以塞足下之意但孔孟以來與漢宋名儒之書具在足下試取而誦之平其心易其氣闕其疑勿忘勿助長以待其浹洽則僕之所欲言而不能言者具在其中而後舉所心得以開僕之茅塞僕將三薰三沐以竢

謝陳蘭浦先生惠近著五種及贈詩書

先生學問人品照耀東南蔚然繫中原文獻之望海內人士鱗集仰流人熙鄉曲鯫生見聞隘陋往者湘潭胡君蔚門先生高足也來居於瀏與之隣竊聞先生立教之旨曰博學於文曰何必曰利彼時年少懵學方以東塗西抹決科發策自豪不知有味乎其言之也同治丁卯人熙年二十四以鄉貢入都稍稍接士大夫言論戊辰下第與長沙黃孝廉並轡南歸孝廉曰子氣質純樸似可入道者願聞之乎曰謹受教於是乃發篋陳書凡老莊浮屠及參同悟眞之書蓋數十種多生平所未見曰此孔孟之的傳也伊川晦菴背孔孟而馳焉者也周子大程象山及明之白沙陽明粗有聞焉者也人熙始而駭繼而入其中忘寢

武廟議

船山學報通論之一

益陽徐明謌

民國肇興之年。孔子祀典不絕如縷。及政治會議議決。於是祀孔之禮。與祀天比隆。誠知其所重也。乃者聞又有以武備不振。將仍復武廟。以與文廟相對待。文武並重。其意良厚。然前清未嘗無武廟。而無補於弱亡。古之治國者。日討國人而申儆之。未聞立武廟以強國也。孟子不云乎。不揣其本而齊其末。方寸之木。可使高於岑樓。茲不具論。論其著明者。

一文武必不可分而為二。覃敷文德。舞干羽於兩階。則文即武也。止戈為武。則武本文也。古者有發則司徒教士以車甲。升造士則司馬辯論官材。文王教世子。春夏以干戈。秋冬以羽籥。天子曰辟廱。為大射行禮之處。諸侯曰泮宮。為諸侯鄉射之宮。趙衰謀帥。以說禮樂而敦詩書。為賢蓋其所謂武者。決非後世狙詐勇敢之所可同日而語也。故在大臣則入可以相。出可以將。在小臣則簪筆可以待問。荷戈可以前驅。在人民則有事充兵伍。無事為農夫。三代之所以長治而久安也。秦漢以下。此意寖失。漢以六郡良家子選給羽林期門。以材力為官。文武乃判然為二途。唐武后置武舉以試武士。以兵部專主武選。宋神宗時。樞密至請建武學於武成王廟。而右文輕武之習。乃為中國之大病。數千年中國常受制於外夷者。文人不知兵。武人不讀書也。今當此國步艱難之日。允宜於溥及教育之中。寓提倡尚武精神之制。使全國之人。皆有可以服兵役之能力。若另設武廟。則不啻明示以武備為非政治教化內之事。蹈歷代制藝騎射分科取士之舊習。使文學武學之弟子。各祭其先師。而先王之道裂。用世之才亡。立國之方失矣。

一孔子實綜資文武自漢以來無代不祀孔子由褒成宣尼公而太師隆道公而文宣王而至聖文宣王由先師而先聖而大成至聖先師雖以天子之貴莫敢加焉其尊崇孔子可謂至矣其所以尊崇之由則以孔子之爲聖而尊崇之耳然知孔子之爲聖而不知孔子之何以爲聖故除陳太牢舞八佾以外無一能尊崇孔子者也若是者何也夫今之孔子固兼先聖先師於一身者也今之先聖先師之孔子卽虞庠之舜夏學之禹殷學之湯東膠之文王及其左右四聖成其德業者也古之凡始立學者必釋奠於先聖先師天子將出征受成於學出征執有罪反釋奠於學以訊馘告則是軍旅大事皆當釋奠於孔子如是則孔子乃定爲一尊除孔子外皆不可有崇拜之神實屬天經地義夫上帝非能征慣戰之神也然今世各國每誥誡軍士必曰上帝佑汝吾輩之崇拜孔子當如西人之崇拜上帝況孔子實有文事而兼武備自稱我戰則克語曾子以戰陣無勇非孝射矍相之圃却萊夷之甲實爲軍人之完全模範人物豈必其佩帥印執旗鼓立功於疆場戰死於沙場而後可謂之武祖師哉唐玄宗令兩京及諸州置太公廟司馬溫公非之曰經天緯地之謂文戡定禍亂之謂武自古不兼斯二者而稱聖人未之有也豈孔子專文而太公專武哉自生民以來未有如孔子者豈太公得與抗衡哉其言允矣今既知祀孔子以配天而又求祀他人以配孔非獨不知孔亦不知天矣

一歷史上無完全代表武事之人物歷代所崇祀之武神不外伊尹太公關壯繆岳武穆四人其任期有限其受祀有由絕非可與孔子之無代不祀無人不祀之所可儗也四人之中就時代古先而論則莫如伊尹就兵略優長而論則莫如太公就君臣大義而論則莫如關壯繆就種族界限而論則莫如岳武穆

而伊尹則普通社會能舉其名者尚鮮太公關岳三人則幾無人不知則封神傳三國演義說岳全傳小說之力也而三人之中最擅勢力於現在社會者厥惟關壯繆則又清代敕封忠義神武靈佑關聖大帝之力也以最近社會傾向之利便而論則立武廟自以關聖爲最適宜然就歷史上之觀察關壯繆豈能有過於伊尹太公岳武穆哉况其得封之由乃滿族入關及平定教匪時得其顯聖現靈一種誣惑迷信之談與明之逐元得國而祀岳王同一見解今清祚已移則關聖之祀典亦當隨之而移矣或謂舍此而他求則惟北逐獯鬻南驅苗蠻開幕第一大英雄之黃帝足以當之然此不過漢族之始祖耳今五族同治若以黃帝爲武帝則成吉思汗摩哈默得又將與黃帝爭雄矣本年政治會議議祀天配孔案時蒙藏議員卽有提議將成吉思汗配天者其前例也則曷如依大總統兼海陸軍大元帥之例卽以大成至聖先師兼之之爲善也

一聖廟配享從祀之範圍宜推廣旣定孔子爲一尊矣則孔子廟中之組織宜加以修正孔廟舊稱文廟沿文宣王之爵而稱之也今宜改爲聖廟以示孔子爲中國惟一之聖其配享從祀之先哲先賢先儒除已入祀典者一仍其舊及生於孔子以前者毋庸列入外宜將關壯繆岳武穆輩一律從祀兩廡列於先賢之次以示孔子之統攝文武萃古今聖賢豪傑於一堂許全國海陸軍人以與祭旣不廢羣祀復不嫌多神世有達者必不易吾言矣

嗚呼今固不易知古亦難言之也今世士夫競言復古而所復者不出前清一代盡一於三代之制加之意乎

專論

教育部審定

商務印書館新編

實用教科書

本書特色

(一)本書以實用爲惟一主義。所有內容形式。無不謹守斯旨。一洗空言無補之弊

(二)本書編輯費時數年經十數次之校訂始行付印。與率爾操觚者迥不相同。

(一)我國地方廣大。風土物產。南北不同不宜有所偏重本書爲南北教育家會同編輯支配適當無論何地皆可適用

教育部批

【國民學校春季始業實用算術教科書暨教授書各二冊批】查該書遵照新令編輯取材簡要排列適宜頗符國民學校程度教授書分教授要項、設問設題、注意、備考、等目。並附教授實例一則。蒐羅詳備具徵著者於數學教授極有經驗應准予審定作爲國民學校算術教科及教授用書 十二月七日

按國民學校算術教科書教授書一二冊。業蒙教育部審定外。餘均已送審。此佈。

◉國民學校用

實用修身教科書 八冊 每冊折實三分

實用修身教授書 八冊 每冊折實八分

實用國文教科書 八冊 每冊折實五分

實用國文教授書 八冊 每冊折實角半

實用算術教科書 八冊 每冊折實四分

實用算術教授書 八冊 每冊折實一角

◉高等小學用 各科有教授書

實用修身教科書 六冊 每冊折實三分

實用國文教科書 六冊 每冊折實五分

實用算術教科書 六冊 每冊折實四分

實用歷史教科書 六冊 每冊折實四分

實用地理教科書 六冊 每冊折實四分

實用理科教科書 六冊 每冊折實四分

尚有中學師範各種教科書亦已編就陸續出版

A(1037)

律音彙考自序

念自古樂失傳先儒之論樂者迄無成書聲音之道蓋難言矣宋蔡西山先生著律呂新書二卷法度精詳言樂者皆得據以爲說然於旁搜遠引之意詳審音協律之事略後更欲均調節族被之管絃別爲樂書而不克竟其志以故六律五音之義終無由著見此律音之不容已於考也稑十歲受毛詩先君子淮川公敎以韻學凡宮商角徵羽之字母見溪郡疑之標射開口撮口之分喉舌脣齒牙之辨一一指示稍長學審篴又曉之曰聲字之譜殆卽五聲二變之源流如時曲北調出凡一無異五聲之兼二變安知今樂不猶古樂也稑識之不敢忘已得朱子儀禮經傳通解讀之見所存詩樂皆注律呂竊欲按字譜之恆苦齟齬不合此固數十年所常耿耿於心者嘉慶戊寅與修邑乘獲讀頒定文廟樂章載春丁夾鐘主宮倍應鐘起調秋丁南呂主宮仲呂起調二祭皆淸音爲之還轉而未嘗收一濁音乃恍然於淸濁之判若兩途而律呂之不可混雜有如是者道光九年明府杜曉平先生因邑素無樂舞徵稑敎習爰遵奉頒圖册恭製樂器率俊秀子弟講明肄習每當二仲敬謹陳奏七載於玆未敢稍懈肄習日久會悟漸深乃以餘力兼譜風雅取精旣廣有得輒書積久成帙分列八卷顏曰律音彙考首律呂溯源也次樂器審音也次儀禮遵經也次詩樂存古也於戲西山先生以明敏之姿加意考證其書何敢輕議惜未遑候氣製律別成樂書以證千古言樂之誤稑蓋不能無感焉彙考成因紀顚末於簡端知音君子苟不鄙稑愚昧相與正其誤失而補其缺漏是則私衷之所深望者歟時道光乙未冬十月朔日瀏陽穀士邱之稑敘

律音彙考凡例

一是集專及六律五聲八音故曰律音彙考律音詳不可無歌以永之故及儀禮之升間合樂升間合樂定不可無詩以實之故及風雅十二譜是以首律呂次樂器次儀禮次詩樂

一是集根據羣書未敢稍憑臆見惟求一歸於當不當者反覆詳明務使人人知其不當庶當者不爲所混淆且非敢自附於述也聊以存考校之苦心耳

一律呂不明於後世皆由誤會管子絃度生聲數語遂指黃鐘生林鐘爲宮生徵林鐘生太簇爲徵生商太簇生南呂爲商生羽南呂生姑洗爲羽生角以訛傳訛註疏家雷同傳會如出一口而卒莫知爲致誤之由集中不避重複逐條論明期於古制有合閱者幸勿叱爲好辯也

一集中樂器俱遵周尺其長短大小多以本律之數注明圖下不因圖小而易其分寸

一鳳簫由來最古伶倫十二筩雄律雌呂分晰甚確周禮大師辨別陰陽更加詳明後世律呂雜施由未制器審音深探制作之源是集三卷樂器皆由律管審定故以鳳簫次尺

一樂以宮音爲君臣民不可陵犯集中持論甚嚴倘爲器所限必致難避惟倍半體全者自克免此删樂者愼之

一五卷儀禮考皆依朱子儀禮經傳通解爲根據於四禮之言樂者摘其略如升間合樂及六笙詩解類與註疏家不合者先爲註明然後引經證佐立說存疑至公爲大夫舉旅節疑係錯簡亦依朱子挪黨集註必有寢衣長一身有半句例於本句下注明後再爲申說

一詩樂譜從朱子儀禮經傳通解錄出。因原本律呂兼收。音調未協。故遵孟子以六律正之。

一詩樂譜原本所注律呂。鹿鳴六詩皆曰黃鐘清宮。關雎六詩皆曰無射清商。考其原委。却無分別。盡是黃鐘起調。黃鐘畢曲。夫黃鐘君也。正宮也。小雅諸侯正樂。主宮不得用黃鐘。卽謂清聲可代。亦屬附會。此凜然不可干之名分。實千古綱常之大經。集中說辨。於此愈爲兢兢。

一鄉飲鄉射爲鄉大夫禮。燕禮大射爲諸侯禮。故集中所列十二詩譜宮調各別。鄉飲酒禮鄉射禮取太簇主宮。或夾鐘主宮。燕禮大射禮取大呂主宮。所以昭其分也。

一詩譜宮調之外。另著聲字譜一帖。聲字之下。增添襯腔。本朱子言從絃音笛韻自然流露處添出。方成一串。稑每譜一章。必令黎生志勷審笛。從子慶頤揮絃。季男慶許按節。至音韻悉協處。氣始不扣。

一有聲歌必有節奏。記曰治亂以相。訊疾以雅。周禮春官曰春牘應雅。國語曰木以節之。後易以拍板。板之爲用。自古有之。前明鄭世子論板云古歌十三字體分八板。其文則南風之薰兮。可以解吾民之慍兮。叶其音云定當達理定、達理定、定當達理定。而板位以墨識之。世子此譜。必有所本。良以無板不成曲也。今詩樂譜悉具、◯△者。以識鼓法節奏也。

一鼓與柷敔。集中祇紀作止之法。未載製器之度。以革木一音。無當五音之清濁。欲稽製法。查核典籍自知。

一是集雖出一手。未嘗自以爲是。凡遇疑義。卽命男慶誥慶籥輩旁搜博採。各執證據。互相辨論。必至釋然無疑。方始定稿。又從子慶善究心閩洛之學。見理頗明。除琴考琴譜委任外。條辨往來。幾至歲無虛日。

書成。同志促付諸梓。稜愧管窺之見。不過草野考据。何敢剞劂。取冒昧之咎。第半生精神所注。聊存之以免遺忘云爾。

律音彙考卷一

船山學報專論之一

瀏陽邱之稑

原律呂說

嘗讀邵子皇極經世書而歎律呂之循生不已與其往而不返莫非天地自然之道也律以黃鐘爲本黃鐘一陽應候而得天數之始管長九寸而備天數之終故氣應冬至天開於子是也是月也復爲辟卦自復一陽歷臨泰大壯夬乾所謂陽生於子極於巳而黃鐘大呂太簇夾鐘姑洗仲呂應焉自姤一陰歷遯、否觀剝坤所謂陰生於午極於亥而蕤賓林鐘夷則南呂無射應鐘應焉此陰陽之一大闢闔也（邵子曰無極之前、陰含陽也、有象之後、陽分陰也、陰爲陽之母、陽爲陰之父、故母孕長男而爲復、父生長女而爲姤、是以陽起於復、陰起於姤也、又曰乾坤爲大父母、復姤爲小父母、）先儒謂同位娶妻隔八生子余謂生子固隔八娶妻非同位乃對衝之辰試以陰陽交媾律呂相生之次言之黃鐘生林鐘實由復一陽與姤一陰交下生遯之二陰遯六月卦林鐘六月律也林鐘生太簇實由遯二陰與臨二陽交上生泰之三陽泰正月卦太簇正月律也太簇生南呂實由泰三陽與否三陰交下生觀之四陰觀八月卦南呂八月律也南呂生姑洗實由觀四陰與大壯四陽交上生夬之五陽夬三月卦姑洗三月律也姑洗生應鐘實由夬五陽與剝五陰交下生坤之六陰坤十月卦應鐘十月律也夫論消息之理陽極於巳陰極於亥幾不可以再生然相生之數不窮於亥者乾陽也生道之始無遽絕之理也以坤之順交乾之健則陰陽之氣復息故應鐘生蕤賓實由坤之純陰變陽與乾之純陽變陰交上生姤之一陰姤五月卦蕤賓五月律也蕤賓生大呂實由姤一陰與復一陽交上生臨之二陽臨十二月卦大呂十二月律也大呂生。夷則實由臨二陽與遯二陰交下生否之三陰。否七月卦。夷則七月律也。夷則生夾鐘。實由否三陰與泰三陽交上生大壯之四陽。大壯二月卦。夾鐘二月律也。夾鐘生無射。實由大壯四陽與觀四陰交下生剝之五陰。剝九月卦。無射九月律也。無射生仲呂。實由剝五陰與夬五陽交上生乾之六陽。乾四月卦。仲呂四月律也。此娶妻生子之奧旨。卽男女構精萬物化生之妙義也。至是而仲呂將復生黃鐘乎。曰不能也。生生之數。止於此也。如先天卦之序。乾數始於一。坤數終於八也。如先天圖之象。一一始於南。八八終於北也。所以往而不返也。按之律呂相生之數無不符。推之陰陽消息之機無不協。則黃鐘爲十一律之本而不受生於十一律。尙何疑哉。先儒祇知娶妻生子之略。而不明律呂所以配月卦分陰陽之理。爲天地自然之機。故終不能制器審音也。或曰。如子之說。陰陽之理。其終有窮乎。曰否。物窮則變。變則通。通則久。易之義微矣哉。

按京房因仲呂還生黃鐘不及原數創立執始等名目轉生四十八律杜佑通典本此以仲呂不盡之算三分損益再生黃鐘以下十一律爲變律蔡西山律呂新書本通典節取之以黃鐘林鐘太簇南呂姑洗應鐘六律爲能具足定爲變律且曰應鐘之實又不盡一算數又不可行此變律之所以止於六又謂變律止於應鐘雖設而無所用竊謂設無所用有不如無卽以變言古來論樂者只五正聲之外有變宮變徵律至仲呂不能還生黃鐘實陰陽消息之機天地自然之理歷千古而不能變雖說如此是爲節外生枝究於音律毫無所補備舉於茲其失自著

五聲六律十二管還相爲宮說

昔黃帝使伶倫自大夏之西。昆侖之陰。取竹於嶰溪之谷。以生而空竅厚薄均者。斷兩節間而吹之。以爲黃鐘之宮。制十二筩。以聽鳳凰之鳴。其雄鳴爲六。雌鳴亦六。以比黃鐘之宮。而皆可以生之。此聲律之所由始也。虞書曰。同律度量衡。曰聲依永。律和聲。又曰。予欲聞六律五聲八音。周禮太師掌六律六同以合陰陽之聲。皆文之以五聲。播之以八音。想見虞周盛時。制作大備。秦漢而降。樂經殘缺。聲律之道微矣。其散見諸書者。莫如戴記禮運篇五聲六律十二管還相爲宮之說。爲得古人制律之精意。夫聲有正亦有變。正者何。宮商角徵羽五聲也。變者何。變宮變徵二聲也。言五聲者何。不及二變。二變不可統五聲。五聲可統二變也。羽宮之間收一音曰變宮。角徵之間收一音曰變徵。雖名爲變。近於宮前徵前。故仍不離乎宮徵之名。不離乎宮徵之名。因有以淆乎宮徵之音。故合之雖七。而用之則五也。用之則五。而還之又不可無其七也。故五聲成調。二變禁用。如黃鐘宮聲主宮。變宮變徵當二變之位不用。太簇商聲主宮。正宮正徵當二變之位不用。是二變用而五聲中有不用之二變。二變不用而五聲中又有時出變宮變徵而兼用者。此言五聲可以知其統二變也。何曰律。黃鐘太簇姑洗蕤賓夷則無射也。言六律者何。不及六呂。律陽也。大呂夾鐘仲呂林鐘南呂應鐘陰呂也。陰呂不可統陽律。陽律可統陰呂也。故周禮謂六呂爲六同。國語謂六呂爲六間。呂其體也。間其位也。同其高下之情也。陰助陽而理。無成有終之義也。故天子之樂。黃鐘主宮而六律從之。諸呂不敢以上僭。諸侯之樂。大呂主宮而六呂從之。諸律不至於下移。無他。陰陽之道。立君臣之分甚嚴也。此言六律。可以知其統六呂也。合律與呂言之。所謂十二管也。且夫律固可以統呂。而陽終不可以亡陰。鄭氏康成曰。六律合陽聲。六呂合陰聲。是也。然則律有五聲。有二變。呂亦有五聲。有二變。陰陽各備正變。合之凡十四聲。而管僅十二。何也。管僅十二。五正而外。蕤賓林鐘爲變徵。而變宮之聲獨缺焉。缺可乎。不可也。律呂止於六。損益相生之數。往而不返。至仲呂而終窮。非可缺也。無其位也。無其位。將求變宮於律呂內乎。抑求變宮於律呂外乎。求變宮於律呂之內。而無其位。無怪陰陽錯雜如漢唐以來律家以應鐘爲黃鐘宮變宮以黃鐘爲大呂宮變宮夫應鐘陰呂不能變黃鐘之宮黃鐘陽律不能變大呂之宮不變強以爲變雖律家變之而律終不變律不變是求變於律呂之內而應黃之清濁各判者兩不與相諧求變於律呂之外而仲呂之損益相生者不能盡其變求之不得意者其在不內不外之間乎何謂不內不外取聲之法莫妙於半律三半呂三倍律三倍呂三三而六之六而二之合六律十二管爲二十四管以十二管之律合之得二十四管之多由是以一而神體與本管各殊其長短以兩而化聲與本管別具乎高低長短殊高低別而後七聲生七聲生而後變宮出變宮出而後還宮之義著還宮之義著而半倍之體裁仍不出律呂之法度不出律呂之法度則二十四管不啻十二管不啻十二管故不曰二十四管只曰十二管亦猶言五聲而二變在其中言六律而六呂在其中也孰三半孰三倍律莫長於黃鐘太簇姑洗呂莫長於大呂夾鐘仲呂半律半呂者謂折此三律三呂之管而半之也律莫短於蕤賓夷則無射呂莫短於林鐘南呂應鐘倍律倍呂者謂加此三律三呂之管而倍之也半管之音較正管本音低一律倍管之音較正管本音高一律故以正宮清宮言低一律者半黃鐘半大呂之管不應黃鐘大呂之宮音而應倍無射倍應鐘之變宮音半太簇半夾鐘之管不應太簇夾鐘之商音而應黃鐘大呂之宮音半姑洗半仲呂之管不應姑洗仲呂之角音而應太簇夾鐘之商音（[illegible]宋言樂者、[illegible]律之源、謂四半管爲四清聲、不審音之協不協、覓以半黃鐘應黃鐘、爲黃鐘清聲、半大呂應大呂、爲大呂清聲、半太簇半夾鐘亦然、至以其音過高、直目爲鄭衛之音者、更屬於理無當、夫鄭衛之音、自當以詞之淫靡分、不當以聲之高下別、凡詩具在、較然不爽、）高一律者倍蕤賓倍林鐘之管不應蕤賓林鐘之變徵音而應夷則南呂之徵音倍夷則倍南呂之管不應夷則南呂之徵音而應無射應鐘之羽音倍無射倍應鐘之管不應無射應鐘之羽音。而應半黃鐘半大呂之高變宮音。不應本音。何其故。由於管體之半其長倍其長而未半其徑倍其徑。所以與正管本音不相應。而七聲之所從生也。故曰七聲生而後變宮出。變宮出而後旋宮之義著焉。

今就陽律十二管以黃鐘主宮言之。倍蕤賓居下徵。爲第一位。倍夷則居下羽。爲第二位。倍無射居變宮。爲第三位。黃鐘居宮。爲第四位。太簇居商。爲第五位。姑洗居角。爲第六位。蕤賓居變徵。爲第七位。夷則居徵。爲第八位。無射居羽。爲第九位。半黃鐘居高變宮。爲第十位。半太簇居高宮。爲第十一位。半姑洗居高商。爲第十二位。正變各備。高下並陳。旋相爲宮。循環不已。其於宮爲君商爲臣角爲民之義。自然不致陵犯焉。由是黃鐘爲宮。（與半太簇高宮應、）則太簇爲商。（與半姑洗高商應、）姑洗爲角。蕤賓爲變徵。夷則爲徵。（與倍蕤賓下徵應、）無射爲羽。（與倍夷則下羽應、）倍無射爲變宮。（與半黃鐘高變宮應、）旋太簇。（與半姑洗高宮應、）則姑洗爲商。蕤賓爲角。夷則爲變徵。（與倍蕤賓下變徵應、）無射爲徵。（與倍夷則下徵應、）半黃鐘爲羽。（與倍無射下羽應、）黃鐘爲變宮。（與半太簇高變宮應、）旋姑洗。則蕤賓爲商。夷則爲角。（倍蕤賓下角禁不用、）無射爲變徵。（與倍夷則下變徵應、）半黃鐘爲徵。（與倍無射下徵應、）半太簇爲羽。（與黃鐘下羽應、）太簇爲變宮。（與半姑洗高變宮應、）旋蕤賓。則夷則爲商。（與倍蕤賓下商應、）無射爲角。（與倍夷則下角應、）半黃鐘爲變徵。（與倍無射下變徵應、）半太簇爲徵。（與黃鐘下徵應、）半姑洗爲羽。（與太簇下羽應、）姑洗爲變宮。旋夷則。（與倍蕤賓下宮應、）則無射爲商。（倍夷則下商禁不用、如用倍蕤賓下宮則不禁、）半黃鐘爲角。（倍無射下角禁不用、如用倍蕤賓下宮則不禁、）半太簇爲變徵。（與黃鐘下變徵應、）太簇爲徵。（與半姑洗高徵應、）姑洗爲羽。蕤賓爲變宮。旋無射。（與倍夷則下宮應、）則半黃鐘爲商。（倍無射下商禁不用、如用倍夷則下宮則不禁、）半太簇爲角。（黃鐘下角禁不用、如用倍夷則下宮則不禁、）半姑洗爲變徵。（與太簇下徵應、）姑洗爲徵。蕤賓爲羽。夷則爲變宮。（與倍蕤賓低變宮應、）旋倍無射。（與半黃鐘高宮應、）則黃鐘爲商。（與半太簇高商應、）太簇爲角。（與半姑洗高角應、）姑洗爲變徵。蕤賓爲徵。夷則爲羽。（與倍蕤賓下羽應、）無射爲變宮。（與倍夷則下變宮應、）推之陰呂十二管亦然。管子所謂下羽之聲大於宮伶州鳩所謂宮逐羽音亦卽旋宮之義也由是五聲二變旋於七均之中合淸濁二均爲一十四均而九十八聲成矣此皆天地自然之妙豈人力所能強爲哉

蕤賓林鐘說

孟子曰聖人旣竭耳力焉繼之以六律正五音六律者黃鐘太簇姑洗蕤賓夷則無射也五音者宮商角徵羽也正也者以黃鐘正宮以太簇正商以姑洗正角以夷則正徵以無射正羽也何以不言十二律也六律陽也六呂陰也陽統陰也陰助陽而代有終也然其所以正者亦若是而已矣大呂助黃鐘而正宮也夾鐘助太簇而正商也仲呂助姑洗而正角也南呂助夷則而正徵也應鐘助無射而正羽也但呂之音每淸於律陰不敢擬陽也律呂各六而止用五者音止於五也其不用蕤賓林鐘何也蕤賓中五月律於時卦爲姤一陰始生於下而遇五陽女德不貞壯之甚也由姤而消息至復卦陽又生矣陽者君也復者十一月之卦也律應黃鐘黃鐘律呂之本亦萬事之本也蕤賓與黃鐘對而不敢自用臣避君也故於五音無取也林鐘亦然蓋林鐘六月律也六月於卦爲遯二陰浸長陽當避遯故臨之彖曰至於八月有凶懼之也夫臨十二月之卦也是月也律中大呂大呂助黃鐘以宣物猶后之助君而理內政也故林鐘亦與大呂對而退處不用猶妾媵不敢抗嫡也然而蕤賓林鐘非終不用也音居角徵之間藉以濟角徵之不及故二律皆中變徵之音變徵作則五音聯五音聯則變而可正變而可正則律呂諧律呂諧則陰陽和而萬事無不得其正矣其七律何也變徵之外又有變宮變宮在十二律之外也變宮備而後還宮之義見焉凡此皆陰陽自然之運不容少假人爲愚於蕤賓林鐘略參造化之妙矣漢儒誤以林鐘爲徵

調查直隸東三省墾殖報告書

船山學報專論之一

瀏陽退士

鑄心先生都督兼民政長台鑒客歲面辭鈐閣銜命詵征雪往柳來得知崖略謹先報告情形以備采擇進行中華民國二年人熙辭免民政司長職退寓湘垣値國步之方艱念匹夫之有責思游日本廣輯方聞並重印舊述春秋公法內傳及近作亥子集冀與彼都人士訂僑札之誼爲縞紵之投宏我漢京蔚爲治譜援仲尼適周魯假車馬之誼接　譚左厂都督照會行財政司發二千元治裝繼念遠道長征餼牽易竭　都督又以故舊之雅餽鱸千元夏日舒長嚴裝待發驪駒在門矣而宋案發生極駭觀聽杯弓蛇影立海垂雲二次獨立之惡劇潛滋暗長由滬達湘人熙端居深念開國當有訏謨救國自有正軌中華民國喘息粗定國內大獄宜訴之以文明之法律不宜訴之以野蠻之武力深懼黨爭激烈遂致民國淪胥於是與唐鏐等游說各黨理事化除畛域共發起維持國事會湘支部無如是丹非素綆短汲深怒氣一張遂以大衆之國家爲一黨之孤注江西首難禍延湖湘蠛蠓蛙爭演茲慘劇人熙絜家東返戢影枌榆天牖其衷　譚都督手誅叛徒取消獨立又念扶桑三島爲亡命逋逃之淵藪游歷非時於是改派爲奉直考察墾務之行東三省接近日俄鐵軌所至移民企業著著進行我國墾荒實邊誠爲重要之政策卽湖南一省生齒日繁地不加闢墾荒分殖以遂民生亦不可緩人熙遂於十月二十四號自瀏城登舟十一月一號抵省擕瑞泮瑞潞及健役二人北遊飛抵北京中華門洞開康莊四達電車馬路客館洋樓物質文明進步甚速國體既改朝儀亦新

公僕規模在人耳目但令同心同德何難救蔽扶衰與鼎峙列強講信修睦達孔子大同之希望畿輔田野久闢原無大宗荒地之待墾惟水患頻仍每歲議捐議振民困未蘇前清中葉怡賢親王曾設水利四局於天津玉田豐潤寶坻等縣多闢稻田計其收入可抵南漕惜不久湮廢所存無幾惟玉田香稻尚馳名於時以爲餽贈之品民國二年開州黃水成災永定河決未塞入春以來寶坻尚爲澤國共計湮沒田地約四千萬畝以每畝收入三元計算損失一萬二千萬元中澤哀鴻聞者酸鼻近直隸士紳集議籌款治河以涸出之地墾荒爲償債之準備朱民政長家寶復徵集意見欲咨水利局總裁進行南苑方四十里紅牆圍繞前清皇帝圍獵之場戊戌變政以來已開放爲耕地每畝納荒價二元墾熟升科昔日麋鹿黃羊狐兔孳乳之地已爲犂雲鋤雨之鄉熱河前清行宮木蘭秋獮輿衛森嚴昔日官僚皆由直隸候補州縣揀發地多沙石不利農耕盛京長白縣與熱河接壤領荒丈量不收地價然以磽确人皆裹足不前是皆非土地之上腴移殖之計無暇及此若東三省雄厚奧衍多太古菁華未洩之區誠中華之屏藩天然之富域矣松花江遼河流域日本驚爲寶庫黑龍鴨綠江流域俄人羨爲穀倉人熙至瀋陽晤張錫鑾都督爲余言遍地是寶通身是病寶則如前所云病則指日俄覬覦而鬍匪時出沒爲民害也甲午之役中華人民擔負外債二萬萬爲東三省也庚子之役中華人民擔負外債四萬萬亦爲東三省也東三省有事影響於全國自營口以達長春日本路權所及和服木屐鬆髻之民絡繹於道韓國既亡韓民越疆墾荒及我國人民雇韓工以避義輸者時有所聞自長春以至哈爾濱接西伯利亞俄人路權所及殖民[illegible]進如川之方至若我國視爲甌脫則彼漲力所至必溢而決我隄防爲國家大計移民實邊刻不容

綏然天演所漸滴溜石穿中外交通水陸舟車引重致遠視道如咫日俄之勢力固已東漸而我國山東直隸勞力之民因是而輸入東三省者歲增數萬人人熙由奉至吉頭等車位寥寥而三等車位人滿皆我國之丁壯食力者也因禍爲福轉敗爲成獎勵墾殖涵養富源可操左劵況蒙古草地一望無涯化游牧之場爲農桑之野合五族以同化聯五洲爲比鄰固無鄉壁虛造之誚也前國務院總理熊希齡氏曾在奉天鹽運司任內擬辦屯墾局。統計二十年間共需經費銀一萬四千四百六十六萬四千兩。曾印行移民墾殖意見書造端宏大籌措外資爲山九仞一簣而止。然放荒墾荒之事涓涓細流未嘗竭涸山東直隸及自奉天之移入吉林黑龍江者。擁田廬畜妻子稱萬石君者不乏。而各公司之營業成都成聚設警兵立學校開燒鍋建街市者固方興而未艾。據日本人調查東三省面積一百餘萬方里能容住民六千萬人。近已有二千萬人。熊氏所查墾地區域由松花江溯嫩江而上。西岸爲郭爾羅斯後旗。東岸爲札賚特旗。兩岸荒地未墾者約百餘萬晌。再北則爲齊齊哈爾。荒地約居十分之七。由齊齊哈爾而西則爲呼倫貝爾。荒地約居十分之八。由松花江西溯淘爾河而上直至洮南府。荒地未墾者約居十分之六。由松花東流而下。北岸爲郭爾羅斯後旗。荒地約居十分之四。又東則南岸爲依蘭（即三姓）臨江綏遠等府州。北岸爲湯源鶴立等縣。荒地約十分之七八。又由依蘭沿牡丹江至寧古塔延吉琿春等處。荒地約十分之七八。又由臨江而上溯黑龍江至興東璦琿兩道。荒地約十分之八九。又由綏遠而上溯烏蘇里江至密山三岔口等處。荒地約十分之七。統計東三省面積一百餘萬方里。每方里四十五晌。每晌十畝。應有四萬萬五千萬方餘畝。據歷年調查及核之日本調查書所載。除舊墾耕地外。尚餘北滿洲新墾地否林三百三十萬晌黑龍江三百萬晌東北部蒙古四十萬晌北滿洲適於耕地認爲待墾原野吉林五百八十萬晌黑龍江三百六十萬晌蒙古五百八十萬晌可耕之地至二千一百九十萬晌約五十餘萬方里每里百人應容住民五千餘萬人由斯以談關內本部正患人滿東三省正可爲宣洩之尾閭日俄雖取得鐵路之權我內政修理生聚敎訓我能自立孰敢侮予邇日政府軫念墾殖客歲國務院會議決定方針行東三省長官將荒地及已墾之面積報部據報告荒地總面積一億四千四百萬晌既墾者不過九百五十五萬四千晌若將全部開墾足移六千萬之住民較之熊氏報告尤爲可驚旅行所見自三姓至營口不見山松花江以西嫩江以東西遼河以北興安嶺以東內蒙古之地在滿洲之內有一萬五六千方里之大平原可不謂碩大無朋者乎長白山三峯其最高者曰將軍峯與高麗咸鏡道相望（日本人測量稱高萬二千尺）世傳長白山積雪不消一白無際其實不然在瀋陽時同鄉梁載熊炎生招飲坐客有黃濬松者江蘇人也曾登長白之巓所見皆白色浮石入水不沉其中原泉噴湧殆詩所稱觱沸檻泉沫結而成者與故遙望如積雪也自峯迤邐而下蜿蜒四出向海而趨前清福陵所稱發祥之天柱山周禮所稱之醫巫閭山皆長白之餘裔邐海而南蔚爲岱宗則東三省之拱衞神州其關繫之重大爲如何也土穀所宜秫爲大宗（即高粱）大小豆次之小麥糖蘿蔔玉蜀黍烟草近復種洋芋可屑麵粉果實蔬菜藥材皆備而人參尤爲吉林之特產惟稻無多據日本大阪新聞所載每歲穫稻百數十萬石日本人所穫者已十七萬石松花江嫩江黑龍江流域可開之水田甚多但蒙霜早降利於稼而不利於稻近招聞島入華籍之韓人於咸鏡道試驗改良稻種以敵蒙霜進行之心甚熱彼族眼光銳敏人熙於長春車次閱彼族新聞

接第一期

也則甚矣治史之弗可以弗知別也然而後之治史者皆於此義或知或不知也甚則於此義一無所知也則史之不治固其宜也茲將古史流別表列左方

古史流別表上

集史流別	別史流別
一代之史（一統者謂之一代、若漢、若唐、）	紀事
一國之史（鼎立者謂之國、若蜀魏吳、）	紀言
歷代之史	紀人
列國之史	紀世
一皇之史	紀年
一官之史	
一方之史	
一家之史	
一人之史	
大凡九、以隋書經籍志徵之、語詳流別丙、	大凡五、以隋書經籍志徵之、語詳流別丙、

古史流別表下

集史內容之流別	集史諸紀內容之流別
紀事	圖

紀言 紀人 紀世 紀年 紀修書	大凡六（以史記徵之、語詳流別丁、）
書表注徵論辨序例目綱計	大凡十有二（以史記通志徵之、語詳流別丁、）

右方二表爲目二十有七古史之流別具於此矣人事日新史學漸進異日條理之剖析或有以勝於今顧自今言之不能進此而求詳也是匪予之臆爲斷也徵之古史而得其大同焉乃敢援以爲公例也

集者合也別者分也集之對待詞也集史者合諸紀爲一者也別史者以一紀單行者也知所以合則知所以分知合知分則知經緯

經緯損益時而不同也六紀不必皆有圖書表注徵論辨序例目綱計（如史記無圖、其尤著也、）而此十有二者相守之例爲六紀者不可不知集史不必皆有紀事紀言紀人紀世紀年紀修書（如漢書無紀言、三國志無紀事紀世紀修書、其尤著也、）而此六者相守之例爲集史者不可不知不知不能因時之宜而權衡損益也

湘上農言

船山學報專論之一

益陽曹佐熙述

民國二年佐熙被選從事省會旣建議捍禦水災維持實業意有未盡作湘上農言

農田與湖南之關係

農田者湖南實業之大宗也每年收入雖無正確之調查統計然以供全省二千餘萬人民食用外輸出於長江流域及海外各國者尙有七八百萬石（據都督交議徵收穀米捐兩湖合辦條例請追認案）每石平均以四兩計輸入之銀每年不下三千餘萬兩其關繫於民生者可知矣田賦項下每年收入二百八十九萬九千一百三十九圓賑糶捐項下每年收入分撥湖南者五六十萬圓穀米雜糧釐金項下每年收入四萬三千九百四十七圓其關繫於國計者可知矣以如此之大宗實業自宜竭全力以保護之爲之捍災爲之禦患爲之興水利除害蟲其他一切因天時相土宜極人官之能盡植物之性者無微不至庶幾稼穡之事日進無疆而國計民生咸有所託命乃以吾徵之事實則不盡然農田之盛衰消長一任嗤嗤者自爲之漠然若越人視秦人之肥瘠卽有一二事關係農業亦大率偏重於學理之探索形勢之張皇是奚爲者邪豈本末先後曾未之權衡邪抑無人爲之調查統計研究討論比較輕重以樹之師鏡邪夫湖南者以農立國者也實業者實事求是者也孰緩孰急何去何從願與邦人君子知本之士共勉之也

水利與農田之關係

昔人言農田必言水利未有不言水利而可與治田者也神禹盡力溝洫而後后稷收稼穡之功成周以

播穀任三農亦有遂人匠人致嚴於溝洫之事均前事之昭然者也今之治田者吾甚惑焉言墾植言隄防名爲治田其實則與水爭地名爲興利其實則利少而害多聞者疑吾言乎試舉濱湖各州縣墾務而調查之研究之可恍然於此說之不誣也以疇昔容水之地而強治之爲田至於水無所容橫決沸騰侵害固有之良田則悍然不顧天下之不仁孰有甚於此邪且損人而果能利己猶可說也乃新墾之田愈多舊有之水道愈蹙水道愈蹙則水勢亦愈逼而愈高微獨固有之田不能保存卽新築之隄亦萬分危險南州一帶此例尤多方其載胥及溺之時亦未嘗不自悔其設計之左乃水災一過故態復萌壅水釘頭無所不至天下之不智孰有甚於此邪若此之類出自齊民吾無責焉也爲官吏者宜有深思遠慮乃亦徇齊民之請舉不可墾之地而胥墾之先王度地居民之道豈若此邪此吾所爲靜言思之不能已於長太息也

害蟲與農田之關繫

螟螣蟊賊見於周雅則蟲之爲農田害也自三代已有之秉畀炎火見於周雅則殺蟲之法自三代已有之自秦以來農政不修農學亦有就衰之勢舊有之法浸以失傳若發明新理以補救農事之窮則尤所未聞也海西道通歐學輸入殺蟲之法究心農學者類能言之然亦堇堇能言之而已本此以見諸行事者未之聞也且亦堇堇學士大夫能言之而已彼夫學士大夫以外蚩蚩之農能本此以詔告其子弟教勸其佽偶者尤未之聞也每當夏秋之交害蟲一至非束手無策卽愁苦呼天齋醮祈禳泥首以聽命於無知之偶像亦何濟於事邪於斯時也仁人志士莫不咨嗟太息於政之廢農之愚然試問政之廢何以

修農之愚何以愈邪豈長官一紙公文所能爲力邪然則蒐集古今中外殺蟲之法而分別試驗之取其有效而易行者爲淺近之圖說以傳播之使夫蚩蚩之農人人能知之能行之又於害蟲發生之地分委幹吏會同紳董如法捍禦樹之師鏡以提倡之非今日刻不容緩之事邪

穀價與農田之關繫

古有之曰穀賤傷農至哉言也一歲之登曾有幾何春之畊夏之耨秋之獲嘉種之播廣畝之糞簑笠之具耒耜之造錢鎛之痔廬舍之葺場圃之築倉庾囷窖之繕螟螣蟊賊之除水旱之捍禦田祖之報賽國賦之輸將主伯亞旅之供億咸取給於此焉乃至一家之所需上而父母下而妻子寒而衣暑而扇渴而飲飢而食嫁而具奩昏而納幣喪而營葬祭而絜粢與夫歲時伏臘之問遺鄉鄰親戚之慶弔又無一不待此以爲應付之資然此猶就自芸其田者言之也若芸人之田者則抑有莊泉有租穀一歲之獲恆耗其大半焉幸而遇人工物價咸賤之時尙可節食省衣以自活也若今日則日用之所需百倍於曩昔傭傭之直亦因此而繼長增高有加無已豐登之歲稱貸爲常右絀左支焦然無復樂生之氣所殷勤期望以資彌補者在此穀價之昂乃不識社會何心一聞此而卽思抑制保境之約下締於鄉閭閉關之議上陳於都會將惟恐農之不重困邪嗟乎以農之瘠苦若斯也卽行三代補助之法亦誰曰匪宜乃今日不惟補助之無聞乃並其天然之利而亦剝斂之果於農何仇而爲此不情之舉邪夫吾亦非謂境之不宜保而關之必不可閉也苟昂貴已甚自宜酌爲限制以劑其平乃價甫長而卽抑之運甫通而卽封之何相持之急邪且今日百物之昂貴舉無術以抑制之而獨於瘠苦之農所輸出者斷斷然持之寧可謂情

理之平邪爲此說者大氐以游惰失業之民爲多而勞動之工附和尤力富商大賈有監於庚戌之荒亂亦相與贊成之言者既多長官動聽而保境閉關之政令行焉方其行旹亦自以爲齊民普利也而豈知其中固有大多數之農人所恃以易耨深畊仰事頫蓄者已因此而大不利邪夫農田者民食之原也民食者王政之首也欲牧民先足食欲足食先卹農此非予一人之言也凡深於農者之公言也年豐而啼飢則農病農病而易業則田荒而又日見夫工商之所營可一切自由而弗爲限制於是輟畊而歎者所在多有焉城市之所以多游閒監獄之所以多罪犯齊民之所以無固志國本之所以易動搖未嘗不以此也壬子冬予在益陽縣議會旹穀一石價至錢二串五百有請議禁通運者予告之曰此尚非其旹也旹至矣自宜行吾子之言聞者怪之予乃舉穀賤傷農之義告之始無異議其後數月益卒無飢蓋是歲方秋熟旹予已廉得其穀數也古之牧民者有酌盈劑虛之道焉有統籌兼顧之道焉誰秉國均幸於此加意也

是篇已登入　　　　以爲經世可寶之言因錄入此

文苑

與蔣少穆公子書

接第一期

別來百二十有二日矣。汴城一書。計已達。聽南北殊途。誠哉歧路。晦明傾想。猶駐脩門。千里萬里之期。或出或處之際。豈人實爲之乎。暮春戾止。擬畢漢文選之役。會有主者。乃獲言旋。揆諸私心。猶未爲怍。惟念足下神峯秀映。文瀾鬱生。披朝華於不窮。探秋實而均愛。既迴翔於羣哲。方鏘聲於上都。而能倚及兼葭。馨逾桂菌。以元冥之異地。爲笙磬之同音。而海運濤飛。逐羊角而不上。河澄嶽瑞。勞馬蹄而不居。予盲於心。君焦其舌矣。別後乘弁棧之車。奉披昌之客。阜禾土壘。炎景金流。藜藿民飢。楊榆塞遠。常山風震。萬馬欷沙。漳河水低。一鞭漾月。背碻磝之徑。趨蕢蕩之渠。艮嶽煙低。繁臺草亂。駐馬三日。易車而行。問梁苑而鳥孤。出夷門而日落。渡河百里。皆爲積沙。洧川尉氏之間。稍見野色。宿雨沐樹。穿林戴青。長畦簪黍。隔澗鳴碧。許鄭以南。店舍荒落。瓦盆蔬貴。泥壁堂尊。或數馹不克停車。或千錢無以謀食。宿從東舍。餐問西家。及涉汝潁。言臨宛申。棗花若燕。蘆筍兼越。少室掉尾。方城聳肩。輪語巖間。星垂地底。蒼蒼而橫。野樹隱隱以際天。稅駕襄陽。待舟五日。乘閒訪古。遂陟隆中。往返六十里。夕渡已黑。其爲山也。浮一髻於城西。蹲牛玦於漢上。臺空樹密。青蟲所家。石瘦田肥。黃犢無牧。斯乃習彥威之所爲臨眺而踟躕也。解纜雨作。刺舟雷鳴。江千里而上。浮湖一白而旁虛。未臨雍灘。已歎載胥。龍挂天紅。魚跳燈黑。泝湞塗口。阻風岳陽。閏月廿六日。始抵舍下。盛潦始退。蛙鳴於牀。炎歊所蒸。蚊語於袖。疾深肝胃。痛及車牙。逢客卜醫。觸風則咳。因思燥溼之異宜也。南北之殊候也。使水旱相易。則沴戾爲豐年。使行役稍遲。則羸弱亦奉宇。遂至漏天南近。窮陰閉晳。歲之鄉大火西流。太陽慳浸淫之色。齊寃不雨。楚歎從風。夢到中原。猶疑赤土。輿歸下澤盧對青山於斯之時條其歉矣僕莽足虛存施心不死瓠肥五石櫟誤十圍西笑既違南圖可輟而乃金思躍冶我爲鏌邪珠惜沈淵人求象罔昧彼都之笠攝慕公子之蘭薰解榻春融褰裳月出戀長安而不返叩宣室以無端猶得據槁梧吟叢桂燈明雪市車響花臺識燕市之酒徒坐洛陽之書肆建章宮殿畫地成圖正始風流振聲如玉是猶發醯雞之覆浮於江湖飾泥馬之姿騁於衢路矣若乃縱橫理窟雕琢談鋒論才則行譜九州選勝則臥游五嶽流連晨夕俯仰古今聞超宗之言不衣自煖入眞長之室竟夕忘疲斯則尋茲墜歡有踰倫好然而綜其末路揆厥夙懷無損五窮祇貽二悔昔者垂髫之童求窺東觀之籍執經之士必登北海之門輦下輻湊人師所萃或沈博賦空中五嶽或淹通坐帝後七車有渡海之[illegible]入有植竿之民獻苟勤探典籍則賈鄭斯存精究藝術則郎蘇輩出而乃觀優師之伎遂去周京鬻絣絣之方遽誇楚客豈非入元圃而含瓦石過鄧林而採榛荆哉此其可悔者一也語云新浴者必振衣言愛其潔也又有日行百里者半九十言敗於終也以故梁鴻作飯滅竈更炊公沙入都執舂就學僕畫粥非賢拾煤亦懼庾郎鮭菜家本長貧張翰鱸蓴駕宜即日自昔束髮尚盧胡顏固窮之期義當戢羽一自[illegible]茲[illegible]水災及稻田不瘠風塵遂毀操尚以爲筆耕賢於胠篋旅食愈於盜弓乃至品謝儒梟作李斯之[illegible]落[illegible]忘天爵效司馬之貲郎足下留之無以喻下愚責之無以明隆誼而後擧躅可惜鳌指難捐行如[illegible]家之儒義媿探丸之俠素絲已變墨子悲焉此其可悔者二也然而腐鼠鵷雛明哲所察旄牛蚊蚋遥征亦微以此包羞遂成迷復仰希遠志忘小草之故岑慕彼長風入中流之駭浪言還之際但覺酒醒鬓白影雙沙黃耳自頃掉磬而歸尸饔孔棘七月之望始至省門秋陽酷人齲齒未已故舊憐其拙賢豪笑

其汙陋巷亦喧陳編未近少年雜沓已是陳人故國羈棲轉如過客遙思吾子奮筆金臺之上掉鞅銅街之間藉枕則羲皇上人搖手則王謝家物高掌遠蹠爲勝可知惟是渤澥驚秋瀟湘坐晚涼蟬在樹微斜河漢之天代馬依風想像旌旗之氣玉堂蟋蟀語則未終金井梧桐思之已遠或者菅蒯無棄椒蘭與期北斗離離炯然在抱朔風早涼珍攝是冀

與王壬秋孝廉論修史書

德基受經下里早傾鱗采墊巾湘介益慕風概世人但震槐里之奇侅而不知野王之淵令故以望景北海聆曲盼亭蠡承雅音深負明誨自頃吹甑靈臺捐玦澧浦嚮趾造次未究論思竊以爲先生抱賈服之學而放於二都之外負馬范之才而措於一事之紀材爲世出良不數覯用乖其方往哲同歎亦既達闈闡就邱壠則千秋之事審在所擇昔十九家後漢之書輯自元嘉二百年魯史既終續於涑水更代久則迹益昭綜言多則義彌粹當仁不讓胡寧愿焉故望先生以四史之事也而夙懷撝謙探討多術諒其道概千祀風靡百家豈謂一書之成爲終身之孅哉實見夫延祐草創牴牾多端洪武速成稱娖奏御儒冠接屋竹素連箱筆非春秋而斷爛近於朝報書非通鑑而讀者無能一過授之來學望洋嘅焉宋史稍復詳盤故富證據而傳紀繁複義典不昭東都事略之文方之猶勝建炎以來之記擇之不精遠推乾德開基祥輿畢祚科條密故無趙張之政臺省裂故無房杜之業要其人材代興何減漢唐雖事蹟稍衰而敷奏稱盛部居領挈其文足軌前烈若夫天祚西竄府庫飛灰大定南遷圖書散路玉軸慘於江陵縑鐵燼於沙磧獲桑乾之璽已號秦文搜梵夾之書遂名遼典宜其拾煨作紀掇塵成帙豈第學徒之零落哉觀

其紀志無雜傳次平亢屬國部族之衆條則絲棼妃嬪游幸之書重如旒綴視夫作魏史而稱穢著晉書而不成者爲優耳奇握温氏之有天下也事捷於契丹勢烈於金源席捲沙漠而乏師古之老儒漁獵人民而無經遠之大計浮屠之爵千名閼伯之災三世治法讓雜霸之美中葉鮮孝文之仁衡其規模罕足紀述然而天馬翻戲紳獸止殺訓典遜於誼辟武略侈於前代又況八朝實錄得於玉斧之年兩都故宮記於金鑾之客苟精採擇宜無踳駁徒以紛輳集事倉猝成文遂至捃摭如大典之書雅贍無會要之美夫人有併省事有附見此史漢所以貴也義必尊經法必舉要此史通所爲著也而四書者皆異是後之作者蓋嘗興嘅而功非中材所任勞非歲月可畢明南昌王氏欲改修宋史而未作吉水劉氏曾删定宋史而不傳近世爲程施氏之金史邵陽魏氏之遼史或行世而不顯或鏤板而旋燬揣其旨趣未遠舊述重修元史者始無聞焉先生邃精義府騁辯禪河以叔皮之上才兼茂先之博識桂陽之記鍾武之書固以騰駁湘中緘題域內而事止方隅道非典册豈可望古測今慮此巨製曠日深謝蒙竊惑焉將以謂事兼數代文踰千卷窮年莫罄其牘聚徒莫纂其言則史貴體要無取繁重茲數史者無不傳之宰相有濫觴之裕吏連篇官閥言多猥細昔史記自韋平以下少孫僅補數相班書自列傳而外王侯盡入諸表則此之數定增之不過什一削者乃可四五其不足憂一也若謂簡編殘缺歲月告流野論生金之碑家佚銘鼎之字則尚有簪毫紀事如隆平之集因文附傳如中州之詩至於荒漠載筆傳國錄其衣冠琳琅勳閥道園盛其碑誌猶足參覈朔南取證文獻故裴氏補注不棄別史貞觀晉書或引志異宋元小說留遺獨夥孤史有附贅之書稗官多貴耳之集其不足慮二也先生又謂季世才難荒裔事陋有宋以下自鄶

接第一期

士蔵詬病焉然匪是無以致通顯立功名時或俯就焉以自達蓬蘭則終其身不入試院亦不屑爲時俗應舉之文所至北越黃河南絕嶺海東度榆關西窮蜀道封疆大吏貴游子弟適餐之事時有所聞間亦參軍謀聞政事如是者蓋一二十年同游之士多致顯榮蓬蘭則終其身布衣姓名未嘗列於保薦有以稷陰子孫進者則夷然笑而謝之蓋古之所謂遺外時榮之士無過於蓬蘭者蓬蘭好讀書自六經三史九流百家旁暨方外之文釋氏之典靡不觀覽爲文則服膺周秦諸子不欲涉近人之藩籬與人過從尤喜縱談古今政治得失人物高下雄睨大談陽滿大宅然人有一言可意卽改容稱之予始識蓬蘭在廣東禺山武廟蓬蘭謂周以前人箸書不名漢以後則無不名矣此其古今升降之分乎予曰不然周公孔子所爲書今人皆知之而篤守之名之效也孟子謂誦詩讀書者不可不論世知人書而不名人烏乎知世烏乎論邪月令言物勒工名以考其誠蓋爲治器者言之古史之治書亦猶是也自太史公有自序而班孟堅因之懺獨箸名氏抑詳及家世焉凡爲後之論世知人者地也若以吾子之言繩之然則彼皆非邪蓬蘭乃大韙之自是相得歡甚不三五日輒相尋也嘗見予所爲古史流別論曰詞義皆特立獨往章實齋以後無此作也佗日又語人曰攄昌之學殆欲合劉知幾章實齋龔定庵爲一人獨惜其不生於國家全盛稽古右文之日蓋蓬蘭天性樂道人善故雖以予之無似而亦相許過情若此也予之奉檄至欽州也蓬蘭屬爲茶瓶且曰必子自爲銘而書之未成而事畢離欽函徵不至乃從佗所市其尤雅者遺之蓬蘭不受曰吾之意寧在瓶邪蓬蘭以壬子七月某日死距其生得年五十有幾與予相聚才數十日耳而其情之厚有過乎夙交予是以尤痛之也蓬蘭所爲書都若干種在廣東有印行者其得失自有天下

後世論之茲不具獨述其行義及與予交始末用告海內之傳逸民者

蘇厚庵日筆陣酣恣緜而不懈

記芭蕉

戊申秋予游京師館蘇厚庵郎中宅於時厚庵喜藝花鬻者爭致之朋齒又或用是為饋數日而廊廡之下萬葩實榮聞有所謂西芭蕉者異而問之或曰是似蕉而非意其為異種也西以識之俾毋與華產混或曰是亦蕉也華實同而無以出乎其類則為是名以旌之用速厥鬻也嗟乎以鬻之速也而佹實以立名花之辱也而士有類乎是者顧相與榮之何邪

記吳丈人事

循益水西南行萬山多竹土人以為紙孟夏之月結隊登山利刃截之芟其枝削其末循山勢墣下之芒銳所至骨肉洞穿行人迂道避之不則傷死訟爭踵相屬也有吳丈人早樵遇之貫腹及背同行大譁紙人亦大懼失色丈人曰我死則命也立命其子舁歸無得咎紙人中道而卒

曾佐熙曰以丈人所為出之讀書知大義者世猶將許之乃以吾所聞丈人固不識一字也自後漢書有獨行傳而歐陽修唐書五代史記因之（唐書曰卓行五代史記曰一行）所述多矣不識其輕重視此何如邪

記李習口事

同年瀏陽王歆美益生為予言其縣人邱乙以貲雄一鄉鄉有惰民相聚於墟墓之間戲言曰吾與子困甚矣計無所出其劫邱宅乎邱宅機匠聞之告乙乙懼告中立局董李習口中立局者瀏陽團防局也以

縣紳有氣力者董其事。事無鉅細。得先令受裁焉。而習口又與巡撫某爲同年。權尤張。既聞乙語。則飭周勇捕殺之。連坐者衆。總兵某亦與焉。蓋總兵嘗以橫賭宿怨惰民。惰民又嘗以事開罪機匠。故展轉傾陷。而李不知也。事上。巡撫。巡撫以遏亂未萌入告。保習口直隸州知州。分發江西。無何奉委至義寧。便道還瀏陽。未至宿逆旅。其僕戀烟館。自往責之。爲館人所殺。館人蓋謀刼邱乙案內在逃之犯也。方是時。義寧知州習口同年也。以委員被殺在境。慮緝凶不時得被吏議。則脅習口子具在途病故。領尸歸葬。狀上。詳銷案。予聞而瞿然曰。習口死宜也。生殺權在手。漫不加察。殃及無辜。以博取名位。人咸得而殺之。矧身受其害者邪。然吾觀今日之牧令。若習口者何可勝道。而世莫敢何問。則藏身者固也。或曰。是有天焉。其然邪。近世由甲科起者。多夸語同年。若義寧知州所爲。則同年奚取邪。古有之曰。一死一生。乃見交情。痛哉乎。言也。至若惰民以戲言速死。總兵以橫賭危身。樞機之發。利害繫焉。是以君子無往而不用其愼也。

記王燿事

王燿。益陽蘭溪人。七歲而孤。母嫁織人。遂習織。見塾童受書。倚案聽之。意戀戀不能去。歸告其母。母曰。兒飯之不飽。而妄意此乎。則大泣。不敢復言書。然慕書不能一日忘也。塾童受書歸。必遮道問字。樹陰牆角。畫地習之。俄而塾師召爲都養。許以夜學。則大喜過望。從之居三年。漸解屬對聲律。間爲小詩。則樸逸入古。塾師奇賞之。燿亦時用激昂自喜。每深夜孤燈長吟。獨笑已或神色慘異。淚涔涔然數行下。如是者久之。然訖無以自拔。可哀也。始依母居。母卒。守墓一年。依塾師居。塾師卒亦如之。曰。吾身得之母。而吾詩得之師也。最後依僧居。卒年三十。

曹佐熙曰予聞王燿臨絕遺言火其詩以葬嗟乎文字之好垂死弗忘假獲所藉以自廣寧止於是邪或豐厚而偷生或翹異而蹇遇不識蒼蒼者何心也世言詩待窮而工將天與之詩遂與之窮邪自古山林堅苦之士若此者多矣安得釃酒而問之邪

接第一期

耕者畏其虐。棄鋤遙相望。立苗靡不疏。掩淚心摧傷。

置酒羅長筵。招客聽弦歌。佳人正二八。纖纖畫雙蛾。婉孌發清響。彈箏拍胡笳。委身未有主。但願黃金多。

傾城難再得。客意當云何。

少年嬰憂患。性命在須臾。一朝致青雲。貴此千金軀。去日既多憫。來日當自娛。不見東隅光。奄忽在桑榆。

亮非王子喬。焉能乘飛凫。苦志爭途窮。區區一何愚。

蒼鷹睨大野。惡鳥無棲枝。忽焉在樊籠。搏擊無所施。啁啾各相賀。引類巢藩籬。昔肆爪牙威。今當長苦飢。

寧止莫余毒。且任鷦鷯欺。

秋風吹飛蓬。升高將何之。託根既不固。力弱寧自持。邂逅得寄生。同棲高樹枝。奄忽再飄搖。永永從此辭。

是時儔侶闕。猶有園中葵。華葉苦非昔。焜黃將就衰。請自朝陽升。頹光睇崦嵫。東西雖轉旋。所向終不移。

生存不自惜。零落安足論。謂言北芒山。纍纍邱與墳。千秋并一盡。賢愚何所分。嗤彼窮巷士。立身爭青雲。

邃觀苦無術。終朝自憂煩。寧知歎隨武。九原來趙文。

少年雜屠狗。結交悲歌儔。忽逢清明時。違心飾前修。飛蓬捲馳飇。日月迎素秋。朱明幸庚伏。驕陽暫淹留。

自知椎薶術。終貽平生羞。恐爲故將軍。有刃不得讎。處心既已決。急起相尋求。白日滯長劍。駱驛通衢遊。

危言自有時。吾道分剛柔。胡爲怒寧成。徒令聞者憂。

悲風吹高臺。二女方同居。大婦懷外心。自避東南隅。畏此小婦口。矜言操行殊。窮治得罪狀。誓將剝其膚。

上拔金鳳釵。下裂羅裳襦。僕妾四五輩。遣去同斯須。死灰亮難然。遷怒尚有餘。欲令所愛物。卉木同一枯。

聚殲藩籬間造端耡根株平原未晨霜起視無一蘇尙登芟夷功堂堂告威姑

驅羊千萬羣分使衆人牧燒薙猶未久寒煙蕩空谷是時牧者飢一食飽不宿寧惟憚求芻勢且甘其肉

誰持千鈞弩尙自相迫蹙請視高原上居然富方穀

禹稷當堯年常存天下思悠悠百世下抗志相與期一朝遘其戹將爲名在茲俯仰同異間中心寧勿疑

皇天命萬族所貴在性情性情不相感危詞空自爭登堂會悲歌絲竹凄以鳴繁弦促古調急管矜新聲

迷惘曲中意倡歎難分明時或衆響寂微風過玉笙欣然若有會擊節多餘情欲令聽者移何勿根至誠

蓬萊鬱崝嶸仰視眞何高飄忽陟其巔餐霞攬仙褎神光爛八極靈寶燭丹霄昔時采芝侶矯首希瓊瑤

褰裳從雲蓋逶迤共遊遨升遐亮不違斯須將見招

元冥勢隆盛大呂君歲終下有太蔟管實爲孟春宮雄鳴自誰先積算根黃鍾正變一殊位天下難縣通

試吹師曠律應者惟六同生氣未時達但恐成悲風

賢才出盛族窈窕騈姸姿同心事君子朱霞盛威儀上承威姑顔先後無嫌疑塗丹頗自得爲容膏沐施

風雲旦夕變左右將在茲俯仰一不當瞬息憂生離履霜肇坤初堅冰寧勿危苟全自有術喋喋當焉爲

南山盪朝氛虞淵掩寒日頃刻陰陽爭天怒難可必如何萬里間行者先入室豈伊恐致福到耳不聞疾

玉虎炫神光赫赫吐靈畢磯磹照下宇一眴洞幽密化機已無餘猶侈驚世術

盈盈河漢水奔流亙天綱擔鼓歎匏葉欲濟嗟無梁似聞大陵北時有天船橫但借熒輪吹飄忽一葦杭

南箕北有斗翕舌虛酒漿微星萬有奇繫命愁相望

燕燕嬉春陽。銜泥附新壘。棲息有定居。懽樂從此始。豈知鴻哀號。秋風一宵起。陰凝逼代飛。四顧將安止。盛年不可再。少好今流離。結褵正桃夭。殷勤至今茲。努力自有分。胡爲多失宜。旨蓄難御冬。華堂成敝幃。卻立弄團扇。娟娟俯修眉。襟袖雙翔鸞。徘徊初繡時。

金鋪鬱雲霞。宮闕淩仙山。中有棲眞人。百世無憂患。鬱華與結璘。東西流雙丸。朝夕自吐吸。逍遙駐朱顏。楚楚蜉蝣羽。視息儵人間。浮生結塵想。徒用增長歎。下界非吾居。何爲苦相干。赫赫文五常。書名謝瑤壇。

郊天會五帝。侍從環百神。珠槃薦梟鏡。鼖鼓喧麒麟。豈伊好尙殊。所用分暴仁。紛紛曲臺議。此義誰敷陳。私心妄揣測。雜糅迷等倫。

長筵列方丈。珍膳羅豐肥。歡宴窮日夕。華燈炫光輝。離離桂樹影。婆娑堂上幃。客命歌驪駒。主歌毋庸歸。禮意自分明。如何知者微。

巷伯刺萋菲。家父究王訩。變雅不可作。主文思變風。興觀柏舟始。比興下泉終。王迹在國史。得失相昭融。輶軒儻不采。撫卷徒自恫。

詠懷

擬嗣宗詩意盡而止、繼思余自有懷、何必懷嗣宗所懷也、嗣宗八十二首中下學而上達用孔子語小人計其功君子道其常用荀卿語、佩服聖訓、抗心名言、實則雖懷之而未必至之由、斯以談、則余不能至之者多矣、然既不能至之、又烏能不懷之也哉

皇天命爲人。實處三才中。豈惟獨善期。位育將有功。天運際其塞。雖聖猶不通。居易素位行。自得常從容。

乾初至上九御天乘六龍反袂亦無取獲麟悲道窮
古人論事君易退而難進豈侈謙讓美量力先所愼騄駒僅咫角焉能度八駿鸑鷟羽未豐高翔阻千仞
諒哉漆雕言吾斯未能信
娶妻非爲養求仕非爲貧二者有時爲居卑思辭尊寧同欲嬴賈抗走甘風塵白駒無停影鷄豚逮生存
伯歌季且舞懽笑怡天倫娣姒治酒漿服勞偕子孫古今庶相及吾爲潁封人
曾西於子路所畏常服膺管仲天下才比予爾何曾後世知者微勳伐徒相矜蕭何佐開創鄧禹襄中興
持矩互相絜同道誰爲朋均國信非易中庸固不能
何穠常棣華灼灼舒道旁傾城競桃李燦爛臨朝陽須臾富綠陰不待交繁霜名高士所懼文著實先亡
衣錦貴尙絅闇然而日章
處己恐不利謀人防不深一室若千里仇讎萬端尋相接舍仁義妻子無德音遑言與人交其利占斷金
勖哉閨房中杲杲日當心
地維廣無極歧路悲楊朱東西一分背迴輪寧斯須嚅昔勇自信慷慨事前驅道窮始思返浮雲啓天衢
仰睇暘谷景西行挂桑榆若非已千百其勢終柔愚知非欲寡過賢哉蘧大夫
蔓草引愈長蘭蕙光風轉驊騮謝遠征所到遲駑蹇自恃生質殊下學忘困勉臨卑易爲高涉深始知淺
聖功豈偶然入室迹當踐
升天絕階梯涉海無津梁千秋萬世後聖賢徒相望辟如嚴冬時卉木徯春陽何不作梧桐負絕陵高岡

孤生鬱靈氣德輝招鳳皇曠覽多凡民因循狃其常獨有豪傑士能無待西方
寡交不聞過多交懼損己直道既已微流俗爭謷毀繁弦雅亂鄭閒色朱奪紫亮非上古世誰能棄遺此
風雲有際會信美處則恥擇師三人行魯固多君子
鷄鳴起翠動人禽辨幾希頃刻不自暇庶民各有爲方煥已畏寒未歉先愁飢萬族并酬酢得失相憂疑
以彼念艱難嚌云非所宜君子獨有懷去者能存之
黃河注東海晝夜無時休潼關建瓴下沙起塵亦浮沸騰百川萃氣勢逾悍遒金隄蝕蟻穴橫決不可收
所以一念私克之如仇讐不然將滔天人力難矯揉不幸爲世用害且貽千秋請從濫觴時立塞涓涓流
孤松植高岑霜雪仍蒼蒼春風爛衆木寂然無輝光榮悴不我與秉心惟有常信無處約仁處樂安可長
景行睎絕頂奮往窮高山拾級出層林乍喜開心顏須臾衆壑互宛轉如循環飛泉東峭壁奔騰吼其間
疾謝猿狖升險恃藤蘿攀一蹴已自苦况陟千里關神危氣且薾迍邅中道還百里半九十信哉行之艱
雪宮戒齊王憂樂以天下信無反手能戚戚胡爲者考槃獨寤言豈歎歡娛寡勿令勁風起絪縕斷野馬
膏粱不願人大雅歌飽德獨居與物屏悠悠良自得不期可欲遇漸覺憂危逼出門見龍旂閱損增榮色
芻豢何時有長使我心惻
儒術賤黃老文飾宗申韓用之且速效元氣先凋殘有若亂苗莠辨似良獨難利害苟不百愼勿輕造端
雲雨天下平中和此心安
舌存齒則折老氏守其雌豈知屈信理正變各有宜女蘿信荏苒嫋嫋秋風欺聖賢明且哲遏亂終弗疑

微服遠司馬妾婦卑張儀易地皆有然執一何能窺

往聖不可作矩矱遺先民自從識字始六籍紛鋪陳干祿苦技窮抗論追周秦窮年刻片楮疾沒希千春珠還但買櫝所貴寧吾身自無躬行得空侈文猶人

農夫力春耕秋至乃有穫舍己忽芸人務得忘守約良苗雖懷新不植恐將落不然事助長芒芒宋人若往視苗已槁尚侈今勝昨無恆或承羞巫醫難可作（此首在地維廣無極前、因遺漏補書於此、）

夜坐讀薑齋自定稿忽念蔚廬（劉水部人熙別字）近作竟境似陳白沙書此柬之、（此首元在當陶前、蓋丁亥作詩之始、）

風雅樹門庭徒倚銖寸間涓滴聚行潦繚繞迷雲煙千秋一悵望作者爭後先詩教固不達徒然楷其天吾儒味至道心志自澹然仁靜鎮華嶽知動出淵泉神傳象乃寂意到言自宣俯仰察上下縱橫抗垓埏衆流太海匯濟秋孤月圓始知性情用非侈文字緣持謝苦吟客終歲窮雕鐫桃源隔塵世試泛漁人船

秦子質舍人炳直見余當陶飲酒詩許其意境甚高問何以進之曰行如其言余感焉作此以酬厚意、命曰君子篇、（此首元在擬阮前）

俗流慳遠衆君子恥苟同五行各偏賦兩端誰用中良材大匠度美玉他山攻此道一不愼爲害將焉窮特立自松柏因緣施唐蒙朝林響伐木夕陰生谷風握手但有初賞心難可終自瞻上都壯遂侍丹闕樂譽赦避榮貫桑梓期敬恭眷言五載往得延三湘雄倏接殊依依將離故悤悤飄忽雲再翕蜿蜒龍相從奇氣驚輪廣高論摩蒼穹初翹意若蹇孰辨趣已融昔款信未申今情殆無雙微塵泰山積衆派滄海容但任切劘致何慮譽尤叢教余旣匪倦勗子能不忠窮達主天命聖狂區人功不逢習坎逆安知中路封

說苑

籜史序

衡陽王船山先生籜史。舊有十傳、鈔本、家藏。歲久漫漶。可省視者僅八篇。所述則鄭公古愛、袁公從諤、董公雲驤、李公芳先、周公師文、李公興瑋、朱公旻如、夏公汝弼、咸明季忠義之士也。考先生永歷實錄、周公師文、李公興瑋、朱公旻如已入死節列傳、鄭公古愛已附傳何、堵、章後、而所述或詳略異詞。袁公從諤、董公雲驤、李公芳先則僅姓名附見紀傳。（袁公死事贛州、董公因雷德復訐奏大學士嚴起恆抗疏、見大行皇帝紀、李公芳先被執不屈、見熊興麟傳、）至於夏公汝弼、姓名亦未之及焉。賴此書存、猶可據爲補證。篤古之士、宜如何寶貴之也。明之亡也、忠義視前古爲多。微獨膺軍國重事者蹈刃如飴、卽巖穴肥遯之民、亦扶誼閭里以相應和、前仆後起、百折不渝、何其篤也。將賦之天者異耶、抑一二鉅儒長德提倡正學、揚厲風義、有以漸被而養成之邪。然則先生之爲此書也、其有深意邪。新化鄧氏、湘鄉曾氏刻先生遺書、此書咸未采入。今年夏、先生八世孫廷贊攜至船山學社、始印行之。書之傳播遲蚤、倘亦有數存乎其間邪。中華民國三年十一月二十九日益陽曹佐熙序。

接第一期

鬪已確因繳詔入山養疾退居平西山中蒔菜釀酒醉臥不起間會故人城市則葛巾布衣持小雨蓋躡屐出躍市中卷胡餅食嬉笑叫誶以爲嘗上屢旨起公出庚寅春鄂國出西延三請公同事公皆不起梅關失守上幸蒼梧乃乘小刀候聖安行在廷對言制臣已薨臣於義不敢言楚事背死者自謟於義不祥特以陛下蒙犯霜露醜虜震師臣備員臺端一見天顏展草野思慕而已上頗注意用之實陞僉都御史監督鄂襄靖皖興歸荆江六勳之軍授密詔招馬蛟麟公復對言蛟麟在辰州易招詘我威也今日不易招輕我黷也虜日壯我日老彼何利而從我倘諸勳能合師大挫之臣奉德音以繼其後事汔可濟若徒馳褒誘縣虛爵褻天子靈寵祇益彼笑玩無益臣請自今置蛟麟無言倘恃書生香火弄彼狡於片紙臣死無以塞此責上敎諭之乃受事出及平樂賣衣襆市馬治行裝復有言蛟麟易降者特詔鼓吹出桂林聲言招蛟麟去公歎曰我對上何言未浹月而彼罔若此我出何爲吾腰領不惜諸公且謂我擊彼事也因再繳敕在廷持差使不聽上公徘徊昭江不得意貧不能振將置家永寧州輕騎出楚赴鄂國軍道病痺卒是冬馬蛟鱗陷平樂徧訪鄭相公知其物故輒太息焉蛟鱗居邑邑爲孔有德所疑恚病而死公素戇不能容物人無貴賤疏暱不可意者輒罵之或小過失士友規責因罵公顧懮然謝服間起拜焉始至端州金給事堡不直公以故見抑及至蒼梧金下詔獄受杖創甚素不慊者皆因瘢索擿公過獄中省視泣下頗有營捄士大夫以此益多公洪少宰移疾海南與給事某甲素隙給事因嗾詩帥李明忠刲殺之公聞已輒泣曰洪先生於國不得爲純臣然古愛非先生且陷通天罪不得列人類生有今日仇腹未剚我無以入地下他日邀國威靈逐虜江北當步行入闕下手刃豎子頭自歸司寇聽上處分爾因暗嗚握

拳蹴舫板皆碎公先娶楚宗女癸未武昌破不從寇自刭死再娶生一子未晬公卒寄永寧山中不知所終

試中書舍人袁公

公諱從諤字昌言郴州人祖子讓以甲科仕禮部郎父伯瓛博雅豪雋應貢入太學盡遊吳越靑徐燕趙邊徼討究世務交偉人名傾南楚著書幾百卷益諳地道水利戰守關阨所著三借箸及膠河議尤爲精要用薦舉授宿遷知縣非所好稱病拂衣後公卒公年二十時起諸生有文望應貢不就選謁隨父遊盡交東南名宿慷慨登雞壇引聲望廉取與貧走四方巾車駕舟苦吟不廢中湖廣己卯鄉試時進賢伯南昌萬公司永李公出其門相得歡甚恒危坐盡脊燭與談世務曰中原有變吾與子必當之願得當獲死所耳幸濟國難且不朽則天也已而欷歔泣數行下率以爲常公聞擧爲人道之亦自泣也甲申國變萬公由左評事起職方監軍要與共事未赴思文皇帝立於閩擢萬公總督江楚軍事自吉安援江特檄至軍以親老辭公曰吾有言於子矣題授試中書舍人參預軍務公散家號召以事例激勸粵楚得萬金招募成一軍可觀會吉安陷萬公退守贛潰兵過庾嶺訛言不測軍心震蕩散去其半公率幕下數百間道轉戰會萬公於贛州虜騎已逼城下鵝車礮石攻薄日數接公分守西門督兵民垂涇布障飛石擊洞子壁厭死者不算虜益出兵攻八月食盡兵疲或勸公曰君官閒散未有城責親老子弱能自全者當取一途促援兵去畫城分守乃與郡邑有司等乎公曰吾業許萬先生以死倍之不祥張東郡非能勤王者藏撲且不問爾死之況從諤之於先生乎空坑阜口鬱孤江水吾其從鄒瀛杜濬游耶丁亥十月城陷手刃

接第一期

應貞明易論。字吉甫汝南人散騎常侍

貞儒林有傳。

庾運易義。字元度、新野人、仕至尚書、一云易注

張輝易義。字義元、梁國人、侍中、平陵亭侯、

王宏易義。字正宗、弼之兄、本司農、贈太常、

釋文離卦曰吳王嗣宗本作仄出王嗣宗勑類反離王公梁武力智反王嗣宗同嗣宗未知卽正宗否。

阮咸易義。

王濟易義。

魏志鍾會傳注引何劭王弼傳曰太原王濟嘗云見弼易注所悟者多據此則濟蓋輔嗣之學也。

衛瓘易義。

杜育易義。字方叔、襄城人、國子祭酒、

荀晞傳有右將軍杜育卽此人

楊瓚易義。不知何許人、司徒右長史、

張軌易義。涼武公、

崔鴻前涼錄軌與京兆杜預。此下當有善字、以所注易遺之。御覽一百二十四、釋文得其資斧子夏傳及衆家並作齊斧張軌云齊斧蓋黃鉞斧也。

宣舒通知來藏往論。字幼驥、陳郡人宜城令、

邢融易義。

許適易義。

裴藻易義。

楊藻易義。

以上並張璠所集經典釋文序錄云邢融裴藻許適楊藻四人不詳何人並爲易義。

袁宏周易略譜一卷。

見新唐志。

欒肇周易象論三卷。尙書郎、

鄒湛周易統略五卷。少序卿、釋文序錄云、字潤甫、南陽人、國子祭酒、

唐志鄭樵通志藝文略並作周易統略論。釋文箕子之明夷。劉向云。今易箕子作荄滋。鄒湛云。訓箕爲荄。詁子爲滋。漫衍無經。不可致詁。以譏荀爽。又茹牽引也。鄒湛同

阮渾周易論二卷。馮翊太守、字長成、籍之子、釋文序錄云、爲易義、

日本國見在書目尙有此書。

宋岱周易論一卷。荆州刺史

干寶周易宗塗四卷。周易爻義一卷。周易元品二卷。見册府元龜 王氏周易問難二卷。

接第一期

里至東山市。約七八百人家之市場。有警察分局。惟不見一人站崗。定安城亦然。又五里至令郞村。入澄邁境。又五里至北臘村。渡河。平原廣野。四望無際。惟旱乾已久。栽種者不及十分之一。又五里至三內村。筒車多部。取水灌漑。故種植十之六。又五里至瑞溪市。亦數百家大墟場。亦有警察而無站崗。是日適逢墟期。幷未見警士巡視。又二十里過王家渡。又八里至金江。縣治在焉。殆戊子己丑間移此。已三十餘年矣。人言定安至此七塘。實不過六十里之遙。是日沿河左右行。天氣甚熱。時見男女結伴游泳中流。眞自由之。入於化境者也。按金江在府城西南百二十里。無城。僅遷衙署於此。大街一條。約百餘家。縣域東西距七十里。南北距百二十三里。東至瓊山界十里。西至臨高界六十里。南至黎峒。接瓊山水尾司百三十里。北至大海三里。東南至瓊山界七十里。西南至黎界百二十里。東北至大海十里。西北至大海六十里。此主舊治而言也。余抵金江。已午後六時。飯後已入夜。往晤知事文韻笙辰長沙人。性坦率無華。前聞其操守謹嚴。今晤談之下。果眞有氣骨者。與余頗有一見如故交之雅。幷出長子見客。年甫十三齡也。力請余住署中。余辭亦力。遂不由余畢詞。即呼人取行李。謂久未返湘。與鄉先進多疏遠。君既戾止。何可不作十日主人。宵深復具小飲。自言客歲初至。月餘東也請清鄉。西也請清鄉。大有日不暇給之勢。我聞報立往。先張佈告。謂所有隨從人等。均由本官自備火食。倘有藉官攤派分文者。准受累人指名請究。且鄉中不過小盜。至則立辦。以後再無人請我清鄉矣。因無從攤派。又無牽累。已絕若輩財源。故亦相率作罷

河上望瓊山 幷敍

瓊山土石皆白如玉。故名。因之名縣。在縣南六十里。

翠玉山頭夕照曛。探奇翻覺老彌勤。野花三月紅逾火。古木千年綠入雲。土瘦轉滋銀芋美。山上宜種蕷銀蕷其一種也瘴濃偏害玉蘭芬。瓊郡產小玉蘭花淡白有清香蘭花開時有一花瘴風塵幾日忙奔走。花鳥應將笑此君。

廿五日晴。熱甚。似五月天氣。晨起作信致定安沈鑄屏韓景猶道謝派護借馬之誼。給警隊茶費四百文。又作信致張子敬告其改道由西而東。隨出署外一覽。此署後倚平岡。村名尾嶺前臨大河。周圍田畝均已栽種。有水利故也。圖縣官辦之兩等小學三堂。警察六區。私立小學尚有數十堂。亦云盛矣。午後五時。文韻笙設筵飲讌。備極歡暢。宵深收發。劉受之來談。贈余洋水壺一個。以備中途可飲熱茶。

廿六日陰有風。午後二時半雨作。三時即止。午前六時發金江。文韻笙派警衛四名。馬二匹護送出署。繞北行。禾苗遍野。一望蓬勃。有塘蓄水以資灌溉。人言沙地不能築池。未可輕信。過山高原曠土。廣袤無際。十里至土豔村。又五里至鳳峨。又五里至文滴。入臨高境。又十里至皇桐市。又十里至三盈市。自金江至此。皆荒地。無高樹茂草。又十里至那白市。田畝枯乾。不能種作。而地段甚寬廣。又十里至臨高縣。地勢平衍。種蕃薯殆十之四。餘以無水之故不能耕種。由金江至此。人言九十里。實七十里。而不足。入東門。寓王姓家。時午後四時也。按縣治在府城西南百八十里。城周六百丈。高一丈三尺。東西北三面濱河。無濠。北面濠廣一丈。深五尺。今查城垣雖不十分完整。尚無多大破壞。四門猶存。惟北面之濠已湮。街道亦頗整潔。戶口尚繁。縣城東西距百一十里。南北距百二十里。東至澄邁界六十里。西至儋縣界五十里。南至黎界九十里。北至大海三十里。東南至定安界八十里。西南至儋縣界七十里。東北至澄邁界六十里。西北至大海八十五里。余下寓稍息。先將綏靖處信投之知事饒梅君宗義即來拜。因室狹擋之。當即往晤。

前江西大挑知縣也。言談慷慨。神情間頗有老州縣排場。立意邀入署住。余以爲住署中。我則受縛束於君。君則被騷擾於我。不若在客棧之自由也。堅辭。渠卽呼人取行李。且謂東關近發生核疫。已死二十餘人。此間學堂員生均已歸家避之。君在外。我甚不安也。余鑑其誠。允入署。旋警長孫煥章游擊隊正分長孫東成盧永春來見。

澄臨道中荒原曠土廣漠無際狂風撲面吹人欲倒有感

南荒山色鬱葱葱。寶氣珠光未有窮。椰樹綠添新雨後。蕉花紅透晚霞中。（蕉之種類甚多有一種冲天一花朱明照眼不結子）一場春夢憐村媼。（東坡遇春夢婆卽在儋之田野中）十月秋風泣衛公。（李衛公遺表弟書十月來伏枕七旬百口嗷然往往絕食云）哀感不須思往事。狂飈且避大王雄。

廿七日晴。作信致文韻笙澄邁道謝。發遣警衛歸。給茶資一串二百。查此間學校由公家補助者六七所。私立亦不下十餘所。警察雖有而不站崗。梅君來談。導視署中一切頹敗狀況。欹斜傾側。處處以木支之。二堂懸箋簞一鋪作屏。圍牆間壁均以石砌成。如吾鄉無人居守之水碾油榨屋也。梅君長公子柳予來謁。請其雇馬。午間覓得一熟黎阮逢泰。詳詢黎中道路。彼所知者皆小路。如由五指山南向行兩日程可達崖屬。又由五指山西向行兩日半程可達南豐。不能明其道里之若干。且不知有馮子材所開之路。其所謂小路者。寬不及尺。舉頭恆不見天日。其殆野獸所行之類乎。有張運昌者。南豐市錫店主也。因細詢鳥鈴嶺錫鑛成色最佳。其嶺勢平坦。綿亘二十餘里。礦線亦明。大凡產錫之山。不產巨石。多沙土質。故觀其形勢。沙土卽可知礦苗之旺。蓋錫礦與他礦不同。其苗線有闊至數丈長至數十丈者。可以取完一層下再有沙土復掘去更有一層旺者至有十餘層不等砂黑色破塊全黑者最佳其砂帶白色者質尙嫩僑興公司開辦至六年之久尙未見利其故一因築道修屋購買機器經月累年空費不貲一因瓊地人民習於懶惰受雇於人難資得力費一工之價而不得一工之砂未免濫費一因用人不當其弊不勝枚舉矣余以瓊地各礦須從小辦入手但以礦苗先示黎頭屬其督率黎仔照樣用土法開採公司論觔收買不必問其一日幾工一工幾獲惟請官禁令不准私商偷買亦不准暗賣私商尤責令黎頭向公司領牌發給各工無信牌者不准採取如此辦法不致虧折再緩擴充則易矣晚梅君設筵宴余海味多品甚佳席間言及婦女就河流澡身舉止很覺大方梅君言此間亦然家中幷不置浴盆也詢及銀幣純用大銀元及銅錢無有用小毫者更無有用紙幣者散席後接匿名帖數紙於縣君並無詆傷之語縣君亦無惡劣之名可見直道之猶存也夜梅君送四大元以賞跟人余領其意而反之

廿八日晴早七時發臨高梅君派警衞六名馬二匹護送出西門荒土空闊沿途有呈遞詞狀者五起一陳鳳儀其子去年七月被擄又被人騙去贖子之金五百元一蘇五皇之女爲王高麟牧羊今已十四歲矣王稱爲價買蘇稱爲受雇王將蘇第收押壓令認買其餘因爭利釀命因衅械鬬余概批交梅君迅速秉公辦理行十里至美珠市有警察分局入小坐晤其警長謝其章廣西人市中人家約三百戶又十里至文波村入儋縣境渡頓積港又二十里至光村市居戶二十餘家又三十五里至儋城沿途高原平衍荒廢不治村落稀少聞人民皆以漁業爲重無肯務農者近城數里始見薯蕷遍野東坡謂儋人以薯蕷爲糧占十之六實則因水利不講不能禾稼未必好食薯蕷也入東門住歐姓家按縣治在府城西南三

百里。城周四百七十二丈。高二丈五尺。濠廣五丈。深八尺。今查城垣尚整。高不過丈四五尺。四門尚全。街市亦潔。鋪戶甚多。荒蕪之處甚少見也。外濠已湮。繞城外種叢竹雜樹成籬。厚丈許。作小門出入。縣域東西距百三十五里。（縣志作八十里）南北距百四十里。（縣志作百九十里）東至臨高和舍司界二百二十里。（廣東輿圖作黎界百里縣志作四十五里）西至海岸三十五里。（一統志縣志均作黎界四十里）東南至黎界五十里。（縣志作四十里）西南至昌化界百十里。東北至臨高界七十里。西北至海岸五十里。瓊郡道里之長短。各縣不同。非實行丈量。不能統一。往晤知事謝桂生（樹棠）因公下鄉。晤其教育兼實業課員陳佐颺一談。旋謝歸來訪。人甚謙抑。聞其作事謹慎。夜作信至饒梅君道謝。并封送各呈請其卽行清理。陳蘇兩案尤鄭重屬之。誰無子女。當亦念也。并早發臨高七律一章寄之。

早發臨高寄饒梅君

海色連城剛破曉。野風吹面覺生寒。寥寥破屋煙初起。莽莽荒原露未乾。一紙呈詞隨地拾。（沿途收呈詞及匿名帖多紙）小民寃苦見天難。蒼茫前路何堪問。我亦旁人壁上觀。

廿九日晴。遣臨高警隊返。給茶賚一串八百。謝桂生來談。并邀入署住。辭謝。旋贈以茶點。復辭之。出東門外二里。訪東坡遺蹟。有東坡書院一所。廢敗不堪。無人照料。載酒堂亦在其中。聯額甚多。無佳者。因印東坡笠屐圖二紙歸。便道遊覽城中。東南尚繁盛。西北荒涼。然較之定安臨高。不止勝十倍也。此間純用銀元銅錢。習慣使然。歸寓。有張二拱之弟遞呈。求伸雪。當卽批示辦法。交桂生作信致省長。報告沿途一切情狀。旋桂生復來談。並具柬招飲。辭不赴。晚又遣人贈菜四樣。僅受其炒麵二盤。余因人言昌感崖三屬癘有瘴氣。須。清。潔。腸。胃。亦。衛。生。之。一。法。故。近。日。素。食。戒。油。暈。甚。厲。非。矯。也。旋東人有客曰胡子輿者。自言嘗至黎峒探採金礦。距瓊山所轄之元門峒樂師村二里餘之臥龍山下。金礦一處。其苗縱橫澗中透過對山者不少。中有二苗。一約二尺餘。一約三尺餘。相連有七尺五寸之寬。現有客民挖掘。雖不甚旺。然砂粒粗而色亦粲。又南豐相近屬臨高轄之那金村亦有一處。近河田中亦有。惟砂細碎而色淡。白不及元門之佳。凡河中有無金砂。先辨其河旁河底有無白石。尤以稍帶薑黃色者最佳。不必定在河中。或在巨石上現出此種白黃色之紋理。亦即金礦之苗。其採法將層層石子挖掘拋去。深或三四尺或四五尺。石子稍少。必有黑色泥沙。即礦也。陶砂之盆。必用油楠木。金見油楠木。任人陶洗。帖於盆底不去。他木不然。旋至署辭行。出登城晚眺。夜桂生復遣人以程儀菲敬隨封等約紙幣數十元相贈。余不敢以委員齷齪之習慣。妄自菲薄。故心領其意而璧謝之。

儋州載酒堂題壁

海天驅馬路悠悠。載酒堂空來綠稠。七百年來風雅絕。猶然笠屐過儋州。

儋城晚眺

十里青青點翠螺。一年偏覺得春多。野田半種三年藷。（儋州產鷓鴣三年等藷數種三年藷者三年始收大者三斤至十餘斤一枚不等衆之旱田甚多不宜禾蘇東坡謂儋人以藷為糧居多）遍地常開四季荷。（四季蓮出儋州四時開花宋李光遊儋州清水池云海南蓮花與菊梅相接葉小而清香可愛）椰酒流連在南裔。（南裔產椰樹高七八尺無枝有葉實大如寒瓜其內漿美如蜜飲多乃醉微有酒氣故名椰酒）粟泉風味憶東坡。（此間水味多鹵浮粟泉在瓊山縣）殿前他日呈山谷。我是重來馬伏波。

三十日陰六時半發儋城桂生來送并派警隊六名護行并馬一轎一夫一備從者之御出南門收董林氏呈稱堂弟董家彥無故被殺一案情節離奇批交桂生查明辦理行十五里至新英市戶口甚繁渡新英港五里至馬能村又五里至白馬井皆一望無際之荒原曠土也人亦漁業爲重不事耕稼沿海行并行於波浪所及之處以沙溼而緊否則插足浮沙中一步一退殊不易行二十五里至排浦其時甫過十二鐘輿夫欲下店力迫之又十里至南華纔午後二時輿夫又求下店斥之不已繼之以怒輿夫故不食午飯稱腹餓時息肩路側延緩以待晚俾不得達所期止處以實其路遠不能趕到之言又三十餘里行至夜九時半始抵海頭市歇警察局中人言儋城至此一百四十里實九十里而不足兼之路平如砥尤易行余行數日大約稱十里者不過七里而近惟南華至海頭三十餘里中無客店即民家亦無之巡長陳懋橋收稅員黎孟翬冠英招待尚殷黎讓榻於余陳言該地二十四村人民立盟拜會警察干涉大起衝突并刼奪其局馬絕其汲道云云大抵干涉之不得其道耳不然此地開辦警察已三年於茲矣何以不反對於前耶

儋耳道中

莽莽蒼蒼裹閩途忙綠樹人家犬吠狂兩岸溪雲蕉竹蔭一山晴日桄榔香遺民尚識蘇坡老坡老在儋甚有文化至今婦孺皆能知之邑人能談官話皆公遺也故宅難尋李贊皇衛公爲一代救時之相毫無遺跡人亦尠知者青翠萬重人一個滿收巖壑上行裝

夜至海頭市

尋春盡日尙無休馬首斜陽急若流僧與白雲歸洞底月隨滄海上濤頭鷓鴣預熟裝初卸儋多以預爲糧宵深無米

亦餐蠔蟥鷓鴣蟥產儋 翡翠蘭香夜更幽。翡翠蘭產瓊地花翠色望之如翡翠 星斗一欄燈一炷。舉杯相對意悠悠。

三十一日晴。午前九時。發海頭市渡海頭港入昌化境沿海行四十里至海尾市。時甫午後一時半。輿夫又求止宿。余初聞人言昌感崖多瘴癘。而路亦異常崎嶇。故欲趕過崖縣藉避陰三月半後之檳榔瘴也。及至路旁海濱并無嵐瘴及崎嶇之可虞。故不願日與輿夫淘氣任其遲遲而行但取消其因公休息之津貼六百輿夫亦忻然如約因止海尾宿焉。

儋昌海岸

雙眸淨洗略無遮。到處漁村好作家。雲霧萬重倚黎母海天孤絕立朱耶。刼餘鐵力千年木。黎中產木甚多以鐵力爲最佳 看遍瓊台四季花。瓊島地當熱帶四時花木常開 此是虬髯新闢地。未應回首戀中華。

過海尾市

邱海經綸當世重李蘇才望與時違。百年瘴癘成芳藹。幾處人家住翠微。碧海潮高魚蹙足青山風暖馬牛肥。千峯萬壑開先路。一騎驊騮逐鳥飛。

四月初一日晴。將發海尾雨田多酒胡鬧延二時許至午前九時。始登途。二十里至沙塘漁船甚夥魚價尤廉。黎婦皆著裙長與膝齊兩旁疊摺。一如貴州苗女所著此制不知始何時。上衣如男子短汗衫下無裤。十五里過昌化嶺。至縣城地皆浮沙色白如鹽亦間有種禾者沙中穿坎數尺作池。有淡水可汲飲。過嶺時遇三人。二負槍一挂刀及銅鍋食具等件均以長布裹其頭面僅露口鼻眼一片於外摩肩而過見余警衛六名。惟目睨視之而已。詢之護行者云。卽此間所謂之強盜云。午後二時抵城入西門住潘福堂大文家本城人。亦在公家辦事者。官話甚說得清楚。按縣治在府城西南五百有五里。（府志作六百五十里）城周五百八十四丈。高一丈八尺。濠廣一丈五尺。深五尺。今查城垣僅存西北兩面。有西門而無北門。東南兩面已圮。遺址無存。濠湮亦無跡。城中尤荒涼。野草雜樹。交柯接蔭。如原野荒園。無一店鋪。並墟期而無之。幾家東倒西歪之屋。路皆浮沙。深尺許。購物均在五里外之昌化港。卽漁業亦僅三四五幾月有魚。餘則無也。惟番攤館則四時常旺。縣域東西距百十里。南北距百四十里。東至儋縣界百二十里。西至海岸十里。南至感恩界四十五里。北至儋縣界九十五里。東南至感恩黎界百三十里。西南至感恩界四十五里。東北至儋縣五十里。西北至海岸三十里。往晤吳再之知事。（信宜）南海人。安南東京學生也。甫接任二十餘日。尚居書院中。聆其議論亦佳。此間地丁三千餘。學堂警察皆烏有。土曠人稀。貧家極多。通人甚少。公費無出。月僅收牛皮捐五十元云。歸作信致謝桂生儋縣道謝。始知三名夫價皆已代給。費五元餘。遣發警隊返儋。給茶資三串。再三辭而後受之。眞警隊中人之特色也。再之具柬招飲。辭之。晚再之來。言及省中紙幣之維持法。以前此之投籤法爲然。尤以香洲開放賭禁爲至當不易之抵制。而於紙幣之維持亦大有影響。余以爲有識。臨去復申邀飲之約。余亦復辭。不欲騷擾人家也。又具柬余見其亦藉爲前任餞行故允之。嗣聞人言。幫審陳維熙操守旣謹嚴。判斷復明決。文昌之特色。昌化之幸福。君已閱歷四五處矣。當不以吾言爲謬。余曰誠然。

過昌化嶺

插足白沙常一尺。（遍地白沙足入輒只許）鑽身碧孔再三灣。（曲徑狹小綠翳如孔古詩云清路曉荷鑽碧孔）潮流各注東西海。（古諺云冀救瓊海潮相似）

半月東流半月西。郊迎爭排左右山。（昌化嶺大陳山左右排列從兩山間逦過如迎迓然）儘有黃牛通蜀道。不煩鐵騎叩秦關。春風一路涵濡遍。花鳥依依意態閒。

初二日晴。聞此間某廟中有東坡碑一方。覓不得。出西門一覽。無所見。欲由南門歸。竟不得其門而入。仍轉由西門進城。內外均浮沙。路旁野草雜樹。交翳成巷。城內僅與人齊。城外則高去人頭數尺。交柯接葉。不見天日。如行碧琉璃中。茫無所覩也。歸寓。有本縣人吳毓東瓊州法政學生呈稱無故被感恩人毆落門牙二枚。并抄其家。而累及鄰右。前已控縣。已五閱月矣。兇犯尚未到案云云。余謂感恩人毆汝汝控於昌化。兇手何能得到案。汝自誤矣。且問汝抄汝家之人是否強盜。曰非也。曰非也。必有故。余爲汝批交與汝知事移知感恩知事辦理可也。晚赴再之飲。座客乃幫審監獄及署中課員。均粵人。言語皆通。亦異也。余連日行儋感兩縣道中。人民言語一律平正清楚。詢之。乃坡老之文化云。

昌化旅夜即事擬明日早發

酩酊歸來星斗橫。宵深海色上空城。寒燈孤館蚊蝱吼。（廣東雖冬月寒夜亦有蚊蝱）殘月高樓蛤蚧鳴。（蛤蚧瓊產甚多）地熱易蒸潮氣漲。天低時與瘴雲平。暮年烈士心逾壯。猶聽雞聲起五更。

初三日晴。甚熱。午後有風。煩溽頓解。給潘福堂女娃二元。以答居停之雅。午前六時半發昌化。吳知事派護兵四名。代雇一馬一牛車。送至北黎。昌化無夫可雇。發女挑夫二名。吳欲給價。執不可。吳爭與之。遂罷。出西門向西南行七里。渡昌化大江。至杜村。居民約三十家。無茅檐。田中種禾者十之三。雖屬浮沙。有來源之水。亦不易涸。餘荒蕪未耕。有一老婦跪路隅痛哭呼冤。觀其慘狀。已覺心酸。閱其呈詞。不勝髮指。緣去年四月初。其次子林裕爲巡警官林崇德攜下港以充警兵。德令裕收取賭場頭錢。謂其不實與辯。怒責之。裕對人白其寃。德謂其發己之私。蓄恨既深。適五月初十夜賭場失火。德與港口有窩匪嫌之淩福義爲親家。德令警兵等爲之搬運器物。淩稱失銀四十兩。指裕竊。十一晚。德妻令裕母迫子還銀。否則處死。死後再着汝長子代償。裕母林吳氏卽於十二日下港。而裕已縊死。以警兵繫腰之紅布條繫於山坡樹上。卽報幫審往驗。該幫審并邀林崇德同驗。左右耳後左右手足皆有血迹。胸前腹下背上均有傷。腎下黑一大塊。左臂子不見。右臂子腫大。延不緝兇。往郡訴。仍發回。至今未判。本年二月初二。德令伊戚周大珠三次議和。未甘云云。查林崇德乃案中有名之人。何得邀同相驗。且請其代查兇手。何怪乎指爲官紳袒氣耶。又十五里至鹽路村。有大村莊。數百戶。鹽田尤廣。皆係晒鹽。顆顆大如綠豆。潔白異常。遙見墩頭港人家約數百戶。船艦亦約數百艘。又八里至北黎市。入感恩境。店鋪亦百數十家以上。又有人呈匪名。粘亦數林崇德惡迹者。并案卷二宗以證實林崇德領槍保匪之事。大約反正時所散軼者也。擬批交縣轉之查辦。又二十餘里至十所。亦大村莊。約四百餘煙戶。時甫午後三時。卽下宿。此間無客店。住一小飯館。鋪中汚穢不堪。昌城至此稱八十里。實不過五十餘里。入感恩以來。地荒土曠。未曾開闢。距十所數里。地居然禾稼蓬勃。有水灌溉。雖遍地浮沙。仍可蓄水。詢之野老。沙中亦有水云。是日昌感道中多見生黎男婦。女則着裙無褲。與鎭遠苗人裝束同。男則髮髻挽於額上。亦與鎭遠男苗同。惟不着褲。而着上衣。以布條直勒於丹田下以遮之。謂其不知羞恥。未必然也。十所地方小女子八九歲亦不着褲。惟着上衣。男子安逸於室。女子勤勞於田。亦若瓊南之通例。惟言語平正。婦稚皆然。可想見東坡之文化深也。昌感道中。生黎憧憧往來。衫而不褌。漢人則男逸女苦。小兒女亦例不着褌。相習成風。不復知人間有羞恥事。亦可哀也。

滿地黃沙爭入目。生涯到處莽荊榛。久爲唐宋遷流藪。猶見乾坤混沌人。南面早邀奇句諭。（明太祖稱瓊爲南溟奇甸）東風不度鬼門春。（交址有鬼門關李衛公貶崖州經此有詩云生度鬼門關又蘇東坡謫至昌化軍表并鬼門而東鶩又詩云歸路猶歎過鬼門）多留寶藏天然富。誰識荒山地不貧。

初四日晴。甚熱。午後有風。天甫明。發十所雇馬一匹。爲文和亭乘。有寡婦苻王氏跪路側呈詞。爲其子苻惟英爲其世兄弟串同昌化宰押入監獄。不訊不判。訪之均不是正人。惟此次苻惟英無過。不過爲四百八十元之權利。不惜傾陷其世兄。爲虎作倀。人之無良至於此極。午後一時抵感恩。近城沿河一帶多開圃種菜。圃中鑿井纍纍。均用桔槔取水。可見其深也。按縣治在府城西南六百四十五里。城周三百五十三丈二尺。高一丈二尺五寸。濠湮。今查城垣全行崩塌。基址亦無。入西門惟木柵一架而已。荒涼寂寞之形。不堪入目。柵內道路沙深沒踵。并無一店。住家戶亦不過寥落十數宅。縣域東西距九十五里。南北距百二十五里。東至崖縣界八十五里。西至海岸十里。南至海岸三十里。北至昌化界九十五里。東南至崖縣界百一十里。東北至昌化界九十里。西南至海岸四十里。西北至海岸三十里。先住一張姓家。初尙殷勤。旋忽漠不相理。囑自備柴水米菜自炊。問有何菜。則烏有也。容忍之。往晤知事王浦南（開先）四川人。在此已四年矣。不能脫身。官聲尙好。不要錢。其一意力邀余移入署住。且云君有同鄉寧鄉蕭少勛爲本署課員。可與共談。不較客舍稍佳乎。余因憶居停之冷淡狀况。遂允之。當晤蕭少勛并總務課長曾松喬方

接第一期

讀書看書

看書宜速宜多讀書宜精宜熟不可混而爲一 與葛睪山

經世之學

天下大事宜考究者十四宗官制財用鹽政漕務錢法冠禮昏禮喪禮祭禮兵制兵法刑律地輿河渠皆以本朝爲主而歷溯之前代沿革本末衷之以仁義歸之以簡易前代所襲誤者可以自我更之所未及者可以自我創之其苟且者知將來之必敝其至當者知將來之必因所謂雖百世可知也 日記

變化氣質

能日新又新何患不變化氣質 日記

往日游戲隨和之處不能遽立崖岸惟當往來漸稀相見必敬漸改徵逐之習平日辨論夸誕之人不能遽變聾啞惟當談論漸卑開口必誠力去狂妄之習 日記

進取

少年須有狂者進取之概過此不爲彌不爲矣 家訓

明

積誠可以生明積勤亦可以生明 批蕪湖縣會化南稟

辦事

辦事之法有五到身到心到眼到口到手到身到者作吏則親驗命盜案親巡鄉里治軍則親巡營壘親

操賤地是也心到者凡事苦心剖析大條理小條理始條理終條理理其緒而分之又比其類而合之是也眼到者著意看人認眞看公牘是也手到者於人之短長事之關鍵筆記以備遺忘是也口到者使人之事既有公文又苦口告戒是也　批馮卓懷

天下事大處着眼小處下手　與口口書

勤明廉愼四字以之爲將則爲名將以之爲官則爲名官　批劉培元

求明之訣不外從勤字上用工夫　批喩吉三

辦事者莫仗上司之恩典宜仗自己之本領若有本領辦事好雖仇人做上司也不能壓下去若無本領辦事不好雖父親做上司也不能擡起來　批楊鎭魁

每日應辦之事當於淸早開單每日了之庶少積壓　日記

凡治事公則權勢私則情誼二者必須居一　與左季高

爲政之法得人治事二者幷重得人不外四端曰廣收愼用勤教嚴懲治事不外四端曰經分綸合詳思約守　日記

留心吏事從勤見屬員多問外事下手留心餉事從愼擇卡員比較入數下手留心兵事從教訓將領勤閱操練下手留心文事從恬吟聲調廣徵古訓下手每日午前於吏事兵事加意午後於餉事加意燈後於文事加意　日記

佐縣謹按此文正分時辦事之法。

附編

國語

自八月一日起至九月滿日止

八月二日

申令慎重榮典久任職官。

令。肅政史蔡寶善呈請慎重榮典。毋予輕頒。更調職官。不宜太速。大總統納之。令嗣後凡嘉禾文虎各章。非有勳勞於國家者。不得率請獎給。其任用職官。內而京曹。外而縣令。一經任命。不得任意輕調。庶幾爵不虛縻。人皆盡職。祛武功浮濫之習。杜官吏傳舍之心。

三日

禁人權急進社。

令曰。自亂黨逋逃海外以來。布散流言。屢謀內亂。久為國人所痛憤。乃近日查獲該亂黨印刷人權急進社社章暨證券等件。逆謀袤說。尤為狂悖。社章內自稱設總部於法國。設支部於南洋羣島日本上海等處。發起人張繼。社長李烈鈞。副社長陳剛居正。各部主任。籌備部劉定漢。文事部汪德溥。經濟部張人傑。軍政部林虎。調查部潘鼎新。交際部何子奇。理化部服部奇。暗殺部黃樹中。其設社宗旨。一曰主張聯邦制度。一曰剷除一切強權。一曰主張男女平權。一曰實行民生政策。本大總統前以該亂黨藉詞政治改革。當不無通達事理之人。尚冀其悔悟自新。為國效用。乃竟以妄誕乖謬之詞。希圖煽惑人心。擾亂大局。推其居心。必至顛覆邦家而後已。言之曷勝憤慨。夫聯邦之制。係因其國內各相雄長。

船山學報附編之一　接第一期

徐朋謌編

本未聯屬故謀團體之結合以鞏固其國基我國本係完全統一之邦豈宜先自剖分予人以可乘之隙殊不知其意何居溯夫改革之初暴徒竊柄是何景象廣東安徽江西湖南等省如胡漢民陳炯明柏文蔚李烈鈞等殘殺善類敲詐平民作福作威無所不至迨至交替贓私數百十萬席捲以去橫暴甚於盜賊迄今商民猶有餘痛謂爲剗除強權又將誰欺至於男女平權則與吾國禮教尤相背馳推其流極將蕩檢踰閑寖成風氣其初破壞家庭秩序而流毒漸及於國家民生政策即拾社會主義之餘名爲發展人民生計實則煽動國民出於攘奪擾害治安我國社會貧富本不甚懸殊即令盡夷小康之家於貧民何利徒喪國家元氣而已他如重要人物實行暗殺取締社員施以極刑種種殘酷行爲尤爲滅絕人道嗟我國民飽經痛苦方亟謀保聚之不暇此等流傳謬說斷不能淆惑聽聞特恐各處無賴匪徒資以利用難保無暗設機關散放證劵謀爲不軌情事著各將軍巡按使都統及各統兵長官一體訪拏查禁如有私設人權急進社名目散給章劵一經查獲立即從嚴懲治以肅國法而遏亂萌

令募集內國公債

自光復以來財政紊亂全恃借外債以度日至是歐洲大亂第二次大借款不成政費無出乃改借內債所制定條例因參政院休會暫以命令公布之民國三年內國公債條例

第一條　政府爲整理金融補助國庫起見募集公債以一千六百萬元爲額定名曰民國三年內國公債

第二條　此項公債利率定爲按年六釐。

第三條　此項公債以每年六月及十二月爲給付利息之期。

第四條　此項公債三年以內祇付利息第四年起用抽籤法每年償還債額總數九分之一至第十二年爲止全數償清。

前項抽籤於每年十二月十五日在北京執行之。

第五條　此項公債應付息銀先由財政部交通部籌足一年利息九十六萬元撥交公債局指定之外國銀行永遠存儲作爲保息此外仍由財政部交通部按月另指的款八萬元撥交指定之外國銀行存儲以備每屆付息之用。

第六條　前項的款每月由交通部鐵路餘利除業經抵押外撥五萬元左右翼商稅撥三萬元。

此項公債應付本銀指定京漢鐵路第四次抵押所餘之每年二百八十萬元內支付於第四年起按第五條撥存辦法辦理。

第七條　此項公債償本付息由中國交通總分行暨政府委託之外國銀行中國殷實銀號或海關稅務司署支付。

第八條　此項公債分期募集其第一期購票者於應付利息之外加獎一年之息即每票百元加獎六元第二期購票者預付一年之息在第二期後購票者不在此限至應分若干期募訖由公債局酌量情形定之。

第九條　此項公債每百元實收九十四元。

第十條　此項公債票面概不記名其有請求記名者亦准照辦。

第十一條　公債票額定為五種如左。

(一)一萬元。

(二)一千元。

(三)一百元。

(四)五十元。

(五)十元。

第十二條　此項公債之債票及息票得自償本付息到期之日起用以完納一切租稅及代其他種種現款之用。

第十三條　此項公債得為銀行之保證準備金。

第十四條　此項公債得隨意買賣抵押其他公務上須交納保證金時得作為擔保品。

第十五條　經理此項債票之官吏人民對於此項債票如有損毀信用之行為照違反命令法懲罰。處以卅年半以下之有期徒刑二百元以下之罰金。

第十六條　得自還本付息十五日以前由財政部交通部會同呈請　大總統特派肅政史二員審計院審計官二員前往公債局及中國交通兩行稽查此項債款賬目並檢驗還本付息之款。

每屆還本抽籤之時。亦由肅政史暨審計院審計官會同財政交通兩部長官監視一切。

設內國公債局

財政部呈請設內國公債局。組織董事會。參用華洋人員。至於發行債票辦法。取各國包賣成法。對於經售債票人員。酌給獎勵。

六日

宣布對於歐洲各國戰事嚴守中立

我國與各國均係友邦。不幸奧塞失和。此外歐洲各國。亦多以兵戎相見。深爲惋惜。本大總統因各交戰國與我國締約通商。和好無間。此次戰事。於遠東商務關係至鉅。並因我國人民在歐洲各國境內居住經商及置有財產者。素受各國保護。並享有各種權利。故本大總統欲維持遠東之平和。與我國人民所享受之安寧幸福。對於此次歐洲各國戰事。決意嚴守中立。用特宣布中立條規。凡我國人民。務當共體此意。按照本國所有現行法令條約。以及國際公法之大綱。恪守中立義務。各省將軍巡按使。尤當督飭所屬。竭力奉行。遵行國際之條規。保守友邦之睦誼。本大總統有厚望焉。

公布局外中立條規

政府以歐洲戰事。開外交會議。決取不偏不倚主義。所布中立條規。與日俄戰時所布無大異。且較精密愼重。由外交部通告各國。旋得各國陸續回牒。一律承認遵守。

第一條　各交戰國在中國領土領海內。不得有佔據及交戰行爲。凡中國海陸各處。均不得倚之爲根據地以攻敵人。

第二條　各交戰國之軍隊軍械及輜重品均不得由中國領土領海經過其有違背前項規定者應聽中國官員卸去武裝並約束扣留至戰事完畢之時爲止。

第三條　各交戰國之軍艦及附屬各艦在中國領海內不應停泊之口岸經中國官員知照而不開行者中國得令其卸去武裝所有船員一並扣留至戰事完畢時爲止。

第四條　第二條及第三條所扣留之軍隊船員如乏衣食中國政府當量力供給俟戰事畢應由各交戰本國如數償還。

第五條　凡各交戰國軍艦或附屬各艦在中國領海內得地方官允准停泊者其停泊時期不得逾二十四點鐘若遇風浪危險難以出洋或修理損傷未能完竣或購辦行船必需之糧食煤炭尚不足駛至該國最近口岸之數則應聽中國海軍統將或地方官酌展期限一俟事畢當即退出。

第六條　除因風浪險惡或損壞修理外各交戰國中一國之軍艦或其附屬各艦停泊於中國一口岸或一港灣內者同時不得逾三艘以上。

第七條　各交戰國之軍艦或附屬各艦若同在中國之一口岸內其後到之船應俟前船出口經二十四點鐘後奉有中國海軍統將或地方官之命令方准前往。

第八條　各交戰國軍艦或附屬各艦在中國領海內添補一切需用之品不得逾平時所裝之數並不得增加其戰鬭力。

第九條　各交戰國軍艦或附屬各艦。不得在中國領海內緝捕商船。並不得帶領所捕獲之船隻駛入中國口岸。惟或因避風。或修補損傷。或購求行船必需之物件。實出於萬不得已者。不在此例。一俟事畢。當卽退出。且停泊之際。不准使俘虜登岸。及銷售所虜船舶及一切物件。

各交戰國軍艦或附屬各艦。若不遵照上項辦理者。中國得將被捕之船及俘虜釋放。並將船員扣留船舶或物件。一併充公。各交戰國軍隊攜帶俘虜入中國領土。或俘虜逃入中國領土內者。中國亦卽將該俘虜釋放。一面扣留該軍隊。

第十條　各交戰國軍艦專供考察學問及宗教或充慈善之舉者。不適用第三第五第六第八等條之限制。

第十一條　各交戰國在中國領土領海內。不得編成戰鬬軍隊艦隊。或設立募兵事務所。不得設立捕獲審判所。並不得封鎖中國口岸。

第十二條　各國在北京使館衛隊。及北京至山海關各國留駐兵隊。係按前清光緒二十七年七月二十五日。卽西歷一千九百零一年九月初七日和約辦理。現仍應遵守此約。不得干涉此次變局之事。此外留駐中國各處之兵隊。亦照此辦理。

如有不遵守前項之規定者。中國得扣留該軍隊。並卸去其武裝。至戰事完畢之時爲止。

第十三條　中國人民寄居各交戰國境內者。該國不得奪其資財。不得勒充兵役。在必要時。中國得派軍艦前往保護。或接載出口。

第十四條　各交戰國有破壞中國之中立條規者。中國如以各種方法阻止之時。不得視爲啓釁之舉。

第十五條　在中國領土領海內中國人民均不得往各交戰國充當兵役或充當軍艦或附屬各艦之水手。並不得干預戰事。

第十六條　在中國領土領海內人民。不得爲交戰國治理武裝。不得供給船隻或材料及一切軍需品如彈丸火藥硝磺兵器等類。以供其交戰及緝捕之用。並不得供給款項。

第十七條　在中國領土領海內人民。不得爲各交戰國探報軍情及製作關係戰事之公文。

第十八條　在中國領土領海內人民。非經陸海軍統將或地方官允許。不得售煤炭燃料糧食於各交戰國之軍隊及軍艦或附屬各艦。

第十九條　在中國領土領海內人民。非經地方官允許。不得爲各交戰國修理或裝卸被獲船隻。並不得購買交換受贈寄存該船隻及一切被獲物品。

第二十條　凡中國船舶及船上人等。對於各交戰國應遵守其實力封鎖之各口岸條規。不得運送戰時禁制品。或遞送軍務函件。或代爲運輸物品。及一切違犯戰時公法之舉動。

第二十一條　凡在中國領土領海內人民有違犯中立條規者。若係中國人。按照法令懲治。並將違犯之物品一律充公。若係外國人。即按照條約及國際公法辦理。

第二十二條　中國人民有違犯戰時公法。經交戰國捕獲者。悉聽交戰國法庭按照公法處理。如係交戰國之違法行爲。應由該交戰國賠償損害。

第二十三條　中國船隻所載中國軍器及一切戰時禁制品。往來於中國各口岸及輸送其他中立國或由其他中立國輸入者。各交戰國不得截留。

中國船隻所載交戰國之尋常通商貨物及交戰國船隻所載中國一切貨物。可以往來無阻。

中國所發給之護照。憑照各交戰國均應一律認准。

第二十四條　本條規未盡事宜。中國應遵照一千九百零七年各國在海牙所畫押之陸戰中立條約海戰中立條約辦理。

令人民照常安堵保護各國人民財産

現在歐洲奧塞俄德法英比等國不幸失和。中國因皆係友邦。已布令恪守局外中立。以敦睦誼。我國各地人民。均應照常安堵。所有各省及沿邊地方責成軍政民政各該長官等遵照中立條規嚴密防範。凡通商口岸等處各國人民財産教堂。一體加意保衛。倘有匪徒造謠滋事。即迅速查拏從嚴治罪。京師地面著內務部步軍統領衙門順天府嚴密巡查彈壓。毋任匪徒混跡。對於各國使館尤當愼加保護。京外各該官署。皆有地方之責。著將此次局外中立條規印刷張貼。曉諭軍民人等。一體知悉。並嚴申禁令。銷弭亂萌。俾中外人民各得安居樂業。毋稍疏懈。致干重咎。

京中各外國銀行停止匯兌限止提取存款。

財政部關於外債淸單。

共十九億四千萬元。內年息六釐者七億六千零七十一萬三千五百七十元。四釐半者二億三千五百六十二萬六千二百五十元。五釐者九千七百五十一萬三千二百九十元。六釐者一千六百九十五萬三千九百三十九元。六釐半者五百八十萬零一千八百五十一元。七釐者一千三百三十九萬二千元。八釐者七百萬元。三釐者三百萬元。

財政部擬定驗契處分辦法。

自明年一月一日起至三月末日爲第一期。在此期內補驗者。加倍收查驗費二元。註册費四角。四月一日起至六月末日爲第二期。補驗者收查驗費四元。註册費四角。七月一日起至九月末日止爲第三期。補驗者收查驗費八元。註册費八角。期滿未驗之契。概歸無效。

褫贛南鎭守使李廷玉職。

贛南鎭守使李廷玉將地方正紳無辜逮捕。並挾嫌刑逼。株連抄沒。民不聊生。經人民控告。陸軍部查覆。策令褫職。案內牽涉人犯。均予開釋。

八日

公布縣佐官制。

司法及自治裁撤後。縣僅知事一人。諸事叢脞。至是令仿前清佐貳制。於縣內之要津地方設置縣佐。承縣知事之命。掌巡徼彈壓勘災捕蝗催科堤防水利。並知事委托各項事務。不得受理民刑訴訟案件。其人員由內務部於知事考試不及格員數內考取。分發由巡按使委任內務部擬定地方公益事宜調查表式通行各省。

限於文到四個月內按照表式詳列報部。

匪首白狼伏誅。

白狼本係伏莽小醜嘯聚悍匪。衆至逾萬。蹂躪遍皖鄂豫甘陝數省。焚刼屠殺。備極慘酷。至是於石莊擊斃餘匪悉平。

政事堂設籌備中立事務所。

湖南郴縣兵變。永興知事趙元錕安仁知事羅正聲棄城逃走。靖武將軍湯薌銘遣軍討平之。

十日

公布巡按使委任道尹監督財政權限暫行條例。

限制各省舉借內外債非經財政部呈明核准不得擅自舉借。其從前各省所借內外債。亦宜責令核定歸還辦法報部覆核。

十一日

江蘇巡按使韓國鈞籌擬疏濬江北運河。

蘇省居江淮之表。水利獨占優勢。數十年來。水道失修。逐節淤阻。韓國鈞以江北運河淤塞。其利害關係最鉅。因會商江北士紳。就地籌款。自淮陰以下南至瓜洲。凡四百里。酌定分年施工修濬

十四日

令各省辦民團商團

白狼已斃令各將軍巡按使曉諭商民共籌保衛原有之民團商團認眞辦理以備緩急遇有亂黨勾引痞棍暗設機關立卽報官破獲免致釀成巨患

十五日

日本政府致書駐日德使以膠州租借地全行交與日本以便日後交還我國

十九日

公布官吏違令懲罰令

令曰發布政令權在政府服從政令義在國民而宣化承流負有奉行政令之責任者厥惟官吏蓋政令之所自出固爲國家喉舌之司實爲人民耳目之寄地方官吏苟能奉公守法身體力行斯草偃風從自收令出惟行之效乃自改革以來紀綱陵替法守蕩然甚或自便私圖弁髦命令專擅固爲瀆職敷衍亦足害公官吏無奉循軌道之方針則人民更何所措其手足本大總統躬承重寄責有專歸當茲國基甫定萬端待理之時加以友邦失和動關全局凡內治外交各政策幾經計畫而見諸施行者疇昔屢爲令申宣布通行各該官吏自應協力同心一體遵守官常既肅民意乃孚茲特制定官吏違令懲罰令凡我僚屬務各尊重法令共濟時艱不得陽奉陰違以身試法本大總統爲整一法規刷新政治起見自此令公布後凡中外文武各官吏如有違反命令情事惟有執罰以繩其後至此外或妨害國交或釀成外患以及官吏瀆職等罪刑律各有專條仍應按律處斷以肅官方總之當國家危急

存亡之秋。亟有司憂勤惕厲之日。各該官吏。尙其遵依法令。切實進行。毋再玩愒因循。致罹罰譴。凡百有司。其各懍之。

官吏違令懲罰令

第一條　凡官吏執行職務。於　大總統發布之教令及其他命令所定事項。而故意違反或私擅變更情節重者。處六箇月以下之徒刑。輕者處二百元以下之罰金。

因而致有妨害內治外交及其他政務之事實者。處一年半以下之徒刑。

第二條　凡官吏執行職務。於　大總統發布之教令及其他命令所定事項。而奉行不力或呈報不實情節重者。處三箇月以下之徒刑。輕者處一百元以下之罰金。

因而致有妨害內治外交及其他政務之事實者。處一年以下之徒刑。

第三條　凡官吏執行職務。於法律或教令無明文規定事項。應呈請　大總統命令辦理。而故不請　示。情節重者。處六箇月以下之徒刑。輕者處二百元以下之罰金。

因而致有妨害內治外交及其他政務之事實者。處一年半以下之徒刑。其有事關緊急不及請示者。如辦理尙協機宜。得於事後陳明理由。免其處罰。

第四條　凡不能直接呈請　大總統命令之官吏。遇有應請　大總統命令事項。而故不詳由該管長官轉呈請　示者。依第三條之規定分別處罰。

第五條　中央或地方官署屬官。因執行長官所發命令。致違反第一條至第三條之規定者。其原發命令之長官依本令分別處罰。

第六條　違反本令之規定應處以罰金者得代以罰俸應處以徒刑者得令先行褫職。

第七條　違反本令之規定應處以罰金者由　大總統特交高等懲戒委員會議決行之應處以徒刑者由大　總統特交司法總長依法辦理。

四年十二月三日

令官吏毋率請入覲。

凡百官吏俱有職守雖夙夜在公猶恐不及若奔走道路曠時廢事耗精神於送迎酬酢之中則政治必隱受其弊嗣後在職文武官吏非有必須陳請之理由毋庸率請入覲非先經呈准不得擅離職守違者提付懲戒以儆玩愒而肅紀綱。

四年十二月三日

令禁官吏擾累。

整理財政爲立國根本改革之初暴徒擾亂擴竊公帑剝奪民財以致庫藏空虛金融閉塞國家絕少蓄積收入太屬幾有瓦解之虞追溯情形言之悚惕夫舊欠洋款賠款屆期既亟應歸償新增內債外債籌還亦需撥付兼以政費軍費爲經常出款大宗官吏用以治民軍隊用以戢暴既責爲民保障斷難枵腹從公俸餉所需均宜籌給此皆預算有制審計有章絕非從前任意濫支者可比明知大亂初定物力凋殘甚願及時與民休息但使別有生財之道或並無至急必需決不忍責吾民以擔負乃

籌款既無他策而償賠各款如果一再爽期卽慮他人干涉彼時民生困苦必百倍於今茲且或政費軍費無日無著將官吏不能治事軍隊無以設防國且不國人民誰爲保護亂事一肇生命財產將盡陸沉危險情狀何堪設想政府權度時勢害取其輕寧忍一時之痛楚以計百年之安全凡此苦衷當爲人民所共諒現在各省財政日有起色自應逐加整理循序圖功惟念地方財賦所出無非取之於民就宜力戒侵欺尤須嚴杜苛擾所有一切應徵賦稅務須恪遵部章辦理勿巧立名目額外取盈勿縱容丁役從中舞弊否則國家之徵納本屬細微而官吏之誅求或相倍蓰嗟我小民其何以堪著各省巡按使督同財政廳長認眞考察如有不肖官吏藉端擾累違章徵收罔利營私剝民肥己立卽從嚴參辦勿稍姑寬並切實曉諭人民使知輸將爲國正以自保身家庶幾上下一心各盡職任本大總統有厚望焉

日本向德國宣戰遣軍進攻青島

江蘇巡按使韓國鈞瀝陳蘇松常太各屬負擔重賦苦痛已極請將該數屬正稅附稅悉以現在徵額爲至多之數不得再加一面從事清丈確定田賦之標準爲整理全國賦稅地步從之

韓國鈞呈大總統曰竊維江蘇田賦之重甲於各省唐韓愈謂賦出天下而江南居十九明丘濬謂蘇松常嘉湖五府又居兩浙十九其時尚未設太倉州治蘇松常亦號稱浙西也是蘇賦之重唐時已然沿及宋元買民田爲公田以益糧額復迭經籍沒勢豪之田將沒入田地一依租額起糧每畝四五斗七八斗不等明祖初興又因張士誠據吳地較久於是悉按照原額以租爲糧糧外復起租蘇民乃大

困終明之世雖屢議減賦而實未嘗紓一日之憔悴也前清雍正乾隆間迭蠲蘇松浮糧同治五年定江蘇漕米每石折價錢四千五百文條銀每兩折收錢二千文後遞加至二千四百文而漕價則隨時定議有每石折價至六七千文者存額既屬繁重故歷年逋賦仍以蘇松爲最多民國肇興江蘇省議會決議漕米每石折價銀五元內以一元爲地方附稅條銀每兩折完銀一元八角內以三角爲地方附稅雖民間負擔未嘗稍輕而附稅屬之地方則亦足資公共事業之挹注然卒以國帑奇絀省款不敷爲謀預算收支之適合本年復有另加省附稅三角之議經財政部核飭施行論者頗謂視前清舊率已溢蘇省人民重念國家財政之阽危相與忍此須臾之痛苦國鈞亦不敢沾沾於薄賦之說毅然執行而不惑故續准財政部咨取消國稅地方稅名義國鈞亦即剴切曉諭遵照令行各縣切實支配賡續進行以見政府此舉爲實事求是之圖非損下益上之策數月以來各屬士民亦多奉令惟謹而國鈞所不能已於言者治國之道不患貧而患不均蘇賦之重自唐迄今垂及千年今就上年宣布之大政方針所稱全國丁漕總額約計爲八千萬元而目前江蘇全省丁漕額歲共一千五百餘萬元是江蘇一省佔全國十分之二也江蘇之蘇松常太丁漕歲共一千零五十九萬元又佔江蘇一省十分之七也再以蘇松常太與全國二十二省爲比例是此四屬者又佔通國田賦總額百分之十四也又查黔桂邊遠各省每省丁賦不過數十萬以江蘇賦重之一縣足抵之而有餘非蘇省之田獨多也就蘇省賦率之重與最輕者較固一與三十之比例而又人工勤苦終年胼胝不敢告勞歐美人調查農業謂以人力種植田畝未有如吾國東南數省之勤者此而困之非特不均之爲患亦非所以勸農業

而警惰氓也。其不均之原因。一在以租額爲糧額。是他處僅有糧有租。而此則租糧並徵。負擔爲倍重矣。一在以軍政時代之徵額爲比例。是他處有擾亂有昇平。而獨此數屬之賦額。明祖以來。未嘗脫軍政時代之羈軛也。國鈞之意。現在舊稅並未減輕。而推行新稅。日益加多。蘇松常太不能因賦重而輕其新稅。況世界日趨大同。此後人民負擔。自必有增無減。但國家賦稅之原則。重則均重。輕則均輕。安有經數朝之易姓代王。而獨留此數屬重賦之額。視一省而佔十分之七。視二十二省而佔百分之十四。國鈞爲國家他日改良稅法起見。不得不將江蘇之蘇松常太數屬經千有餘年之苦痛而皦然一達。其呼籲。擬請大總統特頒申令。所有蘇州松江常州太倉四屬。及此外有受同一之苦痛者。正稅附稅。悉以現在徵額爲至多之數。不再加增。一面從根本上解決。仿日本土地臺賬辦法。從事清丈確定田賦之標準。著以同時舉辦。無此財力。亦無此適用之人才。則姑於一省中擇地試辦。以爲模範。清丈既畢。究竟面積生產地味地價若何。上之於部。確定標準。明示以相當之賦額。由一省而推之全國。無偏無陂。然後吾國田賦有適當之辦法。既不必以永不加賦。博舊時之美名。更不至以偏重之賦。爲一隅所叢訴。雖此事難於謀始。然揆之大勢。驗之人情。清理田賦。以裕國用。改良稅則。以益民生。實爲國家根本之計。應請大總統一並飭部籌議。爲將來整理全國賦稅地步。國鈞就蘇言蘇。恐坐此不變。不特貧瘠之區。流亡載道。卽號稱富庶如蘇松常太各屬。小民終歲勤動。除納糧外。僅敷衣食。一遇災歉事故。小則典質衣飾農具。甚或鬻其耕牛。大則典賣田產子女。終且流爲逃戶。而又人工肥料。一切倍於往時。故從前人民以勤而不匱者。今則雖勤亦匱矣。蘇省如此。推之各省而可知。故爲蘇省計。則先

以不加賦爲治標之策爲全國計則當以均稅率爲治本之圖芻蕘之見謹乞大總統飭部核議頒示施行下財政部核議如所請行

二十六日

政府聲明北京各報所載之中日協約確無其事

近日日本各報盛傳中日兩國新議定協約一日本帝國政府確實保障支那共和國之獨立及其領土之保全二因第三國之侵害支那共和國之安寧或於領土保全上有危險之地位日本帝國政府速取臨機必要之處置三支那共和國政府不得妨礙日本帝國政府右列之行動而與日本以相當之便宜四日本帝國爲欲達其前項之目的在軍略上必要之地點得臨機收用之五非經兩國政府互相承認不得與第三國締結違背本協約之條約六與本協約關聯之未盡各細目由兩國代表者臨機協定之此稿直是複寫明治三十七年二月二十三日日韓議定書一通而欲令我依樣從之者無論其眞僞而日本人之所以擬議而屈辱我者其心已不可問此稿披露後吾國人士莫不驚駭憤慨政府辨明確無其事以安人心

令嚴飭內亂以免外人藉口干涉

駐日公使電告政府謂中國自生內亂不能自平之時日英爲保亞和平亦願相助平亂大總統電令各省略謂我有內亂不能平他人必遣兵干涉一旦外兵入境我尚安有立足之地與其彼時陷入危團莫若及早弭患在已亟各振刷精神力顧大局無分畛域遇有內亂立即合力痛勦萬勿疏忽致蹈

外人藉口干涉。我國。此時安危。卽以能否平定內亂爲斷。願共勉之。

二十九日

令禁官吏牌賭冶游

令因據肅政史呈官吏牌賭冶游。奢侈成習。請嚴加禁約等語。官吏不得狎妓聚賭。載在官吏服務令。前因京省官吏博塞流連。復經嚴飭查禁。值茲國家多難。圖治方殷。在職人員。自應共體憂勤。惕厲之衷。力祛淫佚驕奢之習。若如該肅政史所陳。摴蒲一擲。動輒巨數。出入妓館。毫無顧忌。似此縱欲敗度。不特有虧行檢。抑且顯蹈愆尤。長官有率屬之責。律己不謹。將何以整飭羣僚。京師爲首善之區。相習成風。更何以昭示國內。本大總統法行自近。令出惟行。用再剴切申禁。嗣後如有此等情事。准由各該肅政史指名參揭。一經查實。定卽提交懲戒。從嚴議處。勿謂言之不預也。

九月一日

長江巡閱使張勳請復眞人張元旭位號不許。

清史館開館

二日

直隸巡按使朱家寶辭二等文虎章。許之。

朱家寶於反正時。爲安徽都督。維持秩序有功。經約法會議議長孫毓筠呈請優奬。策令給與二等文虎章。家寶辭曰。竊維士大夫行己之方。必出自慊。國家酬庸之典。不可倖邀。近年來附會名義。叨竊殊業者。固不乏人。此蓋開國之初。駕馭羣雄。有不得已者。方今國基已定。當示久遠之規。若賞一人而不能核實。何足以鼓勵天下士。觀聽之間。關係至鉅。大總統批令曰。該巡按使力辭榮典。語出至誠。應准收回成命。以彰讓德。

命海軍總長劉冠雄巡視長江。

歐洲戰事發生。各交戰國軍艦。或早經撤回。或依保和會條約卸去武裝。政府因中外商民有身命財產之關係。業派海軍艦隊在各口岸分區巡防。以資保護。至是尚恐未周。特遣劉冠雄親赴長江一帶巡視。

日本兵在我龍口地方登岸。

龍口在青島北一百四十里。日本運兵二千餘名。由此登岸。政府以龍口不在戰線內。特向日本提出抗議無效。

四日

政府致函公使團。聲明在山東萊州府龍口與膠州灣之間。無法嚴守中立。

此次歐洲戰事。所有各交戰國。均係本國友邦。故本政府決意宣告中立。竭力奉行。茲先後據山東地方官吏報告。德軍隊在膠州灣一帶。有行軍戰備各形狀。日英聯合軍在龍口及膠州灣萊州附近一帶。亦有軍事行動等情。查本國與德日英三國。同居友邦。不幸在中國境內。有此意外之舉動。實屬特別情形。與千九百零四年日俄在遼東境內交戰事實相彷。惟有參照先例。不得不聲明在龍口萊州及接連膠州灣附近各地方確實爲各交戰國軍隊必須行用至少之地點本政府不負完全中立之責任此外各處仍悉照業經公布之中立條規完全施行但以上所指各地方內所有領土行政權及官民之身命財產各交戰國仍均應尊重除照會各交戰國外相應照會貴公使並希轉達貴國政府查照可也

德駐京公使以日本破壞中立向外交部抗議

日軍在龍口登陸後德代理公使馬爾柴向外交部提出抗議謂日本破壞中立並詰問中政府用何法對付厥後我政府宣告中立地範圍德使又照會中政府謂此等辦法德國不能承認日本侵犯中國中立中國又自破壞之其所指出之地域事前亦未得德國之同意聲明德政府將來必須自行設法對待現在之違背中立及其發生事實關於德國財產者

六日

日本軍在萊州灣登陸強迫黃縣知事供車一千輛

七日

外交部照會英日俄法德公使尊重保護膠澳租借地及附近各地方官商人民之財產

現聞貴國與德日英國將在膠澳用兵中國政府以彼此均係友邦重念睦誼仍應按照局外中立之例辦理惟查膠澳租借地全部適當戰區當此交戰時間該處以及附近各地方中國官商人民之財產各交戰國應飭在戰人員尊重保護勿使受及戰事以外之危害將來無論兩國勝負如何所有在該

處中國之官商人民財產。各交戰國均不得因有戰事之故。而損害其固有之權。此係保全大局之苦衷。及表彰人道之至意。當為各交戰國所深諒。相應照會貴公使轉達貴國政府查照可也。

照會

令駐英法德俄奥比荷等國公使。保護華僑。

外交部照覆德公使。

日謂所有關於德國財產發生之事實。本政府既有例外中立地之聲明。自不能擔負責任。

十二日

張德純請修改教科書。於孔經外。加入回教經典。不許。

崇文門外禮拜寺佈教師張德純。以回教輸入中國最早。對於土地人民風慣多相合。請擇其關於道德之經典編入教科。下教育部核議。教育部以宗教之設。勸人為善。於社會人心良有裨益。徂聽其自為提倡。不宜羼入教育範圍。我國數千年來。尊重孔子。乃重孔子之學術。與宗教家之見解不同。普通所謂孔教者。原屬教育之教。而非宗教之教。所以歷代祭孔典禮。毫未雜入宗教儀式。即部定修身國文教科書。採取經訓。以孔子之言為旨歸。係取其學說切於倫常日用。亦與宗教之信仰有異。該佈教師所請。未免合宗教教育而雜揉之。按之教育原理不合。礙難照准。

令留學外洋得有博士學士者。赴政事堂報名。

令因方今國基初定。時事多艱。扶危定傾。端資群策。本大總統受任以來。求賢若渴之懷。延攬英才。

惟恐不及。特是登進者固多佳士。沈淪者豈乏眞才。況近年風氣漸開。游學日盛。大抵皆重瀛負笈。學擅專長。倘棄而不用。或用違其才。致使抱璞懷奇。無由表見。將何以扶持士氣。激勵人心。嗣後凡留學外洋。曾在大學或專門學校畢業。領有博士學士文憑者。均應於歸國後。逕赴政事堂公所報名。詳加考驗。以覘學識而備任使。加之歷練。蔚爲通才。庶幾髦俊咸登。共匡大局。用副本大總統儲育人才之意。

甘肅巡按使進獻方物令却還之

令曰。古者任土作貢。乃國家租稅之一端。後世主德不修。乃於正供之外。別標貢品。名爲進奉。實同苞苴。寵賂滋章。官邪斯作。夤緣奔競。職爲厲階。本大總統曩在前清。對於僚屬餽遺。概拒弗受。茲復身膺國民重寄。撫瘡痍之未復。方惕息以難安。凡百有司。宜如何屏絕浮文。勤恤民隱。此次本大總統生日。備仰身世。百感環生。祗以國家體制。與外賓交際所關。循例而行。何敢稱慶。乃甘肅巡按使張廣建等。竟於祝壽呈文。附有方物。本大總統生平操行。張廣建等豈無所聞。封疆大員。爲全省表率。試問此種於物。何所取給。上行下效。捷於影響。如不防微杜漸。則官方何由整飭。秕政何日掃除。張廣建著傳諭嚴加申斥。所呈方物。一律發還。嗣後文武百僚。如有借節壽爲名。意存嘗試者。以違令論。其各懍遵。

霸縣知事劉鼎錫正法

令劉鼎錫在任內骫法貪贓。經肅政史糾劾。交平政院審訊確鑿。按照官吏犯贓治罪法。槍斃。自反正以來。政以賄成。至是。墨吏始皆知懼。

十九日

令嚴行考覈知事。

令曰立國以保民爲本。安民以察吏爲先。縣知事與民最親。關係尤切。前已再三誥誡。勉爲循良。際此喪亂甫平。瘡痍未復。旱潦屢告。盜賊繁滋。本大總統惕菑害之洊臻。憫民生之重困。出水火而登衽席。尤不得不責望於親民之官。夫官之所以治民。與民之所以望治。綜其大要。不外數端。一曰緝捕除暴安良。有司之責。一鄉有警。則闔境不寧。一匪未平。則道途爲梗。誰司保障。誰無室家。寇盜肆其猖狂。生靈受其荼毒。設身以處。寧不痛心。夫匪勢之盛衰。視乎捕務之勤弛。果能認眞拏辦。何難立翦凶殘。乃縱惡足以長奸。養癰適以貽患。衛民之吏。竟以殃民。清夜自思。能無愧汗。一曰審斷民生大命。繫於訟獄。繹明愼不留之義。則聽問宜勤。本哀矜勿喜之情。則鉤稽必當。乃或一案之積。拖累經年。一獄之冤。釀成多命。訟者無由得直。死者不可復生。甚且倚勢作威。良懦恣其魚肉。擇肥而噬。胥役助爲爪牙。衆怨日臻。亂機潛伏。流毒胡底。造孽實多。一曰教養。邑有流亡。昔人所愧。改革以後。罷民衆多。弱者轉爲餓莩。強者流爲匪類。丁玆艱阨。可爲矜憐。夫五土異宜。各有可興之利。九職任事。不棄無業之民。將欲化莠爲良。必使謀生有藉。否則流離失所。椎埋作姦。小之妨害安全。大之擾亂秩序。既負牧民之責。詎能袖手旁觀。至於正己修身。實爲臨民之本。周官六計。以廉爲先。殷刑三風。殉貨是戒。自問居官。置身何等。公私義利。豈可苟然。操守苟虧。平常人民。即失其信仰。出納稍有曖昧。羣小且持其短長。況贓私必有敗露之時。法典斷無倖逃之理。初心偶誤。後悔何追。他若戚族幕僚。招搖生事。丁差胥吏。朋比爲奸。設或防制偶疏。必致身名俱累。故律躬不敢不謹。而馭下不可不嚴。勿以細事怠於躬親。勿使下情壅於上達。愼行乃能寡悔。勤政斯克愛民。凡此資治之箴言。宜爲在官所共勉。各該知事。或久膺民社。或來自田間。果能身體力行。必可徐覘成效。倘其自甘菲薄。玩視民瘼。斷不能容此闒茸者流。尸位濫竽。再增吾民之痛苦。各該巡按使及各道尹。職司察吏。務須懍遵迭次通令。破除情面。嚴行考覈。凡治績卓著者。量請褒嘉。其貪劣不職之員。立卽查明參辦。毋許稍有迴護。並由肅政史隨時訪查。據實彈劾。昔范文正公有言。一家哭何如一路哭。三復斯言。至爲痛切。其各秉公糾察。務去害羣。庶幾爭自濯磨。力圖上理。吏治民生。有攸賴焉。

財政部飭各省通用北洋銀元。

二十一日

令京外文武長官不得濫舉非人。

令曰。爲國之道。在乎得人。事上之誠。厥惟薦士。歷朝舊制。進賢者受不次之賞。濫舉者有連坐之辜。誠重之也。民國初基。務從寬大。凡有薦剡。輒見施行。其賢能夙著者。固不乏人。而闒茸濫竽者。亦屬不少。若以國家名器。敷衍情面。竿牘呈身。淸流卻步。此於人才消長之機。風氣純漓之故。所關匪細。嗣後京外文武長官保薦人員。必須眞知灼見。尤要在操守廉潔。心術端方。勿違公義而徇私交。勿采虛譽而忘實踐。倘有濫舉非人。劣跡敗露者。定將原保長官分別懲戒。卽以所保人員之賢否。覘原保長官之識力。總期眞才輩出。仕路澄淸。以杜倖門而振士氣。

二十二日

賑卹閩省回國華工。

令曰據福建巡按使許世英電稱自歐洲搆釁以來南洋華工陸續被遣回國據報由廈門登陸者甚夥萬里言旋飄流可憫擬請設法妥爲安插等語該華工等遠離祖國生計艱難此次遣送回國瑣尾流離依歸無所尤深軫念應由該巡按使迅飭財政廳於該省暫存候撥項下提銀三萬元作爲賑卹閩省回國華工之用以資安集而示勞來一面仍飭各該地方官隨時稽查加以約束毋令滋事是爲令至要。

教育部誥誡各學校。

文曰自歐洲戰禍波及遠東我國國民鑒於世界之潮流與本國之現狀旰衡往復同深憂歎此眞朝野內外困心衡慮之秋亦即我全體國民增進德慧術智之日繼自今以往所宜發奮而黽勉者其事若何是所亟應研究者也世界戰爭肇端甚繁考諸近世則以國家主義之旁薄爲戰機接觸之一大原因以貫達此主義之故而求解決於武力政策其所犧牲之物質數量與其所獲償之最後幸福乃適準諸國家所容蓄之實力與其人民信仰國家之情感以爲等差公例既著乃至國以內之職業社會學術社會無一不率循此主義以盾政府之後而與國家之武力政策爲一致之進行其結果則世界經一大戰爭各國之社會狀態與夫學術思想之趨勢即莫不增一次之經驗前者無以徵之則即於危弱後者無以赴之則蹶於時變徵之者何國民之愛國心是也赴之者何國民之自覺力是也所以

徵之赴之者何國民適用此愛國心自覺力而淬其品性砥其才智能力盡瘁於社會事業以蘄貫達夫吾人所信仰之國家主義而為多數幸福之先勞者是也吾國新値改革之後承前清積敝之餘創艸迭經乃以相忍為國猝有國內或國際上之事變一切恐怖杌隉之現象因之隨在發生國民恫於積弱淪於悲觀甚或訴諸感情否則激而厭世眞覺既亡客氣易債前提已誤後顧何堪嗟我國民須知現時種種恐怖杌隉之惡因實為前此數十百年之社會所應收之劣果迷而不復如何可言其在學界青年尤易躬蹈此弊遇有外界激刺輒至搶攘無聊甚或脫離本位高語政情植根彌淺實落彌速言念及此可免孰甚本總長職掌教育大懼我國民震於事變墮其本能弗克締造於我國家尤懼夫我全國學子怵於國勢政局之危求其所以防衛之者而不得因以沮抑其志氣或則激而為放僻乖戾以重我國民根本之禍用是本其憂思特申告戒在昔普法戰爭之際德人斐錫德對於國民之演說以自助不依他力為振救屈辱國民之道達此道之方術在改良教育以圖國民生活之刷新同時豐播德警告柏林學子亦云吾國物質上之所失誓以此精神教育補救之西哲至言訓我已多我國現時幸能保持平和與列邦以至誠相見惟適此古今僅見之戰局其所貽留教訓於我國人者至深且大我全國學子須深自省覺知處此國競時代必實有獨立之學問始能成獨立之國家勿空託熱心勿妄自消阻凡世界之問題須由吾人腦力解決之實力應付之方足植國家鞏固之基而與列邦並峙於競爭之域凡我國疊次所經之慘淡歷史精神物質雙方所受之苦痛終必有疏瀹振起彌此缺憾之一日是在我全國學界之黽勉而已至於此次戰爭業奉大總統迭次明令對於東西各友

邦國民務慎守我中立國人民之態度。一切國際待遇與夫言論交際必公必慎毋或稍有偏激此又我學界人士所宜共體斯旨者也。

二十四日

公布紅十字會條例。

中國紅十字會條例。

第一條　中國紅十字會依陸軍部海軍部之指定輔助陸海軍戰時衛生勤務並依內務部之指定分任賑災施療及其他救護事宜。

第二條　中國紅十字會得募款設立醫院造就救護人材並儲備救護材料。

第三條　中國紅十字會設總會於北京設分會於各省各分會均隸屬於總會。總會設會長一人總理會務監督各分會副會長一人輔助會長辦理一切會務

第四條　中國紅十字會會長副會長由大總統派充分會長由分會推舉經會長認可後方得就任。並由會長報明內務陸軍海軍各部。分會長就所在地範圍內執行緊急職務時得直接陳請於該地軍事長官及地方長官餘均陳請總會轉陳。

第五條　中國紅十字會之資產及賬簿得由陸軍部海軍部內務部各就所管事項隨時派員檢查。

第六條　中國紅十字會須於每年一月以內將上年收支之計算事業之成績造具清冊報告陸軍

部海軍部內務部。

第七條　中國紅十字會戰時隨軍救護人員之待遇。與軍屬同。救護隊之編制。及其服裝之定式。暨階級之比較。由陸軍部海軍部協商核定。

第八條　中國紅十字會戰時隨軍救護人員及救護材料。需用國有輪船鐵道時。得依陸海軍人員及軍用品例辦理。

第九條　中國紅十字會。戰時隨軍救護人員。在戰地應用房屋糧食船車馬匹。得由會長分別陳請陸海軍部轉飭支給。

第十條　中國紅十字會有功人員。得由會長分別陳請內務陸軍海軍各部審核。呈請　大總統給獎。

中國紅十字會獎勵條例。另定之。

公佈高等分庭暫行條例。

第一條　凡距省較遠交通不便地方。除依法院編制法設高等分廳外。得因必要情形於道署所在地暫設高等分庭。

前項高等分庭。得附設於外道道署。

第二條　高等分庭之設立及廢止。由各該省高等審判廳長詳請司法部核定。但委任巡按使監督司法行政省分。經由各該巡按使咨陳司法部核定之。

由高等審判廳長詳請司法部設立或廢止者須至核定後咨照巡按使備案。

第三條　高等分庭置推事三人配置檢察官一人。

第四條　高等分庭審理案件以合議制行之。

第五條　高等分庭各員關於應受道尹之監督事項依巡按使委任道尹監督司法行政辦事權限暫行條例行之。

第六條　高等分庭置書記官一人或二人掌理訴訟記錄會計文牘及庶務但依其情形得以道署掾屬兼任之。

第七條　高等分庭得置承發吏其員額由各該本廳廳長酌定並委任之高等分庭爲繕寫文件及其他事務得酌用雇員。

第八條　高等分庭對於道尹及管轄區域內同等以下各官署之文件以高等分庭名義行之對於其他官署之文件應經由各該本廳行之。

第九條　高等分庭所收訴訟費用及特別收入款項準照各該本廳依司法部所定各規則辦理。

第十條　法院編制法及其他法令關於高等分廳之規定與本條例不相牴觸者於高等分廳得適用之。

十一十五日

令以舊歷歲仲上丁祀孔子。

令曰。中國數千年來。立國根本。在於道德。凡國家政治。家庭倫紀。社會風俗。無一非先聖學說發皇流衍。是以國有治亂。運有隆汚。惟此孔子之道。亘古常新。與天無極。經明於漢。祀定於唐。俎豆馨香。為萬世師表。國紀民彝。賴以不墜。隋唐以後。科舉取士。人習空言。不求實踐。濡染醞釀。道德寖衰。近自國體變更。無識之徒。誤解平等自由。踰越範圍。蕩然無守。綱常淪棄。人欲橫流。幾成為土匪禽獸之國。幸天心厭亂。大難削平。而黌舍鞠為荆榛。鼓鐘委於草莽。使數千年崇拜孔子之心理。缺而弗修。其何以固道德之藩籬。而維持不敝。本大總統躬膺重任。早作夜思。以為政體雖取革新。而禮俗要當保守。環球各國。各有所以立國之精神。秉諸先民。蒸為特性。中國服循聖道。自齊家治國平天下。無不本於修身。語其小者。不過庸德之行。庸言之謹。皆日用倫常所莫能外。如布帛菽粟之不可離。語其大者。則可以位天地。育萬物。為往聖繼絕學。為萬世開太平。苟有血氣之倫。胥在範圍曲成之內。故尊崇至聖。出於億兆景仰之誠。絕非提倡宗教可比。前經政治會議議決祀孔典禮。業已公布施行。九月二十八日為舊曆秋仲上丁。本大總統謹率百官。舉行祀孔典禮。各地方孔廟。由各該長官主祭。用以表示人民。俾知國家以道德為重。羣相興感。潛移默化。治進大同。本大總統有厚望焉。

二十六日

日軍佔濰縣車站。

二十八日

令徵遺書。

清史館呈請頒徵書命令以備清史資料。大總統令曰。有清一代文獻稱盛。或記聞搜軼。野史有亭。或問俗考言。輶軒有錄。凡茲私家著述。散之則片玉零縑之偶現。萃之皆石室金匱之遺聞。當茲文館宏開。官書待賫。必將搜珍藝海。采幹詞林。藏古之家。績學之士。當必聞風興起。樂觀厥成。著各省巡按使派定專員。除四庫全書著錄外。凡屬關於有清掌故及有關清史書籍。無論已刊未刊。就近徵集。隨時送交該館。以備審擇。如有關清史重要足供採用之書。其著書之人。無論存沒。並由該館呈請表彰。用昭激勸。

二十九日

旅京山東人聯名具稟大總統。以日兵不法。蹂躪登萊。民不聊生。請嚴重交涉。文曰。日兵恃強。破壞我國中立。於龍口平度。奪取電局。占據衙署。所到之處。強占民房。老幼盡行逐出。搜捕雞鴨豬牛。以供食料。捉獲騾驢。以充代步。門窗折爲燒柴。禾黍刈以喂馬。男夫則勒充苦工。婦女則逼令伺候。代價不出分文。行動儼同盜匪。兵隊經過。先後數萬。人民喪失。爲數不貲。其尤甚者。該兵經過之處。有槍傷人命。姦淫婦女等事。平旅店海廟附近村莊。被日兵拘留多少婦女。任意姦淫。致有投井縊死者。掖縣四關。被逼死四十餘名。翟姓家逼死少女三名。黃縣班士良因日兵索騾。被刺傷右肱身死。其餘被刺殺槍斃者。不計其數。我國宣告書中所指龍口各地。許該國軍隊僅得通過而言。除此二端。仍爲完全中立地。則黃掖平即四縣。既不在戰線範圍以內。又非敵國領土。爲日人佔領。而我居民所受擾害恥辱。乃更過於戰敗國。老幼轉死溝壑。少壯逼爲牛馬。秋禾委諸田野而不能收。財產

接第一期

船山學報附編之一

益陽徐明謂編

鄰戒 自八月十五日起至九月三十日止

是期所編戰事已由歐以及於亞而最感受苦痛者則吾國也吾既不能以武力驅德人以出膠州又不能執大義拒日人以入龍口日俄戰於前日德戰於後爲土地之主人翁者乃束手瞠目而莫敢誰何不及十年兩次爲戎首者其多難所以興邦乎歐洲有比利時者以不保其中立而瀕亡者也吾國視之當何如也編者識

八月十五日

日本以最後通牒致駐日德國公使要求於九月十五以前將膠州租借地全行交與日本以便日後交還我國

光緒二十四年兗州教案起殺德二教士於是以膠澳租借德國期以九十九年德人租借之後以之屬於海軍部管轄設都督一人經營不遺餘力防禦之備甚爲嚴密至是日本借口英日同盟之約須履行其攻守之義務然歐陸戰爭日本既不能有所爲力則惟有對於青島施逞其威而已此通牒限二十三日以前答覆蓋日本之意不僅在占領青島已也

布加里國下戒嚴令

十六日

德陸軍在芬蘭南岸登陸向赫爾森法斯進發

日本下陸軍動員令。

奥塞軍大戰於薩巴士。

奥軍凡四十萬渡騷河後。與塞軍大戰於薩巴士。

奥軍攻波蘭之吉爾斯。不克。俄軍侵入加里西亞州。

德軍攻比京不魯捨勒。

法奥艦隊大戰於達爾馬拉州海濱。

法奥艦隊在亞得里亞海東岸相戰。奥艦二艘被擊而沈。一艘中彈起火。餘四艦均逃。

俄皇許波蘭自治。

於總督統治之下。行自治制。蓋欲藉俄屬波蘭土人之力。煽動德奥屬波人。使起紛擾。故不惜改變其向所持之統一政策也。

十七日

比國遷都於安都厄爾比。

俄取德東普魯士之馬格拉巴瓦。

法德軍大戰於納末爾之南。

十九日

德國膠島都督華爾特克令境內日本人於二十二日離青島。

羅馬教皇披霞斯十世薨。
德軍攻陷里愛巨英法軍皆退。
俄取德地利克。
二十日
比軍以免德軍之殘毀故未戰而降。
德軍取不魯捨勒。
奧軍復攻吉爾斯不克。
德軍渡賣士河圍納末爾。
印度兵在香港叛變。
因英令印兵往靑島印兵不願也。
俄軍取德國東普魯士要鎭格姆平南。
德軍取俄國波蘭之木拉瓦。
二十一日
俄軍入東普魯士取亞里斯及戈爾達浦印斯特堡。
亞戈二鎭均德之要塞印斯特堡爲德之鐵路重要中心點。
塞軍敗奧軍於薩巴士。

自十六日起至今日奧軍爲塞所敗。皆退入奧境。

俄奧軍大戰於克拉斯奧。奧軍敗。

德海軍攻芬蘭灣沿岸。

法政府向海牙平和會抗議德軍用特姆特姆毒彈。

特姆特姆。卽鎔氣彈也。

德軍大敗英法聯軍於比境。

比京之被據及比軍之退走。使聯軍計劃不能實行。至是德軍橫斷法比聯軍。擊敗英法聯軍八師團。

德軍進佔比國亞羅斯特及威德倫。遂侵入法境。

二十二日

德軍艦斜呼倫爾斯號與英法艦隊戰於青島海面。

德軍徵收比人軍費。

不魯捨勒八百萬磅。里愛日二百萬磅。

二十三日

日本對德國宣戰。

青島之德國居留軍民。曾接德皇詔書。有一彈未盡。一人未死。仍須固守之語。本日德政府竟未答復日本通牒。日本乃向德宣戰。各國輿論多譏日人之不武英艦攻青島。

德軍取納末爾英法軍退走

德軍以死力攻納末爾自芒斯起至盧森堡止各處法軍均會合英軍與德軍大戰終日已佔地位及納末爾附第一道防禦線已失聯軍遂不得不退至原定在法邊防守之地

二十四日

法軍退出亞爾薩斯及勞倫。自是德境內無一法兵德軍數十萬向法南下。

德軍取法南錫。

二十五日

奧國向日本宣戰盡德奧同盟義務也

德以陸軍大將高爾士爲佔領比國地方陸軍總督並舉定民政長官一員

二十六日

德軍取法地里勒及伐倫辛。

德軍攻英軍於坎白萊及納卡防禦線英軍敗走

自二十三日起聯軍始則抵阻德軍之前進繼則後退至新防線德軍迫之欲使其不得安然撤退聯

軍且戰且走本日以死力接戰始能撤退。

法國國防內閣成立

二十七日

德軍進擊羅培。取之。

英法聯軍被德軍迫攻退而屯駐於法礮臺之外圍。法軍嘗再向勞倫進兵。然被德太子所敗。當英法聯兵退出比境。德軍在比國戰鬬全線大獲全勝。而法國最堅固之要塞外線本當掩護敗退各軍稍事休息者。今亦被德軍乘勢踏破。此防禦線卽保護巴黎最後之要塞外藩也。

土耳其召旅外之有軍役人民歸國。

俄軍攻入奧國加里西亞省。

德軍焚燬比國洛文鎭。聖璧愛爾大教堂大學校圖書館科學會所之屋均付一炬。洛文鎭自十五世紀後卽爲首府。古蹟美術甚多。至今居民四萬五千人。英法各國均詆爲違背人道。

日本軍封鎖膠州。

二十八日

德軍攻比國非洲屬地孔戈東部。

英艦隊在北海中希里哥倫附近攻德艦隊。擊沈德滅魚雷艇二艘。巡洋艦一艘。

德軍離巴黎七十里巴黎戒嚴。
德皇調在比境內之德軍赴東普魯士以禦俄軍。
日本軍取塔連大公二島。
二島在膠灣口外當出入要衝日軍首奪此島以便監視德軍出入此後日本海軍作用已無餘事唯視陸軍如何進行耳。
德遣海軍往君士旦丁。

二十九日

英政府令調印度兵隊赴歐。
俄軍圍攻東普士首府尼哥斯不爾厄。
俄軍進攻奧萊姆堡。

三十日

德軍敗英軍於法境聖康丹。
英佔領德屬地薩摩島。

九月一日

德軍圖包圍巴黎。
德軍自聖康丹攻剌非里痾瓦斯等處逼近巴黎進攻萊姆斯圖與德軍左翼之倫韋南錫進攻凡爾

丹者會合。以爲包圍巴黎之計。且使英法聯軍左翼與巴黎隔絕。而陷於重圍之中。蹈師丹之覆轍。

俄改聖彼得堡名爲彼得洛格拉特。

俄人仇視德人。以聖彼得堡名之爲德語。故易以斯拉夫語。

俄奧軍戰於格里拉里巴。奧軍大敗。

是役連戰七日。奧軍死傷及被俘者凡十四萬人。

二日

法國遷都於波杜。

波杜在法境西邊近海岸處。扼日倫大河。居民三十萬。離巴黎五百華里。法政府以德軍入境。巴黎不日將爲大軍運動之地。故遷都焉。巴黎居民亦相率離去。德軍已攻法軍第二防禦線。前鋒軍隊距巴黎不過百二十華里。德飛行機常向巴黎擲下炸彈。

英愛爾蘭開愛國會議。

愛爾蘭因自治案久與英政府反抗。至是鑒於外侮。開愛國會議。願竭力補助政府。並勸愛爾蘭人投入陸軍從戰。

俄遣專使赴日本。密商遠東事件。

三日

俄軍佔領萊姆堡。

萊姆堡爲奧加里西亞省之首府地勢險惡居民凡百餘萬是役奧軍十二師團殲焉俄軍攻入匈境者同日亦占領哈利克司。

俄軍追擊奧軍於羅白林大敗之。

俘奧兵四萬人。於是奧軍之攻入波蘭者。皆退在吉爾斯者。亦無進步。

英國新募軍二十六萬人。

伯納狄愛克第十五繼爲羅馬敎皇。

俄軍及德軍戰於東普魯士俄軍敗。

因德軍已得援兵之助也。德軍之攻入波蘭者。亦得勝利。

四日

德軍殲俄驃騎兵隊。

俄衞隊驃騎兵由貴族所阻成行經德來福槍隊中。爲德軍所殲。俄之貴族恨怨德軍不已。

德軍攻法摩堡礮臺。

五日

日本國會開臨時會。

六日

比軍決安都厄爾比壩水以淹德軍。

德大軍由不魯捨勒向台爾芒特進發。截斷安都厄爾比及哇斯丹間之交通。比軍決堨水以淹之。水氾濫至台爾芒特以外。德軍死者五千人。損失軍械甚巨。

七日

俄政府許猶太人以自由。

俄政府因國內猶太人能表示愛國之誠。特許其凡已從軍諸猶太人之眷屬。得享在俄國各處遊歷及居住之權。且免受從前種種之束縛。

八日

德軍取摩堡礮臺。俘四萬人。

十二日

奧軍及俄軍大戰於加里西亞。奧軍大敗。

是次俄軍之勝利較第一次爲甚。奧軍損失共十三萬人。內有被俘者九萬人。俄人稱此大勝。爲歷史所未有。

法境德軍退走。

自五日起。德軍與英法軍勇戰。七日至是。德軍之在聖康丹者。爲聯軍左翼所破。在疴瓦斯萊姆斯者。爲巴黎防軍所破。德軍左翼之圍巴黎者。將與主軍隔絕。南錫之德軍亦敗。乃一律開始退走。

十三日

塞軍占據奧國塞姆林。

塞姆林位於多瑙河南岸。爲奧匈軍事邊區之最東要塞。

十五日

塞軍及奧軍戰於特里拉及桑河間之角形地。奧軍大敗。

十六日

德軍退保愛森河及賣士河之間。

與英法軍連日大戰未分勝負。

土耳其取銷領事裁判權

事前並未與各國協商突然取銷之蓋以增人民對於內閣之信任也。

十七日

日本外務省發表檢查新聞條例。

對於中英俄法不得有傷邦交及毀謗元首之登載

俄軍及德軍戰於東普魯士。俄軍敗績。德軍佔據西波蘭。

是役俄軍死亡及俘囚凡十萬人。自是德境內無一俄人。

二十日

德軍毀萊姆教堂。

萊姆教堂乃世界稀有之古建築物。法王行登極禮之天主教堂也。德軍轟毀之。法人向各國提出抗議。

二十二日

德海底潛行艇擊毀英巡洋艦三艘於北海。

俄軍佔據奧國茄洛斯拉夫礮臺。

爲加里西亞省鐵路之重要中心點。俄軍已截斷奧軍爲二。

二十六日

俄國佔據奧國里台斯沙及泊里齊米塞爾二要塞。

德國佔據聖康丹。

近日德軍及聯軍無日不戰。至是法境內德軍忽到處得利。凡爾丹及土爾一帶礮臺之陣線。均被德軍衝過沿畦斯。逐退法軍。占領聖康丹。

二十七日

門的內哥羅及塞維亞軍向巴斯利亞州進發。占據漢泊薩克。

英會攻青島。軍抵流亭。

二十九日

德軍援奧攻擊哇沙扶慈。

三十日

德軍轟擊安都厄爾比礮臺。

一月以來。德軍包圍安都厄爾比。屢爲守軍所攻襲。均擊退之。

原件短缺

定價表

期數	一期	預定半年	預定全年
定價	四角	二元二角	四元
郵費 本國	五分	三角	六角
郵費 日本	一角	六角	一元二角
郵費 各國	一角五分	九角	一元八角

中華民國四年九月出版

船山學社印行

船山學報

第二期

廣告例

期限	一期	三期	六期	十二期
一面	十二元	三十二元	六十元	一百十元
半面	七元	十八元	三十二元	六十元
四之一分	四元	十元	十八元	三十三元

◎面頁底頁加倍

編輯者　益陽徐明謌

發行者　長沙小吳門正街 湖南船山學社

印刷者　上海商務印書館

分售處　上海商務印書館　各省商務印書館分館

民國四年十月二十日出版

船山學報

第三期

湖南船山學社印行

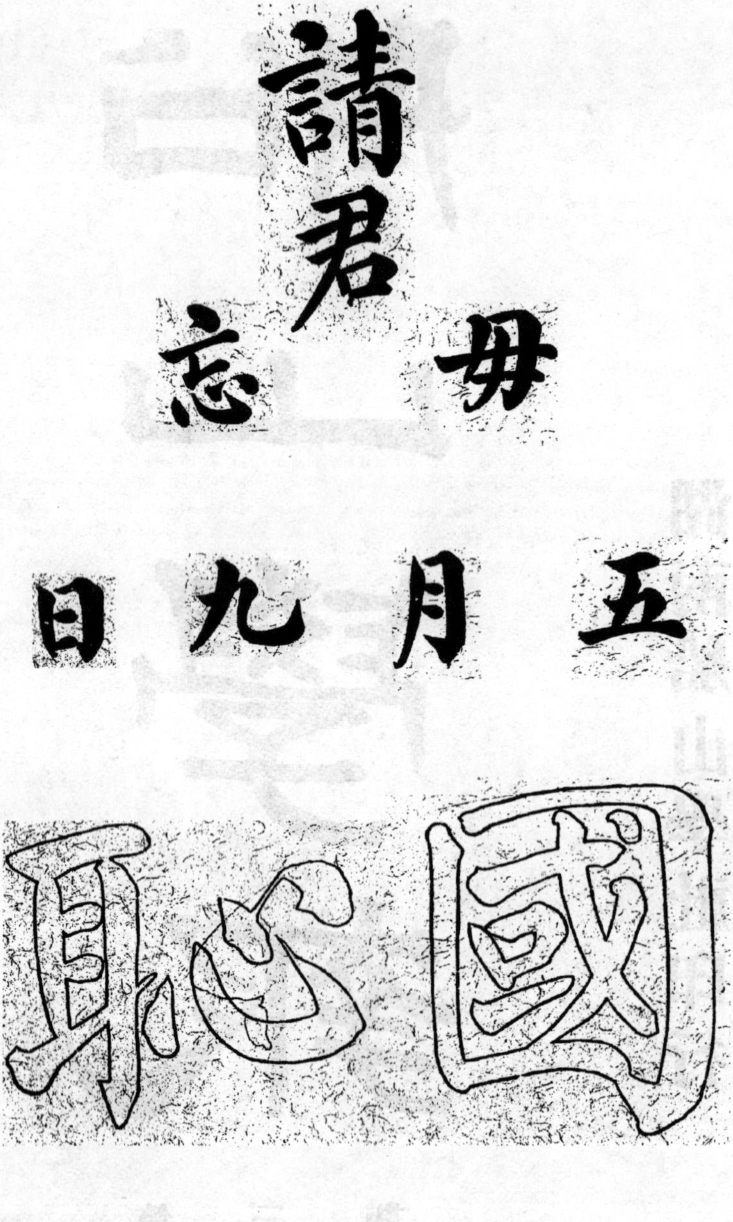
請君毋忘
五月九日
國恥

船山學社徵文條例

一本社爲研究學術集思廣益起見按期徵文其目如左

一船山語類叙例

二論現在教育之缺點及改良之法

三提倡國貨條議

四續修各省通志議

五史學叢書叙目

六繹史拾遺

七經籍纂詁拾遺

二海內通疋有以右開各題文藁見惠者除擇尤登入學報外並贈以學報一分及四元以上十元以下之酬勞金

三酬勞金及贈報於惠藁登報後送達之但惠藁者須開明住所

四本社編輯事忙惠藁無論已登未登概不送還以省手續惟數期之後必將篇目及譔人姓名列單報告一次以答海內通疋殷勤見惠之心

船山學報第三期目錄

目録

目錄

船山先生手蹟

船山先生手蹟

此衡陽　王船山先生書也光緒庚辰館今陝甘總督楊石泉宮保長沙私第知湘潭縣事漢陽黃君屬閱霞城書院課經卷有某生者聞其負時名久矣觀所作乃竊　先生讀通鑑論十數篇以爲己出因批其卷云楚南儒者周子而後惟船山一人而學乃最後顯其文將來必如日月經天江河行地有志之士宜私淑其人不宜錄其文以欺世甫批畢今江蘇候補道門人楊生鴻度購此幅以獻中鵠於

先生學無能爲役豈足以相感於二百年後乃巧與相直有莫或使之若或使之者欲不用以自多其可已邪時節因循踰十三年始識其由如此

光緒十有九年九月朔後學瀏陽歐陽中鵠識於京師寓齋

師說

本報月刊一册按期出版全年定價四元郵費三角六分半年定價二元郵費一角八分如荷訂閲全年或半年請查照下列預約單塡明并現款至本社總分發行所訂閲當照單按期寄送不誤惟祈
鑒察
湖南船山學社啓

預約單

姓　名　號　住　省　縣
地方今向湖南船山學社定閲
船山學報　册自第　年第　號起至第　號止
計共洋銀　元　角　分並郵費　元　角　分
照奉請卽收入將收據寄下以後按期照寄爲要
年　月　日

接第二期

富潤節

心廣體胖。只是帶出意與身心相貫通處。廣未卽是正。胖未卽是修。凡此類。皆不可死煞分貼。

所謂修身章

此章止發明身心相因之理。第八章止明身家相關之義。第九章止明家國一理。第十章止言治平所同之道。未嘗實在正修齊治平上着工夫講。此章所言不見不聞不知味。未是身不修。見聞知味。亦不可謂之身修。但言身必以心爲主耳。下章知子之惡。知苗之碩。亦不可謂之家齊。意亦同。

此章一氣直下。前一節分一段不得。原不分上節言正心。下節言修身。蓋謂有忿懥等。則不得正者。心不在於視聽食。必且不見不聞不知味。知此則知修身在正其心矣。

忿懥等因情。人所必不能無。有之何嘗不正。此但就以此而不得其正者一邊說。時解有云。有所所字不好。乃和尙家胡話。若無忿懥之所。則又何忿懥之有。此乃言意累其心。使心不正。故下一則字。不得其正非不正。乃欲正而不得耳。此章跟意來。第八章言好惡。跟心來。第九章言一人言藏身。第十章言老老長長恤孤。俱是血脈貫通處。

心不在。說玄說妙。卽與上文不接。不在者。不在視聽食耳。心不論在不在。只論正不正。此心字。乃好善惡惡之本心。非知覺之靈明。知覺之靈明。乃致知之知也。舊說俱暗昧。

大要此二章。只可活看。與孝者所以事君也三句。只講家國一理同。不可說那幾句是心不正。那幾句是身不修。此章未嘗實說身不修。下章未嘗實說家不齊。只言心不正。身不修。而不修不齊之理自見矣。

所謂齊其家節

辟是拂戾而悖道。言不以理。行不顧義。動不中禮。身不行道。使人不以道。俱是辟。只此便是身不修。家不齊。總領處。齊家自有教家之道。至下章孝弟慈始見。此但言身之所行。必家人之所受。意發明家與身相關之理耳。

辟故字乃所以辟之故。以不知美惡。故辟。非由辟故不知美惡。蓋言由人之多辟。而知天下之鮮能好知惡惡知美也。其失在好惡不正。上跟正心來。

故諺有之節

此節申上。故好而知其惡三句意。不可分上爲身不修。下爲家不齊。貪得無厭。意亦不輕。此又帶出不修不齊一大病源。處身爲惡。而家人化之。不仁不讓。大抵皆貪戾使然。故下章以貪戾言之

治國章全旨

家之通於國者。教也。國之通於天下者。政也。故此章言教。下章言政。

治國節

孝者所以事君也臣。苟固是家國一理。然孝弟慈所以教家。事君事長使衆。所以教國。亦須分貼。國有臣有民。事君事長兼臣民之教。使衆則以教臣者。但民亦有主伯亞旅相使之事。長是長吏。

康誥節

此節言慈子之道。不待學而能。則使衆之道。亦不待於使衆學之。但以仁愛爲風。尚則慈生於心。自能保

民而不傷。推廣之卽得耳。

心誠求之慈故能求誠字是文理須然俗解有扯誠意誠字是摸籬摸壁語。

一家仁節

此三節總言教家教國皆以修身爲本身修於上。則以此教家而家齊。以此教國而國治。其理一也。仁讓言一家貪戾言一人互文見意耳。一家仁讓由於一人仁讓。一人貪戾則一家皆貪戾矣。緊要在一機字。機弩牙也。其機動處喩身機一發而箭去必由近以及遠而抑必無中阻之勢。喩自身而家而國。一齊穿過。不分遠近無所不至。堯舜桀紂皆機一動而仁暴速效於民也。

堯舜節

求人非人者教也。喩民之從教者也。人兼家國而言。

藏字對發字言。教其所發也。身卽其所藏也。

恕是推己所有以及人。己無有則無可推。徒責之人曰不恕。不可以急求人非人爲不恕。

詩云其儀節

爲父子兄弟者。淑人君子也。言足法則有教家意在內。宜亦是我宜之皆所以齊家之本。

所謂平天下章全旨

此章所言皆治國之道。時文開口便說平天下者非也。曰得國曰失國曰此謂國。初未言及天下。蓋以言國與天下所同然之理。治平一致之道。則言國而天下在其中。若平天下。自有命德討罪省方御俗柔遠能邇之政。皆可不言。亦猶第八章不言教。第九章不言散財用人也。

講章有理財用人之說。時文因之。正與傳意相反。再三申說。止要人主不以理財爲務。理治也。若留意治財。則是外本內末。爲失國而致菑害之大惡。生財有大道一節。以明卽以財言之。亦自有不務財用而自足之道。原不要緊。甚矣講家之悖謬也。

所謂平天下節

不倍是不倍死者而虐其孤幼。

是以二字頂上文處。時解添許多轉折。愈不分曉。有云養之而後能教之者。大謬。注意分明。愚者不知耳。

家之理可通於國。則國之理可通於天下。一也。本身以立教。則國人之心自感。則本身以立政。而國與天下之人心皆得。一也。內取諸心。而天下之理皆存焉。苟得其理。而天下之心皆獲焉。此是執一矩以該遠邇之道。其要則好惡而已。教以此好惡。政亦此好惡。絜度國與天下。止此一矩。故曰人心之所同。

所惡節

此節推開總論絜矩之道。言上下左右前後。無不可以己心之好惡爲矩而絜之。則君之於民。必以此爲道審矣。

前後如舊令尹新令尹之類。左右則與爲列而同事者。

此道凡人凡事皆然。而君子之於國與天下。則上下是也。不宜將平事上及前後左右說到平天下上。

詩云樂只節

此節言得衆民以爲父母。則衆無不得矣。有將此之謂三字作必如此而後可謂解。乃下節不可以不愼意。與此不相干涉。

節彼南山節

愼者防衆之失也。辟偏任己情。不同之於民也。僇辱也。與戮字不同。
瞻不是好字眼。尹氏不道人所共見之謂。

殷之未喪節

此節言得失。且就得衆失衆上講。康誥曰節言得失。乃言善不善。善不善。得衆失衆之由也。君子有大道節。乃言忠信驕泰。而又善不善之樞也。一層深一層。須得本文次第說之。意不得急於前二段說煞。

是故君子節

此下四節。皆言拂民之好惡者。莫甚於務財用。如俗講所云理者。若要理只是聚斂。故治平之道。惟以不言財爲本。
德字註訓明德。亦太疏遠。明明德是君子自盡其性事。雖天下歸仁。而不可云此有人。明明德在格致誠正。與人土財用。何相干涉。且明德止可云明。不可云愼。愼乃謹持而不使驕泰之謂。此德乃淸心寡慾賤貨貴德之德。故其效亦止於人土財用之皆有而已。

外本內末合下二節

此並節一節緊一節。外本內末。止以財用爲務。爭民施奪。亦止民自相奪。財聚則算計周密。民不得有逋欠而聚於上。民不止自相奪而逃散矣。悖入則橫徵加賦。悖出則篡弒奪攘。刼其府庫。財散者民各有其財之謂。小註有鹿臺鉅橋之說非也。財散非散財。非武王承紂之亂。那得有財散與人。

秦誓章

其心休休焉二句。一氣。其如有容。乃以狀其休休之心。此以有技彥聖未至前言之。心氣和平。無矜己自用與物相競之情。是休休雖未有所容。而常如有容。虛己以待賢也。寔是也。此則賢才至前。果能容也。與上有容相應。人亦有慕賢而賢至則又好之不篤者。故以能容信其終始一致。

不啻若自其口出。謂不但如賢所言也。其稱道而薦揚之者。已極其至。而心好之尙有言不能盡也。

惟仁人節

此謂雙項愛人一邊。以前段若有一個臣。尙亦有利哉。則是舉而大用之。後段秦誓未言放流。故特爲補之耳。時解專項放流云。以惡全其好之說。巧不當理。

是故君子有大道節

得其道則善。失其道則不善。乃天命人情得失之本。故曰幾決。忠信乃絜矩之體。絜矩乃忠信之用。存之於心曰忠信。以忠信施之於物曰絜矩。有云大道爲絜矩之道者非。

生財節

生之者衆。民自生也。爲之者疾。民自疾也。但使民有暇日。則自衆自疾。食寡用舒。止是節儉。原不有求而得。

接第二期

平伏死於歐刀直不疑赭衣於司寇天錫烝民之五品爲酷吏姦臣之羅織經而有餘矣法立於畫一以別嫌疑而明微教養以從容或包荒而養正君子所甚懼者以申韓之酷政文飾儒術而重毒天下也朱子於此有遺議矣

船山於晦庵爲功臣諍友愚於四書訓義序嘗言之故知晦庵者莫如船山禮記章句之名祖述晦庵其推尊至矣讀船山書者須知此意然後不隨先賢脚跟下轉亦不敢輕詆先賢也

唐仲友之不肖夫人而知之也王淮之黨姦亦夫人而知之也蠹國殃民黨邪醜正暴之市朝彼何所辭而以醉飽房帷之事假嚴蘂以致之罪則仲友之罰可矜疑於風波而煆煉鉗網之名反歸之君子矯之以嚴欲辭申韓之過而不得矣士師之職惟明克允司徒之命敷敎在寬刑禮異施弛張順道百王不易之則以扶進人心昭明天彝者此也子曰欲速則不達見小利則大事不成小快其疾惡之心速效於一切之法作之君作之師以綏四方詎勝其任與

舜典三

詩所以言志也歌所以永言也聲所以依永也

永卽今樂之工尺字譜漢時鹿鳴字譜尙存今則無可考矣舜典言樂數語本末分明亦可見古史立言之精

律所以和聲也以詩言志而志不滯以歌永言而言不鬱以聲依永而永不蕩以律和聲而聲不詖君子之貴於樂者貴以此也且夫人之有志志之必言胥天下之貞淫而皆有之聖人從內而治之則詳於辨

志從外而治之則審於授律內治者愼獨之事禮之則也外治者樂發之事樂之用也故以律節聲以聲叶永以永暢言以言宣志律者哀樂之節也聲者淸濁之韻也永者長短之數也言則其欲言之志已律調而後聲得所和聲和而後永得所依永得所依而後言得以永言得永而後志著於言故曰窮本知變樂之情也非志之所之言之所發而卽得謂之樂審矣藉其不然至近者人聲自然者天籟任其所發而已足見志胡爲乎索多寡於羊頭之黍問修短於嶰谷之竹哉朱子顧曰依作詩之語言將律和之不似今人之預排腔調將言求合之不足以興起人則屈元聲自然之損益以拘桎於偶發之話言發卽樂而非以樂樂其發也奚可哉先王之教以正天下之志者禮也禮之旣設其小人恆佚於禮之外則輔禮以刑其君子或困於禮之中則達禮以樂禮建天下之未有因心取則而不遠故志爲尙刑畫天下以不易緣理爲準而不濫故法爲例樂因天下之本有情合其節而後安故律爲和舍律而任聲則淫舍永而任言則野旣已任之又欲強使合之無修短而無抑揚抗墜無抗墜則無唱和未有以整截一致之聲能與律相協者故曰依詩之語言將律和之者必不得之數也記曰樂者音之所繇生也其本在人心之感於物也此言律之卽於人心而聲從之以生也又曰知聲而不知音禽獸是也知音而不知樂衆庶是也惟君子爲能知樂此言聲永之必合於律以爲修短抗墜之節而不可以禽獸衆庶之知爲知也今使任心之所志言之所終率爾以成一定之節奏于喁嘔啞而謂樂在是焉則蛙之鳴狐之嘯童穉之伊吾可以代聖人之制作然而責之以直溫寬栗剛無虐簡無傲者終不可得是欲卽語言以求合於律呂其說之不足以立也明甚朱子之爲此言也蓋徒見三百篇之存者類多四言平調未嘗有腔調也則以謂房中

之歌。笙奏之合。直如今之吟誦。不復有長短疾徐之節。乃不知長短疾徐者。闔闢之樞機。損益之定數。記所謂一動一靜。天下之間者也。古今雅鄭。莫之能違。而鄉樂之歌。以瑟浮之。下管之歌。以笙和之。自有參差之餘韻。特以言著於詩。永存於樂。樂經殘失。言在永亡。後世不及知焉。豈得謂歌永聲律之盡於四言數句哉。漢之鐃歌。有有字而無義者。（收中吾之類）鐃歌之永也。今失其傳。直以爲贅耳。當其始製。則固全憑之以爲音節。以此知聲歌。下管合樂之必有餘聲。在文言之外。以合聲律。所謂永也。刪詩存言而去其永。樂官習永而墜其傳。固不如鐃歌之僅存耳。晉魏以上。永在言外。齊梁以降。永在言中。隋唐參用古今。故楊廣江南好。李白憶秦娥。菩薩蠻之製。業以言實永。而陽關三疊。甘州入破之類。則言止二十八字。而長短疾徐存乎無言之永。言之長短同而歌之襯疊異。固不可以甘州之歌歌陽關矣。至宋而後。永無不言也。永無不言而古法亡。豈得謂之無永哉。以理論之。永在言外。其事質而取聲博。以言實永。其事文而取聲精。文質隨風會以移。而求當於聲律者一也。是故以腔調塡詞。亦通聲律之變。而未有病矣。依之爲言。如其度數而無違也。聲之抑揚。依永之曼引也。浸使言有美刺。而永無舒促。則以板蕩桑柔之音節誦文王下武之詩。聲無哀樂。又何取於樂哉。徒以言而已足也。則求興起人好善惡惡之志氣者。莫若家誦刑書而人讀禮策。又何以云興於詩成於樂邪。今之公宴。亦嘗歌鹿鳴矣。放僻邪侈之心。雖無感以動。肅雝敬和之志。亦不足以興。蓋言在而永亡。孰爲黃鐘。孰爲大呂。顈然其不相得也。古之洋洋盈耳者。其如是乎。記曰。歌永其聲也。歌永聲。豈聲永歌之謂邪。歌永聲。歌乃不可廢。聲永歌。聲以強入不親而可廢矣。若夫俗樂之失。則亦律不和而永不節。九宮之律。非律也。沈約周伯琦之聲。非聲也。律亡而聲亂。聲亂而永淫。

永淫而言失物志失紀欲正樂者求元聲定律同俾聲從律俾永叶聲則南北九宮里巷之淫哇邊裔之猛厲見晛自消而樂以正倘懲羹吹齏竝其長短疾徐闔闢陰陽而盡去之奚可哉故俗樂之淫以類相感猶足以生人靡蕩之心其近雅者亦足動志士幽人之歌泣志雖不正而聲律尙有節也故聞河滿子而腸斷唱大江東去而色飛下至九宮之曲梁州序畫眉序之必歡小桃紅下山虎之必悲移宮易用而哀樂無紀若夫閭巷之謠與不知音律者之妄作如扣腐木如擊溼土如含辛使淚而弄腋得笑穉子腐儒搖頭傾耳稍有識者已揜耳而不欲聞彼固率衆庶之知而幾同於禽獸其可以槩帝舜后夔之格天神綏祖考賞元侯教胄子移風易化之大用哉聖人之制律也其用通之於曆曆有定數律有定聲曆不可以疏術測律不可以死法求任其志之所之限其言之必詘短音樸節不合於管絃不應於舞蹈強以聲律續其本無而使合也是猶布九九之算以窮七政之紀而強盈虛進退朒朓遲疾之忽微以相就何望其上合於天運下應於民時也哉不以濁則清者不激不以抑則揚者不興不以舒則促者不順上生者必有所益下生者必有所損聲之洪細永之短長皆損益之自然者也古人審於度數倍嚴於後人故黃鐘之實分析之至於千四百三十四萬八千九百七而率此以上下之豈章四句句四言槩哀樂於促節而遂足乎志有範圍待律以正律有變通符志無垠外合於律內順於志樂之用大矣何承天沈約以天地五方之數爲言之長短者誣也宋濂詹同之以院本九宮塡郊廟朝會樂歌者陋也朱子據刪後之詩永去言存而謂古詩無腔調者固也司馬公泥樂記動內之文責范蜀公之不能舍末以取原者疏也薑志輕律謂聲無哀樂勿以人爲滑天和相沿以迷者稽康之陋倡之也古器之憖遺一毀於永嘉再毀

於靖康竝京房阮逸之師傳而盡廢哀哉吾誰與歸樂爲專家之書前淸康熙之律呂正義已知半黃鍾之不應黃鍾半太簇之不應太簇然一間未達終不能見之施行至瀏陽邱先生之稑考定文廟之樂製器審音瀏陽之樂遂名天下邱著有律音彙考愚著有琴旨申邱民國國勢定而禮樂興則邱氏之爲樂祖固不得不以此事推袁也

舜典四

五刑之用性命以殘支體以折痛楚以劇而僅爲之名曰象豈聖人之忍於戕人而徒醜其象哉夫死之非患痛之弗恤重矜其象以目治警來者是聖人以君子之道待天下也惡死而恤病者人之所共亦鳥獸之所共也象者人之所恥非鳥獸之能恥也創鉅痛深而惟死之不令形之不全則惡而畏之斯君子之以別於鳥獸乃聖人以此待放辟邪侈之罷民則甚矣其不忍以鳥獸之畏惡爲生人之畏惡而必欲致之於君子也

先生詩云媄母妬情因妬色靑蠅嗛死詎嗛生與此段議論相發

雖然致之君子也者其名也殘性命折支體劇痛楚者其實也名獎而實傷之帝王之民雖荼毒而不怨教之有素而矜之以誠然後使卽刑焉豈僅曰獎之以君子之道而可死之傷之無不可忍哉程子曰有關雎麟趾之精意而後周官之法度可行文具無實則政教且以滋擾況無昭明平章之至化而遽復象刑之辟其教也不素其矜也不誠徒託於名以戕其實不仁哉鍾繇陳羣之欲以行於曹魏也

刑罰原理爲法家之玉律金科民國政界深當注意

五帝用之德先之也。三王因之道未有以易之也。蓋至於春秋而淑人介士且以爲游羿之彀中矣。率天下以游於羿之彀中。非至不仁。有不酸心刺骨於斯者乎。朱子曰。徒流之法不足以止穿窬淫放之姦。然則三代之季。季康子無可患之盜。而詩無抱布貿絲之刺矣。且夫人之懷姦作慝者。非必淫者不可竊。竊者不欲淫也。淫者宮而足以竊者存。竊者剕而足以淫者存。必欲絕其爲惡之本。則惟殺之而後其本拔。宮之剕之。毋亦僅絕其末乎。此劉頌之詖詞也。君子奚取焉。與人竝齒於天地之間。面已黥矣。趾已兀矣。鼻已毀矣。人道絕而髭已凋。音已雌矣。何恤乎其不冒死以求逞於一朝。又姑息憐其無用。引而置之宮府之間。餘祭之禍。發而不知其凡幾矣。宦寺之惡。稔於士人。惟其無廉隅之惜。子孫之慮耳。故滅漢亡唐而愍不畏死。原其始猶夫人之子。而非姦宄之徒也。然且以不恤而傾人之國。又况其以竊以淫而在傍在側也乎。無賴之民。垂涎貂璫之寵。自宮而宮其子以徼倖。國家嘗嚴爲之禁而不能止。害之所倚。利之所伏。彼姦民者又何惡於宮而不以覬幸於萬一哉。

諺云缺毒瞎狼。良然。王芝祥氏曾充河南普育堂委員。見其中殘廢之徒。性與人殊。以是歎肉刑之必當廢也。

宦寺流毒數千載。中華民國一掃而空之。第一快事。

且夫天之生人。道以成形。而人之有生。形以藏性。二氣內乖。則支體外瘘。支體外斷。則性情內椓。故閹腐之子。豺聲陰鷙。浮屠髡髮。安忍無親。逋奴黥面。竊盜益劇。斑之矐目。頑讒無憚。形蝕氣虧。符朕必合。則是以止惡之法。增其惡也。名示天下以君子。而實成天下之姦回。悲夫。爲復肉刑之議者。其無後乎。

民國斷髮復吳越之舊俗。未爲不可。若自髠當止之。

今夫殄人之宗而絕其世。在國曰滅。在家曰毀。罪不逮此而絕其生理。老無與養。死無與殯。無罪之鬼無與除墓草而奠杯漿。傷哉。宮乎均於大辟矣。是故漢文之仁。萬世之仁也。藉其不然。高洋劉子業武曌朱溫以爲之君。義縱寧成周興來俊臣以爲之吏。包拯海瑞褎然而稱君子。天下生民得全其支體者百不得一矣。語曰。有治人無治法。笞杖徒流以爲法而無其人。則今日之天下是已。肉刑以爲法而無其人。昔爲羿之彀中。今其漁之竭澤。故曰。擇禍莫如輕。賢者創而不肖足以守。乃可垂之百世而禍不延。以舜爲君。皋陶爲士。執笞杖徒流之法。刺天下之姦而有餘。曹羲有言。在上者洗濯其心。心靜而民足。各得其性。何懼乎姦之不勝。此之謂也。何事箝緹縈之口。傳曹操之翼。濺血市廷而後允哉。若夫笞杖徒流之用贖也。則苟且之弊也。墨吏之緣也。以濟貪。不可不分別禁之也。笞杖無的決而濫用訊杖。以殺無辜。墨吏之緣以飾怒而逞威。不可不抑而遏之也。今欲善徒流笞杖之法。莫如申的決之法而除無名之訊杖。則惡可以懲而民生不殄矣。

民國之訊叛黨。此毒猶存。非法。敝人乃人敝法也。我國民之議政者。尙愼之哉。

上古樸略之法。存而不論焉可矣。爲君子者。勿但務爲空言以啓後世凶人之實禍。尙愼之哉。訊杖者始以訊也。淫刑者非訊而用之以撻。刀鋸之外。有殺人之具焉。令甲不載而恣有司之墨怒以虐。辟道失避輸將不敏。祗候失當之疲民血肉狼籍於杖下。而靡所控。既已慘矣。且益之以夾桚箍楔之毒。劉刑具日繁而民死益衆。有不忍人之心者。損之不及而復欲益之以刀鋸乎。言之所興。事之所成。心之所操。天之所鑒。故曰不可不愼也。

大禹謨一

凡爲言而思以易天下者皆以心爲宗。從其末而起用者治心也。從其本而立體者見心也。見非所見則治非所治矣。舜之言曰。人心惟危。道心惟微。斯以是見心之則而非凡爲言者之及也。何也。天下之言心者則人心而已矣。人心者人固有之。固有之而人以爲心。斯不得別之以非人。斯不得別之以非心也。就其精而察之。乃知其別。就其粗而言之。則無別而槩目之曰心。故天下之言心者皆以人心爲之宗。心統性情者也。

心統性情。原於孔孟。而定於橫渠。船山之註正蒙詳言之矣。而前清攷據之家力詆古文尚書爲僞。宜正學之闇汶而勿彰也。

此人心者旣非非心。則非非性。故天下之言性者亦人心爲之宗。告子湍水之喩。其所謂性人心之謂也。瀠洄而不定者其靜之危。與決而流。其動之危。與湍而待決。決而流不可挽。初非有東西之成形。靜而待動。動而堯桀之。皆便。惟其無善無惡之足給。可堯可桀。而近桀者恆多。譬諸國然。可存可亡。而亡者恆多。斯以謂之危也。

陽明之徒根柢錯謬。只是無善無惡四字。

浮屠之言曰。卽心卽佛。又曰。非心非佛。又曰。一切衆生皆有佛性。又曰。三界惟心。亦人心之謂已。何以明其然也。彼所謂心。則覺了能知之心。彼所謂性。則作用之性也。以了以知。以作以用。昭昭靈靈於行住坐

廣師

此單特由本社印贈祗限於學校之用如以此單塡寄訂閱一律照定價八折全年計三元二角半年計一元七角郵費照加定閱者必於下列特約單蓋印學校圖記寄交長沙本社收受方可有效如無學校圖記須照上列預約單收價凡本社各發行所亦不得收受此單并此布告卽祈

鑒察

湖南船山學社啓

特約單

姓名　號　住　省　縣

地方今向湖南船山學社特約定閱

船山學報　册自第　年第　號起至第　號止

計共洋銀　元　角　分並郵費　元　角　分

照奉請卽收入將收據寄下以後按期照寄爲要

年　月　日　此處蓋學校圖記

接第二期

與時變通。荀卿所謂法後王也。

禹政第六

禹之治天下也。得皋陶。得杜子業。得既子。得施子黯。得季子寧。得然子堪。得輕子玉。得七大夫以佐其身。以治天下。以天下治。

湯政天下至紂第七

湯之治天下也。得慶誧、伊尹、湟里且、東門虛、南門蠑、西門疵、北門側。得七大夫以治天下。而天下治。二十七世積歲五百七十六歲至紂。

上禹政第六

以五聲聽政。克勤於邦。可以爲上也。

禹之治天下也。以五聲聽。

九重幽深。下言難達。所欲百姓反斥救之事。故懸置五聲。招之以聽政也。

門懸鐘鼓鐸磬而置鞀。以得四海之士。爲銘於簨簴。曰教寡人以道者擊鼓。教寡人以義者擊鐘。教寡人以事者振鐸。語寡人以憂者擊磬。告寡人以獄訟者揮鞀。此之謂五聲。是以禹嘗據一饋而七十起。日中而不暇飽食。曰吾猶恐四海之士留於道路。

民國大總統及凡百執事。皆以禹之心爲心。則治邁前古。可操券也。

是以四海之士皆至。是以禹當朝廷閒也。可以羅爵。

始於憂勤。終於逸樂。大禹聽政不遑暇食。故及其閒也。門可羅爵。凡人治事。皆當以禹爲法。人有忙時。乃有閒時。若終日閒。則終日忙也。

道符五帝三王傳政甲第五

夫國者。卿相世賢者有之。有國無國。智者治之。智者非一日之志。

積功累業。行道不倦。以成其志。

治者非一日之謀。

集思廣益。必世百年。以大其業。

治志治謀。在於帝王。然後民知所保。而知所避。發教施令。爲天下福者。謂之道。上下相親。謂之和。民不求而得所欲。謂之信。除去天下之害。謂之仁。仁與信和與道。帝王之器。凡萬物皆有器。故欲有爲。不行其器者。雖欲有爲不成。諸侯之欲王者亦然。不用帝王之器者不成。

湯政湯治天下理第七

天地闢而萬物生。萬物生而人爲政焉。

以天地人爲三才。人權與天地埒。此中華聖人傳心之要典。亦卽地球各國不易之常理。鬻子書多殘缺。然攬其精華。誠爲希世之珍。爲文王師。豈欺我哉。

無不能生而無殺也。唯天地之所以殺人。不能生人。化而爲善。獸化而爲惡。人而不善者。謂之獸。善利之間。卽人禽之界。千聖傳心。傳此而已。

有天然後有地。有地然後有別。有別然後有義。有義然後有教。有教然後有道。

道者人所率循之路。

有道然後有理。

修道而條理出焉。禮之節文。樂之隆殺。刑政之輕重張弛。皆理也。

有理然後有數。

理既彰而以數數之。天一地二。所以立也。

日有冥有旦。有晝有夜。然後以爲數。月一盈一虧。月合月離。以數紀四者。皆陳以爲數治。

春夏秋冬。各統於一歲之日月。

政者衞也。始終之謂衞。

愼誅魯周公第六

昔者魯周公使康叔守於殷。戒之曰。與殺不辜。寧失有罪。無有無罪而見誅。無有無功而見賞。戒之封誅賞之愼焉。

錢塘楊之森從賈誼新書中補出七則。皆今本之所無。可見此書雖殘缺。決非僞造。精理名言。與大學中庸相表裏。劉勰云。鬻熊知道。而文王咨謀。諸子肇始。莫先於斯。鄧林一枝。崑山片玉。非凡品也。

接第二期

而不怨。理一而分殊也。忠臣責難於君。義也。實本於仁。孝子諭親於道。仁也。實本於義。天子有爭臣七人雖無道不失天下。父有爭子。則身不陷於不義。從君之令之非忠。不待言矣。從父之令之非孝。可不懼乎故當不義。臣不可不爭於君。子不可不爭於父。以申生之愛親而僅謚曰恭世子。於以知孝道之未易盡也。

孝經曰。資於事母以事父而愛同。資於事父以事君而敬同。此善言德行者也。野人曰。父母何算焉。都邑之士則知尊禰矣。事母愛同。明敬則不同矣。事君敬同。明愛則不同矣。愉色婉容。下氣怡聲。斥之而不能遐。諫之而不能疏。巧變以達其愛敬之忱。以之事親則爲孝子。若以之事君則爲弄臣。本仁祖義。以格君心之非。面折廷爭。以塞危亡之路。可謂正色立朝之大臣矣。若以之事父則逆之也。故曰嚴威儼恪。非所以事親也。六經皆盡性之書。而於君父之大倫。尤三致意焉。舜盡事親之道。而瞽瞍底豫。察於人倫。察此而已矣。

有夫婦而後有父子。有父子而後有君臣。有君臣而後上下禮義有所措。民之初生。知有母而不知有父。此亦無庸爲初人諱者。文化漸開。而後文之以成禮俗。苗猺之踏歌求偶。歐米之茶會求親。其見端也。土耳其一夫而多妻。藏番一妻而多夫。南蠻兄死而妻嫂。匈奴父死而妻其後母。詭異百端。不可究詰。要之皆文化之淺深爲之也。中國儷皮爲禮。始制婚姻。至周公而後同姓百世而婚姻不通。逮秦始皇爲巴婦築懷清之臺。而後從一而終之義顯。至今九州之禹域。旌表節孝。綽楔高懸。不可勝數。船山先生曰。秦之毀彝倫者四。而敘彝倫者一。此之謂也。

西洋教義。一夫一婦。貴爲人主。莫能違也。中國則天子逆王后而妃嬪極多。諸侯則一妻九女。以陽統陰。夫者乾道也。君道也。天道也。妻者地道也。臣道也。地道無成而代有終也。觀法象之自然。以爲人道之準則。固亦未可厚非。然禮家文飾有二十七世婦八十一御妻之文。遂以開後世宮女數千之漸。讀前朝之宮怨。蓋非文明世所宜有也。況箕服亡周。禍水滅漢。色升愛選。殷鑒匪遙。況宮人既衆。則閹寺益多。女子小人。互相煽惑。至前明劉瑾魏忠賢之流。口銜天憲。手握王爵。荼毒生靈。斲喪士氣。至於南渡之餘。貂尚爭太陽之光。由是言之。則端關雎之化。開太平之運。當必有折衷中外。一是之制度。而不拘牽經生耳食之卮言矣。

荀卿之門有李斯。或以爲叛其師說。而不知抑卿有以開之。荀卿言警蹕之禮。武夫前呵。黎民竄伏。言配偶之禮曰。天子無妻。謂莫敢與之齊也。明與古義相反。帝堯華封三祝。大禹下車泣罪。皇帝清問下民鰥寡。有辭於苗。安有清道閉市。專備非常者乎。是叔孫通之禮。亦祖述荀卿者也。天子雖尊。亦有親迎之禮。魯哀公曰。冕而親迎。不已重乎。孔子曰。夫大昏萬世之嗣也。君何謂已重焉。春秋書逆王后於齊。誠重之也。國君娶夫人之辭曰。請君之玉女。與寡人共有敝邑。士昏禮父醮子命之迎曰。往迎爾相。既成昏。舅姑饗婦以一獻之禮。自天子至於庶人。壹是以修身爲本。刑于寡妻。至于兄弟。以御于家邦。禮有隆殺。分有貴賤。其義一也。關雎以爲風始。序曰。后妃之德也。窈窕淑女。君子好逑。逑者匹也。未聞有天子無妻之說也。

善哉匡鼎之說詩也。妃匹之際。生民之始。萬福之原。婚姻之禮正。然後品物遂而天命全。孔子論詩以關睢爲始。言大上者民之父母。后夫人之德不侔乎天地。則無以奉神明之統。而理萬物之宜。自上世以來。三代興廢。未有不由此者也。

孔子謂伯魚曰。女爲周南召南矣夫。人而不爲周南召南。其猶正牆面而立也與。言天下之本在國。國之本在家。家之本在身。不能修身以齊家。則一物不可見。一步不可行也。古之學者。晝卜諸妻子。以觀其行之篤與否。夜卜諸夢寐。以觀其養之熟與否也。蓋至閨門之事。可傳而後知君子之家法矣。近習之人。起敬而後知君子之身法矣。以此思之。孳孳爲善。焉有暇逸自恣之時乎。

善哉。船山之說關睢也。聖人有獨至。不言而化成天下。聖人之獨至也。聖人之於天下。視如其家。家未有可以言言者也。化成家者。家如其身。身未有待於言言者也。督目以明。視眩而不得明。督耳以聽。聽熒而不得聽。善聽明者。養其耳目。魂充魄定。居然而受成於心。有養而無督矣。督子以孝。不如其安子。督弟以友。不如其裕弟。督婦以順。不如其綏婦。魄定魂通。而神順於性。則莫或言之。而若或言之。君子所爲以天道養人也。若夫既養而猶弗若也。聖人之於天道命也。道且弗如天何也。雖然。則必不爲很子傲弟爆妻之亢。而抑可抑其銳。以徐警之。君子猶不謂命也。人而令與未有不以名高者矣。人而不令與未有不以實望者矣。若夫言者。相窮於名而無實者也。故易曰。咸其輔頰舌。感之末矣。榮之以名。以暢其魂。惠之以實。以厚其魄。而後夫人自愛之心起。德教者。行乎自愛者也。親之而人不容疏。尊之而人不容慢。關睢之道。俾不自弛其后妃之尊。而親於君子。而奚求不成。輾轉反側而望之。琴瑟鐘鼓而榮之。環宮中之尊卑少長。得主而如一身。文王復奚以言哉。匪大姒能勿警乎。悁人不然。異乎身以視家。訟言以督。不順則委

之若命是心與耳目關而天下之至賾交格而未已其不相及也久矣故曰關雎者風化也

第五章　廣義丙

兄弟天然之朋友朋友四海之兄弟兄弟以天合舜之待象無可絕之道也程明道曰象憂亦憂象喜亦喜天理人情於斯爲至有味哉其言之也故明乎舜之所以待象與世間無不可全之兄弟矣朋友以人合况愛衆而親仁同心可以斷金割席亦足明義可合而亦可離也孔子曰朋友切切偲偲兄弟怡怡至矣

朋友一倫師弟子即包括其中古者民生於三事之如一事親有隱而無犯服勤至死方喪三年事君有犯而無隱服勤至死方喪三年事師有犯而無隱服勤至死心喪三年師之關係如此其重而不爲制服者不可制也如七十子之於孔子雖致喪三年可也否則曲技之師一字之師人品萬有不齊其厚薄一待人之自盡此所以制心喪之精義請略舉古誼以明之

記曰鼓無當於五聲五聲弗得不和水無當於五色五色不得弗彰師無當於五服五服弗得不親

濂溪先生曰人生而蒙長無師友則愚是道義由師友有之其繫不亦重乎其聚不亦樂乎朱晦翁研其義而贊之曰此重此樂今人鮮知之者

鄙人嘗著春秋公法內傳錄其關於兄弟朋友者數則與諸君共研究之

宣公十有七年冬十有一月壬午公弟叔肸卒

穀梁子曰其曰公弟叔肸賢之也其賢之何也宣弒而非之也非之則胡不去也曰兄弟也何去而之與

之財則曰我足矣織屨而食終身不食宣公之食君子以是爲通恩也以取貴乎春秋

昭公十有九年夏五月戊辰許世子止弑其君買

冬葬許悼公

穀梁子曰日卒時葬不使止爲弑父也曰子既生不免水火母之罪也羈貫成童不就師傅父之罪也就師學問無方心志不通身之罪也心志既通而名譽不聞友之罪也名譽既聞有司不舉有司之罪也有司舉之王者不用王者之過也許世子不知嘗藥累及許君也

有訓詁之學有詞章之學有通經致用之學通經而不能致用無貴乎經矣由是而之焉之謂道足乎己無待乎外之謂德叔肸遭人倫之變親則兄也尊則君也罪則弑也兄之罪猶己之罪也誅之不可去之不能抱孤心而含恤以永世肸不以外境之逆而損其仁所謂天全者乎許世子爲法受惡良可悲矣而累及許君君子察於物者備任於己者重一夫之壽夭一人之淑慝一士之窮通一職之舉曠由果以求因皆有任其責者矣文王視民如傷傷此而已矣望道而未之見未見此而已矣

同類曰朋同心曰友朋友一倫其範圍極大傳者之釋詩也穆穆文王於緝熙敬止爲人君止於仁爲人臣止於敬爲人子止於孝爲人父止於慈與國人交止於信廣言之曰國人則不僅輔弼疑丞友邦冢君已也今環球大通列國林立外交之道遣使通商文野之分強弱之判存亡之界靡不由之亦錄鄙人春秋公法數則爲吾黨窮經之助

桓元年夏四月丁未公及鄭伯盟於越

數月之間會爲盟爲首固逆賊之位者鄭也賄鄭以許田謬以璧假天可欺乎懷利以相接而天理民彝亡矣孔子所以懼也

桓十年秋九月荆敗蔡師於莘以蔡侯獻武歸

公羊子曰荆者何州名也州不若國國不若氏氏不若人人不若名名不若字字不若子蔡侯獻武何以名絕曷爲絕之獲也曷爲不言其獲不與夷狄之獲中國也泰西百年以來猶州舉近則在稱字稱人之列矣此春秋外交之權衡也大學士葉名琛之就拘是蔡侯獻武也庚子聯軍之役達官貴人多充苦力又不知幾獻武也不亦悲乎

桓二十年冬齊人伐戎

大書之獎霸功也欲南制楚當北服戎此用兵之大略也戎服而中國之交合中國之交合而後召陵之盟成管仲之成算而齊桓能實行者也以中國之資格保護高麗結好日本殖民於奉天吉林黑龍江及內外蒙古新疆青海干涉前後藏之政教求其有自治之人民必使其財賦足以自給兵革足以自衛扶植噶爾格以爲印度之外蔽徐謀安南緬甸之獨立則北足懾虎狼之俄而亦足以杜歐美之窺伺章志貞教整軍經武講信修睦而宰制全球之勢成此先聖之閎指而我國人所當祖述而光大之也否則蹈漢唐之覆轍雖一時有戰勝之威終不免勞中國以事四夷之失一日國威陵替而彼羈縻之州府且憑藉我財力因襲我政教以刀俎牛羊奴虜我神明之民族尚忍言哉

桓二十有三年夏荆人來聘

此始進楚也。道與時爲變。通所以盡利而不窮。百年以來之泰西。州舉之時也。百年以後之泰西。人進之時也。以人進之時而誤用州舉之法。道光之季一失於鴉片之戰爭。咸豐之季再失於約定之礮擊。馴至河決魚爛。觀兵於周疆。問鼎於周室。政府葸縮。惟以柔媚因循。冀瓦全於列強睥睨之下。而小康大同。空懸於一二志士之心目。而當時皇華開通之選。又獎秦檜罪岳侯以駭四方之觀聽。謂孔孟生於今日不能治今之中國。惟某與某能之。以是益召頑固者之阻力。通經致用。非俗儒小生之能及也明矣。

僖五年夏。公及齊侯宋公陳侯衛侯鄭伯許男曹伯會王世子於首戴。

鄭伯逃歸不盟。

楚人滅弦。弦子奔黃。

鄭伯逃而楚卽滅弦。去召陵之盟。二稔耳。桓之霸也末矣。王以欲奪嫡之私。而撫鄭以從楚。楚卽肆猾夏之毒而滅弦以自肥。以名分論。則中央之權應集於王。以公法論。則首先敗羣者王也。以一人之私。釀中國之禍。宜避賢路。文武之元德顯功未墜。合諸侯而公選姬姓之子孫。以定王。立司法院以糾五等之違。立天討府以徵不義。孔子之爲東周而欲見之行事。庶幾在此。非桓公管仲之可及也。以俟萬世而已。

以上所言皆道也。而道非德不行。中庸之五達道。必有知仁勇之三達德而後行。故曰苟不至德。至道不凝焉。而程子之說大學。學者由是而學焉。可與入德。而不曰可與入道。此皆先哲之微言也。其事艱苦。其功綿密。其效神化。而又不外乎匹夫匹婦之所與知與能。士苟有志。未嘗絕人以攀躋之路也。試以船山說知德者鮮講義共研究之。

雙峯云德與道不同一語甚是斬截顧下文云云又不足以發明其意集註云義理之得於己者七字包括飄至雙峯似於得於己上添一既字如云義之行焉而既有得者慶源亦坐此誤故曰不徒以知為上要在實有諸己使然則當云有德者鮮不當云知以有則未有不知者也乃不可云有德者鮮以人苟有志於道而從事於學則豈窮年之不能有一德哉如子路勇於行其所行者豈皆彷彿依傍心不得主而強行之者乎而夫子胡為輕絕人而遽謂其鮮以實求之雙峯於此德字未得曉了其於集註得於己三字亦未知其意味德者得也有得於天者性之得也有得於人者學之得也學之得者知道而力行之則亦可謂之有德矣性之得者非靜存動察以見天地之心者不足與於斯也故不知德者未嘗無德而其為德也所謂弋獲也從道而得者也唯知德者則灼見夫所性之中知仁勇之本體自足以行天下之達道而非以道在天下其名其法在所必行因行之而生其心也天下之大本者性之德也發而中節者天下之道也於天下見道者如子路固優為之於吾心見德者非達天德者不能從道而生德可云有德不可云知德其所已得則自喻其所未得則不知從德以凝道則行焉而道無不行未行焉而固有得於己則以其得於己者行之乃以汎應曲當而渾然一理也此其為功靜存為主動察為輔動察者以復見天地之心靜存者以反身而誠萬物皆備於是而天之所以與我我之所得於天以具衆理而應萬事者經綸條理粲然現前而無有妄矣元亨利貞天之德也仁義禮知人之德也君子行此四德者則以與天合德而道行乎其間矣此子路未入之室抑顏子之欲從末由者也故曰知德者鮮

鄙人前分別道與德之辨船山又分別有德與知德之辨乍看若無津涯細推皆拋磚落地學者靜業也

講演

介紹新箸

史學通論

是書一名史學研究法一原流二經緯三緜難四關繫五研究六旁通七未來條理最詳而又陳義精引證博初印數百部不半月而銷罄蓋一部可抵他書數部也作者益陽曹佐熙中華宏文楚益書局發行

史學叢稿

凡十二種一史記釋例二漢書釋例三漢書地理志釋例四漢書藝文志述義五漢書藝文志釋例六漢書藝文志拾遺七史通補正八文史通義補正九唐史館會要十五代史館會要十一王氏漢書補注補十二文氏補晉書藝文志補作者益陽曹佐熙

接第二期

切磋得無以村塾了解之文重爲拈出如里老判事只是沒緊要處攀今道古鄭重而言之乎不知髫齡粗通白首莫究任是高才博學顯位耆年只爲此處隔閡遂至說非所說樂非所樂淺中弱植不足以爲君子則論語開章第一義淸夜捫心解耶未耶我知決有不能自欺者矣孔子師表萬世循循然善誘人質言之則誘人說誘人樂誘人共躋於君子之途耳凡人能強以才之所不足不能強人以情之所不堪何以言之人欲挽百鈞之弓雖身體不強而以術練之晝夜不懈力亦漸增昔爲弱質今爲壯夫何者情所悅樂則才自副之耳如其人欲學萬人敵而強以一劍之任則雖旬日可就亦必棄之何者情所不說樂也既爲圓顱方趾之人孰不欲既說且樂而爲君子孰則願困苦抑鬱消沮閉藏而爲小人乎只爲不學無術遂長戚戚而終與小人同歸非獨下流社會有此恨也卽博洽多聞如戴東原死之日方知平日所學爲無用良慨然矣既知說樂君子四字緊要尤注意者在六不亦字以卽此而說卽此而樂卽此而君子不待外求也人世聲色貨利之事可說者無限然學而時習則亦說矣人生趨附攀援之事可樂者無限然學而朋來則亦樂矣人生乘權得位顯名厚實之事侔博君子之名者無限然不知不慍學之自得者深則亦嶽嶽懷芳鳳翔千仞而爲君子矣諸君試思之學而時習之不亦說乎有朋自遠方來不亦樂乎人不知而不慍不亦君子乎

第七期七月二十六日　蔚翁

天下有道則行有枝葉謂華實並茂文質相宜自朝廷以至於社會人有廉退之節家敎禮讓之風本固枝榮文化爛然此有道之氣象也天下無道則言有枝葉謂言政言敎各種一己之私推波助瀾證成其

極端之曲說簧鼓社會如醉如狂生於其心害於其政發於其政害於其事萬葉千枝本實先撥此無道之氣象也本社會講以友輔仁正深懲言有枝葉之弊尋繹經旨內求之身心外達之事物孔子之博文約禮孟子之博學詳說以及說約是本社同人所竊取兢兢焉不敢泛濫者也孔門之學求仁至矣孟子私淑孔子自表所長以示後學之津梁提兩大綱曰我知言我善養吾浩然之氣夫天地之氣本自浩然人爲萬物之靈秉天地之正氣以生亦無不浩然也特人不能善養則困於耳目之小體淫於富貴移於貧賤屈於威武無所往而不消阻浩然之氣遂餒矣善養奈何非告子之強制非仙家之還丹其功在於集義今試舉船山之說與諸君共之

夫浩然之氣惟有諸己者自信其盛大流行之無可禦而言之則難也蓋言其藏諸己者之實則不足以盡其用之大而或近乎硜硜之氣節言其加諸物者之盛則不足以知其本之厚而或近於一往之風裁言其固有而不待於安排則人皆具此氣而何以或全而或喪言其矜持而始成其大勇則人可鼓其氣而卽以無媿而無憂雖然吾既養之吾既善養而浩然者如此矣則抑有可言者其爲氣也不可於未養之前窺其涯量而必於既養之後乃見其本然天下之理至不一矣其力不大何以舉之乃盡古今來之道德事功皆氣舉之也天下有此理則吾有此氣吾此氣足以及之天下乃有此理而其大也孰得而限之天下之變至難測矣其情不剛何以禦之乃盡古今來所莫必之險阻憂危皆氣禦之也天下之有變自人生所必不可無惟吾之有氣所以伸於天下而因成乎變而其剛孰得而撓之惟其未能養也則一事之理至吾前而吾無以勝之而不知吾氣之可以治萬有而無歉一物之變投吾前吾無以處之而不

知吾氣之可以貞生死而不驚於是而翛然退縮於一身而天地之間覺其寥廓之莫窮也若因其固有而不以委曲之情亂之直也無害也則凡天地之間天地之有變遷天地所生之民物有憂患此浩然之氣經之緯之鎭靜而持之旋轉而治之無不可治也無不可使有得理之常也塞之矣

第九期八月九號　蔚翁

氣不足以配道義則餒養氣之功在勿忘勿助長孟子以苗喩極爲明了以爲無益而舍之者不耘苗者也此則滔滔皆是助之長者揠苗者也非徒無益而又害之此則告子之爲不動心速成之術也須知告子一流人才已是有志向上不甘墮落只爲憚聖學之難而別求一速化之術矜爲妙悟獨得至其結果亦不出冥然罔覺悍然不顧八字豈不可哀況冥然者或天明間發則亦不免懷疑悍然者有時沮喪則亦不免恐懼以云無益誠無益也以云害之誠害之也浩然之氣足以配道義而行此千聖之所同堯舜如是伊尹伯夷柳下惠皆與孔子同此事非可虛贊故孟子指出積極消極兩方面證之積極者何得百里之地而君之皆能以朝諸侯有天下聖賢不尙功利却也不薄事功得位乘時氣足以配道義自然事事動中肯要曲順人心天下歸仁不期富而富不期強而強何至以萬里畏人不克自保即民國國體不同然使衆望攸歸選爲大總統國務卿舉措設施自然不至竭蹶失望此從積極一方面言之者也消極者何行一不義殺一不辜而得天下皆勿爲也道義應該如是浩然之氣足配以行則自然不至游移遷就秦漢以來徵論蒙業而安之主卽開創之君行不義而殺不辜者何可勝數有明一代文字之獄閹宦之横殘害正人君子劇目怵心至今髮指滿淸之世閹宦之禍稍殺文字之獄多同及其末流外侮益深

內政益腐當時士大夫私議謂朝廷用心至慘行千萬不義殺千萬不辜但期不失太和殿之臨朝乾清宮之召對無不甘心爲之國之陷於淪亡民之困於奴隸則皆不足計也何者氣不足配道義以行惰歸之氣何所不至可懼也亦可哀也諸君試思之養氣之重如此在一人一家則賢愚盛衰所繫在一國則存亡所關天下安危寄於少數之人才而少數之人才多出於士類士類之養成多繫於教育教育之方術在取我國古聖先賢之留遺鉤沈索隱發揮而光大之博通中外時勢之變遷以期適我國情張我國勢此則吾輩皆有責任而不可專依賴政府者也人民以政府爲樞機政府以人民爲元氣元氣既損則手足耳目不能從心人民皆愚政府雖欲獨智其可能乎由斯以談則以天下爲一家中國爲一人非誇大之言實一誠實无妄之理也知言養氣兼營并進如車兩輪如鳥兩翼而次序所在則知言略先養氣不同不足以聖伊尹伯夷原無差等而知言之功則千聖所造各有淺深至孔子賢於堯舜則以知言之極詣生民未有也此理自孟子發之遙遙千年皆如捫籥至船山先生乃大暢厥旨憶前清同治時會試京師曾以賢於堯舜命題無能得其解者不佞亦在三五阿婆莽撞中幾中式矣亦支離應付而已豈得自謂能解非獨一時人士莫得其解卽宋之名賢如程子者亦不得解其言曰孔子賢於堯舜論聖則無異論事功則有異意謂堯舜爲君不過功在一時孔子爲師乃以澤留後世耳不知以此論賢是時地之不同也豈得曰賢其說自不能立惟知言之學則孔子集羣聖之大成而登峯造極所以餉遺後學者爲無窮也此關極爲緊要下期再詳述之

第十一期　八月二十三日　　蔚　翁

知言之學。格物窮理。爲入德之初基。及其至也。耳順從心。集羣聖之大成。爲生民所未有。不知言。則不能養氣。既養氣。尤注重於知言。極言之變態。厥有四端。曰詖淫邪遁。窮言之受病。厥有四證。曰蔽陷離窮。何謂詖辭。師說曰。天下之理。其出於天理之本然。人心之所必然者。則雖發之於言。而非但言也。其他則皆言。其言則皆辭而已矣。天理民物之故。統之一理。而見端各異。偶見其一端。則卽可以言引而伸之。又不患乎無辭。於是賢智者倡其說。而不肖者和之。以言道也。則天人氣數。皆可據其偶然之迹。以言治也。則禮樂刑政。且不勝其小辨之工。其始未盡離乎道也。得其一偏。而以一偏掩其大全。於是而有詖辭。楊子之爲我。亦正己正物之道。墨子之兼愛。亦仁民愛物之道。惟其只見一端。如一葉蔽目。不見泰山。旣詖矣。於一偏之中。反覆浸淫。以求工。而淫辭成矣。旣成矣。則可堅執其偏。以背乎大公至正之理。而爲邪辭。邪固不勝正者也。理已屈。事已不成。而更詭託於他端。而爲遁辭。

當江西湖口發難之初。湘士有憂亂者。對衆宣言。湘政府宜備邊防亂黨。敗衄東下。爲流寇。其黨卽譟曰。反正時殺人太少。故國不進步。流寇愈多。愈好。代價愈重。則民國之文明益進。由離而遁。有如此者。辭屢變而不窮。以言德。則可以誣人之性。而使同於禽獸。以言治。則可以飾亂之實。而使指爲至安。當大任者。疑之所自生也。我知其詖。也窺見一曲。而所蔽者大同之理也。其淫也。護其所蔽。而陷焉不反也。其邪也。並其一曲之明而離之。不恤其本也。其遁也。離於理。則窮不得已而姑求勝也。

詖淫邪遁之辭。如蟬吟鵲譟。聽其自生自滅。豈不甚善。無如害及天下。此孟子所以不得辭好辨之名也。

言從心生也生乎偶然之心而引而之於詖淫邪遁則還以生心辭之所至若有其理始於疑者終於信而心皆從辭以發矣

後生入世先入之言爲主良可懼也

心旣生矣則爲之立法以實之矯常法違公理而布爲經畫害於其政矣

商鞅李斯皆以爲獨得之政策

政旣成矣亦似有條理焉如有規畫焉遂舉而實行之而政發矣則人情以之違天理以之蔑而害見於事

命令始於朝廷休戚關於社會歷歷不爽

然則言之爲害如此其大而吾之知之也不容不審知之必審而求之不容不精聖人復起其不能無言而建道法也必矣可信以必從者也豈若彼告子者自處於蔽陷之中因欲置是非於不辨以孤守其心而終離乎道以不恤其窮哉

第十二期　八月三十日　　蔚翁

知言養氣則浩然之氣常伸於天地之間境遇之常變生死無足以挫之者其榮極矣否則爲物屈爲勢汙甚至奴隸牛馬之待遇不能辭卽不見困於人而跼天蹐地明畏人非幽畏鬼責辱莫甚焉好榮惡辱人情類然小己有之國亦如是

孟子曰仁則榮不仁則辱今惡辱而居不仁是猶惡溼而居下也船山申之曰心淸則明明則庶民之情

庶事之理皆關生於一心而自不容已於憂勤惕厲以康兆民而安社稷仁之體也。

以勢力鎮壓社會以權術籠絡人才以粉飾太平矇天下之耳目無憂勤惕厲之心以灌輸於事務之終始。此之謂不仁非必如桀紂之暴虐也

仁則一心之中萬理與焉萬事發焉其光大昌明之氣象施於友邦而人莫不仰其德業之盛以推尊之榮矣。

中華民國革命以圖存必上下一心實行善政德業日隆則友邦畏威懷德好我者勸謀我者服何憂乎庫倫何畏乎俄日。

倘其不仁一身之外不知有國也不知有鄰邦之相角立也

滿清政府之情狀士大夫之氣習反正時親貴之託生命財產於外人租界皆爲身謀而已

昏濁之氣迷焉罔覺則卑汚之行爲天下所共輕役使之侵陵之辱矣今之諸侯相峙而競彊大割地納賂奉冠帶祠春秋辱莫甚焉亦知惡矣而於不仁之事以之爲樂而居之甚安是猶處地之下溼必集焉惡溼而居下求其免也得乎

此皆是病證以下言藥

如惡之莫如貴德而尊士賢者在位能者在職國家閒暇及是時明其政刑雖大國必畏之矣

其處之也忘其惡而惡之終無以遠其惡不知此惡之之心猶有生人之氣而特不知反而自計耳

上策莫如自治仁遠乎哉我欲仁斯仁至矣

如其惡之思所以免之割地請和無益也興兵搆怨害且及也其亦退而自循其本心乎

仁人心也本心仁也

修德於躬則迥出於流俗而置身於高明之宇脩德於士則自端其好尙而不陷於汚下之中由是而愼簡乃僚賢者在位論道者皆清心寡欲之理也能者在職任功者皆精明不偸之業也於是而當國閒暇不恃外患之不加而遽卽安也心之不自康者汲汲然及此時也明其政以勤民事明其刑以正國典焉凡此者心無念而不在國而無嗜慾以濁亂其盈庭之氣

國中最高機關之人物念念在國則清明之氣凝於上恪恭之心生於下僚屬雖不盡賢亦不敢奔走聲色貨利以瀆人道之大防嗜慾濁亂之氣漸消而開國之規模乃立矣

事集矣民安矣此崛起勃興之氣象將有包四海理萬民之勢雖大國能勿畏乎而孰敢以辱加已乎

大國畏而小國懷立國於地球之上乃有光榮於世界凡我國民皆有應盡之天職此民國教育之南針也齊家治國非吾事自有周公孔聖人人倚賴人人放棄雖周孔奈之何哉

第十三期九月六日　　蔚翁

由孟子之言觀之大國之畏政界所收之效果也而其學則原本於一心則政學一心學也功利之說中於人心蘇張之縱橫捭闔申商之刑名法術起翦頗牧之攻城掠地未嘗不收效一時得無上之權利此所謂以桀詐桀猶有巧拙若以桀詐堯則以卵投石未有不破者也吾輩心量旣宏眼光自遠未可域於小功小利之中而僥倖於一擲也故孟子又引詩以暢已之說詩云迨天之未陰雨

道云者。不忘陰雨之且至。而迫圖之於早。卽及時之說也。

徹彼桑土。

必求桑土而徹之。以其堅固而柔和。可以爲固本之資。卽知所貴知所尊之說也。

綢繆牖戶。

補其隙。營其可久。以爲風雨之防。卽明政明刑之說也。

今此下民。或敢侮予。

民強於鳥。而鳥不畏。有恃在己。而物不能侵。卽大國必畏之說也。

孔子曰。爲此詩者。其知道乎。能治其國家。誰敢侮之。

道定於心。而知之者。惟此清明無欲之本體。於成敗之數。昭然不昧者也。能治其國家。孰敢侮之。決之審矣。或敢侮予者。審物情之變而慮之也。信其莫敢侮者。審之已定。則榮辱判於兩途。而不戰以屈人之兵尊俎而寓折衝之定理也。仁之榮也。不信。然哉。

今國家閒暇。及是時。般樂怠傲。是自求禍也。禍福無不自己求之者。

今之惡辱者。辱至則惡之。在外患漸加之日。暫惡之而終忘之。在國家幸免之日也。君臣相與賀於廷。陰雨不集。而侮予者免矣。太平無事之日。正可般樂也。何妨怠傲也。

以滿淸之事證之。太和門災。西后跪而籲天。翌日不下罪己之詔。但賞救火諸臣工。庚子八國聯軍陷北京。帝后倉黃逃至陝西。痛深創鉅。和議旣成。回京有日。乃遍賞樞臣。如獲大捷。警蹕淸道。縣令供張

不腆幾至大辟曾幾何時而亭中豆粥河濱麥飯已忘之矣與孟子所言千古一轍此則前車之鑑願民國卿士毋忘之也

氣一偷則志已縱神已迷而事皆廢賢能以直諫而放逐政刑以委下而淆亂民心去國勢削彊大者又將起而圖之禍且日至焉非禍之不可息也已之般樂怠傲者惟恐國勢之或振鄰國之不見欺而亟亟於耽酒嗜色鼓樂田獵之中以求之也不仁之辱豈有爽哉夫清其心以謀一國則無所侈威而大國畏也如彼喪其心以從所欲求以偷安而禍之必至也如此得失存亡之幾係於一念之敬肆非天之不佑之人之不助之也無不自己求之審矣

詩云永言配命自求多福

凝德於心而修之在躬則可以配上帝之命無疆之福非天錫之也自求之也福自己求豈不信乎

太甲曰天作孽猶可違自作孽不可活

以心從欲而作之不悔則天猶可違而自不可活無窮之禍非天降之也自求之也禍之自己求豈不信乎

通乎天人之故則不怨天不尤人下學而上達夫子牆高數仞苟鑽仰竭才亦未必無門可入也始於一念之中天理人欲之分甚微而成乎禍福之大成敗存亡之幾不昧自有心而自忘之人而不仁亦不可與言矣

第十五期 九月二十日　　廖名縉

讀正蒙動物篇注

子張子曰。凡物能相感者。鬼神施受也。

子王子釋之曰。魄麗於形。鬼之屬。魂營於氣。神之屬。此鬼神之在物者也。魄主受。魂主施。鬼神之性情也。物各爲一物。而神氣之往來於虛者。原通一於絪緼之氣。故施者不吝施。受者樂得其受。所以同聲相應。同氣相求。琥珀拾芥。磁石引鐵。不知其所以然而感。聖人感人心而天下和平。亦惟其固有可感之性也。蒙按天地之初。大和絪緼而已。有淸通而不象之神。卽不能不有散殊而可象之氣。所謂游氣紛擾。合而成質者是也。所謂是皆不得已而然也。惟自氣有散殊。於是毗陰毗陽。剛柔厚薄淸濁之分殊焉。同爲乾父坤母之子。而各得其一體。尅制攻取。所不能免。尅制攻取之事起。遂幷忘其乾父坤母絪緼太和之本體。而各執形氣之偏以相競。此宇宙治亂之大源所由生也。有聖人出。稟陰陽之性而無所毗。賦形氣之質而無所偏。於客形變化之後。獨能認太虛無形之體。於客感物交之後。獨能見至靜無感之源。所謂天地合撰。上下同流。則乾坤之肖子。而民物之所託命矣。夫大圓性海之說。釋氏所稱。吾儒弗道。然太和絪緼。實爲魂施魄受之共祖。使其物各一物。而初無通一之原。則聲應氣求之事絕。珀引磁吸之理熄。卽聖人感人之術窮。而天下和平。爲終不可能之事矣。唯釋氏雖已窺人物一原之理。而未嘗究修齊治平之術。則其說終歸於惝恍。而其效只成爲寂滅耳。

天下治亂之故。萬變不窮。而其要可兩言以括之。無他。卽人與人互相損。而天下亂。人與人互相益。而天下治。是矣。亘古以來。治日常少。亂日常多。亦以人類之好爲相損者多。而好爲相益者少耳。雖然。此非人類本然之性也。宇宙既啓。太虛健順之德。其在於天者。顯而爲元亨利貞之理。其降於人者。發而爲仁義禮智之性。性善之說。所以亘古今而莫之能易。其有時蔽於氣質。而不能無戾者。則皆後起之事。不能誣其本原之所在。故聖人之敎天下。其事不外乎繼善而成性。其理實本諸斯人之吾與。此子王子物各一物。神氣往來。通一絪縕之說。眞乃直掇道蘊也。近日西人有所謂借以太而傳煙土批里純者。有所謂借催眠術而施之天眼通者。淺人矜爲創獲。其實有能踰吾子張子凡物相感鬼神施受之理乎。

子張子曰。獨見獨聞。雖小異。怪也。出於疾與妄也。共見共聞。雖大異。誠也。出陰陽之正也。

子王子釋之曰。目眚則空中生華。風眩則蟬鳴於耳。不仰觀俯察。鑒古知今。而唯挾偶然意見所弋獲而據爲道。敎與之同也。疾風迅雷。非常之甚矣。而共見共聞。陰陽之正。運於太虛。人不能察耳。放君伐暴。成非常之事。制禮作樂。陳非常之觀。皆體陰陽必然之撰。曉然與天下後世正告之。而無思不服。蒙按此爲學道而歧者言耳。卮言破道。小智害義。皆不知天下有共見共聞之眞理。而以獨見獨聞誤之耳。要而言之。則皆妄而已矣。皆不誠而已矣。妄則眚眩皆爲實境。世界之眞理蔽。而邪說詖行。因之充塞仁義矣。誠則風霆不過大塊之噓噫。帝謂通而叛援欣羨之情息矣。

夫人生所需。曰眞與美。非眞則世界無由開。非美則世界無由明。雷霆之闢也。古以爲神矣。可以禍福斯人矣。究其眞則形氣相軋耳。非眞有列缺阿香之閃尸而妖露也。自其眞既得。於是取之以通郵焉。以醫疾焉。以燭夜焉。眞之至而美亦備焉矣。天王之聖也。古以爲經矣。大義無所於逃矣。究其眞則人類公僕耳。非眞有綠圖赤符之生是使獨也。自其眞既得。於是有代議之政焉。有民選之制焉。有成文憲法之規定焉。眞之至而美亦備焉矣。故曰疾風暴雨非常甚矣。要不過陰陽之正耳。放伐制作非常甚矣。要不過體陰陽之撰耳。藏往知來。子王子其幾於聖乎。

通論

商務印書館彩印

各學校最適用之新地圖

高等小學適用 中華新地圖 四角

是圖首列中華全圖。次各省及各特別區域蒙古西藏青海等圖共二十六幅。形勢明晰。調查精確。本館出版之高小普通教科書新地理及教授法中所見之地名。一一載入。新改縣名。附注舊稱。商埠鐵路。詳細調查。實爲現今最新最備之地圖。

教科適用 中華分道圖 八角

是圖按照最新區畫編製。所有各道區域。攷正界線。一一註入。各縣新名。附注舊稱。尤便觀覽。全圖闊四十三寸。長三十一寸。銅版精鐫。字跡清朗。紙張堅厚。彩色鮮明。誠我國空前未有之最新地圖。另附行政區劃一覽表一册。極便檢查之用。

教科適用 中華地文圖 近刊

我國疆域遼闊。陸地之高低。江海之深淺。相差甚遠。非圖不明。是圖依據歐美新測各圖。放大摹繪。陸高水深。悉以顏色分別。一目了然。而山脈河流。折衷中西學說。攷訂尤詳。誠研究地理者所不可不備者也。

教科適用 五洲新圖 近刊

是圖採取歐美新出各圖。參互摹繪。圖中地名。悉從舊譯。並附英文原名。以便對證。各國疆域。詳加考正。每洲一大幅。甚便教授。歐洲一幅。於今日時局。至有關係。現已付印。其餘陸續出版。

接第二期

廢食則甚新奇可喜爲放浪無涯涘視世俗語言文字之學皆餖飣也究於聖賢之學則畫火鏤空彊生荆杞於蕩平之域其弊也取輕安賤名檢敢於仇禮法而自高自大以蔑視儒先久之而疑焉庚午就聘道州舟中兀坐日取陽明集讀之見其本原之地頗與二氏合而外亦不失儒者之規模所言多與朱子爲難而曰吾於晦菴亦有罔極之恩於是而疑乃滋甚久之自計曰吾於朱子之書未嘗卒業也盍取其書讀之迨確知其背馳之處然後再從事於向者所陳數十種之書未爲晚也歸而請正胡君君甚喜出先生前後手書讀之幷贈朱子語類日鈔且曰是卽先生勸學文也因取以爲讀書課程勉強檃括以就繩墨久之而二氏之破綻見久之則發蒙振落而陽儒陰釋之癥結如禹鼎圖奸而無遁形於是乃慨然曰朱子之學得寸則亦吾之寸也得尺則亦吾之尺也二氏之學則畫餅充飢望梅止渴者也程子曰昔之惑人也因其迷暗今之惑人也乘其高明黃孝廉未免高明而惑者歟數年以來稍蠲頑鄙是人熙於先生曾未得供門下灑埽之勞亦不謂無師弟淵源之雅也人有自粵來者必就問先生起居朋舊之有志學業而遊粵者必告以廣東有陳先生其人者不可不見也特以曾未向學悠忽無成未敢造次而通書於下執事耳友生李君汝勤宦粵東累惠書言得見先生聆其緒論昨又寄先生大箸五種賜詩一首於家可堪思遠道猶幸與同時嗚呼何言之深遠也始而喜繼而愧終而思之豈先生有私於人熙哉亦獎進後學之心老而彌篤不覺溢於楮墨之外也雖有拱璧以先駟馬豈若長者爲惠之厚拜賜多矣大箸五種俟寄到京寓當細讀以質疑問難庶先生不鄙而終誨之天氣嚴寒伏維道履康勝統希垂鑒不宣後學劉人熙再拜

答涂舜臣書

月之十二日由韞原編修處遞到手書藉悉道履康勝千里覿面如空谷足音也獨所以奬勵鄙人者大踰涯量感愧不可言陸清獻湯文正倘已卽李文貞楊文定諸公豈易及哉閣下萬不貢諛毋亦善善從長於流俗波靡之中取一二少知向學者以寄望古遙集之深心故不覺言之過當也如人熙者五子之書肄業及之船山之學亦嘗讀其書而想見其人然精義未能於理旣多所窒集義不力於氣多有所餒閒嘗於一二尋常事驗之多拖泥帶水不能浩然直行胸臆時切駭懼徼論初通籍位百僚下碌碌無所短長卽萬一大風吹垢發千年未有之奇件食與否所不敢信稼書小試一邑無異明道之扶溝潛菴出撫三吳與范文正後先輝映私心自念假令僕當其時供其陶鑄幸矣蓋二公者不難其所發而難其所存也大本不立達道不行非有睢麟之精意何以行周官之法度非有日新之盛德何以爲富有之大業哉抑又聞之讓第一等人與他人做便是無志昔孟子願學孔子而僕遜謝湯陸豈暮氣之乘之耶非也循分自省自視闕然不敢大言欺世重罹罪過惟直攄胸臆欲足下知鄙人稍知學問其功力所至猶是庸人直言鐫誨使善而遷之過而改之少宜少年謬妄之罪無貽桑梓邱墓之羞則爲惠厚矣山中讀書課徒自得至樂潛菴得力亦是罷官從孫徵君講學所造愈深足下正其時也朝廷決意停賣官自是實事求是但裁汰冗兵方能節省糜費年豐戈偃始可不竭度支是又在樞垣之碩畫耳知念幷聞

鈔四書訓義數紙付家弟書乙酉十月二十六日

國家以經義取士講章疊出大約不離帖括之習若夫抉經之心執聖之權未有若船山先生訓義者也

先儒傳經者衆矣至有宋諸賢出乃并孔孟之所以致此者而得之是以大義立而微言彰也船山此書又并朱子之所以然者而得之其示學者以希聖之途可謂披荆棘而由康莊矣雖其間頗有異同要爲紫陽之諍友非若毛西河輩之攻擊不自量也此書板在湘潭燬於兵火已致書彭曾兩公勸其刊以行世未知能得否今鈔數紙付汝試反覆熟讀而精思之必有以見其然矣童子能讀文時卽擇其短章當文讀之甚妙昔魯直謂叔夜詩可以撲去俗塵數斗足洗心忘倦叔夜詩且爾况其爲抉經心而執聖權者乎

再與老友李汝勤書丙戌正月三十日

前書以義命之說進執事得毋誚其迂遠而闊於事情乎不知不如此則亦隨俗習非之人耳烏足道哉烏足道哉莊生云小夫之知不出苞苴竿牘此在他人爲之固無足怪以執事通古今識道理而亦營業於此此僕之所惜也平時讀宗子相報劉一丈書其摹繪卑鄙夤緣之狀代爲汗下吾輩雖萬不至此然當利祿之際或不能不少墮其坑塹則與世俗之人有以異乎無以異乎然或者曰時爲之也俗之波靡久矣求援而援求繫而繫凡中外汲引之要路非長者家兒得之則亦善爲鑽營之人耳故其勢不得不出於求又況軍興以來解額增納粟廣倖門啓一官缺而需次者或數人或數十人一差出而環而伺之者又不知其幾輩有求而不得者矣未有不求而得者也故雖自好者不能不出於求而自謝曰此非求者之罪也有迫之不得不求者非我能爲政也中常之人是則然矣若豪傑之士砥柱頹波森森嶽峙彼其中誠有以自立而有不屑者在矣廿一史姑不具論卽如國朝張清恪孫文定湯文正陸清獻諸君子

何嘗不孤行一意見忌羣小而卒能依光日月爝照幽潛者豈非命耶卽不幸而遷謫禁錮義盡而委之於命亦非諸君子之所懼也故有義有命者君子之所以日進於高明也無義無命者小人之所以日竟於汙下也僕嘗愛陳榕門先生之言是非審之於己毀譽聽之於人得失安之於數此三言者吾人之著蔡也僕雖駑下行之未至然當臨事之際未嘗不誦公之言以自激昂執事久困卑官僕亦溷迹宂吏天下之責皆不在己惟冀少進德業以不負所生耳而義命二字則尤出門之第一步也南北相望無緣面晤故終言之以爲他日遂初之息壤焉春氣尙寒伏惟善自保衞不宣人熙白

（未完）

專論

商務印書館新編

甲乙種商業學校教科書

本館延聘專家按照教育部頒實業學校規程編纂甲乙種實業學校教科書根據世界最新學說參合本國現在情形悉心斟酌一字不苟現先將商業學校應用各書陸續出版開列書目如下

教育部審定 商業道德	盛在珦編	一冊	三角五分
商業歷史	趙玉森編	二冊	上卷六角 下卷近刊
商業地理	曾　羼編	二冊	每冊五角
教育部審定 商業算術	曾　羼編	二冊	每冊六角
商業簿記	李宣韓編	二冊	一元五角
教育部審定 商品學	盛在珦編	一冊	三角
教育部審定 商事要項	劉大紳編	一冊	五角
商業實踐	盛在珦編	一冊	近刊

此外尚有關於商業各書附列於下

巴拿馬太平洋萬國博覽會要覽	一冊	一元二角
斐律濱賽會記	一冊	三角
教育部審定 高等小學新商業	教科書四冊 教授法四冊	折實各七分 折實各角半
高等小學商業教科書	三冊	各一角半
英文商學大全	一冊	三元
英文商業讀本	第一第二冊	各六角
英文商業常識	一冊	一元
英文商業文牘備要	一冊	八角
世界商業史	一冊	六角
商業簿記教科書	一冊	八角
新撰商業尺牘	一冊	三角
商業文件舉隅	一冊	三角

A(1088)

應鐘爲變宮是不製律呂之過故孟子曰不以六律不能正五音也

聲字配合五聲二變說

古人言樂但有宮商角徵羽變宮變徵七音無以工尺字譜名聲調者蓋五聲二變得六律而始正而六律非五聲二變亦無以妙其用此按律可以知音亦審音可以定律二者實互相資也且律之音每濁於呂呂之音恆淸於律律呂二均一管不容混雜雜則其聲不相和應故六律六呂有陰陽之別而五聲二變有淸濁之分聲字之合四一上尺工凡六五九音蓋混律呂而一之混律呂而一之則陽律陰呂之聲其各以類從者無由辨律呂之以類從者無由辨則五聲二變之淸濁不淆者亦無由明始猶以聲字代正變爲譜曲之捷法相沿既久只知聲字是依並不復知有五聲二變矣此管律之製所以不傳於後世也後世失管律之傳僅以時笛正律呂細審時笛聲字合與六四與五同一音而分高下是聲字之目雖有九而其音仍不外乎七七音中一凡禁用是聲字之音雖有七而其以正應者亦不越乎五以今證古以俗正雅兩相符合如是溯厥由來非無明徵楚詞大招曰四上競氣極聲變只此言聲字之權輿也何曰四上就四一上相聯之三聲而取其二也取何只及四上蓋四上之間爲一之次一居四上之中得聲淆雜兼收其聲必至變調所以云然者謂四與上之氣兩相競而一之聲獨不與相協故曰極聲變只也由是推之則一與四上非卽羽宮之間取一聲爲變宮之義乎一居四上之中取爲變宮例諸工凡六相聯三聲而凡當禁用非卽角徵之間取一聲爲變徵之義乎變宮變徵之聲得推之上爲宮尺爲商工爲角六爲徵五爲羽合與六高低相應爲下徵四與五高低相應爲下羽之義莫不皆明此聲字與五聲二

接第二期

變所以兩相符合也世之審音者誠能備製律呂之管窮求正變之音庶五聲二變之清濁不因聲字之便易而全廢而六律六呂之陰陽實因正變之清濁而悉昭每譜一曲註明某律某呂主宮某律某呂起調區別陰陽分晰清濁絲毫不混然後以聲字配合正變以圖易記或不至得末而忘本本末兼該聲調悉著安見古樂之不可遽復哉（時笛合字應蕤賓者爲律笛應林鐘者爲呂笛）

五聲配五行說

嘗讀朱子書有樂聲是土金木火水洪範是水火木金土之語竊歎五聲之配五行與洪範五行一順一逆要皆本河圖洛書之數而不可易者也河圖之數一變生水六化成之居北二化生火七變成之居南三變生木八化成之居東四化生金九變成之居西五變生土十化成之居中洛書之數戴九履一左三右七二四爲肩六八爲足五居中央虛十四應洪範五行之始於水終於土者生數始於一終於五也五行之生序也萬物成形以微著爲漸五行先後亦以微著爲次五行之體水最微爲一火最著爲二木形實爲三金體固爲四土質大爲五周子太極圖曰陽變陰合而生水火木金土是也若夫樂聲之宮在聲爲天地之中聲在氣爲天地之中氣在性與情爲喜怒哀樂未發之中發而中節之和蓋得天地之中數爲中央土而以之統乎商金角木徵火羽水者也數多者聲大而濁土之生數五故宮聲最大而沉濁金之生數四故商之大次宮數少者聲細而清水之生數一故羽聲最細而清火之生數二故徵之細次羽木之生數三故角聲居五者之中焉然世之言中聲者不以角而以宮何也朱子嘗論之矣曰凡聲陽也自下而上未及其半則屬於陰而未暢故不可用上而及半然後屬於陽而始和故即其始而用之以爲

宮。因其每變而益上。則爲商爲角爲變徵爲徵爲羽爲變宮。而皆以爲宮之用焉。是宮之一聲。在五行爲土。在五常爲信。在五事爲思。蓋以其正當衆聲和與未和。用與未用。陰陽聚會之中。所以爲盛。若角則雖當五聲之中。而非衆聲之會。且以七均論之。又有變徵以居焉。亦非五聲之所取正也。又有爲宮當配仁之說者。朱子抑又論之矣。曰迹其所以。蓋以仁當四德之元。而有包四者之義耳。夫仁木行而角聲者也。以之配宮。則仁既不安。而信亦失據。然以爲可包四者。則不害其有是理也。夫五行之序。木爲之始。水爲之終。而土爲之中。以河圖洛書之數言之。則水一木三而土五。皆陽之生數而不可易者也。故得以更迭爲主。而爲五行之綱。以德言之。則木爲發生之性。水爲貞靜之體。而土又包育之母也。故木之包五行也。以其流通貫徹而無不在也。水之包五行也。以其歸根反本而藏於此也。若夫土。則水火之所寄。金木之所賚。居中而應四方。一體而載萬物者也。故孔子贊乾之四德。而以貞元舉其終始。孟子論人之四端。而不以信列序。其閒蓋以爲無適而非此也。由此觀之。宮之統五聲。其理益著。或曰陽律濁聲一均。陰呂淸聲一均。總之有十聲。又何說以處此。曰生數陽也。成數陰也。河圖洛書之數。五居中。十亦在中。卽陰陽二均之中聲所從出也。土五金四木三火二水一爲生數。陽律之宮商角徵羽也。土十金九木八火七水六爲成數。陰呂之宮商角徵羽也。太史公曰。音樂者所以動盪血脈。通流精神。而和正心也。故宮動脾而和正聖。商動肺而和正義。角動肝而和正仁。徵動心而和正禮。羽動腎而和正智。故聞宮音使人溫舒而廣大。聞商音使人方正而好義。聞角音使人惻隱而愛人。聞徵音使人樂善而好施。聞羽音使人整齊而好禮。是樂之有五聲。猶人性之有五常。人身之有五事。聖人以之致中和之用。贊化育之道。本乎此也。非知天地造化之妙者。孰能契其微哉。

律歷相通說

月令以十二律配十二月。不過言其大概。未嘗晰及精微。如孟春之月。律中太簇。若雨水未交。雖孟春過半。其律尙是大呂。不可一見孟春。謂已中太簇之律。仲春之月。律中夾鐘。若春分未交。雖仲春過半。其律尙是太簇。不可一見仲春。謂已中夾鐘之律。正如正月建寅。寅與亥合。太陽必雨水氣至其時。其刻方入亥宮。雨水未至之前。氣猶大寒。太陽仍在子宮。二月建卯。卯與戌合。太陽必春分氣至其時。其刻方入戌宮。春分未至之前。氣猶雨水。太陽仍在亥宮。推之十二律十二氣。皆然。此音律之道。所以與氣候冥合。爲天地自然之聲。惟製律候氣。心通造化者。始可語於斯。故凡按時用律。月建已臨。而中氣未至者。某律卽中某月。尙不可用以主宮。其主宮猶用此月以前之律。記曰。當其可之謂時。不臨節而施之謂遜。其斯之謂與。按文獻通考宋眞宗咸平四年、太常寺言樂工習藝匪精、每祭享、止奏黃鐘宮一調、未嘗隨月轉律、據此則隨月轉律、自古已然、不可不詳、

律音彙考卷二

船山學報專論之一
瀏陽邱之稑

十二律呂配月卦表

律呂	卦	卦象	月
黃鐘	復	䷗	子
大呂	臨	䷒	丑
太簇	泰	䷊	寅
夾鐘	大壯	䷡	卯
姑洗	夬	䷪	辰
仲呂	乾	䷀	巳
蕤賓	姤	䷫	午
林鐘	遯	䷠	未
夷則	否	䷋	申
南呂	觀	䷓	酉
無射	剝	䷖	戌
應鐘	坤	䷁	亥

管體積分容黍表

第一卷第三期 四二九

	管體 周尺	積分 周尺	容黍 凡餘分過大半者進一黍不及半者不計
黃鐘	九寸 徑三分三釐八毫五絲一忽 餘律同 三分損一得	八百一十分	千二百黍
林鐘	六寸 三分益一得	五百四十分	八百黍
太簇	八寸 三分損一得	七百二十分	一千零六十七黍
南呂	五寸三分三釐三毫三絲三忽三微三纖有奇 三分益一得	四百八十分	七百一十一黍
姑洗	七寸一分一釐一毫一絲一忽一微一纖有奇 三分損一得	六百四十分	九百四十八黍

應鐘	四寸七分四釐零七絲四忽零七纖有奇 三分益一得	四百二十六分六百六十六釐六百六十六毫有奇	六百三十二黍
蕤賓	六寸三分二釐零九絲八忽七微六纖有奇 三分益一得	五百六十八分八百八十八釐八百八十八毫有奇	八百四十三黍
大呂	八寸四分二釐七毫九絲八忽三微五纖有奇 三分損一得	七百五十八分五百一十八釐五百一十八毫有奇	一千一百二十四黍
夷則	五寸六分一釐八毫六絲五忽五微六纖有奇 三分益一得	五百零五分六百七十九釐零一十二毫有奇	七百四十九黍
夾鐘	七寸四分九釐一毫五絲四忽零九纖有奇 三分損一得	六百七十四分二百三十八釐六百八十三毫有奇	九百九十九黍
無射	四寸九分九釐四毫三絲六忽零六纖有奇 三分益一得	四百四十九分四百九十二釐四百五十五毫有奇	六百六十六黍

仲呂		
六寸六分五釐九毫一絲四忽七微四纖有奇	五百九十九分三百二十三釐二百七十三毫有奇	八百八十八黍

按仲呂三分益一得二寸二分一釐九毫七絲一忽五微八纖加本分六寸六分五釐九毫一絲四忽七微四纖得八寸八分三釐三毫八絲六忽三微二纖較九寸之黃鐘少一分六釐六毫一絲三忽六微八纖此仲呂隔八不能還生黃鐘而黃鐘之所以不爲他律所役也

史記律數辨

漢承秦火之後先王制作無一二存而其假借紊亂者莫如音律一道考史記所定律書以兵械爲重所引武王伐紂吹律聽聲猶爲近理至詳舉歷代征伐敷衍成文於律呂毫不相涉次列二十八宿十母十二子語亦穿鑿附會不可爲法學者震其名未敢議其失然自識者觀之已知其學之無本此猶其易辨者也其音律之遺誤後人者莫如律數一節列九九八十一以爲宮三分去一五十四以爲徵三分益一七十二以爲商三分去一四十八以爲羽三分益一六十四以爲角且術曰音始於宮窮於角嗚呼史遷爲有漢一代著述所著律數體用不明如此無怪以訛承訛後世之言音律者皆無所適從則是六律之不分五音之不正誠非無自也此豈可以不辨哉夫三分損益者律呂管體所從生管體生而後五音出孟子曰繼之以六律正五音是也遷不以去一益一爲生某律某呂而以去一益一爲得某宮某聲是六律之生未終而五音之名先正宮可以生徵徵可以生商商可以生羽羽可以生角是五音之名自正而

六律之以徒勞。有是理乎。況有定者律也。無定者音也。何謂有定。如以黃鐘正宮。則太簇爲商。姑洗爲角。蕤賓爲變徵。夷則爲徵。無射爲羽。其不可以他律混者。體之所以立也。何謂無定。如旋太簇爲宮。則姑洗轉而爲商。蕤賓轉而爲角。夷則轉而爲變徵。無射轉而爲徵。黃鐘轉而爲變宮。其未嘗以轉調窮者。用之所以行也。孰謂宮商角徵羽可亂爲宮徵商羽角哉。孰謂宮商角徵羽之旋轉不竭者。可任意指爲始於宮而窮於角哉。永嘉陳氏猶謂律呂之法起於黃帝氏。律呂之說定於太史公。知黃帝氏之法而不知太史公之說。則難與制律。知太史公之說而未知黃帝氏之法。則雖不能制律而不害其爲律。比擬不倫。至於如此。不可不急爲辨正也。惟生鐘之分與以下生者倍其實三其法。上生者四其實三其法數語。於古人制律之遺意爲有合焉耳。

按九九八十一爲宮等語。乃管子琴度生聲法。詳三卷琴考論。遷史不知以定律呂相生之數。遺誤後人幾二千年。不急辨正。律呂之道將終不明於後世也。

黃鐘不復與他律爲役辨

黃鐘不與他律爲役。雖僅見於前漢志。當是援引古語。蓋謂聲氣之元。能生十一律。而不爲十一律所生。故三分損益隔八相生之數。終於仲呂。不能轉生黃鐘。所謂不與爲役者此也。志誤會其意。謂以正相應之聲。有同心一統之義。遺及後世。大變古制。如通典諸說。直以仲呂之實。三分損益。再生黃鐘及以下十一律。以爲變律。所得之寸數半之。以爲變半律。律呂新書曰。正律十二。子聲十二。變律十二。子聲十二。凡四十八聲。最得漢志黃鐘不與他律爲役之意。又曰。黃鐘爲大呂之變宮。夾鐘之羽。仲呂之徵。蕤賓之變徵。自用變半律聲。非復黃鐘矣。嗚呼。誠如諸說。將視黃鐘如贅瘤。竊謂黃鐘雖尊。六律之體賴以生。六律之聲。尤賴以正。如虛設不用。何成聲氣之元。故義雖象君。非天子之樂歌不敢用以主宮。若以旋宮言。時可轉而爲商。轉而爲角。轉而爲徵羽。爲二變。卽體長音低。恐多陵犯。惟無射主宮。黃鍾爲角。音濁於宮。當用半太簇高宮音代之。其餘爲太簇之變宮。夷則之變徵。得聲淆雜。禁不起調。例當退居不用之列。聲之正者。可轉而爲變役。孰甚焉。若於姑洗宮旋爲下羽。蕤賓宮旋爲下徵。國語曰。宮逐羽音。下羽下徵。其音雖大於宮。律家不忌。至其爲倍無射之商音。較淸於宮位。自然不犯。由是推之。安見不與爲役也。律呂新書和聲第五章謂此乃數之自然。他律雖欲役之而不可得。且曰此一節最爲律呂旋宮用聲之綱領。誤矣。合觀前說。其失自著。

三律爲三統辨

班固前漢志以黃鍾林鍾太簇爲天地人三統。而引說卦傳陰陽柔剛仁義之言以明之。並分乾坤十二爻直十二辰。而以乾初九居子。配黃鍾爲天正。坤初六居未衝丑。配林鍾爲地正。乾九二居寅。配太簇爲人正。此其穿鑿附會之甚者也。按說卦傳天道地道人道。以重卦合言之。則上二畫爲天。中二畫爲人。下二畫爲地。以兩卦各言之。則上與三爲天。五與二爲人。四與初爲地。審爾則不惟於三律之義無所居。亦於三律之位無所當。且爻辰之說。實牽合於當朞之義。遂執乾坤十二爻配十二月。而因以配十二律也。後世以卦直月。惟十二辟卦爲近理。與律呂相生之氣亦脗合。是卽隔八相生法也。可見天地造化。不假人爲而整齊變化如此。彼牽合者其奚當。至以三統配三律。則尤爲無說。夏后殷周之改正朔。定爲一代之制。以新天下之耳目。若其時之正令之善。則必推有夏。非比天地人三才亙古不變者也。且以律言。黃

接第二期

載人熙奉政府令考察墾殖民國移民實邊著著進行非復以前之泄沓動色相戒有如此者則我政府之經營當何如乎平原土質榛楷甸黑土尺半黃蒿甸黑土三尺林野土質柞樹林楊樹林黑土皆三尺種植不需肥料森林俗稱窩集有太古盤鬱之松既可得伐木之利益樹根掘盡與平原無異但多費人力耳論者謂勉強殖民不如使民自殖然非政府保護予以種種之方便有賓至如歸之樂則亦未易言也前清錫良作督時曾以十萬元移湖北天門沔陽逃荒來東之民於黑龍江予以熟地勞來安集不爲不至而其中嬾於生業及素不安分者逃者過半環奉天都督府求給費還鄉皆予以鐵路免票撥其原因由窩棚不適衛生且單獨之夫無妻子生趣之留戀然其留者則已安居樂業爲小康之家矣東三省仕宦紳商皆言農民殷實甲於內地大農之家屋宇鱗次苦力初至飲之食之暮春三月土脈既發賃爲亞旅其去之他方謀生者初不責償以此推之農民之富非虛言也冰天雪窖墮指裂膚炎方人民談虎色變然邇日氣候亦變溫和人熙於立春以前至長春所見平民氈帽棉鞋以護頭足棉褲棉襖與北京同至於火坑之溫人人可得亦未見南人之不可移殖於北也瀋陽本禹甸肇十有二州之版圖出山海關千里田野盡闢開原鐵嶺如于李大姓多有文學聰秀之才自遼金元以來淪於化外皆以野蠻之部落蹂躪中原深閉固拒以保其野蠻之舊習爲藏身之固若蒙古之鄙僿駤戾迷信宗教男女蒸報習爲固然日陷於亡國滅種之途彼昏不知以爲得計坐井觀天良堪憫惻畜牧爲生逐水草無定居惟自種糜子炒食以涼水咽之自乾隆時涵濡文化乃稍稍覺悟弛種地之禁近則放荒之地益多矣增設縣治溢以漢官長春一府今爲吉林西南觀察使治衙署之壯麗商務之殷繁比之瀋陽過無不及彼地人民

稱爲借地養民之重鎭。其所由來者漸矣。科爾沁右翼中旗放荒八萬三千餘晌。右翼中旗二萬四千晌。前淸光緒二十八年置遼源州。放洮遼站荒長百四十里。寬二十里。右翼前旗荒務告竣。置洮南府並靖安開通二縣。升科熟地四萬三千晌。又放荒三十餘萬晌。尙未升科。左翼前旗開荒地十六萬晌。左翼後旗熟地一萬三千晌。續放十一萬餘晌。尙未升科。札賚特旗放塔城子荒地。光緒三十二年告竣。得熟地二十九萬九千六百畝。杜爾伯特旗放鐵路兩傍荒地。墾熟者一千一百晌。未熟者十七八萬晌。郭爾羅斯前旗。嘉慶五年開放長春一帶。爲借地養民招戶開墾之始。道光時放農安縣一帶。光緒時。放伏龍泉長嶺縣一帶。皆旗人收租。近每晌加東錢二十四千文（東錢以制錢十六文爲百）爲地方審判廳經費。郭爾羅斯後旗放荒十萬餘晌。計升科之期在民國三四年。科爾沁右翼中旗種麋子地萬晌。漢墾二千三百晌。左翼中旗熟地八千六百晌。放荒十二萬晌。熟者十之一。麋子地六萬晌。漢墾三萬晌。設奉化懷仁二縣。又析置遼源州。右翼前旗放荒四千萬晌。麋子地二萬晌。漢墾五萬晌。左翼前旗熟地十六萬晌。漢人管業者十之六七。右翼後旗熟地二十五萬晌。設昌圖府治。右翼後旗麋子地四千晌。漢墾一萬三千晌。設安廣縣。札賚特旗近放荒三十二萬晌。已墾者十之二。麋子地二千晌。漢墾三萬晌。杜爾伯特旗近放荒十五萬晌。墾者十之三。麋子地千五百晌。漢墾一千晌。郭爾羅斯前旗長春境墾四十二萬晌。農安縣境墾二十六萬晌。光緒時放十一萬七千晌。一半升科。郭爾羅斯後旗。蒙人熟地四萬六千晌。漢墾無多。廿九年鐵路兩傍荒地放二十萬晌。三十年放十萬晌。三十二年四萬晌。三十三年九萬晌。已墾者約十分之三。科爾沁右翼墾荒八萬三千晌。設醴泉縣治。縣中墾務公司凡六家。用馬力洋犁凡八副。每犁日墾三晌。亦有用牛犁者。郭爾羅斯前旗在長春境。蒙漢皆勤農事。為東省之冠。在北緯四十六度十分。偏東八度二十分。一千一百五十四里。當嫩江東岸松花江北岸。面積五萬二十方里。已放之荒十之六。墾者十之四。此旗西北尚有可放之荒三十井。吉林荒地放者十之九。惟省東之綏遠富錦臨江三縣尚有荒地。係松花江下游。距俄屬西伯利亞甚近。黑龍江距省會東南面地均早墾熟。北面訥河縣地原名東布特哈已放出多未墾。嫩江縣地亦開放。其已領各戶均未墾刻。聞西布特哈有信放荒地。既肥沃。候領之戶亦甚多。此東三省墾殖之大略也。內蒙古東四盟牧地。多適農耕。其王公札薩克。養尊處優。役使蒙民。用財無度。多舉外債。甘受滾利盤剝之害。往往負至數十萬兩。前清畏與外人釀成國際交涉。往往代償。指荒價為抵押。民國新建。政費繁多。亦利平分荒價。以資挹注。邇日有改東四盟為省之動機。若能全部開墾。足敵吉林一省。非獨培植富力。亦以輸入文明。五族共和。非利入之土地。實願我同胞同化。追於變時雍之郅治也。俄人經營遠東。政策雄飛。高矚旰夕。不遑。實邊事宜。日急一日。移民車輛。不絕於途。拓殖銀行。隨在設立。殖邊墾隊。扼要築屯。取締我僑商。驅逐我華工。海參威之墾熟。華人力也。俄人攘斥。退無所歸。幸賴我東寧公司招集之耳。日人之於金復海蓋。組織已達完全。復於大連灣漢城設立農業銀行。遼東半島勢力益張。失今不治。噬臍無及。此皆我政府所當急起直追者。然提唱保護。責在政府。而合羣集股。以立公司。則責在國民。公司以營業為目的。而政府則有誘掖獎勸興利除弊之大權。一款項不足。當有銀行以活其金融。一豁匪猖狂。當有警隊以杜其刼掠。一屯荒居奇。當不利放荒之速。了嚴升科之期。先收照費。後收地價。過期不墾。另行招領。前照作廢。庶無滯礙。否則地價既繳。收沒則於心不安。

放棄。則於事。無濟。前清設局放荒。希速竣事。富戶達官。往往領地數十方或數百方。冀得轉售之利。奉天行政公署頃准黑省國稅廳函稱查黑省嫩江縣境經墾務局放出毛荒五萬餘晌領戶多奉吉兩省客民數年之久到段者不及百分之一。應遵照新章一律驗契。否則撤消荒價概不發還又民強報載黑龍江放出之荒已達六千七百五十餘萬晌。而開墾者不及十分之一。自本年起。所有荒地未放者一律清丈。已放未墾者一律撤佃以免奸民包攬云云。領荒者不能速墾。欲墾者無荒可領。此亦阻礙進行之一端也。今歲得一絕好領荒機會。則遼洮貼荒是也。遼源縣與洮南接壤之區。係達爾汗王游牧之地。除已放外。所餘六段。共千二百方。正擬開放。而主其事者。則奉天內務司長榮厚叔章也。查東省計畝之法。以二百四十弓為畝。今增為二百八十弓為畝。十畝為晌。四十五晌為方。三十六方為井。而每晌於丈量時又以十折七。則每方不啻五十餘晌。遼洮地氣較暖。肥沃無倫。每方並雜費三百數十兩。以一千二百方計。約需銀三十六七萬兩。與內務司面約若能一手承領。則繳價三十萬兩便可通融成交。但此機易失。一經開放。領者必多。有可乘之時。尤貴有乘時之人。此不能不望於省政府之熱心。湘人士之有力者。至於開墾之費。各公司豫算不同。原難定不移之標準。惟查東寧屯墾公司。准苦工以人力作股。一條。謂之身股。每年限定種地六晌。作工價銀八十元。三年總結所得紅利。按照二百四十元股分公攤。以此求之。不中不遠。榮內務司長本隸旗籍。自許為各公司及個人營業豫算。極工。從無失敗。大約洮遼貼荒再加三十萬金開墾。必可成功。奉俗又以十畝為天。與晌同義。一夫之力。可耕五天。故鄉人恆呼為一人地。謂五天也。開墾之費。每天約七八元之間。第一年可穫四石至六石。（奉天石四百二十觔洮遼則四百八十觔高粱白者每石值十二元紅者八九元）

益陽縣議會第一次報告書序

船山學報專論之一

益陽曹佐熙

辛亥之秋。武漢舉義。南北響應。湘鄂脣齒。戰守尤棘。時予歸自嶺表。父老昆弟不釋。乃起與同志之士。經營自治。捍衛桑梓。以舊教諭署爲適中也。葺而新之。牓書四鄉。議集賢達。其明年三月朔。應選而至者凡四十人。是爲益陽有縣議會之始。開議以後。民隱之達。官治之翼。損益因革。日有數起。積之數月。文牘遂多。乃商同人刊布。尤要得失之數。期與衆共見之。是爲益陽縣議會有報告書之始。編輯既竟。乃綴言其後曰。昔成周之盛。國有大事。詢及萬民。後世以是爲議會之權輿。究其締合之法。表決之規。世莫能道也。英倫立憲。議會乃成。法美承之。益臻閎備。代議之制。普曁州閭。文軌大通。流入東亞。憂世之士。咸欲采而用之。造端於前清。遂成於今日。求之三代。先王成憲。未必胥同。顧其以民意爲致治之原。則後先一也。一者何也。曰仁也。仁者羣之道也。人與人相偶。而大羣以成。匪有仁以維繫之。將渙然而解體也。說文以千心爲仁。蓋未有仁而不合乎人人之心者也。仁至則義生焉。義至則禮生焉。禮至則範圍不過。曲成不遺。蚩蚩之倫。咸有以自遂。古之善於立國者。胥由此也。曩者郇卿箸書。言有治人。無治法。而黃梨洲之論治也。則曰有治法。無治人。予嘗以謂二子之言。皆偏而不舉。若孟子則進乎是矣。曰徒善不足以爲政。徒法不能以自行。斯則執兩用中。百世不易之論也。人事日新。道術萬變。必吾國之所固有。而後行之。或膠固而不適於用。則采歐墨之制。亦未始非宜。然自五帝三王以降。立國數千載。亦自有其粹然無類。浩然不敝者存。六經之恉。彝倫之訓。耆儒長者之所稱道。愚夫婦之所日用而不知。人紀之所恃以維。風俗之所恃以厚不肖之所聞而忌憚良善之所託以安全是固犂然有當於人人之心可以百世不易者也若狃於法之變並其固有之美而亦夷然棄之斯則惑之甚者區區之志願與諸君子勉之並有望於後之從事於此者時民國元年七月十二日

文苑

接第二期

無識非姬漢之盛事無盲腐之奇作則僕又以爲不然矣夫聖主不惜才於異世而咸乂萬邦文人不劓說於前賢而同風三代古史成編茫茫五運一行作傳寥寥數人未聞子由以遂古爲優歐陽以晚近稱劣自遼至元其才誠媿前世而徂維求定各有任杖班朝涖官非無賢戚遼之黑山部族久推蕭氏金之青州豪傑尚有希顏若遼后燕山之戰衞王蔡州之役要皆喋血有忠抉齒同厲漠漠鬼雄之國荒荒野史之亭至於有元亦攬衆俊耶律端右之才眼明心正姚燧蘊璜之器文茂識奇故猶得囊括江河開拓疆宇逮夫雲南奉詔引車有宋昌之策江東討亂枕戈同許遠之艱斯皆冠冕青紫熠爛竹帛其不足薄三也先生又以仲舒公羊之學惟著玉杯司農禮經之疏不探金匱意欲奪戴憑之經席折王肅之談鋒揖讓鄭馬錙銖荀謝不知鼂錯受尙書兼習掌故劉向校古文亦成說苑班令深於春秋乃紀漢事仲淹擬於孔子更著元經經術明則褒貶益正理要盡則推闡愈微於以垂唐一經躡漢三史誠甚盛事也而顧以三傳之墨守留百年之闕文不已過乎其不可諉四也或又謂九州春秋所以著禍亂五朝聞見將以儲典章治必流極義存法戒遼金三朝乃乏令主百年荆棘政未立而禍興三方鼎峙威稍衰而民去曾無茁葭之仁寧有菀柳之刺則烏知道謝往聖運啓來葉羈縻荒裔則盛於元封撻伐窮邊則遠於拓跋燭龍外野嗅地而趨火鼠蠻陬候潮以至自武宣之所不臣隋唐之所不致者靡不甄畫屯蒙疏濬機智而後佛郞鐵礮來天山以西羅馬銅輪燭南極之下考之石室則無紀傳之嗣服則多算事繁於前古筦攝乎大瀛亦有鼈封爲薦食之雄鳥譚代菩提之敎裨海可見知非怪迂夏后不遠斯爲殷鑒其不可廢五也其或慮方言蕃語儚佅各殊譯字傳聲舛脫斯甚字非五雅所詳音非四聲可辨稱名釋地將無

懵焉則我聖祖皇帝秉徇齊之姿通華離之語東北四盟既有字略回準二部亦闡釋文固可以該象胥之術晰佉盧之迹蓋金鏽表文之頌久登鴻臚沮誦左行之書復入中夏舌人體委而古莽可通婆陀鏗鏘而撐犂可識其不足病六也抑茲事體大有三辨焉一則宋以後之患貧也昔之京邑千里侯國一同猶有師徒之用采沐之地豈有陵跨九州提封萬里而元豐末命酷於平準之吏咸淳虛帑算及推排之畝何其病乎一則置牧之多變也周官之職惟詳鄉黨王制之篇始述連帥洎乎分部十三乃有監刺都督踵興惟制戎兵獨何以轉運防禦五分牧令之權主部功曹一鏇參佐之務遂至漢堨唐渠榛蕪陵谷召父杜母傳舍州鄉循良苛姈均鮮効焉一則軍師之疲滯也姬宗知養兵之難則設田賦漢帝知驕兵之惰則用更番至德以還始憂厝火世主不悟收鎮兵爲廂軍而矯枉生戾改召募爲剌勇而復古滋擾若夫契丹殿前之卒金元帳下之兒其悍可使其獷終患積兵之弊更代未殫由此觀之六事之不足疑如彼三辨之不可緩如此而猶曰不修史神明之式將終不返且夫運有升降勢有沿革畸輕畸重內外相因一張一弛文武之道昔先王知九服至廣也億兆至衆也咸建君長各恤封遂俾有土物自爲牧圉以列辟衞一人以戎翟制荒外沿及李唐不廢方鎮非無枉矢之流而九牧相持亦有勁弓之寇而四夷爲守是以代天理物必黃軒之子孫猾夏燒京仍大荒之樸父自猜忍亟行屏翰盡去建隆之年從趙普一時之策廣明之朝撤完顏三鎮之師而後海水羣飛邊關四闢遠徵不足以救亂近召不足以成師遙制不可以應機獨斷不可以免罪子弟無犄角之形山川無扼吭之固則手足盡廢桓文之事以終乾坤代斬漢唐之統大變乃英君履之而不疑碩輔安之而不察自非鴻文鉅册攬六代之得失袪千載之瞀

懇豈足以解天戕絕地紀滌皇象於晻曖標帝期於靈昌哉達人偉士其必奮筆而興者焉拳拳之誠儻見省覽敬候起居不宣

與涂稺衡孝廉書

別未經旬積想彌遠荷池風露體中多宜昔太沖鍊都元虛賦海皆以宏才濬發靈境頤奉所著泰山賦砰磷鬱律信爲瑰偉之觀紙浮雲霞氣挾星漢耳目晃漾疑尋閬風蓋非特選聲結思出入二漢已也曩與足下相遇吹香亭畔握手如故人事聚散忽已十年長楊未獻南征載詠均心驅萬里跡營舊鄉則文章之美宜所殫究大抵紀物之篇難於騰軼興感之賦難於閎深斯亦詞人之一致矣抑僕私有感者甲戌入都稅駕奉高同行車十餘乘淩晨已發獨予與湘陰殷紹僑留止二日飲秦觀峯時則初夏幾望草香喧瀑靈禽語空峰碧水黃下視可數衆綠盡於天際孤月浮於足下明年予客歷城張子衡按察之閫中道過濟南趣駕同出訪松玉符連轡祉首未至三十里斜日射峰背作黃龍鱗甲之色入城夕陰仰見深黛比曉陟山晴壁澄翠宿雲散縞半峯雷鳴長松蛟舞至登封臺以上天風捲衣大地黝黑山頂浩白月盪雲影是夕宿嶽廟觀日出夜半巖赤四山鳥驚然候殊南方秋霧羃野雞鳴已三海色明滅唯見水暈天白光搖樹紅碎霞上升黔雲下擁霞渙雲縮日輪下垂雖未極眺日之勝而已睹然移情矣登岱者二故山之體勢頗得其概夫泰山非能高也人幼而習聞其高也馬第伯書云直上七十里仰視天門如穴中窺天矣今自麓至巔屈曲僅四十里耳方之匡廬天台蓋什之三四烏足以稱高而首嶽名宗哉蓋泰山之奇乃在神骨凡嶽皆盤基數百里羅舉數十峯而是山特立絕去參伍雖徂徠梁父屏列西南肅

然瑤琨釜覆東北皆岱之附庸古不並稱爲泰山也元石奮地積爲樓臺蒼龍負天自爲首尾翹趾於蒙嶧之表伸脊於東海之上陽氣下震則雲布六合泱泉內浸則風奔百神故能東靑西兗委衆川而四注陽魯陰齊截千里而橫睨是曰乾符之册府仙靈之階闥高陽太皡分祀而遺霸漢帝唐宗讋威而鏤德矣乃聞之者尊爲介邱覲之者玩爲旄敦禮之者燎柴以告過之者掉鞅而行逮入其中則洞壑千折堂阿九成巖窮岫生膚坼石立睇山脅而走河聲坐崧棢而橫北斗宵矣哉其爲怪變也春秋傳曰理大物博言其神也史克之頌曰泰山巖巖言其骨也蓋氣盛化神上德所共含深蓄景溥澤是資不然則社櫟合抱之身良於樅柏防風專車之骨聖於湯文有是理哉足下之賦靈奇窈冥可謂善言泰山已雖然南北分馳後先陟岱予則作頌未能媿文園令之封禪畫圖無術驚公玉帶之明堂而足下獨藻繡彤雲宮商瀚瀣豈非赤水之上象罔得其神珠桃林之山夸父輟其朽杖哉循覽往復駭伏無量並布所懷惟察不宣

與鄧彌之觀察書

去歲得親顏色慰甚離懷駑鈍下材益深感媿嗣以行旌駛發悵望波濤誠不料密邇都梁連年暌隔名園一去春草再新悵觸前塵鬱紆夙抱頃葆之太守來城數見衣貌聆其言論粹然儒者益歎德門積厚吾楚多材邇來海內耆宿彫落事變方興名爲循資實乃弋獲奠功者多振矜之意抱器者有屈伏之思惛心者無厝薪之憂趣利者忘滅趾之戒得結輩數人參錯方州亦可補苴尺壤而膺寄行權亦須知己古之人言功名亦有時會諒哉先生獨寤空山沈思今古必有洞悉機宜者昔盤盂之書靜而持世崔寔

之論偏而中時何者削者守闇材有一效宵炬秉晝義無兼資況乎返楫洪川覃思聖策者知不徒以幽思絢道令後世推子雲也夫盤錯屯險利在鋒銳謀謨政術道貴淵聞使其史高一薦張敞再出則夫陽城抗未央之奏蕭生發承明之議如先生者又多讓乎哉早春陟巘芳風播川白駒空谷每動遐想德基歸林慄枝汎海維楫塵途荒忽意緒糾紛欲孤守一經藉資津逮而人事牽率歲月侵尋故知懸霤可以穿石卻走無以逃景先生將何以籥之邪闊蹤久矣稍布所懷

致威毅伯書

德基丙歲道出大梁黃流迅夏趨謁節署幸接溫顏遄返湖湘三易寒暑循思厚愛莫罄翹瞻伏處幽遐未獲函謝嗣聞安瀾汴泗移節太原值三晉凶饑兩河亢旱宮保仁風潤朽淚雨噓枯以千年未有之奇災行昔賢所難之荒政深宮感悼薄海嗟咨近託鄉閭咸所引領以爲曩者創平江表羊杜讓其功今者鬻哺河東賈郭慚其化才爲世出感與天通鳳皇三集潁川適符台輔黃龍再見蜀郡轉召祥和遜聽勤施良深欣忭德基章句鄙儒行能罔算執春太學寄食靈臺幸屬休明獲交賢哲往者東過勃海西涉盟津蓋嘗撫鳴劍而指伊吾聽悲笳而臨上谷徒以寢門念切京國塵囂車馬南歸斗牛東望潛蹤千里忽復三年粗究遺經未成論說少壯之年已逝山川之感實多自去梁園關河如夢偶尋衡嶽煙雨隨人未敢妄語安危上干卿相而近觀時事每憶德威蓋希世之功非其人而莫屬知幾之業過其時而難爲也夫洪楊之禍烈矣乃耑之而不足平回捻之勢張矣乃撲之而不能遏何者腹心之憂攻我所必救塗炭之苦爲民所不容故江淮無滅竈之師河渭有枕戈之士自中原盪平以來力稍殫矣今廣東叛將竄取

越南。不肆毒內地而用武外藩。固知中國視爲荒遠之區。癬疥之疾。頃復約兵僭號。假息一隅。彼其志豈第爲衛滿陳叟者哉。越南東跨朱䳒。西連白馬。泝湞湟而上。則盧循之銳師。窺邛笮而西。則歸義之巨寇。及茲未定。尚可並攻。使越南乞援朝廷。坐視俾從容而吞象穴。談笑以出雞陵。不且中伍被之陰謀。予趙佗之便利哉。又聞東倭淩蔑琉球。迫使臣服。中山王不忘共主。固守臣節。釁端既兆。侵侮日深。意欲脅扶南以媚波斯。借焉耆而困漢使。此皆效西夷之指臂。陷東海之池隍。是以雉雊山鳴。龍堂鼎沸。在幅幀爲荒裔。非出疆用兵之時。在國家爲屏藩。無閉戶自守之理。宮保樹百戰之勳。握六奇之策。當必有深謀大計。上佐九重。俾良將勁兵。宣威萬里。昔吳漢之稱東帝。袁盎揃心。充國之策西羌。先零破膽。喁喁衆志。仰望嘉謨。海內屬心。匪獨狂瞽。德基帶索以行。請纓非職。奚敢抗迹聊城之箭。遮說武庫之兵。惟是蚤識威棱。近叨容接。義未可虛。修藻繪。仰答高深。輩不懼乎鞭。而告伯宗之善。嫠不恤其緯。而爲周室之憂。愚戇下忱。伏望垂鑒。湘山雪盡。汾河雁歸。遙望并州。益深寤歎。

八月十五夜集浩園記

晴簷暈翠。秋城夕陰。予與羅子僑居吉藩故苑。詹子約醻。攜琴赴招。市絃嘈嘈。肴盡酒溢。仰睇梧梢。葉色已白。盤徙菱芡。偕客南堂。牆高月淺。觴舉累百。乃促援軫。遠寫雲雁。麻生善歌。流響震木。前軒月上。各已中酒。浩園主人暨僧笠雲。折簡敦促。麻君別去。三人婆娑踏月而往。入環青樹。園色如曙。淡柳繪地。微烟曖空。殘荷香升。潔鷺水宿。遠聞琴聲。間以笑語。不四十武。廊盡樹立。諸君酒罷。乃話石欄。巾扇雜遝。草蘚猥藉。東則石梁矗起。有客鼓琴。詹子悅焉。調絲分几。聽者倚柱。旁引洞簫。挈壺者臥。主人罍恥。飲以清茗。

船山學報文苑之一

益陽曹佐熙

毅庵類藁 序跋

虞書釋例序

今文尚書之冠以虞者都二篇曰堯典曰皋陶謨咸虞史所作也禹貢編入夏書而篇末有曰禹錫玄圭告厥成功果夏史所作則禹宜曰王於何知之於甘誓書啓爲王知之也則禹貢亦虞史之所作無疑也虞史屬詞比事之法今不可求以堯典皋陶謨禹貢求之猶可得十一於千百也作虞書釋例

山經釋例序

都山經海外內經大荒經爲一書而題曰山海經此蓋周秦以後校讎者爲之非其始然也吾觀三經比事屬詞各自爲例疏密不同語詳釋例非一手所定無疑也隋書經籍志謂山海經爲禹所記吾以爲禹所記獨山經其篇末有自序可徵也中次十二經末禹曰以下四十字禹自序也西漢之世劉向父子校讎中祕號爲精審而於此未能鑒別儻曾文正所謂百密一疏者邪作山經釋例

海外內經大荒經釋例序

地志之古者今存無幾山經尚矣若海外內經大荒經抑其次也其例視山經爲疏矣語詳釋例顧發而明之可證異同可知沿革亦烏容略邪作海外內經大荒經釋例

上古三代藝文志序

漢書藝文志隋書經籍志所列上古三代之書多後世所依託然農家託炎帝以炎帝首敎耕也兵家道

家託黃帝以黃帝嘗滅蚩尤訪空同也景傳之作大氐有因都而次之亦足徵諸子學術之原而三皇五帝之道之無乎不冒也矧誠出於上古三代者哉作上古三代藝文志

駢文通義序

自四六之格起而駢文亡秦以前之文無不駢也迺其駢在詞氣之間對待也而流行寓焉斯駢而事義不爲之晦也未嘗規規於四六也作駢文通義

夏小正釋例序

峕憲書之紀建除宜不宜不知於何始相沿數百千年未有能正其失者授峕大典自以順寒暑之序修人事之宜爲要而陰陽五行之說導民以迷者無取焉求之三古竊有倘乎夏小正作夏小正釋例

帝繫釋例序

帝繫之諜自何人漢以來未有言之者吾考其書於帝顓頊後芈姓獨詳上自季連下終無康紅疵又稱無康爲句亶王紅爲鄂王疵爲戚章王蓋楚史所述也楚熊通立始僭稱王據史記十二諸侯年表在周平王三十一年而帝繫乃稱句亶王鄂王戚章王蓋其成書已在東遷後也自首至末才五百有七字而後世家史義例之原於斯略具蓋成周一代史政修明義例之頒示九畿者至爲孅備數百年後殊方絕國之史述其先世猶有萬度可觀王靈廣被大文遠同固理勢之宜也三代紀世之書若世本若周譜咸後史所夸述顧周譜僅存其目世本則國朝先達疊有輯本而抑非完具精審之書獨賴此存猶可考見三代家史義例綴學之士宜如何寶貴之乎作帝繫釋例峕光緒丙申秋九月

接第二期

封炎炎日當午纖纖月升東羲轡亮誰淹夸追將竟慵愼勿守狂狷斯道違中庸

贈魏順德傳熙上計還粵東

別離如秋煙荒忽歲一紀思君令人苦得見聊復喜恩光照徵車早晚復東里爲懽暑寧渫積念今重始
殷勤尊酒前何以贈君子
大府古侯伯所職在進賢下此惟牧令治民分其權耕桑豈不重禮義尤所先自從卅年來中國多腥羶
横流始粵海滑滑成滔天陰陽一交爭風俗同變遷坐令五行竭欲使三綱捐儀秦不可治申商亦徒然
辟若張瑟琴不調當改弦操術縱匪異急功卑目前孔冉昔用衞旣庶謀加焉斯道世所迂所務徒戔戔
陟君上計再寧非恫下泉
登高望東南攜手同陟屺行行重曰嗟有母生同齒多君足親娛忝我滯貧仕人生信天命遇合誠難詭
旣承詩書澤豈罔莞枯理獨茲毛生心耿耿何能已
羲和無淹轡夙脊東西馳令德雖已昌脩名長與期昔時同居友寥寥今在茲迹違誼則永道消心漸危
漆室睠六合悵然坤霜疑政舉恃人存卑官仍足爲屈信悟化理弛張隨機宜賢吏得千百安知無良時
牛刀暫一割勢將宏所施愼旃益黽勉行矣勿倭遲

送陳宜都長櫺之官 散館改部屬復改外

浮雲四飄忽九門紛別離胡爲置樽酒起坐心難怡誰非閭里好孰無親故知悠悠一以邁結念寧在茲
亮無千秋志誰復相與期寥天雙鳳皇獨令長相思大風起蘋末江河俶滑滑崇高無驟幾積漸理固然

君子恥虛位名實當昭宣承明致顯要拾級相後先委蛇始壯歲倏忽嗟莫年豈無澤民志尺寸非其權
先師魯東家辭尊居乘田况持牛刀用實聞武城絃青雲昔時友持謝相周旋
大人澂孤心至道官天地後世慕無為亦恥親細事豈知潛見理初五各殊位自從嬴秦來郡縣已分置
崇儒漢道昌經術飾吏治峨峨丞相尊于于守令致菁莪既蕩然近古風亦墜輕重苦勢畸周行遂雜廁
誰念三代民無改觀鄉易陰陽信已疑日月寧不至幸逢尺蠖屈一與陳斯義
梧桐鬱萋萋百尺生朝陽家慶一何盛重闈有輝光受福介王母親壽萬年長安車塞道路言發去舊鄉
夙聞彼都美實為荆州良山川信間曠佳氣凝蒼蒼橫流無驚波栖畝多餘糧飢寒世所患盜賊日以章
邉言逮大同亦復輸小康刑罰既罕用禮教寧不昌青青乘馬廐巍巍鴛鴦梁四時炳玉燭萬物躋由庚
錫類則聖孝所以奉高堂願聞陳令德稱兕歌無疆
徘徊重徘徊與子姑滯留滯留復何為舉目生煩憂人事殆難言天地當迴游一朝風雲至寧舍吾道謀
羌非一手烈焉能無四儔儒術卽終賤名法士所羞獨有崇明德前哲相追求千秋萬歲後可以橫九州
送子有時盡此心無時休依依臨遠渚迢迢陟高邱君子貴不見因風送綢繆

奉讀大稿各體皆雄直深重。弟尤重其五言。吾鄉船山湘綺二王而外無此作矣。作者人品在陶阮間。故擬詩皆橫絕千古三復斯文五體投地丁亥長至後弟易順鼎拜識于都門。

七言近體。瓣香玉溪。時有獨至。遣興三十首。得蘆齋之神。七古五律。格高意遠。五古根源盛大。義蘊精深。規矩於雅音而脫化於陳迹。詩學至此。可以立懦廉頑。中寔儗之船山湘綺。非過譽也。長沙張百熙識。

作者胸有千古。橫覽一時。意之所觸。藉書於手。長歌當哭。憂來無竭。擬陶阮諸詩。幾可當陶阮詩讀。然謂詩品之相似則可。謂人品在陶阮間則不可。善乎山陽潘彥輔之言曰。人與詩有宜分別觀者。以詩而論。則阮籍之詠懷未離於古。陳子昂之感遇且居然能復古也。以人而論。則籍之黨司馬昭而作勸晉之牋。子昂之諂武曌而上書請立武氏九廟。皆小人也。又曰。宋人論詩每以陶阮幷稱。不知陶之天機自運。君子之詩也。阮詩尚不逮嵇中散之樸直。何論陶彭澤哉。謂阮不如嵇。未免抑揚失實。要以視陶公之和悒流溢。曲折激盪。浩然有憂憤沈鬱之概者。固自不同。今世而有司馬其人。君子之不黨。明矣。黨之而復隱刺之。嗣宗能爲。吾知作者之必不爲也。然則謂效阮諸詩。卽陶公之憂憤沈鬱也。蓋無不可。中塞知言之士。而人品詩品一字之失。謬以千里。是不可以不辨。丁亥冬十二月二十日。百熙又識。

積土成山。風雨興焉。非復一邱一壑之美。 蔚廬

嘗謂以詩求詩。其量極於所求之詩而止。詩以外無有也。況乎於所求者亦不能到也。余素不嫺吟詠。故三十八歲以前所作絕少。自去歲季秋至嘉平三四月間。驟得百餘首。以質當世詩家。謬相稱許。遂自繕寫成帙。諸詩在風雅中。不知有無位置之處。但非以詩求詩。則固余所自信者。已戊子天貺日。瓣薑精舍主人自識。

諸詩中如反遊仙閨思湘行雜詩無題秋日雜詩擬阮效王。皆主文之旨。留心時事。如楚秋太史蔚廬

水部皆僅得十之二三。同時人且如此。何況處數百年後注前人之詩哉。甚矣讀詩者貴以意逆志也。

瓣薑又識。

近人論詩謂不宜言義理。孔孟言道。莫不引詩。是三百篇乃理義之宗。特意境高遠。非庸俗所及耳。作者眞得詩教矣。讀之起敬起畏。懦立頑廉。卽古人中豈易得哉。況著之思健舉之筆。又其餘事。庚寅端午前一日。年愚弟黃傳義謹識。

五言於阮最近。阮公假沈醉以辭婚。指巢由以勸進。藏介於和。夫豈易識。近潘德輿詆之。鄙人直謂之不知量也。後人議論往往如此。微箕虞敏。亦有呵斥。立身行事。必令同一印板。良可慨也。附書以質我友論定之義。再識。

挺振奇之懷。寫蒼茫之感。邈然高寄。精靈徘徊。斯謂宇宙在乎手。萬物生乎身。爲阮爲陶。不必如張黃之聚訟矣。夫詩之爲教。極於性命。察於人倫。非明天地之際。通古今之變。未易言也。自世以塗傳爲才。剽擬爲格。而風雅道衰矣。作者所詣。吾未卜果與先哲同軌。要能內不失其志。外不搰於俗。爲學道君子明淸爾雅之言。彰彰明矣。世變日滋。雕蟲相貴。漓本姤眞。憂在儒學。循諷茲帙。慨然長想。然則作者之詩。蓋亦有不能自已者邪。辛卯三月義寧陳三立讀訖題。

右詩九十一首。贈魏四首。戊子作。送陳五首。癸巳作。餘俱作於丁亥。自四十六歲前所爲五言古詩。都於此矣。丁亥有遣興效薑齋體七律三十首。頃復得廣遣興若干首。別冊書與宜人藏之。復書此與耘兒並錄諸評語及自記二則。其餘各體近六十首。當再別書一冊。此冊中擬阮四十首。閱歷時變形之於言。意義較爲深遠。然皆變風比興之旨。未易猝曉。但能心知其意。毋庸刻舟以求。當陶二十首詠懷二十首。言理質實。亦復平易。朝夕循諷。藉助興觀。於孔氏過庭之學。或庶幾萬一云。

丁亥以前諸詩。龔省吾太守鎮湘。劉蔚廬太守人熙。均錄有副本。張埜秋侍講百熙。門人譚知府嗣同。沈訓導兆祉。選錄過半。劉張此道能者。譚沈兩生。亦均解人云。

遺與三十首中。頃改定六語。其一因重南字韻。龔劉諸君所錄。均未改定。

詠懷詩序云。既不能至之。又烏能不懷之。頃加諷誦。則仍不能至之知及之。仁不能守之。言之匪艱。行之惟艱。余且然矣。況耘兒邪。其勉益加勉。勿怠。

光緒二十一年四月乙丑。瓣薑精舍主人書并識。

光緒癸卯。與歐陽瓣薑先生同徵入都。醵酒湖船。浩譚竟夕。儒術之衰。時事之棘。尤沈痛言之。知爲耆道君子。契闊十年。展誦遺稿。則孤懷遠識。已於文字數數見之。先師謂詩可以觀可以興。諒哉言也。益陽曹佐熙跋。

船山學報文苑之一

莽蒼蒼齋詩卷一

瀏陽譚嗣同

潼關

終古高雲簇此城秋風吹散馬蹄聲河流大野猶嫌束山入潼關不解平

雪夜

雪夜獨行役北風吹短莎凍雲侵路斷疲馬怯山多大地白成曉長溪寒不波澂清杳難問關塞屢經過

蘭州莊嚴寺

訪僧入孤寺一徑蒼苔深寒磬秋花落承塵破紙吟潭光澂夕照松翠下庭陰不盡古時意蕭蕭鴉滿林

病起

蕭齋臥病久起聽咽寒蟬竚立空階上遙看暮樹邊萬山迎落日一鳥墮孤煙秋雨園林好攜笻感逝川

冬夜

班馬肅清霜嚴城暮色涼鐙青一電瞬劍碧兩龍長調角急如語寒星動有芒遙憐諸將士雪夜成氐羌

古意

鱗鱗日照鴛鴦瓦姑射仙人住其下素手閒調雁柱箏花雨空向湘絃灑六幅秋江曳畫綃珠簾垂地暗香凝春風不動秋千索獨上紅樓第一層

道吾山

夕陽戀高樹薄暮入青峰古寺雲依鶴空潭月照龍塵消百尺瀑心斷一聲鐘禪意渺何著啾啾階下蛩

江行

野犬吠叢薄。深林知有邨。岸荒羣動寂。月缺暝烟昏。漁火隨星出。雲帆挾浪奔。櫓聲驚斷夢。搖曳起江根。

角聲

江漢夜滔滔。嚴城片月高。聲隨風咽鼓。淚雜酒霑袍。思婦勞人怨。長歌短劍豪。壯懷消不盡。馬首向臨洮。

夜泊

緊纜北風勁。五更荒岸舟。戍樓孤角語。殘臘異鄉愁。月暈山如睡。霜寒江不流。窅然萬物靜。而我獨何求。

別蘭州

前度別皋蘭。驅車今又還。兩行出塞柳。一帶赴城山。壯士事戎馬。侯封入漢關。十年獨何似。轉徙媿兵間。

馬上作

少有馳驅志。愁看髀肉生。一鞭衝暮靄。積雪亂微晴。凍雀迎風墮。饑狼尾客行。休論羈泊苦。馬亦困長征。

秋夜

何來風萬壑。城北湧驚濤。衆籟當秋爽。孤吟入夜豪。寒中鷄口噤。雨背雁聲高。無夢欲忘曉。詩腸轉桔槔。

老馬

飽櫪銅聲瘦。危崖鐵色高。防秋千里志。顧影十年勞。厮養封俱貴。牛羊氣自豪。咸陽原上骨。誰是九方皋。

西域引

將軍夜戰戰北庭。橫絕大漠迴奔星。雪花如掌吹血腥。邊風冽冽沈悲角。凍鼓咽斷貔貅躍。墮指裂膚金甲。薄。雲。陰。月。黑。單。于。逃。驚。沙。鏘。擊。蒼。龍。刀。野。眠。未。一。辭。征。袍。欲。曉。不。曉。鬼。車。叫。風。中。僵。立。揮。大。纛。又。促。銜。
枚。赴。徵。調。

登山觀雨

老樹秋陰郁路黯殘霞嶺表夕陽紅人盤絕磴出雲背鳥墮寒烟沒雨中入塞萬山青露頂穿林一磬響
摩空不應更戀浮生樂好御泠然列子風

畫蘭

雁聲吹夢下江皋楚竹湘舲起暮濤帝子不來山鬼哭一天風雨寫離騷

夜成

苦月霜林微有陰鐙寒欲雪夜鐘深此時危坐管寧榻抱膝乃爲梁父吟斗酒縱橫天下事名山風雨百
年心攤書兀兀了無睡起聽五更孤角沉

贈入塞人

一騎龍沙道路開王庭風雨會羣才筆攜上國文光去劍帶單于頸血來柳外家山陶令宅夢中秋色李
陵臺歸舟未忘鐃歌興更譜防邊畫角哀

蛻園

水晶樓閣倚寒玉竹翠描空遠天綠湘波瀅影芙蓉魂千年敗草萋平麓扁舟臥聽瘦龍吼幽花潛向詩
鬼哭昔日繁華餘柳枝水底倒挂黃金絲

洞庭夜泊

船向鏡中泊水於天外浮湖光千頃月雁影一繩秋帝子遺清淚湘纍賦遠遊汀洲芳草歇何處寄離憂

隨意

隨意入深壑山空太古春幽居在何許紅葉自爲鄰郁吠當門犬橋通隔岸人桃源亦塵境不必有秦民

兒纜船並敘

友人泛舟衡陽遇風舟瀕覆船上兒甫十齡曳舟入港風引舟退連曳兒仆兒嘑號不釋纜卒曳入港兒兩掌骨見焉

北風蓬蓬大浪雷吼小兒曳纜逆風走惶惶船中人生死在兒手纜倒曳兒兒屢仆持纜愈力纜糜肉兒肉附纜去兒掌惟見骨掌見骨兒莫哭兒掌有白骨江心無白骨

三鴛鴦篇

轆轤鳴秋風晚寒日荒荒下秋苑轆轤鳴井水寒三更絡緯嘑井闌鴛鴦憔悴不成雙兩雌一雄鳴鏘鏘哀鳴聲何長飛飛入銀塘銀塘淺翠帶結塘水枯帶不絕愁魂夜歎缺月低驚起城頭烏磔磔城頭烏朝朝飲水鴛鴦湖曾見蓮底鴛鴦日來往忘卻羅敷猶有夫夫怒啄雄雄去何棲翩然歸來鬪此幽閨幽閨匿跡那可久花裏秦宮君知否不如萬古一邱長偕三白首幽閨人去鐙光寂照見羅幃淚痕溼同穴居然願不虛歲歲春風土花碧並蒂不必蓮連理不必木蓮可折木可斸癡骨千年同一束

罌粟米囊謠

罌無粟囊。無米室如懸罄。飢欲死。飢欲死。且莫理米囊。可療飢。罌粟栽千里。非米非粟。蒼生病矣。

泝漢

漢水落天上。飛橈下急灘。嗟予泝流者。終日半程難。前度此行役。孤舟迫歲闌。豈期境重歷。風雪更漫漫。

宋徽宗畫鷹二篇

落日平原拍手呼。畫中神俊世非無。當年狐兔縱橫甚。祗少臺臣似郅都。

禽獸聲中失四京。夔夔曾笑藝徒精。錦縧早作青衣識。天子樊籠五國城。

秦嶺

秦山奔放競東走。大氣莽莽青嵯峨。至此一束截然止。狂瀾欲倒迴其波。百二奇險一嶺扼。如馬注坂勒於坡。藍水在右丹水左。中分星野淩天河。唐昌黎伯伯曰愈。雪中偃蹇曾經過。於今破廟兀千載。歲時尊俎祠巖阿。關中之遊已四度。往來登此常悲歌。仰公遺像慕厥德。謂鈍可厲頑可磨。由漢迄唐道誰寄。董生與公餘無它。公之文章若雲漢。昭回天地光羲娥。文生於道道乃本。後有作者皆枝柯。惟文惟道日趨下。賴公崛起獨沈痾。我昔刻厲躡前躅。百追不及理則何。才疏力薄固應爾。就令有得必坎坷。觀公所造豈不善。猶然舉世相譏訶。是知白璧不可爲。使我奇氣難英多。便欲從軍棄文事。請纓轉戰腸堪拖。誓向沙場爲鬼雄。庶展懷抱無蹉跎。生平渴慕矍鑠翁。馬革一語心漸摩。非曰髮膚有弗愛。涓埃求補邦之訛。班超素惡文墨吏。良以無益徒煩苛。謹再拜公與公別。束卷不復事吟哦。短衣長劍入秦去。亂峰洶湧森如戈。

隴山

古來形家者流談山水云皆源於西北委於東三條飛舞趨大海山筋水脈交相通我謂水之流兮始分而終合夫豈山之峙兮愈岐而愈弱吁嗟乎水則東入不極之滄溟山則西出無邊之沙漠錯互乾坤萃兩隅氣象縱橫浩寥霩昔我持此言密默不敢論足跡徧隴右了了識本原隴右之山崛然起號召峯巒俱至此東南培塿小於拳雜沓西行萬餘里漸行漸巨化爲一恍若朝宗匯羣水其上寬廣不可計肉張骨大狀殊異欲斷不斷勢相躄誰信人間猶有地譬如亡秦以上之文章鼓盪寥天仗眞氣不復矜言小波礫橫空一往茫無際策我馬曳我裳天風終古吹琅琅何當直上崑崙巔曠觀天下名山萬疊來蒼茫山蒼茫有終止吁嗟乎山之終兮水之始

六盤山轉饟謠

馬足蹩車軸折人蹉跌山岌嶪朔雁一聲天雨雪輿夫輿夫爾勿嗔官僅用爾力爾胡不肯竭爾不思車中纍纍物東南萬戶之膏血嗚呼車中纍纍物東南萬戶之膏血

寄仲兄臺灣

孤懸滄海外洲島一螺輕狂颶胥移屋妖霧晝滿城依人王粲恨採藥仲雍行所願持忠信風波險亦平

崆峒

斗星高被衆峯吞莽蕩山河劍氣昏隔斷塵寰雲似海劃開天路嶺爲門松拏霄漢來龍鬬石負苔衣挾獸奔四望桃花紅滿谷不應仍問武陵源

自平涼柳湖至涇州道中

春風送客出湖亭。官道迢遙接杳冥。百里平原經雨綠。兩行高柳束天青。蛙聲鳥語隨鞭影。水態山容足性靈。爲訪瑤池歌舞地。飄零黃竹不堪聽。瑤池俗傳在涇州城外

驪山温泉

周王燹燧燎于原。楚炬飛騰牧火昏。遺恨千年消不盡。至今山下水猶温。

出潼關渡河

平原莽千里。到此忽嵯峨。關險山爭勢。途危石墜窩。崤函羅半壁。秦晉界長河。爲趁斜陽渡。高吟擊楫歌。

淮陰侯墓

得楚漢家土。於君巳厚恩。黥彭俱化醢。暴露莽秋原。

井陘關

平生慷慨悲歌士。今日驅車燕趙間。無限蒼茫懷古意。題詩獨上井陘關。

盧溝橋

河流固無定。人亦困征鞍。殘月照千古。客心終不寒。山形依督亢。天影接桑乾。爲有皋魚恨。重來淚欲彈。

七歲時侍先夫人過此

河梁吟

沙漠多雄風。四顧浩茫茫。落日下平地。蕭蕭人影長。撫劍起巡酒。悲歌慨以慷。束髮遠行遊。轉戰在四方。

天地苟不毀離合會有常車塵滅遠道道遠安可忘

別意

志士歎水逝行子悲風寒風寒猶有暖水逝不復還兄我別同志遙遙千里間攬袪泣將別芳草青且歇
修塗浩渺漫形分腸斷絕何以壓輕裝鮫綃縫雲裳何以壯行色寶劍丁香結何以表勞思東海珊瑚枝
何以慰遼遠勤修惜日短墜歡無續時嘉會強相期爲君歌爲君舞君第行毋自苦

殘魂曲

漆鐙畫暝白玉缸殯宮長掩金扉雙深夜怪鵩作人語白楊蕭蕭苦月黃殘魂悄立冷露墜酸風掐臉吹
紅淚山螢一點照青燐翁仲穩藉莓苔睡秋花霣草覆蟲聲鬼車魆魆人不行夢煙愁霧織幽徑慘歌噓
怨淒寒更人生窮達空悲慕金盌荒涼同古墓君不見深林哀唱鮑家詩曉來魂氣迷江樹

說苑

接第二期

巷戰傷脛而死。公故以豪逸爲郴人所嫉。至是或以降誣公將不利于其家。會中軍某者逃歸道公死狀甚悉。事乃解。已而湖南陷。嫉者又色目公家。謂公死合沒入之妻子。皆詣僞庭置對。劣得脫。然貧乏不能自存矣。己丑左春坊諭德蔡之俊以公死事上聞。得旨予褒卹。下部。未及覆行。公死時年三十有八。

吏部主事董公

公諱雲驤。字紫冒。浙江嘉興人。以坊選文名吳越間。尤重氣義。歷引聲情以自慷慨。弘光元年虜逼浙西。公徒步從思文皇帝入閩。當事欲引官之。不聽。用流寓試中福建乙酉鄉舉。閩陷匿從姑山中。江西反正。自章江浙虔度嶺及車駕于端州。授行人司行人。時戶部尚書吳貞毓類有時望。疏薦試館職。得旨衆爲屬意。公一夕附渡船泛游佛山。試已乃返。同舍者先不知所往。及歸稍驚問之。則笑以他辭相答也。庚寅二月上移蹕梧州。慶國公陳邦傳欲以車駕入潯。又索逮其素相牴牾者給事中金堡以下四人將殺之。勾引內侍招動卿貳臺諫。自大司農而降。日夕蒸灼。譸讟類不休息。金谿緣之復入承明。崐山居潯貴爲遙指。旦夕還闕將再興大獄。鈐織舊怨太傅山陰嚴公求去未允。崑山欲排去之而後入。間通外援求眞王揣山陰勢不卽予。因致叛將胡執恭輦金粟以其子欽華詣行在。縣購擊山陰者有雷德復者以馳報江西軍情。用捷足最授兵科。失職怨望。遂應購疏言輔臣奸逾嚴嵩。結虎招權。謀危宗社。買黃金通虜拒殺詔使。罪在不赦。掇襲誣文行在爲之震動。四方差使吏民揭榜廟牆欲殺德復以快人心。金谿顧怙持之。益力調旨多飾引爲詼詞。九卿吳貞毓萬翺郭之奇給事中張孝起朱士鯤各益疏助之。嚴公註籍求放。又不遣去。路人皆言借強勳入覲。且甘心焉。時欽華賂已遍致。且無敢言者。公乃抗疏言皇上慰留輔臣不以實責罷科臣徒以名德復所參輔臣起恆事皆大逆不赦使其實也聖量雖無殺宰相之理而編管安置之罰宋法可參用也如其虛也本量雖無誅諫官之事而廷杖謫戍之刑祖制可覆舉也今兩置之不明之地而徒籠致虛縻小者使輔臣日受彈射之深文大者在道路傳有伏戎之報復臣非敢爲輔臣愛徒惜國體人心漫無主持跡類昏陰情多幽昧衆心成城國亂無政使天下後世謂皇上爲何如主臣所痛頰腐心不惜以頸血當衆人之怒也疏上內持十日不下將有期待並收繫公會所借勳鎭得在廷購書媚禱過情益厭薄之覆廷爭摘金谿隱奸疏遂中寢公亦以賫擢驗封主事其素所狎某甲方挾交持時局公至其舟則曰孰敎子爲許者公笑曰國事非騃傖兒所知吾亦非而所知乃敢問敎我爲許者乎仍飲酒不顧曰我且自壽也素狎者皆怨之公以時事日非勢不可革謬謬無居官意所知者強之始拜驗封命邑邑得疾數日卒其友周口瘞之于梧州公所著書俱失傳在端州檄徵東南死節士女特幽晦者將爲彙傳不得成帙未行于世

職方郎中李公

公諱芳先字廣生荆州江陵人脩偉美髭髯才氣沈拔少精數學後謝去讀書尙氣誼作爲詩歌類其人癸未辟難醴陵山中値醴陵陷沒結山中豪俠少年十餘人白晝突入邑城擒僞吏間獻沅撫退居山谷口不言功種秫制名酒與少年狂飲徹旦爲恆能飲五斗不醉自號酒星督師開府長沙辟幕府參謀表監紀推官監覃遇春之兵守潼溪虜以三千餘騎卒至公與遇春部諸軍伏草舍中穴壁如盌礮從穴發睨甲精馬壯者擊之人馬輒洞中殺傷二千人餘走乃出舍追擊諠聲振天餘虜蹂踐幾盡自江南用兵

徐伯珍周易問答一卷。揚州從事、

顧夷等周易難王輔嗣義一卷。揚州刺史、

宋書隱逸關康之傳顧悅之難王弼易義四十餘條。冊府元龜亦載之。悅之卽夷字也。文苑顧愷之傳、父悅之尙書左丞、非此一人、

楊乂周易卦序論一卷。司徒右長史、(釋文作左長史)字玄舒、汝南人、御覽三十八引作楊義、

初學記卷五引此書險而止山也險而動泉也動靜皆蒙險。故曰山。馬國翰曰、御覽三十八所引同、依文義當有水蒙二字、

荀煇周易注十卷。太子中庶子、字景文、潁川潁陰人、

賈充傳錄武帝詔有騎都尉荀煇。卽此人。七錄題魏散騎常侍。魏志荀彧傳注引荀氏家傳曰、閎從孫惲。按荀彧子巳名惲此當是煇字之誤字景文太子中庶子。亦知名。與賈充共定音律。又作易集解

易髓八卷

宋志云晉人撰。不知姓名。按通志藝文略有郭璞周易髓十卷。疑卽此書。

劉兆周易訓注。字延世、濟南東平人、

本傳云撰周易訓注。以正動二體互通其文。

李充周易旨六篇。

本傳　國朝謝啓昆小學攷作周易音恐誤。

接第二期

李顒周易卦象數旨六卷。樂安亭侯

袁準易傳。

魏志袁渙傳注引袁氏世紀曰準爲官詩傳。曹佐熙曰、官詩上脱易周二字、魏志袁渙傳注所引可徵也、

鄭琦京氏易注。

本傳云作天文志五行傳注穀梁京氏易百卷。

翟子元易義。

接第二期

春波所介紹者。稍息。批發昌化呈詞三紙并案卷二宗交吳再之。復作信一函道謝。并潘福堂一函。以一元加給其姨。即挑余行李者也。

感恩道中望羅望息風諸嶺

橫天瘴霧白漫漫。百里川原自屈蟠。二十里內四渡大水始至感恩 漲海腥風渡羣虎。瓊島無虎眈眈者皆外虎 深山長日睡龐羅。角鳥樹長千年蔭。地產烏木一名角鳥 孔雀花開五月寒。孔雀花樹高丈許有頭翼尾數十莖一簇性最寒對之使人冷氣森森古詩凍殺牆陰孔雀花 贏得豔陽天氣好。朝朝容我看晴巒。

初五日晴。晨起。與蕭少勛談黎峒情形。蕭以瓊崖新圖持贈。即羅正貴所測繪者。旋復與魯松喬閒話甚久。亦有知識之人也。午後出外一遊。屋廬低小。并攤販而無之。家家以綠枝樹繞屋密植。俗名旱珊瑚。有青枝無綠葉。甚毒。漿水入目即盲。即藉為籬。一荒蕪之村落而已。尚不及十所人家之多。

感恩縣小步

緩步飛沙路幾叉。蝸廬低覆靜無譁。民居矮小高不及丈避颶風也 編排繞屋珊瑚樹。家家密植青枝無葉之樹以爲藩籬高者丈餘矮者數尺名曰珊瑚樹折之有白漿入目即盲沾肉即爛 搖曳迎人蛺蝶花。花紫色如蛺蝶微風至搖蕩若飛 孤立此身淩地角。偶憑小阜望天涯。魚鹽零落無墟市。感邑無捕魚爲業者鹽每斤一文尚無消路七公司均失敗而去此間並無市肆即墟期而亦無之 一醉難尋賣酒家。

初六日大風。因知事成績表尚未查清。再淹留一天。且風雨亦難行也。余初三起患腹洩未已。昨夜哽氣有停滯之症。飲如意油一次。吞仁丹三次。乃漸入佳境。晨起素食。王浦南欲設讌相款。再三辭不獲。午刻因昌感道中所見成五古一首。致昌化感恩兩知事。又作信致吳再之。昌化言吳毓東案及苻惟英案。須移歸感恩辦理。自易了結。並五古寄之。晚入席飲酒膳亦豐此間卽猪肉亦不易得。何論其他。洵難乎其爲東道也。

西南海上書所見致昌化感恩兩縣長

驅馬西南行。烈日苦炙爍。滿目瞇黃沙。蒼莽立寥廓。蘋田何縱橫。婦嫗忙種作。胼胝雖劬勞。氣力終薄弱。血汗身如洗。短衣露臂膊。農事稍暇豫。負擔赤雙脚。百數十里外。錙銖覓約略。辛苦誓終身。老而彌矍鑠。精悍莽丈夫。晏然處幃幕。三五邀朋儕。縱談恣笑謔。或攜幼稚兒。調弄娛寂寞。衣裳飾整潔。肥鮮共杯酌。菽麥不復辨。荒原任廣漠。仰給母與妻。第求一身樂。籌得聘妻錢。此身便有託。男生卽安逸。女生亦賤薄。小娃八九歲。下衣猶未着。古有名訓垂。女織男耕鑿。今胡盡反之。婦窮夫闊綽。媮惰習成風。靦顏忘愧怍。散汚遍階除。狠藉供豕嚼。夜溲不出戶。相將汲器索。明起翻入河。盛水歸添鑊。衞生且勿論。人禽一串若。安得良有司。關心在民瘼。剴切示以程。嚴明與之約。整齊賴鞭笞。務革此醜惡。

初七日晨雨。旋陰。午前八時。發感恩。王浦南派警隊四名護送。實則送而不護。無槍幷站岡所持之木棍而無之。雇牛車三輛送至南港村。至南港村另雇夫與馬均易。且已派人預雇定矣。余欲備價渠堅不允且三十里路。三輛共不過數百文。何必多此一舉。旣發。收孀婦徐林氏無辜被搶一呈。新雨之後天清如洗。十二里至板橋市。又八里至南港村。所謂派人雇定者謊言也。雇馬無之。雇夫無之。雇牛車而亦無之。詢何故。恐歸時被刦不獲已。以重價啗之。有女挑夫應募。惟一人不肯行。擔不過二十餘斤。遂雇兩名各一串文。僅送至佛羅。據云六十里也。又五里至七毛溝。七毛溝者黎村也。先是途中遇三人同行。亦赴佛羅者。欲與結伴。言七毛溝不便獨行。余頗爲心動。聞七毛溝有黎頭家在。遂遣縣警請於黎頭。派二人護送。及行半里許。有茅屋一灣。在對山之麓。相距不及半里。余輿已過。突湧出多人。大小男女無數。有壯丁十一人。人持一鎗。奔余。喉一白犬先行。從人皆失色却走。余方冷眼觀護送之黎人作何交涉。詎稍近。見有黎人同行。頓止步。悄悄轉身。猶屢反顧不已。然亦險矣。雖無性命之虞。而行李喪失。感恩縣亦難辭保護不力之咎。將來必致釀成流血。此二黎人。不獨余之福星。亦黎之福星也。送余過山坳而返。謂可無事矣。各謝一串文。余心猶以爲功高賞薄也。十里至嶺頭市。人言數日前出有刦案。即請於該市頭人石煥昌派人護送。承派四人四鎗。人則無論。鎗則老銅帽也。此何可恃。不過藉作紙糊之虎耳。出嶺頭港。濱海行。十二里。至白沙。遣護送團丁返。各給四百。又十三里。至佛羅市。近市田禾。均已黃雲一望。其他各處之禾。抽穗亦齊。該市乃一大鎭也。多會館。有書院。約三百餘戶。屋宇整齊。近日學堂警察皆無。市西屬感。東屬崖。卸裝海關分處。卽廣州會館。委員他適。有陳介堂其人在此教授語言之學。學生八九人。皆感籍而家殷實者。爲出門貿易計。陳亦感人。官話甚佳。余至。正師徒盛膳集飲。強邀入座。余見其誠。遂與周旋。人言由感至此九十里。實不過六十里之遙。時甫午後四時也。

初八日。微晴微雨。護送之四警。二人辭歸。以前皆坦途矣。七時發佛羅。雇馬二匹。載從人。任其卡勒五串六百。權送至九所也。收感恩洗用洙呈。去年舊歷二月二十。族人洗乃賡不法。關入宗祠。處罰該黨楊禮經。糺兇勒放。洗乃賡明日復尋釁。族中不平與抗。爲楊槍斃洗用賡洗金三等二命。當報案。楊禮經洗乃賡均經拿獲。忽於去年舊五月十五。將楊保釋。楊歸更肆兇。舊九月二十。知事勸和未息。卽於本月廿五。

又將洗乃賡放出云云。查知事操守甚好。惟懶惰不理事。昨接徐林氏呈。亦稱其不理搶刦。訪之輿論亦然。眞難免尸位之誚。又二十五里至黃流市。市周繞以刺木叢竹。厚一二丈許。其縝密。雞犬不能出入。又以刺籐爲小門。僅容一人。云防黎患也。余至曲折行半里始得一門。輿夫打尖。適輿卸於萬興堂藥店門首。主人殷勤肅客入待。以茶煙隨卽煮鷄子五枚以進。余以誠意難却啗之。旋有鄉紳陳河鑑亦至。略詢鄉間安靜否。及發黃流有崖縣邢穀恩呈詞。余閱其不實不盡。未批。惟知事之放棄。幫審之貪酷。則人言嘖嘖矣。又十八里至望樓市。煙戶數百之大市場也。又二里至樂羅村。遇雨。千餘家之大村莊。又五里至九所。下店時僅午後二時。是日所見墳墓廟宇。修築精美。想見此地之富饒。及詳詢之。又未必盡然。近九所八九里間。田禾徧野。一望無際。水利尤佳。大有溝洫之遺。惟不修路。狹小低窪。任其橫溢。故屢見崩塌。路旁多蓄刺草雜木。枝交葉接。如行碧孔中。而路則成沙溝水溝。不成其爲路矣。夜復有陳錫熙陳孫氏呈詞。

初九日晴。午前六時半發九所。雇牛車一輛。勒索一串二百。載文和亭。雇馬一匹。勒索二串四百。載劉玉田。街中泥水成坑。彷彿行雲南村市中。出街口行平山中十里至鹽竈村。又十五里至酸柏鋪。再爲文和亭雇馬。勒索一串四百。又廿五里至港門。又十里至崖城。沿途經過一帶荒曠。惟修墓最精固。黎人亦然。純以磚從坑中砌起。外作圓形或長方形。羅圍亦皆磚砌而粉飾之。清明前後上墓。舉家羣集於墓門內。祭奠畢。卽團而食之。在墓之四周樹枝上挂紅綠紙。雖貧家亦然。大約留連須半日乃去。余謂頗有事死如生之概。美俗也。近城一帶多菜圃。圃有二三井。以桔槔取水。可見井之深。而沙中未嘗無水也。入南門城中無下宿處。出東門。往廣州會館。由九所至此。人言九十里。實不過五十餘里。并七折而無之矣。按縣治在府城南。中隔黎峒。由東路至府八百七十里。由西路至府九百六十五里。城周六里。高二丈。無濠。今查城垣多傾圮。牆上下雜木叢生。無北門。城中樹已成林。荆榛草莽。高出人頭數尺。民居三百餘。東門外有街一道。店戶約五百家之譜。貿易冷落。大非昔比。縣域東西距二百五十里。南北距百三十里。東至海岸六十里。西至海岸九十里。南至海岸二十里。北至儋縣薄沙司黎界二百二十里。東南至海岸三十里。西南至海岸百二十里。東北至陵水界二百四十里。西北至感恩界二百一十里。會館首事何子明。南海人。昔曾充海關分局委員。殷勤待客。言語亦通。飯後。警長黃子明。號虎臣。湘鄉人。區員關國藩。號子禎。來訪。繼之本城紳士林天民。滿清舉人。來訪。其神情頗有佯狂意味。前因責備岑西林。為其監禁六年。可想見其梗概矣。晚往晤知事鄧錦屏卓藩。他出。便道謝步警局黃關二君。均他出。夜。錦屏來訪。談約兩點鐘之久。人甚長厚。心亦明白。惟法律知識。似有欠缺。故恒為人掣肘。而不能與之爭。言欲開辦黎學堂十所。籌備常年經費七百元。已呈請立案。現已開辦二所。余勸其課程不能照內地初等小學辦法。須以尋常日用普通官話教之。教一句話。即教認識一句話之字。最尋常之算數。最尋常之倫理。以一年畢業。即趕造第二班。如此十年。自有效驗。而文化自隨之漸進矣。又言崖縣漢民不過八萬餘。黎民二十餘萬。不辦學堂。不足以弭禍。余曰。誠然。得治黎下手之方矣。又言此間鹽利甚大。每斤五文。出口可售三十餘文。如公家經營全瓊鹽務。但得三十餘萬元。已轂崖縣不過六萬元。即足矣。余謂須調查南洋越暹鹽法。安排消場。為第一要義。自備大火船四艘。往來滬汕澳香瓊崖暹越南洋各埠。兼運鹽行消海外。此有贏無絀最穩最便之生意也又言此地宜棉三年一換每年收花後斫去老榦任其發蓀樹可高五尺餘甘蔗亦然宵深作信致王浦南感恩道謝東道之誼并批交呈詞二件又批崖民呈詞五件

初十日晴遣感警二名返給茶資八百并馬及夫共五串四百蔡少泉福成來訪長沙人卽將蕭少勛介紹信遞交談其爲黎所信服之事皆公廉所致洵得攻心爲上之術矣并熟悉當日開路情形允爲作圖示余談甚久頗多經驗所謂能要錢而又能了事者也王炎州耀南來訪崖縣典獄官會同人言語甚可曉至縣署謝步錦屏出迎談及司法渠意甚不平之蓋爭權掣肘之事時相抵觸云又言黎中開路并字較十字爲佳余甚駭爲知言細審其人亦有知識而非無能幹者操守亦佳惟太長厚動爲人所制耳訪蔡少泉約余明日飲力辭謝之不允并欲遣其胞弟送余至三亞港以其熟悉該地情狀故也訪李特支連長那立交綏靖處信再訪王炎州謝步旋李特支來謝步錦屏具柬招飲辭之復持柬至錦屏亦隨至面訂又談至兩鐘餘之久此君雖稚有宦情然思作事以取名譽并好與余談相對無倦聞李那立領餉皆紙幣硬向縣署換錢錦屏作九百文一元現已虧二千有餘無怨言亦人所難者晚赴縣署飲夜以肩輿送歸林天民來談並出其前上西林書示余尙有可採之處又言將擬條陳上之當道余詢有何建白云一實業二往外國傳孔教三主張民權此言並不似風但又鬼話連篇似圖讖語大約素研易理而想入非非者慫詢余來此何事余曰請卜之令余隨意出指彼亦出指如拇戰狀已而余五彼二謂得兌巽大過之卦頗覺隱中亦奇矣臨出邀余明早赴聖廟觀禮明日春祭也

十一日晴晨起至文廟觀禮春祭也陸續收呈詞前後至十二紙是日爲趕墟之期爲時尙早市中黎男

之不着衣褲者僅數人。跟人劉雨田取袿褲數事與之。市中老嫗復慫恿穿之。均欣欣有喜色。可見黎人並非不欲着衣褲。實貧無奈耳。蔡少泉繪崖縣路線圖至。幫審吳邦杰號柱廷者來訪。鄧君頒胙至。牛羊猪肉各一肘。謹領之。作信致李隱塵省長。附五律一首。批呈詞八紙。錦屏來談。並贈多珍及痧藥丸藥午時茶諸品。程儀紙幣洋一百元等等。受藥而餘璧。強之再三。受大石榴二枚魚翅三扇蛋糕一塊。談至兩點餘鐘之久。言及魚鹽之利。崖縣每年可出魚四十萬擔。儋縣約五十萬擔。感恩亦二十萬擔。其餘臨昌陵萬諸縣或七八萬及八九萬不等。全瓊不下百五十萬。如每擔抽稅二百文。所得已不貲矣。至鹽之利全瓊每年須食五千萬觔。其運銷於內地及安南新嘉坡各埠者。尚無確數。每擔祗收稅一元五毫。計算年約可得七十餘萬元。即以常年鹽田稅而論。可得三十萬元。尚有牛皮捐一項。現每年包納三十萬外報効五萬。實則可加收至五十萬。又言瓊州產米之區。以陵水為最。收一年可餘五年。崖縣收一年可餘四年。萬寧瓊東會同收一年。均可餘二三年之譜。惟文昌雖豐年。亦不敷本縣之食云云。晚赴蔡少泉飲少泉贈以沉香少許石蟹四枚。云自反正以來。此物滯消。故販者絕少云。夜以肩輿送余歸寓。便道至縣署辭行。至審廳謝步。旋崖人孫毓銓來訪。今晨晤於文廟者。寧鄉周子秉斌來訪審廳書記。頃會飲於少泉家者。胥深林天民來談。遣人送呈詞十二紙交鄧知事。

十二日晴。天甫明。錦屏即來送行。言及鄭大輝案中命件。全屬子虛云云。余不暇與辯。然亦恐言者未必毫無欺飾也。第以說謊者未必如此膽大。倘准相驗。將從何處覓尸耶。又有呈詞者。當即面交鄧君速理。午前七時發崖城。鄧派警隊四名馬二匹夫一名。又派少泉之弟福勝道上照料壹是。八里至南山門。人

瓊遊筆記

言十二里。又十二里至新溝營。人言十八里。沿途訪鄭大輝案。知之者無不言槍斃人命是實。又十里至中和。人言十五里。山中老藤甚多。飛舞夭矯。莫可名狀。杜少陵詩藤蔓曲垂蛇。恍惚之也。迷道穿插。乃得出。見有黎頭一墳。甚壯麗。中原官宦之塚不及之。入崖以來所見墳墓建築精美。黎人尤甚。黎人生則衣服可不着。家室亦極陋。獨墳墓則殊講求堅實。亦異矣。又十里至馬嶺。人言十五里。起行至此。實不過四十里。皆行平山中。草木蕪穢。未見田原。或間有之。皆旱乾未能耕種者。時遇黎人男女羣行。年少者亦多標緻可觀。馬嶺爲一市場。約五六十家。有村塾一所。小學生三十餘人。見客入。羣起向客合掌揖。其書皆尋常日用之語言。均抄本。間有古文。亦抄本。教授頗似得法。惟先生一人。戴黑紙匡眼鏡。高坐神龕下。眼從黑匡鏡上射出。視客傲不爲禮。羣兒皆矮坐。置書長橙上。爭讀之聲如蛙鼓。由馬嶺出海岸。沿海濱行三十里至三亞港。午後三時也。人言六十里。實乃混說。烟戶三百餘。無大店。商務亦蕭條。住商務分會會董王裕猷。警長林錫輝。招待殷勤。乃鄧錦屏所先容也。又有祁陽人陳濟庵亦來招待。一望而知爲能幹。乃蔡少泉所介紹而便余詢問黎中情狀者。是日途中收呈詞二紙。皆被寃抑久羈囹圄者。取而批之。作信致鄧知事。並力辯鄭大輝案中命件之確實。如果查無其事。請出具切結呈報省長。並將余所批鄭家二呈及此函合呈省長。余再請省長派人至黃流暗查。果無斃命之事。余然後將黃流之一店東一鄉紳之姓名宣布。請君嚴治造謠誣官之罪。

十三日晴。晨起遣崖警四名返。給茶資八百。旋邀同陳濟庵（祖虞）往勘楡林港。乘小艇至江鼎山下。逾山坰。過下秧村鐵爐坡。約五六里至楡林港。右岸港周圍約四十里之譜。左山麓皆石。水深。右乃沙坦。須開

接第二期

立法行法

任法不如任人六部之法多矣而書吏之弊更多心不公明雖有良法百條行之全失其美意心誠公明則法所未備者臨時可另增新法以便民（批張錫鑅）

立法者但求大段妥善行法者當於小處彌縫（奏陳李續賓戰績疏）

佐熙謹按郁子言有治人無治法黃梨洲言有治法無治人孟子則曰徒善不足以爲政徒法不能以自行文正之恉蓋於孟子爲近

用人

同人之道於野則亨於宗則吝以其私狹也本部堂筮仕有年左右親信之人湘鄉同縣者極少劉撫院部相從三年僅保過教官一次近年則左右近習幷無湘鄉人員豈鄉黨親戚無一人可用哉亦不欲示人以私狹也（與督銷局程道恆生）

人才

收之欲其廣用之欲其嚴大約有操守而無官氣多條理而少大言本此四者以衡人則于抽釐之道思過半矣（與李黼堂）

得人不外四端廣收愼用勤教嚴懲（日記）

多其察少其發酷其罰以此馭委員釐務當有起色（與吳竹莊）

任事之人不能有譽而無毀有恩而無怨自修者但求大閑不踰不可因謗議而餒沈毅之氣衡人者但

求一長可取不可因微瑕而棄有用之才苟於嶢嶢者過於苛求則庸庸者反得倖全與惲次山

天下無一成不變之君子小人今日能知人能曉事則爲君子明日不知人不曉事則爲小人寅刻光明公正則爲君子卯刻偏私曖昧則爲小人與郭筠仙

（未完）

坿編

接第二期

船山學報附編之一

徐明謣編

國語 自十月一日起至十月滿日止

十月四日

以齊愛鐵路敷設權許與俄國。

齊齊哈爾至愛琿間之大鐵路。延長三百餘英里。橫斷物產最饒之黑龍江中部。我國久有意自行經營。上年曾命黑龍江民政長朱慶瀾實行調查。繼因其建築費須三千萬之鉅。中國財力無從支辦。終至送讓於俄人之手。將來此路告成。俄國在東方之勢力愈擴張鞏固矣。

參政院以代行立法院職權質問政府對付日軍侵犯中立事。

略謂其一日軍佔據濰縣以後。我政府曾否向日本提出抗議。日政府作何答覆。其二日兵紛紛西竄。羼入濟南一帶。我政府曾否向彼詰責。膠濟鐵路我國商股甚多。安能視爲戰利品。其三英國此次與德宣戰。聲明爲扶助比利時中立起見。今靑島之役。英日聯軍何以在歐洲則極力尊重公法。在中國則與日本同爲此破壞中立之舉。我政府曾否與英抗議。其四日軍所至。往往有慘殺良民姦淫婦女之事。我政府曾否調查實情。曾否執言仲理。若謂軍隊偶爾不愼。無庸苛責。則去年南京平亂時日本商人闌入戰線。誤傷被戕者。日人嘗責我履行極難堪之義務。今我萬分遷就。許以假道。可謂仁至義盡。日軍果有此等舉動。我政府曾否與之嚴正交涉。懲前毖後。使我軍民之氣。得以稍平。其五聞日軍所至。多發行軍用鈔票。日本究據何種權利。在我國境內強制行使此種無定值之貨幣。當日俄戰爭時。日人在奉天發行此項鈔票後此以正金銀行兌換券易之。然至今正金券在東省者數千萬。何嘗有一文直接兌現。實則布不換紙幣於我境。使我物價騰踊。生計恐惶。此次事前曾否通告我政府。發出之後。我政府曾否過問。本院謂宜與之嚴重交涉。令軍隊採買物品。皆用現銀。以上各端。皆全國人民所共爲驚疑。痛外交之失宜。懼國亡之無日。或設救亡敢死之團。或倡排貨修怨之議。若外交當局不能以國權切實之保障。明示吾民。萬一激成度外之舉動。將何術以善其後。

令以國慶日致祭民國成立以後陣亡將士。永著爲例。

令禁私人著述含排斥友邦思想之小學教科書。

外交部呈請將私人著述小學教科書內含排斥友邦思想者。查禁其發行。

大總統申令曰。民國成立以來。向以親仁善鄰爲政策。小學教科書。係國民教育根本。正宜納諸正軌。養成任重致遠之人才。豈容以排斥友邦之學說。鼓吹青年。致啓學校虛憍之風。而失政府敦睦邦交之旨。著嚴行查禁。

令地方官慎選正人辦理保衛團。

令曰。漢制游徼主禁盜賊。保衛之責。聿重鄉官。前經頒布地方保衛團條例。令各省於未設警察地方。酌量設置。藉以防遏匪盜。保乂善良。卽本此意。顧立法必求盡利。而任事尤在得人。團練保甲。本爲我國舊政。如果奉行不善。則利未形而害先見。衛民之政。轉以病民。不可不慎防其弊。大凡十室之邑。必有忠信。欲責其出而任事。必須地方官廳駐防軍隊。力任保護。使其生命財產。毫無顧慮。而後能壹意圖功。否則爲衆任勞。因公受累。匪黨尋讎以報復。宵小挾恨以傾排。不克保其身家。遑能衛其閭里。迨至正紳望而裹足。豪猾藉以進身。外託保衛地方之名。內爲窩藏盜匪之窟。號召朋黨。魚肉鄉愚。爲虎作倀。教猱升木。姦宄何由斂跡。良懦何由得安。嗟我小民。實逼處此。遂不得不暱比匪人。藉爲免禍保身之計。甚或接濟槍械。供給飲食。藉寇兵而齎盜糧。甘罹大辟而不恤。誰爲民牧。納諸阱中。苟得其情能無惻怛。夫當此盜匪充斥之際。巡防偵緝。兵力既有未敷。不得不資民力以爲之輔。必人人各盡其捍衛桑梓之責。始足以保公衆之安寧。是在地方官愼選正人。共擔義務。優予禮貌。以崇其體。寬假事權。以盡其能。苟有成效可觀。勿輕於更易。果使勤能卓著。則量請褒揚。至於猾胥蠹役。盜賊每恃爲護符。劣弁宄兵。匪類或暗通聲氣。皆足妨害捕務。敗壞團防。尤在該管文武嚴明約束。有犯必懲。庶士氣獲伸而匪氛可戢。著各將軍巡按使都統順天府府尹分飭所屬切實遵行。務期文武一心。官民一體。於以廓清匪孽。綏靖閭閻。用副本大總統除暴安良之意。

公布京兆尹官制。

第一條　中央政府所在地方稱京兆。置京兆尹一人。爲京兆地方行政長官。依法律命令執行該管區域內行政事務。指揮監督所屬各縣知事。管轄河工及巡防警備等隊。並受政府之特別委任。監督財政暨其他特別官署之行政事務。

京兆之地方區域。依另表之所定。

第二條　京兆尹爲執行法律教令。或依法律教令之委任。得發布京兆地方單行章程。

前項京兆地方單行章程不得與現行法令牴觸。其應以法律敎令規定事件。仍呈請　大總統核辦。

京兆地方單行章程之發布。依公布法令程式令之規定行之。

第三條　京兆尹於所轄各縣知事之命令或處分認爲違背法令或妨害公益侵越權限時。得停止或撤銷之。

第四條　京兆尹於所轄各縣知事認爲應付懲戒者呈請　大總統交付懲戒。並詳報內務部。

第五條　京兆尹於所轄各縣知事認爲應給奬勵者。呈請　大總統給予奬勵。並詳報內務部。

第六條　各縣知事。由京兆尹呈請　大總統任免。並詳報內務部。

第七條　京兆尹於所轄各官吏查有貪劣款蹟。得逕行撤任。仍開具事實。依第四條之規定請付懲戒。

第八條　京兆尹受政府之特別委任。監督京兆地方財政時。有稽核賦稅出納及考核經徵官吏之權。其經徵官吏之任免懲奬。由財政分廳廳長詳請京兆尹核辦。轉咨陳財政部。

第九條　京兆尹於所轄及政府委任監督之各高級官吏。按六個月臚列辦事成績。加具密考。呈請

大總統核辦。

第十條　京兆尹監督所屬特別官署。各依該官制之所規定及該主管部之所委任行之。

第十一條　京兆尹於該管區域內遇有非常事變之際。需用兵力。或爲防衛起見需用兵備時。得咨

請駐紮鄰近之軍隊長官派兵會同處理。

第十二條　京兆尹公署設總務內務教育實業各科科長一人。由京兆尹呈請　大總統任命。各科科員由京兆尹委任。詳報內務部分別敘等註冊。其員額由京兆尹按事務之繁簡擬具相當人數。呈請　大總統核定之。

第十三條　京兆尹公署之經費另定之。

五日

復笞刑。

前司法總長梁啓超條陳司法計劃。請酌復笞杖以疏通監獄。由政治會議議覆以吾國。卽用笞刑。未見。有傷國體。惟此項換刑。宜有限制。至是司法部訂易笞條例十一條。凡處短期刑者。均改爲換刑。

日軍佔領膠濟鐵路

初日軍侵入濰縣以西。外交部照會日使嚴行質問。日使至外交部答覆。謂膠濟鐵路屬德國官產。德人利用該路運輸糧械。中國不加制止。現濰縣以東已劃作戰區。濰縣以西尚有德人管理。於日本軍事大有妨礙。故代接站派人代管營業事務。一俟戰事結局。卽首行撤退。外交部當卽駁覆。謂膠濟鐵路。完全一中德合資公司。按國際公法。交戰國私產在中立國領土之內。無論何國。不得侵害。劃定戰區時。聲明濰縣以西爲中立地帶。日政府業經承認。今無故派兵佔奪路線。不得不認爲破壞中立。違背公法。至是日軍竟佔據之。並更名爲濟青鐵路。

長江巡閱使張勳入覲。

六日

日軍入濟南。。。

日軍派野村中尉率兵於六日夜半抵濟南。在車站沒收機關車三十輛。客貨車七百輛。於是山東鐵道全部線路皆歸日人管理。此外又佔據沿路之黌山博山坊子三大鑛山。

濟南戒嚴。。。

八日

清皇室諭遺臣捐款。

張勳報捐萬元。

九日

令褒揚民國死難士民。

好生之德。人情所同。不幸躬遇亂離。橫被鋒鏑。見危授命。取義成仁。諡爲國殤。哀動行路。洵足增光史乘。興起懦頑。自改革以來。秩序紊亂。暴民土匪紛起。如毛荼毒生靈。魚肉良善。凡生命財產之瀕於危險者。不知凡幾。本大總統不忍生民之疾苦。挽回浩刼。締造共和。辛苦支持。幸而獲濟。迴憶數年之間。萑苻不靖。井里爲墟。每有抗拒凶鋒。慘遭非命。孤人之子。寡人之妻。顧此孑遺。益懷愴惻。矧茲義烈。可無表彰。著各省行政長官分飭所屬。將民國死難士民。采訪事實。彙咨內務部立案。以待褒揚。俾闡幽光而垂久遠。

十日

大總統訓示小學生

今當舉行國慶紀念大典本大總統閱兵禮成進而與小學諸生相見於心至快諸生須知今日之紀念乃舉民國成立以來之歷史一一繪諸吾國民之心目中者也民國之所憑託者在民欲締造新國家舉國民之思想能力道德習慣不能不根本刷新以奠新國之基礎而應世界之大勢培植之以底於成者在國民教育本大總統以國民教育方針須本之國情民性補救其缺點而充以必不可少之知能特掬誠爲諸生告第一注重共同道德吾國素崇道德以數千年拘於政俗之結果或流爲自私自利或僅爲鄉黨自好兩者其於個人私德雖優劣有間要其缺乏共同之性厥失維均須知今日之國家以國民精神之存在與否爲盛衰存亡之斷冀諸生能以共同道德發揮國民之精神此爲愛國之第一義第二注重獨立能力國有惰民有形之害在社會無形之害在國家吾國古時惰民之禁綦嚴爰及後世斯禁漸弛民乃日偸羣趨於附屬生活之路其病在倚賴太甚苟簡自安個人之品格既汚國家乃不復有中堅國民之勢力須知今日之國家在世界能否占獨立之地位全視國民在國中有無獨立之能力爲斷冀諸生預儲獨立能力造成獨立之國家此爲愛國之第二義第三注重尙武精神國家以國民爲後盾國之不競實其民之不競爲之吾國承文勝之敝以講武爲鄙事以退嬰爲美德體格積弱遇事畏葸甚至視國家徵兵爲非常之舉不自知其爲應盡義務之一人須知今日之

國家強弱之表徵。以國民體力心力之強弱爲斷。冀諸生各以尚武精神爲強國之準備。此爲愛國之第三義。現在時局艱難。本大總統慮遠憂深。以爲非於國民教育培其本根。不足以拯救垂危之勢。國民教育。非本前愔不足以針砭舊俗之失。而樹新國之模。顧瞻前途。殷憂方大。雖極竭蹶。懸的必赴。凡所詰誡。共見共聞。爾諸生勉旃勿忽。

十一日

財政部創立新華儲蓄銀行。發行儲蓄票。

財政部以銀行制度尚未完備。今之因勢利導。亟宜籌設者。莫如儲蓄銀行。外既可便利零星存戶。養成人民節儉之風。內卽以吸收多數現金。輔助國家農商之業。因飭令中國交通兩銀行籌集資本百萬元。創立新華儲蓄銀行。擬具暫行章程。呈請公布。

十四日

督理江蘇軍務馮國璋等電請令日本軍隊退出濟南濰縣。否則政府當預備最後之解決。大總統電戒其不可暴烈從事。致礙邦交。

十六日

褫前護甘肅民政長張炳華職。

張炳華在護任內。縱容幕僚索賄賣缺。經文官高等懲戒委員會議決褫職。令從之。並交法院將其聽受運動。誣陷屬官各節。按律訊辦。以儆官邪。

十七日

臨清關監督安茂寅褫職。

令曰前因近年徵收釐稅及經手公款各員多有侵蝕。當嚴定懲治及徵收釐稅攷成各條例公布在案。茲據財政部呈臨清關監督安茂寅到任已逾一年。該關二年預算數二十六萬八千餘元。僅據報收十五萬餘元等語。核計所虧在四成以上。難保無侵蝕情弊。亟應嚴予究懲。安茂寅著照例先行褫職。卽由山東巡按使派員押解到省。嚴行查辦。如查有侵蝕在五千元以上。卽呈請交由法院按例懲治。以昭炯戒。倘或扶同揜飾。必當一併重究。總之改革以來。徵收款項者往往視侵蠹爲固然。朘商民之脂膏。無所不至。耗國家之收入。愈肆其貪。此而不予究懲。何以裕財源而挽頹習。該巡按使務宜切實查辦。勿稍徇隱。以副澄清蠹弊之意。

湖北巡按使呂調元籌設湖北通志局。

湖北通志自清嘉慶以後。迄無成書。光緒初年。巡撫彭祖賢立局續修。閱二十餘載。始獲定稿。歷時旣多。書非一手。舛誤歧出。釐正未遑。軍興以來。遺稿散佚。呂調元以湖北居全國之中。政教夙著。又爲起義首區。事蹟之關於民國。旣鉅且繁。又經世大文。端資碩學。編纂宏富。尤賴羣材。老成耆舊日就凋零。通志之修。萬不容緩。因籌設通志局。並聘請張仲炘爲修志總纂。期以三年成書。

十八日

中華基督教會開全國祈禱大會。

祈禱世界和平也。

令縣知事不得濫用盜匪條例道尹不得受理民刑訴訟。

現行制度。於未設法院地方委任縣知事兼理司法。於通常訴訟程序以外。規定懲治盜匪條例。乃各知事辦理殊多舛誤。如懲治盜匪例第一條所規定。凡應處死刑之各種盜犯。均已一一列舉。其他犯罪行爲。既不在列舉範圍以內。自應依常律處斷。而縣知事竟以類似之犯罪。比依條例第一條處以死刑。又第七條定巡按使對於縣知事之報告。認爲有疑誤時。得飭令再審。派員覆審。或提交高等審判廳審理。是知事審結盜匪案件後。應鈔錄全案供證。正式詳報。即使案情緊急。亦應詳細電報。以備巡按使審核。而縣知事往往以極簡單之電報。請執行死刑。殊非愼重人命之道。至各省道尹。僅有監督司法之責。並無受理民刑訴訟之權。乃越權受理訴訟者。亦復時有所聞。統系不明。職權尤紊。至是司法部呈請申令各知事。凡依常律處斷之罪。不得比依盜匪條例處斷。而依盜匪條例處斷之案。不得簡率電陳。此外如非刑逼供。法所不許。濫押苛罰。律有明條。應隨時嚴禁。其道尹受理民刑訴訟一併禁止。令從之。

參政院代行立法院質問財政疑義。

第一對於預算與本院職權關係上之疑義。本院召集已逾百日。新會計年度開始已三月。而預算案未提出。第二對於財政狀況及將來計畫疑義。養兵費居全國歲入之半。全國軍隊實額幾何。洋賠各款能否敷支。鹽稅比較增收幾何。驗契費實收幾何。鐵路營業每月能餘幾何。內國公債收現款幾何。

釐金整頓有無籌策印花稅內地烟酒稅有無切實推行辦法要求答覆。

二十二日

前順天府尹王治馨正法。

王治馨在順天府尹內警官納賄藉案婪贓經肅政史夏壽康等糾彈交平政院審訊確鑿由大理院判決死刑大總統批令立予槍斃當未槍斃之前為王乞恩者甚衆大總統不允王為大總統之舊部夙以精敏稱大總統不以私廢公於既決之後為之流涕並厚䘏其妻子。

二十四日

因王治馨案申儆百官。

昨據司法部呈覆判決王治馨納賄婪贓一案業飭依法執行王治馨前曾供差北洋多年尚稱得力民國成立歷官內務次長巡警總監亦有微勞不意在順天府尹任內改行易操竟有警官納賄情事法者天地大典其罪既無可宥未便因其前功足錄致使國家法律屈而不伸而知人其難言之實深浩歎顧念京外官吏如王治馨其人者未敢信為必無毖後懲前不可不引為大戒須知國家之敗由於官邪賄賂公行闒茸競進國無不亂京師為首善之區觀瞻所繫各部院局長官固宜清白乃躬以轉移風氣為己任外省自巡按使各道尹以及財政高等審檢廳長均有用人之責無論地方知事與民最親關係特切即經徵之吏司法之官皆與人民有切近之利害如果政以賄成官以利市不特薰蕕莫辨曲直混淆庶政因之墮壞且長官取諸屬吏即使為數無幾而屬吏之倍蓰取償於人民者其

受害奚啻數十百家痛苦之深何堪言喩興念及此盡爲心傷此等枉法婪贓比諸盜賊殺人刼財殆有過之悖入悖出理無或爽一經發覺雖去官已久猶必按律逮問盡法嚴懲身敗名裂悔將何及欲爲盈封殖長子孫計不亦愚之甚乎現今國勢艱危果令上下一心孜孜求治猶慮不足圖存設再貪濁成風其何以國記曰大臣法小臣廉官職相序國之肥也而小廉必自大法始凡爾有位其共勉之

二十五日

外交部以日本軍司令部在山東所發告示侵犯中國主權向日本抗議

二十七日

公布立法院組織法及議員選舉法

立法院組織法

第一章　議員

第一條　立法院爲民國議會以左列各議員組織之

一　中央特別選舉會選出者四十人

二　各省選舉會依左列定額選出者二百零二人

直隸奉天山東河南江蘇江西浙江湖北四川廣東等十省每省選出十人

吉林山西安徽福建湖南陜西等六省每省選出九人

黑龍江甘肅新疆廣西雲南貴州等六省每省選出八人

三　各特別行政區域選舉會依左列定額選出者九人。

　京兆四人。

　熱河二人。

　綏遠一人。

　察哈爾一人。

　川邊一人。

四　蒙古西藏青海各選舉會依左列定額選出者二十四人。

　內外蒙古十六人。

　西藏六人。

　青海二人。

第二條　立法院議員任期四年。

第三條　立法院議員不得兼任參政院參政及行政官吏但行政官吏係由蒙藏青海選出者不在此限。

第四條　法立院議員到院後。發見議員資格有疑義時。由議長指任議員十三人以上組織特別委員會審查之。

前項審查之結果。報告於議長。付院議決定之。

第五條　議員於開會後滿一個月尚未到院者。應解其職。但有不得已故障報告到院時。得以院議展期延至兩個月爲限。

第六條　議員辭職之許否。由議長付院議決定之。

第七條　議員有缺額時。由立法院咨請　大總統。以該選舉會之候補當選人遞補之。其任期以補足缺額議員之任期爲限。

第二章　開會停會閉會。

第八條　立法院之開會日期。自每年九月一日起至十二月末日止。

依約法第三十二條之規定　大總統宣告延長會期時。其延長期間。以兩個月爲限。

臨時會之開會日期。由　大總統以教令定之。其開會期間不得逾常年會期三分之二。

第九條　立法院之停會。由　大總統依約法第十七條之規定宣告之。但停會期間。每次不得逾十五日。

第十條　立法院開議時。如　大總統有停會之宣告。其議事須卽時中止之。

第十一條　立法院之閉會。於會期屆滿之前三日宣告之。

第三章　議長副議長。

第十二條　議長副議長之選舉。用記名單記投票法分別行之。投票至二次無人當選時。各以第二次得票較多者二人決選之。

第十三條　議長維持院內秩序整理議事。對於院外爲立法院之代表。

第十四條　議長指揮監督秘書長及其所屬職員。

第十五條　議長有事故時。副議長代行其職權。

第十六條　議長副議長之任期以議員任期期滿爲限。

第四章　委員會。

第十七條　立法院委員會分爲左列三種。

一　全院委員會。

二　常任委員會。

三　特別委員會。

第十八條　各委員會之組織。於立法院法定之。

第十九條　委員會爲審查事件。得向政府要求報告或調集文書。除事涉秘密者外。政府不得拒絕之。

第五章　議事及提案。

第二十條　立法院議事日程。由議長定之。

第二十一條　立法院於約法第三十一條之議決。可否同數時。取決於議長。

第二十二條　議員對於議案有關係本身者。不得參預表決。

國　　聞

第二十三條　關於法律或預算及其他重大議案。非經三讀會不得議決。但因大總統之要求或議員十人以上之動議。經院議可決時。得省略之。
第二十四條　大總統提出之議案。非經委員會審查不得議決。但關係緊急因大總統之要求經院議可決者。不在此限。
第二十五條　大總統提出之議案未經議決以前。得隨時提出修正案並撤回之。
第二十六條　議員提出法律案須有二十人以上之連署。其他提案除別有規定者外。須有十人以上之連署。
第二十七條　議員提出之法律案。如大總統依約法不公布時。同會期內不得再行提出。
第二十八條　預算案自交付審查之日起。須於三十日以內提出審查報告書前項期限如有必須延長情形時。經由院議決定之。
第二十九條　預算案會議時。議員提出修正之動議。非有二十人以上之贊成。不得作爲議題。
第三十條　關於約法第三十一條第七款之建議事件。非有議員十人以上之連署。不得提出。
第三十一條　關於約法第三十一條第八款之要求答覆事件。非有議員二十人以上之連署。不得提出。
第三十二條　關於前條答覆事件。除依約法第四十二條規定外。大總統得以文書答覆之。
第三十三條　人民請願書。非有議員五人以上之介紹。不得收受。

第三十四條　請願事件。非經審查不得提付院議。

第三十五條　牴觸約法之請願。不得受理。

第三十六條　干預審判之請願。不得受理。

第三十七條　請願書不合程式者。不得受理。

第三十八條　請願書對於政府或議會措詞不守相當之敬禮者。不得受理。

第六章　大總統代表之出席及發言。

第三十九條　國務卿各部總長及特派員。於立法院之會議。無論何時。得代表　大總統出席陳述意見。但不得因此中止議員之發言。

第四十條　國務卿各部總長及特派員。於委員會審查議案時。得到會陳述意見。

第四十一條　委員會得經議長要求國務卿各部總長及特派員到會說明。

第四十二條　國務卿各部總長及特派員之出席立法院。不得參與表決。

第七章　立法院與官署及人民。

第四十三條　立法院除對於　大總統外。不得直接行文於行政或司法官署。但法律別有規定者。從其規定。

第四十四條　立法院不得向人民發布告示。

第四十五條　立法院不得因審查事件召喚人民。

第八章　經費。

第四十六條　立法院經費由國庫支出。

第四十七條　立法院經費之款目如左。

一　議員公費及旅費。

二　議長副議長交際費。

三　秘書廳及警衛處經費。

四　辦公費及預備費。

前項之公費旅費交際費以法律定之。

第四十八條　前條第一項所列各款經費其數目於預算案內定之。

第九章　附則。

第四十九條　立法院秘書廳警衛處之編制以官制定之。

第五十條　本法自公布日施行。

凡一百九條。

立法院議員選舉法。

與日本訂膠濟鐵路臨時條件。

凡十七條。一膠濟路綫日軍既已完全佔領保護之責。仍歸中國巡警担任。現有濰西日軍專為接管事宜足數應用。不得再增兵力。二將來派鐵路專員接管此路開車後。所有紮駐兵士。卽行撤退。三日軍所駐地點。應以膠濟鐵路車站爲範圍。不得軼出車站範圍以外。日軍兵士如有特別勤務須出鐵路範圍以外者。應由本管官長發給憑照。如無憑照者。由華警查出。卽送交日軍官查究。以防匪人冒充。日軍有損名譽。四所有膠濟鐵路原設護路之中國警察。仍照舊設置。担負保護該路責任。其保護方法。仍照舊辦理。遇有違犯鐵路章程及偸竊鐵路物件者。如經日兵拿獲。須交護路警察按律懲治。五所有關於膠濟鐵路之交涉問題。應由政府解決之。不入本條件範圍之內。六原在鐵路辦事之德人。日軍對之不得有侵犯舉動。七在鐵路以外之德人生命財產。日軍不得損害。八日德兩國若有交涉之事。應由日軍轉告中國交涉員。間接與德人交涉。無論如何。日軍不得與德人直接交涉。九日軍如需購買物品等事。應由日軍官長逕與商會接洽。商定辦法。日兵不得藉口購買物品。遊行街市。不得使用軍用手票。以免與華人發生誤會。致起衝突。十膠濟鐵路原用之中國人。仍一律繼續用之。十一如有匪徒假冒兩國兵士擾害地方秩序者。得隨時拘捕。送交各該長官按律懲辦之。十二無論車內站內。如有匪人。中國軍警可以直接緝捕。十三如有假藉日軍名義。設立各種妨害治安之機關者。不論中國人日本人。均一律嚴禁之。十四膠濟鐵路開車之後。中國應派軍警隨車偵查。以防匪黨擾亂地方。遇有不便穿着制服時。得與管路人員接洽。明白發給執照。改著便服。十五日兵如有不守臨時約條。踰越範圍時。如情形迫急。不及知會日軍官長。得由中國警察先行干涉。送交日軍官查究。十六以上各條純係本省爲互免誤會藉期維持秩序免生意外起見。不得視爲中國政府業已同意日本管理經營膠濟鐵路之要求。並不得視爲中國代業主讓渡該鐵路固有之權。十七此項臨時約條。如有應行增續事件得由日軍官長與中國特派交涉署互相磋商協定。總以保秩序免衝突敦邦誼爲主旨。

廣東省城炸斃數十人。

二十五晚省城東隄水警廳。曾有人抛擲炸彈。軍警爲之戒嚴。至廿七日。又有炸彈聲發現於東隄長安酒樓傷斃數十人。該彈係由海邊飛來。炸力比前更巨。粵政府下令大索。

二十八日

政事堂通電各省查緝女亂黨。

天津第一臺旅館內有女子二十餘名。假充娼妓。希圖探聽軍情暗殺官長。經駐津第六師許少將探悉前往搜查。獲女亂黨七名男亂黨五名。手鎗炸彈危險物多具。津沽各要塞礮臺地圖一冊。訊明一律鎗斃。由直隸軍署呈報政事堂。通電各省一律查緝。

美博士李佳白上書大總統請復自治開議會。

略謂自治制度與代議政治立憲國之本體尤共和國之要素。 大總統既力謀治權之統一。於前尤宜謀民志之統一。於後歷舉理由。語多切中。

三十日

設籌備立法院事務局。以顧鼇爲局長。

接第二期

船山學報附編之一

益陽徐明譯編

鄰戒 自十月一日起至十一月十一日止

以保護同種之故而與異種戰德奧與俄與是也繼則與同種者仇與異種者接英與德及英與日是也今土耳其又加入戰局則擴張及於宗教問題矣視洲界種界愈浩漫矣若果如此中世紀之禍其復見於今之世與吾國之崇奉科侖經者占五大民族之一矣倘以迷信之故而盲從附和以尋干戈相征討則吾國政治上之危險將何如乎而持國柄者或尙未暇計及此也編者識

十月一日

土耳其封鎖他達爾海峽。

英俄屢要求土耳其准其戰艦通過他達爾海峽以侵奧土拒之令封鎖他達爾海峽。

二日

司哥太里天主教徒與回教徒鬬。

其地已罷市成無政府景象天教教徒家屬紛紛向門國避難。

三日

德軍攻哇沙挫衂不克退走。

英遣裝甲巡洋艦搜捕太平洋德艦。

英欲搜索太平洋之德國軍艦遣裝甲巡洋艦孟莫慈號好望號克羅司號沿南美西海岸以行。

九日

德軍陷比都安都厄爾比。

德以猛力攻破安都厄爾比。自是比之要塞盡失。幾不能軍。援比之英軍皆逃入荷蘭境。爲荷軍所囚。

德司令巴塞爾示諭居民。凡不仇德者。其財產均予保護。

十三日

比政府遷於法國。

比之國境既殆全爲德有。無地可居。乃由哇斯丹赴法國哈爾佛。法待之有加禮。許比皇在境內有治外法權。如教皇之在意大利內所享者。

奧擊敗俄軍於東蘭克特。

俄軍退出萊姆堡。

十四日

德軍佔不魯日。

俄巡洋艦與德潛行艇戰於波羅的海。

德被毀二艇。

俄軍及德軍戰於華沙。大敗。

俄損失一萬五千人。在波蘭境內維斯土拉河之東退走。

十五日

青島美國領事率中立國人民及德國婦孺非交戰人出境。

十六日

德軍取哇斯丹。

哇斯丹與英倫相隔僅一衣帶水。

十七日

德兵艦及英兵艦戰於荷蘭海之附近。德軍擊沈英巡洋艦一艘。英軍擊沉德魚雷艇四艘。

十八日

英南非洲屬地叛變。南非全部戒嚴

其領袖爲陸軍大佐梅里賚。

俄高加索居民變。俄自北薩拉卡亞調兵平之。

英領印度加爾革達變。英自摩爾太調兵討之。

二十日

德軍及英法聯軍自北海至拉巴塞尼曷濮特至狄克斯末特伊泊爾至末蘭伐爾蘭至拉巴塞各陣地連日大戰。

二十一日

日本攻台東鎮。

久不能下。日軍損傷甚多。

二十二日

俄軍及德奧軍大戰於加里西亞。

戰場自瓦勒斯起至布爾塞米斯倫。內戰線凡長五百華里。兩軍隔維斯土拉河及三尼河相對而峙。一以扼德奧軍至克拉科之通路。一以防俄軍之南下。兩軍約近五百萬人。為空前之大戰。德軍戰後退出華沙。

法屬東京老開土民叛變。

法屬東京政府公報稱老開及營盤附近之蠻民甚為不靖。法國駐使已赴營盤維持秩序。蠻民猛攻路蘭州軍港。且圖攻擊老開營盤間之脫萊呼車站。現已派槍手一分隊前往保護。河內日內謠傳法國將不能佔有東京。但日本已准備助之云。

二十五日

英派加拿大兵至蘇彝士河。自埃及調回印兵。

二十七日

德軍及俄軍大戰於華沙。

徐伯林式飛船於城上天空擲下炸彈。居民紛紛出走。

非洲亞歷山大英國防軍與印度兵大激鬭

有印兵三十人爲軍事執法處判決死刑

德國克虜伯礮廠趕造巨礮

用工人四萬六千名趕造六十生的密達口徑之攻城大礮此等大礮之礮彈每個重四噸至五噸據德人之目的將安置海岸攻擊英國之海軍根據地並聞德國新製之大礮彈大過於人身能入土數十丈再爆裂陷地數方里其礮軍人尚不能施放須用製造之工師管理之

三十日

土耳其向俄宣戰

土素親德欲乘機借助德人以併巴爾幹半島以洩恥至是土軍艦在黑海轟擊俄國口岸並俄國礮船土國陸軍預備攻埃及

三十一日

日本海陸軍會同英艦夾攻青島

自二十五日起連日礮擊青島要塞至是開始總攻擊德軍礮臺多受損害其中以小湛山及湛山礮臺著彈獨多青島附近之煤油池被彈著火烈燄冲天青島市街各處火災陡起

意內閣因軍費問題意見不合辭職

十一月一日

英法與土耳其外交斷絕。

英法駐土大使已奉本國政府之命離君士旦丁。

二日

俄皇親赴前敵。

三日

埃及戒嚴。

土之加入戰局也固以德為主動力利用數百年俄土之反目及最近之巴爾幹戰爭此蓋德之外交著著成功者也今土以援德奧之故對於三協約國遂奮然蹶起其所以致茲之徑路雖有種種而德帝之與土親善自稱為回教之保護者大施其懷柔政策實為一大原因土之蹶起雖於世界之戰局上無甚影響而土乘此時機以侵入埃及則實一重大問題因此仰蘇丹為法皇之一億回教徒若所在團結起所謂神聖戰爭則最蒙打擊者當為英國或遂合小亞細亞埃及波斯及印度之一部為強固之宗教結合則間接及於歐洲戰局之影響固甚大矣。

土耳其政府向俄抗出近今黑海軍事變道歉書俄覆以過遲不能磋商。

英法艦隊轟擊他達尼爾海峽礮臺。

礮臺亦被破還擊未中一船聯軍未受損失礮臺受傷頗重。

俄軍高加索軍攻土耳其。

英海軍部宣告以北海一帶爲軍事區域。

英海軍部宣告德人藉中立國之旂。沿商業航路。亂置水雷。故北海一帶。必須視爲軍事區域。此後船隻駛行自喜不黎得斯島經過洛羅島而至撫斯蘭島之航線者。如不遵海軍部之指示。則自蹈危機與人無尤。又稱藉中立國旂幟埋置水雷。藉網魚船醫院船及中立船偵察軍情。乃德國海戰習見之特色云。

四日

德巡洋艦及英巡洋艦戰於智利沿海敗之

德艦沙恩霍斯脫號。納遜諾號。奴痕堡號。萊浹節號。德雷斯登號。在智利海濱擊沉英艦孟莫茲號。好望號。德巡艦現已停泊於伐爾帕萊沙。未受損害。德報宣言德國大艦隊自成立以來。迄於今日方有一戰。而一戰卽勝。英夙負海上霸王之尊號。雄視五洲。而一戰卽敗。誠非世人所能逆料也。

阿富汗國發兵十餘萬赴印度邊境。與印度革軍聯絡。

七日

日英軍攻陷德國租借地靑島

自上月三十一日開始總攻擊。連日用重礮向靑島防禦線及各礮臺轟擊。德軍防禦有方。雖以糧盡援絕之少數軍隊。猶能支持多日。日軍初以爲傾全國之軍攻蕞爾之島。指日可陷。至是始知其實不易。攻乃以死力進攻。於六日晚由四方村並力南進。至本日用強襲法組織敢死突擊隊。就海泊河右岸澎浦街之線進攻。突入德軍中央礮壘。卽佔領其地。俘二百人。於是分三隊進攻。左翼隊向小湛山堡壘前進。中央隊向臺東堡鎭前進。其一部隊又向中央堡壘西方之仲家灣礮壘地方前進。均攻拔之。德軍第一防禦既破。乃進攻各主要礮臺。以第一線之步兵部隊會同工兵。向伊爾的斯、畢士馬克、毛奇三礮臺進攻。兩軍殊死戰至一時許。竟佔領之。德籓籬盡撤。知不可守。乃於青島觀象臺懸白旂投降。青島四圍火光燭天。街市悉付之一炬。計是役日本陸戰軍之死傷者一千五百十八名。海軍則高千穗艦觸水雷沉沒。死者二百餘名。英軍死傷共十餘人。

八日

日本東京舉行攻陷青島慶祝大會。

日本傾全國之力。又加以英軍之助。未及三月。卽將青島攻陷。實爲未有之勝利。捷聞。朝野上下均以攻陷之速。出人意外。內閣總理大隈重信入覲天皇。恭上祝詞。並派員分赴海陸軍省祝賀。內閣各省均舉行慶祝。東京市中皆懸國旂。行大慶賀會。

九日

德巡洋艦愛姆登號爲英巡洋艦西萊特號擊毀於柯柯斯島

愛姆登號爲德大艦。載重三萬六千噸。裝甲極爲堅固。載四零一寸口徑礮十尊。發射五磅重彈丸之礮八尊。機關礮四尊。又潛水魚雷管二具。歐亂發生。曾橫行印度洋各處。所到之海道。英國航務完全停滯。其速率甚強。輒能避去聯軍各國戰艦之追擊。至是駛抵柯柯斯島。轟擊大東公司電局。希制斷其海底電線爲英巡洋艦西特萊號所攻。迫觸礁擱淺。旋遭焚毀。艦中將士死傷甚衆。

德奧聚軍於脫蘭雪佛

君士旦丁宣告德奧軍五萬人聚於脫蘭雪佛。圖破壞羅馬尼亞之中立。倘羅不許德兵假道。將步比國後塵。

十日

英法軍及德軍激戰於尼曷濮爾及里斯河間。

近日以來。英法聯軍與德軍相持。雖無日不戰。而戰局變動甚少。本日兩軍戰於尼曷濮爾及里斯河間。甚爲激烈。聯軍已固守陣地。在尼曷濮爾東北得有進步。至拂曉。尼曷濮爾運河上狄克斯末特鎮爲德軍所得。聯軍現固守該鎮四郊。全線大局仍未變動。

俄軍及土軍戰於高加索境之卡濮里古伊。

日本於青島施行暫時軍政。

俄軍敗德軍於里克。德軍退走。

英皇封英倫銀行總理康烈夫爲貴族。

英政府於開戰之初。英倫銀行之預備金共有英金四千萬磅。至八月七日。減至二千七百萬磅。至是乃增至六千九百五十萬磅。實爲從來未有之巨額。英首相愛斯葵盛稱倫敦財政家救濟時局之功。爲不可沒。英皇特封英倫銀行總理康烈夫爲貴族。以酬其庸。

十一日

德國戰地稽查員赫林格拉脫中將在北法康勃雷宣布在英囚身畔搜獲特姆特姆毒彈。

回教主曉諭教徒勿助三協約國

德文報稱回教主曉諭其全體教徒。凡助三協約國戰者。乃凶徒。非勇士。當受宗教之懲罰。論者謂土以奄奄一息之國。今不恤與英法俄三強為敵。實由其民族所遺傳雄武之美德猶有存者。而摩哈默德所謂上帝假予劍戟之威以宏教法。亦尚深中於民心。故奉其教而樂為其援者猶衆。非可以一戰之勝負即定其興亡也。

中華民國四年十月出版

船山學社印行

船山學報

第三期

定價表

期數	定價	郵費 本國	郵費 日本	郵費 各國
一期	四角	五分	一角	一角五分
預定半年	二元二角	三角	六角	九角
預定全年	四元	六角	一元二角	一元八角

廣告例

期限	一期	三期	六期	十二期
一面	十二元	三十二元	六十元	一百十元
半面	七元	十八元	三十二元	六十元
四分之一	四元	十元	十八元	三十三元

◎面頁底頁加倍

編輯者　益陽徐明謌

發行者　長沙小吳門正街　湖南船山學社

印刷者　上海商務印書館

分售處　上海商務印書館　各省商務印書館分館

湖南船山学社　编辑

船山学报（二）

湖湘文库编辑出版委员会
湖南师范大学出版社

湖湘文库
甲编

分册目录

第一卷第五期

① 原件短缺。

第一卷第七期

民國四年十一月二十日出版

船山學報

第四期

湖南船山學社印行

毋忘國恥

船山學社徵文條例

一本社爲研究學術集思廣益起見按期徵文其目如左

一船山語類敍例

二論現在教育之缺點及改良之法

三提倡國貨條議

四擬條各省通志議

五史學叢書敍目

六釋史拾遺

七經籍纂詁拾遺

二海內通疋有以右開各題文藁見惠者除擇尤登入學報外並贈以學報一分及四元以上十元以下之酬勞金

三酬勞金及贈報於惠藁登報後送達之但惠藁者須開明住所

四本社編輯事忙惠藁無論已登未登概不送還以省手續惟數期之後必將篇目及譔人姓名列覽報告一次以答海內通疋殷勤見惠之心

船山學報第四期目錄

薑　齋　灣

（薑齋子王子晚年自號也）

薑齋灣　在南嶽雙髻峯之下至衡陽城一百六十餘里至衡山城八十餘里明末衡州城陷　先生從

頤考武夷君結廬其地因山多薑薑能人飢饉號爲薑齋時人現名爲薑齋湖廬久不存今特照之亦如象山雙洲之誌之意

石鼓書院

石鼓　在衡城之北實一郡佳境

先生遺跡不可考然詩集中多有石鼓之句

師說

本報月刊一册按期出版全年定價四元郵費三角六分半年定價二元郵費一角八分如荷訂閱全年或半年請查照下列預約單塡明幷現款至本社總分發行所訂閱當照單按期寄送不誤惟祈鑒察

湖南船山學社啓

預約單

姓　名　號　住　省　縣

地方今向湖南船山學社定閱

船山學報　册自第　年第　號起至第　號止

計共洋銀　元　角　分並郵費　元　角　分

照奉請卽收入將收據寄下以後按期照寄爲要

年　月　日

接第三期

則財恆足說得容易見不必更求生聚之法

呂氏說亦只是大綱如此而不盡於此固當大概虛講

孟獻子二節

此二節講章云理財由於用人者非乃惟不好利則不用小人也以欲聚斂故用聚斂之臣必自小人矣言必由用小人也彼爲善之句要緊以好利故以小人爲善若如獻子言寧有盜臣豈善之而使爲國家哉大抵此章以不好利奪民爲要民之所好止是財耳

上節不以利二句以理言爲國不當以利爲利而必以義爲利得國得命之本也此節二句以利害言言國之得失惟義斯利而利則害也

船山子王子授義 中庸

船山學報師說之一

中庸全旨

一部分爲五段　第一章總論大要以靜存動察爲體中庸之實學上推其所以必然之理於天而著其大用於天地萬物以極其功效之費　自君子中庸至唯聖者能之辨能體中庸之人　自君子之道費而隱至哀公問政章廣陳中庸之道　自自誠明至其孰能知之言能體中庸之人備中庸之道者唯其德　末章又總論之示學者由靜存動察而深造之則盡性至命而上合於天載　第二叚步步趕到聖者上　第三叚鬼神及問政章歸本誠

上。第四段大哉聖人之道。言至德仲尼祖述章。言小德大德皆歸本於德上。此一篇之脉絡也。

第一章

本文自天命說到教上。順理以言之。乃立言之意。則自教推原到天上去。以明修道之教本以率性而所率之性。乃天之所以爲天而命乎人者。故君子之修不可但于事爲上求合於道。必靜存以體天理不息之誠。動察以謹天理流行之幾也。

此章分二段。皆言以人合天之理。　前三節自天命說到教上。以明性命於天。君子體聖人之教。必修道以率之。理之本然。卽爲功之必然。　後二節自性情中和之本體。說到位天地育萬物上。以明能率性以修道。則固有之本體。必極乎皆備之大用。

天命之謂性句。兼人物言。乃程子借中庸以論道。須如此說。（註本程子詳或問）若子思本旨。何曾說到物性上去。物之性。却無父子君臣等五倫。可謂之天生。不可謂之天命。至於率性之謂道牛率牛性。馬率馬性。豈是道。牛耕馬乘。人爲也。非天命也。

註。禮樂刑政。固是教。而此章所言之教。卽下存養省察之學。所以爲學之法。卽教也。修道不僅是道之散見者。

註。自蓋人知己之有性以下。乃後儒據祝氏本編入。朱子原本不然。若依祝氏本。則與下文不貫通且一部中庸並無與異端辨性之語此三句是一篇大綱何與後不相照應耶況云人知己之有性而不知其出於天語亦有疵人唯不知有性無不知命於天者即如說食色是性亦是言甘食悅色之出於天斷無說性是人爲之理今錄朱子原註於後　原註云蓋人之所以爲人道之所以爲道聖人之所以爲教原其所自無一不本於天而備於我學者知之則其於學知所以用力而自不能已矣故子思於此首發明之讀者所當深體而默識也依此註則理明而文義貫矣

道不可須臾離故修之者不可須臾忘若應事接物則有不睹不聞則忘則當其忘時既已違道而應事接物之道亦似道而非道也（按無以直內則私意苟且）是故二字緊頂乃其所以必然者則以道率於性不因形聲之有無而不存於心也

莫見乎隱二句乃言自心中顯見不可作十目十手指視說此必有存養之功方得莫見莫顯玩或問則知之　顯見止是是非分明暗處乃心機動處尚未有善惡全局了了意中細事是覺得無大得失不妨游移　此上言君子知道之率於性而爲天命所時與人陟降者故其修之之功必如此其密也乃由理之當然知工夫之必然

喜怒哀樂二節言性情本有此中和之德以具衆理應萬事故能存養省察以致之則其功效有周徧乎天地萬物之大用也乃由工夫而及功效特溯其所以然之由於性情耳　有

謂愼獨後乃能中和者謬存養省察乃致中和之功非以此故而中和也然以中和爲人人皆然之德則又可疑凡人自有情未發時而可謂之中乎此二句須添數字衍之方明蓋言此性之存於喜怒哀樂未發之時者則所謂中也此性之發而爲情而能皆中節者（能字要緊）則所謂和也以性情之本體固然言之旣不專屬君子亦不槪指不修道之凡人此亦率性之謂道之意而前以道言此以德言爲異故又須從性說起

程子謂此中字是不偏不倚無過不及意蓋四情未發無過則無無過無不及則無無不及但其萬理全備則不偏不因事物而有則不倚故謂之中　和者應事接物皆適得其宜不與理相乖不與物相戾也　喜怒哀樂之未發與不睹不聞不同不睹不聞以事物未接言未發以己之所以應物者未出而加物言彼所言者道之常存於心此所言者德之可被於物也　天下二字隨所用而異有以天下之事言者有以天下之人言者天下之大本天下事之大本也天下之達道己所以成天下之事待天下之人之達道也

位焉育焉焉字不當以矣字代之言矣則以瑞應言之中庸講到配天處亦不言及景星慶雲麟遊鳳舞且言位者豈無致中和之君子有天翻地覆時耶育養也人育之也非徒然蕃殖暢茂之謂也位焉育焉言君子皆有以位之育之也位者裁成輔相以成其覆載生成之本職育者各得其所無暴殄之傷而全其材以成用也此以中和之大用言謂之功效則可

謂之效應則不可。 凡言天地皆以神化言。不以穹然在上之天積土在下之地言。
自第二章以下至十一章。皆以人之不能中庸者步步說去。自小人以至遵道之君子。皆不能而以唯聖者能之結之。唯字總頂此一段之脉絡也 小人是自暴之惡人。民則不知有中庸之庸。衆知愚賢不肖。乃欲學中庸而限於氣稟之偏。不能盡力以擇執者。素隱行怪。乃用功而偏且妄者。遵道之君子。則所遵者正而不能靜存動察以致中和者。

第二章

此章乃大分別處。小人乃堯時四凶與後世申商秦始皇之類。反中庸。是立意要反。亦自有濟惡之才。故能無忌憚肆欲妄行。乃小人之心。非無忌憚則做不得許多惡事以爲政教。故於君子有靜存動察之德。而致中和之大用。天地懸隔。
君子中庸。君子而時中。乃立一君子爲榜樣。反形小人。見君子依中庸如此其至。小人反中庸如此其惡。

第三章

此以凡民言之。雖不能中庸。亦不敢反。故歸咎於世教之衰。民鮮能。非謂盡人皆可能而無能之者。乃謂天下之人無有一人能自拔於流俗而能之者也。至字是極至意。與聖人人倫

之至也至字略同民之德必以此爲不易之準則時解有至平常亦至神奇於至字下添歇後語者謬

第四章

此知愚賢不肖皆有志於道者知是聰慧愚是愿樸賢是敏決不肖是拘謹偏則俱偏而皆有望道之質過不及以發而不中節言擇善不精固執不定以至不能中庸須知過非過於中庸中庸無可過處止有不及但其所發而爲事者有過耳仁則過於柔義則過於剛是也

此人字以知愚賢不肖之欲明欲行者言故曰莫不飮食若小人則飮非所飮食非所食矣飮食是在道上的故責之以知味知味愈擇愈精而執之不數

第五章

第六章

用其中於民其字指所問所察用於民乃用之以施政教於民不當云用民之中

此及回之爲人章立一擇善固執之矩而以明過不及者之所以失能如舜則不特知者知所裁而愚者亦獲其益能如顏子則不特不肖者可勉而企及賢者亦不以志廣而反失其恆惟其不能故不明不行

第七章

第八章

舉顏子者以顏子爲孔子所望明道之人唯其能行所以能明 拳拳服膺是取所得之善體驗之於心弗失是默識而不忘

第九章

三可字與不可字相應前三也字起第四句言可均天下可辭爵祿可蹈白刃之人不可能中庸非四平語小註添許多枝葉言此三者做得恰好便是中庸非是云可均可辭可蹈安見其非恰好能中庸者自有靜存動察之功非但於三者求中也

均是制法度使各得其分如井田封建等事

此章亦與道其不行矣人皆曰予知二章意同言明行亦必須勇知則勇於好善而擇之不倦仁則勇於行善而守之不失然非果能中和之大勇則亦不能故以下章證之猶前舉舜顏之意但此章不專言白刃可蹈而並均天下之知辭爵祿之仁則以天下之難均爵祿之不易辭知仁中須帶一分勇方能故知仁勇分之則三合之則勇於擇執爲二統之則知仁至而勇裕如誠仁誠知誠勇爲一須活看

第十章

衽金革死而不厭亦是伏節死事者非北宮黝一流人

和而不流中立而不倚雖不妨在處人持己上說然自從大本大原上來必致和而後能處人皆和必致中而後能所持守者中有云和易流者非可云和易流其可云中立易倚哉流是喜怒哀樂情一動而不能止以失其節和則適得其節而不流倚是倚於事物而所立以爲本者不能常存中立則心恆有主而非有所倚言中和則自不流倚復言不流不倚者以此見其強耳

此上六章言知不大仁不至勇不誠者雖有志於明行中庸之道而皆不能

第十一章

索隱行怪是異端其亦謂之強者以索隱則亦勇於知行怪則亦勇於行其明所明行所行也亦極用其功後世有述亦明其所明行其所行而異乎性命之眞理蓋老莊一流實高於過不及不知味之學者特不正耳　索隱病在索字立意搜求不知率性之本然行怪病在怪字　隱字無病（按君子之道費而隱索隱者離費以求隱而不知體之微即著而爲用之廣也）

半途而廢與不能朞月守不同不是後面改易而不遵道乃只做得前一半將後一半靜存動察之密功致中和之大用廢下不求其至

遯世不見知乃闇然淡簡溫不著於外人不能知猶夫子所言下學上達莫我知之謂遯世與世之好倘異而不求合也　聖者之所以聖待第五叚方明此但虛虛引起知盡仁至亦

是賛其成德中含一誠字未說。前言君子中庸。此言君子依乎中庸。皆是言君子之所以爲君子唯聖者能之方是君子而時中之極致

在此叚只講到知仁勇止。上面更有一層工夫在存養省察以盡性立誠。則此叚所未及乃中庸之次第。

第十二章

自此以下至哀公問政章。皆言中庸之道。以申明難能之意。謂之君子之道者。君子以此道體中庸之全體大用也。要皆以發明道之本然。見率性中有此皆備之理。不可及。修道工夫俟第四叚。

一章皆言費而隱。在其中。即夫婦所知能。亦有隱在。非以聖人天地所不足者爲隱也。自夫婦之愚至人猶有所憾。皆言君子所修之道。故君子以下及詩云節。乃言道體之本然。唯道體本然。故君子所修者如此。

君子之道而聖人不知不能者。道日新而漸以明。備時未至。事未起。論未定。理未出也。憾惜也。缺也。人惜其有缺憾也。與怨恨之恨音義皆異。天地之大以化育之神化言。非謂形體之無涯也。人猶有所憾者。非天地有所不足。乃其必待君子裁成輔相。以利人之用。非可任天地之本然。而即合人情者也。總之言有憾者。言君子之道能使無憾。天下莫能載。謂極

天下之財力欲全承載道之所有而無所遺不得莫能破謂盡天下之聰明欲求一小事小物之間隙謂無當於當然之理不得此言事事物物無大無小皆具至當至中之理也

鳶飛戾天一節多說成一個恍惚活動伶俐物事其始之者剽竊禪機時文講章又剽竊其剽竊耳須知鳶飛之上更有無涯之天魚躍之下更有無窮之地此但就人思慮所及事爲所至兩間化育之區宇而言有物則有事有事則有理氣機之流行卽有元亨利貞之天德爲仁義禮智之性體有形有象之可見聞卽爲知之所當致行之所當力明白昭著在人之能察而已　活潑潑地乃程子贊子思下語之妙非謂鳶飛魚躍之活潑潑也

造音皂作也造端猶言作始若讀作糙解作行而至也則與端字不接道之本體既徹大小徧上下而皆在所以君子之道必與之相符作始於夫婦之所知所能而極至於化育流行之大皆詳審而著明之　夫婦以夫婦之與知與能言

第十三章

第十三章言盡天下之人皆道之法則所著第十四章言盡天下之境皆道之酬應所宜第十五章言卽日用之事爲道之所極

道不遠人言道卽於人而見也天下之人人也己亦人也卽此而道在焉下三節申明之人有人之情人有人之理遠人爲道者不求之於情理而高者託於空虛卑者滯於名法皆無

接第三期

臥之間。覺了不誣者。作用以起。自非然者。亦不得謂之心。惟其然而可謂之心。惟其然故亦僅謂之人心矣。以了以知。以作以用。善者恆於斯。惡者恆於斯。彼之所謂識也。了無不覺。知無不能。作不固。作用非固。用任了任知。任作任用。總持而無有自性。終不任善而任惡者。彼之所謂智也。善於斯惡於斯。瞥然一興而不可止。用之危也。不任善不任惡。洞然寂然。若有若無一切皆如。而萬法非侶者。體之危也。其曰父母未生前者此也。其曰無位眞人者此也。其曰離鉤三寸者此也。而探其大宗。則一言蔽之曰無。儒之駁者。亦曰無善無惡心之體要亦此而已矣。有者不更有而無者。可以有有者適於無。而無者適於有有者有其固有而無其固無無者。方無若有而方有若無。無善則可以善。無惡則可以惡。適於善而善不可保。適於惡而惡非其難矣。若無而俄頃之縛釋。若有而充塞之妄興。岌岌乎有不終朝之勢矣。故曰危也。若夫有不更有而適於無。固有此而本無彼者。彼惽不知。殆盲者之於日。極意而得髣髴耳。所以然者。人心無相續之因。則固可使暫澄者也。自好之士。厭飫於惡而思返。矯斂於已末分析人心之動機。嗒然喪據。因剷滅以觀其靜。則人心之下游。壅閉渟洄。如隔日瘧之有間也。斯其時非無淸朗廬涵之光影。如蕉空中。如水暎月。迷留玩悅。因以爲妙道之攸歸。終身處堂以嬉於人心之中。而信瀠危之可保。是猶秦兵南向。而田建墮防。拖雷北返而似道奏功。其固本保邦之術。近取之國中者。覿面而自失之。以故恆性泯。彞倫絕。陷於貪獸而不自知則共城松柏之歌阜亭湖水之恨終與桀紂均亡斯亦可哀也已嗚呼大舜咨嗟以相戒告子釋氏寶重以爲宗象山姚江畔援以爲儒王畿李贄竊附以爲邪其聖也如登其狂也如崩大概亦可覩矣夫舜之所謂道心者適（丁歷切）於一而不更有者也（一即善也）惟精惟一僅執其固然而非能適於有弗精弗一或蔽其本有而可適於無者也未發（人心）有其中（道心）已發（人心）有其和（道心）有其固有而未發無不中（獨人無衆）已發無不和（如人不飛）無其所無者也固有焉故非即人心而即道心（廣釋之）僅有其有而或適於無故曰微也奚以明其然也心統性情者也但言心而皆統性情則人心亦統性道心亦統情矣人心統性氣質之性其都而天命之性其原矣原於天命故危而不亡都於氣質故危而不安道心統性天命之性其顯而氣質之性其藏矣顯於天命繼之者善惟聰明聖知達天德者知之藏於氣質成之者性也舍則失之者弗思耳矣無思而失達天德而始知介然僅覺之小人（告子釋氏）去其幾希之庶民所不得而見也故曰微也人心括於情而情未有非其性者故曰人心統性道心藏於性性亦必有其情也故曰道心統情性不可闚而情可驗也今夫情則迥有人心道心之別也喜怒哀樂（喜怒未）人心也惻隱羞惡恭敬是非（衆擴充）道心也斯二者互藏其宅而交發其用雖然則不可不謂之有別也於惻隱而有其喜於惻隱而有其怒於惻隱而有其哀於惻隱而有其樂羞惡恭敬是非之交有四情也於喜而有其惻隱於喜而有其羞惡於喜而有其恭敬於

喜而有其是非怒哀樂之交有四端也故曰互藏其宅以惻隱而行其喜以喜而行其惻隱羞惡恭敬是非怒哀樂之交待以行也故曰交發其用惟仁斯有惻隱惻隱則仁之有也惟義斯有羞惡羞惡則義之有也惟禮斯有恭敬恭敬則禮之有也惟智斯有是非是非則智之有也若夫不仁不智無禮無義非惻隱羞惡恭敬是非之有也故斯心也則惟有善而不更有不善有其善而非若無無其不善而非若有求則得之而但因固有舍則失之而遂疑其無道心之下統情者且然而其上統夫性者從可知矣豈若夫喜怒哀樂之心仁而喜不仁而喜下而有避彈之笑仁而怒不仁而怒下而有誶母之忿仁而哀不仁而哀下而有分香之悲仁而樂不仁而樂下而有牛飲之歡當其動發不及持而有垂堂奔馬之勢當其靜如浮雲之散無有質也於己取之於獨省之斯二者藏互宅而各有其宅用交發而各派以發灼然知我之所有不但此動之了喜了怒知哀知樂應感之心靜之無喜無怒無哀無樂空洞之心而仁義禮智之始顯而繼藏者立本於宥密以合於天命之流行而物與以无妄則動之可東可西靜之疑無疑有者自成性以還幾且交物而爲心之下游審矣夫於其目則喜怒哀樂之情四也於其綱則了知作用之靈一也動其用則了知作用之瞥然有矣靜其體則鏡花水月龜毛兔角之渙然無矣翻目而存綱據體而蔑用奚可哉故爲釋氏之言者終其身於人心以自牿也夫道心者於情則異彼也故危微之勢分於性則異彼也故執

中之體建藏於彼之宅而彼皆我之宅則人心之動初不能有東西之宅人心之靜初不能有無位離鉤之宅發資彼之用而彼因有其用因有其用而彼遂自用則人心之目溢於萬變人心之綱無有適(丁歷切)一要以藏者無實而顯者無恆也是故著其微以統危而危者安治其危以察微而微者終隱告釋之垂死而不知有道心者職斯辨爾且夫人之有人心者何也成之者性成於一動一靜者也(老以爲橐籥釋以爲涵合)一動一靜則必有同異攻取之機(動同動而異靜靜同靜而異動同斯取異斯攻)同異攻取而喜怒哀樂生矣(同則喜異則怒攻則哀取則樂)一動一靜者交相感者也故喜怒哀樂者當夫感而亦有交相息者也(當喜則怒息當哀則樂息矣)交相息則可以寂矣故喜怒哀樂者當夫寂而無小人惑於感故羅其危異端樂其寂故怙其虛待一動一靜以生而其息也則無有爲斯其寂也無有自性而其感也一念緣起無生以此爲心而將見之剖析纖塵破相以觀性至於緣起無生則自謂已精矣孰知夫其感也所以爲仁義禮智之宅而無可久安之宅其寂也無自成之性而仁義禮智自孤存焉則斯心也固非性之德心之定體明矣故用則有而不用則無也若夫人之有道心也則繼之者善繼於一陰一陽者也(動靜循川陰陽消對)一陰一陽則實有柔剛健順之質(二實實此者五殊殊受其實以成質木柔金剛火健水順)柔健剛順斯以爲仁義禮智者也(惻隱柔之端羞惡剛之端恭敬健之端是非順之端)當其感用以行而體隱當其寂體固立而用隱用者用其體故用之行體隱而實有體體者體可用故體之立用隱而實有用顯諸仁顯者著而仁微藏諸

用用者著而藏微微雖微而終古如斯非瞥然乘機之有一念緣起之無故曰始顯繼藏天命流行物與无妄也且夫一動一靜而喜怒哀樂生焉動靜無恆者也一動則必一靜矣一靜則必一動矣一動則動必不一矣一靜則靜必不一矣乘其機而擇執之是破屋禦寇之說也若守其不動不靜之虛靈以爲中是壅水使湍而終聽決也惟夫得主以制其命則任動任靜而保其不危故人心者君子所不放而抑所不操若夫陰陽者三才所取資五性所待用疑非微矣而不然也陰陽爲已富矣而一陰一陽之權衡不爽於銖絫者微也一陰一陽之妙合無間而不相爲同異攻取者微也是故惻隱羞惡恭敬是非並有於心區畛不差而容函協一有能審其權衡而見其妙合者其惟見天心而服膺弗失者乎

此橫渠所謂太和所謂道者也孔子曰知德者鮮知此而已

於末索本者芒然於此宜其執一非一而精者皆粗也以約言之陰變陽合乘機而爲動靜所動所靜要以動靜夫陰陽故人心待役於陰陽而堪爲聽命乃有機可利悍發者恣逮其主機發必息遁虛者圖度其安則惟成器之餘慮以召感亦以召寂泮渙渟洄者因機爲用而失其職也故曰動靜無端言其無本而乘乎機也瞥然而凝於器如水之忽冰瞥然而發於惰如水之忽流彼曰霽風止而自性毀矣故曰陰陽無始言其固有而非待緣以起也木不待人斲而曲直也固然火不待人煬而炎上也固然金不待人冶而從革也固然水不待

人導而潤下也固然不待孺子之入井而慈以愍者固存不待爾汝之相加而嚴以正者固存不待擯介之交接而肅以雝者固存不待善惡之雜進而晰以辨者固存物止感息而已有據見於天壤閒而物有徵各正性命其有或妄者哉則以知道心之與人心如是其差以別矣然則判然其爲二乎而又非也我固曰互藏其宅交發其用陰陽變合而有動靜動靜者動靜夫陰陽也故人心者陰陽翕闢之不容已道心者動靜之實成材建位之富有和順而爲光暉之自發也釋氏立一無位之心以治心固妄矣朱子謂之一勉齋黃氏謂非有兩者亦非等威廉隅之不立也夫苟等威廉隅之不立則擇之也不精如其可別立一心以治心則其爲心也非但非道而且非人矣是故以鐙喻之前鐙非後鐙則前心非後心而心以時遷以芭蕉喻之無中而非邊則攤摭攢聚以爲心而心無定藏乃不知鐙速代而明有常中雖虛而生氣所由升也且夫鐙之喻固人心不自保之危蕉之喻亦人心無適主之危觀化無窮而止得其危幾焉曾是以爲見心不亦愚乎夫不見鐙之明者其神禮蕉之榮者其神仁邪莊生天籟之說楞伽和技之指風已拍歇而謂如土竅之頑然傀儡之枵然則惟死爲然爾教化不息而屈伸一誠然則死者人心之息而非道心之終與人心乘動靜以爲生死道心貞陰陽以爲儀象乾坤毁而無易陰陽五性泯而無道抑且無人動靜伏而偶無人有此一日矣陰陽匿而永無道無此一日也天下必無此一日其以此爲心其以此爲宗也

廣師

此單特由本社印贈祇限於學校之用如以此單塡寄訂閲一律照定價八折全年計三元二角半年計一元七角郵費照加定閲者必於下列特約單蓋印學校圖記寄交長沙本社收受方可有效如無學校圖記須照上列預約單收價凡本社各發行所亦不得收受此單幷此布告卽祈鑒察

湖南船山學社啟

特約單

姓　名　號　住　省　縣

地方今向湖南船山學社特約定閲

船山學報　冊自第　年第　號起至第　號止

計共洋銀　元　角　分並郵費　元　角　分

照奉請卽收入將收據寄下以後按期照寄爲要

年　月　日　此處蓋學校圖記

接第三期

非粗心浮氣所能入也

第六章　小雅盡廢則四夷交侵中國微

日月之光不爲瞽者發色雷霆之威不爲聾者發聲聖人之教豈非日月之明雷霆之威乎卒無奈自棄者何則亦瞽者之視日月聾者之聞雷霆也諸君或已服官或尙求學皆凡民之俊秀其於聖人育德之心經世之道諒亦誦其詩讀其書矣但習矣不察父兄之所未詔師友之所未言不知河圖大訓卽在目前貧子衣中珠本自圓明好不費自尋求反數他人寶今請卽諸君素所誦讀之毛詩一爲印證可乎

小雅六月序云鹿鳴廢則和樂缺矣四牡廢則君臣缺矣皇皇者華廢則忠信缺矣常棣廢則兄弟缺矣伐木廢則朋友缺矣天保廢則福祿缺矣采薇廢則征伐缺矣出車廢則功力缺矣杕杜廢則師衆缺矣魚麗廢則法度缺矣南陔廢則孝友缺矣白華廢則廉恥缺矣華黍廢則蓄積缺矣由庚廢則陰陽失其道理矣南有嘉魚廢則賢者不安下不得其所矣崇丘廢則萬物不遂矣南山有臺廢則爲國之基隊矣由儀廢則萬物失其道理矣蓼蕭廢則恩澤乖矣湛露廢則萬國離矣彤弓廢則諸夏衰矣菁菁者莪廢則無禮儀矣小雅盡廢則四夷交侵中國微矣此聖人刪詩之大義而毛公不失其師說者也今稽之古義證之時局分疏於左

何以言鹿鳴廢則和樂缺言鹿鳴之道廢則上下不交民氣愁鬱也鹿鳴、燕羣臣嘉賓也既飲食之又實幣帛筐篚以將其厚意然後忠臣嘉賓得盡其心矣古者燕飲之禮於客之內立一人爲賓使宰夫爲主人以相酬酢其實君設酒餚羣臣皆在君爲之主羣臣總爲賓也以賓禮親諸侯其實不僅諸侯也鹿之食苹其天性也呦呦呼羣亦天性也君臣以義合而好賢樂善則出於天性之自然故曰人之好我示我周行思聞至道而不敢必其示我以至道也感其已示而不敢強其所未示也其恭敬摯篤有如是者其次章曰我有嘉賓德音孔昭視民不恌君子是則是傚言聞聲之美容貌之莊其君用之則安富尊榮其子弟從之則孝弟忠信嘉賓戾止何其幸也其三章曰鼓瑟鼓琴和樂且湛是莊子所謂相視而笑莫逆於心者也自斯道不行堂高廉遠人君深居簡出親宦官宮妾之時多接賢士大夫之日少庶僚不足論矣貴爲樞臣叩頭白事之外有從容討論之日乎重爲疆吏出入三覲之外有接席燕笑之日乎樞臣固位之術惟以迎合旨意爲主義否則莫能必其旦夕之不斥逐也疆吏固位之術以迎合政府爲主義否則莫能必譴訶之不我及也上下否隔相制以氣相倚以詐相匿以情而民情之困苦民氣之湮鬱更不待言矣此所謂和樂缺也

何言乎四牡之道廢則君臣缺也四牡勞使臣之來也有功而見知則說矣人臣出身事主東西南北惟命之從不以私害公不以家事辭君事其義良然矣人君以人道使人未有不

曲禮其私者也。其一章曰。豈不懷歸。王事靡盬。我心傷悲。思歸者私恩也。靡盬者公義也。傷悲者情思也。鄭氏申其義曰。無私恩非孝子也。無公義非忠臣也。其二章曰。豈不懷歸。王事靡盬。不遑啟處。啟處者安居也。人未有不樂安居者。以王事之故。聞命即行。能無念乎。其三章曰。王事靡盬。不遑將父。其四章曰。是用作歌。將母來諗。人未有不懷父母者。以王事之故而不遑將父將母。來諗能不惻然有動於中乎。先王以人道使人。如手足焉。如腹心焉。其恩義足以相維。其歡欣鼓舞足以相死也。後世禮教陵夷。世風衰薄。人君以權利馭人。人臣以爵祿委贄。視以奴隸。報以奔走。視以犬馬。報以路人。上下懷利以相接。不亡者幾希。此所謂君臣缺也。

何言乎皇皇者華之道廢。則忠信缺也。皇皇者華。君遣使臣也。送之以禮樂。言遠而有光華也。使臣之得失。關乎國家之文野安危。列國使命交通。非才莫屬。鄭一小國耳。爲命。裨諶草創之。世叔討論之。東里子產潤色之。此即今之所謂國書也。其重如此。又大夫出疆。受命不受辭。有可以安社稷利國家者。專之可也。如崇厚之議收回伊犁也。李鴻章之出使六大國也。皆所謂受命不受辭者也。乃崇厚以擅許敗。李以與俄祕約啟列強之輕侮。至今爲笑。使臣之於邦交。至地球交通而益重矣。重之則必慎其選。隆其禮。豐其資斧。以期不辱國而有光華焉。傳釋五善之義。而皆以周爲本。魯語忠信爲周。孔子曰。言忠信。行篤敬。雖蠻貊之邦行矣。言不忠信。行不篤敬。雖州里行乎哉。不忠不信之人。無往而可。忠信之人。無往而不可。故遣使以忠信爲本。其餘四善。請分疏之。

周爰咨諏。（訪問於善曰咨咨事爲諏）道光以前。閉關自治。不知外情。動多敗事。古者入境而問禁。入國而問俗。故曰知己知彼。百戰百勝。使職亦然。通外國之文。譯外國之史。考外國之政法學術。皆屬之諏。

周爰咨謀。（咨難爲謀）中國之遣使外洋。蓋無一不因國難而起。邇日禁煙大會。亦咨國難也。

周爰咨度。（咨禮爲度）中外之禮俗殊。不可以強同。外臣來見。強以拜跪。往往遺笑。監國攝政王之使德也。外人亦欲強以中國之拜跪。而王不從。外人亦不敢強也。

周爰咨詢。（咨親爲詢）救災恤鄰、哀國喪、賀加冕、以及入萬國紅十字會、入萬國海牙平和會。皆咨親之事。所謂以賓禮親邦者也。列強鷹瞵虎視。競爭激烈。通商殖民。集矢於東方。人爲刀俎。我爲魚肉。固已罄竹難書。至今爲梗。然天津之礮擊。致庚申之大變。拳教之暴動。召六國之聯軍。不能謂忠信之不缺也。

何言乎常棣之道廢。則兄弟缺也。常棣燕兄弟也。閔管蔡之失道。故作常棣焉。周公誅管蔡。大義滅親。處人倫之變。以致莫全天性之恩。公有隱痛焉。作歌告哀。懲前毖後。誦詩而繹其義。可以感發人之善心。懲創人之逸志。

詩人之善諭也。兄弟同氣連枝起興。鄂不。（鄂韡也不當作柎鄂足也）鄂不相銜。生機條達。如兄弟孝恭家庭和睦也。凡今之人。莫如兄弟。誠哉。世間最難得者兄弟也。吾鄉先輩周君今署平樂府歐陽太守之大外舅也。官蜀時有兄弟訟者。累年不決。周君傷自身之無兄弟。感人有兄弟而忍於自殘。庭訊之日。大哭不止。兩造數十輩皆哭。叩頭求息訟。遂爲兄弟如初。

又取喻脊令。脊令水鳥也。飛則鳴。行則搖。不能自舍。蓋天性也。死喪之戚。兄弟孔懷。亦天性也。有人於此。越人彎弓而射之。則已談笑而道之。其兄彎弓而射之。則已垂涕泣而道之。亦天性之不可遏抑者。急難則求兄弟。安平不如友生。友生者。其聚集切切節節然相勸競以道德相勉勵以立身。是兄弟之所賴者也。

中國宗族主義。最爲發達。王與宗族燕。則諸侯毛。宗子將有事。族人者入侍。不醉而出。是不親也。醉而不出。是渫宗也。今者時勢變遷。羣雄角立。憂時之士。欲廣家族主義爲軍國民主義極端之論。何可厚非。然親親仁民。自有秩序。未有兄弟鬩牆而軍國民主義能發達者也。

何言乎伐木之道廢。則朋友缺也。伐木燕朋友也。自天子至於庶人。未有不須友以成者。親親以睦。友賢不棄。不遺故舊。則民德歸厚矣。

天子稱同姓諸侯曰伯父叔父。既有肥羜以速諸父。此同姓之朋友也。天子稱異姓諸侯曰伯舅叔舅。既有肥牡以速諸舅。異姓之朋友也。寧適不來。微我弗顧。寧適不有。微我有咎。先施之道也世教陵夷積非成是拜舞趨蹌殿陛之間無友游戲徵逐勢利以外無交朋友之缺非細故也況乎四海溝通聲教日廣友邦及於歐美客卿聚於京師其道尤廣博無涯也哉

何言乎天保之道廢則福祿缺也天保下報上也君能下下以成其政臣能歸美以報其上焉

天保皆頌禱之詞語無不宜受天百祿如南山之壽如松柏之茂不近於子雲相如之浮藻乎不知此乃善政之休徵太平之美報非倖獲也序者之言至矣今者預備立憲諸君研究憲法已久而此序則直揭立憲之原理及前途之效果君能下下以成其政可見政之成由於下下也各國革命關於種族問題者少關於政治問題者多皆憔悴虐政思脫其羈絆謀其福祿顛覆政府以求完全之設施也下下者必首興論采輿論必伸民權伸民權必開儀院以爲政府之監督而後次第改良而政成否則政在養民而農桑實業惰窳偷生而養民之政不成政在教民而學校師生坊表不立而教民之政不成政在安民而兵刑腐濫內地且多萑苻民生多陷密網而安民之政不成無養無教則必不安挺而走險革命之禍所以亟也君能下下則政成政成則民和立法司法行政達於完全之域其始也棄黃老之放任而予以干涉棄申商之苛酷而予以精詳民之擔負必多然以民之財養民教民安民民權

日伸民智日開民氣日旺昔箠楚而無效者今鼓舞而成功久之則國之公益既多民之負擔日少亦事勢之所有上下一德臣主一心君主之國萬世一系雖欲三讓而不能民主之國三載一君衆望所歸雖欲洗耳而不能臣歸美以報其上此之謂也吾願當選諸公去私心戢驕志開誠心布公道以贊助憲政之成立則福祿其歸之矣福祿者國之福祿上下同之者也安可缺乎

何言乎采薇之道廢則征伐缺出車之道廢則功力缺杕杜之道廢則師衆缺也采薇遣戍役也文王之時西有昆夷之患北有玁狁之難以天子之命命將率遣戍役以守衛中國故歌采薇以遣之出車以勞還杕杜以勤歸也出車勞還率也杕杜勞還役也

中國自道光之季與外界交兵割地償款主權盡失陷於漩渦之中一言以蔽之屢戰屢敗而已夫軍政之得失無一不與內政爲緣非一部分所能獨立善覘國者不徒在步伐止齊之間而觀其內政已可得勝負之數至於交綏之頃特其瓜熟蒂落而已引繩而絕之絕必有其處而謂絕專在此則誤矣以中國之資格開化之早疆土之大人民之多宜雄視於全球以中國之天職畏大懷小宜取藩屬之陷於苛政者出之水火之中登之衽席之上然以施爲秩序而論則修內政爲急未可遽語長駕遠馭征伐之缺固已久矣邇日懲於庚子之敗改良陸軍自畿甸次第推及行省海軍殲於甲午之役興復之議屢有所聞然財殫力痡

殊難幾於一蹴茲事體大非可易言自咸豐以來召募雲集事畢霧散積功至鎭副參游如大將軍之告身僅博一醉兵農既分之後久爲兵則不復爲農非就溝壑則流爲盜匪耳是功力之缺師衆之缺亦難爲中國諱者也

何言乎魚麗之道廢則法度缺也魚麗美萬物盛多能備禮也文武以天保以上治內采薇以下治外始於憂勤終於逸樂故美萬物盛多可以告於神明矣萬物衆多非自然而多山林藪澤魚鹽蜃蛤皆有法度以經理之故也萬物衆矣獨徽之魚何哉余由衛水達運河者數矣水潦降時斤魚三錢不可勝食至庚子之春挈家赴都則不見魚市詢之土人亦莫能言其故而是年遂爲破壞之大紀念所謂一葉落而天下知秋者非耶於此見詩人體物之精序者以爲法度缺又以見爲政之條理也

何言乎南陔之道廢則孝友缺白華廢則廉恥缺華黍廢則蓄積缺也南陔孝子相戒以養也白華孝子之絜白也華黍時和歲豐宜黍稷也南陔華黍其義易明白華謂廉恥缺者人臣不以非所得而奉之君人子不以非所得而奉之父故凡苟祿者雖用三牲之養猶爲不孝此詩人之微旨也

南有嘉魚樂與賢也太平君子至誠樂與賢者共之也南山有臺樂得賢也得賢則能爲邦家立太平之基矣政以賄成位由倖進二詩之道廢乎否耶

由庚、萬物得由其道也。崇丘、萬物得極其高大也。由儀、萬物之生各得其宜也。此與南陔白華華黍皆有其義而亡其辭。繹序之義皆言太平之郅治也。今皆等於烏託邦華胥國矣。

蓼蕭、澤及四海也。列強蚩蚩抗顏不慚倡保東亞之和平中國之獨立以亡國相待蓼蕭之道廢乎否耶。湛露、天子燕諸侯也。屏藩盡失臥薪嘗膽之秋非修令德令儀之日也。湛露廢矣。

彤弓、天子錫有功諸侯也。中國自開關延敵以還蒙塵者再割地者一。失要隘者無數。償賠款者無數。血染鋒鏑命輕蟬翼諸夏衰否彤弓廢否。

菁菁者莪、樂育材也。君子能長育人材則天下喜樂之矣。子孫賢族乃大賢才出國將昌。故教訓子弟者父兄之天職。樂育英材者國家之天職。逦者廢科舉興學堂遠取歐美近取東瀛庶幾菁莪之擧甲乎。窮則變變則通。余日望之矣。經訓昭如日星所貴溫故知新實事求是。譬之醫然。四夷交侵中國微者病證之外見也。小雅盡廢者元氣之內虧也。良醫知病人之死生。良相知國家之安危。欲救中國當於小雅之廢者一一昭蘇之。既見君子錫我百朋。誠哉百朋之錫也。

答喻儇晞書

船山學報廣師之一

朱文烋

承問三年之喪月數見於經傳者皆以二十五月爲文特閒月而禫一閒字不明故後人遂有二十六月二十七月之說先儒以禮宜從厚於是遂以二十七月爲定其實初非有確據也二十五月跨及三年之喪蓋古人所言三年皆舉成數原不必定指三十六月亦不獨此一事爲有然也後人因漢文有三十六日之制於是有三十六月之說今考漢文當日遺詔云殿中當臨者皆以旦夕各十五舉聲已下服大紅十五日小紅十四日纖七日釋服大紅小紅大功小功布也纖細布也繹此詔並無以日易月之文詳其儀亦不似以日易月之制故顏師古云此文帝自率己意創而爲之非有取於周禮在漢文既非以日易月則後人因此而謂三年之喪是三十六月者其說恐不足以據也或者又援春秋新宮焚以爲證佐不知以新宮爲未遷主亦出注家之說若公羊傳則言云新宮而不舉謚者恭也其義今亦未有以見其不然然則此說又奚足以爲證佐耶總之二十七月之期自是先王中制若必以人子無窮之心言之則不特二十七月不足以盡人子之心卽三十六月亦豈足以盡人子之心哉故徐健菴先生云世有疑三年喪何止二十七月者是未於喪禮細考而體驗之也但稽今制則必滿足二十七月日數固當以二十八月之第一日質明行禫禮爲宜此則朱

可亭先生嘗言之矣。弟書籍不多。加以目疾。不能詳檢。少呈所見。未審當否。倘祈裁定爲幸。炑頓首。

與賀耦耕方伯書

耦耕先生閣下。前日座中出示陳筠心手書。意若以依倣佛言爲嫌。且見諭以筠心蓋爲陸王之學者。炑歸讀之。信矣哉。其爲陸王之學也。夫筠心之學。既宗陸王。則其依倣佛言無足怪。夫佛學以心爲主者也。西僧達摩言心之妙。有曰靜智圓妙。體自空寂。言其當初之本體如此。此外更無一物。迨至無明妄動。而後有此世界。有此衆生。彼經所謂迷妄有空。虛依空立世界。想澄成土國。知覺乃衆生者是也。夫既有此世界。有此衆生。則輪迴六道。無有窮也。故以爲生死苦海。煩惱火坑。直欲舉此世界衆生而迷滅度之。以復還其淨智妙圓空寂之本體。如所謂永證淸淨法身者。此物此志也。此佛氏之所以爲佛氏者然也。乃若王伯安之學。其本體初亦無異乎佛氏。如彼所謂無善無惡心之本體者。蓋實指此境而言。其詩云須知太極原無極。總是心爲明鏡臺。意亦如此。故傳習錄中謂佛氏得吾上一截。雖聖人莫之能加。蓋可見也。特所以異於佛氏者。佛氏惟以淨智妙圓空寂爲本體。此外皆爲虛妄幻見。王伯安則以淨智妙圓空寂爲心體。一切天地人物與夫聖賢德業。皆爲是心之所發見。皆爲是心之用。故伯安謂佛不合着在無惡無善上。及其闢佛則專以修齊治平下一截爲吾緣其所以異於佛氏者蓋僅在於此已耳顧彼既以無善無惡爲本體則一切德業畢竟祇是此物故傳習錄中又以爲心意知物祇是無善無惡職是故也至象山陸氏所以指其心者蓋亦如此特不若伯安如是顯然之甚故近世儒者以爲尙有聖門氣象然卽其說而充之其勢固亦必至於是而後已不能異也但以伯安較象山則伯安爲甚而以學伯安者較伯安則學伯安者爲尤甚蓋伯安尙未明用佛言若其徒則直用而不復有所顧矣亦以其本體既同佛氏則其所見雖欲不與之同而不可復得其所見既同佛氏則其所言雖欲不與之同而亦不得試觀劉念臺人譜一書有鬼門妖門之說直儼然釋氏家數矣蓋其源既如此則其流自不得不如此誠不能強也然則筠心既號爲陸王之學則其依倣佛言又奚足怪哉若從事程朱則不然程朱之學以性爲主者也形上之理純粹以精初非淨智妙圓空寂精英之謂故以此爲本體卽本此爲工夫博文約禮皆其事也執此以往則其所見者無往非孔孟顏曾之所見其所言者亦無往而非孔孟顏曾之所言卽欲少求一語之彷彿乎釋氏吾知其不能也抑不屑也蓋其源如此則其流自不得不如此誠不能強也抑炑觀書中所縷列今日人心之蔽正是大道不明正學不講之故然不救之以孔孟程朱之說而欲救之以陸王之學匪徼莫救卽能救正挽回亦祇見瞿曇之世界而不見吾儒之世界也可不懼乎可不慮乎然則以孔孟程朱之說救之奈何曰存心曰明理存心奈何曰主敬以

存其心明理奈何曰格致以明其理二者交致其功則私可盡而識可充又何有忙迫細碎與夫遺忘之足爲累哉然所謂存其心者所以養其性也所謂明其理者所以知其性也知性養性性功備矣抑聖學之事全矣此與書中後四則第二第三之說相似而實不同者以在性上著脚而不在心上著脚也毫釐千里之辨不可以不細審故輒敢即前日之所言而未暢者聊一佈之惟高明垂察焉

講演

介紹新著

史學通論

是書一名史學研究法一原流二經緯三緜離四關繫五研究六旁通七未來條理最詳而又陳義精引證博初印數百部不半月而銷罄盖一部可抵他書數部也作者益陽曹佐熙中華宏文廸益書局發行

史學叢稾

凡十二種一史記釋例二漢書釋例三漢書地理志釋例四漢書藝文志述義五漢書藝文志釋例六漢書藝文志拾遺七史通補正八文史通義補正九唐史館會要十五代史館會要十一王氏漢書補注補十二文氏補晉書藝文志補作者益陽曹佐熙

接第三期

船山學社講演集第二　船山學報之一

第十六期 九月二十七日

周易大象述義卷一

上經

衡陽子王子解　桂陽彭政樞述義

乾 ☰☰ 乾上

天行健君子以自彊不息

（解）船山曰此所謂大象也孔子就伏羲所畫之卦因其象以體其德蓋爲學易者示擇善於陰陽而斟酌以求肖遠其所不足而效法其所優也畫已成而見爲象八卦垂象於兩間而合同以化者各自爲體皆可效法之以利用君子觀於天地之間而无非學所謂希天也天行云者天之行一日一周而明日又一周有重複之義以用也體此卦之德以爲用孔子假年學易可以無大過知所用之謂也故易者聖學之大用天地有此象則有此道君子以此道而應此理各體其宜斯聖學所以善用天德也乾爲天變乾爲健健即乾也六十二象自乾坤而出學易者所用之六十二德皆修已治人之事道在身心皆自彊之事也

（述義）案繫辭謂觀象玩辭象者六十四卦之象辭卽釋卦之辭也卦各有德德者天賦人以固有之理也理爲天理德爲天德天不以體言而以德言德爲道之代表字也道爲理氣之總名主宰於無聲無臭之中出入於不睹不聞之表時行物生一陰一陽而已陰陽爲天地之分形能踐形者惟君子易象所以首乾坤而示以君子之義也君子力求聖學與天地合其德乾卽天也能體乾之德是爲天德故求聖學卽能希天此君子修己之妙用也

以訓爲用天之功用曰行美其德曰健君子法天之行曰自彊嘉其功曰不息息者止也進修不止剛健中正遂臻於純粹以精之域此君子能善用乾也

遠其所不足效法其所優此以之確解

船山曰以博濟爲名健於載物而不知息其流爲釋墨不知用乾者也以推移爲勢順以自息而不能彊其流爲莊列不知用坤者也又曰乾之爲德一以神用入乎萬有之中運行不息君子體之積精以啟道義之門無一念利欲之間天德王道於斯備矣

天心愛物德者好生君子本天德以用愛德之流行沛然莫遏若偏於兼愛堯舜猶病博施此釋墨之流弊非君子所樂行也與愛物相反者則爲利己工攘奪之術爲欺弱之舉非道非義放利而行恃彊以圖之鮮不身敗名裂者此盜跖之行也若君子純乎

天德。所謂純而純用之。隆而隆用之。汚而汚用之。善用天德者此也。

自少至老。爲而不倦。初上之行也。自窮而達。不失不離。二五之行也。自危而安。不變其塞。三四之行也。君子於道。周徧省察。知其宜於修身之用。以之去私。期乎必淨。以之復禮。期乎必純。以之盡心。期乎必至。斯乃如天之自健。其行而不於事物見健焉。

禹謨言帝德廣運。倦勤戒於髦期。雅詩言文王學有緝熙。必曰純亦不已。魯論稱孔子耳順。行年七十。心不踰矩。猶曰學易可無大過。聖人強健之精力。不啻天運之周流。至哉乾乎。象生有數。數必用九。乃見天則。君子所以有參贊之功也。

第十七期十月四日　蔚翁

禹惡旨酒以下自爲一章。船山則合上章爲一。以禹湯文武周公。繼舜而立君子存之之極。其事信而有徵。其理確不可易。不佞所謂事理雙顯者。願諸君注意。庶無空談理學之弊。

禹惡旨酒而好善言。

子王子釋曰。嗣舜而爲君子者禹也。禹之存之也何如哉。禹以爲人之異於物者。好惡而已矣。

立義最爲警策。好惡同君子。則爲君子矣。好惡同禽獸。則禽獸矣。暮鼓晨鐘。發人深省

修於欲則好以淫。怙其私則惡以險。故旨酒所可好也。而揆之於理則迷性而廢事。不可好

也見不可好而必惡焉心之正而情定矣

正心以定情此義自船山暢發學者當愼思之而後知其言之可貴也善言非順於己者而審之以公則導善而止惡不可惡也知不可惡而必好焉心之虚而道宏矣乃以立至正大公之道法而有夏之庶民亦成乎崇儉樸敦善行之風則維禹之存之也

君子存之而庶民亦賴以存則士夫之責尤重

湯執中立賢無方

嗣禹而爲君子者湯也湯之存之也何如哉湯以爲立人之道在乎行政

此行政兼立法而言君主之世議道自己而制法以民議禮制度考文能窮天下之過共和國憲法則必萃天下之英才於國會制法以民而元首令行之成人之能在乎用人政有偏倚而失中則人極不立官人以世而有方則人材不興故其建制治之法酌乎兩端之極致而定一不易之軌則未嘗任意以或偏也偏於民權偏於官權皆足以致禍亂其定求賢之制因其德器之所宜而不拘族姓之貴賤必有能之必達也乃以定一代事理物情之規範而有湯之庶民守其矩矱與其賢能則惟湯之存之也

湯之存之亦事理雙顯民國已無貴族惟嚴辨君子小人而已

嗣湯而爲君子者文王也文王之存之也何如哉文王以爲人之所以爲人此心之與天下同休戚而不忘者也此心之求合乎斯道日進而不已者也故西土之民在其懷保有二之兼依爲父母本無傷也而視之如傷則所以矜恤而生全之無不至已聲色之表有其獨契聞諫之外有其自得已見道矣而望之如不見則所以深造而體備之無不極已乃以盡君子修己治人之德而使汙俗之庶民遠於戕賊而革其驕悍則維文王之存之也

若令庶民比戶可封則所謂天下有道邱不與易文王在上舊染汙俗咸與惟新則民國得位之君子不可藉口庶民程度之不齊而以非法治之也明矣

大業未成而武王繼之武王之存之又豈異於文王之心哉武王以爲習焉而不相狎人情之眞也睽焉而猶在念人性之恆也相狎而失其貞不相念而無有恆則人之所以爲人亡矣

此言武王存之之心下言武王存之之事

故人有近也而不弛其敬事有近也而不廢其愼人有遠也懷集不遺事有遠也圖維必至乃以集文考將成之緒而啟一代之治焉則周之庶民益攝持於君子之心而咸就理矣維武王之存之也

功成矣。治定矣。而邦家未靖。禮樂未興。則周公相成王而知君子之道在已也。周公當帝降而王之世。不敢侈大舜之生安。乃集三代盛治之成。則必會四聖之道法。三王者所當兼也。而三王之有四事也。好惡不可不貞也。用人行政不可不審也。敦仁體道不可不力也。慎微圖遠不可不謹也。凡此四者。推而施行之。以自治焉。以治人焉。政教於此行。禮樂於此興。施之而以盡其君子之實者。且施之而以錫庶民之極。

成已成物。是一貫事。世運益進。則交通益繁。居大位者。經緯益密。周公之時。已非四聖之時。但存之之心一也。

乃其中則或有不合者矣。心何以備道。而得於此。恐失於彼。道何以制事。而盡於已。恐未宜於人。而周公未敢以意爲裁制也。恐其道有偏失。心有偏至。而天之所以與人之大用不備也。

將逐物以求之與。抑執一以貫之與。二者皆不勝其弊。

乃聖同此人。人同此心。則盡吾心以思。必有其通者矣。

思乃聖學之通津。一以貫之。非執一以貫。

於是仰取三王之道而思之。夜以繼日。其心之慎有如此。乃幸而得之矣。此人心之固有。而三王之同歸者也。則坐以待旦。而舉行焉。其行之敏又如此。於是而人道乃大明大行於天

下而垂之無窮以定君子之極而作庶民之則乃使化行俗美而人異於禽獸矣

責人以聖賢或可自諉望人異於禽獸其又奚辭

第十七期 十月四日

周易大象述義卷一

上經

衡陽子王子解　桂陽彭政樞述義

坤 ☷☷ 坤上坤下

地勢坤君子以厚德載物

(解)六陽既純上升而爲天六陰自純下降而爲地

(述義)天氣上升則地氣自然下降亦表裏之勢然也

地之順地之勢也用以爲德中無不慮自得之數無不約斯以受物爲量矣

得數約者乾九而坤六缺三分之一以受施

夫子之於父且有幹蠱臣之於君且有匡救非必順也惟物之資我以生者已而各有其

志欲各有其氣矜積以相加而不相下則可順而不可逆乃君子之順物厚其德而已矣

厚德是統辭下乃實指君子用功之法船山之加惠後學者能並其所以至此者而傳

之也。

物氣之悍。不能俱靡。而但載之以敬。物志之盈。不能屈徇。而但載之以恕。無不敬而終身於恕。所謂直方。所謂通理也。

敬則不俱靡。而徐以平其悍。恕則不曲徇而徐以化其矜。君子所以處亂世而不改其度也。

若夫欲張固翕。欲取固與。則堅冰之隱慝矣。固翕乃張。固與乃取。則疑陽之龍戰矣。君子奚取焉。

鄭莊公之於叔段。漢文帝之於吳王。而終殄滅之者。皆堅冰疑陽者也。德亦薄矣。

勢形之勢也。地形高下相積。而必漸迤於下。所處卑而物胥託於其上。皆大順之象也。

此與近日地球自轉之說正同。物胥託於其上。則內經大氣舉之之義。亦卽吸力之說也。

蓋坤者順德之厚也。君子體坤之德。順以受物。合天下之智愚貴賤。皆順其性而成之。不以己之所能。責人之不逮。仁禮存心。而不憂橫逆之至。物無不載也。六十四卦之變動。皆人生所必有之事。抑人心所必有之幾。特用之不得其宜。則爲惡。

此卽所謂遺其所不足效法其所優也。

故雖乾坤之大德而以剛健治物則物之性違柔順處己則己之道廢惟以乾自彊以坤治人而內聖外王之道備矣餘卦之德皆以此爲統宗所謂易簡而天下之理得矣

第十八期十月十一日

周易大象述義卷一

上經

衡陽子王子解　桂陽彭政樞述義

屯䷂震下坎上

雲雷屯君子以經綸

（解）雲上而凝雷動以奮躊躇滿志而果於爲之象也經綸者君子開物創始之大業也

（述義）國當開創必能奮發有爲始慰四海雲霓之望雲者水氣之上騰凝結而爲雨也雷乃陽氣震動故雷出曰奮氣舒之象也君子欲建立德業處屯難之世體屯之德以鼓其奮迅之氣所以濟屯也

不凝如雲不足以行不奮如雷不足以斷

此雲行雨施之實徵雷霆擊物之眞像震爲屯之內卦所以利建侯民國初建必有臨時政府卽其義也

未爲之先無綢繆深厚之心方爲之際無震迅發起之氣無以取不秩不敍之天下分合而使之就理

事豫則立不豫則廢詩詠徹桑補葺牖戶綢繆未雨之道也如雷如霆徐方震驚士氣之迅發也反是則強豪割據天下有分而無合何能理之而就緒觀漢唐以迄明清之末葉君子傷之

若夫當守成恭己之世憂物之不必憂爲事之不可爲鬱蒸躁迫求試其才非能用屯者也

船山爲躁進者戒懷才欲試急於自見非君子用屯之道

坎不言水而言雲者當屯之世陰陽初交雨未即降所謂屯其膏也

山川出雲川即坎之水也水曰潤下雨未施則不能潤物故云屯其膏

經者理其緒而分之綸者比其緒而合之雷以開導晦蒙分陰陽之紀雲以翕合陰陽聯離異之情經綸運於一心不恤艱難以濟險阻君子用屯道之不寧者以撥亂反治

經綸皆治絲之事治絲而棼則亂亂則難以就理險象環生銅駝荊棘皆屯時也君子乘時而起達大投艱終能有濟如湯武之誓師周公之破斧此撥亂反治之說也

若時際平康可以端拱而治則坦然與天下利見無事圖難行險自屯以屯天下矣

通論

船山師友記敘

船山學報通論之一

陳三立

周衰七十子之徒既歿道術壞散戰國之際縱橫怪迂之變益紛然淆亂莫可統一漢興表章六藝儒生朋興掇拾大誼越千年而有宋鉅儒出益究其說道寖彰顯矣其後頗復瞀亂寖失其眞元明以降代承其弊國家雖基黃氏顧氏之倫迺倡言復古綜攬百代廓絕流亢厥風大醇然其所明典章文獻制作道法之迹而已而大道之要微言之統未暇明也于時衡陽船山王先生並世遺老抗其孤憤卓犖之心上契聖典旁包百氏蒙者發之滯者通之天人之蘊教化之紀次第昭列自孟荀朱子以來道術之備於斯爲盛顧其書久而後顯越二百有餘歲鄉人郭侍郎嵩燾始尊信而篤好之以爲斯文之傳莫大乎是而吾友湘潭羅君正鈞亦承郭侍郎之風勤一世以盡心於先生之書者也始補輯年譜若干卷今復輯先生交游終始所關爲師友記凡十有七卷維夫師儒之守炳於周代莊荀韓非呂覽於老學之徒類載其傳述淵源使可識別史遷仲尼弟子列傳益復燦然漢世經生尤重師法儒林傳授受所出咸具首尾厥後羣輔錄別傳淵源錄學案之等派別滋繁不可殫記是記所託略依其義而頗相出入其用力之勤有過人者獨以謂先生亡國羈孤窮荒晦昧與世睽絕然是記所攷列倘百五十有七人孔子曰德不孤必有鄰益以推知鳥獸不可同羣之誼昭

著明自天地剖判以來遭極窮變亦無能絕類離倫孤成其學自放於人紀之表而士生季晚發憤幽隱私淑其人不可復見於是話言之所及杖履之所接皆若震動恪恭懷慕流連莫能自止蓋攷其德而知其世網羅前聞懷其舊俗賢人君子進退離合流風餘思有在於是者詩曰我思古人俾無訧兮太史遷曰附驥尾而名益彰非附靑雲之士惡能聲施後世是羅君爲書之志也光緒戊子六月

復俞懋仁論學書

船山學報通論之一

廖名縉

懋公大師足下日前辱承惠書適方會講學社同社諸子傳觀嗟歎以謂風雨雞鳴吾道果不孤也比由主席瀏陽劉先生屬付寫定將以刋諸社報通論之門一昨過社始得索回原函緣此之故遂稽裁答勿罪勿罪竊維講學之爲世詬病久矣上者啓淸流禁錮之禍下者構門戶黨援之私往史所陳昭其在册唯學問之道不厭研商欒凫含律待叩寸莛伏讀來教論列於漢宋明淸聚徒講學之事鉥析利弊足資龜鑑道義之愛能勿感心惟五國之囚歸獄濂洛閩獻之亂責難東林習齋所見實近周內假令九京可作恐未足服周程顧高之心耳夫治亂興衰要關運會世愈晦盲在上之綱維益弛則在下之講明益亟如顏氏言將尼山聚徒遂附春秋纂弒之厲子輿論道乃植戰國昏墊之萌乎信如是也彼靑衣行酒典

午并無皐比之師石倆出河胡元乃絕立雪之跡顏氏於此抑又何說至若船山言學遠稱
洙泗近祧橫渠實以知禮成性爲關學所獨闢故表彰正蒙上比尼山之贊易下類郭象之
注莊推未盡之藏達難顯之隱名爲疏釋實乃作述其於周易則有大象解稗疏攷異內外
傳等之各著遺書具在儻非不敢直揭易理者歟若夫性與天道不可得聞論語所載厥有
明徵而究非祕而不宣如姚江天泉傳道之誕特下學上達一貫之通必俟曾子眞積力久
時耳否則夫子雅言詩書執禮維皇降衷秉彝攸好何莫非訓詁雅頌之文既雅言矣安所
謂不可得聞耶來教又以威斗纂劉金輪代李皆有號稱學子僞造符命之人下至魯齋百
詩朏明艮庭之流或以道學或以經師率先効順於新朝因疑一代開國執經談道常多弋
官射利之徒此懲羹吹齏之見也伏勝傳經非干利祿王通教授終隱河汾近而梨洲夏峯
以逮敝社宗祀之船山何莫非遭逢百六以翼經傳道爲遯世無悶之行耶此眞來教所云
不能一概抹殺者矣若夫龍川才士本難語於身心性命之學龍溪狂禪自甘溺於瞿陀悉
且之波其說其人初非船山之所許即非敝社之所論至於船山學說不取姚江而生平教
人并未劃知行爲兩事特以知之非艱行之維艱義本古訓中庸言不明不行理雖互根事
各有當以救其頓悟之失耳故敝社講學大恉雖本程朱要未嘗稍涉抨擊陸王之事非没
爲調停也來教又以溝合中外爲現今時勢所必需似慮拘守講章奉一先生言未足爲應

時濟變之具此眞古人所謂心醉六經目營四海矣敝社自會講以來即以事理雙顯爲窮經之指南中外古今期於一致茲承明教益用自勵他若來教所示思想界之問題則敝社講學方企以世界的哲學觀互爲印證倘未敢蟻穴自封物質界之問題則敝社講學方企移固有國粹爲今日實業家必需之道德抑未敢課虛叩寂又如改良政治之說則敝社實仿湖州遺意分爲哲學政學二科固嘗有研究政策而不干預政事之宣言矣綜而言之欲固國基先長人格故同人會講亦思合內外之道得時措之宜特恐道力淺薄不免望洋之嘆耳方今內治待飭外患驟乘患貧患弱異口同聲而病中之病根中之根則尤在道德墮落社會腐敗之一事同人等漆室悲吟杞憂未已但思以一簣爲鹽池之投撮土作宣瓠之塞衛銜蚊負不自知其力之不逮也儻荷大君子諒其讕陋鑒此愚顓不恤齒牙錫之規誨或者五陰碩果値春陽以回榮一壺中流遭筏桄而得渡黃裔之幸抑亦仁人志士之貺也臨書神馳無任禱企附上講演稾一編乞賜教示爲荷敬覆肅請道安名綪百拜

專論

商務印書館出版

共和國民當讀

教育部審定

共和國教科書

有春秋季始業兩種各科教授法均完全

國民學校	冊數	每冊折實
新修身	八冊	洋三分
新國文	八冊	洋五分
新算術	八冊	洋三分

高等小學校	冊數	每冊折實
新修身	六冊	洋三分
新國文	六冊	洋五分
新歷史	六冊	洋三分
新地理	六冊	洋三分
新算術	六冊	洋三分
新理科	六冊	洋三分

（注）（意）

學校採用教科書首重宗旨次重材料最忌時常變換致啓教授困難。本館發行之共和國教科書。久已風行海內現在共和恢復。教育革新。自宜一律採用共和國教科書。玆特將國民學校及高等小學校應用之書目詳列於右。維希採擇再本館前出普通教科書與共和教科書內容一氣銜接。即改用亦甚便利。合併聲明。

接第三期

鐘爲音律之元。卽爲萬事之本。固亦知曰尊無與並也。若林鐘太簇可鼎足而三。倘得謂尊無與並哉。況地統不以大呂。而以大呂之衝當之。卽婦孺亦知其陋。此不待辨而明。惟蔡邕獨斷以黃鐘配周正。大呂配商正。太簇配夏正。爲能依文傍義。然於理無所發明。於事無所取法。亦徒亂人耳目而已。何也。夏正建寅。不聞尊太簇爲律元。商正建丑。不聞尊大呂爲律元。以太簇大呂於建寅建丑之義。無所附也。究其所失。蓋昧制作之源。欲以精深文其淺陋而又誤解國語紀之以三之一言。愚謂三言黃鐘之管三其三而爲長九寸。徑其三而爲圍九分。紀者理也。黃鐘理則六律生。六律生則十二律備。故曰紀之以三。平之以六。成於十二也。一字之義不明。其穿鑿附會。遂至於此。嗚呼。音律之道。豈俗儒所敢輕議哉。

正聲無有忽微辨

前漢志曰。黃鐘爲宮。則太簇姑洗林鐘南呂。以正聲應者無有忽微。非黃鐘它律。雖當其月自宮者。其和聲之應。有空積忽微。不得其正。且夫律呂各六聲之正。只及其五者。對變宮變徵而言也。以正宮言之。黃鐘主宮。蕤賓爲變徵。其當變宮之位者。倍無射也。以淸宮言之。大呂主宮。林鐘爲變徵。其當變宮之位者。倍應鐘也。位當其正。所應之聲無不正。亦猶位當其變。所應之聲無不變。空積忽微之有無。於正聲何與哉。漢志云然。不過襲史遷律數之謬。然其於制律之法。遺誤豈淺鮮哉。試立黃鐘爲宮。以商音應者。固七二之太簇。以角聲應者。固六四之姑洗其以徵聲應者爲夷則非五四之林鐘以羽聲應者爲無射非四八之南呂信如固言謂林鐘無忽微可正黃鐘之徵南呂無忽微可正黃鐘之羽以林鐘南呂爲黃鐘徵羽按次吹之較夷則無射音下一律音下一律其與黃鐘宮太簇商姑洗角三聲不待師曠之聰皆知其不相和應奚其正於極不正之中以爲正固豈別具耳力哉良由不識律爲音之體音爲律之用並不識六律六呂各自爲均絲毫不容假借故誤以黃鐘下生林鐘爲宮生徵太簇下生南呂爲商生羽體用不分陰陽錯雜由是不自明其本實之先撥而謬曰正嗚呼世豈有不知審音空談律呂而克有當者孟子曰不以六律不能正五音可知音之正不正由於律之以不以空積忽微之有無於五音何與哉

六十調圖說

律呂新書所著六十調圖謂以周禮淮南子鄭氏禮記註孔氏正義定嘗考周禮大司樂一曰凡樂圜鐘爲宮黃鐘爲角太簇爲徵姑洗爲羽一曰凡樂函鐘爲宮太簇爲角姑洗爲徵南呂爲羽一曰凡樂黃鐘爲宮大呂爲角太簇爲徵應鐘爲羽無論不用商聲不識何義即所謂宮角徵羽被諸管律無一相協若謂每樂四章各舉一音而言總計三樂共十二調每調五聲爲六十聲是必納商聲於各調之內方成六十如此又與周禮本旨齟齬不合竊謂此不可解之經自當闕疑不必強爲附會也淮南子曰一律而五音十二律凡六十音鄭氏

禮運註曰其管陽曰律陰曰呂布十二辰始於黃鐘終於仲呂更相爲宮凡六十也按一律一音十二律只十二音曰五音六十音者謂一音主宮統商角徵羽一均爲五音十二管還相爲宮則於十二音中各得正聲五音爲六十音如是六十音者由十二管中還轉而得非實有其數也孔氏正義曰黃鐘爲第一宮下生林鐘爲徵上生太簇爲商下生南呂爲羽上生姑洗爲角至仲呂十二宮宮各五聲爲六十聲是說雖律呂混雜其所謂宮與聲與劉鄭二說相發明並未指聲爲調如圖說以六十聲作六十調則一調七音六十調計四百二十音卽當二變者不以主宮數亦未嘗加減夫管各一宮故爲十二宮宮還而調成宮旣還而商角徵羽莫不與之俱還未聞還宮之外復有所謂還商還角還徵羽之別立其名者試就圖中黃鐘一均言之黃鐘宮調與太簇之黃鐘商姑洗之黃鐘角林鐘之黃鐘徵南呂之黃鐘羽同此五音二變一調而重出者四是有黃鐘宮而商角徵羽之重出者爲贅無射商調與太簇之無射角仲呂之無射徵林鐘之無射羽及本調之無射宮同此五聲二變亦一調而重出者四是有無射宮而商角徵羽之重出者亦爲贅故曰宮還而商角徵羽莫不與之俱還也推之夷則角仲呂徵夾鐘羽莫不皆然推之大呂以下十一宮莫不皆然是調雖六十去其重複十二宮之外別無他調此聲與調之宜辨者也夫以律呂上下相生之術爲宮生徵徵生商商生羽羽生角實由誤會管子絃度生聲數語乃遷史律數倡之班固前漢志

因之劉昭後漢志仍之以後論律者莫不以訛承訛奉爲程法豈獨孔氏淮南子言之按前八十四聲還宮圖黃鐘爲宮太簇爲商姑洗爲角蕤賓爲變徵林鐘爲徵南呂爲羽應鐘爲變宮推至八音變黃鐘復爲淸宮大呂爲宮夾鐘爲商仲呂爲角林鐘爲變徵夷則爲徵無射爲羽黃鐘爲變宮推至八聲變大呂復爲淸宮無論陽律雜陰呂陰呂雜陽律音不相諧且半黃鐘半大呂聲不應黃鐘大呂以爲淸宮又何能諧六十調圖與彼無異此陰與陽之宜辨者也至謂起調畢曲每五聲一均皆用宮調如黃鐘至夾鐘並用黃鐘起調黃鐘畢曲夫黃鐘宮調固知用黃鐘若黃鐘爲無射之商列於黃鐘宮下及列無射本位又曰無射宮調二也同一五聲二變起調畢曲此宜用黃鐘彼宜用無射不識何由分別偶舉一調例其餘知爲必窮之道也猶精言之曰宮商角三十六調老陽也徵羽二十四調老陰也且擬諸六甲五子謂六十調如六十日皆三十六爲陽二十四爲陰謂爲理之對待數之自然言固徵矣其如律呂之不爲用何哉知此則八十四聲圖可不待辨而自明矣

律音彙考卷三

船山學報專論之一
瀏陽邱之稑

尺

歷代古尺不一其等惟周尺爲萬世不易之制蓋周尺起於黃鐘一分適中橫黍一粒累十黍而成一寸黃鐘管長九寸徑三分三釐八毫五絲一忽統而計之周尺實中聲所自出但此尺自宋以來不嘗見於世朱子門人潘仲善從會稽司馬侍郎家求得一圖其間有古尺數等周尺居其右因圖此尺式以公於世此周尺之所由傳與令取此尺以橫黍校累十黍適成一寸其爲周尺無疑也以制律管自合中聲各器悉準此尺式列四卷圖首

鳳簫

鳳簫一名排簫由來最古鳳簫之制不定則律呂不明律呂不明則諸器失度諸器失度則古樂莫復故鳳簫爲諸樂綱領實律呂所由昭史記黃帝命伶倫制十二筩以聽鳳凰之鳴雄鳴爲六律曰黃鐘太簇姑洗蕤賓夷則無射雌鳴爲六呂曰大呂夾鐘仲呂林鐘南呂應鐘周禮申之曰太師掌六律六同以合陰陽之聲陽聲黃鐘太簇姑洗蕤賓夷則無射陰聲大呂應鐘南呂函鐘(即林鐘)小呂(即仲呂)夾鐘(六呂逆轉)律呂之判雌雄分陰陽古人區之晰矣孰謂律當出呂呂當出律可兼收並用哉漢晉以後不明三分損益隔八相生之故課會核度生

聲之說。謬以黃鐘九寸。三分去一。下生林鐘六寸之管。謂爲宮生徵。夫管律之體也。宮聲之用也。制律之道。用不可先體。猶體不可後用。必體立而用始行。卽以聲言。黃鐘固爲正宮。十一律皆可還相爲宮。是黃鐘生十一律。乃制其體之事。以黃鐘立宮。而正五聲。方是及其用之事。如此何得指黃鐘生林鐘爲宮生徵。且黃鐘正宮。夷則其徵。林鐘呂管音低。夷則一律。以其生由黃鐘。卽目爲宮生徵。音必不協。焉可混收。今不明體用。審聲音以律呂相生之法。妄曰宮生徵。徵生商。商生羽。羽生角。職此之故。第一正宮。便三收呂管。以亂律。他何論焉。此說一倡。後世之言音律者。皆奉爲準則。是則律呂之不明。非此數語以亂其聽乎。（詳史記律數辨）唐宋排簫之制。均十六管。夫六律六呂外。加半律半呂各二。共十六管。自是古制。然按其圖籍。皆未案雄鳴雌鳴之別。陽聲陰聲之殊。自黃鐘至半夾鐘止。十六管不分左右。每一律間一呂。由長及短。一順安插。又指半黃鐘半太簇半大呂半夾鐘。爲四淸聲。此因不識變宮之聲。原出於倍半之管。卽誤以四半管之聲。謂應其本體之管。審音全不憑耳。不應強以爲應。亦與指林鐘爲黃鐘之徵。南呂爲黃鐘之羽。應鐘爲黃鐘之變宮。無異。上古十二籥之制。別雄鳴爲律。雌鳴爲呂。自是言鳳簫之祖。蓋分律呂而二之。猶男女有別而不可紊也。爾雅小簫謂之筊。大簫謂之言。自是定鳳簫之數。蓋合律呂而一之。猶乾坤定位而不可移也。博雅小簫十六管。大簫二十四管。唐宋以來。鳳簫皆十六管。殆卽爾雅之所謂筊。蓋於十二律呂外加倍律三倍呂三半律三半呂三合律呂爲二十四管（詳五聲六律十二管還相爲宮說）或卽爾雅之所謂言其法分爲兩翼排列左右左自倍甤賓起至半姑洗止爲一翼右自倍林鐘起至半仲呂止爲一翼務本探源制法始定鳳簫定諸樂悉受其範圍有不與律呂二均全協者必徑之大小孔之高低有未當處鐘磬之厚薄亦然當竭耳力求歸至當但其形參差異其體必同其徑體徑寸分圖列四卷

洞簫

洞簫之制一本鳳簫爲標準其以六律六呂相併折中取聲法至微密人不易曉欲盡其妙恐初學終難脫手而成且竹徑之分寸殊難符合制必擇徑徑壹不合體卽端正亦不中用冀若隨其徑之大小量其材之長短先開吹口以試其聲焉竊嘗取竹之圓直者徑或八九分不等長或二尺內外審其可而截取之洞其中節盡其膈膜開其吹口辨其聲音或應夷則或應南呂或應無射應鐘或應半黃鐘半大呂應夷則南呂爲夷則南呂簫應無射應鐘爲無射應鐘簫應半黃鐘半大呂爲半黃鐘半大呂簫其管苟中用應夷則者低聲必應倍甤賓管應南呂者低聲必應倍林鐘管餘或應無射應鐘半黃鐘半大呂者必高低聲合然後量其管體長短圍徑大小按定開孔部位稍爲變通無一不協有徑小而體太長者必裁至恰好處倍正之聲方合有徑大而裁使短者必接至恰好處倍正之聲方合有自長至短

屢試而高低之音終不相配者。縱按位開孔。明明律簫。聲多出呂。明明呂簫。聲多出律。屢試不爽。如是者。直天下之棄材。終歸無用。餘無不可制之管焉。其徑最大而通長之音中夷則律。低音應倍蕤賓管者。第一孔聲中無射律。低聲應倍夷則管。第二孔高聲應半黃鐘。低聲應倍無射管。此孔聲在六律外。爲黃鐘半體。管聲應黃鐘變宮。故律雖止於六。而聲所以有七也。第三孔聲中黃鐘律子聲。應半太簇管。第四孔聲中太簇律子聲。應半姑洗管。第五孔聲中姑洗律子聲。太高於姑洗。不甚相應。必氣和善吹者。按下第一孔。方與相合。然太噍急與鳳簫管不配。似難入調。後出孔聲中蕤賓律。蕤賓倍聲應夷則。不應蕤賓。故其音在通長此孔無倍半之音。統計夷則簫。自通長倍蕤賓低聲起。按至後出孔蕤賓止。中間倍正相應倍半相應。正半相應者。共得十二聲。與鳳簫左翼六律及倍半管。實符其數。推之南呂簫。與右翼六呂及倍半管。莫不皆符。按夷則南呂二簫。以一管而備十二管。鳳簫之全。此律呂所以爲天地自然之音。卽三倍律。三倍呂。三半律。三半呂。不可加增。不可或減。是二十四管之大鳳簫。於夷則南呂二簫。已相冥契。其他應無射應鐘半黃鐘半大呂者。依此類推。舉一自可知。其餘圖列四卷。

箎

箎與塤。器最雅。音最和。二人合吹。凝神細聽。莫辨其孰爲塤。孰爲箎。詩曰。伯氏吹塤。仲氏吹篪蓋亦取其聲之和古人敦厚之教即一吹一詠之餘宛具宜兄宜弟之樂此其所以爲不可及其制類簫但體較短管或易取然亦須先開吹口而審其高低音韻兩合方能協律但第一孔至六孔之寸分其法皆自吹口量起姑洗篪通長音中姑洗律開下第一孔中蕤賓律餘夷則無射半黃鐘黃鐘以半太簇應太簇以半姑洗應皆可依次取聲仲呂篪通長音中仲呂律開下第一孔中林鐘律餘南宮應鐘半大呂大呂以半夾鐘應夾鐘以半、仲呂應皆可依次取聲倘徑大小不一體之長短孔之高下宜稍變通圖列四卷

附銘

毖哉雅管古淡無奇宮商悉協律呂易施伯曰仲氏爾壹予吹同聲相應有如此篪

笛

時笛恐非古制然相沿既久今之所謂管樂者惟此爲盛行不從此引入恐初學終無下手處但須審的音韻必與鳳簫律呂二均各協者方可收用又須補綴黏膜之孔去其淫蕩之聲始與諸淵穆靜深之品相配不然直世俗之樂耳揀選佳竹自製更妙細較時笛聲字協律者當曰律笛協呂者當曰呂笛律笛之音六孔齊按今時所謂六字者六孔齊閉音自出音孔出中蕤賓之律低聲合字鳳簫倍管無此聲以蕤賓倍管應夷則不應蕤賓也第一孔五字中夷則律低聲四字應倍蕤賓管第二孔一字中無射律低應倍夷則管第三孔上字

高應半黃鐘管低應倍無射管第四孔尺字中黃鐘律高應半太簇管第五孔工字中太簇律高應半姑洗管第六孔凡字中姑洗律但以時笛協律律笛尺字應黃鐘正宮呂笛尺字應大呂淸宮若以黃鐘主宮則尺字還爲上字工字還爲尺字凡字還爲工字六字還爲凡字五字還爲六字一字還爲五字上字還爲一字還爲上字者爲宮還爲尺字者爲商還爲工字者爲角還爲凡字者爲變徵還爲六字者爲徵還爲五字者爲羽還爲一字者爲變宮推之大呂淸宮皆然推至七調皆然至就時笛之小工調所命之合四一上尺工凡六五孔分言之則第三孔上字低應倍無射管高應半黃鐘管第四孔尺字應黃鐘宮聲按位還之俗之所謂小工調乃倍無射主宮以上字應黃鐘爲商以尺字應太簇爲角以工字應姑洗爲變徵以凡字應蕤賓爲徵以六字應低以合字應夷則爲羽以五字應低以四字應無射爲變宮以一字應此聲字之譜所以與正變悉協稽之時笛知五聲二變之流傳未替但未推反其本耳亟引以證合之爲入法之門圖列四卷

笙

爾雅大笙謂之巢小者謂之和劉熙逸雅云笙生也萬物貫地而生以匏爲之故曰匏國語曰匏竹利制蓋取匏竹相合以成聲陳氏樂書曰匏之爲物其性薄而浮其中虛而通笙則以匏爲母象植物之生焉文獻通考曰今之笙竽以木代匏是笙之易匏以木不自今始按

廢替。八音克諧。無相奪倫。匏爲八音之一。易以木。音歸竹類。八缺其一。豈古聖人制作之精意。時用之笙。皆十三簧。卽爾雅之所謂和。然音韻清越。易以匏母。愈見溫潤。分別律呂。全在簧之厚薄。卽不易其體。點以蠟珠。高下其聲。律呂原可通用。與諸管樂之孔徑一定不移者自別。但須鳳翁配的合記。十七管。四管無孔。除此自吹口起。第一管合時笛小工調凡字。中姑洗律。以雙聲合。二管工字。中太簇律。以一字合。三管尺字。中黃鐘律。以雙聲合。或四五字合。四管一字。應倍夷則。管以凡字雙聲合。五管凡字。配一管凡字雙聲。六管四字。應倍蕤賓管。以五工字合。七管尺字。配三管尺字雙聲。八管高一字。中無射律。以低一字合。九管五字中夷則律。以四工字合。十管六字。中蕤賓律。以合尺字合。十一管高上字。應半黃鐘。管以上六字合。十二管上字。應倍無射。管以高上字合。十三管合字。以尺六字合。至其次序淩列。不知當日排定之意。姑仍之。以就熟。圖列四卷。

附匏塤

八音中。七音皆出於本體。獨匏藉笙管之簧以生聲。而無特出之音焉。况近代易匏以木。是古昔之所謂匏音者。久絕響於人間。欲補其缺。又慮笙非人人所易制。因就匏體圓正者。倣塤制以開其孔。上一吹口。就其蒂而截平之。前三後二。一依塤制。如法調音。協律者能具律一均之五聲二變。協呂者能具呂一均之五聲二變。且其聲靜穆溫和。與衆管樂實相浹洽。似可追太古之音。以其全法壎制。故名曰匏壎。非敢謬列雅樂之內。附諸笙後。不過聊備一格。以俟知音者之擇用。但其質甚薄。須表裏皆髹以漆。方能堅固。

竽

周禮春官笙師掌教吹竽。竽與笙均掌之笙師。以二樂異器而同和。竽之制無所考。通禮義纂。漢武帝時邱仲作竽。三十六管。說文及唐樂志皆曰竽管三十六。春秋感精符曰。冬至之日。人主使八能之士吹黃鐘之律而音閒。以竽。陳氏樂書曰。冬則水王。竽水器也。水數一。其成數六。六六而六之。則三十六者。竽之簧數也。據此竽管三十六無疑。但諸說僅言其數。未詳施管之法。按白虎通曰。笙之爲言施也。牙也。萬物始施而牙。太簇之氣也。竽與笙同類。管宜先太簇。且博雅云。竽三十六管。宮管居中央。黃鐘宮音宜在中。今採各說。擬陽律陰呂竽圖各一。吹口在下。管分兩翼。左翼十八管。右翼十八管。左首列太簇。次姑洗。次㽔賓。㽔賓下應列夷則。將倍管代之者。以黃鐘宜居中。故倣大鳳簫法。自倍㽔賓起。至半姑洗止。記十二管。半姑洗應太簇商聲。故餘三管。仍以姑洗角。㽔賓變徵。夷則徵成之。其法始於商而終於徵。是萬物得所施而復能成其實。此亦天地自然之音。自然之數。且五聲二變。一順相承。如四時之循序而不紊。右翼亦然。雙手捧吹。十指皆能按孔。或雙聲相合。或宮徵相配。較笙音倍加嘹亮。但管之長短。須左右畫一。庶其形參差以象鳥翼。如鳳簫然。圖列四卷。

壎

壎。土音之一。郭璞爾雅註。燒土爲之。銳上平底。形似秤錘。六孔。周禮小師職作塤。註小者謂之頌壎。大者謂之雅壎。竊謂頌壎雅壎名不可以大小別。義當以律呂分。何也。大雅頌。天子之樂。歌天子之樂主宮。惟黃鐘。以黃鐘君也。聲律之元也。小雅諸侯正樂主宮。不得用黃鐘。惟大呂清宮爲其分。（詳大射新宮三終說）故曰頌壎雅壎當以律呂分。不可以大小別也。然則謂協律者爲頌壎。協呂者爲雅壎。則二壎之名始得所歸附。而雅頌二詩樂凜然之名分亦與之俱正。依法制之。上一前三後二。凡六孔。頌壎惟黃鐘壎爲合用。黃鐘壎以黃鐘全數十分之四乘之。內高得三寸六分。與風俗通所載之三寸半相近。中徑空積就內高三寸六分之數。三分而損其一。得二寸四分。底徑就中徑二寸四分之數。三分而損其一。得一寸六分。雅壎惟大呂壎爲合用。大呂壎以大呂全數十分之四乘之。內高得三寸三分七釐一毫強。中徑空積就內高三寸三分七釐一毫強之數。三分而損其一。得二寸二分四釐七毫強。底徑就中徑二寸二分四釐七毫強。三分而損其一。得一寸四分九釐八毫強。其上一孔徑約四分。前後五孔同徑約二三分。前最下孔爲第一位。以右手中指按前右稍下孔爲第二位。以左手食指按前左稍高孔爲第三位。以右手食指按後左稍下孔爲第四位。以左手大指按後右稍高孔爲第五位。以右手大指按頌壎。五指齊按。自上孔吹之。中黃鐘律。啟前最下孔右手中指一半中太簇律此指全啟中姑洗律啟左手食指前右稍下第二孔中甤賓律啟右手食指前左稍上第三孔中夷則律啟後左手大指第四孔中無射律啟後右手大指第五孔應半黃鐘管知頌塤可推雅塤其得黃鐘全數十分之三者爲太簇塤大呂全數十分之三者爲夾鐘塤二塤齊閉自上孔吹之律中太簇呂中夾鐘啟前最下第一孔之半律中姑洗呂中仲呂全啟律中甤賓呂中林鐘啟前右孔律中夷則呂中南呂啟前左孔律中無射呂中應鐘啟後左大指孔律應半黃鐘管呂應半大呂管啟後右大指孔律應半太簇管呂應半夾鐘管二管與黃鐘大呂聲相配此二塤黃鐘大呂之音居至高分若以黃鐘大呂主宮則全按之太簇夾鐘及啟前最下一孔半指之姑洗仲呂爲臣民陵犯君位此律家所最忌頌塤當以黃鐘塤爲正雅塤當以大呂塤爲正切勿泥小者謂頌塤大者謂雅塤之說開孔寸分圖列四卷

按製塤法須先作一木櫬如瓦坯然照頌塤雅塤之內高中徑底徑寸分析木作五塊中一方心四面鑲成外用繩捆定取練極熟盌泥捻成厚若二分通體要勻捻成稍乾將櫬取出照寸分部位開孔內塗以漆以便氣水然後上底開孔之法須內體稍凹庶吹氣與指法相吸取聲自和

琴

二年可穫五石至七石。三年可穫六石至八石。過此則亦不能大逾此數。招人自墾。供其資斧。一年可得十一之收入。二年可得十二之收入。三年可得十三之收入。四年可得十四之收入。約計借貸可以償還。或永作公司產業收十四之租。或售與他人。可增六倍之價。營業之利。可云厚矣。實邊之利。更不待言。今計算如左

設問現有遼洮貼荒六段。共千二百方。每方四十五晌。每晌十畝。每畝收入贏利三斗二升。每石合洋八元。其得數如下

一方＝45晌

一晌＝10畝

故一＝450畝

以1200×450

＝54,0000

今一畝＝32斗升

一石＝8元

則一畝＝32×8

＝256

故54,0000×256

＝1382400元

（說明）今一方定爲四十五晌。一晌定爲十畝。則以十乘四十五得四百五十。數卽一方之畝數。再以千二百乘四百五十畝。得五十四萬畝。卽總畝數。若每畝合三斗二升。合洋八元。卽以八乘三斗二升。得洋二元五角六分。再以五十四萬乘二元五角六分。得百三

十八萬二千四百元卽贏利也

右式皆從最低廉之數計算以六十萬金之資本除前四年收入不計外以後永遠之歲入至百三十八萬二千四百元之多良可驚矣人情之趨利莫之勸而自勸但苦限於耳目不及周知者各省政府創官商合辦之公司以補中央之不逮吾見其一日千里也洮遼已爲重鎭昨已簡洮遼鎭守使且鐵路指日可通將來必見繁盛今由營口南滿鐵路至三岔口支站下車二日程耳再二百里卽遼源縣治可設公司事務所至開墾場有電車可通南省移民無便於此者若夫合羣營業單獨營業在奉天含洮遼跕荒外頗未易言而吉黑兩省則大有可爲一三姓武君荒地百方購出及開墾費並可辦燒鍋（東省燒酒之名大酒鍋也）共需銀十萬兩目前得半卽可開辦一農安有蒙古荒地三萬晌有開放消息每方需價四百兩一一面坡有旗產山林一段方五十里中可出荒四五千晌需銀二十萬兩一寗古塔創辦糧業公所集股十萬兩若籌集二萬兩卽可派人管事是皆有機可乘而辦有成績則吉林東甯縣屯墾公司昭然在人耳目前淸之季設東甯廳通判籌辦屯墾分設三屯九區於適中之雙橡樹地方組織公司招集商股分屯開墾名曰富甯屯墾公司分銀股身股糧石股身股一百四十五人每股八十元作爲一萬一千六百元銀糧二股一萬八千四百元領荒招墾擬昔備常公家救濟漸次發達當時創辦紳商爲山東湖南兩省之人長沙張祖策芍岩久宦

東省。爲當時最爲得力之人。兩省選人回籍。分任移民。山東來者由煙臺直達海參崴。由崴乘汽車六小時即抵五站下車。即東甯墾場。每人路費約二十元。湖南來者由湘而鄂。由鄂而滬。由滬直達海埠。每人不過三十元。縣治氣候較吉省爲溫。招徠湘工。起居甚適。工作之勤。器用之精。樹藝之能。還勝土人。並經驗高地可植旱稻。民國二年已達千戶。湘居五分之一。以八月二月爲招墾之期。昔年于煙臺設立吉林東甯公司移民招待處。入內報名。妥爲照料。刻下待墾之地尚多。如有集貲移民或個人營業。隨資本多少。均可附入。張芍岩家寓長春。寄信長春北大街公升合轉交。即可與之接洽。爲東道主人也。三屯九區有快槍四十桿。授壯丁守望相助。自開辦至今。未有萑苻之警。此外又有吉林三姓富吉屯墾公司。章程與東甯略同。長春悅來棧。吉林省城湖廣會館。哈爾濱義昌公司。三姓本公司在廣德當前胡同。皆設有招待所。亦可問津。但令年力富強。攜有妻室。則到屯墾後。衣食住牛犂籽種皆可無憂。數年之後。滿篝滿車。不必豚蹄之祝也。放荒雖多。開荒尚少。而西半球大共和民國人有包攬而助我開墾者。則美利堅之農學博士多倫也。多倫在中國稅務司供職有年。今辭職。往哈爾濱專講農學。永清孟慶耆。今長春觀察使孟秉初之令子也。於前清時以銀三千餘兩領荒地三井。墾殖無多。與多倫訂立合同。前三年利歸多倫。第四年至十年。地主得四分之一。十一年地戶計每晌酬多倫二十元。即收回自主。如地戶無力酬錢。則多倫再種二年酬勞不取資矣聞多倫包攬代墾地頗多其資本之富有彼國公司之助力故能明農於數萬里之外則其企業之熱心誠可引爲我國之益友故附記之以告我國民勿自安卑近以增長我國力也淺淺之見惟候

鑒核施行

讀考工記

船山學報專論之一
益陽曹佐熙

謂考工記可補經不必割裂五官此番禺陳氏之通識顧其說匪自陳氏刱也經典釋文序錄稱河間獻王開獻書之路時有李氏上周官五篇闕冬官一篇購以千金不得以考工記補之則考工記之可補經自西漢經師定之其後劉歆杜子春鄭興父子賈逵馬融鄭康成賈公彥之倫闡繹表章背無異議鴻生都肆相承至今蓋唐以前之爲周禮學者說咸若斯也自宋以後儒者稍稍厭薄漢人墨守之習沈思孤往不主故常或遂割裂遺經廣騰肊說若俞庭椿周禮復古編王與之周禮補遺邱葵周禮補亡（其書分天官之屬爲五十九地官之屬爲五十七春官之屬爲六十夏官之屬爲五十秋官之屬爲五十七冬官之屬爲五十四）何喬新周禮集注舒芬周禮定本陳深周禮訓雋沈瑤周禮發明金瑤周禮述注其尤著也俞王諸家之說遂於經者久已詞而闢之無俟再爲匡正顧膚末之士惑其說者頗多則不容不辨也夫謂周官別有事典而考工記非其書可也謂考工記不足以補事典之缺不可也考工記之爲書也於攻金攻木攻皮設色刮摩搏埴之術指陳得失窮究理數細及毫芒匪邃於藝者莫能爲之即論其文亦典重奧衍朴屬微至求之三代蓋罕見其倫也王氏困學記聞以爲先秦之書江氏周禮疑義舉例以爲東周後齊魯間人作其說蓋庶幾近之也史稱周公作周禮又稱周公作指南車五乘賜越裳氏則公

之才匪獨邃於道也卽百工之事亦精思銳往利用前民聖作明述海內榮之施訖東京遂成風尙公輸墨翟其昭昭也然則是篇也雖出自齊魯閒人夫安知匪周公之遺邪自暴秦焚書三代之典不絕如綫說周禮者苟有單文孤證出自二漢儒先猶將網羅而闡繹之矧聖作巧述塙爲周以前之書者邪必謂是篇不足以補冬官之闕而別求之於五官離析經文強生畛域微獨於事典無當也抑使五典之幸存者爲之不完匪兩失之道邪司空在後世爲工部蓋空工形聲相近而義可通或曰工古或作紅或作巫并見彝器文因之而誤爲紅又誤爲空司空卽司工也冬官旣司工矣其典自必詳於工欲補其缺亦必就三代言工之書而擇其尤者舍考工記而奚取邪河間獻王之補采爲失也以二漢經師審定之本而晚出之說顧欲起而奪之坐使三代考工之書無所附麗以廣其流播斯篇古之士所爲深惜也然則爲周禮學者有考工記不必復言補冬官乎曰是亦非也考工記所記工耳至工之所受治有官焉工之所受治有官爲非肊說也於考工記梓人爲飲器鄉衡而實不盡梓師罪之可徵也周官小宰以官府之六屬舉邦治六曰冬官其屬六十則冬官之屬亦與五官之屬相等可知也斯尤彰明較著者也未之及也錢氏冬官補亡據尚書大小戴記春秋內外傳得官二十有一辛氏冬官旁求又加詳爲搜討勤矣而抑有未盡也假有劬學之士網羅散佚疏通證明成一家言亦爲周禮之學者所樂觀也

錢塘吳先生曰學有心得匪撏撦者可比至於文章爾雅訓詞深厚猶其餘事也

文苑

接第三期

澄虛四觀橋絙水門南北二鏡亭湧石脊空明一舟碕岸搖雪雜樹倒影魚上唼藻波盧甃鱗蟲吟出苔土香過雨餘醒未散疑陟夢境乃復更侶沿廊北尋時則鵾移遠鐘臺上野色篹細夾道玲瓏萬竿曲磴既窮休乎望觚之樓欄浮若空天碧可埽列几靜對琴聲未希涼度淪漪遐與神契遠睇郊坰時見檣竿淸湘浩渺沙樹痕交市樓瀰迤煙水氣合薄雲綵舒斜月珠定輕螢襲衣遠葉明露北眺梁王之冢南望會春之園龍節虎符仁暴俱烈曷嘗不雕宮斧山裂錦衣璧而力衰百年樓殿霜露春蚓號礫秋鷽竄階矧夫荒祠敗㭋故宅承塵道協彝鼎祀更隆替蟪蛄閱世幽魄均悼則三閭驚歲芳嚴周語駢拇懲言一也予與昔人豈知後世哉坐中悄然下憑水檻層扉風開百草露上宿羽翻松星墜欲曉西轉太華軒命儔相別予昔北游睋阜躧嶽山鱄河黃夜半海赤矯首區內信爲瓌偉之觀然石藏角以謟輪沙驅雲而結陣人事倚伏苦樂每幷登岱之陘未迷游梁之情斯倦所以春鶯欲語則思赤沙之南晨烏將動不知零露之溼也南歸故山茲爲樂事聚散百端既往乃貴爰記良會以詒同好爲斯游者園中主人長沙余世松僧笠雲同集者長沙涂景濤益陽蕭大猷茶陵陳道濟善化章壽彝僧紫雲凡十餘人坐中祭酒則湘潭王闓運也羅子名廷贊詹子名國勳益陽人時光緒三年丁丑八月十五日記之日九月既望也

吏部考功司主事譚君墓誌銘

君諱定澍字聖泉益陽十九里泉交河人也昔在青土分藩維私美於淇衛海邦徙族奔莒始於齊桓其後羈旅東夏蕩析南荆文釆擅於竟陵宗支衍於湘上縣代贖諜罕得而詳祖某考某咸抱隱德仍世嘉遯母某宜人生君於沅江會羅閔凶相繼殂謝齠齔孤露與兄妹依祖母某太宜人以居君幼而岐嶷性多神悟鴝鵒託興髫髮成文巨象載船七齡能對於時州里有神童之目爭迎致焉居止靡常披覽不輟過目則十行俱下揮毫則千言不休處智海之家乃通典籍誦曹娥之碣遂美文章咸豐初高要林侯縣試童子坐君於庭給札稱昔固已禮陸績於客座擢王基於幼童而藉甚芳蘭翻飛戢翼至乃斷帶講舍分炙射堂同治壬戌補縣文學即以其年舉本省恩科鄉試癸亥成進士朝考三等釋褐吏部考功司主事時年二十有四陸機英妙果應竹箭之材裴楷清通不媿玉山之選以其落落風飆蟬嫣漢思使遂領文昌典選之職登承明著作之庭綽以八俊三君方之一臺二妙論思撰述必有可觀而入官試政充庭振鷺此之需次限以停年又以大母春秋高歸省留侍或以擊汰瀟湘浮家漢沔雜進賓客橫陳杯炙擘鮮洞庭榾掠魚鱉寄書雷岸酒唖蛟龍往往月出山青湖來枕白散髮銅官之渚悲歌赤壁之風汎埽既多資用益絀令伯扶持祖母戀西山而有懷高柔愛甑賢妻歸北海而不出辛未重至京師則年資愈滯叔寶振玉復聞正始之音鄧禹笑人感甚元長之語燕草夏碧春鶯晚飛君以虛秩之郎官別故鄉之病婦庾郎鮭菜

夜雨生愁張翰蓴鱸秋風不返未免吹塵視甑腸如涫湯况復槐里囈言茂陵多病或連牆不通謁問或彌月不出戶庭徑草春深奴常晝臥枕書山積曉尙燈明貴游既疏超擢何望乃復改注縣令冀豁長飢而一檄無徵三年待放謝鯤高致空除府掾之名亭伯直聲轉斥長岑之宰河魚屢疾庭鵬斯徵以光緒三年丁丑夏四月戊子卒於京師春秋三十有八哀哉君慷慨時艱激揚目論晏坐私室如有重憂志大才疏殆猶文舉然其音情頓挫顧盼愴深一校之才與談方略半面之友貸以金錢嘗思結客多方有爲於世而鄭莊置驛終無當軸之功信陵愛士徒耽醇酒之毒予以甲戌晤君都門畢卓高臥之餘復傾一斗潘岳閒居之歲巳有二毛相與徘徊於龍泉之寺嘗從容陳誠譬以養生君林嘯霜淸海懷雲結較前軌於漢晉馳高論於河山逌然望恆碣之夕陰聆葭木之遠響矯首自得以爲國有人焉別君一年而凶問忽至壯士一去漸離生擊筑之悲美人騰波宋玉是招魂之客逶遲遠道悽絕平生交舊不存遺文散落嗚呼悲矣君配彭宜人先君五年卒生子一三歲而殤後娶北平氏氏以君喪歸自京師予感悼於中撫輯君詩百篇傳於後金鹿前夭騎省甚悼亡之慟白馬在輟巨卿知會葬之期將以明年三月某日葬君於某山之原還長庚於天上終覺茫茫埋玉樹於土中何能已已乃爲銘曰

爽鳩胙土少昊分族泗上車旂濟陽幣玉華宗鶡起荆國鸞翔式鍾吏部琢質繡章洛下觀

書。蘭城射策。萬斛文泉。百榼酒德。琚鳴華省。羽漸神都。論兵廣武。比政雍奴。厥政不施。厥言靡究。鳳衰江表。鷹瞵海右。杜陵男子。廷尉故人。燭跋觴客。井眉諫君。君之不回。白蜺馭去。章武悲笳。漁陽古樹。沙平堠遠。旐起輿歸。魂欣舊壟。禽凄落暉。石髮雲門。山樓水蓋。葦雨秋涼。松煙春靄。皋門路遠。假師月明。林長澗斷。時起悲聲。

接第三期

益陽游氏族譜序

游君兆龍以所爲族譜示予而屬爲之序游鄭七穆之一也昔鄭穆公有子字游其孫曰吉遂以游氏春秋左氏傳所稱子太叔是也鄭以小國介於晉楚之間屢被兵矣而卒能自立其內治外交之術有足多焉一時人才師濟稱盛尤者曰子產其次則游吉游吉者政事之選亦後世所謂從衡之才也論語述爲命東里潤色先以世叔討論左氏傳記子太叔繼子產爲政治盜用猛一守子產之言孔子聞而善之曰政寬則民慢慢則糾之以猛猛則民殘殘則施之以寬寬以濟猛猛以濟寬政是以和斯其治績之昭昭者也厥後鄭師滅許吉之子速實主之其長於治軍禦侮可知也斯尤足徵游氏之穀詒者厚也有宋之世有游酢者爲程伊川高弟弟子酢於吉未知於世何屬要其學行師表人倫與吉速父子治績後先輝映蓋士之所以自立固各有道也出則膺民勛國捍衛吾圉立不世之功處則淑其身以閑其家俾閭里綴學之士有所矜式均吾道之所許獨芸芸焉與草木同死生爲可媿也憶昔讀書瑤華山兆龍年方二十予年十有幾各喜覽觀古今豪傑事狀視天下事亦無不可能者自壬辰游長沙北走燕趙東絕大海中歷許鄭伊洛憑弔吉速父子立功之所程游師弟講肄之地踰五嶺而南登虎門下瓊海西盡於廉欽水陸數萬里與兆龍二十年不相聞問今年夏還長沙其子大瀛來則其年已大於予與兆龍同學之年矣歲月馳驟人事日新以

予之志亢而力薄自問未知何底而若兆龍者精力猶豪健大瀛亦昂乎若千里之駿其意未可量也今國方多難盜張而民苦域外六七雄邦日眈眈焉虎環而伺而人心風俗之維繫邦本於不敝者乃日就陵夷假令游吉速游酢生於是時未知作何狀也兆龍之爲此譜也亦有志於先人之事否邪於序其譜楬以問之

讀大學

自姚江王氏以致良知之說號召徒黨自立宗派於是海內之士靡然從之逮其末流或以斁彝倫而禍家國此固匪王氏所及料顧其爲說抑不無過也昔者三代學校教人之法以修身爲本以齊治平爲極功以格物致知爲先務其略見於禮記大學可徵也蓋物者知之寓也知者行之導也未有物不格而能致知者也亦未有知不致而能誠正修齊推而廣之以底於治國平天下者也婺源朱氏之學以讀書窮理爲先循斯道也王氏之言致良知也乃捨物而求諸心究其所致之知良與否無從辨也欲恃此心爲坐照之本而此心先不可恃則其發攄而爲事業能胥當邪夷考王氏之叛此說也蓋自信其一時之悟遂欲以概之人人不知人之所賦於天者不盡美也王學之末造至於猖狂恣睢而無所歸固其宜也王氏文章勛業至今爛然雖以予之篤信程朱亦不能不畢然而起敬顧其說之未可爲訓則無庸諱也若并此而亦護其短焉斯賢者之過也

曾慎庵曰夷考王氏之叛此說也蓋自信其一時之悟遂欲以槪之人人不知人之所賦於天者不盡美也數語深中肯綮所謂賢智之過也從前評王氏學派者多失之太激此論最爲平允

讀晏子春秋

劉歆七略班固漢書藝文志以晏子入儒家焦竑國史經籍志改入墨家章學誠校讎通義譏之以晏子書爲出於墨子之徒其說蓋本柳宗元吾以爲宗元之說近之矣而抑有未盡也昔者齊景公欲封孔子而晏子沮之魯定公相孔子而晏子間之吾不知其何心大抵其學與孔子不同而伐異之心遂隨所遇而不能已也周衰道晦而孔子修明先王之道以傳授徒人同時角立厥有二家曰老曰墨老墨者蓋異學諸子之統宗也晏子與墨子同時而陰師其術爲晏子之書者欲引墨子爲晏子重轉云墨子聞其說而稱之實則晏子之學宗墨子非墨子之學宗晏子也晏子之沮齊景公封孔子也曰彼浩裾自順不可以教下好樂緩於民不可使親治立命而建事不可使守職厚葬破民貧國久喪道哀費日不可使子民此墨子非儒非樂非命短喪節用之恉也又曰自大賢之滅周室之卑也威儀加多而民行滋薄聲樂繁充而世德滋衰今孔邱盛聲樂以侈世飾絃歌鼓舞以聚徒兼壽不能殫其教當年不能究其禮積財不能贍其樂今欲封之以移齊國之俗非所以導衆存民也此墨子

揞擊周禮之恉也（墨子揞擊周禮而尚夏道見公孟篇又見淮南子要略）史記孔子世家稱攝行相事在魯定公十四年而齊用晏子計間之則晏子之卒當在定公之末哀公之初而鄒陽傳又稱宋信子罕之計而囚墨翟考左傳宋飢子罕請粟在魯襄公二十九年而墨翟與子罕同時則襄公之世墨學已由魯入宋（呂覽當染篇魯惠公使宰讓請郊廟之禮於天子桓公使史角往惠公止之其後在魯墨子學焉則墨子始於魯）傾動諸侯齊魯宋壤相接聲相聞晏子之得以陰師其術力與孔子爲難固其勢之自然者也（公輸般爲楚設機攻宋[illegible]）（事載之戰國策不著何時焦循孟子正義以爲在宋景公時景公即位在魯昭公二十六年先於晏子之計聞孔子且二十二年是亦晏子與墨子同時之證也）向戌弭兵之說近於非攻蓋亦欲陰用墨學以立不世之功名而子罕以誣道蔽諸侯責之責向戌闢墨學也蓋與其請囚墨翟之心一也假令當時執政而皆如子罕也則墨學不至大盛與孔爲難孟子之距荀子之非孔叢子之詰無庸毅然接踵興也乃子罕闢之而晏子宗之屈於宋而申於齊臨淄即墨之間流風廣扇凡墨學之所達即孔學之所窮相則間之封則沮之遂使聖師之道之廣大精微不及身而盛行於東國夫非晏子之罪而誰罪也劉班部次書目猶以晏子濫入儒家不知晏子固墨之徒儒之賊也學術之源流不明而史氏校讎之義法以裂諸論次其大略以俟後之讀諸子者有所考焉時光緒壬寅冬十月

曾慎庵曰晏子墨之徒儒之賊疏證精確能言焦氏章氏所未言

莽蒼蒼齋詩卷第二

船山學報文苑之一

湘痕詞八篇幷序　　瀏陽譚嗣同

悲夫人困窮天豈不信哉余以降大功之喪輟業有閒既終喪乃定十有五歲至二十有五歲十年之詩爲一卷此十年中時往事易棖感逐深少更多難五日三喪惟親與故歲以凋謝瞀瞀四方幽憂自軫加以薄俗沴氣隱患潛滋迂學孤往良獨悵然夫內顧諸家既如此外顧諸世又如彼故發音鮮宣平之奏摛辭有拂鬱之嗟客歲之夏仲兄泗生告終海外同母五人偶影坐弔瞥自念閱世既深機趣渺邈獨茲藝事降鑒自天圜則九重亦勞人瘁士所不默也生於騷國流連往躅水絕山崩靡可擬似成輓歌八章命曰湘痕詞時光緒十有六年春三月

亦知百年內此生無久理猶冀及百年雖死如不死豐林秋故凋嘉卉霜乃委孰謂少壯人一去不可止哀哀父母心有子乃如此

中夜候郵雞晨興戒涂潦靈輀軋軋鳴送子入山道道亦不遼遠山亦非峻嶸如何一揮手終古音容杳依依河畔柳鬱鬱田中草夙昔同遊處踐之勞心悄悄復如何幽宮閟人表

今有塗之人其死吾猶歎朔風悴朱秀乃在骨肉間昔爲連理枝郁郁桂與蘭今爲泉下土蔓草霜露寒深谷或可陵容光靚無端亦有阡與隴徒作異物觀忼慨重意氣至此何漫漫

英才發奇妙黯然閟一棺棺中者誰子嗟我平生歡
小時不識死謂是遠行遊況爲果行遊詎解軫離憂崇雲西北沒河水東南流旣逝不復合
乃知生若浮平居日相習澄焉忘匹儔及其判襟袂中情摯以周繡襦豈不煖益以雲錦裘
珍肴與瓊漿惟恐莫予求依戀亦須臾握手方夷猶奈何物化後淪棄同松楸
纖條茁初穎但知有同根纏附蔦與蘿繼起乃相緣同根不相保妻子安足論俯仰周噓宇
孰塞此煩寃少小相呴煦愛至責亦繁謂是陳腐言掩耳數其喧良覿會有窮德音不再宣
嗟彼日因依胡爲若棄捐倏忽繁霜實異路各朝昏一處夏屋中一寐榛莽原離及不可代
徙令爲弟累
麗景明朱暉倉庚嚶深樹萬類欣向榮而獨惻情素誰言陽春時乃是肅殺處弱女戲復嗁
親串唏以暮縱復日相臨終亦委之去所愛非形骸形骸況難駐聊用酹一觴冥冥或予顧
人生貴適意不以物重輕胸中有哀樂外物詎能分矧彼遺與贈何足竭其情豈惟情不竭
適使憂心縈含淒坐永日所惡贅此生
夙昔有靈夢沈淵席上涕晨風振林鳴欣幸不勝計奄忽能幾何斯境遂眞涖安知今日悲
非我夢中事逹觀亦殊暫覺夢終成[illegible]次[illegible]泉下恨蜀魄血猶嗔試聆獨征鴻則知生者意
古別離

浮生莫遠離遠離不如死死時猶得執手嘱遠離徒爲耳原何高隰何卑高者綠繹卑塗泥西雲駕雨東雲曦鶩蓬捲天起墜羽淪淵池痛楚與歡樂迢迢兩不知張筵會良辰撤瑟亦茲期誰謂精神通山川莫閉之

文信國日月星辰硯歌幷叙

硯藏醴陵張氏長五寸廣半之博又半之質細膩微白圓暈徑寸黑白周數重中微黄又中則純白圓勻朗潤皎若秋陽星二一徑分一半之背暈益大黑白紛錯宛然大地山河影太極圖一徑二分赤白各半餘類雲霞類沫者乍隱乍見莫得名目右側鐫銘曰瑞石成文星辰日月不磷不緇始終堅白末署文天祥識昔楊鐵崖以七客名寮玉帶生居其一吾不知視此奚若而鐵崖不矜細行厥號文妖張氏寶此硯尤願有以副此硯也余舊著信國燕兩琴亦曠代罕覯行出相質而詩以先焉

天地既以其正氣爲河嶽爲星日復以餘氣爲日月星辰之怪石河嶽精靈鍾偉人偉人既生石亦出吁嗟乎石不自今日而始石亦不自今日而終信國與之亦偶逢遂令千載見者懷清風當年喋血戎馬中與爾堅白之質相磨礱方謂事定策爾功天樞一絕徒相從天樞絕坤維裂湖無信海水竭御舟覆崖山蹶豐隆伐鼓呼列缺雲師狂奔風烈烈雙輪碎碾尉藍府萬星蔽向滄溟滅竹如意斷冬青歇疊山之外誰見節斯時日月星辰安在哉賴此片

石獨留不夜之星辰長明之日月

安慶大觀亭

漠漠秋湖送夕暉片雲斜趁水天飛遠山如畫月將上野店初鐙人欲稀異代忠魂應有淚（元余忠宣公墓在亭下）十年血戰感無衣（咸豐間安徽亂最久）霜嚴露冷猶常事刼火燒殘草不肥

武昌夜泊二篇

秋老夜蒼蒼雞鳴天雨霜星河千里白鼓角一城涼鐙炫新番舶燐嘘舊戰場青山終不改人事費興亡

武漢烽銷日舟因覽勝停江空能受月樹遠不藏星露草逼蛩語霜花凋雁翎但憂懸磬室兵氣寓無形

登洪山寶通寺塔

積鳥西墜風忽忽吹瘦千峯撐病骨半規江影臥雕弓郊原冷雲結空綠楚尾吳頭入廉纖一鈴天上懸孤籟憑欄俯見寒鴉背餘暉馱出秋城外

瀟湘晚景圖二篇

柟柟簫聲柟柟風瀟湘水綠楚天空向人指點山深處家在蘭煙竹雨中

我所思兮隔野煙囊中情緒最淒然懸知一葉扁舟上涼月滿湖秋夢圓

殘蟬

籬落寒深霜滿洲。南朝風味憶曾留。雁聲凄斷吳天雨。菊影描成水國秋。無復文章橫一世。空餘鐙火在孤舟。魚龍此日同蕭瑟。江上蘆花又白頭。

覽武漢形勢

黃沙捲日墮荒荒。一鳥隨雲度莽蒼。山入空城盤地起。江橫曠野竟天長。東南形勝雄吳楚。今古人才感棟梁。遠略未因愁病減。角聲吹徹滿林霜。

武昌踏青詞

陌上春風驟馬嘶。鄂君畫舸共逶迤。江山和淑歸裙屐。荊楚嬉遊屬歲時。覓徑雨迷烏臼寺。耕煙夢繞白鸞祠。（余且中祠名）偏於嫩綠殘紅外。宿草茫茫一愴思。（從子傑簡亡一年矣）

鸚鵡洲弔禰正平

雲冥冥兮天壓水。黃祖小兒挺劍起。大笑語黃祖。如汝差可喜。丈夫齟齬偷生。固當伏劍斷頭。死生亦我所欲。死亦貴其所。側聞漢水之南。湘水之滸。桂旗靡煙。赴簫鼓。若有人兮靈均兩波底。嗚嗚雙鬼語。歲歲江蘺哭江渚。江渚去鄴城。迢迢復幾許。有血不上鄴城刀。有骨不汚鄴城土。鄴誠有人。怒目視如此頭顱。不敢取。乃汝黃祖。眞英雄。尊酒相餞意氣何栩栩。蜮者誰。彼魏武。虎者誰。汝黃祖。與其死於蜮。孰若死於虎。魚腹孤臣淚。秋雨蛾眉謠諑不如汝

讒諑深時骨已銷欲果魚腹畏魚吐

詠史七篇

始雷奮蟄蟄百昌繹春煦乃知造物心大用存喜怒佪佪功名士屬情但珪組忼慨策治平試之無一補問其所以乃靈源方自斧喜怒不已持物終受其戕遐哉魯兩生韜修謝干羽嫠不恤其緯中獨汍瀾漆室非明堂乃聞憂國歎矧彼衣縫掖而忘危於安撫茲意屏營當樂不能歡顧已豈有餘奈此悲憫端先師炳遺訓果哉末之難遠山果十里螻蛄豈云喧毋亦競新好古處遂相捐齊國歆醇醪治開文景先茂陵崇儒術刑徒日以繁嘉種苟不熟不如稊稗焉詩書淺而獵孰與黃老賢長安有遊俠飛鞚連錢驄短劍曼胡纓舉世難可雙借問當何往稅駕趙城東聞有趙主父意氣人所雄引弓衣旃裘鮮卑語亦工長跪前致詞少安子毋匆胡服豈不好其效亦已窮宜防迫冬日乃在登封後由來事泰侈災眚與之耦馮夷歌以嬉太白日見晝洪水與兵戎兩者自交紐孰爲防川策先戒防民口嶽嶽萬戶侯不及獄吏尊干戈既云戢令甲遂紛紜寥寥三章約恢恢大度存相國小吏耳嗟若毋乃勤黃虞邈然逝法以賢於人昔矣爽鳩樂淒其雍門歌百年倏已徂流慨當如何朔風赴嚴節嘉植不復華寵利患不得

既得哀始多豈無一可悅生也亦有涯用世苟無具雖用終蹉跎堂堂兩大夫淹翳同委波

漢上紀事四篇

滄海橫流日長城入款年雁臣皆北向馬市亦南遷冒頓雄心在餘皇夜語傳耀兵驕未已江上試投鞭

微聞夏元吳少小郎凶殘法令輕戎索威儀辱漢官行看飛羖攊豈是召呼韓帛樹休相擬熙朝禮數寬

遠兒曾奉使父王蒐窺鄰厚德終歸宋無人莫謂秦橋門虛入侍漢室重和親轉悼南征者淒涼問水濱

蹈海聞高義斯人亦壯哉豈知賓日地猶有報韓椎蕞爾蜻蜓國居然貙豸才一聲燕市筑千古尙餘哀

桃花夫人廟神絃曲三篇

江城寒食冷煙碧雨絲罥柳橫江織帝子靈旗千里遙渚宮玉露蘋花泣山鬼嘯月望桂娥迴風裊裊吹女蘿靈之來兮慘不語銅鼓一聲雙燕下

神烏啞啞檣上喚靡雲小旆垂雌霓醲恨爲酒淚爲漿寡婦絲裏絃銅鞮楚宮閑人何自苦殘瓦不作鴛鴦泥殘陽獨自下章華漢南草樹春萋萋

紙馬旋地風蕭騷。幽香一縷初振簫。十二峰頭寒暮雨。秋風不上巫山高。孤鸞映月飛春靄。騎魚撇波下瓊海。天河落處是家鄉。山上蘼蕪望相采。

晨登衡嶽祝融峰二篇

身高殊不覺。四顧乃無峰。但有浮雲度。時時一盪胸。地沈星盡沒。天躍日初鎔。半勺洞庭水。秋寒欲起龍。

白帝高尋後。三年得此遊。芒鞵能幾兩。踏破萬山秋。獨立乾坤迥。坐觀江海流。朱陵有遺洞。懷古一搜求。

公讌

華月流綺疏。置酒臨高臺。劍佩拂零露。冠蓋紛以來。園木鬱蘢葱。清暉濯氛埃。文鱗沒激波。馴棄嬉兩階。鸑飆下纖雲。瑤瑟聲爲哀。賓從請皆賦。繁音潤瓊瑰。匪此徑寸翰。奚由罄所懷。

論藝絕句六篇

萬古人文會盛時。紛紛門戶竟何爲。祥鸞威鳳兼雞鶩。一遇承平盡羽儀。經學獨盛於國朝不知史學道學詩詞章以及金石小學無不超越前代自王船山黃梨洲諸大儒外純不及者各有所至不可偏廢故嘗論學亦學今學而已

千年暗室任喧豗。汪江都汪容甫中魏邵陽魏默深源龔仁和龔定庵自珍王湘潭王闓運壬秋始是才。萬物昭蘇天地曙。要憑南嶽一聲雷。文重廣已少眷宋後韓閩朝陽王子當五百之運數斯道之光出其緒餘猶當空絕千古下此者號默源龔定庵王壬秋皆能獨往獨來不因人熱其餘則章句終身役於古人而已蓋於汪

嘗南世所稱駢文宋然高者直追魏晉又烏得儷目曰駢文故自歐曾歸方以來凡爲八家者餘得謂之古文繩漢魏亦鄙爲駢麗狹爲籠以束迫天下之人才乎夫秉筆若出一手使代附漢成哉以駢文之目以擯八家之古文於不足道爲八家者不深觀其所以而徒幸其不與於古文之名遂亦曰此駢文云爾嗚呼駢散分途而文乃益衰則雖駿發若庾子山俯余[illegible]除習氣其他又何論說

蘿齋微意辯蘧廬同縣歐陽師探王壬秋鄧武岡鄧彌之輔綸翩翩靳共驂。更有長沙病齊已。湘潭詩僧寄禪一時詩。思落湖南。論詩於國朝尤爲美不勝收然皆詩人之詩無更向上一著者惟王子之論能自遂所學近人歐陽王鄧庶可抗顏即寄禪亦當代之秀也

意思幽深節奏諧。朱絃寥落久成灰。灞橋兩岸蕭蕭柳。曾聽貞元樂府來。新樂府工者代不數篇遺取擊棠僅兩情長極遠命意深曲而辭或嘽緩二難莫并何以稱世近人如李嵩仙外興以工新樂府名綿邈遠纖幽百溷西黨而止往見灞橋旅壁塵封隱然若有墨跡拂拭歸辨其辭曰柳色黃於陌上塵秋來長是翠眉顰一灣月更黃於柳愁殺橋南繫馬人讀竟徑寄以闕所見新樂府斯爲第一而來未署名不知誰氏至今恨恨

溯源太傅溯中郎。河北河南各擅場。兩派江河終到海。懷寧鄧與武昌張。蔡鍾書法無美不具厥後分爲二家晉人得其清腴北魏得其雄厚一例不合用迄於今國朝鄧頑伯石如近人張濂卿裕釗庶幾復合

舊曲新翻太古絃。雲門高唱蔚廬同縣劉師傳。若無小阮精論樂。布鼓終喧大雅前。音律之說家異人殊今古皆能知[illegible]先生郎毅士之穆宋隱探賾希復正聲倏氣定律審律求音大合樂於聲[illegible]昔之樂孝[illegible]乎抗跡風人爽而於琴理遺端致隱猶待引申劉良生歸著琴旨中[illegible]譜子史記訂大琴中琴之制辨太古絃通用絃之別[illegible]譜魚麗之詩[illegible]品[illegible]取[illegible]七徽以上之子聲方之案聞備位而已於是機并[illegible]猶雅音樂徽不整始知[illegible]

極蠹歌并序

先仲兄手書亦既聯爲大卷。乃開罪脈望。毀於柔口。生而不閲。死無幸焉。相苦抑何迫耶。詩不云乎。作此好歌。以極反側。泫然嗟痛。用有斯篇。

中姸不復實。外美有餘貌。笅策甫豁闌。蟫蠹正超趠。害多終可祛。字滅詎堪梭。形勢蠐蟄龍。文采碎圭瑁。嗟爾微齒角。端然坐侵暴。酬豢小人儒。詩禮君子盜。幺麽朋而從。渠魁前以導。躬竊惟饑餘。援強乃居奧。蠡測未云深。蠶食轉相效。語澀尙吐吞。篇佳亦咀噍。至其獨工整。卒亦莫摧剽。偶思掇所遺。殊復領其妙。今想作書時。神應先筆到。平生雄千夫。茲事貞一豹。獨然妬華藻。況乃見才調。溟鯤搏扶搖。坎蛙橫責誚。仙人黃鵠舉。下士蒼蠅笑。頗賓理亦宜。排擠情可料。惟茲藐蠕蠹。爲物僅翹肖。箕舌胡爲張。鴟吻誰與噪。精金既焚鑠。素紈宛衰耗。妄謂死易欺。蠹同犯不較。遠有萬古期。恥爲寸簡悼。俯瞰江蒼茫。仰覩日焜燿。湍流有詭波。健行無私照。金薤署琅函。歌鐘勒淸廟。永言懷斷編。不息杳汝爝。

湖北巡撫署六甒亭晚眺同饒仙槎作

秋塞不能高。日暮泊隆棟。平楚翳人蹤。晴鳥沸寒呀。好音一何勤。了無片羽犴。寂永未礙喧。覺獨乃疑夢。臨高慨忼。收遠目縱送。野勢浩無極。山形糾相貢。遐心撫四海。莽眇乘飛鞚。

和仙槎除夕感懷四篇并敍

舊作除夕詩甚夥。往往風雪羈旅中拉雜命筆。數十首不能休。已而碎其藁與馬矢車塵同朽矣。今見饒君作。不覺蓬蓬在腹。憶除夕商州寄仲兄風檣抗手別家園。家有賢兄感鶺原。兄曰嗟予弟行役。不知今夜宿何郵。風景不殊。幽明頓隔。歙邑陳言。所感深焉。亦不自知粗放爾許。

斷送古今惟歲月。昏昏臘酒又迎年。誰知義仲寅賓日。已是共工缺陷天。桐待鳳鳴心不死。澤因龍起腹難堅。寒灰自分終銷歇。賴有詩兵鬬火田。

我輩蟲吟眞碌碌。高歌商頌彼何人。十年醉夢天難醒。一寸芳心鏡不塵。揮灑琴尊辭舊歲。安排險阻著孤身。乾坤劍氣雙龍歎。喚起幽潛共好春。

肉顧何嘗足肝膽。論交晚乃得髯翁。不觀器識才終隱。卽較文詞勢已雄。逃酒人隨霜陣北。談兵心逐海潮東。飛光自撫將三十。山簡生來憂患中。

年華世事兩迷離。敢道中原鹿死誰。自向冰天鍊奇骨。暫教佳句屬通眉。無端歌哭因長夜。箕尾陰陽賸此時。有約聞雞同起舞。鐙前轉恨漏聲遲。

鄧貞女詩幷狀

貞女名聯姑。湖南善化縣人。字同縣龔家愰。家愰夭。貞女夜聞風颯颯戶牖間。頃之帳鈎鏘然有聲。詢得實。涕泣持服。父母擬奪之。卽臥不食。幽憂晝哭。髮爲之童。卒歸龔氏。行時復有

聞如昔聲詩歿年二十有六

獨繭之幕鉤珊瑚酸風微曳鳴聲孤陰燐四逼鐙無華鄧女此夕爲貞姑宛然新婦登輤車即死地下女有家吁嗟死非人所無匪難其竟難其初臨機立斷識所趨果力自策無滯濡安步綏心氣不粗久且彌厲同須臾家人不識疑可渝鬢髮凋落中自痡生者可死死者蘇天孫不渡河爲枯俯視斷斷羣小儒孤持一義相牽拘禮所未備義以敎嫁殤之禁胡爲乎先聖平情用永圖整齊賢智不肖愚至於精誠有獨徂鬼神無力使勿舒窮今亘古乾坤俱邊計舉世毁與譽堯舜揖讓湯征誅安有往制供追摹六月飛霜冰出魚天行且以回其途不信其心盡信書坐守常例如守株林中挂劍云贈徐鬼安用此將非誣此心既發不可虛豈以無濟生踌躇況是系屬葭中莩煌煌名義何當辜處士殉國良艱劬敢云未仕宜謂迂夫婦誼不君臣殊我思夷齊兩匹夫

半醒詩

船山學報文苑之一

瀏陽劉善澤

雜詩

大空本至寂。羣動自爲聲。早秋涼氣發。我思紆以縈。飛蓬已離根。乃駕盲飈鳴。土宇馥陽光。仰視南雲征。浧哇戛參差。幽律成合并。悲吒獨永歎。有耳不須傾。願因列仙人。肅軫凌太清。天閶隔呼噏。何以通我情。

六龍一失馭。日薄迷青蒼。誰能鞭牽牛。強之使服箱。接輿歌鳳衰。舉國稱楚狂。麒麟胡不靈。竟爲魯人傷。元豹未食虎。霧處韜文章。與世苟寡合。安用多栖皇。鬱陶空爾爲。浩歌無何鄉。

良駒騖長路。跛鼈甘淺湫。朔雁上沖霄。下笑枌楡儔。遙望太行山。鹽車困驊騮。奈何魚網設。飛鴻偶誤投。豈伊拙勝巧。嘅嘆未能休。時命不自安。智勇難爲謀。龍蛇悟易理。蟄身誠無憂。

瑤樹施朱蕤。有鳥巢其端。高翥明所趨。一枝聊自安。玉液供渴飲。竹實充飢餐。凡羽安得知。知之良亦難。螳螂步元蟬。黃雀猶相干。嗟嗟蜉蝣羽。旦夕忘憂患。矯然此珍禽。終免韓嫣彈。

門接城市喧。往來車馬多。燦爛少年子。玉驄金盤陀。顧盼有奇氣。寶劍長摩挲。解衣上酒樓。仇頭爲叵羅。十千亦不醉。岸巾但狂歌。未曾通姓名。去矣知誰何。

知音良不易。知心應更難。古情託素絲。聊用瀝胸肝。俗耳悅箏笛。寥寥誰與歡。此意將誰陳。

咄嗟空長歎

臨高臺

日暮臨高臺高臺多悲風雜秀良已腓上有松柏桐絕日礙遐睠行雲滯長空飛鳥狎儔匹

嚮音遺遠鴻浩蕩千里思繾綣寸心中落景一邅迴渺茲路難窮所思在洛陽恩紀曠無終

無因化黃鵠與子遙相從迅商傳響嚴戎葵解華叢淚零徒嘆息河水流淙淙

雜擬

冉冉夏將及奄奄春已殘輕衫裁越羅團扇製齊紈機絲三丈長手爪莫言難縷縷心上情

宛轉千萬端聞君在燕京又聞在長安浮雲西北馳欲附無羽翰草蟲先秋鳴撫時傷肺肝

團扇復棄置輕衫亦嫌單錦帶織連理繡襦縫合歡常恐朔風至征人驚早寒

山鳥篇

鄰媼有三子者鍾愛特甚媼老無告子不爲之養也劉子因賦是篇

南山有一鳥上巢干霄枝匪爲好居高意恐有人知人知當奈何矰繳行見施巢成豈不工

日夕還孜孜未幾生四卵四卵胎三兒兒雛見母喜母喜更不支會當毛羽豐但勿令兒飢

兒飢索母哺哀哀徹且啼母愁覓食難將去復遲遲憫此兒小弱不任朔風吹深林多鴟鳶

幽壑有狐狸世途艾而張失足皆險機進退兩維谷何以抵禦之悅然意自失忽焉心內怡

外患求不侵毋若固樊籬啄木持當關密葉覆四圍兒好匿其中異類何能窺母去兒不釋
兒憨母益唏母心勤護兒兒富知母慈暫去勿復戀母用過嬌癡良久就㷣貼羣雛相酣嬉
欣然鼓翅出須臾天際歸囑巢幸無恙銜食繞樹飛朝見銜食飛暮見銜食飛自從哺兒來
不計萬千回況復兒苦寒更以翼爲衣劬勞重劬勞此意宜見思日月曾幾何雛者澤而肥
倏翮凌清風漸使母難追方圖兒長成疾病相扶持詎知羣兒心棄母皆如遺一去不復顧
各各分枝棲地角與天涯杳難尋履綦兒弱有母憐母老誰復憶鞠育良苦辛毛羽徒益衰
有翼不能舉欲舉力已疲喚兒兒不應母憂終身罹出入如參商會面了無期母飢啄敗櫱
兒飽食甘櫱荷母顧復恩一旦忍相違母寒伏徼巢巢徼苦難治晝爲烈日烘夜爲朔風摧
上有疾眼鷹下有怒目豺念此太嗟嘆嗟嘆仍歔欷哀鳴不成聲命如受縛雞長共故雄分
夜夜悲羈雌啼昔傷無子有子竟無依無依更何說伊戚祇自貽自貽弗可道悔煞姑息時

說苑

商務印書館出版

衛生方法之研究

人生二百年

顧實編　八角

人之一生。往往為疾病嗜慾災害所戕賊。能克全天壽者甚尠。本書根據科學之原理。徵諸歷史。證以統計。說明人之天壽可至二百年。敘次簡明。饒有趣味。

因是子靜坐法

因是子著　三角

著者研究靜坐法二十餘年。深得卻病延年之益。近見日本全國上下盛行此術。因著是書以詔國人。書中原理。悉根據生理心理。絕無迷罔之談。其方法又簡便。為人人所易知易行。有志者盍起而研究之。

廢止朝食論

蔣維喬譯　六角

廢止朝食之法。近來盛行於美國。流傳於日本。武進蔣竹莊先生夙好衛生。亦仿行此法。祇及半年。得治痊二十餘年之胃擴張病。因亟譯此書以餉海內。

康德人心能力論

周逵譯述　二角

康氏為德國大哲學家。此書闡發人心能力。言意力能制病情。道德足以壽身。蓋合修德養生為一事。通儒醫兩家之郵。

樂天卻病法

劉鑑華著　五角

東西哲學家大倡精神修養之法。一一可施諸實用。著者即本此義。以哲學眼光。平實說理。微言精義。得未曾有。有志精神修養者。當必以先睹為快也。

接第三期

與虜戰得捷者從遇春潼溪之戰始公是日堅坐畫策故以此克是時督幕參佐類假督府淫威挾長短傾人取乾沒公秉氣立軍中爲人排難有餽遺者則罵却之督府籍亡賴爲騶卒肆辱郡邑唯公壓訶禁見公則栗栗交戢焉湖南陷沒奔入武岡晉職方主事擢員外郎不屈劉承胤退匿黔陽山中與楚按熊興麟卒爲虜執馬蛟麟械之辰州公與熊誓死不屈居半載益料知虜陰事蛟麟緊送之武昌泛沅江下夜泊荒岸守者醉遂底公蹴熊曰可逸矣熊曰天創我足不能行從君君但勉之使死者有知酹我于沅蘭烟水之間足矣相持起嗚咽泣下公曰我且生以必公死公長不能脫矣所不請一軍下辰生致馬蛟麟酹公沅江者有如此水守者鼾聲起驚跳水沒腋從蘆荻中覘水中亂星光景伏大澤一日夜乃尋私路解衣買粽飯裹之復奔黔陽在虜中僅九月餘髮卒不剃病臥歲許每思熊則嗚咽擁被欷曰我負沅水也病已馳赴行在上書請輕身入辰持尺書脅致叛將東出嘗益以紓粵患僧裝達虜營去而詞訛爲得便宜從事執政者恚公不出己門因詞文致謂芳先以部郎而請便宜無人臣禮調旨切責之公歎曰天壞矣非一某能支盡人臣子何取我亟冒險辱爲云爾者蓋石兒之言在耳也天塹吾足不入權門石兒其將謂天何上章謝病去山陰相公爲達于上得留晉郎中會蒼梧瘴發病三日卒公有詩二卷失傳子一方幼都督僉事張國祚故出公薦拔爲撫公子于桂林會桂陷不知所終國祚湘潭人矜氣義不肯降虜夜授二

妾帛使自縊跳身爲僧桂山中法名性珙亦奇士也

職方主事周公

公諱師文字公巽一字期岐大冶人父寧爾中甲子鄉舉早卒公少孤貧豪不持細節爲文掁宕飄逸善徵古言益薄流俗間沈酒游狎邪自念當致雄遠崇禎壬午受知學使高公檄赴濂溪書院讀書是年秋試不第皂巾布衣就鹿鳴宴攫酒引滿持所素狎者叫呼譜笑痛飲而去人率以爲狂未幾補邑貢會左帥棄襄郢據武昌公以兵事謁諸閫幕議交軍中豪傑乙酉武昌陷江南北皆不守而黃德光固襄鄧南淅豪傑蠭起各據砦結營間擣虛破諸邑擒僞守令其尤著者紅旗營蓋天營白雲寨四十八寨阻木陵白土推紳士爲主北距汝潁西連商雒故帥劉洪起毛顯文舊部及毛葫蘆兵皆嚮應公從山中起結壯士僧裝挾藥袱賫紫金定偏上諸砦得要領益走河南廣要會蠟檄通山東蔡懋子乃復歸楚公先捧總理周損監軍職方郎劉洪昕檄起及是已聞于行在思文皇帝授公職方主事會閩陷勅未下俄而江西反正諸寨義兵益壯動戊子春遂連復黃孝麻應諸縣師及黃州城下公渡江過鄉邑激勸土人將取大冶與國通九江道事旦夕發公少不宜其室妻父某者遽夜奔武昌告公兵起一夕虜督發突騎至大冶公方夜計事心動聞馬踏石聲驚起夜走八十里渡水過江西界公祖母年八十曁寡母妻妾盡死于兵兄師望繫至武昌榜掠三日夜梏獄中

接第三期

見釋文序錄云。不詳何人。

孫盛易象妙於見形論。

見劉惔傳　世說文學門注引之。魏志鍾會傳注引孫盛曰。易之爲書。窮神知化。非天下之至精。其孰能與於此。世之注解。殆皆妄也。況王弼以附會之辨。而欲籠統玄旨者乎。故其敍浮義則麗辭溢目。造陰陽則妙賾無間。至於六爻變化。羣象所效。日時歲月。五氣相推。弼皆擯落。多所不關。雖有可觀者焉。恐將泥夫大道。此亦盛說易之大旨。故附箸之。

蜀才易注十卷。

釋文序錄云。七錄云。不知何人。七志云。是王弼後人。案蜀李書云。姓范名長生。一名賢。隱居靑城山。自號蜀才。李雄以爲丞相。張惠言曰。蜀才之易。大約用鄭虞之義。爲多卦變。全取虞氏。張澍蜀典馬國翰玉函山房皆有集本。

裴秀易論。

裴松之魏志裴潛傳注引文章敍錄云。秀著易論及樂論。世說德行門注引晉諸公贊。裴楷特精易義。

袁悅之周易繫辭注。字元禮。陳郡人。謝玄參軍。

見釋文序錄。

袁悅之易音。

國朝謝啓昆小學攷曰晉書李悅之傳悅之字元禮陳郡陽夏人始爲謝玄參軍後爲會稽王道子所親愛俄而見誅册府元龜曰悅之注繫辭又爲易音余案晉書袁悅之附王湛傳作李誤也

謝萬等周易繫辭注二卷西中郎府釋文序錄作謝万字万石陳郡人東晉豫州刺史

宋王應麟漢制攷卷三引崇文總目云歸藏隋志有十三篇今但存初經齊母本蓍三篇

宣聘通易象論一卷

見通志

九家集注周易十卷釋文序錄云不知何人所集稱荀爽者以爲主故也其序有荀爽京房馬融鄭玄宋衷虞翻陸績姚信翟子玄子玄不詳何人爲易義注內又有徐氏朱氏蓋不詳何人

徐邈周易音一卷太子前率字仙民東莞人

馬國翰玉函山房有集本

李軌宏範周易音一卷尚書郎釋文云江夏人東晉祠部郎中都亭侯

接第三期

港可用又沿右山脚至港口築有法人墳數處口門兩山對峙中隔二里許潮落時中洪不及一里即入口復折向右故在外港望不見內港也左山有龍牙角插出船至此須曲折行港中舊有瓊海關小火船一艘駐有洋稅司一人惟驗貨票不收稅銀左山坡佔去大地一塊堆煤又略種幾畦蔬菜歸海關管轄將來或爲軍港商港皆須與之極力交涉余查洋人之性最異凡海關地本中國土也或公家地私家地與之接壤彼必斷斷相爭不肯放鬆一寸有時且侵佔過界直視海關爲洋人之產可爲寒心余前年在河口因街路一條傍海關後牆脚過洋雇員以爲海關之物欲封此路與商家幾起大衝突後將海關前牆脚外路讓與三尺始將後牆脚外讓我尺餘若非蒙關正稅司見全市人力爭不能強迫雖對換而彼亦不允也港內鹽田甚廣再入林木亦多榆林若闢作軍港三亞亦重要地可抄榆林後路雖三亞水淺小火船亦不能入究竟無險可扼也午後訪僑豐公司分理趙毅軒詢問鹽務今年不佳出鹽固少而消路尤滯五文一斤尚無人過問復訪陳濟庵於其家又過貴榮之門入訪之并晤龍濟河亦祁陽人年七十有八任哨官二十八年尚流落不能歸從前湘人從軍於此者不下數百人自將防營裁遣凡在此娶妻者皆不能歸因此間女子不願渡海也申刻濟庵備盛膳款余龍濟河亦在座并無雜賓晚趙毅軒來訪隨贈罐頭食物十樽果子露二大瓶均璧謝是日接林天民呈詞看不明白亦批交鄧錦屏清理

十四日天甫明滂沱數點即止後陰晴參半午後雷電交集而未雨余四更即起須趁潮未至過榆林港灣黎明陳濟庵即來送行贈余石蟹三十餘枚又收崖商三呈詞六時四十五分發三亞港乘小艇至江鼎山走榆林港均行荒山中歧路錯雜山箐林密不見天日四十里至回風嶺嶺不甚高約長六七里過嶺約十里出山有田段甚廣以無水之故全未耕作五里過洪李村又十五里行平山中茅深草荒過水抵籐橋市市中烟戶百餘家較三亞貨品爲多往警察分局局長龐揖五鏡渭殷勤招待亦鄧錦屏先容也警長胥炳紳岳州人尤有同鄉之誼是日雨田行至洪李村鞭馬先驅約里許適與夫息肩衆人均卸裝坐路隅余因詢問望那路去衆云左余曰雨田往右急呼囘之文和亭令一護兵從容從行并不聲響余等又行數里至山半坡前護兵返云未見實則并未循馬跡追之再遣一護兵乘文和亭馬往尋少焉余復遣二護兵往抵警局復派警察二人往至夜八時尋者陸續返均云未有蹤跡再請局長派六人往余甚焦急先是雨田騎馬落後甚遠待久之始至余謂太落後恐迷道須謹之此間途徑仄小又紛歧百出且草木叢雜如失道難覓也雨田云與蔡福勝在後何至失道神情殊藐藐也今果有此失此子性最矯強既不懂話又不會書不知今夜作何安置徒令人懊惱耳十二時有四人陸續返毫無影響餘二人不知何時歸

十五日晴天未明即起呼蔡福勝文和亭再派警察二名訪雨田下落九時返依然無消息

方不知措手忽雨田自歸一小僮送之云昨晚即返原路尋覓伴侶不得天氣漸黑徬徨無所之奔馳田野間不得路遂有望門投止之概遠望一紅燈奔赴之曲折行數里始至扣門求宿其家即止之並殷勤招待進酒食備芻蕷不受值今晨遣人送三里許指示途徑復倩一小僮伴行其家姓熊氏誰謂萍水無東道也亦幸矣始知遣往諸人皆於黎峒中尋覓是以相左湘陰周星廷勝山來瓊廿餘年熟悉黎中情形云峒中木多且鉅尤有美材以無出路之故僅伐其小者棉蔗一植可收三年黎人每伐木聚而焚之就其地以竹籤鑿一孔納穀數顆即聽其自生蓬蓬勃勃三月而收收無不豐而黎人較漢人爲勤漢人則純聽天不與水利實則鑿塘築壩皆宜奈男子懶惰成風不事耕作任婦女爲之婦女又兼爲商工故農事之不講勢不暇及也本地紳士李禹卿希憲林淵泉紹源來訪詢問學堂辦法余轉詢此間情況每年由公家收學生三十名余謂公家既有此舉能再由地方籌款加收三十名或五十名則得之矣因詢問君等家族有無嘗產皆曰不若內地之富余曰誠然粵省嘗產之富專以獎勵科舉仕紳之用其流弊在士貴登科之時代則賄買關節在人盡可官之時代則暮夜苞苴喪盡廉恥皆由覬覦嘗產之富而階之此種宏獎奔競之舉最爲風俗人心之害而粵人恬不爲怪余思得救粵之方惟有盡提嘗產出息約略調查年可得百萬以外與辦地方大工藝廠強收無業游民而教養之有餘再推廣學堂警察不獨搶刼之患可免

尤可變其勢利熏心之習慣以粵人之財辦粵人之事楚得楚失并無利權外溢之嫌惜無人毅然行之耳君家如有嘗產不妨自行提倡少則小辦多則大辦化無用爲有用不僅全粵蒙其利卽全國亦將受其影響天下未有無團體而可以立國成家者粵人普通性質坐無公益心惟知自私自利雖然今日中國之人莫不皆然不能專責之粵人也旋稅關委員魏湘琴偕福建人來訪言此間出口大宗木板黃籐白籐大約進出口稅共五千餘元之譜龐揖五以五指山茶心二包薏苡一包贈余以土產不便辭也晚復備盛膳相款收黎人符家寶呈詞稱其父爲族伯咾野槍斃因咾野非法行爲寶父爲黎頭力止之宣言我不死斷不容汝爲非嗣寶父有疾似癲瘋野遂槍斃之稱除毒自是肆無忌憚刼殺時聞爲警長龐揖伍拘送崖縣某知事擬槍斃適去任未果今知事有釋放之消息故寶懼而求辦余詳詢之寶云自父被槍斃後家四散不敢歸田久廢不敢耕咾野家兄弟猶日夕伺隙尋釁云云余據批交鄧知事槍斃以儆兇暴而安良懦益陽同鄉彭某在此閒居光景不佳余着兩田取二元贈之聊達鄉誼而已

十六日晴黎明卽起七時發籐橋警長龐揖五必欲親送至赤嶺幷派警多名護送辭不獲五里至曲灣入陵水境沿海行又十里至赤嶺訪符香圃攀桂符排隊鳴槍以迎之心頗訝旣覩其爲人英氣勃勃無衰老態甚獎勉之詢問張文襄當日所定黎中路線卽詳告之余

猶以爲不明。渠擬遲三日作說帖。派人送陵水交余。余感之。渠幷備肴酒款客。上下三席。自言去年剿辦黎匪。黎匪掘其祖塚五所。家中卽死去三子。皆滿淸廩庠也。大小共計九人。言下猶含悲楚之音。及問其年。已七十有二。當日爲馮子材之哨官。而兼嚮導者也。辭行。龐始率多警返。留四人伴送。旣出。行荒原廣漠中。紅日一團。黃沙十里。氣熱如蒸。二十里至九所。又十里至鹽竈村。連渡三大川。水深皆及腰。輿夫肩轎扛而行。一夫滑足跌坐水中。幸在淺處。否則已滅頂矣。又二十里抵陵縣城。午後五時也。入南門。出東門。將住南海館。街市家室均尙整齊。高出崖縣不止十倍也。昌感無論矣。時館員他去。方徘徊間。知事劉和齋翔卽來。久聞余至之信。故伺之。力邀入署小住。余亦力辭。旋旁人言此會館明日將演劇請酒。恐不便。遂允和齋之請。同入署。見其第二公子綬之焉。稍休息。卽作信致符香圃。催說帖。又致龐損五函道謝。又鄧錦屛一函。附送呈詞三紙。按縣治在府城東南五百七十里。城周三百四十四丈。高一丈八尺。濠廣二丈五尺。深一丈。今查城垣多蕪隤。民居零落。雖非山林。氣象却是村落光景。僅東門外一街。約四五百家。亦無大店。無北門。濠湮無跡。縣域東西距九十里。南北距百五十里。東至海岸三十里。西至黎峒六十里。南至海岸六十里。北至萬縣界九十九里。東南至海岸三十里。西南至崖縣六十里。東北至萬縣界九十里。西北至黎峒界百三十里。

十七日陰晴參半作信致煦甫湖北翊衡湖南幷沈鑄屏方春波各一函詢調查路線形狀旋邀劉德三（明宜）來談甚久現開辦織布工藝廠一所幷見其子康宇（熙）詢公司事甚詳并將開辦陵水實業有限公司章程示余而股本十萬元籌辦六種實業以二萬伐木二萬墾荒二萬畜牧一萬開鹽田一萬辦漁業二萬購輪船一艘余謂中國諺語多財善賈區區十萬元一事不能舉何有於六事六事之中惟鹽田用費略少然興鹽業而不置輪船猶未濟也無已須於六事中擇一事爲之或不致於虧折如欲兼營二事余亦不敢必其定有贏無絀也大凡公司必須資本充足方足放胆爲之若旣絀添招信用已失未有不失敗者因調查陵水產木甚多昨日所經舉目皆是如格木萬年青石梓坡類指京鐵靈苦梓青皮綠楠八角胭脂等木最堅花紋亦細緻可觀其次如天料荔支馬尾松竹葉松鐵線松紅肉松黃丹青線柳菓油楠雙本納果石果鶴格山絲紅綢赤綢烏綱香春黃皮春黃楊檳榔等木亦堅可製各項器物及鐵路枕木又有紅羅木釘船最佳余因謂和齋云如許美材可請善繪事者圖之幷將其花紋附繪於樹身中如日本植物畫然尤須將其能作何種用處一一註明亦植物學之一助也然所費不過數百元將來印售專利亦不致墊累旣有裨於人復無損於己望君放胆爲之本署課員諸君來談復與和齋閒話言幫審某因濫押斃命一案爲屍屬扭至縣署理論衣褲盡脫劉藏之簽押房出與屍屬半勸半嚇以和解之及入覓幫審

不得呼之乃從床底出監獄王運達朋比爲奸人民不見天日者久矣午後收孀婦李卓氏與鄭恢戚呈詞爲擄刼倒誣擅殺三命事因去年舊歷五月廿五氏子李伯璽戚父鄭義昭爲陳運奇刼去伯璽衣褲二套義昭大洋五十元報團局局長李恩昭李治大追贓二李庇陳反將伯璽義昭并工人林亞獨綑送符攀桂處誣以私帶軍火即令二李槍斃當即投報顏知事清華置不理嗣撫黎局委鹿漢光稱其私運軍火接濟黎匪被勇拏獲彼此開槍互擊傷重斃命等詞怪哉軍火并不繳縣拏人自行槍斃就令彼此互擊彼死三人何以團勇并未一人微傷昏天黑地尙復成何世界吁可慨哉

十八日陰晴參半長沙周金海來訪在此幫人入黎峒購貨贈山馬筋一副羅雨珊瓏光由閎安撫黎局來和齋招至之晤談黎中情形甚悉允爲另具一圖說收王有學呈詞緣有學盜賣十八代祖塋山地於實益公司開墾掘塚拋骨至數十具之多族中大動公憤控縣控府均未即辦而有學匿不出族人恨極羣起而拆毀其家有學反誣其挾嫌聚衆控道控都督胡漢民但據一面之詞批令即綑王廷傑正法有學得寸進尺索賠至數千元屢屢催迫和齋深知其寃訊問一次有學無詞今復呈詞於余余擬請省長澈底根究之并商和齋携其卷宗行晚和齋設讌席間言及洋面匪船擄刼商旅裹足陸地土豪橫暴官民時驚余謂非請兵艦巡洋陸軍鎭壓難期安靜和齋又言自出資開墾已可收穀二萬餘斤現以四成

歸農六成歸公將來作爲屯田以一半養兵一半儲餉知事視開墾多寡酌量升官官致仕以一半撥歸官爲報酬官以他事撤任酌量歸還其資本庶官有所希望自不敢爲非而公家之利益尤非淺尠余謂甚佳然公家尙有一利益事君贊成否現在公家改用陽歷而人民不知甚不便於行政曷若由官印發月份牌限定每家一張張收工費一角一可使人民知歷一可調査戶口一可補助公家一省當不下數十萬和齋亦甚韙之夜和齋備山馬觔兩副小海參數十枚鷓鴣數斤贈行外程敬一百大元隨敬十二元力辭之不獲受其土物而堅返其金

十九日晴未明而起和齋復以昨反之金强納行篋中詞甚委婉余辭之更力始罷旋羅雨珊以余行太促未盡東道之雅備二十元贈別余辭之和齋亦爲代白其硜硜之守故未相強懽余此次所經臨高則備隨敬四大元儋縣則備程敬非敬及隨敬約紙幣數十元崖縣則備紙幣一百元今又若此吁修名未立無異流俗可不懼哉可不勉哉八時發陵水出東門渡河劉和齋親率游擊隊送至河干派六名護送余受二名至五里亭一帶田禾茂盛均已抽穗多以龍車取水過港坡則一望荒蕪皆旱田因天不雨而荒廢者三十二里經香水在海岸水誠佳矣細細領味之似有香氣然非粗心人所能領取人言水經沈香樹根而出故名又三里過牛嶺嶺不高而荒僻爲行人大礙近設警察於此始無事局長袁厚吾寧鄉

人以同鄉之故招待尤至自言警兵十人凡過往者均酌其貨物收費轎收二百馬收一百擔亦收一百空行者四十不等日可得二千文以備警費半嶺誠險矣非駐警隊萬不敢行故人無怨言可見事在保民無不相諒也又十里行平岡中至楊梅宿午後三時也陵城至此人言六十里

二十日陰晴參半午前六時發楊梅十里至海田行荒野中過九曲嶺一山坳耳幷不高惟箐林狹徑深澗危橋頗幽險十里出嶺至萬陵入萬縣界又十五里抵萬城平原廣漠皆爲荒曠遣劉雨田先行入城請夏眉生覓好館舍遇張君子敬知余至力邀入署即遣警隊四人警長一人迎於途入南門按縣治在府城東南四百五十里（府志作四百七十里）城周四百二十六丈高二丈濠廣二丈五尺深七尺今查城垣外存牆形內如土坡雉堞全無北門久廢已成山林縣衙街市荒涼縣城東西距二百零五里南北距百二十里東至海岸二十五里西至陵水賓亭司界百八十里南至海岸二十五里北至樂會界九十五里東南至海岸三十里西南至陵水界一百里東北至海岸七十里西北至樂會黎峒百七十里抵署子敬殷勤招待幷晤其弟子誠籌測繪之學擬測繪縣屬輿圖幷爲余倩嶺門撫黎委員曾介臣開明黎中路線晚偕子敬登北城樓無門子敬云瓊郡各城大都有西門者無北門有北門者無西門相傳元胡入主中夏人民種族思想甚熾故封閉之云遍野田禾將黃一望無際子敬云

此間之特色無乞人無教士余謂眞中國之所未聞也夜作信致劉和齋

二十一日晴遣陵水警隊返各給茶資六百并和齋一函道謝閱省長取銷幫審員通電不禁雀躍三百眞如天之福民解倒懸矣按此事初發起於河南都督第言之始出未必爲民請命而民實陰受其福此中大有天意存焉不過借某君之口出之耳嗣與子敬言籌款方法余以發月份牌告之所謂一舉而數善備焉矣子敬甚以爲然又以須徵庚帖稅凡聘妻者庚帖一律應用官印分四等上等男女家各三十元以上中等各十五元以上下等各五元以上最下等各一二元不等納妾者分有子無子有子者一二百元不等無子者五十元以上娶孀婦出妻者十五元以上繼娶三娶照原聘例子敬亦甚韙之余謂果爾曷不呈請省長實行子敬曰唯午刻遊東山出東城約三里餘突然起高峯周廣約十餘里皆大小石彼塊搭此塊此塊承彼塊層累曲折極空透奇險之觀人從罅隙中宛轉攀躋而上約里餘至峯封巖就石阿爲祠宇至門始知再登最高處有潮音寺地甚寬敞再循斜徑行得清泉一渠味甘洌可鑑毫髮萬寧第一泉也中有三十六洞天有八景曰蓬萊香窟曰七峽巢雲曰仙舟繫纜曰海眼流丹曰冠蓋飛霞曰正笏凌霄曰瑤臺望海曰碧水環龍人至此大有飄飄出塵之想流連四五小時之久晚歸夜與子敬閒談因出示其呈省長公函改良幫審即其一也其餘皆切實可行之事

廿二日晴。余假於綏靖處之瓊州圖。子敬見之。欲留作藍本。因現正令其弟子誠測繪縣屬圖。并擬提倡修志。余故樂成其美。遂徇其請。子誠來談。言及瓊島產蔗甚富。且碩大多脂。何其熬出之糖。如乾牛糞然。甚覺可惜。余曰。瓊人徒狃於糖之容易消融。不便存留。多滲石灰而不計色香味之頓減。如將此糖再加熬提。仍可成冰糖。成白糖。不難改良也。且瓊地產蘿蔔尤盛。此亦含有糖質之物。將來此間之糖。亦當爲出口之一大宗。晚子敬招飲北樓。夜歸向子敬稱貸二十元。作川資。子敬因託余帶五十元至家。并信一函。謂君可隨意扯用也。

廿三日晴。午前七時發。萬城派警隊三名護送。十五里至曲冲。田禾甚茂。水亦充足。惟栽秧時太密。太粗耕亦太淺。未得法耳。又十五里至和樂市。萬城至此。人言三十里。確足足三十里也。又十五里過青山橋。遇劉綏之。陵水劉和齋之次子也。余在陵初相識者。言幫審員李如松私逃。追趕而來。沿途探聽。自稱省委員夏君邀請進省。省長有事相商云云。蓋彼託詞恐人民與之爲難也。余曰。誠然。余初抵五里亭時。渠已卸輿路旁。自是或前或後同宿楊梅然終日未一出轎見余面也。談時。休息路旁店。適青山溪修橋。往來隨意捐助。告白已有月餘。尚未開辦。因與綏之各捐銀一大元。又二十里至龍滾河宿。人言和樂至此五十里。實仍爲七扣耳。時午後五時也。綏之飯後即買舟行。余送至河干。訂後會焉。返寓作信致劉和齋陵水。請其速派急足專送羅雨珊之圖說於瓊山交余。是日沿途茅店。絡繹不絕。輿夫五里一飯或七八里一飯終日不下八九飯也途中熙來攘往者亦如織將抵龍滚連收呈詞七紙皆爲樂會人陳家樫欄河築壩阻礙交通商人船戶之詞也阻水汎濫傷害田禾農民之詞也詞中並有府委員受賄樂會縣偏袒以至萬人愈屈愈激實則受害本非淺鮮也夜本地紳商王文斗陳聯輝馮淸榕林之椿陳丹書等五代表來見言龍滚河事余允以此事請省長委樂萬兩知事會同踏勘研究利害自能秉公判斷云

廿四日晴午前六時四十分發龍滚渡河行五里至分界墟入樂會境店戶均未啟門可見此間人之懶惰又七里至灣坡渡河卽龍滚河上游也又八里渡南門河抵縣入南門寓周姓家時僅十時半人言三十五里實不過二十里而遙沿途田疇廣衍一望黃雲現正收穫一面又繼續種秧皆女流工作縣治在府城東南三百三十里城周三百七十二丈高一丈五尺東西南三面瀕河無濠今查城垣低陷傾圮家室蕭寥田禾轉盛於城外店鋪惟南門外一街無北門縣城東西距二百六十里南北距四十里東至海岸十五里南至萬縣界二十五里西至黎界二百四十五里北至會同界十五里東南至海岸二十里西南至萬縣界七十里（縣志作四十里）東北至會同界三十里西北至定安界四十二里（縣志作三十里）甫下寓卽作信至張子敬鳴謝遣護送警隊返萬給茶資八百午刻入署晤知事林甫田（舉）梅縣人邀余入署暫住力辭乃止談及地方情形無非貧瘠之區然以余沿途眼光觀察之未嘗不可振作旋

林甫田來訪云已籌辦黎學堂十所添設游擊隊十餘名規復小學堂二十餘所云云繼之警長楊叔穎來訪言詞爽朗亦漂亮人物亦活潑人物與論稱其辦事和平警察能和平則得之矣甫田具柬招飲辭之至再不獲旋又贈榮四品酒二瓶受之恐當是甫田未經過目之物晚游擊隊長游瓊林來訪云即萬縣稽征員游蔭亭之胞弟云云晚飯後攜雨田登城一望城內外禾稼均茂美城無北門惟南門外一市城中荒涼落寞禾黍蓬蓬破屋數家而已

廿五日晴作信致李省長報告陵水萬縣樂會情形日中收樂會縣民龐世時許大森等呈詞即批拾傳單一紙乃樂會人民因收錢糧幣銀各半遍發傳單於加積市開會抵制云云晚赴縣署飲并面交二呈請即訊斷同席總務張壽衡教育課員楊實根稽征員劉禮寬警長楊叔穎譚論甚洽飲酒甚多而不及醉歸時已十時二十分矣有萬縣人趕至此遞呈

廿六日晴午前七時本縣紳士陳家樑等四人來見言昨日龐世時呈詞事余謂龐以鄉愚何敢僞造契據謀佔公家產業而公家紳士亦斷無混爭私人產業之理此事必有原因紳士書此地向係官荒經龐世敦栽種椰樹已成熟地椰園租人或一年或數年原無一定今另租與顏章記乃事之常余謂向為荒地今為熟地在公家應酌補龐世敦幾文便可了事至龐世時不過為敦媳所請執契向議會說明何得挺身作敵搶擄椰乾請問搶擄椰乾有

見證否不答余曰當與林知事言之託其查明秉公判斷旋本署張壽衡楊實根劉禮寬來送行並致林甫田之意出紙幣程儀二十元非敬五十元隨敬四元交余余力辭之旋甫田親來致送幾費唇舌乃免余言龐世時案請注意不能以十九年之印與二十七年之印相比況今晨陳家欅來言余疑此人指鹿爲馬之伎倆甚高安知非藉紳士之勢以欺厥鄉愚八時半發樂會派警隊四名護行出西門行十里至南面渡河又十里至南掘又五里至加積市計七百廿一戶男丁一千六百一十二女丁七百四十四屬會同見一長人該市警察也既發行五里至三破嶺加積第二區區長王以標追送至此并攜帶長人同來知余賞識其人故也其人姓謝名鴻生身長裁尺六尺二寸能擔二百四十斤每食須飯八大碗肉二斤兄弟三人次義生高六尺四寸三全生高與長等萬縣人也膂力均過人甚遠云渡河又五里抵會同城入西門住縣署左金姓家時午後三時半也人言樂會至此四十五里實祇三十有五是日沿途所見田段甚寬廣水田十之八旱田不過十之二田中水淦滿路橫流二縣皆然按縣治在府城東南二百九十里（縣志作二百二十里）城周二里高一丈五尺無濠今查城垣半圮草木荒蕪祗有東西兩門居民稀少東門外有街鋪戶數百家而已縣域東西距五十五里南北距七十五里東至海岸三十里西至定安界二十五里（縣志作三十里）南至樂會界二十五里（縣志作二十里）北至定文兩縣夾界五十里東南至海港三十里西南至樂會界十五里（一作

接第三期

官氣而用鄉氣之人趙廣漢好用新進少年劉晏喜用士人吾願師之 與李輔堂

人才以陶冶而成不可高着眼孔動謂無人可用 復許仙屏

人才以奬借而出國器以歷練而成 批黃元齡寔

人才何常褒之則若甘雨之興苗貶之則若嚴霜之凋物願閣下于告示或批語中常予以奬褒之辭米湯若醍醐之灌頂高帽若神山之戴鼇昔胡文忠在鄂每以此法誘掖將才今閣下以此法誘掖諸生何慮人才不勃然奮起從其學之不逮者開之就其質之相近者奬之嘉其已能而策其所未至此教人者之常道而學政尤爲要務 復許仙屏

論候補人員

不爲大府所契重則耐冷爲要薪米窘迫則耐苦爲要聽鼓不勝其煩應酬不勝其擾則耐勞爲要與我輩者或以聲氣得利在我後者或以干請得榮則耐閒爲要安分竭力泊然無求不過二年必爲上官僚友所欽屬矣此二年中講求捕盜催科之法一旦蒞任措之裕如人見其耐也如此又見其有爲也如此雖欲不彪炳也得乎 與黃麓溪

爲官

居高位者以知人曉事爲第一義知人不易學曉事則可以閱歷黽勉得之不曉事則挾私固謬秉公亦謬小人固謬君子亦謬鄉愿固謬狂狷亦謬重以不知人則終古相背而馳 與[illegible]

編仙

與人共事

河南牧令與紳民素多隔閡該員等以安民爲名必須深自斂抑陰行其善過于矜張形人之短乃所以致齟齬也（批候選訓導詳業等稟）

遇合

知人之哲朋友之投契君臣之遇合本有定分然亦可以積誠而致之故曰命也有性焉君子不謂命也（日記）

佐熙謹按孟子云至誠而不動者未之有也郁子云得衆動天咸此意也

人我之際看得平名利之際看得淡庶幾胸懷日闊（日記）

佐熙謹按莊子消搖由於齊物展禽由由然不自失由於寬敦咸此意也

治家

居家以不晏起爲本　治家貴嚴嚴父常多孝子（日記）

附編

商務印書館新製

理科用

五彩 幻燈影片 百種

每種一張購全份實洋五十元分售價目列下

此影片專供社會教育及學校教育灌輸理科智識之用。選擇材料。均極精當。排列次序。於科學上之統系。淺顯易明。略具梗概。且名稱之下。附註英文。尤便研究。茲列名目如左。

生理	一組十張	實洋六元
動物	一組四十張	實洋廿四元
植物	一組三十張	實洋十八元
礦物及自然現象	一組十張	實洋六元
物理	一組十張	實洋六元

●以上二組起碼概不零售

附幻燈影片說明書 一册 一角

幻燈

甲種大號	四十三元
乙種	三十八元
丙種	三十四元

五彩影片

孔林遺蹟	二十四張
北京宮苑名勝	二十四張
各省名勝	二十四張
西湖名勝	二十四張
上海風景	十二張
外國風景	二十四張
歐洲戰事	三十六張
田徑運動	二十四張

●以上每張五角每打五元十打四十八元

▲(1201)

接第三期

船山學報附編之一

徐明謂編

國語 自十一月一日起 至十二月

十一月一日

日本要求山東鐵路沿線推廣二百里政府據該國屢次聲明不出鐵路範圍之語駁覆之

三日

令以忠孝節義四字教民

參政嚴復建議導揚立國精神案經參政院議決咨交大總統查照施行大總統告令曰本大總統深維立國精神莫不秉諸先民蔚為特性自唐虞敷教迄今四千餘年其間治亂乘除胥以民德純漓為比例觀夫六朝之可易而為唐五季之可易而為宋知天下無不可移之風氣即無不可挽之人心況今環球大通互相砥礪將欲合羣救國惟有保存固有之國粹以發揮天賦之本能盡自科學末流習為浮偽而考據詞章之士又以義理之學為不足觀道德淪亡小人道長一二桀黠之徒利用國民弱點遂倡為無秩序之平等無界說之自由謬種流傳人禽莫辨舉吾國數千年之教澤掃地無餘求如前史所載忠孝節義諸大端幾幾乎如鳳毛麟角之不可多得本大總統身受國民付託知非改良社會不足以鞏固國基大懼先民立國之精神浸焉澌滅深用慨然該院原咨謂有土有

財則貧者可徐轉而爲富生聚教訓則弱者可振刷而爲強獨至國性喪亡民習險詐雖有千百億兆之衆亦長爲相攻相感不相得之羣乃必魚爛土崩而不可救痛哉斯言願吾國民將忠孝節義之嘉言懿行可泣可歌者父詔其子兄勉其弟涵濡漸漬以養成堅苦卓絕之美風庶幾懦立頑廉自拔於艱難險阻之中而以任恤睦婣爲天職著內務教育兩部按照六條辦法分別施行並通咨各省將此項建議案飭屬曉諭人民一面懸挂各校講堂刊登各課本簡端以資儆惕務期家諭戶曉俾人人激發其天良須知積人成家積家成國由其道而行之即古所謂忠臣孝子節義之士反其道而行之即古所謂亂臣賊子狂悖之徒邪正之分皆由自取聰聽古先之彝訓痛革末俗之澆漓孔子云其所厚者薄而其所薄者厚未之有也孟子云人人親其親長其長而天下平大同之休實基於此凡百君子敬而聽之

公布森林法

第一章 總綱

第一條 國有公有及私有森林之經營管理除法令別有規定外依本法行之

第二條 確無業主之森林及依法律應歸國有者均編爲國有林

第三條 國有林除由農商部直接管理外得委託地方官署管理

第四條　國有林有左列情事之一者。應由農商部直接管理。

一　關係江河水源者。

二　面積跨越兩省以上者。

三　關係國際交涉者。

第五條　公有或私有森林農商部認爲於經營國有林有重大關係者。得以相當價值收歸國用。

第二章　保安林

第六條　國有公有或私有森林經農商部或地方行政長官認爲有左列性質之一者。得編爲保安林。

一　關於預防水患者。

二　關於涵養水源者。

三　關於公衆衛生者。

四　關於航行目標者。

五　關於利便漁業者。

六　關於防蔽風砂者。

第七條 公有或私有森林因編爲保安林致受損害者得稟請地方行政長官或農商部酌核補償。

第八條 保安林由農商部委託地方官經營管理其程序以教令定之。

第九條 已編爲保安林之森林經農商部或地方行政長官認爲無必要時得解除之。

第十條 保安林非經該管地方官准許後不得樵採並禁止引火物入林。

第十一條 第七條第八條第十條之規定關於古蹟名勝之林木準用之。

第三章 獎勵

第十二條 個人或團體願承領官荒山地造林者得無償給與之。

前項之承領人以有中華民國國籍者爲限。

第十三條 承領官荒山地造林者其面積不得過一百方里。

前項之承領人於造林已竣時得稟請增廣其面積。

第十四條 承領官荒山地者每十方里應繳納二十圓以上一百圓以下之保證金其額數由農商部或地方行政長官核定之。

承領之官荒山地不滿十方里者以十方里計算。

前項保證金自承領之日起滿五年後得由該管地方官察其進行確有成績者發還

之。
保證金之息。於發還保證金時。一併核給。但年息以百分之三至百分之五爲限。
第十五條 承領無償給與之官荒山地。經過一年。尚未著手造林者。應行撤回。並沒收其保證金。但因天災地變或其他不可抗力之事。由經該管地方官核准展期者。不在此限。
第十六條 承領之官荒山地。自承領之日起。得免五年以外三十年以內之租稅。其年數由農商部或地方行政長官核定之。
第十七條 造林有成績者。其獎勵以教令定之。
第四章 監督
第十八條 公有或私有森林。該管地方官爲公益起見。得禁止其開墾。或限制之。
第十九條 公有或私有森林之所有者。如有濫伐或荒廢之行爲時。該管地方官得限制或警誡之。
第二十條 公有或私有荒山。該管地方官對於所有者。得酌定期限。強制造林。
第五章 罰則
第二十一條 竊取森林之主副產物者。爲森林竊盜。處五等有期徒刑。拘役或罰金額二倍以下之罰金。

第二十二條　森林竊盜有左列各款情形之一者。處四等以下有期徒刑併科贓額二倍以下之罰金。

一　盜伐保安林者。

二　依官署之委託。或其他契約有保護森林之義務而竊盜者。

第二十三條　知爲森林竊盜之贓物而受贈、搬運寄藏故買或爲牙保者。依第二十一條第二十二條之例分別處斷。

第二十四條　放火燒燬他人之森林者。依刑律一百八十八條之例處斷。

第二十五條　放火燒燬自己之森林者。處五等有期徒刑拘役或一百圓以下之罰金。因而致危害於他人所有物者。依刑律一百八十九條之例處斷。

第二十六條　於他人之森林內。未得所有者同意而放牧牛馬者。處一圓以上三十圓以下之罰金。

第二十七條　損壞移轉他人爲森林而設之標識或設備者。處二圓以上五十圓以下之罰金。

第二十八條　損害他人森林之苗栽木植者。處二圓以上百圓以下之罰金。

第二十九條　違背第十條之規定而樵採。或以引火物入林者。處一圓以上三十圓以下之罰金。

第三十條　違背第十八條之規定而開墾者。處二圓以上五十圓以下之罰金。

第六章　附則

第三十一條　關於本法之施行細則。以教令定之。

第三十二條　本法自公布日施行。

四日

日本允中國派員監察山東鐵路之郵政。

六日

令簡軍實

建國之道。要在足兵。經武之方。首簡軍實。從前軍營惡習。兵不足額。官食虛餉。視若故常。甚至以兵數之多寡。判將校之肥瘠。故竭民力以養兵。而民轉受其敝。國用因之日蹙。軍紀於焉不修。本大總統從前創練新軍。始將前弊掃除一空。軍容爲之一肅。乃自改革以來。困方多難。黨魁梟將。擁兵自豪。朝募市井。夕成一軍。卒不滿千。揚言逾萬。平時既坐斂多金。遣散則立索巨餉。本大總統不忍生靈之塗炭。勉徇請求。期以歲時。督令裁汰。始得保持秩序漸復原狀至今思之猶有餘痛然養癰之患幸得割除而曠額之風難保不因之傳染國家歲出之款以軍政費爲大宗能於軍政少一分之虛糜卽於民政多一分之實力當茲民生困苦物力奇絀爲國防計不惜重人民之負擔以厚養軍士爲統將者應如何激發天良爲國宣勤爲民禦侮卽使一兵得一兵之用而起視斯民之疾苦所報已不償所施倘竟隱餉自肥上行下效旣無術以馭兵士更何顏以對人民用特諄切誥誡嚴申禁令著各省統兵長官通飭所部將校嗣後若再有前項情弊一經察覺定當按法嚴懲決無寬貸並隨時嚴密抽查按期調驗各該將校其各懲前毖後靖共乃職精白乃心用副本大總統整軍經武之至意

八日

山東巡按使蔡儒楷請加田賦

蔡儒楷以今日大勢財政實爲命脈攸關未可徒博輕徭薄賦之美名而坐誤國家之至計現在田賦雖未減輕然按畝計算少者僅數十文多亦不過數百文查各國征收地租皆取地畝時價及收穫所得以爲標準若以吾國稅率與現時地價收益相較則取於民者實屬微乎其微視古者什一之稅尙不逮遠甚縱使照現額加倍徵收在人民不難負擔亦非厲民之舉所謂多取之不爲虐也呈上交財政部核議

十一日

頒布軍人訓條

民國締造方新時艱孔亟國防所寄實在軍人國家與人民本同一體國家之安危切於一身之利害雖在平民尙當交勖捍衛況軍人專責有歸能勿痛自奮勉本大元帥親歷軍事垂四十年深念治軍要義貴有團結堅固之精神我國人民之精神在於忠孝節義即一國軍人之精神不外於此不負其主不辱其親不避難而改志不趨利而偷生能行此者流芳千古雖死猶生不能行此遺臭萬年生不如死我軍人尙其勖之凡爲官長有訓導之責其在士卒有服膺之義茲頒訓條著爲法守我有大衆咸共懔遵

一軍人宜效命國家忠事元首堅心定志切戒妄聽邪言

一軍人宜愛護人民恪守軍紀盡職安分切戒滋事騷擾

一軍人宜親敬長上竭誠盡禮切戒疏慢瀆犯

一軍人宜友愛同伍同生共死切戒仇嫉猜疑

一軍人宜服從命令齊心協力切戒玩抗遲違

一軍人宜練習技藝忍苦耐勞切戒媮惰安逸

一軍人宜奮發志氣切戒畏難偷生

一軍人宜整肅儀容。切戒懈怠驕躁。
一軍人宜崇尚信義。切戒言語欺詐。
一軍人宜愛惜名譽。切戒行爲卑鄙。

十三日

高等軍事裁判處平反海軍學生寃案。

留學日本海軍學生十八人。因要求川貲與學監吳宗璜微有衝突。嗣吳以事經部撤回。吳疑係學生所傾陷。乃呈之海軍部。誣學生以違抗部令聚衆脅官諸罪。由海軍部軍法司審訊。科學生以重刑。部中司員全體咸寃之。呈請海軍總長覆訊。嗣爲肅政史參政院所聞。提出彈劾案。乃下高等軍事裁判處審理。將原判取消。僅有學生三名。分別處以停升一年或六個月之罰。餘皆無罪省釋。搆成此獄之海軍部司長許繼祥。交懲戒委員會從嚴議處。

十七日

建國史館顧問宋育仁。

宋育仁主張清帝復辟。謠惑人心。由步軍統領署將宋逮捕。復在孔道會捕去蕭隱公等九人。近日此種謬論。頗爲蔓延。參政院因之提出維持國體議案。清瑾太妃命志錡向總統府疏通意見。謂感蒙優待。不惟不敢存此心。並不願聞此語。

二十日

立武廟以關岳合祀

據陸軍海軍部呈稱時方多難。宜右武以崇忠烈。古者以死勤事。以勞定國。皆在祀典。近則歐西各國範金鑄像。日本亦有靖國神社之名。表彰先烈。中外所同。現武成之奠。尙在闕如。崇德報功。必符名實。關壯繆翊贊昭烈。岳武穆獨炳精忠。英風亮節。同炳寰區。實足代表吾民族英武壯烈之精神。謹擬以關岳合祀。作爲武廟等情。查關岳兩祠。近代久崇禋祀。我國人民。景仰盛徽。肸蠁之報。幾遍里閭。誠以忠武者國基所以立。民氣所以強。當此民國肇興。要在尙武。經傳本有禡祭。唐宋亦祀武成。允宜特薦馨香。列諸典禮。爲師干之圭表。示民族之楷模。著禮制館妥議關岳合祀典禮。並稽考唐宋武成廟祀遺規。將歷代武功彪炳之名臣名將。及民國開國忠烈將士。酌予從祀。庶振袍澤之氣。用臻強盛之庥。凡我國人民。皆當知崇厥武祀。實以壯軍志而固國維。既殊叔季豐昵之非。更異釋老迷信之指。其咸懷明德。作我干城。本大總統所深望也。

二十二日

令嗣後知事如有婪贓骫法。昧上殃民。情節較重之案。不由道尹舉發者。將該管道尹一併

交付懲戒

二十三日

令整飭國貨

參政院代行立法院咨請勵行經濟政策整飭國貨以利民生等語中國物產殷繁凡人民生活要需靡不粲然具備如就舊有物品順勢利導積極擴張本愛國之熱誠採列邦之新制改良製造培養稅源使吾民之元氣漸充即商業之繁興可卜參政院所陳各端實屬利用厚生爲現今當務之急應交農商部查照迅速妥擬辦法呈候核奪並會商各主管部協力進行以維國貨而增富力

二十六日

安置宋育仁於富順

前日大總統申令對於復辟謬說不究既往宋育仁雖被逮自在不究之列至是由步軍統領京兆尹會同派人將育仁押解回四川富順原籍安置

山東人因日德戰爭損失之數

山東巡按使蔡儒楷報告日德戰爭山東人所受損失動產三十七萬九千元不動產六十四萬八千九百元人民死九十七名傷二百三十八名靑島尙不在其內

各省驗契收入之數

已達三千萬元。財政部預算年內可續收千萬元。

內國公債已出債票之數

已二千三百二十二萬元。以粤閩二省收數爲最多。以僑商及普通商家所集居大部。其成績之佳。殆非始料所及。本日已收到現款一千三百七十萬元。

三十日

天主教北方助教林懋德覲見大總統。呈遞羅馬教皇登極國書。教皇與民國交際。此爲第一次。

十二月四日

令停止保薦人員

政府以京外文武長官所保人員。濫竽充數。名實相乖者不少。倖門一開。長奔競之風。阻狷潔之路。現政事堂存記人員過多。令嗣後除縣知事任職三年以上確有政績者。仍准保薦記名外。其餘暫行停止。

十一日

令清理田畝

淸理經界。必須丈量。飛灑隱匿。田賦不均。久必國民交困。惟是事體重大。以日本區區島國。尙竭十年之力。況民國之地大物博乎。鹵莽從事。亦恐殃民。故先由京兆試行。誠愼之也。

分發第三期考詢免試縣知事嚴士琦等九十六員。

審計院修訂普通官廳用簿記。

公布立法院選舉法第三章選舉人員施行細則。

國會以二次革命之亂解散。省會亦均消滅。以參政院代行立法機關。宣布立法院。以嚴格選舉期召集完善之國會。各省諮議局之存在與否。尙無明文。大約立法院召集後。方產出憲法。省會占憲法中之一部分。

十五日

公布文官任職令。分特任簡任薦任委任四級。自國務卿以及各部總長。各院院長。各省巡按使。皆特任。各部次長。肅政廳都肅政使。及京兆尹。各省道尹。皆簡任。參事。僉事。及各縣知事。皆薦任。各部主事。陸海軍科員。及縣掾屬。縣佐。皆委任。

十六日

公布郊天樂章。

二十四日

全國水利總裁張謇呈請各省設水利委員會。張謇自任導淮。既以全國冠銜。則不能不推之各省。且將推之滿蒙回藏。

籌備立法院事務局局長顧鰲呈報立法院選舉辦法。

二十九日

公布約法會議議決大總統選舉法。

公布參政院議決自治試行條例。

第一章　總綱

第一條　地方自治依本條例之規定。由地方公選合格紳民。承縣知事之監督。辦理地方公益事宜。

第二條　一縣之自治區域。得設四區至六區。其三縣以上合併之縣。得增至八區。

前項之自治區得分爲二種。

一　合議制

二　單獨制

自治區以該行政區域管縣若干。除該行政區域戶口總額。爲一縣戶口之平均額。再折衷以六區除一縣戶口之平均額。爲一區戶口之平均額。戶口滿一區平均額以上者。爲合議制自治區。其不滿一區之平均額者。爲單獨制自治區。

戶口不滿一區之平均額。而能籌自治經費。等於他合議制自治區者。亦得爲合議制自治區。

合議制自治區。得分爲三級。以戶口多於第二項定額一倍以上者。爲第二級。二倍以上者。爲第一級。

其有戶口稀少財力薄弱之偏僻村落。由縣知事詳請該管長官核准。得緩設自治區。

第三條 前條之規定。於認爲特別自治區域。或未設縣治地方。不適用之。

第四條 自治事宜如左

一 本區衛生慈善教育交通及農工商事項。但屬於國家行政範圍者。不在此限。

二 依法令及監督官署委託辦理事項。

第五條 自治區得就自治事宜自定自治規約。但不得與本條例及他項法令牴觸。

第六條 凡居住於自治區內之男子。不論本籍與否。均爲住民。

第七條 住民具備左列資格者。爲選民。

一 有本國國籍者。

二　年滿二十五歲者。

三　居住本自治區接續至三年以上者。

四　年納直接國稅十圓以上或有不動產價値五千圓以上者。

住民有品學素爲地方所尊崇者雖不備第三款第四款之資格得由縣知事認定爲選民其捐助或募集鉅資辦理地方公益事宜者亦同

年納直接國稅二十圓以上或有不動產價値一萬圓以上者雖不備第三款之資格亦應作爲選民。

第八條　有左列情事之一者不得爲選民。

一　品行悖謬營私武斷確有實據者。

二　曾處徒刑以上之刑未復權者。

三　營業不正者

四　失財產上之信用被人控實尙未淸結者。

五　吸食鴉片者。

六　有心疾者。

七　不識文字者。

第九條　有左列情事之一者。停止其選舉權及被選舉權。

一　現任本地方官吏者。

二　現充軍人者。

三　現充本地方巡警者。

四　現在學校肄業者。

五　現爲僧道及其他宗教師者。

第十條　凡被選爲自治職員有左列情事之一。經縣知事之認定。得允其辭職。或使之退職。

一　確有疾病。不能常任職務者。

二　確有他項職業。不能常居境內者。

三　年在六十五歲以上。而精力衰頽者。

第二章　自治職員

第十一條　合議制自治區設職員如左。

一　區董

二　自治員

一級自治區自治員定額十名。二級自治區八名。三級自治區六名。由本自治區選民公選選出定額二倍。經縣知事遴選充任區董。由本自治區選民中選出三人。由縣知事委任之。父子及伯叔兄弟不得同時任爲同一自治區職員。選舉規則。以教令定之。

第十二條　單獨制自治區。設區董一人。依前條第二項之規定選任之。

第十三條　區董自治員皆以二年爲任期。區董期滿改選。自治員每年改選半數。同時選出全數者。其半數以一年爲任滿。

前項一年任滿應行改選之半數。以抽籤定之。

第十四條　自治職員任滿再被選者。得連任一次。

其連任期滿逾一年者。得再被選。

第十五條　自治員因事出缺。逾定額三分之一者。補選。逾過半數者。全體改選。

補缺各員任期。以補足前任未滿之期爲限。

第十六條　自治員爲名譽職。不支薪給。但開會期中關於辦公必需之費用。得由縣知事核給實費。

區董得由縣知事核支薪給及辦公實費。

第十七條　自治區區董得雇用佐理員辦理文牘及庶務事項其員額及薪給詳由縣知事核定之。

第十八條　自治區辦公處設置地址由縣知事核定之。

第十九條　合議制自治區設自治會議由自治員組織之會議時以區董爲議長。

第二十條　自治會議之期如左

一　通常會議每年二次以三月十月爲會議期。

二　臨時會議遇有必要事宜縣知事得因區董或自治員三分之二以上之請求舉行之。

前項會議由縣知事召集之通常會議期間以二十日爲限但遇有必要得由區董詳報該管縣知事延期十日以內臨時會議期間由縣知事定之。

會議規則以教令定之。

第二十一條　自治會議應行議決事項如左。

一　第四條所定事項。

二　自治規約。

三　自治經費歲出入預算及預算正額外預備費之支出。

四 自治經費歲出入決算報告。

五 自治經費籌集方法。

六 自治經費及財產處理方法。

七 關於本地方公共利害訴訟之提起及其和解事項。

前項議決事件由自治會議詳請縣知事核准交由區董執行。

第一項所定應由自治會議議決事件在單獨制之自治區由區董決之。

第二十二條 關於區董執行之事務及其收支帳目自治員得監察或檢閱之。

第二十三條 自治職員對於地方行政與自治有關係之事件或由縣知事諮詢事件。得隨時具陳意見。

第二十四條 關於自治區二區以上之公共利害關係事項經縣知事認爲必要時。得召集各關係自治區之自治職員公同會議。

前項會議之議長由縣知事於各該自治區之區董中指定會期由縣知事定之。

本條議決事項須會同執行者應由各該自治區區董會同執行之。

第二十五條 區董應辦事宜如左。

一 提案之準備。

二 縣知事核准之議決事項。

三 依法令或縣知事委託辦理事項之執行。

四 自治會議議決事件執行方法之決定。

第二十六條 自治員對於區董所定執行方法又區董對於會議議決事件視爲踰越權限或違背法令或妨害公益者得開具理由詳請縣知事核准停止執行或提交覆議。

縣知事認爲有前項情事時亦得逕行停止執行或提交覆議。

第三章 經費

第二十七條 自治經費以左列各款充之

一 本地方原有公款公產。

二 地方公益捐

前項第一欵之公款公產以在自治範圍內經縣知事認爲應歸地方自行管理詳經該管長官核准者爲限第二款之地方公益捐指附加稅及各項雜捐而言其從前已辦自治地方業經徵收者由縣知事詳請該管長官核准酌量發給未辦自治地方或未經徵收者得依地方情形由會議議決并詳具理由由縣知事詳請該管長官核准

由官徵收嗣後有應行變更廢止者亦同。

第二十八條、自治經費由自治會議議決管理方法。經縣知事核交區董管理之。

第二十九條　公款公產有爲私人捐助且經指定用途者不得移作他用但其指定事項業經法令變更或廢止者經自治會議議決由縣知事詳請該管長官核准亦得移作他用

第三十條　區董每年應預計翌年度經費之出入。製成預算表於每年十月通常會議期前詳由縣知事交由自治會議議決。

前項預算表議決後應經由縣知事詳請該管長官核定施行並於本地方公示之。

第三十一條　預算內除正額外得設預備費若預備費不敷須支出時非經自治會議議決由縣知事詳請該管長官核准不得提用他款

第三十二條　區董應將上年度經費之出入製成決算書連同收支細帳於每年三月通常會議期前詳由縣知事交自治會議議決。

前項決算書議決後應經由縣知事詳請該管長官核銷并於本地方公示之。

第三十三條　自治經費出入之檢查每年至少二次由自治員二名以上會同行之並詳報縣知事查核

第三十四條 本章所定應經自治會議決議事件。在單獨制之自治區。由區董決之。

第四章 監督

第三十五條 自治職員。由縣知事監督之。得隨時命其報告辦事成績。徵其預算決算表册。其關於自治經費。得隨時親往或派員檢查。年終并將辦理情形。詳報該管長官核報內務部。

第三十六條 自治職員。如著有異常勞績。足資表率者。得由縣知事開具事實。詳請該管長官酌予褒獎。

第三十七條 自治職員。有左列各款情事之一者。縣知事得撤退之。但須詳請該管長官核准。

一 逾越權限。
二 違反法令。
三 妨害公益。

自治職員撤退至過半數時。全體應行改選。

前項之改選。應於撤退後兩個月內行之。

第五章 附則

第三十八條、本條例施行規則及其日期。以教令定之。

接第三期

鄰戒

船山學報附編之一

益陽徐明謌編

戰區日廣戰器日毒人道絕矣長此不已將地球上無人類故非戰之說其勢力乃旁溥也大同之實行或遂不遠乎編者識

十一月十二日

日本宣布解除封鎖膠州灣令

土軍取埃及沿地中海愛阿里盧要寨

阿剌伯尼巨特縣及壘加之阿剌伯種人集兵拒英

俄軍假道於羅馬尼亞國羅馬尼亞拒之

德國戰事借款之數

個人所簽之數共計德金四十五萬萬馬克可見德人經濟之能力及其愛國之熱心

德軍進攻伊泊爾

土軍大敗俄軍於高加索

土軍得埃及亂兵之助在蘇彝士河鄰近交戰英國已派澳地利亞兵前往埃及

德軍在東方戰地沿邊境上建築要寨預備冬戰俄軍屢進攻失利

十三日

奧京維也納大疫。

一日之間死者百人。

十五日

英法聯軍決狄克斯末特之壩水以灌德軍。

聯軍決壩以淹德軍自狄克斯末特之南至比克斯旭特間均成澤國德軍之圖渡伊塞運河者均爲水所阻而退

土軍敗俄軍於葛潑利谷

俄軍死傷者八千人被虜者五百人土軍獲鎗一萬支軍火無算遂進逼巴土姆。

法人禁止中國報紙運入安南

因安南土人方有亂事也

德國巴伐利亞王向軍隊演說。

稱此次戰事德如不勝將永不言和現在所以屢得勝利實學校教育之功云。

十六日

羅馬教皇發布敎令促交戰團媾和。

德膠州都督華爾特克抵日本。

瑞典瑙威丹麥向英俄德三國抗議以北海爲交戰區域。

十七日

英土軍戰於波斯灣。土軍大敗。

駐土京日本公使歸國。

俄軍佔據加里西亞省卡巴西安山之山隘。

二十日

德奧軍及俄軍大戰於維斯土納河及伐爾太間。

近日俄軍已集九十萬人與德奧軍相持於維斯土納河及伐爾太之間戰事甚爲劇烈。此蓋爲三國最後決勝負之役也。

大陸報載近世發明之新武器。

此次戰事中所用最著之利器。爲瓦斯爆彈其効力不獨能盡殺在其炸力所及範圍之人物且能著火於所觸一切可燃燒之物體使之悉毁此彈較同大小之炸藥爆彈爲輕。故可適用於飛機英國總司令官費蘭巨大將曾言其部下一飛行家擲瓦斯爆彈於一德軍火藥車死十五人全車悉毁又聞比法二國城鎮爲瓦斯爆彈著火焚毁者甚多現在倫敦亦頗懼此項炸彈聞克虜伯廠正製造發射此種有毒瓦斯爆彈之新式炮此新式炮係德人加爾威塞爾發明賣其製作權於克虜伯廠其容含有毒瓦斯之彈丸係一大球裝置於礮膛之外球附有一柄插入礮膛當發射時柄乃與球分離據云此球之瓦斯發散時能使千人窒息而死

又一種軍用利器爲直接利用太陽光之熱力以資毀壞各軍用製造家擬以三稜鏡及其他聚光鏡用於航空機中以日光聚射於敵人礮臺營倉火藥庫等燃燒焦爛之使同歸灰燼凡日光所到之處人物可以靡有孑遺此項發明與飛行術皆經古人想到者也意大利科學家烏利威氏自言曾發明一種方法能控制一種光綫著火於遠處在金類外色中之炸發物或可燃燒物彼曾向英國海軍部意國陸軍當道陳述意見聞者頗有懷疑但以其科學理想爲根據則無疑義據云烏氏曾於五里外轟毀在阿娜河底之潛行艇一艘彼以一種似靜電氣摩擦而出此光線一面於耳旁置一無線電話器俾知光線已於何時擊中目的物彼云此項發明可以炸發一切火藥魚雷爆彈戰艦煤氣表等又可毀壞一切鐵甲汽船鐵路車鐵橋及其他金類建築物烏氏此種發明與惠爾博士所說火星中人侵略地球之方法相似據云火星中人爲龐大之八足動物慣用熱光線以焦爛一切反對彼等之物直至地球上發明家設法以病菌注射入火星始可抵制之

云惠爾博士又主張一種科學的武器其效用足致世界的大破壞而使戰事不能復作據彼云吾人可以闡明原子潛力之秘緘此種能力吾人可於雷錠作用時見之原子爆彈能解弛一切物質之潛力故觸之者無不爆發云

又無綫電波亦有無限之毀壞力一無綫發電機若將其電力增至現在所用者數千倍則可以毀壞一千英里或一千英里以上距離外之人物

又有一種毀壞器乃一極大之飛輪環輪之周圍裝以極鋒利之鐮式刃片鱗次櫛比以此種飛輪置於飛艇或飛機中由空中擲擊敵軍以高度墮落可驚之速率遂能向人叢中飛滾而過一營倉或一堡壘之兵士不難盡成粉糜

以上種種殺機大約轉可以促進世界各國無敢再戰爭之日蓋恣用此等方法人類之存在亦岌岌可危也

二十一日

土軍在蘇彝士河東擊敗英軍

土軍已抵運河之愛康特拉此即運河轉入大陸之處英軍死者甚多要塞礮臺爲土所佔運河沿岸之英國官房河堤碼頭等全爲土軍所毀河口亦截止英船在運河者皆不能出口

二十二日

日本軍漸自靑島退出

德艦維廣皇太子號擊沈英艦喇柯爾倫蒂拉號及法船宇林號於美國東海濱口岸外

羅馬尼亞開內閣會議

討論數問題一外國政局二國王致國會之詔書三下動員令時應行之方法四宣布摩拉托里曷姆律（卽國家緊急時官銀行停止以現金繳付一切匯票之律）五展緩審判各訟案各大臣決議政府宣布戒嚴時無須求國會之同意

英飛艇攻襲德費得里港之徐伯林飛艇廠破壞瑞士中立瑞士政府提出抗議

歐洲戰事愈接愈厲其計畫亦愈演愈工凡足以損害敵人者無不精心致力不恤人言德費得里之徐伯林飛艇廠爲著名之飛行機製造場所被英飛船所襲拋擲炸彈尙未受損英飛船卽疾駛而遁英飛船之達費得里港也由法蘭西與瑞士交界之處航空而行瑞士政府以其破壞中立在倫敦及波杜提出抗議要求滿意之答覆

二十五日

英大戰艦布爾華克號在英國希爾納斯炸沈

布爾華克號量一萬五千噸每小時行十八海里船員全數七百八十一人至是失愼炸

沈餘生者不過十餘人。

二十六日

美大總統通告駐各交戰國之美國公使反對飛機向非交戰人所住不設防之城邑拋棄炸彈。

美國聯合南美諸共和國與各交戰國談判交戰國戰艦退出美洲領海事。

俄及德奧軍大戰於洛特士。

二十八日

英日協商青島問題。

外交團消息英日已祕密協商青島問題其條件。一要求中國取消與德所訂之膠州條約卽交還青島開爲萬國通商口岸將青島城內作爲英日租界。二青島德人所有公產爲日人戰利品。三德人在山東路鑛及其他一切權利均歸日本繼承德建築之津浦鐵路北段改爲英日在中國南北方面聯絡之根據。四爲永久抑制德人在東亞勢力起見要求中國政府擔保以後德人不得在中國再有租借地至日本之政友會所決定之對華政策尤爲肆無忌憚。

十二月一日

英調兵往援南非洲。

南非洲英殖民地亂事愈烈。英又調兵往援。國內愈形恐慌。

德軍攻維斯土拉河南岸。大破俄軍。俘五千人。

德奧聯軍進攻波蘭。距華沙僅四十英里。奧軍俘俄軍一萬五千。

美人丁義華倡萬國大總統說

丁義華在中國道電美國報社主張共和萬國略謂第一須有萬國協出之陸海軍為平和之後盾第二須有萬國公推之大總統為平和之盟主第三須有最適中之京都據平和之要害第四須有極險要之海口土地控平和之大勢又須製出一種特別旗幟統轄萬國以壯觀瞻其間以各國所舉之代表作萬國裁判所中之分子文明各國經一次戰爭必有一次進化由紛競時代躍入大同時代天心當如是矣此等思想在今日視為言論之鼓吹未始非將來之事實竊以為共和萬國為期尚遠目下祗宜將歐亞美三大洲每洲設一大盟主以便將來再聯合全球現今之美洲則合衆國已不啻為一全洲之盟主歐洲戰事終結後必有一國執全歐之牛耳則歐洲之平和盟主自易推出惟亞洲之

盟主吾國當速奮厲耳

二日

德國潛行艇數艘駛入英倫海峽

雖英海軍根據尙遠英艦隊甚爲驚駭近日之戰鬥艦已不及潛行艇故英雖有雄厚之海軍巨大之戰艦竟不能侵入德國之北海而德以渺小之海底潛行艇足以制禦之

英續遣兵援法

奧軍取塞舊京貝爾格萊特

塞軍前與門的內哥羅軍合而襲奧奧以前控俄軍不能悉力以禦故塞門軍常勝現奧俄國境積雪丈餘俄軍正與德血戰奧乃乘此時加兵塞國圍其舊京塞門二軍雖聯絡防禦終莫能敵塞京遂陷塞軍由烏希資退走

英皇會法大總統如法國北境勞軍

英皇喬治第二與法大總統橫加爾同車赴法國北境慰勞英軍全軍奮興歡呼雷動旋宴於英軍大本營中法外相維維亞尼大元帥霞飛英皇太子大元帥費蘭巨比軍總司令特巴爾巨均與宴

五日

德軍及俄軍大戰於洛特士。俄軍敗績。

是役除俄軍死傷不計外。被俘者凡十萬人。德軍遂佔領洛特士。自上月至今。德軍在波蘭戰場凡擄獲俄軍二十五萬。現俄之餘師不能軍。又維斯土拉河方面德軍亦屢獲勝利。

土軍取俄地克達發。

在巴土姆東部巴土姆之電局被毁。

英軍及土軍戰於底格里斯河。英軍大敗。

德議會議決再募戰債五千萬馬克。

德之聯邦甚爲團結。此次德政府提出再募戰債五千萬馬克之議案。全院一致通過。僅一反對黨議員不表贊成。而反對黨之領袖將該議員革出黨籍。且云現非黨爭之際。宜全國一致以禦外侮。不可挾私見以相爭持。

二十三日

俄攻土之普玆米斯爾。失四萬人。復集步騎十萬大戰。追土兵至桑河流域。

英法聯軍以德分軍波蘭西部。奥分軍加里西亞北部。全線均取攻勢。

俄敗土於里格里賁。

英德飛艇空中之攻擊無日無之英以水面飛機潛行艇擊克克斯海文德亦以徐柏林飛機迎擊均無重大損失

二十五六日

俄擊奧於卡巴西安山敗之又敗德於伊洛洛資俘軍官七十兵四千

英財政大臣宣言月需戰費英金四千五百萬鎊

德攻俄軍於東普魯斯之蘇台遂及尼登堡

德擊英於聖胡倍爾俘獲甚多云陣地橫尸三千具

俄德大戰於贊列柴河俄俘德軍官二百員兵二萬人

波蘭德軍攻白蘇拉河及拉夫加河俄由南面攻伊洛洛資不克

二十九日

英倫敦報本月天氣多陰風雪交加海峽波濤洶惡不利行師

美人通牒於英詰問美國商船或拘或留侵害中立國人民之權利要求滿意之答復

歐戰發生俄喪師德境德頓挫法境其餘互相勝負如楚漢相持滎陽成皐

附件

歐洲各國陸軍表第一

國別	平時軍隊	戰時軍隊
德	七十五萬	四百萬
奧	五十五萬	二百萬
意	二十七萬五千	一百二十萬
土	二十五萬	四十萬
英	二十五萬四千五百	一百二十萬
法	七十五萬	三百萬
俄	一百二十萬	四百五十萬
塞	三萬五千	二十三萬

歐洲各國海軍表第二

國別	新戰艦	舊戰艦	巡洋艦	滅魚雷艇	魚雷艇	潛行艇
德	三十三	十	五十三	九十四	五十二	十一
奧	九	三	十三	九	十八	六十九
意	十二	二	二十五	四十一	七十八	二十
英	五十七	十五	百零七	二百十	五十八	六十九

法	十九	九	三十六	八十五	百八五	八十三
俄	十四	三	十六	百零三	二十五	五十一

歐州各國平時軍費表第三（一千九百一十三年之數 本年更有增加）

國別	陸軍費	海軍費
德	一千一百七十五兆佛郎	五百七十五兆佛郎
奧	五百七十五兆佛郎	一百五十兆佛郎
意	四百零五兆佛郎	二百二十五兆佛郎
英	七百兆佛郎	一千一百二十五兆佛郎
法	九百五十兆佛郎	四百五十兆佛郎
俄	一千三百二十五兆佛郎	四百五十兆佛郎

歐州各國戰事費用表第四（每日費用）

類別	佛郎數
糧食	五千八百萬
飼料	五百萬
兵餉	二千一百萬

製造廠工餉	五百萬
動員令費	一千零五十萬
動員費及運送費	二千一百萬
步隊用子彈	二千一百萬
礮隊用子彈	六百萬
需軍用子彈	二百萬
海用物品	二千一百萬
野戰病院費	二千零五十萬
戰艦費用	二百五十萬
賦稅收入之減少	五十萬
施救本地居民	三千四百萬
毀壞城池建築及賠款	一千萬
共計	二萬六千九百五十萬
其外軍器損失之數	不在內

歐洲各國航空機關數目表第五

國別	陸軍飛行船	陸軍飛行機	海軍飛行船	海軍飛行機
德	二八	二百	二十	四十
奧	四	一百三十	○	六
英	七	一百二十六	四	一百
法	十五	七百	一	十一
俄	十三	三百	○	八

定價表

期數	定價	郵費 本國	郵費 日本	郵費 各國
一期	四角	五分	一角	一角五分
預定半年	二元二角	三角	六角	九角
預定全年	四元	六角	一元二角	一元八角

中華民國四年十一月
出版

船山學報
第四期

廣告例

期限	一期	三期	六期	十二期
一面	十二元	三十二元	六十元	一百十元
半面	七元	十八元	三十二元	六十元
四分之一	四元	十元	十八元	三十三元

◎面頁底頁加倍

編輯者　長沙小吳門正街　湖南船山學社
發行者　長沙小吳門正街　湖南船山學社
印刷者　上海商務印書館
上海商務印書館
分售處　各省商務印書館分館

民國四年十二月十日出版

船山學報

第五期

湖南船山學社印行

毋忘國恥

船山學社徵文條例

一本社爲硏究學術集思廣益起見按期徵文其目如左

一船山語類敍例

二論現在教育之缺點及改良之法

三提倡國貨條議

四續修各省通志議

五史學叢書敍目

六釋史拾遺

七經籍纂詁拾遺

二海內通疋有以右開各題文藁見惠者除擇尤登入學報外並贈以學報一分及四元以上十元以下之酬勞金

三酬勞金及贈報於惠藁登報後送達之但惠藁者須開明住所

四本社編輯事忙惠藁無論已登未登概不送還以省手續惟數期之後必將篇目及譔人姓名列單報告一次以答海內通疋殷勤見惠之心

船山學報第五期目錄

說苑

附編

壺齋先生唱隨遠照乙卯歲晚影
寄
船山學社
陳祖壬

石船山圖

子王子墓廬

師說

本報月刊一册按期出版全年定價四元郵費三角六分半年定價二元郵費一角八分如荷訂閱全年或半年請查照下列預約單填明并現款至本社總分發行所訂閱當照單按期寄送不誤惟祈

鑒察　　湖南船山學社啓

預約單

君　名　號　住　省　縣

地方今向湖南船山學社定閱

船山學報　冊　自第　年第　號起至第　號止

計共洋銀　元　角　分並郵費　元　角　分

照章請即收入將收據寄下以後按期照寄為要

年　月　日

接第四期

當于事理而不可行也

伐柯節言卽人之道以爲人之道言治人以教言故曰改而止　猶以爲遠譬以此人之道治彼人則猶遠乎其人之情理以人治人者民則可由不可知士則可使知之中人以上然後可以語上人各因其人之材質也

忠恕節言卽己之道以爲人之道以政言故曰施　違道不遠者忠恕所以行道者也非卽道也小註因一貫章生出許多枝葉不知彼言忠恕而已矣曰吾道曰夫子之道道字乃爲學之方非言道之本體故盡之于忠恕與此所指不同

講章有以忠恕貫一章者不通前節乃言治人之道既不是施以人治人亦以見不以己治人若推己所欲爲而使人爲之則不使人人皆堯舜不止豈但改而止乎所治者在己下之人也施則兼在己下與己等之人故朋友亦可言施但在己下者分數多耳若下節君父兄其敢言施乎事君事父致身竭力無所不至豈但不願勿施卽如飯疏食飲水在己樂之非不願也而可施之于養父乎推己卽是忠孝不至故知其說不通

於其行庸德也不敢不勉而必顧其言其謹庸言也有餘不敢盡而必顧其行一句分作三段說前二句虛引起下中二句是下工夫語後二句是勉與不敢盡之心

謹言不敢盡而必顧行非是己未盡能便不責人乃于言時操一反求躬行之心自不敢高

談無實要之只重行邊 有餘是所知所見爲可極論而不窮者 君子胡不慥慥爾言君子之盡其道如此則何所而不篤而我之未能其能一乎非但贊美君子 慥慥爾猶言慥慥然與僕僕爾爾字同

第十四章

素其位而行見凡所處之位皆有當行之道道之費也 不願乎其外以不願爲盡道 君子亦是言君子之道

自得得其所宜行者於己

正己是不願外之道

此節以行而不得言又進一意言雖或失事理之宜亦唯即己而求之不尤人也

第十五章

行遠自邇登高自卑非用功于此收效于彼之說尤非教人行遠當自邇登高當自卑不可躐等若作此反挑不特無其事且不成語此譬君子之道積漸而成步步卑邇即步步高遠理勢之必然者也宜室家樂妻子順父母日日如此事事如此人人如此使一家和氣翔洽成大順之休于不覺孝友雍睦于中不可一事乖戾如行遠登高之半途而躓如此說方是

第十六章

道不遠人以下八章俱言君子之道費。而此章贊鬼神之德者。以鬼神之德本如此。而君子之窮神知化。以與鬼神同吉凶。及修祀典盡仁孝。以與鬼神相陟降。則皆其道之所察也

註言性情功效。氣中所有之理是性。其化育萬物以與人相感通者是情。其推行往來以成物者是功。其昭著于上下而吉凶類應者是效

視之弗見以下三節皆以德言。非以鬼神之體撰言　體物不遺。是以其性情功效。弗見弗聞。卽指此體物不遺之德

齊明節。以鬼神之感人於祭祀者言之。須知無二鬼神。總是二氣之往來以與人相接者。洋洋如在。其體物不遺之一端也　如在其上。如在其左右。無處不流動充滿。其盛也

引詩節。以鬼神之鑒觀於人行其吉凶者言之。不可度。無時不臨。其盛也。亦體物不遺之一端　二節皆于君子有事鬼神之道上說鬼神之德

微之顯。言道體之所存。卽所發。誠之不可揜。言實有其德。則必見之功用而極其盛

如此夫。與逝者如斯夫語意同。固是推開說道。而鬼神卽道體。非以借喻。在鬼神上指出示人耳。鬼神之德如此。道之不可以形聲求。而無時無處不昭著如此。人之有事鬼神。不待見聞而必齊明盛服以承之。時與昭格而不可射。如此君子之存養省察於不睹不聞隱微獨

知以立大本。行達道。成中和之大用。如此皆一理也。

此誠字初見于篇。即哀公問政章誠字。鬼神實有此極盛之德。是天道之誠。人之實不射以事鬼神。是人道之誠。道之實有而不可須臾離。必見必顯者。天道如此。君子之實存養于不睹不聞。省察隱微者。人道如此。總之中庸誠字對虛字。不對僞字。天道固無僞不僞。君子之誠身。亦不但不僞而已。此處切要分明。

第十七章

此章止以大孝爲本。大孝自以怨慕齋栗。順親允若言。德爲聖人以下。皆孝道之所致。時文以德爲聖人下五句。爲大孝云。爲聖人之父。天子之父。與下相反者謬。然以德爲聖人句。應從得其名作效說。于理既非。且下言憲憲令德。非言孝。而又牽說武王善孝。亦是葛藤。須知德有三層。大孝是一層。德是一層。尊富饗保是一層。大孝則孝德大。而和順積中。聖德以之大德。聖德著于天下。乃以格天而受命。前故大德須云以大孝爲聖人。故必得祿位名壽。雙至。既說後。故大德但自德爲聖人。人民皆宜上說。

名者。天下之士悅之。元德升聞之謂。

此下三章。皆君子之道。至于格天受命。制禮作樂。合幽明于一理。成帝王之大業。皆體道所以爲費之大。而其所以然者則隱也。

第十八章

此章歷叙周家世德之盛以見道之費

憂者思慮不寧之謂如武王之勿貳爾心周公之坐以待旦皆所謂憂也文王承世德之積果可以無憂而上承父作下啟子述則道亦在焉非文王之德則亦無以紹先業而起後功也

武王之格天受命名位兩得道之盛也

周公之成德制禮仁及天下道之盛也

第十九章

繼志是前人所有志而未爲述事是前人所已行之事而推行之修其祖廟二節文王以前已行之禮但未詳備耳善述則禮無不洽矣

此二節近有一節時享一節祫祭之說直是不通祖廟宗廟錯舉成文原無分別後以禘嘗俱爲宗廟之禮未嘗以宗廟專屬禘祫也言春秋亦兼冬夏在內時祭有祫嘗祫烝序昭穆雖時享宗人亦與祭以儀禮饋食推之可見七世中自序昭穆不但祫祭序之也二節一言敬尊一言愛親自有明文時享祫祭皆然陋說不可從

下爲上禮所謂媵爵也將行酬則使二子弟取爵自飲而後別實爵致尊者之前使行酬也

酬者自飲以勸人。

燕毛非不序昭穆。燕必有賓。使年老者爲賓。專此燕耳。

上二節是制爲定禮。此節乃奉而行之。踐其位自主君以致助祭者。皆有定位。踐字有不敢跛倚意。

孝之至也已結上文。夫孝者意。此節又推言之。而及于郊社及禘。無非見禮之明備。以明道之費。故又推其義于治國。以見禮之用如此其大。

治國如示掌。註云與論語同。其義甚深。乃幽明一理。仁至義盡。無不合符之意。當于論語細求之。時解專說易侯而王。詖說也。

第二十章

此章謬以文武之政作法祖說。逐句以文武插入。直至誠者天之道也。下方別講學去。首尾不接。其病在關門見山之說。令人迷惑。不知文武之政二句。是撇開不論之意。蓋謂若論文武之政。則布在方策。有現成條目。公可勿問。我亦可以不言。但須知何以文武存而舉。文武亡而息。雖有方策。人不能行。則唯不知敏之者在人之道。而不在政。若政則一舉卽行。猶蒲盧之易生。何難之有。此下便極言人道。不言政矣。此人道二字。自仁義禮推之知仁勇。又推之好學力行知恥。而總之以一。一者誠也。此人道卽後誠之者人之道也。首尾原是一意。先

盧言人道而步步詳求其實只在擇善固執己千己百皆人之爲所以爲道而敏政者在此只如此看方明

人道敏政言人道功用之大而爲所當修夫政也者二句言政之易敏自相承以下句找上句有云而況文武之政尤其易敏者不通

修身以道之道人道也修道以仁帶義禮在內專言仁者仁統四端是中庸文法如此開端以仁義禮爲人道乃人五達道中所固有之理親親該父子夫婦昆弟尊賢該君臣朋友禮則行於五倫者仁義禮是人性中所有之理知仁勇是性中所具之良能知仁勇所以行仁義禮者也○仁者人也言天地生人而人所以酬酢乎人以與俱生之理由有此仁故仁民愛物而以親親爲大義者宜也言事物之則而爲心之所安者由有此義故處事接物之皆宜而以尊賢爲大禮所生也言人自有此不可紊之等殺而等殺自此而生也○仁義禮之仁乃愛之理知仁勇之仁乃心之德以無欲而敦篤於守言者非時文於知仁勇及力行近乎仁云臣前言修道以仁謬甚

故君子一節言人道本自如上文所云故君子必修此以盡人道而敏政其相承之序是中庸文字如此實則言皆不可以不也只依註爲正若句句相承乃作時文求巴鼻拙者任爲之可耳此只論理之當然修身事親知人知天之工夫則在知仁勇在好學力行知恥故下

文云知斯三者云云。切不可於此下工夫語。○事親卽是親親不專指父母。天下以人言。天下之達德言人人固有之良能。仁義、禮是天所以立人之道。知仁勇、是人受才于天而可以修道之人道。

所以行之者一。知仁勇行於五達道也。誠仁誠知誠勇。知仁勇乃行盡喝一也要歸誠上。此一章之脈絡。

此節只發明三者爲天下之達德。見生安學利困勉皆可知可行。由人人有此達德。但爭緻鈍耳。○此以明知仁勇之爲達德。知屬知。行屬仁。不言勇者。勇非他。卽勇于知行也。後言學問思辨是知工夫。篤行是行工夫。五者弗能弗措。己百己千。是勇工夫。亦以勇雙承知行

二一也與上一也文偶同。不可混作一樣解。

此只發明三者之爲達德。註以生安屬知。學利屬仁。困勉屬勇。未免葛藤。且與夫子仁者安仁知者利仁相違。

三近字乃由此而至之謂。與違道不遠同。知仁勇是性中之德。此乃復性之功。○知所以修身治人卽以好學力行知恥修之治之。此是人道。下手工夫。博學之以下。皆言所以之實。

此下三節是博言政之所舉。倒在所以行之者一上。文雖詳而皆非着實語。見得那一件不要誠。知誠仁誠勇做得。要之皆遞下語。不要着煞講。言當行此九經之事。以收九經之教有

接第四期

哉嗚呼道不虛行存乎其人徇口乃窮於己取之而已告釋之所知予既已知之矣爲陸王之學者亦其反求而勿徒以言與

近日學子盛稱自由爲仁由己乃眞自由也非自肆者所可藉口

大禹謨二

子曰爲仁繇己志於爲仁者必繇己也迨乎仁之熟而聖焉尤惻惻乎其惟恐不繇己也故舜之戒禹曰無稽之言勿聽勿詢之謀勿庸（弗詢者我未詢彼而自獻謀也）聖功之純帝道之盛惻惻乎唯此之恐嗚呼可不愼哉所謂己者則視聽言動是已是四者均己所以保固其仁之體發揮其仁之用者也雖然有辨言動者己之加人者也而緣視聽以爲之則無有未嘗見之未嘗聞之而以言以動者也習於所聞驗以所見而信以心之所然則其言固有物行固有恆仁者之於此裕如矣言惟己言也動惟己動也操之也約持之也有據則精焉一焉而天理無有不得者矣惟視與聽己與物相緣者也則方繇己而人爭熒之欲繇己而人之先入者奪之是爲仁者所尤難者也故孟子於己之中愼所擇焉小耳目而大心物人物而抑物耳目耳目而亦物矣交而引引而蔽耳目具於身中而判然與心而相背則任耳目者皆繇人者也繇己者所不以爲己也雖然尤有辨耳目均吾身擴而外之謂之物而不任爲己者惟其受物之交爾乃目之交也己欲交而後交則己固有權矣有物於此過乎吾前而或見焉

或不見焉。其不見者，非物不來也，己不往也。遙而望之，得其象；進而矚之，得其質；凝而睇之，然後得其真；密而睬之，然後得其情。勞吾往者不一，皆心先注於目，而後目往交於彼。不然，則錦綺之炫煌，施嬙之冶麗，亦物自物而已自己，未嘗不待吾審而遽入吾中者也。故視者繇己繇人之相半者也，而惟聽爲不然。目之體實，實則可覽而不可茹；耳之體虛，虛則無可鑒而無不可茹也。故盡人之身，五官百骸，皆與天下相感應，亦各有自體以辨治乎天下。惟耳則自體不立，一任聲響之疾入而徹於心。是耳者天下之牖戶，質雖在己，而用全在物。繇之者繇人而已矣，奚繇己哉！窂然未有覺也，茫然未有主也，窅然惟物之入而莫禁也，枵然待聲之入以爲實也。其聽命於心也，似有重闚而不易審；其受命於人也，好言莠言，雜沓駢闐以至，而皆不能拒。故君子不以爲己，而斥以爲兩閒之一物，誠虢虢乎其懼之也。擇之精，執之一者，心自爲政，而耳無權。欲與擇，欲與執，俟之既聽之餘，而方聽無可施功。然而其感物也速矣，其容物也奢矣，其應物也逸矣。於是浮屠氏爲斷身見、除我相之邪說，亟推其圓通。嗚呼！天下之物殊其狀，人之爲言異其說。美者自美，惡者自惡，貞者自貞，邪者自邪，誠者自誠，妄者自妄，安者自安，危者自危，有稽可稽，有詢可詢，目施其明，了然粲然，黑白不相互，小大不相假，有無不相襲，無不灼然其易辨也。而以是爲非，以非爲是者，奚從入以攪我心哉？耳而已矣。初受之也，但無擇也，無能擇矣。已而遂以巧而婉者爲精，而自謂擇也。其初受也。猶不執也。然無可執矣。已而遂以其辨而堅者爲一。而遂執之也。故無稽之言。弗詢之謀。喋喋日進於前。將有不期聽而聽。不期庸而庸者。受其惑而爲盛德之玷。雖舜禹亦惡容不畏之如螽蠹。防之如寇讎也哉。視奚眩邪。疑以所聞而玄黃無定色矣。言奚狂邪。雜以所聞而可否無定論矣。動奚妄邪。搖於所聞而作輟無固心矣。故舜之聰達矣。取善無遺矣。與善不齊矣。而歷乎昌言靜言之變。迨髦期而猶懲之曰。吾甚畏乎言與謀之迭進而亟聽以庸也。將有繇人而不繇己者矣。子語顏淵以爲邦。治已定。禮已明。樂已備。岌岌乎鄭聲佞人之必戒。亦此意也。故爲仁者克治之功。莫先於聽。懼其圓之刓。方通之無能別之。規圓者必滯。求通者必鑿。有甚信者必有甚疑。有甚察者必有甚忽。盛德之終。戒猶在是。志於仁者可不慎其始哉。不慎則亡國敗家。陷於大惡而不知。非但築室之無成已也。

孟子之學。先立乎其大者。則不由己者皆由己也。船山之言。引而未發。使學者自得之。

皋陶謨

傳曰。國將興。聽於人。國將亡。聽於神。是故正九黎之罪。以絕地天之通。慎所聽也。後儒之駁者。援天以治人。而褻天之明威。以亂民之聰明。亦異乎帝王之大法矣。夫惇典庸禮命德討罪。率其自然。合於陰陽之軌。撫於五辰之治。則固天也。雖然。天已授之人矣。則陰陽不任爲法。而五行不任爲師也。何以明其然也。天之化裁人。終古而不測其妙。人之裁成天。終古而不代其工天降之衷人修之道在天有陰陽在人有仁義在天有五辰在人有五官形異質離不可強而合焉所謂肖子者安能父步亦步父趨亦趨哉父與子異形離質而所繼者惟志天與人異形離質而所繼者惟道也天之聰明則無極矣天之明威則無常矣從其無極而步趨之是夸父之逐日徒勞而速斃也從其無常而步趨之是刻舷之求劍惛不知其已移也

推測之學窮大失居邇日哲學家之蔽也販運之學削足適屨邇日政學家之蔽也夸父追日刻舟求劍豈有幸哉

今夫日沒月晦天之行度不憎人則必以旦晝爲明矣跖壽顏夭天之彰癉不妄人則必以刑賞爲威矣犬馬夜視鵂鶹晝闇龍聽以角螳語以須聰明無方感者異而受者殊矣人死於水魚死於陸巴菽洞下而肥鼠金屑割腸而飽貘西極之鳥樂於刮脂魯門之禽悲於奏韶歆者異而利者殊矣故人之所知人之天也物之所知物之天也若夫天之爲天者肆應無極隨時無常人以爲人之天物以爲物之天統人物之合以敦化各正性命而不可齊也繇此言之賢智有賢智之天愚不肖有愚不肖之天惡得以賢智之天強愚不肖以天之也彼均乎人之天者通賢智愚不肖而一聖人重用夫愚不肖不獨爲賢智之天者愚不肖限、於不可使知聖人固不自矜其賢智矣是故春溫夏暑秋涼冬寒晝作夜息賞榮刑辱父親君尊衆著而共繇者均乎人之天也賢智之不易盡愚不肖之必欲喻者也教以之興政以之立矣八卦四象之秩敘大極兩儀之渾合分至氣朔之推移盈虛朒朓之消長二氣之窮變而通久五辰之順逆而衰王智者測之愚所不察賢者謹之不肖所弗憂故作歷以授時占星以興事藏冰以調淒陰內火以消亢陽引伸其聰明以麗民事奉若其明威以正民志而興教立政自盡人之顯道終不規規以求肖焉非然且假於天以炫其聰明而尸其明威智測力持取必不可知之象數以穿鑿易其方圓使貉粵貿其裘葛也奚可哉故聖人所用之天民之天也不專於己之天以統同也不濫於物之天以別嫌也不僭於天之天以安土也吾弟則愛秦人之弟則不愛民之典也若夫天則昆弟亦異形秦越亦同類矣擊拳爲敬箕踞爲傲民之禮也若於天則寒慄非教以恭暑析非導以嫚矣五服昭采民之所欲而以命也若於天則采雲不偏覆堯都黃霧不獨冒跖里矣五刑傷肌民之所畏而以討也若於天則蹣跚者非以其盜不男者非以其淫矣是故春夏溫秋冬肅民以爲發斂非款凍靡草之發斂多至昏壁夏至昏亢民以爲晨夕非極東極西之晨夕乃欲舍赫赫明明昭垂於民者而用其測度比擬之術智不亦陋乎陋以事天天之所不佑矣是故呂不韋之月令劉子政父子之五行傳其殆於九黎之通地天者與不若於民舉天以彈壓之臆測乎天誣民以模倣之月令五行傳之天非民之天也非民之天則固非皋陶代工武王勿貳之天矣春秋

之記災異示人以畏天也呂劉之言象數矯天以制人也父喜而喜父怒而怒孝子之事也父步亦步父趨亦趨趙括之以敗國亡家也況乎呂劉之步趨一邯鄲之躡屣非采齊肆夏之節度也乎春秋謹天人之際洪範敘協居之倫皆聰明自民明威自民之謂也滂滂乎以窮其所極斤斤乎以執之爲常天固未嘗欲人之如此也人且不知天之又何似也而以巳之意見號之曰天以期人之尊信求天之佑也難矣哉

降天神出地祇享人鬼皆聖人本仁孝之精以制典禮與各宗教之迷信判若天淵是又不可不知也

益稷

性命之貞未易合也天下之賾未易治也抑惟其所以用心者而已矣性命之理顯於事理外無事也天下之務因乎物物有其理矣循理而因應乎事物則內聖外王之道盡苟循乎理以無心應之而已足天下之言道有出乎此者而實非然也理則事與物矣循其序定其志遂其危疑非見聞步趨之可順乎天則也循乎理者心也故曰惟其所以用心者而已古之聖人治心之法不倚於一事而爲萬事之樞不逐於一物而爲萬物之宰虛擬一大共之樞機而詳其委曲之妙用曰安汝止惟幾惟康何安乎何幾乎何康乎事無定名物無定象理無定在而其張弛開合於一心者如是也則百王之指歸千聖之權衡也心之用患其不

一也。一之用。又患其執也。執以一。不如其弗一矣。用一而執之。不如其弗用矣。流俗之迷而忘返。異端之詖而賊道。無他。順心之所便。專之而據爲一也。弱而固者曰吾以圖安也。慧而儇者曰吾以審幾也。傲而妄者曰吾以從康也。夫心之靈。足以盡性而應天下者。豈其然哉。博取之天地之數。萬物之情。逆順之勢。是非之準。治亂吉凶之緐。求其協於大中者。抑豈其然哉。且夫於止而安。亦必有當所止者也。往而審幾。亦必有見於幾也。據所當以爲止。豈其幾之或息乎。弱而固者曰吾安吾止而遑恤焉。惟其然而固不安也。天下未有滯於一隅之當而可使心之無震動者也。有見於幾而數迎其幾。豈遂不可康也乎。慧而儇者曰利用吾幾以應天下之幾。固無暇於康也。惟其然而固不能康也。天下未有以變宅心而可應天下之變者也。夫心之所以不知所止而危殆者。無他。意欲亂之耳。安止者奉道以爲棲泊。而意不流於僻欲。不得而間焉。而猶懼其堅以自信者。失此心。察微盡變之大用也。夫心者得天固運不息之靈。以爲流行之體。而困於自信之區宇。其可以安乎。惟夫至靜之中。意不安欲不替。而於理則經之緯之。曲折以迎其方生之緒。故端凝以處而聰明內照。固無須臾之滯矣。故亟告安止者。以惟幾所以盡心之生理也。乃既研心以盡慮。而無或怙所安以自困。又懼其心之疲役而數遷也。乃其所以不康者。心之爲靈也。善動如止水之微撼而波不息也。則惟見智之足恃。巧之足樂。任其所往。愈入而愈曲。則機智興焉。而理不足以爲之畛域。若夫善審幾者。以心察幾。而不以幾生其心。故極心之用。可以大至無垠。小至無閒。式於不聞入於不諫。而其爲幾也。盡心之用。不盡物以役心也。故肸蠁如聞。寂光如燭。而不爲智。引不爲巧遷。夫然而大明終始。者六位各奠其居矣。至此而後心之爲用也。無不盡矣。無不盡者。不盡於所盡。而方靜方動。方動方靜。以一念函三變。以不相悖害也。無不盡。而性命之貞盡矣。於是而天下之賾。於此焉應之。無不順以正矣。何也。一動一靜者。天地之閒也。陰陽之有成。象萬物之有成形。是非之有成理。吉凶之有成數。皆止而不遷者也。動之必靜者也。雖欲不安而不能。而紛擾膠葛。以利害動其心者。恆罔於其一定之軌則。而憧憧於往來。一定之軌則。西士格物所定公例。庶幾近之。水流溼。火就燥。未能或之違也。秉大正者。以御陰陽。以裁萬物。以斷是非。以貞吉凶。非自安而忘物也。本無不安。靜以應靜。而安如其安也。然而天下則已幾矣。一靜之必一動者。然也。陰陽之變無畛也。洩於極盛之中。而後著於已衰之後。萬物之用無常也。成其各正之性。而自有其相感之情。是非之際甚微也。君子有不可恃之仁。而小人亦有未忘之彝。吉凶之至不測也。成乎吉者。置其已得。而抑其未來。貞於凶者。小信且窮。而微權當審。故方其靜。見爲靜而靜者。固然矣。乃卽其動而靜者。初未離也。無不可安者。惟其幾也。故曰知幾其神乎。介於石也。然而陰陽之變。皆可承也。萬物之用。皆可任也。是非之數移。無往而不有是也。吉凶之遞進。無處而不可吉也。一動一靜而天下之理畢也則知幾者知之而已矣善之而已矣窮神知化通志達情而心恆持其衡又豈有不康者乎嗚呼至於康而耳且順矣從欲而可不踰矩矣帝之道聖之功至此而極矣子曰爲之難難此者也一念以安止卽一念以惟幾而又必其康也心有兩端之用而必合於一致天下有三粲之情形而各適如其分以應之聖人之用心至於義精仁熟而審用其張弛開合之權以應天地動靜之幾無須臾而不操之以盡其用蓋用心者聖人以之終身以之終食而不曰理已現前吾循之而無不得也此大禹之心傳爲千聖之統宗至矣哉

指點聖功事理雙顯非荀揚諸子所可同日語也

廣師

此單特由本社印贈祇限於學校之用如以此單塡寄訂閱一律照定價八折全年計三元二角半年計一元七角郵費照加定閱者必於下列特約單蓋印學校圖記寄交長沙本社收受方可有效如無學校圖記須照上列預約單收價凡本社各發行所亦不得收受此單幷此布告即祈鑒察

湖南船山學社啟

特約單

姓　名　號　住　省　縣

地方今向湖南船山學社特約定閱

船山學報　册自第　年第　號起至第　號止

計共洋銀　元　角　分並郵費　元　角　分

照章請即收入將收據寄下以後按期照寄為要

年　月　日　此處蓋學校圖記

人倫道德講義

船山學報廣師之一
劉人熙

第七章　中國人倫道德之源泉

以形體言謂之天。以主宰言謂之帝。以妙用言謂之神。此存乎天者也。聖人盡人以合天。故至誠如神。以在人之天言也。

運天下者神也。

化天下者教也。平天下者政也。天開於子。地闢於丑。人生於寅。我無遂古之耳目。不能定其說之是非也。

邵康節以十二萬九千六百年爲一元。溯天地開闢以至復還混沌。此以數推測之。知非至誠之道可以前知也。故程子知其爲加倍之法。而終不願盡其術也。

三皇邈矣。十口相傳。

天地人三皇。均一萬八千歲。亦想像之辭爾。與摶土爲人。蘆灰止水。但可供豆棚瓜架之閒談。學士不宜語此。

循蜚疏仡之紀。七十二君之封禪。其言不雅馴。薦紳先生難言之所可知者。由草昧以進文明。遞推遞衍。以至今日。此則事有必至。理有固然也。有男女則有夫婦。有部落則有郡縣。有君長則有政策。而政策之文野。必本於教。教之精粗。必本於神。聖人御世。生服其教。死畏其神。豈虛語哉。政策隨時而變。教則日月常新。孟子論舜與文王。地之相去千有餘里。世之相去千有餘歲。得志行乎中國。若合符節。先聖後聖。其揆一也。豈徒中國東海有聖人出焉。此心同。此理同也。西海南海北海有聖人出焉。此心同。此理同也。特地球未通。則九州之外。存而不論。文獻不足。則三墳之文。缺而不補（世所傳三墳皆僞書）。蓋其愼也。孔子集羣聖之大成。刪書斷自二典。繫易遠溯包犧。則中國學術之源泉。其必自包犧氏始矣。子所雅言。詩書執禮。而易則在雅言之外。今溯學術於包犧。得毋躐等乎。不知有不嫌於躐等者。其旨有四。

一則溯道德之源泉。不可數典而忘祖也。吾人將有事於河。必先有事於惡池。齊人將有事於泰山。必先有事於配林。比物此志也。

二則天道難知。而易則本隱以之顯（莊子云易本隱以之顯。春秋推見至隱。合二語觀之。其義益彰）。抉陰陽造化之微妙。皆顯之人事。所謂易之爲書也。不可遠。是也。

三則京房焦贛之傳易。皆濫於術數爻辰卦氣之說。至王弼而始廓清。又濫於佛老之旨。故存經者。漢儒之功。而亡經者。亦漢儒之罪。天運維新。斬荊榛而履康衢。以破學子之迷信。開二十世紀世界之文明（學說須統一全球。而後非一家之私。吾故不妨取西人紀年以爲符號。以明吾道大昌。則凡有血氣。莫不尊親也）。諸生得無意乎。

四則承學之士皆宦學事師已久正發名成業之年尤不當局於近小而謂盛德大業非吾所有事也

天地之心付於人菁華之氣鬱而必發帝出乎震王震東方也以六子論則長男以方位論則東方故文明之發生莫先於中國

地球繞日而行雖無所往而不爲中然東西南北之位則一定而不移太陽生於東東方之先闢文明乃天地自然之運幸生先知先覺之國不能發舒固有之文明光大神州之事業是謂我非夫也

次第及於荒裔

歐洲之羅馬即漢志之大秦稱其政教風俗與中國略同當希臘異說喧呶之日有蘇格臘底者獨摅己見以死狥道稱爲西方之孔子羅馬教皇之横也挾其區區無根之神學專制殘酷愚其民而利用之其權力足以左右歐洲之帝王有馬丁路得者數其十罪以死犯虎狼之吻改良宗教而歐洲乃放一線之曙光至是專制之正體漸變以趨於立憲至於哲學與而宗教衰十九世紀末之法蘭西議院議決政教分離收教會財產限制男女教士不得充各學堂教習此亦文明進步之徵也

而其進步之因起於學說故學說之昌明灌溉人心則足以左右世界晉楚失其富王公失

其責賁育失其勇蘇張失其辨明正學以正人心尤中國救焚拯溺之要圖而吾黨共負之責任也請舉古義揆之人心之同然推之時事之有徵者與吾黨共之

古者包犧氏之王天下也

包犧一作伏犧謂能馴野獸爲家畜也殆六畜孳息時乎一作庖犧謂庖廚烹調殆衛生發達飲食進化時乎因其事實以爲有天下之號猶有巢氏之架木爲巢燧人氏之鑽木取火也

仰則觀象於天

日月星辰凡成象者皆是

俯則觀法於地

山川水火凡成形者皆是

觀鳥獸之文與地之宜

鴻羽爲儀射雉亡矢大人虎變君子豹變鳥獸之文也廣谷大川異制民生其間者異俗宜稻宜黍宜畜牧地之宜也

近取諸身

乾爲首坤爲腹震爲足巽爲股坎爲耳離爲目艮爲手兌爲口

道取諸物。

乾爲馬。坤爲牛。震爲龍。巽爲雞。坎爲豕。離爲雉。艮爲狗。兑爲羊。

於是始作八卦。以通神明之德。以類萬物之情。

通神明之德。知天也。類萬物之情。知人也。易經四聖而大明。而包犧氏爲其初祖。其功配天。

易之精蘊。船山內傳詳矣。科學紛賾。駒隙奔馳。三絕韋編。沒身而已。外傳類情指事。嘗鼎一臠。未爲不知味也。歸而求之。有餘師矣。粗陳端緒。旣竭吾才。光緒乙未。從事桑乾之役。客於潞河。丙申留別王氏瞻園。曾有詩云。學易今頭白。羲爻略問津。向來諸弟子。似巳薄桓文。請諸君下一轉語。薄桓文與問津羲爻何以息息相關。此非言語道斷事也。

船山王子曰。（以下不重見皆準此）夫易。天人之合用也。天成乎天。地成乎地。人成乎人。不相易者也。天之所以天。地之所以地。人之所以人。不相離者也。易之則无體。

此語最玄微。今爲顯之。易者變易之謂。天地人號三才。各有其體。不能變易。亦斷無變易之事。天地無心而成化。固不待言。此言易之。則無體。爲人之妄想言也。丹家之白日飛昇。耶教之末日審判。皆欲以人而變易乎天者也。爲妄而已矣。

離之則无用。

人非天地不生天地非人不靈萬物皆備於我矣惟有我而後備萬物也所難者反身而誠耳

用此以爲體體此以爲用所以然者徹乎天地與人惟此而已矣故易顯其用焉夫天地之大用二知能是也而成乎體則德業相因而一知者天事也能者地事也知能者人事也今夫天知之所開而天不可以知名也今夫地能之所已著而不見其所以能也淸虛者无思一大者无慮自有其理非他知者也而惡得以知名之塊然者已實而不可變委然者已靜而不可興出於地上者功歸於天无從而見其能爲也雖然此則天成乎天地成乎地人旣離之以有生而成乎人則不相爲用者矣此之謂不易也乃天則有其德地則有其業是之謂乾坤知能者乾坤之所效也夫知之所廢者多矣而莫大乎其忘之忘之者中有間也萬變之理相類續而後成乎其章於其始統其終於其終如其始非天下之至健者其孰能彌亙以通理而不忘故以知知者惟其健健者知之實也能之所窮不窮於其不專而莫窮於窒中而執一執一而窒其中一事之變而不能成而奚況其賾至善之極隨事隨物而分其用虛其中析其理理之所至而咸至之非天下之至順者其孰能盡亹亹之施而不執乎一故以知能者惟其順順者能之實也夫太極〇之生元氣陰陽者元氣之闔闢也直而展之極乎數之盛而爲九九者數之極十則仍歸乎一矣因坤之二而一盈其中爲三統九三而一貫之其象奇一始末相

類條貫相續貞常而不屈是可徹萬理而一致矣而三位純焉因而重之六位純焉斯以爲天下之至健者也元氣以歛而成形形則有所不逮矣地體小於天均而置之三分九而虛其一爲六三分三而虛其一爲二其象偶⚋天之所至效法必至寧中不足而外必及中不足者以受天之化也虛其中以受益勉其所至以盡功是可悉物理而因之而三位純焉因而重之六位純焉斯以爲天下之至順者也故曰乾知大始坤作成物无思无慮而思慮之所自澂塊然委然而不逆以資物之生則不可以知名而固爲知不見其能而能著矣而夫人者合知能而載之一心也故曰天人之合用人合天地之用也夫彌互初終而持之一貫亦至難矣虛中忘我以順隨乎萬變勉其所至而行乎無疆亦至繁矣則奚以言乎易簡也曰惟其純也乾者純乎奇矣坤者純乎偶矣當其爲乾信之篤而用之恆不驚萬物之變而隨之以生識則歷乎至難而居天下之至易

兼萬物之變而隨之以生識所謂逐物意移者也處七雄之世則術盡乎捭闔處文景之世則道止乎黃老此用偶者也能用奇者戰國之孟子漢之黃叔度嚴子陵其庶幾乎當其爲坤已不尸功而物自著其則受物之取而咸仍其故則歷乎至繁而行天下之至簡已不尸功而物自著其則當禪讓則揖遜以成其美當征伐則放代以成其功程子所謂廓然而大公物來而順應者也受物之取而咸仍其故周公東征與天下同其憂復子明

辟與天下同其樂所謂受物之取而咸仍其故者也故者何也感人心而天下和平一大仁至義之發皇而已

乾則以位乎天者此以運乎人者此以施乎地者此（六爻三才也）坤以應乎天者此以運乎人者此以成乎地者此因而重之罔不皆然此之謂純乎天秉乾德自然其純以健知矣地含坤理自然其純以順能矣故時有所鼓有所潤時互用而相爲運時分用而各有所成震巽坎離艮兌之大用而在六子之各益者天地初未嘗有損雜者自雜不害其純則終古而无不易也无不簡也皆自然也吉凶其所不諱也聖人所憂患者人而已故顯用於大易使知欲得天下之理者合天地之用必其分體天地之撰而不雜者也夫知用奇也則難而易用偶也則易而難能用偶也則繁而簡用奇也則簡而繁然而天下之辨此者鮮矣知者未嘗忘也甫有其知則思能之起而有作而知固未全也因事變而隨之以遷幸而有功焉則將操其能以爲知而知遂爽其始故知至健者也而成乎弱弱而不能勝天下則難矣能固未欲執一也方務能之而恃所能以爲知成乎意見以武斷乎天下乃其能亦已僅矣物具兩端而我叅之以爲三非倚於一偏而不至也則並違其兩但用其獨故能至順者也而成乎逆逆而欲與物相親則繁矣何也人受天地之中以生而不能分秩乎乾坤則知能固以相淆健順固已相困矣夫人亦有其動焉亦有其入焉亦有其幽明之察焉亦有其止焉亦有其

說焉然而惟能以健歸知以順歸能知不雜能能不察知者爲善用其心之機善用其性之力以全體而摩盪之乃能成乎德業而得天下之理藉其不然天之明固在也地之力固在也莫知所秩乘志氣之發而遂用之故德二三非其德業將成而或敗之矣是以周易並建乾坤以爲首而顯其相錯之妙天事因乎天地事因乎地因乎天而坤乃有所倣因乎地而乾乃有所成故易者聖人之以治天下之繁難而善其德業者也雖然亡他爲全體之而得矣全體之則可以合可以分誠積而必感自摩之以其幾道備而可給自盪之以其時乾坤定則貴賤位剛柔斷聚以其類分以其羣象不眚形不枵皆定之者不雜也是故可鼓可潤可寒可暑可男可女訢合而不亂賢人以之爲勸爲威爲行爲藏爲內治爲外圖成震巽坎離艮兌之大用故曰易天人之合用也蓋純備之分秩之謂也

書不盡言言不盡意是故有微言以明道微言絕而大道隱託之者將亂之亂之者將叛之而大道終隱於天下易曰一陰一陽之謂道或曰摶聚而合之一也或曰分析而各一之也嗚呼此微言之所以絕也以爲分析而各一之者謂陰陽不稍有畸勝陰歸於陰陽歸於陽而道在其中則於陰於陽而皆非道而道且游於其虛於是而老氏之說起矣觀陰之徽觀陽之妙則陰陽瓦解而道有餘地矣以爲摶聚而合之一者謂陰陽皆偶合者也同卽異總卽別成卽毀而道函其外則以陰以陽而皆非道而道統爲攝於是而釋氏之說起矣陰運

於陰陽還於陽則陰陽退處而道爲大圓矣於是或忌陰陽而巧避之或賤陰陽而欲轉之而陰陽之外有道陰也陽也道也相與爲三而一其三其說充塞而且囂囂然者曰儒者言道陰陽而已矣是可道之道而非常道也是漚合之塵而非眞如也亂之者叛之學士不能體其微言啟戶而召之攻亦烈矣哉嘗論之曰道者物所衆著而共繇者也物之所著惟其有可見之實也物之所繇惟其有可循之恆也既盈兩間而无不可見盈兩間而无不可循故盈兩間皆道也可見者其象也可循者其形也出乎象入乎形出乎形入乎象兩間皆形象則兩間皆陰陽也兩間皆陰陽兩間皆道夫誰留餘地以授之虛而使游誰復爲大圓者以函之而轉之乎其際无間不可以游其外无涯不可以函雖然此陰陽者惡乎其著而繇之以皆備而各得耶易固曰一陰一陽之謂道一之一之云者蓋以言乎主持而分劑之也陰陽之生一太極之動靜也動者靈以生明以晰天下而不塞靜者保而處重以凝天下而不浮則其爲實既可爲道之體矣動者乘變以爲常銳而處先故從一得九靜者安居以待化故從二得十則其數既可備道之用矣夫天下能治其所可堪不能強其所不受固矣是以得一之一之而爲之分劑也乃其必有爲之分劑者陽躁以廉往有餘而來不足陰重以嗇來恆疾而往恆遲則任數之固然而各有竭陽易遷而奠之使居陰喜滯而運之使化遷於其地而抑弗能良故道也者有時而任其性有時而弼其情有時而盡其才有時而節其

氣有所宜陽則登陽有所宜陰則進陰故建一純陽於此建一純陰於此建一陰老而陽穉也於此建一陽老而陰穉者於此建一陰陽相均者於此建一陰陽相差者於此建一陰陽相倍者於此建一陰少而化陽者於此建一陽少而主陰者於此建一相雜而統同者於此建一相聚以析異者於此全有所任而非剛柔之過也全有所廢而非剛柔之害也兩相爲酌而非無主以渾其和也如是則皆有分劑之者子得母多而得父少不奬其多子必繼父以立統德逸於知勞於能不奬其逸德要於能以成章故數有多少而恆均位有亢疑而恆定極乎雜亂而百九十二之數不損耳目長而手足短長以利遠而短以利近手足彊而耳目弱彊以載大而弱以入微孰爲爲之而莫不爲則道相陰陽孰令聽之而莫不聽則陰陽亦固有其道矣動因道以動靜因道以靜任其性而有功弼其情而非不樂也盡其才而不倫節其氣而不薨也人之生也固然泝而上之有天有地以有山澤水火雷風亦豈有不然者哉惟然非有自外函之以合其離也非有自虛游之以離其合也其一之一之者卽與爲體挾與流行而持之以不過者也

以公例明之熱至赤道而極寒至南北冰洋而極物極則反也使熱益熱而寒益寒匪徒人物無存卽天地亦不能自立萬物之生成以愛力合以壓力堅使壓力銳減則愛力亦離披矣

无與主持而何以情異數畸之陰陽和以不爭而隨器皆備和以不爭則善也隨器皆備則性也非待思爲而立其則以爲成矣是故於陰而道在於陽而道在於陰陽之乘時而道在於陰陽之定位而道在天方命人和以無差以爲善而道在人已承天隨器不虧而道在持之者固无在而不主之也一之一之而與共爲卽行其中而卽爲之主道不行而陰陽廢陰陽不具而道亦亡言道者亦要於是而已是故有象可見而衆皆可著也有數可循而无不共繇也未有之先此以生已有之後此以成往古來今則今日也不聞不見則視聽也斡運變化而不窮充足淸寧而不亂道之用盡此而已如曰摶聚而合之也分析而置之也以是謂之曰一道惡乎而不隱易惡乎而不廢哉

人物有性天地非有性

天地非有性對人物而言謂之命也然易何以言復見天地之心乎天地之心程子所謂以主宰言曰帝者是也主宰因流行而見故人能於動幾察之天地大而性小故不可云有性然赫赫明明臨之在上質之在旁又不妨以心爲言也

陰陽之相繼也善其末相繼也不可謂之善故成之而後性存焉繼之而後善著焉言道者統而同之不以其序故知道者鮮矣性存而後仁義禮知之實章焉以仁義禮知而言天不可也成乎其爲體斯成乎爲靈靈聚於體之中而體皆含靈若夫天則未有體矣相繼者善

善而後習知其善以善而言道不可也道之用不僣不吝以不偏而相調故其用之所生无僣无吝以无偏而調之有適然之妙妙相衍而不窮相安而各得於事善也於物善也若夫道則多少陰陽无所不可矣故成之者人也繼之者天人之際也天則道而已矣道大而善小善大而性小道道生善生性道无時不有无動无靜之不然无可无否之不任受善則天人相續之際有其時矣善具其體而非能用之抑具其用而无與爲體萬彙各有其善不相爲知而亦不相爲一性則斂於一物之中有其量矣有其時非浩然無極之時有其量非融然流動之量故曰道大而善小善大而性小也小者專而致精大者博而不精然則以善說道以性善說善恢恢乎其欲大之而不知未得其精也恢恢乎大之則曰人之性猶牛之性牛之性猶犬之性亦可矣當其繼善之時有相猶者也而不可概之已成乎人之性也則曰天地與我同根萬物與我共命亦可矣當其爲道之時同也共也而不可概之相繼以相授而善焉也惟其有道是以繼之而得善焉道者善之所從出也惟其有善是以成之爲性焉善者性之所資也方其爲善而後道有善矣方其爲性而後善凝於性矣故孟子之言性善推本而言其所資也猶子孫因祖父而得姓則可以姓繫之而善不於性而始有猶子孫之不可但以姓稱而必繫之以名也然則先言性而繫之以善則性有善而疑不僅有善不如先言善而紀之以性則善爲性而信善外之无性也觀於繫傳而天人之次序乃審矣甚哉

繼之爲功於天人乎天以此顯其成能人以此紹其生理者也性則因乎成矣成則因乎繼矣不成未有性不繼不能成天人相紹之際存乎天者莫妙於繼然則人以達天之幾存乎人者亦孰有要於繼乎夫繁然有生粹然而生人秩焉紀焉精焉至焉而成乎人之性惟其繼而已矣道之不息於既生之後生之不絕於大道之中綿密相因始終相洽節宣相允无他如其繼而已矣以陽繼陽而剛不餒

　終日乾乾自強不息始於集義終於誠身

以陰繼陰而柔不孤

　无成代終不以私欲私意閒之敬義立而德不孤也

以陽繼陰而柔不靡以陰繼陽而剛不暴

　乾隱六陰坤隱六陽向背凡十二位見陰陽互根之妙

滋之元窮之謂恆充之不歉之謂誠持之不忘之謂信敦之不薄之謂仁承之不昧之謂明凡此者所以善也則君子之所以爲功於性者亦此而已矣

　天道遠人道邇卽人道以明天道伏犧氏所以開萬古之文明船山發揮精透掃諸子百家之粃穅所以繼鄒魯之絕學自濂溪晦庵以來未有盛於此者也

繼之則善矣不繼則不善矣天无所不繼故善不窮

萬歲之後天可倚杵非夢囈乎西洋博士妄臆地球必有破裂之一日亦愚矣

人有所不能繼則惡興焉利者倘得倘失者也欲者偶觸偶興者也仁者存存者也義者井井者也利不乘乎倘得安身利用不損乎義惟其可貞也欲不動於偶觸飲食男女不違乎仁惟其有常也乍見之怵惕延之不息則羣族託命矣介然之可否持之不遷則萬變不驚矣

聖人之言其遠如天其近如地非程子之虛美也羣族託命萬變不驚是何等境界宜高遠不可攀躋矣而可基於乍見之怵惕介然之可否是果絕人以攀躋之路乎有志者亦可奮起矣

學成於聚新故相資而新其故思得於永微顯相次而顯察於微

空疏之學專己保殘不能聚也訓詁記誦之學尋行數墨不能思也

其不然者禽獸母子之恩嘊嘊麌麌稍長而無以相識夷狄君臣之分炎炎赫赫移時而旋以相戕則惟其念與念之不相繼也事與事之不相繼也爾矣從意欲之興繼其所繼則不可以期月守反大始之原繼其所繼則終不以終食忘何也天命之善有終始而自繼以善无絕續也川流之不潰不憂其逝也有繼之者爾日月之相錯不憂其悖也有繼之者爾知其性者知善知其繼者知天斯古人之微言而待於善學者與故專言性則三品（荀說）性惡

荀卿之說與沂言善則天人合一之理得概言道則无善无惡无性之妄又熺矣（餘姚王氏及近世西洋哲學皆未免蹈此）大者其道乎妙者其善乎善者其繼乎壹者其性乎性者其成乎性可存也成可守也善可用也繼可學也道可合而不可據也至於繼而作聖之功蔑以加矣

太極之在兩間无初无終而不可間也无彼无此而不可破也（以要言之神理是也理者神之理神者理之神）自大至細而象皆其象自一至萬而數皆其數故空不流而實不窒靈不私而頑不遺亦靜不先而動不後矣夫惟從无至有者先靜後動而靜非其靜從有益有則无有先後而動要以先

若夫以數測者人繇既有以後測之而可見者也象可以測數數亦可以測象象視其已然靜之屬數乘其自有動之屬故數亦可以測象焉要此太極者混淪皆備不可析也不可聚也以其成天下之聚不可析也以其入天下之析不可聚也雖然人之所以爲功於道者則則斷因其已然而益測之以盡其无窮而神而明之分而劑之裒而益之則惟聖人爲能顯而神之其測以數者奈何太極之一〇也所以冒天下之數也而惡乎測之測之者因其所生動者必先靜者必隨故一先二三二隨一相先相隨以至於十和者非有益於倡者則无所事於和矣一而二二而三三而四繇是而至於十皆加一者相對之數也陰欲値陽而與之對必虛陽之所値而實其兩端以闔戶而受施不然則相距而齟齬故一不可對三三二不可對四一對三則中央相距二對四則兩端相距也二一而二二三三一而四繇是而二二五而十皆

倍加者。陰承陽一。因其增益之性以爲習。使可闢而有容也。一而三。三而五。緜是而之九。皆增二者。陽感陰化。因其所闢而往充其虛也。從一合六以得七。緜是而從五合十以得十有五者。因生數之終。加其所進以爲成。成不能成功。因乎生也。生數止五。成數盡十者。從太極測之而固有之也。太極○之實有也。動者橫以互。無不至也。故爲徑。靜者張以受。无不持也。故爲交。動流而不靜。故爲圓。靜止而必齊。故爲方。外齊者其中徑也。故爲弦。於徑測之互一而一矣。於交測之✕而二。於所徑矣。於圓測之○流動中規而三。於所徑矣。於方測之四矩中矩□而四。於所徑矣。於弦測之上弦◗二有半。合以計之而五。於所徑矣。五則中實。中實則可爲主。於外而地效其充。以相成生。始於陽而終於陽。成始於陰而終於陰。性情之起。功效之登一也。於方測陰而得四。陰體定矣。以其交者而自實。以方函交⊠而六。於所徑矣。交方皆陰也。陰數純備而爲老陰。陽函陰動有靜。以圓納方◎而七。於所徑矣。陽外成則體陽而爲少陽。天包地外而亦行乎地中。天行地中。施其互化。以方納圓。徑一充之⊖而八。於所徑矣。陰體外成。則體陰而爲少陰。天固包地。地道无成。竭其功化以奉天。以圓納方。方有其交⊗而九。於所徑矣。渾天之體。於斯而著。故爲老陽。陽知大始。陰作成物。物數之成於陰。合徑一、交二、圓三、方四。⊠而十。於所徑矣。至於十而所以測太極之術盡矣。无以測之而天地之數一終矣。

八卦以象告。有象而後有數。有數而後有滋。數立於一。滋生以至無窮。天地之數五十有五。大衍之數五十。其用四十有九。成變化而行鬼神。其理至賾。今爲粗揭象數之本原。學者知所由來。則歸而求之不患无師。再舉船山要旨數語。爲諸生誦之。以天治人。而知者不憂。以人造天。而仁者能愛。而後爲功於天地之事畢矣。世有大心秀才。當知鄙人期望之深。非僅與九師之流爭訓詁之區區也。

天地之間流行不息。皆其生焉者也。故曰天地之大德曰生。自虛而實。來也。自實而虛。往也。來可見。往不可見。來實爲今。往虛爲古。來者生也。然而數來而不節者。將一往而難來。一噓一吸。自然之勢也。故往來相乘而迭用。彼異端固曰死此生彼。而輪回之說興焉。死此生彼者。一往一來之謂也。夫一往一來。而有同往同來者焉。有異往異來者焉。故一往一來。而往來不一。化機之妙。大造之不可爲心。豈彼異端之所得知哉。嘗論之。天地之大德。則既在生矣。陽以生而爲氣。陰以生而爲形。有氣无形。則游魂盪而无卽。有形无氣。則胔骼具而无靈。乃形氣具而倘未足以生邪。形盛於氣。則壅而萎。氣勝於形。則浮而枵。爲夭爲尫。爲不慧。其去不生也无幾。

宋儒所說氣質之性。正是如此。故曰形而後有氣質之性。善反之。則天地之性存焉。又曰。物之性有近於人者。人之性有近於物者。似與性有三品之說相類。而與孟子道性善之

皆相反此亦古今學說之一大問題不知宋儒乃從其委而言之孟子乃泝其源而言之即孔子所謂繼之者善也又何疑焉

惟夫和以均之主以持之一陰一陽之道善其生而成其性而生乃伸則其於生也亦不數數矣男女搆精而生所以生者誠有自來形氣離畔而死所以死者誠有自往聖人之與異端胥言此矣乃欲知其所自來請驗之於所自往氣往而合於杳冥猶炊熱之上爲濕也形往而合於土壤猶薪炭之委爲塵也所以生者何往乎形陰氣陽陰與陽合則道得以均和而主持之分而各就所都則无所施和而莫適爲主杳冥有則土壤有實則往固可以復來然則歸其往者所以給其來也顧既往之於且來有同焉者有異焉者其異非但人物之生然也今日之日月非用昨日之明也今歲之寒暑非用昔歲之氣也明用昨日則如鐙如鏡而有息有昏氣用昨歲則如湯中之熱溝澮之水而漸衰漸涸而非然也是以知其富有者惟其日新斯日月貞明而寒暑恆盛也陽實而翕故晝明者必聚而爲日陰虛而闢故夜明者必凝而爲月寒暑之發斂而无窮亦猶是也不用其故方盡而生莫之分劑而自不亂非有同也其同者來以天地之生往以天地之化生化各乘其機而從其類天地非能有心而分別之故人物之生化也誰與判然使一人之識亙古而爲一人一物之命誰與判然亙古而爲一物且惟有質而有形者可因其區宇畫以界限使彼此亙古而不相雜所以生者虛

明而善動於彼於此雖有類之可從而无畛之可畫而何從執其識命以相報乎夫氣升如炊濕一山之雲不必其還雨一山形降如炭塵一薪之糞不必還滋一木有形質者且然矣況其虛明而善動者哉則任運自然而互聽其化非有異也是故天地之以德生人物也必使之有養以益生必使之有性以紀類養資形氣而運之者非形氣性資善而所成者麗於形氣運形者從陰而濁運氣者從陽而清清濁互凝以成既生以後之養性濁爲食色清爲仁義其生也相運相資其死也相離相反離反於此運資於彼則既生以後還以起乎方生往來交動於太虛之中太虛者本動者也動以入動不息不滯其來也因而合之其往也因往而聽合其往也養與性均弛於人以待命於理數其來也理數紹命而使之不窮其往也渾淪而時合其來也因器而分施其往也无形无已而流於不遷其來也有受有充而因之皆備摶造无心勢不能各保其故然亦无待其故然而後可以生也清多者明清少者愚清君濁者聖濁君清者頑既已弛人而待命矣聽理數之分劑而理數復以无心則或一人之養性散而爲數人或數人之養性聚而爲一人已聚已散而多少倍蓰因之以不齊故堯之既崩不再生而爲堯桀之既亡不再生而爲桀藉其再生則代一堯而國一桀矣清聚者積中人而賢積賢而聖清散者分聖而數賢分賢而數中人濁散者分頑而數中人分中人而數賢濁聚者積賢而中人積中人而頑清本於陽二十五而不足故人極於聖而不能无養

講演

介紹新書

史學通論

是書一名史學研究法一原流二經緯三條雖四關繫五研究六旁通七未來條理最詳而又陳義精引證博初印數百部不半月而銷罄書一部可抵他書數部也作者益陽曹佐熙中華宏文圖書局發行

史學叢編

凡十二種一史記釋例二漢書釋例三漢書地理志釋例四漢書藝文志述義五漢書藝文志釋例六漢書藝文志拾遺七史通補正八文史通義補正九唐史館會要十五代史館會要十一王氏漢書補注補十二文氏補晉書藝文志補作者益陽曹佐熙

接第四期

民國肇造國基漸固或自擾之卽所謂自屯也君子以治安天下爲心故曰經綸天下之大經

第十八期十月十一日

讀正蒙註

神化篇

廖名縉

神天德化天道

蒙按六合之外聖人存而不論六合之內聖人論而不議莊生洸恣此語乃爲道通夫世界初民莫不首先攷求庶彙憑生之所自婆羅之梵天創世記之用土造人所以與中國黃土摶人之說先書紀而並起也然以人類官骸之形比擬造物實爲原人智識蒙昧之特徵中國載籍所傳雖不免尙沿遺說如玄鳥生商履帝武敏歆之類但亦經生解釋之誤不足以爲類也宋儒講學專言理氣六合以外者固付諸存而不論之列卽六合以內者亦實行論而不議之法雖朱晦翁以易爲卜筮之書不令及門研習未免矯枉過正然而横渠專言神化而其爲言曰神天德化天道皆以天德在人天化在人者言之取之當體而已足也不測之謂神子王子曰不測者有其象無其形非可以比類廣引而擬之指其本體曰識曰天曰仁一言而盡之矣中國文明之進化允爲世

界之先河卽此亦其一端矣

虛明照鑒神之明也

蒙按須知虛明照鑒不是釋氏眞空中法雷慧日之喻彼所謂眞空者遺形而求性我所謂虛明者明善以復初也子王子曰太虛不滯於形故大明而秩序不紊君子不滯於意故貞明而事理不迷又曰照鑒者不假審察而自知謂爲不知道得乎

天下之動神鼓之也

蒙按自歐洲格致家盤恩亞力山大創爲敦里雷輿之說（譯卽原力）折衷於唯心唯物之間在近日哲學中實爲別開生面其說以爲力之大原有五一機械動力一原塊動力一微點磨切動力一流質動力人之精神直與電氣同類其思想言論與繪畫音樂等皆不過此力之彌綸而五種之力原又無不同出於太陽是說也美人李雅各駁之以爲彼固視人類性靈等於其體質究與赫胥黎等唯物論何殊夫曰爲力原曰之所原又爲何物故造物萬能之說族無文野不能異也然或推本於耳聞目見之物質與懸擬爲器欸諄諄之上帝非失之粗則失之罔何如太和絪縕鬼神屈伸之說不滯迹象而又不落虛空耶子王子曰天以神御氣而時行物生人以神感物而移風易俗神者所以感物之神而類應者也此眞貫天人之義矣

辭不鼓舞則不足盡神。

蒙按近日文明各國以演說爲專門之學凡大宗教家大政治家其事業之成功莫不得力於演說蓋人類聯合恃其熱情與摯感未有無聯合人羣之力而能建樹事業者未有無熱情摯感之表示而能聯合人羣者而熱情摯感之表示又非文字歌謠所可盡故演說之鼓舞所以不容或已也張子謂辭不鼓舞不足盡神誠知動天下之匪易耳子王子曰君子之有辭不徇聞見不立標榜盡其心專其氣言皆心之所出而氣無浮阻則神著於辭雖愚不肖不能不興起焉若襲取剿說則仁義忠孝之言人且迂視之而漠然不應不足以鼓舞唯其神不存也則又進於修辭立誠之域矣

劉人熙

全球大勢與戰國同秦晉齊楚燕宋衛中山環地球而建國者一七雄時之拓本耳孟子所以爲諸侯謀者利用其恥心以行仁政則可無敵於天下中華民國之地位自問應居何等則所以自強者亦必有術矣

孟子曰天下有道小德役大德小賢役大賢天下無道小役大弱役強斯二者天也順天者存逆天者亡

船山釋曰存亡者天也得失者人也人不能違天而天亦何嘗困人乎

無恥而行苟且之政。則但見爲天之困人。而無可如何。

今天下諸侯。或役人。或役於人。此有心者之所抱恨於不平也。雖然。豈非天哉。天乘乎時而有治亂。其爲有道之天下也。則以德與賢爲相臨之分。德能含育天下者。大德也。其僅能保守一隅者。小德也。賢能經理天下者。大賢也。其僅能分治一國者。小賢也。則小德小賢之君。執玉帛奉春秋以奔走於代天理物之一人。安於役而不敢抗矣。其爲無道之天下也。則以國之大小。力之強弱。爲相制之權。土壤日削。而國以小矣。并兼日盛。而國以大矣。兵甲修而屢勝。則彊矣。士馬怯而屢敗。則弱矣。則弱小之君。修貢割地。納質入覲。以服從於威力相制之強鄰。甘於役而不能自免也。夫以德賢相役者。理也。以彊大相役者。勢也。理者。當然之宰制。而勢者。亦自然之氣機。各乘乎時之必然。則豈非天哉。

理勢之自然而必然者。卽天也。非蒼蒼無極之天。亦非五德代興之說。則侈祈禱之虛文者陋矣。故孔子曰。丘之禱久矣。

旣已皆爲天之使然。則順逆之理出矣。有道而能戴聖明。以不貳。則侯度守。而國以安。無道而姑度勢力以自屈。則侵伐不及。而國可不敝。順天者存矣。若有道而敢越分義。以不服。則天討必加。無道而徒挾忿戾以爭彊。則吞噬且及。逆天者亡矣。然則生今之世。不幸而爲弱小。悻悻然以無具之身。亢彊大而懷雄長之志。及乎挫折危逼。而後講連衡之術。

亦不得已之事矣

合六國以攻秦是爲合從蘇秦之術也離六國以事秦是爲連橫張儀之術也究之連雞之勢不飛蘇秦之術立敗割地事秦地終有盡連衡之術亦苟免須臾之死而已然則順無道之天而存者終亦必亡謀國者不可藉口以自恕下乃引齊景公一案以激其恥心恥者人道維持之初基而救國萬金之良藥也

劉人熙

第十九期 十月十八日 續前稿

雖然有道而順天役我者非以強我則心悅誠服於其德賢役之者無心而受役者亦無愧也若無道而迫於勢以不敢逆天德未嘗相尙也賢未嘗相遠也而坐受其役豈能不俛仰天人而抱慙赧也乎

引起恥字以爲救濟之地如良醫之用藥診其穀氣猶存而施以起死回生之劑也

齊景公曰既不能令又不受命是絕物也涕出而女於吳

昔日齊景公爲勾吳所脅以求婚不得已而言曰諸侯之邦交彊大者出令以召而人自從弱小者受命於天而人能受之今我於吳量力度勢不能令矣又違其所請而不受命焉則孤立無援自絕於物而禍將至矣於是以其女女吳而心固不可忍也蓋涕出而女之焉其必女吳者不敢逆天以苟免於亡也而涕出以女吳則其情亦大可傷矣使其並

無此涕也則吾無望焉耳而彼固不能自禁夫涕也此亦古今之同情而今亦緊有之矣

天良不可泯滅如齊景者何可勝數而齊卒不振則石火電光消息可用而亦可危也

今也小國師大國而恥受命焉是猶弟子而恥受命於先師也

今之諸侯陵夷以至於弱小遂不得已而受命於大國亦莫不有恥心存焉而有可異者

當其挫辱以受命則恥之當其苟免而偷安則忘其恥

滿清末運政府之行樂圖也

大國挾勢以自驕則般樂怠傲而置民生之利病於不謀乃小國亦從而師之政不修也賢不用也陷溺其民而冀不可得之富強也乃至於受命而始恥焉彼已成乎相臣服之勢我已成乎相從聽之常則是殆猶弟子順承先師之不可違矣雖恥之其將何以自免哉

滿清之竊位也陵夷苟免列強不德侵我海權以九十九年之租借爲強佔之地日俄戰起蹂我東三省地域爲戰區爲環球中立絕無之先例邇日歐洲大戰波及我山東租借地之青島不得已援日俄中立之例畫百里以爲蟻鬬之穴破涕爲笑忍辱負重冀保東亞之和平是皆滿清醞釀之大毒以貽我民國而待我國家之湔洗者也嗚呼

如恥之莫若師文王師文王大國五年小國七年必爲政於天下矣

夫不能不受命而又恥之則萬一僥倖以爲逆天之計固立取敗亡之道然豈其恥心之不足用哉特患其非果能恥之而志之不足以思改圖也如其果能恥也則無以若所爲求若所欲而思古人之以百里而興王者有文王在

提出一榜樣文王我師也周公豈欺我哉

文王當明夷之時蒙羑里之難率汝墳之士女奉淫酗之暴君未嘗不養晦以順天也而以日昃不暇之精勤施煢獨蒙恩之德政此固可師之以強爲善於中國者也而苟其師之乎則國而大也雖勢不便而受屈而土地人民之可用五年之中綱目可舉也國卽小也特土地人民之未給而事已集而規模成七年之後器量已宏也而民心歸之鄰國敢不順之且可以長諸侯而圖王業矣天下雖無道久矣而道自我行則易無道爲有道而強大且以實德而受役夫然則但能就恥心之發盡人事以回天亦何難之有哉而奈之何僅以一恥終而不思改轍又不能忍其一旦之恥而自貽滅亡也

詩云商之孫子其麗不億上帝既命侯于周服侯服于周天命靡常殷士膚敏祼將于京孔子曰仁不可爲衆也夫國君好仁天下無敵

夫所慮於強大者徒以其衆耳如以衆則大國之衆不足以當殷紂之衆而文王何以與焉說在夫子之論詩矣詩云有商之衆不但其繁有臣民而已本支之孫子其數不可以

第一卷第五期 七五三

億計也乃上帝既改命於我周矣遂維相臣服于周焉其所以臣服于周則以天命無常維德是輿而不必一姓之可爲君也於是大統既集修文考配天之祀事而殷士之儀容膚大進退敏達者皆奉祼將之彝器以助祭於周京焉孔子曰夫不億之子孫可謂衆矣念宗邦以戕故主豈忠無人哉而文王能以容保無疆之仁感民心而回天眷則理得而勢移商紂雖欲爲衆而不可得矣皆相率以歸周矣以此思之則凡國君而能好仁者即文王也天下即有彊大而欲敵之者亦如商之不可爲衆也而何患於弱小哉

舉殷周已事則仁不仁之結局如分黑白朱晦翁云不能自強則聽天所命修德行仁則天命在我此立命之眞詮也然則一國之命係乎國民國民之命又係夫推選行政

元首之一大部分於敵之強弱無與也

今也欲無敵于天下而不以仁是猶執熱而不以濯也詩云誰能執熱逝不以濯由詩與孔子之言思之則恥者此心好仁者此心以其恥深其好唯有仁而已矣則今之諸侯能無重念之乎今之諸侯當其恥心之內動亦必且自念曰吾安能久役于彊大而彼或以暴虐加我我且執言而致討兵威之臨唯吾之志而不能敵我也然未嘗深思夫無敵之理而但師大國之爲置仁政于不講如是雖有發憤自彊之心而無順道回天之實是猶執熱而不以濯求解免其熱而無解免之道也

庚子聯軍入都之禍。與景延廣之十萬橫磨劍。韓侂胄之誓師北伐。用心雪恥。同而謬妄更甚。

桑柔之詩有曰。誰能執熱。逝不以濯。曰誰能。則必無可能之理。而亦別無可能之勢。然則妄思無敵而不仁。功不立而逆天之禍。敗且隨之。其不能也固如是而已矣。故恥心可用也。而不可忿戾出之也。無敵之大欲可求也。而不可以非道求之也。吾所望於受役之諸侯。豈淺鮮哉。

受役則失其自由。歐洲戰禍。波及神州。我國宣布中立。顧全邦交至矣。山東濱海之同胞。忽遭蹂躪。吞聲飲泣。呼籲無門。哀我憚人。何以堪此。惟有植磻溪之璜。酌洙泗之水。登泰山之日觀。而招曰。國殤兮堪哀。國魂兮盍歸乎來。

若夫以彊大役人。乘一時無道之天下。而侈肆自雄。以甚其不仁。則正與王者之資耳。夫豈終於無道也哉。

天下不患無可乘之時。患無乘時之人耳。

船山學社講演集第三　船山學報之一

第十九期十月十八日

周易大象述義卷一

上經

衡陽子王子解　桂陽彭政樞述義

蒙 ䷃ 坎下艮上

山下出泉蒙君子以果行育德

〔解〕泉者水始出之細流故於山下之水不言水而言泉

〔述義〕泉爲水之發源處許叔重說文訓泉爲水原象水流成川形兩山必有一川川者水之通流而貫穿也泉系初出卽子輿氏所謂源泉混混有本之水也蒙之內卦爲坎坎爲水以一陽在陰中外卦爲艮艮山居坎上故有泉流山下之象雅詩言相其陰陽觀其流泉卽此義也故專言泉從其源也君子體蒙之德以之造道資深所以有左右逢源之樂

泉方出山而放乎四海無所止息果矣曲折縈回養其勢以合小爲大育也

泉有正出縣出穴出之分義見爾雅又有同出異歸之別名曰肥泉義見毛詩而其源

出山下盈科而進奔騰到海則一也故江漢朝宗百川赴海晝夜不息其力果也尼山有逝者如斯勉勵及門爲學之意黃河千里一曲萬派東海至於潴而爲澤溢爲旁支二水交流曰會小水合大水曰入有涵養生育之象焉

君子之行成於勇決而德資於函養勇決則危行而不恤利害函養則成章而上達天德寧武之愚不可及顏子之如愚足發皆此道也

此船山示人見義必爲下學上達之意以勇則不退怯行事能負責任又能蘊蓄宏深自然成章必達觀寧武子與顏子之已事則以學愈愚者不可不體蒙之德也

泉方出山去江海遠矣不疑其遠百折必達其行果矣果則天下無不可成之行也抑泉源之出或在平陸其流易竭蘊蓄之於山涓涓混混不息不迫則行雖果而居之有餘就中國之江河而言二水同源出西域阿耨達山今名岡底斯山見酈道元水經注一統志載岡底斯山直陝西西寧府西南五千九百九十餘里距長江流域及九河入海處可謂遼遠然泉之始達百折不回實有水到渠成之妙黃海渤海即中國水渠也涓流不歇遂成滄海水德之淵深可以象見矣

君子體斯爲養蒙爲發蒙果育相資行成而德不匱則善用蒙者也

學校改章政府爲教育普及起見令各省多辦小學校爲發蒙也中也養不中才也養不

才爲養蒙也欲仿歐美政策實行強迫教育果也得天下英才而教之育也君子之用蒙行成而德廣矣

第二十期十月二十五日　劉人熙

或問天下何日太平曰自總統百執事從政之人皆悅學之人則天下太平之日矣至學不傳於上而君師之任分則傳道得徒以開萬世之太平亦國之賴以危而不亡者孔子其先例矣流俗之人不能爲有無而社會重要之人才可以供陶鑄者厥有二種一曰狂一曰狷其義大暢於孟子

萬章問曰孔子在陳曰盍歸乎來吾黨之士狂簡進取不忘其初孔子在陳何思魯之狂士

〔船山釋〕孔子之時楊墨之說未盛而鄉原之亂德方深孟子之時楊墨之說已橫而鄉原之邪慝猶然其未息楊墨賊道者也乃若其心則猶有自立之志

凡論人貴得其平不然則無以服其心楊墨皆非常人楊志於義墨志於仁皆豪傑也其行則猶有自成之詣爲其徒者多出於狂狷之流不知所裁遂陷於執一之偏楊氏孤高墨氏堅苦是以其徒類能外勢利而甘石隱急患難而救國家祇以孟子推爲我兼愛之弊至無父無君學者不察遂奚落不値一錢而淺人以爲有門戶之分皆不平之所激也惟船山持論平恕言楊墨皆君子學爲仁義而差者也凡論陸王及異

端之學皆當以是推之

乃行不順心不安則必歸於正而初非有慝之藏於心故其歸也可受鄉原則賊德者也其於君子之道亦相似矣而竊之以爲名假之以爲利不必有所師承而翕然成風以非毀狂獧將胥天下之迷而不知反則其欲自附於君子而絕之也必嚴

鄉原不必有所師承而薰染社會如嵐瘴之中人其毒最爲可畏正學之衰中國之弱皆鄉原爲祟也

聖之至者曰時而鄉原亦曰時其所云時者流俗之時也旦而此焉夕而彼焉在孔子之時有孔子之鄉原在孟子之時有孟子之鄉原求合於一時之鄉無常也是故欲正天下之人心使好惡有定而不以鄉原爲說則彼亦無利而爲此矣

有好惡而無是非豈獨社會惡直醜正卽文士之詩歌史官之褒貶經生之注釋無不從之而靡吁足畏也中國之弱弱以此耳

何以正之亘古此人倫物理則亘古此道絕其隨時之苟幸而已矣孟子述孔子之道以正天下故萬章詳辨之欲絕鄉原之慝未可卽以中行正之也何也中行者聖人之時彼之所託也故欲懲鄉原之慝則先正之以狂獧而狂猶尙爲獧者之忠信廉潔彼猶可託而狂者之志古而略今正治其慝之要道也萬章問曰昔者孔子之在陳見道之不行思

欲明之乃曰盍歸乎來以與吾黨之小子相進於道乎夫小子則有可與矣以志言之則狂也以其略於事爲而言之則簡也以不見異而遷言之則狂簡如一而不忘其初也夫孔子在陳而思魯念魯人士之可與明道也狂者豈遂足以任斯道乎而孔子倘思焉

第二十期 十月二十五日

周易大象述義卷一

上經

衡陽子王子解　　桂陽彭政樞述義

需 ䷄ 乾下坎上

雲上于天需君子以飲食宴樂

〔解〕水不可加於天上故變言雲雲者水氣之淸微者也上升也地以上皆天升高則上於天矣雲升而未降爲雨故爲需

〔述義〕雅詩言倬彼雲漢毛傳以雲漢爲天河河本有水水行地中而不加於天上故河漢流雲作水聲系詩人狀物情不必眞有水也元命苞云陰陽聚爲雲需以外卦坎水居乾上爲水氣所聚而升所以言雲上而不言水上上則地氣上升而爲天之淸氣矣氣騰爲雲雲行雨施爲乾德之普徧雲升而雨未降爲需義之遲緩以需有乾德而

未行也所以爲需

需者事之賊也君子敏則有功無所用需

需爲綏而有待之謂君子處事本以進銳退速爲戒實以崇功廣業爲心故周書曰功崇惟志業廣惟勤勤者敏之實徵志者功之根本也未有昏惰自安而能建立功業者所以爲事之賊君子黽勉從事如文王之日昃不遑孔子之發憤忘食子路之有聞斯行皆不用需者也

惟其於飲食宴樂也可以飲食宴樂矣而猶需之故酒淸肴乾終日百拜而後舉逸逸之醻後天下以樂而後鐘鼓田獵民皆欣欣以相告則享天下之奉而無從欲敗度之愆此則所宜需者也

君子謀道不謀食先事而後祿祿食所以養生爲日用所需本不可廢然君子體需之德於飲食宴樂應有之事而不急於營謀以遏其從欲之心所以酌金罍以示求賢歌鹿鳴以燕嘉賓詠騶虞以著田獵皆在仁化既洽君民歡樂之後不專以天下奉一人享萬方之玉食已也商書三風之儆必以酣歌爲戒凡邦君卿士當知君子所以用需之意也

外此雖靜以觀變極其審愼而當所必爲坐以待旦何需之有

此船山以周公思四事兼三王。在於勤奮用功。示學易者當體其待旦之心力。不以需自餒也。

雲上于天而不雨。期過則雖雨而不濟物之用。故曰。需者。事之賊也。其惟飲食宴樂乎。可以飲食。可以宴樂矣。而猶需之。得則享之而無慙。不得則亦不害其廉。是君子以之特異於小人。舍此未有用需者也。

君子志不在溫飽。不在逸樂。敏事而不求安飽。志道而不恥惡食。當其得之。則享萬鍾不爲奢。富四海爲固有。此君子之用需與小人異也。

通論

民國四年教育部覆審批准

商務印書館

無……比……廉……價

共和國教科書

春季秋季二種。各有教授法幷有珠算、字帖、圖畫、手工、縫紉、唱歌、體操、法制、英文、農業、商業、等書。係春秋季通用。凡二百四十册。完全審定公布。載在政府公報。信而有徵。

教育部批

該館不惜工本悉心修改精益求精至堪嘉尚

國民學校		
新修身 八册	每册折實	洋三分
新國文 八册	每册折實	洋五分
新算術 八册	每册折實	洋三分

國民必修科每半年僅需洋一角一分

高等小學校		
新修身 六册	每册折實	洋三分
新國文 六册	每册折實	洋五分
新歷史 六册	每册折實	洋三分
新地理 六册	每册折實	洋三分
新算術 六册	每册折實	洋三分
新理科 六册	每册折實	洋三分

高小必修科每半年僅需二角

▲(1180)

原盜篇中

船山學報通論之一

瀏陽劉人熙

民國之大總統由民選舉勢不能直接選舉必由間接選舉茫茫大地芸芸衆生一鄉一邑之人未必能周知鄉邑之人士況禹域神州之本部合滿蒙回藏爲一體果用何法而能得首出庶物之大人以爲行政之元首哉是不得不由少數傑出之人博訪周諮論功較德指名候補聽公論之推擇拔其尤焉是雖未必得第一流而庸懦闒弱者決不能濫廁其間由是以獨裁拔內閣總理總理又本獨裁以組織閣員一心一德旁求俊乂各舉所知各揚乃職則數千年湮鬱不伸之正氣漸以舒和四百兆荒穢不治之同胞漸以康樂兩院共立憲法而嚴守之上院兼司行政裁判若總統被劾則上院組織特別法庭以裁判之若是則總統雖有不肖之心不敢爲惡總統而公明也則予曰有先後予曰有疏附予曰有奔走予曰有禦侮鳳發雲蒸瞬息千里以此雪恥何恥不雪以此制敵何敵不摧故民國之大總統與專制國之皇帝事半古之人而功必倍之若是亦可免於負乘矣不負乘則盜亦人也回面內向同我太平固操左券客聞而笑之曰先生欺予哉事未有若是之易易也僕粗諳科學略治國聞西洋大秦之強盛與西漢同時而共和之政體則遠貽於希臘立議院選公民卒未得圓滿之結果而或變爲武人政治或變爲貴族政治質言之則變君主之專制爲少數

人之專制其禍尤爲酷烈拿破崙因民之弗忍起於諸將以共和號召國人雷轟電掃威震歐洲而野性難馴卒以積威變爲帝政拿破崙雖放於荒島而君主獨裁之政體相沿至拿破崙第三被放而列強聯軍納拿破崙第三於法冀專制政體之復活法人援社稷爲重君爲輕之說公舉伯理璽天德力拒聯軍而共和之政體始成雖美洲華盛頓佐治之偉業韜法人義師贊成而法國共和確定乃反在華盛頓之後可見法人共和心理之醞釀至久且固而革命流血幾經頓挫而後得之共和自由之可愛遍印法蘭西國民之髓海故得之難而成之易若中國則自秦漢以還生息於專制政體之下其高深之哲學獨立之精神惟落落數十聖賢豪傑遙遙相望薪燼火傳道大莫容遯世無悶孔席不煖墨突不黔非一日矣是以聖賢豪傑例屏於政界之外而秉鈞當軸能左右世運者則必帶幾分之奴性而後富貴壽考聲施爛然披二十四史蓋未有能出其範圍者也故中國之政治一尊權勢之政治也中國之風俗一慕權勢之風俗也富貴百惡滅南面稱孤則聖神文武之徽號歸焉笑逢官之家傳則家伊呂而戶曾史矣田夫野老牧子樵童以及豎儒學究他無知識惟信皇帝必是眞龍朝裏無人莫做官之諺則異口同音者也豆棚瓜架之下偶籌月旦之評某也善於交結必遷高官某也雖好人而性拙直且愛惜錢財不善賄賂若惜之若諷之曰其不達也宜哉積非勝是蓋莫知其所以然莊子曰竊鉤者誅竊國者侯侯之門而仁義存焉儒以

詩禮發冢大儒臚傳曰東方明矣事之何若曰未解裙襦口中有珠誠閔之也誠哂之也今天相中華一躍而爲共和去專制之毒而發揮其名譽道德之光榮我未知舊染之污能冰消雪釋否也大總統前淸宰輔望重名高門生故吏遍於寰宇依草附木之輩能保其無吮癰舐痔百計鑽營求爲都督民政長者乎我未知大總統能破除情面爲國求賢否也維新學子革命名流崇拜英雄雲蒸霞蔚能保其無豔羨權勢獻媚要人以爲梯榮固寵之徑者乎租界贓吏海外逋人能保其無死灰復然以求內召者乎下走不敏私抱杞人之憂且暴俄狄日乘閒抵隙冀我內亂以遂其鯨吞蠶食之野心我之負乘敵所利也民國成立歲星周矣而列強承認觀望不前先生何言民國成立之易易也曰子言是哉過渡時代之危險誠有不可忽諸者已痼疾者非即霍然和大怨者必有餘怨僕所信者以中華之資格決非列強之所能亡而正其本則萬事理師之上六曰開國承家小人勿用大總統爲四百兆人之領袖各省都督爲文武兼資之屏藩患外盜則養精蓄銳以敵愾患內盜則任賢使能以安民此則鄙人獻曝之微忱敬告我執政我國民者也

原盜篇下

秦滅六王一海內雖起西戎固神明之苗裔也魯仲連義不帝秦豈有種族革命之思想哉亦國利民福在政治之革命而已連之言曰秦棄禮義而尚首功之國也彼若肆然而爲帝

則將黜其所謂不肖而與其所謂賢遜惟有蹈東海而死耳夫使秦之所黜者果爲不肖秦之所與者果爲賢則濟封建之餘波創共和之盛軌雖不能一世以至萬世而爲帝王而寇盜揭竿蠻夷猾夏之禍必絕秦之功德且上繼堯舜下薄湯武可也而無如秦決不能也德薄而位尊智小而謀大力小而任重不勝其沾沾封殖之私焚詩書愚黔首族誹謗誅偶語二世而亡固已晚矣而其毒氛傳染於後世即天子自稱曰朕一節直至滿淸顚覆中華民國建立而始亡其餘爲庸主具臣之所祖述者概可見矣國體既更如芟斯拔如薙斯滅一切神政無由附麗以生大總統既由民選限以任期則世祿世官郊祀任子之濫恩可以澌除而寒畯之賢路闢矣寺人宦官貂璫充斥淸流甘露之變東林復社之災此後自然消滅而盜殺吳子之經義乃大暢乎聖心矣後宮三千色升愛選凶於而國害於而家此後自然蕩淸而三夫人九嬪二十七世婦八十一御妻之怨曠泯矣此皆革命之後不期而至者也神政既去矣政宜興此則非破壞之能爲功而建設之所有事譬之築建章宮千門萬戶丹靑土木取精用宏非有大匠指揮焉免偭規錯矩況民國承滿淸之積弊遺大投艱外債之山積也要地之割棄也權利之喪失也公論之湮鬱也民權之薄弱也民德之隳落也民生之凋敝也盜竊之縱橫也非有命世之大英雄吸收無數無名之英雄殫精竭慮連茹彙征鮮不蹶矣故議院立法者也萃兩院之英才以鑒定憲法而根本法立矣法立尤貴有行法

之人民選大總統大總統選閣員與都督閣員都督佐大總統任用百執事人皆重法人皆守法則成爲法制國而民國之始基立矣故曰以天下與人易爲天下得人難不得人則負乘矣得人則不負乘矣民國重要之問題未有過於得人者也客聞而撫然曰先生之言誠然然安所得數十非常之人以成非常之業哉有伯樂而後有千里馬此理之可必者也有千里馬而後有伯樂此事之難知者也往者政衰於上教存於下春秋亂世達人生焉四友之徒星聚泗水假令天心厭亂東周可爲傳道既得吾徒行道亦得吾與況國僑蘧瑗之流並世不乏虎嘯風生龍興雲屬明明在朝穆穆布列才難之嘆庶幾免矣自是以降未足比肩亡清承專制之閏位以詞章錮人才以考據磨歲月以忌諱挫生氣以資格困英雄久矣成爲奄奄一息之時局仕途之風氣既殊學子之耳目亦易看朱成碧眩眼螢光同治光緒之時海內士論推服數人或居膴仕或隱江湖大約皆能以文采自見然皆自適己事初無遠志並無命世大賢足以冠冕人倫模楷多士者非獨不及伊周亦恐難方管樂耳目近玩於民國孰能爲有無哉且人才不聚於朝則散於野朝之昏濁既如彼野之寥落又如此采幹董山求馬孱肆豈不哀哉乃知專制國之摧殘正氣遏抑人才有如是之酷者安所得非常之人以扶黃極奠中區乎山榛隰苓望美人如在天末白駒空谷誰縶以永今朝下走庸虛自分無用於世而私憂過計竊恐難得及格者爲我四萬萬同胞之所託命也答曰子

何輕量天下士哉世有小變則小才生世有大變則大才生昔者虜氛極熾之時鶉首賜秦天帝醉矣而呂留良曾靜之流且引吭一鳴著書立說批逆鱗履虎尾以犯天下之不韙南方遺俗死則斂以方巾以爲不如是不能見先人於地下桂林中秋壯士兒童蹋柚爲球以角勝事畢則抽刀剖柚而食之曰八月十五殺韃子也此其風殆起於胡元之世則中國之人心何嘗一日忘國恥哉滿清日腐中國日危時世所迫革命學說日益灌輸軍心日以激勵烈士流血前仆後繼廣東黃花岡之役以身殉國者七十餘人考其歷史皆名門俊秀學校英才嘆鳳傷麟千秋一淚孫文執牛耳於海外黃興以智免於行間不及半載而鄂渚義師烈烈轟轟遂成立五族一家之民國能不推爲非常之人成非常之功哉亡國之大夫且多與朝之人傑況濟濟多士發硎新試者其奏刀更砉然也且夫人才以陶鑄而成以奬勵而盛有非常之人主之於上含蓄萬有舉一切智名勇功推心置腹以盡其長無道之世驅豪傑爲中人驅中人爲下流有道之世進中人爲豪傑進下流爲中人其在詩曰虞芮質厥成文王蹶厥生生則烏可已也斗柄東指天下皆春風霆流形庶物怒生而人才不可勝用也革命之際及其朝氣鼓其向上之心我知其一日千里也客曰甚哉子之善頌善禱也下走無似亦知家國相連苟無國安有家但使國有人焉則功不必自己出名不必自己成出作日息有餘快焉豈願出不祥之言以短我國民之氣哉特默察人心靜觀世局竊恐其以

義始而以利終也諸君子出萬死不顧一生之計爲民國圖存義聲振乎中外及各省獨立而以二次三次革命聞者皆覬覦都督之位而代之耳義乎利乎固難誣矣不徒覬覦都督幷百執事莫不覬覦之號召徒黨炫惑兵士許以各軍官各司長相報酬下至科員書記無不部署周匝此其貪饕富貴之狀非盜而何克則爲卿不克則烹如飲狂藥不死不休盜之橫也有自來矣且專制國有權貴而共和國亦有要人彼要人者皆革命之英雄也瑪志尼嘉理波的華盛頓崇拜而歡迎之亢宗之令子也禦患之仁人也從事獨賢之大夫也敬焉愛焉感焉媿焉爭一瞻其丰采以慰飢渴焉此所謂崇拜英雄固天理人情之至也而以其能譽人薦人也遂爲要人淺中弱植依草附木之徒遂以其崇拜英雄之心而崇拜要人矣爭妍獻媚百折千回擁戴焉趨承焉道古今而諛盛德求官焉則委任矣求職焉則位置矣脫人於罪則司法者不敢正辭矣陷人於刑則操刀者不敢不割矣一呼一吸可以易寒暑上下其手可以變是非而彼要人者乃不知不覺而入羣小之彀中爲之分謗是豈英雄之初心哉舊日依附權門之汙點乃從新機關而發生蛇化爲龍不變其角吾安能挽東海之水滌石虎之腸哉故吾不憂民間之多盜而深憂政界之負乘微論庸主具臣之摧殘人才衰息卽深山大澤有異人焉彼其待價而沽又安肯低首下心與雞鶩爭食乎湘中反正以來但有境外之戰爭敍序未爲大紊然民氣浮動兵士驕橫都督忍辱負重徐理紛絲漸有

頭緒而炸彈乃二發焉其一發於軍界死一人焉而主將倖生我不知其何以發也或曰復仇也姑無論其仇之當復與否既曰復仇矣則亦有義存焉而非純以利動也其二發於政界傷七人焉而主人無恙我不知其何以發也或曰某欲代某官運動成熟不死其人則委任狀不可得也嗚呼去仁義懷利以相接不奪不饜戈矛伏於樽俎殺氣盈於搢紳而欲里有仁讓之風戶無龐吠之警何可得也曰子無然天降時雨山川出雲嗜欲將至有開必先天而喪中華也則無此次之革命也天而不喪中華也則政體改國會開合億兆之耳目以爲耳目則耳目聰明合億兆之心思以爲心思則心思濬哲登明選公人人皆有大總統內閣總理之資格倘一旦三薰三沐選吾子正位鈞衡本子好善之心以來四海之善好善優於天下而何患乎負乘曰先生誤矣下走雖有好善之心實無知人之明爲政在人衆所知也取人以身則益難矣修身以道修道以仁則愈轉愈深玄之又玄矣曰吾子之言及此則民國之福也是有術焉亦師孟子而已矣孟子曰我知言我善養吾浩然之氣何謂知言詖辭知其所蔽淫辭知其所陷邪辭知其所離遁辭知其所窮能知言則舉天下之詭變紛紜繁辭曲說百相試也百相蒙也如日當空而不爲其所眩知言則知人矣何謂浩然之氣其爲氣也至大至剛以直養而無害則塞於天地之間其爲氣也配義與道無是餒也是集義所生者非義襲而取之也能養氣則能好人能惡人見賢而不能舉舉而不能先免矣見不

賢而不能退退而不能遠免矣此吾中華不傳之正學而民國之元氣也夫所謂偉人者豈必三頭六臂千手千眼乎日新之盛德富有之大業亦在教育家之能昌明正學而已矣正學續人才足負乘絕羣盜滅

專論

接第四期

琴之制法甚詳於說郛考其取聲之法世之操縵者其散聲皆以一絃爲宮二絃爲商三絃爲角四絃爲徵五絃爲羽六絃爲少宮七絃爲少商其按聲則以一絃十徽取角音二絃十徽取徵音三絃十徽八分取羽音四絃十徽取宮音五絃十徽取商音是爲正調卽所謂黃鐘一均也閒嘗求諸律呂長短之數而不得其說求諸絃度長短之數而亦不得其說乃考管子琴度生聲法而後知五音之次序皆亂焉今所定黃鐘一均亦卽世之正調然其於五音之位置則全易蓋以一二三四五六七絃爲下徵下羽宮商角徵羽之位其律呂則以倍蕤賓定一絃倍夷則定二絃黃鐘定三絃太簇定四絃姑洗定五絃夷則定六絃無射定七絃也曷以言之如琴之全體五倍黃鐘之數長四尺五寸除四寸五分爲岳山龍齦尙餘絃度四尺零五分得四倍半黃鐘之數宮絃度四尺零五分三分損一得二尺七寸於九徽之間取徵音所謂宮生徵也徵絃度二尺七寸三分益一得三尺六寸於十三徽之外取商音所謂徵生商也商絃度三尺六寸三分損一得二尺四寸於七徽九分之間取羽音所謂商生羽也羽絃度二尺四寸三分益一得三尺二寸於十徽八分之間取角音所謂羽生角也角絃度三尺二寸三分損一得二尺一寸三分三釐三毫三絲有奇當七徽三分之間不應宮音所謂五音窮於角也此以宮音一絃言之推之他絃莫不然卽推之他均亦莫不然若以一絃定宮音爲黃鐘一均則於三分損益之義無一合卽於律呂之高下亦無一合者率

強傅會以訛承訛奚有當於性情之用哉惟王氏琴旨定三絃爲宮音足破千古之疑然專以絲綸巨細爲生聲取分之法究無實見至以律呂配五音仍狃於隔八相生之說故亦遂以林鐘爲徵反因絃度而亂律呂之例是不明律呂體用之過耳琴式圖列四卷

附還宮轉調法

黃鐘 宮音 均正調

大呂 清宮 均正調

太簇 商音 均正調慢一三六絃各一徽

夾鐘 清商 均正調慢一三六絃各一徽

姑洗 角音 均正調慢一二三四六七絃各一徽

仲呂 清角 均正調慢一二三四六七絃各一徽

蕤賓 變徵 均正調緊五絃一徽

林鐘 清變徵 均正調緊五絃一徽

夷則 徵音 均正調慢三絃一徽

南呂 清徵 均正調慢三絃一徽

無射 羽音 均正調慢一三四六絃各一徽

應鐘清羽均正調慢一三四六絃各一徽
半黃鐘變宮均正調緊二五七絃各一徽
半大呂清變宮均正調緊二五七絃各一徽
余既考琴絃度又備還宮轉調法客有執琴譜中此均作彼均彈者以爲問余曰此一均備七均七均得四十九均之法也如以黃鐘管定三絃爲宮音太簇管定四絃爲商音姑洗管定五絃爲角音夷則管定六絃爲徵音無射管定七絃爲羽音倍蕤賓管定一絃爲下徵倍夷則管定二絃爲下羽此黃鐘正均也若以太簇均彈則慢一三六絃各一徽三絃爲本均變宮六一絃爲本均變徵以姑洗均彈則慢一二三四六七絃各一徽一三六絃與前均同四絃爲宮二七絃爲徵以蕤賓均彈則緊五絃一徽爲變徵以夷則均彈則慢三絃一徽爲變宮以無射均彈則慢一三四六絃各一徽其轉音與前數均同以半黃鐘均彈則緊二五七絃各一徽五絃爲變徵二七絃爲變宮此一均得七均也其餘六均可以隅反矣言已因綴其語於琴考之左

瑟

爾雅大瑟謂之灑註長八尺一寸按八尺一寸乃九倍黃鐘之度得通長之度則厚博首尾腰梁池沼面底絃度之數自可按位而推明堂位曰大琴大瑟小琴小瑟古人郊廟用大瑟燕飲用小瑟大瑟二十五絃世本曰包羲氏作五十絃黃帝使素女鼓

之乃破爲二十五絃當卽郊廟大瑟。小瑟十五絃。樂書朱襄氏使士達制五絃之瑟後判爲十五絃當卽燕飲小瑟是琴與瑟雅樂並重。三代後琴尚得其遺制而瑟獨無傳。散見諸說者。不過曰雙鼓並兩絃而取一聲。如外十二絃用右手食指鼓。內十二絃用左手食指鼓。夫鼓瑟如鼓琴。必有指法。若僅以右手鼓外絃。左手鼓內絃。直與膠柱者等。豈足盡並兩絃取一聲之妙。考其施柱法。有以外一絃定黃鐘。以合字應。二三絃定太簇。以四字應。六絃定仲呂。以上字應。七八絃定林鐘。以尺字應。九十絃定南呂。以工字應。內一絃定黃鐘淸聲。以六字應。餘十一絃與外絃音律指法同。如此無論所指之律呂協與不協。卽其混雜無倫。可知不能成聲。商諸操縵者。或謂當如定琴散聲法。以一絃爲宮。二絃爲商之類。當二變位者不與。不知琴定正聲。二變按徵可得。瑟無徵按。減却二變。何以濟五聲之不及。竊思瑟絃二十五。如果淸濁不淆。設施得法。還宮轉調。莫備於此。爰擬定絃施柱法。按管子徵羽之數。大於宮。謂下徵下羽數多於宮聲。卽大於宮。白虎通八音法八卦。絃離音也。離正午位。其律蕤賓。其音變徵。據管子言。則下徵下羽。宜列宮聲之前。據白虎通言。則二十五絃以蕤賓定其散聲。一絃第一位。自應倍蕤賓管爲宮聲。下徵無疑。故陽律一均散聲既和。中絃君位。取黃鐘音。立一瑟主。主既定。一絃取倍蕤賓聲。與鳳簫左翼之一位。應二絃取倍蕤賓之子聲。古人有倍聲正聲半聲子聲之說倍聲不應本管較本管高一位半聲亦不應本管較本管低一位故卽以子聲[illegible]半聲者非是愚謂子聲高聲也倍正半皆可取[illegible]長倍正之絃以雙聲應者俱可曰子聲三絃取倍夷則之聲。與鳳簫之左翼二位應。四絃取倍夷則之子聲。五絃取倍無射聲。與鳳簫之左翼第三位應。六絃取倍無射之子聲推之黃鐘以下各絃莫不皆然。其所以必取子聲者。蓋每絃須高低相應取雙聲配合。以便雙鼓也。如是。除十三絃君位不用外。則二十四絃。不啻十二絃。不啻十二絃。實符左翼大鳳簫三倍六正三半之全。（按二十絃取半黃鐘聲以二十一絃定子聲若蕤聲太急促則將柱推上以取倍無射聲與半黃鐘應二十二絃取半太簇聲二十三絃推上取黃鐘聲與半太簇相應二十四絃取半姑洗聲二十五絃推上取太簇聲以與姑洗應此亦雙聲配合法）陰呂散聲。不必更定。先將中絃移下半位。取大呂立一瑟之主。餘與施陽律然。逐吹順移。便得陰呂一均。世本所謂具二均聲者此也。此實天地自然之聲。當卽古今不易之理。小瑟十五絃取兩爲一。除中君絃。僅五聲二變之位。而無應倍半管之絃者。但以下徵下羽立宮前。徵羽之聲。卽於下徵下羽之雙絃子聲分取之。以下五絃皆如一例。或以小瑟位狹。不取雙聲。依次一絃定一位。其第八位卽一絃之雙聲。中指大指雙勾。亦可便取。是亦施柱之一法。其指法運用靈妙。善鼓瑟者自能領會。一唱三歎。遺音不歇。較琴之聲韻更覺發揚。邑中惟賀生壽嵩。王生光斗。鼓法擅場時稱二妙。因論指法。故並及此瑟制尺寸。圖列四卷。

鐘

爾雅有大鐘中鐘小鐘之別。作樂之法。又有特鐘編鐘之分。石磬亦然。但特鐘特磬皆一音無待考。唐會要曰。古制雅樂宮懸之下。編鐘四架。十六口。近代用二十四口。正聲十二。倍聲十二。各有律呂。凡二十四聲。據此則編鐘之二十四聲。實符大鳳簫之二十四管。但其曰倍聲十二。當是倍聲六。半聲六。合倍半爲十二。方合律歷志以律各倍半而爲鐘之語。且有倍有半。是律鐘十二。自倍蕤賓起至半姑洗止。無異大簫之左翼。呂鐘十二。自倍林鐘起至半仲呂止。無異大簫之右翼。鐘體既全。以備還宮轉調之用。方免陵犯之弊。必欲上遵古制。懸莫踰數。按時按調。或倍或半。選擇聽用。惟期不犯宮位。陳設仍止十六。實爲兩得。其法形同製異。倍蕤賓鐘內高九寸零四釐八毫。中徑八寸五分二釐三毫六絲。上頂下口內徑五寸九分二釐一毫。體厚一分六釐二毫二絲。倍夷則鐘內高九寸零三釐三毫。中徑八寸四分九釐四毫。上頂下口內徑五寸八分九釐三毫。體厚一分六釐四毫二絲。倍無射鐘內高九寸零一釐四毫。中徑八寸四分五釐三毫。上頂下口內徑五寸八分二釐七毫。體厚一分八釐五毫。黃鐘鐘內高九寸。中徑八寸四分二釐八毫。上頂下口內徑五寸八分三釐四毫。體厚一分九釐七毫二絲八忽。太簇鐘內高八寸九分七釐八毫三絲。中徑八寸三分八釐五毫。上頂下口內徑五寸七分八釐四毫。體厚二分一釐九毫。姑洗鐘內高八寸九分五釐一毫。中徑八寸三分二釐九毫七絲。上頂下口內徑五寸七分二釐九毫。體厚二分四釐六毫三絲。蕤賓鐘內高八寸九分二釐。中徑八寸二分六釐八毫一絲。上頂下口內徑五寸六分六釐六毫。體厚二分七釐七毫。夷則鐘內高八寸九分零五毫。中徑八寸二分三釐八毫五絲。上頂下口內徑。五寸六分三釐七毫三絲。體厚二分九釐一毫八絲。無射鐘。內高八寸八分六釐八毫八絲。中徑八寸一分六釐六毫。上頂下口內徑。五寸五分六釐五毫。體厚三分二釐八毫四絲。半黃鐘鐘。內高八寸八分四釐八絲。中徑八寸一分四釐一毫。上頂下口內徑。五寸五分四釐七毫。體厚三分四釐零六絲八忽。半太簇鐘。內高八寸八分一釐九毫一絲。中徑八寸零九釐八毫。上頂下口內徑。五寸四分九釐七毫。體厚三分六釐一毫三絲。半姑洗鐘。內高八寸七分九釐一毫八絲。中徑八寸零四釐二毫三絲。上頂下口內徑。五寸四分四釐二毫。體厚三分八釐八毫六絲。倍林鐘鐘。內高九寸零四分五釐。中徑八寸五分一釐一毫。上頂下口內徑。五寸九分零九毫。體厚一分五釐六毫七絲。倍南呂鐘。內高九寸零二釐一毫八絲五忽。中徑八寸四分七釐一毫八絲。上頂下口內徑。五寸八分七釐零五絲。體厚一分七釐五毫七絲。倍應鐘鐘。內高九寸零零二毫五絲。中徑八寸四分三釐二毫二絲。上頂下口內徑。五寸八分三釐二毫。體厚一分九釐四毫六絲。大呂鐘。內高八寸九分八釐九毫四絲。中徑八寸四分零六毫八絲。上頂下口內徑。五寸八分零五毫五絲。體厚二分零七毫八絲。夾鐘鐘。內高八寸九分六釐三毫四絲。中徑八寸三分五釐四毫八絲。上頂下口內徑。五寸七分五釐三毫六絲。體厚二分三釐三毫七絲。仲呂鐘。內高八寸九分三釐四毫二絲。中徑八寸二分九釐五毫五絲。上頂下口內徑。五寸六分九釐五毫。體厚二分六釐二毫八絲。林鐘。鐘內高八寸九分零九毫二絲。中徑八寸二分四釐六毫三絲。上頂下口內徑。五寸六分四釐五毫二絲。體厚二分八釐七毫九絲。南呂鐘內高八寸八分八釐五毫五絲。中徑八寸一分九釐八毫九絲。上頂下口內徑。五寸五分九釐七毫六絲。體厚三分一釐一毫七絲。應鐘。鐘內高八寸八分四釐六毫五絲。中徑八寸一分二釐一毫。上頂下口內徑。五寸五分一釐九毫六絲。體厚三分五釐零五絲五忽半大呂鐘內高八寸八分二釐零三絲。中徑八寸零九釐五毫六絲。上頂下口內徑。五寸四分九釐三毫一絲。體厚三分六釐三毫七絲五忽半夾鐘。鐘內高八寸八分零四毫三絲。中徑八寸零四釐三毫六絲。上頂下口內徑。五寸四分四釐一毫二絲。體厚三分九釐四毫六絲半仲呂鐘。內高八寸七分七釐五毫一絲。中徑八寸零二釐四毫三絲。上頂下口內徑。五寸三分八釐二毫六絲體厚四分一釐八毫七絲鐘式圖列四卷。

按考工記曰六分其金而錫居一。謂之鐘鼎之齊驗今鑄鐘之銅。其法每兩用紅銅六錢五分倭鉛二錢五分合成鑄時復用黑鉛一錢以調其汁鐘模二十四須各照內高中徑上頂下口體厚寸分鑄成則輕重自出大抵備鑄倍正半全數鐘需銅四千九百餘兩倭鉛一千九百餘兩黑鉛七百五十餘兩約計於此以備擇取。

磬

古制編鐘編磬皆十六。蓋金以聲之。玉以振之。始終條理。互相應合。有彼此缺一而不可者。磬之制。曰股曰博曰鼓。爲一爲二爲三。甚詳於考工記。以大鳳簫配之。編鐘有二十四。編磬亦有二十四。唐會要說可證。制磬必以黃鐘之律爲本。或全數。或倍數。或半數。使各磬體大小如一。然後以各律之長短。定一磬厚薄之準。如黃鐘律九寸。用十分之一。以爲磬之厚薄。其聲自應黃鐘。他律詳後。全體既備。或十六或二十四。按時按調聽用。亦無陵犯之虞。其法倍蕤賓磬厚六分六釐五毫八絲六忽。倍夷則磬厚七分四釐九毫一絲三忽。倍無射磬厚八分四釐二毫七絲一忽。黃鐘磬厚九分。太簇磬厚九分九釐八毫六絲六忽。姑洗磬厚一寸一分二釐三毫六絲八忽。蕤賓磬厚一寸二分六釐四毫一絲一忽。夷則磬厚一寸三分三釐一毫七絲二忽。無射磬厚一寸四分九釐八毫二絲一忽。半黃鐘磬厚一寸六分八釐五毫四絲二忽。半太簇磬厚一寸八分半。姑洗磬厚一寸九分九釐七毫五絲一忽。倍林鐘磬厚七分一釐一毫一絲。倍南呂磬厚八分。倍應鐘磬厚八分八釐七毫七絲七忽。大呂磬厚九分四釐八毫一絲四忽。夾鐘磬厚一寸零六釐六毫六絲六忽。仲呂磬厚一寸二分一釐。林鐘磬厚一寸三分一釐三毫五絲五忽。南呂磬厚一寸四分二釐二毫二絲。應鐘磬厚一寸五分九釐九毫零二忽。半大呂磬厚一寸七分七釐五毫五絲四忽。半夾鐘磬厚一寸八分九釐六毫二絲八忽。半仲呂磬厚二寸一分三釐三毫三絲三忽。磬式圖列四卷。

右三卷樂器考必用句讀者。欲製器者一目便了。幸勿以亂例爲病。

律音彙考卷五

船山學報專論之一

瀏陽邱之稑

鄉飲酒禮摘略

設席於堂廉東上。工四人。二瑟。瑟先。相者二人。皆左何瑟。後首。挎越。內弦。右手相。樂正先升。立於西階上。樂正既升衆樂當遂隊偕入笙無後入之理先儒以笙爲後入似誤會經意工入。升自西階。北面坐。相者東面坐。遂授瑟。乃降。首序工入堂上樂也笙在堂下自雖並序工歌鹿鳴。四牡。皇皇者華。卒歌。主人獻工。工左瑟。一人拜。不興。受爵。主人阼階上拜送爵。薦脯醢。使人相祭。工飲。不拜既爵。授主人爵。衆工則不拜受爵。祭飲。辯有脯醢。不祭。大師則爲之洗。賓介降。主人辭降。工不辭洗。笙入堂下。磬南北面立。次序笙入堂下樂也工列堂上分尊於笙笙列堂下分卑於工主人獻之之禮亦有隆殺行文自宜分序第文雖分序入無後先實非兩候事學者總會全經分看合看其義自出詳工歌笙入說樂南陔。白華。華黍。此皆笙諸所以協歌者詞部鹿鳴四牡皇皇者華詳六笙詩諸說主人獻之於西階上。一人拜盡階。不升堂。受爵。主人拜送爵。階前坐祭。立飲。不拜既爵。升授主人爵。衆笙則不拜受爵。坐祭。立飲。辯有脯醢。不祭。乃間歌魚麗。笙由庚。歌南有嘉魚。笙崇邱。歌南山有臺。笙由儀。間更迭也謂更升歌而奏魚麗也疏謂間代非是詳間歌說乃合樂。周南關雎。葛覃。卷耳。召南鵲巢。采蘩。采蘋。合樂謂合周南召南二國之詩爲鄉樂之三終非歌樂與衆聲俱作之謂詳合樂說工告於樂正曰。正歌備。樂正告於賓。乃降。佐縣按樂正先升立於西階上儀禮作立於西階東

右樂賓

鄉射禮摘略

席工於西階上少東。樂正先升。北面立於其西。（樂正序在工四人前與鄉飲酒禮文法略變）工四人二瑟。瑟先相者皆左何瑟。面鼓。執越。內弦。右手相。入。升自西階。北面東上。工坐。相者坐授瑟。乃降。笙入立於縣中。西面。（鄉飲酒禮曰笙入堂下磬南北面立此曰立於縣中西面燕禮亦云是明笙立之方位非序笙入之後先詳工歌笙入說）乃合樂周南關雎葛覃卷耳。召南鵲巢采蘩采蘋。工不興。告於樂正曰。正歌備。樂正告於賓。乃降。主人取爵於上篚。獻工。大師則爲之洗。賓降。主人辭降。工不辭洗。卒洗。升實爵。工不興。左瑟。一人拜受爵。主人阼階上拜送爵。薦脯醢。使人相祭。工飲。不拜既爵。授主人爵。衆工不拜受爵。祭飲。辯有脯醢。不祭。不洗。遂獻笙於西階上。一人拜於下。盡階。不升堂。受爵。主人拜送爵。階前坐祭立飲。不拜既爵。升授主人爵。衆笙不拜受爵。坐祭立飲。辯有脯醢。不祭。主人以爵降。奠於篚。反升就席。（此禮不升不間其序獻工獻笙甚明若鄉飲酒禮及燕禮序笙入於卒歌之前人自易曉然祇文法之變非入時有後先以此證之亦昭然矣）

右樂賓

燕禮摘略

主人洗。升獻大夫於西階上。大夫升拜受觚。大夫坐祭立卒爵。不拜既爵。主人受爵。大夫降復位。胥薦主人於洗北。西面。脯醢無脀。辯獻大夫。遂薦之。繼賓以西東上。卒射之乃升大夫大夫皆就席。（佐照按射之儀禮作射人）

右主人獻大夫

席工於西階上少東。樂正先升。北面立於其西。小臣納工。工四人。二瑟。小臣左何瑟面鼓執越內弦右手相。入升自西階北面東上坐。小臣坐授瑟乃降。工歌鹿鳴四牡皇皇者華。卒歌主人洗升獻工。工不興左瑟。一人拜受爵。主人西階上拜送爵。薦脯醢。使人相祭。卒爵不拜主人受爵。坐祭遂卒爵。辯有脯醢。不祭。主人受爵降奠於篚。

右樂賓升歌獻工（此七字宜刪）

公又舉奠觶。唯公所賜。以旅於西階上。如初。卒。

右公爲大夫舉旅（此疑有錯簡當列於主人獻大夫後席工於西階上前詳燕禮公爲大夫舉旅說）

笙入。立於縣中。奏南陔白華華黍。主人洗升獻笙於西階上。一人拜盡階不升堂受爵降。主人拜送爵。階前坐祭。立卒爵。辯有脯醢。不祭。乃間歌魚麗。笙由庚。歌南有嘉魚。笙崇邱。歌南山有臺。笙由儀。遂歌鄉樂。周南關雎葛覃卷耳。召南鵲巢采蘩采蘋。（此曰遂歌鄉樂可知鄉飲酒禮所云合樂乃合二南六詩爲三終非如鄭說歌樂與衆聲俱作之謂詳合樂說）大師告於樂正曰。正歌備。樂正由楹內東楹之東。告於公。乃降復位。

右樂賓笙間合（笙間合三字宜刪）　記若以樂納賓。則賓及庭奏肆夏。賓拜酒。主人答拜。而樂闋。公拜受爵。而奏肆夏。公卒爵。主人升受爵以下。而樂闋。升歌鹿鳴。下管新宮。笙入三

成。遂合鄉樂。若舞則勺。黃鍾主宮爲正宮大呂主宮爲清宮新宮當是清宮詳大射新宮三終說

大射禮摘略

乃席工於西階上少東。小臣納工。工六人。四瑟。僕人正徒相大師。僕人師相少師。僕人士相上工。相者皆左何瑟。後首內弦挎越。右手相。後者徒相入。小樂正從之。升自西階。北面東上坐。授瑟。乃降。小樂正立於西階東。乃歌鹿鳴三終。鹿鳴三終即升歌三終謂不及四牡皇華非是註主人洗升實爵。獻工。工不興。左瑟。一人拜受爵。主人西階上拜送爵。薦脯醢。使人相祭。卒爵。不拜。主人受虛爵。衆工不拜受爵。坐祭。遂卒爵。辯有脯醢。不祭。主人受爵。降奠於篚。復位。大師及少師上工皆降。立於鼓北。羣工陪於後。乃管新宮三終。新宮三終即同歌三終管新宮亦用大呂清宮主宮故曰新宮燕禮記下管新宮亦然詳大射新宮三終說卒管。大師及少師上工皆東坫之東南西面北上坐。總按大射較鄉射重故樂較鄉射尤略鄉射合樂之後請樂之時樂正方命弟子贊工遷樂於下此不待新宮三終大師及少師上工即降立於鼓北略樂也工師既降必管新宮三終者所謂不略小雅之正也小雅之正何詩即間歌魚麗南有嘉魚南山有臺也何以知即此三詩也蓋鹿鳴以下六詩皆先王制爲燕饗之樂以通上下之情其用之鄉人用之邦國無少增損者多周公制作時所定而於諸侯之大射尤爲不失其正統觀四禮皆以風雅十二詩爲正故每於樂終必告樂正曰正歌備升歌間歌合樂而外別無所謂正歌者不略小雅之正前歌鹿鳴時當不可以無管此管新宮時或不可以無歌以詩非歌無由遂但降曰立不曰坐懸或在略之數以樂既遷席當不再設也詳大射新宮三終說

右樂賓

原史

船山學報專論之一

益陽曹佐熙述

流別丙

一代之史。如班固漢書、范蔚宗後漢書、劉昫等舊唐書、歐陽修等新唐書。

一國之史。如宋葉隆禮契丹國志、宇文懋昭大金國志。又如常璩華陽國志。

歷代之史。如尙書、司馬遷史記、梁武帝通史、薛居正五代史、歐陽修五代史記、鄭樵通志。

列國之史。如陳壽三國志、李延壽南史北史、路振九國志、劉恕十國載記。

一皇之史。如韓愈順宗實錄及後世一切實錄。又如漢明德馬后明帝起居注及後世一切起居注。

一官之史。如唐李肇翰林志、宋程俱麟臺故事、元王士點商企翁祕書監志、明兪汝輯禮部志藁。

一方之史。如宋朱長文吳郡圖經續記、周淙乾道臨安志及後一切省府州廳縣志。

一家之史。如唐劉知幾劉氏家史、劉氏譜考。（見唐藝文志譜牒類）劉晏家譜、（同上）及後世一切家譜。

一人之史。如晏子春秋。又如家語。（晏子一書皆述晏嬰言行其體於魏鄭公諫錄爲近四庫提要以入傳記類宜也家語一書於孔子世系生卒時地言行及弟子姓名事略靡不具錄此一人之史之經緯略備者也後世名人全書全集之有紀事紀言紀人紀世紀年者皆以孔子家語爲權輿王文成全書有譜錄三卷文集五）

卷別錄十卷外集七卷續編六卷附以年譜五卷世德記二卷此近世一人之史之經緯略備者也集史之別爲九也義有三因一曰因旹二曰因地三曰因人一皇之史卽一人之史也而古之作者胡爲二之曰是因人之貴賤爲區別也一家之史其要可錄入一方之史一方之史一官之史其要可錄入一國之史一國之史其要可錄入列國之史而古之作者胡爲五之曰是因領域之廣陿爲區別也一代之史其要可錄入歷代之史而古之作者胡爲二之曰是因閱時之修短爲區別也所因各異斯其內容之條理詳略輕重舉因之而異焉弗能強合也或者弗審其實而強欲合之於人道之載弗足以言備也

別史之紀事者如唐杜佑通典宋王溥唐會要五代會要李心傳建炎以來朝野雜記元馬端臨文獻通考明徐溥等明會典以上提要入政書又如宋袁樞通鑑紀事本末章冲春秋左氏事類始末徐夢莘三朝北盟會編郭允蹈蜀鑑以上提要入紀事本末

別史之紀言者如宋宋敏求唐大詔令林虙西漢詔令樓昉東漢詔令以上提要入詔令又如宋范仲淹政府奏議劉安世盡言集陳次升讜論集趙汝愚諸臣奏議以上提要入奏議

別史之紀人者如漢劉向列女傳晉皇甫謐高士傳宋王當春秋列國諸臣傳費樞廉吏傳朱子名臣言行錄前集後集凡都一切人物爲一紀者皆是若專紀一人者則爲一人之史其體例與此不同

別史之紀世者如世本又如國朝陳厚耀春秋世族譜凡都百家世系爲一紀者皆是若專紀一家者則爲一家之史其體例與此不同

別史之紀年者如春秋竹書紀年漢荀悅漢紀晉袁宏後漢紀隋王通元經唐溫大雅大唐剏業起居注宋司馬光資治通鑑朱子通鑑綱目呂祖謙大事記

紀事紀言紀人紀世紀年均有別自爲書不入集史者（如右方所條舉）至於紀修書則宜與所修之書相附麗鮮單行者

集史之別有九匪至唐以後而始具也隋以上已有之隋書經籍志史部起居注類首穆天子傳六卷漢獻帝起居注五卷此一皇之史也雜傳類有曾參傳一卷東方朔傳八卷此一人之史也譜系類有京兆韋氏譜二卷楊氏家譜狀并墓記一卷此一家之史也地理類有南徐州記二卷三輔故事二卷陳留風俗傳三卷此一方之史也舊事類有晉東宮舊事十卷東宮典記七十卷尙書大事二十卷職官類有陳將軍簿一卷梁尙書職制儀注四十一卷此一官之史也霸史類有華陽國志十二卷燕書二十卷此一國之史也正史類有三國志六十五卷霸史類有十六國春秋一百卷此列國之史也正史類有漢書一百二十五卷晉書八十四卷此一代之史也正史類有史記百三十卷通史四百八十卷此歷代之史也

別史之別有五亦匪至唐以後而始具也隋以上已有之隋志史部有舊事儀注刑法三類

咸別史之紀事者也刑法類有晉令四十卷梁令三十卷北齊令五十卷陳令三十卷隋開皇令三十卷隋大業令三十卷漢朝議駁三十卷晉雜議十卷晉彈事十卷漢名臣奏事三十卷魏名臣奏事四十卷此別史之紀言者也雜傳類有三輔決錄七卷海內先賢傳四卷高士傳六卷逸民傳七卷孝子傳十五卷忠臣傳三十卷良吏傳十卷高才不遇傳四卷高內名士傳一卷文士傳五十卷陰德傳二卷知足傳十卷高隱傳十卷列女傳十五卷列士傳二卷名僧傳三十卷高僧傳十四卷此別史之紀人者也譜系類有世本二卷世本王侯大夫譜二卷百家集譜十卷百家譜三十卷此別史之紀世者也古史類有紀年十二卷漢紀三十卷後漢紀三十卷漢魏春秋九卷漢晉春秋四十七卷晉陽秋三十二卷此別史之紀年者也蓋史也者人道之載也人之爲道演而彌廣卽史之爲體亦析而彌多斯理與勢之自然者也

文苑

船山學報文苑之一

船山先生生日釋菜詩序

船山先生以明萬曆四十七年己未生。距今歲甲寅幾三百年矣。先是湘鄉曾文正忠襄兩公大刻先生遺書。而侍郎湘陰郭公復爲先生建祠構思賢講舍。置書局。今學社在曾祠前。卽舊書局地也。今年九月之朔。先生生日。社集釋菜。敬瞻遺象。清酤始升。籩豆有嚴。既卒事。相與譚燕。分韻賦詩。逾月凡得詩若干篇。屬緒欽爲之序。蒙闇譾陋。懼不敢承。無已則請繹先生之書以達詠歌之志。其可乎。蓋維天地定位。人參其間。其始渾渾冥冥。有聖智者出。爲之彝倫綱紀禮樂刑政。自授時定曆。則壤析疆。朝廟燕饗之儀。車服圭幣之等。選賢造士之方。農桑井邑之制。林麓藪澤之殖。食貨財賦之經。莫不竭其耳目心思。凡以孕育生人。盡其養與教也。故曰作之君。作之師。自三代之衰。便私背公者多。而生民之禍始亟。其間君非聖智。則責在輔弼。及賢人不得志。則責在師儒。而政與學遂歧而爲二。繇秦漢以迄於今。先王典章彝憲存者已僅。論世者稽國勢之盛衰。訊民生之忻戚。治亂平陂。貞邪雜糅。未有百年無事者。則皆人心侈肆。蔑禮教。崇姦詐。禍延於邦國。毒鋪於黔黎。賢人君子始則閔亂傷時。痛斯民於水火。繼乃衰殘守闕。甘遠遯於荒寥。怵兆姓之無依。懷三代而未逮。誠未忍一日與民忘也。然此民也。雖屢歷暴君汙吏之淫威。蜩唐沸羹之慘慄。而淑秀之倫。猶得長長幼幼。尊卑禮俗。醉飽嬉游。蓋神聖之澤淪及深微。譬若人受天地之燾載。仰日月之臨照。而相忘於生成煦育之中此聖人所以立極配天而搢紳縫掖之徒復時與講明維繫亦深懼逸居無教之不可長人欲橫決之爲害烈也爰洎近世高騁遐騖束閣經傳滂洋恣肆矯厲擢蕩若以前中國並無所謂學者何其傎也夫因時趨變固亦開物成務者所宜知然苟稍悖乎家國天下之本倫常禮教之原民蕩而離治何由立若夫究物理之蕃變窮機製之靈巧工師之殫精者能爲之亦豈先於修己治人之大者遠者乎先生當明季革除之際嘗馳驅嶺表一事桂藩齟齬以歸避地著書盈三百餘卷究述六藝旁及百氏抉經心執聖權本其維世弔民之意故正辭以論史不屑屑糾斥姦庸尤嚴責君子凡立國規模戎機戰略君心邪正民事興壞風謠習俗河渠食貨條貫纖鉅綜燭幽隱而其心之惕厲憂危恥以言見精契於天人性命之微明週於古今事物之紀空山無人唏噓悼望巉峭駿厲肅然深遠信乎天民大人可以託生人之命開來世之太平者也今社集諸君懍對越之不違軫世變之方劇穆然想先生之含冰茹蘖必有悱惻悲憂深自刻勵思所以正己正物以徐達於所謂拯民匡世之責者如徒以詩歌詠歎託之空言亦豈先生之意與立此社之初志哉緒欽無知亦附詩一篇陟陔而趨深懼先生正色屏斥責其無誠不足以與於升降登歌之末也甲寅冬十月袁緒欽

船山先生生日釋菜詩（分韻編次）

瀏陽劉瑞沖

六經雖從秦火存。神徂聖伏絕微言。漢唐諸儒雜疵醇。文章性道溝以分。南學道統豈不尊。左徒志絜纕蘭蓀。上稱帝嚳下齊桓。蒼梧雲愁叫不聞。楚產長共鬱陬淪。大儒崛起披荊榛。濂溪直溯洙泗源。孔顏樂處眞可尋。光風霽月被中原。一洗千載煙霧昏。後儒羽翼皆扶輪。遂使宋學追皇墳。千支萬派羅紛紛。歸極無敢踰籬藩。初明諸老尤辛勤。承元墨守徒斤斤。江門稍見舞雩春。姚江竟燒婆律芬。神山可望不可親。末流蕩潏同坑焚。游羿之彀何芸芸。誰從涇渭疏清渾。祝融神降動星文。篤生 夫子荒江濱。横渠父母稱乾坤。知禮成性合天人。獨擘正學希先民。功與茂尗同策勳。天靳道術匡時君。衣冠南渡遭崩奔。尙思改服康世屯。嶺表從王感積薪。翰廷雖小積弊深。歸歟非時傷鳳麟。六經生面開精魂。掃除糠粃謨睿神。章靈誓志比靈均。弓旌無復來衡門。空山奇服巾儒巾。並世應愧顧黃孫。精神感人浩無垠。噩夢一覺天地新。大道爲公無主臣。天心剝復終至仁。但願五行非汨陳。邦基乃在敍彝倫。先哲遺澤良未堙。高山景行思陶甄。編摩如見誨諄諄。海內髦士知率循。皇覽初度在茲辰。寒泉秋鞠肅明禋。湖湘耆宿走踆踆。一時盛事誇楡枌。時危道喪恥薦紳。冥冥四海猶祲氛。小雅盡廢聞愁呻。青齊東畝勞鄰軍。哀哉洒恥將何因。安能局促牛馬羣。汨羅有水不可沉。石船有山難隱身。眞儒無位空討論。迻風易俗非昏晨。古今一律天所遵。我欲排天叩天閤。

耒陽谷巨山

鄒嶧津逮歇。大道久霾昏。汲汲宋五哲。搜討殊殷繁。猗與張橫渠。月窟探天根。鴻文何懿鑠。
朗照徹庭軒。奈何良知說。儒釋溷一源。霸政復瑣屑。漢詁亦囂喧。世運彌榛薉。板蕩淪中原。
衡雲葱以鬱。湘流淸不渾。絪縕召大和。降神積德門。五百聞知統。宗宋祖湯孫。晦盲否塞中。
隻手正乾坤。哀哉皇明季。索朽六馬奔。腥臊徧諸夏。戎騎如蜂屯。悲涼異族慟。慷慨世臣恩。
賫江桂嶠間。艱辛節義敦。楊疏豎膽裂。劉戈羯魄吞。吻血莫塡海。喑音徒叫閽。漢兒非胡兒。
彗掃紫微垣。瓠落屈船山。松菊鎖邱園。肯竢明夷訪。且紓潛夫論。天人窺往復。體用該貞元。
上蔡與姚江。枝葉日以蕃。廓淸比武事。一摑一血痕。深醇正蒙旨。精粹黃書言。果開六經面。
獨見人道尊。神州縱波沸。小嶼自孤蹲。切切華夷辨。森森人禽樊。雞鳴天下白。武漢義旗翻。
虜祚窮三百。黃裔雪讎冤。編述革命史。嵩岱有崑崙。私淑佩高潔。悅懌猶負暄。音如親謦欬。
居幸邇檢村。汲深愧修綆。適燕困南轅。闔闥柘原翁。矩矱先民存。慧燈幽得燭。茶心舌莫捫。
汪洋匯學社。精嚴立道藩。甲寅九月朔。初度懷荃蓀。遺像肅展謁。丰儀藹春溫。嘆息物競劇。
紛紛天演援。內閱哀鷸蚌。外鬬驚虎猨。權利實荆棘。忠信須蘋蘩。庶循精義學。長蘇愛國魂。

寧鄉傅紹巖

賢達世所希。篹述翊名教。觥觥船山翁。賫識本踸踔。聖學不逢時。乃丁明末造。朝政日以非。六合紛羣盜。世衰道益微。黔黎失丕冒。天眷有時窮。潛身伏荒徼。內聖而外王。寧復隨時好。噩夢與黃書。疇則窺堂奧。即今喪亂餘。所貴在龕暴。經世學固存。足貽後人傚。四海緬澄清。有如百川導。興亡本由人。此理同燭照。能探理亂原。始足言治要。公去日已遠。軒冕付泥淖。吁嗟三百年。猶復留遺貌。今我肅衣冠。再拜瞻祠廟。

長沙吳嘉瑞

神州昔喪亂。橫流嗟濛澒。披髮泣伊川。弁髦慟周孔。夷夏失巨防。腐儒叢蟣蠓。衡湘有遺民。悲憤心戇戇。六經開生面。百家歸理董。大義揭日月。陰霾照曈曨。黃書與噩夢。遠思闢鴻濛。沈沈三百年。機緘漸萌動。學理徧垓埏。昭然發嗡曚。亭林與梨洲。並立三家從。遂開太平運。葱葱何鬱蓊。舊邦膺新命。中原正倥傯。斯文倘未喪。衆喙息唪唪。欣際覽揆辰。羣賢詠萋菶。瞻敬三歎息。作歌效囉嗊。

益陽陳鼎忠

漢家百六失鈐總。臚流襄陵飛濛澒。蔀豐日沫黯無光。誰為天地闢曈曨。奄有孤臣應運生。垠崖劃落萬象動。直浮析木浴羲和。豈但鐵撾追南董。當年小腆貪稻粒。踰躋虜廷競鞸琫。亦有豎儒衍巵言。因緣浮屠傾水桶。大界竟敢裂三維。至道何堪窺一孔。先生危坐柱中流。

彈指羣妖化蠛蠓。括垢六經煥精瑩。襲微萬物獲挺挏。欣逢災黄灰復然。高岡雝喈雜萋菶。
形質消泯靈爽懌。萬衆瓣香仰帲幪。觀海言水吾知難。寧惜大澤擬曇空

瀏陽劉善澤

峨峨衡嶽高。渟渟湘水淨。至道無端倪。元靈於焉孕。人生亦何限。得之要云僅。自非賢者流。
毋為扶輿病。千秋有船山。磅礴允相映。浩然氣與俱。大鈞不能吝。歲寒驗松操。風疾知草勁。
乾坤兩芒鞋。身世雙蓬鬢。中原遘板蕩。陽九厄明運。北寺專斧柯。蹄跡紛梟獍。黍離宅殷憂。
忠孝本天性。芳躅巖壑閟。一往成獨行。心抱越石孤。學希橫渠正。探籥得鄒魯。奉盤陋賈鄭。
汲深因綆脩。道肥乃義勝。六經開生面。微危導切近。世變殊靡常。綱維賴以振。曠哉萬世師。
不死天所憖。眞同造物遊。長共徂年競。遺風激頑懦。瓣香矢恭敬。寒泉薦秋菊。山果羞盤飣。
載拜將致辭。中懷難可罄。浮生信無涯。斯道寧有竟。豈伊天賦偏。獨於吾儕靳。殤壽自人為。
疇能司其柄。嗚呼此心同。要以精誠印。曰予去公世。邈矣逖遐聽、悠悠三百年。流光一轉瞬。

桂陽陳毓華

風厲草益勁。時昏道逾峻。達節聖所難。區區守忠信。緊昔明社夷。綱維忽弛紊。文武道未淪。
神人咸恚忿。越石痛坤儀。屈原慨天問。洪波鱗不恬。名教偶一振。允哉南嶽翁。待旦希姬舜。
畫地善閉關。拂衣凌千仞。樂道發微言。湛識回衰運。羹牆神所王。百死堅不磷。進免襲勝危。

退謝薛方腮弓招豈不懷委質有遺訓肸蠁永昭靈溪芼展芳訊持義謝當途榮辱在俄瞬

桂陽彭政樞

鬻熊闢楚疆文化通南國衡岳鍾精英賢聖相踵接聖教師尼山志道兼據德德則述五帝道乃參三極春秋去已遙六經資羽翼戰國推陳良令名爲豪傑炎宋有濂溪道心契周易不有　子王子胡以綿教澤運會際陽九學術未統一天不喪斯文名賢挺高節（子王子墓亦在大樂山高節里）北都妖氛熾南嶽采薇蕨遺世而獨立默扶三綱斁正學希橫渠孤忠抱越石潛心太和篇變化泯形迹精一衍眞傳譔述堅毅力旣闢老氏玄復懲釋與墨道緒繼素王聖作兼明述名世五百年理數可預決鄒賢不我欺任道乃天職我今壽　先生其道光奕奕褒賣竹藹堂明月夜生白靜展易卦圖乾坤悟消息

長沙黃　膺

世運剝復猶環循聖道亘今古乾坤乾坤不毀道不湮元二陽九長存存緊昔有明丁甲申潢池螗沸貂錦塵雲興長白鬱昆崙國君殉國國有魂神器易姓豈非天忠者爲僇虜者臣船山嶽嶽子遺民殘彤代死全天親餘賚收合署行人疏雪五虎儌一麐大命不祚化鶴猿鵠貞蒙難明哲身儒幸未阬書未焚蒙泉觴濫碩果根空山饌箸思傳薪再越陌禩論不菜湘鄉二曾鋟版珍三百餘篇媿邱墳四書訓義道之津（船山遺書此篇未刻）補彫者誰卯金君君曩

與余依帝閽。水部水衡兩曹分。君搜桑梓先喆文。爰列楚寶彙龍鸞。擷薑擘窠標奇芬。（艮翁集鄉賢遺書百數十種、歐陽節吾同年題其匾曰楚寶擷薑節吾齋名）閱世三紀狂瀾翻。南湘建素北斗殷。君爲蒼生起羸孱。先覺覺後追有莘。卷舒絳雲自開闔。會城啟社臨浩園。先生覽揆重陽前。甲寅玄月朔庚寅。迄今爲壽三百春。（先生生於萬曆末年）丹橘黃蕉肅明禋。先生遺象衣冠尊。有客革履鬯以氈。餘子鞠躬首若髡。先生下視涕爲漣。彤狀末也重靈原。爾其守道金石堅。毋爲鄙說毋籩言。諷籀吾書悟眞筌。卯金社主服膺虔。凝粹堂中五圖懸。（三字爲曾侯勤剛書）天生石船勝鐵船。菊園竹蕩謝帛戔。薑齋服食足延年。別峯題柱正法禪。觀生觀我医之安。髣髴坐風立雪間。遺墨林離螭蚪蟠。手澤如新家猶傳。（王延贊子勤成先生八世孫也均入社攜有先生遺墨篇凡數千言）石崖蕉畦學蟬嫣。（先生兄介之公子敔皆有著述）蔚然橋梓八世孫。一庭禽鯉相討論。烏虖先生慟三仁。微子不作比干寃。疇陳倫敘景朝鮮。明夷待訪共勔旃。

益陽曹佐熙

芸芸萬生表昂昂得此身鼎焉配天地方無愧爲人孔堂昔鑄顏六合期歸仁成物先成己復禮爲之津自餘七十子亦咸尊所聞處焉崇明德出焉新吾民自從哲人萎諸子說紛紛暴秦既混一儒坑復書焚漢除挾書律經術求媕門訓詞雜讖緯往往迷其眞不有宋五子誰與光斯文船山起承之精純復精純人禽辨幾希瞬息嚴操存明社際陽九扶義康時屯

說苑

接第四期

白獄卒索酒至。盡一醆而死。公行哭於野。五日夜。抵江州。投文給諫德翼家。爲位。盡哀。嘔血數升。扶庭病急趨南昌。請金帥兵會贛州。不下。湖口告急。江兵不出。公憤不知所爲。閣學姜公曰廣勸入湖南控援督府。至永新。道不通。乃南趨鄠縣。會官坊劉季鑛。季鑛先已有兵。稍收數縣。衡州不下。未得與督輔永全之師會。公諗鄠僻邑。苟自活。非用武地。泛便江下耒。號召耒人。耒亦先起兵。迎前光祿少卿朱蘊金。號巡撫監督。蘊金不能其衆。公至。部曲皆間詣公求自効。或毁蘊金劉領期會。公開誠。屈己。權宜經畫。裂衾絮。置甲銷。鞮帶斥賣。衣褋市酒。縱諸健兒飮。羣心感折。乃痛哭誓衆。申束伍。嚴要令。先自菲薄。民取水飮。亦酧以錢。耒人爲動。盡悔其焚掠之習。將聽命焉。期以十一月簡精鋭渡湘出衡山。管嗣裘之兵順流下茶醴趨平江蒲圻以撼武昌。爲大軍西援聲勢。既振。一妄男子求媚朱蘊金不得。遂以公媾蘊金。益怨公。一日與虜相持。逐公方疋馬持槊追寇。去營五里。蘊金使揭一紅纓笠子呼陣後曰。周兵部從虜中來作間。今搜得笠子。渠走虜陣去。追射殺者有賞。一軍呼噪。公登山見內亂。遽退。諸軍見公返。不敢格射。盡告以故。公急反執蘊金手問曰。此言豈自公發乎。蘊金顧笑曰。畏君追虜遠且陷。聊戲使君返耳。顧舉軍讙亂。部將皆恚。遂奔潰不能止矣。蘊金益欲殺公。遣邏者四出阻公路。公不得已。取間道走永州。謁督府於城下。先是公抗疏言兵事。有云在廷以門戶爲封疆。在外以遺遙爲恢復。督府聞之怒。辭不見。公監軍御史江見龍爲居間。

乃得見日夕言兵事督府稍益優答從下衡州撫逆團收義兵督府邀公下湘潭去時督府
與制相交隙孤留湘城矯語懾衆抗表稱病求解公一日入見退語人曰督相功未至而先
盈盈形於色葉可蔽目豆可塞耳臥勍敵於七十里之外而絕其耳目其能免乎吾母兄讎
未報不可以俱死此城中明日遂渡湘詣江西圍去不三日而虜騎突湘潭督府死焉公至
茶陵江西繼陷收潰卒成軍將南度郴桂援湖南江帥蓋遇時將叛一夜刦衆圍公執至帳
縛之急公曰我之至於此天也雖然吾不可以再活矣遇時尙未有殺公意公求死乃斫殺
之嗚呼公知中湘之敗而先去之豈不知遇時之不可與軍姑卒與之而終以自喪也江西
陷後庚嶺隳守郴桂覆蕩民仇兵兵仇帥刦叛降覆相仍東南事不可爲公且生亦將何爲
耶公舊豪飲使酒迨起事卽絕酒不入口少食強病時跳搏投石猿引危壁以習勞所至收
遺書舁以自隨日治事酧客逮晚置酒坐客隅談笑過丙夜挑燈讀書琅琅動四壁所寓室
且行率灑掃位置器物而去恂恂折節譬士友心以爲歡初入湖南託劉季鑛已而或間之
歎曰劉四哥自佳公子顧耳易動吾交情自此絕矣彼雖非能辦者於吾入楚爲逋逃主我
今且欲合而不得我直自以爲非人也因潸然泣下其篤於士友如此公詩淸健有致一妾
亦善吟詠丁亥除夕泛舟漢陽江中置酒稍起酹江水曰此孫權散花洲也江山睨人誰使
中原至此四座皆爲太息有頃一箋從幄中出載詩一律中云兩岸江山逢歲暮中流日月

正天陰蓋公妾所作也座客復有泣下者公每道之輒哦詠再四太息而起佐熙謹按實錄周公傳百餘字可用此證補

署臨武縣事李公

公諱興瑋字天玉岳州巴陵人也氣質溫重爲文淸麗沈則絕崖壁己卯以乙榜第一人出華亭伯章公之門是歲乙榜以貢入太學試六曹銓公至都下不樂其選謝試南歸癸未夏張獻忠陷岳州逼汚紳士公以小艇夜渡江走沔陽始達江北左良玉前部卒至與公遇譙詰公以實告部將問知賊大隊在湖北因謂公盍導我渡江復而郡乎公未許竟彊公行至則僞吏走部將邀公飲郡廨適擒數人者至將殺之公素識其人言於部將此非賊乃市民盍貸之其人注視良久叩頭而去會獻忠復自長沙下岳將趨荊部將却走公蒼莽隨渡江不得通家問僞吏復集所釋數人者遂前白吏李貢生實以兵至我見踞而飲此廨也僞吏盡勦獲公父母兄弟子姓二十餘人皆害之十二月寇去公返里乃知凶問泣血收瘞誓墓不婚宦甲申亂兵掠巴陵公一弟又死迺間道走長沙謁章公於幕府猶柴毀無人色章公持之泣下苦喻令應辟召公不聽已而彊補公臨武教諭曰臨桂栖峒山有難可免子孤立不念門戶忍墮先人血祀乎公迺赴任叓就鄉舉登丙戌榜有宦族某甲以貲入督府爲臨武令掊削士吒庭扑諸生公奮起率諸生哭於文廟直前持令數之具以其贓狀告之督撫

令爲劾去。督撫曰。必欲得令宜其民。無愈李廣文矣。強公視事。十辭不免。攝縣未幾。虜陷衡州。或勸公去。公曰吾以掌故代視邑。非天子命。城社非我有。我豈不知。且走顧予昔走而父死母死兄弟子姓死。今復忍言走乎。吾誓不宦而辭邑不得。天也。予抑死此而已。大臣走國。彼固有名。吾不患無名。而中心實媿爲之名。予決死此。君無復言。召諸生焚香泣望南拜誓死不剃髮。有教諭洪恩榮者逸出見虜。以虜從左道來襲。公見執。繫衡州獄中。每日巾櫛擁草端坐。與同幽繫者聞大臣口占唱和。禿筆敗紙。從獄孔中寄友人詩。軼不傳。孔有德臨問之。大罵不屈。遂遇害。時年二十有六。公從一髯奴自巴陵隨公南來。馴朴呴呴如童子。至是亦大呼曰我主人天鼂郎官死。耳不從狗豕活也。虜怒叢刀築殺之。聞大臣羅田人。以諸生從江督軍中。表監紀。知縣隱鄱縣山中被執。與公同死。其後職方周師文收葬之。

鎭西將軍朱公

公諱旻如。字宗臣。桂林人。起家武舉。爲宣國公焦璉別將。官終都督同知。佩鎭西將軍印。始官協將時。將三千人。已成一軍。戈鋋旗幟騎步相間。雄於西軍中。顧折節喜書史。修廉幅。不效尤掠剽。會湖南淪沒。督師奔桂林。不戢其軍。客旅驕恃。縱奪粵民。下至盂粥破襦不保。胥旦兵科給事中南昌萬六吉過桂。難民扳哭百里不絕。萬乃榜狀通衢。言楚兵入粵。本屬奔北。不自悔禍。魚肉粵民。問之則曰我督標也。此而無如何者。况猶然諸帥之部曲乎。本斗

毅庵雜記一

船山學報說苑之一

益陽曹佐熙

記衡陽劉氏所藏王船山先生遺藁

衡陽劉氏所藏王船山先生遺藁凡四十餘種。同治初。湘鄉曾氏廣新化鄧氏之意刻船山遺書於江寧。購求底本劉氏所藏稍稍傳播。民國三年。瀏陽劉蔚廬先生開船山學社於長沙。聞劉氏尚有未刋之本。使人至衡陽借鈔。得搔首問相宗絡索二種。暨劉君審吾所爲衡陽劉氏珍藏王船山先生遺藁記一篇。篇中於王劉二家之世交。船山遺藁之目錄。劉氏愛護遺藁之苦心。咸有述焉。亦後之爲船山學者所不可不知也。茲錄其文於左。

吾九世祖登甲公字起潛。以詩禮傳家。與先生之父武夷先生友善。武夷先生嘗教授於小雲山。弟子衆多。十世祖紹賁字去華。亦從學焉。明崇禎末。流寇張獻忠陷衡州。先生由南岳遷徙菊花園。著述明志。十一世祖永公字崑映。永侯字近魯。與爲莫逆交。使十二世祖安基公字元履。叔祖安鎦公字存孺。安上公字子禮。執弟子禮受業於先生。安基公以長女妻先生第三子攽。於是秦晉之好篤。而金蘭之誼益固。武夷先生卒。先生效魯公繼周公之志。說南華於小雲峰巔。一時從者蟬聯。燕處先生因峯之幽邃。澄淸眩目。異境常新。名其寺曰別峰菴。自作小雲山記云。友人劉近魯居其下。有高閣藏書六千餘卷。導予遊者。以近魯酷好藏書。笥篋充棟。先生名其堂曰滋德。以樹德務滋。世世相承。恆著誦於堂之左側北牖。與永公祖時相討論。永公歿後。先生於文集則有評除自所著遺稿外另著滋德堂集。十三代祖邦正公字烱介以及吾父祿一公。凡五世。代相珍藏而不敢散失。默守先傳云先生之道。五百年後必定大行確乎其有信也故前淸呂留良之禍波及船山。園搜菊花園而先生遺本珍藏吾家存留無恙莫非天之未喪斯文也。同治初湘鄉曾氏搜刻先生遺藁。茫然莫得。時先父授徒常文節公家因託常氏殷勤致詢始出遺藁相授。嗣後原本發還。僅得詩廣傳讀四書大全說張子正蒙注老子衍莊子解船山鼓棹數册而已而先生手批周易內傳外傳禮記章句及各文集扣未見覆先父祿一公每誦邦正公藏書詩云藏書有借忘非已探蠹恆空夢不圓服膺傷之故相宗絡索搔首問三藏法師八識規矩論讚藁藏吾家屢經文人學士詢查刻刊而吾未敢應者恐莫見覆故也。茲値民國光復。倡千聖之正學。發二酉之祕藏。謹將搔首問相宗絡索影鈔公世。揆引先人藏書之隱而宣白於同志。謹將船山先生在吾家所著書目列於后。

周易內傳

周易外傳

周易大象解

易經稗疏
尙書引義
書經稗疏
詩廣傳
詩經稗疏
禮記章句
春秋世論
春秋家說
四書稗疏
春秋稗疏
續博議
讀四書大全說
授諸生講義
張子正蒙注
近思錄評釋

老子衍
莊子衍
莊子通
淮南子解
呂覽釋
楚辭通釋
許氏說文廣義
相宗絡索
三藏法師八識規矩論贊
思問錄內篇
思問錄外篇
噩夢
黄書
俟解
搔首問

識小錄
南牕漫記
讀通鑑論
宋論
大行錄
五十自定稿
六十自定稿
七十自定稿
憶得
柳岸吟
船山鼓棹 初集 二集
九戲墨
觀生居文稿
觀生居制藝
龍舟會雜劇

由右記觀之。則船山遺藁之藏於衡陽劉氏未之印行者。尚有授諸生講義近思錄評釋莊子衍淮南子解呂覽釋相宗絡索三藏法師八識規矩論贊搔首問大行錄九戲墨觀生居文藁觀生居制藝十二種雖其所述宏纖不同要其爲先覺大儒精神之所寓則一也劉氏竭力護持二百餘載父詔子述永矢弗諼固船山之功臣亦儒林之嘉話謹識於此以俟後之人

接第四期

處世

釋文引此書七條。

范氏擬周易說八卷

隋志引七錄列干寶前。蓋晉人也。隋志又有范氏周易論四卷。范氏周易音一卷。疑同出一人。

桓玄周易繫辭注二卷。

釋文八卦相盪。桓玄盪動也。議之陸姚桓玄荀柔之作儀之。日人王肅卞伯玉桓玄明僧紹作仁。

汲冢書易經二篇。 易繇陰陽卦二篇。卦下易經一篇。公孫段二篇。（公孫段與邵陟論易）武帝紀。咸寧五年。汲郡人不準掘魏襄王冢得竹簡小篆古書十餘萬言藏于祕府按束晳傳云晳得觀竹書隨疑分釋皆有義證故並著其目。 又王接傳云時祕書丞衞恆考正汲冢書未訖而遭難著作郎束晳述而成之事多證異議時東萊太守陳留王庭堅難之亦有證據晳又釋難而庭堅已亡。接遂詳其得失。摯虞謝衡咸以爲當。今各家難釋俱不傳特附著於此杜元凱春秋後序云汲冢周易上下篇與今正同別有陰陽說而無彖象文言繫辭。疑於時仲尼造之於魯。尚未播之於遠國也。（曾佐賠曰汲冢所得皆古書也入晉志似未爲宜）

汲冢師春一卷。（新唐書劉知幾傳子貺著以師春一篇錄卜筮事與左氏合知案春秋經傳而爲也）

杜元凱春秋後序云。又別有一卷。純集疏左氏傳卜筮事上下次第。及其文義。皆與左傳同名曰師春。師春似是抄集者人名也。宋志著錄入春秋類。

書類

謝沈尚書注十五卷。錄一卷。（祠部郎）

李顒集解尚書十一卷。（字長林江夏人東晉本郡太守案長林李充子充傳云郡舉孝廉）

舊唐志作集注。釋文作李顒注。書太誓正義曰。李顒集注尚書。於僞泰誓篇每引孔安國曰。計安國必不爲彼僞書作傳。不知顒何由爲此言。陳壽祺左海文集曰。世語注卷一引續晉陽秋曰。孔安國字安國。會稽山陰人。車騎愉第六子也。宋書禮志。晉書禮志。通典吉禮凶禮。皆載孔安國論議。李長林宜與同時。故得引其說。穎達誤以爲漢之孔臨淮也。

范寧古文尚書注十卷。古文尚書舜典一卷。（豫章太守）

釋文作集解。國朝馬國翰玉函山房集佚書。此書得十二節。今案玉篇原本工字下引書垂汝共工。范寧曰。主百工匠之官。謂司空也。飫字下引尚書序藁飫。范寧集解曰。藁勞也。飫賜也。勞賜也。賜下士。故曰藁飫也。皆馬所未見。（慧琳大藏音義卷六尚書惟刑之恤范甯集解恤憂也卷十八）

徐邈古文尚書音一卷。

馬國翰從釋文集韻六經正誤等書輯錄一卷。其音有胤征太甲說命諸篇。蓋至范徐信僞古文而其書遂盛傳南北矣。

李軌尚書音。

隋志尚書音五卷。鄭玄李軌徐邈等撰。

孔晁尚書義問三卷。五經傳士

隋志尚書義問三卷。鄭玄王肅及孔晁撰。

李顒尚書新釋二卷。尚書要略二卷。

尚書序仲丁遷於囂。正義曰。李顒云囂在陳留浚儀縣。

伊說尚書義疏四卷。樂安王友

舊唐志作尚書釋義。

徐邈尚書逸篇注三卷。

見新唐志。

李充尚書注。

本傳。

汲冢書雜書十九篇。曾佐熙曰汲冢所得皆古書也入晉志似未爲宜事詳束晳傳。（尚書盤庚上正義汲冢古文云盤庚自奄遷于殷殷在鄴南三十里束晳云尚書序盤庚五遷將治亳殷舊說以爲居亳亳殷在河南孔子壁中尚書云將治宅殷是與古文不同也）

續咸汲冢古文釋十卷。

本傳。史記正義云晉咸寧五年。汲郡汲縣發魏襄王冢。得古書冊七十五卷。趙明誠金石錄卷二十云。晉太公碑其略云。大晉受命四海一統太康二年。縣之西偏有盜發冢而得竹策之書。書藏之年。當秦坑儒之前八十六歲。今以晉書武帝紀考之。云咸寧五年汲郡人不準掘魏襄王冢。得竹簡小篆古書十餘萬言。藏於祕府。與碑年月不同。荀勗校穆天子傳亦云太康二年。與碑合。可正晉史之誤。其曰小篆書亦謬也。既在秦坑儒八十六歲之前。是時安得有小篆乎。（春秋後序曰太康元年吳寇始平余還襄陽乃修成春秋釋例及經傳集解始訖會汲郡汲縣有發其界內舊冢者得古文皆簡編科斗文字發冢者不以爲意往往散亂科斗書久廢推尋不能盡通始者藏在祕府余晚得見之大凡七十五卷據此則杜元凱親見之書實科斗非小篆也）

梅賾奏上古文尚書孔安國傳十四卷。

附編

科學

第二卷第八期要目

每册二角八分　全年二圓八角
總發行所　上海靜安寺路五十一號中國科學社
代售處　上海及各省商務印書館　中華書局

接第四期

船山學報附編之一

益陽曹明穀編

國語 自民國四年一月一日起至四月一日止

青島戰事既定。中日交涉以起。干與稅關抗議撤兵不已。又從而提出要求條件迫守祕密。迄五月始得解決。此直可謂片面祕密交涉時期也。故所采取於茲較詳。凡軍國重大情事敘錄較詳者標揭編首以示裁別以清要領後倣此

一月一日。令教育部厲行國民教育。

授徐世昌、趙爾巽、李經羲、梁敦彥、楊士琦、錢能訓、孫寶琦、朱啟鈐、周自齊、張謇、梁士詒、貢桑諾爾布、章宗祥、湯化龍、周樹模、汪大燮等上卿中卿少卿各有差。

二日。授張弧以勳四位。

以鹽稅收入銳增特獎之。

七日。令巡按使出巡。

國務卿飭各省通籌本年債務。

與英人協議西藏交涉。

英國駐京使館書記官巴登氏等。昨與我外交官協議西藏問題。我國要求撤除西藏委員將由中英兩國直接談判。英國則要求將此協議會移至英京倫敦或印度卡魯卡達

會議。

八日與美人訂立解紛條約。

一、兩國共同組織一永久國際公會。

二、國際公會委員五人中美兩國各推舉二人其一人由中美兩國共同推舉一第三國之人任之該委員卽爲該公會委員長。

三、兩國交涉如因紛糾不能和平協商之時卽交該國際公會調查其事實之眞相在該公會未報告調查之結果以前兩國決不能以武力用事。

四、該國際公會無拘束兩國行動之權力兩國政府仍得自由行動。

九日日人經營山東鐵道。

山東鐵道濟南車站前由德人經手新築旋因戰事影響工事中止今日本決計再與此項工程招人投標。

日人不允撤山東戰區軍隊。

十一日予蔡法平張錦芳勳章有差。

十三日財政部以稅款參案請坐肅政史。

財政部呈復朋分稅款參案有請坐陳肅政以妄言之咎等語肅政史不悅政府乃擬將

原呈發還另擬以息爭端

日外務省以國際眞相宣告國人

日本政府對於支那外交問題一時大受批評輿情非常激烈外務省因將眞相發表說明不足視爲重大事件大衆態度始稍平靜然一般輿論謂仍須視中國之態度如何（東京電）（凡非京電及最可靠消息均注明出處）

日人爲我開內閣會議

日本政府因中國問題日前特開內閣會議此次閣議聞尙和平可無釀成外交上重大事件之慮惟撤兵一節中國如果固執其所主張則恐成爲國際之新關係然日政府確信中國終能諒日本之眞意出其穩和態度故此次閣議不過協議關於靑島稅關關員問題而已（東京電）

十六日日人將要我解決積案

日人報電稱其政府決將中日積案飭日置益使速與中國解決

十七日俄蒙訂鐵路電信協約

俄蒙訂立鐵路電信協約中國政府以其違背中俄協約提出抗議俄國政府則以關於蒙古外交問題固應與中政府協議惟此鐵路電信係屬內政範圍並非外交問題故已

不受中國之抗議聞自恰克圖至庫倫之鐵路並電信工事現已非常進步（東京電）

財政部傳令褒奬交通銀行

以交通銀行勸募內國公債承售票額六百三十三萬餘圓逾全額四分之一故也

二十日日人宣言與我確定國際關係

東方通信社云中日兩國政府以欲達東洋和平之目的必須確定國際之關係故已決在北京開始交涉日本輿論對於此事極爲穩健惟以中國之於東洋將來能否荷此重任甚爲注意

二十二日日使提出要求條件於我政府

二十四日大總統國務卿以論孟加入小學刪改教育部議定計畫令其照辦

二十七日萬國禁煙會長丁義華電徵各省巡按使都統禁煙成績

電曰上海報告多數外人見中國嚴禁鵶片而租界土棧有六百六十六家殊爲抱愧用是聯合提倡取締惟土商以中國私賣私運未絕爲口實本年三月一號乃工部局會議一年興革之事各慈善家均欲提議禁煙而土商反對亦意中事望將禁絕成績速寄北京儆會以便提出工部局抗議丁義華叩此亦可徵萬國公是公非之天性矣外人方引爲愧而我反有因以爲利者賢不肖之相去不可以尋常計也

三十日。追贈趙秉鈞爲上卿。宋教仁沈秉堃爲中卿。

二月二日。京師輿論界擬推代表以日本要求眞相質問外交部。

三日。外交部與日使開議交涉。政府仍守祕密。

英人字林電云。中日昨已開議交涉。其詳情未經宣布。第一次會議歷四小時之久。日本表明欲令中國全行依從要求之決心。且迫令中國承允逐日開議。中國僅肯每星期開會二次。昨鹽政處繳洋四百五十萬圓與政府。此可想見自日本持強硬態度後。人心惶惶。商業已大受影響。日本若仍如是堅持。則關稅亦將續減。參政院定明日開會。大約對於日本之要求。將有質問政府之舉。日昨主要軍官已開會議。總統代表勸令防堵兵士之激發怒情。

十七日。日以要求條件通告其同盟國。

要求條件十一條大旨如下。

山東省。一、關於德人以條約等在山東所得各種權利之讓渡事宜。爲將來德日所可協允者。中國應許可。二、中國不得藉端割讓或租借山東省或山東省之一部分。或山東海岸附近之任何島嶼。三、中國應給予日本建築鐵路以使煙臺或龍口與膠濟鐵路相接之權。四、中國應在山東省續闢商場。

南滿洲與東內蒙古。一、關東南滿及安奉鐵路條件租期之延長。二、日人有居住置地之權。三、中國應給予日本指定礦產之礦權。再中國如有鐵路讓與權給予任何他國或向任何他國借款建築鐵路或向任何他國借債以稅項爲抵押品必先得日本之許可。四、中國如在政治上財政上或軍事上聘用顧問必須先商諸日本。五、吉長鐵路之管理權與管轄權。應讓渡與日本。

中日協定大致以漢冶萍公司在便宜時。改爲中日合辦。又協定按照維持土地完全主義中國不得割讓或租借中國沿海之任何口岸或海灣或海岸附近之島嶼。

京津太晤士報云日所通告各協約國十一。條與向中國提出之二十一。條性質懸殊該訪員往詢日使館則云華報所載過甚詢至再三則默然

日人不以覺書通告其同盟國。

日人所要求者除通告各國之十一款外。另有覺書（勸告書）一件。則純關中國主權問題條約與覺書同一効力特其形式及其對於國內應否由議會通過不同。日此次僅將十一款通告覺書則置之不題。

十八日。日使日置益以候訓令停議交涉。

三月六日。日本派海軍兩分隊魚雷艇一隊開往福建。

七日。教育總長湯化龍力爭教育廳經費。

十一日。頒祀孔樂章。

十五日。日人增兵換防。

日本增兵約三萬人。一萬赴滿。一萬赴青。四千赴津。四千赴漢。日有力報紙稱係先期換防。有如中國交涉不諧則卽合兵對待。

十七日。日使允不增兵。

政府以增兵質問日使。答以此後決不增派。並不說明理由。而日報則云交涉起後。中國人心浮動。爲維持以備萬一計。並非戰備。亦非催迫交涉。

美政府警告日人。

美政府照會日本。請遵守關於中國之各條約。維持中國土地之完全。開放門戶政策等機會主義。

十八日。令各省取締對日各種團體。

十九日。英使以本國訓令勸我讓步。

日使日置益傷足停議交涉。

日使日置氏昨游行安定門墜馬傷頭足。約一星期調治。交涉暫爲停議。總統特派黃開文曹汝霖前往慰問。

二十一日日以參贊小幡代日置益會議。

日人牒覆美政府

略曰日本對中國要求之中附帶條件並不侵犯列國在中國之機會均等及領土之保全並謂此大主義日本帝國可以全力保證

二十二日日兵來奉天濟南膠州

濟南來日兵一大隊陸礮八尊關東都督府派武員多人赴各處察看戰備地點又奉天車站來軍隊一旅其由大連登岸者亦甚多

廣東政界會議弛禁番攤

政界召集紳商會議禦侮籌餉國軍費不敷甚鉅擬准番攤弛禁

二十三日日又增兵奉天濟南膠州

日兵千人開抵濟南且有步兵五百馬兵一中隊由日開抵坊子奉天又來新兵三千防衛車站大連兵二三千且大築營房以備續抵大軍其已來濟南者較原駐約加五倍

外交代表赴日使館會議

日使傷未愈故也

二十五日定期楊前會議

日置益墜馬斷骨不良於行自明日起陸總長就日使楊前會議

政事堂呈進關岳合祀樂譜

本主題關壯繆侯岳忠武王革前代大帝帝君之荒陋祭期用春秋分後第一戊日不曰上戊者嫌近上丁元首親祭則稱大元帥某遣官則副總統或參謀總長陸軍總長國慶日大閱前一日告祭出師旋師亦如之

日兵擾山東京師增兵防衛

山東所駐日員張揭示諭令居民遵守違者以軍法從事濟南滿駐日軍鐵路非經日員許可地方官吏不得用之日兵出游驕態逼人一若戰勝國人之在敵國然官吏勸阻人民勿與計較殊覺爲難政府已於京內外增兵防守襲取北京之謀當難實行已（申報譯電）

二十八日豁免山東戰綫內卽墨縣上年下忙地丁鹽稅

中立國畫出戰區各國皆無前例惟日俄之戰於東三省畫出戰區上年日攻青島犯我中立顧全邦交仍畫戰區戰綫以內居民橫罹災禍故免徵錢糧以恤之

三十日日兵入奉張錫鑾請示辦法

電曰日兵三百名十八日入奉城另有千五百名分布鐵路一帶日司令謂有辛亥前例

請示辦法。

外交部朋分賠償餘款

日前外間盛傳外交部又有朋分損失賠償餘款之事嗣經訪得該部以此次與外人交涉革命賠款核減直接損失爭回間接損失與議各員不無微勞且開會期內各員一律不支夫馬事後應略給津貼遂擬定會員月給一百元主任月給二百四十元以與會七次作爲一個月與會不滿一月者不給會期前後共延長十七個月故會員有分得一千七百元之多者惟此事曾呈奉總統批准且原擬未將次長列入聲明會長係次長兼任未敢擅擬嗣奉總統親批次長每月津貼五百元總計分去二萬餘元（申報要聞）

三十一日日使以上海排日照會外交部

日使日置益爲上海人民排日照會外交部嚴詞恫嚇謂應由中政府擔負此事責任政府答稱各省已以相當方法禁止排斥日本近今上海之事乃在上海工部局管轄地段內發現故政府不能止之惟已命上海交涉使與工部局會商辦法以免續有此種不幸之舉動

四月一日外交總長陸徵祥以交涉情形函告將軍巡按使

接第四期

船山學報附編之一

益陽曹明穀編

鄰戒 自民國四年一月二日起至三月十九日止

歐洲戰事蔓延。殺敵陷陣而外。其他要政。渺無聞見。上年十一月。土耳其於蘇彝士河東岸。設立砲臺。於是世界視綫。遂羣集於此河。迄今二月英法聯軍合攻達達納爾。又轉而集此海峽戰爭已故茲編於蘇彝士河及達達納爾海峽戰事爲詳。凡戰事主要地點及其他關係全局各事依國語例標明

一月二日。波斯青年黨人謀助土。

波斯青年黨屢與土耳其青年黨員會商。迫令波斯政府助土敵俄。而尤重在敵英。華德日報曰。上年十一月。波斯苦爾敦族嘗襲台不利市俄守軍。死者二千人。其領事亦及於難。是時波斯人民方組團體。布傳單。提倡宗教戰爭。亦擬加入戰局。但俟土耳其大軍深入高加索。卽發難爾。凡論著於戰事始末地形險要與夫料敵突鄰一切機宜極爲詳覈者隨事附錄俾覩者易得其要後倣此

德將戈爾賓如高加索。德電文

五日。德軍攻陷白里西摩。

白里西摩居維斯土拉河西偏。俄主要陣地。鞏固砲臺也。德軍苦戰數日下之。俄軍死傷甚衆。德電文

八日。俄沉土艦於黑海。

俄巡艦一。魚雷驅逐艦隊一。與土艦米特其地號遇於西洛浦逐之沈其護送軍船。路透電

十一日。英與美人解決戰禁品交涉。

十日。英外相葛雷牒復美政府曰交戰國對於中立國之貿易。苟非爲保全交戰國安寧。必須施行者。不應加以干涉。此種主義。英國亦表同情。一九一四年美國輸往丹麥瑞典腦威意大利貨品之額數。遠出一九一三年之上。惟輸往荷蘭者。兩年之數大致相同。故英國察此種數額。不能信美國將有質問英國。拘送嫌疑貨品於捕虜品裁判所。是否正當之舉也。吾人爲國家安寧計。故欲阻止中立國爲敵國接濟之根據地。並截斷志在運往敵國之貨品。惟在正當中立貨品。英國則不干涉之。其牒文結束謂英國願有協定辦法。庶錯誤可免。而中立國商人受損失時。亦可迅速賠償。至是美政府諸大員謂英國覆文措詞頗爲友善。並信日後兩國當可以同一性質磋商此事。凡所有爭點關於主義者。固可無須斤斤置辨。卽關於事實上之必要者。亦可解決。至於銅斤一節。諸大員意以英當與交戰國毗連之中立國訂立更有效力之辦法。英外相葛雷所舉商品出入數目。各項中有不實之處。美國務院將詳列數目以駁之。路透電

十三日。土軍據太白里士。

太白里士波斯西北重要之城鎮。亞碩倍爾疆省首府也。（路透電）

十六日土軍與德軍謀攻埃及。

土軍已備運軍需於埃及邊境。土司令索援於君士坦丁。德司令請即進攻。以分歐洲英軍之力。（路透電）

十七日俄軍大敗土軍於加勞干。

加勞干之役。方大風雪。俄與土軍戰歷三日。俄軍以高加索土耳其斯坦聯隊及西比利亞哥塞克兵之奮武。乃獲全勝。土軍最後抵禦。以三面受敵不克。（路透電）

土沈法海底潛艇薩菲爾於達達納爾海峽。（德文電）

二十三日駐比德總督徵收產業稅。

德總督已於比境徵收產業稅。凡比國富人出境而不於三月一日前回國者。皆須繳納此稅。其所定數目。較諸平常產業稅增至十倍。收入之款。半充比境各市政廳經費。半歸德國。（路透電）

二十四日美人不從德奧阻止禁品貿易之請。

初德人質問美國。意以偏袒協約國也。奧人亦表同情。白利安略曰。德奧似謂美國負有義務。應阻止禁品貿易。使交戰國海軍力趨於平等。其實美國不負此義務。美政府如此

行動則爲不中立而有偏袒之舉動。（路透電）

二十七日土與英軍戰於蘇彝士河阿爾康太拉。（路透電）

三十一日土以陸軍大臣特桀瑪爾爲大元帥帥軍進攻埃及。（路透電）

高加索土軍敗俄軍於哇爾蒂。（德文電）

土軍入埃及。

土軍據加太拉（愛爾康東北三十五英里）其前哨在白愛爾杜曷達。（其地更近十二英里）又一隊進抵米雅哈拉白（比特湖東二十五英里）一隊駐白馬白魯克（蘇彝士東十英里）紅海之上亦有土兵一小隊。（路透電）

二月三日土軍敗於波斯亞碩倍爾疆省。（倫敦電）

英人敗土軍於蘇彝士河

土軍在土森近地渡蘇彝士河。英軍俟其攜築橋資料行近河濱。突起擊之。土軍大亂。（路透電）

華德日報曰。當土耳其與英宣戰時。所有利害。既統集於蘇彝士運河。故人多望爲時不久。土卽封鎖是河。可使英船不再駛行於此。茲乃往還船隻。一皆如舊。於是輿論一變。至謂土軍始終難抵是河。是皆不然。土軍之進逼運河。寂然緩行也。欲無危險。計出萬全耳。英人既於第一次戰鬪之後。已由希挃半島敗退。渡此運河。今雖亟亟增調軍隊。而未有多利至於蘇丹埃及等地則早已有種種消息其暴亂之精神尙大一俟土耳其第一軍至後必再轟然爆發也今土軍已出見於運河北之厄爾甘大拉相距僅二十五英里而麥雅喀拉浦（即苦湖）之東相距二十五英里處亦同時有土斥堠隊出見又蘇彝士附近之苦不立亦有土軍則可見土耳其有三縱隊同時分途進攻是河矣而河北河南與其中央皆有岌岌可危之勢焉日前君士坦丁政府允用土金二十萬鎊以修麥喀下游支路此路乃備大軍行經埃及與亞拉伯半島分離處一帶沙漠聯絡之需又可爲人馬軍火等項永久之後衞一旦大功告成其能逐除英在埃及之統治權可斷言也現今運河沿岸偏地皆土耳其前哨其不欲以一強勝之前驅突然封禁此航路者意別有在也

五日土軍攻土索姆

土攻土索姆將以木筏渡蘇彝士河英礮隊軍艦擊之未果（路透電）

俄分隊敗於亞特溫土軍獲戰品甚夥（德文電）

土人據波斯北部

土國已接管波斯北部政務通告波斯政府云此乃暫時佔據不日將以波斯親王駐太白里士照英俄訂約前辦理（德文電）

六日德海軍部宣布海軍戰區

一、大不列顛及愛爾蘭周圍海面英吉利海峽全部。自一九一五年二月八日起。作爲戰區。如見敵國商船駛於區內。悉當毀之。卽不能挽回船員搭客之危險。

二、中立國船隻在戰區內者。亦有危險。茲因英政府密命英船妄用中立旗號。且因海戰猝出不意。故恐攻擊敵船時。波及中立國船隻。此爲常不能免之事。

三、北海東部希特倫島周圍及沿荷蘭海濱。至少三十英海里一帶。向北駛行之船隻。亦同此危險。德文電

十七日駐美德使牒陳交戰國商船計畫。

德使通牒。謂英國違背國際公法。希圖餓死德國平民。故德國宣告戰域。以爲報復之計。德政府刻聞英國商船已置武裝。並奉命聚集同行。以期擊沈德國潛艇。此種商船已成軍艦。故搜查商船已不復成爲問題。牒文中力請中立國船隻繞戰域外蘇格蘭島而行。又謂德國擬在英島周圍海面埋置水雷。牒文結尾謂此牒並非爲答覆美國新近通牒之文。德國不久將交出覆文云。

德軍大敗俄人於東普魯斯。

英法軍艦封鎖布國杜台茄區口岸。以阻運往德奧糧食入口。德文電

英法聯軍艦隊攻達達納爾海峽。

英艦隊內戰艦巡洋戰艦及魚雷驅逐艦與法國大艦隊。全歸加登海軍中將指揮。轟擊達達納爾海峽南口柯泊希爾斯及公加爾兩礮臺皆受轟擊。尋一戰艦部分奉命駛近礮臺擊之。峽口兩面礮臺。乃開礮回擊。軍艦近攻者爲英國文勤斯康華里斯凱旋號塞夫倫號格洛葉號波凡特號。巡洋戰艦英佛勒錫泊爾號與阿格曼倫號於後助之。海峽歐洲方面礮臺不復回礮。其載運海軍水面飛機及天空飛機之波雅拉克號亦在戰區

申報雜評曰。土國加入戰局後。今其將入關係較重之時期歟。路透電

二十六日。英艦隊復攻達達納爾海峽。

英艦隊因天氣甚佳。復行轟擊達達納爾。始則遠擊。繼則近擊。所有峽口礮臺。多被攻毀。

英海軍部宣告商船損失。

自十八日起至二十四日止。德潛艇共擊沉英船七艘。各國三百噸以上之船隻。開至英國口岸者共七百零八艘。開出者六百七十三艘。在二月二十四日以前八星期中。船隻抵英者共五千七百七十二艘。開出者五千五百零七艘。路透電

德文報曰。據利物浦合衆保險公司經理宣稱。英國於本年元月內共失商船四十一艘。去年同時共失二十二艘。可證德國僻待英國商船之舉業已收效。又柏林鐵丹特報載

稱倫敦洛伊特公司。已將兵險費自百分之二十五。漲至百分之五十。

二十七日。英法艦隊毀達達納爾峽礮臺。

二十八日。德軍追及俄軍於泊拉斯尼士。遇救而退。

格洛特洛西北之俄國新軍。昨曾前進。德軍回擊之。乃退。就擒者八百人。其在拉呂河哇斯特洛蘭加進攻者。亦已退走於哇沙維貧。俄軍由南面進至泊拉斯尼士。及由東面進至是鎮北境西境者。兵力甚厚。德軍以衆寡不敵而退。德文電

三月七日。英艦隊入薩洛斯灣。

英艦隊由伊里沙伯皇后號領首。昨復開戰。艦隊深入薩洛斯灣。繼復猛攻高地土耳其排砲擊至無聲。土礮殊無準力。尚有英艦數艘。駛入達達納爾海峽。繼復轟擊內砲臺。路透電

十五日。英國聯軍假希臘海島以攻達達納爾。希有違言。

聯軍艦隊以希臘海島。爲攻擊達達納爾海峽扼要地。希人提出抗議。布國軍界以達達納爾防務鞏固。可保無虞。希臘如助英法。攻此海峽。則布國未便坐視。德文電

字林報曰。英國於著手轟擊達達納爾時。以爲希臘必聯合英法。出其陸軍相助。當時已與希臘前首相維納齊洛氏接洽一切。詎知希臘政界風雲倏起。內閣易人。英法部署已

定之大局遂爲之推翻此事極有關係蓋近東戰事進行之利鈍悉繫於希臘之進退也英法既不獲希臘陸軍之助力乃不得不自行編制一師以攻土國但統籌全局另定方略運兵輸械在在需時致使聯軍攻土不能及早收功殊可惜也

十六日土人以達達納爾戰事開皇宮會議

十九日奥軍仍嚴防特蘭特（奥意交界處）

英法聯軍以艦隊擊拉洛斯及達達納爾砲臺敗績

聯軍艦隊於轟擊拉洛斯及達達納爾砲臺時法戰艦波凡特號中浮水雷沉沒艦中炸裂將士幾全溺斃英戰艦無敵號大洋號亦觸浮水雷沉沒法巡艦戈洛瓦斯號亦爲砲火擊損前十日內聯軍曾從事峽內掃除水雷

字林報曰海軍專家函論達達納爾海峽事謂法戰艦波凡特號英戰艦無敵號與大洋號在達達納爾峽內觸浮雷而沈足見艦隊攻入海峽之難就公報局發出之消息觀之十日來戰艦無日不從事於掃除水雷似達達納爾之繫定水雷當已掃除殆盡如峽內海面不如是之狹峽內潮流不如是之急則掃除水雷之事業可收全功而駛近礮臺轟擊之戰艦斷不至有觸雷沈失之禍惜峽內激湍奔湃繫定水雷雖已掃清然敵人仍能利用水勢佈置浮雷海面又狹於是浮雷隨波逐浪流至軍艦作戰之地軍艦遂易遇害

矣。三艦之損失。無足惋惜。所足惜者。惟法艦波凡特號艦員之損失耳。

定價表

期數	一期	預定半年	預定全年
定價	四角	二元二角	四元
郵費 本國	五分	三角	六角
郵費 日本	一角	六角	一元二角
郵費 各國	一角五分	九角	一元八角

中華民國四年十二月出版

廣告例

期限	一期	三期	六期	十二期
一面	十二元	三十二元	六十元	一百十元
半面	七元	十八元	三十二元	六十元
四分之一	四元	十元	十八元	三十三元

◎面頁底頁加倍

船山學報

第五期

編輯者　長沙小吳門正街　湖南船山學社

發行者　長沙小吳門正街　湖南船山學社

印刷者　上海商務印書館

分售處　上海商務印書館　各省商務印書館分館

民國五年一月二十日出版

船山學報

第六期

湖南船山學社印行

毋忘國恥

船山學社徵文條例

一本社爲研究學術集思廣益起見按期徵文其目如左

一船山語類敍例

二論現在教育之缺點及改良之法

三提倡國貨條議

四續修各省通志議

五史學叢書敍目

六繹史拾遺

七經籍纂詁拾遺

二海內通疋有以右開各題文藁見惠者除擇尤登入學報外並贈以學報一分及四元以上十元以下之酬勞金

三酬勞金及贈報於惠藁登報後送達之但惠藁者須開明住所

四本社編輯事忙惠藁無論已登未登概不送還以省手續惟數期之後必將篇目及譔人姓名列單報告一次以答海內通疋殷勤見惠之心

船山學報第六期目錄

第二十三期

通論

專論

文苑

原件短缺

缺之图

師說

本報月刋一册按期出版全年定價四元郵費三角六分半年定價二元郵費一角八分如荷訂閱全年或半年請查照下列預約單塡明幷現款至本社總分發行所訂購當照單按期寄送不誤惟祈
鑒察

湖南船山學社啓

預約單

姓名　　號　　住　　省　　縣
地方今向湖南船山學社定閱
船山學報　　册自第　　年第　　號起至第　　號止
計共洋銀　　元　　角　　分並郵費　　元　　角　　分
照奉請即收入將收據寄下以後按期照寄爲要
年　　月　　日

接第五期

所以行之之一。則事自實行。效自速至。時文扯文武。扯方策。無關脈理。

九經雖說盡政體。乃至齋明盛服節列下條款。亦只是約略言之。若方策所載齋明等每句每字俱有許多實在作用。不僅此也。故此言經而方策言布。

尊其位重其祿二其字。指諸父昆弟。同其好惡。乃我之好惡。推以同之。非諸父昆弟之好亦好之。惡亦惡之也。諸父昆弟。未必皆賢。其好惡豈可同哉。

嘉善而矜不能。屬侯國之賓。不及商旅。古者聘問之使。若不知禮。則薄其燕勞。甚則拘執之。矜不能者。寬之也。

再言凡為天下國家有九經。總結上三節。做一句。以見九經之易行。而不可徒行。全倒所以行之者一上。足知時文於上節句句責成哀公。直是不通。

須知此一字。不是一件。非九經博所以行之者約也。何物何事。喚作誠。誠者無一不誠也。一字是一樣之意。猶言無所不用其極。無一不誠。則一於誠也。

一是誠。豫却不是誠。後云不明乎善。不誠乎身。則此預是明。可知明則事未至而預明之。誠則徹始徹終。無不盡之實也。

前定是前明其理。以待用。如言前定。豈預擬如何說以應之哉。若人不若此問。豈可以此答之所以行之者一。而能以一行者。又在豫。是兩層語。大抵歸重明善。所謂明則誠也。

在下位節。其相承處亦是中庸文字如此。實則不誠乎身。君民親友。無一而可。意此不可則彼亦不可。必須活講。不可死煞在句句上著落。如云不獲上則民不治。不可找煞說欲治民者。必須獲上云云也。

天之道。言天所以立人之道。而人性中固有之天道。若論本原。固是二儀五行流形於品物。各正性命。一眞無妄之理。然在此處。則止就在人之天道而言。蓋天之所以命人。卽天之所以爲天。而天之命。卽人之性。故曰天道。誠之者則自人極用其心思耳目。以求復於所性之理。則在人之實用其功。故曰人道。而所恃以行達德。盡達道。舉九經者。皆在於此。則所以敏政者也。在天之德。無有不誠。則不可謂天爲誠。誠原與不誠相對。在人始可名之曰誠。亦須落在知仁勇上。誠仁誠知誠勇。謂之誠身。仁義禮固然之實性。則在人之天道也。誠者不勉而中云云。言性中之仁義禮。充實足乎大用。一於善而不待擇。自然執中而不待固。乃率性自合乎天。不倚於修。故亦謂之誠者。要之天道一層。是從根本上引起。倒人道上以結人道敏政之意。

愼思是謹而不怠意。下云弗得弗措。愼之至也。不可作妄思解。

云博云審云愼云篤。卽有弗能弗措意。學利困勉。雖分其爲誠之者之盡乎人道一也。

博學之二節。言擇善固執。須如此用功。果能此道矣。方落在人身上說。

此道道字。卽人道也。人自有此好學力行知恥不自怠而中止之人道也。明強則誠至而政可敏矣。

第二十一章

自此章至其孰能知之。皆言能中庸之人。所以能體中庸費隱之道。以終唯聖者能之之意。聖者有二。一則所性而安爲誠者。一則由教而入爲誠之者。所性而安者。全體天道而合於天。由教而入者。克盡聖功而合於聖。合於聖則亦聖者矣。故天道人道相間而言之者。言其合也。大指則歸重人道。故於此章始分言之。繼合言之。謂之云者。言所謂性者。自誠明者也。所謂教者。自明誠者也。性者皆其性之所固有而不待思勉。克盡其實也。此教字亦學字之意。學所以求明。所明者。卽其性中之實理也。切須識得誠字。乃由中達外。篤實充周。自不覩不聞以至喜怒哀樂之已發。皆確然不易之定理。無有一理不備。若有不足處。便是虛枵。虛枵則誠不至矣。切不可立一僞字相對。到此聖功上。不是與詐僞小人相較。

第二十二章

自此章至純一不已。皆以道言。盡性化如神。成物無息。皆道也。至大哉聖人之道。下六章。乃以德言。有其德方能盡其道。故謂非至德至道不凝。小德大德所以爲大。此中庸步步說入向內之次序。

凡言至誠章皆歸到天地上去。以見誠至則合天。故曰誠者天之道。言人道章皆言與聖合德。以見盡人之道則聖矣。

一唯字有不易得至之意。言唯合天之聖誠無不至者能之。則下此者不可恃性。而必由教以入。○至誠固是聖人。然不可以聖人代至誠。說至誠者聖人之德也。凡至誠所能者皆以理言。誠至則道自盛。須步步照誠字立說。每見時文一味贊歎功德。不知中庸贊歎聖人何爲浮詞獻諛。似道士玉皇誥。可厭可笑。○盡性以性之功用言。觀下盡人物贊化育可知。性之體存於心者。誠也。其功用則有仁義禮知之大用。見於事業者。要皆一實之理。爲性之所必顯。至誠體無不充。而用無不徧矣。○盡人之性。謂凡知愚賢不肖。皆能使之各盡其才。以不失其恆性。○物之性。物之理也。其理人所用之之理。物之材可使效者也。不可用鳥獸魚繁咸若等套話蓋過。○贊化育亦就盡人物之性上說。化其不善。育其善。以助天地之功用於人物已生之後。○與天地參。是與天地之神化參。時講有天位乎上。地位乎下。聖人成位乎中等話。浮詞也。○盡性則能盡人物之性。能盡人物之性則可贊化育。中著能盡人之性則能盡物之性一轉。亦是中庸文字如此。將人物相因作議論。不可太煞說可以贊天地之化育。必須雙項人物。

第二十三章

曲乃一曲之善不可云一曲之誠。誠則全體皆眞而無所歉。若其行能篤而知不誠。則所行亦礙。不誠乎知則亦不誠乎仁矣。其知雖徹而行不誠。則所知亦滓。不誠乎仁則亦不誠乎知也。故曰曲能有誠。能推致其曲以體乎大全。德無不實。乃可謂之有誠。註云曲無不致則德無不實是也。○形乃是成了一箇模範在言行上。見著乃是見之於禮樂文章。明是使人皆得見之。而道大明於天下。動是感動人心。變是因感動而革其舊染以向於善。化是人習於善自樂爲之而不待敎。此亦盡人之性到至處。與至誠合。

第二十四章

此章舊解多蒙昧。止緣不識至誠之道可以六字及故至誠故字。蓋謂唯其道可前知故至誠之聖人前知如神也。誠者天之道。實有其理。故修吉悖凶皆不爽。其幾神之吉凶與已之喜怒刑賞合一。則吉凶若自我出。而何不可知。其道本自如此。國家將興云云。言神之示人以前知也。神唯誠有其理。則誠著之於象。而於禎祥妖孽蓍龜前出其象以示人。而無不可先知者。今至誠之聖人。察其幾而前知之。則豈不與鬼神合其吉凶乎。誠則明。而其明合乎天之神也。有於蓍龜四體上說誠乃知之。是以誠爲虔誠禱祀之誠陋矣。○善不善止是吉凶。

第二十五章

自成自道自字。卽下成己己字。自成成己之德也。自成乃以反挑成物。言若論誠之爲德。止以自成其成之之道。乃己所自修之道。本非卽能使物皆成。以反激下非自成己而已也。意

物之終始物字。乃事也。成物之物謂人也。與盡物之性物字不同。

誠者物之終始。言凡事皆徹底是一實之理。成終成始。不誠無物。是一有不誠。則所爲不成。故君子在己有必當爲之事。則必擇善固執以盡其實理。而後已乃可成。

第二十六章

此章言至誠所存。與天地同其純一。故所發與天地同其廣運。　無息與純共是一理。猶天之不貳不已也。無息不已是常存而無不相續。純不貳是一致而無所雜。有己私雜處則實理卽不相續。一念懈歇。則己私卽乘之而入。故曰純亦不已。亦可曰無息亦不貳。其所以能合天之不貳不已者。唯誠之至。實理充滿。天理常存於心目。而無一念之不誠間之也。

久是通其始終而言。實理之積已久也。

徵則悠遠。言其徵也則悠遠。不息而久之徵。必悠遠。必博厚。必高明。皆其徵之必然。三句相連。亦是中庸文字如此。下二句必不可脫離久則徵句。○悠遠者創業立教。無近功而久道化成。博厚以德澤言。高明以治教言。

覆物是並包萬物而無遺。光明不燭而皆徧。在至誠則物皆以人言。至誠所徵之功業。固是帝王事。然如孔子亦何嘗不有覆載成物之功。則亦不宜說煞帝王。與天地同體同用。皆以理言。不可一味贊歎。觀所以二字可見。若曰其博厚乃地所以載物之德也。

一言而盡。郎下其爲物不貳句。其不貳。則與至誠之無虛假者同也。貳非二也。乃間雜之謂。自古至今。自大至小。自全至偏。皆是陰陽之氣。保合以成太和。故隨所生之物。皆是此一理貫通。○其爲物物字。猶言其體。乃其運行化育之本體。旣有體則可名之曰物。

博也厚也六句。是言天地功化之不貳。博厚則純乎博厚。高明則純乎高明。悠久則純乎悠久。終古如斯。無有間隙。

今夫天四段。前三句是言天地之形體不貳。自昭昭而無窮。自撮土而廣厚。皆是一色。下一截乃言生物不測。

前於天言不貳。於至誠言無息。此節於天言不已。於文王言純。交互見意。總以言至誠無息之道與天同。故其徵之盛。亦與天之生物不測同。

第二十七章

此章前五節一氣趕到。故君子一故字總承之。言聖人之道如此其大。故君子之修德以凝而行之者。其功必如此也。講章時文有大惑者。將發育峻極作道體之本然說。而以待其人作聖人。註於首節言包下文兩節。則發育峻極爲聖人之道明矣。若以爲道體之本然。則發育萬物者天也。而可云天峻極於天乎。待其人之人若是聖人。則聖人之道待聖人而行。語亦無歸着。蓋發育萬物。則下所謂廣大。絕去己私而以廓然大公之理待人物。則人物皆發起於善。而得遂其長育。峻極於天。卽下高明。人欲淨盡。不下與流俗相雜。而物莫能破。則超出物表。而與天地同其虛明。此聖人之道之體。待君子致之極之。而後凝以行也。禮儀中庸之定則。威儀精微之密用。此聖人之道之用。待君子盡之道之。而後凝以行也。尊性道學之功。必與聖人之道相應。而後其至德與至道相符。此亦誠之者與天道合德之意。前人道二章結在後。此章提在前。其指則一也。

行是推行於功用。凝如水之成冰。結集堅固而不妄動。道必凝而後行。居上不驕節及下二章。皆言凝也。

溫故亦問學事。而以爲尊德性者。蓋已知而存之於心。則爲心德。亦習與性成之意。已能云厚者。積之深厚之謂。敦益加勉也。

居上不驕四句。所謂凝道也。凝者停凝審處而不遽行之謂。唯其凝之也固。而後行之也裕。故必君子尊德性道問學。以有至德而後凝。以待行。若德之未至。一知有聖人之道。遂急欲試之於行。不度德。不循分。不因時。則其行也必悖。惟有至德者。求盡於己。而大明於時位之宜。然後道凝。而或行或不行。皆合於時中也。○不驕以德言。不倍以位言。有道而興。無道而容。以時言。○興起在位而有言。可與時君議道之行。

第二十八章

文有辨字形正音韻二義。

車之高卑大小。定於輪。輪所碾成坑。曰軌。車必由軌中行。大小高卑同。則軌同。　引夫子之言。見夫子之聖道已至。而以爲下。故不敢以二代損益周制。○有宋存焉。言行殷禮者自宋。事非己所從也。

第二十九章

王天下。乃受命創業之天子。德位時皆備者。

本諸身以下。皆愼重以不輕制作。本徵考建質俟。必如此詳愼。而不恃時位之隆。遂輕於行。所謂不驕也。本身、身之所可爲者。乃爲之。徵諸民、度民之所可從。考三王、以稽其同異而損益之。建天地、立天時地理爲準則。質鬼神、以享祀百神而昭告之。必得其理無疑。信其來格也。俟後聖、慮後有作者。必不能廢我之憲典。不惑不憂。其可暫而不可久。

動言行俱以制作言。行者制之而卽自行之。言者著於方策以詔天下後世。使遵行。有望、遠人視之以爲法。不厭、臣民遵行之。不厭其煩難。

蚤有譽。蚤字要緊。一聞有道。急欲行之以邀制作之令名。則驕而不足以凝道。

第三十章

此章三節。時解首尾不貫。其謬在第一節板實作贊頌語。不知中庸要贊歎仲尼何爲。至第二節。只是虛演全與上下二節不相涉。註中此言聖人之德。竟不理會。不知首節言聖人之道。全備萬善。（猶天地之大）第二節乃言有聖人之德。乃備聖人之道。（猶天地之所以大）則第一節止虛敍作案。引起下文。若曰仲尼之道。祖述堯舜云云者。以其有如天地之無不持載云云之德也。第三節乃以天地之小德大德。指出譬如之實。一章血脈之貫如此。

無不持載。無不覆幬。無不二字要緊。與博厚配地高明配天不同。無不者言萬物無不在其覆幬之中。以譬仲尼之統貫總括。無不咸備也。四時日月二句亦頂天地來言天地之日月代明。四時錯行。晝夜寒暑分而合。以譬仲尼經權互用。成其大常也。

第三節言天地之所以大。第二節言仲尼之所以有首節大成之道。第二節雖不可說盡。而在仲尼身上講。必須含下節之意。以見聖人之道。唯有聖人之德而後能之。

道字兼四時日月而言。四時之道。冬至日極南而北。夏至日極北而南。及地有四游是也。日月之道。日之黃道。月之九道也。

第三十一章

此章至聖雖言臨天下云云。然承上章。則仲尼亦然。蓋有君天下之德。則雖不在帝王之位。而固無所歉。後言聲名洋溢。莫不尊親。仲尼爲萬世師。亦然。固不必粘煞講。然如時文開口即說帝王。亦非。止還他至聖爲是。

容者容天下之人。執者執天下之事。敬兼敬身敬事敬人民敬鬼神。別者別事理之得失。知非分別人品者。以文理密察。不與知人相應。

溥博淵泉。是欲出時氣象。

舟車所至二句。以聲教所至言。天之所覆二句。以地界之廣遠言。猶云普天之下。日月所照二句。以有人處言。除幽谷晤昧日月不照沙磧火山霜露不墜無人處外。皆有血氣者所居

第三十二章

天下之大經。天下人之大經。天下之大本。天下事之大本。首節言化。次節言敦。謂其能經綸大經者。以其仁肫肫也。能立大本者。以其淵淵淵也。能知化育者。以其天浩浩也。其淵淵字。是密藏二字。其天天字。是心體二字。肫肫淵淵浩浩。是誠之至。滿腔盡是慈愛人物的太和。是肫肫之仁。喜怒哀樂未發之時。密藏之天理。靜深以備萬理。是淵淵之淵。其心體之昭徹容光。必照萬化萬理。無不包含洞燭。是浩浩之天。要皆誠之至也。

第三十三章

章首至溫。而理皆言道本如是。知遠之近以下。乃言修德以體道之功。必與道相應。潛雖伏矣。二節以至篤恭。皆闇然之謂。民勸民威天下平。則其日章者也。文之著。猶言著其文。蓋言不用功於外。而用功於內。若僞爲敬信以飾言動。徒務刑賞以期勸威。則用功於外。而不覩不聞之靜處。已所獨知之幾。則以私利而陷於卑陋。此則小人的然之道。所惡者在此也。○君子之道。乃君子爲學之道。○小人乃僞爲君子以求人欺世之小人。○淡謂靜存動察時漠然靜處。若無意味。而作此不令人可好。如今俗人笑正人扯淡之謂。不厭言此存省之功。可以日常相繼。不隨事勤勞而至厭倦。簡者工夫唯在心意。而不求之事物之煩雜。文者天下之事理。分別周悉。皆在心意中也。溫者不求於物。而退求於心意。則於物無忤。理者所以正物者。卽在此也。　遠近風自止。如註解時解。添出國家大謬。

內省節。卽首章動而省察之意。○無惡於志。亦自志正者言之。反諸其志。非平常存養之心所惡者。此句乃是工夫語。　人所不見。須知卽是己所獨知。

敬信節。卽首章靜而存養之意。但次序不同。此存養工夫徹始徹終。故序在後。

奏假二節。乃其發而加民者。

篤恭是存養省察之極致。無少間斷。亦是君子始終不息之修。非贊其成德也。恭者謹持之而不失也。心意皆純乎至善。則以臨百辟。無不大正。故天下自儀型其德而平。切不可在容貌上說。

篤恭亦只是無惡於志。不動不言而敬信純一無間之極致。則末節乃以形容操存之密。其專一於心志之微者如此。不大之聲色。猶非其至德之所藏。故進而擬其用心之細密於如毛。然猶有可執之形體。此則虛靜之中自爲操存。無一理之可執而函萬理。故不足以擬之。唯上天之所以化育者。於無聲無臭之中。有保合太和以生變化之事。然後可以擬存養省察者之篤恭也。時解慢作贊歎功德語。說玄說妙。皆無實之談。○輶輕也。而此所引之意則言微也。○載事也。上天之載。乃生成運行之事。無聲無臭中自有密用。亦人不能見聞之極致耳。○存養省察。乃盡性之功。性盡則至於命而達於天。繳回首章天命率性之本旨。所解通一部中庸合爲一章。每章合爲一句。雖未知有當於子思本旨與否。而不敢如講章時文之割裂牽合。以致文理不通。而大義愈晦。知此則知古人文字無前後不相應而相背之理。抑知自我作文字。須一意到底。不可湊合。求成一片段而已。存乎善通者不枉老人病中勞苦也。

尙書引義卷二　　船山學報師說之一

衡陽王夫之譔　　後學劉人熙箋

禹貢

立人之道曰義。生人之用曰利。出義入利。人道不立。出利入害。人用不生。智者知此者也。智如禹而亦知此者也。嗚呼。利義之際。其爲別也大。利害之際。其相因也微。夫孰知義之必利而利之非可以利者乎。夫孰知利之必害而害之不足以害者乎。誠知之也。而可不謂大智乎。

以義而開民國。武昌振臂一呼。天下響應。五族共和。漸積之勢然也。以利而爭總統。南昌首難。喋血長江。未六旬而逋逃海外。義之必利。而利非可以利者。非事理之顯然乎。貪夫攫金於白晝。免者幸矣。

繇義之潤下。有水之用。繇義之炎上。有火之用。繇義之曲直。有木之用。繇義之從革。有金之用。繇義之稼穡。有土之用。潤下而溢。有水之害。炎上而烈。有火之害。曲直而蕪。有木之害。從革而傷。有金之害。稼穡而莠。有土之害。繇此言之。出乎義。入乎害。而兩者之外無有利也。易曰。利物和義。義足以用。則利足以和。和也者合也。言離義而不得有利也。天之所以厚人之生。正人之德者。統於五行而顯焉。逆天之常。乘天之過。偷天之利。逢天之害。小人之數數於利也。則未有不爲凶危之都者矣。箕子曰。天乃錫禹洪範九疇。彝倫攸敘。義之所自著。害之所必遠。始於五行。昭其義。終於六極。示其害。禹以是而治九年之水。故曰智莫有大焉也。務義以遠害而已矣。天之生水也。非以爲利也。其義之潤下者。不容已也。義之潤可以澤物。義之下可以運物。於是乎細人見以爲利而邀之。見爲利則不見爲害。而惡知其潤下之過。適以爲害也哉。制害者莫大乎義。而羅害者莫凶於利。於義不精而乘之。於害不審而攖之。於是乎愛尺寸之土。以與水爭命於行下。狎滔天之勢。以與水朋虐於中原。伯鯀之斁彝倫也。大抵以利爲階之也。乃若禹之治水也。正性定命。循義所安。而不貪其利。捐利與水而不受其餌。分而灑之。匯而居之。河播爲九。江分爲三。地有所不惜。墣有所不憂。草木之材。投之炎火。兗州之作。遲之十有三年。直方正大之志氣。伏洪水於方剛。而孑然一人之身。率浩浩蕩蕩之狂流。以歸壑而莫能抗。義之所自正。害之所自除。無他。遠於利而已矣。今夫水。五穀百卉之所滋也。蒲莞鱗介之所處。舟楫貨粟之所通也。當其順而利存。當其逆而利亦未嘗亡也。蓋義之本適於用者。雖乖沴忒行。而性不易。則利固存焉。害之尤者。利亦或從而大。於是乎以害爲利。以害之尤爲利之大。細人乃顚倒惛瞀。自困於利之中。以亟逢其害。斯智者之所大哀也矣。位爲司空。命受於天。亟居尊席。威敺生民。以試其徼幸之智。率族闔邑。騈首漂骸。以塡谿壑而無遺。斯可不謂大哀者乎。是故有義勝之水。畎澮是已。有害勝之水。瀑湍是已。有義害相半之水。江漢淮沇之類是已。有義一而害十之水。黃河是已。其一義者。以蕃部之水而朝宗於中夏。自此以往。則皆其害焉者矣。天之勞我中夏之民而警之以蹈義而遠害也。嫁夷狄之橫流。以衝突乎兗豫青冀用文之國。安土者不能逃焉而實受其禍。故治水者。明乎害之不易。遠而裁之以義。則庶乎其禍可衰。止外此者無策。今考歷代治河之得失。禹制以義。漢違其害。宋貪其利。蒙古愈貪焉。而昭代沿之。善敗之準。昭然易見也。制以義。害不期遠而遠矣。違其害。害有所不能違矣。貪其利。則樂生人之禍而幸五行之災也。害之府也。夫中國之有河。猶其有夷也。三代無□□之策。而有□□之義。漢急□□之功。而不貪□□之利。唐始用□。石晉遂用□。宋兩□□。而其禍乃大槪可覩矣。遠害而害不勝遠。則莫若捐利而不貪。雖有突騎效其死命。知藩籬之不可撤也。而後花門海上之禍絕。雖有長流夾乎腴土。知浸淫之不可啟也。而後齕堤潰野之害消。愚矣哉。宋之以蜜截舌。以齒焚身而不恤也。兵不足以制契丹。而逆河回流瀦以爲塘水。財不足以阜用。而乘何之壅畦以爲淤田。天貽之憂。宋耽之利。暱寇以爲依。幸禍以爲福。彼惽不知。又何怪其借金滅遼以失中原。借元滅金以失江左哉。夫差之橫也。江淮以通。楊廣之悖也。汴泗以合。女直蒙古之亂也。衛濟以一。南旺以引。仰命於河以爲漕運。支流旁午。交絡四出。徐兗豫冀維揚五州之域。惟河之意南意北而憑陵焉。然且惟恐安流而失其利。宋禮承之以從欲而邀賞。嗚呼。數百。年。之。間。

天以夷禍中國而紓之於水也浸使有陶唐九年之水周定王海溢之災則齊魯宋衛徐吳之民雖有不魚者鮮矣禹棄可食之壤割以與河今貪難制之流邀以爲利智愚之分義利之別義利之分利害之別民之生死國之禍福豈有爽哉豈有爽哉當禹之世賀蘭鹽池之境未嘗入中國也故禹功訖此使唐虞提封得如漢之兼朔漠唐之斥河湟也我知禹且建萬世無疆之休絕漠而東放河流於奉聖川鴛鴦泊繞遼山以入鴨綠則中國遠害而夷受之四州之土不待治而適有居也使其然也塘水誰與塞淤田誰與墾漕運誰與通小人之言利者抑將無術以逞而哀此羣黎平居無掃堤之勞淫雨無昏墊之憂矣天未悔禍禹功未展牟利之鄙夫乃以鬭捷招寇而圮其族孟子曰率獸食人此率水而溺人矣人之食於獸者百不得一也死於水者空城殫野而不厭然則爲塘水淤田漕渠之策者其害天下與來世亦憯矣哉又其甚者假水之虐以肆其毒於是而有灌城之事水抑自有義焉不助凶人之惡也故智伯之於晉陽蕭梁之於淮堰宋人之於北漢壅滔天之流祇益孤壘之堅雖韓魏之肘足無謀而無衂之城固與北漢而俱安智氏之軍且與淮堰而俱漂也後之人雖甚安忍其尚鑒於此勿過無能害人之水使害人而適以自害也乎

黃河南則奪淮北則奪濟自宋以來奪淮自前清道光以來奪濟移汴害於山東而九河故道之在直隸天津者終不能復不佞從事河防八載頗知利病大約山東遙堤以內之

地不棄以與河則災未易澹也

甘誓

功罪者風化之原也功非但賞之足勸罪非但刑之足威也雖其爲不令之人與然而必避罪之名以附於功之途夫人自伸之情相獎以興莫知其然而自動無賢不肖一也故正名之曰功而天下趨之正名之曰罪而天下違之帝王尤愼之矣世之降也風日窳化日靡民日偷國日亂非徒政不綱教不飭也功非其功罪非其罪也功非其功未嘗非功罪非其罪未嘗非罪而古帝王之功罪不尙焉後世且以爲迂遠而不切於治亂故功罪之名三移而風化之衰也三變而益趨於下最下以臣與民之不順於君者爲大罪而忘其民其次以君與吏之不恤其民者爲大罪而忘其天君依民以立國民依天以有生忘天則於民不忘而民暗受其戕賊矣忘民則於君不忘而君必受其烖害矣古帝王之亟賞以爲功亟誅以爲罪者惟天爲重故堯知鯀之方命無君也其圮族無民也而姑試以五行之政夏后之征有扈也不斥其叛天子虐下民而鳴鐘擊鼓以聲其罪曰威侮五行怠棄三正得罪於天者雖無虐於民無犯於上而天討勿赦如此其嚴也後世之法目爲大罪而不赦者曰罔上曰誤國苟有欺隱營私之迹則雖呴燠其民民爭懷之弗可貸也其次曰傷民命曰侵民財苟無淫刑科斂之蹤則雖獲罪於天天所弗祐所弗問也嗚呼夫孰知不畏於天名爲恤民而民

實貽以感不恤於民名爲憂國而國實受其敗也惟古帝王知國之所自立民之生所繇厚德所繇正也克謹以事天而奉天以養民方命圮族之辜覩威侮五行怠棄三正者而可從末減豈世主具臣之所能知哉曷言乎威侮五行也五行者天以其化養民民以其神爲性者也是故濬川以流惡改火以養正拔木以昌民氣藏金以戢民心平土以安民志不使不足也枵匱以吝於用尤不使有餘也淫佚以蕩其情弗愼其節宣而俾愚氓之自登自耗也則其威侮也甚矣苟威侮之而五行之害氣以虧人之養而鑠人之性也不可勝道矣曷言乎怠棄三正也三正者天所示人以氣至而主其感者也是故以天統事天而迎其陽以地統事地而敦其質以人統治人而興其用占星以修祀知神之格以精之至也候氣以吹律知和之至以風之應也序辰以課耕斂知生成以時而協也順節以詰兵刑知明威以度而行也弗謹其候而任情之動以作以輟也則其怠棄者多矣苟怠棄之而三正之和氣已先人而逝後人而弗逮也人罹其災矣夫和氣者氣之伸也害氣者氣之屈也五行之英在形之未成而有其撰迨形之已成而含其理三正之常往過者退而息機來續者進而興事是屈伸之化理所謂鬼神也鬼神則體物不遺矣威侮而怠棄之是遺之矣遺之而孤行其意欲或圮事而不修或疲民而妄作曰自我尸之以使民奉我而我以臨人復奚忌哉是則顯與天爭勝而不恤一言一動莫非鬼神所應違也君與吏尙何有於民臣與民復何有於君

乎故帝王之奉詞以討必誅不赦之罪者在此而不在彼世主具臣何足以知此哉且夫後世之功罪以民事爲殿最以國計爲忠邪者救末之術彼亦有所不容已焉天之弗畀五行亂矣三正忽矣於是而民竄而吏憍水火金木且爲敓攘刑殺之用祁寒烈暑且爲殘暴怨恣之尤民乃孔棘而俗乃益偷爲君子者重念其顛躋憔悴之荼毒則錄救民之功而嚴殃民之罪弗暇問天矣天之弗恤而胥怨胥讒以與上抗吏因其亂威脅其下以誣上而營私苟利於己國危而不恤民之既離君孤而莫援世主之所慭而亦忠臣之所憤則衞國者爲功而負國者爲罪且弗問民矣乃從其本而言之秉五行三正之紀者天也妙五行三正之化者鬼神也忘乎天而天絕之忽鬼神而鬼神怨恫之則五行之害氣昌三正之和氣斁人理微而人心迷以不復天下師師相奬於功利干百姓之譽者賢矣逢人主之欲者忠矣志偷而不警智惛而弗擇浸淫及於後世不復知有五行三正屈伸之化理司生成禍福於體物不遺之中知其有名者又徒九黎之邪妄通地天以亂人紀則子可不知有父人可不異於禽於以敗國亡家驅民於死地始以殃民病國之刑書督於其後不已晚與嗚呼莫威匪天也莫顯匪鬼神也天之化隱而鬼神之妖興愚者以孤虛生尅竄三正之顯道妄者以狐祥物魅擅五氣之精英慧者厭棄之則又謂天壞無鬼神五行皆形器之粗三正抑算術之技恃氣而陵轢焉古帝王爲萬世憂亟正其刑以代天而伐罪商周以降此法不行無怪乎

風化之日頹矣。漢人彷彿其意。以災異免三公。以五德辨禋祀。而拘牽名迹。固非五行三正之貞也。是以不可以訓。自是而後。風化益以陵夷。佻達之子。沈沒於名利。不知何者之爲天。而彝倫因以泯喪。非九黎則有扈也。安得修帝王之刑賞者。正名定罪。以矯之正也。此爲政治精微之論。在事則經緯萬端。在功則參贊化育。而其藏密之用。則在屋漏旦明之不愧怍。先天而天弗違。後天而奉天時。蓋必以至德凝至道矣。

胤征

陸贄有云。動人以言。其感巳淺。然而有所感者。則以感人於俄頃之間者也。生而驅之死。逸而驅之勞。分義足以動之乎。畏死憚勞之情。猝然內發者。智不及度。勇不及持。自非英豪之慷慨捐生。與賢哲之從容赴義。則固倒行於窮途。而親上死長之情。不知其何以忠良於是而敷心腎肺腸以爲言。振蕩其俄頃之耳目。以生其勃發之智勇。言之所應。雖淺而固可有功。是故虞夏以來。無居平之誥誡。而有臨事之約誓焉。古之帝王。誠知其感之也淺。用之也惟俄頃。故其爲辭也。不過激其氣以使之盈。不畸重其權以使之疑。其感之也。若不足。而以感也巳足矣。不激而使之盈者何也。氣盈而怒。怒盈於外者。必枵於中。嘗觀於鬬者矣。詬誶勝而拳勇衰矣。不畸重而使之疑者何也。有所重必有所輕。雖在倉卒。聽以耳。發以氣。而未嘗及以忽也。雖乘其俄頃之情。而無長久之義。以使熟思而不斁。則一疑而羣疑交起。疑之疑之。遲回卻顧而必潰。鈇鉞不足以威之矣。嘗觀於嚴父之訓劣子矣。詞已費而反屑於夫子之不正矣。以今觀於甘誓胤征之文。簡而不盈。規其長久而不畸重乎己。斯之謂體要之辭。辭之善者。君子以之動天地。而況於人乎。禹之明德。夏道之忠敬。天下將百世戴之。不再傳而有扈犯順以抗王師。不五世而羲和叛官以黨后羿。惡之不勝誅者也。然而后啟胤侯之執言也。則使罪浮於言而不窮。言以浮於罪。夫亦曰彼之滔天以貫盈者。夫人知之。而不俟於言也。舉其大端以正有事之名。舍其一切以蓄人心之怒。則氣不洩於言而勇可給於氣。整齊其行陳。要戒其淫戮。矜持其有餘而急繕其不足。若此者所謂不過激其氣而使之盈也。分義者。民之均重也。權藉者。己之畸重也。爲臣而犯其君。爲臣而背公死黨以弱王室。分義之不赦者也。分義不赦而何有於五行三正之精微。分義不赦而何有於沈酒昏迷之瑣屑。乃分義均重而民喻其不赦。權藉畸重則民且疑君之死已以安也。俄頃之際。所喻者不敵其喻死。喻勞之心。則將曰喪君有君而喪身無身矣。惟是三正五行。天戒臣憲者。王爲民修之。侯爲民守之。民用所前而民居之。自協者也。今略畸重之權。並略其均重之義。而獨重其權於民。民乃曉然於衆憤之不容已。而牽率君相以屆民之罰。於是而人之視公戰。猶其私鬭。非使我以一旦之肝腦易天子玉食之靈長。而不惜致死以爭搗姦宄之胸矣。此所謂不畸重其權以使之疑也。

徐錫麟之忠魂。黃花岡之碧血。海內哀之若喪親戚。以諸烈士之死。爲國民而死也。民國之代價。孰有重於此者乎。今武昌首事諸公。能知此意。而不踰其初心。庶幾夙夜以永終譽。豈不偉哉。惜乎以義始。以利終。卒爲國民之公敵。蓋激於一往之氣。而無不息之誠也。誠者物之終始。不誠無物。鑒於令名之不可倖成。則從事民國。當掬誠與民相見。前車既覆。後軫方遒。不研精於正學。終亦苟道而已。因權取濟。則威侮五行。怠棄三正之罪多矣。和氣致祥。乖氣致戾。豈有倖乎。

是故臣干君。則略其無將之義。而執辭以民。以謂天爲民而立君。不剿民以奠君也。甘誓胤征是已。君殃民。則略其殄師之虐。而聲罪以天。以謂天篤后以匡民。不殘君以逞民也。湯誓是已。湯誓曰。予畏上帝。不敢不正。不曰予恤民毒。不忍不正也。曰率割夏邑。有衆率怠。不曰率割下國。衆致其怒也。夫乃以堅長久之義。而其權不畸。畸重於上。民以爲厲已。畸重於下。民以爲餌已。民猶碞也。衆疑之府也。君子蓋愼之已。故於殷周之際。而知道之降也。武王之誓言之畸也。列紂之罪。擢髮以數。而氣亦竭矣。寧執非敵。惴惴以恐。於是而幾殆矣。列紂之罪。擢髮以數。斮脛剖心之無遺也。八百濟師。血流漂櫓。能保匹夫匹婦之無橫死於會朝。而可反脣相詰者乎。義士所以有易暴之歌。商雒之頑民。亦且生簡迪之怨。千里之應。捷於桴鼓。君子之言之動天地。而可不愼乎。周之誓。不及殷之誥。春秋之詞命。不及豐雒之誓命。盈慮生乎志氣輕重定乎權衡義於此精道於此立不可誣也戰國說士之辭悖道而相搖以勢此意斬矣又降而爲陳琳阮瑀之流如健訟之魁怒鄰之婦勃氣憤盈莠先自口尤君子之所羞稱也下此而齊梁之季馳檄相誇取青妃白競巧於流血塗肝之地苟有心者能勿觸目而酸心乎夫古之帝王以善其言者豈於其言而善之與忠厚宅心則氣不盈而不忍盡物之短正己無求則權不畸而不苟幸事之成養天下之和平存千秋之大義立誠以修辭辭皆誠也則惡之者雖在俄頃固可以昭告萬世而無慙矣孔子曰我於辭命則未能也言不於辭命而求善也

廣師

此單特由本社印贈祇限於學校之用如以此單塡寄訂閱一律照定價八折全年計三元二角半年計一元七角郵費照加定閱者必於下列特約單蓋印學校圖記寄交長沙本社收受方可有效如無學校圖記須照上列預約單收價凡本社各發行所亦不得收受此單幷此布告即新鑒察

湖南船山學社啟

特約單

號　住　省　縣

地方今向湖南船山學社特約定閱

船山學報　冊自第　年第　號起至第　號止

計共洋銀　元　角　分並郵費　元　角　分

照奉請即收入將收據寄下以後按期照寄爲要

年　月　日　此處蓋學校圖記

文中子補注

船山學報廣師之一

阮　逸註　　瀏陽劉人熙補註

宋儒因七制僞書之傳。以王通爲僭經。界畫甚嚴。後人遂不免有彼哉彼哉之意。然程明道亦推尊爲隋末隱君子。謂中說儘多格言。則亦未嘗不心折也。余謂中說自高於中論。亦賢於董賈。董子雖醇。每雜災變之說。賈生才高。權謀未可用也。文中子之中說。殆有鳳翔千仞之概。船山先生讀其書。有月湧大江之譽。有以也。今輒取阮逸注。間亦補其闕略。錄於篇。知河汾亦小鄒魯云。

文中子中說序

周公。聖人之治者也。後王不能舉。則仲尼述之。而周公之道明。仲尼。聖人之備者也。後儒不能達。則孟軻尊之。而仲尼之道明。文中子。聖人之修者也。孟軻之徒歟。非諸子流矣。蓋萬章公孫丑不能極師之奧。盡錄其言。故孟氏章句略而多闕。房杜諸公不能臻師之美。大宣其教。故王氏讀經抑而不振。中說者。子之門人對問之書也。薛收姚義集而名之。唐太宗貞觀初。精修治具。文經武略。高出近古。若房杜李魏二溫王陳輩。迭爲將相。實永三百年之業。斯門人之功。過半矣。貞觀二年。觀去聲 御史大夫杜淹始序中說及文中子世家。未及進用。爲長孫無忌所抑。長上聲 而淹尋卒。故王氏經書散在諸孤之家。代莫得聞焉。二十三年。太宗沒。子之門人盡矣。惟福時兄弟(福時文中子幼子時音止)傳授中說於仲父凝。始爲十卷。今世所傳本文多殘缺。誤以杜淹所撰世家。爲中說之序。(杜貞觀三年卒今世所傳本乃貞觀二十三年序)又福畤於仲父凝得關子明傳。凝因言關氏卜筮之驗。且記房魏與太宗論道之美。亦非中說後序也。蓋同藏緗帙。(緗音相帙直質反)卷目相亂。遂誤爲序焉。逸家藏古編。尤得精備。亦列十篇。實無二序。以章詳測。文中子世家。乃杜淹授與尚書陳叔達編諸隋書而亡矣。(叔達依遷史入隋書今亡)關子明事具於裴晞先賢傳。今亦無存。故王氏諸孤痛其將墜也。因附于中說兩間。且曰同志淪殂。(殂音徂)帝閽悠邈。文中子之教。鬱而不行。吁可悲矣。此有以知杜淹見抑。而續經不傳。諸王自悲。而遺事必錄。後人責房魏不能揚師之道。亦有由焉。夫道之深者。固當年不能窮。功之遠者。必異代而後顯。方當聖時。人文復古。則周孔至治大備。得以隆之。昔荀卿揚雄二書。尙有韓愈柳宗元刪定。李軌楊倞註釋。(倞其亮反)況文中子非荀揚比也。豈學者不能伸之乎。是用覃研蘊奧。引質同異。爲之註解。以翼斯文。夫前聖爲後聖之備。古文乃今文之修。未有離聖而異驅。捐古而近習。而能格于治者也。皇宋御天下。尊儒尙文。道大淳矣。修王創霸。政無雜矣。抑又跨唐之盛。而使文中之徒遇焉。彼韓愈氏力排異端。儒之功者也。故稱孟子能拒楊墨。而功不在禹下。孟軻氏儒之道者也。故稱顏回謂與禹稷同道。愈不稱文中子。其先功而後道歟。猶文中子不稱孟軻。道存而功在其中矣。唐末司空圖嗟功廢道衰。乃明文中子聖矣。五季經亂。逮乎創平。

文中子中說卷一

王道篇

文中子曰。甚矣王道難行也。吾家頃銅川六世矣。（上黨有銅堤縣）未嘗不篤於斯。（斯文）亦未嘗得宣其用。（不遇時）退而咸有述焉。則以志其道也。（志記）蓋先生之述。曰時變論六篇。其言化俗推移之理竭矣。江州府君之述。曰五經決錄五篇。其言聖賢製述之意備矣。晉陽穆公之述。曰政大論八篇。其言帝王之道著矣。同州府君之述。曰政小論八篇。其言王霸之業盡矣。安康獻公之述。曰皇極讜義九篇。其言三才之去就深矣。銅川府君之述。曰興衰要論七篇。其言六代之得失明矣。（自先生至銅川文中子世家言之備矣時變論至興衰要論今皆亡六代晉宋後魏北齊後周隋也）余小子獲覩成訓勤九載矣。（大業九年自長安歸著六經至九年功畢）服先人之義。稽仲尼之心。天人之事。帝王之道。昭昭乎。（因祖德考聖師而明）

子謂董常曰。吾欲修元經。稽諸史論。不足徵也。（董常字履常弟子亞聖者元經春秋異名也義包五始故曰元經史論謂歷代史臣於紀傳後贊論之類是也）吾得皇極讜義焉。（去就適中權衡褒貶）吾欲續詩。考諸集記。不足徵也。（前賢文集所記）吾得時變論焉。（化俗推移以正風雅）吾欲續書。按諸載錄。不足徵也。（史官載言所錄）吾得政大論焉。（王言大道其制明白）董常曰。夫子之得蓋其志焉。（非以文體）子曰。然。

子謂薛收曰。昔聖人述史三焉。（薛收字伯褒隋內史道衡之子昔聖謂孔子）其述書也。帝王之制備矣。故索焉而皆獲。（史有記言求言則制度得矣）其述詩也。興衰之由顯。故究焉而皆得。（史有明得失窮政化則詩明矣）其述春秋也。邪

正之跡明。故考焉而皆當。（史有記事稽邪正則法當矣）此三者同出於史而不可雜也。故聖人分焉。（言裁事）

（明得失皆史職也職同體異故曰分）

文中子曰。吾視遷固而下。述作何其紛紛乎。（史記漢書而下文體相模無經制紛紛多且亂）帝王之道。其暗而不明乎。天人之意。其否而不交乎。制理者參而不一乎。陳事者亂而無緒乎。（四者由紛亂故）

子不豫。（屬疾）聞江都有變。（大業十三年煬帝幸江都宮宇文化及弑逆）泫然而興曰。生民厭亂久矣。（自漢末亂至隋泫胡厭反）天其或者將啟堯舜之運。吾不與焉。命也。（唐太宗行堯舜之道而文中子已死）

文中子曰。道之不勝時久矣。吾將若之何。（自孔子孟軻已來不勝時故曰久矣）董常曰。夫子自秦歸晉。宅居汾陽。然後三才五常各得其所。（秦長安隋都也晉汾陽子鄉也三才五常謂續經）

薛收曰。敢問續書之始於漢何也。子曰。六國之弊。亡秦之酷。吾不忍聞也。又焉取皇綱乎。（六國燕王喜魏王假齊王建楚王負芻韓王安趙王嘉也亡秦始皇也秦竊皇之名無綱紀之實）漢之統天下也。其除殘穢與民更始而興其視聽乎。（變民耳目使知有王道興）

薛收曰。敢問續詩之備六代何也。（六代見上注）子曰。其以仲尼三百始終於周乎。（三百篇周一代）收曰。然。子曰。余安敢望仲尼。然至興衰之際。未嘗不再三焉。故具六代始終所以告也。（告猶貫也貫其俗於時君）文中子曰。天下無賞罰三百載矣。（自晉惠帝永平元年至隋開皇十年凡三百載）元經可得不興乎。（言必興）

薛收曰。始於晉惠何也。（惠帝名衷武帝子也政由賈后天下大亂故元經起於此）子曰。昔者明王在上。賞罰其有差乎。（言不差）元經襃貶。所以代賞罰者也。其以天下無主而賞罰不明乎。（晉惠猶無主）薛收曰。然則春秋之始周平魯隱。其志亦若斯乎。周平王幽王之子王室衰微東遷居洛魯隱公惠公之子平王同時子曰。其然乎。而人莫之知也。後人不知代行衰周之法謂東周始王讓國賢君非也薛收曰。今乃知天下之治。聖人斯在上矣。天下之亂。聖人斯在下矣。周公上仲尼下聖人達而賞罰行。聖人窮而褒貶作。皇極所以復建而斯文不喪也。春秋緯經行禮法之皇極不其深乎。再拜而出。以告董生。董生曰。仲尼沒而文在兹乎。前聖後聖一也文中子曰。卓哉周孔之道。其神之所爲乎。孟子曰大而化之謂聖聖而不可知之謂神順之則吉。逆之則凶。神在易中

子述元經皇始之事歎焉。後魏初年門人未達。叔恬曰。王凝字叔恬子之弟也爲御史彈侯君集爲長孫無忌所惡出爲太原令王氏家書稱太原府君夫子之歎。蓋歎命矣。書云天命不于常。惟歸乃有德。戎狄之德。黎民懷之。三才其捨諸。後魏饑殺黎民亦天地命之也人其捨之乎子聞之曰。凝爾知命哉。補注大同之道不分種族中國而用夷禮則夷之夷而進於中國則中國之文中子亦春秋之志也

子在長安。楊素蘇夔李德林皆請見。楊素字處道煬帝時爲司徒專朝政蘇夔字尼善鐘律隋業多從夔議李德林字公輔佐命掌軍書爲儀同顯自貴三人知文中子賢來請謁見子與之言。歸而有憂色。門人問子。子曰。素與吾言終日言政而不及化。上正下曰政下從上曰化夔與吾言終日言聲而不及雅。知音爲聲知德爲雅德林與吾言終日言文而不及理。修詞爲文知道爲理門人曰。然則何憂。子曰。非爾所知也。二三子皆朝之預議者也。預朝政今言政而不及化。是天下無禮也。知正人不知使人從言聲而不及雅。是天下無樂也。知文音不知和德言文而不及理。是天下無文也。知華辭不知實道王道從何而興乎。吾所以憂也。禮壞樂崩文喪天下可憂門人退。子援琴鼓蕩之什。蕩傷

周室大壞之詩也天下蕩蕩無綱紀文章○援于眷反 門人皆霑襟焉。哀隋將亡霑知廉反

子曰。或安而行之。聖人安仁 或利而行之。賢人利仁 或畏而行之。中人強仁 及其成功一也。稽德則遠。功則同而聖賢中人之德異

賈瓊門人未見 習書至桓榮之命。讀書有桓榮之命篇榮字春卿漢光武太子傅 曰洋洋乎光明之業。光武明帝 天實監爾。能不以揖讓終乎。初光武立東海王強爲太子強讓其弟陽陽立是謂明帝蓋天命授陽面使榮傅之所以終讓成美也

繁師玄未見 將著北齊錄。以告子。李德林父子俱有北齊書王劭有北齊志師玄撰其要爲錄 子曰。無苟作也。勿苟且表文詞而已

越公以食經遺子。子不受。曰羹藜含糗。無所用也。答之以酒誥及洪範三德。越公楊素也食經淮南王撰盧仁宗崔浩亦有之酒誥云越小大邦用喪亦罔非酒惟辜洪範三德云臣無有作福作威玉食其害于而家凶于而國時素專政故因答食經以戒之

子曰。小人不激不勵。不見利不勸。勵勸皆勉也

靖君亮問辱。門人未見 子曰。言不中。不中節 行不謹。不謹密 辱也。言行榮辱之主也

子曰。化至九變。王道其明乎。變變於道也孔子曰三年有成九成二十七年僅必世之仁矣故曰王道明 故樂至九變。而淳氣洽矣。樂化之聲也 裴晞曰。何謂也。晞子之舅傳未見 子曰。夫樂象成者也。象成莫大於形。而流於聲。王化始終所可見也。象成功而形容其德一而變九而成見王化之終 故韶之成也。虞氏之恩被動植矣。烏鵲之巢可俯而窺也。鳳凰何爲而藏乎。引古驗今

子曰。封禪之費非古也。費耗國用也三代已前無此禮齊桓公欲封太山禪梁甫管仲言七十二君須得遠方珍貢乃可封禪特設詞諫止耳非典禮所載之

（賓）徒以夸天下。其秦漢之侈心乎。（始皇東巡上太山立石封祠下禪梁甫以頌秦德漢武帝用齊人公孫卿言封禪登仙遂升中岳又上太山封土有玉牒使方士求神仙千數無驗而遇此皆夸侈以欺天下非事天致誠之本）

子曰。易樂者。必多哀。輕施者。必好奪。（家國皆然）

子曰。無赦之國。其刑必平。（無幸免則不深犯）多斂之國。其財必削。（旣富侈則用益耗）

子曰。廉者常樂無求。貪者常憂不足。（相反）

子曰。杜如晦若逢其明王。於萬民其猶天乎。（杜如晦字克明唐太宗時朝政典章文物皆杜所定）董常房元齡賈瓊問曰。何謂也。（疑稱天太過）子曰。春生之。夏長之。秋成之。冬斂之。父得其爲父。子得其爲子。君得其爲君。臣得其爲臣。萬類咸宜。百姓日用而不知者。杜氏之任。不謂其猶天乎。（用元跡物自化天也太宗治平歲斷死罪二十餘人幾乎刑措粟斗三文行道千里不齎糧王道盛矣非如天之效歟）吾察之久矣。目恍惚然。心神忽然。（恍惚憂貌）此其識時運者。憂不逢眞主以然哉。（知隋運亡又未遇太宗所以恍惚憂也）

叔恬曰。舜一歲而巡五嶽。國不費而民不勞。何也。（書稱四嶽此言五擧成數歟）子曰。無他道也。兵衞少而徵求寡也。（簡則用省）

子曰。王國之有風。天子與諸侯夷乎。（黍離列於國風夷等也）誰居乎。（居音姬禮記曰何居）幽王之罪也。（幽王惑褒姒廢申后申侯弑之周遂微）故始之以黍離。於是雅道息矣。（王國十篇黍離爲始）

子曰。五行不相沴。則王者可以制禮矣。（治臻皇極則五行各敍故禮行皇極也○沴圖計反）四靈爲畜。則王者可作樂矣。仁及飛走則龜龍麟鳳在沼藪故樂形仁聲也子遊孔子之廟。漢已後郡國立孔子祠出而歌曰。大哉乎。君君臣臣父父子子兄兄弟弟夫夫婦婦。夫子之力也。春秋行法君父尊詩序人倫夫婦正其與太極合德。神道並行乎。言無窮王孝逸曰。夫子之道。豈少是乎。孝逸未見夫子謂文中子也子曰。子未三復白圭乎。責言玷天地生我而不能鞠我。父母鞠我而不能成我。成我者夫子也。道不啻天地父母。通於夫子。受罔極之恩。詩云欲報之德昊天罔極言孔子生民之師大於生我鞠我者之恩吾子汨彝倫乎。擬人必於其倫不可汨亂謙也補注王陽明曰吾於晦庵亦有罔極之恩謂朱文公也此語可以深思孝逸再拜謝之。終身不敢臧否。

韋鼎請見子。三見而三不語。恭恭若不足。韋鼎未見不言謂目擊道存鼎出。謂門人曰。夫子得志於朝廷。有不言之化。不殺之嚴矣。不得其言而得其志

楊素謂子曰。天子求善禦邊者。素聞惟賢知賢。敢問夫子。子曰。羊祜陸遜仁人也。可使。祜字叔子晉欲平吳以祜督荊州祜綏懷吳人吳之降者欲去則聽之遜字伯言爲吳大將軍攻晉襄陽獲生口卽還之二賢皆仁素曰。已死矣。何可復使。不悟諷已子曰。今公能爲羊陸之事則可。如不能。廣求何益。通闡邇者。悅遠者來。折衝樽俎可矣。何必臨邊也。折橫也衝直也應兵橫直猶辯縱橫晏子用此

子之家六經畢備。朝服祭器不假。不假借曰。三綱五常自可出也。正家以正天下

子曰。悠悠素餐者。天下皆是。王道從何而興乎。隋多無功食祿

子曰。七制之主。其人可以卽戎矣。(續書有七制皆漢之賢君立文武之功業者高祖孝文孝武孝宣光武孝明孝章是也)董常死。子哭於寢門之外。(不可親猶子也哭寢則大親不可親猶朋友也哭野則大疎故折中於寢門之外)拜而受弔。(知生者弔彼弔我失其助故拜之)

裴晞問曰。衛玠稱人有不及。可以情恕。非意相干。可以理遣。何如。(玠字叔寶善談玄理有情恕理遣之論)子曰。寬矣。(寬量而已)曰仁乎。(寬似仁)子曰。不知也。(仁道至大非但寬)阮嗣宗與人談則及玄遠。未嘗臧否人物。何如。(籍字嗣宗口不論人之過)子曰。愼矣。(愼言而已)曰仁乎。(愼似仁)子曰。不知也。(仁非止愼)

子曰。恕哉凌敬。(凌敬未見)視人之孤猶己也。(以己心爲人之心曰恕孟子曰幼吾幼以及人之幼是恕也)

子曰。仁者吾不得而見也。得見智者斯可矣。智者吾不得而見也。得見義者斯可矣。(仁無爲而理智)

薛收問至德要道。子曰。至德其道之本乎。要道其德之行乎。(行成德德成道德行成身道施天下)禮不云乎。至德爲道本。(周禮師氏三德云)易不云乎。顯道神德行。(繫辭云)(達於未亂之前義制於已然之後)如不得見。必也剛介乎。剛者好斷。介者殊俗。(剛必果介自異)子曰。大哉神乎。所自出也。(本諸身曰自出)至哉易也。其知神之所爲乎。(無體則無方)

子曰。我未見嗜義如嗜利者也。(和而有宜曰義反是曰利)

子登雲中之城。(漢雲中郡唐延州)望龍門之關。(河中有龍門縣)曰壯哉山河之固。賈瓊曰。既壯矣。又何加焉。

子曰。守之以道。(險不可恃)降而宿于禹廟。觀其碑首。曰先君獻公之所作也。其文典以達。(文未見)

子見劉孝標絕交論。曰惜乎。舉任公而毀也。任公於是乎不可謂知人矣。(劉峻字孝標性率多毀時任昉死有)

子東里冬衣葛裘孝標作絕交論以譏任公之友然又彰任公不知人耳見辯命論。曰人道廢矣。峻又有辯命論言管輅才高不遇乃謂窮達由天殊不由人是不知命廢人道也子曰使諸葛亮而無死。禮樂其有興乎。孔明言普天之下莫非蒸民志在天下非蜀而已亮未死必可功成治定子讀樂毅論。曰仁哉樂毅。善藏其用。智哉太初。善發其蘊。夏侯玄字太初著樂毅論言不拔即墨及莒二城者其志以天下爲心非兼并齊國而已仁哉美毅不居墟善藏用也智哉美太初能發明毅之仁也子讀無鬼論。曰未知人。焉知鬼。阮瞻作無鬼論謂可以辨幽明蓋不知聖人不語之旨

石齋要語

船山學報廣師之一

瀏陽劉人熙

石齋先生名道周漳浦人明季殉國之偉人也蔡世遠稱其學貫天人行本忠孝入則言朝出則守墓若論列人才敷陳軍國大政其呂獻可李伯紀之流與晚乃自收成局以文信國終焉當崇禎時溫體仁當國方招奸人搆東林復社之獄先生上疏辭進秩言已有三罪四恥七不如三罪四恥以自責七不如者謂品行高峻卓絕倫表不如劉宗周至性奇情無媿純孝不如倪元璐湛深大慮遠見深計不如魏呈潤犯言敢諫淸裁絕俗不如詹爾選吳執御志尙高雅博學多通不如華亭布衣陳繼儒龍溪舉人張燮至圜土纍係之臣朴心純行不如李汝璨傅朝佑文章意氣坎坷磊落不如鄭鄤錢謙益其取善之廣如此雖其中鄭鄤見誣於當時陳繼儒錢謙益貽譏於末路然如念臺鴻寶諸公固一世之人傑也吾輩擇善不可不精而取善不可不廣聚古今之豪傑志士揖讓於一堂卽以石齋先生之所師與其平生所心得者引而爲學社之師此要語所以錄也

帥神靈以正天地非乾德而能之乎乾德以精精合於神謂之心精合於氣謂之志心宅乎而無爲志領銳以有事故志者心之旗也心旗不亂衆志乃治治天下不先立志吾知其不治矣程氏父子儒之知治者也程珦曰治天下不先立志則無以任宰輔責賢者習俗譏口

必進而搖先王之道程顥曰治天下不先立志則無以辨王霸正義利邪說異端得進而禦堯舜之域夫賢否利義兩者致治之大端也而主志不治更無以辨志者嗚呼此道不講於今五百年矣人臣無朝夕課効之說無以信朋友而達於君人主無朝夕課効之說無以信百姓而課其臣天下相視朝蠶而暮衣朝稼而暮餐小効立報則拊掌蹈足小報不効則頹然廢箸而止夫以天下之大神明相奉平居訣語此繇彼高一旦值小利害而神色沮喪謂天下無復黃姚上事者此豈有志而爲之乎凡治天下必知天下之所以治與所以不治與其治之所以變所以不變治具之治其變三年治法之治其變十年治氣之治其變百年治志之治蓋千億年未之有變也故功利者詩書所閒談名實者聖人所不卻也然而志朝夕之功利必無百世之名實志百世之名實必無朝夕之功利禹稷共繇共一撬撻夷夔靈景共一鐘簴而所志異向魚龍鳥獸皆別其向夫魚龍鳥獸豈知禹稷之多功共繇之不利夷夔之多名靈景之喪實循久近而別功次哉神靈所會各或喻之不自治也聖人之治本日而法天其上之以通於耀魄濯靈其中之以通於水火木石其下之通以於羽毛介鱗裏天下無一遺氣之物則裏天下無不領志之事燧員而灼艾管平而噴灰石陽而驅雪犀通而辟水硝樸而掣電磁頑而引金此數者豈有厚賞之誘其前嚴威之鞭其後哉氣之所在而志動焉志之所動而化出焉理有不及譬法有不及設研於豪末而應於千尺其所以然者

何也日也日行於天空洞四周貫於心繫之中物質之端因其所受以爲銳光精氣盪之而蕃變萬出言仁者見以爲仁言義者見以爲義言明者見以爲明言武者見以爲武言堯舜者照之得堯舜言湯武者照之得湯武故日者天地之所立志也天地神靈各有所立立於雨露天下以爲仁而日不獨舉仁立於霜霆天下以爲義而日不獨舉義立於水火天下以爲明而日不獨舉明立於風雷天下以爲武而日不獨舉武日者立於億世之上新於億世之下與天下億世正頑讒邪異之志者也天下之頑讒邪異雖億世不復可弭而聖人所立志不亂於頑讒邪異者烱億世而如故故志者聖人所以別賢否剖義利禀於日光斷斷乎與天地億世正晝夜白黑之地天下之志先正而後定先定而後動先動而後通未正而定之北行有餘陽南行有餘陰陽無以立德陰無以立刑未定而動之相薄有鼇風相射有虁光風無以示艸光無以示景未定而通之破鹵而有餘燥決膚而有餘溼溼有害水燥有害火聖人之治觀志而得其先後也志先物者立志後物者奪志先氣者王（即俗旺字）志後氣者脫先立於所不奪而後物受其所奪先立於所不脫而後物繫其所脫彼於萬物之原始則各有取之也鷙物之搏不避氣而避心鬼物之行不避氣而避日從日而行者無不若之逢爭氣而治者有猛鷙之搏古之聖人綣領而治辨有不必聽色有不必察名有不必核跡有不必錄成不以欣敗不以驚饔與不改餐豕突不改音其所以如是者何也謂天下之湫湫者

皆氣也。或散或搏。或往或還。或息或消。或卑或驕。或正或邪。或堅或瑕。皆氣也。與天下爭氣而天下決不治。以志召天下而天下已治矣。昔黃帝之治也。殺一龍戮一蟲而天下治。史皇氏之治也。解一繩結一繩而天下治。尊盧氏之治也。屏一屨踦一屨而天下亦治。天下之晝夜黑白賢否邪正則固猶是也。鳥獸艸木金石水火有無知識與日出入照之則行不照則止。倒照則於彼。正照則於此。相從不已而謂上古之治不可復。志。志之不可復治者。豈理也哉。故謂上聖不作。後王可法。喜小速而惡迂闊。此四者求治之大結也。四結丞於中則必貶志而趣治。世不可治則必厲志而爭氣。厲志爭氣則庸醫毒子皆素難於市而天下之食志者衆矣。日之治天。天下之至治也。著氣於中則日中之日起而食之。心之治體。體中之至治也。著氣於中則心中之心起而食之。方其未食之。辛風不足辛。酸雨不足酸。方其食之。景慶無所飾其祥。雷霆無所劾其彊。方其未食之。夏汗不以鹽。冬液不以冰。方其食之。嬰兒無以貢其色。成荆無以輸其力。故治天下不如治志之難。立天下亦不如立志之難也。治志以立天下。立志以治天下。心中之心。日中之日。纖芥不斷而烏兎羽翼弊於天下矣。夫天下虛器。盛日而出之。若水鏡之相濬也。動者以爲風。閃者以爲霆。潤者以爲雨。濕者以爲露。中間塵翳以爲鳥獸龍蛇寇攘夷狄。精氣晃射則塵影立去。夫以不徹之照。疑雜起之形。則是顧塵翳。而墜曦馭之事也。聖人之治天下。患己之不志。不患天下之不治。九潦不霽。聖人不以沈其耒七旱不沛聖人不以焚其鉏編戸之儒法孔慕顏再易寒暑而發夢灑然天地之選天子神聖之應帝王非有階級之限攻苦之耐也而敏鈍爾殊者一自以爲天子一自以爲神聖一自以爲帝王其氣大於其志則天下大於其身氣大於志則其志不足以動氣天下大於身則其身不足以動天下矣魏武侯出而謀其臣其臣不逮退有喜色吳起倚屏而歎歎者之聲未息而趙人拔其黃城楚人取其蒲棘失一黃城失一蒲棘未損於治也而滿志見色先失色焉使臣下相顧不肯貢其志楚嚴王出而謀其臣其臣不逮退有憂色申臣斂衽而服服者之聲未息而麋人致其百濮陳人致其栗門得一百濮得一栗門未益於治也而憂色見志先得志焉使臣下相告不敢靳其力故志者精微之極而百王之選也虞帝曰予欲云云漢茂陵亦曰予欲云云其有欲同其所志於欲者不同伊摯曰予恥不若堯舜王荊舒亦曰余恥不若堯舜其有恥同其所志於恥者不同夫志之所從天下從之疾如風志之所棄天下棄之疾如灌自有天下以來衰旺相乘明主之餘明幽主之餘幽皆有靈爽不散於天下然而敢與帝王爭氣不敢與一人爭志者禹孟門武王共頭之事是也且自黃虞而上疏者之未疏佗者之未佗亦有鴻濛精魄往來然而敢與天地爭氣不敢與聖賢爭志者權天之舞尾朱襄之鼓膝是也夫孟門之黃龍共頭之彗星八士之拔牛匹夫之斷木豈有曾呂之開其例桑孔之布其算韶注之引其端衞霍之修其貫而微志一動陰陽改色夏者

遂以夏武者遂以武鐘者遂以鐘鼓者遂以鼓物務之開成豈俟其變倦哉故曰治志則天下治治天下則志不治與天下共立治而天下不治與天下共立志而天下治矣蘧伯玉曰吾以不治治之仲尼曰氣志既得施于四海今曰尋尺則尋尺而已曰朝夕則朝夕而已良宰賢臣習俗讒口王霸利義異端邪說雜而量之相距之數非甚遠也日行於報德之維濱生於背陽之阿隱耀相窺一曲未宣百步之外視之則以爲虹霓百步之內視之則以爲霧露虹霓之與霧露摶散異情澹采異文矣爲隱耀之故而使離朱無以察其形旡衍無以正其說尋尺朝夕之間以爲隱耀者多矣欲貌傅說而刻繇余呼桓文以對皋契使別其標本陳其是非令天下啞然既起既從若晝夜黑白之自治豈可得乎故天下皆形也天下之能動者皆氣也形不足治氣不足治立於不動以持其動者故動而不奪正而自治鈞可以喻弋弋可以喻車車可以喻日日可以喻極至於極而無所不喻孟子曰引君當道志於仁而已推而前之亦曰引君法天至於日而已矣引而後之亦曰引君法日至於極而已極治則日治日治則志治志治則氣治氣治則形治不得於形勿求於氣可不得於氣勿求於志不可故程氏之言志又不如孟氏之備也　治天下必先立志論

石齋文奥博精鋭不顯於時然語皆心得啟人神智大滌講席之盛良有以也此篇蓋憂崇禎帝之不知人而作使帝以石齋爲師如武王之北面而受丹書心說誠服則朱明之

統雖至今存可也篇中明主之有餘明幽主之有餘幽一段哲理昭然船山注易發揮極透其言曰成周之刑措百年衰晉之五胡雲擾善惡之積亦有往來正與相發船山石齋均値國變船山年輩略後令相處一堂則相覰而笑莫逆於心矣

天意焉存曰生人治術焉存曰養民生者與天養者與君故天曰大父君曰保母　爲君之道必須先存百姓論

傳曰爲百姓立君爲百姓非以爲君也故百姓存則與存亡則與亡存百姓者所以自存也　爲君之道必須先存百姓論

聖人之所存皆百姓所不知而百姓之所存聖人已先行之不疑　爲君之道必須先存百姓論

聖人者不服無疾之藥而存已疾之方卻不死之方而存戒死之色　爲君之道必須先存百姓論

曾子曰百姓雖賤君選吏則必與百姓共之　爲君之道必須先存百姓論

齊桓公乞言於麥丘其老曰使君無得罪於百姓桓公愕然其老曰夫得罪於君可以左右侍御乘間謝也得罪於親可以姑姊妹兄弟頓足謝也得罪於百姓誰謝乎言百姓之刑等天於不可謝也　爲君之道必須先存百姓論

晉公之出鎭州招討也李光顏烏重允各蓄縮無功公數入賊境斬將以聞諸權姦慮公功成又將入相所以撓之百端元稹顯結宦官魏宏簡求執政公上書暴稹罪過以爲逆豎搆亂震驚山東姦臣作朋撓敗國政陛下欲掃蕩幽鎭先宜肅清朝廷河朔患小禁闈患大小者臣與諸將必能翦滅大者非陛下覺悟斷制無以驅除若朝中姦臣盡去則河朔不討自平若朝中姦臣尙在則逆賊縱平無益上意甚怫不得已罷宏簡及稹近職俄又擢稹中書公以是遂解兵柄韓魏公生平推服晉公郤謂晉公黠簡亦有未盡處嘗繹晉公所論皇甫鎛疏及請斥元魏書使稱圭爲之不敢也魏公見孫覺論新法疏有古大臣出晉陽之甲以清君側者稱圭爲吐舌憂懼數日又云平生未嘗以膽字許人晉公此膽從淮蔡來魏公此膽從環慶來（韓魏公琦請太后撤簾膽不可及）如無來處亦猶貍神强作師子晉公傳亦可不看也（裴度論）

古之君子其秉志也必堅其慮事也必審其發機也極疾其相機也極愼不夜行而惡陰不日行而惡影攷其爲動本於明膽而存於沈决明若洞的膽若矢發沈若虎視决若兎脫皆至之不違頃刻中之不爽毫末（天啓二年進士策）

今之懷錢裹金過人門氣充色揚者非無賢人者矣以爲不如是則不足以自致及其自致而又將取償焉故自是朝無淸人也（天啓二年進士策）

家無恆兆敦書者興國無恆運憐才者勝有道之君欲用人必使人自舉長欲程言必使言

自課効人自舉長故有共集之長言自課効故無不試之効 天啓二年進士策

三代上下其盛也皆因其舊禮通其舊俗劑以新德稍稍引導之其衰也乃思爲一切震驚其師 天啓二年進士策

積溼生淖積淖不足以漂萬物積燥生爆積爆不足以燎萬物去日近則氣盈氣盈必偾迫以爲雷霆去日遠則氣縮氣縮則結迫而爲霜雪使天地得已而爲之則天地已病矣夫天地而無萬物天地固無所著命也宇宙之大日道分中表晷南北不過七千里南面視晷在於日陰陰退一尺則萬物皆生陰進一尺則萬物皆死天地不忍進一尺之晷以死萬物之命故晷南寸進則抑而反北晷北尺盡則抑而還南天地之爲物命而抑其身影也 天啓二年進士策

聖人者救時也救時者因時也時陰勿砭時寒勿刺月廓勿鍼日中勿灸新勞勿作新虛勿毒夫亦要於有濟而已矣 天啓二年進士策

漢文時天下甚多事匈奴數寇邊斗米至百六十錢民亦有笞死者每下詔書與民蠲疾一則曰朕之不德再則曰朕之不德王通善之遂譜漢詔 天啓二年進士策

道不足以立人則聖人不以立教非聖人不以立教天固制之聖人亦不能違也何也聖人亦人也聖人者以人而溯天多有所未明於天以天而治人多有所未明於人自是而學出

爲學者聖人所與天下共明者也三代之學者以明人倫論

當崇禎時烏程宜興費縣德州金谿淄川韓城武陵井研相繼爲政一命而上胥用黃金椎埋之徒至銷毀佛寺取其泥液以當羔雁宏光一半載間貴陽懷寧富順霍山布列要近江南杼軸爲之一空自輿臺走卒指目縉紳以爲奇貨武人坐飽動數十萬舟重不載輒下河伯以當楮幣其君子悁悁苦於桂玉其小人睨睨意於庫藏漢人竭府庫以事單于單于至爲錦馬繡柱日費大官之半然其宰相率用經術文采之士銅臭司徒指不再屈或卒罷去唐人竭府藏以事戚畹戚畹之家築一小室賞賜動數十萬然其宰相多有奇能異畫或有不類當時得執白痲批黃紙動色爭之雖罄子女玉帛以與西戎猶從玉關外犒守疆之吏今天子將相各共愛財財入輒不可出譬之撲滿投錢其中錢滿而後撲之取其滿貴而破其虛器也上下交征利而國危矣故交征利者盜賊之道也兩朝盜臣論

作書是學問中第七八乘事切勿以此關心王逸少品格在茂宏安石之間爲雅好臨池聲實俱掩余素不喜此業只謂鈞弋餘能少賤所賅投壺騎射反非所宜若使心手餘閒不妨旁及趙松雪身爲宗藩希祿元廷特以書畫邀價藝林後生少年進取不高往往以是膾炙前哲猶循五鼎以啜殘羹入閱門而懸苴履也書品論

老大人著些子淸課便與孩子一般學問人著些子伎倆便與工匠無別此中有可引人入

道處亦不妨閒說一番正是遇小物時通大道也 書品論

凡辨法書以倉頡大篆第一籀書次之小篆爲下石經三經刦火今所存者皆唐人補作無復古法 書品論

孔廟祀碑亦算首所書不出鍾手楷法初帶八分以章草急就中端的者爲準曹孝女碑有一二處似急就只此通於古今餘或遠于同文耳眞楷只有右軍宣示季直墓田餘俱不可法但要得其大意足汰諸纖靡也 書品論

草書以歐陽詢初集右軍千文爲第一懷素最下大要少年長者都不可作草書司馬君實程伯子最得大法章草晉魏以下無復佳者張廣陸雲所存不多時人惟有雲間周思兼備臻妙詣今久不可得吾鄉謝公幀章草亦足名家 書品論

八分以文徵君爲第一王百穀學薦福備得大旨惜其態多侈於八分却淸截遒媚亦不易得今時惟南太史中幹意度極佳能加損小篆自爲行幅 書品論

行草近推王覺斯覺斯方盛年看其五十自化如欲骨力嶙峋筋月輔茂俯仰操縱俱不由人抹蔡掩蘇望王逾羊無如倪鴻寶者但今肘力正掉著氣太渾人從未解其妙耳 書品論

劉殿撰書圓秀與董宗伯同風此亦秋河家果庭所歆前輩盛推黃平倩邢子愿兩公不作眞楷不得備論劉魚仲諸體備有源瀾近頗汎濫然在法象中骨相行藏只有肥瘦肥者右

軍之師李衛瘦者率更之變右軍除此二途別無正法不旁及也書品論

崇禎末年世事大壞當宁頗囘睠遺臣徘徊誦君子在野之言鴻寶鄭仙稍稍未見九山亦用起於田間如晉平蟲盛始召和緩雖有子産詳其厲夢祝魚禮于河汾無所進其砭鍼而談者謂崇禎末年諸賢駢召禍變逾深嗚呼過矣九山北上之時未至京虜已廹城下屠諸名城執重藩而九山抗節死于臨淸與金夫人滕氏抱石自沈令九山入都仰攀龍髯與鴻寶巢軒（倪元璐字鴻寶漲元颺字鄭仙周鳳翔字巢軒皆明季烈士）決翼而上無所差池也而談者猶以聲氣病諸賢者烏呼世之知交自以風雲高於燥濕猶藥物金石各從其類如闐公專愚及覩甲申之變其爲卞壺嵇紹無疑卽如鄭仙不與馬服代位亦當與鴻寶巢軒同歸此四公者皆與余聲氣未嘗以聲氣害秋毫之事而必以平叔甫夷（何晏王衍）繩朱陸眞魏之徒是余所頓足擗心呼蒼而長嘆也書九山帖後

古之君子以至善爲性仁智爲度翺翔德林容與於山水泉石之下其道足以輕千駟等浮雲其視禹稷與顔子無所軒輊故世之學者造就雖殊要於知性之可樂而極矣知性之可樂又有以樂之匡坐絃歌雖中天下定四海不與易也有宋諸儒每對來彥必問孔顔何樂以是爲望賢津關性樂堂記

人知夫人之學天不知夫天之學人動靜仁智消息盈虛是人之學取於山水與月者也山

以積小高大以爲好學。騰踔堅確以爲力行。導水而行。遇坎而止。不宕不淫以爲知恥。水以匯流慕海以爲好學。平科決險以爲力行。蕩滌潔淸以爲知恥。月以貣日增輝爲好學。三旬考績爲力行。平滿挹虛爲知恥。此三者皆天之所以學人者也。天人相師。漸近漸親。居業惟勤。進德惟敬。修之曰賢。永之則聖。譬此崇岡。迸於荒昧。樵蘇所棲。焉知其貴。實始啟疆。又黼黻之。乃立礎柱。又藻梲之。見之者下。過之者趨。曰是巋然聖賢之居。匪敬匪勤。騰華絕根。雖有層阿。等之斷垠。君子敬修。愼乃永久。未之思也。何遠之有。粤思古人。心源惟一。繼之成之。其道鮮失。成繼伊何。曰惟一善。爲天志事。與人同貫。譬如嬰孩。語善則說。投以不善。艴然氣決。盜賊強橫。亦樂善言。以不善投。其怒乃遷。凡善與人。巽於風雨。不善與人。憯於刀俎。善言善色。變爲巧佞。性與習遷。乃失其正。所貴善人。以善相成。本性而出。與心相生。繼天之志。成天之事。育物爲仁。正物爲義。繇仁義行。與天相親。澹情去疑。與道德鄰。匪曰詼辭。佐以柔色。導便養阿。醜正惡直。所以舜濬。以善爲度。擇焉貴精。執焉貴固。耕稼陶漁。皆善與人。鈞弋射御。亦與善均。禹拜善言。子和歌者。豈曰柔轡。不違其馬。裁之獎之。激之勸之。非結與之。又睠戀之。我友我師。我孩我昆。天下相成。其道乃醇。爲天孝子。則繼其志。爲天忠臣。則成其事。成性存存。道義之門。非道義門。善何所存。便辟善柔。實爲天蟊。詼詞令色。亦惟鬼蜮。去之去之。善則與之。涵濡陶鎔。謂我取之。取之與之。人不得執。天不得距。詩亦有言。天之牖民

如取如攜亶其然乎與菩堂銘

凡人學問處處要從心性中出勿從口耳邊來從口耳邊來者如聽街談聞歡說苦冷齒搏胸枉自啼笑從心性中出者如向戰場拔父救兄如在異鄉遇妻憐子此處看不分明切勿讀書每見朋友端杯清問初寒溫時金聲玉色正眼相看有三分聖賢纔過數次尋其語言事事是從口耳邊過以此二三十年都是口耳生活便有七分優孟耳詩一房制藝序

周之少也溺於騷雅比其稍長濫於老釋既四十餘乃知文藻之墜華二氏之落籜一意反於六經然而老矣答曾叔祁書

成仁未殺身著書未絕筆雖畋鳳獵麟未改其樂也聞鄉里捐助者多已敕家人一一清理分還之獄中答捐助之

吾道所賴託於精心心地一蠹百節俱落世謂覃精其敝近愚仁而好學何愚之有縱令昏隮劣於射御但使來世不絕微言朝聞夕死吾猶甘之矣答陳獻可書

曹太公名以成字玉汝嘗謂其子廣曰劇孟季心古之賢人也以匹夫重於吳楚以一諾貴於千金少負雋十八爲諸生嘗走錢塘錢塘少年殺人誣中表就公父取錢家僮稍稍驚散公攝衣冠出語少年曰奚爲殺人者我也爲爾見令君爲白十數言理當曲折事遂已父拊公背曰眞吾飛菟也於是父三子獨就公餔曰吾樂是數見益鮮父病公侍目不交睫因發

接第五期

濁本於陰三十而有餘故人極於頑而不知有性又極而下之則狗馬鹿豕蚓蠋梟獍之類充矣要其方往而方來之際或聚或散固不可以刻桅以求遺劍也使此有人焉必死於此而生於彼魂魄既分於升降又各壽其合而營營往來交午於道亦紛詭而必迷矣故往之或來來之必往可信其自然以爲天地之大德而往來之衝聚散多寡之際聽乎理數之无心則所謂過此以往者也有心可以億以其心无心无定以召億未之或知豈復有知此者哉雖欲知之而不能強无心者以聽我徒眩而憂憂而召妄將悲其往而幸其不老則生老病死皆苦將滅情絕識居長策於无生矣則又何貴乎知之邪不必知之而聖人之利用以貞來而善往者固有道矣生化之理一日月也一寒暑也今明非昨明今歲非昔歲固已異矣而實而翕者明必爲日虛而闢者明必爲月溫而生者氣必爲暑肅而殺者氣必爲寒相因以類往來必貞故人物之生莫之壹而自如其恆特其用陽數寡動以喜來而大陰數多靜以喜往而小養與性均以有生養數多下逮乎蟲鳥性數少遞殺於中人多者不恤其往寡者重予以來聖人之所以必盡性而利天下之生也性之數既少而人亦不能存之且虧替之大寶在位而聰明彊力之足任則爲功於往來以節宣陰陽者存乎其人矣充性以節養則延於他日延於他人而要有餘清充養以替性則延於他日延於他人而要有餘濁故成周之刑措百年衰晉之五胡雲擾善惡之積亦有往來率數百年而一復然且聖人憂之

者。化不可知。而幾甚危也。是故必盡性以利天下之生。自我盡之生而存者。德存於我。自我盡之。化而往者。德歸於天地。德歸於天地而清者。既於我而擴充。則有所埤益而无所吝留他日之生。他人之生。或聚或散。常以扶清而抑濁。則公諸來世與羣生。聖人因以贊天地之德。而不曰死此而生彼。春播而秋穫之。銖銖期報於往來之間也。是故詩書禮樂以敦其教綱常秩序以峻其防。功不預擬於將來。事必先崇於今日。爲埤益之勿吝留之正。昏媾以厚男女之別。謹饗食以制飲食之度。猶日无朒朓而月有盈虛也。猶寒暑相半而和勝於寒。以助溫也。則聖人與天地之相斟酌深矣。且今日之來。聖人之所珍也。他日之往。聖人之所愼也。因其來而善其往。安其往所以善其來。物之來與已之來。則何擇焉。是則屈於此而伸於彼。屈於一人而伸於萬世。長延清紀以利用无窮。此蠖之屈而龍蛇之伸。其機大矣。故生踐形色而沒存政教。則德徧民物而道崇天地。豈舍身以他求入神之效也乎。惟然。故不區畫於必來而待效於報身也。抑不愁苦於必往而苟遯於一來不來也。然則天下之淫思而過慮者。何爲也哉。釋守性以爲已眞。道守命以爲已寶。以同所異而異所同。立藩棘於蕩平之宇。是亦共驩朋黨之私。屠酤固吝之情已耳。故曰君子和而不同。與天下萬世和也。而不怙必同於己也。然則何以見其義於咸之九四也。艮男之成也。兌女之成也。

獸曰牝牡。禽曰雌雄。人曰男女。人得天地敦厚之化。故无速見之慧。始於鈍而終於敏。六子分乾坤之化歷震巽坎離而成男於艮成女於兌專以人道言與雌雄牝牡異矣三四之爻男女相感之際人道之終始往來之衝而取諸身者爲心心感而思感思以止秉貞以盡道之常不安養之悅以叛性不專己而絕物故曰聖人感人心而天下和平天下和平則己之思慮釋矣若夫迷於往來之恆理感其憧憧而固守己私以覬他生之善謂死此生彼之不昧者始未嘗不勸進於无惡而怙私崇利離夫光大以卽卑暗導天下以迷而不難叛其君親聖人有憂之故於此三致意焉嗚呼聖人之時彼說未來也而知人思慮之淫必有疑於此者故早爲剖析於千載之上可不謂前知者與列禦寇西方聖人之說又何誣焉雖然聖人之於此廣矣大矣易道備矣豈僅爲咸四言言之與

咸之爲卦近取諸身九四正當心位千聖傳心自有文字以來包犧其鼻祖矣

位者仁之藏何以守位曰仁仁字當如字

聖人之大寶曰位自君主以至於鄉官學生自大統領以至議員社長皆位也

財者義之具也

孔子之於顏子曰使爾多財吾爲爾宰以顏子庶幾聖人使居損益四代禮樂之任孔子輔之以行其義也孔子疏水曲肱樂在其中而於我如浮雲必歸之不義而富且貴非驕語貧賤也修辭之立誠如此

故天下无吉凶。而吉凶於財位。君子无吉凶。而財位有吉凶。此所謂與百姓同其憂患者也。察原觀化。渾萬變而一之。渾涵於仁義之大有。則位惡得而不實。財惡得而不聚乎。主不虛王。臣不虛貴。位斯定矣。天不愛道。地不愛寶。財斯豐矣。臣弒其君。子弒其父。倫之逆。以財位而逆也。殺人盈城。殺人盈野。血之流。以財位而流也。失裁成輔相之道。任天演之變幻。秦漢以來。天下洶洶。兵弄潢池。鼠鬬屋穴。亦云酷矣。邇日舟車進化。環球溝通。風起潮湧。萬怪惶惑。叩關通商。立約傳教。爭租借權。爭保護權。爭裁判權。爭納稅權。爭驗病權。爭殖民權。爭警察權。爭航路權。爭鐵路權。爭礦產權。爭借債權。戰勝則狼貪。償款不足。繼以割地。無事則狐媚。餂以甘言。餌以重賄。凡可以奪我主權者。无不爲也。奪我權者。覬我位也。凡可以奪我大利者。无不至也。奪我利者。蠹我財也。合同胞之榮名厚實。懸於一二政府之手。而我士民酣睡。曾不知改其倚賴之性。合羣以圖存。豈不哀哉。

且位惡從而設於倫類。（一重問題注意）財惡從而流行於事物哉。（二重問題注意）愚者見位。知其貴而已也。而驕肆以喪其仁。（一感自天子至庶人皆有之）愚者見財。矜其富而已也。而鄙吝以隳其義。（一感）故位非其位。而財非其財。若夫位。則有所自設矣。若夫財。則有所自殖矣。天地之大德者生也。珍其德之生者人也。胥爲生也。舉蚑行喙息高騫深泳之生彙。而統之於人。人者天地之所以治萬物也。（解決第一問題）舉川涵石韞荑榮落實之生質。而統之於人。人者天地之所以用萬物也。（解決

第二問題 胥爲人矣。舉彊武智文效功立能之生理而統之以位。位者天地之所以治人也。舉賦質修事勸能警惰之生機而統之以財。財者天地之所以用人也。不得其治則叛散孤畸而生氣不翕。天地於此有不忍焉。（天地之仁）不任以用則委棄腐萎而生道不登。天地於此有不倦焉。（天地之義）故翕天下以位而人統乎人。人乃以統乎物。登天下以財而人用乎人。人乃以用乎物。故天地於其所生无所恝置於已生之餘。莫之喩而喩使之自相貴而位以定。莫之勸而勸使之交相需而財以庸。（地球交通有無互相孳乳此正開治之機在盡道以迎其機則遂其害而收其利不用驚疑奉若而已）然則位者天地不忍不治之仁。因以秩之。財者天地不倦於用之義。因以給之。聖人欽承於天而於天步之去留天物之登耗。罩心於得失之林。弗容已矣。其得也吉也。其失也凶也。其悔也欲其得也。其吝也戒其失也。請命於天。

祈天永命自求多福非禱祀之謂也。

與謀於鬼

夏道尊命則威不媿屋漏爲无忝。非土木丹青淫祀之謂也。

大公于百姓。

堯舜之揖讓。疇咨岳牧。湯武之征誅。應天順人。歐美立憲之政體。公諸輿論。

與神物以使明于消息存亡之數。

易有聖人之道四焉。尚占其一事爾。卽以占論。亦精義入神之事。與壬遁小數天地懸隔。尚德而非以獎競。崇功而非以導貪。而天地之德。亦待聖人而終顯其功。嗚呼。彼驕語貧賤者。何爲也哉。金夫不有躬。非其財也。負乘致寇。至非其位也。非然者。貧其身以貧萬物。巽於牀而喪其資斧。賤其身以賤天下。折其足以覆公餗。於陵仲子以餒成其不義。延陵季子以讓成其不仁。君子將厚責之。

爲矯廉避世人痛下針砭。沮溺丈人。與乎漢世獨行傳中人物。皆未達斯義。爾專制政體之流毒。鄉紳之劣者。趨官吏之炎熱。以魚肉平民。而自好之人。乃以不入公門爲高。置同室之鬬於度外。此自治之力所以澌弱之一因也。

故聖人之於易也。據位財爲得失。以得爲吉。以失爲凶。以命之不易。物之艱難爲悔吝。與百姓同情。與天地同用。仁以昌義。以建非禍心之子所可與其深也。故洪範以福極爲嚮威。春秋以失地亡國爲大惡。誠重之也。非徒與陶猗爭區區之廉。莽操爭硜硜之節也。

天地之貞化。凝聚者爲魂魄。充滿者爲性情。日予其性情。使充其魂魄者。天之事也。日理其魂魄。以貯其性情者。人之事也。

博學不教者。內而不出。多聞而闕者。必愼其餘。道溢於事。神充於形。神充於形。則不謂之耳目而謂之聰明。道溢於事。則不謂之功名而謂之學問。

庖犧氏觀變於陰陽。而立卦以顯天人之合。用文王周公孔子。悅心研慮。發其蘊以紹後世。船山處玄黃龍戰之世。上下千古。標四聖之達指。於荒山老屋之中。而官天地府萬物之量。不以潛龍損雷雨之動滿盈。又不僅泌之洋洋可以樂飢也。思修身不可以不事親。思事親不可以不知人。思知人不可以不知天。非好言高遠也。不達天人之理。則事親修身。必不能盡其道矣。鄙人遠溯庖犧。近述船山。謂言天道可也。言人道可也。言事親可也。總之皆所以修身也。諸生得无意乎。

（已完）

講演

介紹新著

史學通論

是書一名史學研究法一原流二經緯三緜離四關繫五研究六旁通七未來條理最詳而又陳義精引證博初印數百部不半月而銷罄僅一部可抵他書數部也作者益陽曹佐熙中華宏文楚書局發行

史學叢稾

凡十二種一史記釋例二漢書釋例三漢書地理志釋例四漢書藝文志述義五漢書藝文志釋例六漢書藝文志拾遺七史通補正八文史通義補正九唐史館會要十五代史館會要十一王氏漢書補注補十二文氏補晉書藝文志補作者益陽曹佐熙

船山學社講演集第四

第二十一期十一月一日　蔚　翁

孟子曰孔子不得中道而與之必也狂獧乎狂者進取獧者有所不爲也孔子豈不欲中道哉不可必得故思其次也

狂士之可思孔子嘗言之矣不得中行而與之愼重乎中行之詞也必也狂獧乎必之於狂獧以狂獧之去中行也迹相遠而有可至者存也其必於狂者以其進取無苟焉求道之心也其必於獧也以其有所不爲也無擇利而趨之心也夫中行者執天下之大常定萬世之正路自堯舜以來所以立人道而爲治教之則者孔子豈不欲得其人而與之哉乃道之不明不行也已久不可得矣若幾幸而得之恐其竊乎中而非中則或失於過或失於不及皆其次者然而超然之志出於流俗功利之外而自得卓然之守入於流俗功利之中而不汚皆可思也

宋賢有言士大夫百事可做惟不可俗俗便不可醫也俗者何流俗功利之見也狂獧雖未及乎中行超然之志卓然之守已拔乎俗此甘受和白受采也中行是何等境地執天下之大常定萬世之正路爲治教之模範含堯舜孔孟其誰與歸

敢問何如斯可謂之狂矣曰如琴張曾晳牧皮者孔子之所謂狂矣何以謂之狂也曰其志

嘐嘐然曰古之人古之人夷考其行而不掩焉者也

萬章欲知狂者之人而見其爲聖人之所必與乃問曰敢問何如斯可謂狂矣孟子曰世之降也有以蕩然於廉隅者爲狂矣必如孔子之門琴張曾皙牧皮者忘死生薄功名而可與之登進於大道乃孔子之所謂狂也萬章欲知狂者之實以見其與中行合而不徒脫略自放之迹乃問曰何以謂之狂也

孟子之門人公孫丑萬章諸人他無表見然其問皆切問也如養氣一章公孫丑如攻堅木將孟子一生本領和盤託出此章論狂獧將聖門傳授心法昭垂萬世則其求學之心力從可知矣

孟子曰夫狂者之所尙則莫大於志矣志與行相因者有其志而乃有其行中行也無其志而或有其行此冒聖人者之慝也不必有其行而有其志則聖人見之爲狂而彼固非狂也狂者之志於當世蔑如也於近功小利澹如也

此正簡字注脚王伯安晚年乃自信爲有狂者胷次未知視此何如

天地之大萬物之衆道之所從出曠然皆其心目之中嘐嘐然虛廓而不自隘也

此正狂字注脚非狂必不能簡非簡亦不能狂簡從消極一面言之狂從積極一面言之如陰陽造化之相成也

故其言曰。古之人而如彼矣。古之人而又如此矣。今之營營者何足言乎。使其充此而行之。則當世之習尙不能染。而天之顯道。聖人之全體大用。皆見諸行事。而何愧乎聖人。乃使平心而自考焉。其行固未之逮也。

瑕不掩瑜。瑜不掩瑕。比德於玉。狂者有之。言之所至。志之所至。其缺陷者多矣。

豈徒狂者爲然。孟子願學孔子。幾乎聖矣。而泰山巖巖之氣象。與尼山之氣。備四時者自別。此所以有水晶比玉之說也。

以其不能掩也。故不足以定當世不易之理。而成乎聖功。然以其不必掩也。則亦不惜末世譏非之迹。而流爲俗學。斯乃所謂狂。孔子之所與也。

周易大象述義卷一

上經

衡陽子王子解　　桂陽彭政樞述義

訟 ䷅ 坎下乾上

天與水違行。訟。君子以作事謀始。

(解)人與已違則訟人。道與欲違則自訟。君子之用訟也。不以訟人而以自訟。善於訟矣。

（述義）周禮地官大司徒凡萬民之不服教而有獄訟者聽而斷之。鄭註云爭罪曰獄。爭財曰訟。以訟由爭起。人與己意相違反欲伸己意而訴諸公庭以求公言之判斷所以訟。人訟義訓爭而字形從公言也。民國新律分民事訴訟刑事訴訟行政訴訟爲三。而其因爭而訟則一也。人之處事必與道合。私欲勝則與道違。躬必自厚而薄責於人。是能以責人之心責己。所謂其過自訟者也。魯論註訟訓責。卽此義也。君子體訟之德。審乎人己之間。潛消雀鼠之釁。此學易寡過之旨也。

雖然。事之嚮成。欲妨於道而始媿。害生於利而始悔。媿悔生恚懟。恚懟生妄動。未見自訟之爲益也。

此爲不善用訟者警。智者見事於未萌。明者慮難於無形。事之利害。衡以道心人心。其危微若何。自無妨礙。惟事前既未審察。事成始生媿悔。欲掩其跡。而公道難容。稍事遷就。而巨害已見。變羞成怒。侈意妄爲。勢成騎虎。倉皇失措。此無益之行爲。如王安石用呂惠卿力行新法。天下祗受其害而不見其利。後於壁間書福建子三字以自著其悔恨之心。則無裨於事實矣。

作事之始。兩端之謀。皆似可行。心意交爭。辨其貞勝。是非得失。較然劃一。虞舜之執兩用中。必先以好問察邇。卽謀始之謂也。能察能執。然後能用。則事之是非得失已昭然於心意中。明辨其爭端矣。舜所以爲大智而立君子作事之標準。

天高水流不相膠泥。無媿無悔。乃以坦然行於至正而不疑。

訟之內卦爲坎。坎者水也。外卦爲乾。乾者天也。天居水上。不與水相接。水流其下。與天之運行不同。故曰違行。此訟之象也。君子善用訟。愼之於始。謀之於心而後率作興事。乃克有成。所以心地坦然。行爲正當。無事後之疑懼而有悔心也。漢高祖因借箸以籌遂罷六國之封。唐高祖以興義晉陽。遂定入關之計。皆謀始之義也。

事後追悔。心志亂而愈乖。惟於作事之始。兩端交戰於心。必辨其貞勝之理。豪釐不以自恕。如訟者之相訐而後得失審。以定於畫一。善惡分明。君子之用訟。自訟於始。終不訟人也。

謀定而後戰。行軍之道也。理欲交戰於心而必從理。克己之道也。一念之惡。可以滔天。從其始而克之。不使潛滋暗長於隱微幽獨之中。此君子學易之功。即作聖之基也。

讀正蒙注　　廖名縉

動物篇

寤形開而志交諸外也。夢形閉而氣專乎內也。

船山曰。開者伸也。閉者屈也。志交諸外而氣舒。氣專於內而志隱。則神亦藏而不靈。神隨志而動止者也。

夢時形爲無意識之動作。心亦爲無意識之動作。故寐者不唯所以息其形亦且所以息其心。

常人夢無意識。寤有意識。操則存。舍則亡也。聖人寤有意識。夢亦有意識。朝乾夕惕。壹氣孔神也。（如孔子之寢不尸夢見周公是）狂人夢無意識。寤亦無意識。則夜氣之存梏亡既盡。終生一夢而已矣。積狂人之無意識而幾於禽。積衆人之有意識無意識而終於人。積聖人之純有意識無無意識則人天通。

東山演禪師送徒行脚。教以提箇話頭。晝參夜參。不可坐在無事甲裏。又不可蒲團上死坐。若雜念轉鬬轉多。輕輕放下。下地走一遭。再上蒲團。開兩眼。揑兩拳。竪起脊梁。依前提箇話頭。便覺清涼。如一鍋沸湯。攙一杓冷水相似。如此做工夫。定有到家時節云云。此亦恐氣專乎內。神藏志隱。肉體將爲精神之司令。故硬以坐禪截斷睡魔。不知有伸無屈。天地無是理。卽人類亦何能有此事。故唯戒愼恐懼。瞬養息存。在於寤者。既能勦絕肉慾之萌動。斯在於夢者。肉體自不能發非理之命令。文王之夢非熊。孔子之夢周公。莊生之夢蝴蝶。楚襄之夢神女。亦各從其晝之所習焉而已。故觀夢可以知人也。

寤所以知新於耳目夢所緣舊於習心

船山曰開則與神化相接耳目爲心效日新之用閉則守耳目之知而困於形中習爲主而性不能持權故習心之累烈矣哉

人之寐也志隱神藏他物或得入而據之矣如近日催眠術之類是然因習心所積緣染既深其寐也亦未免志隱神藏則以覺隨觸一切思想動作不啻外物入而爲主若是者謂之不待施術之催眠人矣故中庸之莫見莫顯戒欺求慊孟子之必有事焉而勿正心勿忘凡所以防習心之緣舊者至矣

夢爲原人進化一大障礙種種之迷信由此而起（由原人知識幼稚誤認夢與寤爲一境故牛首蛇身種種之夢象遂轉而成神話時代之歷史）種種之眞理由此而閡卽開明至三代而掌夢占夢仍設專官熊羆虺蜴衆魚旐旟儼然載之經傳蓋由不知習心之累遂誤肉體之命令與神志之命令爲同物耳唯夫子甚矣吾衰之嘆乃根本生理學以立言與前古迷信之談逈異觀於曲肱而枕寢則不尸蓋寐猶檢束其官骸所以防習心之緣舊者至矣

船山學社講演集第五

船山學報之一

第二十二期十一月八日

蔚翁

狂者又不可得欲得不屑不潔之士而與之是狷也是又其次也與其志大則不殉乎今雖不與其行之不掩也而抑與其行之無僞聖人樂得而裁之以進取乎中行之道而天下抑又鮮矣則孔子思狷而吾且與子言狷狂者又不可得志不可求而抑觀乎其所尙不能與古爲徒而必不與俗爲伍故孔子所欲得者又在不屑不潔之士焉利欲之情淺故以不屑而見其不潔取舍之界嚴故以不潔而必有不屑衰世之榮不潔之榮也鄉曲之譽不潔之譽也末俗之所喜不潔之喜也不能以身之察察受物之汶汶孔子於此有與焉

狷者之拔乎流俗亦與狂者同屈原陶潛林逋梁鴻皆其選也惜不遇聖人裁之耳雖於物有所不能容於道有所不能大而因心之是非不爽則違理之好惡不形是狷也雖較狂者而志量有詘焉是又其次也而孔子之所取者止於此矣當世多功成名顯之公卿及門有博學多通之才士皆匪我思存焉然則君子小人之徑處心得喪之幾爭於毫釐者唯是在一雅一俗一眞一僞之間

得喪之幾爭於毫釐故曰人心惟危道心惟微微者顯之危者安之聖學之津梁在是

矣。

不然聖人之中道。言中規。行中矩。合乎天理者。卽順乎人情。而何取此表異尙畸之士哉。

孔子曰。過我門而不入我室。我不憾焉者。其惟鄉原乎。鄉原德之賊也、曰。何如斯可謂之鄉原矣。

於是萬章知狂獧之可與。因以知鄉原之必不可與。而申孔子之言。以使學者知所辨也。乃更端以問曰。孔子有言過我門而不入我室我無憾焉。其惟鄉原乎。夫聖人樂育之心不輕距人。而望人之歸己以進於善。乃於鄉原則幸其自絕而恝棄之。何也。孔子又嘗斥言之矣。曰。鄉原德之賊也。所賊者在道而未害於心。所賊者在心而若無損於道。至於賊德而害其心以害天下之道。於斯極矣。舉是以目鄉原。而鄉原之害烈矣。乃夫鄉原者。非有下愚之姿也。使其愚也。則不知有所謂原。而無所自據以爲德。亦何足以爲鄉原乎。蓋心必營之。學必成之。而乃於一鄉之間見原。不知幾經揣摩而使然。何如斯可謂之鄉原乎。

劃淸人品界限。乃知萬章此問。特爲分曉。狂獧雖是天姿近道。亦由所學斐然成章。鄉原並非天姿下愚。只爲一念媚世。又揣摩簡練以成之。至此遂成不起之痼疾。可知天下狂獧難得。而鄉原亦自無多。其餘概屬平人。可狂可獧。亦可鄉原。孔子師表萬世。不拒互鄉之童子。人奈何不自立乎。

曰何以是嘐嘐也。言不顧行。行不顧言。則曰古之人古之人。行何爲踽踽涼涼。生斯世也。爲斯世也。善斯可矣。閹然媚於世也者。是鄉原也。

孟子曰。夫鄉原者。託於中行而與狂獧爲敵者。其譏狂者曰。志以近人爲量。則易踐。何用是嘐嘐也。天地之量。萬物之原。何所利於吾而念及之。言以可行爲實。實則功易就。胡爲言不顧行而言之大。行不顧言而行。不掩性命之旨。道德之歸。非所習聞。而何用言爲。動以今人爲法。胡爲曰古之人古之人。古不可行於今。今不可通於古。將爲物之所不樂。而何用稱之。其譏獧者曰。夫人之有行。人行之。我亦行之。故樂從者衆。何爲踽踽然孤立而寡營也。我親物。物乃親我。則相與以原。何爲涼涼然薄世而自高也。其自言曰。吾旣生於斯世矣。則所爲者斯世之事。今之君卽我之君。今之友卽我之友。法無可執也。道無可據也。奚必古人哉。但能使當世之人謂我所爲合乎其心。而當乎其事。則亦可矣。故其行也。揣世人之心。欲言者言之。欲行者行之。以求免於譏議。媚之已爾。氣衰神靡。不可復陽。閹然而媚。乃可求也。若此者。有其學焉。有其術焉。勞其心。降其氣。人亦以爲不易至也。則鄉原之所以爲鄉原也。

宋儒之闢異教。以爲彌近理而大亂眞。當如淫聲豔色以絕之。余謂釋氏不足以當之。

逃楊歸儒斯受之矣。當之者其鄉原乎。觀其譏狂狷之言。誠所謂彌近理而大亂眞也。

周易大象述義卷一

上經

衡陽子王子解　桂陽彭政樞述義

師 ䷆ 坎下坤上

地中有水師君子以容民畜衆

(解)地中之水。無見水也。君子有民。無見民也。

(述義)物之浮露於外者易見。潛藏於內者難見。師之內卦爲坎。坎居坤下。有水流不見之象。外卦爲坤。坤爲水土凝聚之所。曰地。地居水上。故曰地中有水。譬如掘井。井爲汲水處也。未掘以前。見土不見水。並有掘至九仞而不及泉者。非地無水也。以水深藏不見也。例如蜀中鹽井。鑿土石千餘尺始乃得水。水之伏流地中。所謂無見水也。君子有臨民之義。民與上相親。上視民如子。故孟子謂文王視民如傷。視卽見也。書曰民情大可見。亦見也。似不得謂無見。然君子學道愛人。愛屬於心。心爲幽獨隱微之地。非人之所得而見。故仁民愛物。休休有容。兼收並畜。不敢紛飾吏治。僅以表面壯其觀瞻也。故曰無見民也。

君子觀於地之容水以靜畜動而得撫民之道焉。

傳曰民猶水也。孟子謂民之歸仁猶水之就下。下屬地。言地有川澤河海爲容納衆流之所。振而不洩。所以能容。容者瀦畜之謂也。水有湍流飛瀑之形。其機主動。地厚能載。其德主靜。魯論言智動仁靜。以樂山樂水分別觀之。即此義也。天下之至動者莫如水。動必依靜以畜養之。則君子之所以度地居民而定撫字之規則者。其道在是矣。

士安於塾。農安於畝。

士爲四民之一。塾即求學之地也。學記曰古之學者。家有塾。鄭康成注云。古之仕者歸教於閭里。朝夕坐於門。門側之堂謂之塾。尙書大傳曰大夫士七十而致仕。大夫爲父師。士爲少師。又曰上老坐於右塾。庶老坐於左塾。鄭注以父師爲上老。士爲庶老。左右各得其所。則士之能容者衆矣。即所謂老者安之也。

中華以農務開國。易言神農爲耒耜。詩詠后稷事稼穡。孟子言舜發於畎畝。皆務農也。亂離之世。民不安於耕鑿。則農民廢矣。君子體師卦之德。能牧民養民。不違農時。農藏於野。讀無逸與豳風等篇。則知土地闢。田野治。不以惰農自安者。賴君子有以畜之也。淳者漓者。彊者弱者。因其固然而使之自輯。弗能泆出以行其險。則雖以之行師焉可矣。

民之品類難齊。風俗澆漓。弱肉彊食。世界認爲公例。人心不盡純良。以民數甚衆。未易整齊畫一也。君子以師義訓衆。則能體萬有不齊之倫。而包容之。不使其失所。所以因其固有。順其自然。俾民順則。於不知。忘帝力於何有。干羽既格。毫無奸險之行。爲卽或荒服遙阻。揆文必兼奮武。則師出有名。亦行所無事而已矣。此王者之師也。

地中之水。不見於外。而自安於所潤。君子用此道以撫衆民。智愚頑廉。兼容並包。養之以不擾。以之行師。有聞無聲。馭衆如寡。亦此道也。

水曰潤下。水之性也。澤潤生民。君子之德也。撫有萬方。遂能包涵而養育之。執簡馭繁。治民治軍之事畢矣。師之時義大矣哉。

讀正蒙注

廖名縉

樂器篇

幽贊天地之道。非聖人而能之哉。

船山曰。凡有其理而未形。待人而明之者。皆幽也。聖人知化之有神。存乎變合。而化可顯。故能助天地。而終其用。

宇宙之理。燦乎大備。無幽不顯。亦無顯不幽。衆人得其顯而忘其幽。滯於象矣。畸人窺其幽而不能顯。騖於虛矣。大哉聖人。知化之有神。存乎變合。而化可顯。人類之本性盡。天地之大用彰矣。

詩人謂后稷之穡有相之道贊育之一端也

船山曰天能生之地能成之而斟酌飽滿以全二氣之粹美者人之能也穡有可豐美之道而未盡昭著后稷因天之能盡地之利以人能合而成之凡聖人所以用天地之神而化其已成之質使充實光輝若此

此爲格致之原理亦爲進化之原則

美儒李雅葛之言曰眞實二字本爲同物實者眞在心之外也眞者實在心之內也實乃心外之物形眞乃心內之物影故心內之影與心外之形必合而歸一以成人之智性即其心內之影符應於心外之物而已此格致之眞實也至人之言語行爲亦與其智性相配則爲道德之眞實矣穡可豐美所謂實也心外之物形也后稷因天能盡地利以人能合而成之所謂眞也心內之物影也然則后稷之相天非他即其心內之影符應於心外之形而已牛頓之明吸力也瓦特之究蒸汽也時有古今理有精觕其所以成贊育之功用天地之神而化其已成之質使日即於充實光輝者其揆一也

格致而后意誠誠意必先致格內與外交相爲用大學之言視美儒尤精

賢者仕祿非迫於飢寒不恭莫甚焉

船山曰孔子爲委吏乘田免於飢寒則去之此俗官非以貧故而謂世不足與有爲仕於

貧賤不恭之甚矣。

嘗怪古人爲貧而仕之義。以爲果其爲貧。啇可也。工可也。農可也。奚其仕。仕而爲貧。不幾以官爲市乎。繼而思之。古者四民分業。而士以仕爲事。得時大行。其夙願也。若夫巷遇無期。時乎有待。又不能改其志業。則唯以自食其力爲養。晦俟時之計。故會計之當。牛羊茁長。究其乘田委吏之分。所謂旣廪稱事也。號之仕者。特其假名耳。後世不明此義。業仕矣。而又時爲枳鸞棲鳳之狀。用自表異。畢吏部之臥甕。嵇中散之習鍛。較諸簡兮之碩人而又過其。去聖人之道亦遠矣。

日出而陰升自西。日迎而會之。雨之候也。喻婚媾之得禮者也。

船山曰。陽迎陰。男下女。以崇廉節也。

陽動陰靜。陽施陰受。天地之原則固爾。非故抑陰而尊陽也。順其原則而制爲婚媾之禮。則廉節自崇。

日西矣而陰生於東。喻婚媾之失道者也。

船山曰。朝隮於西。崇朝其雨。正而和也。蝃蝀在東。莫之敢指。不正之氣也。張子此說爲長。朱子謂虹蜺天地之淫氣。不知微雨濛日光而成虹。人見之然爾。非實有虹也。言虹飲於井者。野人之說。

婚婣失道。至今日而已極。要其弊皆由不知動靜施受之原則。故廉節喪而淫嬻嬂也。

太陽七色光。可用三角玻璃之分光器而顯之。雨點映射日光而成虹蜺。同此一理。此近日歐洲科學家實驗所獲之成績也。不圖數百年前分光之器。歐土猶未發明。船山乃以瞑悟得之。其諸用天地之神而化其已成之質者乎。謂此亦船山贊育之一端。可也。

船山學報 第一卷 第六期 船山學社講演集第五

船山學社講演集第六

第二十三期十一月十五日

蔚翁

萬章曰一鄉皆稱原人焉無所往而不爲原人孔子以爲德之賊何哉

萬章曰世固未可徇也而原者謹原之稱於己能謹則內不失己於世能原則外不失人一鄉之中稱爲原人必其果原矣則合一鄉之人爲恩爲怨爲賢爲不肖而所以處之者無不以謹厚自居若是者一成其德而見德於人孔子以爲德之賊何哉

此問亦不可無苟能是是亦足矣苟善是是亦足矣風氣一成父詔兄勉皆以鄉原爲藏身之固而民爲疲民國爲弱國遂無以立於生存競爭之世矣正學之興廢即國家之存亡非細故矣

曰非之無舉也刺之無刺也同乎流俗合乎汙世居之似忠信行之似廉潔衆皆悅之自以爲是而不可與入堯舜之道故曰德之賊也

孟子曰原以爲德非德也鄉人之所謂原非原也君子之德見諸事者利濟萬物而無遺然民愚難以慮始則可舉其所以異於人而非其道之不盡有可舉矣而鄉原因陋就簡而塗飾之無可舉矣藏諸心者極深研幾而不昧然立意深遠難知則可以其無直情徑行之道者爲刺而刺其心之有間有可刺矣而鄉原則苟且委隨而因任之無可刺也君

子豈求異於人哉。而流俗之好尙不可同也。鄉原則以世之音容爲禮樂。而同乎流俗。君子豈能離乎人哉。而汙世之情志不可合也。鄉原則以世之恩怨爲從違。而合乎汙世。其爲人謀也。謀之以盡其利。而似乎忠。其與人約也。徇之以慰其望。而似乎信。其立心有如是者。其於害有所避也。亦有所必不可。而似乎廉。其於利有所擇也。亦有所必不敢。而似乎潔。其志行有如是者。由是而衆皆悅之矣。是果其能謹而無過言過動者。能厚而爲可親可信者也。乃彼亦自昧其心。而謂道在是矣。如是以爲忠信。而何必盡其至正之心。如是以爲廉潔。而何必審其精義之用。乃於堯舜之道。不聽無稽之言。以致其精。不干百姓之譽。以守其一。以幽明禮樂。盡其孝友中和之德。以天道人事。建爲裁成輔相之功。終不可與入之。而且曰亦惡用是違時獨立而遠慕古人爲也。如是則鄉原且與堯舜爭德。而陷溺愚不肖者。以易知易行。而胥流不返。故曰德之賊也。

堯舜之道。裁成天地。輔相萬物。明則有禮樂。幽則有鬼神。以流俗之禮樂爲禮樂。則淫樂慝禮。俳優箏笆之屬。充斥於社會。而禮樂亂於明。以流俗之鬼神爲鬼神。則山妖木魅。鍾葵酆都之宮。莊嚴於人世。而鬼神亂於幽。自非狂狷之才。受裁於聖人。以光復堯舜之道。則中華民國之運命。未可知也。孤秦陋宋之前車。可以監矣。

孔子曰。惡似而非者。惡莠。恐其亂苗也。惡佞。恐其亂義也。惡利口。恐其亂信也。惡鄭聲。恐其亂樂也。惡紫恐其亂朱也。惡鄉原恐其亂德也。

德之賊也。而猶不可惡乎。惡者惡其似德而非德也。故孔子曰。是非者不可欺者也。吾心之所是。古今莫能易也。則一是而必無非矣。即有所非而終不自以爲是也。乃所甚惡者一時之是而不可以歷久。一事之是而不可通乎大。似是也而實非。則以聖賢至誠惻怛之心。臨之而不動其非也。乃忍其所不忍。爲其所不爲之大慝也。誠可惡也。莠非苗也。枝葉似而實非也。莠長而苗瘠。可惡也。佞非義也。辦別似而理非也。佞人用而義亂。可惡也。利口非信也。詳確似而心非也。利口興而信失。可惡也。鄭聲非雅樂也。清緩似而律非也。鄭聲作而雅樂廢也。可惡也。紫非朱也。艷盛似而質非也。紫色尚而朱幾無色矣。可惡也。鄉原之於德。亦猶是。鄉原者亦何知有德哉。懷利以事君父。而亦曰忠孝。徇物以施愛敬而亦曰仁義。鄉人所知者此而已。

舜爲法於天下。可傳於後世。我猶未免爲鄉人也。是則可憂也。以鄉人之知爲知。其工於逢時者爲鄉原。掌握政權。議決國是。其賢於暴徒者幾何。孔光張禹之流。吾願其銷聲於民國。勿爲共和之螟蜮也。

但爲謹厚而無光明俊偉之氣。以行於利害死生之間。乃以君子長者之稱。使懷利挾私者人人可據之以爲德。則其可惡也。

君子反經而已矣。經正則庶民興。庶民興。斯無邪慝矣。

君子在上以大法誅之。在下則以妄人絕之。而君子之惡乃爲功於天下矣。

不能惡惡則失其本心。見賢而不能進。見不肖而不能退。今之君子眞能好善而惡惡者鮮矣。人才之高下。卽於好惡驗之。而國家之治亂。亦於此卜之

雖然。世之降也。庶民旣不知有德。其所羣奉以爲德者。一鄉有其人焉。無所往而不有其人焉。不勝誅也。而其人不能爲善。而抑不能爲非。君子亦不屑治之焉。則欲絕其亂德之害。將如之何。夫君子之教天下。亦唯反經而已矣。三代之直道。自在人心。聖賢所修之人紀。自在天下。井田學校之大法。自在方策。五禮六樂之度數。自在師傅。人倫之至。出乎堯舜者。卽入乎幽厲。欲惡之辨。辨乎簞豆者。卽愼乎萬鍾。蕩滌其十姓五家苟安容悅之惡習。以歸於直方剛大之坦途。以古之道。治今之人。狂者可使進也。獧者可使守也。如是則經正矣。經正矣。則庶民雖愚不能知不肖。不易能乎。然詩書禮樂之氣。蒸其心志而擴其耳目。然後知爲善於一鄉者之卑汚。而不足尙。則雖有原人。亦且賤之惡之。而彼亦不足以逞。或且洒心滌慮。而嚮於道矣。

鄉原雖已犯不醫之證。然使痛自改悔。亦可伐毛洗髓。而予以自新。君子惡惡雖嚴。終不絕人以自新之路。而仁覆天下矣。

蓋邪易使正也。慝不易使修也。全軀保妻子之心。懷於中而不能出諸口。免刑戮而無恥之實。託於道以爲之名。平旦之氣梏喪無餘。而且摘短長以譏狂狷之失。是人也。人不能誅。而鬼瞰之。故曰慝也。君子爲庶民憂。而致望於狂狷。所以救僅存之經。其志深矣。此孟子所以稱堯舜道性善。而急取雞鳴之利善夜氣之存亡。爲天德王道之見端。以極致其大也。

周易大象述義卷一

上經

衡陽子王子解　　桂陽彭政樞述義

比 ䷇ 坤下坎上

地上有水。比。先王以建萬國。親諸侯。

解）天下之至無間者。無如水之依地。地之承水。已親已密。君子不以此失己而從人。

（述義）比有相合無間之義。水依地。地承水。上坎下坤。其象似之。君子交必擇人。人以道合。無所私暱。故魯論曰周而不比。察乎人己之間。以定從違之準。斷不失己而與小人相比附也。

惟開國之王者。分土以授親賢。恩禮周浹。以一人而統萬方。則道宜於此。

自黃帝畫井分疆。建有萬國。爲中華開國之權輿。虞書言肇十有二州。禹貢言錫土姓。至成周苴茅授土而封建之制定矣。此皆王者開國之規模也。先王知比德之用。施受禮於諸侯。親親賢賢。萬方奉其正朔。爲王者大一統之道。故司馬遷曰殷以前尚矣。周建五等公侯伯子男。封伯禽康叔於魯衛。親親之義褒有德也。太公於齊。兼五侯地。尊賢勞也。武王成康所封數百。而同姓五十五。以輔衛王室。班氏固曰周監二代。封國八百。諸侯比境。周市三垂。外接胡越。卽易象建國親諸侯之義也。故諸象皆曰君子。此象獨稱先王。用比之道。惟此爲宜。

比非交道之正也。唯開代之王者能用之。用之以建萬國親諸侯。歸附而不流。大小相涵而不紊者也。

朋黨相比。失締交之正道。以其紊亂秩序。巧於營私也。王者無私。爲萬國所歸附。大小相維。有水在地上涵容相得而不亂其正流之象焉。

德非先王。事非封建。而違道以徇人。樹援以固黨。其敢於用比乎。

此船山深戒比匪之傷。爲天下消朋黨之禍也。六十四象。爲陰陽固有之化。卽爲人事必有之幾。孔子贊易。令人擇其精粹而用之。勿效法其不足。比之爲德。除三代開創建萬國親諸侯之外。不敢用比。故九五又有顯化王用三驅失前禽之義。其旨深矣。民國

既建天步正艱一德一心和衷共濟猶恐不及但宜分別禮賢否不可自分畛域而報紙流傳往往有粵派皖派豫派之說竊爲記者不取也

讀正蒙注

廖名緡

樂器篇

狼跋美周公不失其聖卒能感人心於和平也

船山曰庸人處變而不知自裁以禮其賢者則改節降志以自貶損而免患若郭子儀是矣聖人達於屈伸之感而貞其大常靜正而物自感心無私累則物我之氣俱順人心之和平公心和平化之也

庸人處變賢者改節非庸人中而有賢者實賢者中之有庸人也郭子儀前之陳平周勃郭子儀後之曾國藩胡林翼皆當世之賢者也學業既未盡同人格亦不一致均不能不降志貶損以免患此君主專制之積威使然亦可見勢不能不變爲共和也船山此語因偏見全若畢其詞必曰其不賢者則專恣跋扈倒行逆施而自逞若王敦桓溫是矣彼其功高不賞亦未嘗無周公東征狼跋致詠之象所少者公孫碩膚赤舄几几之度耳若舉外史言之拿破侖地亞士王敦桓溫之流也佐治華盛頓則周公矣故中國今日之欲爲華盛頓者其惟師周公而後可

唐棣枝類棘。枝隨節屈曲。其華一偏一反。

船山曰。嚮外生者偏。內出者反。左右相矯。因得全體均正。偏喻管蔡失道。正喻周公誅殛。言我豈不思兄弟之愛。以權宜合義。主在遠者耳。

船山曰所繫者國家之大

以國家爲前提。故管蔡雖親。誅殛之而無所於疑。管蔡既平。方且衆建親戚。屏藩王室。不以管蔡之前車而稍存猶豫。爲周公之反。止如其偏之量也。否則吳楚七國之禍。黃臺抱蔓之嘆。不至漢唐而始發矣。安得周公起而救今日之中國耶

鶴鳴而子和。言出之善者歟。

船山曰。善則物必應。

鶴鳴魚潛。畏聲聞之不臧者歟。

船山曰。鶴鳴而聲聞於天。魚潛而或在渚。不善則不可揜也。故必善其鳴而愼其潛。乃以得臧。取喻同而義異。易以言好仁之益。詩以示惡不仁之警。

言出善而天下應。不惟其言已也。必其未言之先。具天性相感之理。而後應者無疑。同聲相應。由於同氣之相求也。天下有慈母之言。而子生反感乎。故鶴鳴在陰。其子和之。

今之爲上者。欲施文告於吾民。必也其先有保民如赤之誠乎。鶴之鳴也。不期聞天而聞天。魚之潛也。不期在渚而在渚。爲不善者。雖有種種名義之假託。而司馬之心。路人皆知。人之視己。如見肺肝。此誠何益之有乎。

通論

教員必備

江蘇省立第一師範附屬小學教員新編

共和國教科書新國文教案

每冊折實二角

一至六冊已出版七八冊在印刷中

特色摘要

一本書採練習主義、自動主義、實用主義、自學輔導主義之精神。規定教授順序、頗爲詳妥。

一全載教科書文字、並有黑板畫、極便教授時應用。

一各課照教案成式編纂、教師照此教授、無待自行預備。

一考證事實、註釋音義、全據說文字典辭書。

一每冊之首有本欄綱要、每冊之末有總複習綱領、分明、均可實施。

另印樣本 承索即寄

商務印書館發行

A(1328)

討論國務院令開祀天配孔徵集意見案（省會演說之一）船山學報通論之一

益陽曹佐熙

此案天之宜祀孔子之可配天王式通徐紹楨已言之本席無庸複述惟第一席第九席第九十六席謂孔子之學說不適用於今日則與本席所見不同蓋今日之所以官邪士媮兵驕盜熾成爲風氣致使種種善政不能實行者正坐道德之衰落欲提倡道德必昌明一種社會上歷史上最有勢力之道德學說使人人聞之而生其信仰心信仰既深奉行始力而吾國社會上歷史上號爲最有勢力之道德學說皆以孔子爲宗欲提倡道德而先末殺孔子之學說猶之楚而北其轅也自共和國體告成人人矜言法治然欲成爲法治國必其人民知識程度可以爲法治國之人民尤必其人民道德程度可以爲法治國之人民東西各國法家所以言法律必言道德也欲使其人民道德程度可以爲法治國之人民舍昌明孔子之學說無下手處蓋孔子之學說固吾國社會上歷史上最有勢力之道德學說也西人論支那道德與希臘學術羅馬法律並稱以爲世界三大文明之祖乃產於支那者反起而攻擊之吾誠不解其何心也且孔子之學說不獨於舊道德上最有勢力最易生人信仰心而最適於今日之用也抑且於新知識上多所包含即如中華民國由革命而成而吾國之革命者莫先於湯武以湯武革命爲順天應人者莫先於孔子有易傳可證也孟子學孔子

者也。其言有曰。賊仁者謂之賊。賊義者謂之殘。殘賊之人。謂之一夫。聞誅一夫紂矣。未聞弑君也。是亦易傳湯武革命。順天應人之義也。又如民國萬幾。決於民意。而吾國學說之尊重民意者。莫先於孔子。其所删定之六經可證也。商書太甲有言曰。天視視我民視。天聽視我民聽。周書洪範有言曰。汝則有大疑。謀及庶人。周禮有言曰。小司寇掌外朝之法。以致萬民而詢焉。是皆尊重民意之義也。孟子曰。民爲貴。社稷次之。君爲輕。是故得乎丘民爲天子。又曰。三代之得天下也。得民心也。桀紂之失天下也。失民心也。又曰。國人皆曰賢。然後用之。國人皆曰不可。然後去之。國人皆曰可殺。然後殺之。是尤尊重民意之彰明較著者也。孟子生於專制時代。卽遵照當時制度說話。亦誰得而非之。然其言已若此。此可見孔子政治思想。四闢六通。軫念民依。不私一姓。故再傳弟子。猶得本其說以著書也。或謂孔子言好古。不主張進化。言禮讓。不主張競爭。不適用於文明演進種族爭存之世。斯亦未爲知孔子也。孔子之贊易也。有富有日新之義。有損益盈虛與時消息之義。有漸進之義。有變化進退之義。其論禮樂也。有先進野人後進君子之義。其作春秋也。有由衰亂世而升平世。由升平世而太平世之義。是皆主張進化之證也。孔子之作春秋也。於齊襄公事。發明九世復仇之義。於齊桓公晉文公事。發明尊周攘夷之義。其論汪錡也。發明能執干戈以衛社稷可以無殤之義。至於夾谷之會。兵却萊人。以干戈濟俎豆之窮。而使齊人不敢輕視魯國。則不獨箸之於空文抑且見之於行事矣是皆主張競爭之證也若因論語有述而不作信而好古能以禮讓爲國乎何有等語遂疑其學說與今日文明演進種族爭存之恉不合斯則未能觀其通也天地之道一陰一陽並行不悖孔子道參天地故其爲說也亦執兩而用其中其主張述古也爲道之百世不易者言之也其主張進化也爲制之與時變通者言之也其主張禮讓也爲對於內治言之也其主張競爭也爲對於外侮言之也是非本席之刱論也先儒已有言之者焉春秋繁露有曰春秋有改制之名無易道之實是一因一革並行不悖之義也春秋公羊傳有曰春秋內其國而外諸夏內諸夏而外夷狄是對內對外辦法不同之義也知此而後知孔子之道之廣大知此而後知孔子之學說之健全非如諸子百家偏至之言見乎此即遺乎彼也自後學泥於一章一句而不能會其通於是孔子之全體大用不明孔子之全體大用不明而惑於偏至之言者遂齗齗以爭勝甚者乃至刱爲排孔之說焉其爲政事學術人心風俗之害可勝言邪此則本席所不敢贊成者也

包羲氏易大義述序

易冠以包羲氏。別於周也。

周官太卜掌三易之法一曰連山二曰歸藏三曰周易干寶注伏羲之易小成爲先天神農之易中成爲中天黃帝之易大成爲後天據干說則伏羲所畫卦古謂之易又易傳包羲氏王天下章敘易窮則變變則通通則久數語於黃帝堯舜垂衣裳治天下上則易名起黃帝以前無疑干注稱伏羲之易小成爲先天神農之易中成爲中天黃帝之易大成爲後天蓋有所本迹玆昔不曰伏羲之易而曰包羲氏之易以易大傳稱伏羲爲包羲氏也

以重卦屬包羲氏。本淮南子。及王弼說也。

孔穎達周易正義序論重卦之人曰繫辭云河出圖洛出書聖人則之又禮緯含文嘉曰伏犧德合上下天應以鳥獸文章地應以河圖洛書伏犧則而象之乃作八卦故孔安國馬融王肅姚信等並云伏犧得河圖而作易是則伏犧雖得河圖而復須仰觀俯察以相參正然後畫卦伏犧初畫八卦萬物之象皆在其中故繫辭曰八卦成列象在其中矣是也雖有萬物之象其萬物變通之理猶自未備故因其八卦而更重之卦有六爻遂重爲六十四卦也繫辭曰因而重之爻在其中矣是也然重卦之人諸儒不同凡有四說王輔嗣等以爲伏犧重卦鄭玄之徒以爲神農重卦孫盛以爲夏禹重卦史遷等以爲文王重卦其言夏禹及文王重卦者案繫辭神農之時已有蓋取益與噬嗑以此論之不攻自破其言神農亦未爲得今以諸文驗之案說卦云昔者聖人之作易也幽贊於神明而生蓍凡言作者創造之謂也神農以後便是述修不可謂之作也則幽贊用蓍謂伏犧矣故乾鑿度云垂皇策者犧上繫論用蓍云四營而成易十有八變而成卦既言聖人作易十八變成卦明用蓍在六爻之後非三畫之時伏犧用蓍卽伏犧已重卦矣說卦又云昔者聖人之作易也將以順性命之理是以立天之道曰陰與陽立地之道曰柔與剛立人之道曰仁與義兼三才而兩之故易六畫而成卦旣言聖人作易兼三才而兩之又非神農始重卦矣又上繫云易有聖人之道四焉以言者尙其辭以動者尙其變以制器者尙其象以卜筮者尙其占此之四事皆在六爻之後何者三畫之時未有象繇不得有尙其辭因而重之始有變動三畫不動不得有尙其變採蓍布爻方用之卜筮蓍起六爻之後三畫不得有尙其占自然中間以制器者尙其象亦非三畫之時今伏犧結繩而爲罔罟則是制器明伏犧已重卦矣又周禮小史掌三皇五帝之著明三皇已有書也下繫云上古結繩而治後世聖人易之以書契蓋取諸夬既象夬卦而遺書契伏犧有書契則有夬卦矣故孔安國書序云古者伏犧氏之王天下也始畫八卦遺書契以代結繩之政又曰伏犧神農黃帝之書謂之三墳是也又八卦小成爻象未備重

以大義述標目。楬宗恉也。

三成六能事畢矣若言重卦起自神農其爲功也豈比繫辭而已哉何因易緯等數所歷三聖但云伏犧文王孔子竟不及神農明神農但有蓋取諸益不重卦矣故今依王輔嗣以伏犧既畫八卦卽自重爲六十四卦爲得其實其重卦之意備在說卦此不具敍王氏漢書補注曰王應麟曰重卦之人有四說王輔嗣等以爲伏犧鄭康成之徒以爲神農淳于俊云包犧因燧皇之圖而制八卦神農演之爲六十四孫盛以爲夏禹史遷等以爲文王淮南子伏戲爲之六十四變周室增以六爻張行成云伏羲先天示易之體故孔子謂之作八卦文王後天明易之用故子雲謂之重六爻楊輸云筮非八卦之可爲必六十四之然後爲筮舜禹之際曰龜筮協從則何文王重卦之有乎八卦成列象在其中矣因而重之爻在其中矣据此而言重卦之始其在上古乎京房引夫子曰神農重乎八純齊召南曰王氏糾漢志之言失是也但易大傳明曰因而重之卽伏羲重爲六十四耳王弼之說最當博徵易傳而發明之羣言淆亂衷諸聖也漢以來經師舊說鮮所述焉蓋可述者鮮也求之易傳而有千慮之一得焉闡繹以俟來哲後有作者引而申之訂而正之成一家之言以是爲大輅椎輪可也光緒戊戌孟春月哉生明益陽曹佐熙自序

包羲氏易大義述

船山學報通論之一

益陽曹佐熙述

原意第一

易傳曰。古者包羲氏之王天下也。仰則觀象于天。俯則觀法于地。觀鳥獸之文與地之宜。近取諸身。遠取諸物。于是始作八卦。以通神明之德。以類萬物之情。作結繩而爲罔罟。以佃以漁。蓋取諸離。包羲氏沒。神農氏作。斲木爲耜。揉木爲耒。耒耜之利。以教天下。蓋取諸益。日中爲市。致天下之民。聚天下之貨。交易而退。各得其所。蓋取諸噬嗑。神農氏沒。黃帝堯舜氏作。通其變。使民不倦。神而化之。使民宜之。易窮則變。變則通。通則久。是以自天祐之。吉無不利。黃帝堯舜垂衣裳而天下治。蓋取諸乾坤。刳木爲舟。剡木爲楫。舟楫之利。以濟不通。致遠以利天下。蓋取諸渙。服牛乘馬。引重致遠。以利天下。蓋取諸隨。重門擊柝。以待暴客。蓋取諸豫。斷木爲杵。掘地爲臼。臼杵之利。萬民以濟。蓋取諸小過。弦木爲弧。剡木爲矢。弧矢之利。以威天下。蓋取諸睽。上古穴居而野處。後世聖人易之以宮室。上棟下宇。以待風雨。蓋取諸大壯。古之葬者。厚衣之以薪。葬之中野。不封不樹。喪期无數。後世聖人易之以棺椁。蓋取諸大過。上古結繩而治。後世聖人易之以書契。百官以治。萬民以察。蓋取諸夬。曹佐熙曰。類萬物之情。藏往也。通神明之德。知來也。類象也。立象以明之也。通者達也。一人立意達之天下通也。

一時立意達之萬世亦通也藏往者其事實（萬物萬事也情實也類萬物之情立象以叚萬事之實也）知來者其理虛（德本）（作憲憲心得也、神明即易傳所謂神而明之也通神明之德因已然之事推將然之理也）二者相反也然無事之實不能推理之虛二者又相因也是故類者通之媒也情者德之母也易者藏往知來之書也以今日心得之理爲明日經世之程藏往知來之一例也以一人心得之理爲天下萬世經世之程藏往知來之又一例也知此二例而後包羲氏類情通德之宗恉可得而具言也罔罟之取諸離也此包羲氏自取其心得之理用之經世者也耒耜之取諸益也交易之取諸噬嗑也此神農氏竊取包羲氏心得之理用之經世者也舟楫之取諸渙也弧矢之取諸睽也書契之取諸夬也臼杵之取諸小過也棺槨之取諸大過也宮室之取諸大壯也服牛乘馬之取諸隨也重門擊柝之取諸豫也垂衣裳治天下之取諸乾坤也此黃帝堯舜竊取包羲氏心得之理用之經世者也神農氏經世之業視包羲氏加詳焉黃帝堯舜經世之業視神農氏加詳焉來軫方遒日新月盛後有作者可類推也春秋爲孔子經世之書（莊子曰春秋經世）而公羊氏述其宗恉則曰樂道堯舜之道以俟後世樂道堯舜之道藏往也俟後世知來也蓋春秋之義法一本包羲氏易也知春秋則知包羲氏易知包羲氏易則知史知史則知道而經世之業之窮變通久日新月盛者無乎不函孔子之聖聖以此也包羲氏之神神以此也而後之說易者乃尋其枝葉遺厥本根兩派六宗說愈繁而宗恉愈晦謹述孔子之所以贊易者以告後之人

專論

律音彙考卷六

瀏陽邱之稑

六笙詩譜說 存疑

六笙不奏久矣。朱子曰。笙詩有聲無詞。意古經篇題之下。必有譜焉。鄭氏莆田通志序論曰。六笙之名。當時有聲無詞。故簡籍不傳。惟工師以譜相授。又曰。六笙之音。所以協歌者也。蓋樂以詩爲本。詩之詞專賴歌者之聲以達。笙雖有聲。不能達詩之詞。僅能成歌之曲。故曰無詞。燕禮記所謂笙入三成是也。然笙可曰詩。詩之志在言。謂爲無詞詩。何以名。竊考朱子儀禮經傳通解所列風雅十二詩譜。更定律呂。按調吹之。歌鹿鳴之詞。奏南陔之聲。是南陔爲鹿鳴之譜。鹿鳴卽南陔之詩。歌四牡之詞。奏白華之聲。是白華爲四牡之譜。四牡卽白華之詩。歌皇華之詞。奏華黍之聲。是華黍爲皇華之譜。皇華卽華黍之詩。詩詞聲譜。是二是一。歷歷可指。推之魚麗由庚。嘉魚崇邱。有臺由儀。莫不皆然。此六笙詩所由定也。故鄭氏曰。所以協歌者也。至笙詩之名。雖莫詳其義。然古人命篇。或有取樂節爲名者。或有取其義而用於事以爲名者。亦等諸酌桓賚般。雨無正。武宿夜之類。又近代塡詞家。每詞一闋。必有曲牌名。或祖南陔六譜之義。亦未可知。王氏應麟曰。詩凡三百十一篇。史記孔子世家曰。三百五篇孔子皆弦歌之。以此證之。餘六篇非不可弦歌。實祇三百五篇。六篇之聲。卽鹿鳴六詩之詞早入孔子弦歌之中或曰關雎葛覃卷耳鵲巢采蘩采蘋笙亦有譜何獨不定以名孔子曰關雎之亂關雎風之始樂之卒關雎可曰亂並以下六篇皆可曰亂近代詞賦卒章之有亂久奉爲圭臬矣奚以名爲

按小雅鹿鳴之什毛氏舊本以南陔以下三篇無詞升魚麗以足鹿鳴什數而附三笙於其後因以南有嘉魚爲次什之首朱子依儀禮正之升南陔於杕杜後足鹿鳴什數以白華爲次什之首更其名曰白華之什詳考儀禮似亦未有確據夫南陔白華華黍三笙所奏之聲卽鹿鳴四牡皇華三詩之詞說內甚悉且三復經文曰歌鹿鳴四牡皇皇者華曰樂南陔白華華黍其文兩相對待其意自相聯屬三笙之相續而不相斷也自可不言而喻乃升南陔於杕杜後鹿鳴什數雖完而南陔之附非其所以白華爲次什之首魚麗篇次雖正而四牡之譜無所依況三笙也而兩分之於經未免割裂莫若依經傍義升南陔於鹿鳴之後白華於四牡之後華黍於皇華之後然後南陔三笙各得所歸附南陔三笙得所歸附方與由庚附魚麗崇邱附嘉魚由儀附南山有臺例兩相符合以南陔三笙詩升鹿鳴什內則鹿鳴什數至采薇已足須易出車爲次什之首以出車易白華之什至湛露仍符其數如此不獨篇什次第井然有條而六笙之有聲可依有詞可譜亦賴以定謬爲拈出以俟正樂之君子焉

六笙詩補亡說 存疑

束廣微補亡詩序曰晳與同業疇人修肄鄉飲之禮所詠之詩有義無辭音樂取節闕而不備於是遐想既往存思在昔補著其文以綴舊制亡可補乎南陔六笙詩小序謂有其義而無其辭義姑不具論明明曰無詞襲其義而綴以詞補何取焉鄭氏康成曰六笙小雅篇今亡未聞其義小序之義鄭豈未聞特不敢遽信束遵今亡之說而取鄭不信之義著其文補奚益焉試舉兩說衡之其義亦自互見笙器也器主聲藉人吹之以成調不能發歌之詞但笙而曰詩不本歌詞聲何以依朱子所謂必有譜焉是也鄭不曰亡詩而曰今亡或亦深然小序無詞之說而謂亡其工師所授之譜耳若然詩不可補譜豈終亡譜存未亡不補何待間嘗竊取朱子儀禮經傳所存鹿鳴之譜以補南陔之亡四牡之譜以補白華之亡皇華之譜以補華黍之亡魚麗嘉魚有臺之譜以補由庚崇邱由儀之亡大哉笙詩之有譜朱子論之風雅之詩譜朱子存之所可惜者未達南陔六笙之譜即鹿鳴六詩之詞而其所定鐘律一遵唐本舊說未免體用不分淸濁互用所存之譜未經更換亦難播諸管絃自成聲調然其有功於樂教誠非淺鮮世有大儒恕愚狂瞽採所更定之六笙綴南陔六譜之失遺庶六笙詩實有其譜不徒存以虛名以朱子所存之譜補朱子集傳之亡非敢謂闡前人所未發或可告無罪於朱子行見家弦戶誦樂淑禮陶記所謂大學始教宵雅肄三可復見於今日

統計風雅十二譜具儀禮升閒合樂之全較魏武平劉表得雅樂郎杜夔所傳鹿鳴騶虞伐檀文王四篇太和末又失其三惟得鹿鳴一篇更徵備舉覔乎美矣

工歌笙入說 存疑

鹿鳴何爲而作也讀鄉飲諸禮知其燕饗之樂工歌之首也其曰鼓瑟吹笙鼓簧何明工笙當合奏以樂嘉賓之心也工笙當合奏樂入則皆入首及工何記曰歌者在上匏竹在下貴人聲也上下別則尊卑殊言工而始言笙者遞及之義也以儀禮考之鄉飲酒禮曰工入升自西階北面坐笙入堂下磬南北面立燕禮於工曰升自西階北面東上坐於笙曰入立於縣中玩其語意皆詳工笙坐立之方位非記工笙相入之後先乃通解及小雅華黍註謂鄉飲酒禮鼓瑟而歌鹿鳴四牡皇皇者華然後笙入堂下磬南北面立樂南陔白華華黍燕禮亦鼓瑟而歌鹿鳴四牡皇皇者華然後笙入立於縣中奏南陔白華華黍經曰工歌而註曰鼓瑟而歌經曰笙入而註曰然後笙入工歌易爲鼓瑟於義未爲不安笙入直曰然後竟致分爲兩闋孔氏頴達曰笙歌三篇堂下吹笙以播詩也鄭氏康成曰笙以笙吹此詩以爲樂也歌笙合奏之謂也如曰後入是工歌鹿鳴時堂下無笙以播詩無笙吹此詩以爲樂矣夫鹿鳴六詩先王制爲燕饗之用經孔子之刪定而始正儀禮又周公所著述若升歌無笙則鼓瑟吹笙吹笙鼓簧二語亦屬虛文詩詞可作虛文不惟無以達主人之誠以將樂嘉

賓之實亦豈聖人制作之精意乎記曰識禮樂之文者能述述而不合詩文似屬附會竊據二詞正之

間歌說 存疑

升歌終矣終則成成而復間何也書曰笙鏞以間間更迭也謂更升歌而奏魚麗也然則孔疏謂堂上歌一篇堂下吹一篇相間代鄭疏謂一歌則一吹堂上歌魚麗終堂下笙中吹由庚續之可乎曰不可蓋樂非聲莫達聲非律莫和鄭氏莆田曰樂爲聲也非爲義也與其達義不達聲孰若達聲不達義書曰詩言志歌永言聲依永律和聲自是作樂定法何也詩旣有言長短疾徐之節非歌無由永歌永矣抑揚高下之殊非聲無由依聲依矣五音二變之清濁非律無由和今曰堂上歌一篇堂下吹一篇相間代堂上歌魚麗終堂下吹由庚續之是歌先笙後笙之聲不依歌之永必待歌終而始奏間則間矣誠恐魚麗一聲由庚又一聲六律具陳和魚麗之聲則由庚不協協由庚之聲則魚麗不和不探制作之源徒訓一字之義無怪義理之說日勝而聲歌之道日微也禮曰樂統同又曰合同而化間則不同不同則不和子曰始作翕如也縱之純如也不可間之明徵也

合樂說 存疑

余讀儀禮至合樂不禁掩卷沈吟終日不能索一解有執鄭疏之說進者曰歌樂與衆聲俱

作自是合樂眞諦鄭氏言之晰矣何他求焉曰是固然也然升歌不曰合間歌不曰合豈升歌間歌之樂衆聲可不俱作乎或曰否升歌堂上之樂其時笙尚未入倚歌而鼓者惟堂上之瑟何可言合間歌堂上歌一篇堂下吹一篇相間代何可言合合之爲言合奏此詩以爲樂故經至此始曰合夫何疑焉應之曰經解如是固非吾子之創論然豈聖人作樂之道哉敢詳爲之說曰儀禮禮經非樂經也自冠昏喪祭飲射朝聘燕饗數大端以及宮室衣服車旗器械之屬其間度數文爲厚薄淺深曲折難易處聖人皆示之以禮藉以綱紀人道之始終而於樂則闕而不備即鄉飲鄉射燕禮大射數篇中皆及樂亦略而不詳樂豈輕於禮哉良由古昔盛時樂教大備聖人不意後世失傳如此其於賓主之酬酢偶舉一二見其端終復以禮爲主註疏家就其一二端穿鑿之意遂目爲古樂之全經其略其詳毫不加察請爲子歷指之堂上之樂琴瑟並施書曰搏拊琴瑟以詠詩曰琴瑟友之曰鼓瑟鼓琴是也而篇中言瑟則皆不及琴堂下之樂笙管兼設書曰下管鼗鼓笙鏞以間是也而篇中言笙則不及管言管則不及笙笙管並舉僅燕禮記一見其他鐘磬鼗鼓惟大射宿縣鋪敘陳設之詳究未言合奏之盛柷敔則終數篇未一及其樂器之詳略如此然猶曰此其所言者器也請以其言作樂者指之工歌笙樂鄉射較鄉飲序法一變燕禮較鄉射序法一變至燕禮記省却繁文總括四語大射只詳工歌而略笙奏序法又一變其歌樂之詳略如此然猶曰此其

所言者非鄉樂也請更以其言合樂者指之乃合樂周南云云鄉飲與鄉射同至燕禮曰遂歌鄉樂燕禮記曰遂合鄉樂樂不曰合而曰歌可以證歌之非合合不在樂而在鄉樂更知所指非衆聲其合樂之詳略又如此今不察其異同不按其詳略漫曰歌樂與衆聲俱作爲合則是升歌間歌始作不必合樂終不必止堂上工瑟堂下笙磬每終不必備舉歌者自歌吹者自吹不求同聲相應不語八音克諧合止柷敔之謂何尙云禮明樂備乎鄭氏莆田曰工歌鹿鳴之三笙吹南陔之三歌間魚麗之三笙間由庚之三此大合樂之道也旨哉斯言先得我心所同然然則鄉樂必如何而始可言合哉且夫鄉樂者風也周南召南風之首也程子曰周公主內治畿內之詩言文王太姒之化者屬之周南召公掌諸侯列國諸侯大夫之室家被文王太姒之化而成德者屬之召南朱子曰二南之分惟程子得之蓋周分周召爲二國詩因分周召爲二南求合於其分者風之所由動也既分可復合者風之所以同也今鄉樂之詩周南居其半召南居其半然則合樂云者非堂上歌瑟堂下笙磬合奏此詩之謂其謂合周南關雎葛覃卷耳召南鵲巢采蘩采蘋二國風詩六篇以爲鄉樂之三終故曰合樂也言已作合樂說示或或乃唯唯而退

合樂三終說 存疑

古人奏樂作則擊柷合之終則櫟敔止之書曰合止柷敔是也所以然者八音中惟木最質

質必進以文文明矣終之以質恐勝則流也按此故知升間二節每奏三終必三擊柷以合三櫟敔以止非至鄉樂始合也然所謂三終者升歌鹿鳴四牡皇華間歌魚麗嘉魚有臺每篇自爲一終人自易曉至鄉樂乃合周南召南六篇爲三終其所以始終處先儒亦未分配細繹經義聖人列關雎爲三百之首人倫之始王道之源皆本於此子曰樂而不淫哀而不傷亦專爲關雎發論似當作一終葛覃后妃之職卷耳后妃之志當作一終召南之鵲巢采蘩采蘋皆被文王后妃之化以成德當作一終如此配合或有當於古人合樂三終之義

鄉射禮不升不間說 存疑

鄭氏康成曰不歌不笙不間志在射略於樂也不略合樂者周南召南之風鄉樂也不可略其正也按笙入統於升歌前已辨明茲當謂不升不間志在射云云

燕禮公爲大夫舉旅說 存疑

楊氏復曰此禮歌笙間合四節與鄉飲酒禮同鄉飲酒四節相繼而作此於工歌後公爲大夫舉旅舉旅後乃笙入間歌合樂而後樂備按此篇於主人獻工後接敘公又舉奠觶惟公所賜以旅於西階上如初卒始敘笙入先儒因指歌笙間合爲四節謂工歌畢然後笙入亦無怪其然也但深味聖人之制作或不致此亂雜無倫次以鄉飲酒禮正之此條必係錯簡當倣鄉黨必有寢衣長一身有半句例列於主人酬大夫後則爲鄉舉旅爲大夫舉旅得以

類相從而工入笙入亦得以類相從此條釐正而笙入之非後自明前於右公爲大夫舉旅下已指出此再申明之（按大射禮公爲大夫舉旅錯出飲不勝者之後徹俎之前似宜移在主人獻大夫後樂賓之前亦得以類相從）

燕禮記下管新宮笙入三成說 存疑

賈氏公彥曰笙入三成正爲管奏新宮申說下管之義敖氏繼公曰三成謂奏南陔白華華黍也二說極得解按鄉飲酒禮燕禮其分序文法笙似可稱後入此記略去獻工獻笙之儀總括之曰升歌鹿鳴下管新宮笙入三成以此證之不敘工入而曰升歌不敘獻工而曰笙入則工笙之並入可知不曰樂南陔白華華黍而曰三成成鹿鳴四牡皇華之三終可知故曰南陔白華華黍非別有三詩乃鹿鳴三篇笙聲之譜卽奏鹿鳴三篇詩歌之詞間歌之由庚崇邱由儀亦然略間歌者記曰若以樂納賓賓及庭奏肆夏禮特隆也故間歌從略新宮說詳後

大射新宮三終說 存疑

聲樂書闕有間矣稽之經傳新宮凡三見皆莫識其理而明其義傳曰宋公饗叔孫昭子賦新宮燕禮記曰下管新宮大射禮曰乃管新宮三終新宮何詩也大射略樂鄉樂且不合而乃管及三終鄭氏目爲亡詩又曰逸詩李氏如圭引傳語證之謂爲斯干之詩亡詩乎逸詩乎卽宋公所賦之新宮乎抑可確指爲斯干之詩乎引傳以證經其詞可得而迹乎斯干何

義。燕射大典。誰定之以亂先王之制乎。嗚乎。疑不能闕。愈解之則理愈晦。愈證之則義愈失。此其穿鑿之甚者也。然則管何爲曰宮。宮何爲曰新。將終莫求其理。莫究其義。以不解解之乎。抑亦別有明徵乎。無已。請仍以大射正之。敖氏繼公曰。新宮三終者。並及其下三篇也。不合樂者。謂射略於樂也。不略小雅者。小雅諸侯正樂。故不略其正。亦如鄉射之不略鄉樂也。且夫諸侯之正樂。製自先王。定自周公。據理以言。執義以斷。升歌間歌而外。豈別有所謂三終者哉。以歌鹿鳴之三。證管新宮之三。則所謂新宮者。卽間歌魚麗之三。其非亡詩逸詩。非宋公所賦之新宮明矣。斯干何論焉。故曰仍以大射正之也。有執燕禮記難之者曰。以大射鹿鳴之三。證大射新宮之三。新宮之爲新宮。其爲魚麗三詩。固無疑。然謂新宮爲魚麗三詩記奏肆夏。略間歌。間歌既從略。亦管新宮何也。曰。記雖略間歌。於升歌鹿鳴下繼之曰。下管新宮笙入三成。卽記證之。知其所管乃鹿鳴之三也。同一新宮。大射曰魚麗之三。燕禮記曰鹿鳴之三。文以義著也。義何居。黃鐘正宮也。君也。大雅頌天子之樂。始可用以主宮。小雅諸侯正樂。主宮不得用黃鐘大呂清宮主宮。方免上陵君位。此千古綱常之大經。不可或越者也。今所定風雅十二詩譜。燕禮大射禮皆大呂清宮主宮。其鄉飲及鄉射則太簇正商主宮夾鐘清商主宮。以宮爲君。商爲臣也。且二禮鄉禮。大夫不得僭諸侯。不能用大呂主宮。故經無管新宮文。其義亦自互見。義著則理無不明。新何不曰清也。古人親新多通用。金縢惟朕小子其新迎新字作親字大學在親民親字作新字清與親同音新宮當是清宮於理始浹於義始正且惟管可稱宮管非他卽禮運所謂五聲六律十二管還相爲宮之管管象鳳凰之鳴故名鳳簫排吹之宮自還亦名排簫各樂正變賴以定準諸理酌諸義作大射新宮三終說

律音彙考卷七

船山學報專論之一
劉陽邱之稑

風雅十二詩律呂譜

呦（半黃半大）呦（夷南）鹿（姑仲）鳴（大夾）食（夷南）野（太夾）之（黃大）苹（倍無倍應）我（姑仲）有（蕤林）嘉（無應）賓（夷南）鼓（蕤林）瑟（夷南）吹（半黃半大）笙（蕤林）
吹（姑仲）笙（蕤林）鼓（夷南）簧（太夾）承（無應）筐（半黃半大）是（太夾）將（夷南）人（蕤林）之（夷南）好（倍無倍應）我（大夾）示（蕤林）我（夷南）周（半太半夾）行（半黃
半大）
呦（倍無倍應）呦（大夾）鹿（姑仲）鳴（太夾）食（蕤林）野（夷南）之（半太半夾）蒿（半黃半大）我（蕤林）有（夷南）嘉（無應）賓（半黃半大）德（夷南）音（姑仲）孔（太夾）昭
（蕤林）視（太夾）民（夷南）不（半黃半大）佻（太夾）君（無應）子（半黃半大）是（太夾）則（姑仲）是（太夾）傚（夷南）我（蕤林）有（夷南）旨（倍無倍應）酒（太夾）嘉（蕤林）賓
（夷南）式（無應）燕（夷南）以（半太半夾）敖（半黃半大）
呦（倍無倍應）呦（太夾）鹿（黃大）鳴（倍無倍應）食（黃大）野（倍無倍應）之（姑仲）芩（太夾）我（姑仲）有（蕤林）嘉（無應）賓（夷南）鼓（蕤林）瑟（夷南）鼓（半黃半大）琴
（蕤林）鼓（姑仲）瑟（蕤林）鼓（夷南）琴（太夾）和（無應）樂（半黃半大）且（太夾）湛（夷南）我（蕤林）有（夷南）旨（倍無倍應）酒（太夾）以（蕤林）燕（夷南）樂（倍無倍應）嘉
（無應）賓（夷南）之（半太半夾）心（半黃半大）

鹿鳴三章章八句用（律太簇正商 呂夾鐘清商）主宮

四（倍無倍應）牡（太夾）騑（姑仲）騑（太夾）周（黃大）道（倍無倍應）倭（姑仲）遲（太夾）豈（蕤林）不（夷南）懷（無應）歸（半黃半大）王（姑仲）事（太夾）靡（蕤林）盬（夷南）
我（蕤林）心（倍無倍應）傷（無應）悲（半黃半大）

四倍倍應無牡夾太騑林蕤騑南夷嘽應無嘽南夷駱半半夾太馬半半大黃豈仲姑不林蕤懷應無歸南夷王仲姑事夾太靡大黃盬無倍

應倍不林蕤遑夾太啟大黃處倍倍應無

翩半半大黃翩夾太者林蕤鵻南夷載夾太飛應無載林蕤下南夷集仲姑于南夷苞仲姑栩林蕤王大黃事倍倍應無靡仲姑盬夾太不

林蕤遑南夷將半半夾太父半半大黃

翩半半大黃翩夾太者仲姑鵻夾太載林蕤飛應無載林蕤止南夷集林蕤于南夷苞仲姑杞夾太王仲姑事夾太靡林蕤盬南夷不無倍

應倍遑仲姑將大黃母倍倍應無

駕倍倍應無彼大黃四倍倍應無駱夾太載林蕤驟南夷駸半半大黃駸林蕤豈林蕤不南夷懷應無歸倍倍應無是大黃用倍倍應無作仲姑

歌夾太將應無母倍倍應無來半半夾太諗半半大黃

四牡五章章五句用呂律夾太鐘蕤清正商商主宮

皇倍倍應無皇南夷者林蕤華南夷于林蕤彼夾太原林蕤隰南夷駪仲姑駪林蕤征仲姑夫夾太每應無懷南夷靡半半夾太及半半大黃

我倍倍應無馬夾太維仲姑駒夾太六半半大黃轡夾太如林蕤濡南夷載林蕤馳南夷載倍倍應無驅夾太周仲姑爰夾太咨大黃諏無倍

應倍

我半半大黃馬林蕤維應無騏半半大黃六林蕤轡南夷如仲姑絲夾太載林蕤馳南夷載仲姑驅林蕤周應無爰倍倍應無咨半半夾太謀

半半大黃

我半半大黃馬林蕤維應無駱南夷六仲姑轡夾太沃林蕤若南夷載仲姑馳南夷載仲姑驅林蕤周倍倍應無爰夾太咨大黃度倍倍應無

我（倍無 倍應）馬（夷 南）維（無 應）駰（半黃 半大）六（半黃 半大）轡（太 夾）既（蕤 林）均（夷 南）載（蕤 林）馳（夷 南）載（倍無 倍應）驅（太 夾）周（無 應）爰（夷 南）咨（半太 半夾）詢（半黃 半大）

皇皇者華五章章四句用（律太蔟正商 呂夾鍾清商）主宮

右升歌三終以鹿鳴四牡皇皇者華爲詞南陔白華華黍卽笙聲之譜

魚（半黃 半大）麗（太 夾）于（姑 仲）罶（太 夾）鱨（黃 大）鯊（倍無 倍應）君（姑 仲）子（蕤 林）有（無 應）酒（夷 南）旨（蕤 林）且（夷 南）多（半黃 半大）

魚（倍無 倍應）麗（太 夾）于（黃 大）罶（半黃 半大）魴（姑 仲）鱧（太 夾）君（姑 仲）子（蕤 林）有（姑 仲）酒（太 夾）多（姑 仲）且（蕤 林）旨（倍無 倍應）

魚（半黃 半大）麗（半太 半夾）于（無 應）罶（半黃 半大）鰋（蕤 林）鯉（夷 南）君（姑 仲）子（太 夾）有（蕤 林）酒（夷 南）旨（蕤 林）且（夷 南）有（半黃 半大）

物（半黃 半大）其（太 夾）多（無 應）矣（夷 南）維（姑 仲）其（太 夾）嘉（蕤 林）矣（夷 南）

物（姑 仲）其（蕤 林）旨（姑 仲）矣（太 夾）維（夷 南）其（姑 仲）偕（太 夾）矣（蕤 林）

物（倍無 倍應）其（黃 大）有（倍無 倍應）矣（太 夾）維（無 應）其（夷 南）時（黃 大）矣（半黃 半大）

魚麗六章（三章章四句 三章章二句）用（律太蔟正商 呂夾鍾清商）主宮

南（半黃 半大）有（蕤 林）嘉（無 應）魚（夷 南）烝（無 應）然（夷 南）罩（太 夾）罩（夷 南）君（蕤 林）子（夷 南）有（姑 仲）酒（太 夾）嘉（無 應）賓（半黃 半大）式（蕤 林）燕（夷 南）以（半太 半夾）樂（半黃 半大）

南（半黃 半大）有（夷 南）嘉（姑 仲）魚（太 夾）烝（姑 仲）然（太 夾）汕（蕤 林）汕（夷 南）君（蕤 林）子（夷 南）有（倍無 倍應）酒（太 夾）嘉（倍無 倍應）賓（太 夾）式（黃 大）燕（倍無 倍應）以（夷 南）衎（半黃 半大）

南 半半 大黃 有 半半 夾太 樛 應無 木 南夷 甘 半半 大黃 瓠 林蕤 纍 南夷 之 半半 大黃 君 倍倍 應無 子 大黃 有 倍倍 應無 酒 夾太 嘉 半半 夾太 賓 黃半

大半 式 應無 燕 南夷 綏 半半 夾太 之 半半 大黃

翩 倍倍 應無 翩 大黃 者 倍倍 應無 鵻 夾太 烝 林蕤 然 南夷 來 仲姑 思 夾太 君 倍倍 應無 子 夾太 有 林蕤 酒 南夷 嘉 仲姑 賓 夾太 式 大黃 燕 無倍

應倍 又 南夷 思 半半 大黃

南有嘉魚四章章四句用 呂律 夾太 鐘簇 清正 商商 主宮

南 半半 大黃 山 半半 夾太 有 應無 臺 南夷 北 應無 山 南夷 有 半半 夾太 萊 半半 大黃 樂 應無 只 半半 大黃 君 應無 子 南夷 邦 林蕤 家 南夷 之 黃半

大半 基 林蕤 樂 仲姑 只 林蕤 君 南夷 子 夾太 萬 倍倍 應無 壽 夾太 無 大黃 期 倍倍 應無

南 倍倍 應無 山 夾太 有 仲姑 桑 夾太 北 倍倍 應無 山 夾太 有 大黃 楊 倍倍 應無 樂 仲姑 只 林蕤 君 應無 子 南夷 邦 林蕤 家 南夷 之 倍倍 應無 光

林蕤 樂 應無 只 半半 大黃 君 仲姑 子 夾太 萬 林蕤 壽 南夷 無 半半 夾太 疆 半半 大黃

南 半半 大黃 山 林蕤 有 應無 杞 南夷 北 林蕤 山 南夷 有 半半 夾太 李 半半 大黃 樂 應無 只 半半 大黃 君 應無 子 南夷 民 南夷 之 仲姑 父 夾太 母

林蕤 樂 仲姑 只 林蕤 君 仲姑 子 夾太 德 仲姑 音 夾太 不 大黃 已 倍倍 應無

南 倍倍 應無 山 大黃 有 倍倍 應無 栲 夾太 北 南夷 山 仲姑 有 夾太 杻 林蕤 樂 仲姑 只 林蕤 君 應無 子 南夷 遐 林蕤 不 南夷 眉 半半 夾太 壽 黃半

大半 樂 應無 只 半半 大黃 君 仲姑 子 夾太 德 應無 音 南夷 是 林蕤 茂 半半 大黃

南 半半 大黃 山 夾太 有 仲姑 枸 夾太 北 應無 山 倍倍 應無 有 半半 夾太 楰 半半 大黃 樂 應無 只 半半 大黃 君 應無 子 南夷 遐 南夷 不 仲姑 黃 夾太

耇 林蕤 樂 仲姑 只 林蕤 君 仲姑 子 夾太 保 半半 大黃 艾 南夷 爾 林蕤 後 半半 大黃

南山有臺五章章六句用（律太蔟正商 呂夾鐘清商）主宮

右間歌三終以魚麗南有嘉魚南山有臺爲詞由庚崇邱由儀卽笙聲之譜

關（半黃 半大）關（夷 南）雎（蕤 林）鳩（夷 南）在（倍無 倍應）河（太 夾）之（黃 大）洲（倍無 倍應）窈（蕤 林）窕（夷 南）淑（半黃 半大）女（太 夾）君（半黃 半大）子（蕤 林）好（夷 南）

逑（半黃 半大）

參（半黃 半大）差（夷 南）荇（蕤 林）菜（夷 南）左（蕤 林）右（夷 南）流（無 應）之（半黃 半大）窈（太 夾）窕（蕤 林）淑（無 應）女（太 夾）寤（黃 大）寐（太 夾）求（黃 大）之（倍無 倍應）

求（半黃 半大）之（夷 南）不（蕤 林）得（夷 南）寤（太 夾）寐（太 夾）思（夷 南）服（蕤 林）悠（太 夾）哉（太 夾）悠（太 夾）哉（黃 大）輾（半黃 半大）轉（夷 南）反（無 應）側（半黃 半大）

參（半黃 半大）差（無 應）荇（夷 南）菜（蕤 林）左（半太 半夾）右（蕤 林）采（夷 南）之（半黃 半大）窈（太 夾）窕（太 夾）淑（蕤 林）女（夷 南）琴（蕤 林）瑟（太 夾）友（黃 大）之（太 夾）

參（黃 大）差（倍無 倍應）荇（太 夾）菜（蕤 林）左（蕤 林）右（太 夾）芼（蕤 林）之（夷 南）窈（半黃 半大）窕（夷 南）淑（蕤 林）女（半大 半夾）鐘（倍無 倍應）鼓（夷 南）樂（無 應）之

（半黃 半大）

關雎三章（一章四句 二章八句）用（律太蔟正商 呂夾鐘清商）主宮

葛（倍無 倍應）之（黃 大）覃（太 夾）兮（黃 大）施（黃 大）于（太 夾）中（黃 大）谷（倍無 倍應）維（太 夾）葉（夷 南）萋（無 應）萋（黃 大）黃（夷 南）鳥（無 應）于（夷 南）飛（蕤 林）集

（太 夾）于（蕤 林）灌（無 應）木（黃 大）其（半黃 半大）鳴（夷 南）喈（無 應）喈（半黃 半大）

葛（半黃 半大）之（半太 半夾）覃（蕤 林）兮（半黃 半大）施（蕤 林）于（夷 南）中（無 應）谷（半黃 半大）維（蕤 林）葉（夷 南）莫（夷 南）莫（夷 南）是（倍無 倍應）刈（太 夾）是（黃 大）

穫（太 夾）爲（蕤 林）絺（太 夾）爲（黃 大）綌（太 夾）服（黃 大）之（太 夾）無（黃 大）斁（倍無 倍應）

言（半黃 半大）告（太 夾）師（夷 南）氏（蕤 林）言（蕤 林）告（太 夾）言（黃 大）歸（倍無 倍應）薄（倍無 倍應）汚（太 夾）我（黃 大）私（大 夾）薄（太 夾）澣（太 夾）我（蕤 林）衣（夷 南）

害南夾 澣林蕤 害應無 否大黃 歸半半大黃 寧南夾 父林蕤 母倍倍應無

葛覃三章章六句用律呂太夾蕤鐘正清商商主宮

采半半大黃 采夾太 卷林蕤 耳南夾 不林蕤 盈夾太 頃林蕤 筐南夾 嗟夾太 我林蕤 懷應無 人大黃 寘倍倍應無 彼夾太 周大黃 行倍倍應無

陟半半大黃 彼應無 崔南夾 嵬林蕤 我林蕤 馬夾太 虺南夾 隤林蕤 我夾太 姑林蕤 酌南夾 彼應無 金夾太 罍大黃 維半半夾太 以林蕤 不

南夾 永應無 懷半半大黃

陟倍倍應無 彼夾太 高南夾 岡林蕤 我林蕤 馬夾太 玄南夾 黃林蕤 我夾太 姑大黃 酌夾太 彼倍倍應無 兕大黃 觥夾太 維半半大黃 以林蕤

不南夾 永應無 傷半半大黃

陟半半大黃 彼南夾 砠半半大黃 矣林蕤 我倍倍應無 馬夾太 瘏大黃 矣倍倍應無 我夾太 僕夾太 痡林蕤 矣南夾 云半半大黃 何南夾 吁應無

矣半半大黃

卷耳四章章四句用律呂太夾蕤鐘正清商商主宮

維倍倍應無 鵲夾太 有夾太 巢林蕤 維半半大黃 鳩應無 居南夾 之林蕤 之夾太 子林蕤 于應無 歸大黃 百半半大黃 兩林蕤 御南夾 之黃半

大半

維倍倍應無 鵲林蕤 有南夾 巢林蕤 維林蕤 鳩夾太 方大黃 之倍倍應無 之林蕤 子倍倍應無 于林蕤 歸夾太 百大黃 兩倍倍應無 將大黃 之

倍倍應無

維半半大黃 鵲應無 有南夾 巢林蕤 維南夾 鳩林蕤 盈南夾 之半半大黃 之半半大黃 子南夾 于夾太 歸林蕤 百半半夾太 兩林蕤 成南夾 之

半半 大黃

鵲巢三章章四句用（呂律 夾太 鐘簇 清正 商商）主宮

于 半半 大黃 以 南夷 采 林蕤 蘩 南夷 于 林蕤 沼 夾太 于 大黃 沚 夾太 于 倍倍 應無 以 夾太 用 大黃 之 夾太 公 半半 大黃 侯 南夷 之 應無 事 無倍

倍應

于 半半 大黃 以 林蕤 采 倍倍 應無 蘩 南夷 于 大黃 澗 倍倍 應無 之 大黃 中 夾太 于 夾太 以 南夷 用 林蕤 之 南夷 公 半半 大黃 侯 南夷 之 半半 夾太

宮 半半 大黃

被 半半 大黃 之 半半 夾太 僮 南夷 僮 林蕤 夙 半半 夾太 夜 林蕤 在 南夷 公 半半 大黃 被 倍倍 應無 之 夾太 祁 大黃 祁 夾太 薄 林蕤 言 南夷 還 應無

歸 半半 大黃

采蘩三章章四句用（呂律 夾太 鐘簇 清正 商商）主宮

于 倍倍 應無 以 南夷 采 林蕤 蘋 南夷 南 夾太 澗 林蕤 之 南夷 濱 林蕤 于 林蕤 以 夾太 采 夾太 藻 林蕤 于 倍倍 應無 彼 夾太 行 大黃 潦 倍倍 應無

于 倍倍 應無 以 夾太 盛 大黃 之 夾太 維 半半 大黃 筐 南夷 及 林蕤 筥 南夷 于 林蕤 以 夾太 湘 夾太 之 林蕤 維 林蕤 錡 南夷 及 應無 釜 倍倍 應無

于 半倍 大黃 以 南夷 奠 倍倍 應無 之 夾太 宗 林蕤 室 夾太 牖 大黃 下 倍倍 應無 誰 夾太 其 南夷 尸 應無 之 林蕤 有 半半 大黃 齊 南夷 季 應無 女

倍倍 應無

采蘋三章章四句用（呂律 夾太 鐘簇 清正 商商）主宮

右譜定爲鄉飲酒禮鄉射禮用律以太簇（正商主宮。半黃鐘起調。半黃鐘畢曲。以半黃鐘爲太簇）羽聲也。低音以倍無射應。呂以夾鐘清商主宮。半大呂起調。半大呂畢曲。以半大呂爲夾鐘羽聲也。低音以倍應鐘應。詳大射新宮三終說。

原史

船山學報專論之一
益陽曹佐熙述

流別丁

紀事之入集史者。如史記八書。漢書十志。續漢書八志。晉書十志。宋書九志。齊書八志。魏書十志。隋書十志。又如遼史游幸表。金史交聘表。

紀言之入集史者。如史記三王世家，（說已見前）宋葉隆禮契丹國志晉降表。宋遼誓書議書。凡爲專篇。以紀言者。皆是。若夫後漢書王符傳後附錄潛夫論五篇。仲長統傳後附錄昌言三篇。以人爲經。以言爲緯。其例與漢書東方朔司馬相如揚雄諸傳爲近。匪此篇所謂紀言也。

紀人之入集史者。如史記漢興以來將相名臣年表。項羽本紀。及七十列傳。漢書古今人表。及七十傳。

紀世之入集史者。如史記三代世表。漢興以來諸侯年表。惠景間侯者年表。（以上二表名年表實世表）及一切世家。漢書諸王侯表。王子侯表。晉書載記。舊五代史世襲列傳。新五代史十國世家。宋史世家。（自卷四百七、十八至四百八十三皆世家也）金史世紀。又如新唐書宗室世系表。宰相世系表。遼史世表。皇族表。部族表。元史宗室世系表。

紀年之入集史者。如史記十二諸侯年表。六國表。秦楚之際月表。漢書異姓諸王侯表。百官

公卿表又如史記之本紀漢書之紀。史記本紀亦有不紀年者茲就其多者論之

紀修書之入集史者如史記太史公自序漢書叙傳宋書自序魏書序傳南史北史序傳通志總序。

圖之入集史者如通志六書七音二略諸圖暨明史厤志割圓弧矢諸圖自此以外未之多覯。

書者如也如其實以紀之也凡紀事紀言紀人紀世紀年紀修書一切如其實以紀之者皆書也圖以象形表以治名數而有居圖表之前後以明其所未明者則書也統言之則圖表皆書也分言之則書與圖表成鼎峙之局相守以相濟也書圖表三者爲經而注徵論辨序例目綱計緯之古史于圖表有用有不用者至于書則無論何史無不用也不用則無以爲史也

表之入集史者如史記十表漢書八表新唐書四表宋史二表遼史八表金史二表元史五表明史五表又如新五代史十國世家年譜職方考通志世譜年譜

注之入集史者如史記厤書漢書地理志藝文志續漢書郡國志百官志皆有之其爲專篇者則有遼史國語解金史國語解

史之述根據以徵信者謂之徵如史記五帝本紀曰學者多稱五帝尙矣然尙書獨載堯以

來而百家言黃帝其文不雅馴薦紳先生難言之孔子所傳宰予問五帝德及帝繫姓儒者或不傳予嘗西至空同北過涿鹿東漸于海南浮江淮矣至長老皆各往往稱道黃帝堯舜之處風教固殊焉總之不離古文者近是予觀春秋國語其發明五帝德帝繫姓章矣顧弟弗深考其所表見皆不虛書缺有間矣其軼乃時時見于他說非好學深思心知其意固難爲淺見寡聞者道也予幷論次擇其言尤雅者又仲尼弟子列傳曰學者多稱七十子之徒譽者或過其實毀者或損其眞鈞之未覩厥容貌則論言弟子籍出孔氏古文近是予以弟子名姓文字悉取論語弟子問並次爲篇疑者闕焉又樊酈絳灌傳曰予與他廣通爲言高祖功臣之興若此云又酈生陸賈傳曰予讀陸生新語書十二篇固當世之辨士至平原君子與予善是以得具論之

史之箸褒貶者謂之論如史記項羽本紀曰吾聞之周生曰舜目蓋重瞳子又聞項羽亦重瞳子羽豈其苗裔邪何興之暴也夫秦失其政陳涉首難豪傑蠭起相與並爭不可勝數然羽非有尺寸乘勢起隴畝之中三年遂將五諸侯滅秦分裂天下而封王侯政由羽出號爲霸王位雖不終近古以來未嘗有也及羽背關懷楚放逐義帝而自立怨侯王叛已難矣自矜功伐奮其私智而不師古謂霸王之業欲以力征經營天下五年卒亡其國身死東城尚不覺寤而不自責過矣乃引天亡我非用兵之罪也豈不謬哉又老莊申韓列傳曰老子所

貴道虛無因應變化于無爲故箸書辭稱微妙難識莊子散道德放論要亦歸之自然申子卑卑施之于名實韓子引繩墨切事情明是非其極慘礉少恩皆原于道德之意而老子深遠矣又樗里子甘茂列傳曰樗里子以骨肉重固其理而秦人稱其智故頗采焉甘茂起下蔡閭閻顯名諸侯重彊齊楚甘羅年少然出一奇計聲稱後世雖非篤行之君子然亦戰國之策士也方秦之彊時天下尤趨謀詐哉又屈原賈生列傳曰余讀離騷天問招魂哀郢悲其志適長沙觀屈原所自沈淵未嘗不垂涕想見其爲人及見賈生弔之又怪屈原以彼其才游諸侯何國不容而自令若是讀鵩鳥賦同生死輕去就又爽然自失矣

徵與論之駁正舊說者謂之辨如史記大宛列傳曰禹本紀言河出崑崙崑崙其高二千五百餘里日月所相避隱爲光明也其上有醴泉瑤池今自張騫使大夏之後也窮河源烏覩所謂崑崙者乎故言九州山川尚書近之矣至禹本紀山海經所有怪物余不敢言之也漢書司馬相如傳贊曰司馬遷稱春秋推見至隱易本隱以之顯大雅言王公大人而德逮黎庶小雅譏小已之得失其流及上所言雖殊其合德一也相如雖多虛詞濫說然要其歸引之于節儉此亦詩之風諫何異揚雄以爲靡麗之賦勸百而諷一猶騁鄭衛之聲曲終而奏雅不已戲乎（不已戲乎言揚雄之論不已過輕司馬相如乎）

箸作意者謂之序如史記太史公自序云嘉伯之讓作吳世家第一嘉父之謀作齊太公世

家弟二嘉旦金縢作周公世家弟三嘉甘棠之詩作燕世家弟四嘉仲悔過作管蔡世家弟五嘉彼康誥作衞世家弟七嘉微子問太師作宋世家弟八嘉文公錫珪鬯作晉世家弟九嘉莊王之義作楚世家弟十嘉句踐夷蠻能修其德滅彊吳以尊周室作越王句踐世家弟十一嘉厲公納惠王作鄭世家弟十二嘉鞅討周亂作趙世家弟十三嘉威宣能撥濁世而獨宗周作田敬仲完世家弟十六是也又有自序語其略而又于各篇之末語其詳者自序有云天下患衡秦無饜而蘇子能存諸侯約從以抑貪彊作蘇秦列傳弟九蘇秦列傳又曰蘇秦兄弟三人皆游說諸侯以顯名其術長于權變而蘇秦被反間以死天下共笑之諱學其術然世言蘇秦多異異時事有類之者皆附之蘇秦夫蘇秦起閭閻連六國從親此其智有過人者吾故列其行事次其時序毋令獨蒙惡聲焉此一證也自序有云能設詭說解患于圍城輕爵祿樂肆志作魯仲連鄒陽列傳弟二十三魯仲連鄒陽列傳又曰魯連其指雖不合大義然余多其在布衣之位蕩然肆志不詘于諸侯談說于當世折卿相之權鄒陽辭雖不遜然其比物連類有足悲者亦可謂抗直不撓矣吾以附之列傳焉此二證也

箸凡例者謂之例如史記五帝本紀曰擇其言尤雅者又如留侯世家曰所與上從容言天下事甚衆非天下所以存亡故不箸又如管晏列傳曰至其書世多有之是以不論論其軼事又如太史公自序曰請悉論先人所次舊聞弗敢闕

目以昭其分也史記有體裁之分有事義之分曰本紀曰世家曰書曰表曰列傳曰自序此體裁之分也本紀自五帝至今上（謂武帝也）分爲十二世家自吳太伯至三王分爲三十書自禮樂至平準分爲八表自三代世至漢興以來將相名臣分爲十列傳自伯夷至太史公自序分爲七十此事義之分也

事義之分有二一曰大分二曰小分右方所述其大分也其小分者如史記三代世表分爲七一曰顓項屬二曰借屬三曰堯屬四曰舜屬五曰夏屬六曰殷屬七曰周屬漢興以來將相名臣年表分爲四一曰大事記二曰相位三曰將位四曰御史大夫位律書分爲三一曰律數二曰生鐘分三曰生黃鐘是也漢書古今人表分爲九曰上上曰上中曰上下曰中上曰中中曰中下曰下上曰下中曰下下律志分爲五一曰備數二曰和聲三曰審度四曰嘉量五曰權衡厤志分爲六一曰統母二曰五步三曰統術四曰紀術五曰歲術六曰世經藝文志分爲六一曰六藝二曰諸子三曰詩賦四曰兵書五曰術數六曰方技六藝分爲九曰易曰書曰詩曰禮曰樂曰春秋曰論語曰孝經曰小學諸子分爲十曰儒曰道曰陰陽曰法曰名曰墨曰從衡曰雜曰農曰小說詩賦分爲五曰賦曰賦曰賦（三類分而無目）曰雜賦曰歌詩兵書分爲四曰權謀曰形勢曰陰陽曰技巧術數分爲六曰天文曰厤譜曰五行曰蓍龜曰雜占曰形法方技分爲四曰醫經曰經方曰房中曰神僊蓋書者如也如其事之條理以爲書

之條理焉斯弗容已于分也其分愈密其目愈繁史記分本紀爲十二斯目有十二分世家爲三十斯目有三十分列傳爲七十斯目有七十三代世表分爲七斯目有七漢興以來將相名臣年表分爲四斯目有四律書分爲三斯目有三漢書古今人表分爲九斯目有九律志分爲五斯目有五厤志分爲六斯目有六藝文志分爲六略三十八種斯略之目有六種之目有三十八假弗目也分烏乎昭

都羣目而一之謂之綱史記自序自惟昔黃帝至作七十列傳此史記百三十篇之綱也漢書叙傳自皇矣漢祖至述叙傳弟七十此漢書百篇之綱也（史記目錄在自序漢書目錄在叙傳後世有爲史漢補目錄者皆贅設也）漢書律志分五章于五章之前有云一曰備數二曰和聲三曰審度四曰嘉量五曰權衡參伍以變錯綜其數稽之于古今效之于氣物和之于心耳考之于經傳咸得其實靡不協同此律志之綱也（律厤志前志律後志厤起訖甚明篇中凡稱律志厤志者以此也）唐書藝文志四部分叙于甲部經錄之前有云甲部經錄其類十一一曰易類二曰書類三曰詩類四曰禮類五曰樂類六曰春秋類七曰孝經類八曰論語類九曰讖緯類十曰經解類十有一曰小學類此甲部經錄之綱也

都內容一切之數者謂之計史記自序云凡百三十篇五十二萬六千五百字此計之用于史記者也漢書藝文志云大凡書六略三十八種五百九十六家萬三千二百六十九卷此

計之用于漢書者也

文苑

船山師友記敘贊

船山學報文苑之一

湘潭羅正鈞

歲在昭陽大荒落正鈞補輯儀徵劉氏王船山先生年譜訖又以暇日譔集先生師友爲十有七卷往者新化鄧氏顯鶴博綜楚故所箸沅湘耆舊集嘗于先生之友別爲一卷表章不遺餘力然其所述以詩存人又復限于湖外故夫文采不著越在他邦者則闕遺而不載劉氏年譜則凡于交游中有關涉者附注于篇雖攷訂精核而徵錄不出遺書又其書專以出處義行爲主其于交誼已所致略今並采二家之說凡遺書姓名可見者排錄于册而他書中有涉先生友誼者亦並錄之積久得百五十有七人其爵里事迹則博稽之史傳通志及郡邑之書參以當日遺臣之紀述近代私家之載記篇幅闊者節錄其文略者并數書以爲一傳遺書已具名字里居或傳誌之屬而他書無攷者乃止就遺書所紀而錄之而皆注其所出于下方其徒有姓字見遺書者則備論而仍闕之以待異日蒐討先生從王嶺外永歷實錄所傳之人甚衆行遯而後湖外遺民相聞問者必多然以不得顯據固未敢臆爲之及焉凡遺書一語一言及于其人者舉摘錄之于各人小傳之後以相印證而他家之書信而有徵者亦附詳其間至先生與其人之詩文則遺集具存無庸贅敘惟標舉年分具列其篇目覽者可按序而參閱也（其可資考訂者則於按語中引及之）其采之諸書而間有疑難稽之他說而時有發

明者則參互稽覈別爲按語以附于後原夫史家雜述若小錄郡書別傳之流類皆博紀名賢私綜國故至宋世朱子始有伊洛淵源之錄而近代儒者盛傳學案宗派之書其原蓋出于史遷仲尼弟子傳先生違世守貞屏絕聲氣今之所記惟統名以師友極知于先生無當豪末徒以景仰之微衷未能自已故凡所編錄一循出處區爲次弟先生淵源家學外間無問業之師惟列當時提學舉主他若蔡忠烈諸公有知己之言者次之而謹以父兄編之卷首其時鄉先達如伍學父諸人會文之友如夏叔直諸人及乙酉丙戌避亂湘耒所爲主諸人在戊已從王之先惟嶺外同僚以名位相次取便尋檢故羼爲二卷躐賓于前辛酉返楚而遂轉徙郴永十有餘年至歲庚子迺始卜宅湘西其間過從類皆遺老稍以類從分爲四卷先生寢迹窮荒及門尟有聞者今就諸書所見次爲遂進一卷門人一卷親懿子弟一卷更世患難故時亦有方外之交而顧亭林諸君聞聲相思見于紀述則亦不得而廢焉以殿于遂他如五十自定稿戊子有永興廖鄧二君邀宿石角山一詩六十自定稿有青草湖與黃生看遠汀落雁一詩徒以姓見無從稽索外此則家世節錄述武夷先生被流寇之難舊交黃岡奚鼎鉉陷賊中曲意相脫（亦見文集石崖先生傳略幷逸文自序）永歷實錄嚴起恆傳先生自言上疏請允輔臣去國萬翺魯可藻請逮治高必正力爭乃已按鼎鉉當字中雪與先生締交甚早（按鼎鉉居黃岡必壬申後應試武昌相識病憶得己卯有劉子參計偕北上便寄奚中雪一詩當卽一枕人無疑）而節錄有先君終不與語之文高

必正初名一功從李自成起羣盜反正遂封鄖國公行狀云高必正慕義營救府君以其國讐也不以私恩釋憤今之所錄姑從屛寘抑亦先生之志也

邗江桀戟鬱爲文德於穆庭訓道存淵默石崖貞苦素業逾鮮春秋世學孤詣曷傳父兄卷首

王出郎署水由憲臺明發䟺䟺甄我楚材鑒洞梁溪誼篤安成羽儀寂寞神聽和平述提學舉主弟一

江左偏安楚實外藩迹阻情疑竝遘災昏憲既前擢矌復中圮貞晦窮崖以報知己述鄉邦達官弟二

嶺表彈丸勢屯道蹙獄獄瞿嚴抗情文陸人謀未同冥運已歔三諫云窮脫身朝籍述嶺外僚友弟三

皇輿遘閔扶義飈舉間道崎嶇迴翔扆宁憂時慁愗把劍激昂悲謠未已鐵騎縱橫述從王諸友弟四

勝衣就傅榆社周旋翩躚諸老風楙後先伍張二壘蔚我儒宗淒矣渭陽偕命蓮峯述鄉邑先輩弟五

匡社松聲芳洲杜若文讌從容豪情踔躒如何蘭蕙先秋早萎匪紘已絕鄰笛空悲述早歲

會文之友弟六

百六在運。獻尤封豕。悽我哲人。越疆投止。蒙犯霜霧。不廢詠歌。天離地阻。失路如何。述避寇

爲主之友弟七

賢者避世。哲士佚名。爲出爲處。匪敢自明。歗侶幽棲。聞聲惕息。瞻望南雲。悲來塡臆。述去官

偕隱之友弟八

湘水迴湍。船山衰草。天閼窮荒。斯文終老。西臺竹哀。嶽祠路曲。德必有鄰。采薇芳躅。述還山

同志之友弟九

邈矣荒塗。于嶽之陰。惸惸無俚。何來足音。結轍蕭辰。挑鐙永夜。海徙山逡。重此晤會。述山中

過存之友弟十

睠懷良執。月匿參熒。窮年寢迹。關河浩冥。爾音不遺。三歲是紀。延陵十字。歿而猶視。述山中

通問之友弟十一

敷我明德。蒸彥實晞。摳衣趨謁。迎弄以歸。嶺雲朝橫。巖花夜寂。誰賓後來。緬懷良覿。述後進

弟十二

橫渠正學。孤鳴誰和。百世聞風。矧玆親炙。翩翩章生。惕恒躬園。草堂風月。共領至言。述門人

弟十三

桂蠹千載。承述師志。雍雍劉熊。先聲竝美。亦有懿親。翻飛載鳴。巋然蕉畦。爲楚耆英。述親懿子弟弟十四。

溪虎夜嘯。潭龍晝吼。九死崔嵬。埋心嶽阜。茹蘗知慶。禪緇早披。凝然仗節。義旗同麾。述方外之交弟十五。

衡嶽拔地。中有達人。韜伏明姿。志亙千春。文隨身隱。道以神超。夔而不見。引領長謠。述外間知聞之友弟十六。

心希絕學。十駕而憇。載綴舊聞。亦以論世。網晦俾曜。抱臯甯辭。尚想亮迹。寤寐承輝。述叙贊弟十七。

勤王劉越石抗疏屈靈均羣小日敗壞君子徒苦辛帝星隕滇海淚雨擣遺臣被髮遯石戶道畬勤耔耘六經闢生面百家入彌綸熿熿正蒙注覃思通鬼神俟解暨噩夢提鏡何諄諄

船山先生修身經世大指於俟解噩夢略具闡示切摯百世可師光緒丁酉佐熙曾用古史治書裁篇別出之例錄爲一編發展印行題曰船山要指

上以紹周孔下以開無垠餘風被鄉國松勁而蘭薰後生覓塗徑舍此其奚循長沙啟學社侁侁來學倫於時九月朔太歲在甲寅古儀舉釋菜駿奔咸彬彬雅歌在爾室萬里有德鄰薪盡復火傳旁魄將千春無曰造端微積壤成昆侖自頃卮言出白日昏黃塵狂瀾孰砥柱一髮持千鈞任重道尤遠戒塗寧逡巡遙望船山高峻峻孤月輪

寧鄉洪汝沖

遺老懸弧日莘莘俎豆尊時維九月朔學自一家言私淑豈文字流風被澧沅倉皇明社屋辛苦漢家藩五嶺干戈逼三湘天地昏晞殘皋羽髮招遍屈平魂桑海殊無極槃阿矢弗諼邠卿藏複壁干木避重垣遂有黃書作聊憑青史論華夷嚴內外天澤快平反不竟成功首何曾穡禍根人心往以復地道靜而喧茲事已陳迹伊誰念舊恩戰龍方四野立馬又中原蠢蠢爭蠻觸紛紛化鸛猨殷憂深黍室去路失桃源枌社祠遺像薑齋指故村瀼西杜老重柳下薄夫敦寒菊香盈把清泉潔一樽獨應微管歎萬古瓣香存

長沙袁緒欽

高城細雨涼虹霽。祠園叢桂清嚴地。耆宿冠裾龐偉來。詞流裙屐婆娑至。船山遺象懔清高。冠帶尊嚴故明制。昔當陽九革除年。惜竄遯荒聊避世。

羅順循言先生有惜餘髮賦，集中未載。近謠葉麗廣詩集作惜餘春雨，同年之言，未知孰是。

老屋沈冥天地黲。空山無人風雨壇。天官尊史訂百家。

古之史家達天人治亂之原，周知事物之紀，自授時正曆，以及族姓世系之繁，山川邦國之別，禮樂刑政之典，輿服度數之等，考工食貨之經，莫不畢載。夏衰而終古奔商，殷亂而尹摯歸周，周之初，史佚與周公召公太公同爲四輔，而史籀史聃史伯史克分見於傳記。漢初太史公爲天官，在諸侯王上，亦以總天地人物之記，述備金匱石室之儲，藏九流七略之論，列采風正俗之諷詩，等於三老五更，天子有事咨焉。其職尊也。船山亭林梨洲書舊遜黨，蒐討文獻，巍然大宗，猶史系也。

古聖傳經擘六藝。青霜斧鉞殛神姦。白日靂霳蘇瞽瞀。流連邦甸謌九府。揮斥埏綋窮四裔。黃書噩夢竢不惑。赤縣靈荃杳已逝。粵維稽古立君師。仰觀俯察肇文治。彝倫攸敘正綱紀。禮樂修明升儁乂。天秩克踐民無訛。人道爲大政有系。

禮記哀公問一篇，推本於倫紀禮教，自婚姻以至敬身敬親，正己正人，祀宗廟，配天地，物恥以振，國恥以興，而皆歸於孔子對曰人道政爲大。然則古所謂政者，但貴己而不急於貴人，所謂修己以安百姓也。乃今所謂政者，汲汲焉以法律督民，而不知自嚴其倫紀禮教之大原，其本已失，一無統系之政也。

廟朝饗燕接邦君。負扆立見班圭幣。伯父叔舅必有尊。天揖時揖曷敢肆。大公分土各養民。有不率者則易置。一夫不獲時予辜。萬方有罪朕之沴。農桑家給娛父老。酒醴春臺嬉婦稺。桓桓之旅守在邊。遠人綏徠迺撫字。固圉寧民配燾載。王者歸往帝者諦。

唐虞公天下，三代亦公天下也。天子之地，僅邦畿千里，以供祭祀聘饗之需，其餘衆建諸侯，而地皆不過百里，有荒怠者則貶削，且六師移之，凡以爲民也。天子立見羣臣，自稱曰孤寡不德，猶必曰天視自民視，天聽自民聽，一夫不獲，時予之辜，萬方有罪，罪在朕躬，其責己勤民如此。曷嘗以崇高富貴自尊侈哉。

爰洎秦政始虐民。典章彝憲悉毀棄。劉漢詔策閔元元。頗勸力田敦孝弟。崇高富貴去民遠但有虛文無實意猶復乞言視太學其德愆儀禮愆器其餘自鄶無譏焉歷史相承更凋敝善者崇文重經術賴有儒臣資講肄先王教澤入人深高曾榘矱餘風被偶然小康不百年便頌昇平俾上瑞生民淑秀自相維逞論時雍邈難逮邇來萬國始交通大瀛九洲天地際其人善思阜財貨因以利國民亦利學於萬物得其師航海飛空矜瓶異指揮造化洩精奇華嚴仁壽皆如志奈何操術自相斯謬言物競騁殘悖潛淵戾天製火電窮幽極險鼓鱗翅雄都百雉盡焚燎勁旅千夫瞬虀碎善陳善戰古民賊爭城爭地等狂醉近聞西人嗜中學頗綜微言探大義果明禮讓識尊親庶挽頹流杜邪詖（近日英人裴斯脫精孳孔孟之書深以東方風化之純雅士大夫之彬彬禮讓以爲聖道能出入仁義而盡乎宇宙眞理之微著爲論說於政教合源導民立國之方頗言之汪洋博暢黃嚴柯嶧希游南洋識其人因以中文譯其大旨意者今歐戰方劇慘痛之餘民族發悟禮讓大同之盛尊親悅服之誠殆漸有其端乎然世方侈強權蔑公理弭兵全民恐亦徒儒生夢想耳）弭兵息戰豈無期舉世大同殆可冀不然宙合發殺機芒芒率獸人相噬人事難測天難知強者得全弱者殪縱橫捭闔市以欺陰血僨張敢爲厲斯人丁此道已窮師儒斷斷曷有濟先生去今三百載世變悠悠莽榛翳當時黎獻顧與黃一髮斯文三老繫禮堂石室寫遺書日月旋天炳光麗空文無補世莫究學子荒經坐冥昧空悲饑溺倒縣厄苦痛老羸溝壑瘞學殖荒落本先剝耆舊噓唏士隕涕今茲社集奠兩楹釋菜雍容儼昭對謳思三代發明王君社爲輕民則貴生人彝秉同自天橫目冒耏教無類中龢樂職奏康衢況值清秋淩灝氣雷精誕昴鼓神

紘。肸蠁靈風駕虬駟。飯生瘖憒徒區區。泚顡陳辭滋警勵。楚天萬古一長嗟。大人軌轍疇能繼。

瀏陽劉人熙

學社萃羣彥。趨蹌通肸蠁。水木既明瑟。軒檽復開敞。降神始何年。南服人文朗。祝融富炎德。佳氣鬱方廣。仰瞻德容清。俯念哲人往。寒泉薦秋鞠。方外同幽賞。（是日海印禪師與會）余生苦蹇劣。入世嗟鹵莽。歧路紛荊榛。愛河搖滉瀁。壯歲讀遺書。直繩彈曲枉。中流據一壺。玄珠求象罔。浮生哀流轉。戰勝在吾黨。忽忽七十年。悠悠千秋想。十駕追綠耳。盧白道心長。千聖有傳德。朱紘無懦嚮。自從庖犧來。周孔互競爽。微言合天人。大義森教養。珍重薑齋翁。爲我重指掌。（朱文公齋居感興詩云珍重無極翁爲我重指掌無極翁謂濂溪也濂溪之後繼以薑齋湘水洛波遙遙相接故末聯不嫌同調）

長沙蕭昌世

霍山嵯峨通肸蠁。天飆鼓盪雲容昶。篤生賢哲鎭綱維。曠代高風深景仰。明儒氣節爭嶙峋。惟有　先生更倜儻。居鄉咸知有道名。救世常進忠言讜。甲申變後觀我生。欲挽狂瀾伸巨擘。勤修學業矯膚庸。念切民依關痛癢。著書何止等身高。二百餘年方振響。梨洲亭林許頡頏。後學聞風資模倣。嶽雲湘水鬱蒼蒼。禮崇釋菜宜吾黨。九月朔逢攬揆辰。潭寒水淸天氣爽。椒漿桂酒陳几筵。鮮果時花供薦賞。肅瞻遺像精誠通。篆裊香煙直騰上。吁嗟乎。方今時

局幻風雲大雅遺型委榛莽修齊治平嗤迂儒哆口鼓脣逞狂蕩安得　先生一振聵而
發聾策循正軌無欺罔學術治功非兩途不徒開來兼繼往

瀘溪廖名縉

衆愚寶形骸役役生老病帶索榮啟期百年終有竟至人寶性眞身外有生命此命無曆算
修與天地亘衡陽傳口說鄉耆能記證三百年我賢五百年我聖此語詎云夸自信夙所定
尼山作孝經絳衣告斗柄子輿推名世五百知所應世難誰能期要以道力勝攖寧寧不攖
天爵我為政危疑死生交欣愉在心性千古此淒馨百聖相持贈勿謂先生往康時道方孕
幽光出衡嶷漸與秋陽瑩我欲壽船山樂神非笙磬關學傳千禩知禮成厥性（三百年以我為賢五百年
以我為聖船山先生正命時遺言也衡湘父老至今傳之）

平江吳光瑚

耆老溯前明時危憂學絕正氣存兩間艱難貞苦節嗟哉　子王子運會遭淩蔑賊氛偪京
師宗社驚崩裂北望一揮淚傷心國祚滅桂藩擁粵西行人職就列無何瞿（留守式耜）嚴（少傅起恆）死
大局不可說返我石船山樓居形影孑橫渠正蒙書考求獨契悅遺編數百卷守道志孤潔
何期栢原翁表揚潛德爇後學有津梁我亦羹牆切際茲誕祭期薦誠蘋藻設羅拜遺像前
秋風殊懍烈英靈其在旁俯仰懷鬱結

瀏陽劉瑞潞

顯晦亦有時。天道不終剝。孔孟栖衰周。斯民稱先覺。一火傳千薪。諸儒各一爝。說或淫異端。世豈絕正學。羶腥汙寓縣。穆清下衡嶽。船山眞天人。冥心在淵邈。仲尼發一矢。箭鋒乃相遻。子輿塗其鼻。成風不傷堊。鼓筴播厥精。吹塵去其秕。江表鹿已奔。嶺西雞一喔。江山才滿眼。輿圖不盈握。衣冠坐沈淪。吾道未隨替。神傳言獨在。志隱迹終削。向來聞知士。玄感絕依託。微言續遺經。空山振木鐸。自詭五百年。此意非冥漠。嚮後道終行。即今夢猶噩。稍喜湘水湄。芳馨薦清酌。茲辰豈不懷。德人如可作。

甯遠楊宗岱

過隙鞭白駒。電掣烈風颸。四體百形骸。瞬若蛇蛻殼。誰能長不死。奕葉仰名兒。衡陽王先生。降神自南嶽。典墳服菑畬。耕梓勤樸斲。靜專僧入定。時習鳥飛數。書讀十行下。利恥衆人逐。難兄同鄉舉。二玉爲一珏。獻賊陷衡州。乾衰羣陰剝。俗士汚僞命。白鳥獨翯翯。走匿雙髻峰。翁乃爲獻捉。引刀自刺肢。易父致其慤。重創感虎狼。喬梓離驚㦤。厄運丁甲申。朝綱絕羿浞。寧吞墨允草。不入郄超幄。服闋官行人。國是誤昏椓。吳楚水火慼。鼎折其形齷。瞿公殉桂林。毒霧塞遐邈。築土觀生居。蘊山不獻璞。郴永漣邵間。氛埃漫騰擢。三百廿四卷。古今供揚搉。藏之名山中。譬彼雲漢倬。無人噓冷灰。舉世眸盡眊。七尺伏猺峒。耕種苦墝埆。席棘飴野荼艱貞不呼暑志節淩窮蒼矢寐永無覺歿後四十年朝野始稱促四庫採遺編陽暴漢江濯闊然終得章帝天鑒貞確學說印腦筋腥羶獲澡刷革命開全權橫空起刀槊湘垣義旗麾辛亥九月朔適值公生辰稽首若崩角惟心造一切此翁果卓犖重瞻漢官儀共和慶同樂矯枉惜過正盡人痛昏瞀同胞口頭禪蛾眉煽謠諑金外敗絮中人面而鳥噣暗蚊聚成雷無陽天雨雹牛驥同一牢玉石亂純駁瓦釜雷砰訇芝蘭反翦撲狂瀾莫能挽波靡難救藥蕺山有繼人識淵行尤卓紫府留韓琦青錢選張鷟蓮社萃邦彥激揚劃清濁宣講來復天言諄聽誰藐薑桂老愈辣抱貞謝辜榷澡身遂雨人嚀云道大觳王學知日昌望衡佇舉嵒生日薦馨香漿酒欣共敕餘輿敲詩鐘寸莛任撞戳闔韻閒徵詞鬩聲競宮角團坐佛講經橫馳孔獵較賤子百未能枯瞑愧揚蹄老馬棧豆間昫沫困涔澥蒿蔚依長松枝柯殊梢櫂遁世方無求茹蔬枕甘墣聊貢下里吟爪鬻預鳴搦盤盂方堆珍當嗤獻芹敁祝公勵前修津梁度來學

湘鄉周熙焜

憨頭陀永光

高躅遺賢在孤清噩夢回苦吟秋夜迥叢菊一枝開閱世悲虛幻無心問刼灰蔚廬多古意巵酒更徘徊

衡峰七二鬱崔嵬。莽莽蒼蒼亘九垓。中有遺民此遯世。天崩地裂不爲擢。眼看明社已邱墟。故國空餘禾黍哀。黃農虞夏忽朕沒。薇蕨采向西山隈。伏臘不聞新晦朔。惟從道義求根荄。鴻濛應借巨靈手。下筆六經生面開。陶鎔漢魏發文章。璀燦莊嚴見樓臺。文字沈沈與巨獄。埋憂箸述亦禍胎。靈山靈鬼來呵護。遺編存得燼餘灰。祇今大道嗟淪喪。墨雨歐風莽喧豗。誰爲干城柘原老。說經醇粹腹衆才。維嶽降神九月朔。釋菜摘獻南山臺。我亦因之寄微慕。拜瞻 遺像久低徊。髣髴剛大浩然氣。宇宙彌綸時往來。君不見長白山頭愁雲堆。六龍宮闕沒蒿萊。船山片石今無恙。滿淸江山安在哉。

修水徐名世

先生攬揆丁陽九。今日滄桑又一回。且傍鬼雄陳俎豆。獨還浩氣鬱雲雷。湘纍去後天難問。明祚移時楚有材。差喜遺書比心史。流傳早見鐵函開。

平江余 愔

天崩地竭。人心蒙蔽。抱道林泉。卓立孤詣。麟出非時。野人梃斃。嗟嗟志士。類多幽閉。衡陽王子。學宏經濟。天下滔滔。奮興佐帝。明祚陵夷。君弱臣戾。狂寇橫行。社稷莫衞。鼎湖龍去。亡藩魯桂。堵（制相允錫）何（督師騰蛟）覩師。鄂湘鑿枘。身遣閔凶。擢喪鋒鋭。超超瞿（留守式耜）嚴（少傅起恒）。國命攸繫。顛沛流離。剛貞不倣。藐彼王（內閣化澄）陳（悍帥邦傅）。朋奸狼噬。欺蠱主聽。賢良戕殪（給諫金堡袁彭年丁時魁劉湘客蒙正發）

（均廷杖下獄將置之死公走訴嚴少傳勸其御求貸乃免）少傳擠排寃沉忠瘞抗疏疊諍聖顏乃霽感恩知己運會淪替桂林義魂（瞿公殉難桂林）南寧哀涕（嚴公遇難南寧）蒼蒼何辜吾將長逝遁匿船山勿屈權勢（孫可望徵聘不往）粵清定鼎隱逸加惠詔起關中（李氏二曲）聘隆幽薊（孫氏夏峰）四明（黃氏梨洲）崑山（顧氏亭林）同錫旌幣惟我澧沅淹沒蘭蕙兀坐土室（公營築土室石船山名觀生居）嘯歌睥睨著書充棟老失年歲生面特開正學獨勵區區七尺活埋乞誓耿耿方寸憂危嚴厲噫嘻天命改革之際我生公後遺恨誰契瀏陽蔚叟結社連袂秋高九月誕辰饗祭凡我同人趨蹌砥礪臨風奠祝太平萬世

益陽曹宗海

峨峨石船山淑氣鬱南戒似聞子王子故宅今猶在六經開生面百家廣津逮飲水思其原生日宜釋菜於古求先例庚子五經拜聖伏大義乖羣言正厖沸人事有張弛世道殊顯晦安知法輪轉否者不終泰

長沙楊覲圭

端門孔演命麟編奏厥成撥亂反之正其恉存太平天下以爲公斯謂大道行鄒嶧導其波民社權重輕嬴氏崇帝制偏任法與名逐鹿運既紛亢龍悔亦盈綿曖二千年茲義日晦盲先生起明季王路丁崎傾竄身漣桂間皭然晦而明博綜抗顧黃篤踐邁容城藏山三百卷峨峨峙南衡義疏抉經心通鄭漢宋程噩夢與黃書辭微志則閎寧惟彝夏防科旨三九幷

瞀儒蔽厥源。政學詑譚瀛。孔教委荒涂。軒胄替宗祊。焉知吾道南。朱鳥懸光晶。覽揆景鄉賢。慨焉發幽情。儒服信襜如。照此湘漪清。秋菊吐圓葩。蘭芳掇初英。俎豆接微晞。世變駭崢嶸。涬溟頹天綱。歎波萬長鯨。雲車闢虛空。螺舟殷雷砰。戰血釃兩儀。毒霧塞三精。鼇極尪不支。荷戴況羣䖟。權家各愛勝。肯復念誓盟。安得恢聖謨。持幬均殯紘。揚靈激楚歌。九天以爲正。

桂陽鄧國勛

明季既閹豎。張李起橫行。始漂秦晉血。終兆遼瀋兵。塗炭舊邦土。荼毒極神京。海內無義師。吳侯心轉傾。煤山冷衣詔。楡關引旆旌。皇圖遂移易。遺臣走榛荊。慷慨范倪死。艱難史左生。况我王夫子。神明誕自衡。長望江漢高。馳恖河濟橫。痛無祖逖楫。緬想伏波營。草伏盡險阻。蓬累誓忠誠。自分義士餓。不堪聖人氓。越夷能感義。緬酋亦知名。傳經伏生老。避世管寧貞。黃書道未顯。青史節已明。高風振末葉。遺像肅湘城。湘城足文獻。懷古多賢英。翁陳新義闡。羅鄧古學宏。均有文武道。毋勞門戶爭。大道周萬國。碎義徒紛更。鑽仰苦一室。心思極八紘。自慚力不足。乃從歌載賡。撫茲釋菜奠。無限懸弧情。河山今復昔。高義死亦榮。莫向汨羅水。猶煩弔屈平。

資興袁世麟

乾坤氤氳大生成。時勢滄桑嬗遞更。高深豈能永陵谷。日月並覺乘虛盈。惟道不變亘今古。

彌綸六合周五行。陰陽風雨弗得沴。地維天柱長不傾。溯自尼山删訂後。薪傳闡發危微精。漢代經師重劉賈。宋儒理學推朱程。大義微言翻榛塞。鴻功偉烈鐫鄉黌。有明叔季左道熾。如蜩如螗如沸羹。妖書妖詩語詭誕。土木魔神權專橫。誰其脫籍東林黨。掛冠解組辭燕京。薑齋先生間世出。扶輿磅礴鍾南衡。處境不憂懸磬室。讀書常對短鐙檠。經飫孝先擁腹笥。家傳韶之劬目耕。壬午崇禎十五載。秋風捷音鹿鳴萃。中原多故盡板蕩。入谷羞作遷喬鶯。卻聘且勵疊山志。陳表猶是李密情。雙髻峰下築土室。漁樵溷迹心堅貞。忠孝大節一身重。富貴勳名蟬翼輕。窮究四書六經義。捍衛吾道爲干城。濂洛關閩索奧祕。漢魏唐宋加文評。黜書韓子與申子。闢謬象山兼陽明。郴永耒浯斂其迹。著作等身書滿籝。豈徒靑箱裕後嗣。撥亂反正功最宏。陳良不獨學中國。屈原相與歌杜蘅。立言不朽數千卷。楚寶休教誇白珩。觀生居宅故址在。遺像尊嚴華袞榮。洪惟九鼎民國立。羲輪日御周之正。校序規撫仿殷夏。泰西法製陵俄英。文科實科兩不蠹。人材樂育賡菁菁。有志還求讀經史。道德眞言參老彭。毋令自由恣意說。鄭衛淫聲亂韶韺。巍巍船山高萬古。教傳木鐸音錚錚。當時人士樂親炙。此後豆登歆卬盛。無小無大罄私淑。寰宇鏡清隅砥平。

臨湘吳　獬

聞古易代時國亡有獨存功既無立處恃者德與言德優言其餘言亦獲殊効洪範中說篇

周唐亨遺教船山潛岣嶁德言紹周孔去燕瀛溟枯報韓天地動一瞑三百秋簡編已塵壓
偉哉柘原叟齠亂解追法粵從遼金來餘分位成閏濠泗變滿珠起伏若轉瞬蓋於十六帝
世受覆露恩恥問膠師期追覬微禮存說經堅靡當斷史橫孰敵莊屈湛肝鬲闢闔協喘息
噩夢黃書情觸眼刺蒿莽痛絕謝娥曲投筆心養養杳冥觀生居千載鬱靈氣盛宗多前修
仰瞻每慚繼仲淹張元經麟後振遺響桂管日曆開慟哭轍循往會之刪書詩卓識越編訂
守常無矜奇下議肯非聖伯安薄薛曹良知侈眞訣配之夕堂篇安見傳習絕勞身得寇駭
匿蹟致親樂歷較琅邪門光先出後學不隨嚴瞿煨天使歸去來千巖雲雨蒙百帙星日開
柘叟尙論精度世起弘願顧奉所箸書書萬誦更萬我無晞顏學竊亦測鄭志穿牀迷當年
拭履覺來世社非幾復式黨異顧廚派千錢乞孫復一木支郭太搜紹功可程沾被湘若衡
行期楚長沙如遊魯昌平

長沙戴榮先

運會遭叔季伏處荒山原景仰古賢哲遺經細討論高風薄唐虞志節松柏存子然一室中
邈焉嚋與言
有明尙氣節大本原忠孝溯登賢書時師友爭考校烽火震皇都豈忘犬馬效道遠梗莫行
傷心在名教

懷宗死社稷。萬幾誰攬綜。亡藩走桂林。軍務憂倥傯。取義以成仁。惟師孟與孔。弗墮冥冥欺。弗被汶汶動。

梨洲老四明。亭林終建業。二曲與夏峰。艱貞意俱洽。獨學無人知。惟公尤困乏。心苦詣彌孤。卓然天下法。

老明經雖傳。叔重名雖震。王通雖祚唐。輔嗣雖顯晉。學問非大醇。吾道何繇振。猗與船山叟。百年如一瞬。

國命繫瞿（式耜）嚴（起恆）。天下胥瞻仰。豈徒知己感。抗疏任讒謗。朋奸王（化澄）陳（邦傅）夏（國祥）。糾劾毅勇壯。昭然揭日月。浩氣能自養。

正人世已云。正學吾宜植。匡居獨嘯歌。權姦胡能逼。守道待后賢。飲憾心默默。蘭芷澧沅間。靈均所游息。

著書數百卷。道德獨嚴尊。抱此孤耿意。隱忍莫敢言。俯仰天地間。何人為鳴寃。大事嗟已去。安用典型存。

二百餘年來。道喪文明敝。朝野競虛名。學者鮮實際。桂折蘭復摧。痛哭幾流涕。湖湘有遺老。芳徽其誰繼。

治國有大端。倫常衆嘉仰。三代禮教衰。空自懷蕩蕩。在朝未能行。或可幽谷賞。城南朱張渡。

伊誰獨來往。

歐風自東漸。宗教流傳盛。人心日浮動。不復知主敬。安得子王子。起與辨邪正。頑懦得廉立。

休讓伯夷聖。

衡陽建書院。于今最爲烈。借我船山名。爲之勵忠節。先覺覺後覺。救時心腸熱。千載此芳蹤。

緜緜永不絕。

渡海遠尋師。學問多偏駁。所緜作人盛。自昔惟棫樸。瞑思兼三王。元聖道卓卓。坐言莫起行。

傷哉此絕學。

馬不行千里。曷稱駿逸才。士不傳千古。曷緜啓后來。功名世俗重。忠義志士哀。遇窮節始著。

悠悠我懷開。

力學權在己。何妨肆議論。上下古今來。至理洞無閟。感時意慨慷。發之老彌健。名山高箸述。

所得已萬萬。

隱居志可求。安計權與勢。衡門樂棲遲。蒲輪奚足繫。拯民水火中。學術皆經濟。繼往以開來。

一世至萬世。

柘原湘中望。學統有攸賴。好古慕鄉賢。講道開文會。風教從茲隆。推行無中外。願我同奮興。

庶幾天下太

秋風九月朔是公初降生洞庭衡嶽靈閒氣得奇英馨香薦蘋藻天公爲放晴良辰樂紀念
我心矜氣平

湘鄉劉緝熙

衡山之高四千丈奇雲異氣共來往中有天民應運生傾柱隤維擎孤掌君不見崑山姚江
並名世又不見峨峨夏峯傾燕薊音書車馬不到門萬古肥遁天地閉八儒零落百氏才私
家勸說鳴奔雷神犀照水清濁別六經一一生面開卽論文章亦奇絕陶鎔吐納千夫傑嶺
表興亡痛實錄至今化作萇弘血瀏陽有賢貴天爵一卷春秋世家學（我家知幾敝治春秋之學故云）眼看
黃霧塞蒼冥誓起初陽回六剎豐鐘作響洛鐘應三湘文物一時競船山講席陋鵝湖萬派
千流滙一聖時維九月日戊寅肇舉祀典將赤誠　先師遺像肅穆清濟濟諸生矜躁平
神貺嘉休筮得泰聖人之道齊嵩太高不可踰卑不陵九州以外看光大我展遺編一灑涕
孔壁藏書善述繼東南文字獄綿綿天遣鬼神來守衞秋風捲地霜菊健適我平生拜經願
君不見衡陽一片船山石前有百年後億萬

永明歐陽國柱

衡岳參天萬千丈金簡玉文神所掌蜿蜒磅礴鍾英奇大才高節震天壤有明末載神州沈
妖霧溤溤伏蒼莽先生憂國兼救親形須尪羸氣清爽四續成詩心獨悲千里上書論尤讜

時荆事棘無如何。始作無懷葛天想。武夷舊學傳在茲。礪節砥行心嚮往。荒山箸書四十年。稗疏六經解易象。清風明月觀生居。乞天活埋天惘惘。曾走漣邵并晉寧。不與黨人共標榜。晚歲偏遭橫逆來。聲威赫奕招賢才。賢才遠引碧山外。煙霞閉戶無塵埃。山齋養性嗜蕢食。（先生居薑齋。因地產黃薑。即以名齋）仙境延年浮菊杯。（先生舊居有菊花園）然蓤食蕨古稀度。高人碩士爭追陪。白髮留賓夜談禮。盜兵竊聽驚奔回。料是天心慭遺老。忠誠感召衡雲開。滄海桑田幾磨刼。多少儒臣被威脅。船山片石流光輝。立脚如從天外插。曩教明社堪撐持。日月重光洗兵甲。一木竟難支廈傾。與鹿爲羣與鷗狎。天南名聖山斗崇。後學緜緜推博洽。論史有才過亭林。忠君有節超可法。方今革命成厥功。民社幸無專制壓。懍然生氣如長存。萬卷遺書富大業。瓣香瞻拜湘西祠。蘭芷芳芬山岌嶪。

說苑

閒中消遣最好方法

莫如看

商務印書館

各種小說

消遣之法甚多。而以小說爲最宜。當閒居無事。手此一編。則新穎之事實。奇異之叢譚。以及世界異聞。古今軼事。無不可以資探討而增興趣。本館出版小說。有數百種千餘册之多。宗旨純正。文字條達。足資公餘之披覽。供性靈之陶寫。就中名家佳作。尤居多數。其價值無待贅言。玆將各種類目列下。請愛讀諸君任憑選購。

說部叢書初集　一百三十三册　零售四十餘元　全部定價二十元

說部叢書二集　一百六十二册　零售五十五元　全部二十八元

●萬羅宏富　●應有盡有　●印刷精良　●趣味深長

林譯小說　五十種九十七册　零售三十七元餘　全部定價十六元

●風行海內　●有志文學　●膾炙人口　●尤宜速購

舊小說　六集二十册　定價六元

●上溯漢魏　●古文[illegible]叢　●下迄晚清　●說部大成

新[illegible]小說　二百餘種　價目見本館圖書彙報　函索即寄不取分文

●歷史科學　●可助常識　●社會家庭　●兼及言情

小本小說　百餘種　每册自一角至二角

●內容精美　●舟車旅行　●定價低廉　●攜帶最便

說林　已出十四册　每册二角

●全屬短篇　●忙裏偷閒　●自具起迄　●閱此最宜

A(113 6)

接第五期

兵言兵請以此爲督標詰時法紀初壞顧諸將猶知重京曩官祇王命督師顧自矜厲遂恚甚萬先以忤劉承胤受謫降督師乃趣符召之曰經歷萬六吉旣諳兵律可句赴軍中効用不疾至者按如律實遣一驗將率五人操鐵索械之時公鎭平樂萬適飮署中平樂守亦在座督師檄忽下驗將排闥入捐萬下將繫之公笑曰萬給諫在某軍中勢不能脫逋逃有主且共飯勿遽旦日行耳徐起持平樂守告曰公無動但旻如在萬黃門生不入桂林天子從官持國法匡正督師何罪贅旒共主不自武夫先而大臣視如敝屣且督師能改天步則可不能其與給事同北面者而若此假夜半出臺符收乘輿左右亦無敢譙訶之者將不寒心天下事自此不可爲旻如顧以頸血當督師賜劍公且視我出給驗將就舍鼓于軍中曰將誅逐矯詔殺天子從官者遂以其親兵踰垣攻之格殺其衆逐驗將于郊及而呼之曰萬給事已赴行在督師但問言旻如在平樂倘呼我我卽至不勞以兵驚內地午夜治裝送萬下蒼梧逮明盡散其部曲幅巾闔門待繫曰昨日之役以尊天子今王命申矣裨將受督師束伍無可逃以干軍令諸軍泣不肯去乃使別爲一部封印歸軍宣國俄而督師果檄宣國收公公先期囚服芒屩詣宣國軍門受縛待次纍下衆皆爲怵息公以鐵索纏腕袒裼坐石上張拳努目笑曰諸公看旻如演降龍羅漢法相會宣國亦心直之不能殺爲以貲請于督師得釋籍其甲馬器械旗幟衣襦臧婢俱盡公歸坦然殊自笑曰吾分死不分生也然自是勳

鎮沿流淩蔑鼂廷以爲故事戕殺差使守令拒詔擁兵自進止天子不能詰臺諫不能問督師並至淩替有調遣類紛拏笑嫚不應督師遂孤困擁空名以迄中湘之敗部曲皆棄潰焉公以是名重闕下顧貧不能振督師既陷沒宣國漸起之病中復召故部成軍仍守平樂日討軍實而壁壘卒不能如初顧平樂人亦安之庚寅十一月孔有德入桂分馬蛟麟自灌陽抄攻平樂卒至城下公閉門拒守砲石擊死數十人虜爲稍却或歎公突出公曰余忤大臣以成名督相死于中湘我不能死是小人而乘君子矣姑棄城去壁山中俟再舉吾豈不知吾惡夫走國而以收復自文者也不棄何收且奔而虜及之以殉難欺天下旻如雖武夫羞與此忠臣伍諸公自去我命盡日昳我未死城不開也抵暮虜肉薄入城巷戰馬蹶見執自呼曰我鎮西將軍朱旻如也牒子可速殺我其明日遂遇害公短悍圓目談笑赫然被害時年未滿四十與公同用武舉于鄉者何圖復亦慷慨著大節官至監軍僉事楚粵間皆稱之

何公子（佐熙謹按或歎公突出之歎疑是勸字之誤）

何圖復者富川人故監察御史何廷樞之子也何氏故富川甲族公子能以恩信結猺漢公子名籍甚粵楚間立砦猺山中一山削立旁隆中窪下重溪遶之公子部僮僕百餘人居其上抗虜不剃髮虜攻之數月不下擊殺首虜乃解去粵撫以最聞累官僉事其地去永明桃川所四十里永國公曹志建駐鎮峽關時制輔義興堵公爲虜所襲自永興趨桂陽永國疑

其以忠貞營來襲已。援江僉都朱謀埅諂于永國。從臾之勸必殺堵公。盡坑其軍。徒以堵公入關辱媟備劇。監軍朱藴金及册使某甲者。益搆堵公以自結。永國意未定。藴金與册使持長短益甲。居堵公于桃川。所瀕危矣。何公子者。聞而感之。間使人至桃川。訊得其狀。遂夜刦永國邏卒衣械。市白布十許端。送堵公夜裹頭持仗間行。入公子砦中。明日而永國覺。使人追之。及于砦。公子遂呼曰。堵相公在此。顧鼂廷大臣。秉旄專征。去畱自任。不須告而主知。且我脫相公。使而主無害大臣名。不有造于彼乎。及此相忘。毋自蹈不祥。若修怨于我。欲得相公者。此石可裂。水可涸。砦乃可拔。無徒費死傷爲也。外有勁虜而內折于我。無戢自焚。非而主福。爾後當思吾言。永國卒盡兵攻公子。公子密送堵公。繇間道自賀縣入康州。以其百人者。拒永國二萬之師。火器所及。皆洞甲通中。死傷僅五千餘百人。顧無一傷者。當是時。公子以脫制相難。名聞東南。上爲降詔。遣緹將諭釋之。永國意漸已。上章請殺朱謀埅以自明。會藴金前令富川。以賕致猺漢叛。疑何氏與公子世讎。益搆永國甘心之。永國有永明之衂。甚公子前言。遂持緹將誘下公子。公子聞詔至。不敢拒。遂下砦。永國執而磔殺之。猺民大震。日尋讎隙。鎭峽關吭背交困。虜遂乘虛入峽。庚寅五月之敗。永國遂不能軍矣。佐熙謹按何公子脫制相於難事見永曆實錄堵永錫傳特其文簡耳

孝廉夏公

公諱汝弼字叔直衡陽人與兄汝爲仲力以文章齊名膚神清徹意度弱雅終日不見喜慍顧矯厲嫉惡每有不可面頰發目光浮出逼人欲僵淡于進獲輕身重義出奇排難倀倀如恐失丙戌舉于鄉讀書南嶽蓮花峯下追朱張羅湛之游日閉門端坐折氣返靜退而歎曰丈夫有氣不施于忠孝則氣貴而賤用之矣使敬軒不以恢復傳家一軒不亢節權貴安能隨考亭足千古乎間剝苔踏危崖尋奇石茂草滌讀碑紀欣然若乍逢故人修釋德洪甘露滅齋遺址曰諸先生不廢是賴古多此賢亦異夫競榮貌而不息者也丁亥虜陷湖南哭拜母兄出走徑湘鄉將奔澧岳土司赴義與相公軍以免摋致及湘之天井峰霪雨不能行爲湘中士人某甲所陷不聽去虜騎逼三十里內覆危詞相恐公憤欲自裁某甲懼乃授一布僧帽指一團瓢中曰可披緇于此吾與子方爲千秋人非忍相負憂鷙出而喪其千秋之軀也公雖知紿己亦念母老不得輒死遂從之披緇號雪明和倘流徙湘山一百五十日某甲矜扇迫怖不已公方就桐陰中芟草平方丈地布石踞坐彈雅琴冷冷清怨蟬螿助咽葉脫墜衣衿蕭然忘其身之在危難也某甲覆加敬不敢有動秋盡知虜勾索事寢乃負蒲團歸省母山中蓄一琴一古器餞坐其側有腴色戊子同予及管中舍嗣裘起義衡山以母病不與軍中俄丁母喪方居廬哀毀義兵爲湘潭人尹長民輩所襲管盡室被害唯一弟婦發處引幼子奔匿山谷公聞亟遣人四出訪之迎而匿焉諸男女迸出稍集者及予一兒俱奔公

家虜方大索株殺數十人公收亡命家口及同事僧洗創炙皸藥食之日飯者四五十人民間詗捕日劇公手一刀枕戶曰我不先死無一人得出也鄉里亦素重公義不敢搖遂免于難己丑春中湘之敗公埜母畢攜家走嘗寧峒中虜又至嘗不能居或勸公入行在公曰吾母喪未祥以衰服入國門縱不求仕嫌夫求仕者之冒喪以進也永國兵方駐營道有友人居營道山中遂冒暑奔道及寧遠聞義與相公之難歎曰大臣而斥捕之無以異于賊虜吾不忍以面目過濂溪祠下遂毀服微行潛入深山饑困益甚採芋橡拾野菜以自給庚寅冬竟以蹇卒公持正束迫不忍人一惡在道州時力懀憍帥達于顏色見于歌詩以是築室塞戶絕跡不與人往來以逮于終初光祿少卿朱蘊金者于公有小德及武岡陷蘊金出就虜縛二健卒衛送衡州獻之三酋時方大戮宗室蘊金懼中途走一信請公問計公方有兄喪輟泣見之于道上草舍言狀公曰無憂也侵夜辭去以一金遺二卒因曰此去郡百十五里中道無次頓當以雞鳴行方達因衣購二壯士五鼓伏草中伺蘊金過公持白棓大呼藥矢雙發二卒皆殞曳尸至山谷焚之明日爲蘊金貸行貲遣之耒陽會耒兵起遂推爲主其後蘊金所至抄掠公從子女俱掠至幕下公知而歎曰我報彼耳今無所責于彼徒恨此孺子乃爾令我有救狡童名居嘗刻自非薄赴士友之難芒屨踏泥日走百里至瘠病不苟已乃不肯一錢望人其後人多負之者公亦不較其氣量如此予所交湘上人士文之勇小勇龍

孔蒸季霞。洪業嘉伯脩。文采質度。皆有當世才。俱以兵死。墮胤破家。野骨不瘗。公亦無子息。藁殯九疑山下。欲歸其骨不果。公兄汝爲亦早卒。家遂衰焉。

船山先生八世孫廷贊出其家藏鈔本簭史示予。文字完好者僅八篇。其餘咸紙墨壞滅。譔人爲誰。不復可知。予受而反覆讀之。乃定爲船山先生所作。是蓋有數證焉。考王之春船山公年譜。順治五年戊子冬十月。公與管公嗣裘舉兵衡山。而是書孝廉夏公傳有云。戊子同予及管中舍嗣裘起義衡山。其所稱予。即年譜所稱公。其證一也。羅正鈞船山師友記卷六有文明經之勇。夏孝廉汝弼。卷七有洪文學業嘉。龍孝廉孔蒸。而是書孝廉夏公傳有云。予所交湘上人士。文之勇。小勇。龍孔蒸季霞。洪業嘉伯修。文采質度。皆有當世才。假非船山先生作也。何得稱予。其證二也。船山先生諸所箸書。朝類作鼂。常類作嘗。蓋避其家諱也。而是書僉都御史鄭公傳。常德作嘗德。吏部主事董公傳。聖朝作聖鼂。其證三也。後之爲船山學者。於此三者外。更有證明。固區區之心所竊喜也。民國三年十二月五日。後學益陽曹佐熙跋。

穀庵雜記二

船山學報說苑之一

益陽曹佐熙

書文史通義後

實齋先生文史通義書教下云剏立新裁疏別條目較古今之述作定一書之規模別具圓通之篇又釋通弟三段南史有孝義而無列女注云詳列女篇說林弟七段譜牒不受史官成法注云詳家史篇似文史通義有圓通列女家史等篇者與胡雒君書一云（此書在遺文中）鄙箸文史通義有繁稱匡謬文集文選韓柳諸篇專論編次文集目錄之事似文史通義有文選韓柳等篇者而今各本無之（佐熙所見文史通義刻本凡四一貴陽本一粵雅堂本一粵東本菁華閣本一長沙余氏賫墨齋本惟未見大梁本山陰杜氏本據先生曾孫季眞貴陽本跋則大梁本山陰杜氏本已燬於辛酉紹興兵燹無從求索矣）豈傳寫有捝誤邪抑屬草甞有更定書詞與篇目遂不相應邪先生子華紱大梁本跋稱先生尙有雜篇及湖北通志檢存稿文集若干卷未刊王君秉恩貴陽本跋疑圓通在雜篇中然則列女家史等篇儻亦圓通之類邪周君爾墉大梁本跋自稱篋中有實齋文略一巨册皆先生手鈔以遺先大父冀彼此互藏以爲傳世之計爾墉先大父未知何名先生以傳世之計託之其人豈無得於史者王君秉恩跋稱文集先生塗乙刪定丹墨爛然手蹟具在標識卷數至二十九止存河南周君所所謂河南周君者蓋指爾墉不知爾墉所藏文略與先生子華紱所藏文集是否一時所定有

無異同。惜不得先生子孫故舊若華紱爾墉者而一問之也。

王跋又稱先生平生纂述。有紀元韻編湖北通志和州亳州永淸天門諸志。今都罕覯。通志已爲妄人删改。先生別纂有駁議一篇。小同藏諸行篋。所謂小同者。先生曾孫季眞字也。季眞所藏駁議。光緒八年湖北巡撫長洲彭君祖賢刋之。佐熙以歲庚子得之長沙。乙巳遊京師。從廠肆得永淸縣志。皆王跋所稱爲罕覯者。此外如乙卯劄記丙辰劄記信摭文史通義補篇之類。咸王跋所未言。亦未經華紱爾墉季眞稱道。予胥先後得之。（乙卯劄記丙辰劄記信摭上海神州國光社本補遺長沙余氏寶墨齋本）循是以求。安知不所獲日多邪。歐陽氏謂物聚於所好。其信然邪。

彭君祖賢湖北通志辨例。（卽王跋所謂駁議）跋稱湖北天門石首廣濟荊州各志。皆經先生撰定。今亦求之不得。予考文史通義外篇。有天門縣志藝文考序。五行考序。學校考序。又有與石首王明府論志例書。報廣濟黃大尹論修志書。爲畢秋帆制府撰荊州府志序。此於天門石首廣濟荊州各志。咸有撰定之明徵。歲久失傳。良可浩歎。彭跋又稱湖北通志稿。聞尙在蜀中。屢訪未獲。興化李君詳信摭跋。又稱先生全集鈔本。藏合肥李君健甫處。僅見其目。嗟乎。以先生之遺箸。而猶明晦參半若此。佗何論邪。然徐氏三朝北盟會編鈔本。孤行數百年。至近人始付印。今家有其書矣。則安知先生遺箸。不更有搜訪而刋布之若彭君祖賢者邪。吾聞信摭之刋。由貴池劉君世珩。丙辰札記之刋。由順德鄧君實。之二君者。咸斯道之功臣也。假

海以內復得如鄧劉者數人寧獨會稽章氏之幸邪書此以嘉鄧劉二君抑以爲合肥李君告也

王君秉恩貴陽本跋稱焦里堂嘗謂讀書三十二贊文史通義列十九當時已推重若此百餘年後當復何如耶今日綴學之士於先生零章斷簡咸寶貴之斯匪其徵邪然先生爲邵與桐別傳有云天生百才士不能得一史才生十史才不能得一史識寶貴先生之書者咸眞知先生邪抑有相食以耳者邪

言史例者劉文公鄭漁仲後以先生爲弟一人是匪予一人之私言也嘉興錢氏（儀吉）碑傳集文學不錄先生湘陰李氏（桓）耆獻類徵平江李氏（元度）國朝先正事略亦然吾考先生之卒在嘉慶辛酉三書皆成於道光以後錢氏又與先生同爲浙人而疏漏若此此豈無自而然邪而三書序例咸未之言斯皆事之足發人深思者謹識之以俟後之讀先生書者宣統元年秋七月朔益陽曹佐熙識

仁和譚君獻有師儒表（表在獻所著復堂日記中）論列當代師儒其弟一類爲絕學凡四人一莊方耕二汪容甫三章實齋四龔定庵其推崇實齋先生至矣興化李君詳五君頌（頌刻庚戌國粹報中）序云本朝文學衡厲一世計有數人撥厥功德恆爲獨絕曰會稽章學誠曰涇縣包世臣曰仁和龔自珍曰荊溪周濟曰邵陽魏源以五君爲功德獨絕而首則實齋先生其推崇視譚氏有過

之無不及何令人之景慕一至斯邪先生生乾嘉之世沈思孤往岸然自異於訓詁詞章之外一時物論頗有異同今則無不知爲豪傑之士士之特立而憂寡和者可自壯也宣統三年八月十六益陽曹佐熙再識

讀漢書地理志札記

船山學報說苑之一

新化何卓英荆山譔

至於大別。師古注大別在廬江安豐。過三澨至於大別。師古注觸大別山南入於江。据漢入。江在江夏。非在安豐。顏氏一人之注。前後未免違牾。按漢晉諸儒皆有大別在安豐之說。其誤不待辨矣。惟李吉甫以漢陽之翼際山爲大別。則與觸山入江之說亦相背馳。大別在今漢口。矗立漢水之東。故漢水東行得觸之以南入江耳。若大別屬翼際。則注當云繞大別山、南入於江。不當云觸也。攷左氏定四年。吳與楚戰。楚濟漢而陳。自小別至於大別。楚師自今江陵東出。若大別在漢陽。則不必濟漢而已至矣。又地理今釋謂大別卽魯山。攷六朝時魯山郢城。夾江對峙。爲要害之地。按其用兵形勢。魯山一城皆在漢水之左。水經注所謂偃月城是也。則大別之在沔左無疑。故水經注亦云大別漢東山名也。後人因孟子有決汝漢注江之文。及師古大別在安豐之說。因謂漢水至安豐與汝滙而後入江。穿鑿之談。殊不足據。

秦三十六郡。史記裴駰集解。合內史鄣郡黔中數之。而合後所置桂林南海象郡及閩中爲四十郡者。則唐人晉志之說也。嘉定錢竹汀據漢志注所云秦置秦郡故秦某郡者。恰得三十六之數。以裴說爲誤。其精塙不可易矣。然漢志亦有可疑者。如漢東海郡泗水國之地。卽秦泗水郡之地而班氏云東海郡高帝置泗水國故東海郡。並不云故秦泗水郡與秦置也且陳涉世家陳人秦嘉等起兵圍東海守於郯時爲二世二年。則秦固嘗置東海郡矣而班氏絶不及之惟應劭於漢志東海下注曰故秦郯郡則秦東海之治郯可知。又漢沛郡之地必係秦碭郡之地。而班氏顧云沛郡故秦泗水郡。梁國故秦碭郡何也。梁國治碭邑則梁之爲碭可也。若沛郡治相在今宿州西北與碭邑甚近則決爲秦碭郡所轄之地非秦泗川所轄之地矣。且秦泗水郡治在於下相。今宿遷西北 其地在漢亦屬臨淮不屬沛郡也。泗水爲郡。秦漢無改。沛與泗水遠不相涉而班氏自注彼此參差後人亦無疏證之者何耶。

京兆尹南陵注沂水出藍田谷北至霸陵入霸水。此沂字蓋滻字之誤刊本譌之也。攷史記司馬相如傳終始霸滻索隱引張揖曰霸出藍田西北而入渭滻亦出藍田谷北至霸陵入霸張說蓋本班志也。又水經注霸者水上地名也秦穆公名滋水爲霸水以顯霸功水逕藍田縣東又左合滻水云云又引漢志亦作滻師古乃音沂爲先歷反不知辨正亦未之深攷耳。

右扶風鄠注。古國有扈谷亭。攷元和郡縣志引漢志云。古扈國有戶谷戶亭又有甘亭。據此則今刊本脫誤也。許氏說文云有扈谷甘亭當脫戶亭二字。史記正義引志云古扈國有戶亭當脫戶谷二字此皆今刊本之宜補正者也。 按扈爲周字鄠爲秦字故姚察史記訓纂云戶扈鄠三字一也。据唐書高祖紀武德八年。上幸鄠縣。校獵於甘谷。則鄠又有甘谷。（胡氏通鑑注甘水出南山甘谷北流經秦黃陽宮西又北逕甘亭西）

漆注水在縣西當作漆水在縣西注脫漆字。按漆水關中有二。在漆縣者爲涇西之漆。大雅所謂民之初生。自杜漆沮。毛傳曰漆漆水沮沮水者也。水經謂漆出扶風杜陽之俞山。其地當在今邠州境。至涇東之漆。自耀州入洛。合渭入河。禹貢導渭所云又東過漆沮。尚書傳云漆沮一水名。亦曰洛水者也。水經注鄭渠在太上皇陵東南。濁水入焉。俗謂之漆水。又謂之漆沮。其地當在今耀州境。蓋涇西漆沮爲二水。（周頌毛傳漆沮岐周之二水也）涇東漆沮爲一水也。（上流曰洛下流曰漆沮）

上黨沾注大黽谷清漳水所出東北至邑成入大河。按邑成即阜成。屬勃海。（志作阜成）入大河。大字宜衍。志中初無此稱也。攷水經作清漳入濁漳。濁漳會虖沱入海。初不言入河。許氏說文則云清漳出沾山大要谷。北入河。同於班志。當由漢時漳猶入河。至作水經時。則漳已改流耳。

東郡畔觀。畔觀爲一縣。觀又爲一縣。今刊本合爲一縣。李氏地理今釋亦因之。皆誤也。攷魏書地形志。平原郡聊城縣有畔城。則畔之爲漢縣宲矣。至觀縣則古觀國也。國語注。夏啓子太康之弟所封。光武更名衛國。晉與北魏爲衛國縣。屬頓邱。隋改曰觀城縣。屬魏郡。唐改屬澶州。段氏玉裁曰。東郡凡二十三縣。今刊本合畔觀爲一。因改前行曰縣二十二。急宜刊正。

南陽雉衡山澧水所出。東至𨛫入汝。師古曰。𨛫音屋。攷水經注汝水又東南逕郾縣故城北。又東得醴水口。醴水出南陽雉縣衡山。則𨛫宜作郾。顏本誤也。又醴水山海經說文漢志皆作澧。惟水經作醴。禹貢之又東至於醴。爲入洞庭之水。本作醴。衛包始改爲澧。水經澧水篇亦作澧。則水經之互譌也。按今河南裕州之北。葉縣之西南。有雉衡山。爲醴河所出。（今河名猶沿水經之誤作醴）東流至郾城南北與汝合。水道古今無異。段氏玉裁曰。今澧水未詳。殆未攷察輿圖耳。

廬江郡注。故淮南。文帝十六年別爲國。金蘭西北有東陵鄉。淮水出。攷水經注。決水自安豐縣故城西北逕蓼縣故城東。又西北灌水注之。水導源廬江金蘭縣西北東陵鄉大蘇山。東北逕蓼縣故城西而注決水。決水又北入於淮。此與漢志雩婁注決水北至蓼入淮。又有灌水北至蓼入決。皆合。則志所云淮水出者。當係灌水出之譌也。據水經注。則金蘭係縣名。而漢志無此縣。後人有指東陵鄉爲禹貢之東陵。而謂北會於滙。爲今之巢湖者。亦非無因也。

又郡注云。廬江出陵陽東南。北入江。應劭曰。故廬子國。攷陵陽屬丹陽郡。在今涇縣西南。其出於東南而北入江者。今爲青弋江。江在江南。而郡治江北之舒。（今舒城西南）猶蒙其江名者。蓋故廬子國在江南。因江名以名國。後國移於江北。蒙其舊稱。旋改國爲郡。其名猶沿舊不易故郡治雖移江北而其江仍在江南也　青弋江古又名淮水後丹揚郡陵陽注桑欽言淮水出東南北入大江是也又按段氏玉裁曰漢志宛陵下曰清水西北至蕪湖入江許氏說文曰泠水出丹陽宛陵西北入江許之泠水卽班之清水應劭乃於零陵泠道下注引說文此條未知清泠異名同實也（卓英）按段氏言清泠爲一水是矣而下云泠水卽今宣城西六十里之青弋江則殊未碻志於宛陵下舉清水陵陽下舉淮水（水出陵陽東南者凡三源合流爲青弋江淮水指此無疑）明其爲二水也若清水亦指青弋不應一郡一水兩名錯舉如是攷今甯國縣南有東西二河至甯國北合流而北逕宣城東境又逕水陽鎭司西又逕黃池鎭東北又西流逕蕪湖縣北入江今名水陽河其入江處亦在蕪湖其流亦屬西北青弋距宛陵猶六十里水陽則逕宛陵東城下以此爲清水於理較合

涿郡故安注閻鄉易水所出東至范陽入濡并州寖水亦至范陽入涞師古曰言易水又至范陽入涞也濡音乃官反按說文濡水出涿郡故安東入涞又水經注引漢志曰易水至范陽入濡又曰濡水合渠（渠卽涞）則漢志本作濡水亦至范陽入涞因刊本漏一濡字師古遂以爲易水入涞謬矣經典釋文濡作女于反（見左傳釋文）而師古於此作乃官反亦悞惟遼西郡肥如下濡水南入海陽水經注別有濡水篇斯卽今之灤河酈氏謂濡難聲相近師古音爲乃官反是矣

泰山郡萊蕪注禹貢汶水出西南入沸汶水桑欽所言又琅琊郡朱虛注東泰山汶水所出東至安邱入維師古曰前言汶水出萊蕪入沸此又言出朱虛入維將桑欽所說有異或者有二汶水乎師古此言蓋不知汶水有二並不知汶水有三故爲疑詞古人之愼也按萊蕪之汶卽今大汶河矣朱虛之汶今出大峴山東（卽東泰山東麓）穆陵關北東流二百餘里經安邱治北濰水自南來會之又北流百餘里逕昌邑城東又東北北流入海又有東汶河出敖山陪尾之東蒙山之北東南流經古顓臾城百餘里會於沂此水在漢當屬蒙陰縣界而漢志無之志於蓋縣注但云沂水南至下邳入泗不言所出攷今沂水有二源東源出大弁山之東沂山西南流逕沂水縣西此卽水經所云沂水出泰山蓋縣艾山者也（艾山在沂山西北大弁山東北其實一山也）其西源則今東汶河於水經亦無紀

東萊郡曲成注陽邱山治水所出南至沂入海按志無沂縣他本有作臨沂者攷曲成在掖縣東北陽邱山（今名馬鞍山）在掖縣東南治水今爲小沽河距沂水遠距臨沂尤遠此沂字必悞段氏曰沂當作計斤二字攷今小沽河與大沽河合流至膠州入海卽古計斤地也段說是也

零陵郡零陵注陽海山湘水所出北至酃入江過郡二行二千五百三十里按過郡二者零陵及長沙國也漢酃縣在今衡陽縣東並非江所經之地也陽海山在今廣西興安縣南至

今衡陽。亦無二千餘里之遠。班注此條。必有錯誤。嘗据漢郡縣攷之。湘水出零陵郡之零陵縣。又逕郡所屬泉陵鍾武二縣。又經長沙國所屬之酃烝陽湘南臨湘羅五縣。又北流逕洞庭。然後由下雋之西入於岷江。然則志當云北至下雋入江也。（水經曰湘水出零陵始安縣陽海山東北流過下雋縣西又北至巴丘山入於江）桂陽臨武秦水南至湞陽入匯又桂陽注涯水南至四會入鬱攷說文水經嶺南北並無匯水。桂陽縣在今廣東連州出連州者惟有涯水。說文水經俱云涯水出桂陽縣盧聚南出涯浦關爲桂水則匯水當係涯水之譌。又志中含涯注云涯水所出東北入沅此注必有錯悞。含涯地屬桂陽沅水但經武陵無論沅水在涯水西北。而桂陽武陵相距遼遠。隔閡二郡國中有零陵所出之湘水以橫間之。又西則有都梁所出之資水以隔斷之湘資與沅皆東北入湖。涯水安能入沅耶。又志之秦水。即說文水經之溱水。山海經之肄水。志之涯水。即漢書南粵傳之湟水。（史記亦作出桂陽下匯水亦涯字之悞）山海經之潢水。二水之外又有湞水。志湞陽注湞水出南海龍川西入秦。水經說文皆同而段氏說文注謂出南雄保昌者爲漢志秦水說文溱水而以今稱湞江者爲悞。且謂古之湞水即今之翁江則大謬矣攷漢志水經說文皆云溱水出桂陽臨武不云出豫章梅嶺等處也。（南雄在豫章南界梅嶺之南）攷今臨武有武水即古溱水東南逕樂昌縣又逕韶州曲江縣南湞水自左來會之（湞水四源皆出南雄）此即水經溱水注所謂溱水出峽左則湞水注之者也。又按漢武元鼎五年征南越遣戈舡下瀨水則由今桂林出府江達西江以搗番禺西面者也。遣伏波下湟水則由今連州出英德也。又遣樓舡出豫章下湞水西合伏波之師此兩路皆出北江搗其北面也。觀此則由豫章過梅嶺卽順流南下是明以出南雄者爲湞水矣若謂漢志之秦水卽指出南雄之水則傳當云出豫章下秦水矣。且志與二書皆云溱水出臨武今南雄之地固非漢臨武之地也。又按桂陽縣注之入鬱林與零陵縣注之離水入鬱林皆宜衍林字蓋謂二水皆入鬱水也。嶺外之水川源深廣莫大於左右二江。鬱江今名左江。其右江數源皆藁源於雲貴。一出今貴州都江古州之境。今名福祿江。在漢志爲潭水。（見武陵郡鐔成注）一出雲南曲靖及霑州之境。今爲南盤江在漢志爲橋水。（又名溫水見益州郡銅瀨俞元毋棳及牂柯郡鐔封四縣注）又今北盤江出貴州之威甯當爲漢志牂柯郡夜郎注之豚水。（又見鬱林郡廣鬱注）今貴州荔波所出之龍江至廣西柳城入福祿江。當係漢志牂柯郡毋斂注之剛水。若福祿江若龍江若南北盤江皆於潯州入鬱故漢志於橋水剛水皆云入潭。於潭水豚水皆云入鬱。又今之左江得專鬱江之名與右江合流而東則曰龔江入廣東境則曰西江。漢則於左右江合流之後統名鬱水。故離水會於蒼梧之廣信（今梧州）亦云入鬱。淮水入西江在四會之南亦云入鬱。皆不得云入鬱林也。

武陵郡辰陽注。三水谷辰水所出南入沅七百五十里。又酉陽注。應劭曰酉水所出東入湘。又充縣注。酉原山酉水所出。南至沅陵入沅。行千二百里。按此三水皆當指今辰河。辰河凡有數源。志所云三山谷者當指源出今永順府境者也。其地在沅水之北。故曰南入酉陽。酉水當指今源出四川酉陽州境者也。其地在沅水之西。故云東入。東入湘當作東入沅此刊本之譌也沅湘中隔資水不能相入充縣酉水當指源出今龍山及湖北宣恩來鳳縣境者也。亦在沅水北。故亦曰南入。惟此源最遠約千餘里。此按之地形道里尚皆脗合。而攷李氏地理今釋謂辰陽在辰溪西則爲今麻陽江東入沅之處。與南入不合。考應劭辰陽注辰水所出東入沅或辰陽縣治在今麻陽而麻陽江即志之辰水歟又謂漢充縣在今澧州安福縣。則爲澧水所經之地。并無南行入沅之水。與志不合。考充縣注又云歷山澧水所出東至下雋入沅行千二百里按下雋在今巴陵湖水至此尚得稱沅則酉水之入沅或即入湖之水歟澧水凡二源南源出桑植境北源出湖北鶴峰州道里遠均故志皆云行千二百里然則澧水當指北源或即指南源歟北源名澧水故古於此有澧中之稱二水會於慈利逕今石門縣南安福縣北東逕澧州南流入湖惟志稱酉水南至沅陵入沅沅陵在今辰州澧水入湖當屬漢宋縣地必非沅陵縣境

桂陽郡郴注。耒水西至湘南入湖。耒陽注。舂水北至酃入湖。攷豫章之水其入鄱陽彭蠡者。志皆云入湖漢至荊湖南路水皆導源嶺北北入洞庭而志不云入湖。其湖東之水自湘陰滎田逕磊石鹿角至巴陵入江。故志於汨水亦曰入湘。蓋巴陵以南皆指爲湘水經流也。湖西之水自料角觜而西又北至明山之西南又東至巴陵入江皆指爲沅水經流故志於漸水索縣武陵郡治資水都梁。澧水充皆云入沅不云入湖也。於湘水沅水直云入江不云入湖也。惟耒水舂水并云入湖。恐有舛誤。蓋湘南與酃二縣之境未至洞庭。今耒水西北入湘舂水亦係

東北入湘非入湖也。春水恐係今新田縣春陵山所出之春水應劭所云桂水或指藍山之淶水
武陵郡無陽注。無水首受故且蘭。南入沅八百九十里。按無水今猶稱潕水。源出今貴州黃平州。東流逕鎭遠府。南至晃州廳西入湖南境。又逕沅州府。南又南至黔陽入沅水。漢故且蘭在今平越州東。距黃平百餘里則黃平州地在漢爲且蘭縣境也。又牂柯郡故且蘭注。沅水東南至益陽入江。過郡二。行二千五百三十里。按沅水入江準之地望係東北流非東南也。東南當作東北。考說文正作沅水東北入江 又過郡二。二當作三。蓋沅水出牂柯郡逕武陵郡至長沙國所屬之益陽始入湖也。又按志云至益陽當云入湖不當云入江蓋益陽非江所經之地也。若如全書之例以湖西之水爲沅江經流則當如水經所云東至長沙下雋縣西北入於江。水經於湘沅二水皆云至下雋入江而志於二水入江並舉其近縣非岷江所經者。殊不可解。

蜀郡湔氐道注。禹貢岷山在西徼外。江水所出。東南至江都入海。過郡七行二千六百六十里。據徐鍇引漢志文作過郡九行七千二百六十里。則今漢書刊本譌之也。攷江水所經於漢爲蜀郡犍爲巴郡南郡長沙國江夏豫章廬江丹陽廣陵國會稽凡爲郡九爲國二。志曰過郡九。蓋不數長沙廣陵二國也。今段氏說文注於九郡舉長沙廣陵而不舉豫章會稽恐誤。豫章之彭澤志注湖漢水東至彭澤入江則漢縣當在今湖口境柴桑在今九江府西南會稽之毗陵注北江在北則縣境北抵大江丹徒

（即今治）皆爲岷江所經之地。若長沙北岸已舉南郡廣陵則南岸已舉丹陽矣。又水經注引袁山松說。自蜀至彝陵。五千餘里。干寶晉紀吳紀陟對司馬文王之問。謂西陵（夷陵今宜昌府治西陵峽在）至江都五千七百里。雖其言或近於夸。然岷江源流。殆亦不啻萬里。昔蜀費禕使吳。諸葛公送之昇仙橋云。萬里之行。始於此矣。又唐人金陵詩云萬里西通蜀道船。此猶指成都至建康之道約略言之耳。由成都上溯岷源。又當有八百餘里（江有二源出甘松嶺者校近其出岷山者更遠百餘里）則志所云七千二百六十里者。尚恐未得其實也。

蜀郡汶江注。湔水出徼外。南至南安。東入江。過郡三。行三千四十里。此即今之大渡河。源於大小金川者也。又嚴道注。（邛來山邛水所出東入青衣）此即今出滎經縣南之水東入青衣者也。又青衣注禹貢蒙山谿大渡水東南至南安入湔。此即今名山縣東之水南流合滎經水南入青衣者也。古今水道無異。惟志以今大渡河（金川下流古稱大渡唐時已然）爲湔水。以今青衣水爲大渡水。爲小異耳。蓋水因互受而通稱。類如此矣。然謂邛水東入青衣。則仍指今之青衣江也。又史記司馬相如傳有沫若水。漢志有若水無沫水。據史記注張揖說及水經。則沫水即湔水也。漢志旄牛注。鮮水出徼外。南入若水。若水亦出徼外。南至大莋入繩。又越巂郡臺登注。孫水南至會無入若。遂久注。繩水出徼外。東至僰道入江。以今地證之。孫水爲今甯遠瀘水。於會理西入打冲河（河上流爲鴉礱江）則打冲河即古若水也。打冲河於會理西南入金沙江。當爲古大莋縣地。則金沙江卽古繩水也。繩水至僰道入江則今金沙江於叙州入岷江卽古犍爲郡所治之僰道也。惟鮮水無攷未知於今爲何水。

隴西郡氐道注。禹貢養水古文本作瀁今文尚書依小篆作漾此作養者蓋用假借字所出。至武都爲漢。又武都郡武都注。東漢水受氐道水。一名沔過江夏謂之夏水。入江。此兩段耑釋禹貢瀁漾之文也。至漢時則漾與東漢已絕不相屬。故沮縣注云。沮水出東狼谷。南至沙羡南入江。過郡五。行四千里荊州川。此則漢代漢水之道。與禹貢異源而同委者也。惟注謂漢水入江在沙羡南。則漢沙羨當治江北。而李氏地理今釋謂漢沙羨治在今江夏西南。頗與漢志不合。水經亦曰沔水又南至江夏沙羨縣南入於江與漢志同英攷李氏地理今釋參證諸書。往往不免抵牾。如志中左馮翊有粟邑頻陽二縣。据漢書薛宣傳。頻陽北當上郡西河。爲數郡湊多盜賊。而粟邑縣小。辟在山中。民謹樸易治。觀此則頻陽當在粟邑之北。與上郡今綏德州西河治在今塞南邊牆之外較近。而李氏云粟邑在今白水西北百八十里。頻陽在今富平東北五十里。夫富平東北之地猶在白水之西南。今云粟邑又在其西北百八十里。則粟邑當正直頻陽之北二百里外。安得云頻陽北當上郡西河耶。竊意粟邑當卽治今白水左右。則與漢書不甚抖牾。

代郡鹵城注。虖池河東至叄合入虖池別。按叄合並屬代郡。而今滹沱河入滹沱別。則在河間府獻縣南。於古爲渤海郡地。故齊次風宗伯謂叄合當作叄戶。自爲塙論。惟漢叄合縣諸書皆云在塞外。李氏云在今陽高東北。攷之史事亦無不合。惟晉孝武太元二十年二十一年燕太子寶及燕主垂兩征代魏往返皆經叁合陂時垂都中山（今定州）魏都平城（今大同府）其出師必經之道當在今定州之西北大同府之東南爲今倒馬平刑兩關之道卽垂所踰青嶺天門之道若叁合在陽高係大同東北境固非燕退師所經并非燕進取之路矣。攷水經注可不遲水出鴈門沃陽縣東南六十里山下西北流注沃水合流而東逕叁合縣南按古沃陽當在今左雲縣境。今左雲縣北之河當屬沃水東流至大同府東南入桑乾河則叁合爲沃水所經。決在今大同南境而非在其東北境矣故顧氏讀史方輿亦云大同東南有漢高柳叁合諸城也。

鴈門郡陰館注纍頭山治水所出。東至泉州入海過郡六行千一百里。按治水武五子傳又假借作台水說文水經皆作㶟水蓋卽今桑乾河也。又代郡平舒注祁夷水北至桑乾入治。又且如注于延水出塞外東至甯入治按祁夷水今爲壺河出廣靈縣南經蔚州北又北流至懷安縣南入桑乾河蓋懷安縣境卽漢桑乾縣境也于延水今爲洋河凡東南二源（東曰洋河南洋河）合流逕萬全縣南宣化縣南又東南流至保安州東入桑乾河蓋保安卽漢甯縣境也乃唐時刊本於且如平舒注治皆譌沽師古因音姑故二音失之遠矣。攷漁陽郡漁陽注沽水出塞外東南至泉州入海漢漁陽在今密雲縣西南三十里。（方輿紀要謂漢漁陽在今薊州亦悞甚）其塞外之水今之白河古之沽水也。與桑乾水地判東西。祁夷于延幷不能相入也。　又漁陽郡白檀注泏水出北蠻夷師古曰泏音呼鶻反攷漢白檀在今密雲縣東北邊牆外密雲之北有潮河自塞外來至縣南西與白河會在水經爲鮑邱水當卽漢志之泏水。又按段氏說文注濡下云漢志漁陽白檀下濡水出北蠻夷中遼西肥如下玄水東入濡水此則酈注濡水篇所謂濡難聲相近今謂之灤河者也。據此則段氏所見漢志白檀下本作濡水與師古所見大異。然師古本自肥如外濡水不再見於志。亦不見此水所出與志中所紀他水爲例不一。若如段氏所引則白檀注濡水所出肥如注明濡水所入（肥如注又云濡水南入海陽）原委具備尤與全志例合也。

玄菟郡高句驪注遼山遼水所出。西南至遼隊入大遼水。此遼水今爲東遼河大遼水今爲西遼河會於今開原縣西北則開原爲古遼隊境也。東遼出柳條邊外在今昌圖廳東北則古高句驪當治其境。李氏地釋謂在今興京北者誤也。又西蓋馬注馬訾水西南至西安平入海馬訾水爲今鴨淥江西安平當在今鳳凰城之東則西蓋馬當更在其東鴨淥江左右之境而李氏謂在今蓋平者亦誤也。（蓋平之北爲遼河入海之口距鴨淥江口六七百里）況遼東望平注大遼水南至安市入海則今海城蓋平地卽漢安市地也。又遼陽注大梁水西南至遼陽入遼居就注室僞山室僞水所出北至襄平入梁。今盛京渾河西南入遼河其南有淸河至遼陽北入渾河。

則知渾河爲古大梁水。淸河爲古㝛僞水也。又可知遼陽縣治卽今州治。襄平縣治亦在今州治北也。

趙國易陽縣應劭曰。易水出涿郡故安。師古曰。在易水之陽。皆誤也。攷涿郡易水南距邯鄲幾及千里。中鬲三四郡國。趙國封略。決不至此。況趙治邯鄲。自易陽外。尙有柏人襄國二縣俱在今邯鄲北境。豈一邑獨遠在數百里外乎。顧氏云。今永年西有易陽故城是也。又按通鑑四十八卷胡注亦力辨應氏此注之誤。因据五代志謂易陽卽隋臨洺縣。在邯鄲襄國二縣之間。最爲諦當。

零陵郡始安縣治今廣西臨桂縣。故漢志湘灕二水皆注零陵下。蓋皆在漢零陵縣境也。至三國時吳增置始安郡。晉復置始安縣於今興安縣境。故水經謂湘水出始安縣東北過零陵洮陽縣東。不云出零陵縣也。

北地郡直路。沮水出東。西入洛。此東西二字誤倒。其文當作沮水出西。東入洛。攷漢直路縣在今陝西中部縣境。東沮水出縣西百餘里之翟道山。東流至縣西南。子午河入焉。又東流逕縣南。東入洛。

坿編

船山學報附編之一

益陽曹明毅編

國語（自民國四年四月一日起至五月十四日止）

四月一日。日人不許撤原有戍兵。

上海發起救國儲金總會。

十四日。日使以請訓示停議。

自十日起。日使要求開議第五號。（即概括的條項日人指爲一般問題者）外交部極力拒絕日使電請訓示。故暫停議。

查辦京奉京漢津浦京張汴洛五路總辦。

十八日。美以締約權利照會我政府。

二十一日。日使奉訓令停止談判。

二十七日。續開會議於延賓館。

日使提出修正要求二十四條。後口頭照會我代表曰。中國承認日本要求後。日本擬討論交還青島一事。惟青島應開爲通商口岸。闢一日本大居留地。鐵路稅關郵局均應歸日本管理。德人所建之公署房屋。亦應爲日本所有。

財政部創設中國酒類公賣局。

日置益之外交部會議新提案

陸總長用書面答覆嚴拒第五項條件並附詳細理由惟於東蒙問題稍有退讓

二日陸軍部海軍部參謀部宣誓

三日日內閣決議中國覆文不滿意即下哀的美敦書請日皇及各元老核准日人於關東半島宣布戒嚴令

七日日使提交哀的美敦書

通牒內容有三一節略內稱第五號除福建外可另議二說明書內稱東蒙得由日資本家墾殖削去國家字樣滿洲警察等可不訂約以別種文書聲明三通牒限初九午後六鐘答覆否則有當處置

美人大陸報曰哀的美敦書所要求尚不若中國所願許讓爲豐

八日總統府會議決定以平和結束答覆日本

九日提交承認要求覆文於日本

略曰中國爲保全遠東和平起見承認第一號第二號第三號第四號所列條件並交換牒文承認二十六日日本修正案內所載福建問題中國希望所有懸案於是解決庶兩國邦交可以鞏固並請日使從速至外交部署約

十三日宣布沿海港灣島嶼不再讓與外國。

全國緊要港灣詳錄左方

甲、渤海。

大沽口　直隸白河入海之口。爲京師咽喉。

北塘口　在大沽口之北。有互相犄角之勢。

秦皇島　直隸臨榆縣南。東控山海關。入冬不凍。形勢雄峻。

營　口　奉天遼河左岸。爲遼東平野之咽喉。

錦州澳　奉天錦州府南。（現名錦縣）爲遼海西岸良港。

大東溝　奉天安東縣地。據鴨綠江口。入高麗義州之要衝。

長山島　金州廳外島。（現名金縣）分裏外三層。可以建築船塢。爲旅順口外援。

大連灣　遼東島南島天然形勝。已爲他人占有。

旅順口　與大連灣略同。

乙、黃海。

芝罘港　山東福山縣東北。三面負山。北臨渤海。東有崆峒羣島。

威海衛　山東登州府。（現名蓬萊縣）三面負山。前臨黃海口。有劉公島。已爲英國占有。

榮成灣　山東榮成縣東。水深而闊。然口如仰盂。扼守較難。

靖海灣　山東文登縣南。灣亦較深。可達五疊島。據山東河岸中權。

膠州灣　山東膠州南。（現名膠縣）爲東方廣大之佳港。已爲德人占有。

揚子江　江蘇寶山縣東。扼長江諸省之門戶。沙灘連亘。暗礁甚多。

丙東海。

舟　山　浙江定海廳。（現改爲縣）諸山林立。爲杭州灣之屏蔽。

象山灣　浙江象山縣北。海水深廣。可泊巨艦。爲甯波後路要地。

三門灣　浙江台州府東。（改臨海縣）口有三門列島。口內水深浪闊。亦稱佳港。

台州灣　浙江靈江。羣島羅列。沙礁甚多。兩岸山束。水勢洶湧。

溫州灣　溫州府（改永嘉縣）甌江口。靈崑島拖其口。分水道爲二。

三沙灣　福建福甯府。（改霞浦縣）灣內水深。灣口有雙峰蜘蛛二島。頗稱險要。

福州灣　溫州府閩江口。（改閩侯縣）口外羣島羅列。口內沙亘交錯。爲完固之港。

海壇島　福州府東南。北顧閩江口。南臨興化。爲閩省海岸中權。

厦門港　泉州府九龍江口。（改晉江縣）灣中有金門厦門二島。港闊水深。

丁南海。

廣州灣　雷州半島東岸巨石環列。形勢天成。已爲法人占有。

廣東灣　廣州府珠江口。改香禺縣左扼香港。右權澳門。爲全省之咽喉。

汕頭港　廣東澄海縣。崖岸壁立。

海口所　瓊州府治北。改瓊山縣北對雷州半島海峽。險峻。扼守良便。

楡林港　瓊州島南北負崖壁。前臨東京灣兩岸斗出。海中天然佳港。

十四日。外交部以交涉始末通告各國。

外交部於日昨將中國對於日本要求委曲協商平和解決之苦衷。通告各國。其全文如下。

中華民國四年。卽一九一五年。五月七日下午三時。中國政府准駐京日本公使面遞日本政府最後通牒一件。附交解釋七款。該通牒末稱帝國政府茲再重行勸告。對於此項勸告。期望中國政府至五月九日午後六時爲止。爲滿足之答覆。如到期不受到滿足之答覆。帝國政府將執認爲必要之手段。合併聲明等語。中國政府披覽之後。有不能不將中日交涉及日本所用嚴重手段之事實。明晰宣告。蓋中國政府素以敦進中日兩國睦誼爲宗旨。此時正值地方多事。尤以保全東亞和平爲要義。乃日本國駐京公使突於本年一月十八日。遵奉政府訓令。以非通常之手續。向中華民國大總統提出重要條件二十一條。（見附件一分）分列五號。當原要求二十一條提出之時。其第五號。本不如前四號之有前文。且日本並未表示第五號與前四號之性質。有何區別。中國政府爲看重日本國政府之請。故所提條件。雖無因由。且於中國無交換之權利。仍立允將可以商議者開議。中國對於會議之舉。一秉以友誼之精神。且決意開誠布公。以商議各種問題。在正式開議之先。所有中國列席人數。每星期會議次數。及討論方法等事。彼此意見不同。但中國政府爲謀會議進行之迅速起見。悉照日本公使之意願辦理。即每次會議記錄。由中國政府提議由雙方簽字。以昭愼重。並可備將來參考之用。而日本公使不允。中國政府亦即取消其原議。嗣在會議進行之中。日本公使曾兩次停議。其意明欲要挾中國對於當時所議之事件。遵從該公使之意見。即當日本公使墜馬受傷。會議幾有延擱之勢。而中國政府之代表。因欲會議不致間斷。復提議於日使休養之室會議。當爲日使所承諾。其後至三月二十二日。日本政府派大軍隊前往南滿洲及山東。託言換防。（當時原有駐屯軍尚未期滿）當經中國在會議時間。逕向日使詢問原有防軍何時撤回。而日使答言必待交涉有圓滿結束。方能撤退。雖此項軍事行動。使人心不安。且有決裂之虞。中國又竭力維持。仍圖會議進行。此又足證中國政府力謀會議進行迅速之誠意。且日本公使曾於三月十一日。向中國政府傳達日本政府感刻中國政府與日本推誠布公商議之意。是中國政府心有此種誠意之事實。日本政府亦承認也。溯自二月二日開議。至四月十七日。前後會議共二十四次。其間中國政府始終竭力冀得和平解決。凡可以讓步者。悉已允讓。綜計在二十四款要求之中。中國已表示同意者凡十五款。其中有大體承認者。亦有照原文允訂者。並有六款早經雙方簽字

一就中國承認條款而論。在二月二日第一次會議時。中國承認山東問題第一款。如德國允許將一切權利讓與日本。中國政府卽行允許。中國政府當初主張此款要求。關於歐洲告終後之結議。所以須待至歐戰議和之時。由有關係各造討論。嗣以勸告日使無效。乃承認其大體。並提出附加條件。此種附加條件之一。其文如下。

日本國政府聲明中國政府承認前項利益時。日本應將膠澳交還中國。並承認日後日德兩政府上項協商之時。中國政府有權加入會議。

夫中國之提出聲明交還膠澳一層。並非要求。不過重述一九一四年八月十五日日本所致德國最後通牒之言。(八月十五日本曾將該通牒正式送交中國政府閱看)及首相大隈伯之疊次申明而已。中國因日本願以膠澳歸還中國。足見日本欲維持遠東和平。及增進中日交誼。所以未定交還條件之應有與否。而附加條件內有未提及至中國之提議參與日德會議。係因日德將來會議。其目的物爲山東。而山東係中國之一省。

所以與中國爲最有關係也附加條件中之又一款係請日本將用兵膠澳所生各項損失之賠償由日本政府概允擔任中國之必須提出此款者係因中國爲日德戰爭之中立國然戰爭之地爲中國國土之一部分所以如不列入此項條款則中國所處之地位易滋誤會且恐將來擔負中立國不應擔負之責任其他倘有對待要求一款即在膠澳內之稅關電報郵政等各事在膠澳交還中國以前應暫照向來辦法辦理其因用兵添設之軍用鐵路電線等卽行撤廢膠澳舊有租界以外留餘日本軍隊先行撤回膠澳交還中國時所有租界內留兵一律撤回誠以山東爲中國之一省中國當然急盼恢復戰前之狀態雖中國亦深信日本必按照其正式之宣言將膠澳實行交還第因中國始終中立則將此事列入記錄亦屬必要之舉於二月二十二日第三次會議中國允許山東問題第二條不得不將山東省何部分島嶼以及沿海一帶割讓與外國於二月二十九日第五次會議中國允許如中國需用外款建造煙台或龍口接連濟南鐵路之時倘德國願拋棄借款權利則儘先由日本借款於三月三日第六次會議中國允許將山東省內緊要城鎭闢爲商埠其章程由日本政府承認雖此條款日本要求權利遠勝德國向有者且非因日德戰事所發生與維持東亞和平一層亦無關係然中國爲發展中外商務亦允其請於三月九日第八次會議中國允許延長大連旅順及南滿安奉兩鐵路租

借期均至九十九年。中國政府對於租借地。創深痛巨。決不願再有展期繼續租借之事。中國政府此次允許日本政府展限之請。足見中國政府竭力謀副日本之意願。同日中國大體允許漢冶萍公司。如願與日本資本家合辦。中國政府不加反對。中國代表向日本公使聲明。按照中華民國臨時約法。國民有保護之權。並有營業之自由權。自中國政府不能干預人民之營業。除業經中國政府所允許外。餘無解決方法。關於第四號一條連其前文。中國政府以爲侵害中國主權。但中國勉允在主權範圍以內。自己宣言不將沿海一帶割讓。以爲表示獨立保全領土之意。對於南滿鐵路。日本原提條件。本無贖回期限。（一千一二年之後三十六年）之一款。此節頗堪注意。嗣後日本政府託辭該款所載不甚明瞭。請中國將該款註銷。中國雖明知此事。僅於日本有益。而仍允從。如此中國拋棄二十三年以後應享贖回之權利。關於安奉鐵路。由雙方簽定之原款載明於九十九年期滿。將該鐵路歸還中國。毋須給價。然在下次會議。將歸還不給價一層取銷。當經中國允諾。又足見中國政府多方竭力謀副日本之意願。於三月十六日第十一次會議。中國允許日本在南滿洲建造鐵路。日本有借款優先權。於三月二十三日第十三次會議。中國允許改訂吉長鐵路借款合同。又中國將南滿稅課抵借外債及南滿聘用顧問時。日本均有優先權。又在南滿指定區域內日本有開礦權。查關於南滿開礦條款原文竟欲代日人謀開礦專權之意。自與機會相等主義相悖。中國政府以爲有礙列強條約上權利。未便承認。旋因日本政府允將該條加以修正。減輕其專權性質。中國卽允從。關於吉長鐵路合同之改訂。中國允許從原合同根本上修改。以向來中國與各外國資本家所訂之鐵路合同爲標準。並由中國聲明。如將來中國政府以較現在鐵路借款合同事項爲有利益之條件。給與其他承受鐵路權利人。允將該項利益推及本路。該路資本原爲中日各半。此次聲明卽將中國原有之股本讓與日人。並將該路完全管理權歸諸日本。於四月十日第二十一次會議。中國政府對於福建一款。允諾日後按照日本之意願。另行聲明。至於滿洲問題第二第三兩款。關於日本人置有蓋造商工業及農業應用之地。並有在南滿內地居住權之事。中國政府大體允許。但關於管轄並保護享受此項權利之日本人。中國政府欲加以修正條款。至關於此項修正之商議。另行詳述。

一就中國政府不能允諾條款而論。在原提二十一款要求之中。有六款爲中國所不能承認者。上文業已述及。查中國所以不能承認之理由。係因各該款與中國主權。其他列強之條約上權利。以及機會均等主義。均相抵觸。例如原提要求第三號所列漢冶萍問題之第二款。係極有礙各國工商業機會均等主義。要求中日合辦中國之警政。明係干涉中國內政。侵損中國主權。所以中國政府不能商議。嗣經日使解釋。謂此僅指南滿之警政而言。並云如中國聘用日人爲南滿警政顧問。則日政府必能滿意。中國政府遂勉强承認。關於取得學校醫院寺院用地與布教權之二款。中國政府以爲必致令兩國國民友好感情之增進大有障礙。兩國宗教相同。自無日本派人來華傳播之必要。中日教徒必有爭競之舉。難免有爭執齟齬之勢。泰西教士素不與華人雜居。而日本僧人則不然。中國政府欲按照治外法權。對於日本人民盡其保護之責。必致因其形體服制及起居習慣與華人相同之故。而無從辨認。且中國人民恆慮無恥之徒勾結日僧利用特別情形。以爲不法之事。揚子江鐵路權利之要求。與一九〇八年三月六日所訂滬杭甬鐵路合同。一九一四年三月三十一日所訂寧湘鐵路合同。及一九一四年八月二十四日以南昌至潮州鐵路優先權。讓與英商之成約。均相抵觸。乃日本公使雖知中英成約。而仍屢迫中國承諾此項要求。中國政府以爲既有成約在先。自無從商議也。至要求聘請有力之日本人。爲政治財政軍事顧問。及教習一節。查中國政府聘用顧問之政策。當與日本政府所業已採用之政策相同。卽擇用資格最合之人。而不問其國籍是也。中國之聘用日本顧問。以博士有賀長雄爲最早。後又聘用平井博士爲交通顧問。中山龍次君爲電政顧問。足見中國政府深願利用著名日人。以資臂助。惟日本要求須在最重要之行政三部分。聘有力之日本顧問。并要求合辦警察。及約購定數軍械。與合辦軍械廠。各問題。此則中國政府以爲均係侵及中國之主權。無從考量。職是之故。中國政府於開議之初。即聲明不能商議。嗣因尊重日公使之意願。中國政府代表允將所以不能開議之理由。剴切說明。

一就上列問題中尙在爭執之事宜而論。日本要求日人有在南滿租地或購置地畝及居住遊歷貿易製造權一節。且聲明欲使日本人在該處得有優越地位。不但軼出彼此條約所訂範圍之外。且在該處得以自由行動。將限制中國主權之行使。並大害中國之行政權也。日本人在該處既可得土地所有權。將來勢之所極。該處土地到處皆可爲日本人所有。是實侵害我國領土之完全也。且內地雜居與治外法權不能相容。故欲內地雜居之實行。必須取銷治外法權。先進之國。俱有先例。日本政府此次絕對要求雜居。欲使治外法權推行及於中國內地。並使日本人民可以壟斷南滿洲之利益。此與各國機會均等主義。顯然不符。故對於此項要求。中國政府本無與商之餘地。惟篤念兩國邦交所以雖有上述之種種困難。仍於無可設法之中。力求解決之法。明知與條約不符。仍於條約範圍以內。勉副日本之希望。故第一次修正案提出在南滿洲添開商埠。且設立中日合辦農墾公司。蓋日本人所願至之地。必爲該處主要之處。如將主要之處盡行開作商埠。則日本人得以到處居住貿易商租地畝。合辦農墾。已可得雜居之實利。而於中國條約上之困難。各國均等主義。均尙有辯護之餘地。日本政府不允照此辦法。中國又提出第二次修正案。將添開商埠之案收回。另擬辦法。與日本人以條約外雜居之利益。惟聲明商埠以外之日本人。須服從中國舊章。完納各項賦稅。與中國人一律。並聲明日本人之民刑訴訟。仍歸中國官裁判。日本領事祇能到堂聽審。此蓋仿照延吉廳（間島）韓民在中國內地雜居區　內辦法。並非此次新創之例。日本政府不允。乃爲第三次之修正案。將訴訟問題。分別民事刑事。仿照土耳其對於外國人現行之成例。復行提出。日本政府仍不允。至是而爲第四次之修正案。即將日本政府初次提出原案之第二條第三條關於南滿洲雜居問題。除土地所有權改爲土地租借權耕作土地。加以另訂章程數字外。完全照原案同意。惟附加一條。聲明中國政府委曲求全之辦法。此條之意。卽依據三月六日日本公使聲明於第二條第三條原案附加條文。擬一調和辦法。俾與主權條約制度。不相抵觸之意。但日本政府始終不允在東部內蒙古。不但與日本並無何等條約之關係。且其地人民未習與外國人。外人前往游歷。尙覺保護難周。所以中國政府通商。以爲將該處開放。而令外人得居住營業。非中外人之幸福。且中國當初之未便允諾與南滿相提並論。其原因亦在此。但欲謀副日本政府之意。仍允在該處開闢商埠。若干。此係會議至四月十七日爲止之情形也。凡中國政府可以讓步者。無不推誠相讓。以期日本政府對於中國萬難退讓之各點。稍予通融俾得各項問題和平圓滿解決。乃日本政府停議十日後。於四月二十六日重提修正案。

一就日本之新議案而論。綜計二十四款。（見附件二）請中國政府速表同意。並聲明此係日本政府最後之讓步。同時聲明如中國政府將二十四款完全承認。則日本政府擬將膠州灣一帶之地。以適當機會附加條件。交還中國政府。日本政府雖改變原提南滿與東蒙之優越地位。爲商務特別關係。並第五號內之條款性質。以要求作爲外交總長之聲明。然關於東部內蒙。追加要求四款。中國政府對於日本新議案重加攷量。以勉副日本之意願。並望從速解決。故於五月一日答復時。予以新讓步。（見附件三）在此答復之中國政府重將關於交還膠州之提議列入該提議曾由中國政府於二月二日第一次會議時提出經徇日本公使之請暫擱所以絕非新提議此次答復內中國將日本提出東部內蒙四款擬允許三款東部內蒙旣爲中國地理上之新名稱。向無明定界線。頗覺爲難惟照日本公使在前次會議時聲明日本政府願於東部內蒙中國行政權所及之區域爲範圍。雖該公使未願指定東部內蒙實在界線之所在而中國政府以其所稱各節。並參攷前此日本公使提交之東部內蒙古應開商埠所列之區域。卽可認定日本政府所謂之東部內蒙古。係指歸南滿及熱河道所轄之內蒙古一部分而言中國政府並未加以何種限制。對於日本人民務農。中國政府曾提有另訂章程一款。在此次答復時逕行取消。對於地產爭執之案。無論日人與日人。或日人與華人訴訟。中國政府允許日本領事有權派員旁聽。中國政府又因日本政府之請。將警察法令章程。改爲違警章程。如此縮小中國官府管理日本人民之權限。對於漢冶萍問題。中國政府承認日本政府之新議案。查該議案內有中國政府聲明該公司不歸國有。又不充公。又不准使該公司借用日本國以外之外國資本。關於福建問題。中國政府允許依據日本政府所擬意義寬大之條文。向日本政府聲明中國政府幷無允准無論何國在福建省沿岸建設造船廠軍用蓄煤所海軍根據地及其他一切軍務上設施。並無擬借外資自行建設或施設上開各事。中國既允上列讓步。中日兩國意見幾乎一致。且同時又備說明書。解釋中國萬難復行退讓之苦衷。並希望日本政府對於中國政府五月一日之答覆。迅表同意。以期中日交涉和平結束。日本政府以爲中國政府之答復。不能滿意。旋將四月二十六日日使所許交還靑島之議取消。又云如中國政府不將二十四款完全承認。日本政府祇得執行嚴重手段。中國政府得此消息。始終仍持妥協精神。並欲免除兩國邦交之間斷。忍苦應付。又向日本政府聲稱中國願將日本政府所重視而中國政府素認爲無討論餘地之條款。復加考量。即於五月六日晚日本公使告知中國政府最後通牒已到北京。中國政府。爲保持和平起見。仍設法以副日本之希望。雖中國如此請願。日本政府仍未之允。如此中國政府挽救之法已盡。雖在會議時間。中國人民發現愛國思想。而政府始終將能予允許之事。竭力退讓。蓋中國政府區區擁護之精神。僅僅與保全自國主權之完全。各國在華條約上之權利。及機會均等之主義而已。但無效果。深爲惋惜。於五月七日下午三時。日本公使竟將最後通牒遞送前來。（見附件四）日本政府最後通牒內誣衊中國。茲中國政府希望上列交涉經過情形。可以作爲一種明切和平完全之答復。至當時中國政府答復日本最後通牒。應用何種方法。曾以保存國民多數旅華外人。不致遭無辜之殃。並保護各友邦利權不致傷失爲念。爲此中國不得不勉從最後通牒所開各節、（覆文見附件五）如列強對於保持中國獨立及領土完全。暨保存現狀。與列強在中國工商業機會相等主義所訂之各條約。因此次中國承認日本要求而受事實上修改之影響者。中國政府聲明非中國所致也。總之此次交涉相持至三月有餘之久。正式不正式會議至數十次之多。中國政府期期以爭者。實祇限於有礙中國主權之獨立。領土之完全。以及與條約及各國機會均等主義相衝突之條款。故於四月十七日以前。凡可以勉強同意者。無不速予承認。洎乎四月二十六日、日本重行提出修正案。又力加考量。酌予同意。其爲第一次提出之對待條件。加在第一號而未議結者。則仍舊提出。以待商議。意謂日本政府。必能諒察中國政府之苦心維持。不幸日本政府仍不惜取最後手段。以相脅迫。此則中國所深爲可惜者也。

鄰戒（自民國四年三月二十二日起至六月十五日止）　船山學報附編之一

益陽曹明毅編

四月初。意大利趨入戰局之勢日甚。一日。迄五月。遂與奧人宣戰。於是向之注意於達達納爾戰事者。乃轉注於奧意之壤地矣。故是編入四月後於奧意事較詳

三月二十二日。俄軍攻陷泊里齊米塞爾。

四月四日。布塞失和。

布國非常備兵一隊。攻擊伐蘭杜伏之塞兵防舍。迫令其衞兵退走。塞兵一聯隊馳救。擊散布兵。（路透電）

布塞行成

布塞兵衝突案。已和平解決。布兵司令謂此次事變。乃因邊界塞民反對塞員。逃入布境所致。現在設法卸除叛民軍械。（路透電）

十二日。意將加入協約

九日。意塞商訂關於亞德里亞海條約。意在巴爾幹之外交。與三協約國全然相同。意國舉動。甚得三協約國之同意。十日。意國德奧僑民眷屬。依其領事之勸告回國者頗衆。蓋防意攻奧。與德開釁也。至是英俄法以地中海之權。現在聯軍方面。如意不加入。將來有

不能分配之危險。故密議牽制意國。投入戰渦。外交界人恐意不久將不守中立之態度。

十七日。意人羣起反對中立

意國各處贊成加入戰局者。不服政府之禁阻。十二日。高呼開戰。以救特蘭特與特萊斯特之自由。各處德奧領署。雖有重兵防守。然仍爲衆人仇視之目的物。而主張中立者。亦有對抗之行動。旋被解散。路透電

二十七日。俄軍攻博斯波魯斯。土軍敗績。

二十八日。英人法人以海陸軍合攻達達納爾。土軍擊之薩里倍爾弗克

二十五日。聯軍於達達納爾兩岸登陸。法步隊礮隊攻亞洲海岸之干姆加勒。助以艦隊。取之。至是英法聯軍屯駐於愛斯基希薩里克東北。擊土軍於薩里倍爾克之土。乃嚴爲之備。以阻聯軍登岸。

十五日。德軍奧軍進攻泊里齊米塞爾。文匯報

十九日。意請美人於意奧決裂時代理維也納意人利益。奧人亦請美人代理羅馬奧人利益。路透電

奧以通牒與意

奧之通牒於意也。聲明奧國於近今談判。實抱讓步之意。且拒絕承認意國非難三國盟

約之言。該盟約須至一九二零年滿限。又謂意大利目下行動。發生之禍害。須由意國擔負責任。（路透電）

二十三日。意人與奧宣戰。

意國致奧宣戰書。仍謂意因奧國破壞盟約。故乃廢棄該約。且謂意國本能放棄責任。不以應有方法。實行其全國之企圖。抵抗目前或未來之禍患。故意大利以爲自五月二十四日起。宜與奧國入於戰爭狀態。（路透電）

二十七日。意令封鎖奧國及阿爾巴里亞海岸。（路透電）

土軍堅守達達納爾。

達達納爾土軍之死傷者。約六萬人。加里波里軍隊共八萬人。他處陣地。皆取守勢。以專力於達達納爾戰事。援軍馳至者。刻方絡繹於途。彈藥接濟。聞已減少。（路透電）

三十日。德以魯西台里亞號沈失。牒覆美人。

普魯斯亨利親王及將軍與登堡勞軍里巴。

亨利親王謂德將士曰。里巴乃波羅的海咽喉。必死守焉。

三十一日。英人宣布封鎖達達納爾與薩摩斯間一帶海岸。（雅典電）

六月一日。意軍據阿拉北高原。

意軍由台洛爾邊界進據此間。以控制洛併里杜之奧軍新礮台。電路透

奧軍攻克洛斯山隘。

二日。德軍奧軍克復泊里齊米塞爾。其南面礮台。仍由俄軍據守。德軍昨夜會攻擊之。所獲戰利品尚未檢明。林新干將軍已向斯特里其前進。電路透

六日。德殺比鎮（芒斯鎮）議員瑪森氏。電路透

七日。英人意人協議財政。

兩國財政大臣已開議財政通融辦法。兩國政府願合用財力與軍力。電路透

十日。意軍攻奧於伊森沙河。據芒伐爾康。

意國亞爾平軍迭戰於卡尼克亞爾伯山泊萊柯佛爾。仍於伊森沙河力攻敵之陣地。是時大水。橋路皆毀。意軍馳入奧軍。據芒伐爾康鎮。電路透

十二日。美諭駐外公使。以水夫例律照會各國。

水夫新例律。凡船艘從美國口岸開出者。其水夫百分之七十五。須能操該船所懸旗幟之國語。太平洋郵船勢將停止航業。故通諭駐外國各使照會各國。凡商約條件有與是律牴觸者。應即作廢。電路透

十五日。美總統威爾遜仍持和議。

威爾遜否認美國不允會同各中立國竭力調和戰事之說。且謂美國曾盡其能力所能至。以利便媾和之運動。路透電

船山學報第四期正誤表

類目	葉次	行次	誤文	正誤
文苑穀庵類稿	第四葉	陰面第四行	墨子始於魯	子當作學

船山學報第五期正誤表

類目	葉次	行次	誤文	正誤
專論原史丙	第一葉	陽面第十行	鱗臺故事	鱗當作麟
同	第二葉	陰面第四行	高內名士傳	高當作海

定價表

期數	定價	郵費 本國	郵費 日本	郵費 各國
一期	四角	五分	一角	一角五分
預定半年	二元二角	三角	六角	九角
預定全年	四元	六角	一元二角	一元八角

中華民國五年一月出版

船山學報

第六期

廣告例

期限	一面	半面	四分之一
一期	十二元	七元	四元
三期	三十二元	十八元	十元
六期	六十元	三十二元	十八元
十二期	一百十元	六十元	三十三元

◎面頁底頁加倍

編輯者　長沙小吳門正街 湖南船山學社

發行者　長沙小吳門正街 湖南船山學社

印刷者　上海商務印書館

分售處　上海商務印書館 各省商務印書館分館

民國六年四月二十日出版

船山學報

第七期

湖南船山學社印行

船山學社徵文條例

一本社爲研究學術集思廣益起見按期徵文其目如左

一船山語類敍例

二論現在教育之缺點及改良之法

三提倡國貨條議

四續修各省通志議

五史學叢書叙目

六繹史拾遺

七經籍纂詁拾遺

二海內通疋有以右開各題文藁見惠者除擇尤登入學報外並贈以學報一分及四元以上十元以下之酬勞金

三酬勞金及贈報於惠藁登報後送達之但惠藁者須開明住所

四本社編輯事忙惠藁無論已登未登概不送還以省手續惟數期之後必將篇目及諆人姓名列單報告一次以答海內通疋殷勤見惠之心

船山學報第七期目錄

圖畫

師說

廣師

講演

詩錄

說苑

附編

船山先生手蹟餘春歌

（其一）

（其二）

師說

本報月刊一册按期出版全年定價四元郵費三角六分半年定價二元郵費一角八分如荷訂閱全年或半年請查照下列預約單塡明幷現欵至本社總分發行所訂閱當照單按期寄送不誤惟祈鑒察

湖南船山學社啓

預約單

姓名號住省縣地方今向湖南船山學社定閱
船山學報册自第年第號起至第號止
計共洋銀元角分並郵費元角
分照奉請即收入將收據寄下以後按期照寄爲要
年月日

尙書引義卷三　　船山學報師說之一

衡陽王夫之譔　　後學劉人熙箋

仲虺之誥

易之言曰。敬以直內。義以方外。誥之言曰。以義制事。以禮制心。故曰先聖後聖。其揆一也。今夫事與人之相接也。不接於吾之耳目口體者。不可謂事也。何也。不接於吾之耳目口體。天下非無事也。而非吾之所得制。非吾之所得制。則六合內外。固有不論不議者矣。則固非吾事矣。不發而之於視聽言動者。不可謂心也。何也。不發而之於視聽言動。吾亦非無心也。而無所施其制。無所制。則人生以上。固有不思不慮者矣。是尙未得爲心也。是故於事重用其所以來。於心重用其所以往。於事重用其心之往。於心重用其事之來。往來之界。眞妄之幾。生死之樞。舜跖之分。古之君子。辨此而已矣。心之往則必往矣。事之來則必來矣。因其往而放之者。縱也。因其來而交之者。欲也。於其往而固遏之。於其來而固拒之。內與外搆力爭其流者。克伐怨欲不行者也。於其往而遊於虛。於其來而制以機。往而曲以避物之來。來而巧以試心之往。以反爲動。以弱爲用之術也。古之君子。則皆灼然見其非道。而不此之務矣。

流俗失於縱欲。異端流於機巧。生於其心。害於其政。是以不可以不學也。

是故酌自然之衡。持固有之眞。以範圍往來。於不過其往也。極其用而不忒。其來也。順以受而不逆。夫是之謂建中也。嗚呼非察於幾達於誠。而知心與事之浹洽以利用者孰能與於此哉。天地之德。日新富有流動充盈隨在而明其義於有形有色無方無體之中者至足也。其流動也。洋洋日發而無不及。使不及焉。則此且虧朒而不紹乎彼。洋洋日發者本無不直也。其充盈也。森然各立而不可過。使可過焉。則此且溢犯乎彼。而彼不足以容。森然各立者本自有方也。道之在吾身以內與其在天地之間者既如此矣。流動者與物酬酢以順情理。而莫有適居。充盈者隨事有宜以應時變。而莫能協一。必待行之而後可以適焉。必待凝之而後可以協焉。夫民受天地之中以生者也。

民受天地之中以生。劉子之言必有所受。孔子以前之學說。固已揭日月以行矣。耳目口體。形著於實。受衆以虛。視聽言動。幾發於虛。往麗於實。其互相入者。有居中以宰之者也。以凝之者行之。斯以事無不宜。而心無有僭。卓然而有其直。卓然而爲其方。居乎此以治乎彼。故曰制也。夫然受中以生。則無不直而無不方。內之則既然。乃中建於天下有定理焉。直之方之所自著也。外之亦既然矣。故告子之言曰義外。而言禮之駁者亦曰禮自外作。夫內之既卓然有可凝之直方矣。則義禮之俱非外也。亦明矣。我無以辨外義禮者之非也。則以外非無禮義。而不制於我。則非我之義與禮也。蠭蠆之君臣。虎狼之父子。相鼠之皮體。燕雁之配耦。何有於我。義外之非。夫人而言之。孟子之辨已析也。禮外之云。樂記之枝詞也。

而賢者狥焉。乃以云事在外義繇內制。心在內禮繇外作。朱子云 則是於其來而授物以所未有。於其往而增益以心所本無。日以其心與天下搆而日以天下與心搆舍自然之則忘固有之眞。斯何異於老氏所云反者道之動哉。且夫義之必內如冬知湯而夏知水也。禮之必外。其且判渙於天地之間。自爲一類。如風之不可以目見。空之不可以手握乎。將禮之用孰從而舉之。禮之名亦不足以著於人矣。義之內也以智而喻。禮之內也以仁而顯。喪之哀祭之敬。食之不紾兄臂。色之不摟處子。亦惟以求歉乎心也。必求如此而後慊於心。則心固有之。故曰復禮。則亦如秦炙吾炙之胥旨吾舌矣。若禮之立於吾前以待用者。既似授之規矩而非木之能自爲方圓。授之羈靮而非馬之能任騑服。可云外也。則義亦顯立吾前賢在而授以尊長在而授以敬。充外禮之說。亦未有不可以義爲外者也。古之君子智足以喻此萬物之充盈以來以形之虛者應之。俾得所歸。而宜以協仁足以顯此吾性之流動以色之實者奠之。俾安所止。而典以敦事與心胥制於所建之中。反身而誠不遠矣。蓋天理之流行身以內身以外。初無畛域。天下所有。卽吾心之得。吾心所藏。卽天下之誠。合智仁通內外。豈有殊哉。彼智不足以及此者。其昏也。因其往而往之。因其來而來之。其鑿也。於往而禁其往。於來而忘其來。仁不足以守此者。其妄也。任其往而之於敝。任其來而汎爲交。其矯也。苦持其往而不得所麗。過杜其交而不綏以宜。亦惡知往來之幾。形形色色之誠。自有其中焉。而建之也哉。執之無權。存之無本。而內不放出以制心。外不放入以制事。斯釋氏鼠入牛角之謂。與於不仁之甚者。可弗辨乎。

湯誥

顯性之有而目言之。易謂之緼。書謂之衷。詩謂之則。孟子謂之塞。求其實則中庸之所謂誠也。故曰誠者物之終始。終與終之始。與始之終。以蜜合乎始。始以綿亘乎終。相依而不貳。不著其文而已盈。靜與存而皆安。動與行而不滯。官不過而如其量。神周流而恒不失。故曰衷也。夫人之有形。則氣爲之衷矣。人之有氣。則性爲之衷矣。是故痿躄者形具而無以用其形。則惟氣之不充。乃形未有毀。是表具而衷亡也。然則狂易者氣具而無以善其氣。則惟性之不存。乃氣未有餒。是亦表具而衷亡矣。氣衷形。循形而知其有也。性衷氣。循氣而不易知其有也。故君子之道鮮矣。

言性言氣。如取懷而予之。自周張以來。未有如此之光輝發越者也。

今夫氣則足以善。足以惡。足以塞。足以餒矣。足云者。有處於形之中而堪任其用者也。

雖不易知其有。究不能竟指爲無。其示後學至矣。

若夫恒而不遷。善而無惡。塞而不餒者。則氣固有待而足焉。而非氣之堪任也。故曰性衷氣也。氣非有形者也。非有形則不可破而入其中。然而莫能破矣。而絪緼摶散者。足以相容而相爲載。則不待破以入。而性之有實者固與之爲無罰。夫性之爲衷於人也。不待破而入。非徒於氣然也。形亦莫不然也。破目之黑白而求明之藏也不可得。破耳之窾(音科)曲而求聰之藏也不可得。

西人解剖之學精矣。未達氣化也。故耳食者輒詆中醫五行之妄而不信內經靈素之言。是破耳目而求聰明也。

因實而入實。則亦因虛而入虛。凡有形而皆入焉。亦凡有形而皆衷焉。耳亦衷此也。目亦衷此也。四體百骸而皆衷此也。凡有氣而皆入焉。亦凡有氣而皆衷焉。衷乎形者氣。衷乎氣者乃天之所降之衷。則亦徹乎人之形氣皆爲之衷也哉。曰睟然見於面盎於背施於四體。面背四體形也。氣之表也。以見以盎以施氣也。形之衷也。乃其根心而生色者。更有衷氣者存也。君子所性也。是故人之生也。氣以成形。形以載氣。所交徹乎形氣之中。緜密而充實。所以成所以載者。有理焉。謂之存存。人之死也。魂升於天。魄降於地。性之隱也。未嘗亡而不得存者。與魂升與魄降。因其屈而以爲鬼神。故鬼神之與人一也。鬼神之誠流動充滿。而人之美在中也。其屈也。鬼神不殊於人。而其德惟盛。其存也。人亦不殊於天。而其性以恒。然則此衷也。固非但人之衷。而亦天之衷矣。形而下者人之性。形而上者天之理。故衷曰降。非其麗乎人而遂離乎天也。天下逮於人。人之衷即天之衷也。且夫天之有衷。奚以明其然也。今夫天蒼蒼而已矣。曠曠而已矣。蒼蒼者不識。曠曠者無極。氣也。而寒暑貞焉。而昭明發焉。而運行建焉。而七政紀焉。而動植生焉。而仁義禮智不知所自來而生乎人之心。顯乎天下之物。則焉斯固有以入乎氣之中而爲氣之衷者。附氣以行而與之親。襲氣於外而鼓之榮。居氣於中而奠之實者矣。立天之道曰陰與陽。而一陰一陽。劑焉統天之行。元亨利貞而四德敘焉。是則天之衷也。形而上衷乎天。形而下衷乎人。繇天以之人。因其可成可載而降之。人乃受於天。亦既主形主氣。而莫不以爲性之藏也。故曰恒。是故形則有恒也。氣則有恒也。然而有不恒者。形之有痿躄。性之有狂易。或傷之。或陷之。一人之身而前後殊。斯不恒也。形之有利鈍。氣之有衰王。利易而鈍難。王壯而衰餒。均人之身而彼此殊。斯不恒也。其不恒者何也。文著於外。質凝於內。著於外者枵其內。故與衷而相離。滯於內者困於外。故衷不效於用也。衷也者。其外不著。其內不滯。柔與爲柔。剛與爲剛。動而不喪。靜而不遺。無所忤而柔順與親。無所撓而剛健與幹。化不流而居不失。則亦奚有不恒之咎哉。恒者何也。曰誠也。誠神誠幾。於物胥動。誠通誠復。於己皆眞。斯以屈伸變化。終始弗離。而莫有不恒矣。嗚呼。古之知性者。其惟自見其衷乎。

言性至此。無餘藴矣。神者不測。幾者不昧。通者不滯。復者不已。哲人察之。衆人昧之。吾黨之聰明。爲衆人之耳目。質而言之。則代表社會之人。即社會之導師也。

仁義禮智以爲實也。大中至正以爲則也。闇然而日章以內美也。和順積中而英華發外以充美也。故曰乾坤易之縕邪。變易者其表之文健順者其裏之著（直略切）。與惟此不察則且以元牝爲根而其中枵然。則且以督爲經而其動芃然。則且以運動爲性而其守蕩然。則且以眞空爲體而其主冥然。忘其表之縕。褫其縕之塞。生民之性淪胥以鋪。非直日用不知者之咎也。

太甲一

權重於經者也。經有未審。縣重以酌其平之謂權也。而或以爲輕於經而行其妙則誖矣。重於經者持而乃得其平。輕於經者反而外移於衡之杪。則權重而物輕。物輕權重。物且昂起而權墜矣。何有於權之用哉。爲魯莊公責者曰母不能制。當制從母之人。審然則太甲之狎於弗順。不必放桐而但施刑於弗順之宵人也。其可哉。此有道焉。亦有權焉。制弗順者則畸而之輕。制太甲則持而之重也。嘗試諗之以本末言。太甲之欲敗度縱敗禮本也。弗順者之給其欲導其縱末也。不持其本而急其末。猶攻毒者之急四支而遺腹心也。一弗順退而一弗順進。一弗順殛而一弗順興。故曰人不足與適也。不足者。力之不足。我處外庭而輕權之不足。彼在君心而重也。以情勢言。太甲之情。弗順者之勢也。口之於味。目之於色。耳之於聲。四體之於安佚。夫人之不能廢。而獨謂君上之不宜有此乎。弗順者見制而不逞則重爲減替以相激。將使安飽之不給。乃宣言曰是使王監門輿皁之不若也。沖人何知。始相憐中相悼終相匿而睽于元老者益孤矣。良娣刻木以行蠱而鄰侯疏。劉瑾伏地以請死而韓文絀。其明驗已。

宋孝宗聽說春秋得制毋從人之說。深韙之。詢爲朱文公之說。乃召朱欲大用。朱文公固是當時第一流。而其誤則有如是者。是以知權之未易言也。然則成王有過則撻伯禽。非歟。曰此禮所謂優尊者也。大夫士之射。則以射應樂節。君之射。則以樂節應射。成王有過撻伯禽。有優尊者之意。而又以寓打草驚蛇之用。此亦偶一爲之。未可爲典要也。

如其欲顯戮之與。則害尤有重焉者。凡權臣之傴主。恒先削其君之肘腋。故后羿篡而雒表無反鬭之臣。州蒲弒而匠麗先胥童之死。今以靖獻之心。弗擇而蹈其轍。左右相依之媚子且放一人焉。夕誅一人焉。取之君側而肆之市朝。孱爾沖人。始則姑聽之。繼則涕泣以講之又繼則甘心羣小以報之矣。彼羣小者。既挾尊主之號。以爲彈壓之名。其主亦懷孤立之恐而已抑終以投鼠忌器之故。不得大快其所欲爲。卿尹百辟。其不中立以祈免者鮮也。則身危而國亦隨之矣。均一非常之舉。則何似昭昭然揭日月而行之。以散宵人之聚也。是故畧庸人之好惡。審天理之權衡。伊尹所以任堯舜之道於躬而直行不惴也。夫佞倖持權。權移而毒下逮天下。且血背搤腕以爭致其怨惡。而君之失德奬姦。姑寬假而不忍深求。此亦君臣之彝倫所不可泯。而要以爲庸人之好惡。何也。畸其重於傒倖。而不諒其不足以有爲也。若夫天理之權衡。善有所自植。惡有所自致。君實處隆墀遠壑之勢。而給欲導縱之夫。固卑且賤。以順君子之命。或趨善。或趨惡。猶驟雨之乘回風。可使南而可使北。君子豹變。則小人革面。固大人君子所矜宥而移易者也。積不欺之忱。膺毋貳之棐。拔本塞源。以正告天下萬世而無疑。則弗順之子。淵藪已失。而不敢以螢尾爭日月之光。亦震驚滌洗。謹執其唾壺虎子之司矣。故于桐初放。未嘗有流竄匪人之刑。奉冕既迎。終不有易置近臣之事。然而太甲思庸。則已捷於枹鼓。其效爲不爽也。格君心之非者。經也。放之以格之者。循而經尤重之也。人不足適。而急於適人者。末也。適不可適之人。而以自詭者。益爭於末。而倒授以重之昧者。不知嘗試輕杪。而利其易制。覆取墜焉。其不可與權也久矣。乃伊尹之克任大權以正大經者。一介取與之義。咸有一德之貞。志大明而誠豫立。彼魯莊者。固不足以語此也。無哀毀痛父之忱。無枕戈報齊之志。經已拂矣。權不足以持矣。然使取文姜之左右。鉗束而誅戮之。將文姜挾君母以內訕。羣小恃外援以一逞。元乂之於胡媼。五王之於二張。斯不亦後事之左驗哉。魯莊公而果可爲人之子也。歃血誓死。與諸兒爭命於原野。上告天王。正文姜在宮之辟。棄位逃祿。幽憂以死於草土。而後車中之怨可雪。是尹處其易。而莊處其難。然使莊之篤孝。如尹之忠也。則姜淫不敢宣。桓勢不孤立。雖以諸兒之禽心。抑不敢談笑而賊人君父。且如雲如水肆醜行於康莊矣子母親而感終易君臣睽而感愈難尹處新造之邦莊正適儲之位則尹固處其難而莊處其易也童昏不知導淫縱賊在位具臣申繻御孫皆不足爲有無乃欲制從母之人以釀肘腋之禍不亦愚乎彼魯莊者固不足道而說春秋者以制母從人爲權豈知權者哉

凡事豫則立豫謂先立乎其誠也不誠无物而欲從其末流而救之未有能濟焉者也惟尹而後可與權惟尹而後可與經也

太甲二

習與性成者習成而性與成也使性而無弗義則不受不義不受不義則習成而性終不成也使性而有不義則善與不善性皆實有之有善與不善而皆性氣稟之有不可謂天命之無氣者天氣稟者稟於天也故言性者戶異其說今言習與性成可以得所折中矣夫性者生理也日生則日成也則夫天命者豈但初生之頃命之哉但初生之頃命之是持一物而予之於一日俾牢持終身以不失天且有心以勞勞於給與而人之受之一受其成形而無可損益矣夫天之生物其化不息初生之頃非無所命也何以知其有所命無所命則仁義禮智無其根也幼而少少而壯壯而老亦非無所命也何以知其有所命不更有所命則年逝而性亦日忘也形化者化醇也氣化者化生也二氣之運五行之實始以爲胎孕後以爲

長養取精用物一受於天産地産之精英無以異也形日以養氣日以滋理日以成方生而受之一日生而一日受之受之者有所自授豈非天哉故天日命於人而人日受命於天故曰性者生也日生而日成之也夫所取之精所用之物者何也二氣之運五行之實也二氣之運五行之實足以爲長養猶其足以爲胎孕者何也皆理之所成也陰陽之化運之也微成之也著小而滴水粒粟乍闢忽見之物不能破而析之以盡陰陽之眕斯皆有所翕合焉陰爲體而不害其有陽陽爲用而不悖其有陰斯皆有所分則爲川流而不息均平專一而歙合二殊五實之妙翕合分劑於一陰一陽者舉凡口得之成味目得之成色耳得之成聲心得之成理者皆是也是人之自幼訖老無一日而非此以生者也而可不謂之性哉生之初人未有權也不能自取而自用也惟天所授則皆其純粹以精者矣天用其化以與人則固謂之命矣已生以後人既有權也能自取而自用也自取自用則因乎習之所貫爲其情之所歆於是而純疵莫擇矣乃其所取者與其所用者非他取別用而於二殊五實之外亦無所取用一稟受於天地之施生則又可不謂之命哉天命之謂性命日受則性日生矣目日生視耳日生聽心日生思形受以爲器氣受以爲充理受以爲德取之多用之宏而壯取之純用之粹而善取之駁用之雜而惡不知其所自生而生是以君子自彊不息日乾夕惕而擇之守之以養性也於是有生以後日生之性益善而無有惡焉若夫二氣之施不齊五

行之滯於器不善用之則成乎疵者人日與媮暱苟合據之以爲不釋之欲則與之浸淫披靡以與性相成而性亦成乎不義矣然則狎于弗順之日太甲之性非其降衷之舊克念允德之時太甲之性又失其不義之成惟命之不窮也而靡常故性屢移而異抑惟理之本正也而無固有之疵故善來復而無難未成可成已成可革性也者豈一受成侀不受損益也哉故君子之養性行所無事而非聽其自然斯以擇善必精執中必固無敢馳驅而戲渝已詩曰昊天曰明及爾出王昊天曰旦及爾游衍出王游衍之頃天曰臨之天曰命之人日受之命之自天受之爲性終身之永終食之頃何非受命之時皆命也則皆性也天命之謂性豈但初生之獨受乎形之惡也倏而贅疣生焉形之善也俄而肌膚榮焉非必初生之有成形也氣之惡也倏而疢疾生焉氣之善也俄而榮衛暢焉非必初生之有成氣也食谿水者癭數飲酒者齇風犯藏者喎瘴入裏者厲治瘍者肉已潰之創理瘵者豐已羸之肌形氣者亦受於天者也非人之能自有也而新故相推日生不滯如斯矣然則飲食起居見聞言動所以斟酌飽滿于健順五常之正者奚不日以成性之善而其鹵莽滅裂以得二殊五實之駁者奚不日以成性之惡哉周子曰誠無爲無爲者誠也誠者無不善也故孟子以謂性善也誠者無爲也無爲而足以成成于幾也幾善惡也故孔子以謂可移也有在人之幾有在天之幾成之者性天之幾也初生之造生後之積俱有之也取精用物而性與成焉人之幾

也。初生所無。少壯日增也。苟明乎此。則父母未生以前。今日是已。太極未分以前。目前是已。
縣一性於初生之頃。爲一成不易之臆揣之。曰無善無不善也。有善有不善也。可以爲善。可以爲不善也。嗚呼豈不妄與。

性有三品。古今聚訟。知性日生。而命日受。則推之往聖。而無不合。發孔孟之精蘊者。船山也。

咸有一德

吾道者胥言一矣。乃從乎形氣而數之。則一者數之始也。以俟夫增加者也。依於道以言之。則一者數之終也。無不統會者也。且以數而言之。一而小成十也。其大成萬也。乃至參差不可紀之至賾。而會歸於一。則莫有踰於一者也。若其倍而生二。析一而破之也。參而生三。伸一而歧之也。取其破析分歧之餘。而孤持其一。則必至於賊道。伊尹曰。咸有一德。據純德之大全而言也。故曰德二三。動罔不凶。不可生二以與一相抗衡。生三以與一相鼎峙也。明矣。

孔子曰。吾道一以貫之。非以一貫之也。以一貫之。斯賊道矣。學者不可不察。

又曰。德無常師。主善爲師。善無常主。協於克一。非散殊而有不一也。又曰。無自廣以狹人。非博取而有不一也。是故道非可汎兮其可左右也。非一與一爲二。二與一爲三。三居二之沖。沖而用之不盈也。誠汎兮其可左右與。師左則不協於右。師右則不協於左矣。誠沖而用之不盈與將虛中以游於兩端之閒自廣而狹人天下之德非其德矣老氏以此壞其一而與天下相持故其流爲刑名爲陰謀爲兵法凶德之所自生故曰賊道也夫以左右無定者遇道則此亦一道彼亦一道以用而不盈者測道則方此一道俄彼一道於是而有陽闔陰闢之術於是而有逆取順守之說故負婦人變宦寺而以霸焚詩書師法吏而以王心與言違終與始叛道有二本治有二致仁義亦一端殘殺亦一端徜徉因時立二以抗一乘虛擇利游三以亂一乃囂然曰凡吾之二三皆一之所生也而賊道者無所不至矣老聃之幸不即爲天下禍也惟其少欲知止不以天下爲事耳不然又豈在商鞅李斯下哉

昔人謂東坡爲宋敗露之荊公此中自有深意非苛論古人也

古之君子雖遇中主進危言而不姑導以厖雜之術全而學之全而用之畢足以創賢足以守中材猶足以不亡其惟一以統萬而不二三以伉一乎一以統萬者達天者也今夫天則渾然一而已矣天居一以統萬聖合萬而皆一尹自耕莘以至於割夏一也道義以嚴取與也湯自有國以有天下一也義禮以制事心也夫是之謂達天有其始即以之終有其微即以之著立一貿始之謂統天成一允終之謂成物含一於中之謂盡心傳一於言之謂窮理合天下之臣民舉萬事之綱紀胥一於善而無不實也無不純也故冒天下之道而不可過貞天下之觀而無所疑一之用大矣哉彼之析一以二游一於三者侈數廣而執一狹狹於

執一。侈於生三而放以之於萬。以自廣而狹天下。則始之局量以小。規模以隘。而不足以資始。終之誠而蔽蔽而窮而不足以成。終不知大備之謂一者其賊道固必至於斯也。夫惟備斯純惟純乃大是故周子伸一而圍之以爲太極二殊五實仁義中正之理不一也。莫不備也而曰君子修之吉小人悖之凶夫太極既已範圍天下而不過則且何所容小人之悖乎。悖云者舉一所備之二以抗一。舉一所函之三以游一。勢逆而背其宗也。道一而已矣。一以盡道矣。道非大而一非小。不得曰道生一。一該萬矣。萬爲一矣。二亦萬之二。三亦萬之三。萬乃一之萬。不得曰一生二二生三三生萬。繇此以積彼。堅彼以敵此。因以有常師。因以有常主專師多蔽而專主不達測之妄而執之吝不能出於二之中而固已悖也。生於其心害於其政。嗚呼可不愼與。

說命上

君子之道。无妄而已矣。天積陽於上。而雷動於下。積者誠也。動者幾也。誠而幾神矣。積之富有而動之以時則大亨以正。大亨故通乎幽明。正故絕其疑。似通乎幽明其言也順。絕其疑似其言也信。順以信乃以无眚無疑則无妄矣。无妄則誠矣。誠則物之終始賅而存矣。若夫疑者則必其妄也。疑也者非有也。有則不疑也。疑之者非無也。無亦何疑也。非有而有非無而無非有非無而亦有亦無則夢是已。今夫夢其積非富有知其不原於誠其動不以時知其不足與於幾。不誠不幾。而若有神焉。豈神也哉。故孔子之自言也曰。五十而知天命。誠也。六十而耳順。幾也。七十而從心所欲。不踰矩。神也。神無方。矩有方。神而不踰其方。則神不離乎誠也。无妄之德。積之富有。而動之以時。故老不衰而益盛。若其言夢也。則曰。甚矣吾衰也。久矣。吾不復夢見周公。盛而夢。衰而不復夢。或夢或不夢。而動不以時。血氣衰與之俱衰。而積之也非其富有。然則夢者。生於血氣之有餘。而非原於性情之大足者矣。故高宗之夢見傳說之形。其不足與於誠也。審矣。論者乃致疑於說之來。高宗之往。而曰。豫知容貌者。神朕兆先見者。誠。豈其然乎。夫誠者。實有者也。前有所始。後有所終也。實有者。天下之公有也。有目所共見。有耳所共聞也。神者。無爲也。形之未形。體之未體者也。則五常百行。賅乎誠。著龜四體。通乎神。誠仁顯而神用藏也。夢說而有成形。用不藏而非神矣。獨見獨聞。而非有所終始。仁不顯而非誠矣。非誠而言神。疑之府也。妄之徒也。君子之所闕而不言者也。然則夢說之形。而旁求惟肖者。抑又何也。形者。血氣之所成也。夢者。血氣之餘靈也。血氣者。一陰一陽之形而下者也。同聲則相應。同氣則相求。形與夢同受成於已形之器。於是乎夢可有形。則居然若有一傳說之立乎前矣。然而無與於形而上者。故能得傅巖惟肖之形。而說所啓沃之忱。辭不能有其言。而識諸寤也。蓋器可詭遇。而道不可疑聞也。藉其誠而神焉。則奉若之訓。胡不徑相授受於夢中。以成不疾而速之化。乃必待說之拜手以進獻哉。血氣之靈。有時而清焉。有時而濁焉。恭默不言。高宗能澄其血氣之濁以嚮於清。故其於傳說固有之形。相遇於若有若無之際。然而誠未至焉。幾未通焉。神未顯焉。則得其粗而不得其精。夫人意欲乍澄之頃。乍離乎粗濁。而與兩間固有之成形相爲邂逅。洵有然者。程子所云縣鏡於此。有物必照。非鏡往。非物來。蓋此時矣。鏡器也。物亦器也。兩器之體異而均之爲器。則其用合。鏡不含物。物非鏡生。清則物現。濁則物隱。亦其固然矣。然而鏡終器也。道不生也。故物影現而物理終芒也。董五經豫知伊川之來者此也。季咸知人之吉凶者此也。釋氏之他心通者此也。息紛紛膠膠之妄動。而有其孤靜。繇孤靜而生孤明。孤明之主一資於血氣之清。故無形而可有形。影著而與形不爽。然於形上之道。終芒然未有與也。蓋以血氣之靈爲見聞之區宇。雖極其清明而終如鏡之於物。物自物而鏡自鏡也。鏡平則面正。鏡有凹凸則面邪。得其正則爲高宗之夢傳說。得其邪則爲叔孫豹之夢豎牛。漢文之夢鄧通矣。邪者妄而正者亦非誠也。故曰其匪正有眚也。記曰清明在躬。志氣如神。志氣者與理爲用。誠之所自立也。如神而道繇以生。誠不可揜。幾不可禦。神乃不疾而速。不行而至。堯之得舜。顏之事孔。相孚以心。相鄰以德矣。夢之足云哉。奈之何登彼乍發之隙光。謂之曰誠。謂之曰神也。

夢有邪正。皆生於人心之靈。君子之自修。晝卜之妻子以觀行之篤與否也。夜卜之夢寐。以觀志之定與否也。似亦推勘入細矣。船山以獨到之眼光。以夢之邪正歸於血氣之暫清暫濁。而不足以言誠。開示後學至矣。非中人以上不足默契也。

君子以无妄茂對天下。在文王之詩矣。文王在上。於昭于天。天誠也。昭明也。誠有其明。非鏡之資日光以爲明也。於昭于天。而天下仰明焉。則神矣。故其詩又曰。周王壽考。遐不作人。作人而人與德其成人造其小子。誠以求之。則濟濟多士。而文王以寧矣。故曰天降時雨。山川出雲。天之降雨。惟其時也。雨降而雲滋出。惟其富也。教育人才。開之先也。其不然者。晴雲拔起於谿谷。雖雨而無終朝之勢。氣蒸妄動。而應不以誠。奚足恃乎。繇此言之。嚮令高宗納羣臣之戒。繹甘盤之教。敦誠研幾。貞動而大亨。雲行雨施。移風易俗。以德化人。以造小子。將奏言試功。揚于王庭者。非但一傅說而止。何至祀豐于昵。戎憊于克。僅救過而不遑也哉。治天下有道。正其本以修政教而已矣。治心有道。盡其性以主血氣而已矣。弋偶現之浮明。晝獨見之區宇。資形器之乍清。而不求諸道。乘變化以疑爲神。而不存以誠。以治則鬼。以氣則易衰。君子之所不尙。如之何以誠神輕許之也。

說命中一

嘗觀之天矣。生生者其資始之至仁大義也。然物受命以生。而或害其生。而天無所憂也。不憂惡草之害良苗。而予良苗以棘距。不憂鷙獸之搏馴類。而護馴類以爪甲。然而惡草鷙獸。終不以天弗與防而殄絕生化。故曰天地不與聖人同憂。無所用憂也。聖人則不能與天同

船山子王子授義 上論

船山學報師說之一

學而章

凡言學有並講習討論存養省察而言者。有分而言之者。此學則專指講習討論。以存養是純常無間之功。省察因幾而動。俱不可言習也。但此講習討論所以明善而爲篤行之資。不可如俗下時文作記誦詞章說耳。

學是一章總領。然學而時習之學而二字。只貫本句。下二節。俱暗藏學而二字。若曰學而朋來學而不慍。故不須頂首句學字。若時習則愈不可頂。

不亦二字有天下之可悅可樂德成名著而爲君子相反映。故曰不亦言此亦可悅可樂爲君子。不待彼也。

有朋節

發散在外。不是將中心之說發出來。乃外間所見所聞皆可樂也。

人不知節

知不知畢竟在知遇上說。不與上朋來相碍。時文說朋不來是不知者非。孔子則朋來日盛而人固不知也。不慍是學能自得之深。不求於外。君子有拔出流俗卓然自任之意。

孝弟章

犯上作亂須知春秋時所稱賢士大夫亦不能免。如孔文子臧武仲皆然。二好字乃是以此爲逞才智立功名而見可好。非一時忿氣所使也。孝弟則養其心於和平。自然知此之不足好也。

君子務本節

君子務本二句虛喝起。下以孝弟爲仁實之。凡事二字即含下說爲仁之外更無事也。本字即含孝弟道字。即含爲仁

上孝弟在人身上說。言爲孝子悌弟。此孝弟以理言。時文云吾所言孝弟也者既囫圇。金仁山分質學亦未是。爲仁可言學。孝弟不可言學也。上節泛指凡人。此節專言君子　爲仁言仁民愛物。只在用上講。其實爲仁乃克己强恕之學。仁民愛物乃克己强恕功用也。

巧言章

鮮矣仁言如此一類之人鮮有能仁也。非謂此人心中鮮仁。仁只論仁不仁。不論多少有無。

三省章

身字要看得活。三者皆就身與世應感上說。師也、友也、就我謀之人也、皆日用相酬對者。不可將修身字混過。

爲人謀之忠以是非言、不以利害言。盡己之謂忠、盡己所見之理也。信者以實之謂、即在方

言時所言必心無所疑不爲虛假之語非待後日之能踐言也。謹而信言而有信同。

道千乘章

敬字靠緊事字上說是愼重以治其事。乃祭祀兵戎邦交之類 信在號令期會上說與上事字無涉。而字不緊要。此信字却有不二不欺始終不渝意。

賢賢章

苟非生質之美。與或以爲未嘗學問句應。必其務學之至與我必謂之已學也句應。或以爲未嘗學者。謂此四者皆是天性之美。不待學而能。故未學者亦能之。然能盡誠以盡倫若此。除是生知安行之聖。方可能之。苟大賢以下。必藉於學。未學則必不能也。或人之意重德性而輕學問。子夏則以惟學乃盡性。折之。

君子不重章

四段平說。前二節是修身正己內外交養後二節是德已成而防弊加警之功。內外交養猶恐有不期驕而驕不期怠而怠之處。故須愼於交友速於改過以底盡善。

主忠信

此信字不專在言上說。盡己之謂忠。循物無違之謂信。忠是盡心。信是盡理。盡理者實實見得道理如此。爾無疑。循物以行也。

無友不如己者

無友非拒之也。不恃之以輔吾仁也。不如己則止能贊我之善。不能摘己細微之失。

過則勿憚改

有不善未嘗不知知之未嘗復行乃是勿憚。止要速改。不可因循。

愼終章

下民化之固是感上之躬行。亦必制爲典禮。使貴賤賢愚皆得以盡其誠孝。

子禽章

聞政非但耳聞之所謂與聞國政也就夫子而求教。

子貢曰節

溫良恭儉讓是對邦君時儀容若燕居及對門人賓客與仕而事本國之君則又別。

按所謂申申夭夭溫而厲威而不猛恭而安望之儼然即之也溫聽其言也厲踧踖如也與與如也言似不足屏氣不息勃如戰色等皆是。又各有敬畏嚴威和悅之不同。

夫子不求聞政至人國何爲。但不强求獻策耳。

禮之用章

此章本文甚明。卻被大全小註及講章雜亂添一體字對用字亦是多設。此用字即下行字。

言行禮者必求遂其心之所安。而無拘牽苦難之意。貴禮者貴此也。若矯强以違其心之所順。則先王之道亦不美而小大可不由矣。故行禮者不可不知其本和也。然知和之爲貴便廢禮之節則和非其和而不可行必矣。章意側重下節以異端棄禮而自謂和不知禮文具在特在用禮者根心而行則和自有節不須舍禮求和也。喫緊在行禮者身上講非謂先王制禮有體用之別。

按本文小大由之是由先王之道。有所不行是先王之道垂之今日而有所不行。

君子食無求飽章

不求安飽非喫飯不完走往日晒風吹去肄業之書獃子也。求須有所以求之者。無求是不爲金粟之計。所謂謀道不憂貧也。敏於事乃日用當行之事。敏者聞斯行之。五段不相連接各爲一事。就正非以前四者就正前四者即或過中亦無不正。不待就正有道。此乃學識恐未純修行恐未善故從有道決之。

貧富章如切如磋節

引詩之意以爲已精密而更求精密。必瑩治身心純熟天理造之廣大高明之境然後隨所遇而皆履中蹈和與禮樂相浹洽。詩之所言其斯進德須有工夫之謂歟。

按以講義合註意。當云其斯義理無窮。雖有得而更加進焉之謂歟。

子曰賜也節

由無諂驕而進于樂與好禮。乃是往而前進。故曰往。切磋琢磨。歸於修學之精密。是反求向內。故曰來。因詩而知禮之身心。乃可與言詩。

按如此講。正與註不騖于虛遠相發明。大全朱子曰。所已言謂處貧富之道。所未言謂學問之功。意正如此。

不患章

此章止二句。患不患相應。則不患人之不己知。與不患莫己知。詞同意異。此謂己盡道以與人相酬酢。而君民親友按大全朱子說及許氏說。俱通上下而言或忠而見謗。信而見疑。若以之爲患。則必枉道以狥人。若人之待我而我不達其情。不諒其心。則或忠或佞。或誠或僞。之莫辨。而所以應之者失矣。

爲政章

註中所以正人之不正。是通釋政字。以論語初見政字。故於此釋之。非言爲政以德正人之不正也。若以德責人使正。則是道之以政者。曷嘗自云不德。非辰居星拱之義也。此爲政二字。是言爲政者以德。猶言人君能修德耳。德乃正心誠意以修身。如湯之不邇不殖。文王之亦臨亦保。初未及于民。蓋正己而物自正。非有禁令以正人之不正。故註言無爲。譬如二句。緊頂上二句言。爲政須以德。其理如此。勿誤作效說。衆星共之。是譬百姓觀瞻效法以爲趨向。非民之欣戴之也。止在教化風俗上說。不及向背。與孟子水就下獸走壙不同。

詩三百章

如桑中溱洧之淫、唐之無衣、秦之駟鐵之悖、並無箴刺語。故謂三百皆無邪。有碍。須知此言。學詩者之法。非謂詩本如此。且如文王諸什。又豈但不邪而已。詩雖貞邪具在。而學詩者當以思無邪一語為學。而取益之要。重在一思字。詩之所詠。皆思致也。其貞者由一念之正。纏綿悱惻。以盡天理民彝。則身修家齊。而底於風行俗美。其邪者由一念之妄。流連汎濫。以極乎浮蕩狂逞。而至於辱身賤行敗國亡家。知思無邪。則慎思以閑邪。三百篇皆興觀之實學也。

道之章

分別正在道之齊之。若但言德禮。則道以政者亦必以德為名目。如今六條之類。特以上未躬行。徒設科條督民。便是以政。以刑者亦必以民為非禮而加之刑。若道之以德。則上自清心寡欲。惇親尚賢。為臣民倡。初不責之於民。齊以禮。則上既動必以禮。而制為吉凶之禮。使貴賤賢愚人各得以自盡。民自相率遵行。有不率者自恥自格。上終不加非責。此政刑託於德禮。而德禮必不事政刑。所以道之齊之之大異也。時文有云。猶是道之猶是齊之。謬矣。

吾十有五章

俗解分知行乃煞看註文循牆摸壁見解即在大賢以下亦無知了十年方行行了十年才又求知之理況聖人乎　按註有知行之目。是就本文作詮。蓋知行並進隨候而名其所得耳。

志於學所志者即求合於從心不踰之矩也矩者天理當然之極致

夫子之立所謂行一不義殺一不辜得天下而不爲

不惑孟子所謂知言也道之全體大用具於心則事變不齊衆論不一皆明照其幾微之得失而無疑於行

知天命知字極深天之所以命人之生命人之理分明默喩而事天立命皆無不徹

註聲入聲字亦止說人言只該括得廣自往聖之大義微言以至三人行一語一笑之善不善纔一聞得皆隨觸而應吾之用此是外無不順從欲不踰矩則內無不誠也

時文有云天假之年更十年後又必有進焉乃油花語從心不踰矩唯天爲然更無可加也

孟懿子章

無違須含一理字在內不背於理乃不背於事親之理唯禮然後不背理字虛禮字實不以犯下爲嫌　按朱子云不當爲而爲固爲不孝。得爲而不爲亦不孝也。詳味無違一語。都包在裡許。如此說自不犯下。樊遲不解其旨。故子告以當爲者以禮節之。不當爲者以禮文之也。下禮字乃理之節文也。過亦違。不及亦違。有節。有文。斯無違矣。

子游問孝章

敬字有數義有以持己之莊言者有以待人之恭言者有以執事之愼言者此敬字粘上養字來恭字意少愼字意多蓋自非草野市井之子自不敢敖惰嬉侮其父母惟須與奉養之不先意承志乃一菽一水一衽一席一几一杖皆精審詳密極致其愼不敢絲毫苟且方能順親而安老此正以愛之至爲敬之極外註愛踰於敬未是蓋以嚴威儼恪於容貌爲敬也

子夏問孝章

極要緊在一難字註中着必有二字求其必有是以難也此正敎人子在色上警省與色思溫句略相近蓋人終日之間境之順逆情之喜怒氣之張弛雖心未忘親不覺色爲之變才一變父母即爲之不寧須是時時提起精神照顧父母在上不使一念到別事上去止求和婉以悅親故曰難

吾與回言章

如愚是形容他默識之深篤不愚是贊其明睿俗筆以愚不愚挑弄豈未省之前便疑顏子之頑冥及其足發而僅謂不蠢乎

視其所以章

瞭然分別於目曰視　徧取其前後而周覽之曰觀　由迹而進求其心曰察

溫故章

此章本言爲師之道凡荒廢所傳而不習拘守舊聞而不知通徒恃博涉以爲師則自迷而迷人不可爲師也凡書有兩層皆以下句爲立言之旨俗解只重上句失之

不器章

君子之德成則全體立而大用自行則求爲君子者不可以一材一藝見長必務修德以立品

先行章

其言乃垂世立教之言見道已明可著爲定論者若日用應酬之事則其必待言者可先言而後行既已行之更不須以言從之　子貢居言語之科原不是此言乃善爲詞說如左傳所記對吳之言臨幾善應非先行也

周比章

此用情乃所當用者如睦親交友惠民之類但理所宜與則與之不以愛憎而異小人則市恩邀譽專於所愛而畧其餘

由誨女章

强不知以爲知則即其所知者亦不堅於自信但覺可言則言可行則行一概說是曉得便休故須知之爲知之知不知有二有此事知彼事不知者有共一事一理知其大綱不知其節目知其條緒不知其本原者

子張學章

言行皆在世務上說言如議論治教政刑之得失行則酬酢人物及修職業之類

哀公問章

直枉與賢不肖亦異賢不肖兼學識才量而言直枉專以立心制行言之順道而求伸其志之謂直違道以阿世而求伸求合之謂枉此最是民心所服不服處

問十世章

所損益包括甚大兵農禮樂慶賞刑威以至車服器皿之小者皆有損益忠質文是大綱而文之於質質之於忠皆有益而無損若三統則止一事算法不同非損益也損益乃是三綱五常之內調劑以因時而合道但可大概虛講不宜以馬氏說作印板塡實

非其鬼章

諂與無勇是推他瀆神棄義之由言人能正直剛斷則自無此二者之失

八佾章

全在一忍字上人於必不可爲之事其心必有大不安者唯其遏抑此心一憑驕悍之氣則力可爲而卽爲如所謂笑罵由他笑罵乃忍也八佾舞於大夫之庭人人共知其狂妄且忍辱斥而爲之則簒弒奪攘悍然爲之何不可哉

人而不仁章

此章外註以爲爲僭禮樂者發非也僭者非其所可用之禮樂失在禮樂此失在不仁不仁則雖其可行之禮可奏之樂而私欲蔽錮之人傲慢乖戾氣習已成則與禮樂全不相應有文無情終不成禮樂也

林放章

大哉問不是贊其問之得與善哉問不同禮之本乃天理流行於人心者非窮理盡性者不易知故驚嘆其問之大而不易荅與孟子難言也畧同故下不能直以一語明之

奢非禮儉亦非禮戚是禮易亦是禮其云易者謂易而不戚云戚者謂戚而不易也然奢則必不儉儉則必不奢若易則自不礙戚戚則且求其易此處須分別蓋儉與戚俱依着天理之在人心者而發特不能推而行之以中禮若奢與徒易者則務末而失本也戚上不加不易二字則註中不及二字未安

無爭章

此章首句是正意須打住透講（按恭不失己遜不欲多上人乃君子無爭本領）下四句乃抽出一件事辨駁以回互首句極言其異於小人之爭耳 君子是言君子之道與他處言君子之人能成德者不同鄉射大射燕射皆先王制禮以納人於君子之途者（按註專主大射言蓋以與祭不與祭有榮辱也且鄉射燕射倣此可知）故

雖射者不必成德之人而所行者則君子之道君子以禮讓爲道有所爭則小人之道矣揖讓而升下而飲該括射禮始終而言非但指升與飲也自始升堂至射畢下飲皆有求中之心皆可謂爭其從容發矢比禮比樂以至弛弓周旋而下皆君子之禮讓

巧笑章

此章自金正希以禪家信手拈來頭頭是道作解做一篇活動文字艾千子呂用晦俱墮其說若說絢說繪便扯開說禮爲可言詩則但有口辨人皆能之子豈待子夏之起予哉明明是以其言禮後與子言仁言儉言戚之理合而引詩相證益見天之所生人之所爲凡物之理無不以質爲先足以驗此理之大故曰起予言詩而可以得性情之正爲人心風俗治道學術之要方是誦詩有益故曰可與言詩勿爲邪說所惑也

夏禮章

章末句是倒子語立言之旨在焉若只輕輕點過則末句爲贅語而上段亦無意味足則能徵固是想望摻求文獻意抑以見吾所言者已盡得二王之精意而於法紀皆詳悉之特以無徵而不能使人曉然共喻非吾所講究之有缺失也言此以使學者信己之說以傳二代之典 凡三代治國平天下之大典皆謂之禮如周官六典謂之周禮非但五禮也

禘自節

用鬱鬯以奠有獻而無酬酢曰灌凡祭始而事神於堂君初灌后亞灌大宗三灌皆無酬酢後乃事尸於室獻酬交錯於是苟非先王誠意格於幽遠則未免狎玩不足以追往古所自出之帝故曰不欲觀

或問章

魯僭禘意註中帶說不重即不僭豈能示天下於掌於天下一於字有意味禘以格遠祖是仁孝誠敬無不可通徹於幽遠合於一心之極致故王天下者與天下之民物事理無微不達亦此心此理而無疏遠不相及之憂也

周監章

商尚質既忠而又盡其質周尚文既質而又盡其文商非廢夏之忠周非廢二代之忠質監者以二代之忠質監觀己之得失也文是周所尚非贊詞郁郁乃贊其文之有本而盛所以體忠質之精意而盡其節文故其文郁郁非浮華之易盡也

事君盡禮章

此禮字自儀節而言如拜下及入公門一章是也故時人以諂諛毀之

定公問君使臣章

此二句甚大不必逐字塡實使小故做此題文字甚難

廣師

此單特由本社印贈祇限於學校之用如以此單塡寄訂閱一律照定價八折全年計三元二角半年計一元七角郵費照加定閱者必於下列特約單蓋印學校圖記寄交長沙本社收受方可有效如無學校圖記須照上列預約單收價凡本社各發行所亦不得收受此單幷此布告即祈鑒察

湖南船山學社啓

特約單

姓名　　號　　住　　省　　縣
地方今向湖南船山學社特約定閱
船山學報　　册自第　　年第　　號起至第　　號止
計共洋銀　　元　　角　　分並郵費　　元　　角
分照奉請即收入將收據寄下以後按期照寄爲要
年　　月　　日　　此處蓋學校圖記

文中子中說卷二

天地篇

子曰。圓者動。方者靜。其見天地之心乎。（天圓動・地方靜・人動靜之中也・中也者心可見矣・）子曰。智者樂。其存物之所爲乎。（物之所存・我從而利之・故樂・）仁者壽。其忘我之所爲乎。（我忘厥功・物將自化・故壽）

子曰。義也清而莊。（姚義傳未見・清素而端莊・）靖也惠而斷。（李靖本名藥師・其舅韓擒虎・伏其善論兵・惠物而勇斷・）威也和而博。（竇威字文蔚・竇后從兄也・和容而博識・）收也曠而肅。（薛收體曠而志肅・）瓊也明而毅。（賈瓊通明而果毅・）淹也誠而厲。（杜淹字執禮・隋隱太白山・來學於子・誠懇而威厲・）玄齡志而密。（房喬字玄齡・隋彥謙之子也・志精而用密。）徵也直而遂。（魏徵字玄成・直道而遂行・）大雅深而弘。（溫大雅字彥弘・量深而寬弘・）叔達簡而正。（陳叔達字子聰・陳宣帝之幼子也・簡靜中正・）若逢其時。不減卿相。然禮樂則未備。（靖彥博皆爲僕射・威爲內史令・淹爲御史大夫・玄齡爲司空・徵爲太師・大雅叔達皆爲尚書・是皆卿相也・然各有二德而未成全才・故曰禮樂未備・）或曰。董常何人也。子曰。其動也權。（權變才也・）其靜也至。（至極性也・）其顏氏之流乎。（動之微者・其庶幾乎・靜之極者・其屢空乎・）

叔恬曰。山濤爲吏部。拔賢進善。時無知者。身歿之後。天子出其奏于朝。然後知羣才皆濤所進。如何。子曰。密矣。（山濤字巨源・爲吏部典選十餘年・天下稱爲得士・然吏非吏・隱非隱・是密而已・）曰仁乎。（似忘所爲・）子曰。吾不知也。

李密見子而論兵。（密字法主・襲爵爲公・與楊玄感謀亂・自謂能兵・）子曰。禮信仁義。則吾論之。孤虛詐力。吾不與也。（孤虛兵家之術）

李伯藥見子而論詩。（伯藥字仲規・德林子也・論南朝詩・）子不答。伯藥退謂薛收曰。吾上陳應劉。下述沈謝。（魏應

（磔劉公幹・梁沈約謝靈運・）分四聲八病（四聲韻起自沈約・八病未詳・）剛柔清濁各有端序（語徒爲剛・旨遠爲柔・標逸則清・質實則濁・）音若塤箎（塤土音・剛而濁・箎竹音・柔而清・周禮小師掌塤・銳上平底六竅・箎橫吹・七孔・）而夫子不應我其未達歟薛收曰吾嘗聞夫子之論詩矣上明三綱下達五常（風化夫婦三綱之首也・吟詠性情・五常之本也・）於是徵存亡辯得失故小人歌之以貢其俗君子賦之以見其志（貢告也・歌綠竹則知衛風・歌板屋則知秦俗・鄭六卿餞韓宣子・宣子曰・吾以知鄭志・）聖人采之以觀其變（設采詩官・）今子營營馳騁乎末流（齊梁文繫之末也・）是夫子之所痛也不答則有由矣

子曰學者博誦云乎哉必也貫乎道文者苟作云乎哉必也濟乎義（學文本爲道義・）

內史薛公見子於長安退謂子收曰河圖洛書盡在是矣汝往事之無失也（薛道衡時爲內史侍郎・知文中子聖人・謂八卦九疇盡則之矣・）

子曰士有靡衣鮮食而樂道者吾未之見也（奢罕德・）

子謂魏徵曰汝與凝皆天之直人也徵也遂凝也挺（遂果行也・挺謂挺特・）若並行於時有用捨焉（遂行挺執・）

子謂李靖曰凝也若容於時則王法不撓矣（不撓曲・）

李靖問任智如何子曰仁以爲己任小人任智而背仁爲賊（盜亦有道）君子任智而背仁爲亂（攻異端害也・）

薛收問仲長子光何人也（子光字不耀・遊于河東・人問者・書老易二字爲對・王績有仲長先生傳・）子曰天人也收曰何謂天人

子曰眇然小乎所以屬於人曠哉大乎獨能成其天（以形言之則人・以道言之則天・禮曰安則久・久則天・）

賈瓊問君子之道。子曰。必先恕乎。曰。敢問恕之說。子曰。爲人子者。以其父之心爲心。孝則知父之慈。爲人弟者。以其兄之心爲心。弟則知兄之友。推而達之於天下。斯可矣。至孝近王。至悌近霸。推王道於天。可謂君子。

子曰。君子之學進於道。濟天下。小人之學進於利。營一身。

楚難作。使使召子。子不往。謂使者曰。爲我謝楚公。楊玄感襲封楚國公。舉黎陽叛。故曰難作。天下崩亂。非王公血誠不能安。苟非其道。無爲禍先。非應天順人則禍己。

李密問王霸之畧。子曰。不以天下易一民之命。易爲輕易之易。一民至細也。不可以天下之大。輕小民之命。李密出。子謂賈瓊曰。亂天下者。必是夫也。幸災而念禍。愛強而願勝。神明不與也。竟叛伏誅。

子居家雖孩孺必狎。不威。其使人也。雖童僕必斂容。不慢。

子曰。我未見知命者也。命天命也。德合於天。而心復於性。是謂知命。孔子五十而知天命。孟子曰。盡其心則知性。知性則知天。易曰。窮理盡性以至於命。是則命非性無能知者。文中子歎知性者尙少。故曰未見知命者也。

子曰。不就利。不違害。不強交。不苟絕。四者惟義所在。惟有道者能之。有道義。

子躬耕。或問曰。不亦勞乎。子曰。一夫不耕。或受其饑。且庶人之職也。舜在畎畝。志在天下。聖賢躬耕。蓋職其俗。亡職者。罪無所逃天地之間。吾得逃乎。不仕即農。四民何逃。補注。莊子以君臣之義。無所逃於天地之間。故見爲游羿之彀中。文中子以庶人之職。無所逃於天地之間。正程子所謂將身放下。與萬物一例。何等快活。其量過莊遠矣。子藝黍登場。歲不過數石。以供祭祀冠婚賓客之酒也。成禮則止。子之室酒不絕。用有節。禮不闕。

辥方士問葬。（方士未見・）子曰。貧者斂手足。富者具棺槨。（孔子謂子路曰・斂手足形而葬・顏回有棺無槨・）封域之制無廣也。（古不封不樹・孔子謂不可不誌也・故封之・後代因有丈尺之制・）不居良田。（妨農・）古者不以死傷生。不以厚爲禮。（帝王陵惟漢文及唐太宗無珍寶・盜不發）

陳叔達問事鬼神之道。子曰。敬而遠之。（敬謂不敢無之・遠謂不敢有之・）問祭。子曰。何獨祭也。亦有祀焉。有祭焉。有享焉。三者不同。古先聖人所以接三才之奧也。（周禮祭天曰祀・祭地曰祭・祭宗廟曰享・異其名・言神道幽奧・禮宜分也・分而接之・則配天而天人統和・）達。蓋三者之說則無不至矣。（祭多名・不出三才之奧耳・）叔達俛其首。（因問祭得天人之道・故俛首思之甚・）

子曰。王猛有君子之德三焉。其事上也密。其接下也溫。其臨事也斷。（猛字景略・爲苻堅相・議敎而靑蠅泄之・密矣・兵至鄭而遠近帖然・溫矣・先黜尸素然後舉實・斷矣・）

或問蘇綽。子曰。俊人也。曰。其道何如。子曰。行於戰國可以強。行於太平則亂矣。（蘇綽字令綽・後周文帝時爲尙書・掌機密・長於算術申韓之學・厚於用法・非正道・故云太平則亂・）問牛弘。子曰。厚人也。（牛弘字里仁・隋文時作相宣勅而口不能言・時稱其質重・故曰厚人・）

子觀田。魏徵杜淹董常至。子曰。各言志乎。徵曰。願事明王。進思盡忠。退思補過。（直而遂・好諫・）淹曰。願執明王之法。使天下無寃人。（誠而厲・常好平刑・）常曰。願聖人之道行於時。（其動權・）常也無事於出處。（其靜至・）子曰。大哉吾與常也。（可與權・可與至・其道入性命矣・）

子在長安。曰。歸來乎。今之好異輕進者。率然而作。無所取焉。（仁壽四年在長安謁文帝・見公卿異端輕率・文辭不根道義・苟

（媚其主使無所取治焉遂歸·）

子在絳。（絳州）程元者因薛收而來。（元門人·未見·）子與之言六經。元退謂收曰夫子載造彝倫一匡皇極微夫子吾其失道左見矣。（晉尙虛言·至南朝淫靡·左道雙雅·天下遂亂·續經既造·人文乃正·）

子曰蓋有慕名而作者吾不爲也。（虛名失實·）

叔恬曰文中子之教興其當隋之季世皇家之末造乎將敗者吾傷其不得用。（隋敗）將興者吾惜其不得見。（唐興）其志勤其言徵其事以蒼生爲心乎。（時門人千數至卿相者十餘人·蓋蒼生受賜多矣·）

文中子曰二帝三王吾不得而見也捨兩漢將安之乎。（之往也·）大哉七制之主其以仁義公恕統天下乎。（仁若文帝·感緹縈去肉刑·義若武帝·殺鉤弋·防后族之亂·公若明帝·不許館陶求郎·恕若章帝·敬楚王徒者是也·）其役簡（仁也）其刑淸（義也）君子樂其道（公也）小人懷其生（恕也）四百年間。（高祖至獻帝·四百一十六年·）天下無二志其有以結人心乎。終之以禮樂則三王之舉也。（禮樂者·王道淳則舉·漢雜霸道·故不及三代·）

子曰王道之駁久矣。（駁雜）禮樂可以不正乎。（禮論·樂論·所以正之·）大義之蕪甚矣。（荒蕪）詩書可以不續乎。（續詩續書·所以明之·）

子曰唐虞之道直以大故以揖讓終焉。（堯舜直讓·大也·）必也有聖人承之何必定法。（以聖承聖·何其常法之有·）其道甚潤不可格于後。（後若無聖·安能格及·）夏商之道直以簡故以放弒終焉。（湯·直伐·桀簡也·）必也有聖人扶之何必在我。（我謂我君·）其道亦曠不可制于下。（下若有姦臣·則無君之必難制矣·）如有用我者吾其爲周

公所爲乎。可以承則承·可以扶則扶·此周公之爲·

子燕居董常竇威侍子曰吾視千載已上聖人在上者未有若周公焉其道則一而經制大備。一謂堯舜湯武一歸于道也·公羊傳曰·周公何以不之魯·欲天下之一乎周也·大備謂設官分職制禮作樂也·禮曰禮器是謂大備·大備盛德也·後之爲政有所持循。一本作修·漢史作循·吾視千載而下未有若仲尼焉其道則一而述作大明謂吾道一以貫之是也·述詩書作春秋·所以明周公也·禮曰述者之謂明·後之修文者有所折中矣無位則修而取中焉·千載而下有申周公之事者吾不得而見也。時異事殊·千載而下有紹宣尼之業者吾不得而讓也。當仁補注顧學孔子·乃學者之本分·言大非誇·史遷非知道者·其自序亦以史記紹春秋·於文中子何疑焉·

子曰常也其殆坐忘乎。顏子坐忘遺照·靜不證理而足用焉。靜則本性也·本性則不待外徵物理而後致用也·知此則當其無有證之用·思則或妙。妙謂幾微也·知幾其神·神妙萬物·不思而得·坐忘是也·董生雖不證理·而未能無思·故曰思則或妙·以解上文其殆之義·補注董常之坐忘與莊子所言心齋異·靜不證理而足用·是未發之中也·思則或妙·是已發之和也·何坐馳之有·

李靖問聖人之道子曰無所由亦不至於彼門人曰徵也至或曰未也門人惑子曰徵也去此矣而未至於彼已離中賢之見·然未至上哲之性·成問彼之設子曰彼道之方也達者無方·未達者迷焉·故設之以方·使趨於彼也·必也無至乎。待至彼然後見道·亦未爲達者也·猶一隅以知三隅·是亦有隅也·大方無隅而神無方·聖人與神道竝行·無所至·無不至·董常聞之悅。知道自至·門人不達。若房魏尚未至彼·安能無至·故不達·董常曰夫子之道與物而來與物而去。致知在格物·物格然後知至·是以來而應之·若與俱來·去則忘之·若與俱去·道之應物·如是無方·非至賾惟幾妙乎萬物·則安能通其去來哉·來無所從去無所視。去來既通·則何有來·

（何有去·）薛收曰。大哉。夫子之道。一而已矣。（無所來去·混然圓神·若大衍之一·不可得而見·）

子謂程元曰。汝與董常何如。程元曰。不敢企常。常也遺道德。（遺猶忘也·道大而無所道·德高而無所德·是忘矣·）元也志仁義。（志求仁則仁·志求義則義·無志則無得·是志矣·）子曰。常則然矣。而汝於仁義。未數數然也。（數數頻也·）其於彼有所至乎。（由專至一隅故也·）子曰。董常時有虛焉。（時謂時中也·雖未能不思而得·不勉而中·然思則或妙·虛必時中·）其餘則動靜慮矣。（其餘程薛房魏翟·虛非時中·然會其有動靜則慮之耳·猶顏回三月不違仁·其餘日月至焉而已·）

子曰。孝哉薛收。行無負於幽明。（收父道衡·非幸見戮·收遁於首陽山以免·此行全幽明矣·）

子於是日弔祭。則終日不笑。（哀未忘·）

或問王隱。（隱字處叔·多知西都舊章·撰晉書·文體混漫·義不可解·世不甚傳·）子曰。敏人也。其器明。其才富。其學贍。或問其道。子曰。述作多而經制淺。其道不足稱也。（器謂才學而已·若加之識·則三長具·可以知道矣·）

子謂陳壽有志於史。依大義而削異端。（壽字永祚·著三國志·善敘事·初王沈撰魏書·韋耀續成之·壽乃具吳蜀三國·變史稱志·大抵簡略·存其大義·）謂范寧有志於春秋。徵聖經而詰衆傳。（范寧字武子·為穀梁集解·謂左氏失誣·公羊失俗·穀梁失短·皆詰正於道耳·○詰奚吉反·）子曰。使陳壽不美於史。遷固之罪也。（史記雜黃老之道·壯姦雄之詞·漢書又模範紀傳·愈加文飾·是史筆之罪也·）使范甯不盡美於春秋。歆向之罪也。（劉向理穀梁·劉歆好左氏·各守一家·而不能貫聖經之本·是古學之罪也·）裴晞曰。何謂也。子曰。史之失。自遷固始也。記繁而志寡。（但務廣記·而不原聖人教化之志·）春秋之失。自歆向始也。棄經而任傳。（但爭衆傳·而不原聖人權衡之法·）

子曰。蓋九師興而易道微。淮南王聘九人明易者·撰道訓二十篇·號九師易·三傳作而春秋散。公羊高·穀梁喜·左邱明·皆孔子門人·賈瓊曰。何謂也。子曰。白黑相渝。能無微乎。白黑渝正色·渝弋朱反·是非相擾。能無散乎。是非擾正道·故齊韓毛鄭詩之末也。戶蒼所傳爲齊詩·韓嬰所傳爲韓詩·毛萇注·鄭玄箋也·大戴小戴。禮之衰也。二戴因曲臺記論於石渠成禮記·戴德號大戴·戴聖號小戴·書殘於古今。孔安國家藏科斗尚書·以今文易之·劉歆別得古本·奏立古文尚書·詩失於齊魯。齊轅固生治詩爲博士·齊人宗之·魯申公漢初爲儒學·魯人宗之·於是有齊魯詩·汝知之乎。賈瓊曰。然則無師無傳可乎。子曰。神而明之存乎其人。聖性神受·天縱無師·苟非其人。道不虛行。人能弘道·必也傳又不可廢也。傳之在師·得之在己·所傳有限·所得無窮·故周公師天下·仲尼自得之·仲尼師萬世·仲淹自得之·皆神契其道·不盡由師明矣·孟子曰·君子之深造於道也·欲其自得之·自得之則居之安·居之安·則取諸左右逢其原·然學不可無師·而得之不由師也·

子謂叔恬曰。汝不爲續詩乎。則其視七代損益。終懣然也。七代注見上·懣昏也·懣七困反·子謂續詩可以諷。可以達。諷時政·達下情·可以蕩。可以獨處。蕩滌鬱結·獨處無邪·出則悌。入則孝。上四德備矣·則孝悌動天地·感鬼神多見治亂之情。治之情樂·亂之情哀·

文中子曰。吾師也。詞達而已矣。聖人不煩文·惟達意而已·

或問揚雄張衡。子曰。古之振奇人也。其思苦。其言艱。揚雄作太玄經及倉頡訓纂·沈默精思·好學奇字·張衡作渾天及地動儀·如揚雄之學·大抵好奇多艱苦·曰。其道何如。子曰。靖矣。艱苦而奇·未足適變·蓋守靖而已

子曰。過而不文。不文過·犯而不校。有功而不伐。君子人哉。

子曰。我未見見謗而喜。聞譽而懼者。

子曰。富觀其所與。與貧則仁。與姦則賊。貧觀其所取。取於義則安。取於利則危。達觀其所好。好賢則治。好佞則亂。窮觀其所為。為善則生。為惡則死。可也。四者可以知人。不須多察。

或問魏孝文。子曰。可與興化。後魏元氏名宏。始都洛陽。修文物制度。太和詔冊。帝自為之。可與興文化矣。

銅川夫人好藥。子之母。子始述方。伎術非事親不暇為也。芮城府君重陰陽。子之兄也。為芮城令。陝州縣名。○芮而銳反。子始著歷日。且曰吾懼覽者或費日也。聖人與天地合德。安在推步陰陽。蓋以事兄之心。始著星歷。恐門人拘忌。妄習災福。故特云懼費日而已。

子謂薛知仁善處俗。知仁未見。處俗謂能隨俗而處。以芮城之子妻之。

子曰。內難而能正其志。引明夷彖辭。同州府君以之。文中子高祖名彥。為同州刺史。內難未詳。

子曰。吾於天下。無去也。無就也。惟道之從。從中道。

講演

介紹新著

史學通論

是書一名史學研究法一原流二經緯三緐難四關繫五研究六旁通七未來條理最詳而又陳義精引證博初印數百部不半月而銷罄蓋一部可抵他書數部也作者益陽曹佐熙寄售中華宏文兩書局

史學叢稿

凡十二種一史記釋例二漢書釋例三漢書地理志釋例四漢書藝文志述義五漢書藝文志釋例六漢書藝文志拾遺七史通補正八文史通義補正九唐史館會要十五代史館會要十一王氏漢書補注補十二文氏補晋書藝文志補作者益陽曹佐熙

船山學社講演集第七

船山學報之一

第二十四期　十一月二十二日　　劉人熙

知言養氣是孟子一生本領。吾黨欲尋聖學門逕。舍此末由。孟子願學孔子。孔子道在中行。而高足弟子則有狂狷二種人品。不狂不狷而深於世故。闇然取媚。則鄉原也。故開社以來。會講特注重此二章。至若極高人格則有三種。一大人。次天民。次安社稷臣。最低人格則爲事君人。吾黨以人爲鑑。何去何從。於身於家於國。吉凶善敗。從此分途矣。

孟子曰。有事君人者。事是君則爲容悅者也。

（船山解）夫人品量之不齊。相去亦懸絕矣。而品定於量。量因於志。莫不自其居心制行而定焉。甚相絕也。亦甚相近也。積而至於大人。亦猶是人耳。

一積字甚當注意。易曰。善不積不足以成名。荀子曰。積土成山。風雨興焉。積水成淵。蛟龍生焉。積善成德。而神明自格。聖心循焉。余生平甚服膺斯語。惡積則爲小人。善積則爲大人。鈞是人也。而相懸若此。吾黨宜何從焉。

則其出而事君。亦猶是臣道之常耳。乃其所成之器。則已迴不相侔矣。夫道在己則己重。而天下輕。道在己則己重。而天下亦因之而重。故均之事君。而有志在得君而事。唯恐君之不許我事而志盡於事君則亦爲事君人耳但欲事君則無君不可事旦秦暮楚皆其君焉事此君而然事彼君而然無所往而不求事君故君有所爲則阿徇之以使君之容己君即有所未爲亦逢迎之以使君之悅己揣摩君之情欲以效己之奔走斯其人得君而事見有君而不見有己彼固曰臣職之當然也而君何以爲神人之主己何以當效職於君不一計及也

質言之則奴隸而已甚言之則鷹犬而已賤言之則牛馬而已而奔走形勢之途伺候公卿之門苶然疲役者果何爲耶

有安社稷臣者以安社稷爲悅者也

有安社稷臣者則進是矣見社稷之重則知爲社稷而立君故以身委之社稷而所重不獨在君志在社稷抑知有社稷而不知有己

民國既建學子拘文牽義於君臣二字每費分疏不知政體雖更其道一也大總統爲國元首一日在職發號施令有君道焉特不世及而已文武服從命令非一家之私臣乃萬方之公僕則亦有臣道也假令船山爲民國立言亦不過言見國之重則知爲國而立大總統故以身委之國而所重不獨在大總統志在國抑知有國而不知有己通斯義以讀六經天下之達道在是矣

任存亡之大爭得失之幾者。惟社稷安而其心亦安。君之欲不徇也。己之利害不恤也。斯於分義正矣。彼固曰吾既爲社稷之臣。進退非己之所得決也。而爲一國爭安危不暇爲斯道爭隆見蓋亦志量之僅有此也。

民國初基有此等人才。可以與列國並峙。天民大人出。則可以合地球謀樂利。而臻世界之大同。大人吾不得見之矣。得見天民者斯可矣。天民吾不得見之矣。得見安社稷者斯可矣。

有天民者。達可行於天下。而後行之者也。

有天民者。則進是矣。以爲道者。天之道也。道在吾身。而吾即天之民也。天以先知先覺之任。任之我。則吾爲天之民。而非君之人。且非但社稷之臣也。故天下者所以行吾道之區。天下不可行吾道。則天下在吾道之外。而吾自有所樂之天。天下可行吾道。則天下應吾道之用。而吾乃可代天之事。達其可行也。必非僅圖存小試之功名。而後行之焉。乃以見道一風同之盛治者。是者知有道。而不僅知有社稷。重在道而不重在行。斯不亦無負於天之篤生也乎。

張子曰。必功覆斯民然後出。如伊呂之徒。

有大人者。正己而物正者也。

然而以己之行藏聽乎道而效法於道以成能其於道也重矣而已猶未極其重也其惟大人乎以爲吾既爲人矣則參三才而成位乎其中己即天也無所待於天無所制於道而後與道合體與天合用皆在其人焉而已無不可行也亦無所據以必行也正之於己而已矣不必立震世之功名而立大本者循王道之蕩平而無施不可不必有非常之遇合而因時宜者順人情之變動而皆可有功使其出而利見善不知其何以遷化不知其何以神物無不宜也即其潛而未躍人心亦以之正邪說亦以之息物亦正也斯則無所謂君己而已矣無所謂社稷己而已矣無所謂天下己而已矣求之彌約而持之彌大斯以爲人之極至也與

朱子曰無意無必惟其所在而物無不化唯聖者能之故人品大小之不齊無他唯其志量而已己者天之所凝也天者社稷之所憑也社稷者君之所以爲存亡者也引天人以歸己則爲大人役己以奉人則爲容悅賢不肖之相去於此決焉鈞是人也迴異如此要唯是自知之自喻之而已

周易大象述義卷一

上經

衡陽王子解　　桂陽彭政樞述義

小畜 ䷈ 乾下巽上

風行天上小畜君子以懿文德。

(解)文德者禮樂之事建中和之極以盡美善所以懿文德也。

(述義)虞書言帝德廣運又曰誕敷文德皆在伯夷典禮后夔典樂之後是時府事修和積一執中與夫颺拜賡歌之盛鳳儀獸舞之休其事關於禮樂周禮言修禮以敎中與樂以敎和在舊邦新命治定功成之日故元公制作建中和之極則煥郁郁之文章爲周家盛德所著孔子論韶武而稱其盡美盡善季札觀周樂而知周之所以興與周之所以王皆懿美之至德也。

風行天上未加於物風之畜也而四時之氣於茲潛運是無爲之化不言之敎也。

巽上乾下爲風行天上之象風能扇物物受惠風之吹噓是已加於物也畜則未加以畜有含畜積畜之義風爲天所畜實有此象然陰陽二氣運於無形之中歷春夏秋冬而不改其常度物之潛移默化不啻舜之恭己無爲而收干羽格苗之效亦即孔子所謂時行物生天有不言之敎澤也。

其於人治則禮樂是已君子體此以修明於上無所加於民而移風易俗不知其然而自化。

治化之及人。不外禮陶樂淑。君子體小畜之卦德。修天秩天序之典。明八音克諧之道。民俗徵其於變。順帝則於不知。此虞芮因禮讓而質成。武城以絃歌而布化也。與觀之觀民設教者。互相用而風化行矣。

觀之象風行地上。風司教化。觀之與小畜之義。交相爲用。文德禮樂之事。懿致飭而盡美也。禮樂自上興。無所施治於物。而以風動四方。魯論云。文之以禮樂。中庸云。雖有其位。苟無其德。不敢作禮樂焉。可見禮樂不易興。聖德而在上位者。乃能興之。禮樂興於上。而民化於下矣。即所謂四方風動也。君子以風行天上之理。自修明於上。移風易俗。不待政教而成矣。

風行草偃。爲上感下應之實徵。後世禮壞樂崩。風俗不古。無禮無學。賊民斯興。是國無政教矣。君子化民成俗。收效於政教之外。此君子之德風也。此卦大象與象殊異。故讀易者。不可執象以論大象。則不可執大象以論爻。益明矣。

船山學社講演集第八　船山學報之一
第二十五期　十一月二十九日

周易大象述義卷一

桂陽彭政樞述義

上經

衡陽王子解

履 ☰☱ 兌下乾上

上天下澤履君子以辨上下、定民志、

（解）風火澤皆坤之屬也本乎地者親下而風火上行唯澤流下與上懸絕履之爲象一陰界五陽之間分內外之限上下之辨昭然殊絕矣

（述義）乾坤六子巽離兌皆屬坤兌即屬地之澤也兌下而乾上澤有本地親下之義與巽離異以風能行上火曰炎上澤則流行就下與天隔絕即繫辭天尊地卑之說也履以兌澤居乾下故有此象六三陰爻隔閡內外卦體則上下之分顯然矣

君子欲於民達志通欲不如是之間隔唯正名定分別嫌明微則秩然畫一天親自我民親天聽自我民聽君子體天以治民居上以臨下舉萬民之休戚往來於胸中洞達民隱感而遂通無畛域之見存乎其間此周文王視民如傷漢文帝知民疾

甚也。憂樂相關。何有間隔。然名不正則言不順。分不定則秩序亂。國家嫌怨。必從此起矣。君子體履卦之義。整齊畫一。無上下淩亂之弊。則名分秩然有序。俾民視上如澤之必不可至於天。以安其志。爲以循分修職。杜爭亂之端。傳曰禮以經國家定社稷序民人。禮者履也。俾民履而行之。則心安理得。無嚣然難靖之氣。各守職業。保全分位。斯即弭亂之道也。

所爲嚴而不傷於峻。遠而不憂其乖。

剝風裁過峻。則民病其嚴酷。地處疏遠。則民易於乖違。君子杜漸防微。辨上下之別。民自服教畏神。衆志成城。而無潢池竊弄之虞。

履本凶危之卦。然德無瑕。而陰陽既有此數。物理人情。即有此道。善學易者。舍其本義而旁觀取象。以議德行。若履若剝若明夷之類是已。風火皆地類。惟澤最處卑下。與天殊絕。各履其位而不相類。

上中庸言素其位而行。不願乎其外。思出其位。則致亂之道也。故子輿氏云、無禮義則上下亂。艮說有履虎咥凶之懼。君子推澤處卑下之義。民不與上相爭。異志不萌。亂端自息。

●定者。定分辨法森立。使民知澤之必不可至於天。上剛嚴而下柔說。無有異志。斯久安長治之道也。

禮制於未然之前。法定於已然之後。名分所在。條律森嚴。剛柔互用。而民心悅服。治國安天下之本。可以歷久遠而不變。

三代之衰。上日降而下日升。諸侯大夫陪臣處士遞相淩夷。匹夫起覬覦之思。惟志不定而失其所履。雖欲辨之而不能矣。

船山顯揭春秋以後之世變。上下相淩。由於心志不定。踐履不正。逆倫犯分。無所不爲。故晉之請隧。楚之問鼎。爲嬴秦滅周之先聲。迨至羣雄揭竿而秦亡。七國稱戈而漢亂。赤眉繼起。漢業替矣。曹魏割據。漢鼎移矣。晉唐以降。盜賊紛起。黃巢朱溫之流。李闖獻忠諸逆。皆以匹夫而存覬覦之心。民志既偷。履行失據。上降下升。禮教淪喪。民國肇造。亂事未弭。黨禍迭熾。時爲隱憂。倡平等之謬說。則上下無分。醉自由之歐風。則民志喪亂。願學易者。辨天澤之分。以挽回世變焉可也。

第二十六期 廿三 二月廿六號

周易大象述義卷

上經

衡陽王子解 桂陽彭政樞述義

泰 ䷊ 乾下坤上

天地交泰后以財成天地之道輔相天地之宜以左右民 財與裁通

（解）裁成地者天也輔相天者地也天道下濟以用地之實而成之以道地氣上升以效用於天而輔其所宜

（進義）地能生萬物而必受範圍於天時是裁成地者天也天能覆萬物而必資鍾毓於地形是輔相於天者地也天有無形之妙用隨地方位而著其實功實者地質也周流六虛者天道也道以成其用則周濟者普足驗天交於地也故曰下濟地則承天而時行以顯其效用之德清氣上升輔相得宜又可驗地交於天也故曰上升升濟得所所以有泰通之象

后則兼言裁輔者於天亦有所裁而酌其陰陽之和於地亦有所輔而善其剛柔之用教養斯民佐其德而佑之以利參而贊之函三於一所以立人極也

書曰民非后何戴后非衆罔與守邦又曰撫我則后后者建皇極者也皇極既建則言治民足矣術以兼言裁輔以天地備陰陽之氣剛柔之體能變理陰陽善用剛柔者君上也後世逆天違道不知順天以裁之因地以輔之所以水旱戈兵民罹災疾大傷造物之和無補生民之用非降衷下民綏猷惟后之謂也爲后者體泰卦之德順天以行

道因地以制宜理陰理陽柔克剛克四時不忒其氣候萬方不異其性情斯教養兼施民德日新民利日溥即上天孚佑下民兆民允殖王制量地制邑度土居民之說也中和位育道參三極此人極所由立與

泰君道也非在下者所得用故專言后非王者而用泰德位不足以配天地而謂造化在我爲妄而已

君德君位與天地相參故中庸言博厚配地高明配天又曰雖有其位苟無其德不敢作禮樂焉雖有其德苟無其位亦不敢作禮樂焉此皆德位不足也後漢隗囂據隴以叛漢班彪作王命論以戒之以其有妄干天命之思非在下者所宜也船山警人之意深矣

孔子作春秋行天子之事且曰罪我者其惟春秋乎下此者何易言也

仲尼德爲聖人作春秋以明王道爲萬世定褒貶杜預謂仲尼爲素王素王者非實踐王位也故以罪我二字以明其心況德非仲尼何足以言此

天道下濟以成地之能地道上升以相天之德體其道以施於民君通民之志欲而民喻君之教化乃以左右匡提而成大治其道至大非君天下者不足與於斯

覆載化育之事天地交著其功君之本斯道以治民而民受其治則教化行矣此子輿

氏所謂勞來匡直輔翼由后稷之教稼穡司徒之明人倫教養兼資遂成中天之盛治也非善於用泰之謂乎德不足以君天下者不能用此故他卦言君子而此卦獨言后

第二十七期 十二月十三日 劉人熙

昔朱晦庵陸子靜兩先生會於白鹿洞書院晦庵請子靜爲諸生講論語君子喻於義一章陸先生發揮痛切諸生中有下淚者可見人心天理之公激刺之則必動也但恐無以養之則一時激剌過而輙忘亦如隔日瘧之病根猶在故學必以有恒爲貴美成在久而盛德大業非異人任也其發軔之始則分別義利而已船山辨陸之失而未嘗不服其心地之清尊朱之醇而救正晦庵之處亦不少吾黨景仰前賢得所師以成己成物但感佩先師之指導夫何有門戶之爭乎今復舉此章訓義言之同社諸君歸而求之有餘師矣

子曰君子喻於義小人喻於利

（船山解）君子小人之分義利而已矣乃君子之於義充類至盡以精之而利害非其所恤小人之於利殫智竭力以謀之而名義有所不顧則皆以行其所能知者而已夫人未有不喻之而能專意以爲之而不舍者也

言論者事實之母心知者言論之母起於心知之微而善敗吉凶乃如天壤之懸隔故

君子慎始分義利於發念之初

君子之立志早處於至正而此心之所安所不安自信於幽獨有非人之所能知者因是而博求於古今邪正之辨事物得失之幾皆審其所以然之理於是而如此則見爲宜焉不如此則見爲不宜焉宜於理乃以宜於事宜於人乃以宜於己條理之不可紊井井然諒於其中廣譬博引而卒無以易其於義也誠喻之也非浮擬一義之名而慕之也

志則當時可立喻義則由學問積累而成至於精義入神則造於聖人之室矣

小人之立心一意於從欲而此心之欲爲與不欲爲專求其自便有不可以告人者因是而巧伺夫人情之合離事勢之變遷於以皆察其可以相乘之機於是而如此則可以有所得不如此則必至於有所喪小有所喪而大有所得苟有所得而可不憂所喪操縱之有其權亦井井然諒於其中廣譬博引而皆如其算其於利也誠喻之也非偶動於利而從之也唯其喻之也則其機愈明而得意忘言之下情自不能已其見既定而委曲詳盡之致才自足以有爲故君子之於義終身由之而不倦小人之於利寤寐以之而不忘人未有不喻之而能專意以爲之亦未有喻之而可禁其不爲者也斯則君子小人義利之辨辨於其所習而已矣而人可不端所習哉

小人喻利是一個極滑頭極有心計人如國民黨盛時依附國民黨首先捐鉅金買人

投票以獵議員及勢將衰首先宣告脫黨以求當道之差委社會中非之者固多而羨其才能者亦不少尤而效之者奔走如狂至有寒人買票傾家者所喻者利而亦有時不利人何苦必爲小人一念恥之則革心革面可以自新

要而論之義之與利其途相反而推之於天理之公則固合也義者正以利所行者也事得其宜則推之天下而可行何不利之有哉

論其大常德福同源大德受命理有固然舜之飯糗茹草也若將終身焉及其爲天子也被袗衣二女倮若固有之我輩須於此處着眼

但在政教衰亂之世則有義而不利者矣

義而不利是以有慎無爲善之激論自孔孟以來三千年此種公案罄竹難書白璧不可爲容容多厚福幾於問天無語者矣而君子卒不以彼易此者誠喻義而不以利爲利也況利未有能利如下文所解云云則變徵之聲可以反和雅矣

乃義或不利而利未有能利者也利於一事則他之不利者多矣利於一時則後之不利者多矣不可勝言矣利於一己而天下之不利於己者至矣

歸根落葉子細打算君子樂得爲君子小人枉爲小人

夫所謂義者唯推而廣之通人己大小常變以酌其所宜然則於事無不安情無不順彼

小人者智不出咫尺識不越旦夕而心之所欲心之苟安則汲汲以求之而他皆所不顧故役其聰明於斗筲之中以精察其多少得喪之數遂自謂天下之至巧乃自君子觀之謂之一無所喻可也

任爾千伶百俐只是鼠目寸光小黠大癡謂之一無所喻良非苛論

故曰義者天理之公利者人欲之私欲爲之而即謀之也斯爲小人而已矣

周易大象述義卷一

上經

衡陽子王子解　桂陽彭政樞述義

否 ☷☰ 坤下乾上

天地不交否君子以儉德辟難不可榮以祿

（解）否塞而不通君子有德以通天下之志無所用之惟世之方亂難將及己則鄉鄰之鬭閉戶可也

（述義）時運之通塞關君子之用舍易義陽爲君子陰爲小人否以坤陰居內卦乾陽居外卦是小人居內用事君子在外不得進用於朝廷有天地不交之象所以塞而不通君子德修於身而天下無用君子之人時方喪亂不得不全身以遠害此曾子因越

寇而去武城伯夷避紂亂而居海濱也天地閉賢人隱杜門不出置世事於不顧即子輿氏閉戶避鬬之義

天下溺而不援德且不欲其豐而況祿乎德見則祿且及之矣

子輿氏謂天下溺援之以道溺而不援非厭世也君子體否卦之象明哲保身養晦韜光不沽太上立德之名求祿位於亂世此以天爵爲榮不必以食天祿炫其聲譽故諸葛不出草廬祇以淡泊明志蔡元定築室西山力辭徵召依然啖薺讀書皆不以祿爲榮祿避及亦堅辭之所謂君子素位而行不願乎外之說也

百里奚不諫虞公孟子不復發棠用否之道以應否之勢不嫌絕物矣

蚳鼃大夫知虞之國勢艱危不顧璧馬而去非不愛君與國也孟子爲齊客卿本欲行道以救民齊饑發賑已請於前不復再爲馮婦者亦非置民物於度外也意以時勢否塞即用否道以應之因物付物之義非故與物相隔絕也

上不交下無之可也下不交上士之節也而抑非君子之正唯陽亢失守寄生天位已成乎必亂之象則難至必辟上不我交己無責焉功非己立民非己援德既可儉矣有於祿辭祿絕交守其塞焉可矣

此船山身際亂世避難南嶽自明學易之宗旨顧亭林謂天下安危匹夫有責船山徇

以言無責以其國勢危亂上不求賢以自輔我則無救濟天下之責也身不爲貧而仕學無干祿之理世外桃源祿亦弗及官吏饋遺拒絕不受此守塞之道也唯君子能之

第二十八期 十二月二十號 劉人熙

吾黨講學將以行之也非可以不行而必強人行之亦惟人所必行而不知所以行之故講之以期共由聖人在上而修庠序聖人在下而删詩書定禮樂皆所以明道也即己欲立而立人己欲達而達人之事功也故孟子譬之若大路孔子譬之若戶船山學繼孔孟而發其寶藏以餉遺後人吾黨私淑於三百年之後不啻親謦咳而接風儀也

子曰誰能出不由戶何莫由斯道也

船山釋曰夫子指道之必由者以示人曰道之不行也人且曰吾即不由乎道而固可悠然於身世之間也

自暴自棄之流與日用不知之輩亦何嘗不以此自慰自解究之身世之間果能悠然與否則吾不敢知也

夫使非道而能行則道又何爲生於人心著於天下乎

孩提之愛敬達之天下雖四夷不能外焉特習俗相沿至以非道爲道而陷於野蠻禽獸之行然其畏威遠罪之心則生番部落一也況文化數千年之國乎

人之有倫有倫則有以盡此倫者盡之而後相愛相敬以不爽於情物之有理有理則有以遵此理者遵之而後知明處當以善成其事夫不猶人之出入有戶矣乎夫孰有出不由戶者

道者人情物理而已相愛相敬知明處當非學不能盡之

天下無其理故人亦不生此心

如馬不生角李不結瓜

非有意必由也不能不由也其自然者也而奈何與人爲倫而欲廢大倫以逞其志社會黨倡平權之說欲廢政府統治之權倡男女自由結婚之說欲同人道於牛馬是皆廢大倫者也

物有物之理而欲舍定理以遂所欲究之倫自昭垂而名不可蔑者實不可泯理自畫一而得者必得失者必失未見有能離斯道而可以行者莫之由焉亦獨何哉

曠觀古今堯舜必興桀紂必亡以近事論穩健者雖未必悉存而亡者僅矣貪戾者雖未必悉亡而存者僅矣天道人事朗若列眉

聖人安之其必然者其自然者也

從容中道由仁義行非行仁義然亦有聖功焉

賢人審之。其能然者。其固然者也。

學而知之。利而行之。

衆人修之吉。而悖之凶。其不然者。非其可以不然者也。

此則在政教之修明而已。王天下有三重。以寡庶民之過。雖民國何獨不然。大總統爲元首。百執事爲耳目股肱。皆天職也。而元首數年選舉。百執事任賢使能。無子襲父爵之濫恩。以洗孤秦陋宋之習染。則民國尤有特別之美利也。

人能知道之爲戶。而不患其不行矣。則亦求之人倫物理之所自立。而反問之心。而得矣。至易至簡。特患人之不行耳。人皆有是心。則皆有是理。反而求之。有餘師矣。

周易大象述義卷一

上經

衡陽子王子解　　桂陽彭政樞述義

同人 ䷌ 離下乾上

天與火同人。君子以類族辨物。

（解）火在天中。以至虛含大明。明不外發。而昭徹於中。

（述義）繫辭云。離爲目。爲火。日繫於天。昭耀空中。爲火之所從出。故玉篇燧以取火於日即禮內則左佩金燧註云金燧取火於日也同人內卦爲離外卦爲乾有火在天中之象天以陽剛之體健運於上覆庇萬物若無離火以放其光明則幽暗無睹莫由顯其文明之德惟火麗於天統六合空虛之處同被其照臨則其所包含者大矣含者光芒內蘊不發露於外而其大明之體貫徹於中昭昭而不能掩此所謂天與火爲同人之卦象也

人之貴賤親疏賢愚物之美惡順逆取舍無不分以其類而辨其情理則於天下無不可受而無容異矣

聖人作易仰觀俯察近取遠取而人物之品類情狀皆分著於大同之世以遂其類聚羣分之迹學易之君子體同人卦德本虛明之知識以致其功用而種族名物各依其類而辨之俾各得其宜而無所混淆故繫辭曰雜而不越於稽其類又曰彰往察來當名辨物船山釋其義云陰陽成象則有體體立而事物之理著人事之幾物理之化賅而存焉其類不一如卑高以陳貴賤位矣以分言也親親之殺疏不逾戚以情言也賢者過愚者不及以性言也此人族之不相類也質有妍媸美惡判矣遇有難易順逆見矣事有得失取舍異矣此名物之所當辨者君子通德類情納人物於心胸而鑒別之不紊以成見順天下之自然而無所雜越者也

大明函於內而兼容並包以使各得

操鑒別人物之權衡不以察察爲明而自有大明者運用於內以蓄其包涵萬類之心

思而無物不得其所

明發於外憲天敷治而賞善懲惡以統羣有存發之道異上下之用殊同人大有君子並

行而不悖也

同人以離爲下卦火之明含於內大有以離爲上卦火之明發於外君子燭理察物而

彰癉之道行焉存發既異致用各殊而其大明不相妨礙此即樊遲問仁問智孔子告

以愛人知人舉直錯枉並行而不悖也

受明以虛明內映也類族辨物井然不昧於中而明不外發無遏揚之事百族與處賢不

肖各安其所萬物並興美惡各從其實以辨爲容所以受天下也明有存發道有張弛同

人大有之所爲異其用乎

船山示人以容物之道明在內而辨別不爽却能渾合無迹不露褒貶情形此陽翟褚

季野皮裏春秋口雖不言而四時之氣皆備與萬物相處而能有容與朝廷遏惡揚善

之道顯然不同學易者當體其象而異其用也

讀正蒙注

廖名縉

大心篇

大其心則能體天下之物。物有未體。則心爲有外。

船山先生曰。大其心非故擴之使游於荒遠也。天下之物相感而可通者。吾心皆有其理。唯意欲蔽之則小爾。由其法象推其神化。達之於萬物一源之本。則所以知明處當者。條理無不見矣。天下之物皆用也。吾心其體也。盡心以循之。則體立而用自無窮。

萬殊合爲一本。一本復散爲萬殊。大心能體天下之物。一本之可散爲萬殊也。物體而心無外。萬殊原合爲一本也。知一本而體立。知萬殊而用見。中國哲學之發明此義最早。乃近日一孔之新學家。或稱爲歸納演繹。或命曰拓都么匿。矜炫誇詫。以爲此歐儒之論理學。實爲吾中國前古聖哲所未言。是何異藏弘璧而慕碔砆耶。

世人之心。止於見聞之狹。聖人盡性。不以見聞梏其心。其視天下無一物非我。

聞見習也。習之所知者善且有窮。況不善乎。盡性者極吾心虛靈不昧之良能。舉而與天下萬物所從出之理合而知其大始。則天下之物與我同源。而待我以應而成。故盡孝而後父爲吾父。盡忠而後君爲吾君。無一物之不自我成也。非感於聞見觸名思義觸事求通之得謂之知能也。極端之唯物學派。其立論以爲官骸觸感以外無心知。故人類性靈隨身體發達衰滅而互異。信如所言。是人類生世純爲客觀作用。更無絲毫主觀之存在矣夫美惡是非由於官骸之觸感而起固也然試問觸而能感者何物乎人身爲十餘種原質結合而成試問若鹽若鈣取作人形能感於搔抑而稍生痛癢之情乎故官骸見聞外之別有一物在可斷言也其物唯何性靈是矣至於性靈多寡之量隨身體之發達衰減而異此則前日講席所論三稜分光器透過之作用耳器小則發現之光量小器大則發現之光量大又若性靈衰減則分光器之剝闇使然矣

第二十九期 十二月二十七日 劉人熙

世人不知正學隨物遷流與漚俱起與汨同沒至於理窮勢極莫可如何則又厭而去之於是以人生爲苦海喻世界爲火宅而妄冀虛空寂滅之一境甚則覬來生之福命而求效於報身焉斯亦渦溺不肖之情之所必至焉聖人閔之示學者以入德之途而使得其天理自然之受用其餉遺後學者何其盛也成德云何曰仁曰智

子曰知者樂水仁者樂山知者動仁者靜知者樂仁者壽

（船山釋曰）學者之爲學以成德也德底於大成則於土皆安而情咸自得

試思我輩逐物意移終日不自得者何故

於天皆順而身心交泰所固然矣

試思我輩浪喜浪憂風吹草動便生疑懼者何故不仁也不知也皆由不學故也

乃人之性各有所近而即其所近者充之以學則知仁各成其德而性情功效之間有別焉各致其一而若不相侔然皆天理之所固然而非執偏以表異也

　須知仁知有相成之妙

今夫天地之爲融爲結者有水焉有山焉人心之幾有動焉有靜焉而君子之以保性而全命者或樂焉或壽焉

　山水人人所共有學者所得獨深非一切衞生之言所能彷彿

情之所動必與物而相應則不期樂而自樂而知者則樂水也臨水而悠然自得其昭曠之懷有適焉者也仁者則樂山也入山而恬然自遂其翕聚之情有安焉者也蓋情之所生因乎居心之體而知者則動也迎於物而即有觀理之心不使一念之或息而不靈也

知不易學而迎物觀理可勉孔子所以嘆飽食終日無所用心而有博奕猶賢之指點

仁者則靜也歛於己而不隨物感以遷恒使此心之退藏而有主也

　仁之難成久矣以知者比例當有用力處

以故其所得於天者知者無不樂焉無間境也有以處境者何往而不悠然自適也乎仁者必其壽也莫非命也修其俟命者豈有戕害而不盡其期者哉

　顏子短命亦盡其期與孔子一也盡其期三字包函萬象學者幸致思焉

夫仁知各成其德則其情殊也。其體異也。其效亦分也。而山水之樂。皆造物自然之理。動靜之體。則陰陽合撰之能。樂壽之效。皆性命自然之效。則爲仁爲知。要以體道而成德。不然。情無固情。心無定體。而效亦不可必矣。故學者順其性之所近以深造之。各如其量而可矣。

程子謂動靜無端。陰陽無始。非知道者。孰能識之。此言動靜之體。則陰陽合撰之能。其理最爲精奧。須知知者非不靜。仁者非不動。而居心之體。則知者以洞闢爲主。仁者以翕聚爲主。當深思而自得之。

周易大象述義卷一

上經

衡陽子王子解　　桂陽彭政樞述義

大有 ䷍ 乾下離上

火在天上。大有。君子以遏惡揚善。順天休命。

(解)遏之揚之者。乾道之健也。因天之所予而揚之。因天之所奪而遏之。離明之昭晰也。天者理而已矣。順理而善惡自辨矣。

(述義)好善惡惡。人心之公理。亦即上天福善禍淫之正道。故商書言降祥降殃由善不善而判善者天所予也人得從而揚之如天命有德五服五章是也不善者天所奪也人得從而遏之如天討有罪五刑五罰是也本離明之至德順天理之自然所謂彰善癉惡其道自明

火炎上附天而明天左旋日右轉而隨天以升降順天而行則明照於下故遏揚之順理象焉

日之光燄如火氣騰上得天久照東升西降隨而旋轉光遠而有耀故大有卦上離下乾有火在天上照臨下土之象君子體其卦德用明以察物而是非得失之理胥由此象推之則遏揚之義著焉

賞罰黜陟王者之事而言君子者若孔子作春秋行天命天討之事非必有位也

信賞必罰諸葛治蜀之策也黜陟幽明虞廷考績之道也王者法天治人必有事於遏揚以定勸懲之準似非君子所用然言君子者不必其在位也如尼山筆削採百二十國之寶書定二百四十年之褒貶命德討罪是以布衣而行天子之事非眞踐天子之位也

君子成人之美不成人之惡亦此道爾

君子與人爲善善者美德所流露必有以玉成之所謂愛人以德也穢德者爲惡惡則

隱之以示其自新之意不至終爲惡人此君子之道也

火在天上其明發矣遏惡揚善舉錯大行非但類族辨物使善惡各從其類而已也光輝發於外則善惡不能掩舉直錯枉自妙其權衡不僅分別臧否各以類聚而已

斯二道者互相爲用乘乎時位而不但乘乎時位明有所必發雖匹夫而操南面之權進退諸侯以承天也明有所必涵雖天子而以人治人仁知百姓各奠其所以因物也

二道合同人大有兩卦而言得時得位用其道以治天下不得時得位用其道以正萬世故名山秉筆有進退羣辟之權所謂一字之褒榮如華袞一字之貶嚴如斧鉞不過奉天以行事也天子知人善任包涵宏大如舜舉皐陶湯舉伊尹而不仁者遠此仁知互用而不相妨所謂以人治人因物付物也

觀於同人大有而君子所以用易者經緯張弛之妙類可推矣

通論

船山黃書宣義

長沙曾慶榜曉霆

原極第一

夫觀初始於天地者。豈不大哉。洋洋乎金以銑之。木以榦之。土以敦之。火烜風撓水褭以烝化之。彼滋此孕以繁之。脈脈門門泮渙持翕以離合之。故盛德行於無疆而不知其届也。

慶榜按。君子法天行健。不明乎天道。不足以爲君子。明乎天道矣。而不知天道由無極而太極之所以然。則可謂之有盛德而猶未足以行盛德於無疆也。知與行爲兩義。能知而不能行。則非盛德之本旨。而不足以云法天行健之通義也。董仲舒謂道之大原出於天。此可謂善孶原極之精蘊者矣。朱晦翁謂天以陰陽五行化生萬物。氣以成形而理亦賦焉。此又善於觀初始于天地之大恉者矣。近世歐美諸化學大家。咸謂二十世紀以前爲原質時代。二十世紀以後爲原塵時代。此卽原極全篇之注疏一大問題也。原塵原質在天地之初始。原屬固有。特以學者未觀其通。故分爲兩事也。原塵不外陰陽。原質不外五行。摶之翕之。離之合之。惟盛德之君子能建中立極。以爲天下萬世法。夫豈詹詹小道稍用權術之流所能企其萬一者哉。

然而淸其族。絕其畛。建其位。各歸其屛者。則函輿之功。所以爲慮至防以切。是故山禽趾疏。

澤禽趾羣乘禽力横耕禽力縱水耕宜南霜耕宜北是非忍于其泮散而使析其大宗也亦勢之不能相救而絕其禍也是故聖人審物之皆然而自畛其類尸天下而爲之君長

慶榜按此明黃書之作所由不得已之大旨也曷言乎黃蓋黃也者大中至正之主宰也非淺識以後天之色别區區分析外表之理論也探源立論黃中通理之圭臬非故爲等夷實天地之元始已使各歸其屏各歸其屏者建其位俾萬類相安百族相宜五行相濟八表同明也子王子之志願極宏學術極博悲憫極甚澤潤極溥明乎小天下者之擾擾以自域也而實陋陋然以天下自私此其大宗猶未能析其族族畛紛亂而大中至正之主宰不明矣其關係固非一時一國而實在天下萬世也是以聖人惕之深建黃中拒閒氣殊類之寖扶長中夏以盡其材以治天下爲事不以得失其位爲事其尸天下而爲之君長也非因富貴利欲之私爲之也其悲天憫人之苦衷廹而爲之也

區其靈冥漸其疑似乘其蠱壞峻其墉廓所以絕其禍而使之相救故曰聖人與天地合德者豈虛獲哉

慶榜按天演之公例優勝劣敗此區之漸之之義也尚書云兼弱攻昧取亂侮亡此又乘其蠱壞峻其墉廓之義也近世如瑞士創純粹共和以爲天下萬世法與各國訂特

別專約不准侵入其土地而各國亦不忍侵陵之此即吾華唐虞揖讓之聖人與天地合德者也區正湔邪其中有大政治大手段大學問非可以一蹴而幾也非一手一足之烈所能至也自瑞士以後北美之華盛頓繼之以聯邦之雄規尙未足滿其志也乃繼之以孟祿主義以自强自立自上自勝於太平洋之上其流風餘韻近且展及于亞歐二洲之中矣靈者文明也冥者野蠻也疑者愚弱不振也似者狡猾虛僞也區其靈冥湔其疑似皆黃書大中至正之先務也于此四者皆着手設施而彼自外生成尙自不知奮勉而後仁人之心不能自已矣不能自已奈何乘其蠱壞所謂乘者非初始遽爲之之意也乃不得已之後而以不忍之心乘其蠱壞峻其墉廓所以絕其禍而使之相捄也禍莫大于共和禍莫甚于專制皆非一人之私行爲也有衆小人而後助成一眞小人此各國專制之禍之殷鑒也有一瑞士之瓦爾德而後衍成無數華盛頓事有必至理有固然二十世紀以後決定全球皆成共和國其不共和亦訓之使共和天運所趨其誰能抗此即使之相捄之聖心也還淳返本以合德歸大造所獲詎有虛哉

夫人之于物陰陽均也食息均也而不能絕乎物華夏之于夷狄骸竅均也聚析均也而不能絕乎夷狄所以然者何也人不自畛以絕物則天維裂矣華夏不自畛以絕夷則地維裂矣天地制人以畛人不能自畛以絕其黨則人維裂矣是故三維者三極之大司也

夔榜按天地人三維皆大造特產之物也人爲萬物之最靈者地爲一太陽系之星球常轉物而大造又覩天地皆浮漚物然其所賴以永久不敝者有大維焉大維不敝則物物皆歷久而愈新天有天之大維地有地之大維人有人之大維此三維者振則陰陽和而泰階平裂則大道無所昭著而正氣鬱矣是故三維者不容裂也不可變也何也大道不隨萬物爲轉移道不變卽三維不變變之者物自變之而三維煌煌然穆穆然自若也主維統三立極馭世是可知三維爲三極之大司之本義矣

昔者周之衰也訾諸替剌雅興鎬京淪東都徙歸祭存綱紐佚詛盟屢私斆圻日兼故抱器服而思夷滅者日測測然移玉之爲憂而聖人之所深長思者或不在此作春秋明王道內中夏外戎狄疑號者正其辜而終徠之外會者斥其賤而等擯之夫周之衰非有匈奴吐蕃契丹韃靼以爲之外逼也陸渾吾離允姓僑如之族種不能配中國之一名都也燕之北鄙秦之西陲未嘗晨夕于奔命也葵邱束牲而小白求三脊之茅城濮館穀而重耳干隧道之請周之王步將上逼之爲兢兢而聖人終不以彼憂易此恤者則其故何也文武之興昕履牧率夕步天祚濫唐沿虞服夏禓商承建列侯各君分長山河塞阸際蠻戎夷貊者昔之天下也既規規然惴其旁午復鼎鼎然虞其上下諸侯或僻介荒小用寡捍疆以小藩大勢詘于所守力僅于所爭固未嘗不糾廻蜿蟺于聖王之心

慶榜按世衰道微志士恒呼號奔走日惻惻然移玉之爲憂此雖可嘉之行然世之衰必非呼號奔走之所能救道之微必非惻惻然移玉之爲憂可振也何也其大原非一朝一夕之故其來甚遠其義至深故求所以救之振之之術必在乎從大原大本處着手每懷必作于古想此船山所謂聖人之所深長思者不在此而春秋之所作由萬不容已也春秋非以一時一國一壤地一名分之改玉步爲憂而其大義在扶三綱以振大道後儒所謂爲天地立心爲斯民立命爲往聖繼絕學爲萬世開太平者其庶幾乎迋之亦即黃書全旨糾廻蜿蟺之聖心也

夫廷萬國一君長挾尺捶而奔役四寓功施鈇鉞爛然開于共主而天下弗分其功名聖人豈異人情而不欲此哉然而山河以西師旦分牧函崟以東召奭代理五侯九伯州長連率經緯維紩割制員幅者使之控大扶小連營戰昵是故偏方遠服不受孤警連城通國若運擥臂則周之聖王所以維繫紳皐擯拒夷類者意未有所弛而權不可得而衰夷厲而降牧長無命綱維潰破鋒矢尋于同仇牖戶薄于外禦是故孤竹蹩燕淮夷病杞鄭瞞義渠侮齊宋而窺河渭然而天子不能命伯列侯之疆大者矯激奮起北斥南征故斬令支櫟卑耳拓西戎刈潞氏者猶赫赫然震矜其功以張赤縣之幟彼其左旋右攜夸武辟疆者雖不足以輿聖王權衡三維裘領八極之盛心而聖人猶將登進之爲稍其禍而異于澌滅也是以周

之天子賜胙俎錫彤弓命隨會敓黻冕賀任好播金鼓而不見譏于春秋故曰其事則齊桓晉文其義則某竊取之矣蓋進之也

慶榜按此即黃書之微言大義所在也黃書繼春秋而作春秋大一統而黃書揭廷萬國以明之春秋美共和而公羊張三世之大恉以衍之實卽船山一君長之明訓也非大一統不能廷萬國一君長非一君長不足以膺大共和之總統大共和之總統卽春秋大一統之雄謨也君字之訓詁尹也主持也非個人專制之謂也稱人曰某君性天曰天君此豈世俗指爲忠于一人一姓之人君而言哉聖人不外乎人情而實迥然出于權衡三維裘領八極之上此卽所謂聖德日新又新以弭兵禍靖列國以登進斯民于壽域爲旨歸也夫河山不改綱維永奠彼列强雖或程度不齊奮激矜功以致亂然維繫神皋擯拒醜類亦春秋不得已之始義也

夫奠三極長中樞智周乎四皇心盡乎來許清露零柯而塲圃入保片雲合岱而金堤戒濫吳呼好冠而晉視命圭杞用夷禮而胄紬神禹莫不逆警鳴甲而先宮宮庭是故智小一身而力舉天下保其類者爲之長衛其羣者爲之邱故聖人先號萬姓而示之以獨貴保其所貴匡其終亂施于孫子須于後聖可禪可繼可革而不可使夷類間之然後植其弱掖其僵揚其潔傾其滓冠昏飲射以文之哭踴虞祔以哀之堂廉級次以序之刑殺征伐以整之清

氣疏曜血脈彊固物不干人沴不侵祥黃鐘以節之唱歎以瀏之故禮樂與神人和四靈集而朱艸醴泉相踵而奔其靈也

慶榜按黃書非爲辨種族而作也實爲辨天爵之尊振禮樂之源嚴其品類所以爲天下萬世整綱肅紀而作也彼世俗以區區黃紅黑白樓爲類者盍亦探船山之素志而詁黃字之本訓哉春秋之義固以嚴夷夏之大防爲宗旨然夷狄能進于中國則中國之若中國不道自儕于夷狄則是中國亦夷狄也是船山之所深恫也故曰智小一身力舉天下明乎天下之大匹夫有責毋謂眇茲一身使人人知以天下爲己任則匹夫之力必足以舉天下矣此按諸中外史鑑歷歷可數固無俟戔戔贅述也又曰保其類者爲之長衛其羣者爲之邱明乎宇宙之品類不齊然能使野蠻之類進爲文明之類方不負吾保字之義非然者同胞一有不齊則保之之力量未盡孟子所謂中也棄不中才也棄不才則均爲不肖而已矣衛其羣者爲之邱亦即保字之同旨也故聖人保其所貴流澤甚長可禪可繼可革而不可使夷類間之非故夷之實夷其非吾之品類也能入吾之品類則又奚爲而夷之哉故禮樂與神人和四靈集而祥瑞踵至皆聖人先號萬姓而示之以獨貴而羣類又能保其所貴匡其終亂使後世被其澤潤故其徵應遂至于如此

今夫元駒之有君也長其穴壤而赤蚍飛螘之窺其門者必部其族以噬殺之終遠其垤無相干雜則役衆蠢者必有以護之也若夫無百禩之憂慝九垓之辨尊以其身于天下儥盈儔侶畛畔同氣猜割羣役弱靡中區乃霍霍然保尊貴偷豫尸功患至而無以敵物逼而無以固子孫之所不能私種類之所不能覆蓋王道泯絶而春秋之所以大懲也

慶榜按此言善其羣者必保其羣保其羣者必具有深思遠慮志在千秋之偉抱庶可以言善言保是豈咫見尺聞方域之陋夫所能道其萬一哉是故無論部落番族卽細微之動物且然何況乎儼然號爲人類乎此極言善羣保羣之關係乎政治之學說者大且遠也夫羣學在近世歐美各國列爲專門科學蓋合社會學政治學法律學哲學之精義爲一大宗也春秋三世之義雖由亂世而進昇平由昇平而入太平然愚謂亂世必帝制與共和並處卽現在列國之時代也此卽船山無百禩之憂偷豫尸功之時代也二十世紀以後掃盡全球專制國悉進于共和乃可有太平之望馭中區以保天爵之尊貴卽汰除專制一偏之尊貴以聯各國之同氣無庸敵患亦無有物逼永遠堅固熙熙皥皥大中至正之道一同風何其懿也

專論

風雅十二詩律呂譜

呦應呦林鹿夾鳴大食林野大之倍應苹倍南我夾有仲嘉南賓林鼓仲瑟林吹應笙仲吹夾笙仲鼓林簧大承南筐應是大將林人仲之林好倍南我大示仲我林周半大行應

呦倍南呦大鹿夾鳴大食仲野林之半大蒿應我仲有林嘉南賓應德林音夾孔大昭仲視大民林不應恌大君南子應是大則夾是大傚林我仲有林旨倍南酒大嘉仲賓林式南燕林以半大敖應

呦倍南呦大鹿倍應鳴倍南食倍應野倍南之夾芩大我夾有仲嘉南賓林鼓仲瑟林鼓應琴仲鼓夾瑟仲鼓林琴大和南樂應且大湛林我仲有林旨倍南酒大以仲燕林樂倍南嘉南賓林之半大心應

鹿鳴三章章八句大呂清宮主宮

四倍南牡大騑夾騑大周倍應道倍南倭夾遲大豈仲不林懷南歸應王夾事大靡仲盬林我仲心倍南傷南悲應

四倍南牡大騑仲騑林嘽南嘽林駱半大馬應豈夾不仲懷南歸林王夾事大靡倍應盬倍南不仲遑大啓倍應處倍南

翩應翩大者仲鵻林載大飛南載仲下林集夾于林苞夾栩仲王倍應事倍南
靡夾盬大不仲遑林將半大父應
翩應翩大者夾鵻大載仲飛南載仲止林集仲于林苞夾杞大王夾事大靡仲
盬林不倍南遑夾將倍應母倍南
駕倍南彼倍應四倍南駱大載仲驟林駸應駸仲豈仲不林懷南歸倍南是倍
應用倍南作夾歌大將南母倍南來半大諗應

四牡五章章五句大呂清宮主宮

皇倍南皇林者仲華林于仲彼大原仲隰林駪夾駪仲征夾夫大每南懷林靡
半大及應
我倍南馬大維夾駒大六應轡大如仲濡林載仲馳林載倍南驅大周夾爰大
咨倍應諏倍南
我應馬仲維南騏應六仲轡林如夾絲大載仲馳林載夾驅仲周南爰倍南咨
半大謀應
我應馬仲維南駱林六夾轡大沃仲若林載夾馳林載夾驅仲周倍南爰大咨
倍應度倍南

我倍南馬林維南駰應六應轡大既仲均林載仲馳林載倍南驅大周南爰林
咨半大詢應

皇皇者華五章章四句大呂清宮主宮

右升歌三終以鹿鳴四牡皇皇者華爲詞南陔白華華黍即笙聲之譜

魚應麗大于夾罶大鱨倍應鯊倍南君夾子仲有南酒林旨仲且林多應
魚倍南麗大于倍應罶應魴夾鱧大君夾子仲有夾酒大多夾且仲旨倍南
魚應麗半大于南罶應鰋仲鯉林君夾子大有仲酒林旨仲且林有應
物應其大多南矣林維夾其大嘉仲矣林
物夾其仲旨夾矣大維林其夾偕大矣仲
物倍南其倍應有倍南矣大維南其林時倍應矣應

魚麗六章三章章四句三章章二句大呂清宮主宮

南應有仲嘉南魚林烝南然林罩大罩林君仲子林有夾酒大嘉南賓應式仲
燕林以半大樂應
南應有林嘉夾魚大烝夾然大汕仲汕林君仲子林有倍南酒大嘉倍南賓大
式倍應燕倍南以林衎應

南應有半大樛南木林甘應瓠仲纍林之應君倍南子倍應有倍南酒大嘉半
大賓應式南燕林綏半大之應
翩倍南翩倍應者倍南鵻大烝仲然林來夾思大君倍南子大有仲酒林嘉夾
賓大式倍應燕倍南又林思應

南有嘉魚四章章四句大呂淸宮主宮

南應山半大有南臺林北南山林有半大萊應樂南只應君南子林邦仲家林
之應基仲樂夾只仲君林子大萬倍南壽大無倍應期倍南
南倍南山大有夾桑大北倍南山大有倍應楊倍南樂夾只仲君南子林邦仲
家林之倍南光仲樂南只應君夾子大萬仲壽林無半大疆應
南應山仲有南杞林北仲山林有半大李應樂南只應君南子林民林之夾父
大母仲樂夾只仲君夾子大德夾音大不倍應已倍南
南倍南山倍應有倍南栲大北林山夾有大杻仲樂夾只仲君南子林遐仲不
林眉半大壽應樂南只應君夾子大德南音林是仲茂應
南應山大有夾枸大北南山倍南有半大楰應樂南只應君南子林遐林不夾
黃大耇仲樂夾只仲君夾子大保應艾林爾仲後應

南山有臺五章章六句大呂清宮主宮

右間歌三終以魚麗南有嘉魚南山有臺爲詞由庚崇邱由儀即笙聲之譜

關應關林雎仲鳩林在倍南河大之倍應洲倍南窈仲窕林淑應女大君應子
仲好林逑應
參應差林荇仲菜林左仲右林流南之應窈大窕仲淑南女大寤倍應寐大求
倍應之倍南求應之林不仲得林寤大寐大思林服仲悠大哉大悠大哉倍應輾
應轉林反南側應
參應差南荇林菜仲左半大右仲采林之應窈大窕大淑仲女林琴仲瑟大友
倍應之大參倍應差倍南荇大菜仲左仲右大芼仲之林窈應窕林淑仲女半大
鐘倍南鼓林樂南之應

關雎三章 一章四句 二章章八句 大呂清宮主宮

葛倍南之倍應覃大兮倍應施倍應于大中倍應谷倍南維大葉林萋南萋倍應
黃林鳥南于林飛仲集大于仲灌南木倍應其應鳴林喈南喈應
葛應之半大覃仲兮應施仲于林中南谷應維仲葉林莫林莫林是倍南刈大是
倍應穫大爲仲絺大爲倍應綌大服倍應之大無倍應斁倍南

言應告大師林氏仲言仲告大言倍應歸倍南薄倍南污大我倍應私大薄大澣
大我仲衣林害林澣仲害南否倍應歸應寧林父仲母倍南

葛覃三章章六句大呂清宮主宮

采應采大卷仲耳林不仲盈大頃仲筐林嗟大我仲懷南人倍應寘倍南彼大
周倍應行倍南
陟應彼南崔林嵬仲我仲馬大虺林隤仲我大姑仲酌林彼南金大罍倍應維
半大以仲不林永南懷應
陟倍南彼大高林岡仲我仲馬大玄林黃仲我大姑倍應酌大彼倍南兕倍應
觥大維倍應以仲不林永南傷應
陟應彼林砠應矣仲我倍南馬大瘏倍應矣倍南我大僕大痡仲矣林云應何林
吁南矣應

卷耳四章章四句大呂清宮主宮

維倍南鵲大有大巢仲維應鳩南居林之仲之大子仲于南歸倍應百應兩仲
御林之應
維倍南鵲仲有林巢仲維仲鳩大方倍應之倍南之仲子倍南于仲歸大百倍應

兩倍南將倍應之倍南
維應鵲南有林巢仲維林鳩仲盈林之應之應子林于大歸仲百半大兩仲成
林之應

鵲巢三章章四句大呂淸宮主宮

于應以林采仲蘩林于仲沼大于倍應沚大于倍南以大用倍應之大公應侯
之事倍南
于應以仲采倍南蘩林于倍應澗倍南之倍應中大于大以林用仲之林公應
侯林之半大宮應
被應之半大僮林僮仲夙半大夜仲在林宮應被倍南之大祁倍應祁大薄仲
言林還南歸應

采蘩三章章四句大呂淸宮主宮

于倍南以林采仲蘋林南大澗仲之林濱仲于仲以大采大藻仲于倍南彼大
行倍應潦倍南
于倍南以大盛倍應之大維應筐林及仲筥林于仲以大湘大之仲維仲錡林
及南釜倍南

于應以林奠倍南之大宗仲室大牖應南下倍南誰大其林尸南之仲有應齊林

季南女倍南

采蘋三章章四句大呂清宮主宮

右譜定爲燕禮大射禮用皆以大呂清宮主宮。應鐘起調。應鐘畢曲。以應鐘爲大呂羽聲也。低音則以倍南呂應。

附錄朱子儀禮經傳通解詩樂原譜

呦黃清呦南鹿蕤鳴姑食南野姑之太苹黃我蕤有林嘉應賓南鼓林瑟南吹黃清
笙林吹蕤笙林鼓南簧姑承應筐黃清是姑將南人林之南好黃我姑示林我南
周太清行黃清

呦黃呦姑鹿蕤鳴姑食林野南之太清蒿黃清我林有南嘉應賓黃清德南音蕤孔姑
昭林視姑民南不黃清恌姑君應子黃清是姑則蕤是姑傚南我林有南旨黃酒姑
嘉林賓南式應燕南以太清敖黃清

呦黃呦姑鹿太鳴黃食太野黃之蕤芩姑我蕤有南嘉應賓南鼓林瑟南鼓黃清
琴林鼓蕤瑟林鼓南琴姑和應樂黃清且姑湛南我林有南旨黃酒姑以林燕南
樂黃嘉應賓南之太清心黃清

鹿鳴三章章八句黃鐘清宮 俗呼正宮

四黃牡姑騑蕤騑姑周太道黃倭蕤遲姑豈林不南懷應歸黃清王蕤事姑靡林
盬南我林心黃傷應悲黃清

四黃牡姑騑林騑南嘽應嘽南駱太清馬黃清豈蕤不林懷應歸南王蕤事姑靡太
盬黃不林遑姑啓太處黃

翩黃清翩姑者林鵻南載姑飛應載林下南集蕤于南苞蕤栩林王太事黃靡蕤

鹽姑不林遑南將太清父黃清

翩黃清翩姑者蕤鵻姑載林飛應載林止南集林于南苞蕤杞姑王蕤事姑靡林

鹽南不黃遑蕤將太母南

駕黃彼太四黃駱姑載林驟南駸黃清駸林豈林不南懷應歸黃是太用黃作蕤

歌姑將應母黃來太清諗黃清

四牡五章章五句黃鐘清宮俗呼正宮

皇黃皇南者林華南于林彼姑原林隰南駪蕤駪林征蕤夫姑每應懷南靡太清

及黃清

我黃馬姑維蕤駒姑六黃清轡姑如林濡南載林馳南載黃驅姑周蕤爰姑咨太

諏黃

我黃清馬林維應騏黃清六林轡南如蕤絲姑載林馳南載蕤驅林周應爰黃咨太清

謀黃清

我黃清馬林維應駱南六蕤轡姑沃林若南載掇馳南載蕤驅林周黃爰姑咨太

度黃

我黃馬南維應駒黃清六黃清轡姑既林均南載林馳南載黃驅姑周應爰南咨太清
詢黃清

皇皇者華五章章四句黃鐘清宮俗呼正宮

魚黃清麗姑于蕤罶姑鱨太鯊黃君蕤子林有應酒南旨林且南多黃清
魚黃麗姑于太罶黃清魴蕤鱧姑君蕤子林有蕤酒姑多蕤且林旨黃
魚黃清麗太清于應罶黃清鰋林鯉南君蕤子姑有林酒南旨林且南有黃清
物黃清其姑多應矣南維蕤其姑嘉林矣南
物蕤其林旨蕤矣姑維南其蕤偕姑矣林
物黃其太有黃矣姑維應其南時太矣黃清

魚麗六章三章章四句三章章二句黃鐘清宮俗呼正宮

南黃清有林嘉應魚南烝應然南罩姑罩南君林子南有蕤酒姑嘉應賓黃清式林
燕南以太清樂黃清
南黃清有南嘉蕤魚姑烝蕤然姑汕林汕南君林子南有黃酒姑嘉黃賓姑式太
燕黃以南衎黃清
南黃清有太清樛應木南甘黃清瓠林纍南之黃清君黃子太有黃酒姑嘉太清賓黃清式應

燕南綏太清之黃清

翩黃翩太者黃鵻姑烝林然南來蕤思姑君黃清子姑有林酒南嘉蕤賓姑式太

燕黃又南思黃清

南有嘉魚四章章四句黃鐘清宮 俗呼正宮

南黃清山太清有應臺南北應山南有太清萊黃清樂應只黃清君應子南邦林家南之黃清

基林樂蕤只林君南子姑萬黃壽姑無太期黃

南黃山姑有蕤桑姑北黃山姑有太楊黃樂蕤只林君應子南邦林家南之黃

光林樂應只黃清君蕤子姑萬林壽南無太清疆黃清

南黃清山林有應杞南北林山南有太清李黃清樂應只黃清君應子南民南之蕤父姑

母林樂蕤只林君蕤子姑德蕤音姑不太已黃

南黃山太有黃栲姑北南山蕤有姑杻林樂蕤只林君應子南遐林不南眉太清

壽黃清樂應只黃清君蕤子姑德應音南是林茂黃清

南黃清山姑有蕤枸姑北應山黃有太清楰黃清樂應只黃清君應子南遐南不蕤黃姑

耇林樂蕤只林君蕤子姑保黃清艾南爾林後黃清

南山有臺五章章六句黃鐘清宮 俗呼正宮

關黃清關南雎林鳩南在黃河姑之太洲黃窈林窕南淑黃清女姑君黃清子林好南
逑黃清
參黃清差南荇林菜南左林右南流無之黃清窈仲窕林淑無女姑寤太寐姑求太
之黃求黃清之南不林得南寤姑寐仲思南服林悠姑哉仲悠姑哉太輾黃清轉南
反無側黃清
參黃清差無荇南菜林左太清右林采南之黃清窈姑窕仲淑林女南琴林瑟姑友太
之姑參太差黃荇姑菜林左林右姑芼林之南窈黃清窕南淑林女太清鐘黃鼓南
樂無之黃清

關雎三章 一章四句 二章章八句 無射清商 俗呼越調

葛黃之太覃姑兮太施太于姑中太谷黃維仲葉南萋無萋太黃南鳥無于南
飛林集仲于林灌無木太其黃清鳴南喈無喈黃清
葛黃清之太清覃林兮黃清施林于南中無谷黃清維林葉南莫南莫南是黃刈姑是太
穫姑爲林絺姑爲太綌姑服太之姑無太斁黃
言黃清告姑師南氏林言林告姑言太歸黃薄黃汚姑我太私姑薄姑澣仲我林
衣南害南澣林害無否太歸黃清寧南父林母

葛覃三章章六句無射清商俗呼越調

采清黃采姑卷林耳南不林盈姑傾林筐南嗟仲我林懷無人太寘黃彼姑周太
行黃
陟清黃彼無崔南嵬林我林馬姑虺南隤林我仲姑林酌南彼無金姑罍太維清太
以林不南永無懷清黃
陟黃彼姑高南岡林我林馬姑玄南黃林我姑姑太酌姑彼黃兕太觥姑維清黃
以林不南永無傷清黃
陟清黃彼南砠清黃矣林我黃馬姑瘏太矣黃我仲僕姑痡林矣南云清黃何南吁無
矣清黃

卷耳四章章四句無射清商俗呼越調

維黃鵲姑有仲巢林維清黃鳩無居南之林之仲子林于無歸太百清黃兩林御南
之清黃
維南鵲林有南巢林維林鳩姑方太之黃之林子黃于林歸姑百太兩黃將太
之黃
維清黃鵲無有南巢林維南鳩林盈南之清黃之清黃子南于姑歸林百清黃兩林成南

之清黃

鵲巢三章章四句無射清商俗呼越調

于清黃以南采林蘩南于林沼姑于太沚姑于黃以姑用太之姑公清黃侯南之無
事黃
于清黃以林采黃蘩南于太澗黃之太中姑于姑以南用林之南公清黃侯南之清太
宮清黃
被清黃之清太僮南僮林夙清太夜林在南公清黃被黃之姑祁太祁姑薄林言南還無
歸清黃

采蘋三章章四句無射清商俗呼越調

于黃以南采林蘋南南姑澗林之南濱林于林以姑采仲藻林于黃彼姑行太
潦黃
于黃以姑盛太之姑維清黃筐南及林筥南于林以姑湘仲之林維林錡南及無
釜黃
于清黃以南奠黃之姑宗林室姑牖太下黃誰仲其南尸無之林有清黃齊南季無
女黃

采蘋三章章四句無射淸商 俗呼越調

右風雅十二詩譜

按西山集朱蔡往來手書獲此非易通解原注云即開元遺聲乃趙彥肅所傳當時工師不知何所考而得此是雅樂滅亡賴有此一綫之延留傳未墜朱子存之其嘉惠後學之功可謂偉哉不揣固陋爰因舊本較正音律被諸管絃可歌可詠其所當斟酌處皆依原本次第上下推求中自有一定不易之理非敢任意妄換一律且朱子云以淸聲爲調當非古法按此譜淸黃起調其失有三半黃鐘淸聲不應黃鐘應黃鐘之變宮惟半太簇淸聲始與黃鐘應譜以淸黃應合黃鍾正聲失一旣用黃鐘主宮其以正變應者盡屬陽聲始能協和譜律呂兼收陰陽混雜斷難和聲成調失二小雅諸侯正樂燕禮大射不可用黃鐘正宮僭竊君位況鄉禮乎大射新宮三終說言之詳矣譜未深思其義一例施用失三用列原本於左庶所更定之譜一考較而得失自明矣

船山學報專論之一

益陽曹佐熙

封建郡縣得失論

或問封建郡縣得失曰是時爲帝者也蓋上古之世生民之害多矣有力能除害以安民者民則歸之力尤大者歸尤衆焉抵死而人思之則相與奉子孫以世其事有王者起亦不能不因民望之所屬而許其列土爲藩當是時也以封建爲得必欲行秦以下郡縣之制勦絕民望拓土自封則失之貪而暴封建既成諸侯之子孫可無元德顯功而坐尸大位幼而失教長而縱欲者蓋時有之尤者乃至上干王制下剝民生海寓騷然岌岌不可終日蓋至於東周之季而大亂極矣天厭周德孚佑下民秦削羣雄置守罷侯乃定於一當是時也以郡縣爲得必謂封建爲唐虞三代之法而墨守之坐使賢者無以敷其仁不肖者得以肆其虐則失之固而忍問秦以下之天下宜封建乎宜郡縣乎曰宜郡縣蓋合古今而論之封建亦有時而得晝秦以下論之則封建無往而不昭其失也昔者漢嘗封建矣而卒有七國之旣晉嘗封建矣而卒有八王之亂梁嘗封建矣而武陵湘東自相魚肉魏乘其敝卒以覆宗唐之藩鎭位以世及亦近乎封建矣而稱兵犯順史不絕書宣武篡之遂離析而爲五季宋一天下盃酒解兵海內之民乃獲蘇息則治秦以上之天下宜封建治秦以下之天下宜郡縣亦昭然已問秦廢封建功乎罪乎曰秦之罪多矣獨此無罪然亦未可爲功蓋封建之廢封

建自廢也史稱禹會塗山執玉帛者萬國至殷之興存者三千餘國周之興存者千七百餘國周之東存者百六十餘國戰國之末存者僅六七國驕淫之極自絕於天月并歲吞漸歸統一有王者起因勢利導以撥亂而息民郡縣之法所必行也是故封建之廢有秦亦廢無秦亦廢也若以是爲秦之功罪是之謂不知時問郡縣亦有弊乎曰有顧氏封建論盡之矣問顧氏寓封建於郡縣之說得乎曰得失參半蓋久任則是而世及則非也折中以定宰世之上猷是所望於來哲

文苑

文錄

船山學報之一

諸葛武侯有儒者氣象論

巴陵杜貴墀 仲丹

三代以上無儒之名周禮以九兩繫邦國之民儒居其一戴記孔子言儒乃有似後世任俠之爲者其爲附會無疑然魯論儒有君子小人之分意當時必有美其名而冒居之者夫君子之所以爲儒與小人不同而儒則既同之矣儒果重乎儒之重蓋自春秋後戰國淆之暴秦激之而一二誦法古訓守殘抱缺之士乃得以峨冠博帶矜耀於時吾夫子所稱君子儒或鞅然焉則儒其果足重耶雖然名重則人因名重人重則名因人重如聖今世大名也然書曰睿作聖詩曰或聖或否與哲謀肅乂并列春秋時人稱臧武仲爲聖人而柳下惠之聖孟子固嘗稱之然自聖之名歸夫子後無敢以是稱者蓋必夫子而後爲聖則聖之名重矣而吾於是知程子諸葛武侯有儒者氣象之說非儒之足重武侯而武侯之足爲儒重也夫程子所謂儒蓋近夫聖與大賢而微有不逮者也不然如漢唐以來馬融孔穎達諸輩不得不謂之儒也而謂武侯之所志所學所樹立氣象與諸儒比然乎否乎且昔太公以丹書授武王上接唐虞之道統以程子之意論之可謂大儒而詩咏其鷹揚樂記推其志爲發揚蹈厲絕不以後人之雅歌投壺輕裘緩帶爲美談儒不儒且不足重輕武侯而氣象何論焉且夫重功名者薄儒術重儒術者藐功名古今來相齮齕也宋儒寬以律功名而嚴以覈儒術

而所謂儒者則辨義利爭王伯察公私謹誠僞其大較也武侯之出處近義征戰近王治國以公動物以誠義故久專國柄而人不疑王故師雖挫衂而民忘敗公故人受罰而不怨誠故人進善而不懼夫子所謂未見人也曾子所謂君子人也程子欲名武侯於聖與大賢之外而無可爲號故從而儒之不得以儒術相槪也又從而氣象之若曰此亦其所有焉云爾夫如武侯而謂之儒則儒貴如武侯而始有其氣象則儒難不然三代而下若武侯者幾人而儒則多矣將皆斥之使不得爲儒乎抑彼自儒者而武侯反瞠乎後乎是不可以不論

壻再娶婦不得爲吾女說

巴陵杜貴墀

杜氏女嫁馮氏未及期年而死或問所以處馮氏壻者應之曰始終吾壻也女旣已見馮氏廟成爲馮氏婦矣死而旣葬主祔王姑百歲之後將配其夫主於廟以享馮氏子孫之嘗是馮氏壻之妻吾女百世無以易也吾焉得而不壻之曰吾女死而壻再娶吾將以壻故女其妻乎應之曰壻之名由女而立者也夫吾女者吾可名之壻妻吾壻者吾不得名之女女之名不因壻而立也曰壻再娶而有子吾將奚稱應之曰孫之而已爲吾壻妻者爲吾壻子母後子之必母前妻猶前子之必母後妻也吾女子之吾烏得而不孫之曰旣孫其子矣奚不可因女其母應之曰孫之名因吾女之子而立女之名不因孫之母而立也吾自女吾女吾自孫吾女之子非假他女之子而孫之奚取此孫之母而女之

歸黃貞姑喪主議

巴陵杜貴墀

貞姑年七十有五。以某年月日終於其功服姪貴墀鈍安莊舍內。咸以喪主宜黃氏爲言。謹按雜記。姑姊妹其夫死而夫黨無兄弟。使夫之族人主喪。妻之黨雖親弗主。鄭注解以不主姑姊妹之喪。國朝顧甯人謂此文以姑姊妹發端。以戒人不可主姑姊妹之夫之喪。汪堯峯亦云然。二說雖與鄭異。而按之文義。曰夫死。曰夫族。曰妻黨。似專指喪而言。顧汪不爲無見。且卽如鄭說。亦姑姊妹死於夫家者耳。（孔氏正義謂此節明姑姊妹在夫家而死無後。使外人爲主之事。）儀禮喪服斬衰章。子反在室爲父三年。（馬氏融云。爲犯七出還在父母室。吳氏紱云。有反室不關七出者。如國亡子死無大宗收族之類。）齊衰不杖期章。姑姊妹女子子無主者。王氏肅曰。姑姊妹本大功。以無主爲之期。雜記期之喪未葬。弔於鄉人。哭而退。不聽事焉。鄭註云。謂爲姑姊妹無主殯不在已族者。夫言殯不在已族。則固有殯在已族者矣。以不在已族而期較輕。則必有在已族而期爲重者矣。貞姑嗣子蚤夭。夫弟一子遠賈津市。依母家爲生者四十餘年。（左傳莊公二十七年傳。夫人歸甯曰如某。出曰歸於某。正義云。魯夫人無被出者。文十八年夫人姜氏歸於齊。子死自去。歸而不反。故與出同文。此夫死無子可歸母家之證。儀禮士冠禮入見姑姊如見母。是已嫁姑姊在家與母同居之證。）名雖殊於大歸。實則等諸在室。其身在室。其喪在室。母家宜服以在室之服。卽得以主其在室之喪。喪不可一日無主。勢不能淹久以待在遠之夫姪。不得以殯在已族與孔疏所指沒於夫家者一例而視貞姑。爲黃杜兩氏之賢。爲黃氏兩立夫後。葬其翁。又葬其姑。在遠之姪比年亦時有奉遺。身雖反於父室恩未絕於夫家。聞赴而奔喪。奉柩以歸葬。兼祧以承大宗。爲喪主。此黃氏子所宜行而未能即行者也。黃氏未能即行。則杜氏不能緩所當行。夫子賓客生於我館。死於我殯。夫子即賓客之喪主。哭伯高於賜氏。且告之曰。爲爾哭也。來者拜之。賜氏即伯高之喪主。禮緣義起。文由情生。如津市聞赴。設位以哭。成服受弔。是即彼地之喪主。喪在杜氏無嫌也。母家之暫設喪主。與夫族之宜爲喪主。兩不相妨。（禮喪服記有大功主喪之文。疏云。大功從父兄弟也。謂死者無近親而從父昆弟爲之主喪。云有三年者。謂死者有妻若子。妻不可爲主。而子猶幼少不能爲主。按此即古所謂攝主。）亦不必以喪無二主爲疑。陋見如是。然此事古籍無稽。徒以經意推測。未敢據依。知禮者矜而教之。是幸。

書益陽曹君遺事

巴陵杜貴墀

校經堂益陽曹生佐熙。書倉誠篤士也。溺苦於學。爲古文高簡有法。用世本年表例述其先人載軒君。諱煒。君故貧。好行其德。力常不足。則稱貸繼之。佐熙所述並可傳。而余尤樂道其脫族某獄事。蓋族某初以誣被繫。及事白當釋。然非錢九緡不可。以號近親。無應者。時君方外出。聞諸途次。即從人假一緡爲助。謂其子曰。吾極知一緡無濟。然不欲以無濟謝。一緡非人人所難。幸更得如我數人。某事集矣。余惟三代以還。民散日甚。一鄉一邑之間。顛連無告者。未易數計。必胥待命於一人。雖有大力。堯舜猶病。亦惟立視其相率死亡已耳。惜乎君處卑而事狹。倡焉導焉。效之可睹者。止於如此也。雖然。善固自有本量。江海之浩浩。溝澮之涓涓被物有大小遠近而潤澤之翁烏得而軒輊之嗚呼由君之道苟可有濟於世功不必自己成名不必自己立與人爲善廓然而大公其成就豈出三代下哉佐熙又言己稍有知識時一日見君命家人治酒食薦寢已乃檢君考詔祿公遺笥出所藏生存時物涕泣以示家人其日蓋詔祿公忌距公卒三十年矣君舅氏妻陳媼老而瞽性卞急難近君迎養於家屢戒諭家人吾痛吾母無所用吾情將於媼焉致之用是家人終媼身委曲承奉有他人母所不能得諸子者久而不忘其親古亦罕覯然則君之樂施蓋孟子所謂親親而仁民也太史公敍游俠傳謂緩急人所時有而甚恨儒墨皆排擯不載今觀君趨人之急甚己之私豈原本於先王之至德要道恂恂儒者則游俠之排擯也宜哉

荆南船關記

巴陵杜貴墀

湖北布政司轄府十直隸州一設守道巡道分領各府州而惟領漢黃德三府者兼領關榷漢黃德道舊無關有關於漢陽自洋夷入市內地始漢陽設關之十有□年西人租船埠宜昌如漢陽於是荆宜施道亦監督宜昌洋關然入稅不逮漢陽百一兩洋關稅務皆以重金募西人司之監督坐鎭而已荊宜施道亦稱上荊南道舊領鈔關十有五鈔關之稱蓋仍明舊今計稅以銀準銀收錢不以鈔也其關曰彝曰港曰港支曰調曰柳曰柳支曰中曰東曰北曰西曰西支曰鄢鄢爲田關之更名曰大正大正之支關曰大查曰越曰越者咸豐六年

制府奏移置新堤更名曰新稅不隸荊南今關自大査以上通計稅額上司庫以達戶部者日七十金正稅而外船未及關就卸貨之所而稅之者曰本卸船廣不及三尺有五寸非例所宜稅而稅之者曰零星稅目有二曰料稅曰竹木稅料稅即船稅竹木而外無貨稅貨船而外無船稅載鹽磁紙者稅視他貨船倍十之五船之初出者曰出山船出山船新過關不與量船者爭尺寸部定量船之章自一寸以至四寸皆爲五寸船廣一尺而贏則以所贏爲五寸併爲一尺五寸而贏亦以所贏爲五寸併爲二尺船至關所關人尺其廣狹以上下其稅船人眴眴視悲顏哀辭匄窾黍之毋溢觥法者稅船則陰縮其尺或旁侵其兩舷且外軼焉以爲之廣稅竹木則展其徑圍又增其征數甚者當本直之六七而稅外復有給票驗票之費且增關於舊或數十里而疊稅船戶商民於以大困宜昌設洋關之三年當光緒五年吾邑方菊人先生以武昌知府權巡荊宜施道既至則曰是固吾十年前之舊治也今之取於關者視前一再倍焉或三四焉狐埋狐搰民謂我何於是剔弊釐規船不盡其廣竹木不盡其徑圍罷一切之不便與煩費於民者一日而悉還寬政之舊民之過關忽若沉疴之去體重負之釋肩也則相與謀曰前乎今官者吾儕既以身受而知之後乎今官者亦可以世風而卜之盍及今官之未我去而亟行賈焉儔侶相呼和相奔走叫讙鼓舞盈道路既而聞新官之至則又曰吾儕固望方大人之久於我也然知其不能自一年以至十年或十餘年

也聞署理之官不久亦必盈百日則猶幸其百日於我也今七十餘日耳上官何心乃靳百日之方大人而不我予有太息泣數行下者杜子聞而悲焉記荊南船關以諗方來蓋自輪船行中國船之爲利微若涓滴將罄矣所稱方大人者抑豈能盡爲所得爲於民而民已若是烏乎豈獨荊南也哉光緒五年七月日

簃園記

巴陵杜貴墀

余以同治乙丑遷居今鈍安莊東與宿氏爲鄰宿故冶鐵者先此莊爲鄧氏宅鄧不能有而歸吾族祖赤林公余佃以居今三十許年宿又不能有其宅而歸諸吾吾力弗能有也懼宿之顧而之他或非類之與鄰不得已而舉債焉其宅後老樹十餘株有近百年者隙地可竹余隨地曲折周而垣之西亘鈍安之東垣門之以通往來環垣三面從廣得若干步向之棄爲汙萊者以與吾舊居毗連可盡園之故用爾雅簃連之訓名曰簃園且離析簃文以寓將移佳竹之意焉余嘗誦召旻之詩夷考其時召公在周非有闢疆拓地之舉而曰日闢國百里蓋即孟子所謂土地闢由於田野之治也茲簃園地不增舊而加廣於昔竊謂庶幾先王經野之遺意宜書焉以示後雖然此故宿氏所有也吾力本不能有而强有之年且篤老勢豈能終有之乎然則今日所移之竹安知他日嘯咏其中者之復爲誰也嗚呼此尤吾後嗣所宜深長思也是役也經始正月丁卯畢事二月癸巳蓋中多陰雨云董其役者爲吾妻弟

瀏翁厚本光緒二十六年春分日鈍安老人記時年七十有七

右杜仲丹先生文六篇從桐華閣文集鈔入先生學行淸史館儒林傳稿已具言之玆附錄於左

杜貴墀湖南巴陵人先世遷自湖北嘉魚曾祖宏泰嘉慶辛酉舉人官江西弋陽贛縣知縣祖植父煌道光壬辰舉人未覆試卒貴墀幼事繼母孝謹繼母性嚴偶責貴墀過失貴墀抽廚刀斷左手小指誓不復犯自是造次言動必衷之禮既長問業於同縣吳敏樹博學多通而潛心經術因敏樹謁曾國藩江南上詠史詩三十首寓中外交涉事國藩奇賞之卒無所求取數日而還年五十二中光緒乙亥恩科舉人兩試禮部報罷絕意仕進歷充湖北勺庭經心湖南岳陽校經各書院院長而主校經者十五年校經號治古學頗涉輕管宋儒之習先是寶應成孺主講舉宋儒說諸生或笑之孺旋辭去貴墀居講席最久於漢宋門戶之見苦口力戒諸生始知讀宋五子書甲午海上喪師適省紳擬演劇賀某院長生日貴墀貽書止之洎戊戌庚子之變感慨時事著悲憤錄以卒年七十有八貴墀天性過人脩金所入節衣縮食分潤功緦以上親黨不殖生產喪繼母三十六月不飲酒食肉不御內左宗棠招往軍中以喪不赴始四歲受從姑字黃者經書句讀吳敏樹所著杜貞女者也貴墀迎養終身喪之如禮貴墀之學墒守朱子從道問學入手之旨歸本躬

詩錄　　船山學報文苑之一

艮生尊兄見揣箸書而賞之寄語索詩書此奉贈　番禺陳　澧

辛苦成書後。有人欣賞之。可堪思遠道。猶幸與同時。蓬鬢我俱白。京塵君不緇。會看持節至。握手豈無期。

次均奉答通叔並呈令兄伯遠　侯官嚴　復

長留衰病感時危。變徵還題小雅詩。每惜太倉供雀鼠。恐空杼軸到茅茨。屋梁月落廻孤影。蘋末風生動遠思。辛苦鑄金劉子政。可能半額畫脩眉。

留別經心書院肄業諸生　巴陵杜貴墀

去聖日已遠。大道生榛蕪。標幟別漢宋。懷利皆俗儒。每述宣尼訓。學文力用餘。行己重有恥。斗筲何區區。辭受取與間。精義師子輿。一介苟不審。詎與乞墦殊。帖括試有司。武夫雜璠璵。揣摩擲歲月。邱山博錙銖。雲路或蹭蹬。垂老徒嗟吁。何如及少壯。經訓力菑畬。達則施諸世。窮則傳諸徒。太和溢環堵。何日非唐虞。斯語頗駭俗。諸君不我迂。坐談輙移晷。欲起還趦趄。方今邊圉棘。強敵環睢盱。義切君父憤。文史未足娛。安得起公等。長纓繫狂且。及我餘喘息。再覩康乾初。去矣毋惻惻。各保千金軀。

讀蔚廬詩稿　劉人春

風雅見性情詩歌發懷抱春和鳥雀喜秋至鳴蟬好言者心之聲妙論本聞道翳彼無病呻琳瑯空麗藻中州雙鯉來遠寄蔚廬草撫卷一沈吟身世足稽考平生憂患餘雖云科第早杜陵有弟妹骨肉傷枯槁况乃慈母恩罔極痛蒼昊尤憐子由病方書事搜討中歲企船山欲挽狂瀾倒同志二三人慕古追軒皞潞河產奇傑（謂王舍人芝祥輩）麟鳳爲國寶郭李快同舟（中州郭泉聲秀才李光燦拔貢）滙池供浴澡（張邵仲秀才）近得斗大州小民賴康保一載政聲滿攀轅來父老解組願歸田名利渾如掃流連海國篇知爲時局惱閒來畫竹石題詠紛華縟想見麗澤懽繞郄娛梨棗滄桑一俯仰憂樂異寒燠蔗境良獨難此事天所造行止非偶爾維縶蓬萊島何時負杖歸看種山村稻

除夕獨坐守歲口占　劉人蓉

圍爐聚話復同誰正是千金一刻時嬾拙山妻渾不解呼兒爲誦老坡詩
爲問歸田事若何買山已種碩人薖算來行止非人力許否簪纓換薜蘿

庚戌重陽　謝光綺

暢秋時至倍關情臺上山光照眼明九日居閑陶靖節百年身老杜文貞（工部於元代得謚）蕭疏水石鷗長樂縹渺雲天雁有聲漉酒移花人健在會當拭目泰階平

秋夜感賦　顏　楷

脈脈此長夜盈盈星漢高端居獨惆悵撫劍殊鬱陶玉露疏蟬翳金燈苦蘼膏孤星避無地
誰與易滔滔
明月澄茲夕浮雲幻太淸蒼蒼不可極惻惻總多情飛雁桂林度芃狐秋草生稱心各努力
令德莫爲名

憶冬樹二哥　顏楷

緩帶薛冬樹驚人書畫詩開尊發長嘯諷世寄彈詞性絜閒逾勁才難遯不知瀟湘今夜月
還照苦相思

山居有懷湖北兩湖書院諸子　梁鼎芬

幽居舊事忽相尋迢遞書堂十載心湖上花多應長水石前松直定成陰朝廷養士憑何報
江海懷人且自深行罷春山還獨坐墓門高樹有歸禽

吳生行　劉人熙

潘生陋巷士泮溢字濟川弱冠齒膠庠美秀而文焉新政罷科舉將以實業傳甄拔送梧州
蠶桑事精研長洲開講席教習集羣賢王（通州王提法使芝祥時任桂平梧道）高（閩高太守鳳岐時署梧州知府）創厥基多
士慶嬋嫣炎洲蠶六熟練習愼起眠學理闡西陵染織工且妍黽勉三寒暑畢業來桂垣是
時張伯純（湘鄉張部郎通典）墾牧實粵邊官荒一億畝醵錢卅萬緡約生作導師貴縣借一壓同事

得舊友風雨喜牀聯。平江吳光珊。肄業實比肩。伯衡爲表德。異姓昆弟然。道長悲運促。潘生遽棄捐。醫藥苦無靈。淚下如奔泉。屬纊目不瞑。邱首正淮川。（淮川劉陽別名）伯衡吞聲諸殯斂禮無愆。告哀求士友。旅櫬返霜天。鵂鶹咒弱鬼。幾沈陽朔船。篙師呼將伯。奪之饞蛟淵。泝灘浮清湘。歸骨瘞新阡。今之江忠烈。（公名忠源會試北京歸死友之骨曾文正以是器之後死靈州之難）古之范忠宣。丈夫貴義氣。至誠金石穿。生不負死友。寸心慊幽潛。我作吳生行。登之太史篇。

後五君詠用顏延年五君詠韻

王德基

火流黃屋。墨胎迺行。漢委珠囊。白帽遠涉。是用肅彰風紀。扶屹河嶽。匪惟前王之遺烈。抑後聖章教所貽也。往者富春弛綸。君房促書。建隆仗鉞。華山返榻。處光濟之會。守空同之節。非有覊紲。如赴渴飲。豈靳情哉。彼鼓楫詣闕。買山招隱者。吾知其人矣。諸君流慨於往哲。遂志於皇代。栖翼汝社。撫徽南村。或身臥蒲輪。或泣灑丹詔。義薄騷雅。旨鉤皇墳。沈彖於古。淵鑠逮今。其引吭雪涕。可以起湘纍之魂。破休文之舌。而考厥大者。則已孕房杜於清時。振康乂於來葉。龍凰之靈。豈潛顯異哉。爰裒碩人之跡。踵光祿之作。詩曰。鮮我覯爾。我心寫兮。百代而降。有餘慕焉。其清辨逸度。或見譏於竹林。語夫游識鴻冥。激揚頹波。嗣宗而外。蓋亦無能爲役矣。仍之曰五君者。或有名薦石戶。傳遺皇甫。世外嘉遯。凡民罕聞。僂指諸賢。匪獨金玉之音也。

李二曲

關中臥大儒健室老巖洞抗節敦俗汙引疾耐朝諷襄城戰已哀東林慕何衆嗟彼河東酒
黃農詎無慟

顧甯人

亭林志濟世絕學窮天人死灰抉虞夏枯箭棲心神雙蹟地紀豁孤笻民獻淪麟虹終不祥
麋鹿非難馴

王而農

而農古樵先披髮齒不見鋭穎攻往疑精目忤神眩空山考鼓鐘如張帝臺宴九歌悲洞庭
青衡時隱見

魏叔子

冰叔鼂賈客深識擢神秀駭陣揮長矛崩崖抗金奏偉論愁孤鳴奇才竟虛覯邈矣徐孺子
能驚豫章守

陳元孝

恭尹坐嶺南流恨傾縑素行吟東海深痛哭西臺句淸風鬱懷袖塵中忽高舉徘徊吳市游
哀爾江南賦

康山吟

王德基

康山在揚州城東隅。爽塏數仞。以康對山得名。竹石翳如。水木明瑟。江南諸山。浮青如髻。國朝康熙間。馬秋玉置亭沼。爲玲瓏山館。汪蛟門厲樊榭諸先生皆爲賓客。乾隆中歸歙人江鶴峰。春臺樹花木。極一時之勝。時盧雅雨都轉司権揚州。以文采風流號召江淮。簪履雜沓。吟廊醉石。半當代名流也。乙酉庚子。高宗南巡。皆駐蹕於園。御書康山草堂。勒石自江氏之後。園屢易主。嘉道兩朝。至尊端拱。清宴江淮。無供張之設。而林亭汎埽無滅曩時。飲酒賦詩。亦無虛日。逮咸豐洪楊之亂。鞠爲茂草。予以甲戌三月來訪斯園。則亭榭已墟。梧竹黯黮。御書及七律二章獨屹然。其間汪退谷所書石刻。幷畫蘭數種。亦完好無恙。流覽石峯之上。爲之憮然。往昔盛時。海內豐樂。揚州爲淮南要區。擧利鹽田。壓閈殷富。四時花月。士女嬉游。巨商富人皆慕文雅。故廣陵之園甲於天下。選勝標奇。凡十餘所。長廊曲檻。直接平山蜀岡之間。今逃於兵燹者惟包松溪棣園而已。榛莽未除。大雅衰歇。此都人士亦非盛時高臺暮寒春禽上下。蒼煙俯仰。豈徒斯園之蕪艾邪。

東風吹遍蕪城綠。城內青山大於屋。姓名傳自康武功。池館築從馬秋玉。割得金焦半角來。樓閣玲瓏窗曲曲。玲瓏山館擅清幽。江左詩人幾輩游。入畫欲窮王石谷。藏書何減絳雲樓。

看花梅嶺行廚去。修禊虹橋還幾度。不惜千金市牡丹。商人苦被名流誤。金谷花飛不起塵。珠歌翠舞總逢春。辟疆園裏藏詩妓。水繪圖中坐酒人。簷上鑿山山上水。水爲雪瀑山爲几。銀蒜簾開乳燕飛。玉簫聲轉流鶯起。玉山絲竹俯江潭。從此司勳酒半酣。瓊樹新篇傳海內。鐵崖樂府走江南。高宗御宇當全盛。淮左山川爭望幸。黃鶴山頭訪隱淪。青溪館裏刋圖詠。榷使迎鑾苦費才。尙書無地起樓臺。藥欄直使崑岡接。蘿戶還令處士開。六龍移駕魚浮渚。萬竹當門鶴啄臺。雪磴風琴數灑埽。明年還說翠華來。是時海甸多風雅。畫廊北折平山下。太守堂成楊柳青。狀元山出欄干赭。劉氏諸郎半解詩。王家羣從能調馬。但知玉軸有飛灰。那識草堂無片瓦。歌舞人間儘消歇。竹林無奈秋蛩咽。飄泊楊家說雪兒。凄凉杜牧看明月。捨宅王珉定解人。浮圖亦共煙雲滅。何年曲檻怨琵琶。（吳梅村琵琶行云對山慷慨稱入神）暮雨瀟瀟水一涯。別墅人移到家石。荒畦雀損魏公花。可憐一片琅玕影。猶抱當年石磴斜。卽今江上無聲鼓。定子當筵謝郎舞。擫笛竹西知有人。訪碑禪智知誰主。卻到康山頂上看。麥陂驢犢隨春雨。春雨雷塘戰血腥。小山叢桂也飄零。惟應欄外梧桐樹。記得當年顧阿瑛。

都門秋思八首　王德基

萬里秋聲入帝京。薊門煙樹晚來鳴。天高北斗當樓直。風捲黃雲出塞晴。紫閣衣冠圖衛霍。玉泉宮殿拓元明。七朝文物開王會。父老猶能說太平。

寶劍銅符出未央宣仁家法有輝光能專僕射平淮節屢下司農減稅章南苑草生馳道靜

西陵風起玉衣涼袞龍一拜深流涕會有英賢佐聖皇

高昌西北古柔然阻絕伊犂路幾千鐵騎蹴殘青海月金人祭到雪山天春歸白骨荒城外

火斷黃沙落日邊赫赫兵威宣準部靈州誰記受降年

白狼歌舞雜鯨鯢嶺外樓船落日低使者自來銅柱北將軍偏謫玉門西可曾互市歸回紇

幸有朝儀肅日磾盜賊漸平民力盡越裳休爲貢明犀

劍南喬木委蒿萊徼外松杉鬱不開此日萬方頻入貢故應三殿遠徵材石犀輦道生秋雨

織女機絲出刧灰曾是柏梁高宴地侍臣頭白幾回來

神策軍威北斗寒金吾何敢數登壇八旗夜月臨瓊島萬里秋風憶木蘭苜蓿至今移苑牧

貂蟬猶爲賜材官天戈自古征無戰滄海東巡淚未乾

閤門微雨雁聲過退直元臣響玉珂海上旌旗明碣石江南財賦走滹沱內廷未輟車師議

遺老猶談永定河好積金錢佐都尉晾鷹臺上朔風多

惆悵梁溯去未能長安西笑感塡膺心依玉殿千官影夢繞黃河十月冰秋早蒼鷹思羽獵

夜寒金爵靜觚稜平生耕釣江湖意落日黃崖見六陵

說苑

按隋志曰。晉世秘府所存有古文尙書經文。此必據晉中經簿。又曰東晉豫章內史梅賾始得安國之傳奏之。此隋志明言非晉秘府古文矣。其自漢至晉中間授受之迹絕無可記。何待吳才老朱晦庵而後知其僞哉。今特箸之晉藝文志。使讀書者知僞經敗壞經學之罪焉。

詩類

江熙毛詩注二十卷。字太和。濟陽人。兗州別駕。

唐成伯瑜毛詩指說云。江熙謝沈各注二十卷。

謝沈毛詩注二十卷。　毛詩釋義十卷。　毛詩義疏十卷。鵠集疏。鴟鴞。謝氏云。布穀類也。

三書並見隋志。疑義疏即釋義複出也。

孫毓毛詩異同評十卷。隋志云。長沙太守。釋文序錄云。字休朗。北海平昌人。豫州刺史。毛詩指說云。北海人。爲長沙太守。

馬國翰玉函山房有輯本。　釋文序錄云。晉豫州刺史孫毓爲詩評。評毛鄭王肅三家同異。朋於王。成伯瑜毛詩指說云。晉孫毓爲詩評十卷。評毛鄭王三家異同。汝墳疏云。君子。樂詳。馬昭孔晁孫毓等皆云大夫。此當是參此書及聖證論而言。然樂詳未詳何人。

陳統難孫氏毛詩評四卷。字元方。徐州從事。

隋書音樂志下云。據毛萇侯芭孫毓故事。皆有鍾聲。而王肅之意。乃言不可。又陳統云婦人無外事而陰教尙柔柔以靜爲體不宜用於鍾。

陳統毛詩表隱二卷。鹿鳴之什·釋文不數·陳氏云數細也

郭璞毛詩拾遺一卷。

北堂書鈔一百二十九藝文類聚六十太平御覽三百四十七初學記二十八並引之。馬國翰輯此書得七節。

郭璞毛詩略四卷。

楊乂毛詩辯異三卷。舊唐志無異字 毛詩異義二卷。 毛詩雜義五卷。給事郎

殷仲堪毛詩雜義四卷。江州刺史

張氏毛詩義疏五卷。隋書列殷後不著時代姑附於此。

虞喜釋毛詩。

本傳。

袁喬詩注。

本傳。

周續之詩序義。

見釋文序錄。

周續之毛詩注。字道祖

馬國翰集佚書曰續之注毛詩。隋唐志不著錄。釋文序錄謂爲詩序義。顏氏家訓引其叢木章云周續之毛詩注訓及傳箋之字。不止解說詩序也。正義於鄭氏箋下云周續之與雷次宗同受慧遠法師詩義而續之題已如此。此又解全詩之證。故據家訓題毛詩注。北堂書鈔匡謬正俗並引之。按毛詩指說云周續之及雷次宗並作詩序義。書鈔九十五引周續之解毛詩。

干寶毛詩音隱一卷。

隋志作干氏。今據經典釋文序錄作干寶。詩泮水薄采其茆釋文干寶云。今之能蹏艸堪爲菹。江東有之。

江惇毛詩音。字思俊。河內人。東晉徵士。晉書思俊作思悛。

見釋文序錄。按孫碁傳濟陽江惇少有高操。聞碁學行自東陽往候之。是惇之學出於碁也。

李軌詩音。

見釋文序錄。

徐邈毛詩音二卷。

隋志又云梁有毛詩音十六卷。徐邈等撰。

劉昌宗詩音。

見顏師古匡謬正俗卷一。邶詩釋文云。煇劉昌宗音運。

徐廣毛詩背隱義二卷。背疑音字之譌。

蔡氏詩音。

孔氏詩音。

釋文序錄列二家徐邈後阮侃前注云不詳何人按孝友許孜傳云師事豫章太守會稽孔沖受詩書禮易及孝經論語此孔氏疑即沖也。

阮侃詩音。字德恕。陳留人。河內太守。

見釋文序錄。

袁準詩傳。

見魏志袁渙傳注引袁氏世紀。 案詩大雅生民疏引袁準說未知出此書否。

衛協毛詩北風圖。 毛詩黍離圖。

見唐裴孝源貞觀公私畫史。

晉明帝毛詩圖。唐張彥遠歷代名畫記卷五云。彥遠曾見晉明帝毛詩圖。舊目云。羊欣題字驗其迹乃子敬也。豳詩七月圖毛詩圖二。

禮類

干寶周官禮注十二卷。

劉昭續漢志注屢引之。隋書牛宏傳明堂議引周官考工記鄭注。又云馬融王肅干寶所注與鄭亦異。記周書斛斯徵傳亦引之。

袁準周官傳。

見魏志袁渙傳注引袁氏世紀。

伊說周官禮注十二卷。

舊唐志十卷。

王懋約周官甯朔新書八卷。燕王師

舊唐志云司馬伷序。

陳邵周官禮異同評十二卷。司空長史。隋志作劭誤。

舊唐志云陳邵駁傳玄評。又案本傳云。郡舉孝廉不就。徵爲陳留內史。累遷燕王師。不言曾爲司空長史也。新唐志傳玄周官論評十三卷。陳邵駁。卽此書。釋文序錄引陳邵周禮論序。

孫略周官禮駁難三卷。

通典九十八生不及祖父母不稅服議。孫畧議曰。記云不及祖。謂不及幷代而不相服。略昔親行其事。時人咸不見許。卽此人。九十一亦引孫略大功降服議。

虞喜周官駁難三卷。

隋志云孫琦干寶駁散騎常侍虞喜撰。

劉昌宗周禮音三卷。

釋文序錄云一卷馬國翰從釋文集韻輯錄二卷。

宋氏周官音義。

見列女韋逞母宋氏傳類聚六十九引秦記。亦載其事初學記卷十八。裴景仁前秦記苻堅幸太學問博士經典。博士盧壺對曰周官禮注未有其師韋逞母宋氏傳其父業得周官音義。自非此母無以授後生書抄一百三十二亦引之。

李軌周禮音一卷。

見釋文序錄馬國翰有集本。

徐邈周禮音一卷。

見釋文序錄。馬國翰有集本一卷。

恤民兼恤官

立法之初自以恤民爲主然州縣不稍足自給則斷無不浮收于民之理亦斷非可久之道（批南昌縣稟）

治盜

從前興國州爲盜賊之藪胡文忠派邢守高魁捕誅千四百餘人以後便不窩藏粵匪近年山東蘭山費縣土匪如林閻撫部院札長守康王守成謙各殺千人而閤邑肅清捻匪不敢入境該三員皆有明效皆得優保仰該員認眞查辦不可稍涉姑息（批□因□）

治會匪

禁誣扳以孤匪黨免株連以定人心但問其有罪無罪不問其是會非會庶幾無人人自危家家仇扳之風（與劉蘊齋中丞）

處置僞官

逆黨竄据之地何處不有僞職强者因助賊爲虐弱者亦姑且承順苟全性命但不苛派鄉里搜求富室以媚賊便是好鄉官其義不從賊盡室先逃及甘蹈白刃者幾人哉賊去之後彼此各以僞職相告訐地方官遇此等案件但取案中一二切要人證立予質訊察其黨類之善惡究其受害之輕重如確有田產器物可指者追還故主銀錢衣服架空之數概不追

究其魚肉良善爲衆論所不容者重則立斃杖下輕則予以枷責諭令受害者永不記仇犯法者咸予維新兩造氣平則爭端自息矣　批傅錫恩稟

團練

本部堂分團與練爲二事團即保甲之法清查戶口不許容留匪人壹語盡之矣練則養丁請師製旂造械爲費甚多若董理不得人則難免擾累故常與練紳定議二語曰團則徧地皆行練則擇人而辦又與州縣有司定議二語曰鄉閭團而不練城廂練而不多蓋鄉閭非不練也得賢者而後與辦也城廂若無練丁則一夫倡亂倉皇夜呼遂有焚署刦獄之案近日往往如此但有練丁四五十人火藥器械齊備即足以彈壓一切鼠輩無敢妄爲矣　批安福縣稟

爲將之道

爲將之道謀勇不可强幾廉明則可學而幾也弁勇之於本管將領他事尚不深求惟銀錢之取舍保舉之當否衆目眈眈環而相伺以廉明二字爲基則智信仁勇諸德可漸臻矣若不從此下手則諸德亦毫無把握　批吳廷華稟

爲將之道須不怕死不要錢不偷嬾不擾民　批韓進春稟

爲將之道勤廉明三者不可闕一　批楊鎮魁稟

楚南經師記序

自庠序學校之制興聲敎四訖大學小學遐邇嚮風詩書絃誦周於里黨同文之治橫被率土三代盛軌亘古於茲楚自熊封啓秀文明日上汝濆江漢譜入風詩覘王化者首推南國焉洎乎戰國陳良氏生道悅周孔遂爲北學之冠傳曰惟楚有材亶其然乎秦幷天下故府典籍同歸煨燼陳氏是否有闡述不獲與楚書並傳漢興寬挾書之禁出隱逸之儒於時淄川田生言易濟南伏生言書魯有申公培齊有轅固生燕有韓大傅言詩魯有高堂生言禮齊有胡毋生趙有董仲舒言春秋自是以還經儒雲集橫舍宏開弟守師訓西都文學雅有洙泗風爰逮東京賈服抉其㪍奧馬鄭精其訓釋而經義優洽司農爲長眞所謂振千秋之絕學爲訓詁之宗祖者矣晉有王肅妄逞己見私譔僞書復作聖證欲與鄭頡頏千載以貴屬椒房其書得行於世齊梁以降經術雜出江左諸儒遂多遺議深蕪約簡南北殊途殆所不免者與唐代君臣留意經籍讎校篇帙海內頒行詔撰義疏發明章句亦可謂有功聖經惜衛包之肆行刪改穎達之任意去取終覺未當然由漢迄唐訓故不下數百家其間負經師雅望以齊魯秦及河洛間特盛而三湘七澤不甚有傳人何哉晉書甘卓傳稱谷儉曰於時南土彫荒經籍道息儉在冢研精所得實深未有名譽可見坐擁百城終老牖下年湮代遠載籍銷亡宋宗無聞不知凡幾故楚自漢代熊倘治歐陽尚書至周陰顯著瓊林二十卷

其纂述皆不傳它如劉常（漢桂陽人）羅含（晉耒陽人）伍朝（晉武陵人）車允（晉南平人）廖沖（梁桂陽人）歐陽頠（陳臨湘人）諸公等同負當代盛名無復斷簡留遺惟湘鄉蔣氏琬有書一卷見隋書經籍志作唐（今安鄉）陰氏宏道有書十卷見唐書蓺文志楚之經學是二公爲冠冕焉宋席唐祚邪說蠭起安石輩出侮聖亂經莫可救藥楚有周子崛起神契聖道作易通圖說以翼羲經易氏（祓）總羣經注易遵漢家法吐棄王弼嗣是湖湘士夫樸學相崇周易有丁氏象義尚書有廖氏洪範毛詩有周氏詩說周禮有易氏總義春秋有湯氏要論皆能闡敭訓義光於來葉雖其時朱子倡正學於潭州旨標性命而橫經諸家究未束義疏於高閣致雌黃之莫辨元明繼起甄陶士類端重制科議者以奇才俊傑束縛帖括未遑古訓蜚聲黌序絕鮮通人然吾湘羅氏禹鐘何氏子元曾氏植齋戴氏紫宸孫氏子雙等均以名進士而精傳訓是制蓺不盡爲經學病在汲古者精擇取耳滿清入關武德戡亂文治綏猷稽古纘堯敷文軼夏列聖隆禮儒臣勅行纂述搜永樂大典開翰府故藏經傳刊行頒賜學官四方秀艾功勤服古折衷至當邁漢超唐千載一時以故湖南自王氏船山先生以前明遺臣不復筮仕偕兄石崖結廬南嶽著書數十年爲經師碩望遺書梓行海內宗之澧蘭沅芷間景行前哲著作岱崇如李（朗軒）向（雲路）之易學黃氏（陽谷）之書義許氏（惠棠）之詩深王氏（九溪）之周禮會義採入四庫並經訓家引載標題緜富皆函列雲珠契昭虹玉眞白珩不足爲楚寶斯文獨能齊岣嶁矣況家藏卷帙

棗梨將竣或流傳未久徵引有待詳檢志乘更不乏人方今皇上治宏鑒古彌綸宇宙識大識小盡供芻採詔徵念典之家廣開獻書之路褒崇文教垂範來茲所在編槁宣布國史政樞緬懷先正輯錄舊聞畧仿江氏子屏漢宋師承記之例成楚南經師記分上下卷經義收入史志及各家著錄者爲上卷未經著錄編爲下卷以備當路採擇記中詳姓名里居與所著某經未暇它及亦猶江氏記軒冕則畧記學行則詳之意非敢妄爲軒輊貽笑同方也光緒十有三年丁亥冬月長至日桂陽彭政樞莪原氏敍於湘水校經堂

楚南經師記卷上目錄

樂思忠

狄遵度

湯璹

王夢應

丁易東

元

湯彌昌

劉彭壽

蕭元益

明

劉三吾

甯欽

李東陽

何孟春

劉黼

蔣信
甯咸
戴君恩
孫鼓
喻國人
曾朝節
周希聖
羅敦仁
羅喻義
王介之
王夫之

清

李文炤
趙世迥
黃燐

桑日昇
許伯政
鄭國器
周世金
向德星
王文清
羅登選
潘士權
鄧顯鶴
魏源
鄒漢勳
羅澤南

附編

船山學報附編之一

益陽曹明穀編

國語（自民國四年五月十六日起至十月三十一日止）

中日新約簽定。政府厲行內治。參案紛如。內外官司。羣爲股栗。外報喧傳中國皇帝不日復活。爾時參議乃請實行立憲。而籌安會諸要人。遂得以號召天下。運動帝制。此數月中。遂由刷新內政而輸入帝制矣。

二十五日。簽定中日新約。約分五項。一山東。二南滿東內蒙。三漢冶萍公司。四福建。五交還青島。南滿洲居住權貿易權兩條展緩三月實行。

六月一日。陸軍總長段祺瑞如西山養病。以王士珍署理。

七日。簽定中俄新約。

一。外蒙承認民國二年中俄條約及中國宗主權。中俄兩國承認外蒙自治。但仍爲中國領土之一部。

二。兩國承認外蒙管理內政及通商權。

三。外蒙無對外結政治及關於領土條約之權。

四。二年條約。凡關於外蒙上處分。中國負責。

五．外蒙照會文書悉依中曆。
六．中國得派官駐外蒙各處並隨帶衛隊。
七．中國承認活佛名號。
八．俄國派官駐各處及帶衛隊與中國同。
九．規定民刑訴訟審判方法。
十．中國有用蒙人為投遞文書驛夫權。
十一．中俄約關於商務實業處分仍有效。
十二．外蒙郵局仍由中國管理電線由外蒙管理。
十三．凡有國務公務中國代表得占一席。
十四．中俄代表均得與活佛為私人會議。
八日。調換中日新約。
十一日。全國油鑛局與美孚油公司商定陝西煤油合同。
二十五日。俄人侵我哈巴河。
阿爾泰山哈巴河一帶、哈薩克人民。俄人強逼投誠。該處草湖亦為其侵佔。哈巴河地接俄壤。水草豐美。俄素垂涎。沿河草灘每逢夏季一色青翠。俄駝馬牛羊往往越界自由遊

牧一如自產我哈民平日爲避差徭計每於官吏調查亦直認爲俄部民無定籍官無撫綏良法日在危境

二十七日政事堂參議林長民等聯名呈請實行立憲欲以定國是也

二十九日以參劾案派員密查各省將軍巡按使

五日參政院推定李家駒汪榮寶達壽梁啓超施愚楊度嚴復馬良王世澂曾彝進爲憲法起草員

十日軍學獨立交訓練總監蔣雁行全權組織依照各國編制設步騎砲工輜監五編輯局一以朱泮藻王丕煥米材棟賈賓卿汪慶辰魏宗瀚任之

八月二日審查交通部債欠欵額

交通部現負外債數額　除已還者又其他利息用費及欽渝墊欵滬楓借欵不由該部償還各欵並已定合同未經交欵者均未列入

京奉鐵路借欵　英金一百七十二萬五千磅

滬寧鐵路借欵　英金二百九十萬磅

滬寧購地借欵　英金十五萬磅

道清鐵路借欵	英金八十萬磅
粵漢贖路借欵	英金十一萬磅
廣九鐵路借欵	英金一百五十萬磅
廣九鐵路墊欵	英金五萬磅
津浦鐵路借欵	英金五百萬磅
津浦續借欵	英金三百萬磅
津浦墊欵	英金九十七萬七千四百六十七磅零
滬杭甬鐵路借欵	英金一百五十萬磅
京漢鐵路公債	英金四十五萬磅
京漢贖路公債	英金十九萬四千四百磅
整興實業借欵	英金五百萬磅
漢粵川鐵路借欵	英金六百萬磅
隴秦豫海鐵路借欵	英金四百萬磅
浦信鐵路墊欵	英金二十萬磅
同成鐵路墊欵	英金一百萬磅

寗湘鐵路墊欵　英金五十萬磅

滬烟沽正水線借欵　英金十四萬五千三百六十三磅

滬烟沽副水線借欵　英金三萬三千七百二十九磅

大東大北公司預付報費　英金四十四萬七千四百六十四磅

天津電話借欵　英金三萬七千六百磅

汴洛鐵路借欵　法金四千一百萬佛郎

正太鐵路借欵　法金三千六百十八萬七千五百佛郎

正太鐵路墊欵　法金一百二十六萬三千佛郎

京漢贖路公債　日金二百二十萬元

吉長鐵路借欵　日金二百零九萬六千二百五十元

新奉鐵路借欵　日金二十二萬二千二百二十二元二十五錢

正金銀行借欵　日金一千萬元

德華銀行短期借欵　規元七十萬兩　銀元五十萬元

折合銀元約共五萬萬零二百零七萬六千六百餘元

交通部現負內債數額　徐已還者

京漢短期公債	一百五十萬元	息未計入
京漢贖路公債	三十三萬九千八百元	息未計入
京張張綏短期借欵	一百三十六萬九千五百元	息未計入
湘路股欵本息	八百八十九萬零二十六元八角八分	此係收回湘路應付之甲乙兩項股欵本息
蘇路股欵本息	四百十五萬五千四百四十九元二角八分九釐	收回蘇路
浙路股欵本息	一千萬零四十二萬九千二百三十一元八角七分	收回浙路
皖路股欵本息	九十四萬二千六百零一元七角零八釐	收回皖路
川路股欵本息	二千萬八百七十五萬三千四百十四元八角二分一釐	收回川路
吉長路附股甲乙兩項	八十一萬三千一百元	由吉林官銀號借欵改為附股
郵政欠欵	三百二十三萬八千三百二十七元七角九分	
鄂境漢粵川鐵路股欵	二百萬元	
浙路債票本息	五十二萬六千零六十四元	接收浙路後歸部繼續擔任之債務
浙路東西線兩轉運公司借欵	五十三萬元	接收浙路後歸部繼續擔任之債務
浙路東西線兩轉運公司押櫃	十萬元	接收浙路後歸部繼續擔任之債務

合計六千三百五十萬零六千五百零六元三角五分八釐

交通部積欠各欵數額

蘇路欠欵	十六萬三千二百八十七元四角三分八釐	接收蘇路歸部繼續擔任之債務
浙路欠欵	二百三十二萬九千二百六十二元八角六分七釐	接收浙路歸部繼續擔任之債務
皖路欠欵	四十六萬二千一百二十五元八角零七釐	接收皖路歸部繼續擔任之債務
湘路欠欵	七十二萬零八百零九元八角二分八釐	接收湘路歸部繼續擔任之債務
同成鐵路欠欵	一百八十五萬九千八百十元七角六分四釐	
京漢鐵路欠欵	一百六十七萬三千五百十一元七角六分五釐	
京張張綏鐵路欠欵	一百三十五萬七千七百元	科欵
吉長鐵路欠欵	十二萬四千八百三十五元七角七分	材科等欵
廣九鐵路欠欵	八萬六千八百元	
株萍鐵路欠欵	九萬元	
津浦鐵路欠欵	三百十四萬二千一百九十四元八角九分	
本部及各路欠付漢陽鐵廠欵	一百十九萬八千零七十三元二角三分四釐	
電政項下欠付西門子等欵	五萬三千三百二十九元五角一分四釐	科欵
郵政項下欠付財部印刷局欵	四萬元	上係約欵

積欠公府軍需局欵 二百三十萬元

積欠交通銀行欵 一百六十一萬四千六百二十九元

合計一千七百二十一萬六千三百七十元零三角七分七釐。未轉賬者尚不在內

交通部人欠欵項數額

豫付漢陽鐵廠軌價 二百七十七萬七千七百七十七元七角七分八釐

此欵係洋例二百萬兩約合之數按合同第二百條該廠每年應繳還本部本銀四十萬兩歷屆本息均未經交付亦未經結算

同蒲鐵路存漢陽鐵廠欵 五萬一千二百三十四元七角二分二釐

此欵係洋例三萬六千八百八十九兩約合之數

中央暨各省行政機關官電欠費 三百七十八萬五千七百五十四元三角九分三釐

截至民國三年六月止民國三年六月以後各局賬冊尚未到齊故未例入

本部代付中央行政各署發往外洋官報費 三十三萬一千四百二十一元五角八分

截至民國三年六月止民國三年六月以後各局賬冊尚未到齊故未列入

浙路人欠欵 九十八萬零四百二十二元三角四分七釐

此欵總滙雖近百萬但其中有倒閉者有控追無著者有欠戶現況艱窘一時不能了結者其可期繳還之數實屬無幾

財政部欠欵 一千一百三十四萬七千二百二十二元六角一分三釐

此係截至本年四月底止所欠之數四月以後尚不在內

合計一千九百二十七萬三千八百三十三元四角三分三釐

上列人欠各欵能否收回並無把握其欠人者則欵欵皆實即以兩抵計之尚欠五萬萬六千三百五十二萬五千六百餘元就近三年計算營業收入雖有贏餘如民國二年收入六千二百九十萬餘支出四千四百七十二萬餘而年付本息新資本收回各路墊付官欠官欵平均至少在千萬以上

十五日楊度孫毓筠嚴復劉師培李燮和胡瑛發起籌安會

暫設事務所糾集同志各抒所見其發起詞皆本諸美人古德諾

美人宣言贊助共和

美人投書北京英文日報畧謂北京籌安會鼓吹君主主義此等關於國體之事在法國及其他共和國必以爲叛逆政府立行禁止且與中國有莫大之危險願中國自強獨立者必擁護現行國體力求統一不使發生黨爭

十月二日籌安會提交請願書於參政院

七日日使以閒島交涉提出覺書

十二日交通總長梁敦彥外交總長陸徵祥內務總長朱啓鈐如新外交署會議修改郵政條約辦法

我國加入萬國郵政公會。通商口岸。前設客局。現正籌商辦法。內地向不許客局侵入。奸商或代售郵票。或於商店附設郵政機關。日前交通部已通咨巡按使查禁。

十三日俄人又要我外蒙特權

要求條件之最要者三。一、恰扎克牧場不得收沒。二、加拉阿日起斯河之自由貿易及船船航行權利。三、阿爾泰地方之土地所有權。居住營業案。皆曾於上年提出。經我拒絕者。外報謂其失之西歐。而欲收之北滿。

十八日日人要我山東郵政權（繼承德國在山東所有郵權）外交部許之。

十九日留日學生刺帝政會員蔣士立於東京。

二十一日總統府憲政會草擬憲法

擬成提交立法院會議。會以公府顧問五人。秘書八人。參政院議員二人組織之。

鄰戒 民國四年六月十七日起至十月二十九日止

船山學報附編之一

益陽曹明毅編

自德奧聯軍攻俄。東歐大戰以起。世界耳目乃皆屬於波蘭。而英法總攻擊亦於茲造其端已。

六月十七日。德軍奧軍攻俄軍於北波蘭加里西亞及布哥維拉克之。

德奧聯軍陣線長千一百基洛邁。當俄之政界軍界羣以極嚴厲之詞痛詆英法軍不敢總攻擊以牽制德軍。任其聚集東境以攻俄軍。蓋以開戰之初。俄國未調齊軍隊。以西歐事急。奮力攻入東普魯斯。法國賴以保全巴黎也。德文電

二十日。德軍奧軍攻俄軍於格洛台克及柯瑪洛克之。路透電

德奧聯軍轟擊格洛台克及柯瑪洛軍事評論家頗重視之。蓋可啓路以達萊姆堡前俄軍最後進守地位之中央也。德文電

西里東北部擊退俄軍。奧軍總司令佛萊德里克大公爵督戰於加里西亞西部。又敗俄軍。麥氏親自率兵由克拉哥東向疾行。以奪泊里齊米塞爾。今其軍隊已直迫砲台之下。春季積雪盡化。大水暴發。道路泥濘。極不利於作戰。然雙方堅認力戰。陣地兵士之多。至不可確計。是誠世界歷史上最大戰爭之一也。

二十三日。駐布德使以英人法人意人俄人致布條件會商外交部。

先是協約國要求布軍進攻土耳其。允以馬其頓、（塞國之一部分）加伐拉鎭。（現屬希臘）及自愛洛斯至米地亞界綫內之土境割予之。前次羅京媾和會議定割讓羅國之杜白羅柴地境。並允勸喻羅政府讓渡。駐布德使米氏回任。在即以其與巴爾幹各國利益多相抵觸。塞布之於馬其頓。塞羅之於巴拉特。塞希之於阿爾巴尼亞。皆足使巴爾幹聯盟之局不能復活。故以商之外交部。

奧軍據哈里貲。德軍據加里西亞。越里斯特河。追擊俄軍於格里拉里巴河。（路透電）

二十九日。孟奧交惡。

初孟欲助塞。奧人止之。至是乃據斯古太里及亞爾台西哇。以逐奧軍。且以迫於奧人亞爾尼亞之陰謀。通告各國。（路透電）

七月三日。德將軍麥剛森進軍柴摩貲蘇開爾間。

麥剛森爲德奧大軍前驅。俄軍逸不與戰。以後防隊禦之。

五日。德奧聯軍敗俄軍於克里斯尼克。

克拉斯尼克之俄軍分裂爲二。一退走東偏。一退走西北魯白林伊文哥洛華沙。皆爲震動。德奧軍之在泊魯慈河里斯特河間者。俄軍屢謀破之。以其他重砲移至前敵。敗而棄

之各砲台遂以失抵禦力 德文電

奧軍拒意軍於伊森沙克之

意軍沿伊森而前奧軍回攻之其小隊時舉手作投降狀旋忽臥倒快槍隊突爾繼起而在台海南特蘭狄洛及加尼亞者皆甚活動 路透電 是役也意軍死亡甚衆意兵參與者逾全軍之四一較奧軍多至三倍戰歷三日重砲隊轟擊不止耗彈甚夥大敗而退 德文電

九日西南斐洲德軍以無條件降聯軍總司令波薩將軍 路透電

十四日德攻英法軍於亞拉沙歇 路透電

十九日德與俄軍戰於波羅的海沿岸

自波羅的海起至比薩拉尼亞省止俄國險要陣線一千英里皆有惡戰自十五日起德取總攻勢與登堡將軍軍於北麥剛森將軍軍於南欲以包圍華沙也沿海馬兵大戰德蒲羅將軍濟溫杜河向米托南北進發其在泊拉斯尼賀境者以全力戰於遼潤陣線俄軍迫聚於拉里夫近地於是俄軍之在維斯土拉河左者得以重整麥剛森將軍與戰於維斯土拉河及布格河間奧軍宣稱俄已棄維斯土拉河與自拉杜姆至基斯爾斯鐵路間之陣地焉 路透電

二十二日土布簽約於君士坦丁

地台戛區路土耳其之一部分割讓布國瑪里柴河西面之地全入布國版圖兩方面對於該約均無政治之約束（路透電）

二十三日德軍入溫渡港進窺里加

德軍謀襲波羅的諸省籌之已久蓋欲得里加灣爲海軍根據地也今距里加四十英里耳俄軍禦之（路透電）

八月五日華沙陷

四日巴伐里亞邦里哇波爾特親王軍擊破其內外砲台線俄軍後衛抵禦甚力今晨德軍乃得入地

九日德艦隊攻里加灣（路透電）

十八日德興登堡軍攻陷柯夫洛俄軍棄加伐爾里茄及蘇瓦爾基而退（德文電）

二十日興登堡軍又攻陷洛伏喬治夫斯克俘俄軍十二萬人（路透電）

柏林電曰柯夫洛與洛伏喬治夫斯克兩砲台之陷洛其關係更甚於華沙之占領蓋圍攻兩砲台之大軍今皆可從事他役也德軍所獲戰利品甚夥足證俄軍有久守之志故此役實爲德軍偉大之戰績

德敗俄艦隊於里加灣（路透電）

二十一日。意與土人宣戰。

宣戰理由。一爲土國協助理白雅土人讐抗意人。一爲土國阻止旅土意人啓程回國。德人聞之。恐蓋意國加入近東戰局。達達納爾之命運。將決於此也。路透電

二十五日。德奥軍攻陷白萊斯特里土夫斯克。俄軍退走維爾恰維斯及拉斯細畦里。俄於三星期內。失砲台九。其至鞏固者三。曰柯夫洛。曰洛伏喬治夫斯。曰白萊斯特里土夫斯克。於是上下大震。各報要求嚴懲貽誤戎機之人。

九月一日。駐美德使以潛艇交涉照會美國務卿藍辛氏。

德國承認美國和平主義。此後潛艇遇商船。先警告而後轟擊。路透電

二十三日。羅馬尼亞通告布國嚴守中立。德文報

華德日報曰。現今布勒嘎利亞志在西南。不在東北。則羅馬尼亞勿庸恐懼布人侵襲入寇。故以不作左右袒爲主義。希臘按照舊約與塞同盟。塞今被攻。拔刀相助。自屬當然。況其與布積不相能乎。踵行戒嚴。亦固其所。

二十四日。希皇簽定動員令。

以鑒於布國之舉動。不得下動員令。乃徵發汽船鐵路。禁止運貨。路透電

二十八日。英法俄公使聯絡希國。

塞維亞或希臘如被攻擊。三協約國即以步砲軍登岸。且供給其應需之欵。路透電

十月一日英軍法軍攻德軍於香巴業。

英法聯軍與德軍大戰於香巴業。是役法軍四倍於德軍。乘風利用煤氣炸彈。將士皆醉飲。裹十日糧。蓋欲長驅入比境及盧林森堡也。英軍之進攻者則以印兵斐兵狂呼當先。德文報

德文報曰。英法總攻擊一役。法人獲地不過四百方基洛邁當。德軍所占比法之地。多約五萬基洛邁當。霞飛將軍進攻香巴業及亞拉附近也。不下二十萬人。其失戰鬥力者共十三萬。法軍非調新兵不能再舉。

三日俄致哀的美敦書與布

俄以德奧軍官紛紛抵布。希圖指揮其陸軍。乃致哀的美敦書與布。限二十四小時內。辭退該兩國軍官。路透電

布以十五萬兵防塞。十萬防羅。十萬防布。路透電

華德日報曰。東歐戰事。自英法在西方合力大舉進攻以來。相形之下。不免稍覺沈靜。而世人眼光矚之注在東方者。遂爲之一變。消乎近日巴爾幹之風雲日急。又漸漸隨之而移至巴爾幹矣。

中華民國六年四月出版

定價表

期數	定價	郵費本國	郵費日本	郵費各國
一期	四角	五分	一角	一角五分
預定六期	二元二角	三角	六角	九角
預定十二期	四元	六角	一元二角	一元八角

廣告例

期限	一面	半面	四分之一
一期	十二元	七元	四元
三期	三十二元	十八元	十元
六期	六十元	三十二元	十八元
十二期	一百十元	六十元	三十三元

◎面頁 底頁 加倍

船山學報

第七期

編輯者 長沙小吳門正街 湖南船山學社

發行者 長沙小吳門正街 湖南船山學社

印刷者 長沙育嬰街 宏文印刷社

分售處 各省各大書坊

船山学报

㈢

湖南船山学社　编辑

湖湘文库编辑出版委员会
湖南师范大学出版社

湖湘文库
甲编

分册目录

第一卷第八期

① 原件短缺。

凝粹堂诗

附编 本期暂阙①

第二卷第一期

① 原目录如此。

第二卷第二期

民國六年八月二十日出版

船山學報

第八期

湖南船山學社印行

船山學社徵文條例

一本社爲研究學術集思廣益起見按期徵文其目如左

一船山語類敍例

二論現在教育之缺點及改良之法

三提倡國貨條議

四續修各省通志議

五史學叢書敘目

六繹史拾遺

七經籍纂詁拾遺

二海內通疋有以右開各題文稾見惠者除擇尤登入學報外並贈以學報一分及四元以上十元以下之酬勞金

三酬勞金及贈報於惠稾登報後送達之但惠稾者須開明住所

四本社編輯事忙惠稾無論已登未登概不送還以省手續惟數期之後必將篇目及譔人姓名列單報告一次以答海內通疋殷勤見惠之心

船山學報第八期目錄

圖畫

師說

廣師

講演

通論

專論

文苑

文錄

凝粹堂詩

筠堂先生以銷寒分韻詩見貺次韻奉和……彭政樞

說苑

鍏史 船山遺稿未刊之一……船山

楚南經師記……彭政樞

附編 本期暫闕

船山先生手蹟

回雁峰寺圖

師說

本報月刊一册按期出版全年定價四元郵費三角六分半年定價二元郵費一角八分如荷訂閱全年或半年請查照下列預約單塡明並現欵至本社總分發行所訂閱當照單按期寄送不誤惟祈鑒察

湖南船山學社啓

預約單

地方今向湖南船山學社定閱

姓　名　號　住　省　縣

船山學報　册自第　年第　號起至第　年第　號止

計共洋銀　元　角　分並郵費　元　角

分照奉請即收入將收據寄下以後按期照寄爲要

年　月　日

其無憂矣。然而聖人之所憂者。非猶夫人之憂也。人之所憂。憂人也。聖人之所憂。自憂之。有家而不欲其家之毀。有國而不欲其國之亡。有天下而不欲天下之失。黎民其黎民。而恐或亂之。子孫其子孫。而恐莫保之。情也。情之貞者。聖人亦豈有以異於人哉。然而聖人所憂者仁、不足以懷天下。義不足以綏天下。慮所以失之。求所以保之。終日乾乾。夕惕若。幾以无咎哉。曰憂之如何。如舜而已矣。過此以往。世之平陂。祚之修短。未之或知也。則亦安用知之哉知、且無容知。而奚足憂邪。

在京師時。有同輩干進。求之甚苦。坐臥不甯。有友規之曰。行止會有時。君何爲爲天著忙也。時以爲名言。與此相發。

夫欲知過此以往。而用其聰明。是謂知其所不知。而憂其所不憂。夫苟憂其所不憂。則惟恐天下之不喻其意。而尙口以求伸。惟恐天下之不感其惠。而賜之衣裳以聯其情。惟恐天下之不畏其威。而耀其干戈以爭其勝。且猶恐言之不聽。賞之不勸。誅之不服。而或反戈相攖、則厚其防於甲胄。以使無能傷也。嗚呼。後世之治術。以制天下者。舍是而亡術矣。口之厲。則有符命圖讖以修天命。衣裳之厲。則有覃恩曠賞以繫人心。干戈之厲。則有重法淫刑以刈豪傑。惴惴然尙不自保也。曰吾之所可以自護。而不患伏莽之戎猝發於意外者。惟甲胄乎。嗚呼。孰知啓天下之戎。心近以害於身。遠以禍及後世者。莫甲胄之爲甚哉。

民國建立符命圖讖不足惑人覃恩醲賞重法淫刑不可不戒船山之言建設民國之金科玉律也

有七屬之甲則有截犀之刃示天下以不可攻者正其示天以有可攻者在也秦畏分爭之戎罷侯置守以爲甲胄而以啓戎於隴首漢畏閻左之戎厚樹貴戚以爲甲胄而文景以啓戎於七國哀平以啓戎於五侯曹魏畏彊宗之戎剷親樹疏以爲甲胄而以啓戎於宰輔晋畏外奪之戎寵任子弟以爲甲胄而以啓戎於八王宋畏彊藩之戎剷弱將帥以爲甲胄而以啓戎於夷狄右文臣以爲甲胄防武人之戎而戎生於外侮分六卿以爲甲胄防宰相之戎而戎生於中涓甲胄抵實以捍戎戎投虛以攻其甲胄蔽左而露右拚項而忘胸恃有甲胄之足禦戎也則暮夜有號而勿恤白晝殺越而不知嗚呼自衛以自賊生人以殺人而甲胄之禍烈矣憂之也無端防之也已密戎不自起起之自我而尙誰咎乎然則空拳裸體以冒白刃而信虎之不咥人也其可與夫固有無形之甲胄陰陽不能賊而人事不能攖者人未之睹耳

暴虎馮河死而無悔聖人不與不 此 則太守而借鬼兵戎服而講老子爲世詬病不亦宜乎

乾道變化各正性命天之甲胄也直方大不習无不利地之甲胄也自反而縮匹夫之甲胄

也履信思乎順王者之甲冑也故曰以忠信爲甲冑以禮義爲干櫓非以爲甲冑而甲冑之用存焉聖人雖不與天同其無憂而憲天以涖物凝命者此而已矣雖然聖人之憲天者無憂於物也非無憂於己也彼異端者蹠等師天乃欲竝此而捐之曰將爲之仁義以正之則竝仁義而竊之惟絕聖棄智而後大盜可止則妄甚也聖人之銷甲冑也銷其私與妄者也彼亦欲銷甲冑也竝其公與誠者而銷之也我不敢知公與誠之下游無弊也而欲竝銷之者則亦知其所不可知憂其本無所憂者也夫苟知其所不可知憂其本無可憂則固藏身自私而以其銷甲冑者爲甲冑斯亦嬴政銷兵器趙普解兵權之陋術而已矣過此以往之知也無可奈何而不安之若命也謂天不仁而不樂之以天也

過此以往未之或知而世人專務知之舍其不可知者以用力於可知者聖人之所正位凝命者此而已矣

夫憲天者不廢天之常而弛其所必憂不窺天之變而防其所不可知簡官愼爵慮動專事閉寵革非釐祀飾禮進德賢正綱紀非僻遠地天絕亘古今訖四維通幽隱一彊弱聖以是憲天臣以是奉聖民以是從臣久安長治之道盡其所可爲禦戎之道亦即此而在焉又何甲冑之足庸抑何甲冑之必銷也哉

說命中二

詭於君子之道以淫於異端之教者其爲言也恒與其所挾之知見相左而謬爲浮游之說以疑天下其所挾之知見則已陷於詖邪而賊道乃其所言者雖不深切著明顯道之藏立學之準而固未嘗盡非也君子之辨之不誅其心而亟矯其言則抑正墮其機而導學者以失據故知言難也宋諸先儒欲折陸楊知行合一知不先行不後之說而曰知先行後立一劃然之次序以困學者於知見之中且將蕩然以失據則已異於聖人之道矣說命曰知之非艱行之惟艱千聖復起不易之言也夫人近取之而自喻其甘苦者也子曰仁者先難明艱者必先也先其難而易者從之易矣先其易而難者在後力弱於中衰惰疑於未艾氣驕於已得矜覺悟以遺下學其不倒行逆施於修塗者鮮矣知非先行非後行有餘力而求知聖言決矣而孰與易之乎

天下事無捷獲是以君子遵道小人好徑

若夫陸子靜楊慈湖王伯安之爲言也吾知之矣彼非謂知之可後也其所謂知者非知而行者非行也知者非知然而猶有其知也亦惝然若有所見也行者非行則確乎其非行而以其所知爲行也以知爲行則以不行爲行而人之倫物之理若或見之不以身心嘗試焉浮屠之言曰知有是事便休彼直以惝然之知爲息肩之地而顧詭其辭以疑天下曰吾行也運水搬柴也行住坐臥也大用賅乎此矣是其銷行以歸知終始於知而杜足於履中蹈

和之節文本汲汲於先知以履行也。而顧詘先知之說以塞君子之口而疑天下其詭秘也。如是。知之何爲其所罔而曰知先行後以墮其術中乎。夫知之方有三者相濟也。而抑各有所從。博取之象數遠證之古今以求盡乎理所謂格物也。虛以生其明思以窮其隱所謂致知也。非致知則物無所裁而玩物以喪志。非格物則知非所用而蕩智以入邪。二者相濟則不容不各致焉。今闢異學之非但奉格物以爲宗則中材以下必溺焉以喪志爲異學所非而不能不爲之詘。若奉致知以爲入德之門乃所以致其知者非力行而自喻其惟艱以求研幾而精義則憑虛以索惝怳之覺悟雖求異於異學而逮乎行之齟齬不相應以適用則亦與異學均矣。夫異學者無患乎齟齬也。齟齬則置之耳。君子之學仰事天俯治物臣以事君子以事父內以定好惡之貞淫外以感民物之應違而敢恃惝怳之罔光若有覿焉奉以周旋而無疚慝乎。繇此思之先所知者與後所行者求無齟齬而行焉皆順者十不得五也。若夫無孝弟謹信之大節或粗有其質而行之不力乃舍旃以窮年矻矻於章句之雌黃器服之象。法若朱門後學尋行數墨以貽異學之口實夷考其內行之醇疵出處之得失義利之從違無可表見者行後之誤人豈淺鮮哉。憚行之艱利知之易以託足焉朱門後學之失與陸楊之徒異尙而同歸。志於君子之道者非所敢安也。故知之非艱行之惟艱艱者先先難也非艱者後後獲也此非傅說之秘言也。禹曰后克艱厥后臣克艱厥臣行之謂也。皋陶曰慎厥身修思永行之謂也伊尹曰善無常師主善為師行之謂也子曰知及之仁不能守之雖得之必失之行之謂也顏子末繇之歎歎其行也竭才以行不但求知其高堅也孟子中道之教教以行也能者能從不但知繩墨彀率而即能從也千聖合符終日乾乾夕惕若乾坤之德業在焉若抑其邁往之志氣從事於耳目之浮明心思之淺慧以冀一日者御王良駕騏驥馳騁於康莊正干畿包顯道之以覆轍折軸也奈之何助其餤以使炎乎且夫知也者固以行為功者也行也者不以知為功者也行焉可以得知之效也知焉未可以得行之效也將為格物窮理之學抑必勉勉孜孜而後擇之精語之詳是知必以行為功也行於君民親友喜怒哀樂之間得而信失而疑道乃益明是行可有知之效也其力行也得不以為歆失不以為恤志壹動氣惟無審慮卻顧而後德可據是行不以知為功也冥心而思觀物而辨時未至理未協情未感力未贍俟之他日而行乃為功是知不得有行之效也行可兼知而知不可兼行下學而上達豈達焉而始學乎君子之學未嘗離行以為知也必矣離行以為知其卑者則訓詁之末流無異於詞章之玩物而加陋焉其高者瞑目據梧消心而絕物得者或得而失者遂叛道以流於恍惚之中異學之賊道也正在於此而不但異學為然也浮屠之參悟者此耳抑不但浮屠為然也黃冠之煉己沐浴求透簾幙之光者亦此耳皆先知後行劃然離行以為知者也而為之辭曰知行合一吾滋懼矣懼夫沈溺於行墨者

之徒爲異學哂也。尤懼夫潛游於侗儒者之借異學以迷也。行之惟艱。先難者尙知所先哉。

高宗肜日

禮何放乎。放於義矣。義何放乎。放於仁矣。禮何放於義。從其等而宜之爲禮也。義何放於仁。準其心而發之爲義也。故禮依於仁以爲本。惟仁至矣。雖然。仁必以義爲心之則。而後仁果其仁也。仁義必以禮爲德之符。而後仁義果其仁義也。故禮復而後仁可爲也。仁之見端曰愛。愛莫大於愛親。愛親至矣。宜無有害於仁者矣。雖然。以愛言仁而有所宜者。且有所傷。推而酌之。愛而無傷。非義弗宜也。於親盡愛。無不宜矣。而愛其親者或傷其親。順而事之。於親無傷。非禮弗得也。愛親至矣。何言乎愛親者之傷親也。夫愛親者爲吾親而愛之。弗能已於心。柔類其何以必愛而愛焉。過此以往。非所知也。故孝子之詩曰。昊天罔極。天體無方。其化無迹。孰有知其極者。故罔極也。親之於子。慈也。其道也。慈而有所止者。其義也。慈而踰其節者。盡私也。慈而踰其節。君子不敢承之以爲恩。小人於焉懷之以爲惠。懷之以爲惠。而適以戚乎親之惡。則愛親而祇以傷親。義之所紲。禮之所禁。仁之賊也。且夫慈而不踰。亦親之自盡其道。而子之愛親者。不緣是以加益。既爲吾親。而無不用其愛。無可益者。故不可以慈而益也。以慈而益。則或不慈而可損。疇躇斟酌於慈與否之閒。而志已憯矣。不孝莫大焉。況慈踰其節。而敢懷以爲惠。虧禮廢義。以殉其貪侈之情也乎。故高宗之豐祀於禰。昵與禰通古文借用賊仁之大者也古之有天下而尊其父者惟受命之君爲舍其大宗而崇其所生則周之舍泰伯而追王王季以承太王是已德自己立功自己定泝己所自成以親之身承天之命非王季之有私於文武踰分而以天下與之也斯以爲禮之節義之宜而仁亦至矣若夫繼世以有天下功不自己定德不自己立修七世之祀而尤加隆於其禰親禰近者愛禰篤禮之所許也何也己非天子親固其親非己之親君固其君也君親道合以近禰篤則豐而無嫌其遠者或享嘗以止或有禱乃祀仁有殺而義有等固因心以爲之準矣乃若殷之傳世也則異於是立弟以次傳嫡長者之子成湯之家法累世承之秩然之序森然之防莫之能踰矣盤庚循其道而傳弟小辛小辛循其道而傳弟小乙小乙廢其道不以傳盤庚之子而傳其孫武丁小乙之私也小乙私而盤庚正是高宗之天下非小乙授之而盤庚授之矣受盤庚之祚豐小乙之祀廢大宗以厚其暱高宗其曰我奄有之則禮自我作而已背成湯之家法矣又何恤盤庚之失所哉則甚矣高宗之誣也誣禮以誣仁誣仁以誣孝誣以爲孝而以愛親之仁文其慝以號於天下則格正之藎臣亦莫得昌言以致詰而高宗之背道乃以得罪於天誣禮則廢義廢義則賊仁蔑成湯背盤庚而以彰小乙之慝小乙傷矣己之有天下非功足以定亂德足以順人親失道而已微其幸有人心者方且瞿然不安思反正以蓋前人之愆今則不然貪於自大私其禰以從己之欲則以導其親者自尊也夫以其尊者而尊親

則親尊以其尊親者自尊則親辱夫固謂非親之講道以授我則我不得以有天下而以簞食豆羹施報之情上事其親夫以親授我而我得有天下爲恩則使親不授我而我不有天下將以爲怨而薄其報乎是泰伯可譬太王大禹不郊伯鯀也貪簞豆之賜加愛於其親稚子且羞爲之則欲辭傷親之罪亦奚宜哉祖甲之所不義而高宗安之祖丁之以兆亂而高宗夸大之以孝誣天下諒闇也豐祀也皆其不惠於義者也義之弗惠天之所絕災以之興而雊雊焉宗廟之中有禽心矣皇皇然以祈永命於上帝其可得乎嗚呼邪說與典禮亂私欲逞大義廢歐陽修張璁桂蕚賴寵以逢君而持祖已之讜言者且覆罪以貶竄君臣師師修爲盛美而祇以辱親則不仁莫甚焉爲人後者爲之子宋英宗之不得禰濮王明矣與邸之召非有遺命親不可移也如光武之立別廟而稱府君子道盡而尊不踰允矣列之九廟躋於武廟之上則臣踰其君親非有慝而貽之巨愆以是爲愛也不知其祇以傷也聞祖已之微詞亦尙知媿矣夫夫子之刪書而存此者何也書之存有存君者有存臣者盤庚無臣以存君也說命彤日無君以存臣也二典三謨君臣一德之風替矣高宗而奚得爲有道之君邪故夫子曰何必高宗畧之之詞也

宋之濮議明之大禮議聚訟盈庭禍延家國即此一端家天下之不及官天下遠矣典祀豐昵之諫船山推見至隱所謂爲人子者懷利以事其親天性之冷薄甚矣

微子

微子之去孔子仁之或曰以存祀也國未亡廟社未夷遽附君所讐忌者以求封而曰存祀此以爲仁則劉昶蕭寶寅之竄身異域而受王封皆仁劉歆李振趙孟頫雖無國土而有祿食以祀其先人皆仁也以不仁爲仁道之所以喪喪於佞人之辨率此類是已故紀季以酅入于齊春秋書曰以以者不以者也曰入入逆辭也春秋之所惡胡氏善之幾何不奬秦檜使其君稱臣搆於女直邪

聖門之學求仁至矣仁之至必本於義之盡故晦庵之釋特爲矜愼曰仁者心之德愛之理讀船山論仁皆以此通之

且夫古之有天下者自諸侯而陟未有天下之先五廟以饗固已食於其國矣迨後嗣之絕於天也失天下而不失其國則先世之祀一如其初而又隆三恪之典禮修天子之事守則喪天下於子孫而不喪天下於祖考夫既有淫威以報勝國之祖宗亦有餘榮以處勝國之孫子則天位之得失僅繫其人而上下交無所累不待存之而自無不存也滅國而斬其祀者五霸之事也奪天下而絕其後者暴秦之事也於是乎天位之存亡累及於宗廟而三代以上固無不祀之憂是則成湯之郊禘紂雖亡終可不斬而何待微子之存邪蓋微子之去去紂也非去商也苟非存祀商不可去借曰存祀則無微子而紂之裔子固存祿父之封必

然之事也東征之舉不必然之事也微子而死商之事守固不泯焉豈逆料三監挾祿父以速其亡而期三恪之封在己哉即令知祿父之必亡而麗億之子孫皆湯孫也商祀固不亡也取微子之去去紂也非去商也憂紂虐之及己而重累以骨肉戕忍之惡也故曰仁也夫仁不辭禍以害心義不幸禍以成名名順而心不安不徇乎名心安而名不順不徇乎心也不徇乎名易不徇乎心難烈士徇名往而不反者衆矣申生之爲恭世子亦徇心之過也紂之發凶狂而家耄之不保則亦何有於其兄何有於其兄而箕子之舊云刻子者於微子而尤有建誠廷美之嫌故微子之於此難矣沈酗敗德商其淪喪矣隱痛在心而涕泣弗釋固重也而更有重於此者藉微子而如箕比以危言投毒惡之耳紂之虐用囚殺者視諸箕比其發尤酷而又可加以爭奪之名以宋襄公之友愛目夷之三諫且如水之沃石而和樂之義失焉蓋亦嫌疑之未泯也如欲詭隨以偷全兄弟之歡與則必如寧王成器之於玄宗斯可免矣玉笛之朋登花奴之詭對豈微子之忍用其心與又況紂之安忍無親曾不足擊宋襄應立之項背哉箕子之不死偶也比干之死必也微子之諫而必死也甚於比干而必不得者箕子之偶以生也夫誰禱紂而無以加其惡於微子則四海內胥怨獨夫家耄猶安遜野藉令微子秉精剛以立凶人之側激紂毒猜之素陰惡其匡正之予違陽被以爭立之宿惡則紂賊殺天倫之巨惡家耄可以聲討西伯可以執言商之淪喪因微子之死而已速

則微子雖死而疚憾深矣又令幽囚待戮鉤連善類以激臣民之憤怨離心之多士播棄之黎老挾長幼之大義矯適庶之虛名擁戴元良明加易置而文王服事之忱亦欣於得主以終忠貞之世篤則微子以之死而之生商祚以之亡而之存而幽獨之不寧則不但如成湯之有慙德且使蕭鸞陳頊之懷逆以篡者假爲口實尤仁人所不忍自我而開也欲救亡而祗以速紂之亡欲忠紂而或以代紂之位心不安則不忍徇鎭撫社稷之名名不順則不敢徇捐軀效節之心抑必不可同昏以祈免也然則父師之刻微子不但刻以身之危抑刻以心之苦矣故展轉思之窮而出迪惟一去之差爲自靖也爲亡國之公子易爲去國之元子難罔爲臣僕於周易罔爲兵端於商難仁者之用心固有然已迨其後殷命已革祿父猶存行遯荒郊而三恪之祀終非微子任也及乎紂胤已殄元王幾餒而後亦白其馬以來賓則行遯之初何嘗有存祀之心稍分其隱恤也乎史氏抱器牽羊之說其誣也久矣假令祿父長保東郊三恪永存紂裔紂子固將浮沉寄食歸骨於祿父之邦而商隨奄滅成王正元子之名以就封於宋周人以是厭服頑民之心乃微子之莫可如何蠹然傷心特以廟食之責無可復諉不得已而受命焉悠悠蒼天痛愈深而志愈隱矣痛之深志之隱者仁也故曰殷有三仁也若夫以天倫之至愛處無嫌之地而箝舌以同昏是愈疏也當家邦之喪而外附以免禍是助逆也況乎際郡縣之天下國亡而祀斬無尺土之可依受仇讐之新命行同犬

雖射者不必成德之人而所行者則君子之道。君子以禮讓爲道。有所爭則小人之道矣。揖讓而升下而飲。該括射禮始終而言。非但指升與飲也。自始升堂至射畢下飲。皆有求中之心。皆可謂爭。其從容發矢。比禮比樂。以至弛弓周旋而下。皆君子之禮讓。

巧笑章

此章自金正希以禪家信手拈來頭頭是道作解。做一篇活動文字。艾千子呂用晦俱墮其說。若說絢說繪。便扯開說禮。爲可言詩。則但有口辨人皆能之。子豈待子夏之起予哉。明明是以其言禮後與子言仁言儉言戚之理合。而引詩相證。益見天之所生。人之所爲。凡物之理。無不以質爲先。足以驗此理之大。故曰起予。言詩而可以得性情之正。爲人心風俗治道學術之要。方是誦詩有益。故曰可與言詩。勿爲邪說所惑也。

夏禮章

章末句是倒子語。立言之旨在焉。若只輕輕點過。則末句爲贅語。而上段亦無意味。足則能徵。固是想望摻求文獻意。抑以見吾所言者。已盡得二王之精意。而于法紀皆詳悉之。特以無徵而不能使人曉然共喻。非吾所講究之有缺失也。言此以使學者信己之說。以傳二代之典。　凡三代治國平天下之大典。皆謂之禮。如周官六典謂之周禮。非但五禮也。

禘自節

用鬱鬯以奠有獻而無酬酢曰灌凡祭始而事神於堂君初灌后亞灌大宗三灌皆無酬酢後乃事尸於室獻酬交錯於是苟非先王誠意格于幽遠則未免狎玩不足以追往古所自出之帝故曰不欲觀

或問章

魯僭禘意註中帶說不重即不僭豈能示天下於掌於天下一於字有意味禘以格遠祖是仁孝誠敬無不可通徹于幽遠合于一心之極致故王天下者與天下之民物事理無微不達亦此心此理而無疎遠不相及之憂也

周監章

商尚質既忠而又盡其質周尚文既質而又盡其文商非廢夏之忠周非廢二代之忠質監者以二代之忠質監觀己之得失也文是周所尚非贊詞郁郁乃贊其文之有本而盛所以體忠質之精意而盡其節文故其文郁郁非浮華之易盡也

事君盡禮章

此禮字自儀節而言如拜下及入公門一章是也故時人以諂諛毀之

定公問君使臣章

此二句甚大不必逐字塡實使小故徹此題文字甚難

關雎章

詩之文辭與歌之音節皆得哀樂之和今雖音節不傳夫子之時具在也

管仲之器章

正身修德致主于王道則器不小管仲止事求可功求成令君易于行天下易于從便畫個小規模而無立大本以行達道協萬邦立百世之大業唯其所學者非明明德于天下也謂不儉與不知禮故器小非也又謂即儉即知禮亦不能不器小況又不能亦非也非儉而知禮則器不小乃器不小則自不驕奢不僭越耳器小易盈因不期奢而奢不期僭而僭

語魯太師章

純如也至以成是一句純中有皦皦中有繹繹中有純而皦合而成一章一成猶今一齣一折六成九成自各成章俱是如此　始作與成只是兩層時文有作三層說者非

居上章

臨喪謂他人之喪

里仁章

社中失其是非之心由是不知故不知擇乃前一層語氣焉得二字亦有終迷不悟意則兼後一層說不處則爲不仁者所熏染益其狂惑焉得復有醒悟之日方是教人慎于擇處意

不仁者章

不仁者其爲私欲横行滅絕天理者暫約便忮求暫樂便驕奢更不足道苟不能從事于存仁之學以養其心未至于久長倘自矜持而此心無主亦終至于亂耳安仁利仁乃安于存仁利于爲仁安者即心即理利者以理宅心自與約樂相忘而無所處而不依于仁終身于克復之功外物何足以動之

惟仁者章

二能字須着意好善惡惡人有同心特私欲私意未淨則雖好之而憚其方正雖惡之而貪其便利自荏苒而不能遂其初心仁者己私既淨而與人同患在上則舉而能先退而能遠在下則樂親有道拒絕損友其好惡方能自伸能好能惡非但知好知惡也

苟志於仁章

志於仁志字重是專意以存仁爲學云苟者但未能熟耳心純氣靜故無惡

富與貴章

去仁去字止如字讀與下違字意同俗塾師圈破作上聲者謬若是有意滅絕乎仁則除是桀紂豈但不能成君子之名言成名者以處富貴者意在得志有爲立功見德方可成君子之名不知君子止以存心之仁異于人若與相差不相合則無其實而何以稱其名哉去如

相去幾里之去未到之謂也。

君子無終食云云言爲君子者必其於存仁之功終食無違而造次顚沛必於是者也總之無違涵理於心而仁之體常存以心達理而仁之用無不行也造次乃忽然一人一事初非所謀而求關乎得失之大疑可以苟且應之顚沛乃危亂災眚必於是者內之存養不亂而外之居處必恭執事必敬與人必忠也

取舍之分明四句要緊時或有以富貴貧賤一滾到底者謬

我未見章

用力二字乃一章扼要無以尙之不使加身是用力求仁好仁惡不仁而不用力求仁遠不仁則亦浮慕而好惡之心弛矣無以尙之不但見得仁是無可尙者乃求仁之篤不分一念以營他務智名勇功皆不屑爲非徒外境也

俗解分安利勉三節將下二未見與章首未見一樣解乃至不通之論勿從後二節見人皆可遂其好仁惡不仁而乃自諉不能因致屬望之意耳

人之過章

喫緊在一觀字觀者考其人之生平事之始終以知其所以得過之由與居過之心補過之方備考而曲體之知仁是知雖過而無傷于仁者非必待過而後知也

過兼有心無心說無心之過仁者亦有偶然檢點不到處

朝聞道章

此教學者立志當如此

君子之於天下章

於天下三字緊要君子之持身律己自有所專主守死不易有所不肯一介不苟唯于應天下之事則天有時地有利人有情物有材此之所可者在彼不可此之所不可者在彼則可因吾心之安順事物之宜而不執一成之法以強天下則無往而不合義矣　比如水附于地委曲縈迴而不相離

君子懷德章

懷者常在心而不忘也　土是習熟便利處　刑乃一事之失爲刑法所不貸也

放於利章

利不但財貨但討便宜求所行之遂人不能與之爭但含怨待時以發

能以禮讓章

讓者不伐善不逞才不尸權不競利以盡人之才達人之志上下交和而禮因以行則國無不治矣禮本以讓爲節而儀文具焉若徒習于儀文而不讓則無當于禮而國不可爲矣

一貫章

此章之旨甚深只順文解去自不悖謬俗解多添枝葉徒爲惑亂辨之

吾道夫子之道乃言作聖之功與敎人學聖之術與仁之方方字相近一以貫之四字倒不得不可云以一貫之所謂一乃天德王道天理物情包括在內自初學至聖德之成都只如此用功若以一貫之則是立一主意貫去爲異端之執一矣　一不可云無二無三　俗解云此章言行告子貢章言知鄙陋之說也告子貢固以知言然聖賢之知知而行之非和尙家知得便休話此章總云一以貫之則知亦此道行亦此道若無知字在內則已貫不得知矣蓋盡己以窮理之精微推己以達物之志欲則天下之理無不可得知無不貫行無不貫矣

己不盡則心有所不到之理己不推則物有所不通之志盡己推己者即以此爲用功之法已造聖域亦只於此始以此終以此故曰一貫小註有聖人之忠恕學者之忠恕語徒爲詞費天道人道程子自別有說若論天則不但不可云恕亦不可云忠天無心成化更無盡無不盡也總緣看道字不分明故生枝節

學者之忠恕即聖人之忠恕但聖人熟耳

君子喻於義章

喻者知之深切。切者言不能及而心無不悉也。君子於義見其爲身心之所必安而不可離。小人於利亦見其爲身心之所必需而不忍舍。如痛癢之在身。言不能及也。深者委曲細微。無所不察。似不然而實然之妙。亦言不能及而心自分明也。

事父母章

父母有其志而未見諸事。于此早諫。則可微詞婉言。不至急迫以爭得失。下云見志。明其未有事也。不從則漸成乎事。言必迫矣。故有撻之流血之事。近見有時文如此作。於理爲合。

父母在章

不可以父母不在反挑。非但父母在堂者不可。即永感之下亦不忍。在字與有父兄在在字相近。身爲父母之身。父母在是。子亦應在是。如此說乃可令人讀。

父母之年章

四句一氣。知則知喜知懼。知喜則外物之得失。不以亂其歡心。知懼則依慕之切矣。

古者章

言以著書立說講。知之則必行之。不于未行之先。亟爲明道之言。

以約章

約是收歛向自己身心上。不務外以逐物。

君子欲訥章

欲是要如此意言爲君子者須要如此已成君乎則必訥必敏非但欲也挑弄欲字者巧不中理

子謂子賤章

章意側重下段既嘆其爲君子復歸功于魯多君子者以示人之欲爲君子者資輔仁之友以自遠於流俗也　君子是與流俗分界處崇道德絀事功乃君子所立之崖岸無君子亦須發明只皇皇求功利便相引以趨入於小人

或曰雍也章

前焉用佞是泛說子所惡者佞聞言而拂然說佞乃大惡何用此爲後焉用佞在不知其仁之下言仲弓之仁與不仁即不可知而焉用責之以佞也

子使漆雕章

註所云此理不是定有一理乃日用當前一事即有一事之理信者有諸己之謂凡行己應物所以通天下之志成天下之務左右逢原皆其自得而無疑也說其篤志謂不以才智之可爲者而遂爲之自足必求實得于己

孟武伯章

此章只是發明仁之難成處不可將略其仁而亟用其才意參入仁與才原不相涉止求自成其才則其求仁必不用力仁則是存養此心以合乎理不貪功不求效到得仁熟時左右逢原更不可以一才名之有謂才之當理即仁者亦非也才雖當理只是三可字原不是仁武伯輕以仁望人故子辨之言不知者不絕三子于仁外之詞其實各成其才即其不能仁處才亦須學而成三子所學所志在兵農禮樂所以不自勉於仁

子謂子貢章

十蓋數也知十則無所不知矣子貢不如顏子正在此夫子許子貢自知之明亦在此蓋顏子知既明瞻而竭才瞻仰默識心通之功又窮至於大本大原上以貫通之故其所得如此子貢知有此境界故註謂其終聞性與天道乃知十之本俗解謂但與其弗如而顏子之不可及不僅在知十邪說也

吾未見剛者章

無慾未必能剛而有慾則必不能剛夫子之歎本爲柔弱不任道義者發非謂人皆有慾故不剛或人不知悻悻自好而多慾者之非剛故又辨之前後有兩層意爲得剛謂既有慾則雖欲堅强不屈而終必屈矣 按堅者志之定强者力之足不屈者氣之浩然以聖門言之顏子深潛純粹雖克復合乎乾道而適符用九之天則其剛不著子路可言勇不可言剛曾子大勇亦以魯辨其剛故子曰未見子與氏後起其諸慰聖人之望乎

夫子之文章章

此依註爲是有云性天即在文章之內人自不能於文章見性天又云性天不可以言言不可以聞聞者皆妄說也曰夫子之言性與天道則實有其言矣特不輕以告學者耳蓋必下學之篤行已至而從事于知天知聖之學乃可因而示之若本不知有性與天道則聞言而非其心之所及非茫茫然而無持循則拘于言語而成妄僻故必待其憤悱將通而後語之此教道之當然也　文章指删述贊定之雅言說不宜添入威儀能于威儀而見聖人則其人亦可與聞性天矣

子謂子產章

其行己也恭一氣渾成近有分行己事上養民使民爲說子產下四字乃君子之道者巧而纖子產之恭有君子行己之道君子如是子產亦如是何分別之有

令尹子文章

以予奪聽之君而不敢逆以國事盡之己而不敢吝故謂之忠

崔子節

有馬則有車乘有徒衆有采邑而位爲大夫棄者棄其祿位非但棄馬也

有謂忠淸皆出于心之所安而非以媚上非以遠害則忠淸即仁者非仁須有存養之功

克己以依於本心之天則從學問來其事君自然忘私而不可謂之忠其立身自然惡不仁而不可謂之淸有本無本之異也

甯武子章

不計利害不謀生死以衛君曰愚有云愚以行智者非

子在陳章

狂以志言簡以學言如不屑兵農禮樂皆簡也成章乃自成一類不與流俗相溷而彬雅足觀

顏淵季路侍章

此志乃日用所欲行者

老者三句亦只日用之常各予以應得不須太說大了外註仁字是確註皆因心自盡與物同情之意 有謂盡天下之人止此三者非也不老不少無限之人豈皆子之友乎聖人說得極謹約乃極眞至說得張皇只是不切

十室之邑章

必有忠信就其生質而言非所行之能然也此忠信止作樸實不欺解

雍也章

通章以簡字爲主夫子許仲弓只在簡故于伯子亦謂之可仲弓知夫子所以許己者在簡故疑簡之未可而以伯子爲問蓋政教不煩則所行必得而民悅從之若不簡則刑賞苛而民不能從科條密而事不得就則雖自謂能愼而固不可行敬在自處上乃謹以自持一言一動不苟是爲上者正己之道行簡乃以使民者不可以律己者責人亦不可以恕人者自恕則君人之德君人之量並行不悖矣故夫子亟許之

哀公問弟子章

須知不遷怒不貳過如何是好學學者學道也以道爲準而效之念念回顧故怒一發即反顧道之所宜而不任氣之發偶一過即回念道之不可違而不聽情之流一意于學道故能使其心如此　此是追原他所以好學之故勿悞看

子華使於齊章

使者無與粟之理但或家養不足則可周耳如孟子故周之之周若爲宰自有常祿不論其富與急也勿以原思貧對子華富以與爾鄰里鄉黨亦有餘而後與夫子但一準於理耳

回也其心章

不違與至亦無大差別分處在久與暫耳自其能常存則曰不違自其暫合則曰至至亦謂仁至乃心至于仁也仁只在心裡反念及之則曰至

賢哉回也章

不改是本等如此不妨以道字作骨雖非以道爲樂亦是有道故樂唯不可作安貧說樂則忘其貧耳

子謂子夏章

君子小人相對勘蓋天下自有一種小人儒以儒爲利而曲學阿世自無眞識眞修君子於道自見其不可不學求之必至自處必嚴無爲云者不可夾帶一分俗學也

誰能出不由戶章

道字淺重在斯字言斯道則見此外無非邪徑而不可由耳由者從此做去以爲入德之門乃夫子所立教之方大要只是博文約禮由此而行則知由以致行由以成天下之理由之以得而上達於性天不由之則雖有虛願而無成故以不由戶決之

質勝文章

此自言動之節上說由質生文文以昭質則相雜而適均文質原不相妨也史乃府史之史如今言衙門氣習只敷衍得好看而多虛假　君子是大雅中正之風軌

人之生也章

生字只當活看與下幸免相對不當說到有生之初上去直者順其心之本然而不矯拂是

非以妄作也罔則倍乎生理逆天違人災必及之遏抑生氣勞形怵心以疲役自斃宜其死而生爲幸免也

知之者章

須在不如處發知不如則求進蓋知而不好知亦不親好不能樂好亦不篤因其知以致其好以至於樂則不如者漸及之矣

樊遲章

敬字亦不可畧　鹵莽以爲無鬼神則不知敬以鬼神爲不異于人而瀆之則不知遠後獲亦不是不要獲仁者亦要邦家無怨天下歸仁但俟其候自至耳

民字只作人字解非以上臨下之稱

知者樂水章

此皆言仁知已成之心體　山水以情言動靜以氣象言　按註云以體言當于根心生色處驗之

樂壽以所自得言　水者水濱山者山中也水濱有開曠之景山中無喧囂之習　動乃心常警而動作皆敏靜乃心常定而言動視聽皆肅壽者不夭其天年

齊一變章

程子所論甚明不可以太公報政親賢尙功參入

井有仁焉章

註云宰我信道不篤是説他以仁者爲捐己之害其從之也也字與乎字異他説若要做成仁者必至於入死地而不知聽人撮弄隱隱有人不必仁之意

博學章

約字不對博字非博多而約少也禮亦不是少的約是收斂身心以循禮也之字不承文字乃自約以禮博文約禮從此竭才以上達則全體乎道雖未能然而所致力者不差則亦不致與道相違矣 君子言凡爲君子者非以成德言

中庸章

此章全舉一部中庸説作法與中庸章異此重上句中庸重下句多爲德二字要緊中庸有中庸之道子臣弟友以至參贊化育皆道也德所以凝道乃存養省察以尊德性而道問學實體性命之理於心而立大本以行達道者至是到極處不可於至字下添一二字如俗解至平常亦至神奇套話

如有博施章

夫仁者者字與仁者樂山者字不同彼以仁人言此者字是語助辭猶言夫仁之爲德也仁道如此則求仁之方必與相應下能字方就人身上説 欲立立人欲達達人乃一念動時

便要將天下可立可達之人會通令其咸得才是此心天理流行與萬物一體之生理所以求仁之方在因有所施於人處皆以己度之而即已推之始與仁之本體相應也　立達作教養說非是不可云己欲養故也人各自成其位置如士成其士則知農必成乎農不致才不盡職不當是立達則可以行之家邦也

立達可以身心分貼立謂身之有以自立達謂心之有以自達立其身則無小無大隨分皆可以自成達于心即見淺見深于事皆得以自遂

默識章

默識重在一識字謂在默而能識有云唯默故識者妄也識者常常憶其心之所得也人即心有所得而言則有不言則忘默時便忘則不能為主於心而意之所發有非其志之所持者矣當靜默時常常在心目間無有斷續則心純乎理而隨其所發左右逢源終身終食皆得所依據語亦識也默亦識也其得乃眞得也　識之之字雖有所指然不可於此捉定說何所識但是心所得之理皆常存而不忘如學誨亦不說煞如何學如何誨此三字包括甚大說煞則非

志於道章

志於道每句三字一氣讀下不可偏重上四字亦不可偏重下四字可云德必須據仁必須

依卻不可云道必須志尤不可云藝必須游若重下四字云志於道志乃正據於德據乃有本卻不可云依必於仁未仁者此心直是無所依尤不可云游必於藝唯藝乃可謂之游也只一氣渾說大意不可挑剔　四者工夫雖未嘗不有深淺但志道是德仁之基餘三者更無先後游藝是格物是博文豈待依仁之後且即志道亦不是據德後便可放下道既無窮志亦須持雖已依仁仍不懈此志四段止平說個大成之學故註云本末兼賅內外交養勿立次序

用之則行章

用舍行藏靜正以乘時此是與子路一往之勇相對處爲前後二段合拍死而無悔是他志氣如此若已死有甚悔不悔　臨事而懼好謀而成亦是素所志尙如此著臨陣時豈可到此方擇將而任之　懼謂敬其事乃唯恐自家有疎失而致敗成其謀乃始終算定有成局臨事乃受命行師時非對敵時

富而可求章

註有命焉三字可以不從可求不是能求不可是理不可若是理所可爲則無事過自高亢而不屑卑賤今既知爲辱身賤行之事而不可爲則不欲卑屈者人之本情從吾所好而爲之不當屈志以狥人

冉有曰夫子章

喫緊在怨乎一問若只如俗解云以讓國爲賢則爭國之不賢可知則答云古之賢人已足更不消問怨不怨矣且爭與讓之賢不肖豈待問而知哉子貢以衛輒若不立則國人爭拒蒯聵輒必不能安處國中而須出奔避之如夷齊之逃亡在外到後來不能復歸父母之邦漂零在外棄其世嫡不得奉宗廟此時方追怨昔之輕出不如委曲奉祖命以求安而無所悔夫子之意則以一出奔而不損天性之恩則於仁爲得直可欣然委去以宗社上付之天子下聽之國人卻於己心無不安理無不得故子貢決知其不爲不爲者不許其立而欲其逃去也

飯疏食章

疏水曲肱亦是設詞未必定然也　其中二字活只當於此亦樂非在疏水曲肱內也　不義二字要緊若合義之富貴樂亦未嘗不在其中於我如浮雲須看於我二字不是浮雲在天於我無與只是全不相干任其自去意俗解云浮雲聚散無常大謬使常聚而不散豈可終身據不義之富貴哉

加我數年章

學易無大過夫子說得如此愼重須知易之所以寡過處註云吉凶消長之理重一理字脩

吉悖凶陽長陰消乃天人一致之理易簡而天下之理得不但趨吉避凶退而不進安命無求也

我非生而知章

二者字只當的字言我所知者非生而知得的乃好古敏求知得的蓋言所知者乃窮理精義之極學者雖與聖人同學而不能知聖人曲暢旁通而無不知故或疑爲生知實則窮理精義之知雖有生知之人亦不能不求而知也俗云不是那一等人乃這一等人非是至云使我生而能知豈不甚快尤可笑此乃惰人妄想曾聖人而有是言乎

三人行章

此章與見賢思齊章不同彼乃學者工夫語此是聖人耳順境界不然三人偶爾同行豈能知其一介之善不善而師之乎到此則天理爛熟有觸皆通若學則須擇人而師之

二三子章

吾無行二句言我之日用所行與二三子共見者我之爲我即在是非別有宗旨爲樞要不令人知也

聖人吾不得而見章

有恒是有一得之善守得定始終不改無而爲有三句乃所以無恒之本他有一善便張皇

務大到做不去時便錯亂失其本心難乎有恒是因此而無恒非謂三者無恒也　亡是全不知全不能虛是只曉得外面一層道理不知眞實底處約是會得一端不能得其大全顧麟士說約泰以用財言謬說也按大全小註朱子曰約在用度上說乃分別約字于無與虛不同處耳講章泥其旨遂成謬解時文亦無有違之者

蓋有不知章

此夫子以所著述而言云無不知而作則亦有知而不作者矣多聞句是所作論理者多見句是記事者見謂時事之得失時人之賢否山川風俗之成蹟識者謹識而錄其實也註未能實知其理句不用自謙不至於此不實知其理則是不知而作矣按此章註無明文左蘿石作多著述講大全小註引朱子曰只是作事近日時文多主作事解

仁遠乎章

仁遠乎哉是夫子見得親切道此一句時文云人皆以爲遠不知那個說仁遠俗挑可厭

陳司敗章

說己有過則昭公之不知禮見矣特其詞婉妙耳若答司敗云不知禮則訐君之失人且以爲是不知其言之過便是不幸前云知禮後云過則事君之道得而大禮之得失自明聖人曲盡於道非人之所能窮也

文莫吾猶人章

躬行君子乃行君子之道故云未得不云未能有得者得于心乃見于事也

若聖與仁章

爲不厭則行造其極誨不倦則成物

奢則不孫章

奢則有市恩求勝而不讓人之惡儉則專於己而不違物之情雖不盡物之情而無傷於物故勝

君子坦蕩章

坦字不必對長字不可以六字板解蕩蕩言其坦易之廣遠長以言其戚裁之深此以居心言而必見之容貌言辭

子溫而厲章

三句一時齊見溫厲以接人之容言威不猛以衣冠瞻視言恭安以四體之儀度言凡而字有語助若敬事而信是也有相承說此三而字是也書不可一例煞看如此

泰伯章

時文苦爲爭辨皆不足從且止說他可有天下而不有勿添葛藤

恭而無禮章

恭則無不得中然須逐句說他中節處節恭之禮非所以節直節愼之禮非所以節勇節勇節直之禮非所以節恭節愼各于其過節之以文所不及有所過而非禮則必于禮有不及處故註曰節文

君子篤於親章

偷是苟且意一時苟且與交過後便忘則不期薄而自薄矣

問疾章

鳥之將死則畏死哀鳴而已人之將死則必擇至善之言以告人只爲三斯字俗解將作現成說言有道則三者自然咸善却不說如何是道大賢臨終告戒倘作半呑半吐語乎且只一道便三者之效自速至則所貴者一而已何以云三若說有此三效則道之爲效又豈止此三者即至籩豆亦有道自然整齊近呂用晦亦主此說皆講章之痞與註相背註云所重在此三事皆修身之要明明在此三者上用功斯字下得急言緘要如此操存此三者常常參前倚衡而臨發見時又急急提醒省察以防其不然是修身切緊工夫一念不可放下一動一言之頃遲回一刻即成過失君子所重之道在此不在文物也

辭氣出言之氣也同是一句話氣象來得不好則粗鄙而與其所言之理相背此在聲音之

疾徐高下上說如做文字雖做得是必須韻度和雅亦在氣上分別。不特正字有工夫動字出字亦有工夫動字有不任其固然動念修飾意出字有不信口快談言必由中意言由中則聲音乃可不或粗或緩。

以能章

以能問於不能二句是虛心以受益乃學問上事有若無二句是篤志以求深乃居德上事能不能以所行言多寡以所知言（按所行有能不能不可分多寡所知有多寡不可分能不能）

可以章

雖分才節而重在節託孤寄命則自有危疑須守死以不負其託寄百里侯國也命政令也（按此章時文多以伊周爲骨子與寄百里之命不合且伊周聖人也豈予以君子之名猶疑而待決乎）大節節字如竹之有節去不得處非節義之節

弘毅章

只弘毅二字是工夫仁是士所學之本弘毅乃所以爲仁不弘毅則不能成仁首句重發弘毅末可以不之意在下節末乃纔足之　弘是擴之使大不爲私意私欲所錮而以天地萬物爲一體在心量上說毅是堅守初心不爲私意私欲所亂而必求仁之純熟在持志上說（首句兼發化氣質勉輔學問二意）

廣師

此單特由本社印贈祇限於學校之用如以此單塡寄訂閱一律照定價八折全年計三元二角半年計一元七角郵費照加定閱者必於下列特約單蓋印學校圖記寄交長沙本社收受方可有效如無學校圖記須照上列預約單收受凡本社各發行所亦不得收受此單並此布告即祈鑒察

湖南船山學社啓

特約單

姓　　名　　號　　住　　省　　縣

地方今向湖南船山學社特約定閱

船山學報　　册自第　　年第　　號起至第　　號止

計共洋銀　　元　　角　　分並郵費　　元　　角

分照奉請即收入將收據寄下以後按期照寄為要

年　　月　　日　　此處蓋學校圖記

文中子中說卷三

船山學報廣師之一

事君篇

房玄齡問事君之道。子曰。無私。問使人之道。曰。無偏。曰。敢問化人之道。子曰。正其心。問禮樂。子曰。王道盛。則禮樂從而興焉。非爾所及也。仁義著則王道盛也·樂者仁之聲也·禮者義之容也·必待明王乃可興·非今爾所及

或問楊素。子曰。作福作威玉食。不知其他也。驕且吝·不足觀·

房玄齡問郡縣之治。秦罷侯置守·郡縣始於此· 子曰。宗周列國。八百餘年。別國謂封建五等諸侯· 皇漢雜建。四百餘載。漢監秦亡之勢·雖無五等·而雜封功臣宗室子弟· 魏晉已降。滅亡不暇。魏晉已有封爵·然虛名無實·故滅於權臣之手· 吾不知其用也。觀周漢之永·魏晉之促·其用可知矣

楊素使謂子曰。盍仕乎。子曰。疏屬之南。疏屬山名·山海經云枕汾水名管涔· 汾水之曲。有先人之敝廬在。可以避風雨。有田可以具饘粥。彈琴著書。講道勸義。自樂也。願君侯正身以統天下。素驕·故以正規之· 時和歲豐。則通也。受賜多矣。不願仕也。終罷言以拒之·

子曰。古之爲政者。先德而後刑。故其人悅以恕。悅謂知德及我·怨謂知刑不得已而行· 今之爲政者。任刑而棄德。故其人怨以詐。怨謂不敎我而致我犯·詐謂矯求苟免·

子曰。古之從仕者養人。今之從仕者養己。歎反古·

子曰。甚矣齊文宣之虐也。北齊高洋·以峻法御下· 姚義曰。何謂克終。子曰。有楊遵彥者。實掌國命。楊怡

字遐彥、文宣時爲尚書、本史稱朝章國命、一人而已。視民如傷矣。爲不終。言有賢臣、故不亡。

竇威好識禮。子曰。威也賢乎哉。我則不敢。威所好者、禮之文耳。文中子不敢者、禮之情也。夫知禮樂之情者能作、識禮樂之文者能述。隋室禮壞、賢威有心、大抵治定而後議、今非其時、故曰不敢。

北山丈人山海經云北山之首曰單狐、丈人無名氏。謂文中子曰。何謂遑遑者。無急歟。子曰。非敢急。傷時怠也。怠而不修則文喪矣。

子曰。吾不度不執。度德執用。不常不遂。得常遂行。

房玄齡曰。書云霍光廢帝舉帝。何謂也。續書有霍光之事、言廢帝舉帝之事、光字子孟、先是武帝畫周公相成王圖以賜光、光盡忠輔之、昭帝崩、立昌邑王賀、賀有罪三千條、光廢之而立宣帝、續書云大臣之義、載于業者有七、其一曰命、文中子曰、書有命邃矣、其有成敗於其間、天下縣之、不得已而臨之乎。子曰。何必霍光。古之大臣廢昏舉明。所以康天下也。古若伊尹。

子遊河間之渚。隋河間郡、連涿水渚、今深州。河上丈人曰。何居乎斯人也。丈人無名氏、居晉姬發語之端。心若醉六經。目若營四海。何居乎斯人也。文中子去之。薛收曰。何人也。子曰。隱者也。收曰。盍從之乎。許子去之。子曰。吾與彼不相從久矣。吾吾道也、吾道自仲尼與荷蓧丈人已來、不相從也、故曰久矣。至人相從乎。收問至人無名、還從隱乎。子曰。否也。言至人有名而離名者也、今之隱者異於是、獨善一身、不以天下爲道、補注隱居以求其志、行義以達其道、成己成物、一以貫之、此所以去楊墨之偏、而歸於中行也。

子在河上曰。滔滔乎。昔吾顧止焉而不可得也。今吾得之止乎。聖人時行則行、時止則止、昔常欲止、而心猶有爲、故獻策於長安、今道之不行、得以止矣、故退居於河曲。

子見牧守屢易。曰堯舜三載考績。仲尼三年有成。今旬月而易。吾不知其道。痛隋行秦苟且之政・薛收曰。如何。子曰。三代之興。邦家有社稷焉。諸侯稱邦・卿大夫稱家・立社稷・世奉其祀・兩漢之盛。牧守有子孫焉。襲爵通侯・無罪國不除・不如是之亟也。亟猶遽也・補注外洋任官吏之法・有三善焉・元首議員・皆歸選舉・大德不官・大道不器・一也・量能授職・如舜之命二十二人・各專其官・二也・年功加俸・不見異而思遷・久道化成・三也・仕宦以官爲家・退則無所歸・積資累勞・定退休養老之金・四也・得三代兩漢之美意矣・無定主而責之以忠。無定民而責之以化。雖曰能之。末由也已。末莫也・補注民國元首・選賢與能・及時而代・則無定主而有定主矣・五族一家・文明之族・誘掖異族以同化・此橫渠西銘之旨・而孔子大同之量也・則無定民而有定民矣・文中子僞南北分裂之禍・故發無定之言・而想三代兩漢之盛・豈知聖人之精意・因世變而益顯乎・

賀若弼請射於子。發必中。弼字輔伯・平陳有武功・爲總管・隋主宴突厥人使・命之射一發中的・命弼射・一發亦中的・弼自矜善射・故請子觀・子曰。美哉乎藝也。六藝次三曰射・古君子志於道。據於德。依於仁。而後藝可游也。言藝成而下・君子游之而已・弼不悅而退。子謂門人曰。矜而愎。難乎免於今之世矣。弼竟誅死

子謂荀悅。史乎史乎。悅字仲豫・漢獻帝時侍講禁中・依編年體・著前漢紀三十篇・詞約事詳・申明制度・重言美之也・謂陸機。文乎文乎。機字士衡・作文賦及辨亡論・蓋有述作之志・復祖之風・皆思過半矣。子謂文士之行可見。謝靈運小人哉。其文傲。君子則謹。靈運玄之孫・襲爵康樂公・性奢豪・會爲永嘉大守・多遊山・不聽民訟・召爲侍中・稱疾不朝・此傲可見也・沈休文小人哉。其文冶。君子則典。沈約字休文・始制音韻・好艷冶之辭・梁朝士人宗之・益務妍侈・此冶可見矣・鮑照江淹古之狷者也。其文急以怨。昭字明遠・爲宋臨江王參軍・有盧詞而官不達・故多怨刺・淹字文通・爲宋建平王從事・有罪下獄・上書・其言急・皆狷可見矣・吳筠孔珪古之狂者也。其文怪以怒。南史無吳筠・疑是吳均・文之誤也・均字叔庠・文體古怪・又疑是王筠・字元禮・爲文好押强韻・多而不精・一官一集・孔稚珪字德章・與江淹對掌翰・文・而不肯伏淹・皆狂可見矣・謝莊王融古

之纖人也。其文碎。（莊字希逸·善詞賦·歌詩傳于樂府·嘗作殷妃誄·使堯門故事·宋帝深銜之·融字元長·文詞辨捷·長於屬綴·後坐罪誅·此纖碎可見矣·）徐陵庾信。古之夸人也。其文誕。（陵字孝穆·陳後主詔册·皆陵爲之·好裁緝新意·自成文體·信字子山·與徐陵同爲學士·文體相夸·時稱徐庾·此誕可見矣·）或問孝綽兄弟。子曰。鄙人也。其文淫。（劉綽字孝綽·兄弟孝威孝儀·俱以才名顯·其舅王錫常稱孝綽·云天下文章若無我·當歸阿士·阿士孝綽小名·蓋淫詞類舅·此鄙可見矣·）或問湘東王兄弟。子曰。貪人也。其文繁。（南齊世祖之子湘東王名子建·與兄竟陵王子良及隋郡王子隆·皆好文章·有集傳世·然志貪富貴·繁可見矣·）謝朓。淺人也。其文捷。（朓字玄暉·爲齊新安王記室·牋詞敏捷·此淺可見矣·）江揔。詭人也。其文虛。（揔字揔持·與陳後主爲長夜之飲·相和爲詩·不持政事·此詭佞可見矣·）皆古之不利人也。（或喪身·或喪國·）子謂顏延之王儉任昉。有君子之心焉。其文約以則。（詞簡約而理有法則·是君子用心也·延之字延年·宋時爲侍郎·常言天下之務·當與天下共之·平生不持小節·不營財利·儉字仲寶·南齊時爲尚書令·好禮學·文詞風流·自此謝安·上宴命羣臣作樂·儉獨念封禪文·昉字彥升·梁時掌文誥·累爲太守·凡饋遺與親戚·以俸米散荒民·當世仕進·無不歷其門者·昉接引之·常言愛人之憂·樂人之樂·此心可見矣·）

尚書召子仕。（隋尚書署天下吏·）子使姚義往辭焉。曰。必不得已。署我於蜀。（蜀僻遠以藏用·署常怨反）或曰。僻子。曰。吾得從嚴揚游泳以卒世。何患乎僻。（嚴君平揚雄·）

子曰。吾惡夫佞者。必也愚乎。愚者不妄動。吾惡夫豪者。必也恪乎。恪者不妄散。（佞惑主·豪務衆·不若愚恪守其分·）

子曰。達人哉。山濤也。多可而少怪。（宏達）或曰。王戎賢乎。（戎字濬冲·晉司空）子曰。戎而賢。天下無不賢矣。（戎典選·未嘗進寒素·近虛名·天下目爲膏肓之疾·及愍懷之廢·又無一言以諫·但苟且簡靜·容身而已·實非賢）

子曰陳思王可謂達理者也以天下讓時人莫之知也 曹植字子建·魏祖欲立爲太子·植不自雕礪·飲酒晦迹·兄文帝矯情自飾以求爲嗣·人不知子建讓兄耳· 子曰君子哉思王也其文深以典 親親表典矣·出師表深矣·補注船山揚文帝而抑陳思·各有所見·此段公案·未易判哉·

房玄齡問史子曰古之史也辯道 約理明變· 今之史也耀文 空事詞語· 問文子曰古之文也約以達今之文也繁以塞 不通理曰塞·

薛收問續詩子曰有四名焉有五志焉何謂四名一曰化 續大雅也· 天子所以風天下也 形天下之風 二曰政 續國風· 蕃臣所以移其俗也 蕃臣比古諸侯·移俗猶易俗也· 三曰頌 續周殷魯頌· 以成功告於神明也 歎之樂府·謂于宗廟· 四曰歎 續變風變雅· 以陳誨立誡于家也 國異政·家殊俗·詩人哀之歎之·所以吟詠於家·諷刺其上·使達此變·以懷舊俗也· 凡此四者或美焉 嘉美之· 或勉焉 無足嘉則勉之· 或傷焉 勉不得則傷之· 或惡焉 不足傷則惡也· 或誡焉 語他事使聞之自誡· 是謂五志 皆志所之

子謂叔恬曰汝爲春秋元經乎春秋元經於王道是輕重之權衡曲直之繩墨也失則無所取衷矣 衷中也·過則抑之·不及則勸之·皆約歸中道·

子謂續詩之有化其猶先王之有雅乎續詩之有政其猶列國之有風乎 雅合天下而言也·風分郡縣而言也·

子曰郡縣之政其異列國之風乎 列國變則懷其舊俗·郡縣變則惟新是圖· 列國之風深以固其人篤 世修政教·故俗亦深厚· 曰我君不卒求我也其上下相安乎 曰者·假列國之人爲言也·我君謂天子也·言天子封建列國·本求治也·上安其下·則下亦安其上·故

云相安·及其變也。一變風勞而散。其人蓋傷君恩之薄也。而不敢怨。薄謂不安其下·郡縣之政悅以幸。其人慕。苟悅其民·幸於成功·故民亦擇善而慕之·曰我君不卒撫我也。其臣主屢遷乎。此假郡縣之人爲言也·言我君不終撫吾民·使善政不久居而屢易之乎·及其變也。變政苛而迫。其人蓋怨吏心之酷也。而無所傷焉。吏苟一時急功·則政酷民怨·雖有善政。未及行也。魏徵曰。敢問列國之風變傷而不怨。郡縣之政變怨而不傷。何謂也。子曰。傷而不怨。則不曰猶吾君也。民君本國諸侯·猶諸侯君天子·吾得逃乎。何敢怨。可逃避·不敢怨·怨而不傷。則不曰彼下矣。彼謂郡縣長·下去也·言終替去·猶吾將賊之。又何傷。賊害之·故曰三代之末。尚有仁義存焉。邦家有社稷故·六代之季。仁義盡矣。牧守無子孫故·何則。導人者非其路也。不以王路使人由之·子曰。變風變雅作。而王澤竭矣。周先王之澤·變化變政作。而帝制衰矣。漢諸帝之制·子曰。言取而行違。溫彥博惡之。溫博大雅弟·正觀中爲御史大夫·有才辯·官終僕射·面譽而背毀。魏徵惡之。二子正直同·子曰。愛生而敗仁者。其下愚之行歟。溺情亡性·殺身而成仁者。其中人之行歟。強仁非安行·遊仲尼之門。未有不治中者也。殺身若子路結纓·蓋其中賢也·陳叔達爲絳郡守。下捕賊之令曰。無急也。請自新者原之。以觀其後。容其改過·刑之未遲·子聞之曰。陳守可與言政矣。上失其道。民散久矣。隋季如周衰·苟非君子。焉能固窮。小民窮則盜·導之以德。懸之以信。且觀其後。不亦善乎。容在德·刑在信·薛收問恩不害義。儉不傷禮。何如。子曰。此文景尚病其難行也。夫廢肉刑。害於義。義象秋也·天不爲人惡寒·而變肅殺之令· 損之可也。刑不濫則損· 衣弋綈傷乎禮。禮象夏也·君不以小善卑當陽之義· 中焉可也。不偪下則中· 雖然以文景之心爲之可也。不可格于後。本心在愛民節用·不意其害義傷禮·後王必稽中道

子曰。古之事君也以道不可則止。直道· 今之事君也以佞。枉道 無所不至。所至皆佞·

子曰。吾於讚易也。述而不敢論。述謂修之·論謂別立理· 吾於禮樂也。論而不敢辯。論沿革而已·不敢辯興衰之極· 吾於詩書也。辯而不敢議。辯治亂之事·不敢議其得失之由· 或問其故。子曰。有可有不可。聖人立言·或微而顯·或蓋而彰·或曲而中·或肆而隱·各有奥義·不可概窺·是故有可以述則述·可以論則論·述論辯議·皆然· 曰夫子有可有不可乎。子曰。可不可。天下之所存也。我則存之者也。夫經天下之公言也·故我續而存之者耳·非我自可否也·

子閒居儼然。其動也徐若有所慮。貌敦· 其行也方。短步也· 若有所畏。禮恭 其接長者恭恭然如不足。接幼者溫溫然如有就。敬愛得中·

子之服儉以潔無長物焉。長剩也· 綺羅錦繡不入于室。曰君子非黃白不御。黃白取自然絲色· 婦人則有靑碧。染之易者· 子宴賓無貳饌。不重味· 食必去生。味必適。適中 果菜非其時不食。曰非天道也。非其土不食。曰非地道也。皆保眞性者也·

鄉人有窮而索者。索求 曰爾於我乎取。無擾爾鄰里鄉黨爲也。周禮五家爲鄰·五鄰爲里·五州爲鄉·五族爲黨· 我則不厭。

鄉人有喪。子必先往。匍匐救之· 反必後。未忘哀·

子之言應而不唱（問則應·不問則不唱始·）唱必有大端（人所不言及·則唱之·）

子之鄉無爭者（近易化·）

或問人善子知其善則稱之不善則曰未嘗與久也

子濟大川有風則止不登高不履危不乘悍（悍馬）不奔馭

鄉人有水土之役則具畚鍤以往曰吾非從大夫也（畚草器·鍤鍬也·非大夫則從行·畚布忖反·鍤楚洽反·）銅川府君之喪（父喪）勺飲不入口者三日營葬具曰必儉也吾家有制焉棺槨無飾衣衾而舉帷車而載（飾謂漆飾也·衾帷亡者生所御物·）塗車芻靈則不從五世矣（禮曰·塗車芻靈·自古有之·孔子謂芻靈者善·謂俑者不仁·不殆於用人乎·）既葬之曰自仲尼已來未嘗無誌也於是立墳高四尺不樹焉（孔子曰·我東西南北之人也·不可弗識也·封之崇四尺·）

子之他鄉舍人之家（舍於主人·）出入必告既而曰奚適而無禀（言人動有所禀·）

薦春鄉社（所居鄉名·社謂社祠禮·）子必與執事翼如也（執俎豆之事·翼如恭貌·）

蒲城府君起家（除服被起·）爲御史將行謂文中子曰何以贈我子曰清而無介（清極則介·）直而無執（直甚則執·）曰何以加乎子曰太和爲之表（清而外和·）至心爲之內（直而內至·）行之以恭守之以道（恭外道內）

退而謂董常曰大廈將顛非一木所支也（言隋將顛·非御史可救·）

子曰婚娶而論財夷虜之道也君子不入其鄉古者男女之族各擇德焉不以財爲禮（引古正今·）

子之族婚嫁必具六禮（納采·問名·納吉·納徵·請期·親迎·）曰斯道也今亡矣三綱之首不可廢吾從古（夫爲婦之綱·）

子曰。惡衣薄食。少思寡欲。今人以爲詐。我則好詐焉。不爲誇衒。若愚似鄙。今人以爲恥。我則不恥也。

子曰。古之仕也。以行其道。（道行於人・）今之仕也。以逞其欲。（厚己所欲・）難矣乎。（難致太平・）

子曰。吏而登仕。勞而進官。非古也。其秦之餘酷乎。（周禮胥吏執事而已・非委之以政敎也・春秋有功賞邑而已・非假之以名器也・秦政酷・故用吏才・而官不授德・）古者士登乎仕。（士謂俊造也・從王命爲仕・）吏執乎役。（力役・）祿以報勞。官以授德。（祿及勞者一身而已・官則爲天下設也・）

子曰。美哉公旦之爲周也。外不屑天下之謗。而私其迹。曰必使我子孫相承。而宗祀不絕也。（不屑・不介意也・迹謂攝位也・曰者假周公爲言也・）內實達天下之道。而公其心。曰必使我君臣相安。而禍亂不作。（達道・制禮作樂也・公謂終復子明辟也・）深乎深乎。安家者所以寧天下也。存我者所以厚蒼生也。（奉文武業・必存我身・所以寧國厚民・補注・論周公直到無我地位・當世及之世・存揖讓之心・故知周公孔子・其道同也・）故遷都之義曰。洛邑之地。四達而平。使有德易以興。無德易以衰。（曰者周公云也・卜洛相宅・義不恃險而在修德・）

無功作五斗先生傳。（王績字無功・子之弟也・不遇時則縱酒・一飲五斗・自作五斗先生傳以見志・）子曰。汝忘天下乎。（言未能忘天下・）縱心敗矩。吾不與也。（責其敗人倫之法・）

文中子中說補注卷五

問易篇

劉炫問易。子曰。聖人於易。沒身而已。況吾儕乎。（聖人終身立易中·劉炫但熟易之文·而不知易在身也·）炫曰。吾談之於朝。無我敵者。（但談易文·自謂無敵·）子不答。退謂門人曰。默而成之。不言而信。存乎德行。（此所謂易在身·）

魏徵曰。聖人有憂乎。子曰。天下皆憂。吾獨得不憂乎。問疑。子曰。天下皆疑。吾獨得不疑乎。徵退。子謂董常曰。樂天知命。吾何憂。窮理盡性。吾何疑。（憂疑出乎情爾·情者性之欲也·聖人性不憂·而人以爲憂者·以天下之情爲憂也·聖人性無疑·而人以爲疑者·以天下之情爲疑也·故聖人應物以迹·復性以心·義終下文·）常曰。非告徵也。子亦二言乎。（前云有憂疑·後云無憂疑·言二言·）子曰。徵所問者迹也。（舉天下物情之動·而聖人應之曰迹·）吾告汝者心也。（以一性之本·合乎天命曰心·）心迹之判久矣。（判分也·自周公已來心迹分·故曰久矣·夫堯禪舜·舜禪禹·以心言之則一也·其所以禪之者迹也·湯伐桀·武王伐紂·以堯舜之心言之·亦一也·其所以伐之者迹也·周公仲尼之心與堯舜湯武同也·而迹不應乎天下·蓋時異耳·使周孔居禪之時·則舜禹也·居伐之時·則湯武也·文中子不得其時·兩存心迹·聖矣哉·公仲尼於易·已二言矣·）常曰。心迹固殊乎。（疑二言爲二道·）子曰。自汝觀之則殊也。（自爾猶言自彼也·以彼觀我·則心迹固殊·）而適造者不知其殊也。（適造謂我適至於道·乘時而用·則安知心與迹果殊哉·）各云當而已矣。（當謂惟義所在·不必執乎心·執乎迹·時行則行·時止則止·各當而已·）則夫二未違一也。（言則二·道則一也·若先天而天弗違·後天而奉天時·先後則二·其不違時一也·）李播聞而歎曰。大哉乎一也。（李播亦門人·未見傳·）天下皆歸焉而不覺也。（聖人之道·常存於天下·然文中子出非其時·故天下生民不覺也·孟子稱伊尹曰天之生民·使先知覺後知·使先覺覺後覺·）

程元問叔恬曰。續書之有志有詔。何謂也。叔恬以告文中子。子曰。志以成道。言以宣志。（道出乎志也·雖未詔天下·而其言已宣·故曰志·）詔其見王者之志乎。（詔行天下·則志可見矣·）其恤人也周。其致用也悉。一言而天下應。一令而不可易。（恤人故皆應·悉用故不改·）非仁智博達。則天明命。其孰能詔天下乎。（言詔如是之大·）叔恬曰。敢問策何謂也。（續書有策·）子曰。其言也典。其致也博。憫而不私。（憫世病不私諱過·）勞而不倦。（勞心問賢·）其有君臣不倦聽·其惟策乎。（若漢武帝策董仲舒·）子曰。續書之有命邃矣。（天爵人爵·皆爲命也·邃者言非止君命·抑亦天命之耳·）其有君臣經略當其地乎。（命其地必有經畧·）其有成敗于其間。天下懸之。不得已而臨之乎。（言命之所歸·不得已而當之·）進退消息不失其幾乎。（經畧如此·）道甚大。物不廢。高逝獨往。中權契化。自作天命乎。（天下懸於已·故曰自作天命·）文中子曰。事者、（續書有事·）其取諸仁義而有謀乎。雖天子必有師。（事由師謀而成·）然亦何常師之有。唯道所存。以天下之身。受天下之訓。（言不惟師也·天下之人有善皆可從·）得天下之道。成天下之務。民不知其由也。其惟明主乎。（民間之事·君皆行焉·民亦不知其君得善之由·）文中子曰。廣仁益智。莫善於問。（續書有問·）乘事演道。莫善於對。（續書有對·）非明君孰能廣問。非達臣孰能專對乎。其因宜取類。無不經乎。（經營·）洋洋乎晁董公孫之對。（晁厝對策云·三王臣主俱賢·合謀相輔·莫不本於人情也·董仲舒對策曰·春秋王道之端·傳之於正·正次王·王次春·春者天之所爲也·正者王之所爲也·公孫弘對策云·致利除害·兼愛無私·謂之仁·明是非立可否·謂之義·治之大用也·此三對皆洋洋然得王道大綱·）文中子曰。有美不揚。天下何觀。君子之於君。贊其美而匡其失也。（續書有贊·）所以進善不暇。天下有不安哉。（言無不安·）文中子曰。議其盡天下之心乎。（續書有議·）昔黃帝有合宮之聽。堯有衢室之問。舜有總章之訪。皆議之謂也。（合宮總章·皆明堂·異名也·衢室當衢爲室·以採民言也·管子曰·堯開衢室聽於民也·）大哉乎。並天下之謀。兼天下之智。而理得矣。我何爲哉。恭己南面而已。（言黃帝堯舜·得天下謀議爲理·）子曰。人心惟危。道心惟微。言道之難進也。故君子思過而預防之。所以有誠也。續書有誠·切而不指。切至指訐·勤而不怨。曲而不諂。直而有禮。其惟誠乎。勤拳委曲以禮誠之·子曰。改過不恡。無咎者善補過也。古之明王。詎能無過。從諫而已矣。續書有諫·故忠臣之事君也。盡忠補過。君失於上。則臣補於下。臣諫於下。則君從於上。此王道所以不跌也。不差跌·取泰於否。易昏以明。非諫孰能臻乎。言遂事亦可諫·文中子曰。晉而下。何其紛紛多主也。紛不一姓·吾視惠懷傷之。惠帝政由賈后·為趙王倫所篡·懷帝蒙塵於平陽·為劉聰所害·捨三國將安取志乎。三國各有平天下之志·此又明續書有志·三國何其孜孜多虞乎。雖有志而無制·吾視桓靈傷之。漢桓帝諱志·梁冀執政·權傾天下·靈帝諱宏·黃巾賊起·董卓作亂·捨兩漢將安取制乎。七制之主·可以垂法·此又明續書有制也·

子謂太和之政近雅矣。太和後魏孝文帝年號也·都洛陽·文物始備·故曰近雅·一明中國之有法。中國久無定主·孝文立二十餘年·造明堂祀圜丘·置職制·定律令·舉兵百萬伐江南·其後宣武孝明·皆能修太和之政·是中國之法也·惜也不得行穆公之道。穆公虬·子之祖·自江南來奔·太和八年始仕焉·虬薦王肅及關朗·未幾孝文崩·虬亦卒·惜其道未及行也·

程元曰。三教何如。儒老釋子曰。政惡多門久矣。教不一則政多門·曰廢之何如。子曰。非爾所及也。聖賢出則異端自去·非遽能廢也·眞君建德之事。適足推波助瀾。縱風止燎爾。眞君·後魏太武年號也·時崇道教·毀佛教·建德·後周武帝年號也·毀釋老二教·隋公輔政時更興之·是暫廢而愈盛·若波瀾風燎爾

子讀洪範讜議。安康獻公撰皇極讜議·曰。三教於是乎可一矣。洪範五皇極者·義貫中道爾·致中和·天地位焉·萬物育焉·人者天地萬物中和之物也·教雖三·而人則一矣·程元魏徵進曰。何謂也。子曰。使民不倦。易曰通其變使民不倦·

賈瓊習書至郅惲之事。問於子曰。敢問事命志制之別。郅惲王莽時上書曰。漢祚久長。神器有命。不可虛受。上天垂戒。欲悟陛下。宜卽臣位。莽怒。脅惲令稱病。惲罵曰。所言皆天命也。非狂人造焉。莽終不敢害。事者謂行事之迹也。命者謂事應天命者也。志者謂志蘊於心也。制者謂志行於禮義者也。子曰。制命吾著其道焉。志事吾著其節焉。道兼天下。節守一身。賈瓊以告叔恬。叔恬曰。書其無遺乎。書曰。惟精惟一。允執厥中。其道之謂乎。詩曰。采葑采菲。無以下體。其節之謂乎。子聞之曰。凝其知書矣。子曰。事之於命也。猶志之有制乎。非仁義發中。不能濟也。事與志發乎中。命與制形於外。子曰。達制命之道。其知王公之所爲乎。其得變化之心乎。已形於外。則心可知矣。達志事之道。其知君臣之所難乎。其得仁義之幾乎。發於中。則幾可得矣。

子曰。處貧賤而不懾。可以富貴矣。無限犪。必不驕矜。僮僕稱其恩。可以從政矣。恩及賤。況良民乎。交遊稱其信。可以立功矣。推而廣于天下。

子曰。愛名尙利。小人哉。未見仁者而好名利者也。譏時。

賈瓊問君子之道。子曰。反是不思。亦已焉哉。詩氓篇卒章也。言必反復思其所行之道。苟不思則已矣。

子見縗絰而哭不輟者。遂弔之。問喪期。曰五載矣。子泫然曰。先王之制。不可越也。喪不可過。必俯而就之。〇縗七回反。絰徒結反。

楚公問用師之道。子曰。行之以仁義。必也至仁伐不仁。大義誅不義。曰若之何決勝。言仁義何能勝兵。子曰。莫如仁義。過此敗之招也。責其知勝人以力。不知勝人以道。

子見耕者必勞之。慰勞見王人必俛之。俛俯僂避之·鄉里不騎。不騎馬·雞初鳴則盥漱具服。內則事父母禮·盥古緩反銅川夫人有病。子不交睫者三月。人問者。送迎之必泣以拜。喜懼幷·

子曰。史傳興而經道廢矣。若史記先黃老·後六經·是廢也·記註興而史道誣矣。若裴松之註三國志·反毀陳壽·是誣也·是故惡夫異端者。逃之而反異之·

薛收曰。何爲命也。子曰。稽之於天。合之於人。謂其有定於此而應於彼。天時人事稽合曰命·此人事也·彼天時也·知人而不知天·與知天而不知人·皆非知命也·故君子修性以合天理·所以定命矣·易云·窮理盡性以至於命·吉凶曲折無所逃乎。事有不虞之譽·是時與之吉也·事有求全之毀·是時與之凶也·蓋事與時並·非人力獨能致之·故委曲折旋·無以逃其吉凶矣·非君子孰能知而畏之乎。知天命畏天命惟君子·非聖人孰能至之哉。盡性以至命惟聖人·薛收曰。古人作元命。其能至乎。元命苞易書也·子曰。至矣。易者性命之書也·知易則至命·

賈瓊曰。書無制而有命何也。魏而下續書無制而有命·子曰。天下其無主而有臣乎。漢制以亡·獨臣尚能稟命爾·曰兩漢有制。志何也。子曰。制其盡美於邮人乎。漢七主本以憂民而作制·志其慙德於備物乎。漢末德不備·尚有志而已·薛收曰。帝制其出王道乎。問漢制出三王之道否乎·子曰。不能出也。後之帝者。非昔之帝也。昔之帝者以道·若三王是也·後之帝者以名·若秦始兼帝而稱是也·其雜百王之道而取帝名乎。其心正。其跡譎。邮人之心則正·雜霸之跡則譎·其乘秦之弊。不得已而稱之乎。天下已熟秦稱皇帝之名·故漢因之·不得已而亦稱帝也·政則苟簡。董仲舒曰·秦爲苟簡之文·豈若唐虞三代之純懿乎。二帝三王名實稱·是以富人則可。典禮則未。漢富民之術可稱·長世之禮未備·薛收曰。純懿遂亡乎。（疑二帝三王之道不可復。）子曰。人能弘道。焉知來者之不如昔也。（後來聖人生。則道弘矣。安知其無純懿之時耶。）子謂李靖智勝仁。程元仁勝智。（五行之秀有偏。故五常之性有勝。若木性多水性少。則仁勝智。推此爲然。）子謂董常幾於道可使變理。（五常具則庶幾乎聖道。通變之謂道。故曰變理。）

賈瓊問何以息謗。子曰。無辯。（勿與小人辯明。）曰何以止怨。曰無爭。（勿與小人爭理。）

子謂諸葛王猛功近而德遠矣。（一時霸其國。爲功雖近。然謀及身後。爲德蓋遠。）

子在蒲。（蒲古中都之地。隋爲河中郡。）聞遼東之敗。（大業八年。九軍竝陷。）謂薛收曰。城復于隍矣。（易泰卦上六。城復于隍。勿用師。其命亂也。）賦兎爰之卒章。（王國詩也。桓王失信。諸侯背叛。卒章云我生之後。逢此百凶。）歸而善六經之本。曰以俟能者。（俟百姓與能者行之。）

子曰。好動者多難。（煬帝如此。）小不忍。致大災。（隋文如此。）

子曰。易聖人之動也。於是乎用以乘時矣。（易變易也。功業見乎變。吉凶生乎動。變動者。聖人適時之用也。無變則功不可大。故因二以濟。無動則吉不先見。故惟幾成務。存時効動。易可知焉。）故夫卦者。智之鄉也。動之序也。（爻在卦。如人居鄉。遂位而動。是其次序。）薛生曰。智可獨行乎。（言卦爲智鄉。則謂智可獨行。）子曰。仁以守之。（智不以仁。則易失之賊。）不能仁則智息矣。安所行乎哉。（不能仁。雖智無用。）

子曰。元亨利正運行不匱者。智之功也。（元仁也。亨禮也。利義也。正信也。運之以智。五常成功。）

子曰。佞以承上。殘以御下。誘之以義。不動也。（凡佞人殘人。不可以義誘。）

董常死。子哭之。終日不絕。門人曰。何悲之深也。曰。吾悲夫天之不相道也。（董常弱冠而死。門人亞聖者也。死後無人助行周孔之道之子殁。吾亦將逝矣。天喪斯文。我必不久生。明王雖興。無以定禮樂矣。後唐太宗議禮樂。房魏自言不備。

子讚易至序卦曰。大哉時之相生也。達者可與幾矣。序卦輪衍六十四卦也。時行時止。生生不窮。達則至之。故曰幾也。至雜卦曰。旁行而不流。守者可與存義矣。雜卦止說一卦也。守則終之。故曰義矣。子曰。名實相生。利用相成。是非相明。去就相安也。名由實生。實由名顯。此謂相生。利在有用。用則成利。此謂相成。是未果是。有非然後明。此謂相明。去不安則就。就不安則去。此謂相安已。上皆因贊易而言也

賈瓊問太平可致乎。子曰。五常之典。三王之誥。兩漢之制。粲然可見矣。古道備在方冊。行之可致。顏子曰。舜何人也。余何人也。有為者亦若是。

文中子曰。王澤竭而諸侯仗義矣。續詩所以明此變也。帝制衰而天下言利矣。續書所以救此失也。

文中子曰。強國戰兵。惟恃力爾。霸國戰智。不戰而屈人之兵在智。王國戰義。禁民為非。不獨仁智。帝國戰德。仁者無敵於天下。德可知矣。皇國戰無為。神武而不殺。安見其有為。天子而戰兵。則王霸之道不抗矣。戰不以智與義。則道不能舉。又焉取帝名乎。道不抗。雖名存何取。故帝制沒而名實散矣。此言名實散。則元經必為行其法也。

子曰。多言。德之賊也。有德則不言。多事。生之讐也。保生者少事。

薛方士未見傳。曰。逢惡斥之。遇邪正之。何如。子曰。其有不得其死乎。責其太剛也。若暴虎憑河。子路終死。必也言之無罪。聞之以誡。言逢惡遇邪。當譎諫喻之。孔子曰。諫有五。吾從其諷。

或問韋孝寬。韋叔裕字孝寬。後周武帝臣也。子曰。幹矣。北齊攻雍州。孝寬守之不下。齊桓歸憤而崩。此幹事而已。問楊愔。楊字遵彥。北齊文宣

帝之臣也。惰，於斟反。○子曰：輔矣。惰以朝章國令爲務，不幹小事而已，故可稱輔相之器。

宇文化及問天道人事如何。化及，隋右將軍述之子。煬帝幸江都，化及弒逆。子曰：順陰陽仁義，如斯而已。立天之道曰陰與陽，立人之道曰仁與義。天人相與則一，故君陽臣陰，陽爲仁，陰爲義。此人事所以一天道也。化及有無君之心，故云守仁義以戒之爾。

賈瓊爲吏以事楚公。隋三公府皆自署吏，未君命，故云事楚公。將行，子餞之。瓊曰：願聞事人之道。子曰：遠而無介。恭而遠之，無傷介。就而無諂。泄就其身，不苟言皃。汎乎利而諷之，無斷其捷。汎汎因所利而諷之，勿辯捷自取禍。瓊曰：終身誦之。子曰：終身行之可也。不惟事人也，處世盡宜然。

子曰：元經其正名乎。正帝名。皇始之帝，徵天以授之也。皇始，後魏道武帝號也。始有中原，建天子旌旗，得正統，此天授之也。晉宋之王，近於正體。東晉至劉宋，中國無眞主，則江南以爲正體，故曰近。於是乎未忘中國。晉宋皆舉兵中原，有復一之志。穆公之志也。晉陽穆公作政大論，言帝王之道。元經所以帝元魏而斥齊梁者，蓋其志也。齊梁陳之德，僭德。斥之於四夷也，以明中國之有代。太和之力也。後魏孝文太和元年，宋蒼梧王元徽五年也。時江南衰替，中國始尊。

子曰：改元立號，非古也。漢文帝始改中元、後元年號。其於彼心自作之乎。彼漢以心自改之，可也，非古也。

或問志意修，驕富貴，道義重，輕王侯，如何。此荀卿子言也。下句子云：內省而外物輕矣。子曰：彼有以自守也。處士橫議，非天下公言，自守此說而已。凡聖人之道，無所驕，無所輕。

薛生曰：殤之後，帝制絕矣，元經何以不興乎。和帝在位十歲，竇憲不執；殤帝二歲，鄧后臨朝。且此時漢制已絕，何爲於此不續元經以振王法乎。子曰：君子之於帝制，并心一氣以待也。以待其復興也。傾耳以聽，拭目而視，待之極也。故假之以歲時。自殤和綿綿至桓靈·假歲時而終不復興·桓靈之際。帝制遂亡矣。曹操舉兵·吳蜀繼作·孝獻禪魏·漢制乃絕·文明之際。魏制其未成乎。魏文帝·明帝·未能平吳蜀·一制天下·太康之始。書同文。車同軌。晉武太康元年平吳·天下同一·君子曰。帝制可作矣。而不克振。太康三年·劉毅比帝爲桓靈·蓋帝制尋大壞矣·故永熙之後。君子息心焉。曰。謂之何哉。太康十一年·武帝崩·楊駿矯詔輔政·改元永熙·賈后殺駿·天下大亂·元經於是不得已而作也。上無王法·故君子作賞罰·以戒亂臣賊子·豈好辨哉·誠不得已也·文中子曰。春秋作而典誥絕矣。孟子曰·王者之迹熄·然後詩亡·詩亡然後春秋作·元經興而帝制亡矣。元經作於續書續詩之後·

文中子曰。諸侯不貢詩。古者列國歌頌·皆貢于王·若魯季孫行父請命于周是也·天子不採風。古有採詩之官·樂官不達雅。古爲詩樂爲歌·以合雅道·國史不明變。國史明乎得失之迹·嗚呼。斯則久矣。自仲尼歿·詩有空文·而其實廢矣·詩可以不續乎。漢而下·風化不傳於詩·故君子不可不續·

原件短缺

演讲

船山學報之一

船山學社講演集第九

第三十期[illegible]月二十四日

讀張子正蒙注　　廖名縉

天道篇

天道四時行百物生無非至教聖人之動無非至德夫何言哉

船山曰天言教者天之曲成萬物各正性命非以自成其德也聖言德者聖人動無非善非爲立教而設祇以自成其德然而學者之所學在此也聖者極乎善之謂夫何言哉知天知聖者於此學之自不待言而至非聖人之有秘密求之於言語道德間也

此解論語予欲無言之旨大抵世間要眇微至之理均不能以言語爲形容此在一才一藝之微且然（如大匠不能使巧之類）況其關於天人相與至德要道之鉅乎夫言者所以爲教也然而時行物生受陰陽屈伸浮沈升降之教亘古初無愆戾而未聞彼有敎斅之命故無言之教是謂至教聖人與天地合撰其動無非至德故日用飲食咸爲過化存神所在夫亦何事於煩言審是而六經且糟粕矣矧其下焉者乎（按此不可誤爲斷除文字語言之禪理）

天體物不遺猶仁體事無不在也

船山曰夫以太虛爲體而太和之絪縕充滿焉故無物不體之以爲性命仁以無慾爲體而視聽言動之節文生焉故無事不體之以爲心理之安天者仁之全體仁者天之心一也

仁以無慾爲體故求仁無他術去慾而已然別聲被色全恃官體之知能人之官體受於天其別聲被色之知能亦受於天則人之有欲天實畀之假令無之且並不能成其爲人故妃耦而制之以六禮飲酺而閑之以獻拜卽仁卽慾亦卽慾卽仁也語曰克己復禮爲仁己者慾也克者勝也言勝慾但在復之於禮斯慾已變而爲仁矣先師武岡鄧保之先生往歲講學武昌嘗謂晦翁象山持論多有異同由其所標主敬主靜先落偏際耳其實古聖傳心只一中字允執厥中堯以命舜舜以命禹湯稱執中自文武周以至孔子道在中庸中者所以矯氣質而使正非以剗氣質而使滅也講學者抱定中字何人復能相攻程朱見不及此宜其開千年來儒學同室操戈之釁也

視聽言動皆可爲導慾之媒而加之節文則非禮勿言非禮勿動非禮勿聽非禮勿視之事矣學者悟得此處視釋氏無眼耳鼻舌之說直是生吞活剝不值識者一笑

周易大象述義

上經

衡陽子王子解　　　桂陽彭政樞述義

謙 ䷎ 艮下坤上

地中有山謙君子以裒多益寡稱物平施 稱施皆去聲

(解)平地不可力增高山不可強削物之情勢則然而欲平之徒亂而已地中有山替高就卑務爲坦易此亦不可數爲之功矣

(述義)詩云高岸爲谷深谷爲陵此地形山勢轉移變遷順大造之自然非人力所能增削魯論言爲山由平地而覆簣孟氏言爲高因邱陵以爲基史言禹鑿龍門黃河因以順流似增土爲高削土爲平亦人力勉強爲之然非情理之正事勢之常若必強人以難能其致亂之端有二一則擾亂心思二則擾亂治安非君子因地制宜消弭禍亂之道蓋謙卦坤上艮下爲地中有山山勢高出地上故中庸言登高自卑易曰履道坦坦許愼說文云坦者平易也欲剷高爲平則非易矣此所以難爲功也

君子用此唯用之於施施者君子所以惠小人也

地之廣厚能載謙以地爲外卦能以虛受物也地之生物以供人用山在地下爲艮艮主成物謙以艮爲內卦成謙之美德君子體此則有包容萬物生成萬物之道所以用施施者施與之普及也故讀去聲如毛詩施于中谷之施以物與人謂之惠如孟氏所

謂分人以財是也泰誓言散財發粟大學言財散民聚皆所以施惠於四方小人得拜君子之賜也

君子而交君子以貞以諒無所用謙焉凡施之道益其寡者多者自裒於多無損於寡有益惸獨免於凍餒豪彊自無居藏之利所謂稱也

貞固足以幹事直諒則爲益友君子訂交出以誠心無所用謙流於吝氣至於酌盈劑虛權衡損益不以乘輿濟人市驩虞小補之術不以博施濟衆強堯舜以爲仁揆度多寡之宜援周急不繼富之義則多藏者不遏糴以居奇寡弱者不流離而失所此所謂惠及鰥寡哀此惸獨既免啼飢號寒之苦亦無壟斷罔利之謀則稱之道得矣

不然如王莽之限田削天下以皆寡而已故救荒有賑恤而無可平之價定賦有寬貸而無可均之役非於施與之外別有裒益審矣

莽既居攝擅廢漢制更天下田名曰王田凡男口盈八而田過一井者分田予九族鄉黨故無田今當受田者如制度敢有非井田者罪之此所謂限田也田有限制則富者變爲寡矣非君子用謙德之義也君子救民恤民如周禮地官言荒政十有二一曰散利二曰薄征四與六曰弛力去幾鄭司農注云散利貸種食也薄征輕租稅也弛力息繇役也去幾關市不幾也康成曰去其稅耳此皆所謂賑恤也既不輕減糴價穀賤傷

農復省催科以蘇民困不泥賦法而均民役用法得其平民受其施與不勞子輿發棠之請不煩汲黯矯詔之謀謙之爲用大矣哉

君子施惠於民務大德不市小恩不知治道者徇疲惰之貧民而剷削富民以快其妒忌釀亂之道也

因民利而利之惠而不費大德也馮驩焚劵市義以要譽小恩也善爲治者懲無用之游民不得藉端以累富戶則亂機消弭而治道得焉矣

第三十一期 一月三十一日

有德篇

廖名縉

有德者必有言能爲有也

船山曰言以垂世立教與起天下而天下賴之聖賢所以死而不亡

人類之有語言實其雄長萬物宰制世界唯一之原力以其能通德類情聯萬衆而合爲一氣人羣之大業由此生也若即其言而著之書策則垂世立教之事與焉死而不亡殆船山自況之意歟

殷紂之智足飾非少正卯之言僞而辯王莽之善摹訓誥曹操之工爲樂府其言非無可觀然以云垂世立教得乎蓋無本之言雖有而實不能爲有也

社會進化。由乎人與人之以語言相續。故雖聖聖殊時。賢賢異代。而在人類進化史中。不啻父子遺命之遞及。言之關係吾人大矣哉。

志於仁而無惡能爲無也。

船山曰。不以己私累天下。天下無所損。安而忘之。張子此言。以警學者至矣。縱慾趨利。則天下求無其人而不得。是人類之狼蠹也。

獨修之士。遁世不知。或且轉爲並世者之所阨。遂不能無吾道非耶之疑。如是則信心退而毅力竊矣。不知仁爲皇降之彝。實人類性分所固有。我操其大順者。而猶慮人之逆。假令操其逆者。人於我將復何如乎。故志仁即以無惡。足以鼓好修之氣而不餒。抑亦人類自然感召之理也。

言形則卜如響。

船山曰。言形謂可名言。所疑使卜人治。告鬼神。無暗昧不可言之隱。

論語言仁。中庸言誠。誠者求仁之途術。故曰誠性存存。道義之門。以是知蔽固之私。心不能默然以達於性與天道。

船山曰。性者神之凝於人。天道神之化也。蔽固者爲習氣利欲所蔽。雖有測度性天之智。而爲所固隘。必且有意與天違之隱。不得已而託於默以自匿。是其求明之心。早與性天之廓然大公昭示無隱者相違亦猶懷私而不能昌言者卜而神不告也陸王之學多所秘藏與釋氏握拳豎拂同其詭閟蓋弗能洞開心意以通極於天則故若明若昧無由測性天之實也

至誠未有不動不誠未有能動誠之所至金石可開豚魚可格況明神乎堯墻舜羹文琴旦夢無時無地非一誠所貫注即無事無物不可與性天相質證惟氣慾未淨輒用測度勿論其私心謬誤也即平旦偶見而存養無素俄頃惶疚轉念一生依然故我求其達於性與天道不知其相去幾千萬里矣

陸王釋氏未必盡爲習氣利欲之所蔽然其測度性天實有類於師心自用者之所爲欲見性天之實得乎

周易大象述義

衡陽子王子解　　桂陽彭政樞述義

上經

豫 ䷏ 坤下震上

雷出地奮豫先王以作樂崇德殷薦之上帝以配祖考

(解)豫之象爲作樂者取雷出地而搖空有聲老氏所謂樂出虛也

（述義）繫辭曰雷以動之物動則有聲聲之從空虛而出者音樂取象於此以其得氣機而鼓之也雷爲天地之陽氣陽氣發舒則地不能閉藏故雷出地上曰豫以其氣昌盛而快暢也王充論衡曰雷入地則孕毓根荄避盛陰之害雷出地則長養華實宣盛陽之德樂之所以昭德象功通陰陽之和者聞空中雷聲可悟制作之精意矣

殷中也冬至合樂於圜邱時之中也配合也象祖考之德以合漢也

孔安國釋禹貢九江孔殷以孔殷爲甚中即殷中之證周禮大宗伯以蒼璧禮天鄭康成注云禮天以冬至謂天皇大帝在北極者也冬至合樂者大司樂云凡樂圜鍾爲宮黃鍾爲角大蔟爲徵姑洗爲羽靁鼓靁鼗孤竹之管雲和之琴瑟雲門之舞冬日至于地上之圜邱奏之若樂六變則天神皆降可得而禮矣黃鍾爲宮大呂爲角大蔟爲徵應鍾爲羽路鼓路鼗陰竹之管龍門之琴瑟九德之舞于宗廟之中奏之若樂九變則人鬼可得而禮矣天神上帝也人鬼祖考也天人合一故鄭云合樂而祭之大傳曰王者必禘其祖之所自出祭法曰周人禘嚳而郊稷謂此祭天圜邱以嚳配之圜鍾夾鍾也夾鍾生於房心之氣房心爲大辰天帝之明堂黃鍾生於虛危之氣虛危爲宗廟宗廟有祖考其德合乎冥漢所以修薦芬之禮隆配享之儀以祖德足以配之也

言先王者惟德位時三者備而後作樂不敢褻用之以自逸豫而祇以大昭天祖之德豫

之不可輕用也如此

他卦言君子而此言先王以行天德而履天位又能順天時而體豫卦之德也中庸言雖有其德苟無其位不敢作禮樂焉雖有其位苟無其德亦不敢作禮樂焉必也德位兼備因時制宜方足以行郊祀之禮奏昭德之樂否則自暇自逸以遂其宴安之懷則非先王用豫之意矣

宋蔡京爲豐亨豫大之說惑徽宗以奢靡而亡德不崇而妄作爲宋之大晟而已

宋至宣和朝政不綱爲大臣者不能引君於當道反以邪說蠱惑其心故楊時曰蔡京用事二十餘年蠹國害民陽以繼述神宗爲名陰挾王安石以圖身利假豐亨豫大之說以啓人主之侈心經費妄用侈靡爲事卒釀成二帝北狩之慘此君德不崇之咎也大晟樂章適爲亡國之音而已

雷出地奮不可久居者也陽氣歸天地不敢有而後其動也盛志不可滿樂不可極功已成德已崇樂乃以作薦之上帝薦之祖考而已不敢有取悅仁孝之心斯可矣

孟子謂聞樂知德周書謂黍稷非馨明德惟馨可見德能動天祖考來格者由和平之雅奏實本仁孝之感通也

鋪張盛治以鳴己之豫而不讓豐亨豫大之說起宋乃以亡

船山援宋事以爲後世殷鑒操治柄者知所以用豫之道矣

第三十二期 二月七號

王瀚聲

大學明德在於新民堯典峻德推及平章古人無日不以學業爲己任即無日不以教人爲己任也世風日下人心不古視學業爲畏途藉教育爲捷徑言念及此痛焉厥心船山講學深明大義默而識之章確能發揮痛切有益世道人心今將其義而申明之

子曰默而識之學而不厭誨人不倦何有於我哉

（船山訓義）夫子曰學者作聖之功有不容不自考者無日不念其果得於己與否而後可以自信者益自勉也未可以自信者常自勉也

吾人爲學最要有自信力賢希聖聖希天皆自信之效力也

惟自信不同自是禮云學然後知不足此不自是也此即自信也

王龍溪曰聖賢之學惟自信得及是是非非不從外來故自信而是斷然必行雖遯世不見是而無悶自信而非斷然必不行雖行一不義殺一不辜而得天下不爲如此方是毋自欺即自信眞義也

今我念之我之於學將以何爲也哉內而吾身心之所自驗而有所得外而天地萬物之理所既通於吾心者非必識之不忘以爲知行之有據者哉是不可以形之言語文字而

徒務覺悟者也蓋必默而後其識者切於己也則非求夫靜思靜存以終身不昧者乎

諸葛武侯學須靜程伊川涵養須用敬皆默識工夫也

儒家修身先以格致誠正究物理之源為知行之本與釋老之學託諸虛無寂滅者迥然不同蓋儒學據於理釋老據於知覺王弼之註易雜用老氏房玄齡參勘佛經皆言語文字之誤也

若其於己未敢自信必學之於古以證其得失而喻其所從入之途資於學者大矣而道之無窮理之在近而易畧也又甚慮其學之而易厭也誠有事於學非欲其歷乎甘苦淺深之故而無厭乎

劉念臺曰必須樂而行惟苦學問中人無不從苦中打出此周公夜以繼日孔子發憤忘食也

倘其於學而既有得則以之誨人以共明其理而相長以引伸之益所必誨者多矣而人之不齊教之多術而難盡也又甚慮其誨之至於倦也誠不容不誨豈得於誘掖獎進之方而或倦乎

禮曰教學相長孟子稱伊尹肩牖民之任以先覺覺後覺皆誨人之事也朱子曰教學者如扶醉人扶得東來西又倒其誘掖有如此

朱近齋說陽明逢人便與講學門人疑之歎曰我如今便如一個食館相似有客過此喫不喫讓他一讓當有喫者其不倦何如耶

教育與宗教有關係無慈悲性質則不能任教育以教育當作權利尤自外於教育故中西教育家必犧牲權利方克盡心教育必誨人不倦方不愧教育天職

是三者吾才之所可企及吾心之所可自盡吾志之所可自矢而吾以是庶幾乎作聖之功乃自念之我其可不自信爲有哉而我其可自信爲有哉唯日念畢吾生以幾之誠有不容自已者矣

棱枯拉底云余非敢自謂有智識之人也余愛求智識者也其謙虛之懷與孔子何有於我之語脗合此聖人之所以爲聖人也

嗚呼此聖人之所以終日乾乾與天合德而非人之所可及也

劉三五曰惟待其身者小故可苟惟自任不重者故逸此聖人之所以終日乾乾也歟

周易大象述義卷

上經

衡陽子王解　　桂陽彭政樞述義

隋 ䷐ 震下兌上

澤中有雷隨君子以嚮晦入宴息

(□解)雷中澤中動而入於深隱之地

(述義)繫辭曰動萬物者莫疾乎雷又曰鼓之以雷霆鼓者氣激而動也故王充論衡以雷爲太陽之激氣正月陽動故正月始雷五月陽盛故五月雷迅秋冬陽衰故秋冬雷潛潛者入伏於地而未出也地中有水曰澤澤者水深幽隱之處深隱者陰也動者陽也動而入則陽伏即動之中靜也隨卦震下兌上有雷在澤中之象與許慎說文所謂雷聲鈴鈴挺出萬物者不同故云動而入也

長從少男從女陰從陽

乾坤六子震爲長男兌爲少女震以一陽居於二陰之初以陽爲主故稱長稱男兌以一陰居二陽之上以陰爲主故曰少曰女少者在前長者在後故曰從少兌女在前震男在後故曰從女以震陽生於下以從二陰兌陽漸長而猶從一陰躡其後而順之行故曰從隨之義也

君子無所用之惟因晝夜動靜之恒入而宴處以息動

追隨人後者謂步後塵隨聲附和者自無主見君子隨時應變不用隨從之義其所用者惟早作夜息動靜得宜而已蓋陰陽運行有晝有夜仁智所樂有靜有動君子審乎

晝夜之道。定其動靜之常。則宴處有時。非過於逸豫也。休息有期。非倦於勤勞也。以動從說。順人之情。一張一弛。文武之道也。

隨說卦傳曰。雷以動之。兑以說之。又曰。說萬物者。莫說乎澤。隨以兑澤居外卦。喜說見於外。而物之動者。順而隨之。即序卦所謂以喜隨人者。亦聖道俯順輿情之理也。文王康功田功。自朝至于日昃。不遑暇食。武王繼志述事。慮善以動。垂爲世法。目張綱舉。本無放弛。然夙興夜寐。動息有常。動則張之。息則弛之。爲隨時之至道。

隨弛道也。君子因其時而後弛。不然則朽木糞土之牆而已矣。

爾雅釋詁。弛放也。疏云。以弓釋弦曰弛。故云弛放。與張義相反。說文。張。施弓弦也。隨義近弛放。君子順時而息。則非弛放也。如董仲舒之下帷誦讀。陶桓公之惜陰習勞。不以休息時爲弛放職務。否則宰予晝寢。受孔聖之訓責。則非君子爲學之道矣。船山引朽木糞土。以示學易之意。最爲深切。吾輩讀書。當以君子爲法。

續張子正蒙注

誠明篇

盧名緒

性於人無不善

船山曰。乾道變化。各正性命。理氣一源。而各有所合。於天無非善也。而就一物言之。則不。

善者多矣唯人則全具健順五常之理善者人之獨也

性善性惡之辨歷數千年而未定持調停之說者或以爲有善有惡或以爲無善無惡實按之而俱不能通強作解人者又或以爲孟子之言性善告子之言性惡概屬落於邊際固不若孔子性近習遠之說爲得人性之眞不知性無不善孔孟初無二議言善者性之理言近者性之象必如論者所言孔子之性近習遠其去無善無惡者幾何夫乾道變化各正性命民之秉彝好是懿德六經所載何莫非孔言性善之鐵證卽何莫非孟氏立說所由本論者紛紛病在不讀六經之故耳

德儒黑智兒有言但觀人類之兩手卽知天所畀以主宰萬物之意此卽船山所謂善者人之獨也之理不謂達爾文輩乃必取靈長萬物之人類而以之下儕於猨狙何耶

船山曰攻取之氣逐物而往恒不知反善反者用物之感不爲物引以去而斂之以體其

繫其善反不善反而已

湛一則天理著矣此操存舍亡之幾也

爲性惡之說者以爲人性皆善則天下可以無學修國家可以無教育豈知孔孟言性善正以勵天下之學修而實證教育可能之理若曰善者汝性所自有吾責汝取外物而有之汝猶可以旁貸吾責汝審汝所固有而保持之則天下無能發異議矣近世學

者推究教育二字之語原在拉文其義爲引出可見人類德智皆其得之於性生施教育者不過因所固有而發揮之眞理所在中外聖哲所見無不畧同也

最近歐洲哲學家曉賓赫恩持論謂人類教育能施之於其身體智識而不能施之於其心情蓋謂審美心與道德心非教育可能之事原來道德心多者自然成爲道德家原來道德心薄者自然成爲不道德家此種學說初頗傾動一時（按即李翱性有善有不善之說）近經實驗教育家之研究其說已全歸失敗矣

近日教育家又有主張人爲教育動物之說謂禽獸天生之本能或視人爲優如魚出卵而自營犬墜地而能行之類皆爲人類所不逮然試取魚犬而施之教育則最終之成績不過其最初之本能人之初生一蠕蟲耳教育成功則可以參天地而贊化育此教育於人所以號萬能也此人類所以獨爲教育之動物也此其說又微近無善無惡之意然萬物經教育均不能大變其本能人獨不然是卽人類性善之明徵矣

第三十三期　二月二十一日　王瀚聲

易曰謙德之柄也又曰悔吝者憂虞之象也孔子繫易以垂教後世俾學易者知所法戒用爲寡過之資又於魯論追述周公以驕吝戒及門其意深矣

子曰如有周公之才之美使驕且吝其餘不足觀也已

第一卷第八期 一三二三

（船山訓義）夫子曰君子以至虛之心受天下而以至公之心應天下故天下利見之以成其美唯虛也則天下之才皆效其才以廣集其益唯公也則苟有其才皆效於天下而實著其功

水溢則濫卮滿則傾物理之常故大儒爲天地立心爲生民立命爲萬世開太平要有至虛之心尤要有至公之心

大舜之好問察邇稽衆舍己是能以虛受天下也武侯之開誠布公集思廣益是天下効其才也以天下之才爲才以國家之任爲任如是方可言虛與公而如其不然也則無論曲技之長本無可矜惜者論用才之道棄短錄長片長薄技亦可節取然究非恃一得以自矜即如有周公之才之美乎可以開不世之功可以定非常之變可以盡人官物曲之宜可以通禮樂幽明之故

周公有聖人之德兼聖人之位佐王業定內亂量材器使制禮作樂功業煌煌夐乎莫尙

而使其不能宅心於虛而以驕人於所不能不能待物以公而吝用之以待物之相來而後應則以一人之才距天下之才且懷才於身而不能達其才於天下雖時有所表

見於功名之會亦一端之得一事之利而已矣攬之易盡而推之有窮不足觀也已

以周公之才猶須吐哺握髮虛心納善況下焉者乎

夏禹不自滿假而能奏成天平地之績伊伊以知覺自任不忘堯舜君民之心是宅心於虛自能待物以公也

心不虛則氣傲氣傲則必吝孟子所謂訑訑聲音顏色距人於千里之外以若輩人任事安有成功之理即有所成不久必敗

聖賢豪傑事功不同然必有虛心救世之念否則不能爲聖賢亦不能爲豪傑

劉念臺曰古人一言一動凡可傳之當時傳之後世者莫不有一段眞至精神在內若惟才是倚安能有此

是以君子雖生質明達博學多通必以君子之道先治其心而非才之徒尙也

大學齊家治國而歸本於誠意正心顏淵問仁孔子示以克己以及湯之盤銘文之緝熙武之丹書其不急急於治心也

二帝三王存此心夏桀商紂亡此心太甲成王困而存此心此治心之關係甚大

周易大象述義卷四

上經

衡陽子王子解

桂陽彭政樞述義

蠱 ䷑ 巽下艮上

山下有風蠱君子以振民育德

（解）風在山下入於卑下而振動之山峙於上以止其飄揚而勿使踰越

（述義）繫辭曰撓萬物者莫疾乎風撓者振動之謂也山能生物風至則振爲物理之常孝經援神契曰至治之世風不鳴條鳴條者如金縢所謂大木斯拔之類振動則非鳴條也風能動物草木萌動必賴風以吹之故禮說曰風萌也春秋考異郵曰冬至四十五日立春條風至條者達生也言風應其方而來生萬物也風以地異風至亦有分別爾雅云扶搖謂之猋以風自下而上也迴風爲飄謂周迴飄發也自上而下者謂之頹以物形頹落也蠱卦巽下艮上有風在山下之象言入不言頹則物感動而發生外卦有山以止之是風之動物有範圍不敢踰越無風雨飄搖之慮也

君子治民之道與起頑懦而養其善以止其非天下之所以治也

蠱者治也巽居下以陰順而入能體上之志上下得其所止而不相凌越有養道有治象君子體其卦德用之以治民民有良善者培養之以成其材如魯論周有大賚善人是富子輿謂設庠序以教之皆所以養之也民有爲非者爲法令以禁止之如周禮地

官司救一職掌萬民之衺惡過失以禮防禁而救之是也勸善以化不善則聞者莫不興起此頑廉懦立天下皆被其養育之德而爲治化之徵矣

風以振之山以育之始而興起繼以養成敎民之序也

蓋君子之德風風行草偃順而化也所以有振起之義高山仰止爲萬民所瞻亦爲萬物所育謂物得土以生也所以有養育之義帝舜之治天下也四方風動之休在封山巡狩之後必曰政在養民正德厚生六府三事皆爲養民政策命契以敷敎匡直輔翼人倫攸敘及三代之曰庠曰序曰校皆兼治敎養二字以行之此敎民之明證也

風在山下動及物也由止乎上養之厚也動物先爲振起頑懦而養之成德君子新民之道也

大學言明德親民康誥言作新民新者去其舊染之謂也君子爲親民之官則有新民之責民德日新治道興著學易之功用見矣民國成立百政維新而人民之失德者如故官吏之失德者亦如故非治民之法有未立行法未得其人也人存政舉吾願操敎養之權者推船山之學說研究而實行之可也

講第三十四期　二月二十八日

周易大象述義卷一

上經

衡陽子王子解　　桂陽彭政樞述義

臨 ☱☷ 兌下坤上

澤上有地臨君子以教思無窮容保民无疆

(解)澤上有地川澤兩岸爲平陸也兌爲言說言以教坤厚載物容其不肖而保其賢也

(述義)周禮地官大司徒以天下土地之圖辨其山林川澤鄭康成注云注瀆曰川水鍾曰澤水所經過之地及水所瀦蓄之旁皆陸地也臨卦兌下坤上爲澤上有地之象繫辭兌爲口口者言所從出也兌又爲說善言以教人人樂於聽受所以說也君子以朋友講習而著麗澤之功孟氏謂得英才而教育爲三樂之一皆是此意坤德廣厚而能載物舉萬有不齊之倫兼容並包無論賢與不肖胥陶鎔於一爐此尼山有教無類之旨如孺悲欲見子以疾辭是不顯以拒之而隱以容之也互鄉童子見必曰與其潔與其進是嘉其賢而保之也

教而容保之則嘉善矜不能而教無窮容保於教思之後若教者進於善不若教者終不棄也則保之无疆矣

契爲司徒敬敷五教必繼以寬德足以容之也謨言正德董戒互用勸以九歌俾勿壞

政足以保之也能保能容則敎之普及者垂諸久遠而其術不窮故聲敎四訖順則不知則民之進於善者衆矣即或囿於積習限以方隅間有敎化所不及然舞干羽而格苗不棄苗民於荒徼則施文敎於五服以內者更可知矣故文翁之治蜀龔遂之治渤海張綱之治廣陵民未受敎者皆賴以保全此聖敎無疆之化也

兌抑悅也臨民者以嘉言立敎而不務苟取悅於民善於用兌者也

鄭康成注周禮大宰師儒云師、諸侯師氏有德行以敎民者儒、諸侯保氏有六藝以敎民者居師保之任以臨民則德行六藝皆所以悅民之道故曰師以賢得民儒以道得民得其懽心也孟氏謂善政不如善敎之得民也善敎得民心即君子善用兌之實徵

澤上之地澤之浹入於地者厚矣說司敎順司容保坤兌相得用之以保民而施敎取地之普載爲无疆取澤之不竭爲无窮君子之臨民不尙威而尙德有如此

書言扑作敎刑禮言夏楚示威泰西各國學制亦言強迫敎育似威德並用難以偏廢然揆君子立敎之初心只言愛人以德德入民心則民歡悅此所謂服敎畏神不怒而威也近日學校林立敎育不良道德廢墜風潮屢起非盡校規有不整實臨民之德有未裕也

然兌不以悅民而以敎亦必異於違道干譽之小惠歟

違道干譽禹謨所戒君子體臨卦之德謀教育之改良非沽名於學界教澤深入效地德之无疆學易之宗旨在是矣

讀張子正蒙注

至當篇　　廖名縉

大人者有容物無去物有愛物無殉物天之道然

船山曰大人不離物以自高不絕物以自潔廣愛以全仁而不違道以干譽皆順天之理以行也

人因社會而保生命即因社會而有人格故吾人斷無去社會而獨自生存之理陳蔡之阨喪家之嘲社會之危辱聖人者至矣而斯人吾與終不忍視人類爲鳥獸之羣使其稍懷憤嫉則沮溺招隱早已把臂入林矣故合清任和而始爲聖之時也

公山可往志在東周恃我有可以東周公山者在也否則臨河固嘗返駕矣南子可見不嫌內謁恃我斷非內謁之人也否則從井固不救人矣

虎豹與麟鳳並畜而餘慶餘殃之理千古不爽天道不誠可見乎

或問天之聰明胡弗創一有麟鳳而無虎豹之世界應之曰如是則世間有雨露而無霜霰可乎

天以直養萬物。

船山曰萬物並育於天地之間。天順其理而養之。無所擇於靈蠢清濁。撓其種性。而後可致養也。

天之大德在萬物並育。天之妙用在世界進化。故天爲萬物立一大例。使之及時而生不問其爲靈爲蠢爲清爲濁。仁也。所以使之並育也。天又爲萬物立一大例。使之及時而死。不問其爲靈爲蠢爲清爲濁。亦仁也。所以使之進化也。故言其常則旱潦風雹爲歲時屢見之災。言其變則山噴川枯爲歷吏僅見之禍。人類方震慄慘悼。而自天之所以生滅地球者言之。則不過球團發育中必歷之一候。此殆類小兒生育期中每歷數旬必有一度之蒸熱耳。故天地不與聖人同其憂。不必同。亦必不能同也。

代天而理物者曲成而不害其直。斯盡道。

船山曰道立於廣大。而化之以神。則天下之人無不可感。天下之物無不可用。愚明柔强治教皆洽焉。聲色貨利仁義皆行焉。非有所必去。有所或殉也。若老釋之徒絕物以孤立。而踽人以示愛。違天自用。不祥久矣。

人類之所以靈於萬物者。在其能自得師。換言之。即富於模仿性耳。萬物雖各有本能。而鳥不能倣魚之潛。牛不能擬馬之鳴。唯人類則酷好模擬。小之雞鳴狗盜。大之飛機摹擬舉萬物所能爲者人無不能之固謂人類之進化由其富於模擬之性可也唯模擬之方至曠古者落葉造舟蜘蛛製網以至崆峒廣成之訪皆人類能自得師之證而其大原則不外於師天蓋唯師天故能代天而理物也即近日原則原理之證何以異此乎

曲成而不害其道此中最須體會蓋天道廣大見其一管而誤認全體則虎豹霜霰固專以殺物爲能矣

天爲萬物設生之大例萬物既已受之天爲萬物設死之大例萬物無能逃之然於此既生未死之間或未免中道而夭折焉則物自爲之而天不任咎何者既生未死之間天固畀人類以彌縫缺憾之知能也故人雖藐爾而實與天地參（國之生死與個人同也）

王瀚聲

吾黨講學將以行之也非徒言之爲貴也上古人心樸實能文者即能行後世人心偷薄能文者未必能行學術功業判爲兩途讀文莫吾猶人也一章爲之惕然

子曰文莫吾猶人也躬行君子則吾未之有得

（誠山訓義）夫子自晦其聖功之密以示學者曰夫吾之孜孜於終日非有求於所得也

乎而以省吾之所得則有不能自已於心者今吾所得爲文焉則可信耳以文紀事而事有序以文顯道而道不疑夫人之立言以自見者吾亦將無與之同而無容讓乎乃吾之所不敢自信者不於文而已也

聖人爲學必自知所得尤必自省所未得其心不自是故其學無止境聖人之所以爲聖如此吾人之所以學聖者亦在此

文以紀事亦即以載道讀三代之文知治化之隆讀漢唐之文知國家之盛

上古敦龐淳樸有言語無文章中古由質而文而文猶近乎古後世文學不講文心大放國祚因以不綿文固不可忽也然豈子子於文字已耶

夫君子有君子之文尤必有君子之實君子之實行也知其爲君子之道則必體君子之深體君子之深躬行之也明明此理之當然實試之事爲而何以必稱其理明明此心之已喩發之應感而何以必慰其心自一動一作以至於推行於廣遠肆應於變通皆有君子之所以爲君子者存無或過也無或不及也

人羣由部落而進乎社會物質之文明日以發達道德日以退化詐僞百出姦智橫生口仁義而心豺狼天良汨沒謬種流傳故巧言惑聽何德之修强辭奪理何氣之壯習爲簧鼓學無所守攻乎險詖心爲用臧此戰國策士所爲游說以取榮而後世文人用

是曲筆以沽名也。孔子有懼於此。故特以躬行君子垂訓。誠欲人有君子之文。尤必有君子之實。體君子之深也。

若此者。吾之所必欲有得於心。而施之不疑者也。以吾自考。則未之有焉。吾其何以文自信哉。所不容不求。不容不敏者。其容忽乎。吾不敢以文自信。學者無以其文信我。而謂君子之道在斯也。此所欲與學者共勉之也。

書曰。言之非艱。行之惟艱。行固若是其難也。然孔子大聖。而自言全無所得。即默識章何有於我。君子道者三。我無能焉。同一謙辭。

吾輩讀書。坐而言者。必起而行。否則詩書適以文奸。安用讀書為。

近日吾國科學日漸發達。不能實行。與科舉制藝究無區別。願學者注重理論。尤必注重實驗。

劉人熙

今天下競言教育矣。教育之標準。莫大於尊孔。孔門之宗旨。莫大於求仁。然非本諸身不能徵諸庶民。則非修之一身。不能普及天下。故司教育者之自教自育。為尤切也。鄙人老矣。望道未見。秉燭之明。不敢自棄。亦冀與諸友努力而共為之。此非口耳之為功也。孔門之宗旨。莫大於求仁。發孔門之精蘊。以詔人者。莫切於船山。請以富與貴一章

證之

子曰富與貴是人之所欲也不以其道得之不處也貧與賤是人之所惡也不以其道得之不去也

（船山訓義）君子之所以爲君子者仁而已矣仁者此心之存焉者也了義 顧其或存或去之幾必審之於早而一存不復去之效必待之於熟審之早者爲取爲舍之分也待之熟者爲存爲養之功也取舍之分因於欲惡之情則求仁之大辨於此有定力焉今夫富與貴則是人之所欲矣勿論希其利賴者欲之也即因以有爲者亦欲之矣乃其欲之也因物之可欲也因物之可欲而遂欲之於是雖有非其分義之所當得者得之而亦欲之欲之而遂處之矣於此審焉吾心有確然見爲不可欲者存則辭而不受不容不決也

見利思義是爲學第一步此處一差以後皆荊棘矣

貧與賤是人之所惡矣勿論不安淡泊者惡之也即有志莫行者亦惡之矣乃其惡之也因境之可惡也因境之可惡而遂惡之於是有苟非其名實之所當得者得之而心惡焉惡之而思去之矣於此而審焉吾心有超然不以此爲惡者在則安受無求不容不定也

不去貧賤尤爲人之所難大則如孔孟之窮小則如高才博學之不第循吏之不遷賢者之落職皆是也

夫若此者何也以君子之所以異於人莫大於不徇欲惡之情而守其欲惡之正則唯此富貴貧賤之間其爲理爲欲爲公爲私於此而仁之存去決矣若於所欲而遂欲之見可惡而遂惡焉則情以境遷性爲情易念移於外而志盡其私於吾心惺然不昧之眞體相背而迷其去仁也遠矣

君子去仁惡乎成名

則雖有才而非其才雖有學而非其學名爲君子而無以異於衆人也惡乎可以當其名而無愧也乎故取舍之辨不容不審之於早以一其心於存養而求仁之幾莫有切焉者也

出門初步便在取舍上用功何等切實何等坦平知此則孔門之學如日月經天豈有異端容喙之地而繁辭曲說可一掃而空之矣

君子無終食之間違仁造次必於是顚沛必於是

乃辨之明守之定而君子猶慮其未能一存而不復去也堅意以決之於始而忽然有忘之之念則欲惡不期而乘之夫君子所以貞欲惡者非但恃其有矯情之力也唯於心實有此生與俱生而動靜不離之眞體則性以統情而即以治情心以善物而即以辨物存之養之而與相依不存不養而即與相違違之則一動而即與欲惡爲緣而爲欲惡用矣

故君子靜有存焉動有察也瞬息不忘而一乎天理也雖終食無違也從容而養之此心此理而已

出門初步首在知命次在審幾行遠登高則涵養省察如車兩輪如鳥兩翼及其熟也則士希賢賢希聖聖希天亦此而已矣

即至於意所不謀而忽接之境事無足輕重而可以忽畧之處猶是仁也必不違也安常而存之此心此理而已

仁熟時則動容周旋中禮未至於熟則造次之不可忽比顛沛時尤難下兩必字亦是用力語

即至於無可避之患而至爲身患之日無可安之心而困其心以不寧之地猶是仁也必不違也君子之必如是也然後存之養之密而無間以熟其仁則性焉安焉於天理之中欲惡之幾必無妄動取舍之辨不得遲回君子之所以爲君子乃於斯焉成矣故學者勿輕言存養也義利不分則所存所養者爲何物亦勿輕言取舍也此心無主則持之雖堅而亂之者且至君子始終於仁之全功其可忽諸

未尋入德之門則讀此章如墮九里霧中無從措手既入門後又如萬里之行始於足下任重道遠又未知山高水深梯航險阻何日登彼岸也故君子之於學也終身焉耳

矣

第三十五期 三月七日 王瀚聲

士生今日非懷抱不凡縱有所成於國家無與也非百折不磨則失之退縮所學究不能達也自古聖賢所以肩道統豪傑所以建功業不外弘毅二字此吾人所當急急自勉也

曾子曰士不可以不弘毅任重而道遠仁以爲己任不亦重乎死而後已不亦遠乎

(船山訓義)曾子示求仁之方曰學者有志於治心之學求仁盡之矣而所以求仁者固有道焉仁之體靜而其用以和柔因是而專固其心而養以從容謂是可以得當於仁矣而非也士不可以不弘毅也

仁者以無慾爲體爲聲色貨利所擾者不足言求仁即專固其心者亦不足言求仁仁者愛之理操切太過者不足言求仁即從容涵養者亦不足言求仁

託於約以息心者謂身心以外不宜以紛吾志而可以不弘託於柔以養心者謂操持之切且將以擾吾神而可以不毅夫士安可以不弘哉擴其情而與萬物同情推其理而與天地同理非好爲廣遠之圖也士之弘也安可以不毅哉歷物無盡而不爲物屈處變無方而不爲變移非爲矜氣之守也蓋士之所任者重而其道遠也

仁者負改良社會之任靜心息慮以知覺爲性者失之狹佛教寂滅非所以爲弘也仁者有勇猛精進之力清淨無爲冀以寧一者失之懦黃老治術非所以爲毅也爲天地立心爲生民立命爲萬世開太平士之弘也富貴不能淫貧賤不能移威武不能屈士之毅也

王東厓謂天地以大其量山嶽以聳其志曾文正謂立得住即所謂居業以規模宏大言詞誠信爲本又謂古人修身治人之道不外乎勤大謙即是弘字精義

前淸洪楊之役曾文正督師駐祁門蘇常新陷徽州繼之左右勸遷地公曰吾去此寸步無死所哥命布發見新大陸屢蹶不挫終告成功達爾文之種源論十六年始成馬達加斯加之傳教師十年始得一信徒於毅字最得力

任之重而不弘焉則不足以盡所任之量而載其所任之實以無疚愧於天人故不可以不弘而非侈外物以失其居約之體任之重而所行之道又遠而不毅焉則雖成足以勝所任於始而不能以其所任歷無窮之道而善其成以克全其終始故不可以不毅而非過任氣以傷其澹定之天

侈外物以失居約之體羅念庵所謂出入於酬應牽引於情思轉移於利害纏固於計算去約之道遠矣過任氣以傷澹定之天所謂氣到發揚未能翕然收斂嗜慾沸騰未

能廓然消化也
夫士之所任者何任哉則仁以爲己任也吾心之體卽天地生生無盡之理吾心之用卽萬物各得之情以此思所任者天理有一之不存則廢天地之心人情有一之不得則墮萬物之命而可不謂重乎非極吾之心量以體備而無遺則雖淸心寡慾以求當於仁而其爲痿痺不靈者多也誠哉其不可以不弘也受此任而行之其道何如哉蓋死而後已也一日未死而有一日必應之物理一日未死而有一日必酬之變化以此思其爲道也理一念之不存則私慾遂起而乘之化一念之或息則怠荒遂因而間之而可不謂遠乎非特吾之貞志以勇決而不忘則欲涵泳悠游以求合夫仁而其爲冰淵所陷者多矣誠哉其不可以不毅也

諸葛武侯謂鞠躬盡瘁死而後已與孔子朝聞道語意互相參看道在天地體天德之健行效地德之無疆則乾坤無時或息仁者以天地之心爲心一息尙存此志不容稍懈卽所謂有必應之物理有必酬之變化也

此吾所以以養勇爲初功以敬身爲永圖而庶幾於仁者有不可不然之心內迫而不容自已也

金伯五曰一事不可放過一念不可放過一時不可放過勇猛精進處處見得有善可

遷有過可改方是主一工夫方是養勇工夫

程伊川曰涵養須用敬又曰只整齊嚴肅則心便一一則自無非辟之干朱子讀書法

敦敦於居敬持志此敬身所以爲要務也

周易大象述義卷一

上經

衡陽子王子解　　桂陽彭政樞述義

觀 ䷓ 坤下巽上

風行地上觀先王以省方觀民設教（觀音灌觀盥大觀觀天上觀省同）

（解）居上察下曰省坤爲地方者地之方所陽君陰民觀民設教者觀五方之風氣而調治之使率彝倫之教也

（述義）子與氏謂省耕省歛皆爲上者察民之實徵虞書言陟方巡嶽爲古時省方之大典周禮大宰眡四方之聽朝鄭康成註云謂王巡守在外時亦即省方之制地方有五合畿內而言畿外則四方也四方風動在教化既成之後風氣而曰調治是民氣未一尚待施教化以整齊之契之爲司徒敬敷五教箕子之陳疇曰彝倫攸敍設教治民之事也

風行天上。君以建中和之極。而開風化之原。風行地上。君以因風俗之偏。而設在寬之教。小畜卦爲風行天上。君子以懿文德。文德者禮樂之事也。如國風首關雎琴瑟鐘鼓樂而不淫。遂開王化之原。觀卦坤下巽上。爲風行地上之象。洪範言王道曰無偏無頗偏者風氣攸殊也。先王治民。必使風和俗美。故謀教育普及。以爲補偏救弊之資。庶不致限以方隅。各自爲其風氣。

體用交得。而風教達於上下矣。

懿文德者、體也。省方設教者。用也。有體有用。可操轉移風化之權。故風行草偃。上下各得其所。毛詩序先王以是經夫婦。成孝敬。厚人倫。美教化。移風俗。又曰以一國之事。繫一人之本。謂之風。言天下之事。形四方之風。謂之雅。雅者正也。言王政之所由廢興也。風教既達。則王政興矣。

此言先王者。先王制法。後王承之。以行。皆先王之所設。非但先王爲然也。他卦言君子。此卦言先王。先者對於後人而言也。後世教化陵夷。風俗敗壞。民氣囂張。玩視禮法。吾願有地方之責者。設教以挽救之。

坤有民象。地爲方圻。風司教化。風行地上。省之觀之。乃以設教。其用與小畜別矣。蓋禮樂之大用。不可逮於愚賤。故用小畜敷五教。防淫辟。必隨俗施。正俾民咸喻而不迷。則用觀

小畜以端本立極觀以因時廣化而設教者必審民俗之剛柔樸巧而順導之故非行地不爲功

民國成立改建共和本非王制然各省巡按使及各屬道尹皆已奉中央政府命令巡行所轄地方凡民俗休戚風氣文野教育良否皆可隨時省察而補救之此觀民之實際不可不研究者也

第三十六期　三月十四日

讀張子正蒙注

廖名縉

至富篇

志大則才大事業大故曰可大又曰富有志久則氣久德性久故曰可久又曰日新

船山曰志立則學思從之故才日益而聰明盛成乎富有志之篤則氣從其志以不倦而日新蓋言學者德業之始終一以志爲大小久暫之區量故大學教人必以知止爲始孔子之聖唯志學之異於人也天載物則神化感通之事下學雖所不逮而志必至焉不可泥於近小以苶其氣而棄其才也

富有日新爲極端進化論之示現今世界文明强大之族莫不標此爲軌涂而竭力以競赴之唯我國則貧竭日蹙適與世界公共之軌涂爲背馳而推其故則皆由於全國

民志之不振夫偉大堅忍爲國民立脚之要點試觀泰西民族重瀛環阻其至亞洲也冒萬死而必傳其教冒萬死而必通其商冒萬死而必殖其民若是者何哉凡以其偉大堅忍之志爲之耳換言之則皆其可大可久之志爲之耳我國今日自朝宁以逮氓黎上則架滿而度日下則苟且以偷安窟穴中之鼠鬥夸蜉蝣之衣裳其內訌也似波蘭其頹放也類朝鮮守此不變覆種喪邦適爲天然莫逃之公例故今日講學不必遠搜異聞博徵西籍也作吾可大可久之志起吾富有日新之業淪胥之免其在斯乎其在斯乎

此次同社講友曹君志明應本社徵文引同學陳君昌之言曰責任心者生於境遇與愛情不視其人之能力故懦女遇火抱嬰子而逃雖猛虎不能撼其勇此眞責任心之原體用乎予讀之而喟然曰審懦女之救子中國今日何懼乎特患其不視國家眞爲吾子耳加富洱以意國爲愛妻所以卒復羅馬可以興矣又曰愛子之情禽類同具斯天地生生不息之原力世界所以終不毀滅也唯大人則能拓而廣之充類而盡之尼山之大同子輿之兼善橫渠之民胞物與何莫非此也

周易大象述義卷一

上經

衡陽子王子解　　桂陽彭政樞述義

噬嗑 ䷔ 震下離上

雷電噬嗑先王以明罰敕法（本義云雷電當作電雷　蔡邕石經本作電雷）

（解）離明以明罰雷動以敕法所以制疑叛之人心而合之也故爲噬嗑

（述義）繫辭云離爲日爲火火爲文明之象日則明照四方王者明能察物罰惡以勸善故書言愼明乃罰取離明之義也天以雷霆示其威嚴王卽法天以定法律法律者宰制天下之準繩約束人心之要旨疑者使釋叛者使順卽所謂動而明合而章離曰明震曰動動與明相合爲德震下離上所以爲噬嗑

禁令懸於上不率者則謹持而決之

周禮地官鄉師之職掌其戒令糾禁聽其獄訟鄉大夫掌其政教禁令州長月吉讀法以糾其過惡而戒之又云掌其戒令與其賞罰曰禁曰戒曰罰尙冀其自新而警之於將來也至有違法不率教者中國法以處决之此謹守國家之威信孔子因以處少正卯漢文帝因以處車騎將軍薄昭皆持决心不稍寬貸民國懲貪府尹王治馨不能逃其國法卽此意也

此定法律於未犯之先故既明則必斷與豐殊用豐者折獄於已犯之後法雖定而必議

察以下求其情故既斷而必明
皐陶爲士刑期無刑欲民懷刑不輕犯刑章致羅法網也然國家立法予民以法律之平等故雖天子之父不能違法以殺人此法定於未犯之先瞽瞍皐陶同守法律後世咸遵奉之以其明於察理臨事立斷無濫用法權也與豐卦言折獄者不同豐者外嚴而內明以罪犯之輕重定法堂之信讞法犯難宥情或可原則其審愼周詳求得其情而哀矜之此聽斷必須明察也與專事申韓之學如漢唐之酷吏者逈然有別

噬嗑、先王之道、豐司寇之道法定於一王獄成於良有司也
虞書言五刑之制商書言三風十愆周書言明于庶獄漢高入關約法皆行噬嗑之道周禮、秋官大司寇一職掌建邦之三典分別新國平國亂國諸制各有所用輕重得法又糾以五刑此在良有司善推其法而持其平皆豐卦之道也

法立於斷畫一素定明著於上以示天下使人皆曉然知而畏之電雷所以爲明罰敕法也求情以明勤其審察知周乎下情然後從而斷之雷火之所以折獄致刑也蓋講法不患不明而辨析纖曲則吏緣出入而民可規避若行法之下必審求其情無隱不悉而後敢決焉乃以刑必當辜而民以不寃明斷皆祥刑之道而先後本末不同如此非君子孰能辨之

民國肇建司法特設專官又設檢察廳此即審愼用刑以求下情之意而執法者枉法平民含冤未伸者時有所聞此非國法有未立實行法未得其人聖人著易以示後學在善學者推易言噬嗑之義爲通經致用之本可也

世界哲學的宋學觀

廖名縉

宋以前中國哲學多主實踐的社會倫理的至宋後始有自然的超社會的學理出現於是考宇宙天地之本體察鬼神幽明之原理究人間性情之奥秘學問價値從此大增矣試回顧前代學者有如兩漢諸儒修專門之業傳習一經師弟授受墨守舊說不敢稍生異見雖馬融鄭玄王肅之徒號稱大師亦不過統該衆說注釋諸經而已其後專經業廢降逮李唐學者又就漢注而加以疏解演繹周詳委曲旁引雖瑣屑繁冗不免生人厭倦而上世名物度數藉以推明不可謂非漢唐諸儒之功其間學者講習遺經因以說明修己治人之道不立異說不植朋黨獨揚雄王通韓愈之輩自任甚重蔑視諸儒唯其著述不過摸擬古說排斥諸子要未有超軼前聖改進後人之力蓋自周末以來學者抱殘守闕以爲世界事理至周孔而已盡後來學者但於周孔之書加以說明卽以淑身治人而有餘故箋疏注釋蔚然千年學術之大宗雖偶有異說新見卓然可稱者蓋尠夫物極必反運會實然有漢唐學者專爲文字上之解釋遂有宋代以後專爲精神上之闡明一動一反其由來蓋非偶矣

加之宋自開國以來。即有獎勵學術之傾向。太祖懲唐季藩鎮過重。馴致君弱臣强之弊。故大政方針。專抑武臣而登文學。數幸國子監。增修學舍。修十哲之祀。畫七十二賢及先儒二十二人之像於兩廡。道學之風。從此已啓。太宗眞宗皆勤典學。仁宗立四門學。以士庶子弟爲生員。皇祐末。以胡瑗講書國子監。取湖學經義治事爲大學分科之法。故南渡以後。宗社偏安。而學制尙自可觀。宜乎南北兩宋。名臣碩儒。蔚然輩出也。下有反動之徵兆。上有學術之獎勵。遂使學者航向內的思索。而佛理與儒理的關係。因之而生。太祖尊崇儒教。同時又有保護佛教之令。刋學大藏經。歲度僧尼無算。仁宗尋修禪學。天下學者。靡然從風。無不究心內典。歐陽修之稱居衲。司馬光之號禪偶。王安石蘇洵蘇軾之流。莫不航心禪悅。作爲贊頌。蓋宋以後。中國哲學。其表面爲儒佛之戰場。其實際則二宗之新化合物耳。

第三十七期　三月二十一日

周易大象述義卷一

桂陽彭政樞述義

衡陽子王子解

上經

賁 ䷕ 離下艮上

山下有火賁君子以明庶政无敢折獄。

（解）山下有火明有所止不及高遠而照近則纖悉皆見。

（述義）火在山下非光遠有耀者可比故能照近而不及遠以艮有止義也離火在下其光所照因山高而止山內所有諸物無微不照所以察及纖悉

庶政事物之小者如周官翨庶赤犮服不之類明察其理而制為法以授有司使詳盡而不敢欺 翨音翅

山虞林衡皆關王政至於掌攻鳥獸等事則為事物之小者周禮秋官有翨氏赤犮氏等職夏官有服不氏一職翨氏掌攻猛鳥庶氏掌除毒蠱赤犮氏掌除牆屋以蜃灰攻之服不氏掌養猛獸而敎擾之皆庶政所不可忽者詳明其理法分授以職權不至如漢代上林尉不能詳悉禽獸簿猶勞虎圈嗇夫代為喋喋現今北京創設萬生園購置中西珍禽奇獸擇人以司其事即周官之遺意亦即君子用賁之要義

无敢折獄者赦小過而得情勿喜以矜全民命也使飾法以文致之則人無以自容矣虞書言宥過無大過小而宥則赦令所頒予以自新之路此哀矜下民曾子所以示陽膚也若秦檜以莫須有三字陷岳飛於罪則是飾法文致非君子折獄之道也魯論刑罰不中則民無所措手足其無以自容之象可以想見

大象皆取法卦德之美。獨於賁夬二卦有戒辭焉。智仁勇皆天德。而非仁以爲之本。則智傷於察。勇傷於傲。自恃爲德而以捐天下。故君子愼德尤於此致警焉

賁卦取其明政不以察。察爲明。夬卦取其施祿不敢以德自居。德貴好生。以仁民愛物爲本。若予智自雄。剛愎自用。則智勇之過。非盛德之事也。故君子戒之

明庶政。明逮下也。无敢折獄。止其明也。山下幽曖之地。火施其明。燭盡纖隱。君子立法創制。必詳必析。小物細事。無所或忘。無有疑似。使愚賤利用。經久可行。至於折獄。則自非干犯名義。無所曲避。姦宄侵牟。具有顯迹者。而鉤考陰私。旁引授受以夸擿發。而民無所措手足矣。六十四象皆爲取法。獨賁與夬有鑒戒之辭焉。蓋察者知之賊。躁者勇之蠹。藏於密而養大勇者。尤必愼於此也。

君子愼德。以仁政愛民爲宗旨。不以擿發陰私爲能事。後世酷吏鍛鍊周內以虐其民所以謂之賊。謂之蠹。非君子所以愼德也。船山示人學易。其警惕之意深矣

王瀚聲

子罕言利與命與仁。

俗儒溺於利。迷於命。附會於仁。道之所以不明也。孔子知其然。而不言其所以然。其意深矣。

（船山訓義）夫子之教苟在所必明者言之不足而屢言之乃吾黨或聞或未聞焉夫子偶一言之而不頻著其說則所罕言者也

雅言垂訓詩書執禮善誘循循賴言以宣魯論記夫子之言皆爲弟子所聞其所不言者有時行物生之妙故又云予欲無言言則記之不言則不記此罕言之義也

子貢曰夫子之文章可得而聞夫子之言性與天道不可得而聞故門人有聞有不聞子亦或嘗言利矣而自非因生人之大計所在則不言其何以利何以不利也子嘗言命矣而自非因進退之定分所裁則不言天何以制命人何以受命也子嘗言仁矣而自非因學者問求仁之方則未嘗言何者爲仁何者爲不仁也

子曰因民之所利而利之此則言利也又曰放於利而行多怨此則不言利也因民而利所謂生人之大計放利而行所謂貨悖而入亦悖而出爲個人謀則爲私利爲國家謀則爲公利公利可言私利不可言

子曰道之將行也與命也道之將廢也與命也所謂因進退之定分所裁外此則曰何有於我曰吾有知乎哉無知也又曰天生德於予桓魋其如予何皆自勵自信之語斷無付諸命之說也

魯論言仁甚多皆因材施教樊遲問仁則曰愛人顏淵問仁則曰克己復禮仲弓問仁

則曰出門如見大賓有所問而言也

蓋利者君子所以安小人而患其何以得何以失則且陷於小人之智術命者人事所以合天道而詳其何以吉何以凶則且盡廢人事之修持仁者存心即以合天理而實言其何以存何以去則且執滯其心理之全體

不得於君則熱中小人患得患失君子無是也

語曰人定勝天中庸云天之生物栽者培而傾者覆皆勉人自修語西儒達爾文物競天擇優勝劣敗學說亦同此意

仁者渾然無際所謂欲仁斯至言求仁即至非執滯其心理之全體

吾黨即所罕言者而思之以正義而遠利以修身而立命以默識而存仁庶不虛夫子罕言之教哉

以喻義喻利嚴君子小人之分所以遠利也素位而行居易以俟所以立命也當仁不讓欲仁斯至所以存仁也三者皆爲夫子罕言之教

通論

救敗九策

天下事事前易爲功事後易爲智蔚廬先生救敗九策蓋因四年五月七日日本要盟時發憤之所作令袁氏知此何至一敗塗地前車不監後軫方遒畏首畏尾民國之存身其餘幾吾輩不圖事前之功而舞文弄墨矜事後之智則斯九策者以之覆瓿何愛焉編者識

一曰定國是以振朝氣天下之事皆氣舉之而立志乃可以率氣不見夫追奔逐北一人俘百人如驅羊乎又不見壯士奮臂一夫雄入於九軍而蹈厲無前乎無他氣之朝暮爲之也除暮氣振朝氣其術奈何在學者爲立志爲知恥在行政爲一定之計畫在司其樞機者爲始終貫澈不憂不懼之精神卽所謂國是是也民國既建遺大投艱元首之責任非漢祖唐宗之克堪也進則與世界羣雄握手於珠槃玉敦之上退則與滿蒙回藏提携保抱同軌同文同倫發越無上之文明在在貫以公僕之肫誠謙尊而光卑而不可踰一洗專制世及之私上追放勳重華開中天之景運譬之斗柄東指天下皆春百蟲啓蟄而萬象昭蘇敗葉既零而新條莩甲此則我中華民國開國之氣象也如日初升朝氣自振國會不良解散可也速爲召集我爲導師披沙揀金搜巖采榦懲前毖後豈盡暴徒自治不良更張可也上職其要下職其詳國以民成因民爲治民愚則國不能獨智民弱則國不能獨强誰爲國奔走奔

走者民也誰爲國先後先後者民也誰爲國禦侮禦侮者民也誰爲國疏附疏附者民也俊民敬之良民安之弱民扶之愚民矜之莠民刑之暴民誅之輔之翼之匡之直之發達其天然之能力培養民氣化私門之心作公戰之勇平時足以自衛國家有急可執兵而隨大軍之後國是一定予民以一部分自治之權而收效如此其大者也則被選爲元首者其安富尊榮爲何如哉

二曰絕猜疑以通衆志天不可枉人不可欺至誠感神矧茲同類何分乎南北何間乎親疏唐宋以來人主以一念之疑卒釀鉅禍唐以中官典兵而藩鎭跋扈宋防武臣權重而卒沈崖山朱明亡國之事非一卽以軍事而論一切進止制於本兵以萬乘之師不能平張李之寇前清自私自利原無足言咸豐時委任漢將如曾左等輩尚足支一時之傾危改伊犁之成約至於末流事事粉飾朝多倖位政以賄成太和門災無修省之詔而多賞救火之八長安迴鑾是何等恥辱事啓行之始重賞樞臣識者早知其無能爲矣幸而革命而國權不全國恥待雪無可諱言我大總統當此忍辱負重亦極難耳然智者轉敗而爲成勇者因亂而圖治不破庸人之論則不足建非常之功不設背水之陣則不足續垂絕之命譬之勞瘵病夫穀氣未絕盧扁或攻或補尚可回春庸醫惟進陰柔之劑則僅有一死特早晚之間耳以爲自五年始宜准公私團體開五九紀念會下半旗以表臥薪嘗膽之眞心舉國上下重門

洞開共見此心以策羣力之增進則衆志通矣或曰有謀人之心而示之意豈非古今之至拙曰不然凡人之情始則奮中則怠久則忘外人譏我國人祇有五分鐘之熱度雖則針砭我國其實亦中外之同患不曰五七紀念而曰五九紀念者五七者人屈我五九者我屈於人也苟國防固國力强孰敢侮予不怨天不尤人專反己而自治人自慶祝我自哀悼若敵人以我國之自哀必能滅我而朝食則雖百拜乞憐猶以肉擲虎耳何如執兵而共禦之且猛虎在山藜藿爲之不采汲黯在朝淮南爲之寢謀合國民愛身愛家之心團結而愛國長存此心則凡可以辱國之事斷不肯爲凡可以保國之事靡不竭力所謂正其本而萬事理也若夫上書不准貢諛拜爵不准稱謝國家令節除外賓交際外暫停稱賀皆其目也或曰下半旗志哀也得毋近於不祥乎曰此所以爲祥也古者命將鑿凶門而出戰勝則以凶禮處之重人命也況未戰而挫者乎周之興也制爲典禮子卯不樂乃以開八百年之祚何不祥之有

三曰聯疏逖以盡賢才分人以財謂之惠教人以善謂之忠爲天下得人者謂之仁是故以天下與人易爲天下得人難國之榮辱安危在人而已古者人君之職在於論相故堯以不得舜爲己憂舜以不得禹皋陶爲己憂民國億兆人之命託於大總統大總統既負完全之責任則國務卿各部總長乃大總統之所託命者必有出類拔萃之人才而後能成經天緯

地之大業苟能吐哺握髮識俊傑於風塵不限資格不限年齡拔士作相拔卒作將未爲不可隆中而友諸葛登壇而拜淮陰雖不能方古阿衡太師亦庶幾興朝之人傑此則在知人於度外耳若尋常薦剡流俗稱譽則此中類多小知之器難逢大受之才非敢謂前朝宦達之無賢也特其舊習已熟揣摩已深暮氣頹陽若定大計決大疑決無裨益雖欲感激圖報明作有功厥道無由大總統下禁賭禁煙之令不可謂不嚴而要人中猶法行私視中央之令如弁髦者時有所聞游戲徵逐持祿養交此在太平之時已非國家之福況當草昧經綸之始即爲燕雀處堂之嬉覘國者幾何其不輕視也且泰否二卦相反甚矣其材則皆三陰三陽也特其往來之際陽內陰外則君子道長陰內陽外則君子道消其爻辭皆曰拔茅茹以其彙蓋一君子進則衆正同升一小人進則羣小連袂消長之際否泰之機甚可畏也考試與薦舉並行賢路大開甚盛典也凡居高位當如何精白乃心訪求民譽薦達幽潛乃未幾牘滿公車道尹記名薪積遂苦人滿矣非敢謂此中無人才也竊恐親戚之情朋好之私鑽營附羶之流所不能免此輩未必無才但患無恥而公忠體國思得待價而沽之人以報圖者殆不多見人熙以爲宜令高級長官不拘資格每歲各舉文武人才數人送覲大總統從容燕語詢事考言如有可用量能授官如非其人即行報罷且以所薦之得失爲長官之賞罰且惟賢知賢取人以身拔十得五不可勝用所謂勞於求賢逸於任人者此道得也

四曰開民廠以利軍械凡公司營業官辦不如商辦之利然當工業幼稺之時非公家提倡智識財力均有欠缺湖北織布局官辦虧累頂之廣商遂獲大利其已事也招商局爲中國最大航業然以公家不獎勵不津貼至今尚無航行外洋之船於實業軍事均有缺憾至於中國鑛產富甲全球近准輸入外貨中外平權以期地不愛寶濬發財源亦鑛業幼稚時代所必經之階級尚嫌取締太過有礙進行凡此數端大總統注意變而通之必有起色而爲國防之至重且要者則軍械製造宜開民廠也前清順天府尹胡燏棻條陳准開民廠當時服其體大思精德國驚駭全球之克虜伯廠其初一小小民廠耳使當年用胡之策公家爲之獎勵爲之津貼爲之監督有百利而無一弊安見不能步克虜伯之後塵考外洋器械進步不出於博士而多出於藝徒工商自營器精費省青年藝徒鈎心鬥角以博公家之重賞往往有得之意外者此策不行良爲可惜聞天津粵商尚有製造私廠公家不知因而用之乃爲吏胥所誤幾得私造軍火之罪庚子之變兵燹無餘後遂無繼起者矣夫國家之禁私造軍火者恐其藉寇兵也廣西土匪之軍械大半購之香港而奸商爲之密運良民團練往往以乏利器不能自衞於是以州縣之呈請准領快鎗亦准公家給憑自購以救徒手受害之弊東三省鬍匪之利器皆購自哈爾濱俄國洋行其價較我國家購價尤廉主權不屬禁之無術若內地民廠官爲監督一切皆供公家之用決不慮有濟匪之時且該廠主受國家

補助優獎與國家爲一體自貴自愛之不暇焉有甘毀榮名棄厚賞羅法網者此所謂有百利而無一弊也大總統采胡府尹之遺策毅然行之其效可坐致也

五曰緩兼營以舉要政民國初建遺大投艱三年之中兩平內亂可謂勞矣若令百廢具興其事有需之十年或二三十年者兼營並進勢决不能備多力分軍家所戒推之政治何獨不然公署時合時分局處時增時減舉碁不定勞而無功必先其所急而全力以注之以國勢論所以含垢忍辱而不敢引吭一鳴者不武故也則整軍經武爲最要擇定海軍船塢戰艦歲增幾何分年籌備事在必行陸軍汰弱留强二年退伍寓徵兵於召募之內必選擇身家有著年力强壯之民與以榮名優其禮數明示以退伍之期爲豫備兵賞以衛國之徽章聽國防之徵調則散可歸農可免每撤一軍即多一游勇且取之土著亦不令水土不習有舉目山河之歎我國人民衆多原不必學日本島國全國皆兵有斷指折臂以避兵役之慘此中國之優點也且中國之民未嘗不武勇也當改歲之始學習拳勇以爲游戲南中各省大抵皆然兩族械鬥往往奮不顧身納之於明恥教戰之中移私門之心以爲公戰之勇兵隨將轉令逐風行在大元帥之精誠貫注而已腹心干城必寄之忠勇之將領手足指臂必寄之樸質之農民奇才異能拔之屠狗販繒之中不必拘士官之資格至於大將則不分文武如王曾左羅者亦可寄以專閫之任不必限學校之畢業也若夫工爲大言壯語慣於結

納周旋此輩斷不可用此輩圖富貴耳緩急不可恃也聚人曰財非饟不濟罷苛細之征避加賦之害節奢侈之費以擴充國債爲不竭之財源以開放鑛產爲無窮之收入裁釐加稅以聽印花稅自然之進行民智既開則莫之勸而自勸民力既裕則莫之輸而自輸購買力強則稅源自旺此皆宜以全神注之者也此皆形而下者謂之器也至形而上者謂之道飢不可食寒不可衣而實爲立國之大本者則禮之大綱不可不先定也國於天地必有與立制禮作樂郁郁乎文禮儀三百威儀三千此人道之所以異於禽獸中華之所以異於野蠻也國體既更損益古今垂爲令典茲事體大良未易言與其鹵莽而告成不如斟酌而盡善惟五服之制三年之喪三代以來未之或廢天下無無父之國則天下亦無不愛親而能愛國之人天性所留社會通行未之有改特官吏丁憂起復未奉明文冒喪求官毫無忌憚流風所被恐遂陵夷應請特降明令士民喪禮暫照舊行官吏丁憂起復亦仍前朝之舊其五禮全文俟討論完善再行公布又况出乎禮者入乎刑此於修訂法律尤有連帶之關係一時雖難求明備而大綱既正則民國規模之宏遠已立其基矣

六曰獎忠直以懲迎合古之聖賢豪傑成大功立大名俎豆馨香百世而興起者豈有他哉能正其好惡而已矣民之所好者好之民之所惡者惡之此之謂民之父母好人之所惡惡人之所好是謂拂人之性菑必逮夫身是以君子之於好惡懍懍乎其不敢肆也平等之交

阿諛之言易入藥石之語難投故曰惟善人能受盡言況夫挾千鈞之勢以臨魯縞秉元首之權以接百僚苟非誠心以求之隆禮以接之虛衷和氣以受之隱惡揚善而行之亦安能盡下情而來直諫乎直諫不聞則逢迎者進探其私意則順旨以求容本無此心亦嘗試以取媚如大總統之平白狼也發縱指使不謂無功將士戮力行間不謂無勞然亦勦流寇耳以大總統之仁心偉抱方且哀我生民橫被塗炭豈自以爲無上之大業哉而報紙所載乃有人請設方畧館者以前清專制之陋習每有一次軍事必修一次方畧以誇耀之又聞此次外交失敗溥天哀憤而高級官乃有電賀者取媚焉耳干進焉耳豈眞赤心愛國以揚我大總統之榮名哉故知責我難者敬我者也量我淺者慢我者也以此察之妍媸自見且夫堯舜之世九官十二牧吁咈一堂孔門弟子閔子侍側誾誾如也冉有子貢侃侃如也自古聖賢千載合軌若可亦曰可否亦曰否以水濟水以火濟火奴顏婢膝萃於一堂其於國事安有幸哉故曰仗義死節之士必於犯顏敢諫中求之我大總統奬忠直以懲迎合則專閫大將分陝高官亦當激發天良遠師諸葛孔明之集思廣益求攻吾短近法曾滌生之求通民情顧聞己過內治之修不難矣

七曰屏浮華而采民譽三代以下諸葛君乃眞名士澹泊以明志甯靜以致遠若近世名士大抵畫地作餅不可食者也舞文弄墨飲酒賦詩謔浪笑傲徵歌選舞輕薄之士依附以取

名寒乞之流攀援以取利求如偏霸之國六卿之長皆民譽者似無有也方且寵之以蒲輪靡之以好爵祿之以厚糈若以為治定功成藉以點綴江山潤色鴻業者以視西漢之求二生東漢之封卓茂蓋不侔矣風教所關不可不慎願大總統不可以為細故而忽之也

八曰尊師道以敍人倫自前清戊戌變政以來教育普及之聲洋洋盈耳通外情譯外史天賦人權之學說天助自助之格言亡國之痛革命之功其灌輸我中華以建共和民國者未始無功然自由平等之名辭誤會而釀成社會之惡劇弊亦甚焉故尊重道德保存國粹之聲紀元二年以後又成為普通之輿論然學子根柢淺薄不見宗廟之美百官之富又不知眞正國粹之所在而以囊螢自照反自誇世界之眼光故有主張學校讀經者各種報紙冷嘲熱罵不遺餘力而司教育者亦不敢大有變更以避攻擊不知我國自有陶鑄萬彙之精神似不摹倣外洋一一求肖則不足稱新人物之頭銜於是而師道掃地盡矣古之王者必有師造廬而請洪範北面而受丹書以聖人而居元首之位其事師也如此其恭且敬也制為典禮養三老五更於太學天子執醬而饋執爵而酳不敢臣也故曰水無當於五色五色弗得不彰鼓無當於五聲五聲弗得不和師無當於五服五服弗得不親蓋人倫之賴以維繫者也揚子雲曰師者人之模範也所以模不模範不範也韓退之曰師者傳道授業解惑也周濂溪曰師道立則善人多中國舊俗西席延賓罔敢失禮及學校興校長則高級官

廳之屬吏也。敎習則校長之雇傭也。升堂授課。如鬻技然。納費聽講。如販物然。私校營業。如售貨然。敎習自以爲雇傭也。學生亦以爲此我之雇傭也。學生之崇拜與攻擊。則校長敎習之位置得失因之。於是曲意以固位。取媚以求容。長學生浮囂之氣。而抗顏自重之人。則視爲畏途。矯其弊者。又一切以申韓之法鈐束之。是又所謂奴隸敎育者也。遇之於途。不相識也。畢業而出。若路人也。此皆所謂夷風者也。長此不改。中國禮俗。將益衰微。而況荒經蔑古。師心自用。弊非一端。非有大賢痛加改革。則敎育前途之結果。可想而知。名曰尊重人倫道德。竊恐邯鄲餘子之學步。將益失其故步。其何以獨步五大洲。以保我子孫黎民也哉。

九曰適國情而爲損益。一國有一國之國情。一國有一國之時勢。忠質文之遞變。自昔已然。窮則變。變則通。通則久。譬之琴瑟不調。必改絃而更張之。乃可鼓也。前淸戊戌之變政。蓋中國之動機也。頑固者力抗之。志士捐軀流血。遂釀庚子之禍。至今思之。良同醉夢。我大總統督直時。力行新政。至今警政尚推北洋。識時務者爲俊傑。此其一端。若聰明睿知。與時偕行。則非常之原。黎民滋懼。及其成功。則出人意外者。皆人人意中也。孔子曰。夏道尊命。事鬼敬神而遠之。近人而忠焉。先祿而後威。先賞而後罰。親而不尊。其民之敝。惷而愚。喬而野。朴而不文。殷人尊神。率民以事神。先鬼而後禮。先罰而後賞。尊而不親。其民之敝。蕩而不靜。勝而無恥。周人尊禮尚施。事鬼敬神而遠之。近人而忠焉。其賞罰用爵列。親而不尊。其民之敝。利而巧文而不懃賊而蔽是知立法稍有低昂末流必滋儆害故有其不變者親親也尊尊也賢賢也春秋三科天下之達道也知仁勇三者天下之達德也德千古常新道與時損益周道尊尊禮家之言至齒路馬者有誅以足蹴路馬芻者有誅推天子於神聖不可知之域極於秦始神姦竊竈親子受誅尊尊之極有害親親故孔子大同之制選賢與能益親親尊賢而損尊尊伯理璽天德之號創於外洋而成於中華民國我大總統膺景運長神州自我作古為萬世規用人行政能適合民國之國情也則大名大福歸之若有蹉跌皆將反是不可不戒夫中國自堯與舜禪以來家天下之局數千年矣或鑒於內亂之未靖外侮之未寧一紙空文虛聲恫喝遂成城下之盟攫我利權開會慶祝已視我國民為亡國奴矣悲憤塡膺民氣悒鬱以長沙一方見聞方外毀家輸金雲遊不返編氓銜哀自盡羞見國仇士大夫奔走相弔處若忘行若遺而謀所以救亡雪恥者岌岌不可終日若此殆亡國之徵乎四百兆神明之胄將夷為倭奴之奴矣然以實思之其亡其亡繫於苞桑人人懼亡人人知恥一成一旅尚足中興廣土衆民豈甘自棄此誠中國之不可亡而無人能亡之者也或曰中國既無人能亡何以島國一書遂如發蒙振落攫重大權利以去然則亡我國者其新政乎曰新政何負於國革命成功遠則由於孔孟之學說近將由於歐亞交通之潮流知識交換中外一家振臂一呼雲集響應數月之間遂創建中華民國此皆戊戌變政之所致也所賴有

經緯區宇之偉人司機運轉因時因地棄短取長借攻錯於他山復文明之古國徒令青年學子稗販外洋法政或買櫝還珠或削足適履譬之植荔支於幽薊移桃杏於桂林頃刻榮華終歸憔悴若夫蒲萄入漢吉貝來華衣被萬家服食億口曾何惡於新政也今教養大政兵刑大端待改良者無限非維新之過不能因地因時鹵莽從事之過也至於民國成績昭昭然揭日月以行者未可以民生未遂國勢飄搖而謬爲嗤鄙也去君主之世及則知中國非一姓之私產愛國之心自深國民非一姓之家奴獨立之謀必固世爵任子之濫恩宦官宮妾之禍水亦隨帝制以俱湮此其廓清者一也叔孫朝儀原非達禮堂高廉遠咫尺天涯貴極人臣入則造膝陳辭出則叩頭請訓胡天胡帝疑鬼疑神今則燕服上謁坐論談心鞠躬致敬握手言歡喜起明良何以過此此其廓清者二也覇朝閏位忌諱必深瓜蔓之抄禍及文字秀才禁止上書庶人不敢議政庶僚白事聽進止於堂官外吏建言呈都察院代遞待漏迎車官呵隸罵一經吹求違碍終不得達君門非萬不得已孰肯爲此今則議員民選報紙郵傳士紳陳言或用公文或由函達四目四聰豪無壅蔽此其廓清者三也凡此三大端皆民國文明之進步一切用人行政皆本此意而擴充之火然泉達其光燭天其瀾涯海雪已往之奇恥大辱立將來之盛德大業事在臥薪嘗膽勉强行之而已愼無失此千載一時之機也仁者先難而後獲智者因詘以爲伸願大總統留意第一策而力行之則餘策迎

刄而解矣

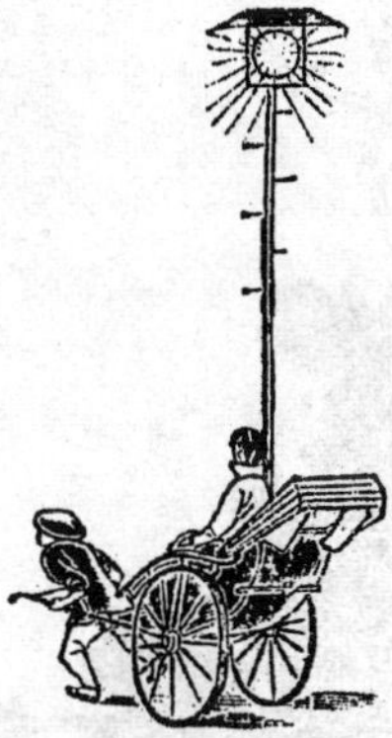

專論

春秋公法內傳達恉

船山學報通論之一

瀏陽劉人熙

莊周者思想自由人也其言曰井蛙不可語海拘於墟也夏蟲不可語冰篤於時也信善哉取宗廟百官之富告寠人子則舌撟而不下目瞠而上視取大學中庸之旨訓天竺耶穌穆罕默特迷信宗教之徒則熟視而無覩色然駭而走是故立洪荒之世而有能豫思堯舜之文明者則羣笑爲狂矣立封建之世而有能豫思駕雲鞭霆通環球於房闥者則以爲齊諧諸皋貧酒後之清談焉爾然則處列强紛爭學說喧呶之日而豫思五洲之大同宗教之煙消者又孰能信其必至也哉惟聖人作學也而成乎性人也而合乎天仁熟義精獨標先覺孔子生衰周處亂國攝相事而道幾行而卒老於行於是喟然歎曰歸與歸與吾黨之小子狂簡斐然成章不知所以裁之乃本魯史修春秋以詔公法於萬世夫魯之於宇稊米耳二百十年之於宙瞬息耳而性量所涵無遠弗屆心光所矚無微不顯經師相傳見仁見知懲小朝廷之慘禍則宗旨莫非攘夷狄而不知夷夏之分在文明之程度而不在地域痛强臣之篡弒則宗旨莫非奪兵權而不知爪牙削則猛虎亦不能自存魏博之牙兵燼而唐祚亦斬至於惑禨祥迷讖緯則凡山崩鷁退皆所以滅周而授漢其於經世之意果有當乎

子曰必也正名乎莊周曰春秋以道名分故春秋名學也同一來也曰來曰來歸曰來朝曰

來聘曰來逆曰來盟皆善辭也若逃來若來奔則非善辭矣同一歸也曰歸曰復歸曰歸之皆善辭也若以歸若逃歸則非善辭矣然來與歸亦有非善辭者則屬辭比事異也如季子來歸稱季子貴之也喜之也齊仲孫來此公子慶父也稱齊仲孫外之也惡之也譏齊之縱賊魯之失刑也衛侯鄭自楚復歸於衛衛侯鄭歸於衛以其生名則歸爲易辭非善辭矣故曰春秋無達例因物賦形因事見義所謂吾道一以貫之者也若執一例以求春秋則非一以貫之生心害政不亦傎乎子曰野哉由也君子於其所不知蓋闕如也名不正則言不順言不順則事不成事不成則禮樂不興禮樂不興則刑罰不中刑罰不中則民無所措手足君子之於言無所苟而已矣今輙紬繹經文取裁三傳刪除異說畧下己意條其可知者如左天道善變人事日新後起者勝則覆瓿固其宜矣海內同志有抱孤心凌萬端者或以爲千慮之一得或以爲椎輪之先導吾何敢多讓焉

一曰明人倫君者尊之統也父母者親之統也兄弟者親之分形朋友者異姓之兄弟夫婦則介於君臣父子兄弟朋友之間而爲人倫之始其道皆未易盡也傳曰臣之事君猶事父也此恭知分義之言也資於事母以事父而愛同愛同則敬不同矣資於事父以事君而敬同敬同則愛不同矣故以面折庭爭之事君者事父則爲逆子以下氣怡聲之事父者事君則爲佞臣君臣者義合者也書天王者神聖不可侵犯之辭而有時王不稱天明道合則服

從不合則去也若夫父子之恩天合也殺其世子父有罪矣至於許止以不嘗藥亦不免乎弒此所謂見孝子之至也若以爲書趙盾弒其君見忠臣之至則非矣趙盾者司馬昭也主謀者也不必其手刃而後謂之弒也誅首惡也豈所謂見忠臣之至哉禮始於謹夫婦故失禮書守節書大歸書以示敎也兄弟則自天子以至諸侯多書其弟之兄矣至於起特例而卒之者則叔肸一人而已尊則君也親則兄也罪則弒也兄之罪猶己之罪也正之則不能逐之則不忍抱孤心以質鬼神辭榮含恤以沒齒此所謂人倫之至者乎至於朋友主信則齊桓之盟不日其會不致亦庶幾爲善善從長皆可爲切磋琢磨之助此非聖人發一例以著書書成則因事而義起譬之萬斛泉源隨地湧出者也

一曰重主權一闤之市必立之平主權不立則運掉不靈況積人成族積族成邑積邑成國積小國成大國交通益廣控制益難非合大羣以立政府則不能禦大災捍大患興大利瑞士之黑子而卓立非瑞士獨立之力異常亦列強均勢之局有以扶持之耳春秋尊王人貴同盟實以非合大羣不能保中夏之治安非斤斤一家之私產一姓之存亡也自太古以來遞推遞衍由酋長以至帝王其能長一羣者必有出羣之才德故遂歸一羣之主權於天曰天王曰天子位天位也祿天祿也秩天秩也序天序也命天命也討天討也此非推之高高索之冥冥以爲愚民之術也天者理而已矣既具人形卽賦人性肅然有其不敢之心而義

凜然惻然有其不忍之心而仁油然大德受命天下歸仁故主權者即天權也及蒙業而安則作福作威有濫用其權者矣故孟子申其義曰天視自我民視天聽自我民聽故主權者又民權也由天權之說則道在奉天由民權之說則政在保民皆所以求治安增樂利而已

一曰貴獨立後世郡縣奉一王之正朔春秋魯史每公紀元非分裂而散大羣實獨立而圖內治內治者自治也因其風土簡其人才駕輕車而就熟道其費易舉其情易達愛土物而厥心臧其利害皆關繫於伯叔甥舅大綱舉而細目易張也國之強弱貧富文野始於小己終於合羣未有小己弱而國強小己貧而國富小己野而國文者也故武事始於伍兩卒旅文事始於比閭族黨非多設鄉官未有能自治者也今之牧令廣者數百里近者百里以一手一足之力而欲徧德羣黎吾有以知其難矣德意志之聯邦其主權者但主外交備大旅興大學校其各邦之內治固獨立而不羈美利堅之合衆國也亦然若貪集權於中央簿尉末僚皆銓選於吏部封疆長吏無徵辟之權束縛馳驟所求者文無害而已而實之腐敗者不可究詰是以賢能掣肘而濫竽者仰成于幕賓胥吏未嘗不登上考也

一曰貴和平禮之用和爲貴故有禮則安無禮則危孔子曰能以禮讓爲國乎何有譬之善攝生者和氣翔洽百病辟易則鍼砭失其用矣覲聘會盟講信修睦之大經也故春秋重之聘會從同凡覲之屬九曰朝于曰來朝曰遇曰來曰如曰孫曰唁曰奔喪曰會葬凡盟之屬

九曰同盟曰來盟曰乞盟曰莅盟曰不與盟曰不盟曰平曰輸平曰釋因事之輕重常變而異名雖其間得失嫌惡不同要皆得失嫌惡於禮之中而未大遠於和平者也

一曰惡貪殘食色性也富貴福澤廣土衆民亦君子之所資以行道而廣德也若棄禮而從欲則近於禽獸故人道之殘多起於貪貪財貪色貪人土地始於貪必終於殘復仇雪憤者僅矣扶義而起者抑又僅矣春秋無征曰伐曰侵曰襲曰戰曰圍曰追曰入曰敗曰敗績曰獲曰執曰以歸其極曰滅滅之變文曰遷曰大去遷者未滅而近於滅大去者已滅而未盡失其民是春秋之所閔也曰亡曰潰曰殲皆孽由自作爲春秋之所貶所以勸自强也逆至於弑止矣世子弑尤逆之逆也有稱名以弑有稱人以弑有稱國以弑有稱閽以弑幼主耶孱王耶獨夫耶亦可爲千秋之炯鑑矣次曰誘殺次曰戕次曰用次曰刺次曰殺誘殺也戕也用也刺也純乎野蠻者也殺文明與野蠻共之者也有稱爵以殺有稱人以殺有稱國以殺有稱盜以殺而兩下相殺不與有司之執法不與則春秋之書殺亦天發殺機而已矣子謂季康子曰子爲政焉用殺荀子之不欲雖賞之不竊故去殺先去貪

一曰愼邦交人未有能離羣而立於獨者也國未有能閉關而長治者也朝聘會盟皆所以聯邦交而兵交使在其間其義尤重行人春秋書執行人蓋深譏之邇日列國宣戰必護送公使歸國此春秋公法之一端也

一曰修武備天生五材民並用之誰能去兵此就物質而言之者也然金之用廣矣豈必用爲兵刃以殺人乎語之鄙者則必倍也大同之運尙遠則競爭方烈非尙武之國不能龍驤虎步於壇坫之間春秋書次書戍書救書乞師重民命也書戰書敗績書亡書潰書棄其師止矣以不教民戰是謂棄之棄其師者棄其民也棄其民者棄其國也棄其國者棄其身也曰獲曰執曰滅前車覆而後者不監亦獨何哉求其故而不得則以爲人滿天槩云爾孔子曰我戰則克蓋得其道矣建威銷萌神武不殺非僥倖於交綏之頃也大閱大蒐書於春秋者殆以枚數闔詩人之頌僖公也曰公徒三萬亦不過多張虛數濫爲徵發而已僖公固不武也從齊桓之後與召陵之盟他無可稱焉至於襄昭定哀霸圖既裂戰事益繁同室操戈驅不教之農爲無意識之械鬭初稅畝矣作三軍矣用田賦矣作邱甲矣兵數益多供億益繁民困益深國勢益蹙幸其時無匈奴冒頓成吉思汗之流耳令其有之則五胡亂華之禍早見於中原孔子曰夷狄之有君不如諸夏之亡也誠憂之也今距春秋之始不過二千六百歲耳而門戶大開戰術屢變陸師之火器萬壑同轟海戰之艨艟萬馬齊力勝則爲主人即以强權爲公法敗則爲奴虜即屈公法從强權此不徒君相之憂抑我黃族億兆之孝子慈孫所當共憂者也

一曰審先幾幾者動之微吉之先見者也月暈而風礎潤而雨一葉落而知秋一陽動而知

春知幾者審其所必至而豫為之所也納幣則書知傳種改良之在胎教子生則書知尊師重傅之在蒙養譏世卿則知封建世及之必為郡縣進吳楚則知大地列國必至交通譏焚獵則知弧矢之必變為火攻殺人之器且窮工極巧而未知所終極譏淫祀則知歐亞宗教之必禍人國而流血無已凡此皆先幾而覺之則先事而防之消患氣於冥冥增福祉於昭昭以人事挽天心所謂可以贊天地之化育也不然病必死國必亡束手待斃雖知之庸愈於不知乎造化亭毒至誠經綸其端無窮更僕難數請即封建宗教兩端略申其旨可乎封建者自無始以來遞演而遞減者也禹會諸侯於塗山執玉帛者萬國至周則不及十一非滅絕兼并何以銳減若是當其勢之未盡聖人亦因而用之豈能無端而盡黜之然而聖人處此則有道矣以天下與天下之賢才共治之庠序學校論秀書升烝髦士於中田求干城於兎罝文王周公之所規畫果能實行則主不虛王臣不虛貴四民樂業禮讓成風但見治人之與治於人者各有責任而無分榮辱且更迭為之野處而不匿其秀菁華既竭則褰裳去之大夫能薦人於諸侯諸侯能薦人於天子以揖讓而成為公天下之局其事亦非創舉也安有七雄之龍戰劉項之逐鹿哉人事無權一任天演此所以治日少而亂日多也孔子之非宗教家海外人士亦知之矣故中國無教禍而禍水之泛濫來自外洋孔子之言天也即人而見天也故曰思知人不可以不知天謹天戒畏天命其在詩曰昊天曰明及爾出王

昊天曰旦及爾游衍又曰永年配命自求多福皆盡人道以事天故曰獲罪於天無所禱也春秋之譏魯郊數矣說者以爲僭周也愚亦未知周之郊也其遂合矣乎天者非一國之天而環球之天也分野之說之不足以立也久矣如有合地球而建總政府之一日於以郊天是或一道而彼宗教之言天則誕甚矣耶蘇天子也穆罕默特天僕也制爲儀式以祈禱但爲其徒者則滅生前之罪增死後之福彼愚民者不知自求多福之道而未嘗無畏威遠罪之心得一祈禱免罪之捷徑則起而皈依爲之歛財爲之供役爲之戰爲之死前後十字軍之蟣鬥蓋數百年及宗教改新而禍少息科學發明而燄益衰法蘭西之政教分離而民知益進然餘氛之波及中原者尚未知其所止得春秋事天之恉以爲木鐸非徒中國之福亦歐美各國無疆之福也

一曰獎科學古之爲教術在六藝品列四科蓋自生民以來開物成務日用之其略備所急者輔世長民政治之人才耳其他蓋聽其自謀焉樊遲請學稼圃答以不如老農老圃而勉以好禮好義好信顏淵問爲邦則車服禮樂授時損益四代而去讒遠佞放鄭崇雅以開太平不欲以區區之科學自限也然格物則爲大學之始教春秋書日食蓋以紀周歷之疏而有待於疇人之考察隕石星孛地震山崩雷雨冰雪霜雹水火之變象鸜鵒六鷁螟蜮蝝蜚桃李菽草之有無生殺察其由來物與无妄或關於天地之自然或關於人事之缺恨於以

施其調燮之方神其補救之術豈遂曰多能鄙事槪以爲無關閎旨而不令其發達乎啇羊蘋實防風之骨肅愼之矢時時見於他說或亦殘膏賸馥之沾溉而不悉付之子虛者乎惟感麟而作獲麟而止則爲古今之聚訟麟鳳龜龍禮稱四靈龜常見而麟鳳龍不常見徵實之家或竟以爲無麟無鳳無龍雖有辯者不能覓之郊藪畜之池沼而目驗之也然泰西學者深掘地層往往見大鳥大獸之迹爲時所無中州北邙之山往往發見專車之骨節如長狄僑如者安有詩書所載百家相傳悉爲誣枉乎則謂麟不常見可謂之無麟則不可麒麟之於走獸類也聖人之於民亦類也出乎其類拔乎其萃聖人宜得邦家以敷錫庶民猶麟當爲太平之瑞而不當見獲也然則反袂拭面歎吾道窮杜預所不取者吾則深有取焉爾

嗟乎春秋文成數萬其旨數千筆則筆削則削游夏不能贊一辭作者之聖固不可及矣然微言大義固日懸於天壤以餉遺我後學也說春秋者謂一字之褒榮於華袞一字之貶威於斧鉞此從其委而言之也其原則善惡也善惡之先幾則是非也是非之究竟則幽獨之歉慊也惡者非無對之名辭苟無善安有惡故從善見善非善之善也從惡見善乃善之善也天下之惡有不起於飲食男女者乎男女之牉合善用之則生民之始萬福之原所以紹天地之生於無已也否則淫焉爭焉殺焉飲食者統乎生人之利用之辭也善用之則取精用宏沈浸醲郁含英咀華斟酌飽滿以成文明之化固聖人之大寶也否則貪焉私焉諂焉

驕焉求焉盜焉奪焉弒焉皆此物階之厲也衡陽王而農先生者好學深思之先達也其言曰人皆御其可以爲善者以爲惡此達天人之奧者也若夫是非則彼一是非此一是非吹萬而不可勝窮然至是之中有非存焉至非之中有是存焉非知言者鮮不惑矣請以近事明之可乎當科目忌諱文藻考據極盛之時則道學者極迂怪之名辭也忠厚者極萎耎之名辭也然則必不道不學不忠不厚而後快乎此其謬誠不足辨而士大夫間萬口同聲卒亦莫之悟也自五口通商外潮激射學界稍新矣則科舉者極陳朽之名辭也極其流弊誠有如識者云云然獨不見自賢良對策以至八股取士使冷淡之經傳講誦不絕而名賢亦間出者獨無中流一壺之功乎場屋糊名易書可謂至齷齪之法然持其末流明不足而公尙存較之輦金權門乞憐昏夜者不猶愈乎專制者極毒螫之名辭也然獨不曰非常之原黎民所懼乎定大計決大疑不動聲色而措天下如泰山之安者非專制之力乎專制之與主權同行而異情濫用之則爲專制善用之則爲主權大總統代表全國者也其權國民之所授也議院代表國民者也其權亦國民之所授也既已授之則不當牽掣之所恃以維持不敝者則獨立之司法權也獨立亦近於專制矣學堂者極神聖之名辭也問開闢以來有以學戰者乎至中外相戰以學此其爲太平之朕兆如天降時雨山川出雲矣政府授權於管學且將列各科之教習以爲職官取資東西鄰以復我雲漢昭回之文治無間然矣然獨

不聞天子不召師乎尊德樂義至尊北面而受丹書世子入學則與士齒太師太傅太保實去而名猶存楊忠愍公繼盛者明之義烈人也貶狄道典史上司以其賢檄爲書院山長而楊公勃然不應者何哉當事有官職則以其官召之若山長則師也師固不可召也今一切以官法治之整齊畫一固不可無法矣然竊恐好善亡勢拜老乞言之國粹因是而闕汶而弗章科學雖有發明而或止於技能之學堂或竟爲奴隸之學堂而人格之進步蓋寡未可知也無已則有一焉學堂以修身一科爲首餘科教習列爲職官受成監督惟修身一科則妙選名德以禮徵聘天子師而不臣學部賓而不吏此則地球新進之所無而開闢最久之帝國所有也然其理則亦未嘗不旁見側出於歐洲羅馬教皇之橫也歐洲君主仰其鼻息無敢正視其言曰教權當在世權之上夫所謂教權者天爵也世權者人爵也人未有能加乎天者也惜其教非教而濫用其權至鬻赦罪書之下流則小人之肺肝見而勢力亦消要其假天爵人爵之義以號令羣雄者其言固莫之能破也故曰至是之中有非存焉至非之中有是存焉所惡乎執一者爲其賊道也舉一而廢者也莊周笑時君之驕貴曰竊鉤者誅竊國者侯侯之門而仁義存焉權勢所集目醉心熒披二千餘年之史策神聖文武之徽號舍能富貴人者莫之屬也春秋十二公弒君而又被弒者亦曰桓焉被逐而野死者亦曰昭焉惟隱與哀名實差近毀譽一時之事是非萬世之公韓愈氏不敢褒其可褒貶其可貶而

況聖人之制作詔萬世以公法者乎孔子曰吾之於人也誰毀誰譽如有所譽者其有所試矣是卽春秋褒貶之達恉也夫

原史

船山學報專論之一

益陽曹佐熙述

宗恉上

莊子曰春秋經世先王之志吾以爲匪第春秋也春秋以前包羲氏之畫卦也以類萬物之情以通神明之德侯岡氏之作書契也以治百官以察萬民文王之演易也以斷天下之疑以鼓天下之動周公之制禮也以經邦國以治官府以紀萬民胥此志也知此志也而後史之宗恉可定宗恉可定然後流別可辨名號可正義法可訂官政可修流別可辨名號可正義法可訂官政可修然後自秦以下二千餘年文滅質博溺心之風尙可回學術之敝人才之衰可春容而匡救也

莊子言春秋經世而所以經世者不言吾嘗求之董氏春秋繁露而得道往明來之義（精華第五）是可以爲莊子補也夷考董氏之學出於公羊公羊出於子夏子夏受之孔子孔子又受之易故贊易有曰藏往知來（藏往知來即道往明來也）宗恉原流可遞推也蓋世者人與人賡續而成者也有賡續斯無一息不有往來往爲來因來爲往果轉相孳乳而人羣天演之局以成匪於往來因果之故推闡至明將無所持以爲經世之導故春秋經世之義莫大於藏往知來進化之理或以爲闡自西人乃以吾求之中國古書則孔子已屢陳其義易傳言包羲神農

黃帝堯舜制作造端罔罟演進而有耒耜交易又演進而有衣裳舟車弧矢杵臼棟宇棺槨書契禮運言禮之初始諸飲食燔黍捭豚汙尊抔飲後聖有作然後范金合土以爲臺榭宮室戶牖以炮以燔以亨以炙醴其犬豕牛羊實其簠簋籩豆斯匪進化之尤箸者邪論語子張以十世可知爲問而孔子以夏商周損益爲例告之曰百世可知夫其所謂益匪即所謂進邪所謂可知匪即知之爲進化之公例邪推此例以贊易於是有漸進之義有日新之義有變化進退之義推此例以作春秋於是有由撥亂而升平由升平而太平之義推此例以定禮樂於是有先進野人後進君子之義其佗緒論蓋似此者猶多特其說散見羣書尙無其人都繁賾而溝通之耳

天下之生久矣一治一亂此孟子之言也後之主循環之說者誤會焉謂世道之常可舉寒暑日月以爲例以是之故而篤古之念彌演彌深篤古既深甚且謂古今人不相及此與泰西古代希臘羅馬之士造爲世運遞降之說者正同（世運遞降之說以最初爲黃金時代次爲白銀時代次爲黃銅時代次爲黑鐵時代）後進之士靡然從之志氣以頹聰明以黜學術以陋人才以衰政事以荒國權以弱泰西特達之士久已詞而闢之而環顧吾國之史家或猶未明其義斯何故邪豈孔子之道之昌明有所待邪

因果之說出於釋氏儒家罕言顧吾以爲上溯結繩至於今日人事之繇賾無一不有因果

存也孔子之贊易也有曰原始要終始即因也終即果也原始要終卽求其因果也孔子之作春秋於二百四十年治術隆汚必謹其始左氏之爲傳也或先經以始事或後經而終義司馬遷之爲史記也於平準封禪諸書皆爲之上溯本原下窮流變俾讀者於秦漢之際民生之苦樂國計之盈虛風俗之純澆主術之隆替及其所以致此之故均可一覽而得之胥此意也

進化烏乎始始於羣羣蓋羣而後有交交而後有競交競之局彌推而彌廣交競之道益研而益精始於一隅終於宙合始於草昧終於文明人治之漸進此其階也假人而弗羣也無所謂進化也蚩蚩衡目終古爲渾敦未鑿之原人可也是故羣者進化之母也弗知進化之母不足與言史也

西歷紀元一千八百三十八年法蘭西人歐歌斯德廓模德箸實證哲學始以羣爲科學之名嗣是英人赫巴德斯賓塞爾賡續闡明之譯本流傳不脛而走吾國劬學之士賓而異之乃以吾求之周秦古書則已屢陳其義擇尤理董旁注左方會通而觀之亦足徵中西道術之同已

易傳曰方以類聚物以羣分論語曰君子矜而不爭羣而不黨又曰詩可以羣又曰鳥獸不可與同羣吾非斯人之徒與而誰與是皆孔子之言羣也而所以治羣者弗具言孟子

曰無君子莫治野人無野人莫養君子又曰勞心者治人勞力者治于人治于人者食人治人者食于人又曰子不通功易事以羨補不足則農有餘粟女有餘布子如通之則梓匠輪輿皆得食于子又曰人人親其親長其長而天下平則不言羣而泰西羣學大恉具焉是可以爲孔子之言補也郇子王制曰水火有氣而無生草木有生而無知禽獸有知而無義人有氣有生有知亦且有義故最爲天下貴力不若牛走不若馬而牛馬爲用何也曰人能羣彼不能羣也人何以能羣曰分分何以能行曰以義故義以分則和和則一一則多力多力則强强則勝物故宮室可得而居也故序四時裁萬物通利天下無他故焉得之分義也故人生不能無羣羣而無分則爭爭則亂亂則離離則弱故宮室不可得而居也不可少頃舍禮義之謂也能以事親謂之孝能以事兄謂之弟能以事上謂之順能以使下謂之君君者善羣者也又富國曰人不能兼官離居不相待則窮羣而無分則爭窮者患也爭者禍也救患除禍則莫若明分使羣矣又君道曰君者何也曰能羣也能羣者何也曰善生養人者也善班治人者也善顯設人者也善藩飾人者也善生養人者人親之善班治人者人安之善顯設人者人樂之善藩飾人者人榮之四統者俱而天下歸之夫是之謂能羣其陳義視孟子尤備而大恉在明分使羣救災除禍與泰西羣學分職業求公益之恉無不合也

太史公曰究天地之際通古今之變成一家之言究天地之際所以求人羣感通之理也通古今之變所以求人羣賡續之理也成一家之言所以闡明人羣感通賡續之理立爲公例昭示來茲也後之爲史者鮮會通之學識綱羅故事零雜成編前者自前後者自後而前後人羣之有無賡續莫能明也東者自東西者自西而東西人羣之有無感通莫能道也嗚呼以如是之史而責以知來吾不知其何者爲知也

易傳曰一闔一闢謂之變往來不窮謂之通闢者何外張之力是也闔者何內約之力是也渾敦既啓智巧朋興因渴飢之害也而爲之食飲因寒暑之害也而爲之葛裘因雨淋日暴也而爲之棟宇因猛鷙之攫噬也而爲之獻畋因癘疫也而爲之診治因生事之時虞不足也而爲之豢養爲之樹藝爲之製造爲之轉輸因涉深而溺逾高而顚也而爲之梯爲之航因殊方異種之戳殺生事也而爲之守爲之戰此力之外張者也有守者有戰者斯有爲之轉輸者斯有爲之製造者有轉輸者有製造者斯有爲之豢養者斯有爲之樹藝者協力分功雜然並進若耳目口鼻相守以生而羣之局于是乎萌芽矣羣而無紀則爭爭則亂亂則羣勢常渙無以戰勝天行于是爲一切之法律以綱紀之其法律彌密者其自治彌良其自治彌良者其羣局彌堅此力之內約者也羣局彌堅進化彌鈍鈍極而敝乘之假遇殊方異種日新月盛之羣戰且虞其不勝于是一羣之力又因時勢之迫而趨重于外張此力之張

約循環互濟者也外張之力爲勇爲智內約之力爲仁爲義爲忠爲信外張之力演進而爲實業其流別爲藪爲牧爲農爲圃爲虞爲衡爲工爲鑛爲商爲賈爲醫爲兵內約之力演進而爲彝倫其流別爲夫婦爲父子爲兄弟爲君臣爲朋友之交爲賓主之義無外張之力則羣演無由啓無內約之力則羣演無由成二力相扶一闔一闢而經世之業乃以日遷善而不自知

昔者孔子之作春秋也於有蜚則謹書之於水旱則謹書之於麥禾不登則謹書之於諸侯相攻四夷內犯則謹書之重民命急國防以實業爲教也於許止不嘗藥則書弒以誅之於趙盾不討賊則書弒以誅之於衛侯燬滅同姓則稱名以絕之於吳楚之僭王則稱子以正之敦父子之親明君臣之分以彝倫爲教也蓋史者道之輿也道之所函皆史之所函若意有偏重而棄其餘則於羣演進化之道爲不完匪所以立教也

侯岡氏之造書也于史曰從又持中中者不偏之謂也合外張內約之力而一以貫之實業彝倫交相扶以成其經世之義由其義以治羣者藝有以興德有以立武有以緯文有以經乾剛坤柔並行不詩則演進之局常出之以和平懿我人羣雖以此永遊仁壽之寓可也自大道既隱諸子競鳴其述學也多深造獨得之言其匡時也恒株守一隅之見主外張者知有富强而或諱言道義主內約者知有道義而抑卑視富强各執一詞疊相爲勝顧此遺彼

罅漏常存外侮乘之遂無以禦蓋物競天擇之公例未有能逃者也吾中國文明之啓于環球為最先而自秦以來進化之機視歐西或轉瞠乎其後即因推果後效可知苟為含識之倫未有不為長慮者也顧抑思其致此之故果安在哉昔禹之治水也先濬其原原濬則其流不勞而治安所得持中之彥而與之治書經世也哉

史者文明之導也將為文明之導匪文明之羣制宜無所用其登乃良于史者凡羣制無弗登何也將以充類至義之盡也烏乎充類至義之盡將以求公例也無論為圖騰之羣制為宗法之羣制為軍國之羣制制有高下而其為天演之所流露也則同摶而闕之皆研進化之理者所弗棄也自汽機發明航輿西達而亘古未通聲教之種族悉無弗通若孟加拉之安丹曼尼答拉之山族若鄂里斯之朱俺若錫蘭之武葉陀（以上五印度之蠻夷）若婆羅洲之猶狎若斐洲之阿戞木客若北美之可羅拉都紅人若南美之巴芝若中美之噶烈若澳洲之大陸土著若北極之額思氣摩其部落之所以聯結其禮俗之所以孳生旁附曲成皆為留心羣演者之所寶貴而圖騰轉入宗法即于是可得其蟺蛻之眞形由是推之則環球異種之羣固無一而無與于文明也研進化之理者宜究天地之際通古今之變以成一家之言若意有所擇而棄其餘將于羣制發明無以充類至義之盡建為公例或且不誠拘者任之匪通識也

文野者演進淺深之識別也昔之號進於文明者由今視之或不免爲野蠻後之視今安見不如今之視昔希臘之學羅馬之政經歐西諸國之推闡而其義愈廣其法愈精循是數百千年或且漸以今形爲筌蹏之棄棱倫之爲雅典立法也與國人約遵守止于百年（與利古爾尼定斯巴達律令期于永守者宗悄絕異）匪導來者以紛更也天演之公例固如是也子思之言曰君子時中中而曰時則羣制之中固時而不同者也以時而不同者而欲持一時之所謂善立爲定程烏乎可也

天演無止境也則進化無窮期無論今日何國其文明之程度爲何等高乃遂謂其已止於至善焉吾未敢信也今夫大不列顛之爲文明五洲所共許也乃其國人斯賓塞爾猶以爲半化之民（見羣學肄言）則其不自足可知也述羣制之文明者于其已至者順受之于其未至者逆推之虛構一至隆極樂之烏託邦以導鯀生之馳赴庶幾進化之力因其說出而機局愈恢假以見在爲無尚焉匪所以爲善者勗也抑匪直此也夫文明之公理人所同具者也弗以種族之優劣而有隆窳之殊史所見爲殊者演進之疾徐耳疾進則優徐進則劣徐之尤者與疾相較程度彌遠斯尤劣以見焉假得外張內約之大力交驅將閱時而易其故展轉嬗蛻或且與前之疾進者同科試立身西歷紀元以前以觀今日歐西文明諸國之權輿其文野程度視埃及巴比倫腓逆基猶太何如迄今日而相較又何如足以證此理之不誣

已而或且爲之說曰是獨見於泰西則請證以中國三代之季若吳若楚若越若閩若巴蜀中原修史之士羣以蠻夷外之演進至今其程度或迥出昔日中原之上尤明效大驗也是以良史之導文明也優者無爲過情之夸許以長其驕劣者亦無爲已甚之鄙夷以生其怯怯者不進驕者方進而退隨之執筆兢兢職此故也易曰鼓天下之動者存乎詞夫動之鼓豈易言哉知愼其詞則知所以鼓已

劉人熙記

於羣治進化之理貫澈古今則知經史同原之故函蓋中外湖湘多辭章之士而攄滄獨闢然自修超然玄覽湛深於經世之旨以之羽翼船山流風所播詎止洛陽紙貴而已

文苑

也。聞署理之官不久亦必盈百日。則猶幸其百日於我也。今七十餘日耳。上宫何心。乃斬百日之方大人而不我予。有太息泣數行下者。杜子聞而悲焉。記荊南船關以諗方來。蓋自輪船行中國。船之爲利微若涓滴。將罄矣。所稱方大人者。抑豈能盡爲所得爲。於民而民已若是。烏乎。豈獨荊南也哉。光緒五年七月日。

簃園記

巴陵杜貴墀

余以同治乙丑遷居今鈍安莊東。與宿氏爲鄰。宿故治鐵者。先此莊爲鄧氏宅。鄧不能有而歸吾族祖赤林公。余佃以居今三十許年。宿又不能有其宅而歸諸吾。吾力弗能有也。懼宿之顧而之他。或非類之與鄰。不得已而舉債焉。其宅後老樹十餘株。有近百年者。隙地可竹。余隨地曲折周而垣之。西亘鈍安之東垣。門之以通往來。環垣三面。從廣得若干步。向之棄爲汙萊者。以與吾舊居毗連。可盡園之。故用爾雅簃連之訓。名曰簃園。且離折簃文以寓將移佳竹之意焉。余嘗誦召旻之詩。夷考其時。召公在周。非有開疆拓地之舉。而曰日闢國百里。蓋即孟子所謂土地闢由於田野之治也。茲簃園地不增舊而加廣於昔。竊謂庶幾先王經野之遺意。宜書焉以示後。雖然此故宿氏所有也。吾力本不能有而强有之。年且篤老。勢豈能終有之乎。然則今日所移之竹。安知他日嘯咏其中者之復爲誰也。嗚呼。此尤吾後嗣所宜深長思也。是役也。經始正月丁卯。畢事二月癸巳。蓋中多陰雨云。董其役者爲吾妻弟

劉翁厚本。光緒二十六年春分日鈍安老人記時年七十有七

右杜仲丹先生文六篇。從桐華閣文集鈔入先生學行清史館儒林傳稾已具言之。茲附錄於左。

杜貴墀湖南巴陵人。先世遷自湖北嘉魚。曾祖宏泰嘉慶辛酉舉人。官江西弋陽贛縣知縣。祖楹。父煌道光壬辰舉人。未覆試卒。貴墀幼事繼母孝謹。繼母性嚴。偶責貴墀過失。貴墀抽廚刀斷左手小指。誓不復犯。自是造次言動必衷之禮。既長問業於同縣吳敏樹。博學多通。而潛心經術。因敏樹謁曾國藩江南。上詠史詩三十首。寓中外交涉事。國藩奇賞之。卒無所求取。數日而還。年五十二。中光緒乙亥恩科舉人。兩試禮部報罷。絕意仕進。歷充湖北勺庭經心。湖南岳陽校經各書院院長。而主校經者十五年。校經號治古學。頗涉輕詆宋儒之習。先是寶應成孺主講。舉宋儒說。諸生或笑之。孺旋辭去。貴墀居講席最久。於漢宋門戶之見。苦口力戒。諸生始知讀宋五子書。甲午海上喪師。適省紳擬演劇賀某院長生日。貴墀貽書止之。洎戊戌庚子之變。感慨時事。著悲憤錄。以卒。年七十有八。貴墀天性過人。脩金所入。節衣縮食。分潤功緦以上親黨。不殖生產。喪繼母。三十六月不飲酒食肉。不御內。左宗棠招往軍中。以喪不赴。始四歲受從姑字黃者經書句讀。吳敏樹所書杜貞女者也。貴墀迎養終身。喪之如禮。貴墀之學。墒守朱子從道問學入手之旨。歸本躬

行不輕談心性著典禮質疑六卷凡七十事皆關於倫常喪紀之重論三年喪據尙書論語中庸孟子斷以三十六月力駁小戴所記再期之說考歷朝大禮及本朝通禮及變禮根據經義準以今制俾行禮者有所依據在國朝禮學家最爲有用之書非瑣瑣訓詁考訂者可比又以近儒發明鄭學之功至矣然蒐討鄭學之全者如袁鈞鄭氏佚書孔廣林通德遺書所見錄黃奭高密遺書僅事採輯並無發明著鄭氏經學考凡專考鄭氏者十五種兼考鄭氏與諸儒異同者三種又著春秋淺測左傳賈服杜三注平議公穀傳注使若例爾雅山海經郭注彙證讀經彙記說文隨筆音韻隨筆戈麻韻正書簡錯脫考經史決事漢律輯證稱謂錄恒言錄補讀書法彙讀諸子彙記經世纂言悲憤錄通鑑采書例後漢書注例舊唐書傳注糾正合纂五代史記注削繁漢雜事輯湘中記輯汝南人物志輯輿地紀勝駁正唐人舊說輯考讀史彙記四庫全書提要補證輿國州志續修巴陵縣志巴陵人物志桐華閣文集桐華閣駢文集桐華閣詩集桐華閣詞鈔讀文彙記貴墀文學吳敏樹不求字句峻潔而義法不苟稱儒者之言

與孫太僕書

石門閻鎭珩

始者鎭珩讀執事之文章深有意執事之爲人旣而聞其政事行誼益心嚮之昨歲來浙自以近履執事鄉境庶幾因緣得一見乃聞執事遠處東甌去杭越千里朝夕無由瞻省私衷

欿然遂奉書具述傾仰之意辱手答褒寵過當反復慚悚然頗疑執事所云或相假借爲之詞非由中誠而發不然則好善之溢語耳尋又惟念執事行古道于茲世言出爲天下口實安肯苟焉用市道悅人以滋後生惶惑且四方持文請益者衆矣用書晋謁左右者加衆矣執事準情相酬度未必人人所言若是意者吾文亦有不類于俗也耶人情孰不欲人譽其所長譽之如執事乃矜貴可取重于時故鎭珩感忻以爲知己且益自奮以求進乎所未造也來示云文正之文近似孟韓韓之去孟也千有餘年較其言若無不相印合者道同故耳孟子曰我善養吾浩然之氣韓子曰本深而末茂二者非直爲文言也即文不外是矣蓋古之聖賢未嘗有意學爲文其中有所不得已因事而書之于策則道爲之體氣爲之用道充故氣亦充焉今之治文者所得皆古人膚末一字之奇崛一言之奧雅于文無關輕重而斤斤然自許爲諧古其道吾不知焉其氣吾又不知焉夫如是其求孟韓也愈似其去孟韓也愈遠矣且韓子諸碑銘多仍漢魏雕刻之習特文中一體耳於道無與古人極至之詣不在是也若其原人原道原毀爭臣論佛骨表上張僕射答孟尙書書送王秀才浮屠師文暢序其言寬平質直無有艱苦拘澀之態讀之但覺眞氣充溢行間與六經孟子相出入而其詞與其意適則自荀卿賈誼司馬遷揚雄劉向以來未有過之者焉夫所貴乎文者非獨聲音采色之極其工使人不能有加也其得于中也有至有不至其發于外焉無不肖之以出凡

勉强而爲之者皆不肖乎其中者也。故眉山蘇氏之論。以爲文至于能達而文不可勝用。雖孟韓之文要于能達而止。然其所以能達者何在。吾不可不熟思而愼取之也。鎭珩常怪近世言文者詆方氏苞而進胡天游。天游于文初無所得。其外雖張其怪險。而中實寒餒。氣塞滯而不流。譬諸畫鬼者欺人以所不見。工拙不足論也。方氏漸漬于經術者深。不煩雕琢。自然雅絜粹乎儒者之言。雖熙甫不能大過。特才力微弱耳。姬傳修飾之功。誠自有得于古人。然舉唐宋以來寬裕恢博之氣象。一變而爲促狹。讀其文者如游窮崖絕壑。目隘而心不舒。視方氏未知何如。要其去韓王歐柳遠甚。不可以道里計也。近代文家惟文正才力豪縱。若不可極。恃其駿足。一往奔放。或軼出法度之外。然未嘗與道不相準。蓋其詞偉以辯。而其氣沛焉。能達古之立言者類如是。甯獨孟韓云爾哉。鎭珩幼處僻陋。不獲及文正之門。長而讀其書。知好顧以貧賤失學。荒忽無成。常恐卒見擯絕于大君子。今執事乃幸以爲可教。一得之愚。不忍自棄。謹復舉其所業以進。執事覽其何如。其求益不倦之心。猶之前也。秋間褎校來甌。倘得面承指誨。實所至幸。鎭珩惶懼再拜。

右書蓋季蓉先生自述其綴文之宗恉。于方姚曾三家高下中失。言之亦犂然有當。錄之以爲姝姝暖暖守一先生之言者進焉。癸卯秋七月朔益陽曹佐熙記

歸方評史記

石門閻鎭珩

文之代降而卑也非盡運會爲之其患在賢智之好持私說以求勝作者之文如彼說者之旨如此古與今未必果有合也然而其文既傳學者或不能辨而輕信之信之者久而滋多人人膠于其迹而不能化于是塗愈狹業愈卑而文之事終焉矣自六經孟荀左氏司馬遷班固韓愈其詞古質出之天然大抵充實不能已于作非苟焉以文爲術者也而學古之士入其中而溺焉爲之鉤章離句以疏其隱爲之朱墨旁圈以標其奇伸一人之偏見獨識若天下人人可共守然者嗚呼惑矣吾讀司馬遷書有歸方二家之評由宋元以來二子豈然以文鳴于世學者多稱其義法得自史記故于是評尤斷斷焉然其爲說頗近煩碎而乖大體譬工賈然銖銖而稱之寸寸而度之長短多寡離合曲折若有一定之矩存焉而不可以毫忽差跌予甚惜其用心與力之勞而未能盡合也

右篇大旨與前書爲近因類次之佐熙記

申氏族譜序

石門閻鎮珩

申古建國與齊許皆姜姓太岳之後春秋時楚滅之爲縣其地杜預以謂南陽宛縣是也國滅而子孫散處因以其封姓其見于傳有申公申侯申叔時而存楚者曰包胥相韓者曰不害績尤顯云漢興魯人申培公善詩教授弟子百餘人武帝時議立古明堂遣使者以安車束帛禮迎之而太史公傳仲尼弟子有申黨字周或曰魯人或曰即申棖蓋自周衰而戎狄

亟暴于中夏諸侯不得保有社稷雖虞夏所傳盛德百世之祀或忽焉而墟者多矣然其儲祉厚而流澤遠往往歷千數百年猶時鬱爲忠孝仁義之彥蓋報施之理所宜然無足異也吾里申氏不知其始所由遷乾隆時族猶不甚蕃而頗多文學之秀其著籍弟子員及升名于太學者累累有焉族故有祠而譜不具道咸間旭亭明經創爲之今五十餘矣而吾友同皆茂才復舉其役來以序請憶予與明經相識時年已七十許蒼然古貌其待人不以先生長者自居嘗徒步曳杖抵予山中談移日然後去其與人言未嘗不咨重予自明經沒予遂他徙而屢訪求其遺稿不可得今見同皆追述往事畫然不知淚之流落也申氏故儒家而明經與其祖若父年皆八九十用教授擅名鄉里其行事與魯培公相類獨不克推所學以施諸政如申子用韓使其主尊而民安爲意者今昔之時變不同不然則士之遭遇各有命爲未可以强齊也夷狄爲患自古而然楚在江漢間呑噬諸小國略盡而其後幾見俘于吳又其後遂折而入于秦秦與吳在當世皆夷狄之國也然包胥一奮而吳師爲之却走不害爲相而秦人不敢加兵賢者之益于人國如是惜乎今之世未見有二子之比也予與同皆困無所合于世自度且以山林終顧其夙所學守者不敢少誣其本志夫君子之道不能及于一國則當行于一鄉一鄉之善必自族始未有其族不善而能善其鄉者也未有其鄉不善而能善其國者也今同皆爲譜以屬族固修善於鄉之一端而予窮年殫力著書罷老忘

倦異日天子留意典禮或賁尺書徵召以故事備問左右亦時會之未可知者若夫包胥不害出其智勇之略乘時以就功名與吾兩人所處之遭未可同日論也姑以俟後之賢而有力者可乎

俯仰今昔詞高意遠、癸卯予館湘城陳氏季蓉先生過訪以北岳山房文集爲贈因別鈔其尤者數首閒附已意俟異日商榷焉甲寅秋九月佐熙記

劉雲田傳

瀏陽譚嗣同

光緒初元山西陝西河南大饑赤地方數千里句萌不生童木立槁溝瀆之殣水邕莫前斫歹横轍過車有聲札癘踵興行旅相戒四年夏大人上官甘肅道河南陝西觸暑前蹤併日而食賓從死二人厮隸死十餘人它僕皆病憊無人狀又時時思逸去莫肯卒作維時以賓從躬厮隸之役者爲益陽劉君雲田雲田羸瘠若不勝衣獨奮發敢任無擇勞辱大人臥疾陝州一家皆不能與資斧行竭藥又不時得雲田日削牘告急戚友夜持火走十里市藥踐死人大驚絕氣狂奔踣於地火熄以手代目揣而進連觸死人首卒市藥歸歸則血濡韈屨蓋踣傷足及踐死人血也而雲田亦卒不病自是客大人幕府前後十有三年入粟得從九品職出　關稅卒乃贊安定防軍軍事十有六年大人巡撫湖北雲田以疾不能從三月歿於安定軍中年三十有七雲田名丙炎考某縣學附生早歿以雲田得官貤贈登仕佐郎母

氏趙貤封孺人用節孝著稱雲田既以行誼爲大人所重而仲兄泗生及嗣同尤暱就雲田中表徐蓉俠從子傳簡亦皆與莫逆嗣同兄弟少年盛氣凌厲無前蓉俠亦敏毅自喜傳簡年尤少益卞險自卓犖法度外雲田性獨迂緩短小貌寢般辟行圈豚惡豪邁人如寇讐時時稱道郵儒腐語規切人聽者唾涕欠伸猶絮聒不休而數人者或數年十數年日益親密罔閒聚則給以非理戲謔百出又嬲使騎鞭馬奔駛觀其傴僂伏鞍唬號戰慄以爲笑樂雲田則莊色陳論不可終不以爲侮安定防軍隸大人部嗣同閒至軍皆櫜鞬帛首以軍禮見設酒饌軍樂陳百戲嗣同一不顧獨喜强雲田並轡走山谷中時私出近塞遇西北風大作沙石擊人如中强弩明駝咿嗄與鳴雁嘷狼互嗐臂鷹腰弓矢從百十健兒與凹目凸鼻黃須雕題諸胡大呼疾馳爭先逐猛獸夜則支幕沙上椎髻箕踞匊黃羊血雜雪而咽撥琵琶引吭作秦聲或據服匿羣相飲博讙呼達旦回顧雲田方龕坐瞑目誦大學章句嗣同亦不詫其不合盡樂親雲田雲田殁前一年嗣同戰藝走京師以傳簡從別雲田安定話往年道中事雲田感念疇昔悲不自勝及行雲田送上馬立馬前泣不可仰視嗣同大怪尋常別耳雲田不當若此悠悠昊天別幾何時仲兄先雲田一年死傳簡後雲田一月死蓉俠不忍汝汝之故竄窮跡谷爲老死不出之計而嗣同亦且規規然繩墨中腐儒矣嗚呼

城南思舊銘 並敘

瀏陽譚嗣同

往八九歲時。讀書京師宣武城南。塾師爲大興韓蓀農先生。余伯兄仲兄咸在焉。地絕蕭曠。巷無居人。屋二三椽。精潔乏纖塵。後臨荒野。曰南下窪。廣周數十里。葦塘麥隴。平遠若未始有極。西山晚晴。翠色照地。雉堞隨然。高下不絕如帶。又如去雁橫列。霏微天末。城中鮮隙地。民間薶葬。舉歸於此。蓬顆纍纍。坑谷皆滿。至不可容。則疊瘞於上。甚且掘其無主者。委骸草莽。貍狳助虐。穿冢以嬉。髑髏如瓜。轉徙道路。加北俗多忌。厝棺中野。雨日蝕漏。谽谺洞開。故城南少人而多鬼。余夜讀。聞白楊號風。閒雜鬼歗。大恐。往奔兩兄。則皆撫慰而呵煦之。然名勝如龍泉寺。龍爪槐陶然亭。瑤臺棗林。皆參錯其閒。暇即浼兩兄挈以遊。伯兄嚴重。不常出。出則健步獨往。儕輩皆莫能及。仲兄通侻喜事。履險輕蹻。陂池澤藪。靡不探索。城隅井甘洌。輦以致遠。縠鳴啾啾。和以嗌蟲。凄楚動人肝脾。當夫清秋水落。萬葦折霜。毀廟無瓦。偶像露坐。蔓草被徑。闃不逢人。婆娑宰樹。唏歔不自勝。欣欣即路。惘然以歸。僕本恨人。僮年已爾乎。顚成人。同遊蓋莫不爾。皋壤使樂而墟墓生哀。抑所處殊也。自伯兄不祿。韓師旋奄忽即世。余絕跡城南。十有五年。後攜從子傳簡入京師。尋所經歷。一一示傳簡。且言余之悲。傳簡都不省意。頗悵恨。以爲非仲兄無足以語此。而仲兄竟歿。素車星奔。取道南下窪佛寺梵唄。鐘磬朗澈。豪以目所覩。瞿然大驚。謂是疇昔。徐悟其非。一慟幾絕。今傳簡歿又四年。余於城南。烏乎忘情。又烏乎與言哉。湖廣義園。亦城南僻壤也。親屬歿京師。寄葬園中。歲時持雞麥

凝粹堂詩

凝粹堂五圖詠 有序

彭政樞

民國紀元歲歷三稔、閼逢攝提十月十九號、即夏正季秋月朔、爲衡陽 子王子誕降之辰、同社虔具花果、就凝粹堂行釋菜禮、賓朋畢集、俎豆莘莘、禮成、拈題分詠、藉伸素懷、用誌慶典、政樞 率成五律、錄呈在座諸公敎正、

石船山圖

蒸西片石峙熊封。衡嶽棲遲認舊蹤。地辟雲崖餐紫蕨。歲寒霜澗挺蒼松。九皋聲徹猶聞鶴。孤幹鱗皴自化龍。山降神靈虔叩祝。遙天風送寺樓鐘。

菊花園圖

三徑荒蕪闢菊籬。故園兼下董生帷。園內有竹薖堂爲子王子讀書之所名花品雋空凡卉。晚節香凝着舊枝。樽酒閒評高士傳。薖堂誰賦碩人詩。依稀晉代陶彭澤。靜對南山一舉卮。

觀生居圖

晉甯幽壑捲晴嵐。筮易觀爻到六三。子王子著周易內外傳於晉甯山寺事向安危空處悟。道從消長靜中探。五千經訂周兼孔。子王子著老子衍一卷其註書易闡老氏玄旨四十年嘗苦與甘。日月居諸儔過隙。一爐雲護揷天南。

薑齋灣圖

四山雲陣雁南翔，寇燄煙騰氣噴狼。（張逆獻忠犯衡州子王子遷避南嶽雙髻峰下地產黃薑服之延年因以爲號薑即黃精見李氏本草）辟檄未能酬偉抱，（子王子自銘其墓云抱劉越石之孤忠）買薇從此卜歸藏。（子王子有買薇稿未刻）室無李泌誰煨芋，地作桃源獨啖薑。明月一灣心似水，砂潭終古侶嚴光。（子王子初志欲濟時艱慨然曰此非嚴光時也出就行人職已而時不可爲決意歸隱灣在黑砂潭上）

別峯庵圖

萬緣塵淨住僧家，（子王子題庵柱有萬緣攝盡神威自振等語）古木蕭森野徑斜。博議引經拓東萊，（叶代音）論文妙諦演南華。（子王子有左傳續博議又於庵內註南華經）爛柯棊局關心久，大地山河入眼賒。笑問道人何處去，別峯隱隱暮雲遮。

船山學社凝粹堂五圖次萩原原韻奉和　廖名縉

石船山

百屑蒼崖積鐵封，西山片石比孤蹤。洪荒篙眼留泉竇，日夜濤聲撼嶺松。擊楫有心思破虜，迴瀾無術更屠龍。陸沈未共神洲盡，剩有僧樓一杵鐘。

鞠華園

何必柴桑訪故籬，藹堂秋色錦成帷。銅駝自沒洛陽棘，霜蟀仍依晉代枝。揷鬢杜陵憐瘦影，餐英楚些繼風詩。頹齡解制非吾願。活沒生前且一卮。

觀生居

晉甯蠒足犯紅嵐。小築幽栖室兩三。生面羲經由我闢。報身賢刼讓誰探。滄桑閱盡生如寄。薇蕨殘餘味轉甘。法相華嚴休問訊。尼山戒不用和南

薑齋灣

弔客青蠅虞仲翔。幾番牙血逼天狼。江湖滿地鷗波濶。松竹連山豹霧藏。恥向鹿臺分廩粟。甘從螺澗覓山薑（螺絲潭在南嶽竹篙嶺下）鐵函心史沈秋水。夜夜灣前寶氣光

別峯庵

乾坤破碎更無家。巖腹僧廬倚樹斜。但使山中容社櫟。何妨室內伴曇華。千峯過雨當窗出。萬木吟風入望賒。一自題楹人去後。嶽雲終古此週遮

船山先生生日雅集浩園恭述　　廖名縉

大道在天壤。艱難迺不毀。作易本憂患。足識貞元理。處順安厥常。傭駔亦君子。覯閔不殄慍。姬孔始一揆。朱明際百六。宙合人維圮。東北躍鮭龍。懷襄逮九宇。峨峨王船山。濁河出清泚。篤生衡嶽陰。質秉聖豪美。傳經老伏生。七略劉中壘。被褐懷箕疇。迺抱周粟恥。論道貫天人。獄闡西銘旨。姬憂宣尼歎。千載通懷悱。洙泗有傳薪。軒黃有續姒。禹土有防墉。生民有冠履

絕筆三百年靈珠騰玄水國步方巇嶮道與南衡歸一展船山書百恥動青史鄒衍稗瀛談
天驕今戶戺澌祓道何因大藥黃書耳生也乞活坺坺也生方始呱呱四億人懸弧今有喜

和廖子笏堂浩園雅集釋菜詩二十一韻 彭政樞

道爍古與今那計譽與毀（前清湘陰郭侍郎奏稱子王子著述行誼部有無識者詆之遂寢其議南皮張尚書疏請得可配享孔廟）時雖歷艱
危妙悟在性理抗志千載上目中無餘子（船山遺書三百餘卷力闢莊老及漢宋諸儒之謬說）經術契聖心先後本
同揆俛仰何悠悠橫流道防圯天不毓英豪諸爲拯寰宇京洛傷銅駝駭汗額有泚巍然眄
南衡得窺富與美磷磷西山石悵悵四郊壘烽火時驚心引以爲國恥葺樓事棲遲采薇奉
甘旨紹述師杏壇旦暮心悱悱因革表前王周姬兼夏姒建極依中和篤實徵踐履高風自
落落箕山與潁水文與岣嶁齊大節何崔歸荏苒數百年盛名炳國史菊留傲霜枝馥郁溢
階戺箴世著噩夢道經闢李耳人生靡有涯大造相終始我今瞻舊容瓣香發新喜

凝粹堂銷寒會分韻得銷字 有序 彭政樞

節遘長至、歲事將闌、課務餘閒、社友讌集、擁爐分韻、暢敘客懷、藉以銷寒、用博一粲、

浩氣凌霜總不凋詩吟驢背過溪橋翠描鳳竹成三友（前客江南黃子猷明府爲余畫歲寒三友圖）碧峙虬松訪
六朝（前清光緒初年習業麓山有六朝松隆冬不凋）香篆靜看薰寶鴨峨冠省識勝金貂（民國改製禦寒禮服迥然不同）黃鐘入
律一陽復漫說遙山雪未銷

疊前韻　彭政樞

萬木經寒孰後凋。浩園春氣溢橫橋。船山學社即浩園故址園內有石橋橫跨花木甚盛 凍雲未許遮臺榭瑞雪曾傳慶野朝。報載南北各省於十月杪已報得雪 苹食篇吟周代鹿蕤香裘釋漢宮貂。漢武帝時丹丹國貢辟寒香香氣薰蒸宮衣盡脫 圍爐煨句殷醻唱。燭翦更深興未銷。

萩原先生招集凝粹堂消寒分韻得韻字　劉瑞潾

翳然林水間疋賞無俗韻濠梁有會心魚鳥與人近專此一丘壑便覺塵境遠丈人好懷抱詩酒無小靳笑談泯臼科才力眞强健催詩比索逋得句如收攟稍喜有佳招及此歲將運夜半失藏舟尺璧不及寸寒事仗慇懃開尊傾美醞誰能自作疏持此煩屢勸

次通叔韻奉和　彭政樞

水榭臨浩園梅嶼饒風韻同秉天地心物性與人近骨格眞清奇塵氛日以遠銜寒能着花造物乏偏靳惟楚信多材崇德法乾健天祿溯淵源藜照百家擴世守留靑氈儲材振國運詩思滌冰壺智珠陋徑寸擷藻吐奇芬偉抱覘夙醞堅持歲寒節待爲當道勸

萩原社長招同㓰堂仲恂腴深通叔於凝粹堂爲銷寒會分韻賦詩得寒字　曹佐熙

歲晚意無限薄言尋古懽一堂元氣在凝粹堂三字曾惠敏所書今爲船山學社會講之地 九寓朔風寒雅樂年來

歇時同人議重輯雅樂遺書刧外看時予方㠯釋史校船山遺書蒼然有松柏凝粹堂北爲浩園老松蒼然凌霜特立寧信後凋難

凝粹堂銷寒會次攄滄元韻奉和　彭政樞

隆冬萬物肅感時集舊懽葭律吹水暖梅閣銷暮寒春氣互鱗次疏影傍鶴看能體造物意匡濟信非難

蔌原先生招飲凝粹堂作銷寒會是日與者共六人分韻得堂字　劉善澤

席接雷何覓句忙似聞鈴語客郎當馬王故郡禁殘刼丞相荒祠倚夕陽蓐地風塵孤雁迴彌天霜雪一松蒼船山尚友兼和淑賸共彭宣到後堂

多事乾坤蟣蝨忙貂裘寒重酒能當芷蘭鄉味斟三雅梅柳天心見一陽亂後舊游魂夢苦吟邊新試鬢絲蒼阮閎佗日留佳話不數吳興六客堂

凝粹堂銷寒敬次蔌原先生大詩家元均　劉善澤

殘冬綠草未全凋雪裏詩情在灞橋新咏已傳熊繹國敝裘猶襲德宗朝九洲有客窺秦鹿七世何人侈漢貂政要氈鑪續佳會舊遊回首已魂銷

凝粹堂銷寒會和劉三腴深元韻二首　彭政樞

義馭奔馳竟歲忙千秋韻事孰擔當羊裘垂釣任風雪鴻範休徵驗雨陽莽莽山河看戰白茫茫時局問高蒼關心共憶程門樂一代師儒萃一堂

光陰過客爲誰忙歲暮西征訪武當（前清光緒甲午歲冬月入秦舟次均州訪武當宮觀永樂碑文）臥雪遺風袁仲譽飛湖吟句呂純陽三閭故宅荒苔碧萬疊寒山古木蒼中壘遺書無恙在（衡陽劉氏藏子王子遺稿甚富今訪採到社）藜燃永夕照經堂（船山遺書標目有夕堂永日詩選未刻現已彙鈔校正將行補刊）

感事再疊前韻柬脥深　彭政樞

陳雲密布勢匆忙滕六聲威銳莫當（昨夜風勁寒重）溫帶和風銷戰壘（中日交涉聞已和平解決）寒砧敲雪憶遼陽朱虛酒令心彌赤黃種詩懷氣獨蒼誰向環球執牛耳登壇國士自堂堂

感事三疊脥深銷寒陽字韻一首　彭政樞

楚漢爭衡軍務忙淮陰一面獨能當懿公好鶴傷滎澤明祖屠蛟盪鄱陽霧掃蚩尤昭坦白日觀瀛海上扶蒼（前清山東巡撫陳雋臣中丞有登扶蒼山觀日出賦見州志）五洲事勢如棊局偉略誰籌大本堂（洪武初年建大本堂延攬名儒討論古今）

菽原先生招同攄滄仲恂脥深叔通諸同社集凝粹堂爲消寒之會分韻得分字　廖名縉

浩園異代風流盡好事於今祇有君解辦急觴遮戰鼓還招野鷺浴斜曛蘸鹽送老妹妹睃掤火飛天脊脊聞郤念人間無六一眼中坡谷倩誰分

㕟堂先生以銷寒分韻詩見眎次韻奉和　彭政樞

誰挽天河洗兵甲。救援長憶信陵君。歐戰未已影響及於遠東談時務者不無戒心雁程遥羾驚寒雪。鴉陣磨空晒夕曛。擊楫英豪商舊事。談瀛海客廣新聞。園林歲晚饒清趣。詠到梅花夜已分。

說苑

擇史殘篇

故相左督府以是疏公、公不得意、捧詔入承胤軍、次湘鄉、未果行、沅撫因所暱士怨公、湘士有承頤者、一旦呼市人曰、棒突入公署、盡碎輿繖鞍仗、將捶擊公、公跳出、諭市人、乃解、湘令承沅撫□□□持長短、激市人譟公、公不能容、聞督府將羅致重陷公法、會承胤遣使迎詔、公懼禍及、遂入武岡、承胤方持公爲重、推讓公、盡其軍請授節制、時諸帥皆憍桀、承胤獨濟制相倚重、公遂勸承胤戢軍實、待命自効、公既留武岡、督撫亦不果迎蹕、遂有延平之變、今上即位端州、粵東復陷、駕幸桂林、出全州、詔幸楚軍、督師新敗于長沙、不能成軍、公因勸承胤迎駕、歃血盟承胤曰、所不尊主捐軀者、神殛其魄、承胤至全、一軍頗成行列可觀、公對上伏奏慨慷、上爲感動、改監察御史、尋加太僕寺少卿、承胤遂奉上居武岡、公日責承胤整軍出寶長而承胤得上寵注、因驕蹇、脅庭臣持國政、執政吳炳李若星以下皆爲之詘、公知其不軌、然欲用之、不與競、擢兵部侍郎、辭不允、已而遷尚書、又辭不允、議者以是訾公黨承胤、公聞之笑曰、我此身與武攸存亡耳、豈物理不知、盡出諸君下、彼雖專恬然執不得爲莽操明矣、且晞其能拒虜與否、虜退俟諸君議未晚也、丁亥九月、虜攻武岡急、承胤度不能敵、遂欲降、閉諸門不聽上去、公乃馳草書告之曰、吾與君共迎天子處孤城中、四面皆虜邏俄頃駕不得出、我與君千萬世爲弑君賊、神言在耳、君其可挾上以罔神乎、承胤心動、乃開門、上幸城步、約行三十里、承胤遂納虜入、公騎從上至中道。公迷道困山中不能行。居數日。承胤使人招公。或勸公隱去、公曰。吾起家書生。忽位大臣。倘微服困暴客手死。誰知我。且我與承胤迎駕而上。幾不免。今乘輿冒霜露出峒山中。誰爲護萬安者。倘不出。正詰承胤罪。死于靑天白日之下。是我罪終疑同承胤。主辱臣死。况儼然身任國事者乎。吾奉堵公檄。出卽分有今日矣。整巾櫛。危冠深衣。至見孔有德。不拜。抗辭求死。有德麾出。令承胤就說公降。公見承胤。承胤不覺屈膝曰。事至此無可如何。非貪富貴也。公瞋目大呼曰。逆賊。我與汝初何言。迎蹕之心天地炤我。乃不能炤汝賊肺肝也。我坐汝累。不理於士大夫。亦冀汝能奮死一決戰。而狗頭鼠頂。作此欺天事。賊死特在我旦夕。後我不汝同死也。承胤赧出。聞者皆咋舌。耿士純尤重公節概。他日引見。從容謂公曰。老先生忠已盡矣。太夫人在堂。能無動念。公曰。汝知念我。盍速殺我。以免此鴟聲狐噪乎。我且語汝。劉承胤反覆奸逆。汝當早除之以快人怒。不然。行且背汝。徒爲保奸無益也。士純再三欲生公。力請之友德。數勸公。從容。公益求死。凡五十日乃遇害。公含笑就市。行刑者不敢絕公脰。從腋下刺兩刀死。虜過之。皆嗟嘆有泣下者。士純爲理公尸。歛棺置寺中。公被執時。錮一樓中。日收遺書讀。至夜分不輟。曰。吾恨不讀書。爲承胤所誤。今且庶幾鼂聞之義耳。後一年。承胤亦爲有德所殺。己丑。公子允漸以公死事請於廷。贈太子太保。予謚。下所部廷議。猶以承胤故不卽予。允漸上言先臣痛罵承胤慷慨求死。行道共聞。虜酋知慕。而廷臣猶据摭以格易名之典。張銓殉難遼陽。鄺埜捐軀土木。不聞以袁應泰之違命喪師。王振之窮凶黷武。貶二臣之高節。臣父獨以交鮮知心。門乏當戶。移賊臣之咎。遂致屯膏。今使諸臣持淸議於雍容之日。先臣固無所避。其吹求使刀鋸在前。誘言盈耳。上顧霜慈。內憐弱子。臣未知盡能奮不顧身如臣父否也。古云蓋棺論定。臣固請諸臣之自求良夜耳。奏上。得優答。事竟不行。公臨刑口占二律。所云天乎人事亦何尤者也。詩流傳人間。茲不錄。同公死者吏部郎中侯偉時。公安人。辛未進士。贈禮部左侍郎。佐熙謹按市人日棒疑是市人白棒之誤

佐熙既校籜史之完好者八篇付印。復從紙毛字漫中得殘篇。屬書記具錄之。其原缺者以□識之。附印於八篇之後。蓋先哲文字。零行斷簡。咸有精神寓焉。寶而存之。後學者之事也。民國四年一月一日燈下後學益陽曹佐熙跋

右篇首幅壞滅。未知所述爲誰。燈下反覆觀之。似於他書已見其事者。因取永歷實錄校之。乃與傅作霖傳爲合。末云同公死者吏部郎中侯偉時。公安人。辛未進士。贈禮部左侍郎。考永歷實錄元年九月□孔有德攻武岡。陳友龍迎戰於石羊渡。劉承胤降。上出奔靖州。武岡陷。吏部侍郎侯偉時兵部侍郎傅作霖死之。則是篇所述爲傅作霖無疑也。傅公官。實錄稱兵部侍郎。據此篇則已遷尚書。準八篇之例。當題曰兵部尚書傅公。茲葦題曰

簙史殘篇昭其慎也謹識于此以俟後之讀者民國四年一月三日後學益陽曹佐熙跋

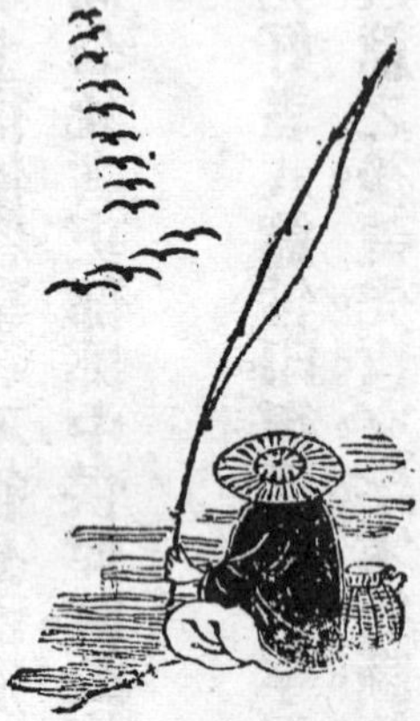

楚南經師記卷上

船山學報說苑之一

桂陽彭政樞編輯

蔣琬字公琰零陵湘鄉人也弱冠知名以州書佐隨先主入蜀除廣都長諸葛亮稱琬社稷之器非百里才因事免官建興元年亮復舉琬爲茂才遷爲參軍亮又密表後主曰臣若不幸後事宜以付琬亮卒琬官大將軍錄尙書事封安陽亭侯卒謚曰恭（見蜀志本傳）著喪服要記一卷載隋書經籍志

陰宏道作唐人梁侍中子春之曾孫祖鈞梁度支尙書（見元和姓纂）宏道以名門舊族負時望爲禮部員外郎張說重其才以女妻之後官國子司業所著周易新傳疏十卷用漢人家法匪用王弼注（見唐志）

周子名敦頤字茂叔營道人童時志趣高遠鈞於濂溪溪西有巖圓如月相傳謂周子悟太極處官主簿累遷至虞部郎中得士張宗範作養心說示之勉以聖學後分司南京致仕以疾卒生平博學力行聞道甚早家蓮花峯下築書堂於濂溪上黃庭堅稱其人品甚高如光風霽月時河南二程子受業於門故程子云自再見周茂叔吟風弄月以歸有吾與點也之意所著易通太極圖說足與六經四子相發明朱子序易通云其宏綱大用非秦漢以來諸儒所及（按省志通書宋史藝文志錄入子部今從經義攷以易通舊名著錄升置經部其太極圖說仍入子部）嘉定十三年賜謚元公尋封

汝南伯從祀孔廟元仁宗時、封道國公明景泰中官其十二世孫冕爲翰林院五經博士予世襲前清稱先賢周子位在諸儒之上按周子所著又有論語說朱竹垞經義云劉黼濂川集載濂溪論語序疑當日確有是書

易祓、字彥章潭州寧鄉人官至禮部尙書封甯鄉縣開國男退閑三十年自號山齋居士著有周易總義三十卷世不甚傳故朱氏彝尊曰未見然其說易兼通理數折衷衆論每卦先括爲總論復於六爻之下各爲注解於經義多所發明前有祓門人陳章序稱祓侍講經筵日常以是經進講又稱祓有易學舉隅四卷裒象與數爲之圖說今未見傳本惟總義散見永樂大典按陳章序易以總義名者總卦爻之義而爲之說也昔者聖人作易得於仰觀俯察者八卦之畫而已後有聖人者作重之以爻繫之以辭貫天理於人事之中而後知有顯必有微有體必有用惟能識義理之總會然後卦爻之指歸可得而明也山齋易公先生早歲讀易講明是理久矣嘗舉大綱以示學者曰大易者元氣之管轄也聖人者大易之權衡也先生之學其梗槩見於乾坤蓋一陰一陽之謂道乾則自元而至於貞坤則自貞而反於元此天道所以流行而不息先生於二卦首發二理然則濂溪周子所謂元亨誠之通利貞誠之復者先生固已默會之矣元亨利貞至理无妄于是乎始萬善於是乎出天下之事於是乎標準易之六十四卦皆是物也先生侍經筵日嘗以是經進講燕居之暇復取是而研究之閱二十餘年優柔饜飫渙然冰釋於是略訓詁而明大義合諸家之異而歸之於一每

卦各列爻義總爲一說標於卦首欲其倫類貫通而學者有所考明焉旣又爲舉隅四卷裒象與數爲之圖說蓋與此書可以參攷云周官總義三十卷見宋志前淸四庫著錄又有周禮辨疑見統志禹貢疆理廣記六卷亦見讀書附志經義攷作一卷

譚世勣字彥成長沙人見宋史本傳今湘潭志云本舉郡望史誤以爲縣崇甯間進士教授郴州時王氏學盛行世勣置其書不觀或問之曰說多而屢變無不易之論也後中詞學兼茂科附祕書省正字蔡京罷相後官吏部進少府監擢中書舍人以謹命令惜名器廣言路吝賜予正上供省浮費六事言於上爲當路所嫉出知婺州未行復留之徽宗禪位東幸且還使與李熙靖奉迎遂同主管龍德宮請辨正宣仁國史之謗述欽聖遺旨以復瑤華大享神祖仍用富弼侑食釋奠先聖不當以王安石配後皆施行後張邦昌僭國令與李熙靖同直學士院稱疾不起以憂卒年五十四建炎初褒其守節贈端明殿學士謚端潔所著易傳十卷見宋藝文志朱竹垞經義攷云此書佚而茶陵志言世勣易傳見前淸錢塘吳灝周易纂注想當有傳本灝及見而用之也

彭宗茂字尙英湘陰人隱居好學杜門讀易十五年始有悟又二十年著易解朱竹垞經義攷云吳獵序是編始於屯終於復其要著於乾坤其旨見諸義例者也

樂洪衡山人嘗從胡文定父子遊號曲肱先生著卦氣圖一卷趙希弁讀書附志云卦氣圖

南嶽樂洪撰郭白雲爲之序

廖偁、衡山人天禧中舉進士著有洪範論朱彝尊經義攷云一篇存朱子曾稱廖氏論洪範大段闢河圖洛書以此見知於歐陽公又今刻省志載廖氏著有朱陵編錄入集部此論乃朱陵編之一篇也見宋文鑑

周式、湘陰人以行義著爲嶽麓書院山長大中祥符間召拜國子主簿詔留講諸王宮固辭賜對衣鞍馬內府書還山教授卒祀嶽麓書院六君子堂所著毛詩箋傳辨誤八卷載入焦氏國史經籍志

譚世選、茶陵人初以上書獻策補官凡五薦漕臺三爲舉首所著毛詩傳二十卷朱竹垞經義攷著錄陸元輔曰世選詩傳羽翼漢儒

周堯卿字子兪永明人警悟强記以學行知名舉天聖二年進士官至太常博士范仲淹薦經行可爲師表未及用以慶歷五年卒生平與周子同志長於毛鄭詩及左氏春秋所著有詩說三十卷曾鞏隆平集曰堯卿之學不惑傳注聞辨思索以通爲期其學詩以孔子所謂思無邪孟子所謂以意逆志攷經指歸而見毛鄭之得失毛之傳欲簡或寡於義理非一言以蔽之也鄭之箋欲詳或遠於性情非以意逆志也是可以無去取乎又著春秋說三十卷

樂思忠、衡山人所著周禮攷疑七卷見趙希弁讀書附志原題作南嶽樂思忠

狄適度、字元規、長沙人。自兒童已能屬文。落落有聲。篤志於學。少舉進士。好爲古文。患時學靡敝。作擬皇太子册文。除侍御史。制唐裴度傳。人多稱之。事詳宋史狄棐傳。並蘇軾集。所著春秋雜說。朱竹垞經義攷著錄。

湯璹字君保。瀏陽人。登進士。調德安教授。遷國子博士。歷禮部駕部二郎官。出知常州。入爲大理少卿。進直徽猷閣。卒。所著春秋要論。朱竹垞經義攷著錄。

王夢應、字聖與。攸縣人。登進士。調廬陵尉。所著春秋集義五十卷。載入宋史藝文志。

丁易東、字漢臣。武陵人。仕至朝奉大夫。太府守簿。兼樞密院編修官。入元不仕。教授鄉里。以終。所著周易象義十六卷。周易上下經解殘本四卷。前淸四庫著錄。是編因易象以明義。故曰象義。其取象之例。凡有十二。曰本體。曰互體。曰卦變。曰正應。曰動爻。曰變卦。曰伏卦。曰互對。曰反對。曰比爻。曰原畫。曰納甲。朱竹垞經義攷載象義作十卷。注曰存。然世所傳本多殘闕。惟散見永樂大典中者。僅闕豫隨无妄大壯睽蹇中孚七卦及晉卦之後四爻。餘皆完具。其周易上下經解殘本。即象義殘本。傳鈔者改其名。四庫別存其目。俾世知非兩書。又有周易傳疏。見一統志。

湯彌昌字師言。瀏陽人。宋大理少卿璹四世孫。流寓吳中。元貞以後始出。居儒黌以淑後進。初爲長洲教諭。番江淸獻兩書院山長。歷從政郎。溫州路瑞安判官。建寧路儒學教授。卒。所著周禮解義。載入江南通志。

劉彭壽、字壽翁。衡山人。辟本縣教諭。武岡路學正。會科舉制行。延祐甲寅。以春秋貢湖廣。乙卯登進士。授桂陽縣丞。轉岳州行用庫使。遷縣尹。每月吉。升座講書。士庶聽講不倦。風俗為之變。卒年六十四。所著春秋澤存。載入經義攷。朱竹垞曰。彭壽為象環先生淵之子。其曰澤存者。衍父書而作也。又著有四書提要。

蕭元益、安仁人。著有四書演義。載入朱竹垞經義攷。

劉三吾、名如孫。以字行。茶陵人。仕元為廣西儒學副提舉。洪武十八年。召為左贊善。遷翰林學士。年七十三矣。奉勅撰存心錄。省躬錄。禮制集要。寰宇通衢諸書。又著書傳會選六卷。自序云。三吾備員翰林。屢嘗以其說聞。上乃召天下儒士倣石渠虎觀故事。與臣等同校定之。凡蔡傳之得者存之。失者正之。旁采諸家之說。足其所未備。書成。賜名書傳會選云云。載明史藝文志。前清四庫著錄。又著有孟子節文二卷。見朱竹垞經義攷。

甯欽、字宗堯。衡陽人。中鄉舉。署諸暨教諭。正統中。官御史。武皇南巡。疏請回鑾。著有周易宗旨八卷。載入朱竹垞經義攷。

李東陽、字賓之。茶陵人。以戍籍居京師。四歲能作徑尺書。景帝召試之。甚喜。後兩召講尚書大義。稱旨。命入京學。天順八年。年十八。成進士。選庶吉士。授編修。後進太子少保禮部尚書。

兼文淵閣大學士。九載秩滿。仍支大學士俸。以老疾乞休。又四年卒。卒七十。贈太師。諡文正。計立朝五十年。清節不渝。既罷政居家。請詩文書篆者塡塞戶限。所著講讀錄四卷。載入朱竹垞經義攷。

何孟春、字子元。郴州人。少遊李東陽之門。學問該博。第宏治癸丑進士。授兵部主事。累官禮部左侍郎。署尚書事。後出爲南京工部左侍郎。屢疏引疾。已而卒於家。隆慶初。贈禮部尙書。諡文簡。孟春所居有燕泉。用燕去來時盈涸得名。遂稱燕泉先生。所著易疑初筮告蒙約十二卷。載明史藝文志。又著河圖洛書解。見公行述。大戴禮記注。盧文弨抱經堂集引之。

劉黼、字伯繡。衡陽人。正統丁丑進士。官行人。諫南巡。受杖。改南國子學正。選授廣東道御史。著有易經卦變。其書已佚。故朱竹垞經義攷注云未見。

蔣信、字卿實。號道林。武陵人。與同邑冀元亨。善王守仁。謫龍場。過其地。偕元亨事焉。嘉靖初、貢入京師。復師湛若水。壬辰成進士。官四川水利僉事。遷貴州提學副使。後堂事除名。其學踐履篤實。得於湛氏居多。學者宗其教。稱正學先生。所著古本大學義一卷。趙錦序云。精思力踐。多所自得。良非阿也。朱竹垞經義攷載其說。

甯咸、字叔虛。衡陽人。路南知州元伯之孫。咸受元伯易學。兼京孟象數。以貢入南雍。工古文辭。尤精天文占驗律曆。著錄甚富。又以嘉靖大禮爲非。著爲人後論。作三十六難。極言皇考

之失人稱其學有本經義攷載之

戴君恩字紫震澧州人萬歷癸酉進士以知縣遷工部主事督修永陵有功出爲四川僉事尋晉浙江參議解官歸入大淸山益讀未見書起山東參政轉調陝西斬賊魁七人崇禎甲戌巡撫山西計擒賊魁三百餘人皆悍寇也尋致仕著有繪孟七卷胡瀠序云發明孔子所欲發者孟子也故繪孔不如繪孟以孟子之鋒穎陡露可以傳孟子之神也經義考亦引之

孫瑴字子雙華容人祖斯億七歲能詩賦十四爲諸生以著述自任父羽侯以庶吉士官歷禮刑二科給事中瑴與其弟㲉負文名瑴雜採舊文著古微書三十六卷分爲四部一曰焚微二曰綫微三曰闕微四曰刪微前淸四庫著錄

喩國人字春山郴州人著有周易辨正一卷河洛定議贊一卷全易十有八變成卦定議一卷周易對卦數變合參一卷河洛眞傳一卷周易生生眞傳一卷均見四庫存目

曾朝節字直卿臨武人幼雋朗警敏風發父銳有潛德事父孝謹爲藩司吏已改府刑曹攜諸子讀書吏舍中晨夕聲琅琅達庭外知府蔡汝枏異而問之以實對召試以蓺驚曰皆國器也朝節年十七爲縣學生嘉靖戊午舉於鄉以養氣立節自勵自號植齋萬歷丁丑一甲三名進士授編修官至禮部尙書自爲侍郎時兼經筵日講官引誼持大體神宗立太子以朝節充侍講太子待以賓禮嘗問聖學之要朝節對以博約爲功博則六蓺九能百行萬善

是也約之則歸於正心去讒遠色正心之助也神宗聞其忠勤益眷之萬歷三十二年卒於京邸贈太子太保謚文恪所著易測十卷載入明史藝文志前清四庫全書提要云取王弼注孔穎達疏程子傳朱子本義及楊氏易傳之說參互考證惟解上下經彖象文言繫辭而置說卦序卦雜卦又倣王弼略例之意別作說凡一卷附末尚書古文訓二卷今文訓四卷見桂陽州志

周希聖字惟學零陵人母坐月下見一鶴集懷而生萬歷己丑進士知華陽縣後累官南京戶部尚書坐黨削籍崇禎初起用辭不出卒年八十五所著春秋總例十卷載入焦氏國史經籍志

羅敦仁益陽人著有尚書是正二十卷敦仁子喻義序載入明史藝文志朱竹垞經義攷亦採之

羅喻義字禹鐘號葮江益陽人萬歷癸丑進士授檢討天啓初歷官諭德直經筵尋擢南京國子祭酒後坐黨削籍莊烈帝嗣位召拜禮部右侍郎協詹事府尋充日講官教習庶吉士喻義性嚴冷閉戶讀書不輕見客雅負時望爲溫體仁所傾家居十年卒贈尚書福王時補諡文介著有讀易內篇問篇外篇及讀易十事朱竹垞經義攷云書凡七卷舊省志作八卷

王介之字石崖衡陽人崇禎壬午與弟夫之同舉於鄉性至孝獻賊陷衡洲賊執其父乃與

夫之百計營回得脫後。隱窮山。著述自娛。善春秋。取三傳及胡安國傳異同。斷以己意。著春秋四傳質二卷。已收入四庫。又有易本義質四卷。見縣志。

王夫之。字而農。號薑齋。衡陽人。少負雋才。讀書十行俱下。一字不遺。年二十四。與其兄介之同舉崇禎壬午鄉試。以道梗不赴會試。明年。獻忠陷衡州。欲招士紳。授以僞官。先生走匿南嶽雙髻峯下。賊執其父以爲質。先生引刃自刺肢體。舁往易父。賊見其受創。免之。父子俱得脫。明既亡。隱於湘西之石船山。學者稱船山先生。先生自築土室。名曰觀生居。晨夕杜門。蕭然自得。乃著四書大全說、周易內傳、外傳、大象解、詩廣傳、尙書引義、春秋世論、家說、左氏傳續博義、禮記章句、及諸經稗疏、各若干卷。尤神契正蒙一書。闡發其奧窔。書成。自序曰。謂之正蒙者。養蒙以聖功之正也。先生著書凡四十年。其學淵博無涯涘。家素貧。著書筆札多取給於故友門人家。書成。因以授之。藏於家者無幾。曾文正公國藩督兩江時。求其遺稿梓之。總名船山遺書。海內著作家寶之。竝收入四庫。

李文炤。字朗軒。善化人。康熙癸巳舉人。著有周易本義拾遺六卷。周禮集傳六卷。春秋集傳十卷。其書目均存四庫。

趙世逈、字鐸峯。湘潭人。乾隆時諸生。勤學不事舉業。其行誼不傳。著有周易圖註三卷。四書博義七卷。四庫存其書目。又有周易告蒙四卷。見縣志。

黃燐、字暘谷。湘鄉人。著有周易賸義四卷。尙書賸義四卷。四庫均已著錄。

桑日昇、零陵人。著有易經圖解一卷。朱竹垞經義攷云。日昇自序。

許伯政、字惠棠。巴陵人。乾隆壬戌進士。授彭縣知縣。尋擢山東道監察御史。著有易深八卷。詩深二十六卷。春秋深十九卷。其書目均錄存四庫。

鄭國器、字用齋。湘鄉人。所著易經解疑。目存四庫。

周世金、字仲蘭。衡山人。著有周易句讀讀本二卷。其目已錄存四庫。

向德星、字雲路。漵浦人。著有易義便覽三卷。其書目已存四庫。

王文淸、號九溪。甯鄉人。雍正甲辰進士。官至宗人府主事。好學耆思。以周禮注疏浩繁。欲約括諸家。略疏以便讀者。因著周禮會要六卷。四庫存其目。

羅登選、衡山人。取蔡元定書爲之訓釋。成律呂新書箋義二卷。八音攷略一卷。其書目已錄存四庫。

潘士權、號龍庵。黔陽人。官太常寺博士。著有大樂元音七卷。四庫存其書目。

鄧顯鶴、字子立。一字湘皋。新化人。八歲能詩。舉嘉慶甲子鄉試。屢試禮部不第。遂絕意進取。博究羣書。足跡半天下。凡海內士夫多慕與爲友。晚授甯鄉訓導。尋乞病歸。著有易述八卷。見先正事畧。

魏源字默深邵陽人嘉慶癸酉拔貢道光壬午舉順天鄉試冠南籍試卷進呈宣廟手批嘉賞第甲辰進士發江蘇以知州用權東臺興化縣事未幾補高郵州因驛遞事免尋以緝匪功經袁甲三奏復其官咸豐六年卒生平力學熟於掌故尤悉心時務精通輿地其論河務謂宜改復北行故道咸豐五年銅瓦廂之決河復北流由大清河入海適與所論相合蓋猶及見之云所著有曾子章句二卷詩古微十卷書古微十卷公羊微十卷春秋繁露注十二卷見李氏所纂先正事畧及皇清經解續編江陰南菁書院刊

鄒漢勳字叔勣新化人生時母夢虎驚而寤兄弟六人互相師友志在勵名節敦氣誼皆以才稱漢勳爲最年十五通左氏義佐伯氏纂左氏地圖說及博物隨鈔又佐仲氏纂山經集譜諸書十八九纂六國春秋鄉居苦書少輒詣郡學借觀手錄口誦於天文推步方輿沿革六書九數之屬靡不研求道光十七年學使試以三江九江攷異之補郡學生尋食廪餼同郡鄧顯鶴器其才惜其蠹縕里閈無繇出與名流結納以擴見聞招至甯鄉學舍編蔡忠烈遺集校刊王船山遺書數十種由此知名尋與修寶慶府志郡守黃宅中移黔中漢勳受聘往爭相延致而貴陽大定興義安順諸郡志以次蕆事時羅文僖繞典胡文忠林翼官黔深與契合咸豐元年舉於鄉明年之淮上訪同郡魏源於高郵互出所著參證越歲賊陷江甯源畀以遼史及尚書未定稿促其間道歸長沙曾文正國藩新募楚勇千人令江忠淑與漢

勛援江西。圍解敍功。以知縣用。未幾江忠烈督師援皖。約漢勛同行。時省會移廬州。賊由桐舒往犯。忠烈用其策破之。上其功。擢升刺史。嗣以廬守所部勇目與淮徐賊通。臘月十六夜城陷。江忠烈投水死。漢勛力戰殉焉。時年四十九。事聞。贈道銜。予卹廕。祀廬州及長沙昭忠祠。所著易象隱義二卷。雜卦圖說一卷。卦象推廣一卷。六國春秋二十四卷。穀梁傳例十四卷。夏小正義疏一卷。說文諧聲簿十六卷。藏於家。見平江李氏所纂先正事略。

羅澤南、字仲岳、號羅山。湘鄉人也。少好學。家貧夜無焚膏。讀書月下。倦即露宿達旦。年十九、課徒自給。三十三、始補縣學生。尋以廩生舉孝廉方正。所著皆言性理書。假館四方。與其徒講濂洛關閩之緒。瘏口焦思。大暢厥旨。未幾兵事起。湘中書生多拯大難。立勳名。大率羅門高弟也。咸豐三年、曾文正國藩以在籍侍郎奉命督治團練。與公講求兵法。以戰功積著。擢授甯紹台道。加按察使銜。賞葉普鏗額巴圖魯名號。時武昌再陷。深嘆世變未已。藉解周易以自遣。六年三月朔。洪山之役。搏戰中鎗。日夜危坐。口占忠義祠楹聯。使人書之。忽開目索紙筆。仰臥書曰。亂極時站得定纔是有用之學。至八日病不起。春秋五十。居恆究心理學。通知世務。期見施行。辦團務時。以滅賊自任。所部將弁半屬弟子。初援南昌時。戰死城下有諸生謝邦翰、羅鎮南、易良幹、羅信東。戰死岳州有鍾近衡、鍾近濂。忠義憤發。雖敗猶榮。其後王珍、李續賓、續宜、蔣益澧、劉騰鴻等。威名震天下。皆從遊士。爲時名將。曾文正有言曰。矯矯學徒相從征討朝出麾兵暮歸講道理學家門下多將才古來未有也前後克城二十大小二百餘戰其臨陣以堅忍勝如其爲學或問制敵之道曰無他大學知止數語盡之矣左氏再衰三竭之言其注脚也死事狀聞優旨照巡撫例賜卹予謚忠節著有周易附說一卷讀孟子劄記二卷西銘講義一卷大極衍義一卷姚江學辨二卷小學韻語一卷見近刻中興名臣事略

中華民國六年八月出版

船山學報

第八期

定價表

期數	定價	郵費 本國	郵費 日本	郵費 各國
一期	四角	五分	一角	一角五分
預定六期	二元二角	三角	六角	九角
預定十二期	四元	六角	一元二角	一元八角

廣告例

期限	一期	三期	六期	十二期
一面	十二元	三十二元	六十元	一百十元
半面	七元	十八元	三十二元	六十元
四分之一	四元	十元	十八元	三十三元

⊙面頁底頁加倍

編輯者　長沙小吳門正街　湖南船山學社

發行者　長沙小吳門正街　湖南船山學社

印刷者　長沙育嬰街　宏文印刷社

分售處　各省各大書坊

民國二十一年十二月出版

中華郵政特准掛號認為新聞紙類

通叔副董事長惠存

船山學報

湖南船山學社印行

壬申第一冊

湖南船山學社學報章程

一　本學報繼續本社民國六年以前學報辦理仍名曰船山學報

二　本學報暫定每季出版一次按年編號如本年出版之報標名曰壬申第某册以後順推

三　學報內容分類如左

1圖畫　2師說　3講演　4通論　5專論　6專著　7文苑　8劄記

9叢錄　10本社紀事

四　本社徵文酬例另定之遺稿專著斟酌酬贈詩詞雜文等不給酬但酌贈書報

五　給酬以登出學報者爲限

六　凡來稿本社得斟酌修改之無論已否登出概不退還惟遺稿專著及詩詞文集成册者不在此限

七　本報費及廣告費另定之

湖南船山學報第一册目錄

圖畫

特刊

師說

講演

壬申 第一冊

目錄

第二卷第一期 一四三九

目録

劄記

四

叢錄

訊通

壬申第一冊

目錄

改組湖南船山學社籌備會緣起

湖南船山學社名譽董事一覽表

湖南船山學社董事一覽表

湖南船山學社職員一覽表

湖南船山學社社員一覽表

本社紀事

目錄

王船山先生遺像

船山先生遺像題録

張文心大令送　船山先生祠堂摹得其遺像蓋猶襲明行人司章服也　先生以永歷四年任行人司年三十二後又四十一年有自題像小祠今摹刻之祠堂者即所自題之遺像也謹奉以祀之思賢講舍而為之贊曰濂溪渾然其道莫窺惟於　先生望見端厓約禮明性守道持危闡揚文令是曰先知二百餘年星日昭垂私心之契曠世之師

右語係湘陰郭筠仙侍郎題

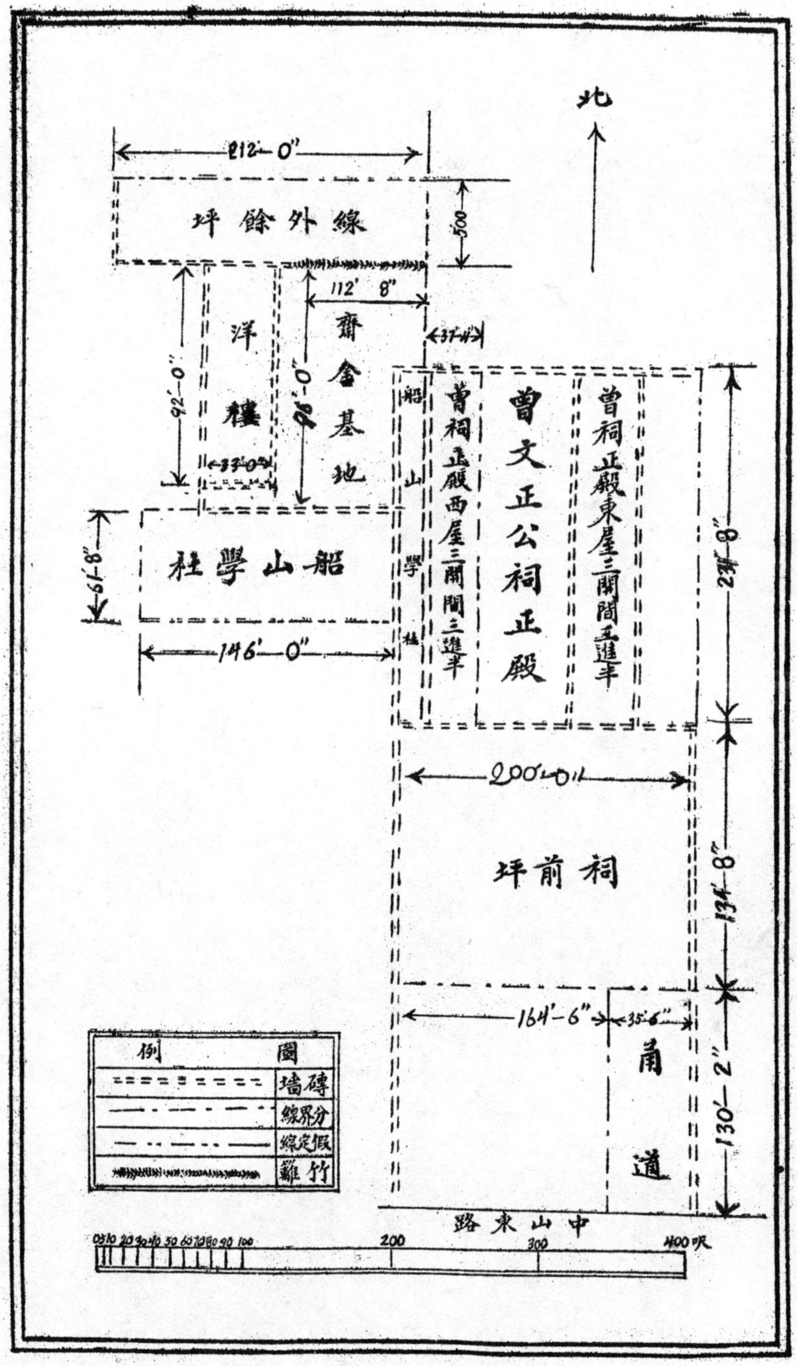
北
212'-0"
線外餘坪
500
112' 8"
洋樓
齋舍基地
92'-0"
33'-0"
船山學社
61'-8"
146'-0"
船山學社
曾祠正殿西屋三開間三進半
曾文正公祠正殿
曾祠正殿東屋三開間三進半
200'-0"
祠前坪
164'-6"
35'-6"
130'-2"
甬道
中山東路
圖例
磚墻
分界線
假定線
竹籬
0 10 20 30 40 50 60 70 80 90 100
200
300
400呎

船山王先生祠碑記

郭嵩燾

先師祠宇之在省垣者。自本社所承思賢講舍專祠外。前嶽麓城南兩書院暨衡清會館。皆特建祠。世變以來。不勝存廢之感。是碑爲玉池老人所撰。碑已圮毁。茲從社友郭君尺岩所藏榻本鈔得。亟錄而弁諸報端。 編者識

自有宋濂溪周子倡明道學。程子朱子繼起修明之。於是聖賢修己治人之大法粲然昭著於天下。學者知所宗仰。然六七百年來。老師大儒。纘承弗絕。終無有卓然能繼五子之業者。吾楚幸得有周子開之先。而自南宋迄今兩廡之祀。相望於學。獨吾楚無之。意必有其人焉。而承學之士無能講明而推大之。使其道沛然施顯於世。若吾船山王先生者。豈非其人哉。先生生明之季。下逮 國朝。抗節不仕。躬涉亂離。易簡以知險阻。通德達情。旣誠以明。而學一出於剛嚴。閎深肅括。紀綱秩然。尤心契橫渠張子之書。治易與禮。發明先聖微旨。多諸儒所不逮。於四子書研析尤精。蓋先生生平窮極佛老之蘊。知其與吾道所以異同。於陸王學術之辨。尤致嚴焉。其所得於聖賢之精一。皆其踐履體驗之餘。自然而愜於人心。至其辨覈名物。研求訓詁。於國

船山王先生祠碑記　二

朝諸儒所謂樸學者皆若有以導其源而固先生之緒餘也。先生所著書存者六十八種。都三百四十七卷。佚者又十三種。始刻之衡陽者五種。善化賀耦畊先生刻之貴陽又二種。新化鄧湘泉先生刻之湘潭別爲二十種。旋燬於兵。湘鄉曾沅甫宮保再刻之武昌合五十八種。二百八十二卷。凡歷二百餘年。而其書始大顯。鄧先生始謀建祠衡陽之故居。不果行。竊嘗以爲有宋諸儒之崇祀。類由門弟子私祀於所講學地。及所涖仕之州邑。既久而彌光。先生伏處窮山。無友朋之討論。無門弟子之推崇。潛德闇行。慨然以斯道自任。無所求知於人。其書晚出。天下之士皆知貴之。吾楚或不能舉其名。蓋其遇視有宋諸儒爲尤艱。而心尤隱矣。同治庚午嵩燾掌教城南書院。始言之中丞劉公。爲建祠南軒祠之傍。而成君果道。羅君世琨。實先後董其役。將使吾楚之士。知有先生之學。求其書讀之。以推知諸儒得失。而於斯道盛衰之由。國家治亂之故。皆能默契於心。又將有人焉。光大先生之業。以上溯五子之傳。確然有以知先生之學。非元明以後諸儒所能及也。倘亦先生之遺意也與。同治九年歲次庚午冬十有一月記。

請三大儒從祀文廟摺

趙啓霖

此摺爲前清光緒三十四年。趙侍御原文。本年侍御以奏稿寄社。應恭錄登之報端。其文悉照原摺。以存真迹。

編者識

奏爲請將國初大儒從祀 孔廟。以光道學而崇國粹。恭摺仰祈聖鑒事。竊維時勢遷變而日新。聖道昭垂而不敝。自中外交通。學說紛雜。後生昧於別擇。或至輕詆國學。自忘本源。欣逢皇太后皇上崇儒重道。千載一時。升孔廟爲大祀。且建曲阜學堂。以樹圭臬。風聲所被。海內咸凜然於聖教之尊。其關係世道人心。至遠且大矣。雖然。斯道所以綿延勿替者。亦實賴真儒間出。相與昌明而扶植之。其羽翼之功旣鉅。斯俎豆之禮宜隆。國初若孫奇逢。陸隴其、湯斌、陸世儀、張履祥諸儒。已經先後從祀。此外尚有三人焉。核其學行。皆卓然無愧於從祀之典者。則王夫之、黃宗羲、顧炎武是也。王夫之於六經皆有纂註。其推勘義理。往往獨造精奧。發前賢所未發。所著周易內傳。卽象以見理。卽理以定占。卽占以示學。統羲文周孔於一貫。爲漢宋以來言易者所不及。所著俟解一編。示學者實踐之道。尤爲鞭辟近裏。又著通鑑論、宋論。以剖析古今興亡得失之故其言多有裨治體故大學士曾國藩亦稱夫之所註正蒙數萬言註禮記數十萬言幽以究民物之同原顯以綱維萬事弭世亂於未形其於古昔明體達用盈科後進之旨往往近之又謂夫之終歲孜孜以求所謂育物之仁經邦之禮窮探極論千變不離其宗曠百世不見知而無所於悔可謂博文約禮命世獨立之君子曾國藩生平究心理學故於夫之尤爲服膺如此黃宗羲爲劉宗周弟子所輯宋元學案明儒學案爲七百年來儒林淵藪近年奏定學堂章程特列其書於人倫道德科以備講習宗羲學派最爲博大論者謂其融洽諸家如張載之禮教邵雍之數學呂祖謙之文獻薛季宣陳傅良之經制靡不旁推交通兼綜條貫他儒莫能逮也顧炎武生平論學以博學於文行己有恥二語爲宗旨謂自一身以至天下國家皆學之事自子臣弟友以至出入往來辭受取與之間皆有恥之事不恥惡衣惡食而恥匹夫匹婦之不被其澤又曰士當以器識爲先一命爲文人卽無足觀文不關於經術政理之大不足爲也所輯天下郡國利病書意主經世切於實用其日知錄一編尤爲終身精詣之書詞旨往復冀挽囘薄俗躋於隆古晚年益篤志

於六經。謂經學卽理學。而以空談心性爲戒。國朝經術之盛。實爲炎武導其先路焉。

臣查王夫之、黃宗羲、顧炎武、其立身行己。皆於堅苦卓絕之中。具忠貞篤誠之操。毅然以扶世翼教守先待後爲已任。其於聖賢之道。非但多所闡明。皆能躬行實踐。深入堂奧。爲後來儒者所不能及。其論著之關於政治者。多具運量千載開物成務之識。於今日變通損益之宜。往往懸合事理。承學之士。咸奉爲斗杓、岱嶽。人無間言。請

旨令其一併從祀　孔廟。膺兩府之典禮。卽以樹薄海之儀型。俾遠近聞風者。咸知以希賢希聖爲心。自不至畔道離經。蕩軼於禮法之外。於以敦崇正學。維繫世變。裨益實非淺鮮。所有請將大儒從祀緣由。懇飭部議覆施行。爲此恭摺具陳。伏乞皇太

后皇上聖鑒。

光緒三十四年。九月初二日。禮部咨各督撫文。祠祭司案呈本部會奏。議覆御史趙

奏請王夫之、顧炎武、黃宗羲從祀文廟一摺。光緒三十四年。九月初一日奉旨、原摺

留中。初二日。軍機處片交。禮部軍機大臣面奉諭旨。禮部會奏。遵議先儒從祀分別

請旨一摺。顧炎武、王夫之、黃宗羲均着從祀文廟。欽此。相應刷印原奏。移咨各督撫

等轉行所屬。所有應行添設牌位之處。遵照辦理可也。

請三大儒從祀文廟摺

續刊船山學報弁言

船山學報第一期刊行於民國四年乙卯歲八月二十日。其時距學報社成立兩閱春秋。自甲寅六月十四日社友會講以來。月圓十四度矣。當籌備之初。徵材斠文至嶄矜愼。重以時政杌桯。戕詬之下。動則生戎。洪憲發端。言禁瘉厲。蔚廬劉先生以爲此民氣生死之秋。人心之存亡。學說雖微。與有力焉。慨然主持爲發刊學報之舉。未久。滇桂軍興。項城憤殪。國復其軌。而蔚老以湘桂公推。晉主湘政。未幾入都。本社學報失其重心。亦遂至第八期而中輟。世變益亟。燕粵分鼎。劣閥起伏。死黨僨興。民失攸宗。士奪厥氣。國既易揆。學亦多端。楊泣歧羊。墨悲素染。自赤化揚氛。玄黃戰野。七八年來。橫議風生。孳蜚刺天。何學可言。遑敢云報。報者所以廣聲氣。通意志。貢知識。以資商榷者也。報以學冠。所學伊何。巷議塗說。便成鬼趣。斷爛朝報。或且以譏春秋。朱陸異同。漢宋商兌。議禮成訟。怗文相輕。積習靡更。奚取舌戰。矧如道器分端。物質精神。匪可畸廢。玄言墨辯。多孕新理。希羅往哲。適契禪宗。古今運殊。東西揆一。倘如執一先生之說。閉戶造車。抑或由東塗西抹而來。不知而作。明眼者笑。自省亦欺。學者之名未易假也。準上所云。舉世多賢。每發一端。義聾衆擊。麃衷壹是。吾湘學派。自鬻熊垂耄師岐。實先猶龍。爲道家言。二南遺風。嗣以九歌。橘頌離騷。忠義奮發。沅澧湘灃。有墜緒焉。長沙謫傳。首策治安。湘東文宴。座多賓客。下及臨湘法楷。並駕顏虞。綠天草書。允軼芝旭。載稽文獻。弈弈可觀。自濂溪周子以道學開宗。太極通書。精極天人。妙解心性。洛閩承武。大暢儒風。宋明逮清。未之有改。其間堅苦精卓。遠挹微言。高蹈尋流。毅然以六經生面之開自任者。衡陽王船山先師。一人而已。先師生明清鼎革之交。匿跡荒山。食薇茹辛。自號薑齋。黃書一篇。洞抉三昣。人禽夷夏。防戒蟻隄。三古典謨。形諸寤夢。春秋大義。周易精言。讀史幽憂。說詩洗切。凡諸纘述。獨闢町畦。心印横渠。精深博大。當代如南雷待訪。岷山日知。習齋四存。方當退舍。然而諸賢觥觥。邱園千旄。避聲無地。而先生則蒼藤榭徑。鑿牖繩牀。燃炬寫書。荷鋤種菜。等身之著。散置生朋。觀生之居。自銘幽壙。所南皋羽。遜此精誠。魏野嚴光。寧堪儗議。高濟堅貞。懸深衍絕。孤誠不死。歷遠彌新。天柱蒼撐。望衡九轉。湘流不竭。石船中横。幽月長風。先生精魂。時往來焉。後學承流。擷厥清芬。以濯肺肝。懦立頑廉。差可以維繫人極。神州弗沉。良知各具。公諸來世。含生稟氣。或未懸殊。為先哲存一脈精誠。即可為羣倫消無限沴戾。謂余不信。請視來茲。邇者外舶風狂。變教易俗。自蹂國粹。漸毀人倫。侈談生計。則爭奪風行。誤解自由。而廉恥道絕。政亡其本。謂治平無取修齊。學失厥宗。謂文化無須禮義。兵不衞國。官不恤民。吏不勤公。士不修學。朝比一鬨之市。校如百戲之場。政令多歧。法律無效。兵匪之途久混。經濟之源早枯。鄰警頻來。束手待斃。內訌交煽。流血未已。哀茲元元。適丁多難。未遑朝夕。寧計國家。緯嫠哀周。漆女恤魯。於古有之。今後奚如。巨棟之折。粲僅崩壞。危巢既破。詎有完卵。此本社同人所為汲汲焉求伐木之友。聲效雞鳴於風雨。不揣譾陋。而為續刊學報之謀。期以就正當代諸君子者也。是報也。首重師說。志所自戒。妄作也。次搜羅三湘文獻。居是邦。先正典型。勿忍墮也。次通論政教典制。官失學夷。禮失求野。廣知識也。次專論專著。一藝之長。一家之言。與世有裨。夏葛冬裘。各有當也。次文苑。文詞詩賦。足以攷事。足以觀時。覘文化者胥於是焉。次講演。研經覈史。賞奇析疑。君子以朋友講習。循古誼也。次劄記。次詩話。詞話。碎金片玉。由風入雅。績學多聞之士。所以稽古。所以存今。亦以合羣而寫心也。次說苑軼聞小說俚俗卮言談笑解紛寓言十九。九流之末。所不廢也。次叢錄。本社歷年大事本末文牘專件規章學約。概宜最集。以公當代。其他要目。以時變通。或減或增。寧缺無濫。方今刊物充棟汗牛。學術攸關。東西輻輳。義憑重譯。文襲旁行。往哲時英。望塵奚及。以茲蠡管。放諸裨瀛。向若而驚。良儕秋水。即以國學論。捧土一坏。焉知泰岱。貢芹獻曝。適成野人。或如買櫝遺珠。竇冠適越。爲當代笑。勢無倖免。所冀各方。術學方聞嗜古之士。時錫箴銘。開示義法。惠以偉著。廣之國聞。倘如往哲遺書。未刊名作。整理故籍。商榷羣疑。琅嬛下頒。本報生色。所拜嘉也。壬申嘉平月古昭陵蒼石山民謹序。

師說

船山遺書精義

俟解

學易而好難。行易而力難。恥易而知難。學之不好。行之不力。皆不知恥。而恥其所不足恥者。亂之也。不學不行者。有矣。人未有一無所恥者。乞人與有之。自惡衣惡食宮室之不美。妻妾之不奉。所識窮乏者之不得我。至於流俗之毀譽。汙世之好尚。皆足以動人之恥心。抑有爲害最大而人不知者。師友之規諫。賢智之相形。不以欣然順受企慕之心承之。而憤怍掩覆。若惟恐見之。唯恐聞之。此念一蒙。則雖學而非其好。雖行而必不力。樂與讒諂面諛之人交。而忌媢毀謗以陷溺於不肖之爲。皆無所不至。故恥必知擇。而後可謂之有恥。

編者節錄

師說

張子正蒙注

船山遺書之一

邵陽石廣權詮言

第一篇

太和篇。原注。此篇首明道之所自出。物之所自生。性之所自受。而作聖之功。下學之事。必達於此而後不爲異端所惑。蓋卽太極圖說之旨而發其所函之蘊也。

廣權按橫渠之學本於中庸。極於周易。又旁通乎釋老諸書而袪其蔽。故船山於篇首綜以上之數語括而釋之。

中庸一篇。首言中和。而發端于天。由天而演之曰性道教。其言和先言中者。篇中多就人事言之。盡人以合天也。正蒙首言和。篇中多本天事言之。推天以治人也。其義一爾。

宋儒程朱諸家立義教人。多言下學之事。陸子靜求上達而不得其途。則墜入禪空之樾。惟周張二子。體大思精。濂溪著通書太極圖說。實承四聖心傳數千年待闡之絕緒。橫渠不言太極而言太和。則又略迹象而言神化。兩家之學實互相發明。

第一章

太和所謂道。

原注。太和和之至也。道者天地人物之通理。卽所謂太極也。陰陽異撰。而其絪緼於太虛之中。合同而不相悖害。渾淪無間。和之至矣。未有形器之先。本無不和。既有形器之後。其和不失。故曰太和。

廣權按有太虛。有太極。有太始。有太素。太虛無象。太極象之始也。太始形之始也。太素、質之始也。有太元。有太和。有太一。有太初。元者氣母。太和、氣之始也。太一、化之始也。太初、事之始也。未有形質。先有氣化。既具形質。而氣化常寓乎其間。天地之所以定位。人物之所以滋生。萬象莘莘。瞬息千變。體而不遺。此道之所以爲形而上也。

和有二義。一曰無二。有二則有對。有對則有爭。爭則和失。太和無失。匪惟無失。爭自不生。對亦不立。直渾而化爾。一曰無雜。有雜則有殊。有殊則有閒。閒則和息。太和無息。匪惟無息。殊既不名。雜於何起。直一而神爾。窮神知化。道在是矣。

中涵浮沉升降動靜相感之性。是生絪縕相盪勝負屈伸之始。

原注。涵如水中涵影之象。中涵者其體。是生者其用也。輕者浮。重者沉。親上者升。親下者降。動而趨行者動。動而赴止者靜。皆陰陽和合之氣。所必有之幾。而成乎情之固然。猶人之有性也。絪縕、太和未分之本然。相盪、其必然之理勢。勝負、因其分數之多寡。乘乎時位。一盈一虛也。勝則伸。負則屈。勝負屈伸。衰旺死生之成象。其始則動之幾也。此言天地人物消長死生自然之數。皆太和必有之幾。

廣權按浮沉者象也。升降者勢也。動靜者幾也。幾動而勢成。勢成而象著。更推而上之。玄眇不可測矣。無以名之。名之曰相感。然其感非自外而感也。本然之性。無俟旁求。故曰中涵。屈伸者情也。勝負者數也。絪縕者氣也。氣交而情變。情變而數殊。遞演而求之。巧歷不能計矣。無以形之。形之曰相盪。然其盪非有待而盪也。無始以前萬有咸備。故曰是生。輕重清濁。上下分合。多寡盈虛。衰王死生。蓋皆乘乎自然之變化。遵乎必然之軌道。有以成乎固然之情狀。而實無逾乎太和本然之分量也。天地人物。特就既有形器後强爲之名耳。

其來也幾微易簡。其究也廣大堅固。

原注。來、謂始動而化之初。究、謂已成形體也。幾微、氣之初動。易簡者、惟陽健陰順而已。廣大、品物流形。堅固、體成而不易毀也。乾坤有體。則必生用。用而還成其體。體靜而用動。故曰靜極而動。動極而靜。動靜無端。

廣權按、本來具足之性。固無所謂來也。自其浮沉升降機括言之。雖名之曰來。其來也。一和氣之感而交也。流行不息之幾。本無所謂究也。自其屈伸勝負之形成言之。姑名之曰究。其究也。一和氣之充而凝也。其感也幾微。其交也易簡。其充也廣大。其凝也堅固。陰陽合撰。健順相因。互相爲體。而還相爲用。無往無來。一往一來。無始無究。即始即究。大哉易乎。萬象萬化。根諸此矣。

起知于易者乾乎。效法於簡者坤乎。

原注。太和本然之體。未有知也。未有能也。易簡而已。而其所涵之性。有健有順。故知於此起。法於此效。而大用行矣。

廣權按易者。氣化之健行而無礙也。簡者、形器之順成而不雜也。無礙則明。明則通。通則無知而有知。知於何起。起於健已爾。不雜則純。純則一。一則一法而可通於萬法。法於何效。效於順已爾。乾坤者健順之寓名。健順者。易簡之德性。而易簡者太和之功用也。

散殊而可象爲氣。清通而不可象爲神。

原注。太和之中。有氣有神。神者非他。二氣清通之理也。不可象者。卽在象中。陰與陽和。氣與神和。是謂太和。人生而物感交。氣逐於物。役氣而遺神。神爲使而迷其健順之性。非其生之本然也。

廣權按。道家有言精氣與神。謂之三寶。精者常凝。神者常行。常凝者澈內澈外。無二無雜。性於是存而物由是生。未有幾也。常行者澈上澈下。無礙無間。化由是呈而幾由是分。然猶未有象也。氣則散而爲象矣。萬殊從此起焉。然而宰制乎其間者。有莫或爲之若或爲之之妙。出乎人人。入乎天天。所謂神也。若夫由氣而更衍之。衆而爲魄。積而爲體。耀而爲光。盪而爲聲。游而爲變。後起萬象不可思議。

不如野馬絪縕。不足謂之太和。

原注。此言體道者不於物感未交。喜怒哀樂未倚之中。合氣於神。合神於性。以健順五常之理。融會於淸通。生其變化。而有滯有息。則不足以肖太和之本體而用亦不足以行矣。

廣權按。太和之本體、無可形容。故橫渠以野馬絪縕形容之。何謂野馬絪縕。尋之不得其所起。迹之不得其所止。彌綸乎太虛。薰蒸乎萬有。無不在也。無不入也。無可分也。無可執也。察之不見。感而遂通。自然而然。妙合無間。知道者及此。則可以悟物我無貳之理。體道者用此。則可以幾天地與參之詣矣。

語道者知此。謂之知道。學道者見此。謂之見道。

原注。見實證之於心也。易曰。陰陽相摩。八卦相盪。鼓之以雷霆。潤之以風雨。日月運行。一寒一暑。乾道成男。坤道成女。此之謂也。健順合而太和。其幾必動。氣以成形。神以居理。性固具足於神氣之中。天地之生人物。人之肖德於天地者。唯此而已矣。

廣權按易具三義。交易變易平易。一陰一陽。交感互化合德共撰。是謂交易、陰陽易位。動極而變。錯綜消長。是爲變易。寒暑循環生殺迭用。摩盪衰益。終底於平。是謂平易。善交者和之性。善變者和之用。而平者和之本體也。天地不交。則乾坤之毀久矣。人物不變。則洪荒榛狉雖至今存可也。惟其交不妨變。變不失平。此太和之功用所以爲至也。易之言曰。一陰一陽之謂道。有見乎此。可知舍陰陽無以見道。舍易無以見陰陽。舍太和無以見易。

不如此。雖周公才美。其智不足稱也已。

原注。待其已感。因事而效能者。才也。智則灼見道體。而知無不起。法無不效矣。

廣權按人受太和之理性以生。其有以灼見此理性者。謂之智。有以效能於此理性者。謂之才。智未灼見而效能於才。其不畸陰畸陽。而流爲逆戾釀爲菑沴者。尠矣。

第二章

太虛無形。氣之本體。

原注。於太虛之中。具有而未成乎形。氣自足也。聚散變化。而其本體不爲之損益。

廣權按。象之有體而可以徵實者謂之形。形之無定而麗於太虛者謂之象。氣體無定而爲萬象之所憑依。實無一物之可觸著。故就其體而觀之。僅見其油然蒼然。瀰漫於太虛而已。

其聚其散。變化之客形爾。

日月之發斂。四時之推遷。百物之生死。與風雨露雷。乘時而興。乘時而息。一也。皆客形也。有去有來。謂之客。

廣權按。精氣爲物。氣之由散而之聚也。游魂爲變。氣之由聚而復散也。散聚無端。而物變環起。據物理學家言。物體凡三。曰氣體。曰液體。曰固體。然而金遇火而流。固體之散而爲液也。水汞遇火而飛。液體之散而爲氣也。草木與土遇火而焚。遇水而潰而腐而潛而解。固體之或散而爲氣或散爲液也。熱上蒸。遇冷則溜而爲水。氣體之聚而爲液也。寒下逼。得水則凝而成冰。液體之聚而爲固也。地氣上升。天氣感應。距地近則滲而爲露。距地遠則潤而爲雨。地氣升。天不應。迫於下則震而有聲爲雷。摩於上則切而生光爲電。乃至距地近者。陽鬱而爲霧。陰結而爲霜。距地遠者。陽析陰則散而爲雪。陰搏陽則轉而爲雹。與夫地氣升。彌滿天空。陽消陰長。倏散倏聚者謂之雲。天行勝。地氣從化。陽噓陰噏。相撓相盪者謂之風。一言以蔽之曰氣體之有時可化而爲液。可化而爲固也。若夫草木之吸收炭養以資發榮。人物之化合各種成分以成官體。無定而有定。有定而無定。猶其形質之粗顯而易見者已。

至靜無感性之淵源。

原注。於物感未交。至靜之中。健順之性。承於天者。固有不失。有本而不窮。

廣權按。理之澂然具足於本體而未發者謂之性。隨感而動者謂之情。有感則有交。交則性爲情役。而往往變其本來固有之狀態。故君子愼感。

有識有知物交之客感爾。

原注。識知者五常之性所與天下相通而起用者也。知其物乃知其名。知其名乃知其義。不與物交則心具此理而名不能言事不能成。赤子之無知精未徹也。愚蒙之無知物不審也。自外至曰客。

廣權接就主觀之靈明言之謂之知。就客體之誌別言之謂之識。物交而情應。情隨感遂而性易迷。知也者殆如鏡然日與物接而其靈明之本性不爽其常者也。然既與物接矣。則謂知由物起焉可也。知之逐物而能分晰其所以然者謂之識。至於識則役知於物。物無盡而知亦與之爲無盡。物有定而知亦與之爲有定。物萬殊而知亦與之爲萬殊。是其所以爲識也。其如昏之有燭乎。如商之有標乎。如冶金之爐化分化合有一成之定則乎。要之皆後起之事。物來而順應之。故曰客感。

客感客形與無感無形惟盡性者一之。

原注。靜而萬理皆備。心無不正。動而本體不失。意無不誠。盡性者也。性盡則生死屈伸。一貞乎道。而不撓太虛之本體。動靜語默。一貞乎仁。而不喪健順之良能。不以客形之來去易其心。不以客感之貞淫易其志。所謂夭壽不貳。修身以俟之。不顯亦臨。無射亦保也。蓋其生也。異於禽獸之生。其死也。異於禽獸之死。全健順太和之理。以還造化。存順而沒亦甯。其靜也異於下愚之靜。則其動也。異於下愚之動。充五常百順之實。以宰百爲。志繼而事亦述矣。無他。人之生死動靜有間。而太和之絪緼本無間也。　此上二章。兼動靜生死而言。動靜之幾。盡性之事。死生之故。立命之事。而一動一靜、一屈一伸。理所必有。而通於道則一也。

廣權按。盡己性則能盡人物之性。順而致也。盡物性則可以贊天地之化育。還而復也。天地化育之貞一。實涵於吾性量之本。能特人得其全。而物得其偏。聖知者得其精純。而下愚亦未嘗不得其概略。所謂無感無形者也。惟盡性者爲能健而體之。順而致之。故以人物之性之萬殊。無足以礙吾性光之返照。特自其與我並立之委形言之謂之人。自其與人同化之殊形言之謂之物。自其本性之所依著言之覺有我。自其後起之所接觸言之覺有非我。所謂客感客形

者也。要之有後起而無外來。有一性而無殊理。中庸就人事言之謂之誠。正蒙就天事言之謂之和。其義一也。（未完）

講演

船山遺書精義

俟解

堂堂巍巍。壁立萬仞。心氣自爾和平。如彊壯有力者。雖負重任行赤日中。自能不喘。力大氣必和也。好以簞豆竿牘爲恩怨。毋以婦人稚子之啼笑。田夫市販之毀譽爲得失。以之守身。以之事親。以之治人。焉往而生不平之氣哉。故曰未有小人而仁者也。卑下之必生於慘刻也。學道好修之士。自命爲豪傑。於此亦割捨不下。奚足以與於仁。王龍溪家爲火焚。其往來書牘。言之不置。平生講良知。至此躁氣浮動。其所謂良知者。非良知也。夫子廐焚不問馬。故惻怛之心。專注於人。人幸無傷。則太和自在。聖人胞中。以之事親則底豫。以之立身則浩然。以之治人則天下歸之。此之謂良知。

編者節錄

講演

船山先生誕日講演一

陶思曾

今日爲　船山先師誕日。本社同人。繼承前本社劉總理蔚廬先生遺志。深以本社爲湖南文化攸關。自前清光緒初元。即有思賢講舍。由湘陰郭筠仙侍郎商經湖南巡撫湖南學使會銜奏請廷准設立歲由學使會同主講遴取優材生四十名。入社研究國家有用之學。而以　船山先師學說。業經新化鄧湘皋先生。湘鄉曾滌笙生相國。先後印行遺書。爲必修之科。楚南人文。於茲鼎盛。不幸國變之交。管絃中絕。民國二年。瀏陽劉蔚廬先生。承湘陰郭筠老之風。以爲衡陽道脈。上接濂溪。吾湘道學真傳。周王並重。周元公得洛閩諸子爲宋學開山之師。通國人士。允共尊仲仰而　船山王先生艱貞卓絕。當明清改步之交。竄伏空山。同時如顧炎武李二曲黃梨洲顏習齋。諸遺老。志晦彌彰。獨我　船山先師足跡。聲聞。不出洞庭以外。逮二百年。乃有長沙府學救教授新化鄧先生顯鶴於道光十八年首刊遺書。又不幸而遭兵燹。同治年問。乃請諸湘鄉相國曾公續刊於金陵官書局。自是以後。先師乃大爲天下所重。光緒初元。郭侍郎首請以 先師從祀文廟。未蒙廷允。又閱十餘載。趙侍御啓霖恭摺續請。而 先師因得與顧黃諸賢同祀孔廟。此吾人服膺 先師同列本社以後學自居者。所應永遠紀念者也。自蔚廬先生剏社以來。又二十載矣。中經世變。社務中擱。停頓有年。吾湘政學界同人。不容不同負其責。今幸社務重新。改組開始。百端待理。同人等已公推趙先生啓霖爲本社社長。因年老多病。尚未蒞省。尤幸我湘政府主席何公。暨省委廳長諸君。惠臨本社。公同致祭。並承 允任名譽董事長名譽董事各職。崇祀先賢。同扶世教。何樂如之。茲請本社名譽董事長何公錫之指導。無任企仰。

船山先生誕日講演二

（名譽董事長）何鍵

今天我們公祭船山先生。本人又喜又憂。喜的是曠世大儒生於湖南。永爲湖南人的矜式。憂的是先生逝後。至今三百年。未能發明其潛學。放一異彩於世界。未免辜負先賢。

先生所處的時代。是明清代謝的時候。而清以異族入主中國。實是漢族的奇辱。凡爲漢人。均應仗義不屈。何況先生是崇楨末年的舉人。身受國恩。故明亡之後。從大學士瞿式耜先生於桂林。輔佐桂王監國。旋因母病歸省。未幾而瞿公殉節於桂林。桂王覆敗。不可收拾。先生不得不隱於苗猺之間。仍舊明代裝束。復明之心。未嘗一日去懷。晚年見復明無望。乃歸衡陽石船山。築土室名爲觀生居。學者不忍逕呼其名字。遂稱爲船山先生。後來學者尊之與顧亭林黃梨洲顏習齋並稱爲清初四大儒。價値在當時著名儒者孫夏峯李二曲諸先生之上。則船山先生之學問造詣。可想而知了。但船山先生僻在湘南湘邊。與北方學者聲氣不通。當時知者甚少。死後四十年。其遺書始由其子王敔傳出。則先生畢生之抑鬱寂閟的環境。直無樂趣可言。故得細察天道。詳考人事。造成精心獨到的學問。先生著作極富。最精的要算是噩夢。黃書。俟解。思問錄內外篇數種。其學未聞有何師承。近人有稱其學近張橫渠。謂爲有得於張子之說者。先生序張子正蒙注。亦言「張子之學上承孔孟。如皎日麗天。惜其門人未有殆幾者。其道之行。曾不逮邵康節之數學」。但張子一生善於致思。其作正蒙時。左右皆置簡編。每有所得。則起而書之。似乎全由人心之所想。只西銘之作。「乾父坤母民胞物與」之量。實非他人所能企及。似與先生所得的精神。若不相同。茲述先生之精神一二點。諸公注意探討。

(一)日新之說。足包泰西文化。　西洋自進化天演諸說大行。常若鞭策其社會之日新月異。進行而不已。與中國之尊古守舊。崇尚成法之積習不同。故西人强而中國弱。近來效法西洋數十年。仍然步步落後。不知先生早已言之甚詳。思問錄外篇云。「張子曰。日月之形。萬古不變。」先生謂『形者言其規模儀象也。非謂質也。質日代而形如一。無恆器而有恆道也。江河之水。今猶古也。而今水非卽古水。燈燭之光。昨猶今也。而昨火非卽今火。水火近而易知。日月遠而不察耳。爪髮之日生而舊者消也。人所知也。肌肉之日生而舊者消也。人所未知也。人見形之不變。而不知其質之已遷。……烏足以知日新之化哉。』形質分開。形不改而質日易。西洋國家社會。大體未變。而運用國家的方法。利益社會的工具。日進新異。卽是先生所謂「質之已遷」。質遷故能適應環境。中國則不然。只是幾套老把戲。支持許多年。形質俱無變遷。如何不形見勢絀呢。這就是不明先生的真理的毛病。先生因爲明白日新的原理。故於天地。只承認動。而不承認靜。他說靜亦是動。思問錄內篇又云。『太極動而生陽。動之動也。靜而生陰。靜之動也。廢然無動而靜。陰惡從生哉。』這是言天地的大氣。動靜而不已。正合孔子至誠無息。易經天行健。君子以自強不息的意義。惟其動進。故變化層出。人須應其變化之機。始能適用。視天演進化之說。尤高而精。不言弱肉強食。而弱肉強食之理。自在其中。蓋不能應變化。卽不適於競爭。爲天演所淘汰了。先生推究人不能日新的。原因。由於習氣所蔽。俟解云。『末俗有習氣。無性氣。其見爲必然而不爲。見爲不可而不爲。以悻悻然自任者。何一而果其自好自惡哉。皆習聞習見而據之。氣遂爲之使者也。習之中於氣。如瘴之中人。』言人入了後天習氣以內。便爲習所拘。好惡皆由習聞習見而生。非其本性。譬如匪之化人。習見其匪。便不知其惡。忘却自新之路了。此言尤中中國人習於苟安。不知振作的病根。先生之言。較古人日新又新。只新德行。不及事物者。尤推進一層。假使人皆知先生之水火爪髮肌肉。

俱須易質之理。誰還敢因循舊轍。怠忽廢事呢。

（二）無無之說足啓科學精神。　有無兩界爲佛道兩家所常言。後儒解釋易經。「形而上者謂之道。形而下者謂之器」亦以形上爲無。形下爲有。自有無對立。於是凡不見不聞。與不可見不可聞之事。均推歸無界。認爲不可研究。而置諸不論不議之列。學問遂無進步。思問錄內篇云『目所不見。非無色也。耳所不聞。非無聲也。言所不通。非無義也。』又曰。『天下果何者而可謂之無哉。……言者必有所立。而後其說成。今使言者立於無前博求之上下四維。古今存亡。而不可得窮矣』。由先生之義。不見不聞。仍爲有界。使學者順此而求之。則知空中有氣。氣中有附生之微生物。及氣之一切作用。不難發現。現有之器用。未爲滿足。而未見未聞之形式。亦可以逐次推求。天下只有有。更無無。有理解可據者。吾人信其爲真。無理解可據者。吾人當謂爲僞。事事徵諸實際。非科學之精神而何。故先生素不贊成象數之學。思問錄又言『在天而爲象。在物而爲數。在人心而爲理。古之聖人。於象數而得理也。未聞於理而爲之象數也。於理而立之象數。則有天道而無人道。』既不認無當然不認象數即如今星命之流。空談命理。總是茫茫難憑。其他一切迷信可以不攻自破。尤其推重人道。處處以人事爲主。不盡以天道爲可恃。更足以打破「聽天由命」的惡習可見聞處。要求其精當。不可見聞處。亦要求其發現、這樣精神實爲儒者所少見。

就上述兩節觀之。便知先生之識解。既精且遠。切實可行。已足包西洋文化之精粹。與空談性理者。相去萬里。深惜後人未能繼續研究。遂使端緒未伸。無裨益於中國也。若細按先生學問的淵源。雖無師承。仍未脫宋明諸大儒的法門。合佛道兩家之長。而成爲儒家宗師。即如無無之說。無形中已予佛家「真空不空」的義諦。以許多贊助。而「不可言說不可擬議之大道」亦賴是而益證其實有。亦可見先生學問之淵博。非人所能幾及。而精到處。足包數百年來實用之學。而爲之先河。尤有驚人的價値了。今天諸公既爲紀念先生而來公祭。便有發揮先生遺學的責任。本人願與諸公共同努力。毋負前賢。

船山先生誕日演講三

石廣權

今日爲本社重新改組第一次公祭　先師之期。此度改組經過。由省政府主管官廳協同本社舊有歷史關係重要社員商定辦法。乃由省政府省黨部派員六人再由社員內公推代表三人會同籌備一切組織事宜。時廣權倘在南京。迭荷籌備諸公函知深愧未能贊襄一二。未敢掠美。敬荷偏勞。今幸告成。同人等所應引爲欣慰者一也。計本社自民國二年開辦以來。今歲爲民國二十一年。適當學社二十年成立紀念之期。迴憶本社先總理劉公諱人熙號蔚廬先生。感於思賢講舍之中斷。以爲　船山先師之學脈。僅存此一講學機關。湘陰郭筠仙先生手辦經舍。躬親講授於前。不容無人嗣響於後。以是遍商湘人士政學同人。並會商外省名宿張謇、夏壽康、王芝祥、莊蘊寬等公呈北京總統府。准交國務院分別令行內務部教育部。暨湖南省都督府照准立案。於民國三年確定思賢講舍思賢書局撥款修理爲社址。先就書局開社會講。世變無常。干戈擾攘。而吾社風雨雞鳴。支持十有餘載。近數年間。無形停頓。舊雨星散。宗風蕩然。時實爲之。何幸重新。猶有今日。此同人等所應引爲欣慰者二也。今自　先師誕降於前明萬歷己未九月朔旦。數至今日。恰値三百一十四度誕辰。頗憶十四年前。民國八年。爲　先師三百歲壽辰。廣權　謬任本社社長。正擬預備通告全省政學同人。爲　先師特伸慶祝。乃變出意外。湘督張敬堯兩度派兵。黌夜入社。殺傷社員。鶴唳風聲。本社頓成畏途。事以中止。此廣權　等所深引爲恨者也。然自民國九年以後。　先師祀典。是否歲修。廣權　等久已離湘。亦未過問。民國十五年。曾一度恢復誕祭。而社址旋爲省農會勢佔。遂廢至今。茲以本社成立二十年紀念之期。得駿奔走執豆籩於此間。此同人等所應引爲欣慰者三也。大凡社會之事。開刱甚難。守成亦頗不易。剛纔何主席所言對於本社。一則以喜。一則以憂。喜者喜社務之猶能更新。憂者憂　先師之學說繼承匪易。同人等允宜奉爲鍼砭。而力圖所以光大　先師之遺緒者也。如所引張子正蒙注無無之義。良有合於世界科學之指。此爲　先師與橫渠默契最深之言。有超越程朱陸王學說者。廣權　以爲不僅此等處足見　先師之學說精神也。於易春秋。不拘漢儒義法。爲六經別開生面。於讀通鑒論。特申內外彝夏之畛。爲歷史隱寓微言。於說文廣義。歷舉新例。爲文字特闢塗徑。於黃書噩夢思問錄等篇。自抒懷抱。爲民族思想國家政治闡發紀綱。卽偶然執筆一文一詩。靡不別有會心。懸日月以不刊。驚鬼神而彌壯。不可以文人墨客雕琢藻飾之作觀也。至廣權今日對於本社之前途。尤有特殊之感觸者。以今日之時局。而爲恢復講學機關之舉。第一層吾人捫心自省。讀聖賢書。所學何事。第二層。學問之事。言人人殊。君子以朋友講習。義取切磋。絕不可黨同伐異。第三層講學之責在維持世道而正人心。處今日之環境。良不知一部廿四史。將從何處講起。三端以外。尤有所切望於本社同人者。一曰社會學家有言。凡同在一社會團體之人。爲一有意識有支配之機體。旣處社中。務相與共同尊重本社。協謀進行。勿私小我而破社譽。二曰同爲社中之一份子。人非聖賢。孰能無過。責善匡失。在忠告者應有善道之誠。若文人相輕。薄俗皆然。吾社諸君子。當引爲深痛也。抑知今日何日。內憂外患。國且破。家且亡。身且危。自建號黨國以來。六七年間。財匱兵疲。內訌未已。政無常軌。人靡寧居。今試以吾人所處時代。與　船山先師所處時代。一比較之。今之赤禍橫行。曾有異於闖獻之流寇乎。今日之倭寇內侵。不尤烈於滿清之入關乎。今日之政府播遷。曾愈於唐桂之竄閩竄粵而竄桂乎。今之軍閥紛立。求一二如史可法。何騰蛟者倘可得乎。今之君子道消。問有如嚴起恆瞿式耜堵胤錫諸君子者。能屈指數乎。今之小人道長。其不爲王化澄陳邦傳夏國祥者。覿面曾有幾乎。我先師當明清之交。以一未會試之舉人。受國何恩。而崎嶇險阻。致命從王。面折羣奸。幾瀕碎首。卒乃抗志新朝。九死不悔。空山竄隱。轉徙苗蠻。荷鋤種蘿。篝燈寫書。對影題詞。自乞活埋。此何爲者。吾社中同人試設身其地一思之。先師之不得不出於斯者遇也。先師之何以出斯者志也。吾人試思吾輩所處之今日。過去東南所經之赤禍。當不至淡然遂忘也。現在東北所遘倭氛。前途未知所底也。將來共管或瓜分之問題。不可不畏也。吾人何幸而猶得有今日之機緣。相與同堂。爲更新社務講習討論之商搉。時不我與。更歷歲月。恐國亂時艱。有欲求得一聚首會講之機緣而不可得者。吾爲茲懼。

通論

船山遺書精義

俟解

明則有禮樂。幽則有鬼神。人道之通於天。天德之察乎人者也。鬼神則視不可得而見。聽不可得而聞。禮樂則飢不可得而食。寒不可得而衣。亦奚用此哉。苟簡嗜利之人。或託高明以藐鬼神。或託質樸以毀禮樂。而生人之心。固有所不安。於是下愚鄙野之夫。以其不安之情。橫出而爲風俗。以誣鬼神。以亂禮樂。皆苟簡嗜利者。激而導之也。

編者節錄

通論

我之對於經學之淺識

六經生面室

自余從父師受經訓。年方總角。自四子書以次至三禮三傳爾雅之屬。習其文。未盡通其意。輒沾沾焉疑。謂其文多不類。弱冠游學四方。窺漢晉唐宋諸儒甲部書。益浩然而歎。謂若乘舟以泛乎茫洋。神眩魂驫。幾以爲無涯岸之可測。出入十年。縱覽有清一代鴻博之作。少焉茫然有所覺。而未敢妄爲論列。壯歲發憤自立。東探三島之所謂文物。間有旁觸於泰西先後覺之學說。以爲學有宗系。教有精詣。經之垂教。殆其尤精者也。有凡繕羣之道。固不在言。而言之垂久行遠。建天地不悖。俟百世不惑者。其旨要必有所在。惟有時乎須刮磨而疏理之。整其差離。袪其榛薉。補其放佚。在無失其真。是則後來學者所當有事也。嘗輯舊聞。參以新識。成私家言若干篇。冠以經識。夫經豈易言哉。識大識小。文武具在。衆目睽睽。時斷斷於是。余何人。斯敢冒天下之事端。攫罪之不暇。焉敢以問世。藏之廿年。已爲陳篋

通論　我之對於經學之淺識　二

中之廢物。民國建元之九載。伏處湘垣。與諸友生講習於船山學社。偶及國故。翕然皆以吾輩有整理之責。因出而付諸繕錄。以質當世。時局變遷。新故代謝。運會使然。若夫船山師說。六經生面。將待來者而大開焉。余惡敢贊一詞。時庚申春仲。

第一章

經名

經之名經。不知其由何起也。考之儒家之載記。見於本經者。惟戴記有經解一篇。其言曰。溫柔敦厚、詩教也。疏通知遠、書教也。廣博易良、樂教也。絜靜精微、易教也。恭儉莊敬、禮教也。屬辭比事、春秋教也。說者以爲稱經之濫觴。然太史公史記自敘曰。厥協六經異傳。儒林傳敘詩曰。申公獨以詩經爲訓。敍書曰。兒寬常帶經止息。敍禮曰。徐襄天姿善爲容。不能通禮經。史公生小戴前。戴記多漢儒所作。而史記稱經已屢見。則經名不始於戴記。

考之漢儒以前。經名見於諸家之載記者。墨子常言六經。莊子天運篇。孔子嘗謂老聃曰。吾治詩書易禮樂春秋六經。以爲文。又曰。繙十二經。以見老子。是經久爲周時之定名。然儒家如孟荀諸老。著作具存。竟未嘗有經之稱。則疑儒家除孝經外、實未嘗以經自名其書。

求之漢書藝文志。古人之以經名其書者。莫古於黃帝之內經十八卷外經。卅九卷而扁鵲白氏皆承其學。次則山海經星經。雖容有後儒擬坿。要其以經爲所著之書之定名。則誼自古也。又老子論道德五千言。其徒鄰傳傅徐三家皆有經說。若墨子著書則以經上下經說上下名其首篇。可知自漢以前經者特爲百家諸子自尊其師說及著作之重名。而六藝志之言經若干篇者。但與傳爲對待之名詞。實未能舍傳而單以經爲唯一之定名也。

經名之確定。大抵起於漢武時。罷黜百家。專尊儒術。於建元五年初置五經博士。五經之名自此始。所謂五經者。詩書易禮春秋。特於六藝中亡缺樂之一藝耳。然六藝之名。至劉向父子修七略。班氏志藝文猶仍不廢。則可見當時經名通行未久。特後世相積以漸。於是師儒之名義。不敵法令之名詞。而五經六經遂嬗六藝之本名矣。

今考漢儒以前。其稱經之本名有三。

通論　我之對於經學之淺識　四

一曰六藝。此最爲通稱。太史公史記自敍曰。儒者以六藝爲法。又曰。六藝經傳以千萬數。伯夷列傳曰。六藝於治一也。孔子世家曰。以詩書禮樂教弟子蓋三千焉。身通六藝者七十二人。其他散見羣書者不悉數。

一曰四術。小戴記王制篇曰。樂正崇四術。詩書禮樂以造士。

一曰三墳、五典、八索、九邱、左氏傳、楚左史倚相是能讀三墳五典八索九邱。劉勰文心雕龍曰。三墳、三皇之書。五典、五帝之書。八索、卽八卦。九邱、九州之書。一曰九邱卽九疇。蓋卽今易書二經矣。

然漢人旣以經嬗六藝之名。要其初之所以稱經者。實具二義。

一曰。經者對於傳之對待名詞也。自漢以前。經師相承。各有著述。解釋經意。大抵五端。一曰故。故者、詁訓本義。如詩之有魯故、韓故、齊后氏故是也。二曰微。微者、闡揚微恉。如春秋之有左氏微、鐸氏微、張氏微、虞氏微是也。三曰記。記者、附記異聞。如禮之有禮記。曲臺記、樂之有樂記。王禹記、詩之有齊雜記、是也。四曰說。如詩之有韓說。禮之有明堂陰陽說、論語之有齊說、魯夏候說、是也。五曰傳。傳者、傳授大義。最爲多數之通稱。而以上四端亦皆可以傳義統之。後儒談經。名義舛錯。如小戴記公穀左氏三傳皆襲經名。甚失本義。

二曰、經者對於緯之對待名詞也。漢儒談經每經各有緯書。相翼而行。具多奧理。蓋本先聖之遺書。雜有國教之性質。其種類有三。一曰讖。讖之言纖。猶云微言也。漢代符命之說多根據於此。如光武專以符讖興是也。當時甚至詔東平王蒼正五經章句。皆命從讖。而康成大儒其說經也。亦專從讖。今所傳者。有論語讖七篇。二曰緯。緯者、猶言縱橫相成也。今傳七經緯。謂易書詩禮樂春秋孝經是。鄭康成宋均諸大儒嘗爲之注。三曰候。候者、猶言測候。惟尚書有之。書緯璇璣鈐云。孔子得黃帝元孫帝魁之書。斷可爲世法者百二十篇。以百二篇爲尚書。十八篇爲中候。是也。後世緯書既亡。其僅存者又多漢人雜以不經之說。語不雅馴。而緯久爲儒家所不齒。及自是緯亡而經亦成偏方孤立之名詞矣。二義之外。更有一義。則曰、經者對於權之對待名詞也。 自漢以後。常以經權並稱。幾成一連續名詞。求之六書。經、從系經會意。訓縱絲。權、訓稱錘。錘之爲用。百變而不失其平。經之爲體。一成而不可復易。故也。證諸孔門平昔之言。其涉及經字者。一孝經、子曰、夫孝者天之經也。二中庸、凡爲天下國家有九經。又惟天下至誠爲能經綸天下之大經。三孟子、君子反經而已矣。經正則庶民興。凡此皆與經學之名義無關。然玩其本義。凡稱經者。其語意中要皆含有不易之性質。然則後儒之談經學者。尋章摘句。望文生義。甚者以意出入增删羼僞。其去經者不易之本義失之遠矣。

第二章

經目

經之類目沿革不一。今考其變易之最著者。自周秦以來至於現世所稱之數凡八變。

(一)、六經。詩　書　易　禮　樂　春秋。

如莊子所引孔子之言。是此爲漢以前之稱名。其義最古。

(二)、五經。於六經之數去樂。

如漢武詔置五經博士。是以樂經先亡。故此爲漢以後相承之稱名。其義通行最久。然其中亦微有異同。今舉其六。

甲、漢武時之五經。

詩、齊魯韓三家。　尙書、歐陽氏。　禮、卽儀禮。后氏。　易、楊氏。　春秋、公羊氏。

乙、漢哀平時之五經。　劉歆建儀〔議〕分今文古文二種。

詩、今文、齊魯韓三家。　古文、毛氏。

書、今文、歐陽夏侯二家。　古文、孔氏。

易、今文。施孟梁邱三家。　古文、費氏。

禮、后氏之外有戴氏。戴氏復分大戴小戴二家。

春秋、今文、公羊穀梁二家。　古文、左氏。

丙、東漢大儒鄭氏康成所註之五經。

易　書　毛詩　儀禮　小戴禮記。

丁、唐貞觀時、孔穎達受詔撰定義疏之五經。

王氏易、王弼傳。梅氏書、僞孔傳。毛詩、鄭箋。小戴禮記、鄭注、左傳、杜預注。

戊、宋神宗時、王荊公所著爲令典之五經。

易 書 詩 禮記 周禮。

己、明初定制之五經。

易、朱子本義。詩、朱子集注。書、蔡沈集傳。禮記、陳澔胡安國集說。春秋、胡安國傳。

以上特舉其卓著者。

(三)、四經。四經之說亦有二。

甲、詩 書 禮 樂。

漢應劭宋馬端臨說。引戴記王制樂正四術爲四經垂世立教之證見文獻通考。

乙、易 詩 書 春秋。

宋邵康節說。以配春夏秋冬皇帝王霸。見觀物內篇。

(四)、七經。七經之說亦有四。

甲、西漢時之七經。六經之外加入論語。

蜀志、秦宓傳、文翁遣相如東受七經。是也。

乙、東漢時之七經。六經去樂加論語孝經。

後漢書、趙典傳、典學孔子七經、是也。

丙、宋劉原父名敞所撰小傳之七經。

書　毛詩　周禮　儀禮　禮記　公羊春秋　論語。

丁、清現代欽定之七經。

詩　書　易　儀禮　周禮　禮記　春秋三傳。

(五)、九經。唐初褚遂良稱谷那律爲九經庫。文宗開成時。宰相鄭覃進石壁九經。刊立國學。命唐元度等校正九經字樣。是也。亦分二說。

甲、易　詩　書　周禮　儀禮　禮記　春秋三傳分習。

乙、易 詩 書 周禮 儀禮 禮記 春秋三傳合。孝經、論語。

(六)、十經。南史、周續之通五經五緯。時號十經。是也。

(七)、十二經。見莊子天運篇、解之者或以爲六經六緯、或以爲易上下經並十翼。或以爲春秋十二公經也。

(八)、十三經。自唐太宗貞觀中。孔穎達撰五經義疏。繼高宗永徽中。賈公彥撰周禮儀禮義疏。而徐彥楊士勛各撰公羊穀梁疏。宋邢昺撰孝經論語爾雅疏。孫奭撰孟子疏。至明初頒十三經注疏於國學。而十三經之名以立。至今因之。

十三經之目錄

甲、詩 書 易 此純爲經之體制古今不易者。

乙、儀禮 周官 小戴禮記、此古爲一經二傳而今析爲三經者。

丙、公羊春秋傳、穀梁春秋傳、左氏春秋傳、此純爲傳體、今升爲三經、而致春秋本經、轉爲附麗體者。

丁、孝經　論語　孟子　此本爲經體、而古不以爲經者。

戊、爾雅　此本純然傳體、而後世亦崇尊爲經者。

以上五例、其古今殊異、形迹上之變動、實不可掩、然或以其令甲之垂著也。而相與忘之。或以其師儒之傳習也、而無敢議之。此我中國二千年來經學家之大凡也。（未完）

原治　丁酉

顏昌嶢

有王者之治。有霸者之治。有彊國之治。王者之治。禮義是也。霸者之治、富強是也。彊國之治。詐力而已矣。昔者上古之初。民之異於禽獸者幾希矣。有聖人者作。爲之宮室衣服之制。爲之耕稼烹飪之事。爲之商賈農工之業。以生以養。以長以遂。其人之悍然戾者刑之。其水之湯然割者平之。其物之棱然戲者焚之。嗚呼。聖人之於民也其亦至矣。書契吾知所以記事也。舟車耒耜吾知所以前民用也。弧矢吾知所以威天下也。日中爲市吾知所以通貨賄也。刑賞吾知所以勸善而禁暴也。森然秩然而謂之禮義者。此何爲者也。揖讓升降之儀。尊卑隆殺之辨。親上死長之誼。凜然而不可踰越。膠固焉而莫可解。此非聖人之爲之耶。上之人以是道其下。下之人以是事其上。順乎尊卑之等。隆乎親愛之意。則曰是禮義之民也。異乎是者則悖逆之人也。夫循禮義。則飢不可食。寒不可衣。盜賊猝至而不可以格。緩急無所可倚。甚矣聖人之迂也。然且聖人爲之。更千百年而不可以易也。然則聖人之所以制民也。居可知已。人之情。耳欲綦聲。目欲綦色。口欲綦味。四支欲綦安逸。今也爲之器械以便之。爲之書契以教之。爲之貨財以用之。嗜欲廣而巧詐萌。志意縱而取求博。流岩（宕）而不知所返。窮天下之技。有不足以塞其欲矣。傾五都之貨有不足以饜其意矣。人之情莫不好逸而惡勞。貪生而惡死。今也驅不相省識之人。而使之急公上之役。死君父之難。必有相視而愕相率而去者。何則。非有恩誼之相結也。非有意氣之相感也。非有膠固不可解之情也。夫如是。則人得奮其私智以窮天下之可欲。順私情而不顧公家之誼。雖欲不爭而不亂。不可得已。聖人知其然也。是故明乎禮以制其欲也。立乎義以定其分也。心雖安之而不敢動者。禮爲之防也。意雖難之而不敢辭者。義爲之帥也。禮義明而後天下可治矣。禹湯文武之所以爲君。伊周之所以爲相。孔子之所以爲教。顏孟之所以爲學。靡不由乎此矣。周之衰也。王綱解紐。諸侯力政。夫子惟祭號之在。被竊鈇之名。然賴先王之法。維持匡護。禮義之教未衰於天下。故齊桓之徒猶得假信義以立盟會。尊周室。攘夷狄。衞弱禁暴。繼絕存亡。以成五霸之業。及其季也。七國爭之。逡巡而不敢動。綿綿延延。訖於周赧。天下莫得居其虛位者三十有餘載。至秦壞先王之政。修申韓之術。欲以力征經營天下、以爲禮義之無益於國也。燔燒聖人之經籍。破壞先王之藩籬。其爲法也便利。其使民也酷烈。天下囂然不安其生。而相競以詐力爲事。卒併六國。而旋踵亦亡。譬猶病熱陽狂之人。惡其疾而亟攻之以毒寒也。疾雖袪而元氣亦已耗矣。夫六藝。秦之所謂迂闊而棄之者也。醫藥卜筮種樹之書。秦皇之所遺留也。至於今而聖經賢傳。炳然大明於世。而所謂醫藥卜筮種樹之書。泯然鮮見卷帙之存。可知聖賢經世宰物之道。明日星。流江湖。質鬼神。俟百世而不可以易。彼異端小道。雖遭一時之隆尚。要之本末輕重自有定義。終不能以彼而易此也。夫法者。百年而必變者也。道者更千百世而不可以易也。道莫尚於禮義。禮義之效莫著於衰周。周以禮義而綿。秦用詐力而促。若是乎治道必本於

通論　原治　一四

陳右銘先生曰守古先王之義而無所紬儒學之職也

禮義。可知也已。文殊咆茂可觀　王羨園師曰虛與委蛇氣特寬博

專論

船山遺書精義

俟解

吝似儉。鄙似勤。懦似愼。吝者貪得無已。何儉之有。鄙者銷磨歲月精力於農圃簞豆之中。而荒廢其與生俱生之理。何勤之有。懦者畏禍而避之。躬陷於大惡而不恤。何愼之有。儉者節其耳目口體之欲。節己而不節人。勤者不使此心昏昧偷安於近小。心專而志致。愼者畏其身入於非道。以守死持之。而不爲禍福利害所亂。能儉能勤能愼。可以爲豪傑矣。莊生非知道者。且曰人莫悲於心死。而身死次之。吝也、鄙也、懦也。皆以死其心者也。

編者節錄

專論

興復國樂問題　遺稿

劉伯遠

樂律與文化

『國於天地。必有與立』。這是我國相傳的古訓。用現代語解釋起來。就是一國家一民族之生存發展。必要有與之共同生存發展之原素。纔能建立起來。原素是什麼。通常叫做民族精神。精神是什麼。就是所謂文化。要是失去了這種精神。一定不能保持他固有的地位。

我們這個世界第一的大民族。有四千多年最優美的文化。是任何人都要承認的。中山先生說『在中國住過了二三十年的外國人。或者是極大哲學家像羅素那一樣的人。有很大的眼光。一到中國來。便可以看出中國的文化超過於歐美。才讚美中國』。(民族第六講)可見中國實實在在有超過歐美的文化。已經被外國哲學家發見了。我們自己人想。必更可以承認而無疑了。

專論　二

但是認真考察起來。我們的文化。到底是些什麽。現在地球交通。無論何種民族。都有固有的文化。就都對於世界有貢獻的責任。在從前閉關時代。我們貢獻於世界的。如指南針。印刷術。火藥。絲織品種種開世界文化的利器。影響不可謂不大。及至海禁大開。應該有大量的文化。供世界的採取。誰知大謬不然。除把物質金錢。供帝國主義者盡量吸收外。文化上不獨沒有貢獻。反大受西洋文化的蹂躪。弄得一落千丈。所有從前的文化。一樣也拿不出來。一樣也應用不上。簡直連根本的價值。竟跟着民族地位。一同低落了。這是何等的怪事呢。

一般腐朽的先生們。事實不止於腐朽先生。我敢斷定全民族至少五分之四的人們。憤懣極了。差不多人人想要大聲疾呼的說。世界反了。中華民族的文化毀滅了。不錯。民族地位的升降。與文化爲正比例。是不能逃的公例。要說沒有文化罷。何以西洋哲學家也說超過歐美呢。說有文化罷。何以民族地位會低落呢。我們試問一般腐朽先生。甚麽是中國文化。要把真憑實據拿出來。要有方法應用得上。到底那一樣比外國好。只要平心靜氣。切實商量。不許空談駕說。那末。只有瞠目不知所對罷了。何怪沒有受過本國真正教育的青年。因爲無處尋求。只好斷然唾棄。另外向別民族去找新生命呢。文化是失去了。國魂喪了。大家都有尋求的責任。一般老朽先生尋不出。新青年更尋不出。卻讓中山先生尋出了。

文化是什麼。照中山先生說的非常明瞭。文化的寄託。就在民族精神。精神用什麼表現。就是固有的道德。——注意固有二字。如人有姓名。決非他人姓名。各民族皆有道德。有不完全的。有墮落的。沒有絕無道德的。不完的應使之完。墮落的應使之恢復。因其固有。從而發揚。方有民族價値。——道德的源泉。自然從理智而來。所以中山先生說。我們要恢復民族精神。不但要喚醒固有的道德。就是固有的知識。也要喚醒。他說到固有的智識。就見到歐美的新文化。還不如我們政治哲學的完全。因而發現了大學從格物。致知。誠意。正心。修身。到齊家。治國。平天下的理論。爲我們政治哲學獨有的寶貝。並且說明這是道德的範圍。卻放在智識範圍來講。表示這些道德。實由大量的理智歸納出來的。所以要恢復固有道德。根本要把固有智識。一貫（一貫應特別注意。這是孔子學說的至精。以承堯、舜、文、周傳統的至寶。是有真憑實據的真理。不是泛説的。不在本論範圍。不能解釋）。的道理。先恢復起來。然後能恢復固有的能力。方能達到恢復民族地位的目的。這是何等偉大深遠的眼光。不能不佩服他是天縱了。

我們依中山先生民族主義所得的結論。一民族有能力生存發展於世界。必有其固有之文化。尋其固有之文化。必有其道德和智識爲其來源。必定充分了解其來源。才能夠得着所謂一貫的道理。這是依照中山先生主義。不必懷疑的了。講到我們政治哲學。他的施設大部分有兩個最要緊的工具。一個叫禮。一個叫樂。是有特別固結的連環性。而且有建設社會範圍人心。絕大的妙用。是我國傳統思想裏。不能否認的。

中國文化的定性分析

禮的範圍極廣。現今世界各國。沒有這種名詞。可以包括的。簡直是古代的社會科學。至於其應用於社會教育方面。又以樂爲最普遍的工具。這都是儒家（孔子信徒）所最重視的。然而自孔子訂定以後。直到如今。沒有實行。以致成爲兩千多年的懸案。儒家同非儒家。極端爭論的一個大問題。自經宋儒定下一個原則。說『不復古樂。不變今樂。天下不能治』。又添了一個到大保障。然而究竟沒有實行。是什麼緣故呢。

禮是殘缺不完。樂亦已經亡失。我國最寶貴民族文化。自經周室東遷以後。即入於退化時期。孔子所以傳道統的偉大。就是把堯。舜。禹。湯。文王。周公。以來的傳統思想。聲名文物。加了一番審定。整理保存的工作。而且創造一種發揚光大的精神。用社會教育的方式。灌輸於全民族。七十三千之徒。散居各國友教諸侯。造成了推翻封建的局面。却不料敵不過社會上兩大矛盾思想。一黃老。——無政府主義。二法家。——帝國主義。——末後出了兩個叛徒。韓非李斯。——都是荀卿弟子。——附和了帝國主義。造成秦火毀滅傳統文化。——（此段問題太大。非專論不能明。閱者可以意會）。

禮樂六藝之文。比閭族黨之政。庠序學校之教。蒐苗獮狩之武事。井田的土地法。市廛的工商法。都是增進國民能力。很不便於野心家的利用。加之一種黃老的無政

府主義。如傳說的許由善卷。一種人。祇以上古的無爲而治爲盛世。養成萬事不理
的習慣。這種習慣至今流毒於全社會中。於是感覺政治的束縛設法妨害政令之
實行。始而諸侯自爲風氣。漸漸廢弛。中央政府微弱。野心家乘勢發生了侵略主義。
所謂『諸侯惡其害己。而皆去其籍』。把中央法令毀棄了。商鞅申不害。一般人看
破了民衆樂於簡單。安於愚陋。遂造成中國之馬基、雅弗利、——意人——政治專
以尊君愚民爲取富貴的法門。所以秦始皇首先撲滅的就是禮樂。韓非李斯。兩個
孔門三傳的弟子。公然爲逢迎世主。敢於毀謗堯舜周孔。真是民族一大變了。
自此以後。民族的精神。總不能完全恢復。刑名黃老。兩大潮流。暗中直把持了政局
二千多年。失節的儒家。反以自己的學說。附會兩家以求寵利。真可憐極了。歷代專
制帝王。表面尊儒。骨子裏都是用的名法。所以儒家的教育工具。到底不肯實行。而
且孔子的學說。只是片段的流傳。沒有系統的研究。不過潛伏在全民族先天的血
液中。每到了大亂崩潰之時。常做了一時救變的良藥。雖說暴君汚吏。夷狄盜賊之
禍。史不絕書。然而像歐洲爲宗教的禍。犧牲了幾千萬的生命。爲抗抵暴君權利一

問題。研究了幾百年。纔爆發了大革命。這種生靈慘禍。幸而還輕。這就是傳統文化之賜了。

文化的世界性。確比學術小些。尤其是藝術。如美術。音樂。他的民族性更大。當歐洲文化再生的時候。意大利詩人但丁。用純粹意大利文字。歌詠古羅馬的美麗。叫意大利人能生意大利民族之自覺。慨然發思古之幽情。生建國之觀念。於是少年意大利勃然而興。這種興奮感情的工具。斷非舶來品所可替代的。我們文化再生的鐘聲。已隨着三民主義震動世界了。我們敢將二千年議論不決的一大問題。就是興復國樂。首先提出。求社會的認識。作樂一事。古代視爲最神聖的事業。所謂成功作樂。就是每遇一次大革命。起初只能沿用前代的樂。必須有了幾種政治上的大成績。而且能依這種成績。作成社會教育的新方針。具備很複雜很重大的意義。才能集合一代學者的領袖。譜出一種樂章。爲國家最大紀念。因爲『人有血氣心知之性。而無喜怒哀樂之常』。——樂記漢書。——所以要因人人娛樂必要的工具。引導他入於正軌。就秩序一方面。用禮來約束。就解放一方面。就用樂來調和。所謂

『一張一弛。文武之道』。這是在弛的作用上。制定一種範圍。叫人們以溫柔。敦厚。的理想。和平。中正。的方式。盡量表現內心的生活。發揮優美的國民性。是全國學子所肄習的。全社會所應用的。——所謂。『用之鄉人。用之邦國』。——是如何鄭重的事。可惜到了晚周。漸變了統治階級的娛樂品。迎合墮落心理的音樂。隨之發達。自秦以來。制度與意義。早喪失無餘了。

我國古代學者。論樂的作品。雖缺乏系統的蒐集。已是隨處可見。其精微博大之處。真是世界罕有。可想見古代的文明。稍有本國歷史知識的。都能見個大概。在此不必詳述了。我國一切文化。以堯舜爲成熟時代。到了周朝。經文武的積累。周公的修明。建立了師儒的統系。經過幽厲之亂。漸次衰落。到孔子才以學者的資格。集堯舜以來的大成。確定民族學術的趨向。無爲如君師之統既分。理想雖漸普及。政局日趨黑暗。以致文化入於退化時期。即以樂律興廢的歷史觀察。可爲整個文化史觀的代表。所以不能不簡單敘述一下。

在研究樂律史觀之前。對於樂律本身。不能不略爲說明。況且世界現代潮流。對於過去的文化。都要重新估定價值的時候。我國莊嚴璀璨的文化。久已隱藏在神祕之宮。尤有重估之必要。樂律一事。自然不能例外。要先知道牠的本身。才能估量牠的價值。然後有史觀的意義。

國樂的價值

我國樂的起源。古史傳說。伏犧氏始造琴瑟。而世界上樂器。也是以絲弦爲最早。埃及曾發見西元前三四千年豎琴圖畫。大約去伏犧時代不甚相遠。也就奇了。起初是二十七弦。可見已甚複雜。神農改爲五弦。相傳伏犧作立基之樂。神農作下謀之樂。直到『黃帝使泠綸(伶倫)自大夏之西。崐崙之陰。取竹之解谷。——(一說是地名一說是沒有溝節的)——生其厚竅均者。斷兩節間而吹之。以爲黃鍾之宮』。漢書律歷志用黃鍾爲律本。制成了十二律。就是把世間的音級。取了十二個部分。分爲陽律陰呂兩組。

六律

黃鍾。太簇。姑洗。蕤賓。夷則。無射。

六呂

大呂。夾鍾。仲呂。林鍾。南呂。應鍾。

何以取這十二個部分呢。因爲取黃鍾一律爲基本標準的音。按照二十四個節氣。所以生出十二個音。怎樣支配呢。並非任意創造的。是按歷數起算之源。以十一月爲子月。冬至一陽來復。萬物萌動。爲天開於子。取那時的氣候空氣收縮放散的密度。就有一種音波顫動的度數。同他相應。用這個標準音主宮。製成了管子。定爲黃鍾。長九寸。圍九分。由此定出三分損益。下生上生的法子。三分損去一分。就下生一個陰呂。由陰呂三分增益一分。就上生一個陽律。就自然支配了自然的節氣。就叫作某月是律中某律呂。至於詳細的辦法。尚可考知。那是專家討論的範圍了。

黃鍾爲萬事根本。一切法度文物。都是由這個基本點發生。我們中國的民族。所以爲世界上最和平的民族。簡直是全部生活。完全建築在樂律之上的。漢書所說的一備數。二和聲。三審度。四嘉量。五權衡。因此創造律歷。都以黃鍾爲根本。這五門都有專門的學者執掌其事。

黃鍾的長短。定爲九寸。因爲數起於一。變爲三。積成九。以子一乘丑三。輾轉相乘。得十七萬七千一百四十七。爲黃鍾之數。這是中國數學的起源。是用數學定黃鍾的長度爲九寸。由此才有標準尺。有了標準尺。才用黍米裝進黃鍾管裏。細數得一千二百黍。爲一龠。就作爲標量。由標準量就發生了權衡。我們先民用這個量音器。規定度量衡。是很費了許多心血。才想出來的。因爲無論何種物質。總有變更。惟有以『標準音』爲一切度量衡的標準。那是永遠不會變的。近代西洋也知物質時有變化。新發明光波定度量的法子。我國古代是用音波定度。同一含有極深的意義。可惜我國把計算音波顫動的法子失傳了。才發生黃鍾定律的爭點。爲二千年難解決一大問題。成爲恢復雅樂一大阻力。

音級是六律。樂調的組織是用五聲。又叫五音。名爲宮商角徵羽。最初以黃鍾爲基音。叫做主宮。配合一調。其他各律呂都可以主宮。各配一調。就是旋相爲宮。後來因爲五音簡單。改用七音調。加上變徵變宮。不過使音階長短距離稍近。易於諧和。就叫做五聲二變。現在世界上的音樂。都是七音。我們的發明早得很了。後來不明旋相爲宮的道理。每把五音與六律六呂混爲一談。甚至西人說我們古人只知道五個音節。唐以後汗牛充棟的書。都是弄不淸這個問題。以致越說越支離。越附會越錯誤。恢復雅樂第二個大阻力。又發生了。

我國古代的學術。必定求根據於自然科學。在大自然的宇宙裏。得了基本原理。然後推到各種事物都有相合的處所。定下公例。才把他應用到人生。這是極科學的態度。那些陰陽五行的法則。不過是一種代名詞或代數的方程式。並沒有甚麼神祕。自文化退化以後。古書殘缺不完。傳授又絕。統治階級專用愚民的祕訣。處處摧殘學術的向上。秦以後。那些抱殘守缺的先生。因不滿意現狀。始而用驕傲的態度。故神其說。以後支離曼衍。不從實驗。變作空談。成爲學術界一大阻力。樂律受此影響。也是一個重大原因。

世界的樂律不一。我國由十二律加上六個倍律。六個半律。成二十四律。已夠實用的了。漢京房衍算爲六十律。加了許多名目。宋錢樂之又衍成三百六十律。不過把音級的密度加增。迴非人類耳力所能辨別。因爲要求出還生黃鍾的數。到底不能得。這都是些以意爲之的空談。歐洲的希臘最初由五律。我國五音亦先於六律。希臘五律只能算五音。——進爲十二律。二十四律中古教堂樂制。大抵是用的十二不平均律。現代統歸到十二平均律。十六世紀纔發明了諧和學。分爲陽調陰調兩組。爲近代一大進步。歐洲進化的痕迹。反與我國復古的潮流。不謀而合。這是宇宙間自然的表現。不過我們發明在先罷了。

世界藝術的價值。綜論起來。只有真美善三個字。是估價的不二法門。不管歐洲的樂調如何進步。樂器如何精美。至於定理的原理。取天地自然的中聲。這種創造的神妙。才可以副真美善的批評。

再說樂器的完成。在西洋的樂器博物館中。雖有三四千種的樂器。不過以提琴一類爲主體。另外也有些吹奏的管。與金屬的喇叭。近來盛行鍵盤機械式的鋼琴。批評家以爲不得純音。音樂家的妙技。只在提琴一種。我國的樂器自古就有八音。所謂「金石絲竹匏土革木」。純取大自然所發的聲音。與自然取諧和的態度。在古代已有百獸率舞的徵應。是何等高尚優美的藝術。予感化教育上以一種最大的動力。我中華民族先民的創造。是如何可寶貴的。

說到應用的制度。那更完備極了。自從舜命夔典樂。教冑子以後。定爲學校中主要科目。國立大學的校長——大司成壹以通達樂理爲最要條件。以種種樂律原理。如樂德樂語之類教授國子。——（卽大學生之名稱）——樂歌有風雅頌的分類。製歌原則有六義的方法。以甚深的文學哲理表現內心生活。—屬於專論範圍。—普及一切民衆。有柔軟體操的文舞器械體操的武舞。所謂『總干山立致右憲左』種種形式。都於表現政治及人生的哲理。有重大的意義。平時學子不去琴瑟。時時研究肄習。國家的郊廟燕饗。地方的鄉飲大射。大家合攏來合樂。在那時的學子。無時不在諧和的感化之中。使人一切邪僻放縱的思想無從發生。歐洲蘇格拉底以來。卽注重音樂。列爲學科。到中古時代。教堂用爲祀神化民之具。才得發達。對於移風易俗的作用。頗有相當的認識。近代學校列爲專科。我們才從歐化中學來。也把他列在學校學科之內。可是堂堂禮樂之邦。變成無樂之國。西人對於我國近代俗樂。不置一辭。可謂很有眼力。然而我國弄得音樂一科。除點綴些不完不備的西樂外。自己沒有一點教材。北大就學唱二黃崐曲。算是研究國樂。實在可歎得很。

樂律與廢的歷史觀察

說到樂律史觀。淵源極遠。自黃帝以後。每一個朝代。都有樂的制作。所謂咸池。英莖。直到舜的韶樂。爲最完美。孔子曾批評過。說是盡善盡美的。夏禹商湯都依着傳統的法則。古代的樂仍然保存不廢。第一個破壞樂統的人。祇有商紂。他比夏桀還胆大。公然把他先祖的樂斷棄了。用一個樂官叫師延的。『造作淫聲。變亂正聲。以悅婦人。』於是那些樂官太師摯一班人。抱着樂器奔散了(據史記)不久之間紂王就國亡身死。師延也投濮水死了。周朝到幽厲以後。史家所謂『周道始缺。王澤竭而詩不作。雅頌相錯。』孔子才出來論定。那時候衞靈公的師涓。作成新聲相傳是在濮水上夜間聽見琴聲。學得來的。分明罵他是繼承師延的罷了。於是有所謂桑間濮上的樂。鄭衞宋齊四國。相繼的自造新聲。破壞古樂。子夏的批評是『鄭音好濫淫志。宋音燕女溺志。衞音趨數煩志。齊音傲僻驕志。皆淫於色而害於德。』無非迎合一種墮落心理。叫人無節制的發揮性欲。破壞人格的修養。班固指出流弊。是

『內則致疾損壽。外則亂政傷民。巧僞因而飾之。以營亂富貴之耳目。庶人以求利。列國以相問』最爲透澈。就是拿表現民族精神的工具。作成少數人的娛樂品。所以魏文侯是六國時最好古的諸侯。他公然對子夏說。『寡人聽古樂。就思睡覺。聽鄭衛的音。就不知道疲倦。』很可以代表統治階級對雅樂的心理。

六國諸侯破壞古樂。不久爲秦所呑併。秦始皇統一中國。把詩書禮樂一齊毀滅。自然用的是鄭衛之聲。到了他兒子秦二世。很好俗樂。丞相李斯不敢勸他恢復雅樂。祇好勸他不要極意聲色。太監趙高就替他辯護。說五帝三王的樂各有各的名字。叫作『示不相襲』。朝廷下至人民。得以接歡喜合殷勤。自非用樂不可。一代有一代文化。何必定要『華山騄耳』那樣的好馬。才能行遠呢。公然把雅鄭之別的界限打破。趙高算是破壞樂統的第二個人了。

漢興之後。是一個修明禮樂的機會了。然而漢高祖以馬上得天下。生平謾罵儒生。所以儒生也看不起他。蕭曹佐命等人。祇是秦朝的刀筆吏。張子房生長在法家——申不害韓非。——的故鄉。又受了圯上老人的書。正是黃老刑名混合的學者。都是禮樂的敵人。所以叔孫通只能雜采秦的禮樂。當時曾到齊魯去徵求過學者。一班高尙的眞正儒家都是不屑應聘。鼎鼎大名的魯兩生。就是代表。他們不敢顯明反對。就託辭說『禮樂必百年而後興』這一句話不打緊。弄得法家的支配者正合孤意。黃老的支配者如漢文帝就謙讓未遑。制禮作樂的事就此葬送了。叔孫通迎合世主的意。因秦的樂人。制成非驢非馬的樂。雖有個魯國人名制氏的備顧問。史家說他『但能紀其鼓舞鏗鏘。而不能言其義』雅有些嘉至永至休成永安等樂。文始五行的舞相傳是韶舞和周舞的變名。在樂律上不見得有根據。所以河間獻王才考定蒐集。制了一部雅樂。獻於皇帝。據史家說。只下在太樂官存肄。歲時拿牠惴（湊）數。並不常用。郊廟所用的都非雅聲。這是叔孫通制俗樂的鐵證。且看叔孫通制的禮儀。漢高祖見了大喜。歎道『我今天才曉得皇帝的尊貴』這是何等曲學阿世的人。他制的樂可想而知了。

漢文帝時候。出了個賈生。勸他制禮作樂。大臣周勃灌嬰一班武人很討厭他。沒有實行。武帝頗想尊儒術。制禮樂。竇太后好黃老。把兩個儒生出身的宰相趙綰王藏

專論

殺了。嚇得人不敢再說——後來罷黜百家。並非眞正崇儒。另有黑幕。後來雖招了許多文人。作些郊祀歌。至於聲律。乃是一個唱曲子的太監。漢朝叫做黃門謳者。就是西太后的南府戲子一樣。叫做李延年的。一手所定。那還能有雅樂嗎。所以董仲舒。公孫弘。一班人的意見。都不采納。到宣帝時。王吉說也不聽。成帝時。四川犍爲水邊。發現古磬十六枚。議者把祥端的話。想打動皇帝。劉向說的極爲懇切。他說法律是殺人的。因爲需要。不能不制禮樂。是養人的。倒說不敢。豈不是只敢殺人。不敢養人嗎。因爲小小不完備。就不去做。是怕小不備。反成了大不備。成帝頗爲感動。叫公卿去議。不幸劉向死了。成帝也崩了。他的臣子知道拿這件事定他的謚法。然而事情到底擱起。同時有個王禹。世代學河間樂。能說其義。他弟子宋曄上書。請用河間雅樂。奉詔交議。博士平當等議准了。文交公卿議。就被公卿們否决了。漢書說。那時『鄭聲尤甚。黃門名倡內疆景武之屬。富顯於世』。一班貴族非常淫侈。至與皇帝爭奪女樂。哀帝很不以爲然。卽位後就把樂府官廢掉。武帝表面尊儒。一般的朝論。總歸多少要受些儒家的影響。所謂『緣飾儒術』。就是傳了一點儒家色彩。所以往後公卿們反對禮樂。不像絳灌那樣直率了。當他所藉口的只是漢書記的『久遠難分明』五個字。算是以愼重的態度去否認。以前還是在制度上考究。到後來又發生了一個根本難題。就是十二律的標準失掉了。從前本用銅管歸太常掌管的。後來大概失傳。所以後漢書說『術家以其聲微而體難知。其分數不明。故作準以代之』。元始年間曾徵求通知鍾律的人。元帝時候。京房造了一個準。像瑟的樣式。長一丈。用十三弦。把準量到九尺的地方。當黃鍾九寸。畫了多少分寸。以定六十律的聲音。史家又說弦有緩急清濁。非有管子也沒有效正的法子。不久就沒有人能用準調音了。後來有個待詔殷彤上言。嚴崇曾把用準的方法教給他兒子嚴宣。請把嚴宣召來。當時傳出旨意。說嚴宣果眞懂得。就把錯亂的律管吹出來試他。要他的耳朵聽得出十二律一個不錯。才能上算。不得依託家傳的學問。嚴宣一到。就叫太史丞把十二律吹給他聽。只猜中了兩個。猜錯了四個。其他六個簡直不知道是甚麼律。只能作罷。當時政府是如何無理取鬧。有心爲難。以後更沒有人敢辨別聲律了。

魏晉以後。很少大平日子。國家所用的樂。因陋就簡。雅樂久爲歷史名詞。據新唐書說。『自周陳以上。雅鄭淆雜而無別。隋文帝始分雅俗二部』隋文帝是受了宇文周的復古潮流。又統一中國。慨然想興雅樂。可是自漢以來。樂律久已失傳。隋朝又如何恢復呢。那時制樂的專家是鄭譯。鄭譯在周武帝時學了龜茲國人蘇　婆的琵琶。就把琵琶的四旦二十八調。附會些五聲六律的名詞。把第一絃作爲黃鍾。派做宮聲。一絃七均。分爲七宮。叫做黃鍾宮。仙呂宮。正宮。高宮。南呂宮。中呂宮。道宮。第二弦爲商。三弦爲角。四弦爲羽。因爲琵琶只有四弦。所以就缺徵聲。以後雅俗樂。都是從琵琶推演出來的。

律是音級。聲是音階。所以無論那一律。都可以主宮。就是把宮商角徵羽等音階。配置成調。如今流傳的字譜。工尺等字。就是五聲二變的音階。據淩次仲所考。就是龜茲譜法。所謂旋相爲宮。工尺本無一定。可以隨意配置。不必問某種樂器。是中那一律。律本無神祕可言。自鄭譯黃鍾爲宮。把聲律變成呆的。真是膠柱鼓瑟。疑誤無窮。成爲千餘年談樂律的大疑陣。支離附會。到不可通的處所。必定生出枝節。輾轉錯誤。

層出不窮。沈存中姜堯章那班樂學家。不知爲鄭譯所愚。越專門化。就越不通。凌次仲說。『自來論樂家疑鬼疑神。視若海上三山。』真把唐以後論樂的態度形容畢肖。

隋朝用鄭譯所造的雅樂。其淵泉出於琵琶。另外琵琶樂叫燕樂。平陳以後得來的江南樂。叫清樂。就是北曲南曲的濫觴。唐宋以來一脈相傳。號稱雅樂的不知道是些甚麽樂。唐朝俗樂分坐立兩部。坐部伎裏頭無性識的。打到立部。立部伎裏絕無性識的。就打到雅樂部。真把雅樂部蹧蹋苦了。自此以後。社會流行的樂器。沒有一樣是中國自己的。只有琴一種。尙爲高人韻士偶爾自娛的東西。琴譜流傳。也全然是俗調。到了遼時。也制過雅樂。他倒老實不客氣說明不用黍律。以琵琶弦叶之。是出於隋九部樂的龜茲部。（唐增爲十部。一燕樂。二清樂。三西涼。四天竺。五高麗。六龜茲。七安國。八疏勒。九高昌。十康國。）古來雖備四夷的樂。到此時我國真成了無樂國。宋以後的學者。往往談教坊樂。比古律高幾均。比契丹又高幾均。根本的標準音久已失掉。從何曉得律呂。又何以比較高低。豈非癡人說夢。

專論

管子校釋序

管子八釋序

顏昌嶢

予嘗愛管子之書多精言。可施之於治道。其文辭粲焉可觀。信乎伊尹周公而後。卓然爲吾國政治大家。當時魯施伯稱爲天下之大聖。不誣也。顧其書多竄亂。又不出於一人之手。蓋若齊魯論語。雜出于七十子之後學者所輯錄。然張守節史記正義。引七略。管子十八篇在法家。而班固作漢志。乃云八十六篇。劉向序錄亦言定著八十六篇。與今篇數合。太史公讀管氏牧民山高乘馬輕重九府。曰詳哉其言之也。其書世多有之。是以不論。而劉向敍錄。又云九府書民間無有。則管書在漢時。已自散佚。今其存者。蓋多後人依託傅會之辭。要其宏規奥旨。非他家著述所得而有者。決其爲管氏一家之學無疑也。其言之似儒道名法兵農墨縱橫之術者勿論已。若其經國遠謨。微言大義。伊周之所未言。後儒之所沾溉。其精神氣烈。直貫二千數百年。與今歐西學者數十百輩之所研討探索而僅得之者。後先相視。若冥契然。夫其參國伍鄙。均地分民之制。則地方自治之規也。內政軍令。則寓兵於鄉之制也。事先大功。政自小始。問篇所記。則民事統計之綱也。嘖室之議。議院之始也。明君順人心安情性而發於衆心之所聚。則服從民意之旨也。國之所以爲國者。民體以爲國。先王善與民爲一體。則是以國保國以民保民也。此國民主義之精意也。朝有經臣。國有經俗。民有經產。倉廩實知禮節。衣食足知榮辱。此孟氏政論之所本也。仁從中出。義自外作。是告子之說所由來也。賢人之身其行也。忘其有名也。王主之行其道也。忘其成功也、則董子正誼不謀利明道不計功之說所自出也。官山海。發伏利。則顧亭林氏所謂一稅之後不問所之。國與民兩利之道也。市橫國軌。平准通移。則調齊貧富杜絕蓄賈。近世國家社會主義之措施也。野與市爭民。家與府爭貨。金與粟爭貴。鄉與朝爭治。故野不積草。農事先也。府不積貨。藏於民也。市不成肆。家用足也。朝不合衆。鄉分治也。之數言者。管子蘄嚮之治象。而今西歐各國竭力以赴之。而未覩成功者也。嗟乎。管子天下才也。豈不然歟。豈不然歟。予以暇日。匯集諸家校勘之說。是正文字。詮釋其義。並施句讀。用便初學。爲管子校釋二十四卷。非敢謂於管書有所發明。要集近代校訂之成。於讀者不無裨補。其所未喻。不復强解。庶期明哲董而正之。

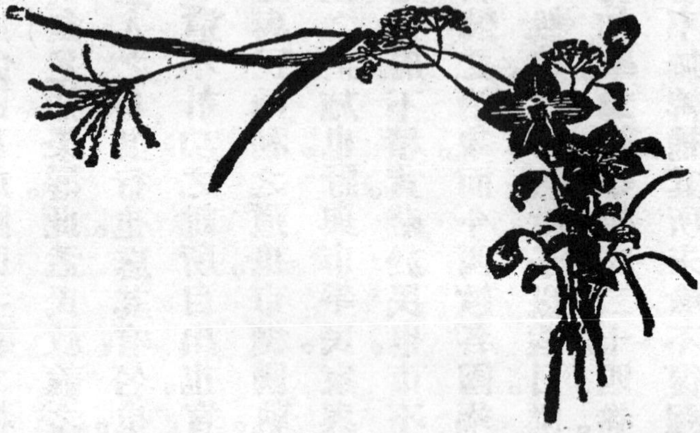

專著

船山遺書精義

俟解

人之所爲。萬變不齊。而志則必一。從無一人而兩志者。志於彼。又志於此。則不可名爲志。而直謂之無志。天下之事。無不可行吾志者。如良醫用藥。溫涼寒熱。俱以攻病。必欲病之愈者志也。志正則無不可用。志不持則無一可用。婞婞然一往必伸者。介然之氣也。氣則有伸有屈。其既必還。以此爲志。終身不成。

編者節錄

專著

船山師友記首卷 遺稿

湘潭羅正鈞

武夷先生

王朝聘。字修侯。衡陽人。性篤孝。父喪。竭哀盡禮。知府李熹嘉其行。爲表其父塋以旌之。既終喪。授徒衡山。母忽遘疾。朝聘聞報。薄暮馳百里。漏二下抵家。母一顧而終。奉母啗痰盂哭三日夜不絕。每父母忌日。輒孺子泣。年七十不少衰。生平學務克己。斂華就實。不爲苟難。天啓辛酉。以副貢遊北雍。崇禎中當得官。會溫體仁當國。選郎承意旨索賂。朝聘曰。仕以榮親。而賂以取辱。可乎。遂碎牒歸。有司聞風造請。皆以疾辭不見。晚臥病南嶽蓮花峯。臨終。戒其子介之。夫之。葬峯下。題曰。明處士之墓。湖南通志人物傳

家世節錄云。壬午冬。夫之上計偕。請於先君曰。夫之此行也。將晉贄於今君子之門。受詔志之教。不知得否。先君怫然曰。今所謂君子者。吾固不敢知也。要行已有

專著　船山師友記　二

本末。以人爲本而已末之。必將以身殉他人之道。何似以身殉己之道哉。愼之。一入而不可止。他日雖欲殉己。而無可殉矣。嗚乎。先君之訓。如日在天。使夫之能奉若不忘。庚寅之役。當不致與匪人力爭。拂衣以遯。或得披草淩危。以頸血效稽侍中濺御衣。何至栖遲岐路。至於今日求一片乾淨土以死而不得哉。又云。先君教兩兄及夫之。以方嚴聞於族黨。顧當所啓迪。恆以溫顏獎掖。或置棋枰令對弈焉。唯不許令習博簺擊毬游俠劣伎。閒坐則舉先正語錄。辯析開曉。及本朝沿革史傳所遺略與前輩風軌。下及制藝。剔鐙長談。中夜不休。兩兄淳至無大過失。夫之少不自簡。多口過。每至發露。先君不急加詰讁。唯正色不與語。問亦不答。故夫之兄弟。亦不易自請諐焉。如此旬餘。必待真恥內動。流涕求改。而後譴訶得施。己乃釋然。至於終世。未嘗再舉前過以相戒。庭叱之間。暄日嚴霜。並行不悖。恆謂處人己之間。當令有餘。親如子弟。賤如奴僕。且不可一往求盡。況其他乎。其施於家者。張弛如此。而夫之兄弟亦幸以免於惡焉。

武夷先生行狀冀齋逸文云。先君少從鄉大儒伍學父先生定相受業。中間道鄒泗山先生。承東廓之傳。以真知實踐爲學。當羅李之徒。紛紜樹幟。獨韜光退處。不立崖岸。衣冠時制。言動和易。自提誠意爲省察密用。則不孝兄弟自有識以來日炙而莫窺其際者也。所學於學父先生者。天人理數。財賦兵戎。罔不貫洽。而未嘗一語及之。嘗聞與釋憨山德清辨率性之旨。濟爲挫屈。夫之舉以請問。微哂不答。凡洗心退藏。不欲暴著類如此。 又云。夫之稍與人士交遊。以雕蟲問世。每蒙訶責。謂躬行不逮。而蔽於尙口。孺子其窮乎。嗚乎。奉若不恪。既不能自立不朽。而家學載之空言者。且將無託。吾父之言。炯若神明。一至於此乎。

春秋家說自序。薑齋文集云。先徵君武夷府君。早受春秋於西陽楊氏。進業於安成劉氏。已乃研心曠目。歷年有得。惜無傳人。夫之夙賦鈍慧。欲請而未敢。歲在丙戌。大運傾覆。府君於時春秋七十有七。悲天閔道。誓將謝世。乃呼夫之而命之。夫之受命。怵惕發蒙。執經而進。敘問其所未知。府君更端博說。浚其已淺。疏其過淺（深）。折其同三傳之未廣。詰其異三傳之未安。始於元年統天之非。終於獲麟瑞應之誕。明以詳者。不復伸。略以晦者。弗有詭也。幾於備矣。

專著　船山師友記　四

六十自定稿己酉年。有家兄觀夫之鈔稿云。墨跡似先徵君。垂示以詩哀定。敬和四韻一首。五律

正鈞按辛酉爲天啓元年。先生以萬歷四十七年己未生。武夷先生應貢入北雍。先生年甫三歲。家世節錄云。已赴部謁選。會烏程當國苛。按辛酉副貢移儀曹索故紙。東濕甚。暗索賄焉。先君碎假牒而退。遂歸家居十七載。不一至郡邑庭。證以譚太孺人行狀。先君子十年燕趙之語。則辛酉至辛未爲十年。而武夷沒於丁亥。上溯辛未首尾。亦正十有七年。蓋先生之身沐庭訓者深矣。先生於家學自述最詳。茲就顯著者摘錄一二。以見淵源之自焉。

牧石先生

王庭聘。字蔚仲。號牧石。衡陽諸生。而農先生叔父也。有詩數百首均佚。沅湘耆舊集小傳

家世節錄云。仲父牧石先生。和易而介。恬於榮利。博識。工行草書。古詩得建安風骨。近體逼何李而上。深不喜竟陵體詩。每顰蹙曰。何爲作此兒女嚅唲。晚歲築室垌外。號曳塗居。蒔花植藥。怡然忘物。每謂漆園吏東皋去人不遠。

武夷先生行狀云。仲父牧石翁諱庭聘。文名孝譽。與先君相頡頏。晚退築幽居。吟詠自適。詩紹黃初景龍。視公安竟陵蔑如也。季父子翼翁諱家聘。二叔父皆補諸文學。

南窗漫記云。先徵君受學於伍學父先生。先生詩文爲南楚領袖。先徵君與仲父牧石翁杖履周旋。時相唱和。牧石翁有詩數百首。亂後無一存者。憶得三十六灣一首。千、里、平、湖、水、支分六六灣。風。橫。帆。影。亂。壑。斷。櫓。聲。聞。南北迷鄉望。紆迴滯客顏。湘靈愁倚瑟。徙倚碧雲間。

述疾枕憶得云。崇禎甲戌。余年十六。始從里中知四聲者問韻。已而受教於叔父牧石先生。知比耦結構。

牧石先生墓表（薑齋文集）云。夫之早歲披猖。不若庭訓。先生時召置坐隅。酌酒勸戒。教以遠利蹈義。懲傲掇謙。撫慰叮嚀。至於泣下。迨今髮黼齒凋。忠孝罔據。仰負宏慈。未嘗不刻骨酸心。深其怨艾。而祇畏冰淵。差遠巨慝。則固先生包蒙以養不中之明德所被也。

耐園家訓跋（薑齋文集）云。以夫之之身沐庭訓者言之。或有蕩閑之過。先子不許見。不敢以口辯者。至兩三旬。必仲父牧石翁引導長跪庭下。牧石翁反覆責諭。述少峯公之遺訓。流涕滿面。夫之亦閔默泣服。而後得蒙溫語相戒。

病枕憶得。乙亥年有中秋里人張鐙敬和叔父牧石先生一首。（七律）丁丑年有初婚牧石先生示詩。有日成博議幾千行之句。敬和一首。（七絕）

正鈞按病枕憶得。丁丑有夏日讀史曳塗居聞松聲懷夏叔直一詩。證以述憶得所云。則先生既冠以後。固嘗從學牧石先生也。

石崖先生

王介之字石子。一字石崖。號耐園。又號鑑齋。夫之之兄也。崇禎壬午同舉於鄉。已而流寇陷衡州。介之奉父母先避去。與弟留城中倉卒走匿蓮峯下。得草舍入伏焉。土人先在者數輩。介之遽問黑沙潭此去幾里。欲往遊。夫之怪之。則笑曰今不遊何待。子豈能不從我乎。俄而奴至。言其父爲邏者所得。指索二子。介之將出。夫之以兄性剛厲。慮父子俱殞。固止之。既免。而夫之遂出仕桂藩。崎嶇兵寇中。國亡君奔。然後歸。而介之遯山中。獨與妻子煑脫粟。薪榾柮。鶉衣草冠。四十餘年。遭亂播遷。不出永邵之境。儒生或往往從質經義。更以和易爲鄉人所歸。自以遺民深匿其迹。與夫之異居。徒聲相聞而已。著有周易本義質。春秋四傳質。詩序參春秋家說。補詩經尊序。春秋四傳質見四庫著錄。晚題座右曰。到老六經猶未了。及歸一點不成灰。年八十一卒。沅湘耆舊集小傳　衡陽縣志

石崖先生傳略薑齋文集云。吾先子之得兄也。年三十有七。惜兄甚。而兄幼端凝淡泊。食淡衣麤。更以爲適。仲兄稍長。同席受讀。無一非兄曲意怡聲。亹亹講說以成之者。若夫之狂娭無度。而檠括弛弓。閑勒逸馬。夏楚無虛旬。面命無虛日者。又不待言。惻悱天極。孤高嶽立。爲夫之所侍函丈而習知者。

又云。崇禎末。人士以聲譽相高。嘗愴然謂夫之曰。此漢季處士召禍之象也。文章道喪。不十年而見矣。壬午舉於鄉。錄文呈御。計偕至南昌。楚中亂。遂同夫之歸。是時觀察全椒金公念吾兄弟貧甚。欲爲治北裝。邑有劣而梟者。按法當死。公屬意令餉吾兄弟千金。活之。其人來懇。兄顧問夫之曰。如何。夫之答曰。此固不可。兄喜

見於色。曰是吾心也。或曰。千金不死於市。豈能必彼之不幸免乎。兄又顧夫之微笑。夫之曰。吾安能令其必死。但不自我可耳。兄曰。此人逸。他日禍延於鄉黨。雖然。吾謝吾疚而已。子言是也。遂峻拒之。其人他請得釋。後果一如兄言。凡兄之所以教夫之而相砥礪者。如此類。不能毛舉也。

詩傳合參序（蕢齋文集）云。伯兄石崖先生曰。吾以序言詩。而於生平諷誦所蓄疑而未安者。自覺爲之豁如。覺其豁如者、覺也。覺者、天理之舍。古今之府。以效古人而自覺者也。乃若愚所謂眩者。則非此之謂也。竊二氏之土苴。建爲門庭。以與朱子訟。戴古本爲冒鏑之盾。究亦未知漢儒之奚以云也。若此者。固愚兄弟所過門不入而無憾者。

耐園家訓跋云。吾伯兄律己嚴。而慈仁有加於先子。夫之嘗受益焉。然夫之自不能言物行恆迪。威如之吉。又安能不自疚媿耶。

貞獻先生墓志（永與李樸大撰）云。所居耐園。幽篝荒崖。與麏麚接武。鶉衣草食。四十餘年。人迹殆絕。與弟蕢齋夫之志道同而更相砥礪。所僅與游者。涪水劉惟贊。同邑李國相兩三人而已。

家譜序先生次子虎止敔撰云。歲丙寅。伯父石崖公七兄膴原相繼奄背。先子力疾過長樂治喪事。歸而爲孤鴻賦。爲哀先伯父作也。次歲姪邴爲先伯父立祠堂於長樂之石仙嶺。先子係之聯云。門外黃鸝啼碧草。他生杜宇喚春歸。按孤鴻賦今存文集自注丙寅爲石崖先生作

衡陽縣志山水第九云。武水自龍眼塘南流。逕石師嶺東王介之隱居處也。自號石崖。蓋以此山。今其子孫猶居嶺下。始介之與弟夫之匿迹故鄉。恒憂併命故各隱巖洞。樵蘇自爨。夫之每來視兄。輒以夜行。門生舁之。鄉人皆知是王行人也。敬其貞介。無相詰禁。

病枕憶得庚辰年有送伯兄入北雝一首。五古

五十自定稿己丑年。有自南嶽理殘書西歸。慈侍困於土人。殆瀕不免。太孺人怛愍廢食。既脫。諭令去此有作。聊呈家兄一首。七絕　庚寅年有石板灘中秋無月春懷家兄一首。七律

專著　船山師友記　九

六十自定稿。己酉年有因林塘小曲築草巷開南窗。不知復幾年晏坐漫成六首。呈桃塢老人暨家兄石崖先生同作。五律

薑齋詩編年稿。壬子年。有家兄期以中秋過敗葉廬會恙果。吟詩見懷。逾月袖小詩下訪。適當閏望。是夕人間謂爲中秋。夜坐不復對月。敬和來篇奉酬一首。七古

癸丑年有家兄小築耐園。俯用夫之觀生居韻。病不能爲偶句。放時體疊前韻奉和六首。五古

七十自定稿。壬戌年。有春初雨歇省家兄長夏庵中。惘然有作六首。五古

戊辰年有寄題先兄祠屋二首。（自注云戊辰五月己卯祁孫奉主人祠舊耐園也）

鼓棹初集有留別家兄南鄉子一首。　二集有除夕憶家兄雙雙燕一首。

正鈞按石崖先生卒於康熙丙寅年。八十一。上溯生年在萬曆丙午。蓋長於先生十有三歲。武夷先生歸田在辛未。先生年已十三。觀石崖傳略所云。則先生童年入塾。固石崖先生授讀也。考石崖先生春秋四傳質自序云。余家世葩經。先君從業。於先師所傳。亦既別有手疏矣。而時取先賢傳注所未及者。進余兄

弟。而提命之。余兄弟是以有家說正續之述。而於三傳之考訂者。尙未及焉按家說正續之述。蓋指先生春秋家說世論二書。考新化鄒漢勛斆藝齋文存。與鄧湘皋學博書云。春秋家說上有評語。玩其語趣。似是石崖。否則艮崖冶冲。雖爲妥洽。於例宜刪。詳二書自序後注。著雍涒灘之歲。爲康熙七年戊申。先生年五十。石崖四傳質成於康熙二十年。（自序後注時重光作噩之歲）鄒氏所見評語。其爲石崖先生無疑。則弟昆晚歲紬繹家學。更相砥礪。貞苦概可想見矣。

礠齋先生

王參之。朝聘仲子。崇禎乙酉選貢。先朝聘卒。性至孝。母病目不能寐。參之跪榻下手承目眵。率至夜分。又患心疾。宛轉撫摩。數年不懈。癸未流寇陷衡州。參之走匿山中。不就僞試。僞吏呈不順者以參之爲首。幾不測。會賊去乃免。歲饑。侍親避亂南鄉。時米貴道梗。合家數百指日食二薄粥。參之持粥泣曰。此豈老人食者。勸父飯。不許。因絕勺水竟日。父感之。爲一加餐。其篤性如此。（湖南通志本傳）

家世節錄云。亡仲兄參之宏光選貢。未就廷試。遇亂以疾。先先君卒。

石崖先生傳略云。仲兄稍長。同席授讀。而仲兄病幾殆。兄調護扶掖。醫指具授鍼艾。仲兄賴以愈。而卒以文章名南楚。

正鈞按家譜參之字立三。一字叔稽。號礎齋。乙酉福王監國南京。建號宏光。通志言崇禎誤。詳病枕憶得。壬午有朱亭晴寒寄文小勇一詩。有云、睠言思君子。欲語衷非一。親老復善病。旦夕倚苓朮。有兄薑桂性。以惡爲讎疾。豈盡懷征人。向晚霜風慄。此詩蓋北上行次朱亭所寄。時石崖先生同行。詩中有兄薑桂性二語。蓋指礎齋先生。又按劉氏繼莊廣陽雜記云。參之字立三。性至孝。壬午將就鄉試。以父母春秋高不行。癸未流賊陷衡。走匿山中。不就僞試。僞吏呈不順者。以參之爲首。幾不測。會賊去乃免。爲文婉折有風度。受知於督學芝田周公。乙酉恩選未仕、卒。所記於礎齋先生本末亦詳矣。（未完）

管子學商榷

蒼石山房原稿

概論

吾國爲世界民族開化最早之國。溯政教之原者。樂推孔老二家。以爲集炎黃以下唐虞三代文化之大成。考之古籍。若神農之言。黃帝之書。缺有間矣。堯舜禹湯文武周公之典謨訓誥誓命。尚書所載。略有可徵。然如軒岐廣成之談醫藥生命。風后力牧之理政治兵事。大撓伶倫之造支干律呂。倉頡隸首之制文字算數。下逮后稷之農書。伯夷之典禮。后夔之音樂。咎繇之刑法。伯益山海之經。后契人倫之教。文章功烈。概少傳書。降及商代。伊傅巫甘。殊賢世作。彭鏗之學。形成二伯。大彭豕韋。寔暢流風。非僅成周十臣八士。其人爲極一時之盛也。然而周代尚文。制作炳蔚。鬻熊南下。道德風靡。呂尚東封。崇尚功利。史佚寔墨家之祖。周任開名法之先。周文公以地基親貴之資。遂身任頒垂之制。周官周禮。彧乎彬彬。後有作者。大都涵濡餘澤。文獻攸徵。東周可爲西京在夢。大儒之效。周孔並稱。有繇來也。

顧周初文治。源出二宗。族別姜姬。實東方民族新舊嬗化之界。姜出炎農。道家所祖。

老彭二派。一退一進。判然殊科。彭學在殷。蓋嘗左右政教。太公姜尙承其餘緒。濱海待清。垂耄猶勤。秉干仗鉞以奏牧野之績。遂封於齊。五月而報政。吁。何速也。周公姬旦上法軒黃。異唐虞之禪讓。廣建宗親。戒夏商之衰敝。劑以文法。及其留周。封子伯禽於魯。三年然後報政。未嘗不太息於他日子孫之不免北面而事齊也。此齊魯政術根本之不同。實宗派之所繇來者不同。日漸月幾。遂以形成海國陸國。民風士氣。種性觀念之種種不同。知此、然後可以窮我東方民族。古代政教、文化、日新遞變之大觀。而本原具在。同異得失可列籍而稽。未容執偏偶之見。守一先生之言而妄加訾謷於其間也。

管子者。齊人也。以齊人而執齊政。習於權謀術數之說。崇尙功利。政取簡易。齊地臨海。泱泱大國。風教固殊。生事易而俗尙侈。魚鹽蜃蔟之富。足以自給。舟楫之利。異於土著。虛文不足以相約束。則資乎法。盜賊蕃。奸宄伏。國威不可以弗立。則資乎兵。理財明法治兵。此管子立政之三大具也。然而猶知以道德爲本。道德之精。其要在心。其末以養生。其緒餘以臨民。民事繁矣。重在計。計其地。計其吏。計其民物生耗之數。

與其貧富危寧樸散聚渙之象。不出廟堂而心周閭里。此之謂操之有要。道之所窮。則權謀以濟之。權期於平。謀之於豫。則政無不足。此管子畢生之精力所萃集而形於功烈。因以其術略筆之于書。以存其爲治之成迹。而公之天下萬世者也。顧其言一阨於魯學。自孔門羞爲仲尼之徒無道桓文之事之膚辭。而黃口之童。動曰羞談五霸。不知尊孔氏微管如仁之論。而割襲其器小之一言。甚哉其蔽也。一詘於老學。自道家者流。謬解無爲而不知大道有無不爲之恉。偏執之害。若列子觀化。楊子爲我。庚桑子輩苦生玩世。乃至於莊周之侈肆以文其言。鶡冠子之奧衍以神其術。而管子一書。世輒疑其不得列於道家。其白心內業心術小偁諸篇。幾不復有人能讀。甚可惜也。

當春秋戰國之交。天下之言分集於老孔二家。而於時有墨翟者。蹶起於宋魯之間。墨學又管氏一勁敵也。管氏尚功。而墨子尚賢。管氏重利。而墨子貴義。管氏嚴君臣吏民之分。不以家爲鄉。不以鄉爲國。不以國爲天下。而墨子尚同。管氏治兵刑。明法禁。肅禮義。厲廉恥。誅殺無道。而墨子兼愛。管氏寓兵於政。利鄰國之有事以爲霸王資。而墨子非攻。管氏務材興業。豐國之用。而墨子崇儉。凡此政見各殊。皆管與墨分處於一端。而儒者之說因得折而取其中。自儒墨老三家學說鼎立於中國之人心。而管氏之學日微。溯管氏身後之執齊政者。賢如晏嬰。已介乎儒墨之間。嗣此而陳恆之厚施得民以移國祚。田和之厲精圖霸以求諸侯。雖一節可觀。而材力未充。學術尤不足以濟之。觀管子一書。雖多後賢羼篡。駁雜頗多。於此益歎管子之果為天下才。而其學其業。良非鮑叔牙隰朋賓須無輩之所能繼其萬一也。

余嘗謂治中國古代之政術者。以管子為能集殷周開國二勛。伊尹呂尚之大成。與老聃之集道學之大成。孔子之集儒學之大成。實堪鼎足。合墨子而為周代之四哲。良無間言。老孔二學。以柔道為世之所崇。而時主權奸不甚嫉之。故其說較易行。而管墨二家。簡斷文訛。篇第失次。章句陵亂。自漢逮今。二千數百年來至殘缺不可復讀。此誠吾國學術界之辱。而文教政化日退之徵象。不可為揜者也。頗憶漢末諸葛武侯讀書隆中。自比管樂。意其時或猶有較完之本。宋王介甫之學頗為近之。當代所據。書蓋唐尹知章注本。理殘正誤。亦管氏功臣已。清乾嘉間治諸子者以次漸興。

下迄同光。爬羅剔抉。刮垢磨光。管氏書可讀者乃十有八九。今者劬學績古之士。尤若晨星。後有好學深思以國學自任者。顧無狃於二千餘年來溝瞀之塵說。妄相主奴。試取管氏書與老孔墨諸家之論政論道者。比而觀之。其短長得失。是非同異之問。必有發吾人之深悟與警覺者。歐化東來。其政見學風。尤多一一與管子相脗契。此則待博文好異之士。光而大之可也。今但就原書。正其章句。略出已見。是正其訛誤。整理故籍之責。未敢後人。爲便來學。不辭拙陋云爾。

一　道學家之管子

二　政治家之管子

三　法學家之管子

四　權謀家之管子

五　計學家之管子

六　兵學家之管子

七　外交家之管子

八 社會學家之管子

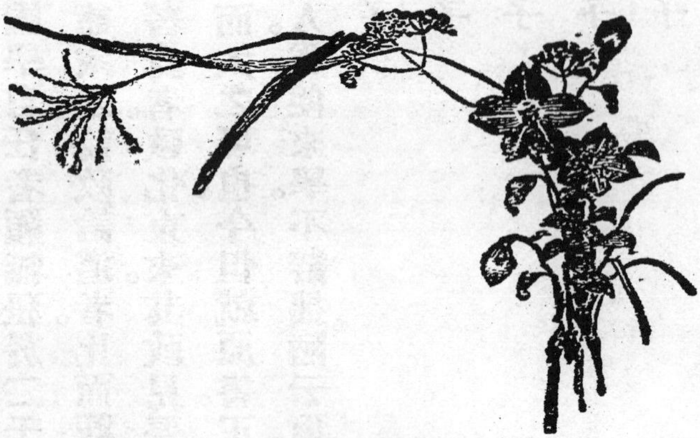

管子學商榷

第一目

道學家之管子

管子書之屬於道家言者。若修身。若白心。若心術。若內業。若戒。若弟子職。皆純乎道德之旨。其他雜見於政說者。多不勝舉。修身篇簡佚。誤入於小稱篇。世儒不察。致疑管氏爲無本之學。今別出之以冠篇首。

第一篇　修身

管子曰。身不善之患。毋患人莫己知。（即孔子不患莫己知求爲可知之意）丹青在山。民知而取之。美珠在淵。民知而取之。（借喩）是以我有過爲而民毋過命。（命名也過爲謂爲之者過當過命謂名之過實也）民之觀也察矣。不可遁逃以爲不善。故我有善則立譽我。我有過則立毀我。當民之毀譽也。則莫歸問於家矣。（民論謂公論家論私也）

故先王畏民。

操名從人。無不强也。操名去人。無不弱也。

雖有天子諸侯。民皆操名而去之。則捐其地而走矣。

故先王畏民。（原本下接在於身者一段今移正）

管子曰。善罪身者。民不得罪也。不能罪身者。民罪之。

故稱身之過者强也。治身之節者惠也。不以不善歸人者仁也。（强謂自强惠慧古通謂智慧也）（仁者人之良心）

故明王有過則反之於身。有善則歸之於民。

有過而反之身。則身懼。有善而歸之民。則民喜。

往喜民。來懼身。此明王之所以治民也。（往以施言之來以受言之）

今夫桀紂不然。有善則反之於身。有過則歸之於民。

過歸之於民則民怒。善反之於身則身驕。（原本無過善二字今補）

往怒民。來驕身。此其所以失國而及其身也。（原本無國而及其四字今補）

故明王懼聲以感耳。懼氣以感目。以此二者有天下矣。可無慎乎。原本下接匠人一段今移正

在於身者孰爲利。耳與目爲利。原本作氣與目爲利今正

聖人得利而託焉。故身重而名遂。原本作民重而名遂今正

我亦託焉。

聖人託可好。我託可惡。以來美名。又可得乎。我託可惡。愛者且不能爲我取也。

甚矣百姓之惡人之有餘忌也。原本甚矣上有毛嬙西施等語蓋注解之混入者今刪

匠人有以感斤欘。故繩可得斷也。羿有以感弓矢。故彀可得中也。造父有以感轡筴。故邀獸可及遠道可致。原本下接天下者無常亂一段今審定以長者斷之一段移置以足其義

是以長者斷之。短者續之。滿者洫之。虛者實之。洫渫也

天下者無常亂。無常治。不善人在則亂。善人在則治。在於既善有以感之也。

管子曰。修恭、遜、敬、愛、慈、讓。除怨無爭。以相逆也。則不失於人矣。逆迎也須恭行遜事敬情愛意慈言讓六修善去二不善以善氣迎人可無失行矣

嘗試多怨。爭利。相爲不遜。則不得善其身。原本無善字今補

專著　管子學商榷　三

大哉恭遜敬愛（慈讓）之道。吉事可以入祭。凶事可以居喪。大以理天下而不益也。小以治一人而不損也。

嘗試往之中國諸夏蠻夷之邦。以及禽獸昆蟲。皆待此而爲治亂。（恭讓可以化俗敬遜可以樂羣慈愛可以格物反此則傲慢驕惰殘忍故曰待此以爲治亂）澤之身則榮。去之身則辱。審行之身毋怠。雖夷貉之民可化而使之愛。審去之身。雖父母兄弟可化而使之惡。

故之身者使之愛惡。名者使之榮辱。此其變姓物也。如天如地。（之身之之猶大學之其所愛敬之其所哀矜之之訓至也如天如地言其神）

故先王曰道。（原本此下有管仲有病一段爲小稱之文今定修身篇斷自此止）

按周代諸子。若墨氏荀氏著書。皆以修身篇冠首。曾子文子等書亦然。孔氏之敘大學也曰自天子以至於庶人。壹是皆以修身爲本。故孟子之言曰。天下之本在國。國之本在家。家之本在身。卽老氏亦然。曰修之於身。其德乃真。東方哲學家談政談教。未有捨棄身教而侈談治平者。管子原書。列有修身一目。而展轉闕失。讀者惜之。今從小傅篇提出。玩其文。以罪身畏民修恭遜敬愛慈讓而除怨爭爲主。小之可以治一人。大之足以理天下。盡之矣。惡得妄以管子爲霸術而詘之。

專著　莊子學商榷

墨子通釋

蒼石山房原稿

概論

墨子書、世號難讀。偶有讀者。亦竟莫能祟好之。計其故有五。一曰、簡編殘闕。旁無左證。二曰、書多古字古義。非精通小學者莫能正其疑似也。三曰、文爲演說講授。體詞語聱牙。讀者往往厭其重絫佶屈而寘之。四曰、政見與老孔管商諸家絕殊。世主時相皆惎而距之。惡其勤民志而犯禁易也。五曰、墨既非儒。儒亦斥墨。最甚者、如孟軻比之禽獸。而文其罪、爲無父。漢代詘墨祟儒。六經既專。百家咸黜。墨學尤無人問津。至唐代、獨韓昌黎偶一好之。亦玩其文耳。職是之繇。遂成絕學。清乾嘉間。仁和盧抱經學士大興翁覃谿洗馬陽湖孫明經星衍。鎭洋畢秋帆中丞、始治其學。整理墜緒。嗣是、王念孫觀察引之尙書、父子世業。蔚然可觀。至光緒中。瑞安孫仲容詒讓爲之問詁。字櫛句比。可通者什七八矣。今卽其書而分硏之約可得下之六目。

第一目　名學

形名之學。爲一切政治法律文言藝術之準繩。老氏著道德五千言。開宗明義。卽定名例。有無同異。玄妙非常。孔子爲政。首重正名。如云政者正也、仁者人也、義者宜也、之類。見於易者尤不勝條舉。惜皆無成書。獨墨氏特著義說。勒爲專經。嗣後惠施公孫龍輩咸取資焉。此真爲我東方文字學唯一的名言之鼻祖。辨學之導師。宜其與孔老鼎立、而執文教之牛耳。良無歉然者也。

第二目 政見

孔氏之學。利用君權。爲純一的國家主義。墨子生其後。主張兼愛尙同。略近於民權觀念。而實爲一種理想的社會主義。當時老子以大社會學家。方持其世界觀以厲行其超人倫之學說。然失之放任。管子以國家觀念而兼採社會政策。然失之操切。墨子於三家皆能去其蔽而戛戛獨造。知其好者、當代唯一莊周。以爲將求之不得也。良材士也。可謂知言矣。

第三目 天教

周以前爲多神時代。孔氏遠鬼神而畏天命。老子謂有道之世。其鬼不神。而曰治人事天、莫若嗇。二家皆近於知天者矣。而持之不堅。語之不專。墨子獨張天志。而以天爲有意識。有行爲。有徵效。直欲舉人心而定一公共之法儀。事事本之於天。曰天欲人之相愛相助也。而惡人之相惡相殺也。夫人道至於交相愛互相助而殘殺怨惡之私以去。斯、真天下之太平也。而代表天者、誰。天之志。我之志也。卽我卽天。何約如之。彼自謂天子。或妄號天父、或天主者。較有間矣。墨子爲東方平等博愛自由有力之宗教主。吾無間然耳。

第四目　兵事

談文治者往往疏於武備。墨子與禽滑釐談攻守備戰之方。機械權謀。詳哉乎其極巧、罄智精思妙用、以入於神。爲不可測也。邇來歐美武器日精。兵工之事演而益進。技藝機巧。說者以爲促殺運之日張。墨子書於光學重學機軸工巧之事。蚤能發其例。而或且造其微。然而用之於兵。主以守、而不主以攻。乃至作非攻三篇。可謂維人道而達天工。仁智交融。允可爲萬世萬國法也。至其弟子。皆可使赴湯火而蹈白刃。則又軍國民教育之唯一精神。後有作者。弗可及也已。

第五目　計學

立國之素。曰財曰力。財之不給。用不節也。力之不裕。攻戰頻。失業多也。計攻戰之所得。不敵其所失。計國內職業者之勤惰。與所受上之征受取之影響。孰得孰失。計所入於國中之財力。與其出之之當否。以制國用。此爲國者之先務也。墨子之教。本於愛勛。夫民力之不愛。民財之不愛。愛於何有。故讀其節用節葬非命非樂諸篇。軫其七患。審其三辨。有國家社會之責者。所宜蹙然於懷。而不容偶放以流於侈。或偶惰以流於逸者也。今之挹倣歐化者。無此風矣。雖然此實其本計也。

第六目 勞動

墨氏之學。一本於夏禹。其稱以爲當代之士法周而未法夏。其所謂古非古也。夏禹親操橐耜。腓無胈。脛無毛。櫛疾風。沐甚雨。而墨子摩頂放踵利天下爲之。禹之身。非飲食。惡衣服。卑宮室。山行乘檋。泥行乘樏。而墨子辭過篇、對於宮室衣服飲食舟車。諄諄致戒焉。禹之法。死於陵者葬陵。死於澤者葬澤。節財薄葬。三月之服。而墨子冬月冬服、夏月夏服。桐棺三寸。服喪三月。以服之久爲傷、生而害事。觀其赴楚救宋。旬行數千里。弟子從者、羸縢履蹻。胝胼黧黑。役身給使。黍息不敢上問。

一覩有事。禦侮赴難。若身之使手足而衞頭目。何其神也。此墨學實行之精神。其過於老孔之柔懦遠矣。

綜上六目。以求墨學。得其一端。已足以名當世而成盛烈。然其書開張章立言。卽標指修身。而愼其所染。習染之移人。甚於緇澀皂墨子。其知之矣。以爲欲從事於學者。必本諸身而審所親。故親士篇次之。世傳之本。以親士冠首。編簡亂也。親士則所染者當。然而法儀不立。則心志無所定也。故法儀篇次之。此四篇者。又墨學開宗明義之要津也。繼此而尙同、兼愛、尙賢、諸篇。可漸次而進研矣。別定其章次目錄如后。

墨子學篇目

第一卷

修身篇第一

舊目修身第二。今移正。

所染篇第二

舊目所染篇第三。今以其文義承修身篇。移上。

親士篇第三

舊目親士篇第一。今以其文義承所染篇。依次移下。

法儀篇第四

舊目同。

天志篇第五

舊目天志三篇第二十六、二十七、二十八。今以其文義承法儀言之。故移前。

舊有七患篇。其目第五。今審定爲節用篇文。以並入節用篇。不復存目。

第二卷

尙同篇第六

舊篇尙同三篇。第十一、第十二、第十三。今以尙同爲天志之精義。宜以承天志篇。故提前。

舊有辭過篇。其篇第六。今審定爲節用篇文。以併入節用篇。不復存目。

兼愛篇第七

舊目兼愛三篇。第十四、十五、十六。尚同兼愛。爲墨學唯一之旨。兼愛又尚同之廣義。而天志之微理。故二篇相從。

舊有三辯篇。其目第七。今審定爲非樂篇文。以併入非樂篇。不復存目。

尚賢篇第八

舊目尚賢三篇。第八、第九、第十。蓋編目者以親士篇冠全書之首。故依類以尚賢篇提前。疑漢後陳書人主備省覽者爲之。今以承尚同兼愛篇後。於同之中知其有賢。而兼之中知有所尚。墨學之體用具此矣。

舊目同。而上中下各占一篇。今併。

節用篇第九

舊目節用三篇。第二十、二十一、二十二。闕下篇。今以理財用人。爲言治者二大要義。故提前以承尚賢篇。而移七患辭過二篇以補之。

舊第九第十皆爲尚賢篇。今更定每篇凡分上中下者。槪不復多占篇第。故以後篇次不復標舊省文也。

非攻篇第十

舊目非攻三篇第十七、十八、十九。列節用篇前。今以節用爲愛己國。非攻爲愛他國。同爲兼愛之義。而廣狹有序。故移置節用篇後。

第三卷

非樂篇第十一

舊目非樂三篇第三十二、三十三、三十四。闕中下二篇。列明鬼篇後。今以愛樂相承。奢儉遞嬗。國家當寢兵足用之後。民康物阜。樂勝則流。故宜以非樂篇次之。並採佚文及三辯篇以補之。

非命篇第十二

舊目非命三篇第三十五、三十六、三十七。原承非樂篇後。今仍之。惟依次併更其篇第耳。

非儒篇第十三

舊目非儒二篇第三十八、三十九。闕上篇。原承非命篇後。今仍之。而採耕柱公孟二篇文以補之。

自非樂以下。皆爲非儒之論。惟非樂非命。皆自闡其學理。節葬亦然。獨此篇與儒學之徒辯論爲多。故別自爲篇。考墨子嘗出入孔氏之門。而別樹宗派。當魯學盛行之時。而有此賢良戛戛獨造者矣。

節葬第十四

舊目節葬三篇。第二十三、二十四、二十五。原承節用篇後。闕上中二篇。今以葬爲人生最後之一事。其厚其薄。墨儒二家各有學理存乎其間。墨子本義。亦非徒爲節用起見也。故移置非儒篇後。闕文過多。殆世之非墨者故屏棄之。今間採佚文以補其一二云。

明鬼篇第十五

舊目明鬼三篇。第二十九、三十、三十一。原承天志篇後。闕上中二篇。蓋世儒屏棄之。又誤以天鬼爲一例。而隨意編次之。今以鬼爲人死以後神智有無之一大界說。就靈魂不滅之說。而論物質成毀。特其粗迹。窈冥惚恍。別有真精。儒者云未能事人焉能事鬼。亦未嘗斷其必無。故今取以承節葬篇後。墨子之學。澈始澈終。惟明鬼而後對人之愛力爲之延長。亦惟明鬼而後承天之儀志不敢中變。此世界萬教標立宗派者所同認。以爲人道之一歸宿也。過去未來。非此不能持其窮而應其變也。惜本篇闕文多。無從補矣。

貴義篇第十六

舊目貴義一篇。第四十七。列經說大取小取後。又置諸耕柱公孟二篇之間。考耕柱公孟二篇。皆非儒之言。而梵本分帙。則貴義與魯問公輸三篇同卷。蓋世儒之編次墨氏篇目者。有意陵亂之。惡其非儒。故以耕柱公孟魯問公輸四篇之文字體式略同。遂與貴義雜置而又隔列於經說之後。使不可讀。今一一正之。以耕柱公孟二篇補非儒篇。而以魯問爲貴義之中篇。公輸爲貴義下篇。意者墨學可復舊觀。要未始非來學者研究墨氏之一先路也。

第四卷

舊目經上篇。第四十。經下篇。第四十一。今併爲一。仍分上下篇。附於新考正一篇。

經說上下第十八

舊目經說上第四十二。經說下第四十三。今併爲一。仍分上下篇。附考正一篇。

大取篇第十九

舊目大取一篇第四十四。

小取篇第二十

舊目小取一篇第四十五。

自經上下、經說上下、至小取、舊凡六篇。爲墨氏名學之微言。有不可盡通者。篇簡陵亂。字句脫譌。整而理之。尙有待也。

第五卷

守備篇第二十一

舊目分爲備城門、備高臨、備鉤、備衝、備梯、備堙、備水、備穴、備轒轀、備空洞、備蛾傅、備轒車、共十二篇。今併爲一。

迎敵篇第二十二

舊目作迎敵祠。第六十八。

旗幟篇第二十三

舊目旗幟一篇。第六十九。

號令篇第二十四

舊目號令一篇。第七十。

雜守篇第二十五

舊目雜守一篇。第七十一終。

按墨子篇目。見於漢書藝文志者爲七十一篇。隋書經籍志則爲十五卷。外目一卷。新舊唐書皆爲十五卷。無目一卷。鄭樵通志藝文略、馬端臨文獻通考、經籍考、王應麟玉海書目、晁公武郡齋讀書志、卷數並同。獨馬總意林爲十六卷。意者仍隋志之舊。錢曾讀書敏求記云十五卷。又引宋潛溪諸子辨云墨子三卷。上卷七篇、號曰經。中卷下卷六篇。號曰論。共一十三篇。考之漢志七十一篇。館閣書目則六十一篇。已多亡失。潛溪之言如此。其篇卷多少既殊。書中文字聱牙。又多不可讀。編次絕無程序。如以經上下經說上下大取小取諸篇。雜置非儒篇後。第十卷第十一卷。而繫以耕柱子一篇。頗覺不倫。耕柱公孟魯問公輸及貴義五篇。義當以次非儒篇之後。而間錯置之。決非墨子本書之舊。殆可斷言。篇首不以修身篇爲冠。而冠以親士篇。又以尙賢篇置尙同兼愛之前。尤失墨學精神。大抵世儒之非墨者。利其篇簡錯亂而無意整理之。備城門以下。專言兵事。亦多闕簡。至可惜也。今爲授講便利後學計。一一審定。校補其闕文。而更正其篇次。不復循俗儒抱殘守闕之舊習。緣印刷術發明以來。已逾千年。原書自在天壤。後有好者。取茲更定本與原本對照而精覈之。必更有較今進一步之發明。則是本未始無一指之助於墨學之前途也。蒼石老人識時民國

壬申秋季

壬申　第一冊

壕　著　墨子通釋

三八

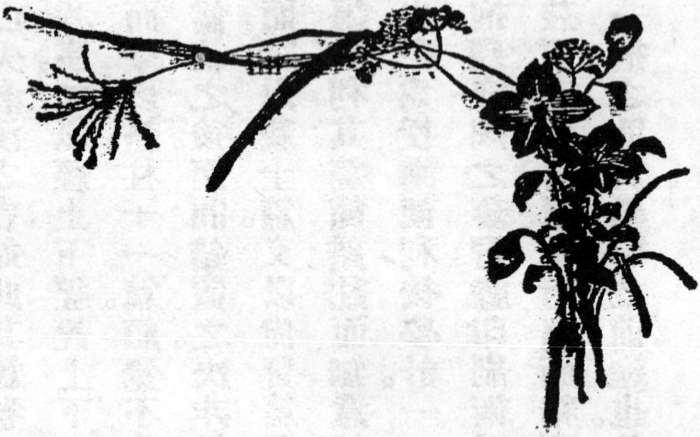

邵東李氏譜例

李寶圭

譜法起於周代。(周禮小史掌邦國之志奠繫世辨昭穆)然散佚多不傳。太史公三代世表。旁行斜上。並效周譜。(南史王僧孺被命譔譜而不知譜所自起以問劉杳杳曰桓譚新論太史公云云知譜起于周)其式可考見焉。漢初得世本。敍黃帝以來。祖世所出。然雜記帝王諸國之世系。非一家之書也。家自爲譜。始於子雲一牒。(選注王儉集序引劉歆七略載有揚子雲家牒)後鄧氏官譜。應劭王符氏族篇諸書間出宗正。又歲一治諸王世譜。(後漢百官志宗正注胡廣曰又歲一治諸王世譜差序次第)迄於魏晉。摯虞作族姓昭穆記。齊梁之間。其書漸廣。而賈王譜學。於是大興。(晉太元中賈弼譔姓氏簿狀七十二篇其孫希鏡又譔姓氏要狀十五篇是謂賈氏譜學)(梁武帝詔王僧孺改正百家譜集鈔十五卷南北譜集十卷是謂王氏譜學)劉孝標注世說。所引某氏譜。某氏譜。紛紛不一。殆今族譜之權輿歟。沿至隋唐姓略。衣冠系譜(路敬淳編)姓系錄。述開元譜(柳冲編)元和姓纂(林寶編)等著。皆有名於時。而姓纂尤稱盛。考隋經籍志著譜系篇四十一部。唐藝文志敍譜牒類十七家。是直以譜系爲史部之一門。蓋自魏晉六朝以來。中原淪陷。種姓淆雜。士大夫矜門第。別流品。斷斷於是。亦憂時傷亂。而以是存衣冠文物之故迹也。下逮五季。世又大亂。舊家遺籍。蕩然散亡。盧陵所以有七世中闕之憾。眉山且有兄弟塗人之感矣。於是二公同時同志創訂譜例。縱橫異法。遂成兩大家。君子於此。觀世變焉。夫一譜也。本私人纂述。所圖者一門之世系。所錄者數端之事迹。而族姓之隆替。生齒之衆散存亡。往往於世運之治亂攸關。今外族逼處。異學爭鳴。倫紀淩夷。人心戕賊。趨時者且日倡破壞宗法之議。舉吾國數千年古先聖哲所維護親親仁民之本。撥棄無遺。亂且視六朝五季而更亟矣。以軒黃神明華貴之胄。當中夏文化凋頽之秋。傷今思古。能勿慨然有憂懼乎。小子不肖。是以兢兢於家乘之續也。

不揣譾陋。訂正凡例。編次如左。

景城紀氏譜例。不述姓原。慎也。又曰。序世系源流於譜前。歐蘇二家均循此例。蓋古譜法也。歸熙甫氏曰。譜者。載其族之世次。其不可知者。無如之何。其可知者。無不載也。晚出孤陋。聞見有限。固不可疏慢以遺其本。尤不敢遠引以誣所自。信以傳信。疑以傳疑。其間當不少遺。而失紀誤而未檢者。俟後賢博徵而改正之。幸也。此際祇有同歸氏無何之慨。循紀氏系述不搏稱之志也。亦慎也。（右述姓源斷限之例）

譜繫族姓。古通例也。而亦有並標郡望者。如隋志載京兆韋氏。唐志載榮陽鄭氏之類是也。或又有細別里居者。如景城紀氏之類是也。然以郡望標之。則同邑異族。苦難確別。以里居記之。則數地並舉。又嫌瑣煩。且附近他族。亦有是稱者。終嫌於弗晰。茲查始祖落藉分遷之處。改題曰邵東。較爲渾括。且示不忘始遷地之舊也。（右標題之例）

李氏始遷分基四祖、道興、道隆、道吉、道旺、興隆吉三祖、仍居太和圳上。惟　旺公當炎宋開僖年間。由太和遷楚。邵東三舖。是爲我族之始遷祖。歷宋元明三朝。傳二十一世。至仁公派衍六房。擴地於西江楠木村三溪龍邊橋及洋溪橋三處。遂分居焉。蓋始遷祖　爲旺公。分遷祖爲　仁公也。　仁公以前二十世紀載甚簡。且舛佚雜出。辛酉初刊譜稱據萬方公墨譜之舊。或以追源太遠。視吾邑各巨族獨詳。（如舊唐楊劉諸族多託始前明吾族獨始於宋）不無傳聞失實之疑。然後人數典。亡者固不可臆增。存者亦豈可輕沒。今考萬方公墨譜之序。稱源流詳確。必有所本。雖此二十世紀敘頗略。然亦先民尙質之意。而累代繼承。世次無闕。墓域所在。山地可稽。且觀此二十世中。兄弟行輩命名皆同一字。則老班行之二十字。固確有組織之統系也。惟新班行二十字。則自仁公以下。再傳始起算。蓋當生齒繁衍。居地擴張之時。仁公固自成一別子之祖也。所衍六房。即禮所謂繼別繼禰之宗也。禮大傳曰。同姓從宗合族屬。從宗者。從始祖之宗也。高祖以下。謂之族。五世以外。族與族相屬。謂之族屬。從始祖之宗。舉族屬而合之。自當從始祖之宗。合族屬而錄之。惟吾族前二十世。年代遙湮多不可考。至仁公以下。傳述乃繁。其間顯然有劃分之界。今譜乃依其遷流。釐而二。　仁公以前二十世。共列一圖。以冠其首。溯所自也。附列一房。從分從圖。示別也。別則非今譜所及也。　仁公以下。世系特詳。列一總圖。歐氏譜圖全爲表式而別署曰圖史記年表稱效周譜則譜式本同於表圖與表一也綜世系之全也。次爲　仁公。六宗圖。即分房次敍。據唐書世表及歐圖合成此式。惟唐表歐圖。係界行格。今用垂絲。少變其法。取其支脈、聯、屬。便流覽也。世次仍承前而數之。沿初譜之舊。免紛更也。或謂仁公爲別子之祖紀世宜從仁公起算然舊譜及祠主相沿已久改稱殊覺不安且恐日久漸忘失追遠之意也

右譜圖分劃之例

六房分圖。各有小序。略述支脈。及其盛衰。亦據唐書世表式也。圖前標題世數。漢書諸侯王表。王子侯表式也。圖後有錄。亦歐譜所列事迹之遺式也。初譜圖錄不分。但

按世次遞敘。每代提列。名大書。名下夾注。支房相次。雖署爲圖。其實已兼錄也。今分爲二。但紀其名。定其世次。別其系屬。名曰世系圖。大書其名。而以字號職銜生卒年月葬地山向。及所生子女之類。均附注於下。名曰世次錄。五世一提。圖錄相間而錄中仍界行格區別世次。取其次第清晰。則變舊式而加詳者也。右圖錄相間之例

譜圖定爲五世。從歐氏也、歐譜五重第一圖。末重無注。故第二圖。格盡別起。必重書一世。今譜五重第一圖。每重名下垂絲作┃○。旁注子幾。其無子者垂絲┃●。旁注無傳。至第二圖。首重直書。其遞承之世。但於名之上方。雙行細書。標明某子。其世系卽自聯屬。且省冗複也。第三圖以下。以此類推。惟歐譜一二圖。連連綴排。下無庸標目。茲譜圖錄相間。至第二三圖以下。標目頗繁。以旣須承前圖之末重。又須標本圖之首重。且須提出某房某支某派。乃爲詳晰。故今例於圖前。垂一線以溯前五世。再引囘線表列本圖。庶幾前後聯貫。繼承明瞭。第二圖以下均倣此錄次於讀後。則可從簡。但標前圖之末重。必加以本圖之首重。圖重在上下脈系之相承。錄重在本身事迹之所著也。右圖錄標目之例

邵東李氏譜例

尊　著

圖中書法派名大書。古者因氏別族無所謂派明史諸王世表洪武中以子孫繁衍因於東宮親王世系派定二十字著爲令如高瞻祁見祐厚載翊常由慈和怡伯仲簡毅迪先猷是也子初生依世次立雙名綴一字于所擬字之下今列派以緯世系蓋始於此示收族所重也。下注書册名某。或原名某。書字號據世本也。漢書藝文志世本十五篇書黃帝以來迄春秋諸侯大夫系謚名號以字行者。並書其名。齊書例也。例曰人有本以字行者今並書其名以號著者。特書其號。史君志例也。山谷瀘南詩老史君志於其三代皆書號佚名注以方空。據紀氏譜例。紀氏又據逸周書也。皆要隨人之聲聞所顯及舊紀所傳。而直書之。無臆測也。書官職。書封贈。各譜通例也。世說注所引諸譜多具列官爵與諸坦之仕至中郎將功曹周譜翟歷鄭令青州刺史少府卿羊譜孚歷大學博士州別駕太尉參軍歐譜緄累贈金紫光祿大夫中書令之類書生卒。始楊雄家牒也。牒稱子雲以甘露元年生天鳳五年卒紀氏且別爲生卒譜。蘇譜。則隨注於名下。今舍紀取蘇從簡也。書甲子始漢書律歷志也。志有太歲在子在丑之文以甲子名歲蓋始於此舊行夏正。歲次可以紀元別之。今以國紀年。公令用陽歷。而鄉農仍貫用陰歷。故近年來生卒。必以陽歷紀年。以陰歷名歲。先書民國年次。繼書干支。對照並舉。乃易查考。既遵時制。又便鄉俗也。昔周正建子而晉行夏時故絳縣老人所言甲子杜氏長曆即知爲魯文公十一年三月朔日是也案書年若干羊氏。孚年四十六卒周氏。翼年六十四歐氏。靜江府君享年二十有五諸譜皆然。今但以壽高望重。及舊譜已注者始詳。他不備及也。書葬地。書山向、據湯華墓志也。（唐湯華墓志云葬江上里庚向之原庚向則甲山也）若特塋域書界。及其周廣步數。據皇覽冢墓記也。（記載湯家在濟陽薄縣北郭冢四方八十步）有碑書。有傳書。若詳載於碑表墓銘。傳狀序贊。編入後錄。但書其目而已。（有傳書云有傳見後錄他倣此）合葬者。平輩直書地注前。不重書。（妻與夫曰合葬配行元配曰葬與某合）卑屬書祔。書從。婦於祖姑與姑。子孫於祖父母父母曰祔。諸子於伯叔父母弟於兄曰從。（如婦曰葬某地祔姑某氏塋之某向如子曰祔父葬某地某向弟於兄曰葬從兄某某地某向書）凡從祔者。必在其左右。或在其下。卽以左右方向別之。未葬書殯。據禮記殯於五父例也。遷葬書改葬。據左氏傳改葬惠公之文也。歸葬書反葬。據檀弓太公五世反葬於周之文也。客葬假葬。據魏志曹休傳也。（傳載休年十餘歲喪父時天下亂宗族各散獨與一客擔喪假葬攜老母渡江）有著述者。紀其篇名。據王氏譜也。（王氏譜倫爲老子例略周紀）未著篇目者。略撮其言。倣袁氏世紀也。（袁紀稱準著書十餘萬言）他如農工商賈。世業之有名者。亦宜書之。以弓冶箕裘。重在善繼。魯斤宋削。取諸專家。援續東華錄。余氏譜例也。（建安余譜載其先世自北宋建陽縣之書林以刊書爲業今之謂板本所稱勤有堂者是也）況今百工競爭時代。倘有新發明之物。卽可由一家專利。若干年書之。亦足以資鼓勵云。

妻與夫齊提行平列。取敵體之義。大書某氏。上細書配據左氏傳先配後祖之文也。生卒葬並書。與夫同也。紀氏於婦譜卒不譜生。謂其卒於我。其生不於我也。今嫌其非平等之義不從也。續娶書繼配。據儀禮也。（儀禮喪服傳曰繼母之配父與母同）再繼者從同。以自有次第也。注中書其父族。據劉氏庾氏譜也。（劉譜瓌娶王法施女邠妻武周女庾譜娶高平劉綏女）父仕書某官。據王氏譜也。（王譜羲之妻太傅郗鑒女）書次第。據羊氏譜也。（羊譜楷娶諸葛恢次女）書名。據郗謝殷王各譜也。（郗譜超娶河南周氏女名馬頭謝譜褒娶恢小女名文熊殷譜仲堪娶瑯琊王臨女名英彥王譜遵娶彭城曹韶女名淑）異籍書郡縣名。據溫氏譜也。（溫譜嶠娶濤河崔參女）姓氏佚者。書某氏。據晉書禮志也。（志曰吳國朱某入晉賜妻某氏）妾書副室。援左氏卿置側室。及蘧氏女為僖子副妾之義也。妻存而重娶者。書視妾例嚴。齊桓初命無以妾為妻之條也。聘婦不書。未廟見也。改適之婦。已與廟絕。紀氏譜不書。吾譜則變例書之。去配存氏。不成配也。注云改適無子者。注無出。有子者詳生略卒。出婦亦如之。或有歸葬者。權而書之。據任昉劉夫人墓志也。（選注齊書曰王氏被出今云合葬蓋獻卒之後王氏宗人歸葬于劉也）男子自命名以後悉登於錄。書生子幾。並書其名。據羊氏譜也。（羊譜繇生五子秉治式亮悅）孿生以出腹先後為次。據西京雜記也。（記載霍將軍妻產二子難所為兄弟况聞之曰宜以前生為兄）異母之子。

紀氏譜不分。載曰統於父統於嫡也。吾譜則分注於所出。在吾宗發祥之分房始。舊譜卽用此書法。亦本世說注王祥家世高平薛氏生祥。盧江朱氏生覽之例也。

未成人而沒者曰殤。本汲冢周書也。禮有三殤。曰長。曰中。曰下。長殤十六歲至十九 中殤十二歲至十五 下殤八歲至十一。紀氏譜例以十六歲成丁入譜。中殤卽不書。然周禮司氏掌登萬民之數。生齒以上皆書於版。內則子生三月。父執子之右手。咳而名之。宰告閭史書曰。某月某日某生重民數也。詳繹服制。長殤中殤服則大功。亦頗嚴也。茲譜卽准此禮爲主。在長殤之年。有娶而生子者。同列世次。而大書之。卽無子而已娶。及未娶而立後者。亦書。旣娶不爲殤也。旣有子。子不殤父也。下殤不書。其門丁艱弱。爲立後計者。亦書。杭世駿引趙氏事。所謂濟理之窮。而重絕人世也。

女次於男後。書生女幾。書名書所適。女嫁曰適 書壻族名異籍。書適某縣某壻。仕書適某官某壻。父仕書適某官某子某族。闕書適某氏。一如通例。女不一書次第。世說注引謝氏譜尙長女僧要適庾和。次女僧韶適殷歆。是其例也。其生卒葬不書。外之也。惟在室而沒者。附見於父母錄注中云。許字某在室卒。援春秋書伯姬卒子叔姬卒之例也。並詳葬地。據宋臨澧侯劉君墓志也。志云三女小字某亡葬某所禮有爲人後之文。傳曰。後大宗也。後儒因之。遂謂大宗有爲後。小宗則否。今宗法久廢。如是泥古。則似續之義狹。而禮窮矣。故今譜於爲後之例。不拘執於宗法。惟求順其支系序。固必先於所親。情亦可擇其所愛。宗無論大小。皆宜承也。子無謂支庶。皆可立也。惟立後一節。舊譜書撫。今改文書立。據律文也。於所後父錄中書立某子。於本生父錄中書出嗣某。徵之晉書周顗傳。顗三子閔怡囧閔無子以弟囧長子琳爲嗣司馬彪傳。彪高陽王睦長子出後宣帝弟敏宋書謝弘微傳。弘微年十歲出繼從叔父峻立子出後。皆書父名。明所本也。爲同父昆弟之子。曰立某子某。爲同祖昆弟之子。曰立某孫某子某。爲同高曾以上。曰立某幾世孫某子某。其出後之下。書亦如之。至本身譜錄名上。依近時通例。冠書某嗣子。或謂據公羊傳。爲人後者。爲之子。宜直書某之子。然究嫌於弗別。今姑從俗。若立子與生子並有。書法亦微有次序之別。生子死。立子。圖錄先所生。後所立。立子後生子。圖錄先所立。後所生。蓋順序而及也。

一子兼祧。不見禮經。惟律文有之。乾隆四十年定案此爲後人變例。準諸服制。亦分隆殺。清道

（光九年定案本生父母服斬衰兼祧父母服齊衰惟小宗子兼大宗本生父母降齊衰兼祧父母加斬衰）但既兼兩房。名必重書。其字號生卒葬地。書於前者。後錄不載。注云、已見前。在本生房舉本生父名曰某之子。在兼祧房。舉兼祧父名曰某。兼祧子在本生父錄中。注云、子某兼嗣某。在兼祧父母錄中。注云、子某兼承本生某兩房。皆有子女。分注之。一妻數子。分歸兩房。一妻一子。專歸本房。蓋兼祧與出嗣不同。分以後其所兼。仍重於承其所生也。

無子立孫者。書立孫。據南齊書江斆傳也。（傳載荀顗無子立孫）中闕一世不書。據景城紀氏譜例也。（紀譜美之公無子立孫中闕一世不書）亦有子殤未娶。爲立孫者。書其子。闕其配可也。無子而孫。與無配而子。其例一也。事從其實。以闕爲正也。近人之譜。必虛擬配氏以飾之。則誣矣。

異姓爲後。是爲亂宗。圖錄皆不書。援春秋書莒人滅鄫之義也。（襄六年經書莒人滅鄫公羊何注曰以異姓後莒人當坐滅也穀梁范注曰莒是鄫甥立以爲後非其族類故言滅）至出撫異姓。及隨嫁母。冒繼父姓者。經宗人證明。許其復姓歸宗。列入附注。據太平御覽胡廣我姓子之例也。有忍心不歸宗者。但於其父母錄中。祔注子某。出撫異姓。以存血脈。正錄不書。

嫂歸轉配。是爲瀆倫。律有專條。律曰凡娶同姓妻雖無服亦杖一百離異若緦麻親者徒一年小功以上之服徒三年若兄亡收嫂弟亡收弟婦者各絞今譜概削而不書。示絕也。他凡滅倫瀆倫之罪。無論已經未經國法懲治。及已經未經族議屏逐者。均倣此。削其錄不書。但於其父母錄注生子條內名下注削以斥之。使知其系存而義絕也。

同姓不婚。周禮所嚴。昭公娶同姓。魯春秋去夫人之姓曰吳。其死曰孟子卒。孔子作經。於其初至則闕。於其卒仍春秋而不改。亦爲尊者諱也。吾族先世多有之。以李氏自唐以來。族姓最繁。同一里閈。嘗有數族。各異其宗。古代簡樸。不盡避此。他族牒中有書作同氏者。然通志氏族略。實有同氏。如前涼同善唐同谷之類。反嫌淆混。茲概從舊譜。直書紀實。不必諱。不敢誣也。

紀敘名稱。祖之下始分之房曰宗。禮所謂別子爲祖。繼別爲宗。繼禰者爲小宗是也。然自世爵世祿之制廢。繼別繼禰之義。無所繫統。曰宗可也。上溯曰裔。據離騷經也。經帝高陽之苗裔兮分衍曰房。據唐書藝文志韋氏譜也。志有韋氏諸房略一卷李氏房從譜一卷下逮曰支曰派。據北齊書魏收傳也。傳載收對楊愔曰往因中原喪亂人士譜牒遺逸略盡是以書其支派卑幼於尊長稱公。據紀氏譜也。紀譜十五世以下皆名十三世以上曰某公十四世則惟字別支十三世亦稱字故尊乎我者。稱某公。齊乎我者則字之卑乎我者則皆名。蘇氏譜於祖父之名。加諱字。歐氏譜則從同。譜者一族之公。非一人之私。故今皆書名。臨文不諱。禮有明文。從歐例。亦經義也。佚文注以方空。據穆天子傳例也。吾族前二十世所紀朝號。間有譌錯。不便臆改。故亦圍以方空志疑也。文以互見者。書具某篇。事跡無徵者。書闕。諸語歧者。注以存疑。並據歐氏譜也。歐譜於崇公注事具瀧岡表於安福君注闕於靜江君官封兩注之右書法之例

譜以紀世系爲原則。近世譜家。輒於世系之前。縷列家訓家傳像贊。濫及壽敍墓志諸文。拉雜登收。至累數十巨帙。而於世系。反置其後。殊失本末輕重之衡。非古法也。考隋書經籍志。家譜入譜系。家傳入傳記。各不相屬。舊唐書雖合爲一類。然各自爲書。體例仍謹嚴也。近人有於正譜外。另編別錄者。亦恐淆其體也。蘇氏譜則於家世言行。悉述爲後錄。今倣此例。於正譜圖錄之外。編一後錄。正圖紀世系。正錄紀生卒葬。及繼承之因。創垂遷徙之概而已。後錄則於先入之言論事迹特詳。凡傳贊碑志墓銘褒章頌詞壽序圖說。及家訓家禮祠規文約。一是備載。揆之隨經籍志。史部分

門。其爲別編。例可考見。故今譜外例。附後錄若干卷。右編次分合之例 下略

文苑

船山遺書精義

俟解

侮聖人之言。小人之大惡也。自蘇明允以斗筲之識。將孟子支分條合。附會其雕蟲之技。孫月峯於國風考工記檀弓公羊穀梁效其尤。而以纖巧拈弄之。皆所謂侮聖人之言也。然侮其詞。猶不敢侮其義。至姚江之學出。更橫拈聖言之近似者。摘一句一字以爲要妙。竄入其禪宗。尤爲無忌憚之至。讀五經四書。但平平讀去。涵泳中自有無窮之妙。心平則敬。氣平則靜。真如父母師保之臨其上。而何敢侮之有。

編者節錄

文苑

文錄

補輯船山先生年譜跋後

湘潭羅正鈞

右王船山先生年譜二卷。儀徵劉氏毓崧撰。同治四年湘鄉曾氏重刊船山遺書金陵。劉氏實任校讎。就暇日編此。以稍後。未付剞劂氏。故世無傳書。同邑王子君豫間出此册相示。倘是劉氏初次所脫藁。殆孤本也。其書每事列綱於上。而雙行疏證於下。稍外年譜通例。然其推測不出遺書經緯。往復條貫而詳核。非深具苦心者不能有也。正鈞既得是編。擬即別錄一本藏之。無幾。而平湖張大令憲和宰衡陽。復從先生裔孫家得逸文一卷。病枕憶得一卷。案憶得遺書存目述云彷彿憶童年詩至丁亥十不得一而錄之共詩六十六首 薑齋詩編年稿一卷。分體稿一卷。案編年稿爲六十自定稿外之詩。分體稿爲七十自定稿外之詩。而王子亦從別許搜得逸文十數首。其中與先生蹤迹可互見者。復得若干條。懼其旋付遺佚。因不揣固陋。以竄入劉氏書中。而別爲案語其下。劉氏書偶有失檢者。亦未敢移寘其行次。輒就管窺所及。妄爲條證附於後。不欲以亂原書也。於所不能通者。則仍闕之。以俟異日蒐討。劉氏著述宏富。此書尤出校讎全書之餘。疏謬處甚夥。而其獨未致審不得不明辨者。則在先生服闋官行人之年分。先生綜貫道術。爲世儒宗。本末具見船山書中。有目者。類能見之。而此則尤一生忠孝大節。豈容誣之。案武夷先生卒以丁亥十一月。時桂藩監國肇慶。稱永歷元年。次年戊子。先生營葬畢。奉遺命舉義兵。不利。走行在所。已復歸楚。己丑復至肇慶。留守瞿式耜疏薦先生。先生具疏乞終喪。時已大祥之後。（疏見逸文注永歷三年十二月）又明年庚寅春服闋。始起就行人。疏請允輔臣去國。爲四月事。八月卽以力爭棄官之桂林。綜計先生在官之日不過五閱月。此其瞭然者也。劉氏以行狀疏辭瞿薦。未著年分。遂參互章靈賦注戊子冬旣至行闕之文。意瞿公之薦在戊子。蓋尤未見乞終一疏也。（案行狀實爲節刪之本卽劉氏亦已言之）至以補行人卽隸于己丑夏赴闕之時。不知先生疏辭瞿薦。尙在是年之冬。而謂練祥甫過遽起任職。則不恤理勢之安。强欲求通。而終於不可通也。劉氏初別無明徵。但截取章靈賦注所云己丑夏。復由間道赴闕。拜行人爲證。又以行狀及潘傳。明有服闋制終之文。遂於是年三月強注服闋。而後復多方附會成其說。豈先生而干服制以就功名哉。今止就章靈賦注分疏。而已可斷其事之必無也。注曰己丑夏復由間道赴闕拜行人。雖陳力之無可致。其靖共而悲憤。有懷不能自匿。故有死諍之事。原文不過溯其拜行人由己丑赴闕後。耳觀死事在庚寅初。不別著明。則其爲相承成文。無足疑也。若戊子之至行闕。據乞終喪疏。既言義兵之起。由奉遺命。則必俟服闋就職。俾人子自致之忱。而以虔奉遺命。不忍一息安居。完吾父未盡之忠。固仁之至義之盡也。卒見事無可爲。一朝決去。退處窮荒。銜恤永世。垂空言以維人紀。亦非欲傳世行遠。而祇以完吾性分之所當爲。則豈一得之儒。強飾一時者。所可庶幾乎。讀書論世。因迹求心。益用興起。此尙友之道也。先生出處之正。進退之裕。合前後以觀。誠無有間然者。而何可於大焉者。而不兢兢致詳哉。故既條辨於編中。而復著不其大略於此。獨惜不得一質之劉氏也。

船山師友記敘

義寧陳三立

敘曰周衰七十子之徒既歿。道術壞散。戰國之際。縱橫怪迂之變。益紛然淆亂。莫可統一漢興表章六藝儒生朋興掇拾夫譜越千年而有宋鉅儒出發究其說道寖彰顯矣其後頗復晉亂寖失其真元明以降代承其弊國家肇基黃氏顧氏之倫迺倡言復古綜攬百代廓絕流宄厥風大醕然其所明典章文獻制作道法之迹而已而大道之要微言之統未暇明也于時衡陽王先生遯世遺老抗其孤忠卓犖之心上契聖典旁包百世蒙者發之滯者通之天人之蘊教化之紀次第昭列自孟荀朱子自來道術之備於斯爲盛顧其書久而後顯越二百有餘歲鄉人郭侍郎嵩燾始尊信而篤好之以爲斯文之傳莫大乎是而吾友湘潭羅君正鈞亦承郭侍郎之風勤一世以盡心於先生之書者也稽精輯年譜若干卷今復輯先生交遊終始所關爲師友記凡十有七卷維夫師儒之守炳於周代雖荀韓非吕覽於老墨之徒類載其傳述淵源使可識別史遷仲尼弟子列傳發復燦然漢世經生尤重師法儒林傳授受所出咸具首尾厥後尊輔錄別傳淵源錄學案之等派別滋繁不可殫記是記所託略依其義而頗相出入其用力之勤有過人者獨以謂先生亡國羈孤窮荒晦昧與世暌絕蹤跡所考列儕百五十有七人孔子曰德不孤必有鄰益以推知焉

獸不可同羣之誼昭著明白自天地剖判以來遭極窮變亦無能絕類離倫孤成其學自放於人紀之表而士生季晚發憤幽隱私淑其人不可復見於是語言之所及杖履之所接皆若震動恪恭懷慕流連莫能自止蓄考其德而知其世網羅前聞懷其舊俗賢人君子進退離合流風餘思有在於是者詩曰我思古人俾無訧兮太史遷曰附驥尾而名益彰非附青雲之士惡能聲施後世是羅君爲書之志也光緒戊子六月陳三立敘

胡公井銘 并序

湘潭王闓運

歷代興亡之際忠節必盛故曰疾風知勁草宣統四載之亂何其酷也匹夫一呼而諸侯變奔九州四裔不聞呵叱之聲當是之時有人焉以身殉道皭然自潔如屈子之懷沙申徒之蹈河求仁烈於夷齊就義出於從容可不謂之奇士與起乎百世之聞者乎吾縣何虞生死於惠州而俊人胡君國瑞自沈於彌勒縣署東井乃知天下尚大有人也胡君字瓊笙甲午舉人癸卯大挑用知縣發雲南乙巳署霑益知州一月理積獄訟踰百政聲流聞歲計考曲靖八縣最丁未署彌勒知縣二十八寨有積

盜。三年易八令不能治。君至則告戍將曰。請兵捕討寇得爲備。今出不意往可破禽也。我先行。君繼之。戎服佩刀夜襲禽兇國至。遂次第禽斬雷珍張朝安等。縣盜悉清。隸受民錢二百枚。而令返其錢。胥吏千人。遂巡自引去。戊申大潦。蠲租振卹。留任五年。以循政奏奬補江川令。辛亥擢大關廳同知。並敍勞以知府用。九月。滇亂。總督出走。君先三請疾不許。乃以修墓告歸。既得代矣。聞變遣家先行。作書諭子庶華曰。九月初十交卸。聞滇垣先夕失守。世方伯被殺。餘無殉節者。臣子之義。萬古維昭。余雖無守土之責。乃實官也。俟北信當死以明志。汝不必來。時庶華以附生入京師譯學館。發書後十三日。譌云京師破。卽戒從者治裝。期明日行。質明汲者見井雙履。告後令索之。君在井已瞑。案上得遺書三封。背書自縊不死。又復投井。書中云京師淪陷。用以身殉。雖達人所不取。愚者終不失其爲愚。於是後令楊宗熙棺斂之。明年六月。庶華奉喪還攸。彌勒士民請封東井。題曰。胡公井。湘人旅者爲文表之。庶華識湘潭周逸。逸聞闓運言。自古大變。無若今之無忠節之甚者。因以井文見示。而俾爲之銘。

銘曰。

崇安之胡。世習春秋。文治定哀。亂賊知羞。星孛東方。麟獲於棷澤。及十世。文學在攸。經術飭吏。化被南陬。始試霑益。訟庭不嗽。五載彌勒。道久德周。奏長江川。循聲式流。擢之典午。大闢民謳。奈何聖清。文武道消。國有諜汋。臣無公侯。瓦解土崩。陸沈九州。亦士之辱。況分社茅。何以寫心。昔聞離騷。九仞之井。下通汨羅。浩浩皜皜。孔靜默幽。他日龍見。烈魂孔昭。

陳節母姚太君傳

趙啓霖

光緒甲辰禮闈。爲有清三百年科目終局。入彀者多俊才。吾湘陳杏驄繼訓。尤溫雅有度。與予京邸過從甚歡。自予出都門別杏驄二十五年矣。今年杏驄數以書抵予。述其祖母姚太君節行甚具。予爲肅然歎嗟久之。太君故長沙右族。年十五。歸同邑陳東有先生時。舅和鳴翁姑謝甘皆在堂。太君承事左右。謹踐婦職。咸能曲得其歡。和鳴翁卞急。不時訶怒。太君婉嫕將順。輒爲色霽。家無婢媼。饎爨績紉澣洗諸務。太君悉躬任。不言勞。常質明起。夜分乃息。性慈淑。娣姒間終歲無誶語。遇窮乏者無戚疏。周之。曰吾甯損己以濟人也。內外宗交稱其賢。會東有先生患噎。困甚。姑謝亦病

文苑 陳節母孫太君傳 八

篤。太君調護周至。不解帶者數月。東有先生竟不起。太君號痛幾絕。時年二十餘。親串或微諷改適。截髮自誓。矢志不二。撫從子燮卿君承祀。母子相依於屢空之中。曲藉隱懸。楷柱門戶。燮卿君先後生五子。長卽杏驄。太君尤珍愛之。提抱拊畜。自忘其憊。杏驄甫冠喪母。弟妹幼稚靡依。悉賴太君鞠之。初燮卿君以貧出佐戎幕。從左文襄公間關閩隴。恆屢歲不歸。杏驄幾輟學。太君排衆議。力遣從名師竟其業。及杏驄奮迹京僚。獲祿養之資。太君以覃恩得膺二品封。兼荷旌表如例。而服食儉觳。一如昔窮約時。燮卿君以羅綺進。屛不御。曰先人未嘗衣此。非所安也。其不以亨屯改度如此。夫女子不幸失所天。皭然守志。殫極艱苦不恤。但行其心之所安。激於義之不可渝而已。何嘗計他日報施。有所覬望於其間哉。然予觀貞節之後。熾昌者爲多。以此見天未嘗不褒許而護佑之。而近世邪說。决男女之大防。必非天所與可知已。方望溪氏紀宛平高節婦儲孫市西板屋。緯蕭爲生。孫裔發憤進士。爲朝官。其第宅適當昔所僦板屋處。節婦時指示子孫姻黨。京師之人亦以爲美談。太君之處困雖不至如高。而杏驄致身青雲。識者咸謂柏舟之報宜然。誰謂天道不足徵耶。

崇儉篇

顏昌嶢

天地生材所以供生人之養非所以饜生人之欲也生人之欲無窮材之生有限以有限之生供無窮之欲取之無度用之無節故材常不足使材之生無窮而人之欲有節則材常足生材之豐歉在天用材之節侈由人是故一人縱欲而萬人者失所養一人節欲而萬人者賚以生聖人知其然也故以儉樸爲天下先爲國家建極爲生民立命易曰天地節而四時成節以制度不傷財不害民吾華億萬年久安長治之基奠此矣昔者堯舜采椽土簋夏禹卑宮菲食周之明堂茅茨蒿柱漢文築露臺愛惜百金此天子之儉也衞文公大布之衣晉文公宮室卑庳此諸侯之儉也盧懷愼奉身之具止一布囊司馬光衣取蔽寒食取充腹此士大夫之儉也管子曰審度量節衣服儉財用禁侈靡爲國之急也孟子曰明君必恭儉取於民有制儉者不奪人韓詩外傳曰土地廣大守之以儉者安此言守國必以儉也蕭何買田宅必居窮處爲家不治垣屋曰後世賢師吾儉不賢毋爲勢家所奪張文節曰人之常情由儉入奢易由奢入儉難此言保家必以儉也左傳御孫曰儉德之共也侈惡之大也司

馬溫公釋之曰。共同也。言有德者皆由儉來也。夫儉則寡欲。君子寡欲則不役於物。可以直道而行。小人寡欲。則能謹身節用。遠罪豐家。故曰德之共也。奢則多欲。君子多欲。則貪慕富貴。枉道速禍。小人多欲。則多求妄取。敗家喪身。是以居官必賄。居鄉必盜。故曰侈惡之大也。溫公之言。深切著明矣。此言立身行已之必以儉也。晚近歐化東侵。人競奢侈。學問以衣食居住為趣尚。治道以物質華美為標的。一二人倡之千百人和之。上之化下。如風之偃草。民之向化。如魚之樂水。不過數年。都會之地。士女如雲。衣服麗都。餐館奇珍。游戲之場。肩摩袂接。高其閈閎。髹其垣壁。蘭臺瑤室。瓊樓玉宇。以視曩時。不啻人間天上。履道坦坦。車如流水。馬如游龍。美哉國乎。惟是環顧郊村。民生憔悴。啼飢號寒之聲。不絕于耳。鳩形鵠面之子。相續于途。昔日豪家巨族。今皆賣田鬻宅矣。昔日小康之家。今幾無能自存矣。弱者轉於溝壑。強者聚為賊盜。哀哉小民。幾何其不靡有孑遺耶。然則今之都市。其繁盛非繁盛也。躋躋乎旅舍者。干祿謀食之遊子也。攘攘乎道路者。資生無術之流民也。政府廑念民生。加意建設。非不提倡國貨。整飾都市。修通道路。然而田野不加闢。工技不加巧。土物不增。轉輸無貨電汽車馬幾祇供貴人之用而於民生仍無補焉於國計仍無裨焉故知立國有本背本者國危築室有基壞基者室毀西、歐、以、工、商、立國斂五洲之瓌寶莊嚴其國土財物之積甲乎天下不奢侈則無以流布無以流布則農工莫沾其利而民困故奢侈者富國之宜也吾、華、以、農、立、國以農立國者安土重遷閉關自養財無外挹衣食樸鄙一國之中非食祿者率皆貧民貧民而革樸鄙之習學爲豪侈又無術以廣生財之路日侵月削自蹙其生而已矣自速覆亡而已矣家猶是也國亦猶是也故崇儉者貧國之宜也

鄒鳳威傳 選錄宏齋文集

湘陰陳嘉會

君名王賓字鳳威。一字慕飛。晚號琴劍山人。佩蘭生。又號汪山風月閒人。鄒姓。先世居江西泰和。清初分徒(徙)湖北之夏口。遂爲夏口人。幼孤育於王氏姑。因以王姓冠其名。令世世仍之。弱冠卽究心藝事。凡琴詩書畫篆刻星算好之至老不衰。而尤長於書與墨蘭。書宗魯公。晚乃篤嗜常熟翁文和。蘭則出於蔣矩亭而葳蕤之態更遒(過)之。生平游幕最久。歷鄂皖吳越湘贛燕趙魯豫。多識海內名人。所至搜奇訪古。收藏金

石書畫頗富。因此聲氣益廣。德清俞曲園。道州何詩蓀。宜都楊惺吾諸先生。皆常與通書問。墨蘭册出。徵中外名人題詠。多至百數十家。蓋極一時之榮譽。民國四年。巴拿馬開萬國展覽會。寫蘭寄陳。獲國獎。居恆輒攜明嘉靖時玉軫斷紋琴自隨。佩小印文曰寫罷蘭花一曲琴。曲園戲對以斟來竹葉三杯酒。書聯贈之。於邑西構精廬數椽。曲園爲署雲松仙館額。畫師吳友如繪爲圖卷。曲園之贊其像曰。爲蘭傳神。卽寫君之真。圖君之貌。卽爲蘭寫照。君固國士。蘭亦國香。花歟人也。同此芬芳。吾贊鄒子。吾修蘭史。其生平知己。尤推曲園云。卒年六十七。子王某王冕。

陳嘉會曰。鄒君能爲香草傳神者也。中外朝野士夫重之若是。矧夫以扶世之道自任者哉。顧世之衰也。重道者無聞。而逐末者益閎。一才一藝之長。且娼嫉之甚矣。亂所以滋亟也。

撫松山館詩序

長沙黃兆枚

有清道咸之朝。鄧彌之王壬秋兩先生。以詩雄湘中。名滿天下。而郭筠仙侍郎。王葵園閣學。亦皆善詩。四子者。皆賞與吾族祖子壽公相唱和。族父幼吾大令。少與公同師事東谷先生。東谷先生者。吾曾大父行。以舉人宰山西沁源者也。大令著有紅藜館詩詞。嘗盡讀之。公之詩則不嘗一見。前十餘年。公子振廷始出公題郭武壯思親釋甲圖長歌屬書。今公之孫夢九。復舉公古近體詩凡二百餘首。委爲點訂。夫詩之爲道難矣。必博觀古人之書。熟於天下大勢。理亂淑詭。都野風俗。錯別陰陽。峙流星輝。日暄飈激。霆駭雲禽。淵魚霜露。生殺千態萬狀。一一蓄之胸。爲涵泳盪摩洗鍊以出之。又旁參諸名家所爲。抉其竅要。然後義立而言不佻。律嚴而詞不淫。聲長而情不匱。白香亭精到細入。五言古體多奇奧之作。湘綺樓太似魏晉六朝人。而近體五言特高。養知堅實而韻有窮。虛受雋永而力微弱。紅藜館頗多味。隨語盡。然皆當時之知詩者。公參廁其間。益引勝流。從容樽酒。珠唾而玉屑。其芳馨飴遺與腐生豎儒涇涇（經經）守孤陋者。必有以異也。而公爲之不多。亦不必盡工。獨七言古體。其吳儂曲招隱篇兩短章。已奪浣花之胎。餘作時軒拔有氣象。私意公壯時。當寇訌之際。其父南坡老人。爲東征帥謀餉儲。且出擊賊軍書戎機。決遣肆應。公贊帷幄。日汲汲。其意蓋欲踵中興諸老。戡定禍亂。樹勳績。何能如書生坐斗室中。日操觚槧。恬逸淸曠。專以

致力於詩其猶有是者公負質優以塞日力之餘得名師友薰染始不寂寂於後是亦公垂蔭之迹也其子孫之將梓而存之也固宜

詩錄

子壬子誕日船山學社釋菜同人雅集分韻得往字　遺稿

瀏陽劉人熙

學社萃羣彥趨蹌通胼蠁水木既明瑟軒楹復開敞降神始何年南服人文朗祝融孕炎德佳氣鬱方廣仰瞻德容清俯念哲人往寒泉薦秋鞠方外同幽賞（是日海印和尚與會）余生苦蹇劣入世嗟鹵莽歧路紛亡羊愛河搖滉瀁壯歲讀遺書直繩彈曲枉中流據一壺玄珠求象罔浮生哀流轉戰勝在吾黨忽忽七十年悠悠千秋想十駕追騂駘虛白道心長千聖有傳德朱弦無儒響自從庖犧來周孔互競爽微言合天人大義森教養珍重薑齋翁爲我重指掌（朱晦翁齋居感興詩云珍重無極翁爲我重指掌無極翁濂溪周先生也濂溪之後繼以薑齋湘水清波遙遙相接故末不嫌同調）

和蔚廬先生學社落成第一次公祭船山先師感賦原韻并序

石廣權

太歲在玄黓涒灘月臨壯下澣晦日　先師船山先生降生三百一十四度誕辰

之前一日適學社成立十有九年之紀念日而蔚廬先生詩聲欬猶存手澤可寶把玩留連僭和一章不自計其拙也

秋露蛩零柯空山動肸蠁開庭發幽馥香遠布清歗愴然懷昔賢風義信高朗瓣香師衡陽取法不在廣黃書究三極噩夢成孤往傾懷契正蒙思問寓幽賞六經啓生面大義闢榛莽披吟懷夕棠我心常蕩瀁感歎坐無時尺直慮尋往子臣疚忠孝學愚徒殆罔敢云念邦社時復畏朋黨識字愛患始一切成幼想草草六十年深慚馬齒長撫琴緬先哲絕調疇嗣響秋水擷溪毛照影胸懷爽言念船山師中心爲養養古歎緬蔚廬同社合掌

湖南船山學社討論會即席呈坐

衡山陳嘉言

大道日以夷衆説始淩亂四維在天地有如樹直幹文治開中天宣尼總一貫萬古照綱常至今猶炳煥百王有損益此理終不變後儒標新奇辯論渺河漢獵取非不多得不償失半一髮繫微危常恐忽中斷誰能秉萬炬幽險燭燦爛不借蠟成堆長夜終有旦後死不與斯傷麟有餘歎

題船山先生瀟湘十景詞圖 幷小序

寧鄉傅紹巖

辛未秋劉約真屬李行我畫薑齋瀟湘十景詞意復以寫詞相屬因每幀各綴小詩

舜嶺雲峯

峯峯雲氣迷離際竹淚蕭騷怨有無多少纍臣遺恨在冷煙寒綠望蒼梧

朝陽旭影

瑤草仙蹤事渺茫韶曦一霎鬱風霜晶熒霽旻須臾際又被寒煙罩夕陽

浯溪蒼壁

磨崖彩筆炤孱顏終古人來未易攀無限罡風吹不斷猿聲落日滿蒼灣

香塘淥水

燒餘殘綠自寒原石壁沈香有罅痕清冷湘源流不盡哀湍千里瀉潺湲

石鼓危崖

蒸水東流樹影分朱陵洞口夕氤氳筠簾畫檻無消息賸有饞龍噴墨雲

嶽峯遠碧

七二芙蓉灣後彎。望衡九面識煙鬟。靈文仙篆知何處。只在蒼煙杳靄間。

昭山孤翠

危峯岌立晝陰陰。綠影漫天墮碧潯。一自昭王征不復。空潭流怨到於今。

銅官戍火

津頭打鼓對江村。日落長沙冷燒痕。兵火萬家沈刼後。寒煙獵火隔中原。

湘灣曲岸

六六灣頭有和歌。疊風吹浪奈愁何。茫茫漁火寒蘆外。萬古沅湘哀怨多。

君山浮黛

清絕湖南自古今。江流一夜客愁深。煙鬟縹渺疑天外。鼓瑟湘靈何處尋。

壬申重九訪澥園老人夜話 有序

湘潭周　逸

夏歷九月九日。余受船山學社同人之托。赴潭邑十四都廣陵橋栗山嘴。迎澥園老人趙芷蓀先生爲社長。是日酉初抵思古塘趙宅。老人設酒夜話。於闌揚

壬申重九訪澹園老人夜話

船山衆說。必藉盛之。但謂今世出亦無補。且堅以衰老屏家病辭。余曰。昔先生直聲動天下。今天下亂極矣。夠欲挽人心救世道。非先生出而主持不爲功。卽使此行以身殉道。更足千秋。先生爲所動。遂許之。比定九月杪晉省。退而賦此。以紀澹園老人出處不苟云。

重九席不暖驅車向廣陵（橋名見序中）主人階半下客座酒頻升我似雲中鶴公如世外僧今宵多所話移坐就明燈既贊船山學（先生昔在諫垣疏請從祀）何妨此日行視公爲斗極扶社固金城氣節今無敵文章舊有聲儻因殉道起千載重垂名

長沙李孝子歌 小序

前人

孝子佚其名、父執同邑戴先生設館長沙靳江河、聞以告余、余奇其事、作歌紀之、

噫乎噫旻天愴恍烏悲號李氏孝子痛劬勞九齡母化色枯槁家貧兩弟情難拋傷哉李孝子拜墓慟欲死阿伯胡不仁乃以將瀰止暗徂食其言香煙清酒祀隱隱復悠悠至性未能已長夜斷肝腸夢裏晤阿娘阿娘教阿字勤誨四書章流光年十七

夢母定孔密际之如米銀元駒驚不吉日日思遷改苒苒六七載阿伯祖母終卜地
牛眠採採在母墳側扢見白蟻塞猗嗟感夢靈悽悽復追憶追憶日月長遂遷老屋
傍上土凸高妣下土合阿娘於焉造蓬廬籍以逃風霜厥後累此憾葷酒詎忍賞往
往事父暇躉塴雨雪忙未久阿父病癱庳促衷腸雖曰有天紀喜懼不可量阿父生
所嗜惟是鯉與魴每爲阿父購豈憚程遠將日行三十里四路無鯊鰽棲棲何所往
耿耿淚成行俄然見白髮攜魚近相望求之得所欲與錢人頓忘斯由至誠感斯怪
不可詳旋值父病疝疘閉醫無靈或進蜜導法吮蜜透肛門夜則疾飛去焚香酬天
恩轉瞬八九春阿父隨波淪誰云棲塋苦冒雨隨風頻誰云山叢獸與獸渾爲鄰兒
泣戰睍獸獸乃逃遠濱賴有阿二弟結廬一窔窀念兄還念父黯慘時逡巡逡巡四
野眺塚壵巘岩嶙灰障飈飛礫中滅埜馬塵草木淒淒墮雨淚烏鴉惻惻啼霜晨孝
子睹物涕且病酸聲夜夜搖靈椿吁嗟孝子孝最奇吁嗟孝子奇且離不見孝子臥
旁土森森突然挺一枝光燦如瑪瑙日起三寸餘分厘丹色無幹葉杪點露珠垂孝
子私度此此生是何爲或是阿父母洞天歸瑤池或有他吉祥尚乞釋冰疑願靈阿

所祝一圈一結莫遲遲須臾夕陽低山空雜荒煙暝暝復幽幽纓氣斂墓前朝起何
所見一枝一圈圓風亦圈裏過月亦圈中穿孝子深異此再祝然不然若驅阿之病
請結圈如錢復結圈如錢如錢兩圈連孝子更異此又祝然不然若如阿所願請結
圈如錢徑結圈如錢如錢三圈連孝子禱後疴愈痊識者爲之白世賢長衢曲巷相
播傳觀者紛紛古道邊咸曰此物神乎仙孝子至誠感動天若問物何名博士昂然
驚孝子暗懷此猶豫夢不成展轉乘高秋窈冥若飄遊霞光閃爍爛香霧迷浮沈髣
兮仙姥降青童侍瓊樓髴兮掇珠露俄然騰飛虬寥搖紫氣散醒來驚且憂朝起枝
露滅戚戚淚滂流跢跦佇墓門嵐瀑宿雨收月明步單影思親何日休忽忽魂惝恍
又若乘虛舟采采雲車蹁蹁來蓮裳芳翳雜盤徊亭亭側覘疑仙姥精金縹渺光瑤
台忽聞呼孝子寢苫能孝矣疇昔掇露珠上奉帝命已玉帝嘉爾孝蓬萊期考妣孝
子跪且請珠枝名何以仙姥舉手就掌中金剛雨書三字繇搖佩自言西池去鸞旌
翠蓋騰遙空醒後星稀燈影寂燐燐一豆明秋風悄覘珠枝黃煙色來朝起覘全無
蹤鳥虖此孝人間少真誠固宜動蒼旻識者何如作爲歌徧傳得使天下曉太和元

氣。此。天。性。誰。無。父。母。誰。能。保。去。年。學。使。榜。孝。門。不。愧。朝。廷。賜。旌。表。嗚。乎。我。本。楚。狂。人。嶽。雲。湘。水。不。容。身。仰。視。青。天。作。白。眼。敢。傲。孝。子。輕。忠。臣。惟。彼。長。沙。一。細。民。其。孝。乃。能。感。格。神。光。緒。庚。子。余。敬。聞。忍。使。孝。名。終。湮。淪。不。讓。董。狐。書。大。節。我。來。落。筆。搖。山。高。歌。萬。古。春。

題胡公井圖 並序

前人

胡公令子春藻、索題胡公井有年矣、逸以湘綺師既作井銘、亮節忠魂、當與河山並壽、幽光潛德、永堪日月同明、故未敢率爾操觚、今龍天放偶檢書篋、得胡公井圖、出以示余、不禁泫然有感春藻孝思之意云、時已巳冬至日

漢。族。勃。起。清。運。終。百。年。養。士。誰。酬。庸。一。井。彌。勒。官。廨。東。乾。坤。浩。氣。還。胡。公。公。乎。井。乎。傳。無。窮。慷。慨。就。義。何。從。容。不。羨。麟。閣。圖。勳。功。獨。留。雙。履。扶。頹。風。馨。香。賢。宰。邈。邇。同

漢壽青惠烈歌 有序

前人

青惠烈公名文勝、字質夫、姓青、蜀之大寧人也、洪武間爲龍陽縣典史、因本縣田賦爲石三萬七千有奇、以田去賦存、民無以輸、三上疏不報、遂懷前疏

文苑　詩錄

自徑登聞鼓下、時洪武二十四年五月初一日也、明太祖嘉其惠烈、特減縣賦二萬四千有奇、故龍陽人士懷其澤、建祠祀之、己巳秋、余過漢壽謁青公祠、退而作歌、

龍陽有士同不毛。歲歲淤泥生秋蒿。民苦重賦加南漕。倉廩無粒呼嗷嗷。忽有青尉人中豪。爲民請命身所遭。封章三上心憂勞。九重不報懷惻惻。位卑如此增鬱陶。不如一死蘇民賫。卒勤天聽驚當朝。得減征稅皇恩高。登聞鼓下英魂超。森森廟貌同鄂褒。斯人千秋宜太牢。生佛萬家銀燭燒。我來憑吊慚青袍。

辛未十一月二十九日　湘綺師百歲誕日書感　前人

湘綺樓頹十五年。今逢百歲淚潸然。當時問字雪常立。此日窮經硯早穿。一代文章悲屈宋。三湘蘭芷苦烽煙。尼山不見成孤往。空谷幽芳祇自憐。

題胡公井詩　石廣權

愛新失其馭。六合驚瓦解。一夫起亡秦。揭竿及滇海。大吏走且吁。車覆馬亦駭。昆明翻怒波。碧雞耀精采。五色旗飄揚。國步瞥已改。彈丸彌勒邑。殉國有仁宰。貞心照止

水。從。井。義。不。悔。愧。彼。連。城。者。旌。旄。而。童。騃。杭。慨。留。遺。書。赤。血。萬。里。灑。有。子。慟。先。志。孝。思。久。靡。懈。述。事。播。金。石。城。社。樹。模。楷。嗟。乎。國。與。廢。蔽。罪。屬。朝。宋。藐。爾。一。微。官。焉。知。亂。所。在。衣。冠。道。久。息。一。蟹。遜。一。蟹。鴆。鴆。胡。司。馬。一。死。足。千。載。迄。今。談。國。事。頗。爲。豎。子。殆。建。號。棨。共。和。吾。民。困。萎。殆。試。與。揚。刦。灰。何。日。見。光。塏。此。井。清。不。波。留。蹟。紀。辛。亥

上郭侍郎筠仙一首　遺著　湘鄉陳　翰

絕。學。船。山。緒。憂。時。屈。子。身。關。河。餘。老。淚。衰。病。此。孤。臣。海。國。風。雲。慘。林。泉。鬢。髮。新。祇。今。慰。岑。寂。立。雪。是。何。人。

泉州懷郭筠仙師一首　前人

絕。學。玉。池。師。船。山。一。派。垂。江。湖。遺。老。在。肝。膽。幾。人。知。孤。憤。誰。能。雪。文。章。祇。自。悲。觚。稜。今。更。遠。不。敢。訴。衰。遲。

宿山海關　選錄白燕盦詩集丁未作　湘陰陳嘉會

火。車。行。邐。迤。瞬。息。逾。千。里。葦。浪。翻。斜。陽。孤。兔。行。草。裏。關。門。何。深。深。長。城。何。齒。齒。嶺。如。橫。案。來。海。似。環。玉。止。又。如。浮。山。奇。洪。水。浮。至。此。近。見。石。槎。牙。傍。山。出。城。市。西。望。岡。巒。

連胸中崐崙起萬里意可度襃斜自茲始北望浩茫茫山川信哉美棄之足可惜遷險豈在是荒店一投宿圖經還啓視獨坐持短檠欲起祖龍死開邊意未已何乃竭步似設穽本陷虎轉令成蛇豕後世畏荒遠邊備日以弛當代無衛霍籌兵聊復爾門戶嗟久虛堂奧無固理守關卽得人雖險安足恃耿耿竟終宵朝曦促裝駛竄歷煙銜山歛欲光射水持此語關吏莫笑空談紙

望秦皇島　丁未作　前人

茲山勢不高俯瞰塞關內車中一企望始見起龜背三面水繞之灣環抱珥態暎日揚波光依稀認炯碎隆冬澈不冰良港大連配自從開海市（己亥開爲各國通商埠）番船如行隊寂歷本荒邱頓使成闤闠開闢非不佳其如尾閭潰昔往風怒號颰豩冷入肺歷碌冰雪中金鼓發長嘅（余癸卯臘月出京由此南歸正日俄軍艦屯集旅順大連將於東三省境內開戰）今來秋草黃涴面塵滿塞國事愈不堪人亦瘁不逮行役徒勞勞五載一壘塊竊恐自此往白髮不相貸去矣莫流連景光須自愛

朝鮮兒歌　哀安重根刺伊藤博文也　己酉作　前人

朝鮮兒朝鮮兒千年舊版圖一旦摧為奴北入宮南守衞國君囚廢臣民誅草木亦死海水泣犬不敢吠雞無雞洸洸烈士銜枚走氣湧素霓膽如斗不為趙客縵胡纓辦得宜遼弄丸手東竄海西入轡偶狙要道偵騎難張良椎荊軻匕不共汝死心更恥忽然一聲光電馳仇人心裂無完皮不共仇人生寧共仇人死國亡與亡本天職矧見仇死死緩耳嗚乎汝祖開國死佯狂當時彼義尚周王烏有狠心狐媚如彼狡含沙射影國祚亡流血千里索壺漿不有此死海不黃嗚乎朝鮮兒真男兒莫輕國弱可任欺達官肉食何能為由來國士出卑微蚤晚裹尸同凜凜救國須及未亡時天堂玉宇魂何處鳴綠潮聲風雨悲

鸚鵡洲禰衡墓放歌

湘潭葛鼎甫

正平文舉俱有文章才平原魯國兩地生琪瑰孰嗟孔雀痛巢覆欲為鸚鵡樊籠開孔雀雖有毒毛羽彰身擅華縟一杯早不鴆阿瞞五色終須繫宛獄鸚鵡尚能言湘簾畫閣寒風掀縱能溷俗對人語不復高世隨雲鶱當時攜毫幾貴洛陽紙建安名傳兩才子蕭選樓中會勝流范書苑內收文士胡為並繫南冠決東市血涴玄黃亂

朱紫天地鍾靈偶不常國家籲儁張難弛賈生流涕哭長沙首應加冠足穿履豈容吒著岑牢褫章甫溷辱儒林充鼓吏廣陵曲散輪鬱愁稽康摩詰差同是使我立荒洲望中沚恥當塗念當宁口噤難言手空指銅雀臺高滃若雲金刀運盡流如水豈無豐沛地水沸通長淮芒碭雲昏多積霾虎悵四塞搖禹甸螻蟻萬陣傾堯階中流砥底柱柱偏倚强弩射潮潮莫排長安三輔故宮圮洛陽萬乘端門乖與其遭逢白刃切齒漫詬詈何不掇拾青簡鼓掌資詼諧東方執戟同優俳揚雲陛盾嘲亦佳蘇門忽聽孫登嘯吳下驚傳陸雲笑罷鈞任公一振呼成盧劉毅翻狂叫灌夫肆罵已捐軀醉尉聞呵亦伏誅狂比次公非中酒禍成楊惲爲通書胸羅萬卷墮法網酷甚三木封因車何時碧血流江隅逕乘青雲還太虛長松夾道蔭隱密垂柳隔江盈路舒夢回不醒化蝴蝶魂往復還呼鷓鴣西陵回首久已掘南士瘞骨終無處更有雪衣孃與俱爲謦不用肉與魚楊修家果陳滿盂嗑客決不容屠沽文若弔喪當一噓

與客遊伯牙臺成長短句一首

徘徊漢陽陌遙見琴臺額非同傀儡場豈是優伶宅奏曲空懷綠綺人賞音倏遇緇

輪客客欲按琴徽問余何是非文王厄從姜里縶孔子枉被匡人圍復欲將琴摶從
余問哀樂犢牧無妻曷怨嗟馬卿挑婦何輕薄焦尾弄還停廣陵難再聽伯喈才高
觸大忌叔夜譽重羅寃刑漢室昭君美周家伯奇毀泣雨邊庭面俟灰履霜曠野心
如爨由來黃鐘喑失聲世上瓦釜徒爭鳴秦庭擊缶電雷激雍門涕下波濤驚祇今
淫哇遍朝野太常轉出巴人下明皇誤國按霓裳季桓受樂擢風雅猗蘭無香心膽
寒斑筠淚染長不乾儻同淘沙按樂府便與掃石登詩壇孰能底柱迴狂瀾悍排濁
浪見清泚此下或有蛟龍潭羲皇刳桐溯遺製夔曠張弦出幽滯北里宗開鄭衛音
南朝祖尚齊梁制調窳不堪聞椎琴碎欲焚已經無弦效靖節還欲不鼓師昭文不
然或從成連蹈海上滌蕩塵襟結高想獻雉南盱自越裳飛鴻東望連方丈客言幽
憤長輪我共思量鍾期已渺伯牙去惟見漢水流渾茫洞庭張樂遠莫致近喜有伴
同絲簧黈纊未塞聽耳張五音更番韻琳琅壺蘆掩口但嘔噱瀾世莫與交雌黃客
聞余言勿倉皇蹔與握手還瀟湘他年擢琴若高蹈西至日入東扶桑

文藝 詩錄

劇記

船山遺書精義

俟解

有豪傑而不聖賢者矣。未有聖賢而不豪傑者也。能興卽謂之豪傑。興者性之生乎氣者也。拖沓委順。當世之然而然。不然而不然。終日勞而不能度越於祿位田宅妻子之中。數米計薪。日以挫其志氣。仰視天而不知其高。俯視地而不知其厚。雖覺如夢。雖視如盲。雖勤動其四體。而心不靈。惟不興故也。聖人以詩教以蕩滌其濁心。震其暮氣。納之於豪傑而後期之以聖賢。此救人道於亂世之大權也。

編者節錄

劄記

恆心堂讀書答問

湘潭周逸木崖

問制禮精微何在。

答禮器云先王之立禮也有本有文忠信禮之本也義理禮之文也無本不立無文不行。

問禮樂法天地其說如何。

答樂者天地之和也禮者天地之序也和故百物皆化序故羣物皆別樂由天作禮以地制過制則亂過作則暴明於天地然後能興禮樂也朱子曰樂由天作屬陽故有運動底意禮以地制如由地出不可移易程子曰禮只是一個序樂只是一個和禮樂二字含蓄多少義理天下無一物無禮樂且如置此兩椅一不正便是無序無序便乖乖便不和。

問武王訪尙父所問丹書之要義云何。

答丹書之言曰、敬勝怠者吉、怠勝敬者滅、義勝欲者從、欲勝義者凶、由是觀之、太公望所告不出敬與義之二言、蓋敬則萬善俱立、怠則萬善俱廢、義則理爲之主、欲則物爲之主、吉凶存亡之所由分、上古聖人已致謹於此矣。

問朱子以一爲誠、其義何在。

答天下之理、一則純、二則雜、純則誠、雜則妄、修身不一、善惡雜矣、尊賢不一、邪正雜矣、不二不雜、非誠而何、故舜曰惟一、伊尹曰克一、中庸曰行之者一。

問學之一字、始見何書。

答學之一字、前此未經見也、高宗與傅說始言之、遂開萬世古聖學之源、其言即說命曰、「惟斅學半、念終始典于學」是也。

問士君子志業、應以何事爲己任。

答士君子志業、當以振綱常扶名教爲己任、達而在上、則表正人倫於上、窮而在下、則表正人倫於下、所謂在朝在野皆有事是也、若區區徒稼徒圃、而無補于世道人心、焉能爲有、焉能爲無、若莘野南陽之耕、又當別論矣。

問博學、審問、愼思、明辨、篤行、五者之下手處如何。

答擇善、固執、是爲學、實下手處、善非書語成迹之善。擇而執之。義襲於外。乃吾人、天、然固有之良也。博學而不學此便是雜學。審問而不問此便是泛問。愼思而不思此便是游思。明辨而不辨此便是徒辨。篤行而不行此便是冥行。

問學力從何處可見。

答處富貴如無與。處貧賤如無缺。處患難如無事。隨遇而安。悠然自得。方見學力。否則胸次擾擾。心爲境轉。其造詣可知。

問中庸謂明哲保身。古今正人。非不明哲。然往往身不免禍。何也。

答士君子立身自有本末。若必以苟全爲保身。則胡廣之中庸。蘇味道之摸棱。揚雄之身仕二姓。馮道之歷仕五季。皆是能保其身。既明且哲矣。夫等、死耳。然、死有、輕於、鴻毛。有重於泰山。此處要見之真。守之定。倘輕於鴻毛。不妨斂身避難。保其身以有待。苟事關綱常民彝。一死重於泰山。若比干之剖心。文天祥之國亡與亡。此正保其千古不磨之身。乃明哲之大者。揚雄馮道。止緣錯認苟全爲保身。偷生一時。貽譏千古。綱目書莽大夫揚雄死。通鑑於馮道口誅筆伐。爲戒無窮。由斯觀之。果孰得而孰失耶。

問不愧屋漏。是天德否。

答不愧屋漏便是天德。有了天德。不患無王道。

問聖賢地位如何。試以孔門弟子用功深淺喻之。

答人心不能無蒙蔽。蒙蔽之未徹。則日以陷溺。諸子百家。往往以聖賢自期仁義道德自命。然其所以卒叛於皇極而不能自拔者。蓋蒙蔽而不自覺陷溺而不自知也。顏子之賢。夫子所屢歎。氣質之美。固絕人甚遠。子貢非能知顏子者。然亦自知非儔偶。論語所載顏淵喟然之嘆。當在問仁之前。爲邦之問。當在問仁之後。請事斯語之時。乃其知之始至。善之始明時也。以顏子之賢。雖其知之未至。善之未明。亦必不至有聲色貨利之累。忿狠縱肆之失。夫子答其問仁。乃有克己復禮之說。所謂己私者。非必如常人所見之過惡而後爲私也。己之未克。雖自命以仁義道德。自期以可至聖賢之地者。皆其私也。顏子之所以異乎衆人者。爲其不安乎此。

極鑽仰之力而不能自已故卒能踐克己復禮之言而知遂以至善遂以明也若子貢之明達同居游夏之右見禮知政聞樂知德之識絕凡民遠矣從夫子游如彼其久尊信夫子之道如彼其至夫子既沒其傳乃不在子貢顧在曾子私見之錮人難於自知如此曾子得之以魯子貢失之以達天德以見消長之驗莫著於此矣學問之初切磋之次必有自克之實此古人物格知至之功陸象山之說如此特引此以明之正見學未知止則其知不能至知之未至聖賢地位未易輕言

問船山先生訓君子和而不同小人同而不和其義何在

答事功之所集而議論生議論之所殊而情志異於此而君子小人之大別見矣君子以義爲尙所與共事功者皆君子也事無所爭情無所猜心志孚而坦然共適和也若夫析事理於毫芒而各欲行其所是非必一唱衆和而無辨者也不同也卽不幸而與小人共處焉亦獨行己志不同而已未嘗挾忿戾以自傷其和平之度也小人以利爲趨所與相議論者小人也以權相附以黨相依依阿行而衆謀不逞同也乃其挾己私之各異而陰圖以相傾則含忌畜疑而難平者也不和也

卽時託附于君子焉。亦乃爲承順同焉而已。非能篤愛敬以釋其傾危之志也。故君子興而養天下於靡爭。小人出而成朋黨以致亂。知人者可弗辨哉。

問船山先生訓放於利而行、多怨、其義何在。

答世之衰也。天下日相尋於怨。大之爲兵戎。小之爲爭訟。迨其怨之已成。而不能相下也。則見爲氣之不能平。而機之相爲害。乃夫子窮其致怨之本。而推言之曰。夫人亦何樂乎怨人。而亦何樂乎人之怨己哉。乃上下相怨。而忘乎分。親戚相怨而忘乎情。乃至本無夙恨。自可以相安之人。而成乎不可解之忿者。何其多也。非果氣之亢而不相屈也。機之深而不可測也。則惟放於利而行耳。行求其利不可也。然顧名思義。酌量乎人己之間。亦未嘗不利焉。乃放於利者豫擬一利以爲準。因是而或行或止。必期便於己而有獲者。乃爲之曲折以求其必遂。則己之益。人之損。己之得。人之失。雖假爲之名。巧爲之術。人旣身受其傷。未有能淡然相忘者焉。激之而氣不可抑。相制相挾。而機不可測。則無所往而不得怨焉。實自此始也。故君子欲靜天下之爭。以反人心於和平。無他。以義裁利而已矣。

問陸象山答人之書以何篇議論爲有志學道者所必歷之境試詳述之

答象山答人之書言義理言學問無一不根於尊德性所謂藹藹可讀也至問爲有志學道者所必歷之境則與黃日新之書是也書云……以夫子之聖孟子之賢猶不免叔孫臧倉之毀僕與足下蓋所謂志乎善與正而君子之徒者也繩之以聖賢之事固有不勝其任者然聖賢之所與也亦聖賢之所責也若志乎邪惡之小人則固與我薰蕕矣盜憎主人犬吠希見僕與足下之所與殆憎吠之招也吁可畏哉彼狃於習俗蔽於聞見以陷於惡而失其本心者不可遽謂之小人聞善言見善行而狼狽自若慧黠姦慝常有毀傷善類之心此所謂志夫邪惡之小人而聖人所用發蒙之道以說其桎梏者也其甚者亦獨能使之革面而已喜憎吠者蓋此流也天將降大任於是人必先告其心志行拂亂其所爲所以動心忍性增益其所不能足下其識之僕之言將若左契安其身而後動易其心而後語定其交而後求行有不得者反求諸其身此僕之所聞所知而未能者願與足下共講而共由之

問物來順應。其意如何。
答物來順應。順者。順乎天理者。非順乎人情也。
問今日何以無真儒。
答今人初學之日。便是志穀之日。疲精竭神。窮年累月。無非爲穀而然。此外無志。故此外無學。夫惟此外無志。是以修己務實之儒。世不多見。以致修己務實之業。無人講求。士趨日卑。士風日壞。病正坐此。可勝歎哉。孔子曰。學之不講。是吾憂也。其意欲興起真儒。真儒之關係。人心世道。豈淺鮮哉。
問得失心重。以致是非不明。其關係如何。
答矜矜於簞食豆羹之義。木頭竹屑之能。至於攖小人之忌。觸當世之網。而上關國是。下關清議者。則唯恐犯手撩鬚。百不一發。雖事任在躬。亦不過調停兩家。以爲持平之體。此其意何爲哉。得失之念重耳。得失之念重。故心蒙蔽。黑白不分。以是爲非。指醉爲醒。倒置已極。君子欲求其弊。不得不矯枉。蓋以不平求平。正深於平者也。

問驕吝由於不學。其義如何。

答大才忘才。小才恃才。恃則驕。驕則吝。故驕吝由於不知學。蓋知學則知道理無窮。恆若己無一長。知德業難盡。恆若己無一善。自然威儀收斂。雖遇庸劣。亦謙和可掬。汪汪有千頃之度。不知學則道理不明。德器無成。薄有技能。輒沾沾自喜。旁若無人。究之。欲救此病。非從身心性命之學下手不可。

問處艱難時。立志應如何。

答不遇盤根錯節。無以別利器。不遇重大關節。無以別操守。居恆談節義。論成敗。人孰不能。一遇小小利害。神移色沮。阻其生平者多矣。惟遺大投艱。百折不回。既濟厥事。又全所守。非才品兼優之君子。其孰能之。由是而言。處艱難之際。其志宜堅。其守宜貞。尤宜自強不息。庶幾濟事。

問有一等自是的人。動曰吾求信心。其信心果安在。

答不知所信者。果本心乎。抑習心乎。假善之人。事事可飾聖賢之迹。只逢着忤時抗俗的事。便不肯做。不是畏禍。便怕損名。其心總是一團私意。何信心之足徵。

問居鄉之利害如何。

答謙謙自牧。由由與偕。在醜不爭。臨財無苟。此居鄉之利也。耳習瑣尾之談。目習傲遂之行。以不分黑白爲渾融。以不悖時情爲忠厚。此居鄉之害也。夫惡人不可爲矣。庸人又豈可爲乎。惡人不當交矣。庸人又豈足交乎。明乎此。則居鄉之利害判矣。

問朱子晚年見道得力語。於何處見之。

答朱子答梁文叔書云。近看孟子道性善。稱堯舜。此是第一義。若於此看得透。信得及。直下便是聖賢。更無一毫人欲之私。做得病痛。若信不及。孟子又說過第二節工夫。又只引成覸、顏淵、公明儀、三段說話。教人如此發憤勇猛向前。日用之間。不欲存留一毫人欲之私在這裏。此外更無別法。此朱子晚年見道得力語也。學者須占定第一義做工夫。方是有本領學問。此後自然歇手不得。如人行路。起脚便是長安道。不患不到京師。然性善堯舜。人人具有。學者何故一向看不透。信不及。正爲一點靈光。都放在人欲之私上。真是十分看透。遂將本來面目。盡或埋沒。驟而語之以堯舜。不覺驚天動地。卻從何處下手來。學者只是克去人欲之私。欲克去人欲之私。且就靈光放處討分曉。果認得是人欲之私。卽時克了。陽明先生致良知三字。正要此處用也。

問小辨齋劄記中有何語令人讀之悚然。

答逆億詐不信五字、入人膏肓。所謂殺機也。億逆得中自家的心腸。亦與那人一般。億逆得不中、那人的心腸勝自己多矣。故王少湖曰。人心惟危、危亡二字。是常明燈。一息不危。卽墮落矣。

問顧允成答人論鄉愿道學之可惡、其正義何在試詳言之。

答鄉愿道學。此一種人。占盡世間便宜。直將殺父與君種子。暗佈人心。學問須從狂狷起脚。然後能中行歇脚。近日之好爲中行。而每每蹈入鄉愿窠臼者。只因起脚時。便要做歇脚事也。鄒忠介晚年論學。喜通融而輕節義。先生規之曰。夫假節義。乃血氣也。真節義。卽義理也。血氣之怒不可有。義理之怒不可無。義理之節氣。不可亢之而使驕、亦不可抑之而使餒。以義理而誤認爲血氣。則浩然之氣。且無事養矣。近世鄉愿道學。往往借此等議論。以銷鑠吾人之真元。而遂其同流合污之志。其言最高。其害最遠。一日喟然而歎。涇陽曰。何歎也。曰吾歎夫今之講學者。恁是天崩地陷。他也不管。只管講學耳。涇陽曰。然則所講何事。曰在縉紳只明哲保身一句。在布衣只傳食諸侯一句。涇陽為之慨然。涇陽嘗問先生工夫。先生曰。上不從元妙門討入路。下不從方便門討出路。涇陽曰。須要認得自家。先生曰。妄意欲作天下第一等人。性頗近狂。然自反尚是硜硜窠臼。情又近狷。竊恐兩頭不着。涇陽曰。如此不為中行。不可得矣。先生曰、簡點病痛。只是一個麤字。所以去中行彌遠。涇陽曰。此是好消息。麤是真色。狂狷原是麤中行。只是細。狂狷練麤入細。細亦真矣。先生曰。麤之為害。亦正不小。猶幸自覺得。今但密密磨洗。更無他說。涇陽曰。尚有說。在性近狷。還是習性。情近狂。還是習情。若論真性情。兩者何有。於此參取明白。方認得自家。既認得自家。一切病痛。都是村魔野祟。不敢現形於光天白日之下矣。先生遲者久之。而後曰。豁然矣。譬如欲適京師。水則具舟楫。陸則備輿馬。徑向前去。無不到者。其間倘有阻滯。則須耐心料理。若因此便生懊惱。且以為舟楫輿馬之罪。欲思退轉別尋方便。豈不大誤。涇陽曰。如是如是。先生嘗曰。吾輩一發念。一出言。一舉事。須要太極上着脚。若只跟陰陽五行走。便不濟事。有疑其拘者。語之曰。大本大原。見得透。把得住。自然四通八達。誰能拘之。若於此糊塗。便要通融和會。幾何不墮坑落塹。喪失性命。故先生見義必爲。皆從性命中流出。沈繼山稱爲義理中之鎭惡。文章中之辟邪。洵不虛也。

問李二曲先生反身錄論論語述而一段。戒人不可輕言著述。其意如何。

答以夫子天亶聰明。猶不輕作。乃後世文人。動輒著作。日新月盛。未有紀極。豈皆發夫子所未發。補夫子所未備。如日月菽粟之不可一日無耶。可以觀世變矣。六經四書而外。如濂洛關閩河會姚涇東林少墟諸先儒講學明學〔道〕之書。皆本之躬行心得之餘。非汲汲以著述爲者也。其言純粹精切。足以羽翼六經四書。開來學無窮。吾人幸生其後。當享其現成。實體而力踐之。無煩著述。昔有人問章楓山先生以無著述。先生曰。前人之言多矣。刪其繁可也。而陳白沙先生亦曰。千聖遺編。皆剩語。小生何敢復云云。其言深可味也。由是而知聖賢著述〔著〕。原爲明道。常人著述。

不過博名。

逸按聖賢著述。是扶綱常。立人極。紹往古。開羣蒙。常人則借以表見於天下後世。以圖不朽而已。天理人欲之分。莫大於此。故著述愈多。則喪心愈甚。去道愈遠矣。余所以不敢輕言著述者。一則學淺識陋。一則每一閱古人之書。似古人先我口而言。故今深有味乎述而不作之旨。是知述爲明道。作近博名。博名之事。君子恥之。

（未完）

校管異義

湘鄉顏昌嶢息庵

立政第四

君之所愼者四。一曰大德不至仁。不可以授國柄。

俞樾云。仁乃人之叚字。言不能及人也。不至人。故不得衆。按大德羣書治要作大位。是也。大位而不至仁。則必失衆心。故下文云卿相不得衆國之危也。俞誤。

一道路。博出入。

洪頤煊云。博當作摶。謂摶擊出入之不時者。按洪說非是。說文。博大通也。此言一道路。通出入也。下文。出入不時。及異服羣遊者。譙之至再至三。始有不赦之刑。知無出入卽施搏擊之事。王念孫云。博當爲搏之誤。搏與專同。按專與一同義。上句旣言一道路矣。此當以通出入爲義。王說非。

樞言第十二

一日不食比歲歉。三日不食比歲飢。五日不食比歲荒。七日不食無國土。十日不食無疇類。盡死矣。

十當爲士之誤。此節與上下文義不屬。當在下文「命屬於食。治屬於事。無善事而有善治者。自古及今。未之嘗有」數句之上。言無食則死。以起下文無善事必無善治之意。傳寫錯誤。遂無義理矣。

法禁第十四

惠以

財厚博以惠私親於民者。正經而自正矣。亂國之道。易國之常。賜賞恣於己者。聖王之禁也。

王念孫云。財厚當作厚財。正經上疑有脫文。按王說厚財二字誤倒是也。下正字疑止字之誤。厚財博施以私結其民者。則正禮經以繩之而自止矣。左傳。陳氏厚施於民。晏子曰惟禮可以已之。卽是此義。亂國之道四句申足上意。道也常也卽經也。丁士涵疑此四句當在下文擅國權之上錯簡。亦誤。

聖王旣歿。受之者衰。君人而不能知立君之道以爲國本則大臣之贅下而射人心者必多矣。

孫星衍云。衰當爲裔字之誤。按孫說非也。此言聖王旣沒。嗣君德衰。不能整飭綱紀。則大臣行私恩以賄結人心者必多矣。贅下脫福字尹注云越職行恩曰贅福下者君之事也。今臣爲之。故曰贅。臣之作福。所以邀射人心必使歸己也。据此。則尹所見本贅下有福字也。射。言弋取也。

法法第十六

上令盡行。禁盡止。引而使之。民不敢轉其力。

尹知章注云。轉猶避也。按荀子脩身篇偷儒轉脫。楊倞注。轉脫者求苟免於事之義。是轉有脫義也。

大匡第十八

召忽曰。百歲之後。吾君卜世。犯吾君命而廢吾所立。奪吾糺也。雖得天下。吾不生也。兄與我齊國之政也。受君令而不改。奉所立而不濟。是吾義也。

俞云。不濟安得云義。疑濟爲廢之誤。按上文管仲言糺雖立。將不濟事。勸召忽定社稷。立小白。忽答言受君命而不改。事若不濟。是吾盡義之時也。俞誤。

鮑叔曰。夫施伯之爲人也。敏而多畏。公若先反。恐注怨焉。必不殺也。

俞云。反當爲彼之壞字。張文虎云。反疑及字之誤。按二說均非。反與返同。還也。公羊隱元年傳。公將平國而反之桓。注。反還之。此言施伯敏而多畏。多畏則念慮深。公若先彼之未殺也而反還管仲。施伯若殺之。恐齊注怨。必不敢殺之也。尹注不誤。

君有行之名。安得有其實。君其行也。

張文虎云。下有字疑當作無。按張說誤。此言行義之名與富厚之實。不能兼得也。

不聞敬老國良。

尹云其老者國之賢良也。戴望云。國疑圖之誤字。爾雅釋詁。圖謀也。良善也。尹注非。按戴說非是。此是敬老者與國之賢良也。合上文適子不聞孝。不聞愛其弟。共爲三事。故下文云三者。無一焉。可誅也。若析敬老國良爲二事。則並上文爲四事矣。故知其非是。

貴人子處華。下交。好飲食。

戴云。按劉云處華爲句。對上處不華。下交爲句。謂以貴陵人。使友居下也。對上文有少長好飲食爲句。尹注非。按劉說非是。此謂居處華侈。交游汚下、而嗜飲食。正所謂酒食游戲相徵逐也。故下文云行此三者有罪無赦。

耕者出入不應於父兄。用力不農。不事賢。行此三者有罪無赦。

戴云。賢、勞也。謂不服勞。按戴說非也。廣雅。農、勉也。不服勞與用力不勉意複。此謂不事賢者耳。

斷獄。情與義易。義與祿易。易祿可無斂。有可無赦。

丁士涵云。斷獄情句。與義易義句。與祿易祿句。衍一易字耳。義如鴟義姦宄之義。

義與俄同。廣雅。俄邪也。爾雅。祿善也。謂斷者與邪。則民易爲邪。與善則民易爲善。按丁說迂曲。且下文又不可通。當讀斷獄句。情與義易句。義與祿易句。易祿可無斂句。有可無赦句。情如周禮之議親議故。義如周公之大義滅親。祿如禮之刑不上大夫。易者交相審度也。一曰治也。斂者收攝之名。詩桑扈箋。不自斂以先王之法。此言斷獄之法。以情與義與祿。三者交相審度。權其輕重以斷罪。如今世所謂情理法三者是也。易祿可無斂。謂治有祿之人。可無文致其罪。實有罪者亦可無赦。凡此皆以情斷獄之法。國子爲李。故命之如此。

中匡第十九

掘新井而柴焉

戴云柴疑爲突之誤。突古深字。輕重甲篇高杠柴池。柴亦突之誤。按戴說非也。掘新井何容言深。此柴字當讀爲棧。公羊哀四年傳云。亡國之社蓋揜之。揜其上而柴其下。周禮媒氏。喪祝注。柴並作棧。徐鍇說文繫傳。棧柵也。莊子馬蹄篇釋文。棧、木棚也。此言掘新井而爲木棚以保水之清潔也。淮南道應訓。柴箕子之門。高誘注。箕子亡之朝鮮。舊居空。故柴護之也。昌嶢又按柴一作寨。亦通砦。柵也。凡師行野次。立木爲區落。謂之柴。別野有籬落者。亦謂之柴。王維輞川別野。有鹿柴木蘭柴。皆是也。輕重甲篇。請以令高杠柴池。使東西不相睹。南北不相見。亦謂高其杠。柵其池。故使東西不相睹。南北不相見也。若深其池。何不相見之有。

鮑叔知無後事。必將勤管仲以勞其君願以顯其功。衆必予之有得力死之功猶尙可加也。顯生之功將何如。

丁云當讀衆必予之有得爲句。力死之功與顯生之功對文。加與嘉通。戴云朱本得作德。予讀曰與。衆必予之有德者。謂衆以有德之名與之也。尹注非。按此說非是。勤者陳其功勞也。古文嘉作⿱加心。此加字與嘉通。予之。謂許與之也。當讀衆必予之爲句。有得屬下句讀。此言鮑叔既得管仲。已無後憂。必將陳管仲本謀敗魯勝齊之功。以慰勞其君。願君用之。以顯其定齊之功。如是。衆必許與之。夫有得人盡力死事之功。猶尙可嘉也。況得生仲回國。其功當何如可嘉。何如二句正與上文衆必予之相策應。衆予鮑叔薦賢之功可也。不當言有德。故戴說非。

顯生之功將何如。是昭德以貳君也。

張文虎曰。當作將何加。是承上尙可加而言。按張說非是。此言鮑叔昭明管仲之德以爲君之副貳也。下云鮑叔之智不是失也。言鮑叔之智必不失此圖也。

服牛輅馬

戴云。古無輅字。輅必軺字之誤。按文選解嘲注引應劭云。輅、謂以木當胸以輓車也。

是以聖王敬畏戚農。有司見之而不以告。其罪五。有司已於事而竣。

有司見之以下十八字。涉下文而衍。齊語亦然。尹氏於竣下發注。止釋敬畏戚農義。知其所見本尙無此十八字也。

人君惟僾與不敏爲不可。僾則亡衆。不敏不及事。

宋翔鳳云。宋本優皆作僾。僾訓隱。言人君自隱其情。使不可知。則人不附之。故曰僾則亡衆。按宋說非是。僾乃不愛二字之壞誤並而爲一也。今本又誤爲優字矣。當依馬氏意林作不愛爲是。梁啓超據誤本。謂人君惟優柔寡斷與闇昧無識。最

劄記　校管異義　三

爲害事。亦非也。管子書本作不愛。不愛者不仁也。敏疾也。不仁則民叛。故亡衆。不敏疾則迂緩。故不及事。優柔之人。不必亡衆。闇昧者不明事。非不及事。

弱國衆合彊以攻弱以圖霸。

今本皆作彊國衆。戴云宋本作弱國衆是也。今本作彊國衆誤。按戴說非是。據尹注云謂時彊國衆多。吾國雖强。適可圖霸。知尹所見本作彊國衆也。且下文云强國衆而言王勢者愚人之智也。可證宋本誤而今本不誤。（未完）

叢錄

船山遺書精義

佚解

唯仁者能好人。能惡人。苟仁未熟。而欲孤行其好惡也。必僻。則必有所資以行吾好惡者。與君子處。則好君子之好。惡君子之惡。與小人處。則好小人之好。惡小人之惡。又下而與流俗頑鄙者處。則亦隨之以好惡矣。故友善士者。自鄉國天下。以及於古人。所謂以友輔仁也。謂引吾好惡之情。而擴充吾善善惡惡之量也。

編者節錄

叢錄

通訊

趙芷蓀先生復本社同人書

船山學社諸公賜鑒。來教奉悉。陸桴亭氏云。人心爲風俗之本。風俗爲氣運之本。方今國勢。危弱至此。從根本上說起。自以矯正人心。風俗爲先。欲正人心風俗。以倡明孔教爲要。船山先生傳孔子之道者也。啓霖前在諫垣。疏請從祀。原冀以先儒之模範。示後學之師資。無如世變方殷。邪說滋蔓。馴至今日。天時人事。可以悽愴傷心。幸諸君子覩橫流之靡居。慨大道之式微。萃集朋簪。提倡學社。衞道卽以救國。其所關係不止裨益鄉邦。啓霖衰朽餘生。犬馬之齒七十有四。比來精神異常憊乏。起居動止。恆苦委靡不支。徒懷嚮往之心。不克追隨從事。私衷耿耿。疚歉實深。惟視諸君子發皇學派。砥柱狂瀾。俾湘羣彥。咸知以 薑齋爲準繩。吾道之光。世道之幸。謹佈鄙肊。尙希鑒原。祇請公安。不盡慺慺。趙啓霖頓首。小暑前五日

趙芷蓀先生復本社同人書

船山學社諸君子賜鑒。頃奉公函。猥承推舉社長。孱憊之軀。委實未能承乏。非敢推諉。尚希諒原。陶叔惠觀詧。貫通新舊。根柢槃深。且近在省垣。可以隨時主持一切。即請任正社長一席。最爲適宜。仰候卓裁。手復敬請公安。弟趙啓霖頓首。白露後七日

又覆石先生書

正覆函間。復奉賚石先生手教。並拜大著老學今詮之賜。欽佩之下。愧悚交縈。祇以衰病之狀。難以殫述。偶一動念。即覺精神不支。說話稍多。便覺疲薾已甚。徐行緩步。常不能自持其身。夜間不能成寐。尤以爲苦。困憊若此。飾巾待終而已。重負雅命。尚希鑒原。力疾率復。未能詳陳。惟乞恕諒。敬請道安。啓霖頓。白露後十日

本社同人致趙芷蓀先生書

芷老先生社長道席。敬啓者。日前全社同人嚮慕高風。咸思親炙。公推先生屈任本社社長。出於至誠。奉誦復書。悵焉如失。在先生邱園高蹈。良忻道養之恬。而本社壇席久虛。益切景行之望。昔 船山先師年逾七十。而著述益勤。吟誦不輟。嘗自謂吾

生有事。非嚴光魏野之時。同人等憂患飽經。對於先生非徒問字心勤。咸以爲文獻足徵。人師在望。爲先儒綿其道統。爲後學樹之楷模。當爲先生所心許也。茲謹公推代表周董事仲元。肅將雉贄。趨候龍門。萬乞杖履早臨。同聆教益。無任泥首翹企之至。餘由周君面陳。敬頌道安多祜。

湖南船山學社社員胡子清蕭度彭兆璜任福黎石廣權傅紹巖周逸郭只岩謝鼎鑣黃士衡劉嶽峙王代懿陶思曾郭人作雷鑄寰張湘燾李開運黃贊元張定方克剛等同叩

陶副社長叔惠致趙芷蓀先生書

芷老世叔大人座右。暌違榘範。忽廿餘年。舍親陳杏聰先生暨諸友人處詢悉名山著述。頤養天和。翹首潭州。時深嚮往。此番船山學社改組。公舉世叔主持壇坫。足見衆望所歸。羣情景仰。昨奉函示。未蒙允諾。猥承舉姪以自代。此非末學譾陋如姪者所敢任也。今天下荒經蔑古甚矣。欲由在下者挽回而移轉之。舍倡明正學。其道莫由。然非有風節彪炳聲望孚洽之名賢。樹之風聲。爲其模楷。則應求不廣。世叔道德學問。。氣節文章。。海內所欽。夫豈湘省。伏懇仔肩道統。匡濟時流。慨任斯席。則莘莘學子。實利賴之。至社內瑣屑諸務。姪當與諸先生共體意旨。議而行之。不敢以煩瀆長老之胸臆也。今値秋季。天高氣爽。同人仰慕丰采。深冀安車來省一行。俾遂瞻依之願。謹託周董事仲元代達。倘蒙惠然命駕。不勝禱企。專此敬請道安。世愚姪陶思曾頓首。九月六日

何名譽董事長芸樵致趙芷先生書

芷老先生前輩道鑒。敬肅候者。未親教益。久切心儀。茲以船山學社同人。念世道之多艱。幸文獻之未墜。公舉先生屈任社長一席。人師在望。瞻仰彌殷。竊念衡陽絕學。允與濂溪周子同承洙泗之心傳。。砥世教而樹人倫。實爲當務之急。曩者鄧湘皋郭筠仙諸老。皆以高年碩望。秉鐸湘垣。建舍刊書。抗懷先哲。今重拾墜緒。端賴高賢。僉仰先生文章氣節。炳耀人寰。萬乞惠然辱臨。爲多士式。鍵末學[illegible]似。問字有所厚幸。奚如除由本社公推周董事仲元代表歡迎外。專此肅函祗候道安。盼切夙駕。何鍵謹啓。九月六日

趙芷蓀先生復何主席芸樵書

芸公主席賜鑒。欽慕台輝。積有年歲。雲山迢遞。趨謁無繇。壺抱宏猷。全湘託命。翹瞻鈴閣。不盡依馳。啓霖學行無似。近益衰頽。船山學社諸公。謬采虛聲。猥推出任社長。循涯揣分。悚愧莫名。屢經懇辭。未邀原諒。頃復教促就道。重辱賜示諄諄。浣誦再三。益滋顏汗。自念孱羸已甚。深恐致負腆懷。擬本月杪赴省一行。瞻仰霽光。即日遄返。對於社長名義。萬不敢承。謹布區區。尙冀荃鑒。匆匆奉覆。親炙匪遙。無任嚮往。敬請勛安。趙啓霖謹復。

本社董事會致何名譽董事長芸樵書

敬肅者。本社前此改組成立董事會。當依社章第十三條之規定。公推先生爲名譽董事。計達典籤。嗣本社於九月四日召集社員大會。票選趙芷蓀先生爲社長。陶叔惠先生爲副社長。社務進行。漸有端緒。顧此後一切應行整理事宜。諸賴倡導。僉以先生德高望重。式是南邦。查本社董事會規則第二條第三項內載。得於名譽董事中推舉名譽董事長。茲照章公推先生爲名譽董事長。敬希不恡教益。隨時涖社指導。本會同人無任盼禱。此致芸樵先生道鑒。附社章暨董事會規則各一份。湖南船山學社董事會（胡子靖 [illegible]度）等全啓。九月十二日

趙芷蓀先生復本社同人書

船山學社諸公賜鑒。世道日非。大有榛狉之懼。諸公提倡衡陽絕學。期挽頹俗。啓霖雖學行無似。私衷亟所贊成。惟衰病之軀。無能爲役。曾於六月間初次覆函內。鄭重申明。嗣奉來書投票選舉社長。啓霖猥被公推。即經覆函力辭。復奉石蘊山先生手教。詞指尤爲懇篤。其時適賤恙加劇。作函亦難握管。率覆數行。冀荷原諒。不意仲元先生復帶公函惠臨。啓霖詳細面述病狀。仍敦促不已。重辱隆貺。再三面璧不獲。因勉允本月內晉省一行。乃近數夜僅能睡一小時。醒後即不能成寐。汗出如瀋。晝間精神困憊。較前更甚。似此情形。實難就道。祇得奉璧川資。（夏間曾因事預備赴省已檢拾行李羅定輿夫亦因病中止）茲用賚捶箋書二聯。一錄郭筠老先年聯語。一書蘉齋句。奉寄尊處。外錄啓霖奏請從祀摺稿及所藏船山師友記一部。一併寄呈。藉表贊成之意。至社長名義。啓霖前既屢辭。昨復於覆何主席函中申明。飾巾待終。並非推諉。統希原諒。謹布區區。

敬請公安。啓霖頓首。霜降前五日

致趙芷蓀先生書

芷老社長道席。前周董事仲元自尊府歸。云社長準於九月杪來省。遜聽之餘。方幸斗山在望。親炙匪遙。舉社歡迎。諸事設備。乃於本月二十五日忽奉手教及聯語疏稿 船山師友記並退還川貲各件。知道躬近因感冒。暫難來省。恭讀再三。曷勝系念。比即轉告同人。函達芸公主席矣。細繹先生集 薑齋句寄意遙深。於書玉池老人聯語及疏稿。尤見早欲振起 衡陽絕學。挽救人心世道之精神。同人等敢不尊命加勉。期不負先生提倡聖道維持本社之盛意。倘天不喪斯文。使先生病痊。日增康適。仍乞隨時蒞社主持。不勝盼禱。至謂社長非社員一語。以先生文章氣節資望爲社員之最。全體翕然。然後選舉。今社長以此自謙。幾令同人悚歉罔措。而不能自已也。用特陳明。敬乞垂察。並申感謝。敬請道祺。順候痊祜。船山學社 陶思曾 胡子靖 等謹啓。十一月二日。

陳梅生先生來書

船山學社執事先生道鑒。時值國學日衰。世風日下。講明、國、學、以正、人、心。誠、國、家、當、務、之、急。嘉言猥以未學。蒙諸君子。雅意相邀。敢不贊同。特此奉覆。即頌道祺。陳嘉言頓首。

劉梅齋先生來書

敬復者。吾湘船山學社。邇若告朔餼羊。周道顧瞻。有心人空懷怛弔。諸先生本繼往開來之夙願。作改組興復之良圖。是爲、天、地、立、心。爲、生、人、立、命。闡揚楚寶。以光大吾民族精神。空谷足音。聞之不勝佩感。顧自念離羣索居已久。學殖荒落。深慚無以應麗澤之占。然一息猶存。固當摳衣隨後。尚此奉復。順叩道安。劉嶽峙拜上。四月二十三日由衡山和茶村寄

公牘

呈湖南省政府改組湖南船山學社文二十年八月十二日

呈請鑒核准予令行教育廳嚴令改組船山學社整理講學機關以崇先賢而重文化事吾湘明末先賢衡陽 王船山先生爲今代黨國所奉民族主義之先[redacted]河著

書等身精義不磨自清季新化鄧湘皋先生始刊遺書湘鄉曾滌生相國嗣之湘陰郭筠仙侍郎倡建船山祠於小吳門正街並組織思賢講舍全省人士風化景從清政不綱湘人士革命維新異材蠭起由戊戌庚子以迄辛亥若譚嗣同唐才常黃興蔡鍔宋教仁等類皆為國犧牲為民族逆命流血有繇來也民國初元講舍輟講瀏陽劉畏廬先生人熙倡辦船山學社以應時宜而永遺緒湖北夏壽康劉心源江蘇莊蘊寬直隸王芝祥福建鄭孝胥湖南熊希齡等全國贊同當經北京政府准由國務院分令內政教育兩部立案令行湖南省政府明令保護刻期成立學社每星期延儒會講並搜輯補刊船山遺書發行船山學報且一面籌設圖書館重修專祠刊列社章每歲由省府於國稅項下撥給津貼洋肆千元藉資開辦不幸湘政屢經變遷自湯薌銘後被張敬堯武夫橫逆摧殘於前又趙恆惕政見顢頇停閉於后社友星散講藝中衰民國十五年社員石廣權劉嶽峙周逸等呈准恢復未久而共燄披猖社舍頓為省農會所佔有社員明哲靡從建言乃有蕭仁鋒與之交易始則遷社於小東街前省農會內赤黨敗後社舍復舊初則以彭清藜尸名社長專辦一小學

校敷演從事已失設社初恉欵本無多復聞有添設中學之說經濟狀況如何旨趣如何舊有社員無與聞者最可盡傷則去秋船山先師誕祭亦竟付闕如同人等曾以質問彭社長據稱年力久衰實於社務進行無能爲役號稱學社社於何有循名責實良可慨然同人等以爲邇年共產謬說熾遍青年省會爲士林風氣之源多一營業學校。於教育文化無何毫髮之增。少一講學機關。於世道人心有陵夷之感。教育當局對於現船山學社辦理是否合法社務校務如何分別定有權衡擬請明令責成教育廳派員整理召集在省全體社員遵照民二以來劉蔚廬先生設社立案原章切實改組以重賢緒而正學風是否有當公懇察核令准施行無任引領待命之至謹呈湖南省政府主席何　船山學社社員雷鑄寰張烱石廣權彭兆璜周逸張定余鯤胡子清劉伯遠蕭度趙恆張湘濤魯兆慶唐正恆黃贊元劉輔宜黃貞元王家鼎謝鴻熙等

附湖南省政府批　呈件均悉據稱船山學社辦理不善准予令行教廳依法改組仰卽知照此批主席何鍵　二十年八月二十二日

呈湖南省黨務指委會審定社章並派員指導改組文

呈為呈請審定社章嚴定社員資格卽派員指導並函教育廳遵令改組限令移交重興社務事竊船山學社（中略）自民三瀏陽劉蔚廬先生創辦以來至今念年所定社章奉由已久惟時變事遷中有損益但既爲講學團體組織宜嚴社章宜謹人旣同道自無奇衺之殊河復分流當有清濁之辨規程一定是非自明茲奉指令其應如何組織及嚴定社員資格之法未見明白示遵特再陳述並檢送修正船山學社章程一份呈懇鈞會察核准予審定社章嚴定社員資格卽派員指導並函教育廳遵令組織限令移交以維社務庶師說不墜立見聖學之倡明社譽重興更廣民族之發展國家存亡本在政教風俗良善責在師儒當此文化盛衰千鈞一髮之際不勝翹企待命之至謹呈湖南省黨務指導委員會　湖南船山學社社員蕭度彭兆璜張定石廣權周逸胡子清魯兆慶劉輔宣黃贊元劉伯遠李開運韓景蘇張湘濤鄭振楚石崇鼎汪恩至黃仲深劉先庚謝鴻熙李蓮用趙恆余鯤黃貞元

附指令指定蕭度傅紹巖彭兆璜張定方克剛任福黎六人爲發起人負責協商改

組事宜呈覆核辦並由蕭度傅紹巖召集仰卽知照此令

呈湖南省黨務指導委員會請加派發起人以資進行文

呈爲呈請加派發起人以資進行事案奉鈞會訓字第一四五四號指令末開指定蕭度傅紹巖彭兆璜張定方克剛任福黎六人爲發起人負責協商改組事宜呈復核辦並由蕭度傅紹巖二人召集仰卽知照此令等因奉此謹當遵訓召集推社員中尚有周逸石廣權劉伯遠對於整理社務素具熱忱並於社中歷史經過甚久情形熟悉應請鈞會加推周逸石廣權劉伯遠爲發起人俾得着手進行所有呈請加推發起人緣由理合具文呈請鑒核示遵再蕭度等前附呈船山學社章程一份應請發還以便遵令籌備提案討論合併聲明謹呈

批准本會祕書處交來該員等呈閱悉准予加派並發還前賫章程茲再抄發文化團體組織大綱及文化團體施行細則各一份仰卽遵照辦理迅呈本部核奪爲要

此批

呈湖南省黨務指導委員會請發給許可證以便籌備進行文

呈爲申請發給許可證以便籌備進行事竊度等前經鈞會先後指派蕭度傅紹巖彭兆璜張定方克剛任福黎周逸石廣權劉伯遠九人爲發起人業於十一月八日午後一時假中山堂開發起談話會議决應遵照鈞會頒發文化團體組織法規第二節第四項發起人領得許可證後得組織籌備會推定籌備員應如何推定籌備員及法定人數懇批令示遵實爲社便謹呈

指令准予塡發許可證一紙並派彭運斌爲該會指導員除任用外仰即商承該員依法進行至籌備員之產生即以所指定發起人蕭度等九人爲該社負責改組人負責擬具章程草案登記社員呈候本會核奪並令發文化組織法規一本併仰知照此令

呈湖南省教育廳停止船山中校領欵文

呈爲呈請事案奉湖南省政府教字第一零八九八號批令開准予令行教育廳將湖南船山學社依法改組仰即知照此令嗣經黃前教育廳長先後咨請湖南省黨部查照文化團體組織法規依法改組旋奉湖南省黨部指定蕭度等九人爲籌備

員負責改組擬具章程徵求社員等因奉此現已籌備備案各手續均已就緒並奉頒發圖記在案本月九日開籌備會提議本社經費自本年一月起擬由籌備員負責具領統籌支配案議決照案通過當推蕭度彭兆璜二人赴教育廳交涉並函知任校長九鵬停止領款等語紀錄在卷除函知任校長外理合備文呈請鈞廳俯賜察核命遵謹呈

呈湖南省教育廳報告啓用圖記並繳銷新舊鈐記備案文

呈為呈報啓用圖記並繳銷新舊鈐記仰祈鑒核備案事案奉鈞廳頒發湖南船山學社圖記一顆當於本月二日開第十一次籌備會時當衆啓封發現新頒圖記文為湖南長沙市船山學校之鈐記將學社誤為學校圖記誤為鈐記殊不合用本擬呈請另行頒發因同時已將船山學社舊鈐記當衆截角取銷而本社需用圖記刻不容緩乃議決遵照頒發鈐記式樣改刊圖記一顆文曰湖南船山學社之圖記以符指令業于本日啓用理合粘呈墨印模樣一顆並連同舊鈐記二顆備文呈繳鈞廳察核備案謹呈 湖南船山學社籌備員蕭度傅紹巖彭兆璜張定方克剛任福

黎周逸石廣權劉伯遠

呈湖南省政府與曾文正公祠及藝芳女校劃界刊碑繪圖立約公懇令准存案並轉民教兩廳備案文

呈爲曾文正祠及藝芳女校與船山學社劃界刊碑繪圖立約公懇令准存案並乞轉飭發交民教兩廳備案事竊船山學社與藝芳女校因界址糾轕一案事經多年迄未解決茲於本年八月四日由雙方推舉代表石廣權周逸曾約農等均以採互讓主義謀雙方便利爲原則已於九月三日由三面代表協同劃定界址妥定條約七條均無異言各自簽章並請湘省政學紳耆曹典球曹伯聞黃士衡史鎔陳潤霖言汝昌等從場簽章證明除條約繪圖三面各執一份收存外理合備文連同條約繪圖各三份以一份賫呈鈞府懇予察核備案除(餘)兩份乞轉飭交民教兩廳備案指令祇遵無任公便謹呈　湖南省政府主席何　曾文正公祠保管董事會代表曾約農湖南船山學社董事會正副董事長胡子清蕭度代表石廣權周逸方克剛彭兆璜藝芳女校代表曾寶蓀言汝昌　中華民國二十一年九月十二日

附湖南船山學社與曾文正公祠保管董事會協同藝芳女校劃定社校界址條約如左

(一)船山學社依據原案繼承長沙小吳門正街思賢講舍舊管前後左右所有基業爲社址

(二)藝芳女校得曾祠保管董事會之同意以曾祠前後原有基地及附於該祠之園池樓閣後抵局關祠一帶爲校址

(三)祠產社產概經本省政學紳耆會同准商公所管事人勘明繪圖立碑呈經省政府民政廳教育廳立案爲據

(四)船山學社願將原管社後餘坪自洋樓北牆東行至曾祠正殿西牆北面止劃一矩線線外讓與藝芳女校作爲操坪之用曾祠保管董事會協同藝芳女校代表願將曾祠所管之前坪坪地讓與船山學社使用

(五)船山學社被拆毀之齋舍依調解人原議由藝芳女校商得曾祠當事人之同意以曾祠正殿右方三開間三進半房屋抵還並曾祠正殿借與船山集會之

用但以不防礙祭祀紀念爲限其現存殘破洋樓及被拆毀齋舍基地亦由船山借與藝芳使用

（六）藝芳女校與船山學社自此次劃界立約後雙方應互相維護所有各方使用之基地房屋不得變賣抵押或撥借他人使用其互讓抵借各項非經雙方同意不得更改

（七）本約共訂陸分由船山學社董事會保存一份曾祠暨藝芳女校各存一份以三份由從場政學紳耆及淮商公所管事人會同曾祠保管董事會船山學社藝芳女校公呈省政府發交民教兩廳存案備查

曾文正公祠保管董事會代表　曾約農

藝芳女校代表　曾寶蓀

船山學社董事會正董事長　胡子靖

副董事長　蕭[illegible]慶

代表　石廣權

從場人

周逸
方克剛
彭兆璜
曹典球
曹伯聞
黃士衡
史　鎰
陳潤霖
張　渾
言汝昌
胡翼如
張湘燾

測繪人

蕭傳新

繕書人　畢迨曾

中華民國二十一年九月

附曾文正公祠保管董事會來函 二十一年十月六日

逕啓者前以本會暨藝芳與貴社劃界刊碑繪圖立約一案比經公呈省府令准備案去後茲奉指令核准相應抄同原令函請查照是荷此致

船山學社董事會

曾文正公祠保管董事會啓十月六日

附抄指令一件

湖南省政府指令教字第398號

曾文正祠保管會董事代表曾約農

令船山學社董事會 正董事長 胡子清 副董事長 蕭度

藝芳女校代表曾寶蓀等

呈爲曾文正祠暨藝芳女校與船山學社劃界刊碑繪圖立約公懇令准存案並乞轉覆備案由

呈件均悉准予轉發民教兩廳備案仰即知照件存此令

主席何鍵

民國二十一年九月二十六日

湖南船山學社章程 民國二十年十一月二十四日

第一章 總則

第一條 本社爲尊仰船山先生之人格學術而設於民國二年呈經中央政府令行湖南省政府有案定名爲湖南船山學社

第二條 本社以研究船山先生學說發揚民族精神昌明國學扶翊風教爲宗旨

第三條 本社設立於湖南省城中山東路（原係小吳門正街舊船山祠之思賢講舍）

第二章 社務

第四條 本社辦理左列各事項

（甲）設研究部

（乙）設講演部

（丙）設編譯部

右三項以哲學政學文學爲範圍

（丁）刊印船山學報

（戊）設立補習學校及兩級小學校

（己）籌辦船山祀典事項（船山祠即設本社內）

（庚）籌設船山圖書館

（辛）徵刊船山未刊遺書及與湖南文獻有關之先哲遺著分別刊佈

第三章　社員

第五條　凡具左列資格之一經本社社員二人以上之介紹經審查會審查合格者均得爲本社社員

（一）研究船山先生學說有所表現者

（二）維護本社具有歷史關係品學端方者

（三）鴻儒碩學曾有著述行世者

（四）大學或專門文科畢業品行端正者

（五）凡品行端正於哲學政學文學三組中曾有一門以上之研究者

第六條　凡本社社員經審查合格者均於登記後發給社證

第七條　凡本社社員得有社證後應按期來社聽講或講演

第八條　依文化團體組織大綱第五條之規定應受限制者不得為本社社員

第九條　本社社員之義務權利如左

（一）本社社員有年納社金及遵守社章之義務

（二）本社社員有選舉及被選舉并審核本社預算決算之權

第十條　凡社員於入社後有應受第八條之限制或損害本社名譽者經人舉發後得由社員大會議決取消其社員資格

第十一條　本社社員大會分二種

（一）常年大會每年於船山先生誕日（夏曆九月初一日）舉行由董事會召集之

（二）臨時會無定期由董事會議決或五分之一以上社員署名蓋章函請董事會召集之

第十二條　社員大會常會時董事會應將一年各種社務進行預決算及財產目錄報告之

第四章　組織

第十三條　本社設董事會分董事名譽董事兩種董事十七人由社員大會推舉之任期兩年每年改選半數其第一次改選半數以抽籤定之但得連選連任名譽董事無定額由董事會推舉之

第十四條　本社董事會互推董事長副董事長各一人任期以兩年為限但得連選連任董事長有事故時由副董事長常川駐社代理之

第十五條　各董事皆爲無給職惟董事長副董事長得酌支夫馬費

第十六條　董事會每月開常會一次由董事長副董事長召集如有臨時事項發生時得由正副董事長或董事五人以上之提議函請正副董事長召集之

第十七條　本社設社長一人副社長一人社長綜理全社事務副社長襄理全社事務由董事會提出五人交由社員大會用無記名投票法選舉之任期三年但得連選連任

第十八條　社長於各組學科中應常川駐社任主講一席副社長得常川駐社

第十九條　本社設秘書一人設研究講演編譯三部每部設主任一人各部分組另行規定之

第二十條　各部主任及秘書由正副社長延聘之會計庶務書記均由正副社長雇用之

第二十一條　本社各職員夫馬薪脩均由董事會決定之

第二十二條　董事會之職權如左

（一）執行社員大會議決案

（二）保管社產

（三）籌措經費

（四）稽核本社賬目

（五）議決關於社務應興應革事項

第二十三條 社長之職權如左

（一）對外代表本社 （二）執行董事會之議決案

（三）編制預算決算 （四）臨時延請名人講演

第二十四條 副社長之職權襄理社務如社長有事故時得代行其職權

第二十五條 本社推舉各職員如有違背社章營私舞弊情事得有確證經人舉發時由社員大會議決懲戒之

第二十六條 本社經費依據民國二年中央政府令行湖南省政府由國庫歲撥津貼金四千元爲基金現改由湖南省庫補助其不足額除由本社社員每年納社金一元外再由董事會負責籌措

第二十七條 本社經常臨時各費應由正副社長於每年度終造具決算交由董事會審查幷於每年常會送交社員大會核銷

第六章 附則

第二十八條 本社辦事細則另定之

第二十九條 本章程如有未盡事宜得由過半數董事或社長副社長提議交由董事會提交社員大會議決修改呈請省政府及省黨部教育廳備案

第三十條 本章程經社員大會通過呈請省黨部核定並呈報主管官署備案之日起施行

改組湖南船山學社籌備會緣起

三十一年六月二十六日

本社自民國二年瀏陽劉蔚廬先生剏辦專爲講求明末遺老衡陽王船山先生「六經生面」「民族精神」「人獸畛域」之學說以承新化鄧湘皋學博校刊王氏遺書之遠志及湘陰郭筠仙侍郎剏設思賢講舍之遺規曾經會同海內名流張謇夏壽康王芝祥莊蘊寬等呈請前總統發交國務院分行內政教育二部批准咨行湖南省政府維護並由國稅項下歲撥基金肆千元藉資開辦在案不幸國政不綱內爭迭起影響學業生心害政亂靡底止溯本社所歷坎壈（一）厄於張敬堯時代至昏夜派兵入社殺死社員吳燦煌程鵬二人（二）停閉於趙恆惕時代至將社產撥歸他校幸社友力爭乃恢復一部（三）被壓迫於共產黨執政時代至將社舍改辦省農民協會社遂中斬計自民國十五年以後社友星散共黨雖未久消滅而政府無力提倡展轉移易一校僅存主其事者又絕不知社爲何物剏社者爲何義甚至社之名且不存遑論其他即校務亦久爲教育界諸賢及教育當局所訾議多數社友爲此滋戚遂於去春倡議改組八月二十四日奉省政府批准省黨部令派蕭度

傅紹巖彭兆璜方克剛張定任福黎周逸石廣權劉伯遠等九人（劉君今春物故）爲改組船山學社籌備員並審定社章數月以來遵章籌備徵集社員至今日差可告一段落茲特召集第一次社員大會推舉董事成立董事會自此次改組之後本社對於學術前途應負之責任至重且大應如何努力進行之處當爲我社友所共勵惟有一事應聲明者卽本社絕對不含何種政治意昧不爲任何方面之工具除遵守船山先生遺教外不立何項派別力排一切門戶偏私之見凡關六藝微言三湘文獻有應發揚光大者一引爲任務值茲社務重新之際萬緒千頭尚望各社友共抒卓見藉匡不逮同人等無任欣幸之至

湖南船山學社名譽董事一覽表

職別	姓名	別號	年齡	籍貫	現任職務
董事長	何鍵	芸樵		醴陵	湖南省政府主席
董事	曹伯聞			長沙	湖南省民政廳廳長
	張開璉	慕舟		醴陵	湖南省財政廳廳長

朱經農				湖南省教育廳廳長
譚常愷	九思		長沙	湖南省建設廳廳長
曹典球	籽穀		長沙	文藝中學校長
陳嘉言	梅生	八四	衡山	
彭清藜	少湘	八二	長沙	孔道學校校長
黃鳳岐	芳蓀	八三	安化	
謝維嶽	麓山	八一	邵陽	
劉嶽峙	梅齋		衡山	
陳潤霖	夙荒		長沙	楚怡學校校長
馬鄰翼	振吾		長沙	
胡庶華	春藻		攸縣	湖南大學校長
劉仲遠			瀏陽	
王代懿	蒓果		湘潭	

學錄　名籍表第一號表

名譽董事一覽表

黃贊元	鏡人	長沙	
胡元倓	子靖	湘潭	明德學校校長
陶廣	思安	醴陵	
陳光中	桂生	邵陽	
王東原		安徽	
毛炳文	次亨	邵陽	
劉建緒	恢先		
趙[illegible]恆	直愚	邵陽	湖南銀行行長

湖南船山學社董事一覽表

職別	姓名	別號	年齡	籍貫
董事長	胡子清	少潛	六五	湘鄉
副董事長	蕭[illegible]度	叔康	六二	衡陽
董事	彭兆璜	公望	六十	湘陰

方克剛	筱川	四七	平江
周逸	木崖	五十	湘潭
石廣權	蘊山	六十	邵陽
張定	叔丹	四六	平江
傅紹巖	梅根	六七	寧鄉
任福黎	壽國	六二	長沙
黃士衡	劍平	四三	郴縣
易書竹	銘勛		醴陵
雷鑄寰	孟强	四八	東安
辜天佑	蘭生	五六	長沙
劉策成		四九	邵陽
楊樹穀	薌詒	五七	長沙
曾毅	松樵	五六	漢壽

羅傳矩	立侯	四七	衡陽

湖南船山學社職員一覽表

職別	姓名	別號	年齡	籍貫
社長	趙啓霖	芷蓀	七四	湘潭
副社長	陶思曾	叔惠	五五	安化
祕書	周逸	木崖	五一	湘潭
研究主任	顏昌嶢	息盦	六四	湘鄉
講演主任	石廣權	一參	六十	邵陽
編輯主任	周逸	木崖	五一	湘潭
庶務	鄭家溉		四三	長沙
書記	李印		二七	寧鄉
	王揚道	用中	二三	湘潭

湖南船山學社社員一覽表

姓名	別號	年齡	籍貫
黃鳳岐	芳久	八四	安化
彭清黎	少湘	八二	長沙
鄒人作	梓宇	八十	湘潭
傅紹巖	梅根	六七	甯鄉
彭兆璜	公望	六十	湘陰
石廣權	一參	六一	邵陽
方克剛	筱川	四七	平江
劉輔宣	公亮	[illegible]	醴陵
余鑑	華龕	五二	平江
陶思曾	叔惠	五四	安化
王代懿	攷育	五七	湘潭
黃贊元	鏡人	五六	長沙

姓名	別號	年齡	籍貫
陳嘉言	梅生	八四	衡山
謝維嶽	龍由	八二	邵陽
趙啓霖	芷蓀	七四	湘潭
蕭度	叔康	六二	衡陽
任福黎	壽國	六五	長沙
周逸	木崖	五十	湘潭
張定	叔丹	四六	平江
雷鑄寰	孟强	四八	東安
胡子清	少潛	六十	湘鄉
劉嶽峙	梅齋	五七	衡山
顏昌嶢	息盦	六五	湘鄉
石崇鼎	達夫	四十	邵陽

叢錄　社員一覽表

謝鴻熙	同甫	四三	長沙
張湘燾	神山	六十	邵陽
李開運	譎凡	七十	長沙
韓景蘇	君劍	五十	長沙
魯兆慶	禹昌	四七	桃源
趙恆	直愚	五一	邵陽
任王	九鵬	四八	長沙
吳亨恭	悔晦	七四	慈利
任震	祇存	五三	岳陽
謝亮宇		四八	衡陽
曾銓	愼齋	六三	衡陽
曾翽楨	叔楡	七三	邵陽
唐正恆	務成	四五	衡陽
黃貞元	靜謙	四六	澧縣
汪恩至	孟萊	五二	長沙
黃濬	仲深	六十	長沙
黃士衡	劍平	四三	郴縣
郭尺岩	以字行	六十	湘陰
李澄宇	洞庭	五十	岳陽
賓步程	敏齋	五十	東安
辜天佑	蘭生	五六	長沙
歐陽之鈞	重衡	五七	平江
王舒	蘧蓀	三五	湘潭
謝鼎鏞賡	淼泉	七十	湘潭
程子樞	靈生	六十	資興
曹瀛	海洲	五二	永興

陳齊錫	王林	六十	湘鄉
易書笏	銘勛		醴陵
歐陽谷	泰階	五一	常寧
李漢超	滌元	三八	安化
柳敏泉		四七	湘陰
張通煥	斗衡	五九	湘鄉
羅傳矩	立侯	四七	衡陽
謝鳳岡		四七	岳陽
曾沛霖	澤溥	六十	武岡
羅任	己仁	五二	衡山
蔡人龍	漁春	四九	衡陽
廖廷銓	俊珊	七四	衡陽
陳繼訓	杏驄	五六	長沙
曾毅	崧樵	五六	漢壽
劉策成		四九	邵陽
孫道和	鳴珂	三十	湘鄉
馬承堅	頌高	四四	衡陽
何元文	少梯	四五	醴陵
彭昺	俊文	三十	湘陰
方永惕	乾九	五一	岳陽
陳健民		二七	攸縣
彭運斌	鏡芙		攸縣
向玉楷	立庭	五五	麻陽
陳纆威	伯豪	四一	黔陽
周安漢	勃丞	四四	衡山
王禮培	佩初	六二	湘鄉

叢錄 社員一覽表

劉壽昌	菱邨	六十	長沙
劉揆一	霖生	五五	湘潭
劉苾	明蓀	五二	瀏陽
劉先庚	茂侯	五十	衡陽
楊卓新	華一	四八	新化
劉囦巖	疊珉	五五	邵陽
袁翥鴻	臚初	五十	資興
蕭沛霖	甘溪	五一	湘鄉
王壽慈	澍芝	七一	長沙
戴士穎	韵珂	四五	益陽
朱應祺	子山	四十	汝城
謝曉鍾		四五	衡陽
彭施滌	惺荃	六三	永順

三四

馮天柱	一擎	五五	零陵
趙家宏	愼之	四三	湘潭
劉國逸		五三	衡陽
陳長簇	右鈞	五四	平江
王季範		四五	湘鄉
黃濟	駿德	三四	零陵
劉謙	約真	四九	醴陵
楊哲	蕉園	四四	衡陽
瞿方書	蓀樓	五十	保靖
盧質	泮珊	五四	邵陽
鄧兆賢	醒盦	六三	武岡
李炑	葵午	六二	安仁
鄭芳	惕予	六六	長沙

毛樹駿	覺民	五四	長沙
言汝昌	峙方	五十	湘潭
陳嘉會	鳳光	五八	湘鄉
朱肇幹	碧松	五〇	湘潭
席啓驦	魯思	三八	東安
梁覺	競魂	四二	安化
龍紱慈	達夫	四七	攸縣
曾約農		四十	湘鄉
胡庶華	春藻	四七	攸縣
葛鼎甫	遂平	六〇	湘潭
吳夷吾	椒庵	五六	湘鄉

叢錄 社員一覽表

壬申 第一冊

本社紀事

船山遺書精義

俟解

天地既命我爲人。寸心未死。亦心於飢不可得而食寒不可得而衣者。留吾意焉。聖賢之言。皆不可食。不可衣者也。今之讀書者、以之爲飢之食。寒之衣。是以聖賢之言。爲俗髡妖巫之科儀符咒也。哀哉。

編者節錄

本社紀事

從二十年十月省令籌備改組日起至二十一年十月止

二十年十一月十四日由省黨務指委會派蕭度傅紹巖彭兆璜方克剛張定任福黎六人於社友中公推於本社有歷史關係者周逸石廣權劉伯遠三人合九人爲籌備員

十二月二日在中山堂成立船山學社籌備會是日開第一次籌備會推定方克剛周逸彭兆璜三籌備員起草社章

十二月二十三日開第三次籌備會本社社章經全體籌備員修正通過

十二月三十日開第四次籌備會推傅紹巖擬定徵求會員啓

二十一年一月二十一日開第五次籌備會社啓經全體籌備員修正通過

二月九日開第七次籌備會籌備員周逸提議將船山中學校補助費呈請教廳由籌備會具領經全體議決通過

二月二十三日開第八次籌備會籌備員周逸提議呈請教廳頒發湖南船山學社

圖記經全體議决通過
四月二日奉教育廳令頒發湖南船山學社圖記准予啓用
五月十四日開第十二次籌備會審查社員資格通過社員胡子清等八十二人
六月五日補行審查社員資格通過社員彭清黎等二十三人
六月二十一日開第十七次籌備會補行審查社員資格通過社員謝國藻等十六人並提議應否推舉開社員大會演說詞起草員決定推石廣權周逸兩籌備員擔任起草
六月二十四日在青年會成立董事會是日到會社員四十三人主席彭兆璜演說後照章公推蕭度彭兆璜石廣權方克剛周逸任福黎張定傅紹巖胡子清黃士衡雷鑄寰易書竹曾毅辜天祐劉策成楊樹穀羅傳矩十七人爲董事
七月一日在青年會開第一次成立董事會臨時主席方克剛討論舉推胡子清爲董事長蕭度爲副董事長又推何芸樵曹伯聞曹典球陳嘉言黃鳳岐彭清黎謝維嶽七人爲名譽董事推胡子清蕭度劉策成周逸辜天祐方克剛張定七人爲

接收委員接收船山中校房屋器具又推彭兆璜石廣權楊樹穀三人爲董事會辦事規則起草員

七月三十一日開第一次常會報告藝芳女校代表言汝昌等七月二十三日來函略云該校兼代表曾公祠與前船山中校界址轇轕擬具調解辦法四條（略）請本社推定代表討論解決當推定石廣權周逸方克剛三董事爲代表交涉此案

八月四日船山學社將上期補助費付清（計洋一千六百六十元）內二百六十元係任校長九鵬領去並雙方登載國民日報五日聲明所有關於中校七月底以前種種銀錢賬目有無轇轕概由中校理落與改組後之船山學社無涉

八月五日接收委員胡子清蕭度周逸方克剛劉策成辜天祐入社接收當由船山中校曹宗海郭潤章李潤夫三人將中校房屋器具圖書文件照移交清册逐一點交（內船山中校蕭任移交債務文卷一宗未收）

八月十五日奉教廳令發還前船山中校債務文卷一宗內開債務仍歸上手負責清理惟文卷交本社保存

本社紀事

八月二十六日開第二次董事會周董事逸提議先行恢復　船山祠及畫　船山先師遺像預備夏歷九月朔日　船山先師誕辰祭祀公推周董事逸爲駐社設備委員並加推彭董事兆璜爲本社與曾祠交涉代表

九月四日開社員大會選舉正副社長到會社員三十七人副董事長蕭度代董事長胡子清主席當推定石崇鼎謝鴻熙爲發票員柳敏泉任震爲開票員結果以趙啓霖二十四票當選爲社長陶思曾十八票當選爲副社長正副社長次多數爲石廣權

九月十一日開臨時董事會董事長胡子清主席報告開會歡迎陶副社長思曾進社就職彭董事兆璜報告本會經過情形周董事逸繼續報告及交涉藝芳女校界線已立約結束陶副社長答詞初謝歡迎繼以主張星期演講發表學術及刊行學報應仍陸續依法徵集社員彭董事提議董事會章程增設名譽董事長議決照原案通過提交大會請求追認當推舉何主席爲名譽董事長財建兩廳長及新教育朱廳長並湖大校長胡春藻暨陳潤霖熊秉三馬振吾吳恭亨劉嶽峙

劉仲邁爲名譽董事周董事將曾祠保管會暨藝芳女校契約地圖當會點交胡董事長收存保管

九月三十日卽夏歷九月朔日　船山先師誕辰是日到社與祭社員及來賓玆照簽到名次開列於下謝維嶽蕭度陶思曾周逸劉先庚石廣權曾天陽辜天祐胡子清汪思至郭尺岩曾銓袁翥鴻張通煥趙恆彭兆璜彭運斌黃贊元謝鴻熙柳敏泉黃仲深席啓駉楊樹穀顏昌嶢劉苾劉策成曹瀛李開運胡家榮黃宜余同熙劉國逸周安漢何鍵張開連曹典球易書竹方永惕黃士衡曹伯聞譚常愷朱經農張湘蘋郭人作黃鳳岐共四十六人是日禮儀最隆用中樂凡與祭各社員先向　船山先師遺像前行三叩首禮退入坐席至十一時陳設公祭整齊嚴肅公推何主席主祭朱曹張譚四廳長及省府各委員陪祭各社員分列兩班與祭禮成而退請名譽董事長何主席演講陶副社長及石董事演講（演講辭另刊）惟何主席演講　船山先生張子正蒙注一節有獨到發微之處特紀之以見船山先生之學說將有光大發揚之期

本社紀事

十月十六日開臨時董事會董事長胡子清主席報告曾祠藝芳女校與本社所訂條約省府已指令備案當由周祕書將省府指令憑會交董事長保管按此令係由曾祠董事會抄來原文見本報叢錄公牘欄內又省府指令准予撥發開辦費二千元應如何支配用途議決照原定概算支配是日加推陶廣劉建緒毛炳文王東原陳光中黃贊元王代懿胡元倓辨恆九人爲名譽董事

十月二十三日董事會開第四次常會董事長胡子清缺席由副董事長代理主席討論修理本社房屋案議決由正副董事長副社長周祕書酌量辦理石董事提議曾祠藝芳與本社立界碑案議決由正副董事長副社長會同原有交涉代表尅日辦理

右本社紀事係依據本社籌備會及董事會社員大會紀錄案中之事實但提議未經通過或通過有礙難尙未執行者概闕不紀以存實錄　編者識

介紹名著

例

先儘本社同人已刻未刻之著作或譯述

次搜羅湖南全省先賢遺著

次本省政學各界名人願以著述託爲介紹者

次全國人士願以著述託爲介紹者

次通行名著本社認爲於當代教育政治軍事實業最有裨益者

例目

十一　經學家言

十二　史學家言

三　道家者言

四　墨家者言

五　法家者言

介紹各業

六 名家者言

七 政學家言

八 計學家言

九 教育家言

十 佛學家言

十一 文學家言

十二 農學家言

十三 工商家言

十四 兵事家言

十五 藝術家言

定價表

冊數	每冊	預定全年
定價	四角	一元五角
郵費	照章	

中華民國二十一年十二月出版

歡迎轉載

船山學報

壬申第一冊

編輯者　湘潭周逸

發行者　長沙中山東路　湖南船山學社

印刷者　長沙萬福街　大同印務館　電話五六九

代售處　上海　南京　天津　北京　漢口　武昌　福建　廣州　商務印書館
　　　　湖南船山學社

民國二十二年五月出版

中華郵政特准掛號認爲新聞紙類

第二期

船山學報

癸酉 第二冊

湖南船山學社印行

湖南船山學社學報章程

一 本學報繼續本社民國六年以前學報辦理仍名曰船山學報

二 本學報暫定每季出版一次按年編號如本年出版之報標名曰癸酉第某册以後順推

三 學報內容分類如左

1圖畫 2特刊 3師說 4講演 5通論 6專論 7專著 8文苑

9劄記 10說苑 11叢錄 12本社紀事

四 本社徵文酬例另定之遺稿專著斟酌酬贈詩詞雜文等不給酬但酌贈書報

五 給酬以登出學報者爲限

六 凡來稿本社得斟酌修改之無論已否登出概不退還惟遺稿專著詩詞文集成册者不在此限

七 本報費及廣告費另定之

湖南船山學報癸酉第一册目錄

目錄

詩錄

目錄

癸酉第一册

目錄　六

目錄

癸酉　第一冊

王船山先生遺像

把鏡相看認不來問人云此是畺齋龜於朽後從人
卜夢未圓時莫浪猜 誰筆仗此形骸閒愁輸汝兩
眉開鉛華未落君還在我自從天乞活埋
先師自題小影詞也清光緒初元張文心大令從
先師祠堂摹得 遺像蓋猶襲明行人司章服 先
師以永曆四年任行人司年三十二後又四十一年
乃自題小影今摹刻之祠堂者是也湘陰郭筠仙侍
郎奉以祀之思賢講舍而為之贊曰
濂溪混然其道莫窺惟於先生望見端崖約禮明性
守道持危闡揚文令是曰先知二百餘年星日昭垂
私心之契曠世之師

特刊

清國史儒林傳

王夫之湖南衡陽人。明舉人。張獻忠陷衡州。毀僞官招夫之。夫之走匿南嶽。賊執其父爲質。夫之引刀自刺肢體。舁往易父。賊見其創也免之。父子俱得脫。歸居石船山。杜門著書。神契張載正蒙之說。演爲思問錄內外二篇。所著書有周易稗疏。書經稗疏。詩經稗疏。其言易不信陳摶之學。亦不信京房之術。於先天諸圖及緯書雜說排之甚力。而亦不空談元妙附會老莊之旨。故言必徵實義必切理。其說尙書詮釋經文。多出新義。然詞有根據。不同游談。其說詩辨正名物訓詁。以補傳箋諸說之遺。皆確有依據。不爲臆斷。又辨叶韻一篇。持論名通。足解諸家之轇轕。又著尙書引義。春秋稗疏。春秋家說。康熙間吳逆在衡湘。夫之又逃入深山。吳逆平。巡撫嘉之。餽粟帛請見。夫之辭帛受粟。未幾卒。

補錄史傳原稿一條

明桂藩在肇慶。大學士瞿式耜薦夫之爲行人司行人。旋以母病歸衡山。

船山先師年譜序

衡陽王之春

昔太史公采輯羣書爲孔子世家。比事屬詞。窮原竟委。俾後之學者讀孔子書。復讀世家。稽其年齒。考其行事。曉然於孔子之本末。而備悉其爲人。雖以閱世過多。搜采舊聞。容失審。然七十三年中。闕疑存信。於孔子之德行道藝出處進退。未嘗不多所發明也。世家之輯。曷可少哉。吾宗船山公以前明崇禎壬午舉於鄉。値寇亂日亟。道梗不得赴會試。張獻忠陷衡州。公匿南嶽蓮花峯下。寇獲公父武夷公。質招公爲僞吏。公自殘支體。傅毒藥。舁往易父。旣皆獲免。復匿南嶽山後黑沙潭。意倘鉤索相尋。卽致命遂志。未幾明思陵殉國。桂王建號肇慶。公結管公嗣裘起義兵圖恢復。逮見潰敗。尋遘鄉里之難。一再赴粵。授行人職。以疏救五虎。幾陷不測。時粵政日非。殘明如綫。公知事不可爲。乃遄返衡陽。自是一意著述。或與及門諸子講學。或與二三遺老游覽吟詠。三十年間。居敗葉廬及觀生居者。十有四年。居湘西草堂者。十有六年。嘗再至洞庭。一至江西。不久旋返。平日蹤跡所至。湘鄉爲多。餘則祁邵之間而已。吳逆三桂之變。人心煽惑。有以勸進表屬者。公巽詞以謝。逃入深山。越十一年。直隸鄭公端巡撫偏沅。風聞其事。飭衡州知府崔公鳴鷟餽粟帛請見。公卻帛受粟。以衰病辭。臨終遺命墓碑書明遺臣。蓋公忠於勝國之心。七十餘年猶一日也。公生平所學。邃於張子正蒙。及近思錄。演爲思問錄內外二編。以上契乎孔子。故於周易詩書春秋禮記。多發前人所未及。於四子書詮解。尤極精詳。更肆力於老莊呂氏淮南諸子、與夫屈宋楚詞。爲之註釋。漢魏以下。遞及陳隋。於文詩均有評選。唐詩則於李杜加詳。晚年所著史論。於累朝治亂興亡得失之故。反復推究。洞澈無遺。凡所箸書百餘種。沒後散在門人故舊家。悉不傳。越十一年。康熙壬午。宜興潘公宗洛提學湖廣。公仲子敔游其門。乙酉撰具行述。抱家藏思問錄、正蒙注、莊子解、楚詞通釋諸書。呈乞作傳。始稍稍章矣。洎敔公年踰六十、從游之有志及姻友之有力者。捐刊公書數種。其後增至十餘種。坊肆乃有傳本。乾隆三十八年。詔開四庫書館。搜坊遺書。公著周易稗疏。周易考異。書經稗疏。書經引義。詩經稗疏。詩經考異叶韻辨。春秋稗疏。春秋家說。鈞蒙欽定收入四庫。並詔史館列傳儒林。公之學於是益昌。公之見褒聖朝固願不及此也。嗣後遺書日出。道光間公六世孫世佺裒藏於家。之春本支從父世全公謀刊百五十卷於湘潭。新化鄧先生顯鶴主其事。湘潭歐陽先生兆熊實贊成之。咸豐四年、板毀於兵。同治初元、曾文正公國藩與忠襄公國荃合謀重刻於金陵。增益百七十二卷。公書於是粗備。然合之未刻未見已著錄者。僅八十八種。其佚名者尙數十種也。今公書已遍海內。而事跡散失。傳聞異詞。不有年譜。其何以原始察終也。之春十四世祖統公。與公七世祖綱公爲同懷兄弟。別居衡陽泉溪市。乾隆三年、析衡陽東南二鄉置清泉縣。故之春世爲清泉人。之春於公在支系。不容膜視。視尋常族姓與凡百後學。自逾涯量。藩鄂以來。就公詩文集中取其注有年分及事實可按者。證以行述。潘公宗洛撰傳、與乎族譜省志諸書。謹用比次爲年譜前後編。亟付棗梨。持以問世。雖於龍門筆法。非所敢儗。庶乎傳信後世。亦仁明所不廢也。爰揭顚末。與世之讀公書者質焉。時光緒十八年壬辰冬月八世從孫王之春序於鄂藩使署。

師說

船山遺書精義

俟解

法語之言而從。巽與之言而說。即不繹不改之心也。法言而能說。巽言而能從。說而後改。從而後繹。聞教之下。移易其情則善矣。巽言而說者。好諛之心也。法言而從者。無恥之恥也。待言而生改過遷善之心已末矣。况但以聲音笑貌而易其情乎。

編者節錄

師說

張子正蒙注詮言　續壬申第二冊

邵陽石廣權一參

船山遺書之一

第三章

天地之氣。雖聚散攻取百塗。然其爲理也。順而不妄。

原注、聚則見有。散則疑無。既聚而成形象。才質性情。各依其類。同者取之。異者攻之。故庶物繁興。各成品彙。乃其品彙之成。各有條理。故露雷霜雪。各以其時。動植飛潛。各以其族。必無長夏霜雪。嚴冬露雷。人禽草木。互相淆雜之理。故善氣恆於善。惡氣恆於惡。治氣恆於治。亂氣恆於亂。屈伸往來。順其故而不妄。不妄者氣之清通。天之誠也。

廣權按、電學家言。同性相距。異性相吸。吸則善聚。距則善散。散而不已。則始異終同。同復相取。聚而不已。則大同小異。異復相攻。交相攻則聚者有時而復散。

師說　張子正蒙注銓言　二

交相取則散者以漸而復聚。聚散攻取分合同異。一吸一距之間。莫不依於天然之原則。而莫能軼出於常軌之外。詩所謂有物有則也。有則之謂大順。大順之謂信順時乘位。毫無容心於其間。何妄焉。

氣之爲物散入無形。適得吾體。聚爲有象不失吾常。

原注、散而歸於太虛。復其絪緼之本體。非消滅也。聚而爲庶物之生。自絪緼之常性。非幻成也。聚而不失其常。故有生之後。雖氣稟物欲相窒相梏。而克自修治。卽可復健順之性。散而仍得吾體。故有生之善惡治亂。至形亡之後。淸濁猶依其類。

廣權按此卽物理學家所云質力不滅。及力質兩量常等之原理也。當其散入無形也。質不可見。疑於無矣。然而卽此善入性之作用不以外象之攜散無已而離質獨存。無小不破。實雖大不加。體於無體。無體之體。適還其淸虛無礙之真焉。及其聚爲有象也。居然有質。遽可據而爲有乎。不知推此作爲力之結果。常以外象之吸聚日多而他力亦增。萬變不齊。實兩量相劑。無常而有常。有常而無常。要不失吾和順不貳之故爾。

船山師推而徵諸人事氣稟物欲修治之功。與夫善惡治亂之迹。是指示學者體天盡人處。

太虛不能無氣。氣不能不聚而爲萬物。萬物不能不散而爲太虛。循是出入是皆不得已而然也。

原注、氣之聚散。物之死生。出而來。入而往。皆理勢之自然不能已止者也。不可據之以爲常。不可揮之而使散。不可挽之而使留。是以君子安生安死、于氣之屈伸無所施其作爲。俟命而已矣。

廣權 按氣體之流行於太虛。有微顯而無增減者也。物體之呈象於兩間。有成毀而無生滅者也。當其顯也。或謂之有。當其微也。或謂之無。使果由無而生有也耶。則增之無已。太虛之內於何容。使果由有而漸無也耶。則減將焉歸。太虛之外於何洩。可知增減且無。有無之說無從立。物之因聚而成也。或謂之生。物之因毀而散也。或謂之滅。不知此之所聚卽多方之物所毀以相成。甲之所毀。卽乙方之物所吸而成聚。隨毀隨成。倏聚倏散。生且無生。滅自無滅。以此知亘

師說　張子正蒙注詮言　四

古無常聚不散之物體。故出生入死。出死入生。變化萬殊。不離其宗。因知兩間無一往不返之氣運。故出虛入實。出實入虛。周流六合。無時或息。莊氏有言。孰主張是。孰綱維是。孰居無事。推而行是。意者其有機緘而不得已耶。意者其運轉而不能自止耶。然乎。然不然乎不然。體健含順。真實無妄。學者達此。於道無閡然矣。

然則聖人盡道其間。兼體而不累者。存神其至矣。

原注、氣無可容吾作爲。聖人所存者神爾。兼體謂存順沒寧也。神清通而不可象。而健順五常之理。以順天地之經。以貫萬事之治。以達萬物之志。皆其所涵存者。不爲物欲所遷。而學以聚之。問以辨之。寬以居之。仁以守之。使與太和絪縕之本體。相合無間：則生以盡人道而無歉。死以返太虛而無累。全而生之。全而歸之。斯聖人之至德矣。

巖權　按天以健行順應之理。垂象而示人。聖人即以川流敦化之德。盡道以體天。體之至精。則萬象俱融。而不牽於毫髮之迹。一誠無妄。而深入其會經之微。

成性存存。實有不可得而知之之妙。物我兼該。內外兼澈。存順沒寧。窮神知化。至德矣。蔑加也已。

彼語寂滅者。往而不返。

原注、釋氏以滅盡無餘。爲大涅槃。

廣權 按佛氏世界三千大千之義。人生輪迴六道之說。論雖玄傲理實可推。非專以滅度爲教也。後世僧流。徒襲其如如空空之唾餘。合掌面壁。自以爲有得於色相之外。是所謂知往而不知來。投身於莽蒼而不知返者也。

徇生執有者物而不化。

物、滯於物也。魏伯陽張平叔之流。鉗魂守魄。謂可長生。

廣權 按莊列二家有言。我身非我有。天地之委形也。我子孫非我有。天地之委蛻也。委形委蛻。所謂物也。知其爲委形委蛻。則知化矣。窮神知化。夫然後知生非可據。有生生者而生無容徇矣。夫然後知有無可滯。有有有者而有奚從執矣。彼道家末流。乃叛爲神仙長生之說。熊經鳥伸。吐納服餌之術。夫焉知道。

二者雖有間矣。以言夫失道則均焉。

循生執有者。尤拂經而爲必不可成之事。凡皆不知氣之未嘗有有無。而神之通於太和也。

廣權　按禪空寂滅之說。其害至於無人倫。然其明心見性之義。頗有合於吾儒尊德率性之功。故其弊也。中於朝。不過爲蕭梁。中於野。如陸王諸子且藉以立義而標新。卽程朱大儒。亦往往無意而闇合。若循生執有之說。顯有悖於吾儒川流敦化之旨。而其害且足以禍家國而妨人道。故其弊也。流於朝者。雄則爲秦皇漢武。不惜窮天下之民力。以求完成其貪執之私。弱則爲唐宣宋徽之愚。餌金石而建壇醮。流於野者。爲我主義則如楊子一毛不拔。孟子斥爲無君。玩世主義。則如魏晉淸談養生之習。遽使神州陸沈。蓋所重在此。則所輕在彼。勢使然也。故橫渠評二家爲有間。而均不免於失道。蓋道無不在。旣不可如往而不返者之騖於無。道本無方。又不可如物而不化者之滯於有。有無之見泯。而太和之理得矣。

聚亦吾體。散亦吾體。知死之不亡者。可與言性矣。

聚而成形。散而歸於太虛。氣猶是氣也。神者氣之靈。不離乎氣而相與爲體。則神猶是神也。聚而可見。散而不可見。爾其體豈有不順而妄者乎。故堯舜之神。桀紂之氣。存於絪縕之中。至今而不易。然桀紂之所暴者、氣也。養之可使醇。持之可使正。澂之可使清也。其始得於天者。健順之良能。未嘗損也。存乎其人而已矣。

廣權 按有死者質也。無死者神也。質之成乎體者有時死。而原始之質未嘗死。故體可聚亦可散。神之寓乎性者無時死。則操存之神亦與之爲不死。蓋性常存而不亡。知乎此而人我俱忘。天人一貫。性天朗澈。歷刼彌新。偶乎遠矣。

此章乃一篇之大指。貞生死以盡人道。乃張子之絕學。發前聖之蘊。以闢佛老而正人心者也。朱子以其言旣聚而散。散而復聚。譏其爲大輪迴。而愚以爲朱子之說反近於釋氏滅盡之言。而與聖人之言異。孔子曰。未知生、焉知死。則生之散而爲死。死之可復聚而爲生。其理一轍明矣、易曰。精氣爲物。遊魂爲變。遊魂者、魂之散而遊於虛也。爲變則還以生變化、明矣。又曰、屈伸相感、而利害生焉。伸之感而屈。生而死也。屈之感而伸。非既屈者因感而可復伸乎。又曰、形而上者謂之道。形而下者謂之器。形而上者、卽所謂淸通而不可象者也。器有成毀。而不可象者寓於器以起用。未嘗成亦不可毀。器敝而道未嘗息也。以天運物象言之。春夏爲生。爲來爲伸。秋冬爲殺。爲往爲屈。而秋冬生氣潛藏於地中。枝葉槁而根本固榮。則非秋冬之一消滅而更無餘也。車薪之火。一烈已盡。而爲燄爲煙爲燼。木者仍歸木。水者仍歸水。土者仍歸土。特希微而人不見爾。一甑之炊。溼熱之氣。蓬蓬勃勃。必有所歸。若盦蓋嚴密。則鬱而不散。汞見火則飛。不知何往。而究歸於地。有形者然。況其絪縕不可象者乎。未嘗有辛勤歲月之積。一旦悉化爲烏有、明矣。故曰往來。曰屈伸。曰聚散。曰幽明。而不曰生滅。生滅者釋氏之陋說也。儻如散盡無餘之說。則此太極渾淪之內。何處爲其翕受消歸之府乎。又云、造化日新而不用其故。則此太虛之內。亦何從得此無盡之儲。以終古趨於滅而不匱耶。且以人事言之。君子修身俟命。所以俟天。全而生之。全而歸之。所以事親。使一死而消散無餘。則諺所謂伯夷盜蹠。同歸一邱者。又何恤而不逞志縱欲。不亡以待盡乎。惟存神以盡性。則與太虛通爲一體。生不失其常。死可適得其體。而妖孽災眚姦回濁亂之氣。不留滯於兩間。斯堯舜周孔之所以萬年。而詩云文王在上。於昭于天。爲聖人與天合德之極致。聖賢大公至正之道。異於異端之邪說者以此。則謂張子之言。非明睿所照者。愚不敢知也。

廣權 按船山服膺橫渠於宋儒之中。獨推橫渠爲知道。視朱陸以下。蔑如也。故其自題墓石。尙有希橫渠之正學而力不能企之語。傾倒至矣。橫渠正蒙一書。太和篇爲開宗明義至精粹之語。而是章於人物氣化生死聚散之故。發揮洞切。而不滯於有。不淪於無。尤其神知獨到。別於老佛之末流處。非徒陸王一派。遜其精純。程朱諸儒實無其廣大。今取西儒物理哲學諸家言。一一實證之。益服關學之精實。有迥絕諸家處。而船山師之所爲瓣香崇拜。老死不衰。良有以也。（未完）

癸酉 第一冊

師說

張子正蒙注詮言

一〇

講演

船山遺書精義

俟解

生汙世。處僻壤。而又不免於貧賤。無高明俊偉之師友相與薰陶。抑不能不與惡俗人相見。其自處莫要於慎言。言之不慎。因彼所知而言之。因彼所言而言之。則將與諸化。如與仕者言。則言遷除交結。與鄉人言。則言賦役獄訟。不知痛戒。而習爲固然。其迷失本心。難以救藥矣。守口如瓶。莫此爲至。吾所言非彼所欲聞。則量晴較雨。問山川。談風物可爾。若范希文做秀才時。以天下爲己任。不容不論芻蕘。以達天下之情。然必此中瑩淨。不爽帶一絲自家飢寒利害在內。方可出而問世。不然。且姑自愛其口。若惡俗無恥。苦相聒厭。則當引咎自反。我必有以致此物之至。益加緘默。生彼之媿。勿容自恕也。

編者節錄

講演

本社組織講友會會講宣言

邵陽石廣權一叅

癸酉夏正初三日。實民國二十二年二月。本社董事會月終常會同人等以本社爲講學之地。創自前清光緒初元。湘陰郭筠仙侍郎謝仕歸里。建議就省垣小吳門正街公立船山先生祠。附設思賢講舍。以景仰先師王而農先生之道德學問爲宗。鼎革之交。絃歌輟響。民國癸丑。瀏陽劉蔚廬先生發起學社。定聘主講三人。分任哲學政學文學三科。以星期日講演。時變紛乘。社友星散。壬申之秋。本社改組。乃復舊物。以纘先賢。僉謂湔祓人心。亟宜講學。移風習俗。責在師儒。本社對於民族文化。有闡揚國故之責。對於鄉國庠序。有補助風教之義。惟是講學之事。良未易言。在昔三代盛時。政教同源。官師合一。漢書藝文志。謂九流皆官書。如道家者流。出於史官。儒家者流。出於司徒之官。墨家者流。出於清廟之官。云云是也。周之東遷。國異政。家異俗。士異教。尼山一老。周流息轍。退而講學。然猶問禮老聃。訪樂萇弘。學然後知不足。教然後知困。斯言信也。仲尼沒而微言絕。孟子以爲天下之言不歸楊。則歸墨。韓非子顯學篇謂儒分爲八。墨離爲三。即如一論語也。而齊魯所記。章句各殊。一春秋也。而公穀左氏。三傳異趣。最著者。如孟荀二氏。同師孔子。而主張各別。荀卿非十二子篇。於惠施鄧析。墨翟宋牼。愼到田駢。皆以爲持之有故。言之成理。倘多恕詞。獨掊擊思孟游夏諸儒。不留餘地。殊難索解。又何怪漢末太學。有南北之交訌。宋代諸賢。有洛朔蜀之分黨。明季東林復社。國命既淪。相尋未已。非但程朱陸王學理上主張之判別已也。善夫昌黎韓子之言曰。儒墨同是堯舜。同非桀紂。同修身正心以治天下國家。希有所不相悅哉。余以爲辯生於末學。各互售其師說。非二師之道本然也。信是言也。學說萬殊。各尊所聞。各行所知。殊塗同歸。本不足異。孔子之言有之曰。道不同不相爲謀。老氏之言曰。反者道之動。異議蓬生。真理益出。此講學家必有之對象。亦學理上進化之徵兆。惟萬不容以意氣參之。漆園暖姝曲士之誚。蘭陵溝猶瞀賤之辱。不可蹈也。此就講學家溥通應有之常識言之也。本社師仰船山先師生平學術。具見遺書。按而求之。但令竭旬月之功。當得崖略。同人等既列社籍。在治學真理一面。不妨存疑。而尊師篤行一面。必先起信。今請繆舉先師學說之概。而略述筠老蔚老二先生建舍搬社之經過。爲同人陳之。先師於易春秋特有契於天人象徵治亂隱見之理。於書禮斷斷於三古消制。而深有警於內外小大人禽文野之大防。於文史評論箸述之所及。古代文明民族精神言之有物。其學不囿於一先生之說。百家諸子。若老莊呂覽淮南之書。皆徧加注釋。博學明辨。持論閎通。於理學精極宋明諸儒之說。對於陽明。弗取苟同。而對於洛閩。亦尙不如其服膺關學之摯且篤。關學鉅子。張邵並稱。邵數精深。張量宏大。先師希橫渠之正學。自題墓石。尙自以爲力不及。恉可知也。嘗憶湘陰郭玉池老人。嘗創建講舍。躬親講席之初。時論大譁。謂不合於當代各書院山長所以課試諸生之制。有投石與後者。然吾湘近百年來。人文崛起。說者以爲常爲全國重心。維新先覺。三傑並稱。玉池老人與邵陽魏默深先生。其最著也。船山先師以明末遺老。義不貶節。民國旣建。談民族者多援引師說。而傾注民權者。牽據孟子民貴君輕及犬馬土芥寇讎之言。轉相濡染。以爲船山之說。卽孔孟之說。邇近民族革命之說。卽船山之說。微論孔孟當時言論氣象早已大殊。卽以船

講演　本社組織講友會會講宣言　

山先師之言徵之。嘗曰、六經自我開生面。生面之開云何。自小儒之眼光觀之。淺者不免大驚。妄者或且大笑。所必至也。時代推遷。觀念各別。就湘言湘。卽如咸同勛閥。光宣民黨。交迭廢興。而論者以爲湘人士思想事業。嘗處全國政教風氣之先、殆舉國所公認也。當蔚廬先生剏立本社之初。湘政府暨舊社會。咸不無後言。懷疑之不已。而思所以抑限之。抑限之不已。又進思所以消滅之。展轉廿年。毀之者旣失其眞。護之者亦且鮮能自信。同人等以爲如玉池蔚廬二老之德望學識。尙難悉滿於流俗悠悠之口。何況末學。欲以不勝秋毫之力。而肩講學登道承先啓後之任。非妄則愚。用是兢兢。而不容不集思廣益。以期衆擎而易舉者也。雖然、孔氏有言。德之不脩。學之不講。聞義不能徙。不善不能改。是吾憂也。脩德不可離羣而索居。講學重在質疑而辨難。徙義必先明辨其塗徑。改過尤資責善於朋友。今者世變極矣。千鈞一髮。繫於人心。生心害政。冥心廢事。兩俱失之。師心自用。旣決不合於時宜。放心縱慾。尤可哀悼。同人等量力度德。對於天下存亡。各以爲有匹夫之責。義不可不知而作。又不可以知而不言。此講友會之所以組織也。是會也。由同人輪週値講。變從前專任主講之制。而各罄其長。揅經葄史。徵文考獻。輔世翌教。於講題不拘學派異同。而一以講習討論研求真理爲主。凡涉當代一地方一部分及關於箇人所表現於政象上之是非得失。不在本社講論之範圍。易曰。君子以朋友講習。吾會之組織。竊取斯義焉。廣權受同人之敦促。使主講務。謹爲宣言。時民國癸酉春三月。

講演　本社組織講友會會講宣言

通論

船山遺書精義

俟解

伯夷隘。柳下惠不恭。君子不繇。君子之所恥。如此其大也。聖人之瑕。且恥繇之矣。降而爲天下之善士。有不足者。恥與之同。降而一國之善士。恥與之同其失。降而一鄉之善士。恥與之同其失。止矣。若夫人之與我不同類。其卑陋顛倒之爲。屑屑然以之爲戒。則將以幸不爲彼之爲而自足。嗚呼。吾之生也。而僅異於彼乎。人之大小。自截然分爲兩途。如黑白之不相雜。舍其黑而求全於白之中。雪也。玉也。且於雪玉有擇焉。而但求白之異於黑乎。三人行。擇其不善而改之。聖人之大用。非爾所及也。

編者節錄

通論

我之對於經學之淺識

續壬申第一冊

六經生面室

第三章

經例

據上所列歷朝法令之增減出入也既如彼。吾儒學說之離合異同也又如此。然則吾人今日之所謂經學者將何所適從乎。此亦經學家開宗明義之第一問題也。於此而求得二例焉。一則曰尊經派。何謂尊經派。謂經非孔子一人之所作。特經孔子之刪訂贊修以垂爲教典。是故其界說曰。書非出於孔子之前。及雖出其前而非經孔子之手定者。不可以爲經。二則曰尊孔派。何謂尊孔派。謂夫孔子爲傳經之首師。經之所爲可尊者。爲孔非爲經。是故其界說曰。凡孔子之著述。與經相輔之言論文章。及雖非孔子之言論文章。而自秦漢以前。確知其說之出於孔門而無悖於經旨者。皆得以爲經。今請就二說而演之。

(第一說)尊經派

(甲)書非出於孔子以前者。不得以爲經。

據此則雖孔子之言。翼經而行者。亦不得列入于經。例如左。

(一)易繫辭十傳。

(二)禮小戴所記。

次非孔子之言而孔門羣弟子著以翼經者。益不得號之爲經。例如左。

(一)春秋三傳。

(二)孟子。

再次雖孔子之言而爲羣弟子所著錄傳世者。亦不得奉之爲經。例如左。

(一)孝經。

(二)論語。

至爾雅爲後儒所綴緝。更等諸自鄶以下。可無論矣。

(乙)雖出孔子之前。而非經孔子之手定者。不可以爲經。

據此則除甲所舉諸例外。復得二欵。

(一)周官　按是書雖相傳著自周公。而絕未見於孔子生平所稱引。即孔門如孟荀諸大儒。所談典禮。亦往往與之不合。一疑也。

(二)儀禮　是書亦相傳著自周公。孔門學者如孝經說及中庸。雖皆有威儀三千禮儀三百語。然十七篇之節文。並未見於孔子他書之論列。二疑也。

是則據第一說以言經。而經自詩書易春秋四種以外。皆可疑。則是以尊經故。而經之範圍益隘。

(第二說)　尊孔派

(甲)凡孔子之著述與經相輔之言論文章。皆得以爲經。

據此則易傳孝經論語及小戴禮記所引孔子之言之諸篇。自當尊爲經矣。

雖然。因是義也。發生二例。

一曰孔子之言有雜於本經傳記之中者。自當提出。專尊爲經。毋令與後儒著述雜糅也。例如左。

(一)易之十傳書之書序。樂之樂記。古各單行。皆孔子翼經之言。今當各自特行。而別爲一類也。

(二)戴記中之大學中庸二篇。業經宋儒程朱表章。與論語孟子列爲四書。而記中如儒行一篇。發明儒生自立特立獨行之指。完粹成章。禮運一篇。語多合於春秋三世之指。亦完全成編。今論語既自成一經。則大學中庸儒行禮運。亦當各成一經。而自爲一類。

(三)援論語之例。而戴記中如表記緇衣諸篇。皆綴緝記錄。體製相同。似可埒爲一類。援孝經之例。戴記中如坊記哀公問仲尼燕居孔子閒居等篇。亦首尾完具。體製相同。亦似可埒爲一類。

二曰孔子之言有見於諸經傳記之列者。自當寶存。升入爲經。無令與百家言論同湮也。例如左。

(一)援易傳彖繫諸辭。合經並行之例。則書序一篇。在漢儒如馬鄭。唐儒如孔穎達。宋儒如朱子。皆認爲孔子所作。自當與書合行。而升入爲經。

（二）援孝經論語之例。則家語雖經王肅手。增加變亂。而其文見於周秦兩漢。諸子傳記所稱引者。十之六七。考孔安國序。稱秦焚書。是篇以雜於諸子得存。漢興藏於呂氏。後得以付掌書。與曲禮亂簡合藏。孔衍稱戴聖以曲禮不足取。家語雜亂者益之。晁公武稱王肅得此書於孔子二十四世孫猛家。按論語今可勿議。若孝經之出亦較諸經爲晚。書中亦不免疑僞。今得列入經中。則家語亦自當升入爲經。

（三）援小戴所記之例。則如孔子三朝記七篇。及周秦兩漢諸家所稱引孔子之言。皆當綴合升之於經。

（乙）雖非孔子之言論文章。而自漢以前。確知其說之出於孔門。而無悖於經指者。皆得以爲經。

據此則公穀左孟。確可翼經。自當尊用無疑。即爾雅相傳出於子夏之門。小戴所記。除上例所舉各篇外。如學記禮器之類。其言純正。雖無孔子師弟言論著作之明文。而儒家世傳。亦自可埒經無議。然推此義也。亦發生二例。

一曰同此先儒著述之言。既升爲經。則不得拘於成例。入此而出彼。優此而劣彼也。例如左。

(一)援公穀之例。公穀春秋傳也。可升爲經。則詩序之爲子夏作。而毛詩詁訓傳。韓詩外傳。今尙存。書序之爲孔子作。姑勿論。而伏生之尙書大傳。今尙存。亦當升入爲經。

(二)援左傳之例。左邱明之書。見於史記徵引者。獨有國語。傳最晚出。而與春秋經文多不相屬。今列爲經。則國語一書。著自一人。似亦可埒入於經。

(三)援孟子之例。史公敘史。孟荀並列。蓋周秦之際。儒分二派。二子抗衡。而傳經之家。實多出於荀氏。則荀子自當並列於經。而漢書藝文志載曾子十八篇。漆雕子十三篇。公孫尼子一篇。漆雕子公孫尼子。今散見諸書。哀集所存。雖已無幾。而曾子之書見於大戴禮記者。完全尙十篇。似亦當綴緝寶存。而升入於經。

（四）援爾雅之例。雖相傳周公暨子夏所作。然先儒發明其書實多後儒著述。而漢儒許愼說文所引。亦皆周秦前漢大儒之說。頗存古義。似說文允宜增入於經。

（五）援小戴禮記之例。小戴之書本於大戴。而月令一篇。又確然出於呂覽。呂氏號稱好客。天下之儒生皆歸之。準是以推。則大戴禮記及呂氏八覽。尙多可收入爲經者。而況大戴記中。如夏小正保傅諸篇。古誼粹然。實不遜於小戴所採。以外若明堂陰陽說王史氏記諸書。與樂記同時出世。而或列經。或不列經。亦一缺憾。若逸書逸禮。尙未在其數。姑勿論。

二曰同此與經相翼之書。倘升爲經。則不得混合無別。或依經而增行。或離經而獨立也。例如左。

(一)孔子之繫象十傳。至今但坿易而行。而門徒公穀之傳春秋。轉卓然自成一經。揆之體制。是謂無辨。

(二)小戴記中。如曲禮內則少儀玉藻投壺深衣諸篇。實純然經體。今與冠昏祭喪飲射燕聘等傳義同列、揆之文體。是爲不類。

(三)諸經之中。自易傳書序確爲夫子之文章外。其戴記中禮器樂記。說者皆疑後儒。無此理想。亦多以爲孔子之文。是六經惟刪詩修春秋。孔子未有他著。而易書禮樂。聖人自有傳有經。孝經亦經傳皆具。若論語雖記自門徒。而實爲孔子精言所僅存。然則詩書禮樂易春秋論語孝經八種。除樂今亡外。其七經實與公穀左孟周官爾雅所出不同。故或謂經之中自有經有傳。

如十傳傳易。公穀左氏傳春秋。爾雅詩書傳也。戴記强半確然爲儀禮傳。孝經經傳自具。孟子卽以爲論語之傳亦可。獨周官無傳。而元儒金氏仁山曰。尚書今文周書亡周官一篇。實周禮之經也。

然則周禮其周官一篇之傳歟。義例亦明確可採。而於尊孔之意亦合。

是則據第二說以言經。而經於十三經以內。體例既多參差。十三經以外。援例又多宜增入。以是言經而經之範圍以泛。

第四章　經例

今就上文所述經之體例。謹就複雜差離之中。列爲三公式以求之。

三公式者何。

一曰本經。

據莊墨諸家所述。假孔子以前。本有六經。特經孔子以大教育家之才力。删定贊修。而後向日溥通之本經。乃專爲孔門之教典。今據孔子平日之語論涉及諸經者。如

子曰。興於詩。立於禮。成於樂。

子曰。不學詩。無以言。不學禮。無以立。

子曰。小子何莫學夫詩。詩可以興。可以觀。可以羣。可以怨。邇之事父。遠之事君。多識於鳥獸草木之名。

通論 我之對於經學之淺識

子曰。詩三百。一言以蔽之。曰思無邪。

子曰。誦詩三百。授之以政不達。使於四方不能專對、雖多亦奚以爲。

子曰。禮云禮云。玉帛云乎哉。樂云樂云。鐘鼓云乎哉。

子曰。人而不仁如禮何。人而不仁如樂何。

子曰。先進於禮樂。野人也。後進於禮樂。君子也。如用之。則吾從先進。

子曰。吾自衛反魯而後樂正。雅頌各得其所。

子語魯太師樂曰。樂其可知也。

餘不悉徵。至門弟子之記孔子言論者。大書特書曰。子所雅言。詩書執禮。可見詩書禮樂。四者實爲孔門之溥通教科。而凡諸答問。亦大抵徵引詩書及禮者爲多。殆以當時樂正教士。本以此四者列爲四科。而孔子因而整齊之云。至易與春秋。則孔子稱述最少。今考其見於平日之言論者。如子曰。假我數年。卒以學易。可以無大過矣。

子曰。知我者。其惟春秋乎。罪我者。其惟春秋乎。

其他不恆見。可見易春秋二者。殆爲孔門之高等教科。故凡問答之徵引者亦鮮。觀左氏傳晉韓宣子適魯。觀書於太史氏。始見易象與魯春秋。則二書之在當時。實非列於教典。可推而知。他若孝緯鉤命訣。嘗引孔子語云。志在春秋。行在孝經。說者疑孝經篇首。大書仲尼居曾子侍。按其名義。斷非孔子手定之經。然孔門教恉。實以孝爲百行之首。而大儒曾參。乃孔門傳經之導師。是篇師弟問答。雖不必經孔子手訂。要無愧爲教典之精言。不妨與論語並尊。合尊經尊孔二例。折衷至當。以正孔氏本經之定義。

今繹本經之義例。分爲三宗。列表如下。

(一)孔子之輯述。凡四種。

(甲)詩、 詩者所以合樂。按古人宴會贈送。例皆賦詩。是詩者唱歌之課本。音樂學之教科書也。

(乙)書、書備古今升降上自唐虞以迄當時。政刑典制。燦然可考。歷史學之教科書也。

(丙)禮、禮以道節文明體制。義切躬行。維持秩序。修身學倫理學之教科書也。

(丁)樂、禮以治人身。樂以易人心。故古者學校教人。十三舞勺。成童舞象。君子無故不撤琴瑟。蓋其鏗鏘節奏。即音律之曲譜。蹈舞佾列。亦體操之範式也。

以上四者。爲孔門溥通之教科。

(二)孔子之著作。凡二種。

(甲)易、易自包犧以至周文王。祗有卦象。周公旦乃爲彖象撰辭。其初僅備占筮之用而已。孔子復就彖象諸辭。而釋之以傳。又著繫辭說卦諸傳以翼之。蓋易者當時孔門哲理學之教科書。而十傳則孔子手著哲學之講義也。

（乙）春秋。

春秋本魯史舊文。而孔子因而修正之。然說者謂筆則筆。削則削。游夏諸徒不能贊一辭。則是書之在當時。斷非在溥通史學之例可知。公羊氏發明三科九旨之例。謂新周、王魯、故宋以春秋當新王。此一科三旨也。內魯而外諸夏。內諸夏而外夷狄。此二科六旨也。所見異辭。所聞異辭。所傳聞異辭。此三科九旨也。據此則春秋者實孔子改制之著作。而當時法制學之教科書也。

以上二者爲孔門高等之教科。（未完）

通論 我之對於經學之淺識 一四

專論

船山遺書精義

俟解

直而濟之以愼。乃非證父攘羊之直。愼而用之於直。乃非容頭過身之愼。道聽之。塗說之。聞善則譽之。聞不善則毀之。縱心縱口。無忌憚而爲小人。直之賊也。惟不愼也。欲進而不敢進。欲退而不敢退。無取怨於人之道。而猶畏人之怨己。無不可伸志之爲。而猶隱忍而不敢爲。愼之賊也。唯不直也。一失足於流俗。則終身之恥不可洒。一得罪於清議。則百行不能掩其非。如之何不愼。愼者愼吾之不直也。惟恐不直。則惟恐不愼。直而不愼。則爲似忠信之鄉原。愼而不直。則爲患得失之鄙夫。將以免尤悔。幸而免焉。鬼神謫之。况其不能免乎。

編者節錄

專論

興復國樂問題 續壬申第一冊

瀏陽劉伯遠

一 興復國樂的基礎

宋後大儒如朱子蔡元定。都很研究樂律。引起學者的重視。清朝古學發達。與歐洲文藝復興。遙遙相對。清仁帝的律呂正義。以及錢溉亭淩次仲諸人。都有重大的發見。可是認真考求起來。總有許多隔閡。不能鑿然有當於人心。樂學一門。學者真有望洋興歎的態度。乾嘉兩朝。尤爲清室黃金時代。就考古一方面。已達文藝再生的最高度。湖南瀏陽縣。竟出了一位學者。叫邱穀士先生。他把一生的精力。全部貢獻在樂學上。以很穎悟的天才。作極精細的工作。居然把漢以後樂學的支蔓。一掃而空。恢復到固有的地位。三代法物。粲然復見於今。制成一部很完整的中國雅樂。每逢丁祭先師的時候。八音諧奏。萬舞充庭。有百多年了。

邱先生把古今樂律的書。從頭研究。又到曲阜孔林去考察。得了不少經驗。回來實地試驗。一旦豁然大悟。他的入手方法。就在人人共讀的孟子得了一個信條。是「不以六律。不能正五音。」先把呂律分晰明瞭。再以五聲審定支配。又在禮記上得了「五聲六律十二管還相爲宮」一句辦法。把辦法先弄得明白。自然觸類旁通。把古今積疑所不能通的。都得了正確的解釋。指出錯誤的所在。自然真相畢露。以一個獨學無友的學者。竟成了二千年絕學的繼承人。古文化史很重要的一頁。他如何竟勝過古人呢。這是很大的疑問。試一考他的成功祕訣。那就毫不驚奇了。樂律這樣東西。雖與精神文明關係很大。然而牠的本身。是物質所搆造的。從前的學者。專門空談很玄妙的學理。對於古來樂器。並未親見。只把現存外國來的樂器。與我國毫無歷史關係。懸揣附會。一面請教俗工。一面强附上古學彩色。這是姜白石一輩人。就算專家好。還有許多根本不懂音樂的。一味高談玄學。這樣南轅北轍。就是研究一萬年。也無用處。

『制器尚象』等等抽象的學說。把學者嚇住了。古器不存。誰敢輕言制器。那是神聖的工作。伏犧才配製琴。冷倫才能截管。古來樂學家受了這種無形的鎖鍊拘束慣了。邱先生最大胆的試驗。就是把古樂器照古書所載。一一製造起來。考究他的用法。第一先把周尺考定。然後博考羣書。按圖索驥。最大的因緣。是先生的仲兄道源得一古鐘。是一樵夫在深山裏掘出來的。先生考定爲成周大編鐘。聲應倍應鐘。其形勢輕重尺寸。與宣和博古圖完全相合。才鼓動了制器的勇氣。這比漢朝得古磬的作用關係大了。

用古制度尺寸制成古器。形勢對了。用法明白了。到底合律不合。這是最大問題。好在漢書上明明相傳有候氣的方法。可怪一千多年。就沒有一個人肯去試驗。先生按照尺寸。制成各律管。按照律中某律的節氣依時候氣。果然得了徵驗。才敢相信古人制律。實得天地中聲。取法自然。真有不易的根據。道光辛卯年春分節。先生試驗夾鐘。制成四管。到交節的時候。管上安的葭毫衝動的力量極大。先生以爲古人說『灰半出爲和氣。全吹出爲猛氣。』陰氣太盛。恐有水災。就與同志鄉人竭力隄防。後來果然大水。可見我國先民的制作。得了自然界的根據。是何等微妙而科學的精神。

我國聲律精微。還有一種同聲相應的道理。有很奇妙的現象。試驗的方法很容易。祗有把兩張琴和準在同律的弦上。安放一點輕微物質。作者見過的是剪紙一小片。騎在弦上。只要彈甲琴同律的弦。乙琴弦上的紙鳶跳躍不止。古人叫做『鼓宮宮應。鼓商商應。』假如鼓正宮弦。少宮應的更快。鼓少宮弦。正宮應得慢些。這是先民認爲陽動陰靜道理。就是正負而電的作用。無論國家社會、家庭。總要有領導的動力。才能維持於不弊。在時間、空間上沒有絕對平等。只有機會平等。中山先生說平等的真締。只能平地。不能平天。雖有民主的精神。不能沒有集中的動力。直到於今更感覺到領導者重要。可見真理之不磨了。

『銅山西崩洛鐘東應。』古來以爲很神祕的。現在物理學進步。凡聲音顫動的度數相同。就能發生相應的現象。本非奇事。然而樂律試驗告訴我們。要是不合十二律的聲。就不能相應。可見我先民音級的採取。真非偶然。歐洲十六世紀意大利樂學家查理羅。才分陰調陽調。就是近代諧和學的大發明家。開歐西近代音樂新紀元的人。他發明協和音階與不協和音階。歐洲音樂。照此原則。頓改舊觀。可惜沒有兼通中西音律的人。一加研究。必更有重大的發明。是無疑的。歐洲古代音樂。賴宗教力量而保存。有名的比昌池教堂樂制。爲現代音樂的淵源。這種文化產物。沒有歷史淵源。是絕對不能創造的。而且沒有團體研究。絕對不能流傳的。歐洲樂制。比中國較簡。教皇樂官的制度。比國家提倡的力。還要偉大。我國音樂第一個難題。是吹律定聲。第二個難題是要八音的樂。八佾的舞。古來本列在學校學科系統。非很大團體不能應用的。所以統治機關。公衆團體。才有全部的樂。可以個人自娛的。只有琴瑟。所以『士無故不去琴瑟』保存比較的難。自秦以來。統治階級傳統的抱着摧殘態度。禮明樂備四字。只成政治學上殭石名詞罷了。

國家既不提倡。社會又不應用。事實上早成了無音樂的國。個人的研究。只在故紙堆裏討生活。自然沒有成績可言。清室皇帝考究律呂。是慕學者式研究的虛名。並沒有興樂的志願。太常寺雖也制些古器。本不合律。只作爲典禮的陳列品。所謂設而不作。朝廷慶賀大典。所謂丹陛大樂。以喇叭爲主。中和韶樂。以笛爲主。就是世俗的大樂小樂。不過會典上載的各地方孔廟。都准用樂。而且頒了樂章。本是普天之下沒有實行的。卻成了邱先生作樂的動機。那時瀏陽物力還豐富。邱先生苦心研究。感動了同鄉許多親友。用尊孔的觀念。先把孔廟照制度的捐資重修。又捐助些基金。組織禮樂局一個學術社團。為招生肄習之用。才能保存到今日國樂一綫之延。竟在區區一縣。全國同胞應如何特別愛護。為民族文化史作鄭重的保留。比日本保存我們的秦王破陣樂價值大多了。歐洲挖出來一個希臘彫刻的女神裸體像。就會燃起文化再生的火焰。假如希臘音樂久已失傳。在文化再生時代求之不得。忽然在一個很小的區域發現了Poriseho（希臘樂譜）這個問題。豈不震動世界。我們一班受過歐化洗禮的學子。說不定也要跟着鼓舞讚歎罷。

邱先生制樂成功之後。同時第一個深切的認識的就是曾國藩。他總算在中國學術界有相當位置的人。他深通老大帝國的掌故。對於朝廷禮樂。是不敢輕言的。他抱了振興古樂的志願。總想得着機會。在各地方政府先行提倡。所以他打開安慶的時候。就聘邱先生的弟子。前往教樂。後來在江西、南京、都有同樣的提倡。後來他兒子曾紀澤侯爵聯合許多同鄉京官奏請崇祀鄉賢。把邱先生的著作進呈皇帝。

由此名聞海內。一致承認國樂存在瀏陽。邱先生學派的弟子。到各省教樂的足跡也豐天下。最閻百川總司令。也聘請在山西教習過幾年。可是在已往的成績。各省總沒有經濟基礎。關于人的問題。又沒有基本學員。所以教成了一班樂學生後。不久便四散了。所謂人存政舉。提倡的領袖一去。就難再繼續了。這是我國近代政治上普通現象。不足爲怪。在袁世凱時代。也曾叫內部派人到曲阜瀏陽調查過。才知曲阜現已虛有其名。遠不及瀏陽的完備。國樂存在瀏陽。這個觀念更得了一重保障。現代的學校。既列音樂一科。自己的國樂。倒屏除於學校之外。這種奇怪的現象。恐怕是世界各國沒有的了。

雅俗樂的分界

樂是移風易俗的最要工具。我先民認識最早。無論何種民族。都有他的音樂。苗猺等族有跳月的歌唱。蘆笙的樂器。爲他的娛樂品。且爲自由結婚的媒介。歐洲的男女跳舞是同一的根源。不過加上文明的裝飾罷了。拿動物學說。鳥獸叫聲。就有求偶的意義。我們的初民。也恐難逃這個公例。不過覺悟最早。積了長時間的經驗。出了許多的聖人。——領導者因人情之所不能免。給他加上點節文。就是禮樂。所謂『禮以教中樂以教和。』就是節文的作用。不過把人人固有的根性與本能予以向上的升華。把佔有慾。——飲食男女。——與理性調和。取收縮的態度所謂「恭敬撙節退讓」使創造慾。——道德學問。——與理智結合。取擴充的態度。所謂「溫柔敦厚發揚蹈厲。」卽以樂的問題而論。因爲在積極方面給他教育的意義。所以始於房中。——關睢爲風始。——『用之鄉人。——，用之邦國』是何等平易近人。至中庸至神聖的作用。才能把社會放在諧和的樂園。社會的盛衰。就是國家的興廢。所謂『治世之音安以樂其政和。亡國之音哀以思其民困』聲音之道與政治相通的原則。就在這裏。可惜秦大以還。無政府派的禁慾主義。——(道家)帝國主義派的縱慾主義。——(法家)兩大潮流支配着社會國家。先聖的雅樂自然被驅逐殆盡。沒有立足之餘地了。

雅樂與俗樂之別。合律與合。自然是根本問題。其明顯的分野。很容易辨別。宋儒說得很透澈。一個和平中正。一個導欲增悲。社會的墮落。不外放縱與鬥爭。是他的根本原素。一切迎合墮落心理的音樂。總是繁音促節。一種流動忘返的趨向。結果總達到悲哀的領域。從戰國以後。贊美樂歌的好處。不外乎「聞者流涕」四個字。才算成績。西洋倫理學者也會把人類好觀悲劇一問題。反對邊沁的快樂學派。這真是倒果爲因。況且「隔岸觀火」本是人類一種根性。看到危險悲哀的事。發生同情的刺激。正以自己沒有親受。引爲自幸。至於同病相憐。悲憫弱者。也是自然人性。不能算是以苦爲樂。悲劇有時可以引起同情心。祇能刺激痲痺。斷不能增進健康。淫哇之聲。固然易辨。巴黎的艷曲北平時調上海的本灘。湖廣的花鼓。人人知道是誨淫的音樂。然而北鄙殺伐之聲。叫人髮上衝冠的。更是引起社會鬥爭的公敵。而且與淫蕩亡返的。本站在一條戰線。是結了不解緣的。却很少有人理會。甚且以爲豪宕感激。受這種衝動機犧牲了的。實在不少。淫與殺的連環性。祇是佔有慾的一方面罷了。試看中國自戰國以後。生民的慘禍。動輒死了幾百萬幾千萬人的浩劫。史不絕書。歐洲百年戰爭。三十年戰爭。以及近來世界大戰。在國際歌聲之下。歐俄的流血成渠。在儒家的眼光。加以簡單批評。就是鄭風亂雅的結果。

先民對於聲音的審定實在精細極了。因爲人是情感的動物。心術的形容。就是受外物感動的表現。樂記上說：『其哀心感者其聲噍以殺。其樂心感者其聲嘽以緩。其喜心感者其聲發以散。其怒心感者其聲粗以厲。其敬心感者其聲直以廉。其愛心感者其聲和以柔。是故志微噍殺之音作而民思憂。樂緩慢易。繁文簡節之音作。而民康樂。粗厲猛起。奮末廣賁之音作。而民剛毅。廉直經正莊誠之音作。而民肅敬。寬裕肉好。順成和動之音作。而民慈愛。流辟邪散。狄成滌濫之音作。而民淫亂。』古人經驗所得。剖析毫芒。所以聞樂知政的批評。毫髮不爽。這並沒有甚麼神祕。四十年前有個中國學者。很通聲律。聽見英法幾國的軍樂。嚇得了不得。嘆息說。『中國不能敵了。』那時沒人肯信。這樣看來。恢復我們祖先的雅樂。拿來發揚民族精神。眞是刻不容緩的事。

國歌問題

歐洲近古以來。民族意識發達。在文化上處處表現着。在十六世紀荷蘭抵抗西班牙的時候。就發生所謂國歌。以後列强羣相彷效。就成了國樂的鉅典。荷蘭爲爭自由而戰。他國歌的大意。「凡脈中若含荷蘭血。未傳染他惡習。凡心中猶愛其祖國。請同來歌此拍。」(據王光祈譯)各國倣效的。無非表揚民族的精神。誇張祖國的憂美。君主政體。就頌揚君主。共和政體。就贊美自由。數世紀來的生存競爭。對此國樂非常重視。歐人常說。『只要國樂不亡。國家亡了。民族必能興復。』所以各國遇有慶典。必奏國歌。使命往來。所到的國家。必要奏相手方的國樂。為最隆重的禮節。現代國家。以沒有國樂為缺典。於發揚國民性以外。還有國際禮儀上的關係。可是國歌的產生。不是輕率能創造的。自前清末年。就談到此問題。嚴幾道先生曾擬作一首。雖不能毫髮無憾。在那時總算比較為最好的。袁政曾經試用過。就隨袁世凱一同倒了。後來北政府用章太炎的主張。用舜代卿雲歌。也有好多人不贊成。因為這個歌來歷。不很明白。古人曾考過是偽作的。至於音節一層。曾擬用英國的調。因為德國就是用的英調。也有許多人反對。說英德同出日耳曼種。那還可以通用。我們遠居亞洲。言語不通。嗜好不同。如何能夠借用。從前外國有最著名的音樂家幾次來華。曾在北平演奏。請我國教育界新聞界以及各界的聞人參觀。結果只得了兩個字的批評『不懂』外人大爲失望。我國近代社會流行。只有沒有文藝價値的戲曲。不能供知識階級的硏究。試一設想。一個偌大民族竟沒有音樂的娛樂。都人士女。除了聽戲以外。假使自己陶寫性情有音樂的需要。唱二簧。唱梆子。是吹彈些小調。這都不能登大雅之堂的。那有高尙的情緒。尊貴的風範。所以社會上缺之音樂知識。貽笑外人。究竟最大的原因。音樂是民族性的文化。要不是民族血液中流傳下來的。不會生感動影響。至於國歌的採取。也是很大問題。在中國民族幾千年沒有遇見對等的民族。自然沒有民族意識的發生。所謂只有天下歌。沒有國歌。也不足怪的。雖有列國的程式。還要顧到我國文學的原理。是不能急切取辦的。近來在德國專硏歐洲音樂的王光祈君。也見到如要創造國樂。第一步須將古代音樂整理淸楚。才有硏究的資料。假使盡棄華風。完全歐化。將來社會富足。照美國的樣。家家買一個鋼琴。這種漏巵還了得。美國五百萬戶。我們總有二千萬戶。只要四分之一有批耶諾的價値。就在三十萬萬以上。眞要駭人聽聞了。（淸末五大臣出洋德國。某團體歡迎。奏中國國樂。各大臣都不懂。端方聽出來是十八摸。後來考究知是前公使洪鈞的妾賽金花所傳。如此笑柄。真是國恥。）我國音樂。既係先民制作。就是沒有優點。也應該及時整理。以存一國文化。然後才有資格。採世界的長處。作進取的方針。何況我先民遺留下很神聖的創造。占古代教育全部最主要的一部。有極偉大高深的哲理。有極完備周密的方法。關於德育。智育。體育都有極大的貢獻。現在正逢民國重光。力圖建設的機會。所有二千年來。統治階級自私自利摧殘禮樂的阻力。已經一掃而空。倘若再不興復國樂。豈不令中山先生民族主義最先的工作。恢復固有文化一件大事。徒託空談了嗎。（完）

船山学报 一七五六

專論 興復國樂問題

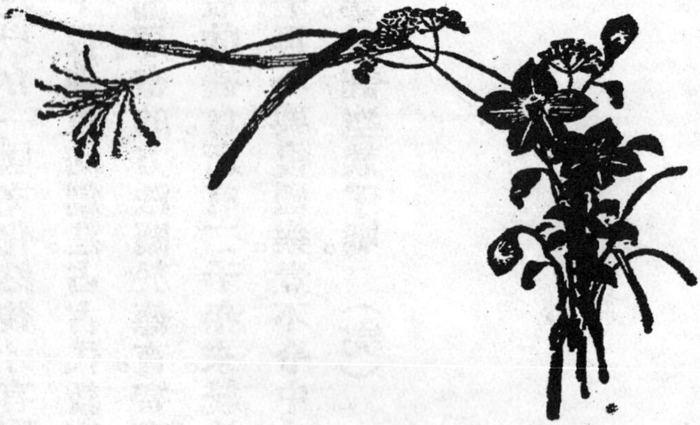

專著

船山遺書精義

俟解

無譽者聖人之直道。而曲成天下之善。卽在於此。譽則有過情之言。因而本無此堅僻之志者。以無知者之推崇。而成乎不肯下之勢。則力護其名。而邪淫必極。如陽明撫贛以前。舉動俊偉。文字謹密。又豈人所易及。後爲龍溪心齋緒山蘿石輩推高。便盡失其故吾。故田州之役。一無足觀。使陽明而早如此。則劾劉瑾。討宸濠。事亦不成矣。蓋斥姦佞。討亂賊。皆分別善惡事。不合於無善無惡之旨也。翕然而爲人所推奬。乃大不幸事。孔子自顏子無言不說。子貢力折羣毁外。他弟子皆有疑而相助之意。不失其誾誾侃侃行行之素。固當時人才之盛。亦聖人之熏陶學者。別是一種氣象。自不至如蟻之遶王。薨薨扇羽也。况德未立。學未成。而譽言至乎。聞譽而懼。庶幾免夫。

編者節錄

專著

船山師友記弟一

續壬申第一冊

湘潭羅正鈞

王僉事志堅

王志堅字弱生。崐山人。父臨亨進士。杭州府知府。志堅舉萬歷三十八年進士。授南京兵部主事。遷員外郎郎中。暇日要同舍郎爲讀史社。撰讀史商語。遷貴州提學僉事。不赴。乞侍養歸。天啓二年起督浙江驛傳。奔母喪歸。崇禎四年、復以僉事督湖廣學政。禮部推爲學政第一。六年、卒於官。志堅少爲詩文、法唐宋名家。通籍後、卜居吳門古南園。杜門卻掃。肆志經史。讀書、先經後史、先史後子集。其讀經、先箋疏而後辨論。讀史、先證據而後發明。讀子、則謂唐宋而後無子。當收說家之有裨經史者補之。讀集、則定秦漢以後古文爲五編。考覈唐宋碑志。援史傳、據雜說、以參覈其事之同異。文之純駁。其於內典亦深辨性相之宗。作詩甚富。自選止七十餘首。弟志長字平仲。亦深於經學。明史文苑本傳

專著　船山師友記弟一　二

藿齋公行狀（夾子虎止敬撰）云。年十四、督學王聞修先生諱志堅拔入學。

正鈞按。弱生一字淑士。聞修殆亦其別字。著有讀史商、四六法海諸書。行狀云、年十四入學。以先生己未生推之。爲崇禎五年壬申。藿齋文集石崖先生傳略云。餼於庠者八年。按石崖先生以己卯中副榜。己卯上溯八年正是壬申。則亦以是年食餼也。

水侍御佳允

水佳允字向若。甯波人。進士。官湖廣提學僉事。（行狀湖南通志職官表）

行狀云。甯波水向若先生佳允、崐山王澄川先生永祚、皆鑒識首拔。

正鈞按。行狀未注官職。湖南通志職官表作水佶應。列王志堅之後。當卽一人。（佳佶形之譌、允應聲之僞也）玫明通鑑。崇禎三年六月、御史水佳允、劾兵部尚書梁廷棟、廷棟不待旨卽奏辯。又蔡鼎孫高陽督師略云、中樞挽余留京師。辛未春梁以事爲御史水佳允所劾。予復至關云云。辛未爲崇禎四年。與通鑑小異。其督學湖廣、當在七年。（詳下）是時應尙官侍御也。

王中丞永祚

王永祚字澄川。岷山人。崇禎中上江防兵備僉事。修築堤垸。湖不爲患。屬吏有以茘枝餽者。啓其篋、得白金。卽擲還。仍注下考。尋督學全楚。甄拔號稱得人。遷治鄖中丞。蓮峯志湖南通志名宦傳

南窗漫記云。己卯自鄂歸。至城陵磯。風厲檣折。幸得登陸。步自磯上。走岳陽。小憩岳侯祠。見王澄川先生諱永祚。題祠柱云。爲臣死忠。爲子死孝。大丈夫當如此矣。南人歸南。北人歸北。小朝廷豈求活耶。允爲警切矣。

蓮峯志沿革門云。方廣寺崇禎元年戊辰火。己卯督學使遷治鄖中丞岷山王公永祚澄川。屬僧凝然性翰。

正鈞按行狀。王澄川列於水向若之後。詳上互詳蓮峯志及漫記。澄川督學應以己卯畢事。卽遷治鄖中丞。以此推之。王志堅以崇禎六年癸未沒於任。甲戌至丙子、是水督學。丁丑至己卯、是王督學。

又按。澄川明史未爲立傳。攷顧氏炎武聖安本紀。甲申六月下被逮鄖撫王永

祚於獄。南疆繹史炎武本傳有云。丁亥初應楊永言之辟、與吳其沆歸莊共起兵。恭故鄖撫王永祚以從夏允彝於吳中。事既不克。永祚行遁去。是永祚官終於鄖撫。攷明季南略云。左良玉與李自成相拒於朱仙鎮。左兵二十萬。鄖撫王永祚在內。良玉在外。約爲固守。一夕良玉忽携大衆遁去。城遂不可守。鄖撫微服走。爲左兵所獲。遂自投江。流二里、得漁人救免。潛往武昌。綏寇紀略云。左良玉自朱仙鎮南潰退屯襄陽。十二月賊趨白馬渡。良玉移營扼之。賊渡如故。良玉拔營南行。鄖撫治王永祚棄城走。據此、澄川蓋以失地被逮、南都陷未竟其獄。後以起兵不克。終復隱去也。

高提學世泰

高世泰字彙旃。無錫人。崇禎中、督學湖廣。究心經史。崇尚理學。博徵名儒。讀書濂溪書院。以名節相砥礪。著有三楚文獻錄。世泰少侍從父左都御史攀龍講席。晚年以東林先緒爲己任。葺道南麗澤堂於梁溪、一時同志恪遵遺規。與祁州刁包相聞問。學者有南梁北祁之稱。大學士熊錫履講學出世泰門下。儀封張伯行、平湖陸隴其、亦嘗至東林講學。歙人汪學聖者、援儒入禪。既至東林、乃悟前非。徽州汪知默、陳二典、胡淵、汪佑、吳愼、朱宏、施璜輩、講朱子之學於紫陽書院。因汪學聖以問學東林。更定紫陽通志錄。國史儒林高愈傳 湖南通志名宦傳

南窗漫記云高彙旃先生選士於濂溪書院課習。之省試後。慰諸不第者以詩一聯云。鳥自嚶喬木。魚無羨武昌。敦友誼。薄榮名。人師之語也。

自序蕓齋逸文。云梁谿高彙旃先生世泰許夫之時藝云。忠肝義膽。情見乎詞。永歷二年明旨下獎云。骨性松堅。君師均在於三。而匪莪伊蔚、實忝所生。何以仰酬假借哉。苟免汚辱、良不足道。豈得藉口死爲傷勇耶。

蓮峯志沿革門云。壬午、學使梁溪高公世泰彙旃命之以隆武元年乙酉十一月再造。又云山豈不以人哉。則朱張二夫子最矣。二賢祠者、祠兩夫子者也。祠與寺廢未興。高公世泰問其址。乃立五楹、騈立。窈然幽邃。 又名遊門云。近之遊者有吾師高彙旃先生世泰以崇禎壬午臘月尋訪。徹暮舉野燒數十里。燭若白日。駭鹿衝箐與。公快叫以爲奇絕。

正鈞按周氏聖楷楚寶篇首有粱谿高世泰序、云楚幅幀視十二省最賒。余以庚申來視學。證之蓮峯志所云。則彙旃督學湖南。當是庚辰至壬午三年。先生以壬午得舉。高之遊蓮峯在臘月。時先生已上計偕。病枕憶得壬午有壽錫山高太夫人七律一首。應卽彙旃之母。詩有靈苗春長之語。蓋作於是年春間也。又按先生淵源家學。其以文受知者。行狀所述數公。自歐陽方然外。均未嘗著之言論。惟彙旃先生逸文自序。及蓮峯志皆稱之爲師。南窗漫記係晚年之作。猶拳拳追念。不知行狀何以獨遺之。攷小腆紀傳彙旃入本朝隱居不仕。講學東林。康熙中葉猶存。而與先生音問互絕。則以道遠之故。而先生又遁迹深山也。

蔡比部鳳

蔡鳳字威函。官比部郎中。（病枕憶得）籍貫俟攷。

病枕憶得。壬午年有上蔡威函先生一首。（排律）

正鈞按題下注云、先生諱鳳。以比部郎欽恤楚荊。徵文課柱。見特獎。期於郢城相待。詩以志感。詩中有笑語僊舟洽。吹噓錦字頻。所期良鄭重。自警敢逡巡。等句云。於鄂城相待、蓋在秋試以前也。

歐陽黃門霖

歐陽霖初名介。字方然。安福人。以瀘溪教諭陞北流知縣。曹熤守梧州。永歷元年正月、李成棟遣副將楊大甫張月自高州進兵來攻。師甫至郊。熤出迎降檄。所屬守令歸附。霖抗節不屈。熤遣兵捕之。走南甯。得免。擢戶科給事中。車駕幸肇慶。李成棟遣杜永和來扈蹕。蒙正發與廷爭。永和怒目睨之。廷臣遂詆霖上言成棟輸忠效順。所不忍忘者、君臣大義耳。今永和恣睢闕廷、辱天子諫官。君臣之分謂何。若貰永和不問。則成棟精忠且爲永和所掩。又何以號召天下之忠義哉。上釋不問。霖乃棄官歸里。閉戶食貧。不通人事。永歷實錄劉季鑛傳曹熤傳

家世節錄云。先君家居。長吏到門。以疾卻。刺夫之舉主歐陽方然先生諱霖相過請見者三。乃一報謁而止。

自序云。壬午舉於鄉。方上計偕至南昌。而李自成陷承德襄荆。左良玉奔江黃。癸

專著　船山師友記弟一

未元日、舉主歐陽方然先生介（自注改名霖）諭夫之歸養。

病枕憶得癸未年有上舉主歐陽公一首。（七古）歐陽公招遊龍沙同劉曲溟周一丕洎齊年諸子。寺有湯臨川手題。卽用爲起句一首。（五律）

薑齋詩分體稿甲子年有得安成劉敉功書。知舉主黃門歐陽公已溘逝三年矣。賦哀四首。（七律）

正鈞按。賦哀詩第一首云。死生郴水停驂路。自注、戊子冬遇公於興甯。遂成永訣。又云邂逅章門執雉時。自注、壬午臘初謁公於南昌劉都督綎祠。第三首有云、求砂不屑句漏井。自注、公舊宰北流。古句漏地。種秫難留下潠田。自注公從王嶺外。田廬沒入。又云。釀土虛名留白眼。家傳風味有青氈。自注敉功書云。公孫穎悟肖公。弟四首有云。故國衣冠涕淚殘。橋山弓劍不重攀。自注、公於南甯以內艱辭闕。據此及自序所述。師門之誼、可以想見。興寧、爲湖南瀕廣西邊邑。據章靈賦注。先生正以戊子冬初赴闕。攷永歷實錄桂王紀。李成棟遣杜永和迎駕。係永歷二年八月。（按永歷二年爲戊子）九月上發南甯。幸肇慶。詩注云。於南甯以內艱辭闕。則方然廷爭棄官在戊子季秋。道過輿甯。先生正以冬初赴闕。與之相遇也。甲子爲康熙二十三年。上三年爲辛酉。其去辭闕時已三十年。永歷實錄應成於康熙癸卯甲辰年間。故未言所終。而云食貧不通人事、則亦相聞問也。

郭給諫之祥

郭之祥吉水人。崇禎元年進士。官檢討。江西通志職官表

行狀云。崇禎十五年壬午、以春秋魁與伯父石崖先生同登鄉榜。大主考爲太史吉水郭公之祥。副主考、諫議大輿孫公承澤。

正鈞按明貢舉考略。是年湖廣鄉試。但載副考官孫承澤。而無正考官郭之祥。是科首題。請益、曰無倦。次題。義者、宜也。三題。其爲人也好善。好善足乎。曰。好善、優於天下。

孫侍郞承澤

孫承澤號退谷。大輿人。崇禎辛未進士。官刑科都給事中。受李自成僞防禦使職。入

國朝、起授吏科都給事。官至吏部侍郎。著有五經翼、春明夢餘錄。庚子銷夏記。武臣傳

正鈞按行狀。稱諫議。則退谷時以給事中典試湖廣也。（未完）

孔子之教育學

蒼存由房原稿

學記淺詁

序詁

學記一篇。於古代教育事業。言之綦詳。綜設學起。以尊師終。其中如編制、設備、典禮、程式、教授、管理、監督、訓練、感化、問答、視察、考校、諸事。原始要終。本末畢具。而參酌於學子心理之各別不齊。歸重於擇師之不可以不慎。明揭君師平衡政教一原之理。深斥道藝偏重施求拂戾之非。美矣備矣。後哲繼起。不可易矣。於此想見古聖先王設學立教。以蘄至于化民成俗之精意。先天下而作之則。順人心之所同。而孫其業以盡其性。猶恐學者之不由其誠。而學焉不能盡其材也。往復丁寧。於師道三致意焉。世有留心教育。備職保傅者。三復是篇。夫亦可以恍然於世教興廢之所由。而涕泣痛恨於周衰以後。學校蕩然。庠序之名。自兩漢諸大儒。論說各殊。已不知其制度之何似。曷勝太息。何論晉唐以下。去古日遠。帝王之都。建一國學。遂謂足以司教化之原。其山野之儒。聚徒講學。志在抱殘守闕而已。烏足論與。書院代興。文化漸萌。然教者襲其占畢訊言雜施數進之舊。學者不免於失時隱學孤陋燕辟之譏。而政府相沿。但手操其考試之大權耳。平時既漫無覘察。遑過問其教授管理訓練設備之完缺乎。宋明以降。府縣興學。教諭訓導名義燦存。究其實、黌序闃然。絃歌絕響。學官與士子。春秋無一面之緣。歲科試時一通謁耳。此何爲者。乃亦謂之學歟。有清末年。歐化東漸。華夏失官。遠師四鄰。乃其學制。東海西海。不謀而符。先聖後聖。殊塗同揆。可見教育事業。人類所同。剝極而復。今其時矣。然試一察吾國。邇年興學以來。其編制設備。教授管理。感化訓育。監督問答之方。是否足以涵濡各學子安學親師樂友信道之心。而使之有相觀而善相悅而解。及和意以思之成效乎。若夫覘察之方。考校之典。誠爲政府之專責。官與師蓋當分引以爲己任者。當代從事於學務者。類能言之。至於始學終業之典禮程式。蓋爲嚴重。亦教育家所宜措意。尊道敬學嚴師宜始蓋於是乎在也。是書也。向無通詁。二十年前當有清光宣之交。初從事於教育。居今稽古。嘗發憤取而釋之。未卒業。人事匆匆。乙丑秋仲。重取而理之。中有錯簡一二節。繹其文義。以類相從。僭爲迻正。其斆學字古通今繆。亦正其誤。存之備省覽焉。楚南蒼石山人石廣權敍。

學記

發慮憲、

注 憲・法度也・發而爲思慮者・皆中法度正心之功也・

求善肩殷、

注 殷形奪爲肩・肩良形近沿誤作良今正・殷通慇勤也・一言一行必勤求所以自善者・修身之事也・

足以謏聞不足以動衆

注 謏音稍・誘也・聞・聲聞・言守法自善之人足以稍稍誘致聲譽・而不足以動羣衆之耳目也・

就賢、

注 就如就有道之就・見有賢者則趨而就教・親仁徙義・能自得師者也・較守法獨善之士有進矣・

體遠、

注 體如身體力行之體・遠者遠大之事・國家天下・利害所關所體會者遠・則不但獨善其身已也・

足以動衆、未足以化民、

專著　孔子之教育學　四

注取法乎上·志不在小·足以動羣衆之耳目矣·然猶淑身之事·未能淑世也·

君子如欲化民成俗、

注淑世之事·從化導平民·育成美俗起·此則興學之效也·

其必由學乎。

注此學字·蓋指學校之學·先君子謂古當作斆·斆教古今文·下節人不學之學同·

玉不琢、不成器、

注玉雖美·必經琢磨鎚鑿之功·未有自然成器者·以譬喻人材之必經陶鑄而始成也·

人不學、不知道、

注此學字指學問之學·或當作斆·道人道共由之路也·道雖人所同具·然苟不經思辨·則爲物欲所蔽·有終身由之或終身違之而不自知者·

是故古之王者、建國居民、教學爲先、

注國於天地·必有所以立國之精神·與學化民·其首務矣·

兌命曰念終始典於學、其此之謂乎、

注說傳說·商王武庚之師相也·說命書篇名·典主也·說勸武庚每一動念·必澈始澈終以學爲主·引之以見學之重也·

雖有嘉殽弗食、不知其旨也、

注 旨・甘也・此舉嘉殽以比至道・食物易知・猶須親嘗・乃能知味・

雖有至道弗學、不知其善也、

注 道雖同具・然非由學入・無以知其爲至善之所在也・

是故學然後知不足、教然後知困、知不足然後能自反也、知困然後能自強也、故曰教學相長也、

注 困・窘難也・反者反諸心・強者振其氣・相長猶言交相益也・不學不自知其所不足・則驕妄苟簡之心起矣・不教不自知其所未通・則惰慢僞飾之情起矣・此孔子所以學不厭教不倦・爲不可及也・

說命曰斆學半、其此之謂乎、

注 斆通教・教與學二者相資・引此以見二者不可偏廢也・

右第一章

古之教者、

注 開篇推原古制以見教育之事・古今略同・不與政治法律同變遷也・教者猶言主持教育之事者・指國家當局言之

專著 孔子之教育學 六

家有塾、

注 塾也、家庭習慣熟知其情、便於童稚施教易也。鄉制五家為鄰、五鄰為里、遂制二十五家為閭、閭同一巷、巷首有門、門側有塾、里制亦如之、使民朝夕出入受教便也。此蓋初入級小學之制。

黨有庠、

注 庠詳也、養也。鄉制五百家為黨、遂制五百家為鄙、二千五百家為都、都有市、自家塾升學於庠、教法較詳、詳有公食以養學子、學齡漸長則須寢食於校、俾脫去家庭習慣、所云十年出就外傳、即其義也。此蓋高級小學之制。

術州有序、

注 序敘也、別也。術通遂、又邑中道也。鄉治二千五百家為州、遂制一萬二千五百家為遂、各有學校、以教都黨升學之士、序別學業、視其所宜而分教之、此蓋專門職業、如今中等學校之制。

國有學、

注 學大學也。天子所都及諸侯國都之所在、皆設大學以教元子及卿大夫士之子、與庠序所選升之俊士、選士謂之國學、蓋今大學之制也。

比年入學、

注 比及也。年年齡、學指塾以上概言之、古制八歲入小學、即今制所謂學齡也。凡學每歲必有及年入學之童。

中年考校、

注 中一歲之中。年歲一週也。每歲寒暑例應休學。平分二學期。歲中必有期考。歲終必有年考。以較學程而進退之。

一年視離經辨志、

注 視。視察也。離。麗也。經詩書禮樂各科。辨。別也。志者心之所趨向。麗。屬諸經各視其性之所近。士各有志。首辨其意之所向所以便因材而施教也。此初級小學之事也。

三年視敬業樂羣、

注 業者學業。敬者。不苟之辭。羣學友也。視其業可知其功力之勤惰。察其羣可知其性情之良楛。此高級小學之事也。

五年視博習親師、

注 博習。言博覽而兼習於本科學業之外。又旁及其他。學又進矣。親師則師生授受之餘。又可覘其精神之投契於尋常講誦之外。此中等專門各校之事也。

七年視論學取友、

注 論學。謂就其所學發而爲言論著述也。取友。謂聲氣之應求各以其類。視之可以定其學行之大體矣。此高等專門各校之事。

謂之小成、

注　成。猶言成績。學至七年則所學成績小有可觀矣。自離經至論學皆學術之事。自辨志至取友皆品性之事。

九年知類通達、强力而不反、

注　知類者。推理之事。謂觸類而旁通也。强力者力行之事。謂中立而不倚。不爲外物所移奪也。

謂之大成、

注　此言大學之成績也。於此可見古時學制自八歲至于十歲三年間所習皆普通常識。小學必修之科。自十一歲至十四歲四年間所習。則漸進于專門學業。中等致用之學矣。自十五而入大學。則於專長之外更進於博大精深。而成績乃卓然矣。

夫然後足以化民易俗、近者悅服、而遠者懷之、此大學之道也、

注　此申言辨學之成效也。化導平民移易舊俗。近者沐澤遠者歸心。此教育之成功而文化之大效也。

記曰蛾子時術之、其此之謂乎、

注　蛾。通蟻。蚍蜉也。術。如營道同術之術。工事也。蛾子聚土成垤。時進不已。喻學業之成。亦與時俱進也。

右第二章。首言學制。次言學齡。次言學期學年考試之事。期考由學校舉行中年一次。年考由政府視察。二年一次。可謂密矣。又次言視學之事。而視察之法平分學行二科。此可見古者立學之精神與其編製規畫之詳審。誠萬世不易之標準也。

大學始教、

注 專言大學之體制以立庠序之標準。又可見鄉逐之學之可酌從其宜也。始教。指問學式而言之。

皮弁祭菜、示敬道也、

注 皮弁。大禮之服。開學在春故冠之。祭菜。蓋蘋藻之屬。不以牲。重先聖先師儀不及物也。敬道。謂尊敬道藝禮從隆也。

宵雅肄三、官其始也、

注 宵。開學之先一夕也。雅。雅樂。肄。習也。三。蓋小雅開首之三篇鹿鳴四牡皇皇者華。蓋古者君臣宴樂相勞慰之辭。大學為入官之基。故于開學之前夕使士肄習之。重入官之始。樂亦從盛也。

入學鼓篋、孫其業也、

注 學。學校。鼓。開啓之舊作鼓。誤。說文。鼓。有所治也。篋。所以藏書。謂發篋而考詢之。孫。順也。有系統有順序之意。入學發篋。各順其志。授之以書。使習其業。教從宜也。

夏楚二物、收其威也、

注 夏。以木為之。楚。荊也。皆用以施體刑。大學之士已近成年。似可毋須此物。而仍設之。始教之禮式然也。收。猶攝也。設而不必用。威足以攝其偷惰之情。法從嚴也。

未卜禘不視學、游其志也、

注　禘夏祭之名·游優游自春歷夏·優游數月俾·始入學之士得以循其業而伸其志·然後加以視察·課以考成·所以體士心者至矣·

時觀而弗語、存其心也、

注　時觀謂臨時參觀·弗語不加以非難也·存安也·有定期之視察·尤必有隨時之參觀·俾學者教者皆知所警勵而不參以一方之意見·啓人觀望迎合之私心·所以運用教育行政者神矣·

幼者聽而弗問、學不躐等也、

注　學通教·躐越也·入大學者例無最幼之士·然學齡出入上下·約計有三年之差次·視察考校·例有口試·問不及幼·嚴於其長者·蓋大學爲成材教育·急於致用·幼者年齡未達·儘有優豫之時間也·

此七者教之大倫也、

注　大倫猶言大體·前四項就始教之設備儀式言之·後三項就施教之監督方式言之·

記曰、凡學官先事、士先志、其此之謂乎、

注　大學爲入官之始事·故重在體制·鄉遂庠序爲士之發端·故先辨志趣·此不同之點也·

（未完）

管子學商榷 續壬申第一册

蒼石山房原稿

第二篇 白心

建常立有。原本作建當誤今正老子曰常有欲以觀其徼此建常立有之義常則不變有則無無心之體也以靜爲宗。以時爲寶。以正爲儀。和則能久。道家致虛守靜伸屈從時正其心以爲儀表心正則物無不正又一一以和順出之心之用也原本靜作靖古通正作政今正

非吾儀。雖利不爲。非吾常。雖利不行。非吾道。雖利不取。申上文建常之義

上之隨天。其次隨人。申上文以靜爲宗之義隨天者後天而奉天時隨人者順應人心也

人不倡不和。天不始不隨。故其言也不廢。其事也不墮。墮原本作隨今正

原始計實。本其所生。申上文立有之義有則有始有則有實有則有所自生故原之計之且推本之

知其象則索其形。緣其理則知其情。索其端則知其名。未有形先有象原始則可知其象知其象而形可索矣情雖虛理則實計其實則有理可緣緣其理則情可知矣名生於形形有所自生生者物之端索其端則名可知矣

是以聖人之治也。靜身以待之。物至而名自治之。

正名自治。奇名自廢。名正法備。則聖人無事。奇名自廢原本作奇身名廢奇上又衍之字今正此申上文以正爲

儀之義正其心以正百物由正名起法由名生故曰聖人以名治天下

故奄物衆者莫大於天地。化物多者莫多於日月。民之所急莫急於水火。原本合下二節

在是以聖人之治也上今移正此下蓋申上文以時爲實之義也

然而天不爲一物枉其時。明君聖人亦不爲一人枉其法。天行其所行而萬物被其利。聖人亦行其所行而百姓被其利。是故萬物均旣論衆矣。論原本作諭非今正

論衆猶言爲衆所論

不可常居也。不可廢舍也。隨變斷事也。知時以爲度。常居謂拘文牽義固執成見廢舍謂捨棄成法百度

廢弛者不知隨時制變此即孔子無適無莫義之與比之意

道者。一人用之不聞有餘。天下行之不聞不足。此謂道矣。小取焉則小得福。大取焉則大得福。盡行之而天下服。殊無取焉則民反其身。不免於賊。此重申上文建常之義

不日不月而事以從。不卜不筮而謹知吉凶。是謂寬乎形。徒居而致名。原本誤在入者自傷也下今正此重申建常之義徒居猶言安坐

去善之言爲善之事。事成而顧反無名。此申建有之義明有與無同出而異名也

第二卷第二期 一七八一

能者無名。從事無事。名無名事無事能無主靜而應時此法天順人之眞諦也審量出入而觀其所載。此卽左出右入之義出於德入於兵刑以義爲歸視物來而順應各如其量耳孰能法無法乎。爲無爲乎。始無始乎。終無終乎。原本爲無爲作弱無弱又誤在終無終句之下今正此下皆申言建常立有隨天隨人之義

故曰美哉岪岪。岪者山曲巒盤之貌以比有道之士高廣深曲而載物無擇也

故曰中又有中。孰能得夫中之衷乎。原本作有中有中誤今正有又古通又文倒故也

故曰功成者隳。名成者虧。

故曰孰能棄名與功。而還與衆人同。孰能棄能與名。而還反無成。無成貴其有成也。有成貴其無成也。日極則昃。月滿則虧。極之徒昃。滿之徒虧。成之徒滅。原本作巨之徒滅盡成誤作臣臣巨形同再誤今正徒同途老子生之徒十有三死之徒十有三與此同義

孰能已無已乎。效天地之紀乎。原本作效夫天地之紀今正已無已卽建有之義也

人言美亦勿聽。人言惡亦勿聽。原本美作善今據下文正之此申以正爲儀之義也

持而待之。空然而兩之。淑然自淸。原本作勿兩之今正言勿以人言而亂其清明之衷即孔子執兩用中之意也

專著　管子學商榷　四

無以旁言爲事成。察而徵之無聽辯萬物歸之。美惡乃自見。此即孔子察邇言惡利及無徵不信之義萬物歸之則象聽並觀美惡自分建常之效如此

天或維之。地或載之。此申上文和則能久之義承苞物衆者莫大於天地言之天地之所以能久和氣爲之也

天莫之維。則天以墮矣。地莫之載。則地以沈矣。天地之氣失和則墮且沈

夫天不墮。地不沈。夫或維而載之也。夫。又況於人。言人法天地尤不可無所維繫而持載之也

人有治之。辟之若夫靁鼓之動也。夫不能自援者。夫或受之。原本援作搖誤今正治之謂有道以治之此言和氣之充周如雷鼓之動人與物無不受其振奮若援助之者然也

夫或者何。若然者也。視則不見。聽則不聞。洒乎天下滿而不見其塞。和於肌膚。集於顏色。洒乎如雨之飛洒於太空也和原作知形近而誤今正

責其往來。莫知其時。責求也求其往來之迹不可得無定時也

薄乎其方也。韕乎其圜也。淳淳乎莫得其門。韕通廓淳原作韕今正言渻者清濁未分莊子則陽篇渦渦渻渻即此義無定形也

故口爲聲也。耳爲聽也。目有視也。手有指也。足有履也。事物有所比也。因言

應事理口耳目手足一切事物皆有其自然之律

當生者生。當死者死。言有西有東。各死其鄉。鄉嚮也此即老子生之徒十有三死之徒十有三之意各死其鄉謂所嚮者死之途緣不得正以爲儀故也

左者出者也。右者入者也。出者不傷人。傷人者自傷也。此合下重申以正爲儀之義左爲陽右爲陰陰主殺陽主生主生故不傷人傷人者還以自傷天之理也原本作入者自傷也今正

兵之出出於人。其入入於身。原本作其人入衍人字今刪又誤在道者一人用之前今移正

兵之勝從於敵。德之來從於身。故曰祥於鬼者義於人。原本敵作適古通此申上文和則能久之義兵者不和之事其出也由敵之不德不義其入也由身之不德不義有以招之

兵不義不可。强而驕者損其强。弱而驕者亟死亡。强卑於義。信其强弱卑於義。免於罪。是故驕之餘卑。卑之餘驕。原本作强而卑義弱而卑義今正信古伸通

置常立儀。能守貞乎。守貞謂守一以爲天下貞也此下皆反復重申建常守正主靜養和之義

常事通道。能官人乎。謂日常行事必求通達於大道則可以爲天下長而因材授官無棄人矣

故書、其惡者。言、其薄者。書其惡非其美者也言其薄非其厚者也聖人之心不在言文

上聖之人口無虛習也。手無虛指也。物至而命之也。

此言因物付物之妙故通於道

發於名聲。凝於體色此其可諭者也。不發於名聲。不凝於體色此其不可諭者也。

此言和順積中之義萬物均而衆諭天之道也通道者體天而已

及至於至者。教存可也。教亡可也。故曰濟於舟者和於水矣。義於人者祥其鬼矣。

所謂天道不言而品物亨化功成聖人有不言之教和之感也

事有適。無適而後適。觽可解。不解而後解。

此仍言因應之方以見順時守靜之妙適謂適意也然有適由無適而生猶可解由不解而起故通道者宜建常也

故善舉事者。國莫知其解。

國國之人也善舉事者因事奏功非衆人所共解

爲善乎。毋提提。爲不善乎。將陷於刑。

提提行步安舒而審諦之貌詩好人提提

善不善取信而止矣。若左若右。正中而已矣。縣乎日月無已也。

此即莊子爲善無近名爲惡無近刑緣督以爲經之意縣通此中以正爲儀之旨

咢咢者不以天下爲憂。刺刺者不以萬物爲慼。孰能棄刺刺而爲咢咢乎。

咢通噩周官二曰噩夢揚子周書噩噩爾噩噩猶言夢夢原本作愕愕慼原本作筴今俱正之刺刺蓋操切苛求之意語刺刺不能休謂瑣煩也噩噩者忘天下刺刺者萬物之

（無足饜意故不如以靜爲宗也）

雖言憲術。須同而出。（原本作難言憲術誤今正此謂言雖合法亦須得同情而後可出也）

無益言。無損言。近可以免。（憲之外不增一言憲之內不損一言庶免於今之世耳）

故曰。知何知乎。謀何謀乎。審而出者彼自來。（審而出謂審得人心之所同然而後出言彼自來謂百姓自歸心而來服所謂以正爲儀也）

自知曰稽。知人曰濟。（稽考索也謂內以自省濟謂濟事也）

知苟適可。爲天下君。（君原本作周今正適可謂適時宜）

內固之一。可爲長久。論而用之。可以爲天下主。（內自固而守貞抱一如是則能主靜以御萬有）

天之視也精。四辟而知情。壤土而與生。（辟通闢卽虞書闢四門之義原本作視而精四壁而知請誤今正）

能若夫風與波乎。唯其所欲適。（此所謂隨天隨人以時爲寶也）

故子而代其父曰義也。臣而代其君曰篡也。（此擧例以明義之無常而建常爲要）

篡何以歌。武王是也。故曰。孰能去辯與巧。而還與衆人同道。（辯起而名亂名亂而義淆不能守靜待時應天順人則但知取巧不如建常之合於衆心也）

故曰。思索精者明益衰。德行修者王道狹。外名利者生象危。（原本作臥名利者寫生危誤今正此言役於智則不明役於德則不廣遺外名利則危其生皆有所爲而失其和也）

知周於六合之內者。吾知生之有爲阻也。（知慮過周則神傷而障其生生之前路）

持而滿之。乃其殆也。名滿天下。不若其已也。名進而身退。天之道也。（此言立有之義有不可滿滿則殆進而不已則身敗而名隨之故和然後能久也）

滿盛之國。不可以任仕。滿盛之家。不可以嫁子。驕倨傲暴之人。不可與之友。（任仕謂任子出仕原本作仕任誤與之友原本作與交語不叶今正）

道之大如天。其廣如地。其重如石。其輕如羽。（此中言道之廣大惟靜其心而善乘時者足以契之道無輕重輕重之見咸生於心如石如羽視人之心理如何而異也）

民之所以知者寡。故曰。何道之近而莫之與能服也。（道不遠人人自遠道故莫能知而服之）

棄近而就遠。何以費力也。（道即在心何近如之舍心而外求道用力勤而道日遠矣）

故曰吾愛吾身。先知吾情。（情者心之表徵）

周視六合。以攷內身。（內身即心之所寄也周視原本作君親誤今正此言內外交盡之功）

以此知象。乃知行情。既知行情。乃知養生。知象謂知其已著之象行情謂行使其情

左右前後。周而復所。執儀服象。敬迎來者。此言正心之功復所謂知其所止而復其初也來者以情與物之所交感言之

今夫來者。必適其道。無遷無衍。命乃長久。來者謂物之未來而將來者也未來者不可逆億而遷就之將來者也不可拒絕而延緩之故一衷諸道衍古通延無遷延謂應之神速而有餘豫也

和以反中。形性相葆。一以無貳。是謂知道。以上皆言用情之功即孔氏所謂致中和以盡人物之性者也

將欲服之。必一其端。而固其守。此申上文守貞取信之義以結全篇

責其往來。莫知其時。索之於天。與之爲期。不失其期。乃能得之。易曰憧憧往來朋從爾思故養心家莫急於察往來之端而與天爲期乃得道也

故曰。吾語若大明之極。大明之明。非愛人不與也。同則相從。反則相距也。大明即孔子所謂明德德性之明天人之幾在知道者有以得人類之同情而葆其虛靈耳非愛人不與謂有所愛惜於人而不予之

吾察反之相距。吾以知古人之從同也。反則距同則從人同此心心同此理無古今一也

右白心篇。管子自白其養心應物之術。開章建常立有。即與老子別立一宗。守

靜從時。與致虛守靜。體用異矣。其言隨天隨人。卽有卽無。卽無卽有。非精於有無同出之理要者。莫能道也。而一歸之於守正養和。以契天下之同情。孰謂管子僅囿於霸術哉。

墨子通釋　續壬申第一册

蒼石山房原稿

第一卷第一篇

修身篇

君子戰雖有陳。而勇爲本焉。喪雖有禮。而哀爲本焉。士雖有學。而行爲本焉。墨氏之學。善備戰而主節喪。故舉二事以興起士之重實行也。

是故置本不安者、無務豐末。置通植。豐盛大貌。此卽孔子其本亂而末治者否矣之義。

近者不親、無務來遠。近謂左右近習之人。此卽孔子近者悅遠者來之義。

親戚不附、無務外交。親戚該父母妻三黨言之。此卽孔子所厚者薄而所薄者厚未之有也之義。

事無終始、無務多業。事專則精。業多則紛。此卽孔子君子之道有始有卒之義。

舉物而闇、無務博聞。物有本末。察之則明。務博不專。適成寡要。此卽孔子格物致知之義。

是故先王之治天下也、必察邇來遠。

君子察邇而邇修者也。見不修、見毀、而反之身者也。此以怨省而行修矣。此卽孔子君子必自反及躬自厚而薄責於人則遠怨矣之義。墨氏之行。重在反身。此一度言反身也。

專著 墨子通釋 二

譖慝之言、毋入之耳。譖通譛。慝讒惡也。此即孔子浸潤之譖不行之義。

批扞之聲、毋出之口。批者拜擊人。扞者抵拒人。此即孔子君子無爭及禦人以口給屢憎於人之義。

殺傷人之荄毋存之心。荄原本作孩。今正。此即孔子仁民愛物之義。

雖有詆訐之民無所依矣。詆者。與人間格不相入。訐者攻伐人之陰私。無依無所倚賴也。

故君子力事日強。願欲日偷。殷壯日盛。偷原本作逾。殷原本作設。誤。今正。力事二句。即表記莊敬日強。安肆日偷之義。殷壯日盛。即易繫詞日新之謂盛德之義。

君子之道也。貧則見廉。富則見義。生則見愛。死則見哀。廉則不貪。義則不吝。見愛則人親之。見哀則人思之。此皆所以爲徇同兼愛之本行也。

四行者不可虛假。反之身者也。此二度言反身。

藏於心者無以竭愛。動於身者無以竭恭。出於口者無以竭馴。馴通順。循順愛恭。凡皆所以爲徇同兼愛之美質也。

暢之四支。接之肌膚。華髮墮顛、而猶弗舍者。其惟聖人乎。墮通隳。謂禿頂髮落也。

志不強者、智不達。志者氣之帥。老氏言弱其志。墨子反之。孔子亦言匹夫不可奪志。與墨子同。

言不信者、行不果。言不顧行、則行不顧言。孔子言言必信、行必果、亦可以爲士之次矣。與墨略同。

據財不能以分人者、不足與友。此尤爲兼愛尚同實施之行爲。爲孔子之學者、亦言分人以財謂之惠。

守道不篤、辯物不博、是非不察者、不足與游。辯原本作偏義通。

本不固者、末必幾。幾危也。孔子言其本亂而末治者否矣。與墨子同。

雄而不修者、其後必惰。雄謂豪行。外雄而內詘、無以爲繼。卽孔子所謂色厲而內荏、其猶穿窬之盜者也。

原濁者流不清、行不信者名必耗。名不徒生、而譽不自長。功成名遂。此墨氏之重名學也。循名覈實、實至名歸、與老子太上無名之說相反。

名譽不可虛假、反之身者也。此三度言反身。

務言而緩行、雖辯必不聽。社會學重實行、不重虛言。卽知卽行、不容刻緩。亦孔子敏事愼言之義。

多力而伐功、雖勞必不圖。社會事業、力惡其不出於己、不必爲己。亦孔子先勞勿倦、無伐善施勞之義。

慧者心辯而不繁說、多力而不伐功。此以名譽揚天下。言無務爲多而務爲智、無務爲文而務爲察。務爲智者、所操者約。務爲察者、所見極精。約則不繁言而心自辯。精則無浮文而力自致。功自成、功成名遂、何說之詞、何伐之有。

專著　墨子通釋　四

故彼智無察。在身而情。反其務者也。彼偏。彼原本作彼。情原本作情。務原本作路。今正。

善無主於心者不留。主之者專。則留之者固。苟善不善交戰於心。則變動無方。操則存。舍則忘矣。

行莫辯於身者不立。辯之精。則行之篤。知之明。然後守之固。立身立德一也。

名不可簡而成也。譽不可巧而立也。君子以身載行者也。載原本作戴。誤今正。苟簡而獲僥倖之名。取巧而得不虞之譽。皆不可久據也。

思利尋焉。忘名忽焉。可以爲士於天下者未嘗有也。謂利則漫尋。往復以思之。名則淡漠。疏忽以忘之。是知有利。不知有名。不足以爲士矣。

讀墨子修身篇。而知墨氏之學。果出於孔氏之門。而其堅苦卓絕。力行無貳。崇本抑末。一一必反之於躬。而無彼無情。求之儒家。蓋有未及。惟以名爲鵠。頗異於孔老二氏之言。蓋墨氏實一純然之社會學家。人羣之所爭。非利則名。利既害羣。道家所最忌。若並其名而併去之。陳義雖高。而其敝也。將放縱自由。而羣不可得而理矣。非徒亂羣。適先以自情其身。身之不修。羣於何有。故墨子於此首諄諄焉。謂天下未有無行、而可有益於羣者也。行成而名立。名可遂而不可伐也。自伐者無功。且非所以示羣衆以大同也。既同矣焉有功。焉有名。且焉有身。身爲人羣中同體之一身。則功亦爲人羣中通力合作之一功。名亦自爲人羣中異地同聲之一名。然則身非一人之身。則功非一人之功。名亦非一人之名也。身不可不修。功不可不成。名亦不可不遂。而烏容忽焉若忘也。此墨氏開宗明義之第一章也。本不固者、末必幾。雄而不修者。其後必惰。後學之從事於社會主義者、當三復斯言矣。

第一卷第二篇

所染篇

子墨子見染絲者而歎曰。染於蒼、則蒼。染於黃、則黃。所入者變、其色亦變。五入而已。則爲五色矣。故染不可不慎也。原本見字上有言字。五入下有必字。皆衍文今删。

非獨染絲然也。國亦有染。

舜染於許由伯陽。莊子。堯讓天下於許由。許由不至。尸子。舜之遊也。待六人。曰雄陶方回續耳伯陽東不識秦不空。韓非子說疑篇。作晉伯陽。漢書古今人表。作柏陽。呂氏春秋亦作伯陽禹染於皋陶伯益。皋陶爲士。伯益掌山澤之虞。

湯染於伊尹仲虺。仲虺居薛。爲湯之左相。伊尹爲右相。

武王染於太公周公。太公姜尙。以女妻武王。佐武王伐紂。封於齊。周公旦。武王弟。相武王成王。封於魯。

此四王者。所染當。

故王天下立爲天子。功名蔽天地。舉天下之仁義顯人。必稱此四王者。

夏桀染於干辛推哆。呂覽桀爲無道。干辛任威。陵轢諸侯。以及兆民。推哆。晏子春秋作推侈。韓子說疑作侯侈。古今人表作雅侈。侈哆推雅皆形近。未知孰是。本書明鬼篇。推哆大戲。生別兕虎。指畫殺人。蓋勇士也。

殷紂染於崇侯惡來。崇侯名虎。嘗譖西伯囚諸羑里。惡來嬴姓。飛廉之子。惡來有力。飛廉善走。

厲王染於虢公長父榮夷公。竹書紀年。厲王三年。淮夷侵洛。王命虢公長父伐之。不克。虢本書原作厲。呂覽引作蠇。荀子引誤作執。別本作郭。郭虢古通。執郭形近。厲蠇則沿上而誤也。史記厲王好利。近榮夷公。公原作終。古文作夂。與公形近而誤。或曰終名也。

幽王染於傅公夷祭公穀。夷一作幾。國語周惠王時有傅氏。穀。呂覽作虢公鼓。祭公敦。虢祭形近。鼓穀形近。聲通。敦穀亦形近。高誘淮南注謂虢公鼓卽虢石父。本書蘇注謂蔡公穀卽祭公敦。祭周畿內邑。周公少子所封也。爲卿士。

此四王者所染不當。

故國殘身死、爲天下僇。舉天下不義辱人、必稱此四王者。

齊桓染於管仲鮑叔。管仲名夷吾•佐桓霸諸侯匡天下•鮑叔名牙•荐管仲相桓公者•

晉文染於舅犯郭偃。舅犯姓狐•名偃•文公舅父•左傳晉大夫卜偃•國語晉語作郭偃•商子韓非子引並作郭•舊本作高•原作高•

楚莊染於孫叔沈尹。孫叔名饒•字叔敖•姓蔿氏•舉於海者也•沈尹名莖•一作蒸•見呂覽•以令尹讓孫叔敖者也•

吳闔閭染於伍員文之儀。員字子胥•自楚奔吳者•文之儀•原本作文義•誤•或曰卽著書號文子者•長於計•

越勾踐染於范蠡大夫種。蠡•字少伯•伐吳後•泛海自號陶朱公•種姓文•字少禽•與蠡同事•皆楚人•

此五君者所染當。

故霸諸侯功名傳於後世。

范吉射染於長柳朔王胜。吉射•晉大夫鞅之子•朔胜•范氏家臣•左傳王生惡張柳朔•言於昭子•使爲柏人•張長生胜•形近而誤•

中行寅染於籍秦高彊。寅•晉大夫中行穆子之子•秦籍游之孫談之子•彊齊子尾之子•奔晉•皆爲中行家臣•

吳夫差染於王孫雒太宰嚭。雒吳語作雒•吳越春秋絕書作駱•駱雒形聲俱近•嚭晉伯宗後•奔吳爲太宰•

知伯搖染於智國張武。瑤•晉大夫•晉語•知襄子戲韓康子而侮段規•智國聞之諫曰•主不備•難必至矣•左傳晉荀瑤伐齊•將戰•長武子請卜•長張形近而混•淮南子張武教知伯奪韓魏之地•而擒於晉陽•國武蓋知氏死黨•

中行尙染於魏義偃長。尙·高誘以爲魏公子牟之後·魏得中山·以邑封之·義長無攷·蓋皆其家臣·

宋康染於唐鞅田不禮。宋康王名偃·爲齊湣王所滅·鞅勸宋王毋辨·善不善皆罪之·以使民畏·旋爲宋王所殺·見呂覽·田不禮·原本作佃·佃田形近·今從呂覽·史記趙主父使田不禮相太子章·爲李兌所殺·蓋嘗去宋而仕趙者·然事在墨子後矣·

此六君者所染不當。故國家殘亡。身爲形戮。宗廟破滅。絕無後類。君臣離散。人民流亡。舉天下之貪暴苛擾者。必稱此六君也。

凡君之所以安者、何也。以其行理也。行理生於染當。生原本作性·誤·今正·一本作在·呂覽引作生是也·

故善爲君者勞於論人。而佚於治官。論材而授之官·則官事簡也·

不能爲君者傷形費神。愁心勞意然國逾危、身逾辱。

此六君者非不重其國愛其身也。以不知其要故也。不知要者所染不當也。

非獨國有染也。士亦有染。

其友皆好仁義、淳謹畏令。則家日益、身益安、名日榮。處官得其理矣。則段干木禽子傳說之徒是也。呂覽段干木學於子夏。晉國之大駔也。晉君造門請見則踰垣而避之。見孟子。左傳魯大夫有禽鄭。高士傳有禽慶。蓋皆禽滑釐之族。先人傳說殷人相高宗。尙書有說命三篇也。

其友皆好矜奮、創作比周。則家日損、身日危、名日辱。處官失其理矣。則子西易牙豎刁之徒是也。春秋時。鄭有子西。楚有二子西。一鬬宜申。一爲公子申。論語或問子西。子曰彼哉彼哉。馬融注鄭大夫。或曰楚令尹蓋即公子申。易牙以調味事齊桓公。豎刁左傳作寺人貂。變於齊桓。貂刁音近一也。

詩曰。必擇所湛。湛。漸漬也。內則湛諸美酒。晏子春秋。今夫蘭本三年而成。湛之苦酒。則君子不近。庶人不佩。湛之糜醢。而價匹馬矣。所湛者然也。說苑顧子詳其所湛。既得所湛。亦求所湛。義並與本書義同。原本湛作堪。誤。今正。

必謹所湛者此之謂也。

所染篇專取古今國君成敗得失之故、列舉其所與親習之人。法戒昭然。末復歸之於士亦有染。而要以一言曰必謹所湛。甚矣、有國有身者、對於臣友不可不知所擇也。蘭槐之根、漸之以滫。則君子不近、庶人不佩。湛諸糜醢。則其價匹馬。美質一也。其不幸而爲環境所變、一失而不可復救者、何可勝道。所染善。則上之爲舜禹湯武。次之亦不失爲五霸之賢主。所染不善。則桀紂幽厲以下不免如范中行、吳夫差、晉知伯、等之亡國滅宗、以覆其身。在人各自取之而已矣。顧絲而歎。以爲染之蒼則蒼。染之黃則黃。豈惟絲有然哉。吁。（未完）

雁影齋題跋序

巴陵方柳橋觀察官廣東四十年。好書。有奇癖。聞人家善本、必多方鈎致之。不可得。則展轉傳鈔。期於必備。光緒初元、日本方一意變法。視舊籍如土苴。觀察則遣人走海外、輒以賤價購之。所謂佐伯文庫之書、大都歸觀察。故所得祕笈尤多。訖於晚年最其所藏爲卷幾盈五十萬。而京師上海諸書賈不遠數千里奔走其門者猶無虛日。觀察屢權府事榷鹺金嶺海。故膏腴聞天下。所入頗不貲。乃盡耗於書。及其下世。則生計蕭然。於是其文孫湘賓大令盡輦其書至京師。余以辛卯鄉試與湘賓爲舊交。又値戊戌八月、余方持婦服。姬人陳氏復相繼夭亡。幽憂獨居。庭樹哀蟬、助余愁寂。時余寓北半截胡同。湘賓賃屋沙土園。頗宏敞。而無車馬之喧。迺請予館其家爲定書目。於是所謂五十萬卷者余皆得見之。遇舊槧精鈔隨意記錄。間加考證。以備遺忘。坐擁百城。往往經旬不出。幾忘其身之在京師人海中也。惟鄭叔進編修童子諒郎中蔡臬門觀察方厚卿舍人李筠菴大令時時相過從。暝寫晨鈔、至廢眠食。自謂天下之至樂矣。迨庚子夏五、紅巾難作。湘賓倉卒南歸。書亦稍稍爲人售去。余所記蓋不及百種。於方氏藏書不過九牛之一毛而已。每書皆記其行數、字數。藉以存古書面目。且亦錢竹汀黃蕘圃莫子偲諸公舊例。或頗疑記印識太詳。余曰。此四庫總目例也。總目於魏了翁尚書要義。記曠翁手識印、山陰祁氏藏書印澹生堂經籍印。東萊博議。記董文敏及朱竹垞印。李士實世史積疑、記文衡山及天籟閣印。曾宏父石刻鋪序。記朱彝尊名字二印。唐蕭茂挺文集。記曹溶名字二印。宋劉一止苕溪集。記曝書亭印。元侯克中艮齋詩集、記毛晉私印。方回桐江續集、記玉蘭堂及季滄葦印。集部存目內斜川集、記虞山汲古閣毛子晉圖書僞印。簡明目錄元方瀾叔淵遺稿、亦記顧嗣立名印。故余因仍之。且亦以考見聚散源流。不爲無益也。癸卯十一月以寫本示王書衡同年。書衡勸付排印。一依舊稿。不復分別部居。時湘賓已死。叔進子謙皋門厚卿筠菴皆分散四方。京師更大亂。公私塗炭。書籍散亡。文武道盡。重以死生離合之感。家國身世之變。振觸前塵。恍如夢寐。遂徇書衡之意、略序緣起。爲他日作洛陽伽藍記東京夢華錄者、添一故事也。自惟廢學失時。耳目寡淺。大雅宏達、殫見洽聞。覽而陋之。固其宜矣。十一日燈下湘鄉李希聖自序。

湘鄉李希聖亦元遺稿

雁影齋題跋卷一

新雕添注白氏事類出經六帖三十卷 宋本

卷首有淮慶歷二年三月初一日轉運司牒。准禮部貢院牒。准勅命指揮毀棄淫僞浮淺俚曲穢辭、並近年及第進士一時程式文字、不可行者。除已追取印板當官毀棄外。有小字六帖一部。可以印行。令於元印板後錄略看詳定條制照會施行者。詳定官、登仕郎試祕書省校書郎守杭州司法參軍潘說。重詳定官宣德郎守祕書省著作佐郎監杭州裴卸斛斗錢帛綱運兼糧料院權書記廳公事馬元康。蓋南宋重繙慶歷本也。每版十二行。行二十一字。卷首有汪士鐘藏白文印。考藝芸書舍宋元本書目子部內有此書。又有茂苑周錫瓚藏於漱六樓十字。係墨書。及香巖漱六樓二朱文印。又有汪振勳及汝南仲子劉藏等印。卷尾有梅原吳下汪三印。又有袁廷檮借觀印。考王深寧玉海白孔六帖、在宋末已合刊。分爲百卷。天祿琳瑯書目有單本孔帖三十卷。已詫爲希世之珍。此係白帖單行本。尤爲難得。吳任臣十國春秋蜀毋昭裔傳、請後主鏤板印九經。又令門人句中正孫逢吉書文選初學記白氏六帖刻板行之。此本出於慶曆。慶曆本當出於五代。猶可考見蜀本面目。據儀顧堂題跋、陸存齋亦有此書。傳維鱗明書（書成於國初康熙乙亥其子燮調刊本）經籍志類書內亦有白氏六帖。無卷數傳志經籍、皆明代藏書。非明人自著。最爲疎謬。然爲目錄家必要之書。

宗鏡錄節要二卷 宋本

葉二十行。行二十二字。用蝴蝶裝。卷首有汪士鐘印。（白文）閬源真賞印。（朱文）考藝芸書舍宋元本書目。釋家內有是書。爲汪氏舊藏無疑。又有賓之印。（白文）其李茶陵故物歟。又有金匱蔡廷楨藏印。（朱文）廷楨字伯卿。好收藏流傳舊槧。有醉經軒印者、余往往見之。上卷首有宣和御寶。（白文）又有煙客印。（朱文）蓋曾入王太常家。卷尾又有西河毛古愚印。屢經名家鑒藏。紙墨古黝。筆畫圓秀。真宋槧之佳者。是書四庫不錄。乃宋初僧延壽所集。首題大宋吳越國慧日永明寺主智覺禪師。乃錢氏時僧也。閩中檇陽比丘了一因延壽之書而節錄之。故曰節要。前有左朝請郎、尚書禮部員外郎、護軍楊傑序述。是書之成、吳越忠懿王寶之。元豐中、魏端獻王（神宗弟）始鏤版。

元祐初、又重刊是書。無刊刻年月。其爲元豐本、元祐本、則不可考。然決爲北宋所刊。故宣和時曾入內府。余於釋氏諸書粗知涉獵。宋元舊刻、間亦遇之。然未有如此本之精者也。

宋季三朝政要 元本

每版十三行。行二十二字。卷首有五硯樓臧印。白文 蓋袁氏舊物也。又有粵人吳榮光印。白文 柳橋觀察宦粵時、所得吳氏舊藏不少。此其一也。張孝達尙書督兩廣、嘗從方氏假觀宋元槧本。故卷首有無競居士、白文 張之洞審定舊槧精鈔書籍記、朱文 萬物過眼卽爲我有、朱文 等印。卷一下有廷檮之印、袁氏又愷。朱文 六卷末有五硯樓袁氏收藏金石圖書印。朱文 末附仁和趙氏跋云。荷屋廉使得於閩中。此書傳本極少。四庫著錄本闕淳祐七年後五年事。鈔本流傳魚魯之訛、觸處皆是。此本完全無缺。亦無訛字。卷首題陳氏餘慶堂刊。 目錄末前一行有皇慶壬子四字。考皇慶壬子爲元仁宗元年。蓋元刻也。此書有金山錢氏、南海伍氏、及學津討源本。惜無暇校耳。

通鑑紀事本末 宋版

每半頁十一行。行十九字。卷首有蒹葭軒藏書記。白文 汲古閣印。朱文 毛氏珍藏。白文 又爲王鴻緒陳玉方胡薊門所遞藏。卷首有其印記。又有張之洞審定無競居士等印。此板明初尚存南雍。故印本流傳不少。此本紙墨確係元印。非明印也。此書在南宋時卽有兩本。初刻於嚴陵。淳熙元年楊萬里出守臨漳。過嚴陵。爲序行之。至寶祐時。宗室趙與篙以嚴陵版字小且訛。易爲大書。重刊。讎校亦精。版藏與篙家。至元延祐六年、其孫趙明安售於宣城陳良弼。此本楊趙二序之後有良弼序。蓋宋版而元印者也。

增修互注禮部韻略五卷 元本

卷一末有至正乙未仲夏新書堂重刊。每半葉十一行。卷首有張孝達尚書題跋二行。及張之洞審定等印。此書四庫著錄者係宋本云。明代刊版訛舛頗多。此本槧刻尚精。可資校正。考愛日精廬所藏、亦元至正辛丑與慶堂刊本。不知視此本何如。其書聞尚在湘潭袁氏。他日當得見之。(未完)

文苑

船山遺書精義

俟解

陶淵明讀書。但觀大意。蓋自漢以後。注疏家瑣瑣訓詁。爲無益之長言。如昔人所誚曰若稽古四字。釋至萬餘言。如此者不得逐之以汎濫失歸。陶公善於取舍。而當時小儒驚爲迥異。乃此語流傳。遂爲庸惰疎狂者之口實。韓退之謂爾雅注蟲魚爲非磊落人。而其識荀揚擇不精語不詳。則自矜磊落者。必至之病。讀書者以對父母師保之心臨之。一謦欬一欠伸皆不敢忽。而加以視於無形聽於無聲之情。將順於意言之表。方可謂畏聖人之言。以疎庸之才。而效陶公。自命爲磊落。此之謂自暴。

編者節錄

文苑

文錄

賀義生妻張氏傳

湘綺樓文集佚稿

湘潭王運闓壬父

賀義生妻張氏。西甯喇薩人也。光緒初。隴回畔亂。屠府城。以幼女免。復爲官軍所掠。主婦虐使之。義年四十。官古城千總。聘爲正妻。年十七矣。自謂孤苦得所依。勤儉婉順。克盡婦職。生子一女一。義病且死。唯張目視不能語。張氏謂夫曰。有不測。必以君及子女歸里。目乃瞑。於是殯奠成禮。送柩城外。而僕從兵役。悉分奪其貲。拒不許入門。皆叱辱之曰。新官已至。汝何爲者。既無所赴愬。告於市人。有憐之者。假屋一間居其母子。乃理夫夙貸。往索之。輒曰。汝非湖南人。不能以貲資汝。孤苦流離。貞志彌厲。軍中湘人。悲傷其節。始加敬禮。爲責逋負。或周卹之。而被病咯血。不能戒行。忽感神夢。禱請得愈。光緒三十有一年。載柩携孤。發於古城。先是夫友謝玉華。甯鄉人也。老病且死。以歸骨託義。竟同殯焉。於是張氏嘆曰。吾不負夫。卽不忍使吾夫負友。夫雖亡吾未亡也並載兩柩以行湘人聞之莫不感泣先侮之者皆還自悔統兵官遣馬隊護送入關且爲移文沿途依品官例資送張氏固謝曰貲斧不足以犒兵役且一婦人禮不對客徒多牽制留滯無益也自四月至十一月水陸舟車行萬八千里歸於賀門義有兒子曰子蒓當聞義喪時寄書言力不能迎柩復不能辦行費至是子蒓已死族人憚葬費及母子三人日食之供待之漠然張氏獨與子蒓寡妻同居葬夫家塋送謝玉華柩還寧鄉賀氏賢智長者聞而悲壯之雖力不能振無不稱其賢哲張氏歸賀六年而夫死除喪明年而歸歸四年病卒年二十九子能負薪矣賀氏鄉居僻遠事不達於朝省因鄰里所言而爲記其略如此

王闓運曰昔江忠烈會試歸鄉人之柩名聞天下以視張氏難易猶什百之於千萬也苟息以死者復生生者不愧其言爲信孔子賢之乃張氏能使夫死踐其言其信義可以泣鬼神則其孝慈貞專蓋猶夫末節與百里之內有卓絕奇行而先莫之知司馬子所以歎青雲之士哉

李處士墓志銘

湘潭趙啓霖芷蓀

昔太史公歎巖穴之士名湮沒而不彰予觀鄉先正唐確愼所輯待訪錄多空山槁臥閭修一室聲影不出林莽其端操獨行旣亭亭於塵俗之外而論箸所闡發務有當於六經聖人之旨徒以伏處閭巷淸孤自獎後生至不能舉其姓字有足悲者然迹其干城吾道之心但求立身立言無愧於聖門而已雖默默以終古何嘗計焉同邑李處士諱可宗字寅周世居高塘爲著族父耦耕翁以好義聞里中君自幼淸貧常以袷衣禦冬甫冠課讀養親其後歸然爲大師者數十年年二十九學使按試挑取見遺遂絕意進取潛心義理之學其時君族祖春午少蘇兩君先後講學西郭外懺心寺君以時過從得小學近思錄讀之銳志嚮往以爲爲學之本在是因取宋儒性理諸書反復玩味體諸心研諸慮終身奉爲準範母患瞽君服侍牀褥數月不離尋禱於神得愈母沒哀毀不茹酒肉三年如一日父喪亦然諸弟析居後歲周其困乏常以不得長聚處爲憾晚年館脩稍裕買薄田或持耦耕翁舊時所書債券索逋君不問年載遠近輒約其資償之宣統初元邑人擬舉君孝廉方正君遜謝與學議起主者請君任教授君曰吾仍守舊制課士勿相强也教人一以誠樸篤實爲主門

徒數百人多恂恂有矩度所箸學愚齋集。皆衞道之言。其學庸語孟會通表四卷。以大學綱領條目爲統系而取論孟中庸逐章分隸。復以己意次第引申之扶樹道教具有苦心生於咸豐癸丑四月八日甲子七月二十二日卒。葬本邑二都會仙庵之原。子惟棐孫翰飛翰龍。惟棐輾轉乞銘。銘曰。

滔天頹瀾汩九州。大道否塞衆所仇。士肯洛閩及魯鄒。一氈蕭然七十秋。導迪英少袪誕浮謹守繩墨潔以修遯世不知亦不尤天傾地陊片石留

顏息庵人倫道德講義序

湘潭黎承禮薇蓀遺稿

聖門言學。首貴躬行。自後世空談道德。講學家往往以虛無寂滅淸靜寡營。闌入二氏之論。學者聞之。不得要領。則莠言奇說。因之而興。世道人心。陰受其害。蘊禍於冥冥之中。其流毒至數千百世而未已。善乎吾友息盦氏之言曰。由學問增長知識。由知識養成道德。是故無貌託之道德。無襲取之仁義。古今眞正人豪。眞正賢聖。皆由是出。此數語。直抉論學之精。而足捄晚近空談之弊。方今世變日亟。學風斯下。虛憍奇衺之習。幾於舉世皆然。其間樹徒黨談道德者。往往謬託姚江。穿鑿附會。以文飾

其悖禮蔑義之爲且欲囊括海內外學子胥從其說苟無一二正學莊論者譔述流傳以矯正之吾知將來中國之患不在人種之亡而在人心之死也君篤行好道著書等身。發爲文章衍奧邃密。能自闢畦徑。與人交欵欵然相與以誠。無世士華囂氣習。禮數年來。聞聲相思。殊以不得一見爲恨。今春聚首麓校。朝夕論學。深愜素心。因得讀君所爲法政官校講義。而書數語於後。以志傾仰。宣統庚戌夏五盟遍退士承禮識。

彭烈婦毛愛姑傳

湘鄉顏昌嶢息菴

烈婦毛愛姑、麻城人。父道南服賈常德。家焉。幼以字賈徒清江彭顯炳。十三、目眚。請於父母願毋嫁以累人。父母許割五百金贍其身。顯炳聞。嘆曰背盟不祥。况女賢。雖瞽、必不背負。已而目疾愈。歸于彭。生子女三。俱殤。顯炳病瘵。烈婦跽求醫藥。竟不治。及卜葬地。泣曰。無須問壞吉否。祇地廣容多棺耳。人始知其有死志。嚴護之。旦日而藥發。殉矣。後夫三日。實中華民國二十年三月二十日也。年二十九。合葬常德德山之椒。立兄子家清爲後。

顏昌嶢曰、革新以來。女子之殉夫見於予文者。有邵陽禹韻梅。湘鄉陳春娥。茲老友吳悔晦、以愛姑告。紀其事者大庸王育灼。而悔晦爲之碑。且及昔碑曾田烈婦鴛鴦冢事。方今人倫道潰。造端夫婦。夕合晨離。有同逆旅。而此數子。一往不顧。風雨如晦。雞鳴不已。非特立獨行之君子者歟。愛姑耿介。能自樹立。始不欲以疾累人。其夫亦不肯以眚棄盟。相尚以義。其終殉之以身也宜哉。

讀列子

顏昌嶢

劉向校錄列子。已謂不似一家之書。柳子厚亦言其書多增竄。然又稱其質厚少僞作。莊子多本之。好文者不可廢也。洪景盧宋景濂王元美諸公。皆能文之士。而皆稱列子書簡勁宏妙。至謂出莊子之右。則過矣。高似孫子略以太史公不傳列子。而莊子天下篇歷敍當世有道術者不及列子。疑所謂列禦寇、特鴻蒙列缺之倫耳。卓哉所見也。近代梅伯言氏。乃斷言列子剽莊子耳。其書非莊子及諸子書所有者。文氣皆甚卑。不類周秦時文。斯言當也。列子要是秦漢間人會萃諸子緒言而成之。顧其文簡淨多異聞。楊朱一篇則楊子之學存焉。此其得埒於呂覽淮南之倫而傳世不絕者歟。

讀楊子法言

前人

東坡謂楊雄以艱深之詞，文淺易之說。明道謂其無所得。朱子直目之爲腐儒。斯皆楊子之定論也。而世或賛其文辭。譽爲文人之雄。余竊以爲不然。文辭之敗壞自雄始也。夫文以傳意。故孔子云辭達而已矣。易文言曰修辭立其誠。書曰辭尙體要。文章之變。用盡於此三言矣。外此而言工於文。非工也。至雄始以怪誕澀僻爲工。而文辭之敗壞自雄始。重黎篇稱伍員之死曰「卒眼之」。準是而言。然則比干之忠也。可云卒心之。常山之烈也。可云卒舌之乎。又云「或問六國並迄始皇三載而咸」。咸有義。並義乎。莊子云周徧咸三者異名同實。其指一也。淵騫篇云「或問淵騫之徒惡乎在。曰在寢」。寢殆獨寐寤歌之意耳。又曰「如其寢如其寢」。異乎聖門之修辭矣。五百篇云「堯舜禹君臣也而並。文武周公孔子也而處」。而並而處。六經無此截脚詞句。欲言孔子陶鑄顏淵。而先設爲「金可鑄歟」之問。鑄金常事。奚可之問。此老蘇所謂猘乎其不足問。問乎其不足疑也。詎非弄巧反成拙耶。似此之類。殆難毛舉。世人不察。或驚其奇。無怪乎後世模擬剽竊之學。相師成風。蔡中郎至謂有類俳優。顏習齋命文爲天地間之一蠹。而今之人反集矢於韓歐諸大家之作。豈不寃哉。

汪氏本源錄序

慈利吳恭亨

往者清光緒四年冬。予用生員應學政經古場試。被錄有名。鎖覆之日。與今臨澧汪斗文先生聯席。獲定交。於是每合併必以國學相商確。其後別二十年餘。不相聞問。第聞先生一出爲平江縣學官。有哲嗣誠之。能發憤讀書。赫然以豪傑幹才名湖內外。又後丙午之歲。予助教澧中學校。與先生一相見。則鬚髮鬑鬑。二色氣稍若頹沮矣。未幾歸道山。適會辛亥革命。誠之攝官靖州。置酒爲別。予在長沙。與賓筵贈言相勉以循吏。靖邊黔桂素號難治。莅任數月。政績卓著。中華民國七年。予避軍暴居澧。誠之方解安鄉知事。往來湘澧。兩家子弟。均因政變。被武夫惡吏寃繫。誠之交遊半內國。有氣勢憑藉。可以左右一切。而當日所維又實無毛髮罪狀足資周內。乃不能一自白。使無辜者坐填牢戶。沈沈閱年歲。近日哆口言司法獨立。言人權平等。予愚實不解其作何詁。今歲吾兒未脫獄之前。誠之猶書來問狀。力任所以營救出險者。

雖曰相憐同病而矯矯赴義之風夫豈易得今世之言交道者邪頃九月薢茩於省垣誠之慰勞甫汔即出所撰本源錄相示曰為我審之並一言序其端本源錄者蓋汪族在臨澧之譜也予驚喜受讀以為誠之果豪傑喜者喜其書擺落千篇雷同之窠臼而寥寥數行自寫欲言誠無愧豪傑獨往獨來之筆驚者驚澧頻受兵燹火沸於門而流血殷於莽他人方一冪首奉身莽竄逃死之不暇誠之獨從容篹筆完成此纂自非豪傑擅有堅定性者又烏能與於是嗟夫新潮橫流一日千里其尤凶鷙者乃至欲舉我家庭文字之命一舉而胥革之被髮祭野猖狂無忌誦張畜翁本錄序言於家族解放制有感慨時變不寒而慄等語竊不禁流涕被面傷舟流之靡所屆焉抑有進者吾許誠之為豪傑固以其莞新舊之籥而不泥於一偏者也今此纂果汔不踵遷流之時勢以波靡新學後進瞻對正鵠苟不緬越吾前途或容有豸乎獨惜予老憊斗文先生又已往不作起覩四旁助力寥落不省世之讀是錄者前邪後許抑更有效于喁應和者否

論語述義序 癸酉夏近作

湘鄉胡子清少潛

漢書藝文志曰。論語者、孔子應答弟子時人及弟子相與言而接聞於夫子之語。當時弟子各有所記。夫子既卒。門人相與輯而論纂。故謂之論語。子濤謹按論語二十篇。論語有魯論、有齊論、魯論語二十篇、齊論語有問王知道、多於魯論二篇、爲二十二篇、魯共王壞孔子宅、所得古文論語、亦無此二篇、分堯曰下章子張問以爲一篇、有兩子張、凡二十一篇、篇次不與齊魯論同。其精湛與尚書堯典同揆。堯典成於舜崩之後。舜典久亡、今之僞古文、係王肅析堯典愼徽五典以下、至陟方乃死、冠以姚方興大枋頭所得之曰若稽古帝舜二十八字、爲舜典、其實僅存堯典一篇。堯在位九十八年。堯崩三年。舜踐帝位。蓋在位三十九年。二帝凡百有四十年。其間因革及大經大法。堯典一篇。以一千二百零三字括之。孔子生當春秋。不得行其道。以布衣設教洙泗之間。弟子三千。身通六藝者七十有二人。史記仲尼弟子列傳及孔子家語、則謂七十有七人。傳十餘世。學者宗之。孔子在日之所爲教其弟子者。不知若干萬言。然其微言大義。具詳於論語二十篇。亦僅以一萬五千八百五十二字括之。蓋論語所記。皆揭其精華而遺其糟粕。俾後之人。可由精華而得其糟粕之所在。如記子所雅言。詩書執禮。又記子以四教。文行忠信。其尤著者也。漢龔奮夏侯勝韋賢蕭望之張禹。皆以治魯論語名家。至順帝時。馬融爲之訓說。漢末鄭玄又就魯論篇章。考之齊古爲之註。魏陳羣王肅周生烈。

皆爲義說。何晏則薈萃諸儒之說。命曰集解。皇侃又集十三家註以爲義疏。行於唐代。宋太平興國中邢昺因皇疏翦其枝蔓而稍傅以義理。是爲邢疏。今沿用之注疏本是也。嗣是伊洛諸儒說經。一以義理爲主屛棄漢儒之考据。各自名家。朱子集二十餘家學說成論語集解。卽今通行讀本。明清以來考試以朱註爲宗。注疏雖列在學官。亦等弁髦。故提要謂邢疏出而皇疏微。迨伊洛之說出而邢疏又微。有淸諸儒。如毛奇齡輩。崇尙漢學而詆朱註之多罅漏。未免漢宋門戶之分。吾輩服膺孔子。自以論語爲入德之門。竊以爲讀論語者。宜得其言外意。爰就所見逐章引申。命之曰述義。未審於孔子當日立言之旨與其門人所爲論纂之意有當否。至衡以先哲註解之義例。則未免諸多紕繆也。

白下吟書後

湘潭周　逸木崖

孔子有言詩可以興。可以觀。可以羣。可以怨。此三百篇之遺旨。屈子得之。衍而爲騷。騷者。酌風雅之中。是故興觀羣怨。風與雅。庶幾備之。頌偏而不全矣。大凡治詩學者。有學人之詩。有才人之詩。有詩人之詩。有英雄豪傑之詩。非體不同。所養異也。蓋嘗以此求於漢魏唐宋人中。其語出有見。見皆有道。繼三百篇而爲古今詩史者。杜少陵下殆罕其人。今邵陽蒼石先生幾近之。然蒼石之初心。雅不欲爲詩人也。惟其不欲爲詩人。故詩與境一。境之所在。詩在焉。詩之所適。境適焉。詩無境而不適。故境無往而非詩。蓋人不以境遷。則境反以人化。此其詩所以紆鬱而沖淡也。余與先生以道義交者。十有五年矣。故知先生獨深。先生所懷。豈世俗所能知哉。今歲以國故由寧歸。相見卽出示白下吟。捧誦畢。歎先生慷慨悲歌。有更甚於昔年燕塵雜感者。吁。志苦矣。因綴數語以志佩仰。壬申四月佛生日湘潭周逸識。

詩錄

讀船山先生遺書有作

湘潭周逸木崖

曠代儒宗莫與儔。六經生面別開眸。不分黨派尊關洛。獨有文章軼董劉。碧血幽光甘一死。黃書大義足千秋。精誠未泯遺編在。氣節嶙峋冠九州。

九日朔集祝船山先生生日 舊作

長沙羅傑峙雲

皎皎天際月。淸淸寰中水。物貴豈在形。所實行弗止。三季華士多。頗被虛車恥。吾道日以㬥乾剛日以弛王子聖中儒忠孝夙漸砥嚴霜挺松菊餘芳化蘭芷遙遙三百年流風振頹紀千秋亘正氣精魂脫生死濟濟列者英晚秀得所恃挂冠遂初服學易自茲始嘉招厠經筵鏗鏗謝前美懸弧憶疇昔心香式歆此

讀船山先生遺與詩四首 癸酉春近作

湘鄉王禮培佩初

飄零塙塞萬瑕疵細寫艱危有晦辭人在空堂遙夜裏心如飛絮漫天時東家喪犬吾猶見魯壁哀弦世豈知土黑秦灰深地肺薜蘿山鬼和寒鴟

門前剝喙（啄）喜谷音此意蕭條不自今希逸月明千里夢玉谿弦急五更心放生靈沼龜魚泳入定荒僧虎豹瘖我欲乘風遊汗漫排雲樓閣綠森森

遺書鐵錮井中函地垢（坼）天昏署所南五馬浮江空想像兩蛇鬥鄭亦癡憨蜂王守令收逋稅從者何人解左驂短後戎衣他自耀彌陀鐙火照荒庵

倒裳求領幾餘身聖證昂藏誦過秦三舍揮戈誰退日半邊蒙面我猶人紀瞻赴洛公毋誤劉表呼鷹氣未馴飲馬長城傷馬骨尸骸撐拄看崩淪

為劉約眞題李行我畫船山先生瀟湘十景詞圖

湘陰陳嘉會鳳光

嶺表崎嶇險阻餘先生抱道歎歸輿與可憐邵永祁漣地終歲流離苦著書

蒸左湘西築石池室湃石船山畔寫哀思學兼漢宋無人識千古濂溪道並垂

望斷蒼梧卅六灣景標舜嶺訖君山十景爲舜嶺雲峯朝陽旭影滘溪蒼壁香塘滐水石鼓危崖嶽峯遠碧昭山孤翠銅官戍火湘灣曲岸君山浮黛

詞中志節分明說避地攘夷兩大關

遺音哀怨楚騷詞子細圖成老畫師李畫在烏目鹿牀之間今人多不能爲之獨惜蓮冠琴調苦不留絕響在漣湄蓮冠道人夏汝弼字叔直衡陽人爲先生至友寓伏漣湄祁邵間嘗攜童子囊琴就泉石彈之揭家入九疑山絕粒死箸作盡佚僅存車綌山同夕堂作詩登白石峯記夕堂卽先生也李君壺更作兩先生對坐橫琴圖亦千古快事

船山學社感事詩 有序

湘潭王銘濤穀平

思賢講舍、昔年湘士講學地也、湘陰郭玉池、吾家湘綺師、後先主講、郭氏服膺薑齋、立祠爲位、遷孔宗王、撰聯推許甚至、冀湘士纘承王學也、光緒中葉、余弱冠入肄業、爾時郭氏老矣、倦勤於學、靡所長救、湘綺亦因事北征、無復響者橫經盛事、壬申九秋湘耆老憑藉遺址改創學社舉同縣趙學司長社季刊學報、上以明鄉先達絕學、下以竟郭玉池遺志、甚盛業也、同縣周祕書木崖始終其

事因感儒術盛衰之原、學校變遷之理、爲題二律以美之爾、

道喪歷明清蒸陽應運生靈鐘一嶽誕學總九流成新社開宗派羣儒得主盟遺書看百遍孤憤氣縱橫

憶我年才冠登堂重禮祠淵源一家學絃誦廿人師（時全省學額僅廿名）鄉校頓摧毀儒宗感棄遺獨欽斯社友論道寂寥時

胡公井題詞 癸亥

寧鄉傅紹巖梅根

彌勒令君真男子國變驚心甘一死有清養士三百年居官殉難幾人耳胡公儒素故多聞讀書稽古重求仁致身牧令寧非分軫念閭閻失所親一官滇徼中原隔初綰銅符試霑益民歌來暮去攀轅量移乃更權彌勒彌民重困未能蘇遐邇創夷已載塗日理牢囚清獄訟親擒劇盜靖萑苻五載巖疆尤報最神君頌起誠無愧政及飛禽有魯恭民爭買犢傳龔遂辛亥俄驚遜國年偷生疆吏盡堪憐僦裝公遂辭歸請得代還當聞變先滇垣一夕旗懸白變亂由來無頃刻强半逃亡屬大官竟無一人能殉國公辨一死在斯時爲書諭子何淋漓守土雖非吾輩責千秋臣義要無虧

城中有井原清冽一死須臾存大節君不見清亡猶有一胡公晉陸閩恩比風烈

唐孝子 選錄白燕盦詩集戊申作

陳嘉會

唐孝子蓉鏡、善化人也、割臂救父、以血書禱神求代、其父尋愈、而孝子竟以創劇死、余聞而感其義、悲其志、奇其事、遂爲之述、

父病方危追兒身苦自憐割肱殊體毀替死郎歸全亂世存倫紀純心感帝天至今風雨夜猶似血書年

桃谿絳雪歌 有序

岳陽李澄宇洞庭

永康吳絳雪、名宗愛、嵊縣教諭士騏女、縣諸生徐明英婦也、幼慧、有國色、通音律、善繪能詩、著有六宜樓稿綠華草囘文詩各若干首、蚤寡、清康熙甲寅之歲、耿精忠叛、遣總兵徐尙朝擾浙、游兵至縣、宣尙朝語、獻絳雪免擾、時夏六月、絳雪匿母家、慨然曰、未亡人終一死耳、行矣復何言、賊旣得絳雪、以兩騎翼護維謹、至三十里坑桃谿、絳雪紿騎取飲、墜崖死、非獨烈也、抑亦可謂仁且智焉、已越一百七十餘歲、桐城吳廷康乃刻其詩、海寧許楣爲之傳、海鹽黃憲清則譜桃谿雪傳奇、又

七十餘歲岳陽李澄宇始作此歌、

瑞雪白作花潔美天下無況是蟠桃魂範爾爲羅敷無母隨父游旦夕親詩書九歲解音律十歲知畫圖十二發新詠十四還舊廬老親覗若男不道吳家姝桃李妒顏色雲霞比衣襦病者見之愈怒者見之愉行者足不前坐者忘其軀誰歟徐氏子奄有明月珠于歸別老親不得暫踟躕二八疑不足三五或有餘宛轉同心歌義高辭復腴不慮賓敬違但恨親容徂雙棲七八年黃鵠哭其夫恥效臨邛卓永念城北徐康熙十三祀鼙鼓東南隅游兵來永康新寡索羅敷一命繫全縣匹婦非區區死節救全縣二者將安居慷慨就賊騎妙策決須臾雙騎翼之行左右不相踰遂至桃谿側墜崖殺其軀紿賊語從容取飲洵所需轉眼失天人賊迺徒驚呼盛暑夏六月雪豈留得不雖死異玉碎趙璧完相如古難人且智今見女丈夫芳跡勝桃源清谿流永馨。

爲賀義生妻張氏作四首 庚戌

周逸

胡天秋冷雁聲哀端說雲英避隴回一見官軍悲命薄初逢主婦令心灰誰知千戶

思傾國竟證三生足舉杯勤儉尙誇夫壻好雙雙兒女出珠胎日暮沙寒欲晚天檀郎憔悴病堪憐幾經秋思悲關月最惱金風翦塞煙一諾還鄉方瞑目百年長恨在隨肩歸喪何事多風浪早報兵丁掠殯錢

四壁蕭條黯黯春慈悲還念未亡人徘徊異骨情難遣（其夫有友柩託帶）惆悵歸帆淚滿巾

雙櫬戒途官令肅孤身作客月華親從今不識西甯路長對湘江誓守貞

萬里湖南半載還故鄉歸客盡爭看舊廬涼月憐黃鵠古井寒波弔白鸞一夢曾拋千種恨九泉無復百般難董狐去後騷人繼日詠懷清墨不乾

讀李寅周先生學愚齋全集書後　　前人

講學澈一貫集之得斯篇不琢復不雕詩文皆自然世不死仲尼君言必當傳清新有餘味道力知已堅奈何天地閉兀坐七十年春風植桃李白首勤硯田所懷旣高遠自不同物還已入程朱室氣象常萬千生趣不用尋萬物俱在前寄語後來者無爲失高賢

前題　天放詩集佚稿　　攸縣龍紱年天放

吾友周子（即周逸）來爲述李翁志學愚如不及探之存大智一篇座右銘語語呻吟字平旦養浩然屋漏洵無愧門庭育英俊用恥鉛刀試兀兀安窮居揚名殆不翅空谷長幽蘭何圖上林蒔

爲郭尺崖題小菜詩四絕 近作

湘潭趙啓霖芷蓀

甕菜

香甕秋來入饌鮮舊聞蝯叜食單傳（何蝯叜典試浙江每日自開食單有苦瓜香甕蓮朝獻之句）東園小摘饒風味不解何曾費萬錢

百合

自劚荒畦興有餘嘉名百合味何如調飴更向寒爐吽老去差欣肺病除

臘八豆

漢臘匆匆歲又殘千家煑豆事銷寒餘生忍話蕪蔞粥辛苦盤中粒粒餐

薑

家中遙對石船居日讀薑齋萬卷書投老性情真愈辣不知世味有甘腴

西湖大雪聯句 有序

南海康有爲更甡

庚申臘不盡四日、西湖大雪、爲廿年未有光景奇絶、越日立春、叔惠仁兄偕胡愔仲閣丞夏劍丞廳長、及門人徐肎硯學長泛舟訪吾康山人天廬下山踏雪、訪蕉石鳴琴古跡、邀飲於孤山樓外樓、遂登西泠印社觀樂樓賞雪聯句、

登高一覽湖山白甡 如對畫圖鋪水墨惠 玉戲咳唾自九天劍 玉龍百萬鱗甲拆愔 軒豁乾坤見晴昊肎 遠山近水雪突兀甡 扁舟共訪德公居惠 松竹皓然歲寒傑劍 精廬近倚蕉石巔愔 列岫橫搜葛嶺北肎 白銀世界可有無甡 華嚴忽現未曾得惠 道旋苔磴足礙瓊劍 屐穿雲林眼生纈愔 山下欲訪古琴鳴肎 冰滑誤致二客跌甡 諸公下山爲訪蕉石鳴琴古迹叔惠劍丞二君皆以雪滑致跌實爲蕉石所致亦訪古之韵事也 孤山梅花酒氣香惠 義尊合爲老坡設劍 銜杯萬感話前塵愔 滄海桑田那可説肎 且樂天命逍遙遊甡 觀樂樓頭忘主客惠 皚皚陵谷斜陽多劍 凍雀潛柯舊巢拙愔 野煙斷續橫翠微肎 四子講德寫臘日甡 蒼蒼莫靄增嚴寒惠 春色卻還花開百劍 兩高頭白峯摇雲愔 鳳林鐘促歸舟發肎

西溪觀蘆聯句 有序

前人

壬戌九秋夏吷广陶叔惠陳哲侯三廳長招同喻澹甯編修王省三交涉楊見心中書門人徐勉甫泛舟西溪飲秋雪广觀蘆花歸舟聯句

蘆花瑟瑟滿洲白性　花飛欲吞雲夢澤吷　出湖山外得清游省　秋老西溪天水色扁舟有約南海座惠　叨陪杖履賞秋雪哲　渺渺涼風起天末澹　遙望一片雪花出省　舉杯在手興欲狂謝盡今古天涯客見　酒酣扶醉登高樓哲　似飄柳絮入茵席惠　白頭老人岸巾幘坐對此花長太息廿年夢憶陶然亭風景淒涼似京國吷　追思舊事蘆中人風波亭毀天地裂休論往事作天遊斜照晚波歸槳拍性

紀歐戰 有序甲寅作

陳嘉會

聞歐洲以墺地利皇子及皇子妃爲塞爾維亞陰謀刺死牽動全局致德墺向土與俄法英比塞門諸國戰於歐洲海陸各處並波及東亞日本已攻擊德所租我國青島甚亟爲自有世界以來空前之戰禍因感而作

燕丹一死各國驚百姓毒藏環球生磨牙擊舌紛雄爭左右分袒來同盟茲禍蒸煋

百年萌連雞均勢誰敢攖一朝撞碎火齊屏霜鍔冰刃森崚嶒德墺匈土衡連衡俄塞法比門日英着從事衫槖沸迎殺聲四出如雷鳴山磨海立同煎烹天跳地踔無晦明亘數萬里億萬氓大賭一擲乾坤精天帝裝炭電光崩鏇揚血肉陰風腥雲梯飛車入冥冥湯谷月蝟驚百靈地出錫銅煤鐵阬蛟龍捧爐武庫盈蛛絲鐵道馳車軿珠玉盈河金量城陸戰彌山青幕營紫騮翠駮超塵登槍礮吐火昏林坰高廊曲閣多轟傾海戰樓船千里程星流霆擊血浪碌碎身尾閭末轉睛龍移那復葬吞鯨黑海左股陰雲橫白海右背圍棋枰復射之眾成山騰紅旗青島險難憑砰磅訇礚意氣矜殷殷弈奕礮礴淩斫斫刺刺兵交並他他籍籍塡谷平死者輿尸生傷綳山崩海窺成殘形天泣地吸悔如醒弭兵學子駭目瞪夢訴上帝睚淚零嗟余跼步晝亦扃探聞厓略如飢傖一日之戰殫記盲崐侖漂蕩心怔營（補注時避袁世凱之難）

王湘綺先生百歲誕祭公讌拈得盡字

湘鄉顏昌嶢息庵

湘槼發楚騷湘綺接遙軫去世百歲翁今朝萬壽引張軍睇來彥升堂咸雋敏嘉薦及良辰大道泯畦畛芳宴喜躬參愚才慚菌蠢市近酒好沽錢空衣可準玉盤薦珍

饈野蔬雜冬筍受賑恣飲啖劇談間嘲哂翻詩髯獨賢拈韻予方窘（周髯正權翻湘綺詩得句分韻）遯拈人生幾遇合霜風淒且緊濡毫紀盛會不用愁肝腎傳語後世人此會知無盡

王葵園先生九日生日公祭分得先字

前人

哲人歎云萎一紀歷星躔夢寐時復親撰杖終懞然良辰慶生申妥靈薦芳鮮相將同門侶始及秋陽天僾然見平生遺像瞻在前祼將儀既戒俎豆禮不愆主人備燕私高館張華筵共飲明德後方歆繼述賢稱觥介繁祉述德歎高堅自從喪亂來不復親儒先詩書棄灰燼庠序無管絃途窮斯返本飲水思源泉經師繫人師薪盡火焉傳藐予末小子及門謝淵騫提攜而訓誨樗散自生全報德慚無地肅將今始虔民生事之三此會期年年何以攄我懷永言著斯篇

留別都中諸友用趙芷蓀先生卽事元韻兩首 乙卯作

周逸

曲江風景杜陵哀鑾下焦桐半未灰孤鶴欲尋塵外去寒梅偏向雪中開還鄉季子羞廻馬戒酒劉伶痛舉杯漫與名流談往事回看鴻鵠過金臺

書劍飄零未可哀紅顏軒冕總成灰已知勝地多荊棘忍與浮雲任去來刦後江山

難入畫。社稷壇現作公園武英殿爲古物陳列所 病餘風雨懶擎杯故鄉花發春迎我湖上煙波覓釣臺。

癸酉二月病臥船山學社書感　前人

結社經艱苦當春伴藥爐詩書真誤我風雨總愁吾病久知醫拙形枯識道腴夜深惟枕在清淨本來孤。

船山祠庭植芍藥四盆四月七日開花二朶絕艷驚人漫賦一律即呈社友王季果賓楷南陶叔惠陳鳳光石二參五君　癸酉作　前人

綠陰叢裏一枝新曉起凭欄感暮春我愛孤芳開佛眼天留絕艷慰詩神品同姚魏香尤細心慕羲軒夢亦真不信斯文終墜地此花獨秀卜傳人。用達摩偈意

壬申九月八日偕蒼坡登雲麓峯返憩愛晚亭讀張南軒先生青楓澗詩及錢南園九日登麓峯詩依韵同賦　邵陽石廣權一參

絕磴盤空萬仞梯杖藜扶我過招提寒鐘滯響雲根澀高鳥平飛木末齊歷亂殘碑蹲伏虎連蜷枯樹門雌霓閒驚節近登高日小折萸枝手自攜。

亂世能容我獨閒閉關良苦負名山衰齡未忍哀黃蔡至樂還期契孔顏嶽色湘聲

襟袖底光風霽月笑談間朱張未遠蕭齋在獨抱秋心自往還

和喬茂蕤樹耕左丞碧雲寺詩 戊申作

陳嘉會

松

長松臨高岡上有千年鶴獨立歲寒時清風瀉寥廓

泉

清泉鳴石間聲與疎鐘和願一洗塵心歸時白雲臥

紅葉

我愛看紅葉常恐葉墜地相對滿林霜何如麓山寺

麓山吟 癸酉作

邵陽盧賀泮山

七十二峯起衡嶽峯峯插天龍門角麓山欝欝蹋龍尾雲氣湏澗神所託兩儀始判有此山山在莽蒼大野間鴻荒事遠渺難紀片石猶認鐫堯舜王往帝諦起復滅萬古惟留山上月不知山月始何年但見年年自圓缺月圓月缺自終古我欲問天天不語何人少年不白頭何處青山無黃土海內風塵陵谷變茫茫禹甸翻龍戰徙將

薜荔招山鬼無復薝蔔護禪院君不見湘江漠漠湘山碧九嶷孤墳怨寒食杜鵑啼血花滿山山盡是湘妃淚

訪白道人 有序

八指頭陀寄禪佚稿

壬子夏五月、訪白道人於烏龍潭上、坐談良久、覺六朝無限興亡事蹟、都在石城楊柳暮煙中、塵海變遷、江山如故、白頭老衲、重見故人、回憶曩昔、都如夢痕欲哭欲笑、云何云何、

石城殘照裏楊柳碧餘春獨放青天鶴來尋白道人溪雲涼入夢潭水近爲隣坐覺滄洲晚微風動葛巾

論詩寄周木崖 丙辰

寧鄉李石貞遺稿

詩成瘦硬方爲骨氣不行空悶殺人磨杵鐵從毛髮落排沙金與目光新自慚小碎渾無補也向旂亭走一巡酒亦思柔聊共酌無邊風雨不關身

遊華嶽七律一首

長沙黃贊元鏡人

怪石冲霄造化工從來西嶽路難通臨深橫渡蒼龍嶺歷險高尋白帝宮百道流泉

懸雪練千章喬木響天風此行爲學長生訣親謁金仙玉洞中

次韻春游三首寄周木崖 辛未

攸鄉龍紱年遺稿

臨軒日日望衡東攜杖閒行僻巷中思聽流鶯啼曉樹欲馳驄馬跨春風娛游前度隨人異勝約何年與子同遙熱郊原多麗景一溪煙萃杏花紅

路轉山迴不用車春來最好是農家數竿無主將欹竹幾處迎人欲笑花野外相親唯水石田間長對是桑麻多君健步青郊畔緩緩尋芳到日斜

漫遊輸爾作山行越嶺登坡趁始晴不畏風多緣體健每忘路險是心平野梅花外窺人影園柳枝頭變鳥聲令我異鄉空豔羨勸君無負早春榮

次韻天放立春 辛未

攸縣龍紱慈達夫

光陰彈指去今來歷刼餘生氣不摧無恙琴書撑璧在有情花鳥報春回蔬廚供養禪心住詩卷離披病眼開引興未妨茶當酒一窗晴雪映尊罍

詞錄

調寄如此江山 爲劉約眞題船山先生瀟湘十景詞補圖

鳳凰田興奎星六

湖南萬古嗟淸絕有人澗阿幽獨雲斷蒼梧月明靈瑟騷意九歌重續黃書夾讀比庚賦江南總多哀曲流怨昭潭晚煙空影盪寒綠　片帆洄瀠六六到七二峯巔乍開朝旭故國愁心壘成遺恨搖落荒江老木詩排畫目算秦火燒殘尙餘湘竹仙羨劉晨采盈香一掬

浣溪沙　出郊訪友二首　長沙楊樹穀蘧詒

老去心情不趁春隅然訪戴出城闉山家驚問乍來人　得意黃鶯鳴樹杪惹風楊柳笑新村半灣流水正當門

欵欵敲門訝主人窺園何意得迎君無心真似出山雲　悔向花間驚蝶夢又從鄰叟醉壺尊人間自有好乾坤

生查子　遣病　前人

風信未愆期雀喜全無定人是今年人病是前年病　花事夢中過風雨牀前聽春到海棠枝秋入愁人鏡

劄記

船山遺書精義

俟解

人之唯其意之所發而爲不善者。或寡矣。卽有之。亦以無所資藉。無所印證。而不圖其失已著。倘可革也。故唯其所發而爲不善者。過也。非惡也。聞惡人之言。因而信之。則成乎惡而不可救。故君子於人之不善。矜其自爲之過而望其改。其聽惡人之言而效之。則深惡而痛絕之。臣豈敢殺其君。子豈忍殺其父。皆有導之者也。導之者皆言之有故。行之有利者也。國有鄙夫。家有敗類。以其利口彊有力。成人之惡。習焉安焉。遂成乎下愚不移。終不移於善矣。故聖人所以化成天下者。習而已矣。

編者節錄

箚記

恆心堂讀書答問 續壬申第一册

湘潭周 逸木崖

問、人之生以何爲不幸、以何爲大不幸、

答、不幸不聞過。大不幸無恥。必有恥則可教。聞過則可賢。孟子云、恥之於人大矣。茲云大不幸無恥。無恥之人。是非顚倒。卽聞過不以爲過。並有以己過自得意爲榮者矣。此又諱過文過之變相也。今比比漸成風俗矣。噫。

問、實勝與名勝有何分別、

答、實勝善也。名勝恥也。故君子進德修業。孳孳不息。務實勝也。德業有未著。則恐恐然畏人知。遠恥也。小人則僞而已矣。故君子日休。小人日憂。

問、理學中之異端、其辨別在何處、

答、理者、人心固有之天理。卽愚夫愚婦一念之良也。聖之所以聖。賢之所以賢。亦不過率其與愚夫愚婦同然之良而已。此中庸平常之道也。乃世之究心理學者。多

劄記 恆心堂讀書答問 二

舍日用平常。而窮元極賾索之無何有之鄉。謂之反經。而實異於經。謂之興行。而實不同於日用平常之行。其發端起念。固卓出流俗詞章之上。而流蕩失中。究異於聖賢平實之旨。是亦理學中之異端也。故學焉而與愚夫愚婦同者。是謂同德。與愚夫愚婦異者。是謂異端。

問、巧言令色孔子謂之鮮仁、其義何如、

答、巧言令色。不務本也。故鮮仁。李二曲所謂容貌辭色。德之符也。苟非根心。便是作僞。作僞則心喪。又云、色莊見於應接。巧言則不止應接。凡著書立言。苟不本於躬行心得之餘。縱闡盡道妙。可法可傳。俱是巧言。俱是鸚鵡。

問、學問關於人心世道、其說何如、

答、夫學始於人心。關乎世運。治亂否泰。咸由於茲。故爲明善復初而學。則所存所發。莫非天理。處也有守。出也有爲。生民蒙其利濟。而世運安有不泰。爲辭章名利而學。則所存所發。莫非人欲。處也無守。出也無爲。生民毫無所賴。而世運安有不否。是一心理欲消長之所由分。卽生民休戚世道安危之所由分也。

問、富不可求、其中有命否、

答、富若可求。人人皆富矣。人不皆富。非命而何。卽求之而得。齊景千駟之馬。何如夷齊西山之薇。一則死之日民無得而稱。一則民到于今稱之。誠不以富。亦祇以異。君子終不舍此以慕彼。況求無益於得。又豈可隨俗馳逐。徇人而喪己耶。故學者第一、要、安命、守義。不可、妄求。

問、明德良知有分別否、

答、無分別。徒知而不行。是明而不德。不得謂之良。徒行而不知。是德而不明。不得謂之知。就其知是知非。一念炯炯。不學不慮而言。是謂良知。就其著是去非。不昧所知。以返不學不慮而言。是謂明德。曰明德。曰良知。一而二。二而一也。

問、今人之學、不及古人之學、其志願何如、

答、古人爲學之初。便有大志願大期許。故學成德就。事業光明俊偉。是以謂之大人。今之有大志願大期許者。不過尊榮極人世之盛。其有彼善於此者。亦不過硜硜自律。以期令聞廣譽於天下而已。世道生民。究無所賴。焉能爲有。焉能爲亡。

劄記　恆心堂讀書答問　四

問、靜中靜易動中靜難。其得力在何處、
答、學問之要。全在定心。昔呂原明晚年習靜。雖驚恐危險。未嘗少動。自歷陽過山陽渡橋。橋壞、橋人俱墜。浮於水面有溺死者。而原明安坐橋上。神色如常。後自省察校量。常言十餘年前。在楚州橋壞。墮水中。時微覺心動。數年前。大病。已稍勝前。今次疾病。全不動矣。故學問得力與不得力。臨時便見。此公臨生死而不動。世間何物可以動之乎。吾人居恆談定談靜。試切己自反。此果定果靜。臨境不動如此公否。
問、修身當以何事始、
答、修身當自悔過自新始。察之念慮之微。驗之事爲之著。改其前非。斷其後續。使人欲化爲天理。斯身心皎潔。
問、念慮微起、良知卽知否、
答、念慮微起。良知卽知善與不善。一毫不能自掩。知善卽實行其善。知惡卽實去其惡。不昧所知。心方自慊。若知善而不肯實行其善。知惡而不肯實去其惡。自知而自味之非自欺而何。故曰、自欺與不自欺。君子小人之所由分。卽人鬼之所由分也。不自欺便是君子。便是出鬼關。入人關。自欺便是小人。便是出人關。入鬼關。吾人試默自檢點。居恆心事。果俯仰無怍。出鬼關入人關乎。抑俯仰有怍。出人關入鬼關。終日在鬼窟裏作活計耶。人鬼之分。不在死後。生前日用可知。

問、存心之法如何、

答、薛文清公每晚將就枕時。必自呼曰。主人翁在室否。此可謂善存心者。逸按就枕自省。固是存心。日間事事不苟。不苟是敬。敬是心法。能敬、則心常惺惺。自無不在。

問、後世在上者、亦有孝弟仁慈之人、而俗不丕變、國不大治者、何也、

答、後世在上者。雖間有孝弟仁慈之人。未免從名色上打點。若果天性真孝真弟真慈。則愛敬根於中。和順達於外。一舉足不敢忘父母。一出言不敢忘父母。推之待人接物。涖事臨民。不敢刻薄一人。不敢傲慢一事。而國有不治者乎。至誠而不動者。未之有也。不誠未有能動者也。

問、李二曲先生論中庸、不以迂庸爲中庸、其義如何、試述之、

劄記 恆心堂讀書答問 六

答、才猷足以匡時定世節義足以藐富貴輕死生此人所難也然難者猶有其人中庸率自日用此人所易也而易者世反罕覯良由人多事事而不事心好奇而不好平故也若事功節義一一出之至性率自平常而胷中絕無事功節義之見方是真事功真節義真中庸誰謂中庸必離事功節義而後見耶有此事功節義方足以維名教振頹風若誤以迂庸爲中庸則中爲執一無權之中中庸爲碌碌無能之庸人人皆可能人人皆中庸矣何云不可能也能者雖多何補於世

問、李二曲先生答人問中庸之要、其言何如、

答、人問中庸以何爲要曰愼獨爲要因請示愼之之功曰子且勿求知愼先要知獨獨明而後愼可得而言矣曰註言獨者人所不知而已所獨知之地也曰不要引訓詁須反己實實體認凡有對便非獨獨則無對卽各人一念之靈明是也天之所以與者與之此也此爲仁義之根萬善之源徹始徹終徹內徹外更無他作主惟此作主愼之云者朝乾夕惕時時畏敬不使一毫牽於情感滯於名義以至人事之得失境遇之順逆造次顛沛生死患難咸湛湛澄澄內外罔間而不爲所轉

夫是之謂愼。

問、李二曲論大學知其所止而止其精義何謂、

答、心之爲體。本虛、本明、本定、本靜。祇緣不知所止。遂不能止其所止。隨境轉遷。意見橫生。以致不虛不明不定不靜。未嘗安所當安。是以不能慮所當慮。須是真參實悟。知其所止而止。止則情忘識泯。虛明不動。如鏡中象。視聽言動。渾是天機。由是而知知止不難。實止爲難。吾人終日講學。講來講去。其於所止。非全不知。然志向未嘗精專。世緣未嘗屏息。初未嘗實止其所止。心何由常寂而常定。至靜而無欲。安安而不遷。百慮而致之一乎。此心既未定貼。寧靜安固不搖。憧憧往來。朋從爾思。思慮紛擾。天君勿泰。學無下落。無結果。學問之謂何。所以學問之要。全在定心。學問得力。全在心定。心一定靜而安。寂然不動。感而遂通。廓然大公。物來順應。猶鏡之照。不迎不隨。此之謂能慮。此之謂得其所止。逸案知其所止而止者。本體虛明也。欲知知止而止。必先從志向精專。世緣屏息上用力。久之自然常寂而常定。至靜而無欲。

問、自勝之謂强其義如何、

答、自勝之謂强。自勝其私而矯之以正。方是真强。君子之所以爲君子。只是自强不息。李二曲所謂易流易倚易變者俗人也。矯其易流易倚易變之私。不流不倚不變。方是君子。又云。吾人身處末俗。須是鐵骨金筋。痛自矯强。纔得不流不倚不變。立身方有本末。前輩謂寧爲矯强君子。勿爲自然小人。逸亦深有味乎其言之也。故敬錄以自儆。並以示夫來者。

問、財聚則民散、固矣、然國家正供、所入有限、安能以有限之財、散之百姓、

答、只不使掊剋之人在位。横斂正供之外。不求羨餘。不別巧取。鰥寡孤獨顚連無告之人。時加存恤。水旱饑疫。流離失所之民。亟圖賑救。不事虛文。務求實效。卽此便得民心。民豈有不聚乎。（未完）

校管異義 續壬申第一册

湘鄉顏昌嶢息庵

問第二十四

士之有田而不使者幾何人吏惡何事。

丁云。尹注云。不使謂不用其吏疑本作不吏。謂不治吏事也。士有田則已身爲官吏。故問其不治吏事者幾何人。並問其所治者何事也。惡卽何也。疑一本作惡。一本作何。寫者誤並入之。使何事與下文身何事句法一例。按丁說誤。尹注云不使謂不用。斷句。其吏不惡。此等當惡何事。丁誤讀。

大夫疏器。甲兵兵車旌旗鼓鐃帷幕帥車之載幾何乘。疏藏器。弓弩之張衣夾鋏鉤弦之造。戈戟之緊。其厲何若。

尹云。疏謂飾畫也。載謂其車載。按尹注誤。廣雅釋詁。疏識也。說文言部。記疏也。漢書賈誼傳難徧以疏舉。顏注、言不可盡條記也。又原涉傳。削牘爲疏。具記衣被棺木。此言大夫疏記器具之數。卽下文所舉甲兵諸物是也。載謂車之任載者也。疏藏器。疏記所藏之器具也。

劄記　校管異義　二

而市者天地之財具也。而萬人之所和而利也。

此二句當在下文關者諸侯之陬隧也句上。錯簡。

君臣上第三十

故曰君明。相信。五官肅。士廉。農愚。商工愿。則上下體而外內別也。民性因而三族制也。

尹云。三族。謂農工商也。言因士上下有體。內外有別。故此三族各得其制也。按尹注非。上下體而內外別。總上君相五官士農商工言之。因、順也。三族謂士與農與商工也。小匡篇亦商工併言。

小稱第三十二

修恭遜敬愛辭讓。除怨無爭以相逆也。則不失於人矣。嘗試多怨爭利。相爲不遜。則不得其身。

丁云、嘗試二字。涉下文而衍。多怨爭利。承上除怨無爭言之。相爲不遜。承上修恭遜敬愛辭讓言之。張云、則不得其身。與上則不失於人矣一例。身與人爲韻。句末疑脫矣字。按丁張二說均非。嘗試多怨爭利三句。乃反言以足上意。不與上文平列。且語氣未完。句末不當有矣字。

審行之身毋怠。雖夷貉之民。可化而使之愛。審去之身。雖兄弟父母。可化而使之惡。故之身者使之愛惡。名者使之榮辱。此其變名物也。如天如地。故先王曰道。

俞云、故之身者之字衍。按俞說非也。此之字非衍文。乃下句名上脫一之字耳。繹尹注。訓之爲是。上句注云之、是也。同是此身云云。下句注云。同是此身之名。知尹所見本名上有之字也。但尹訓之爲是。則誤矣。之猶於也。往也。禮記大學之其所傲惰而辟焉。檀弓之死而致生之。之皆訓於。此言恭遜愛敬辭讓之道。審行之於身。則疏者可使之愛。審去之於身。則親者可使見惡。故恭遜敬愛辭讓之道之於身也。使人惡愛。於名也使己榮辱。此其變化名物之神速也。如天地之不可測度也。故先王命之曰道。

白心第三十八

道者一人用之。不聞有餘。天下行之。不聞不足。此謂道矣。小取焉則小得福。大取焉則大得福。盡行之而天下服。殊無取焉則民反其身。不免於賊。戴云、民當讀爲泯。泯、滅也。反、及字之誤。泯及其身者。言滅亡之禍。必及其身也。按戴說非是。既云滅及其身矣。則下句不免於賊爲贅。此言道無形體。無方所。任人取携而無有餘不足之可言。此之謂道。行之者有福。大小各還其量。能盡行者則天下服焉。無道之人。則民亦以無道反還其身。且不免加之以賊害。易繫辭曰、無交而求。則民不與也。莫之與、則傷之者至矣。易曰、莫益之。或擊之。立心勿恆。凶。卽此義也。

弱無弱乎。

弱疑爲之誤。古爲字作𢀓與弱相似而誤。

水地第三十九

準也者五量之宗也。素也者五色之質也。淡也者五味之中也。是以水者萬物之準也。諸生之淡也。違非得失之質也。

丁云、違當爲韙。質當爲素。兪云、諸生之淡。淡字疑當作澹。澹足也。給也。卽古贍足之贍字。言水兼利萬物。諸有生之物皆於水取給。按丁說是。俞說非也。此句承上文量色味三者而言。謂水性平。則萬物之準也。其味中。則合諸生之淡也。其質素。則忘是非得失之分也。

四時第四十

故天曰信明。地曰信聖。四時曰其王信明聖。其臣乃正。何以知其王之信明信聖也。

戴云兩王字皆當作主。王引之云。信字皆衍文。蓋因下文兩言聽信而衍。按衍文不應若是之多。王說恐非。信猶誠也。天懸象著明。故曰信明。地化育萬物。故曰信聖。

小問第五十一

夫恃不死之民而求以守戰。恃不信之人而求以外知。此兵之三闇也。

丁云、三當爲二。指上不死不信言。按丁說非是。三闇。謂以守以戰以外知。三者皆闇也。

牧民者厚收善歲以充倉廩。

戴云、歲疑藏之誤。按戴說非是。充倉廪卽藏也。善歲謂豐年。豐年故可厚收以備飢矣。

浩浩者水、育育者魚、未有室家而安召我居、

按浩浩、水盛大之貌。育育、魚自得之貌。居、語辭。甯戚有伉儷之思。故稱此詩以見意。言未有室家。不能如魚之悠遊自得。將奚召我爲也。尹注云、誰當召我授之配匹與之爲居乎。失其旨矣。（未完）

說苑

船山遺書精義

俟解

守其所見而不爲違心之行。亦可謂之信。忘乎己而一於理之謂誠。故曰言不必信。一於理也。朱子謂衆人之信只可喚作信。未可喚作誠。蓋流俗之所謂誠者。皆不必之信。天下之物理無窮。已精而又有精者。隨時以變而皆不失其正。但信諸己而卽執之。如何得當。况其所爲信諸己者。又或因習氣。或守一先生之言。漸漬而據爲己心乎。

編者節錄

說苑

神異經輯校

安化陶憲曾遺稿

序

粵若渾輿初啓。孟幼未分。詭類殊品。日接於目前。游魂靈怪。不隔於宇內。故禹鑄九鼎。益名百物。羅大荒而志怪。包宇合以徵奇。山經所述。詳哉博矣。若夫九紀以降。三古而還。乾清坤夷。日穆月睞。生其間者。跡不出禹域。目不睹魁書。而欲探險九幽。搜奇八表。則亦張騫鑿空。烏覩昆侖。鄒衍談天。虛傳裨海而已。神異經者。舊本題東方朔撰。張茂先注。漢志不載其文。隋書乃箸於錄。列之地理。以配山經。陳振孫辨之於前。孫志祖疑之於後。夫樹號如何。鳥名希有。桃羹治嗽。竹笋已瘡。扶桑之蠶。繭長者三尺。北方之鼠。肉重則千斤。鷩鳥捕鯨。或展風雷之翼。黃父吞鬼。乃餐霧露之漿。未免語近濕虛。辭同象罔。況復東西南北。不著其地。名裔外荒中。難詳其里數。是則迂誇閎誕。雖同柏翳之經。而恢恑憰怪。或類莊周之論。欽定四庫書目。乃改隸之小說家。其義當矣。然而大宛之馬。已著於漢書。火山之鼠。足徵於魏志。玄貘齧鐵。證周書而益明。驢頭捕魚。校夏經而胥合。則艾持之有故。言匪無稽者焉。是以子慎釋經。世期注史。賈思勰之要術。酈道元之水經。莫不采茲異聞。證彼故實。罔不僅西海神童。在太冲因之作賦。北荒明月。陸佐公取以爲銘。故知此書者。饌箸於兩漢。而流衍於六代。乃經史之考鏡。而辭賦之淵藪也。歲歷縣曖。簡策滋譌。焉烏淆混於一編。綠綠迷茫於三寫。椰本作邪。音尙符乎古訓。秫譌爲粮。字已闕于六書。戊戌臘月。余偶讀之。見其殘缺。深爲憮閔。爰据他書所引者。略爲校勘。補其闕遺。其經注混淆。灼然可見者。並以意爲是正。錄置僉筒。取便觀覽。篇中間有舊校。每稱塙按。疑爲明朱鬱儀中尉名謀㙔者。明史傳稱其箸述百十有二種者也。昔師古敘漢書之例。亦著瓚音。景純注山海之經。恆稱璨曰。今準其例。並題舊校存之。以備參攷云。光緒二十五年歲在屠維大淵獻孟陬月安化陶憲曾識。

神異經輯校

安化陶憲曾

漢　東方朔　撰

晉　張　華　注

東荒經

東荒山中有大石室。東王公居焉。長一丈、頭髮皓白。人形鳥面、而虎尾。載一黑熊。載○即戴也古通用左右顧望、恆與一玉女投壺。○恆文選甘泉賦注引作常女下有共字每投千二百矯。○舊校埤按仙傳拾遺矯字作梟設有入不出者。天爲之噫噓。嘆也矯出而脫悞不接者。言失之天爲之笑。言笑者天口流火炤灼今天上不雨而有電光是天笑也○注言笑者天口流火太平御覽七百五十三引作天笑者開口流光

東方有人焉。男皆朱衣縞帶元冠。女皆采衣。男女便轉可愛。恆恭坐而不相犯。相譽而不相毀。見人有患投死救之。名曰善人。俗云士人一名敬。俗云敬謹一名美。俗云美人不妄言。喋喋然而笑。倉卒見之如癡。俗云善人如癡此之謂也

東方荒外有豫章焉。此樹主九州。其高千丈。圍百尺。本上三百丈。本如有條枝。敷張如帳。上有玄狐黑猿。枝主一州。南北並列。面向西南。有九力士操斧伐之。以占九州

吉凶。斫之復生。其州有福。創者州伯有病。積歲不復者。其州滅亡。亡者州伯死復者木創復也

東方有樹焉。○樹上本有桑字從藝文類聚八十八太平御覽九百五十五引刪高八十丈。敷張自輔。其葉長一丈。廣六七尺。名曰扶桑。○此四字從類聚引補御覽無名字其上自有蠶作繭。長三尺。繰一繭得絲一斤。有椹焉。長三尺五寸。圍如長。

東方有樹焉。高百丈。敷張自輔。葉長一丈。廣六尺。○齊民要術太平御覽九百六十九事類賦注二十七引六下皆有十七字其名曰梨。如今之樝梨但樹大耳注九字本混作經今改○其子徑三尺。剖之少瓤。白如素。○剖要術引作割無少字和羹食之。為地仙。衣服不敗。辟穀。可以入水火。一名木梨。故今梨樹大者名木梨○一名木梨四字本譌作注今改注九字從御覽引補

東方有樹。○東方太平御覽九百六十七引作東北樹下有焉字高五十丈。葉長八尺。廣四五尺。○此四字從御覽引補名曰桃。其子徑三尺二寸。和核羹食之。令人益壽。○舊校㙮按別本作壽短誤憲曾案益御覽引作多食核中仁。○仁御覽引作人可以治嗽。今之小桃溫潤嘅嗽人食之即止○舊校㙮按別本作嘅嗽人肉滑者誤憲曾案注小桃以下十一字本混作經今改御覽引此注云今之桃也亦有脫誤今惟据補今之二字

東海之外。荒海中有山。焦炎而峙。高深莫測。蓋稟至陽之為質也。海中激浪。投其上。

噏然而盡。計其晝夜噏攝無極。若熬鼎受其洒汁耳。

大荒之東極。至鬼府山臂沃椒山。○舊校瑋按玄中記云天下之彊者東海之惡燋焉水灌而不已惡燋山名在東海南方三萬里海水灌之卽消卽沃椒也腳巨洋海中。昇載海日。蓋扶桑山有玉雞。玉雞鳴則金雞鳴。金雞鳴則石雞鳴。石雞鳴則天下之雞悉鳴。潮水應之矣。

東海滄浪之洲。生彊木焉。洲人多用作舟楫。其上多以珠玉爲戲物。終無所負。其木方一寸。可載百許斤。縱石鎮之不能沒。

東方荒中。有木名曰栗。其殼徑三尺三寸。殼刺長丈餘。實徑三尺。殼亦黃。其味甜。食之多令人短氣而渴。○舊校瑋按太平御覽引此云東荒北有栗樹高三十丈栗徑三尺其殼赤其肉黃白味甘食之令人短氣而渴廣記所引出西陽記憲曾案御覽所引乃今東北荒經文舊校引以證此非

東方裔外。有建春山。○春字從初學記二十八引補其上多橘柚美甘樹。○美甘樹三字從太平御覽九百六十六引補

東南荒經

東南方有人焉。周行天下。身長七丈。○舊校瑋按說郛所引作七尺誤腹圍如其長。頭戴雞父魌頭。髮頮亂也○舊本瑋曰雞父未詳憲曾案父字衍事類賦注十八引無戴雞如變發戴冢之類朱衣縞帶。以赤蛇繞額。○舊校一作惡蛇繞項

尾合於頭。不飲不食。朝吞惡鬼三千。暮吞三百。此人以鬼爲飯。〇舊校壕按廣記飯作食別本作飲誤以露爲漿。〇舊校廣記作霧憲曾案初學記二十六太平御覽八百五十引皆作霧原本北堂書鈔一百四十四引作以霧露爲漿名曰尺郭。一名食邪。道師云吞邪鬼〇食書鈔引作去注六字本混作經今改一名赤黃父。今世有黃父鬼〇赤字疑衍注六字本亦混作經今改

東南荒中有邪木。〇邪齊民要術藝文類聚八十七太平御覽九百七十二引皆作椰高二十丈。〇本作三千丈從類聚引改或十餘丈。〇丈字從御覽引補圍丈餘。〇丈餘二字從要術御覽引補或七八尺。其枝不喬。〇不字從要術引補案爾雅釋木云小枝上繚爲喬無枝爲檄要術引異物志云椰樹高六七丈無支條葉如東蒲在其上是此樹旁無枝條檄擢直上故云不喬也喬要術引作橋橋喬古通用又橋下本有直上不可那也六字蓋誤以下注文羼入今刪葉如甘瓜。二百歲葉盡落而生華。〇盡字從要術御覽引補華本作花俗字亦据引改下同華形如甘瓜。華復二百歲落盡而生萼。萼下生子。三歲而成熟。成熟之後。不長不減。子形如寒瓜。長七八寸。徑四五寸。萼覆其頂。言發萼而得成實〇本作萼復覆生頂從要術引改此實不取。萬世如故。〇萬字從要術引補若取子而留萼。萼復生子如初。年月復成熟。〇要術引作取者掐取其流下生如初復二年則成萼而復生子。其子形如甘瓜。少覿音練甘美。〇瓜本作瓤從要術引改覿疑瓤字之譌廣韻瓤瓜瓤案瓤即瓤也少瓤者言瓤少而汁多也要術引無少字覿作瓤美下有如蜜二字食之令人身澤。不可過三升。令人冥醉。半日乃醒。木高人取不能可。唯木下有多羅之人。緣能得之。多羅國名〇要術引作唯木下有多羅樹人能緣得之

一名無葉。世人後生不見葉故謂之無葉也○注十三字本混作經今改一名倚驕。驕直上不可那也○舊校按太平廣記引此作綺縞而張茂先注云驕謂直上不可那也知廣記誤憲會案注七字從要術引補

東南隅大荒之中。有樸父焉。○樸初學記十九引作林夫婦並高千里。腹圍自輔。○自初學記引作百天初立時。使其夫妻導開百川。嬾不用意。○舊校說郛作用力謫之並立東南。男露其勢。女露其牝。勢牝謂男女之陰陽○舊校御覽作殺不飲不食。不畏寒暑。唯飲天露。須黃河清。當復使其夫婦導護百川。古者初立此人開導河河或深或淺或隘或塞故禹更治使其水不壅天責其夫妻倚而立之若黃河清者則河海絕流水自清矣○注五十字本混作經今改古者下疑脫天字

東南海中有祖洲。○祖本作煊從北堂書鈔一百五十六引改十洲記有祖洲在東海中地方五百里初學記七引作亶蓋攄字之譌古祖字省作且或作虘見周伯據敦上有溫湖。○上本作洲從書鈔太平御覽六十六引改鮒魚生焉。○鮒書鈔御覽引皆作鯽又御覽九百三十七引仍作鮒案鮒即今鰿魚說文作鰿鯽者鰿之或體也其長八尺。食之宜暑而辟風寒。○書鈔引寒下有却氣二字

東南有石井。○太平御覽一百七十九引有焉字其方百丈。上有二石闕。夾東南面。○夾本作俠從御覽引改上有蹲熊。有榜著闕。題曰地戶。○題字從藝文類聚六十二御覽引補

南荒經

南方○史記五帝紀正義引有荒中二字有人。○人本譌作犬從史記正義引改又史記正義有焉字人面鳥喙而有翼。手足扶翼而行。○史記正義引手上有南字食海中魚。有翼不足以飛。○案山海經海外南經讙頭國其爲人人面有翼鳥喙方捕魚又大荒南經大荒之中有人名讙頭人面鳥喙有翼食海中魚杖翼而行郭注云翅不可以飛倚杖之用行而已說與此合一名鵃兜。書曰放鵃兜於崇山○舊校案古文尙書作鵃吺憲旹案郝懿行山海經箋疏云讙兜古文作鵃吺見尙書大傳注鵃當作鴅鴅玉篇鴅呼丸切人面鳥喙又注八字本混作經今改一名驩兜。爲人很惡。不畏風雨禽獸。犯死乃休耳。

南方有人。長二三尺。袒身。○太平御覽八百八十三引作裸形而目在頂上。走行如風。名曰魃。○魃本譌作魖從毛詩正義藝文類聚一百引改所見之國大旱。俗曰旱魃○見字從詩正義類聚御覽引補赤地千里。一名旱母。○此八字從詩正義類聚御覽引補一名格子。○格類聚御覽引皆作豬無子字善行市朝。衆中遇之者、投著廁中乃死。○遇之者詩正義類聚御覽引皆作選者得之無著字廁作涸旱災消。詩曰旱魃爲虐或曰生捕得殺之禍去福來○注十七字本混作經今改

南方之外。有火山長四十里。○魏志紀注引作三十里廣五十里。○水經溔水注引廣四五里疑誤其中皆生不燼之木。晝夜火燃。○燃魏志注引作燒得暴風不猛。○猛藝文類聚八十五引作熾猛雨不滅。火中有鼠重千斤。○魏志注水經注初學記二十類聚引皆作百斤毛長二尺餘。細如絲。○魏志注初學記引絲下並有可以作布四字但居火中洞赤。○但魏志注引作常初學記類聚引作恆又魏志注洞上有色字時時出外而毛白。○時時出外類聚引作不出外毛魏志注

初學記類聚引皆作色以水逐而沃之卽死。其毛績以爲布。○績下本有紡織二字從水經注引删魏志注初學記引並作織以爲布用之若有垢涴。○類聚引作垢汚以火燒之則淨。○舊本此段割裂失次文句重複南荒之外有火山至其中皆生不燼之木下有火鼠生其中五字爲一條在無損獸條後晝夜火燃上又有南荒外有火山其中生不盡之木十三字至猛雨不滅爲一條火中有鼠上有不盡木三字至以火燒之則淨又爲一條在卌嫌林條後今並諸書所引訂正

南方大荒之中有樹焉。名曰柤稼櫃。柤者柤梨也稼者株稼也櫃親暱也○齊民要術引無稼櫃二字注十四字本混作經今改案此句疑有脫誤今無別本可校姑仍其舊三千歲作華。九千歲作實。其華藥紫色。其實赤色。其高百丈。或千丈也。輔張自輔。東西南北方枝各近五十丈。葉長七尺廣五尺。○要術引作廣四五尺色如綠青。木皮如梓樹。○要術引無木字梓作桂下有味如蜜三字理如甘草味飴實長九尺圍如其長而無瓤核。以竹刀剖之。如凝蜜。○舊校一作如酥憲曾案剖要術引作割蜜作酥得食復見食卽滅矣。言復見後實熟者壽一萬二千歲○舊校煒按言復見以下十三字乃茂先注憲曾案舊校是今据改

南方大荒。○太平御覽九百六十一引作荒中有樹焉。名曰如何。三百歲作華。九百歲作實。○九百御覽引作三百華色朱。其實正黃。高五十丈。敷張如蓋。葉長一丈。廣二尺餘。似菅苎。色靑厚五分。可以絮。如厚朴。材理如支九子。味如飴。實有核。形如棗子。○舊校或作棗子長五尺。圍如長。

金刀剖之則酸。○剖御覽引作劊酸作餂 蘆刀剖之則辛。食之者地仙。不畏水火。不畏白刃。

南方荒中有篩竹。○篩本譌作沸從廣韻六脂引改齊民要術太平御覽九百六十三引作沛又廣韻竹下有一名太極四字 長數百丈。○要術廣韻御覽引皆作長百丈 圍三丈六尺。○要術御覽引六上有五字 厚八九寸。可以爲船。其子甚美。○子本作笋從要術御覽引改 食之可以止瘡癘。子笋也○止要術御覽引皆作已

南方有⿰甘干⿰甘庶之林。○藝文類聚八十七太平御覽九百七十四引南方下有荒內二字⿰甘庶作⿰甘者 其高百丈。圍三尺八寸。○類聚引作三丈八尺 促節多汁甜如蜜。咋嚙其汁令人潤澤。可以節蚘蟲。人腹中蚘蟲其狀如蚓此消穀蟲也多則傷人少則穀不消是甘蔗能減多益少凡蔗亦然○舊校蚘蟲廣記引作蚘蟲憲曾案說文蛕腹中長蟲也玉篇蛕胡恢切蚘蛕並同又注三十六字本混作經今改

南方蚊翼下有小蜚蟲焉。目明者見之。每生九卵。復未嘗有毈。○復字疑衍 復成九子。蜚而復去。蚊遂不知。○復去藝文類聚九十七太平御覽九百四十五引並作俱出 亦食人及百獸。食者知言。蟲小。食人不去也。○句有脫譌 此蟲既細且小。因曰細蠛。○陳章對齊桓公小蟲是也○舊校墇按陳章鶴螟巢於蚊睫事見晏子春秋憲曾案注十字本混作經今改又晏子春秋所載乃晏子對景公事 此蟲常春生。以季夏藏於鹿耳中、名嬰蜺。(未完)

叢錄

船山遺書精義

俟解

毋友不如己者。安所得必勝己者而友之。必求勝己。則友孤矣。恆人之病。樂友不如己者。以自表暴而忌勝己者。不與之友。故切以爲戒。人之氣質。互有勝劣。動靜敏遲剛柔儉博。交相爲勝。忌其相勝。則取近己之偏者而與友。近己之偏。則固不如己矣。以其動振己之靜。以其靜節己之動。以其剛輔己之柔。以其柔抑己之剛。以其敏策己之遲。以其遲裁己之敏。以其儉約己之博。以其博益己之儉。則雖賢不如己。而皆勝己者矣。凡見爲如己者。皆不如己者也。從己之偏。己既有一偏之長矣。彼無能益而相獎以益偏。此之謂不如己。

編者節錄

叢錄

通訊

趙社長芷蓀復陶副社長叔惠書 壬申

叔惠世仁兄左右。蜀中握別。不意逾年。卽遘滄桑之變。時銀道阻。無緣相見。悵惘如何。睠懷舊遊。未嘗不神馳左右。奉誦來示。深慰渴忱。啓霖近來衰病侵尋。今年尤甚。偶爾屬思。卽覺神疲。閱書一二簡。陪客談一二時。便覺難支。夜間不寐。尤苦山居索然。無可爲舊侶告者。船山學社得諸公從新提倡。於世道關係甚大。啓霖無狀。猥荷謬采虛聲。萬不敢承。孱羸之軀。旦暮入地。屢經函辭。未邀諒原。昨周仲翁復親至舍間敦促。堅辭不獲。勉允赴省一行。不意連夜僅能睡一小時。醒後出汗。精神更不能支持。若貿然就道。汽車肩輿。僕僕跋涉。實非病翁所宜。社長名義。斷難承認。夙叨知愛。尙乞轉達諸公。晤何主席並祈代致鄙意。紉感無旣。祇請道安。惟希鑒恕。 啓霖頓首。霜降前四日

熊秉三先生覆本社同人書 壬申

敬復者。奉大函附貴社章程。適因往返平滬。展轉傳遞。致稽裁復。甚歉。諸公敬禮鄉賢。闡揚國學。欽佩莫名。承介紹入社。一節義應參加。勉效棉薄。惟近來奔走國難。未遑寧居。南北迢遙。恐於社務難有裨補耳。此復。熊希齡 九月十四日

劉恢先軍長覆本社同人書 壬申

敬復者。奉讀來諭。知貴社改組。選賢主持。毋任欣佩。以今之時。有此宏毅。尤所難能。誠知賢者之可貴也。建緒無文。謬承推引。實懼無以見貢。然亦謹當附驥。以贊盛舉。卽希朗察。時惠嘉言。是所企盼。此復。敬候公祺。劉建緒敬復 十月廿六日

陳桂生師長覆本社同人書 壬申

逕啓者。大椷暨社章均奉悉。猥以菲材。謬承推舉。不勝感愧。惟軍旅馳驅。鮮有暇晷。殊以不能舉職爲懼耳。此致。陳光中啓 十月廿八日

謝滌荃先生覆本社同人書 癸酉

船山學社諸公賜鑒。昨奉到賜寄學報。捧讀再四。擷取精粹。具見編輯苦心。船山

學說賴以大昌於世道人心大有裨補非社中諸君子經營之力何能有此鼎庸恨衰殘譾陋不能贊襄其間也手復 謝鼎庸頓首三月六日

任董事壽國復石董事一參論學書

昨奉大函敬悉一切當此人心淆漓吾輩立論不可不慎子貢賢於仲尼一言以爲不智管之器小墨之無父已有定論吾兄雖欲翻案以取一時之勝然今日禍端已極皆墨道之僞託而成聖人之道中正不倚實平民有秩序政策非暴民專制假託民意之政策公宜再四細心察之(中略)總之人之贊成與否姑不必論但衡之於理而是則舉世非之而不顧衡之於理而非則雖能令千萬盲從附和一手掩盡天下之目而其荼毒蒼生爲禍無已雖一人能博最高名利反之於心能不赧然吾與公仲元兄相交已久愛道愛人至誠無息不敢輕於附和害公害道亦以自害也學術之深淺不必相同要之宗旨不可亂趙莊老覆船山學社諸公函謂闡明船山須提倡孔教斯言實得船山真諦(下略)吾兄大雅尚祈不吝金玉賜而教之

任福黎拜啓癸酉三月三十日

石董事一參答任董事壽國論學書

壽老道鑒。昨夕返寓。得書。義正詞嚴。情深語摯。論道憂時。敬承教矣。吾社多得公之質厚誠明者數人。以時切磋。庶不失立社本意。講學團體。意見自難免異同。惟絕不可以意氣參之。意必固我。宣聖所無。老管二氏在孔子前。未嘗以一言非之。器小是惜之之詞。民今受賜。微管吾其云云。佩之至矣。周程宋學大師。未嘗因涑水疑孟而傷感情。朱陸會講以後。豁然相諒解。不如門下誤會者之斷斷也。弟學鮮稟承。實深慚赧。此次學報。非弟主持。至以弟講囊管墨初草充數。取材倉卒。救正正自多方。刊物對外。有環境關係。非止一面。過舊過新。俱成論點。兼收並蓄。報紙之性質類然。惟吾社既以學報為名。自以引起學理上之討論興趣為主。非如講師之訓弟子。一言而為後來法也。箇人治學。衡之於理之是非。雖舉世非之而不顧。弟意亦正如此。然莊生而言。彼亦一是非。此亦一是非。人人皆謂真孔墨。孔墨不復生。其誰能正之。此在先生愛道愛人。亦將無法以處此矣。竊謂墨氏書刪去非儒篇。其他似實無可非毀處。誠守蕭國難兵戎之事。當例外諒之。墨子主守而非攻。仁心仁言。實非可以蘇俄相比。且近人以馬克思附合墨學者。弟之淺陋。尚無所聞。果爾當辟而闢之。吾國赤匪殺人放火。不愛人家。正當以兼愛救之。如尚有依附學理之心。是其心尚未盡死。弟隨公等正不必堅持門戶以拒絕之。化莠為良。導墨歸儒。教育家之責也。無父之論。竊謂過當。墨書言慈言孝。言父子兄弟人倫凡十數條。先生可取其書而證之。遵命復陳。尚乞多賜誨言。為幸為盼。　弟石廣權再拜　三月十二日

湖南船山學社名譽董事一覽表

職別	姓名	別號	年齡	籍貫	現任職務
董事長	何鍵	芸樵		醴陵	湖南省政府主席
董事	熊希齡	秉三		鳳凰	
	朱經農				湖南省教育廳廳長
	曹伯聞			長沙	湖南省民政廳廳長
	張開璉			醴陵	湖南省財政廳廳長
	陳嘉言	梅生	八四	衡山	

叢錄　名譽董事一覽表

彭清黎	少湘	八二	長沙	
黃鳳岐	芳久	八三	安化	
劉嶽峙	梅齋		衡山	
曹典球	籽穀		長沙	文藝中學校長
王代懿	季果		湘潭	行政院參議
陳潤霖	夙荒		長沙	楚怡學校校長
黃士衡	劍平、	四二	郴縣	湖南省政府委員
易書竹	銘勛		醴陵	湖南省政府祕書長
胡庶華	春藻		攸縣	湖南大學校長
馬鄰冀	振吾		長沙	
劉仲邁			瀏陽	
趙恆	直愚		邵陽	湖南省銀行行長
胡元倓	子靖		湘潭	明德學校校長

陶廣	思安		醴陵	六十二師師長
劉建緒	恢先		醴陵	二十八軍軍長
毛炳文	次亨		邵陽	第八軍軍長
王東原			安徽	十五師師長
陳光中	桂生		邵陽	六十三師師長
譚常愷	九思		長沙	
謝維嶽	龍山	八一	邵陽	

湖南船山學社董事一覽表

職別	姓名	別號	年齡	籍貫
董事長	胡子清	少潛	六五	湘鄉
副董事長	張定	叔丹	四六	平江
	彭兆璜	公望	六十	湘陰
	方克剛	筱川	四七	平江

叢錄

董事一覧表

周逸	本崖	五二	湘潭
石廣權	蘊山	六一	邵陽
蕭度	叔康	六二	衡陽
任福黎	壽國	六二	長沙
黃贊元	鏡人	五六	長沙
陳嘉會	鳳光	五八	湘陰
顏昌嶢	息盦	六五	湘鄉
楊卓新	華一	四八	新化
陳長簇	右鈞	五四	平江
劉策成		四九	邵陽
楊樹穀	薌詒	五一	長沙
曾　毅	松樵	五六	漢壽
毛樹駿	覺民	五四	長沙

湖南船山學社職員一覽表

職別	姓名	別號	年齡	籍貫
社長	趙啓霖	芷蓀	七五	湘潭
副社長	陶思曾	叔惠	五五	安化
祕書	周逸	木崖	五二	湘潭
研究主任	顏昌嶢	息盦	六四	湘鄉
講演主任	石廣權	一参	六一	邵陽
編輯主任	周逸	木崖	五二	湘潭
庶務	鄭家淑		四三	長沙
書記	李印		二七	寧鄉
	王揚道	用中	二三	湘潭

湖南船山學社社員一覽表

姓名	別號	年齡	籍貫	姓名	別號	年齡	籍貫

叢錄　社員一覽表

黃鳳岐	芳久	八四	安化
彭清黎	少湘	八二	長沙
郭人作	梓宇	八十	湘潭
傅紹巖	梅根	六七	寧鄉
彭兆璜	公望	六十	湘陰
石廣權	一參	六十	邵陽
方克剛	筱川	四七	平江
劉輔宜	公元		醴陵
余　鯤	華龕	五二	平江
陶思曾	淑蕙	五四	安化
王代懿	季果	五七	湘潭
黃贊元	鏡人	五六	長沙
謝鴻熙	同甫	四三	長沙
陳嘉言	梅生	八四	衡山
謝維嶽	龍山	八二	邵陽
趙啓霖	芷蓀	七四	湘潭
蕭　度	叔康	六二	衡陽
任福黎	壽國	六五	長沙
周　逸	木崖	五二	湘潭
張　定	叔丹	四六	平江
雷鑄寰	孟強	四六	東安
胡子清	少潛	六十	湘鄉
劉嶽峙	梅齋	五七	衡山
顏昌嶢	息盦	六五	湘鄉
石槃鼎	達夫	四十	邵陽
黃貞元	靜謙	四六	澧縣

張湘蓀	神山	六十	邵陽
李開運	謫凡	七十	長沙
韓景蘇	君劍	五十	長沙
魯光慶	禹昌	四七	桃源
趙恆	直愚	五一	邵陽
任王	九鵬	四八	長沙
吳恭亨	悔晦	七四	慈利
任震	祇存	五三	岳陽
謝亮宇		四八	衡陽
曾銓	慎齋	六三	衡陽
曾祖楨	叔榆	七三	邵陽
唐正恆	務成	四五	衡陽
陳爾錫	壬林	六十	湘鄉
汪恩至	孟萊	五二	長沙
黃濬	仲深	六十	長沙
黃士衡	劍平	四三	郴縣
郭尺岩		六二	湘陰
李澄宇	洞庭	五十	岳陽
賓步程	敏齋	五十	東安
辜天祐	蘭生	五六	長沙
洪本立	瑞生		寧鄉
王舒	麓蓀	三五	湘潭
謝鼎庸	滌荃	七十	湘潭
程子樞	靈生	六十	資興
曹瀛	海洲	五二	永興
曾毅	松樵	五六	漢壽

叢錄　社員一覽表

易書竹	銘勛		醴陵
歐陽谷	泰階	五一	常寧
李漢超	滌元	三八	安化
柳敏泉		四七	湘陰
張通煥	斗衡	五九	湘鄉
馮天柱	一擎	五五	零陵
謝鳳岡		四七	岳湯
曾沛霖	澤溥	六十	武岡
羅任	己仁	五二	衡山
蔡人龍	漁春	四九	衡陽
廖廷銓	俊珊	七四	衡陽
陳繼訓	杏驄	五六	長沙
劉壽昌	菱邨	六十	長沙
劉策成		四九	邵陽
孫道和	鳴珂	三十	湘鄉
馬承堅	頌高	四四	衡陽
何元文	少梯	四五	醴陵
彭昺	俊文	三十	湘陰
方永惕	乾九	五一	岳陽
陳健民		二七	攸縣
彭運斌	鏡芙		攸縣
向玉楷	立庭	五五	麻陽
陳繩威	伯豪	四一	黔陽
周安漢	勃丞	四四	衡山
王禮培	佩初	七十	湘鄉
李寶圭	璧成	六四	邵陽

劉揆一	霖生	五五	湘潭
劉菼	明蓀	五二	瀏陽
劉先庚	茂侯	五十	衡陽
楊卓新	華一	四八	新化
劉冏巖	疊珉	五五	邵陽
袁翥鴻	臚初	五十	資興
蕭沛霖	甘溪	五一	湘鄉
王壽慈	澍芝	七一	長沙
戴士穎	韵珂	四五	益陽
朱應祺	子山	四十	汝城
謝曉鐘		四五	衡陽
彭施滌	惺筌	六三	永順
毛樹駿	覺民	五四	長沙
趙家宏	慎之	四三	湘潭
劉國逸		五三	衡陽
陳長簇	右鈞	五四	平江
王季範		四五	湘鄉
黃濟	駿德	三四	零陵
劉謙	約真	四九	醴陵
楊哲	蕉園	四四	衡陽
瞿方書	蓀樓	五十	保靖
盧質	泮珊	五四	邵陽
鄧兆賢	醒盦	六三	武岡
李炑	葵午	六二	安仁
鄭芳	惕予	六六	長沙
龍紱慈	達夫	四七	攸縣

癸酉第一册

叢錄　社員一覽表　二四

言汝昌	峙方	五十	湘潭	曾約農		四十	湘鄉
陳嘉會	鳳光	五八	湘陰	胡庶華	春藻	四七	攸縣
朱肇幹	碧松	五〇	湘潭	葛鼎甫	邃銘	六一	湘潭
席啓駉	魯思	三八	東安	吳吏吾	椒庵	五六	湘鄉
梁覺		四二	安化	賓玉瓚	楷南	六十	湘潭
劉銘義	仲方	四四	湘潭	廖樹勳	祜初	六四	湘鄉
謝序荃	伯涵	七十	新化	沈鎮湘	季律	四八	湘鄉
黃鈞	夢蘧	四五	醴陵	黃果勸	宇澂	五八	臨湘
劉善澤	腴深	五三	瀏陽	田興奎	星六	六十	鳳凰

本社紀事

船山遺書精義

俟解

忽然一念橫發。或緣舊所愛憎。或馳逐於物之所攻取。皆習氣暗中於心。而不禁其發者。於此而欲遏抑之。誠難。如見人食梅。則涎流不能自禁。若從未嘗食梅者。涎必不流。故天下之惡以不聞爲幸。聞之而知惡之。亦是誤嚼烏喙以藥解之。雖不速斃。未嘗不染其毒。親正人遠宵小。庶幾免夫。若治官聽訟。不容己於聞人之惡。乃易曰無留獄。曾子曰。勿喜非止矜恤之。亦以天下千條萬緒之惡。不堪涵泳也。

編者節錄

本社紀事

湖南船山學社大事記

自民國元年建議二年成立學社起至二十年改組接壬申第一册

本社上承思賢講舍。爲講學處所自前清光緒初元起。迄今瀕六十年。溯講舍時期。湘陰郭筠仙侍郎嵩燾。湘潭王湘綺先生闓運。皆常主講其間。一時稱盛。鼎革之交。講事中輟。瀏陽劉蔚廬先生發起學社。躬親主講。自民元至今又二十有二年矣。世變日滋。後顧無窮。爰就本社創始以來。所有經過。錄其大事。以告同人。他日倘擬補徵郭筠老擬立講社以後。所有關係文獻之犖犖大者。更逆而溯之前清道咸之間。新化鄧湘臯先生、主刊　先師遺書。歷同治之初。湘鄉曾滌生相國兄弟。重刊遺書。所有經過詳悉情形。概爲記之。道之未墜。識在於人。小大各殊。後賢之責。茲特存其概略於此。

壬子歲中華民國元年

瀏陽劉蔚廬先生人熙、建議設船山學社。

時先生任湖南民政司司長。先是小吳門舊船山先生祠。設有思賢講舍。國變輟講。先生不忍 船山先師之遺緒。從此廢墜。故有是議。

癸丑民國二年

春。呈請湖南省督府。令准撥給東茅巷舊士學館。改建 船山先師專祠。時思賢講舍爲醴陵文經緯、呈經督府令准撥設富訓商業學校。蔚盧先生、商請由府別撥校址。不可。乃建議改建 船山先師祠。呈請撥給府學宮前文昌閣爲祠址。嗣以地不適用。再請改撥東茅巷舊仕學館爲祠址。奉批來牘具悉。船山先生。皇明遺老。南國儒宗。耄學伏生。不受漢廷之辟。離騷正則。嗣音楚澤之吟。學貫百家。智周萬物。雖模範宜公之瀛海。而恭敬尤切於梓桑。亟應如呈建祠。並設學社。以資講習。所請以舊仕學館爲祠址。查該館地址。現爲紅十會醫院。應俟該會遷移後。方能改建船山專祠及立學社。仰候行民政教育司先行立案可也。

夏。設船山學社籌備處於廣益學校。呈請指撥常年經費五千元。

時蔚廬先生因公赴京。湘局不安。北京政府派員來湘檢察。本社同人等以籌備處亟宜設立。並應請由督府指撥常年經費以資應用。奉批。呈悉。船山先師。朱明遺老。湘楚儒宗。潛德闇修。視亭林黎洲諸老。尤爲高尚。執事遙承道脈。纂懿流光。屬在梓桑。共深佩仰。所請於廣益學校暫設籌備事務所。及撥常年費五千元之處。應即照准。惟事關追加經費。應俟省議會通過後。再行支領可也。

秋。呈請北京前大總統。發交國務院。令行內務教育二部立案。並准行知湖南都督府查照維護。准予繼承小吳門舊思賢講舍、思賢書局。爲船山學社社址。時湖南都督譚延闓去職。湯薌銘接任。解散富訓商校。以思賢講舍爲武學社。蔚廬先生在京聞之。因會同鄂紳夏壽康、直紳王芝祥、蘇紳張謇、莊蘊寬等。公呈大總統府。請准令行湘督。准予繼承舊思賢講社、及思賢書局。爲船山學社社址。並查照湖南省議會議決。歲撥本社經常費四千元原案。由國稅項下撥發。分別令行內務教育二部立案。奉國務院令開。奉大總統發交該紳等呈件均悉。衡陽王船山先生。高風亮節。海內咸欽。冠冕人論。著述斐然。允宜衣紹所請各節應准分別行知。一體維護等語。其經常費四千元。亦准每歲就省於國稅項下。具領給發。

甲寅民國三年。

春。船山學社組成。公推劉蔚廬先生人熙、爲本社總理。時蔚廬先生、由京返湘。請湯督撥交社址。展轉數月。適巡按使劉心源蒞湘。湯督遷武學社於曾文正公祠。以思賢講社爲巡按使行臺。暫准撥用思賢書局。爲本社開辦處所。

確定社章。

先是呈請湖南督署北京大總統府。訂有簡章。擬具應辦之事六項。

甲。搜集　船山先師未刊遺書。

乙。編輯學報。

丙。籌建船山專祠。

丁。籌辦船山大學。

戊。開講演會。

己。籌建船山圖書館。

至時詳定社章。公推總理一人。總持社務。設哲學政學二科。科設主講一人。於社員中公舉社務分文牘會計庶務交際四股。由總理選任。

夏。就思賢書局會講。

書局原爲淮商公所。嗣隸講舍。附設思賢書局。鼎革之交。版本移置官書局。湘督駐兵其中。至是乃就局整理房舍。權宜開講。每週日曜日會講一次。

公推桂陽彭政樞蔚原。瀘溪廖名縉瓠堂。爲本社社長。分任主講。

蔚盧先生不欲專社長之名。議定哲政二科主講。皆稱社長。

秋接收舊思賢講舍。永爲社址。

巡按使署他遷。本社因得接收舊講舍。整理堂室。設置圖書器具。於冬十月遷入正式開講。

大總統府頒發鄒魯津梁匾額一方。懸諸正廳。

乙卯民國四年。

春。補刊 先師遺書四種。

計夕堂永日八代詩選評、四唐詩選評、各一種。搔首問一種。愚鼓辭一種。外八代文選評、明詩選評各一種。相宗絡索一種。待刊。

設兩級小學校於思賢書局。彭政樞兼任校長。

夏。社長廖名縉、去職赴京。公推邵陽石廣權繼任主講。

廖社長受熊秉三先生香山慈幼院之招。辭去本社職務。蔚廬先生原擬於哲學政學外添置文學一科。增設主講一人。石廣權方讀禮家居。以蔚老招受任主講。

秋。刊發船山學報。先後以益陽曹佐熙徐明謙為編輯主任。是歲發行學報第一期至第五期。　（未完）

湖南船山學社購書記

本社改組以來前由董事會呈請省政府撥開辦費貳仟元內壹仟元指定爲購置圖書費昨經同人推定顏息盦陳鳳光諸君任選購之責除閱覽章程另訂外茲將已購各書目錄開列如左

計開

一　皇清經解一部　三百六十册　廣州原刻
二　欽定七經一部　一百四十八册　尊經閣本
三　二十四史一部　六百四十册　五省合刊本
四　資治通鑑一部　一百二十册　湖南楊刻本
五　續資治通鑑一部　六十二册　畢氏原刊本
六　漢魏叢書一部　八十册　湘潭本
七　文選一部　一拾二册　套板
八　漢魏三百家一部　八十册　湖南本

叢錄　湖南船山學社購書記　二

九　大學衍義補一部　四十八册湖南本

十　何義門讀書記一部　拾册家刊

十一　桐華閣叢書一部　十二册家刊

十二　王湘綺日記一部　三十二册

十三　淵鑑類函一部　一百四十册揚州本

十四　東華錄一部　一百六十册局刻

十五　羣經字詁一部　四十册家刊

十六　經典釋文一部　十二册局刻

十七　春在堂集一部　七十八册局刻

十八　粤雅堂叢書一部　一百四十五册廣州伍氏刊本

十九　經籍纂詁一部　四十册局刊本

二十　頤志齋叢書一部　十六册原刻本

二一　九通一部　一千册浙江本

定價表

册數	定價	郵費
每册	四角	照章
預定全年	一元五角	

中華民國二十二年五月出版

歡迎轉載 船山

船山學報

癸酉第一册

廣告例

册數	一册	二册	三册	四册
一面	十元	十八元	廿八元	卅二元
半面	五元	九元	十四元	十六元
四分之一	二元五角	四元五角	七元	八元

◎面頁 底頁 加倍

主編者　湘潭周逸

發行者　長沙中山東路　湖南船山學社

印刷者　長沙萬福街　藻華紙業印刷局　電話五六九

代售處　上海　南京　天津　北京　漢口　武昌　福建　廣州　商務印書館

湖南船山學社

湖南船山学社 编辑

船山学报

四

湖湘文库编辑出版委员会
湖南师范大学出版社

湖湘文库
甲编

分册目录

第二卷第三期

① 原目录如此。正文未见此诗。

札记

说苑

从录

通讯

第二卷第五期

民國二十二年十月二十八日出版

中華郵政特准掛號認爲新聞紙類

船山學報

第三期

癸酉　第三冊

湖南船山學社印行

湖南船山學社學報章程

一　本學報繼續本社民國六年以前學報辦理仍名曰船山學報

二　本學報暫定每季出版一次按年編號如本年出版之報標名曰癸酉第某册以後順推

三　學報內容分類如左

1圖畫　2特刊　3師說　4講演　5通論　6專論　7專著　8文苑　9劄記　10說苑　11叢錄　12本社紀事

四　本社徵文酬例另定之遺稿專著斟酌酬贈詩詞雜文等不給酬但酌贈書報

五　給酬以登出學報者爲限

六　凡來稿本社得斟酌修改之無論已否登出概不退還惟遺稿專著詩詞文集成册者不在此限

七　本報費及廣告費另定之

湖南船山學報癸酉第二册目錄

圖畫

特刊

師說

講演

目錄

專著

文苑

文錄

目錄 三

目錄

詩錄

目錄

目錄

目錄

目錄

叢錄

通訊

目錄

王船山先生遺像

把鏡相看認不來問人云此是薑齋龜於朽後從人卜夢未圓時莫浪猜 誰筆仗此形骸閒愁輸汝兩眉開鉛華未落君還在我自從天乞活埋

先師自題小影詞也清光緒初元張文心大令從先師祠堂摹得 遺像蓋猶襲明行人司章服 先師以永曆四年任行人司年三十二後又四十一年乃自題小影今摹刻之祠堂者是也湘陰郭筠仙侍郎奉以祀之思賢講舍而為之贊曰

濂溪混然其道莫窺惟於先生望見端崖約禮明性守道持危闡揚文令是曰先知二百餘年星日昭垂私心之邦曠世之師

社長趙芷蓀先生像

副社長陶叔惠先生像

研究部主任顔息盦先生像

編輯部主任周木崖先生像

講演部主任石一參先生像

特刊

王先生夫之傳

清 余廷燦

先生姓王氏。名夫之。字而農。號薑齋。先世本揚州高郵人。明永樂初有官衡州衛者。遂爲衡州衡陽人。家世以軍功顯。父字武夷。始以文學知名。中天啓副榜。先生卽其季子也。明旣亡。隱於湘西之石船山。學者稱船山先生。先生少負儁才。讀書十行俱下。一字不遺。年二十四。與兄介之同舉崇禎壬午鄉試。以道梗不赴會試。明年張獻忠陷衡州。設僞官。招降士紳。其不屈者。縛而投諸湘江。先生走匿南嶽雙髻峯下。賊執其父以爲質。先生引刀自刺其肢體。舁往易父。賊見其徧體創也。免之。父子俱得脫。甲申李自成陷北京。懷宗殉社稷。先生涕泣不食者數日。作悲憤詩。乙酉我師下金陵。當是時我朝旣得兩京。天下雲集響應。而明之藩封庶孼。奔竄於湖湘滇黔粵閩間者。往往始稱監國。繼假位號。以恢復爲名。先生少遭喪亂。未見柄用。及是顧念累朝養士深恩。痛憫宗社顚覆。誠知時勢萬不可爲。猶且奮不顧身。慨然一出而圖之。明藩有稱隆武年號者。使其督師何騰蛟屯湖南。制相堵允錫屯湖北。兩湖兵燹塞野。又歲大旱。時李自成死於九宮山。餘黨降者號為忠貞營。尙復蹂躪潛漢間。洶洶有反側之勢。堵何兩人本措置無術。又相持不相能。先生憂其必敗也。亟上書於司馬章曠。請調和南北兩軍。以防潰變。司馬不聽。先生默而退。卒之賊黨猖獗。司馬以憂憤死。堵何二人遭閔凶。而勢不可支矣。丁亥我師下湖南。先生南走桂林。大學士瞿式耜用疏特薦。先生以丁父憂請終制。既服闋。起就行人司行人。是時桂藩駐肇慶。國命所系、則瞿式耜與其少傅嚴起恆。然紀綱已大壞。獨給諫金堡丁時魁劉湘客袁彭年蒙正發五人者、志在振刷。而內閣王化澄、悍帥陳邦傳、內豎夏國祥等為姦邪巨魁。深嫉此五人。目為宮庭五虎。逮繫獄中。將置之死。先生約中舍管嗣裘走告嚴起恆曰。諸君棄墳墓、捐妻子、壹意從王於刀劍中。而黨人殺之。則志士解體。雖欲效趙氏之明白慷慨以亡國。誰與共亡者。起恆感其言。力請於廷。化澄黨參起恆。先生亦三上疏參化澄。化澄恚甚。必欲殺先生。會有降帥高必正者、救之得不死。返桂林。復依瞿式耜。聞母病。間道歸衡。至則母已歿。其後瞿式耜殉節於桂林。嚴起恆受害於南寧。先生知勢愈不可爲。遂決計老牖下矣。壬寅、聞緬甸亦覆沒。明之藩封庶孽稱監國假位號者至是殄盡。先生遂浪遊於浯溪郴州耒陽晉寧漣邵間。所至、人士慕從者輒益衆。先生輒辭去。最後歸衡陽之石船山。築土室、名曰觀生居。晨夕杜門。蕭然自得。乃著四書續大全說。周易內傳外傳大象解。詩廣傳。尚書引義。春秋世論。家說。左氏傳續博議。禮記章句。並諸經稗疏。各若干卷。作通鑑論三十卷。宋論十五卷。莊子解、莊子通、楚詞通釋、搔首問、俟解、噩夢、各種。又注釋老子呂覽淮南。評選古今詩各若干卷。自明統絕祀。先生著書凡四十年。其學深博無涯涘。而原本淵源尤神契正蒙一書。於淸虛一大之旨、陰陽法象之狀、往來原反之故、靡不有以顯微抉幽晰其奧窔。其自序曰。謂之正蒙者、養蒙以聖功之正也。聖功久矣大矣。而正之惟其始。蒙者、知之始也。或疑之曰。古之大學。造之以詩書禮樂。迪之以三德六行。皆日用易知簡能之理。而正蒙推極夫窮神知化、達天德之蘊。則疑與大學異。則請釋之曰。大學之教、先王所以廣教天下而納之軌物。使賢者卽以之上達。而中人以之寡過。先王不能望天下以皆聖。故德其成人。造其小子。不强之以聖功。而俟其自得。非有吝也。抑古之爲士者。秀未離乎其樸。下之無記誦辭章以取爵祿之科。次之、無權謀功利苟且以就功名之術。其尤正者。無狂思陋測蕩天理滅彝倫、而自矜獨悟如老學浮屠之邪說。以誘聰明果毅之士。而生其逸獲神聖之心。則但習於人倫物理之當然。而性命之正自不言而喻。至於東周、而邪慝作矣。故夫子作易而闡形而上之道。以顯諸仁而藏諸用。而孟子推生物一本之理、以極惻隱羞惡辭讓是非之所繇生。故夫子曰。吾十有五而志於學。所志者知命耳順不踰之矩也。知其然者。志不及之。則雖聖人未有得之於志外者也。故孟子曰大匠不爲拙工改廢繩墨。羿不爲拙射變其彀率。宜若登天而不可使逸獲於企及也。特在孟子之世。楊墨雖盈天下。而儒者猶不屑曲吾道以證其邪。故可引而不發。以需其自得。而自漢魏以降。儒者無所不淫。苟不抉其躍如之藏。則志之搖搖者。差之黍米而已背之霄壤矣。此正蒙之所繇不得不異也。宋自周子出而始發明聖道之所由。一出於太極陰陽人道生化之終始。二程子引而伸之。而實之以靜一誠敬之功。然游謝之徒且歧出。以趨於浮屠之蹊徑。故朱子以格物窮理爲始教。而檠括學者於顯道之中。乃其一再傳而後。流爲雙峯勿軒諸儒逐跡躡影沈溺於訓詁。故白沙起而厭棄之。然而遂啓姚江王氏陽儒陰釋誣聖之邪說。其究也。爲刑戮之民。爲閹賊之黨。皆爭附焉。而以充其無善無惡圓融事理之狂妄。流害以相激而相成。則中道不立、矯枉過正、有以啓之也。人之生也。君子而極乎聖。小人而極乎禽獸。苟不知所以生。所以死。則爲善爲惡。皆非性分之所固有。職分之所當爲。下焉者何弗蕩棄彝倫、以遂其苟且私利之欲。其稍有恥之心而厭焉者。則見爲寄生兩間。去來無準。惡爲贅疣。善亦弁髦。生無所從。而名義皆屬漚瀑。以求異於逐而不返之頑鄙。乃其究也。不可以終日。則又必佚出猖狂。爲無縛無礙之邪說。終歸於無忌憚。自非究吾之所始與其所終。神之所化。鬼之所歸。效天地之正。而不容不懼以終始。惡能釋其惑、而使信於學。故正蒙特揭陰陽之固有。屈伸之必然。以立中道。而至當百順之大經、皆率此以成。故曰率性之謂道。天之外無道。氣之外無神。神之外無化。死不足憂。而生不可罔。一瞬一息。一宵一晝。一言一動。赫然在出王遊衍之中。善吾伸者、以善吾屈。然後知聖人之存神盡性、反經精義、皆性所必有之良能。而爲職分之所當修。非可以見聞所及而限爲有。不見不聞而疑其無。偷用其蕞然之聰明。或窮大而失居。或卑近而自蔽之。可以希冀聖功也。嗚呼。張子之學上承孔孟之志。下救來茲之失。如皎日麗天。無幽不燭。聖人復起。未有能易焉者也。惟其門人未有殆庶者。而當時鉅公耆儒如富文司馬諸公。張子皆以素位隱居而末繇相與爲羽翼。是以其道之行。曾不得與邵康節之數學相與頡頏。而世之信從者寡。道之誠然者不著。是以不百年而陸子靜之異說興。又二百年而王伯安之邪說熺。其以朱子格物道問學之教爭貞勝者。猶水勝火、一盈一虛而莫適有定。使張子之學曉然大明。以正童蒙之志於始。則浮屠生死之狂惑、不折而自摧。陸子靜王伯安之蕞然者、亦惡能傲君子以所獨知、而爲浮屠作率獸食人之倀乎。周易者天道之顯也。性之藏也。聖功之牖也。陰陽動靜幽明屈伸誠有之。而神行焉。禮樂之精微存焉。鬼神之化裁出焉。仁義之大用興焉。治亂吉凶生死之數準焉。故夫子曰。彌綸天下之道以崇德而廣業者也。張子言無非易。立天立地立人。反經研幾。精義存神。以綱維三才。貞生而安死。則往聖之傳、非張子其孰與歸。是故正蒙者。匠者之繩墨也。射者之彀率也。雖力之未逮。養之未熟、見爲登天之難不可企及而志於是、則可至焉。不志於是、未有能至者也。養蒙以是爲聖功之所自定而邪說之淫蠱不足以亂之矣。故曰正蒙也。戊午春、吳逆僭號於衡。僞僚有以勸進表相屬者。先生曰某本亡國遺臣所欠一死耳。今汝亦安用此不祥之人哉。遂逃入深山作祓禊賦。吳逆既平湖南中丞鄭公端聞而嘉之。屬郡守某餽粟帛請見。先生以病辭。受其粟反其帛。未幾卒於石船山。葬大樂山之高節里。自題其墓曰明遺臣王夫之之墓。自銘曰抱劉越石之孤衷而命無從致。希張橫渠之正學。而力不能企。幸全歸於茲邱。固銜邺以永世。子二人攽敔。敔字虎止。能紹其家學。著先生家故貧。著書筆札多取給於故友及門人家。書成因以授之。不自收拾。藏於家者蓋無幾焉。

贊曰先生可謂篤信好學。蒙難而能正其志者。方明之亡。先生非不知事不可爲。然且窮老盡氣。奔竄於荒巖絕徼間。發讜論攻憸邪。終擯不用而始隱伏著書。其志可哀也矣。若橫渠以禮爲堂。以易爲室。所稱四先生之學柱立不祧者。而著正蒙一書。尤窮天地之奧。達性命之原。反經精義。存神達化。朱子亦謂其廣大精深。未易窺測。

先生究祭於天人之故。通乎晝夜幽明之原。卽是書暢演精繹。與自著思問錄內外二篇。皆本隱之顯。原始要終。朗然如揭日月。至其扶樹道教。剖析數千年學術源流。分合同異。自序中羅羅指掌。尤可想見先生素業。雖其逃名用晦。遯跡知希。從遊蓋寡。而視真西山魏了翁、以降姚許歐吳諸名儒。僅僅拾雒閩之糟粕。以稱理學。其立志存心。淺深本末相距何如也。學使宜興潘太史宗洛。稱先生爲前明之遺臣。我朝之貞士。是固然已。而其立文苑儒林之極。闡微言絕學之傳。則又有待後之推闡先生者矣。

師說

船山遺書精義

俟解

不獲其身易。不見其人難。艮以一陽孤立於二陰之上。陰盛之世。其庭之人。皆無足見者也。其是非鄙。其毀譽謟。其去就速。其恩怨輕。苟見有其人而與之就。不屑也。流俗汙世不可與同也。見有其人而與之競。亦不屑也。其喜怒無恆。徒勞吾之喜怒而彼不受也。孤行一意。迴不與之相涉。方且忘其爲非。而況或取其一得之是。鳥獸不與同羣。唯不見其人而已。是以篤實之光輝。如泰山喬嶽屹立羣峯之表。當世之是非毀譽去就恩怨。漠然於己無與。而後俯臨乎流俗汙世。而物莫能攖。故孔子可以筆削。誅亂臣討賊子。而凶人不能害。孟子可以距楊墨。斥公孫衍張儀爲妾婦。而不畏其傷。不然。雖自信其嚼然之志操。而謙退則逢其侮。剛厲則犯其怒。皆咎府焉。唯見有人而與之爲訴。與之爲拒也。三代以下。惟黃叔度其庶幾乎。爲陳實則流。爲張儉、石介則折。皆行乎陰盛之庭。而見有人也。

編者節錄

師說

張子正蒙注詮言 續癸酉第一册

邵陽石廣權一參

船山遺書之一

第四章

知虛空卽氣則有無隱顯神化性命通一無二。顧聚散出入形不形能推本所從來。則深於易者也。

原注。虛空者、氣之量。氣彌綸無涯而希微不形。則人見虛空而不見氣。凡虛空皆氣也。聚而顯。顯、則人謂之有。散則隱。隱、則人謂之無。神化者、氣之聚散不測之妙。然而有迹可見。若其實則理在氣中。氣無非理。氣在空中。空無非氣。通一而無二者也。其聚而出爲人物、則形。散而入於太虛、則不形。抑必有所從來。蓋陰陽者氣之二體。動靜者氣之二幾。體同而用異。則相感而動。動而成象、則靜。動靜之幾、聚散出入形不形之從來也。易之爲道、乾坤而已。乾六陽以成健。坤六陰以成順。而

師說　張子正蒙注詮言

陰陽相摩、則生六子。以生五十六卦。皆動之不容已者。或聚或散。或出或入。錯綜變化。要以動靜夫陰陽。而陰陽一太極之實體。惟其富有充滿於虛空。故變化日新。而六十四卦之吉凶大業生焉。陰陽之消長隱見不可測。而天地人物屈伸往來之故盡於此。知此者、盡易之蘊矣。

廣穠 按氣外無空。空卽是氣。此橫渠太和之理所以異於釋氏真空之諦也。夫由空而派演之。則萬象皆無由氣而實求之。則一切皆有。知有無因隱顯而名。而隱顯因聚散而判。則知出而顯於神化不測之妙。與入而隱於性命無形之微者。咸本於此虛靈之一氣所澈始澈終流動充滿。以演成此富有日新之大業。質言之。則不過一陰一陽交互錯綜以成其變化而已。特其所謂陰陽者。但就動靜屈伸之兩端而言之。故覺有二。若就太和絪縕之本始言之。則一且不形。二於何有。此濂溪所爲於太極之前名之以無極。而紫陽朱子疑其寖隣於老佛者也。橫渠言一而不言無。其識卓矣。

若謂虛能生氣。則虛無窮。氣有限。體用殊絕。入老氏有生於無自然之論。不識所謂有無混一之常。

原注。老氏以天地如橐籥。動而生風。是虛能於無生有。變幻無窮。而氣不鼓動。則無是有限矣。然則執鼓其橐籥令生氣乎。有無混一者。可見謂之有。不可見遂謂之無。其實動靜有時。而陰陽常在。有無無異也。誤解太極圖者。謂太極本未有陰陽。因動而始生陽。靜而始生陰。不知動靜所生之陰陽、爲寒暑潤燥男女之情質。乃固有之蘊。其絪縕充滿在動靜之先。動靜者卽此陰陽之動靜。動、則陰變於陽。靜、則陽凝於陰。一震巽坎離艮兌之生乾坤也。非動而後有陽。靜而後有陰。本無二氣。緣動靜而生。如老氏之說也。

廣權 按老氏之言。開宗卽揭有無二義。曰。無名天地之始。有名萬物之母。故常無。欲以觀其妙。常有、欲以觀其徼。而申之曰。此兩者同出而異名。同謂之玄。玄之又玄。衆妙之門。是老氏未嘗不識有無一致之理。惟誤以爲卽有卽無。而不知氣化之妙。無無之非有。強分爲一無一有。而不知太虛之徼有有而無無。故觀其妙而不知妙所從生。則以爲自然而生。觀其徼而不知徼於何盡。則以爲自然而盡。豈知太和之氣本以虛爲體。而非可云由虛而生。倘謂由虛而生。則無能生有。有復返無。是無者其常、而有者其暫。將啓人以絕道滅性之幾。惟其以虛爲體。故動極而靜。靜極而動。特動則見氣而靜則見虛。於此益見時行物生之妙。繫辭傳曰。生生之謂易。惟有而後能生有。無不能生有也。知此而後可與言生生之義。

萬、謂萬象爲太虛中所見之物。則物與虛不相資。形自形。性自性。形性天人不相待而有。陷於浮屠以山河大地爲見病之說。

浮屠謂真空常寂之圓成實性止一光明藏。而地水火風根塵等皆由妄現。知見妄立。執爲實相。若謂太極本無陰陽。乃動靜所顯之影象。則性本清空。稟於太極。形有消長。生於變化。性中增形。形外有性。人不資氣而生。而於氣外求理。則形爲妄。而性爲真。陷於其邪說矣。

廣權按浮屠氏言色不異空。空不異色。色卽是空。空卽是色。如是云云。凡以破知見之妄立。而於形相外求其所謂圓成實性者也。顧於形外求性。是性與形不相依。多見其所謂性已不實。於象外談空。是空與物不相賚。徒見其所謂空之未真。夫芸芸萬象。何一非太虛固有之形。卽何一不涵太和具足之性。人特就物象不見之處名爲虛。而不知太虛賚生之靈卽爲性。物非虛罔生。虛非物罔託。惟聖人爲能踐形盡性。深通於天人一貫之徵。因以格物致知。不陷於佛老二家之謬。學者有見乎此。可以杜妄息邪。而不爲眞空常寂之說所亂矣。

此道不明。正由懵者略知體虛空爲性。

差愈於告子食色性也。荀子性惡之論爾。

廣權按老佛二家之言性。知求之於空際而蹈於虛。告子荀卿之言性。徒拘牽於後起而滯於物。然而老佛之說遠矣。

不知本天道爲用。

天卽道爲用以生萬物。誠者天之道也。陰陽有實之謂誠。

廣權按天道之用。寄於陰陽動靜屈伸往來隱顯之間。有無從此生焉。聚散從此起焉。消長從此判焉。懵者略明其體而不知達用。與妄者師心自用而不知

師說　張子正蒙注詮言

探本同爲戾乎天道而已。

反以人見之小因緣天地。

但見來無所從去無所歸。遂謂性本真空。天地皆緣幻立。事物倫理一從意見橫生不覩不聞之中。別無理氣。近世王氏之說本此。唯其見之小也。

廣權　按天地之化育無窮。而人之所見有限。以眇小之見而臆斷天地萬物之有無。是其所緣而爲有者。已不免橫決之私心。所絕而云無者。多見其窈冥而罔據耳。

明有不盡、則誣世界乾坤爲幻化。幽明不能舉其要。遂躐等妄意而然。

原注。未能窮理知性、而言天人之際。是謂躐等。

廣權　按萬化有真而無幻。其有見以爲幻者。蔽於明也。明有不盡則無真非幻。而其病也。誣萬意戒妄而貴誠。其有偶出於妄者。失其要也。要不能舉則誠所不至而妄生。而其病也爲躐等。陸王之學。流爲龍溪心隱剛主之率妄。其初何嘗不由尊德性求良知而來。明所不至而幻生。誠所不至而妄起。一言以蔽之曰誣道躐等而已。

不悟一陰一陽範圍天地通乎晝夜三極大中之矩。

原注。陰陽二氣充滿太虛。此外更無他物。亦無間隙。天之象、地之形、皆其所範圍也。散入無形而適得氣之體。聚爲有形而不失氣之常。通乎死生猶晝夜也。晝夜者豈陰陽之或有或無哉。日出而人能見物、則謂之晝。日入而人不見物、則謂之夜。陰陽之運行。則通一無二也。在天而天以爲象。在地而地以爲形。在人而人以爲性。性在氣中。屈伸通於一。而裁成變化存焉。此不可踰之中道也。

廣權 按天地者廣大昭著之象也。晝夜者悠久運行之迹也。人第見天之輕清而上浮也。則謂之陽。地之重濁而下凝也。則謂之陰。晝之清明而見物也。則謂之陽。夜之昏闇而不見物也。則謂之陰。而不悟天地定位。不過一陰一陽離合吸距。固有之一物爾。晝夜遞嬗。不過一陰一陽循環轉變。中分之二象爾。豈知太和絪緼之氣。其所爲範圍不過而流行不息者。其始本無二之可言。其究焉有間之可見。自研道者、由一性而求諸兩端。執兩端而定爲三極。於是乎立天

師說 張子正蒙注詮言

之道曰陰與陽矣。立地之道曰柔與剛矣。立人之道曰仁與義矣。究之由三生萬。不外執兩用中。中者爲何。太和者陰陽之中也。平康者剛柔之中也。中正者、仁義之中也。猶絜矩然左右前後上下六合莫之或易。而昧者必於物外求空。致疑陰陽之道有時而或息。因之轉執空以律物。一若天地晝夜三極大中之理無象之非虛。妄幻相乘而明誠道息。君子所大懼也。

遂使儒佛老莊混然一途。語天道性命者、不罔於恍惚夢幻。則是以有生於無爲窮高極微之論。入德之途。不知擇術而求多見。其蔽於詖而陷於淫矣。

原注。陷於佛者如李翺張九成之流。而富鄭公趙清獻雖賢而不免。若陸子靜及近世王伯安、則屈聖人之言以附會之。說愈淫矣。陷於老者如王弼注易及何晏夏侯湛輩皆其流也。若王安石呂惠卿及近世王畿李贄之屬。則又合佛老以溷聖道。尤其淫而無紀者也。

廣權按老氏無爲之說。是以爲有生於無。而萬象可坐觀而致也。佛氏色空之談。是以其夢幻電影。罔人於惚恍之域也。後世儒者襲其緒論。主靜主敬之爭。

觀物觀心之別。樹義各殊。離道益遠。人矜一得。謬實從同。不知語天道而歸虛於無。必將啓學者以褻天畔道之漸。語性命而究極於無。勢且開末流以縱性任命之端。論雖似高而理非拾級而升。義雖近微而未嘗實事求是。以此而蘄入德。猶北轍而南其轅。溯斷港絕潢而期達於海也。徒見其爲異端之先驅而已。

（未完）

師說

張子正蒙注詮言

[illegible]

講演

船山遺書精義

俟解

讀史亦博文之事。而程子斥謝上蔡爲玩物喪志。所惡於喪志者。玩也。玩者。喜而弄之之謂。如史記項羽本紀及竇嬰灌夫傳之類。淋漓痛快。讀者流連不舍。則有代爲悲喜。神飛魂蕩而不自持。於斯時也。其素所志向者。不知何往。此之謂喪志。以其志氣橫發。無益于身心也。豈獨讀史爲然哉。經亦有可玩者。玩之亦有所喪。如玩七月之詩。則且沈溺於婦子生計鹽米布帛之中。玩東山之詩。則且淫泆於室家嚅唲寒溫拊摩之內。春秋傳此類尤衆。故必約之以禮。皆以肅然之心臨之。一節一目一字一句。皆引歸身心。求合於所志之大者。則博可弗畔。而禮無不在矣。近世有千百年眼、史懷、史取諸書。及屠緯真鴻苞陳仲淳古文品外錄之類。要以供人之玩。而李贄藏書。爲害尤烈。有志者勿惑焉。斯可與於博文之學。

編者節錄

講演

易學之哲理觀

第一期（六月二十五日第一次講演）

邵陽石廣權

吾人處今日而從事講學事業。六經諸子。一部廿四史。將從何處講起。古人云讀書必先識字。今請先從學字說起。我國號稱世界古代文明之國。自庖犧畫卦。倉帝制字。而六千年來之文化。典章制度。禮俗政教。斐然可徵。惜籀篆隸文體屢易。六經諸史悉遭秦火。至漢而諸子罷黜。學途益隘。論者痛之。東漢許愼氏略窺文字之門戶。而習焉未精。語焉不詳。卽如一學字。而許書與斅字混爲一文。而教之一字與斈之一字。亦含混其詞。教與斅學與斈四字。尚不能明辨其文。何論其他。甚矣學之不可以不講也。鄙人以爲吾東方哲學原理之發端。莫先於易象。世界學者。咸公認之。所學何學。不外形而上形而下之二端。形而上者精神之學。道義是也。形而下者物質之事。各種科學是也。而其原理涵於大圜之中。圖剖支分。質量數度。各依其則。以教其用教者。以是教之。學者以是學之。用者亦卽以是用之。天下未有無用之學也。學之爲字。从爻从臼。又从冖从子。子者象其人。冖者象其地。爻者从二×。×古文五字。象四隅及其中央。上下二×者。天數五。地數五。五運五位。五倫五常。列爲五行。施爲五教。皆天之事也。精神之哲學也。五色五聲。五味五臭。五方旣別。五事就理。皆地之事也。物質之科學也。其在易也。列爲六爻。爻者效也。所以效用致用之學。盡於此矣。臼之爲文。在隸爲方形。在篆則爲圓形。其字作⊙而中剖之。卽太極圖形☯而小變其象。又從而平分之作臼。卽易所謂太極生兩儀也。渾圜者名爲太極。分析之名爲兩儀。學道者由渾圜而求其所以分析之者也。此學字之精義也。而一本乎易。此易所以爲羣經首。而孔子所爲欲假年以學而求寡過者也。今請與諸君子先言易。

易爲東方哲理。古代羲文周孔。四聖心傳。其言天道人事。至隱而天下莫能盡也。至賾而天下莫能過也。然其緣理布象。乾坤並建。陰陽消息。剛柔互用。易簡之理。可云顯微闡幽。探賾索隱。大之則體天出治。小之則制器尙象。通之則明物察倫。精之則窮神知化。淺言之。而吉凶休咎。動止語默。養生惜物。修己安人之道。莫不悉具於是。

是誠不易言不勝言不可一字妄言不容一意放言尤不可輕襲陳言如所謂得意忘言得言忘象者之所云吾先師船山先生所痛惡也

易學在周時本有連山歸藏周易三家自孔子承文王周公之緒爲繫辭十傳學者宗之而連山歸藏之傳授益微孔子之精意其大義具於象傳吾先師船山先生專著大象解一卷今可取而細研之三易之異在其爻辭周以前有無彖辭今不可得而知要其卦序雖殊或首艮或首坤而卦象則同天地水火風雷山澤陰陽剛柔奇偶上下內外之位之德萬無殊理故學易者第一步宜從大象求之此可斷言

漢初治易者分象數二宗數亦由象起也焦氏京氏之說盛極西京惟費氏後出而專從事乎整理周易之辭以傳從經而易學之面目一新嗣後言易者象數俱廢遂專由辭以求理象旣渺茫數尤幽賾而辭亦復不免於支離易學不明可慨歎也

宋儒言易者莫精於橫渠張氏張子著正蒙一書精究天人綜貫民物思精體大程朱遜其氣象吾先師船山先生至傾服之遺書有正蒙注此張王二先生造詣之精到處精誠契結有非淺學所能繼承其萬一者然不有前者雖美不章不有後者雖

盛不傳況六經爲吾國正學蒙泉而易學尤爲全世界否泰剝復因革損益萬事萬物消息盈虛原理上一種公式之表示知而不言與不知而謬言者其失維等今請舉其所知與吾社諸良友共研之

談易者第一步宜說明易例吾船山先師有發例一篇今爲學者便利計請因其例而列爲淺顯之表以重發之

何謂易易者本吾國最古陰陽家之言陰陽奇偶交互變易之謂易何謂陰何謂陽以體言之則正者陽背者陰以質言之則純者陽雜者陰以形言之則圓者陽方者陰以勢言之則平者陽直者陰以量言之則大者陽小者陰以性言之則剛者陽柔者陰以德言之則健者陽順者陰以幾言之則動者陽靜者陰以位言之則上者陽下者陰外者陽內者陰以人事言之則進者陽退者陰通者陽塞者陰陰陽之理其微不可辨辨之以象何以象之象以奇偶一奇一偶是爲兩儀請開始畫一奇一偶兩儀之象於左

兩儀

陽⚊　一平畫。至平至易。中無間斷。無偏無曲。無有二象。
陰⚋　平畫中虛其三分之一。兩儀既分。虛實相函。變化由此生矣。

天地萬物象數之變化無窮。要其造始之因。必起於一。故老氏曰道生一。此一與彼一相形。則有二。二者偶象。故一與一相加。累書之則爲二。一與一對待平列之則爲⚋。天地萬物無畸形孤立獨一不二之理。故曰一生二。既有⚋矣兩儀以立。一與二相加。累書之則爲三。一與二不能更平列也。故以實函虛。虛其⚋之中三分一以爲陽。實其左右之三分二。畫爲⚋以爲陰。故曰二生三。陰陽之象既成。又加一於一。加⚋於⚋。加一於⚋。加⚋於一。交互相生而成四象。四象者。一加一爲老陽。⚋加⚋爲老陰。一生⚋爲少陰。⚋生一爲少陽。所謂老陰老陽者。純陰純陽。不變之象也。少陰少陽者。陽生陰。陰生陽。陰陽相生。互變之象也。陰陽相生而萬物以滋。故老氏之論道也。不曰三生四。而曰三生萬物。萬物託始於四象。而四象未足以盡變化之數也。數至三而後奇偶具。故形學之理。角以三等邊而測。虛圓以徑一圍三而測實。此純卦之畫數。所以終於三。而四象之所以生八卦。基是理也。今請畫四象八卦之象於左。

四象

陽加陽爲⚌　兩陽畫相加。純陽不變。是爲老陽。

陽加陰爲⚎　陽畫上加陰畫。陰由陽生。是爲少陰。

陰加陽爲⚍　陰畫上加陽畫。陽由陰生。是爲少陽。

陰加陰爲⚏　兩陰畫相加。純陰不變。是爲老陰。

八卦

三畫純陽之卦　☰乾　數極於三。陽剛不變。其象爲天。三而三之。成數凡九。

純陽生一陰之卦　☱兌　二陽處於一陰之下。如雨澤之降於天。陰陽相悅之象。

少陰遇少陽之卦　☲離　一陰介乎二陽之間。如火之麗於虛。相麗之象。

少陰得重陰之卦　☳震　一陽奮於重陰之下。如雷啓蟄。震動之象。

少陽得重陽之卦　☴巽　一陰入於重陽之下。如風之行於天下。巽順之象。

少陽遇少陰之卦☵坎　一陽陷於兩陰之間。如水順下。入險之象。

純陰生一陽之卦☶艮　二陰處於一陽之下。如山之鎭物。受制限之象。

三畫純陰之卦　☷坤　數至三而陰柔如故。其象爲地。六而六之。數終爲六。

觀於上而伏羲所畫純卦。止於三爻。大抵由兩儀而衍爲四象。由四象而衍成八卦。以下、爻象地。上爻、象天。而中爻、象人、事。乾坤之蛻、而爲坎離。先天、言、天道。後天、言、人、事。正是、此、理。又以卦畫數之。乾爲、三、畫、卦。兌離、巽爲、四、畫、卦。震坎、艮爲、五、畫、卦。坤爲、六、畫、卦。次第、井、然。獨震與巽二卦之位交易者。陰陽、不、交。不成、爲易。又震、爲、長、陽。巽爲、長、陰。將以、繼、乾、坤。而四、五、兩、位、又、適、居、陰、陽、交易、之界。是故、父、母、六、子之、象、由、此、立、焉。何謂父母六子。乾純陽。爲父象。坤純陰。爲母象。震坎艮三卦。各以、一、陽、主、二、陰。爲男、象。巽離兌三卦。各以、一、陰、御、二、陽。爲女象。陽象、父象。男。亦象、君、師、將、相、各、居、上、位、之、大、人。陰象、母象、女。亦象、臣、后、士、庶、各、處、下、級、之、庶、吏、平、民。列表如下。

☰　乾爲父。純陽之卦。又爲君象。

☳　震爲長男。得乾之初爻以主二陰。又爲相國執政之象。

☵ 坎爲中男。得乾之中爻以處於二陰之間。又爲師之象。

☶ 艮爲少男。得乾之末爻以臨乎二陰之上。又爲主兵刑者之象。

☷ 坤爲母。純陰之卦。又爲后象。爲民象。

☴ 巽爲長女。得坤之初爻以入二陽。又爲良輔賢妻之象。

☲ 離爲中女。得坤之中爻以麗二陽。柔順中正。亦循吏佳偶之象。

☱ 兌爲少女。得坤之末爻以交二陽。又藝術文人之象也。

觀此而陰陽德性八卦成象之概觀具於是矣。其純卦之重爲六畫者。其故何也。此有二說。

一曰每卦三爻。每爻重而爲二。仍以下二爻象地。中二爻象人事。上二爻象天是也。

准此試演其象如左。

一乾 ䷀ 三奇畫重爲六奇畫。依然純陽。不變之卦。

二坤 ䷁ 三偶畫重爲六偶畫。依然純陰。不變之卦。

三震 ䷒ 下重爲二奇畫。中上各重爲二偶畫。則震變爲臨。

四坎 ䷽ 中重爲二奇畫。上下各重爲二偶畫。則坎變爲小過。

五艮 ䷓ 上重爲二奇畫。中下各重爲四偶畫。則艮變爲觀。

六巽 ䷠ 下重爲二偶畫。上中重爲四奇畫。則巽變爲遯。

七離 ䷼ 中重爲二偶畫。上下重爲四奇畫。則離變爲中孚。

八兌 ䷡ 上重爲二偶畫。中下重爲四奇畫。則兌變爲大壯。

就上式以觀。除乾坤二卦雖重不變外。六子各變六卦。總計不出十二卦之數。然則彼六十四卦由何而來。知此則以每爻重而爲二者。其說非也。

至其二曰每舉一卦。而以八卦重之。一卦、演爲八卦。則八卦、演爲六十四、卦。不必析、分、六、爻、爲、天、地、人、之、位。而但、分二、卦、爲、上、下、內、外、之、象。下、爲、內。上、爲、外。內、卦、三、爻。以、第、二、爻、爲、中、位。外、卦、三、爻。以、第、五、爻、爲、中、位。初、爻、與、四、爻。謂、之、不、及、中。第、三、爻、與、第、六、爻。謂、之、過、中。不、及、中、爲、始、進、之、象。過、中、爲、終、退、之、象。今舉二卦示例於下。

乾 ䷀（上外 中／下內 中）

乾重乾。不變。仍爲乾。六爻皆陽。第一爻奇畫。由下起。陽始動也。

第二爻陽進而居內卦之中。第三爻內卦純陽。剛過也。第四爻陽外見而上升。第五爻陽居外卦之中。剛健中正。得位行時之象。第六爻陽剛不息。瀕於亢矣。太過則反。故孤陽不生。而日中則昃。

坤 ䷁（上外 中 下內 中）

坤重坤。不變。仍爲坤。六爻皆陰。第一爻偶畫。由下起。陰始凝也。第二爻陰進而處內卦之中。柔順中正。德位相當之象。第三爻下卦純陰。稍過當矣。第四爻陰上進而形見乎外。第五爻陰居上卦之中。僭陽之尊位矣。第六爻陰柔瀰滿。陽無餘地以自處。物極則反。天下無長夜不旦之理也。

但舉二卦。餘六十二卦可類推。於此有亟宜先識之通義焉。則六爻之位。孰宜陰。孰宜陽。當位、不當位、不可、以、不、先、辨也。今請撮舉其大義。曰一三五各爻。奇數、爲、陽位。二四六各爻。偶數、爲、陰位。示例如下。

坎 ䷜

初爻奇數宜爲陽而遇陰。不當、位、也。不宜、陰、而、開、始、卽、爲、陰、爻。坎陷、之、先、幾、見矣。二爻偶數。宜爲陰而遇陽。亦不、當、位、也。陽居、陰、上、而德、位、適、中。有入、險、出、險、之、象、焉。三爻奇數。處內卦之上。宜爲陽矣。而仍爲陰。不當、尤甚。四爻偶數。宜爲陰而遇陰。又當外卦之交。陰之、盛、也。第五、爻、奇數。宜陽而陽。剛健、中、正。偏經、艱、阻。終有、得、位、行、權、之、時。作、之、君。作、之、師。古者、君、師、合、一。二、爻、陽、剛、在、下。師、位、也。五爻、陽、剛、在、上。君、位、也。第六爻偶數。宜陰而陰。功成、身、退。故坎之大象曰。君子、以、常、德、行。習、教、事。師也者。所以、學、爲、君、也。故坎之一陽。居上、則、得、位、之、象。居下。則、失、位、之、象。義至、明、也。

離 ䷝

初爻奇數宜爲陽而得陽。當其、位、也。二爻偶數。宜爲陰而得陰。柔順、中、正。允爲、內、卦、之、主。三爻奇數。宜陽而陽。陰陽、相、麗。卦雖、居、下。而有、文、明、之、象。四爻偶數。宜爲陰也。而忽爲陽。是爲、躁、進。故有、突、如、其、來、之、象。五爻奇數。宜陽而得陰。內外、俱、柔。上下、陰、霾。賴二、陽、交、麗、其、間。雖居、非、其、位。尙有、繼、明、之、象。六爻偶數。陽居陰位。亦異常度。故離之大象曰。明兩作。兩作者。不相下。內外之限不明。上下之分。亦不定。所謂以家爲鄉。鄉不可理。以鄉爲國。國不可理。故離之陰居下。則爲女正位乎內。居五。則爲政在妃后。權出私門之象。惟繼明者。庶幾可耳。

第二期（七月九日第三次講演）

爻位既明。陰陽得所或失宜之故。一覽瞭然。由此。應知六爻孚應之理。何謂孚。陰陽剛柔。同氣相感。孚也。何謂應。上下內外。同位相感。應也。孚之象。二爻相比。若初於二。三於四。謂之相承。若四於三。五於四。謂之相乘。乘承比各有孚有不孚焉。則視陰與陽爻德之同氣不同氣以辨之。應之象。初與四應。二與五應。三與六應。內與外。上與下。皆宜陰陽互應。是故有應有不應焉。有應之而善有雖應不善者焉。則視陰與陽爻象之得位不得位以辨之。茲隨舉一例於左。

咸 ䷞　初與二陰與陰比也。三四五陽與陽比也。同德則相孚。內卦三爻以一陽乘二陰。是以陽卦而居內。外卦以三陽承一陰。是以陰卦而居外。陰陽易位。故各有失所之感。然初與四應。內陰而外陽。二與五應。亦內陰外陽。三與上應。則內陽外陰。上下內外交相應。是爲其情通。其德亦呈互助之象。

恆 ䷟

二三四陽與陽比也。五六陰與陰比也。同德相孚。內卦以一陰承重陽之下。陰居內。外卦以二陰乘一陽之上。而陽爲主。陰消陽長。陰退陽進。故能相持於恆。初六與九四應。九二與六五應。九三與上六應。內外上下亦一氣相通。雖爻德不盡相當。而聲應氣求也。

進此可言錯綜變互之理。何謂錯。每卦必有其對待之象。若乾與坤。坎與離。震與巽。艮與兌。全卦各爻各有一陰陽對錯之象是也。何謂綜。卦象六爻。雖具方式。而有圓理。圓者旋轉不常。一顚倒間。而內外易形。上下易勢。初上易位。除乾坤坎離四象雖綜不變。外若震綜爲艮。巽綜爲兌。咸綜爲恆。旣濟綜爲未濟。若斯例者五十六卦。是也。何謂變。每卦六爻。從內卦初爻變起。次二爻俱變。次三爻俱變。再次至外卦第四爻亦變。再次五爻俱變至六爻俱變而止。此變之一例也。又一例每卦但變其一爻。而餘爻不動。如初爻變或二爻變或三或四或五爻六爻變陰爲陽變陽爲陰。若乾之姤。坤之復。初爻變也。若乾之履。坤之謙。三爻變也。之例餘可類推。此又變之一例也至於互卦則專以卦象六畫之中四爻爲主。自二爻至四爻三畫爲下互之象。自三爻至五爻。三畫爲上互之象。各含一象。卽各成一卦。準此是每卦之中各含四象。一顯一隱一表一裏。孔子云。若夫雜物撰德則非其中爻不備。中爻之中。萬物咸備。易之爲用大矣。

請略擧錯綜變互各例如左。

一 錯象 一曰對卦

乾 ䷀ 坎 ䷜ 震 艮 ䷳

坤 ䷁ 離 ䷝ 巽 ䷸

觀上可知陰陽對待之象。

二 綜象 一曰覆卦

震 ䷲ 順視爲震卦

艮 ䷳ 倒轉卽爲艮卦

巽 ䷸ 順視爲巽卦

兌 ䷹ 倒轉卽爲兌卦

觀上可知陰陽往復之理。

三 變象 其例凡二

(一)乾 ䷀ 六爻皆陽。

䷫ 初爻陽一變而爲陰。卽成姤卦。

䷠ 初二兩爻皆以陽變爲陰。卽成遯卦。

䷋ 初二三爻內卦皆變爲陰。卽成否卦。

䷓ 內卦純陰四爻又變爲陰。卽成觀卦。

䷖ 初二三四五爻皆變爲陰。卽成剝卦。

䷁ 六爻上下內外變爲純陰。則成坤卦而陽盡矣。

觀上可知陰陽消長進退之理。此爲變象之一。

(二)乾

䷀ 仍舉乾爲例。坤震巽艮等卦可類推。

䷫ 初爻陽變爲陰。與上圖同。爲姤卦。

䷌ 二爻陽變爲陰。初仍不動。爲同人卦。

䷉ 三爻陽變爲陰。初二不動。爲履卦。

䷈ 四爻變爲陰。內卦三陽仍舊不動。爲小畜卦。

䷍ 五爻變陰。初二三四仍舊不動。爲大有卦。

䷪ 上爻陽變而陰。五爻以下皆不動。爲夬卦。

觀上可知陰陽交易變化之理。此爲變象之二。

四 互象

坎 ䷜ 下互之義。自二至四。有震象。上互之義。自三至五。有艮象。

離 ䷝ 下互自二至四。有巽象。上互自三至五。有兌象。

震 ䷲ 下互自二至四。有艮象。上互自三至五。有坎象。

兌 ☱ 下互自二至四。有離象。上互自三至五。有巽象。

巽 ☴ 下互自二至四。有兌象。上互自三至五。有離象。

艮 ☶ 下互自二至四。有坎象。上互自三至五。有震象。

觀此可知每一卦象中。包含其他各象之理。

錯綜變互四義既明。基此可與言易理矣。易之所以爲易者何也。一曰交易。二曰移易。三曰變易。而其結果要歸於平易。平易之理。實爲不易。

何謂交易

一陰一陽相對待謂之錯。錯則交。譬之乾以初爻之一陽。交坤之初爻之一陰。兩相交換。則乾爲姤。而坤爲復。又如乾以上爻之一陽。交坤之上爻之一陰。兩相交換。則乾爲夬。而坤爲剝。姤者遇也。五陽過盛而遇一陰。復者囘復也。五陰過盛而復一陽。夬者决也。五陽健進而一陰不能自存。剝者殘也。五陰充斥而一陽瀕於將絕。是故交易者陰陽對待。必有之交接。卽爲陰陽消長。開始之機。緘老氏之學。主張破除對待。以保持其所謂不易之常經。易學則乾坤并建。二元、並演以盡天人無盡藏之變象、義至周也。

何謂移易

移者、陰陽二氣、構成大象。恆隨空間大勢、旋轉而密移。是故、天、爲大圓。日星地、皆爲圓體。各有公轉自轉之軌道、以爲之樞。易卦六爻、純爲籀象之式。每一正卦、即有一旋轉之卦象、與之反對。其名、謂之綜。綜者綜合一正一背兩象、以盡其義。六十四卦之演進。除乾坤坎離頤大過中孚小過八卦無綜象外。其餘五十六卦、皆以綜象相比次。緣易爲圓理。不能專講一面。限於片面之畸識而遺其全也。漸移之法爲何。每卦六爻、起初而終上。旋轉漸移。開始移上爻爲初爻。各爻陰陽俱無改變、而卦象已大殊矣。次則移五六兩爻爲初二兩爻。再次則移四五六三爻、爲初二三之三爻。換言之則移上卦爲下卦。移外卦爲內卦矣。再次則依次推移。由三爻二爻以往。漸次至移初爻爲上爻。而全卦旋轉一週。是之謂綜。綜者循環往復之理。易之所以爲世界哲理之統綜者。其精義即在乎是。

何謂變易

易無達象。隨時隨事。變動不居。故曰不可爲典要。惟變所適。變之例。上已言之。或陽變爲陰。或陰變爲陽。要以變之適宜不適宜爲吉凶悔吝之斷。例如乾之初爻。一變而爲姤。一陰始萌。二氣有調和之益焉。再變而爲遯。陰漸進而居內卦之中。得位行時。柔順中正。亦適宜也。三變而爲否。內卦純陰而初三兩爻陰居陽位。不適宜矣。四變爲觀。陰進陽退。賴九五陽以剛健而居中正之位。四陰承流其下。有觀政之象焉。介乎適不適之間也。五變而爲剝。則陽失其位。陰柔盛長。陽剛就消。可爲陽危矣。六變而爲坤。則純陰無陽矣。是故制變憂危之道在愼之於始。及其既變而陵夷漸潰。一往不返。則自然之趨勢。有不可以人力廻旋者。是以君子畏其漸也。

何謂平易

平易者。一陰一陽。各當其位。無偏無倚。無過無不及。例如陽居奇畫。陰居偶畫。全卦六爻。三陽三陰。乃適於平。若四陽二陰。四陰二陽。五陽一陰。五陰一陽。俱有畸象。畸者一過一不及。必變之勢也。變而後適於平。平之極也。又變。試舉二卦以證明之。

既濟 ䷾

初三五皆爲陽爻。二四六皆爲陰爻。又合於三陽三陰各半之公例。上卦爲坎。下卦爲離。坎陽而離陰。外陽而內陰。陰陽各得其所。是謂至平。故易列六十四卦。以此終焉。而猶以爲僅見其一面。未足盡哲理之全也。又以未濟承之。

未濟 ䷿

此純爲既濟之背面。即其綜象。初三五純以陰居陽位。二四六純以陽居陰位。雖合於三陽三陰之平例。而上卦爲離。下卦爲坎。上陰而下陽。外陰而內陽。陰陽俱不當位。是爲平之反照。一轉移間而萬象俱非。未能滿意。六十四卦以此象終。平陂往復。萬化密移。天下本無眞平。在知化者有以觀其通耳。

綜上觀之。學易者必周知交易移易變易之例。而後可以知天地間萬象萬變之日趨於平。必洞觀於萬象萬變之日趨於平而後可與言天人間萬變不易之理。

第三期（七月十七日第四次講演）

易例既明。繼此乃可演上下經六十四卦之通象。舉其大義。爲治學之同人證之。

易上經三十卦。始乾坤。終坎離。其義何也。上經言天道。天道者自然之運數。揆之圖象。則乾南坤北。離東坎西。位分昭然。由混沌時代。開始於草木蒙茸時代。而進於人物競爭時代。再進爲人與人爭。人與人比時代。又進爲人道禮義完成時代。泰極則否。剝極又復。物質所呈之徵象。人爲之豫樂。觀美。食飲服飾。仰資於兩間之息養者。胥於是乎在。而日月爲天地間懸象之大明。水火爲人世間生活所首要。故鄙見以上經三十卦之大義爲宇宙觀。其理可得而推言也。

下經三十四卦。首咸恆。終既濟未濟。其義何也。下經言人道。人道之端。造始於夫婦。有夫婦然後有父子兄弟君臣而後禮義有所措。夫婦之失正。多由於少男少女。感情勝。而禮義之大防爲之移。故受之以恆。恆者長男長女相與居室。證之圖象。離南坎北。震東兌西。有長子主器。冢婦奉祀之精義焉。齒長則德性較堅。情稚則血氣未定。人之理也。其不首坎離。而以屬之上經之末者。何也。中男中女。介乎、少、長、之間。坎以、一、陽、陷、於、陰、間。離以、一、陰、麗、乎、陽、間。未能、脫、險、而、義、難、獨、立、也。故曰、人、心、惟、危。國之本在家。家道、正、而、後、國、可、得、而、理。萬象、之、所本。而萬、制、之、所、繇、緣、而、起、也。故因、革、損、益。其端、萬、殊。而陰、陽、消、長、之、原、理。一以、貫、之。終既濟未濟二卦者。亦坎、離、之、合、象、也。故鄙見以下經三十四卦之大義爲人生觀。其理亦可得而推言也。

今請先言其第一義。

上經三十卦大象之宇宙觀。

上天下地曰宇。往古來今曰宙。乾象天。坤象地。此不俟煩言而解也。地之所生。草木爲先。屯爲草之初萌。蒙爲草木之盛狀。皆待、雲、雨、而、後、滋、生。故需、次、之。生、生、不、已、則、爭、存、競、長。訟端、起、矣。物相、爭、則、强、者、勝。衆、者、存。師與、比、之、道、也。衆則、品、類、不、齊。以大、畜、小。小者、必、有、辨。故小、畜、履、次、之。履者禮也。理也。萬事就理而後泰。治、象、也。泰之極也。其反應爲否。否陽、往、而、陰、來。陰雖、至、微。然柔、順、得、中、而、正、乎、內。則諸、陽、從、之。柔順、適、中、而、位、乎、外。則諸、陽、應、之。以陰、主、陽。同人、大、有、之、象、見、矣。天道、好、謙、而、惡、盈。人道、過豫樂則以亡其身。暮氣詭隨。志惰情惑。百務從茲敗壞矣。謙豫隨蠱。由人自擇之耳。陰盛而臨。陽消而陰長。飲食服飾皆觀美。務外之事。不知惜物。安識養生。剝可立待也。剝極則復。於何復之。於无妄之理復之。无妄者至誠之無息也。大畜者博厚之能載物也。二者合天地之德。所以養羣生而無過無不及。故无妄大畜之後以頤大過次之。過猶不及也。坎一陽陷於陰中。以人事濟天事之窮。天一生水也。離一陰麗於陽間。以柔道補陽剛之偏。地二生火也。水火相濟。而宇宙之大化胥具於是焉。

請更逐卦演述其大象如左。

第一卦 乾 ䷀ 純陽無陰為天象

上下六爻皆陽。外剛而內健。天行不息。肖之。聖君體天而出治。嚴父配天。男子主一家之政。大人君子整綱飭紀。以幹邦國而型後世。凡皆純陽之象也。故聖人繫之大象曰。天行健。君子以自强不息。謂之天行。則圓周之理見矣。陽為我相。故法天以自强。

第二卦 坤 ䷁ 純陰無陽為地象

上下內外純陰。體厚而用柔和順積中。羣生託命。后道也。母道也。妻道也。臣庶之道。以順爲正者。善用之則爲循吏爲良民。不善用之則爲小人爲婢妾夷虜。故聖人繫之大象曰。地勢坤。君子以厚德載物。謂之地勢。則圓轉之理亦見矣。陰爲人相。故法坤以載物。

第三卦　屯　䷂　上坎爲水下震爲雷

下震爲動之象。上坎爲陷之象。六爻二陽而四陰。陽動而升。羣陰密布。物力艱也。艱難創造。萬有之基。故聖人繫之大象曰。雲雷屯。君子以經綸。經綸者。九五得位行時君之象也。

第四卦　蒙　䷃　下坎爲水上艮爲山

四陰之卦。下流而上止。五爻失正。陰柔日進。陽陷瀕危。失位而居下者。宜自奮也。故聖人繫之大象曰。山下出泉。蒙。君子以果行育德。果者陽之德。居內卦之中。以育羣小。師道也。

第五卦　需　䷄　下乾爲天上坎爲水

陽氣上升。爲陰所凝。五爻皆正。二陽得中。雲雨絪縕。醖釀生化之期也。故聖人繫之大象曰。水。上。於。天。需。君。子。以。飲。食。宴。樂。飲食男女。人之大、欲、存、焉過於需、則、啓、訟、矣。此卦象羣生養育之事。

第六卦　訟　䷅　下坎爲水上乾爲天

五爻失正。陽剛得中。天德覆乎上。陰陽二氣之爭相持於下。政教相維。就純陽之德以取決也。故聖人繫之大象曰。君。子。以。作。事。謀。始。始基不正則紛爭由此起矣。此卦象人事法裁之制。

第七卦　師　䷆　下坎爲水上坤爲地

五陰一陽。壯陽處於羣昏之下。居中設教。自爲師徒。入險而一意孤行。以改造環境。仁智勇三者兼之。故聖人繫之大象曰。君。子。以。容。民。畜。衆。坤譽容能容而後能畜。斯以有衆矣。此卦象寓兵於民。官師合一之義。

第八卦　比　䷇　下坤爲地上坎爲水

水與地親。比合無間。陽剛得中而位乎上。象爲一陽戰勝羣陰。得位行權而衆小服之。故聖人繫之大象曰。先王以建萬國親諸侯。親之云者比之也。此卦象以黨專政武人爲於大君之勢。

第九卦　小畜　䷈　下乾爲天上巽爲風

乾陽謙下。巽風上被。象爲一陰介乎諸陽之間。近承九五。幾乎狎矣。畜詞臣。飾文化。英主事也。故聖人繫之大象曰。君子以懿文德。文德者化羣小。廣風教。君子以之。此卦爲藻飾承平闡揚文藝之象。

第十卦　履　䷉　下兌爲澤上乾爲天

天氣交澤下降。陽盛於上而陰進自下。穉陰接於純陽。其分懸絕。下處乎內。禮法然也。故聖人繫之大象曰。君子以辨上下定民志。辨分弗明。則志不定而大亂起矣。此卦爲依據禮法修明制度之象。

第十一卦　泰　䷊　下乾爲天上坤爲地

純陽處下。厚德居上。內外六爻皆相應。以陽下陰。健進而順受。往來交易。以成其和。故聖人繫之大象曰。天地交。后以裁成天地之道。輔相天地之宜。以左右民。坤之德。后德也。其道地道也。天包地外。半在地下。地實居中。其形圓周。其氣交。互其理。上下左右大通而無礙。故曰泰平。泰平者。盛之至也。此爲治象。治象由厚德而成。內君子而外小人。無過激也。

第十二卦　否　䷋　下坤爲地上乾爲天

上天下地。僅得其偏。往復循環。未可執一而拘方也。必如陽上陰下。法定不移。分隔情睽。形成否塞。天地之生機息矣。故聖人繫之大象曰。天地不交否。君子以儉德避難。不可榮以祿。儉德者養生惜物之精義。六二以之。所以持盈而保泰也。此爲亂象。亂象生於沽激。固執一偏則反響亦大。宜達觀也。

第十三卦　同人　䷌　下離爲火上乾爲天

五陽一陰。柔順得中正位乎下。以承諸陽。內治既修。天下文明。衆所歸也。故聖人繫之大象曰。君子以類族辨物。類族者內外親疎之分也。辨物者、上下剛柔之別也。同之文同。以斬於大同。文明之極軌也。此就人文方面觀之。

第廿四卦　大有　䷍　下乾爲天上離爲火

健德內充。離明在上。二陰得勢。以臨諸陽。財力有餘。民主立憲之國體。富强之象也。故聖人繫之大象曰。君子以遏惡揚善。順天休命。陽剛之過。不容以不遏。陰柔得中。亦可揚也。恭迓天庥。以發揚文物。順時而已矣。此就物質方面觀之。

第十五卦　謙　☷☶　下艮爲山上坤爲地

五陰充斥。一陽介乎內外上下之間。欲進不能。知止而止。剛承柔。子從母之象也。金以土自藏。山與地相平。損其所有餘。與物委蛇。故聖人繫之大象曰。君子以裒多益寡。稱物平施。多寡之數平。則宇宙間從此少事矣。此禮教之初基也。

第十六卦　豫　☳☷　下坤爲地上震爲雷

一陽上升。羣陰瀰滿。柔順依阿之風。得九四一動。而氣象一新。長子主事。大臣當國。外內和厚。羣生樂利之象如此。故聖人繫之大象曰。先王以作樂崇德。殷薦之上帝。以配祖考。樂也者。以表德所以祀天祖。而非可妄作也。樂勝則流。先聖其知之矣。此樂學之微旨也。

第十七卦　隨　☱☳　下震爲雷上兌爲澤

陽動乎下。陰悅於上。內剛而外柔。雷動而雨澤隨之。長陽降處於穉陰之下。相悅而詭隨。幾乎不能自振矣。故聖人繫之大象曰。君子以嚮晦入宴息。晦而息。隨欲而安可也。非其時則行檢宜亟自振也。就行止一面言。

第十八卦　蠱　䷑　下巽爲風上艮爲山

內陰旣布。外陽自限。女長惑男。風柔落山。物欲移人。隨而不已。一轉移間。即入於蠱。而不能自拔。義理之性。不能戰勝嗜好。事之常也。故聖人繫之大象。曰君子。以振民育德。甚矣振之不可以已也。居其境者。情欲不可以無度也。此就居處一面言。

第十九卦　臨　䷒　下兌爲澤上坤爲地

地下有澤。以四陰下臨二陽。惕厲戰兢。高深叵測。又坤者母道。兌爲少女。情感未定。二陽上進。難保不悅而相從。監而臨之。必有其道也。故聖人繫之大象曰。君子以教思無窮。容保民無疆。教而有容。臨下之義得矣。此就容觀言。

第二十卦　觀　䷓　下坤爲地上巽爲風

地上有風。足資觀感。二陽處乎四陰之上。剛健得中而正乎外。羣小在下。一覽無餘。然陰長陽消。不可以無預防而忽視之也。故聖人繫之大象曰。先王以省方觀民設教。既省而觀之。又有以教之。斯不同於外觀之虛文。已此就主觀言。

第二十一卦　噬嗑　䷔　下震爲雷上離爲火

陽下動而上麗乎陰。動而不已則貪。麗而不已則戀。貪戀之萌。起於自求口實。而其終也失德干法。人情大抵然也。故聖人繫之大象曰。先王以明罰敕法。其在詩曰乾餱以愆。信哉。此就食貨一面言。

第二十二卦　賁　䷕　下離爲火上艮爲山

離明在下。限制自上。章采文物。法度斐然。食色人之性也。納之軌範而文化秩如。內政修明。雖少陽處上而不嫌其穉。故聖人繫之大象曰。君子以明庶政。無敢折獄。訟獄之滋。政不明也。政明制定而獄自簡矣。此就服飾一面言。

第二十三卦　剝　䷖　下坤爲地上艮爲山

五陰充塞。一陽垂盡。消亢之數。物力日耗。而人性亦日趨於澆薄。滿地荊棘。胡有底止。危微之幾一髮耳。故聖人繫之大象曰。山附於地。上以厚下安宅。厚坤德也。不厚則不安。理如是已。

第二十四卦　復　☷☳　下震爲雷上坤爲地

一陽奮於五陰之下。動力尙微。然陽日長則陰柔自應日消。冬至一陽生而春氣以萌。保而育之。靜而調之。時行物生。天地自然之理也。故聖人繫之大象曰。先王以至日閉關。商旅不行。后不省方。舉一事以示之例也。

第二十五卦　无妄　☰☳　下震爲雷上乾爲天

純陽在上。長子主器。柔順剛健。皆適中而內外各得其正。內動而外健。剛勝柔。大容小。此至誠无妄之表徵。而剝極而復之原理原則也。故聖人繫之大象曰。天下雷行。物與无妄。先王以茂對時育萬物。天行物則。其妙在時。應時順天。不誠無物。故曰誠者天之道也。

第二十六卦　大畜　☶☰　下乾爲天上艮爲山

四陽上升。二陰得勢。以陰畜陽。陽進而知所限。陰柔適中而處乎上。物力充盈。

居位行權者。宜明限度。識大體也。故聖人繫之大象曰。君子以多識前言往行。以畜其德。畜物不如畜德。貴先其大者也。

第二十七卦 頤 ䷚ 下震爲雷上艮爲山

雷以時動。萬物以生。山以地限。萬實以成。天地之所以頤養生民者至矣。四陰內含。二陽外包。而上下衞之。內外護之。動止有方。小大秩然。柔從剛化。教養兼之。故聖人繫之大象曰。君子以愼言語。節飲食。百病從口入。百禍從口出。知養生養性者。可不愼乎。

第二十八卦 大過 ䷛ 下巽爲風上兌爲澤

陽剛過當。轉受制於陰柔。猶之風雨相因。然厲風起則雨澤爲枯。過猶不及。天之理也。又內外兩象。二陰同居。四陽中困。柔令剛化。上下同風。大者之過。春秋責在賢者之義也。故聖人繫之大象曰。君子以獨立不懼。遯世而無悶。獨立且然。況四陽乎。自甘遯世。則不爲陰柔所化矣。

第二十九卦 坎 ䷜ 上坎下坎皆爲冰象

四陰二陽。象爲重險。天人之界缺陷綦多。九二以陽陷陰間。得中自厲。雖不當位。不失爲人師。九五終能正位。以勝羣陰。可謂能入險能出險矣。故聖人繫之大象曰。水洊至。君子以常德行。習教事。德行之不可以不常。教人者之責也。師也者、所以學爲君。諒哉。

第三十卦　離　䷝　上離下離皆爲火象

陰柔中正。四陽轉從而附之。以柔麗剛。上下內外。明無不照。故曰、聖王以柔道蒞天下。而民從之。坎以水附地。離以日麗天。坎離者天地之大用也。故聖人繫之大象曰。明兩作離。大人以繼明。照於四方。明之貴繼而不貴兩。繼而後可以久也。上經終。

第四期（七月二十三日第五次講演）

講進言其第二義

下經三十四卦大象之人生觀。

人之生也。自幼而壯。而長而老。男女性異。而血氣之質。情欲之感。其端略同。人事至繁。然國家社會。人羣、進化、退化、之、徵象。基於、家庭。家庭、組織、之、託、始。肇於、夫婦。一夫、一、妻。斯爲、家道、之正。而無、如、人、性、易遷。少年、尤、甚。情感、易動、而不、足、恃、以、永、久、也。故期、於、有恆。恆者、法、度、之、事、也。咸者、感、情、之、事、也。感情、勝、則、陽、退、陰、逞、而、遯、晉、之、象、呈。家人、之事、固、易成。而蹇、難、亦、多。其繼、不、能、無、所、損。損、之、積、也。必、決。決則、或、萃、以、相、攻。或坐、以、致困。而非、經、改革、不、足、以、底、於、平。此、必、至、之、趨、勢、也。法、度、立、則、或、壯、陽、用、事。或中、女、主、家。禮、勝、則、睽。而蹇、難、之、事、亦、易、解。故、其、象、爲、益。益、則、或、以、陽、接、陰、而、爲、姤。或以、陽、從、陰、而、爲、升。或、以、陰、相、陽、而、爲、井、爲、鼎。此、家、道、之、正、義、也。推、之、國、而、上、下、相、交、之、禮。內、外、相、維、之、義。因、革、損、益。其、理、略、同。若、夫、長、陽、正、位。得、少、陰、則、有、歸、妹、之、兆。得、中、女、則、呈、家、道、之、豐。少、陽、主、家。下、長、陰、則、積、之、漸、而、剛、化、爲、柔。依、中、女、則、生、事、繁、而、反、客、爲、主。此、震、艮、以、後。漸、歸、妹、豐、旅、自、然、之、徵、象、也。夫、陰、不、可、長、也。長、則、受、代、而、其、情、常、渙。渙、者、代、之、徵。而、代、者、孚、之、所、繇、來、也。陰、又、不、可、過、稺、也。男、女、俱、稺、之、損、象。前、既、言、之。少、女、中、男。用、情、宜、節。失、節、則、過。過、於、溺。過、於、制、限。所、見、者、皆、小、也。此、巽、兌以、後。繼、渙、以、中、孚、承、節、以、小、過、之、徵、理、也。孚、則、濟。過、則、未、濟。既、濟、未、濟、之、象。要、而、歸、之於中陰中陽。執兩端而用其中。中斯正。正斯平。平斯易。中正平易。天人之精義盡矣。

請更逐卦而演述其大象如左。

第一卦　咸　䷞　下艮少陽山上兌少陰澤

三陰三陽之卦。數量相當。陰包陽外。以少陽而下少陰。外悅而內止。二五相應。止而悅。感情勝也。人類爲感情之最富者。少年尤甚。故聖人繫之大象曰。君子以虛受人。虛者。中無欲而空諸所有也。惟無所有。故無不可受。虛心集益。萬物在抱。則天下之羣情咸歸焉。

第二卦　恆　䷟　下巽長陰風上震長陽雷

亦三陰三陽相當。陽處陰中。長陽長陰。上下各定其位。二五之應。陰陽互化。外內動定。情與義相持於有恆。風教內成。剛健外著。故聖人繫之大象曰。君子以立。不。易。方。立者。陽德之長也。不易者。陰柔不足以動之。可謂知方也已。

第三卦　遯　䷠　下艮少陽山上乾老陽天

二陰內伏。陽在外。思所以止之。大往小來。陽雖盛其象日消。陰雖微其勢滋長。少陽齒穉。居下尤危。惟有崇天德以厲陽剛。入空谷以遠塵濁。健而止。庶幾得之。故聖人繫之大象曰。天下有山。遯。君子以遠小人。不惡而嚴。遠者天德也。嚴者父道也。子依父。人畏天。於物無惡。而超然世表。高行之士以之。

第四卦 大壯 ䷡ 下乾純陽天上震長陽雷

內象純乾。陰失其所。雷動於上。陽長陰消。躁則失平。剛柔未協。男權重則女德無成。猶之君主專制而民氣日蹙。故聖人繫之大象曰。雷在天上。大壯。君子以。非禮弗履。禮者所以定上下。辨內外。天之理。人之道也。物壯則老。是謂不道。老子之書言之矣。

第五卦 晉 ䷢ 下坤純陰地上離少陰火

四陰上進。二陽失位而瀕於消。滿地昏霾。女德盛而得位行時。陽德不張。不得已轉麗於陰。用晦而明。剛日退而柔日進。明出地上。故聖人繫之大象曰。君子以自昭明德。明德之不昭。陰柔蔽之也。轉晦爲明。在自爲之耳。

第六卦 明夷 ䷣ 下離中陰火上坤純陰地

火伏地下。羣陰蔽天。以中女依母而居。正位乎內。二陽處下。宜聽命焉。剛從柔化。陽爲陰制。女主家。寡從衆。猶之民主之國。政權在下。取決於多數。故聖人繫之大象曰君子以莅衆。用晦而明。晦而能明。兩不相夷。則雖夷不傷矣。

第七卦 家人 ䷤ 下離中陰火上巽長陰風

陽剛得正。二陰相麗。內政修明。風教被乎外。閨門之化。肅若朝廷。女德咸修。長次有序。各得其位。以順嚴父。故聖人繫之大象曰。風自火出。家人。君子以言有物。而行有恆。言行。邦家治亂之樞機也。陰陽相維。剛柔悉協。內外和順。則家道立而國本亦於茲奠矣。

第八卦 睽 ䷥ 下兌少陰澤上離中陰火

少女容悅乎其內。中女得位於其上。重陰無長。五爻失正。中情舛異。其勢將不可一日居。是故上下貴賤之差等。不可以不明。而內外夫婦之位分。尤不可以過暱也。故聖人繫之大象曰。君子以同而異。同者所以表情。而異者所以明分也。禮之爲離信已。

第九卦　蹇　䷦　下艮少陽山上坎中陽水

四陰爲朋。二陽中陷。初基失正。則後路雖順而蹇礙實多。象爲穉陽上進。遇險而止。止美德也。險逆遇也。故聖人繫之大象曰。君子。反。身。修。德能自、反、則、化、險、爲、夷。自縛而、自、解、矣、。

第十卦　解　䷧　下坎中陽水上震長陽雷

二陽上升。四陰消散。雷雨作而昏霾自開。上下皆陽卦。壯長有序。如兄弟之互助以戰勝羣邪。外境雖不佳，而陽長陰消。能自動出險。故聖人繫之大象曰。君子。以。赦。過。宥罪。罪過者人人所恆有。在處境者有以自解之。並爲人共解之耳。

第十一卦　損　䷨　下兌少陰澤上艮少陽山

此卦與咸爲對待之象。咸爲男下女。損爲女從男。少陽少陰。動於感情而成爲配偶。在各損其所有餘。悅而知所止。動乎情。止乎禮義。則得之矣。故聖人繫之大象曰。君子。以。懲。忿。窒。慾。止者忿之端。慾者悅之門也。知所損則庶幾兩相得而無終凶之悔矣。

第十二卦 益 ䷩ 下震長陽雷上巽長陰風

此卦與恆爲對待之象。恆爲長男長女相爲偶而各正其位。益爲長女長男交相助而相忘於其分。陰處上陽處下。男治內女治外。處下而治內者。陽之動而能自謙也。處上而治外者。陰之柔德成而可風也。故聖人繫之大象曰。君子以見善則遷。有過則改。能遷能改者。不拘於定分。不狃於成見也。

第十三卦 夬 ䷪ 下乾純陽天下兌少陰澤

五陽上進。一陰之穉不能自存。若必逞其剛決之力。則除蔓務盡。陽也而近乎亢矣。非所以居廣居。則天行而廣恩澤也。故聖人繫之大象曰。君子以施祿及下。居德則已。專己自是。則蓄德不大。而爲之下者苦矣。善廣施者非有所私悅也。已舊作忌字誤、今正之、

第十四卦 姤 ䷫ 下巽長陰風上乾純陽天

陽亢在上。陰生於下。得長陰代主內政。以柔濟剛。女德可風而化行天下。無偏

舞激。健順相賚。故聖人繫之大象曰。后以施命誥四方。長陰后象也。風命誥之象也。天之下盡於四方矣。

第十五卦　萃　䷬　下坤純陰地上兌少陰澤

羣陰布滿於上下內外。九五雖得位。而二陽勢薄。所賴萃處於上。奮鬥互助。陰雖盛。轉從而悅之。故聖人繫之大象曰。先王以除戎器。戒不虞。甚矣戎之不可以不豫戒也。

第十六卦　升　䷭　下巽長陰風上坤純陰地

二陽長於四陰之間。象雖上升。而陰以類聚。得位居高。陽且與之俱化。象爲長女依母。陰德成長。範剛爲柔。故聖人繫之大象曰。君子以順德。積小以高大。順而積小而高大。漸升之象如此。

第十七卦　困　䷮　下坎中陽水上兌少陰澤

亦三陰三陽之卦。而陰上陽下。少女乘權。中男受制。陷於柔悅而不能自拔。除初六陰動於下。上應九四外。其他內外四爻皆不相應。故聖人繫之大象曰。君子。以。致。命。遂。志。初志相孚。殉之以命。困何如之。

第十八卦 井 ䷯ 下巽長陰風上坎中陽水

長陰主內。中男居上。初基未正。雖兩不相應。而陽上陰下。名分已成。內治可風則外險自解。九三上六。其終也程序秩然。故聖人繫之大象曰君子以勞民勸相。始勞易怨。終相有成。在有以勞而勸之也。

第十九卦 革 ䷰ 下離中陰火上兌少陰澤

少女加於中女之上。重陰失序。陽隨陰化。外溺於所悅而內損其明。在下則明者自明。而在上之陰柔過甚。勢不容不有所改革以底於平也。故聖人繫之大象曰。君子。以。治。曆。明。時。時序推遷。寒暑遞變。衰王有時。時未至。固不容陵序以亂次第之差等。當其時。則新故受代而兩無害矣。九四一更而既濟象成。革之時義大矣哉。

第二十卦 鼎 ䷱ 下巽長陰風上離中陰火

中女加於長女之上。序亦失平。然女長則德盛。退處中饋。以中女相夫助理外事亦家庭之間一新氣象也。純陽之德。溥被於內外上下之間。表陰而裏陽。外柔而內剛。遜順而文明。故聖人繫之大象曰。君子以正位凝命。懸象著明而以風天下。鼎新之義。非守故者之所及知也。

第二十一卦　震　䷲　上下皆長陽之象

此卦專表長男之性。陽動於下。以接羣陰。剛健日進而不能自止。陰邪轉得相緣以據其中位。陽與陰爭必戰。戰則奮而爲雷。故聖人繫之大象曰。洊雷震。君子以恐懼修省。羣陰之積。亦可懼也。逞其陽剛一往之氣。不如省之於平時。修而養之。固有其道也。

第二十二卦　艮　䷳　上下皆少陽之象

此卦專表少男之性。陰柔四積。陽生甫穉。一相接則陽位瀕危。以孤立於內外之界而無應也。故其象爲止而不行。知所止而後可以養其陽。是故聖人繫之大象曰。兼山艮。君子以思不出其位。思也者彼此之對象相緣而起也。不出其位。然後能立於其素行之位而不遷。故曰少之時血氣未定。戒之在色也。

第二十三卦　漸　䷴　下艮少陽山上巽長陰風

陰陽配合。以少長相當爲正。以少男下長女不正已甚。然六二九五。剛柔之性兩適其中。而内外之分亦各正其位。此其感應非一朝一夕之故。所由來者漸矣。漸之轉易爲蠱。故聖人繫之大象曰。君子以居賢德善俗。俗善則德以養而漸。賢居不善則陰日進而日蠱。是以君子戒其漸也。

第二十四卦　歸妹　䷵　下兌少陰澤上震長陽雷

少陰從長陽。入於内。二五相應。中情交換。下悅而上動。動以禮。上下正其分。是爲長男納少女之象。謂之妹者。姪娣媵妾。次於正偶也。故聖人繫之大象曰。君子。以永終知敝。陰不正位。則難保其終。女德過穉。則不勝其敝。是以君子必知而有以永之。

第二十五卦　豐　䷶　下離中陰火上震長陽雷

長男配中女。齒德尙略相當。内位既正。陽剛外奮。外動而斷。中虛而明。虛而有容。内藏富也。惟明斯斷。惟斷乃成。故聖人繫之大象曰。君子以折獄致刑。言義

船山学报　一九七二

不吉利。重長陽之德也。

第二十六卦　旅　下艮少陽山上離中陰火

少男下中女。陽爲陰役。陰得位居中以包二陽。女德盛。母生子。內相悅而生事叠繁。旅之象也。陽穉陰壯。易犯非禮。雀角鼠牙。以速獄也。故聖人繫之大象曰。君子以明慎用刑而不留獄。離者明也。止者慎也。羣生旅進而刑獄滋多。以是爲少陽警也。

第二十七卦　巽　䷸　上下皆長陰之象

此卦專表長陰之性。陰處陽下。爲時久則經驗日多。柔睦無他。遜順成性。如風風物。無微不入。是以柔足以化剛。弱足以勝强。風教之流行。速於置郵。故聖人繫之大象曰。君子以申命行事。命自上發。下奉行之。惟謙耳。處下風者固宜如是也。

第三十八卦　兌　䷹　上下皆少陰之象

此卦專表少女之性。陽剛過躁。賴陰以柔緩之。少陰尤穉。惟知悅人。悅而情投。

陰陽相和。剛柔交易。以底於平。人羣之所由以結合。人道之所由以調劑。胥繫乎是。故聖人繫之大象曰。麗澤兌。君子以朋友講習。男女皆朋友也。在講明正學而已。

第二十九卦 渙 ䷺ 下坎中陽水上巽長陰風

中男下長陰。女齒就衰。陽年方壯。情之日渙。人性所同然。然陰長則女德可風。陽壯則閱世亦久。禮以勝欲。情隨境遷。故聖人繫之大象曰。先王以饗於帝立廟。天祖之觀念厚。則男女室家之情感易安。出險而得其所安。治心之善術也。

第三十卦 節 ䷻ 下兌少陰澤上坎中陽水

中男得少女爲偶。下悅而上陷。澤流不已。水泛而無津涯。險何如之。溺於情感而用情無節。則百度敗壞。德行衰矣。故聖人繫之大象曰。君子以制數度議德行。萬事皆然。而男女之間尤宜愼也。

第三十一卦 中孚 ䷼ 下兌少陰澤上巽長陰風

二女相悅。長少同居。情比而孚。相親罔間。下以情悅上。上以風化下。后妃不妬忌而子孫衆多。好生之德。洽於民心。故聖人繫之大象曰。君子。以。議。獄。緩。死。好生惡死。人同此心。在以心相孚耳。

第三十二卦　小過　䷽　下艮少陽山上震長陽雷

二陽介乎四陰之間。上下陰邪。少男處下。其象尤動步皆危。所賴上卦長陽有以督率之。然制限之嚴。往往過情。瑣屑拘牽亦令人倦。故聖人繫之大象曰。君子。以。行。過。乎。恭。喪。過。乎。哀。用。過。乎。儉。自三者外。過猶不及。亦無須循小自縛也。

第三十三卦　既濟　䷾　下離中陰火上坎中陽水

三陽三陰。各當其位。而適其中。中男與中女。成爲室家。女正位乎內。男正位乎外。陰陽和調。躋於泰平。此人道極盛之遇也。然泰極變否。平極易陂。保泰持平。必備之於豫。故聖人繫之大象曰。君子。以。思。患。豫。防。豫之爲義大矣。

第三十四卦　未濟　䷿　下坎中陽水上離中陰火

此既濟卦象之反影也。陰陽皆不得位。陰上陽下。陰外陽內。陰進陽退。陰長陽消。下有重險而上載兩明。險重見則下陷。明兩作則上疑。此人道變化必經之過程。而隨時隨地宜懸以爲對象。以自策而惟恐誤陷者也。故聖人繫之大象曰。君子以愼辨物居方。物變紛殊。易一方則萬象皆非。是以愼德之君子。貴居其所以致辨也。居之不正。辨之不精。則所見皆幻象也。幻象者隨易隨變而不可端倪。此易之所以爲易也。故以未濟終焉。有終而無終。學易者當從此參之。

（完）

申陸象山講君子喻于義小人喻于利一章義

湘鄉顏昌嶢

七月二日第二次講演。

昔陸象山先生應朱子之請。至白鹿書堂講學。以論語孔子所言君子喻于義小人喻于利二句。警惕學者。大旨以喻義喻利辨君子小人之歸。謂人之所喻由其所習。所習由其所志。志乎義則所習在義。所習在義。斯喻于義矣。志乎利則所習在利。所習在利、斯喻于利矣。故學者必先辨志。科舉取士已久。爲士者苟專注意于場屋之得失。則其志之所向。已與聖賢背馳。推而上之。則又惟官資之崇卑、祿廩之厚薄是計。安能悉心力于國事民隱。其所講習。恐不在于義而在于利。終爲小人之歸耳。朱子稱其發明敷暢、切中學者隱微深痼之病。聽者莫不悚然動心焉。昌嶢竊將此章之義引申而揚搉之。蓋論語所謂君子。指有德而宜在上位者言之。所謂小人、即指個人主義之小百姓而言。周書無逸篇言君子小人、亦是如此分別。是其證也。孔孟實我國政治革命大家所教弟子門人皆爲異日替代貴族政治之預備者。故一部論語孟子以及六經所談。皆爲治國平天下之事。爲學即所以學爲君子也。此言君子喻于義。言君子所朝夕涵泳熟習于心者。唯在于義而不知有利也。所謂義者何。義者宜也。凡事皆求處置得宜。何爲宜。何爲不宜。訖無標準可循。無章程條件可查。從何處討得至當不易之道理而守之以爲義。此中大費探索。大費功夫。我國五千年歷史文化書籍浩繁。除刑律外。無所謂民法、商法、憲法、地方自治法、行政法、訴訟法等、種種法規之書。諸君應知我國不是法治國而是義治國也。所謂義者、隨時制宜。隨事制宜。初無一定之標準範圍。乃在士大夫平日學聖學賢、探討所得而蘊蓄之一心。有時言可不必信。行可不必果。惟權義之所在耳。（如馮煖之代孟嘗君收債而市義。范堯夫奉父命搬麥·而以麥付石曼卿葬三喪·鉏麑奉君命殺趙盾·而觸槐皆是也·）伊呂相湯武弔民伐罪義也。伯夷叔齊即馬而諫亦義。蓋義必以仁爲體。仁者愛人。故凡損己利人。舍身爲國之事。皆義之屬也。然則義之標準在仁。故孔子多言仁。而孟子以仁義並稱。此聖賢教人爲君子。將以代當時世襲之貴族以謀救國救民之苦心也。若夫小人則惟知利己而已。小人懷土。小人懷惠。今世所謂權利思想。皆小百姓之心事也。董生云。明明求仁義常恐不能化民者。卿大夫之意也。明明求財利常恐困乏者。庶人之事也。樊遲問學稼學圃。夫子斥之爲小人。遲在聖門學政治道德之學。而問及箇人生產之事。宜爲聖人所不許。後世官吏習爲商賈之行。則去聖人之教愈遠。使孔子見之。豈但斥之爲小人。乃孟子所謂率獸食人之豺虎矣。今者西學東漸。廢六經四子之書不講。而權利義務相當之說。兩利相權。則取其重。兩害相權。則取其輕。種種利害計較之論入於學者之心。此在西洋民權發達之國。人人知爭權利。人人知義務須與權利相當。則可行。在我國。則數千年被牧養撫循之民族。倚賴君子庇護子愛之民族也。君子不知學道愛人。而惟利是視。則君子爲刀俎。而小人爲魚肉。黃臺之瓜。三摘四摘。必將抱蔓而歸。安得復有民族哉。是故無民權之國。不可無喻于義之君子。無喻于義之

第二卷第三期 一九七七

君子之國。卽不可不發展其民權。兩者俱無。不但國非其國。亦必民無遺民。吾願爲君子者注意念之。爲小人者亦思所以自振拔也。

養生惜物

七月十六日黃芳久先生講　　朱纘松筆記

今天講養生惜物。這養生惜物兩件事。是世間的兩件大事。現今要雜引羣經以申其說。我早年在外奔走的日子多。自愧經學不深。勉強與諸君來引證罷。

養生惜物。是親親而仁民。仁民而愛物。先聖先賢一貫的學問。易經是伏羲文王周公孔子相傳之書。易經上面開首乾坤屯蒙需。天地之大德曰生。乾是大生。坤是廣生。屯是萬物之生。有了生。還要養。呵蒙是要養天地之正氣。需是不可少的需用。有生不能養。這個生便靠不住。唉。古人有養生之說。今男女皆知養生者少。若是人人知自養時。天下就治了。

生是分兩面的。

有大體的生。　有小體的生。

孔夫子說。人之生也直。罔之生也幸而免。是講大體的生。孟夫子也說過的。苟得其養。無物不長。苟失其養。無物不消。拱把之桐梓。人苟欲生之。皆知所以養之者。至於身而不知所以養之者。豈愛身不若桐梓哉。弗思甚也。人之於身也。兼所愛。兼所愛。則兼所養也。無尺寸之膚不愛。則無尺寸之膚不養也。體有貴賤。有小大。無以小害大。無以賤害貴。養其大者、爲大人。養其小者、爲小人。

養大體、是人倫綱紀之養。養小體、是口腹之養。

世界上人祗要人人曉得自養。就太平無事。若是養大體。又不能自養。連養小體。憾不得也。單靠別人來養。所以多事了。

書經大禹謨就講過正德利用厚生。詩經上就講。毋忝爾所生。春秋左傳上就講。民受天地之中以生。所謂命也。是以有動作禮義威儀之則。以定命也。能者養之以福。不能者敗以取禍。是故君子勤禮。小人盡力。勤禮就莫如致敬。盡力就莫如敦篤。敬在養神。篤在守業。國之大事在祀與戎。祀有執膰。戎有受脤。神之大節也。今成子惰。棄其命矣。其不反乎。惰就是不敬。成肅公受脤於社而不敬。劉康公就看出他失了養生之道。這敬是養生頂要緊的。敬在養神。敬纔能養其神明之舍。君子莊敬日强。

敬是要有恆。自强是要不息。

於今再講惜物。物也分兩種。

一是用物。一是生物。

用物是用的器物。生物是胎生卵生等物。古聖王都克勤小物。不肯暴殄天物。禮經上講。不殺胎。書經上講。好生之德。洽於民心。這是從養生上推出來的。我有生。既要養。物有生。也要養。同是乾坤所生。痌瘝在身。看見物的痛苦、如同在自己身上一樣。聖賢親親而仁民。仁民而愛物。都是一貫來的。勤儉便多得物的用處。惜物便多收養生的效果。若是自己不想養生。那就沒有話說了。如果想養生。我勸各位莫把經書忘記了。西人講衛生。見解總是太小了一點。詩經上無忝爾所生。這句話裏面要看清。是有父母在裏面。不僅是講個人衣食肉體爲範圍的。是以心性爲範圍。心性上得了養。是不會容易生病的。却病的內功外功、聖賢書上包括得乾淨了。何必別去求師呢。中國的學問、盡在經書上。凡事引經證明。才確鑿有把握。可惜啊。可惜今人不講了。經文很多。一時也不能盡說。我也不過舉幾段出來與諸君講過大概而已。學問是重在力行。養生惜物是世間的大事。人生除了養生惜物。再沒有別的緊要的事呵。要能持之以漸守之有恆最怕的是一日暴之十日寒之就未有能生之者。呵人祇要有恆的養生惜物。就無事不可做。總而言之以厚道存心是不會錯的。

七月二十三日續講

養生的道理。也有因時而不同的。有因地不同的。有因個人體質而不同的。內中時的關係更重要。現在夏天節候。養生在這時候是頂重要的關頭。你看那禮記上面月令一篇春秋二季、關於養生的祇淡淡的提一下。惟有仲夏仲冬就特別注意來。仲夏之月。是月也。日長至。陰陽爭。日到極長、而陰陽相爭哪。死生分呵。此是生死分判之際。君子齋戒。處必掩身。毋躁。不要舉動輕躁。止聲色。毋或進。那淫聲美色是來不得的。薄滋味。毋致和。那濃厚調和美味是貪不得的。要淡薄爲好。節嗜欲呀。定心氣呀。那個飲食男女、絕是不能絕。止有節之一法。養心莫善於寡欲。寡欲就是心火不動。還有仲冬之月。是月也。日短至。陰陽爭。諸生蕩。萬物的生機在此時都震蕩呵。君子齋戒呀。處必掩身呀。身欲寧。去聲色。禁嗜欲。安形性。事欲靜。以待陰陽之所定。

這個盛寒盛暑時候。比不得春秋兩季。月令上說的話。是確切不移。說得透澈的唉。養生要養生機。要心靜、才能養。君子心有養。息有存。靜以修身。儉以養德。惜物是跟養生來的。禮記上。諸侯無故不殺牛。大夫無故不殺羊。士無故不殺犬豕。庶人無故不食珍。武王伐紂。數紂王的罪惡。首先就是暴殄天物四個字。物力物命都是要惜不惜物。那一切作惡的事。就都跟着來了。書經梓材上面也說過的。厥命曷以。引養引恬。自古王若茲。你只看經上說的。是不會錯的。後儒雖然說得很多。總總是經上來的。這個恬是養生的總法門。我在外邊也走得多。深曉得靜儉兩個字。一時都少不得的。你若到熱鬧奢華場中不去染他。到了苦地方也莫嫌苦。心氣定了。不會輕易害病。還不是天君泰然。百體從命嗎。所謂養正則吉。不養正則凶呀。

歷代文學統系（七月三十日第六次講演）

湘鄉王禮培

文學爲弟子餘力所習。蓋亦末已。雖然以言。夫其大實與天地並生。啓事理之牖戶。進斯人於涵泳優游之塗。故聖門列之四科。舉德行、言語、政事。胥賴是以通其意志。其體之大也如此。其用之弘也又如彼。孔子稱言之無文。行而不遠。此言非文辭不爲功也文之始萌芽於義畫子游傳禮子夏傳詩四科之選又明明以經屬之文學之徒舍經卽不得言文斷可識矣時代有盛衰興革文體與爲變遷繫夫天者旣徵諸人繫夫人者自徵諸天交相爲感交相爲用而統系之辨出焉處今日文運百六陽九之會吾懼夫文獻之無徵也又惜夫壯盛之日力之耗於斯也延其將喪不爲苟同窮源究委開悟來哲其亦後死者之責歟夫六經爲文字之導源奇偶則文字之效用也易首韻言書多駢語毛詩開辭之賦源左傳爲敍事之祖極其變也不越乎是繼六經而言文可分兩途以括之國語國策是已國語長於析理其氣味恬永國策長於論事其氣體高華投之所向各呈其能人之秉性亦惟兩途沉潛剛克高明柔克循吾性之所近而善矯其偏自能收功倍於事半若背道而馳縱有得者所謂詭遇苟獲非如六轡在手二十四蹄所投無差神以散而不昌義以浮而不入轍亂旗靡不復能軍烏足與言堂堂之陣乎以周秦諸子言之荀卿近國語韓非近國策荀卿理蘊深醇紆徐暇整愈析愈明膚廓者得其鞭辟韓非辭華而辯意深而刻鈍根者取其譬喻兩家之書皆其自箸不似呂覽淮南出自賓客之手駁雜而鮮條

貫者比管子峻重，莊子恢詭，可爲行文之助。晏嬰墨翟言儉嗇，老聃禦寇尙玄虛，其旨本不在文，吸其義蘊，亦自收充實光輝之效。逮夫西京，文章爾雅，訓辭深厚，盛之盛也。其文運之中天乎。大段亦分兩系。鄒陽、枚皋、揚雄、王褒、司馬相如、東方生之流、爲一系，其源出於國語荀卿，讀其文如弦歌雅奏，渢渢移人。孟堅漢書之詳贍縝密似之。賈山、賈誼、鼂錯、伍被、嚴安之流、爲一系，其源出於國策韓非，讀其文如高山大川，氣概含弘，子長史記之疏蕩壯闊似之。兩系分馳，各止其所止，舍是即無歧途旁徑之可言。東京已降，萎薾衰敗，一蹶不振。崔寔、王符、仲長統、荀悅、諸家皆有論箸，弛而寡要，泛而不切，閒句、膚義，讀之令人意倦。西京樸茂之風，杳然不可復睹。蔡伯喈奮起，援桴一鼓，殿兩漢文運之終，創製碑辭，竟體淵懿，絕去怒張，按轡隨行，達意而止，惟其澹定，後來嗜之者少。近如王湘綺先生晚年，獨心好之，蓋碑版之作中郎實推鼻祖，舍此而求之馬班史傳，反失其所自。湘綺樓集中碑誌一類，全不似湘軍志簡鍊勁挺面目，每於段束篇末，暢以一二語，使讀者掩卷穆然，概想其平生，所謂添頰上三毫，其筆妙乃從詠嘆形之於空際，不在敘述見之於刻畫，自能超乎塵壒之表與歐陽永叔鰓鰓求之迹象者不可同年語矣魏晉兩代為駢散消長之機然排偶之中尚能曲暢其義以達於事情上溯鄒枚儘多偶句而氣自單行絕去抽黃配白之靡自曹植阮瑀陸機李康江統袁宏諸家未背斯旨干寶晉紀總論尤為傑出人自不察耳為晉書者王隱以下十有八家唐太宗命儒臣修之言諧而理析意暢而情數辭賦之淵海奇偶之途徑胥賴是書之存湘綺先生篤嗜後漢書毋亦謂其總攬駢散之關捩非有取於蔚宗之自詡云云者乎吾之善晉書亦猶乎是而有慊於范氏之琢削致傷於布濩者蓋自賈誼過秦論秦孝公據崤函之固擁雍州之地二句席捲天下包舉宇內四句陳涉甕牖繩樞之子三句有散有駢有敍有議他若武靈胡服之辨桓寬鹽鐵之論皆能合駢散為一體收華實於四序應不盡之變於尺墨之內後乎此者陸敬輿奏議之章劉子玄史通之作有隱斯顯無機不暢何害為駢何傷於散此與劉宋已下內不足而務外本先撥而害枝者區以別矣自上焉者言之厚集其陣鬱奮其勢字裏行間使人應接則鄒枚之若斷若續兩賈之重疊激厲是未易可幾者自次焉者言之反覆推勘窮極事物辨而不肆曲而能斷則敬

與之執兩用中子玄之左右逢源此可學而至者吾故云駢散者奇偶之數本無分也弊極於齊梁隔句、屬對、之爲、害、烈、也靡侈之習成朴實之風徵風雲月露之詞勝堆砌繁縟之字夥古義熸熄高才爲之免冑唐代陳子昂慨乎文章道弊五百餘年首倡復古集中奏疏一類力除結習有匡劉之遺風惜餘體未遽拔於舊染開元天寶之間元結、獨孤及繼子昂而疾呼海內響應文體丕變結之爲文善能徤舉頗傷於氣迹其一生潦倒憤慨發之於文自爾局促及之爲文文質相輔氣則勝矣篇幅稍狹唐實錄謂昌黎學及之爲能自得師舉世誦昌黎文誰能道其所自但才力宏大自過其師崔祐甫稱及之長於議論此指其謚議諸篇不撓於衆說亦氣盛言宜之先導耳梁肅爲及之門人呂溫又肅之門人肅之文亦自、能、寬、綽、其善者桀邁、有、局、勢、溫能、守、其、師、說心手相應有士馬精研之樂昔人謂貞元元和之間詞人咳唾皆成珠玉信已韓愈自命文起八代之衰實則踵元結獨孤及而代興非絕類離羣而爲之者讀者亦可析爲兩體其云氣盛則言之長短與聲之高下皆宜如原道、諫佛骨、上宰相、答李翊、諸作蓋導源子長其云節助字換陳言惟陳言之務去如碑碣誌銘諸篇。甚或不可句讀。若是。者。導。源。法。言。太。玄。其生、平、服、膺、子、長、子、雲、不、去、口。故能、各、極、其、致、而、摩、其、壘。潮州謝上表云。臣於當時之文。未有過人者。殆謂其氣盛言宜之作。至於論述功德云云。則所謂務去陳言者。亦即、記、事、者、必、提、其、要。纂、言、者、必、鉤、其、玄、之、旨。而後之推崇韓氏者。多取其贈序題記小篇。酬應之文。習之不遺餘力。韓氏不云遊戲於斯文耶。所期於後學者。必不。在。是。紀曉嵐之摘魏冰叔曰。小題大做。此俗人得意之筆。本來滿紙無聊。開卷令人厭惡。效之者、方埋頭伏案以求之。幾不自知其作何面目也。今欲區分兩體。亦。惟。是。屏。棄。小。篇。師。其。所。獨。擅。其。於。去。取。之。間。自。與。呂。祖。謙、真。德。秀、歸。唐。方。劉。之。眼。光。有。別。莊生有云。同乎我者。焉。能。正。之。異乎我者。焉。能。正。之。當昌黎之世。以劖琢奇崛自憙者。有李觀樊宗師二氏。觀作項籍廟碑。發端云。鋪。閎。秦。之。顛。亡。粲。乎。簡。冊。吁。可。駭。也。宗師作絳守居園池記。單字爲句。聱牙已甚。孫之騄爲之注解。僅得二三。雕鎪肝腎。令人反走。自是韓門諸子。亦分兩途。皇甫湜、歐陽詹、得其。險。澀。李翺、李漢、得其。醇。肆。劉蛻、孫樵、最後出。蛻之、短、兵、勁、接。絕去、支、蔓。樵爲、其、易。而不、如、其、險。樊。宗。師。過。於。險。卻。失。其。易。東。坡。謂。學。韓。愈。不。至。而。爲。

皇甫湜學皇甫湜不至而爲孫樵樵之奇蓋甚於湜刻武侯廟碑陰發端云赤帝子火熾數百年天厭其熱洎獻燼矣是又效李觀而爲是語不驚人死不休者起衰之弊竟若是耶綜觀諸家學韓而不及韓祇是從文字中求生活託屬車之後塵其識量不弘其事業不張韓之諫佛骨驅鱷魚面折王庭凑氣節文章誰則爲其匹敵者然獨心折柳子厚謂其雄深雅健似司馬子長崔蔡不足多夫崔蔡豈子長之比此言兼有崔蔡之長特未析言其文體之變也子厚之文亦分兩截雄深雅健爲一境幽奇縝密爲一境雄健昌黎優爲之縝密雖昌黎不能爲之集中答蕭李諸書鬱結不得其志從子長報任安楊惲答孫會宗書來晉問天對於崔蔡爲近但爲後來選家所屏竟不知昌黎所指謂何向使子厚不遭放逐則起家詞館不過與梁肅令狐楚之徒相伯仲尚不能躋於燕許安望兩漢雄深雅健見稱於昌黎耶趙宋之初文體緐蕪風骨替矣然其所習則昌黎爲不祧之祖其於周秦漢魏殆已束高閣而不省歐陽永叔最服昌黎目無餘子其徒蘇軾兄弟益因師說而大其餤要不外氣盛言宜之一塗至若提要鉤玄務去陳言宋代久已絕響先永叔爲昌黎者有柳仲塗

穆伯長、尹師魯、規模小於永叔。名位亦小於永叔。讀宋人文者。囿於所謂歐曾王蘇。目不旁瞬。鮮有能舉其名者。亦何固且陋也。然永叔惟氣不盛。境之所至。文從字順焉耳。包愼伯謂永叔序記。實爲庸調。余亦謂瀧岡阡表。永叔自許極思之筆。果安在其爲極思乎。五代史平鋪直敍。潔則潔矣。正如病愈之人。著新衣冠。出廳事。訓對家客。終乏精采。至若舊家風範。不失排場。則亦非寒乞所敢儗。論贊多著嗚呼。昔人譏其無病呻吟。抑豈好爲苛論。自范曄、陳壽、皆坐刻削。觀水有術。必觀其瀾。永叔自言、爲文、添、頰上、三毫。余謂能之者。左氏、司馬遷、而已。盡讀、永、叔、諸文。究奚、若、也。錢惟演鎭洛陽。以河南陪都之要。大創驛舍。榜曰臨轅。命謝希聲、尹師魯、及永叔撰記文。希聲五百字。永叔五百餘字。獨師魯三百八十餘字。語簡、而、事、備。典重、有、法。歐謝、縮、手。以師、魯、文、進。惟演曰。已礱三石相待。不得已俱納之。永叔終未服在師魯下。載酒獨往。通夕講摩。師魯曰。大抵。文。字。所。忌。格。弱。字。冗。諸君、文、未、至、者、以、此。永叔說奮然持此說。別作一記。更減師魯二十字。尤完粹有法度。師魯謂人曰。歐九眞一日千里。余嘗尋繹永叔之文。適坐毋乃太簡之誚。而格弱則繫乎天才。學力亦難脫淨。人第、知、簡、之為難抑知繁之尤難乎能之者亦惟左氏司馬遷獨有千古檀弓考工尚優為之永叔徒務去冗為簡其言簡已非上乘法蓋自減字之訣行而繁之為說遂無復致力者夫失之簡則斲削其天真不能繁即束縛其樞機且文之為道匪特繁也如樂記檀弓考工更以複為者致其趣庸詎知奇正相生之為妙用往復曲折之為興象乎揆諸古義永叔亦僅得一偏之似徒以蘇氏兄弟出其門下人遂鶩於所學繁簡之義晦而不明殆非一朝一夕之故矣降及明代唐荆川茅鹿門更限之以八家規之以繩尺喜其易成習其易似空疏譾陋菁華已竭以苟簡為行文之正則並永叔之篤實冲和盡失其度以是言文庸有當乎王介甫平生所學盡於上神宗一書其後為相一副所言其文一意旋折曲暢情事而勁氣內斡望之似靡自淺人效之失其內勁之氣便為繞指之柔學無根柢囁嚅而求進步夫焉往而不靡者曾子固以淵懿之才上學西京校書諸篇竟逼子政所遜者真醇一境此亦騖於為文者勢所必至譬諸畫家之善者繩以士氣而或失之則法密而疏蕩之致少去自然一境固自有間此不可不審也外制一類雖用四六卻能以意為主以氣為輔張燕公有其

瑰健無其縝密縝密者意之謂瑰健者氣之謂耳蘇氏父子不相承襲各務獨到老泉長於論事辨難推勘如快馬斫陣得國策之峻急權書一卷千營共呼無一閑字東坡極擅外制議論驅駕不縛於繩尺陸贄而後無其儔匹湛深經術醇而後肆奄有昌黎之弘大淨洗宋初之孱弱表忠觀碑學史記而有合於昌黎包愼伯稱其暮年心手相應獨立千載洵足令才人俯首子由自尋谿徑委婉縟厚屏脫塵垢芟夷猥鄙其致力所在於上韓太尉書見其崖略天懷昭融故其文清曠自得有非父兄所能及者以上臚舉茅氏所稱唐宋八家粗爲論列正不知其取威定霸之所在獨紬諸家之謂何也南宋制藝漸興道學又盛錄語等於偈頌經義取說主師儉齋褊冏愈趨愈下昔人謂古文亡於南宋殆非過論陳同甫葉水心能爲論事之文不足稱作者之選以文章言盛衰南渡其東京乎金元兩代等之自檜元好問虞集姚燧趙秉文耶律楚材諸人南渡餘波接續時會人才乏絕國運隨之以促明興宋濂以詞苑之英翊贊盛業比之永叔之於宋初有開物之功北地一派獸其萘也起而抵其隙李空同康對山鼓吹海內非周秦兩漢之書不觀其失也激爲虛弦而不能邃

的。字摹、句、仿。雙鉤、塡、廓。客氣、虛、憍。優孟、衣、冠。矯枉、已、過、其、正。唐荆川、王遵巖。歸熙甫、茅鹿門、復起、而、抵、其、隙。是。爲。八。家。最。盛。之。時。亦。卽。八。比。最。工。之。時。唐。氏。文。編。茅。氏。文鈔。家。置。一。部。以。資。揣。摩。類。皆、取。時、文、之、眞。詮、裝。古、文、之。門、面。所。選。八。家。往。往。棄。其。所獨。到。而。收。其。所。習。見。取。備。於。分。類。泛。求。於。命。題。抹。作。者。之。用。心。惟。吾。意。之。是。適。循。其評。隲。起。伏。照。應。之。迹。適。足。以。梏。桎。性。靈。局。促。轅。駒。一。若。古。人。行。文。有。一、成、不、變、之、結、構。若。冒。頭。若。入。手。若。中。段。若。結。束。如。是、如、是、不。觀。禹。之。行。水。行。其。所。無。事。耶。河。疏。爲九。江。別。爲。沱。潛。龍。門。瀦。大。野。隨。所。行。而。因。應。使。氾、濫、得、所、歸、宿。自。智、者、視、之。文。之。爲道。亦。一。機。之。動。安。有。成。法。之。可。限。淸。初。侯。方。域、魏。禧、不。欲。倚。之。又。不。能。矯。之。旣。非。秦漢。難。語。唐。宋。學。淺。而。才。疏。故。其。文。纖。俗。而。狹。嗇。冰。叔。之。傳。神。阿。堵。已。流。爲。小。說。朝。宗之。俯。仰。頓。挫。適。類。於。俳。優。桐。城。方。苞、劉。大。櫆、又。起、而、抵、其、隙。重。甃、歸、唐、之、旗、鼓。姚。鼐、益、揚、其、波。竟。奪、歸、唐、之、席、而、據、之。於。是、倡、所、謂、桐、城、派。樹、壇、坫、而、執、牛、耳。百。有、餘、年。海。門。倚。其。門。牆。者。則。亦。曰。今。日。言。古。文。舍。桐。城。無。所。師。法。夫。桐。城。果。有。派。乎。歸。唐。而。已。矣。歸。唐。豈。有。正。法。眼。乎。時。文。之。機。捩。而。已。矣。歸。方。合。評。史。記。流。毒。坊。肆。雖。有。驥。足。

莫之能展正如黃蘗師云橫說豎說尙未得向上關捩子乾嘉之際學者務爲訓故考證廢寢食於單辭片義之破碎終身無暇措意文字角逐翰墨桐城壁壘愈益堅不可犯肆然自命神祕姚氏選古文辭類纂自扶藩籬不離八家習套其云史漢多不勝收特爲是言以杜詆諆者之口實曾滌生氏果譏其仍不能舍史漢乃選經史百家雜鈔與之敵所取史漢雖多於姚氏而冠諸經於各類則仍未愜於人心文以載道道在六經經不可删經其可選乎李申耆選駢體文鈔每類冠以散文鄒枚賈馬悉入甄錄旣覺不倫更嫌挂漏比之選經毋亦同爲論高常近迂者歟謂駢文宜讀散文以蕩其氣機似矣以散文冠駢文適形其陋謂散文原於諸經以引其義理似矣以諸經冠散文究失之誣南宋操選政者惟吳與姚氏唐文粹能上繼文選自爲一體餘若呂東萊文鑑眞西山正宗謝疊山軌範已啓歸唐之初基而方劉實承其弊吠聲者附和姚氏羣目方劉爲宗派之始不知其脈絡線索自可步尋蓄胸無積軸徒仰他人鼻息吾又奚責必欲求師法之正軌何不取之周秦以習其宏簡取之西漢以習其典重取之魏晉以習其奇偶取之唐宋以習其步驟上下求索自能

日起有功。何至從事唐選茅選姚選曾選。倚爲身心性命。奉爲金科玉律。茫然莫知所自反耶。不讀盡專門之書。不足與論文。不讀盡專門之書。更不足與言作文。引而伸之。觸類而長之。涵泳其所長。反覆其所短。獨闢榛莽。深造作者之林。古人精神之所寄。即吾身精神之所寄。凡夫濫觴之始。尾閭所歸。吾悉得洞其奧竅而無遁形。史遷有云。夫惟大雅卓爾不羣。蓋信乎其不羣也。彼瀏覽家數既非博學。安能詳說。況變遷盛衰之故。本非可一二數乎。瀏覽家烏足以語於斯。

桐城派古文之建立及其流別

（八月六日第七次講演）　顏昌嶢

文章者意思之表現。言詞之藉以行遠者。本天下之公器。無所謂派別也。古人著書立論。皆謂之文。孔門文學科、即傳六藝爲道者。六蓺爲文。面貌各異。周秦諸子體格各殊。人心不同。如其面焉。仁者見仁。智者見智。深者見深。淺者見淺。文之氣象、各由其人之學問知識性情品行而差。安有所謂宗派者。惟自秦漢統一儒術而後。學者心思才力束於一方。靡所發抒。董生賈誼東方朔枚皋司馬相如楊雄之徒。各本所學。於敷陳政事之外。遊意篇章。上承屈宋詞賦之風。下啓六朝綺麗之習。班固所謂祿利之路使然。彬彬多文學之士矣。文章之盛自此時始也。魏文帝著論。乃曰文章經國之大業。不朽之盛事。其重視如此。自茲以降。彫章琢句。爭靡競華之風。日以日盛。而于修齊治平之術、不甚探討。楊雄自謂童子彫蟲篆刻。壯夫不爲。蔡邕上封事亦曰。書畫詞賦。才之小者。匡國理政。未有其能。陛下聽政餘日。觀省篇章。聊以遊意當代博弈。非以教化取士之本。又云連偶俗語、有類俳優。李白詩云。自從建安來。綺麗不足珍。蓋輕之矣。自魏晉及于隋唐。駢儷成俗。中間惟蘇綽仿周書作大誥。王通效論語作中說。不爲流俗所汨沒。直至韓愈柳宗元崛起中唐。毅然屏棄俗尙。效法三代兩漢。所謂文起八代之衰。古文之名由此而立。昌黎弟子有李翺張籍皇甫湜李觀李漢歐陽詹等。其後有孫樵劉蛻等。終唐之世爲古文者不過十數家。及至宋代以後。迄元明淸。駢散並行。作者甚衆。大都文從字順。一意貫串。詞達而理舉者。皆可謂之古文。但造詣有淺深。制作有工拙。由是姸媸好惡生焉。自明代茅坤選唐宋八大家古文。而後古文之門戶始險。歸熙甫評點史記漢書。指示義法。而後古文之規律始嚴。及淸代桐城方望溪氏苞承歸震川之風。于左傳史漢文章義法、講求至

講演　桐城派古文之建立及其流別

精。其自爲文、尤極經營慘淡之致。雖雄直之氣不足。而淳厚樸茂有餘。同縣劉海峯大櫆繼之。論文以神爲主。以氣爲輔。神遠則氣逸。神深則氣靜。神不可見。於音節見之。音節不可見。以字句準之。其徒姚姬傳鼐兼承其伯父薑塢先生家學。發爲陰陽剛柔之論。謂文之至者通于造化之自然。其選古文辭類纂。于唐宋八家之後、獨選歸震川及方劉二家。劉海峯才氣橫溢。而學力未充。姚氏阿其所私。自難逃乎公論。姚氏論文。標舉格律聲色四字爲文之粗。神理氣味四字爲文之精。文之至者、御其精而遺其粗。此其大旨也。歷城周永年書昌爲之語曰。天下文章其在桐城乎。由是學者多宗桐城。而桐城派古文之名以立。姚氏高足弟子。有梅伯言曾亮管異之同。桐城方植之東樹。姚石甫瑩。諸人傳授不絕。與姚氏同時而服膺者。有新城魯絜非仕驥。宜興吳仲倫德旋。仲倫之甥陳碩士用光。絜非之友福建朱梅崖仕琇。而南豐人吳子序嘉賓。亦私淑姚氏。由是江西有桐城之學。仲倫與永福呂月滄璜交好。月滄之鄉人有臨桂朱伯韓琦。龍翰臣啓瑞。馬平王定甫拯。皆私淑姚氏。而受業於梅伯言。由是廣西有桐城之學。其與姚氏同時而別立門戶者。有陽湖惲子居敬。與武進張皋文惠言相爲師友。爲文奧衍奇古。當時稱爲陽湖派。江西羅臺山有高爲文陋摹擬、絕依傍。亦卓然能自樹立。而桐城末流之弊。淺弱不振。學者病之。湘鄉曾文正作歐陽生集序。稱引並世文家。嚴膺桐城派者。謂巴陵吳南屏敏樹亦好姚氏之術。南屏作書糾之。至比姚氏于呂居仁。文正以爲過矣。文正自言粗解文字。由姚先生啓之。蓋百餘年來無不認姚氏爲文章正軌者。但文正微嫌其途稍隘。故自纂經史百家雜鈔。分古今文章爲三門。曰著述門。曰告語門。曰記載門。卽古所謂記言記事二者也。昔宋代真西山選文章正宗。但分敘事之文。議論之文。亦此意也。謝疊山選文章軌範。分大膽文。小心文。大膽文卽文正所謂得陽剛之美者。小心文卽文正所謂得陰柔之美者。曾氏上法昌黎卿雲。得其雄奇之氣。卓然爲清代古文一大家。其高弟有桐城吳摯父汝綸。武昌張廉卿裕釗。遵義黎蒓齋庶昌。無錫薛叔芸福成。迭相傳衍。蓋文章之體至桐城而始嚴。至湘鄉而始大。自咸同以來。湖湘之能文者。曾吳而外。有長沙周星叔樹槐。善化孫芝房鼎臣。新化鄧湘皋顯鶴。湘陰郭筠仙嵩燾。湘鄉劉霞仙蓉。溆浦舒伯魯燾。武陵楊性農彝珍。湘潭王壬秋闓運。長沙王益吾先謙。石門閻季蓉鎭珩。此皆卓然能自名家者。昌嶢不學。昔嘗以文見賞於王葵園吳摯父閻季蓉諸先生。迫於衣食求索。未暇深造。投老無成。竊以爲通經在乎致用。立言期補於世。文苟無關於治道人心。而徒掉弄風姿。藻飾字句。特末技耳。故文當以學識爲主。而修詞次之。行氣又次之。果有精義。而出詞簡明。自然令人百讀不厭。論語子曰。歲寒、然後知松柏之後凋也。子曰。以約失之者鮮矣。何等詞簡而意長。西漢之文。稱心而出。不假雕飾。自然淵懿純厚。意味深永。覺昌黎子固諸公尙不免有意爲文。勤聲著色。未達造化自然之妙也。

禮教於世道人心之關係（八月十三日）

黃芳久先生講　朱松籟　李閏夫　記

今天略貢芻蕘。來談禮教。禮教之關係於世道人心。是很重要的。無論新學舊學。都是不可少的。人心風俗之壞。非禮教莫可挽救。曲禮云。無禮則危。有禮則安。孟子云。上無禮。下無學。賊民興。喪無日矣。孔子云。不學禮、無以立。今人多不講禮。以致身心毫無約束。而誤解自由。不知自由、是要自由於禮教之中。若是自由於禮教之外。那就太不好了。上以此陵下。下以此犯上。彼此傾軋。階級鬬爭。向使全國之人。無論士農工商富貴貧賤、都曉得講禮。互相謙讓。那時社會有甚麽不好呢。唉。你看歷史上過去的事。敗國。喪家。亡身。必先亡禮呀。所以人無論富貴貧賤都要講禮。下對於上。要有禮。上對於下。一樣的要有禮。有禮纔能謙讓。有禮纔有限制。到了無禮無限制的時候。你的就是我的。產也可以共。妻也可以公。那就不好了。有禮沒有不安分的。安分就不得侵越權限。所以有禮則安。無禮則危。真是不錯呀。大學中庸都是禮經。朱子把他提出列爲四書。我們要知道這兩部書是禮之本呵。其本亂而末治者、否矣。講禮要先認清禮之本。顏子亞聖。而孔子教以非禮勿視。非禮勿聽。非禮勿言。非禮勿動。他講復禮、先要克己。克己復禮。是要克去人欲之私。以復於天理。人講天理。視聽言動。才不至亂來。可見聖門講學。對於禮教是很重視的呀。禮與儀是有分別的。禮者履也。謂因人所踐履。合乎義理。定其法則。大而冠昏喪祭。小而視聽言動。皆有節文。儀爲禮所表現之儀式。是由禮所生出來的。左傳云。有儀而可象、謂之儀。詩云。儀刑文王。人於禮儀多分不清。如魯昭公習儀。晉侯以爲知禮。陳司敗不相信。來問孔子。孔子看得清白。祗礙著昭公是君主。不便說。此乃禮與儀之難以分析者。禮是幹。儀是枝節。先要有幹。然後有枝。不可把儀作爲禮。孔子常言。詩書執禮。禮上加個執字。禮不是空的。孝經亦爲講禮之書。周禮儀禮禮記是三禮。言禮之詳莫過於此三書。我們要把他全部讀熟。方能得其精義。見諸實行。今人喜讀删本。多不知其源流。這是錯了。又大學中庸皆爲禮經。前已言之。讀大學者。觀其所言格物致知誠意正心修身齊家治國平天下之理。卽可知禮教之重要。現在蔣委員長、何主席、都主張提倡禮教。祗要能夠躬行實踐。是很好的。我很希望我們中國人都能明禮。我們要知道傲不可長。欲不可縱。志不可滿。樂不可極。恭而無禮則勞。愼而無禮則葸。勇而無禮則亂。直而無禮則絞。於是就不得不提倡禮教了。總而言之。禮教之關係於世道人心。是很大的。今天所講。不過就其粗淺而言。至於精微之處。仍須諸君從禮經上去研究。

勤儉爲興家治國之本

九月十日黃芳久老先生講　李閏夫筆記

今天爲諸君來講勤儉爲興家治國之本。勤儉之爲美德。人知者多。能行者鮮。因其好佚遊。尙奢侈。相習成風。影響於國家者甚大。故特引經典所載古聖先賢所以興家治國之事。以說明之。書云。克勤於邦。克儉於家。論語云。卑宮室。菲飲食。而盡力於溝洫。言大禹之勤儉也。無逸云。文王不敢盤於遊田。以庶邦爲正之供。言文王之勤儉也。太甲云。視乃烈祖。無時豫怠。金縢云。昔公勤勞王家。大誥云。爾知寧王若勤哉。係言勤德。易云。不節若。則嗟若。不傷財。不害民。書云。愼乃儉德。惟懷永圖。則指儉德而言。至於泰誓云。今商王受荒怠弗敬。益稷云。股肱惰哉。萬事墮哉。太甲云。欲敗度。縱敗禮。乃直言不勤儉之害矣。孔子孟子亦重勤儉者。孔子云。奢則不遜。儉則固。孟子云。人之有道也。飽食煖衣。逸居而無教。則近於禽獸。此外如左傳云。民生在勤。勤則不匱。敬姜論勞逸。禮云。國奢示儉。周官云。有志勤恭儉。書云。畢勤小物。文王卑服。卽康功田功。……古聖格言數之不盡。先賢用以治國。故國富民强。今人全不研究。專以佚遊爲榮。奢侈爲樂。今日遊麓山。明日遊南嶽。一衣費若干。一食費若干。種種生活。無論男女。競逐時髦。頓費千萬。國家安得不窮。且匱耶。民既窮矣。財亦盡矣。慾壑仍未塡焉。囊橐仍未滿焉。於是下者恃强搶奪。假名共產。上者苛捐雜稅。田賦附加。屠捐學捐救國捐。名目之多。難以數記。百姓之苦。誠不可言。猶記往年吾鄉有某農夫。其田被水洗去。縣長猶在派員驗契。沒有老契。要補新契。要路費。又一次某鄉民因奉債五十圓不得。忿忿不平。欲向官廳起訴。請示於余。余謂其進城要路費。住旅館要膳費。請人作證辨文。無處不要犧牲金錢。尤其是衙門非錢莫入。何不留之在家耕田。人得汝銀錢。不能發財。汝祇勤儉。不得餓死。鄉人遂釋然息訟。此雖小事。亦可見官吏之不提倡勤儉也。

至於現今社會上之紙煙麻雀骨牌鴉片賭博種種惡習。傷害身體。消耗金錢。政府雖然不能禁絕。吾人須各自革除。以此待客。尤爲不敬。須養成不恥惡衣惡食而樂蔬食飲水之風。冠昏喪祭稱家有無之禮。此今日社會所當以勤儉爲法也。俗云福不可早享。頗有道理。常見世家子弟。襲父兄之餘蔭。不知勤儉爲何物。衣服飲食極爲奢侈。不知求學以圖進步。一旦失勢困苦不堪。又有許多農民。不知在家耕田。而思出外當兵。其愚已甚。故余嘗勸世人無論士農工商。當年富力强之時、尤須力行勤儉。以求上進。方無後悔。個人勤儉。事業必成。一家勤儉。經濟必裕。舉國勤儉。而不富强者。吾不信也。余少時讀書。見經書中所言勤儉之理。心中卽爲所動。不但讀書發憤。而且課畢作工。身體得以勞動。筋骨由是堅强。養生之道亦在乎此。及後爲官雲南河南北京甘肅各地。公事畢。仍是讀書習字。出外則匹馬短衣。不乘輿。不帶兵。詢問民間疾苦。示以勤儉要義。百姓甚表歡迎。今雖年老。祗要能做。還是要做。所謂一息尚存。不容稍懈也。戶樞不蠹。流水不腐。橋中不爛。人咸知之。獨於國家大事不探其本。此中國人徒見外國人之富强而欲效之。不知外國人亦由勤儉之所致也。

余嘗至台灣。見許多日本人。至安南。見許多法國人。有捕魚者。有種田者。非常勤儉。我國人不知學其長處。而學其皮毛。亦惑矣。前清光緒年間。余館於湘鄉劉康侯家。是時康侯方主辦江南製造局。乞余書古格言聯云。醴泉無源。芝草無根。人貴自立。流水不腐。戶樞不蠹。民生在勤。蓋此聯爲康侯所傾服者。乃言勤儉之理。欲以示子孫也。霞仙清代大儒。功業彪炳。崇重勤儉。尚且如斯。譚祖菴在時。余曾寄書與言提倡勤儉。惜未施行而已死也。

總之。今天所講。上至古時經典所載。近及現代社會情形。均是實話。由余平生經驗得來。並非一時在此演講。故說佳話者可比。書云。克勤於邦。克儉於家。誠爲興家治國之本。望諸君留意。

申張蒿菴先生辨志之義 （九月十七日講演）

湘陰陳嘉會

志者、心、之所、之也。孔子曰。苟志於仁矣。無惡也。又曰。士志於道。孟子曰。士何事。曰。尙志。學記曰。官先事士先志。蓋學者一日之志。爲天下治亂之原。生人憂樂之本也。蒿菴先生作辨志一篇。謂人之志向不同。其所成卽因而大異。或爲百世之人。或爲天下之人。或爲一國一鄉之人。其劣者爲一室之人。七尺之人。最劣者爲不具之人。異類之人。茲就三代以下之人。略舉其例。以申其義。師表人倫。以書傳道者。百世之人也。如漢之伏生傳尙書。高堂生傳禮。皆於秦火後傳遺經。以存絕學。使聖道復明。唐之韓愈。宋之歐陽修。掃除糠粃。釐正文體。闡明正道。又宋司馬光著資治通鑑。明治、亂。別邪、正。生平、爲學。自不、妄、語。始、而成、於、腳、踏、實、地。邵子曰。君實九分人也。朱子曰。溫公可謂治仁勇。他那治國救世處、是甚次第。又贊其象曰。有德有言。有功有烈。周敦頤聞道最早。廉於取名。銳於求志。讀書廬山之濂溪。著太極圖說。易說。數十篇。爲學主靜。實開有宋理學之先。河二程子皆從之遊。周子每令其尋孔顏樂處。顏子簞瓢陋巷。不解其樂。卻非後世鄉愿腐儒、欵段下澤鄉里之善人所可混。朱子論之曰。顏子不是一箇衰善底人。看他是多少聰明。便敢問爲邦。孔子便告以四代禮樂。可見陋、巷、修、齊、之、中。便包括、治、國、平、天、下、之事。其樂道、實內、外、一貫。所謂、伊、尹、耕、於、莘、野。而樂、堯、舜、之、道、也。衰善二字。對鄉愿腐儒痛下針砭。非朱子說不出。士子不擔當天下事、非真讀書。程顥爲學主敬。終日端坐。觀物自得。充養有道。王安石謂其學如上壁。程謂安石學如捉風。朱子見於汝州。則謂如坐春風之中。言受其化育而不覺也。程頤動止語默。一以聖人爲師。嘗言無功澤及於人。天地間一蠹耳。唯綴緝聖人遺書。庶幾有補。著易春秋傳。得孔孟不傳之學。張載少孤自立。無所不學。年十八謁范仲淹。言兵事。范曰。儒者自有名教。何事於兵。因勸讀中庸。與二程共語道學之要。後爲政。以敎本善俗爲先。講學以易爲宗。以中庸爲體。以孔孟爲法。著正蒙一書。嘗言未官者、使正其志。邵雍少時自雄其才。慷慨欲樹功名。後得陳摶易學。衍伏羲先天之旨。安貧樂道。未嘗攢眉。名所居曰安樂窩。著皇極經世觀物內外篇。漁樵問對。伊川繫壤集。疾革時。舉兩手告程伊川曰。面前路徑、須令寬。路窄、則自無着身處。况能、使、人、猝、耶。朱子贊曰。天挺人豪。英邁蓋世。又曰。閑中今古。醉裏乾坤。朱熹幼時。父授以孝經。閱後封題其上曰。不若是、非人也。十數歲時。讀孟子至聖人與我同類。喜不可言。嘗言。書不記。孰讀可記。義不精。細思可精。唯有、志不、立。真是、無、着、力、處。爲政以振紀綱。變風俗。養民力爲急。講學得道統之正。集周程張邵諸子之大成。著書甚多。而最致力於四書。論語至精。學庸次之。孟子又次之。時攻僞學日急。而獨立不懼。講學如故。妄人余嚞附韓侂胄。竟上書請殺之。病沒後。門生故舊不敢送葬。獨辛棄疾爲文往哭之曰。所不朽者。垂萬世名。辛豪爽能文。謝疊山先生稱其哭朱子事。曰。慷慨大節。不在岳武穆之下也。張栻稍長、即以古聖賢自期。作希顏錄一篇。早夜觀省。朱子贊其任道之勇。立志之高。陸九淵十餘歲讀書至宇宙二字。解者曰。上下四方曰宇。古往今來曰宙。忽大省悟。曰。宇宙、內、事。乃己、分、內、事。己分、內、事。乃宇、宙、內、事。朱子守南康。同登白鹿洞書院。講學甚洽。後雖語言略有異同。而大節則無乎不同。象山集中、屢稱朱子政績。後人不必强爲分也。南軒先生爲朱子至交。箴規之語特多。南軒沒。朱子編其遺集。箴規之書皆列入。溫公與王荆公爲至交。以論新法不合。

遂絕書問。荆公沒。溫公奏稱其賢而優。飾終之典宜厚。君子爲學求友。志在百世。大公至正。何排擠之有哉。真德秀爲政奏言。三綱五常者。扶持宇宙之棟幹。奠安生民之柱石。晉廢三綱。而劉石之變興。唐廢三綱。而安祿山之亂作。曾知潭州。以廉仁公勤四字勵僚屬。侂胄立僞學之名。以錮善類。西山先生晚出。獨慨然以斯文自任。講習而復行之。黨禁旣開。正學遂明於天下。後世多其力也。著書甚多。大學衍義尤爲切於世用。與溫公作資治通鑑之意正同。文天祥童時見學宮所祀鄉先生歐陽修諸人。曰。沒不俎豆其間者。非夫也。宋亡被執。不肯事敵。死之。過吉水。(先生吉水人)不食八日。不死。臨刑。其衣帶中有成仁取義之贊。所作廬山詩云。厥角稽首二百州。正氣掃地山河羞。北行過金陵云。從今別卻江南路。化作啼鵑帶血歸。過淮河云。我爲綱常謀。有身不得顧。妻兮莫望夫。子兮莫望父。題張許廟詞云。人生翕欻云亡。好烈烈轟轟做一場。使當時賣國。甘心降虜。受人唾罵。安得留芳。讀之皆可流涕。明方孝孺從宋濂學。以明道爲己任。世謂程朱復出。燕兵至被執。姚廣孝先以孝孺託成祖。曰。不降勿殺。殺孝孺。天下讀書種子絕矣。及命草詔。不屈且罵。成祖怒曰。汝不顧九族乎。

孝孺曰。便十族奈何。遂被磔。其宗族坐死者八百七十三人。此兩公皆志在殉道者。總之。朱子說得好。顏子不是一箇衰善的人。千古無衰善的道學。且看朱子與文信公、方正學。是何等撐持宇宙。是何等置死生於度外。愼勿輕以迂腐二字厚誣道學也。王守仁以請誅劉瑾外貶。後巡撫南贛。置二匣行臺前。榜曰。求通民隱。願聞己過。日與名士大夫及邦邑子弟、講學習禮。爲學宗象山。以致良知爲主。與朱子之言格物爲求諸事物者異。唯詆朱子之說爲洪水猛獸。則偏於門戶之見太過也。王船山先生當明末板蕩。崛起於鄉賢周子數百年之後。以道。統。自。負。闢邪。說。正人。心。奔走流離。著書數百卷。直接、先、聖、先、賢、之。傳、於、後、儒、無、所、依、傍。所謂、雖、無、文、王、猶、興、也。吾人生長君子之邦。又入船山之祉。師資不遠。觀摩較切。時値喪亂。邪說橫行。尤應、如、何、立、志、堅、卓。讀、書、學、道。以。挽。回。厄。運。爲。己。任。方爲、不、負。以上所舉諸賢。皆能、爲、天、地、立、心。爲生、民、立、命。爲先、聖、繼、絕、學。爲後、世、開、太、平。所以、爲、百、世、之、人、也。功在生民。身繫天下安危者。天下之人也。如漢之張良。蜀漢諸葛亮。前秦王猛。朱子論三代以下人物。推此三人。曰。武侯天資高。所爲一出於公。武侯亦自謂我心如秤。不能爲人低昂。夫欲爲天下之人。必公天下之事。用人行政。非一本大公不可。非天資高。不能見到公之利私之害。武侯名動千古。朱子論之。與其自負。只平實如此。又曰。桓溫入三秦。秦王猛來見。眼中不識人。卻曰三秦豪傑未有至何也。三秦豪傑。非猛而誰。天下之人固亦不易知。桓溫所以終敗也。猛後相苻堅。兵强國富。垂及昇平。又漢鄧禹十三歲時學於京師。已識光武非常人。後杖策謁軍門。以數言定天下大計。唐房玄齡、杜如晦、魏徵。太宗之取天下也。房之謀。杜之斷。敢諫則魏徵。朱子曰。事無有自做得成者。光武要小小自做家活子。亦是鄧禹先尋得許多人。太宗便是房杜爲尋許多人。蓄。太宗每有征伐。將佐爭取貨寶。玄齡獨收人物耳。可見欲爲天下之人。尤以兼收、人物、推薦、賢能、爲急務。朱子又曰。天生人材自足得用。豈可厚誣天下以無人。自是用不到耳。今則所謂負剛大之氣者。且先一筆勾斷。秤停到第四五等人。氣宇厭厭。如何得事成。此又用天下之人者。與爲天下之人者。皆宜、切、戒、也。宋趙普富弼文彥博范仲淹李綱。趙普謂以半部論語佐太祖定天下。以半部論語佐太宗致太平。論語誠一生用著不盡。千古用著不盡也。只怪今人不讀。且不會讀。富弼使契丹不辱命。文彥博名聞四夷。范仲淹通六經長於易學。爲秀才時、以天下爲己任。先天下之憂而憂。後天下之樂而樂。後鎭延安西夏畏之。李綱對金人主戰。力阻退避。此四公皆能禦外侮者。所謂國有人也。明劉基通春秋。精天文兵法。元末歸隱。自知當佐新命。後與太祖定計取天下。太祖所謂我爲天下屈先生者也。嘗論宰相宜持心如水。以義理爲權衡。以上所舉皆天下才。其進退出處。皆與治亂興衰攸關也。恩沾一域。行表一方者。一國一鄉之人也。如漢尹翁歸治汾南。刑當其罪。文翁治蜀。教民興學。龔遂治渤海。化盜勸農。寇恂治河內。平盜安良。王烈居鄉。義行稱著。不能爲百世之人。不能爲天下之人。能爲一國一鄉之人。亦君子之所許與也。若智慮不離乎鍾釜。慈愛不外乎妻子者。則一室之人而已。一室之人。尙能謀生保妻子。仍不失爲安分之良民。耽口體之養。徇耳目之娛。一身以外。不關痛癢者。則爲七尺之人。豐衣美食。絃歌酒宴。託名樂天。了却一世。徒有此行屍走肉而已。溺於嗜好。瞀亂荒遺。則爲不具之人。如荒淫、賭博、吸食鴉片。廢棄正業。以致敗家亡身者。皆是敗度滅義。爲民蠹害者。異類之人也。約略言之。可分爲五。提倡邪說。毀棄倫常。以賊民心者。媚外求榮。

賣國營私。不顧亡種者。爭權奪利。時動干戈。以戕民命者。任用姦回。擯除善類。以傷國本者。恃權怙勢。無惡不作。以絕民生者。此皆無異率獸食人。故異類之。吾人讀書歲月而既往矣。若無異於世。徒負此生。爲舜爲蹠。全在此一心之所之。不深可懼乎。唯當於早起。打量一番。今日所爲。於此七種人中。將爲何如人。夜寢又打量一番。今日所爲。於此七種人中。果屬何如人。如此庶有以自儆。且以此七種分疏天下人而治亂興衰之短長。概可前知矣。

以約失之者鮮矣義　（十月一日第十五次講演）

顏昌嶢

論語里仁篇。子曰以約失之者鮮矣。皇侃義疏云。鮮少也。言以儉約自處。雖不得中而失國家者少也。孔安國曰。俱不得中也。奢則驕溢招禍。儉約則無憂患。顏延之云。秉小居薄。衆之所與。執多處豐。物之所去也。朱注。謝氏曰。不侈然以自放之謂約。尹氏曰。凡事約則鮮失。非止謂儉約也。統觀諸家注釋。蓋約之本義爲纏束。引伸爲緊縮節制省儉約束。有不敢侈然自放之意。以用也。失之之字語甚渾含。論語中如學而時習之。知及之。生而知之等之字。皆包含渾淪。不專指一事一物。此之字似可包立身持家治國諸事而言之我國聖賢以恭儉立教其來甚遠孔子稱禹無閒然卽舉菲飲食惡衣服卑宮室三事恰與今世所稱衣食住三事求物質之文明者相反我國聖賢垂教在養成士君子之品性增高其智識道德俾獲精神上之安慰而不求物質肉體上之舒適人之所以別於禽獸者在此人所以爲萬物之靈者亦在此故曰士志於道而恥惡衣惡食者未足與議也士爲四民之首有士君子之行者不恥衣敝緼袍不恥繩樞甕牖易衣而出併日而食胸中具天地生物氣象自有怡然自得之樂原憲不厭糟糠匿於窮巷而歌聲若出金石周茂叔每令人尋孔顏樂處所樂何事蓋學道之人能淡泊能淡泊故能甯靜而不急功近名以取敗不貪贓納賄以招禍不縱恣淫溢以害身老子曰知足不辱知止不殆可以長久易曰天地不交否君子以儉德避難不可榮以祿鄭康成處亂世兵匪不入其鄉此則士君子以約無失之效果也持家以約則謹小愼微子弟不敢放肆而爲邪僻之行而家道以正日有積月有省銖積寸累可以致富安家此居家以約無失之效果也爲國以約則恭儉禮下取民有制節用愛人不寶遠物不貴異物奇技淫巧不鬻於市而民風

歸於素樸淳厚。家給人足。戶口增多。而國成富庶之盛。昔漢文築露臺。愛惜百金而罷築。所幸愼夫人衣不曳地。史稱文景之世。粟紅貫朽。武帝因之以成西征北伐開邊拓地之功。此爲國以約無失之效果也。宋王沂公曾相仁宗。嘗留同榜子孫京餐飯。飭子弟安排饅頭。蓋以饅頭爲盛饌也。食後送數軸簡紙。開看則皆他人書簡後裁下紙。其儉德如此。又王文正公旦相眞宗。見家人服飾稍華。卽瞑目曰。吾門素風。一至于此。急令減損。公不置田宅。曰子孫各當念自立。何必田宅。置之徒使爭財爲不義耳。史籍所載。歷代名臣賢宰。似此崇儉德者。不可枚數。數千年來。蒸成國俗。此我國儒效之優點也。我國無累世富厚之貴族。故民族極端平等。歷代聖君賢相。獎厲廉隅。摧抑豪强兼併。重農抑商。省耕薄賦。使國無甚富之人。亦無甚貧之家。皆所以防微杜漸。不使貧富發生階級之義也。西洋自科學發明。工廠勃興以後。資本家大地主。壟斷財權。而其爲國法制。保護財產。特周富者。永無由貧。卽貧者。永無由富。此近世社會主義階級鬭爭之說。所由以興。富室競尙奢侈。貴婦日耗數萬。人人以物質華美相誇尙。以娛樂爲人生之旨趣。由是男女皆尙獨立。而婚嫁之事不固定。

夫婦之道廢私生子多而父子之恩絕賄賂貪污攘奪成俗道德墮落人口減少乃必至之效果我國近年崇尚歐化尤而效之譬若丐人而效朱門之華飾其不爲溝中之瘠者幾何矣

正誼明道說（十月八日講演）

顏昌嶢

董仲舒言正其誼不謀其利明其道不計其功宋儒嘗稱之此卽宋儒之學與孔孟之道所由分歧之徑路也董生之言蓋出于管子管子云賢人之身其行也忘其有名也王主之行其道也忘其成功也此言忘計功名與董生不謀功利之意同然管與董但言忘計不謀而已非謂正誼明道無功利之相副也及至宋儒乃言存理遏欲言無欲則靜專動直言人欲淨盡天理流行此則鞭辟向裏專爲中人以上說法非所以語於宏通衆庶之教旨也孔孟善言德行之聖人也繙論語孟子二書所言無非正誼明道之事不及功利而無一離乎功利今試粗舉崖略如言仁者先難而後獲是謂仁者必有獲也與范希文先憂後樂同旨君子去仁惡乎成名是言仁者必可成名也放于利而行多怨躬自厚而薄責於人則遠怨矣無怨卽功利也克己

復禮天下歸仁焉。歸仁。乃。功。利。也。言忠信行篤敬。雖蠻貊之邦行矣。此以。行。蠻。貊。爲。功。利。也。恭則不侮。寬則得衆。信則人任焉。敏則有功。惠則足以使人。此言恭寬信敏惠五。者。之。功。利。也。仁者不憂。知者不惑。勇者不懼。此言知仁勇三。德。之。功。利。也。孟子曰。詩云。永言配命。自求多福。言行道所以獲福也。愛人者人恒愛之。敬人者人恒敬之。此謂無言不讎。無德不報也。未有仁而遺其親。未有義而後其君。此言仁義之效大于言利也。上好禮則民易使。其身正不令而行。周于德者邪世不能亂。凡孔孟所言道德之事。無一。而。無。功。效。者。惟其。功。效。旣。宏。且。遠。非同。鄉。曲。小。夫。爭。旦。夕。之。利。故董子云不謀其利。不計其功耳。孔孟則正言之不足。又嘗反言之。如曰人而無信不知其可也。言不忠信行不篤敬。雖州里行乎哉。此言不忠不信之人。咫尺不可行也。不仁者不可以久處約。不可以長處樂。此謂不仁之人。久處貧約。則必爲姦盜詐僞之事。長處安樂。則必有驕侈放縱之行。不仁者可與言哉。安其危而利其災。樂其所以亡者。不仁而可與言。則何亡國敗家之有。此言不仁之人。安其所以致危之事。利其招致災害之行。樂其所以滅亡之道。方且自鳴得意。雖有忠言。充耳不聞。不至于亡國敗家不止也。信如君不君臣不臣。父不父子不子。雖有粟吾得而食諸。此借齊景公語。謂君臣父子不正其誼。不明其道。必至於殺戮相尋。求生不得也。天子不仁不保四海。諸侯不仁不保社稷。卿大夫不仁不保宗廟。士庶人不仁不保四體。言人之不善。當如後患何。仁則榮。不仁則辱。此皆言之深切著明。不待解說。綜上諸章之義。概括觀之。則道德之事。乃保。身。之。要。保。國。保。家。遠。禍。之。具。獲。福。之。本。成。名。之。原。羣。衆。之。所。親。愛。信。任。社。會。之。所。由。融。洽。無。行。而。不。愉。快。者。也。怨。毒。去。而。人。心。歸。也。故中庸曰道也者不可須臾離也。可離非道也。西方歐美之學。原於希臘。希臘大哲學家蘇格拉第。常言善者美也福也。認善美福三者爲一物。與孔孟之言不謀而合。箕子洪範五行。以攸好德列五福之一。古今中外。所見略同。王陽明先生教人致良知。使吾。國。人。皆。知。道。德。爲。有。益。於。身。心。性。命。家。國。天。下。之。事。庶。幾。稍。可。恢。復。其。良。知。而。不。至。多。行。不。義。上。干。天。怒。以。促。國。家。之。覆。亡。也。乎。此兄弟所以述此篇之義也。

表記子曰。無欲無好仁者。無畏而惡不仁者。天下一人而已矣。是故君子議道自己而置法以民。董生及宋儒學說。所謂。君。子。議。道。自。己。仁。者。安。仁。之。事。也。孔孟所舉以教人者。則置法。以民。知者。利仁。畏罪者。強仁之事也。

第二卷第三期　二〇一七

講演

通論

船山遺書精義

俟解

以明倫言之。虎狼之父子。蠭蟻之君臣。庶民亦知之。亦能之。乃以樸實二字覆蓋之。欲愛則愛。欲敬則敬。不免强於所不知不能。謂之、爲率、真。以察物言之。庶物之理。非學不知。非博不辨。而俗儒怠而欲速。爲惡師友所錮蔽。曰何用如彼。謂之、所、學、不、雜。其惑乎異端者。少所見而多所怪。爲絕聖棄智。不立文字之說。以求冥解。謂之、妙悟。以仁言之。且無言克復敬恕也。乃事其大夫之賢者。友其士之仁者。亦以驕惰奪其志氣。謂之、寬、交居處執事與人。皆以機巧。喪其本心。謂之、善、於、處世。以義言之。且無言精義入神也。以言餂以不言餂。有能此者。謂之、伶、俐。雞鳴而起。孳孳爲利。謂之、勤、儉、傳家。庶民之所以爲庶民者。此也。此之謂禽獸。

編者節錄

我之對於經學之淺識

續癸酉第一册　六經生面室

(三)孔子之言語凡二種

(甲)論語　論語雖經漢儒張禹鄭元輩參合齊魯。雜以僞古文。體制參差。複亂離析。然欲求孔子當日僅存之謦欬者。實舍是書末由也。今商擬研究是書之法。概爲三例。

(子)整齊法　論語本文本無先後次序之別。况經張鄭手定。變亂已多。今就本書言論分類相從。章櫛節比。使讀者不至浩無津涯。亦一便也。

(丑)坿會法　諸經之中。凡記載孔子斷文隻句零星綴緝未成篇次之言。如小戴記中緇衣表記諸例。可於整齊論語本經之後。亦依各類作爲坿經。以便參究。

(寅)搜緝法　凡周秦兩漢先儒所雜引孔子之言、如上之例。亦可依類作爲逸經。以備考證。

（乙）孝經　孝經一書純駁兼具。書出亦晚。揆之體制。實不過戴記所引孔子問答諸篇之例。特以孝道爲天經地義。實吾儒之教旨。兼孔子之遺言而尊之。然準是例也。戴記諸篇凡孔子之言完全成章。實有多應提出者。今擬彙合與是經並行。卽以論語一類爲孔子言論本經之內篇。而以是爲外篇也。可如下表。

第一篇　孝經　以下四種倫理學教科書

第二篇　中庸

第三篇　儒行

第四篇　坊記　表記緇衣解散入論語故茲不列

第五篇　學記　教育學

第六篇　大學

第七篇　禮運

第八篇　禮器

第九篇　樂記
第十篇　經解
第十一篇　哀公問
第十二篇　仲尼燕居
第十三篇　孔子閒居
第十四篇　孔子三朝記

以上二者爲孔門平日之問答。

右凡本經三種

二曰非經　經義之所爲複雜者非本經之過。實由後世諸儒辨擇力微。動以非經爲經。故經之本義恆爲傳義所迷離。而孔子大聖人之精言亦每爲羣言所肴亂。此二千四百年來先儒誣聖慢經之罪。吾儒急應擢盪而磨刮之者也。非經之旨不必皆與經背。要之既非本經。勢斷不能無稍出入。今析而求之。亦可分爲三種。

三種者何。一、曰釋經之屬。二、曰翼經之屬。三、曰類經之屬。

一釋經之屬

(甲)傳 分內傳外傳二種。詮釋本文語不旁溢。是謂內傳。引伸證應是謂外傳。

(乙)義 有本義。有通義。本義者。各按本恉專一發攄。如戴記冠昏飲射燕聘喪祭諸義之例。通義者。通論大義而已。

(丙)說 說者、解說恉意。起於孔子之說卦。而成於漢許慎之說文。

(丁)序 序者、敍次條理。亦起孔子之序卦。及書序。而相沿最不悉數。

(戊)徵 (己)故 解見前。

(庚)解 肇起戴記經解。而後世經學家多爲之。

(辛)箋 漢鄭康成詩學獨用是稱。亦古世編書用竹之猶可考見者也。

(壬)注 義卽起六書之源。由轉注遞衍而出者也。

(癸)疏 疏之言通。所以通百家之支流而歸於匯一者也。義起於唐之孔穎達。

(子)論 (丑)辨 論辨之作、自唐以明經列爲科目起。而後儒經學之著作家多好爲之。

(寅)釋 義起於爾雅。而宋劉熙之釋名。唐陸德明之經典釋文。其流裔也。

(卯)考 考据之學雖起近代。然於經學實間有搜遺發覆之功。亦不容沒也。

總上十三類。應分三例。自周秦以後至漢武帝表章六經時代止。爲釋經家之第一期。自漢武以後至唐末五季時代止。爲釋經家之第二期。自宋至今爲釋經家之第三期。

(二)翼經之屬

(甲)紀 紀載政事。可備參證。以禹本紀爲最古。史記嘗引之。竹書紀年亦其一也。

(乙)志 志起班書。實仿史公八書。宋鄭漁仲因之。通志以作。其於先聖帝王典章制度之沿革、有鉅大關係。亦經學家所必從事也。

(丙)記　二戴所記除確釋本經諸編外。均紀先儒遺言舊著。後世諸儒劄記亦其流裔。

(丁)錄　自劉向作七錄。薈萃羣書。而後世多仿爲之。然翼經之作。求之近世。朱子近思錄、顧炎武日知錄、其卓著也。

(戊)雅　如爾雅小爾雅。以後有埤雅有廣雅。不能專屬何經。要亦小學之門戶也。

(己)通　漢儒班固講經白虎觀。著白虎通德論。又著風俗通。後世通典通考。亦其繼起。

(庚)諸子　自孔子以外。均屬此類。惟例分儒家非儒家二種。而非儒家一種、以七國爲斷。

(辛)叢書　自西漢以前所採諸家之著述。

總上八類。應分三大派。一、曰理論派。名義道學典禮法制諸家之緒論屬之。二、曰事實派。紀載掌故事實之類屬之。亦分二時期。自漢武以前爲一例。漢武以後至今爲一例。

(三)類經之屬

(甲)詩之類　分風詩雅詩頌詩三種。

(子)風之屬　曰騷。曰歌。曰行。曰曲。曰詞。曰謠。曰讖而離騷九歌、實爲直接三百篇之指。旣爲周末僅存之作。而大儒朱子亦特爲之注。則應以續詩弁傳無疑。

(丑)雅之屬　曰賦。曰樂府。曰駢儷。曰律詩之類。大都原於雅體而變者。於周秦前漢之賦、及樂府擇而讀之。非盡遜於鹿鳴文王諸什也。

(寅)頌之屬　曰贊。曰銘。曰誄。曰祝辭。例皆頌之流。

總之古詩皆以入樂。漢後樂亡。詩樂旣離。而徒於義理上之觀念。尊之爲經。則於詩之本指失之遠矣。近來學校復興。而音樂詩歌將有反古之望。義取適用。固不容仍斤斤守近二千年章句訓詁之學也。

(乙)書之類　分政書言書二種。

(子)政書之屬　援堯典禹貢洪範周官呂刑之例。先朝典制有可考者。若夏少正時則訓諸篇外。有呂氏之八覽。司馬氏之八書。班氏之十志。下逮杜氏佑之通典。鄭氏樵之通志。馬氏端臨之通考。及會典之類。多可採讀。正不獨王制月令明堂位諸篇之廁於戴記爲不倫應提出也。

(丑)言書之屬　援謨誓誥命之例。先正典型、名臣疏策、昭著古今。一切詔對章檄。多可垂世立法。如長沙治安。江都天人。充國屯田。武侯出師之類。茲不悉數。

(丙)易之類　易當秦時本以卜筮得與醫藥種樹之書共以不焚。則在當時。其爲通俗日用之書無疑。然正此類爲我皇初國學所僅存。今之考求三代以上之國粹者。除政典諸書外。一切哲理科學皆蕩然鮮存。子遺一二。而又苦爲俗儒所擯棄。甚可惜也。今於此類略舉　款。

(子)哲理之書　連山、歸藏、古稱三易。惜皆巳亡。後儒擬作。理薄不足取。然揚雄之太元。司馬光之潛虛。周敦頤之太極圖說。通書。張載之正蒙。亦繼起之卓卓者。外如魏伯陽之參同契。邵堯夫之皇極經世書。亦不容沒也。

（丑）數理之書　周髀算經、實我中國數學之原。而幾何原本、或有以爲出自子貢之門者。觀西人數學有東來法之稱謂。似亦非無因也。

（寅）物理之書　本草一經出自神農。古人以合周易。指爲三墳之遺。其書義精用切。實完全之物理學。後世陶弘景鄭樵之所增、亦具至理。何容貿然勦毀爲小道而忽之。

（卯）生理之書　素問靈樞相傳最古。生人日用切身之要。後世學者所莫能擬也。降而周秦越人之八十一難經。漢張仲景之傷寒論。晉皇甫謐之針經甲乙經。王叔和之脈經。皆不可不加研究之學也。

（未完）

要目　第二期

專著　我之對於經學之淺識

專論

船山遺書精義

俟解

梁惠王鴻雁麋鹿之樂。齊宣王之好樂及雪宮之樂。孟子皆以爲可推而行王政。獨於利則推而及於大夫士庶。其禍必至於篡弒。言一及之卽如堇毒之入口。此理自天子至於庶人一也。私之於己則自賊。推之於人則賊人。善推恩者。止推老老幼幼而已。非己有侊侊之屋。籔籔之粟。而推之人使有之也。禽魚音樂游觀。私之於己而不節。則逝於禽獸。儸儸之屋。籔籔之粟。擅有之而置於無用之地。禽獸之所不爲也。孔子言後其食。言不謀食。君子忠厚待人之詞也。抑春秋之時。風俗猶淳。貪者謀食而已。食之外有陳紅貫朽無用之物。以斂怨而積之。自戰國始。至秦而盛。癡迷中於人心。而不可復反矣。欲曰人欲。猶人之欲也。積金困粟。則非人之欲。而初不可欲者也。流俗之惡至此。乃有食淡衣麤而務此者。君子有救世之心。當思何以挽之。必不可絲毫夾帶於靈府。尤不待言。

編者節錄

重器說

湘鄉顏昌嶢

有重器於此。一人寶之愈乎。數十百人寶之愈乎。曰一人寶之愈。篋笥藏之。什襲珍之。雖有至親密友莫由窺伺而竊取之矣。雖然。有大盜至。一人之力不能獨抗而無失也。則是一人所寶不如數十百人共寶之爲愈也。盜又有大焉者至。此數十百人之力猶不能抗禦以全此重器。則此數十百人又不如數千萬人共寶之之爲尤愈矣。國家、天下重器也。無大盜、則一人能守之。無强寇、則數十百人能守之。秦隋一人守之者也。周之封建。漢唐之郡國藩鎭。數十百人共守之者也。西歐各國之地方自治則數千萬人共守之者也。地方自治民主政體之立足地也。國之大政在兵與食。民之所愛惟身與財。使民於地方公益之事。有用人行政之權。能自衛其身與財。等而上之。乃能對於國之用人行政。徵兵籌餉。有監察可否之實。人民有監察國家軍財大政之權。人民斯對國家負愛護共管之責。人民對國家負愛護共管之責。斯能犧牲身命財産以共禦國家之外侮。孟子曰。入以事其父兄。出以事其長上。可使制梃以撻秦楚之堅甲利兵矣。古者以忠孝保國。今也以民權捍國。入以監督鄉閭。出以監察政府。可使肉搏以御强隣之飛機巨炮矣。今之號稱革新者。吾惑焉。口倡民權。而深懼吾民之得以干涉國政也。籌與自治。而惟患衆庶之得自主鄉政也。明、背、頒、行、之、法、令。違、反、自、治、學、說、之、原、理。（西歐自治學說原理有云。下級自治。以愈小爲愈善。又云。下級自治以不容於其下再分區域爲原則。）而、爲、東、西、各、國、所、無、有、之、廣、鄉、巨、村。（英法德日等國。下級一自治區者以一人口三千爲率。美利堅則以一方英里爲一下級自治區。）鄉、之、地、域、等、古、附、庸。鄉、官、之、權、大、古、巡、檢。地廣則民意矯誣。權大則威福由己。名。抑。土。豪。劣。紳。而。實。與。之。機。而。附。之。翼。名。爲。共。和。行。政。而。實。關。其。口。而。奪。之。氣。君。道。既。已。崩。潰。民。志。又。不。得。昌。大。好。河。山。無。人。顧。惜。神。州。雖。廣。竟。同。甌。脫。一。任。豪。强。有。力。者。之。宰。割。瓜。剖。而。豆。分。莫。之。振。救。悲。夫。

讀四書改錯存疑

邵東松蔭老人讀書之一

余讀蕭山毛大可氏四書改錯而有感也。四書五經自前明垂爲功令。列諸制科。家絃戶誦奉爲不刊之典。士子依以爲文。號稱代聖賢立言。誰敢甘冒不韙。出而議其是非得失者。又宋儒程朱諸大賢屢加註釋。朱子自謂其四書注文。字字從戥子上等過來。更誰敢議之。然而竟有人議之。非但縱其口說而輕議之。且引徵經史。參以百家諸子之鑿鑿可據者。以平議之。後學之士生古人後。誰信誰疑。旣不可逞一二人之私心臆見。以輕與古人爲敵。又何可守一先生之師傳家法。而甘爲古人之奴。二者之間。學者欲覓一出路。舍多讀書不可免。余所聞於諸前輩者。謂清初諸大儒讀書。皆能自出手眼。博涉羣書。不爲漢學宋學諸門面所束縛。而毛氏奇齡之四書改錯。卽著於此時。然攻之者亦大有其人。至有交友莫交毛西河之語。總之。毛氏在淸初諸博學鴻儒中、自成一家。可相信而無疑也。讀書者、求知之一事也。求知之法。從存疑起。存之又存之。久而後疑者可渙然矣。老子曰。爲學日益。爲道日損。日闕一卷書。終年可得三百六十卷。此三百餘卷中。以彼證此。以此釋彼。受益無窮。況積以十年。得三千六百卷。倘習之既久。而每日可閱三五卷。七八卷。亦非難事。則其受益。何可以數計耶。若夫道則一而已矣。不經羣阜。不知泰華之高也。不經江河。不知海洋之大也。由博反約。削繁就簡。出經入史。驅遣百家。而其結果一衷諸道。道既明、而羣言幾乎可廢。非有意廢之。而太陽出而爝火自熄。廢者不得不自廢也。時爲之也。是故學道之士。從起信起。而求知之事。從懷疑起。各宗教家。主起信不許懷疑。吾聖賢之學則不然。讀聖賢書。所學何事。學之未明。不求甚解。而卽高語於世人曰吾爲篤信聖道者。此與愚夫愚婦之求神拜佛巫覡符籙不稽之師傳陋俗。何以異哉。吾因毛氏之學說。不禁爲廢書之感者此也。

毛氏四書改錯第一條云。四書無一不錯。此一語。幾乎令人大駭。又易令人生氣。平心論之。謂四書中不無錯誤。可也。謂無一不錯。則四書中豈遂無一是處耶。此毛氏立言之欠斟酌處也。雖然亦不必駭。駭者無異自暴露其未嘗多讀書。亦不必生氣。生氣者、一面表示其本身之不善讀書。一面又表現其不願人家多讀書。

毛云。世謂四書五經爲六經錯也。古六經卽六藝。經解稱六教。漢志稱六學。皆以詩書禮易春秋合樂爲六經。並無四書在內。以舊時本無所謂四書也。

按今人尙無有以四書加入五經爲六經者。惟口頭語。則人人皆稱四書五經。而實不知四書中之大學中庸二書。本爲五經中禮記內之二篇。何能以分析湊合之四種書。與整本之五經並論。然則四書五經。其實止二書五經耳。

毛云。世謂四書爲四經。錯也。四書特四件書耳。分言之。則舊制大學中庸稱大經。論語稱兼經。亦稱小經。孟子則但爲論語所兼。而未能自立爲經科。若合爲四書。則但云書之四種而已。非能平列而稱經也。故元朝以書問二道。經問一道。明作區別。且特造一種八比文名曰書義。可證也。

按大學中庸本爲禮經中之二篇。論語孟子之列入於經。則自明初頒十三經注疏於國學起。故元以前孟子不得列入於經。然則今代學者。侈口動稱孔孟之道。孔孟之並稱由四書起。四書之大行於時。由元代特造八比文。朝廷以此試士。而明清因之。今代八比先生。無論何人皆自命爲孔孟之徒。有自來也。

毛云。世謂四書爲四子書。錯也。孔孟固可稱二子。史記謂子思作中庸。亦是一子。若大學一篇。朱子亦不能定爲誰作。而輒分經傳爲二。謂經文是曾子述孔子之言。傳文則曾氏之門人所記曾子之意。然則已不得專屬於曾子一人矣。至或問曾子作大學。朱子則又含糊其詞。謂或古昔先民有之。未必曾子之言。則又安可據爲曾子書耶。若鄭氏禮注。孔鮒孔叢子並云。大學中庸皆子思所作。此或較爲可據。然則四書者。實三子書。非四子書也。

按四書稱四子書。實有未妥。不知爲是稱者。謂此四種書爲四人所著耶。抑謂每書各自述一子之言耶。今按此四種書。除大學篇中無明文定爲孔子之言外。中庸論語。皆明白記孔子之言。則兩書所述。仍爲一子。倘如朱子之說。大學果爲述孔子之言。則三書共述一子。合孔孟計之。四書只可稱二子書耳。倘以爲四人所著而稱四子。則論語在漢代。已雜取齊魯二論而合編之。著齊論者一人。著魯論者又別是一人。四書不早成五子書耶。

毛云。世謂學庸本禮記中文。程氏朱氏始出而專行之。錯也。大學中庸在禮記四十九篇中。或第三十一、或第四十二。然早已專行。漢志有中庸說二篇。隋志有梁武帝中庸講義。唐人有大學專本。卽宋仁宗朝。亦曾以大學專本賜及第進士。皆程朱以前事也。

按小戴禮記本輯合諸儒學說而成。如月令取諸呂覽。王制取諸博士議中。諸如此類。學庸之本自專行。不足異也。戴記中自學庸二篇外。若學記若王制若經解。若儒行。若樂記若禮運大同之說。皆宜標出。各自專行。或倣四書之例。或廣四書之數。編次合行。使人人讀之。裨益來學非淺。惜乎宋儒所輯。止於四種耳。

毛云。世謂程氏朱氏始合併四書而命以名。錯也。四書合併於北宋。至南宋而顯。胡安國輩已早舉其名。然不云合自程氏。若朱子在寧宗朝。開僞學禁。有云朱熹四書者。然亦但舉舊名耳。且朱氏注、亦並未自稱四書注。於大學中庸稱章句。論孟稱集注。至元朝用以取士。雖總用朱氏本。然仍分別言之曰書義用朱熹章句集注耳。二書並不混稱爲四書注。可驗也。

按程氏著書不多。朱子所著若易傳詩集傳儀禮注。通鑑綱目離騷注等。多煌煌巨册。不爲時忌。而僞學之禁。注意於四書。則以四書中進孟氏以與孔並孔孟二子家之學說。遂成一貫。此程朱之教指也。孟子喜爲激切峻厲之詞。爲時當道之所不容。宋代洛朔黨成。其初但由文人相輕。一變而爲新法之爭。司馬溫公王荆公等各持一是。擾攘三朝。再變而爲僞學之禍。程子朱子之門下。既不滿當代之所爲。而當代之欲得而甘心者。亦遂爲一網打盡之酷計。甚矣。治學者意氣之爭不可有。門戶之見尤不可持也。自宋儒張孔孟之旗。而孔子之道稍隘。爭陸王。爭東林復社。其人往往皆君子也。宋明前轍。後學者宜知其所由來。未始非賢者過之也。（未完）

專著

船山遺書精義

俟解

樸之爲說。始於老氏。後世習以爲美談。樸者。木之已伐而未裁者也。已伐則生理已絕。未裁則不成於用。終乎樸則終乎無用矣。如其用之。可棟可楹可豆可俎。而抑可溷可牢可柤可梏者也。人之生理。在生氣之中。原自盎然充滿。條達榮茂。伐而絕之。使不得以暢茂。而又不施以琢磨之功。任其頑質。則天然之美既喪。而人事又廢。君子而野人。人而禽。胥此爲之。若以樸言。則惟飢可得而食。寒可得而衣者。爲切實有用。養不死之軀以待盡。天下豈少若而人耶。自鬻爲奴。穿窬爲盜。皆以全其樸。奚不可哉。養其生理自然之文而修飾之以成乎用者。禮也。詩曰。人而無禮。胡不遄死。遄死者。木之伐而爲樸者也。

編者節錄

專著

船山師友記第二 續癸酉第一册

湘潭羅正鈞遺稿

蔡忠烈道憲

蔡道憲字元白。晉江人。崇禎十年進士。爲長沙推官。地多盜。豪民通盜者。把其罪而任之。盜方刼富室分財。收者已至富家。還所失物。皆愕不知所自。惡少年閉門謀爲盜。啓戶。捕卒已至其門。驚逸去。吉王府宗人恣爲奸。道憲先治而後啟王。王召責之。抗聲曰。今四海鼎沸。寇盜日滋。王不愛民。一旦挺而走險。能獨與此曹保富貴乎。王悟謝遣之。十六年五月、張獻忠陷武昌。長沙大震。承天巡撫王揚基。提所部千人自岳州奔長沙。道憲請還駐岳州。曰岳與長沙脣齒也。並力守岳。則長沙可保。而衡永亦無虞。揚基曰。岳非我屬也。道憲曰。棄北守南。猶不失爲楚地。若南北俱棄。所屬地安在。揚基語塞。乃赴岳州。及賊入蒲圻。卽遁去。湖廣巡撫王聚奎遠駐袁州。憚賊。不敢進。道憲勸令移岳。聚奎不得已。至岳數日。卽徙長沙。道憲曰。賊去岳遠。可繕城以守。彼犯岳。猶憚長沙。若棄岳。長沙安能獨全。聚奎不從。賊果以八月陷岳州。直犯長沙。先是巡按御史劉熙祚令道憲募兵。得丁壯五千。訓練之。皆可用。至是親將之。與總兵官尹先民等扼羅塘河。聚奎聞賊逼大懼。撤兵還城。道憲曰。去長沙六十里。有險可柵以守。毋使賊踰此。又不從。時知府堵允錫入覲未返。通判周汝南攝攸縣事。城中文武無幾。賊薄城。士民盡竄。聚奎詭出戰。遽率所部遁。道憲獨拒守。賊繞城呼曰。軍民久知蔡推官名。速降。毋自苦。道憲令守卒射之。斃。越三日。先民出戰。敗還。賊奪門入。先民降。道憲被執。賊啗以官。嚼齒大罵。釋其縛。延之上坐。罵如故。賊曰。汝不降。將盡殺百姓。道憲大哭。曰。願速殺我。毋害我民。賊知終不可奪。磔之。其心血直濺賊面。健卒淩國俊九人隨。不去。賊亦令說道憲降。國俊曰。吾主畏死去矣。不至今日。賊並殺之。一卒奮然曰。願瘞主屍而死。賊許之。乃解衣裹道憲骸。瘞之南郊醴陵坡。遂自刎。道憲死時。年二十九。贈太僕少卿。諡忠烈。(明史本傳)

行狀云。華亭章公諱曠。江門蔡公諱道憲。是時俱爲分考。國勢漸不可支。出場後。引爲知己。互相砥礪。

薑齋詩分體稿。乙卯年、有拜蔡公祠堂一首。五古

正鈞按。忠烈爲分致在崇禎壬午。先生是年得舉。出安福歐陽方然門。忠烈殉節卽在次年。中間殆未相聞問。忠烈祠堂已建於明季。詳諸允錫蔡公祠田記 乙卯爲康熙十四年。自定稿乙卯有長沙旅興四首。先生是年避吳逆之亂。出居於外。因過長沙謁其祠也。

章文毅曠

章曠。字于野。別號峨山。直隸華亭人。崇禎丁丑進士。授沔陽知州。十六年春。李自成陷承天。州人叛起迎賊。曠號召忠勇城守。以奇計縛首逆賊者數十人。磔之。賊揀騎至。曠乘城擊卻之。賊益來攻。民讙驚潰。嚮迎賊者黨將應賊縛曠降。曠乃攜印出走。詣北撫王揚基請兵復沔。不聽。乃歸華亭。鬻田宅得數千金。走漢沔間收兵。十七年春。復沔陽州。何騰蛟上其功。擢僉事。巡飭江北。京山楊文薦爲兵部郎。倡言江北不宜置道。徒擾民。無益恢復。廷議從之。曠由是失職。騰蛟獨深知之。復以監軍道請於朝。命已下。路振飛督撫江南。怒曠不納門生剌力沮監軍之命。騰蛟抗疏言臣受土

崩蝕齕之殘楚。孤掌獨撐。無一人之可用。唯得一章曠者。爲有生人之氣。屢題而部屢阨之。是縛臣臂而欲使臣鬥也。乃得仍受僉事。監騰蛟軍。檄攝分巡上湖南道。曠至衡州。開東鹽輸長沙。歲餉兵十萬金。騰蛟賴以不匱。已歸長沙。請身下岳州監馬進忠王允成軍。以死護湖外。單舸下洞庭。進忠允成迎之。願受節制。先是騰蛟開府長沙。堵允錫既解學政勤王。與諸軍帥相暱習。傅上瑞久攝巡下湖南。承權藉亦與諸帥周旋稍熟。而曠屢革創。望尤輕。諸軍帥皆不知有曠。曠亦不得其要領。及是受監軍之命。從胥隸數十人輕舸東下。敝衣葛衫與諸將乍相見。流涕握手。推心盡慮。與謀興復。諸將皆爲感動。曠既得諸將心。申約束。斬箠如法。遂修湘陰城。陸立大荆新牆二戍。水立磊石營。與岳口相持。大小數十戰。騰蛟晝守長沙。尤藉曠爲外蔽。乃列曠功推薦之。詔擢僉都御史。巡撫江北。守新牆與敵壘相對。湖南北守經年不陷者。皆曠力也。上即位。加兵部侍郎。餘如故。永歷元年春。長沙兵將交訌。掠奪四出。糧道阻絕。孔有德兵至。曠率滿大壯孤軍禦戰。不勝。退長沙。騰蛟已先奔。曠殿潰卒、轉戰三百里。及南嶽市。滿大壯戰死。曠入衡州。執騰蛟手泣曰。長沙不潰。曠猶得嬰城死戰。今湖南瓦裂。何以謝百姓兩年來剜髓供輸也。四月騰蛟走永州。曠守祁陽。檄召潰兵。圖下爭衡州。乃奉勅拜曠武英殿大學士兵部尙書。督恢復諸軍。而諸軍爭潰。不可合矣。時上在武岡。劉丞允遏援兵不出。曠知事不可爲。慷慨悲憤。不粒食。斃年三十有六。永歷二年贈太子太保華亭伯諡文毅。永歷實錄本傳

先生家傳潘宗洛撰云。明藩稱隆武年號者。使其督師何騰蛟屯湖南。制相堵允錫屯湖北。楚省兵燹塞野。加以大旱赤地千里。而逆闖李自成旣斃於九宮山。餘黨降者號爲忠貞營。蹂躪潛漢有岌業之勢。堵何兩公措置無術。又不相能。先生憂其將敗。亟走湘陰。上書於司馬章曠。指畫兵食。請調和南北。以防潰變。章司馬報曰。本無異同。不必過慮。先生默而退。卒之賊勢披猖。司馬以憂憤卒。堵何二公覩閔凶。而勢不可爲矣。

三湘從事紀蒙正發撰云。總督駐東安數月。湖南節義之士莫不聞聲景從。衡陽舉人王夫之介之。鄒統魯夏汝弼李跨鰲管治裘吳汝潤周士儀。甯鄉舉人陶汝鼐。湘鄉舉人劉相賢。雖匿影山谷。或密報情形。請商方略。或悲歌唱和函寄詩篇。按劉相賢

當作象賢

病枕憶得。丙戌年有盛夏奉寄章峨山先生湘陰軍中一首。七律

薑齋詩編年稾乙卯年有夜泊湘陰追哭大學士華亭章文毅公一首。七律

薑齋分體詩稾辛酉年廣哀詩弟三、有大學士章公曠一首。自注字於野號峨山華亭人諡文毅丁亥死於永州五古

正鈞按。文毅壬午蓋以沔陽知州爲分考。曾於先生有引爲知己之語。詳上蔡忠烈傳後潘傳云。勸其調和南北以防潰變。致永歷實錄及各書。其後何堵兩公不相協應潰敗。悉如先生所言。則先生此出關係既重。而所望於文毅者亦深矣。其至湘陰。據憶得一詩爲丙戌盛夏。按文毅本傳。是時正受唐藩之命。以僉都御史巡撫江北。故詩中有閩海絲綸之語。據此則潘傳稱司馬小誤康熙乙卯。先生避吳逆之難。嘗同蒙聖功至江西萍鄉。六十自定稾乙卯有萍鄉中秋同蒙聖功對月七律一首因道湘陰弔其遺壘也。

李趺命與璉

李興瑋。字天玉。湖廣巴陵人。弱冠以文藻淸拔推重流輩。應己卯鄉舉。爲章曠所賞拔。用副榜生貢入太學。假歸、値張獻忠陷岳州。興瑋走江北請兵恢復。遇左良玉前部李成名。因邀與同復岳州。已而獻忠來爭。成名兵退。興瑋僅以身免。賊掠興瑋父母宗族凡二十餘人。皆殺之。宏光元年。李自成渡江。興瑋走湖南依章曠。參幕府。曠請於何騰蛟。檄補臨武教諭。臨武令貪惏。興瑋言於騰蛟。罷令去。士民戴興瑋攝令事。興瑋不從。應鄉試於衡州。中丙戌鄉舉。騰蛟遂題授臨武知縣。以簡濟爲邑民愛戴。永歷元年四月衡州陷。章曠退屯永州。召興瑋棄城從己軍中。辭曰。興瑋不欲受民社。而先生强我。旣膺百里之命。則早盟之五內期以頸血濺城頭土耳。不能應先生教也。督士民城守。時湖南北州縣望風靡走。無一守者。唯臨武不下。距戰凡五晝夜。兵潰被執。誘之降。興瑋大罵。繫之獄。唯一髯蒼頭相隨。亦不肯鬀髮。請同繫。興瑋於獄與聞大成唱和。作詩數十篇。將赴刑。南向叩首。已顧大成曰。吾與君今日乃得畢此一大事。遂遇害。蒼頭奪刀斫殺興瑋者。遂亦見殺。（永歷實錄本傳）

南窗漫記云。河山無地求弓劍。臣子何心飽稻秔。滅絕耳根猶有恨。破除心事倍多情。章文毅公守湘陰時作。見之巴陵李天玉與瑧扇頭。天玉公門人。攝臨武令。城陷死之。

病枕憶得丙戌年有送李天玉以廣文行邑令之臨武一首。五律

正鈞按。先生丙戌走湘陰。上書章文毅。是時天玉應尙在幕府。據憶得寄章戩山詩上詳題云。盛夏。於握扇之候。正合。送之臨武一詩、當卽作於是時也。

鄭中丞古愛

鄭古愛。字子遺。湖廣江夏人。壬午鄉試出章曠門。亟薦不得中。已召與見。姿抱豪邁。爲曠所器重。曠失沔陽。古愛迎謁於江漢。與收兵江北。武昌陷。奔長沙。曠方受監軍命。古愛以貢貲版授監紀推官。堵允錫檄監王楊馬牛四將兵。永歷元年擢監察御史、監軍如故。常德陷。走匿苗峒。已聞允錫馬進忠所在。赴之。遂同進忠復常德。與□兵戰於麻河。古愛執矛躍馬首犯敵營。大破之。古愛家居與左良玉部將馬蛟麟善。至是蛟麟守辰州。進忠與古愛謀招蛟麟。遣使密達蛟麟所。蛟麟問鄭秀才何亦至此。使者以方爲御史監軍對。蛟麟大喜。曰。吾當爲此秀才效死力。汝歸告馬將軍鄭

秀才。期以十一月下武陵合營。明春取武昌。若吾至而鄭秀才不在。是給我也。使者歸報。進忠喜。遂儲芻糧以俟。允錫入巴巫。調忠貞營。强古愛俱去。蛟麟不果降。忠貞營至。進忠驚走。古愛追及之湘鄉。相持泣下。遂入見。擢僉都御史。永歷四年。楚事益壞。乃遣古愛圖辰常。招蛟麟。古愛入對曰。蛟麟雖於臣有香火緣。然去違之際。自不能不以勝敗移心。今楚兵連敗。臣卽剜心於蛟麟前。亦一團肉耳。請血戰以前。而後臣可以用其招致。不然。徒令蛟麟笑臣。無益。上固遣之。領敕至平樂、又以議招不如議戰請。不報。古愛憂憤成疾卒。永歷實錄本傳

南窗漫記云。庚寅秋與鄭子遺中丞遇於韶州。子遺問黃鶴樓柱帖誰佳。余未有以對。子遺云。禰衡洲上千年恨。崔顥樓頭一首詩。豈非獨步。

正鈞按。先生壬午得舉於章文穀。有知己之言。子遺是科文爲文穀所賞。想其時已與先生相識。故道途話舊。而以昔日所遊名勝相問也。

堵太傅允錫

堵允錫。字仲緘。別號牧遊。直隸宜興人。中崇禎癸酉鄉舉。以父母早世、貧不能具禮。

辭計偕追廬墓三載。墓桐方冬生華。黃道周著禮問一篇、旌其志。丁丑、乃就公車。賜進士。授兵部主事。晉員外郎。遷長沙知府。與推官蔡道憲以志義廉隅相獎勉。十六年。張獻忠陷長沙。允錫上計未返。以課最擢分巡武漢道參議。宏光元年改提督湖廣學政。左良玉舉兵下九江。允錫方校士湖南。故不遇。與何騰蛟奔長沙。聞南都陷。乃集允錫及傅上瑞章曠議戰守。允錫至性深摯。北都之變。號泣絕食者數日。及是慷慨誓死以濟國難。聞者咸爲感躍。然負氣矯迫喜興作。無持重之度。騰蛟題薦允錫巡撫湖南。與分汛任戰守。允錫爲高李部奏請立忠貞營。易高得功名必正。李過名曰赤心。皆奏準。以欽賜行。隆武元年。率忠貞營圍荆州。大敗。還屯常德。忠貞營奔巴蜀、不相聽命。允錫節鉞自騰蛟奏薦。而據舊章剌以平交相往復。騰蛟不悅。兩府幕賓益相構煽。遂成猜離。湖南北不相協應。上嗣位。加允錫兵部侍郎。總制楚撫未幾。晉尚書。拜武英殿大學士。封光化伯。允錫辭伯不受。及長沙陷。騰蛟奔衡永。馬進忠走湖北。允錫走巿。永定衞山中。已進忠復常德。允錫欲因其兵出復長沙。進忠方與鄭古愛招馬蛟麟於辰州。不卽聽允錫。允錫自與古愛招忠貞營下長沙。以下荆州爲名。至常德百里。乃以書報進忠。言會師攻長沙。進忠大驚。疑卽並己。拔營南走。忠貞營至。常德已赤地。卽尾進忠後。自甯鄉趨湘潭。湖北復陷。騰蛟汎輕舸至湘潭。乃與允錫議。以南昌求援甚急。允錫督忠貞營往援。而忠貞營徘徊茶攸間。無行意。騰蛟敗沒。忠貞營走衡州。爲入粵計。允錫不能令也。胡一青迎允錫居衡州。未數日。孤軍戰不勝。允錫倉猝渡湘東走耒陽。與忠貞營會。自懷集走梧州。忠貞營先自梧入潯。勅遣大學士嚴起恆慰勞安插之。與允錫遇。乃入覲。上命督忠貞營出楚。賜龍旗十二。得調天下兵馬。咸受節制。允錫至潯州。日促忠貞營復出。會李赤心死。高必正以新喪大帥爲辭。允錫居悒悒。有頃、朱天麟陳邦傳言忠貞營不可恃。無如可望之足有爲。允錫惑其說。發龍旗一。往雲南調可望。胡執恭因誑允錫。言能承制姑許可望封王。事必集矣。因塡空頭勅許可望。執恭遂僞作册寶以往。旣行。乃告允錫。允錫悔爲所賣。恚恨成疾。以永歷三年十一月卒於潯州。詔贈太傅。（永歷實錄本傳）

蓮峯志沿革門云。以隆武元年乙酉十二月十二日再造。與其役者楚撫義興堵公允錫仲緘。衡陽王介之石子。管嗣裘治仲。夏汝弼叔直。王夫之而農也。又名遊門云。近之遊者。今楚撫褚公允錫以宏光乙酉暮春。踏新雨。問余兄弟匿蹟處。訪續夢菴。欣然將登。之下嶽舉詩索和。

南窗漫記云。褚牧遊先生遊南嶽。問余兄弟避寇處於方廣道中。有句云。雙溪濺水鳴絲竹。一壁初晴負畫圖。又云。牧遊先生於德慶軍中授余軍謠十首。令傳之。其題則月家鄉。馬兒女。雨漿洗。風曬涼。筆先鋒。日打仗。報捷疾。棋金丹。血筵席。營十殿。備喪亂艱危之狀。天下之不支。公心之徒苦。俱於此乎傳之。流離中遽失其藁。

三湘從事紀序蹇齋逸文云。常平必論之。義興自是忠孝人。但曾侍其奕。不勝。則掇十數子而易之。對弈者不敢爭。當時剩水殘山幾十數子乎。近有著書者。言義興在潯南時。將捲土重來。爲聖功諸公所阻。余亦忝爲義興知遇。皇天后土。實式憑之。義興至潯南。又爲岷山朱震所恢。忠孝之氣。鬱不得伸。邑邑而沒。余不敢昧也。

船山經義。樂正子春下堂至予是以有憂色也文後注云。褚牧遊先生貽夫之以黃石齋先生禮闈石刻。首舉下堂傷足一案。深切辭委。兵火中失去。三十餘年。未知人間猶有此文字否。病枕憶得乙酉年有堵牧遊先生登嶽拜二賢祠於方廣。垂問余兄弟避賊處。將往尋訪。以道險止。行至郡。以新詩見示。感賦一首。七律 堵公以黃石齋先生禮問石刻垂贈紀公補盧先墓事。有桐華之應。詩以紀之。一首。五律 五十自定稿庚寅年有康州謠。追哭義興相公。是去秋同鄒管二中舍會公地。一首。五律 丙寅年有二賢祠重讀義興相公詩感賦一首。五律

正鈞按。本傳題授撫臣在南都既陷以後。蓮峯志云。堵遊以暮春。則是時尚以湖廣學政校士來衡與先生相見。攷逸文乞終喪疏云。與中書舍人管嗣裘起義。事敗逃死行闕。前督輔臣堵允錫誤以庶常薦臣。又行狀有云。已而堵公辟檄兩及。府君臥耒陽不行。按行狀承上丙戌走湘陰上書而言。次年丁亥。先生寓居湘鄉。詳下弟七卷 未嘗身至耒陽。明年以兵敗走行闕。章靈賦注云舉兵不利遂由郴桂入粵戊子冬至行闕。爾時堵公方以武英殿大學士督師常德。蓋始以徵辟不至。繼聞先生赴闕。復遙相題薦。皆戊子年事。乞終喪疏爲辭瞿式耜之薦。上於永歷三年己丑

十二月。堵公以十一月沒。故稱前督輔臣。康州卽德慶舊名。永歷實錄桂王紀。三年六月、命堵允錫督楚師。遂次於潯州。是年夏。先生復由間道赴闕。章靈賦注云已丑夏復由間道赴闕故以秋間過其軍中也。

晏尚書淸

晏淸字元洲。湖廣黃岡人。萬歷己未進士。授吳江知縣。擢吏部驗封司主事。天啓間、忤魏忠賢。削籍歸里。崇禎初、徵屢下。乃起歷驗封司郎中。用年例遷廣東鹽法道僉事。宏光元年、擢淸尚寶司卿。隆武二年、再遷太僕寺卿。皆不赴。上在南甯。擢吏部尚書。敦趨入陛見。專理銓政。淸憺簡易。門無私謁。行在翕然推重。吳貞毓以主事躐吏部侍郎。趨權利。深忌淸而無能與競。時江楚避難出者爭稱起義求進。朝廷無能辨。淸爲分別用舍。羣不逞者造蜚語以搖動淸。永歷四年。吳貞毓爲戶部尚書。與王化澄相表裏。逼淸。淸屢乞骸骨。疏上未許。會詔獄起。淸諫不聽。遂移疾不起。拜疏卽行。居潯州。未幾卒。年七十有三。子霈明。永歷實錄本傳

乞終喪疏薑齋逸文云。前督輔臣堵允錫誤以庶常薦臣。臣告之冢臣晏淸。幸得以終

制覆允。

正鈞按。堵允錫之薦先生在戊子。詳永歷實錄。桂王以丙戌十月監國肇慶。改明年爲永歷元年。則戊子爲二年。桂王紀云。二年七月以晏清爲吏部尙書。故疏稱清爲冢臣。據此則先生以是年兵敗走行闕。首膺堵允錫之薦。得緣晏清入告。乃以終制覆允。疏中敘述甚明。虎止行狀云。膺難西走。後即敘大學士瞿式耜薦之。蓋未詳也。

霱明字雲章。少以文名於楚。與麻城曹允昌相頡頏。尤工爲詩。清茂有遠致。兩赴鄉舉未第。隨父宦嶺外。永歷二年授太常寺博士。四年進儀制司郎中。安雅遠權勢。僦菴居。閉戶讀書。非朝參不出。扈蹕至梧州。病卒。晏清傳

南窗漫記云。黃岡晏雲章奉常霱明作排律二十韻。以內閣芭蕉爲題。余和之。今皆亡矣。唯記晏作一聯云。天清垂沆露。海氣避嚴霜。余亦有句云。甘露憂多變。綠雲望已長。

正鈞按。漫記一條。承上端州行宮而言。端州即肇慶舊名。五十自定稿。己丑正

月復返衡陽。其時得緣元洲辭堵薦。與雲章相見。芭蕉詩當即租於是時也。

（未完）

孔子之教育學　續癸酉第一冊

蒼石山房原稿

右第三章首言開學典禮之事次言規制設備之事再次言視察監督攷詢之事【此係前期第三章之結束補載於此】

大學之教也。

注 教・謂教授之教・舉大學以概鄉遂之學・大致略同也・玩下文令之教者句・可見此篇爲三代立學相傳之古法・

時教必有正業。

注 時教・謂按時授課業・課業・課程也・正業者・每日課程・有必脩之科目・有隨意之科目・以必脩科爲正也・

退息必有居學。

注 退息・謂課罷退而休息・居學・謂燕居自脩也・教授之法不專重講解之時・而重在予以自脩之時間・與其處所・以資實習而課心得也・

不學操縵不能安絃。

注 縵・縵樂・見周官磬師・蓋雜聲可以和樂者・絃・指琴瑟之事・安・謂習也・欲習琴瑟者・必先雜操絃索・以驗學重實習・此舉音樂科以起例也・

不學博依不能安詩。

注 依・比附也・詩以多識鳥獸草木名物爲要・惟平時博物周覽・長於比附・以類相依・則臨時卽景寫情・乃能工吟善賦・文事然也・此舉文學科以起例・

不學雜服不能安禮。

注 服·如有事弟子服其勞之服·雜服·猶言雜役·洒掃應對進退之節·與居左右奉養之儀·是也·禮重嫻習·故由卑賤之役學起·此舉社會應用科以起例·

不興其藝。不能樂學。

注 藝·美術·技藝之事·如禮樂射御書數之類·所以鼓舞人之興趣·而結合其感情·且能發越少年之思想材能·常收效於正當課業之外·使人優游閑豫而不自知者也·此舉職業美術科以起例·

故君子之於學也。藏焉脩焉息焉游焉。

注 學·指辦學言之·藏·退藏·寢處之事·脩·自脩·實習之事·息·休假之事·游·游覽游戲之事·皆各有其設備·隨時隨地均可見教育之精神焉·

夫然故安其學而親其師。樂其友而信其道。是以雖離師輔而不反也。

注 學·即上列舉詩書禮樂之學·主教者謂之師·分教者謂之輔·亦謂之傅·授學有序·故生徒安而親之·分科實習·故同人樂而信之·久導化成·習慣如自然·夫是以不假師傅而卓然自立·不至有廢業之虞矣·

說命曰敬孫務時敏。厥脩乃來。其此之謂乎。

注 敬·不苟也·孫·順也·時敏·謂隨時黽勉·無怠之意·厥脩·謂所脩之學也·引書以賛學者循序日進之效·

命之教者。

注 言今以概其進，背於古義也。教者，指當代之尸名師傳者言之。

申其占畢。

注 申，舊作呻，猶言如病者之呻吟也。占，謂所佔一篇幅。畢，謂所授課程。起某處畢某處也。不善教者，但拘拘於篇幅起結之一定課程，不知變通，使士子無雍容脩習之餘地。

多其訊言。

注 訊，訊問。言，言論。多，謂於正業脩習之外，雜相問難，廣騁辯論，使士子不專脩本業，博而寡要，勞而無功也。

及於數進而不顧其安。

注 數，促也。促進，謂一業未成，又雜及其他，力所不及，促以進之。使士子不能閑習所業，但隨班上課，旅進旅退而已。

使人不由其誠，教人不盡其材。其施之也悖，其求之也佛。

注 不由其誠，謂士子特以虛文相應也。不盡其材，謂教者不知發展士子各別之材性也。拘於課程而不顧士子之安否，故曰悖。雜相考詢而求為急促之進步，故曰佛。佛，通拂，違也。謂違其本業也。

夫然故隱其學而疾其師，苦其難而不知其益也。雖終其業，其去之必速。教之不刑，其此之由乎。

注　隱其學。謂課程雖畢。而一業未安。不堪以示人也。疾其師。謂所施者悖。所求者佛。毫無益於己也。苦其難。指訊言之多言之。不知其益。指數進之煩言之。業終而去之。學與不學等耳。刑通型。不刑。猶言無狀。

右第四章言教授法。而因慨古今人之不相及也。今之尸教授之位者。可於此得一反影矣。

大學之法。

注　上章言施教之規程。教務之事也。此章言管學之法度。管理訓育之事也。

禁於未發之謂豫。

注　禁。禁令。所以格其非心也。未發。謂過失未發見以前。豫。豫防也。豫防於過失未發見之前。使無有犯禁之事。立法之精意也。否則不知其益而疾其師矣。

當其可之謂時。

注　當。適宜也。可。指學者年齡程度可施教育言之。教育之事。當隨時權度。以士子能否領受。爲進退伸縮之準。否則數進而不顧其安。施之也悖。而不由其誠矣。

不陵節而施之謂孫。

注　陵。先後彼此相陵亂也。節。謂學程。各有其分限也。本科之業。先後不躐等而施。異科之言。彼此不雜錯而施。斯爲教法之順序。否則申占畢而多訊言。求之也戾。而其苦其難矣。

相觀而善之謂摩。

注 相觀，謂同業之士，互相觀感，磨，如琢摩之磨，此謂居學自脩與藝游戲之事，隨時隨地，皆收觀感奮勵競爭之效，使士子得各盡其材，否則各隱其學業。未終而去之，唯恐不速矣。

此四者教之所由興也。

注 總上四項，前一項學規之善，中二項教程之善，後一項學風之善。

發然後禁則扞格而不勝。

注 扞格，抵拒也，不勝，謂禁令無效，不能防止其過失也，禮禁於未然，法施於已往，教育之事，重禮而不重法，所以養士子之恥心也。

時過然後斆則勤苦而難成。

注 時過，謂學齡已過，斆，通作教，謂年已長而後補習，雖教者不倦，而業終難成，此受學之士所以不可失時也，一說謂教者失時，則師勤而功半，亦通。

雜施而不孫則壞亂而不脩。

注 前業未安，後業數進，一業未畢，別業雜施，未安易壞，多則易亂，脩，不勝脩，而學者苦矣。

獨學而無友則孤陋而寡聞。

燕

注 學需合羣，集思乃能廣益，無居學與藝息游之所，何以收見聞感奮攻錯之效，孤立寡交，雖學猶陋，此與學之所以不可以已也。

燕朋逆其師。

注 燕朋。謂私居善柔便佞之朋。朋友之善者。有營道同術之益。其不善者。羣居終日。言不及義。好行小慧。相與共疾其師而已。此以見管學者之不可無法也。

燕辟廢其學。

注 辟。便辟。嗜慾之屬。青年情竇初啓。不可無美術遊藝之事。以消融之。否則私居燕好。褻辟中之物欲橫滋。正業之廢可決言之矣。

此六者教之所由廢也。

注 總上六項。前三者師道不脩之故。後三者友道不脩之故。

君子既知教之所由興。又知教之所由廢。然後可以爲人師也。

注 師者一校之主。編制管理。教授訓練。一身兼之。教之良否。學之興廢。責任所歸。故古者重之。

故君子之教喻也。

注 喻。曉也。教喻。蓋訓育督解之事。所以補教授所不及。

道而弗牽。

注 道。道導。謂分示其途徑。牽。牽引。如牽車牛。束縛而馳驟之。教育之事。首在分別事理。使學者勿入歧途。而不必牽制之使受拘束也。

强而弗抑。

注 以强。策勉之。抑。壓遏之也。學者易於懈怠。宜有以振奮之。少年天機活潑。萬不可多方阻閼。致失其興趣也。

開而弗達。

注 開。謂發其蒙悶。啓其端緒。達謂窮其究竟也。教育之事。在於發矇啓瞶。使學者能自致力。以漸幾於深造自得之境。無庸多其訊言而申其占畢也。

道而弗牽則和。强而弗抑則易。開而弗達則思。和易以思。可謂善喻矣。

注 道其趨向。强其進取。開其智識。分任教授者之所同也。弗牽。弗抑。弗達。專任訓育者之所獨也。牽則施之悖。而士將苦其難。抑則不由其誠。而士將疾其師。過於達則不盡其材。至卒業而不知其益。此主訓育者之關揵也。

右第五章 前言管理編制監察之事。後段則專言訓練之事。此主持全校監督職教員者之專責也。

（未完）

專著　孔子之教育學　八

管子學商榷 續癸酉第二册

蒼石山房原稿

第三篇　心術

心之在體。君之位也。九竅之有藏。官之分也。心為天君。百體從命。其位正中。精氣之所自出入者謂之竅。九竅。眼耳鼻各二。口一。陰陽竅各一。竅氣所自藏。曰肝。曰脾。曰肺。曰腎。與心而為五。藏各有府。曰膽。曰胃。曰心包絡。曰大腸。小腸。曰膀胱。是為六府。府藏精氣。開竅於上曰五官。一目。二耳。三鼻。四口。五舌。分司視聽嗅覺及言食。故曰官之分也。

心處其道。九竅循理。心主血而為神之所舍。神經血系。各有其脈理。而心以攝之。肝脾肺腎。皆臣職也。

嗜欲充盈。目不見色。耳不聞聲。嗜欲者。為外物所感。目欲色。耳欲聲。鼻欲香。口欲味。五色迷離則使人目盲。五聲嘈雜則使人耳聾。五臭薰蒸則使人鼻窒。五味錯陳則使人口爽。此但舉耳目者。省文也。盈。原本作益。今正。

故曰上離其道。下失其事。上言心。下言竅。竅各有職而統於心。心不在焉。視不見。聽不聞。食不知味。失其職矣。

毋代馬走。使盡其力。一喻。官竅之逐物而動。猶馬然。毋有心而慮。逐之如代馬走者然。則官得盡其力矣。

毋代鳥飛。使弊其羽翼。二喻。官竅之自動猶鳥然。毋有心以放縱之。如代飛者然。則官得行其所無事矣。

毋先物動。以觀其則。物來而順應之。官之則也。物未來而先以意計迎合之。則失矣。故曰有物必有則。

動則失位。靜乃自得。養心之道。以靜為主。先物而動。則擾擾於客塵之間。非求自得之道也。

道不遠。而難極也。道不遠人。然有終身行之而不能至者。故曰難極也。難極。猶言無盡。

與人竝處。而難得也。道者。人道之正義。不可須臾離。故曰與人竝處。然道愈高。心愈虛。不敢自謂已得也。

虛其欲。神將入舍。道之大障。莫如欲。理與欲不竝立。故必虛其欲。然後可以通神。神者。心之精靈。入舍。入處也。

掃除不潔。神將留處。神清明。欲昏濁。掃除其不潔之欲。則心地光明。故曰神將留處也。

潔其宮。開其門。去私毋言。神明若存。潔其宮。去欲也。開其門。諦聽其耳。明其目。去私者。法天之虛。無言者。法地之靜。如是則神明自守其舍。而心境豁如。所過者化。所存者神。上下與天地同流。而參贊位育。皆性分中事耳。

紛兮其若亂。靜之而自治。此言人事紛紜。一望若不可得而理者。然靜其心。去其私欲。以臨之。可立而治也。

強不能徧立。智不能盡謀。此言聰明強力。皆不足恃。惟虛心寡欲。乃能特立而善謀。以合乎道也。

物固有形。形固有名。此管子之言名學也。正名辨物。因形立名。以爲之紀。而萬物就理。無取乎智力也。靜以待動。可耳。

名當謂之聖人。名實相因。謂之當。循名覈實。名之必可言。言之必可行。正名定分。夫是之謂聖人。

故必知不言之言。無爲之事。然後知道之紀。不言。靜也。無爲。不倚智。不倚力也。名定。夫是以有不言之言。不倚智不倚力。夫是以有無爲之事。遵之紀。執紀之名。紀之耳。

殊形異埶。不與萬物異理。故可以爲天下始。形勢者。隨時隨地。隨人隨物以同變遷。而理則萬殊一本。異塗而爲歸。故聖人通其一。萬事畢。先天下以爲之。而天弗違。故曰。可以爲天下始也。

人皆欲智。而莫索其所以智。

智者。吾心之靈明。人皆有之。而爲欲所昏。不知返而求之於心。則神智失矣。

智乎智乎。投之海外。求之者不得。處之者無自奪。

投之海外。充其量而言之也。專於智求智。不知潔欲而求諸心。則終身求之不可得。心境清明。神處其舍。外物自不足以奪之。原本無自奪三字。誤在求之者上。今正。

夫正無人求之也。故能虛。

道體本虛。而待人自求之。求之者愈無。則道之靈明愈託於虛。神智愈不可得而見。不可見。非無可見之也。人不自求耳。原本作無正人無求之也。無正二字文倒。又衍一無字。今正。

虛而無形謂之道。

託於實者謂之事。處於虛者謂之道。故道無形。原本作虛無無形。誤。今正。

化育萬物謂之德。

化。變化。育。生育。萬物自生自化。而人功足以贊化育之所不足。而上配天地者。德之效也。

君臣父子人間之事謂之義。

人倫之教。禮從義起。義者宜也。人間之事。概括言之。

登降揖讓。貴賤有等。親疏之體。謂之禮。

禮者履也。實行踐履。各有體制。別爲等差。貴賤親疏。遂成定例。此義之所推極而窮。而法之所因緣而生。故老子曰。禮者忠信之薄也。

簡物小末、一道殺僇禁誅、謂之法。

簡。謂料簡。猶言檢察。小末。謂無關於重大及根本者。一道。猶言一例。殺僇禁誅。所以懲不道德禮義者。不問其本末小大而一律罪之。故曰法者天下之至平也。

人之可殺。以其惡死也。其可不利。以其好利也。此言政術·皆因人之心理而爲之也·

是以君子不誂乎好。不迫乎惡。誂·誘也·原本作怵·今正·不爲利誘·不爲威迫·夫是之謂君子·賈誼鵩賦·誂迫之徒·或趨西東·正用此義·

恬愉無爲。去智與故。恬愉·澹靜自得之貌·故者·成見·去智則無爲·去故則無執·

大道可安而不可說。安處安行於大道之中·神智自清·德禮義法·皆因物付物·而無所容心·故無資於言說·言多則失也·

宜人言之。不義不顧。宜·原本作直·非·言之二字文倒·今正·義者宜也·宜於人則言之·不宜於人·有道者置之不顧可也·無取乎辯難也·

不出於口。不見於色。四海之人孰知其則。不出口·愼言也·不見色·正容也·有道之士·事事求之心·有自然之定則焉·四海之人不必盡知之也·人字下原本衍又字·今刪·

天曰虛。地曰靜。乃不貣。天體太虛·地性靜止·有道者法之·貣通忒·差忒也·不忒·謂有常·

其應也。非所設也。其動也。非所取也。此言君子因應之宜·非有所設備·動靜隨時·非有所利而取之也·

過在自用。罪在變化。私心自用者·固執成見·設計雖工·而不善應也·變化無常者·自謂予智·進取雖勤·而未善動也·物來而不知順應·則愚而好自用之過也·動之不以其道·則變而失其常之罪也·

是故有道之君。其處也若無知。其應物也若偶之。靜因之道也。無知·謂如嬰兒之無智識未開·偶之謂若雌雄牝牡之相感應者然也。處若無知。致虛守靜也。應物若偶之。因物付物也。此治心之術也。

吾讀管子心術篇。而歎管氏之學之精。與言之約。視老氏爲切近。而視孔氏爲刻摰。其體尚靜。而其用善因。喻心於君。良所謂處其道而莫不循理者也。觀其論心。一則曰毋先物動以觀其則。再則曰虛其欲。掃除不潔。三則曰去私無言。神明若存。四則曰恬愉無爲。去智與故。言與動失其則。卽心與道之所由離。欲與智與故。心之賊。理之障。而道家之所大忌也。動不失位。言之宜人。不以欲亂官。不以智亂名。不以故、私心自用以亂其神明。夫是以虛而善應。靜以存神。道德禮義法。體之有要而推之卽行。形名理勢。察之也至精。乃至生死利害好惡不足以亂其情。靜處如嬰兒而因應如雌雄牝牡之和鳴。此其心境爲何如也。孰謂管子而不可以入道家者。吾無間然耳。原本節次陵亂。文氣不屬。略爲更定。又逐段有解。多不得其義。今斷自本文止。其解義別爲附篇。繫於後。備觀覽焉。

原書尚有心術下一篇。好事者割裂內業篇爲之。中有意氣定然後反正一段。至聖人因而裁之而天下治止。又所以據者非刑也一段。至日用之而不化止。

乃心術解之脫簡。今以還解義中心術下一篇刪。

墨子通釋（續癸酉第二冊）

蒼石山房原稿

第一卷第三篇

親士

孫詒讓曰，此篇所論，大抵尙賢篇之餘義，後人以其持論尙正，與儒家言近，遂舉以冠首，似不當爲第一篇也。

入國而不存其士，則忘國矣。見賢而不急，則緩其君矣。存恤問也，急謂當務之急，緩謂怠緩，緩其君，猶言後其君。忘國原本作亡國，今據下文忘士正之。

非賢無急，非士無與慮國，緩賢忘士而能以其國存者，未嘗有也。非賢無急，謂自尙賢以外，別無急務，甚言尙賢之急也。

昔者文公出走而正天下。文公晉君，名重耳，爲父所逐，徧歷各國，歸而爲諸侯盟主。正，匡正也。

桓公去國而霸諸侯。桓公齊君，名小白，齊亂出奔莒，歸用管仲而霸諸侯。

越王句踐遇吳王之醜，而上懾中國之賢君。醜亦作媿，可愧恥也。詩亦孔之醜。懾讋服也。越勾踐爲吳王闔閭所俘，囚諸會稽，躬執賤役，用范蠡而復越祚，遂霸中國。上懾原作尙懾，今正。

三子之能達名成功於天下也，皆於其國抑而大醜也。抑屈抑，謂於國內則嘗受屈抑，而有大醜之行，至於天下則卒能達名成功，所謂敗而有以成也。

專著　墨子通釋

大上無敗。大上道家之詞。謂人品中列於最上一等者也。無敗。謂無過失不至有敗行也。

其次敗而有以成。其次謂次於最上一等者。猶不失爲上也。先敗後成。轉敗爲功。若桓文勾踐是也。

此之謂用民。用民謂善用民心。民心之所趨向者賢士也。親賢用士。則民心歸之。

吾聞之曰。非無安居也。我無安心也。非無足財也。我無足心也。此言人心之好動而近利。不能安心知足。平居則放縱自由。臨財則貪鄙無厭。自敗而已。

是故君子自難而易彼。衆人自易而難彼。自難。謂責難於躬。易彼。謂以平易待人。所謂躬自厚而薄責於人也。自處於易而責難於人。則人鮮與之近者。此衆人之所以一敗不可救也。

君子進不敗其志。內究其情。事有成敗。而志不可敗。究盡也。內盡其情。無所隱匿。俞樾云。內當作衲。古退字。文漫壞僅存內。進退對文。所謂大行不加。窮居不損也。亦通。

雖雜庸民。終無怨心。彼有自信者也。自信。敗而有以成。志不敗也。

是故爲其所難者。必得其所欲焉。未聞爲其所欲。而免其所惡者也。此申言責難於己者。爲之必得其所大欲。自處於易者。其末大難。天之理也。

是故逼臣傷君。諂下傷上。逼臣。謂親貴權重之臣。所謂長君之惡者也。諂者佞臣。所謂逢君之惡也。

君必有弗弗之臣。弗弗謂拂君之意不苟同也·字通咈·吁咈·見尚書注·違也·弗弗猶言否否·

上必有詻詻之下。禮記言容詻詻·鄭注敎令嚴也·又軍旅之容暨暨·詻詻·詻字通格·猶言格格不易相入也·

分議者延延而支苟者詻詻。焉可以長生保國。分議謂分職而議事·延延安步貌·支苟猶言不苟·支从丩从又古文制·支苟者敬字之析文·洪蘇諸氏皆以爲敬之壞文·非·

臣下重其爵位而不言。近臣則喑。遠臣則吟。喑通瘖·口不能言也·吟·呻吟·病而語長聲重也·近臣不言·而遠臣言之·言之不達·則長言而詠歎之·上下之情不通有如此者·

怨結於民心。諂諛在側。善議障塞。則國危矣。此申言逼臣傷君諂下傷上之義·

桀紂不以其無天下之士耶。殺其身而喪天下。

故曰歸國寶。不若獻賢而進士。歸古通饋·謂遺國以寶玉·不如進國以賢士也·

今有五錐。此其銛銛者必先挫。錐銳利之器名·銛通鐵·古文尖·挫鈍頓也·銳者易挫·

有五刀。此其錯錯者必先靡。以金塗刀·謂之錯·靡通礳·磨古文·一云錯礪也·

是以甘井近竭。招木近伐。招謂樹枝翹起·招翹同音·此謂井水之甘者先竭·木枝之翹起者先伐也·

靈龜近灼。神蛇近暴。卜者灼龜以觀其兆·旱者暴蛇以求致雨·春秋繁露春旱求雨暴巫聚蛇是也·

是故比干之殪。其抗也。抗·抗直·莊子高論怨誹爲紂而已矣·比干殷賢相·以直諫爲紂所殺·

孟賁之殺。其勇也。孟賁齊勇士·能生拔牛角·秦武王好多力之士·孟賁之徒咸歸焉·卒被殺也·

西施之沈。其美也。吳越春秋逸篇云·吳亡後·越浮西施於江·是西施以美亡吳而被沈也·

吳起之裂。其爭也。淮南子繆稱訓云·吳起刻削而車裂·韓詩亦云·然爭謂戰爭·起善戰·原本作其事也·誤·今正·

故彼四人者。寡不死其所長。謂四人各以有所特長·而不得其死也·故長不足以恃也·

故曰太勝難守也。物忌太勝·太勝極則敗·欲持盈保勝者·舍親賢士·無他法可守也·

故雖有賢君。不愛無功之臣。此申言人之宜勉爲其難·以求成功·然後賢士亦樂親之·一喻·

雖有賢父。不愛無益之子。謂人不勉爲有益之事·雖父子之親·亦不相愛·況賢士乎·二喻·

是故不勝其任而處其位。非此位之人也。

不勝其爵而處其祿。非此祿之主也。

良弓難張。然可以及高入深。良馬難乘。然可以任重致遠。良才難令。然可以致君見尊。以弓馬喻賢士見親之有益也·

是故江河不惡小谷之滿己也。故能大。再證一喻·見親士之美·不必士皆賢於己也·

聖人者事無辭也。物無違也。故能爲天下器。事來順任。不辭勞也。物來順應。無相忤也。故器足以容天下。而能爲天下長者。以其能容納衆流也。

是故江河之水。非一源之水也。千鎰之裘。非一狐之白也。一喻重申。再設一喻。益見親士之要。二十四兩爲一鎰。黃金以鎰爲名。狐白裘。集腋而成。輕柔至可貴也。

夫惡有同方不取。而取同己者乎。蓋非兼王之道也。同方謂同道也。同己謂同意也。志同道合者則取之。王者之道也。若但取與己同意者。則私矣。原本作惡有同方取不取同而己者乎。誤。今正。

是故天地不昭昭。此言天地之大。以渾渾灝灝而容納萬有。不必察察爲明。喻人君親賢禮士。宜寬厚含容也。

大水不潦潦。大火不燎燎。潦潦水盛貌。燎燎火壯烈貌。此喻人君親士不可矜才尙氣也。

王德不堯堯者。乃千人之長也。堯堯高著盛大之貌。王者之德平易近人。故能兼衆長也。

其直如矢。其平如砥。不足以覆萬物。人君之德。過於直則峻。過於平則不能容物。故蕩蕩乎民無能名。斯足以首出庶物矣。

是故谿陜者速涸。游淺者速竭。墝埆者其地不育。谿。山瀆無所通者。陜通陿。狹也。游猶言上游下游。墝埆通磽确。多石之地。此喻王德宜深廣平易。游通遊。原本作逝。誤。今正。

專著　墨子通釋　

王者淯澤不出宮中。則不能流國矣。淯厚也。謂王者厚澤不出於宮庭之外。猶陝谿之泉。涸可立待。淺流之水不崇朝而竭。磽确之田生物不育。無所用之。是以泰山不讓土壤。乃能成其高。河海不擇細流。乃能成其深。大地廣厚。草木生之。王者天下歸心。澤流無既。國之人咸託命者。多士之效也。

此墨子首揭尙賢之義。以表其所謂尙同之恉。非徒取其同己而已也。尙同之先務尤重同方。何謂同方。則同道之士是已。士不必皆賢。賢不但一端。苟先執一自賢之心。則其器小易盈、而量陝狹尤不足以容物。器盈則敗可立待。且寡不死其所長。量不容物。則諂佞之人進。而咈咈諮諮之言無從達。其極至於民怨國危。而甚且不免殺其身。聖王不然。見一士不敢或忘也。見一賢不敢稍緩也。忘士若忘其國然。緩賢若緩其君然。不責人以難而自處於易。故能集羣力。若江河之納衆流。千金之集狐腋也。不自翹其長。而盡人之長。故能得衆助。若良弓之及高入深。良馬之任重致遠也。由同方而推之。方各有方。士以引士。而賢不可勝用矣。如天如地。不在乎昭昭以爲明。如水如火。無不載也。而未嘗濫而溢也。無不照而未嘗烈而揚也。高而不峻。直如能曲。平而有容。廣而深。厚而澤。

功成名達。而已若無與。親士之效如此。此真兼王之道也。故曰太上無敗。

第一卷第四篇

法儀 法本作灋。器名。所以取平。从水。物之至平者莫如水也。从廌。廌神獸見不平者則觸之。从去。去从大从厶。厶者所以去不平而平之器也。音讀如區。今省灋爲法。通以爲法度之法。儀者儀榦。所以表直者。故从義。今通以爲儀表之儀。

子墨子曰。天下從事者不可以無法儀。無法則無以取平。無儀則無以表直。無法儀而其事能成者無有也。此句原本脫。今據羣書治要增之。雖至士之爲將相者皆有法。將有軍法。相有國法。雖至百工從事者亦皆有法。百工爲方以矩。爲圓以規。平以準。直以繩。正以縣。懸掛之懸本作縣。攷工記。圜者中規。方者中矩。立者中縣。衡者中水。故矩所以爲方也。規所以爲圜也。繩所以爲直也。縣所以爲正也。準所以爲平也。無巧工不巧工。皆以此五者爲法。上文原本脫平以準三字。今據此五者增之。巧者能中之。不巧者雖不能中。放依以從事。猶逾於已。放。通仿。效也。依仿法度以效其事。猶愈於無法度者。於字原本無。今增。

專著 墨子通釋

故百工從事皆有所法度。原本法字下衍所字·語不順·今移上·或徑删之·亦可·

今大者治天下。其次治一國。而無所法度。此不若百工辯也。一國原本作大國·誤·今正·辯應作辨別也·謂分別而治之·治國與天下而無法·是不如工之有規矩準繩也·

然則奚以爲治法而可。設爲問語·

當皆法其父母奚若。設爲答語·王引之謂當與儻同·孫詒讓謂當與嘗同·皆不必從·

天下之爲父母者衆。而仁者寡。若皆法其父母。此法不仁也。法不仁不可以爲法。謂爲父母者不必盡合於人心之所大同·若法之·則心有所未安也·

當皆法其斅奚若。斅今作校·原作𦥯·𦥯學等字皆从之·許氏說文釋斅爲教學與校無分·禮記斅學半·亦教學無分·緣𦥯與斅二字今不存而誤也·法其斅應照原文作法其𦥯·謂取法於學校也·此二設言·

天下之爲斅者衆。而仁者寡。若皆法其斅。此法不仁也。法不仁。不可以爲法。謂學校之敎·亦不必盡合人心·法之亦於心有所未安也·

當皆法其君奚若。此三設言·

天下之爲君者衆。而仁者寡。若皆法其君。此法不仁也。法不仁。不可以爲法。謂為君亦不必盡合於人心。法之非人心之所同安也。

故父母、學君三者莫可以為治法而可。斷定一句。

然則奚以為治法而可。又設一問。應如何然後可以得人心之所大同。而為心理之所共安也。仁人心也。

故曰莫若法天。一語揭出本旨。

天之行廣而無私。天體無有窮極。於萬物中無有所私愛私利。

其施厚而不德。天之所施於萬物者。春風夏雨。秋霜冬雪。皆以厚萬物之生。而無德可儔。

其明久而不衰。日月之明亘古不息。萬物皆樂其生。遂其性。於日夜所息雨露所潤之下。久而相忘。

故聖王法之。故聖人法其公。法其厚。法其明。而兼愛兼利。以尙同也。

既以天為法。動作有為必度於天。天之所欲、則為之。天所不欲、則止。此設一斷語。以起下文。提出欲不欲二端。以為着手法天之功用。

然而天何欲何惡者也。又設一疑問。

天必欲人之相愛相利。而不欲人之相惡相賊也。斷定一語。約而該。精而確。

奚以知天之欲人之相愛相利。不欲人之相惡相賊也。以其兼而愛之。兼而利之也。申一語以鄭重出之。

奚以知天兼而愛之。兼而利之也。以其兼而有之。兼而食之也。再申一語。引人注意。萬物散殊。未有出於天地之外者。故曰兼而有之。人以其德歸報於天。故曰兼而食之。

今天下國無小大。皆天之邑也。歸入立言之旨。使有國者注意。原本作無大小國。文倒。今正。

人無幼長貴賤。皆天之臣也。孔子公羊說以天統君。以君統國。亦同此義。

是以莫不芻牛羊。豢犬豬。潔爲酒醴粢盛。以敬事天。此申言天之兼而食之。草食謂之芻。穀食謂之豢。粢盛謂黍稷稻粱。以祀神。

此不爲兼而有之、兼而食之耶。完成一句。

天苟兼而有之食之。夫奚說以不欲人之相愛相利也。又斷定一語。

故曰。愛人利人者。天必福之。惡人賊人者。天必禍之。曰殺不辜者。得不祥焉。

夫奚說人爲其相殺。而天與之禍乎。謂非天與之以福禍。乃人之自爲福自爲禍。而天實無心以禍之也。

是以知天欲人相愛相利。而不欲人相惡相賊也。是以知。原本脫知字。今按是以知與奚以知文氣相呼應。且他處皆作是以知。據增。

昔之聖王禹湯文武兼愛天下之百姓。率以尊天事鬼。原本脫愛字。今增。人死謂之鬼。墨子既兼愛天下之人。故推及人死之後而有明鬼之篇。愛之極至也。其利人多。故天福之。使立爲天子。天下諸侯皆賓事之。人人皆尊天敬鬼。則天人相應。人鬼兼利。國安而天下服矣。賓謂諸侯皆來賓。相朝會也。桀紂幽厲兼惡天下之百姓。率以詬天侮鬼。詬退有後言也。人以言相詈辱。謂之詬誶。小人不知天命而不畏天。故侮聖言慢鬼神。無所忌憚。其賊人多。故天禍之。使遂失其國家。身死而爲僇於天下。後世子孫毀之。至今不息。賊人。謂戕賊人之天良。使放縱無忌。失國亡家。身僇名毀。皆以不知葆其天良。使天怒人怨。鬼神不享。一切自召之耳。故爲不善以得禍者。桀紂幽厲是也。申明一語。愛人利人以得福者。禹湯文武是也。再申明一語。愛人利人以得福者有矣。歸結一語。正足其義。惡人賊人以得禍者亦有矣。再歸結一語。反正其義。法儀篇、爲墨子表明其主張天志之精言。天無言也。無爲也。而自墨子言之。則人人自反其天良而天卽在焉。何約如之。愛與利、人心之所同欲。而天良之所安也。惡與賊、人心之所同不欲。而天良之所不安也。愛與利。推此心、則天下可兼。惡與賊。存此心、則各私其私。而身且終不能自保。何精如之。吾嘗求諸道家之言天矣。以爲天本無爲無方無體。純任自然。自然者。人爲之所不得而與也。任天而廢人。其病也放。又嘗求諸儒家之言天矣。曰天視自我民視。天聽自我民聽。曰天聰明。自我民聰明。天明威。自我民明威。以民表天。以天統君。故大君號曰天子。大吏號曰天吏。是以天與羣衆爲一體。而以己從人也。舍己從人。其病也隨。放則無儀。隨則非法。無儀、則行不知其所以行。無法、則立國立身將概不知所以立。墨氏毅然斷然謂卽我卽天。天匪異天。卽我與人共樂共存交相愛利之一寸天良是也。以此爲儀。何正如之。本此爲法。何平如之。平者所以平天下之不平。正者所以軌萬世於一正。而不容歧說。亦不必他求者也。爲禹湯文武。爲桀紂幽厲。人自反之於良心之許否而已。無他事矣。墨子誠天教之祖也。

（未完）

雁影齋題跋卷二　　續癸酉第一冊　　湘鄉李希聖亦元遺稿

文選六十卷　宋本

每版九行。行十五字。字大如錢。筆畫圓勁。宋本中之精槧也。卷首有宋本二字。隸書橢圓印。朱文 又有番禺俞守義藏印。朱文 年年歲歲樓珍藏書印。朱文 會稽沈氏光烈字君度印。白文 此書歷經趙承旨文待詔鑒藏。故卷中有趙氏子昂印。朱文 松雪齋藏書印。朱文 停雲生印。白文 翰林待詔印。朱文 目錄有張之洞審定無競居士等印。其餘諸印不盡記。書無刻梓年月。每卷後題校對人名。有左從事郎贛州觀察推官。左從政郎贛州州學教授州學學諭齋長齋諭直學司書。左迪功郎贛州司戶參軍。左迪功郎贛州石城縣尉。左迪功郎新永州零陵縣主簿。左迪功郎新昭州平樂縣尉。皆宋官制也。推官教授等。皆贛州官。是贛州刻本。其零陵主簿平樂尉二人。蓋贛州人新授官者也。書中凡孝宗以上諱皆缺筆。光宗諱惇則不缺。是孝宗時所刻也。考尤延之淳熙辛丑刻本跋云。贛上嘗刻李善注本。往往裁節語句。可恨。此本亦贛上所刻。並刻五臣注。而無刪節。誠善本也。嘉慶中胡果泉重刻尤氏本時。

未見此本。卷末有陳蘭甫跋云。如典引今其如台而獨闕也。尤氏本注云。尙書曰夏罪其如台。孔安國曰。台。我也。汲古閣本亦然。嘉應李繡子據此爲僞孔傳翻案。有詩云。諸儒不省太常移。晚出羣將孔傳疑。典引先存安國學。中郎注裏幾人知。此本尙書曰上有善曰二字。非蔡中郎注也。古本之可貴如此。以上見東熟集。此本自趙氏文氏以後。展轉歸番禺侯君謨康。由侯氏歸陳蘭甫。沈君度從陳氏購之。方氏又得自陳氏。歷經名家鑒藏。可寶也。方氏所得文選舊本有十。因名曰十文選齋。然以此本爲冠。

太平惠民和劑方十卷　宋本

此本得自日本。故無收藏家印記。亦無刊刻年月。但題云建安雙璧陳氏留耕書堂刊行。蓋閩本也。余嘗謂醫書最宜校讐。一字之訛。關人性命。虞山張氏据元本刻入學津討源。渤海高氏刻入續知不足齋叢書。余以兩本對勘。異同甚多。惜無盧抱經顧千里其人耳。此書在宋時風行天下。自朱丹溪局方發揮出。其傳遂微。然固與聖濟總錄（道光中揚州刻本及日本刻本均二百卷四庫所收僅二十六卷）同爲方書之淵海。所宜家置一編者也。

分門集注杜工部詩集 宋本

每版十一行。行二十字。不著編輯人名字。考王琪序。稱何君瑑丁君修得原叔家藏及古今諸集。聚於郡齋。三日而後已。殆卽何丁二人所編也。分七十三門。極爲繁碎。日月門。星河門。雨雪門。雲雷門。四時門。節序門。千秋節門。晝夜門。夢門。山岳門。江河門。陂池門。溪潭門。都邑門。樓閣門。登眺門。亭榭門。宮殿門。宮詞門。省宇門。陵廟門。居室門。分上下 鄰里門。寄題門。田圃門。仙道門。隱逸門。釋老門。寺觀門。皇族門。世胄門。宗族門。外族門。婚姻門。園林門。果實門。池沼門。舟楫門。梁橋門。燕飲門。紀行門。分上下 述懷門。分上下 疾病門。懷古門。古跡門。時事門。分上下 邊塞門。將帥門。軍旅門。文章門。書畫門。音樂門。器用門。食物門。投贈門。簡寄門。分上中下 懷舊門。尋訪門。酬答門。惠貺門。送別門。分上下 慶賀門。傷悼門。鳥門。獸門。蟲門。魚門。花門。草門。竹門。木門。雜賦門。所採集注姓字。自昌黎韓氏以後。共百四十九人。書爲汲古閣謙牧堂（按謙牧堂爲揆叙藏書之所揆爲明珠子納蘭容若之弟藏書甚多）所遞藏。每卷前後有毛氏子晉印。朱文 謙牧堂藏書記。白文 又有孫佑宸印。白文 及孫佑宸前生經眼再來看印。朱文 又有廣圻審定印。每卷前後皆有朱文 又有萬氏徐氏等印。不盡記。紙墨既佳。槧印並妙。宋本中之上品也。

朱文公校昌黎先生文集四十卷外集十卷 宋本

每版十三行。行二十三字。卷首有崐山顧氏家藏印。朱文每册首皆有 又有賜硯齋印。朱文每册首皆有 考賜硯齋。爲桐城龍汝言字子嘉之齋名。所著有賜硯齋集四卷。道光戊戌年刊 殆卽其人也。序文上有江左周郎印。白文 九世卿族印。朱文 又有子京父印。篆法甚劣。則書賈所僞。每册後有莫氏雲卿印。白文 其餘前後諸印不盡記。考朱子韓文考異。係仿經典釋文之例。別爲卷帙。附於韓文。至嘉定中。福州王伯大以不便省覽。始散入篇內。寶慶三年。刻於南劍州。伯大又自加音釋、散入句下。此本一卷後稱劉耕王先生又音釋不在卷後。則麻沙所刊之本也。槧印雖不甚精。然經顧莫諸名家鑒藏。亦可貴也。韓文自方氏舉正朱子考異以後。以陳景雲之韓集點勘。王元啓之讀韓記疑。最爲善矣。

增廣註釋音辨唐柳先生集四十三卷 宋本

每版十三行。行二十三字。墨色明朗。殆印本之最先者。無收藏家印記。然紙色墨色。確爲宋本無疑。書賈好僞造收藏家印記。而篆法甚劣。致使古書舊槧爲其點汚。最爲可惡。此本獨無之。亦幸事也。四庫著錄卽此本。雖麻沙坊刊。然勝於明刊本萬萬矣。

唐人萬首絕句 宋本

此紹熙刊本也。自四十五卷後皆闕。前有洪文敏原序一首。自賓諸復古殿以下亦闕。書賈補綴。增一云時二字。卽接紹熙元年云云。而彌縫無跡。亦善於欺人矣。查萬首絕句在宋時卽有三本。一本一百卷。一本一百一卷。一百卷者。爲文敏所自刊。半刻於會稽。半刻於鄱陽。一百一卷者。爲汪綱守越時刊。合鄱陽會稽本而併刻之者。原本五六言共二十五卷汪本則分出六言爲一卷故多一卷汪本明時有翻本曾入天祿琳瑯又有吳格重修之本。則僅會稽初刻之一半。據文敏自題云。越府所刻。七言至二十六卷。五言至二十卷。此本正四十六卷。則汪舍人修補越府所刻之一半。印行之本也。曹氏楝亭書自有萬首絕句。下注四十卷。殆不全之本也。自嘉定辛亥至今幾千年。在洪汪二本之間別爲一本。爲從來談版本者所未見。自明以來。洪氏全本已不可見。四庫著錄本僅九十一卷。已佚其九卷矣。明翻宋本僅七十一卷。而訛謬百出。余將一卷首篇杜詩略一讎校。不知醉裏風吹盡。知訛作如。漫與九首。與訛作興。而此本不誤。足見舊槧之可貴。卷首有玉蘭堂印。（朱文每冊皆有）吳寬印。（朱文）匏翁印。（白文二印每冊皆有）歷經長洲文氏及吳文定公所鑒藏。雖不全之本。亦可寶也。書用綿紙。神采奕然。殆宋本之初印者。趙氏寒山堂刻本。改易原本分卷之舊。爲錢遵王所痛詆。則又明人之故技也。王漁洋池北偶談云。韓致堯詩。白玉堂東遙見後。令人評泊畫楊妃。李子田云。評泊者。論販人是非人也。今作評駁者非。近諸本或作斗薄。或轉訛斗薄。殊無意義。萬首絕句本作評泊。當猶近古。漁洋所據。蓋明翻汪本也。

修文備史　鈔本

題崐山顧寧人炎武彙輯。所輯書。曰皇明帝系圖。無撰人名。曰皇明帝后紀略。盛元佐編。曰皇明寶訓。（五卷）宋濂等編。曰穆皇登極儀。下題見世經堂集。曰神宗步禱儀附謁陵。曰獻實。（四十卷）袁袠撰。明人列傳。自徐達起至徐楨卿止。曰儲匱餉增疏。

曰兵制志。卷三 史繼偕撰。曰太倉考刪。曰太常紀刪。卷四 蕭彥撰。下題念濬子刪。輯曰謚紀考。曰廠庫須知。何事晉撰。曰九邊考。長沙魏煥撰。曰北邊世系考。曰大同板升考。曰平播日錄。曰平播碑。曰東三邊列傳。速把亥 炒花 花大 黑石炭 董孤狸 兀魯思罕 長秃 長昂 宣大鎮史二官 車達雞 寧夏鎮哱拜 哱承恩 回夷播酋楊應龍 巢賊賴 元爵藍一請諸酋 黎歧 十賽諸獞 礦盜王張 住 京營叛兵 王之佐 埊慶劉堂艮 草坪石纂祿 浙江大營叛兵馬文英 象山昌國營畔兵向中 列 叛兵陸文緒傳胎子 叛兵王禮重承恩張琄兒張勝豪 湖盜殷應采 崇明江陰諸盜 貴州安國亨安智奢效忠 土婦奢世統奢世續 雲南 銕鎖菁羅思諸夷 緬甸 羅雄者繼榮必六 安南莫茂洽以上列傳目 曰可齋雜記。彭時撰。曰水東日記。曰守溪長語。曰寓圃雜記。曰捐齋備忘錄。卷二 梅純撰。曰清溪暇筆。曰瑯琊漫抄。曰謇齋瑣綴。卷八 尹直撰。曰菽園雜記。陸容撰。曰埜記。卷四 祝允明撰。曰後鑒錄。曰西征石城記。曰撫安口記。曰興復哈密記。曰東征紀行記。曰雲中紀變。曰庚戌始末志。王世貞撰。曰防邊紀事。曰伏戎紀事。曰撻國紀事。曰靖夷紀事。曰綏廣紀事。曰平夷賦。曰平番始末。曰平蠻錄。曰炎徼紀聞。曰安南奏議。曰西南紀事。卷二 郭應聘撰。曰議處安南事宜。曰史乘考誤。共數十種。前有趙收盦懷王序。言得自桐鄉金少權。金氏得自汪氏古香樓。桐鄉藏書家也。有抄本。無刊本。所抄各種、間有分卷者。而全書並無卷數。全紹衣精於考核。流覽極博。所爲亭林神道表。詳載著述。獨無此書。自來序錄家亦未之及。此趙氏之言也。而趙氏前有一序。以爲不出亭林。謂七十五種中見於皇明紀錄彙編金聲玉振集。凡三十餘種。二書皆於萬歷中刊行。亭林豈有不見之理。啓禎間事。無一字及之。而水東日記守溪長語等書。各已刻入本人之集。寓圃雜記菽園雜記。又散刻叢書中。以爲決不出亭林之手。（序但稱洛不署姓。俟考）余謂此亭林隨手記錄之書。欲以留備史料。啓禎以後之事。殆欲輯錄而未暇。其中如兵衛太常太倉廠庫。詳密瑣屑。可考見一代制度。九邊及西南諸夷內地畔兵諸傳。皆爲明史諸書所不詳。亦可見當時情事。非亭林留心掌故。決不能爲此。核其體例。與郡國利病書用意相同。殆晚年自負國史之重。隨手編輯。未及成書。而先生遽歿。故止於嘉隆以前。平定張穆譔亭林年譜。於顧氏著述。臚舉歲月。搜采無遺。亦無此書之名。誠非常之祕笈矣。惟鈔手極劣。譌舛甚多。藏書者僅較書之厚薄。率爾付裝。遂使片段不分。有牽連割裂之病。好學如趙昧辛。何以不爲之校刊。甚不可解。海內好古之士。儻能廣爲流布。將已有傳本者備存其目。不必再刊。庶不負前賢之用心矣。

甲申雜記 宋本

每版十行。行十九字。吳氏筠清館舊藏也。墨光如漆。蓋宋本之初印者。第四條述阿李國事。末言鍾傳坐冒賞貶。遂復成其議。復字下空格。注御名。以文義求之。當是構字。構乃高宗名。此書無刊刻年月。當是建炎紹興間刊本也。敍述瑣屑。頗多北宋遺聞。其中如言曆日載幾龍治水。而今所傳寶祐四年會天曆則無之。足以考見宋時制度沿革不同。惟喜談因果。如唐稚在長沙買几子。其後竹脚中破。內有刻字。具述某年月日破。以爲萬物皆有定數。又述馬默貸沙門島流人。東嶽聖帝賜以男女。蔡持正爲第四人。過嶺。宰相孫升感夢於前。歐陽大椿見字於壁。如此之類。頗爲荒怪無稽。宜周益公之斥爲妄也。而李仁甫通鑑長編頗采之。

揮麈錄 宋本

每版十二行。行二十字。卷首有粵人吳榮光印。白文 卷後有荷屋所得古刻善本印。朱文 吳氏筠清館所藏書畫印。朱文 無刊刻年月。其中當擡頭之字皆空一格。不別爲一行。宋人刻書舊式多如此。此書乃宋人從王明請揮塵錄內摘出數十條。託爲楊誠齋所譔。四庫提要已駁之左。禹錫誤收入百川學海乙集。盧抱經補宋史藝文志。亦誤列之小說家。然其書則固宋本也。其中言宋初承五代搶攘之後。三館宋以昭文集賢史館爲史館有書僅一萬二千卷。自乾德以後。加意搜羅。獻書者優與出身。至真宗咸平時。書大備矣。而八年榮王宮火延燔三館。焚爇殆徧。此書之一厄也。自此以後廣爲傳寫。且置校勘校理之官。嘉祐中。獻書者每卷支絹一疋。及五百卷者與文資。可謂優矣。訖於宣和。天下異書。盡登祕閣。靖康之變。悉付刦灰。書之又一厄也。方承平時。士大夫家如南郡咸氏。歷陽沈氏。廬山李氏。九江陳氏。番陽吳氏。俱有藏書之名。今皆散佚。可見從古藏書無久而不散之理。黃蕘圃平生舊槧。亦及身而盡屬他人。甚至絳雲文選費畢生之心力。粲天下之菁華。盡付一炬。則又不如散在人間之爲愈也。若明之李中麓。且以藏書賈禍。野獲編洪朝選撫山東聞章邱李少卿先芳家富藏書與借觀不與因起大獄破滅其家李以土志恨死及洪歸閩後爲撫臣勞堪訐其居家不法瘐死獄中或謂有天道焉于東阿筆麈但記洪芳洲爲少司寇時逼死故都御史楊順以媚華亭不知有章邱李中麓事也洪與中麓同年進士以此人尤薄之武康山中白晝鬼哭。何其癡乎。

聞見近錄 宋本

每版十行。行十九字。亦鈐清館舊藏也。其中揚州后土廟一條中云。宋丞相構亭花側曰無雙構字李格注御名二字。殆亦建炎紹興間刻本也。其書皆述北宋遺聞。故曰近錄。蓋王定國爲王文正之孫。本世家望族。於朝章國典聞見甚切。故敍述頗詳。然亦有失實者。如太祖召諸方鎭置酒大林中語其所謂十兄弟者。可殺我而爲官家。方鎭皆伏地不敢對。此殆近於齊東野語。已爲畢氏續通鑑考異所駁。李心傳舊聞證誤舊聞證誤永樂大典輯本僅一百四十餘條繆筱珊從錢唐丁氏影寫宋殘本首二卷又得二十九條別爲補遺一卷刻之亦辨其張融建宅一條。寇準服何首烏一條。錢若水罷相一條。大旱罷買文元一條。鄭天休諸公會李氏第一條。馮當世爲樞密使一條。然終不以一眚累其全書也。困學紀聞云。李微之舊聞證誤。執政不坐奏事。以王定國聞見錄爲證。與王沂公筆錄不同。李仁甫修長編未見定國書。故專用筆錄。則宋人亦甚重其書矣。

初學記三十卷

嚴鐵橋手校。其本卽萬曆丁亥徐守銘刻於甯壽堂者也。卷首書後一篇。用硃筆塗改數十字。較刻本而盡於此下多數行。蓋刻漫稿時所删節也。歐陽公集古錄跋尾。流傳眞跡。往往與集不符。不足怪也。（四庫總目詞曲類樂府雅詞卷首有朱彝尊題詞手跡亦與集不符）此鐵橋用王蘭泉宋板大字本一一對勘。極爲精密。用朱墨二筆。塗乙處極不苟。可見讀書之細。而亦見徐本之譌謬百出。明人所刻之書。往往如此。宋吳明可不肯傳書。以謂校讎不善。貽誤後人。誠篤論也。考陶岳五代史補楊行密以初學記一部餽成汭。其爲刻本寫本不可得而知。（書有板本始於唐末其時祇術數字學小書而已後唐長興三年始刻九經）今宋本已不可得見。而黑口小字本及廉石居之元板。亦無從物色。余所見嘉靖辛卯無錫安國本。嘉靖甲午晉府刻本。楊鑨重翻晉府本。萬歷丁酉陳大科本。吳陵宮氏岱雲樓校補陳大科本。古香齋袖珍本。皆多譌謬。惟陳大科本稍善。好古者若能以此校本付雕。庶不負嚴氏四十日之心力矣。

（未完）

陰符經解義

湘潭尹乾秀和白 遺稿

上篇

觀天之道。執天之行。盡矣。

一大曰天。顚而上也。一大之物曰天。觀其道也。天道運行而因時。乾乾不息也。陰陽之理。動靜之幾。始終循環。本乎混元正一之炁。承其德而法之。元于首而行之。道斯至矣。

孔子曰。在天成象。在地成形。變化見矣。範圍天下之化而不過。曲成萬物而不遺。

天有五賊。見之者昌。五賊在心。施行於天。宇宙在乎手。萬化生乎身。

天運於氣。迭生五行。行之以道。生爲榮尅而成。行於非道。生取敗。尅去害。五常不守。五氣失在。宗星暗攝。故謂五賊。燭厥情。應其生。故可以與彼生化之。此生制之。化而爲三。歸而成一。制化之權。本乎心。施行之候。應乎天。宇宙之理、掌握司焉。萬化之幾、主身具焉。

孔子曰。化而裁之、存乎變。推而行之、存乎通。

天性人也。人心機也。立天之道以定人也。

天清人純。天定人順。雜然先判。仕民階亂。天之性徵於人。人之心兆於幾。知天心正運。明陰陽動靜。神幾合道。鬼神莫測。故立法於天。而人道定矣。

孔子曰。繼之者善也。成之者性也。是以明於天之道。而察於民之故。

天發殺幾。趨星易宿。地發殺幾。龍蛇起陸。人發殺幾。天地反覆。天人合發。萬化定基。

天道運行。星宿次舍。趨宮易位而司令。殺幾之發、在時在運。地道應行。龍象陽蛇象陰。上下交征。起於太陸。君子小人道不並行。殺幾之發、在時在方。人道時行。陽位天而行姤。陰位地而來復。地天交泰。反復在道。太乙真炁反陰爲陽。殺幾之發、在時在法。殺者遷。幾者萌。殺中有生。生中有殺。殺幾死生。豚于彼此之間。順天應人。德及於時。一炁渾含歸眞土。萬神和合於中宮。資生萬化之基。定於此矣。

孔子曰。遂知來物。非天下之至精。其孰能與於此。

性有巧拙。可以伏藏。九竅之邪。在乎三要。可以動竫。

賦命自天。而生於心者性也。伏藏巧拙、人孰知之。九竅者、生邪之門戶。耳、目、口、是謂三要。發乎天地人。本乎精氣神。故三要露、大識生。閉關握固以薰烝。混而爲一。伏知藏神。潄金吞玉。養晦待明。竫則竫於心。意動則動於神。幾古聖所云。知守三要者、彼此間而動竫之理得。

孔子曰。言行君子之樞機。樞機之發、榮辱之主也。言行君子之所以動天地也。可不愼乎。

火生於木。禍發必尅。姦生於國。時動必潰。知之修煉。謂之聖人。

木王生火。候應於風。亢極爲禍。自相尅矣。人生惡性。如木而被火。神散氣離。災至必亡。國權賌姦。亂原於政。變生以時。至期潰矣。身存邪念。如國之有姦。情牽慾彖。及時必死。陽氣歸天而消。陰質歸地而滅。可不畏乎。以柔制剛。火息於水。以正制邪。姦除在王。明其法。愼其防。退身固本以修之。聖人之道也。

孔子曰。天下之理得。而成位乎其中矣。

中篇

天生天殺。道之理也。

萬物生殺。莫不因時而得氣至而生。數盡而沒。理有固然。天實司之。洞明聖幾。悉察陰陽。盜天地。奪造化。固可長久。昧於心者。興亡天理。樂亡天良。傷生害命。死亡可期。天之所生。天之所殺。陰陽消長循環之道。隨於氣運流行。時之所主。理自然也。

孔子曰。變通者、趨時者也。

天地萬物之盜。萬物人之盜。人、萬物之盜。三盜既宜。三才乃安。

天地生萬物。宗萬物之精氣。而成天地。萬物人之所用。得人之精氣。而成萬物。人爲萬物之所使。取萬物之精氣、而成人道。謂之盜者。不期然而然也。盜以時有斯得。時不盜。无可存。適然而來。適然而去。如鐙之續。光光之相映。物象也。時氣也。卻之无益。取之无損。法乎天地人物之理。契合參同。盜其所宜爲道。能盜自然之精氣。三才大道。得安且固。知而修之。可以超凡入聖。

孔子曰。聖人有以見天下之動。而觀其會通。以行其典禮。

（未完）

文苑

船山遺書精義

俟解

王介甫以經義易詩賦。其意良善。欲使天下之爲士者。自習於聖賢之言。雖未深造。而心目之間。常有此理。作鏡中之影。以自知妍媸。而飾之。自王守溪以弱肉彊食之句。爲邱瓊山所賞拔。而其所爲呼應開合裁翦整齊之法。羣相奉爲大家。不知天地間要此文字何爲。士風日流於靡。蓋此作之俑也。子曰。辭達而已矣。有意不達。達而不已。拙也。無意可達。惟言是飾。是謂言不繇衷。王守溪薛方山之經義。何大復王元美之詩。皆無意可達者也。爲士於今日。不能不以此爲事。能達其意。如顧涇陽可矣。黃石齋之文狂。黃蘊生之文狷。殆其次乎。

編者節錄

文苑

文錄

船山祠祭文

郭嵩燾

惟先生根柢六經淵源五子養氣希蹤於孟氏正蒙極詣於橫渠於易禮尤極精求。視陳項更標新旨允宜追配七十子位兩廡程邵之班豈期歷世二百年。闕本籍馨香之報爰脩祠祀。用薦明禋。恭值上丁之期。竝隆釋奠之禮。伏惟昭格。降鑒精誠。

水仙子傳

武岡鄧繹辛眉遺稿

楚之南曰零陵郡。其毗永州。俗樸而化。清豪家以義爲市。粵之財雄。多走集焉。有王君德權者。自其先世大父以貲遊永。僮奴食客且千人。歲出其租若藏鏹。貸邑父老。恤鄉之煢孤。一郡中盡慕其所爲。德權字秉清。姿制偉秀。狀如好女子。溫醇清剛。尙貴德義。伯仲八九人。皆俊傑而秉清爲季子。尤得大人憐。里有蕭氏名族也。生女水仙。娟麗無儔。其家奇貴之。欲求如張耳陳平者以爲壻。久之得秉清。則大喜。是時秉清年十六。從其兄斌清觀察以軍閥顯東南。一郡中門楣目蕭。皆言夫壻殊也。秉清給假馳六騶歸里。御輪親迎。錦帕銀鞍。煜爚道左。水仙靚妝出。上車、望之韡韡然若錦雲穠華。觀者晝眩。共牢、侍盥、聲怡色都。敬姑。嫜。睦。娣。姒。而御下。以。恩。琴、簫、在房。華寶、旣具。歲甲子秉清以太守宦豫章。攝戎務。與水仙別累年矣。姑嫜憐之。遣裝送信州。至老虎灘。遇暴風舟覆。抱其三歲猶子不肯釋。風雷中漂木一片疾過。水仙疾置兒其上。僅活。而水仙竟漂沈。越三日得其骸面如生。年二十一。軍中有偶神張公能致魂魄。秉清悲甚。欲如少君之致李夫人者。夜參半有風肅然起帷中附童子呢呢言。秉清識其爲水仙也。曰、妾非合死者。乃慧星從風伯過江。誤殺妾。帝震怒。是君且得譴。憐妾死無罪。而仁兄子。以爲神。而主風波。衣之芙蓉。昭其華也。譬以藻蘋。昭其潔也。王郎善自愛。會當有見期。遂去。不復至。歙縣鄭君由熙聞之。卓然稱異。索予爲傳。

贊曰。太史公有言。妃匹之愛。父不能得之於子。君不能得之於臣。是有、命、焉。王君性淳至英磊。與游者意消情移。生豪膴瀟洒美少。右貂金璫。手旄鉞。指揮進止。一時望若周瑜沭英傳。吳楚間仕女無不欲得以夫者。然卒偶儷之者水仙子也。可謂幸矣。然其命足以被褕翟荐茵幬而數千里之間。不得續半面之緣。何也。昔鄧攸棄其子而存兄之孤。人以爲難能。而水仙至殉身以救其猶子。悲夫。

獨行洪先生傳

湘鄉王禮培

獨行洪先生者。余塾師李先生嘯溪其及門弟子也。先生字秋浦。嘗扶杖過塾。侃侃談節義。酒後益激昂。挺身端坐。望之儼然。同治甲戌。禮培纔十齡。猶憶其論治心之學云。朱子言天地萬物本吾一體。吾之心正。則天地之心亦正矣。吾之氣順。則天地之氣亦順矣。今年且七十。恍惚洪先生聲容氣岸。如對案提撕。親接其警惕。夷考其行誼。是殆狷者之流。而聖人之徒歟。始先生與曾文正。讀書邑之東皋書院。文正恂恂長德。同舍生稍事侵慢。既就寢。或唾汚其履。晨起拭之。略無容心。先生述其事。嘆爲弘遠。文正先塋與洪氏之先同邱。家人頗惑風水。屢移棺。潛侵洪塋。及馬鬣矣。子姓飲恨。欲有所言。先生曰。棺則移矣。塋固未移。奈何。吾惟付之不可知之天耳。文正微聞其事。爲之踧踖。欲價得之。令改葬。使人示意。先生愀然改容曰。吾誠不肖。不能庇先塋又因以爲利人其謂我何先是文正督師東征貽先生二百金至是且二十年先生取之牀頭授使者曰爲我謝欽差犒者二百金關防宛然未啓果爲金耶吾亦不知使者惶遽嗟異古稱相士以居自非烈丈夫其孰能當此雖然文正贈金念故人貧耳自先生還之二十年後幾無以自白卒貽當時後世之口實蓋君子之行事行其義也義之不行不能達於州里乃以之當洪先生吾嘆處約之難貞固後彫神鬼欽憚視暮夜卻金抑蔑如也先生以老諸生終於家名則余幼而忘之矣光緒初元文正弟忠襄買宅會城洪家井四周缺一隅有鍛鐵工佔地丈許巡道裴蔭森勸之售不肯威之無懼忠襄鑒於洪先生卒寢其事夫以鐵工之微尚不能奪其志況於洪先生者今忠襄之宅已三易主鐵工之地亦隨煙塵轉移而不可究先生沒二十餘年其子竟挾契約買舟獻忠襄兩江總督衙門既延之上座則眴眴一村夫也禮培方客署中不禁重爲洪先生悲孟子言其子之賢不肖皆天也噫信乎其爲天矣乎范蔚宗後漢書創獨行列傳著東漢節義之士謂志剛金石克扞强禦其風軌有足懷者吾於是傳洪先生

周采之傳

湘鄉顏昌嶢息庵

嗟夫自吾亡友周君采之之死不聞直言者二十有餘年矣君爲人坦率無城府與人以誠不億人不信時或失聽亦不吝改過面頳徵髭喜飲酒不至醉好讀書通小學天算輿地究心經世之業丹鉛常在手與人箋或卽丹書之人以爲慢己不省也與予同讀書長沙求賢館同修湘鄉節孝祠編纂節孝錄同創立漣璧高等小學莫逆也常辯論古今事一不合輒怒目奮髭盛氣相加若不可嚮邇旣而氣和色霽復相呼論事憺忘前語以此終篤好如初予行年七十未嘗得此於人也見義敢爲不辭艱險宣統初元知縣周幼安威福自專擅運縣倉積穀下河販糶市民阻之怒捕爲首者竹工林某欲殺以立威君與舉人程希洛劉健誠俱入署爭之不聽反坐君等助逆謀亂將與大獄君控大府委道府勘覆周令鐫職囘籍君以是年被舉爲湖南諮議局議員遇事慷慨敢言多所昌建宣統三年粵漢鐵路議起湘民拒借外債集資自築已有成局而朝廷下鐵道國有之令君及譚延闓曾繼輝周毓豐被推爲爭湘路民辦代表入京十月杪賷疾歸里十一月十三日南京新政府成立改元民

國元年一月一日。君卒於湘鄉冠曹里第。春秋五十有五。惜哉。君諱廣詢字釆之。湘鄉冠曹周氏。清廩貢生。光緒壬寅補行庚子辛丑恩正併科湖南鄉試副舉人。父福安。咸豐丁巳湖南鄉試舉人。著有屏山草堂詩文集。井團新書。湘鄉縣志文苑立傳。母李。繼母曹。君兄弟三人。次居季。生三歲喪母。八歲喪父。賴寡嫂彭教養成立。君畢生事嫂如母。撫兄子如子。妻蕭氏。生子一榮岱。女子二。適某某。孫華駿。以君卒年月日葬本鄉八甲腦。祔母李孺人塋次。從君志也。所著有談天條辯二卷。天文綜要。推朔望細草輿地約言。經字韻編。各一卷。識字初編四卷。正字析原五卷。續小學考十卷。說文集腋四卷。古籀文補注二卷。三傳異同商四卷。藏於家。榮岱能世君學。知予與君篤。乞爲之傳。

顏昌嶢曰、君論學大旨。謂西方無至聖。故立身行己。尙須尋求至善之歸。我國有仲尼。言道德純矣備矣。無以復加焉。學者祇宜身體而力行之。勿庸更有所研討。學仲尼自程朱入。宋學、爲入聖之門戶。此其大較也。君所識評予經學講義之語具存。每展覆之。未嘗不慨然想見其爲人也。今不可復得矣。噫。

尹乾秀陰符經解義序

王闓運佚稿

尹子既博通造化之源而尤察於地理知天地之所以流行而病世之泥於迹思古聖之經粲而彰者人既昧之隱而顯者人又怪之故不著青囊之書而傳陰符之篇言陰之符於陽即蘇秦言天下地形而曰得陰符者也是篇雖傳自唐時要有粲有隱其後以人我對言發明本旨文似老子而尤簡要引孔證之至平易矣其注文亦無枝言但明大意視之若隨文解義而包舉萬端用功數十年吾雖讀之不憚其難亦心知其非易也以陰符言地理自周以來舊說人尠知者故爲題耑以告學人王寅正月既望王闓運敍

木崖軒詩存序

前人佚稿

仲元幼稱聖童下筆千言早承問字今又十年矣以世變應廣州陳博士孔教會支部之託居長沙府學宮偶還湘潭行篋留學宮爲友人席卷去所注述文字幷失乃記憶存此卷亦劫餘也特以見示因爲題此古人筆迹流傳一二足矣不必以拾殘爲惜也甲寅驚蟄日王闓運題

清故兵部主事曾君墓誌銘

義甯陳三立撰

君諱熙。字子緝。初字嗣元。晚號農髯。世爲衡陽人。生甫逾歲而父卒。君母劉太夫人。艱苦撫君至成立。幼聰強。弱冠補諸生。博覽嫺藝文。復以工書稱儕輩。學使者張君亨嘉負雅望。拔君肄業校經堂。學益進。光緒辛卯舉鄉試。上禮部。不第。納貲爲郎。隸兵部。癸卯成進士。仍留兵部。補武選司主事。尋得記名提學使。弼德院顧問。先是甲午歲。劉忠誠公督師山海關。禦倭寇。君一赴軍幕。退而聯公車上書。慷慨論時政。意氣甚壯。及妖民亂作。倉皇奉母出都門。即被劫。君覓竹輿坐母。偕一僕肩曳行四十里。許得附舟。當是時。母對君泣。君反笑示無苦。以慰薦母。既南返衡陽故居。長吏聘講石鼓書院。兼漢壽龍池書院。君本治戴氏禮。公羊左氏春秋。溢而爲文辭詩歌。雅懿棄凡近。生徒經君指授。從風爲改觀。復迭充監督師範高等學堂長。教育會。諮議局。自治局。物望翕然。國變後。母以天年終。君哀毀幾以身殉。久之。其友李文潔公瑞清。號清道人者。方鬻書滬上。資餬口自活。爲書招君曰。家居碌碌。盍來與我共。一旦之命乎。於是遂走。主其家。君於書與清道人同淵源。皆務復古。習秦漢篆隸。而後專摹六朝碑體盡其態清道人歿君踵起名益振四方賫重直求索不絕歲所贏輒推濟族戚交朋窮乏者君事母極孝終其身語及輒抱中母遘侵陵禦侮保孤狀未嘗不流涕於清道人爲卜葬金陵牛首山築祠置祀田世尤高其風誼焉在滬居僻巷而賓友或門弟子常滿坐古貌白鬚呴呴披肝鬲絮語故親附者衆晚歲喜購古先輩遺蹟餘興效作畫崛奇出天授一日余過君有自寫潑墨山水裝池懸齋壁雜清湘石谿諸幅間余誤而弁贊之君掀髯狂笑曰老夫區區戲墨亦能亂真邪余卽自承爲誤又搖手曰不得言誤也其風趣恢詭類如此君年躋七十庚午七月四日病卒所著有左氏問難十卷春秋大事表兩卷歷代帝王年表兩卷和陶詩兩卷書畫錄、文集、詩集、各若干卷曾王考諱傳盛王考諱紀領考諱廣屋妣氏劉旌表節孝國史館立傳配湯恭人所出子曰摯曰述曰卓女二適譚適夏繼配萬恭人所出子憲珂孫男五人孫女四人曾孫一人是年九月歸葬君於衡陽界碑峴塘衝其孤摯走匡廬山居乞銘余於君號生平最狎習者也掇次事狀所未備系以辭曰

亂驅一老投海裔巧救飢腸廁鬻藝初接黃冠騁聯轡喪朋文采獨照世飄髯蜃樓

閱年歲萬靈踊躍役運臂立身本末根孝義墨痕隱涴思親淚道存亡命緬高致流
風盪摩後誰嗣魂合嶽氣片石瘞纔補聲詩導肆志

瓠盦詩存序

湘潭趙啓霖

予與滌荃交三十年。曩在京師。居湘潭館。滌荃方主館事。時時過從談諧。與邑人爲朝官者。話鄉關情好。欸欸相對。脫略形迹。而國家尙安謐。無意外之變。士大夫優游囘翔。皆若有以自得焉。久之予罷歸。復于役蜀中。滌荃亦有桂林之行。一日忽以書抵予。寄示詩十數篇。予洒然歎嗟。久之。蓋滌荃之爲詩始於此。予見滌荃之詩亦始於此也辛亥之變先後返鄉里予居邑西南陬萬山中滌荃居縣城往往數年不得見遇事通牋問亦間以詩唱和而滌荃詩乃日多亦愈工城中公事叢萃諸長老零落略盡年來師旅飢饉之紛沓征歛供億之苛暴一有事衆推滌荃枝梧其間滌荃頗厭苦之而無計可避免輒偕同人苦心焦脣斡旋補救於無形不知者或加訕譏而滌荃素骯髒負氣好面折人又自恃皦皦不汚屹立無所囘忌居常自歎乏資力不能遠引卒不能不與麈俗相委蛇顧獨喜爲詩暇則據案微吟以寄其鬱伊無聊之思他人之詩多得之閑曠滌荃之詩乃得之冗劇蹙迫劫劫不遑之餘此其不可及也世亂未已求如疇昔聚處京邸從容文讌時不可復得風雅掃地塵埃眯目滌荃獨撚髭哦咏於荒江古堞間其懷抱可知至其詩淸麗芊綿有斐然秀出之致覽者當共知之無以贅爲矣。乙丑二月趙啓霖。

周舍人思伯軒記書後

長沙黃兆枚

居骨肉間遇大疾眚以至於死其深悲極哀發於至性不可遏抑此誠愴慘不忍覩聞之事而况以同氣之親衰暮之年一旦淪隕於賊而茫然不知沒於何時何地者乎。泰和周仲簡舍人。與其兄伯養先生。少而同學相師。至於老相友愛也。先生嘗宦遊湖南。光緒戊申以憂歸。即家居不復出。淸命既絕。國益大亂。匪寇盈野。先生之里騷然。則以吉安郡城去其鄉不百里。民戶繁集。常駐重兵。乃趨僑之。而城忽爲賊陷。執先生父子以去。其時舍人方寓南昌。聞變大慟。余與小簡同宅舍。就詢家狀。輒流涕。小簡舍人子也。既而先生之子遇害永陽。而先生卒無息耗。探之不得。舍人以先生性剛正。必不能宛轉苟偷視息。而遺骸沈魄。山川阻深。此思伯軒所由作也。吉安之役。孫霽如孝廉亦被害。其子當搜輯孝廉遺墨預言。都爲一册。廣徵題詠。似翛然蟬蛻塵壒之外者。長沙粟谷青嚴石侯。故與孝廉同歲舉。頗奇其事。爲撰文詩紀之。余亦有作。果爾。則是葛稚川尸解一流。其家人之悲宜稍殺焉。如先生能不悲乎。人之生。氣爲之也。其五官百骸。一聽命於氣。故帝王聖賢魁奇之人。卑人瑣賤之夫。渠渠訢訢。呈形造端。各以數十百年之知相嬗。積氣不屬。則塊然如死灰棄材。隨所散聚轉徙腐殘而自盡。蓋天地大化有如斯也。然則先生之沒。其亦猶莊生尻輪神馬鼠肝蟲臂之喻。而無庸測其所之矣。雖然。此豈聖人意哉。夫持達旨者。恒遺於情。齊萬物者。或離於道。人必有倫。然後綱紀以立。今舍人來長沙。長沙城東隅有臺。漢定王發築之以望母者。唐姬宜侍天子。王不獲侍唐姬。陟而西顧。以寄其孺慕之忱。故曰望。望必有臺也。舍人之兄既沒。其形已不可接。其神或猶可通。故曰思。以思名軒。惟以志之。有軒可也。無軒亦可也。非若王之有母。據臺以望之也。要之。皆孝弟之行。吾國古今所資以教天下者焉。不由是。則悖且亂。寧獨其私已耶。

詩錄

五先生詠

湘鄉王禮培佩初

五先生者、衡陽王船山、崐山顧亭林、容城孫夏峯、關中李二曲、餘姚黃太冲、蓋皆前明逸遺之士、留正氣於易代之際、獨立不懼、遯世无悶、視東漢諸賢殆無媿色、清代講漢宋學者、五先生實開其先、讀其書、想見其人、身逢喪亂、作詩讚之、

船山王先生

大道久淪夷。六經誰貫穿。天遣公不死。留與開生面。（先生云六經由我開生面）漢宋遞師承。不絕僅如線。九淵稍旁歧。姚江風始煽。蕭斧闢榛莽。眼光若掣電。堅貞踵橫渠。周孔親夢見。吁嗟丁陽九。狂歌託鳳嘆。西謁瞿與嚴。倉皇收郡縣。百鍊擢越石。嶺嶠風雲變。有命無從致。有目終不瞑。（抱劉越石之孤忠而命無從致先生嘗所自期也）灞上誠兒戲。乃不堪一戰。人謀實不臧。豈伊天未眷。續騷感湘纍。歲晚守介狷。悲憤託蔡琰。漆室淚如濺。（謂山中楚辭悲憤百韻諸作）窮年觀生居。兩楹夢坐奠。活埋從天乞。餘鬢把鏡戀。（先生營土窟署觀居自題像贊云我自從天乞活埋）（惜餘鬢賦鄧曾兩刻以忌諱削去吾友曾廉始刻之以成先生之志當時剃髮令下遺老多逃爲僧先生獨守不敢毀傷之義）強爲注羣經。弱嘗

第二卷第三期　二一一五

穿。鐵。硯。遺。書。百。萬。言。言。言。獻。藻。絢。斯。文。猶。未。喪。後。死。其。敢。倦。何。以。達。微。忱。寒。泉。歷。隮。薦。

亭林顧先生

匹。夫。志。天。下。斯。人。不。可。期。學。術。雜。申。韓。以。懲。衰。亂。時。吏。弊。民。日。偷。國。勢。如。舉。弈。儒。以。文。亂。法。楊。朱。泣。路。歧。經。微。盛。八。股。史。廢。失。師。資。孫。管。讀。科。條。鄒。枚。絡。蠛。羈。（先生日知錄云。八股盛而六經微。十八房興而廿一史廢。又云。使枚乘相如而習今日之經義。必不能發其文章。使管仲孫吳而讀今日之科條。必不能運其權略。）鄉。貢。實。古。義。廷。策。亦。良。規。奈。何。效。佔。嗶。荃。化。蘭。蕙。萎。晚。歲。矜。述。譔。太。息。業。未。施。因。革。准。百。世。損。益。斷。可。知。後。聖。既。不。作。何。以。塞。羣。疑。湘。西。挺。船。山。懷。抱。同。憂。危。間。關。走。戎。馬。日。月。供。棲。遲。兩。騾。負。經。史。頻。年。容。朽。衰。銳。意。歸。舊。廬。潤。藹。寄。古。思。炯。炯。雙。瞳。子。表。此。靈。秀。姿。（先生通眉而重瞳）四。壁。擁。專。城。膝。下。無。阿。兒。日。昃。未。遑。食。蓁。藜。慰。調。飢。馨。烈。久。彌。茂。吾。道。信。康。達。

夏峯孫先生

蘇。門。富。山。水。中。有。高。士。廬。累。詔。徵。不。起。閉。門。出。無。車。夙。昔。負。奇。氣。挾。策。遊。皇。都。奮。舌。

傳逆閹義聲播寰區范陽三烈士不避捋虎鬚天賁獻周德海內急兵符偉彼容城績獨樹西北隅峨峨五公山依者親友俱黃巾拜通德刀斗雜詩書歸去百門泉老矣壯不如舊是康節里姚許餘風餘築室點周易歲月去諸居小生叢桂發芳菲孰華予生從憂患來退將返吾初宗傳十一子（先生箸理學宗傳首列正宗十一子合程朱陸王爲一系）堂堂聖人徒所貴通其意歸異本同途吾師自茲始爲德庶不孤

二曲李先生

大君宏胞與關學久淪替藐焉接賢秀疢疾啓智慧艱貞處明夷印心無乖戾海內傷孤童失怙自弱歲犾晝暮復朝無師通玅契孤童有亡父精爽杳天際齒枕藏碧血招魂每隕涕賢哉襄城令立祠表忠義孤童宿祠下夜半鬼聲厲國殤五千士久苦中野禰溫序思故鄉返關盡含睇負土依母冢奄窆千年閉占之安且吉協從龜筮亭林紀異詩讀者激高誼吁嗟孝子心後世稱善繼

梨洲黃先生

忠義孤兒氣白虹貫燕京報父不顧身志節一何橫袖中何所有鐵錐光熒熒一錐

奸人死再錐天地驚拔鬚祭父靈痛哭發至誠聞者再三嘆孤兒詎爲名塔鈴向晚急悲風來市城一旅畫江守壯哉世忠營毁家紓國難難弟並難兄軍鋒日震撼收兵入四明空拳冒白刃笳角帶月鳴嗟彼俠少客慷慨事澄清大盜果移國烈士豈偷生壞雲西北墜長空走砰訇天崩地軸翻人鬼喑無聲明夷留待訪姓氏編頑氓古松多堅節孤杖共鷗盟大業留文獻甄錄極英菁生當姚江後誰與奏磬笙蕺山許繼體獨力乃拄撐願學儻不遠一言合知行先生選明文海數百卷·未及刊行·又擇其精英編明文授讀刻之其學本陽明·或問爲學·先生曰陽明而後願學山

謁王船山夫子祠

衡陽曾銓慎齋

端門呈瑞後炎輸降神時夫子來何暮斯文信在茲道爲名世用心豈小儒知遺像空瞻拜靈風閃晝旗

謁船山夫子墓

前人

社稷歸新主殘山付舊臣魂消衡嶽雨夢斷孝陵春歎鳳情空切嗟麟事豈真欲持蘋藻薦低首暗傷神

爲李行我題畫船山先生行迹圖　長沙黃光枝芥滄

行我道人、摹羅王船山先生行迹所到之處、爲圖四十四幀、每一展覽、使人神往於殘明更步之際、其孤光遠躅、如在眼前、而生敬慕、此畫足以鍼砭頑懦、不惟賞其筆墨雲煙已也、道人性孤冷、與世味殊酸鹹、近獨暱余及醴陵卜子芸菴、畫成因綴小詩其後、

前代遺民筆一枝采將幽迹寄孤思精神直與薑齋接不是尋常老畫師

前題　醴陵卜世藩芸菴

異代興亡上老懷孤臣濡淚寫薑齋不知三百餘年後何處山林許活埋

予得王而農先生所藏司馬通鑑殘帙古愍索賦以一詩　瀏陽劉善澤腴深

印識而農辨篆刓鴻編抱守惜叢殘却欣涑水芝蘺鑑曾伴船山苜蓿盤異日疑義伊問同時書與勝之觀須知半部如論語不必斷斷較缺完

讀船山學報誌感即呈本崖夫子　湘潭傑　瀟毅門

蒼黃纍覆道猶存墜緒人誰續孔門左袵孤臣心慘淡南冠楚客運邅屯秕糠漢宋無餘子羽翼朱程賦夙根薪火獨能傳萬古好開祠屋慰忠魂

船山學社感懷贈蒼石木崖

邵陽盧賓泮山

高談雄辯石蒼石慷慨悲歌周木崖欲抱殘經藏屋壁偶談時事起風雷名山自負蒼生雨亂世難爲拔俗才（木崖自撰聯語平生師友皆名士亂世文章有別才）太息時無謝皐羽幾翻腸斷上西臺

薑齋已沒蔚廬死繼述須憑一指薪斯文畢竟未墜地吾道何曾絕獲麟靜者自觀隙裏鬪醒人喜覷壺中春長河耿耿天如夢認取清宵月一輪

胡瓊筌同年官彌勒聞國變蹈署後東井以殉讀王湘綺井銘慨然有作

湘潭謝鼎庸滌荃

浩氣鐘河嶽斯人見性天紀綱恢六詔慷慨赴重泉華表應歸鶴空山祇泣鵑白楊蕭瑟地矯首淚潸然

雲麓摩天峻（甲午嶽麓同齋）青山似舊不雞窗恆話夜蟾窟共探秋擬御淩風舸分乘破浪

舟。天。涯。人。萬。里。夢。繞。白。茅。洲。
旅。食。京。華。日。猶。借。計。吏。車。獨。安。東。郭。履。未。化。北。溟。魚。滇。徼。終。騰。達。灕。江。歎。索。居。牛。刀。
從。爾。割。游。刃。自。舒。徐。
桑。海。驚。時。變。江。山。付。刼。灰。目。空。智。井。經。天。覆。巨。川。材。日。月。精。忠。耿。箕。裘。繼。體。才。乞。將。
遷。罔。筆。闡。發。慰。泉。臺。

詠楚孝女　前人

正。氣。彌。河。嶽。民。彝。繡。閣。昭。艱。難。堅。至。性。經。義。振。衰。朝。履。潔。冰。同。澈。淩。寒。柏。不。凋。援。琴。
歌。古。操。皎。皎。女。貞。標。
乾。紐。嗟。陵。替。坤。維。待。護。持。庭。闈。傷。伯。道。環。瑱。撤。嬰。兒。翠。袖。寒。仍。薄。紅。妝。淡。不。施。高。堂。
思。曲。慰。聊。代。舞。衣。嬉。
巾。幗。芳。聲。遠。鬚。眉。愧。色。多。承。顏。惟。啜。菽。補。屋。祇。牽。蘿。漆。室。音。長。嘯。娥。江。水。不。波。世。無。
劉。子。政。猶。自。壽。山。河。
不。爲。汚。泥。染。蓮。花。自。在。身。昆。山。完。太。璞。南。海。證。前。因。旣。續。衰。宗。墜。仍。還。薄。俗。醇。貞。風。

祟。白。首。長。此。痛。松。筠。

郭烈婦詩

岳陽李澄宇洞庭

烈婦桂東第三區大坪東鄉瀧頭郭典明妻也、姓羅氏、名香蘭、

蘭。生。幽。谷。中。芳。菲。人。未。知。一。旦。被。燔。灼。遠。近。爲。悽。悲。桂。東。羅。氏。女。在。室。美。容。儀。大。坪。
桃。李。華。之。子。瀧。頭。歸。敬。夫。孝。舅。姑。郭。家。無。異。辭。孟。夏。赤。燄。張。縣。官。棄。城。池。獸。跡。遍。城。
鄉。屠。虜。惟。所。施。傷。哉。郭。氏。婦。鞭。撻。何。能。支。罵。賊。不。受。辱。激。昂。愈。男。兒。就。死。亦。何。慘。乘。
賊。進。餐。時。碎。盌。作。利。刃。刺。喉。死。患。遲。箸。攪。所。刺。孔。血。潰。管。未。斷。纖。手。搦。管。號。管。斷。外。
引。之。管。垂。五。寸。餘。伊。古。無。此。屍。非。求。亂。後。名。惟。淨。刼。中。肌。死。誠。重。泰。山。九。死。志。不。移。
上。事。日。月。光。萬。年。神。永。怡。

烈婦行爲清江彭毛氏作

前人

烈婦名愛姑、常德毛道南女、字清江彭顯炳、烈婦始病目、欲弗嫁、顯炳不忍背盟、強娶之、目亦旋愈、洎顯卒遂殉、

斯。民。異。萬。物。倫。常。爲。長。峨。惟。男。重。孝。弟。女。以。節。烈。名。暴。行。滅。人。類。乃。鋤。夫。婦。情。獎。亂。

洪。水。流。迴。瀾。砥。柱。是。允。矣。烈。婦。烈。對。此。清。江。清。爾。書。女。勝。士。同。穴。死。愈。生。始。終。兩。不。渝。心。目。各。未。盲。厥。婦。重。於。山。夫。猶。與。有。榮。天。地。毀。何。年。長。存。烈。婦。行。

題秋絲閣詩草　前人

長沙唐運昌妻黃韻琴女士著、詩有詞意、始作詩即有一庭人瘦百花肥之句、

女。雖。內。母。家。其。嫁。曰。于。歸。嫁。女。女。有。家。聲。義。良。可。思。敬。夫。善。教。兒。德。福。咸。繁。斯。蛋。寡。復。絕。祀。薄。命。將。焉。依。之。死。矢。靡。他。柏。舟。爰。有。詩。入。夢。常。見。夫。擇。繼。無。異。兒。不。戇。古。井。水。難。盡。枯。繭。絲。深。心。託。彩。毫。惟。有。日。月。知。

題泉清閣詩草

長沙黃敏齋妻楊蕙卿女士著、敏齋早逝、女士撫孤有賢名、

清。絕。鴛。湖。水。遠。從。雲。漢。來。到。頭。成。古。井。倒。影。鑑。靈。臺。未。憚。將。雛。苦。彌。深。別。鵠。哀。鞠。華。聊。可。友。寒。蝶。記。詩。才。（女士有弔寒蝶和蝶粧韻三絕）

題優曇集

黃靜瀾女士著、書並詩、其首夏偶成有百花零落叢蝴蝶尚尋香之句、年廿五適

王特健、旋卒、母泉清閣主檢女士所畫扇題咏志慟兒光燾亦賦詩三十絕

百計難還掌上珠。未亡人更哭其夫。黃泉父女如相見。詩畫知能慰父無。

因風柳絮去無痕。落紙花魂寂不言。三十首詩腸斷絕。有人祭妹比隨園。

百花落盡尙尋香。蝶比王郎劇可傷。贏得悼亡詩在否。不歌黃鵠勝阿娘。

李高士詩 並序

前人

上海李延昰、原籍南匯、字辰山、一字寒村、初名彥貞、字我生、一字期叔、明進士尙袞孫、大理寺右評事立中子也、負才善辯、有經世之志、年十七遭鼎革之變、甫二十間道走桂林、任唐王某官、事敗、爲平湖右聖觀道士、藉醫活衆、視疾不憚遠、亦弗論報、或奉金郎買書、康熙癸丑歲疾革、以所著南吳話舊錄放鷴亭詩文集暨藏書二千五百卷、畀淸檢討秀水朱彝尊、餘物亦盡以贈友、越二日卒。年七十歲、用浮屠法瘞之塔、塔在東湖潔芳橋東、朱彝尊爲作塔銘、少曾三娶、有九子、不祿、竟無嗣、

歲寒驗松柏。世變礪賢豪。成敗寧足言。貴不易其操。於昭李高士。昔仕唐王朝。起日。

艱虞淵舒嘯難東臯黃冠繫人紀青囊寄天杓貌冷心愈熱濟衆甘勩勞一室富羣書古人時與遭俯仰放鷗亭詩文聊自鈔漏盡信前知諸有空一朝竹垞不忘君如蘭君子交

爲張璁光貞女作

湘潭周逸木崖

張璁光名可揚何爲病死名可揚從一而終字郭郎兒云百兩未成行青年矢志勵冰霜從容鬱鬱殉鴛鴦效之節烈更悲傷吁嗟乎當時異說女權倡自由野合習爲常風俗已壞禮教亡誰能扶世挽頹綱張璁光名可揚貞節之懷感彼蒼魂隨神蝶共翺翔（貞女死時有大蝶飛入櫬內傳爲神蝶）如此貞操本宜彰我歌且謠愧未詳

黃貞女吟

選錄閒歐詩草

湘潭陳珮秋遺稿

雲陰陰雨冥冥深閨慘淡眉雙顰何來凶耗驚傳聞未結褵黃鵠吟肝腸斷喪莫奔舅姑早沒孤難贖妾身子立心凝冰柏舟詩是家人妾懷切終難平寒風凜凜青燈昏紅顏墮地血染腥芳魂願作鴛鴦鳥黃泉碧落長隨君

趙節母詩

趙曰生

吾宗有賢母節操淩冰霜一朝喪所天悽惻摧衷腸孤兒方啞啞學步初扶牀趙氏一塊肉（用宋史語）恃此延馨香忍死待須臾辛苦甘百嘗三十有七載歲月何茫茫苦志天所佑積善有餘慶（叶平聲）捧檄慰老懷鳩杖親扶將述事乞揚顯潛德騰幽光峨峨懷清臺赫赫表貞坊千秋與萬世賚水流芬芳（節母實慶人）

黃烈婦詩　前人

我作烈婦詩先述烈婦史烈婦者伊誰陽湖黃管氏溫恭產名門自幼承詩禮二十事所天食貧撤簪珥夫子託微官渴飲西江水一牖對妻孥清輝凝案几方擬鶼鰈衣詎知溝壑委皇天何太酷苛彼娟娟豸同穴古所期久已誓生死泉路何茫茫請君稍待爾家人苦防範晝夜嚴視指此心矢靡佗胡不諒人只歲月去如馳蓂莢更數紀奉匱歸梁湖偕行挈子女遙望梁湖司（池名）屈指可計里夫喪有所歸吾責可塞矣得間遂吾志含笑擎杯匕鴆毒甘如飴此身淨無滓淼淼曹娥江皓皓江中水死傍孝女墳豐碑相對峙萬古仰芳聲來者請觀此

贈陳珮秋一首（湘綺樓佚詩）　王闓運

詩酒風流四十年。歸來相見各華顛。貧增傲骨難諧俗。老戀丹鑪未得仙。蕙爾不逢劉表送。游秦誰識馬周賢。洞庭水滿湘川闊。且逐閒鷗學信天。

題畫秋林索句圖送凫衣道士黎薇蓀還湘潭選錄白燕會詩集乙卯作

湘陰陳嘉會鳳光

此行。顛沛猶可喜。得見蕭閑兩道士。避世何須問姓名。我今卻識黎與李。梅庵臨川生。涯。付筆硯君亦談詩。擅名理。篆刻能窮史籀文。餘力追古。徹精髓。一從訪道空山去。塵世榮枯等磨蟻。花開葉落幾多人。一口獨吸西江水。嗟余潦倒同賣餅。吟詩作畫將老矣。剩水殘山昔所識。不識高人何取此。君亦亭林渡江客。愧無年少傳神技。萬年少有亭林渡江圖興來爲寫秋林圖。置君崖壑且如是。歸時洞庭波尚闊。湘山木落知有幾。蟲繪大布歌采薇。索句無人黃葉裏。黃葉蕭蕭鴈着行。哀聲定過瀟湘汜。此時道人雖忘世。苦句猶應落霜蘂。啖芝茹朮自年年。土苴桑海何窮已。山中若念亂離人。他日招邀覩此紙。

凫衣道士還山舟過京口潯陽皆有詩見寄賦此答之並柬曾農髯譚

組安大武昆季　　前人

鐵甕城邊送淸韻知君已過蘭陵鎭琵琶江上寄新詩咫尺柴桑招隱詞憶昨瓶齋飲繼燭餞席諧談皆可錄君身本自玉堂仙能作圜婆鄉土曲（時殷髯在座君爲誦其土曲王婆詞詞旨淒婉音節逼肖一座驚歎）流民到處多感傷歌來慷慨何抑揚靑蓮樂府黃口雀內翰詩中白髮娘采風更有梔子結（組安舉俗梔子花歌謂得詩人比興之旨）婉轉霏霏似落屑山谷何妨小豔詞廣平不害心如鐵我獨難歌烏夜啼（君屬余以日本語歌唐人張繼楓橋夜泊詩余不能舉其詞）鐘聲月落記分攜一從勝事付流水劇談吟興已無幾人世悲懽何可言六鼇簸蕩方轟喧天衢山下寄幽興閉戶千詩自勘定哀鴻恐滿江潭墟柳莊梓洞今何如（胡文忠勸左文襄出山有柳家莊梓木洞其獨免乎之語）

海上別陳伯嚴先生　　劉善澤

散原今老至道貌見詩心和仲多仙氣涪翁有嗣音滄江爲客久吳會避人深明日餘杭去思公寄越吟

即事簡友　　前人

刦火橫飛百丈高積骸成莽徧腥臊亂時烽堠連窮髮戰地腴田變不毛除饉有方搜貝帙療貧無術謝錢刀何人夢醒玄駒國東海揚塵罷釣鼇

秋日參議院偶感 甲寅湘綺樓佚詩

王闓運

廣庭百人靜秋雨四筵清昌言萬邦乂築室道謀成如蜩昔賢沸寒蟬今愧聲構廈信無補吹竽徒自驚時艱信傴促政散乃驕盈奇計實所好橫流良未寧聊從庶人謗知余日暮情

和湘綺師秋日參議院偶感原韻 甲寅

周逸

羣言歎時晚獨坐咏風清青年未得用白首詎期成唐虞務仁德商周多政聲入世豈無策登臺常自驚民窮思恩惠教失習驕盈治道貴自返橫流原可寧紛紛廣庭客誰能喻此情

甲寅感事用湘綺師秋日參議院偶感原韻

前人

白雲本無意泉水自來清一心可事百（宋儒有言以一心事百主不失爲忠故伊尹五就湯五就桀亦不失爲正何近入以湘綺師晚年出山爲慊不知湘綺師之出處如日月之麗天夫豈二三子所能臧否耶）孤志乃難成急流刀已斷鳴雞朝歇聲與

論。好。爲。辯。流。言。胡。足。驚。龍。潛。悟。隱。德。月。轉。感。虧。盈。高。節。實。所。敬。狂。瀾。誰。爲。寧。回。看。嶽。雲。峻。峨。峨。抒。此。情。

和周木崖次湘綺先生秋日參議院偶感原韻 甲寅

西蜀宋育仁芸子

水。深。歎。泥。濁。海。沸。俟。河。清。聞。道。苦。不。早。學。道。早。難。成。淄。中。正。坐。議。市。南。自。銷。聲。神。凝。易。爲。感。志。往。常。若。驚。水。流。爭。習。險。心。靜。悟。虧。盈。過。中。忽。忘。老。惡。擾。誰。爲。寧。逢。君。高。世。賓。憬。予。少。日。情。

酬宋芸子次余和湘綺師之作並追送芸子返蜀

周逸

出。門。夕。陽。晚。閉。戶。一。燈。清。苟。合。固。不。就。求。合。亦。難。成。仲。尼。歎。浮。海。莊。周。思。滅。聲。立。志。信。無。惡。捕。風。徒。自。驚。道。高。賓。毁。謗。器。滿。辨。虧。盈。浩。刦。良。未。已。此。心。殊。不。寧。勸。君。莫。回。首。峨。嵋。萬。古。情。

癸酉夏集萬松林分均得松字呈散原老人

攸縣龍紱慈達夫

山。深。暑。氣。淨。地。闢。雲。煙。通。高。下。著。行。窩。縱。横。望。不。窮。我。來。旣。云。屢。杖。笠。能。從。容。翩。躚。

女城霞暮聞大林鐘山靈亦好客飛蓋傾江東暫息環中緣競希塵外蹤林間有精舍窈窕開房櫳策策林響交沈沈樹影重遙情共無礙瘦句各有功願持一日睡撫此萬樹松萬樹良足珍一樹今成龍拏空得天健美蔭無春冬

合鄱口　前人

濯足黃龍潭言趨合鄱口入林風正佳度谷日及酉延緣詣修徑聳擁扣天牖始訝所歷高萬象畢呑受羣峯列如障一水明在白帆開星子渡影落鳧鷖走危磴不見尾飛泉若懸肘真面無蔽虧身惜此峯後連山散村墅水石各無垢客意眷東蒙兵氛逼南斗晚雲何突兀變態紛龍狗夕籟挾驚湍虎聲時一吼

散原老人月夜見過　前人

衆籟向希歇濃雲迹如掃林光澈虛無人語動深窈遽遽散原叟興比飛龍矯乘月度西岑跳驀向蒼昊就我巖下屋烹泉坐清篠影依松柏靜意與河山杳高吟千里共忍話九州擾淨土此可求卜居當計早結鄰念疇昔湖曲同昏曉游衍雜歌哭三年街草莽左侯久沈梟夏子顛亦皓汪翁長沙棲低眉就枯槁伊余獨行役羈泊江

之表。一笑。謝塵纓。明珠。在懷抱。山奇。石無偶。虎守。松長好。小築。不畏人。藏人。詎知老。風過語。如屑露。明花。悄悄。攪袂起。徘徊。妨驚樹頭鳥。

擬淵明詠飲酒六首存四　長沙陳繼訓

出門。無所適。邂逅。至田家。老農。貌更古。相與。話桑麻。簑笠。掛屋壁。兒女。聲咿啞。白酒。勸我飲。階前。摘秋瓜。舉杯。談稼穡。不覺。日西斜。

有酒。便知足。無求。可自舒。悠然。羣動息。聊讀。數行書。稚子。牽天真。時來。牽我裾。告我。酒初熟。杯盤。列春蔬。醉中。忘世事。欣然。樂有餘。

富貴。勞其生。要路。不可親。神仙。事何渺。帝鄉。不可尋。一觴。復一詠。所願。全吾真。交遊。但閭里。樂道。甘清貧。陶然。共一醉。天末。思故人。

巢許。讓天下。此志。不可移。黃綺。臥商山。心與。世長辭。清標。仰日月。千秋。長若斯。士各。有本心。非與。古人期。才拙。寡所營。性澹。樂天隨。世情。任炎熱。寄與。守一巵。松間。風起。候隴上。雲歸時。登高。發清嘯。臨流。賦新詩。吾生。自有托。此意。少人知。

呈移芝叟　武陵何來保鐵笛遺稿

先生不作辨奸論小子營營何述焉鐘簴有靈聞謦欬衣冠無氣化腥羶唱彝道濟計誠拙折檻朱雲人似賢莊誦移芝文百遍從無見上相公篇（移芝叟即楊性農先生）

呈陳我珊　前人

門下會儲將相材春風桃李一時開豈無後進成名去那及英賢訪道來苦我不嫌惟蠹簡傳人難得是英才知君青紫都輕擲兩廡孤豚志未灰

送趙曰生之桂林　前人

所苦壯志不得遂對劍暗吞窮途淚鐙前一夜凋容光況有離思嬰中腸離思展轉殊未已衡山之雲湘江水憶子去歲走長沙驚看鬢影同咨嗟賈生痛哭惜不早一劍奔走令人老徵車衮衮去如馳側身四顧將安之人生邂逅那有定胡爲日遣飛光迅方今龍蛇門滄洲勸君珍重少年頭男兒欲齧雪窖雪安得尊前怨離別

歎過去諸老宿（廿一均）有叙　萬休頭陀

笠雲化成破疑萬辰諸先進、相繼不問世、惜後起皆守腐朽爲神奇、以神奇爲腐朽者、腐局一生死稱謂之物、無爲以之死、有爲以之生、不解讀古人書、行古人事、但知隅守佛之一浮名而已、綜觀先進所爲、無一是事、不過自私自利、不爲大惡、昧昧以終、以慧眼觀之、自私自利、便爲大惡、綠林之爲不出此、佛以度人爲宗、試問汝我自度不暇、遑問度人、飲食起居、待命於人、是人之所爲、皆應我求、卽我爲人度、我之所爲、不適人用、卽我不度人、先己、或歸之未來、或推之過去、吾不解舍現在而不爲、過去未來、不經現在、名何以成、以自利論、幸免干戈疾疫水火憂患以之死、不幸奚以出、現在當求幸、幸之道無已、蹈不幸者皆聽之、聽之自不幸、幸亦苟免、死無已、生無窮、幸之道與之俱也、我但從現在求幸、不必問過去未來之不幸、更不必問過去未來之幸、於諸先進進我一解、特爲長歌、以寄其意而已、先進有知、或不罪我、

白駒影裏弔陳迹我欲焚香虛前席萬家起滅皆有知莫以人間爲火宅役世豈能無一長未必岌岌無長策生寄死歸誤千古茫茫主人自居客無爲道德名不稱習於枘鑿胡格格九原不使人間錢傷心遺我一束帛獨留文字天地間不猶愈於辨菽麥痛我同儕背道馳責沙求飯到頭白相期莫作再來人我亦欣欣手加額聞道

生死無停輪此身雖朽留魂魄日暮途窮感陵谷雁聲不度關山隔談虎盡人毛髮起天地獨寬空門窄鄰國紛紛說宗教我守破衲唾凡百顧盼朱門笑白屋人誰不以素餐責天下一致尙精神相憐獨抱嗜痂癖卽移南山涸東海我思古人心難獲今之古人風雪飄搖梅花香楊柳絲絲想彭澤竹頭木屑用爲貴征衣不寄怨刀尺狂歌燒燭劍橫腰爭取浮生一朝夕先我去者長相思我欲揮拳碎片石

十五歲作

周逸

寥寥橫遙騰碧空雲起一脚插寰中呱呱不肯開青眼落落不甘話隱衷渾大四五歲六七生明慧饑餓賴父爲寒暑感母惠噫嚱爺娘胡爲不愛子誘我循循讀經史詩書誤我一身拘古人欺我一心死問蒼天我何孽海悠悠月皎潔明星光耀混銀波捉月何人江上別斫劍高歌意氣雄登山臨水天地仄俯仰浮生萬彙微往來塵世百計非屈子窮愁子蘭達人情成敗與我違徘徊不願走人下欲以靈魂還造化誰知造化喜弄人長我形骸使我大

詠史 雁影齋詩選

湘鄉李希聖亦元遺稿

要害年來略喪亡。金繒傾國苦相償。諜曹鬼自爭新故。救趙人方議短長。空向市驢呼令僕。坐看屠狗化侯王。漢廷亦有河南守。未肯騰章薦洛陽。

民力中原已不支。誅求入骨恐非宜。西園自議葡萄價。南內方催芍藥詞。李廣一錢應未値。陳平六策本無奇。山東大賈眞癡絕。心計區區到鹿皮。

江左長城祇自摧。咸陽一炬總成灰。噬臍事業無生氣。嘗膽君臣媿霸才。西極未聞天馬至。故宮先唱野鷹來。邊愁不到芙蓉苑。過錦新聞壽讌開。

著論曾經準過秦。素書塵暗向誰陳。有人棄地思乘鶴。何處占天見鬭麟。海上浮查通大夏。宮中別院起臨春。廟堂不用平吳策。已換才名賦感甄。

爲郭尺岩題蔬菜詩四絕 近作

周逸

白菜

晚菘霜打葉翻新。獨占蔬園四季春。我亦周顒常嗜此。愛他清白合詩人。

蘿蔔菜

出土云何早白頭。一生知己武鄉侯。却嫌鹽醃汚清品。眞味凡人識也不。

蕨薇

蕨薇清絕遍西山尋得根深叩馬還莫怨伯夷終棄汝至今名字在人間

豆腐

不讓芙蓉出水嬌來其（豆腐別名）生就白綾包漫言性冷山僧愛一識隨園品自高

書憤次樗叟韻

雙梧粟培堃

雄圖無復舊山河廿載堪傷同室戈蓬海蜃螭翻浪舞柳城花鳥怨春多空聞轉餉煩流馬未信攻堅盡木鵝（諸將多棄城逃）建國傳言無狹量（其次宣言有排倒狹小國家主義之語）大防今破竟如何

相逢冠蓋滿春明宏度寬容到曳兵（熱河失後蘇將軍南來備極京朝人士歡迎）湛輩誰教捐羽扇（粧楊爾霆實為失敗之由）將軍終自負檀槍（擁兵廿萬能不愧死）同袍若箇羞横草攬轡何人挫駭鯨我剩征遼孤憤在青絲寮寂更青纓（遼吉黑後援會幹事侯人松招余加入以失敗不果青絲連青絲佛隋征遼隊名）

半亭

長沙黃贊元鏡人

半亭風月足淹留歷盡艱辛且退休閑倚花欄觀蝶舞倦眠石枕聽泉流吟壇遲暮

追高適意境清閒擬陸游但喜豈韓春不老浮名身外我何求

庚午中秋後七日遷適園庭中石榴一枝恰開書感 周逸

玉宇清秋爽氣通刼餘新徙畫樓東偶臨池水驚頭白尚喜榴花照眼紅我對孤芳
悲歲月天留絕艷鬥霜風平生不肯輸人處擇處良如鳳覓桐

北風行 選錄浣霞閣詩草 浣霞閣主

北風萬里行不住胡雲冷壓萬家屋踏天吹雪不成花隨風珠玉咳吐落窮簷日短
苦不眠驚起水底魚龍伏年華凋促易催人風景荒寒偏觸目關塞旅鴻歸去多海
澨客子行吟獨數卷殘書老風塵一床破被如蝟縮河山四塞戰血飛珠簾十里調
絲竹幾回悵觸故園思獨立蒼茫天地肅壯士窮途擊劍歌美人遲暮背鐙哭三冬
獨抱歲寒心一副不合時宜腹南北往來年復年何年歸去守松菊

詞錄

風流子 感時寄公武滬上 鳳皇田輿奎星六

蒼虬翻海水黃雲起斜日射潮紅怪三寸鐵剛爭談稷下一丸泥小不塞關中蘺囘

首野塵驚亂角沙血照邊烽寒雨入吳江鱸血滿殘旗歸馬遼鶴煙空聲聲笳呼急
金人南下矣哨徧胡風思便諸君痛飲遙隔黃龍問臨洮不過將軍安在匈奴可斷
飛將無功閑了銅琶鐵板愁了江東

金縷曲　詠鷹　前人

老木孤蹲久笑花塲燕嬌鶯膩合蘄蠶醜白日荒荒高處立閑向空山饑瘦等負了
英雄身手一嘯戾空橫兩翼莽乾坤盤得風雲吼疑有膽大如斗● 妖形怪色喧林
藪寄層霄撇然呼下血驚毛抖劉表諸人名士耳幾識追風捉走●說登臺又曾誰轂
天大獵塲爭眼疾●讓枯鴉啼占溪前柳但狐兔問何有

前調　自題濬宜樓　前人

小隱南華麓論昌黎卅年辛苦多無不足海嶽亭臺游倦了歸且牽蘿補屋莫浪比
輞川盤谷白日閉門人種菜醉陶潛笑有松和菊近城市亦幽獨 三椽瓦舊牆新
築喜軒窗一層推上放開吟目當面峯巒青不斷左右崖泉脩竹几硯外但安書櫝●
雲月遠霞閑自好藉無營養得餘生福詩與畫對山讀

前調　登四佳樓　　前人

溪柳。烟。低。綠。上。重。城。層。樓。更。上。萬。山。青。目。二。水。合。流。峯。四。挺。中。有。一。峯。高。獨。是。米。薑。名。家。畫。軸。我。在。上。頭。狂。發。笑。聽。風。鳴。便。有。雲。生。足。麗。譙。外。颭。雙。纛。　憑欄。話。古。傷。今。局。奈。塵。塵。水。揚。東。海。龍。蛇。起。陸。寒。雪。陰。山。飛。渡。也。胡。馬。中。原。爭。蹴。兀。攪。起。邊。愁。千。斛。打。碎。唾。壺。呼。進。酒。好。男。兒。莫。更。新。亭。哭。謌。一。闋。出。關。曲。

劄記

船山遺書精義

俟解

欲速成之病。始於識量之小。識量小。則謂天下之理。聖賢之學。可以捷徑疾取。而計日有得。陸象山楊慈湖。以此誘天下。其説高遠。其實卑陋苟簡而已。識量小者恆驕。夜郎王問漢孰與我大。亦何不可驕之有。苟簡速成。可以快意。高深在望。且生媢忌之心。終身陷溺而不知媿矣。見賢思齊。而可忌乎哉。賢無窮。吾初不知有之境。賢者已至。乃至一得之善。吾且不能測其何以能然。而敢忌乎哉。見不賢而內自省。而可傲乎哉。不賢亦無窮。不賢者之所不爲。而已或爲之。歸於不賢一也。而敢傲乎哉。立身天地之間。父母生之。何以不忝。終日與人醻酢。何以不疚。會其理則一。通其類則堯不足以盡善。桀不足以盡惡。不可以意度。不可以數紀。方且無有告成之日。而況於速。故學者以去驕去惰爲本。識自此而充。如登高山。登一峯始見彼峯之矗立於上。遠望則最上之峯早如在目。果在目也云乎哉。—

編者節錄

箚記

恆心堂讀書答問 續癸酉第一册

湘潭周逸木崖

問古今名儒志在倡道救世宗旨雖各不同要不離乎悔過自新四字其義如何

答古今名儒倡道救世者非一。或以主敬窮理標宗。或以先立乎其大標宗。或以心之精神爲聖標宗。或以自然標宗。或以復性標宗。或以致良知標宗。或以隨處體認標宗。或以止修標宗。或以知止標宗。或以明德標宗。雖各家宗旨不同。要之。總不出悔過自新四字。所以當時講學費許多辭說。李二曲謂不若直提悔過自新四字爲說。庶當下便有依據。所謂心不妄用。功不雜施。丹府一粒。點鐵成金也。逸擴而論之。人類禽獸之分。只在一轉念間耳。苟向來所爲是禽獸。從今一旦改圖。卽爲人矣。向來所爲是小人。從今一旦改圖。卽爲君子矣。當此之際。不惟親戚愛我。朋友敬我。一切人服我。卽天地鬼神亦且憐我而佑我矣。今世人明見有善可遷。有義可徙。然必欲自諉自棄者。殆亦未之思也。又云。殺人須從咽喉處下刀。學

劄記　恆心堂讀書答問　二

問須從肯緊處着力。悔過自新。乃千聖進修要訣。人無志於做人則已。苟真實有志做人。須從此學則不差。

問躬行是否獲福

答人不達福善禍淫之理。每略躬行而貪冥福。動謂祈清醮謝。可以獲福無量。殊不知天地所最愛者。修德之人也。鬼神所甚庇者。積善之家也。人苟能悔過於明。則明無人非。悔過於幽。則幽無鬼責。從此刮垢磨光。日新月盛。則必浩然于天壤之內。可以上答天心而祈天永命矣。又何福之不臻哉。逸嘗聞前輩云。人生仕宦不過三五十年。惟立身行道。千載不朽。李二曲謂舍悔過自新。必不能立身。亦非所以行道。是在各人自察之耳。

問講學應力行否

答學之不講。固可憂。講而不行。尤可憂。蓋講本爲躬行。如欲往長安。不容不講明路程。若口講路程。而身不起程。自欺欺人。其病更甚于不講。豈不尤爲可憂。

問騖外遺內。其恥何若。

答志道據德依仁而後游藝。先本而後末。由內而及外。方體用兼該。華實並茂。今人所志。惟在於藝。據而依之以畢生平。逐末迷本。騖外遺內。不但體無其體。抑且用不成用。華而不實。可恥孰甚。

問君子轉移惡俗。勿輕鄙棄。其故安在

答天之生人。未嘗不與之以善。人之受生。未嘗不共有是善。互鄉之人。乃獨不善。此非其生來如是。亦習俗使然也。顧天下無不可變之俗。無不可化之人。特患無機可乘耳。以互鄉之童子。而知慕夫子。不顧流俗之非笑。毅然請見。可見秉彝好德之良。原非習俗所得而泯。即此便是可乘之機。迎其機而進之。安知其不可與爲善也。童子一善。將來可以善一家。善一鄉。變化之漸。安知其不基於此乎。夫子之見程子以爲待物之宏。季二曲以爲成物之殷也。故君子之於惡俗。當思轉移。勿輕鄙棄。

問士之立身。果是美玉。其欲求售否

答士患立身有瑕。不是美玉。果是美玉。售與不售。於玉何損。求固祇玷。藏亦有心。待價二字。夫子特爲求者。下鍼砭耳。其實待亦無心。有心以待。固有甚於衒玉求售。然亦有待心。便非囂囂。用舍安於所遇。行藏一出無心。斯善矣。伊尹太公耕莘釣渭。咸囂囂自得。初曷嘗有心待買而成湯西伯並重買以售。其次若孔明之高臥隆中。不求聞達。康齋之身世兩忘。惟道是資。一則三顧躬邀。一則行人敦迎。王仲淹生乎漢晉。聖道陵夷之後。毅然以周孔自任。豈非一時之傑。問世之玉乎。乃詣闕自衒。遂成大瑕。其他隨時奔競之徒。本不自玉。本自無價。故人亦不以玉待之。多不言價。昔人謂周之士貴。士自貴也。秦之士賤。士自賤也。士亦奈何不自玉而甘自賤也哉。

問何謂逝者如斯夫

答達人觀化。知無停機。君子體道。自強不息。涵養省察。有須臾之息。便是心之不存。心一不存。則造化生機之在我者。自我而息。便是造化不相屬矣。故必言有教動有法。晝有爲。宵有得。瞬有存。乾乾惕勵。造次必於是。顛沛必於是。方是不息。方是與造化爲徒。由是以論。逝者固無息。心體亦無息。蓋心之爲心。本虛靈不昧。昭著於視聽言動之間。無晝無夜。未嘗一時一刻而或息。卽深夜熟寐。一呼便覺。是寐者其身而本體之不昧不息者自若也。知此則知心矣。知心體之不息。務戒懼謹獨。存其所不息。夫是之謂道體不息。逝者如斯。故謝上蔡以子見齊衰者冕者與瞽者。過趨坐作。無兩心。其純亦不已。便是逝者如斯。可謂知言。學者須無貴無賤。無顯無微。咸如此存心。無或少忽。始也自强不息。久則純亦不已。

問陸象山之學本乎何人其失於偏是病否

答陸象山之學。先立乎其大者。本乎孟子。足以砭末俗口耳支離之學。但象山天分高。出語驚人。或失於偏而不自知。是則其病也。程門自謝上蔡以後。王信伯林竹軒張無垢至於林艾軒。皆其前茅。及象山而大成。而其宗傳亦最廣。或因其偏而更甚之。若世之耳食雷同。自以爲能羽翼紫陽者。竟詆象山爲異學。則吾未之敢信。

問陽明先生之學與教究幾變而成試簡言之

答陽明先生之學。凡三變。其爲教也亦三變。少之時。馳騁於詞章。已而出入二氏。繼乃居夷處困。豁然有得於聖賢之旨。是三變而至道也。居貴陽時。首與學者爲知行合一之說。自滁陽後多教學者靜坐。江右以來。始單提致良知三字。直指本體。令學者言下有悟。是教亦三變也。

（未完）

校管異義

續癸酉第一冊　湘鄉顏昌嶢息庵

七臣七主第五十二

法律政命者。吏民規矩繩墨也。

丁云。吏當爲使。戴云。說文、吏、治人者也。此吏當訓爲治。不必改字。按丁戴二說並非。文意蓋言法律政令者。乃官吏人民之規矩繩墨也。故下文云法令者。君臣之所共立也。又云臣吏失守則亂。謂臣吏不守法律政令則亂也。又云罪決於吏則治。卽謂臣吏依法律政令則治也。此吏字卽臣吏之吏。不必改爲使。亦不必訓爲治。

九守第五十五

心不爲九竅。九竅治。君不爲五官。五官治。爲善者、君予之賞。爲非者、君予之罰。君因其所以來。因而予之。則不勞矣。

戴云因其所以來。來乃求字誤。按戴說非是。此言心不代九竅作爲。而九竅自治。君不代五官作爲。而五官自治。所以者君惟操賞罰之柄。因其所以來者。或爲善或爲非隨而予之以或賞或罰。故不勞而五官自治也。

地員第五十八

青龍之所居庚泥不可得泉

孫詒讓云。庚當爲唐。上文黃唐無宜也。尹注、唐虛脆也。此唐泥、亦謂泥枯燥虛脆。故不可得泉也。按說文、庚位西方象秋時萬物庚庚有實也。釋名釋天。庚堅强貌也。然則庚泥。謂堅實之泥。故不可得泉。不必改庚爲唐矣。庚泥下脫其下二字。

巨乘馬第六十八

巨今本作臣。戴云。臣宋本作巨。元本朱本均作匡。丁云。疑當作國。俗書國作國。形近而誤。昌嶢按山至數篇。桓公曰、行幣乘馬之數奈何。尹注曰。郎臣乘馬。所謂僟乘馬者。臣猶實也。僟者以幣爲僟。而溾重射輕。通典食貨十二。引尹此注兩臣字均作⿰亻匡。疑此注中臣字僟字。均⿰亻匡字之誤。而此篇名之巨。或作臣或作匡者。一皆⿰亻匡之誤也。今訂爲⿰亻匡乘馬。

智者有什倍之功。愚者有不賡本之事。然而人君不能調。故民有相百倍之生也。梁啓超云。賡猶續也。謂資本不能囘復循環也。按梁說誤。尹云賡猶償也。尹說是也。山國軌篇云。視市擴而庚子牛馬。尹注庚償也。此賡字與庚同。檀弓下篇請庚之。鄭注、庚償也。

丁云。故民有相百倍之生也。當作故民利有百倍之失也。按丁說非是。此言智者有十倍人之利。愚者至不能償本。人主若不能調濟之。則民之生事有相百倍之遠也。言貧富懸殊也。故下文云夫民富則不可以祿使也。貧則不可以罰威也。法令之不行。萬民之不治。貧富之不齊也。

人君鑄錢立幣。民庶之通施也。人有若干百千之數矣。然而人事不及。用不足者何也。利有所并藏也。

王云、若干二字。涉上文而衍。上文步畝之數無定。故言若干。此旣云人有百十之數。自注舊本十譌作千據輕重甲篇及通典引改則不得更言若干矣。通典所引已誤。輕重甲篇無若干二字。按王說誤。此若干千百之數與上文若干步畝之數同爲無定之詞。若干二字非衍文。百千蓋舉成數名。猶言若干百若干千也。言人君鑄錢立幣以爲民庶交通轉移之用。而人亦各有若干千百之錢矣。然而日用不足者。幣爲豪富所幷也。藏字衍文。王說同。

千乘之國。封天財之所殖。械器之所出。財物之所生。

戴云、千乘之國。封當作千乘之封國。按戴說誤。封字貫下三句讀。左傳宿敢不封殖此樹。杜注、封厚也。此言天財之所殖。械器之所出。財物之所生。皆封厚之。然後千乘可足也。

高田撫間田。山不被穀十倍。山田以君寄幣振其不贍。未淫失也。

丁云、撫。抵也。以高田抵間田。間田之不被穀者相去十倍也。山田不被穀。更不止十倍。故寄幣以振之。山不被穀。山字衍。按山不被穀。山字衍文是也。間田、卽中田也。撫訓安撫。撫卹之撫。下文三壤已撫而國穀再十倍。與此撫字同義。高田卽乘馬數篇所云上臾之壤也。高田撫間田。卽筴乘馬篇所謂以上壤之滿。補下壤之虛也。

輕重甲第八十

北郭者、盡屨縷之甿也。以唐園爲本利。爲此有道乎。

俞云屨縷二字無義。乃窶數之叚字。釋名釋姿容曰。窶數、猶局縮、皆小意也。然則窶數之甿。謂小民也。按俞說非是。下文管子答言。百鍾之家。不得事鞽、集韻。屩或作鞽。鞽謂履也。然則屨縷之甿。蓋謂捆屨緝縷爲生者耳。下文又云、則北郭之甿。有所讎其手搔之功。手搔之功。亦謂手繅之絲縷也。搔卽繰之借字。通作繅。

輕重乙第八十一

請以令、斷山木、鼓山鐵。

戴云、鼓乃敳字之誤。說文、敳、有所治也。讀若墾。鐵在山中。利墾治之也。按戴說非是。左傳昭公二十九年。遂賦晉國一鼓鐵。疏云、冶石爲鐵。卽此鼓山鐵之義也。

請以一朝素賞軍士。

一朝素賞四萬二千金。廓然虛。

洪頤煊云。素古通作索。索盡也。戴云、素讀爲索。檀弓鄭注。索、散也。按洪戴說均誤。史記貨殖傳。命曰素封。索隱云。素空也。緯書、孔子爲素王。左邱明爲素臣。素皆訓空。此素賞言未有戰事而空賞之也。

誰能聽旌旗之所指而得執將首者、賜之千金。言能得者壘千人。賜之人千金。

丁云、言能得者壘千人。當作言能得壘千人者。按丁說非是。壘乃纍字之誤。羣書治要作纍。是也。纍卽累之本字。穀梁桓二年傳注。累從也。史記老莊申韓列傳注累、隨也。千人則十人之誤。此言言能得執將首者累累有十人也。人各賜之千金。十人則萬金矣。若作千人各千金。則無此巨金。與下文素賞四萬二千金之數不合。故知千當爲十之誤。

桓公惕然太息曰吾曷以識此。

戴云、識乃職之借字。按戴說非也。此言上文所素賞之人各自誇其能者。吾何以識之以責其效耶。（完）

说苑

船山遺書精義

俟解

易曰。知鬼神之情狀。然則鬼神之有情有狀明矣。世之所謂鬼神之狀者。髣髴乎人之狀。所謂鬼神之情者。推之以凡近之情。於是稍有識者。謂鬼神之無情無狀。因而並疑無鬼無神。夫鬼神之狀。非人之狀。而人之狀。則鬼神之狀。鬼神之情。非人之情。而人之情。則鬼神之情。自無而之有者。神未嘗有而可以有。自有而之無者。鬼當其無。而固未嘗無。特人視之不能見。聽之不能聞耳。

編者節錄

說苑

神異經輯校　續癸酉第二册

漢　東方朔　撰

晉　張華　注

安化陶憲曾　遺稿

南荒經

南方有獸。似鹿而豕首。有牙。善依人求五穀。名無損之獸。人割取其肉。不病。肉復自復。其肉惟可作鮓。○鮓。北堂書鈔一百四十六引作鮮。鮮與鮓同。說文作鮺。使糝肥羹。○糝本譌作𥻦。下同。羹本作美。並從書鈔一百四十四引改。案說文云。糂以米和羹也。糝古文糂。而鮓肉不壞。吞之不入。糝盡更添肉。復作鮓如初。愈美。名曰不盡鮓是也。○舊校。御覽獸部引此糝字作𥻦。鮓字作鮮。憲曾案。御覽所引並誤。今不从。

南方有銀山。長五十里。○藝文類聚八十三。太平御覽八百十二引。並作長五十餘里。文類聚有廣四五里四字。高百餘丈。悉是白銀。○類聚引作白金。不雜土石。不生草木。○此八字以類聚御覽引補。

西南荒經

西南大荒中有人。（○西南。太平御覽九百三十一引作西方。）長一丈。腹圍九尺。踐龜蛇。戴朱鳥。左手憑青龍。右手憑白虎。（○青龍右手憑五字。从初學記十九引補。）知河海水斗斛。（○初學記御覽引皆無水字。）識山石多少。知天下鳥獸言語。土地上人民所道。知百穀可食。識草木鹹苦。名曰聖。一名哲。一名賢。（俗曰先知。○賢初學記引作先。）一名無不達。凡人見而拜之。令人神智。此人爲天下聖人也。一名先通。

西南方有人焉。身多毛。頭上戴豕。性狠惡。（○本作貪如狼惡。从史記五帝紀正義引改。）好自積財而不用。（○用字从史記正義引補。）善奪人穀物。（○奪本作食。从史記正義引改。善字物字。亦据引補。）彊者奪老弱者。（○上者字疑衍。）畏羣而擊單。名曰饕餮。（春秋言饕餮者。縉雲氏之不才子也。○注十四字本混作經。今改。）一名貪惏。一名彊奪。一名淩弱。此國之人皆如此也。

西南荒中出訛獸。其狀若菟。人面能言。常欺人。言東而西。言惡而善。其肉美。食之言不真矣。（言食其肉。則其人言不誠。）一名誕。

西荒經

崐崙西有獸焉。其狀如犬。長毛四足。似羆而無爪。有兩目而不見。（○兩字从太平御覽九百一十三引補·行不開。有兩耳而不聞。有人知性。○性本譌作往·从史記五帝紀正義引改·有腹而無五藏。○而字从御覽引補有腸直而不旋。○史記正義引作其頸直旋·食物徑過。人有德行而往牴觸之。○觸·御覽引作牽注云·音觸·案說文無牽字·玉篇牽古文觸·史記正義引作觕·蓋牽字之譌有凶德則往依憑之。○德史記正義御覽引皆作惡·則作而·天使其然。名曰渾沌。春秋云·渾沌帝鴻氏不才子也·○曰本作爲·从御覽引改·注十二字·本混作經·今改·一名無耳。一名無心。○此八字从御覽引補·空居無爲。常咋其尾。回轉仰天而笑。○仰御覽引作向·

西方荒中有獸焉。其狀如虎而大。○大本譌作犬·从史記五帝紀正義·太平御覽九百十三引改·毫長二尺。言此獸毛皆如豪猪毛也·○毫本作毛·从左傳正義服虔引改·又注十字从御覽引補·人面虎足猪牙。○猪下本有口字·从左傳正義引删·御覽引作口有猪牙·尾長一丈八尺。能鬭不退。○此四字从左傳正義引補·攪亂荒中。名檮杌。一名傲很。一名難訓。春秋云·顓頊氏有不才子·檮杌是也·○注十四字·本混作經·今改·

西荒中有人焉。○舊本與上文連讀·非是·今提行·西荒中三字·焉字·並从史記五帝紀正義引補·面目手足皆人形。而胳下有翼不能飛。爲人饕餮淫逸無理。名曰苗民。春秋所謂三苗·書云竄三苗於三危·○注十四字·本混作經·今改·

西荒之中有人焉。○人·北堂書鈔一百六十引作蛇·太平御覽九百八引作獸·長短如人。○御覽引作頭如人·著百結敗衣。

手足虎爪。○足字从御覽引補。名曰獏獡。俗曰親獡。香僞。○注六字。从御覽九百五十一引補。伺人獨行。輒食人腦。○舊校。一本云。伺人眠輒往就人。欲食人腦。憲曾案。書鈔御覽所引並與一本同。或舌出盤地丈餘。○書鈔御覽引並作先使捕錢。伺臥而舌出盤地丈餘。唯書鈔無舌字。伺御覽作得。人先聞其聲。燒大石以投其舌。乃氣絕而死。○書鈔御覽引並作人聞其聲。常燒大石。伺其臥得舌出。以石投舌上。於是低頭絕氣而死。不然食人腦矣。○書鈔引作居此。若獮。乃輒食人腦。

西方白宮之外。○舊校。廣記引作自宮。憲曾案。白本作自。从太平御覽八百十一引改。有金山焉。○金字从御覽引補。其長十餘里。廣二三里。高百餘丈。皆大黃之金。其色殊美。不雜土石。不生草木。上有金人。高五丈餘。○高御覽引作長。皆純金。名曰金犀守之。○守之二字从御覽引補。入山下一丈有銀。又一丈有錫。又入一丈有鉛。又入一丈有丹陽銅。此銅似金。可鍛以作錯塗之器。淮南子術曰。餌丹陽之爲金是也。○舊校。淮南子以下乃茂先注。後人誤合爲經。梁簡文帝詩云。劍鏤丹陽銅。用此。憲曾案。御覽八百十三引此注云。此銅與金相似。典術曰。陶丹銅以爲金也。與此小異。則自似金下皆當爲注。今改並据補此銅二字。

西荒中有獸如虎。豪長三尺。人面虎足。口牙一丈八尺。人或食之。○食字疑誤。獸嚙終不退卻。唯死而已。荒中人張捕之。○張下有脫字。復黠逆知。一名倒壽。

西方深山中有人焉。身長尺餘。一足。○一足二字从荊楚歲時記注引補。袒身捕蝦蟹。性不畏人。見人

止宿。暮依其火。以炙蝦蟹。○暮太平御覽八百八十三引作喜。伺人不在。而盜人鹽。以食蝦蟹。名曰山
㺐。○名曰。王本譌作在深。其音自叫。人嘗以竹著火中。熚炥有聲。○熚炥。本作爆烞。今改。說文熚𤏋火兒。又作炥熚。炥疊韻。
荊楚歲時記引作燓熚。玉燭寶典引作㷔熚。御覽引作炥熚。皆譌。又有聲二字。从荊楚歲時記注補。而山㺐皆驚憚。○山。本譌作出。从荊楚歲時記玉燭
寶典御覽引改。犯之令人寒熱。皆隨人形而變化。然亦鬼魅之類。今所在山中皆有之。○注二十一字。本混作經。今改。
西海水上有人。乘白馬朱鬣。白衣玄冠。○太平御覽十二引作赤冠。從十二童子。馳馬西海水上。
如飛如風。名曰河伯使者。或時上岸。馬跡所及。水至其處。所之之國。○上之字御覽引作至。雨
水滂沱。暮則還河。
西海之外。有鵠國焉。○鵠。初學記十九引作鶴。鶴鵠古通用。男女皆長七寸。爲人自然有禮。好經綸拜
跪。其人皆壽三百歲。其行如飛。日行千里。百物不敢犯之。唯畏海鵠。過輒吞之。亦壽
三百歲。此人在鵠腹中不死。而鵠一舉千里。陳章與齊桓公論小兒也。○案史記大宛傳正義引括地志云。小人國在大秦
南。人纔三尺。其耕稼之時。懼鶴所食。大秦衛助之。即焦僥國。其人穴居也。與此經說合。
西方山中有蛇。頭尾差大。有色五彩。人物觸之者。中頭則尾至。中尾則頭至。中腰則
頭尾並至。名曰率然。會稽常山最多此蛇。孫子兵法。三軍勢如率然者是也。○注二十一字。舊本上題茂先注云四字。並作正文。今改正。

說苑　神異經輯校

叢錄

船山遺書精義

俟解

博文。約。禮。復。禮。之實。功。也。以禮治非禮。猶謀國者固本自强。而外患自輯。治病者調養元氣。而客邪自散。若獨思禦患。則禦之之術。卽患所生。專攻客邪。則府藏先傷而邪傳不已。禮已復而已未盡克。其以省察克治自易克己而不復禮。其害終身不瘳。元家有煉己之術。釋氏爲空諸所有之說。皆不知復禮而欲克己者也。先儒謂難克處克將去。難克處蔽錮已深。未易急令降伏。欲克者但强忍耳。愚意程子言見獵心喜。亦是難克處。畢竟難克。若將古人射御師田之禮。服而習之。以調養其志氣。得其比禮比樂教忠教孝者有如是之美。而我馳騁鷹犬之樂。淡然無味矣。則於以克己不較易乎。顏子已於博文約禮欲罷不能。故夫子於是更教以克己。使加上一重細密細勘工夫。而終不舍禮以爲對治之本。若學者始下手做切實事。則博文約禮。如饑之食。寒之衣。更不須覓嚴冬不寒辟穀不飢之術。且遵聖人之教。循循不舍。其益無方。其樂無已也。

編者節錄

叢錄

通訊

胡春藻先生來書

仲元吾兄大鑒。日前快談至慰。承邀入社。業已遵命塡就。惟弟已加入國民黨。倘與貴社宗旨不符。請勿提出爲荷。匆此卽頌撰祺　弟胡庶華頓首　二月六日

洪本立先生來書

木崖吾兄勛鑒。星沙話別。寒暑兩易。遙維文祺進益。著述宏猷。爲頌。弟近來奔走無暇。未克時通箋候。殊勝歉仄。昨接郵來船山學報一份。拜誦之餘。私衷愉快。但閱職員表內所列董事社員。均屬文豪。欽仰無旣。本社事業前年吾兄囑與芸樵先生進言。改組各節。當卽前往邀允復命於兄。方得現有之結果。弟愧庸碌力薄能鮮。不能時與諸公聚學講道。深爲愧恨。意欲加入社員。追隨諸公。以圖異日。故特函達吾兄。請爲提出大會審查。倘爲合格。務希將弟列入。是所至盼。並乞時賜教言。以匡不逮。

耑此布達。敬請道安 弟洪本立謹啓 三月十三日

粟培堃先生來書

蒼石老哥賜鑒。睽久不相聞。得舍甥越英轉致函報。具見故人拳拳。有同覿面。且感且慰。船山先輩。弟素所拜倒者。雅命入社。何敢不承。即請吾兄代辦可也。弟近已業農。奉上詩稿一紙。閱之當知我早非城市中人。書憤中有我剩征遼孤憤在。青絲寮寂更青纓二語。殆一、點、塵、心、未死使然。而與王先賢所云。抱越、石、之、孤、忠。而命、無、從、致、有同、一、之感。或一學報資料也。(下略) 三月二十二日

龔壽先生來書

敬啓者。貴報自產生以來。風馳電掣。各界歡迎。實學、術、之、津、梁。文、章、之、泰、斗。鄙人久耳其名。恨未一覩爲快。昨閱通俗日報。知貴報重新改組。第一期業已出版。亟欲一觀。以振聾瞶。故特函達貴社。乞將貴報第一期惠寄一份。庶明內容而更訂閱。無任翹企。此致 龔壽謹啓 三月三十日

尹光廷先生來書

敬啓者。世變益亟。聖賢之言。爲俗髡妖巫之科儀符咒。與有斯文之責者。無不痛首椎心。嘆陵夷之不復挽也。久仰貴社闡發船山精義。茫海孤燈。高山仰止。用特寄上代洋四角。請訂學報壬申第一册一本。供諸眼前。則神有攸宗。幸異端之不攖矣。此致

尹光廷手啓 四月十四日

吳佩孚先生來書

逕復者。承惠貴報一册。展誦讜言。敬佩並謝。即頌撰祺。 孚威上將軍記室之章 四月十七日

北平朝陽大學圖書館來書

敬啓者。承惠出版物一種。業照收到。足徵貴社熱心教育。嘉惠士林。雲情高誼。至深紉感。除奉上收據外。專此鳴謝。順頌台祺。 北平朝陽大學圖書館謹啓 四月十八日

國立中央大學圖書館來書

敬復者。頃承惠贈船山學報一册。深紉厚意。除存館中以供衆覽。並彰高誼外。謹此布謝。祇頌時綏。 國立中央大學圖書館謹啓 四月十八日

國立北平師範大學圖書館來書

敬復者、茲承惠贈船山學報壬申第一册。現已收藏。俾諸閱覽。嘉惠士林。無任銘感。嗣後務希按期寄贈。以成全璧。是所至盼。專此拜懇。並頌撰祺。　國立北平師範大學圖書館謹啓　四月十九日

文一智先生來書

逕復者、頃奉貴社大函。並船山第一册學報一本。捧讀之餘。欣悉貴社諸公。憫絕學之失傳、挽汪瀾於既倒。振臂一呼。萬流仰鏡。使世道人心。尚得絕而復續。猶有一線生機者。皆諸公今日提倡國粹之所賜也。專此鳴謝。敬叩道安。　文一智謹肅　四月二十三日

大廈大學圖書館來書

敬啓者、承惠贈壬申第一期學報。無任感激。貴刊篇篇金玉。字字珠璣。敝校同人拜讀之餘。至爲傾佩。望此後繼續寄賜。是所至禱。專此鳴謝。順頌著祺。　大廈大學圖書館啓　四月二十四日

聖約翰大學圖書館來書

敬復者、蒙惠船山學報壬申第一冊深紉厚意。除已編目珍存以供衆覽。並彰高誼外。謹此布謝。嗣後倘承源源賜寄。嘉惠士林。尤所感禱。祇頌台綏。 聖約翰大學圖書館啓。四月二十四日

文星三先生來書

敬復者、承贈貴社學報一份、已收閱。茲擬預定全年計洋一元五角。謹兌上祈察收。并請按時寄報爲荷。此致 文星三啓 四月二十七日

廣西大學圖書館來書

敬啓者。茲承惠贈船山學報宏篇鉅製。曷勝紉感。除敬謹分別編入目錄。善爲珍藏。以供衆覽而彰盛意外。嗣後倘希時予匡助。陸續賜贈。尤所盼禱。肅箋申謝。祇頌台綏。 廣西大學圖書館謹啓 四月二十七日

康和聲先生來書

船山學社諸公賜鑒。承貴社贈送船山學報第一期第二本。業已收到。查船山學說

自湘皋鄧氏湘鄉曾氏蔚廬老人而後。幾成絕學。得諸老提倡編爲學報。必能發揚光大。拜讀之餘。敬付展覽。以公同好。尙望按期惠寄。無任感禱。專此布謝。卽叩撰安。

康和聲謹啓。四月二十七日

王承讓先生來書

貴社學報第一期已收閱。材料豐富。裨益後學。良非淺鮮。茲寄上省幣伍角。合前數共一元五角。訂學報全年。希按期寄桑植縣立第一小學校長王承讓收爲荷。此請撰安。王承讓叩 五月一日

彭遠謨先生來書

逕啓者、頃讀貴社所編之船山學報一書。維持絕學。保全國粹。精義奧言。實切中現時流弊。爲挽回世道人心之良善嘉作。拜誦之餘。嚮慕靡旣。特寄郵票洋一元五角。訂購全年。新按季郵寄桑植縣空殼樹彭遠謨收爲荷。此致。彭遠謨謹啓 六月二日

秦其興先生來書

船山學社諸公賜鑒。奉誦大啓。暨壬申第一冊學報。敬悉諸公。提倡國學。闡究固有

文化。不遺餘力。至爲欽佩。值茲古道不敦。風俗澆漓。非扶持聖教。不足以匡救人心。羣罔民族。蓋籌所及。實爲正本清源之舉。其與從政盧年。學行無似。遙瞻文采。倍深嚮往。此後願竭棉薄。隨時搜集一切文獻。以供採擇。耑此奉覆。兼申謝悃。祇候道安。

秦其與拜上 六月二十日

周公達先生來書

叔惠先生賜鑒。別後月紀三更。頃奉寄到船山學報一冊。開卷循誦。或爲先輩之遺著。或爲時賢之傑作。遠之章闡船山之學術。邇之揭櫫晚近之陋習。大都爲有功世道之文字。人心陷溺久矣。非有卓彼先覺如船山者。無以資楷模。亦非有精心果力如公等者。難以宏倡導。此必然之理也。吾湘之爲邦。接壤粵黔。比鄰贛鄂。鼎革以還。國內交兵。湘恒首當其衝。人民之罹於兵燹者。誠所謂巧曆所不知。心計莫能測。然此尙爲有形之損失。已遷之事境。假以時日。休養生息。恢復尙易。獨至近日。內則邪說之焰滔天。赤匪之毒遍地。外則强鄰興師。國土日蹙。亡國之禍。迫於眉睫。挽回振興。似非朝野上下共負其責。難望有濟。所謂共負其責者維何。卽選將練兵。安內攘外。固爲政府之專責矣。而人民亦須設法以襄助之。至於修己立人。移風易俗。則顧亭林所謂匹夫均與有責。匪特秉國鈞者之應提倡而整飭之也。愚以爲今日時局。苟人民政府相見以誠。相維相助。則多難興邦。亦在人爲之而已。又立社講學。其已往之弊。爲各樹徒黨。入主出奴。彼漢唐之黨禍。固無論矣。卽趙宋之洛蜀門戶。有明之東林復社。亦莫不黨同伐異。流毒國家。其所以致此者。則因並時之人。往往不顧相下。且時無至聖。誰能兼攬衆長。故有一派以講學爲名。而播爲聲氣。則爭名者亦必別樹一幟。以相號召。迨彼此之徒黨既多。人才萃集。於是各以所長相輕所短。雌黃月旦。自此出焉。排擠齮齕。亦自此生焉。第今日而崇奉船山。則不慮此弊。蓋先生既非現代人物。而其人品學術。又經昔賢論定。世無間言。且其生前之志趣好尙。如疾朋黨。戒標榜等。又正足以醫療時病。諸君子於學絕道喪。人欲橫流之時。有見及此。將見由騰諸口說。而蔚爲風氣。由湖湘一隅。而推及各省。正人心於今日。培國脈於無窮。其幾在此。其效在彼。西望鄉關。良不禁距躍之三百也。訂第二期學報。或訂全年均可。敢煩轉知承辦人員。須費若干。亦祈開示。以便遵繳。外附近作一章。藉博

一粲。祇頌台祺。周家蕖白、六月三十日

鄧兆賢先生來書

木崖先生道席。頃由天樂居轉到通啓。敬悉九月朔日爲　船山先師誕辰。致祭之餘。討論社務。弟僻處常甯。未能躬與盛會。慚悚交縈。現正料理塵俗。擬於孟冬下浣到湘。隨諸公之後。盡力社務。以申私淑之忱。聆教匪遙。念之神往。專泐敬頌

箸安　弟鄧兆賢拜啓　夏曆九月初六日

徐布青先生來書

船山學報報社執事先生大鑒。頃閱報載貴社發刊學報。闡揚先賢學說。何勝欽佩。茲寄上大洋貳元。定閱貴報。祈自第一期寄下爲盼。又船山遺書齊魯間流傳極少。購求爲難。木刻原版既在貴處。印刷必多。如市上書店中有出售者。敢祈費神將價目商號示知。以便函購。爲感。專此奉懇。敬請

道安　徐布青拜啓　九月十八日

覆徐布青先生書

逕覆者頃接來函。暨洋貳元。訂閱本報。玆將收條一紙。並學報一二册。先後寄上。卽乞查收。其餘俟出版時再寄。至詢購船山遺書。本社無版。現聞上海白克路太平洋書店業已刊行。台端直接向該店函購可也。此覆。

船山學社啓 十一月一日

船山學社講友會會講規約

第一條 本會依據社章第十九條組織講友會每週於日曜日集社會講如有特別事故缺講時由社先行通告

第二條 講友以同社社員組織之遵照社章於哲學政學文學三科中各自認定一科其講題臨時自定之

國內外名人有承允蒞社講演者得臨時延任講友

第三條 每週暫定二小時爲會講時間其講題函義較宏有延長時間之必要時酌延之

第四條 講友輪週値講每週之値講員於前二星期會講散會時以抽籤定之

第五條 會講時不限於預定之講題遇會友多數之同意時可變更講題隨時

推員賡續講衍

第六條　講員爲本會推任長期講演者月絼由社酌送夫馬

第七條　講藁須先時於一週前寄社但有聲明須講後整理講藁者聽

第八條　除按期會講外如有特別講演得變更定期將講題及主講人先期通告

第九條　講演部設主任室掌管印發講義存記講友往來函牘簽到請假暨每次到本社聽講者之姓名錄

第十條　聽講者不限於本社社員但初至者應自行登記姓名及職業住址

第十一條　會講時不得喧呶私語遇有疑難罷講後以書面函交本會商榷

第十二條　本會遵章以社長及講演部主任爲長期主講每次會講時由社長或主任領導之並維持講場秩序

叢錄 規約

本社紀事

船山遺書精義

俟解

編者節錄

唯直之一字。最易蒙昧。不察則引人入禽獸。故直情徑行。禮之所斥也。證父攘羊。欲直而不知直。墮此者多矣。子曰。父爲子隱。子爲父隱。隱字切難體會。隱非誣也。但默而不言。非以無作有。以皂作白。故左其說以相欺罔也。則又何害於道哉。豈獨父子爲然乎。待天下人。論天下事。可不言者隱而不言。又何嘗枉曲直耶。父而攘羊不可證。固不待言。卽令他人攘羊。亦自有證之者。假令無證之者。亦無大損。總不以天下之曲直是非攬之於己。而違其坦然自遂。付物之是非於天下公論之心。卽至莅官聽訟。亦以不得已之心應之。吾盡吾道。不爲人情愛憎起一波瀾曲折。此之謂直。隱卽直也。隱而是非曲直。原不於我一人而廢天下之公。則直在其中矣。

本社紀事

湖南船山學社大事記（續）

丙辰。民國五年。

春。設立圖書室。捐置書籍五百餘種。

先是廖社長倡設船山圖書館於思賢書局舊址。與蔚老共捐書籍二百餘種。以爲之倡。嗣以籌欵維艱。廖去後。乃暫就社內先設圖書室於後樓。添購二百餘種。以資社員講習之用。

夏本社總理劉先生人熙受湘桂軍民公推爲湖南省都督。兼民政長。大總統黎元洪任命劉署理湖南督軍。

先是袁世凱稱帝。改元洪憲。凡八閱月。雲南前都督蔡鍔出師聲討。入四川。湘督湯薌銘、聘蔚老任高等政治顧問。蔚老屢爲陳利害。桂督陸榮廷、雅重蔚老。繼起出兵。假道湘省。湯督與川督陳宧、皆倉卒宣布獨立。袁氏憤殂。桂師抵衡。

前鋒至省垣。湯督宵遁。湘桂軍及全省紳商。遂公推蔚廬先生。任湖南督軍兼省長。以吳嘉瑞雁洲爲民政廳長。吳亦研究船山先師學說。以名翰林居里。以陶思曾任督署祕書長。旋改署湖南高等審判廳廳長。皆本社社員中有譽望者也。

繼任大總統黎元洪。任命劉人熙爲湖南省長。以譚延闓爲湖南督軍。蔚老以兼任軍民二職。謙讓未遑。迭電辭職。譚延闓時居滬寓。曾繼梧趙恆惕先已回湘。分任軍職。中央遂有是命。

秋。本社總理劉先生人熙。辭省長職入京。

大總統頒發正誼明道匾額一方。懸諸　船山先生祠堂。

石廣權赴京就教育部聘任編纂。

是歲一月發行學報第六期。

丁巳。民國六年。

春。開辦船山中學校。彭政樞兼任校長。

是歲北京有康有爲張勛等復辟之役。旣敗。段祺瑞執政。孫文赴廣州。別組政府。召集非常國會。南北旣裂。湘督譚延闓不安於位。北京政府以傅良佐督湘。未幾。湘桂聯軍北伐。傅氏去湘。吳佩孚張敬堯等率重兵南下。桂軍據湘垣。蔚老避亂返瀏陽。本校無可進行。維持現狀而已。

冬。總理劉人熙招石廣權回社。

是歲四月發行學報第七期。至八月又發行第八期。第九期至第十期稿已編輯。無力付刊。

戊午。民國七年。

春。總理劉先生人熙避亂赴滬。

時、湘軍潰於岳州。聯軍統帥譚浩明退衡陽。尋返桂。吳佩孚進據衡州。北京政府以張敬堯爲湖南都督。甚本社詗騎四出。蔚老扶病挈眷赴上海。社中輟講。

石廣權旋亦赴滬。

秋。貝允昕爲船山學校校長。

時張督敬堯派兵駐思賢書局。本社不得已。遷小學部於社內後園。彭政樞以年老不勝繁劇。公推貝律師允昕、專任中小學校校長。

是歲。曾祠後嗣曾約農寶蓀兄妹。就曾祠後園亭閣。籌設藝芳女校。與本社有地址交涉。

己未。民國八年。

春。本社總理劉先生人熙卒於滬寓。時南北政府協商。推派代表。開和平會議於上海。先生建議組永久和平會。旋歸道山。年七十三。南北兩政府。各省當道。咸派員祭悼如禮。

夏。湘督張敬堯、令限本社他遷。以社舍爲藝芳女校校址。

令下。舉社駭汗。輿論咸爲不平。然無敢向政府立言者。社長彭政樞、校長貝允昕、據理力爭。不報。

秋。貝允昕辭職。公推石廣權以社長兼任校長。

社員全體電滬求援。迭促石廣權歸湘。辦理社址交涉。七月初自滬返社。

湘督張敬堯。中夜縱兵入社。殺社員吳燦煌。及客程鵬。

七月二十日夜半。忽有軍服及便衣三十餘人。疾呼啓門。徑入社長室及交際室。殺平江吳社員燦煌二十餘傷。未殊。客安徽程鵬。由上海來。以外交後援會名義。向張督有所接洽。適就吳宿。遽與其難。吳臨死。猶引頸向石廣權哭曰老伯。我受人誤。爲國事而死。死無恨。獨無以報老父耳。遂絕。

呈請張督查照民國二年北京大總統府發交國務院分行湖南督署維護本社原案。撤銷前限社遷移原令。

督署祕書長張朗村、(忘其名)洞明世務。頗重本社。平江張緒先局長、亦極關懷。因間說朗村持平進言。由社具摺。詳陳設社意旨。及繼承前思賢講舍緣由。與曾祠界址各殊。商請張督撤消前限本社遷徙之原令。社校各自辦學。暫准劃牆爲界。派警察廳長佟某、蒞勘執行。

社長彭政樞避亂辭職。

八月十六夜。復有多數似軍人者來社扣門。稱欲見社長。閽者固扃未納。久之

本社紀事

亦去。次晨。石廣權避處社外。彭政樞遷居衡清會館。會計兼庶務胡某、攜款夜逃。被獲。送警察局拘押。社校全輟。張緒先局長、張湘熹律師等出而救濟。展轉兼旬。督署嚴切出示。以鎮定人心。九月朔旦。　先師百歲生辰。誕祭竟不及舉。至恨事也。

九月初二日。石廣權返社。初三日補行　先師誕祭。督署派員參與。

冬。派中學生六人赴法國。加入勤工儉學班。旋分赴英比各國。　（未完）

定價表

冊數	每冊	預定全年
定價	四角	一元五角
郵費	照章	

中華民國二十二年十月二十八日

出版

船山學報

癸酉第二冊

廣告例

冊數	一冊	二冊	三冊	四冊
一面	十元	十八元	廿八元	卅二元
半面	五元	九元	十四元	十六元
四分之一	二元五角	四元五角	七元	八元

◎面頁 底頁 加倍

主編者 湘潭周逸

發行者 長沙中山東路 湖南船山學社

印刷者 長沙萬福街 藻華紙業印刷局 電話五六九

代售處 上海 南京 天津 北京 漢口 武昌 福建 廣州 商務印書館

湖南船山學社

民國二十三年癸酉歲十二月出版

中華郵政特准掛號認爲新聞紙類

船山學報

第四期

湖南船山學社印行

湖南船山學社學報章程

一　本學報繼續本社民國六年以前學報辦理仍名曰船山學報

二　本學報暫定每季出版一次按年編號

三　學報內容分類如左

1圖畫　2特載　3師說　4講演　5通論　6專論　7專著　8文苑

9劄記　10説苑　11叢錄

四　本社徵文酬例另定之遺稿專著斟酌酬贈詩詞雜文等不給酬但酌贈書報

五　給酬以登出學報者爲限

六　凡來稿本社得斟酌修改之無論已否登出概不退還惟遺稿專著詩詞文集成册者[illegible]限

七　本報費及廣告費另定之

湖南船山學報第四期目錄

第四期

目錄　二

文苑

文錄

第四期

目錄

第四期

目錄　六

目録　八

第四期

王船山先生遺像

把鏡相看認不來問人云此是薑齋龜於朽後從人卜夢未圓時莫浪猜　誰筆仗此形骸閒愁輸汝兩眉開鉛華未落君還在我自從天乞活埋

先師自題小影詞也請光緒初元張文心大令從先師祠堂摹得　遺像蓋猶襲明行人司章服先師以永曆四年任行人司年三十二後又四十一年乃自題小影令摹刻之祠堂者是也湘陰郭筠仙侍郎奉以祀之思賢講舍而為之贊曰

濂溪混然其道莫窺惟於先生望見端崖約禮明非守道持危闡揚文令是曰先知二百餘年星日昭垂私心之契曠世之師

船山先師手墨之一

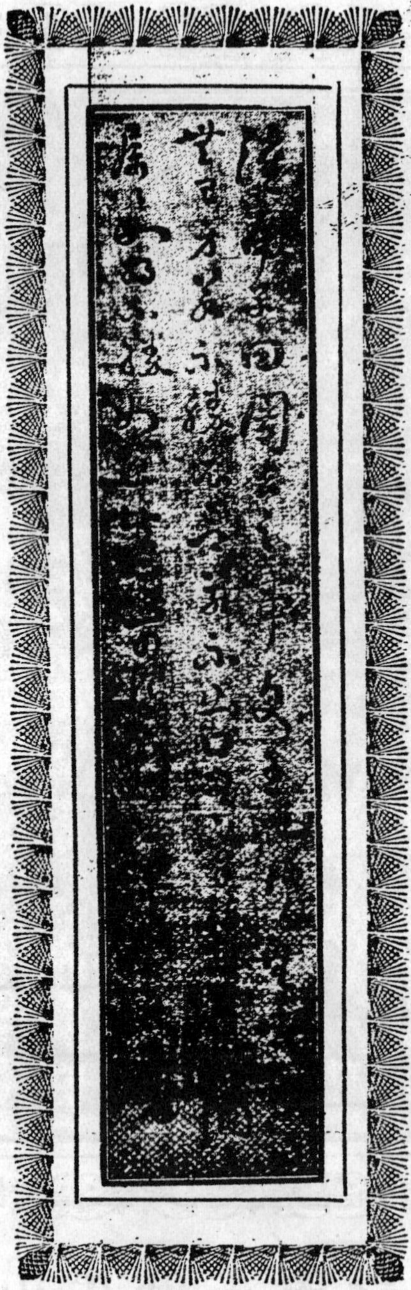

船山先師手墨之二

特刊

船山先生行述原文 據家譜本

子敔述　　八世從孫之春謹錄

亡考（曾刻本作先子）船山大人。（曾刻本作府君）諱夫之。字而農。別（曾刻本無別字）號薑齋。中歲稱一瓠道人。更名壺。晚歲仍用舊名。居於湘西蒸左之石船山。自爲之記。蒸湘人士莫傳其學問有就而問字者。稱爲船山先生。所評選有漢魏六朝詩一帙。四唐詩一帙。古文一帙。緒論一帙。皆駁時尙而辨僞體。名曰夕堂永日。人士之贈答者。又稱夕堂先生焉。王氏系出太原。元至正以前。失譜不詳。十一世祖諱仲一。揚州高郵人。（曾刻本有從明太祖定天下七字）以功授千戶。生輕車公。諱成。（曾刻本有永樂初三字）以翊戴功。陞衡州衞指揮同知。遂籍於衡陽。七世祖護軍公。諱綱。從都御史秦（曾刻本作成諱）公金平郴韶賊。以功晉驃騎將軍上護軍。祖武夷公。（曾刻本作王父徵君）諱朝聘。字修侯。以天啓辛酉副榜授迪功郎。壹志潛修。（曾刻本作棄官隱居）受學於邑大儒伍學父先生定相。究其（曾刻本作極）天性物理。以武夷爲朱子會心之地。志遊焉。以題書壁。學者稱武夷先生。祖母譚孺人生亡考（曾刻本府君生）於萬曆四十七年己未九月初一日子時。年十四。督學王聞修先生志堅拔入學。其後寧波水向若先生佳胤（曾刻本胤作允係代恭避字家譜爲用膺潘撰傳堵允錫亦作膺錫）岷山王澄川先生永祚、皆鑒識首拔。崇正（曾刻本作禎家譜凡崇禎皆作崇正）十五年壬午。以春秋魁與伯父石崖先生同登鄉榜。大主考爲太史吉水郭公之祥。副主考諫議大興孫公承澤、房師則安福歐陽方然先生介也。華亭章公曠、江門蔡公道憲、是科俱爲分考。時國勢漸不可支。出場後遂引爲知己。互（曾刻本作以志節）相砥勵。是冬上計偕行。至南昌道梗。歐陽先生諭以歸養。明年癸未。張獻忠陷武昌。遞陷衡州。紳士多反面納欵。其不降者、賊投之湘水。亡考（曾刻本作府君）匿南嶽雙髻峯。祖（曾刻本作徵君）爲僞吏所得。挾質以召伯父與亡考。（曾刻本作府君）祖（曾刻本作徵君）迫欲自裁。亡考（曾刻本作府君）哀窘。匿伯父。自刺身作重創。傳以毒藥。舁至賊所。賊不能屈。得免於難。復返（曾刻本作匿）嶽峯。（曾刻本有甲申五月聞北都之變數日不食作悲憤詩一百韻吟已輒哭後自乙酉丙戌至壬寅同原韻凡作四續焉乙酉以還走入永興將入猺峒以徵君病不能往明年丙戌湖廣兵烽塞野大旱赤地是時督師黎平何公屯湖南與堵公屯湖北而李自成死九宮山餘黨降附號忠貞營二公安置無術南北不協府君知湖上之敗必繇此走湘陰上書於司馬章文毅公指畫兵食且諫其調和二公以防洹潰公報以本無異同不必過慮府君含默而退己而堵公辟檄兩及府君臥未陽不往其後喪敗相仍何堵二公前後俱已殉節章而公亦憂憤而卒永歷元年丁亥今皇清之順治四年也二百二十四字予丁亥。收湖南。曾刻本無此句是冬祖曾刻本是歲冬十有一月王父徵君棄世。亡考曾刻本作府君並有哀毀以終大事六字營葬嶽後。曾刻本有塋兆既成四字旦夕悲號。膺難西走。時前大學士瞿公式耜留守桂林。曾刻本留守瞿公式耜特章引薦。曾刻本疏薦之亡考曾刻本府君疏乞終喪。得旨云。具見孝思。足徵恬品。著服闋另議。曾刻本有已而歎曰此非嚴光魏野時也違母遠出以君爲命死生以爾二十四字制終曾刻本服闋就行人司行人介子之職。曾刻本有時粵一隅而國命所係則瞿公與少傅嚴公寶砥柱焉紀綱大壞驕帥外訌宦倖內恣覩弘隆朝之亡轍而更甚科臣金公堡袁公彭年丁公時魁劉公湘客蒙公正發主持振刷而內閣王化澄悖帥陳邦傅內豎夏國祥等交害之指爲五虎廷杖下獄將置之死府君走訴嚴公諸君棄墳墓捐妻子從王於刀劍之下而黨人假不測威而殺之則君臣義絕而三綱斁雖欲效南宋之亡明白抗慨與共之勸公倘僥求貸而時緹騎掠諸君舟僕妾驚泣府君正色責之而止其後五人以嚴公力得不死而黨人雷得復誣參嚴公府君抗疏指陳王雷誤國疏凡三上嚴公雖留而志不得申黨人吳貞毓萬翺且陷府君於不測府君憤激咯血因求解職時有忠貞營降帥高必正慕義營救之乃得給假高必正者原名一功闖賊所謂制將軍者是也府君以其人國讎也不以私恩釋憤三百字自此隨地託跡。或在浯。或在郴。或在耒。或在晉寧。或在漣邵。所寓之處。人士俱極依慕。亡考曾刻本府君不久留。輒辭去。最後自岳曾刻本嶽陰還船山。築土室。名觀生居。遂以地之僻而久藏焉。至于守正道以屏邪說。則參伍於濂洛關閩。以闢象山陽明之謬。斥錢王羅李之妄。作思問錄內外篇。明人道以爲實學。欲盡廢古今虛妙之說。而返之實。自潛修以來。啓甕牖。秉孤鐙。讀十三經。廿一史。及朱張（曾刻本張朱）遺書。玩索研究。雖饑寒交迫。生死當前而不變。迄暮年。體羸多病。腕不勝硯。指不勝筆。猶時置楮墨於臥榻之旁。力疾而纂註。顔於堂曰。六經責我開生面。七尺從天乞活埋。於四書及易詩書春秋各有稗疏。悉考訂草木魚蟲。山川器服。以及制度同異。字句參差。爲前賢所疏略者。蓋亡考（曾刻本府居）自少喜從人問問四方事。至於江山險要。士馬食貨。典制沿革。皆極意研究。讀史（曾刻本有讀字）註疏。於書志年表。攷駮同異。人之所忽。必詳愼搜閱之。而更以聞見證之。以是參駮古今。共成若干卷。至於敷宣精義。羽翼微言。四書則有讀大全說詳解授義。周易則有內傳外傳大象解。詩則有廣傳。尙書則有引義。春秋則有世論家說。左傳則有續博議。禮記則謂陳氏之書應科舉者也。更爲章句。其中大學中庸則仍朱子章句而衍之。末年作讀通鑑論三十卷。宋論十五卷。以上下古今興亡得失之故。制作輕重之原。諸種卷帙繁重。一一皆楷書手錄。貧無書籍。紙筆多假之故人門生。書成因以授之。其藏於家與子孫言者無幾焉。又以文章之變化。莫妙於南華。詞賦之源。莫高於屈宋。南華去其外篇雜篇訶斥聖門之譌妄。屈子以哀怨沈湘。抱今古忠貞之慟。其隱情莫有傳者。因俱為之註。名曰莊子衍。（曾刻本注）楚詞通釋。又謂張子之學切實高明。正蒙一書人莫能讀。因詳釋其義。與思問錄內外篇互相發明。此亡考（曾刻本府君）自辛卯迄辛未四十年。賫志不隳。用力不懈。嘗自署其槧。以為吾生有事著（曾刻本事者）也。其他則淮南子有旁注。呂覽有釋。劉復愚有評。李杜詩有評。近思錄有釋。皆發從來之所未及。而裒訂其旨。維時長嘯一室。作祓禊賦曰。謂今日兮令辰。翔芳皋兮蘭津。羌有事兮江干。疇憑茲兮不歡。思芳春兮迢遙。誰與娛兮今朝。意不屬兮情不生。予躊躇兮倚空山而蕭清。闃山中兮無人。蹇誰將兮望春。又山樓雨詩曰。江城二月催寒雨。山客三更夢嶺雲。青鏡分明知鶴髮。寶刀疇昔偃龍文。援毫猶記趨南史。誓墓還將起右軍。飛鳥雲邊隨去住。清猿無事憶離羣。時值華亭章司馬次子有謨南遊。阻道。亡考（曾刻本府君）延入。晝共食蕨。夜共燃藜。以所注禮記授之。夜談至雞鳴。為常游兵之為盜者竊聽而異之。相戒無犯焉。年七十三。久病喘嗽。而吟誦不輟。次年元旦。尚衣冠謁家廟。二日清晨起坐。不懌。指先祖（曾刻本有徵君二字）行狀墓銘付長孫若。（曾刻本作生若）曰。汝愼藏之。謂敔曰。勿爲吾立私謚也。良久命整衾。時方辰。遂就簀正衾甫畢而逝。享壽七十有四。遺命禁用僧道。自題遺像曰。把鏡相看認不來。問人云此是薑齋。龜於朽後隨人卜。夢未圓時莫浪猜。誰筆仗。此形骸。閒愁輸汝兩眉開。鉛華未落君還在。我自從天乞活埋。其銘末句云。幸全歸於茲邱。固銜恤以永世。哀哉亡考之逝、今十有四年矣。值聖朝之寬大。蒙太史之採風。不孝敔伊蔚虛生。采薇不似。於志夐不可企。於學茫無所窺。哀述梗概。稍次本末。仰乞大君子於俗論之不亟取者而取之。於人間之不欲傳者而傳之。曷勝匍匐哀慄而待。

謹案　船山公行述原虎止公爲乞宜興潘公撰傳而作。今家譜所載潘傳。與曾刻本（本世全公元刻今元刻本無存故稱曾刻本）同。而行述較曾刻本反略。即曾刻本行述亦較潘傳爲略。蓋虎止公原作所述情事必與潘公相仿。初未嘗觸犯忌諱。當修譜時。虎止諸公必有恐陷深文。甚且爲公著述累者。遂將其中偶涉國朝與平明藩以及吳逆諸語。概從刪節。故復返嶽峯句下。即接于丁亥收湖南云云。就行人司行人介子之職下。即接自此隨地託迹云云。皆發從來之所未及而衷訂其旨。下即接維時長嘯一室云云。意蓋謂有潘傳在後。人可參觀得之也。曾刻本稱謂之外改字尚多。且據潘傳於復返嶽峯下增入二百二十餘字。於著服闋另議下增入二十餘字。於就行人介子之職、下增入三百字。校之潘傳。情事既有參差。語句亦不畫一。其非原本可知。之春所錄行述。既遵家譜刻本。異文附注其下。俾世之閱者得以識焉。之春謹識。

師說

船山遺書精義

續春秋左氏傳博議

劉子論成肅公

神至於氣。氣聽焉。而神不倦於君。氣至於形。形聽焉。而氣不苦於帥。形斯則非敬無以效神之功。而非威儀無以理形而從氣。其亦明矣。故善和者。無有如敬者也。敬身以和其心。則神不勞而爲君。率形氣而親比之。以充周於官骸。命亦奚從而夭。福亦奚往而不凝哉。

編者節錄

師說

張子正蒙注詮言

續癸酉第二册

邵陽石廣權一參

船山遺書之一

氣坱然太虛。

原注坱然猶言滃然。充滿盛動貌。徧太虛中皆氣也。

廣權按物理學家論空氣之定義曰。空氣爲無色、無臭、無味、環繞於地球一層之透明體。距地面愈高則愈薄。愈低則愈厚。凡地面人物皆受其包涵。各孔各穴皆被其侵入。而又目不能見手不能捫。幾若無物。然實與固體液體同占有一定之空間。且有一定之重量者也。其重量與體積之比例。每空氣之一立方籿。約當五合五勺餘。其重爲法量一、二九三瓦是也。

升降飛揚未嘗止息。易所謂絪縕。莊生所謂生物以息相吹。野馬者歟。

原注、升降飛揚。乃二氣和合之動幾。雖陰陽未形。而已全具殊質矣。生物以息相吹之說非也。此乃太虛之流動洋溢、非僅生物之息也。引此者。言莊生所疑爲生物之息者此也。

廣權按莊子逍遙遊篇。野馬也。塵埃也。生物之以息相吹也。三語。自來解者多失之。野馬蓋以肖空氣流行輕速之名詞。卽化學家所名爲輕氣。而倭譯所號爲水素者也。或曰。野馬、卽電學家之所謂以太。亦通。塵埃以肖空氣飛揚充窒之名詞。蓋化學家所名爲淡氣。而倭譯所號爲窒素者也。化學家論空氣之質量。窒素約占五分之四。酸素占五分之一。釋氏以人物日生息於塵世界中。而目不見塵。猶魚日生息於水中。而不能離水。義可互證。生物以息相吹之說。卽今物理學家所云植物吸炭气以生。而嘘出養气。動物吸養气以生。而呼出炭气。二气循環而生生不息。倭譯所號爲酸素炭素。蓋是物也。橫渠不取釋氏之說以證莊。故但舉其二。船山並不信莊氏之言。故以生物吹息之說爲非云。

此虛實動靜之機。陰陽剛柔之始。

原注、虛者太虛之量。實者氣之充周也。升降飛揚而無閒隙。則有動者以流行。則有靜者以凝止於是而靜者以陰爲性。雖陽之靜。亦陰也。動者以陽爲性。雖陰之動亦陽也。陰陽分象。而剛柔分形。剛者陽之質。而剛中非無陰。柔者陰之質。而柔中非無陽。就象而言之。分陰分陽。就形而言之。分柔分剛。就性而言之。分仁分義。分言之。則辨其義。合體之。則會其通。故張子統言陽陰剛柔以概之。機者飛揚升降不容已之幾。始者形象之所由生也。

廣權 按虛則見陽。實則見陰。動則見剛。靜則見柔。此气體之粗迹然也。然虛之質有陰有陽。實之質亦分陰分陽。動之性或柔或剛。靜之性亦時柔時剛。此气化之原則然也。而究其神化之功用。出乎無始以前。而宰乎當機之妙者。無虛非實。而實之中自含有虛靈之用焉。無靜非動。而動之時不失其靜凝之性焉。無以名之。名之曰機。機者萬象之構造所從出也。陰陽剛柔特以比較而立爲對待之名詞。而非可據也。

浮而上者、陽之淸。降而下者、陰之濁。

原注、天地之法象。人之血氣表裏耳目手足。以至魚鳥飛潛。草木華實。雖陰陽不相離。而抑各成乎陰陽之體。就其昭明流動者謂之淸。就其凝滯堅彊者謂之濁。陽之淸引陰以偕升。陰之濁挾陽以俱降。其神之淸通者。則貫徹乎其中而未有礙也。

廣權按陽之性輕揚而上浮。陰之性重凝而下降。人第知爲二性之相反。而不知實由二力之相搏使之然也。二力者何。吸力抵力是也。凡物無論極微之質點。莫不各有其主力以自動。動則各顯其異姓相吸同姓相抵之本能。其主動之吸引力俱强者。則兩體之相攝而切合也益親。其主動之抵拒力一弱者。則某物之受斥而退散也益遠。吸力勝則向心。其象爲收縮。交相吸則品流益雜。雜則濁。抵力勝、則離心。其象爲擴撒。自相抵則質性益分。分則淸。是故陽之性常喜分。而陰之性常喜合。陽之性善抵。而陰之性善吸。

其感遇聚散。爲風雨。爲雪霜。萬品之流形。山川之融結。糟粕煨燼。無非教也。

原注、感者交相感。陰感於陽而形乃成。陽感於陰而象乃著。遇者類相遇。陰與陰遇、形乃滋。陽與陽遇象乃明。感遇則聚。聚已則散。皆升降飛揚自然之理勢。風雨雪霜山川人物。象之顯藏。形之成毀。屢遷而已。結者雖遲久而必歸其原。條理不迷。誠信不爽。理在其中矣。教者朱子所謂示人以理是也。

廣權按感以性言。遇以質言。性相感則質以相攝而相交。質相遇則性有相劑以相成。亦有相斥而相毀。其麗於大虛者。爲烈爲和。爲潤爲燥。爲暑爲寒。其呈爲大象者。爲固爲液。爲植爲動。爲流爲峙。乃至朽腐神奇。桑田滄海。莫不各循其自然之變化。而行乎其所不得不行。蓋其萬物並育而不相害者仁也。方以類聚物以羣分者義也。崇效天而卑法地者禮也。時行而物生者信也。感而遂通者知也。健行而不息者勇也。在天成象。在地成形。學者仰觀俯察。有以參合乎天人之故。有餘師矣。

第六章

氣聚則離明得施而有形。

原注、離明在天爲日。在人爲目。光之所麗。以著其形。有形則人得而見之。明也。

廣權按此光學之原理也。日火外輝。鏡水內景。外輝者中實。內景者中虛。虛實相麗而明生。目之有明。鏡與水之屬也。顧其明之所自受。麗於虛而其明之所得施。必麗於實。气聚而成形則實。惟實也。故明得而麗之。

不聚則離明不得施而無形。

原注、無形則人不得而見之。幽也。無形非無形也。人之目力窮於微。遂見爲無也。心量窮於大。耳目之力窮於小。

廣權 按虛與虛相受則和。實與實相拒則切。兩間物質。未有常散而不聚者也。特其體積大小之度數。有疏密之殊。自其疏而和者言之謂之虛。自其密而切者言之謂之實。而凡疏而虛者之體積。又實含無量數實而密之微分。有以集而成之。特其微分之實體。非加增其光度而銳其光力。則量以不相當而明窮。明之所窮。窮於力所不得施。而非無也。特未見其形耳。

方其聚也。安得不謂之客。方其散也。安得遽謂之無。

原注、聚而明得施。人遂謂之有。散而明不可施。人遂謂之無。不知聚者暫聚。客也。非必爲常存之主。散者返於虛也。非無固有之實。人以見不見而言之。是以滯爾。

廣權按聚散有無之名。皆比較立言。而非絕對相反之辭。因其交相取而積之衆也。謂之聚。以其部別而析居也。謂之散。因其不常有而指所得見者以實之。謂之有。以其太空冥漠惝恍迷繆。疑爲不得見也。而謂之無。要其立義。特以明之所得施與不得施爲界而已。自其各自爲主而來去分合無常也。無以肖之。肖之曰客。

故聖人仰觀俯察。但云知幽明之故。不云知有無之故。

原注、明則謂有。幽則謂無。衆人之陋爾。聖人不然。

廣權按幽明之別。大抵以有形無形爲據。然目所見爲無形者。有時或燿而爲象。或積而爲力。或發而爲光。或激而爲聲。其始也起於至微而莫測其端。其究也遂以成兩間無窮之法象。蓋各有其一成不易之定則焉。所謂故也。知其故而太空冥漠惝恍迷繆不定之幻象。不足以疑之。何無之有。

盈天地之間者法象而已矣。

原注、示人以可見者。此而已矣。

廣權 按物萬不齊。而造物之原理。得其一而萬事畢。此化工之所以不可測而可測也。詩曰。天生蒸民。有物有則。則也者。法之謂也。物也者。象之謂也。

文理之察。非離不相覩也。

原注、法象中之文理。唯目能察之。而所察者止於此。因而窮之。知其動靜之機。陰陽之始。屈伸聚散之通。非心思不著。

廣權 按物相間謂之文。其自然之分際謂之理。然析之又析。其相間相際之微。又有其微之尤微者焉。質量益微。而離明之光力。限於度而兩不相麗。既不足以燭其微而洞其幽。則有當面而不相覩者。譬之遠鏡之所察。目力不足以達之。其故維何。光之領域廣。則力度弱而短。不相屬也。顯微鏡之所察。目力不足以辨之。其故維何。光之質量疏。則力綫粗而鈍。不相當也。若夫以心思濟官器。之窮。精靈之所燭。無遠弗屆。無微非顯。中庸所謂形著動變之功。孟子所云美大聖神之誼。精粗各殊。理一貫耳。

方其形也。有以知幽之因。方其不形也。有以知明之故。

原注、盡心思以窮神知化。則方其可見而知其必有所歸往。則明之中具幽之理。方其不可見而知其必且相感以聚。則幽之中具明之理。此聖人所以知幽明之故而不言有無也。言有無者徇目而已。不斥言目而言離者。目其靜之形。啟按成形則靜離其動之用也。啟按藏用於動蓋天下惡者有所謂無者哉。於物或未有。於事非無。於事或未有。於理非無。尋求而不得。怠惰而不求。則曰無而已。矣甚矣言無之陋也。啟按此卽前章形不形之所從來也

廣權按何謂知幽之因。窮理盡性以至於命也。何謂知明之故。推往知來而百世可知也。春秋推見至隱。易本隱以之顯。亦卽此義。蓋萬象萬理之在兩間特以明之所限而有形不形之分。知有限而物無窮。故吾儒之學。重在致知。

氣之聚散於太虛。猶冰凝釋於水。知太虛卽氣。則無無。

原注人之所見爲太虛者。氣也非虛也。虛涵氣。氣充虛。無有所謂無者。啟按先子和陳白沙六經總在虛無裏詩云六經總在虛無裏方信虛無不是無

廣權按以冰喻氣。而水喻虛。此理最切。气有時不得見。而虛無往而不存。形形

師說　張子正蒙注詮言　一〇

色色皆太虛固有之本相。羹牆而見唐堯。寢夢而逢周旦。苟推此一綫虛靈之作用。以冥契於無聲無臭。倒景乎六合之外。通息乎三古以前。老氏所謂玄之又玄。衆妙之門。實與吾儒所謂虛靈不昧。以具衆理而應萬事者。訢合無間也。循是以求。心力可造成世界。非理想之言。實不易之論也。

故聖人語性與天道之極。盡於參伍之神。變易而已。

原注、性天之旨盡於易。易卦陰陽互相參伍。隨時變易。而天人之蘊。幽明之故。吉凶大業之至賾備矣。乾有六陽。坤有六陰。而其交也。至屯蒙而二陽參四陰。至需訟而二陰參四陽。非陰陽之有缺也。屯蒙之二陽麗於明。四陽處於幽。需訟之二陰處於明。四陰處於幽。其形而見者爲屯蒙。其隱而未見者爲鼎革。形而見者爲需訟。隱而未見者爲晉明夷。餘倣此 變易而各乘其時、居其位、成其法象。非所見者有。所不見者無也。故曰乾坤其易之蘊耶。言易藏陰蓄陽。具足充滿。以因時而成六十二象。惟其富有。是以日新。有幽明而無有無。明矣。

廣權 按天命之謂性。率性之謂道。性道之微。天人一貫。善言天者莫過於易。易之爲理。一陰一陽。虛實相涵。奇耦相成。交而爲四象。衍而爲八卦。重而爲六十四卦。六爻旣具。上下以分。內外以判。體性以定。時位以辨。或錯或綜。或變或互。曲體萬象。賾而不亂。奧而不妄。括而言之。不外理一分殊之一言。消長相因。剛柔相成。性無二體。道無二致。變而不失其常。感而遂通天下之故。非天下之至聖其孰能與于斯。所謂參伍云者。陽畫一。陰畫二。一含三而二含五。故曰參伍。蓋合陰陽兼虛實而言之。

諸子淺妄。有有無之分。非窮理之學也。

原注、淺則據離明所得施爲有。不得施爲無。循目而心不通。妄則誣有爲無。莊列淮南之流以之。而近世以無善無惡爲良知者。亦惟其淺而成乎妄也。

廣權 按道家開宗。首揭有無二義。而不免歸墟于無。佛氏立義。闡明生滅一理。而以爲萬緣皆滅。俱係見道尙淺。故能推理於萬有之終。而不能窮神於萬有之始。知不容妄據於有始以後。而不知不容妄斷於無始以前。此吾儒格物致知之功。所以較諸家爲有據也。

第四期

講演

船山遺書精義

續春秋左氏傳博議

晉殺趙同趙括

道盡則無憂，德至則不損。是故欲奬天下之善，而懲其惡，抑取順逆吉凶之大故，以正天下於不待防而已足矣。屑屑然於人事險阻之倚伏求纖芥之隙，而懲其不預，抑以愁苦天下，拘係於身世之不康，而為善者亦沮矣。

編者節錄

講演

法比教育與中國教育之比較

（八月廿七日講演） 長沙王猷嘉哲惠

船山學社是我們湖南最高講學地。在社各老師。都是宿學鴻儒。以憂民憂國爲己任的。實在是令人敬佩和嚮往。猷嘉留學法（法蘭西）比（比利時）十有餘年。對於本國文字。於未出國前。雖稍有領悟。但於旣出國後。反見生疏。今日承陶（叔惠）周（木崖）兩老師、以及在社各前輩之推委。作本日之講演。在嘉自愧無多貢獻。且以最少的時間。想把歐洲各國、近來社會政治、經濟、與夫教育行政、教育心理學等、作一精詳的講演。我想在這個時間內。是萬分不行的。今天只好將法比兩國、歐戰後教育的設施。和中國現在教育的狀況。作一詳細比較。我們庶可知道彼邦辦理教育之如何。結果如何。我國主辦教育的如何。結果又如何。來說說。

各位想想。我們都知道歐洲各國之强。由於教育之發達。而不知道他們教育之發達。係由於主辦教育的人。作事處處認眞。絲毫不爽。有如鐘錶之不差分秒。權衡之不少重輕。尺度之不欠長短且歐人做事。不僅教育爲然。無論其創辦國家何項事業。都是切實、認真。毫無虛僞的。非似我國有些人做事。只要能免强過去就算了。今將其屬於大學與中等教育方面的實施法。分述於下。

甲　屬于法比大學方面的情況

1、法國巴黎大學和各大學的大概情形

法國巴黎大學。設備完美。辦理精良。自不待言。但他的特點。就是授課時、不拘形勢。全靠學生的程度高尙。兼有堅强不拔的自立精神。因爲他們教課時。教授以他的高深學理。向學生講。其能領悟與否。不大顧及的。所幸考試時期。非常認真。我曾記在法時。有一位法國學友對我說。我們法國有些大學、或與大學同等的專門學校。授課時、無棹櫈作倚靠。每人僅可帶一枝自來水筆。和一個夾葉本。站在那個講室裏邊聽講。各自記錄。其不拘形勢而重精神講學。於此可見一般了。所以法國兒童。由五六歲入初等小學。直到中學畢業時。就於無形中養成一種記錄的習尙。其程度之高尙優美。不問可知。

2、比國比京大學之性質和目的

比國比京大學。也是全重精神講學。且全仗學生有自治和自立精神。對于學生之居處遊玩。不大注重其行爲。專重畢業、考試。且主辦人。全係自由黨。對於學生無多妨礙的自由行動。當然更不加干涉和束縛。因爲比國天主教極盛。有牢不可拔之勢。其反感、就有自由黨之發現。其目的、與天主教完全成一反比例。以免全國民衆都陷於天堂地獄之觀感。

3、比國魯文大學之性質和管理

比國魯文大學。純粹係該國天主教會人士所創辦的。對於學校一切設施。亦稱完善。管理、非常之嚴。凡入該校讀書的。於本城大學附近房屋。或商店之居宿。都要有他學校的紹介、和許可、纔行。否則學校決不收納。又如某咖啡店可進。某場所不可遊。都要一一受其指導。並派有調查。暗中考察學生之行動得失。或遇某生有不正行爲時。當以開除論。其管理之嚴正。如此。授課時、也是純重記錄。教授首先點名、以察其勤惰。如有生徒再三缺課。未上。又不請假。教授認爲極不滿足。待考試期到。詰問特別從嚴以警其懈。

乙　屬於法比中學方面的情形

1、講室之布置和教授

講室之布置、極簡單。不外講座、黑板、和學生所需要的棹櫈、及禦寒的煤爐而已。這是普通任何學校。都是備有的。不過他的重要處。就是各講室內。都懸有本國和世界各國的地圖。尤其對於可侵掠的弱小國。與他已得的殖民地。如法屬安南。比屬剛果之類。使學生大加注意。以灌輸其侵略心。從事向外發展。每個講座傍。均備有黑板一個。以便學生之用。比方今日教理化代數幾何或地理等課時。非使學生自動於黑板上寫畫。是難於表現出來的。所以法國教師。每逢授課時。對學生常常有一句極普通的話說。Allez a table、這就是令他到黑板面前去。表明其所學。因非徒用語言文字可以形容出來的。其教課之真切如此。又比方明日將教歷史或與地。今日下課時。教員就將明天應授的課、指示出來。說從某頁起。到某頁止。令其自修時、預先詳看。到了明天授課時。教員在講臺上、首先點名。點名後。卽於其中的學生、指定一個。將昨日所指示的、課考其得失。斯時被考的學生。立刻將書掩蓋起立。向教員作詳細的答道。其餘各生、也都把自己的書掩蓋、靜聽。萬一被詰問的、答得不正確、或不完滿時。而在傍有心得的。可以自由伸手、向教員表示。代爲答道。得其許可後。即任其答背。斯後、因其所答的。或不正確。或不完滿。教員再從詳補充糾正。同時又給他的分數。以作每星期的成績。其分數之多少。全以他所答的精詳與否以爲轉移。勤謹的分數當然多。以奬其勤。懈怠的、分子當然少。以警其懈。若有功課茫然。全不及格的。即于課餘休息時。或星期日、下午出遊時。扣留在校。並將自修室或講室鎖閉。令他單獨在該處自修。或有二人至三人之多。其處理法也是一樣。其課程由教員指定。大概用謄寫法居多。因爲謄寫一次。當有一次的心得。（其謄寫法以行數計算。有以頁數計算。或以次數計算。）所謂口讀百卷之書。不如心讀一卷之書。其教課之真切如此。他們這樣的教學法。於教師方面。可以收事半功倍之效。而於學生方面。可以得舉一反三之益。且上課時的考問。於無形中能使學生得到一個良好的考試習慣。（法國下級教育。最重筆試和口試。而以口試爲尤重。）更能使全班的學生都能心領神會。自修時能增長其記憶力。

尤不至有寸陰分陰之荒棄。比國的教學法、雖是一樣的好。然我覺得教授時、教員之詰問。還不及法人之嚴密。至於我國、現在有好多大學以下的學校。其教學法。似與法比完全相反。每逢上課時。總是先生講。學生聽。在教員方面。講得唇焦舌敝而在學生方面。絕不能使人人都有心領神悟。因爲學生的心理。以爲考試時期尚未到。我每天隨班聽講。於形勢上、絕無何慚愧可言。甚至聽講時。心猿意馬。雜念橫生。所謂一心以爲有鴻鵠將至。一旦考試期到。他們就着起急來。惟恐其不及格。甚至有私備燈燭、來看功課。以至通宵達旦。夜不成眠。而其流弊所及。絕非數語可以形容而能挽救的。辦學者、亦莫可如何。只好聽其考試末後就送他一紙文憑。以作畢業表示。其實當主者、也費了無窮的心力。而所得的結果。恐怕不過於是而已。中國、現今教育之所以難於收實效。這也就是最大原因之一。所謂差之毫釐失之千里。

2、自修室之布置和管理

自修室之布置、也不外學生所必需的棹櫈、電燈、和禦寒的火爐。他的扼要處。就是學生自修的對面。設一極高的管理座位。而此座位、比學生自修的座位、特別高。若講堂之講臺然。所謂居高臨下。以便易於督察。其中若有自修不真。或談話嬉笑。或交頭接耳。或看課外雜書。或有妨礙他生自習時。管理有輕重處罰權。輕則令其執書、跪站於其座側以自習。重則令其執書、站在自修室外以自學。其尤重於此者、將其犯規情形。寫在紙條上。命其立刻去見校長。親自陳述其不法行爲。校長將其犯規之輕重。以記過之大小。作爲判別。斯時管理員時常離座督察。嚴禁高聲朗誦。純用腦力心力與記憶力。其辦理嚴正如此。以我國現今學校例之。有許多的自修室。對於監學座位之設置。全付缺如。自習時、若能察看一二次。恐怕這就是辦得非常了不得的學校。因此、學生於此時。可以自由出入。可以自由談玩。又可以隨便看書。到了寢時。主管人員。以點名了之。學生知其如此。到了點名時。就預先來準備報名而已。由此而談。彼邦人士之辦理教育、真實如彼。而我國施行的教育。恰得其反。這樣想來、、、提倡教育興復國家、、、豈不是畫餅、、嗎。

3、食堂之布置和管理

食堂的棹櫈。均矮而長。僅可雙方對坐。每棹可容十人至十二人之多。棹上食品。均係一次準備齊全的。故食時無一人可離坐位。其絕妙處。係於堂之當中。布一較高座位。每逢午餐時。由管理指示報章所載的國際新聞。使各生輪流換讀。以養成其愛國思想。斯時管理之督察。與自修時同。食時以半點鐘爲限。讀報時。嚴禁高談。

4、寢室之設備和管理

每個寢室。大可以容八九十人。小可以容三四十人。每生有一個小鋼絲床。其床之布置。均係排成直線的。起睡時。皆以靠右爲定止。若甲有要事。向乙接談時。首先應向管理陳明事由。得其允許後。方可向之交涉。並以三四分鐘爲限。否則以犯規論其床之整理。有由學生早起時。各自料理的。大多數的中學。均請有女工料理。以重晨修。每個寢室內。劃有小房間一所。以爲管理之寢。學生就寢時。以十分鐘爲限。此後管理卽將全室電燈熄滅。僅留一小燈。以備不時之需。並於其中作十分鐘之巡查。候其全體睡好後。然後從容就寢。每朝先學生五分鐘起床。以便督察其早起。如盥洗、整床、和整隊、入自修室等是。盥洗全用自來水。固不待言。不過各學校的利用處、稍有不同。我所住的學校。係于壁傍安一排自來水管。下用鉛鐵皮作成槽形。早起每生可將水管小開。各用面巾、接水洗滌。使水由槽順流而去。無須人工顧及此辦法極簡單極便利。又極整齊合一。其餘的學校。係將洗具置於床側。早起、均可不離床位就洗。就是比國的寄宿學校、也是一樣。水之取舍。全賴人工任之。辦法雖好。但工人對於水之分給比較又煩雜些。不如因水洗濯之便利。

5、操場之布置和管理

法比各學校的操坪、法文叫 Da Cour 大概都極廣大。並注重有極好的空氣。以期有益於健康。其廁所均設於操場之傍。以利休息時之方便。並於其側建一長方形的小陰棚。以備運動、洽遇雨雪時的遮避。備有自來水。以充飲料和洗濯。坪中植有最青秀和最茂盛的樹。以利呼吸。因為樹木茂盛。如古松、之能收炭、修竹、之可引風、是也。其植法極規則。尤其注重剪枝法。坪之四圍。築有極堅固的牆、以示範維。無故時、不許學生自由出入。至於運動方面。各學校雖未有一致的設備。而極普通的運動。以籃球與足球兩種為主體。每遇課餘休息時。管理令其分為兩隊對擊。以養成其競爭心、和戰鬥心。到了春來天氣晴和的時候。僅可許其拍網球。而最激烈的足球運動。以之停止。因為春時。係體質發育時期。對於青年。尤不宜有過激的運動。以傷天和。談到操場的管理。每逢學生下課直到操坪時。管理員令其全體參加遊玩。嚴禁呆立。或作無益的聚談。設有某生久留厠所未出時。管理亦立時指責。以杜淫慾雜念之害。其督察之週密。更於此可見了。所以歐人的大事業。均於細微處見之。而於百年樹人的大計。更無何苟且存於其中。不知道我國教育當局。亦曾一一顧念及之否。

6、學生普通行動之管理和處罰

比方今日係開學期。凡屬去校的學生、無論遠近。都必按時齊集於操坪。不過不拘上下午。或離校過遠。要到學校用午餐的。也要按鐘點早到。絕沒有或前或後。隨到隨開餐的。當其將到未到的時候。管理就早在操坪察候。待全體畢集。卽吹哨整隊。引到食堂用午餐。午餐畢。管理用拍掌或吹哨。作一致起立的表示。此時均依次起立。魚貫出堂。直到操坪。作三十分鐘的運動。運動鐘點將完時。仍吹哨一次。以示預備上講堂。候鐘點已到。再行吹哨。以示正式整隊齊集。此時人人都依次肅立。不敢稍存嬉戲的態度。否則管理立時面斥。以寓軍、國、教、育、於、無、形。齊集後。首先由管理引到自修室。各帶書本。然後再行各自整隊。由管理送到講室。此後管理員方可自由休息。設若管理有特別事故時。校長和教職員。亦輪流担任其責。下課時將到。管理又先三四分鐘、到講室外等候。候其全體出講室。自行整隊。教職員幫助引送到自修室。將書放好。再到操坪。由操坪而自修室。由自修室而講堂。除星期日外。每日每週的行動。均不外此。

7、星期日之管理和教育

每逢星期日。早晚照常自修。以作來日學業的準備。不過他的獨到處。就是早餐休息後。仍有兩個鐘頭的講演。校長或教員主持其事。所講的材料。或係開、疆、闢、土、的、殖、民、政、策、或闡揚本國和、世、界、各、國、固、有、的、良、好、文、化。或訓、練、學、生、的、修、養、與、人、格。到了下午。管理引導全體生徒。整隊出遊。以三個鐘頭爲限。於樹林茂盛。空氣新鮮。或有古蹟可稽考的地方。爲目的地。有時可到大河邊。或大球場。習泅泳與擊球之樂。雖星期日。絕無學生請假歸家的習慣。只許學生家長。於是日下午、乘結隊出遊之便。來校視察的。斯時此生可向校長說明、不參與全體出遊。願和他的家長。去外娛樂。或於旅館用餐。或於咖啡館用茶點。以示親親之義。到了全體學生歸校時。此生亦卽按時入校。絕沒有大聲大叫。彼去我來。秩序凌亂的情形表現。其辦學之規則嚴肅若此。我國現今普通一般的學校。對於學生星期日的管理、和教育如何。想亦不問可知也。

丙　屬於法比家庭教育方面的情形

1、法比學生家庭對於學校的信仰

學生每日和每週的成績。均於上課時見之。（參看前講室之布置和教授。）校長每週、將全校生徒的平均分數。寄送各生家長。以昭信仰其家長、收到子弟的成績後。卽明其在校之勤惰虛實。勤則去信以奬其勤。惰則去信以警其懈。可見歐洲民衆的家庭教育。完全與學校聯成一氣的。子弟在校。絕不敢有何風潮發生。以招父兄之懲責。我國學生。間有起衝突。和罷課的風潮發生。亦未始非缺少家庭教育的一大原因。

2、法比家庭教育

當子女假期歸家。父母令其完全休息一星期後。常命他們上午勤學。下午休息、遊覽、或拍球。作種種有益的娛樂。對於三五歲的兒童。亦常備有兒童玩具。以啓發其性靈。子弟如有不良嗜好時。家長責備極嚴。使歸正軌。而子女亦無有不唯命是聽的表現。

丁　法比政府對於教育設施之重要

1、歐戰以前和歐戰以後的教育

歐戰以前、政府對於英文極其注重。無論任何學校。大半都有英文。因爲英文於商業上的發展。有莫大的關係。但歐戰後。不僅注重英文。而且特別的重視德文。國家對於全國的中學。都添有德文。因爲他們深知道這次抵抗德國的教訓。實在是他們法國的器械。不及德人之精銳。殺非合衆國參加對抗。必至一敗投地而不可救。所以政府添設德文。準備卽時去研究他的槍砲政策。以爲未來的抵抗。法人常謂今後的世界大戰。非僅精銳的海陸軍、可以收實效的。全仗軍用飛機和毒瓦斯等、去掃盡一切云云。其料事之精、預防之密、好戰之雄、於此可見一般了。所以我留學法國時。就聽說歐戰後、有許多的日本人。留學德國。專學軍用機械。和軍事教育。所以去年進攻我上海。掠奪我東三省。均不離飛機和毒氣砲。並德國式的軍事布置。因此我們應知道。這次日本人給我們的教訓。及我們失敗的原因。來帶說一下。一由於士兵缺少愛國思想。以至棄地而逃。二缺少器械。莫講缺乏精銳器械。恐怕連舊式的槍砲。敵人視爲廢物的。我們也沒有多少。這樣看來。莫說我們的兵士。沒有民族思想。卽令有之。也不外是赤手空拳。以爲敵人的刀下物罷了。所以今後。中央應卽時恢復我國固有的文化。以樹立民族精神。提倡科學。以發明精銳器械。建立工廠。以作大規模的軍事製造。庶可爲今後收回失地。與復國家的準備。

(2)歐戰後的强迫教育與當兵

法比歐戰以前的國民。無分男女貧富。願讀書的。國家自有學校容納。但不加限制。歐戰後。凡已達五歲學齡的兒童。無分男女性別。都一律强迫入校。至少要受六七年的教育。否則科以重金。歐戰前、雖屬人人有當兵的天職。但有錢的。還可以出錢。請人替代。戰後、無論貧賤富貴。凡已達二十歲的男性。都要親自出馬當兵。雖有萬能的金錢。亦無可爲力。否則繩以法律。其期限起首定爲三年。後改爲年半。衣食二字。由公家任之。零用等費。非私人自任不可。各位試看。歐洲人的大事業。都是因時制宜。因弊生利。不做則已。一做出來。便是天經地義。害少利多的。

結論

我國自革命以來。已有二十多年了。在此二十多年中。全國民衆的心理。都崇拜歐美。國家强盛。和教育發達。於是由崇拜而去學習。由學習而來實行。其結果恐怕也有些人。僅學其皮毛。而未得其骨髓。即以留學論。有留學日本回國主持教育的。所謂日本式的教育。有留學美國回來主辦教育的。所謂美國式的教育。又有留學歐洲如德、法、比、俄等國。回國創辦教育的。而其留學的國都不一。當然耳濡目染。所受的薰淘、亦不能一致。例如留學俄國的。他就只知道俄國現在的共產式教育。回國後就想實行其平民共產化。留學美國的。他就只取法乎美國現在的階級教育。回國後。就想做大官發大財。其餘均可由此類推。殊不知歐美各大强國的教育。都是應時而生。求其適合於該國國情的。於我們留學所求的目的。雖有其長。亦有其短。

我們、留、學、各、國。祇、能、取、其、所、長。去、其、所、短。以、求、適、合、我、國、國、情、而、已。決、不、可、以、削、足、適、履、的、呆、本、方、法。帶、回、國、來、對、青、年、灌、輸。把、我、們、五、千、餘、年、的、文、明、祖、國。弄、到、滅、亡。無、法、挽、救。我曾留學歐洲時。就抱定宗旨想本其所學。將來歸國後。跟隨國民。把祖國弄得富强。不致屢受外人的壓迫。不料事出意外。以我今日回國。將社會各種情形看來。絕難如願以償。且深知我國、現在內憂外患。混亂不堪的現相。就是國、破、家、亡。種、族、雖、存、在、的、預、兆。因此我敢大聲疾呼曰。中國現在是無形之亡。而將來有形之亡。不亡於無治法。而亡於少治人。其所以亡於少治人之理。卽由於人心澆壞。人心澆壞。卽由於我國固有文化。喪失無存。以致多數青年。名雖在校求學。而其實對於我國古聖先賢。所昭示的正、心、誠、意、修、齊、治、平的大經大法。都不知道是怎麼樣的一椿事。中國的教育這樣幹下去。想到、家、國、不、亡。民、族、不、滅。又、何、可、得。如果要把中國拯救起來。首先就要正人心。而正人心之道。舍今日的船山學社。是難得辦法的。以今日的船山學社。看辦理得人。可爲將來正人心。救民族。保國家的先鋒隊。否則只有坐以待亡而已。古語云、哀莫大於心死。痛莫痛於滅亡。[illegible]不敏。甚願跟隨今日在坐各老師、和諸君子之後。共同挽救危亡云耳勉之勉之。

主忠信（九月二十一日講演）

何鍵芸樵

今天公祭先賢王船山先生。是同扶聖教的盛事。當軍務倥偬之會。本人得以參與斯典。無任欣幸。先生之事蹟。載在國史。先生之學問。具見遺書。又年來經諸耆宿闡發蘊致。無待本人縷述。本人以先生注周易數十萬言。注張子正蒙數萬言。注禮記數萬言。幽以究民物之同原。顯以綱維萬事。弭世亂於無形。其語爲仁禮之方。其學卽忠信之本。故今取論語「主忠信」爲題。與諸先生共同討論。在未講明本題之先。一定有人懷疑說。忠字是對君主的東西。現在君主打倒了。還講忠字有甚用處。況忠厚是無用的別名。無用之學。何必費詞。至信字也用不着。你看一般人方習於欺詐。你哄我。我哄你。凡能哄到手的。便可稱爲才智之士。我們講信行信。不會要受人哄騙欺詐麼。照現在社會情狀說。不能謂上所懷疑的人不在情理。但要知世界一切禍亂的根源。都由不忠不信而起。再不挽救。其害必將伊於胡底。

世人爲甚麼多行欺詐呢。就是看見一般人都不講忠信。我獨講忠信。怕吃別人的爵。又看見某人用欺詐的手段而升官。某人用欺詐的手段而發財。欺詐。既可以升官、發財。我何不摹仿摹仿。甲存這樣心理。乙也存這樣心理。漸積漸廣人人都存這樣心理。於是欺詐二字。遂為做事的不二法門。某人的欺詐手段高則羣起誇贊他。某人的欺詐手段不高為人所欺。羣起譏笑他。不但不以欺詐為可鄙。而反罵忠信的為無用。即偶有一二忠信者。不受人排擠。亦少有與之往來。或且加以「落伍」「老頑固」「不合時宜」等等頭銜。習非成是。以惡為能。何有於仁。何論於禮。人心安得不壞。社會安得不亂。

獨不思悖入悖出。乃古聖人的明訓。你以欺詐而得到成功。別人一定會用同樣的手段來對付你。你一定受別人的欺詐的失敗。縱使你的手段高能暫保一時。但時時刻刻要準備些欺詐的方法。以預防別人。曹操死後尚設七十二疑冢。李林甫一夜數移臥處。以防仇人。心上沒有一時一刻的安閒。多麼苦呢。孔子云。君子坦蕩蕩。小人長戚戚。坦蕩蕩就是講忠信的樂趣。長戚戚就是行欺詐的惡果。要想免去惡果。得著樂趣。做君子。而不做小人。非講忠信不可。

孝弟忠信四字。是聖學的總綱領。能包括一切德行。我前在大麓學校曾講過孝弟為仁之本。若論忠信二字。又是力行孝弟的根本。能忠信。然後才能孝弟。能孝悌。然後才能行一切德。所謂仁也。禮也。莫不基此而生。故有志於聖學的人。非先講忠信不可。這是什麼道理呢。禮記上說。「甘受和白受采忠信之人可以學禮」不忠信的人。譬如黃連湯裏加一點糖。他能甜麼。有顏色的紙上想隨便加以采色。他能容受麼。他平常滿腔子都裝些奸詐虛偽。良心早已斲喪無餘。如秦檜嚴嵩等奸臣。想叫他為國盡忠。如何可能。

孝弟之為德。人人都知道。而孝弟就是仁義。則人多不知道。何以見得孝弟就是仁義呢。孟子云「親親仁也。敬長義也。」孝弟不就是仁義麼。堯舜以孝弟治天下。即是以仁義治天下。孔子講仁。孟子講義。即是講的孝悌。非有忠信美質的人。不能行。也可以說堯舜兩聖人以孝弟治天下。即是以忠信治天下。孔孟兩聖人講的孝弟。就是講的忠信。船山先生討論的仁禮之方。亦是根于忠信而起。忠信二字。是學聖賢的入門功夫。成聖賢的根本要素。

忠信者自修之實也。曾子曰「爲人謀。而不忠乎。與朋友交。而不信乎。」忠信者。成人之志也。中庸云。忠信重祿。所以勸士也。忠信者。治國之道也。論語云。「言忠信。行篤敬。雖蠻貊之邦行矣。」忠信者。得道之學也。大學云。「是故君子有大道。必忠信以得之」從書上看來。卽已見忠信二字的重要性子。故孔子曰。「主忠信。」茲將這二字內容。分別解說於次。

何謂主。主卽玄關一竅。號令也。何謂忠。忠卽心。上北辰。心中之中也。何謂信。信卽太極之門。身中之中也。主忠信者。卽得玄關之號令。以太極身中之中。與北辰心中之中合而爲一之謂也。故忠爲內聖之始。信爲外王之基。得主之號令。則內聖外王。一以貫之矣。仁屬內聖。禮屬外王。求仁求禮。不於忠信求之。鮮有能及之者。故吾謂船山先生其語爲仁禮之方。其學卽忠信之本也。此乃內聖的講法。以見主忠信之學之大。若用之於人世。則本人八德衍義中所載的忠字信字標準。可以取而參照。茲再摘要述之於下。

甲。忠的標準

（一）對己之忠。做事本着良心。凡良心不安。及有損人格的事。絕對不做。便是對己之忠。

（二）對人之忠。答應替別人做事。就竭盡智力。如做自己的事一樣。絕不存敷衍了事的心。便是對人之忠。

（三）對國之忠。簡單說。勤職業。守本分。遵守國民應盡的義務。便是一般人對國之忠。當學生的更要努力學業。準備將來替國家効力。不要受邪說誘惑。走入歧途。尤爲重要。

乙。信的標準

（一）信仰正確。人沒有信仰。則用心不專。難以成功。但信仰不正。則害己害人害國。所以信仰要正確。選擇正確的信仰。其方法有四。（一）要不背良心。（二）要適合人情。（三）要有益社會。（四）要有好結果。無論什麼主義。祇要能合這四點。便可信仰。他不合。則不要信仰他。以免走入荆棘叢裏。

（二）信自己。人不可妄自菲薄。要知聖賢豪傑英雄。都是人當的。我既是人。就要確信自己可以爲聖賢豪傑英雄。確信不移。而勤奮猛進。雖愚必明。雖柔必强。

（三）信他人。信社會上都是好人。沒有壞人。人可欺我。我决不欺人。如此存心。雖虛僞奸滑的人。亦可被我感動。相見以誠。

依上所說忠信二字。既十分重要。容易明白。而又不難實行。望世人照着標準。刻刻莫忘。凡事合乎忠信。就勇猛進行。不合忠信。就毅然斷除。別人笑你無用。你不要管他。別人設法欺你。你也不要計較他。用力既久。內則心安神泰。外則受人敬愛。則仁自然而生。禮自然而至。現今世界紛擾。純係欺詐虛僞爲之因。故物我之情不平。天下之爭不息。仁者所以平物我之情者也。禮者所以息天下之爭者也。然非主忠信。則欺詐虛僞。不能洗除。仁禮卽莫由而實現。故本人以爲欲救今日之紛亂。必自主忠信始。

國學與西學

楊卓新

學也者。立國之具。治世之經。其應乎歷史與社會情狀而不能無變易者。學之用也。其大經大義。亙萬古而常新者。學之體也。吾國學術。貫澈天人。推崇德性。語其功效。則在獨善兼善。已立立人。惟於格致之術。少有研求。制器尚象諸端。不免退居泰西各國之後。先見之士。愍然憂之。於是改變學制。思以歐美科學。彌縫吾國之短。其用意初非欲吾國人士盡棄其學而學也。

吾昔遊歐美時。嘗與彼邦人士。縱談中外學故。其深解吾華文物者。恆諄諄以保存名教爲詞。其重視吾國學術之意。可於言外見之。　總理中山先生。既推重孔孟學術。復主張保存固有道德。蓋以物質應用有窮竭之時。期人生慾望無滿足之止境。若聽其一往直前而不爲之所。必至潰防決籬。縱發其性惡與互鬥之本能。而流於禽獸。晚近功利之說。深入人心。物質競爭。在歐西已不免爲世詬病。歐戰而後。西方智士。已有覺察。羣汲汲焉求所以改進之道。其上焉者。且痛詆西方學術之無益於人生。無裨於文化。謂於此足以補偏救弊者。實推東方之人道哲學。誠以西學明其用而略其體。中學存其體而忽其用。二者兼而有之。庶乎其可矣。

方今世變日亟。國患日深。憂時之士。孳孳於軍備巧技之圖。汲汲於政制民生之義。新詞異說。充載簡編。家習功令之書。人詡專門之選。向所謂本乎天理人性。純乎大義徵言。爲通儒賢哲所旦夕研求而冀幸有所得者。今莫不視爲迂腐空疏。無補時艱矣。

竊嘗就孟子小體大體與人爵天爵之說而論之。凡耳目之所及者。謂之小體。而心靈之所通者。謂之大體。從其小體爲小人。語其極不過公卿大夫之流。蓋人爵之謂也。至大人之事。必先有以制其小。乃能立乎其大。由是不勉而中。不思而得。溢漾夫中和胞與之懷。優游夫仁義忠信之域。天地位焉。萬物育焉。蓋天爵之所歸也。

今夫天下之一治一亂。國家之一盛一衰。固有史以來所習見之事。惟其旣亂而能治。旣衰而能盛者。非必有循環往復之理存乎其間。自有其不可滅不可亡者在也。誠於其羣大體猶存。天爵未去。雖逢紛亂之世。瀕危亡之機。必能扶大命於將傾。挽狂瀾於旣倒。細徵往事。默察來茲。莫能渝此。吾國今日之學術思想。不爲不離雜矣。

以言國運。且有岌岌不可終日之勢。然尚有人焉循剝極必復之義。懷否去泰來之思。謂自今以往天將未喪斯文。國學有昌明之會。民族有強大之期。此其爲說果何由歟。欲信斯言。請申其義。

原夫堯舜禹湯文武周公之道。載於六藝。其於吾國也。殆如日月之經天。江河之行地。曰掌故。曰詞章。曰義理。曰經濟。莫不淵源於六經。會稽章氏六經皆史之說。所以明掌故之出於斯也。文章之大。來自六經。所以明詞章之出於斯也。至義理爲國學之精華。經濟乃道學之致用。舉凡正德利用厚生諸端。均基於此。慨自仲尼删定六經而後。火於秦。黃老於漢。佛於魏晉隋唐之間。黃老猶吾舊時文物也。淸談之道德卒不害修持之禮義。佛來自西域。其入吾土也。自漢唐以迄於今。其潛勢不爲不大。其影響不爲不深。然究不足以奪吾道。而終爲所翕收。在釋轉爲天台華嚴之二宗。在儒蔚爲宋明精深之理學。要在吾融貫之以成吾大。斯先聖之道所爲歷變動而彌光明。而採長補短之功。爲不可沒也。

邇者西學之事。問途日多。而其爲學之道。可分爲名學象學羣學哲學之四步。名學者。懸擬之學也。謂其不落邊際。理該衆事者也。論理數學之科屬焉。人不事名學。則無由審必然之理。而擬於無所可擬。然其事過於精微。故專事此學則心德偏而智不完。於是繼之以象學。有所附麗矣。象者形象之謂也。卽質力之學也。凡物理化學天文地質生物之學屬焉。質力之學明。然後知宇宙之大因果之繁。而人心之卑狹鄙陋可以祛矣。至於羣學。其蕃變尤多。而於人事至近。其學以心理爲基礎。而歷史政治理財刑名諸科。皆所當治之事。至此而人生日用之學。庶幾備矣。他如農工兵醫諸科。乃專門之極軌。尤社會之所需要者也。抑格物致知之術。窮究會通之端胥於哲學一科觀其大成焉。哲學者研究最高原理之學也。其主旨在討論宇宙之本體與認識諸問題。而其關切於人生者。則在價値論之部。於彼亦體用兼賅之學也。若稽在古。吾國學術之盛。遠邁他邦。其研求之所得。亦往往先之。此非傅會揚己之言。實有不可自誣者存也。今夫認識論者。良知之發凡也。本體論者。天道之大原也。價値論者。人性之趨向也。在彼爲認識本體價値之諸論。而統哲學之大綱。在此爲良知天道人性之數端。而成理學之宗要。雖所言有精粗廣狹之不同。而其爲物則大致相仿。顧吾古人啓其端。而後人莫能振其緒。古人擬其大。而後人莫能識其微。陵夷至於今日。轉於西學。得聞其詳焉。今而後以其所得於彼者。反而證諸吾古聖先賢之所傳。於以知新溫故。融會貫通。其成就之大。效用之宏。必不止發揚國故。啓牖新知已也。世界全部文化之樞紐。行將視此爲轉移。國難云乎哉。世變云乎哉。

人生的眞意義

靳雲鶚

雲鶚少年失學。十七歲置身行武。馳驅戎馬者三十年。民國以還。頻年內戰。幾於無役不從。無非是些殺人靡爛的行徑。於國家毫無補益。十六年解甲蟄居天津。深覺以前所爲。無一是處。於是避門懺悔。絕不作任何活動。承陳鳳光先生錯愛雲鶚。不惜折節與我締交。雲鶚實以師事之。嗣得從容侍教於鳳光先生左右。時加啓迪。耳提面命。得聞大道真理的來源者。全爲鳳光先生所賜也。前屢約來湘遊歷湘省。於天災人禍之餘。尙能保持安寧。政治日上軌道。此固何主席勵精圖治。與有道諸公提倡名教。挽囘世道人心。有以致之。遠道流傳。非常敬佩。乃於日昨與老友張君元夫前來觀光。以鳳光先生之介紹。得聆船山學社諸道長教言。已覺茅塞頓開。今日又與諸父老諸人士會晤一堂。尤爲榮幸。至於說到演講二字。則雲鶚本一介武夫。不學無術。鄙俚之言。實不足以動諸君之聽。茲不過就個人感想以及一隅之見爲諸君略言之。

此次到湘感想之點有四。(一)今年湘省恢復祀孔。舉行盛大典禮。(二)何主席與諸公提倡中國固有的文化。(三)搜羅刊印船山遺書。發揚船山艱貞亮節的志氣。精義獨到的學術。大無畏的精神。與宇宙並存的人格。(四)吏治建設人民秩序較各省爲優。以上四端乃雲鶚到湘以後的感想。此外尚有一隅之見。命題爲『人生的眞意義』向諸君貢獻。尚望加以指正。說到人生應先確定他的目的。一個是一時的目的。而爲生活。一個是永久的目的。而爲生存。生活目的。如每天需要衣食。生存目的。如永久繼續存在。生活的要義爲勤勞。生存的要義爲汎愛。質言之勤勞爲生活的合理化。汎愛是行道的原動力。再換一句話說。生活目的在發展個性。志尚自立。不韙他人。生存目的在發展羣性。義取團結。衛護民族國家。自生活目的至生存目的。這個中間。稱之曰人生大道。在人生大道中間。又有許多的階段。要不外是格物、致知、誠意、正心、修身、齊家、治國、平天下的這些人事。試表解如下。分析言之。

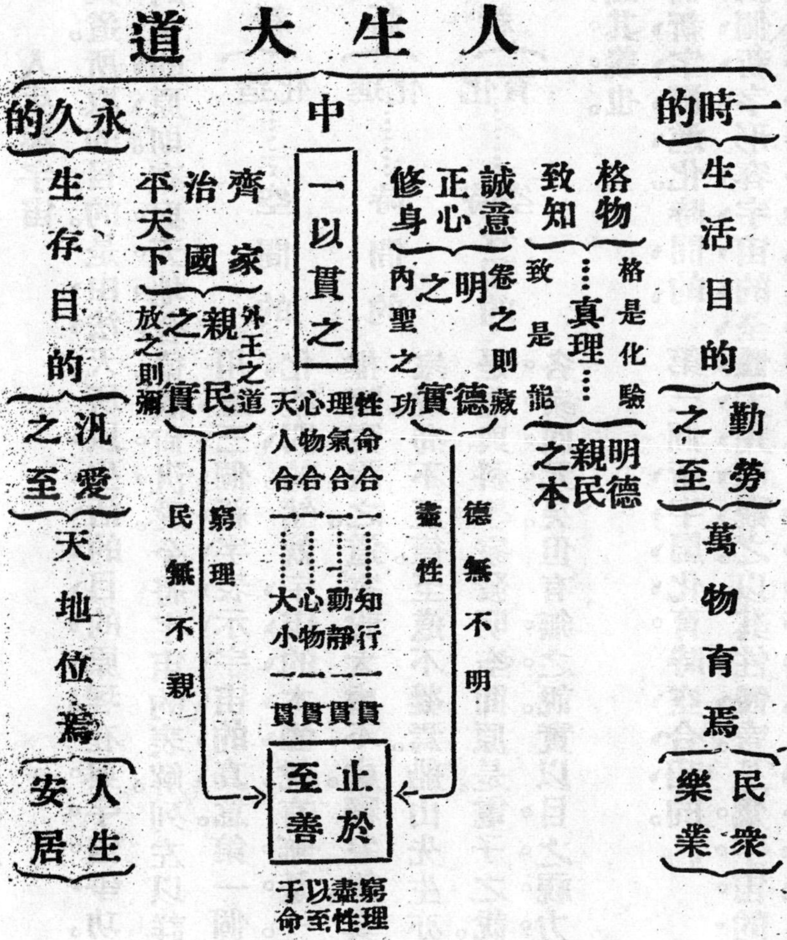

一　人生與宇宙

人生大道。所取的目的。是由法天。所以生活的目的原理。在與宇宙爭功。故須勤勞。生存的目的原則。在與天地合德。故尙汎愛。今將宇宙的表解。列左以詳之。

宇宙
- 新 造化……空間的
- 新 進化……時間的
- 新 化育……時空合和的

用這三個新字表示宇宙的眞意。第一個新字屬造化。空間的。然就宇宙的本體說。有無是一。已經各家推斷實證之。道家說。太虛不虛。釋家說。眞空不空。儒家說。苟不至德。至道不凝焉。船山先生亦不認空間是無。與科學家發明空間原是電子之說。足證眞理各家同元矣。但有無之說。實以目之視力能見與否爲判。此其義也。

第二個新字屬進化。時間的。第三個新字屬化育。時空合和的。

再就三個新字。形容宇宙的全體大用而觀之。以其性體言。是爲宇宙的眞理。以其形體言。是爲宇宙的眞象。以其造作言。是爲宇宙的勤勞。以其壽世言。是爲宇宙的生命。然就宇的空間性說。是生生不已。就宙的時間性說。是至誠無息。而宇宙合具這兩個性功。是永久不受淘汰的。不得腐化的。不能墮落的。至於人、道。如能體天法天。合天。而其效果。亦自不腐化。不墮落。且常存於天壤。也是永久不受淘汰的了。

二 人生與文化

文化、云者。爲吾民族整個的生存條件也。文以載道。道由理明。所謂文化者。人與文同化是也。若人與文同化。自然與道合體。人與道合體。則所言所行。自然合理化矣。言行合乎道理。其所成就。詎可量哉。夫學求知能。焉得誤人。古人一生窮經。尚恐老無所得。抱道扶世。日夜不惶。而今之言文化者。輒入歧途。廢棄經書。詆毀國學。謂仁義爲空談。以禮教爲桎梏。莠言惑世。自誤誤人。專於私欲是務。飽受物質麻醉。循至滅絕人倫。大亂不已。人生至此。甚可悲痛。尚何文化之足云哉。

三 儒家智仁勇的大無畏真精神

人生、真義。不僅了解。還要貫澈。若非備具智仁勇大無畏的真精神。殆難爲功。孔子曰、篤信好學。守死善道。又曰。無求生以害仁。朝聞道。夕死可矣。曾子曰。士不可以不宏毅任重而道遠仁以爲己任不亦重乎死而後已不亦遠乎孟子曰所欲有甚於生者寧舍生以取義也證以船山先生的艱貞亮節志在匡復其大無畏之真精神與不惜以身殉道之决心爲何如也

結論

遵循祖遺的文化去行只要這個宇宙系不壞而吾民族家國自必常存於天壤也

中國文化的復興之商榷

張元夫

當此家國多難之秋同蓉青將軍能觀光於貴省元夫已認爲難得茲承陳鳳老之介紹得到船山學社船山先生是多年欽仰之人船山學社爲前賢多年講學之所元夫今日身臨其地能與各位老前輩相聚一堂殊爲生平最愉快之一日元夫對船山先生第一欽佩其人格之偉大艱苦卓絶真是遯世無悶曾左所以能平定大亂立中興之業卽是此等人格之表現第二欽佩其思想之偉大天下爲公非一姓之私在二百年前先生已獨見其大百餘年來三湘人士在中國政治學術上每居領導之地位革命成功而湖南所出之代價尤多亦是先生啓導之力居多自古以

來所謂之學者在當日之地位往往假無足輕重然其一言一語有時多影響於數十年數百年政治之轉變追本溯源現在世界之競爭國際主義政策之變化又何嘗非達爾文馬克思一二學者思想之支配耶。古今學說不問如何之多。中外百家之思想。縱如何之雜。論其大原。總不出唯心與唯物之兩大潮流西方之文明是以唯物爲中心。其所短即偏重於客觀。印度之文化則以唯心爲主其流弊又過執於主觀。中國之文化是以人事爲主所謂人道之精義。實集唯心與唯物之長而不偏于主觀與客觀之一方。元夫以心與物之分即是時間與空間之別時空之別。即是主觀與客觀之不同。中國之文字即由時間與空間之真相。以明人事與物理之真義。六書所謂之象形諧聲即指空間動靜之真相而言亦即表示物理之真義者指事會意即指時間動靜之真相而言亦即表示人事之真義者轉注假借則就事形聲意四者由同而之異由異而之同者而言六書之推演雖分別爲百千萬字而百千萬字實際不過表現時空動靜。一貫之真理而已。中國之文字即是物理與人事之結晶六書之真諦即以時空之原理以明人事之大義中國之文化即一人事之科學中國所謂人事之科學即一人之所以爲人之道易與詩書禮樂春秋即是發揮人之所以爲人之道也人之所以爲人之事不外言行兩端詩書即是所言所行之事禮樂即一家國天下所言所行之大法易以明言行是非之原理春秋則辨一家國天下禮樂之得失六經即是三代以前政教之歷史孔子刪述六經亦不過去其怪力亂神之說而取其有關於人道之雅言而已堯舜禹湯文武周公即是人之所以爲人之模範國之有君師即是家之有父兄父兄即是能盡人道之人能有父兄之德斯足以當君師之位中國之政即是正其能盡父兄君師之道中國之教即是教其能爲父兄君師之人人人有父兄君師之德斯足以盡人之所以爲人之道人之所以爲人之道有二一屬於個人之義一屬於人與人之義屬於個人之義者即是誠意正心脩身之道屬於人與人之義者即是齊家治國平天下之道六經之義即是誠意正心脩身齊家治國平天下之事六經即一整個大學之道大學即一完全六經之義明明德即是誠意正心脩身之事親民即是齊家治國平天下之事至善則德無不明民無不親明之至則知能合一能定能靜能安能慮即是知能合

一之明德親之至則人我合一故我明明德亦欲家國天下人人之明明德齊家治國平天下即是人人之明明德也各木爲格格即由本以及末夂古終字夂至爲致致即由始以至終格物即是求家國天下本之所在知家國天下本之所在然後始知脩齊治平事之起點天下之本在國先治其國即先治一天下之國國之本在家先齊其家即先齊一國之家家之本在身先脩其身即先脩一家之身知本是大學唯一之要點大學一書前後一貫既無三綱八目之分亦無經傳之別脩齊治平只是事格物致知是指誠意正心脩身齊家治國平天下而言意如何而誠心如何而正身家國天下如何而脩齊治平即是格物知脩齊治平之本在誠意正心即由誠意正心以致齊家治國平天下所致之知即是所格之物大學無一而非明德親民之事即無一而非格物致知之道大學即一天下之學也平天下者是使一家國天下同歸於平等而無人我之爭也財爲人生之必需利乃人情之所趨家國天下之亂即由爭財奪利而起大學平天下章詳言生財爲利之道而反復說明仁義之旨即是以仁義兩字而解決財與利之兩大問題義字古音即是我字仁義兩字即指

人我之放大而言視人如己曰仁以我爲人曰利大仁大義卽是大人大我之道以仁發財卽是同財之義以義爲利卽是均利之意伐冰之家不畜牛羊畜馬乘者不察於鷄豚卽是古人禁止壟斷平均生產之制中國之經濟政制是寓分配於生產之中故數千年來社會上無不平不均之弊非西方生產過剩之後再言分配之所克比孟子見梁惠王梁惠王曰何以利吾國孟子曰王何必曰利亦有仁義而已矣孟子之意是反對其利吾之私而非斥其言利之不當仁義卽指人我之同利而言夫利吾國亦須利人之國利吾之身之家亦須利人之身之家必人我家國同利而後始能天下定矣孟子之言卽是大學之意大學仁義之道實爲救濟今日世界之要義白色主義赤色主義之是非同屬於人類的文化之問題決非任何軍事政治之所解決顧文化上之問題仍須以文化救正之赤白二色相合則成一黃色竊以中國之文化卽一黃色和平之文化誠能光大吾之本色之文化則勿須打倒赤白二色之文化而赤白二色之文化自然能調和同化於我之黃色之文化是則有望於船山學社諸位先生由光大船山先生之學說進而光大吾國之文化以成一世

界大一統之文化。謹以百分之誠意而祝諸位老先生努力之成功。元夫胸中欲求就正之處甚多。惜以時間倉卒。未盡所言。惟有俟諸來日再請領教（完）

子產爲救時之相（十二月三日）

安化黃鳳岐芳久講　李閏夫筆記

今日與諸君言子產爲救時之相。中國已至此危急存亡之秋。余何爲不言救國而言救時也。蓋時之義包括甚廣。易曰。隨時之義大矣哉。孟子曰。孔子聖之時者也。能救時。當能救國。救時之相。語出唐書。齊澣謂姚崇曰。汝爲救時之相。姚崇曰。救時之相。豈易得哉。此本題之所由來也。春秋之時。列國並立。人才衆多。子產常爲孔子所稱。謂其有君子之道四焉。其行己也恭。其事上也敬。其養民也惠。其使民也義。及子產卒。爲之出涕。曰古之遺愛也。余讀春秋。觀其政績。服其爲人。故特與諸君言之。

子產姓國名僑。鄭國之大夫也。鄭國即今河南。當華夏之中。周宣王封弟桓公友於此。其地東齊西秦。北晉南楚。介諸大國之間。非子產長於政治。事大以禮。寬猛互濟。難以立國也。觀襄公八年。鄭人侵蔡。獲蔡公子燮。鄭人皆喜。惟子產不順。曰小國無文德而有武功。禍莫大焉。楚人來討。能勿從乎。從之。晉師必至。晉楚伐鄭。自今鄭國不四五年弗得寧矣。是年冬楚果伐鄭。討其侵蔡也。九年冬。晉侯宋公衛侯曹伯莒子邾子滕子薛伯杞伯齊世子光伐鄭。十有二月己亥。同盟于戲。十年秋。公會晉侯宋公伐鄭。十一年楚子伐鄭。執鄭行人良霄。與子產所言。若合符節。其先見之明如此。伐陳之役。獻捷於晉。晉人問陳之罪。子產曰。今陳忘周之大德。蔑我大惠。棄我姻親。介恃楚衆。以馮陵我敝邑。當陳隧者。井堙木刊。敝邑大懼不競。而恥太姬。天誘其衷。授手於我。用敢獻功。晉人曰。何故侵小。子產曰。先王之命。惟罪所在。各致其辟。且昔天子之地一圻。列國一同。自是以衰。今大國多數圻矣。若無侵小。何以至焉。士莊伯不能詰。此孔子所以稱鄭入陳非文詞不爲功也。范宣子爲政。諸侯之幣重。子產寓書、曰。子爲晉國。四鄰諸侯。不聞令德。而聞重幣。僑也惑之。僑聞君子長國家者。非無賄之患。而無令名之難。夫諸侯之賄。聚於公室。則諸侯貳。若吾子賴之。則晉國貳。諸侯貳則晉國壞。晉國貳則子之家壞。何沒沒也。將焉用賄。夫令名德之輿也。德國家之基也。有基無壞。無亦是務乎。宣子說。乃輕幣。此晉楚之所畏。是爲天下後世。食賄重幣之戒者也。其爲國也。擇能而使之。馮簡子能斷大事。子太叔美秀而文。公孫擇能知四國之爲而辨於其大夫之族姓、班位、貴賤、能否、而又善爲辭令裨諶能謀國有大事乃問四國之爲於子羽且使多爲辭令使裨諶以謀可否馮簡子斷之子太叔行之是以鮮有敗事其治邑也都鄙有章上下有服田有封洫廬井有伍忠儉者從而與之泰侈者因而斃之議於鄉校者從而師之於邑長之任用尤爲愼重尹何少無學雖子皮欲使爲邑亦所弗許其制度之備用人之公古今罕見是以鄭雖小國內而盜賊蠭起外而晉楚相攻自鄭簡公時子產當國以後歷定公獻公聲公四十餘年之久而爲輿人之所誦也余嘗言子產治鄭卽在善於隨時應變如徐吾犯之妹美旣爲公孫楚所聘矣公孫黑又使强委禽焉犯懼以告子產子產曰請于二子使女擇焉—盜殺鄭公子入于北宮子產聞之爲門者庀羣司完守備出兵車十七乘而攻盜盜衆盡死又嘗以其乘輿濟人於溱洧爲孟子所譏其實皆隨時應變之所爲故余謂爲救時之相也今日中國內憂外患與春秋時之鄭國同不過內憂非如鄭國之所謂盜乃共匪與軍閥也外患非晉與楚乃日本與英法諸國也昔鄭國以蕞爾小國有一子產而諸侯畏之今日中國乃龐然大國使有政治家如子產者。又何懼乎。列強之侵略耶。余年逾八十。無益於時。諸君方興未艾。務須努力也。

論語論管仲相桓公義

湘鄉顏昌嶢息庵

論語子路曰。桓公殺公子糾。召忽死之。管仲不死。曰未仁乎。子曰。桓公九合諸侯。不以兵車。管仲之力也。如其仁。如其仁。子貢曰。管仲非仁者與。桓公殺公子糾。不能死。又相之。子曰。管仲相桓公。霸諸侯。一匡天下。民到於今受其賜。微管仲。吾其被髮左衽矣。豈若匹夫匹婦之爲諒也。自經於溝瀆而莫之知也。此二章。聖人評定管仲之事。關係古今綱常名教。至爲重要。不可不解釋詳明。樹後學立身之準則。子路疑管仲不死子糾之難。爲未仁。子貢疑管仲不死而又相桓公。爲非仁。此皆有見于食人之食者。死人之難。爲千古不忠于所事者。立綱常也。乃夫子答二子之問。只論管仲相桓之功。九合諸侯。一匡天下。許其爲仁。且深贊其保存中國。使人民不至淪爲夷狄。爲受管仲之賜。而以死爲匹夫匹婦之諒。徒死爲無價値。今分析而詳釋之。據管子及左傳所記。齊僖公生公子諸兒、公子糾、公子小白。使鮑叔傅小白。管仲召忽傅公子糾。僖公卒。諸兒立。是爲襄公。公孫無知殺襄公而自立。鮑叔奉小白奔莒。管夷吾召忽奉公子糾奔魯。雍廩殺無知。桓公自莒先入。魯人伐齊納子糾。戰於乾時。管仲射桓公中鉤。魯師敗績。鮑叔勸桓公召管仲召忽。公曰。吾仇也。鮑叔乃告公其故圖。言我三人預謀。三公子中。誰能定齊國者。三人將輔之以保齊國之社稷宗廟之本議。桓公乃使告於魯曰。子糾親也。請君討之。管召仇也。請授而甘心焉。魯人乃殺子糾于生竇。召忽死之。管仲請囚。鮑叔受之。歸而以爲齊相。王肅曰。管仲召忽之于公子糾。君臣之義未正成。故死之未足深嘉。不死未足多非。死事既難。亦在於過厚。故仲尼但美管仲之功。亦不言召忽不當死也。朱注引程子之說。謂桓兄糾弟。管仲輔糾以爭國非義。而事桓則正。以譏唐之王珪魏徵不死建成之難而從太宗爲非正而害義。後雖有功。亦不足贖。程子蓋見漢書薄昭上淮南王長書。引荀子齊桓殺兄以返國一語。改兄字爲弟字。而遂謂公子糾爲弟。不知韋昭明注曰。以漢文是兄。忌諱故也。糾兄桓弟。諸書所載皆同。顛倒長次以爲正不正之斷。論固未當。義所當死。無論其爲兄爲弟。皆不可不死也。聖人不譏仲之不死。而謂死爲匹夫匹婦之諒。是則管仲召忽皆在義不必死之列。可知已。蓋國亂君亡之際。羣公子在外。能先入。

國。者。卽。是。定。亂。且。卽。是。反。正。之。君。鮑。叔。管。仲。召。忽。與。二。公。子。皆。以。保。國。定。亂。爲。志。此時。雖。分。主。友。尙。無。君。臣。之。分。與。唐。王。珪。魏。徵。之。可。從。太。宗。正。同。管。子。曰。天。不。幸。降。禍。於。齊。糾。雖。立。不。濟。是。仲。雖。傅。糾。慮。其。不。濟。未。決。其。爲。君。也。召。忽。曰。吾。不。早。死。將。待。有所定也。今旣定矣。子爲生臣。忽爲死臣。忽也知得萬乘之政而死。公子糾可謂有死臣矣。子生而霸諸侯。公子糾可謂有生臣矣。死者成行。生者成名。子其勉之。是召忽亦。不。責。管。仲。以。死。而。勗。仲。以。霸。諸。侯。爲。糾。之。生。臣。可。見。鮑。叔。管。召。糾。桓。五。人。同。一。以。得。齊。國。之。政。安。定。社。稷。霸。諸。侯。爲。志。而。不。計。及。得。君。位。者。之。爲。誰。也。是。故。君。子。曰。召忽之死也。賢其生也。管仲之生也。賢其死也。夫子常言志士仁人。無求生以害仁。有殺身以成仁。而於此章。獨言豈若匹夫匹婦之爲諒。自經于溝瀆而人莫之知。直以管仲若死。則爲無關輕重之人。其不死乃所以成其仁。蓋仁。以。保。國。教。民。爲。大。死。節。仁。之。小。者。也。如其仁如字。王引之經傳釋詞。訓如猶乃也。廣雅釋言訓如爲均。亦通。溝瀆左傳作勾瀆。召忽死地也。或云溝瀆小處。非宜死之地。古者。立。君。與。臣。皆。所。以。爲。民。同。以。保。存。社。稷。爲。職。志。非。若。後。世。用。感。情。相。結。合。置。國。事。民。事。於。度。外。者。可。比。

故晏子曰。君爲社稷死則死之。爲社稷亡則亡之。若爲己死而爲己亡。非其私暱。誰敢任之。此其義也。春秋當齊桓時。南有蠻荆。北有山戎。東有淮夷。西有赤狄白狄。周室衰微。諸侯內爭。日尋干戈。征戰不息。民困極矣。中國危矣。狄人滅衞滅邢。如入無人之境。不有管仲。諸國之不爲夷狄者幾希。左傳僖三十二年。初平王之東遷也。辛有適伊川。見披髮而祭於野者曰。不及百年。此其戎乎。其禮先亡矣。自管仲相齊。而齊桓始霸。霸者伯也長也。言爲諸侯之長。齊桓率諸侯尊周室攘夷狄。存滅國。穀梁傳載桓公合諸侯。衣裳之會十有一。一北杏、二鄄、三鄄、四幽、五幽、六檉、七貫、八陽穀、九首止、十甯母、十一葵丘。此言九合者不取北杏及陽穀也。一匡天下、匡正也。微無也。披髮左袵。夷狄之俗。無管仲。則中國必淪爲夷狄。蓋贊之者深矣。桓公五伯之盛。其初會北杏以求諸侯。諸侯未和。伐宋以爲鄄之會。伐鄭以爲幽之會。諸侯無貳矣。而後伐戎伐徐。徐戎率服。則救鄭以示威於南。伐山戎以示威于北。定魯之難。救邢之危。衞滅而齊封之。杞滅而齊城之。內諸侯一德事齊。可以南征楚也。則會江黃以犄楚之後。取舒戎以折楚之臂。然後興次陘之役。成召陵之功。則攘外之功成矣。外雖定而王室未寧。於是爲首止之會。定世子之位。以示尊王之心。襄王踐阼。又爲之合葵丘之會。率諸侯以聽于冢宰而王室定矣。內合諸侯。外攘夷狄。上定王室。此皆管仲相桓公之功績也。至管仲治齊之政策學說。俟下次再講。

管子之政治學說（十二月十日）

湘鄉顏昌嶢息庵

管子非一時之書、亦不出于一人之手、太史公云、予讀管氏牧民山高乘馬輕重九府、曰詳哉其言之也、其書世多有之、是以不論、是漢初已家有其書、太史公所讀牧民山高等篇、必管子之本書也。劉向敍錄云。九府書民間無有。山高亦名形勢。凡管子書。務富國安民。道約言要。可以曉合經義。據此、則漢初世多有之之管子。至西漢末已多散失。劉向稱其道約言要可以曉合經義。則向所校錄者必皆純正無疵可知。向校定爲八十六篇。與今篇數雖合。而今書頗駁雜。未知果卽向所校定之本否耳。書中如弟子職內業等篇。純粹儒家言也。白心心術等篇。似道家言。法禁重令法法等篇。則法家言。度地地員等篇。農家言。兵法地圖參患制分等篇兵家言。卷末輕重諸篇。則多權謀詐術。似縱橫家言。尤知其非管子之作。侈靡宙合等篇。怪誕不經。

且多卑陋之語。凡此必皆後人雜採他書以傅會之者。今但舉其關於政治上之學說。不與仲尼所稱左傳所記之管子言論行事相舛背者論之。則管子固我國一大政治家。古今中外所不再見。當時魯施伯稱爲天下之大聖。而後世之諸葛武侯自比管仲樂毅。有由也。牧民篇云。倉廩實則知禮節。衣食足則知榮辱。禮義廉恥。國之四維。四維不張。國乃滅亡。此管子政紀之綱領也。權修篇云。野與市爭民。家與府爭貨。金與粟爭貴。鄉與朝爭治。故野不積草。農事先也。府不積貨。藏于民也。市不成肆。家用足也。朝不合衆。鄉分治也。故野不積草。府不積貨。市不成肆。朝不合衆。治之至也。此一節。乃管子蘄嚮之治象。今語所謂目的者也。管子以富國足民。養成人民知禮義廉恥。爲保國之道。而以分鄉自治。內政寓兵。爲富國強兵下手之方。予嘗詮釋此章之義有云。民務農桑。故野繁於市。野不啻與市爭民。家務蓄藏。故家富於府。家不啻與府爭貨。重農貴粟。粟不啻與金爭貴。鄉村自治。鄉不啻與朝爭治。此管子經國之宏規。百世可師者也。陳貨鬻物曰肆。市不成肆。謂農工自相交易。如今西洋之合作社然。故商業不盛也。朝不合衆。謂俊傑皆自治其鄉村。競於實業。而不奔走朝市、鑽、營、官、吏、也。此四者郅治之極軌。故曰治之至也。今人但知野不積草、府不積貨、爲治之盛。而未知市不成肆、朝不合衆爲盛治之至也。我國人民苟知此義。國其庶有豸乎。管子著手治民之法。卽在參其國而伍其鄙。定民之居。成民之事。參其國者。分國以爲二十一鄉。商工之鄉六。士農之鄉十五。公帥十一鄉。高子帥五鄉。國子帥五鄉。參國故爲三軍。伍其鄙者。自五家爲軌。軌有長。積而至於十連之鄉。鄉有良人。以爲內政。自五人爲伍。軌長率之。積而至於萬人爲軍。五鄉之帥帥之。以爲軍令。此所謂內政寓軍令也。處則爲民。出則爲兵。與今西洋各國之後備兵預備兵同意。其分國之制。亦與周官之分比閭族黨同意。定民之居。成民之事者。分士農工商四者之民。各以其類羣萃而州處。使之各專其業。相觀而善。不至見異而思遷。此管子經國之大略也。至其行政大綱。見于入觀篇及入國篇問篇者。皆利國福民之事。無微不至。無慮不周。入國篇言九惠之教。一曰老老。二曰慈幼。三曰恤孤。四曰養疾。所謂養疾者。凡國都皆有掌疾。聾盲喑啞跛躄偏枯握遞不能自生者。上收而養之疾館。衣食之。五曰合獨。六曰問疾。七曰通窮。八曰振困。九曰接絕。所謂接絕者。士民死上事。使其知識故人受資於上而嗣之也。問篇所記。視今歐洲各國之統計學而加詳密。如問孤寡疾病者幾何人。貧民幾何。理園圃者耕者。士身耕者。以孝聞於鄉里者。不養父母者。有田不耕者。各幾何人。國之伏利幾何。所人之害於鄉里者何物。處女操工事者幾何人。一民有幾年之食。士之急難可使者幾何人。乃至問馬牛之肥瘠老死者及就山澤食薦者。各幾何。辟草萊者幾何。捕盜賊除人害者幾何。可謂關心民事至纖至悉。苟非軌里連鄉負責分治。安能如此分析調查明確。但管子之軌里連鄉分治。與今西洋各國之鄉村自治。徵有不同。分治者、如前清之都區保甲。受官之委任而負責。西洋之地方自治。則由公民會議。選舉長董執行。而對地方人民及官長負責。此則君權國與民權國之分別耳。重令篇云。朝有經臣。國有經俗。民有經產。此三者管子治國之規模。孟子云。所謂故國者。非喬木之謂。有世臣之謂。卽朝有經臣也。中庸云。今天下車同軌書同文行同倫。卽國有經俗也。賢君制民之產。有恆產者有恆心。卽謂民有經產也。君臣篇云。夫民別而聽之則愚。合而聽之則聖。雖有湯武之德。復合於市人之言。是以明君順人心、安情性、而發於衆心之所聚。是以令出而不稽。刑設而不用。此言出令必順民意之所歸也。又云先王善與民爲一體。與民爲一體。則是以國守國。以民守民也。是故國之所以爲國者。民體以爲國。此則近世西人所謂國民政策者也。國蓄篇云。歲有凶穰。故穀有貴賤。令有緩急。故物有輕重。然而人君不能治。故使蓄賈游市。乘民之不給。百倍其本。分地若一。强者能守。分財若一。智者能收。智者有十倍人之功。愚者有不賡本之事。（賡償也）然而人君不能調。故民有相百倍之生也。夫民富則不可以祿使也。貧則不可以罰威也。法令之不行。萬民之不治。貧富之不齊也。此則調濟貧富。西學所謂國家社會主義者也。其他官山海。發伏利。則顧亭林氏所謂一稅之後。不問所之。國與民兩利之道也。太史公言。管子以區區之齊在海濱。通貨積財。富國强兵。與俗同好惡。俗之所欲。因而予之。俗之所否。因而去之。其爲政也。善因禍而爲福。轉敗而爲功。富擬公室。有三歸反坫。齊人不以爲侈。管仲卒。齊國遵其政。常强於諸侯。孔子云。人也。奪伯氏駢邑三百。飯蔬食。沒齒無怨言。可知其刑賞必當。不以其私。其於諸侯。抑强扶弱。來之以禮。服之以義。不以力勝。不求苟得。是以諸侯順服。無與爭者。嘗聘於周。辭上卿之禮。以謙國高。魯莊公感其定魯難。爲之築小穀之城。綜此以觀。其英風偉烈遠在諸葛武侯之上。宜夫子深贊美之也。

通論

船山遺書精義

續春秋左氏傳博議

匠慶略季孫之櫬

蠭之方螫。而折棘以刺之。虎之方咥。而磨牙以噬之。未有不爲天下笑者也。惡妄人之無禮。即以其無禮者而報之。妄人之喙乍塞。而天下後世相傳以爲快。是豈足與籌當世之治亂者哉。

編者節錄

通論

讀史通論

趙日生

夫因革損益。百代各殊。非有紀之。文獻散失。是故王道備。人事浹。可以垂百世之法戒者。莫具於史。先師孔子曰。我欲託之空言。不如見之行事之深切著明也。故述尙書以開紀傳之體。作春秋以創編年之例。爲百世史家之祖。尼父以前。所稱太史小史內史外史御史之紀載。後世皆無述焉。故史也者。非徒述故事。整齊其世傳而已。（太史公自序曰余所謂述故事整齊其世傳非所謂作也乃太史公自謙之辭）著所以垂法戒焉。漢興。龍門崛起。家承世業。明乎史家之法。乃紀百王之大法。非僅記言記動。如後世之起居注而已。故上溯黃帝。下訖天漢。本尙書典謨訓誥之體。而曰本紀曰列傳曰書曰表。以括其全。貫通古今。囊括政學。此所以號爲正史。而編年史反次之。（史家體例以紀傳體爲正史編年體爲古史）彪固後先。不明其旨。反肆譏彈。誤矣。歲歷綿曖。數百餘年。無有明乎此者。皆承班氏之學。斷代爲書。各不相謀。歧途百出。至唐杜佑。欲糾正晚近之謬誤。追龍門之芳躅。取裁劉秩。

杜佑通典實本劉秩之政典此畧實自劉秩發其端上續談遷。乃成通典。宋鄭樵繼起。敷陳古學。自成一家。繼成通志。宋史鄭樵傳帝曰聞卿名久矣敷陳古學自成一家何相見之晚耶元馬端臨網羅文獻。包括佑樵。更成通典。龍門。而後。孤懷宏識。僅此三人而已。雖好尚各殊。或有軒輊。清章學誠則尊通志而抑通典戴震則尊通典而抑通志而揆厥源流。實爲通史之嫡派。而後人乃摒三通爲故事。清紀昀撰四庫提要三通不列正史降入政書一門殊不知史界本有通史一門。史記爲通史此說自鄭樵發之章學誠力主其說而強抑太史公書。史記原名太史公書東漢以後乃改名史記與班書同列。失談遷之旨矣。清乾隆時雖有續三通皇朝三通之作。然此宏著偉作。非集衆手而成之官書所能達其旨。貂冠狗續。實無取焉。彪固斷代爲書。實爲斷代史之祖。凡所稱二十四史皆隸之。而後世之述斷代史者。不祖扶風而祖龍門。不但非龍門所不受。抑又扶風之所慚歎也。然斷代之書。自當以扶風爲巨擘。宋歐陽修宋祁等之新唐書與新五代史。其是非亦不謬於聖人。雖不免虬戶銖溪之弊。札闥洪庥之譏。而全書意在勸懲。不失法戒之旨。劉宋范曄之後漢書。晉陳壽之三國志。雖亦稱良史。然皆無表志。買櫝遺珠。餘則瑜瑕互見。至若北齊魏收之穢史。北齊魏收之魏書以賄賂恩然怨爲褒貶斥爲穢史已有定論則又不得已而存之者也。魏收之魏書既成乃取崔光李彪等之舊魏書十餘家悉焚禁之遂令後之欲考定魏史者無他書可徵故不得已而用收書李唐而後。史由官修。牛驥同皁。築室而謀於道。縱有賢者。蠡乎其間。一齊不能敵衆咻。以劉子玄之史才。而不能見容於史館。則隋唐以下。凡官修之書可知矣。編年之作。本自春秋。自漢以來。代有箸錄。漢唐之間著編年史者甚多今不存宋司馬光集其大成。而成資治通鑑。上下數千年。王道淡。人事備。好惡同於聖人矣。元金履祥作通鑑前編以補其前。清畢沅作通鑑續篇以續其後。爲編年史之偉著。一變已足。無俟重臺。而卷帙太繁。不易卒業。清乾隆時有通鑑輯覽之作。繁簡得宜。去取亦當。若求其簡足資鏡焉。至若宋朱熹之紫陽綱目。明王世貞之鳳洲綱鑑。一則倣筆削之微旨。一則嚴夷夏之大防。各有主旨。亦所謂自成一家者。此外則等諸自檜而已。此外如了凡綱鑑及綱鑑易知錄等則不過便於初學之瀏覽不足以當著述袁樞因資治通鑑。體大思精。乃創紀事本末。以爲治資治通鑑者之助。自後治乙部之學者。相繼成書。陳邦瞻之宋史紀事本末。及元史紀事本末。李有棠之遼史紀事本末及金史紀事本末。谷應泰之明史紀事本末。合之高士奇之左傳紀事本末。張鑑之西夏紀事本末。楊陸榮之三藩紀事本末。合爲九種。離則單行。近日坊間合刻爲九朝紀事本末乃書賈無識之所爲祇可稱爲九種不可稱爲九朝不足辯也首尾具該。便於瀏覽。於初學爲最適。自當隸之於各史。等於附庸。若夫通人。無俟乎此。夫史之爲用。乃紀皇王經世之大法。聖賢訓世之大典。故當以通史爲最尊。百代之政教學術。燦然備焉。此龍門之識。所以高於餘子。而百代之下。通其意者。僅杜佑鄭樵馬端臨數人而已。若夫斷代爲書。以誌一代之文獻。而備後人續修通史之用。君子不廢焉。編年史詳於政而略於學。典章制度學術編年史皆不能詳載又其次也。至於紀事本末之體。又乃史家之附庸。異哉。今日忽有新史舊史之說。吾偵其說之所由起。其所謂新史者。實不過專門史而已矣。吾嘗考隋書經籍志。分史部爲十三類。而四部中所謂雜史者。亦各分紀其專門之事。彼之所謂新史體裁者。中國史部。實皆已備之。因其專注一端。故分之各存其專門之學。而正史中則紀其大綱。非中國所無。歐人獨得之祕也。如新體中之所謂法制史文學史等等。非卽八書十志之類乎。舊體中之食貨志考工記等等。非卽彼之所謂商業史工業史者乎。彼則僅有獨立而單行者。我則合之則統於正史。分之則各紀其事。道並行而不悖。我國之史。已得其全。彼國之史。僅各得其一體而已。又有謂西史之紀事也。夾述夾論。爲中國舊史所無此論尤爲鹵莽滅裂是並舊史未曾寓目者而當世所號通人乃竟展轉傳述視若南鍼吾則無暇與瞽者而爭五色與聾者而辨五音矣世之醉於歐化而忘國粹者幸勿數典忘祖而自覆其宗龔自珍有言曰滅人之國者先滅其史徵諸近世所謂滅國之新法龔氏於百年以前不幸而言中而吾國之言史學者不待他人之滅我而先自滅其史此則吾惴惴然引爲大懼者也

我之對於經學之淺識　續癸酉第二冊　六經生面室

(辰)天文曆象之書　渾天蓋天爲我國言天象者之祖宣夜失傳璇衡尚在張衡靈憲甘石星經下逮丹元子步天之歌經緯行恆垣宿瞭然漢代治易者卦氣爻辰亦取象焉曆建三統疇列五紀歸餘置閏吹律調元西法東漸清初有數理精蘊曆法考成諸書亦治學者所有取也

(巳)地理形氣之書　自軒轅氏劃分十有二州至夏禹主名山川伯益之經備詳山海公劉之詩相厥陰陽周官形方等職察及土宜軍學九地諸篇悉知形勢建都邑者必辨其水土相宅墓者演而爲堪輿九宮五星二十有四

氣之說。非盡無稽。晉郭璞曾注爾雅。兼著葬經。宋大儒朱晦庵蔡西山皆頗習之。其學說蓋非無所秉承。似未可輕詆而厚非之也。

(午)人事術數之書　蘭陵非相。墨子非命。太史公著日者列傳。漢武帝斥建除諸家。術數之說。疑信互參。要其所傳授。有自來也。天人之理。神鬼之幾。在九流中。陰陽五行之學。自成一家。兵工託焉。商旅託焉。乃至卜相星命醫藥巫祝之事。咸託焉。自孝武罷黜百家。專崇六經。一切概斥為異端。未見永為定論而不可易也。

(丁)禮之類　士禮十七篇。古稱經禮。推而上之。至於天子諸侯卿大夫。周京王禮。漢代官儀。二戴之書。缺然有間矣。周官真僞。姑勿置辨。吾華號稱文明古國。先民矩矱。尚有典型。歷朝損益。可資因革。識大識小。莫不各有文武之道存焉。與其過而廢之也。毋寧過而存之。今於類禮之書。分為四種。列之下端。

(子)曲禮之屬　曲禮少儀內則。作聖之功。王化之源。允為治本養蒙之教育基礎。推此則歷代先賢。格言家訓。不必盡成為學案。要非無補於世風。未容泯也。

（丑）通禮之屬　冠昏喪祭。飲射相見。養生喪死。追遠合歡。古今中外。儀各不同。人道弗殊。期於表意。顏氏家訓。朱子家禮。門風郡望。晉王謝之遺規。家乘宗祠。宋歐蘇之譜式。迄今寰海交通。國際公法私法。應對進退。吉凶賓嘉。一切典禮。未可一以篤古自晝爲遽足也。

（寅）朝禮之屬　歷朝書志。皆王制之成規。文獻可徵。典禮具在。鼎彝法物。輿服朝儀。律例官方。憲章功令。凡皆所以爲立國之具。宜因宜襲。立法在人。相時制宜。以古爲鑒。其書夥不具舉。要之當國者宜有所權衡也。

（卯）軍禮之屬　介者不拜。免冠而謝。甲冑在身。君命有所弗受。非常之儀。庶民所懼。雨不張蓋。暑不揮扇。取民一絲者斬。禮法秩然。若孫子十三篇。六韜三略司馬法。吳尉李戚諸家書。多可參證。至墨翟備攻守。諸葛著心書。太白之陰符。博士之備論。武經七書以外。權謀形勢。各自名家。正不獨左氏傳戰國策所言軍事。多可補五禮之缺也。

(戊)春秋之類　春秋因魯史成文筆削褒貶。受徵言者以爲素王改制之書。新周故宋以春秋當興王。後世史評演爲論贊。涑水通鑑紫陽綱目。皆龍門史公書法之繼起而有光者也。杜典鄭志馬考袁紀張太倉顧亭林王船山諸賢之論。不勝縷舉。各有聲光。茲略列數種如下。

(子)史法之屬　六經皆史。其說最通。後世編年紀事政書載記紀傳之屬。通史別史各自成家。劉氏史通。精心撰斟。鄭樵志略。紫陽書法。斟量得失。實史學之大觀也。春秋公穀二家。喜言筆法。研之彌深。韓氏服其謹嚴。有由然也。

(丑)史事之屬　正史以外。厥推三通。演而日繁。猶官書之一部耳。別史雜史。傳記尤多。禮失求野。官失在夷。海國圖書。國聞閎備。本春秋內魯外夏內夏外夷之例。兼收並蓄。亦所期鉅細不遺者也。

(寅)史評之屬　左氏春秋傳。每於傳後繫以君子曰等語。實開史論之端。馬氏之贊。班氏之論。後史咸襲之。讀通鑑者逐事爲評。著政書者分篇繫序。讀紀事本末者至每篇各爲專論。有裨後學。津逮可循。顧不可過拘於一家言耳。

綜上五目。類於詩者三。類於書者二。類於易者七。類於禮者四。類於春秋者三。在百家各尊其師說。未嘗不各自稱經。揆之於儒經之例。因緣牽附。則經以泛而無範。然不從釐正本經起。則義例先淆。經旨未純。卽大義且不明。無怪微言之不絕如縷也。

何以釐正之。從正名經非經起矣。(未完)

第四期

通論

我之對於經學之淺識

專論

船山遺書精義

續春秋左氏傳博議

匠慶略季孫之槨

君子皇然奉天以治非禮者。固有道矣。正其本。不爭其末。求諸己。乃以加諸人。非道勿言也。非義勿行也。意有可快不逞也。機有可乘不用也。晶光皎日以臨之。而不窮之於幽隱。得則社稷之福也。不勝則亦以質鬼神示天下後世而已。終無尤。

編者節錄

專論

讀邵元冲論地方自治與建國基礎

顏昌嶢

湖南自治籌備委員會自治旬刊第八期載有邵元冲君論地方自治與建國基礎。大哉言矣。蓋將融合東西政教之原。調和新舊兩家之說。而為此折衷之論也。雖然。言有似是而非。足以欺世。未足以福民。足以惑人。不足以利國。反以害國者。此類是也。夫立國必有其所以立國之本原。本原既立。而後枝葉從之。未有無本而強附之枝。目病而假視於耳。可以言治者也。我國上古以禮治國。中古以孝治國。近古以文治國。西洋以法治國。此皆立國之大本大原也。地方自治。乃西歐法治之基礎。非吾國舊有之物。豈可以我國孝治天下之家族制比附而庖代之哉。我國家族制。始於上古。而莫盛於近代。上古協和萬邦。基於克明俊德以親九族。迨後乃有宗法。宗子統治支庶。父母稱為嚴君。近世則假敬宗收族之義。至統同姓而會萃一祠。九族之制。擴張至數十百代而未已。故曰莫盛。此其制蓋由親親尊尊而及於貴貴。皆我國君主統治。忠孝之教之所由以成也。及其弊也。民族咸知守秩序而乏自由獨立之精神。咸知愛尊親而忘捍國禦侮之大節。國家政治非所與聞。毀家紓難。非吾儕小民所應有也。今邵君引總理遺教。謂欲充實人民能力。必須實施地方自治工作。地方自治最終目的。在使全民受訓練。然後民權之基礎確立。全民政治得以實現。斯乃總理訓政真實之意義。能從此意義根本發揮。則建設基礎。非常真實而鞏固。非任何力量所能撼搖。是邵君已知居今之世。非真實擴張民權。鞏固基礎。不足以存種族於世界矣。乃其立論。則云發揮充實舊來家族制之優點。由家族擴充至國族。是又認家族制可代地方自治制也。又舉我國鄉閭族黨所爲慈善教育排難解紛諸事業。以爲歷有地方自治之基礎。是又專認民任事業。爲足以當地方自治制也。則試問吾國數千年歷史傳記所載。羣萃州處、睦婣任卹、家塾黨庠之事。何代無之。然吾民果有能力拘束政治制裁法律愛護國家否乎。每當外患憑陵。果能同心禦侮而無漢奸內蠹之虞乎。又試問我國族制已臻極盛。果能發展民權。能監督政府。確立全民政治之基礎乎。若然。則民國改造。率由舊章。無庸多事紛更。修正民刑諸法。創辦地方自治。嚴密國民教育。種種興作之爲矣。惟知舊法難自立于今之世也。故有如上之興作。董子云。琴瑟不調。甚者則必改絃而更張之。我國五千年文史。無所謂主權在民。民權二字。不見於聖經賢傳諸子百家之言。而全民干政。則古所絕無。而今未之僅見。然則欲改造民國。使吾民永存於世界。與東西列國並峙而爭雄。非改造強國之民族。養成獨立自治之精神不可也。此精神之養成。必基於地方自治。制之合法而實現。斷然無疑矣。日本蕞爾小邦。變法三紀。而稱雄於海外者。由其維新豪傑。皆國學湛深之士。能探究西歐立國之本原大法而師之。故其所措施。首在詳訂市町村自治制。迨其成立數年。而始開國會故也。是以其民眞能同心愛國。捍禦外侮。攘奪人土地。如指臂之相使也。市町村自治制。何以能收此效果乎。曰。市町村制者。最下級之自治團體。而中央政府之雛型也。市與町（工商之地曰町）有一定之區域。村（農村曰村）則以五百家爲之。（德法英美諸國略同）其機關同於中央政府之組織。有立法。有行政司法權。其立法也。人人有發言權。有表決權。有預算決算權。以此養成全民干涉政治制裁法律之能力。而陶成其對於地方公益國家政治負責任之心。此東西

專論　讀邵元冲論地方自治與建國基礎　四

各國所由均注重乎此而視爲强國保種必立之基礎者也今吾國不然其籌備自治不與東西各國之事實與學理相符合而其施行之旨趣乃專在乎地方事業之發展而不注意於民治精神之練習譬若鄭人買櫝而還其珠其無當於民族之振興明矣邵君至欲以保存家族制代之迎合社會之心理而不顧大背立國之本原欲毋破壞舊制而不計民法頒行族制已破壞無餘而猶爲此自欺欺人之論夫族制在今日實有變通之必要邵君欲起已攊之木而使之復榮謂可爲發展民權之工具譬若南行而望至齊緣木而求得魚也必無望矣今者民國改建廿餘年吾民猶是出粟米麻絲以事其上之民族有義務而無權利（此權利指預算決算表決選舉等權而言）國難臨前則驚相號召標語宣傳若揭竿而求亡子吾民熟視若無覩焉甚者且竊笑其側安所得全國一致之民族同心禦侮毁家紓難也哉乃者吾湘籌備自治乃不注意於鄉鎭而專注重中級之區治其劃鄉也亦等於區甚且等於古子男之國吾以爲此乃發展紳權之機會且將變紳權而爲官權數年之後官愈多而民愈少土豪劣紳專制而良民盡驅爲寇盜國欲不亡不可得已以此言自治則自亂之道速亡之兆也嗚呼可不愼乎（吾輩居省會尚無力抵制街團之勒捐與侵蝕況鄉民乎此可見紳權之病民矣）

專著

船山遺書精義

續春秋左氏傳博議

季札辭國

古之君子自處也以實後之君子相尚也以名以名自奬或浮過其實而不疑己之未逮則抑以名期人或浮過其人之實而不恤道之所安夫所謂實者何也心喻其所能爲以必爲之飽滿斟酌退以自信雖流覽古今元德顯功奇行殊節之尤者未嘗不思馳騖焉而其以自守者則不敢以浮弋之心當之也

編者節錄

船山先生年譜卷上

八世從孫之春輯

先船山公年譜前編

明萬曆四十七年己未　公一歲

九月初一日子時。生於衡州府城南迴雁峯王衙坪。時武夷公年五十。譚太孺人年四十有三。

明萬曆四十八年庚申　公二歲

八月。光宗卽位。詔以明年爲泰昌元年。九月。熹宗卽位。詔以是年七月以前爲萬曆四十八年。八月以後。爲泰昌元年。

十二月初一日。大淩。武夷公五十齒滿。盃盂凝沍。

七十自定稿庚申臘月一日。寒雪有作。注。是爲先徵君孤辰。聞之先慈云。泰昌庚申。大凍。盃盂凝沍。

明天啓元年辛酉　公三歲

武夷公中副榜。

武夷公以副榜赴武昌省應鄉試。正考官翰林院繆公昌期。副考官兵科給事中朱童蒙首題、士不可以不弘毅。次題、尊賢則不惑。三題、天下大悅。書曰。丕顯哉文王謨。丕承哉武王烈。佑啓我後人。咸以正無缺。同考胡公允恭首薦繆公昌期。已取中正額。定錄名次。朱以策有童蒙字犯其名。抑置副額。熹宗以登極恩予副榜貢太學。武夷公曰。余分在此。且筮一命。或得報政而邀王言以補祿養之不逮也。遂應貢北上入國子監。

薑齋文集家世節錄。先君以乙卯辛酉兩副秋榜。分考胡公允恭。首薦太史西溪繆公昌期。業定錄名次。以對策中犯副考朱黃門童蒙名。黃門不懌置乙第。是年熹宗登極。以恩予副第者貢太學。先君年已五袠。倦于文場。歎曰。余分在此。且筮一命。或得報政而邀王言。以補祿養之不逮也。遂應貢入辟雝。

石崖公入學。年十有六。

薑齋文集石崖先生傳略。兄爲學篤敏。十六補弟子員。

明天啓二年壬戌　公四歲

武夷公在京師。公與礎齋公同入塾。從石崖公受讀。

石崖先生傳略。仲兄稍長。同席受讀。而仲兄病幾殆。兄調護扶掖。醫指以授針艾。仲兄賴以愈。而卒以文章名南楚。無一非兄曲意怡聲亹亹講說以成之者。若夫之狂躁無度。而檠括弛弓。閑勒逸馬。夏楚無虛時。面命無虛日者。又不待言

明天啓三年癸亥　公五歲

武夷公在京師。公從石崖公受讀。

明天啓四年甲子　公六歲

武夷公在京師。公從石崖公受讀。石崖公迎歐陽孺人來歸。

明天啓五年乙丑　公七歲

武夷公在京師。公從石崖公受讀。畢十三經。

龍源夜話序。七歲而畢十三經。

武夷公曆滿。應部選。

明制舉人貢生入監者。祭酒奉監規而訓課之。有升堂積分超格敘用之法。三

年考滿。以推官知縣學官分選。

家世節錄。歷滿應部銓。時選政大壞。官以賄定。授正八品。

明天啓六年丙寅 公八歲

肄業家塾。

武夷公歸自京師。

家世節錄。先君素矜風規。及是相知聞者。謂必罷選不就。先君笑曰。積薪何常之有。我應此小用者何意。無亦聊與優游而以倖倖去哉。初仲父聞之。亦爲扼腕。先君自都門歸。欣然盡遣諸胸中。仲父歎曰。吾兄所謂賢者不測也。

薑齋文集。譚太孺人行狀。先君子十年燕趙。初自辛酉至丙寅凡六年再自戊辰至辛未凡四年牧石公武夷公仲弟。名廷聘。字蔚仲。郡文學生。

硜齋公入學。十二月。牧石公長子玉之公生子子偉。

玉之公字斯侯。號果齋。邑文庠生。繼絕襲衡州衛指揮同知。蔭萬戶侯。

子偉公字遴倩。邑文庠生。

明天啓七年丁卯　公九歲

武夷公家居。公稟承庭訓。夏石崖公礎齋公同赴武昌省應鄉試。九月落解歸。礎齋公迎蔣孺人來歸。

明崇禎元年戊辰　公十歲

春正月。從武夷公受經義。自是閱經義至數萬首。

經義序。忽念身本經生。十歲受之父。夕堂永日緒論。余自束髮受業經義。閱經義亦數萬首。

武夷公赴京師謁選。

時同邑前太常寺卿陳公宗契。零陵前吏部郎中蔣公向榮。欲爲武夷公地。皆笑而謝之。同邑雲南参政陳公梩典。因寓書于京師達官。武夷公中途發緘。有先容語。遂不爲致。家世節錄。方謁選時。同邑太常卿陳公宗契。零陵銓司蔣公向榮。深相引重。欲爲先君地。皆笑而謝之。大参陳公梩典。會先君。因致書長安達者。先君受之。中途發緘。有先容語。遂不復致。

按陳宗契字景先。萬曆辛丑進士。官太常寺卿。魏忠賢擅政。諷使附己。遂乞歸。

蔣向榮字淡心。萬曆己未進士。官吏部郎中。見魏忠賢擅政。乞疾歸。

陳檉典字希虞。萬曆丙辰進士。

明崇禎二年己巳 公十一歲

武夷公在京師。礫齋公子敉生。 敉公字孝穫。

石崖公應提學試。列一等。

明崇禎三年庚午 公十二歲

武夷公在京師。

薑齋文集。石崖先生傳略云。嘗記庚午除夕。侍先妣拜影堂後。獨行步廊下。悲吟長安一片月之詩。宛轉欷歔。流涕被面。不知所謂。及後思之。孺慕之情同於思婦。當其必發。有不自知者存。

八月二十日姪敞生。 敞公字膴原。

薑齋文集。文學膴原氏墓誌銘云。膴原氏名敞。貞獻先生冢嗣。於余爲從子。生以崇禎庚午八月二十日。
公與石崖公礎齋公。時以文字與友人相往還。
家世節錄云。崇禎初。文士類以文社相標榜。夫之兄弟。亦稍與聲氣中人往還。
先君知之。輒蹙眉經日。

明崇禎四年辛未　公十三歲

武夷公歸自京師。

家世節錄。已謁選。會烏程當國。操切以希上旨。其姻家唐元竑者。乾沒副貢籍。求府判所部劾罷之。烏程怒。爲罷銓郎。新銓郎會烏程意旨。苛按辛酉副貢。移儀曹索故紙束溼。甚暗索賄焉。先君曰。是尙可吏也乎。吾以求一命。爲先人故。俛折至此。若出賕吏胯下。以重辱先人。是必不可。詣儀曹辭罷。大儀慈谿馮公起龍。笑謝先君曰。觀生氣不可折者。吾爲選君。必旦夕爲除選。何有長者而作少年拂衣意氣乎。先君正色長揖而對曰。無所辱公嘉惠。某有田可耕。有子可教。終不敢欺天。以暮夜金博一官。碎假帖而退。夜買驢出春明門遂歸。又嘗道駱都督思恭掌金吾事。監修國史。史成。例薦纂修者晉所考秩。予速遷。以同鄉故。咨先君于部。先君亦笑受其咨。既終不以赴部。亦不以返于駱。留笥中。抵家乃焚之。

明崇禎五年壬申 公十四歲

武夷公家居。與仲弟牧石公季弟子翼公講學論文。蒔藥灌畦以爲樂。除羣從子弟洎門人。皆拒不見。

家世節錄。先君蒔藥灌畦。若未踏長安塵者。家居十七載。不一至郡邑庭。亦不通雜賓客。非兩叔父外諸從洎門人問字往來。都絕長吏到門。以疾卻刺。

子翼公名家聘。郡文學生。

湖廣提學僉事王公志堅科試衡郡。公入衡陽縣學。

行述。年十四。督學王聞修先生志堅拔入學。王志堅字聞修。號弱生。崐山人。萬曆進士。

石崖公歲列一等。尋食廩餼。

石崖先生傳略。餼於庠者八年。

明崇禎六年癸酉　公十五歲

夏。從石崖公礎齋公赴武昌省。應鄉試。

正考官錢謙益。副考官張第元。首題、君子思不出其位。次題、修道之謂教。三題、堯舜之知而不徧物。急先務也。

子襄公子珍之生。珍之公字時若。行七。

明崇禎七年甲戌　公十六歲

始從里中和四聲者。問韻學韻語。閱古今人所作詩。不下萬首。

遺病枕憶得。余年十六。始從里中和四聲者問韻。

夕堂永日緒論序。十六而學韻語。閱古今人所作詩。不下十萬。

湖廣提學僉事水公佳胤。（家譜行述作佳膺　湖南通志作佶應）歲試衡郡。列公一等第一名。

行述。寧波水向若先生佳胤。崐山王澄川先生永祚。皆鑒識首拔。

礎齋公叔子致生。

明崇禎八年乙亥　公十七歲

詩有中秋里人張燈和牧石先生七律一首。憶得詩

明崇禎九年丙子　公十八歲

春湖廣提學僉事水公佳胤科試衡郡。列公一等。夏從石崖公硜齋公赴武昌省。應鄉試。

正考官吳偉業。副考官朱玟。首題、煥乎其有文章。次題、天之所覆。地之載。三題、易其田疇。薄其稅斂。民可使富也。

硜齋公次子致殤。

詩有蕩婦高樓月五古一首。黃鵠磯五律一首。憶得詩

明崇禎十年丁丑　公十九歲

春。迎同邑處士萬楁公女陶孺人來歸。(未完)

專著

船山師友記第三 續癸酉第二冊

湘潭羅正鈞

瞿忠宣式耜

瞿式耜字在田。號稼軒。直隸常熟人。萬歷丙辰進士。歷官吏部給事中。崇禎中會推閣員。禮部尚書溫體仁資序最深。顧與沈一貫主張時局。式耜建議斥不與會推列。體仁上疏自訟。因訐錢謙益浙闈事。不當與枚卜。而部科黨之。上召赴平臺面詰。式耜抗言浙闈事。坐分攷。體仁慍不與枚卜。羅織自薦。猾而無恥。上不懌。會給事中郝土膏奏對失體。上遂震怒。械式耜土膏下法司。皆削職。體仁遂入閣。式耜旣罷歸里。築室虞山下。曰東皐。蒔花藥。讀書其中。宏光初、稍起應天府丞。已擢僉都御史。巡撫廣西。南都陷。思文皇帝立於閩。靖江庶人使人說式耜推戴。式耜怒。折之。庶人械式耜。欲加害。式耜稱大義。諷令解兵。賊衆意沮。旣免。遂與丁魁楚會擒庶人斬之。事聞。加兵部侍郞。已而思文帝陷於順昌。唐王聿鐭稱尊號。式耜下肇慶。謂魁楚曰。永明王神宗皇帝孫。宜立久矣。向者鄭鴻逵擁立非次。致天下坐潰。今僅南方一隅。猶使非分者因仍覆軌。恢復不復問。卽欲延大明一線。謝高皇帝於山陵。不可得已。魁楚韙之。乃迎王於寓邸。頒思文皇帝敗問。踐祚於肇慶。晉式耜吏部尚書、文淵閣大學士。式耜請召用舊臣。並薦用一時人望。魁楚挾私結大璫王坤撓不聽。已而廣州破。唐王見殺。王坤蠱上西遷。式耜請徵兵固守。不聽。扈上居桂林。班朝制官。始有章度。王坤益欲挾上入楚。會上召劉承允東援平梧。承允至。遽欲邀上幸武岡。式耜奏言。駕不幸楚。楚師得以展布。茲乃半年之內。三四播遷。民心兵心狐疑局促。誠不知皇上何以爲國也。疏入不省。入見跪曳上裾。涕泣請留。承允結馬吉翔趣上行甚迫。遂詔加式耜太子少保。留守廣西。上遂入武岡。式耜獨守孤城者兩月。已而楚督之師潰於長沙。式耜遣焦璉北會騰蛟。攻復永州。騰蛟以是復下湖南。時上播遷柳象。陳邦傅迎居南寧。挾上驕橫。式耜檄之下梧州。不應。乃遣焦璉自平樂略梧州。會李成棟反正。梧州平。粵西大定。成棟迎上東巡。式耜表迎上返蹕桂林。言今日大勢在楚。楚師不下三十餘萬。鎭將四十餘營。號令莫一。非天子彈壓。則進無寸功。而退有百患。上莫如幸桂林。爲出楚計。北圖岳鄂。東援南昌。西收荊澧。事猶可爲。若遠節海澨。而舉江楚大計一委之騰蛟。孤注之憂。不能不爲之慮也。疏入上猶豫問。內閣王化澄朱天麟僉成楝饋問。謂東粵安而西粵危。且收新附者之心。上遂下肇慶。居半載楚將果內訌。騰蛟死。湖南復陷。其明年庾關不守。上將西奔。式耜奏請固守肇慶。不聽。上遂至梧州。始上在肇慶時。式耜請開日講。遠佞幸。清銓政。肅軍紀。王化澄馬吉翔撓之。金堡自沅州詣行在入對。擿在廷姦狀。吉翔疑堡黨式耜。益相怨。至是開北鎮撫獄。掠治堡急。式耜抗疏爭。不聽。胡欽華挾孫可望恫喝當宁。露章劾式耜。王化澄思因排陷之。乃與萬翔比推于元燁督師。奪式耜兵柄。孔有德兵至。式耜召諸將城守。無應者。乃沐浴易衣坐署中。通山王蘊釪馳入告曰。先生受命督師。全軍未虧。且入柳爲恢復計。式耜不應。蘊釪涕泣。曳其裾。固請。式耜從容應曰。留守吾初命也。吾此心安者死耳。逃死而以捲土爲之辭。我固不能也。俄而張同敞至。因呼酒飲。與分韻唱和。悲吟徹旦。被執。見孔有德。請速死。有德知不可屈。乃加害桂林。二十年不見雪矣。是日雪霰大作。雷電交擊。吳江楊秋醫士也。拾式耜同敞骸葬之桂林城北。

永曆實錄本傳

行述云。祖棄世。府君營葬嶽後。旦夕悲號。膺難西走。時前大學士瞿公式耜留守桂林。疏薦之。府君疏乞終喪。得旨云。具見孝思。足徵恬品。著服闋另議。

乞終喪免閣試疏云。前督臣堵允錫薦臣。得以終制覆允。不謂留守輔臣瞿式耜爲汪郊等請閣試。復以臣名廁於其後也。臣本以不孝通天之罪。倫翰飛曷穀之生。不特蟲苴之衣屨不忍輒越典章。而且不祥之姓名未敢妄干知己。卽今被虜踉蹌莽寄昭江者踰月。輔臣駐桂。相去帶水。雖輔臣下士之名溢於聽睹。而掩涕孤栖。不敢以凶人辱仙舟之下座。不知輔臣何所誤聽。或未熟識臣之爲丁憂。或謂在大祥之後。可蒇春明之期。乃臣不但冒服制以就試。干聖代匿喪之辟。卽俟服闋以須試。亦犯春秋居約之誅。此臣所以聞命倉皇屏息而不寧者也。後注永歷三年

十二月奉旨。王夫之奏請終喪乞免閣試。足見孝思。更徵恬品。著服闋另與議敘。該部知道

南窗漫記云。太傅瞿公築別館於桂林東岸。宮詹張公題春帖云。當階古樹思堯叟。隔岸江山憶伏波。桂林道上松、宋陳堯叟所種。桂林東門外有伏波試劍石。故

云。二忠遺筆流傳人間自有傳之者。此亦吉光片羽。

潘傳云。先生三上疏參化澄結奸誤國。化澄恚甚必欲殺之。其黨競致力焉。會有降帥高必正者救之。得不死。亦不往謝也。返桂林。復依瞿式耜。聞母病。間道歸。至則母已歿。

五十自定稾。庚寅年有留守相公六袠仰同諸公共次方密之學士舊韻二首。七律

薑齋詩分體稾辛酉年廣哀詩第五有太傅瞿公式耜一首。自注字在田。號稼軒。常熟人。庚寅留守桂林。城陷死之。五古。

正鈞按乞終喪免闈試疏上於永曆三年十二月。按永曆三年爲己丑。據章靈賦注。先生是年夏復由間道赴闕。武夷先生以永曆元年丁亥十月沒。故疏中云在大祥之後。據此、則瞿公之薦確是先生二次赴闕之時。疏言得以終制覆允。承上堵允錫之薦而言。乃戊子冬初次赴闕時事。詳上卷行狀於脣雞西走後卽稱瞿薦。敘次稍疏。

又按宮詹張公卽張同敞。永曆三年。以瞿式耜薦爲少詹則題春帖當是庚寅

初春。或卽己丑冬末覲乞終喪疏所言。先生與瞿公初未謀面。昭江卽昭平。去桂林不遠。是冬先生應至桂林度歲。故漫記云然也。攷瞿忠宣長孫昌文粵行紀事云。己丑八月八日爲王父六十誕辰。門下士額手稱慶。則庚寅爲六十晉一之歲。詳潘傳及行狀。皆云服闋官行人。則先生就職斷在永歷四年庚寅春初。按章靈賦注云。己丑夏。復由間道赴闕。拜行人。雖陳力之無可致。其靖恭而悲憤有懷。故有死諍之事。死諍事在庚寅年。未別爲注明。則原文不過溯言拜行人由己丑赴闕後耳。今按得逸文。乞終喪一疏上於己丑冬末。先生之就職在庚寅。不待煩言已解。年譜劉氏毓崧不及見此疏。徒泥讀章靈賦注。爲之證以補行人隸於己丑夏。而於是年二月強注服闋。於先生所關甚大。曾別有文辨之。又按徐氏鼒所爲小腆紀年。乃以先生官行人司行人。隸於丁亥二月。則是時先生尙未出山。益見紀載之失攷者多矣。其去官。參之自定稾及各書。應卽本年七月。瞿公誕辰在八月。先生此時復返桂林。故得同諸公進祝也。按方密之詩。蓋作於上年己丑。故云舊韻。

又按六十自定稾。己酉年因林塘小曲築草庵五律六首。弟二首末句云。小東皐峰客。今日暫招魂。自注小東皐瞿庚山先生讀書處。攷忠宣集。有小東皐詩序言別山所顏。按小東皐當卽漫記所言東岸別館序詳下弟四卷書以忠宣前在庚山築室曰東皐故云。而先生猶追念之也。

嚴太傅起恒

嚴起恒字秋冶。浙江山陰人。寓藉真定。崇禎辛未進士。授刑部主事。改員外郎。已陞廣州知府。遷右參議。分巡下江防道。何騰蛟爲題改分守上湖南。時張獻忠初去楚。騰蛟開督府長沙。以徵義餉。以意爲輕重。起恒爭不勝。乃議鼓鑄。以紓民困。數月得數百萬緡輸騰蛟。請緩預徵一年。民稍甦。起恒淸愼端和。驕將悍兵多服其德。歛手受約束如部將。稍擢太僕少卿。已乃晉戶部侍郎。督理錢法軍餉。上幸桂林。召見。擢戶部尙書。已同瞿式耜守桂林。上在柳象。召入改吏兵二部尙書東閣大學士。抗辭。不允。乃入直。扈從南寧。制命票擬皆出其手。時承隆武之餘。詔旨繁蕪。起恒詳愼簡要。中外乃登所奉。東粵反正。瞿式耜迎駕西北出楚。王化澄朱天麟貪東省之饒。決意東下。起恒爭不勝。既從駕至肇慶。江楚勢稍振。求仕者滿輦下。起恒雅意澄別。不協所願。乃羣走緹師馬吉翔。往往得旨下部。起恒持不可。則中旨下。化澄天麟改票以行。袁彭年、金堡交劾之。時四方勳鎭請封秩者輦金賂閣部大僚。起恒峻拒不納。天麟忌其異己。紿彭年堡並攻起恒。起恒求去。會上召天麟面詰詐盡露。上乃敎趨起恆入直。天麟懟恚。以病免。化澄亦沮喪。移疾不出。中外方倚起恆衡江楚。永歷三年春。楚師敗。何騰蛟被害。楚兵失主。洶亂。永州舉人劉惟贊徒步詣行在。疏言國之存亡。唯在起恆之一出。下廷議。起恆不果出。已而諸軍無統。兵益暴。民益怨。以趨於盡。卒如惟贊言。起恆既終留相。請上親政。蒞講。節國用。愼恩紀。立威信。凡七八月。內外蠱安。會孫可望求內坿、邀王爵。金堡言其不可。起恆居中持之。可望心折。永歷四年春。上棄肇慶至德慶州。王化澄遽得旨入直。一兩月間。程源郭之奇萬翺結吳貞毓等。許奏金堡等把持朝政。化澄入調旨遣緹騎逮堡等四人。下錦衣獄。起恆匍伏舟次泣奏。諫臣非所宜譴。嚴刑非今所宜用。請貸堡等。不聽。化澄等恩構起恆益急。上意猶向倚之。未有以搖也。化澄迫。乃請勅召朱天麟而密訂。天麟因胡執恭結可望爲外援。脅上爲殺起恆地。給事中雷德復遂露章劾起恆二十四罪。化澄調旨。用朱雷有鄰鼎鐺有耳語嘲激之。起恆稱病請去。行人董雲驤王夫之交疏言大臣進退有禮。請權允輔臣之去。勿使再中姦毒。重辱國而灰天下之心。疏入。董雲驤不待報。聞。挂冠入南海去。鄒可藻請逮夫之。高必正力爭不可。乃已。起恆謝病疏七上。不得報。解舟去平樂。顧上意注起恆而薄化澄。勅留之。起恆返。日爲羣小所搖。志沮不行。侍朝請而已。四方鎭帥聞起恆推抑。皆解體無鬥志。是冬兩粵繼陷。上奔南寧。化澄奉諸臣四竄。唯起恆從。始德復疏入。有勸起恆必去者。起恆泣然曰。吾留此。卽免禍。豈復能有所効。顧今日亦安往哉。患難君臣。相報者一死耳。國一日未亡。吾一日不能舍上而去。死於姦。死於敵。唯天所命耳。胡執恭已僞造册寶封可望秦王。懼僞露。乃告可望曰。嚴學士必不肎撰敕册。此我密請之上自內發者。可望以是懟起恆甚。永歷五年。遣其吳將軍入見。挾兵擁行宮。猝入起恆舟。請與語。語竟起。送之出。遽揮銅椎擊中起恆腦。墮水死。上聞痛哭。出金募泗人得起恆屍。葬於南寧江岸。（永歷實錄）

本傳

南窗漫記云。太傅山陰嚴公於端州行宮閣內書巴蕉葉云。臣節唯知懷一冷。王言不敢褻雙溫。於時有卿貳蒙溫旨者、但得一褒語。因誚公不知典故。聚擬失辭。云九卿例得雙溫。蓋競躁之妄言耳。故公書此以見意。

請允輔臣乞休疏（蕺齋逸文）云。李泌以可退可進之身。從容以處讒忌之百至。而磨以再造。文天祥以不退不進之身。搖落於王爚陳宜中之黨。而終宋之世君臣兩受其傷。昨科臣雷德復參輔臣嚴起恆一疏。備極汚衊。衆心揣摩□□□□在輔臣之心迹。皇上鑒之。二祖列宗在天之靈假之。天下臣民共耳目之。豈俟臣贅。且德復之造端本末。授受機關。亦路人知之。臣又何敢過爲吹索。今誠使輔臣以高蹈之鴻迹。矯子雄之鼠嚇。舉朝內媿。或尚改轍。又未必非皇上激厲風軌之大端。後注永歷四年四月上

行狀云。服闋就行人司行人介子之職。時科臣金公堡、袁公彭年、丁公時魁、劉公湘客、蒙公正發、主持振刷。而內閣王化澄。悍帥陳邦傅。內豎夏國祥等。交害之。廷杖下獄。將置之死。府君走訴嚴公。勸公匍匐求貸。其後五君以嚴公力得不死。而黨人雷德復詆參嚴公。府君抗疏指陳王雷誤國。疏凡三上。嚴公雖留而志不得伸。而黨人吳貞毓萬翱將陷府君於不測。府君因求解職。

餘姚邵廷采西南紀事卷四。嚴起恆傳云。黨人獄起。金堡丁時魁蒙正發劉湘客下錦衣衛拷問。血肉狼藉。中書舍人管嗣裘、衡州舉人王夫之、謁起恆。曰。國勢如

此。而作如此事。奈天下後世何。起恆曰。吾亦寃之。然無可如何也。嗣裘曰。誰秉國鈞。而令至是。相公不可爲此言也。起恆瞿然。索衣冠請對。不得入。率諸臣伏沙灘。求免刑。式耜及勳鎭各疏申救。堡等卒得不死。起恆亦罷相。

五十自定稾。己丑年有戲代山陰相公贈懷寧朱侍御一首。（七律）

薑齋詩分體稾。辛酉年廣哀詩弟六有少傅嚴公起恆一首。（自注。字秋冶。山陰人。寓籍眞定。辛卯以抗孫可望被害。五古。）

正鈞按。先生初次赴闕。其始至在永歷二年戊子冬。見於章靈賦注。其歸楚在三年之春。見於自定稾。（按是年有晨發端州與同鄉人別一首）漫記一條下接敍晏奉常霱明和詩事。霱明以永歷二年爲太常博士。若詩作於二次在闕時。則四年霱明已遷郎中。不得稱爲奉常。據此、則嚴公書蕉葉當是先生初次赴闕所目擊者。章靈賦注云所見尤爲可憂。此亦其一端也。

又按行狀敘服闋官行人。下卽接云時科臣金公堡云云。則先生之就職、在永歷四年春。行狀所載甚明。益見劉氏之隸官行人於己丑夏。爲不審矣。詳實錄桂王紀。詔獄係二月事。先生勸嚴公救堡等。潘傳云偕管嗣裘。蓋與行狀詳略互異。請允輔臣乞休一疏。後注四月。與桂王紀正合。則同董雲驤所上者正是此疏。近始並乞終喪免閣試疏搜逸得之。潘傳及行狀均云三上疏。章靈賦注亦云旣三諫不聽。諫道窮矣。則當日所上尚不止此一疏也。

又按先生當日從王舊僚所著錄諸人中。尤於瞿嚴二公始終惓念。則以二公孤忠濟難。實爲永歷國命所繫。又非獨知己之私感已也。

孔子之教育學（續癸酉第二册）

蒼石山房亰稿

學者有四失。教者必知之。

注 此言學生心理。各別不齊。施教者宜審之。以定學程也。但就其失言之者。救其失。然後能進其善。教育之理也。

人之學也。

或失則多。

注 謂士子之對於學業也。

注 多。謂貪多。愛博不專也。其失也雜。

或失則寡。

注 寡。謂約取。得少自足也。其失也陋。〇此上二項就學術言之。

或失則易。

注 易。謂不察。粗疏。躁進也。其失也妄。

或失則止。

注 止。謂自畫。畏難苟安也。其失也惰。〇此上二項。就品性言之此四者心之莫同也。知其心然後能救其失也。

注 救雜以專·救陋以羣·救安以誠·救惰以勵·

教也者長善而救其失者也。

注 博之以文·多亦善也·約之以禮·寡亦善也·狂者進取·易亦善也·狷者有所不為·止亦善也·長其善·以盡其材·救其失·俾適於中·教育者之責也·

善歌者使人繼其聲。

注 此引善歌以喻善教·繼其聲·謂習其音響節奏·而不必拘其歌辭也·

善教者使人繼其志。

注 繼其志·謂契其精神旨趣·而不必拘於教科文具也·

其言也約而達。微而臧。罕譬而喻。可謂繼其志矣。

注 約其旨·微其詞·近以取譬·使士子自達其義·自善其用·自喻於語言之外·此教育之精神·非可以迹象求者也·

君子知至學之難易。而知其美惡。然後能博喻。

注 人性各殊·則致力之難易迥別·教者務博求學子心理之所在·以施訓育·然後可以長其美·而救其惡·否則欲增其美·而轉以成其惡·往往然矣·

能博喻然後能為師。

注 博喻。謂多方譬解。不拘一律也。師。爲全校之主。與分任各科教程者不同。此訓育與教授之別。

能爲師然後能爲長。

注 師以統治一校。長以統治一官或一方。政教一原。官師無二理也。

能爲長然後能爲君。

注 長以統率一部。君以統率一國。位別崇庳。職責一也。

故師也者所以學爲君也。是故擇師不可不愼也。

注 古者君師並重。其愼可知。

記曰三王四代唯其師。其此之謂乎。

注 三王。三代之賢王。四代。合虞夏殷周言之。唯其師。謂政治之良。純由其教育之善也。

右第六章 首言學子之心理。次言教育之方針。與其精神。而歸本於君師一體。政教一原。因以歎美古治之文明。而注重於師法也。

記問之學。不足以爲人師。

注 記。記憶。卽上文中其占畢也。問。考問。卽上文多其訊言也。記之蔽也拘。而不知變通。問之蔽也雜。而不能貫澈。皆非教育之良法也。

必也其聽語乎。力不能問。然後語之。

注 聽語·謂聽學子之質問·與其自由之辨駁論議也·學力未至·語之無益·欲問而不能問·則力竭矣·此即論語所謂不憤不啓·不悱不發之義也·

語之而不知·雖舍之可也。

注 力所能問·則語之·未有不知·惟力所未能問·而語之·故容有不知者·如促進之則不安其所學·而不由其誠矣·此論語所云不以三隅反·則不復之義也·

善斆者。師逸而功倍。又從而庸之。

注 斆·教通·功·學子之進程也·庸·歸功也·師不勞而學子之進程速·則歸功於其師·

不善斆者。師勤而功半。又從而怨之。

注 因材施教者·其事逸而收效倍·彊人就教者·用力勤而成功鮮·及其成功之鮮也·則羣起而疾其師·人之情如此也·

善問者如攻堅木。

注 問·考詢也·攻木·猶言治木·木之堅者·則施斧斤也·難·以喻學之精者·則加問答也·不易·

先其易者。後其節目。及其久也。相悅以解。

注 易者·木之紋理疏散處·節目·木之科厄多節處也·相悅者·彼此牽動相引之意·解·析也·考詢亦教授訓育中之一事·但須先就其易領略處·提出問題·其難處且暫放下·久而久之·則旁參互證·難處亦豁然而解矣·

不善問者反此。

注 不善問者。申其占畢。不求甚解。或多其訊言。以難學子。使學者徒苦其難。而學理終無了解之一日矣。

善待問者如撞鐘。

注 待問。謂答學子之質問也。撞。擊也。鐘懸而待擊。不擊則鐘不自鳴。師坐以待問。不問則師不輕語。教育家之風度也。

叩之以小者、則小鳴。叩之以大者、則大鳴。待其從容。然後盡其聲。

注 叩。擊也。從容。一作舂容。謂少間也。擊鐘者舂容不迫。弗徐弗疾。而後其聲乃充。答問者。因事因時因人。從容肆應。可大可小。而後能適如其問者之分量。以盡其意。

不善答問者反此。

注 不善答問者。小事而大言之。則嫌其廣泛。大問而小應之。則嫌其瑣瀆。所答非所問。而學者無從獲其益矣。

此皆進學之道也。

注 總上四項。聽語一也。善斆二也。善問三也。善待問四也。皆所以使學者進步之方也。

良冶之子必斆爲裘。

注 斆原作學。通教。良。善也。冶。治鐵者。裘。皮服。鐵堅而皮柔。堅難就範。而柔易見功。以喻教之難者。宜先從易起也。

良弓之子必斆爲箕。

注　弓以角爲之。揉而檠之。其功緊而精。箕以竹爲之。曲而編之。其功簡而粗。以喻教之精者。先從粗起也。

始駕馬者反之。車在馬前。

注　駕馬者。馬在車前。而始教馬者。先使駒隨車後。俾易就範。以喻教士子者。務先使之相從而實習也。

君子察於此三者。可以有志於斆矣。

注　有志於斆。謂可以從事於教育之任也。

右第七章　專言問答之法。貴當其可而盡其誠。後言施教之程先易後難。而歸重於實習。此教育之所以爲良也。

凡斆之道。

注　此又總言設學立教之旨之歸重處也。

嚴師爲難。

注　嚴。尊重。不苟之貌。師與君父并尊。故宜以道高望重者當之。非徒一校學風所關。實於一國人材之良否。政局之治亂。有因果之關係焉。

師嚴然後道尊。

注　爲師者嚴重不苟。非自重其身。實爲重其道計也。道得師而後傳未有師之賤人不足敬而謂有道存焉。足以起人之尊信者也。

道尊然後民知敬學。

注 學者所以明道。道失其尊。則所學何事。民既不知道之所當尊。則學亦不足以起民之敬。有苟且相塵。終其業則去之已耳。故敬者入道之基也。

是故君之所不臣於其臣者二。

注 此舉例以見師之尤重於君也。

當其爲尸則弗臣也。

注 尸。古之祭者。飾人以象神。及其先祖。雖天子祭宗廟。必有尸以臨之。

當其爲師則弗臣也。

注 師謂太師。太師位在太傅太保上。齒德俱尊。天子所見而起敬者也。

大學之禮。雖詔於天子。無北面。所以尊師也。

注 詔。教示也。天子莅學。養老乞言。躬北面而請之。三老五更在東序。西面而詔之。古禮然也。

古之斅者。比物醜類。

注 斅者。謂主持教育者。比物。猶言比方。醜。不齊不類之詞。謂物類不齊。有不類而類。類而不類者。教育家比而同之。師其意。不拘其物也。如下舉四端是矣。

鼓無當於五聲。五聲弗得不和。

專著　　孔子之教育學　　八

注 五聲。宮商角徵羽也。凡奏樂者。具五聲。必先擊鼓以作其氣。樂作則鼓止。鼓聲無可聽。而樂必以此取節焉。則鼓以重矣。

水無當于五色。五色弗得不章。

注 五色。青赤黃白黑也。凡繪色者。必資水以湆染。而五色乃章。水無色也。而五色無可離水者。則水重矣。

斆無當於五官。五官弗得不治。

注 五官。冢宰宗伯司馬司寇司空。合司徒爲六。惟司徒爲主教。然五者皆由學然後可以入官而治其事。則學重矣。

師無當於五服。五服弗得不親。

注 五服。甸服侯服綏服荒服要服也。師非官。似無與于藩服之向背。然師道立而文化興。遐邇翕服。而萬邦協和。敎育之效大矣

君子曰。大德不官。大道不器。大信不約。大時不齊。察於此四者。可以有志於本矣。

注 德之大者。不效一官之能。道之大者。不同一器之長。信之大者。不在一言之約。時之大者。不在一切之齊。以喻教育之事。不拘一方。貴立其本而已。

三王之祭川也。皆先河而後海。

注 此又舉祭之一端。以喻教育之宜。察於本末先後也。言三王以見古今之義一也。

或源也。或委也。

注 河爲水源。海爲水委。物有本末。事有終始。知所先後。則近道矣。凡物類然。可推而見也。

此之謂務本。

注 師者教育行政之本。未有師不良。而建學設教有成效者。故本篇以務本二字結之。

右第八章終。篇歸重於師道之不可不立也。政爲治本。教爲政本。而師又爲教育事業之本。其義精矣。

學記一篇。於古代教育事業。言之綦詳。繇設學起。以尊師終。其中如編制、設備、典禮、程式、教授、管理、監督、訓練、感化、問答、視察、攷校、諸事。原始要終。本末畢具。而參酌於學子心理之各別不齊。歸重於擇師之不可以不愼。明揭君師平衡政教一原之理。深斥道藝偏重施求拂戾之非。美矣備矣。後哲繼起。不可易矣。於此想見古聖先王設學立教以蘄至于化民成俗之精意。先天下而作之則。順人心之所同。而孫其業以盡其性。猶恐學者之不由其誠而學焉不能盡其材也。往復丁寧於師道三致意焉。世有留心教育備職保傅者。三復是篇。夫亦可以恍然於世教興廢之所由而涕泫痛恨於周衰以後。學校蕩然。庠序之名。自兩漢諸大儒論說各殊。已不知其制度之何似。曷勝太息。何論晉唐以下。去古日遠。帝王之都建一國學。遂謂足以司教化之原。其山野之儒。聚徒講學。志在抱殘守闕而已。烏足論與書院代興。文化漸萌。然教者襲其占畢訊言雜施數進之舊。學者不免於失時躐學孤陋燕辟之譏。而政府相沿。但手操其攷試之大權耳。平時既漫無視察。遑過問其教授管理訓練設備之完缺乎。宋明以降。府縣興學。教諭訓導。名義燦存。究其實黌序闃然。絃歌絕響。學官與士子春秋無一面之緣。歲科試時一通謁耳。此何爲者。乃亦謂之學歟。有清末年。歐化東漸。華夏失官。遠師四鄰。乃其學制。東海西海不謀而符。先聖後聖殊塗同揆。可見教育事業。人類所同。剝極而復。今其時矣。然試一察吾國邇年興學以來。其編制設備教授管理感化訓育監督問答之方。是否足以涵濡各學子安學親師樂友信道之心。而使之有相觀而善、相悅而解、及和易以思之成效乎。若夫視察之方。攷校之典。誠爲政府之專責。官與師蓋當分引以爲己任者。當代從事於學務者類能言之。至於始學終業之典禮程式。綦爲嚴重。亦教育家所宜措意。尊道敬學。嚴師官始。蓋於是乎在也。是書也。向無通詁。二十年前。當有清光宣之交。初從事於教育。居今稽古。嘗發憤取而釋之。未卒業。人事匆匆。乙丑秋仲。重取而理之。中有錯簡一二節。繹其文義。以類相從。僭爲迻正。其斆學字古通今繆。亦正其誤。存之備省覽焉。楚南蒼石山人石廣權敍。

第二卷第四期　二三三二七

管子學商榷 續癸酉第二冊

蒼石山房原稿

第四篇 內業

內業者·管子內聖之功·實一切功業之所本也·與心術白心各篇相表裏·

凡物之精比則爲生。比合也·陰陽二氣氤氳訢合·而物由此生·易云·精氣爲物·禮云二氣之精·五行之英·妙合而凝·又易繫辭云·天地氤氳·萬物化醕·男女構精·萬物化生·無非教也·原本比作此·丁氏注作化·皆誤·今正·

下生五穀。上爲列星。五穀人所食·稻粱麥黍稷也·列星·古義二十八經星·五緯星皆以五行之英配之·稻爲土精·麥爲金精·稷火精·粱木精·黍水精·其於星也·木曰歲星·火曰熒惑·金曰太白·土曰塡星·水曰辰星·皆有占驗

流於天地之間謂之鬼神。禮中庸朱熹注·鬼神二氣之良能也·其氣之引而伸者爲神·返而歸者爲鬼·易精氣爲物·游魂爲變·王充論衡鬼神陰陽之名也·陰氣逆物而歸·故謂之鬼·陽氣導物而生·故謂之神·

藏於胸中謂之聖人。書洪範五事·貌曰恭·言曰從·視曰明·聽曰聰·思曰睿·恭作肅從作乂·明作哲·聽作謀·睿作聖·尙書大傳曰·心之精神是爲聖·孟子大而化之之謂聖聖而不可知之之謂神·

是故此氣。氣謂精氣·卽指二氣之精言之·人也·鬼也·神也·聖人也·列星也·五穀暨各生物也·皆此氣之爲之也·

杲乎如登於天。杳乎如入於淵。溟乎如在於海。卒乎如在於已。杲明貌·詩·杲杲出日·杳·冥也·溟从冥·廣遠之貌·十洲記·東王所居·水色正黑·謂之溟海·原本作淖·非·今正·卒通萃·又通猝·言精氣之妙·明則如日月之垂於天·靜則如沈於淵·遠則如溟

漢之海。近則萃聚於已。

是故此氣也。不可止以力。而可安以德。不可呼以聲。而可迎以意。此言養氣固精之法。不可以力強制。而可推心之所安者以安之。無聲無形。而可以意迎合之。呼原本作乎。古通。意原作音。今正。

敬守勿失。是謂成德。此申言安以德迎以意之功夫。在於敬守勿苟而已。下德不失德。老氏亦言之矣。

德成而智出。萬物畢得。此中庸所謂誠則明。盡己之性。則可以盡人物之性。而參贊天地也。

按以上爲內業篇之第一章。漢書藝文志。載內業十五篇。注云。不知作書者。清馬氏玉函山房輯管子本篇一分章以當之。今按管子功業之所本。在白心內業心術等篇。而此段爲內業開宗明義之語。精粹入神。其言養氣育德之功。不尚智力。一以敬爲主。成巳成物。聖人之言不過如此矣。

凡心之刑。刑通型。心之刑。謂心之矩範也。如陶冶之有模型然。故曰凡心之型。或曰刑當作形。謂心之所形。亦通。

自充自盈。自生自成。心者氣之主。氣者體之充。充則盈。盈則生。生則成。皆一氣之所爲之。無資乎外也。

其所以失之。必以憂樂喜怒欲利。能去憂樂喜怒欲利。心乃反濟。失之謂失其本心。憂樂喜怒欲利。情之所至。易失於偏。去其偏。反於平。則事無不濟。而無失當之虞矣。情爲氣使。則心狃於情而失其正。氣爲情役。則心爲氣動而失其和。故養氣莫如調情。

彼心之情。利安以寧。情貴節。節則心安。情尚靜。靜則心專。安則不外適。專則不內躁。

勿煩勿亂。和乃自成。煩者紛繁。亂者躁動。節則不煩。靜則不亂。中庸發而皆中節謂之和。是也。

鼎鼎乎如在於側。鼎鼎安重之貌。如在於側。謂若有監臨之者。然所謂如在其上。如在其左右也。

忽忽乎如將不得。忽忽若有所失之貌。如將不得。即論語學如不及。猶恐失之之意。

渺渺乎如窮無極。渺渺遠而無涯涘之貌。無極謂莫知其所底止。以上三語。皆狀心理之幻象。

此稽不遠。日用其德。稽。攷索也。自知曰稽。稽之吾心。故曰不遠。德者。心之所自得也。

按以上為內業篇之第二章。言調節情欲之法。情之所發。易以失中。心安氣寧。去煩無亂。而一以和為主。則情自適。而德日進矣。

凡道無根無莖。無葉無榮。此言道為吾心之幹。比之植物。無根莖花葉之可求也。

萬物以生。萬物以成。道能生物成物。萬殊一本。故易曰。立天之道曰陰與陽。立地之道曰柔與剛。立人之道曰仁與義也。

命之曰道。命。名也。

夫道者所以充形也。而人不能固。踐形率性。乃合乎道。道與形未嘗須臾離也。人不能固守耳。

其往不復。其來不舍。一事失道。終身不復。故人不可不致愼也。情欲一充塞。雖偶一合道。道亦不留。舍。留處也。

誄乎莫聞其音。誄通寂。無人聲也。原本作謀。形近而誤。今正。此承上以道之往言之。

卒乎乃在於心。卒通猝。倉卒之間。恍惚之際。若有心光之一爍者然。此以道之來言之。

冥冥乎不見其形。冥冥幽深之貌。無形可見。故人亦無從守之。此承上人不能固言之。

淫淫乎與我俱生。淫淫，水盛滿四溢之貌，道與我生俱來，非外至，非後起，此承上道所以充形言之。

不見其形。不聞其聲。而序其成。謂之道。序其成，通成事成德言之，道本虛無，德則實有，踐形成德，則合道矣。

按此上爲內業篇之第三章，前二章言德，此章言道，道託於形，而道無形，即有形以求無形，其妙用在乎一心，得其心而內業修矣。

凡道無所。善心安處。無所，謂無常所，安通焉，語詞，謂道無定所，而以善心爲定所，故心所在，即道所在也，處，原本作愛，今正。

心靜氣理。道乃可止。治心莫善於養氣，心惡躁動，氣惡紛亂，氣者心之動機，心不妄動，則止於至善矣。

彼道不遠。民得以產。產，生也，道不遠人，人之所得以生之至理也。

彼道不離。民因以知。道也者，不可須臾離也，可離非道也，率性之謂道，性者吾心之良知也。

是故卒乎其如可與索。卒猝通，索求也，如可索，謂道無迹象，然倉猝間可循心理以求之。

眇眇乎其如窮無所極。眇眇，謂若見若不見也，道無端涯，有如巨海，莫知其所嚮也。

彼道之情。惡意與聲。意原本作音，今正，道之見端謂之情，情者自然而然，不可以意計度之，不可以聲音求之，言者心之聲也。

修心靜意。道乃可得。意者，吾心之主張，一有主張，即失其自然，故必毋意而後可以合於道。

道也者。口之所不能言也。目之所不能視也。耳之所不能聽也。所以修心而正形也。以道修心，即以心體道，心正而形正矣。

人之所失以死。所得以生也。事之所失以敗。所得以成也。人之生死。事之成敗。皆道以宰之。不可以人為力背馳。而強爭也。

按此上為內業篇之第四章。言氣言情言意。任氣者躁。任意者固。任情者流。然意與氣足以奪心。故尤為道之所忌。情發於自然。但令毋以意為之。毋以聲與氣張之。以心體道。則隨處可索。以道處心。則無往不適。人事塵塵。一以靜臨之。則心修而道得矣。

天主正。地主平。人主安靜。不偏不倚之謂正。均一之謂平。此假天地之道以喻人道。主者謂百變而不離乎此也。

春夏秋冬、天之時也。春溫。夏暑。秋燥。冬寒。天運之自然。萬物自生自長自殺自藏於其間。而天無與焉。時至則遷而已。

山陵川谷、地之枝也。峙者為山。流者為川。高岸為谷。深谷為陵。地形之自然。若木之有枝榦者然。有合必有分也。

喜怒取予、人之謀也。喜則相與。怒則相距。取則益已。予則利物。順逆施受。縈縈於心。皆心之謀。望為之也。

是故聖人與時變而不化。從物而不移。聖人順時應變。而不為時之所化。所謂化物而不與物同化也。不與物同化。故隨物變遷。從其所之。因物付物。而終不移易其心之所主。所謂持其不變以應至變也。

能正能靜。然後能定。夫推不偏。是以無妄。不妄動則有定守。此卽大學知止而后有定。定而后能靜之義。

定心在中。耳目聰明。四肢堅固。可以為精舍。耳目肢體各有所司。而心為之君。心定則天君泰然。而百體從命。聽明。堅彊。非耳目肢體自能為之。精氣之為也。心為精之舍。心不定則精不藏。故定心為要也。

專著　管子學商榷　六

精也者二氣之精者也。人秉天地之氣以生，故人之精，即天地之精，息息與天地通，而心實司之，

氣。道乃生。生乃思。此申言精氣之所自生，由天地合德，陰陽交構，和順之理，其所產生也，和則生，不和則不生，故曰道乃生，既生矣，則秉受其生生之理以成其性，性者，緣於生理以宰制其心，即本其心理以順應萬事萬物，而各有條理者也，故曰生乃思，

思乃知。知乃止矣。心理既有其自然之思維，條理粲然，則觸物成知，既有知，則自知止於至善，其知之所以在人者，即人所受於天之明德，其思之所以有條理可循者，即凡生物所受於生理之自然公例，惟人心為最靈耳，是故草木之屬有生而無知，

凡心之刑。過知傷生。刑通型，過知謂求知太過而不知止其所當止也，天有止而后正，地有止而后平，人有止而后安靜，一也，

按此上為內業篇之第五章，所言定靜安止各義，與儒家大學經言略同，其言思言知，推本於生生之理，視儒家言精深過之，至言應時通變而不失其正，與物推移而不失其平，純然老學家言，而老聃著書較後，故雖謂管子為老孔二家先覺可也，

一物能化謂之神。一事能變謂之智。一物，謂物雖萬，所以應之者一，一事，謂事有萬，所以處之者一，應物者一，則化物而不為物所化，夫是之謂神，神者不可測也，處事者一，則百變而不易其所守，夫是之謂智，智者無不知也，智無方，神無體，故以一馭萬，

化不易氣。變不易智。惟執一之君子能為此乎。氣者所秉受於天地之正氣，聚則在人，散則歸諸空間，亘古不易者也，智由性生，性定則智有常度，非關後起，故不隨外象變遷，所謂不變者在我，變者在物也，

執一不失。能君萬物。物萬而應物者宜一，猶之民萬而君民者宜一，心為百骸聽命之君，猶君為一國之主也。

君子使物。不爲物使。使物猶言役物。役物者。心爲主。而物爲客。爲物役者。終日擾擾於物欲之間。而不能自拔也。

得一之理。治心在其中。治言出於口。治事加於人。然則治天下矣。心有定守。則言有定義。事有定則。故曰通其一萬事畢。雖治天下不加多焉。雖窮居亦不損也。

一言得而天下服。一事定而天下聽。公之謂也。惟一則無分別性。惟一則無人我觀。惟一則定而無定。變而無變。隨時。隨地。隨物。無有私好私惡於其間。此大公至正之誼也。正心之功其效如此。

按此爲內業篇之第六章。言神化。言智慮。應事應物。百變而不失其常。一言以要之。曰使物而不爲物使。非精明治理。而秉心大公者。不能道也。

形不正、德不來。中不靜、心不治。此言修身正心。宜內外兼至也。心不靜者形不正。形以表心。心以載德。兩相因也。

正形攝德。天仁地義。則淫然而自至。心以綰形。形以攝德。能體天地之德。以型仁遷義。則德之存於心者。充滿洋溢。行所無事而內得於已。心身之間。得大安慰矣。

神明之極。昭知萬物。中守不忒。此所謂誠則明也。心正身修。本德既明。物來順應。自無差忒。

不以物亂官。不以官亂心。是謂中得。孟子言。耳目之官不思而蔽於物。物交物則引之而已矣。心之官則思。思則得之。不思則不得也。與此義相發明。謂物欲不能淆亂其視聽之官。官體不能擾亂其事。靜之心。則中有實得矣。

神自在身。神者。心之靈氣。靈則無不明。故曰神明。神明之所託即託於身。非於身外別有所謂神也。心在即神在也。

一往一來。莫之能思。心之作用謂之思思者本其心術理以應物然物欲之往來心知之神之往來心亦不能自知之也

失之必亂。得之必治。心失其靈明之本體爲物欲所蔽則亂反是則治事之治亂實心之自治自亂而已

敬除其舍。精將自來。心猶舍也神明客也精以載神神隨精至精者最高潔之物以心爲之舍心有所蔽則物欲雜而心不潔心不潔猶舍不潔則精不藏而神亦不來故必掃除其物欲之不潔以敬迓神明

精心思之。寧念治之。精心原本作精想誤今正謂養精安神之法在精其內心以思之寧其外念以治之

嚴容畏敬。精將自定。此言外著之容貌亦須莊嚴時存一敬畏之心以防物欲之侵入則精定而神寧矣

得之而勿捨。耳目不淫。心無他圖。既得此精定神寧之法守而勿失則心不爲耳目所役而遷變矣

正心在中。萬物得度。心者萬物之準度心正而物正莫能違此公例也

按此上爲內業篇之第七章言正形攝德定精寧神之法精氣神道家謂之三寶氣失其所養則精不充精失其所藏則神不寧神明失則官體常爲物欲所蔽清潔高尚之心宮化爲濁垢塵欲之府而萬物咸失其度矣是故正心之道從正形起正形從勿以物亂官起

（未完）

墨子通釋　續癸酉第二册

蒼石山房原稿

第一卷第五篇

天志上篇 心之所之謂之志。天志謂以天之心爲心也。此承法儀言之。既以天爲儀。即當以天志爲志也。

子墨子言曰。稱子墨子言曰者。愼重揭舉其師說。以詔當世也。蓋墨子當時但以口說。而弟子記之。此爲第一章。

今天下之士君子知小而不知大。天至大。國次之。家次之。身又次之。由家國而推之天。即小以知大也。

何以知之。以其處家者知之。家視國爲小。故立論自家起。

若處家得罪於家長。猶有隣家所避逃之。然且親戚兄弟所知識共相儆戒。若汝之別詞。鄰家所。謂鄰家之所處也。所知識。謂旁人相知者。

皆曰。不可不戒矣。不可不愼矣。惡有處家而得罪於家長、而可爲也。惡通烏。本作留。反詰詞。惡有猶言未有也。

非獨處家者爲然。雖處國亦然。漸推而大之。

處國得罪於國君。猶有鄰國所避逃之。然且兄弟親戚所知識共相儆戒。國之人無異於家之人也。然較家稍進矣。

皆曰。不可不戒矣。不可不愼矣。誰亦有處國得罪於國君、而可爲也。國人議無之所異家人之所議也。以國爲國人所共知也。此有所避逃之者也。相儆戒猶若此其厚。況無所避逃之者、相儆戒豈不愈厚然後可哉。漸引而大之。

且語有之曰。焉有晏日焉而得罪。將惡避逃之。曰。無所避逃之。焉有原本作焉而誤。今正。晏日謂日晏將晚也。語、古語。謂焉有日晏得罪而可逃避他所者乎。無所逃也。

夫天不可爲林谷。幽闇無人。明必見之。然而天下之士君子之於天下也。忽然不知以相儆戒。此我所以知天下士君子知小而不知大也。人終日遊於天之中。雖林谷幽闇、亦必有人見之。然而士君子不知畏天何也。

然則天亦何欲何惡。此爲第二章。就欲惡二方。以揭明天志。欲惡者。人心之二大關鍵也。

天欲義而惡不義。提出一義字。此墨子貴義之恉所自本也。義者宜也。宜民宜人。

然則率天下之百姓以從事於義。則我乃爲天之所欲也。爲天之所欲。猶言順天之所欲而爲之。

我爲天之所欲。天亦爲我所欲。我順天之所欲而爲之。則天亦順我之所欲而報之。

然則我何欲何惡。又設問以起下文。我欲福祿而惡禍祟。福祿禍祟。常人之所欲所惡也。我亦同之。此尚同之指所自本也。若我不爲天之所欲。而爲天之所不欲。然則我率天下之百姓以從事於禍祟中也。猶言是我率天下百姓以爲不義。而背天志也。

然則何以知天之欲義而惡不義。又進設一問以推究之。曰。天下有義則生。無義則死。有義則富。無義則貧。有義則治。無義則亂。生死貧富治亂。皆就天下人人所同受者言之。非就一人言之。謂大體如是也。

然則天欲其生而惡其死。欲其富而惡其貧。欲其治而惡其亂。此我所以知天欲義而惡不義也。斷定一句。以見人之所公欲公惡。即天志之所欲所惡。天與人同一理也。

且夫義者正也。原本正作政。本段正字皆作政。今酌易以便誦讀。以解說便也。義爲萬事之權限。故謂爲正。此爲第三章無從下之正上。必從上之正下。自下正上。其勢逆。自上正下。其勢順。天道好順而惡逆也。是故庶人竭力從事。未得恣己而爲政。有士正之。士竭力從事。未得恣己而爲政。有將軍大夫正之。將軍大夫竭力從事。未得恣己而爲政。有三公諸侯正之。三公諸侯竭力聽治。未得恣己而爲政。有天子正之。天子未得恣己而爲政。有天正之。恣原本作次，今正。此言下有未正，則上之人得而正之。身家鄉國一理也。天子爲政於三公諸侯將軍大夫士庶人。天下之士君子固明知之。天之爲政於天子。天下百姓未得明知之也。此言由鄉國而進推之，以及於天。天人一也。特士庶人有知有不知耳。甚言天志之不可不共知也。

故昔三代聖王禹湯文武。欲以天之爲政於天子、明說天下之百姓。故莫不芻牛羊。豢犬彘。潔爲粢盛酒醴。以祭祀上帝鬼神。而求祈福於天。我未嘗聞天之有求祈福於天子者也。我所以知天之爲政於天子也。天子有祈求於天，而天無所祈求于天子，此以天治君之明證也。

故天子者。天下之窮貴也。天下之窮富也。故欲富且貴者。當天意。而不可不愼。愼原本作順，誤，今正。天子之大欲不過富且貴耳。然臨之者天也。

順天意者。兼相愛。交相利。必得賞。正斷一句，揭出兼愛之指，所以順天。

反天意者。別相惡。交相賊。必得罰。又反斷一句，以明不兼愛者之非，而逆天也。

然則是誰順天意而得賞者。誰反天意而得罰者。此爲第四章。又就人事之順天逆天者。進設一問。而下乃舉故事以證明之。

子墨子言曰。昔三代聖王。禹湯文武。此順天意而得賞者也。昔三代之暴王。桀紂幽厲。此反天意而得罰者也。

然則禹湯文武。其得賞何以也。又進設一問。

子墨子言曰。其事上尊天。中事鬼神。下愛人。故天意曰。此於我所愛。兼而愛之。我所利。兼而利之。愛人者此爲博焉。利人者此爲厚焉。故使貴爲天子。富有天下。業萬世子孫。傳稱其善。旁施天下。至今稱之。謂之聖王。正答一段。鬼神原本無神字。據本篇上文有神字加之。旁施。原本作方施。方旁古通。旁。溥也。

然則桀紂幽厲。其得罰何以也。又反設一問。

子墨子言曰。其事上詬天。中詬鬼神。下賊人。故天意曰。此於我所愛。別而惡之。我所利。交而賊之。惡人者此爲之溥也。賊人者此爲之厚也。故使不得終其壽。不歿其世。至今毀之。謂之暴王。反答一段。詬謂退有後言。心以爲非。而形之於口也。

然則何以知天之愛天下之百姓。（此爲第五章·又進而窮詰之·以確定兼愛之爲天志·）

以其兼而明之。（天於人無不知也·無不察也·順者得福·逆者得禍·相愛利則得福·不相愛利則得禍·至明辨也·）

何以知其兼而明之。（更進而窮詰之·）

以其兼而有之。（人不能一日避透於天之外·所衣所食·皆天之爲之·非天之所兼有而何·）

何以知其兼而有之。（又窮詰之·）

以其兼而食焉。四海之內。粒食之民。莫不犓牛羊。豢犬彘。潔爲粢盛酒醴。以祭祀於上帝鬼神。天有邑人。何用弗愛也。（粒食·謂五穀之食·天之所生也·牛羊犬彘·亦天之所生也·粢盛酒醴·人不過用天所自生自育者·反而敬祀之·亦猶邑人之進獻納賦於其君者然也·）

且吾言殺一不辜者。必有一不祥。殺不辜者誰也。則人也。予之不祥者誰也。則天也。若以天爲不愛天下之百姓。則何故以人與人相殺。而天予之不祥。此我所以知天之愛天下之百姓也。（上段言人所以報於天而天亦愛之·此段言人有所害於人·而天必以不祥加之·以此證明天志·良兼愛之精理也·）

順天意者義政也。反天意者力政也。（此爲第六章·尚義則不尚力·尚力者不知尚義·）

然義政將奈何哉。仍設問以明之。

子墨子言曰。處大國不攻小國。處大家不篡小家。强者不刼弱。貴者不傲賤。多詐者不欺愚。此必上利於天。中利於鬼神。下利於人。三利。無所不利。故舉天下之美名加之。謂之聖王。此舉尚同兼愛非攻之恉。盡情言之。以表天志之主張。爲博大而精實。且行之而易得利也。

力政者則與此異。

言非此。行反此。猶偝馳也。偝原本作倖。誤。今正。

處大國攻小國。處大家篡小家。强者刼弱。貴者傲賤。多詐欺愚。此上不利於天。中不利於鬼神。下不利於人。三不利。無所利。故舉天下之惡名加之。謂之暴王。墨子言義。必言利。不利。使人易從也。易曰。利者義之和也。

子墨子言曰。我有天志。譬若輪人之有規。匠人之有矩。此爲第七章。揭出本篇之正恉。仍隨設二喻以申明之

輪匠執其規矩。以度天下之方圓。曰中者是也。不中者非也。申言設喻之旨。中謂兩相當。無差失也。當者謂之中。不當者謂之不中。

今天下士君子之書不可勝載。言語不可盡計。上說諸侯。上說列士。其於仁義則大相遠也。天下士君子之言論著述。一人一義。百人百義。言與書愈多。義愈不明。此墨子所以約之於天志。而一切人言可廢也。何以知之。曰。我得天下之明法以度之。明法者。卽指天志言之。天志者。人類之公法。而天下之所共明。而無私蔽於其間者也。墨子之言天志者如此。

（未完）

雁影齋題跋卷一

續癸酉第二册

湘鄉李希聖亦元遺稿

全室集九卷 明釋宗泐撰

此書得自日本。無刊刻年月。蓋明初本也。乃宗泐字季潭從子永祚所編。前有徐一夔序一首。考靜志居詩話附錄。解縉曰。詩僧宗泐進所精思刻苦以為得意之作百餘篇上一覽。不竟日盡和其韻。則知泐詩精華。不過百餘首。今此本殆數倍之。以和御製詩為一卷。樂府為一卷。餘則五七言古今體也。分體不編年。其詩亦頗有風骨。見於集中者。如宋景濂張來儀輩。皆負一代文名。聲氣所通。淵源有自。宜其詩之無蔬筍氣也。視杼山白蓮禪月則不及。然與鐔津文集明支那本抗行天壤間。固無愧色也。釋麟洲極推服之。以為一字一寸珠。一言一尺玉。錢牧齋列朝詩傳。謂虞文靖黃文獻張潞公皆推重之。非偶然也。

春秋屬辭十五卷 元本

每版十三行。行廿四字。前有游自序。末題金居敬覆校。倪尚義校對。朱升校正。蓋善本也。惜糜爛漫漶。若以通志堂本趙吉士本一一對勘。則成善本矣。

春秋左氏傳補注十卷 元本

每版十二行、行二十四字、印本視前較清朗。趙氏於春秋主左氏。又參用公穀。可謂全無家法。宋以來經學大抵如此。左氏本不傳春秋。漢人具有定論。趙氏欲通春秋而求諸左氏。可謂適楚而北其轅矣。

春秋師說三卷 元本

每版十三行。行多少不定。卷首有烏程蔣維基記印。朱文 咸豐庚申以後收藏印。朱文 此爲趙氏述其師黃澤之說。卷首題至正戊子八月幾望。門人新安趙汸敬題卷端。蓋其時所刻也。末附黃楚望行狀一篇。卽其所撰。楚望本深於易。兼通術數。劉文成傳其學。楊升菴丹鉛錄。載其從曾義山子得異書胡蘆石洞中。恐不可信 按近世所傳燒餅歌。皆以爲出自文成。恐亦如陶弘景之胡笳曲。劉藏春之西江月。同出於後人依託也。王文祿名世學山。載劉誠意少讀書寺中。一異人出神。爲僧所焚。其人神返。卽附基身。聰明增前數倍。及以金瓜夜叩宮門救明太祖之厄。則王弇州史乘考誤已辨之矣。陳建皇明通紀云。上一日與友諒鏖戰。劉基在御舟。忽躍起大呼。上亦驚起回顧。但見基雙手揮之。連聲呼曰。難星過。可更舟。上悟。如其言更之。坐未半餉。舊舟已爲敵砲擊碎矣。則更爲野人之談。不足一噱也

說文繫傳

惠定宇批閱本。細核之。非惠氏手跡。乃傳鈔之本也。惠氏讀說文記有刻本。（借月山房本指海本半畝園本）此本考訂精核者皆見於記。惟此本旁用硃圈及三角圈標出。以備考訂。解口部孩字。引尙書微子呼紂爲孩子。（僞古文作刻字）小徐易下曰祕書謂下爲月字。目月爲易。本用許君賊下祕書瞋從賊之例。不知所指何書。惠氏必以參同契當之。解龍字爲後世肉飛仙。如此之類。則不免於好奇炫博矣。解克字爲仁以爲己任可也。必詆王肅劉炫以克爲勝。以己爲私。爲背於理。此不過陰攻朱子。又不出其名。未免門戶之見。解假爲至。謂眞假之說始於王莽劉歆說書以古文嘉禾假王蒞政爲假僞字。遂有假皇帝之名。至詆許氏非眞之說本於劉氏。則豈所謂蟲生於木。還食其木者歟。

蒲菴集六卷 明釋來復撰

書無刊刻年月。蓋明初本也。來復字見心。豐城人。主四明之定水寺。詩分體。不編年。乃其門人曇鋥法住所編。前有歐陽玄宋濂二序。其詩頗有風格。在明初與宗泐齊名。而詩則過之。朱彝尊靜志居詩話。詆其癡肥。謂不及全室之戍削。非篤論也。所與往還。多王公貴人。黃諳卿、顧玉山、危太僕、丁鶴年、又皆一時風雅之士。早年嘗親炙虞伯生歐陽元功。故學有淵源。在僧寺中。自宋以後。殆無其匹。錢牧齋列朝詩傳云。蒲菴詩文。洪武十二年。其徒曇鍔釐爲十卷。而元季之作。見賞於道園諸公者。此集皆不載。則錢氏所見已非其全。今此本有詩無文。千頃堂書目明史藝文志。皆著於錄。而四庫不收。陸心源所藏。亦係鈔本。蓋難得之祕笈也。集中讀鐔津集詩云。韓歐外侮見長城。以入主出奴之見。謂韓歐之闢佛爲外侮。契嵩之護法爲長城。可爲一笑。御選明詩姓名爵里及明詩綜。來復所著尙有澹游集。鐵琴銅劍樓書目有澹游集。係舊鈔本。集中皆當時名卿大夫。往來投贈詩篇。並寺中碑銘序記。其詩則顧俠君元詩選所不錄。殆未見其書也。(未完)

陰符經解義

續癸酉第二册　湘潭尹乾秀遺稿

中篇

故曰。食其時百骸里。動其機萬化安。

故曰者。舊說如此也。時至幾萌。得幾而動。時及其時也。幾相其幾也。人服太和真炁。理五運。透百骸。內應神幾。外司造化。內外通會。至大至純之道。所謂中理五炁。混合百神。旡中生有。萬化齊生。候生而動。成之幾也。得成而定。安之幾也。生則自成。成則自安。壽同天地也。

孔子曰。精義入神。以致用也。利用安身。以崇德也。

人知其神之神。而不知不神之所以神。

神于心。應于用。神之神也。誠于中。明于虛。不神之神也。人所知者。實其神而神之于心。所不知者。虛其神、而神明焉。實者質。識性著。虛者明。真性見。實而虛之。虛而實之。互易虛實。先後之理。至神之道。聖而不可知之謂神也。丹書云貴在湛然方寸無所營營神仙之道乃可長生孔子曰。窮神知化。德之盛也。

日月有數。大小有定。聖功生焉。神明出焉。

日至昜之精。月至侌之精。月受日光而生明。隨地所見。其光皆有虧盈。此遠近遲速。運數相推而成。周天大小。朔望二弦之定理也。知日月之往來。察陰陽之消長。中有至道之然。明自西南。易曰。西南得朋。迺與類行。知而濟之聖也。濟而行之神而明也。

孔子曰。成性存存。道義之門。

其盜機也。天下莫能見。莫能知。君子得之固窮。小人得之輕命。

盜道也。道盜也。盜之爲者機也。知盜者其知幾乎。幾麗於密。故天下不可見。不可知。君子之盜昜也。气也。以虛而受之。小人之盜侌也。質也。以實而致之。君子義于幾。得以仁行。盡性抒神。固窮全命。小人利于幾。得以妄行。恣情縱慾。輕命隕身。

孔子曰。天下之故。非天下之至神。其孰能與于此。

下篇

聾者善視。瞽者善聽。絕利一源。用師十倍。三返晝夜。用師萬倍。

聾者窒於耳。气歸於精。故善視。瞽者闇於目。精專於气。故善聽。瀉於聲色。杜絕耗源。凝一以持之。利於行師則十倍矣。收視返聽。味於中。晝夜三返。恆於一。利於行師則萬倍矣。耳毋他聽。內觀我靈明虛旡之境。目毋他視。內聽我天籟虛旡之聲。口毋他出。內服我太和真炁。精化气。气化神。虛神合道。瀉三全一。體用大備。一本於旡。玄之又玄。

孔子曰。神以知來。知以藏往。其孰能與於此哉。

心生於物。死於物。幾在目。

道心因物生。人心因物死。生之由。神明於物。死之由。神象於物。幾之動。徵於目。其道幾者。遠則大包天地。近則細入眉睫。是云神幾內動。目睫鉛輝。正心誠意。以守候。有諸內。必形諸外。目之所至。神斯至焉。故聖人近取諸身。遠取諸物、以明道。

孔子曰。仁者見之謂之仁。知者見之謂之知。百姓日用而不知。

天之旡恩而大恩生。迅雷烈風。莫不蠢然。至樂性餘。至靜性廉。天之至私。用之至公。

專著　陰符經解義　四

天道自然。萬物得自然之气而生。逆之者亡。順之者昌。此无恩而生大恩也。逆極而成迅雷。塞極而生烈風。蠢然而至。气之所撼而動也。至人之樂亡嗜慾。性清自餘。神气內交。常樂天真也。至人之竫亡思慮。性明自廉。正心誠意。抱一无爲也。專气至柔能嬰兒。恬神大定无腦熱。至竫至樂。已是清涼極樂世界。天无爲而自然。私之至矣。濟而用之。萬物得而生焉。公之至矣。

孔子曰。與天地相似。故不違。知周乎萬物、而道濟天下。故不過。

禽之制在气。

禽南方之神、火也。知於气。故輔以翼。神生於气。气化於形。道包天地。化生萬物。莫非其气也。竫極生動。陰中之陽。來自虛无。气以制之。法以行之。鵬鳥圖南之幾也。

孔子曰。制而用之謂之濟。利用出入。民咸用之、謂之神。（未完）

文苑

船山遺書精義

續春秋左氏傳博議

子西子產追盜

才揜性乎才而揜性必其性之不至者也猶夫臣而揜君必其君之不綱者也性君也才臣也君臣一體統於治國性才一致統於治身臣受君之命才稟性之能一而不貳統而不分故人無性外之才則未有自有之而自揜者也

編者節錄

文苑

文錄

船山先師誕祭文

安化陶思曾叔惠

伏以靖節高風。詩集。佚義熙之紀。所南孤憤。鐵函。閟心史之光。惟抗志而不渝。斯歷世而彌邵。況乃山林遁跡。精思紹數千載之傳。著作等身。表襮在二百年之後。疇不高山景仰。北斗瞻依。維我　船山先師。學究天人。靈鍾湘嶽。値滄海橫流之會。挽狂瀾既倒之餘。繼往開來。既任重而道遠。守先待後。使懦立而頑廉。是以曾湘鄉刊布遺書。郭玉池闡揚緒論。幽光聿耀。潛德丕彰。某等撫讀宏編。緬懷高躅。今天下荒經蔑古。感慨同深。鄉先生行表。言坊。典型儼在。欲爲修禊之汲。爰有盍簪之來。此廿載前、船山學社之所由起也。世局雲翻。年華川逝。茲値季秋朔日。適爲誕降嘉辰。謹獻香華。肅申鞠躬。寒泉薦菊。溯往日之孤芳。潰水盛蘋。志素行之高潔。於戲。經師人師道統集一身而不墜。壽民壽世。遺文亘萬代而常新。所冀餕饗馨香。翩大荒而來格。

昌明正學。惟靈爽其式憑。謹祝。

船山先生誕祭感言

長沙謝鴻熙同甫

吾湘學派。肇自鬻熊。著道家言二十二篇。爲文王師。其年輩與太公望殆相伯仲。實遠在老聃之前。周之末年。楚國不競。屈原放逐。乃著離騷橘頌。蘭芬冠絕百代矣。有宋濂溪周子。倡明道學。太極通書。貫澈天人。爲程朱諸大儒所宗仰。數百年來道統相承。綿延不絕。我衡陽王船山先生。遁迹荒山。抗節不仕。以生當明清鼎革之交。故獨嚴人禽夷夏之防。著書等身。爲六經別開生面。精誠不死。纘述長存。可謂鄒魯之津梁。斯民之先覺矣。先生歿後二百年。乃有長沙府學教授新化鄧湘皋先生顯鶴。於道光十八年。首刊船山遺書十八種。都五十二卷。極稱先生講學。以漢儒爲門戶。宋五子爲堂奧。而學道淵源。尤在正蒙一書。故推本張子之學。上承孔孟之志。下救來玆之失。又謂先生刻苦過二曲。貞晦過夏峯。多聞博學。志節皎然。不媿顧崐山黃餘姚兩先生。而先生之遺書。乃得與顧黃並垂於不朽。此船山遺書刊布之始也。湘鄉曾文正公國藩。既定金陵。以鄧刊遺書燬於兵燹。乃續刊於金陵官書局。其所爲序文。謂先生注正蒙數萬言。注禮記數十萬言。幽以究民物之同原。顯以綱維萬世。弭世亂於未形。其於古昔明體達用。盈科後進之旨。往往近之。又謂先生荒山敝榻。終歲孳孳。以求所謂育物之仁。經邦之禮。窮極探論。千變而不離其宗。曠百世不見知、而無所於悔。可謂博文約禮。命世獨立之君子。學者三復斯言。其於讀先生之書。則思過半矣。湘陰郭筠仙侍郎嵩燾。曾文正公之畏友也。歸里後主講城南書院。兼闢思賢講舍於曾公祠畔。且爲船山先生建祠。又於同治庚午。言之中丞劉公。爲建祠南軒祠之旁。其所爲船山王先生祠碑記。謂先生心契橫渠張子之書。治易與禮。發明先聖微旨。多諸儒所不逮。於四子書。研析尤精。致嚴於陸王學術之辨。其所得於先聖之精一。皆其踐履體驗之餘。自然而愜於人心。至其辨覈名物。研求訓詁。於國朝諸儒所謂樸學。皆有以導其源。而亟推先生之學。非元明以後諸儒所能及。其言精粹。有以知先生之真。亦爲吾湘崇祀先生之始。則尤湘人所不可不知者也。民國初元。瀏陽劉蔚廬先生人熙。感於思賢講舍之中斷。以爲船山先生之學脈。僅存、此、一、講、學、機關。乃遍商於湘人士、及省外名宿。創建、斯社。風雨雞鳴。歷十餘載。旋因。

事停頓宗風蕩然自民國二十一年學社恢復以來舉行先師誕祭刊行學報公開講演苦心孤詣未知視鄧曾郭諸先生如何然其欲心船山之心學船山之學則固無可疑者方今國粹湮滅民性淪亡名為士人實不修學既不知有物之仁更不知經邦之禮本無刻苦貞晦之志趣兼乏研究辨覈之精神以致政治無本廉恥道衰國家有覆巢之憂同室有操戈之門民族之亡不絕如縷君子觀於流寇之亂遂東之禍東林復社之往事剿餉練餉之紛紜未嘗不歎今日國勢與當日先生所處幾無少異凜歷史之反覆懼神州之陸沈以匹夫憂天步之艱知學說為人極所係先生之靈實式憑之矣竊謂船山先生學說既為現代所奉民族主義之先河自遺書之刊行專祠之建設以至於學社之成立其間經過詳情未易悉數所可述者則學社創設與整理之由來所以崇先賢而重文化所謂國家存亡本在政教風俗良善責在師儒者當此文化盛衰一髮千鈞之際非獨為社員之責且實於世道有關欲謀民族之永存不忍師說之中墜茲當誕祭隆重舉行之日即為羣彥發皇學派之時世變方殷能不深衛道救國之感邪此則今日獻詞之微意而亦邦人士之所不

吝贊助者也。

蕭君初蘇墓志銘

湘潭趙啓霖芷生

先生諱德恩。字初蘇。湘鄉人。先世以仁厚著聞。父赤芳翁。隱於農。著醒世篇。先生自幼、貧而好學。隴圃間、誦習不輟。未冠、授徒養親。三十後。卽絕意進取。爲鄉里大師。敎人。務敦行檢。不徒在文詞科目。里中多厚致脯資相迎。先生視子弟賢否。爲趣舍。恆辭多就寡。學不進者。郤館金。激之歸。與配譚恭人並日而食。泊如也。子鴻鈞、仲祁。幼隨侍。課之尤嚴。雞鳴。卽令背誦諸經。每放學。擕歸。月下行數十里。中途語以往哲言行。或命學吟咏。不稍曠焉。久之。鴻鈞、仲祁、先後以諸生得鄉擧。猶時時督勉之。與學議起。海內風靡。先生見士大夫。騖於異說。深懼國學湮墜。時鴻鈞仲祁就學日本。數馳書戒論。雖觸時忌。不恤。邑人欲藉學校苛歛。先時於明倫堂謂諸人曰。曩者。諸鄉先正爲院長。歲脩視今十一耳。而所造就人才甚多。今諸君斷斷於私利。成效。姑不論。自審潔己勤事。視先輩何如。恐虛耗民膏。誤人子弟。以誤國也。因痛哭。聲徹廊廡。衆懼然。議遂寢。縣令陳正鈞。禮延先生巡鄉間。勸學訓農。所至。持正義。啓牖諄諄。不倦然始終未嘗一至縣署。其狷介如此。會遼帥奏調鴻鈞兄弟歸國佐理。鴻鈞尋擢寬甸懷德縣事。仲祁任司法職務有年。補懷仁縣。先生常手錄昔賢官規戒之。鼎革後、鴻鈞委靖縣知事。謝不赴。日夕侍養。仲祁以鄉人敦迫。屢踐要職。旋亦棄去。先生率之遨遊山水。或挈諸孫登覽嘯詠為樂。所居近謝侍御振定先塋。輒徘徊瞻謁。舉燒車事與子孫言之亹亹。自諸子歲有祿入。先生仍樸儉如舊。性純篤。歲暮常貯錢為無數小貫。窮苦無告者。量與之。有棄妻者。先生勸譬。繼之以泣。遂為夫婦如初。或遺金市肆。先生兼程追及還之。某生夜經於門外。先生聞犬吠。起視救之。得甦。引與同臥。具資慰遣。其人卒感奮自立。先世墳墓歲久茫昧。先生輒訪明確者。逾百冢。展拜為例。其他裨益鄉族事甚多。晚年尤節嗇衣食以赴義舉。里人稱為五補先生。謂巾履衣襪扇無不補者。著有來爽軒稿晚香室集。以丙辰七月十九日卒。生於道光十八年三月六日。年八十。疾革時、命籍親友所貸區別備用。艱於償者、悉焚其券。葬本鄉思古塘。祔先塋。子五人。鴻澤鴻鈞鴻基仲祁鴻運。孫十四人。曾孫十餘人。先生嘗自署楹帖云。粗茶淡飯小菜酒。茅屋殘書大布衣。又課孫縛稻句云。稻草不縛束。

稻草難起身汝曹不縛束汝即未成人誦之可想見其風操而鴻鈞兄弟篤守庭訓風采凝然又以知遺澤所漸者遠也蔽霖曾因劾權奸罷官先生謬歎許之世變益甚邪說蔓衍先生向所私憂逆料者不幸一一徵驗睠懷老成有無窮之思乃爲銘曰道在天下無舊新舉世狂瞀失所遵三綱六紀不可淪有儒伏處漣之濱褒衣大帶如先民獨行傳中求其人

本社同人公祭和介先生文（先生諱鳳岐字芳久姓黃氏安化人）

顏昌嶢息盦

嗟若先生命世英傑拄腹甲兵藏胸冰雪劍敵萬人筆瀉千言六經章句背誦瀾翻文可經邦武能戡亂肝膽照人不立崖岸名滿天下道肩一身銅筋鐵骨忼爽輪囷羣公爭羅東西南北歷艱遺鉅煖不及席利居衆後責惟己私愛民如子所去見思游宦半生囊無一錢贏得浮名無補空傳嗟若先生匪無知人人皆豪侈己獨居貧兒孫滿前食不宿飽自甘顑頷寧能佻巧道在日損德必有隣千仞倦翮返我天民耄期好學仍富風雅覺民斯道來居講社世岌道窮仁智之憂欲迴天地一遏狂流欸時良相思鄭子產養生惜物彝言在蘅方資鴻碩大倡宗風如何一旦飄忽鴻濛

在昔先生自號蠡良豈從赤松抑泛舟航渭溪垂釣有志鷹揚年期三百乃返大荒如何斯言曾不踐償嗟若先生實命否臧社失宗工國喪耆舊不盡哀思一尊聊壽考行易名古傳佳話敬謚先生曰和與介德成名立古義斯存毅魄有知鑒此公論

黃母王太君墓表

安化黃鳳岐芳久遺稿

鳳岐避難權隱湘南離先人邱墓將一載矣松腴君偕吾兒輩來游藉知故鄉事頃從干戈風雨中出其祖母王太君行略乞鳳岐志墓其不匱之思乎太君者玉章公繼配建廷叔生母也逮事夫父輝遠公夫母王太孺人以勤愼得舅姑意而爲人所難能者有三端姑老而病崩卞急而好潔太君浣滌烘燎無所不順如是者三年其難一夫君病偏枯體肥而健啖衣食溲圊太君完全事之使病者忘其半身年已六十不允子婦代勞臥不解帶者七年其難二生惟一子而前室之子女視如己出鞠長哺幼析產之肥者分之分之而或反逼之則惟一死以自白迨死而得子救則逼者悔矣而太君愛之如初其難三此三者求之郅治之世君子以爲難況民彝泯亂之日乎聞太君之行可以反本矣其他敬禮賓師周濟窮乏皆人所可能不必爲太

君。巽。太君本都馬路橋王公有容處士女。平勳廣文之姪女孫。生於道光戊戌十二月二十七日午時。沒於光緒丙午七月二十七日子時。享年六十有八。葬赤巖塘蓮花形。上首尙里屋冲建廷叔私置產。山形家竭爲驪龍吐珠。銘曰。覲卓之行。得一可傳。巾。幗。而。一身兼焉。天固厚也。地亦靈。然。利其後。而。更光其先。

清郵傳部左參議胡君家傳

長沙陳繼訓杏驄

君諱祖蔭。字定臣。益陽胡氏。誕之前夕。大母陶太夫人。夢文忠公手嬰兒莀授之曰。此大器。善視之。故又號曰晛孫。晚顏其齋曰精勤。因以自號。明厥志也。高祖諱顯韶、邑庠生。曾祖諱達源。以一甲三名進士授翰林院編修。仕至詹事府少詹事。祖卽文忠。諱林翼、翰林院編修。終湖北巡撫。父諱之鏞。以從子後文忠。賜舉人。襲封如例。有子二人。君其長也。咸同之際。湘軍戡定洪楊囘捻。勳業甲天下。曾左胡彭。其尤著者。然籌兵轉餉。調協將率。文忠鴻識孤詣。出諸公上。故湖以南推論中興功首。皆歸譽文忠。君承貽烈。具夙根。軀頎魁梧。自幼謹愨異常童。好讀書。觸目不忘五經四子書。尨隆起胸肌閭。鉤沉抉微。輒有奇悟。情過余劇譚。十事而合者八九。余間舉一二古註或古本以交勘互證。則益踔厲奮發。語滔滔不可遏。往往移晷。君常謂不朽之業三。要以德爲上。德不立。則功爲無本之功。言爲無本之言。故終其身不觀非聖之書。不行非聖之行。善事親。屬怒。則長跪獻杖。杖已。肅然起敬如初。自奉儉嗇。而遇人急難。則斥千金不稍顧藉。與人處。謙抑通俛。無急言遽色。然介特內函。鮮有知者。繇邑庠生候選郞中、承襲男爵。赴引。以五品京堂用。授通政使司參議。庚子拳亂。八國聯軍肆入畿輔。鑾輿西狩。海寓震駴。上廉君能。以爲湖南團練大臣。年裁二十七耳。任事勇。有祖風。卒以尼之者衆。所行輒阻。然捍國護鄉之志。未少殺也。尤以益陽令某。擬創行佃稅。君寓書大府。立寢其議。邑之人稱之至今。其能見其大多類此。丁外艱。禮居數載。會張文襄柄政。敦促出山。乃起復爲散秩大臣。授郵傳部右參議。尋署左參議。當是時。國家鑒於外患。勵行新政。郵電路航。尤爲汲汲。郵傳設部。蓋自此始。君爲人簡重。綜覈部政。多所擘畫。公卿交譽。駸駸大用矣。其時吾鄉官京師者。號稱極盛。瞿文愼既以協揆贊襄密勿。吾師張文達。復宏獎醞藉。爲羣流所歸。而宣武城南。實爲鄉人坌集之所。君所與尤善者。如湘陰左孝同、吳國鏞。湘潭趙啓霖、湘鄉曾廣鎔陳毅、長沙黃昌年杜本崇鄭沅鄭家溎。平江蘇輿安化陶企曾、數輩。或以德。或以藝。或以政事要皆有不可一世之概。繼訓備員農部。亦謬羼於諸君子之列。歲時伏臘。烹雞炰羔。文讌酬酢。邕容談噱。相與上下、其議論頗極、一時之樂。曾幾何時。朝市遷革。烽燹慘黷。諸君子泰半殂謝。其存者。或跧伏山林。或竄遁四方。蹤跡不得合併。而君外攖世變。內奉母諱。益悽傷蕉萃。侘傺無憀。圓冠布袍。蹀躞傭保間。於時政得失。漫不訾省。其跡至詭。其心至可憫也。辛未四月某日、卒於燕京寓邸。春秋五十有八。配陳氏繼配袁氏、均先君卒、繼配張氏子四人、女子子一人、孫三人、

論曰夫人至顛沛逋播之際。甚且父不能顧其子。兄不能顧其弟。非果恝置。勢驅之、也。庚午之役。長沙淪陷。其勢岌岌。湘人避難者相隨屬。君亦挈其妻子。卒卒北上道漢皋。艤舟江干。迹得余於客邸傾談竟日。彳亍不忍即去。若豫知此後不得復見者然。卒之前月。猶數以書抵余。諄諄以避地燕京爲言。何其摯也。長沙鄭某。君亡友之子也。家故貧。援植之。底於成。聞君赴。哭絕慟。其感人深矣。余讀杜工部翻雲覆雨之什。竊歎交道淪斁。繇來已久。顧君獨眷眷故舊如此。况昆弟親戚哉。况父母哉。於戲。

可以風矣。

讀車氏一家集弁言

石廣權一參

自余爲兒時。甫習聲律。卽讀邑先輩車太史啓蒙一書。晴空晚照去燕來鴻上口琅琅。觸目無非詩者。弱冠遊邑城。於愛蓮義塾、雙清亭、東山古刹。往往見車氏壁窠橫額。蓄鶴田都諫、暨直田教授、手書。穆然想見蘭亭瘦本聖教遺序之風範焉。負笈麓山。然後知都諫曾長是間。自卑亭題碣朗存。摩挲自喜。以爲吾邵先正典型。尚有存者。然自平岳督學天竹山房外。未悉知車氏一門文翰之盛也。偶檢縣志。藉稔高霞堂、以詩名一時。遠溯秋田。俯抗竟陵。廖氏楚風補、陶氏楚詩的、歷稱引之。今讀其我思古人及來日大難短歌行、諸詩。龍川鳳岀。寄與遠遊。義不帝秦。彪然大節。把誦迴環。未常不慼歎其身世焉。嘗怪清初以鶴田平岳父子科第之盛。其旁支明經孝秀。蓋以十數。而劬菴理中以隱逸鳴。各行其志。何度量相去之遠耶。理中有雙清亭次彭禹峯先生而遞詩。彭爲有故國感者。其詩今鐫壁間。讀者流連。而理中詩識者較稀。先輩嘗口傳金黃門堡贈理中句。有由他新貴鱗鱗甚名世文章總壯觀之語。蓋理中之隱。自隱也。非不能爲新貴者。精神刼火。事業名山。霜磬煙鐘。家珍自賞。蓋有不可言之隱焉。黃門當清明鼎革之交。常寄跡邵東。與衡陽王而農邵陽羅養浩至契。劬菴理中父子時相過從。其贈詩當在斯時。又陳公祿贈詩。有云、重歷滄桑祇故常。可以論其世而知其人矣。子補旃貢士。築木石居。能世其家。理學宗傳。使同時學者。興春山雨過野水雲橫之感。縣志載其與衡陽王敔虎止游。虎止者船山先生夫之次子。於此知車氏一家風教。固有自來。而雙亭昆季所爲殉義如歸。非徒爲淅獄峯率而然。抑其志也。所惜晚村詩集。板燬猶存。而雙亭雙桐覆巢之卵。完壘無多。則又不幸中之尤不幸也。攷船山遺蹟。多在蒸陽。與邵人士結納爲多。車王之交。當不自虎止始矣。抑余有感於邵邑詩人。自唐代胡氏詠史詩外。作者寥寥。山川鬱勃。城郭崢嶸。六嶺亭前。雙流如鏡。騷人逸士。題詠宜多。而宋元迄明。落落寡聞。良不知隨風雲以湮沒者何限。即如車氏一家作者。自參政囊螢閣始。代有詞華。而塵封二百餘年。至鄧湘臯學博乃有五車之集。顧各不十數首。迄今風雅式微。文武道墜之秋。車子瑞階始慨念前徽。哀以成集。而董其事者爲同邑劉子粹叔。余於是爲瑞階喜。

而益爲粹叔望也。雨石齊詩云。搬柴運米尋常事。珍重家珍好自培。瑞階之責也。繄五峯檀江雲蒸霞蔚山明水媚之間。代產英賢。當更有抗鍾譚而起者。粹叔宜益有以自勵焉。是集也成。瀠江文獻。弈葉有徵。非但車氏一家之慶也。然乳莽之贈王稚潛有言。何以報君德。弈世中心寫。以今較古。所存益多。黃雪園不得專美於前矣。凡粹叔所編。合一十有三集。皆可誦。不悉論。論其大者。既卒讀。屬弁其端。爰書此以復之。時民國癸酉冬月、邑人石廣權一參序於星垣船山學社、

車氏一家集序　　　顏昌嶢息盦

士之懷才負異。鬱結不得伸于時者。往往託于詩歌文詞以自寄。其意非有冀于人之知。有所徼幸于後世不可知之名。而人之知之也。或異地而相思。或千載而仰慕。此其氣類之感。若有物焉爲之相引而相汲。是古今文字之靈所由相續於不敝。而乾坤正氣所以不毀于狂流奔放之會也。今天下岌岌然矣。國步顚蹶。九法淪夷。民生蹙疾。未知所措。劉君粹叔。獨亟亟以纂輯先正文詞爲務。昔官元江。刊行馬悔齋文集。罷官歸來。成蔡崧坡集。今復有邵陽車氏一家集之刊。車氏當明淸鼎革之會。

門才之盛。幾與眉山蘇氏相埒。而後嗣繼美過之。鶴田都給之忠直。子仁參政之吏治。雙亭昆季之以文字賈禍。獄中著書不輟。及夫隱居逸民之高尙其志。此皆天地剛正之氣。吾華民族精神之所寄也。粹叔搜遺拾墜。顯幽闡微。如恐不及。片語單詞得之。驚喜珍若球圖。輯錄者三十有五家。爲書四十餘卷。嗚呼勤已。此雖車氏一家之學。得粹叔闡揚而光大之。而名以益彰。粹叔以表章先代文獻爲功。不得先賢之遺文。而心不樂。今觀此書之成。裒然大觀。樂何如也。吾聞粹叔將繼此而有邵雅湘雅之輯。意佳哉。揚楚國屈宋之流風。張左史倚相之盛業。吾尤翹首企足以望粹叔之成功也。爰書此以爲之劵。癸酉冬十一月湘鄉顏昌嶢

鈍盦脞錄跋

醴陵劉謙約真

鈍盦脞錄三卷。爲鈍盦逝世數月前作。先是吳稱三師著續沅湘耆舊集數十卷。未鋟而卒。君取賓饒衍。燬於民國六年長沙日報館之火。居恆引爲深憾。洎主湖南省立中山圖書館。編訂館書目錄。迺慨然以恢宏師旨網羅湖湘文獻自任。會丁父憂。兼病久欬。謝辭省垣各校國文課。深居簡出。因得瀏覽近人詩詞小集。從事評選。揭

登國民日報副張。日數百字。蓋皆臨時屬稿畀手民者。輒以明日剪報粘存。自春徂夏。裒然成帙。嘗持以示余。謂所錄已踰百家。雲起軒詩鈔及懺慧詞瓠菴詩存外。皆已故湘賢使鍥而弗舍。不難舉吾湘六十年來之詩人。盡入吾錄中。子其助我蒐求乎。乃不數日而長沙難作。倉皇出走。賫志以沒。吁可嘅已。自世變日亟。大雅不作。久矣。近代詞人著作。其名不甚顯著者。類皆束之高閣。取讀者殆絕。歲不一覩。得君銳意抉揚。燦然露鱗爪。一時學子瞻向。始稍稍移易焉。夫攬幽芳於湘上。示當世以好修。其事蓋倍蓰於疇昔。而君孤絃獨奏。立論精當。往往突過前人。卽茲箋箋。具徵苦詣。且當時據以入錄者。多爲海內孤本及未刊之稿。自中山圖書館被焚。舉付劫灰。片羽吉光。滋可寶貴。後有作者。固將以此爲嚆矢也。茲檢報得一百二十五則。爲校訂付梓。分爲三卷。其編次一仍其舊云。中華民國二十年十月旡詩居士劉謙跋

木崖軒詩集序

長沙謝鴻熙人治

周子仲元。早歲受知湘綺。嘗爲聖童。而世之毁木崖者。動相嘲以狂生。至論其詩。則無恩怨。無識與不識。殆無持異議者。嗚呼。木崖果僅以詩人名哉。民國初元。予始識

木崖顧人言其狂。因不敢近。越數歲。交乃日親。五六年來。見則抵掌縱談。契合無間。自米鹽粟布。家人委巷人物。月旦藝苑雌黃。經邦論道之常。教宗元會之際。旁及中原羣雄之情態。海國萬變之政聞。與夫時局滄桑。身世萍飄之感。玄談幻想。不自知有窮通爾我也。余詩不及木崖。乃許爲文家爭友。苟有所見。攻錯不稍假藉。一字未安。或相駁詰詬誶。及妥貼。則鼓舞若奏凱歌。每有佳句。余亦譽不容口。並道其心腹中語。故木崖亦深韙余。以爲生平詩中知己。自湘綺鹿門兩先生外。同輩中莫余若。余心雖滋愧。然亦深感其至性敦摯。歡若弟昆。人謂木崖爲今之狂。吾不信也。木崖之詩。自八代唐宋以至有清。無所不窺。而守之以約。摛藻搆思。少似李白。見於湘綺贈語。兼法飛卿義山梅村新城。後乃深契靖節。近歲益寢饋王孟高岑。心擬力追。惟妙惟肖。讀其詩。明豔如秋水芙蓉。誕幻如鯨呿鼇戴。而其清遠駘蕩。孤秀迥拔。凡煙雲花鳥高山深谷之奇觀。莫不畢呈。而要以存真我爲歸。知所造者深矣。木崖所爲詩。如十五歲以前作。及月夜放歌。憶陳阜蓀諸章。久爲王皮諸公激賞。且爲世豔稱。余不多述。其一生絕作。爲長沙李孝子歌。略規橅古樂府。而出以青蓮恢詭之筆。自稚威烈女李三行外稱別調矣木崖自詡有神助人少知者强之讀則謂不能終篇終篇矣亦苦其奇僻難盡解余獨謂足以弁冕其詩木崖狂喜謂賞鑒不謬所謂詩中知己是耶非耶木崖少寒儉無力購書然讀破萬卷湖南則自郭氏養知書屋陶氏印心石屋及皮鹿門龍芝生兩先生所庋藏無不縱覽之贛又得觀夏獻雲方伯家藏書暇則瀏覽書肆手展而心維躬所鈔撮動盈篋笥故能以博雅稱於學初師漢儒重考據繼治時務慕定菴默深曾文正後則服膺程朱閉門思寡過蓋懺除綺語後事也作文師昌黎半山所著書有五洲志萬國險要表名山類考方輿險要詩及天籟閣詩文集若干卷世多傳鈔卒不自喜未成者有天則真詮貴耳錄諸書其學殖深厚固有餘於詩者而世以詩人目木崖失木崖已木崖少以伊尹自任前輩多許爲天才偉器性疏狂不拘小節登山臨水詩酒行樂旁若無人醉後狂歌於市有荆卿酒徒風光緒丙申南昌教案作江令召棠戕焉陳尸三日木崖着棉鞋行大雨中召市民爲收斂嗚冤旣睹大府畏事媚外人痛欲死乃葬歷年所著日記三十餘本及所著述於夏氏園焚香率生徒稽首悲憤菀結患噎成疾久乃得愈古游俠

崎。士。何。以。加。茲。粵漢鉄道風潮作。全國震動。則與。湘。中。志。士。粟。戡。時。等。痛。哭。抗。爭。感。動。行。路。卒。得。收。回。自。辦。清末變革。健兒志士。雲起風興。本崖。交。游。其。間。爲出。奇。計。黨獄。幾。作。中。華。建。國。終。不。言。功。祿亦。不。及。古。之。介。推。也。開國功人。多粗獷負氣。一語不合。輒拔刀相向。木崖。龍。潛。蠖。屈。竟得。苟全。維持鄉邦。拯救貧乏。厥功。甚。偉。人亦。重之。至。今。江。湖。豪。俠。殆。無。不。知。有。周。昌。岐。者。閱。世。既。深。憤。末。俗。多。詐。僞。用。世。者。非。其。人。乃遁。而。講。道。更。名。周。逸。嘗應粵東陳煥章博士請。佐湘綺先生設孔教支部於長沙。任重。力。棉。幾。成。復。墜。嗣至京師。爲湘綺老人佐史館事。得益交海內賢士大夫。與宋芸子諸人。莫。逆。唱。和。有。豪。傑。失。志。身。世。不。平。之。感。復。辟。不。成。遺。老。叢。謗。湘。綺。與。焉。有。力。者。欲。仇。之。後。乃。僅。執。芸。子。木。崖。慷。慨。賦。詩。爲。湘。綺。辯。誣。且。促。之。歸。其。知。幾。善。諫。捍。衞。師。門。如。此。民國成立甫十霜。而兵禍迭擾。七年南北和議開。木崖。舍。其。著。書。之。業。挺身。走。滬。上。被。舉。爲。全。國。和。平。聯。合。會。評。議。年。餘。主。席。凡。二。十。餘。次。多。救。國。拯。湘。偉。畫。言。滿。報。章。海。內。譽。爲。時。彥。知。木。崖。之。果。不。愧。爲。孔。門。之。狂。且。有。志。希。聖。也。向。之。以。今。狂。目。木。崖。者。至。是。亦。爽。然。自。失。焉。木、崖、所、爲、詩、集。初、名、天、籟、閣。既、欲、遁、世。乃、更、名、木、崖、軒。前輩中湘綺先生與黃敬輿太史曾爲作序。鹿門、先、生、作、而、旋、失。木崖痛惜之。以其深道詩中甘苦多所欲語也。今春木崖以書召余遊潭。言笑猶昔而狂態漸改。日則閉戶讀易。有進德之思。余惜其才。勸以入世。且以刊行詩集。請木崖因以去取及序言相屬。木崖爲詩數千首。以多散棄。且被席卷者不少。今僅存此數。余故不忍多所刊削。愛知己亦以愛聖童也。余謂木崖所爲詩。微妙超雋。誠爲人所難能。卽其爲人光明磊落。殆有如青蓮之詩。而高淡冲遠。師法伯夷。又如高岑王孟。至傷時感事。尤有杜陵遺意。彼其志固欲光大師說。安天下而拯生民。迫爲詩人。豈得已哉。余願木崖益盡力有本之學。由狂而優入聖域。而前者遺亡詩卷。他日或慶珠還。庶少年情事不難髣髴遇之。世有不知木崖者。請觀其詩可也。中華民國十一年二月長沙謝濶縣序

詩錄

癸酉九朔船山先師誕辰誌感

長沙柳敏泉

百卉凋零候。先生適誕生。孤懷松比勁。傲骨菊同清。肯使斯文喪。空期大道行。活埋天不許。差幸免秦坑。

登南嶽懷船山先生

衡陽曾　銓愼齋

衡嶽鎮南維。祝融奠府主。洞庭匯其陽。浩蕩開靈宇。巍巍王夫子。降神下天柱。藏元含高厚。通流綜三五。集成翼素經。履中絜羲矩。世屯麟鳳妖。道存冥漠許。正氣托山川。精誠無今古。偉哉造化功。斯文非小補。嗟余頑崎賚。尙論懷孤緒。寤寐溯高深。契合若對語。琴夢可通靈。寧其閟風雨。危襟誦黃書。高首獨容與。

重過千壽寺感賦

湘鄉王禮培佩初

船山先生客長沙、寓千壽寺、箸書卽付寺僧、積年得兩大櫥稿本端楷、多用舊册紙背寫之、寺僧所述、當非無據、咸豐間粵寇圍城、劈櫥作薪、書亦隨燼、僅存詩卷、鄧湘皋王湘綺王葵園諸先生、俱有題記、辛亥之變亂、人襲而據之、僧鏡虛泣求

余助、相顧束手而已、詩卷亦爲長沙某孝廉所竊取、癸酉冬過此地、新宅鱗比、步吟一絕、

寺。廢人亡三百秋。老僧何事更回頭。遺書紙背千行字。說與人間費十牛。

重石詩

前人

船山先生國變後、避地吾邑、與歐洪輩聯吟漣水重石間、有句云、水底月如天上月、夢中身是故鄉身、至今讀者悲其志意、重石者去邑治十里許、水中磐石、方廣可丈、相傳先生曾對碁其上云、

夢中身世換滄桑。披髮還應叫大荒。飛角行邊無可著。碧流黃石兩茫茫。船山先生

賦

題胡公井詩

長沙黃膺

黃公井在安富州。厥名嘉祐衆思謳。善化人守斛泉胡公井在彌勒縣。厥名國瑞貞奇變。兩井千秋耀南顯。人皆廉孝楚之賢。天翻地覆那可道。胡公毅烈節逾堅。當時大府皆逃遁。唯有藩司世增殉。開化太守石家銘。守土飲藥效忠藎。外甥湘潭人羅順循學使有傳吁嗟斯。

世綱維傾不改常度惟冥冥夢傳世公毅爲靈偉哉石胡允宜享開化彌勒之香馨

南村詩

岳陽李澄宇洞庭

皇皇我祖稼穡艱難啓我後人罔或游盤我父躬耕不避暑寒樂道畎畝峨峨儒冠
垂教萬齡纘緒東作既足衣食書觀大略繄予小子性褊才薄游倦返湘鷦巢用託
于城于垣懼忘本根希蹤元亮厥名南村雨夜日暉市巷韶聞處不問津心有桃源
守樸養素惟農是師惡莠亂苗人莫之知菽堯粟孔黍禮稌詩庶屢豐年天下共之
爰篤斯祜子孫永保周耕尙讓宋苗不槁樊遲固賢許行亦好我春我秋於焉皞皞

題王國卿尋親得墓圖

前人

廿載尋親意愴然對墓門恩勤東逝水風雨北邙魂瘞旅文應在還鄉夢儻溫衢歙
碑萬口陟岵想啼痕（王歙人尋親於滇）

燕子巖謁支祖子里公墓

黃宗禹

匹馬征邊類漢班血流燕石血朱殷（公以洪武二年總理軍兵指揮使征五溪苗成仁燕子巖至今石壁血詩四絕手澤猶新）詩
章字跡留千古忠義威名震兩間在昔么苗齊俯首至今大樹共追攀仙源遺老爭

傳頌罵賊雄風不亞顏仰誦巖巖壁上詩枕弓因築太平基豈期麻邑氛銷候正是桃源難殉時明史采風原失筆將軍遺恨未終碁每逢祭掃登祠墓颯爽英姿令我思。

清流一首 有序

李澄宇

長沙臨湘鎮譚、佛如、有女菊芳、貌美而性烈、字湘陰楊壽雲、七稔未娶、女已二十二歲矣、楊別有所眷、告解約、女憤極、夜赴水死、其遺書有蒼天有眼、何容狗彘橫行、紅粉無辜、偏値豺狼恣虐等語、而遺詩第二章之世亂不堪回首望、濁中誰復見清流、第四章之漫說蘭因和絮果、但將明月證前身、志潔行芳、尤爲僅見、

落盡羣花菊獨殊天仙寧忍墮塵塗清流護夢瑤池內明月盟心碧海隅自此蘭閨添屈子更誰桑陌見羅敷詩文傳誦神州徧敢得長城萬里無

向烈婦詩 烈婦爲慈利吳某之妻

前人

一英雄出萬夫死一奸雄出萬家死泰山鴻毛未忍言世亂最難弱女子弱女子向吳氏妾心淸似澧江水聟家初上合歡牀蓬矢桑弧人萬里陌頭柳色碧年年欲上

翠樓翻自止丙辰六月盜如毛夫兄負姑前路逃姑曰氏從氏不可閫坐不尋桃源桃槍聲乍響夕陽死懸樑一命天爲高顏色如花墮猶豔盛暑五朝膚未變芳魂環佩望夫山不然慈竹暮相懸君不見古祠尙祀息夫人時彥懶爲烈婦傳

楊烈婦詩 烈婦岳陽楊輔臣妻或謂婦命刑夫逐矢志代夫自經以死 前人

刑夫傳會由來舊翻兆吾鄉此鳳毛躬代誓心天儻鑒夜深絕命鬼應號一縵獨爲綱常重連理寧徒藥石勞死者若生生者壽眼看閫內泰山高

項城張烈婦詩 烈婦高恭人惠婉項城張仲驤妻也 前人

偶謫人間廿四春斷腸肯作未亡人瑤池定有鴛湖水鴛夢依然絕點塵墮廉毀節太無因忍話嵩高嶽降神竊帝號輪爲烈婦項城從此屬恭人

題竹洲淚點圖 休寧吳節母洪太君之子子鼎別駕屬題 前人

爲全慈孝代夫留勁節當年孰與儔竹已生孫猶有淚蓑雖謂母未忘憂釁宮子幸辛勤入晚境天終鄭重酬旌恥近名心愈苦可曾畫出此心不

讀貞惠先生傳 先生名世光字鍵庵天津徐總統世昌弟也清山東登萊靑膠道國變後高臥海濱以濼陽治水一出旋隱著有天心閣文存

前人

嶽嶽廉能吏，淵淵聖善人，命衰夷怨少，己溺禹思純，尚有天心集，難忘海水濱，典型堪萬古，匪但潔其身。

鍾烈婦輓詩

烈婦彭氏名蘋下平江人年十七殉夫鍾炳生

前人

合歡纔四月，忽作斷腸人，病榻一爲別，泉臺重與親，堂堂仙眷屬，鼎鼎古彝倫，莫詒昌江水，年來漸有塵。

題長沙粟烈女傳 有序

臨湘方永元坦伯

粟烈女望貞者、清光緒紀元乙亥恩科解元長沙榮晉公字柚冬之孫女也、生而貞靜、沈默寡言、喜讀書、過目成誦、刺繡紡績、亦不肯居人後、年及笄、字同邑王春臺先生之長子炳勳、桃夭未賦、玉鏡旋分、兩家父母隱忍祕之、閱兩年、而望貞始覺、自恨生無偕老之緣、遂作泉下百年之想、決於光緒二十五年己亥夏四月初八日午前三時、赴宅前池水以殉、於虖烈矣、嗣由長沙府學廪生彭均、縣學廪生康宏瀚等、據情申請湖南提學使吳公樹梅、呈請旌表在案、當手書汨水同清四

字、賫表其閭、年終賫題、奉旨旌表貞烈、永元因同年友王壽慈得讀其傳、謹濡筆而誄之、

倒海狂瀾逼神州。毒螯輸入名教讎。士林昏惑瞽雙眸。顚倒庸言舌如矛。三綱蠹蝕江河流。誰其辯者衆口咻。巾閨薄植膩如油。任風漂泊更何尤。長沙中興名節稠。魁儒畸士冠環球。義風薰煽女教修。閨中勁節識同仇。粟家望姑女無疇。纖纖年少十九秋。擇壻王郞佳耦求。媒言父命重尊卣。一病不起望夫愁。縱云未嫁忍他謀。母不告女母心憂。女欲慰母女志羞。全貞全孝兩難酬。中夜旁皇暗有籌。龍華會上衆仙投。方塘一鑑湧金球。母呼不應姊妹休。自携玉笛贈陽侯。人生百年若浮漚。幾時華屋換山邱。丈夫裹革羞溫柔。身死惟問心安不。此志旣決水難收。此理皎如月當頭。一聲長嘆望不留。九原之下賦好逑。煌煌聖恩棹楔庥。詞管牋題衞柏舟。光芒踴躍現金虬。徘徊雲際任夷猶。在地化作鳳凰儔。在天世世結女牛。精靈不蝕死猶瘳。衾裯未共共仙遊。下視塵界客蜉蝣。獨生背義果何由。

西塘展墓 癸酉　　攸縣龍紱慈達夫

亂鴉投暝野風淒。度隴緣岡步步泥。孤樹影疑村遠近。短叢香界塚東西。同根露萎蓬猶轉。故壘雲荒燕總迷。忍向西園問殘柳。江南丹橘未成蹊。

爲鄧節烈婦袁淑瑜作 用其絕命四章原韻

湘潭周逸木崖

一刻千秋決此辰。誰能視死獨歸真。鄧門節婦袁家女。愧汝鬚眉七尺身。

早約黃泉覓舊盟。不甘混世學偷生。白頭人去空房冷。一服燐燐志已明。

杜鵑啼血盡酸辛。幾月塵緣夢裏親。莫道此生恩未報。猶憐白髮哭青春。

絕命詞成不忍生。淒涼慷慨語堪驚。於今秀氣鍾閨閣。寂寞乾坤有正聲。

述學篇

趙曰生

在昔我先師。端門受大命。制作貫百王。删定集羣聖。大道在經術。萬世仰若鏡。三世與三統。循序而漸進。傳之七二賢。私授荀與孟。十有四博士。服膺守遺訓。秦漢有真傳。師法永不紊。祖龍燔詩書。私家痛灰燼。官守實未亡。敍目猶可證。我思鄭樵言。文獻可徵信。（鄭樵謂秦燔詩書祇燔私家所藏博士所傳並未燔燬五經並無殘缺今日治今文者推廣其說信而有徵）詩。書皆三千。孔删百存一。（自商周至春秋詩三千篇孔子删存三百一十篇自帝魁至春秋書亦三千餘篇孔子删存二十八篇治今文者參主此說禮儀有三百。孔刪存十七。今存儀禮十七篇首尾具則高堂生所傳亦無殘缺春秋原魯史。先儒說可。據三易兼夏商從周實孔制五經本舊文筆削有軒輕古文刪其繁今文取其義以此判今古千秋疑可釋。

古文亦非僞舊儒之所傳孔子刪定後乃等於外篇今制所未備古制補其偏。廖季平先生言凡今制所無者孔子仍用古制孔子非盡改古制全用今制不過微有損益因革耳禮失求諸野。得魚勿忘筌。未可盡唾棄。爲之亦猶賢但當明系統大義乃昭然。鄭玄注羣經兼採今古未爲不是但當如許愼辨明異同不宜併爲一談自相矛盾其失在此

題守先學舍七古一首

周逸

黃炎龍種誰拔類。文武相傳道靡墜。仲尼六經萬古光。東方文物稱國粹。秦皇欲熾焚詩書。愚民政策終何如。雖存博士傳官學。百家造僞乘燼餘。更有劉歆亂古義。王莽依之竊神器。從茲門戶水火爭。漢宋古今攻同異。生心害政幾人知。邪正分明一念移。學說由來關係大。興亡何必卜靈龜。天地閉兮賢人避。雞鳴長夜風雨晦。聖教陵夷罔有因。大雅不作紀綱廢。何人堪慰予之懷。賢哉幸有郭尺岩。昨聞迂闊今來

訪。出。示。新。詩。句。句。佳。創。社。守。先。欽。遠。志。倡。提。國。學。期。文。治。抱。道。栖。栖。欲。何。爲。不。忍。獨。醒。衆。人。醉。况。當。邪。說。滿。坑。橫。振。起。頽。風。醫。後。生。我。亦。有。心。扶。世。教。於。今。不。願。以。詩。鳴。

輓黃芳久　湘鄉吳夷吾椒庵

進。履。成。虛。願。稱。觴。甫。二。年。公八十晉一余壽詩有云但願隨公二十年年年爲公來進履赤。虬。仙。馭。去。白。鹿。講。臺。懸。忍。以。邪。衾。殮。空。餘。祕。笈。傳。不。堪。耆。舊。會。相。繼。隕。三。賢。壬申廣石老人招集十老會公居首余殿焉自曹訥菴張盦生逝世公又繼之蓋不勝山陽之感矣

幹。略。兼。文。武。英。姿。晚。更。雄。談。經。擢。五。鹿。說。劍。却。千。熊。蓊。蔚。將。軍。樹。飛。騰。太。守。驄。怕。聞。優。孟。語。窮。老。泣。飄。蓬。

平。生。湖。海。氣。白。首。未。曾。除。肺。腑。親。屠。狗。江。山。付。蹇。驢。室。家。千。里。外。風。雨。一。樓。餘。醉。罷。吟。髭。斷。長。歌。恥。問。魚。

把。臂。嗟。余。晚。靈。光。自。爾。尊。素。園。同。貴。壽。黃。石。有。兒。孫。渭。水。一。天。雪。君所居有水名渭溪因自號渭溪漁者湘。山。何。處。魂。懸。知。松。柏。際。大。鳥。日。翩。翩。

論詩呈王湘綺先生　湘潭陳學博珮秋遺稿

六經談罷日何爲樽酒閒論古昔詩風雅以還情漸薄漢唐而外氣無奇筆如元白猶嫌俗才到韓蘇信不羈李杜雄才超萬古天資學力兩無虧

酬章栗坡見贈 癸酉冬作

湘潭趙啓霖芷生

綺歲文場墮刼灰雕蟲慚愧壯夫才白頭宮女談天寶倀觸承平百感來

手錄松齋可愧編菩提心事一青氈人間蒿目知何世亟放光明照大千

次答陳杏驄農部兼簡瓠盦

前人

浮蹤一瞥雪鴻過冉冉車塵繞御河靑瑣班行猶入夢素衣徒侶已無多團沙世界嗟如此對酒人生定幾何自笑顚當牢閉戶不勞好事置行窩

王同年揖唐遊衡岳過訪賦贈 二首

長沙陳繼訓杏驄

俠武儒文醫國手五湖一舸置身閒纔登匡頂承風嘯（本年避暑廬山晉書成公綏傳綏好音律嘗當暑承風而嘯冷然成曲因爲嘯賦）又向衡峯踏月還

離亂逢君疑隔世衰遲話舊强開顏記從走馬長安路卌載蓬萊縹渺間（光緒甲辰與繼訓同舉進士）

懶向廚門拜嬾殘（君此次遊衡岳過李鄴侯故居詩云笠屐身閒歲月寬稍知佛諦便心安人間煨芋嘗知味懶向廚門拜懶殘）新詩俊逸

壓。騷。壇。無。心。出。岫。歸。雲。早。有。力。揮。戈。挽。日。難。千。里。呂。安。勤。訪。舊。三。毛。穆。父。肯。留。餐。擬邀小飲甫折柬而君巳匆匆北發矣故人落落晨星在。留得風流正始看。

江行

龍紱慈

清。秋。最。好。是。江。行。兩。岸。青。山。送。復。迎。曉。日。闔。閭。明。遠。水。晚。風。蒲。葦。帶。孤。城。千。帆。掠。夢。無。留。影。幾。雁。呼。寒。有。斷。聲。長。與。浮。雲。商。去。住。歸。飛。還。繫。別。離。情。

重九日清涼山掃葉樓分均得狂字

拄。笏。山。如。几。憑。軒。樹。作。廊。客。來。芳。草。暮。鐘。定。雨。花。香。細。茗。生。遙。思。危。情。託。短。章。風。流。今。日。事。裙。屐。未。妨。狂。

雁。帶。江。初。落。龍。蟠。郭。半。藏。九。天。增。壯。麗。百。感。任。蒼。茫。亂。葉。誰。揮。帚。浮。雲。一。舉。觴。飛。沈。同。冉。冉。化。作。酒。邊。狂。

次韻再贈皃玄道士四首選錄二首白燕盦詩集乙卯作

湘陰陳嘉會鳳光

投。分。方。傾。蓋。臨。歧。郎。憶。君。翺。過。揚。子。渡。暮。入。秣。陵。雲。腸。斷。蒹。葭。意。囊。留。金。石。文。君刻白燕盦石章見贈並系和拙作白燕詩鐫其上從。今。看。子。細。長。爲。護。繽。紛。

訓唱連朝話艱難。賸此時中懷隨醉醒。世事各懽悲。詞筆傾三峽。歸心逐九疑。餘生幸相見。却恨識君遲。（君一見余詩卽把臂訂交謂爲今之黃仲則實深知己之感）

詠史十首 甲寅作

前人

亡賴相傳羅織經。驢駒鳳翅酷私刑。欲將馬劍加元帥。祇有當年狄使君。

公道難饒李孝逸。歷衣堪笑傅鸞臺。刑將及汝先圍甕。那怕盈庭廷石勒才。

保家。（魚保家）反覆免身難。仁軌辭官正氣完。賸有上書陳正字。可教心跡與人看。

大燕皇帝祿山兒。凝碧池頭聖武鋪。要借茂先麟角筆。速刪妖亂未成書。

縱免豬兒帳下刀。營前插血劫難逃。最憐鼠首王夷甫。本識龍奴是逆妖。

天下人多多卽盜。盡加殺戮語何殘。方窮黨與楊玄感。雄傑亡隋已揭竿。

空將圖讖夢中疑。實負蒼生不蚤知。夜半美人宮內指。可憐枉殺小洪兒。

僞引名流實濫刑。申屠不屈燭幾先。漫矜貴相窺天下。 塢金空腹自然。

十萬雄師揭義旗。人心不遠婦人知。祇餘新臘非王氏。好看朱三萬段危。

天崩地陷復何處。父子才夸敵萬夫。假手棘奴殲快犢。剖棺還有步搖符。

梁甫吟 甲寅作 前人

吁嗟。梁甫吟。獨自傷。我心。地維傾覆天柱沈。人情叔季惡不測。褒斜非險海未深。君不見張成殺人實主使。反興黨禍陷君子。平原之人戶可黨。曠年拘錄苦州里。度遼將軍西州豪。自請坐附隨英髦。不肯平署陳太尉。欲全人譽希皋陶。又不見彊忍寡義董仲穎。專政恣兵凶慾逞。藏金濫殺無不爲。謀據天下盜九鼎。橫刀討賊山東英。東平長者亦舉兵。苦心司徒暗結布。揮戈立見大功成。而今成敗鼠變虎。奸人可毋賊可父。匿跡獨慚何伯求。奔走無友救民苦。梁甫吟。愴我懷。東京節義盡銷歇。荊棘銅駝痛汝埋。

米海岳畫山水圖歌爲劉端吾賦 庚戌作 前人

研山既易甘露麓。海岳菴前萬株木。朝朝淚滴玉蟾蜍。噴作煙雲漫林谷。米顛畫寫胸中奇。王洽潑墨差近之。後來高董窮蕩逸。北苑煙景同迷離。劉郎示我此真蹟。錦囊玉軸備珍惜。焚香懸視心神清。古色蒼茫不盈尺。天容蕩蕩峯巍巍。離離樹頂雲中飛。水浸沈冥暗江渚。驟雨髣髴雷霆威。龍吟虎嘯聲聲速。行人路斷菰蘆禿。山下雲縫日脚生分明露出兩間屋却疑人在洞庭舟那識煤尾成臥游點染狼藉皆出態始知絕技無心流滇滇泛泛古莫比何須更覊吳淞水自矜吳生習氣無士夫作畫道在是千年紙墨神猶存並無桓玄寒具痕解衣欲作三日臥便當水宿歸江村劉郎本是華山客披裘帶索洛陽陌何不歸尋舊酒徒暫向圖中且斂迹

和周木崖辛未冬月湘綺先生百歲誕日書感原韻

黃贊元

道繼船山又百年香花分祭各愴然今文漢宋嚴真僞近體同光任倒顛時人有推湘綺樓詩爲同光體領袖者先生之詩遠承漢魏近出西江卓然自成一家論者未免顛倒秉筆何心誇作述揮毫依舊長雲烟春明痛飲空餘恨外望宮牆私自憐

前題

萬休頭陀

鶴去樓空又幾年期頤天上亦陶然傷麟歎鳳駒過隙射虎屠龍夢轉顛清澈梅花香雪海蒼茫孤月遠汀煙無窮國瘁人亡感破衲差強不受憐

燕京雜題九首

湘鄉王禮培佩初

衝風激雨御河寬玉蝀金鼇起暮寒落盡荷衣飄盡柳莫將心事倚闌干

雲生輦路草侵衣雨濕天陰野火微漸入層臺歌舞地縱橫車騎看如飛

夾道青槐直似弦故宮喬木自年年而今開放尋常事芳草王孫獨惘然

海水西吹海子寒參差樓閣倚雲端斜陽孤艇滄桑外應有仙人泣露盤

圓明一炬比阿房祕殿珠林事可傷繼鑑書殘三璽在古稀天子擅收藏（祕殿珠林一書載商周鼎彝天祿鑑鑒則高宗七十以後所收宋元槧本每冊附頁有三璽一古稀天子之寶二八徵耄念之寶三太上皇帝之寶）

天壇平敞混楞蒲稚柳新荷水一渠偷叟攜龜休問卜蹉跎吾已賦歸與

冷肆荒攤起暗塵庫藏驚見御窯珍自從刼後金甌缺空憶康乾淚滿巾

白頭老監立斯須爲話先朝禮數殊獨有經筵陳太保檢書燒燭一拘儒（陳寶琛尚以太保職進講）

頻年歐美尙搜書肯費千金買刼餘障日紅塵京廠路不嫌賃保混沮洳

古意四首效山谷　前人

風力漸欺飛宋鷁南湖霜月浸虛幃九歌何事沉湘苦水底蛟龍未饜饑

臨川欲渡誰當語風起揚波意慘淒築室水中荷作蓋夕陽秋影在吾西

合浦吹來落葉多。孤雲煢獨水紋波。翦江歸陣聲如埽。夜半寥天飛鸛鵝。
毒蟲含沙溪水立。老鴞吹火澗光寒。黃金鑄淚酸風射。薜荔空牆慘不懽。

蔬菜詩爲郭尺岩作

長沙粟　掞谷青

筍

冬筍多於丙子年。（光緒二年）一觔一十二文錢。老來記得童時事。掌故聊從畫裏傳。

藕

園過頤和聞藕香。老公偷賣得分嘗。於今莫想天家味。扁豆椒花自作湯。

楊花蘿布

楊花蘿布擅江南。抵得長沙九月香。秋晚夏初貪口腹。每愁縮地古無方。

宛平茄　宛平蘿蔔

（宛平茄重五觔其蘿蔔有兩驢兒扛一枚者重可想矣寫此題句以廣異聞）

宛茄大可五觔量。淺碧皮膚淡淡香。說與南人都不信。豈知蘿蔔且稱王。

前題

安化黃鳳歧芳久遺稿

葱

文苑　詩錄　三八

莫笑連鬚成白叟。須知蘄角（俗稱牛角葱）返青童。垂涎滿口非求蜜。吹管常令佳氣通。

韭

雨夜春初任翦烹。出珍饈後味彌清。回思隴雪觴潘帳。晚得斯蔬宴到明。（光緒丙申初夏大雪）

余統帶回兵馬隊征野牛溝中途遇潘效蘇留飲至二鼓一兵奉盤薦韭潘問從何來答從卅里外再令置羣殺添酒重宴不覺天明

蒜

漢使携歸傳異種。越王計算運奇籌。願爲世上消諸毒。敢向人間作獨頭。

蒿

老杜園中好種蒿。問君此菜竟如何。剝將叢葉惟留筍。毒虺長蛇不敢過。

已巳新河消夏

湘潭朱德裳師晦

長沙城北偏宜夏。碧浪湖邊曉讀書。檻外青山山下水。一叢陰綠閉門居。

薊樹并嵐總不如。平生最愛是郊居。少年勝事重回味。烹得漁翁網上魚。（河水河魚美味不食者四十年矣）

雙鳧流水各西東。曾入詩人談笑中。莫道新河憔悴盡。將軍名士不曾空。（昔水師提督陳海鵬）

宴湘中名士於開福寺某名士戲爲聯語云欲吃新河鴨先交陳海鵬云盛傳一時

河葉田田護寺門。望中猶識舊來痕。詩僧去後詩人懶。過客難招名士魂。日過開福寺未入

萬千燈火一孤舟。札札鳴機乙乙抽。能使行人盡回首。落花如雨水爭流。游紡紗廠

曾聞樹上黃鸝囀。又見花間白髮新。五十五年前一日。江山何地着斯人。是日爲余五十五度

此是瀕湖第一橋。波文隱隱月迢迢。十年百戰仍無恙。頑鐵千條復萬條。重游鐵橋

水長平添一岸涼。不知何處是中央。生絺向晚翻嫌薄。浪裏青山半夕陽。水漲

清晨忽入長煙去。作客仍尋舊路回。白日當天揮汗立。輕舟遙指雨湖來。二十二日從小西門上輪還湘潭

桃子園中又一時。紫薇花下雨絲絲。疏簾清簟涼如水。一葉梧桐秋滿枝。居陶園陶園爲張度西故宅今號桃子園

月夜放歌兼憶陳副榜阜蓀 丁未作 周逸

中原何處容我腳。環球四顧徒磅礴。黃河污濁崐崙低。大雅沉淪小雅作。著述名山

且讓誇陳郎有句擅才華。行空役物三十載。始信神仙未有家。步兵玩世遺後悔。阜蓀

學阮步兵故名阮　將走幽燕尾驥尾未識前途誰可言縱橫不就待奇偉古人已往知己難爨下焦桐未易彈酒闌對月一起舞明朝策馬入長安

寄京師龍茂才達夫五古一首　前人

新漲添湘江晚風滿樓閣忽得故人書別予念朝暮獨居感苦意慇懃慰寥落牢騷百萬斛形容已非昨寄身憂愁間百鍊方立脚毅力惟吾堅大事終可託此語固非歎平生重然諾肝膽初難知交深方自覺懷才非不出世亂生退却長吟白雪歌遠與青山約靈魂旣有悟軀殼胡爲作請觀莊周言富貴一巖壑宇宙本笑場何事終極樂少年誤浮名文章累瘦弱一念在千秋下筆今古博達人淡前途山間獨清酌但願君馬南歸來復商度

樓居感賦　選錄木崖軒詩草庚申作　前人

已厭繁華地尋幽得此樓綠楊爭屋長新雨隔簾收獨坐北窗靜遙悲南浦愁還家書硯在世濯復何求

秋曉倚樓觀魚　庚申作　前人

秋曉枕無夢樓高步有詩水清魚自得風靜柳能垂晴鳥臨窗喚晨烟隔樹炊獨看興不盡此意少人知

春居與黃適園聯句用半亭原韻 辛未 前人

把酒憑欄歲月留 適園 名山著述老何休 木厓 鼎彝博考無雙品 木厓 人物盱衡第一流 適園 兩樹曉花聽鳥語 適園 滿池春水看魚游 木厓 高歌一曲空今古 木厓 遙屋餘音應氣求 適園 適園即黃贊元之別號

春日遊半淞園 二首 庚申作 浣霞閣主

春歸三月鳥聲和爲避塵囂有客過自笑此生偏愛靜登山臨水興尤多

風清繡陌一塵無小坐溪邊意自娛遙望吳江半淞水移來風景小西湖

遊龍華寺 庚申作 前人

古寺巍然仗佛光龍華道上馬蹄忙春風十里垂楊柳不與夭桃鬥夕陽

雪後舟中偶作 癸酉作 前人

江天餘雪景一覽畫圖開煙霧消沉盡風雲際會來昨宵驚夢覺隔歲喜春回造物

安。排。定。扁。舟。且。訪。梅。

苦雨歎題武昌圖書館壁

湘潭葛鼎甫蓬銘

渡。江。觀。圖。書。塗。次。每。遇。雨。豈。伊。天。罅。漏。未。鍊。媧。石。補。鷸。檕。垂。龍。涎。敗。液。散。虎。乳。朝。暾。猶。戴。鰲。午。翳。倏。變。蠱。咄。叱。蛛。牽。絲。漣。洏。繭。綴。縷。霶。霈。傾。千。盆。洶。湧。發。萬。弩。蛟。虬。與。蓱。翳。噴。沫。猛。對。舞。行。行。未。半。途。乾。淨。無。寸。土。足。踏。吁。成。川。肩。負。駭。渡。浦。露。頂。濡。關。巾。彌身。濕。章。甫。大。造。何。不。仁。愁。霖。失。和。煦。始。僅。盈。溝。渠。行。將。溢。寰。宇。我。今。日。滋。戚。愴。今。漫道。古。萬。化。基。黃。鐘。六。書。攷。宣。鼓。挾。卷。垂。涕。淺。織。膝。強。行。武。磨。折。彌。心。甘。漸。清。耐。境。苦。年。年。守。轍。窮。日。日。戒。器。窳。大。道。留。宮。牆。名。山。立。門。戶。舉。綱。投。文。淵。張。弓。射。藝。圃。北。斗文。昌。宮。西。垣。翰。墨。府。蒼。天。真。好。儒。吾。親。天。爲。祖。祕。冊。存。酉。山。奇。文。拓。勾。嶁。大。地。無。棄。才。吾。認。地。爲。父。嫏。嬛。飛。仙。登。汲。冢。黠。盜。取。高。緬。神。迴。旋。沈。思。背。僂。傴。七。錄。孝。緒。編。五車。惠。施。譜。亘。細。羅。庭。除。縱。橫。布。廊。廡。插。架。皆。人。師。盈。箱。實。吾。主。羨。彼。鴻。儒。儔。羞。與。鼠。子。伍。炫。博。須。腸。撐。沈。吟。但。頤。拄。得。句。狂。呼。梟。閒。談。靜。揮。麈。日。望。陰。霾。開。赫。輪。谷。東。吐。郝隆。腹。不。曝。書恐。腹。中。腐。果。爾。雨。有。時。天。降。不。敢。忤。災。異。書。宣。尼。咎。徵。紀。神。禹。五。行。

志讖緯八卦析訓詁畢星亦有好圓穹事難覩不晴天何尤乃是我無祜坐茲任披閱訛謬辨魚魯但愧中復楞肝脾待人剖

漢上貧民無宅支棚以居水至棚洗作棚民歎　前人

棚民無廬居支棚拉繩絣曠野連湖堧隙地局隄畔蹇側投秦阬躑躅廁塗炭天荒成毳穹地限缺圩墁壳如龜潛藏穴類螘穿鑽斧荆編爲樞披䅉縮作閈風吹時播搖雨打日驚憚掛席遮牖檽累石戴几案四顧真荒涼羣氓倍悽惋官僚叱爾駐謂是官地段折柱投寒皋掀茅攪崩灘罔識黔首哀但豎白眼看妖大人細徼防坍埶摶扞須知民里閭卽是國屏翰不意狐假威反佐龍肇亂狂濤子胥喧下隰河泊竄耳聞奔湍澌目見惡浪漫子痛負母號兄搶救弟喚老稚情可憐癱盲命應斷九死無一麞夜哭直至旦惟有年壯兒脫險得遙逭喜無沒頂禍自脛上淸骭杪爾三板處駭此萬流灌轉輾離災區蹭蹬達彼岸造化還斡旋乾坤遞更換舉世嗟沈淪中原糞清晏徒杠方積功寶筏出弭難富人憫爾溺收容借閎觀託宇哀身家隨廊翊軀幹假突燒枝柯因庵贅藜莧長嗟坎流濕瞥見離火燦破廠盈筐囊清饘溢缾罐

餓殍皆還生疲瘦頓易胖夏秋多苦辛今後又樂刊顧人皆棟梁何屋不輪奐行行

各努力無用爲爾歎

劄記

船山遺書精義

續春秋左氏傳博議

師曠論衛侯出奔

言行者君子之樞機也持樞機而喪乎已未有得乎人者也故君子之言行期乎寡過不期乎爲功期乎中理不期乎矯時矯時之所失而欲以爲功則恆激而偏有所重偏有所重則功見於此而過即叢於彼且其所矯者旣因矯而得偏偏重之失自不容掩天下之見吾行而聞吾言也早已窺其發端之旨存乎相矯抑又窺其一偏之失持之以相詰而必不吾信求其爲功也亦卒不得已

編者節錄

劄記

恆心堂讀書答問 續癸酉第二冊

湘潭周　逸木崖

問何謂君子儒

答。為天地立心。為生民立命。為往古繼絕學。為萬世開太平。小人儒則反是。故曰。古之學者為己。君子儒也。今之學者為人。小人儒也。君子儒喻於義。小人儒喻於利。

逸按。君子儒。實心實行。小人儒。色取行違。李二曲先生謂儒字從人從需。言為人所需也。道德為人所需。則式其儀範。振聾覺聵。朗人心之長夜。經濟為人所需。則賴其匡定。拯溺亨屯。翊世運於熙隆。二者為宇宙之元氣。生人之命脈。乃所必需而一日不可無焉者也。然道德而不見之經濟。則有體無用。迂闊而遠於事情。經濟而不本於道德。則有用無體。苟且而雜夫功利。各居一偏。終非全儒。譬之身然。或頭目具而乏四肢。或四肢具而缺頭目。尚得為完人乎。故必頭目四肢備。而後為完人。道德經濟備。而後為全儒。如是則窮可儀表人羣。達則兼善天下。或窮或達。均有補於世道。爲斯人所必需夫世之謂儒夫是之謂君子。

問士君子居今日立身行己應如何始爲無弊

答士君子立身行己。固不可取媚于世爲浮沉苟免之計。然亦不可戾世取禍。須權衡於身世之間。既不失身。又不戾世。始爲無弊。南宮适謹於言行。能處治亂而咸宜。此正儒者持身善世之蓍蔡。逸按成德固不可專靠師友。然能自己立志。又益之良朋明師。將愈嚴憚切磋以成其德。故昔人譏孤居而無與共證。獨處而無與共商。士之悲也。

問何謂實學

答學不言心。終非實學。仕不信心。經綸無本。成己而後能成物。自治而後可治人。漆雕開於斯自請未能信。此正是審己量力不自欺處。後世仕者未嘗成己而便言成物。未嘗自治自輒思治人。既無天德。烏覩所謂王道。

問成己自治有素可謂信乎

答卽真能成己。自治有餘而治體果盡諳乎。時務果盡識乎。經濟大業果一一蘊之有素。中窾中會。動協機宜乎。於此稍信不及。打不過。又豈可冒昧從以事乎。必故量而後入。庶可寡過。若人而後量。則取辱多矣。逸按斯字先儒咸解作逝者如斯夫之斯。蓋指妙道精義而言。今乃直指修己治人言。何也。曰妙。道。精。義。不。外。修。己。治。人。離。了。修。己。治。人。何。處。更。見。妙。道。精。義。况夫子方使開仕。開若舍卻可仕不可仕不言。而忽旁及其他。此後世儱侗啞謎。野狐禪所爲。曾謂敦謹如開而乃爾乎。夫惟於修己治人之道自謂未信。自覺心上打不過。所以超於天下後世味於自知而惟以苟位爲榮者。正在、、於此。使天下後世人人如開之自審自量。則處不徒處。出不徒出。而世道生民咸有賴矣。

問慾則不剛其心可假借否

答正大光明。堅强不屈之謂剛。乃天德也。全此德者。常伸乎萬物之上。凡富貴貧賤威武患難。一切毀譽利害。舉無以動其心。慾則種種世情繫戀。不能割絕。生來剛大之氣盡爲所撓。心慾既不光明。遇事鮮無執持。無論氣質懦弱者。多屈於物。卽素負血氣之强者。亦不能不動於利害之私也。故。從。來。剛。者。必。無。慾。慾。則。心。不。剛。

一毫假借不得。逸接人惟有慾則不剛。不剛則不能直內而方外。故聖賢之學以無慾爲主。以寡慾爲功。龍惟有慾。則爲人制。人惟有慾。則爲物屈。言人不以三公易其介。是爲真剛。故曰德非剛則不能進。己非剛則不能克。品非剛則不能樹。名節非剛則不能全。擔當世道。非剛則不能任。項天立地事業。非剛則不能作。作亦不成。苟非其人。道不虛行。故不純乎天理之極而無一毫人欲之私。始爲庶幾。

問文章性道其本有異否

答文章性道本一。非二。文章所以闡性道。性道所以煥文章。若文章無關於性道。是後世雕蟲末技。泛語浮說。夫豈夫子之文章。性道不見之文章。則性道無由闡明。不可謂夫子之言性與天道。故夫子之文章。卽夫子闡明性道之言。言言皆文。則言言皆道。日用平常。莫非性天。特學人資有迷悟。自生分別。迷則文章是文章。性道是性道。悟則文章是性道。性道卽文章。一而二。二而一也。然則子貢之説非耶。曰子貢蓋至是而有悟矣。此悟後反言以歎美。亦猶高堅前後之喟也。

（未完）

說苑

船山遺書精義

續春秋左氏傳博議

師曠論衛侯出奔 一

君子之立言也不爲物激不爲時詭正大而已矣酌天理而不妄貞常變而不易該上下四旁而胥平自正其樞而不爽於開闔自審其機而不擇乎遠邇奚所矯而奚所謟哉雖然未易言也義不集理不窮氣不和量不遠雖有正直之度忠孝之情剛者必矯而柔者必謟唯其無本也故性焉學焉而後可以其言行施諸人倫之交而無咎

編者節錄

說苑

神異經輯校　續癸酉第二冊

安化陶憲曾遺稿

漢　東方朔　撰

晉　張華　注

西北荒經

西北有獸焉。狀似虎。有翼能飛。便剿食人。知人言語。聞人鬬。輒食直者。聞人忠信。輒食其鼻。聞人惡逆。輒殺獸往饋之。○殺王本作食名曰窮奇。亦食諸禽獸也。○舊校瑋按別本云。窮奇似牛而狸尾。尾長曳地。其聲似狗。狗頭人形。鉤爪鋸牙。逢忠信之人。嚙而食之。逢姦邪者。則禽禽獸而伺之。

西北荒有人焉。人面朱髮。○髮史記五帝紀正義引作髯蛇身。人手足。而食五穀、禽獸。貪惡愚頑。名曰共工。書流共工於幽州。幽州北裔也。而此言西北方相近也。皆西裔之族耳。○注二十七字本混作經。今改。

西北荒中有玉饋之酒。○玉饋北堂書鈔一百四十五引作王遺。又一百四十八引作玉匱酒泉注焉。廣一丈。長深三丈。酒美如玉。○玉本作肉。從書鈔引改。澄清如鏡。○書鈔藝文類聚七十二引皆無澄字。上有玉尊玉籩。取一尊。一尋復生焉。○生類聚引作出·與天同休。○類聚事類賦注十七引天下並有地字·無乾時。石邊有脯焉。味如麞鹿脯。飲此酒人不生死。○類聚引作人不死·長生一名遺酒。○遺上疑脫王字·其脯名曰追復食一片。復一片。○舊校或作一片·憲會案書鈔引·作食一片一片復生·

西北荒中有二金闕。高百丈。金闕銀盤圓五十丈。○圓太平御覽八百十一引作圍·二闕相去百丈。上有明月珠。徑三丈。○藝文類聚八十四御覽一百七十九引並作三寸光照千里。中有金階。西北入兩闕中。名曰天門。○舊校煒按陸佐公石闕銘云·北荒明月·即此事·

西北荒中有小人。長一分。○初學記十九引作一寸其君、朱衣玄冠。乘輅車馬。引爲威儀。居人遇其乘車。抓而食之。○廣雅抓搔也其味辛。終年不爲物所咋。並識萬物名字。又殺腹中三蟲。三蟲死便可食。仙藥也。

西北海外有人。○初學記十九引有焉字長二千里。兩腳中間相去千里。腹圍一千六百里。○初學記引作一千五百里·但日飲天酒五斗。○天酒甘露也·○日北堂書鈔一百四十八引作月·不食五穀魚肉。唯飲天酒。忽有飢時。○飢本作饑·從藝文類聚七十二·引改·向天仍飲。○仍飲類聚引作乃飽·好遊山海間。不犯百姓。不干萬物、與天地同生。名曰無路之人。一名仁。一名信。一名神。

北荒經

北荒中有棗林。（○齊民要術、藝文類聚八十七、太平御覽九百六十五引皆有焉字）其高五十丈。數張枝條數里餘。（○五十丈要術類聚引皆作五丈·數里餘作一里餘）疾風不能偃。雷電不能摧。其子長六七寸。圍過其長。熟赤如朱。乾之不縮。氣味潤澤。（○潤澤要術類聚御覽引皆作甘潤）殊於常棗。食之可以安軀益氣力。（○軀事類賦注二十六引作體·益下本有於字·從要術類聚御覽引刪·）故方書稱之赤松子云。北方大棗味有殊。既可益氣又安軀。

北方荒中有石湖。（○舊本與上文連讀·非是·今提行·太平御覽九百七十引湖下有焉字·）方千里。岸深五丈餘。恆冰。（○初學記七引恆上有其水二字·）唯夏至左右五六十日解耳。（○五六十日北堂書鈔一百五十五引作五六日內）湖有橫公魚。長七八尺。形如鯉而赤。（○藝文類聚八十六御覽六十六·又九百四十引形下有狀字赤上有目字·）晝在水中。（○水類聚御覽引皆作湖）夜化爲人。刺之不入。煑之不死。以烏梅二枚煑之、則死。（○二枚類聚御覽引皆作二七）食之可止邪病。其湖無凸凹。平滿無高下。

北方層冰萬里。厚百尺。有磎鼠。（○舊校塝按御覽引作鼷鼠·憲曾案初學記二十九藝文類聚五又九十五引並作磎·）在冰下土中焉。（○初學記類聚太平御覽九百十一引皆作在冰下出焉）形如鼠。食草木。（○類聚引作食冰草木根）肉重千金。（○初學記類聚引皆作萬斤·可以作脯。食之已熱。除熱病也·○注四字從御覽引補·下同其毛八尺。可以爲褥。○初學記御覽引·毛下有長字·褥類聚引作蓐臥之却寒。治風病也其皮可以蒙鼓。其聲聞千里。○其聲二字以類聚御覽引補有美尾可以來鼠。此美尾所在·鼠輒聚焉·○有美尾舊本作其毛·從類聚御覽引改·注同·又注九字本混作經·今改·

北海有大鳥。其高千尺。頭文曰天。胸文○文本譌作又·以太平御覽九百二十七引改曰候。左翼文曰鷖。右翼文曰勤。○勤本作勸·从御覽引改左足在海北崖。右足在海南崖。其毛蒼。其喙赤。其脚黑。名曰天雞。一名鷖勤。○此二十九字以御覽引補·頭向東正海中央。唯捕鯨魚。○唯字鯨字以御覽引補死則北海水流利。不犯觸人。不干物。○此十四字從御覽引補或時舉翼而飛。其兩羽相切。○兩字从御覽引補如風雷也。北海多鯨魚·而產子多·北海溢塞·故鳥食此魚·海水通流·御覽引作如雷如風·驚動天地·注二十二字從御覽引補·

東北荒經

東北荒中有木高四十丈。○太平御覽九百六十四引作三十丈·葉長五尺。廣三尺。○齊民要術引作三寸名曰栗。其實徑三尺二寸。○要術御覽引皆無二寸二字其殼赤。其肉黄白。食之令人短氣而渴。○要術引之下有多字·

（未完）

叢錄

船山遺書精義

續春秋左氏傳博議

華周杞梁

齊莊公之好勇而致勇士。夫豈足與言道義哉。華周杞梁載甲孤入。而宿於敵人之隧中。其智與仁不足用久矣。然而知貪貨棄命之可惡。以死守之而不忍貳。化於其家。婦人之微。且知以禮而卻國君之靈寵。雖君子之見道已明。而復禮勝私者。莫之逾也。於是以觀勇之德。而勇之體立。勇之用行矣。立之也自有體。不資道義而後有其體。行之也自有用。而且以成乎仁智之用。勇乃以參乎智仁之貴。而氣與心性均爲天之資命。而成其能。故義成於智。禮成於仁。學者之所知也。當死而無棄義。造次而無忘禮。勇之以兼成乎義禮者。固賓賓然。夷猶委順。以修儒度之所不知也。

編者節錄

叢錄

通訊

蘄雲鶚張元夫兩先生來書

一參佩初先生台鑒。接讀大扎。敬已領悉。雲鶚等此次同到貴省觀光。對於學社諸位先生。提倡道德。挽回人心之忱。無任欽佩。詩曰旣醉以酒。旣飽以德。受惠已多。復蒙以名譽董事之職相推。盛意所在。惟有感受。尙祈時賜教言爲幸。各位董事均祈代爲致意。專此敬頌道安。

蘄雲鶚張元夫仝啓 十一月十一日

茶陵縣教育局附設民衆圖書館譚篤材先生來書

逕啓者、前閱報載貴社發行船山學報。久爲社會一般讀者所稱賞。現第三期業已出刊。學者爭相購閱。敝館自成立以來。於玆三載。庋藏圖書。屢感不敷。兼之艱於經費。不能廣事訂購。深以爲憾。夙稔先生蜚聲藝林。關懷文獻。懇請將一二三各期學報。惠贈一份。俾資編目庋藏。以供衆覽。毋任感盼。此致

周編輯主任勛鑒 譚篤材啓 十一月二十日

胡子靖先生來書

誦讀第二册船山學報有功世道人心。第一册如有存留望補給一册。即請
叔惠先生箸安。 胡元倓手啓 十一月廿一日

譚篤材先生來書

木崖先生有道。敬覆者、承惠贈船山學報一二三各期。均已收到。展閱之餘。深佩卓識。現値世道敗壞人心澆漓。邪說橫流。至於此極。若不推崇聖教。恢復固有道德。不足以挽救陷溺之人心。諸公爲文學之泰斗。演聖賢之薪傳。其裨益社會。嘉惠士林。良非淺鮮。尚望繼續按期惠寄。俾窺全豹而廣宣傳。毋任感禱。專此申謝。並祝
撰安 譚篤材謹覆 十一月廿九日

傅霨蒼先生來函

蘊老世伯侍右。不覩光儀數載於茲。每瞻衡雲。心焉嚮往。昔客金陵。屢倍杖履。尋勝覽古。盡登臨之樂。沽酒招隱。極觴詠之娛。嗣以生事戹人。犇馳靡所。心爲形役。旣漸

同流合污之譏。匏繫瘤附。尤乖用行舍藏之義。加比年棲流海隅。困於囂塵。杜門守拙。老草木之歲月而已。以致雖台丈前候問亦闕然廢禮。舍姪 志澄來申。辱荷手教。策勉有加。又重以學報之賜。朽木糞土。猶煩長者關垂。其爲感激。詎可言狀。概自邪說爭興。人欲橫流。人相食矣。吾丈以船山之學救之。此韓退之所謂孟子之功。不在禹下者也。至若學報文字之美。宗旨之正。編輯之富。猶其餘事也。又承示講學嶽麓。以子學訓迪後進。甚盛甚休。自祖龍肆虐中國。先哲學說幾絕。漢初諸家並起。先哲之學始稍萌芽。自茂陵罷黜百家。專崇孔孟之學。二千年來。才智之士專治經學。諸子之說。不過聊備文士瀏覽而已。邇來嗶呫小生。穿鑿臆說。高談子學。驢鳴狗吠。不值一噱。吾丈早承家學。數十年精究諸子。子學復興。端賴發明。恨不及列坐杏壇。靜聆高論也。奚度青詩境愈佳。前受當塗縣志總撰之聘。尙未竣事。又因母喪告歸守制。信夫詩人多窮也。芝丈近惟讀書圍棋。不談時政。度其意亦自有皮裏陽秋也。嚴寒行至。伏維爲道珍衛。不宜。專啓敬請鐸安。

世愚姪傅 霖謹啓 十二月五日

湘鄉集益圖書館來函

船山學社諸先生講席。敬啓者、承贈船山學報自第一期迄第三期。均經次第奉到。感荷曷極。丁玆新潮澎湃。舉國若狂之秋。諸先生獨能闡明大賢學說。研究國粹。守先待後之責。舍諸先生其誰屬。閱覽者不乏。醉心國學之士。輒瀏覽貴學報。不忍釋手。歎爲獨一無二之刊物。用特肅函奉謝。並乞繼續賜贈是幸。（下略）專肅敬候

道安

湘鄉集益圖書館謹啓十二月十二日

上海市政府原竹垚先生來函

敬啓者貴社刊印船山學報。足徵提倡國粹之至意。曷勝欽佩之至。預定全年共計幾册。敝人現擬由第一册購起。不知可有存書。郵費共應若干。統祈賜悉。俾將書價寄上。專此順頌撰安。

原竹垚敬啓 廿二年十二月　日

侯羽欽先生來函

敬啓者、頃於友人處得讀貴社所出之學報。癸酉第二册。內容博大精深。粹然儒家傳統精神。洵堪爲修己治人之良好榘矱。鵬飛因連年在贛邊。忙於征剿。恨得見此報之晚。今特着人前來購買貴報。懇自壬申第一册起至癸酉各册檢齊爲禱。倘缺

乏不全。亦希割愛借閱。並定購本年全年。即祈察照。此上

船山學社執事先生賜鑒

侯鵬飛敬啓元月十八日

湖南船山學社民國廿二年六月至廿三年三月新入社員一覽表

姓名	別號	年齡	籍貫	姓名	別號	年齡	籍貫
彭濟昌	穆如	六六	衡陽	王哲惠	猷嘉	三四	長沙
何培基	乾巽	四五	邵陽	粟戩時	麥邨	五三	長沙
王政詩	嵩父	四二	湘鄉	劉嶽崙	篤彝	六二	衡山
趙日生	必振	六一	常德	王延英	勃哉	六三	永興
李先恕	組丹	四八	平江	蕭仲祁	理衡	六十	湘鄉
李向榮	馨甫	五二	永興	郭向陽	耔南	五七	酃縣
謝申嶽	鍾山	四六	瀏陽	鄺鴻鈞	平衡	五四	宜章
	麓村	五五	湘鄉				

第四期

湖南船山學社新社員一覽表

中華民國二十三年癸酉歲十二月出版

船山學報

第四期

定價表

冊數	定價	郵費
每冊	四角	照章
預定全年	一元五角	

廣告例

冊數	一冊	二冊	三冊	四冊
一面	十元	十八元	廿八元	卅二元
半面	五元	九元	十四元	十六元
四分之一	二元五角	四元五角	七元	八元

◎面頁　底頁　加倍

主編者　湘潭周逸

發行者　長沙中山東路　湖南船山學社

印刷者　長沙萬福街　藻華紙業印刷局　電話五六九

代售處　上海　南京　天津　北京　長沙　武昌　福建　廣州　商務印書館

府正街魏博文書局

湖南船山學社

民國二十三年甲戌歲四月出版

中華郵政特准掛號認爲新聞紙類

船山學報

第五期

湖南船山學社印行

湖南船山學社學報章程

一　本學報繼續本社民國六年以前學報辦理仍名曰船山學報

二　本學報暫定每季出版一次按年編號

三　學報內容分類如左

1圖畫　2特刊　3師說　4講演　5通論　6專論　7專著　8文苑

9劄記　10説苑　11叢錄

四　本社徵文酬例另定之遺稿專著斟酌酬贈詩詞雜文等不給酬但酌贈書報

五　給酬以登出學報者爲限

六　凡來稿本社得斟酌修改之無論已否登出概不退還惟遺稿專著詩詞文集成册者不在此限

七　本報費及廣告費另定之

湖南船山學報第五期目錄

第五期

目錄 二

文苑

文錄

目錄

目錄

詞錄

第二卷第五期 二四二九

第五期

目錄

王船山先生遺像

把鏡相看認不來問人云此是薑齋龜於朽後從人卜夢未圓時莫浪猜　誰筆仗此形骸閒愁輸汝兩眉開鉛華未落君還在我自從天乞活埋

先師自題小影詞也清光緒初元張文心大令從先師祠堂摹得　遺像蓋猶襲明行人司章服　先師以永曆四年任行人司年三十二後又四十一年乃自題小影今摹刻之祠堂者是也湘陰郭筠仙侍郎奉以祀之思賢講舍而為之贊曰

濂溪渾然其道莫窺惟於先生望見端崖約禮明性守道持危闡揚文令是曰先知二百餘年星日昭垂私心之契曠世之師

船山先師手墨

此衡陽　王船山先生書也光緒庚辰館今陝甘總督楊石泉宮保長沙私第知湘潭縣事漢陽黃君屬閱霞城書院課經卷有某生者聞其負時名久矣覩所作乃竊

先生讀通鑑論十數篇以爲己出因批其卷云楚南儒者周子而後惟船山一人而學乃最後顯其文將來必如日月經天江河行地有志之士宜私淑其人不宜錄其文以欺世甫批畢今江蘇候補道門人楊生鴻度購此幅以獻中鵠於

先生學無能爲役豈足以相感於二百年後乃巧與相直有莫或使之若或使之者欲不用以自多其可已耶時節因循踰十三年始識其由如此

光緒十有九年九月朔後學瀏陽歐陽中鵠識於京師寓齋

特刊

船山書院記

湘潭王闓運 遺稿

光緒十一年三月十五日。欽差辦理廣東防務兵部尚書彭玉麟片奏。臣本籍衡陽。士紳奉前湖南學臣朱逌然面諭。刱建船山書院於南城外。擇師主講。已閱一年。因院地偪近城市。不足以安弦誦。繇臣捐貲改建于湘水中東洲。集衡永郴桂府州屬縣舉貢生監肄業其中。延聘師儒。甄別生徒。整飭學規。給發膏獎。動用經費。繇衡永郴桂士紳捐集。書院則繇臣買地改建。未支公款。應免造冊報銷。其肄業生每年期定二月初旬。繇道甄別。先繇巡道札飭各府縣學。詳愼舉報。出具切實考語。送道應試。書院掌教。推擇學問名望素優者。繇本籍士紳商請巡道。巡道轉達學政關聘。不得濫薦。掌教不到。亦不得致送乾脩。以昭愼重。當此海氛不靖。異教龐雜。補救之術。惟在扶持人材。出膺艱鉅。而人材之賢否。端賴學校之陶成。臣以諸生。遭際聖明。忝竊踰分。無濟時艱。所望二三豪俊。景仰鄉賢。養其正氣。儲爲通才。是區區之心。所竊、願者。叩懇飭下湖南撫學臣札行衡永道。將應辦事宜。議定舉行。其南城舊趾。改作船山祠宇。飭有司春秋致祭明行人司行人王夫之。俾士民有所觀感。於我 皇上育才之道。不無裨益。五月初八日。准兵部火票遞回原片。軍機大臣奉旨。禮部議奏。七月十八日。湖南巡撫准禮部咨開。五月二十四日。本部覆奏王夫之既入鄉賢例繇地方官春秋致祭。改建祠宇。未免重複。至所建船山書院。應如所奏責成衡州分巡道主持。本日奉旨依議。八月十八日。由撫札布政使咨道。轉行原奏大臣。其時院產不豐。適衡州有團防餘欵。積年購置田租一千六百石。丁良駿主之。程餘祥議提歸於院以助經費。曰亦公用也。四府州人士聞之。皆悉輸銀錢田產。故船山書院號爲宏富。學官憚其濫舉。每縣率不能三五人。來學者亦自量不輕試。於書院最簡靜矣。及議主講。則書聘闓運。闓運辭。又面要之。乃許一年。至則以外室喧囂。後院精舍狹小。更擴地築重屋五間。尚書已薨。丁良駿主其事。曰新築室宜多留數年。已而諸生與道署閱卷者有嫌。嫌不可去。遂經三年。而朝議改學制。停科舉。以學產並充新學費。管學大臣張百熙。持電告湘撫。留船山書院。楊度者肄業生也。獨議宜先改船山。留學生衡山向仲瑩。稟湘撫。言書院基礎大。租稅多。前經蕭鶴祥請改學堂。爲王之春阻撓。抗違部議。護撫龐鴻書札行議改。巡道譚啓瑞乃陽言增輿地算學兩科以爲調停。宣統壬子。民國民政司劉仁人熙公。移文巡道言船山書院。不新不舊。以有用之財爲無用。而凡籌學堂經費者。皆指目船山。於是衡陽程銖祥、郴陳善均等具陳。初立書院。係衡陽令張憲和奉學院札。仿學海堂專課經文詩賦。本非科舉之學。及彭剛直改建章程。咨部申明。未動公款。私產私學。非外人所能干豫。而湖南都督譚延闓。亦以爲未可議改。然新學家或至聚衆破門占齋房。其欲占居舊書院者。防不勝防。於是院生亦以新學法政爲名。開船山中學於舊館。其所增二科。竟無問學者。闓運名領掌教二十年矣。中間或出遊。或家居。亦間至一視學。或竟終歲不來。其脩金初定四百洋元。程銖祥少之。說王之春。歲益二百元。出其私官奉。其罷官後一年。改學制。乃益歲脩爲千元。而諸生膏火錢慮糜者類此。巡道甄別。州縣申送。皆慮應故事。於是闓運議以書院經費出於田穀。穀賤時斗三四十錢。今乃至斗五百錢。若復舊貫。費立絀。今二十七學。學田產皆被奪。諸生數千人。無所習學。宜罷膏火脩金奬錢。悉以租谷供館食。通告各學諸生。無至者。而新學亦無成。乃悉復舊制。然天下書院盡廢。獨船山學產得全。故具列租田捐數及建築之費。刊石堂壁。以貽學人。

乙卯小雪湘潭王闓運記。

東洲船山書院。彭剛直公奏建。其擴充學田。禮聘名師。衡陽程商霖觀察。引爲己任。詔與學校。斯院僅存。禮重經師。朝野知敬。今讀此記。不僅文字之傳流實掌故之攸關。日月不墜。斯道重光。願吾四府州人士勿忘先正遺烈也。庚申孟夏月道州何維樸敬跋

師說

船山先師詩錄

元日過子直奕

周 逸敬選

今日何年舊歲朝。曉窗新夢試逍遙。韶光流轉誰消息。

春意暇動久寂寥。竹逕雲深通綠靄[illegible]芽雨沁透紅苗。

高[illegible]溪路。回望炊煙隔小橋。

本欄專載船山先師著作如有廣師說者當另闢廣師說欄　編者識

師說

船山遺書未刊稿

惜餘鬢賦

曰桐圭之睦怡兮。虞啓胙於滎河。歷遙紹以迄今兮。孰枝葉之易柯。感膺生之不夙兮。日景倏而西馳。猶及夫搖落之末兮。載夕炤之希微。皇天不植余於邱隴兮。託根荄以成質。聽零露之傾凋兮。隨樵蘇而蕭瑟。庚不被羽毳於余躬兮。翾風跂行于中野。翦以爲衛之白兮。剃以爲尨之赭。顧文身之蠻族兮。睨彫題之裔士。欲導余而往搴兮。余顚迴而不顧。相朔漠之與日南兮。匪卬心之所留。東不嬉夫榑桑之炎烈兮。西旋覈於不周。睎土中而宛詣兮。曰軒與舜之所治。象穹天而表崇隆兮。總元鬢之崔嵬。仰歆夫皇則之嘉兮。內恭承於所生。夫何狂飇暴涑之沓至兮。余九齡而旣嬰。晉弱年而修虔兮。誰錫余以西階之旨醴。念嘉會之莫覿兮。耿潸潸而出涕。滄流芒芒兮天之無門。廓羅繁張兮地之無垠。胥高旻之下兮眇焉巾淪。鬱紆行求兮覬自靖之有循。雖擢折於方今兮。聊不辱於百年。心隨隕而不舍兮。若割肌之猶連。眷匪他之余貽兮。天申錫以在躬。維二人之浩蕩兮。恩永世以不窮。疇捐棄之可忍兮。懷余誓以惟謹。羌不隨夫落葉兮。逐夕風而飄翼。申旦旦以春盼兮。無方寸之或離。泯不告夫今之人兮。維二子其余知。闕狷心之憂閔兮。幾黃壚之葆真。冒不知中道之枉饋兮。痛皇天之不仁。丁昭陽之赤奮兮。元冬居而猶暑。雲垂垂而蕭滅兮。日赫㷼其恆午。熒惑妖于既夕兮。斬余心於須臾。欲奔身而壯拯兮。俄炧燼而無餘。往者之不可追兮、悵皇皇其焉尋。將鬒霜之宜殺兮。余既保夫中林。煢煢余魂兮。若脅望而營於曠野。恨有索而不獲兮。又焉得夫詢者。緬樂春之鼎折兮。在既瘳而未康。彼啓足其猶然兮。非泯忽之可頑。仲子纓絕於濮邦兮。必載結而乃殉。外飾不均於切膚兮。何零喪之可類。余眶眶以怵疑兮。天閶謕而無梯。就巫咸以釋愁兮。古之人其不余稽。涕承輔而猖狂兮。我行野而孰謀。卽敗葉之猥老兮。挹余袖而載猶。侘傺不可以亡慶兮。矧色養其心恬。憂與豫之不相雜糅兮。誰兩情之可兼。顧余疑之未渙兮。廸端策於神告。宛靈氛之俯通兮。遇剝震于宗廟。曰既繇辨以迄膚兮。歷慘凶之必履。終碩果之懸存兮。憯不驚夫霜露。始自今以延延兮。羌百齡而始參。盋食蔬其弗能避兮。護穉實於枝南。霜不可得而隊兮。雹逡巡而難侵。終獲車以永載兮。緩余馬之騶驔。往者旣已反乎皇天兮。遺來者之歸后土。惟茲心之爲碩兮。永不食于終古。

甲寅春、閔躬園之志、長言以達其幽緒而廣之、歷時巳夙、物變益淪、余旣將揮手謝躬園、返於冥漠、銜情永夜、孰與言者、躬園亦孰復口言者、書之縑素、留人間口此理此心、不以口口口口滅也、口口口靜對如鍾武城西欷歔慰藉、僕以口口矣、

辛未伏日、王夫之記並書、時年口口口口於草堂之東牕、

書賦巳、念余爲躬園言情、躬園亦應爲我言情、無容徒勞閔默、雖然、余情何足言者、歷四十五年、馬齒七十有三、粥飯在盂、阿誰操匕箸引之入口、是何國土、稂秕余情何足言者、因憶丁亥夏、倣少陵文山作七歌、當時之情如此、則埋憂窮谷、亦終此而已、無更進於是、亦餘鬢之惜耳、作此者、與夏叔直氏將奔辰沅、求義與堵公所在效死、至中湘道阻、不能往、重爲匪人所困、將斃溝瀆、得上湘人士蕭一夔、破壁相容、敗屋荒林、對哀吟遺稿已亡。參差憶得者如此、書之躬園卷後、郎如躬園之爲我言也、

我生萬歷四七秋、

顯皇膏雨方寸留。聖孫龍翔桂海側。力與天吳爭橫流。峒煙蠻雨困龍氣。我欲從之道阻脩。嗚呼一歌兮向南哭。草中求活如蜎。

風霾蔽天白日昏。今春別父而分奔。臨行忍淚相勸勉。雖死不辱猶生存。前年抗賊受羈困。今者託足望何門。嗚呼二歌兮腸寸斷。白髮扶杖苦驚竄。

吾母鞠我過母長。辛苦免我于羸尪。去年哭婦淚不燥。菜羹誰煑藥誰嘗。況聞餓賊恣掠奪。行採草根充餱糧。嗚呼三歌兮吾食粟。難寄一粒供母粥。

有兄有弟伯與仲。時人誤擬等三鳳。伯兮南奔仲潛伏。化爲醯鷄營醋甕。君親恩重報不得。天涯生死如春夢。嗚呼四歌兮音問絕。獨向湘山聽鳴鴂。

有妻有妻哭父死。匆匆稿葬瘞如蟻。寒食誰澆一盌漿。墓木難留片楓紫。翻令妬汝去此速。不飲湘江腥血水。嗚呼五歌兮思前冬。嶽潭隨我狎蛟龍。

有子有子頭如拳。母死不哭癡笑喧。天崩地裂不汝恤。其生其死如飄煙。古人刀頭覓決絕。我不能然忖汝天。嗚呼六歌兮幸不死。他日定知誰氏子。

洞庭翻波黿鼉吼。倒駕天風獨西走。囘首人間鏡影非。下自黃童上白首。鐵網罩空飛不得。脩羅一絲蟠泥藕。嗚呼七歌兮孤身孤。父母生我此髮膚。

夫之再書

恍惚離奇、不可思議、卻自有端緒可尋、其志良足悲矣、長句則促節哀音、純是血淚、不事規倣、自合騷雅、蓍先生當鼎革之際、痛心家國、所事不就、積誠傾寫、直可光日月而泣鬼神、卒之遯老巖谷間、窮年著書傳世者凡數十種、洵爲數百年來湘中人物之冠、竊謂有明一代繩士之法最嚴、而養士之恩最深、迨地坼天崩、方袍韞巾者抗節捐軀、甘死如飴、所在多有、其收報獄校往古爲最厚、殊令我俯仰慨嘆而不能已也、同治庚午歲、于役邵州、星槎弟以此視我、讀竟爲書於後、仁人誼士、縑墨留貽、不啻鹿脯乞米帖也、星槎其永寶之、文琛、

自古仁人義士、躬遘閔凶、逡巡託於歌詠長言永嘆以抒幽緒、蓋此心此理不可磨滅、拳拳君國之忱、自慨喟不能已也、先生當明鼎革、崎嶇嶺表、志求効死、既知事不可爲、迺竄身荒谷、銜恤永世、著書之富、與亭林埒、貞晦則過之、遺書傳海內者數十種、而此賦與詩不見錄、淒詞苦調、聲淚俱下、每一展讀、楮墨間猶凜凜有

生氣、考先生卒壬申正月二日、此幀爲辛未伏日書、故國之戚、之死不渝、孤忠亮節、爭光日月矣、是卷向藏家默卿茂才家、近歸於余、先生於吾族先世爲因眷、相傳爲其子女所棄、故展轉以及于茲、默卿述流傳甚詳、屬余永寶藏之、既呈漢陽師跋尾、見縑有餘幅、敬綴數言如右、然而孤臣遺墨、僅供家珍、余心殊滋歉爾、時同治庚午夏、邵陽後學曾壽麟志、

是卷藏余家又三十年矣、歷時既久、字多磨滅、先公屢思摹刻以廣流傳、迫於官事、卒未能遂、今付手民、其擡頭低格、悉依先生手書原式、蓋倣影宋本之例、海內讀者如見先生遺墨也、其應避之字、敬謹缺筆、則從遺書體爾、考躬園爲先生弟子、唐姓名端笏、先生爲作此賦而附七歌於後、觀先生自跋、名山付託之思、其感喟爲何如也、光緒丁酉春月祖禧謹誌、

右船山先生以生絹手書惜餘鬒賦及自跋、並七歌共一卷、黃畚叟星垞族叔跋尾、廉敬讀之屢矣、今歲之春、兒敍侯始梓而行之、嗚呼、天之不沒賢者之蹟、蓋其不沒賢者也、考七歌見船山遺書憶得卷內、案其序、蓋先生丙寅病餘所錄、而惜

餘鬐賦、則並無知者、歌之辭隱而賦之辭彰、隱者無患其盡言、彰者恐至於買禍也、故先生以壬申正月卒、而是賦之錄以辛未伏日、蓋孤臣深衷、不敢告人、至於奄奄垂盡而後出授躬園、付之世守、其思幽、其志傷、其自信久而必傳無疑也、惟紬繹其義、賦所謂躬園言情者、首則曰桐圭啟虞、其明證也、而言及狂飈暴凍、九齡既嬰、又有昭陽赤奮元冬猶暑熒惑爲妖云云、意者甲申之變、躬園止九齡歟、而沅湘耆舊集躬園小傳、稱爲明季諸生、疑其入學在永歷時、故謂之明季歟、攷躬園父克峻、長先生七歲、其子凡四人、長端典、古遺、次端揆、次端紳、次端笏、須竹、卽躬園也、先生以少女字躬園子常適、而殤、而梅陰塚詩序稱曰友人唐君之子、約略計之、躬園當少先生十七歲、義兼師友之間、其爲永歷時諸生、或當然也、癸丑之冬、先生詩有云、暄氣重寒月、與元冬猶暑語合、而是歲十一月、吳三桂反滇、十二月陷沅州、豈所謂熒惑爲妖歟、而以爲斬心須臾、欲往極而俄燼者、躬園世家子、豈欲依託以申報韓之志、而旋覺其非而不之赴、此所謂斬心須臾俄燼無餘者歟、考六十稿自序云、楚人謂子高一曰胡胄、一曰胡不胄、皆情之至者也、子高處此甚難、不謂甲寅以還、乃身遇之、然則先生之於此時、固不能無所縈迴於心、則謂爲躬園言卽以自敘可也、君子之於國也猶子之於親、與其亡而趨其死、雖事所不必然、而忠臣孝子之愚忱、則必及此、至於義無可就、功無可圖、而亦已矣、不然、先生甲寅有舟中上巳同須竹詩、又有靑草湖泊同須竹與黃生看遠汀落雁詩、皆磊磊如平時、然則其必無他累可知也、其言敗葉猥老、則豈克峻誌所謂慫恿出仕、決相剗保者歟、動其父不能而蠱其子、猶仍此態歟、至二子則殊不可殁、或言卽跋中夏叔直蕭一夔、然亦無證佐、案二君皆見沅湘耆舊集、而小傳據衡陽志、以夏爲諸生、而湘鄉志言舉於鄉、爲傳聞之異、考家世節錄、偁武夷鑒別墅社後進、如郭季林鳳躚、夏叔直汝弼、何偉孫一琦、俱爲名孝廉、又廣哀詩有夏孝廉汝弼、然則湘鄉志確矣、又如破壁能容得、亦見於憶得卷內、蕭一夔邀飲桐陰、聽叔直彈漁樵問答詩、則一夔之氣誼過人、與叔直之奔走效死、皆卓犖奇士、而以耆舊集之覈、俱不能詳、吾甚惜湘皋之未及見此、而得爲二君及躬園添毫也、又案先生行述、言自粵返後、隨地託迹、或在浯、或在郴、在耒在晉寧漣邵、而吾村澄水之上有書舍、扁曰尋樂堂、先生所書也、其欵曰七十二峯七十二叟王某、其章二文、曰大明典客、曰薑齋、蓋是時吾祖曰萬年曰萬芳、實居於此、近人船山師友錄、稱爲先生弟子者也、然以扁校之、先生題其首曰蕃芷道兄、蕃芷者萬芳君之字、似不在弟子之列、以稱友人唐君例之、或亦義兼師友者歟、而集中載所棲巖谷小詩二十九首、此獨不及、豈以其地非幽勝歟、抑先生之學尙多歟、先生之學、其在吾楚、蓋濂溪之後一人、然亦不但吾楚也、自宋以來賢者、皆有窺見聖人之意、而其不能言者人莫得而言也、言之析者其惟先生乎、是故昔人之辨異端也言其竟也、先生之辨異端也言其始也、始固懸殊而何非天淵歟、是皆聖人之道所以繼往而開來、固非若一節之士必藉斷楮零縑以傳也、雖然揭日月而行者、而二百口口六年陵谷有易、而終不能湮、豈非天之不沒賢者之蹟以傳賢者歟、嗚呼亦可以興矣、三月戊戌曾廉識書後、

按惜餘鬢賦未入船山遺書此稿係轉錄湘鄉王禮培舊藏單行孤本　編者識

師說　惜餘鬘賦

第　五　期

講演

船山先師詩錄

田家始春雜興 三首錄二

周逸敎選

靈雨潤今茲。雲光漾微溫。參差春草生。曳杖行蓽門。仰視歸鴻飛。有叟過我前。知從罷遠遊。龐眉返郊原。欲因問疇昔。微笑無與言。但云歷冰霜。脆壤耕所便。春事相歎息。稚子促夕飧。

林表春鳥飛。高原凍已釋。顧聞農人語。春事在旦夕。衣食亘中古。蠕動亦不息。風美草色齊。雷動土膏坼。天心及物理。往往見驅策。負酒盈我前。長歎悲往昔。天地無終窮。徒爲百年役。欲罷終不能。翛然定何適。

講演

孔道與國家及人生之關係

長沙任福黎壽國

今日各種學說。不外含有國家性及人生觀之關係。而孔子之道。根本卽從個人。修身。齊家。至於治國平天下。無所不賅。無所不貫。國家之安危。均由個人之安危而出。個人之安危。又咸與國家之安危相關聯。舍個人則無國家。舍國家則無個人。不可須臾離者也。若舍個人以言國家。則國家爲空房矣。舍國家以言個人。則個人爲露宿矣。本此二義。而國家組織之法以起。

個人之中有男女焉。男女相偶。始爲夫婦。於是夫婦之義起矣。夫婦旣立。遂有滋生。於是父子之義起矣。滋生旣多。遂有羣長。於是君臣之義起矣。羣長不一。更分尊卑。於是長幼之義起矣。長幼衆多。必有學識道德及人生利害與己相親切者。而後近之。於是朋友之義起矣。凡此五者。謂之五倫。五倫者。猶言五類也。舉古今中外。大而統一之國家。小而酋長之部落。不能外此五端。其名異。其實同。其法異。其性同。此由天定。聖人特述而序之耳。非聖人所能定也。聖人謂之先覺可也。然而五端曷爲有親、義、別、序、信之義耶。曰父子。天合也。天合者無所逃。故曰父子有親。親者、愛也。卽父慈子孝之謂也。父之愛則爲慈。子之愛則爲孝。孝者、效法父之慈仁。轉以敬愛其父。故曰孝也。卽報酬之義也。不言母者。母統於父也。君臣以下。皆爲人合。人合者、有宜有不宜。故曰君臣有義。義者宜也。卽君禮臣忠之謂也。君不以禮。則臣可去。甚則易位。湯武革命是也。臣不以忠。則君可黜。甚則流殺。舜誅四凶是也。各盡其道。各守其職。而國定矣。故曰宜也。非專責於臣之謂也。禮曰、飲食男女。人之大欲存焉。故男女有別。然後夫婦有別。別者、分也。無別無義。則爭奪殺戮之事起矣。故禮始於男女。而成於夫婦。夫婦有別者。卽男有分。女有歸。夫不能婦人之婦。婦不能夫人之夫。然後不至相爭。而夫和妻柔之義成矣。故別者所以安天下也。故曰夫婦有別。羣衆既多。必至紛亂。尤貴有序。序者秩也。整齊之也。孟子曰。朝廷莫如爵。鄉黨莫如齒。輔世長民莫如德。皆序之事也。朝廷以官之大小爲序。鄉黨以年之尊卑爲序。宗族以派敍及年齒後先爲序。三者之中。尤貴有德。故更以德爲長焉。長者在前。幼者在後。長者在上。幼者在下。於是天下定矣。故序尙也。故曰長幼有序。朋友列於五倫者。因補此四倫之缺以相維也。人不能無過。惟朋友能規之。人不能無知。惟朋友能啟之。人不能無求。惟朋友能濟之。故人不可一日無朋友也。惟友之中。有益、有損。益者敬憚。損者密洽。敬憚者多忠。忠則近於信。密洽者多僞。僞則易於欺。故便辟、善柔、便佞、之風興。而傾害、賣友、下石之惡起矣。夫朋友至於不以道義相輔。則其不能信必矣。故孔子曰。信近於義。言可復也。信生於義。故曰朋友有信。至於師弟不列於五倫者。師之尊同於父。故禮曰。事師無犯無隱。左右就養無方。服勤至死。心喪三年。孔子曰。回也視予猶父也。予不得視猶子也。是師弟同父子之義也。又師之敬同於君。晉書欒共子曰。民生於三。事之如一。父生之。師教之。君成之。則師弟又同君臣之義。故子疾病。子路使門人爲臣是也。又師之恭同於兄。故孔子曰以吾一日長乎爾。孟子亦曰。曾子師也。父兄也。如聖門之中。子路僅少孔子一歲。顏路、顏回、曾點、曾參。均同事孔子。路點猶弟。回參猶子。故師之於徒。或稱師弟。則如兄弟之誼。或稱弟子。則如父子之禮。是師弟亦有兄弟之義也。綜此三項。故師弟不能專列何倫。

亦不必另列一倫。以傳道、授業、解惑、爲重。大約在父兄朋友之間。如父之尊。而不能如父之嚴。如友之親。而不能如友之密。其以傳道爲重者。則較父子尤親。所謂相愛以道。非尋常之愛也。韓退之云。師不必賢於弟。要其聞道有先後。學業有專長。則咸當以師尊之。此師弟之義也。故五倫正而天下定矣。此聖人教人明人倫之義也。

夫人倫始於夫婦。而五倫則以父子爲首何也。曰父子、天合也。天合者無所逃。必盡孝敬。上已言之矣。夫婦、人合也。人合者、則可合可離。必愼始終。易首乾坤。而六子繫之。重天合也。詩首二南。而麟趾終之。愼人合也。天合重、則敬天不違。故乾父坤母。凡夫民胞物與之意。皆由敬天而生也。人合愼。則順天罔悖。故六禮一齊。與夫行露標梅之咏。皆由順天而作也。二者人倫並重。故聖人首之。然國家之組織。必先始於家庭。故易稱家人有嚴君焉。父母之謂也。則家庭一小國家也。家庭之中有兄弟。則長幼也。家庭之中有賓師。則朋友也。家庭之中有宗子。則大君也。是一國組織之雛形成矣。宗與宗聯而成爲鄉。則有鄉正。鄉與鄉聯而成爲邑。則有邑長。邑與邑聯而成郡縣。則有郡縣大夫。由郡縣大夫而至於國與天下。無不如是。其初則始於家庭也。若家之中、僅有夫婦、而無父子。則無殊個人。未能生也。而家庭之義未成。非能羣者也。故家庭必先父母。且天下之所以能羣者。莫重乎愛。愛莫先於父母。莫親於兄弟。父母者屬毛離裏之人。兄弟者分行同氣之人。父母無不愛其子。雖至禽獸亦然。而子之能孝父母者。則百不一見。兄弟最初無不相愛。至有妻子則其愛弛。故聖人教人。只言孝弟。能孝敬其親。友愛其兄弟者。易其他四倫亦易盡矣。不能孝敬其親。友愛其兄弟而其他之四倫能盡者。必妄且僞也。故禮曰。不愛其親而愛他人者。謂之悖德。不敬其親而敬他人者。謂之悖禮。所謂違道干譽以從己之欲。此大奸慝也。故先王之以孝治天下。則親親、仁民、愛物。皆可遞及而馴至矣。所謂本立道生也。故五倫首父子也。

或曰。以五倫組織國家。其遂能太平乎。曰五倫者。自然之品類。所謂五品也。親義別序信者。自然之法則。所謂五教也。舜命契曰。百姓不親。五品不遜。汝作司徒。敬敷五教。五教者、卽父子親、君臣義、夫婦別、長幼序、朋友信、是也。夫天下之所以亂者。在於各不得其欲。各不安其分。故妒嫉忿懥爭鬥之事繁矣。小則訟獄。大則干戈。遂擾擾無已時。五教既興。各得其欲。各安其分。爾無我詐。我無爾虞。熙熙攘攘。老死不見兵革。夜不閉戶。道不拾遺。倘何不及文武成康之世乎。所謂道之以德。齊之以禮。有恥且格是也。然而後世之人。不務行此五者。則以私意橫亘其中。欲以智數駕御天下。而天下之人。亦卽以智數與之相抗。故大亂成而不可解矣。如欲行此五者。請以絜矩之道明之。如今之不欲孝父母者。則以爲不孝父母。可以自遂其欲。浸假而其子之不孝。又加甚焉。於是怒之詈之。始知不孝之不可爲。則已晚矣。不欲忠者。則以爲不忠君上。可以自便其奸。浸假而其臣之不忠。亦且同焉。於是褫之罰之。始言不忠之不可用。則無濟矣。欲無別者。則更以爲男女無別。可以隨意亂人妻女。未幾而其妻女轉爲人之所亂。於是張目結舌。自憤自殺。雖悔無別之爲害。然其人之身與家。亦已死亡盡矣。推而至於長幼朋友。無不皆然。當其自爲。靡不快意。及受人施。遂生惱恨。所謂作不順。施不恕也。孟子謂殺人之父者。人亦殺其父。殺人之兄者。人亦殺其兄。然則非自殺之者一間耳。此廢禮義而長奸欺。皆所謂自殺之策也。至於明知明昧。著書立說。剗除人心之禮義。以順從彼之惡欲。不惜荼毒天下之生靈。使儕於禽獸之下。而已得威福自恣。取其權利。然天下之受其禍者。終必悔恨歸怨於指導之人。必且菹醢揚塵以洩其憤。亦終無幸免者矣。此古今好惡之公例也。故書曰。作德心逸日休。作僞心勞日拙。故興五教。則各得其欲。各安其分。而天下定。此必然之理也。奈何今之人。破壞倫紀。破壞道德。終日殺戮。反自詡能造福天下耶。

或又曰。聖人言忠孝。其於革命之說何如。曰湯武革命。順乎天而應乎人。聖人尊之。湯武非得已也。以救國民之生命。故放伐桀紂也。伊尹五就桀者。湯使之也。假使桀能聽尹之言。則湯方歌頌桀之聖德不暇。安有放桀南巢之事耶。桀終不能改。乃始放之。懼以一人毒天下也。然而湯之自言。則曰予有慚德。恐貽來世以爲口實。則其良心之責備。可以見矣。紂之暴虐。又甚於桀。文王三分天下有其二。以服事殷。至於盡忠諫紂。幾爲所殺。則爲臣之道至矣。武王伐紂。爲民請命。伯夷叔齊扣馬而諫。左右欲殺之。太公曰。此義士也。扶而去之。觀於夷齊太公之言。則天下之輿論。尚未盡同也。故曰兵者不得已而用之。至於以臣討君。非常之原。黎民所懼矣。蓋冠履不可以倒置。天位不可以妄干。所以安生靈也。果能人人擅爲之。則生靈必終日糜爛於干戈炮火中矣。此聖人之所懼也。湯自以爲有慚德。武被伯夷叔齊扣馬而諫。太公以義士稱之。所以存君臣之大義也。然而湯武卒無如何必出於放伐者。所謂求其生而不可得。則人與我兩無恨矣。故孟子稱述時日曷喪。予及汝偕亡。與聞誅一夫紂。未聞弑君之言。所以濟生靈之大變也。故湯武革命爲順乎天而應乎人。無絲毫利天下之心。此其所以終爲聖人也。

若夫莽操之徒。蓄謀積慮。傾害人主。謀竊國家。既非禪讓。亦非革命。乃亂臣賊子之尤。故人人咸欲得而誅之。然後爲快。其他六朝五季。皆爲盜賊相襲。本非君臣。亦無國家。直亂世盜賊刼掠生活。釀成五胡亂華。金元滅宋。可爲痛哭者已。安可謂革命耶。

所謂革命信條者。誅其君。弔其民。若時雨降。不稍株連。一也。一戎衣而天下定。歸馬放牛。不延時日。二也。存先代之善政。去末流之秕俗。殷因夏禮。周因殷禮。其所損益。百世可知。三也。萬方有罪。罪在朕躬。百姓有過。在予一人。憂己德之不明。不罪人以反動。四也。不邇聲色。不殖貨利。德懋懋官。功懋懋賞。用人惟己。改過不吝。清心寡慾爲天下倡。任賢使能集天下益。五也。釋箕子囚。封比干墓。式商容閭。散鹿台財。發鉅橋粟。大賚四海。不遺遐邇。奬忠賢誅聚斂。以一新政治。六也。興滅繼絕。舉逸求遺。封帝堯之後於薊。封帝舜之後於陳。封夏之後於杞。封商之後於宋。以彰有德。分建諸侯。以奬有功。與天下共。七也。約法省刑。寬徭薄賦。崇節儉。尙安靜。休養生息。與民更始。八也。凡此八者。皆殷周及漢唐運用革命之真精神。若夫以天下私身。以財賄私家。以賞罰私好惡。以權利私徒衆。滅先王之大法。燒聖人之詩書。用夷變夏。以愚黔首。嚴刑酷罰。以威齊民。欲成爲帝王萬世之業。此秦政暴虐政策。浮於桀紂萬倍。是謂絕天。絕天者爲天僇人。故不二世而斬滅無餘。如世疫菌。終當撲滅。不足以言革命。故革命未可輕言。必法先王。崇正道。安民命。順民意。非可矯飾稱治。如莽操之誘人稱頌功德。而欲以永遠竊國可得者也。故聖人不輕言革命。革命。必待其人。尤未可時時行之。故易曰。窮則變。變則通。通則久。其所以能通久者。必天下之公言也。變而不能通久者。必數人之私言也。以數人之私言。而强天下以必行。則其不能通久明矣。迨不能通久而又變之。則以民命爲芻狗。其荼毒天下。豈有涯哉。故聖人不輕言革命。恐流毒生靈也。若果欲革命者。必以湯武爲法。先正其心。而修其身。以齊其家。而治其國。則一戎衣而天下定矣。奚紛紛爲哉。此聖人之所許也。

至於所謂家庭革命者。古所未聞。古者家庭之變。毋過于舜。舜之父曰瞽瞍。瞽瞍者、不識義理之謂也。舜母早死。父娶後妻。後妻生子曰象。瞽瞍嘗與後妻及象謀殺舜者屢矣。使舜治田作陶捕魚以爲養。瞽瞍與後妻及象安坐而享之。意猶不快。乃使舜升屋治廩。瞽瞍去梯焚之。舜不死。又使浚井。俟其入深。以土覆之。意其必死矣。象乃往妻堯之二女。人倫之變。莫大於此。舜則早從他竇出。在床治琴。當是時。舜之於象。其意氣爲何如耶。象忽巧辭勞舜。舜亦不計前事。且屬象治臣庶。惟以不得於父母爲憂。號泣旻天。意象感悅而調和之。則其心安矣。故書曰。父頑、母嚚、象傲。克諧以孝。卒之瞽瞍和悅而化。孟子所謂瞽瞍底豫。而天下之爲父子者定。此舜處家庭之變也。

其次善處變者。莫若禹。禹之父曰鯀。堯使鯀治水。鯀堙沒洪水。汨陳其五行。方命圮族。不受禹諫。九載績用弗成。堯乃震怒。舜以國法殛死之。使禹治水。禹不敢任。舜卒使之。禹遂胼手胝足。疏瀹江河淮濟。安瀾入海。中原底定。民乃粒食。當是時。禹八年在外。三過其門而不入。惟以治水爲急。至是錫玄圭。告成功。舜嘉禹績。禪位於禹。使治天下。禹乃以鯀配天。此禹處家庭之變也。

其次則周泰伯虞仲。與伯夷叔齊。泰伯虞仲者。周太王子。太王見王季之子文王昌。生有聖德。欲傳位王季。以傳文王。泰伯虞仲知之。遂偕逃荆蠻。後爲吳泰伯。孔子稱爲至德者也。伯夷叔齊。孤竹君二子。父欲立叔齊。伯夷遂逃。叔齊亦不肯立而逃之。國人立其中子。後以諫武王伐紂。餓死首陽山。孔子稱爲求仁得仁者也。此泰伯虞仲伯夷叔齊處家庭之變也。

其次則伯奇申生。伯奇者周大夫、尹吉甫子。尹吉甫娶後妻。虐待伯奇。使之操作艱苦。伯奇履霜鼓琴。不以爲怨。申生者。晉獻公世子。獻公娶驪姬。驪姬欲害申生。重耳夷吾諸公子。而立其子。驪姬使申生祭。申生反獻胙於公。驪姬置毒其中。以罪申生。諸臣使申生辯之。申生不允。使之逃。又不允。曰天下無無父之國。遂縊死。此伯奇申生處家庭之變也。

又有薛包、王祥、王覽者。薛包漢汝南人。好學篤行。父娶後妻憎包。毆逐之。包日夜號泣不去。廬於里門。晨昏不廢。積歲餘。父母慚而還之。父母歿。弟子求分財異居。包不能止。迺取其朽壞荒頓者。弟子數破產。輒復賑給。王祥。瑯琊人。性孝。蚤喪親。繼母朱氏不慈。數譖於父。每使掃除牛下。祥愈恭謹。天寒冰凍。母嘗欲生魚。祥剖冰求之。忽冰解鯉出。母又思黃雀炙。忽雀數十飛入幕。丹柰結實。母命守之。每風雨。祥輒抱樹而泣。其篤孝純至於此。弟覽年數歲。見祥被撻。輒涕泣抱持。至於成童。每諫其母朱以非理使祥。覽與祥俱。又虐使祥妻。覽妻亦趨共之。朱乃止。此薛包王祥王覽處家庭之變也。

大抵家庭變故。多起於後母異兄弟。或爭財產。或父子責善。初則齟齬。後成仇敵。於是人倫大變起矣。若嬀舜之感格。禹之幹蠱。則天下事無不可爲。而乃歸怨於父母耶。至泰伯虞仲伯夷叔齊之讓國。則猶棄敝屣。果何所爭。伯奇順命而不違。申生歸死而不悔。此留天地之正氣。以澤後世者也。薛包王祥守道之正。而王覽能識大義。幹父之蠱。尤爲可風。苟人人知此。則家庭之變。無不消弭矣。

今人倡爲小家庭之說。二十以前。教讀婚配。苛求父母供養之費。無所不至。稍能自立。則携其妻子以去。不顧父母之養。惟私人之耽樂是從。怨懟父母。何有兄弟。則患氣中於人心。處處以責人恕己爲能。更何論國家社會耶。其有根柢甚薄。而呼號振厲。以爲國家社會出力者。必其假借名義。欲謀攘奪權利。非真能愛國家社會者也。

又以婚姻自由。不聽於父母。不謀於兄弟。不諏於親戚長老。不假於媒妁。不遵於六禮。鑽隙踰牆。與之相通。朝離暮合。遂成仇讎。故婚姻之禮廢。而夫婦之道苦。其貽禍於女子者尤深。夫以情交者。情盡則絕。以慾交者。欲過則疎。故禮始於夫婦。不可以不講也。此亦家庭之大變。所宜急弭也。

或曰。不贊成小家庭之說。倘有如焦仲卿妻事者如何。曰。返居於父母之家。歲時仍積誠引罪。祇謁舅姑。盡厥孝養。子終身不娶。待父母之意解。命其同居。然後復之。父母無不愛子者。子婦能盡孝。亦終必解矣。觀於舜之感格。而又曲盡人情。則無不可感者矣。然必子之確能盡孝。又教其婦以孝。乃可感也。

出婦之說。見小戴記。而以無子出爲最苛。恐非聖人之說。無子而不妒。許置妾媵以延嗣續。則當終身以禮敬之。不可使之無歸。而傷天地之和。此亦弭家庭之變之大者也。

然與父言慈。與子言孝。古人各教以義。以盡親愛之道。舅姑統於父母。爲舅姑者。亦當以慈愛爲貴。舅宜避嫌。少與婦接。而姑婦日夕相處。尤貴有恩。視婦如視女。雖責之亦不怨矣。天下之爲姑者。庶可知其所處哉。（完）

君子與仁、

三月四日講演　何鍵

這個題、是上星期五在此擬定。爲什麼要講這個題呢。因爲孔孟之教。教人爲君子而已。君子之學。學仁而已。君子捨仁。無以爲學。孔孟捨君子。亦無以爲教。如孔子曰『君子去仁。惡乎成名。君子無終食之間違仁。造次必於是。顚沛必於是。』孟子曰『君子以仁存心。』又曰『君子亦仁而已矣。』孔孟重視君子與仁。卽此可以概見。孔孟既沒。聖學失傳。讀其書者。專在文字上追求。通於此而不能通於彼。合乎前。而不能合乎後。君子與仁之義不明。孔孟之道。因之而晦。近且有人以論孟學庸所記之君子。前後不是一樣。詆孔孟學說爲無準標。不合科學。又將仁字詮作態度與理智識。孔孟學說爲大圓滑。無甚深義。不知論孟學庸章章爲天經地義之文句。句是布帛菽粟之道。書中言君子與仁之處居半。今妄評若斯。不能不爲講明。

君子者。自主特出之人也。君者尊也。主也。國有尊主則國强。家有尊主則家與。人能中有所主。則不爲非禮。不犯非義。子者滋也。特也。錚錚佼佼。不同流俗。如萬物滋生。萌芽特出。故君子爲自主特出之人。凡隨波逐浪。可以爲善。可以爲惡者。皆不得謂之君子。

四書所記之君子。大概可分爲明善君子及成德君子兩種。明善君子。又可稱之爲士君子。卽學君子而未成君子之德者。如『君子有三戒。君子有九思。君子食無求飽。居無求安。君子而不仁者有以夫。不知命無以爲君子。君子疾沒世而名不稱焉』等等均是。

成德君子有四階級焉。曰忠信君子。曰忠恕君子。曰中和君子。曰中庸君子。凡論孟學庸所載。祇稱君子者。多指忠信忠恕君子而言。君子上有『故』字者。多指中和君子而言。君子上有『是故』二字者。多指中庸君子而言。君子上有『不亦』二字者。乃中庸君子之極則。至平常而至神妙矣。此並非創說。考諸聖言理有可見。特人習焉不察耳。如孟子言、『有諸己之謂信』忠信君子也『充實之謂美』忠恕君子也。『充實而有光輝之謂大』中和君子也。『大而化之之謂聖』中庸君子也。『聖而不可知之謂神』中庸君子之極則。不亦君子也。其中各有實象。不易言說。未至其境。亦無從言說也。

忠信君子者。求仁學之人也。其學以主忠信爲主。如『君子不重則不威。學則不固。主忠信。毋友不如己者。過則勿憚改。君子修己以敬。君子敬而無失。君子義以爲質。禮以行之。遜以出之。信以成之。君子哉。君子信而後勞其民。君子不憂不懼。君子先行其言而後從之。君子於其言。無所苟而已。君子欲訥於言而敏於行。君子恥其言而過其行。君子求諸己』等等。皆忠信君子也。其學重在成己。一切不離忠信。雖爲君子之初階。實乃學君子者之基礎。此基不立。則莫由上進。故曾子每日以忠信之道。三省其身。非無故也。若謂君子乃在位者。春秋時之諸侯大夫。多係斗筲之人。

惡敢當此哉

忠恕君子者能成己而兼能成人之人也其詳備載於大學書中如所謂『絜矩之道』卽其最明顯之註脚又如『己所不欲勿施於人我不欲人之加諸我也吾亦欲無加諸人施諸己而不願亦勿施於人君子學道則愛人君子成人之美君子周而不比君子易事而難悅也悅之不以道不悅也及其使人也器之君子修己以安人君子矜而不爭羣而不黨君子尊賢而容衆嘉善而矜不能君子無衆寡無小大無敢慢君子不以言舉人不以人廢言君子素其位而行不願乎其外』等等皆所謂忠恕君子也學至於此可以治國尚不足以平天下故大學曾子序傳只有治國之法並無平天下之法因曾子祇成就一忠恕君子故也

中和君子者圓成性道可以位天地育萬物之人也往日講家多以『故』爲虛字不知虛中作實學者習而不察耳試引證之如『故子君尊德性而道問學致廣大而盡精微極高明而道中庸溫故而知新敦厚以崇禮故君子不動而敬不言而信故君子之道本諸身徵諸庶民考諸三王而不繆建諸天地而不悖質諸鬼神而

無疑。百世以俟聖人而不惑。故君子和而不流。中立而不倚。故君子不出家而成教於國。故君子欲其自得之也。故君子莫大乎與人爲善。』等等。皆中和君子也。中和君子。又可稱爲大人。大人與天地合其德。與日月合其明。與四時合其序。與鬼神合其吉凶。語大則天下莫能載。語小則天下莫能破。其量以天地爲範圍。平天下有何難乎。如以爲虛字。何其與上言君子大小迥不相同也。

中庸君子者。得性與天道之人也。聖人以是故。二字表明之。是者天道。而故者性道。直可以超乎天地之外。與故君子之言。天下大小又不知相隔若干道里矣。如『是故君子戒愼乎其所不睹。恐懼乎其所不聞。是故君子篤恭而天下平。是故君子動而世爲天下道。言而世爲天下法。行而世爲天下則。是故君子不賞而民勸。不怒而民威於鈇鉞』及易經『是故謂之象。是故謂之爻。是故易有太極。是故法象莫大乎天地』等等。是故之詞。不一而足。而揣其境地。又確與中和君子懸殊。可知聖經之實字易講。而虛字難講。學者不明。何怪勞苦一生。終不知聖道之大哉。

中庸君子。道成德備。其言至平至常。毫無奇異。故名之曰中庸。然平常之中。卽含有神妙之義故曰『中庸不可能也』然中庸不能離忠信忠恕中和之道四者合一方是整個中庸故中庸之道行先從下乘起忠信爲下乘忠恕爲中乘中和爲上乘中庸爲最上一乘大學言『是故君子有大道必忠信以得之』所謂行遠必自邇登高必自卑也故人不可不忠信

中庸君子之上尙有大德乘及太上乘兩階級大德者卽大而化之也如『大德敦化君子所過者化德輶如毛』等等均是所謂大德不德不言德而德存可無心而成化矣太上者言其至高無上不可言說亦不可思議謂爲君子似非君子謂非君子而又確是君子無以名之遂強名之曰不亦君子如孔子言『吾今見老子其猶龍乎』又言『君子不怨天不尤人下學而上達知我者其天乎』又言『人不知而不慍不亦君子乎』孟子言『聖而不可知之謂神』詩經言『上天之載無聲無臭』等等乃中庸之極則此境更不易到故中庸之末以至矣二字表之

以上所分之階級不過爲學者便於研究實行計聖學一貫豈眞有劃然可分之層次哉然各有實際各有景象試依論孟學庸所言之君子而體念之必有能知其

當然、而證明舊說之籠統含混者。至於中庸以上之階級。因境界太高。暫時且存而不論。特不可不知有此境界耳。

君子之義。既略言於上矣。然則仁之意義何如乎。君子與仁之關係。又何如乎。曰。仁極難言。孟子云。『仁也者人也。』在先天爲仁。在後天爲人。後天之人事盡。則先天之仁。性得以後。天之人合。先天之仁。亦卽所謂盡人合天也。至於『仁也者人也。合而言之道也。』詞意極爲顯明。言仁卽人之所以爲人也。人而不仁。不得爲人。人與仁合。道卽在是。換言之。仁卽是道。道卽是仁。仁之重要如此。請亦言其梗概。

漢儒謂『仁者人相偶也。』宋儒謂『仁者心之德愛之理也。』此種解釋。一則義太晦暗。一則界說不明。本此以讀孔孟之書。自不能得孔孟之旨。以進於孔孟之道矣。然則仁字究應如何解釋呢。曰。仁者生生之機。惻隱之心。天地人物之根本也。泉源、爲江河之根本。桃仁杏仁、爲桃杏之根本。卽其仁也。凡有生機之根本與己有益。與世無損者。卽可謂之仁。不因大小而有歧異。故歐美之富强政策。專以滅人之國。夷人之種爲目的者。不得謂之仁。詐僞與貪污之徒。以損人利己爲生財之道者。

亦不得謂之仁。由是推之。敬乃禮之仁。愼乃言之仁。淸廉乃官吏之仁。正己乃爲政之仁。孝弟乃仁之仁。……本此言仁。仁豈遠哉。

仁有全體之仁。有一體之仁。一體之仁易。全體之仁難。如司馬牛問仁。子曰。『仁者其言也訒。』樊遲問仁。子曰。『愛人。』樊遲又問。子曰。『居處恭、執事敬。與人忠。』等等是一體之仁也。如『回也其心三月不違仁。』『一日克己復禮。天下歸仁焉。』『仁者無敵於天下。』『仁者無不愛也。』等等。是全體之仁也。聖門之能得全體之仁者。僅顏子一人。其餘則日月至焉。旋得而旋失之矣。惟其重要而不易得全體也。學者尤不可不致力焉。

仁在人心。謂之忠。忠者。心中之中。人之良心之主人翁也。仁在人身。謂之信。信者、身中之中。人身至善之地也。主忠則得心之仁。主信則得身之仁。主忠信則身心之仁皆得。所謂性命雙修也。孔子言民之於仁也。甚於水火。水火吾見蹈而死者矣。未見蹈仁而死者也。仁與人之關係如此。聖人之重視仁也又如此。故孟子曰。『莫之禦而不仁。是不智也。』此忠信君子求仁之法。大學所謂止至善。中庸所謂致曲。孟子所謂求放心。大要均不外是。乃基本功夫。成己之學也。

仁者。博愛之謂也。愛己謂之忠。愛人謂之恕。恕者推己及人也。夫人同此心。心同此理。盡己之性。當然可以盡人之性。然其要先在成己。若忠信之功夫未盡。絕不能躐等而企。故忠字最要。若夫齊家者。仁於一家也。治國者。仁於一國也。一家仁則一國興仁。治國非有難事也。若私其親近。昵比羣小。厚責於人。薄求於己。以武嚴酷刻爲政。曾無惻隱愛人之心。雖法制嚴明。猶之無益也。此忠恕君子求仁之法。成己兼成人之學也。

若中和君子。則仁量更廣。位天地者。仁於天地也。育萬物者。仁於萬物也。成己成人而又能成物。其德與天地同大。然用力只在致喜怒哀樂之中和。喜怒哀樂之未發謂之中。所謂寂然不動。無思無慮也。發而皆中節謂之和。所謂不思而得。感而遂通也。簡而言之。功夫由愼獨開始。此中和君子求仁之法也。

至於中庸君子。則所過者化。所存者神。小德川流。大德敦化。無人相。無我相。無衆生相。無壽者相。巍巍蕩蕩。無能名。亦無可名矣。明明德於天下。尙知有德也。大德不德。視德輕如毛羽矣。中庸君子地法天也。大德君子天法道也。不亦君子道法自然也。春何爲而花開。秋何爲而葉落。日明於晝。月明於夜。四時代行。萬古不易。孰綱維是。孰主宰是。任有懸河之口。亦不能道其眞象。以其本不可思議測度也。吾人對於中庸君子及大德太上諸階級之境界。應作如是觀。其德雖不可形容。然其爲仁之道。有可見者。如孔子云。『天何言哉。四時行焉。百物生焉。天何言哉。』天地不言。而萬物生成。非天地之仁乎。聖人法道法自然。故愛人愛物。亦出無心。如孔子言。『老者安之。朋友信之。少者懷之。』隨人而各安其所。並無一毫用力作意之痕迹。亦天地無心成化之氣象也。此不過强言其毫厘耳。及其至也。雖聖人亦有所不知焉。只可付諸聖而不可知之數。

聖神雖不可知。然儒言人道。功夫由淺及深。故孔子言。『聖人吾不得而見之矣。得見君子者斯可矣。』又言。『君子去仁。惡乎成名。』而儀封人及陳司敗等。對孔子均稱君子。子貢贊孔子。亦言『學不厭智也。教不倦仁也。』足證天縱之聖。亦不能出君子與仁之範圍。學聖人者。尙無津梁乎。

以上所說。不過淺中之粗。然千里之行。始於足下。以此釋君子。以此求仁。庶乎便於體行。而聖賢之道。於此亦略有線索可尋矣。(完)

右講稿內。有不亦君子四字。或有疑議者。謂不成名詞。但原文中申明曰。無以名之。遂名之曰不亦君子。故仍之。　編者識

古今學制之異同

顏昌嶢

一國之盛衰存亡。視乎其國學制之良否以爲斷。此古今中外不易之定義也。我國學制。以上古三代爲最善。前次石先生已言其概。茲更申言古今學制之異同。蓋學制緣政體而異。我國自來爲君主之國。古者政教出一。君師合一。故曰作之君作之師。舜命九官十二牧。九官之中。任教育者五人。契爲司徒敷五教。伯夷典禮。夔典樂。垂共工。后稷教民稼穡。養國老於上庠。養庶老於下庠。虞庠在國之西郊。注家謂上庠右學大學也。在西郊。下庠左學小學也。在國中王宮之東。其他不可得聞。周時文物大備。學制特詳。其種類如次。一國學。二鄉學。國學即大學。周立四學。皇疏謂四郊皆有虞庠。陸佃云。天子立四學。並其中學而五。中曰辟廱。南曰成均。北曰上庠。東曰

東序。西曰瞽宗。學禮者就瞽宗。學書者就上庠。學舞者就東序。學樂者就成均。大戴禮保傅篇云。帝入東學。上親而貴仁。帝入南學。上齒而貴信。帝入西學。上賢而貴德。帝入北學。上貴而尊爵。帝入太學。承師問道。退習而端于太傅。太傅罰其不則而達其不及。凡此皆大學也。此外又有門闈小學。次舍小學。周禮地官師氏居虎門之左。教國子以三德。（至德以爲道本、敏德以爲行本、孝德以別善惡）三行。（孝行以事父母、友行以尊賢良、順行以事師長）及國中政事之得失。保氏養國子以道而教之六藝。（五禮六樂五射五馭六書九數）使其屬守王闈。（五禮吉凶賓軍嘉六樂。雲門大咸大韶大夏大濩大武五射白矢參連剡法襄尺井儀、五馭鳴和鸞逐水曲、過君表、舞交衢、逐禽左、六書指事象形會意諧聲轉注假借九數方田、粟米、差分、少廣、商功、均輸、方程、盈朒、句股）次舍小學。在內朝之四隅。以教衞士之子弟。宮伯掌之。鄉學分三等。曰塾曰庠曰序。古者二十五家爲閭。閭同一巷。巷有門。有左右兩塾。所謂家有塾也。上老及里胥坐右塾。庶老及鄰長坐左塾。一黨五百家之學爲黨庠。黨庠卽用黨正之廳堂。凡黨皆然。王畿六鄉。鄉有黨百五十。六遂、遂有鄙亦百五十。遂序黨庠。蓋互言之。千里之內。爲序十有二。爲庠三百。爲塾六千。諸侯之國半之。則古者無一人不學可知。鄉塾、秋收後入學。立春出學而就農。家塾所教者。里胥鄰長教之耕。上老庶老教之學。學者學六甲五方書計之事。蘇林云、五方之異書。如今祕書學外國書也。書卽六書。計卽九數。管子書有弟子職一篇。卽古人教小學之書。其秀異者移于庠序。其學科曰鄉三物。六德六行六藝是也。鄉學之教官有三。一曰官。里胥鄰長閭胥黨正州長鄉大夫是也。漢書食貨志、春將出民。里胥平旦坐于右塾。鄰長坐于左塾。畢出然後歸。朝視其出。夕視其入。入者必持薪樵。輕重相分。此所以督之早起。察其勤惰。養成其團結互助之德也。周禮每歲大司徒頒法於都鄙。鄉大夫達之于州。州長集部內之民讀聽之。黨正閭胥亦然。二曰師。致仕之大夫爲父師。士爲少師。里中之老有道德者爲里右師。此皆以教民德行爲本務。三曰儒。以教民道藝爲本務。周官所謂官以貴得民。師以賢得民。儒以道得民也。其他教授管理考校升學諸法。詳於學記王制及周官諸篇者。石先生曾經講及。茲不贅述。其時取士之制。自國學出者爲王朝之官。自鄉學出者爲鄉遂之吏。若鄉學之士不安於小成由司徒而升之國學。則其論選仕進、與國子等。茲列表明之。

王朝之官——進士——國學（大司樂掌之）（俊士 造士）
　　　　　　　　　——郊學（司徒掌之）（選士）
鄉遂之吏——鄉大夫賓興之
　　　　——鄉庠（鄉大夫掌之）（有德行道藝者爲秀士）——州序——黨庠——家塾
　　　　　（鄉大夫士庶人之子均學于此鄉大夫之適子年十五由家塾升國學餘子與庶人升庠序）

我國教育之宗旨。在養成有德行道藝之人才。以備官吏之選。且養成全國勤儉孝弟禮讓之人民。所謂士者出則爲官爲吏。處則爲師爲儒。秦漢以後官師分途。政府但立國學。而鄉學則完全放任。一聽人民之自爲。政府但有考試銓選徵辟之法而已。自革政以來。採取西洋學制。西洋學制原理。與我國數千年教學之宗旨迥殊。其所設高等以上學校雖亦以備國家應用之人才。而其尤注重之點。則在普通小學。所謂强迫教育。一曰國民教育者是也。彼知居今之世。生存競爭。優勝劣敗。非舉全國人之心思才力。共負國家責任。不足以保全其種族。而欲造成全國人同心愛國。共負富國强兵之責。非普及小學教育不爲功。斯賓塞爾羣學肆言所謂欲善拓都。先善么匿。譬之欲築堅牆。先造堅實之磚石。然歐美諸國强迫教育。少者七八年。多者十餘年。各視其國之富力而差。其教育之宗旨。重在養成人民之愛國心。公德心。團結一致。以謀對外。而輔之以生活必需之智識技能。所謂智育德育體育三者缺一不可也。每一小學校。至少必有學生二三百人以上。多者千餘人。蓋學校每年收一班。如四年畢業者至少有四班。否則成爲單級小學矣。全國遍設小學。必各有其負責之機關。乃能成立。故各國皆注重地方自治。使人民自負其責。處理地方公共事務。如道路堤渠警察之類。皆是。而小學校爲地方第一大事。每歲應提地方公欵十分之八以上乃濟。故每一小學區域。非集四五百家之財力。不能成立一校。日本效法西歐德法諸國之地方自治制。以五百戶爲一村或町。（工商之地爲町）一町村爲一學區。因國多島嶼。地形阻隘。故亦有以二三百戶爲一町村者。計日本三府四十三縣。（府縣平行）每一府縣轄郡七八。每一郡轄町村約二三十。日本人口四千餘萬。

平均每一府縣約人口百萬分爲二三百村町。全國、町、村、之數在一、萬、以上。即全國、小、學、校之數一、萬、以、上也。英吉利英倫一島面積僅及湖南三分之一。而爲下級自治區者一萬三千。即小學校一萬三千所也。以此而衡之、我國如果效法外洋。欲強其國。必先強其民質。欲強民質。必普及小學教育。欲普及小學教育。必責成下級地方自治之鄉長鄉議會。而首先宜愼者。莫要于劃分鄉村區域之適宜。一鄉爲一小學區域。小學乃可普及。小學教育既普遍。而地方自治又周密。則政府有所設施或改革。朝定策而夕即通曉於全國。即有狃於故習不能遽行改變之政令。先將應革理由、簡單說明。編於國民小學教科書。使全國人了解。自然下令如流水之原。對內對外。皆以小學爲潛移默化之機關。故易收全國一德一心之效果。此今日設學之宗旨與古異趣者也。

女爲君子儒無爲小人儒（三月十一日講演）

何鍵

上星期日在此講君子與仁。爲便於學者研究計。分別君子爲四個階級。把論孟學庸上的君子引用作證。而石先生給我作參考的『女爲君子儒、無爲小人儒』及胡先生給我作參攷的『後進於禮樂君子也』。當時未列入引證之內者因。這兩章尙須分別講述。方能盡其意義。且上次講演若在文句上玩索。則『故』『是故』『不亦』等字。爲上下文中之虛詞。引來分別君子等第。不免起人誤會。夫聖學一貫。豈真有劃然之界限可分。然聖言深遠。亦豈遂文句所可拘泥。性與天道。含藏於文章之內。特人習焉不察耳。今天講『女爲君子儒。無爲小人儒』一題。亦請諸公勿執守舊句。庶知聖言無不貫通。可免文字理解之障。茲先從儒字說起。孔子云。『儒有席上之珍以待聘。』儒何以有席上之珍呢。因人道的範圍。全是儒道的範圍。儒道純在日用人倫。故儒字從人從需。人所日需之道也。人有身體。卽有倫類。既有倫類。卽有交際應接之事。而常人之於交際應接也。多以人心主事。祇知利己。不顧他人。故於日用之間。應接之事。其未發也不知執中。其既發也罔協於和。或且悖乎天理。逆乎人情。甚非人所日需之道。故不得以儒名。」古人說『通天地人之謂儒』又說『以道得民之謂儒』。儒的究竟。大化聖神。不可方物。非到聖人境界。很難知其全體。就儒行一項說。孔子所答哀公之問。就有十幾種之多。那一種都不易辦到。其實還不過等於太倉一粟。因爲哀公本非高明之君。假使孔子遇着堯舜禹湯文武。所答當更深遠。儒之不易。儒之可貴。不於此更可顯見乎。我們奢言學儒。究竟從何處下手呢。我研究了許久。才得着一點方法。方法是什麼。就是論語上。子謂子夏曰。『女爲君子儒。無爲小人儒。』甚麼是君子儒小人儒呢。何晏說。『君子爲儒。將以明道。小人爲儒。則以矜名。』程子說。『君子儒爲己。小人儒爲人。』謝氏說。『君子小人之分。義與利之間而已。然所謂利者。豈必殖貨財之謂。以私滅公。適己自便。凡可以害天理者。皆利也。』劉止唐說。『儒祇一途。因人品心術不同。遂有託儒之名。以行小人之實者。』四家說雖不同。但意思無二。都說君子正心修身。求其在己。絕不枉道徇人。急於好名。所謂隱居以求其志。行義以達其道。用之則行。舍之則藏。不顧枉尺直尋者。便是君子儒。小人假借聖賢之學。以欺世盜名。平時誦儒者之言。披儒者之服。口聖賢而心盜跖。外儒的初功則可。以爲儒的究竟。安能盡聖道之大全。子夏在孔門。介於狂者狷者之間。而平日瑣瑣碎碎。所作所爲。多是小人儒的功夫。其事實雖無從細考。但觀子貢問『師與商也孰愈。』子曰『師也過。商也不及。』子夏論交。則曰『可者與之。其不可者拒之。』其教門人。則以灑掃應對進退爲常課。與子張子游的意見相差甚遠。卽此三條。推想其餘子夏的規模不大。已無可諱言。孔子見他學小人儒已經成就。仍然把着不鬆。不求進步。所以特提醒他。使他不要以一得自足。還要學君子儒。不可死守小成。乃是這兩句話的真義。不然。子夏已成大賢了。若仍有假借儒名以行小人之實的情形。孔子早令小子鳴鼓攻他了。還許列在門牆嗎。

眞正說起來。學君子儒快樂。學小人儒痛苦。快樂在何處。可行則行。可止則止。無可無不可。何等自由。痛苦在何處。言行動靜。事事都受拘束。心裏想做的事。守戒不敢做。心裏不想做的事。有時非做不可。晝夜過機械的生活。焉得不苦。聖道是無窮無盡的。不想升堂入室。窺見宗廟之美。百官之富。徒規行矩步。較量錙銖。充其量也不過自了其身罷了。與天下國家有何影響。聖賢所以可貴。正因其能代天宣化。彌補天地的缺憾。以安懷蒼生。不能如此。則人類又何取乎尊仰聖賢。而儒爲席上珍的話。到此也講不通。儒道應當束之高閣了。子夏的才能。本非不可爲君子儒。而其拘拘自持。不是誤會了孔子的教法。就是如冉求之劃地自限。卽令才力真有不勝。但人一己百人十己千。豈終無明强的日期。說到此處。孔子因材施教與時時考核弟子的苦心千載猶可想見。

孔門的小人儒。不止子夏一人。凡斤斤自持。守甲忘乙的。都與子夏同病。如子貢救人。人酬謝他一隻牛。子貢不受。是小人儒。曾子耘瓜。誤斬其根。曾晳怒。以大杖擊之。曾子伏地受杖。昏暈幾死。甦醒後。又入房彈琴。使曾晳知他未嘗受傷。是小人儒。樊遲請學稼。與陳亢問伯魚有異聞乎。是小人儒。至君子儒則致廣大而盡精微。極高明而道中庸。小德川流。大德敦化。小大由之。無適不可。祇孔子有子顏子子思孟子有此氣象。其餘門弟子。多是一偏不全。不過狂士居多。有時也近似君子儒。不像子夏處處狹隘罷了。話又說回來了。小人儒雖然狹隘。但其學問德行。俱不易到。且不先學小人儒。便不能學君子儒。小人儒實在是學君子儒第一層階梯。何以呢。古人說。「不矜細行。終累大德」。因一節之虧。而畢生坐廢。騰誚人羣的。古今頗不乏人。孔子是大成的君子儒。我們細細考查外君子而內小人。靦然自以爲儒。便是小人儒。子夏在孔門十哲中已有聖人之一體。而又文學選也。他的文以載道。與今世之虛詞浮說者不同。故其言詩。則爲聖人所稱許。言喪則與聖言相符合。言樂則能發古今之奥。何至於如何程謝劉諸家所說。且儒名之不易得也。上面已經說過。而有小人之稱者。義究何居。信如何程謝劉諸家所說。則子夏固不得稱之爲賢。卽孔子聖人。亦屬語無倫次。所謂論孟學庸。章章爲天經地義之文。句句是布帛菽粟之道。卽不能通矣。今特把我的見解。講明於次。以見聖言之廣大。

所謂君子儒。猶佛所說的大乘法。所謂小人儒。猶佛所說的小乘法。換句話說。就是聖門中的大學與小學。孔孟所說的君子。有幾種階級。不能一概而論。玩索經文。便可窺見一般。如孟子說。『君子修其身而天下平。』又說。『故君子所過者化。所存者神。上下與天地同流。』中庸說。『故君子語大。天下莫能載。語小。天下莫能破。』又說。『是故君子篤恭而天下平。』似此等等君子就是大人。君子就是聖人。言爲世法。行中規矩。不徇於人情。而又不悖乎人情。惟大道之是從。天命之是依。無善處隨處逆皆能無適無莫。義之與比。無論居上居下。皆能不驕不倍。發皆中節。且其性量直包括天地之外。不拘拘於小節。如子見南子。佛肸召。子欲往。及孟子與齊宣王梁惠王所說的話。在狷介的人看來。難免不以兩位聖人的言行爲多事。但孔孟先後行之。令人莫測高深。這就是「君子所爲。衆人不識」所謂「先立乎其大者」所謂「智通乎大道。應變而不窮。處乎氣數之中。超乎氣數之外。」不在瑣屑上講究。便是君子儒。至於小人儒。就與此大不相同。但此處小人。對君子而言。不過未上達君子之域。非無忌憚之小人也。如曲禮所載。及朱子所著的小學上所說。專在應對進退等小事上用功夫。所謂範圍狹小的人。如孔子所說。「言必信。行必果。硜硜然小人哉」。樊遲請學稼。子曰。「小人哉樊須也。」孟子所說。「從其大體爲大人。從其小體爲小人。」這種小人。名爲小人儒。言必信。行必果。本是好事。但有時也非變通不可。故孟子說。「大人者言不必信。行不必果。惟義所在。」兩相比較。廣狹自見。如孟子將朝王。聞王命而遂不果。其答景丑氏的話。全是世俗所驚詫的。君子儒與小人儒的氣象。於此就可判別。不然。守信如尾生。爲河水所淹斃。行果如詩經二子乘舟。壽竊節代兄往齊。爲盜所殺。於事何補。於義何取。此等人能立而不能權。能守而不能進。只知守戒。不知變通。做學孔子的言行。有一處不合禮法嗎。這豈不是行的小人儒了。君子儒譬如力强善走的人。一天能行二百里。小人儒譬如力弱不善走的人。一天只能走五十里。一天能走二百里的人。使他走五十里。當然更輕而易舉。如說能走二百里的人。開步之初。不從一里十里開首。或說改走五十里就腿酸脚痛。那有這個道理。君子儒。是儒的全體。小人儒。是儒的一部分。如大海之水。與一杯之水。分量雖異。而本質無二。若棄了禮法。放蕩恣肆。聽其說詞。真是聖人之言。觀其行爲。乃不如鄉黨自好之士。還謬說我是學君子儒。不屑於爲小人儒。此等行爲。絕非真儒。所以言行一致。才是真儒的實際。吾又聞人類無進取心。就是落武的徵象。日知而月忘。則學如未學。故小人儒應當勉學君子儒。君子儒仍不可廢小人儒。傳上說。賢希聖。聖希天。是小人儒學君子儒。孔子天縱之聖。仍多能鄙事。舜好問而好察邇言。是君子儒不廢小人儒。既名爲儒。那有君子小人之分。既是小人。如何倘能稱儒。這只是從規模大小說。從功夫次第上說。如其不然。不但辱沒子夏。連孔子的苦心。也完全誤會了。近今之人。專在文字上用功夫。偶爾說幾句合道的話。想因文見道。便可稱爲儒者。許多人不知儒的真義。也隨聲附和的承認他。獨不知文章及性與天道是合一的。功業與德行是一貫的。分而爲二。儒的實際安在。講文章外面在字句上推敲。祇能稱爲文人。講文章裏面在字義上詮釋。祇能稱爲理學。都非真儒。總之、不問是君子儒還是小人儒。其解釋的意見有若干不同。但修身的功夫絕不可少。不過君子儒修其大體。小人儒修其小體。真儒處處天真。沒有虛僞。有虛僞的不得名之爲儒。修儒行的人亦要揣度自己的程度。選擇適合的聖言。腳踏實地。切實的向前做去。走一步。得一步。到一境。再進一境。不以道高而畏難。不以小成而自安。自然成就了真儒。小人儒也可進爲君子儒。若務外而忘內。舍本而逐末。用力雖猛。永遠難入儒門。

（完）

先進於禮樂章 （四月一日講演）

何鍵

前兩次在此講述「君子與仁」。及「女爲君子儒。無爲小人儒」。因與先儒所解不同。向來亦無此說。不免起人疑竇。其實並非立異。緣我近兩年來。抄寫論孟學庸。多取朱子集註及劉止唐先生恆解。對於先儒講解精確處。一句一字。都不稍易。若實有可議之點。爲探求真理起見。則亦未便附和雷同。致失聖言本意。今天講述先進於禮樂章。又與先儒意見頗有出入。仍請諸公勿拘泥舊說爲要。按先進於禮樂章。乃是孔子明示舉賢用能的大經大法。如何用賢。賢者以何爲先。一齊包括在內。昔人總說只是用普通禮樂。遂把孔子用人的道理。整個埋沒了。影響所及。魚目與珍珠一色。燕石共和璧同價。而奔競與倖進之風。更被人視爲當然之則。莫知其謬。此非小故。所以本章書實有探求孔子真義。重新詮註之必要。

朱子說。『先進後進。猶言前輩後輩。野人謂郊外之民。君子謂賢士大夫也。』程子說。『先進於禮樂。文質得宜。今反謂之質樸。而以爲野人。後進於禮樂。文過其質。今反謂之彬彬。而以爲君子。蓋周末文勝。故時人之言如此。不知其過於文也。』歷來講家。都出不了程朱二儒的範圍。但是前輩後輩。以何時爲劃分的階段。如以春秋以前爲前輩。孔子不應臆測後世。且春秋時已是文勝其質了。如以文武以前爲前輩。文武以後爲後輩。但後輩仍在孔子前。好比現在人說。康熙時代的人是我們的後輩。豈非笑話。這前輩後輩。先講不通了。況且照此說。先進於禮樂下加野人也三字。後進於禮樂。下加君子也三字。從字面講。那樣都牽强。程子沒法。只得加以文質得宜。及文過其質等字樣。以自圓其說。假使聖人立言。如此隱晦。旣非性與天道。也令人索解不得。非親炙聖門者。誰又不可移聖言以就己呢。君子解作賢士大夫。誠然可講。但賢不賢。以什麽爲標準。未曾指明。亦太嫌空洞。如用之三字。朱子說是用禮樂。禮樂的意義。姑且不說。須知如字是假設之詞。並非實在。然而事實告訴我們。孔子曾學琴於師襄。想見文王。又孺悲見。辭以疾。出取瑟而歌。使之聞之。又擊磬于衞。鄉黨一章。多是孔子所行的禮節。又孔子爲魯司寇。攝行相事。夾谷之會。曾以禮制齊。這一類的事很多。不都是孔子用禮樂的證明嗎。說孔子未制禮作樂。則可。說孔子未用禮樂。只作假設之詞。誰人敢信。且顏淵問政。子曰。『行夏之時。乘殷之輅。服周之冕。樂則韶舞。放鄭聲。遠佞人。』禮樂都在其中。何必再說。這一段空話。這都是可疑之點。我如此說。並非有意與先儒爲難。因爲眞理所在。且恐埋沒聖言。不得不辨。

先進後進。不是名詞。先後是時間的次序。以擔任國家職務時爲階段。以前謂之先。

以後謂之後。進乃登進升進之意。所謂先進於禮樂者。謂其人在未出任之先。已成就一副治國安民的真本領。拿出來就合用。並不要臨時去閱歷或練習。如孟子所說。『舜發於畎畝之中。傅說舉於版築之間。膠鬲舉於魚鹽之中。管夷吾舉於士。孫叔敖舉於海。百里奚舉於市。』又如伊尹舉於有莘。太公舉於渭濱。這幾個人的本領。都是早先造成的。不是入政而後學。便叫做先進於禮樂。因其修學都在草野之中。非廊廟之內。故名之曰野人也。換句話說。野人卽昔時所稱布衣之士。自來賢士大夫有幾個不出自草野呢。試觀舜與木石居。與鹿豕遊。飯糗茹草。若將終身焉。及一旦徵庸。堯試其才。乃使之愼徽五典。五典克從。納於百揆。百揆時敘。賓於四門。四門穆穆。納于大麓。烈風雷雨弗迷。傅說應高宗夢兆。初爲相。卽得舟楫霖雨之譽。管孫百里諸人。都是開首卽有宏規遠謀。建功當時。非修習有素者。安能處常應變。舉措咸宜。那像後世無真才實學的人。做一事才增一閱歷。經一次失敗。才長一次本領呢。這就是先進於禮樂的真義。所謂後進於禮樂者。言其人既已身居高位。不以富貴驕人。仍能禮賢下士。夢寐求才。如高宗求傅說。文王求太公。均虛心承教。事以師禮。而周公以武王之弟。成王之叔。身居冢宰之職。求賢尤亟。常常一沐三握髮。一飯三吐哺。以接見天下之賢士。據韓詩外傳所載。周公所執贄而師見者十人。所還贄而友見者十三人。窮巷白屋之士。所先見者四十九人。時進善者百人。這都是常見者。又孔子家語載。周公常一日而延見一百七十餘人。皆賢士之來告以治道者。一時野無遺賢。眞有如黃山谷詩所稱「渭水空藏月。傅巖深鎖煙」的情况。似此不自滿假。不以小成自足。不以王天下爲樂。則其眞有爲國爲民之心。已昭然可見。這、便、是、後、進、於、禮樂。眞、乃、君、子、人、也。簡單說。在位之人。能富而好禮。以貴下賤。求才若渴。用賢如不及。就、是、後、進、於、禮、樂、之、君、子。禮樂之道。惟、賢、者、能、盡、其量。能、履、行、禮樂、者。方、是、眞、賢。不、用、眞、賢。雖、千、人、諾、諾。又、有、何、用。故、禮、樂、二、字、最、要。眞義如何。容後隔再講。

君子是能自主的人。是以孝弟忠信爲根本。窮達不變操守的人。好比車軸一般。車輪日夜旋轉。而車軸仍在中間不動。又好比北斗星。滿天的星都轉。只有他居其所。永離乎中。雖斗柄圓時移易方向。但僅等於聖人之行權。其實腳根未動。普通人在未遇時。規行矩步。講仁說義。也像有君子之德。誰知一得富貴。多半改其常態。甚至變到仁義的反面。去嫉賢害能。爲奸爲佞了。此等事實很多。如臧文仲自以爲聖人。而不引用柳下惠。趙簡子得志而殺竇鳴犢。舜華。又如龐涓害孫臏。李斯害韓非。等等均是歷代奸臣。更無一不然。此等人的心性。以富貴爲轉移。便是所學不固。全然不能自主。雖有一時的名望。也祇是欺世盜名的僞君子。不得謂之爲後進於禮樂的君子。惟富貴之後。仍能愛才如命。不失本來。才是輕勢貴德的真君子。才堪稱後進於禮樂之君子。

又上次講述『君子與仁』曾說過君子有四個階級。曰忠信君子。曰忠恕君子。曰中和君子。曰中庸君子。功夫做到。統名之曰成德君子。實非創說。實非傅會。四書中言君子處極多。可以取而參證。如說君子有三戒。君子食無求飽。居無求安等等。此種君子。連自治都未能。只是普通想求上進的一個人。是個明善君子。明善君子。只能叫做士。不能叫做君子。說爲君子者。與佛家初發心的人。也可稱菩薩相同。意在引人上進。以君子爲歸宿。若君子不重則不威。學則不固。主忠信。毋友不如己者。過則勿憚改。乃是忠信君子的功夫。與上言明善君子。偏重守戒。大小實有不同。但只是成己。並不能成人。若忠恕君子。則可以齊家治國。絜矩之道。最重恕人。與專門成己者。規範又大相懸殊。惟中庸言『忠恕違道不遠』。足見忠恕尚非一貫之道。曾子之言也。祇是對門人而發。學者如以此爲聖道極則。未免畫地自限。並小看聖道了。若中和君子。則可以位天地育萬物。燮理陰陽。參贊化育。如中庸說『天之所覆。地之所載。日月所照。霜露所隊。凡有血氣。莫不尊親』。比之忠恕君子。只能治國者。又不知大了若干倍。至於中庸君子。則到了從心所欲不踰矩的境界。不可名。亦無能名。所謂『上天之載。無聲無臭』了。中和君子。位天地育萬物。尚有迹像。而中庸君子。則天何言哉。四時行焉。百物生焉。可以無心成化。從容中道矣。四種君子之大小境界。井然可想。安得說君子沒有分別。且更舉例明之。如子路問君子。子曰『修己以敬』。忠信君子也。『修己以安人』。忠恕君子也。『修己以安百姓』。中和君子也。子路一則曰如斯而已乎。再則曰如斯而已乎。至再至三。而孔子之答詞。亦一層深一層。明明表示有階級在內。若無階級。則確實的指定好了。何必作此三樣大小不同的說法呢。修己以敬。只是成己。安人的範圍已大。即孟子所謂仁民。安百姓的範圍更大。百姓不專指人類言。凡有血氣之倫。都包含在內。即孟子所謂愛物。中庸所謂育萬物。子路的程度。尚未至中和。故孔子說修己以安百姓。堯舜其猶病諸一語。一以見中和君子之不易到。一以阻子路之好高騖遠。躐等而進。故特用此言。以打斷其話頭。使之循序漸進。但是說千說萬。學君子非以修身爲本不可。故孔子三答。皆離不了修身二字。以此證之。君子之有階級。豈不更顯明嗎。君子與仁。是不能分開的。仁者無所不愛。但急親賢之爲務。一人身當重任。萬機待理。黎民盈兆累萬。不暇一一去愛。故堯以不得舜爲己憂。舜以不得禹皋陶爲己憂。求得賢人。自能代我。愛民。其平日之勞於求賢。逸於治民者。豈是無故。然非有君子之德。又孰能於此。故孔子發之曰「君子也」君子雖有固階級。但又都可統稱君子。本章書所言之君子。以階級論。在忠信以上。是既有君子之德。而又在位者。因爲忠信君子。尚未至安人安百姓的境界。不過愛人自修是仁。而安的方法是智。行而不僻是勇。此章兩言故盡乎。蓋仁勇智德具足者。有德無才則愚。有才無德則詐。才德缺一不可。一姿字內。自有許多功夫在。不過以德爲本耳。前述「君子與仁」因君子含義太多。一時不能說完。故今天就此補述幾句。其實還是等君子九牛之一毛。君子之豈易知哉。

什麼是禮樂呢。此禮不是禮儀三百。威儀三千之禮。此樂不是鼓瑟鼓琴。擊磬鳴簧之樂。禮就是實行孝弟而有節文。樂就是實行孝弟。樂不可已。這並非無根據之談。孟子說。「仁之實事親是也。義之實從兄是也。智之實知斯二者。弗去是也。禮之實節文斯二者是也。樂之實樂斯二者。樂則生已。生則惡可已也。惡可已。則不知足之蹈之。手之舞之。」這不是證明嗎。爲學不以孝弟爲根本。徒在文章字句上揣摩。學成文人。如司馬相如、楊雄、蔡邕、張華、陸機、陸雲、嵇康、范曄、謝靈運、王勃等諸人。除吟風弄月以外。又有什麼用處。這只是先進於文章。不是先進於禮樂。若學得壞了。藉學術以爲惡。如少正卯、李斯、王莽、曹操、盧杞、丁謂、章惇、蔡京、秦檜、嚴嵩父子等人。犯上作亂。禍國殃民。更是社會上之蟊賊。這不是學之罪。是學無根底之罪。禮樂之真義、不明。其害、太至、如此。故不得不依孟子之言。鄭重說明。要知禮記所載多屬孝弟之道。詩經所歌，尤多愷悌之章。禮樂多重孝弟，除了孝弟，禮樂又何可貴呢？換一句話說：先進於禮樂，是以孝弟為修身；後進于禮樂，是以孝弟為標準，用能孝弟之賢者，以孝弟之道，去治國安民。小至一人，大至國家天下，都在孝弟的範圍內。無一能外。故曰：「堯舜之道，孝弟而已矣。」能孝弟的人，並能孝思不匱，永錫爾類，才可當賢士大夫之名。離了孝弟而講禮樂，便是方寸之木高於岑樓了。

論來富貴之家，習於禮儀，其子弟自幼薰陶漸染，目見耳聞，藉家學之淵源，似乎可不假教訓，自然成材。如夏禹王之後有啟，周武王之後有成康。取才於此，豈不甚好。無如世祿之家，鮮克由禮，此輩生於安樂，不知憂患，未嘗經過勞其筋骨，餓其體膚，空乏其身，行拂亂其所為之艱難困苦，何能練出真才。夫逸居而無教，則何所不為。想他繩其祖武，無忝所生，不啻以水投石，如何能入。所以堯舜之子，不能復為堯舜。而居仁由義，抱道懷寶之賢士，反多在草野之中，囂囂然以樂堯舜之道，彼中有所樂，不願枉道徇人。天下惟不能枉道徇人之人，始能誠心救世，而不為勢位富貴所轉移。夫賢者無求於世可也，世豈可無求於賢。勤勤求之，尚恐有若巢父許由之徒，視天下如草莽。不求更爲能得。聖人用人。以賢能爲標準。不以門第資格親故等爲取捨。故曰『如用之。則吾從先進。』言假使我若用賢。一定取先進於禮樂之野人。因禮失而求諸野。易得真才實學也。本來天地之大。何地無才。都市的範圍。如何能及田野之宏闊。且熱中富貴與讒諂面諛之徒。不安閒散。早都跑向都市。奔走於權貴之門了。用不着去求的。只有奇才異能之士。淡泊寧靜。不求聞達。不得不向草野中求之。野人言其所居之地。先進於禮樂。言其所修之德。但才德爲先而野人在次。故曰『從先進。』能先進於禮樂。就可登用。固不必限定其所在之地。不過草野中真才較多耳。至于周公吐哺見士。皆天下之來告以治道。並非求官諜差。如今之懷刺自薦者。假使皆有所求。周公何能盡滿人意。此點、亦應注意。以消奔走、僥進、之風。

本章書重在求賢用賢。先進於禮樂之野人。與後進於禮樂之君子。語意相同。並無褒貶。而自來說者。總謂後進於禮樂不好。不知此最難能。如文王周公之汲汲求賢。都是後進於禮樂之君子。孔子極端贊成。何嘗有菲薄之意。且後進於禮樂之君子。多是先進於禮樂之野人。野人而能先進於禮樂。當然就是君子。不過得魚忘筌。俗情之常。而環境萬變。亦易令人迷離。若在位而能尊賢用賢。非君子之德。確有成就者不能如此。此等君子。且經過一次富貴的考驗了。如說野人便非君子。聖門中多係草野之士。究竟有無君子呢。且野人與君子。往往卽是一人。如舜在耕陶之時。是先進於禮樂之野人。後來登位舉賢。又是後進於禮樂之君子。孔子若得機會用先進於禮樂之野人。其本身也就是後進於禮樂之君子了。如何能說不好呢。且本身若先無君子之德。登位用賢。便可冒充君子。則王莽之謙恭下士。豈不也是君子了。孔子之意。只要人先進於禮樂。所謂有了牛刀。才可割牛。若自身未進禮樂。僥倖得時。雖能汲引多士。敢斷定雞鶩之羣。必無鵬鶴。如孟嘗君、平原君、信陵君、春申君等。各養客數千人。而雞鳴狗盜之徒。與躡珠履炫豪華之輩。竟雜出其中。豈有真賢。而屈身與之爲伍。信陵君之客雖較好。但祗自利耳。與國家何補。如先進禮樂。而仍非君子。不獨聖言難通。天下便更無君子了。此處應活看。不可迂滯。

總之不論先進於禮樂。後進於禮樂。也不論是野人。是君子。都應該在、禮、樂、二字上、用力。用力、禮樂。祗要實行。孝弟。以立根本。本立。則道立。道高德重之人。達而在上。則能感堯舜禹湯文武周公之治。窮而在下。也能如舜之所居。一年成聚。二年成邑。三年成都。也能如聞伯夷之風者。頑夫廉。懦夫有立志。也能如聞柳下惠之風者。薄夫敦。鄙夫寬。伏處江湖。未嘗不可移風易俗。若夫遇與不遇。並非君子所計。君子只求其在我。而不願乎其外。寧可先進、於禮樂、以自足、乎己。不可吾斯之未能信、而濫吹齊庭。數千年來。治時少而亂時多。都因禮樂之真義不明。而讀書人學非所學。近年、邪說橫行。其弊尤甚。執孔子用人之道。以衡後世所謂賢士大夫。實令人起真才凋落之歎。世會如此。非一朝一夕。所以特就所聞。加以闡發。使禮樂真義。與孔子舉賢用能大法。不再久晦不彰。人能以此修學。則學有根本。以此求賢。則魚目難混。以此用賢。則庶績咸熙。國泰民安。真正賢才也才能有濟濟的一天。（完）

唐宋詩派

湘鄉王禮培佩初

詩文派別。亦至不一。詩之派別。又多於文。自漢魏六朝唐宋。有朝代之派別。由朝代而又有作家之派別。泛言之。爲握管者所共知。乃若輾轉相沿相習之故。由來者漸。而悟入之消息。則亦視乎其學之淺深若何。其領受自若何也。三百篇後。以五言爲極功。漢之蘇李十九首。下逮魏晉。渾厚淵永。自成境界。已非三百篇之舊。唐之高才。又不類漢魏。乃究其所依以爲性命者。卒無有能舍三百漢魏。而自成爲一家之詩。王孟儲韋。何嘗不以大小謝爲樞紐。而歸宿於淵明。本澹靜以入精深。乃能透闢關鍵。勿忘勿助。徹始徹終。廐中萬馬。皆吾師。此其功力。要非旦夕所可倖至。化機入其感動。人事適符天趣。一句之成。一韻之叶。左右逢源。暢於四肢。以意逆志。是爲得之。興觀羣怨。其旨非一。皆忠臣志士勞人思婦。鬱而必發之所爲。唐代名家。亦多征戍別離之篇。藉抒憂思。今之無病呻吟者。意且不存。詩於何有。七言如大風垓下秋風柏梁。氣概高邁。聲情跌宕。長短句歌行。如孤兒盤中。頓挫流麗。盛唐諸公。率不能出其範圍。宋嚴羽謂詩有別材。非關學也。詩有別趣。非關理也。申之曰。然非多讀書。多窮理。則不能極其所至。王漁洋徒取其別材別趣之片辭。標神韻二字以當之。承學之士。徑取王孟蕭散之篇。儲韋枯淡之作。文其淺陋。認吟咏爲別是一事。漁洋淵雅。本非不學。至以神韻之說。選唐賢三昧集。唐詩選。感舊集三書。皆自扶藩籬。計不惜棄他人之所長。悉入一己之鎔鑪。不涉理路。不落言筌者。竟若是其無據乎。夫有周召鄭魏之抒懷景物。則必有魯頌秦風之堆塡。故實言各有當。斷非一節之士。所可概其全而呈其能者。要之神韻本涉於虛。虛不能立一旨也。由體格進而章法而句法而字法。無一不麗於實之一境。實固虛之所麗。而豈曰虛爲實之所麗耶。字有死活。句有研鍊。言章法則渾融爲先。言體格則蒼雅爲重。無朝代無作家。恆必由之者也。古變爲律。唐始有體。梁沈約著四聲聲病之說。以起陳隋有律句而無律體。唐始以比儷整齊爲功用。聲響勻稱爲節奏。蓋上自公卿大夫。下逮閭閻女子。莫不覃精研思以赴之。元楊士弘選唐詩正聲。劃分初盛中晚。學者或病其固。究而論之。本非強作解事。貞觀永徽。是謂初唐。王勃楊炯盧照鄰駱賓王。號稱四傑。以流宕爲用。陳隋纖靡之習。脫化未盡。蟬聯排比。不尙苦思。如飛花著水。輕雲出嶺。其悅目在氣韻。而骨格少遜。殆不足語於清廟明堂之重。神龍已還。開元之初。陳子昂首倡復古。五言音節沖融。詞旨幽邃。沈佺期宋之問之七律。典則而有光輝。是爲初唐漸入盛唐之機。四傑之風。於是始微。

開元天寶。是爲盛唐。聲律風格。完備精純。時則有若王維之工緻。孟浩然之淸雅。儲光羲之真靜。與夫陳子昂之沖融。是爲唐之五言古詩。李滄溟謂唐無五言古詩。陳子昂以其古詩爲古詩者。爲其氣味自別於漢魏耳。要其勝處。有實際。有虛神。能深至。能高揭。氣體博大。其致力在能變黃初正始。而遙接淵明嗣宗。學者所當辨其淵源。而極其究竟。七古山崩海立。直是前無古人。滌洗初唐圓美流利一派。遂使掉弄虛神者。不得望其門牆。大家如李頎高適岑參李白杜甫。句不排比。字不浮豔。氣不平衍。首尾渾成。中樞跌宕。三者一有蹉跌。則七字爲句。已病其長。支悠靡轉。失初唐流動之致。落爲緩弛。黃河積沙。水汜而無所歸矣。賀黃公云。七古須於風檣陣馬中。不失左規右矩之態。長篇中樞宜持緊。結束郤宜放寬。余謂此論。卽滄溟不喜少陵。而不敢遽加以微辭者。則亦東川達夫一派而已。然其於風檣陣馬中。何嘗持緊中樞。作愁縮之態。少陵機杼。不爲風檣陣馬。中間一峯一波。如長江三千里。有洞庭。有小孤。一瀦一束。島嶼帆檣。風日流麗。或用陪襯。或出追憶。賓主位置。好整以暇。此與東川達夫之慨然欲乘桴莽不見洲渚者。境界各別。易之大傳曰。擬議以成其變化。失云變化。則非一道也。五律五排。少陵含宏光大。籠罩諸家。七律間有弛緩。尚不如摩詰之振興。世或混而推之。五絕王孟至矣。七絕二王高渾。亦非少陵所可擬。吾不敢苟同衆論、總之。盛唐作者。音節渾成。浮響庸調。不得攙入。時會所湊。後賢爲之扼腕。俯首而無如何者也。

（未完）

漢代學術（五月十二日講演）

湘鄉顏昌嶢息庵

我國學術。周季爲極盛。因其時政教均不統一。人民思想言論。皆得自由發展。正如近代歐洲諸國解脫羅馬教皇之束縛。成立新宗教後。天文地理聲光化電種種科學。因以發明。周季處士橫議。漢書藝文志敍錄諸子十家。所謂儒家、道家、法家、名家、墨家、陰陽家、縱橫家、農家、雜家、小說家。皆起於王道既微。諸侯力政。秦既統一六國。焚詩書。殺術士。而各家學術流傳不絕。魯國儒生以時習禮於仲尼廟堂。弦歌不輟。漢高至齊。首以太牢祀孔子。可見當時儒家潛勢力甚大。漢興。蕭何以刀筆吏起家。乃法家者流。曹參師蓋公。張良受書於圯上老人。皆道家者流也。叔孫通以儒術顯。爲漢制禮。漢高乃曰吾乃今日知爲天子之貴。可見其阿世取容。宜魯兩生恥之也。漢文帝好黃老。恭儉仁慈。以清靜無爲爲治。爲漢賢君。景帝好法家言。武帝隆儒。始興大學。置博士弟子。西漢之世。以博士入官者有董仲舒、公孫弘、賈誼、疏廣、薛廣德、彭宣、貢禹、韋賢、匡衡、夏侯勝、轅固、后蒼、韓嬰等。以博士弟子入官者兒寬終軍朱雲、蕭望之、翟方進召信臣等。皆以名德著聞。武帝臨軒策士。董仲舒褎然為舉首。為漢儒宗。仲舒明春秋公羊學。下帷七年不窺園。弟兄不面。乘馬三年不知牝牡。其專精如此。何邵公公羊解詁言孔子作春秋為後王立法。三科九旨。其說出於仲舒春秋繁露。三科九旨者。新周。故宋。以春秋當新王。此一科三旨也。所見異辭。所聞異辭。所傳聞異辭。此二科六旨也。內其國而外諸夏。內諸夏而外夷狄。此三科九旨也。此即孔子改制之說。實與顧亭林之郡縣論。黃梨洲之明夷待訪錄。王船山之黃書噩夢。同一為後世立制之意。不足怪也。自仲舒對策。推崇孔氏。黜抑百家。立學校之官。舉茂才孝廉。成漢一代經制。皆自仲舒發之。惟好言五行災異。終始五德之運。開後世讖緯符命機祥術數之學。成為漢代風氣。其後再變而為張角寇謙之之妖妄。此其弊也。公孫弘牧羊海上。四十餘乃學春秋雜說。六十乃以賢良徵為博士。史稱其習文法吏事。緣飾儒術。美容貌。有口辯。得主寵。轅固與弘同徵。謂曰。公孫子宜正學以匡。時。無。曲。學。以。阿。世。董仲舒亦譏弘爲從諛。弘嫉之言於帝使相膠西。其忌險如此。然能儉約輕財重義。位至宰相封侯。而爲布被脫粟之飯。奉祿以給故人賓客。卒儒家無餘財。此其所善。平帝時。褒錄其此爲關內侯。可見漢廷崇儉之風。賈誼晁錯博通世務而明申商。任術數。姚惜抱謂文帝仁厚。所不足者在于法制。故賈生勸之立君臣。等上下。法制定而天下安。雖然。漢之封建諸侯未久。而遽視骨肉如仇讎。懼其相逼而相制以術。不惟內修文德。鞏固王室。以靜待其自定之道。宜爲文帝所不取。至憂淮西之封侯。慮有白公專諸荊軻之事。然則周公封蔡仲。不慮其剸刃以衡成王之胸乎。此策士縱橫之術。所由不合於大道也。晁錯削諸侯封地而致吳楚七國之變。身受其戮。宜矣。其他蒯通朱建江充主父偃莊昜之流。皆縱橫學也。賈山、匡衡、杜欽、谷永、劉向等。皆湛于經術。通達治道。其文辭粲然可觀。東方朔、枚皋、司馬相如、鄒衍、皆文學侍從之士。蔡邕所謂倡優畜之者也。揚雄與劉向並稱爲西漢大儒。雄作太玄擬易。作法言擬論語。晁公武謂其模擬聖人。若影之守形。鮮所發明。又往往違其本旨。正古人所謂畫者謹毛而失貌者也。劉向著新序說苑。多記古事。其言不皆槩諸聖。然向因災異諫外戚疏。因事納忠。文詞深厚。非雄所及。蓋向雖雜而自得者多。雄雖精專而自得者少故也。雄卒受莽大夫之辱。有投閣之厄。宜矣。漢代經學。各有師傳。保其專家。互相攻擊。非其授受者謂之異端。王船山譏其習氣之陋。離析聖道。錮蔽後起之聰明。精義隱而浮文昌。雖傳授六經。不可謂無功。而專家相競。不可謂無罪。而惠定宇則云。漢人通經有家法。故有五經師。訓詁之學。皆師所口授。師說與經並立於學官。經之文存乎訓詁。識字審音乃知其義。故古、訓、不、可、改也。經師、不、可、廢、也。漢之經學。自文帝時。魯人申培公。燕人韓嬰。以詩爲博士。景帝時。齊人轅固生。亦以治詩爲博士。董仲舒、胡毋生。皆以治春秋爲博士。武帝立五經博士。書則歐陽生。禮后蒼。易楊何。春秋公羊而已。公孫宏爲學官。乃請爲博士官置弟子五十人。郡國縣道邑、有好文學、敬長上、肅政教、順鄉里者、詣太常得受業如弟子。一歲皆輒試。能通一藝以上。補文學掌故缺。此漢、世、明、經、取、士、之、典。亦、後、世、明、經、取、士、之、權、輿。史稱自此以來。公卿大夫士吏。彬彬多文學之士。蓋祿利之路使然也。其後五經博士。分爲十四。易立施孟梁邱京四博士。書立歐陽大小夏侯三博士。詩立魯齊韓三博士。禮立大小戴二博士。春秋立嚴顏二博士。共爲十四。所謂今文家學也。及劉歆增置古文尙書毛詩周官左氏春秋。皆孔壁中書。異於漢時隸書。故稱爲古文。前漢經師所不信。劉歆移書太常博士爭之。始立學官。後漢衞宏賈逵馬融等遞爲說解以行於世。昭帝增博士弟子至百人。元帝成帝遞增至三千人。歲課甲乙丙科。爲後世生員科舉之始。光武中興。尤好經術。修太學。建三雍。明帝卽位。親行其禮。坐明堂而朝羣后。登靈臺以望雲物。袒割辟雍之上。尊事三老五更。帝正坐自講。諸儒執經問難於前。搢紳圜橋門而觀聽者億萬計。其時匈奴亦遣子入學。至順帝時。太學生增至三萬餘。三代以後政教風化之美。無有如兩漢者。上無異教。下無異學。詔誥奏議。莫不援引經義以爲據依。國有大疑。輒引春秋爲斷。一時循吏多能推明經意。移易風俗。號爲以經術飾吏事。漢治近古。爲其實行孔教故也。漢儒以禹貢治河。以洪範察變。以春秋決獄。以三百五篇當諫書。治一經有一經之益。王式爲昌邑王師。昭帝崩。昌邑王嗣立。以行淫亂廢。治事使者責問曰。師何以無諫書。式對曰。臣以三百五篇朝夕授王。至於忠臣孝子之篇。未嘗不爲王反復誦之也。至於危亡失道之君。未嘗不流涕爲王深陳之也。臣以三百五篇諫。是以亡諫書。昭帝始元五年。有一男子詣北闕。自謂衛太子。（戾太子）詔使公卿以下雜識視。長安吏民衆觀者數萬人。右將軍勒兵備非常。丞相以下至者莫敢發言。京兆尹雋不疑後到。叱從吏收縛。或曰是非未可知。且安之。不疑曰。諸君何患於衛太子。昔蒯聵違命出奔。輒距而不納。春秋是之。衛太子得罪先帝。亡不卽死。今來自詣。此罪人也。遂送治獄。驗治竟得姦詐。（衛蒯聵得罪於靈公、出奔晉、及靈公卒、晉趙鞅納蒯聵于戚。衛石曼姑率師圍戚、公羊傳曰、曼姑受命於靈公而立輒、曼姑之義、固可以距蒯聵也、輒之義可以立乎、曰可、不以父命辭王父命也、）引春秋決事。如蕭望之引士匄侵齊。聞齊侯卒。引師而還。君子大其不伐喪。丞相御史議封馮奉世。引大夫出疆有可以安國家顓之可也。武帝伐匈奴。引齊襄公復九世之讎。春秋大之。匡衡引春秋之義。諸侯不能守其社稷者絕。丙吉引春秋善善及子孫。李固云。春秋褒儀父以開義路。貶無駭以閉利門。袁盎引春秋君子大居正。光武帝引春秋立子以貴不以長。路溫舒言春秋正卽位。大一統而愼始也。陳忠引春秋之義。臣有大喪。則君三年不呼其門。樂恢言世卿持祿。春秋所戒。膠西王言春秋之義。人臣無將。凡此皆本公羊。漢代風俗之淳。如韓信無行。不得推擇爲吏。陳湯無節。不爲州里所稱。主父偃學縱橫。諸儒排擯不容。李陵降匈奴。隴西士大夫以爲媿。此可見鄉里之化。淸議之嚴矣。前漢經師。多專一經。罕能兼通。且篤守師傳。鮮有撰述。其通經在明大義微言以應時用。後漢多兼通五經。著書解說經傳者甚衆。其學在於章句訓詁。劉歆所譏分文析義。煩言碎辭。歸於無用。其著書論時政之得失。糾世俗之謬誤。釋疑解惑。勸善黜邪。而傳於世者。有王符潛夫論。王充論衡。仲長統昌言。蔡邕常置論衡于枕邊。以資談助。范蔚宗以此三人合傳。而唐韓愈爲作後漢三賢贊云。其他崔實政論。荀悅申鑒、徐幹中論等。皆平平無甚精義。

通論

船山先師詩錄

春興 三首錄二

周逸敬選

嬉春遲暮老廉夫。長臥歸休舊酒徒。不分傳家三傳在。從來亡國一身孤。玉錢月影窺雙鬢。碧海雲波認五湖。一儘龍鍾供世笑。蒼天還識老狂無。

樓空山遠濕煙蒸。返景曼天暝色仍。千里湘皐歸鴈雨。九江春水釣魚燈。馬殷冢在生新草。陸遜營荒挂古藤。夢裏白蘋洲上月。遙遙北渚接黃陵。

通論

讀史探微

趙日生

昔者孔子之修春秋也。筆則筆。削則削。游夏不能贊一辭。夫游夏、聖門之高弟也。孔子聖無常師。問禮問官。不以異端夷狄爲恥。何以於端門受命制作之鉅典。於門下高足。反不得執簡問難。質奇析疑哉。殊不知文章之事。惟自知之。丁敬禮有言後世誰相知定吾文者。夫辭章之學。尚且如斯。而況聖人垂法萬世之書。微言大義。非講習有素。心知其意。烏容侈口而妄議也。不獨聖人垂法萬世之書。其謹嚴如是也。即乙部之史。亦莫不各有當時斟酌之苦心。或直筆以正名。或深文以見義。凡屬良史。莫不皆然。兩史之書崔杼。則直筆也。董狐之書趙盾。則深文也。直筆人所易知也。實事如斯。奮筆直書。以彰其罪。若在時移勢易之後。盡人所能。兩史之所以可貴者。在身臨其境。不避刀鋸鼎鑊。以盡其職也。深文。則人所難知也。何以謂之爲深文也。乃陳義高深之意。非深文周納之謂也。陳義既高。而用意深遠。即春秋所謂微言而與實事或相悖者。夫崔杼之弒君。實事也。趙盾之弒君。非實事也。既非趙盾所弒。何以竟書趙盾耶。蓋所以深罪其亡不越境反不討賊之義。不憚變更其實事而正其罪也。然非董狐之自明其意。則後之讀者。不僅以爲斷爛朝報。且將指爲矯誣謬妄矣。又如帝蜀帝魏之爭。則又各行其是。陳壽之三國志。既帝魏矣。而習鑿齒之漢晉春秋。則又反之而帝蜀焉。司馬光之資治通鑑。則又反之而帝魏焉。朱熹之紫陽綱目。則又反之而帝蜀焉。自其實事而觀之。如陳壽是則習鑿齒非矣。習鑿齒是則陳壽非矣。司馬光是則朱熹非矣。朱熹是則司馬光非矣。莊生有言。此亦一是非。彼亦一是非。其是非烏從而定耶。善乎孟子之答陳臻也。辭受取與。皆得其是。故自其通者而觀之。則無不是。自其泥者而觀之。則無一是矣。夫陳壽生於西晉。典午之位。承於當塗。不以正統與魏。則西晉亦不得爲正統。非臣子恩其本朝之義也。此陳壽之苦心也。習鑿齒生於東晉。五馬渡江。僅存半壁。與劉備之棲身巴蜀相同。不以正統與蜀。則東晉亦不得爲正統。亦非臣子恩其本朝之義也。此習鑿齒之苦心也。司馬光生於北宋。藝祖之位。受禪於周。與典午之受禪於當塗者無異。故不得不援陳壽之例。以爲後史恩本朝之張本。此司馬光帝魏之苦心也。朱熹生於南宋。臨安駐蹕。遠遜巴夔。江左名都。亦淪異域。其視西蜀東晉。更有同情之感焉。此朱熹帝蜀之苦心也。秉筆者之苦心孤詣。而欲言之隱。又不能直白於當時。祇於一二字出入之間。以寄其慨。而溝猶瞀儒不明其旨。左袒右袒。各逞其辭。真所謂爭年鄭市。本自兩非。議爪驪山。良無一是。歌之頌之。詬之詈之。起古人於九原。必皆隱笑而不暇問其爲頌爲詈也。

若夫南朝史官。動詆北朝爲虜索。北朝史官又詆南朝爲島夷。徒以謾罵爲能。義無關於褒貶。村婦詈市。醉漢罵街。所養不醇。貽譏大雅。則又無從諒其苦心而折其獄矣。

讀史糾繆

前人

昔孔子之修春秋也。所見異辭。所聞異辭。所傳聞異辭。其辭既異。則其實事亦乖。舃從而定其是非也。惟孔子大聖。竊取其義。而加以制作之精心。此爲端門受命之特權。非後世諸儒所能妄擬。故麟經萬字。彪煌千古。游夏莫能贊一辭。然而孔子沒而微言絕。七十子喪而大道乖。炎漢去聖未遠。何休已有背經任意反傳違戾之嘆。甚矣傳信之難也。若夫諸史。則三長未備。百繆叢生。欲訂其訛。罄竹難紀。然無關倫紀。則亦不妨等諸郢書燕說。聽其存亡。若事屬誣聖。則有不能不辯者。予豈好辯。予不得已。蓋具崇聖衞道之苦心。而實有莫捫朕舌者矣。龍門所傳。古稱良史。檀弓所記。列於禮經。而其所紀聖賢之事。採擇失愼。疑誤後生。約舉數端。願共治乙部者而商榷也。龍門之記孔子誕生也。襲用古史聖人感天而生之說。竊取演孔黑帝受命之文。比於降卵生商履武誕稷。其意本爲尊聖。亦爲歷朝史氏頌其君父之常。雖虛誕相承。而實非謗讟。而乃摘辭隱約。言之弗詳。簡括其文。率稱野合。鄭玄據之以釋檀弓孔子不知父墓之事。則又望文生義。過甚其辭。殊不知古史所謂野者。對於在朝在廟在家在位而言。既無深文。亦無異義。虞舜巡狩。不死於朝而死於九嶷。古史則書之爲野死。有莘之氓。不祭於廟而祭於墓。古史則書之爲野祭。齊侯之弔莒姜。不弔於家而弔於郊。古史則書之爲野弔。喪者不哭於位而哭於路。古史則書之爲野哭。然則所謂野合者。實不過夫婦旅行授餐適館之謂也。且史公原文。實舉叔梁紇之名。顏氏夫人。爲叔梁紇之繼配。實由父母之命。媒妁之言。家語所載。實事俱詳。王肅採輯舊聞。決非臆造。則實已結婚之夫婦。偶因祀禱。小住名山。此亦極人事之常情。於義理亦無所背。而不意鄭玄執泥過甚。妄比鄖女收嬰之事。異說滋生。此非龍門之誣。而實高密之失。較之麟鼓郊天而尤繆者矣。至於孔氏四世出妻之說。則由於誤解檀弓。而不知檀弓之所謂出母者。其義當同左氏所謂襄公所自出之出。亦猶後世之記子女者。每云某夫人所出。檀弓特簡其辭。而實與喪服之所謂出母。各爲一義。不可混同。若必以喪服之出母而釋檀弓。則證於他書。實多矛盾。叔梁紇之前室。實爲施夫人。於歸孔氏。實生九女。以古人三十而娶之例。則叔梁紇已在四十以上之年齡。生女當弱男。慰情聊勝無。十年伉儷。雖曰鄧攸無子。則小星可卜。何難抱衾與裯。詎肯秋扇相捐。貽譏薄倖。此則稍知自好之士。亦不屑爲。而況所稱先聖王之裔者乎。縱使中谷仳離。別求新特。亦當在曰強曰艾之年。吾考叔梁紇續娶顏夫人之時。已逾六十有四。安有年逾六十之老翁。始爲舍舊謀新之舉。而棄其糟糠。則必施夫人既生九女之後。年逾半百而黃土先埋。叔梁紇始謀鸞膠之續。則施夫人乃爲死別而非生離也明矣。伯魚之母。卽爲幵官夫人。以天縱之聖而爲夫。以學禮之賢而爲子。何至有非儀之失。中道乖離。而且伯魚誕生。已拜國君之寵錫。則夫榮妻貴。世仰型于。安有宰相之婦。下配佣儈庸奴。如張汝舟輩之誣衊李淸照。後儒且證其妄。而況聖人德配。則余小子烏能無辭以辯乎。若夫子思之母。則檀弓明言其爲庶氏。夫庶氏當爲庶母之稱。而漢宋諸儒之註禮者。不引禮家八母之喪制以爲證。而妄採謬說。謂伯魚死而子思之母嫁於衞之庶姓。吾考伯魚之卒。其時孔子已七十矣。不及三年而孔子卒。子思尙幼。甫在繈緥之年。則子思之誕生。距伯魚逝世之時。尙在襁褓而遺孤在抱。重慶俱亡。一線之存。全賴未亡人撫孤以延血統。後世士庶之家。稍能饘粥自給。旣有子女。亦鮮有棄其所生而別求雄狐者。此又可以以今而證古者也。若夫子上之母。當非子思之嫡妻。實爲子思之庶氏。卽爲子上之所自出也。子思所謂爲伋也妻則爲白也母者。蓋謂嫡妻猶在。子上應以嫡母爲母。蓋生母之服。以有嫡母在則降之。亦如父在則嫡母之服亦降。此禮經之通義也。所謂不爲伋也妻則不爲白也母者。意謂嫡母尙在。子上所出之母。尙爲庶妾。應避內寵並嫡之嫌。不當以嫡母之喪而喪其所出之母。故曰道汚而汚。耆謂其位卑也。至於孔氏之先。喪其出母者。則必嫡母已逝。已正位於宮中。又或如尹繼善之生母。援母以子貴之義。銜誥軸而稱太君。則其所出之子。自當以嫡母之喪喪之。故曰道隆而隆也。由是言之。檀弓並無違誤。實漢宋以來。諸儒之釋出母者。知其一而未知其二也。不然。聖人爲人倫之極。則夫婦爲人倫之始。安有世德相承之聖裔。而視夫婦之道。如弈棋。如今日之儇薄少年。倏合倏離者乎。夫七出之條。本古文家之謬說。野蠻陋制。大拂人情。蹂躪貞操。視夫婦之道如傳舍。實與孔聖一與之齊終身不解之聖制。相背而馳。烏有以至聖之家庭。四世而出其妻者。而檀弓爲聖門私淑之高弟。亦何至妄採讕言。干瀆倫紀。良由後儒但知遺而他適之爲出。而不知我所自出亦爲出。名同而義實異也。又如孔子不知父墓。夫不封不樹者謂之墓。既封既樹者謂之墳。墓而不墳。本爲舊制。不封不樹。則臨穴難求。孔子少孤。更難識別。且古不墓祭。禮有明文。雖孝子仁人。巡察狐狸。亦不過望墟墓而興哀。未必盡能指其槥骨斂魂之所在。所謂不知父墓者。如是而已。孔子有鑒於此。故崇封四尺。使子孫永得而識焉。而漢朱諸儒之註者。頓忘前文妄生擬議。同一簡策。乃竟茫若無覩。無乃過於麤觕矣。以上數端。事關誣聖。敢闢詖辭。王肅聖證之書。崔實傳信之錄。未敢竊比。心嚮景行。若有博採羣書。廣收鐵證。俾免畢文孤證之誚。嚮壁虛造之譏。是所望於衞道之君子。

專論

船山先師詩錄

野田黃雀行

周逸敉選

野田黃雀飛且鳴。俯啅飛蟲暗驚。蒼天高高欲訴不得訴。晶丸雙礮空熒熒。我欲持竿驅黃雀。荒徑泥深春雨惡。投竿黃雀結羣飛。亂拂含桃花盡落。黃衫挾彈誰年少。踏草旁皇逐晚炤。鉤棘牽衣不得前。黃雀銜花復銜笑。

專論

祀孔禮樂與國家政治的各種關係

何鍵

今年祀孔。取用瀏陽禮樂。舉大典行大禮。可算近今僅見的偉大而富有意義的盛舉了。孔子在中國社會。雖不似回耶教主那樣的用宗教方式誘導一國民族的思想。啓發一國民族的信仰與團結一國民族的精神。而其中庸之德倫常之訓。維繫人心風俗既數千年。實際上早成爲我民族全體的師表人物。已爲中國任何人所公認。近年一般不逞之徒。離其軌道。外騖是趨。致演成共匪殺人放火的慘禍。雖至外患侵入。千鈞一髮的時候。仍無一毫悔心。且乘機肆擾。無所不用其極。吾人到此。益信孔子之道。有如菽粟布帛之有益於人生。而不可須臾離。本人今日特取用瀏陽縣的禮樂。來舉行祀孔的典禮。實有很重大的很深長的意義在其中。今於未講明瀏陽禮樂之先。略述禮樂與歌舞的起源及其意義。

蓋人祇知進退周旋之謂禮。五聲八音之謂樂。不知禮本乎天秩之自然。樂本乎天續之自然。聖人因其自然。而制爲禮。作爲樂。且應樂而舞。僊僊僛僛。傞傞洋洋。使人日在規矩準繩之中。而有慫然自得之象。故聽其雅頌之聲。而志意得廣焉。執其干戚。習其俯仰詘伸。而容貌得莊焉。行其綴兆。要其節奏。而行列得正焉。進退得齊焉。在那時的士人農人工人商人。無時不在諧和的感化之中。一切邪僻放縱的思想。無從發生。

不僅此也。禮樂歌舞之用。與政治道德相通。樂記有云。禮節民心。樂和民心。政以行之。刑以防之。禮樂刑政。四達而不悖。則王道備矣。又曰樂者天地之和也。禮者天地之序也。和故百物皆化。序故羣物皆別。此禮樂之用。與道德政治相通之謂也。樂記又云。其治民勞者。其舞行綴遠。其治民逸者。其舞行綴短。故觀其舞。知其德。內則云。十有三年。學樂。誦詩舞勺。成童舞象。二十而冠。始學禮。而舞大夏。尚書言夏禹舞干羽於兩階。七旬有苗格。此歌舞與道德政治相通之謂也。

世衰道微。禮樂崩壞。而樂爲尤甚。其原因始於夏桀時之樂官師延。造作淫聲。變亂正聲。以悅婦人。於是一般樂官。咸抱樂器四走。論語大師摯適齊。亞飯干適楚。三飯繚適蔡。四飯缺適秦。鼓方叔入於河。播鼗武入於漢。少師陽。擊磬襄。入於海。從此樂已失亡大半。樂亡禮亦隨之而去。嗣後商鞅申不害等。專以尊君愚民。爲取富貴之法門。禮樂破壞。因而殆盡。漢初雖有叔孫通制禮。但專迎合皇帝心理。全失禮的真義。漢武帝雖然提倡儒術。而其所用之樂。係謳者李延年所進。周武帝所用之樂。係鄭譯學於龜茲國的琵琶演譯而出。都不能算是雅樂。蓋雅樂和平中正。與俗樂導欲增悲者。逈乎不同。惟從流忘返。爲人性之常。淫靡之音。最爲人所歡悅。你看魏文侯問於子夏曰。「吾端冕而聽古樂。則惟恐臥。聽鄭衛之音。則不知倦」數語。卽可以知世人之好俗樂。而不喜歡古樂之明證。俗樂爲墮落人志。破壞人格。毒害最烈之物。班固所謂內則致疾損壽。外則傷民。巧僞因而飾之。以熒惑富貴之耳目者也。子夏曰。鄭音好濫淫志。宋音燕女溺志。衛音趣數煩志。齊音敖辟喬志。此四者皆淫於色而害於德。是以祭祀不用也。世俗之樂。不爲先賢所許。彰彰明甚。吾國今日所通行之樂歌。非淫放。卽委靡瑣細。凄婉蕩志。導人盡趨於因循淫亂之途。皆是鄭衛的遺音。所以改正俗樂。恢復雅樂。實爲不可緩之要圖。

自西學東漸。跳舞之風。盛行於吾國社會。男女摟抱。婆娑一堂。美其名曰交際禮節。不知何所取義。國人喜其新鮮。仿效惟恐不力。焉知吾國古來跳舞。遠非西人所及。文有文的舞法。武有武的舞法。祭祀固然有舞。禮聘宴會。學校市井私人交際。亦莫不有舞。觀詩禮所載。其歌舞之效用。不惟可以樂意志。强身體。且能以致鬼神。以和邦國。以諧萬民。以安賓客。以說遠人。以作動物。與今世之淫亂跳舞。相去何啻天壤。秦漢以後。禮樂崩壞。唐宋之君。雖曾制禮作樂。但有位無德。皆無可取。居今日而言恢復古樂。亦談何容易。幸禮失在野。瀏陽祀孔禮樂。碩果尙存。考瀏陽祀孔禮樂。爲學者邱穀士先生所訂正。先生把他一生精力。完全用在樂學上。將漢以後樂學的支蔓。一掃而空。制成一部很完整的中國雅樂。恢復到固有地位。今天聽其所演觀其所習。雖不能贊爲八音諧奏。雅淡和平。萬舞充庭。雍穆熙皞。而其聲韻鏗鏘。屈伸俯仰。猶可想像其三代法物。非今世澆漓之樂舞所可望其項背。邱先生制成雅樂之後。有先賢曾文正公力爲提倡。當其打開安慶之時。卽聘邱先生的弟子前往教樂。袁世凱時候。亦曾叫內務部派人赴曲阜瀏陽調查。認爲曲阜之禮樂。不如瀏陽。

是瀏陽之樂舞。在中國今日。可謂唯一之雅樂矣。但禮樂之修明。在修明其眞貞之義。譬如樂生歌昭和之章。眞貞之義爲何。樂生舞生。固要深明。禮生亦要深明禮生樂生舞生祀孔之心。可合而爲一矣。祭者與祭者亦要知昭和詩意。把誠敬祀孔之心。循樂舞之意凝而一之。乃可以致神。可以感人。可以動物。爲什麼有如是之效用呢。因爲這些樂器。是按四時八節二十四氣與周天三百六十度等等所製成。實寓相應相求之道在其內。不觀此間所陳之七絃琴乎。如按法度所製之兩琴。一懸掛壁間。一取而撥彈。此琴發聲。彼琴亦動而應聲。卽其明證。故本人謂禮樂之修明。在修明其眞貞之義。否則仍是孔聖所謂禮云禮云。玉帛云乎哉。樂云樂云。鐘鼓云乎哉而已矣。深望保存瀏陽禮樂諸君。務要更求精進。庶不徒爲告朔餼羊耳。

或謂古人治定然後制禮。功成然後作樂。今外患未除。寇氛方熾。而乃高談禮樂。未免倒因爲果。實失政治先後之次序。不知本人此番倡用瀏陽禮樂。非欲以禮樂爲禦寇解危之工具。且今日而高談禮樂。匪惟時代不許。卽本人之德行與政績尤談不到。不過禮樂與政治。及與人生日用之關係。不可不知。而中國以禮讓爲國的眞精神。全以禮樂表現出來。更不可不研究明白。即此二義。用將本人的重要的意見。說明於後。

現在世界競尚武力。戰備日益擴充。軍器日益毒厲。自最近軍縮會議無結果。東西各國。汲汲軍備。已達到劍拔弩張的緊張時期。日本一國。遽加海軍費六萬餘萬。準備三年內軍艦飛機等等。均作極度之擴張。美國及歐西諸國。準備作戰。亦不後於日本。世界二次大戰。起於何時。誠非吾人所可預斷。但最短期之將來。戰禍必將爆發。已在人人的意計之中。二次大戰之起。既如此之迫不可待。中國以積弱積亂的國家。在聽人宰割的立場上。將作何準備。始能自保。這種問題。任何人皆不能作圓滿美滿之答復。我敢說中國即令有自置之各種軍備製造廠。每月能造甲等戰鬥艦一艘。飛機十架。大炮百門。步槍十萬枝。日夜加工製造。亦不能濟事。爲今之計。如果世界戰機突發。中國物質文明。既落人後。斷不可於此時。與捷足者爭趨。以自致於顛踣。惟有與全民努力。同心一致。除相當的追求物質以圖挽救外。仍本我民族歷來禮讓的精神。積極的致力於政治之改良。以興百業。而正人心。積極的致力於禮樂之研究。以重人道而生樂趣。則各國兩敗俱傷的結果。或者能看到中國民族的高尚性。而來取法。猶之疲於奔走。體膚共乏之政客。忽見路旁廬舍。覺得人生真樂。正在此間。羨慕不已。至尊敬農人為天上人。因而痛悔熱中之非。欲尋躬耕之樂。此實吾國今日補救危亡最要之一途。且按之循環盈虛消長之理。今日圖存。即此乃為正法。例如夏至陰生。熱度雖加。而肅肅之陰氣。潛長於其中。冬至陽生。寒度雖增。而煦煦之春陽。潛滋於其際。中國數十年來之病根。可一言以蔽之曰。政治不良。而政治不良的原因。又可一言以蔽之曰。新舊兩失其據。歷年皆言維新而舊的痕跡。仍在其中。亦有人主張復古。而新的形勢。又擾亂其腦筋。有如行路。進退兩所不可。徘徊卻顧。竟日不能行一里。徒然自誤前程而已。中國古代政治。保民為前提。禮以維之。樂以樂之。民知有禮。則心目中皆有無形之矩矱。自然社會秩序。有條而不亂。民樂有樂。則其性情上。已受無色的薰染。自然彼此和睦。離亂不生。古人治定而不更。功成而不敗。皆待禮、樂、維、持、其後。故大亂既定。太平自成。且如中國近年。辛亥革命之後。繼以癸丑二次革命。己卯統一之後。至今仍謀統一。猶之建築。基礎未因。或垣牆初立而卽仆。或屋瓦既合而仍傾。定而不定。成而未成的原因。正緣歷來中央未能講明禮樂之作用。以奠定民志。而所以不講明的原因。未始非今代物質萬能之說。盛行世界。潮流所趨。不敢違背。有以致之。

總觀上述諸義。是禮樂歌舞。乃人類參合天地。用以調理人羣。怡樂人情的唯一法寶。實爲國家政治之根本要圖。自周禮失。雅樂廢。後世所謂禮樂。僅進退周旋之節。與淫佚繁瑣之音。不足爲政治的助力。遂至讀書士子。亦皆不知禮樂的作用。誠可痛惜。近來歐西學者。多謂孔子之道。足以統一世界。爲萬國所奉行。德國且立東方學院。專門研究孔子之學說。並能見諸躬行。較之中國儒者信仰程度。殆尤過之。是欲救中國目前危亡。不能不向孔子道中尋求出路。果以孔子道德倫理之說。倡諸全國。以統一全民之意志。使善惡曲直皎然不可混淆。則戡亂定國。直如反掌耳。

專著

船山先師詩錄

萬峰韜長老去年寄書有不願成佛願見船山之語聞其長逝作此悼之

周逸敬選

大笑隨吾曇。孤遊有歲年。從來愁虎嘯。幾欲試龍淵。別路琴心逈。他生錦字傳。瞿塘無棹在。孫水接湘川。

不雨

百年勝野哭。三楚正蕭條。稍測兵戈意。無疑雨露驕。澄潭星影窄。輕吹晚陰消。涼夕終難適。蒼生一念遙。

專著

船山先生年譜卷上續第四期

八世從孫之春輯

憶得詩。有初婚牧石先生示詩。有日成博議幾千行之句。敬和詩。家世節錄。先君文詞夫之獲見者。贈處士陶公萬梧文注夫之妻父。劉明遇譔陶孺人墓誌銘。陶孺人產衡陽千畝侯。貲累鉅萬。作合於青燈布縷之孝廉而不挾富以驕其夫家。

夏從牧石公讀史曳塗居。

憶得詩有夏日讀史曳塗居。聞松聲懷夏叔直先生詩。家世節錄。仲父和易而方介。恬於榮利。博識工行楷書古詩。晚築室垌外。號曳塗居。蒔花植藥。怡然忘物。每謂漆園吏東皋先生去人不遠。

牧石公孫敏生。玉之公五子。字幼重。號卓楓。行八。

詩有初婚牧石先生示詩有日成博議幾千行之句。敬和七絕一首。夏日讀史曳

塗居聞松聲懷夏叔直先生一首。憶得詩

家世節錄。如郭季林鳳躚夏叔直汝弼。何偉孫一琦。皆所鑒別。俱爲名孝廉。分體稿廣哀詩十九首。有夏孝廉汝弼一首。衡陽縣志夏汝弼字叔直。崇禎壬午舉人。性倜儻負氣。與王夫之兄弟善。流寇陷衡州。汝弼居蓮花峯。夫之依以避亂。明亡遂棄巾服自號蓮冠道人。歌哭無恆。有語及時事者。輙閉目不答。問其姓名。亦弗告也。獨携一童子。囊琴登邵陽梓田山。就古木鳴泉間。踞石彈琴。或泣或吟。又嘗登車駕山觀瀑布。旁皇數日不返。返則仍居山樓。自炊而食。山下有蕭常慶者知其非常人。要之家中。留月餘。復去入九嶷山餓死。

明崇禎十一年戊寅。公二十歲。

始與同人爲文酒之會。

鼓棹初集詠蓮子水龍吟第三闋注。余既作蓮子詞二闋。夢有投素札者。披覽之。云公不棄予小子。補爲酬詞。良厚。乃我本無愁。而以公之愁爲我愁。屈左徒之愉東皇雲中不爾也。且公所詠者。萩絮蓼花。金風玉露。皆余少年事。假以公弱冠時。文酒輕狂。今日爲公道。公其能不赬見於色乎。

明崇禎十二年己卯。 公二十一歲。

從石崖公暨齊公赴武昌省應鄉試。

時公與黃岡熊公渠李公以默會文課議。不犯一時下圓熟語。復不生入古人字句。取精煉液。以靜光達微言。 夕堂永日緒論外編。因憶昔與黃岡熊渭公渠李雲田以默作一種文字。不犯一時不圓熟語。復不生入古人字句。取精煉液。以靜光達微言。所業未竟。而天傾文喪。死生契闊。念及。祗爲悲哽。 熊渠明史忠義傳。作熊霈。字渭公。黃岡人。移居武昌。喜邵子皇極書。頗言未來事。十六年元旦。盡以所撰性理格言圖書懸象大易象諸書付其季弟。曰。善藏之。城破前一日。貽書友人馮雲路。曰。明日當覓我某樹下。及期行樹旁。賊追至。躍入荷池以死。 李以默感舊集傳作以篤。字雲田。湖廣漢陽人。別自號老蕩子。 徐電發續本事詩。雲田才高淪落。龔芝麓爲賦老蕩子行。 吳梅村集有蕩子失意行。贈李雲田。 案楠窗漫記。壬午鄉試。渭公以譁制不預。踰年遂行流落之難。雲田致輸落不偶。故以會文爲是年事。

秋石崖公中副榜。公偕歸至城陵磯遇風。

正考官邵。失名　副考官章正宸首題爲臣不易。次題中立而不倚。三題。佚　南窗漫記。己卯自鄂歸。至城陵磯。風厲檣折。幸得登陸。步至磯上。走岳陽。憩岳侯祠。見王澄川先生永祚題柱云。爲臣死忠。爲子死孝。大丈夫當如此矣。南人歸南。北人歸北。小朝廷豈求活耶。

十月與郭公鳳躚、管公嗣裘、文公之勇、初集匡社。

匡社初集呈郭季林管冶仲文小勇詩有良宵霜月好之句。　郭鳳躚湖廣通志字季陵。衡陽人。崇禎壬午鄉舉。明亡隱石僊嶺。構藥闌竹塢。日吟啄其中。以自娛。　管嗣裘字冶仲。崇禎壬午舉人。張獻忠陷衡州。匿安仁山中。賊執其兄嗣箕索之。佯以死報。獲免。尋從桂王於桂林。爲中書舍人。桂林陷。走靈谿洞。冬夏一敗絮。墾土而食。與西安劉湘客、仁和金堡、廣平成昌時輩、相唱和。李定國入桂林。嗣裘說定國貳於孫可望。迎主自效。定國不能用。遂去。轉入永安州。不知所終。永曆實錄有傳。　文之勇字小勇。崇禎貢生。

詩有匡社初集呈郭季林管冶仲文小勇五律一首。劉子參計偕北上便寄奚中雪五律一首。（憶得詩）

劉子參名惟贊。郴陽人。崇禎己卯舉人。縣志獻賊陷湖南。聞其名。購之急。惟贊率鄉勇扼險自固。賊不敢犯。國變後。隱郴邵之交。築白雲菴以居。永曆實錄。嚴起恆傳。永曆三年。楚師敗於湘潭。何騰蛟被害。楚兵四十餘萬。失主洶洶。惟贊徒步詣肇慶上疏。大旨言宜出起恆督兵。不果用。湖南復陷。

明崇禎十三年庚辰。公二十二歲。

春二月石崖公應詔北上。入國子監。

石崖先生傳略。己卯以乙榜詔入北雝。送伯兄赴北雝詩。有二月暄氣新。及珍重湘流之句。

石崖公既入監。以武夷公暨譚太孺人年老。無日不垂思親之淚。請告歸。不許。遂不復請而歸。

石崖先生傳略。時以六曹黛士雋者獲美除。同舍皆氣矜競獵。兄以父母老請告歸。未允。諸同社以旦夕釋褐相留。兄尤憎其躁競。曰吾安能一日與奔騖者伍。遂拂衣不請而歸。猶憶鄉前輩歐陽正暘翁自北歸。持家兄報夫之往領焉。歐陽翁曰。伯兄無日不垂思親之淚。吾誘之以弈。至三兩局則淚滴冢中矣。詩有送伯兄赴北雍五古一首。月下步春溪樾徑抵金錢冲訪季林。因與小飲七絕一首。憶得詩

明崇禎十四年辛巳。公二十三歲。

春構瀫濤園。種竹雜植花卉。

憶得詩。有瀫濤園初構。種竹。環小軒雜植花卉。盛夏遂以成陰詩。

湖廣提學僉事高公世泰。歲試衡郡。列公一等。文評有云。忠肝義胆。情見乎辭。

高世泰字彙旃。江南無錫人。詩有瀫濤園初構種竹環小軒雜植花卉盛夏遂已成陰逌然有作五律一首。憶得詩

明崇禎十五年壬午。公二十四歲。

湖廣提學僉事高公世泰。科試衡郡。列公一等。刑部郎中蔡公鳳巡按湖南刑獄。

徵會文課。公蒙特獎。期於武昌省城相見。

上蔡威函先生詩注先生諱鳳。以比部郎欽恤楚刑。徵文課。枉見特獎。期於鄂城相待。

夏四月。公長子勿藥生。公從石崖公礎齋公赴武昌省應鄉試。秋七月。與黃岡王公源曾、熊公眾大會同人於黃鶴樓。與者百餘人。拈韻賦詩。

南窗漫記。壬午初秋。黃岡王又沂源曾熊渭公眾會同人於黃鶴樓。與者百餘人。各拈韻賦詩。

熊公眾序公漧濤園詩。

南窗漫記。渭公以禫制不與秋試。爲余序詩。以眉山淮海爲戒。

是科正考官。翰林院郭公之祥。副考官兵科給事中孫公承澤。首題請益曰無倦。次題義者宜也。三題其爲人也好善。好善足乎。曰好善優於天下。同考瀘溪縣學教諭歐陽公霖閱薦。

郭之祥吉水人。孫承澤號退谷。崇禎辛未進士。家世節錄。夫之舉主歐陽方然霖。行述作介 永曆實錄。劉季鑛傳。安福歐陽霖字方然。初名介。以瀘溪教諭陞北流知縣。擢戶科給事中。車駕幸肇慶。請西出桂林。與杜永和廷爭。棄官歸里。閉戶食貧。不通人事。

九月榜出。公以春秋第一。中式第五名。經魁經義錄文呈覽。

行述。壬午以春秋魁與伯父石崖先生同登鄉榜。

陶孺人墓誌銘。王子夫之登湖廣壬午科春秋第一。經義序。弱冠有司錄以呈之君。

石崖公中式第四十名同榜舉人。錄文呈覽。

石崖先生傳略。壬午舉於鄉。錄文呈覽。

衡陽夏公汝弼。郭公鳳躚。管公嗣裘。李公國相。包公世美。中式舉人。

沅湘耆舊集。李國相小傳。字敬公。號芋巖。富平人。嘗應募隨都督劉縉平楊應龍。以功赴部。下三峽。舟覆。負母出巨浪中。功牒濕失。因浪迹衡湘間。崇禎壬午以衡籍舉于鄉。遂爲衡陽人。張賊陷衡。徧索薦紳。强以僞職。不赴者死。芋巖引刀封兩臂。示不可用。得免。鼎革初。自南嶽轉徙山谷。歲更其處。晚築小室。植桃數株。稱桃塢老人。箸逸齋費詞二卷。

同考沔陽知州章公曠。長沙推官蔡公道憲。出闈見公。引爲知己。以忠義相砥礪。行述。華亭章公曠。江門蔡公道憲。是科俱爲分考。時國勢漸不可支。出場後遂引爲知己。互相砥礪。　章曠字于野。別號莪山。華亭人。崇禎丁丑進士。永曆元年。官至武英殿大學士。兵部尚書。督師東安。卒。永曆實錄有傳。　蔡道憲字元白。晉江人。崇禎十年進士。爲長沙推官。張獻忠陷長沙。被執。大罵不降。賊磔之。瘞南郊醴陵坡。贈太僕寺卿。謚忠烈。明史忠義有傳。

冬。自武昌歸。

舟發武昌。留懷熊渭公李雲田王又沂朱靜源熊南吉詩。有漫隨南雁望霜函之句。

十一月。武夷公命石崖公及公同赴公車北上。上湖南道參議金九陛。以衡陽富人有劣而梟者。法當死。屬意餉公兄弟千金治北裝。貸其死。公與石崖公拒卻之。

尊　著　船山先生年譜卷上　一〇

家世節錄。壬午冬夫之上計偕。　石崖先生傳略。時觀察全椒金公念吾兄弟甚貧。欲爲治北裝。邑有劣而梟者。法當死。公屬意令餉吾兄弟千金活之。其人來懇。兄顧問夫之曰。何如。答曰。此固不可。兄喜形於色。曰。是吾心也。或曰。千金不死於市。豈能必彼不幸免乎。兄又顧夫之微笑。夫之曰。吾安能必其死。但不自我可耳。遂峻拒之。

下湘過朱亭。取道江西。至南昌省城。謁舉主歐陽公霖於劉都督綎祠。

有朱亭晴寒寄小勇詩。　癸未江行代記詩序。余歷冬春自袁入章江。　癸亥得安成劉敉功書。知舉主黃門歐陽公已遘逝三年矣。詩注壬午臘初謁公于南昌劉都督綎祠。　劉綎字省吾。南昌人。祠名表忠。朱亭在湘潭縣治上百八十里。

僦大舟劉督綎祠下度歲。

南窗漫記云。壬午殘臘。小艇泊南昌城下。寒雪透蓬窗。不可忍。時張都御史鳳翔方履任。自揚州駕大官舫。已登陸。舟停水次。因僦之度歲。窗閒題句云。行人莫上長堤望。楓葉蘆花處處愁。似是古句。墨跡尙新。於時天下方亂。事無不可悲者。見此令增慘澹。鳳翙以監司賄致節鉞。當不知有此語。或其幕客。則亦有心人也。

按是時李自成已陷河南汝寧開封。進陷湖北襄陽。分兵逼荊州。張獻忠由潛山安慶進逼蘄水。

詩有上蔡威函先生五古一首。黃鶴須盟大集。用熊渭公韻五律一首。舟發武昌留懷熊渭公李雲田王又沂朱靜源熊南吉七律一首。銅官五律一首。劉杜三馳書見訊。書尾以歌者秋影見屬。答之七絕一首。壽錫山高太夫人七律一首。朱亭晴寒寄小勇五古一首。憶得詩

銅官戍在長沙府城北六十里。 劉杜三名自煜。攸人。崇禎丙子舉人。沅湘耆舊集。載有入闈應召經衡。夜宿前溪。寄故人王而農五律一首。 南窗漫記。劉杜三自煜。雖早託胎於竟陵。而不全墮彼法。往往有深秀之句。

明崇禎十六年癸未。 公二十五歲。

詔改本年會試於八月舉行。

正月泊章江。

有元旦泊章江。用東坡潤州韻詩。

歐陽公霖招同劉公曲溟周公二丕泊諸同年遊龍沙寺。觀湯義仍手題。

有歐陽公招遊龍沙寺。同劉曲溟周二丕泊齊年諸子。寺有湯臨川手題卽用爲起句詩。

南窗漫記。南昌城北龍沙四圍。素沙環擁。如銀城雪島。中平敞。爲禪室。有湯義仍手書門聯云。池開沙月白。門對杏榆靑。數十年矣。楮墨未損。悠然想見其揮毫之頃。

石崖公與公決計歸養。遂繇吉安涉雲陽下洣水歸。

石崖先生傳略。計偕至南昌。楚中亂。遂偕夫之歸。行述。歐陽先生諭以歸養。江行代記詩序。至南昌而返。改繇吉涉雲陽下洣水歸。

按是年會試改期八月。公兄弟以道梗不赴。所云楚中亂。蓋是時李自成陷承天。今安陸府張獻忠陷蘄水諸縣也。

（未完）

船山師友記第三 續第四期

湘潭羅正鈞遺稿

金黃門堡。

金堡字衞公。別字道隱。浙江仁和人。崇禎庚辰進士。授臨清知縣。移疾歸。南都陷。魯王監國浙東。堡棄家依之。已知魯王無遠志。走閩陛見。抗疏言。鄭芝龍擁兵自大。無效死興復之志。思文皇帝心善之。已而以母憂解官。全浙陷。不能歸。遂避地沅州。永歷二年。楚粵稍定。出山達桂林。瞿式耜奏請召堡。有旨召見。堡上疏言曰。今日天下敗蹙。陛下據一隅而望中興。非有夏少康漢光武之憂勤剛斷。終無濟理。如欲爲晉元宋高因人成事。亦何者爲可因之人也。今日大患。莫甚於閫外不知有朝廷。而朝廷復以匪人持政柄。貽閫外輕。郝永忠殘賊已復之土。宜檄楚督捦之正法。陳邦傳無尺寸功。爵上公。假敕自稱世守。宜褫其爵。馬吉翔扈從之勞。爵列侯。酬之足矣。宜勿使與政。從此收拾威靈。一歸之陛下。庶幾人心可壹。天命可延。疏入。吉翔大怒。思以陷堡。上召閣臣朱天麟問曰。金堡何等人也。天麟對曰。堡在隆武中爲給事直諫以參鄭芝龍。爲思文皇帝所倚用者。上變色曰。卿謂芝龍爲可參耶。天麟知上意。遂票嚴旨切責堡。自上之立。羣臣率苟容。無敢昌言者。堡疏入。舉朝驚愕。詆堡狂躁。唯袁彭年丁時魁推重之。堡孤立。亦遂與相得。嚴起恆於上前。力稱堡言雖過當。然皇上起多難。萬不可譴直忠。上意稍解。故堡諸劾功罪亦稍得行。永歷三年。孫可望求王封。堡疏爭。中外以爲允。乃罷王封之議。朱天麟居南甯。日與陳邦傳謀所以傾堡者。欲因孫可望以脅上殺堡。乃遣胡執恭作僞册寶。封可望秦王。事既成。會梅關告急。夏國祥以敵旦夕至。諷上去肇慶。而挾陳邦傳以鉗上。且以東粵不保。爲堡等謀國無狀之罪。吳貞毓與馬吉翔謀已定。上棄肇慶。瞿式耜嚴起恆諫不聽。既至梧州。吳貞毓率其黨數十人連疏攻堡。及袁彭年劉湘客丁時魁蒙正發。把持國政。裁抑恩紀。謀危社稷。遂褫職逮下錦衣衞拷掠。嚴起恆率羣臣跪伏求貰。不聽。諸刑皆備。而堡刑尤獨酷。幾死者數四。瞿式耜抗疏申救。不聽。曹志建焦璉胡一清楊國棟馬進忠交章申救。乃下法司定罪。高必正入見。吳貞疏等迎謁。請爲殺堡。必正旣陛見出。卽就堡舟次。抱堡痛哭。吳貞毓等始戢。遂得減死。論戍清浪衞。不得達。留客桂林。瞿式耜館之。堡左足創攣。須杖而行。遂絕意世事。桂林陷。祝髮爲僧去。世所稱澹歸

大師者也。永歷實錄本傳

章靈賦薑齋文集注云。時山陰虞山二相公。孤忠濟難。反蒙主疑。下諫者金堡於獄。幾杖殺之。

行狀云。時緹騎掠諸君舟。僕妾驚泣。府君正色責之而止。

南窗漫記云。挑燈說鬼亦無聊。飽食長眠未易消。雲壓江心天渾噩。蟲居豕背地寬饒。禍來祗有膠投漆。疾在生憎蝶與條。劣得狂朋爭一笑。虛舟虛谷儘逍遙。金衞公堡詔獄後足折。臥舟中。余往省之。書此見示。時余拜疏忤羣小。怒亦將謝病入山矣。

夕堂永日緒論外編云。後起如金道隱。亦亭亭獨立。分作者一席。

遺興詩序云。王君謂是十三年前借山在靈谿所作。於是次韻而和之。不能寄甘蔗生也。爲之悽絕。

鼓棹初集。有聞丹霞謝世。遙爲一哭。尉遲杯一首。

正鈞按。南窗漫記引述疇昔所辱贈示之作。有金道隱黃門堡。自定稾答姚秀才詩。亦有兼呈金道隱之語。與之酬唱甚夥。先生勸嚴起恆救堡等事在二月。永歷實錄桂王紀。五月戍金堡丁時魁。漫記云。詔獄後。則先生過舟中省道隱。蓋在五月以前也。

又按劉氏毓崧曰。自定稾己未聞聖功訃詩。首二句云。閒愁生死外。回首故人無。蓋言肇慶梧州舊僚已盡。則金堡已前沒可知。正鈞按李介夫天香閣隨筆云。金道隱諱堡。爲永歷御史。彈孫逆。廷杖戍金齒。瞿啓泉督師廣西。留之不行。孔有德破桂林。啓泉與張別山死獄中。道隱上書有德。請葬啓泉。有德義其請。葬畢。卽削髮僧服東歸。自號澹歸。今隱居廬山歸宗寺。又南疆繹史言堡以庚寅冬薙髮爲僧。後二十餘年而終。庚寅至庚戌正二十年。其沒當在庚戌之後。辛亥壬子癸丑之際也。借山甘蔗生均道隱別字。

劉僉都湘客。

劉湘客字客生。別號端星。陝西富平人。少爲名諸生。陝西陷。兄遣生客於贛。遂依以居。慷慨有當世志。爲贛撫李永茂所器重。隆武中薦於朝。授汀州推官。擢山西監察御史。閩陷。走廣東。上踐祚。與擁戴。李永茂薦爲三秦人望。可大用。王坤惡其不諂已。假御筆抹斥之。永茂致仕去。瞿式耜奏改翰林編修。充日講官。坤復阻之。爲輟日講。上自桂林出全州。劉承允奏請封馬吉翔及郭承昊嚴雲從伯爵。御史毛壽登疏論之。侍講周鼎瀚謂承允壽登疏湘客所草也。承允怒。矯旨縛之闕下。將杖之。廷臣跪救。不釋。承允佯跪求免。乃釋之。湘客落職。時承允欲邀上幸武岡。湘客與瞿式耜言。上宜返蹕桂林。中制粵楚。式耜馳疏諫。承允怒上遂入武岡。湘客旣斥避兵居柳州。承允降。上奔柳。乃復湘客職。敕往桂林。協贊留守軍務。上幸桂。進中允。郝永忠潰掠桂林。上幸南甯。勅湘客返桂安撫。及廣東反正。上出肇慶。湘客入見。擢侍讀學士。朱天麟王化澄以湘客非科目。不當入內制。忌摘之。湘客請外除。遂用前御史。積資改都察院僉都御史。協理院事。與都御史袁彭年。秉憲綱。裁正冒濫。吉翔故怨湘客。至是益甚。遂日爲蜚語。稱湘客與彭年結科臣丁時魁金堡蒙正發。結黨把持。永歷四年。上奔梧州。吳貞毓等奉吉翔意。率羣不逞。交參湘客堡時魁正發。遂逮下獄。掠治之。革職。胥靡論。湘客出獄無所歸。客桂林數日。桂林陷。丁時魁降。邀湘客出。湘客匿

緇流中。得免。李定國復桂林。遠生赴之。定國顧往往就遠生問湘客塋甚摯。桂林再陷。匿賀縣山中。未幾卒。永曆實錄本傳

五十自定槀。庚寅年有劉端星學士昭州初度。時初出詔獄一首。五律

正鈞按。劉端星著有行在陽秋。言粵事甚悉。昭州爲平樂舊名。自定槀是年有晨發昭平。飛雨過驢脊峽上泊甑灘會月上有作一首。泊甑灘是平樂縣界。由昭平至平樂水路。今初度詩有云。過嶺金風燧。當階暑日懸。當是七月間。蓋先生亦以此時去官。與端星同至平樂也。南窗漫記引述疇昔所辱贈示之作。有劉端星學士湘客。則同在梧州時。尙多酬贈。

（未完）

管子學商榷 續第四期

蒼石山房原稿

第四篇　內業

道滿天下。普在民所。民不能知也。詩云。天生蒸民。有物有則。百姓日用而不知耳。

一言之解。上察於天。下極於地。蟠滿九州。解。謂了察推及也。蟠。旁薄之貌。謂得其一言之會悟。上天下地。充滿六合。鳶飛魚躍。花發水流。無非道也。

何謂解之。在於心安。謂得其心之所安。孟子言君子深造之以道。欲其自得之也。自得之。則居之安。即此意。

我心治。官乃治。我心安。官乃安。治以功用言。安以效果言之。惟能治。然後能安。

治之者心也。安之者心也。心以藏心。心之中又有心焉。有官體之心。有神明之心。故曰心以藏心。

彼心之心。意以先言。孟子言。盡其心者。知其性也。知其性。則知天矣。性即指神明之心言之。意原本作音。今正。意者心之動。若有音然。心何以動。神明動之。神動而天隨。其不能無言者。天人之應也。

意然後形。形然後言。形謂動機之發現。孟子所謂根於心。生於色也。心既感於物而動。言為心聲。則自動以宣之。

言然後使。使然後治。不治必亂。亂乃死。使。令也。言出而布之於令。治身治人一也。天君泰然。則施於身者。言必由衷。四體不言而喻。施於事者。令出惟行。四海之民。皆歸心焉。故治亂生死之故。咸因之。

此上爲內業篇之第八章。言心安然後事治。安心之法。在於誠意。意者神之動。神無方無體。上察天。下極地。體物而不可遺。而所以安之者心也。心安則神安。神存則道存。道在則事以之治。而人以之生。否則亂則死。天之理也。一言而可以興邦。一言而可終身行之者。其正心誠意之道乎。

精存自生。其外安榮。內藏以爲泉源。浩然和平。以爲氣淵。精者。神之糧也。氣者。神之馬也。精以養神。氣以載神而心之舍。所以藏神。外榮有光。內藏不竭。夫是以有生生之氣。淵以深靜言之。

淵之不涸。四體乃固。泉之不竭。九竅遂通。乃能窮天地。被四海。淵指氣言。泉指精言。精氣常充。如淵泉之不涸不竭。以治身。則體固而竅通。以治世。則天地匪大。四海匪遙矣。

中無惑意。外無邪菑。心全於中。形全於外。不逢天菑。不遇人害。謂之聖人。無惑。謂誠也。意誠則心正。而邪無從入。菑亦自無隙而生。心全則形全。心正而后身修。其理如此。天菑人害。皆由人心之不正有以召之。人同此心。天人一理。其感應有至神者。聖人亦自反諸其心而已。

人能正靜。皮膚裕寬。耳目聰明。筋伸而骨強。正靜。謂正其心而靜其意也。意靜則氣得其所養。而精安於其舍。夫是以心正身修。而皮膚耳目筋骨自收其寬裕聰明強固之效。曾子所謂德潤身。心廣體胖。即是義也。

乃能戴大圓而履大方。大圓。天也。大方。地也。人受天地之正氣以生。息息與天地相通。其仰愧俯怍者。心自不正耳。

鑒於大清。視於大明。大清。謂虛空。大明。謂日月虛靈之感。神明之應。在人自有以昭格之。

敬慎無忒。日新其德。遍知天下。窮於四極。無忒。謂無差異。敬其事。慎其言。無有過失。則德日新。敬則精完。慎則氣厚。誠積而生明。天下四極。猶指諸掌耳。

敬發其光。是謂內德。光。原本作充。亦通。發其光者。孟子所謂充實而有光輝之謂大。此內得之效也。

然而不反。此生之忒。謂人不知反求諸己。而逐逐於外物。意不誠。心不正。則身不修。而此生日在差忒中矣。

以上爲內業篇之第九章。言養氣儲精之法。精存則安。安則榮。氣養則和。和則平。精榮則皮膚筋骨耳目九竅。皆被其潤澤之滋。而內藏不竭。氣平則小之四體。大之四極。天災人害。皆有以消弭其原。而清明在躬。德日新而光輝日發。此非事事反躬中無惑意者不知也。

凡道必周必密。周。謂心周四極。萬物在抱。密謂密藏於心。不假外飾也。

必寬必舒。寬謂宅心寬大。舒謂養氣舒和。

必堅必固。堅。謂持之至堅。不爲物欲所撓。固謂守之至固。始終常變如一也。

守善勿舍。逐淫澤薄。舍通捨。淫謂精欲之過當者。宜逐去之。薄。謂用意之欠厚者。宜潤澤之。

既知其極。反於道德。極。謂中極。無過無不及之至理也。知其極之所在。而反求之。道德在是矣。

全心在中。不可蔽匿。和於形容。見於膚色。此申心全而形全之義。就存於身者言之。心何以全。精氣之充。有以全之。精氣之充。必發其光輝於外。孟子所謂睟然見於面。盎於背。施於四體。不言而喻者是也。

善氣迎人。親於兄弟。惡氣迎人。害於戎兵。不言之聲。疾於雷鼓。此就施於人者言之。好善惡惡。人性之所用。然以氣相應。而無待乎言。神爲之也。

心氣之形。明於日月。察於父母。此總申之。謂心動則氣動。心不可見而氣可見。比之日月之明。由外生。而心之神明。自具於吾身。故曰明於日月。父母雖一體相關。而猶爲二體。而心之明察。以我察我。而全體畢見。故曰察於父母也。

賞不足以勸善。刑不足以懲過。氣意得而天下服。心意定而天下聽。刑賞皆外來之物。能勸懲其外著之行。而不能動其心。故不如正心養氣。而誠意無僞者之易爲天下聽從而心服也。氣得其所養。則意不外馳。心得其所安。則意無旁撓。天下雖大。以心印心。而道在於是矣。

以上爲內業篇之第十章。言善體道者。體之於心。而全心之方在於養氣。氣之感召。其效至神。非但誠於中者。形於外。關於一身者然也。善與善感。惡與惡感。氣類之觸發。雷鼓日月父母兄弟戎兵賞罰。概不足以擬之。天下雖大。人同心。心同理。蓋有不可思議者已。

摶氣如神。萬物備存。摶。專。謂團結也。氣有形。而神無形。人能鍊氣入神。則外之以塞乎天地之間。而內之萬物。皆備於我。神明之察。萬殊一本。靜以獨乎萬象之先。幾安以契乎萬動之原。則周遍。所謂成性存存。道義之門者是也。

能專乎。能一乎。能無卜筮而知凶吉乎。專則不旁騖。一則不雜。能精能純。則積誠而明。自生事之凶吉。必有其端。無待著龜。而坐可預決。通神故也。

能止乎。能已乎。能勿求諸人而得之己乎。止，暫止。已，謂終了也。求人者勞而無功。不如自得者之足乎己，無待乎外也。

思之思之。又重思之。孟子言心之官則思，思者心之神明，所依以為考察事物之軌道，蓋不容一刻息者。

思之而不通。鬼神將通之。思之用，在於通其所不通，至於終不可通，而用窮，人力之所窮，神天之所啓在是矣。

非鬼神之力也。精氣之極也。謂非別有何項神鬼以助之力也。精氣通神，人盡合天，理固然也。

四體既正。血氣既靜。善用思者，必先靜其氣，氣靜則血循其經，而體安其位，心正而身無不正矣。

一意專心。耳目不淫。雖遠若近。誠意不貳，用心既專，耳不妄聽，目不邪視，而靈光內照，遠近不遺，此由定生慧之功能，大學所謂定而后能靜，靜而后能安，安而后能慮，慮而后能得者，即此理也。

以上為內業篇之第十一章，言精氣之極，上與神通，而通神之方，在於思力之一躍而不舍，故心之動力，其主一而不遷者，謂之意，其旁薄而四達者，謂之思，意宜一則氣靜而心專，思不厭重，重則神通而精目四達，此非一儲精養氣之功深者，不能得此大通無礙之造詣也。

凡人之生也。必以平正。心平則氣和，心正則無不正，故無所往而不得生之途也。此段原簡錯亂，今正。

所以失之。必以喜怒憂患。喜與怒，皆畸於陽，憂與患，皆畸於陰，畸則失平，失正，而毗於死之途。

思索生知。慢易生患。暴傲生怒。憂鬱生疾。疾困乃死。原本作慢易生憂，暴敖生怨，誤，今正。知由思生也，知喜知怒知憂知患，其原皆起於心之失平，而好動，然而廢置其心，而慢易不思，則患從此生，放任其心而暴傲，不加思慮，則怒從此生，抑制其心而憂鬱，未之深思則疾從此生，皆失其心之正也。大學云，心有所忿懥，則不得其正，有所恐懼，則不得其正，有所好樂，則不得其正，有所憂患，則不得其正，即此義也。此所下二節，原簡錯亂，今正。

憂患之不舍。內困外薄。不蚤爲圖。生將巽舍。原本無憂字，患誤作思，云思之不舍，與上文思之又重思之理背，今正之。憂患中人，其神易傷，困於內憂，迫於外患，不早思圖，足以害生。薄，迫也。巽通遜，春秋傳，公遜於齊，注謂魯君出居于鄆也。生將巽舍，猶言生命將不安其所而將死也。圖，正指思索言之。

忿怒之失度。乃爲之圖。節其五欲。去其二凶。不喜不怒。平正膻匈。膻，膻中，一名氣海，匈通胸。原作擅匈，又原簡錯亂，今正。五欲，目欲色，耳欲聲，鼻欲香，口欲味，心欲佚樂。二凶，指喜怒二者言之，得則喜，不得則怒，最易動氣，而累其平正之心，失度。專言忿怒不言喜樂者，怒之失正尤甚也。

是故止怒莫若詩。去憂莫若樂。節樂莫若禮。守禮莫若敬。守敬莫若靜。此舉詩書禮樂，以爲治心之方術，而要歸於敬靜。詩者，思之所發，爲通性情而守法度之言，故可以止偏激之怒。樂以導人於樂，故可以平鬱抑之憂。樂勝則流，故須節之以禮。禮勝則離，故必貞之以敬。敬其外者，必先靜其內。主靜以守敬，治心之法盡是矣。原簡此下二節皆錯亂，今正。

內靜外敬。能反其性。性將大定。至此，乃提出性字，以見存心養性之功，非內外交盡而能自反者，不足以知之。性本平正，與人生而俱來，惟日役於喜怒憂患，而漸失其度，則出生入死，爲物欲所蔽，瀕於凶而不自知。善復其性者，不於動求之，而於靜圖之，以敬持之，靜則定。

第二卷第五期

敬則持其平。守其正。而性將大定。此生死之關也。以上爲內業篇之第十二章。揭平正二字。以明人之恆性。本各有其自然之度。而喜怒憂患。皆爲緣物而起之情。外重者內擯。故生情欲往往爲喪生之凶具。而爲道家之所大忌。然情可節而不可盡去。故貴有詩書禮樂以養之。情根於性。而性不可奪於情。是故反其性而內外乃彙定矣。

凡食之道。此承上文調情節欲之法。而連及於養生之術也。養生之事。食其最要。且重而不可一日離者矣。

大充形傷而不藏。大充。謂過飽。形傷。謂脾胃受其損傷。不藏。不能容也。藏原作臧。古通。

大攝骨枯而血沍。攝。歛抑也。謂過嗇。荀子云。不至於隘攝傷生。即此意。食所以養體。過於嗇則骨不榮而就枯。血不流而就涸。沍。塞而不通也。

充攝之間。此謂和成。不過充。不過攝。飢飽適度。則血氣和而形體以成。養孩童者尤宜注意於此。

精之所舍。而知之所生。食化而爲精。精由食生。而知由精生。故調其食者即所以養其精而益其智也。此下原簡錯亂。今正。

飢飽之失度。乃爲之圖。飽則疾動。飢則廣思。老則長慮。此段原簡錯亂。今正。運動疾。則化其食。思力廣則忘其飢。慮事長則養老得其宜。而心身交快。

飽不疾動。氣不通於四末。四末。四肢之末。過於飽則血滯不通。故宜疾勁以通之。

飢不廣思。餌而不悔。原本作飽而不廢。誤。今正。過於飢者。瀕於餓莩。而憂患攻心。故宜善思以廣之。

老不長慮。困乃遬竭。老者之食。貴有節而不可使之受困。困則血氣之竭。較人爲速。故宜長慮以保持之。

食莫若無飽。思莫若勿致。節適之齊。彼將自至。食與其過飽而傷生也·不若使脾胃間恆有飢意·所以調血氣也·思與其過當而失度也·不若守中而勿摧致其極·所以調精神也·血氣調適·則可以長生·精神調適·則可以廣其思力·長其智慮·而通于神明·在有節適而已·齊·適劑也·彼·指神言之·

以上爲內業篇之第十三章·食爲養生之所必需·治道家言者·以此爲初功·而不可一日廢·過飢過飽·皆失其中·而飽之害生尤甚·故須以體力之運動變化之·而以心力之思慮通利之·化者化氣以充形·通者通神以益智·氣化則精完·神通則生生之理在是矣·

凡人之生也。天出其精。地出其形。合此以爲人。此中言人類生生之理·以明道之大原出於天·原人之生所由來·未有形先·有精·秉天之氣以成精·秉地之質以成形·交施而母受·精衍爲形·而形衍爲人·此天人相通之精理也·

和乃生。不和不生。天地之道·一陰陽之氣爲之也·陰陽和合·氤氳交感·故時行而物生·人之受生·亦此太和氣化訢合無間之天機爲之·其媾合之下·有生有不生者·和不和有以致之也·合者不必和·而和則無不合·生生之理在此耳·

察和之道。其情不見。其徵不醜。和者精氣之和·亦即神情之和·而相和必有其表徵·然氣有表徵·而情不可外著·外著則不倫不類而醜象畢呈·所謂情欲之感·無介乎容儀·燕私之意·不形於動靜·即此義也·發而皆中節謂之和·故情宜節也·

平正膻匈。淪洽在心。此以長壽。惟平則和·匈中正則神動天隨·而因物付物·太和之氣·淪肌浹髓·精融神洽·心無雜感·情無旁鶩·而精自完·而不勞·氣以和而益充·長壽之徵·可操左券矣·

大心而廣。心以舍神。神惡隘小。而喜寬大。煩苛細節。毋以入其心。則心境闊大而神安。其居廣者有以容物。所謂居天下之廣居也。

寬氣而敢。氣以行神。精化為氣。而氣以成形。寬則旁薄有餘。而隘則氣餒。敢者有以拒外來之物欲。不使擾我太和之天宇也。

其形安而不移。能守一而棄萬苛。神內也。形外也。內和者外自安。不為外物所移。則所守者一。而煩苛細節不足以擾之。棄其煩苛。增其寬大和厚之氣。日充滿於純一澹定之大心。則天地合德而和合靡間矣。

見利不訹。見害不懼。訹訓誘。此申言大心而敢之義。能見其大。則利害之小。不足以移之。何訹何懼之有。

寬舒而仁。獨樂其身。此申言寬氣而廣形安不移之義。仁者生生之性。惟寬舒者為能裕之。

是謂靈氣。意行似天。靈原本作雲。誤。今正。人天之際。皆一氣之感應。為之氣裕則神完。心境寬大。則內精固而外氣舒。一切物欲利害。拒之於千里之外。而獨照無遺。一任天機之流行。而已無與焉。此盡人合天之一境也。

以上為內業篇之第十四章。推本於人類受生之初。而歸之於太和。和者天人之際。訢合之鎔鑄。人之生生以此。人之壽壽以此。天理之流行。行以此。身之樂亦樂以此。形之安亦安以此。在擴大其心境。寬廣其氣宇。曠胸平正。則精靈肸蠁。天人之通。在是而已矣。

凡人之生也。必以其歡。歡者志氣和。而形不自禁。陰陽相感。則怡愉悅懌。有莫知其所以然者。生理機緘。在有以啓之耳。

憂則失紀。怒則失端。憂者鬱於心。而不得行其意。棼紜繫絆。而心無條理。故曰失紀。怒者氣盛橫決。心有所不遂。與物相忤。而各行其是。故曰失端。過於憂則雖合不歡。不歡則生機以悴。而其失也紛。激於怒則兩離不合。不合則生理以絕。而其失也躁。

專著 管子學商榷

憂悲喜怒。道乃無處。

憂能傷神．悲能慟心．喜能亂形．怒能動氣．皆道之所不處也．喜逐於外．歡生於內．故義殊．

愛慾靜之。愚亂正之。

愛慾者．緣喜而生．愛而不得則憂悲忿怒叢起而亂其心．愚莫大焉．故知道者．宜靜以正之．

勿引勿推。福將自歸。

物欲之未來．靜吾心．勿有以引之．其既至則正吾心．勿推而極之．能靜而正．天將福之矣．

彼道自來。可藉與謀。

道者天人相際之道．非自外來．在吾心之靜正有以啓之耳．謀之於道．則物欲自清矣．

靜則得之。躁則失之。靈氣在心。一來一逝。

靜則通神．躁則妄動．而人欲乘之．人欲起．而天理日離．得失之分．在一心之間．

操在存．舍則亡耳．心之爲字．神升電降．一來一逝．天人交換．變化之妙．不容一間也．

其細無內。其大無外。所以失之。以躁爲害。

心之內又有心．何細如之．外周四極何大如之．細而無內．故語小天下莫能破焉．大而無外．故語大天下莫能載焉．而神而明之者．在乎一心．以主靜無躁爲之樞紐耳．

心能執靜。道將自定。

靜則寡欲．欲寡則不爲外物所搖．而道大定矣．

得道之人。理蒸而毛泄。匈中無敗。

理．肌理．蒸．謂氣之蒸發．毛泄．謂毛孔之排泄也原本作理丞而屯泄．誤．今正．天人生生之理．常合於精氣之中．而蒸泄於腠理毛竅之外．得道者以時修養．而去其敗濁．存其精華．使胸中浩然嚼然．則神而形完．精氣內充．而生機暢遂．以心愉情快．何樂如之．

以上爲內業篇之第十五章．申言憂悲喜怒之失度．其原皆起於愛慾之有以引之．推之縱之．且愚之亂之．而靈氣將一往而不可復原．人之受生本起于合歡．而歡非人力之所能強爲·惟靜者爲能得之。躁則失之矣。天人之紀·生生之端·其細無內·惟知道者爲能體之·定靜之理·上接虛靈·而約之在人人之胸中·胸無敗則其舍潔矣·潔其舍·則神來居矣·其大無外·蓋與天地同體·而與萬物同命·何大如之

讀內業篇。而後知管子內聖之功之精深微妙。有老氏所渾而未發。而與孔氏中庸之理誠明位育之旨有潛通者。往嘗疑管仲以一介囚徒。得君如齊桓。亦中智以下之主。而何以一匡九合。功耀人寰。上之無震主之嫌。而下之如豎刁易牙開方等。亦無所啓其讒譖。乃至孔子之聖。未嘗不與民到於今受其賜之歎。而有微管仲吾其披髮左衽之言。其重如此。必其道有以致之。今反復此篇而豁然悟孔管二老相契之原在是矣。故書內業一篇入於儒家而沒其著者姓名。殆漢以後小儒篡而亂之。據漢志云十五篇。今逐段理之。恰十五章。既各分章而爲之注。且繫以論。未足盡其涯略。光而大之。以俟後之君子有同好者。管氏之學其有大行之望也歟。

（未完）

第五期

墨子通釋 續第四期

蒼石山房原稿

天志中

子墨子言曰。今天下士君子之欲爲仁義者。則不可不察義之所從出。提出義字作一問題。

既曰不可以不察義之所從出。然則義何從出。第一問正問。

子墨子曰。義不從愚且賤者出。必從貴且智者出。答得奇崛。智愚貴賤皆人也。即皆天之所生也。以尙同爲主義之人。而爲此答案可怪。

何以知義之不從愚且賤者出。而必自貴且智者出也。第二問不容不問。問得冷峭。

曰。義者善政也。平平正正答出。却輕輕將義字收入政治範圍。

何以知義之爲善政也。第三問亦是當然之問。

曰。天下有義則治。無義則亂。是以知義之爲善政也。答得穩洽。逆問者更無疑義。

夫愚且賤者。不得爲政乎貴且智者。貴且智者。然後得爲政乎愚且賤者。此吾所以知義之不從愚且賤者出。而必自貴且智者出也。申說一層。並將上文一二兩問一齊收束。收得緊嚴。

然則孰爲貴。孰爲智。第四問。問得尖利。使侈言倘同者。驟然答付不來。

曰。天爲貴天爲智而已矣。答得爽快。又答科斬截。的是辯家。

然則義果自天出矣。又斷定一句。老到。

今天下之人曰。當若天子之貴於諸侯。諸侯之貴於大夫。傐明知之。然吾未知天之貴且智於天子也。當若猶言倘如。傐通碻。此又自設一問。作爲將信將疑之詞。爲第五問。

子墨子曰。吾所以知天之貴且智於天子者有矣。曰天子爲善。天能賞之。天子爲暴。天能罰之。天子有疾病禍祟。必齋戒沐浴。潔爲酒醴粢盛。以祭祀天鬼。則天能除去之。然吾未知天之祈福於天子也。此吾所以知天之貴且智於天子者。自疑自解。自問自答。妙在所據者爲人人耳目所見所聞之事。適合當代社會心理。所謂卑之無甚高論也。

不止此而已也。又以先王之書。訓天命不改之道也知之。訓天命不改原本作馴天明不解誤今正。上文引通俗所見聞者爲證。此又引詩書所載者爲證。

曰。明哲維天。臨君下土。原本作明哲維大。臨君下出。誤。今正。詩言維上天最爲明哲。故能臨下土而君之。

則此言天之貴且智於天子。曰明哲。則智何如之。曰君臨。則貴何如之。斯言信矣。

不知亦有貴智乎天者乎。順下又設一問。問得輕便。

曰。天爲貴。天爲智。而已矣。然則義果自天出矣。複斷一句。斷得乾淨。使問者無從再說。墨子誠當代一大辯家矣。

是故子墨子曰。今天下士君子中實將欲遵道利民。體察仁義之本天之意。不可不愼也。體察原本從俗書作粊察。誤作本察。今正。墨子之言原爲天下之士君子說法。故一再呼天下之士君子而鄭重言之。自此以下別發一問題

既以天之意。爲不可不愼矣。然則天之意將何欲何憎。進發一問。以便抉出天意之所在。

子墨子曰。天之意。不欲大國之攻小國也。大家之亂小家也。强之暴寡。詐之謀愚。貴之傲賤。此天之所不欲也。順手將非攻兼愛之旨和盤托出。以見天人一貫之理。

不止此而已。欲人之有力相營。有道相教。有財相分也。推進一層。力與智與財。爲社會結合之三大要素。三者相通則兼愛尙同之標準定矣。

又欲上之强聽治也。下之强從事也。上强聽治。則國家治矣。下强從事。則財用足矣。若國家治。財用足。則內有以潔爲酒醴粢盛。以祭祀天鬼。外有以爲環璧珠玉。以聘撫四鄰。諸侯之冤不興矣。邊境兵甲不作矣。內有以食飢息勞。

持養其萬民。則君臣上下惠忠。父子兄弟慈孝。再推進一層。政治經濟法律兵事內政外交一切皆法天意而動。則政行附足。刑措兵息。外寧內清。而無往不利。一氣推下。却無一字勉強。無一語含糊。墨子眞辯才也。聘擾原作聘撓。誤。周官司徒掌邦教。擾兆民。注。擾安也。又尚書臯陶謨擾而毅。注。馴擾而果毅也。又周禮地官以佐王安擾邦國。正此義也。持養其萬民。謂維持而養育之。

故唯毋明乎順天之意。奉而光施之天下。則刑政治。萬民和。國家富。財用足。百姓皆得煖衣飽食。便寧無憂。故唯一句反言以決之。斷定能順天意之有益於國。有利於民。斷得周密。

是故子墨子曰。今天下士君子。中實將欲遵道利民。體察仁義之本。天之意不可不愼也。又復斷一句。前後相應。

且夫天之有天下也。譬之無以異乎國君諸侯之有四境之內也。今國君諸侯之有四境之內也。夫豈願其國臣萬民之相爲不利哉。自此以下將天與國君平平提出。兩相比勘。語語警策。國臣原本作臣國。文倒。今正。對國君言之。則稱國臣。稱國民。今國臣二字不見於他書。蓋寫書者妄意顚倒之耳。

今若處大邑則攻小邑。處大家則亂小家。欲以此求賞譽。終不可得。誅罰必至矣。夫天之有天下也。將無以異此。邑原本作國。今正。此先就國君所有四境之內言之。作一襯筆。

今若處大國則攻小國。處大國則伐小都。欲以此求福祿於天。福祿終不得。而禍祟必至矣。應上文。斷定一句。

然而有不爲天之所欲。而爲天之所不欲。則夫天亦且不爲人之所欲。而爲人之所不欲矣。推衍一句。以啓下文。語氣駘宕。

人之所不欲者。何也。順下作一問詞。

曰、疾病禍祟也。答得平常之至。因社會人人之心理所有者而答之。故易動人聽。

若已不爲天之所欲。而爲天之所不欲。是率天下之萬民。以從事乎禍祟之中也。申明一語。說得悚切。以見爲天所不欲者之不祥。

故古者聖王。明知天鬼之所福。而避天鬼之所憎。以求興天下之利。而除天下之害。是以天之爲寒熱也節。四時調。陰陽雨露也時。五穀熟。六畜遂。疾菑戾疫凶飢則不至。菑通災。戾通癘。此段正言順天之所欲者之無所不利也。說得美滿好聽。

是故子墨子曰。今天下士君子。中實將欲遵道利民。體察仁義之本。天意不可不愼也。再複斷一句。文情益厚。

且夫天下蓋有不仁不祥者。曰當若子之不事父。弟之不事兄。臣之不事君也。故天下之君子。舉謂之不祥者。當若猶言倘若。舉原本作與。誤。今正。

今夫天兼天下而愛之。殷遂萬物以利之。若豪之末。非天之所爲也。而民得而利之。則可謂否矣。謂若有一毫非天之所生。而民得而利之者。則可否認天意耳。反言以足之。殷原本作撽。謬。今正。殷盈也。衆也。易。殷薦之上帝。詩。殷其盈矣。殷遂。猶言衆遂耳。

然獨無報乎天。而不知其爲不仁不祥也。此吾所謂君子明細而不明大也。報。謂酬德報功。至此揭出明細而不明大一語。總斷結之結得鋒利。

且吾所以知天之愛民之厚者有矣。此又起一句。作勢雄厚而又宛轉有致。

曰。以曆爲日月星辰。以昭道之。制爲四時春夏秋冬。以紀綱之。霣降雪霜雨露。以長遂五穀麻絲。使民得而財利之。列爲山川谿谷。播賦百事。以臨伺民之善否。爲王公侯伯。使之賞賢而罰暴。賊金木鳥獸。從事乎五穀麻絲。以爲民衣食之財。自古及此。未嘗不有此也。曆原本作磿。霣原作雷。伺作司。今正。長遂。猶言殷遂。播賦猶播敷。賊金木鳥獸。猶言攻取而戕賊之。使不爲五穀麻絲之降害民得以專從事也。此段說得如火如荼。極言天之愛民利民。文亦古雅雋致淋漓。

今有人於此。驪若愛其子。竭力殫務以利之。其子長而無報乎其父。故天下之君子。舉謂之不仁不祥。隨口順設一喩。議論風生。驪若。猶言驪然。殫原作單。報乎其父。原作報子求父。舉原作與。今誤。今正。

今夫天。兼天下而愛之。殷遂萬物而利之。若毫之末。非天之所爲。而民得而利之。則可謂否矣。複申一段。以足其義。

然獨無報乎天。而不知其爲不仁不祥也。此吾謂君子明細而不明大也。再複斷一句以總結之。結得銖利。彙有神味。

且吾所以知天愛民之厚者。不止此而足矣。又別起一句。愈轉愈利。

曰殺不辜者。天予不祥。上文就天之所欲言之。此下就天之所惡言之。

殺不辜者誰也。曰人也。予之不祥者誰也。曰天也。注明二語以起下文之斷語。意若謂就表面觀之。天與人似兩不相關也。

若天不愛民之厚。夫奚說人殺不辜。而天予之不祥哉。此吾所以知天之愛民之厚也。隨手斷結。結得明確。

且吾所以知天之愛民之厚者。不止此而已矣。又別起一句。再接再厲。曰。愛人利人。順天之意。得天之賞者有之。憎人賊人。反天之意。得天之罰者亦有矣。提出天之賞罰一層。語甚奇闢。深入社會人人心理。夫愛人利人。順天之意。得天之賞者誰也。以下分別推究。務求證據明確。曰。若昔三代聖王。堯舜禹湯文武者是也。隨問隨答。堯舜禹湯文武。焉所從事。隨口問難。曰。從事兼。不從事別。隨口答應。揭出兼愛本旨。毫無疑義。語氣斬然。兼者。處大國不攻小國。處大家不亂小家。強不刼弱。衆不暴寡。詐不謀愚。貴不傲賤。觀其事。上利乎天。中利乎鬼。下利乎人。三利無所不利。是謂天德。聚斂天下之美名而加之焉。曰此仁也。義也。愛人利人。順天之意。得天之賞者也。聚斂猶言集收。此言兼愛兼利者上合天德。則天必嘉獎之以美名。名亦天賞之一端也。不止此而已。書於竹帛。鏤之金石。琢之槃盂。傳遺後世子孫。曰將何以爲。將

以識夫愛人利人。順天之意。得天之賞者也。申足一段。輕輕斷之。以見美名之爲天之所賞。得天已厚

皇矣道之曰。帝謂文王。予懷明德。不大聲以色。不長夏以革。不識不知。順帝之則。帝善其順法則也。故舉殷以賞之。使貴爲天子。富有天下。名譽至今不息。引詩皇矣篇以證之。其詩曰。皇矣上帝。臨下有赫。監觀四方。求民之瘼。皇者大也。上帝卽代表天意者。文王者周文王。能以明德上順天意。故上帝亦眷懷之。監其勤民之瘼。不從事於外觀聲色之擴大與增長變更之現象。一以天意自然之則爲標準。故事實上亦得富貴尊榮無上之懋賞。此又天賞可徵之一端也。

故夫愛人利人。順天之意。得天之賞者。既可得而知已。收束第一段。得天賞者之證既已明矣。輕輕了之。

夫憎人賊人。反天之意。得天之罰者誰也。就罰一邊而推究之。

曰。若昔者三代暴王。桀紂幽厲者是也。亦隨問隨答如數家珍。

桀紂幽厲。焉所從事。

曰。從事別。不從事兼。與上段對照一得一失。斬然各別。

別者處大國則攻小國。處大家則亂小家。強刦弱。衆暴寡。詐謀愚。貴傲賤。

觀其事。上不利乎天。中不利乎鬼。下不利乎人。三不利無所利。是謂天賊。衆斂天下之醜名而加之焉。曰此非仁也。非義也。憎人賊人。反天之意。得天之罰者也。（字字與上段對照。以見惡名亦天罰之一端。）

不止此而已。又書其事於竹帛。鏤之金石。琢之槃盂。傳遺後世子孫。曰將以何爲。將以識夫憎人賊人。反天之意。得天之罰者也。（亦申足上意。而經經斷之。）

大誓之道之曰。紂越厥夷居。不肯事上帝。棄厥先神祇不祀。乃曰吾有命。無僇力於天下。天亦縱棄紂而不葆。察天所以縱棄紂而不葆者。反天之意也。（引書太誓篇所云。紂。顛越天命。不安其所居。侮神怙命。不肯僇力民事。故天亦棄而不葆之。無僇力於四字。原本作無廖傿務。不可通。謬。今正。）

故夫憎人賊人。反天之意。得天之罰者。既可得而知已。（收束第二段。得天之罰者之證。又已明矣。亦經經了之。）

是故子墨子之有天志。譬之無以異乎輪人之有規。匠人之有矩也。（總提出天志二字。而順設二喻以明之。）

今夫輪人操其規。將以量度天下之圜與不圜也。曰中吾規者。謂之圜。不中吾

規者。謂之不圜。是圜與不圜。皆可得而知也。此其故何。則圜法明也。中解一喻·明確之至·

匠人亦操其矩。將以量度天下之方與不方也。曰中吾矩者。謂之方。不中吾矩者。謂之不方。是以方與不方皆可得而知之。此其故何。則方法明也。中解二喻·明確之至·

故子墨子之有天志也。上將以度天下之王公大人爲刑政也。下將以量天下之萬民爲文學出言談也。歸結到天志上·結得正大·亦復細密·

觀其行。順天之意。謂之善意行。反天之意。謂之不善意行。了行一面輕輕斷定·

觀其言談。順天之意。謂之善言談。反天之意。謂之不善言談。了言一面輕輕斷定·

觀其刑　政。順天之意。謂之善刑政。反天之意。謂之不善刑政。了刑政一面亦輕輕斷定

故置此以爲法。立此以爲儀。將以量度天下之王公大人卿大夫之仁與不仁。譬之猶分黑白也。總斷一句斷得斬截·毫無疑義·

是故子墨子曰。今天下之王公大人士君子。中實將欲遵道利民。體察仁義之

第二卷第五期　二五七五

尊。

本天之意。不可不順也。順天之意者。義之法也。總全篇復斷一句以結束之。結得綽有餘裕。

（未完）

雁影齋題跋 續第四期

湘鄉李希聖亦元遺稿

虛堂習聽錄 元本

前有大德改元冬閏十二月立春前二日中山傅夢徵序。書無卷數。但分上中下。卷首題林老人評「唱丹霞淳禪師頌古書堂習聽錄」。亦元槧中之佳者。

新編張仲景註解傷寒百證歌五卷 元本

每版八行。目錄九行。行十七字。卷首有安樂堂印。怡親王府舊藏也。又有張之洞審定及壺公等印。紙墨精絕。元槧中之初印也。此書爲宋學士許叔微撰。按直齋書錄解題。載叔徵所著有類證普濟本事方十卷。傷寒歌三卷。尙有傷寒治法八十一篇。仲景脈法三十一圖。傷寒論二卷。辨類五卷。皆云未見。四庫提要祇載類證普濟本事方十卷。並云傷寒歌不傳。不特四庫未收。卽宋時亦稀有之本。惟錢氏書目有之。其後絳雲一炬。人間孤本盡付六丁。此冊前後無序跋。刊刻年月無考。各家書目載均係三卷。朱國楨湧幢小品亦云擬傷寒歌三卷。此本則五卷。其爲分卷不同。或係數目字傳寫之誤。均不可知。然實爲非常之祕笈也。方太守有手跋在卷首。其致鄭重珍襲之意。此書劉氏刻入遞古叢鈔。陸氏刻入十萬卷樓叢書。惜未能一校勘也。其傷寒九十論。仁和胡氏用愛日精廬影本印行。

曝書亭輯叢書鈔本

卷首有朱十彝尊錫鬯印。朱文 蓋竹垞稿本也。有南皮張尚書審定諸印。所輯之書。爲桑悅思玄庸言一卷。王褘華川卮辭一卷。陳獻章白沙語要一卷。岳正類博雜言一卷。黎文黎子雜釋一卷。陸深儼山纂錄一卷。王鴻儒凝齋筆語一卷。鄭善夫經世要談一卷。何塘陰陽管見一卷。王守仁傳習則言一卷。鄭梓輯郁離子微一卷。徐泰詩談一卷。王文祿文脈三卷。王褘青巖叢錄一卷。馮可賓輯空同子纂一卷。崔銑后渠庸書一卷。方孝孺侯城雜識一卷。黃省曾擬詩外傳一卷。吳風錄一卷。皇甫庸近峯記略一卷。黃省曾客問一卷。黃潤玉海涵萬象錄一卷。共二十二種。皆從學海類編明世學山二書中錄出。其編次之先後亦不可解。殆欲賡續成未潰於成。而遂中止。書中用硃筆校過。頗爲精審。書無傳本。藏書家亦均未著錄。其集中跋餒寇紀略云。余鈔入百六叢書。歸田之後。爲友人借失。後十八年復從吳興書賈購得。今觀此本。殆卽百六叢書之餘也。而世亦無傳。蓋竹垞著述散佚者當不少矣。如瀛洲道古錄。張鑑秀水計氏澤存樓藏書記。言道古錄稿本尚在。而盧抱經館閣續錄跋。言未見風庭掃葉錄吉金貞石志（吉金貞石志·李光暎觀妙齋金石文考略引一條·似已有成書·今未見傳本·）亦均無傳。錢竹汀詩云。鷺尾山房放鶴洲。（靜志居詩話·城南放鶴洲·南渡初禮部郎中朱敦儒營之以爲墅·洲名其所題·雖不見地志·觀樵歌一編·多在吾鄉所作·此說近是·竹垞放鶴洲取此·）偶然隻字亦千秋。蓋不盡可憾也。

活人心二卷 元本

無譔人名字。卷首題玄洲道人涵虛子編。又自稱臞仙。前有序文一首。卽其自撰。方氏書目誤以爲宋本。錢謙益列朝詩集小傳載寧王權所著書有活人心二卷。言服食導引之法。而歸本於寡慾淸心。其源蓋出於道家而兼神仙家。下卷列玉笈二十六方及加減靈祕十八方。多出諸方書之外者。此書得自東瀛。亦祕笈也。明高儒百川書志有此書。又有臞仙神奇祕譜三卷。臞仙文譜八卷。臞仙詩譜一卷。詩格一卷。太和正音譜十二卷。詞林須知四卷。西江詩法一卷。（卷一終）

專著 雁影齋題跋 四

陰符經解義 續第四期

湘潭尹乾秀遺稿

生者死之根。死者生之根。恩生於害。害生於恩。

精氣得神。信會而生。神氣離形。幾滯而死。成之爲恩。敗之爲害。背義貪生者至死。義不畏死者至生。得生而行尅。故生者死之根。被尅而承生。故死者生之根。至人恩生於道。日損也。棄名利。絕繁華。堅心苦志而成道。損而益。害中生恩也。凡人恩生於情。致愛也。貪名利。好聲色。恣情縱慾而喪命。愛而悲。恩中生害也。遇害就恩。其害自除。故恩生於害。受恩與害。其恩自絕。故害生於恩。知恩害之由。明死生之幾。精一執中之道也。

孔子曰。知變化之道者。其知神之所爲乎。

禺人以天地文理聖。我以時物文理哲。

禺坤申之象。西方之人也。類陰而候陽。應天地之象數。見於文理而功聖。文在象也。理在數也。我觀時象。知物類。因氣濾道。察文理。而明造化之幾。文在气也。理在道也。月現庚方。符火象。神州赤縣。藥苗新至。道之幾。至聖之源。地天交泰。陰陽合德。神視气聽。象罔得珠一貫之大道。包含乎天地造化。全在我也。

孔子曰。是故天生神物。聖人則之。天地變化。聖人效之。

后篇

人以愚虞聖。我以不愚虞聖。人以奇期聖。我以不奇期聖。沈水入火。自取滅亡。處靜无爲。顧守沖漠。此人之虞聖。實自愚也。知陰陽。明動靜理。剛柔固重土。調水火。配金木。由有爲而至無爲。迺我之虞聖。而不以愚也。作用神異。知慮萬變。此人之期聖。以自奇也。不外中庸。學皆能及。道一以貫之。乃我之期聖。而不以奇也。性原於靜。徹爾无爲。靜之偏也。限於陰。故如沈水。命工于動。孑然有爲。動之偏也。謬于陽。故如入火。二者滅亡。自固取之。定慧調水火。中和得溫養。以證斯道。

孔子曰。顯諸仁。藏諸用。鼓萬物。而不與聖人同憂。盛德大業至矣哉。

自然之道靜。故天地萬物生。天地之道浸。故陰陽勝。陰陽相推。而變化順矣。

至道无爲。靜以體之。德全天地。故生萬物天地之道。潛漸通。因候得。故知陰陽各有權勝。勝在神我也。靈在幾同也。契云。同類易施工。非種難爲巧。測其運數推而法之。乘其時。位其權。盡其性。曲其誠。應時而變化。順乎道矣。

孔子曰。是故聖人以通天下之志。以定天下之業。以斷天下之疑。是以聖人知自然之道不可違。因而制之。至靜之道。律曆所不能契。爰有奇器是生萬物。八卦甲子。神幾鬼藏。陰陽相勝之術。昭昭乎進乎象矣。

順時應天。道之自然也。先爲之爲。故聖人知而不違。成其象而制之。效其法而行之。至靜之道。在上德者能之。先天之理也。故上德先爲。而先以爲。律曆所不能契。後天之象。陰陽氣更。乾坤體易。故不能以至靜及之。在下德爲之。而有以爲也。奇陽上也。是形而上者謂之道。器陰下也。是形而下者謂之器。不奇之奇。不器之器。實人道也。易曰。天地氤氳。萬物化醇。男女媾精。萬物化生。是故法象莫大乎天地。陰陽莫大乎男女。懸象著明莫大乎日月。聖人畫八卦。定天地之方位。以法陰陽之化气。配甲子。符天地之運數。以準日月之時候。明化气。應時候。神其機。而人不測。鬼其藏。而人不知。陰陽妙用。故以術而勝之。孟子曰。是乃仁術也。此法理之昭昭。進斯道者。取象焉可矣。

孔子曰。天地設位。聖人成能。人謀鬼謀。百姓與能。

（完）

文苑

船山先師詩錄

唐如心見過 二首

周 逸敬選

春草初生雪霰零。山山曾踏幾莖青。居然天地成今古。何必雲嵐不典型。執戟漢亡誰載酒。尙書秦暴有傳經。憐君問禮當深夜。急難原頭念鶺鴒。

酌酒無多前燭長。凌冰侵玉凳寒塘。瞻雲有意尋宏景。賦雪無心付謝莊。璹瑁雲痕開遠碧。流鶯柳色競新黃。晴光倩送青蘋去。分取狂夫一半狂。

文苑

文錄

船山學報贊 並序

周子仲元惠寄船山學報撰句奉贊

湘潭許銘彝篤齋

衡嶽之英、瀟湘之靈。炳文游藝、衞道傳經。峨峨石船。巍巍天柱。勵彼艱貞。貽我風矩。仁宏胞與。禮嚴人禽。横渠派啓。洙泗源深。蔚矣羣賢。壯哉大社。鈎河摘洛、揚風扢雅。況我周子。同事湘師。以道自任。救時之衰。上嗣曾郭。近肅顏石。侍御報書、將軍前席。四維張古。八德衍今。正湖湘學。立天地心。滄海横流。百川已倒。名世挺生。惟道爲寶。堂高永日。居廣觀生。幽光潛德。高山景行。

慈利符孝子廟碑

岳陽李澄宇洞庭

孝非人子所得言。而孝子之名。甚非人子所忍居。何也。常無孝、變乃有孝。常何以無孝。常不以孝著。舜孝。堯不孝。堯非不孝。堯常而舜變。曾子養志。似常而亦變。必有酒肉。親老、養親日、短矣。養親、不得已。若茅、容、雞。則又、變。若王、祥、魚。抑又、變。若慈、利、孝子、符、正、道。股又、變、之變。何也。孝子年十二。以母楊氏病思肉。貰肉弗得而割股食母。食母其始念。病愈非其始念。以愈病割股非常。以食母割股尤非常。養口體且爾。進此可知。矧在孺子。未之前聞。清嘉慶十二年。有詔建坊。光緒中。石門閻鎮珩爲表墓。民治建極既九載。其族孫膺祥始立廟。又六年。膺祥屬岳陽李澄宇文廟碑。於是李澄宇惝儞泣曰。吾祖、永齡、公孝子。吾父、訓、臣、公孝子。澄宇、不孝。表墓、立廟、未一舉。是吾祖吾父。尙不若符孝子。無後。負罪若此。何以文孝子廟。顧黠士非孝。統數千年經史所詔垂。廣孩提愛親之一念。放之六合。蔚爲百善。爲奠國祚家萬不可廢者。必欲廢之一朝。恐治弗亂。澄宇處此。即不、孝、又、何、忍、無、以、文、孝、子、廟。孝子已矣。所以孝孝子恃爲世道人心大防者。未可已。未可已。則廟之碑之。寧可已。於是敘述所惆。且譔歌侑神焉。歌曰

非家。無國。國維。農。孝爲仁本。凶年。豐。不疾貧。亂安命。窮。窮兒孝乃忘其躬。工以礎國。海西東。榛櫳。菅利。橫於胸。子於父母。路人同。此而則柯。神豈容。願凡父母痛苦。空範

孝於常變無從神之靈兮永地中億萬人心神所宮

劉孝女傳

湘鄉顏昌嶢

孝女名四姑。衡山劉明經嶽峻之子也。以羸疾茹素。穎慧寡言笑。讀書寓目成誦。能篆隸。耽玩佛典。父遊閩。兩兄出就外傅。孝女獨侍母。婉順承志。母鍾愛之。慎擇所事。光緒壬寅。明經赴省試。其家感時癘。病痁。孝女侍母疾久不痊。私心憂之。禱於神、請以身代。一夕、爇藏神前。割臂和藥。血涔涔漬襟袖。急以爇灰塞創。聞母呼。趨入。忍痛煑藥以進。病少瘥。已而霍然。然孝女自此滋憊矣。既而病瘵。母撫之歎曰。兒何羸至此。循視臂創宛然。窮問得實。母益傷痛。女臥床蓐。偶長吁達戶外。父入慰曰。吾聞聲出則氣舒。兒盍呻吟使舒乎。對曰、慮傷母心耳。越數日、竟不起。時年十有八。卒之夕。語伯兄曰。予不幸先父母逝。定省惟兄責。篋中有布數端。請以某爲父衾裯。某爲母衣裠。仲兄至。語如前。重曰、兄不代爲老親貶約。將不自爲也。言訖。喃喃誦佛經達旦而寂。

顏昌嶢曰、孝女有兄龍澤。爲理官岳陽。寓書乞文孝女事。且云、雖迹近庸愚。未忍聽其湮沒。予感龍澤之意。嘉孝女之愚不可及也。古今忠孝節烈士惟義是趨。不顧一身之利害生死。非愚莫以爲也。然後之人思其行。輒欷歔流涕感歎欽頌之不已。則至性之感人深矣。茲愚也。乃其所以通神也歟。

清授中憲大夫黃君墓志銘

湘潭趙啓霖

君諱鳳岐。字方舟。自號蠡良子。晚號芳久。姓黃氏。世爲安化巨族。祖立棻。父正煦。皆有學行。君四歲受書。稍長兼好武。從壯士某習拳技。弱冠後讀書嶽麓。浮沈諸生間。光緒戊子鄉舉。甲午成進士。用內閣中書。君旣兼資文武。諸公貴人爭禮羅爲塾師。湘鄉曾嗣侯廣鑾。瀏陽譚壯飛。皆其弟子也。壯飛嘗以稚川龍川儗君。其心折如此。會甘肅回亂。秦撫魏光燾馳劄奏調君赴西寧辦理營務。至則回已就撫。君率隊詗察邊砦。往返三千餘里。敘勞以同知補用。發河南。已而大臣疏薦人才。代進練兵條議。兩宮召見嘉許。命隸虎神營。委練快隊兼帶槍隊。保知府。拳匪之亂。君先以省母歸。聞兩宮西幸。馳赴行在。光燾方督雲貴。復奏調君至滇。遣赴廣南前敵營務處。兼辦南防團練。克復剿隘賊巢。解那隆砦圍。又復富州。連破高岡坡洞坡悍匪。以獎敍權開化府。在任減鹽捐。築礪樓。雪士民李定祥寃獄。甫數月省親歸。尋桂撫柯逢時疏調君統親軍四營。常率所部搜捕伏莽。寇氛漸戢。舉豪商張心田辦鄉團。誘執渠魁。忌者搆君落職。李經羲繼逢時撫桂。復疏調君署百色廳。兼帶招安游兵三營。廳署故以凶聞。歷官多不利。君涖任竟無恙。保商欵。釋寃囚。獎學子。人心大安。未幾權太平府。承兵亂之後。招流墾荒。集貲設質庫立醫所以便民。匹馬巡行。所至平獄訟。芟匪黨。民謳思之。逾年解職歸。皖撫馮煦故君鄉試座師。奏調君帶緝捕營。巡視皖南防營。會皖城外兵變。據菱湖。君率健卒百人。出不意奪之。亂立定。疏保開復知府。檄添募三營。母喪歸。經羲復調君入滇。提調督練處。未久回籍。旋値國變。於是君六十矣。以後遂不復出。癸酉夏曆十一月初九日卒於船山學社。以咸豐辛亥十一月初一日生。年八十有三。君自少即善劍術。磊落骯髒。負兼人之才。中外大僚交相引重。遊蹤徧海內。東抵榆關。西歷雪山。南經越南老街。所得山川雄奇之氣爲多。屢綰郡符。皆未竟厥施。先後爲統兵官。迄未大展其略。晚年寓長沙。猶時爲武技導師。或據皋比講經。能背誦六經不誤。不知者羨君老而彌壯。知之者料君不勝遲暮之感生才如君。卒其所成就止此。尤可惜也。君葬所居安化一都龍塘西偏向陽灣。首壬趾丙。配王恭人。生子四。頌銘、石路、鼎銘、雄。女適李。側室趙氏無出。許氏生子二。一桂磐石。女適王。孫某。曾孫某。啓霖少與君同學。及在京邸。往還尤暱。及掇君自撰年譜。爲之銘曰。

儒耶。將耶。吏耶。游於藝耶。抑皆寄耶。終爲逸民以沒世耶。誰雌誰雄。五劍在空。屠鯨剸鱷。斂此手飛去。倚天作龍吼。

楊太傅別傳

湘鄉王禮培佩初

太傅楊公昌濬。字石泉。湘鄉人。忠節羅公高第弟子也。幼而好禮。嘗隨大父入山樵採。累石爲室。折枝編葉。擬成筆楮。摶泥成人。列席左右。一師據上座。秩然如論列狀。大父心異之。十歲就外傳。湛然內照。深思端誦。日征月邁。文譽著於鄉閭。聞忠節講學。負笈往師之。作自勉、慎獨兩箴。粹然儒宗之言。銜書賀公長齡延忠節主講私第。公從之不舍。同遊其門者。有若壯武公、心牧公。（壯武公諱錱心牧公諱開仍皆余從祖父）李勇毅續宜、鍾近衡、鍾近濂、易良幹、易良翰、康景暉、左樞。志同道合。以節義事功顯於當世。比之文中子之居河汾焉。公內修性善。外務弘濟。自嘉道已來。學風偏尙訓故。詆譏宋儒。覗爲迂闊。而忠節之門。文德武功。炳耀寰區。庶乎一雪斯言於風會侵淩之日也。當是時洪秀全犯湖南。據郴桂。遂圍長沙。西王蕭朝貴、前鋒羅大綱。分軍擾旁邑。忠節與壯武公、劉蓉。練鄉勇三營。自領中營。公與壯武公領左營。禦寇於邑之馬乇舖。是爲湘人與寇搏戰之始。其後驅馳戎馬。歛歷疊圻。垂五十年。盡心民事。細大不遺。唐有二龔。行儉、篤於內行。度之、功在淮西。公兼其能矣。體貌魁岸。鬚髯秀美。出言威重。惡斥人過失。亦未嘗寬假。以尺度自律。甚嚴。而不孤行其志。殆內省不疚。無惡於志之君子歟。自壯武公、李勇毅、鍾近衡、易良幹。先後死王事。獨公得享大年。晚著羅門弟子錄。闡揚師說。守先待後。確乎不拔。左文襄天才橫軼。俯狹眾流。於公獨無所忤。文襄一日直軍機召見。太后問公品第如何。文襄敬對曰。善人也。信人也。大臣以人事君。京師推其篤論。文襄旣沒。知公者微。公竊嘆曰。道不孤行。儻不獲乎上。誰明吾心迹者。屢乞骸骨不許。京朝官歲時咸倚外官爲餽遺。公剛健在躬。風節峻厲。或以爲言。則頷之曰。力不能辦。奈何任閩浙總督。鄉人求鬻田者。謝之曰。吾家十口百畝。覗昔已多。安用此爲。其撫浙也。修陸清獻祠。建紫陽書院於墓旁。刻三魚堂集。沈端確遺書。督閩修楊龜山祠。督秦刻李二曲悃悃錄。愼思錄。訪求其後。列之庠序。風示羣倫。綜公之學行。似張楊園而達於時變。故其經世大政。擴而充之。至位天地育萬物。而要之於戒懼。不執一而吾道自一以貫。烏能測其所至哉。嘗言今國家誠乏才矣。科舉之衰。揣摩以求合試官。叩以當世之務。茫然無以答。奉承以應故事。民隱而不知恤。長奸宄而階禍亂。此輩實尸之。非有修德明道之師儒挺生其間。多方以資覺牖。如孔門之列四科。廣其途以進之。如周文之有四行。殆無以挽痺痿之頽波。馴至膏血枯竭。內不足以植民生。外不足以捍強鄰。異說辯言。反得乘吾虛而拔吾之幟。勇賈於疾。視氣暴於驟發。矯贏於強。倚禍爲福。醅毒生靈。殄瘁邦國。世變岌岌。安知所極乎。公之勳業政事。具在章疏札論。人讀而知之。公之緒言遺行。人不盡知。據其可知遠之後。來大木遠籟。根柢淵源。豈事功所可概其全者。禮培辛卯歲客武昌。公自陜甘總督放歸。張文襄冠帶登舟。辭不獲。迫而入則見公冠而不頂。文襄急免冠。親爲公解其纓。問忠節死事狀。遂至洪山星隕之地。憑弔欷歔不能去。問忠節學術。

何以致諸賢於一堂。則危坐言曰。吾師、善、能、變化、氣質、似、夫子、也。音聲朗澈。今猶、縈、耳、目、間。緬公、之風、徽、於道、喪、風徽、之日。自顧衰殘。徬徨無所建樹。斯亦晚矣。

管子校釋叙錄

湘陰郭大癡 遺稿

管子書自司馬遷作列傳。劉向敍別錄。並定著爲道家言。班固要删劉歆七略。備漢藝文。發目類合黃老。無異說也。隋書識經籍。獨出而入之法。張守節傳七略亦云。槩阮孝緒七錄之誤歟。其書論治要主因循。所謂緣地利。承天指。順人心而反民性。反復推發。不離其宗。而開章明義。務張四維。雅同儒術。至說桓公侈靡爲國。此視晏子以當年莫殫。累世莫究。剌譏孔氏者。又何以殊焉。夫孔子問禮老聃。而莊生喜摭闕里遺聞。以自矜重。儒道條流。非甚懸絕也。然而各名其家。儒任先道任後。所從由者固異。司馬談論指要。書詳乎言之。孝緒承魏晉清言餘習。專以居簡行儉名道。疑莫能明。下意變易舊次。斯抑宜已。今詳管子自明任法爲治。大抵嚴繩官吏爾。故曰君生法。大夫守法。民法於法。法蓋生於因循。彼大夫僭奪其因而失所守。民迷謬其循。而失所法。道固且爲天下裂也。當勢積重極變之綫窮。利用其幾。法乃以生。變起微

文苑　文錄

末。持道於末隱。潛消患氣。法乃得守道之自。神其翕張。如是焉爾。凡甚辭推大信賞必罰。皆明末流蔽短有必至。豈用天下於裂之本術然哉。暨乎全國於道。且嬰覩四鄰。詭弄諸股掌時。頗類近從横。則尤深於用機者焉。唐宋後仍襲阮錄。靡或發正。蓋古諸子術業湮晦久矣。蘇轍葉適並極論管書與於戰國。朱子亦云。例推黃帝伊尹太公。殆莫不類。然戰國處士雖多横議。顧好深湛之思。尙友古人。自張私說。非託古自詭。援古自堅其術而已。是故爲管子書者。緣不死子糾於難。訖力匡天下。於是上功下死之說生焉。緣敚伯氏邑三百。沒齒不怨而易牙寺人貂並與同列。害不及國。訖構桓公垂死於亂。於是明法椵狗之說生焉。緣三歸官事不攝。於是侈靡之說生焉。緣繼絕存三亡國。於是覩人國如吾國之說生焉。緣糾合諸侯不以兵車。正而不譎。於是張四維之說生焉。根據本事。內求信言之由立。不同妄作。班書敘藝文。兼詳有列傳事。靡足證發其言無當知人論世之大。此觀言者宜所致審也。呂不韋淮南王劉略道說。託大自旺。僅得退次子雜。徵呂劉事行。無一類道。足明其說非根心以生。斯其術决非深造自得。足備可觀之列。尤立言之宜加詳者已。管書於事行旣驗合。蹟象所旁通。復本其善因禍爲福。轉敗爲功。雖正於命天下。而實違用其齊。推見至隱。發明歸趣於白心心術。使未有見天地之純。奚識微論精默與夷吾有契若是深者。特辭苦艱蹇難讀。寄意至遠。每虛構設事。張毅淺薄。言爲戲謔之辭。頗可哂笑。時亦自以誼奧衍。恐未盡曉白。多傍本辭專篇作解。比諸韓非之傳墨經之說。轉類孔子十翼。附易以行。復近接齊桓之歿。遠攀闔不相聞之先施。苟本指足可證發。悉比屬而溝合之。尤不免爲淺見寡聞者所疑。然閎識博聞如遷向之倫。咸未加譏非。豈其懸解有味哉。擇不能無事後賢追發茲覆耶。劉向參校中外書。省除復重。或辭意錯互。不盡無出入。未敢過有偏廢。今管書所發。一曰云者。向兼采衆本爲兩行之說也。讀人失審。以爲本書定著之始。取廣異聞。觀他事辭兩差舛。分篇散見者頗有所謂廣異。殆其是歟。至一篇之中。駢出贅附。疑難援比。劉校爲衆本所亂。已不勝迷惑。況重以宋明傳刻竄變。欲復覩見其真。難之難哉。魏晉宗尚莊列。塹晝管書。同諸出分。故絕無纂說。唐藝文存尹知章注目。而世傳房玄齡以注管特名。晁公武取證杜佑指要。叙以爲淺陋。恐非房注。或曰尹知章也。自弟錄指要。僅散附通典。存其一二。復不該備。學人詑病。文句罕可求通。明趙用賢繼接劉績。依據宋本定校。號爲精審。猶時沿譌。未及是正。又特著錄宋張嵲後跋。所謂宋本。黨巨山紹興已未寫本耶。巨山自言改正譌謬。則竄意變舊。恐滋蔽失。然明於文字通假。亦允爲善通古讀者。四庫目推用賢本。在近代猶善。劉績補註。循文衍義。未足相代。績補注雖未經見。而用賢推服。爲多所發明。剌取。雜所自發正。列諸簡端。冠按以別、之。徽惜其不載宋本。是特袪抉舊注違失而已。用賢蓋依績注例以通其義。依巨山讀例以正其文。兼於本書舛牾深致愼焉。所得疑獨多也。今代黃丕烈得宋楊忱本。矜炫其古。趙本誤失。每賴以糾。然譌奪失亦。不勝可摘。字體尤詭變乖正。未爲盡善。王念孫博考羣書稽覈用賢本。備采孫星衍記錄宋本異文。用相補除。並時洪頤煊與共商榷。又別成義證。其業益顯。自是以來。治管書者未少衰歇。得失差出。說亦日歧。通詳衆本。張刻專輒。楊刻蕪累。同出宋世。精善實稀。星衍所藏。無從覆按。較量二刻。未審孰優。今之所行。楊本沿謬。尙丁宋先。傳寫失正。終爲近古。此可據爲主本者也。趙本擇善。宜從節取。庶資匡益。亦杜僭妄。參而存焉可也。諸家校引。非目及覩。雖過曆之。奚關大要。雜識主趙定校。比驗用賢本例。推舉績說。或牽率用賢。未加按別之辭。亦混同爲一。別標劉本。而文句竟復同趙。於所本主猶尙疏闊。他諸泛及。奚云足徵。詳愼如念孫。無徵若此。況在餘子。抑奚能信。竊於諸舍楊趙二刻別謝創獲。皆未敢過取也。湘鄉顏君息盦。既依楊忱定寫。乃從比決異同之說。審驗義類之歸。可謂能集大成者矣。而徵意所存。在推管書空言而致之世用。沛乎胥給。斯尤爲能規其大也。弟錄爲管子校釋既竟。舉授大癡。俾得與校字之列。往者先養知先生讀管。取湖北崇文局本爲之評點。圈規其植誼之精。點規其得事之要。頗加按語。爲明衛業消息之徵。治亂升降之大。於顏君徵意多有發焉。其後重記注王氏雜識俞氏平議於簡上下。亦時續加按語。輒自察名。別於王俞二錄。多詳文句偏傍之離合。亦足參伍校釋也。盡隨文箋附。上贊盛業。大癡鄙見偶有窺測。復效芻蕘之獻。備裁擇。因綜揭管書大綱曲目之全。懸待質正焉。於乎。管書者傳夷吾之精意者也。意精微而難識。於是有溢言。有損言。假諸物以爲之揭著。直寓焉爾。莊生所爲糟魄視之而戒毋傳其溢辭。謂此類也。朱子葉適諸儒。先各疏別管書僻謬。戒溢辭之傳而已。傳其溢。無以見道之挈靜。

校釋乃注記近今負海政俗。景狀夷吾所爲治於中國。殆均糟魄視焉。而夷吾之精。固未始不於此乎是寄。不言糟魄。無以得精所自挹。卽無以究道之博通。意自於宋儒先互相發也。敢敬告讀顏氏校釋者。循以會心管書之微。無負先生諄諄之雅焉。彼哇哇東郭者。倘亦收聲息喙不爲爭噬哉。乙丑秋七月朔湘陰郭大癡叙錄。

陰符經解義後敍

尹乾秀遺稿

陰符經天書也。黃帝戰蚩尤於涿鹿。感天神而授此書。凡三百三十有三言。求真於洞天。問道於崆峒。得明經義。分爲上中下三篇。帝後續一篇。百一十有四言。苞符露顯。闡後世性命之大道也。聖聖心傳。書甚隱祕。唐貞觀中。褚遂良奉勅書一百二十部。題黃帝陰符經。後李筌託爲五家注。或謂經亦筌爲之。筌注唐末。少言理。濾庸經之能作耶。隋志以前未見著錄。故爲後世所疑。然其書旨宏義奧。悉合三才之大道。出於古聖無疑。先秦之書不見於漢志者自夥。彼遺其蘊而迹是求者。幾何其不泥也。宋以後注者數十家。傳本互異。發揮各殊。不可殫述。輒以己意爲之解義而叙之。夫陰者闇也。符者合也。經中正也。言闇合中正之大道也。天有月。月符日光而生明。

地有水。水符月象而應潮。人有女。女符潮信而屬坤。物有器。器符虛象而應用。體有實。實符仁信而含利。用有虛。虛符真炁而滋化。數有耦。耦符動義而成奇。理有逆。逆符陽義而大順。瀆有體。體符至用而道真。行有瀆。瀆符至候而道成。天地化炁。萬物類生。莫不有陰符之義存。夫是以上符天道。以觀象義。下符地道。以應方位。中符人道。以通造化。上焉者。盡性至命。守中抱一。可以得仙成聖。中下者。興邦治世。可以富國安民。强兵戰勝。上通千古。下準萬世。而一以貫之。黃帝得之。以成上聖。呂尙得之。以佐周王。張良得之。以興漢室。諸葛亮得之。以輔蜀主。其所就者殊。其所資者一也。世治。尙之以德。世亂。尙之以法。知微。知彰。知柔。知剛。持安扶危。陰符其至矣乎。昔之爲注說者。微言玄旨。蓋未盡宣焉。陰符之書。有兵法。謀算。地理。善讀者可與大易相表裏。包含乎象數。以適造化之源。未可、以、常、測、淺、識、也。夫陰陽闔闢之機。事物恆變之理。通其隱滯者。世蓋無幾。指、陳、岐而玄言、微、衍說、繁而本義晦。余之未敢苟同於前人。亦有以也。斯理、之顯、著。乃索、之微、芒。坱、軋、混、濛。孰知其極。玄覽、終、始。妙契、無、間。是在、會、之而已。光緒九年秋七月尹乾秀後叙

鄧琴齋先生傳

長沙陳繼訓杏聰

岳陽有隱君子三曰吳南屏毛西垣杜仲丹繼訓少時耳之稔矣既而泛扁舟渡洞庭登岳陽樓望君山波光雲氣犇赴几席目怡神曠灑然塵𡈼之表然後知孕靈鍾淑三子得助山水爲多三子皆當時名孝廉交與半天下雖處澗阿而聲問籍甚或古文或詩詞或經術精詣各殊要其性行高潔則一也特以一邑之地其賢且才者必不止此顧前寡聞焉後寡見焉則又歎孤介之士其身不顯而姓字不出里閈終古闇汶者烏可僂指計也吾於鄧先生重有感焉先生諱松年字琴齋與三子同里貫自幼逴拔不羈塾師授帖括學不樂也意作畫人物山水恣意揮灑朱墨淋漓濡襟袖覃精焦思得瘵疾幾殆而技益神工書逼肖栁誠懸家故貧即鬻以給未嘗稱貸謂寧自嗇毋累人也故治家壹以樸㲉爲宗嘗曰日贏一錢月積而歲計之則夥矣勿以其細而忽之然好施城南古灘湖廣袤二十里而强秋冬水落崖淖滅踝謀諸仲氏伊齋翁各鑄金五百石其涂以利行者涂長工巨未蕆事而疾革遺令其子卒成之其勇於赴義多類此性耆絜而孝匣硯鑪香瑩澈有序奉親羞饍必躬具以

莚。歲暮遊歸。攜袖稾簏、纍纍然盈行篋。皆勘旨華之養者也。族姓繁。立條教以束之。傳襲有禁。禁情不事事者有罰。幼凌長卑撓尊。必罪其卑幼。蓋先生質直廉正。用於天稟。自其克己、刑家、以御於族。鄉黨不知此。故其家肅然。其族帖然。迹其生平。蓋有辯工。雖與三、子、不同。然性嚴行芳。方之三子。固未、或、少、異也。清沿明制。以制藝取士。程限綦嚴。迄于季世。益割文截義。纖巧繆盭。不可究詰。章句瞀儒。或因緣倖售以去。而才氣奔放者。往往不顧爲。爲之亦不中繩尺。先生坐是不克博一衿。又矜整峭岸。不敢聲氣表襮。湖內外故尠知之者。此其、異于三、子、也。顧發、奮、課子、讀。門子瑾珊。果以舉人官內閣。著述於時。然則先生識於躬而信于後。蓄深播遠。其究也。較三、子、將、毋同。配樂氏。先殂。子二人。振聲即瑾珊。萬琳出後弟某。女子子一。字長沙陳嘉模。未昏而嘉模卒。守貞於家。

陳繼訓曰。光緒癸卯。瑾珊與予同膺鄉薦。復同官京朝。年各二十許。豪氣虎虎。睥睨。辯易時。兩家嚴父均健在。以爲名業建樹。養志之日方長。曾幾何時。天地易位。兵燹疹癘。先生暨先大夫且相繼棄世。失怙之慟、銜恤終身。而予與瑾珊亦頹然老矣。感身世之蹉跎。屬家國之多變。其可痛念爲何如也。歸田後。瑾珊築別墅。會垣。密邇敝廬。文讌往還無虛日。一昔酒酣。瑾珊從容謂先生善鼓琴。語次。髯鬚一老。據梧危坐。手譜龜山諸操。繞室餘音。尤嫋嫋不絕云。

重遊百花洲記

湘潭李可宗寅周遺稿

吳西風景多在省垣。城心有湖。周六七里許。湖腰似蜂。吳人於其隘處。駕小橋一座。以界東西。故自橋以東曰東湖。自橋以西曰西湖。西湖一衣帶水。甚狹而長。其紆迴曲折。若虬螭蟠屈。掀鬣露爪。惟舊有漢徐孺子亭。巋然尚在。然濱湖多被士人所汚。環堤徧作華屋。僦居者皆顯貴家。一日之間。車馬喧闐。囂而不靜。又湖之極西。有橋高出。營利者皆逐逐其間。齷齪湫底。不可近。故遊人不樂往觀焉。惟東湖獨大。境殊清絕。較西有天淵別。每逢春夏水漲。湖光萬頃。目不可極。湖間有洲。形如鵝子。名曰百花。四時花果不蒔種而自榮。洲畔有橋以通遊客。越橋登洲。不數武。則江公忠烈。沈公文肅。祠宇在焉。廟極壯麗。有樓高起。矗出雲表。登樓瞭遠。則西山雲物及湖濱樓閣。洲間樹木。倒影湖中。別開異境。令人心曠神怡。樓下有小邱。邱西有堤。直達東岸。爲宋時隱士蘇公所建。因以蘇公名堤。有草亭遺廟在焉。下樓登邱。邱上有亭。亭中鑿石爲几凳。以供遊人小憩。邱傍喬木陰翳。與石間苔蘚相映。又是一番景况也。

己亥歲。余就館江右。與袁子巽初伯夔相友善。時往遊其間。屢獲成詩。日者因讀書有暇。適値春莫夏初。偕伯子再遊此洲。登此邱。則見夫荷錢貼水。花樣翦風。蔟蔟宜人。與前番迥別。伯子喟然而嘆曰。樂哉斯遊也。余曰。子亦知夫造物之機緘其所以露洩與人無蘊藏者乎。試與子妄言一二。夫雲物山光。倒影湖中。活潑潑地者。是雲物山光與人說道也。喬木陰翳。與苔蘚相映。各含生趣者。是喬木苔蘚與人說道也。他如鳥鳴樹間。是鳥與人說道也。魚躍淵波。是魚與人說道也。螻蟻君臣。烏鳥母子。是螻蟻烏鳥與人說道也。何物不道。何道不物。何物不言。何言不道。特韁鎖名利齷齪湫底者。不知悟也。不知悟而樂之耳。袁伯子聞之。迺遽然起立。拊膺頓足曰。是哉是哉。遂相與摭紅拾紫。吟詠而歸。作重遊百花洲記。

學愚齋集序

長沙謝基極吉修

吾師學愚先生。曾館於養晦山莊。極與弟基崇及李蔭宏諸人。從游講學。日日專以小學近思錄、及四書五經、諸先儒集。反覆辨論。朝夕匪懈。著亦有年矣。乃塾中討論時。得先生講義七篇。又得常聆先生要語紀錄。約百條。深而至淺。顯而至微。此蓋先生在養晦山莊以示諸生者。其與平湖陸稼書先生松陽講義、及各先儒語錄。同出一源。本末兼該。始終一致也。慨自唐羅以後。士風一變。學術大乖。人心亦爲之不振。往往以身心性命之學。目爲迂拘。全然不講。而綱紀倫常之道。至此隨之而靡。於是乎卑者專事利功。高者競尚寂滅。甚至尊夷抑聖。黜己從人。究不知何者爲優。何者爲劣。橫行雜出。末由攷正。幸我先生崛起末流榛莽之間。學究天人。發先賢之所未發。直欲上溯夫洙泗濂洛關閩。開來繼往。乃於課授之暇。著有語孟學庸會通表及文集詩集。粹言一書。內聖外王。體用一貫。先生之功。誠不在唐羅以下矣。茲集同門。會刊此書。因思講義語錄。旨遠言該。大有裨于講授者。而於先儒諸集。所見略希。極尤慮聖道之將湮。亟思補救。非纇有關發聖賢之奧語。不足以喚醒當世之愚蒙。久欲將先生所示諸生講義、及所錄要語與會通表一書。並行於世。推重一時。廣示天下後世。致中國謬入異端曲學者流。覽其書。踐其言。究其理。而知聖賢亘古不磨之道胥在乎日用尋常併行不悖或可奮然興起出彼入此遂共趨向乎聖人之域於不止。極故商之同門敦請附刋於後以俾後之繼起始識先生之有功於聖道而不孤一時之教育庶可推而及之漸而導之恍惚親炙乎先生之門得覩其宮牆堂奧一言一行猶爲天下後世所楷模者豈不懿歟夏正甲子歲蒲月望日靳江西門生吉修謝基極謹序於養晦山莊毋自欺塾

書南嶽導遊名人題詠後

醴陵劉　謙約真

在昔中原人士率以衡岳地居僻遠山路崎嶇遊蹤罕至謝康樂李太白以一生好遊名山自詡皆未嘗涉足衡山杜少陵柳河東行經山下且不獲遂登臨之願昌黎謁廟僅至山麓涪翁阻雨福嚴不見祝融而返劉夢得謫居湖南王陽明屢經湘上俱惟徜徉岳麓峯巔其自恨生平不克一遊如陳白沙之寤寐不忘形諸詠歎者尤難僂指數好事者或戲爲李白遊方廣寺韓愈遊祝融峯及望日臺黃庭堅登祝融峯諸詩以張之南岳志不加辨正採充篇幅並載巖下一老人四五少年讚指爲謝康樂紀遊之作錫巖洞遊記且謂見之澗中石壁又王勃尋道觀劉長卿石圍峯杜

甫訪已上人茅齋。祠南夕望。沈佺期岳館。楊巨源清涼寺。文天祥合江樓諸詩。其地俱不在衡岳。乃亦摭入志中。白樂天在杭州與鳥窠禪師參禪。在洛從佛光大師遊。五燈會元具詳其事。志稱南岳永明寺下一里許有講經台及講書堂。爲樂天鳥窠當日參禪處。又言樂天嘗遊横龍寺。爲佛光題詩。有問師寶額因何立笑指横溪有臥龍之句。宋廖侁横龍寺記並敍及之。一統志亦云。南岳有白香山講書堂遺址。輾轉相傳。其來已久。此詩爲白氏長慶集所無。且亦不類樂天生平之作。攷其年譜。固始終未一至衡山也。又岳志及明弘治衡山縣志載佛印題上封寺云。秋高氣怒上封寺。碧落浮雲放欲收。萬頃蒼波澄玉鑑。一輪紅日滚金毬。遠看西北幾千里。近視東南數百州。好景一時觀不盡。天生有分再來遊。其後五句與民間傳誦之清高宗詩全同。清高宗未嘗至湖南。夫人而知之。而佛印曾否來遊。亦難徵實。附會離奇。類此者尚多。幾於不可究詰。點綴湖山。何賴有此。今者。輪船交通。道途廣拓。登高如履平地。萬里有若戶庭。行見中外文人。聯翩至此。快豁吟眸。戛玉敲金。必且邁軼前代。茲輯古今體詩凡百一十一首。聊當引喤。作者、生平、類皆足爲吾儕矜式。如嚴嵩輩。

雖工不錄。書籍附古人詩教之遺旨。儻不爲大雅所訶也。癸酉七夕無諍居士識

按前期本欄所登鈍安脞錄跋、攬幽芳於湘上、脫一於字、其事倍難於疇昔、脫一難字、又即茲戔戔叢篋、 編者補識

詩錄

題拳行我畫船山先生行跡圖二首 甲戌作

湘潭周逸木崖

道墜時乖正獨艱。何來名蠹起千秋。欲追高跡船山遠。誰屬瀟湘第一流。

活乞天埋了却生。不堪身世亂縱橫。離騷有注存孤憤。三百年來風雨鳴。

題胡公并圖四首

湘鄉劉善澤腴深

披圖無語獨低徊。終古懷沙志可哀。一死從容非易事。莫將東井擬西臺。

莽莽神州慟革除。簪纓初棄亂離餘。鐵函底用搜心史。淚墨流傳絕命書。

蟠汪山畔夕陽殘。風馬雲車失故宮。版蕩隨流誰管得。臣心如水不波瀾。

禾黍離傷故國蕪。昆明閑話劫灰枯。蘚封纏斷梧桐冷。知有忠魂夜哭無。

覓時篇

岳陽李澄宇洞庭

放牛九鱗州。二月春草綠。鞭牛牛鬬我。血痕滿面目。倒地尙鞭牛。牛足蹈我腹。皇祖急步援。牽牛鎖柱屋。鋼叉怒刺牛。一任牛觳觫。皇祖夙重牛。豢牛穀以六。一朝爲孫怒。重人斯賤畜。往矣兒時事。今尙在心曲。皇祖不可見。念此常坐哭。

敬跋先大父母月下桔槔圖　前人

相敬遺風無逸意。此圖與月長明明。無復蒼生霖雨澤。忍忘烈祖桔槔聲。夫夫婦婦睦庸德。宅宅田田願太平。縱水自渠年自稔。典型珍重說雙耕。

讀長沙楊孝子事略

（孝子名允慈字文遠。長沙高橋農民也。生七歲而父萬明卒。出嗣萬高。事萬高及妣周氏本生母何氏咸克孝。壽九十歲卒。）

助親周急博親歡。百善歸親夢始安。養志遠同曾子否。九洲愧死萬儒冠。

廬墓焚香夜告來。倚閭人倚笑泉臺。事生事死都無憾。鬻子恩勤不負纔。

半身不遂尙游觀。舁椅園林老父歡。久病始知眞孝子。豈徒廬墓與人看。

爲後兼能慕所生。荒山廬墓耄如嬰。木魚聲裏親何在。相見黃泉夢已成。

題方曉川拳巾念母圖

（曉川母吳太君卒淸光緒丁酉歲手製一巾。曉川藏之數十年。今作是圖乞題）

子又生孫淚未乾。一巾長念母艱難。圖成地下今應慰。當作堂前戲綵看。

題松貞竹孝圖陳杏驄丈屬　　前人

婦職勤兼饗子勤。生孫幸貴苦還欣。共姜誓志詩長在。令伯陳情表盡聞。地下相逢知有淚。圖中無恙欲何云。神州異日桑成海。惟竹惟松儻護墳。

鷓鴣曲 有序　　前人

庚午秋暮、長沙東里鷓鴣塘有女自溺、遺書署瀏陽紅葉女士、謂家住文市、父母兄弟被匪殺盡、避亂赴省、又值省被匪陷、戚舊散失、展轉至此、偶遇父友、爰暫棲止、刦後孑遺、靡復生趣、惟有一死、留得清白、又遺詩四章、其卒章云、天涯淪落也知羞、人面狠心詎可留、不是我心純似玉、臟將清白付寒流、甚悲其遇、爲作是曲、

鷓鴣塘畔鷓鴣飛。鷓鴣鷓鴣飛且啼。別有傷心人不曉。女士原句那堪紅葉夕陽西。瀏陽浩刦話文市。嫦娥謫墮果何氏。骨肉咸戕賊餘兇。乾坤欲毀衆心死。避秦萬一有桃源。塵動長沙未忍言。市虎道豺親舊散。覆巢燕弱傍誰門。天涯已分終淪落。自古紅顏多命薄。偶逢父友止孤村。愁極不知生可樂。臟將清白付寒流。此語如今未易求。恨不手誅人面者。更卹褁子漆其頭。紛紛暴行同雞狗。但辨女男靡夫婦。紅葉獨墨

秋夜霜鳳毛麟角湘偏有父母兄弟知未知九原可是太平時卻恐相逢皆謬鬼更無天日照瓊枝誰生厲階罪詎贖一雨半月秋似哭女兒最苦亂離年何況斷腸鷓鴣曲

弔劉孝女詩　衡山成　諤仲蓮

皎皎儒家劉氏女幼嫻詩禮長機杼緹縈至性百鍊成瓊花一折幾寒暑阿父懷寶苦不售五車拋卻入閩遊阿兄年少雙珠樹負笈羞爲繞磨牛牽衣送父隱含淚入門慰母母益思慈竹依依玉燕飛靜夜焚香朝篆字海潮卑濕父旋歸一笑歡迎遽下機母言此女勤且苦肌膚憔悴形容非風雨陰愁秋氣烈豈花病網相纏結終日禱佛佛無靈名醫莫覩肱三折古來穴胸斷脰報君王我今割臂身猶强臂血淋漓形不改聊作阿娘續命湯果然精誠世無匹白髮囘春孰吹律猩紅點點玉臂寒浩刼遺灰名不佚

鍾烈婦　吳東吾椒庵

烈婦平江人姓彭氏、年十七、歸於鍾氏子、逾月夫死、仰藥殉、二南不作女憲荒女貞盡化爲垂楊有女獨抱鐵石腸皮金鏤出香字香憶昔初歸芷兩小郎自翩翩妾窈窕郎驂赤虬上玉樓妾騎白鳳歸瑤島玉樓瑤島相唱隨塚上鴛鴦樹交枝乃知服藥緣不死萬古清光懸月姊

張貞烈女詩 并序

湘潭周詒瑾葰生遺稿

貞烈女、湘潭人、姓張氏、名琡光、幼字郭氏、嗣因郭郎病歿、遂矢志靡他、鬱鬱以死、

一彎新月未團圓鏡裏人悲別恨天毀盡香奩雙淚下夢魂長繞墓門煙

强辭堂上續鸞盟洗盡鉛華志已成自是歲寒松柏勁不同桃李耀春榮

病裏猶傷連理枝此心應共鬼神知蝶衣今不穿花徑飛入深閨慰別離

名教而今已式微祇憑江竹弔湘妃千年彤管無顏色尙喜陶園貞木煇

題譚荔仙羅浮證雲圖 四首

湘潭王闓運湘綺 佚稿

碧嶂丹谿不換秋玉筇扶月過峯頭當時卻怪襄陽老一樹垂垂已便愁

横海清遊不厭貧肯教冰雪汚風塵名山暫到非無意乞取寒花伴老身

畫裏迢迢萬樹香夢中殘月冷如霜還君管領山頭雪散作人間五月涼

十年歸臥故山雲。湘水浮窗覺早春。比似往時勾漏令。枉將丹訣賺時人。

思舊居三首用韓公南溪始泛韻　湘鄉王禮培佩初

少壯慕飛騰。境過便思返。勝事如在目。託迹亦蕭遠。蠟屐響空林、山藤倚長坂。江鄉足掩流。歲月不我挽。偶坐青石牀。閒趁綠荷飯。午晴花欲然。暝合山如偃。桑柘望歸人。日歸未云晚。楹書證古心。歲晏守孤蹇。

觀山興每闌。言尋舴艋舟。觀水使心澄。靜照何當休。舊迹都已迷。卻問老蒼頭。頻年阻戎馬。無心任去留。吾廬誠乃敝。力命豈無由。胡爲明夷叟。翻覆陳九疇。黃農忽已遠。旣老罹百憂。去日誠草草。來日更悠悠。叢桂晚留人。烏倦始知投。外物安可必。力穡亦有秋。

弧矢墮男兒。彖手希前蹟。收功如搏沙。梟盧競一擲。斑〔班〕生起毛錐。乃饞燕然石。李廣射南山。竟用一箭激。長才世所需。所傷在促刺。威鳳翔千仞。飛泉灑百尺。酌酒看江山。氣槪森立壁。人呼牛馬走。吾寧老耼役。

胡子靖於明德學校後圃新建樂誠堂鄭觀農假座招飲會者十一人

陳翁佩蘅年事最長汪頌年任壽國亦各蒼然矣感而賦此　前人

市聲浩浩盪殘暑汲江猶戀春茶賫天末青蘋望欲無後夜乖龍不作雨故人寥落數晨星歲月一瞥追夸父飲中相顧撚髭鬚形容變盡遽如許亂離江萍寄衝撞豗蹴下界轉丸土文字歡娛數光宣各有千秋軋機杼人言焦穀無新穎詎有讙秦傳五羖城北舊是校經地百年樹人比鄒魯草青沙軟千步場著我巾屨試輕舉爲買蠻紙記流觴小臥南牕啓北戶

得秋雨望范鐸峯作　前人

南障峯嶔天無界雨餘泉響瀉千派溪聲廣長漱石根浮槎著船瀉奔快昔人買山借雲居抱甕汲清絕機械我來拄杖想真隱通德疑有黃巾拜亂離瘼矣今則殊殺越於人無睚眦白棘秋絲罥崖壁蔭露雰霧擢葵薤鴻雁叫羣原澤哀鸞鵠無侶翮羽鎩老境華髮誰掃除生事黃精自劚曬公家連朝租稅忙西風夕蠅一蛃嘬酒白淺搖新月痕雲黃喜聽田家話及時一飽慰饑隙莫擬梁鴻歌五噫

金陵雜咏七首　前人

兒子傳鱗賃居南京洪武門地僻草荒絕少塵事、小孫子扶余登城樓廢址曰拆有日矣、美國工程師爲言城以衞民、吾歐自無城耳、乃止、連日遊鍾阜雞鳴山、得詩七首、

寂寥風雨下城隈。歲歲江南事事哀。壞瓦成泥刼後夢。窺人燐火出荒臺。

兔絲燕麥蕩新晴。洪武門樓莽一坪。獨有客卿傷舊事。天教留得石頭城。

秦淮逝水碧如油。春影飄零十四樓。桃葉渡江疑有恨。後庭花事不宜秋。時官妓之禁獨嚴明代建十四樓以畜官妓

斷雲飄雨暮還癡。醽向風前酹一巵。十萬吹脣復嘯指。可能冀馬落鞭笞。

雞鳴古寺訪殘碑。力復金湯又一時。六十年來僧白首。漸營解脫費量思。曾督師雞鳴山昭忠祠碑銘云竭千萬人之力復此金湯

焚書折劍盡今朝。杯酒長星且自豪。餓死臺城佛不會。紙鳶飛出陣雲高。

鬭豬人去六百秋。金氣消沉曠代愁。日暮長陵風吼虎。何人帶劍上吾邱。謁孝陵所見

題蕉窗憶昔圖爲劉約眞作　前人

姍姍月下綠叢叢。欲剮靈根賦惱公。化作采雲容易散。長陰深處一絲風。
不禁雨打洗煩寃。深夜薰香拜美門。便向衆生圖解脫。可能雪裏慰溫存。

奉懷郭尺岩 壬申作　湘潭趙啓霖芷蓀

苦憶雁紅閣。棱棱風骨遒。寒爐香到晚。野服淡於秋。吾道孤燈在。斯文一髮留。君方立守先學舍獨憐清淨地。漆室未忘憂。

尺岩以近作見示賦此爲贈 癸酉作　前人

廢經拋孔廿年過。今日神州竟若何。尤有湘湄老居士。白頭捧土障頹波。

王同年揖唐招遊天津病阻却寄　長沙陳繼訓杏驄

招我北溟搏倦翮。不堪病鶴舊毿毿。廿年爪跡孤鴻遠。不入津門近廿年矣千里心情一雁通。膽欲談天參佛母。君近來皈依佛法按涅槃經云法是佛母佛從法生可能縮地學壺公。平生事事居王後。腰脚還須拜下風。君去年遍遊沿江諸省來書云又將南下

聞與日本訂約二十一條有感 白燕盦詩集 乙卯作　湘陰陳嘉會鳳光

可憐猶唱白符鳩。國賊今朝不是吳。獨惜譙周事仇國。暮年辛苦遞降書。

橫刀長揖望真空，斷送從他短老公。枉自孤翔炫龍鳳。雞城誰是半英雄。

結客少年塲行 乙卯作

前　人

結客少年塲。意氣傾山岡。開心同骨肉。抵掌罵炎涼。東門走馬西市酒。朝朝撫劍相左右。生平自許魯朱家。尋常惜別依依。柳依依。柳猶在手。一朝勢落龍蟠泥。緩急抑門識誰某。翟公昔盛時。賓客人人皆親知。罷官幾日門羅雀。貴賤交情歎零落。憂患餘生喚奈何。相看安樂戒經過。門生豈見賣卜義。同鄉無復殷黃侍。從知結客不必市與都。逢迎非俠亦非儒。世亂賢豪出寂寞。毛薛博販朱亥屠。

端午日畫鍾馗擊劍圖漫題 乙卯作

前　人

終南舊進士。任俠喜仗義。本爲袪姦邪。何心袍帶賜。通靈吳道子。鬼趣初寫意。曠代冬心翁。醉容妙筆寄。小鬼羣竊玉。擘唉正無計。舉世同昏昏。如公安可醉。昔聞董北苑。貌公屏風內。白晝碧落宮。逡巡人猶畏。何況黑夜中。魔力小魑魅。畫作擊劍圖。堂堂奮迅臂。破帽披藍袍。朦朧目電銳。脚踏虎皮鞾。指繞龍泉氣。暗殺武安魂。明斬灞陵尉。要使天下事。毋令鬼作祟。舊畫獻官家。吾畫爲民衛。持語屈大夫。水怪亦應避。

賦得弇州山題自畫山水寄貽組安 乙卯作　前人

弇州山中多絳樹。懷君倚徙看日暮。弇州山中多白雲。白雲何處能隨君。亦知虎窟路旁有。卻念煙波五湖口。爲報儂家畫裏情。着處蓮花異楊柳。

壽王湘綺百歲生日分韻得欲字 辛未　湘陰彭昺

陰風厲嚴寒。天地昏慘毒。江山怨搖落。文藻伊誰續。猗歟湘綺翁。欬唾生珠玉。憶昔賦江南。弱冠輕當軸。皇天啓文運。騰驤馳驥足。鴻博壓俞樓。學統張楚蜀。英名煽八區。多士饜所欲。世亂文益治。和寡服高曲。豈伊騷情鬱。窮經擢五鹿。晚歲謁承明。風塵混騊駼。出處有然疑。羿彀何榮辱。百年成轉瞬。空嘆靈光矗。人亡道則存。千載猶尸祝。高山望靡遙。諸賢期勉勗。

爲尹乾秀陰符經解義題辭兩首　釋敬安寄禪 遺稿

胸中邱壑一塵無。人海茫茫意自孤。門巷蕭閒苔蘚碧。滿庭風雨註陰符。

霞外神情誰復知。蒼蒼鬚鬢已如絲。春風落魄長沙市。錯被人呼老畫師。

前題　崔睞晦貞 遺稿

寂寞金陽子斯人未可無蘭生荊棘蔽松老蔦蘿拘時事驚心切天涯歎道孤相逢惟縱酒此意足長吁

前題 有序丙午作

湘潭胡元儀遺稿

金陽子作陰符經解義、用功數十年、久成而屢易、字句精審、言簡意該、讀者自得之、無勞辭費、每節末必引孔子周易繫傳以證之、學者未喻、昔魏伯陽作周易參同契、所言非周易、名以周易者、中有易理也、不參其同、其異何由析、苟泥其異、而不契其同、豈真知所以異者哉、因綴八十言、引申之而已、其辭曰、

乾元何所見秀白贊陽生易緯乾鑿度云陽生秀白之州龍德潛因養鵬程御氣行危微恩害戰消息殺機萌人我窮通理冲真詎可名守黑方知白參同識者希欲窺三要閟先杜萬緣機器器名奇器微微闡道微中天懸朗月大地一輪圍

登祝融絕頂放歌

湘潭陳學博珮秋遺稿

我欲登神山驚濤駭浪隔絕非人寰峨眉西極泰岱遠雖有絕頂難躋攀天生衡嶽

鎮熊楚俯瞰東南萬餘里嶵嵬巀嶪九千丈峯巒突插空濛裏遙天雁囘新霜時秋
風引我爭奔馳買船掛席入湘水飛嵐翠壓舟行遲朝爲省親行暮切騁神意馳馬
出東門無限思親淚行行復行行舉目倏有異嶙峋石骨空青撐離迷花雨平巒碎
西風陣陣白雲飛高峯矗立行徑微陰晴變幻杳無定仰視白日青天稀揭來不避
風雨惡豈畏冥頑貔虎威石徑崎嶇了無苦拾級蹁躚登翠微雲巒岩嶢摩青蒼下
視塵寰半煙霧怪石森然人却步蜿蜒盤屈羊腸路涼生峭壁侵人衣近天風烈撼
高樹須臾盡掃煙雲開日月照耀金銀臺天門羣仙把玉杯諸洞古佛相追陪高峯
羅列萬山來大河九曲百川囘城郭郊園似點埃猿啼鶴淚聲情哀蒼龍吟兮心膽
折元虎嘯兮林木催况又飛泉湍瀑硃崖轉石而奔雷噫嘻吁神山雖未登斯游亦
壯哉側身西望胸廓恢鴻飛冥冥白日暮盤空躡蹬認歸路半山老衲前置詞請君
留作登高賦愧無少陵謫仙才狂言何足通禪悟况值年荒世業空何心恣學邯鄲
步僧云君勿辭且試驚人句不見神仙慧業李鄴侯讀書棲隱此山頭昌黎驚句懸
絕壁楓葉蘆花相與秋翁仲埋沒白骨化殘篇猶爲人愛留卽今烽火連天日繁華

金谷終朝失惟有芳名萬古存靈光煥發嵌岩石未請終軍繫賦纓何妨豪走淩雲筆欃槍掃盡會有時佳句紗籠非所惜感僧之言發長嘯天風颯颯山鬼泣

詠史　吳夷吾

十萬橫磨氣未平帝羓含笑向梁城韓彭但解求分胙廉藺焉知廢內爭軍令未誅林父罪合從猶倚信陵盟廟謨深遠非吾事棟折榱崩已有聲

薪膽君臣覇氣豪寃禽塞海亦無聊北門鎖已金湯盡東晉兵餘草木驕大渡早知分玉斧五溪無處認銅標苦將淚眼新亭上相送虞淵落日遙

甲戌三日招同級秋履中諸君散步郊原八日宴集謝宅追和師晦感懷之作　湘潭王銘纛穀平

月麗箕洎畢風雨鬱相向不有三日新誰解孤懷愴索居畢生事良辰乏嘉況慰彼山阿人道遠重勞訪當春日遲遲愚子心養養招邀二三朋遨園聊偃仰萋萋春草吟留畱春心蕩握蘭遺句芳祓禊幽情暢游息力已疲歡宴古所尙節賞縱愆期玉曆終有當嘉會謝公堂酒債且分償永懷沂津濱毋嘆逝川上

春深苦雨裁詩遣日　前人

老大不憂貧投閒已十春儒冠寧誤我風雨適愁人出乏幽齋迸居惟虛室親哀時
何所事蹇白一吟身
共道春光麗其如穡事何寒深十日雨愁損二毛皤輟學悲年邁裁詩誤字訛八荒
同一瞑烟霧莽山河
梛翠嬌如滴桃紅潤更妍濕雲屯絕壑寒雨鎖輕烟無復羲鞭日誰留石補天何時
開望眼風物麗晴川
眉月長離畢連陰寸寸屯上天疑有漏大地欲無塵江海悲行客雲山老故人又聽
今夜雨愁頌一犂春

重遊牯嶺 癸酉作　攸縣龍紱慈達夫

峯迴路轉見樓臺十五年前有夢回泉石不殊林木美鳥啼愁聽脊令哀 十五年前曾與仲兄同遊

游佛手岩天池寺經神龍潭至黃龍寺　前人

昔游縹緲在雲中今度晴明倚太空天塹一江波靄靄秋毫百里樹叢叢尋源直到真龍窟憩石還依古佛宮當路不須愁虎吼（歸路經虎吼嶺）此峯迴處境無窮

謁散原老人松門別墅　前人

陂陀一徑到松門有虎當關境不喧（山口有巨石老人題虎守松門四字）貪看晚晴雲變色坐聞清籟客忘言藏年富擁名山業隱几時攀萬古魂泉石此間宜長養卜居何用武陵源

感懷五次黃適園即事原韻　辛未作　周逸

毀方終覺不成圓生就高懷喜自然豪氣騎龍猶昔日天才倚馬愧當年（昔湘綺師贈逸有倚馬萬言同李白猶龍一見得玄經之語又皮鹿門先生序逸詩序中有以天才許之至今思之愧甚）座無宣父狂驚客志尚陳平懶計田佪首江山正搖落橫戈何日刺苻堅

春日偕適園靜庵出遊東郊至陳家壠甒尊山館有作　辛未　前人

三里探幽結伴行東門偶出踏春晴莫從坡路尋山遠乍見雲天接地平曲徑人稀聞犬吠野塘風暖送砧聲誰家樓閣荒涼甚尚有花枝日向榮

滬居元日有感　辛未作　攸縣龍紱年毅夫遺稿

宮殿荒蕪二十春。却從劍外看烽塵。鸞歌鳳舞知何日。虎踞龍蟠是此辰。伏莽拔心誅未了。垂楊生肘歎無因。眼前不減新元象。出戶筇扶病起人。

維摩一榻寫經時。妙法蓮花可受持。金谷有園堪隱遁。玉堂無地莫論思。春生儘與年俱長。雪甚翻愁體不支。最是綺筵驚破後。故鄉誰更勸眉巵。

和木崖春日重遊東郊原韻 辛未作　長沙黃贊元適園

欲訪南郊又向東。參差廬舍綠陰中。鶯歌餘韻花間路。蝶舞流霞柳岸風。修禊蘭亭他日約。尋詩惆水此心同。紀遊昨讀坡仙句。謾和陽春夕照紅。

夜讀 十一歲作　周逸

太白出雲中。光芒駕不落。一念到人間。讀書將有作。

放筆 十二歲作　前人

起心有天地。放筆無古今。發言極玄遠。絕調少知音。

夢歌 十三歲作　前人

來從空中來。去向空中去。寂寂不見人。宜有所在處。

昭山逢眉峯僧 十三歲作

前人

君住昭山頭。我住昭山尾。日暮昭山逢。蒼茫對煙水。

暮春憶津口膺農

前人

一鳥鳴枝頭。孤月籠窗戶。獨坐意不適。故人隔湘浦。此時覽君詩。恍惚悟杜甫。驟起林外風。疑是落花雨。

春日遊麓山四絕 選錄二首浣霞閣詩草甲戌仲春作

浣霞閣主

昆濤亭上聽流鶯。縱覽江天氣象清。最是春光添畫意。映山紅對夕陽明。映山紅卽杜鵑花名

鎮日清遊綠樹陰。層巒疊嶂白雲深。遙聞古寺鐘聲起。境入蒼茫何處尋。

春日遊嶽麓感作

前人

愛晚亭中坐綠陰。潺潺流水滌塵襟。山花對客如含笑。野鳥迎風似和吟。漫道浮生時感慨。且探奇境日登臨。茫茫大地都羈旅。一瞥人間古往今。

和浣霞春日遊嶽麓感賦原韻

周逸

綠樹撐天萬壑陰。晴光嵐翠上衣襟。非關花鳥添遊興。已倦江湖愛獨吟。歷劫名山

仍自在安排濁酒試登臨知君眼底原無物一氣往來空古今

約貞召飲醉歸賦贈　田興奎星六

往聞鈍安語儕輩最賢君式古行儒素逃禪厭世紛（君茹素矣）長竹林游並重（令姪雪衣頗有詩文）名蘭室入論芬雜衆懽談笑（座有陶叔惠陳鳳光周木崖李行我諸先生談極歡）初忘醉獨醺

青溪謠　葛鼎甫鑒銘

秦淮直上通青溪水勢曲折無高低上流清淌下汙濁應有屈蟄龍蟠泥已成金陵號壓勝復鑿秦淮洩威令咸陽二世剩寒灰淮水千年若明鏡脈如斫斷真不祥亞靈必走鰲應藏如何六代尚有天子氣宋齊下復開齊梁鍾山龍盤足徵信叱咤曹鎦突雄陣如何益州王濬奮投鞭建業孫郎辱輿櫬秦人鑿蜀黔首愁蠶叢路斷身繼幽石頭蹔罔若天造胡效五丁冒險開金牛秦人築城殊太惡萬里秋高氣蕭索白門南部號通都胡效蒙恬絕塞城沙漠秦皇鞭石走天涯指顧中原僅一家誰知歸自蓬萊鳥便有人潛博浪沙天旋地轉如輪輻貞下開元剝還復百二秦關豆剖罪至今世界殊陵谷舊住湖濱陋一隅今從江左豔繁區但沿青溪堀抑共禦侮不

事秦淮泛舸呼名妹濯纓滄浪碧如玉水石淙撞勝歌曲菰蒲波漾晚天青柳色晴依故園綠江南淪落杜司勳忽憶當年蔣子文蠟屐緩尋江令宅攜琴先上小姑墳龍兒舊第今誰主漁父輕饑信堪伍故國何須問馬牛前途幸免逢豺虎我居青溪濱時望青溪滸十日平原作賓主他年儻復泛淪漣載酒應須約徐庾

詞錄

疏影 蔡哲夫夫人月色畫梅寄贈賦以謝之正雪滿山中也

田興奎星六

羅浮夢隔盼一枝寄到天正飛雪煮酒圍爐引讀班書花果幾生修得滄桑近事愁難問且領略疏香微月擁弊衾硯角琴邊惆悵佳人南國卻記瑤臺舊話珊珊佩玉影曾注仙籍古格芳心如慕如憐吹過高樓長笛人間嫁識林和靖算占斷孤山清絕笑小園籬落橫斜添了幾分春色

劄記

船山先師詩[illegible]

讀指南集二首

周逸敬選

絳節生須抱璧還。降牋誰捧尺封閼。滄波淮海東流水。風雨揚州北固山。鵑血春啼悲蜀鳥。雞鳴夜亂度秦關。瓊花堂上三生路。已濟燕臺頸血殷。

揚州不死空坑死。出使皋亭事未央。鳴鳩春催三月雨。丹楓秋忍一林霜。[illegible]留朱序。文水魚書待武陽。滄海金椎終寂寞。汗青猶在淚

劄記

恆心堂讀書答問 續第四期

湘潭周　逸木崖

問交友不慎其關係如何

答李二曲先生云。人生不可無友。交友不可不擇。友直諒多聞。則時時得聞己過。聞所未聞。長善救失。開拓心胸。德業學問。日進於高明。若與便辟柔佞之人處。則依阿逢迎。善莫予責。自足自滿。長敖遂非。德業學問。日墮於匪鄙。爲益爲損。所關匪細。交友可不愼乎。逸按直諒多聞三者。俱不可無。而夾輔匡正。得力尤在於直。昔申顏自謂一日不可無侯無可。或問其故。曰無可能攻人之過。若一日不見。則不得聞其過矣。

問君子小人之過何以別之

答過誤人所不免。一文反成心疚。故曰。君子之過。如日月之食。過也人皆見之。小人之過也必文。此其所以爲小人歟。吾人果立心欲爲君子。斷當自知非改過。始若甘心願爲小人。則文過飾非可也。庸鄙小人不文過。文者多是聰明有才之小人。肆無忌憚之小人不文過。文者多是慕名竊義僞作君子之小人。蓋居恆不肯檢身。及有過又怕壞名。以故多方巧飾。惟務欺人。然人卒不可欺。徒自欺耳。果何益哉。

問君子小人之區別其起點在一念否

答魏叔子云。吾不知何等人爲君子。但看日間凡事肯吃虧者便是君子。吾不知何等人爲小人。凡事喜占便宜者。便是小人。逸按君子有三戒。能戒則爲君子。不戒便是小人。戒與不戒。只有一念之頃而已。堅忍一時。快慊終身。一念之差。終身莫贖。人可不愼此一念乎。

問隱居求志其志應如何方爲可貴

答隱居求志。斯隱不徒隱。行義達道。斯出不徒出。若隱居志不在道。則出必無道可達。縱有建樹。不過詭遇。君子不貴也。逸嘗謂脫迹紛囂。潛心道德經濟。萬物一體。念切世道生民。此方是隱居求志。苟志不出此。徒工文翰以自負。悠游林壑以遣日。無體無用。於世道無所關係。以此爲隱。隱可知矣。若莘野傅巖。磻溪隆中。當其隱居之日。志未嘗不在天下國家。經世事宜。咸體究有素。故一出而撥亂返治。如運諸掌。後世非無隱居潔脩之士。顧志既與古人異。是以成就與古人殊。

問孔子懼學者徒以言語文字求道。故欲無言。其意何指

答使人知眞正學道。以心而不以辯。以行而不以言。而子貢不悟。反求之於言。區區惟言語文字是執。是以又示之天道不言之妙。所以警之者至矣。時行、物生、眞機、透露。魚躍、鳶飛、現在目前。學人誠神明默成。不識不知。順帝之則。四端萬善。隨感而應。道卽在是。夫何所言。一落言詮。便涉聲臭。去道遠矣。陸象山有云。寄語同遊、二三子。莫將言語壞天常。而鄒南皋亦云。寄語芸窗年少者。莫將章句送青春。合二詩觀之。吾曹得無惕然乎。

問沮溺之耕。丈人之耘。其志行如何

答棲遲農畝。肆志烟霞。較之萬物一體。念切救世者。固偏。較之覃懷名利。奔走世路者。則高。一則鳳翔千仞。一則蛾逐夜燈。孰是孰非。孰得孰失。當必有辨之者。逸、嘗、

謂聖人無不可爲之時。不論有道無道。直以綱常名教爲己任。撥亂返治爲己責。若自己德非聖人。才不足以撥亂返治。只宜遵聖人家法。有道則見以行義。無道則隱以守身。甯跡同沮溺丈人之偏。愼無蹈昧於知止之轍。

問徒恃權力其結局如何

答羿奡俱不得其死。則徒恃權力者。不覺骨悚心灰。豈惟羿奡不得其死。歷觀前代權奸。如漢之竇憲。董卓。唐之李輔國。元載。宋之賈似道、韓侂胄。明之石亨、嚴嵩。當其權力方張。作威作福。勢焰非不薰灼。一時趨附者。從風而靡。稱功頌德。舉國如狂。其有安分自守者。鮮不目爲迂。迨禍機一發。終歸夷滅。奸黨之誅。株連不已。卽或倖脫。人所羞齒。回視平日安分守己者。果孰得孰失。孰榮而孰辱哉。故人之立身涉世。勿苟圖目前。要慮及日後。結局之善不善。全在平日好尚之善不善耳。尚德尚力。試自擇於斯二者。

（未完）

说苑

船山先師詩錄

後行路難

周逸敬選

昔歌行路難。閉門誰知霜雪寒。君不見門戶蕭條任東里。塋上芫花墜紅紫。空持顏面問旁人。相顧悠悠如逝水。丈夫有恩必有怨。五嶽須臾起方寸。生子能如孫仲謀。張昭猶勸作降侯。何况六朝金粉客。晨越東阡復西陌。彥升文藻散寒煙。枯木不留霜後碧。酌君酒。嚮君笑。蜀道千盤皆陡峭。鳥啄屋。無定方。安得金丹駐年少。

說苑

神異經輯校 續第四期

安化陶憲曾遺稿

漢 東方朔 撰

晉 張華 注

中荒經

崐崙之山。有銅柱焉。其高入天。〇太平御覽六百七十四引作凌雲 所謂天柱也。圍三千里。圓周如削。下有囘屋。璧方百丈。〇璧字从藝文類聚七御覽九百二十七引補 仙人九府治之。上有大鳥。〇大御覽引作一 名曰希有。南向張左翼覆東王公。右翼覆西王母。背上小處無羽。一萬九千里。西王母歲登翼上會東王公也。〇會水經河水注御覽引皆作之御覽引歲上有一字登上有再字 又其喙赤。目黃如金。其肉苦鹹。仙人甘之。〇此十五字从御覽引補初學記二十六亦引此文誤題十洲記又與上追復歸條相混惟苦鹹二字作若醎較善 故其柱銘曰崐崙銅柱。其高入天。員周如削。膚體美焉。其鳥銘曰有鳥希有。綠赤皇皇。〇綠本作祿从水經注引改 不鳴不食。東覆東王公。西覆西王母。王母欲東登之。自通陰陽相須。唯會益

工。○案銅柱希有鳥二銘當係注中之銘如郭璞注山海經注中亦有銘也

九府玉童玉女與天地同休息。男女無爲匹配。而仙道自成。言不爲夫妻也男女名曰玉人○案此與上文當即一條誤竄於此又注十二字舊本上題張茂先曰四字並作正文今改正

東方有宮。青石爲牆。高三仞。左右闕。高百尺。○藝文類聚六十二引作百丈畫以五色。門有銀榜。以青石碧鏤。題曰天地長男之宮。西方有宮。白石爲牆。五色黃。○類聚引無色字門有金榜。而銀鏤。題曰天地少女之宮。中央有宮。○中央類聚引作西南方以金爲牆。門有金榜。以銀鏤題曰天皇之宮。南方有宮。以赤石爲牆。赤銅爲門闕。○類聚引無闕字有銀榜。題曰天地中女之宮。○題字从類聚引補地本作皇亦據引改北方有宮。以黑石爲牆。題曰天地中男之宮。東南有宮。黃石爲牆。黃榜碧鏤。題曰天地少男之宮。西北有宮。黃銅爲牆。題曰地皇之宮。

東方裔外有東明山。以青石爲牆。西方○初學記二十四引作西北裔外有大夏山。以金爲牆。○初學記引金上有黃字南方裔外有岡明山。○岡初學記引作罔以赤石爲牆。西南裔外老壽山。以黃銅爲牆。東南裔外闔清山。以青石爲牆。西北○初學記引作西方裔外西明山。以白石爲牆。皆有宮。蓋神仙之宅也

東北方有鬼星石室。三百戶而共一門。○舊本與上文連讀今提行方字而字从太平御覽八百八十三引補戶御覽一百八十三引作里石榜題曰鬼門。晝日不開。至暮即有人語。有火青色。○晝日以下十四字上本有鬼門二字別爲一條在齧鐵獸條後又火青本作青火並从御覽引改正西南銅關夾門。榜題曰人往門。○上門字从御覽引補東北銅關夾門。榜題曰人來門。

南方有獸焉。角足大小形狀如水牛。皮毛黑如漆。食鐵飲水。其糞可爲兵器。其利如剛。名曰齧鐵。俗云咋鐵平黃經云南方齧鐵獸利爲剛食鐵飲水腸中不傷○舊校埤按今蜀中深山亦有齧鐵獸憲曾案注俗云咋鐵四字从太平御覽八百一十三引補

西南大宛有馬。○宛本作荒从藝文類聚九十三太平御覽八百九十七引改又類聚引宛下有宛丘二字馬上有良字其大二丈。鬣至膝。○鬣本作髯从類聚引改尾委地。蹄如升。○類聚引委下有於字升本譌作丹从御覽引改類聚引作汗亦譌蹏可握。日行千里。至日中而汗血。乘者當以縣絮纏頭。○縣字从類聚引補又類聚頭下有腰小腹三字以辟風病。彼國人不纏。○彼類聚御覽引皆作其

北方有獸焉。其狀如獅子。食人。○廣韻云食虎豹及人吹人則病。名曰獝。音恙恆近人村里。入人居室。百姓患苦。天帝徙之北方荒中。

西方深山有獸焉。面目手足毛色如猴。體大如驢。善緣高木。皆雌無雄。名曰綢。○曰字从太平御覽九百一十三引補須人三合而有子。○須本作順从御覽引改要路彊牽男人。將上絕冢之上取果。並竊五穀食。更三合畢而定。十月乃生。○三合本作合三从御覽引改

不孝鳥。狀如人身。犬尾有齒猪牙。額上有文曰不孝。口下有文曰不慈。鼻上有文曰不道。○鼻本譌作鳥从太平御覽九百二十七引改左脅有文曰愛夫。右脅有文曰憐婦。天故生此異鳥以顯忠孝也。○天故本作故天生本譌作立鳥本作界耋與上鼻字互譌又譌爲界並从御覽引改

佚文

東方有人焉。人形而身多毛。自解水土。知通塞。爲人自用。欲爲欲息。皆曰云是鯀也。○史記五帝紀正義

西荒有人。不讀五經而意合。不觀天文而心通。不誦禮律而精當。天賜其衣。男朱衣縞帶委貌冠。○貌書鈔作皃女碧衣戴勝。皆無縫。○原本北堂書鈔一百二十八又一百三十五太平御覽六百八十五

西方有人。飲食被髮東走。其婦追之不止。怒亦被髮。名曰狂。一名顛。一名狷。一名患。此人夫妻與天俱生。狂走東西。沒晝夜。○太平御覽七百三十九

西方有獸長短如人。羊頭猴尾。名𤜵𤝞。健行。〇集韻

西北荒有石室。有百二十人同居。齊壽千二百歲。〇藝文類聚六十四 太平御覽一百七十四

西北方有人。飲甘露。食茯苓。〇太平御覽九百八十九

東北荒中有獸如牛。一角。毛靑四足。似熊。性忠直。〇此三字从開元占經補 見人鬭則觸不直者。聞人論則咋不正者。〇兩者字从開元占經補 論開元占經作語 名曰獬豸。一名任法獸。〇今御史法冠曰獬豸〇開元占經一百十六 太平御覽八百九十

八方之荒有石鼓。其徑千里。蒙之以皮。〇此四字从事類賦注十一補 撞之其音郎雷也。〇郎事類賦注十一作如 天以此爲喜怒之威。〇太平御覽十三 事類賦注三 又十一

八荒中有毛人如猴。毛長氉𣯫。〇集韻

考證

隋書經籍志。史部、地理、神異經一卷。東方朔撰 張華注

舊唐書經籍志。乙部、史錄、地理類。神異經二卷。東方朔撰

唐書藝文志。丙部、子錄、道家神仙類、東方朔神異經二卷。張華注

宋史藝文志子類、小說家類、東方朔神異經二卷。晉張華傳

王堯臣等崇文總目。史部地理類神異經二卷。東方朔撰。張華注。錢繹輯釋繹按玉海引崇文目同隋志書錄解題通考并一卷

陳振孫直齋書錄解題。小說家類神異經一卷。稱東方朔撰。張茂先傳。十洲記一卷亦稱東方朔撰。二書詭誕不經皆假託也。漢書本傳敍朔之辭。末言劉向所錄朔書。具是矣。世所傳他事皆非也。贊又言朔之詼諧。其事浮淺。行於衆庶。而後世好事者因取奇言怪語附著之朔。故詳錄焉。史家欲祛妄惑可謂明矣。

王應麟玉海。地理異域圖書類、神異經一卷。張華注後漢文選注引之崇文目唐志二卷

馬瑞臨文獻通考。經籍考、子、小說家、神異經一卷。

焦竑國史經籍志。史類、傳記、神異經二卷。東方朔

欽定四庫全書總目。子部、小說家類、神異經一卷。內府藏本

舊本題漢東方朔撰。所載皆荒外之言。怪誕不經。共四十七條。陳振孫書錄解題。已極斥此書稱東方朔撰張茂先傳之僞。今考漢書朔本傳。歷敍朔所撰述。言凡劉向

所錄朔書俱是。世所傳他事皆非。其贊又言後世好事者取其奇言怪語附著之朔云云。則朔書多出附會。在班固時已然。此書既劉向七略所不載。則其爲依託更無疑義。晉書張華本傳亦無註神異經之文。則併華註亦似屬假借。振孫所疑誠爲有見。然隋志載此書已稱東方朔撰張華注。則其僞在隋以前矣。觀其詞華縟麗。格近齊梁。當由六朝文士影撰而成。與洞冥拾遺諸記先後並出。故其中西北荒金闕銀盤明月珠事。陸倕石闕銘引用之。其中玉女投壺事。徐陵玉臺新詠序引用之。流傳既久。固不妨過而存之。以廣異聞。又考廣韻去聲四十一漾收獇字。說文玉篇皆所不載。註稱獸似獅子。實本此經。北方有獸焉。其狀如獅子。名曰獇之文。則小學家已相援據。不但文人詞藻轉相採摭已也。隋志列之史部地理類。唐志又列之子部神仙類。今核所言多世外恍惚之事。既有異於輿圖。亦無關於修煉。其分隸均屬未安。今從文獻通考列小說類中。庶得其實焉。

欽定四庫全書簡明目錄。子部、小說家類、神異經一卷。

舊本題漢東方朔撰。晉張華註。考諸隋志所載亦符。則其依託已久矣。所記皆八荒以外之言。不可究詰。而文采縟麗。詞賦家恆所引用。要亦六朝文士所爲。隋志列入地理類。唐志列入神仙家。均非其實。今亦改隸於小說。

王謨漢魏叢書跋。右東方朔神異經一卷十洲記一卷。隋志並入史部地理類。唐志子部神仙類。其入地理者。以二書所言皆四海八荒事。爲倣山海經而作。其入神仙者。以神異經第一篇卽言東王公玉女。而十洲記有蓬萊瀛洲方丈。又卽海中三神山也。謨謂朔之博物。雖能曉畢方。辨騶牙。初不若禹伯益之隨刊焚烈徧歷九洲。又不能與羨門安期生之屬。憑虛御風。神遊六合。二者所托。皆似是而非也。善乎班史之論曰。朔之詼諧。逢占射覆。其行事浮淺。行於衆庶。童兒牧豎。莫不眩燿。而後世好事者因取奇言怪語。附著之朔。若此二書。明非朔所自撰。在當時固必有樂爲之傅會者。史家欲祛妄惑。絕異端。故詳著其說。且於本傳篇末直斷之曰。凡劉向所錄朔書具是。世所傳他事非也。今考漢書藝文志諸子雜家有東方朔二十篇。次呂覽淮南鴻烈後。惜其書不傳。而後世獨流傳此二書及靈棋經。甚矣、人之好怪也。文獻通考以二書入小說家。蓋亦有見於此云。汝上王謨識。

（完）

叢錄

船山先師詩

短歌行

周逸敬還

臨觴不辭。當歌不悲。明月遲空。天漢離離。南有玉衡。北有營室。明明兩間。達者自逸。鴻鴈驚霜。飛必有鄉。鷃雀棲遲。東西迴翔。登山善疑。臨水善憶。古人有心。千秋不測。東望碣石。大海環之。橫波施樹。誰能代持。陳餘絕粟。馮衍悲老。佩玦千金。輕喪其寶。剖臆出心。與天爾遊。罔風在御。何用紛憂。

叢錄

通訊

譚篤材先生來書

船山學社諸公道席。昨承 貴社惠賜船山學報第四册。迴環莊誦。感佩萬分。時至今日。人欲橫流。世風日下。道德淩替。於斯已極。尤以近年來。赤禍慘毒。幾遍中國。舉凡逆理亂倫之事。寡廉鮮恥之行。誠非楮墨所能盡其詳。而一般膚淺之流。不辨邪正。莫明是非。隨波逐流。從而附和。以致演成今日不可收拾之險象。破碎支離之慘局。興言及茲。曷勝浩歎。眷顧前途。深爲隱憂。今 諸公有感於斯。不忍國人沉淪於苦海陷穽之中。國家致陷於萬劫不復之域。爰集海內文豪。國學鉅子。闡揚船山學術。提倡固有道德。並敦請時賢蒞社講演。發刊學報。俾資宣傳。噫。處此世衰道微之際。內憂外患之秋。能得 諸公一言爲天下倡。表彰彝倫。推崇聖教。樹德治之先聲。挽狂瀾於既倒。而其功豈在大禹之下哉。材學殖荒落。自媿疎庸。拜讀佳箸。莫名欽

佩。遙瞻文采。尤殷嚮往。耑此肅函。祇候道安。　譚篤材謹啓四月二十九於茶陵教育局

劉龍澤先生來書

木翁先生道席。聞清望久矣。瞻侍末由。用爲歎憾。伏讀船山學報。蒐羅閎富。體例精嚴。罔徵編輯之善。而大文義正詞舉。類皆扶翼世教。爲綱維世道人心之用。益令誦玩不忍釋也。惟吾湘文獻。大報注意搜羅。則湘綺樓集外。寫定詩文。似宜覓取付刊。以慰海內悲思。昔滎城孫佩南吏部。因方靈皋文集。爲戴存莊所漏編。特爲拾遺發佈。況湘綺樓文之在天地。其精光倍於方氏乎。近新城陳灨一痛念文言將絕。發行青鶴雜誌。專刊有清作者集外文。及寫定珍本。如吳客樵孫仲容鄭叔問遺箸。先後發行。士林震動。嗣見有湘綺樓遺文數首。頓令雜誌銷路激增。可知吾國種子讀書未盡絕也。我公眷念師門。尚望向其哲嗣商之。武岡鄧湶雪堂石門閻北嶽諸集。無從購閱。想同慨歎。先妹割臂醫親。本背禮經。然一片愚誠。或爲有道君子所矜恕。鈔呈事略。伏乞賜文彰之。俾垂不朽。手此祇叩道安。

劉龍澤上四月二十日

劉梅齋先生來書

蒼石木崖先生暨列列先生道鑒奉　頒學報。前後四期。均祗領莊誦矣。空谷足音。聞之佩慰。謹拜　嘉惠。竊思人道沉淪國族恥辱至於今日總由吾人任我之學絕道喪。徒鶩取人之物品。活剝生吞。如病夫不審自身虛實雜進醫方。終以不起。諸公承先師志學衣德紹聞弼時仔肩。終當有緝熙行道洒恥之日。炎黃列聖先師之精靈不昧。罔理之所可必至。卽吾人所當確信而不疑者。惟嶽峙以不學無術之身。索居離羣。老病衰殘。活埋續痛於　先師傳道救人之德無所窺見。以乞　教正於諸公几席之旁。引領　春風。祗滋慚悚。神馳　講座。不盡依依。耑佈微忱。藉叩道祉

劉嶽峙拜上五月六日

王穀平先生來書

木崖祕書詩長道席日昨奉讀第四期學報。搜羅富麗。宗旨純正。其一種扶世翼教之苦心。無任佩仰。大作在集中尤爲傑出。殆非時手所能。月夜放歌。至爲絕唱。湘綺不作。世無賞音。奈何奈何。附呈各體拙詩數首。聊副　雅命。不足云詩。五七字唱已爾手頌　撰安不盡所懷

王銘燾謹啓五月九日

湖南船山學社季課簡章

一，本社每季課文一次分經義治事詞章三類應課者任選一類以兩藝爲完卷如選兩類以上者應分標兩卷或三卷以便分類揭榜如任作兩藝不屬一類者依首藝之類列榜

二，應課文字均須楷書

三，卷尾自註姓名住址並蓋私章

四，課卷自備一律用文格紙裝訂騎縫處自蓋私章

五，評定試卷分甲乙丙三等給獎揭榜登報其最優者選登船山學報

六，給獎以核對卷尾私章爲證

七，課題登載國民日報及通俗日報

八，省會限十五日交卷外縣限三十日內交卷自出題之日算至付郵之日止直寄長沙中山東路船山學社

九，課文分甲乙丙三等每名五元至二十元閱卷後列榜揭曉

十，取卷多少及分等細則俟交卷後再行開會議決

湖南船山學社季課文題（此夏季課文題）

經義

一四郊多壘此卿大夫之辱也地廣大荒而不治此亦士之辱也義

二王者之迹熄而詩亡詩亡然後春秋作說

治事

一問中國田制國有民有之沿革及其利弊若何計口授田之制果能復行否

二保甲之制與地方自治制異同若何試析言其利弊

詞章

一讀船山先生俟解書後

二擬重修嶽麓禹碑亭記

湖南船山學社民國二十三年三月至五月新入社員一覽表

姓名	別號	年齡	籍貫

叢錄　湖南船山學社新入社員一覽表

鄧振聲	瑾珊	五二	岳陽
劉鵬年	雪耘		醴陵
吳　鏐	湘淋	七八	湘潭
黃　鑾	子固	七七	長沙
王齊陶	宜孫	三五	湘潭

中華民國二十三年甲戌歲四月出版

船山學報

第五期

定價表

冊數	定價	郵費
每冊	四角	照章
預定全年	一元五角	

廣告例

冊數	一冊	二冊	三冊	四冊
一面	十元	十八元	廿八元	卅二元
半面	五元	九元	十四元	十六元
四分之一	二元五角	四元五角	七元	八元

◎面頁　底頁　加倍

主編者　湘潭周逸

發行者　長沙中山東路　湖南船山學社

印刷者　長沙萬福街　藻華紙業印刷局　電話五六九

代售處　上海　南京　天津　北京　長沙　武昌　福建　廣州　商務印書館
府正街魏博文書局
湖南船山學社

湖南船山学社　编辑

船山学报

㊄

湖湘文库编辑出版委员会
湖南师范大学出版社

湖湘文库
甲编

分册目录

文苑 …… 二九八三

文录 …… 二九八五

诗录 …… 三〇〇四

① 原目录与原正文的表述有出入，原目录表达更为准确，从目录。

第二卷第八期

① 原正文未见此图。

第二卷第九期……三一七五

民國二十三年甲戌歲九月出版

中華郵政特准掛號認爲新聞紙類

船山學報

第六期

湖南船山學社印行

湖南船山學社學報章程

一 本學報繼續本社民國六年以前學報辦理仍名曰船山學報

二 本學報暫定每季出版一次按年編號

三 學報內容分類如左

1 圖畫 2 特刊 3 師說 4 講演 5 通論 6 專著 7 文苑 8 劄記 9 課藝 10 叢錄 11 本社紀事

四 本社徵文酬例另定之遺稿專著斟酌酬贈詩詞雜文等不給酬但酌贈書報

五 給酬以登出學報者爲限

六 凡來稿本社得斟酌修改之無論已否登出概不退還惟遺稿專著詩詞文集成册者不在此限

七 本報費及廣告費另定之

湖南船山學報第六期目錄

目錄

文苑

文錄

第二卷第六期 二六六一

第六期

目錄　六

劄記

課藝

經義

治事

叢錄

目錄

王船山先生遺像

船山祠圖

特刊

王船山遺書序

曾國藩遺稿

王船山先生遺書。同治四年十月刻竣。凡三百二十二卷。國藩校閱者。禮記章句四十九卷。張子正蒙注九卷。讀通鑑論三十卷。宋論十五卷。四書易詩春秋諸經稗疏考異十四卷。訂正譌脫百七十餘事。軍中鮮暇。不克細紬全編。乃爲序曰。昔仲尼好語求仁。而雅言執禮。孟氏亦仁義並稱。蓋聖王所以平物我之情。而息天下之爭。內之莫大於仁。外之莫急於禮。自孔孟在時。老莊已鄙棄禮教。楊墨之指不同。而同於賊仁。厥後衆流歧出。載籍焚燒。微言中絕。人紀紊焉。漢儒掇拾遺經。小戴氏乃作記以存禮於什一。又千餘年。宋儒遠承墜緒。橫渠張氏乃作正蒙。以討論爲仁之方。船山先生註正蒙數萬言。注禮記數十萬言。幽以究民物之同原。顯以綱維萬世。弭世亂於未形。其於古昔明體達用。盈科後進之旨。往往近之。先生名夫之、字而農。以崇禎十五年舉於鄉。目睹是時朝政。刻覈無親。而士大夫又馳騖聲氣。東林復社之徒。

樹黨伐仇。頹俗日敝。故其書中黜申韓之術。嫉朋黨之風。長言三歎而未有已。旣一仕桂藩。爲行人司。知事終不可爲。乃匿迹永郴衡邵之間。終耳於湘西之石船山。聖清大定。訪求隱逸。鴻博之士。次第登進。雖顧亭林李二曲輩之艱貞。徵聘尙不絕於廬。獨先生深閟固藏。邈焉無與。平生痛詆黨人標榜之習。不欲身隱而文著。求反唇之詘笑。用是其身長遯。其名寂寂。其學亦竟顯於世。荒山敝榻。終歲孳孳。以求所謂育物之仁。經邦之禮。窮探極論。千變而不能離其宗。曠百世不見知而無所於悔。先生歿後。巨儒迭興。或攻良知捷獲之說。或辯易圖之鑿。或詳考名物訓詁音韻。正詩集傳之疏。或修補三禮時享之儀。號爲卓絕。先生皆已發之於前。與後賢若合符契。雖其著述太繁。醇駁互見。固然可謂博文約禮命世獨立之君子已。道光十九年。先生裔孫世全。始刊百五十卷。新化鄧顯鶴湘皋實主其事。湘潭歐陽兆熊曉晴贊成之。咸豐四年。寇犯湘潭。板燬於火。同治初元。吾弟國荃乃謀重刻而增益百七十二卷。仍以歐陽君董其事。南匯張文虎嘯山。儀徵劉毓崧伯山等。分任校讎。庀局於安慶。蕆事於金陵。先生之書。於是粗備。後之學者。有能秉心敬恕。綜貫本末。將亦不釋乎此也

師說

船山先師詩錄

詠菊答須竹 癸丑

周逸敬選

選芳宜隱秀經歲得秋情苗淺春滋弱心微露貯輕啼鶯無醒夢飛絮謝恩榮雨浹浮光上欣暄逸態呈蝨憎痕屢剔絲繫玉防傾愛惜消長日從容養靜萌荷風熏晚綠蕉霧灑孤榮葉葉容遲上亭亭有獨擎艱難出畏景珍重享西清紫葆光初透珠胎潤已瑩竹枝留上番梅影剪疎橫專氣邀金液豐仁長玉嬰星楡方歷歷雲朵遂盈盈士德先推王冰心亦保貞有時浴紫水終不炫丹猩香外幽難似薰餘靜不攖肅然登鼻觀嗒爾偃心旌龍腦癡誰妒簷蔔逸未平霄空霜一色天迴月三更倦賞愁寒夕邀歡暫晚晴袂辭歧路把目厭滿堂成桂釀聊孤酌尊絲小佐羹催開辭羯鼓過訪待緱笙已事開三徑端居愛九名同床猶各夢顧影易魂驚身後從冰雪魂歸返日精擢芳寧問落漾月不辭烹君意如相念殷勤訪夕英

師說

衡陽王夫之譔

相宗絡索

此書、前曾文正公金陵集刊船山遺書時、未經收入、本社聞有寫本流在長沙、索之未獲、前年湘政府、籌鉅欵交上海太平洋書店、重印遺書、社員劉約真於衡州、搜得此稿、飛寄滬上、乃刊入遺書子部、茲因索閱者衆、且金陵本未收、想學者多欲補讀、故特刊之、

編者識

八識

前五識　「眼」九緣生、「耳」八緣生、不擇明暗、故不緣明緣、「鼻」「舌」「身」三俱、七緣。香味觸俱合境方取、不緣空緣。

第六意識、　即意即識。五緣生、不倚五根別無浮塵根爲其根、不緣根緣。緒境不現前、意亦生起。雖緣於法、而法非實境、不緣境緣。

第七末那識、　意之識也。故成唯識論亦名此爲意識。六識緣此而生、此識雖未

思善思惡而執八識一段靈光之體相。爲自內我。全遮圓成無垢之全體。由此堅持之力。一切染品。皆從此起。故梵云末那。唐云染。（染下應有汙字）從三緣生。雖當不作意之時。此中耿耿不忘。知此我爲我故。不緣作意緣。無所分別。而識體不滅故。不緣分別緣。

第八阿賴耶識、本等昭昭靈靈。可以識知一切者、本是真如之智。因七識執之。爲自內我。遂於廣大無邊中。現此識量而受七識之染。生起六識。流注前五。此識從四緣生。若不作意。則此識雖在而若忘。作意、乃覺此識之光。可以照境。不如七識之執滯不忘。不因作意。

九緣

「明」日月鐙之光。眼不緣此。則色不別白。識亦不生。餘七識不緣此緣。「空」眼耳與境相去中間空處。若逼近無空。及中間障隔。則眼不能取色。耳雖不受中間障礙。而空能遠聞、以生其識。餘六識不緣此緣。「根」眼耳鼻舌身。皆依根發識。其結成形體者。爲浮塵根。眼能見色。耳能聞聲。鼻能辨香。舌能知味。身能覺觸者。爲勝用根餘三識不緣此緣。「境」色聲香味觸、皆現在實境。前五所緣法。乃過去五塵卸落影子。六識緣此境生。十八界爲境。七八二識。不緣此緣。「作意緣」卽八識心所中作意品。有識則自然相應。有此作意。前五待作意。識乃發生。若不作意。根雖映境而不與己相關。見如不見。乃至觸如不觸。第六以此機爲意所自生。八識本其相應心所而作意。則識體現。七識不緣此緣。「分別依」卽第六識。前五。與同時意識和合。乃生可忻可拒之見。六識卽其現行非所緣。七八本無分別。不緣此緣。「染淨依」卽第七識。染固爲染。此淨亦法執之淨緣。末那而成前五。有淨。有染。皆緣此生。第六具諸染淨。皆此決志。引爲自己現行。第七卽其本體。不名爲緣。第八緣此。而不受染。名曰根緣。不名染淨依。以無染無淨故。「根本依」卽第八識。前六。皆從此五徧行而生起。爲其根本所依。七識與第八。互相爲根。非藉八識而有。名爲根緣。不名根本。第八乃其現行。非所緣。「種子緣」八識皆有種子。種子者。親生自類種子也。過去現行。爲現在種子。現在現行。爲未來種子。故眼恆見色。耳恆聞聲。各各稟成八種境界。

四緣　此四緣八識皆具。卽前九緣緣生之機用。合說其相緣有三種。因法而加等無間緣。爲生滅不停之因。

「親因緣」卽九緣中種子。乃其自類相續親生此識之本因。若無此緣。雖具後三緣。其識不生。如眼不聞聲。耳不見色等。非親因故。「所緣緣」識本無境無量。緣彼以爲境量、曰所緣。有此所緣。識乃成就。卽九緣中之境緣也。前六緣色聲香味觸法。而生同異成毀總別愛憎取舍諸識。見緣相也。第七以八識相分有所光明之體。爲所緣之境量。第八以根身器界爲可了之境。緣之而起徧行之心所。「增上緣」一謂明空根作意分別染淨根本七緣也。八位識中、雖各有自類種子。不待增而自有其識。然必得此七緣。爲之增長。其覺了精審之勝用。乃益成就善染諸心所。令具種種功過。如眼本辨色。若遇天日清朗。鐙燭輝煌。愈增詳察。餘識餘緣例此可知。其作意緣。但能發起初念。無所增長。故不在此緣。「等無間緣」八識自類識中。前念方滅。後念卽生。謂之無間。然必待前念之滅。後念卽生。各各相等相待。如瀑流之前波去。而後後波乘之。無一刹那閒兩念並存之理。前念已往。空其位以待後念。後念卽躡次而發。無剎那之閒隙。乃至三有身。生生死死。分段變易。必滅此乃生彼。滅此則必生彼。皆等無閒也。此緣在九緣之外。別有一緣。由有前。故有後。前滅故後生。生滅之門。惟識之宗也。八識皆有。故曰若加等無閒。從頭各增一、眼十、耳九、鼻舌身八、意六、末那四。阿賴耶五。

十二支。「自註」曰十二因緣—因緣者因此而緣於彼也。與九緣四緣之緣。文同義別。緣謂相循不舍。此通序一期生死相緣而起。

「無明緣行」「行緣識」無明卽七識之有覆性也。行七識之別境之慧。生起四惑及前六。一切心所成種種現行煩惱也。此二屬過去支。因前生爲無明所障蔽。結成現行。因此現行熏習。執爲自內我體。遂生起不斷之阿賴耶識。在前有已滅。中有身中。此識不滅。以成後有之主公。識。（識下應有第字）八識也。「識緣名色」名色。五蘊也。名者、受想行識、色卽色蘊。因過去之識。執持不滅。緣𤕤父精母血。結成五蘊。取胎中之形。謂之色。色中卽含藏受想行識種子。以其未有發見之實。故謂之名。此中無思無爲。自然分別。故摶合而成五根。壥瓏巧妙。成浮塵色。具勝用根。皆是識神在內變化成其質性。爲有生後、受想行識之蘊。又云、識緣名色。名色緣識者。則以旣有色。還復生起後有中含藏之識。則名色又緣歸於識也。識緣名色者、過去之識緣。後有之名色。名色緣識者。名色復緣。現在未來之識也。「名色緣六入」入色聲香味觸法也。有此色受想行識之蘊。自然緣彼六處而與相入。「六入緣觸」旣入於六塵。則五蘊與彼六處相遇而觸。覺彼六塵。明暗、喧寂、香臭、甘苦、冷煖、違順等相矣。「緣觸受」旣與相觸而覺其有。則眼受色。耳受聲。鼻受香。舌受味。身受觸。意受法。引彼塵而歸我根。還與領納而生喜、樂、憂、苦、捨、諸受相。「受緣愛」受之則趨喜避憂厭苦欣樂。于可喜樂。生其耽愛。「愛緣取」愛色則取色。乃至愛是法。則取是法。「取緣有」旣取外塵。爲已受用。遂以長養六根。增益六識。以執持七八二識。有之不離。「有緣生」生謂一期壽命中成種種業。作生死相。據現在未滅者爲生。盡其壽命。「生緣老死」一期之報將終。生還衰滅。以至於死。若其實相。則刹那不停。方生方死。過去一刹那死。現在一刹那生。未來一刹那已生。現在一刹那又死。如鐙赴焰。焰增油減。至滅乃休。自名色以下。皆現在支。而愛取有三支。爲「無明行識」之因。結成未來八識種子。循環死生之中。無有休息。皆此十二有支。相緣不捨。唯一阿賴耶識。貫徹始終也。〔自注〕有·謂中有後有·支者·一期生死中之支派·

三境　境者識中所現之境界也。境本外境之名。此所言境。乃識中覺了能知之內境。與外境相映對立。所含藏之體相也。

「性境」性、實也。所見所知者。於地、水、火、風、色、香、味、觸。既所實有。識所明了。宛然之境界。亦是如實而知。非情計所測度。安立不必實然之境。前五見色果色。聞聲果聲。知香本香。知味果味。覺觸果觸。不緣比擬。定非謬妄。純是此境。第六依前五。隨色聲等、起如實法。不待立名思義。自爾分別者。其一分性境也。七識妄攬八識、爲自內我。立八識相分爲境。非其真實。故不具此境。第八本如來藏。無有境界。橫爲末那所執。而成見相二分。雖緣根身器界。以爲性境。而本無其境。故頌中於八識不言何境。「帶質境」因四大五塵之質。帶起立此一境。是執着相分而生。其見分、謂之假。則有質可帶。謂之真。則本性實法所無。一切顛倒迷妄。皆此境所爲。恃其有質性可愛取。挾質妄行。堅不可破。此境前五所無。不於聲色等起意計。故第六爲似帶質。以意緣前五卸落影子之法塵。於聲色等、立可忻可拒之相。其實彼質不爲吾意所帶動。如蝶戀花。花終不戀蝶。故曰似帶質。第七爲真帶質。八識本無區宇之質。第七帶起而據爲自內我。第八卽爲所帶動。而成一可據之境。流轉生死中。爲自境界。故曰真帶質。八識雖有五心所而不挾帶外境之質。爲其見分。故不具此境「獨影境」全不因實有而立其境。獨有其影。了無實用。此境唯第六有之。前五有實境。則如實而知。非影也。第七本無自體。如本無鏡。不得有影。所執乃第八實有之相分。非影也。唯第六一識。於前五過去色聲等。形去影留。忽作憶念。宛在心目之閒。此名有質獨影。又或因名言配合。安立境界。如想兔有角。便儼然一戴角之兔。可說可畫。此名無質獨影。一半似真。一半是妄。性境實性所生。帶質。徧計性所生。獨影依他起性所生。獨影雖非真實。然不於境中橫生意計。執爲自性。亦不强物從己。堅立崖岸。如鏡中見影。可卽影而知形。必不向影而求其言笑。著於此一着妄計。則卽落帶質矣。故六識通三性。因性生影。因影生帶質也。

三量 量者、識所顯著之相。因區畫前境。爲其所知之封域也。境立於內。量規於外。

前五以所照之境爲量。第六以計度所及爲量。第七以所執爲量。
「現量」現者、有現在義、有現成義、有顯現真實義、現在不緣過去作影。現成一觸卽覺。不假思量計較。顯現真實。乃彼之體性。本自如此顯現無疑。不參虛妄。前五於塵境與根合時。卽時如實覺知。是現在本等色法。不待忖度。更無疑妄。純是此量。第六唯於定中獨頭意識。細細研究。極略極迴色法。乃真實理。一分是現量。又同時意識與前五和合。覺了實法。亦是一分現量。第七所執非理。無此量。第八則但末那妄執爲量。第八本卽如來藏。現量不立。何況比非。故頌但言性。不言境量。
「比量」比者以種種事。比度種種理。以相似比同。如以牛比兔。同是獸類。或以不相似比異。如以牛有角。比兔無角。遂得確信。此量于理無謬。而本等實相。原不待比。此純以意計分別而生。故唯六識有此。同時意識、以前五所知相比。求其得理散位獨頭緣前所領受以證今法。亦多中理。皆屬比量。前五不起計較。不具比量。第七一向執持汙塵。堅信迷着。不起疑情。亦無此量。第八無量。前註已明。「非量」情有理無之妄想。執爲我所。堅自印持。遂覺有此一量。或可憑可證。第七純是此量。蓋八識相分。乃無始熏習。結成根身器界幻影種子。染汙真如七識執以爲量。此千差萬錯。畫地成牢之本也。第六一分散位獨頭意識。忽起一念便造成一龜毛兔角之前塵。一分夢中獨頭意識。一分亂意識狂思所成。如今又妄想金銀美色等。遂於意中現一可攘可竊之規模。及爲甚喜甚憂驚怖病患所逼惱。見諸塵境。俱成顛倒。或緣前五根塵留着過去影子。希冀再遇。能令彼物事。倏爾現前。皆是第六一分非量。前五見色聞聲等。不於靑見黃。於鐘作鼓想等。故不具此量。第八無量準前。可知現量。乃圓成實性。顯現影子。然猶非實性本量。比量是依他起性所成。非量是徧計性妄生。瑜伽論三量外。有至教量。謂值佛出世及法恆住。所說一實至教。聞已生信。卽以所聞至教爲己識量。此量從根門入。與意識和合而成。亦三量所攝。若因聞至教覺悟己性真實。與教契合。卽現量。若從言句文身思量比度。遮非顯是。卽屬比量。若卽着文句。起顚倒想。建立非法之法。卽屬非量。

（未完）

講演

船山先師詩錄

同須竹晏坐駁巖閣因而有作 己酉

周　逸敬選

隱几既無擇。閱物非有工。胡爲勞形役。營靜相追從。貞人抱孤尣。棲心非意中。遂躡曠古石。對此空煙容。至語不再宣。天地爭昭蒙。今古繼方寸。憪然含無窮。各知非勸名。幽靈恆密通。北望不我還。全簡峙雲峯。焉知石竇啓。不覩千秋封。俄頃詎可忘。愼哉惟令終。

同唐須竹遊駁閣巖 巖

昨日初收梅雨天。晴光四幕碧光圓。微風引袂分溪草。斷嶂當眉露嶽蓮。片石偶然留太古。同心無待問他年。斜暉已長青松影。尙惜蒼茸映綠煙。

講演

大哉堯之爲君章

（四月二十九日講演）

何鍵

今天的講題。是論語上孔子所說「大哉堯之爲君也。巍巍乎惟天爲大。惟堯則之。蕩蕩乎民能無名焉。巍巍乎其有成功也。煥乎其有文章。」那一章書。爲什麽要講這個題呢。因爲堯舜時代。是中國政治的黃金時代。爲後世所不能及。後人徒知景仰堯舜。而不知效法堯舜。所以政治不得清明。其實也不是後人不效法堯舜。實在因爲不知道仿效的方法。中國之亂。到現在已達極點。而一般談政治的人。非理想空洞。難成事實。卽專在組織上訂計畫。忘却大體。結果理論與方法愈多。而禍亂愈亟。一般民衆日在亂離之中。不得安居樂業。遂以爲堯舜的盛世。是在天上而不在人間。卽談政治的人。說到堯舜。亦多以爲是理想而非事實。亦如近世所謂烏托邦者。甚且以孔子稱贊堯德。空洞無實。等於後世之虛詞浮說。其言不足以爲天下法者。這幾種見解。都是錯誤的。所以今天特把堯之爲君章。加以解釋說明。使人們知道仿效的方法。並確切證明人皆可以爲堯舜。及聖言之真實不妄。

古人說『大德無名。』凡德之可名者。都是小德。孔子贊美堯德。人們祇見其是『巍巍乎蕩蕩乎。』幾個形容字。空空洞洞。摸不着頭腦。不知孔子說出『則天』二字。就已不空洞了。則天二字。就是堯修德爲君的方法。堯處處以天爲師。天有多高。堯德就有多高。天有多大。堯德就有多大。這雖是無法形容其德之高大。故以天爲比。其實堯德也確是如此。自古及今。聖人代出。或德不如堯。或德如堯而不在位。都有缺憾。獨堯以至德在位。堯以前也有聖人。但是沒有堯不能完滿其志願。堯以後也有聖人。但是沒有堯則無所取法。堯真是中天立極。繼往開來的一位大聖人。孔子祖述堯舜。孟子言必稱堯舜。都是這個原故。當時一般民衆。天天在春風和氣中。日遷善而不知。像『日出而作。日入而息。鑿井而飲。耕田而食。帝力何有於我哉』之歌。就是民無能名的確證。亦如天生萬物以養人。人不知報答。是一樣的情形。

堯則天的情形。是什麽樣子呢。據本章書所稱約有兩點。甲成功。乙文章。今分別說明於後。

甲成功

在天叫做成功。在人謂之功業。天的成功甚多。擇要可分爲四項。

(一)無所不生。四時代行而成歲。日月代明而成晝夜。於是萬物因之而生。天地間的物類。若胎生。若卵生。若濕生。若化生。飛潛動植。其種類之多。誰也計算不清。單就動物說。已有人類鳥類獸類蟲類……等等。一類之中。又不知分爲若干種。佛說三千大千世界。人多笑爲妄談。其實並不希奇。如魚類爲一大世界。而魚類之中。鯽魚與鯽魚。鯉魚與鯉魚。鱔魚與鱔魚……又各爲一世界。鳥類爲一大世界。而鳥類之中。麻雀與麻雀。燕子與燕子。烏鴉與烏鴉……又各爲一世界。再就人類說。已分爲五種。而各種之中。又不知分爲若干族。如此推說下去。世界何止三千。真可用無量恆河沙類一句話來包括他。但不論生物的數目有多少。而子子孫孫。無窮無盡。總是生生不已。非自絕生機者。上天從不消滅其命。這便是上天好生之德。堯則天的方法。又是什麼樣子呢。說苑上說『堯存心於天下。加志于窮民。一民饑。曰我饑之也。一民寒。曰我寒之也。一民有罪。曰我陷之也。』處處以仁存心。以仁行政。又如尙書堯典上說。『克明峻德以親九族。九族旣睦。平章百姓。百姓昭明。協和萬邦。』親親而仁民。仁民而愛物。使天下萬彙。無一不得其所。與上天生物之心。絲毫沒有二致。觀堯年老以兒子丹朱不肖曰『終不以天下之病而利一人。』卒傳位與舜。大公無私。始終不忘生民。這都是堯則天之仁。

（二）無所不容。天地之大。何所不有。鳥如梟。獸如獍。毒如蛇。貪如羊。狠如狼。……南至於南極。北至於北極。不論裸壤之國。窮髮之地。雕題之民。文身之氓……凡日月所照。霜露所墜。大至無外。小至無內。無一不在天的覆罩之下。天不因物有毒害而不生。所以叫做大。堯時四凶在朝。堯欲以德化之。終不加以誅戮。此雖不足以爲法。但能認淸邪正。使不得爲害正人。其度量之大。卽非人可及。如後世度量褊狹之人。不能容物。對於異己者。常不問其善惡。必千計百方。排擠消滅之而後已。種種變亂。可說多由此發生。俗說『量小非君子。』非君子何以成事。帝堯容物之量。不是現代人們的明鏡麽。

（三）至高無上。天有多高。實在無法測度。我們在平地上看天。覺得極高。爬到山頂上。他仍然高高在上。坐在飛機上望他。還是那樣高。今人多說天是氣體。我們也不辦別這個。但是他至高無上。誰都要承認的。堯也不過是個人。怎能與天比高。不知堯之高在心胸志量。而不在身體。故古來對於有道行的和尚。稱曰高僧。對於淡泊明志。不隨俗俯仰的讀書人。稱曰高士。史記上說。『堯其仁如天。其志如神。望之如日。就之如雲。』志在救民。不以富貴為榮。心存大公。不以帝位自私。如讓天下於許由。許由不受。又讓於大舜。視富貴如浮雲。棄天下如敝屣。高尚何可形容。豈不與天高之不可形容是同一情形麼。

（四）氣象清明。　古人說。『輕清而上浮者為天。』天的本體。原是清明的。風雲陰霾等等。都是太空中外來的濁氣。非天之本色。人們遇着春秋佳日。便心胸開朗。精神勃發。遇着陰晦的天氣。便鬱鬱不樂。忽忽若失。可知清明之氣。是人人歡迎的。人心不得清明的原因。多由於聲色貨利、種種嗜欲、蒙蔽了靈竅。堯金銀珠玉不飾。錦繡文采不展。奇怪異物不視。玩好之器不寶。淫佚之樂不聽。老子說『不見可欲。使心不亂。』心不亂自然靈明可保。堯能如此。故仁昭義立。海內泰安。非本身清明。安能有此功績。這是堯則天之清明。

乙文章。

天不會說話。更不會做文章。他的文章。乃是自然的現象。如日月星辰雲霞雷電等等。皆是天的文章。堯取象於天。定禮樂典章。以與天的文章相應。其文章在種種制度。並非如後人執筆爲文。始得謂之文章。堯的制度。其詳細雖無考據。但孔子以『煥乎』二字形容。當時必有明證。經秦火遂喪亡了。然堯典上說。『堯命羲和等定歷法。以三百有六旬有六日。以閏月定四時成歲。敬授人時。』這便是最重要的制度。也就是最大的文章。又如召舜試用三年。舜攝政二十八年。堯始殂落。在此三十年內。舜所定之璿璣玉衡法。及祀祭山川的禮節。天子巡狩。諸候朝聘的時期。與五刑等法。都在攝政期內。也可說是堯的制度。易經上說。『天垂象聖人則之。』天象就是天的文章。聖人則之就是聖人的文章。堯是聖人。則天有什麼希奇。

以上所說天之德與堯之德。不過於無可形容之中勉强形容一二。孔子且無法形容堯德。只用巍巍蕩蕩等抽象字作說。我們生在數千年後。又怎能牽强附會。詳詳細細。硬說出如何如何。何以縮小堯之德呢。然就則天二字的範圍內。參以孔子之言。於前說之外。尙有一點。不可不知。孔子說『天何言哉。天何言哉。』這四個字應當注意。天不言。就是行不言之教。老子說『多言數窮。不如守中』能辦到的事。何必多說。不能辦到的事。多說徒亂人意。故好說的人。多不能實行。能實行的人。決不好說。做事只要按部就班的各盡職責。各守其分。自有功效可見。多說有什麼用處呢。可知天之德。不惟民不能名。他本來就是不言的。但是四時行焉百物生焉也沒有人笑天是啞叭呀。堯知道這個道理。不言。而成。教無。心而。成化。故民衆有日出而作之歌。觀舜的事蹟較多。堯的事蹟較少。就是民無能名之證。舜恭己正南面。恭正二字。已顯出用才的情形。不如堯之渾然自然了。人想學堯則天。於前說之外。尤在少說話多做事。

堯德如天。今既略略知道。但是當時民衆忠厚純朴之德。也很有欽佩的價値。不可不知。何以見得呢。因爲一般人知道堯有救時的宏願。就萬衆一致的誠心擁護他。

不從旁掣肘。所以堯才能安心施政得到最後的成功。假使當堯卽位之初。或治水、未成之際。民衆無理取鬧的反對他。四凶也遇事搗亂。耕漁的大舜。自以爲有德也嚷着爭位。堯想安居其位且不能。又怎能推行仁政呢。須知不論做什麽事。都有一定的步驟。不能一蹴而就。但看做事的存心如何。行爲如何。計畫如何。果真以仁存心。以仁行政。光明正大。鞠躬盡瘁的替人民做事。就該一齊幫助他。使他順利的做事。因爲他的成功。就是民衆的福利。幫助他就是幫助自己。同他搗亂。就是自取痛苦。關係極爲重大。若不明白這個道理。私心滔滔。惟利是求。不管別人的優善。不問人民的艱苦。無故的興風作浪。使大局天天在震搖不定中。縱令你真有本領。但是這擾動間。國家人民損傷的元氣。就無法彌補。何況你的動機。本非湯武救民之心。而執政的人。又遠無桀紂之惡呢。數千年來。朝代屢更。如南北朝。如後五代。在位者席不暇煖。爲民者不知今世爲何世。以暴易暴。一蟹不如一蟹。政亂如環如棋。其原因全由於人心思亂。私而忘公。然則怎樣才好呢。孟子說。『欲爲君。盡君道。欲爲臣。盡臣道。二者皆法堯舜而已矣。』堯爲君就則天以治民。舜爲民就躬耕以自樂。各盡、其道。各守、其分。所以、亂、消而、治、興。爲後、世、所、不、能、及。想轉換數千年紛亂之局。乃各盡其道」四字。不論何人。均應嚴格遵守。不可踰越。說到此處。可知則天是堯爲君的方法。民衆輔佐。是堯成功的助力。連帶說來。愈令人追懷堯舜的時代了。

話已說得不少。現在再把天之德歸結起來說一說。使諸位容易記取。無所、不生。在人、就、是博、愛。要學、這、一點。不可、不、以、仁、存、心。無所、不、容。在、人、就、是、氣、量、寬、宏。要學、這、一、點。不可、不、豁、達、大度。至高無、上。在、人、就、是、胸、襟、爽、朗。要學、這、一、點。不可、不、高、尚、其、志。氣象清明。在、人、就、是、心、懷、磊、落。要、學、這、一、點。不可、不、心、地、光、明。煥乎有文。在、人、就、是、禮、樂、制、度、等、等。要學、這、一、點。不可、不、研、究、種、種、關、係、國、計、民、生、的、典、章、方、法。行、不、言、之教。在、人、就、是、寡、言、敏、行。要學、這、一、點。不可、不、躬、行、實、踐。屏除、一、切、空、言、妄、言、與、多、言。此章書雖是贊美道成德備的人。但開始講學者。亦應知其梗概。以明瞭天地非大。吾身非小的道理。所以特先提出來講一講。至於則天先應知天。知天先應事天。事天如何下手。尙有許多學問。今日不暇細講了。

船山禮記章句（第一次講演）

長沙黃鞏子固

今日初詣講社。與諸君共研究船山先生學術。是誠千載一時盛會。何者。船山先生爲千載一時之人。今日存此講社。使吾輩瞻其道貌。溯其行蹟。誦其遺書。奮乎百世之上。興乎百世之下。豈非一時盛事。吾輩既瞻仰先生。抑知先生之世爲何如世乎。知先生之世爲何如世。然後知先生之人爲何如人。孟子曰是以論其世也是尙友也。先生當明末清初時。內亂外侵。中國岌岌乎不可爲國矣。先生奉武夷先生之訓。思出而挽救其亂。力扶明社。無奈天命已去、朝則奸囘持柄於上。野則亂匪嘯聚於原。屢次杖策奮出。不能見用。幾蹈陷穽。父子兄弟。乖離竄徙。卒至國破家亡。椎胸浩歎。宗藩瑣尾。莫堪振興。痛中國之淪胥而發憤箸書。欲喚醒人心於萬一。其憂隱。其旨徵。其言激厲。此先生之隱居行義達道者也。吾人今日研究先生之學。思今日之時世。與先生時世何如。先生憤其世將淪於禽獸。是以禮記章句一編。特明禮爲人道立極。而黃書噩夢。更將中樞握外之權。植紀陳綱。使人人明之。得以居天下之廣居。立天下之正位。行天下之達道。此所謂己欲立而立人。己欲達而達人也。吾人知今日之世猶船山之世。則人人當以船山之心爲心。人人能言船山之言。人人能行船山之行。則天下庶幾不淪於禽獸。人心不淪於禽獸。然後中國庶幾可救。昔人云哀莫大於心死。吾所望於諸君皆以船山之心爲心者。誠恐國未死而人心先死也。吾何以謂船山爲隱居行義達道哉。孔子曰隱居以求志行義以達道。吾聞其語矣未見其人也。夫夫子時之隱者衆矣。卽隱而能行者亦有矣。如顏淵之■用舍行藏。蘧伯玉之仕懷。何莫非其人。夫子何以爲未見哉。乃知夫子所謂未見者。謂其隱居卽行義。如伯夷叔齊立懦廉頑爲百世師也。然後知此章皆指夷齊而言。上節探湯指惡惡之嚴。見其人謂猶可恍忽求其人。至如以餓夫興起百世。則非二子莫屬。齊景公節其斯之謂歟句。與此上下節兩聞其語相應。此此章之確解。然則今日之能立懦廉頑者。吾以爲非船山先生莫屬。

第二次講演

本社演講船山禮經。與諸君切實研究。愼勿視爲迂遠以爲不合於今日學術。吾觀近日報載新生活法語毋側聽。毋噭應。毋淫視。遊毋倨。立毋跛。不登高。不臨深。不苟訾。不苟笑。餕餘不祭。父不祭子。夫不祭妻。皆係曲禮中文。與入德孝弟忠信禮義廉恥之提倡。毫無異義。蓋目擊近年歐化漸染以來。男女學校。放釋於禮法之外。以致國內大亂。淪於禽獸。使中國成東亞之大病夫。莫可以救藥。我國執政君子。目擊心傷。特施一活命金丹。所謂生新活。卽舊道德也。卽舊禮法也。因詆毀道德。廢棄禮法。以淪於死亡之途。故特提揭一線之眞命脈。使斯民罔包桑而繫碩果。不可謂非良相良醫同春之妙手也。而各學校中教職員多不解其義。率其學子爲新生活運動。或使之在校中剷除草萊。搬運瓦礫。或使之街衢游衍。烈日揮汗。不免求生而反置之死地矣。夫弟子職一篇。不過洒掃應對而已。未聞有闢草萊運瓦礫者。若街衢烈日舞蹈。則又犯倨遊淫視嗷應之戒。其得爲生活運動之正軌乎。此皆由不以禮法示人。而自亡執柯伐柯之道。此中國學校之不可不澈底改良也。子曰德之不修。學之不講。聞義不能徙。不善不能改。是吾憂也。夫當新生活運動之機。正好修德講學。改良不善之教規。遷徙舊聞之正義。而反率其學子若狂。不見憂於夫子乎。子曰不有祝鮀之佞而有宋朝之美。難乎免於今之世矣。似乎夫子處衰世有教人爲佞倖之意。然卽繼之曰誰能出不由戶。何莫由斯道也。明明謂侫倖不可由矣。又繼之曰質勝文則野。文勝質則史。文質彬彬。然後君子。明明謂由道者猶當不偏文質而況可爲侫倖之由乎。末卽斷之曰人之生也直。罔之生也幸而免。此卽謂孝弟忠信禮義廉恥。爲生人之命根。所謂天生蒸民。有物有則是也。彼不顧八德四維而爲侫倖以求生者。不過幸而免耳。豈真有生道哉。此章自不有祝鮀之侫至此。一氣聯屬。若分爲數章。反使聖人低徊慨歎宛轉示警之義不見。吾願各學校爲新生活者。亦當知生直罔幸免之義。

第三次演講

今日講船山先生曲禮開端第一章。諸君當視爲立身行道的命脈。毋不敬至安民哉一節。冒起全篇。卽與大學首節明明德親民止至善同義。所謂修己以敬修己以安民也。後儒謂大學中庸爲先聖之心傳。而以曲禮爲小學支流餘裔者。非也。夫大學之正心修身。非卽曲禮敖不可長數節之云乎。中庸愼獨至誠。非卽坐如尸立如齊視於無形聽於無聲乎。無曲禮中事父事長與交際往來。常變安危。立身行道之禮。心何以正。身何以修。家何以齊。國何以治。天下何以平。後儒言內聖外王之道。徒舉其名。而不求諸實事實行也。是以解默識學誨章。與出則事公卿入則事父兄章。皆以何有於我爲謙。而又謙之辭。夫默識章爲謙。何以與述古信好及德學不修爲憂相貫。且夫子常以爲之不厭誨人不倦自任。何以不倫。況入孝出弟教弟子且不能離。今乃反以自卸乎。不知何有於我句。乃云此事何難有於我。以爲責勵之辭。以此爲謙。則聖人無一力行之事。何以當仁不讓於師乎。鳳鳥不至河不出圖。吾已矣乎。謂世非義文之世。而義文之學不可止也。注謂義文之瑞不至。而夫子之文章知其已矣。詞雖似謙而心實以義文自居。謙則出人難事君父。誇則鳳圖竊比義文。是尙爲知類也乎。事君盡禮人以爲諂也。斥當世事君者多迎悅諂腴之徒。非事君之禮也。而解家以爲夫子自爲解釋之文。夫子仕止久速。未嘗終三年之淹。唯其以道事君不可則止也。又豈畏他人識其諂乎。漆雕開篤信好學。夫子使之仕。未敢自信。此狷者之有所不爲也。曾晳輕世肆志。夫子問以酬知之事。而慨然不屑就。此狂者之嘐嘐然也。而論者謂漆雕開曾點已見大意。其大意果何在。果何所指。如以其不屑仕進爲大意。則與聖人斯人吾與老安少懷之志相悖謬。如以隨處自足爲大意。而一使之仕一問酬知。顯與夫子背異。何爲隨處充滿且借童冠風咏。何以遂與天地萬物上下同流。此等境界。究竟如何徵之。吾觀夫子喟然而歎。不過慨然於中行之難得而觸其狂簡裁成之思耳。豈眞曾晳是與而三子是非哉。觀其三子出而與曾晳論三子之言可知之矣。凡聖賢交相與之際。須徵求其實理實行之至善。方能得其成己成人成物之道。切莫空言大意。蹈入理障膚廓。使人無所法守也。吾今日與諸君研究曲禮章句。與諸君以實行相勉而已矣。

第四次演講

吾人研究學問之道。在盡乎曲禮之次序者。即中庸所云其次致曲曲能有誠也。無論至聖至誠皆由致曲而入。故禮不可須臾離身也。所謂曲禮者別乎郊社禘嘗諸大經禮而言耳。開首以曲禮章冒全篇。即以曲禮篇冒全書也。內則爲門內之曲禮致詳奉養。玉藻爲門外之曲禮則嚴冠服。此皆仁敬孝慈止於至善之禮經。而防表記則爲之傳也。後儒輕視曲禮內則。而推崇十七篇無徵考之虛儀以爲禮經。吾不知其修身致道。果何由而入乎。夫君子所貴乎道者三。動容貌斯遠暴慢矣。正顏色斯近信矣。出辭氣斯遠鄙倍矣。此皆視聽言動必嚴非禮。所以致曲有誠也。彼筮日筮賓宿戒送迎几筵羞脩諸瑣屑。所謂籩豆之事則有司存耳。後儒以有司之事。視爲君子之道。而以君子之道。反視爲有司之事。舍本求末矣。況十七篇殘儀。久無可徵之文獻乎。在國無因革之損益。在野無習俗之流遺。學者從何處採擇而行乎。以今日禮教敗壞之際。保存其現有可行者。猶日不遑暇。而取千餘年外無稽無據者以爲研究。不亦太左乎。易曰易則易知。簡則易從。易知則有親。易從則有功。有親則可久。有功則可大。可久則賢人之德。可大則賢人之業。易簡而天下之理得矣。後儒虛冒講理之名。而無德業實功者。不知易簡之道者也。諸君研究致曲之道。卽從庸言庸行上交勉。凡言行必外庸常以矜奇異者。不近人情之姦慝也。如玉藻佩玉一節。天子佩白玉而玄組綬。公侯佩山玄玉而朱組綬。大夫佩水蒼玉而溫組綬。世子佩瑀玉而綦組綬。士佩瓀玫而溫組綬。孔子佩象環五寸而綦組綬。孔子時中之聖庸行之至者也。玉以比德。去喪無所不佩。何以獨佩象環五寸。以自外於士大夫乎。

此不足以顯聖人之異也。漢宋諸儒均失其義。此節下斷之曰童子之節也。明明此處孔字。係孤字之缺畫文。何也。世子佩瑤玉而綦組綬。孤子者世子未踰年之稱也。不敢佩玉改佩象環五寸。組綬則從同。下童子之節正此句釋文。以童子句斷在下節。愈不可解矣。又論語褻裘長短右袂。解之者曰長欲其溫短右袂所以便作事。試問聖人爲此異服乎。又考古今有此服制乎。晉獻衣世子以偏衣。滿朝皆爲之齒冷。而謂聖人加於其身乎。爲是解者皆由不諳禮制。夫禮服長而褻裘短。以褻裘長爲句已失其解矣。况短右袂更爲不衷之服乎。此處右乃是若字缺畫之文。當爲褻裘長短若袂。禮曰深衣三袪。褻裘深衣也。故長短若袂。凡經書中譌誤缺畫字不少。不辨之明白。使聖人舛於禮制而失易簡之義。非所以爲法於天下也。

第五次演講

禮記檀弓一篇。其文與論語同。而疑竇尤不少。後儒謂論語精而檀弓雜。非也。如能質其疑竇。則何[illegible]精粗純雜之分乎。如伯魚之母死。期而猶哭。是過期不除喪。賢者之過也。周禮父在爲母期。夫子歎其甚。伯魚聞之遂除之。而解之者以爲喪出母。不知禮制也。子思之母死於衞。赴於子思。子思哭於廟。門人曰。庶氏之母。胡爲哭於孔氏之廟。子思曰。吾過矣。遂哭諸異室。此子思仕衞時。偶因事歸魯。而其母死也。庶氏謂妾也。妾母不能哭於廟。故子思因門人之言。改哭異室。解者疑爲出母。遂有孔氏三世出妻之疑。季武子成寢。杜氏之葬在西階下。請合葬焉。許之。入宮而不敢哭。武子曰。合葬非古也。自周公以來。未之有改也。吾許其大。而不許其細。何居。命之哭。此節推之人事。皆無情無理。季武有如此之跋扈。請合葬者。卽無此蹶強。不知成寢非營室也。造墓域也。杜氏非他人。武子妾也、葬在西階下。殯也。周人殯於西階下。其子見父新成墓域。故請合葬也。妾祔於妾祖姑。故合葬非古也。入宮不敢哭。庶子不敢哭於適室。此記武子徇情而廢適庶之禮。子夏喪其子而喪其明。曾子弔之。曾子哭子夏亦哭。曰。天乎。予之無罪也。曾子怒曰。商。汝何無罪也。吾與汝事夫子於洙泗之間。退而老於西河之上。使西河之民疑汝於夫子。爾罪一也。喪爾親。使民未有聞焉。爾罪二也。喪爾子。喪爾明。爾罪三也。而曰爾何無罪歟。子夏投其杖而拜曰。吾過矣吾過矣。吾離羣而索居。亦已久矣。淺者讀此節。亦率然無所疑矣。而自深識者思之。

則此際曾子之言。毫無情無義。夫老年哭子喪明。此氣血衰而不能任情耳。呼天自慰此真情之露也。爲之友者千里來弔。唁之而已。而卒然大怒。加以無窮之責備。按其所言。皆深文詆毀。毫無情實。此忠告乎。此善道乎。故有疑其非曾子所應出者。然而尋繹此中神情。大有妙義存焉。非淺人所能索解也。凡人溺於憂慼之情。以至於自毀。則沈痼陰霾之氣盛。而淸和之氣不能伸矣。故涸陰沍寒。非震雷霹靂不足以破除陰翳。卒然一大怒。所以提撕其溺氣也。疊數其似是之罪。使之不及自辨而內省也。投杖而拜。引疚自責。惕厲之氣勝。而陷溺之氣除矣。然後所喪之明可以漸次復蘇矣。此大君子盡其性以盡人性之道。其怒也非真怒也。其罪也非果罪之也。厥後子夏耄而康。年九十餘猶能授魏文侯經。則良朋匡救之藥力大也。凡檀弓一篇中。其有疑與無疑各章。或皆有深義。非衆人所易識者焉。吾輩皆當細研究。乃能盡禮經之變。以得聖賢之神化。

第六次演講

吾人研究船山先生禮經諸章。其所尚在誠能動物。其至誠能動物於何徵之。如武夷先生爲賊所獲。先生自毁肢體造於賊營。賊亦爲之感泣以得父子俱釋。如使無至孝之誠。斷無父子俱全之理。彼劉季以分盃羹之語。詐項王取儌倖之脫。傷害天理不仁不孝留恨於天壤矣。孟子答桃應之問。曰舜視棄天下。猶棄敝屣也。竊負而逃遵海濱而處。終身欣然。樂而忘天下。不窮聖人之變至於如此。不足以觀聖人之至行所通。凡忠孝節義之窮。君子不徒能自盡其當然。必有卓絕可驚可愕之舉。而後能動天動物。以轉移於無可轉移之間。非神之所助也。我之誠足以感神也。孔子圍於匡。厄於陳蔡。窮於商周。皆絃歌不輟。所謂白刃交於前。而介然不動。聖人之勇也。中庸天下國家可均也。爵祿可辭也。白刃可蹈也。中庸不可能也。此言不至於中庸至聖。不可以均平天下辭棄爵祿蹈履白刃也。解之者曰三者難而易中庸易而難。豈不以修齊治平常變安危之外。別有所謂中庸哉。如是之所謂中庸。亦非聖賢所需矣。聖賢所必至於中庸者。謂其能於修齊治平歷常變安危而止至善也。謂三者爲智仁勇之一偏所能。彼智仁勇之不偏者。又爲天下如何之事業哉。舜其大孝也與。謂其至誠感神。能以匹夫玄德升聞。而以天下爲孝養也。武王周公其達孝矣乎。謂其能推孝養之心。以及於天下之人。所謂老吾老以及人之老也。故下文卽繼之曰夫孝者善繼人之志。善述人之事者也。解之者曰言武王周公之孝乃天下之人通謂之孝。猶孟子之言達尊也。是武王周公不過博一己之稱譽。而非率天下之人。同達其尊親之義。何以謂之善繼人之志善述人之事也乎。不知此達字卽承上章斯禮也達乎諸侯大夫及士庶人來。三達字一氣相承。此處不能另爲章。乃束上之文。下言宗廟郊社之禮。治國視諸掌。所謂人人親其親長其長而天下平也。凡書中一字解誤。便將聖人推行德功。不能徵實。又下章答哀公問政。都是言人君修身取人治民之道。其中雜在下位不獲乎上民不可得而治節。殊不可解。且以獲上爲治民之術。是開後世攀援黨引之路。其義亦不甚圓。不知古文上下字二二丄丅。其文皆易互譌。此處上下字互易。然後義正而文一貫。不可固執舊本之文以爲强解也。其孟子一章。亦因此處同爲沿訛耳。吾與諸君研究 賢精義。必期擇精語詳。至於至善而止。

第七次演講

今日暑假將暫告結束之時。本社研究禮經當並論古樂。古人云達於禮而不達於樂謂之素。達於樂而不達於禮謂之偏。是禮樂不可偏廢也。唯是古樂聲容器數。今不可考。金石絲竹匏土革木。未必皆當於古物。其節奏更無論矣。然三百篇詩具在。則古樂章也。後世樂府歌調亦從此出。唯是三百篇人人誦讀。未能研究其故耳。今與諸君共求諸禮中。禮曰堂上升歌。堂下間歌合樂。升歌三終。間歌三終。笙入三終。合樂三終。工告樂備。凡郊社禘嘗朝覲會同燕饗皆命樂師奏樂以成其禮。所謂禮交動乎上。樂交應乎下也。郊社禘嘗則有頌。清廟維清思文諸詩是也。朝覲會同則有大雅。文王皇矣生民諸詩是也。然諸詩升歌也。其在鳧鷖嘉樂卷阿諸詩則間歌也。若燕饗之樂則有小雅。其節次昭然著在。則以列國諸侯大夫所習用者然也。如鹿鳴之三宴羣臣嘉賓也。常棣之三宴兄弟甥舅也。采薇之三宴將帥戍役也。湛露之三宴方岳諸侯也。此皆升歌之詩。笙爲南陔白華華黍。主人所以獻賓之禮以行也。其間歌通用魚離南有嘉魚南山有臺之詩。笙爲由庚崇丘由儀。賓所以酬主人之禮以行也。獻酬既畢合樂堂下則有周南召南之詩。而衆賓交錯之禮以行。然後工告樂備。故禮行而賓主交歡。所謂有嘉德而無違心也。唯是常棣之三。今本誤編天保不知錯自何時。解之者曰人君以上五詩賜其臣臣受賜者歌此詩以答其上。是不知升歌間歌之節。夫臣之答其上者。明明列有魚麗嘉魚南山有臺之詩矣。何以雜此詩於升歌之中乎。唯大雅行葦一篇。係與此篇互譌。以行葦列於朝會之間歌。亦不倫不類。茲特標明以俟知樂者審訂焉。又按升歌三終。唯宴方岳諸候。列有湛露蓼蕭彤弓菁莪四詩。考其義。蓋賜有功諸候。則歌彤弓賜以弓矢。非賜有功諸候。則歌菁莪以嘉其能貢士也。此皆音義相符。所謂八音克諧無相奪倫。雅頌之各得其所者也。其在大雅。文王大明緜爲升歌。棫樸旱麓爲間歌。思齊皇矣靈臺爲升歌。下武有聲爲間歌。生民爲升歌。天保鳧鷖嘉樂爲間歌。公劉爲升歌。泂酌卷阿爲間歌。其節次不及小雅分明。蓋前後篇什不無倒亂焉。其笙與合樂亦當與燕饗同。傳曰三夏天子所以饗元侯也。文王兩君相見之樂也。皆不輕用。列國燕饗常用者。則小雅與國風而已。然升歌三終間歌三終合樂三終。儼具九成。平日常用。一歌一答而已。王子朝饗五大夫樂及徧舞。用九成之樂也。季札觀風魯府。則使樂工標舉其端以相示。所謂肄業及之也。子曰誦詩三百授之以政不達使於四方不能專對。雖多亦奚以爲。可見誦詩者卽當達於禮樂。不能達於禮樂。何以觀政觀德哉。今日與諸君研究猶是大端也已。

申述孟子闢楊墨之意義

九月三十日講演　何鍵

孟子闢楊墨。意義極其顯明。本無俟乎申述。惟自來學者。有謂其言太過。不合「於人何所不容」之旨。且今人研究楊墨之學。極喜其適合於現世主義。盡忘其根本錯誤之害。聖學不明。是非淆混。人心因之而壞。治道由是而汚。不爲申述。其害更將不可勝言。

春秋時代。諸侯放恣。處士橫議。學說之雜。千奇百怪。到了戰國時代。諸子百家。爲說更亂。其光怪陸離的情形。比之春秋。尤有過之而無不及。在這個時代中。有主張清淨虛無者。有主張道政齊刑者。有論堅白同異者。有倡縱橫捭闔者。有說兼愛者。有言爲我者。亦有談天瀛海者。簡括的說。卽所謂道家、陰陽家、法家、名家、墨家、縱橫家、雜家、農家、小說家是也。五花八門。互炫奇異。雖有人稱之爲中國學術之黃金時代。

其實也就是中國學術最蕪雜的時代。在那時學術成了兩個壁壘。一個壁壘。是孔子儒家之道。其餘的一個壁壘。就是諸子百家。諸子百家。詞勝於理。其目的在獵取富貴或驚世駭俗者。尚沒有多大的關係。惟楊朱墨翟兩家的學說最能迎合一般人的心理。故信徒最多。勢力極大。當時學子不入於楊。則入於墨。爲我兼愛的主張。幾乎支配了整個時代。其意力之大與人心陷溺之深。可以想見一斑。孟子生當戰國。眼見臣弒其君者有之。子弒其父者有之。知道孔子之道不彰。人道之防難立。又知道不痛闢楊墨。則人民誣於邪說。不能自拔。所以大聲疾呼。以能言拒楊墨者。爲聖人之徒。甚至謂「楊子爲我。是無君也。墨子兼愛。是無父也。無父無君。是禽獸也。」居然罵起來了。孟子何以痛惡楊墨若是。蓋不如是不足以喚醒衆醉。所以說「予豈好辯哉。予不得已也」使當時沒有孟子之辯。後世誰尚知楊墨之非。所以又有人說。「孟子之功。不在禹下。」可謂深知孟子者。現在學術之雜亂。比之戰國時代。又不知增加了若干倍。孟子不作。誰個能正人心。息邪說呢。

孔子之道。與各教及諸子百家不同之點。在孔子專講人事。各教多不言人事。而諸子百家。又多喜歡爲詭異離奇之說。雖亦能持之有故。言之成理。但是人旣生在世間。其周圍所接觸的。便都不是神怪。在人的集團裏。就應盡人之道。人道應做的事。雖不止一端。但最重要的。莫如綱常倫紀。綱常倫紀之於人。如水之於魚。林之於鳥。根之於樹。源之於流。有天然不可脫離的關係。順之則治。違之則亂。雖有聖王。亦不能於綱常倫紀之外。別覓治世範民之道。所以三代立學。夏曰校。殷曰序。周曰庠。皆所以明人倫也。人倫明於上。則小民親於下。合政治。教育。於一起。稱之爲政教合一之政治。古之觀察政治者。先觀其教化。如以人倫立教。則政治必清明。否則勞而無功。且變亂隨之而起。故每當變亂之起。必發生無數逆倫篾紀之事件。但是倫常觀念。印入一般人之腦海者。不止一天。雖作下逆倫之事。其心目中未嘗不自知爲罪惡。所以孔作春秋。而亂臣賊子懼。孟子闢楊墨。與孔子作春秋。有相同之效驗。所以孟子之說行。而楊墨之道息。二聖用心。全從綱常倫紀上着眼。知此道理。始足以知楊墨之支離。始足以明孟子之苦衷。卽持此以辨別似是而非的主義。亦算有了南針。

論來楊墨學說。並非絕無可採。所謂爲我。亦有似乎儒家所說之爲己。關於本身的問題。如涵養道德。增進學識。鍛鍊體力等項。於自己都有莫大的利益。並且是求之於我。不是求之於人之事。卽令爲我的程度。到了千分萬分。也是應當的。人若沒有爲我之心。必定變成自暴自棄之人。爲什麼孟子反對此說呢。墨子之學。以節儉耐勞。兼愛非攻爲主旨。事事皆講實際。不尙空談。對於强凌弱。衆暴寡。及人心習於奢華浮惰的世界。實在是對症良藥。孟子闢之。豈不太過嗎。

不知孟子既以綱常倫紀爲重。凡違背了這個原則。雖有千萬之美。也等於無根之花。無源之水。況且楊子之爲我。並不是在自己的道德學問事上努力。而惟以縱樂肆欲。爲生人的惟一的目標。如說「豐屋、美服、厚味、姣色、有此四者。何求乎外。……」又引管子之言說。「養生者肆之而已。勿壅勿遏。恣耳之所欲聽。恣目之所欲視。恣鼻之所欲向。恣口之所欲言。恣體之所欲安。恣意之所欲行。……」又說、「人之生也奚爲哉。奚樂哉。爲美厚爾。爲聲色爾。……」是其所謂爲我。只在凡軀肉體上打主意。凡妄念所想到的地方。便無不可爲之事。雖虧禮違法。亦以爲無傷大雅。故桀紂幽厲亡國之君都大爲楊朱所贊成。如謂「舜、天人之窮毒者也。禹、天人之憂苦者也。周公、天人之危懼者也。孔子、天人之遑遽者也。四聖雖美之所歸。苦以至終、同歸於死矣。」

「桀、天民之逸蕩者也。紂、天民之放縱者也。二凶雖惡之所歸。樂以至終。亦同歸於死矣」推楊朱之意。苟能求其快樂。雖殺人放火盜竊攘奪。亦是高明之舉動。惟其如此。故只知有已。不知有人。遂以「人人不損一毫而天下治」之謬說以號召厚已薄人之信徒。極其所至。非至於完全破壞社會一羣之組織而人人皆成遺世獨立之子民不可。所以孟子總概其學說。特以無君二字闢之。君者羣也。無君即不合羣之謂也。楊朱自己亦說「忠不足以安君。適足以危身……」自供罪狀。毫無隱諱。更足證明其於爲我之外。道德仁義禮法等等。一概不要。不惟無君連父母妻子。以及人類所有的正當行爲。都盡數打倒。孟子只說無君。疑是寬大之言。試問人類既落後天。染有自私自利的惡習慣。用種種禮法以克治之。還怕不能制勝。今楊子教人以縱其心之所爲。人類除相爭相殺相吞相食外。如何能達到其放肆之目的。

況且君臣之義。乃天秩自然之禮。如在一家。已為家長。則我為君。而妻子奴僕為臣。如在一个團體。則領袖為君。而團員為臣。推之一國。則元首為君。而公務人員及民衆為臣。有君臣之分。然後做事的系統才能維持不亂。如楊子為我之說。處處以自己為主體。不論在家庭。在團體。在國家。人人都有自由行動之權。而其所行動者。又皆極度的破壞禮法。以縱樂肆欲。這完全是盜跖的口吻。敗國亡家喪身的主義。孟子之闢。不僅為倫紀立提防。實在也是為人身消病苦。凡社會上放僻邪侈。花天酒地之徒。都是受了楊朱的洗禮。其罪狀為無君。其結果非喪身不可。可恥可懼。孰過於是。所以無論為倫紀綱常計。為養心保身計。楊朱的為我主義。都首應排除。

墨子的學說。與楊子的學說。立於極端相反的地位。其所說之兼愛。也彷彿與孔子之汎愛。釋迦之慈悲普渡、耶酥之博愛相同。墨子不惟能說。又能實行。如公輸般為雲梯。將為楚攻宋。墨子不辭數千里奔波之苦。見公輸般與楚王。說令罷兵。俠肝義胆。照耀千古。故其流風所播。遂成後世遊俠一派。這種行為。得了許多人的贊佩。其兼愛節葬。亦足以醫治時病。但其所論兼愛。偏要把父母與路人一例等觀。未免輕重倒置了。如說「愛無差等施由親始。」又倡短喪。如說厚葬久喪。重爲棺槨。多爲衣衾送死若徙三年哭泣杖後起扶後行耳無聞目無見此足以喪天下……」又以子女之慕父母爲愚妄。如說「嬰孺子之智。獨慕父母而已。父母不可得也。然號泣而不止。此其故何也。卽愚之至也……」墨子一再刻苦父母。不知其所謂愛者。由何生起。人子孝父母。並非有爲而爲。乃是不忍心之表現。故生則致其養。死則致其哀。不如此則其心不安。此不忍之心便是愛的發生點。擴充其量卽是仁德。但孝弟又爲仁之本。離却孝弟仁卽失了根本。墨子口口聲聲講兼愛。連愛發生的基礎都抛棄了。人間荒唐之事。豈有復加於此。聖人之教則不然。因人類不忍之心與父子天性之愛。順其自然。以立人倫。由親親而仁民。由仁民而愛物。一步一步。而向外推擴。本源堅穩。故能不出家而成教於國。若捨棄親親之道。而專講仁民愛物。譬如建百尺高樓。先蓋樓瓦。行千里長途。不自立足處出發。而謂可達終點。雖三歲孩提亦當知其狂妄不經。再退一步說。人受父母之恩。昊天罔極。路人對我。並無此恩。若一體待遇。譬如甲欠乙銀五十元。並不欠丙分文。甲一日自詡行善。見乙丙之窮困。而各贈以一百元。以自炫仁慈。從丙言之。誠得百元之惠。從乙言之。則除去舊債僅得有五十元之惠。乙丙二人比較。便一厚一薄。甲自謂平等待遇。其實已大不平等。墨子所講之兼愛。亦復於是。乙則等於父母。丙則等於路人。試問父母與路人所受之愛。誰厚誰薄。不必細說。人人都可明白。所以墨子之兼愛。直截了當的說。就是薄於父母。厚於路人。須知犯上作亂悖逆行為。都由於孝弟之道不行。所以亂臣賊子。敢於作惡。墨子不知從根源上設想。徒倡非攻等說。甲國有亂。則前往解救。乙國有亂。又前往解救。但只能救一時。不能保其長久不亂。試問墨子僕僕風塵。竈突不黔。所得的效果有幾。即此一點。也可證明墨子兼愛的主張。非真大有價值了。聖人知道一人之力不能遍愛萬類。所以首倡親親。以立仁本。本立則愛生。愛生則應用無窮。不言兼愛。而愛之發皇者便無所不周。所以堯舜之治。能由親睦九族。而收黎民時雍之效。若墨子之主張。根本便不足以為政。用其道以治民。只可增長涼薄的風俗。加多逆倫的案件。無論如何。也不能得着治世安民的功效。今人不知從綱紀上設想。只贊成他節儉耐勞的精神。真是知有無名之指。而不知有心腹肩背了。以上所說。雖依理推闡。其實還都是費詞。因爲無父之罪。百身莫贖。有了這個罪名。用不着再多言責備的。卽令書中亦有可採之處。至多也只是非禮之禮。非義之義。衡以聖道。縱不束之高閣。亦只可把他當作現世主義來看。

總之。孟子闢楊墨的理由。只在他蔑棄倫常。無父無君。禽獸二字的讞詞。比判決死刑。還要加重幾倍。我們可不必於此二字的罪名以外。更加以不好的名詞了。論諸孟子闢楊墨的詞意。書中已極明瞭。本可無須再加申說。惟以今日提倡無父無君的妄人。比楊墨更變本加厲。一面毀壞倫常。以肆其狂。一面又奢談政治。以耀其才。考其實。墨子確有刻苦耐勞的精神。行俠作義的舉動。此輩妄人。連這行爲都沒有。只有與兼愛相反的自私自利。與爭殺攘奪的毒心險心很心。藏在腔子裏。什麽叫做愛人。與他是不相聯貫的。他所謂愛。只是愛酒、愛色、愛財。愛一切放蕩的快樂。酒色財寶。愈多愈好。他的兼愛。只愛在這上面。所以現在想覔一墨子信徒。除共產黨內。有一部分青年與之相近外。其他各處。又有幾人堪以比擬呢。若楊子的信徒。則滔滔者天下皆是。世道的運會如此。說來何等可歎。故特提出孟子闢楊墨的意義。

申述一遍。想借舊案以激刺迷妄者之心靈。倘能使贊成楊墨之人。捨短取長。棄弊。採利。則崇尚兼愛者能特別加爲厚於父母。實行爲我者。能在精神上求安慰。不專心在在肉體上縱嗜欲。也是轉不善爲至善的辦法。果能如此。則楊墨之學。亦可以醫世人一部之毛病。否則既得罪於聖賢。又得罪於墨子。徒然作了楊子的真實的信徒。其爲人便不足齒數。社會國家更受莫大之損害了。

曲禮爲人臣之禮不顯諫與檀弓事君有犯而無隱講義

黃　鞏

學者讀古人之書。必須融會貫通。而後能得聖賢至善之道。夫聖賢立言。常有時地不同。及所與言之人不同。故言忠言孝言仁言義。往往有一言兩歧。此不獨論語之問答有然。卽禮經所載。亦有前後未能劃一者。如曲禮言爲人臣之禮不顯諫。三諫而不聽則逃之。子之事親也。三諫而不聽則號泣而隨之。檀弓則曰事親有隱而無犯。左右就養無方。事君有犯而無隱。左右就養有方。言事親則與曲禮同。言事君則與曲禮異。學者其將主曲禮之無顯諫乎。其將主檀弓之有犯而無隱乎。卽證之於論語。子游曰事君數。斯辱矣。朋友數。斯疏矣。是不主犯也。子路問事君。子曰勿欺也而犯之。是不主隱也。殷有三仁。微子去之。箕子爲之奴。比干諫而死。比干犯也。微箕不犯也。是犯亦仁也。不犯亦仁也。豈犯亦可。不犯亦可。任人之自爲乎。及觀家語。子曰忠臣之諫君有五義焉。一曰譎諫。二曰戇諫。三曰降諫。四曰直諫。五曰諷諫。唯度主以行之。吾從其諷諫矣乎。戇直犯也。譎降諷不顯諫也。度主以行。是戇直不可輕試。而終之以吾從其諷諫。是孔子又不主犯諫也。更觀於孟子之言。曰人不足與謫也。政不足與間也。唯大人爲能格君心之非。合觀聖賢之言。而互參之。而後知曲禮之言。與檀弓之言。非相悖也。曲禮之言無顯諫。蓋全君父之道也。傍徵曲諭。以諷諫爲轉移之道。在我不居諫諍之名。而君父不蹈過失之疚。此臣子之大幸也。若三諫不聽。是無可爲轉移矣。在臣惟有逃之。在子則無可逃之義。號泣隨之而已。所謂起敬起孝。勞而不怨也。其臣之逃之也。則以去就爭也。以去就爭。非犯乎。所謂無隱者。卽不可則止之義。必不依違苟且。貪位戀祿。坐視敗亡危而不持。顚而不扶也。其犯也。亦非如後世折檻懸目之徒。使其君有愎諫戮忠之罪。而終無救於危亡。夫殉死無補。又何如平勃與狄仁傑。奮隱忍待時。而或能有匡濟乎。然而平勃狄仁傑之事。

非可輕爲。必度其國不至淪胥。而我可以徐施挽救之術。此亦與大人之格君心之非者同意。否其隱忍同就滅亡。則不如逃之以去。就爭者之爲得也。二章之義互參之。而得其至善之道。

女爲君子儒無爲小人儒

（三月十一日講演）

何鍵

此篇已登本報第五期學報因手民誤排頗多今特更正重刊　編者識

上星期日在此講君子與仁。爲便於學者研究計。分別君子爲四個階級。把論孟學庸上的君子引用作證。而若先生給我作參考的『女爲君子儒無爲小人儒』及胡先生給我作參考的『後進於禮樂君子也』。當時未列入引證之內者。因這兩章尙須分別講述。方能盡其意義。且上次講演。若在文句上玩索。則『故』『是故』『不亦』等字。爲上下文中之虛詞。引來分別君子等第。不免起人誤會。夫聖學一貫。豈眞有劃然之界限可分。然聖言深遠。亦豈遂文句所可拘泥。性與天道。含藏於文章之內。特人習焉不察耳。今天講『女爲君子儒無爲小人儒』一題。亦請諸公勿執守章句。庶知聖言無不貫通。可免文字理解之障。茲先從儒字說起。孔子云。

「儒有席上之珍以待聘。」儒何以有席上之珍呢。因人道的範圍。全是儒道的範圍。儒道純在日用人倫。故儒字從人從需。人所日需之道也。人有身體。卽有倫類。既有倫類。卽有交際應接之事。而常人之於交際應接也。多以人心主事。祇知利己。不顧他人。故於日用之間。應接之事。其未發也。不知執中。其既發也。罔協於和。或且悖乎天理。逆乎人情。甚非人所日需之道。故不得以儒名。」古人說。「通天地人之謂儒。」又說。「以道得民之謂儒。」儒的究竟大化聖神。不可方物。非到聖人境界。很難知其全體。就儒行一項說。孔子所答哀公之問。就有十幾種之多。那一種都不易辦到。其實還不過等於太倉一粟。因爲哀公本非高明之君。假使孔子遇着堯舜禹湯文武。所答當更深遠。儒之不易。儒之可貴。不如此更可顯見乎。我們奢言學儒。究竟從何處下手呢。我研究了許久。才得着一點方法。方法是什麽。就是論語上子謂子夏曰。「女爲君子儒。無爲小人儒。」

甚麽是君子儒小人儒呢。何晏說。『君子爲儒。將以明道。小人爲儒、則以矜名。』程子說。「君子儒爲己。小人儒爲人。」謝氏說。「君子小人之分。義與利之間而已。然所謂利者。豈必殖貨財之謂。以私滅公。適己自便。凡可以害天理者。皆利也。』劉止唐說。『儒祇一途。因人品心術不同。遂有託儒之名。以行小人之實者。』四家說雖不同。但意思無二。都說君子正心修身。求其在己。絕不枉道徇人。急於好名。所謂隱居以求其志。行義以達其道。用之則行。舍之則藏。不願枉尺直尋者。便是君子儒。小人假借聖賢之學。以欺世盜名。平時誦儒者之言。披儒者之服。口聖賢而心盜跖。外君子而內小人。靦然自以爲儒。便是小人儒。

子夏在孔門十哲中。已有聖人之一體。而又文學選也。他的文以載道。與今世之虛詞浮說者不同。故其言詩。則爲聖人所稱許。言喪則與聖言相符合。言樂則能發古今之奧。何至於如何程謝劉諸家所說。且儒名之不易得也。上面已經說過。而有小人之稱者。義究何居。信如何程謝劉諸家所說。則子夏固不得稱之爲賢。卽孔子聖人。亦屬語無倫次。所謂論孟學庸。章章爲天經地義之文。句句是布帛菽粟之道。卽不能通矣。今特把我的見解講明於次。以見聖言之廣大。

所謂君子儒。猶佛所說的大乘法。所謂小人儒。猶佛所說的小乘法。換句話說。就是聖門中的大學與小學。孔孟所說的君子。有幾種階級。不能一概而論。玩索經文。便可窺見一般。如孟子說。『君子修其身而天下平。』又說。『故君子所過者化。所存者神。上下與天地同流。』中庸說。『故君子語大天下莫能載。語小天下莫能破。』又說。『是故君子篤恭而天下平。』似此等等。君子就是大人。君子就是聖人。言爲世法。行中規矩。不徇於人情。而又不悖乎人情。惟大道之是從。天命之是依。無論處順處逆。皆能無適無莫。義之與比。無論居上居下。皆能不驕不倍。發皆中節。且其性量直包括天地之外。不拘拘於小節。如子見南子。佛肸召子欲往。及孟子與齊宣王梁惠王所說的話。在狷介的人看來。難免不以兩位聖人的言行爲多事。但孔孟先後行之。令人莫測高深。這就是『君子所爲。衆人不識。』所謂『先立乎其大者。』所謂『智通乎大道。應變而不窮。處乎氣數之中。超乎氣數之外。』不在瑣屑上講究。便是君子儒。至於小人儒。就與此大不相同。但此處小人。對君子而言。不過未上達君子之域。非無忌憚之小人也。如曲禮所載。及朱子所著的小學上所說。專在應對進退等小事上用功夫。所謂範圍狹小的人。如孔子所說。『言必信。行必果。硜硜然小人哉。』樊遲請學稼。子曰。『小人哉樊須也。』孟子所說。『從其大體爲大人。從其小體爲小人。』這種小人。名爲小人儒。言必信行必果。本是好事。但有時也非變通不可。故孟子說。『大人者言不必信。行不必果。惟義所在。』兩相比較。廣狹自見。如孟子將朝王。聞王命而遂不果。其答景丑氏的話。全是世俗所驚詫的君子儒與小人儒的氣象。於此就可判別。不然。守信如尾生。爲河水所淹斃。行果如詩經二子乘舟。壽竊節代兄往齊。爲盜所殺。於事何補。於義何取。此等人能立而不能權。能守而不能進。只知守戒。不知變通。做學儒的初功則可。以爲儒的究竟。安能盡聖道之大全。子夏在孔門。介於狂者狷者之間。而平日瑣瑣碎碎。所作所爲。多是小人儒的功夫。其事實雖無從細考。但觀子貢問『師與商也孰愈。』子曰。『師也過。商也不及。』子夏論交則曰。『可者與之。其不可者拒之。』其教門人。則以洒掃應對進退爲常課。與子張子游的意見相差甚遠。卽此三條。推想其餘。子夏的規模不大。已無可諱言。孔子見他學小人儒已經成就。仍然把着不鬆。不求進步。所以特提醒他。使他不要以一得自足。還要學君子儒。不可死守小成。乃是這兩句話的真義。不然。

子夏已成大賢了。若仍有假借儒名以行小人之實的情形。孔子早令小子鳴鼓攻他了。還許列在門牆嗎。

真正說起來。學君子儒快樂。學小人儒痛苦。快樂在何處。可行則行。可止則止。無可無不可。何等自由。痛苦在何處。言行動靜。事事都受拘束。心裏想做的事。守戒不敢做。心裏不想做的事。有時非做不可。晝夜過機械的生活。焉得不苦。聖道是無窮無繼的。不想升堂入室。窺見宗廟之美。百官之富。徒規行矩步。較量錙銖。充其量也不過自了其身罷了。與天下國家有何影響。聖賢所以可貴。正因其能代天宣化。彌補天地的缺憾。以安懷蒼生。不能如此。則人類又何取乎尊仰聖賢。而儒爲席上珍的話。到此也講不通。簡直應當束之高閣了。子夏的才能本非不可爲君子儒。而其拘拘自持。不是誤會了孔子的教法。就是如冉求之劃地自限。卽令才力真有不勝。但人一已百。人十已千。豈終無明强的日期。說到此處。孔子因材施教。與時時考核弟子的苦心。千載猶可想見。

孔門的小人儒。不止子夏一人。凡斤斤自持。守甲忘乙的。都與子夏同病。如子貢救人人酬謝他一隻牛子貢不受是小人儒曾子耘瓜誤斬其根曾晳怒以大杖擊之曾子伏地受杖昏暈幾死甦醒後又入房彈琴使曾晳知他未嘗受傷是小人儒樊遲請學稼與陳亢問伯魚有異聞乎是小人儒至君子儒則致廣大而盡精微極高明而道中庸小德川流大德敦化小大由之無適不可祇孔子有子顏子子思孟子有此氣象其餘門弟子多是一偏不全不過狂士居多有時也近似君子儒不像子夏處處狹隘罷了話又說囘來了小人儒雖然狹隘但其學問德行俱不易到且不先學小人儒便不能學君子儒小人儒實在是學君子儒第一層階梯何以呢古人說『不矜細行終累大德』因一節之虧而畢生坐廢騰誚人羣的古今頗不乏人孔子是大成的君子儒我們細細考查孔子的言行有一處不合禮法嗎這豈不是行的小人儒了君子儒譬如力强善走的人一天能行二三百里小人儒譬如力弱不善走的人一天只能走五十里一天能走二三百里的人使他走五十里當然更輕而易舉如說能走二三百里的人開步之初不從一里十里開首或說改走五十里就腿酸腳痛那有這個道理君子儒是儒的全體小人儒是儒的一部分如大海之水與

一杯之水分量雖異而本質無二若棄了禮法放蕩恣肆聽其說詞真是聖人之言觀其行爲乃不如鄉黨自好之士還謬說我是學君子儒不屑於爲小人儒此等行爲絕非真儒所以言行一致才是真儒的實際吾又聞人類無進取心就是落伍的徵象日知而月忘則學如未學故小人儒應當勉學君子儒君子儒仍不可廢小人儒傳上說賢希聖聖希天是小人儒學君子儒孔子天縱之聖仍多能鄙事舜好問而好察邇言是君子儒不廢小人儒既名爲儒那有君子小人之分既是小人如何仍能稱儒這只是從規模大小說從功夫次第上說如其不然不但辱沒子夏連孔子的苦心也完全誤會了近今之人專在文字上用功夫偶爾說幾句合道的話想因文見道便可稱爲儒者許多人不知儒的真義也隨聲附和的承認他獨不知文章及性與天道是合一的功業與德行是一貫的分而爲二儒的實際安在講文章外面在字句上推敲祇能稱爲文人講文章裏面在字義上詮釋祇能稱爲理學都非真儒總之不問是君子儒還是小人儒其解釋的意見有若干不同但修身的功夫絕不可少不過君子儒修其大體小人儒修其小體真儒處處天真沒有虛僞有

虛僞的不得名之爲儒修儒行的人亦許揣度自己的程度選擇適合的聖言脚踏實地切實的向前做去走一步得一步到一境再進一境不以道高而畏難不以小成而自安自然成就了真儒小人儒也可進爲君子儒若務外而忘內舍本而逐末永遠難入儒門。

講演　女為君子儒無為小人儒

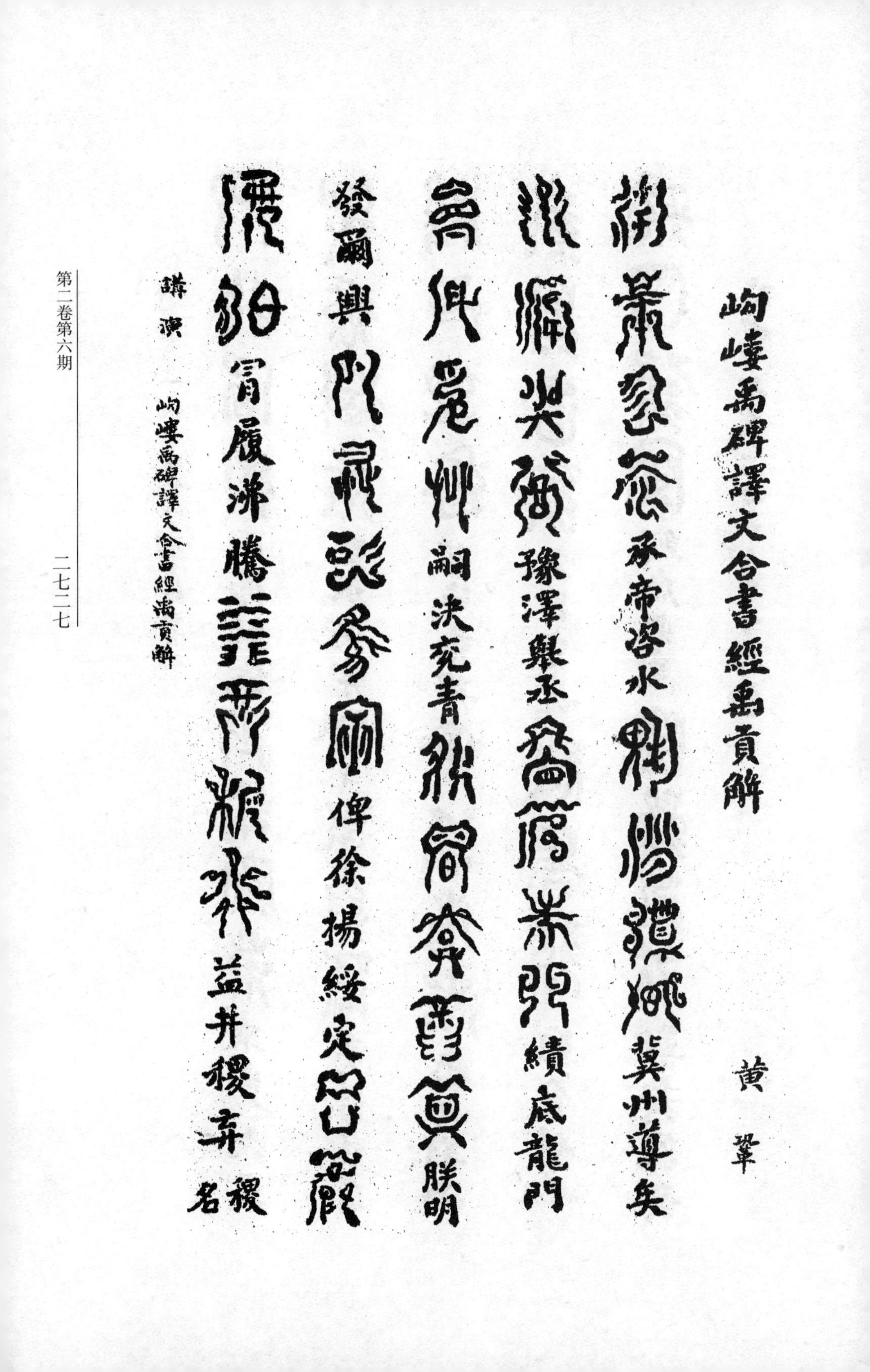

岣嶁禹碑譯文合書經禹貢解

黃翬

承帝咨水 冀州導矣

豫澤舉丞 續底龍門

嗣決兗青 朕明

發爾興 俾徐揚綏定

冒履沸騰 益并稷弃 稷名

講演

岣嶁禹碑譯文合書經禹貢解

罔弗辟征 乘步穴巢

罴水衡宗 夷苗裒庸

桴造雍梁 齊又荆南

氣昌負長 艱食登攸也

鮮庶鼎烹 獸舞鳳奔

右七十七文 二十一言 十九韵

右岣嶁禹碑者。神禹刊定九州。四隩宅。九澤陂。九山旅。九川滌源。方嶽之奠。終于南衡。遂告成功而銘焉。書曰禹錫玄圭。告厥成功者是也。詩曰信彼南山。維禹甸之。亦謂此也。不然。禹蹟方行天下。詩何以獨詠南山。吳越春秋。亦紀其事。唯兩漢魏晉罕言及之。至李唐劉禹錫首爲歌詠。韓昌黎繼之。並言字青石赤。北宋何致子一。刻其文於湘之嶽麓。川蜀夔門楊子江之小洞亭。禹蹟遂徧傳於天下。南宋朱晦翁張南軒遊衡。尋二月餘。未得原蹟。遂疑有僞。其後有楊升庵楊時喬沈鍊朗映得見磨岩上字。或以爲樵者指示。或以爲仙人引導。蓋神物護惜。隱見無時也。是四君子者更相譯釋。科斗久廢。莫能折衷。文義未合。編經之暇。慨焉惜之。如是博稽鼎彝。詳審六書。按於謨貢。豁然有得。九州治蹟。始末了然。游思十載。于今論定矣。如開首承帝咨水。卽堯典帝曰咨四岳。湯湯洪水方割也。承帝二字。諸家譯同。咨水譯爲曰咨。卽非也。咨象氣之吁。水則下有水紋。冀州導矣。卽禹貢冀州既載壺口云云也。冀州導皆古文之形。矣小篆象矢貫的。此文則佩韋魚服弓具在而矢已貫的也。豫澤舉承禹貢覃懷底績。至于衡漳。覃懷在岳陽東南。與衡漳皆接豫州境、豫少大川。惟孟豬苛澤滎波。故曰豫澤畢丞。豫象形字。澤象衆水匯流。丞同拯。績底龍門。卽禹貢導河積石。至于龍門也。績之文上象絡絲絅、下象絲束女工之績也。龍不見首。此文專象其尾也。嗣決兗青。卽禹貢濟河惟兗州海岱惟青州也。兗爲河之衝要。九河卽今河間府。禹疏爲九使易泄。逆河卽今津沽。嗣決兗皆古文。青爲衆草之色。文象衆草形。朕明發爾興。書所謂予思日孜孜也。文皆古籀。俾徐揚綏定。兗青爲河之委。徐揚爲江淮之委。故當並治。揚之文古鐘鼎對揚之文同。又象三江入震澤定之形。冒履沸騰。謂江淮激下。海潮逆迎。皆大險阻。騰之文左舟右日。日古文馬省。益並稷弃書所謂暨益奏庶鮮食。暨稷奏庶艱食。益烈山澤。稷降播種。罔弗躬征。謂三聖皆躬行也。征古文作街衎。乘步穴巢。水未平上爲橧巢。下爲營窟。皆經其地。黑水衡宗。西至黑水。東至衡宗。夷苗袁庸。謂三苗丕叙和夷底績也。桴迤雍梁。由黑水越昆崙起馬山。桴雍梁以東下也。齊又荆南。荆州治則江漢朝宗。雲夢作乂矣。氣昌員長。水平而氣象昌暢。員長也。長象內腑形。取於身。惟腸最長。長當爲本字。腸爲假借。此義較說文爲勝。艱食登。鮮庶鼎烝。暨益稷之功。水土平而人民育也。獸舞鳳弃。謂簫韶九成。百獸率舞。鳳皇來儀。此地平天成景象也。烹象烹飪门下。獸象當面舞獸形。其餘皆可以合於古文六書之義。文皆入韻。事徵於書。似與四家所繹。較得其真。或可以備學者稽古之一助云。

講演　岣嶁禹碑譯文合書經禹貢解　四八

通論

船山先師詩錄

期須竹 癸丑

周逸敬選

悠悠重悠悠。冏如明星光。抱心不得語。空天徒茫茫。豈繄秦與越。音徽隔殊方。出門睨廣野。仰視飛鳥翔。食宿各有區。日夕亦得將。滯情夙所捐。相望何悢悢。盡己寸言閒。君子敦天常。

懷須竹

憐君屢泛瀟湘水。渺渺蒼煙問客心。戎馬十年猶過跡。藤蘿當日有知音。桃波綫棹楊花撲。楓岸收帆鴈影沈。知爾南天囘首望。暮雲無際一林深。

通論

孔門後學著述考

趙曰生

水精受命。乃作之師。覺世牖民。非文弗載。言之無文。行之不遠。故聖門教授。無有敢薄文學以爲不屑者。素王述作。及門皆得與聞。自衞返魯。乃從事於筆削之業。凡詩書禮樂易象春秋。七十子之徒。皆與竹帛之勞。孔子作春秋。筆則筆。削則削。游夏不能贊一辭。其曰不能贊者。乃子游子夏。仰承聖訓。不能置議。非不許參贊末議也。竹帛之勞。實皆與焉。 制作告成。曾授來學。是故及門諸子。無不身習六藝之文。夢奠以還。儒分爲八。有子張氏之儒。有子思氏之儒。有顏氏之儒。有孟氏之儒。有漆雕氏之儒。有仲良氏之儒。有餘公孫氏之儒。有樂正氏之儒。見韓非子顯學篇。成百氏之源。爲紀綱之則。居環堵之室。蓽門圭竇。甕牖繩樞。併日而食。以道自居者。子思氏之所行也。衣冠中。動作順。大讓如慢。小讓如僞者。子張氏之所行也。顏氏傳詩爲道。爲諷諫之儒。孟氏傳書爲道。爲疏通致遠之儒。漆雕氏傳禮爲道。爲恭儉莊敬之儒。仲良氏傳樂爲道。以和陰陽。爲移風易俗之儒。樂正氏傳春秋爲道。爲屬辭比事之儒。公孫氏傳易爲道爲潔淨精微之儒。見陶潛羣輔錄。又分爲三。有子張氏之儒。有子夏氏之儒。有子游氏之儒。見荀子非十二子篇可見當時儒學之盛。周禮又稱儒以六藝教民。可知當時諸子所教者。皆不出乎六藝。且必皆有著述。惜乎代遠年湮。蟫蝕蠹壞。此則令人望古遙集。而不禁廢書三歎者矣。子夏尤通羣經。公羊高穀梁赤。皆其後學。而小戴記四十九篇。尤多孔門弟子之遺言。中庸、坊記、表記。皆出於子思。緇衣、樂記。出於公孫尼子。梁沈約謂緇衣亦出於子思。見隋書音樂志。而劉瓛則謂緇衣出於公孫尼子。清魏源據漢書藝文志。公孫尼子乃七十子弟子。或曾受業於子思。故撰述師說。以成斯篇。今以緇衣仍屬公孫尼子者。乃從劉瓛之言。檀弓出於檀弓。檀弓乃七十子之後學。清章學誠謂檀弓乃篇名。非檀弓所自著。曰生核。果係篇名。則大小戴當時採自何書。已無可考。殊難臆斷。而舊說相傳已久。當有所據。故仍從舊說。而三年問、樂記、鄉飲酒、聘義。則多採於荀子。大學與曾子問。則又出於曾子之門人。大戴記之曾子十篇。亦出於曾子。哀公問、五義篇、禮三本篇、曾子立事篇、勸學篇。亦出於荀子。而漢書藝文志所載諸子之著錄。則有子思子二十三篇。隋書音樂志云。禮記表記。坊記。緇衣。皆取子思子。但原書已亡。清黃以周有子思子輯本。曾子十八篇。宋晁公武郡齋讀書志云。隋志曾子二卷。目一卷。今此書亦二卷。凡十篇。蓋唐本也。視漢亡八篇。視隋亡一篇。考其書已見於大戴禮。但原書已殘。清阮元有曾子注釋。漆雕子十三篇。漢志注。孔子弟子漆雕啓後。原書亡。清馬國翰有漆雕子輯本。宓子十六篇。漢志注。名不齊。

字子賤。孔子弟子。顏師古曰。宓讀與伏同。漢王充論衡本性篇云。宓子賤漆雕開公孫尼子之徒。亦論情性。與世子相出入。原書亡。清馬國翰有宓子輯本。**景子三篇。**漢志注。說宓子語。似其弟子。沈欽韓云。孟子書有景子。原書亡。清馬國翰有景子輯本。**世子二十一篇。**漢志注。名碩。陳人也。七十子之弟子。漢王充論衡本性篇云。周人世碩以為人性有善有惡。舉人之善性養而致之則善長。惡性養而致之則惡長。如此則性有陰陽。善惡在所養焉。故世子作養書一篇。曰生按。王充只稱作養書一篇。而漢志則稱世子二十一篇。或漢時已亡二十篇。故只存一篇歟。或王充所見別為一篇歟。原書亡。清馬國翰有世子輯本。**魏文侯六篇。**清章學誠云。藝文志儒家則有魏文侯六篇。世以為魏文侯著。蓋非也。此乃其書之篇名。當為七十子後學所著。曰生按。章氏此論。與論檀弓乃篇名之意相同。而其旨則有輕重焉。蓋章氏之意。於檀弓則認其儒者。故僅曰乃篇名非其自著而已。於魏文侯。因其為戰國時之王侯。殊有不認其為儒者之意。故又曰當為七十子後學所著。但考魏文侯親授經於子夏。又於魏設立博士。則其被服儒素。與仰洙泗。信而有徵。躬自著書。羽翼經傳。事所常有。古今之王侯將相著書立說者甚夥。何況魏文侯曾親炙大賢者乎。且其相李克。亦有著述。君相雍容。效忠鉛槧。則知西河之教澤。高於河汾矣。原書亡。清馬國翰有魏文侯輯本。**李克七篇。**漢志注。子夏弟子。為魏文侯相。原書亡。清馬國翰有李克輯本。**公孫尼子二十八篇。**漢志注。七十子之弟子。隋音樂志。沈約云。禮記樂記。取公孫尼子。原書亡。清馬國翰有公孫尼子輯本。**孟子十一篇。**漢志注。名軻。鄒人。子思弟子。有列傳。顏師古曰。聖證論云。軻字子車。而此志無字。未詳其所得。曰生按。孟子原分七篇為內篇。四篇為外篇。趙岐注孟時。以外篇為無關宏旨。刪去未注。外篇四篇。因此遂逸。今只存內篇七篇。**孫卿子三十三篇。**漢志注。名況。趙人。為齊稷下祭酒。有列傳。顏師古曰。本名荀卿。避宣帝諱。故曰孫。劉向別錄云。孫卿書凡三百二十三篇。以相校除重複二百九十篇。定著三十三篇。為十二卷。王應麟藝文志考證。謂當作三十二篇。按後漢書荀淑傳亦云。荀卿子著書三十二篇。兩說相合。與今本亦合。**芊子十八篇。**漢志注。名嬰。齊人。七十子之後。顏師古曰。芊音羋。原書亡。僅存其目而已。是孔門之後學。以著述傳於世者。雖存什一於千百。至東京之世。尚可屈指而計也。史稱自孔子卒後。七十子之徒。散遊諸侯。大者爲師傅卿相。小者友教士大夫。或隱而不見。故子路屬衛。裴駰注。仲尼弟子列傳。子路死於衛時。孔子尚在。曰生按。戴記亦同。且詳紀獲醢之事。但此泛言弟子之散遊諸侯者耳。不必泥於卒後二字也。子張居陳。澹臺子羽居楚。子夏居西河。子貢終於齊。子思終於宋。曰生按。原文無此五字。乃據他書以補之。天下並爭於戰國。而儒術既絀焉。然齊魯之門。學者獨不廢也。於威宣之際。孟子荀卿之列。咸遵夫子之業而潤色之。以學顯當世。引史記儒林傳序孟子受業於子思。荀子受業於子弓。即仲弓授受非誣。源流可按。而田子方段干木吳起禽滑釐之屬。皆受業於子夏之倫。曰生按。吳起曾受業於曾子。非受業於子夏。禽滑釐曾受業於孟子。復業治墨學。去子夏時代甚遼。決不能親炙於西河之門。蓋之倫二字。乃泛指七十子之徒。非專指子夏一人也。韓非李斯之徒。亦受業於荀卿之室。莫不各以其所得。立名於時。田子方段干木凜然以氣節推重於當世。則其抱道自閟。又可知矣。吳起雖殺妻求將。曾見絕於曾參。急於功名。干犯倫紀。有慚達德。雖逃鳴鼓之攻。然吾讀其所著兵書。侈譚仁義。未敢背其師承。君子不以人廢言。雖不及孫武之醇。兵家亦相承而不廢。片長足錄。可見大匠之門。終無棄材。禽滑釐兼治儒學墨學兵學。亦自有兼人之才。雖遺著無存。亦無瑕可指。莊周汪洋恣肆。自成一家。據莊子天下篇。自述其宗旨。蓋欲自成一家。亦非專宗老氏之學者。然而上溯尼父。備極尊崇。其讚孔子也。曰配神明。醇天地。育萬物。和天下。澤及百姓。明於本數。係於末度。六通四闢。小大精粗。其運無乎不在。詩以道志。書以道事。禮以道行。樂以道和。易以道陰陽。春秋以道名分。其數散於天下而設於中國者。百家之學。時或稱而道之。由是觀之。宰我子貢有若孟子之外。智足以知聖人者。其惟莊周矣。雖或偶矜弔詭。似譽射羿之功。時託寓言。疑有吠堯之誚。如漁父盜跖等篇。此則等於禪宗參話。祇注機鋒。禪宗以機鋒語相對答。謂之參話頭。妙契能參。亦不嫌於呵佛罵祖。而三世諸佛。未嘗斥之於四衆之外。不與同羣。而亦無損於其本師釋迦牟尼之莊嚴。仍認爲護法之龍象。揆之吾儒。則實本於春秋實與而文不與之義。非知言者不能喻其旨。是貴乎善讀之者矣。春秋之義。有所謂文與而實不與。實與而文不與兩例。不明此義。則決不能讀春秋。獨至韓非。既隸蘭陵之籍。復參苦縣之玄。而乃入室操戈。變本加厲。至其天性涼薄。慘刻寡恩。既背夫儒。復違夫道。雖其攜辭優美。實爲孔雀文章。其書既存。尚能禁絕。學者、玩、其、文、宣、防、其、毒、也。若夫李斯。則微有別。李斯之倡議焚書坑儒也。凡博士所職者。並不焚禁。凡秦時博士。亦未坑誅。且其詔令明言。欲習詩書者。以吏為師。亦非概禁民間肄習。且其諫二世也。深以放棄詩書為懼。（見史記樂書）則李斯之焚書。但焚其不合政府所規定者而已。李斯之坑儒。但坑其反對政府所主張者而已。此其罪不過專制之淫威。而其私亦不過排斥異己者之學說。與其他之倡言毀聖。橫譏攻儒者。固有不同者矣。統觀周秦之際。孔門後學之著述。殆滿人寰。雖派別紛歧。而波瀾莫二。惜乎藝文志之所錄。魏晉而後。日即淪亡。載覽遺篇。僅存其目。雖經近代諸儒之綴輯。等於塚壁之殘叢。僅此片羽。留貽英靈。斯託更當如何珍護。以為千鈞一髮之延。吾望真衛道者。幸勿以讀書為玩物喪志。詆校讎考證為破碎支離。須知文獻無徵。至聖所慨。狂瀾澎湃。一壺千金。訪逸鈎沉。責在吾黨。吾以為輯逸之功。不在禹下也。

專著

船山先師詩錄

青艸湖風泊同須竹與黃生看遠汀落鴈 甲寅

周逸敬選

荻芽洗綠影。汀際合晶光。遙識歸鴻集。從知夢澤長。雲移千點曙。風轉一行將。凝立迷煙樹。輕遷動夕陽。參差香尾亂。珍重羽衣涼。陳列龍沙白。書成太古蒼。修眉涵鏡曲。仙桂綴蟾光。沙起叢鈎盪。洲平瑟柱張。濤驚聊靜婉。野曠恣疎狂。酣寢雲田膩。樓心悲鬭蕭。氣矜三楚國。神帶九秋霜。整翮聊煙水。徊翔貴稻粱。浣沙人停久。垂鈞客情忘。棲泊依鎬渚。閑恣託杜芳。經寒知柳色。訪舊憶蓮房。北望關雲紫。西清落照黃。數橫兆從止。清響正遙望。平展紋波縠。經浮玉照肪。遙天開書苑。活譜寫瀟湘。

專著

船山先生年譜卷上 續第五期

八世從孫之春輯

刻澂濤園詩集。

述病枕憶得敍云。昔在癸未春。澂濤園初刻。亡友熊渭公爲之序。亂後。失其鋟本。賴以自免笑悔。蓋南昌歸後所刻也。

三月。張獻忠陷黃州。五月。陷武昌。八月。陷岳州長沙。十月。衡州潰。陷桂端王率安仁王、永明王走永州。賊得武夷公。索公及石崖公。公剺面傷腕。舁示賊。因與武夷公俱得脫。

衡州陷。賊鉤索紳士補僞吏。有不順者。投之湘水。公與石崖公以父母衰。不能越疆。望門無依。舅氏譚公玉卿引公及石崖公。草屩莽枝度函口逕岳奔命。匍匐匿蓮花峯下草舍中。礮齋公匿他所。賊索公及石崖公尤急。邏得武夷公勒至郡城。故爲輭語。誘使致公兄弟。武夷公張目直視。終不答。賊怒將羈之。歎曰。

專著　船山先生年譜卷上　二

安能以七十老人俯仰求活。沐浴更衣。就親故告別。將以是夕投繯自盡。會前日暮石崖公及公聞家奴報。石崖公欲出脫武夷公。徐自沈於湘水。公慮石崖公耿介嚴厲。出且與武夷公俱被害。適公故文字交黃岡奚君鼎鉉陷賊中。許以計脫武夷公及公。石崖公乃匿。且藏繩衣內備不測。公遂剺面刺腕僞爲傷狀。傳以毒藥。舁至郡城。以石崖公已死告。武夷公既免。公守候徹夜亦遁匿黑沙潭。作九礪。　家世節錄。癸未、張獻忠陷衡州。鉤索諸人士。下令如猛火。購捕伯兄以及夫之、固甚急急者也。　石崖先生傳略。獻忠陷衡州。索紳士補僞吏。吾兄弟以父母衰不能越疆。望門無依。賴舅氏譚翁玉卿引匿南岳蓮花峯下。賊購索益急。匍伏草舍中。又會日暮。家奴遽報先君子爲邏者所得。兄聞之欲出脫先君子而沈湘以死。夫之知兄耿介嚴厲。出且與先子俱碎。夫之所舊與爲文字交者黃岡奚鼎鉉陷賊中。知吾兄弟必不可辱。曲意相脫。夫之乃剺面刺腕僞傷以出。而匿兄以死告。先君子乃免。夫之亦宵遁。當夫之出時。兄藏繩衣內。待夫之信卽自盡。　蓮峯志總序。癸未十月。予自郡西八十里逢寇鉤索。

直屬莽枝。奔命於峯之下。又從函口發者以次上八十里。霜度函口詩注岳巡。行述。張獻忠陷武昌。遞陷衡州。紳士反面納欵。其不降者。賊投之湘水。亡考匿南嶽雙髻峯。祖爲僞吏所得。挾質以召伯父與亡考、祖迫欲自裁。亡考哀竄匿伯父自刺身作重創。傳以毒藥。舁至賊所。不能屈。得免於難。返復嶽峯。九礪序、賊購索甚急。瀕死者屢矣。得脫。匿黑沙潭畔。作九礪九章。湖南通志、王參之朝聘仲子。癸未流寇陷衡州。參之走匿山中。不就僞試。僞吏呈不順者以爲首。幾不測。會賊去乃免。蓮花峯在衡山縣崇岳鄉。一名雙髻峯。黑沙潭。在蓮花峯下。

張獻忠陷永州。桂端王率安仁王走廣西。永明王陷賊。武昌都督左良玉遣兵戍岳州。張獻忠東下。敗於岳州。西去入四川。十二月。征蠻將軍楊國威復永州。督師呂大器自江西遣兵復衡州。

公下山訪子。勿藥病耗。雨寒甚。過臺源寺。逢夏公汝爲。公下竹舁。慄不能語。夏公授以絮。已復歸山。

嶽餘集有寒甚下山訪病兒存沒。道中逢夏仲力、下竹舁慄不能語。哀我無衣。授之以絮。歸山有賦志感詩。憶得詩句字稍異。題作寒雨過臺源寺逢夏仲力。下竹舉。凜不得語。仲力授以絮。夏汝爲字仲力。汝弼兄。蓮峯志稿本題同邑夏汝爲仲力訂。臺源寺、在郡城西六十里。

聞鄭公天虞收復寶邵。將別石崖公往赴。僧俗送者十三人。攀泣良久。公亦淚別。有聞鄭天虞先生收復寶邵別家兄下山而西。將以臘杪往赴。愴然而作詩。

詩有上舉主歐陽公七絕一首。歐陽公招遊龍沙同劉曲溟周二丕泊齊年諸子。寺有湯臨川手題。卽用爲起句。五律一首。元日泊章江。用東坡潤州韻七絕二首。舟止五絕一首。江行代記七律八首。九礪之一五古一首。寒雨過臺源寺逢夏仲力下竹舉凜不得語。仲力授以絮感賦。嶽餘集題作寒甚。下山訪病兒存沒。道中逢夏仲力。下竹舁慄不能語。哀我無衣授之以絮。歸山有賦志感也。五律二首。聞郡司馬平溪鄭公收復邵陽。別家兄西行將往赴之。嶽餘集作聞鄭天虞先生收復寶邵別家兄下山而西。將以臘杪往赴。愴然而作。七絕一首。月中曉發僧俗送者十三人皆泣下感賦。嶽餘集題作月中曉發僧俗送者十三人皆攀泣良久余亦淚別五律二首。憶得詩霜度函口。憶得次列明年五律一首。卽事七絕一首。擷餘集已見憶得者雖字句小異題不複出。

明崇禎十七年甲申。

國朝

大淸順治元年。　公二十六歲。

春正月。左良玉擊賊至長沙湘鄉。土弁殺掠衡湘間。　武夷公募僧掩遺骴。

家世節錄。先君終身未嘗向浮屠老子像前施一揖。甲申歲以寇退遺骸滿野。募僧拾而瘞之。

公出蓮花峯赴邵陽。三月至武岡州。

蓮峯志總序、甲申春出自蓮花峯下。　有武岡道上人採靑蒿而食。時春盡向夏。彌月不雨。愴然有作詩。

十七日李自成陷京師。十八日明莊烈帝殉社稷。四月。

國朝兵入關。破走流賊李自成。五月。

國朝兵定京師。明鳳陽總督馬士英等迎立嗣福王由崧於金陵。仍稱崇禎十七年。

以明年爲光元年。

公始聞國變。悲憤不食者數日。作悲憤詩一百韻。吟已輒哭。

行述、甲申五月。聞北都之變。數日不食。作悲憤詩一百韻。吟已輒哭。後自乙酉丙戌至壬寅同原韻凡四續焉。依曾刻本　悲憤詩原續韻均佚、

石崖公子敞入學。

文學膴原氏墓誌銘。十五補邑文學。

八月二十七日。公次子攽生。　攽公字曷功。號蓄園。

九月至東安。

東安得歐陽叔敬弟詩見憶。賦答詩云。夕風搖霜樹。

十月朔。

國朝建元。

將營續夢菴。公同夏公汝弼訪址至黑山。行抵鐵牛菴。忽不喜往。登玉門。望獅子峯。登戀響臺。綠戀響峰一奇石而上。援石曲折。得方址。豁然可臺。夜宿方廣寺。曉

同夏公出寺。拂讀朱菊水所鐫譚友夏嶽記。由大拗下平橋叢石間。兩石臨水。下石承上石。旁壁頂覆。可度可登。公命人爲級。穿折於肩肘之閒。舉酒酹石。勒名湧几。

有將營續夢菴登雙髻峯半訪址詩。黑山訪址詩。鐵牛菴下忽不喜往詩。有喜尋黃葉逕句玉門望獅子峯詩。有前游餘愴在霜月況同時句戀響臺詩。繇戀響眺一奇石而上同夏叔直援石曲折。遂得方址豁然可臺詩。曉同叔直出寺。拂讀朱菊水所鐫譚友夏嶽記詩。湧几詩。 湧几注、大拗而下。平橋叢石。閒覺有異。已忽兩石臨水。下石承上石。旁壁頂覆。可度可登。予命人爲級。穿折于肩肘之閒。攙度裂處。顧其鬱逼。尙以翔移爲苦。造形以來。悠悠者誰望而目之。則經此者又不可知矣。舉酒酹石。貌以湧几。今往後來。遊覽相屬。風雨苔蘚之所不忌。則此石其傳也已。時崇禎甲申陽月望後。 黑山、在方廣寺西。渡兩澗。過雙江口。絕壁如立。菁幽特甚。 鐵牛菴、黑山下古刹。 戀響臺、在方廣寺右。惠海尊者補衲處。名補衲臺。粵人張博讀書其上。易名嘯臺。譚友夏元春易名戀響臺。 大小拗、萬木千章。幽泉曲澗。下有老營竹樹菁蒙。方廣寺、在蓮花峯下。梁天監六年惠海尊者建。朱菊水、名之臣。蜀人。歷官兵部侍郎。譚友夏。名元春。竟陵人。以詩名。有遊南嶽記節略。及南嶽記。餘均載蓮峯志。

出嶽、縱馬三十里。曉及樟木市。

縱馬三十里曉及樟木市詩。注、出嶽。

營續夢菴。

家譜、嶽阡守墳菴在黑沙潭上雙髻峯中。名續夢菴

詩有武岡道上人採青蒿而食。時春盡向夏。彌月不雨。愴然有作。五律一首。逢明王孫邀同冶仲小飲觀伎卽席賦贈。王孫名禋。黎書法妙絕。精禪理。比以請兵。幾死於賊。七絕二首。東安得歐陽叔敬弟詩見憶。賦答五古一首。將營續夢菴登雙髻峯半訪址五絕一首。過鐵牛菴。忽不欲入。嶽餘集題作過鐵牛菴忽不喜往。五絕一首。土門望獅子峯用舊作韻嶽餘集題作玉門望獅子峯用舊作四韻 五律二首。戀響臺眺一奇石而上。同夏叔直緣石曲折。又得一址。巋然可臺。嶽餘集題作繇戀響臺眺一奇石而上同夏叔直撥石曲折遂得方址巋然可臺 五絕

一首。曉同叔直出方廣寺。步洗衲池。讀朱菊水司寇所鐫譚友夏嶽遊記。（嶽餘集題作曉同叔直出寺拂讀朱菊水所鐫譚友夏嶽遊記）五古一首。湧几勒石（嶽餘集題作湧几有注）五古一首。（憶得詩）黑山訪址五絕二首。縱馬三十里。曉及樟木市。大江寒流。荒崖野艇。七絕一首。寄方廣避亂諸緇侶七絕八首。（嶽餘集已見憶得者雖字句小異題不復出）朱王孫禋黎。（公集中祇一見惟翠濤王孫屢見疑即一人）

國朝順治二年乙酉。（明福王弘光元年明唐王隆武元年）公二十七歲。

春、居續夢菴。

有續夢菴岸側拈桃花示慈枝菴主詩。

明桂端王薨。安仁王嗣。

儫齋公以恩選授貢生。

家世節錄仲兄參之。弘光貢生。未就廷試。

三月。湖廣巡撫堵公胤錫登嶽。於方廣拜二賢祠。從寺僧問公及石崖公避賊處。將往續夢菴。寺僧以道險止。

蓮峯志、堵公胤錫以弘光乙酉暮春。踏新雨問余兄弟匿蹟處。訪續夢菴。欣然將登之。下岳舉詩相示。

有堵牧遊先生登嶽拜二賢祠於方廣。垂問余兄弟避賊處。將往尋訪。山僧以道險止。至郡以新詩見示。感賦詩。堵囮錫、字仲緘。號牧遊。宜興人。崇禎丁丑進士。圀光元年提督湖廣學政。改巡撫。永曆三年十一月卒潯州。永歷實錄有傳。二賢祠、祀朱晦菴張南軒兩先生。嘉靖乙巳尹洞山臺立。

堵公囮錫以黃石齋先生紀其補廬先墓石刻來贈。有堵公以黃石齋先生石刻垂贈紀公補廬先墓事。有桐華之應詩。

夏、堵公囮錫修二賢祠。屬公與石崖公夏公汝弼營之。蓮峯志、祠與寺。廢未興。高公世泰問其址乃立五楹。駢立。窈然幽邃。宏光元年夏。堵公囮錫隘之。作前宇王介之夏汝弼王夫之實經營之。（未完）

船山師友記第三續第五期　湘潭羅正鈞遺稿

蒙給諫正發

蒙正發、字聖功崇陽人。隆武元年以諸生舉義兵。敗走長沙。投督師何騰蛟。授推官銜。參章文毅曠軍事。從守湘陰經年。長沙失守。騰蛟走永州。曠守祁陽。時桂藩駐蹕武岡。曠薦正發爲翰林院庶吉士。疏云。正發以諸生起兵崇陽。臣服其勇。棄家不顧。仗策南來。臣服其義。甫解櫜鞬。遂登賢書。臣服其學。帷中運籌。盾頭草檄。臣服其才。督催餉務。衣敝肘見。臣服其廉。與臣共事兩載。不肯離臣一步。不屑求臣一官。臣服其靜。而正疏上。爲劉承允所沮。遂以兵部司務改授翰林院待詔。已、曠集潰兵爲恢撫營。復題正發戶科給事中。總理軍事。未幾。曠沒於東安。大兵入武岡。桂藩移蹕桂林。騰蛟遂薦正發入內。掌戶科事。永歷二年。李成棟以東粵反正。正發率滇兵扈蹕至端州。四年上奔梧州。吳貞毓等、疏攻正發結袁彭年、金堡、丁時魁、劉湘客、把持朝政。逮下獄。掠治之後。歸楚。復二十餘年沒。三湘從事紀。

南窗漫記云。蒙聖功給事正發欸乃聲九十首。曾授余訂之。其警句、則片帆影挂前川月。透枕霜淸五夜鐘。藥市藏名嫌有價。鷗羣不亂信忘機。荆臺不樂呼先輩。高閣從來束腐儒。千里孤身分兩地。一天雪意釀同雲。潭經積雪波增力。樹過重陽葉盡凋。更擬卜居遷赤甲。遙憐知己在丹霞。（丹霞澹歸所居。澹歸者金道隱僧。）詎可不謂句意雙到。

三湘從事紀。（按書爲聖功著。叙隆武冬舉義兵敗。投何騰蛟。及依章曠事。至永歷三年。何騰蛟敗沒止。蓋聖功始終從事其間也。）序（薑齋逸文）云。華亭公以勞殀。義興公以莞終。余與聖功屢不死。而今日又從而言之。則我兩人。終出黎平與天玉下、自取之也。余何忍復讀三湘紀事哉。

六十自定稾甲寅年有送蒙聖功暫還故山一首。（七律）乙卯年有萍鄉中秋同聖功對月一首。（七律）己未有聞聖功訃遽賦一首。（七律）

薑齋編年稾丙辰有雨中過蒙聖功斗嶺五首。（五絕）

薑齋分體稾庚申年有重挽聖功一首。（七律）辛酉年廣哀詩第十八有蒙諫議正發一首。（自注云。字聖功崇陽人。己未沒。五古。）

正鈞按、聖功永歷實錄未爲立傳。湖南通志。流寓傳云。寓衡陽。又明代職官表十一。有湘陰訓導蒙正發詳章文穀薦疏云以諸生起義。又云甫解囊鞬。卽登賢書。正發之起兵在隆武乙酉。應以丙戌南闈得舉其官訓導。按三湘從事紀。自述有癸未準貢之語。則其官湘陰、當在起義以前。又按明季南略。東粵反正。瞿式耜再疏令給事中蒙正發迎駕往桂。蓋卽紀中所謂扈蹕也。聖功以康熙己未沒。去庚寅從王時已三十年。攷衡陽縣志流寓。正發沒于衡陽南鄉之斗嶺。故晚歲與先生游處。見於自定稾各詩也。

管舍人嗣裘

管嗣裘字冶仲。湖廣衡陽人。少英爽、有文名。諳王遁象緯。中崇禎壬午鄉舉。張獻忠陷衡州。購索人士、充僞吏。嗣裘走匿深山。獻忠促令捕殺之。其兄嗣箕爲應捕代死。會獻忠去得免。已而遊廣東。故與蘇觀生善。及是遇觀生于廣州。觀生立唐王聿𨮁授嗣裘給事中。嗣裘竄匿優人舍。得不拜僞命。遂遁歸南嶽。與行人王夫之舉義兵於衡山。戰敗軍潰、走行在。授中書舍人。奉敕至平樂。廣西陷。匿臨川山中。冬月負敗絮。采苦菜以食。與劉遠生、劉湘客、朱昌時、行吟谿峒中。以死自誓。李定國復桂林。招遠生、洎嗣裘昌時出。尤優禮之。嗣裘見定國赤心。不隨可望爲潛逆、曲說定國、決策迎駕。定國亦委意焉。居軍中與議機務、定國之東攻肇慶也。孫可望遣使羈縻之。定國亦以孤軍外懸。所向未利。難卽與可望亢。遂姑通好。可望故用張獻忠七疊篆印。定國承制鑄印給將吏。嗣裘諫令皆反九疊。至是仍銷九疊印。復七疊。嗣裘日從臾定國遣使與隆候駕。定國猶豫未遣。嗣裘大恚曰。吾立身十餘年。瀕死者數四。豈更從人作賊邪。棄定國軍。去爲浮屠。至修仁。不知所終。（永曆實錄本傳）

乞終喪免闈試疏云。臣父朝聘以永歷元年十一月十八日。因衡州被陷。僞官句索。令下。憂憤成疾而終。臣方匿處苫塊。不能遠不肖之企。及嗣後奉父遺命。與今中書舍人臣管嗣裘起義衡山。力弱事敗。逃死行闕。

潘傳云。桂藩駐肇慶。紀綱大壞。給練金堡、丁時魁、劉湘客、袁彭年、蒙正發、志在振刷。王化澄等害之。目爲五虎。交煽中官逮獄。將置之死。先生約中舍管嗣裘與俱告嚴起恆曰。諸君棄墳墓。捐妻子。從王于刀劍之中。而黨人殺之。則志士解體。雖欲效趙氏之亡。明白慷慨。誰共之者。起恆感其言。爲力請于廷。

薑齋詩分體稾辛酉年廣哀詩弟七有管中翰嗣裘一首。自注字冶仲。說李定國迎蹕。拒孫可望。不果。甲午過害于永定州。五古。

正鈞按冶仲與先生居同里閈。早歲過從最密。按病枕憶得。己卯年匡社初集詩題。有呈冶仲之語。蓮峯志沿革門。乙酉十一月再造。先生與冶仲均與其役。詳上第二卷。下第六卷。其同舉義兵。乞終喪免闈試疏云。奉父遺命武夷先生以丁亥十一月沒。攷章靈賦注云。舉兵不利。遂由郴桂入粵。先世既以從王起家。胡爲釋此不圖。而吝南征之策也。戊子冬、既至行闕。所見尤爲可憂。又行狀云。府君營葬嶽後。旦夕悲號。膺難西走。膺難、卽指戰敗而言。據此。則舉兵當在戊子。戊子爲永歷二年。是年十一月何騰蛟兵復衡州。則舉兵必在秋間何軍未至之前可知也。同走行在先生旋復返楚。冶仲應卽留授中書。按五十自定稾。有康州諸作於庚寅。題云。追哭督府義興相公。是去秋同鄒管二中舍會公地。管卽冶仲。去秋指己丑。時先生二次赴闕。冶仲已稱中舍可證。年譜、劉氏毓崧云。五虎被劾。據南疆繹史在二月丁亥。行朝錄言二月朔日甲申。則丁亥係二月四日。先生勸起恆救五虎卽在是日。蓋正月在桂林。聞桂王播遷卽往迎扈。是時已至梧州也。按劉氏推測甚核。時先生就職。應未逾月也。又按永歷實錄。成於緬甸覆沒之後。時已康熙元年壬寅。嗣裘以甲午遇害。而本傳云不知所終。薑廣哀詩作於辛酉。先以傳聞未審、後始得聞確耗也。

董行人雲驤

董雲驤字紫帽。嘉興人。永歷時官行人。與王夫之同上疏。請允輔臣嚴起恆去位。疏入。雲驤不待報聞。挂冠入南海去。（永歷實錄嚴起恆傳）

正鈞按。先生與雲驤同僚。又同上疏言事。則平時友善可知。據風倒梧桐記。雲驤之官大行。在永歷二年四月李成棟反正之時。又行在陽秋永歷二年以董雲驤爲行人。四年四月。補董雲驤御史。雲驤謝恩時。伏地不能起。殞于御舟。所紀與實錄異。攷錢秉鐙藏山閣存稾卷十二行朝集庚寅有哭董紫帽（原注嘉興人諱雲驤）詩云。蠻鄉淹瘴癘。閩海共艱難。皮骨殊方老。神情白晝寒。辭榮求遠使。（原注屢請出聯絡江淮）破格拜天官。報國時甘忤。（原注今春有疏忤時）思親淚未乾。九原留鬢髮。萬古葬衣冠。久著南還稾。開箱不忍看。於紫帽之志節出處亦略具矣。（本卷完）

喪禮儀節為適配蔡夫人擬定

湘潭王闓運遺稿

始死　主人坐于尸東衆主人在後皆南面　婦人服斬者皆坐於尸西東面　內外親諸婦女在室外　內外親諸男子在堂下皆北面　執事者以脯醢醴酒奠于尸東　弔者至主人迎于寢門外衆主人不出　女賓至長婦迎于寢門內衆婦人各在其位　賓出不送　設門燭　為庭燎

本日小斂　女御沐浴鬊櫛笄服畢　主人乃入如始死之位　哭盡哀出　長子含　乃設幎目　襲禮服　設手飾　設冒　加衾覆之　子皆括髮　婦人皆髽有服者皆免　設脯醢醴酒于戶外牖東　設牀于戶內上設絞布衾褥常服禮服命服中衣襟裳或七或九或十一或用縣或不用縣從死者意　設席于牀東設特豚一俎于寢門外　遷尸戶內牀上　畢斂　主人馮尸　皆哭盡哀　主人在牀東　主婦在牀西　執事者徹先奠　改奠醴酒脯醢俎　巾之　降出

三日內入棺謂之大斂　堂上設大燭　庭燎　門燭終夜質明滅之　陳附棺衣物于東房石膏包三百斤　雄黃紙七　皮紙五十　角枕　衾　枕　繌衾　扇

專著　喪禮儀節　二

佩　梳　巾　齒髮　玩器　陳兩甁于門內東方醴　酒　觶　柶　兩豆葵菹　螺醢　有巾　兩籩栗　脯　有巾設于西序下　設盥于門外　設二席一在豆籩席北　一在其南　設牀于西階坫南　設俎三一特豚　一鯿魚九尾或鯽魚　一雉　腊左胖或兔腊于門外　棺入　主人出戸不哭　祝入室　主人入

祝徹先奠設于序西豆北之席　帷堂　遷西坫牀于西楹間　祝布絞衾衣物于兩楹牀上　遷尸出戸　主人袒　婦人皆從　正尸兩楹牀　主人升自阼階　子女婦諸親升自西階　祝及執事治棺內之斂　斂畢　夾牀坐　奉尸棺中　馮尸　主人襲　諸親皆進　馮尸哭踊盡哀　乃蓋　設銘旌于宇西階上　皆復位　祝遷豆南之席于西南隅東面　設重于其上今魂帛之類　徹兩楹牀

祝設醴　執事設酒　醢　菹　栗　脯　豚　魚　腊　皆巾之

豚魚腊

醢菹栗醴

酒脯

徹西序之席　闔戶　皆哭踊　賓出　主人拜送　乃就次

三日成服 設衰服杖絰于殯門內東方 設婦女衰絰于東房 主人卽位堂下東方 衆主人繼之北上 婦人卽位堂上之東北上 既服衰杖 復位 乃奠或大斂奠 或朝奠 或夕奠 皆先服成服乃奠 三月內每日出朝奠日夕夕奠

設盥于門外 設醴酒脯醢于東堂無尊 設一席于序西 婦人卽位于殯堂上之東南上 丈夫卽位于殯門外北上 外姻在主人之南南上 賓次南北上 賓異爵者門東北面西上 異國賓門西北面東上 執事者庭西東面北上 祝在主人之後少南北上 皆卽位 闢門 拜賓 衆主人皆哭踊 主人入立堂下當東序 衆主人外姻衆賓執事皆入立于堂下如外位 執事盥 執燭者升堂 執事序升 徹前奠設于序西 執事皆復位 祝遂適東堂取醴 執事序進 取酒脯醢 升設于柩東西面醴醢酒脯 皆剝奠 不巾 執事出 祝闔戶 皆哭踊 賓出 主人拜送

每日湯沐茗餌燕羞飯飲如生時饋于燕室

朔奠或朝 或日中有所待則日中可唯一奠無朝夕奠漸神之 設盥席如常

設三俎于殯門外東方豚 魚 腊 設兩甒于門內庭東醴 酒 設兩豆葵菹 螺醢 于甒北 兩敦有蓋稻 麥 在豆北 卽位 盥 徹皆如朝夕 祝及執事設醴 酒 菹 醢 敦 俎 巾之乃出 餘如朝夕

薦新今清明 端午 中元 生日 中秋 冬至 除夕可用其禮如朝奠今節則用今肴饌但依其禮

祖奠

設盥祖廟門外 設三俎于門東豚魚腊 設兩甒醴酒 兩豆菹醢 兩籩栗脯門內庭東 如朔奠 設席于堂上階間 主人衆賓祝執事皆卽位于殯門外

闢門 入卽位 止哭 主人祖 賓皆出適祖廟門外 祝祖執功布 啓殯

徹帷 乃哭 一祝取銘置于庭 一祝取重奉之 一祝以功布拂柩 祝奉重適祖 執事者執席從之 徹奠者從之 執燭者從 主人從 婦人從男子皆祖婦人皆髽 重入祖廟門 升自西階 執席奠者立于西階下 燭升 主人婦人皆升 衆主人堂下卽位 賓進卽位 重卽階間席北面 執事者升設

席于階間席西　執奠者升設奠于新設之席巾之乃降　皆哭踊　主人降　拜賓　襲卽堂下位　婦人入于房　執事者自阼階升　徹奠　降自西階取新奠醴酒豆籩三俎（位如前）巾之　賓出　主人拜送　皆就次

是日日側　主人入祖廟門　升堂　婦人從升　衆主人賓如常位　執事移奠席于重席南　陳明器　主人祖　祝還重席南面　徹奠　席於重席西（東面）復奠之　賓賵賻奠　設庭燎門燭　堂上一燭　堂下一燭　哭不絕聲

遣奠

於葬日質明　位如祖奠位　陳五俎于祖廟門外（羊　豕　魚　腊　鮮）南上　四豆四籩在東堂下（百葉　芹菹　瑤柱　螺醢）南上（栗去皮　脯　棗蒸　糗豆粉）北上　設盥　柩車入庭中　設席于柩東西北（西面）　賓入　執事者盥入　徹祖奠于柩西席上　設豆籩俎于堂上席（芹菹瑤柱百葉　螺醢棗糗　脯栗）主人哭踊　甸人取銘旌

專著　喪禮儀節　六

豕羊醴酒

出設于道左　祝奉重升靈輿　輿出　乃載柩　祝執功布先　主人免袒　皆免袒　婦人髽　乃行　出門　主人襲從行　柩至壙　主人袒　衆主人皆袒　卽位壙東　婦人位壙西　賓執事者不卽位　各從其事　設二柱以鹿盧下棺　旣窆　主人襲于壙東　拜稽顙　哭踊無算　賓退　主人拜送　又拜窆者　反位哭踊　祝先反　執事設几筵于壙左　奠脯醢醴酒　主人反哭　歸而虞

祖奠用品

盥洗面架　面盆　手巾

三俎今大椀

兩甒今磁酒壺

兩豆今磁五寸碟

兩籩今磁碟較五寸者略小

祭品

豚今豚肩

魚鯿魚鯽魚皆可或七或九　大夫士

腊卽乾肉古用麋兔無則以海味代之

醴卽今甜酒

酒汾酒紹酒均可

功布即新白布

燭 庭燎用篾纜可或以薪蒸[illegible]

巾新布冪俎者

明器

遺奠用品

盥

五俎

兩甒

四豆

四籩

菹芹菜

醢螺絲

栗剁之無栗則用棗

脯今火骽

祭品

羊 豕

魚 腊

鮮即雞鴨

百葉 芹菹

瑤柱 螺絲

栗無栗以榛杏等代 脯

棗 糗今豆粉

設洗于西階西南水在洗西篚在東一觶一廢爵一公爵一繶爵在篚設于
洗東一洗在房尊于室中北墉下酒東醴西加勺南柄素几葦席在西序
下苴篚在西坫兩豆葵菹螺醢在西楹東菹東醢西鉶在苴東有柶兩籩
棗北栗南在鉶東稻麥二敦在階間三俎在門外之右豕南魚魚南腊燔俎
肝一在東肉二在西在內西塾主人皆如葬服免衰杖散帶不經婦人髽衰要
經杖賓如弔服大夫弁經朝服士素冠緆衰皆卽位于門外西面北上姻戚在南
南上賓友在姻南北上皆西面大夫門東西上異國賓門西東上皆北面屬吏弟
子西方東面北上婦人卽位于堂主婦坐于堂西衆婦人立于堂西皆東面姑姊
妹子姓繼之外姻立于堂南北面闔門拜賓主人入外門哭兄弟衆賓皆
入主人立于堂下直東序西面兄弟如外位卿大夫在主人之南諸公門
東異國賓門西皆卽位祝免葛帶升布席于堂中東面右几出降及宗人
卽位于門西祝南宗北宗人告具主人拜賓入廟門哭婦人哭主人卽
位于堂衆主人及衆賓皆卽位于西北上祝入廟門左北面宗人西階前北

面　祝盥升　取苴　降洗　升入設于几東　降洗觶　升止哭　主人倚杖于序牆　入室卽位　祝從在左西面　贊自西階升　薦菹醢菹南醢北　佐食盥立于堂西南面　執事盥出　取俎設于西階前　佐食取俎入設于豆東豕左胖加三膚一肺豕在醢東　魚九尾在豕東　腊七段左胖在豕北　贊升設二敦稻在豕南　麥在稻東　又設鉶于俎南　佐食出立于戶西南面　祝酌醴　奠于鉶南　復位　佐食入立于席前北面　主人再拜　祝饗　佐食取敦祭于苴三　祭膚三　祝祭醴三　益觶奠之　主人再拜　祝曰云云　主人又再拜出復位　一人衰絰奉主入廟門　饍從　主人主婦皆哭踊　主入戶　主人從祝從　哭止　婦人入于房　主人及祝拜妥主　主升于席　佐食取奠醴祭之于豆間　取菹換醢　取稻肺祭于豆間　祭醴　祝祝　主人拜　佐食奠醴邇稻　取梱祭鉶　贊出執太羹入設於鉶南　設胾四立于東　佐食三祭稻于饍　取幹骼實于饍　取魚腊實于饍　反稻敦于豕南　主人出降盥　洗廢爵　酌酒奠于主北　北面拜　佐食祭酒　賓執肝俎及鹽進　佐食取肝換鹽

加于豕俎　賓取肝俎降反于西塾　復位　佐食以爵授祝　祝受　主人拜
祝以爵授主人　主人執爵　出反奠于篚　升堂復位　哀子亞獻　自西階下
取足爵洗　入酌　奠于主北　北面再拜稽首　佐食祭酒于上豆　賓執燔俎
升　入戶　進于席前　佐食取燔加于豕俎　賓執燔俎降反西塾　賓復位
佐食以爵授祝　祝受　哀子拜　祝授爵　哀子受　出奠于篚　復位　長婦
取繶爵洗于房中　出入室酌酒三獻　奠于主北　北面再拜稽首　佐食祭酒
于上豆　賓執燔俎升　進席前　佐食取燔加于俎　賓執俎降　復位　佐食
以爵授祝　祝受　長婦拜受爵　入于房　奠于篚　復位　佐食出負依南面
　祝出戶西面　告利成　皆哭　祝入取主出　篚從　主還宮　佐食退　祝
反入徹　設于西北隅几在南　祝出　闔牖戶　主人降出　哭止　皆復門外
位　告事畢　有司徹

虞禮用品

洗洗面架　面盆　手巾　篚今條盤

觶牛角酒杯無則磁杯有欄者代 廢爵酒杯無足者

公爵酒杯有足者 繶爵酒杯中間有帶文者 兩甒 尊即酒罇 勺本調羹酌酒者

素几 葦席 苴即白茅長五寸束之若無茅則以鐙草代之

兩豆 鉶盛菜羹者 柶調羹 兩籩 兩敦今飯椀有蓋 五俎

虞禮祭品

清水 酒 醴 蔡菹 螺醢 棗 栗 稻 麥麪 豕 魚九尾 臘七叚 肝燔 肉燔

豕左胖 三膚肉厚者 一肺刌之 幹長脅俗謂之肋條 骼豕拔下骨 鹽

祔禮

三月卒哭而後祔 祔前日設薦 設兩甒于廟門外之右水西酒東 加勺北柄

設洗于尊東南水東篚西 設一籩脯四脡 一豆醢 設乾肉一俎于西塾

主人與祝入門卽位于堂 主出 篚從 几從 席從 設于尊西北東面右几

主人出卽位于序東 婦人出卽位于門東主人之北皆西面 哭不止 主正

席 佐食立于席南 主人洗廢爵 奠于主北 拜送 復位 薦脯醢籩南豆

第二卷第六期 二七六九

北　設俎于薦東　佐食取酒　祭籩脯　祭俎肉　祭酒　奠于南　主人哭踊
哀子洗足爵亞獻奠于主北　拜送　復位　佐食取酒　祭脯醢　祭俎　祭
酒　奠于南　賓長三獻如初　佐食取俎實于篚　主興　祝前　篚從　皆從
主出宮　安于次　主人改題栗主畢　祝設栗主、取桑主埋于墓　賓出
主人拜送　婦人拜女賓　說經帶于門外　婦人說首經　遂還其次
祝以制幣告祔　尊于室中北墉下醴西酒東　設脯醢于西楹東脯東醢西　設
几筵祖廟室中　主人立于阼階西面　升　祝立于西階東面　祝少進曰敢請
事　主人曰孝孫某來日某躋祔孫婦于皇祖姑某氏尙饗　祝降盥　升　取脯
醢　入奠于席前　適尊所酌醴奠于醢北　又酌酒奠于脯北　北面再拜告曰
云云　又再拜　出反命于主人　曰告禮畢　主人揖　乃退
夙興　設尊　洗　俎如餞　主人即位于廟門外西面北上　祝佐食西方東面
婦人即位于房中　哭止　祝筵几于祖廟室中祖姑南面祔者東面　主人入
祝從　佐食從　皆即位主人堂東祝在左皆西面佐食立于戶西南面　主人

出　降盥　洗觶　酌酒　入室奠之　贊薦脯醢俎　佐食入　祭俎　祭脯祭酒　主人再拜稽首　祝祝曰乃某興處不甯用尹祭嘉薦普淖普薦溲酒適皇祖姑某氏以隮祔孫婦尙饗　主人又再拜稽首　主人出迎主　皆哭　祝奉新主入卽位　奉所祔主卽席　哭者相止　主人及祝拜妥主　主人出　降盥洗觶　酌酒　奠于所祔主西　北面拜　佐食祭俎　祭脯　祭酒　佐食以虛觶授祝　主人又拜　祝授主人觶　主人以觶降　易觶洗酌　入奠于新主南西面拜　佐食祭俎　祭脯　祭酒　佐食以虛觶授祝　祝受　主人又拜祝授主人觶　主人以觶降奠于篚　復位　哀子亞獻　長婦三獻　皆如初佐食出負依南面　祝出戶告成事　皆哭　入取主升祔　哭止　祝出　闔牖戶　哭主人出廟門　皆卽位　婦人出反喪次　有司告事畢　賓出　乃皆退

祔禮用品　　祭品

洗　　水　酒

兩甒　勺　　脯四脡

尊 篚 醯

籩 乾肉

豆

俎

筆 墨 朱 研二

制幣 祝版

觶

饋食禮

厥明夕 設洗于阼階東南 尊于東序 豆籩鉶在東房 几席兩敦在西堂

設盥于西房

夙興 主人卽位于門外以次西面北上 婦人卽位于西房以次南面東上 佐食北面于中庭 俎陳于門外 尊于戶東立酒在西 豆籩鉶陳于房中 粢茗從 兩敦陳于西堂 設水于洗東篚在西實三爵一觶 設加豆于西塾加籩從

設　啓戶　祝筵几降　主人及祝升　祝先入　主人立于戶內　主婦盥出薦兩豆　婦贊者執兩豆　畢薦　佐食盥　主人盥　佐食薦俎設于豆南　贊者各舉俎畢設　主人立于戶內　主婦盥設兩敦于俎東　設鉶于豆東　祝洗升酌　奠于鉶東　佐食啓敦出立于戶西　主人再拜稽首　祝曰云云．卒祝　主人又再拜稽首　出降．立于阼階東　祝入　佐食入　祝祭酒　佐食祭豆　主人降取爵升酌　佐食授執之　主人卽位拜　佐食祭敦祭俎祭鉶祭酒執爵以授主人　主人受爵出奠于篚　復阼階位　佐食羞加豆　贊者執豆從　畢設于豆西　贊者取爵升授婦贊者于戶內　婦贊者授主婦　主婦洗出酌入戶　佐食受爵立　主婦卽位再拜　佐食祭酒受爵降奠于篚　執加籩以入　贊者從于戶內授婦贊者　主婦以設于敦西　復位拜　佐食祭籩　主婦拜入于房　三獻取爵于篚　洗升酌　佐食受爵立　三獻卽位再拜　佐食祭酒　三獻受爵出　奠于篚　取加籩以入　婦人薦茗　皆設于敦西　佐食啓茗蓋　祭籩　三獻拜降　復位　男女以次入拜　皆復位

專著　喪禮儀節　一六

祝升　主人升入立于戶內　祝命徹加豆籩

佐食徹敦豆鉶俎設于西北隅　設几于南　納一尊　佐食闔牖戶　降　出

立于戶西　祝主人降　主人出　立于祝東　房中皆退　執事入徹

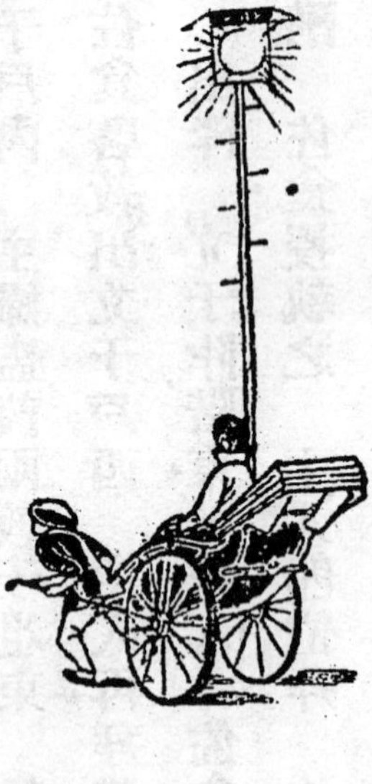

雁影齋題跋卷二 續第五期

湘鄉李希聖亦元遺稿

太平寰宇記 鈔本

乾隆壬辰。孔葒谷在京師太僕寺街壽雲簃借周書昌本抄校。書昌卽周永年。輯貸園叢書者也。永年在四庫館爲纂修官。集部一門提要。多出永年與翁方綱之手。與葒谷爲同年。周本卽從曝書亭本過錄。朱本乃合濟南王氏岷山徐氏本合鈔者也。葒谷此本雖展轉傳鈔。而始終無懈筆。又經周夢棠板過自言正錯簡十餘頁。補脫文三十餘行。改訛字萬餘。蓋精鈔而兼精校之本也。此書有江西兩刻本。萬氏本多擅改。金陵書局據樂氏祠本重刊。亦多訛字。此係舊鈔精校之本。固此可貴。至其闕卷。則宜都楊守敬已據東瀛本補六卷。尙闕二卷有半。則此本亦同。無從再覓矣。按樂氏此書。所敍州縣沿革。大概本之元和郡縣志。而以舊唐書地理志益之。其山川事蹟。雜採羣書。意在務博。往往一卷之中。前後重複。一人之事。彼此牴牾。不獨如竹垞所云不合正史已也。然於龐雜之之中。亦有網羅之益。如淮南山南諸道。可采補元和志闕卷。惟後附外域記二十九卷。全引通典。間有增益。亦不出舊唐書外夷列傳。此

第二卷第六期　二七七五

則附贅懸疣。竟可直從刪汰矣。四庫提要。及錢竹汀養新錄皆盛推之。殆未及詳考耳。

大唐類要一百六十卷鈔本

考讀書敏求記云。今行北堂書鈔。爲吾鄉陳抱中所刻。攙亂增改。無從訂正。聞嘉禾藏書家有原書。蒐訪十餘年而始得。所謂嘉禾藏書家。卽指竹垞也。曝書亭集跋大唐類要云。書賈以此求售。反覆觀之。卽北堂書鈔也。愛日精廬藏書志跋北堂書鈔云。此係永興原本。分甲乙丙丁戊己庚辛壬癸十册。未經常熟陳禹謨增刪竄亂者。是書爲四庫所未見。合浦之珠。豐城之劍。不足比其珍貴也。鐵橋漫稿跋云。康熙中朱錫鬯得大唐類要。有跋見曝書亭集。季滄葦得古唐類範。見延令書目。嘉慶初古唐類範爲吳縣黃蕘圃所得。散片兩包。未曾裝册。有秀水朱氏及季滄葦印。每卷古唐類範四字俱挖補。蓋類範卽類要。類要卽書鈔原本也。莫友芝云。同治丁卯冬來蘇門。獲胡氏琳瑯祕室明鈔本書鈔。憶郁氏宜稼堂書目。有大唐類要。欲借一校。適丁雨生方伯藏書有此。乃顧湘舟藝海樓鈔本不知所出。

未知於郁氏本何如。略校胡本數頁。其舛錯甚於胡本而足以補正者。亦自不乏。方氏此本。卽從持靜齋借鈔。莫子偲所謂藝海樓本者也。張金吾所藏。末題明嘉靖丙午六月十二日。五川居士在萬卷樓記。蓋從楊夢羽藏本傳錄者。今不知流落何地。張氏藏書。多歸湘潭袁氏。今亦散佚矣。士禮居鈔本。今歸振綺堂。胡氏寫本。爲莫子偲賺去。郁氏本則兵燹後無從物色矣。嚴鐵橋校刻本。僅五十五卷。近歲有南海孔氏刻本。而虞氏原書。始盛行於世。孔氏本校勘頗精。惟不當改易行欵。聞仁和勞季言有校本。未知尙在否。書此以俟世之留心古籍者。

記纂淵海二百卷

考四庫著錄。此書僅一百卷。乃明萬歷己卯大名知府王嘉賓刊。並有删改。非潘氏元本也。焦弱侯國史經籍志及內閣書目。卷數相同。葉氏菉竹堂書目。葉氏原本。非伍氏所刻之僞本。不記卷數。陸氏十萬卷樓所藏。亦一百卷。惟高儒百川書志。黃氏千頃堂書目。范氏天一閣書目。季滄葦書目本。皆一百九十五卷。天一閣係鈔本。陳徵芝帶經堂書目本。一百九十五卷。從范氏本傳鈔。盧抱經補宋史藝文志。亦作一百九十五卷。而云今本一百卷。則亦未見其書。此本爲卷二百。多於四庫所藏者一倍。較范氏鈔本亦多五卷。蓋非常之祕笈也。每版七行。雙行行十三字。惟十三卷起至十五卷。夾縫上下題弘治歲在昭陽大淵獻會通館活字銅板印。二十八卷一頁五頁。三十五卷二頁七八十十二頁。三十六卷二頁六頁九十二十三四五八頁。三十七卷五頁。三十八卷一三四頁。四十卷一頁。蓋明時所補也。竹汀日記鈔有客齋五筆宏治八年錫山華燧序。板心有會通館活字銅板印八字。亦見蕘新錄、余以方氏所藏百卷本對校之。百卷本第一卷爲混元部五行部。此本則以論議部居首。知四庫本爲王嘉賓所移改删節。眞所謂刊刻之功。不贖其竄亂之罪者矣。考浙江采進遺書總錄。范氏藏本實經進呈。當時館臣倉猝成書。未及詳核。故著王刊本而遺此本。遺書總錄。謂天一閣本書尾有泰定乙丑圓沙書院刊行。而此本無之。核其紙墨。當是宋本而會通館所補之版。殆即據泰定本也。惟天一閣書目載潘自牧嘉定己巳自序云。凡爲部二十有二。爲門一千二百四十有六。合二百三十六卷。總八十萬言。較此本又多三十六卷。此本無潘氏自序。又無目錄。僅二十一部。蓋即潘氏原本。書賈嫌其不全。故並去之。然實爲海內孤本。未可以其不全而輕之也。四庫提要及天一閣書目。

均作潘自牧譔。考金華志。作潘景憲。字叔度。而提要不引。豈未嘗深考耶。樓攻媿春秋繁露跋云。聞婺女潘同年叔度景憲。多收異書。卽其人也。

此本分二十一部。爲論議部。性行部。識見部。人倫部。人道部。人情部。人事部。人己部。敍述部。接物部。問學部。言語部。政事部。名譽部。著述部。生理部。喪紀部。兵戎部。釋部。仙道部。閫儀部。

明本分混元部。五行部。天文部。歲時部。節序部。測候部。律歷部。祥瑞部。災異部。地理部。居處部。郡縣部。職官部。仕宦部。科舉部。學校部。人倫部。人道部。性行部。識見部。論議部。問學部。言語部。政事部。名譽部。物理部。人己部。接物部。敍述部。人事部。人情部。著述部。祭祀部。禮儀部。樂部。喪紀部。兵戎部。閫儀部。字學部。文卷部。襟懷部。民業部。釋部。仙道部。伎術部。博弈部。雜戲部。飲食部。香藥部。果食部。花卉部。草部。木部。竹部。禽部。獸部。水族部。蟲豸部。共五十八部。（未完）

專著

雁影齋題跋卷二

文苑

船山先師詩錄

送須竹之長沙 丁卯

周 逸敬選

木葉橫飛江上煙。愁人愁問汎湘船。蘋花小泊生洲草。鷗鳥中分水影天。夜雨易驚新蜨夢。寒光猶射舊龍淵。殷勤儘拾江山淚。歸嚮丹楓哭墓田。

江門曾薦瓣香哀。江門蔡公別號祠在城西早念今生不更來。蜃氣翻空雲閃霍。鴻飛掠月影徘徊。百年酬死唯霜鬢。當日閑愁有釣臺。北渚送君傳九辨。靈旗憑拂暮雲開。

月坐懷須竹南嶽 辛亥

綠潤浮澄光。搖曳林塘間。今懷非疇昔。物宇相昭鮮。涼魂從安舒。緒風徽賁緣。靜黷不相舍。素意無孤騫。吹瓢忘疑心。行歌有獨絃。知子岣嶁陰。遙遙接清玄。

文苑

文錄

論船山學說與中國關係

長沙謝鴻熙同甫

衡陽王船山先生。與顧亭林先生。黃梨洲先生。並稱爲三大儒。而學說之昌顯獨後。至有清末造。經鄧湘皋、曾滌生、郭玉池、諸先生之表彰。而其人與書始大著於世。民國以來日益光大。最近湘省府既增輯遺書流布國內。而船山學社諸君在恢復祠祭之餘。編輯學報。公開講演。於先生平日著述。闡述甚詳。向之絕迹人間聲影不出林莽者。一旦學說所及。如日中天。視顧黃兩先生之身後榮譽。尤遠過之。則信乎爲濂洛關閩後之一人。而非其他諸儒所能企及者矣。然吾於此竊有感焉。

彼雄視東亞之日本。非所謂吾國之仇敵。而三島之侏儒耶。彼之文字學術。皆以因襲剽竊。得自吾國。非有所謂國學也。自得吾國王陽明先生之學說。而加以領會。身體力行。卒以收教育美滿之效。而成爲世界第一等强國。古聖賢學說之有益人國如此。船山先生之學說。集漢宋諸儒之長。而尤切於實用。咸同之間。海內鼎沸矣。湘鄉曾文正公以船山先生之心爲心。有志於覆物之仁。經邦之禮。出其所學。卒以拯生民於塗炭。則知船山學說之可以興國。固不在陽明之下矣。

今日者風俗墮壞。邪說荊榛。有過於五代之亂。比戶昏然。無復有廉恥禮義之行。一國之內。欲求有勢利不屈其心。去就不違其義者。幾不可多得。人心如是。又何怪國恥之重見疊出耶。吾願今之海內人士。服膺船山學說。以之爲救國要義。如倭人之奉陽明學說然。師其博學於文。師其行己有恥。師其開物成務之識。師其變通損益之宜。師其經術以興儒學。師其政理以救人民。師其忠貞篤敬以立身。師其艱苦卓絕以治事。師其明義利人禽之界。則作亂之殘賊可除。師其嚴華夏夷狄之防。則通番之漢奸可絕。師其創造之識解。則可以勵科學之精神。師其胞與之胸懷。則可以謀人羣之樂利。而船山學社諸君子。尤當本經邦覆物之旨。以救人救國救世自任。安見今日之中國。不可以船山學說爲轉移哉。敢陳斯義。以告賢者。

書陳孝子事

湘鄉顏昌嶢

陳孝子松生。平江人。早孤。業紉養母。母病肝氣。呻吟達日夜。孝子數易醫不治。聞人言人肝可治。思試爲之。顧事甚危。恐重貽母憂。則豫期醫者以時至。乃禱于神。舉刃洞胸。伸指入。不得肝。血湧漫地。惶遽間。覺有人猛擊其背。肝遽吐。割之可二指許。投藥中。適醫至。堵血而創脹。肝不得入。孝子憊甚。臥不能起。母得藥病良已。呼孝子不至。得其情。大痛幾絕。視肝封處盡腐。更延醫滌治之。數日創合。又數日出紉如故。今母子皆健在也。自孝子事聞。邑中好事者飾釆輿擁之謁孔廟。爭餽金爲其母壽。家以小康。里有艷孝子多金者。會其父病。仿爲之。立斃。

顏昌嶢曰。吾友吳彝吾俶庵聞之平江人言如此。吾聞古之事親者。大杖則逃。小杖則受。居喪毀不滅性。凡以全其孝也。陳氏子剖胸剜肝以療親。豈親之心哉。冒人生之至危。以徼幸於萬一。雖幸而濟。非所以全孝。吳君書其事。令人讀之毛骨猶慄。況爲其親者乎。然陳氏子至誠通于神明。其幸而濟天也。學之者斃。亦天也。是以君子貴乎極高明而道中庸也。

書余孝子事

前人

平江余翁。種菜爲業。常苦山獸及盜害。截竹筒實藥。鳴夜示警。張敬堯督湘。捕黨人急。或告有匿余氏者。緹卒夜圍其宅。翁覺有異。起鳴筒。緹卒怒曰。此拒捕也。罪無赦。翁有子典章。驚起。急揮父他匿。出自承。具道所以。且示之筒。不聽。械繫去。鄉人寃之。環求縣宰解救。不可。踵至省。已棄孝子市矣。余翁聞耗。毀竹筒擲地而號曰。汝不能傷人。枉殺吾兒。

顏昌嶢曰、改革以來。變亂相尋。非辜而罹刑辟者衆矣。何有於余氏子。獨念彼菜傭子耳。中夜聞變。毅然蔽父自任。械行數百里。蹈死不悔。雖古仗節死義之士。何以復加焉。瀏南高等檢察官吳君聞之。而書其事。謚之曰孝子也亦宜。

經聲燈影圖記

岳陽李澄宇洞庭

禍莫大於不安。善莫大於自慰。是何也。境由心造。境無不可安。而戚戚不自安。小自戕賊。大且裂紀毀常。機一動。禍不可禦矣。古人知其然。爲之政刑以範之。爲之禮樂以化之。亦庶幾使衆不安者安。而大亂可不作。若自慰則太上素位。其次自勝。凡衆所難堪。視若固然。別闢浩蕩寥廓之一境。自處書籍所載忠孝節義。其志事彪炳。一世。大抵自自慰一念來耳。監利楊母金。既笄作嬪。七祀而寡。亟欲殉。以舅姑邁老。彊承色笑。撫孤鼎鈞。冀大夫祚。既而舅歿。返葬清江。姑痛子念夫。老病交迫。侍奉況瘁。久未或懈。姑更卽世。與舅合墓。孝譽永流。沉哀未殺。自夫既歿。持齋誦佛。逮是益虔。靡間夙夜。此誠知所以自慰。飴荼茹棘。數十寒暑。若未嘗苦。匪偶然也。鼎鈞以母德未可忘。且壽六十。匄吳興錢雲鶴先生作經聲燈影圖。並獲三原于右任先生題字。因遂屬澄宇爲記。夫經聲燈影。詎足異。所異者自慰一念。卽圖可想見。而此一念又實繫人心世道甚遠且鉅也。

周淮清先生傳

湘潭李可宗寅周遺稿

淮清先生。情豪邁。遺外世俗。以詩酒自娛。每當花晨月夕。獨斟獨詠。歌嘯几呼。人以狂生目之。而不知其意別有在也。先生世居湘潭。姓周氏。諱安溥。字兆熊。淮清其號也。曾祖朝相。祖懽河。父發英。皆有隱德。以勤儉起家。饒於貲。先生少讀書。習舉子業。工詞章。下筆立成。年十八應童子試。見賞廖仲山學使。考古錄第一。適甚暑。以目病不能作楷。被屈。人爲惋惜。而先生意自如。鑽研古籍。至老不衰。雖家道中落。先生處之洎如也。德配侯孺人。以賢淑稱。年十二歸先生。侍奉翁姑。最孝謹。待子婦不事苛責。而子婦亦無方命者。見先生寒素。每試輒典簪珥以資之。而先生終困童子試。亦不少介懷。惟喜藏書。手錄詩文子史典要歷朝名臣奏疏數十卷。嘗曰。吾縱未能有逮白於世。詎可不以經史作吾家之寶耶。子仲元性聰穎。博學能文。師事王秋王先生。志大喜進取。常謂可宗曰。予生平以孔子爲師。以孟子爲友。可宗喟曰。宋儒云。學者當學第一等人。又云。英氣最壞事。究竟成就者英氣最多。仲元勉乎哉。可宗與仲元交最久。知之甚習。料其必有所成就也。先生子三。仲元其次也。孫曾亦英英秀起。日者仲元以其先君子行述屬予作傳。予不敢辭。贊曰。

嶽山之北。湘水之西。有偉丈夫焉。視異端曲學。如探湯。好善惡惡。而知命樂天。乃濂溪嫡派。能守家傳。賢哉有子。先賢繼緒。或賴以賡續不絕綿綿。

右傳係李寅周先生病篤彌留數日前絕筆之作。故於先人行述稿中嘉言善行多未采及。如逸幼受庭訓。教以讀書不爲富貴功名。原爲明道做人。及王湘綺師譽逸爲神童、並聖童。教以古之學者爲己。君子謀道不謀食。辨其頭角。許以義氣。又皮鹿門先生序逸詩集、中有云。君夙慧天才。襟懷高淡。雅不願君作詩人。期爲大器。自聞斯語。兢惕至今。故附識之。非自表襮。蓋以趨庭之訓知己之感不能一日忘耳。

周逸謹識

平江朱霞陳氏譜序

長沙陳繼訓

禮大傳曰。同姓從宗合族屬。又曰。親親故尊祖。尊祖故敬宗。敬宗故收族。蓋能收族。合屬。則其人肫然仁孝可思矣。聚仁孝人而族之。族必美。聚美族而鄉之。鄉必良。聚良鄉而國之。國迺大穌而郅治。推暨於天下。罔不如此。故吾以爲欲平天下。宜自各治其族始。自風會薄傒。大道橫裂。趨時之士。務爲通脫繆盭之說。以譁衆取寵。並古所謂恩愛相流湊者。欲一掃刮絕之。其極也。天經民彝。澌滅綦盡。宙合泯棼。非胥入於榛榛狉狉之域不止。烏虖。殆亦不反其本矣。吾陳氏由贛徙湘者。多祖端公。墓在瀏陽北鄉胥箕坡。光緒時。義寧陳中丞寶箴來撫吾湘。撰墓道記。稱唐武安節度使陳公是也。平江朱霞陳氏。占籍昉玉恒公。與繼訓所隸長沙吉祥祠。同爲端公苗裔。曩建總祠滄浪橋。朱霞宗老周諮併營。厥功特偉。茲準存右鈞兩君重纂宗譜。問序於予。予維世祿廢而天下無世家。宗法廢而天下無世譜。氏族之學。蓋難言之。曾文正嘗言。歐氏撰唐書宰相世系表。於巨族既推源出某帝王。復歷敘漢世名賢相承不絕。略無猶豫。後世或譏之。吾師王葵園則謂六朝以後。譜牒蕩然。歐公摭拾前聞。意在存譜學崖略。世系表非公自作。或用譏議。非也。余觀兩君之爲譜。仿歐法。別錄、遠宗、用蘇法。臚敘近支。不漏不誣。翔博矜眘。兼攬諸家之長。滋可貴已。兩君。吾宗之大小阮也。準存以名茂才屏迹邱園。清孤自獎。右鈞則歷掌湖南北高等法院。明刑弼教。聿究厥施。晨晦雖殊。而負笈東瀛。學富行熾。蓋無或少異焉。當狂潮震撼之日。而嫥嫥於收族合屬如此。吾知流風所扇。靡遠弗屆。必有感發奮厲。焄然仁孝。潛移澆訛。納俗軌物。興道遷義。寖躋於龢親康乂之盛。然則茲譜也。豈惟一家一族之故哉。

湘水賦

湘潭李光鎔遺稿

左太沖曰。發言爲詩者。詠其所志也。登高能賦者。頌其所見也。凡山川之靈奧。物產之繁富。名迹之留遺。風俗之純美。咸得以聞見所收。敷陳有則。以備觀覽焉。顧自體瓌瑰奇。藻矜鴻麗。誠不免鋪張過侈。稱述失實。雖亦以夸腹笥。未足供掌故也。如上林甘泉西京西都諸篇。太沖詆其多侈言無驗。而所賦三都。則皆考覈詳明。語有根据。蓋欲以愼辨物居方也。光鎔世居楚南。結廬湘水。念桑梓之依。邇詎數典之多忘。感物抒懷。思揚盛概。因成斯製。例倣三都。凡非斯土所素稱。不敢濫援以爲美。其水之源流。則本之酈注。以其振古於茲也。其水之支流。則參用今經。以其滄桑有變也。其峯巒臺榭。依水者舉之。而遠弗及也。其物產名迹。附水者稱之。而他勿見也。稱名舉類。則多據乎古。風土人情。則各附其俗。要皆稽之輿圖驗之志乘。傳之父老。得之身歷。惟歎知識有限。略陳什一。蠡測之誚。知不見免。湘靈耳。

繄逶迤之洪流。始發源於濫觴。陽海鬱其崒嵂。泉乳溢乎琳琅。衆涓滴以成谿。縈匹練而舒長。源二分於全義。支北流而爲湘。下零泉經衡陽。過澧羅之域。底下雋之鄉。洞庭爲之瀦。雲夢匯其旁。羌一望而蒼蒼。漭漭日月出沒於中央。一曲一折。且清且深。白沙雪衆。赤崖霞淫。瀨激石而噴珠。波映月而浮金。明了了以見底。篙下測而數尋。既靈源之汨汨。復遠會夫洪涔。瀟蒸溢乎上流。沅水合於江陰。得淪波以衆勢。遂汪洋其遠侵。而其。吞。吐。支。流。也。控城。嶠。汲。洮。灌。盧洪永祈兼包。春溪郴江並貫。納攸漉涓漣於遠道。收蘄瀏潙潰於曲岸。汨波。漩。澴。微湖。漫。汗。靡不。總。括。綱。絡。分源。合。瀾。匯靈。潤。爲。巨。川。極大。觀。之。浩。瀚。而其峯巒屛障。首竦芙蓉。紫蓋擎天。石囷萬重。金簡玉牒。神禹之蹤。次則匌匒石鼓。浪激潺淙。石潭諸幛。蜿蜒蟠龍。含波挹翠。洞室雲封。璇源曲下。北聳昭峯。巀起。萬。仞。橫流。折。衝。又如。靈。麓。清。幽。雲母。深。邃。疊石。奇。離。鹿角。嵬。巋。俯映。清。流。增輝。斂。媚。又或。南。眺。九。疑。北瞻。玉。筍。石燕。翻。雲。君山。點。翠。亦無。不。碁布。星。羅。遙相。拱。侍。至其汀洲相望。戌浦遙通。則有。江。橫。白。露。峽射。清。風。銅官。雲。紫。錫口。霞。紅。麻浦。滴。翠。橘洲。浮。空。螺堆。萬。石。黛染。雙。楓。車輪。圓。轉。石槨。穹。窿。南津。牧。馬。東町。飛。鴻。空泠。雷。激。苟導。波。融。與夫。三。溪。九。口。黃陵。白。沙。漁村。幾。處。蟹舍。千。家。江帆。日。暖。酒帘。風。斜。則莫。不。蘭。芷。發。色。掞藻。摛。華。若乃。都。會。所。經。邑居。湘。麗。百雉。連。雲。叢開甲第。樓閣。俯。臨。臺榭。遠。際。則有望湘高搴。壓波取勢。八景。而。挹。清。暉。合江。而。瞻。曉。霽。魚梁。倒。影。玩鷗。小。憩。岳陽。繼。其。大。觀。湘秀。宏。其。舊。制。錯落。參。差。石難。殫。計。當其。登。臨。

俛仰與懷利濟闔冥渺於寸眸關憂樂於一世則無不欲挽雪浪之澄清蕩襟懷而滌塵壒而且舟楫遙通貨賄交鬻上引閩粵之航下導江淮之軸列市偎流開廛倚瀆闤闠展隱隧肆疊複鳥集林萃商賈百族貨槩甲乙珍羅水陸裨販懋遷朝夕馳逐溢郭塡城煙塵往復壹八方而混同極異觀之觸目每當五兩紛聯千檣密矗睹舸艦之排列蔽江面之十六至於溝渠吐納灌溉平原龍鱗萬疊雉隴千村窊隆異等繡錯綺繙桔槔機動新漲添痕我疆我理澤溥沄沄五穀翼翼而擢穎桑廡沃沃而淪根春韭秋菽夏葵冬蓀木緜吐秀園茶鋪蘑皆滋潤之所及隱裕居民衣食之源其水村緜邈半屬漁磯烏篷瓜艇三五相依發欸乃以朝出宿潭烟而暮歸夏漲鰣起秋風鱖肥貰酒高歌渾然天機當魚苗之乍上尤美利之爭希伐竹爲筏裁葛成罾估客遠來喧闐夕暉至於艾方青蒲乍綠出龍舟繪藻縟蘭槳飛簫鼓促聲激越水一曲魚窺淵鷺失浴士女集兮歲沿爲俗且其芳潤所殖包涵衆有水物殊品鱗介異醜黿鼉浮沈蛟龍蚴蟉巨蚌含珠江豚濡首魴鯉吹浪鯿鱮在藻鱣鮪鯊鰫依蒲貫柳鼈則三足殊形鱧則七星應斗鳧鴈成羣鷗鷺爲偶翡翠鷫鸘翔集先後

江籬杜蘅荷芰菱藕橘柚爲包苹實可剖韲薹散金香茅縮酒其餘寶藏之奇材物之阜珍怪瓌異產毓孔厚靡不煥采炳符舟鮫並守不特考禹貢之遺文始稱財賦之藪於是都邑康阜民物雍熙士承道德之舊農服先疇之基工執其業商擁其貲萬類得所百族咸怡此歌景福彼詠豐綏情閒興溯游詠時宜爰有騷人墨客選勝探奇賞濂溪之風月訪摩巖之古碑溯滄浪之遺蹤下印石之雲湄遂乃還舟湘浦載詠漣漪櫂歌發而山川綠櫓聲喧而烟霧披漁唱互答蘆語嗚咿怳惚湘靈之鼓依稀楚些之遺乃其氣象之有變觀也當夫春雨經旬桃花漲起兩岸平鋪百川倒馱列缺揚鞭馮夷奏技勢排衡嶽之雲波撼巴陵之址平壤成淵行舟入市疑地軸之欲浮驚川源之半徙則登樓一望羌不知夫遠邇秋霜潮落水淨沙明白蘆花吐紅樹影橫石見欅蒲之矢鏡磨冰魄之晶灣六六而月朗曲三三而霧輕魚露鱗而自泳鴈涵影而生鷩砧四起笛雙聲木葉下微風生澹淡浮乾坤清爾乃河流終古人事代遷遙遙往迹濕眺憮然蒼梧月冷翠竹雲連淒涼帝子灑淚成川鷓鴣聲裏悽切如傳更有宗臣牢落才子羈延擷香草而生悲撫柑樹以自憐迄今三閭廟古

太傅井湮過汨羅隄畔濯錦坊前聽蕭騷之秋風洩嗚咽之寒涓猶覺聲聲遺憾隱付江邊至於輝煌帝胄斯域錫圭想藩府之初建或湘東而湘西必皆豐麗博敞抉虹捲霓迴廊別館鱗集高低鐘鼎饌玉歌吹鳴禔麗姝妙姬充溢璇閨椒蘭風郁金翠雲迷著泰侈之極觀胡渺杳以無稽長沙之故宮已非臨湘之舊邸誰題殘碑零落斷礎斑黧月明猨嘯花落鳥啼惟蓼園之層臺尙壘壘而可躋悲孝思於陟屺發行人之慘悽卽彼霸業宏開雄圖割據控五溪之蠻烟宅三湘之勝處甲帳蜂屯崇城虎踞宮則碧湘嵯峨殿則九龍軒翥啓會春之芳園接文昭於別署嘉宴堂集賓賡燕譽絲竹嗷嘈夜飲達曙極娛樂於幾時何日月之易除憐蓋世之英氣隨洪波以淘去餘寂歷之荒洲繫姓字以長著亦有勝地流連師儒游息悵紫陽南軒之已遙思五峯西山而莫卽遺澤未湮風徽共憶仰赫羲而台競登過石鼓而堂爭陟詩書流金石之輝俎豆見禮儀之式弦誦琅琅丰規抑抑秀雅之林英俊之域洵哉瀟湘有洙泗風猶且緬先儒而思培植更如謫宦懷忠名流作客陶桓尙有釣磯太尉猶留故宅石塔摹褚公之書荒台見道鄉之迹昌黎亭望合江杜老堂牢鑿石子厚

句誦清湘次山曲傳水驛伊精英之不沒亦風流之可摭撫勝境以披尋無不感深今昔他如懶殘煨芋懷素書蕉湘老三笛道人一瓢仙蹤已杳白鶴難招賸有禪關依水精舍迎潮如開福之獨饒清況道林之甚遠塵囂崇勝靜同蓬島歸雲幽比壺嶠黃花點綴翠竹扶搖白雲鎖關過客停橈斯亦見川原之靈奧而徵景物之別饒也噫吁嚱二氣剖判爲峙爲渟伊清泠之長源煥大塊之流形保神皋而永固稟元氣於蒼冥思品物之類萃維鍾毓之有靈庶類猶發其菁華奇特豈慨其彫零匪文采之足異惟明德之爲馨懷盛軌於已往企哲人於未經眄靈長而默禱感茫茫於湘亭

文字學辨證序

湘潭孫文昱

古聖人之制作大抵皆起教於微眇深衣之應規矩繩權衡也斧依之爲斧文以著其能斷也黃目之尊之言酌于中而清明于外也在車則聞鸞和之聲行則鳴佩玉而非僻之心無自入也既莫不皆然矣況乎書契之興百官以治萬民以察所謂觀乎人文以化成天下者豈偶然哉孔子繫易聖人立象以盡意繫辭焉以盡其言

文字之作。蓋亦同之。經傳所載。止戈爲武。反正爲乏。自環爲厶。背厶爲公。非立象以盡意乎。仁者人也。義者宜也。庠者養也。校者教也。序者射也。非繫辭以盡言乎。逮六國變亂。文字易形。秦改隸書。益趨簡陋。於是屈中持十。巧說衺辭。莫可究詰矣。許君生於後漢。曠覽得失。乃敘小篆。合以古籀。理羣類。達神恉。其有益於世教。功非淺尠。後世治其學者。雖代有專家。著述各詣精微。而業非羣習。難期共喻於人也。瀏陽李君別樵。承其家學。治許書有年。近避盜亂。移寓會城。一日攜其所著文字學辨證示余。且屬爲之序。蓋深有慨於今之學者。率爾操觚。而於古人制字之意。漫不加察也。其書首述文字變遷之概要。凡字有所从之字本異形。而隸體變爲一者。非首辨也。末由究其指趣也。次辨正俗。有字本正古而世以爲俗省者。有字本罕用而世俗更以爲他字之省文者。必辨以析也。次辨字形。字形有近似而音義各殊者。必區以別也。次部馬均語注釋。則本會稽程君所作而注釋之。以便學者誦習也。次識小。則說解中之遺聞軼事。條舉之以博學者之興趣也。次編餘。則或言近而指遠。或陳古以刺今。引伸觸類。曲暢旁通。欲學者因此而可見聖人之意也。書凡六卷。首導以循序漸進之涂終示以知化窮冥之準可謂言簡而賅義大而能舉已烏虖李君之用心如此其憂世之切爲何如哉而今之昧者乃猶病隸體之繁重欲一舉而盡廢之而更爲約易之趨是聖人制作之精意其將終不可見矣誠得是書以發其矇庶有豸乎歲在閼逢閹茂季夏序于湖南孔道學校

傲園詩草序

湘潭黎承禮遺稿

光緒庚子辛丑間余官蜀歸里時腹省承平日久湖湘清晏猶子丹與里社文士歲時篇相唱酬而於榜塘譚氏昆仲過從爲最密譚氏自青崖軍門以武功起家翊中興致通顯治軍江南幾三十年晚以閫臣晉錫宮銜勛遇之隆同邑封疆如石塘之袁專閫如嚴湖之秦均不得比軍門復禮重儒學延名宿隆修脯以課其子弟有丈夫子八人棣生太守與兩弟萊生桐生爲知名萊桐之詩二十年前以其稿就正余既得而序之矣茲君復以其詩來乞序余展其全集蓋自侍官就塾至出而應試中歲遊宦晚歸奉母其間兄弟聯吟之會朋交酬贈之什山川登眺所歷與夫郡邑應官凡百政教之所措理而昭施者舉生平出處何難月紀而歲述焉蓋無不於其所

爲詩發之可不謂美而富乎余識君在世變後壬子癸丑之交時里中方創言地方自治君以衆議推舉出而任事能守正不阿文書錢穀躬自創稿擘畫井井弗以自私同事者計不得逞則百端齮齕焉余與家弟秋澄恆左右之君憤極屢欲謝去以里衆維繫不果行未幾省政更張鄉局旋廢君出局並都紳事辭卸遷居鰲魚山別業食貧侍養不問世務惟以吟詠自娛母夫人年逾八袠強健不衰君朝夕承色猶作孺子慕余益信其得于天者爲獨全也余偸活草間倏逾一紀今歲湘禍突發羣兇角鬭天衢荆溪之間遂成戰場敝廬遭掠琴書蕩然奔徙流寓月無寧居猶子遠官河湟君家羣從客宦四方嗣音阻闊同里閈者惟君與弟浣生及庶弟一人欲尋當日聯社觴詠之樂不可復得矣君詩自云宗法樂天余綜觀集中諸體具備如秋水芙蕖天然不假琱飾其深得性情之正而能隱合夫風人恉之者正不必拘拘於門戶宗派間求之也

張素文女士曉鶯詞集序

王禮培佩初

倚聲之道微纖過嚴則拘束而不靈聲律不精則扞格而難入蓋天機人事於玆判

焉。聲依永。律和聲。尙書云云。詞之工用已盡此而無餘蘊。雖然。此道之自外焉耳。抑又有內心之心焉。深靜以立其體。悽惋以致其用。比於詩家之放縱江山。正自分途而馳矣。幽怨悽麗。女子之能事。自李清照以來。代有作者。清代莊盤珠吳蘋香。聲譽著一時。亦差得艷麗之致耳。張子野傷於情言才似稍替矣。柳耆卿酣於景言韻又稍遜矣。皆女子之所習者也。大抵命意遣詞圓穩易而精緊難。風韻尤難。卒章尾聲有餘不盡更難。體格神致之間。有無形之訢合。自然之妙緒。要以上進於渾成爲極功。花間集多小闋。以韻爲主。自識指歸。今觀張素文女士曉鶯詞集之作。單調小令。悉本花間。循是以進。凝神幽杳之域。加以精緊尾聲極其餘韻。斯又不獨女子之能事。而子野耆卿之嗣音也。若夫側豔導靡。損性斷腸。亦無取焉。

詩錄

夏歷九月朔爲　船山先生誕日學社同人聿修祀典敬賦二律　趙啓霖

嶽降神如在。天生德不孤。聖門崇兩廡。經訓冠羣儒。聲氣當時少。風徽曠代無。斯文將喪候。一爲掃榛蕪。

薇蕨仍清奠蘋蘩總至誠江山無代謝籩豆想神明豈但遺書護還應大道宏高秋天氣肅遙聽九歌聲　啓霖未及陪祀　甲戌寒露日

王船山先生生日詩

江蘇常熟孫　雄師鄭

庚申九月朔日招集寒山詩社諸君子同集宣南大街贛園拜船山先生生日敬賦五古五章

論語二十篇不外禮與仁齊禮民有恥求仁本在身外王而内聖萬類歸陶鈞老莊鄙禮教等視僞與真楊墨賊仁義罔顧尊與親微言遂中絕人紀幾乖湮小戴纂禮記秦火冬囘春十百存什一經義何紛綸張子作正蒙如孟醇乎醇民物共胞與體具衆美純惟公味道腴口說騰芳津箋釋百萬言自忘原憲貧綱維徹幽顯肝膈通越秦文周入夢寐漢宋無齵齗立言能不朽後進宜率循世亂庶可弭澆俗還端淳

其一　曾文正船山遺書序云先生注正蒙數萬言注禮記數十萬言幽以究民物之同原顯以綱爲萬事弭世亂於未形

荒山大風雪蕭然環堵空歌聲出金石中有遯世翁富世不見知旡悶道在躬著書數百卷筆禿忘疲癃論治黜遊士黨禍心滋恫夏屋怨不恤秦爲天下雄無令走諸侯簧鼓言横縱集闕摹燕烏辯難誇雕龍授餐使旅食垂死居關中　詩廣傳云語云得士者昌失士

者亡此非君子之言游士以之脅虜主而邀其參者也故置夏屋之怨而不恤秦乃以雄長於天下夏屋以誘之來不飽以困之而不得去游士不能亂吾之國抑不能持吾之陰事走諸侯以相詰難坐老旅食垂死關中而游士之風爲秦人戒則其民趨實去華而益勤於耕戰矣

此輩足禍國。耳目爲眩聾。

宣尼惡巧令。開卷義發矇。邱明所深恥。利口釀內訌。爲邦必遠佞。羣賢迺亮工。如農務去草。芟夷而蘊叢。斯義當三復。蓍蔡占吉凶。奈何召政客。往來徒憧憧。其二

孟云民爲貴。又曰君爲輕。俗儒輒藉口。國體遽變更。裂冠復毀冕。師出疑有名。寧知七篇旨。千載猶晦盲。賴公析疑義。日月重光明。亶聰作元后。好惡從蚩氓。諸侯守法度。無敢虞芮爭。分茅受方士。以時莅會盟。一旦有變置。九重執其衡。讀四書大全說云變置諸侯必以王命假使邱民得以變置之天下寧復有綱紀耶孟子云民爲貴社稷次之君爲輕者以天子之毀諸侯而言也故下言變置諸侯而不言天子天子卽無道如桀紂亦聽其自亡以滅宗社而無敢變置者得乎邱民而爲天子則爲天下神人之主奉民好惡以進退天下之諸侯而立其社稷社稷有當變置亦以王命行之王所奉者民心而諸侯社稷一惟王之建置則其輕重奪矣豈容犯上輩。橫決衡天紘。天澤義無改。熄彼邪說萌。微言解鄒嶧。精銳雷霆驚。周侯等郡縣。封國如棋枰。三載有考績。黜陟當持平。所異惟世襲。兼司殺與生。前賢實疏忽。考亭與邠卿。又云苟不酌於三代之封建之制以考孟子立言之旨則疑此言之太畸三代之有諸侯大者今之知府小者今之州縣特以其世國而司生殺爲異則亦與士同等耳故曰君爲輕者非天子之謂也集注於此爲疏嗟今殺運啓。子遺

歲不寧血雨染刀戟流星耀欃槍濕陵相尊屠龜蛇助賊獰藏懲鷹眼疾如燬魴尾禎釋氏憫寃業天道知虧盈六朝與五代因果相迴縈

又云殺人之父數語乃謂作法自斃禍同親殺非但謂天道好還如老氏之旨恩寃相報如釋氏之言也南軒以六代之君互相屠滅爲徵戰國時未有此事然其自啓禍門使人倣而加之於已則一也宋人無令人主手滑之說亦有見於此維按此論至爲透闢今之爭奪相殺者可以悟矣

殷鑒良不遠弔古心怦怦

其三

吾鄉瞿留守千載欽毅魄落日追虞淵淚灑南枝柏公與笙磬同唱和詩盈册留守杖鄉年朋來萃冠幘北闕慨多艱東皋懷舊宅灘江水湯湯同抱孤忠赤商歌佐羽觴天放湘纍客佳句永流傳胝沫思無斁

永歷初元先生營葬畢旦夕悲號腐難西走留守瞿公具疏力薦之　五十自定稿

有留守相公六秩仰同諸公共次方密之學士舊韻七律二首有句云情深北闕多艱後興寄東皋信美鄉又云蕭森天放湘纍客得倚商歌侍羽觴

從來獨行士往往逢闉厄所貴松心堅互以古義責晚節儻不終騰笑山林惜辨香禮昔賢鳴琴庶來格且醉北海樽勿問柯山弈

其四

惟公攬揆辰季秋之月朔鴻雁初來賓草木漸零落黃華晚節香傲霜茁瓊蕚晦翁與陽明同月壽觴酌

朱文公生於九月十五日王文成生於九月三十日

九爲天數極理參復與剝大賢間世生光氣燭地絡公幼却偽命子身走南嶽引刀刺肢體救父潛林壑晚復入深山太

璞。謝。雕。琢。肥。遯。匿。猺。峒。徵。召。羞。鴻。博。貞。晦。閟。蘭。芷。刻。苦。茹。薇。藿。二。曲。與。夏。峯。似。顏。苦。孔。卓。鯀。生。百。無。能。背。時。躭。寂。寞。折。柬。邀。朋。簪。升。香。儲。蓴。酪。遺。書。誦。萬。徧。源。泉。飮。一。勺。仰。止。在。衡。山。降。神。千。里。邈。小。詩。類。筵。撞。孤。懷。聊。寄。託。座。客。各。舉。杯。興。到。乞。繩。削。其五

船山先生生日再賦七律六首即題船山遺書之後

孫雄師鄭

四。海。無。家。一。腐。儒。用蘉齋詩賸稿成句此。生。長。住。五。經。郛。時。雍。虞。夏。忽。沒。矣。屢。空。淵。騫。其。庶。乎。悟。道。不。談。齊。物。論。思問錄內篇云一動一靜闔闢之謂也至誠無息闔與闢皆動也廢然之靜委其身心則息而心死矣人莫悲於心死莊生其自道矣乎隨。身。只。有。勘。書。圖。知。先。行。後。難。徵。信。又云佛老之初皆立體而廢用君子則致曲有誠誠立而用自行逮其用也左右逢原而皆其眞體故知先行後之說非所敢信也正。學。途。原。佛。老。殊。其一

玩。易。觀。辭。筮。退。藏。不。知。不。慍。道。彌。臧。學。期。經。世。開。顏。李。生。恥。求。名。軼。顧。黃。四。壁。圖。書。謝。軒。冕。百。官。美。富。備。宮。牆。飴。荼。席。棘。潛。聲。影。六。藝。偏。騰。作。作。芒。其二

死。欲。從。天。乞。活。埋。先生自顏於堂云六經自我開生面七尺從天乞活埋全。歸。銜。恤。保。遺。骸。又自銘其墓云抱劉越石之孤忠而命無從致希張橫渠之正學而力不能企幸全歸於茲邱固銜恤以永世黍。離。苑。柳。傷。三。季。見詩廣義世。室。明。堂。玫。九。階。經。史。胸。羅。鍘。藝。圃。詩。文。手。定。署。薑。齋。百。年。姓。氏。幾。淪。晦。鬼。護。神。呵。掃。夙。霾。其三

噩夢黃書意不平。偶然撫劍作龍鳴。定哀雩祭微辭見。曹檜風泉寤歎生。禮樂百年興有待。乾坤四德吉居貞。存亡起廢懲戕虐。大業參天義最精。其四 讀四書大全說云自微春秋則富貴者役人貧賤者役於人喜則相事相役怒則相戕相殺人之所以異於禽獸者復何有哉春秋之德業與天地相終始者如此案先生此數語於今日情形不啻燭照數計

女貞風火筮家人。父母嚴君大義陳。周易內傳云齊家之道女貞爲切故曰利女貞母道慈而亦曰嚴者言物行恆以示德威而已故上九但言反身而威自孚家人之道始於纖細而放乎淫辟惰窳起居飲食衣裳容止之節皆貞妄之原父道不瀆閑而正之者母也母苟不嚴而日縱之父雖欲施教而反相夷矣 蔓草淸揚歌邂逅。葛覃勤儉義湮淪。近數年來多言開放女界及破壞家族主義於大易利女貞及正位乎內之旨失之遠矣 詵螽宜爾能開國。吉象威如盍反身。太息新潮澎湃甚。可知惟索爲司晨。其五

叛父劉歆惟媚莽。稱天箕子欲存商。雞鳴夜亂秦關度。鵑血春啼蜀鳥傷。紉蕙當年鬱悲感。傳芭此日薦馨香。懸知仙馭騎龍至。驢背陳摶歲月忘。其六 先生辛丑初度日口占句云陳摶驢背笑難禁龔勝牀頭餓稱心

師鄭吏部寄示王船山先生生日詩率和一首　俞鍾鑾次輅

衡嶽綿亙一千里。石船山儒岸崛起。日月照臨自洞中。中處乾坤獨不倚。披髮著書

五百卷摘洛鉤河闡淵旨天人滂沛抒寸心遯世不知又何悔中原行遯非無人徵書尙不絕庭戹湘西洪荒結宇宙物行無從到屐齒遺書深閟二百載弈葉精靈昭顧諟扶翼世教刧不劘傳者賀鄧二曾氏妙高峯頭作生日玉池中丞寶掰始聞風興起大雅才輩轂瀟湘馥蘭芷湘沅耆舊祖三閭汨羅淵水清泚泚離騷不死有情天蟠際三光橫四海雲蒸霧合起楚才杞梓楩柟映千祀文章理學一貫通攬揆探原追屈子

庚申季秋朔日師鄭先生邀作王而農先生生日主人有詩意極沈痛

勉和二絕

丁傳靖闇公

鹿乳薇香義士心黃書學說誤追尋須知世到焚坑日地下夷齊痛更深

迴雁峯前墓已平瓣香思古發幽情一籠鴿雀空山放此意賢於鞏大卿

庚申九月朔日師鄭社長集同人拜王船山先生生日倡爲古近體詩

見示敬和五古四章奉正

郭曾炘匏庵

明祚値陽九賢者歌厄屯南有顧與黃北有李與孫天將啓昌運俾之扶彝倫與朝

亦寬大不强就玄纁衡陽最枯槁聲備獨闃然石船士室中兀兀能窮年中興起楚材遺著始就刊湘鄉序其書首揭禮與仁廡祀躋三儒廷議猶斷斷容臺跡久掃疏稿亦封塵開雲見天柱惜哉崦嵫昏

船山作黃書意在區華裔豈知九州外島國猶鱗次中華數千年禮教實維繫自從海舶通征撫頻失利淺人見目睫侈語富强計旁搜晝革書大經芻狗棄徒長民氣囂中原失宰制天運遞循環盛衰無常勢兵禍一開端環球皆鼎沸橫流日滔滔未知其所屆畫虎竟何成爲戎但可涕誰振三極維願起九京質世變難究談無已姑談詩夕堂永日論別裁亦吾解旁通及經義祕旨誰復知詩源出三百齊魯說已微廣義本韓嬰蔓衍非支離鄭齋老劬學强記獨無遺拈出夏屋章四座咸解頤周官重樂語植德在初基彬彬二雅材皆可備用咨執令庠序廢乃使游士滋

太蔟連三日五色旗飄揚杜門久不出見此心徬徨云是雙十節舉國皆若狂今年復明年此日不可忘吾曹獨何事相從寂寞鄉尙友愿古人安得見羹牆惘溯九載

中兵火連災荒竭澤魴尾赬戰野龍血黃將弔更相賀無乃反天常微吟雁字詩秋色正蒼涼船山雁字詩前後各十九首東固終已邈噩夢誰能詳

漢壽懷靑惠烈靑惠烈公事略已見本報第一期木崖漢壽靑惠烈歌序

攸縣龍紱年天放遺稿

殿下登聞鼓何人肯叩閽先生甘一死哀詔慰英魂子姓沾遺澤官家總厚恩最難千載後猶認塔前邨

漢壽謁靑惠烈祠

湘潭周逸木崖

偶步長堤夕照中更尋祠宇故城東寂寥人往英風在慷慨時窮浩氣同三疏陳言全赤子萬家生佛拜靑公位卑名重龍陽尉畢竟千秋俎豆崇

旣爲胡公井圖因題長句

長沙徐楨立紹周

一決隄防遂不收相看末俗久傷媮尙聞獨鶴堯年語凜送雙鳧邑井秋憩茇有思終不改懷沙同怨想通流圖成合與寒泉薦橫制何當勵此儔

胡公井題辭

長沙徐博立遺稿

大纛連城一夕傾蠻荒賢宰獨錚錚志同止水堅難奪望斷中原痛不生宋江萬里投止水殉

節其時亦不在位

遺墨數行餘慘澹
寸心千古照澄泓
井幹月冷烏啼夜
應有靈旗上太清

黎樾喬侍御述羅孝子事詩以紀之

湘潭吳 淞半江遺稿

聞有種花者 至性奉慈母
其人何所業 所業在肩負
其家何所儲 所儲一無有
隻身傭闤闠 衣食于奔走
自給常不足 事母良獨厚
母性頗好花 辛苦置一畝
花中尤愛菊 培溉不離手
矮者位瓦盆 高者位土阜
色瓣既各殊 種類難悉剖
每年上巳三 直屆重陽九
負擔更灌園 自卯忙到酉
惟期答三春 豈知慕五柳
一日花齊開 錦繡遂成藪
葉葉綠如雲 朵朵大如斗
五色滿柴關 爛縵無甕牖
芳叢扶母來 周旋時左右
堆盤羅時鮮 傍籬進杯酒
已似快得意 笑指某名某
母亦竟忘貧 欣然爲點首
便有看花人 輾轉告儕偶
雖然賞其花 未必中無咎
所以種花心 天良發衆口
所以孝子稱、亦遂流播久
我聞漢羅威 孝聲姜孟耦
史書不一書 古今傳不朽
斯人將毋同 抑或即其後
東晳補白華 遺經率墨守
我欲歌黃華 歎美報吾友
或可勵涬服 更可愧簪紱
未知賢達人 聞之然乎否

盩孝子行

長沙鄧振聲瑾珊

盛孝子父曰位高母姜氏母年廿九位高死孝子纔十三齡耳其餘三男二女均垂髫。河姑頭白春秋高老者涕泣少者號牽衣繞膝聲嗷嗷人謂母貧母有十指人謂母苦母甘如薺妾心千年古井水母家勸之但唯唯五年不歸自今始於時孝子初長成短衣縛袴從軍行眼前有親養不得安用黃沙白草萬里絕域之功名釋甲歸來伍傭保富貴何如貧賤好祇憐兄弟兩三人一夕嚴霜萎秋草脊令原上牝雞啼姑婦時時聞勃谿兒生不羨姜與姬娶妻不養將何爲賃舂梁伯鸞借宅周公瑾白日傭工晚歸覲母子相依以爲命相依復相依但願母壽無窮期秋風颯颯飄靈旂九十春秋曾幾時母年九十兒七十黃泉相見無多日佳城鬱鬱城南斜乃是燒田盛氏節母孝子生死不離之幽室吁嗟乎濕嶠絕裾何忍心生兒真悔作公卿今介推逃祿縣上耕可憐母子同日焚何如芒鞋草笠奉甘旨姓名不出長安市君不見盛孝子。

題王君嘯蘇寒鐙風樹圖　前人

君不見剖冰躍出雙金鱗至誠所感天爲春又不見行部偶至九折坂一官敝屣揚

鞭返。更有門人廢蓼莪。君家孝子何其多。王郎王郎歌莫哀。綱常萬古今塵埃。獍父梟母等閑耳。烏慈狗順胡爲哉。我未見君寒燈風樹之圖。我嘗見君寒燈風樹之記。上言先妣深宵事針黹。下言先考午夜談前史。拂牀鐙影倚書聲。瀉庭涼月浸衣袂。往事歷歷尙如昨。越王臺畔風蕭索。三千里外捍雙扃。二十年來淚孤落。三間老屋鳳皇台。杈枒古樹森庭階。寒風怒號答凄響。天陰月黑心爲攫。有時一鐙靜相對。夜闌危坐多悲思。讀書偶感風樹言。抽毫寫出寒燈記。讀罷此記凄且悲。我亦人間孤露兒。松楸咫尺而天涯。荆天棘地歸何時。洞庭湖水聲澌澌。一坏黃土穴狌狸。春露秋霜無盡期。懷二人兮湘之湄。吁嗟乎。鮮民之哀復何語。短歌未闋涕如雨。

趙車夫歌

岳陽李澄宇洞庭

長沙有趙車夫得貴者、父蚤卒、母姚氏、病瘫十餘載、侍奉益謹、辛苦所得、惟母甘旨是急、妻子卽衣食不繼、弗問也、妻善體夫意、亦克孝、

孝衰於妻子。古人垂涕言。久病無孝子。斯言猶涕漣。高門重養體。貧士謝承歡。曾參不可作。養志良所難。常時敬已薄。侍疾多未虔。矧乃十餘載。呻吟牀蓐間。妻子衣食

匱甘旨時具旃不失赤子心身賤心則賢婦心同夫心他家或未然孝哉趙車夫內助亦可傳

雁兮歌題陳豪生寒樓聽雁圖 並序　前人

寒樓聽雁圖、豪生爲其故長兄南周作也、南周居武昌、以魚商世舊業、父母蚤卒、諸弟幼、委曲保育至成立、卽家祚衰、送弟讀不懈、弟既通籍、筮寧遠、更馳書諭作循吏、此尤難能可貴、而爲豪生所終身不能忘者也、清宣統庚戌八月、南周病項疽、誤醫手、遂不救、年五十有一、當是時、豪生奉湘大吏檄轉饟入都、阻許昌、竟不得復見、既五載、豪生作是圖、又四載、以示澄宇、嗟乎、嗟乎、澄宇顧可摩挲是圖耶、未生之前、喪長兄書、既生之後、喪五弟瑞、六弟福、並喪女兄珊、女弟滿、近更喪女弟臞、老母余生澄宇輩十三人、今存者一兄二弟二女弟暨澄宇、未半數也、樓靡日而不寒、雁何時而可聽、迺作歌曰、

雁兮雁兮爾何悲春去秋歸仍舊期樓中舊日好兄弟可憐一去何時歸好兄弟鄂陳氏弟幼母亡父並死蓼莪三載淚難乾花蕚一樓腸斷矣魚鹽市隱歷年多此時

此際將奈何諸弟以兄爲父母諸弟成立兄命磨成立成立意未足有弟有弟書善讀十年教弟養魚心恩似海深波浪綠門衰祚薄讀書難鷃鷰湘南效一官遠道殷勤猶諭弟好爲循吏與人看庚戌八月項疽作庸醫殺人兄命奪艱苦年裁五十過急難鴒原珠淚落許昌城西風日暮雁南征兄不讀書能孝友弟讀書翻媿事兄弟兄自古最難得琴弦斧斨恩未絕何况荆庭異等常一念令人淚成血三戶亡秦歲月徂歎逝嗟離江與湖五載畫樓空過雁千秋恨史寫成圖雁陣驚寒聲豈斷無冬無夏夢聞慣怕話聯牀共被年倘念匪風下泉亂坡老平生念小蘇勺庭增四天下無果能四海爲兄弟兄弟鬩牆胡爲乎後生近作大同想人人不獨長其長雁自哀鳴爲覔羣聽此漫勞樓下上嗟我獨愁秋雁聲撫圖無限弟兄情胸際楚天雲萬里新哀痛恨兩縱橫生不盡歡圖已晚圖成爾且加餐飯阿兄生長鶴樓邊怪道一去不復返

劉貞女詩　前人

女名庚麗、湘陰劉芷青女也、工繡善畫、字同縣易粟娛、未婚守志、粟娛祖壽梓茂

才、以栗娱所畫牡丹授女、女旦夕把玩、惘惘未忍釋、重哀其志、作此紀之、

天地楊華作陣飛、傷心獨話首陽薇、牡丹畫好人安在、墓草青青淚滿衣、

甯烈女詩

女名效二、邵陽人、父秉謙、與族連登、故有隙、連登既為匪、劫女家、女扶祖母避後園蕉葉下、被執偪入山、攀門大罵、不肯前、匪斷女臂、女父痛女、且慴、母被執出代女、匪釋女、執父去、女益大罵、且追父、遂被害、年二十一歲

青青蕉葉影貞魂、應感時賢長亂恩、人篤孝慈天夢夢、世叢兵匪刼源源、命依李密情相類、臂斷常山舌並論、片石大書甯效二、幾人慚對墓門昏、

程義婦歌並序

長沙楊樹穀鄭詒

資興程子樞、學博夙與其妻之兄弟有嫌、丁卯歲之亂、將其拘繫省垣、相傳已遇害矣、其妻李氏聞之、遂自縊死、子樞後竟免於難、為文以哀之、且徵題詠、乃為歌曰、

罡風颶海波、山岳屹不動、深山穴豺虎、朝陽有鳴鳳、人生大化中、芸芸若伯仲、一旦天地昏、勇怯劃輕重、板蕩識忠賢、艱危仗樑棟、賴此幾希性、人羣乃有豔、烈烈程家婦、一死果驚衆、始聞夫被繫、訛言市相鬨、誓以身殉夫、未暇辨昏霧、誰云婦道柔[illegible]

懍神飛縱夫竟脫虎口恍若墮太夢死者不復生聞之乃絕慟獨向牛衣泣貧乏營齋俸出門復入門痛定更思痛吾聞程彝語拜手稽首頌惟楚有貞姜抱義隨波從渤海封夫人有唐特禮賵自昔賢婦人之死靡所控方今綱維裂人道多缺空國有逃將軍盧龍甘斷送何況女德壞廉恥誰磨礱獨君有賢婦死節立人統正如女媧石天缺爲彌縫人與古爲徒名傳口皆誦抑吾聞東坡貶竄出章灘權奸欲其死毒假仇人中孰知外家程釋嫌不爲用吉人自天佑小人徒盜弄試看古凶人請君終入甕君生百東坡君婦千秋供生死兩奇絕天道豈瞢瞢吾詩不足傳有感發吟哢後有采風者長歌示規諷

鄧貞婦詩

善化張祖鏞退園

衡嶽重峯高薄天扶輿旁礡空盤旋間氣偶鍾女貞木懸崖千尺枝虬然絕天拔地矗雲漢磊砢蒼翠斥依傍霜枝露葉交扶疏節操健敢長松抗卓卓鄧貞婦秉賦同女貞操履皎潔冰霜清阨遇乃與造物爭幼小字龔郎鸞皇訂佳偶陽春方待賦桃夭罡風一夜連枝剖龔郎館舍捐京華凶秏迢遙赴女家父母愛女不忍告神氣沮

文苑詩錄

喪。形。吁。嗟。是。夕。燈。昏。月。初。落。陰。風。慘。肅。生。帷。幕。摩。戛。徵。聞。錦。帳。鉤。丁。冬。亂。掣。金。鈴。索。空。房。膽。怯。瑣。窗。寒。噩。夢。心。驚。醒。夜。闌。寂。寞。沈。冥。萬。籟。靜。近。遠。髣。髴。聞。愁。歎。轆。轤。萬。轉。古。井。水。稺。弟。語。洩。龔。郎。死。霹。靂。破。空。魂。魄。喪。鶼。飛。望。絕。從。此。始。葳。蕤。質。弱。摧。風。波。磨。笄。死。殉。矢。靡。他。淚。血。斕。斑。漬。襟。袂。貞。心。盤。固。如。山。河。阿。父。從。容。語。阿。女。守。貞。無。名。女。毋。苦。漆。室。誰。憐。魯。女。吟。柏。舟。敢。望。共。姜。伍。鐵。石。心。堅。早。不。移。不。入。耳。語。凄。心。脾。妝。台。永。擯。塵。封。鏡。哀。毀。時。逾。鬢。易。絲。女。心。不。可。轉。女。節。不。可。奪。斗。轉。星。移。十。二。年。聞。風。詎。獨。興。閨。闥。路。人。感。嘆。阿。父。憐。尺。書。始。爲。達。幽。燕。舅。姑。涕。隕。壯。女。志。御。婦。千。里。來。輜。軿。舟。車。涉。歷。經。艱。險。楚。塞。燕。台。不。辭。遠。朔。風。撲。面。黃。沙。飛。寒。霧。漫。天。白。日。晚。至。日。登。堂。拜。舅。姑。痲。衣。雪。袂。容。槁。枯。執。笄。始。信。身。爲。婦。杖。節。終。期。死。殉。夫。夫。容。不。可。見。婦。節。久。彌。健。地。下。唱。隨。良。有。時。一。死。卒。遂。平。生。願。蕭。史。能。教。弄。玉。仙。紫。鸞。丹。鳳。迎。翩。翩。生。不。同。衾。死。同。穴。大。節。光。光。輝。史。偏。鴛。冢。營。向。瀟。湘。曲。上。有。交。柯。女。貞。木。冢。前。綽。楔。標。天。題。後。先。輝。映。蒼。梧。竹。

哭龍天放 壬申

湘潭周逸木崖

郵書將欲發哀音來耳邊何期去三載懷人在九泉落落管鮑交依依三十年一別
不再見荒邱淚潸然憶昔西園日偕君文酒歡相期抗千古每見披肺肝誰成高尚
志感君昆弟賢交情如手足使我心拳拳君生固有自道高而德全百家皆寢饋六
經窮鑽研萬卷早已破蒼生誰復憐筮仕豈無意挾策走幽燕清才爲吏部閑曹若
神仙鳴珂待曉漏望闕報涓涓奈何清祚斬滄桑感變遷徘徊解黃綬浩然賦歸田
終日心難遣盛年霜滿顚秋風歌禾黍北窗懷高眠從此號天放襟懷別有天何以
消歲月吟風坐花前中歲何所樂絲竹與管弦行雲復流水高情甯易纏此心既有
託新詩成萬千佳句今在篋杜陵信可傳猶喜君曠達心無俗累牽向平願未了萬
事皆隨緣且幸有賢子器宇殊翩翩明德應有後造物終不偏毋乃居今日常欲避
烽烟世事旣日亂憂心更相煎風雨苟不晦鶯花足流連人理固有盡榮枯復何言
一朝知已去搥胸悲逝川遲遲慰子由聊爲寄此篇（天放弟杜園自牯嶺函云兄
柩於九月杪由滬運湘余因以此寄之）

陳杏驄農部以感懷詩見示奉和一首　湘潭趙啓霖

燕臺冠蓋塵囂裏見子溫溫獨渾然尙憶都堂曾納卷君以甲辰成進士。是年予亦于役汴闈。誰教大海遽成田喧天鞸鼓知何世插架圖書與盡年三宿浮屠恩愛在白頭閑誦帝京篇

湘陰大水謠

長沙陳繼訓杏驄

湘陰之城大知斗鷹飛鳥盡何所有一朝水至環城走環城走水滔滔四面瀕洞餘城高欹颿側，舟可傍水拍城尖翻巨浪風雨酸寒涕泗泬瀾形鳩面鵠人羣攢君不見婦孺啼饑向城哭居民盡以城爲屋

東遊雜詩 甲戌二十首 選錄十二首

攸縣龍紱慈杜園

咫尺三山夢寐通青春一葦去乘風浮槎擊楫平生願水逝波流興不窮 黃海舟中

峯坳海曲路彎環夢裏松聲畫裏山籬落花開雞犬靜斷無塵土涸柴關 長崎雲仙道中

清水何年殿閣開幾重花照幾重臺春風莫問南朝寺煙雨荒殘刼後來 京多古寺清水其一

鹿苑豪華棟桷金御床香鼎畫簾深遺民一壁丹青在誰省沉哀去國心 金閣寺一名鹿苑寺 義滿將軍故宅天皇臨幸宴游之所遺物宛然懸壁懸明遺民周之冕畫多幀

畫境如披北苑圖兩三精構映山隅迴廊小閣皆臨水花擁溪橋路欲無 嵐山清瀧橋

翠嶂霏微一雨寒。亂流回首下危灘。莫愁飛沫侵羅襪。多恐層波損釣竿。 保津川

花影如雲覆大堤。春衫人面總相迷。狂歌買盡江頭醉。鳥語關關又一谿。 江戶川隄

面面松衫步步泉。紙窗欹枕聽潺湲。深山一夜風兼雨。明日人間有逝川。 神橋山居

絕景當樓嶽影重。碧琉璃照玉芙蓉。輕舟還愛斜陽好。況忽西湖夢裏縱。 箱根蘆之湖嶽影樓

夜山青擁月如眉。不斷溪雷岸欲移。淸境每叢幽獨感。樓臺鐙火轉相宜。 箱根塔之澤沿溪旅

望富士山頂積雪倒映波間光景奇麗

館結構絕精入夜燈相望亦山居奇景也

相好莊嚴我佛尊。客來頂禮問根源。滿山麋鹿無機械。便是安心不二門。 奈良大佛高五丈餘

寺中畜鹿三千餘頭頗與人眠

一路看花不計春。竹岡茶塢盡宜人。水西亦有桃千樹。誰惜年年散作塵。 車行所見櫻花以外

桃李亦繁然不爲遊春者所重

重陽載酒行

長沙楊樹穀藾詒

千年萬年有重陽。千年萬年那有我。今年我與重陽值。不飲不醉我不可。天風詄蕩。

山崔嵬黑雲一散天爲開兩岸青藤作藜杖身自塵中踏上來飄飄兩袂如兩翼欲向明河問牛織浮槎汗漫不得前雲裏似聞行不得俯身低首意徘徊未是行空八駿才天闕高寒無分到蓬萊風浪引舟迴回向塵寰謀一醉笑指菊花我同類豪情一舉盡百觴狂呼淵明作前輩何須手握茱萸仔細看詩人自有千萬歲

甲戌九日城南同學會諸子邀讌妙高峯南軒圖書館感賦　湘陰陳嘉會

崔嵬同上散衷腸棟宇宏開接大荒卅載書堂逢舊雨千秋文藻話重陽河山共有新亭感人物長懷麗澤芳世事益非吾輩老相從清獻且飛觴

九日城南同學會諸子邀讌妙高峯南軒圖書館次鳳光學長韻並簡同學諸子　湘鄉胡子清少潛

青山祠畔路羊腸高聳樓台俯八荒自昔扶輪賓大雅於今把酒作重陽齊州飽閱滄桑變楚産還多蘭芷芳一望清湘東到海登臨猶得共傾觴

九日招同匋南滌荃紉秋浙循履中五君飲集左園酒後作歌　湘潭王銘蕃發平

季秋風雨劇良辰忽明媚晴日光皎皎臨高苦無地故人三五聯翩來觸我歡顏面面開不分白頭甯有約獨憐黃菊尙須催江城十里何蕭索峯塔萬樓都剝落行子出門空所之不如斗酒家園樂醉後離筵發嘯歌頻將冷眼望山河百年容得幾重九懶向龍山帶薜蘿

乙丑重九日雅集妙高峯 分韵得重字　湘陰彭昺

迤邐城南路幾重支笻同上最高峯卷雲風物欣猶舊故國河山未改容吹帽無須羞短髮采菱相與覓芳蹤茫茫身世懷今古把酒頻澆塊壘胸

己巳重九與天放遊天心閣感賦　周逸

與君乘興迎重九杖健風高踏地來城石嶙峋當棘路園荼酩酊作萸杯愁中話舊陳陳感刼後看山寸寸哀一自英雄談霸業亂離何處訪騷才

次前韻一首 己巳　龍紱年天放遺稿

肯讓吾儕作重九故鄉雙杖此重來廢城一角橫秋草湘水千年送酒杯征烏長天飛共盡斷鴻大野聚仍哀臨風欲撥無揮劍如髮閒愁總費才

九日　　湘潭陳學博遺稿

西風吹粵海黃菊又新開異地孤零客遙天九日臺鄉音隨嶺斷秋色過江來老病嗟工部澆愁一舉杯

己巳九日登倚雲閣 四首錄三　　浣霞閣主

倚雲閣上且登高一覽江天氣自豪萬里無雲空色相那知苦海有波濤

當年桓景上高臺祇爲重陽去避災今日災區幾遍地人民刼數實堪哀

黃花合向九秋開載酒登臨結伴來擘蟹裁箋添韻事思親憶弟兩徘徊

蒼石山人以所作白下吟詩集見贈因題其上並以致謝　　盧　賓泮珊

故國銅駝白髮生關河閒煞庾蘭成無端又作江南客畫舫春燈詠石城

登陶然亭作　　湘鄉李希聖亦元遺稿

遼左城門晝不開先朝文物半煙灰山中老將乘騾去海上遺民化鶴來江統徙戎非至論范雎謀國本庸才神州祇在危欄外白草黃雲盡可哀

劇記

船山先師詩錄

與唐須竹夜話 戊申

周逸敬選

九春初歇雨。花屐不相期。踏蘚亦何適。臨風久繫思。秋毫分九級。火電掣雙眉。不與通消息。含情更待誰。

鼎鼎千秋意。勞勞夜語傳。六經誰楚漢。一擊試鷹鸇。偶覺空羣馬。人疑泛月船。名心消已盡。無望古今憐。

新秋同唐古遺須竹遊鐘武故城歸坐小軒夜語 癸丑

嶽陰萬片惹雲肥。暑氣猶留凝不飛。野徑偶然成遠望。江湖河地卜漁磯。

荆榛蒼淺古城秋。脈脈蒸江碧玉鉤。野曠天低飛鳥度。不知何處弔孫劉。

野人愛菊亦偶爾。種菊滿闌秋已清。但爲愛君兄弟好。欹眠閑看綠光晴。

閑堂剪燭夜如何。銀漢疎風古樹多。便把一竿隨爾住。江門原有舊藤蓑。

劄記

恆心堂讀書答問 續第五期

湘潭周　逸木崖

問妨賢妬能究於人何損於已何益

答昔公伯寮讒譖子路。使之不獲安於其位。自謂得計。卻不知妨賢妬能。自墜於小人之歸。萬世而下。子路不失爲賢人。伯寮不失爲小人。此所謂小人枉做了小人也。逸按自古小人讒毀君子。豈惟伯寮爲然。若孔文仲范致虛之於伊川。韓侂冑沈繼祖之於晦翁。咸包藏忮惡。組織詆誣。無所不用其極。究於兩先生何損。徒自遺臭無窮耳。

問好勝之病以何法治之

答大凡人之好勝。由心不虛。誠虛以處己。自與物無競。矜伐多由器小。器大則萬善皆亡。何伐之有。怨生於不知命。知命則安命聽天。欲生於不知足。知足則淡然無欲。所謂士若在身心上打點。世道上留心。自不屑區區躭懷於居處。一有繫戀則心爲所累。害道匪淺。

問堯舜以來所傳心法何在

答修己以敬。此堯舜以來所傳心法。千聖不易之宗旨也。六經四子精義。總不外此。舍此而言修。修非真修。舍此而言學。學非正學。

問何謂修心與修身

答惺惺不昧以修心。九容九思以修身。身心內外無一或忽。斯身心內外純是天理。自聰明睿知。自寬裕溫柔。自發强剛毅。自齊莊中正。自文理密察。以之安人安百姓。誠無往而不格。事無往而不治。天道王道。一以貫之。篤恭而天下平。非虛也。

問誠敬工夫應如何行之

答人生豈塊然獨處。不能不有所行。其或行去行不去。不待徵諸人。要在反諸己。自己果言行誠敬。到處人自傾孚。此非可以襲取僞爲。必存於心而念念誠敬。坐作寢行。一啟口。一舉步。參前倚衡。無時無處而不然。如是則誠無不格。無往不可。逸

按誠敬工夫。行步要腳踏實地。慎勿憑虛蹈空。若低視言行。而高談性命。便是憑

空蹈虛究非實際昔許敬菴篤志理學一先輩謂之曰聞子留心斯道老夫甚喜第聖賢之道不在元虛只論語言忠信行篤敬二句終身行之不盡敬菴初易其說以爲道僅如斯而已乎迨經歷既久然後始歎道果不外於斯然則吾人今日立身行己請事斯語足矣

問君子之所以爲君子以其知命也其言當否

答君子之所以爲君子以其知命也知命斯窮通得喪一一聽之於天而安命仁義禮智一一修之於己而立命窮理盡性自强不息而凝命必不行險僥倖付之儻來而逆命否則何以爲君子李二曲先生所謂君子之所以別於小人人類之所以別於禽獸吾儒之所以別於異端者禮也知禮斯律身有藉動不違則不然便茫無所措何以自立逸按自立故自知禮始知禮則知命知命斯爲君子昔張子以禮爲教使人日用之間知所持循最爲喫緊故學者須從此入德方有據依若高談性命卑視矩矱樂舒放而憚檢束非狂卽妄

問好古與好學何以辨之

劄記　恆心堂讀書答問　四

答道理無窮。德業亦無窮。日日反觀內省。知某道未盡。某理未明。某德未立。某業未成。誠一一知其所亡。斯不安於亡。務求所以盡之、立之、明之、成之。即已盡已明已立已成。亦必日新又新。緝熙弗懈。勉強不已。久則自然。如此方是好學。若不在道理上潛心。德業上操存。舍本逐末。區區致察於名物訓詁以爲學。縱博覽強記日知所未知。月能所未能。謂之好古則可。謂之好學則未也。

問士窮可貴其說如何

答貧者士之常。士不安貧。是反常也。士窮然後見節義。士不固窮。是無節義也。反常殞節。何以自立。袁安大雪僵臥。不肯干人。吳康齋躬親耕作。艱難是甘。其自敘有云。七月十二夜。枕上思家計窘甚。不堪其處。反復思之。不得其方。日晏未起。久方得之。蓋亦別無巧法。只隨分節用。安貧而已。誓雖飢寒死。不敢易初心也。此皆是安貧固窮樣子。吾人所當取法。逸按以孔子之聖。猶厄窮絕糧。況吾人乎。飢寒困苦。是其本色。夫何怨。故孟子曰。無恆產而有恆心者。惟士爲能。此非由有操守。有修養。奚能成有恆心之士。惟恆心之士。可擔當宇宙之大事。學者其勉之。

課藝

船山先師詩錄

中秋同聖功庶先翠濤須竹飲聽月樓諸公將送予下湘 丙辰

孺　逸敬選

今宵猶對家山月。江閣同傾送遠杯。牧笛西湖器良夕。金戈北望接黃埃。宗天一碧涵江合。極浦微波倒影回。果有瓊樓歸去路。羽衣何遽不仙才。

昭陽菴聞須竹夜話云乘木葉秋波探五老之勝因便送之 己酉

憶覺當年不易談。披雲躡石意猶貪。袖圖有迹傳河畫。血字無心錮井函。白日只今原不損。青山向後定誰堪。知君欲訪匡廬瀑。擷去蓮花池上參。

課藝

經義

甲等第一名胡宣泰

四郊多壘此卿大夫之辱也地廣大荒而不治此亦士之辱也義

竊思曲禮者言禮節目之委曲故多至三千而有曰四郊多壘此卿大夫之辱是則非小節也似與曲禮之文不類又有曰地廣大荒而不治此亦士之辱則更有可疑者士無任士地之責而以入其疆土地荒蕪讓諸侯者責士也豈可哉解經者於四郊多壘卿大夫之辱釋之曰卿大夫任當軍帥若有威德則無敢見伐尸祿素餐寇戎充斥郊坰故多軍壘罪各有歸若然則卿大夫之於四鄰必畏之以威懷之以德能攘外而安內體國而經野乃無忝厥職此爲國之大經也惡得列之曲禮而其於士之辱也釋曰士、邑宰、地采地爲君邑宰必宜地民相得若使地廣而荒廢民散而流移亦邑宰之辱也此蓋以士卑不得責以職守故訓士爲邑宰果爾經何不直曰邑宰而乃曰士耶是更於義未當也愚按此節專爲士言之所謂士者泛言俊秀之選不拘上士中士下士膺一命再命三命者也古者井田之制士卽出自田間有無愧爲士者當四郊多壘卿大夫失其職干戈徧起人民憂其流散士於其時當顧念鄉井不忍見其紛然扶老攜幼散之四方必急思安集之招流亡之民復歸故土俾宅爾宅畋爾田卽在大兵蹂躪之日兩軍對壘之秋或效展喜婉曲以陳詞或效弦高設謀而退敵寇至縱或多逃避者寇退則招之返是賴有士焉爲衆民之領導於百孔千瘡之時苦心調濟毋使謠諑紛紜風鶴心驚而衆潰況古昔寓兵於農耰鋤之衆有義士爲之倡當亦可以止寇盜而定禍亂後世且有起自鄉團而戡大亂者知民間守望之徒亦大可恃也非然者四郊旣多壘矣卿大夫已無能爲亂民則蠭起乘機愚民則束手待斃畏禍者皆以故里不可居散之若禽獸誰復修其田里地廣大荒而不治職是之故是則蚩蚩之氓原無足責而所謂士者平昔則以明理達義自居遇變則亦不識不知與愚賤之夫同鼠竄而已曾不能出一策以安鄉井能無恥辱乎經曰四郊多壘此卿大夫之辱也謂是固不足以責士曰地廣大荒而不治此亦士之辱也是其責士者誠無可寬觀其文似卿大夫與士並列按其義實由

卿大夫而專言乎士故曰亦士之辱亦云者於並舉之中而意則專注也解經者又曰士卑不與謀國而田里之事則其職也故曰亦士之辱噫謬矣非屬里正田畯之官而第曰士也胡爲有田里之事茲所責於士者殆謂遇兵革之變故士爲四民之首當率其衆使各歸田不致人潰散而地荒蕪也歟此則無慚爲士矣

王者之迹熄而詩亡詩亡然後春秋作說

胡宣泰

春秋一書原於世道衰微之日天下無公是非乃闡明大義爲千萬世正綱常也當夫周室盛時文武成康之澤在民其譜諸詩歌者皆正聲即其後變雅變風以作而美刺貞淫顯昭法戒一善也從而歌詠之善者以興一惡也從而譏刺之惡者以懼先王之遺風猶在也無如周轍既東王綱解紐列國各自爲政無復輶軒采風臣弒君子弒父肆無忌憚復夷狄亂華世風不可復問斯時也春秋之作烏能已哉夫春秋之與詩其義一也詩於宣王中興車攻馬同之會重贊美之以天下復知有王莫不率從也春秋歎中國之無王猶幸中國之有霸齊桓召陵之師晉文城濮之戰以尊王室攘夷狄爲功詩曰戎狄是膺荆舒是懲其旨同乎且詩則詭文譎諫春秋筆

則筆削則削尤一字嚴於斧鉞亂臣賊子能無懼哉向使詩亡而春秋不作三叛人不書其名趙盾弒君假手於穿不著董狐之直筆崔抒弒君不有太史直書無隱則後世篡逆之流王莽可依託周官復謙恭下士以文其奸曹瞞謂身爲文王已足囑分香賣履得掩其逆跡無與直揭其隱微者亂賊愈接踵於世而無所畏懼矣自春秋作二百四十年之事載筆直書勸善而懲惡足爲萬世昭炯戒故爲人臣爲人子與爲人君父者俱不可不知春秋申生無所逃而待烹共也而不得云衞孝輒以兵拒父不得謂嫡孫當立讀春秋者當深明大義古今來治世少而亂世多忠義之士讀之而奮然興起恨曹氏之竊權思存漢於蜀痛宋室之南渡乃湼背銘忠知春秋義也即在共和之世而位有上下職有尊卑下事其上卑統於尊即屬君臣之義知陽虎之叛季氏家臣而託言張公室爲不可則知擁兵稱亂以背其上者皆叛賊也他如分疆而治猶夫列國之諸侯同受命於天子知春秋諸侯無義戰則禍起蕭牆爭地而殺人盈野者皆罪不容誅一以春秋之義斷之上而推之於詩春秋魯史也元年繫以春王正月猶夫周南美文王之化稱文王爲父母而於商必曰王室亦見

文王服事之心也推之後世武后專權天下無君而書帝在房州猶夫季氏逐君而書公在乾侯君臣之義著矣嗚呼世變無常本春秋以決從違斯不患王迹熄而大義不明耳

首藝箋釋精碻別具識解文亦抑揚頓挫波瀾老成自是經義體裁次藝扼定春秋立論引證史事義正詞嚴溽暑伏案汗浹如雨披閱三十餘卷意興闌珊得此則心目豁然開朗由文有生氣矣　謝序荃批

四郊多壘此卿大夫之辱也地廣大荒而不治此亦士之辱也義

乙等第一名郭虛中

蒙按郊字之義從邑從交故古訓邑外謂之郊近郊五十里遠郊百里王畿侯國分立都邑卽各有郊圻尙書言申畫郊圻此王都之郊也毛詩言適彼樂郊左傳言焚我郊保則侯國之郊四郊者四面之郊也壘者軍行所至之營壁築土爲壘主客軍皆資之戰事多則營壘多荼毒生靈莫此爲甚古昔軍中之將佐皆係朝中之卿大夫周禮六官固皆卿職而其佐貳卽大夫平居分屬同寮能和衷共濟內修政理外

睦鄰封。則戰事不生。而營壘不作。惟卿大夫不能盡忠爲國。素餐尸位。或且奪利爭權。以致內憂外患。迭起循生。則四郊壘多。而國勢日卽於傾危。人民日歸於屠戮。卿大夫卽猶尸居其位。何辱如之。至國中四郊都鄙之地。則周官大師徒以土會之法。辨五地之物生。凡山林川澤邱陵墳衍原隰。旣有土地之圖。以周知九州地域廣輪之數。而所屬之上中下士。其制地域。分地職。奠地守者。莫不各有專司之士。如載師閭師縣師。各有上中士若而人。以及山澤之虞。川林之衡。亦各有中下士若而人。地之廣大。王畿千里。邦國各數百里。有差。士位雖卑。職責攸係。膺地職而不能治地政。則稼穡樹藝之功。無所成。水陸菁英之產。無所出。此固委任者之失人。而亦專司者之溺職。以爲亦士之辱。蓋謂辱不僅在士。而士亦辱。不能無也。

王者之迹熄而詩亡詩亡然後春秋作說

蒙按迹熄詩亡。說者不一。要必考證王爲何王。迹爲何迹。詩爲何詩。熄亡於何時。而後得春秋所由作之情。與孟子言此章之意。王制天子巡狩。命太師陳詩。周語天子聽政。使公卿至於列士獻詩。此周西周之盛。風雅頌之所以合名爲詩也。如趙注此章之說。謂王迹止熄。頌聲不作。則未明王爲何王。迹爲何迹。而僅以頌亡爲詩亡之證。其說疏矣。班氏作賦。則謂成康歿而頌聲寢。王澤竭而詩不作。是以王爲成康以後之王。詩不作則似言風雅皆不作。然宣王中興。亦在成康之後。風雅雖不作。而南征北伐。六月采芑諸什。見於雅詩。以是釋迹熄詩亡。說亦未當。今按雅詩本作於西周。而正月之周宗既滅。則又作於東遷之後。平王遣戍。揚水斯興。黍離降爲國風。而各國皆有風什。惠襄之世。左氏記王巡虢守。春秋書王狩河陽。是時魯國之詩。且以頌名。猶非迹熄詩亡時也。直、至、周、定、之世。株林、詩作。風什、運終。列國、卽、有、歌謠。輶軒、不、行、採錄。迹、熄、詩亡。此其、時、矣。先儒亦知前說之難通。因以風雅分正變。謂東遷迹熄。正風正雅俱亡。而又無說以解頌。蒙思孟子言詩。何嘗分風雅之正變。如引柏舟綿詩以示貉稽。引雲漢說北山以水咸邱蒙。正變皆有所取。何獨於此以正風正雅不作爲詩亡。孔子言詩。統舉三百。所得於周太師之商頌。亦在其中。其詔小子以學詩也。舉興觀羣怨事父事君及多識之益。皆具於詩中。則其作春秋也。必非僅因正風雅之亡而詩可知也。孔子、生、於、周、靈、之時。距周、定、已、三、四、十、年。生、後、又、數、十、年。詩無作者。故適周而有取於商頌五篇。前後百餘年迹既熄矣。詩既亡矣。不忍亂賊日生。遂託春秋以寓襃貶之義。繼詩人美刺之情。華袞斧鉞實足維世教而正人心。此春秋所由作也。孟子生孔子後又百有餘年。思撥而反之正。所由言念孔子之作春秋也所說如此。敢以質之高明。

兩藝有考據有義理而文亦雅馴是能合攷據義理辭章而爲一者 趙日生批

治事 甲等第一名賀惟寅

問中國田制國有民有之沿革及其利弊若何計口授田之制果能復行否。

洪濛初闢。民智渾噩。巢居穴處。茹毛飲血。無所謂土地之制。自神農氏教民樹藝五穀。而農事遂興。黃帝畫野分州。經土設井。始定土地爲國有地。著而數詳焉。堯遭洪水。天下分絕。禹平水土。則壤成賦。夏后氏一夫授田五十畝。商人制井田以六百三十畝畫爲九區。區七十畝。中爲公田。其外八家各授一區。周時一夫受田百畝。鄉遂用貢法。十夫有溝。都鄙用助法。八家同井。耕則通力而作。收則計畝而分。及周之衰。

井田之制。漸見廢弛。秦用商鞅。開阡陌、廢井田、民得買賣。又戰得甲首益田宅。五甲首而隸役五家。自此土地私有之制行。而豪強兼併之患起。如巴寡婦以匹婦而聲動帝王。卓王孫以庶人而宴致守令。漢承秦弊、田仍私有。蕭何多買良田美宅以自汚。其明證也。王莽篡漢、更名天下田曰王田。不得買賣。其男口不過八而田滿一井者。分餘田與九族鄉黨。犯令法至死。制度又不定。吏緣爲奸。天下謷謷然陷刑者衆。後三歲莽知民愁。詔聽民買賣土地。國有之制。僅如曇花一現。晉太康時。有男子一人占田七十畝之制。而史不詳言其還受之法。未幾五胡騷亂。則已無所究詰。直至魏孝文時。納李安世言。行均田之法。諸男夫十五以上受露田四十畝。婦人二十畝。奴婢依良。丁牛一頭受田三十畝。人年及課則受田。老免及身歿則還田。奴婢牛隨有無以還受。北齊給授田令仍依魏制。後周設司均掌田里之政。有室者田百四十畝。丁者田百畝。隋開皇時。發使四出均天下之田。其狹鄉每丁纔至二十畝。老少又少焉。唐武德時、定天下丁男十八以上者給田一頃。篤疾廢疾給田十畝。寡妻妾三十畝。若爲戶者加二十畝。中葉以後、此制隳弛。不禁賣易。自此授田之制。不再行於天下蓋自晉至唐均田計口時一行之土地國有之制尚有餼羊之遺意嗣是而後土地私有互相授受逮於今茲迄爲永制論者謂田制所以壞一由於商鞅之開阡陌隳井田再由於唐世之使民得自賣其田於是古制不得復見而富者田連阡陌貧者無以立錐耕者不必有其田有田者不必耕甚貧甚富之別遂視爲固然矣此中國數千年來田制變遷之大略也夫井田之制始於黃帝唐虞啓之夏商繼之周公申定疏整遂以大備其時諸侯封建分土而治大國不過百里小國僅五十里世其土子其民東阡西陌之利弊如指諸掌故行之無弊農村經濟平等仰足以事父母俯足以蓄妻子無不耕而坐食與夫厚利盤剝及掠奪剩餘價值之事咸相與鼓腹歡愉啓發人類最高無上之感情故唐虞三代之治冠絕千古降及戰國羣雄吞併諸侯之地愈廣人愈衆用兵爭强不復以農政爲念井田之川澮溝洫勢必疏於整理考覈故孟子有暴君汚吏慢其經界之歎商鞅之廢井田制度雖爲後世譏評然亦洞見當時田制擾亂無章輕重不均又病人力之不盡而地利之有遺故遂毅然出此禁澤稍爲足以靜百姓之心而一其制蓋事窮則變時移勢異井田法瑣細

煩密周公集前世之大成故行之有利而無弊經界既變反古實難故水心葉氏謂文武周公復出而治天下亦不必爲井王莽不明此義慕復古美名改行王田遂以肇亂。蓋自秦以後貧富判分勢逸懸隔民有土地已成積習況封建不存國境遼闊以諸侯治數十百里之道移治天下其勢有所不能故識時之士如董仲舒師丹孔光亦第言限民名田元魏至唐初所行均田之制鄭夾漈謂露田係荒閑無主之田並非盡奪富者之田以予貧人也唐之口分世業許其私自賣易至永徽而後則兼併如故可見當時均田必奸弊叢生民無實惠故行之而旋罷也是故欲均天下之田其制莫善于井田自井田不復興而均田無善法不適應時代要求違反羣衆心理。而鹵莽率以從事適足以僨事而爲之階厲蓋土地國有之制利雖多而無善法以行之則弊亦甚焉近年因農業經濟破產地權移動急激貧農備嘗無地與失地之慘痛解決田制問題實爲今日政治重心計口授田之說甚囂塵上不知中國土地雖廣而生齒亦甚繁殖東北已失西北開發不易依古代一夫授田百畝之制則已有之熟田不敷遠甚若比例人口數以爲分配則每家農戶所授幾何其生產品之收益。不能滿足需要。況土地既經零星分割。斷難操縱農產品價格。終必受高價工業品之壓迫。故人民亦何必接受此區區之土地乎。此以土地本身不敷分配而言。今日不能計口授田者一也。馬端臨曰。守宰之遷除。其歲月有限。而田土之還受。其姦弊無窮。故秦漢以來。官不復可授田。遂爲庶人之私有。亦其勢然也。此言封建廢後。主持授田之難得其人也。在今日何獨不然。土地之含質有肥瘠。自然之環境有差異。古之授田。尙有不易一易再易之分。今不照田之美惡。定其分配數量。則爲不公不平。易起爭執。若細分其優劣。則非地質專家實地調査不可。時日遷延。過渡期久。人民生活呈不定安狀態。授田成而民之死骨已朽矣。況計口而授。老死而還。方法紛繁。非一鄉一村設一地政機關不可。無論此項經費。勢必取諸農民。且以貪汚成風之中國。於何處覔此多數勤廉之地政人員乎。況人之出生死亡不能預計。若出生率多於死亡率。則有無口可授之虞。反之死亡率多於出生率。則田有剩餘之勢。無口可授之農民。其救濟方法如何。分配剩餘之土田。其使用方法爲何。豈非成爲極複雜繁瑣之問題乎。此以政治運用施行技術而言。今日不能計口授田者二也農業經濟之危機在於生產衰落欲提高土地生產力端賴集體經營及農業技術之改良而在土地過少與細分之耕作下新式農業生產方法無從採用依照經濟原理分配是依倚於生產不講求增加生產之方法而徒侈言分配平均亦可謂不揣其本而齊其末也此就改進農業增加生產而言今日不能計口授田者三也考之古代商鞅以廢井田而致秦國之富强王莽以行王田而召天下之變亂去歲陳銘樞輩亦以計口授田標榜結果不能引起羣衆同情致遭慘敗共產黨區域實行分田亦未見其能繁榮農村此古今事實之證明也蓋緣中國農村經濟破產之癥結不在乎分配不均西北各地有將田契張貼縣政府而出走者若其視田爲累而甘願荒廢離村之情狀到處有之試一考察農村經濟實在情形佃農與自耕農其苦樂嘗均亦緣農村經濟破產之主因牽涉各方面多種問題僅言計口授田徒使有田者反側不安形成農村增加擾亂農業益趨衰落況土地既經碎割關於浚塘修渠驅虫工作無論不便私人經營且私人亦不願經營若以國家力量經營之恐在現狀下之中國斷難實現是使天旱虫災當益增嚴重結果徒使收割量

減少此以今昔事實證明而言今日不能計口授田者四也現在農業對於國家地方負担率奇重一切時髦政治之推進輒取諸于田賦附加其數字極足驚人甘肅等省其負担率超過生產量一倍以上湖南岳陽去年亦有鬻賣子女以還田賦之事騰載報章苟普遍均天下之田計口而授國家軍政費一時不能減免則苛捐重稅之負担定由富民而轉嫁平民形成平民失地之患少而擔負捐率之累深愛之適以害之適足促農村崩潰之速此以農民不勝租稅奇重而言今日不能計口授田者五也促成中國土地問題之嚴重性者厥惟帝國主義之政治侵略經濟壓迫在此時期祇有任安靜之吏對於一般民衆莫更誅求無厭對於佃農施以保障之方休養生息精誠團結上下一心臥薪嘗胆共本救亡圖存之勇氣在此世界大戰風雲欲來之時能努力殺開一條血路則整個之國家民族方能獨立於世界否則土地問題自有共管瓜分者爲之主宰此事未必爲今日當務之急也此爲挽救目前危亡而言今日不能計口授田者六也竊以立政方針當務其大者遠者流行學說未必恰合實際閉門造車斷難遂合軌道古言利不什不變法其在岌岌不可終

日之中國已成黃台之瓜不堪再摘何能以劫後河山殘餘民族供流行學說之試驗犧牲品乎一舉足而天下安危繫焉可不愼歟

于授田制不復可行剖析明碻足徵心得　顏昌嶢批

保甲之制與地方自治制異同若何試析言其利弊　賀惟寅

求一名以爲獨至之美求一爲以爲不變之例不可得也古之權在君今之權在民古之朝廷尊無有二今之政府職爲公僕故古之政與今之政有同而不同者有不同而同者善爲政者惟同其所當同而不同其所不當同君權民權政柄易地是以古今異宜時代異制運用之妙存乎人之政治思想如何耳保甲之制原於黃帝經土設井塞欺凌弭鬭訟始分於井計之於州周官更備有比閭族黨州鄉使之相保相受相葬相救相賙相賓又有鄰里酇鄙縣遂之分使各掌其政令刑禁簡兵器教稼穡歷代因之稍有損益漢時鄉亭之任皆有祿秩而三老孝悌力田爲尤尊蓋以縣治鄉以鄉治保以保治甲詳密簡易法良意美與現時自治制度以縣爲自治單位其下編劃爲區鄉鎭閭辦理自治法規所規定各項事業頗有類似之處但鄉遂

保甲爲官使民者也其職在於爲州縣耳目察其所屬自治制度是以政治爲人民所共管能運用四權制定公約其權在民與昔僅受驅使於官有別隋蘇威之奏置五百家鄉正明初之老人均令理民間詞訟是又同於自治之區鄉鎮調解委員會矣李唐中葉以後鄉亭之職至困至賤期會追呼笞箠比較比其職於蛇蝎各萌避免之意命曰戶役矣宋代王安石立保甲法保丁授弓弩教戰陣始特以捕盜賊相保任繼而改隸兵部立大團教法諸路置文武官一人提舉蓋欲以農爲兵又建保甲養馬之法尤爲苛役自此以後保甲專司供役弭盜視爲賤役如蹈湯火不特與今自治制度不同並與周之鄉遂比閭漢之三老嗇夫亦相去遠矣考周禮鄉黨里州長以治其鄉事爲職皆有祿秩之命官漢治近古三老嗇夫之屬爲有譽望之名士如新城壺關三老是也元立長擇高年曉農事者爲之專以教督農桑孝弟世稱其與漢制相近蓋鄉職爲縣州之分治苟鄉政得治州縣亦隨之而治故爲上者重其職禮其人上下相維嘗資其力唐代此職漸微至宋而保甲法病國殃民驅飲食耕鑿之倫而日從事於干戈畚鍤羈紲牧馬催科諸役禁令苛急官以民爲草芥閭

里驅擾民視官如寇讎緣上之人既輕其職賤其人爲保甲者亦自宵小多而良善少多弄法行奸人民遂憔悴呻吟反視保甲爲苛政猛於虎也夫後世之保甲本非比閭族黨之任之本意除供戶役外專司守望相助禁暴詰奸但州縣用人不當監察不周易於作惡不能弭盜反以庇盜不能安良反以誣良故保甲雖爲治盜善法然用之不以其道其弊累亦無窮史稱宋世之保甲往往逼民去而爲盜團練之法亦猶保甲遺意曾文正公一代偉人用湘軍芟夷大難其始雖創於羅忠節王壯武之團練然居常不喜言之甚或禁止之亦緣當時有藉此以魚肉鄉民爲暴於閭里者以此知保甲之難言也久矣至於今日自治之制孫中山先生規定於建國大綱創議權能分開使政權與治權保持平衡以實現民有民治民享之國家如在訓政期內全民接受政治訓練運用創制權複決權以創制複決有利於全民之法規于以實施憲政運用選舉權罷免權以選舉有利於全民之大總統以至區鄉鎮長其貪汚溺職者則罷免之使政府一動一靜皆受人民指揮舉凡國家應施之政治地方應興之公益胥在自治機關範圍以內而保甲警衛不過自治事業之一而已蓋

以人民自身切膚之利病必也自知之甚審自知之而又自治之其所創制複決法規必無扞隔不能行之弊其所選舉罷免官吏必無是非倒置之事故自治而推行順利便可造成萬能政府而民族恢復民權普遍民生發達人民便有力量管理政府俾造成獨立自由之國家破天荒在地球上成立一新世界豈不偉哉試一鳥瞰則土匪匝地軍閥橫行領土破碎民生凋敝提前興辦自治各省縣自治機關比於前此團保換湯而未換藥而自治人員未經民選政府所委任者難求地方賢能但利用其直接可向人民搜括而已雖曰自治而民權未申實同官治且所有經費加自田賦出血汗之脂膏養殃民之人員自治之制雖美然在今日則尚未蒙其利也夫政者正也而所以使政而正者則在乎運用之人也蓋無完善政治制度則不能適應時代要求無公忠廉能運用之人則不能實現此完善政治制度完善政治制度與公忠廉能合則制度為對症之藥國家可以長治久安完善政治制度與公忠廉能離則制度變成踰淮之枳國家便成土崩瓦解欲免土崩瓦解而謀長治久安勢非由公忠廉能之人執行完善政治制度不可以新舊紛爭國是靡定之中國必

也法治與人治並重整個國家民族方有復興之機若其專言主義法制而不重人治形成罪歸制度利歸私人之風氣國人如不將此種心理痛加鍼砭是猶治絲而棼之也能明此義者保甲自治之利可以運諸掌上

識精識卓匡時藥石　顏昌嶢批

叢錄

船山先師詩錄

周逸敬選

長沙旅興 乙卯

禹跡千峯碧嶂迴。湘波東繞定王臺。樓船擬趁桃花水。釣艇閑傾竹葉杯。露布星郵飛蜀錦。靈光絲管訪騷才。當年玉女盆前客。笑指彤雲幾度開。

夜泊湘陰追哭大學士華亭伯章文毅公

殘煙古堞接湖平。認是湖南第一城。雲閃靈旗魂四索。波搖旅夢月三更。愁中孤掌顰眉妬。身後傷心九廟傾。近築巴江新戰壘。可能抉目看潮生。

叢錄

通訊

陝西省政府邵主席來書

船山學社諸先生大鑒頃承　惠贈學報五冊。船山先生學術純粹該博。近古所稀。而當胡清入主中夏之日。投荒榛棘。不近腥羶。尤與尋常肥遯之士不同。今　諸先生彰表幽潛。足爲民族思想史生色。非獨昌明學術挽救頹風已也。編中材料宏富。議論正大。洵足爲治國故者津梁。繹讀一過。敬佩無已。續有出版。尙希　源源賜寄。爲荷。手此鳴謝。卽頌　撰安

邵力子再拜　七月十日

趙曰生先生來書

木崖先生道鑒。辱承　寵命。以本社季課試卷　囑任分校。曰生學識孤陋。實懼弗勝。惟以　謬愛逾恆。未敢拂命。現雖次第閱竣。而五中惴惴。自恧弗寧。敬布私衷。尙

希諒察。夫文章美惡。實難定評。見智見仁。各異其旨。是以太玄草就。褒貶異辭。中論書成。疑信參半。孰取孰舍。莫定從違。此其一。百寶紛羅。波斯目炫。九衢交互。楊朱心悲。何去何從。敢云悉當。在人則多交謫。在己亦未心安。內疚神明。外滋謗議。此其二。真贗雜陳。媸妍竝列。屢逢嫫母。則凡姿亦獲登庸。久飫河魴。則前魚亦遭摒棄。優劣無定。隨境而移。此其三。且也神智偶淸。則六轡在手。目瞑意倦。則七聖皆迷。看碧成朱。迴黃轉綠。亦難自信。何敢質人。此其四。或者未除我見。難絕蓬心。今古之爭。漢宋之見。在胸有竹。顧肘生楊。刻舟而求。納履難適。此其五。而且一身之中。時具兩我。昨之所是。今日又自以爲非。今之所取。明日又自以爲謬。方寸之地。矛盾自生。何況徵之於人。詎能一致。此其六。凡此六端。自訟莫決。轆轤萬轉。深懼愆尤。惟冀 諸公重加審定。糾其謬誤。定其是非。庶免遺珠。咸珍拱璧。無任心禱。敬頌道安

趙日生啓

許篤齋先生來書

木崖先生道席奉 惠書。慰悉一切。猥承 把臂。甚願追隨 諸君子之後。而回翔

箸作之林。但自慚學識太淺。且老境頽唐。頗以心動神疲爲戒。欲求却病。首貴清心。以言清心。急宜省事。非敢效柴桑之自外於蓮社也。有方 台命。至深歉仄。維鑒諒爲荷。附寄湘水賦一篇。係 敝師李黛山先生遺稿。 先君選入霞城經古課鈔中者。呈候 采覽。 貴報第五期校正本奉到。謝謝。祗候 撰安

許銘彝謹啓 新重九

本社同人致趙芷蓀先生書

芷老社長先生道鑒。 斗山在望。企仰爲勞。遙想 杖履優游。 林泉頤養。頌祝奚如。本社自前歲改組。於今兩年。講演則每週舉行一次。學報則按季出刊一册。今夏又增設季課。多士渢渢有興。志在世道人心。未敢稍有背越。祗以經費有限。驟難美滿進行。然黽勉同心。幸獲多助。則皆仰憑 聲望有以致之也。前歲修函速 駕蒞省。道躬鮮豫。未償所期。玆者秋爽天高。潭清潦盡。夏正九月朔日。依照社章所定爲 船山先生誕日。同人虔修祭祀及本社大會之期。特此公託代表賫函達意。尚祈 安御蒲輪。 蒞社小住。庶後進遂瞻仰 丰采之忱。同人得觀摩切磋之益。昔

邵康節每以春秋佳日輒來洛城。長者高風。應符前哲。至筆墨應酬。酒食徵逐。決不致煩勞 清廬有濆 起居也佇候 台旌。無任禱盼。餘由代表面達。耑此敬頌
道安

趙芷蓀先生覆本社同人書

學社諸先生公鑒睽間闊疏忽忽兩年。諸君子圭槷 先儒。闡揚絕學。前歲謬承以社長見屬。啓霖因精神衰憊。不獲以時贊襄。其間方深疚怍。迭荷 賜寄學報。披誦之餘。具見 苦心搜輯。條理秩如。佩仰無似。近更增設季課。因文見道。益足以彌綸國粹。提振宗風。其關係實非淺鮮也。誕祭極願恭襄鉅典。緣 尊函于先一日傍晚始行奉到。趲簡已苦不及。加以賤軀近日患聾更甚。客至晤談。充耳弗聞。酢酢深感不便。又夏間里中求雨。牽率從事。比受暑熱。至今兩目發赤。淚睫濛濛。拭巾未嘗丢手。頹唐狀態日劇月增。蟄伏山齋。難于遠出。是以未克從 諸君子後。一伸崇拜之私。歉悚交縈。匪可言喻。敬賦二律紀事。藉達寅忱。倘希正定。社長一席。仍乞改選爲禱。諸祈 鑒諒。承 寄川資二十圓。謹仍奉繳。祇請 道安

趙啓霖頓首　寒露日

何名譽董事長芸樵致趙芷蓀先生書

芷老道鑒。前歲船山學社改組。咸以社長一席推　先生。鍵比肅函馳逕。未荷賁臨。流光荏苒。忽又兩年。社中於講學編報課試諸務。努力不懈。成績頗有可觀。鍵亦間於從政之餘。到社講論。良以人心之變。世道之衰。皆聖學不昌有以致之。思欲砥柱潮流。針砭薄俗。故遂忘其譾陋也。茲際秋高氣爽。天宇澄清。社中定章以夏曆九月朔日爲　船山先生誕日致祭。又爲社員大會之期。倘蘄及此良時。安車夙駕。不遺在遠。言蒞會城。俾多士得親　楷模。鍵亦得以側席　高賢。咨决治道。尤所欣幸。專肅順頌　道安

何鍵　九月廿八日

趙芷蓀先生覆何名譽董事長芸樵書

芸公主席崇鑒。秋高氣爽。敬維蓋履康豫。勛德日隆。謹爲全湘祝公多祜。船山學社義當竭棉助理。緣賤軀以望八之年。日增孱憊。起居時感不安。社長一席。是以未敢

奉爾承乏。每閱報紙。敬譜我公以時蒞社講演。剴切詳盡。洞見本原。提倡所及。實足以斡回風俗人心。道之光榮。邦之慶幸。無任仰佩。誕祭極願恭詣。重辱 鈞諭。尤應遵即趨陪。因手札於先一日傍晚始克奉到。戒塗已苦不及。加以 啓霖 近日耳聾更甚。劉伶所謂靜聽不聞雷霆之聲。又夏間里中求雨。牽率從事。感受暑熱。至今兩目發赤。流淚粘睫。時須開拭。龍鍾之狀。殆難形容。鉅典隆儀。不獲襄贊。私衷慊歉。無地自容。謹賦二律。藉達虔誠。另紙繕呈。 崇教。諸乞鑒宥。鄉間自白露以後。微雨數次。遲禾之焦萎者。多有生機。惟乾涸太久。又値秋深。吐穗甚短。仍恐收獲無幾耳。附以奉聞。肅請

勛安

趙啓霖啓 寒露日

湖南船山學社季課簡章 此簡章與前次季課簡章略有修改故再刊之

一，本社每季課文一次分經義治事詞章三類應課者任選一類以兩藝爲完卷如選兩類以上者應分標兩卷或三卷以便分類揭榜如任作兩藝不屬一類者依首藝之類列榜

二，應課文字均須楷書
三，卷尾自註姓名住址並蓋私章
四，課卷自備一律用文格紙裝訂騎縫處自蓋私章
五，評定試卷分甲乙丙附取四等給獎揭榜登報其最優者選登船山學報
六，給獎以核對卷尾私章爲證
七，課題登載國民日報及通俗日報
八，省會限十日交卷外縣限二十日內交卷自出題之日算至付郵之日止直寄
長沙中山東路船山學社
九，課文分甲乙丙附取四等每名二元至二十元閱卷後列榜揭曉
十，取卷多少及分等細則俟交卷後再行開會議決

湖南船山學社季課文題（此秋季課題）

經義

一，孔惡鄉愿孟距楊墨論

二，周於德者邪世不能亂義

治事

一，問古常減租蠲賦六朝五代且然今欲免除苛捐雜稅而田賦附加一項去之實難試言其由

二，惠士奇論荒政謂勸富分貧不若勸富開渠築塘餓者得食抑價不若通商米自至集遏糴不若貸錢廣糴米價自平行粥不若釐戶五等甲振乙糴內自給丁糴戊濟試詳言其利弊

詞章

一，擬重修九疑山虞帝陵廟啓（駢文）

二，和船山先生詠菊答須竹（用原韵五古或排律均可）

本社紀事

船山先師詩錄

九日同熊男公與中涵存儒于禮集一一如精舍 癸亥

周逸敬選

檀欒翠色碧侵霄。回合雲光鎖泬寥。一綫天難分近遠。片時心在儘逍遙。寒生北地鴻飛杳。煙靄齊州蜃氣驕。策杖未須凌絕頂。年來葉落倍魂銷。

其二

龍山今古誰爲侶。戲馬英雄此一時。木末有花能獻笑。始波無葉不辭枝。支公有韻憐神駿。伯業多情老耄期。薄醉多情忘白首。憑將破帽付伊誰。

本社紀事

從二十二年十月起至二十三年十月八日止

二十二年。十月十九日卽夏曆九月朔日。舉行　船山先師誕祭典禮。主祭者爲本社名譽董事長何主席芸樵。與祭者有名譽董事朱教育廳長經農等。及社員易書竹等百餘人。上午十時致祭。祭畢由陶副社長思曾導全體社員至會講室。首先報告舉行　船山先師誕祭之意義。然後請何主席朱廳長及石董事一參演說。於　船山先師學說。闡發極多。十二時會餐。下午開社員大會。推舉臨時主席。顏昌嶢報告事項。(一)陶副社長報告本社自民國二十一年九月二十三日接收起。至本年九月底止。收支欵項四柱清册。(二)本社之過去工作情形。一、學報已發刊至第三期。二、講演已到十八次。討論事項。(一)董事會照章每年應改選半數。現上屆董事任期已滿。應如何改選案。議決。一、照章改選。籤留原任董事周逸、石廣權、陳嘉會、顏昌嶢、任福黎、楊樹穀、黃贊元、毛樹駿、楊卓新九人。二、補推董事胡子清、趙恆、易書竹、謝鴻熙、程子樞、王禮培、李澄宇、劉約真八人。三、推舉候補董事汪孟萊、彭穆如、張通煥、張湘蘗、曾銓五人。(二)前董事長胡子清報告交出本社與曾祠及藝芳女校所訂條約一件。地圖一件。陶副社長移交函一件。籌備處文一件。蕭副董事長度所存文書簿冊等單一件。應如何保存案議決。暫由臨時主席委託陶副社長保管。俟新董事會成立後再交董事會保管(三)石一參先生提議訂期召集新董事成立董事會案。議決訂期十月二十九日(星期日)以臨時主席名義召集開會。

十月二十九日。成立第二屆董事會。推定石廣權為董事長王禮培為副董事長。

十一月二十六日。開第二屆董事第一次常會。出席董事石廣權、周逸、謝鴻熙、楊卓新、王禮培、程子樞、陳嘉會、顏昌嶢、胡子清、黃贊元、劉約真。請假董事楊樹穀、李澄宇。石董事長報告接收新舊文冊。當推定胡少濟、周木崖兩先生照冊點交石董事長接收。

二十三年四月八日。開臨時董事會。出席董事。楊樹穀、陳嘉會、顏昌嶢、王禮培、程子樞、周逸、李澄宇、胡子清。請假董事。謝鴻熙、劉約真。審查王哲惠、彭濟昌、何培基、粟戳時、王政詩、劉嶽崙、趙日生、王延英、李先恕、蕭仲邠、李向榮、郭向陽、謝申嶽、鄺鴻鈞、張有晉等十五人社員資格案議決通過。

四月二十九日開董事常會出席董事顏昌嶢、陳嘉會、胡子清、王禮培、謝鴻熙、周逸、黃贊元（請假）楊樹穀、楊華一、李澄宇、程子樞副董事長王禮培報告石董事長辭職。業經本社兩次慰留第二次函去後未見復函。公推顏息庵周木崖兩先生前往慰留解釋誤會。並通過船山學社季課簡章。

五月十二日。開臨時董事會出席董事顏昌嶢、謝鴻熙、胡子清、王禮培、周逸、任福黎、程子樞、陳嘉會、劉約真、請假董事黃贊元、毛覺民、推定董事王禮培、周逸、顏昌嶢、陳嘉會、謝鴻熙、胡子清、楊樹穀、楊卓新、李澄宇九人。爲季課委員負責籌備。並推王禮培、周逸、顏昌嶢三人爲常務委員。審查鄧振聲、吳鏐、劉鵬年、王宜生、王銘彝、黎秋澄、許篤齋、爲本社社員案。議決通過。

六月二十四日。開董事常會出席董事程子樞、陳嘉會、李澄宇、謝鴻熙、周逸、顏昌嶢、胡子清、楊華一、楊樹穀、請假董事、黃贊元、劉約真、推舉顏昌嶢、陳嘉會、胡子清、謝伯涵爲季課閱卷委員。並議決刊刻船山學社季課委員會條戳一顆。

七月二十二日、開董事常會。並接收房屋代表大會。出席董事代表顏昌嶢、楊樹穀、謝鴻熙、王禮培、程子樞、蕭度、周逸、陳嘉會、言汝昌、李澄宇、胡子清、方克剛、楊卓新。周董事木崖報告曾公祠業將前年訂約劃歸本社東邊卽曾祠西邊房屋。于七月十八日交出。已由逸與王副董事長接收。石董事事函請辭職。議決照准。並照章以副董事長王禮培代理。至下期改選之日止。

九月十六日。開董事常會。出席董事王禮培、顏昌嶢、周逸、謝鴻熙、陳嘉會、劉約真、程子樞、李澄宇、胡子清、楊卓新、楊樹穀。討論護國息災法會佃用本社由曾祠所交還房屋。押金二百元。月租三十元。地板窗戶門片。歸本社修整。裝電燈開門等裝修概歸該會負責案。議決通過。

十月八日。卽夏曆九月初一日。舉行　船山先師誕祭典禮。主祭官爲何主席芸樵。與祭者張財政廳長開璉、余建設廳長籍傳、及社員易書竹等百餘人。十時致祭。祭畢。陶副社長何主席及羅正緯先生等演說。下午開社員大會。推易書竹爲名譽董事。連任董事周逸、胡子清、陳嘉會、顏昌嶢、楊樹穀、任福黎六人、推舉謝序荃鄧振聲張有晉蕭仲祁爲董事。並推朱肇幹曾愼齊張斗衡王壽慈爲候補董事。

湖南船山學社民國二十三年九月至十月新入社員一覽表

姓名	別號	年齡	籍貫
胡作鏞	肇修	六六	湘潭
郭人謙	海潮	五八	湘潭
羅正緯	達存	五十	湘潭
李　礫	別樵	六三	瀏陽
楊佑羣		四八	寧鄉
廖介誠	戒成	五五	長沙
阮映長	心潭	三四	安化

本社紀事

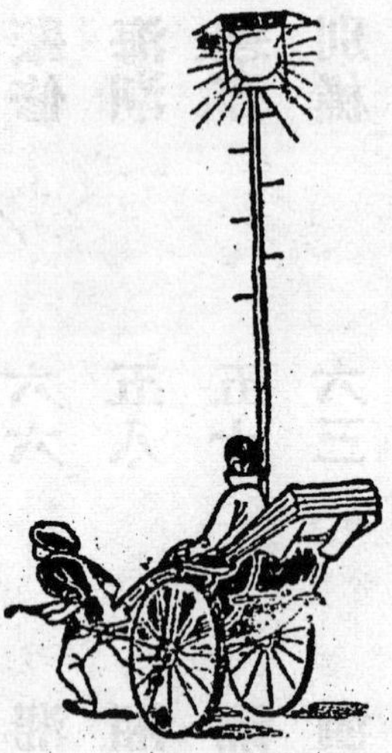

定價表

冊數	每冊	預定全年
定價	四角	一元五角
郵費照章		

中華民國二十三年甲戌歲九月

出版

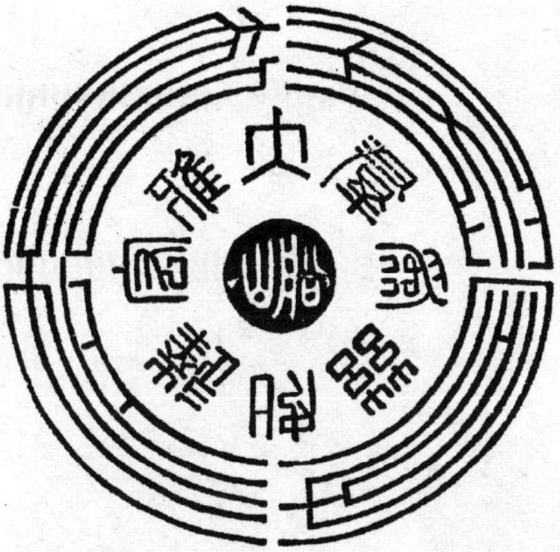

船山學報

第六期

廣告例

冊數	一冊	二冊	三冊	四冊
一面	十元	十八元	廿八元	卅二元
半面	五元	九元	十四元	十六元
四分之一	二元五角	四元五角	七元	八元

◎面頁底頁加倍

主編者　湘潭周逸

發行者　長沙中山東路　湖南船山學社

印刷者　長沙萬福街　藻華紙業印刷局　電話五六九

代售處　上海　南京　天津　北京　長沙　武昌　福建　廣州　商務印書館

府正街魏博文書局

湖南船山學社

民國二十四年乙亥歲二月出版

船山學報

中華郵政特准掛號認爲新聞紙類

第七期

湖南船山學社印行

湖南船山學社學報章程

一　本學報繼續本社民國六年以前學報辦理仍名曰船山學報

二　本學報暫定每季出版一次按年編號

三　學報內容分類如左

1圖畫　2特刊　3師說　4講演　5通論　6專論　7專著　8文苑

9劄記　10課藝　11叢錄

四　本社徵文酬例另定之遺稿專著斟酌酬贈詩詞雜文等不給酬但酌贈書報

五　給酬以登出學報者爲限

六　凡來稿本社得斟酌修改之無論已否登出概不退還惟遺稿專著詩詞文集成册者不在此限

七　本報費及廣告費另定之

湖南船山學報第七期目錄

第七期

目錄

專論

通論

專著

文苑

目錄　四

目錄 六

箚記

課藝

目錄

王船山先生遺像

把鏡相看認不來問人云此是董齋龜於杇後從人卜夢未圓時莫浪猜　誰筆仗此形骸閒愁輸汝兩眉開鉛華未落君還在我自從天乞活埋

先師自題小影詞也清光緒初元張文心大令從先師祠堂摹得　遺像蓋猶襲明行人司章服先師以永曆四年任行人司年三十二後又四十一年乃自題小影今摹刻之祠堂者是也湘陰郭筠仙侍郎奉以祀之思賢講舍而為之贊曰

濂溪渾然其道莫窺惟於先生望見端崖約禮明性守道持危闡揚文令是曰先知二百餘年星日昭垂私心之契曠世之師

石鼓書院

石鼓　在衡城之北實一郡佳境……先生遺跡不可考然詩集中多有石鼓之句

特刊

船山先生傳

宜興潘宗洛 遺稿

船山先生。姓王氏。諱夫之。字而農。別號薑齋。故明之遺臣。清朝之逸民也。明既亡。先生隱於湘西蒸左之石船山。學者稱船山先生云。其先世本揚州之高郵人。明永樂初。官衡州衞。遂爲衡州之衡陽人。世以軍功顯。及武夷公始以文學知名。中天啓辛酉副榜。先生卽武夷公之季子也。先生穎悟過人。讀書十行俱下。一字不遺。年二十四、與兄介之同應崇正壬午科湖廣鄉試。俱獲雋焉。以道梗不赴會試。越明年癸未。流賊張獻忠陷衡州。紳士降者以僞官官之。不降者縛而投諸湘水。先生走匿南嶽雙髻峯下。賊執質其父以招之。先生自刺肢體。創甚。舁往易父。賊見其創也。免之。父子俱得脫。復走匿雙髻峯下。築室名續夢庵。聊蔽風雨。甲申闖賊破北京。明懷宗殉社稷。先生聞之。涕泣不食者數日。作悲憤詩。乙酉我師下南京。當是時我朝既得兩京。天下大勢雲集響應。而明之藩封庶孽。奔竄於湖湘滇黔粵閩間者。往往始稱監國。繼假位號以恢復爲名。先生少遭喪亂。未見柄用。及乎明之亡也。顧念累朝養士之恩。痛憫宗社覆亡之禍。誠知時勢已去。獨慨然出而圖之。奮不顧身。其志亦可悲也。明藩有稱隆武年號者。使其督帥何騰蛟屯湖南。制相堵胤錫屯湖北。楚省兵燹塞野。加以大旱。赤地千里。而逆闖李自成旣斃於九宮山。餘黨降者號爲忠貞營。蹂躪瀞漢。有岌嶪之勢。堵何兩公。措置無術。而又不相能。先生憂其將敗。亟走湘陰。上書於司馬章曠。指畫兵食。請調和南北。以防潰變。章司馬報曰。本無異同。不必過慮。先生默而退。卒之賊勢猖獗。司馬以憂憤卒。堵何兩公遘憫凶。而勢不可爲矣。丁亥我師下湖南。先生時丁父艱。營葬畢。西走桂林。大學士瞿式耜特疏薦先生。先生請終制。旣服闋。歎曰。此非嚴光高蹈時也。卽起就行人司行人。是時粵中國命所係。則瞿式耜與其少傅嚴起恆。而姦邪亘魁。則內閣王化澄。悍帥陳邦傳。內豎夏國祥也。桂藩駐肇慶。紀綱大壞。給諫金堡丁時魁劉湘客、袁彭年、蒙正發。志在振刷。王化澄等害之。目爲五虎。交煽中宮。逮獄。將置之死。先生約中舍管嗣裘、與俱告嚴少傅曰。諸君棄墳墓。捐妻子。從王於刀劍之中。而黨人殺之。則志士解體。雖欲效趙氏之亡。

明白慷慨。誰與共之者。起恆感其言。爲力請於廷。化澄之黨參起恆。先生亦三上疏。參化澄結奸誤國。化澄恚甚。必欲殺之。其黨競致力焉。會有降帥高必正者救之。得不死。亦不往謝也。返桂林。復依瞿式耜。聞母病。間道歸衡。至則母已歿。其後瞿式耜殉節於桂林。嚴起恆受慮於南甯。先生知勢愈不可爲。遂決計林泉矣。初桂藩議封孫可望爲秦王。起恆力阻之。可望戕起恆。專執威柄。越數年。可望分李定國入粵。遂入衡。招先生。先生不往。作章靈賦。壬寅聞緬甸之變。明之藩封庶孽。稱監國假位號者。於是乎殄盡。先生遂浪遊於浯溪、郴州、耒陽、晉甯漣邵之間。凡所至。期月。人士慕從者衆。輒辭去。最後歸於衡。游石船山。以其地瘠而僻。遂自嶽陰遷焉。築土室名曰湘西草堂。晨夕著書。蕭然自得。作四書大全說。周易內傳外傳大象解。詩廣傳。尚書引義。春秋世論家說。左氏傳續博議。禮記章句。並諸經稗疏。各若干卷。又作讀通鑑論三十卷。宋論十五卷。以上下古今興亡得失之故。制作輕重倚伏之原。又謂張子之學。切實高明。作正蒙釋義一卷。與前思問錄內外編。互相發明。以闡天人性命之旨。別理學真僞之微。又以文章莫妙於南華。詞賦莫高於屈宋。故於莊騷、尤流連往復。作莊子解、莊子通。楚詞通釋。又著搔首問俟解。噩夢各種。及自定詩集。評選古今詩。夕堂永日緒論。註釋老子呂覽淮南各若干卷。自明統絕祀。先生著書凡四十年而終。先生之未沒也。盛名爲湖南之冠。戊午春、吳逆僭號於衡。僞僚有以勸進表薦先生者。先生曰。某本亡國遺臣。鼎革以來。久逋於世。今汝亦安用此不祥之人爲。遂逃之深山。作祓禊賦。吳逆既平。我大中丞鄭公端聞而嘉之。屬郡守崔某餽粟帛請見。先生以病辭。受其粟。返其帛。未幾。卒於石船山。葬於大羅山高節里。自題其墓曰。明遺臣王夫之之墓。自銘曰。抱劉越石之孤忠而命無從致。希張橫渠之正學而力不能企。幸全歸於茲邱。固啣卹以永世。嗚呼。先生之志可悲也。先生子二人。曰攽。曰敔。敔字虎止。游於吾門。蓋能紹先生之家學者。余不及見先生。慕先生之高節。欲盡讀其書。敔曰。先人家貧。筆札多取給於故友及門人。書成、因以授之。藏於家者無幾焉。余所得見於敔者。思問錄、正蒙注、莊子衍、楚詞通釋而已。

贊曰。明之支藩。播遷海澨。先生非不知其無能爲也。猶間關跋涉。發讜論。攻憸邪。終擯不用。隱而著書。其志有足悲者。以先生之才。際淸代之興。改而圖仕。何患不達。乃終老於船山。此所謂前朝之遺臣者乎。及三桂之亂。不屑勸進。抑又可謂淸之貞士也哉。鄭中丞聞之而加禮焉。良有以也。

師說

船山先師詩錄

懷金坑（今名經鏗）紫巖諸子（即黃又謙先生昆季也）

國破家無壁。山寒草自春。幾人懷舊德。數子抗三仁。目弩燕軻泣。肩牆魯叟循。何時依栗里。薇蕨共吹豳。

右佚詩係黃子固所述　周逸謹識

師說

相宗絡索　續第六期

王夫之

三性　此性指識中相應心所有此三種差別。於見分三性中。俱依他起性攝。以皆資藉緣生故。若圓成實性。但一無三。

「善性」能成善品十一之才質。「惡性」能造根本六惑。大隨八。中隨二十。小隨十之才質。「無記性」、記謂紀其功過之因而別之爲善惡之果。無記者。可以善而未即善。可以惡而尚未惡。乃識初發之機。一切善惡皆由此作。徧行、別境、不定、三位十四心所之才質也。別有士用果。如著衣、吃飯、耕種、工技等。其果亦無記。亦由徧行別境起其功用。此無記性復有二。一「有覆無記」。覆益覆也。如瓦隙日光。四邊皆受障蔽。但受一隙之影。此性覆障真如廣大之體。於五蘊中八識執持我爲我。我法爲我法。雖未即爲惡。而爲染汙之本。乃七識別境中一分邪慧所成。惡性成煩惱。善性成無明。而煩惱乃無明所發生。故前六隨惑。皆七識根本四惑所生。而四惑又別境慧所生。若論其本體。則此性卽是無覆性。錮蔽而成有覆。如隙中日。卽余日光故。統言三性。不分爲四。二「無覆無記性」乃真如不守自性。加被潤生所成。本無覆障。雖爲七識所染。而本體自如。偏行初心。但有覺了。無執着。無分別。然其可善可惡。不得純淨無垢。如水初波。未有寧靜。善惡二性。唯第六通具。以一切善惡。皆緣意造也。前五善性具。惡性有缺。識依根發。功不勝故。如小隨十。前五對境則有。境去則忘。不留滯結成內毒。如第六之攀緣過去未來也。前五善惡亦待一分同時意識和合乃成。若同時意識未生。但與五根和合。則前五止有有覆無記。無記八識俱有。此性在八識。但成五偏行。未墮善惡。至七識結就。則卽此偏行。而生別境之慧。至六識生。則卽此五偏行。具諸別境及不定四。其流注前五。則偏行生五別境。其偏行、止是一性貫串八位識中。爲可善可惡。資糧在八識。但有初發識光。未有障覆。至結成第七。則此性自生覆矣。七識以障覆爲性。還能障覆第八。使成異熟種子。結生死因。又能障覆前六。使成根隨諸惡。根本四惑及八大隨。皆此有覆之所結成。此有覆性。以法執成我所。是所知障。無期現行。爲煩惱種。

子。非卽有煩惱現行故。但名無記。不便判作惡性耳。六識受七識之染。前五以第七建立我所各各成自類徧行別境。不得圓通。皆是有覆。不能還歸第八無覆本位。唯八識一位無覆無記。餘俱有覆。

見分三性　此三性乃真妄所自分。凡有言說。俱從此證持。一乃性之本體。二性之作用。三性之變。染相宗依依他起證圓成實。

圓成實性。卽真如本體。無不圓滿。無不成熟。無有虛妄。比度卽非。眨眼卽失。所謂止此一事實。餘二定非真。此性宗所證說。乃真如之現量也。八識轉後。此性乃現。

依他起性。或依境。或依根。或依言。或依義。展轉依彼事理。揀別真妄。而實知之。此相宗所依以立量。就流轉中證還滅理。比量也。由此度理無謬。雖未卽親證真如。而可因以證如。由八識五徧行。流注六識而成此性。徧計性、不依真如。不依事理。從一切世間顛倒法相類不相類。徧爲揣度。而妄印爲真。非量也。因此而成癡慢疑邪之惑。永與真如不契。從七識有覆性中一分邪慧。流注六識而成此性。

五位唯識　此以唯識一宗。該盡萬法。一切事理見相善惡凡聖。皆識所證。流轉者。

此識之流轉還滅者、卽於識而還滅之。百法統萬法。五位統百法。若非自識。彼法不成。一由阿賴耶識。旋生七位。建立種種迷悟規矩。凡一切相。皆從見生。見相皆從自證分生。一散而萬。相宗所以破逐法執理之妄也。

一「自性唯識」真如自性。剎那一念。結成八識。各爲心王。在含藏未發。爲阿賴耶識。轉念執染。爲末那識。發動於心意。爲紇利耶識。依五勝用根。爲眼識、耳識、鼻識、舌識、身識。總是如來藏中一色光明。逐地流轉。是八位心王。自性皆唯識也。二「相應心所唯識」。八識五心所。七識十八。六識具五十一。前五、約略有三十四。一一心所。成彼善惡無記三性。具諸作用。皆是識所顯現。生起於八位中。各與彼識相應。有此識則有此心所。凡所有心所。皆是此識建立成熟。識外別無心所也。三「所緣唯識」內而五根爲根身。成種子根二緣。外而五塵與地、水、火、風四大爲器界。及一分法塵。結成前境。爲空明境。三緣。識緣之而生者。與六七八三識互相爲緣。作分別染淨。作意根本四緣及等無間。待彼滅而此生者。亦非識外別有相資相互相待。別有可緣之色法。皆卽識所結成。所印持而成乎有。彼以見立相。又因相而生見。如束蘆轉。若有眼識。不成勝用。卽無靑黃等色可緣之相。餘十色法。例此可知。如毛嬙麗姬。鳥見高飛魚見淵潛。由彼識別。所緣亦別。足知地水火風。色香味觸。及一分法塵。種種名。種種義。種種功用。種種觸受。緣以生識者。皆識中所現之影也。四「分位唯識」乃二十四種不相應法。各自有其分位。不可分入八識分位中者。如他人識等與己八識不相應。然唯末那執染。障礙人法二空。故有分別相應不相應法。實則統於眞如中。本無異同。但因識所計較。判彼與我爲不相應耳。二十四詳唯識論。五「實性唯識」一六無爲。非識所有境界。乃眞如實性。然眞如流轉而成八識。識還滅而卽實性。如反覆掌。面背異相。本無異手。故四智卽唯識也。

二障　障者、障蔽眞如也。有障則智成識。無障則識成智。

「煩惱障」我執所成。由七識攬八識。爲自內我。令諸徧行心所染著。流注前六。成諸惡業。旣以患得患失自惱。還以惱害一切有情。此障以七識貪癡爲根本。至前六識。生起嗔分。增長中隨小隨。十二染品。「所知障」法執所成。由七識執八識相分爲己見分。生一分別境之慧。建立非法之法。卽所知者爲障。而還能障蔽所知。迷失妙悟。此障以七識慢及邪見與癡一分爲根本。流注六識。生起狂疑。增長大隨八及中隨一分。無慚無愧。唯前五無。以前五所知雖一口口之光而實性境現量。無非量也。

我法二障各二

「分別我法執」此二執在八識本無。至有生後。八識種子還生七識現行。遂染第六意識。於人法二障生慢疑邪見等現行。起我非我。法非法。虛妄分別。流注前五。同時意識中增長貪嗔癡等。直至地前資糧圓足。入見道位。意識初轉。則現行二執。不復生起。故第六頌云。發起初心歡喜地。第七頌云。極喜初心平等性。以七識爲分別根本。六識爲分別現行。此二執於六識生。卽資六識而滅。以觀門妙察。照破二執本非實有。皆以因緣合集而成。遂得脫離出纏。不復生起無明煩惱麤相。

「俱生我法執」此二執、乃無始時來。以七識所染現行。薰成八識種子。伏於隱微。爲生死根本。七識拘定一竅之光。爲八識見分。遂與根身器界相依。成彼之境。爲八識相分。其執見分。爲自內我。不能打破彊界。認根身爲法器。乃至菩提自我得。涅槃自我證。皆是我執。其依相分。安立境界。乃至知有法可證。有佛可學。皆是法執。此二執非見道位中所可還滅。以見道位中以人空、法空、二觀。折伏現行二障。而能觀者卽是我。所觀者卽是法。由在未生以前。如影隨形。雖日月鐙光。暫滅而隱。究竟形未滅而影相暗存。不緣六識生。不於六識轉。非觀所能斷絕。須於修道位。行起解滅。漸次成熟。至不動地。不勞自己功用。無能觀之我。則此我執摧滅而猶有道可修。有佛可學。法執未除。至金剛道後。盡捨八識種子。法執方淨。然尙未能現大光明。合十方塵剎。爲一智所攝。尙有微細法執。不能入異類。合四智成一智。息三界苦輪。必至佛位。具四無礙智。俱生法執。方得滅盡無餘。

四分 分者、八識位中各各所證之分量也。前二分無後二分。第三分不能證第四分。安慧建立三分。護法加立第四。

「見分」能見者、爲見分。「相分」所見者。爲相分。然惟能見方有所見。所見者、非眞實相。因我能見。認爲實相。見異則相亦異。如羅剎見雨成刀。雨遂有刀相。故謂此二。如蝸牛二角合則一、離則二也。第八相應心品。有作意想思乃其見分。觸受二品所觸所受。四大六塵即其相分。第七以八識作意想思生起別境之慧。爲其見分。認第八所有徧行光明之量。爲可執之實。乃其相分。第六以己徧行別境。不定心所爲其見分。以第七非量及前五根境現量爲其相分。前五以瞥爾現前之知見。與同時意識和合者。爲其見分。以五浮塵根及色、聲、香、味、觸、之境。緣爲其相分。

「自證分」自證者、不起見不緣相而自有能證之體。唯第八心王有之。乃見相之總持也。前七無「證自證分」以真如智光灼知八識。即是如來藏證知八識心王生滅之因。此唯第九白淨識有此分。自其證八識銓真則謂之白淨識。自其普照一切見相。則謂之大圓鏡智。

五受 八識所受外緣。於身心有此五種差別。

「憂」逆境未至而先逼心。「喜」順境可得而先悅心。「苦」逆境逼身。「樂」順境樂身。「捨」不逼不悅。若一切隨緣。應得受用。憂喜苦樂俱不相應。名爲捨。前五有苦樂捨三受。憂喜不關身。故無七八二識。憂喜苦樂。俱未曾領納。唯有捨受偏受一

切。未分別故。第六憂喜最重。苦樂雖在身而意亦領納。若隨緣起意。雖極思量不見苦樂。無所憂喜。則是捨受意識具全。（未完）

講演

船山先師詩録

雜詩 四首之三 己丑

周逸敬選

孤雲起江漢。搖影自徘徊。飄風不相待。吹落陽雲臺。膚寸既違陰。炎威已復開。清音闕廣野。鸞歌誰爲來。欲因廣成子。返此元息胎。時哉不易遇。摧折使心哀。

昔我遊漢水。遙與神女期。琅玕非所歡。玉珮空相貽。願託雙鳳鳥。當時聽者誰。不惜靡蕪死。將爲蔓草欺。潾水自東下。繁星已西馳。幽谷返椒岑。琴心終自知。

悲風動中夜。邊馬嘶且驚。壯士匣中刀。猶作風雨鳴。飛將不見期。蕭條阻北征。關河空香飄。煙草轉縱橫。披衣覩良夜。河漢已西傾。國憂今未釋。何用慰平生。

講演

船山先生於諸子百家中獨注老莊講義

黃鞏

世人皆謂老莊毀孔子。而船山先生於百家中獨注老莊。謂其無悖於聖人之道也。謂其實有推崇孔子之心也。先生之言曰。昔之言老氏者。代有殊宗。王輔嗣。何平叔。合之于乾坤易簡。鳩摩羅什。梁武帝。濫之于事理因果。支補牽會。其誣久矣。迄陸希聲。蘇子繇。董思靖。及近代焦竑。李贄之流。益引禪宗。互爲綴合。取彼教外別傳以相糅雜。是猶閩人見霜而疑冰雪。維人聞食蟹而剝蟚蜞也。夫不觀于老氏之所云乎。道可道。非常道。名可名。非常名。常道。達道也。父子君臣兄弟夫婦朋友之道。有何道之可道乎。常名。達德也。知仁勇之于孝弟忠信。有何名之可名乎。六親不和有孝慈。國家昏亂有忠臣。忠孝之名。皆子臣所不忍名者也。彼所謂失道而後有德。失德而後有仁。失仁而後有義。失義而後有禮。禮者忠信之薄而亂之首。謂世運有升降。則道有汚隆。迨至忠信薄而亂生。則亟以禮治之。豈謂禮之生亂哉。其所謂絕聖棄知。

絕仁棄義。絕巧棄利。正爲晚近百家囂囂而思皇古之無爲無名也。所謂善行無轍迹者是也。彼孔子之欲無言非其義乎。又不觀于莊子所云乎。孔子謂老聃曰丘治詩書易象春秋。七十二君無所鉤用。甚矣人之難說也。老聃曰幸矣。子不遇治世之君也。夫孔子刪定後周流乎。抑周流後始刪定乎。曰幸哉不遇治世之君。明明謂遇治世之君。則夫子不暇刪定矣。老子又曰六經先王之陳迹也。今子所言猶迹也。夫迹履之所出。而迹豈履哉。明明以迹履喻述作也。述之者固非自作之也。曰性不可易。命不可變。謂斯民無異性。世變而道不可變也。曰時不可止。道不可壅。謂古今之天地不息。而道亦不息也。孔子曰丘不與化爲人。安能化人。與化爲人。參贊化育也。安能化人。謙言未能參贊。老子曰可。丘得之矣。謂得其化萬世之道也。此段寓意明顯。人多不解。又不觀于德充符篇乎。所謂王駘兀者。從之遊者。與夫子中分魯仲尼曰丘將引天下從之。奚止魯國。非喻六經殘缺失次而夫子刪定之以教天下乎。又曰雖天覆地墜。亦將不與之遺。非謂六經之道與天地爲終始乎。其申徒嘉一段。喻禮樂之器數不齊。而推本于曆象。其哀駘它之不唱而和。士夫婦人。皆思而不能去。

國君失之。若無與樂是國。非喻樂器參差。而能引人入勝乎。不然以兀者無趾無脣之徒。何以形不全而德能全乎。夫子自衛反魯而正樂。故魯衛之君。以爲德友也。其大宗師篇曰。吾師乎吾師乎。𩐋萬物而不爲義。澤及萬世而不爲仁。長於上古而不爲老。覆載天地。雕刻衆形。而不爲巧。此卽中庸祖述堯舜章。譬如天地之無不持載。無不覆幬。譬如四時之錯行。如日月之代明。萬物並育而不相害。道並行而不相悖之義。非吾夫子參贊化育者。其孰能與之。非吾夫子繼往開來者。其孰能當之。是以天地篇三稱夫子之論道。而述其問老聃及老聃答夫子得之矣之言。其引重老聃乎。其引重夫子乎。而況以天下篇束全書。歷舉內聖外王之道。古人純備。配神明。醇天地。育萬物。和天下。澤百姓。大小精粗。詳在六經。夫六經者。孔子所以集大成也。曰鄒魯之士。搢紳先生。類能明之。明明指孔孟之徒也。曰百家衆技。不該不備。一曲之士也。天下大亂。聖賢不明。道德不一。百家往而不返。道術將爲天下裂。明明謂異端皆偏之爲害也。未卽繫以諸子道術。而痛詆墨翟。雖贊揚關尹老聃。而列在百家者流。然則其孰爲純備乎。孰爲不全不偏乎。莊子之意。顯然見矣。其毀孔者。盜跖也。論語亦有叔孫武叔也。其識孔子者。方外之徒也。論語亦有楚狂荷蕢輩也。知莊子之推重孔子。知老莊爲無異於孔子之道。而後可以讀老莊之書。並讀百家之書。知百家之言。分出於六經之一偏。而後知天下純備之道。全在六經也矣。

伊尹放太甲周公誅管叔講義

黃鞏

聖賢有大不幸之事。不能辭其過也。而亦不敢避其過。辭其過則以欺僞飾天下。而此心無以對天人。避其過則任天下之傾頹。而此心更無以告天人。伊尹周公之事是已。孟子曰。古之君子。其過也如日月之食焉。民皆見之。及其更也。民皆仰之。其論聖賢之事盡矣。伊尹之於太甲。周公之於管叔。皆大不幸之事也。一則以勞諭其君而至於放。一則以同氣胥畔。而至於推刃。其不敢辭而避之者。伊尹曰。毋俾世迷。周公曰。我之勿辟。我無以告我先王。使伊尹周公稍依違辭避於其間。則商周之天下。反手而墜。而當日伐桀救民之功。敗於既成。使湯武反受大不韙之名。而天下生民之禍。未之有極。此伊尹周公所以不能奉身以退。而甘任危疑之患。與忍心之痛也。伊尹不敢諉於仲虺萊朱。周公不敢諉於召奭二公。此不避其過也。所謂如日月之食也。伊尹於太甲悔過而復辟。周公於管叔旣誅而篤親親。此不辭其過也。所謂如日月之更也。後儒以金縢之辟爲避。是以趨避揜飾之心測聖人非聖人之事也。如使周公避居東二年。則流言與王疑相乘。周室必大亂矣。罪人何由而得乎。且二年而王室猶未亂。則管蔡之罪亦從末減。周公決不至推刃於同氣。以末減之罪而推刃同氣。亦非所以爲周公也。周公之誅管叔。萬不得已之事也。管叔與武庚誅而羣叔始無能爲役耳。叔固魯之慶父也。是以蔡叔霍叔。但囚之降之而已。觀於此可以知周公之心矣。或曰周公之不得不避。以無王命出征也。曰是迂腐之甚也。夫王旣已疑矣。焉得而有命。彼伊尹之放太甲。是誰之命歟。爲是論者。此後世岳飛所以不能成其功而救國也。且誅一武庚。何至東征三年。蓋當日武庚叛而奄徐與東諸候皆叛也。是以有多士多方之誥。孟子所謂滅國者五十。正在此時也。武王牧野之役。一戎衣而未嘗滅國。唯此二年。公實平定東方諸叛國。是以久於東山也。平亂而歸。王疑適解。郊迎周公。公是以仍執七年之政。若王疑終未解。吾意周公於此。則以大亂已平。將致其師而去耳。亂未平。公固不敢去也。公去而周隨之亡矣。蓋公之東征也。以三公解王疑於內。以平亂自任於外。此鴟鴞之詩與卷阿互見其內外危疑。又有周人狼跋之詩。合詩書考之。而周公之情事見。孟子曰有伊尹之志則可。又曰周公之過。不亦宜乎。皆權詞以答人。而未明言其大不幸。與其萬不得已也。吾故曰伊尹周公之事。使禹稷皋陶處此。易地亦皆然。禹皋處其常。伊尹周公處其變也。後人以霍光擬伊尹。唐太宗擬周公。是又不倫。光之廢其主也易。尹之成其君德也難。且光又不能告歸以善其後。是不知聖賢進退之道也。太宗之推刃同氣也。以猜忌而搆成內釁也。且建成成王也。太宗周公也。建成元吉固非若管叔與羣弟無端而勸流言。將挾武庚以傾覆家國也。如使周公處太宗之勢。正可以學太伯夷齊之避去。不至爭奪相殺。即使建成不能當國。則俟臣民之共廢。太宗更可以學堯之繼摯。故太宗之於建成。篡也。非義也。惡可以周公之事相例。周公出於大不幸。太宗出於忍也。鳴呼。觀過知仁。其在是乎。

五經一貫于禮講義　黃鞏

蒙讀討論社會新生活及平議諸書。竊嘆世變日劇。有心君子。所爲深憂遠慮也。自辛亥改革以來。官無限制。民力凋敝。新思潮愈激。閩社論俞君恪人治官之法治一章。藥石之言。未知當道果能採納否。由今之道。無變今之俗。中國前途。鮮不爲波印之續。蒙于　諸君子無能爲役。亦欲釜底抽薪。挽囘末俗。曾述禮爲人道立極說。語焉未詳。請申其說。

中國自有文化以來。積爲詩書禮樂之教。其開化也千聖百王。其集大成也厥惟孔子。由孔子而來。二千四百餘年。其間創制顯庸。非不代有明聖。然而禮法既備。凡因革損益。但修而明之。未聞舍經術以爲教也。故曰禮之于正國也。猶衡之于輕重也。繩墨之于曲直也。規矩之于方員也。未有廢衡而能爲輕重。廢繩墨而能爲曲直。廢規矩而能爲方員。廢禮教而能爲國家者。孔子訂五經而約之以禮。其經解篇曰。入其國。其教可知也。其爲人也。溫柔敦厚。詩教也。疏通知遠。書教也。廣博易良。樂教也。絜靜精微。易教也。恭儉莊敬。禮教也。屬詞比事。春秋教也。雖其成就之者。若有分見之長。而要不外範圍于禮。俾人聲律身度。君臣父子兄弟夫婦朋友而各有秩序。故曰五經一貫于禮也。蓋禮之教化也微。感于未萌。使人日改過遷善而不自知也。子又曰詩之失愚。書之失誣。易之失賊。樂之失奢。禮之失煩。春秋之失亂。詩何以失愚。不達于興觀之禮。書何以失誣。不達于訓典之禮。易何以失賊。不達于貞吝之禮。樂何以失奢。不達于舞蹈之禮。春秋何以失亂。不達于名分之禮。禮何以失煩。習于瑣瀆之儀。此皆不達于詩書易樂春秋之情。因而事事與禮相違也。故曰五經者禮之精意。而禮者五經之法象也。所謂深于詩書易樂春秋者。以能曲傳禮之精義也。所謂深于禮者。以能踐履詩書易樂春秋之法象也。所謂精意者何。仁義智信而已。所謂法象者何。節文于仁義智信而已。故就分見者言之。則詩與樂仁也。書義也。易智也。春秋信也。其旨要歸於教人知禮而已。孟子曰人之有是四端也。猶其有是四體也。人不能廢四體。卽教不能廢四端。故極百家之縱橫詭譎。不聞屏五經爲非聖言。極荒外之虛玄幻誕。不聞鄙四端爲非人心。惟體有大小。在人反而求之。擴而充之。則禮之爲用無窮也。管子曰惟禮可以已亂。民國共和二十三年來。祇競權利。不講禮讓。中原鹿逐。天下鴻嗷。此亂之所由致而未有已也。本社同人。闡明船山之學。禮卽船山之要旨也。五經一貫於禮。願大家特別注意。闡發經訓。昌明禮教。以正人心。

以厚風俗。天下庶有濟乎。船山先生禮記章句一篇。於先儒之所致疑者。不惜詳言而明辨之。謂先聖詩書禮樂文獻之徵。皆寄存於此也。何者。十七篇殘缺之儀。不載郊社禘嘗。而戴記猶存郊特牲大傳祭統祭義諸篇也。周官煩瑣。與尙書春秋皆不合。而王制一篇。猶存三代法治也。其餘曲禮內則諸篇。於事父母事長上。致詳盡而無遺。詩書春秋之精義。不在是乎。吾願學者毋以二戴之擇焉不精。而遺修齊治平之實義也。

天人一貫講義

黃翬

今之人。或曰天定勝人。或曰人定勝天。爲是說者。一則委心任運。置生人應盡之義務。槪屛棄而不爲。一則縱欲橫行。舉人世無厭之圖謀。逞私智而不已。是皆不知天命也。不識人道也。天命者先天也。中庸曰。天命之謂性。是也。命是性。於人則爲賢爲聖。聽人之自爲。天焉有勝人之心也。人事者後天也。書曰。天工人其代之。是也。代其工於天。則卽成聖成賢。只完天之所期望。人焉有勝天之力也。無天命。則生成化育。人物不能自起而有功。無人力。則栽培傾覆。天亦無所施其眷顧。天之望於人物厚矣哉。春生夏長秋收冬藏。四時皆以曲成乎萬物。人之奉於天者大矣哉。童冠婚宦老休。一生皆以報答於天。間有苗不秀。秀不實者。其於天之命。如何。曰天之命一也。是其資生不厚。根蒂不固。無以受天之命也。間有貪天功。竊地利。奪人巧者。其如人之力何。如曰。是枉使其力也。而不能自度其德。徒逆天之道。自絕於天。不能盡己之力者也。老子曰。生之徒。十有三。死之徒。十之三。生而觸之死地者。亦十有三。生之徒。能奉天也。死之徒。無違天也。生而觸之死地。天命未終。自拂性。以觸死也。天之命人也。爲聖爲賢爲庸。或君或臣或民。命有等差。任有大小。賦命之後。在人自爲。造至歸根復命。能盡命與未能盡命。天始爲之賞罰。人之受命也。或聖或賢或庸。守君守臣守民。位有高下。才有短長。各盡其志。然後能承天。追至形歛神終。能成人與不能成人。終不能逃天之監察。其間有聖不獨聖。賢不獨賢。庸不終庸。君弘於君。臣弘於臣民弘於民者。能盡命也。能達天也。天必加之命。而重賞。其間有聖未能聖。賢未能賢。庸增其庸。君失爲君。臣失爲臣。民失爲民。皆棄命也。獲罪於天也。天必奪其命而降之罰。其加命奪命之舉。有不待命盡而始見者。是以國有廢興。家有起伏。人有壽殀。

其有似未加未奪者。或因其初命之厚薄。爲之損益以待時。天無一毫私縱也。世之治而平安者。天之賞善也。其主臣安富而尊榮。其民人安樂而繁育。賞善有大小。皆天之所予也。有恃天予而淫縱者。天卽奪其秩而罰之。世之亂而刼殺者。天之罰惡也。其主臣倒逆而悖險。其人民瘠苦而艱危。罰惡有輕重。皆天之所討也。有畏天討而惕厲者。天又哀矜而放釋之。世有禱祈求免刼者。天未遽許之也。子曰。獲罪於天。無所禱也。其間有見微知著者。修身立命。不受天賞。亦不受天罰者。天必別爲之位置。此所謂盡人事之善。亦可以濟天道之窮也。昔者宋景公之時。熒惑在心。太史子韋。欲爲公移宰相。與民與歲。景公三不許。是夕也。熒惑自移三舍。天之聞不昭昭乎。孟子曰。殀壽不貳。修身以俟之。所以立命也。此皆誠中形外。下學上達之道。非人力之可勝天。非天寵之可邀禱。易曰。知至至之。可與幾也。知終終之。可與存義也。知至何以至之。謂志之所至。氣亦至焉。雖神聖可幾也。知終何以終之。謂數之所終。道亦終焉。雖晦蒙而義存也。是故居上位而不驕。我之心以幾神聖爲心。而驕從何出乎。在下位而不憂。我之道可達於天下後世。而憂從何生乎。孔子曰。吾道一以貫之。下學上達。察乎天地而已矣。

聖人法天地養生以衛衆生講義

黃鞏

夫天地者萬物之區宇也。陰陽者宇宙之道路也。四時五行。萬物之紀綱。變化之父母。生殺之本始。神明之官府。陽化氣。陰成形。淸陽爲天。濁陰爲地。地氣上爲雲。天氣下爲雨。雨歸地。雲歸天。人受天地之中以生。淸陽出上竅。濁陰出下竅。淸陽發腠理。濁陰走臟腑。天不足西北。故西北方陰也。而人右耳目不如左聰明。地不滿東南。故東南方陽也。而人左手足不如右強健。東方陽。陽者其精並於上。並於上則上明而下虛。故使耳目聰明。而手足不便也。西方陰。陰者其精並於下。並於下則下盛而上虛。故使耳目不聰明。而手足便利也。感於邪。在上則右甚。在下則左甚。此陰陽之畸也。故邪居之。天有精。地有形。天有星紀。地有山川。爲萬物之父母。是故天地之動靜。神明爲之綱紀。生長化收藏。終而復始。聖人上配天以養頭。下象地以養足。中順五行六氣以養五臟六腑。天氣通於肺。地氣通於嗌。風氣通於肝。雷氣通於心。谷氣通於脾。雨氣通於腎。六經爲川。腸胃爲海。九竅爲尾閭注之氣。陽之汗。如天地之雨。陽之氣。如天地之風。暴氣象雷。蕭氣象冰。故不法天之紀。不用地之理。則災害並至。善其道者從陰引陽。從陽引陰。以右治左。以左治右。以表知裏。觀過與不及。以就於平。故聖人爲無爲之事。行不言之教。養生送死。順天之常。協地之宜。守內而不失外。血氣專乎內而不外越。則胸腹充而嗜慾寡。嗜慾寡則耳目淸。而視聽聰明。五臟屬於心而無離。則志氣盛而行不僻。精神盛而氣不漓。邪氣不能襲。患害無由入。夫孔竅者精神之戸牖。血氣者五臟之使令。戸牖不閎。精神馳騁。使令不嚴。五臟動搖。是故五色亂目。使目不明。五音亂耳。使耳不聰。五味亂口。使口不爽。趣舍滑心。使心飛揚。精竭神疲。無所不至。此常人生生之厚。所以反促其生也。聖人制品節之禮。調律呂之聲。使夫富者不淫。貧者不倍。鬱者能宣。舒者能歛。天地運而相通。萬殊總而爲一。物我分而無同異。愛憎判而無怨尤。所謂萬物並育而不相害。道並行而不相悖者。非乎。昔之聖神年度百歲而不衰者。其神全也。今之言衛生學者曰骨骼如何也。筋肉如何也。官器如何也。覺器如何也。消化如何也。循環系如何也。血液如何也。淋巴如何也。呼吸發聲如何也。排泄如何也。神經系如何也。不知旣經剖解。則神機化滅。

雖詳審其節度孔竅皆枯槁之官器其所謂脂膏灰炭之質亦燼後之死灰而已欲求靈氣之往來發動之真機不可得也縱令按其度數補苴罅漏皆所謂養其小體而遺其大體者也夫古之養其大體者全其神以使其形不敝也非全其形可以固其神也今之注意者曰居住如何潔交通如何便集會如何捷養其驕傲以鑿天和所以今之人中壽不數數覯也反不如鄉曲田父野老蓬蓽其居藜藿其食勞其筋骨飽其靈精學於泥塗汚於糞壤不識不知順帝之則而期頤不敝者所在多有則居住交通集會之不足計較有明徵也然則所求多者所得少所見深者所知淺其不信然乎莊子曰人之小人天之君子天子之君子人之小人也仲尼祖述堯舜憲章文武上律天時下襲水土自古聖賢能盡其性以盡人物之性者無非法則天地而已矣

讀經尊孔發揚民族精神講義

羅正緯

近世以來國變之烈民生之艱風俗之敝古未有也追究厲階一言以蔽之曰人心感召而已矣治亂之源繫於善惡國家文化莫非治亂善惡之迹覘文化高下亦據

眞迹之情狀何如耳。吾之民族。爲五大文化古國之一。伏羲以降。聖聖相承。學術典章。犂然備具。孔子祖述堯舜。憲章文武。删詩書。訂禮樂。整理發揮之功。夐乎尚矣。孟子謂集大成。自生民以來。未有孔子也。夫民族文化。堯舜文武創建於前。孔子繼承表彰於後。於博大精深之中。寓平正通達之旨。究之靡窮。用之切要。後之作者。無可逮焉。尊之至聖。非有私於孔子。蓋五千年文化。惟孔子足以代表也。孔子之學。以中爲體。故曰中也者天下之大本也。以仁爲用。故曰。仁者人也。仁卽本心全體之德。後人釋義各殊。識仁亦晦。實在止於至善。是卽仁也。故曰爲人君。止於仁。爲人臣。止於敬。爲人子。止於孝。爲人父。止於慈。與國人交。止於信。君繫全國之重。固宜仁也。曰敬曰孝曰慈曰信。皆屬仁之一體。因其所用對體性質不同。別立名詞以顯之耳。換言之。用仁於君者曰敬。用仁於父者曰孝。用仁於子者曰慈。用仁於國人之交者曰信。推至五常八德。亦復如此。用仁於合宜之中者曰義。用仁於誠敬之間者曰禮。用仁於是非之明者曰智。用仁於篤實之事者曰忠。用仁於取予之清者曰廉。用仁於羞惡之勇者曰恥。總則曰仁。個別之則曰敬孝慈信禮義廉恥等等是也。惟仁與個別諸德所以異者。全與不全而已。顏子三月不違仁。不違云者。念念仁也。不遷怒。不貳過。在怒與過時。已違仁矣。念念仁者。其滿腔生意。無適而非止於至善之境。可謂全矣。或孝於親而不信於友。或勇於行而不廉於取。或恥於安而不義於危。或智於此而不禮於彼。是謂不全。全則聖。不全亦視量之等差。不失賢與善之間耳。故予陳文子曰淸。令尹子文曰忠。據此可悟其餘矣。

夫人唯一心。個別諸德。皆本一心一體之表見。孟子謂惻隱之心。羞惡之心。辭讓之心。是非之心是也。學者知此。求仁得仁。卽吾之一心耳。顏淵仲弓司馬牛樊遲諸弟子問仁。孔子各就根基淺深。引入識仁之路。循循善誘。教亦化矣。大學一書。條目井然。自格物致知誠意正心修身齊家治國平天下統於一貫。其中樞紐。自天子以至於庶人。壹是皆以修身爲本。足徵國家治亂。責在自身。天子庶人所共同也。修身之要。惟在正心。下手工夫。直截了當。心旣正矣。則天下無不可爲之事。事由心造。皆在感召轉移之中。故堯舜帥天下以仁而民從之。桀紂帥天下以暴而民從之。上以此感。下以此應。由是可知一日克己復禮。天下歸仁。吾道一以貫之。在在皆可喻也。

吾國文化。迄今未盡斬者。賴孔子之學。孔子整理羣經。發揮人道。而吾民族食德之厚。厥績偉哉。近今當局日以民族復興號召全國。並將消沉之禮義廉恥起而振之。剝極必復。其不遠矣。然民族文化與禮義廉恥之原理。惟於經中足以見之。讀經尊孔。實發揚民族精神之要義。余於吾湘學校讀經。毅然獨識其重。殆亦探得本源之道歟。

論唐宋已下詩派 續第五期

湘鄉王禮培佩初

大曆貞元。六七十年間。是爲中唐。日中則昃。去盛唐驟遠。一時作者。多取澄泓一境。有坦途緩轡之樂。承流稱雄者。錢劉尙已。仲文清贍細緻。長卿雅正閒曠。餘若郞士元。濃處見淡。鬆處見緊。皇甫冉聲和味永。飄然木末。亦其匹亞。然比之左司。遜其沖淡凝之。柳州讓其精密。四家皆擅律體。易以凝似。但七律不若五律。韋柳古律兼工。而劉禹錫白居易王建李益之流。七絕獨勝。渢渢移人。下箸得味。脫略精思。不尙氣概。繼盛唐而能自得師。不似盛唐高渾難可捉擬。韋之五古。雅潔淵粹。入於自然。略無聲色臭味之可尋。柳則穠麗溫密。步步爲營。實亦一時無兩。柳喜用意。韋已無心。

歸異同流造極則一張籍王建尤善樂府格調雖未甚高而清真峭拔亦古所未有元稹白居易獨闢新體資於故實敍述分明局格開張後來效之祇覺皮鬆肌軟冗長拖沓配布色澤轉捩非自注不明分段又上下不蒙如錢牧齋吳梅村五七古大篇求之於古求之於元白果有合乎張王元白自爲風氣原自有其不可泯滅者在學者所宜分而辨之統而觀之乃徒駭其浮艷震其砌貼以爲能事亦異乎吾所聞矣居易能不事苦語娓娓清瑩老嫗能解其人所易到之境卽人所難到之境所以名家元和間韓公挺生自闢門徑嚴重奥博嶄絕崛強驅駕氣勢恣爲排奡其才力足以彌綸羣彥文起八代之衰詩亦務絕倚附五古平鋪直敍質厚昂藏試效爲之瑣細處失之拉雜全無條理率易處不免爲有韻之文徒具框廓尋其妙趣中間雜出研鍊之句醒人心脾其曲盡事情具有大力斡旋益顯其能而秋懷江漢諸篇上摩建安之壘草堂無此韻味射洪少其遒逸襟懷昭曠才有兼長尤爲諸家所無七古盪滌駿發爲其氣格蚪枝碩語爲其斡旋人在蓬萊筆補造化夫是謂之妥帖夫是謂之排奡一如其所以推服東野者東野猶覺未盡其用亦在讀者玩索而自得

之耳至其用韻險而無痕奇而有采梅宛陵以平衍之筆失其斡旋而云效法韓公露骨費力種種寒陋安在其能有合也李杜文章在光燄萬丈長韓公之服李杜服其光燄豈規其形似耶吸其精英存其氣概所以能別乎李杜不廢江河無識者詆韓爲外道是不知韓亦並不知李杜無異於以謗傷韓公者謗傷李杜而已韓比於杜則杜極其正韓極其奇韓比於李則李極其放韓極其豪中唐之變化盛唐在能爲坦易紆徐莊生所謂使人之意也消韓公之變化中唐略如上述視坦易紆徐又一境也盛唐高渾之餘既降爲坦易紆徐一變爲韓公之桀驁再變爲東野長江之苦吟長吉玉川之誕散皆欲自獻於作者之林不願寄人籬下者孟東野滅盡菁華辭澀而思艱令人不懽東坡欲於寒夜昏燈讀之助其慘慄是推服東野原不獨韓公翁覃谿謂韓公推許過當正坐不解妥帖力排奡五字蓋妥帖自難排奡排奡自難妥帖淺人烏從知之賈長江清奇僻古志深而辭盡中間峭句錯落縱飽雞跖殊失大胾之豐美骨力既孱意義又委曲瑣細難以語元和大歷之音李長吉詭異清麗收拾錦囊比之郊島其落想有寒泉飛瀑之別盧玉川奧仄玄杳韓公乃效其月

蝕之作殆有契於換陳言之妙諦移入詩教益呈其神若此諸人是爲中唐別調各有谿逕各有鑪錘巧匠山骨守之至嚴韓公門雞之詩云大雞昂然來小雞悚而待不啻自喻覘餘子爲悚而待者矣杜牧之最後出處中晚之間才氣豪邁奄有衆長七律俊美上凝開寶間有牽於對偶泥於迹象者而勝處自不可掩前乎此者劉長卿亦能以開寶氣格獨立中唐之初俯視儕輩所謂中興間氣所謂河嶽英靈者乎學者從中唐入手自易爲功大歷已還詩法注重結束鞭緊全局法則密矣亦惟以此不及開寶之渾成無所往而非法無所往而拘於法然視晚唐之徒工中四漫爲起結或以邃密而傷狹小或以對仗而形板比者猶賢乎已

開成已降是爲晚唐鴻篇鉅製幾於絕響作者不出幽秀側豔兩途氣已孱矣劣者流爲淺俗其律體泥於一景一物一字一句之間力求工整而全篇氣韻未能瀰滿是其大本大原已差一程季札觀樂有其細已甚之嘆咸通十哲難與大歷十子等量而齊觀也側豔吾無論已幽秀有未易言者劉彥和隱秀一篇即幽秀之義其云情在辭外曰隱狀溢目前曰秀梅聖俞云含不盡之意見於言外狀難寫之景如在

目前。卽隱秀二字注腳。晚唐諸公。千錘百鍊。用盡心力於五七律體。然求其前有浮聲。後必切響。寫景生情。二者互用。一篇之中。堅旣定。八句之起伏無差。秀句驚聯。無懈可擊。實不多得。老杜五言。如水流心不競。雲在意俱遲。片雲天共遠。永夜月同孤。七言如叢菊兩開他日淚。孤舟一繫故園心。萬里悲秋常作客。百年多病獨登臺。等聯。景由情生。情由景出。混涵無迹。水天一色。尋遍晚唐。何曾夢見。若夫古體。至是已無合作。偶一爲之。率多渙散。尙何體格之可言。今試舉諸家所長所短。分析言之。

皮襲美陸魯望。淸奇自致。兩人雖多唱和。而格調各殊。襲美聲情聱牙。而脈絡局促。魯望詞調細碎。而氣體脆緩。魯望得淸新之致。襲美有幽側之長。

溫李並稱。而李義山一家。其毀譽爲議論之叢。原出庾信。人多謂其本於老杜。推之失當。特老杜亦原庾信。有其哀感。無其頑豔耳。義山之詩。辭意隱見。莫可捉擬。小夫望塵。卽基於此。而謗亦隨之矣。陸務觀直指無題爲豔情之作。右義山者嗤其索解不得而云。七百年來。知之者少。夫詩至七百年。尙難索解。則亦何必鑄此庾詞。令人墮入五里霧中爲也。孟子說詩。以意逆志。志不可逆。詩之爲道。或幾乎息。已郭景純遊仙。左太冲詠史。發端卽揭出本旨。循是以求。迎刃而解。義山縱別有會心。而靡靡之音。諷一勸百。莫知所止。洪覺範謂詩至義山爲一厄。高棅亦譏其隱僻。毛奇齡認爲半明半味。甚或目爲浪子。亦義山有以致之。屈晦翁注玉谿生詩意。不惜揣聲測影。徒費辭耳。集中七律。裝點中四句。砌合傷氣。往往截爲五字。亦可成句。昔人有謂其五律勝七律者。正謂其砌合少也。洗凈縟膩。興象空靈。脫卸粘滯之迹。十不二三。是在善讀者。玩索而自得之。

溫飛卿婉曲穠麗。諸體勻稱。樂府深得齊梁遺響。不惜名譽。廢棄終身。士先器識。而後文藝。比之唐初四傑。蓋皆才之爲害也。

韓致光身處亂離。集中多託意男女暱私。自寫懷抱。開卷淺俗。殊傷大雅。香奩一集。莊士病諸。推之者謂爲唐之節士。諱之者則欲嫁名和凝。要其視爲立言失體。人心一也。君臣朋友之間。寄興以寫憂思。竟若是其靡耶。離騷引喻香草美人。而直言憤激。雜出無端。皇父尹氏暴公。詩人不憚直斥其名。歷數其惡。自稱家父寺人孟子。何嘗不揭日月以行。而爲是女子小人半含不吐之態乎。今人隨遇一題。隨託一事。藉口玉谿冬郎。平情論之。義山豔體。塗附脂澤。致光香匳。猥褻庸濫。流爲魔道。誰尸其咎。

許用晦擅七律。亦是致力中四。其佳句若刃之新發於硎。詠史尤爲擅長。悲壯之觀。溢於行間。而劣者一篇之成。韻味索盡。力竭於對仗。匆匆結煞。苶緩不能自振矣。

司空表聖羅昭諫生當唐末。拳拳君國。獨自歌哭。情見乎辭。比之致光志潔而言芳。表聖七絕。氣概不凡。五律亦能清新。不隨俯仰。昭諫頗傷鄙俗。未能如表聖之婉曲嘆詠。俗之一字。自來惟白香山爲能。不庸不鄙。楊誠齋效之。便失之粗。

自餘劉滄馬戴李頻趙嘏鄭谷姚合方干之流。亦能黽勉氣格。習中唐錢劉之清淺。其間桀然欲有所表見者。分爲側豔幽秀兩途。飛卿義山尚側豔。則長吉爲開山之祖。崔櫓竇鞏入幽秀。則柳州爲不祧之宗。夫時有興衰。道有隆替。詩文即與爲轉移。此中遞嬗之迹。隱而顯。微而著。未可爲淺學者道耳。詩魔文妖。往往乘時之衰。沉匿肺腑。雖有高才。莫之能拔已。（未完）

講演　論唐宋已下詩派

專論

師山先船詩錄

早春三首 丙午

周逸敬選

光氣淨莎徑。紅滋點藥畦。晴絲弱柳外。夕蝶小牕西。風細千波綠。雲生一片低。天情隨物理。色色與春齊。

不覺故心移。年華冉冉知。晴牕熏午睡。暄步愛芳吹。幸綏西園夢。還留朔雪悲。含情方幾日。誰道鬢添絲。

向夜月迎人。空烟合望新。落梅輕去影。乳鳥乍啼晨。碧水涵苔暗。流光散露勻。良宵仍蘊藉。悽惻奈何春。

徵性圖

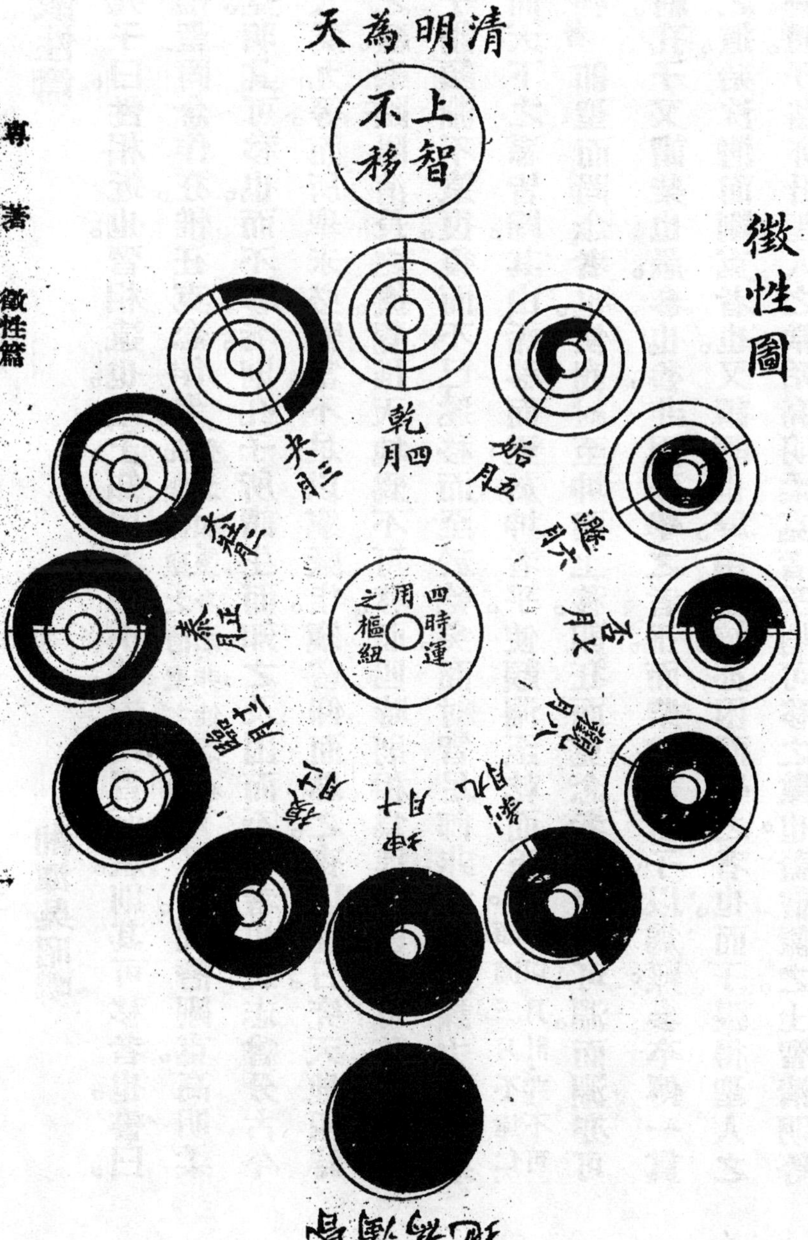
清明為天
上智不移
乾四月
姤五月
遯六月
否七月
觀八月
剝九月
坤十月
復十一月
臨十二月
泰正月
大壯二月
夬三月
四時運用之樞紐
昏濁為地

徵性篇

湘潭吳昭麟

二

孔子曰。性相近也。習相遠也。唯上知與下愚不移。夫由習而遠。則其可移者也。書曰。惟聖罔念作狂。惟狂克念作聖。（此關係聖之清聖之和聖之任之類。蓋身之。非性之也。）又曰。沈潛剛克。高明柔克。明其可移也。而不移者。則孔子所謂生而知之。及困而不學者也。班志嘗分古今人爲九等。而所舉未必盡當。不足以窮厥恉。竊嘗仰而思之。夜以繼日。究天地四時之蘊。察陰陽消長之機。覺惟天地爲不可移。而四時則相爲進退。卽其可移者也。孔子謂顏淵不遠復。復而不已。遂移而至於乾矣。商紂智足飾非。才足拒諫。力能扛鼎。而天下之惡皆歸。其由姤移而至於坤者乎。使顏淵至乾而下移。（顏淵三月不違仁。以月計。非不可移者也。）卽聖而罔念者也。使商紂至坤而上移。卽狂而克念者也。故紂可淵。而淵亦可紂。孔子又謂柴也愚。參也魯。非困而學之者乎。而柴之詣君子以爲難。參卒傳一貫之道。殆沈潛而剛克者也。又謂師也辟。由也喭。亦困而學之者也。而子張得聖人之一體。子路亦升聖人之堂。殆高明柔克者乎。均可移之徵也。蓋嘗儗之。上智清明等乎天。伏羲神農黃帝堯舜文周孔子是也。下愚昏濁等乎地。狠聲如越椒。蠭目如商臣之不能克以柔不辨菽麥如周子之兄問蛙之公私如晉惠之不能克以剛者是也。此外則無不可移。亦視乎消長何如耳。以理言之。理陽象也。由坤而克念◐為復。漸長◎而為臨。再長◎而為泰。再長◎而為大壯。再長◎而為夬。再長◎則乾矣。以欲言之。欲陰象也。由乾罔念◐為姤。漸長●而為遯。再長●而為否。再長●而為觀。再長●而為剝。再長●則坤矣。其理與欲之消。即因欲與理之長而排決之。由漸而然。漸則其習而相遠。人為之也。其初則無不近。所謂性者天賦之。即十二卦圖之中心。○尚書若有恆性。詩民之秉彝。中庸天命之謂性是也。由性而動。而道心人心以分。道心即理也。人心即欲也。中庸云喜怒哀樂之未發謂之中。中即謂性也。發而皆中節謂之和。和即其相近處也。若過與不及則不和。不和即其相遠處也。有和有不和。即道心人心之發見也。道心不離乎性。道心即理也。故宋儒謂性即理。其實當云理即性。性之義起於制字之初。理之名僟於言性之後。故不當以性喻理。惟理無不善。可云理即性也。宋儒詞有未檢。引起紛爭。至令未解。亦無怪其然也。孟子道性善。亦未詳言由性而動之旨。舉移不移之例以示人。為謂其情則可以為善。故謂之善。引起告子公都子之疑。及荀楊韓子之爭。亦以

寧著 徵性篇 四

詞有未檢也。余爲此圖。非謂有當至聖之恉。不過窮天地四時之蘊。徵移不移之說。釋學者之疑。泯派系之見。以同歸於道。聖人復起。吾當舉而質之。

通論

船山先師詩錄

遊子怨哭劉母　辛卯　　周逸敬選

北風吹凝雲。遊子行不息。易挽遊子車。難駐桑榆色。車輪逮已遠。流光太相逼。遊子豈不知。遐心蕩溷軾。

溷軾日以遠。流光日以晚。夜望曷且鳴。夕待牛羊返。寒風動明燭。疑見遊子飯。夜夢續晨愁。九秋成偃蹇。

偃蹇不相期。遲暮豈自持。昔爲倚閭歎。今爲絕命思。詎怨遊子去。翻憐遊子悲。啾啾孤鳥鳴。颼颼垂風絲。

絲斷不復理。鳥鳴哀難止。三年九春絕。衰草凌霜靡。行行向隧道。邑邑歌蒿里。拚擗會有時。蒼天終何已。

通論

哲學探原序

長沙黃翬子固

哲學探原者。研究諸子百家之精也。于今學說。浩瀚駢枝。攬其大要。曰惟物惟心。經濟惟物。倫理惟心。剖晰論辯。判決於道德物質生活。如何充實精神生活。如何貫澈。物競天擇。役役啍啍。夫聖人之道。物我內外。本末始終。鳶魚飛躍。察乎上下。是以中庸由大本而達道。而九經。大學由心身而家國而天下。其在六經。詩以道志。書以道事。禮以道行。樂以道和。易以道陰陽。春秋以道名分。達於變化。究於天人。至大昭也。天下大亂。六經不明。道術分裂。周秦諸子。各執其端。法分名表。參驗稽決。以啓宗教哲學之分派。涓涓不塞。成爲江河。餤餤不滅。成爲燎炎。其漸使然也。然而電燭之光。難爲日月。衆妙之巧。囿於玄通。此又萬殊之終歸一本也。海潮滐漾。礁石嶄列。而崐崙玄圃。星宿積石。軸貫天樞。今古人文。仰承大化。有定理矣。蒙是以爲五經述禮。先正聖人之道。而兼及諸子百家。以探哲學之原。循流溯源。先河後海。亦其義也。由溝滄而測尾閭。不如四瀆九川之近也。由衆匯而溯大明。不如三垣列宿之分也。吾觀黃石公與老子。當晦蒙否剝之交。諳察人情物理。指證於交際取予。非惟心學之大宗乎。若莊列八公太玄。尤其渙汗也。而天演諸說無論矣。管夷吾與甯錫。當王道衰微之際。發揮官山府海。規劃於乘馬輕重諸篇。非惟物學之大宗乎。若呂覽鹽鐵潛夫論衡。皆支流也。而物競諸論在中矣。以中證外。北辰居所。以古鑒今。若網在綱。又何必啜糟糠而遺麯蘖。揚沙潮而棄淵泉乎。此吾哲學探原之作。將以匯道德於大同。疏經子爲一貫。爲天下去詖淫邪遁之言也。曠覽斯世。人心陷溺。沈湎已深。故五經述禮。先出周易。慮天下莫察陰陽。汨陳五行。而彝倫攸斁也。哲學探原。先出黃老管關。慮天下惑於匪化。解体四維。而趨於禽獸也。取學者心理相近。巽語易入。言不外倫理經濟。事不外政學軍民。證於歐學。道德有同。廉恥猶罔。或者喪馬能得。亡羊可追。世界眯惑。庶有醒幾乎。

目次

老子　道德經上下
管子　經言　外言　樞言　內言　輕重九府
關尹子
莊子　內篇全　外篇節　雜篇節
已編二十卷
亢列太玄及百家續出

科學探原序

長沙黃鞏子固

科學探原者。研究羲圖象數曆元。靈素氣化。五雅說文名物。時珍綱目制化之精也。今人謂古聖人但知五行之義。不能探驗原質。以求物競進化之實。不知今人所謂輕養淡碳酸硫諸氣。何莫非五行六氣生成制化之迹乎。唯其未能辨五六生長收藏。終而復始之理。是以但求諸現在形著迹象。巧立名目。以矜觀驗之能。若使早知五六氣化皆成色相。則於各種形著之物質。更能得其生成變化終而復始之故。而知萬物皆備。物我一貫。色空如一。而無庸刻舟求劍。膠柱鼓瑟。巧言亂德。以眩惑天下後世矣。如以爲聖人制作不及於今科學。試觀神禹所乘之四載。以八年之中。刊奠九州水土。烈山焚澤。鑿隘疏流。果與後世開鑿山海者。可比較其功力之難易乎。禹之跡。西越流沙。至於弱水黑水。北循龍門。底於夾右碣石。東極於海。南盡江山。方行天下。皆有禹蹟。其則三壤。辨九貢。物土宜。分五服。以一時定萬世平成之規模。以視後世所謂世界豪傑。徒逞一時之詐力。不惜殺人盈城野。而後能霸一州。闢一國者。其仁暴與功力之大小。果可以同年而比擬乎。是禹之科學。任億萬年之神聖。無可與幾及者矣。又如帝嚳之序星辰命衆。萬年之曆象以昭。神農之嘗百草制方。萬世之物性以辨。試問於今科學。能別開宇宙蹊徑。而興未有之物利乎。能搜尋荒外乾坤。而闢未有之世界乎。而況鑽燧取火。早肇電源。伶倫協律。已昭聲應。固不獨於蟜虔忌。管子繪電話之浪波。化人飛鳶。輸般創航空之制作。凡今人奇思異技。皆古人所已發端。唯是矢函異術。機械羞爲。遂使利害成毀。分塗背轍。加以鑄鼎象物。神靈不呵護於千秋。圖鳳啓文。禎祥不牖民於後世。日月迭微。儵忽鑿竅。雙鳥啾啾。千夫沓沓。仁暴異用。生殺殊情。固運會無如何。抑擇術所宜愼。矧夫于今教科。半是商賈市利。加以無良翻譯。祇圖編輯斂財。以致歐美原情。悉屬夢中占夢。按之物理定律。無非蛇影杯弓。授者鳩蠻指點。聽者依樣葫蘆。指鹿爲馬。認蚓爲蛇。實業程途。每況愈下。催眠幻術。囘潰中原。夫即物窮理。學者以博識多能爲方。而範圍曲成。聖人則察上下古今一貫。蒙是以博稽故籍。研究物象滋數之原。取證新書。推驗熱能原電之實。不知而作。我無是也。大夢有覺。世或遇之。

目次　曆象理數　疇範五行　靈樞素問　說文五雅（名物）　時珍綱目（物質制化）　已編三十卷

其餘山海志典技藝幻術續出

專著

船山先師詩錄

答黃度長　　周逸敬選

東籬花冷候蟲驚。瀟水連湘一鴈征。霜色已凋隋岸柳。
秋風遺意武昌城。傳經魯壁聞絲竹。述酒柴桑訪秫秔。
心迹元同雖舉似。雲飛葉落兩含情。

專著

船山師友記第四 續第六期

湘潭羅正鈞遺稿

方閣老以智

方以智。字密之。直隸桐城人。姿抱暢達。蚤以文章譽望動天下。父孔炤。萬曆丙辰進士。巡撫湖南。以失律逮下獄。阮大鋮與同郡尤忮害之。欲致孔炤於死。以智方上計偕。忌者欲因文場害之。使絕營救。以智佯爲不就試。已乃密入闈中。崇禎庚辰進士。選庶吉士。改編修。以智旣官禁苑。在廷稍爲孔炤伸理。得減死論。北都陷。以智閒行歸里。大鋮黨欲以從逆陷之。幾不免。南都陷。以智改姓名爲吳秀才。游南海。瞿式耜聞而迎館之。會上卽位於肇慶。擢左中允。充經筵講官。司禮監王坤奏薦大臣數十人。給事中劉鼒抗疏言內臣不得薦人。坤怒。疑疏出以智手。爲寢經筵。以智旣無宦情。講官之命。爲式耜所強授。又不見庸。遂挂冠去。客桂柳間。粵西稍定。就平樂之平西村築室以居。以智詩仿錢劉。平遠有局度。至是放情山水。觴詠自適。與客語不及時事。楚粤諸將多孔炤部校。欲迎以智督其軍。以智咸拒謝之。永歷三年。超拜禮部尚書東閣大學士。不拜詔。遣行人李渾敦趨入直。以智野服辭謝。不赴。平樂陷。馬蛟麟促以智降。乃舍妻子爲浮屠去。（永歷實錄本傳）

南窗漫記云。方密之閣學逃禪潔已。授覺浪記莂主青原。屢招余。將有所授。誦人各有心之詩以答之。意乃愈迫。書示吉水劉安禮詩以寓從臾之至。余終不能從。而不忍忘其繾綣。寶慶府志遷客方以智傳云。以智寓居新甯。復移居武岡之洞口。其居武岡時。與衡陽王夫之善。旣爲僧青原。以書招夫之甚勤。最後有時乎不再來之語。夫之復書云。不能披緇以行。寓意赫蹏。意雖郎白。而以智下世矣。見夫之龍源夜話。

五十自定稿丁未年有寄懷青原藥翁一首。（七律）戊申年有得青原書一首。（七律）愚鼓歌。（夕堂戲墨卷八）有和青原藥地大師十二時歌十二首。

六十自定稿辛亥年有極丸老人書所示劉安禮詩。垂寄情見乎詞。愚一往吶吃無以奉答。聊次其韻述懷一首。（七律）

壬子年有聞極丸翁凶問。不禁狂哭。痛定輒吟二首。自注傳聞薨于泰和蕭氏春浮園七律

薑齋詩分體稿。辛酉年廣哀詩弟十三有靑原老人前大學士方公以智一首。自注字密之桐城人國亡後披緇稱愚者智字無可號藥地一號墨歷壬子卒於泰和五古

正鈞按五十自定稿。己丑年有圓通庵初雨睡起。聞朱兼五侍郎。從平西謁桐城閣老歸病戲贈一首。桐城閣老卽密之。平西卽平樂之平西村。去平樂四十里詩中有秋井拖陰梧桐新墜之語。蓋作于是年秋間。先生二次赴闕之時。而次年有劉端星昭州初度一詩。作于去官以後。詳上卷一昭州卽平樂舊名。據此則密之寓居平樂時。與先生常相聞問也。又按靑原在吉安府廬陵縣。距秦和不遠。蕭氏卽蕭伯玉之後人。春浮園係伯玉所居。詳耆舊集。載徐令素唐躬園墓誌云。按唐躬園名端笏先生門人詳第十四卷又極丸老人以書訂船山同往靑原。船山不欲往。遣躬園行達彼此之意。又以母病不果行。按又字承上欲訪廬山以父病不果而言。躬園欲訪廬山。在康熙己酉。詳後次年庚戌無密之寄書。事則遣躬園當是辛亥和示劉安禮詩時。次年壬子寶慶府志所載復書事。當卽此一次也。劉安禮名仲錧。

舉于鄉。與兄伯欽俱以清節著聞。隱于梅川。見永歷實錄劉季鑛傳。

郭少馬都賢

郭都賢。字天門。益陽人。父讜。以鄉貢知開縣。都賢幼聰慧。天啓二年進士。授行人。册封閩藩。七年充順天鄉試同攷官。得史可法等十七人。升吏部文選司員外。父憂起復。除四川參議。崇禎十二年督學江西。十四年分守嶺北道。十五年巡撫江西。時張獻忠已逼境。賊騎充斥。都賢晝夜繕堵禦。策兵餉。會其屬誓約。凡官司一應供給俱捐以助餉。左良玉屯兵九江。驕蹇觀望。都賢介馬往見。責以大義。會有尼之者。遂以病乞歸。歸後北京陷。悲憤不食。已南都建。可法開閫揚州。都賢門人也。薦授南京操江。辭不受。桂王立肇慶。以大學士召。時都賢已落髮爲僧矣。先是洪承疇方革職。都賢奏懇起用。鎮遼瀋。至是入本朝。經略西南。以故舊謁都賢于山中。饋以金。不受。奏擢其子監軍。亦堅辭不允。都賢性嚴介。風骨冷然。然博學強識。工詩文。書法瘦硬。兼善繪事。寫竹尤妙。人得其片紙。皆珍異。祝髮後號頑石。又號些庵。益茹苦。無定居。流寓沔陽。十有六載。歸里後。結草廬于桃花江。復以詩累。客死于江陵之承天寺。著有

補山堂集些庵雜著等書。增輯楚寶本傳

永歷實錄王允成傳云。前僉都御史益陽郭都賢隱居安化之石門山。蒔花種秫。頗有佳致。

南窗漫記云。丙戌屯師湖上。未能前進一咫。而賦斂之重十倍。少司馬天門郭公都賢詠雪詩云。四望郊寒連島瘦。一天白起奈蕭何。督師聞之。怒甚。嗾悍師害之。會潰敗不果。公卒以文字取禍。卒于江陵。倪文正公贈公詩云。愛他風骨耐他麤。善于言公者也。

落花詩序云。庚子初冬。得些庵大觀諸老詩。讀而和之。成十首。變而仍雅。是故得謂之正。

雁字詩記夕堂戲墨卷五云。雁字之作。始倡于楚人。楚澤國也。故楚人以此爲詠歎。近則玉沙湖補山老人續倡作者。連軫。予病未能且十年矣。不期病中忽有陽禽筆陣如鳩摩羅什兩肩童子出現。因吟十九首。注庚戌年 又戲墨卷四洞庭秋三十首。自注遙和補山堂作。注己酉年衡陽縣志流寓郭都賢傳云。世亂。祝髮居廬山。客迴雁峯。居數月。瓢笠杖履。蕭然自如。有物色之者。輒謝曰爾誤也。一夕留詩寄郡人鄒統魯王夫之等。遂泛棹去。尋棲于玉沙湖。額其堂曰補山。

五十自定稿丁未年有湖外遙懷些庵翁一首。七律 戊申年有些翁補山堂詩。和者數十人。今春始枉寄次韻奉和並斅翁體一首。歌行

六十自定稿己酉年有寄和補山堂詩已就。聞翁返石門。復次元韻寄懷一首。七律

薑齋詩編年稿壬子年有補山翁坐繫沒于江陵遙哭二首。五律

正鈞按補山堂集浮湘亭詩序後注乙酉仲春先生游湘鄉。與洪龍諸子續浮湘之遊。在丁亥。詳下第七卷 相去已踰二年。詳永歷實錄桂王紀元年二月敕召郭都賢爲兵部侍郎。未赴。其時些庵應已流寓在外。客迴雁峯未能定爲何時。庚子爲順治十七年。先生是年始定居湘西。見虎止湘西草堂記 自是與些翁常有遙寄之作。詳先生壬午赴計偕至南昌。其時些庵正官江西巡撫。證以編年稿哭些翁詩第一首云。章門悲節落。謁署憶交貧。道廣公應忘。鄉孤痛自真。則先生與些庵蓋始相見于南昌也。

（未完）

船山先生年譜卷上 續第六期

八世從孫之春輯

五月。清兵下金陵至蕪湖。明總兵田雄劫福王降。公聞變。續悲憤詩一百韻。閏六月。明禮部尙書黃道周等奉唐王聿鍵立於福州。改七月朔、以後爲隆武元年。明鎭將張先璧駐攸縣。郝永忠駐甯遠。盧鼎駐衡州。劉承允駐武岡。縱兵剽掠。相讎殺。秋公偕礎齋公侍武夷公至耒陽曹公國光招同陳公五鼎訪杜少陵墓。有耒陽曹伯實翁丈、招同陳耳臣、廣文訪杜少陵故墓詩。曹伯實。名國光。耒陽人貢生。陳耳臣。名五鼎。攸人。崇禎貢生。耒陽敎諭。有雨餘堂集。

偕礎齋公侍武夷公至興甯。遊石角山。

戊子。永興廖鄧二君、邀宿石角山僧閣是侍先君及仲兄礎齋公遊處詩有十月寒潭改。三年客艇過句。一統志奇觀山在興甯縣南二十里。一名石角山。侍武夷公避兵於永興。館李公震隅宅上。

丙寅。有便江、李爾雅尊人震隅先生先君同體執友。乙酉、夫之侍先君避兵於便館其宅上。爾雅方垂髫同侍近通問山中。爲先兄誌墓。姪敬修謝因感懷寄

訊詩。便、漢書地理志、屬桂陽郡。今永興縣。耒水至郴江口。合郴水名便江

十一月還山。堵公允錫再造方廣寺。屬公與石崖公、管公嗣裘、夏公汝弼襄其事。蓮峯志寺以隆武元年十一月十二日再造。與其役者。楚撫義興堵公允錫仲緘。衡陽王介之石子。管嗣裘冶仲。夏汝弼叔直。王夫之而農。襄之也。

明桂恭王薨。永明王嗣。

詩有續夢菴岸側拈桃花示慈枝菴主七絕一首。堵牧遊先生登嶽拜二賢祠於方廣。垂問余兄弟避賊處。將往尋訪。山僧以道險止。至郡以新詩見示。感賦七律一首。堵公以黃石齊先生石刻垂贈。紀公補廬先墓事有桐華之應詩以誌之五律一首。耒陽曹伯實翁丈招同陳耳臣廣文訪杜少陵故墓七律一首。劉杜三將至於前溪渡畫扇見寄賦答五律一首。憶得詩

清順治三年丙戌。明唐王隆武二年　公二十八歲

居續夢菴始注周易。

周易內傳發例跋。隆武丙戌始有志於讀易矣。

正月。清兵敗明兵於岳州。

三月。公至湘鄉。洪公業嘉與公同年。龍公孔蒸同年。歐陽公鎮之子淑各出所和馮子振梅花百詠詩相示。歐陽子倍之。並邀公和。公薄馮之爲人。又以命題多不雅馴。遂作桃花絕句數十首。

和梅花百詠詩記。上湘馮子振。自號海粟。當蒙古時以捭闔游燕中。頗以文字自緣飾。亦或與釋中峯相往還。曾和其梅花百詠。中峯出世因緣爲禪林孤高者所不慨。於馮將有臭味之合耶。隆武丙戌湘詩人、洪業嘉伯修、龍孔蒸季霞。歐陽淑予私和上湘馮子振梅花百詠各百首。歐陽炫其英多倍之。余薄游上湘。三子脫稿。即相示。並邀余共綴其詞。既已薄其所自出。而命題又多不雅馴。懼爲通人所鄙戲。作桃花絕句數十首抵之。以示鄭重。 南窗漫記。上湘洪伯修業嘉。與同邑龍季霞孔蒸以吟詠相尚。擺脫凡近。往往得霜鶴唳空之致。丙戌開楚闈於衡陽。伯修落第。歸經嶽後。賦詩六章。寄意宏遠。此豈經生心胷中所能有此種性者。未幾爲亂兵所害。何從更得斯人與遊大雅哉。 孝烈傳。

洪孝子者、父業嘉字伯修。補文學。喜交遊吟詠。與同邑龍孔蒸、歐陽予私、稱湘三詩人。洪業嘉。沅湘耆舊集傳字伯修。湘鄉人。少以文雄。屢厄於有司。甲乙之亂。當事者猶緣飾開闈試士。伯修復見遺。乃浩然遠引。循南嶽歸。丁亥死于亂兵。著有嬾吟隨草。　龍孔蒸。沅湘耆舊集傳。字季霞。湘鄉人。崇禎壬午舉人。流寇破長沙。購捕紳士。授僞職。走匿萬山中。或攜瓢酒登絕巘。悲歌竟日。與同縣洪伯修業嘉。湘潭王山長岱友善。自號筆樵。作悠悠筆樵夫四首以見志。丁亥、潰兵掠湘鄉。携家避石板橋以護母。故遂及於難。著有類吟自删存草。　蓮峯志卷三稿本題上湘龍孔蒸訂。　歐陽鎮。沅湘耆舊集傳。字山公。湘鄉人。崇禎壬午舉人。湘鄉縣志文苑傳稱其練博通雅。詩篇雄麗淹洽。湘中稱詩者推爲老宿。兼工行草書。子淑亦有才名。嘗和百梅詩。一夕得二百首。戊子春。父子俱殉亂死。　嶽餘集稿本、題同里夏汝弼、上湘歐陽淑訂。　桃花絕句今佚。與洪公業嘉。龍公孔蒸。歐陽公鎮。及其子淑。證以明年引注知鄭石其別號登浮湘亭。

庚寅有李廣生自黔生還歸闕率爾吟贈。並感洪一龍三陽太僕山公及鄖君鄖石儲逝者浮湘亭之遊詩。注、亭在湘鄉漣水西南郭天門司馬建。今燬。

夏上書僉都御史湖北巡撫章公曠湘陰軍次、指畫兵食、請調和南北、督師防潰變不省。

盛夏奉寄章莪山先生軍中詩。有銅馬已聞心匪石及師克在和公自省之句。

潘宗洛撰傳明藩稱隆武年號者。使其督師何騰蛟屯湖南。制相堵允錫屯湖北。楚省兵燹寨野。加以大旱赤地千里。而逆闖李自成旣斃於九宮山。餘黨降者號爲忠貞營。蹂躪潛漢有岌業之勢。何堵兩公措置無術。而又不相能。先生憂其將敗。亟走湘陰上書於司馬章曠。指畫兵食。請調和南北。以防潰變。章司馬報曰。本無異同。不必過慮。先生默而退。 永歷實錄何騰蛟旣奉便宜之命。加派義餉。兼預徵一年民田稅。每畝至六倍以上。不足、則開餉官餉生之例。郡邑長吏皆以貲爲進退。又不足、則開募姦人告密、訐殷富罰餉。傾其產。分諸營坐餉。 堵允錫傳。初傳上瑞棄黃州。賣武昌城事。坐不測。騰蛟拂拭奏用之。擢監司。及是題擢僉都御史。戴騰蛟不敢貳。章曠亦以廷議齟齬。騰蛟保任節鉞。荏苒不能自拔。皆刺署門生如故。允錫以清望推督學。雖節鉞之命。自騰蛟奏薦。而朝廷委任不在騰蛟下。雅不欲與上瑞齒。乃據舊章刺以平交相往還。騰蛟不悅。兩幕府賓類無賴士。益相搆煽。遂成猜離。湖南北不相協應、而瓦解之形勢成矣。

秋八月。清兵下汀州。明唐王被執。公聞變。續悲憤詩一百韻。舉行湖廣鄉試。開闈於衡陽。九月主試工部劉公明遇以點定墨牘屬公。已授之鐫。武夷公不許竟事。公乃止。 南窗漫記丙戌開楚闈於衡陽。 家世節錄丙戌歲、鄉試、楚士於湖南。劉浣松水部明遇以點定墨牘屬夫之。已授之鐫。府君怒曰。汝以是為儒者分內事耶。卒不許竟其事。

冬十月、明總制兩廣兵部尙書丁魁、楚巡撫廣西僉都御史瞿式耜等。奉桂王由榔監國於肇慶。

清兵自江西入瀏陽。

十一月、初四日。陶孺人卒。年二十有五。葬王衙山。劉公明遇作墓誌銘。

家譜墓誌銘云。稽古列女傳。生而能敬者。生質之美也。能敬且和、而孝友勤儉備者。質美而進於教也。求此於斯世之巾幗則難矣。鮮內則者多傲慢。矜素封者多侈靡。僻歸唁之情者。琴瑟之愛薄。耽燕婉之好者。蘋蘩之節疏。全德若斯之希。得其一亦可以相衾裯而興戶庭矣。能務多耶。友人王子而農。敏學敦行。孝友聲聞。能以身範閨壼法刑于之化者也。妻陶孺人、產衡陽、千畝侯貲累鉅萬。作合於青鐙布縷之孝廉。而不挾富以驕其夫家。常則膏沐盥漱。聞雞戒旦。亂則抱形負影。生死相憐。女中之有鬚眉氣有鐵石心者也。賊氛訌楚後。聚散不常。骨肉之遭難不一。以別姑於旅。廢食者二日而病。起以父死號哭不絕聲者七日而病篤。以弟中深文係囹圄。相繼以悲鬱者三日而身殉之。嗚呼烈哉。孺人之事畢矣。其病也。病於姑。病於父。病於弟。其死也。爲姑死。爲父死。爲弟死。世有一人之身能爲此三大節病。且爲此三大節死者。稱奇男子俠丈夫矣。可得於盈盈弱質。英英翠黛之一婦人哉。所不忍瞑目者。無以報少年夫壻佐覓封侯爾。雖然、婦人之質與人子人臣之職一理。所可全者人道也。所不能全者天數也。命實爲之。謂之何哉。孺人之事畢矣。可以告無遺憾於爲婦人矣。王子慟其死而泣。請於余。余故泫然而爲之誌。按陶氏先世自麻城遷衡。祖繼先父萬梧。皆爲衡人。母何。則粤産也。孺人生以天啓壬戌十二月十八日子時。沒以順治丙戌十一月初四日巳時。歸王十載。得年二十有五。葬於本縣響泉鄉之王衙山。祔祖塋右。首艮趾坤。子二、勿藥。攽。俱幼。王子名夫之。登湖廣壬午科春秋第一。而農其字也。銘曰。蒸水深深。瀟水渟渟。有美一人。瓊質冰心。憫家難之頻仍兮。淒其以風。望七十二峯以長號兮。嶽山爲之改容。嗷天皇土后以永訣兮。首如飛蓬。千秋百世遊碧溪朱陵以徜徉兮。長砥湘湖之洄瀠。家譜題參憲劉涴松先生撰。注。諱明遇。蜀人。案劉時仕明。順治紀年。蓋修譜時所改。

作陶孺人像贊。作悼亡詩。

像贊見薑齋文集。悼亡詩見薑齋詩賸稿。賸稿未注年分。家譜附墓誌銘後。因其一有寒風落葉灑新阡之句。故以爲是年作。

十八日庚申。明桂王立於肇慶。改明年爲永歷元年。

永歷實錄紀十月丙戌上卽位於肇慶。

武夷公命編春秋家說。

春秋家說序。先徵君武夷府君。早受春秋於西陽楊氏。進業於安成劉氏。已乃研心曠日。曆年有得。惜無傳人。夫之夙負鈍悆欲請而不敢。歲在丙戌。大運傾覆。府君於時春秋七十有七。悲天憫道。誓將逝世。乃呼夫之而命之。

成蓮峯志五卷。

總序。稱堵公允錫爲楚撫正是年。

明桂王至梧州。

詩有送李天玉以廣文行邑令之臨武五律一首。盛夏奉嵩章義山先生湘陰軍中七律一首。七言句六首。憶得詩 悼亡七絕四首。薑齋詩賸稿

淸順治四年丁亥。明桂王永歷元年 公二十九歲

春正月明桂王至桂林。

公居續夢菴。

有元日續夢菴用袁石公韻詩。

登祝融峯。觀飛來船。至石浪菴。晤破門上人。

有祝融峯詩。飛來船詩。石浪菴贈破門詩。

至湘鄉。寓鑫慶菴。日與洪公業嘉、龍公孔蒸、歐陽郥君淑、李公芳先游宴。

有上湘劇飲陽山公宅上、同李廣生、洪伯修、龍季霞、山公郥君鄭石、夜分歸宿鑫慶菴、月上有作詩。 南窗漫記。余以窮愁客湘上。日與伯修、季霞歐陽予私、江陵李廣生芳先痛飲忘昏曉。 李芳先。永歷元年以兵部主事、與熊興麟於黔陽同被執。黔陽令勸之鬍髮不從。械繫至常德。守者欽其志義。寬械繫夜靜。守者酣寢。芳先遂得逸去。附永歷實錄熊興麟傳。

（未完）

雁影齋題跋卷二續第六期

湘鄉李希聖亦元遺稿

釣磯文集十卷 抄本

唐徐寅撰。（全唐詩作徐夤）四庫全書錄徐正字詩賦二卷。賦一卷。計八首。各體詩一卷。計三百六十八首。阮氏揅經室外集。（大興傳以禮重編名揅經室經進書錄）錄釣磯文集五卷。凡賦五十首。此本前五卷每卷賦十首。惟第五卷星賦、漢武求仙賦、五員知姑蘇臺有游鹿賦。有目無文。計闕三首。不知阮氏本何如。第六卷爲長律八首。五律二十一首。七絕二十八首。第七卷七律五十二首。第八卷七律五十二首。第九卷七律五十二首。第十卷七律五十二首。共二百六十五首。然提要所舉、五言如白髮隨梳少。青山入夢多。歲計懸僧債。科名負國恩。七言如豐年甲子春無雨。良夜庚申夏足眠。䴗鴂聲中雙闕雨。牡丹花畔六街塵。月明南浦夢初斷。花落洞庭人未歸。爭如澗底凌霜節。不受秦王號此官。張均兄弟皆何在。却是楊妃死報君。皆見於卷中。（鄭方坤荔鄉全閩詩話。所引閩書及劉克莊后村集。后村題跋。朱國楨湧幢小品。論寅諸詩。爲全唐詩所有者。此本亦一一皆在。）其餘諸詩亦盡從全唐詩抄出。十國春秋云所著有探龍集一卷。雅道機要並詩八卷。亦曰釣磯集。又有賦五卷。蓋久散佚矣。此本不知何人分析卷第。而藏書家珍爲祕笈。展轉傳鈔。皆不加深考者也。

說文解字補義十二卷 明本

此書昭文張金吾藏有元至正本。錢塘何夢華錄。副阮氏經進於朝。亦影寫本也。考莫友芝宋元舊本書經眼錄。張氏本後歸郁氏宜稼堂。郁氏書多歸方氏。郁氏書至精者爲丁禹生中丞豪奪。餘以萬金售之陸存齋。存齋挑其重本由上海書賈吳中甫歸方氏。獨無是書。此本爲永樂十八年刻本。前有至正乙未包希魯自序。後有包氏嗣孫產孝及石篪序。按包氏此書集弱侯國史經籍志。傳是樓書目。千頃堂書目。錢竹汀補元史藝文志。盧抱經補遼金元藝文志。金門詔補三史藝文志未錄。皆著於錄。其補義。大抵如王介甫之字說。鄭漁仲之六書略。多望文生義。鑿壁虛造之談。故阮氏亦以議論多宋學少之。而張昭文藏書志獨稱其精核。考王西莊蛾術編。詆包氏解母字云。女當從一。一則其德不爽。故女加一爲母。以爲膚淺。而杜撰而張金吾亦引包氏此條。獨以爲有義可通。不免阿其所好。明之趙凡夫於此書亦痛加詆斥。然趙氏所著說文長箋。爲顧亭林日知錄所指摘。甚至漢唐不辨。笑柄甚多。則不足以詆包氏矣。日知錄尙摘長箋引虎兕出於押句誤稱孟子。至謂其未讀論語。四庫提要滄浪詩話條內。頗爲之呼冤。

大易粹言十卷 宋本

每半葉十行。行二十字。卷首有大興朱氏竹君藏書之印。朱文潤州笪重光鑒定印。朱文按重光字子宣。自號江上外史又有張之洞審定舊槧精鈔書籍記。朱文壺公白文等印。前有嘉定癸酉五月張嗣古序云。此書歲久板漫滅不可讀。因念刊書之難。復爲之修改。七百三十有六板。凡二十六萬一千五百九十四字。此本紙墨甚精。卽修改時初印之本也。首册尾有光緒十三年九月南皮張之洞跋。推爲方氏書庫宋本第一。按此書宋史藝文志作曾穜撰。四庫提要據張嗣古序文定爲方聞一撰。而天祿琳琅書目。以聞一列名校勘與作跋之程九萬李祐之一例。謂不必遠改藝文志。近駁經義考。余謂曾獻之此書。不過采輯宋人成說。似無須假手於人。方氏或與有編輯之勞。亦事所常有。 四庫提要必欲改題方名。殊爲過矣。

穀音集 不分卷

明于承祖撰。承祖字孟武揚州人。據武之望序。稱其膺中祕之命。不知所歷何官也。四庫總目無其書。明史藝文志千頃堂書目。均不著錄。錢牧齋列朝詩集。朱竹垞明詩綜、皆不選其詩。集中姓名亦無見於史傳者。然其詩承七子之餘波。亦頗有風格。五言如銀燭燒寒短。金尊入夜傾。山閣浮鰲背。江帆度酒杯。七言如久無朱紱傳消息。漫有靑尊對薜蘿。莫上龍堆望鄉國。胡笳一曲淚沾巾。卽集中佼佼矣。陳松珊侍御撰明詩紀事。搜羅明人別集最多。亦不知承祖爲何人也。

東萊集註類編觀瀾文七十卷宋本

每半葉十一行。行十九字。此書本林之奇少穎所編。分甲乙丙三集。甲乙集各二十五卷。丙集二十卷。所選詩文。自屈原以下。至宋歐陽修、司馬光、蘇軾、秦觀、諸人之作。皆與焉。稱名稱字。無一定體例。卽以王安石一人而論。或稱荆公。或稱介甫。亦前後互異。甲集以賦爲首。詩歌次之。

（未完）

大學古本易解自序

應城易奉乾

大學之有解由來舊矣。鄭之注。漢儒之解也。孔之疏。唐儒之解也。朱之章句。宋儒之解也。若蔡若邱之考定石經本。明以來儒者之解也。其他各家出入諸儒之說、而自成一說者。莫非解也。惟是研經不妨博覽。衆訟仍待折衷。孟子曰、予豈好辯哉。予不得已也。易解之作。殆有不得已之思乎。夫大學爲天人一貫之書。含有六經奧旨者也。昔者聖人作易以順性命之理。大學言明德。不言性命。然明德者天之明命。實爲中庸首揭天命謂性句所本。大學曰明德。中庸曰性之德。同一物也。則謂大學爲言性命之書也無疑。書敘帝王精一執中之傳。大學言至善不言中。然至善者極也。極卽中也。大學曰、君子無所不用其極。中庸曰、君子而時中。中者、不偏不倚之謂。極者無偏無黨無反無側之謂。故書曰建中。亦曰建極。而大學中庸所以相爲經緯也。詩之爲教也。蔽以一言曰思無邪。大學之教曰誠意。禮之爲教也。蔽以一言曰無不敬。大學之教曰敬止。春秋褒善而貶惡。大學言寶善言迸惡。周官分職而理財。大學言用人言生財。語云、通經所以致用。雖百王異制。九洲異俗。然試探其政教之原。治學之本。善觀其通。有能出六經之範圍者乎。合六經之全文。近三十萬言。而大學以一千七百五十三字囊括之。然則謂六經爲古今中外言政言教言治言學之原理。而大學卽爲原理之原理。讀大學不啻讀六經。六經或不易讀。大學非不易讀也。徒以解者愈多。經旨轉晦。解者以我解經。聚訟不休。讀者以人讀經。折衷無自。遂使昌言廢經者執爲口實。此離經畔道者所以日多。世道人心所以愈趨愈下也。孟子有言。經正則庶民興。當此世道陵夷人心陷溺之秋。而欲力謀挽救。舍經正尚安望哉。且非正聚訟之舊解。以成折衷之新解。卽此一千七百五十三字之遺經。又安望饜讀者之心而不忍廢哉。此則易解之作所不容已者也。或問易解之取義何居。曰斯有二說。其一爲變易說。大學一書。曾子旣以自釋者解之。而注而疏而章句、而考定石經本。而各家之出入於其說者又各有解。王魯齋曰。二程不以漢儒不疑而不敢更定。朱子不以二程已定而不敢復改。亦各求其義之至善。而全其心之所安方正學嘗謂黨所聞而不顧理之是非者。非朱子之意。則凡爲之解者。並非有私意與乎其間。此易字讀入聲之義也。其一爲簡易說。揚子云、羣言淆亂衷諸聖。大學之有古本。

義理則廣大而精深。文章則潔純而細密。自漢迄今。解者莫衷一是。何若反而求之大學。溫故所以知新。詳說不忘反約。以經證經。以大學證大學。以孔曾之言證孔曾之言。既得主觀。復刪拾衆說而定之。庶天人體用之學。盡顯於古本一千七百五十三字中。無俟煩言而解。此易字讀去聲之義也。斯二義予皆有取焉。獨是易爲吾姓。冠姓於解。題曰易解。則變易簡易之說。僅取其義。非標其名。是一名從主人之一例。嗟乎。値舉世廢經之時。存私家讀經之說。知我罪我。悉弗敢問。惟此區區之衷。竊願質諸鬼神、俟諸百世聖人也。歲戊午應城易奉乾序於武昌城南孟淑廬。

例言

一是編名經再易而定。今年秋。讀古本大學。有筆記以備遺忘。迨積稿稍多。爲便解釋計。乃分章節。初倣朱子章句體例。竊名曰古本大學易氏章句。明此編全遵古本。惟妄訂其章節也。既成編自覺名稱無取因襲。尤貴省字。遂定名曰大學古本易解。

一大學原有古本石經本之別。石經本錯亂甚多。古本載在小戴禮第四十二篇。漢鄭康成所注。唐孔沖遠所疏。初無單行本。宋仁宗天聖八年。特以此篇賜新第王拱辰等。嗣經程朱表章。始單行於世。惟章句行而古本廢。改本因之踵出。萬氏希槐旣以改移經文爲不可訓。秦氏篤輝經學質疑錄。又有數典忘祖之歎。是編據古本解之。存其真也。

一大學一書。含有六經之奧旨。旣於序詳之矣。又含有論語庸孟之精義。論語二十篇。以篇首五章爲綱。首言學。次言孝弟。言仁。言省身。言道國。中庸首章言愼獨之學。孟子首章言義利之辨。今讀大學。實以一書包有各書之精義。此可以見孔門心法之傳授也。故是編引證。於諸經外。取材於論語庸孟較多。

一大學一書。頗合近日教科書體例。有總則。有分則。有章節。有細欵細目。且有所下之定義。唐氏文治大學新讀本稱其與後世課程相類。非無見也。是足證古今中外文法之大同。大學旣爲經義之書。又爲文法之書。解者自未敢偏重。爰作正解一編。另爲綴編以詳之。並設有問題。則倣朱子或問而變通者。初擬另自爲編。繼因其無多。遂散附於綴編各節後。合爲一編。取其簡也。

一是編所注重者三端。一義理。一考據。一文章也。後世門戶之說興。立論多所異同。讀孔曾之書。自宜折衷於其言。本此宗旨。以求義理。以言考據。無所謂門戶之見也。昔在兩湖書院。曾聞師說如此。至於以文法讀經傳。古人所譏。自維譾陋。安敢置喙。惟是大學一書。朱子嘗稱其文理接續。血脈貫通。深淺始終。至爲精密。邱氏紫瀾曰。以朱子補傳。較之曾子原傳。其文之高古弗及。秦氏篤輝亦言大學文法高潔。然則脈理文法。古人已有先我言之者。今第於熟讀尋繹之餘。稍從而次第之。俾有脈絡可尋。以便讀者。未可繩以解經常格也。

一讀大學可以窺聖學之真。昔曾子端木子。皆聞孔子一貫之傳。端木子稱夫子之言性與天道。不可得而聞。文章可得而聞。親炙聖人者。且爲斯言。况生數千載後者乎。今欲於不可得聞者。求其得聞。非求諸性道所寄之文章。安能望見之。端木子無著述。曾子之著述有大學。然則大學之文章。乃性道之所寄焉者也。故讀其文章。可以知其性道。志云誦之萬遍。其義自見。章氏文史通義云。經爲解晦。當求無解之初。馮氏夢禎自述少時讀孔孟書。屏去一切傳注講說。專用力於本文。反覆熟讀。多有所得。是編解釋之言。乃反覆熟讀大學。而涵泳其文章之所出。故以大學解大學之處特多。學者果能熟讀大學。別具會心。則並是編解釋之言。視爲贅語可也。

一讀大學可以證後世各學派之淵源。蓋大學爲內聖外王之書。唐虞三代後。祗有霸功。此學迄不能用。又爲傳授心法之書。孔曾思孟後。且沈埋於禮經中。未經表章。此學又不傳。宋元明諸儒。得其一語。以之實踐。以之講學。即成名儒。即成學派。如主靜。主敬。主即物窮理。主致良知。主止修。皆是。然則謂道學傳中人物。皆大學一書陶鑄而成之。良不誣也。惟各得其一字一句之義。以爲標幟。因學說之爭。成門戶之見。其弊也。彼此聚訟。互相競勝。論者至稱爲權教。且謂語錄學盛。爭置天下國家事於不問。墮於玄論空談而不自知。此則諸儒學說不能統一。不能光大之過。而大學一書不任其咎也。曾子曰。夫子之道。忠恕而已矣。忠恕之一貫。實誠之一貫。慎獨之學在是。天人體用之學。即在是。學者必欲標一語以明宗旨。其惟忠恕二字乎。其惟誠之一字、慎獨二字乎。如涑水之主誠。蕺山之主慎獨。庶幾不啓爭端。亦鮮流弊。是編揭明心法在愼獨章。斷爲聖言。而妄證其義。並以圖解說明之。意蓋在此。

一是編參考之書。就見聞所及者。如鄂省圖書館。凡關於大學。諸本外。並及私家撰著。惟在楚中者爲多。有所徵引。必標其姓氏書名。音訓之有關要義者。隨解詳之。餘從省略。注疏釋文及各家足資考證之書。俱在。自可備查也。間有一二處。謬參俚俗之說。不以爲嫌。是亦竊附大學不遺楚書。兼採諺語之義。黃岡萬氏希槐。枝江曹氏廷杰。通山舒氏祖芬。黃陂鄧氏一民。皆楚產也。萬有十三經證異。其引及諸儒論說。例書姓名。不詳爵里。曹有論孟類纂提要。其例言皆長言反覆。以達己意。舒有大學詮釋。其經文用古本。兼附圖解。鄧有大學一貫。其訓悉宗本義。而曹舒鄧三家之說。尤多融會新舊。竊愧設想差同。敢避樂操土音之譏。

一是編之逃大學。旣尊其爲聖經。且信其爲修身學科中之專書也。蓋大學之教。以修身爲本。身以內之格致誠正諸事。可以修身統之。身以外之齊治平諸事。可由修身推之。故名爲大學。實則一部修身學。王陽明曰。讀其文辭。旣明白而可通。論其工夫又易簡而可入。劉蕺山曰。大學爲訓學校之經義。故禮家收之。余猶以書中闡發均平之大道通於洪範禮運諸經大同之義。其可採爲學校修身科專書之一者。殆與近代教育之宗旨符合也。今東西各國。或列彼所宗之聖經爲一科。或列彼所編之修身學爲一科。分而二之。不得合而一之。學者乃至別創政教一元說。我國本尊大學爲經數百年來。家絃戶誦。惜舍古本用改本。自科舉廢學校興。經術不列學科。改本亦束置高閣。猶幸置有修身暨國文等科目。苟各取大學古本。悉心講授。示學子以爲人爲學之鵠。則不至名存而實不副。合計一千七百五十三字。不過若干課可了。卽以來復日上午講授二時。亦按期可畢。乃竟等諸弁髦。不以入選。豈真王劉二子之說非。而此明白易簡之模範本應屏諸學校外耶。是亦異已。玆有一說。最當注意者。大學講明修身之義。合獨善兼善以言學。卽兼個性羣性以言教。昔曾子抱傷周望魯之心。特於此書篇末發之。愛國之忱溢於言表。取其書以供教科之用。則聖經與修身學。倂爲一科。旣泯宗教上政治教育上異同之迹。而又凡屬國民。莫不尊信。有裨德育。自非淺鮮。道一風同。庶易收統一之效。臻大同之治。迥非東西各國所可比擬。是編皆表而出之。以告吾黨。愚者千慮。敢謂一得。當世君子。幸覺而教之。

大學古本易解正編

大學（此書言天人交修體用一貫之學。凡一千七百五十三字）

經上（凡三百有二字。蓋孔子所傳。曾子述之。）

第一章（總提大學之綱領。揭出明親至善之道。歸重於知止。）

大學之道。在明明德。在親民。在止於至善。（此節爲全書之綱領。統天人而言學。體用備矣）知止而后有定。定而后能靜。靜而后能安。安而后能慮。慮而后能得。（此節承上止至善句說來。體用之學。悉莫能外。而關於體道者爲重）

（此章均正說。）

第二章（分詳大學之條目。揭出格致誠正修齊治平之事。歸重於知本。）

物有本末。事有終始。知所先後。則近道矣。（此章承上明親二句說來。以親民納入明德中。言用必本諸體。道之所以一貫也）

（此節冒下而言。）古之欲明明德於天下者。先治其國。欲治其國者。先齊其家。欲齊其家者。先修其身。欲修其身者。先正其心。欲正其心者。先誠其意。欲誠其意者。先致其知。致知在格物。此節分二截。此爲上截。承上物有本末句說來。物格而后知至。知至而后意誠。意誠而后心正。心正而后身修。身修而后家齊。家齊而后國治。國治而后天下平。此爲下截。承上事有終始句說來。自天子以至於庶人。壹是皆以修身爲本。其本亂而末治者否矣。其所厚者薄。而其所薄者厚。未之有也。此謂知本。此謂知之至也。此節承上知所先後句說來。此章均正說。故末二句用正結法。上句單結本章。下句兼結兩章。

第三章

結言大學之心法。揭出誠意暨與誠意相關之格致正修諸義。歸重於愼獨。

所謂誠其意者。毋自欺也。如惡惡臭。如好好色。此之謂自謙。故君子必愼其獨也。此章專言學之體。承上誠其意句暨與誠意相關之格致正修諸義說來。體道之實功也。此節正說。小人閒居爲不善。無所不至。見君子而后厭然。揜其不善。而著其善。人之視己。如見其肺肝然。則何益矣。此謂誠於中形於外。故君子必愼其獨也。此節反說。此章爲上篇末。反正都到。故用兩結之法。

讀經引證上

謹按陳子東塾讀書記曰。朱子之補格物。不必補也。而所以不必補之故則未明言。昔聞之吾先子曰。如經文本無闕而補之。贅也。經文有闕。補其一不補其二。漏也。贅何必補。漏又何必補乎。竊以本章實承上誠其意句暨與誠意相關之格致正修諸義說來。所謂正修相關之故。即誠於中形於外也。心廣體胖也。修身在正其心全章也。經義最顯無俟證明。至格致致誠誠正相關之故。則必須證明。而後知大學之爲完書不必補也。謹彙引易書禮論語中庸諸經義證之於下。

致知在格物證義

樂記曰。人生而靜。天之性也。感於物而動。性之欲也。物至知知。然後好惡形焉。余讀其書而知天性與物欲。易判之於寂感之間。物與知有相緣。理與欲不並立。好惡實爲其機括耳。大學一書言治法莫善於同好惡。言心法莫先於愼好惡。小人不知愼。雖獨居寂處時。往往動於物而有欲。君子則寂然不動。感而遂通。非有愼獨之功。曷足語此。是故小人不愼好惡而工於揜著者。物欲蔽之。良知未能擴充也。君子惟無有作惡。無有作好。斯以能惡所當惡。好所當好。蓋一無所蔽。始能擴充焉。此制情以復性之學也。孔子以生知之聖。而絕意必固我。自無物牽其慮已。顏淵問仁。告以克己。是勝物而不爲物勝。亦何蔽之有哉。厥後夫子贊易稱顏氏之子有不善未嘗不知。知之未嘗復行。中庸述孔子言。又稱回之爲人。能擇乎中庸。蓋其得力於請事斯語之一言久矣。此謂致知在格物。

誠意在致知證義

余讀大學至如惡惡臭如好好色二句。而知其中尚有隱義焉。蓋必先有所惡所好。因之擇所當惡而惡。擇所當好而好。而後好惡之情乃可專。於是引伸讀之曰。惡不善如惡惡臭。好善如好好色。則其義盡顯矣。夫所惡所好者物也。擇所當惡而惡。擇所當好而好者知也。惡之專如惡惡臭。好之專如好好色者。意之誠也。竊取中庸之言以證之。大學致知以上工夫。明善之學也。大學誠意以下工夫。誠身之學也。中庸曰。誠身有道。不明乎善。不誠其身矣。誠者不勉而中。不思而得。從容中道。誠之者擇善而固執之者也。擇善之目四。博學之。審問之。愼思之。明辨之。是皆明善之要。卽爲誠身之本。囘之爲人也。擇乎中庸。得一善。則拳拳服膺而弗失之矣。中庸可引爲大學之的解者此也。此謂誠意在致其知。

正心在誠意證義

中庸曰。誠者物之終始。又曰。誠則形。未形之先。好惡之念孳於中者。誠以立乎其始也。既形之後。揜著之端絕於外者。誠以貫乎其終也。君子之所以異於小人者在是。然而誠於中形於外之象。非君子有之而小人無之也。此心由存而發之際。有善與不善之幾動。微哉危哉。君子小人所爭者祗幾希耳。當此衆人莫窺一己獨覺之時。小人倖其無人。恣其在己。及見君子方且慮人之視己。若君子則並無人之見存焉。戒慎乎其所不睹。恐懼乎其所不聞。莫見乎隱。莫顯乎微。故必慎其獨也。小人肆。君子謙。小人妄。君子誠。一自欺一毋自欺也。書曰。作僞心勞日拙。小人揜著肺肝如見之謂也。作德心逸日休。君子慎獨天君泰然之謂也。顏子若無若虛。其心三月不違仁。殆庶幾乎。

此謂正心在誠其意。

右(三)證義之解。各有所宗。參看綴編經上。

（未完）

第二卷第七期　二九七七

文字學辨證 節錄編餘五則

瀏陽李 礫別樵

記曰。老者不以筋力為禮。則知人生自幼年以至𠡠壯。皆宜自食其力明矣。幼從幺從力。幺小也。𠡠從力强。經傳皆作強。飭致堅也。從人。從食力。考工記。飭力以長地財。是故勤勤以力。劭勞以力。自勉自勵以力勸人助人以力。孟子將終歲勤動。勤動劭勞勉勵勸助字皆從力。用力於田畝曰男。盡力於家國曰務。並力於戰陳曰虜。男從田從力。孟子急先務也。兵從𠬞持斤。並力之皃。虜從毌讀若貫。從力。左傳武夫力而拘諸原是也。有力然後為勇為勢為有勁。有力然後能勝能𡯁能增加。有力然後有功有勳有成効。勇气也。勢健也。勁彊也。勝任也。𡯁尤勮也。俗作劇。功以勞定國也。從力。勳古文作勛。效功也。漢書劉向傳作効。以興衰論。同力則興也。以優劣論。少力則劣也。興起也。從舁從同。言同力也。劣弱也。從力少。運有刦也。有力可以勝天。楞嚴經。天地之一成一敗。謂之一刦。詩既克有定。靡人不勝。言人定能勝天也。勝從力。地有凶也。有力可以出險。凶惡也。象地穿交陷其中。易注。坎為重險。陽气入險。不勞則生气不復。故曰勞乎坎。勞從力。淫非力也。則鼓爪者。張耳者。垂涎者。頭銳者。手疌者。足勁者。㸒近求也。從爪。從壬。壬立也。挺立於此而欲爪取於彼。故為近求。聥張耳有所聞也。羨貪欲也。從㳄。㳄慕欲口液也。俗作涎。彑豕頭也。象銳而上見之形。後魏郭景尚善事權貴。人呼為郭尖。疌手之疌巧也。赳輕勁有材力也。相與奔走市城。饞嚼祿位。奔走字並從夭。言奔走則頭不正也。馴致農夫亦思奮飛。輟耕而歎。工人失所依據。舍鏝以嬉。奮從奞在田上會意。奞鳥張羽自奮也。𢀛所依據也。從𠬪從工。朱氏以為穩字。如言工穩。狗盜鼠竊之輩。

出而天下大亂矣。盜，利私物也。從㳄，解見前。皿，飲食之器也。竊作竊。盜自中出也。從穴米會意。詩碩鼠序：貪而畏人，若大鼠也。故曰不狩而縣貉，魏是以削；候人而赤芾，曹是以亡。四語見顧氏日知錄。求養於人，凶莫大焉。易頤：貞吉，養正則吉也。自求口實，觀其自養也。自養吉，反之求養於人必凶。于文，不以力食而人以食食之，等於牛馬之儔。茹，飲馬也。蒙飲牛䭃也。飤，從人食會意。冒若餵牛馬然。俗作飼。不能自食其力而賴人之食以食，直人類之蠹耳。蝕，敗創也。從虫人食，食亦聲。朱氏說字從虫，當以蠹蟲食物爲本義，引伸爲侵蝕。言人侵蝕，如蠹食物于不覺也。俗作蝕。〇此一則從力字立說，言人當自食其力，不可存僥倖覬覦之妄想。

凡人處心積慮，接事待人，向光明者吉，向陰險者凶，此不易之理也。大學曰明明德。中庸曰誠則明。明者人所稟於天之德也。明，從月從冏。冏，窗牖麗廔闓明也。象形。日爲雲翳天之昏。霒，雲覆日也。從雲，經傳皆作陰。昏，日冥也。從日從氏省。氏，下也。日在氏下則昏。性爲欲蔽人之惛。性，人之陽气，性善者也。情，人之陰气有欲者也。惛，不憭也。從心昏。在易，明出地上曰晉，明入地中曰明夷，是其象也。晉，進也。日出萬物進。從日從臸會意。夷，傷也。日爲地掩，其明見傷。是故正於日中者，吾知其是也。是，直也。從日正會意。比於日下者，吾知其同也。昆，同也。從日從比會意。以日爲準者，吾知其的確也。的，明也。從日，言以日爲準臬也。故用爲的準字。俗作的。從日中視者，吾知其顯著也。㬎，衆微杪也。從日中視絲會意。古文以爲顯字。動一念，顧及人羣樂利者，吾見其有熙熙然同登乎春臺之象。昪，喜樂也。從日。出一言，常思有益人民者，吾見其皎皎然，如日麗乎中天之美。昌，美言也。

從日從曰會意。譬如行路。日在頭上。何其早也。早作㫘。晨也。從日在甲上。甲猶首也。日在茻中。則云莫矣。莫日冥也。從日在茻中會意。俗作暮。夫至於莫。不可行也。莫訓日冥。引伸有不可行之意。與毋字同。所以孝子不服闇禮經戒之。曲禮注。爲其嫌於暗昧也。闇。閉門也。伯姬不下堂。春秋美之。左傳。宋大火。宋伯姬卒。待姆也。注。婦人之義。傅母不在。宵不下堂。遂逮乎火而死。古之人冥不相見。以口自名。名。自命也。從口從夕會意。夕者冥也。冥不相見。故以口自名。日入匿作。愈加敬惕。於此益見愼獨功夫。乾曰。夕惕。解曰。夙吉。是其義焉。夙。左傳注。陰氣也。周禮環人注。陰姦也。姦敬惕也。從夕。夙作𡖋。以孔持事。雖夕不懈。故從夕。苟日莫而倒行逆施。爲冥升。爲中垢。皆宵小行徑也。烏乎可。易冥升在上消不富也。詩維彼不順。征以中垢。注。中垢闇行也。宵夜也。莊子注。不由明坦之途者。謂之宵人。○此一則從日字立說。言人存心作事。向光明者吉。向陰險者凶。

易曰。備物致用。立成器以爲天下利。莫大乎聖人。考工記。知者創物。巧者述之。守之世謂之工。是以語其所持曰巨。朱氏說工字於六書爲指事。橫卽句。直卽股。凡工之事。一規矩盡之。巨。規巨也。從工。コ所以持之。或作榘。從矢者。其中正也。語其依據曰𢀚。解見上。論其效技曰巧。巧。技也。從工。論其推行曰㠭。㠭。極巧視之也。從四工會意。經傳皆作展。展從㠭聲。字作展。論其勞力曰功。功。以勞定國也。從工。獻於國家曰貢。貢。獻功也。從工。傳法於後世曰式。式。法也。從工。孟子曰。朝不信道。工不信度。國之所存者幸也。朝廷所建立法律也。故建從律省。工人所執持。規巨也。故巨從工。舉二者。卽包上文。上無道揆。下無法守之意。由是言之。以一人論。人而入工。斯資格完全矣。以大勢論人人皆有工人資格則國家安全矣于文入工爲全信然全完也從入工或作全從玉〇此一則從工字立說言人入工則資格完全人人皆有工人資格則天下安全

聖賢之教人也闓其善心閉其惡意而已司馬法曰善者忻民之善閉民之惡忻闓也今試舉一孝字觀之有若老人肢體殘廢其子從旁扶掖之形善事父母曰孝孝從老字省下從子子所以承老也舉一叟字觀之有若老人耳目昏聵持火屋下索物之象叟作叜老也朱氏說老人持火（從又火又手也）在屋下索物故從宀

人縱凶殘豈有坐視其親殘廢昏聵而不奉養之理且亦知長我育我之苦兩點之乳以爲食乎蒼頡篇母字中有兩點象乳形思斯勤斯之勞三年然後免於懷乎㝃生子免身也從子從免俗作娩嫛要齊人謂生子爲娩舉杖者教我有人也亦思親老舉杖無力之時乎父作乂家長率教者從又舉杖耇老人行才相逮也從老省勿行之象言力不足故行遲步小倚門者望我有人也亦思望門不見父母之日乎闚望也段氏說從門者望必倚門也望從亡喪亦從亡從哭孝子不忍死其親猶言出亡在外也推之口以出訓兄之義也兄長也從口以出訓父兄之教不先子弟之率不謹目以相及罤之義也爾雅昆弟之昆作罤從眔眔從目從隶省隶及也目以相及如言沓唻沓及手以相助友之義也善兄弟曰友友作㕛從二又又手也言如左右手交相助也

人縱狠戾豈有不顧自身手足口目而加殘害之理干皋也從干犯也從二（

明乎此義孝友之心油然生矣人而孝友而好犯上作亂者未之有也

古文上）讀若愆。謂犯上則爲愆也○此一則言人莫不具有天良。聖賢教人。在誘掖其善心。使之警省。人人親其親。長其長。而天下平矣。

易言居德善俗。由來以漸。禮稱治國齊家。修身爲本。于文。各人有咎。其害漸起於家庭。咎災也。從人從各會意。害傷也。從口者。言爲亂階。從家起也。故從宀。有志及人。而福乃延於鄉里。伀志及衆也。從人公。經傳以公爲之。蘁家福也。從里。此言教育者所以未能忽視一人也。百行孝爲先。必一家無逆子。而後天下無棄材。育養子使作善也。從𠫓。形同倒子。即逆子也。讀如易突如其來之突。謂不順突出也。育從𠫓者。逆子亦教。則無不教者矣。棄作𢏚。捐也。從収推𦭝棄之。從𠫓。（古文云）逆子也。故棄之。萬惡淫爲首。必禁奸於一女。乃不至妨及風俗。毋爲禁民爲非之詞。猶云使不得從女有奸之者。一以止之。妨害也。從女。詩首關雎。興男女之有別。序曰。關雎風之始也。所以風化天下而正夫婦也。有禁之維何。防私之謂。私之來於明也。曰篡。猶可防也。厶姦衺也。韓非曰。自營爲厶。經傳作私。屰而奪取曰篡。從厶。私之來於暗也。曰褻。不可防也。羨相詠呼也。從厶美聲。或作誘。詩有女懷春。吉士誘之。至不可防。則二女爲姣。三女爲姦。因緣其間。而罪孽成矣。姣女還切。訟也。從二女會意。周子曰。家人離。必起于婦人。故睽卦次家人。以二女同居。其志不同行也。是其義也。姦私也。從三女會意。朱子格言。三姑六婆。實淫盜之媒。亦此意。易曰。履霜堅冰至。可不慎與。易注。天莫險於陰。殺人莫險於陰邪○上則言啓善心。是引其固有。本則言遏亂萌。當防于未然。此古人制治于未亂。保邦于未危者。防微杜漸之功。不可忽也。

專著 文字學辨證

文苑

船山先師詩錄

周逸敬選

桂林偶怨 己丑

靈藥成虛舊恨空。征衣無那楝花風。絲絲春雨垂簾下。又向天涯識塞鴻。

自南嶽埋殘書西歸慈侍困于土人殆殯（瀕）不免太孺人怛愍廢食既脫諭令去此有作聊呈家兄

春零慈竹惜徘徊。孤鷰孤飛鷹隼猜。莫是漁郎歸棹錯。桃花不爲避秦開。

文苑

文錄

王船山先生生日頌 並序

長沙何國華

先生姓王氏。諱夫之字而農。號薑齋。衡陽人。明之遺臣也。少舉鄉試。時流賊寇衡陽。執質其父欲招之。先生刺肢體舁往易父。卒脫於難。孝聲動四隣。甲申之變。先生以累世朝臣故。痛宗社覆亡涕泣不食者數日。作悲憤詩。已從嚴起恆瞿式耜走廣西圖恢復。而悍帥弄權。內豎傾陷。瞿殉節於桂林。嚴遇害於南甯。大勢既去。緬甸聞變。明祚終絕。先生遂決意林泉。杜門著述。孤忠已矣。傳學將來。是其志矣。築室石船山。學者稱船山先生。先生於學無所不通。大抵以漢儒爲門戶。以宋五子爲堂奧。旁及屈宋辭章。進窺老莊玄學。於諸經有稗疏。乙部有讀通鑑論宋論。諸子楚辭均有注釋。可謂鴻博精深者也。先生去今三百十三年。其行範乎百世。其學傳之千古。繼往開來。一人而已。予慨世之澆薄。泯不知節義爲何。又不能篤行好學。益慕先生之爲人。謹於季秋朔誕。勉綴數言。敬頌盛德。其辭曰。

維嶽降神。產公於湘。賦性穎悟。少舉於鄉。遭時喪亂。陝賊披猖。毀膚易親。孝譽四彰。明宗傾覆。涕泣哀傷。悲憤之詩。一何淒涼。奔走粵桂。艱苦備嘗。思復舊物。釁起蕭牆。緬甸既變。明室絕望。貞忠力竭。歸隱衡陽。三桂稱制。匿跡遐荒。淸復徵聘。深閉固藏。築室船山。學聲風翔。尙友馬鄭。砥行朱張。經著稗疏。史論興亡。通釋屈宋。衍解老莊。上繼絕學。下理頹綱。言哀以思。志潔而芳。歷年三百。潛德彌光。楷模百世。俎豆馨香。

周貞孝傳

鳳皇田興奎星六

貞孝周治鴻女。其先豐城人。自治鴻始占籍鳳凰。女幽靜。讀書通大義。許呂氏子有仁。呂之先系亦豐城也。婚有期。而有仁病。病竟不祿。女年適十七。聞耗大驚。愴謝鉛華。易服。皇皇欲奔弔。母某沮勸之。不可。其父又柔解之。族戚夙賢女。爭走告來寬唁。閨弱不幸。當奇凶。事又難言爲訴。痛疾在心。見諸姑伯姊。則攜持噭然哭。諸姑伯姊。亦淚涔涔欲言哽其聲。家人知女有絕志。謹伺之。數覓死不可得。遂決終其身貞守。自此白衣履。慲焉惚焉。日飲涕而已。踰二年。治鴻病卒。女念所字夭矣。今所怙又顚折。隱隱傷年命。一痛而踣。甦復大號泣。幾氣塞。人爭婉止之。治父喪已。哀微斂一日哭自墓上回。又操作若恆。家人稍稍疏其防。夜閉帷茹藥。絕枕函遺片紙。則決別其弟茂柏。勉所以立身孝其母者事。大驚。鳳縣人以貞孝上狀湘大府。奏得旌。許祀縣節孝。當栗主入祀日。大夫士衣冠送之。觀者闐衢巷。有泣下者。其從伯父治亨悲慰曰。周氏爲有女。吾治鴻亦不稿矣。女名月英。生光緒五年七月二十日。卒年十有九。

田興奎曰。人情靡不樂生者不然。忠以殉其主。赴義以重知己之難。何鮮耶。女於呂未廟見。禮不謂成婦。又婚有期日。壻死。弔歸而釋其服。服釋他輒弗人強。有親之喪。亦擊胸傷心。盡其哀而止耳。女竟毅然捐其軀。如是其諸名義之趨歟。抑憂系動於中。有不能自已歟。可傳也。

瀏陽劉君墓誌銘 并序

瀏陽劉人熙艮生遺稿

君諱信洪。觀笙其字也。世居永安市。誕八月而岀。後節母胡太宜人。事親以孝聞。弱冠補縣學附生。年二十四歲。中鄉試副榜。溺苦於學。能爲古文詞。尤篤好張子正蒙。丹黃滿行間。至不可識別。性孤介。以學行屢主書院講席。滿淸將亡之時。思變法以圖存。廢科舉興學校。大開仕進之路。以誘舊日之舉貢。君奉母命入都。截取直隸州州判。分發廣西。素性恥干謁。余薦充經徵局收發員。爲新進少年所苦。遂辭歸。久之。以養故。又游桂林。余以正論激當道。署全州西延州同。西延號難治。而歲入頗饒。君政平訟理。處膏不潤。居七閱月。調那地。去之日。西延人以銅盤貯水。置鏡於中。以表去思。那地盜區。多不之官。君奮勇蒞事。五月。聞母病。遂馳歸。貧不能治裝。慶遠知府唐君祖澍。慷慨好義人也。贐之。歸里。居母喪盡禮。黃帝紀元四千六百又九年八月十五日。湖北反正。九月朔。湖南繼之。都督譚君召集特別議會。公推議員。民國元年七月十三日。病終里第。其孤陶。匍匐來省垣。哭求誌墓曰。先父坎軻。年不稱志。位不稱學。得公片言誌幽。死且不朽。遂予之銘。銘曰。

是爲觀笙。萬古之宅。豐其學。嗇其遇。利其嗣人。

原羣上

瀏陽劉信洪觀笙遺稿

人有强弱。而後有盛衰。有盛衰而後有治亂。人羣則强則盛則治。人不羣則弱則衰則亂。是故三皇五帝之世。合天下爲一大羣焉。其在五霸。則以羣羣不羣者也。自漢唐暨國朝羣人之業術各不同。然皆以有羣而强而盛而治。以不羣而衰而弱而亂。曰其間敗羣者何也。曰黨也。何以有黨。曰私是也。何以私。曰人之羣也。必有人安其居衛其生。以優游和同相養相教也。私乎名。名軋名。私乎利。利軋利。名利軋。則養不相相養。教不相教。甚者相爭相奪。窮乎宇宙若不足以容。曠乎垓垠若不足以生也。人情拂戾。不能鬱鬱久居。則鳥獸散耳。遑曰羣乎。曰然則何以克其私。曰道德仁義禮樂刑政。其精焉者也。最顯最要者。莫如公。公則人慕其有而相通。人利其有而相讓。通且讓。則雍容和洽。羣萬有而一心。書曰紂有臣億萬爲億萬心。予有臣三千爲一心。紂非不羣於武王也。然而强弱盛衰治亂相反者。豈非以其心之羣不羣哉。是故羣其人而別其心。道路之羣也。羣其人而賊其心。盜竊之羣也。君子之羣也。不相呴以濕。不相交以貿。道在曠古人彌天地一羣也。道不在。則親同胞邇同室。不羣也。其道爲天下公。道其羣爲天下公羣。故古之背私爲公者起。未嘗呴濕濡沫以羣其羣。未嘗而束縛要約以羣不羣。羣者堅且牢。不羣者。如水趨而就下。是豈操異人之術哉。公則羣。不公則不羣。可以知强弱盛衰治亂之原已。

原羣下　前人

牛能觸。虎能攫且噬。蟲蛇毒物。能螫蠚以飽人之膚血。人不能也。然卒受制於人者。人羣而物不羣也。夫牛知觸。虎知攫且噬。蟲蛇毒物知螫蠚飽人之膚血。而獨不知羣者。則以觸者。攫噬者。螫蠚者。利己而損物也。夫人則不觸。不攫噬。不螫蠚。不利己損物矣。而亦有不能羣者。則以利己損物之私。有甚於觸者。攫噬者。螫蠚者也。夫漢之黨錮。唐之清流。宋之洛蜀朔三黨。明之東林復社。可謂固有不私者矣。而卒不能以羣羣不羣者。則又以君子恃其公。以決小人之私。而以公軋私也。蓋小人之羣羣以勢利。勢利盡而交疎。君子之羣羣以名節。名節橫而氣激。拒迎之迹太甚。召號之黨一成。則己之是足以激人之非。己之長足以激人之短。夫忤物已甚者。物亦得而反之。勢不至。公不足勝私不止。昔者子夏論交曰。可者與之。其不可者拒之。其失隘。子張論交曰。于人何所不容。其失不恭。孔子曰。鳥獸不可與同羣。又曰。羣而不黨。隘與不恭之間。殆君子羣人之軌歟。嗟嗟。今之日。萬其人者萬其心。萬其心者萬其羣。非公其道以聚之則渙。非攘其迹以懷之則爭。從古黨禍紛爭。小人常勝。君子常不

勝者君子負其公以絕小人之私小人挾其私以敗君子之公往往然也然則如之何而羣曰公以濟君子私以濟小人

蘇克三先生家傳

陳繼訓杏驄

居距會城二十里而強足未嘗履官府終其身布衣蔬食伏處荒江老屋率子姓生徒雝容嘯詠跬步不踰軌一矢口惟恐傷人取與辭受兢兢一介顯晦得失曾不以攖其胸淸操獨行得蘇先生其人焉先生諱開鑑字克三世居長沙北關外蘇家溷父均甫積學君子也先生幼穎敏秉承家學沉酣書史甫成童詩文驚老宿年二十五補博士弟子員家故貧省試連薦不售幕遊於鄂未幾辭歸課讀養親絕意進取蓋內行惇篤孺慕勤勤視塵世一切尊榮利達飄飄乎如秋雲過大虛不足亂其淡定之天也其教人以樸誠堅忍爲揭櫫故從之遊者多孝友質實一如先生之爲人晚讀醫家言憬然曰吾不獲得志以加澤於人人苟能此亦生死肉骨之一道也於是覃精沈思盡抉其奧求診者踵接於門應手奇驗遇窮乏不能備參朮且施濟焉所全活甚衆往往感念流涕至纂家牒以敬宗息鄉爭以敦俗治水利以惠農皆其

犖犖可稱舉然未足攄偉抱於萬一也卒年七十有幾顧言諄諄詔後以儉處分周至神志不紊倫非所謂有初有終者耶子二啓棨隸耕繩祖繼其儒業余與繩祖善故犢聞其性行崖略如此

陳繼訓曰竊常怪馬少游謂願爲鄉里善人足矣何其見之褊也顧士苟勅業飭行圭臬士林雖僻居林莽其流風餘韻往往沾溉暨於久遠而未有紀極然則爲善於一鄉與爲善於天下有以異乎抑無以異也特惜闇修一室清孤自賞不願貶氣柔聲奔走形勢與逐逐者爭旦夕之名位而名位亦卽與之相背馳此蘇先生之塵以諸生終也然而如先生者又豈可勝慨哉

五先生述

岳陽李澄宇洞庭

家貧質鈍已輟學而卒克以典籍自矩範每念此未嘗不德五先生欷歔欲涕也五先生孰謂謂余先生輔田先生體仁方先生于宣陳先生戊吳先生獬也

余先生名輔字莘農岳陽潼溪人其祖世庠自江西來宅沙港南既成族漸他徙於是越沙港北徙曰新莊余傍沙港東徙曰新安余新莊余甚富士衆且掇巍科新安

余力田自給。而士僅先生。先生幼慧。既長。亦欲以科第顯。庠處治所業。清變法之歲。先生授徒吾家。嘗試詩。題爲送客溪橋雪滿衣。吾詩有人難留劍佩天爲贈瓊瑤句。先生亟獎譽。謂吾父必勿使廢學。其秋吾父以無主命案被累。家幾覆。先生亦反里。吾穡事有暇。造謁問業。勿拒也。先生既食餼于庠。母老。未忍遠游。釣魚種樹藉悅母。母故多子孫。先生復戀戀若嬰兒。母甚樂。壽八十有七乃逝。始、慕、科第。以母、故、絕、意、仕進。先生詎。今。世。士。哉。降年不永。踰艾遂卒。其命。也。與。有子四。中崙、邱山、屏湘、炎初。

田先生名體仁。字蘭坡。岳陽上潼溪人。父某。力田好善。有子二。先生其仲也。少負大志。既游泮。旋食餼。貢成均。然卒不得奮鳳翼。先生自是意倦。且老矣。清光緒戊戌冬。先生解某姓事。過吾家。吾父舊受業先生門。止宿。具雞黍。夜燈侍坐。偶及吾先生命奉所作文。謂可教。明年。就先生讀。先生善講釋。而評點吾撰述。尤盡意。又明年。先生山居。門左有廣塘。塘畔松竹碧若畫。偶聽鳥觀魚。興至。忽高誦吾文。以大器相勵勉。汔、今、追、憶。汗、雨、下。恨、未、由、起、先、生、九、原。如、舊、請、益、也。先生有子一。曰重樸。業醫濟世。

方先生名于宣。字伯棠。岳陽潼溪人。祖某。父某。世種厥德。先生貌魁偉。事母孝。家貧。

授徒縣城。旨甘數致未嘗闕。寒暑反里。若襁褓就乳喜樂也。妻劉氏弗重姑。然值先生反里。事姑謹。恐先生怒弗婦。先生善醫。活人衆。鄰里苟病。步診弗受謝。嘗見吾文。屬吾父亟選良師俾大成。吾獲侍陳先生受業縣城。先生、力、也。先生。視。吾。吾。若。己。子。驩戚。害。利。過。身。受。吾不肖蹉跎。德業靡所就。未有以報慰。先生既卒。子忠勛義勛咸廢學。吾又在遠。未及助令讀。死而有知。先生卽弗咎吾。吾能無愧乎。且厚、德、若、先、生、罕、矣。未展酬生前。復不食報身後。天果奚恃勸善耶。

陳先生名戊。字海文。岳陽楊梅冲人。先生甫五歲。就季叔邑庠生純卿先生讀。既長。負文譽。嘗授徒某姓。得多覽經史古文辭。學大進。踰冠游泮。遂食餼。旋考入岳陽書院。任齋長。武陵陳我珊臨湘吳鳳孫兩先生先後掌教。見先生文輒置第一。一院衆觀。咸歎弗逮。某歲秋試題爲述而不作章。先生俯仰今古有隱痛。縱筆高論。數十載後異變若豫見。典試官批議論奇闢。石破天驚。掄元嗣疑文內古刲字匪雅。置弗第。一時識與不識。誦其文往往淚下恨不遇。而先生弗甚介意。歲辛丑。方先生介吾謁先生縣城。先生令寓愼修堂治子史。兼討數學地理。謂學蘄致用。第文罔裨。先生字視。吾亦視先生若父。師弟若斯。近日殆未有。民國十五年。先生令湘鄉。會戰事起。或欲糴積穀助餉。弗許。且晉省謁大吏請禁制。大吏猶豫。先生遂棄官反岳。明年。國有大變。官紳民無罪受戮者踰萬。先生幾不免。得密報先遁。然自是以酒自隱。不復問戶外事矣。民國十九年卒。壽六十七。子二。曰蔚森。曰期道。並克繼述。

吳先生名獬。字鳳孫。臨湘桃林人。清廣西荔浦知縣。光緒丙子舉人。己丑進士。四書文獨步江湘間。識與不識曰才子。所爲詩古文更深造自得。貌質而味腴。嘗治詩緯五際謂戊亥革命。不三十載清祚斬。後良驗。先生性敏異。凡世俗所重所喜樂。均弗一動念。玩世似東方。躬艱苦似墨。以無用爲大用似莊。家貧未克閉戶。臥爲學官書院掌教終身。上自京內外大吏。下至賈豎走卒。惟稱吳老師。若忘其曾任知縣且舉進士也。清末岳陽書院改中學。吾適在院受業於先生。先生講授誠異人。吾所論著置第一者屢。會世變。吾習陸軍。別先生十載。始得復奉教。吾固倦游。先生亦髯髮白矣。民國七年春。先生病在里。被兵偪遽卒。遠近悼惜。吾爲文祭之。至今讀者墮淚也。著有不易心堂全集。子二。重伯廣南。咸已逝。仲子淵仲。叔子印叔。幸纘前緒。

楚棄疾論 課孫草

湘潭吳鏐湘琳

昔楚康王將有討於令尹子南以語其子棄疾斯時爲棄疾者將如之何以告其父則泄君之命不告則坐視其父之死而不救左右皆荆棘也東萊呂氏謂楚王以殺人之父之事語其子則棄疾之爲人可知以爲棄疾之得失不足論嗚呼以此持論爲足以窮天下之變哉吾謂君子固能弭變亦必善於處變夫棄疾不能諫止其父之失於事先律以君子之道誠哉其不逮然觀其請尸以葬之後既自疚其與殺吾父行無所入又不忍事仇而臣之乃以一死謝其父則其爲人亦非不知孝道者也特昧於處變之方耳何也是時楚之君權方盛子南雖有寵尙未至於專橫王欲討之則討之可耳其所以每見棄疾而泣者原不忍於遽制其死命也及棄疾對以不居不泄之言絕無應付之道不得已乃爲此決心決心向使棄疾當日痛哭陳詞懇求免父之官而自請伏誅以代父之死如緹縈之以身贖父王未必不憐而赦之也即或以爲罪在不宥不得所請則移其日後之死請先畢命於王前以免見其父之伏尸於朝王或重其義而終貸之亦未可知也不幸而以此激怒於王併其父子而

駢戮之。則身雖死而心安矣。何至有與殺吾父之疚哉。故夫棄疾者非不知有孝道者也。特昧於處變之方。不善用其死耳。悲夫。

鄭雍姬論

前人

昔鄭厲公使雍糾殺蔡仲。糾妻雍姬知其謀以告蔡仲。仲於是乎殺雍糾。或謂雍姬雖救其父而殺其夫。非婦道所宜出也。吾謂雍姬之處此實難。以告則父殺其夫。即不啻自殺其夫。不告則夫殺其父。即不啻自殺其父。雖在仁人君子。無兩全之道也。無已。則惟視其心之所安耳。夫父生我者也。天顯之親也。夫妻以人合者也。敵體也。雖夫爲妻綱。與父爲子綱。在平時爲並重。而當乎以夫謀殺其父。事變非常。禍機迫促。有不能遷就調停稍緩須臾之勢。雍姬於是時。旣以父與夫孰親爲問。得其母之答覆。因權衡於二者之間。與其坐視乃父之死以事仇。孰如姑以告之較爲安乎。且其告父之辭。祇云雍氏舍其室而將享子於郊。吾惑之以告。並未明言其中伏有殺機。蓋是時雍姬意計中。祇欲其父之有所疑而不往。即可以免於難。其爲雍糾迴護者。意自在也。至其父之因此以殺其夫。豈其所及料哉。或又謂雍糾之謀殺蔡仲出於君命。情有可原。君之爲是命也因患其專。是蔡仲之罪有應得。雍姬偏徇其所生。爲父計則得矣。其如公義何。嗚呼。雍姬女流也。非學問中人也。昔桃應設爲皋陶爲士瞽瞍殺人之事以窮舜。孟子答以舜棄天下而竊負以逃。夫亦推乎孝子之心。其時祇知有父而已。遑計及乎殺人之當誅國法之難逭乎。況乎厲公此命。詭圖暗刺。並非明正典刑者耶。東萊呂氏謂糾敢於以殺蔡仲之事謀之其女。則雍姬之爲人可知。在君子必不遇此。殊不思左氏此篇。明明止有雍姬知之一語。絕無與謀之事。蓋其謀洩而知之耳。至於厲公所謂謀及婦人。不過事後推測之辭。君子論人貴持其平。豈容有所附會變更當日之事實以伸其臆說。故夫雍姬之所處。實迫於無可如何。以行其比較之可安。不當爲之苛論也。

蔡上將淞波鍔誄章

長沙王壽慈澍芝

曰。維先生義挾風霜。氣涵河海。幼而岐嶷。秉崧生嶽降之靈。長而崢嶸。擅緯武經文之略。觀光上國。庠序曜其龍文。留學東瀛。韜鈐殫其駿業。神州莽莽。大陸沉沉。慨清政之不綱。値時局之多故。由是傾心祖國。主張民權。宏我漢京。注重軍府。惟滇黔據建瓴之勢。湘粵本輔車之依。藉桂林之一枝。萃英才於三楚。黨開講武。期門羅沅澧之菁。校列隨營。羽林多經史之選。（鶚等）追隨虎帳。侍坐皋比。秋雨陰符。讀三略六韜之策。春風舞劍。極白龍朱雀之奇。忝居桃李之班。尤篤梓桑之誼。乃主翁叵測。知張儉不足與謀。（指桂撫張鳴岐）雅量淵涵。識李沆可與任事。（指滇督李經義）率我舊部。式擴新圖。遂舍粵以就滇。因再接而愈厲。蓋先生左提右挈。已數年于茲矣。洎清辛亥之夏。因五省鐵路收歸國有。民氣勃張。雲譎波湧。民黨首領如孫黃諸公、乘時而起。武漢一呼。天下響應。而先生奔走滇粵。聯絡東南。建赤纛而奮風雲。麾白旄而驅神鬼。昆明池上。旌旗增日月之光。武昌門前。玉帛靖干戈之氣。袁氏承命清廷。議和停戰。金陵建策。玉敦宣盟。肇民國共和。除帝室專制。擴規模於歐美。合五族為一家。方謂撥雲霧而見青天。出水火而登衽席矣。先生于時坐鎮滇南。主持軍政。寬猛交濟。剿撫兼施。聯合黔桂之情。調和南北之見。輕裘緩帶。羣欽儒將風流。鐵馬金戈。不數長城屹立。靖烽煙于六詔。方拱衛乎中央。無何總統制與內閣制、暗潮激烈。波折橫生。殲我良人。漁父被刺。天人為之共憤。山川為之不寧。於是贛甯皖粵。本誓不帝秦之心。援討賊復仇之義。其時根本未固。組織未完。先生瞻顧徘徊。方以敵燄雖張。元惡未著。外則鑒虎狼之環伺。內則憂鷸蚌之相持。兩敗俱傷。害在中國。又何取焉。然而桃源洞口。終古雲霾。武陵漁人。蒼然泣下。悵龍鸞之已杳。燭虺蜮之居心。辭節鉞以歸藩。奉弓旌而就國。動以至誠之道。堅以不渝之盟。參贊戎機。近列將軍之府。籌維經界。遠披益地之圖。思養晦以遵時。格違心于未兆。期轉禍以爲福。與居安而思危。無何帝制發生。籌安會起。上下一致。內外和同。五國警告而不悛。四友遠引而不悟。臣皆頌莽。士盡美新。環顧中原。幾無人格。心惄如擣。五夜徬徨。容與委蛇。不動聲色。津門暗渡。脫離虎口餘生。海國回翔。知是龍頭屬老。鵬摶九萬。方假道於南溟。鯤擊三千。復聯翩于西蜀。飛將軍自天而降。義旗瞻嶺表之雲。大丈夫捲土重來。赤紱濯滇池之水。其誓師曰。成不居功。敗不亡命。此武侯所謂鞠躬盡瘁。死而後已。成敗利鈍。非臣之明所能逆覩也。非誠格金石。忠炳日星。氣貫三軍。目空諸虜。澹泊明志。寧靜致遠之君子。辦一死以討賊者。能爲此言乎。自是縮合黔桂。經畫川湘。敵軍著著爭先。纍纍如貫。八公山上草木皆兵。正風聲鶴唳之時。爲破釜沉舟之計。勵千軍以討虜。先五月而渡瀘。鐵騎騰雲。踏破躍叢鳥道。金刀曜日。掃開蛋雨蠻烟。公瑾投醪。赤壁懾曹瞞之魄。子龍振甲。官渡走袁紹之軍。傳檄中華。勢如破竹。黔桂嗣響。浙閩同聲。蕃司馬昭之心。路人皆知之矣。袁乃取消帝制。意在緩兵。遷延搆和。雙方停戰。於虖霍子孟之不作。朱盧傒之已亡。猶思手握全權。退居總統。乃天奪其魄。人鋤其姦。千夫所指。無病而死者。此之謂也。天佑民國。復我共和。黃陂繼興。萬姓悅服。而先生之始願已償矣。于時海潮初平。蜀難未已。瘡痍滿目。怵惕驚心。巫峽千重。春雨染啼鵑之血。錦江萬里。夜潮促班馬之聲。而一切善後事宜。舍先生其誰任之。先生以經歷百戰之身。已有日夕不安之象。猶復力疾從公。抖擻精神。撐持艱鉅。撫我士卒。輯我元黎。迨頭緒略有端倪。秩序漸就平復。遂急流而勇退。覺元氣之已傷。東海麻姑。藉覓長生之藥。西天活佛。或傳濟世之方。薦伯約以代籌。效子房之辟穀。泛扁舟兮一葉。浴曉日于扶桑。訴肝膽于太空。領乾坤之清氣。方冀喜占弗藥。果證延年。壽世壽身。永膺多福。無何閣部內鬨。日法外侵。帝制之餘孽潛滋。將軍之跋扈尤橫。四顧中國。險象環生。對此茫茫。百感交集。輾轉伏枕。涕泗滂沱矣。乃復五丈星沈。慷慨下黃歇之淚。千秋人往。蒼涼增宋玉之悲。民黨斷綱。民國誰柱。憂能傷人。公亦自此不起矣。烏呼痛哉。鶚等忝列門牆。渥承教澤。程門立雪。從容讀孫子之編。點瑟吟風。知方聞仲由之撰。憶昔虎頭燕頷。班超膺定遠之封。而今春蕙秋蘭。屈子譜大招之曲。迢迢海島。望靈魂兮歸來。鬱鬱衡峯。祝英奇之繼起。竊願化除黨見。東林實今古之師。更期振起楚風。南服飭漢江之紀。尙饗。

靜志居詩話序

武陵趙愼畛遺著

詩與史相爲終始者也。記載爲史。而歌詠亦爲史。國風一十五國之史也。雅周之史也。魯之詩列爲頌。魯史也。夫五子之歌。並參謨誥。春秋之旨以史存詩。是故其義史而其文不必史也。然則朱先生之爲書詩話乎。史乎。余且以爲史耳。先生以沈博絕麗之才。由薦舉入史館。未幾罷去。晚年乃輯明詩一百卷。一切以史法行之。於是首十帝本紀也。次宗潢。重本支也。次樂章。祀祁廟以告成功也。次爲諸臣。曰家數。列傳之體也。中爲黨錮。爲節義。爲隱逸之士。書獨行也。次屬國。大無外之規也。次宮闈。理陰教也。又其次爲釋子。爲道流。爲工。爲賈。爲青衣。雜流也。而以神怪雜歌謠辭終焉。

志五行也。前爲小傳。末綴以詩話。蒐採多以其軼。補正史之未備也。所收凡三千四百餘家。而其時據高位。擁大權。憚赫猶鬼神馳驟若風雨者。削而不書。乃反不得與婦寺傔從齒。嗚呼。其嚴矣乎。先生著作等身。藏書家羅致恐後。余獨以是書未得單行爲恨。錢塘姚君柳依表而出之。卒鋟板以行。雪田陳子與校讎之力。近客於余。余因悉其開雕歲月。又以姚君之闡微顯微。能得其會通。爰推先生所以作書之義。而序之如右。詩、史也。詩話、亦史也。則是書其爲詠歌之史也夫。嘉慶已卯四月廿三日武陵趙愼畛書於省諐室。

此爲先文恪公遺著。公所著奏議八卷。從政錄八卷。載筆錄四卷。榆巢雜識二卷。省諐室續筆記一卷。讀書日記四卷。惜日筆記二十卷。詩文集六卷。入祀福建廣東廣西三省名宦祠。湖南鄉賢祠。生平著述。經咸同兵燹。毀失無存。惟榆巢雜識二卷。流傳於外。近年爲上海進化書局收得。付活字板印行。所紀皆當代典章文物。與夫名臣之嘉言懿行。塞外之山川風土。有關文獻。爲世所重。詩文則散見於同時名流集中。此文係自朱檢討靜志居詩話卷首鈔得者。楹書散失。僅此吉光片羽。尚在人間。敬錄一通。以俟徵文攷獻之君子採錄焉。中華民國紀元二十四年孟春上元夕嗣孫趙曰生敬識。

詩錄

讀船山遺書有感

長沙黃翬子冏

隱居志可求。行義乃達道。宣聖未見人。千載徒浩浩。荆衡有船山。逸民邁四皓。一意尊綱維。夷狄必除掃。噩夢與黃書。經綸具大寶。明紀恨難扶。悲憤問穹昊。剌膚感賊忱。畔召絕吳皂。尚論苛古賢。投交易餘稿。六籍兼子史。稗疏悉探討。奮筆廢寢食。編述知寧老。沈埋二百年。卒然顯遺草。傳之滿天下。漢宋俱傾倒。姚江莫能方。守溪莫能造。立懦廉頑夫。正氣塞蒼顥。世濁如其雨。公出日杲杲。先進固推崇。後進亦祈禱。淹忽及今時。隤倫墜勿保。昏曉判陰陽。區區此心抱。曩哲憶紫巖。投簪從所好。所好昭來茲。褰裳愧不早。

讀船山先生遺書書後

善化張祖鏞退園

游士習捭闔。儒生甘自守。進退義既殊。涂徑遂分剖。卓爾船山老。學術瀰萬有。毅然古聖賢立言洵不苟惜生不逢辰運會値陽九周鼎適秦移明疆畀清受士爲好爵縻臣妾效奔走不復貳臣慚遂貽亡國垢先生若神龍匿尾僅見首著書斥邪佞甄才陋筲斗悲憤釋經史鉛槧不離手比遘禁網嚴藏弆弗稍後閱歲二百餘奇光發蓬牖精言朝日炳大著名山壽今獲日三復如醉公瑾酒理喻辨芒忽履巖絕辭受願持告時人無或享敝帚盍細繹玆編藉啓導矇瞍

和船山先生詠菊答須竹原韻 五古一首 湘鄉劉叔子

聞道延齡客高懷不世情家在東籬下影瘦體還輕不嫌陶令醉終日賞心縈復喜靈均醒幽姿錯落呈嗟哉明遺老千載同心傾選芳答儔侶新意如抽萌信玆傲霜節秋深獨發榮商飈一何烈勁直能孤擎籠泉以瀹豔苾勃遠更清不受囂塵汚明月玉光瑩高潔有如此況又淡煙橫豈藉春陰護迴驚無蜂嬰以故幽棲者三徑植皆盈一以求其樂一以守其貞紅暾暎曉露點血似嘑猩卓午亭亭立繁蕊影相攖斜陽餘半抹嬝嬝颭霞旌小樓乘月上離披一望平淺深旣多色朝暮景時更把酒宜長玩奚論陰與晴若乃新雨後天然畫本成郁馥仙人品匪可以芼羹叢中堪席

地。不。必。設。桃。笙。人。隨。花。意。淡。焉。求。世。上。名。遺。文。足。欣。賞。吟。來。風。雨。驚。高。情。託。芳。草。幽。貞。理。故。精。蚍。蜉。不。自。量。藜。藿。坫。大。烹。但。亦。多。逸。興。持。此。學。餐。英。

題胡公井詩 並序

常寧尹桐陽

論語記子夏曰。事父母能竭其力。事君能致其身。然則國體在未改革前。人固以忠君爲大節矣。吾湘攸縣胡公瓊笙。以孝廉基命屢膺清廷滇域令守。聞朝變而以身殉。自沈於彌勒縣署東井。邑人士因以胡公井目之。見危授命。殺身成仁。蓋猶是行孔孟之道云爾。推其忠之一念。使胡公忍死須臾。詑今健在。必仗劍而起。移其忠君之心以忠國。用息夷餤掃赤氛矣。大師王湘綺爲之序銘以旌之。桐陽讀而泣下。哀其忠而悲其志。爰成五律一章。跋厥后。並書以貽公伯林春藻校長。其詞曰。

不。朽。惟。三。立。成。仁。竟。喪。生。孤。忠。盟。白。井。大。節。鑠。南。衡。周。聖。時。宗。孔。殷。賢。世。壽。彭。屈。魂。招。瀆。水。全。楚。動。秋。聲。

題黃忠壯潤昌雙魚圖

湘潭趙啓霖芷孫

丹青餘事見忠肝。繪出銀鱗仔細看。今日電郵傳萬國。不勞雙鯉寄書難。

萬里沙場馬革回。生綃一幅勝瓊瑰。驚看鱗甲齊飛動。原自龍潭筆底來。

讀黃忠壯雙魚圖題辭有作

岳陽李澄宇洞庭

詩成馬上竟能工。便化龍飛鱷浪中。（原詩有點睛便欲化龍飛句）難得立功在江左。更驚殉難到黔東。神州異昔仍多故。後輩居今幸不同。夢裏客來書遺我。曉鐘敲斷鯉魚風。

正誤　本報第六期李洞庭雁兮歌之許昌城三字。上本疊珠淚落為六字句。手民遺去所疊珠淚落三字。致不成句。特此更正。又新哀舊恨兩縱橫誤為新哀痛恨。劉貞女詩大地楊華誤為天地楊華。合併更正。

題南海黃孝子少強畫册

前人

絕藝由來與道俱。孝為仁本聖人徒。試看洪水黃耶畫。何似流民鄭俠圖。

劉孝女詩 并序

前人

孝女名四姑。衡山劉明經嶽峻女。母白氏嘗病。孝女禱觀音大士前。割臂和藥。既三載。孝女病將死。但微吁恐母聞。以所為布若干屬兩兄備父母棺服。謂不則父

毋過自貶約恐不自為也言訖瞑目年十八歲閔其志苦爰作是詩

毀膚非孝女誠知但得療親罪不辭誓以此心同和藥禱于我佛勝求醫堂護幸龕方三載牀蓐徽吁獨一時將死遺言兄念否欅衾終欲遂烏私

題竹孝松貞圖陳杏聽丈屬（丈祖母姚太夫人以節孝受旌誥封夫人） 前人

婦職勤兼鬻子勤生孫幸貴苦還欣共姜誓志詩長在令伯陳情表盡聞地下相逢知有淚圖中無恙欲何云神州異日桑成海惟竹惟松儻護墳

挽彭烈女二律 湘潭王闓運湘綺佚稿

長沙二女傳高節晉代留芳始在茲斷臂豈明貞婦恨露筋遙拜女仙祠緗籤碧綠空留施圖吏丹青有怨思一月沈吟八年夢始知冰蘗是甘飴

其二

一死從容飲玉丹九重延佇結幽蘭清心直映重湖底冤氣能令六月寒周李上書鐫石定郭黃遺義鑠金難人生忠烈原非幸泉路思量淚暗彈

鄒烈女詩 湘陰柳敏泉

銅鉦風號夜鳴急深林月黑羣梟集驀地一聲破戶來骨肉倉皇皆辟易閨中有女正垂髫香夢驚囘困眼嬌爲念烏私護慈竹相携鹿覆藉芭蕉詎料綠陰遮不住峯衣爭擁金蓮步恍同南海現觀音（士匪擄入得女子名接觀音）箭輿權當香車御一時烈憤指雙鬟罵賊依門手自攀頓使金刀摧玉臂難將珠篛揜紅顏木蘭有父訴且哭黃金贖代明珠贖小醜羣張猳犬牙嚴君送作鷹鸇肉痛切靈椿泣楚因吾舌猶存罵不休金彈一擊穿嬌鳥遺恨千秋搤虎頭我聞斯事長歎息崎嶇世路嗟何極萑苻藪澤尋干戈蘭蕙閨幃飲鋒鏑鋒鏑當前氣自雄天生孝義發由衷欲挽西山囘薄日轉令喬木起悲風女兒力弱情太苦綠窗離恨天難補幼婦詞成黃絹哀先後曹娥並千古

孔雀東南飛爲程子樞妻李氏作　湘陰陳嘉會鳳光

孔雀東南飛音響一何哀賚興有李氏七歲程門歸毋曹老節婦良人兩小隨白髮守儒素庠序羣交推夫弟介胄士名德兒追陪峨峨詩禮門秩秩內則規事姑得歡心操作無是非綱維失統馭天崩復地陷暴民交橫行親賢殺害濫丁卯維二月良

人中飛讒檻繫長沙獄不死僅其暫害之者伊誰內姪金山賺吏。歿十年囚乘間遁航泛金山先籍家牽衆來如狠石鼓程氏族被禍難逃亡隻身奔母家喘息寧不遑金山有胞弟柏山來負將金山夫婦至偪走程江陽地名大厂頭歧路如亡羊翌年匪復亂再避大厂頭于時閏二月黲黲天爲愁擢藏古柏崖其如盧難周良人在何許子婦長沙流蛩蹷一朝散生死難爲謀敝廬在郡邑尙有存者不遺婢往探問音信久停留料當有巨變隔地徒啁啾傷哉一老身寧受賊衆蹂繫我靑練裳將我金釵抽泣告主人女留釵我家收日日女防護欲死不自由紿言索莽漿女走未轉眸解我雙行纏雙手勒在喉須臾天地閉慘此頹年休主人驚畏禍槀葬避捘求匪竄報家人乃從棺斂優良人隔歲歸探問得知情虎口餘老命貿此泉下盟昔爲鴛文綺今爲別鵠鳴嗌哽不能語寄之雙淚盈作文表貞烈徵詩出商聲再拜難竟讀感歎心魂驚至今鄉人道如過華山塋傳語告當世義不背死生

挽黃芳久先生四首　吳彝吾椒庵

進履成虛願稱觴甫二年（公八十晉一余壽詩有云但願隨公二十年年年爲公來進履）赤虬仙馭去白鹿講臺懸

忍以邪衺殄空餘祕笈傳不堪耆舊會相繼隕三賢壬申廣石老人招集十老會公居首余殿焉自曹訥菴張益生逝世公又繼之蓋不勝山陽之感矣

幹略兼文武英姿晚更雄談經推五鹿說劍却千熊蓊蔚將軍樹飛騰太守驄怕聞優孟語窮老泣飄蓬

平生湖海氣白首未曾除肺腑親屠狗江山付蹇驢室家千里外風雨一樓餘醉罷吟髭斷長歌恥問魚

把臂嗟余晚虛光自爾尊素園同貴壽黃石有兒孫渭水一天雪君所居有水名渭溪因自號渭溪漁者湘山何處魂懸知松柏際大鳥日翩翩

書感

安化黃鳳岐芳久遺稿

報稱艱難怕受恩恩非責報我思存吞金漫說胸無芥飲水當知味有源

民親總在五倫明敷教惟期講學精無論征誅推讓世必由天理順人情

漫說聰明恃武强當如聾啞侍文昌默容本是中庸道愚賤生今要自强

富貴由天莫妄爲貧窮到老亦安之縱然懷璧皆無罪我輩仍須止足知

右詩係黃君宗禹寄來。據云此詩四絕係芳老臨終前八日所成。句多撫時感傷。與講演子產救時諸論同一挽回世變苦心。偶檢殘稿獲茲絕筆。能勿愴然。故特刊出以闡幽光。　編者識

劉霖生寄示所作近代詩史賦此志感卽以奉答　癸酉　陳嘉會

劉郎困作秣陵客。豪談一別應頭白。感事哦成近史詩。壯懷空負籌邊策。十首淋漓讀未終。縱橫老淚隨西風。從教夢斷關山月。只聽聲悲塞上鴻。郎將腰鞭已無有。幼安渡海今能否。可憐三十六將軍。虛遣條侯望邊走。太息遺民能揭竿。孤軍遠隔成艱難。偶聞良將揮戈戟。飛車俯擊形骸殘。虎狼十萬吹脣起。長城天險盡摧毀。白山黑水無還期。暑莊園場知何似。嗟君仗義罵田巴。城上梟鳴何處家。還將蔡女邊頭曲。慰汝靑門五色瓜。

癸酉重陽後八日偕靳薦青張元夫郭梓南暨大兒崇法游嶽麓訪禹碑　前人

勝友千里來。懽情雜今古。攜手涉湘波。徑輿待沙渚。迤邐度阡陌。威紆歷村墅。上山

路披榛穹碑訪神禹舍輿蛇伏行攀登覺戰股輿夫撐後脚乃敢前脚舉鼓勇忘疲勞登頂喘息苦惟有故將軍健步若超距山頂非極高游者少接武嗜古幾無人祟功更誰語原碑傳岣嶁存佚費搜取摹刻賴此石無異天石補（宋嘉定間何致在南嶽尋獲原碑以紙打之摹刻麓山後吳越秦豫滇蜀皆據此翻刻有謂禹碑本無者則起於朱子之尋而未獲也）碑亭已傾圮炙日復淋雨蝌蚪幾字存螺旋久摩撫（何蝯叟謂碑陰尙有題字今砌於巖壁間已不能見）年來洪水禍孰與甸茲土爲想玄夷夢空懷玉牒覩要當復禹蹟修亭紹基緒流連石畔雲似有神靈吐

周木崖出示亡室黃夫人淑華菘梅畫扇屬題 癸酉 長沙王壽慈澍芝

濂溪嫡派注中湘湘綺樓高一瓣香咬得菜根根柢厚晚菘滋味寓閨房

閱盡羣芳獨出塵江南遙領一枝春歲寒三友偕松竹寫入冰清玉潤神

前題并記 湘陰郭尺岩

嘗讀周南詩古人重篤性所以始五倫夫婦如賓敬死別猶如生悲痛在德行周侯有至情元室意氣勁清絕歲寒梅斯人獨歌詠能識此高文豈憎不達命安貧齩菜根淡泊冷閒凈中年絃忽斷留有遺墨玩想當唱隨日情懷益淒惋男女今各賤似

若逞才幹。禮教既淪亡。驕慢忽自判。那得意纏綿。永久共患難。傷今每憶昔。比興深。
憂歎。皓皓月幽明。對此發光燦。

古之婚禮、何等鄭重、今之倫常、乖戾兒戲、驕慢無恥、傷感久矣、向知 木崖黃夫人篤斌賢淑、且出自名門、家境豐裕、而甘處寒素無怨、已爲難得、今木崖留其遺墨扇面、用成手卷徵題、安得無辭、因賦五言古詩、以闡夫人之潛德、猶未死也、終不死也、 癸酉立冬後二日桃洞道者題記

感懷用壽湘綺師百歲原韻八疊存五，辛未 湘潭周 逸木崖

名。世。曾。期。五。百。年。知。心。寥。落。感。悽。然。憂。時。有。淚。天。難。問。辟。穀。無。方。我。欲。顛。況。値。東。瀛。
騰。海。浪。何。堪。北。地。起。狼。煙。麟。經。獨。抱。共。誰。語。鎮。日。關。門。私。自。憐。
貶。謫。人。間。五。十。年。早。將。頭。角。露。嶄。然。待。人。磊。落。偏。遭。忌。玩。世。佯。狂。謾。認。顛。差。幸。青。袍。
逃。浩。刧。祇。悲。華。屋。化。殘。煙。七二七之變焚燒殺掠慘不忍覩余以淸貧故免此難平。生。萬。挫。心。猶。壯。曾。未。燈。前。
顧。影。憐。
黃。炎。學。說。幾。千。年。歸。宿。尾。山。樂。自。然。愧。負。才。名。同。李。白。湘綺師贈有倚馬萬言同李白猶龍一見待玄經之句

未能書法勝張顛。余不工書前有門生劉偉功索字書後無似故云客中夢短燈爲伴樓外雲開柳散煙回首天涯感何事春風相慰故人憐。龍達夫由京來書相慰盛情可感

漫說蹉跎年復年亂離存我幸依然閒居但覺才真拙失意方知語過顛開卷遣愁孤館月焚香入定一爐煙關門尙有殘書嚼抱道何須俗士憐

攜酒看山不問年神仙游戲自翛然醉餘冥坐思何益刼後閒吟夢亦顛夜靜寒光冲劍氣曉浮晴色破窗煙縱橫不就翻成福始信才人未可憐

案上水仙盛開有作並序　乙亥　前人

甲戌嘉平月二十五日、市得水仙一本。支幹短瘦。色亦漸黃。余以玻璃盆清水細白石子養之兩旬後、青葱勃勃、生氣盎然、花蕊盛開、冷豔清香殊堪欣賞、走筆得詩兩絕、亦以寄意云、

記曾移爾高齋住水石盤根日向陽養到出頭花滿放一生懷抱噴清香

知君冷豔合清才歷盡冬寒花始開仙骨可能還造化不隨凡卉落塵埃

無垩碍齋主見贈詩集賦此答之　前人

學佛能忘佛空門隱霸才高吟消歲月獨坐遠塵埃以我禪心在知君法眼開去來無罣礙風月向誰裁

觀湖南第一獄監落成有感並序

前人

乙亥正月二十日、湖南第一監獄落成、招余觀禮、禮畢視察、規模宏敞、房屋精潔、衆因除分科習藝外、並得聞佛法、退而賦此、以紀當道之功、

壯哉新廣廈獨憫住囚人縲絏情非罪貪瞋惡有因誰開三面網令納四時春儻感彌陀化依然自在身

巡視漢壽監獄己巳

攸縣龍紱年毅夫遺稿

君子遠庖廚聖人惠三網不忍仁者心草木及遐壤聖德已云寬吾道豈不廣除暴方安良過正勿矯枉吾視漢壽獄建築詎殊曩垣墻高崚嶒度之邁尋丈獄門似狗竇綱伏不得仰卑室同豕圈坐臥困塵埃是何天所拘蔑視同魍魎雖然盜屢獲宄竟功誰獎竊國者不誅竊鉤罪凡兩縱因誠謬說生死運諸掌俯念弭內慚仰窺驪外想是氣所發舒乃能竟天養胡爲專神奇致令闊高響告爾衆罪囚毋勞空稽顙

廣州送小蘇南歸並序　王開運

甲子孟春十五日、廣州寒甚雨繼以雪、小蘇先我而歸、繫舟三日、待風定遂去、先二日同人並游潘園、蘇以喜寂不往、感繁華之非真、題二詩送之、

作客春常早新歡別更難扁舟送君去三日海風寒雲度湞陽峽香歸楚地蘭行行
莫囘首嶺外霧漫漫

不入潘園宴知君高隱心儘時春夢散今雨故山深句漏新求藥成連獨鼓琴定隨
溪柳綠閒坐石橋陰

九月十五日同王伯諒登天心閣感賦八首　楊覲圭喆甫遺稿

嶢然傑閣峙晴秋塵外相携豁遠眸麓色本來蓉作嶂湘流端合芥爲舟十年雲物
彫蓬鬢百戰乾坤有戍樓何必蘇門凌絕頂與君長嘯撫吳鉤

舞袖迴旋事未涯肯將貧國信長沙宋人逐惡譁狂犬冷道傷苛說異蛇軍府供儲
疲內府使家羽檄接州家孑遺處處庚呼急不及猗儺隰上華

莽莽煙氛蔽野來慣看西顥氣悲哉丹楓偃蹇湘纍廟紅蓼離披帝子臺時彥渡江

羣鯽萃中原落木萬鴻哀憑高送遠情何極虛費當年九辨才
炎維山勢接迢遙嶺海滇雲各建標玉壘有冤號蜀魄珠江盈淚泣鮫綃夷歌乍靜
唐蕤氣寶劍仍歸陸賈韜聞道精夫多反側祇今毒霧肯全銷
長劍何當倚太行薊門秋色正蒼蒼百夫逐兔終憑竈兩角爭蝸儼畫疆屢說寶雞
橫節使浪傳銅馬奉蕭王敦槃莫仗臨淮壁身殞犇刀亦可傷
一聽邊聲敕勒歌黃埃坱圠草鬖髿鑿巫閭氣蟠龍盡敖嫩江流飲馬多賈客雞林
盧返璧狻童鰕島競橫戈荒園藜藿從人採日向窮山養虎何
龜噂畀媙闤彝倫千載洪流又汩陳徽璽巳看穿岱石大維翻恐裂坤垠先春鶗鴂
紛盈耳變夏魚羊解食人孰拒詖衺綜文實峨峨鄒嶧有傳薪
豈爲懷鄉賦仲宣今情古抱一潸然不逢赤繡元夷使空檢黃書噩夢篇雁唳驀教
寒楚塞鶴歸何處覓芝田憑闌更話前遊侶二水蒸沅溯渺緜 武陵王夢湘衡陽夏彝恂昔均同登此閣

和前韻八首

湘潭王代功伯諒遺稿

巍巍高閣鎮熊湘乘興登臨客思長北渚秋風千里碧麓山紅葉滿林霜閒循短堞

尋遺壘獨倚危闌望八荒世事茫茫君莫問且傾濁酒訴愁腸
雲林指點是黌宮文物修明禮教崇一自摩西來上國頓令天演變華風夷言講學
倡平等蠻語題詩記惱公五十年來人事改休論禍福有盈沖
川原雲物氣昭回武達文通盡上才屈賈風流蘭芷遠曾胡功業蜀吳開卽今百族
哀鴻急翻有遺黎捲土來借問路旁名利客幾人相見不曾猜
陰謀捭闔計堪嗟欲把燕城作帝家殺氣近聞連嶺海疲兵誰與鬥龍蛇軍儲攘攘
嘶征馬畫角聲聲起暮鴉寄語少年休論事從來地小說長沙
黃鶴樓高接岳陽平蕪東望氣蒼蒼九年淘盡英雄血萬里終看戰鬥場方鎮連衡
成畫虎槃敦無計補亡羊憑君共話匡時略國寶凋零劇可傷
東南財賦舊稱雄挽漕年年杼柚空爭霸已傳三節使攘夷無復古車攻九衢逐兔
真成錯萬國連雞競啓戎極目烽煙何處是天涯涕淚滿遼東
班識表餌係旃裘却被中原一律收五族共和成弩末十年征戍誤權謀烏梁海畔
風沙迴鴨綠江邊老樹秋莫笑書生能料敵隆中誰顧武鄉侯

回首乾坤一小樓。飄零身世不勝憂。鵷鸞幾輩青雲侶。蝯鶴終年白屋愁。欲續明夷誰待訪。儻逢箸尹願同游。萊菔盈室蘭爲佩。輪輿靈均證蹇修。

擬劉文房桂陽西洲詩集文房句　陳起詩遺稿

謫宦在天涯。飄飄洛陽客。日暮復何之。鄉心正欲絕。狐舟泊鉤（約）磯。芳洲草還碧。夕陽千萬山。惆悵江南北。長安在何處。鳥與浮雲沒。砧杵令人愁。聲聲擣秋月。故人千里道。滄波一年別。相思楚天外。惟有心不隔。

西湖買小艇自湧金門詣平湖秋月至西冷橋　甯鄉傳紹巖梅根

湖水碧如油。風光囊裏收。長隄樓閣迴。遺愛白蘇留。天地幾興廢。山川宜夏秋。雄風不可接。何處問錢鏐。

黎君薇生由省寄詩謹以原韻奉和（丙寅四月十八日選錄傲園詩草）　湘潭譚從炳棣生

魚雁海傳李杜詩。揮毫滿紙勢神奇。洛中康節真吾友。嶺外昌黎獨我師。極目風雲龍虎會。轉看兵甲笑談時。（時吳張會京）湖湘笳鼓數聲動。且漫愁盈霜鬢髭。

春仲遊西湖諸名勝（選錄十首浣霞閣詩草　癸亥）　浣霞閣主

繫艇湖邊花木陰。爲尋仙跡滌塵心。湖山佳在天然處。水色嵐光淺又深。
何處飛來更有峯。天光一綫露神容。冷泉亭外潺潺水。靜聽移時萬慮空。
一望三潭印月明。魚遊萍藻水澄清。六橋風景渾如畫。栁外鶯啼花笑迎。
夕照藍輿上竺山。凌雲福地隔塵寰。層巒更上頻囘首。深碧湖光接黛鬟。
爲參古佛到雲林。一逕斜通萬木森。今日我來靈隱地。擬從解脫了凡心。
清遊連日不知程。山色空濛水色清。野鳥閒鷗情自適。雲林響徹晚鐘聲。
湖山雲氣接蒼穹。境入清涼萬念空。我欲築廬山上住。求仙探藥白雲中。
閒來花港靜觀魚。游泳波閒樂自如。餅餌戲拋爭食去。腹中可有故人書。
武穆精忠事可傳。佞臣奸婦跪千年。我來此地瞻遺像。柏樹葱蘢墓道前。
鎮日探奇興不窮。夕陽歸路照花紅。囘看山轉鐘聲起。雲樹蒼茫暮靄中。

西禪寺晤又忠上人紫谷道士因同游芙蓉園賞梅　陳博學遺稿

春宴散斜陽。步入西禪寺。老衲南嶽歸。道人東洲至。畫中皆有詩。（二人皆善畫）別久欣把臂。咫尺芙蓉園。游眺開心意。縞袂逢真仙。綠萼傳高致。灼灼紅梅花。如帶春風醉。隙

掩發山茶耐久漫過棄城市亦山林靜者心無異各折梅花枝行行香撲鼻鳴鐘齋
已昏投林鳥猶戲三笑合作圖羞同虎溪事

蔬菜詩四絕爲湘陰郭尺岩作　安化黃宗禹松腴

阿慈性喜食貓頭雨後常攜鴉嘴求掘得滿筐供菽水歡承堂北勝珍饈　筍
曾過祇園訪月明留予飽啖玉糝羹只今追想香厨味縝密禪心一樣精　芋
寒菜爭誇此種嘉烹調得手勝黃芽每逢歲臘觴賓客酒後添來麥飯加　雪裏紅
綠罩金芽玉質長雄心自負傲冰霜知音幸有湘陰左諸葛芳名競贊揚　劍竿白（左公呼恪靖伯）

和周木崖居士詠水仙原韻 二首　岳陽任 震祗存

剪到春寒陰氣盛東風喚汝復初陽仙葩自解昌文運一件船山萬古香
周子槃槃八斗才瓊姿豔發爲君開仙乎踔約瑤池種不染人間半點埃

前題 乙亥雨水前三日　黃 犖

莫言小草無奇異養在盤中獨近陽一得春風花早放不教蘭桂共爭香
獨抱幽姿炫異才書齋相對笑顏開仙緣漫說人間遠水石同居不染埃

劄記

船山先師詩錄

過涉園問季林疾遺作早梅詩四首

周逸敬選

雨輕偶破山雲出。花淺時聞小徑香。總是村煙開不徹。儘教無月也黃昏。

晚香消盡寒香接。無日無花不早開。莫倚文殊能問病。現身天女出簷來。

江南塞北總闌珊。幽谷嫣然一破顏。無數明璣垂屋角。牽蘿何必賣珠還。

先機買懸君能早。後著投生我自癡。也共巡簷吟不了。耐他冷蕊共疏枝。

劄記

恆心堂讀書答問 續第六期

湘潭周逸木崖

問處逆境是爲進德之機否

答陳宏謀有云人生境遇順逆難齊。功名遲早。各有定數。士君子惟有素位而行。盡其在我。其他皆宜聽之於數。古人云。境遇要看不如我者。學問要看勝過我者。數十年前。卽佩服此二語。至今益覺切當不可移易。蓋境遇看不如我。則世間不如我者甚多。眼前逆境。無非順境。心氣不抑而自平。學問看勝過我。則一得未敢自矜。愈學愈見其不足。又焉有矜世傲物之見。出乎此。則入乎彼。此處關頭所係甚重。望以明理者治心。卽以安命者却病也。逸按眼前逆境無非順境。能明此理卽得治心安命之要。故吾嘗認處逆境爲進德之機。人處逆境日久。則他日成就亦大。今願處逆境者。切勿怨天尤人。欲知處逆境是天老其才。孟子所謂動心忍性。增益其所不能。正大學問進德之助。於此認不清。擔不起。卽爲流俗。不足道也。

問欲徵涵養夫工須於何事辨之

答人有涵養。沒有涵養。居恆無所見。惟意外遭逢橫逆之來。果能動心忍性。一味自反。坦不與校。方算有涵養。所謂意外之侮。莫非鍛鍊身心之助。於此蹉過。便是困而不學。然而涵養之究竟。就是所謂人人有幾希。庶民何以去之。不學故也。君子知學。故存之。以爲庶民表率。在一鄉則淑一鄉。在一國則淑一國。在天下則淑天下。以己之存。以存庶民之去。自淑淑人。而後世道人心有所賴。

問學術不愼。於人心風化有關否

答苟圖富貴便是鄙夫。此非生來如此。學術使然也。當爲學之始。所學者正誼明道之術。及登仕版。以道愛國治民。若爲學之始。所學者梯榮取貴之術。及登仕版。止知躭榮固寵。患得患失。不依阿。卽逢迎。情所必至。無足怪者。故術不可不愼也。逸今更知學術之不愼。於人心趨向有關。願有風化之責者。誠講理學。以淑士。講鄉約以淑民。勞來匡直輔翼振德。如是而士不礪操。民不興行。吾不信也。

問士君子處治亂應如何方可免恥

答士君子出身。貴有補於世。世治則乘時建明。世亂則救時旋轉。斯出不徒出。學爲有用。世治而不能有所建明。世亂而不能撥亂反治。則是才不足以有爲。經濟非其所長。已爲可恥。若不引身以退。乃尸位素餐。無爲無守。可恥孰甚。遑嘗謂經濟介節。缺一不可。一有不具。士之恥也。今之人既無經濟。又乏介節。徒竊升斗以自潤。以之誇閭里而驕妻妾可也。烏足齒於士君子之林乎。

問自治與治人之要義

答經世之業。平居儘學之有素。及一當事任。猶多不能中窾中會。盡協機宜。苟未嘗學之有素。而欲望其臨時有所建樹。不亦謬乎。殷浩以蒼生自負。房琯以將略知名。一出猶成敗局。况平居諳練不及二人乎。故當盤錯。應倉猝。全在平居所學有素。非區區恃聰明旋安排者之所能幾也。然明體方能適用。未有體未立而可以驟及夫用。若體未立而驟及用世之業。猶未立而先學走。鮮有不仆。故必先自治而後治人。蓋能治心。方能治天下國家。

問我見於理之是非有當否

答陳宏謀與沈子大所論我見一語。尤爲功[切]中士大夫之病。則或憑意見。或顧利害。

甚至以我之行止。爲理之是非。不難强事以就我。更不難苦天下人以遂我。皆此有我之見爲累也。遂由是推而論之。學不著裏。易生怨尤。著裏則一味正己。循理樂天。凡吉凶禍福順逆得喪之在外者。舉無一動其中。何怨何尤之有。如怨尤未化者。即是學不著裏。我見障之。欲去我見。當先去名心。勝心。人我心。自利心。一一省察克治。如猛將克敵。誓不兩立。必滅此而後朝食。不勝不休。能如此克治。庶幾我見無病。

問古人畏人知今人望人知其胸次高下何如

答古人畏人知。是恐名不副實。今人望人知。是徒欲人知其名。故胸次之高下。有天壤之判。如曾點素位而行。不作未來之想。悠然自得。心上何等乾淨。氣象何等從容。有曾點之胸次。而兼三子者之長。德與才始全。斯出與處無往不可。而後天下之事無不可爲。由是而觀。古人務實。平居不望人知。如或知之。即有以副其知。今人務名。平居多望人知。及其知之。不過知其章句文藝耳。若求實用。則何以哉。束手而已。雖未必人人如是。而習俗移人。蓋亦多矣。吾人可不勉哉。（未完）

課藝

船山先師詩錄

南嶽摘茶詞十首（一）

周逸敬選

深山三月雪花飛。折筍禁桃乳雀飢。昨日剛傳過穀雨。紫茸的的賽春肥。

溼雲不起萬峯連。雲裏聞他笑語喧。一似洞庭煙月夜。南湖北浦釣魚船。

晴雲不采意如何。帶雨掠雲摘倍多。一色石薑葉笠子。不須綠箬襯青簑。

一槍纔展二旗斜。萬簇綠沈間五花。莫道風塵飛不到。鞠尖隊隊滿洲靴。

瓊尖新炕鳳毛毽。玉版兼蒸龍子胎。新化客遲六峒遠。明朝相趁出城來。

課藝

甲等第一名許鴻飛

經義

孔惡鄉原孟距楊墨論

天下不患有真小人而患有僞君子蓋善惡之名出於天下之公理善惡之辨本乎天下之公心爲善者君子爲惡者小人此盡人而知之者也某爲善吾好之某爲惡吾惡之此盡人而能之者也其人而真小人耶天下之人必指而評之曰其人之所言者惡言也其人之所行者惡行也皆相舉以爲戒而去之若浼焉縱彼有同類之小人與之聲應氣求志同道合至稍能分別是非不肯違其固有之良心者必不以小人爲是真小人之技至此耳若夫僞君子則不然其言愈辨其理愈偏其行愈醇其心愈詐彼固以君子自命天下之人亦莫不以君子目之充其量不亂天下不止非聖智之資孰知其禍之至於此極耶孔惡鄉愿孟距楊墨自常情觀之似孔子所惡者庸碌之輩孟子所惡者畸行之人而不知皆非也直惡天下之以僞亂真者耳

鄉愿之爲人居之似忠信行之似廉潔非忠信廉潔也直似焉耳而一鄉之人不察也以爲愿人焉推而至於一國亦以爲愿人焉而是非亂矣楊朱爲我似君子之學爲已墨翟兼愛似君子之道愛人然君子之爲已非自私君子之愛人非無等彼特似焉耳而不知者必以爲楊墨皆君子也縱是墨者非楊是楊者非墨其見等耳豈知楊之禍至於無君墨之禍至於無父也哉夫惟孔子之道以堯舜爲宗以仁義中正爲本彼似是而非之鄉愿固不得而亂也孟子之學以孔子爲歸以修身爲本以親親仁民愛物爲等差彼似是而非之楊墨固不得而欺也惡之距之而僞君子不能見容於天下天下自此治矣此孔孟所以爲天地立心爲生民立命爲前聖繼絕學爲萬世開太平也夫

周於德者邪世不能亂義

君子之所以能自全於亂世者豈有他術哉德焉而已矣夫得於己之謂德豈獨君子有之周焉而已矣譬之河患所恃者大隄之雲横然遇蟻穴而水潰焉譬之火災所恃者危牆之山立然遇駒隙而火乘焉何也不周故也物猶如此而況於君子之

德耶周之字從用口而訓爲密。易稱君不密則失臣。臣不密則失身。幾事不密則害成。是以君子愼密而不出。苟密焉則備矣。是以引申而又爲備也。易又曰。知周乎萬物而道濟天下。故不過。易之所謂周。猶孟子此章之所謂周也。自古無不亂之天下。而所恃者有不亂之君子。撥亂世而反諸正者非他人。必君子也。使君子而可亂。何貴乎有君子耶。然而亂與不亂。蓋難言之矣。夫天下有道者治世也。天下無道者亂世也。有道則見。何有於亂。無道則隱。亦何至於亂。獨將亂未亂之際。亂未作而說先。邪則直謂之邪世耳。是故德莫大於孝弟。而有家庭革命之說以亂之。德莫普於忠信。而有奴隸性質之說以亂之。德莫貴於禮義廉恥。而有解放自由之說以亂之。彼豈知革命之爲改良。奴隸之爲媚外。解放自由固在法律範圍之內也哉。一唱百和。相與盲從。而天下之亂自此始矣。君子則不然。本其性分之所固有。盡其職分之所當爲。道全德備。無入而不自得焉。譬猶滄海橫流。而砥柱不移。風雨如晦。而鷄鳴不已。所恃以立地維而尊天柱者。非此人乎。嗚呼。孔子惡鄉愿。恐其亂德。此自亂之者言之也。孟子言周於德者邪世不能亂。此自遇亂者言之也。皆嵩目而有憂世之心也哉。

首藝注重一似字極得題旨。蓋鄉愿則似忠信廉潔。楊似爲己。墨似博愛。似是而非。此孔孟所以惡之距之也。次藝前半對於周字解釋明確。方是經生家言。不是八股濫調。入後按切時事。切實發揮。皆爲有關世道人心之言。 趙曰生批

治事 甲等第一名易龍鍾

問古常減租蠲賦六朝五代且然今欲免除苛捐雜稅而田賦附加一項去之實難試言其由

唐虞三代之時。田爲公有。大率以十一爲賦稅之準則。上不病國。下不傷民。所謂天下之中正也。惟行之既久。不能無弊。及戰國之時。而經界不正。穀祿不平之弊生。然猶未以田爲私有也。至商鞅開阡陌後。遺制始蕩然無存。而田產始得由人民自相買賣。實古今政治懸殊之大關鍵也。漢興或十五而稅一。或三十而稅一。於是官家之惠。優於三代。豪强之暴。過於秦皇。識者病之。後世田賦雖有因革。而大致無甚差殊。苟非昏暴之君。國用未嘗不足者。亦以行政人員不甚繁冗。地方行政不如三代

之詳耳。若漢之文景或賜民半租或除田租稅。猶爲富裕。至遇凶年而蠲賦者殆爲常事。即如六朝之亂離。而宋文之供徭止於歲賦。又曾令人民遭寇者蠲其稅調。五代雖云橫征不息。而徐知誥猶奉吳王命悉蠲逋稅。劉昫勸唐潞王蠲免逋數。未嘗因此而病也。前清時且有永不加賦之令。即當用兵糜費之際。亦未嘗以苛取於民。降及叔季。海禁大開。中外通商。外貨之輸入日多。金錢之外溢日甚。於是而民家之積聚空矣。外交失敗。賠欵重疊。如此而國家之府庫竭矣。及民國以來。推行新政機關日益增加。開支日益鉅大。即如田賦附加。亦省縣各自爲政。今年舉一政而加之。明年舉一政而加之。曩者或由議員核奪。或任武人撥借。寖積日多。以致超過正供遠甚。或提前開徵。至十數年。財政之困窮若此。則田賦附加之不能免除。亦有因矣。近世學者每藉口各國人民對於國家之負担甚重。如是一一效法之。殆有甚焉。以爲是人民之義務也。是愛國之道也。抑知彼國之民富十百倍於吾民乎。抑知吾民之生活已困窘不堪乎。及今不謀改革之道。吾恐羅掘俱窮。國勢亦殆哉岌岌矣。或者謂政治不舉。國勢終無振興之可言。人民終無幸福之可謀。當忍痛一時。以期久遠。嗚呼、爲是說者、其亦不思也矣。試問廿載以來。誰不以此自文。核其成效。而今安在。夫以本國之人爲本國服務。縱不能毀家以紓難。反忍耗財以自私。抑知財亡而國亦隨之。國亡而留財奚用也。人民亦何貴有此蠹國害民之人也。

今之秉國政者苟能行孫先生民生主義平均地權節制資本諸法。以實行地方自治之要政。是爲根本之圖。庶不失三代之遺意。若爲挽救一時計。則莫如儉約。古今稱國計之富。莫如隋開皇三年。罷周之酒榷、及鹽池鹽井之禁。入市之稅所仰者只賦稅。然十年詔免諸州租稅。十二年詔河北河東諸郡田租三分減一。賞賜復不吝財不特不至窮匱。且極殷富。所以然者。以帝躬履儉約。六宮服澣濯之衣。乘輿供御有故敝者。隨令補用。非燕享不過一肉。是知節以制度。不傷財。不害民。乃利國之良規也。既已節儉爲天下倡。復以目下之田賦量入爲出。裁可省之機關。節不急之開支。庶幾財政不至困苦。人民負担有減輕之一日也乎。

惠士奇論荒政謂勸富分貧不若勸富開渠築塘餓者得食抑價不若通商米自至集遏糴不若貸錢廣糴米價自平行粥不若蠲戶五等甲振乙糶丙自給丁糶戊濟

試詳言其利弊

天災流行。無代蔑有。爲民上者、能努力於富民之道。必使之耕三餘一。耕九餘三。則雖遇凶年。民無飢饉之憂。所謂有備無患也。至於種植森林。講求水利、及教農桑、治害蟲。建社倉以先事豫防。亦可減輕災害。此事前之政。不可不先籌也。乃邇來之服官政者。數月一任。多亦祇二三年。以致咸抱五日京兆之心。莫肯爲長久之計。及災之既生。然後盡力於救荒之一途。吾恐臨渴掘井。收效之無幾也。然坐視斯民之死而不救。又豈仁人之用心。則救荒亦必有道矣。嘗攷荒政肇於周禮大司徒。以荒政十二聚萬民。至宋董熠之救荒全法。更分別各職而詳言之。後之論者彌多。大都隨己見以立言。若清惠士奇之論荒政也。首揭四弊、以破世俗之謬見。可謂善於變通者矣。然惠氏本爲吳地有司而立言。亦不可固執其說以抹煞一切也。茲分論之。

惠氏以爲勸分不若開渠者。蓋以分一家無以給衆戶。而富民先受其害。開渠則既可爲將來計。又可使飢者得食。即寓以工代賑於水利之中。使以東主救佃民。以本地之富民救本地之飢民。誠兩利之舉也。然使甲處飢荒。責令乙地之富翁以開渠。

亦勢所不能。政府如責令乙地之富翁以樂輸之。又未嘗不可。春秋秦晉尚能輸粟。又安可固執其說而自阻也。惠氏以爲抑價不若通商。因抑之則米商不至。而米益乏。且教民爭。並舉朱子救飢浙東之事以證之。然是說始於管仲所謂滕魯之粟釜百則使吾國之粟釜千。滕魯之粟四流而歸我。若下深谷矣。斯言誠是。而在吳地四達之域計之亦宜。惟在窮鄉僻壤。而道路梗塞之區。雖高其價亦莫之肯來。當此民窮財盡之秋。飢民何堪。是抑價固不可恃。而通商亦不可能。當由政府設法運輸。若奸商豪富居奇長價。亦未嘗不可權宜抑之也。惠氏以爲遏糴不若糴。其言曰菽粟之流於天下。猶血脈之流于一身。流則通。遏則壅。此言誠是也。然此以一國一省計之則可。今使甲地之粟。只可自給。乙地之粟。相差甚鉅。而丙地之粟。尚有贏餘。則丙地之粟。固當流通於乙地。甲地防奸商之輸出。遏之可也。今有司尚須貸商賈以官錢。俾出糴他郡。而不禁本地之輸出。則收效其能幾何。是亦不可不酌量也。惠氏以爲行粥不若釐戶。舉胥吏乾沒撩揉及不能徧及釀成癘疫姦偷之害。是誠不能免也。然惠氏亦祇謂非有司之所宜。而閭里長厚者。仍可施之一鄉也。卽丁濟戊賑之法。亦必擇甲戶之以貲爲官者授之粟以行之。是欲免流弊。仍在得人也。綜而言之。開渠有關水利。事屬兩益。誠救荒當務之急。至釐戶爲救荒着手之先着。要在平時之調查確實。廣糴必豫籌資本。委之良賈。通商必關市無徵。交通便利。二者均係積極。所謂彼善於此也。而勸分行粥。固不可盡以爲弊而廢除之。卽抑價遏糴。雖不可恃爲救荒正策。或亦可爲臨時變通之計也。而世之崇惠氏之說者。尤不可不認識其言之爲吳中有司而發也。自古救荒本無奇策。林氏所謂得人難。惠氏所謂以實心行實政。則存乎其人。此之謂也。

首藝通達古今治體。立論扼要。次藝推勘利弊。獨抒卓見。文亦浩瀚流轉。非深於文法者不辦。

楊樹穀批

詞章

甲等第一名易克新

擬重修九疑山虞帝陵廟啟

在昔帝王陵廟。歷代領於祠官。春秋蒸嘗。守土共其祀事。是以鼎湖已邈。橋山猶掩其衣冠。有魯遂荒。大庭不泯其封樹。粵維虞舜。首出羣倫。稽古同天。上啓洪荒之會。

重華協帝下開治化之基。天下爲公。端已以正。生民以來所未有。宣聖曾歎於無名。若夫八音遏密。三妃未從。書雖僅紀陟方。禮詳言夫蓋祔。夷攷蒼梧之野。卽今九疑之山。既迥異於茶陵。憑士人之指點。更不同於有庳。祠傲象之荒唐。祀典夙隆。志乘昭載。民國肇建。軍事疊興。潤色未遑。舊制遂替。廟寢隳其松桷。山陵任其樵蘇。走伏臘之村翁。虛無野寺。粢齍齬於古穴。縹渺空山。非所以妥聖靈而崇文化也。某望古遙集。撫今興懷。擬加重修。以彰禮制。爰爲發啓。期衆力之易擎。尙冀偕來。俾落成於不日。務規畫之宏壯。免文獻之凌夷。庶他年王會圖開。肅瞻拜於瀛寰內外。恢古代雄風海表。永沐浴於日月光華。

和船山先生詠菊答須竹 用原均五古

淵明沒已久。思古懷幽情。良朋期不來。仰視浮雲輕。策杖涉園圃。頗嫌荒草縈。繼覽籬菊開。一一俱前呈。苞含爭欲吐。枝弱承微傾。心目豁然朗。百卉無復萌。如彼望秋謝。惟爾翻向榮。嚴霜栗烈下。晚節猶獨擎。格高趣彌淡。品逸神自清。或如黃金耀。或如白玉瑩。或如歲寒梅。疏影陳斜橫。或如春日蘭。幽馨孕珠嬰。或如秋水波。淡泊不欲盈。或如石澗泉。靜止全其貞。或則華蕚紫。如塗丹脣猩。或則華瓣折。如張蟹爪攖。或如高士臥。待聘於弓旌。採之供夕膳。轉念楚屈平。千載有誰賞。況復世代更。風雨積如晦。何時天光晴。一旦撥雲霧。悠然南山呈。思子以爲勞。秋江多蓴羹。揮手發長嘯。誰如磬於筐。君子愼所樹。懷哉毋近名。敬謝桃與李。無言人亦驚。惟茲花之隱。無或搖其精。足以樂晨夕。足以佐調烹。開徑待吾子。偕來掇其英。

首作簡鍊雅潔、藻不妄抒、頗得卷葹岱南氣息、足徵寢饋功深、詩格律蒼老、別有懷抱、其濟如鞠、

何名譽董事長芸樵覆核經義課卷總評　十二月十七日　謝序荃批

此次錄取課卷經義治事詞章三項文字均流暢可喜惟經義兩題作者多從字面詮論未能道出聖人立言本意按聖人立教以人倫爲重故有子稱孝弟爲仁之本孟子稱堯舜之道孝弟而已矣孔子所以惡鄉原以其爲德之賊也德雖非一言可盡但切於人事者倫紀爲先鄉原非之無舉刺之無刺同乎流俗合乎汙世如馮道之徒朝秦暮楚父不得視爲孝子君不得視爲忠臣視兄弟夫婦朋友亦泛泛乎若

萍浮於江湖而適相值也反囂囂然自以爲得而人倫以壞此亂德之實也故孔子惡之孟子距楊墨不言其他祇曰楊子爲我是無君也墨子兼愛是無父也無父無君是禽獸也諄諄以倫紀爲言可知聖人之意矣惜作者思未及此周於德者邪世不能亂一題發揮尤少德者何道之現於外者也道不可見因德而顯故曰行道而有得之謂德德之藴於心者曰德性見於事者曰德行施於政者曰德政其實皆道之發皇也周於二義(一)周密也自一念以至百行自視聽以及言動處處能戰戰兢兢如臨深淵如履薄冰有十目十手之景象而不敢放肆果能獨行不愧影獨臥不慚衾仰不愧於天俯不怍於人可謂周密矣朱子謂周者足也亦是此意(二)周流也中庸所謂小德川流大德敦化孟子所謂上下與天地同流孔子所謂逝者如斯不舍晝夜可謂周流矣周於德之人與道合一人之所以爲人即天之所以爲天人不能變天之色邪世如煙霧耳烏能亂周於德之人非不欲亂也其力不能也推其極致並能兼善天下化民成俗若以硜硜自守爲周於德者豈孟子之意哉故解經當探聖人立言本旨與聖人教世之心若見其淺而不見其深釋其言而昧其意或專重文字而不及精義均失讀經眞諦附言於此望作者特加注意

叢錄

船山先師詩錄

南嶽摘茶詞十首（二）

周逸敬選

小築團瓢乞食頻。隣僧勸典半畦春。償他監寺幫官買。剩取篩餘幾兩塵。

丁字牀平一足雄。踏雲穩坐似淩空。商羊能舞晴天雨。底用勞勞百脚蟲。

清梵木魚暫放鬆。團團鋸齒綠陰濃。採香挼翠三更後。剛打烏啼半夜鐘。

山下秧爭韭葉長。山中茶賽馬蘭香。逐隊上山收晚茗。奈他布穀爲人忙。

沙彌新學唱皈衣。板眼初清錯字稀。貪聽姨姨採茶曲。家雞又逐野鳧飛。

叢錄

通訊

山東省政府秘書處來書

逕啓者。茲擬訂閱　貴社所出船山學報一份。自壬申第一册起。以次郵寄。價洋若干。開單惠下。卽如數照付。相應函請　查照迅予寄下爲荷。此致

湖南船山學社　　山東省政府祕書處啓

譚篤材先生來書

逕啓者。前閱報載　貴社發行船山學報第五期久已出刊。爲廣宣傳起見。特廉價出售等語。素稔　諸公闡揚國學。推崇聖教。窮究天人之道。發揚性理之真。作爲文章。樹之楷模。以期挽回國運於艱屯之會。拯人心於陷溺之中。空谷足音。難能可貴。倘爲民上者極力提倡之。奬進之。禮聘一般碩士鴻儒。對於吾國數千年來之固有道德。聖賢格言。編列課程。規定講授。俾莘莘學子。元元黎庶。口誦心唯。耳濡目染。自

然默化潛移。風行全國矣。篤材拜讀貴社學報已至四期。誦覽之餘。卷不忍釋。聊抒所懷以答厚愛。並祈將已出刊之第五册惠賜一份。以後續刊按期贈閱。俾得終窺全豹。啓予茅塞。區區之意。諒諸公所樂許耳。此致

周編輯先生道鑒

晚譚篤材謹啓

廣西省政府教育廳編審室來書

敬啓者。敝室奉命組織成立。專從事於編譯及審查工作。編譯方面除編印廣西教育及教育旬刊兩種刊物與其他必要書籍外。並擬編輯中文教育論文索引及提要。以供教育界同人參考研究。素仰貴社出版之船山學報。內容豐富。言論精當。敬乞按期惠贈一份。直寄敝室以資參閱。敝室除將所出期刊交換外。俟索引編成。以後並當奉贈一份。以酬大惠也。此致

湖南船山學社

廣西省政府教育廳編審室啓

趙芷蓀先生來書

學社諸道長賜鑒。室人之喪。霖以蟄伏山藪。未敢登報宣露。猥荷賜書慰諭。寵

錫幛聯。樸茂淵懿之詞。悱惻芬芳之韵。營齋營奠。增繐帷之光輝。若浮若休。慚雲錦之褒飾。銘之肺鬲。何時可忘。室人比歲以來。朝暮禮佛。長年茹素。喪事所設供具。悉用伊蒲饌。免傷生命。塋地距敝居二里。所以陰陽家拘忌窀穸之事。須明年始克就緒。重辱垂注。謹以奉告。自維衰遲病廢。對於社務。多負諸君子殷殷敦促之意。乃蒙不我遐棄。摯愛有加。感激之忱。罄楮秃毫。豈能描狀。道遠未獲躬趨泥首。尤用悚歉。手復奉謝。祇請道安。諸惟霽照。

期趙啓霖頓 小雪後五日

湖南船山學社職員一覽表 民國二十三年下期

職別	姓名	別號	年齡	籍貫	通訊處
社長	趙啓霖	芷蓀	七六	湘潭	湘潭十四都廣陵橋栗山嘴
副社長	陶思曾	叔惠	五六	安化	本社
祕書	周逸	木崖	五四	湘潭	本社
研究主任					

講演主任	黃鞏	子固	七八	長沙	本社
編輯主任	周逸	木崖	五四	湘潭	本社
庶務	鄭家鼐		四四	長沙	本社
書記	李閏夫		二七	長沙	本社
	萬受康	長齡	三八	湘潭	本社

湖南船山學社董事一覽表

職別	姓名	別號	年齡	籍貫
董事長	王禮培	佩初	七一	湘鄉
副董事長	黃贊元	鏡人	五七	長沙
董事	周逸	木崖	五四	湘潭
	陳嘉會	鳳光	六十	湘陰
	顏昌嶢	息庵	六六	湘鄉
	胡子清	少潛	六一	湘鄉

任福黎	壽國	六六	長沙
楊樹穀	薌詒	五二	長沙
楊卓新	華一	四九	新化
謝鴻熙	同甫	四四	長沙
程子樞	靨生	六二	資興
李澄宇	洞庭	五一	岳陽
劉謙	約真	四九	醴陵
謝序荃	伯涵	七一	新化
蕭仲祁	理衡	六十	湘鄉
張有晉	麓村	五五	湘鄉
鄧振聲	瑾珊	五二	岳陽

湖南船山學社名譽董事一覽表

職別	姓名	別號	年齡	籍貫

董事一覽表

董事長	何鍵	芸樵	四八	醴陵
董事	熊希齡	秉三		鳳凰
	朱經農			濟南
	曹伯聞			長沙
	余籍傳	劍秋		長沙
	張開璉	慕舟		醴陵
	彭清黎	少湘	八三	長沙
	謝維嶽	龍山	八三	邵陽
	劉嶽峙	梅齋		衡山
	曹典球	耔穀		長沙
	王代懿	季果	五九	湘潭
	黃士衡	劍平	四五	郴縣
	胡庶華	春藻	四八	攸縣

馬鄰冀	振吾		長沙
劉仲邁			瀏陽
胡元倓	子靖		湘潭
陶廣	思安		醴陵
劉建緒	恢先		醴陵
毛炳文	次亨		邵陽
王東原			安徽
陳光中	桂生		邵陽
傅紹巖	梅根	六八	寧鄉
彭兆璜	公望	六一	湘陰
方克剛	筱川	四八	平江
蕭度	叔康	六三	衡陽
靳雲鶚	薦青		山東濟甯

張元夫			奉天
易書竹	銘勛		醴陵
彭施滌	惺筌		永順

湖南船山學社民國二十三年十一月至二十四年二月新入社員一覽表

李忠澍	雨蓀	七十	長沙
陳迪光	介石	三九	瀏陽
譚從炳	棣生	六二	湘潭
吳昭瞵	果庵	六八	湘潭
羅傑	峙雲 啞莽	七十	長沙
鄭振楚	鑄心	四六	衡陽

湖南船山學社季課修正簡章

一，本社季課分經義治事詞章三類命題應課者以每類各作一題爲完卷

二，應課文字均須楷書

三，卷尾自註姓名住址並蓋私章
四，課卷自備一律用文格紙裝訂騎縫處自蓋私章
五，評定課卷分正取附取給獎揭榜登報其最優者選登船山學報
六，給獎以核對卷私章爲證
七，課題登載國民日報及通俗日報
八，省會限二十日交卷外縣限三十日交卷自出題之日算至付郵之日止直寄長沙中山東路船山學社
九，課卷分正取附取正取第一名奬銀二十四元第二名二十元第三名十六元第四名十二元第五名八元第六名至第十名各六元第十一名至第四十名各四元附取各三元無定額
十，取卷多少及分等細則俟交卷後再行開會議決

湖南船山學社季課文題（此春季課題）

經義

一，經正則庶民興庶民興斯無邪慝矣義

二，居敬而行簡以臨其民義

治事

一，改良學校制度平議

二，顧亭林清議名教篇書後

詞章

一，擬重修定王臺啓駢文

二，三月三日續蘭亭修禊序用駢文

第七期

定價表

冊數	每冊	預定全年
定價	四角	一元五角
郵費	照章	

中華民國二十四年乙亥歲二月
出版

船山學報

第七期

廣告例

冊數	一冊	二冊	三冊	四冊
一面	十元	十八元	廿八元	卅二元
半面	五元	九元	十四元	十六元
四分之一	二元五角	四元五角	七元	八元

◎面頁　底頁　加倍

主編者　湘潭周逸

發行者　長沙中山東路　湖南船山學社

印刷者　長沙萬福街　藻華紙業印刷局　電話五六九

代售處　上海　南京　天津　北京　長沙　武昌　福建　廣州　商務印書館
府正街魏博文書局
湖南船山學社

民國二十四年乙亥歲六月出版

中華郵政特准掛號認爲新聞紙類

船山學報

第八期

湖南船山學社印行

湖南船山學社學報章程

一 本學報繼續本社民國六年以前學報辦理仍名曰船山學報

二 本學報暫定每季出版一次按年編號如本年出版之報標名曰癸酉第某册以後順推

三 學報内容分類如左

1圖畫 2特刊 3師説 4講演 5通論 6專論 7專著 8文苑 9劄記 10課藝 11叢錄

四 本社徵文酬例另定之遺稿專著斟酌酬贈詩詞雜文等不給酬但酌贈書報

五 給酬以登出學報者爲限

六 凡来稿本社得斟酌修改之無論已否登出概不退還惟遺稿專著詩詞文集成册者不在此限

七 本報費及廣告費另定之

湖南船山學報第八期目錄

圖畫

船山先師遺像

王湘綺黃敬輿王葵園三先生遺像

特刊

師說

講演

目錄 二

專論

通論

專著

文苑

文錄

詩錄

第二卷第八期 三〇六一

目錄

目錄 六

目錄

課藝

目錄　一〇

叢錄

王船山先生遺像

把鏡相看認不來問人云此是薑齋龜於朽後從人卜夢未圓時莫浪猜　誰筆仗此形骸閒愁輸汝兩眉開鉛華未落君還在我自從天乞活埋

先師自題小影詞也清光緒初元張文心大令從先師祠堂摹得　遺像蓋猶襲明行人司章服　先師以永曆四年任行人司年三十二後又四十一年乃自題小影令摹刻之祠堂者是也湘陰郭筠仙侍郎奉以祀之思賢講舍而為之贊曰

濂溪混然其道莫窺惟於先生望見端崖約禮明性守道持危闡揚文令是曰先知二百餘年星日昭垂私心之契曠世之師

特刊

重刊船山遺書序

醴陵何 鍵芸樵

昔湘鄉曾公校刊船山遺書。爲士林所嘉賴。予嘗讀之。歎先生之淵博。雖古作者不多見也。民元以還。版本多廢。民十七。予淸鄉至衡陽。出貲飭船山學校補刊。復其舊。嗣於湘南發見先生遺稿倍於旣刊本。予又欲增刊以揚先生之光輝。軍事倥傯未遑也。適太平洋書店以重印船山遺書發起海上。慮事繁費重。不敢舉行。乃由湖南省政府佽金二萬餘元。計預約七百部。今則出書有期。版本小於旣刊本。增稿則倍之。遺著然已十舉其九矣。先生生於明季。國事不可爲。乃以爲己之學。發爲潛光一字一句。皆其心血之所寄。倘非好善君子。珍而藏之。將遺散而無存。於先生何損。然後世無所資以爲糧。何以啓發其志氣。吾於是知藏書印書。關係於人世之大。且見爲己之學。終於爲人。徒勞勞於著書以爲名者之人。己兩誤也。今之學者。可以鑒矣。可以興矣。中華民國二十二年秋月何鍵序

特刊　重刊船山遺書序　二

按船山遺書、前曾氏金陵刊本所未見者。今太平洋書店重刊新增之共有六種。惟史部內。永曆實錄舊本二十六卷。第十六卷未見。新刊目錄內載明二十六卷。仍闕第十六卷。玆將新增六種之目錄。分類于後。　編者識

經部

四書訓義三十八卷

子部

搔首問一卷

相宗絡索一卷

集部

古詩評選六卷

唐詩評選四卷

明詩評選八卷

師說

船山先師詩錄

夏日端居 乙巳

周逸

岫雲無本始。飄風善因依。暑坐一以望。空明兩不違。白日舒中陸。綠草濟鮮輝。游蝶池陰飛。雙鳥雲際歸。自治欣有合。炎情中已微。

歐子直自南嶽返訊之

靈壑有冬榮。幽人時晏出。天物無孤淸。閑情自相匹。徘徊度飛鳥。乘淩俯落日。虛曠斷不窮。丹碧絢非一。夕宿抱餘爽。各言紛欲悉。豈無濠上情。言眺雙徑逸。神晤遺形區。於焉記良昵。

師說

相宗絡索　續第七期

王夫之

三界九地　地、猶位也。修行此地之染淨爲因。成就託生爲果。因以從染入淨。次第而臻。隨因得果。九等差別。以分要爲從根求淨。誤以八識爲聖證上地。報盡還生下地。故頌云界地隨他業力生。三界。界限也。四果四空。相因成熟。故通爲二。

一「五趣雜居地」人、天、畜生、餓鬼、地獄、爲五趣。趣有意趣。趣生二義。意趣爲因。趣生爲果。此天趣乃有分段生死。不知佛法。此宗專說當人八識。而旁及天、鬼、畜、獄。以人造彼因。必墮彼果者言也。二「離生喜樂地」發有爲心。出離生死。以淨行爲喜樂。在四果中爲須陀洹。此地折伏鼻舌二識。雖有勝用根聞香知味、而不起愛香甘憎臭苦分別。三「定生喜樂地」既發願出離。志不退轉。決定依淨樂生住。在四果中爲斯陀含。四「離喜妙樂地」修習淨行。不因忻慕。自領淨樂、在四果中爲阿那含。五「捨念清淨地」無待欣樂與淨行。自然相安。與五欲自然不染。在四果中爲阿羅漢。以上四地。

乃人中修學二乘所得果地。皆從六根折服現行煩惱。不知唯識法卽轉成智。不能還滅根本煩惱及所知障。若於此發廣大心。從四加行二資糧進發心歡喜地。卽入佛乘。若但成熟不捨。墮後四地天趣中。六「空無邊際地」滅盡根塵。一空無所不空。以下不復來生人間。然報盡仍墮五趣。以八識種子未得還滅也。七「識無邊際地」折伏七識一分麤障。據第八識爲涅槃境。八「無所有處地」八識心所不現。心王不滅。九「非非想處地」不滅之八識。時現光影。而不能成普照之圓明。以上四地。乃四空位。隨其願力功德。依空而住。不生人間。乃阿羅漢修證之極果也。初地爲欲界。二地至五地爲色界。不起欲想、而依色託生。後四地爲無色界。不依色託生、處於空虛。有無不定。漸高漸上。依空界住。無三有五蘊。但八識不轉。報盡還生。

三有身

「前有身」謂壽命欲盡時。根已壞。前六無依。亦隨壞滅。唯八識依壽煖尚在時。「中有身」八識離根。爲七識薰染。不能解散。於虛空中搏結。自非速墮地獄者。一七日成此身。待緣託生。「後有身」中有身遇父母交合。見一線之光。投入母腹。初七名羯喇藍。二七名頞部曇。三七名閉尸。四七名健南。五七名鉢羅奢伽。以後生髮毛指爪。具諸浮塵根至於出胎、其受想行識。卽隨色住。此衆生死此生彼。中間三位。八識蘊結。不空而有。一謂之三陰身。

二類生死

「分段生死」如一人報盡。中有身摶聚不散。還爲一人。乃至墮三惡道。報已、還復受生。或修淨行。生種姓家。成四果。淨染因果雖異。皆隨六根而轉。識依我執。終不捨離。爲因。一類相緣出沒生死爲果。「變易生死」此生報盡。不復結爲中有一類相續之身。隨緣分合。其淨行成熟。超禪入空。捨世間五蘊。依空而住。不食段食。不結浮塵根色。此上四地所得淨果。乃至刼終。方始毀壞。其分別我執已盡去一分末那。而法執末那亦不現前。唯阿賴耶識堅固未轉。爲因而得此果。

六位心所　識之本體爲心王。王猶主也。統領當位心所也。心王所發之作用爲所。一「徧行」一八識皆有徧者、徧四一切心也。一「徧一切性」善惡無記。皆因觸受而生。作意而起。想思而成。二「徧一切識」謂八位識、皆以此五種心所而爲其體用。若此五心不動止。是無覆之光。識體不立。識用不行。自七識以下。七位識所有偏行。皆是第八徧行流注。識雖有八。徧行無二。當其瞥爾與根身器界相緣起識者。卽是八識徧行。觸八識相分而受之。因作意認爲自內我。增長想思。卽是七識徧行。於觸受作意想思上諸分別。卽於所觸受等。更增分別。觸受等相。而始終以此五爲分別主。卽是六識徧行。其八識一動。卽分注五根。如一油透五鐙炷。相緣起諸苦樂捨等違順觸受作意想思卽是前五徧行。三「徧一切地」謂三界九地有此識。則有此徧行心所。初地八識。徧行俱全。二地以上。除鼻舌二識徧行。六地以上。唯八識徧行。常住不滅。四「徧一切時」謂自無始之始。至究竟之終。其餘心所或有間斷。唯此五種心（心下應有所字）貫徹八位識中。剎那不停。浩刼不息。有所緣、則緣別境。以下五位。無所緣、則守其本位而自介分明。此一位、乃唯識之本。領萬法之根苗。未到金剛道後。識體此心所無可脫離。行於五位。終不休息。所謂一波纔動萬波隨也。此心所、凡具五品。一發俱發。一「觸」初與所緣相觸。覺有彼境也。二「受」引所觸以爲自受之憂喜苦樂捨也。三「作意」念方動之機也。四「想」有此能想之靈。可入事理也。五「思」有此能思。可自起作爲也。緣觸生受。緣受作意。緣作意而成想思。故成唯識論以觸爲首。凡所觸所受作意乃知想思皆作意現行。故規矩以作意爲首。

二「別境」　十偏行中起諸心法。各各緣境。而別成境界。不得一時俱有。或一品孤行。或相緣而成二成三。乃至成五。此心所第八無有。以第八于根身器界但有觸受具可作意想思之能。未緣境故無別注。而立一思量之境界。第七有第八相分可緣內緣根身。遂于見分中起慧。自信爲審知明了。而餘四必待第六意起方生。故但有慧第六全無境合。故緣所忻所求所喜之境而有「欲」。於素所信可之境。見爲是處。而印可之而有「勝解」。於曾所慣習之境。見爲利益而記憶繫戀則有「念」。於所印可繫心之境。一心專注不忘。則有「定」。因而於中展轉思維。智巧從之而生。則復生「慧」此五以慧爲生起之因。以欲故而立勝解。或以所信爲勝解而欲之。以欲解故而成念。以念而成定。於所定而生慧。或展轉緣生。或一類孤行。於善於染皆有。而無記之成有覆。亦因慧而起。因餘四而盛。

三「不定」　不定者。無有決定之心。不得安隱。乃善惡交持之際。有此心所。是比非二量之所互成。於獨影境不得自在。唯第六意識有此四心。（心下應有所字）前五現量決定。無此不定第七堅執非量亦無此心。（心下應有所字）意發不恆。當其習於惡而意忽不安。則有「惡作。」其欲嚮於善。而心忽倦怠。則有「睡眠。」其修習善品。而善不現前。則旁徨急求而爲「尋」凝神待觀而爲「伺。」從此猛勇解脫則純乎善。從此放散馳求則墮於染。意識善惡之分。在此而決。

四善十一 第八爲種子含藏之識。雖諸善品。亦其五徧行所成。而非藏中所有。第七純爲染根。卽使或成善品。亦但法執。不成爲善。唯第六全具以一切善染。皆由意造也。前五有同時意識和合。又爲諸善之所成就。意中善染。至前五乃發見於事爲。如眼見美色、不爲欣慕留連等。是其無貪。餘識餘品。例此可知。然前五識勝劣不等。如鼻舌二識於信、勤、不放逸、行捨、諸品現行非其勝用。規矩言、善十一者統五識言之。非一一識皆具也。十一品中。以無貪、無嗔、無癡、三品爲戒定慧淨行根本。餘八皆以此三善增善防惡。其與根隨三惑對治。思之可見。不須刻意分別、

五根本煩惱 八識雖有俱生二執。異熟二障。爲煩惱種子。而未起七識不成現行。故

無此根本六惑。第七雖未發露。而執第八爲自內我。貪戀隙光。癡迷不悟。怠慢不求還滅。失正法眼。而墮邪見。植根深固。蘊毒在中。作前六煩惱之因。至第六則以貪、癡、慢、邪故。不得則生嗔。聞正法而與己異。則生疑。至前五功用短劣。雖不能起邪、慢、疑、等見。而貪、嗔、癡、倍爲麤猛。根本者。隨惑三品、皆由此而生。此爲根也。貪、嗔、癡、屬煩惱障。疑、邪、屬所知障。通云煩惱。所知必成煩惱也。

六隨煩惱　隨者、隨根本煩惱而起成諸惡也。凡一切違善順惡。成自煩惱他現行。總以根本六惑爲根。隨根隨境相隨不捨。五趣雜生地。熾然充滿。二地以上。麤能折伏。不能斷絕。乃諸惡之綱宗。而謂之隨者。見過非自此而招。亦不在此折伏。如大盜持仗把火者爲從。根本惑。乃其主謀爲首也。第八無根本惑。故亦無隨惑。第七有四根惑。成大隨染。有覆無記性爲無明。第六三隨二十品全具。以一切煩惱皆從意生。意識備六本惑。則諸惡相隨。無所不至。前五作根依境、不留不結。故無忿恨等蘊毒深重之小隨。又大隨隨癡而起。七六前五俱有癡。故所同具。中隨隨癡、嗔、二分而起。第七無嗔、故無小隨。忿、恨、惱、害、嫉、依嗔。慳、依貪。癡、覆依疑。誑、諂、依邪。憍、依慢。六惑皆依故。唯六識具有大中小者隨惑有三種義。一「自類俱起、」不信、與懈怠、放逸、等。同明俱起。不相妨礙。無慚無媿。本同一念。同時俱起。此義大中二隨俱有。若忿、則不諂憍、則不覆。乃至乍然之忿。必有（有應作無）深遠之恨。小隨專注一心。不得俱起。此義無。二「徧染二性」謂不善有覆二性。大隨中隨。卽不成惡。亦有此心。（心下應有所字）是無明、非獨煩惱。故小隨專是惡性。非無記故此義無。三「徧諸染心、」若大隨於無慚無愧及忿恨等。皆依此不信等心。而偏互相染由違善故。順於不善。若中隨於大小二隨。十八種心。（心下應有所字）不必皆染。雖不信等。未必定無慚愧。若忿恨等。尤屬慚愧心變成之惡。若小隨等一念蘊結成毒。全不與大中二隨相應。故皆無此義。故曰皆具名大。具一名中。俱無名小。

六位心所緣生圖

前五根本三惑及中二大八乃八識藏中所薰宿業不因同時意識而生與同時意識和合而成

八識親生

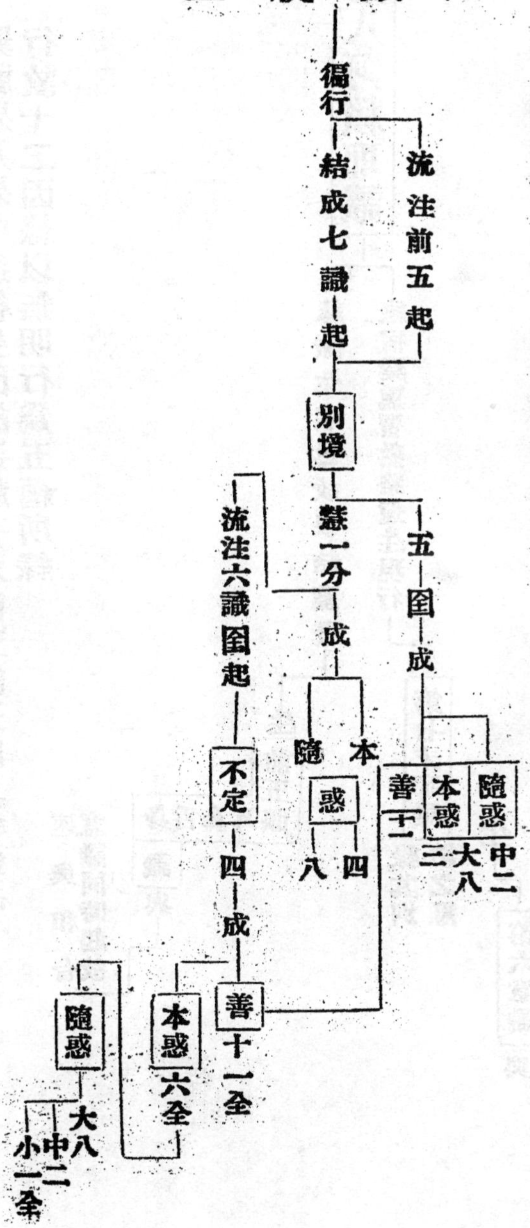

六識不經七識所染則善染雙忘仍是無覆本性惟被七識所染則別境轉增不定心起染在猖狂善亦法障

師睨　相宗絡索

師說　相宗絡索

一〇

八識心王流轉圖

現在八識俱過去七識熏成結真如藏爲業識藏作總報主受罪福果乃果中還復生因故還起七六前五諸王所具善染現行故十二因緣以無明行爲五蘊所緣

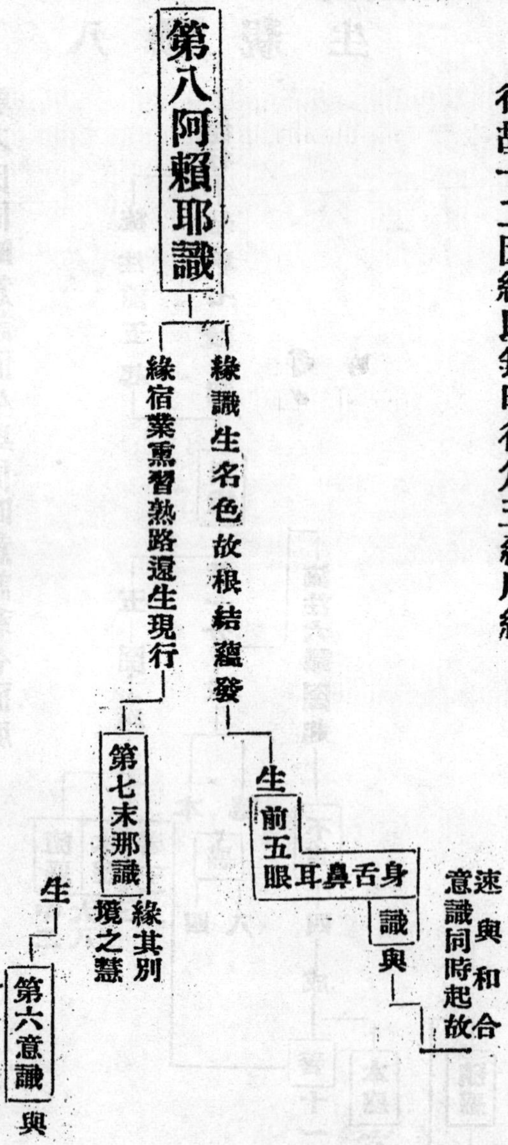

六識爲七識所染與前五和合爲善染現行因乃因地果生熏成未來種子結如來藏爲阿賴耶藏流轉不息故十二因緣以愛取有爲生死根本

凡此善染五十一心所。具於第六。前五善具染不具。第七有染無善。故知流轉之根。禍生於末那。還滅之法。卽以斬絕末那爲擒王破竹之元功矣。二乘、愚者但依六根而施折伏。不但根本未拔。萌芽復生。且其所用折伏者。卽末那之雙執。豈非認賊爲子之大愚乎。

六識五種

一「定中獨頭意識」謂入定時緣至教量。及心地自發光明。見法中言語道斷細微之機。及廣大無邊境界二者、爲實法中極略極迥之色法。與定中所現靈異實境。顯現在前。此意識不緣前五。與五根五塵而孤起。故謂之獨頭。此識屬性境現量善性。二「散位獨頭意識」一從凡夫至二地。無尋有伺於一切善惡。無記士用果等境。非現前而起。意不緣前五。及根塵色法。自規度自擬議。緣過去卸落影子。作未來實相。此識不與前五和合而孤起。故名獨頭。行住坐臥時俱有。故名散位。此識當理者。屬比量獨影境。不當理者。屬非量。以其戀着過去而生希羨。屬帶質境。三性通攝。三「明了意識」卽「同時意識」。五識一起。此卽奔赴與之和合於彼根塵色法。生取分別愛取。既依前五現量實境。故得明了。初念屬前五。後念卽歸第六。其如實明了者。屬性境現量。增起分別。違順而當理者。屬比量。帶彼前五所知、非理戀着者。屬非量帶質境。此識無獨影境。三性皆通。四「夢中獨頭意識。」夢中前五根隱。識亦不發。但有夙習熏染。遂於幻中現其影、似而起計較思量違順等想。不緣前五。故名獨頭。此識全屬非量。帶醒時根塵以爲妄本。屬帶質境。三性皆有。俱非真實。五「亂意識、」謂大驚、大憂、大勞、大醉、及病狂人、妄起意計。及一闡提人耽着顛倒矯詘自性。但求殊異。因而生起狂想。此識意亦無主。幷不得名爲獨頭。或時亦緣五根而起。不得明了。全屬非量帶質。及惡無記。二性。雖有。皆非真實。

（未完）

講演

船山先師詩錄

感遇十一首（一）

海國有嘉卉。紹古蘭蕙名。迢遞致遠道。綺靡發檐楹。悅彼情所合。矜茲芳有成。稷下龍琴咨。梁園袴詞英物。玩己亦勞。枝葉非天榮。迢迢黃姑星。臨河發光耀。織女揚熹微。脈脈如相怊。被以纏綿情。指彼佳期妙。高居無通理。下士紛疑料。鑒貌以測真。悱然貽姍笑。湛湛北辰表。沆瀣充寒門。安知光影微。不有衆星繁。言窮至彌寡。心絕理已諼。容成置象外。羲和輟紛論。大地有疆畛。羣生各本根。甫田空忉怛。念茲息心魂。

講演

船山黃書原極篇演義

黃翬

黃書一卷。爲船山先生經濟之所蘊。黃書者如黃石公之素書。黃書之首有原極。素書之首有原始。皆原本尙書洪範之義。一五行。二五事。五事由五行而推施。所以盡人以合天也。其言曰「觀初始於天地。金以鍛之。木以幹之。土以敦之。火烜風撓水裒以烝化之。彼滋此孕以繁之。泮渙摶翕以離合之。故盛德行於無疆而不知其屆」此天地之大化也。至於「淸其族。絕其畛。建其位。各歸其屛。函輿之功。慮防至切。是故山禽趾疏。澤禽趾冪。乘禽力橫。耕禽力縱。水耕宜南。霜耕宜北。相捄而絕其禍。聖人審物之皆然。而自畛其類。區其靈冥。湔其疑似。乘其蠱壞。峻其墉廓。故曰聖人與天地合其德。此五事。繼五行。推之爲六府。三事。九功之法。先生又曰人之於物也。陰陽均也。食息均也。而不能絕乎物。中國之於夷狄。骸竅均也。聚析均也。而不能絕乎夷狄。人不能自畛以絕物。則天維裂矣。中國不能自畛以絕夷狄。則地維裂矣。天

講演　船山黃書原極篇演義　二

地制人以畛。人不能自畛以絕其黨則人維裂矣。是故三維者三極之大司也。」先生震聾呼瞶於泉石山林之間。所以自畛也。所以自畛以絕物也。所以自畛以絕於夷狄也。所以自畛以絕其黨也。吾人生先生之後。誦先生之言。思今之世與先生之世爲何如。問天維。則物競之說盈天下矣。問地維。則夷猾夏而夏變於夷矣。問人維。則三綱淪九法斁矣。吾人不能思自畛以絕於物。不人人思自畛以絕於夷狄。不人人思自畛以絕於黨。不將維裂而極傾乎。然則何以能自畛以絕於物也。曰昔者聖人立天之道。曰陰與陽。故曰天尊地卑。乾坤定矣。卑高以陳。貴賤位矣。知貴賤之有位。是以奠天維以作易。聖人之作易也。範圍天地之化而不過。曲成萬物而不遺。豈尙自域於物乎。是以能自畛以絕於物也。然則何以能自畛以絕於夷狄也。曰昔者聖人立地之道。曰柔與剛。故曰五方之剛柔燥溼殊倫。而中國蠻夷異俗。知其異俗殊情。是以奠地維以作尙書與春秋。聖人之作尙書與春秋也。宅四隩以定中區。辨禮俗以分夷夏。故能用夏變夷。豈至自變於夷乎。是以中國能自畛以絕於夷狄也。然則何以自畛以絕於黨也。曰昔者聖人立人之道。曰仁與義。故曰民吾同胞。物吾同與。鳥獸不可與同羣。吾非斯人之徒與而誰與。是以冥人維而作禮與詩。聖人之作禮與詩也。辨等差以定人之分。聯疎戚以達人之情。故君子周而不比。羣而不黨。此所謂自畛以絕於黨也。吾人當此夷猾夏夏變於夷人化於物之候。能乾乾惕惕兢兢業業。各懷一自畛以絕於物。絕於夷狄。絕於等夷黨類之心。則當於易書春秋詩禮之精神。日新又新。以求聖人所以罔包桑而維繫萬世之意。任物競之紛紜。而我不爲物化矣。任夷狄之橫狂。而我不變於夷矣。任比黨之交攻。而我不黨同伐異矣。罔人維。即以罔天地之維。立人極。即以立天地之極。又何畏乎蠻夷猾夏禽獸逼人乎哉。

船山黃書原極第二演義

黃鞏

船山之自畛以絕物與夷狄儔黨也。用春秋明王道內中夏而外夷狄之道。其言曰「春秋陸渾吾離允姓僑如之族種。非如匈奴吐蕃契丹韃靼之外逼。」謂昔之戎夷猶在內地。後之戎夷乃在外儌也。今則匈奴吐蕃契丹韃靼。又如陸渾吾離允姓矣。是以五族共和。而外逼者更有英俄日美法德矣。春秋之時。「孤竹蹙燕淮夷病

講演　船山黃書原極第二演義　四

杞。鄫嚇義渠侮齊宋而諸侯之强大者。猶能奮起而北伐南征。斬令支。轢卑耳。拓西戎。刈潞氏。以張赤縣之幟。」一故葵邱束牲。而小白責包茅之貢。城濮館穀。而重耳賜弓矢之征。春秋皆延之。先生秉斯義。欲使九州二十四省之區。號萬姓而示之以獨貴。保其所貴。匡其終亂。施于子孫。須于後聖。可禪可繼可革。而不可使夷類間之。目擊當時。冠裳盡改。畛域無分。慨然曰。「若夫無百禩之憂。匙九垓之辨。尊於天下。憤盈儔侶。畛畔同氣。猜割峯役。弱靡中區。雈然保尊。偷豫尸功。患至而無以敵。物過而無以囬子孫之所不能私。種類之所不能覆。蓋王道泯絕。而春秋之所大憖也」。嗚呼今至列强並峙。萬無劃其區域。獨保貴尊之時。中國之人。其何以自畛以絕於夷狄。而能不使夷種間之乎。而不然也。昔之陸渾吾離允姓之族。至明而無以辨。皆化爲中國。今則匈奴吐番契丹韃靼之族。滿漢蒙藏回久爲一家矣。故種族革命之說興。詩所謂譬彼壞木。疾用無枝。其禍有甚於孤秦陋宋之所爲者。所惜者昔之疆宇統一。而未能擴充聖人之道德。涵濡海隅蒼生。是以時進化而時退化也。今則黑白棕紅之種。環間宇內。中國有汲汲乎莫能自存之勢。況歐化徧於人心。師其幻術。鈎魂攝魄。而法治經濟倫理。顚倒玩弄於外人之手。豈獨不能自畛以絕於夷類。而且欲效於夷。而畫虎類狗矣。乃尸尸然曰進化也。先生所謂無百禨之憂。九垓之辨者。非乎。所謂猜割牽制。役弱中區者。否乎。所謂患至而無敵。物逼而無以悶者。其然乎。其不然乎。所謂子孫所不能私。種類所不能覆者。可懼乎。不可懼乎。然則今日之中國。其遂無以自畛乎。而不然也。今之人自失其所畛而已矣。何以自失其所畛也。方今歐美豔羨東方文化。是以購買四庫書者紛紛。夫文化者。中國之所以自畛也。四庫書。歷代王化之所寓也。而中國化於夷種之輩。方且提倡國語。欲以羅馬文字盡易中國文字之議。此非獨自失其畛。直欲並數千年聖人之所以自畛者而滅之。吾國若人。其尚有人心肝乎。然則今人聞歐美之購古書。而亦提倡廣印。此非中國自畛之機乎。曰此不足以自畛也。何以不足以自畛也。夫歐美之購買古書者。固擇不精。語不詳矣。今人聞歐美購買古書。而提倡廣印。亦擇不精。語不詳也。夫以無本之學。驟取四庫書而讀之。有浩如煙海。莫知其畔岸者。而況四庫之外。舊藏書家。尤有不知其計數者。此不獨於內聖外王之道。渺無所得。而鈎魂攝魄。又如蹈入歐化幻海中。倀倀何之。有益乎。無益乎。有用乎。無用乎。嗚呼。是仍爲自失其畛而已矣。昔人云書到今生讀已遲。誠閱歷之深語也。然則如之何而可也。曰是必有十數世積學。微言奧義。流傳有自而又飽閱滄桑。洞知情僞。澂幾觀變。中有定主。無門無毒富貴不能淫。貧賤不能移者。至於耄期。心從耳順。繙閱羣書。如數家珍。指其是斥其非。析其疑。決於倚馬。取精棄粗。衷於一。是其自述也。立一言。定一義。建諸天地而不悖。質諸鬼神而無疑。百世以俟聖人而不惑。槩數十輩豪傑之士。講習簡鍊。以成有體有用之學。任世俗之毀譽是非。皆置爲不知。其量人以爲不出戶庭也。而不知其靜觀之得者深矣。人以爲憑於臆說也。而不知其知幾之先者神矣。是則先生所謂自畛以絕於物。自畛以絕於夷狄黨類者。其在斯人乎。其在斯人乎。

船山黃書古儀宰制演義

黃鞏

船山謂「自昔炎裔德衰。軒轅肇紀。弭刃於涿鹿。垂文定鼎。建屛萬邦。而神明之胄。駢武以登天位者。迄於劉漢。五姓百十有七后」此言其分封萬國。衆建諸侯。繁育民族。而無自私神器以貽曾玄之心。所以天下烝烝。互相統役。及至三代。皆祖是心。

帝臣不畀。簡在帝心。三千八百。迭爲興替。五伯七雄。皆非異類。迄於孤秦。盡廢封建。私天下於擘握。顧盼驚猜。恐彊有力者崛起。竊己之藏。翼者翦之。機者撞之。肤者割之。冢宰不能藉尺土。亭長不能橐寸金。獨制天下。欲傳萬世。譬如壞木無枝。僨敗旋踵。使非漢唐半采古制。郡縣間以藩鎮。則高亭納璽。碙島沉淵。不至趙宋而始見也。所慨乎宋者。結契丹而取國。又用「趙普斗筲。負乘鉉器。貢謀苟且。肘枕生猜。假杯酒以罔歡。託孔云而媚下。削節鎮。領宿衛。改易藩武。建置文弱。收總禁軍。孤立於彊虜之側。而無十世之謀。拘文牽法。一再傳而弱。趙保吉之去來。劉六符之恫喝。玩在廷於偶線之中。莫之或省。城下受盟。金繒歲益。偷息視肉。崇以將階。推轂建牙。遺風澌滅。狄靑以樞副稍自掀舉。而密席未溫。嫌疑指斥。是以英流屏足。巨室寒心。降及南渡。猶祖前謀。蘄循僅存於貨酒。岳氏遽隕於風波。撓棟觸藩。一折而入於女直。再折而入於韃靼。卒使元黃之族。辮髮負笠。生民未有之禍。秦開之而宋成之。不可大哀乎。」傳曰中國不振旅。蠻夷猾夏。而莫之或恤。無弔也。夫是以先生宋論憤戾痛哭。誠有慨乎其言之也。由此論之。屏藩垣翰。聖人所以分治。即所以自衛。而議者謂封建必不可行於後世。夫環球列國。亦何莫非封建大局。華盛頓定以聯邦分治。而彊盛百餘年矣。其效可覩也。今歐美之倣效者多。是暗合三垣列宿分步之法。即黃虞三代久存之道。先生知後世必反孤秦陋宋之制。然後中國可望振興。故宰制一篇。就當日形勢。劃「河北山東一使江北濟南一使河南荆北一使。燕南河東一使。關陜秦隴一使。荆南江右一使。江南福浙一使。巴西瀘南一使。南贛嶺海一使。嶺西桂象一使。滇黔洱海一使。爲十一區。畿輔一使左輔一使。右輔一使。大同一使。延溪一使。寧夏一使。河西一使。爲七區。各以行臺統治之。」然今日形勢。不劃區則相爲牽掣觀望。而無以各自奮興。分區多。則力弱而不足以制外。度今之宜。劃遼東一區。蒙古一區。北平山西河南一區。陜西蘭州新疆一區。青海河闐西藏一區。川蜀滇黔一區。桂粵湘鄂一區。閩浙贛一區。江淮山東青島一區。共爲九區。以合九疇九有之制。絕長補短。其疆域不減於歐洲法德意義之國。建立憲政。而作新民。皆可以稱雄東亞。若聯一氣。必較美國更加彊盛。何者。地廣人衆物博也。何至使外人輕視鄙姗非奥哉。惟其能自治者。困於疆宇之力弱。否則猜忌拘牽。而無包桑共固之志。內治未定。是以外侮難禦也。然則宰制既定。而首都宜建何地乎。曰治內則推一模範之區爲長。以一憲政對外則示以列邦平權使外人無所挾制。如會議於匡廬。則以匡廬爲首都。會議於滬上。則以滬上爲首都。會議於洛陽。則以洛陽爲首都。會議於北平。則以北平爲首都。會議於建康。則以建康爲首都。會議于咸陽。則以咸陽爲首都。會議於荊衡。則以荊衡爲首都。使外人無端倪可覬覦共相禦外而無內鬨實求民隱。而無牛變此中國萬年不壞之道。其在詩曰。价人維藩。大師維垣。大邦維屏。大宗維翰。懷德維寧。宗子維城。無俾城壞。無獨斯畏。夫藩垣屏翰。所以爲宗子之城。未有城壞。而宗子以獨爲可畏者也。管子曰。聖人之所以爲聖者。善分民也。使聖人而不能分民。則猶之百姓也。自古至今。未有自私如孤秦陋宋之爲。而能自成其大者已矣。

黃書大正篇演義

黃鞏

大正之言曰。「昔者三五之王也。推五德。承終始。灑祓嬗革之際。如平旦之受夜。虞淵之受晝也。週而復始。皆運自然。後世五德失墜。治無主。倘水勝火。土勝水。以意爲輕重。然而湔除惡俗。拯劑民瘵。消息矯持。挈業中興。亦莫不有彷彿之意。」則人事之不可違於天也。天以「五行養萬民。食於陰。飲於陽。衣被榮彝。侑佐鹽醴。水滋土敎。木實。火調。民承養于天。無須上制。而流盪生死。縈紆往來。通愚智之用。力致上下之交養。則金之爲用。王者所斡旋於天。而損下益上也。故水之德潤。木之德成。土之德安。火之德化。唯金之德賊。聖人尤難之。行於不得已。而利其用。」戒於濫之爲敗而制其節。「愚智者賚之。以勸其功。聖王者裁之。以止其濫。沃以所賚。則小人盡力。裁以所宜。則君子成功。所以節宣五行。而勝其害氣也。」試觀古者月令之篇。四時五行。人君體之以行政。唯是五德備尚。異於五帝三王之法。後儒又因其見於呂覽。而疑述禮者濫收。不知聖人以王者不宜偏尚。如夏時殷輅周冕韶舞。特爲後王定一因時之中。此豈不韋之所能制。且四時行令勝復。隨時觀察。爲萬民調劑不平。尤傳軒轅歧黃遺意。然則王制者。聖人祖述憲章之道。月令者。聖人上律天時下襲水土之法也。聖人王者。無非敬天勤民而已。夫聖王之於萬姓。視猶一父之子也。觀於農夫滹耕。紅女寒織。漁凌曾波。獵犯鷙獸。荷鋤月下。揮汗夏畦。淘金採珠。羅翠採珊。

生死出入。童年皓髮。以獲贏餘。顧父母。擕妻子。稍慰終天之思。邀須臾之樂。而刷玄鬢。長指爪者。宴安諧笑於上。或密布網羅。巧設陷穽。甚則鞭楚笞朴。以策其後。乃使縣磬在堂。肌膚墮地。含聲隕涕。鬱悶宛轉於老母弱子之側。此亦可爲寒心栗體矣。誰非骨肉胞與。而令與犬馬鳥獸之不若哉。而若人者。方且藉是以鼓聲名。市奏最。漁獵要津。層察封埏。若然則金死一家。害氣集於宇內。金輸外國。害氣結於無窮。夫豪强兼併。其運數與國家爲長短。而賊害怨咨之氣。凝結永滯。則和平消竇。傾否折足。亦甚非靈長之利也。即或狼藉著見。挂議降褫。而金貝通神。猶得啣舟絡馬。飛運返里。廣畝益宅。敞榭邃房。鼓鐘妖舞。春容魚雅。終其天年。錮石槨簪。翁仲梵唄。雲潮。榮施泉壤。而游佚公子。發其贏餘。買越娃。擁小史。食游客。長夜酣飲。驟馬輕紈。六博投瓊。散猶未盡。亦惡知向之朘削零丁者。已滅族斬亂於寒阡荒壑之旁也。豈不痛哉。豈不憾哉。夫天地之氣。斂則舒。舒則平。鬱則憤。憤則戾。眦陰眦陽。迭爲消長。積厚者流光。銳進者退速。怨氣往來。何莫非陰陽勝復所迴旋。天道無私。疏而不漏。善惡之報。如影隨形。金鑑垂書。玉科著律。而貪殘無賴。終罔聞知。嗚呼。十畝桑間。半畦秧水。考槃阿澗樂飢泌衡村落萬家家藏數口貧無擔石。逢此百凶滿地龍蛇走馬瞞天鷹隼飛鳶。司工索賄偏指要津。電掣雷馳。如江如漢。毀其宗廟。拔其苗穗。係累其子弟。役以苦工。不日經營。怒呼笞朴。傷筋折骨。號訴無門。昔甘猛虎。今遇長蛇。鴻集中。垣。鳥。止。誰。屋。怨。言。喪。日。怒。目。指。途。扶。老。攜幼。頓。足。牽衣。轉。死。於溝壑。者。不知其幾千。萬。而執政者未之知也。觀其道通隧達。一日千里。或反爲若輩報功奏最千古含寃。萬年積憾何日能紓此小雅所以有板蕩民勞之什。而少陵爲兵車石壕之行也。嗟呼嗟呼。昔之阿房蔽天而楚人一炬。後世阿房徧地而炬不知何人。昔之萬里長城。而天陰鬼哭。後世肝腦暴途。而鬼不敢哭。昔者鯀堙洪水。汨陳五行。帝乃震怒殛之於羽淵。後世汨陳五行者。慘更甚於洪水之堙。而未聞上帝之震怒。然而天道不可測也。夫不聞秦白起萬世猶化爲蚌鼈漢袁盎十世爲高僧猶不能脫於寃孽乎。敢申大正之言。藉作虞箴之誦。

人能弘道非道弘人

何鍵

論語載孔子言。『人能弘道。非道弘人。』朱子說。『弘廓而大之也。人外無道。道外無人。然人心有覺。而道體無爲。故人能大其道。道不能大其人也。』張子說。『心能盡性。人能弘道也。性不知檢其心。非道弘人也。』許多講家。都以此兩說爲根據。大體上固然不錯。但是道乃空空洞洞。不可見。不可聞。不可名狀之物。人與道有什麼關係。人如何能把道廓而大之。朱子並未言明。張子之說。雖然稍進一層。惟盡性的學問。談何容易。中庸言。惟天下至誠。惟能盡其性。豈是一般人所能辦到。如謂人能弘道的人字。乃指聖人賢人而言。則古今聖賢。並沒有幾人。孔子此言。難免不成爲空話了。本人因爲道也者不可須臾離也。道不可離。人與道的關係。密切可知。人必須弘道。也是當然之理。今天特用通俗的話。把孔子立言的意義講明。使人人都知弘道之法。以實行弘道。

原道之爲物。不可見。不可聞。不可說。而無時不在。無處不有。因其爲天地人物所必由。如大路然。故强名之曰道。道在先天。恍恍惚惚。道在後天。以人爲代表。人與萬物。雖同爲大道所生。但萬物得道之粗。而人得道之精華。道既生人。便退處于無權。其權全在於人。所以人爲萬物之靈。而稱爲道體。因此弘道的資格。當然爲人所獨具而弘道的責任。人也不能旁貸了。若用比喻的話來說。大道生人。亦如父母生育兒女。兒女對於父母。應當盡孝以報大恩。人爲道所生。若不弘道。便等於不孝父母。況且人爲道體。弘道只是弘我自己。其關係何等重要呢。

人既爲道體。負有弘道之責。爲什麼真能弘道的人。世間不多見呢。因爲人落後天。爲氣稟所拘。物欲所蔽。忘了本來的面目。而天天在酒色財氣勢位權利的迷途上打觔斗。不昧心滅良。則其齷齪的醜願。不能達到。以致所作所爲。完全與道背馳。不惟不弘道。反而把光華燦爛的道體。給汙穢毀壞了。這不是人不能弘道。只是與道扯開。而自絕於道。所謂『是不爲也。非不能也。』須知禮記有句話說『人爲天地之心。』人何以能爲天地之心。就因爲人能弘道。代天宣化的原故。人與道相反。便等於天地之心毀壞。古人說。『哀莫大於心死。』草木無心。尚不能活。天地之心毀壞。世界又安得而不亂呢。人欲盡爲人之道。欲謀世界太平。弘道的責任。都不可不積極担負起來。若不如此。便不足以爲人。果能如此。則道不遠人。一定有因我而弘大的一天。

說到此處。却有一疑問。大道既能生天地萬物。其大已非意想言說所能得其彷彿。若再把他廓而大之。恐怕無量數恆河沙數的大千世界。也不能載得起。人渺小一身。在天地之間。不啻太倉之一粟。如何能有把道廓大的神通呢。況且大道悠久無疆。不因人弘而擴大其範圍。亦不因人不弘而縮減其性量。人又何必弘道呢。不知道雖至大。但人若不明道。則道的實際。無由顯露。譬如我們讀聖賢的書。對於道的大概情形。略知萬分之一二。假使沒有聖賢。或聖賢知而不言。我們如何能知大地間尚有道呢。可見人弘道的程度。到什麼境界。便知道道的領域到什麼境界。如美洲未發見以前。人都以爲東半球就是整個的世界。及哥侖布發現了美洲。一般人始知從前所見之小。因此我們知道。耳聽是空。眼見身到是真。任何人把道說得玄妙神奇。我們未曾親到其境。雖不能說沒有道。總是糊裏糊塗。莫名其妙。所以人必須弘道。一面是盡爲人的責任。一面也是解心頭的迷闇。而進入清明的樂境。至於道雖至大。但不見不聞。沖漠無朕。人能弘一分。道則道的範圍。發現一分。能弘十分。則道的範圍。發現十分。道的範圍。發現愈廣。則人的性量也隨之而廣。弘道兩字的意義。若直截了當的說。只是廓大各人自己的性量。性量廓大。便可與天地合德。日月合明。人切不可以自身渺小。而自暴自棄。

弘道的方法。應當如何。實非言語所能說盡。若從大處講。如孟子說。『我善養吾浩然之氣。……其爲氣也。至大至剛。以直養而無害。則塞乎天地之間。』天地的容量。究有多大。誰也無法計算。而孟子浩然之氣。竟能把他塞滿了。所以養浩然之氣。就是孟子弘道的方法。中庸說。『致中和。天地位焉。萬物育焉。』天地萬物的命運。都操在聖人手裏。其範圍更加廣大。所以致中和三字。就是子思弘道的方法。不惟子思孟子有此本領。各教的大聖人。都是如此。不過這樣說。嫌其玄妙無憑。人常說。『行遠自邇。登高自卑。』道雖大周天界。而其機紐常在人的身上。如致中和。如養浩氣。何一不從人身發出。所以若從小處講。只修身二字。便把弘道的方法。滿盤包括無遺了。何以呢。俗話常說。『道理道理。』所謂道者。就是自然的條理。不論說話做事。只要能順自然之理。而不摻雜絲毫的偏見。順乎理。自然合乎道。合乎道。而更能加以宣揚與廓大。便可叫做弘道。且道不可見。因德而顯。德之發於外。而爲人生不可須臾離者。莫過於『孝弟忠信禮義廉恥』八字。能實踐八字。自然身修。自然有德。德發於外便是道之表現。所以簡而又簡的說。人能實行八德以修身。便是弘道的實功。

以八德修身弘道。雖然簡便。但大覺籠統。茲再就大學首章。分析細說。以講明弘道的次序。大學所說『格致誠正修齊治平』八字。爲人學道行道的一貫系統。前五字屬於內聖。後三字屬於外王。沒有內聖的修養。決不能有外王的實功。今世有不知內聖爲何物。或雖知之而並沒有確實修養的人。常常敢說行王道以平天下者。真是不值一笑。其說即令偶有一效。也祇等於摘花插瓶。絕對不能延久的。所謂無源之水。怎能渾渾長流呢。按格致誠正修五字。尤重在誠正修三字。而修身更爲要中之要。所以大學說。『自天子以至於庶人。壹是皆以修身爲本。』修身屬於人道。正心屬於性道。(如常言之存心養性。盡心知性。明心見性。心性相連並說是。)誠意屬於天道。(如中庸言誠者天之道也是。)誠正修三者並行。即是道釋儒合源之學。明白而且實踐了三教的道理。才能圓滿內聖的實際。豈是襲取皮毛。隨隨便便一說便了的事情。不過心爲一身之主。而意又由心發出。誠正雖不易能。但心意終屬於身的範圍。一言修身。而誠正的工夫。自然包括在內。（故曾子傳大學。從誠意正心起。）大學重在修身。卽是重在人道。因爲人無身則心意無所附麗。而道佛之說。便無從講起。無人則天下國家都不能成立。所以說『儒爲席上珍』就是重在人道的關係。明白此理。人欲弘道。首貴修身。果真能愛護性命體膚以保身。明善行善以誠身。非禮勿動以守身。行道揚名以立身。無負於天。無忝所生。合之便是修身。修身者就是弘道於一身。推一身之道於家庭。使父母夫婦兄弟姊妹子弟等各得其宜。名曰齊家。齊家者就是弘道於一家。再推齊家之道於一國。敬長尊賢。恤孤憐貧。與民同好惡。輕財而貴德。名曰治國。治國者就是弘道於一國。再推治國之道於天下。選賢與能。講信修睦。公而無私。惟大道是行。名曰平天下。平天下者就是弘道於天下。若再推言其極。並可以位天地育萬物。且不止於天下了。此等範圍雖大。但下手初步都由修身做起。身果能修。則可大可小。無所不宜。若身修而仍沒有齊家治國平天下的本領。其修身的工夫。必仍有未盡。所以修身是弘道的基本方法。

而大學是弘道的最要經書。孟子說『君子修其身而天下平。』如此之身。才可稱爲道體。此時道卽是我。我卽是道。道弘我。我弘道。已不可分。道與人合爲一體了。這便是人能弘道的實際。

人能弘道的道理。大概既經說明。非道弘人四字。就容易講了。道雖至尊至貴。但不見不聞。如何能使某人爲聖賢。使某人爲仙佛。如居高位的大官。委派職員呢。又譬如米粟可以養人。但人若閉口不食。米粟決不會自動跳進人的口腹以活人之命。人皆以爲聖賢得天獨厚。所以其道易成。獨不知以孔子之聖。尚然飯疏食飲水。以顏子之聖。尚然一簞食。一瓢飲。在陋巷。苦不堪言。日用生活費。猶如此艱難。便是道不弘人的明證。果真道能弘人。孔顏二聖。就不至受這樣痛苦了。可知爲聖爲愚爲善爲惡。其權都在於人。人果弘道。道則栽之培之。人背乎道。道則傾之覆之。道雖無心。而自然的因果。誰都難逃。聖人諄諄勸人修德行善。爲聖爲賢。實在是教人各保身命的必要說法。此等求其在我。求則得之。得則名尊而道弘。比之向人求富貴。其易十倍。而尊貴更不可同日而語。人知求富貴而不知修身弘道。也可謂之失其本心了。世間亦有弘人之道。但決非正道。如殘暴凶人。用陰謀巧詐及種種卑劣手段。奪得高位。一呼百諾。聲勢赫赫。在不知其根柢的人。遂說此暴夫的本領學問一定高出衆人。而空洞無實的聲名。就把他的爲人也抬高了。若明朝的魏忠賢。以一太監居然生祠遍天下。並且進入聖廟了。道能弘人。只有此種道。但那是邪道魔道。結果惟有積惡殺身而已。此外又有一種人自暴自棄。不知修身。惟天天希望有聖賢出世。把天下治平。以坐享太平的幸福。不知大道無私。以堯爲君而有丹朱。以舜爲君而有商均。父子之親。且不能互相通融。未嘗弘道而想享受大道的幸福。如春天不耕而秋天希望收穫。世間那有這樣巧事呢。孟子說『待文王而後興者凡民也』此等人縱能僥倖得福。也是人間最可恥辱的事情。

總之。大道無聲無臭。天地乃塊然一物。從他本身上說。似乎都沒有什麼作用。作用全在人的身上。人的聰明才智。雖有不同。但既已爲人。則弘道的資格與能力便無二致。實當人人自尊自重。以道爲己任。各盡爲人之道。道即因之而弘。並不是離開人身而更有所謂玄妙之道。其要只在修身。其功重在自強不息。人能以至誠之心自强不息以弘道。自然大道日章日明。而其本身亦成爲天地之愛子。人間不可少之人了。

講演　人能弘道非道弘人

專論

船山先師詩錄

感遇十一首（三）

韶月知爲春。百卉欣及時。精英取不息。掠美悅其姿。元化遺糟粕。忻合無遲疑。芳華及零落。悲愉各在茲。商山有高歌。曄曄三英之。

漢南嬋媛子。臨歧憂清露。羅襪惜已微。中心良有故。美人去我遙。思之若晨暮。莞簟有餘清。肅肅警昏寤。

飛螢弭清晝。熠燿流暗空。炫影從彼異。匿光背所同。朋不懷應求。殊德樂爲攻。愾然念吾生。晶宇共昭融。捐清不矜己、雲日相雍容。嗟哉猖狂子。何爲悲道窮。

專論

擬近日防會匪以何策可行論

乙巳　湘潭周　逸木崖

從來盛世。防匪最嚴。故周官九職。使民各專其業。無游惰之民。民無專業而游惰者。有夫家之征而且分設司諫司救諸職糾察萬民暴亂之事。所以盛世之編氓不致流爲會匪者。誠以其有恆產恆心也。其法不誠良美哉。故三代以下。匪黨漸叢其史册班班可考者。不可勝指。是非上之人。防範不善。禁令不嚴。蓋由地廣人稠無恆產恆心者。莫不放僻邪侈爲匪矣。如今日之會匪豈異是歟。夫會匪之固結敢於犯王章而不顧身家者。弊安在。曰在於無恆產恆心。亦在於上之覺察不先。安插不事。有實政而無實心以處之耳。有司士之責者。安可不精求防之之策以爲國家消其隱憂哉。然則隱憂之消計安出。防之之策當奈何一曰專職業而游惰必懲一曰聯保甲而責成必真。外此二者。防之固難盡。防緝之亦覺難緝也。夫欲專職業。法之精者。莫如泰西各國之所爲。考泰西之法。人生即入册。至八九歲。無論貧富。皆使之入學堂讀書。學堂有三等。藝業有六門。由下等升之中等。上等。察其資質。考其藝業。學成使之各職其業。卽貧無父兄管領者。官爲之調遣。不使之游惰失業。倘游惰者。卽懲之以罪。且有丁稅之抽。猶是夫家之征。正所謂有恆產者。乃有恆心。凡放僻邪侈。不畏王章。甘心爲會匪。固結而不悛者。以無恆產者爲之也。使安插有事。而游惰必懲。何會匪之足妨乎。至聯保甲之法。亦莫如泰西各國之善。考泰西之所爲。無論城鄉市鎭。公舉富室行方者而爲看斯勒。奥德門。美亞。以司里政。其看勒斯。猶我國之排甲也。奥德門。猶我國之耆保也。美亞。猶我國之團正也。之數人者。有巡捕以爲之役。有械押以壯其威。幷不敢指鹿爲馬。以是爲非。無非揚淸激濁。率衆歸善。以起觀感之心。間有邪譎之徒。所行不善。亦以至誠之心格之。故當美亞者。必由久於奥德門者升之。而奥德門。亦由久於看勒斯者升之。以其諳練既久。燭照必明。用實心而不務虛譽。恂恂善誘。覺察是先。姦宄無容身之地。匪徒無匿迹之區。何有於會匪之足防乎。溯前清盛時。德威遠播。遐邇咸賓。雖會匪之逆惡未形。而處處滋生。其剿撫之良謨。莫不盡善。故革面洗心者不少。而頑梗未化者亦多。使盡迫於刑戮。終恐固結難消。若盡施以慈仁。又恐養癰成患。爲今之計。莫若招之使安其業。明示之以悛悔之方。或墾荒於西北之地。使以屯田。或防海於東南之區。俾其執事。或詢其生平所執。何業。願執業者。設法以業之。或問其籍貫在於何方。願歸籍者。設法以歸之。每於城鄉市鎮稠密荒涼之地。責成保甲戶口清查。務在去虛名以循實際。譬一縣程途若干遠近。管若干區都。若干村落戶口。若干山澤險要。概登諸册。按月稽查。省府縣屬。處處皆然。如有遊僻者存。卽畀清查及保甲。如此則會匪容身何地。匿迹何區。大凡防會匪弭會匪之良法。不外。固本齊末兩途。專職業以固其本。聯保甲以齊其末。有守土之責者。認真辦理。不疲亂以視其事。不殘酷以要其功。則國家之隱憂可消。天下之頑梗可化。又何患會之不散。而匪之仍非哉。

第八期

專論

擬近日防會匪以何策可行論 四

通論

船山先師詩録

感遇十二首（三）

縮縮西塘柳。垂絲蕩春色。天情亦容曳。元化無悁亟。駘宕不損貞。蕭森非尙力。昭質豈枯槁。樂天消偪側。遲遲春日心。悠然庶相識。

浮雲起岱陰。蕭屑積空微。翕合非一氣。靈雨千里飛。如何彼姝子。孤愛俄頃輝。光影或相報。寸心先已違。歧路勿相問。行行各是非。

涉洛想宓妃。游楚夢高唐。宮中多嬋媛。棄置如遺忘。豈其濁河流。獨有鯉與魴。芸堂是燕寢。蘭閣有芳香。歸來歡日夕。至樂方未央。

通論

名法家揭義

長沙黃　鞏子固

惠施公孫龍子。以堅白卵馬。給辯名實。鄧析申韓斯鞅。以刻薄酷忍。苛立名法。鶡冠尸佼鬼谷。上下天地人物。探玄奧。窮詭祕。鶡冠尸佼鬼谷之言。似高而流於素隱行怪。是皆孔子之所弗為。皆孟子所謂詖淫邪遁。生於其心。害於其事。作於其事。害於其政者也。而史遷謂名法兵刑。皆沿於道德之意。豈不誣哉。夫老聃道德篇明明謂佳兵為不祥之器矣。彼淫於兵刑者。是不祥之人也。老子曰失道而後有德。失德而後有仁。失仁而後有義。失義而後有禮。然則失禮而後有政刑。不待言矣。或曰管子黃石子。亦兵刑家言非乎。曰管子以禮義廉恥。為國四維。其內業白心心術諸篇。則皆盡性踐形之道。卽論為兵之法。必曰兵未出境。而先有無敵者八。此臨事而懼。好謀而成者也。是以九合諸侯。不以兵車。孔子稱之以仁。黃石子以道德仁義禮為原始。其三略也。體驗人情物理天道。以觀進退存亡之幾。示子房之交際取予。是二子

通論　名法家揭義　

者。一救春秋戎狄猾夏之亂。一定秦項坑殺之亂。孟子曰矢人豈不仁於函人哉。矢人唯恐不傷人。函人唯恐傷人。巫匠亦然。故術不可不愼也。二子之道。用之利身而安全。用之濟世而安定。鄧析申韓斯鞅。擇言不愼。以之用世。逞一時之殘暴。而終底於族滅。以之利身。博一世功名。而卽身誅僇。昌黎謂道有君子小人。德有吉有凶。史遷所謂沿於道德之意。其小人之尤凶者乎。夫老聃關尹恥言功利。故以慈儉不敢爲天下先爲三寶。此與溫良儉讓。有以異乎。無以異乎。彼侈言兵刑。惡得謂沿於老氏哉。卽於墨翟勤節。亦述大禹。荀卿學脩。亦稱仲尼。而志在功利竊僞。豈得謂墨翟沿於神禹。荀卿沿於仲尼哉。彼輕重九府素書三略。雖時用權宜。而志在定亂安民。必使人人親其親長其長。其本故正矣。其本亂而末治者否矣。其所厚者薄。而其所薄者厚。未之有也。墨翟遺親。荀卿性惡。先失人之本心矣。況申韓斯鞅。以薄薄爲道哉。百家諸子。或翼經傳。或參哲理。可取實多。乃偏教人以荀墨申韓商鄧擇術不愼。其父殺盜。其子行刼。當此人將相食。導其逆機。吾恐傷人終以自傷。其害更無已也夫。

荀墨揭義

前人

荀卿者名爲儒。而實竊墨者之行也。墨者之性惡。故節葬短喪。晏然行之而心安。侈然論之而不怍。彼墨氏不自僞也。是以非儒也。曰儒者之行僞也。墨氏固不揜其真耳。荀卿則曰性惡也。聖賢君子之學修僞也。非性也。其勸學修身不苟非相儒效篇。勸天下以行其僞也。父母兄弟無故。君子之至樂也。舜禹周公之事。聖賢有大不幸者存焉。而荀卿以大義滅親爲儒效。觀其論。斯知其仁矣。其非儒而勿顯非也。則暗藏於非十二子篇中。以子游子夏爲賤儒。以子思孟軻爲瞀儒。比列於它囂魏牟愼到田駢惠施鄧析之流。夫仲尼之徒。述詩書禮樂先王之道。游夏爲文學。思孟守道德。天下之真儒莫若是。天下之聖賢君子莫若是。荀卿以爲賤瞀之儒。是天下之述詩書禮樂守先王之道者。皆賤瞀矣。荀卿非十二子。而託於仲尼子弓。以附聖人。豈以仲尼子弓之行。亦爲僞乎。天下之僞學。莫僞於荀卿。天下之僞儒。莫僞於荀卿。何者。彼弗非仲尼。而非仲尼之徒。彼實竊墨者。而非墨者之名。僞儒之名。以鳴其僞。竊墨之實。以非其名。是名實兩僞也。荀卿非惠施鄧析。而正名一篇。則竊惠施鄧析意

通論　荀墨揭義　四

也。荀卿非它囂魏牟愼到田駢而榮辱諸篇。則竊囂牟到駢意也。是天下之善竊。莫竊於荀卿矣。荀卿非游夏思孟而勸學修身諸篇。又竊游夏思孟之義。是以天下無識者。謂荀卿之言出於正。然而以聖賢君子爲僞。以小人不肖爲真。是鄧析之以朝好酒。穆好色。盜跖行刼爲真人也。率天下之人。不爲真小人。卽爲僞君子。甚矣荀卿之拂人性也。或曰其文章俶詭可觀也。然而正則不如思孟之明達。奇則不如莊列之恣肆。雅則不如淮南太玄之淵奧。卽以文章論。亦所謂呢喔澀濁之文也已。彼墨氏之異端智愚賢否知之。何荀卿之僞儒。欺盡天下後世無識之輩哉。

專著

船山先師詩錄

感遇十一首（四）

周逸敬選

阪月漾初暄。桃李恥禾開。既欣新緒榮。亦畏霜雪摧。遲疑志不決。東風徒增哀。兩者誰爲佳。旁人難與裁。靜女遠逢迎。置彼良願乖。巫咸已上天。鴆鳥非吾媒。歎怨物自勞。於我何嫌猜。

清風起蘋末。吹蕩蘭與芷。迨其明滅閒。欻然迷端委。相望不相見。幽動無能紀。萬歲亦匪他。今者爲我始。條緒皆芬芳。勿爲歎逝水。

專著

船山先生年譜卷上 續第七期

八世從孫之春輯

二月、明桂王至全州。

清兵克湘陰長沙。明將盧鼎黃朝宣舉兵相攻殺。三月、明潰兵自湘鄉走邵陽新化。所在殺掠。

夏四月、明桂王至武岡州。公與夏公汝弼由湘鄉間道奔赴。淫雨彌月。困車架山不果往。

有淫雨彌月、將同叔直取上湘間道赴行在所不得。困車架本作宋依沅湘耆舊集引詩改山哀歌示叔直詩。 車架山在湘鄉縣西南九十里。

聞洪公業嘉之子揮刃斲讎首。梓田王氏婦彭抱嬰兒赴水死。作孝烈傳。

孝烈傳雙髻外史曰。余避兵上湘。湘之人競相告曰。洪子揮利刃以斲讎首。彭抱嬰兒而赴水死。余諗之良然。

五月、明將張先璧等縱兵掠邵陽新寧。

清兵克衡州。

公與夏公汝弼登湘鄉白石峯。

夏汝弼白石峯紀歲丁亥月在午梅雨新霽。與王子而農拔榛徑登白石峯。

白石峯在湘鄉縣南。

公避鉤索借書遺日。

述病枕憶得丁亥與亡友夏叔直避鉤索於上湘借書遺日。

六月初五日子翼公卒。秋八月、清兵克寶慶明桂王走靖州。尋奔柳州。

清兵克永州。

十四日硜齋公卒。葬王衙山。二十三日公在湘鄉山中。奉武夷公手諭曰。汝若自愛切不須歸。勿以我爲念。明日武夷公疾。石崖公自祁陽四望山聞信。踉蹌先歸。公亦還。武夷公力疾率石崖公及公、上南嶽峯頂以隱。

家世節錄。永歷丁亥。避居湘鄉山中。伯兄匿迹東安之四望山。先君開寄手書至曰。

汝若自愛。切不須歸。勿以我爲念。時八月二十三日也。書發之明日。遂以艱疾。伯兄跟蹌先歸夫之以次還。先君顧不喜。已乃力疾牽伯兄夫之上南嶽峯頂以隱。（四望山在祁陽縣西北百二十里。接寶慶邵陽縣界。北有騰雲嶺。可望零陵東安邵陽三縣。）

九月、明桂王至象州。

武夷公臥病潛聖峯。

家世節錄。先君臥病三月。未嘗有一呻吟之聲。

冬十月、牧石公及配吳太恭人卒。葬長樂三都木口石盤寺後何公坪。十一月武夷公疾亟。命石崖公及公曰。吾居平無一言可用教汝兄弟者。況今日乎。我卽不起。當葬我此山之麓。無以櫬行城市。違吾雅意。十八日平旦。扶起晏坐而終。年七十有八。葬潛聖峯麓崇嶽鄉紫蓋里馬蹟橋。

家世節錄。俄而疾急。乃曰吾居平無一言可用教汝兄弟者。況今日乎。我卽不起。當葬我此山之麓。無以櫬行城市。違吾雅意。十一月十八日平旦。扶起晏坐而終。武夷

第二卷第八期　三一二七

先生覽譚太孺人合葬墓誌。先生始終爲明徵士。遺命不以柩行城市。方隱南嶽潛聖峯下。卽卜其麓以葬。

十二月、明桂王還至桂林。

詩有元日續夢菴用袁石公韻七律二首。祝融峯五律一首。飛來船七絕一首。石浪菴贈破門七絕一首。又雪七律一首。上湘劇飲陽山公宅、同李廣生、洪伯修、龍季霞、山公郎君鄭石、夜分歸宿螽慶菴、月上有作七律一首。淫雨彌月。將同叔直取上湘間道赴行在所不得困車架山。哀歌示叔直七古一首。蕭一夔邀飲桐陰聽叔直彈漁樵問答五律一首仿杜少陵文山古歌七首。　憶得詩

蕭一夔名常賡。湘鄉流寓志。夏叔直字汝弼。衡陽人。早有文譽。舉於鄉。丁亥歲湘衡亂潰。忽有稱蓮冠道人者。攜一童子囊琴至梓田之車架山。就僧樓而止焉。就古木鳴泉間藉危石彈琴。吟嘯以終日。巳登白石峯銅梁山觀瀑布。輒數日不返。問其姓字不對。人亦不能測。邑士蕭常賡見而識之。邀至家。或歌或哭。與語世事則閉目兀坐不答。居月餘莫知所往。

清順治十五年戊子。明桂王永歷二年　公三十歲。

春、居蓮花峯講求易理。敉公侍。

周易內傳發例跋戊子避兵於蓮花峯。益講求之。

甲午詩題有從子敉遘閔而後與予共命而活者七年。

二月、明桂王奔南甯。六月入潯州。八月至肇慶。九月、明宗室舉兵耒陽。

冬十月、公與管公嗣裘舉兵衡山。戰敗軍潰。遂攜敉公走耒陽。至於興甯。宿石角山僧閣。遇歐陽公霖。遂由桂陽度嶺。下湞江。過清遠。徑赴肇慶。

永歷實錄管嗣裘傳與行人王夫之舉義兵於衡山。戰敗軍潰。走行在。章靈賦注。舉兵不利。遂繇郴桂入粵。　耒陽曹氏江樓遲舊遊不至詩。有韓城公子椎空折之句。　永興廖鄧二君邀宿石角山僧閣。是侍先君及仲兄礎齋遊處。詩有十月寒潭改之句。　癸亥得安成劉敉功書知舉主歐陽公已謚遊三年矣。賦哀詩注。戊子冬遇公於興甯。　有分界嶺詩。湞峽謠詩。清遠城下憶湖湘舊泊詩。　章靈賦注。戊子冬既至行闕。

堵公允錫薦公爲翰林院庶吉士。公告之吏部尚書晏公清請終制。得旨覆允。

龍溪夜話請終喪免闈試疏。前督輔臣允錫誤以庶常薦。臣告之冢臣晏清。幸得以終制覆允。　晏清字元洲。永歷實錄有傳。

詩有耒陽曹氏江樓遲舊遊不至七律一首。永興廖鄧二君邀宿石角山僧閣。是侍先君及仲兄礎齋遊處。五律一首。分界嶺五古一首。湞峽謠五絕五首。清遠城下憶湖湘舊泊五律一首。月斜五律一首。河田營中夜望七絕一首。五十自定稿

清順治六年己丑。明桂王永歷三年　公三十一歲。

明桂王在肇慶。

春、去肇慶。繇梧州平樂至於桂林。

晨發端州與同鄉人別詩。有海甸見新草句。　蒼梧舟中望繫龍洲詩。有綠樹沈流影句。　初入府江詩。有粵草春易深句。　春江古體詩。有春鳥弄芳洲。初英照碧流句。

三月、清兵復衡州。

夏、公自桂林歸南嶽。理殘書。攜買薇稿。至縣西長樂鄉石仙嶺下耐園、侍譚太孺人養。

士人弄兵謀危。公幾不免。刦家中所有去。買薇稿與焉。太孺人怛慼廢食。公旣得脫。太孺人諭令去衡。公復赴肇慶。

章靈賦注。旣至行闕所見尤爲可憂。遲回再三。巳復還楚。　桂林偶怨詩。有征衣無那楝花風句。　有自南嶽理殘書、西歸慈侍。困於土人殆瀕不免。太孺人怛慼廢食。旣脫。諭令去此。有作聊呈家兄詩。述病枕憶得戊子後、次所作爲買薇稿巳爲士人弄兵者刦去。　家譜。石崖公順治四年、居南嶽山後長樂鄉之石仙嶺下。　石仙嶺、在衡陽縣西。與大雲山相接。　案文學臙原氏墓誌銘、先生遠世守眞□□耐園不與世親、臙原依依園側、躬耕授徒以侍、髯髮半白矣、呴呴如孺子、執勞不倦、如是者三十餘年、以年計之、似此時已有耐園者、查編年稿、癸丑有和石崖公小築耐園詩、又似癸丑始有耐園、附此備考

秋至德慶州。與鄒公統魯管公嗣裘同謁堵公允錫於舟中。堵公授公軍謠十首。

南窗漫記。堵牧遊先生於德慶舟中授余軍謠十首。令傳之。其題則月家鄉馬兒女雨漿洗風曬晾筆先鋒口打仗報瘧疾碁金丹血筵席營十殿。備喪亂艱危之狀。天

下之不支。公心之獨苦。俱於此乎傳之。流離中。遽失其稿。庚寅有康州謠。追哭督府義興相公。是去秋同鄒管二中舍會公地詩。鄒統魯字大系。衡陽人。崇禎壬午舉人。

桂林留守大學士瞿公式耜爲公及汪公郊等請閣試。公疏請終喪免閣試。得旨王夫之奏請終喪乞免閣試。足見孝思。更徵恬品。著俟服闋另與議考。該部知道。

請終喪免閣試疏。湖廣衡州府衡陽縣舉人今丁憂臣王夫之謹奏云云。又不謂留守輔臣瞿式耜爲汪效等請閣試。復以臣名廁於其後也。又或謂臣在祥之後。可俟春明之期。乃臣不但冒禫制以就試。干聖代匿喪之辟。卽俟服闋以須試。亦犯春秋居約之誅。此臣所聞命倉皇屏息而不寧者也。　瞿式耜、字在田。號稼軒。永歷實錄有傳。請閣試疏遺集不載。

詩有晨發端州與同鄉人別五古一首。蒼梧舟中望繫龍洲五古一首。初入府江五古一首。佛山五古一首。春江古體五律一首。南中霜降五律一首。雜詩五古四首。圓通菴初雨睡起聞朱兼五侍御從平西謁桐城閣老歸病書戲贈七律一首。桂林偶怨七絕一首。自南嶽理殘書、西歸慈侍。困於士人殆瀕不免。太孺人怛懸廢食。既脫。諭令去此。有作聊呈家兄七絕一首。長歌行樂府一首。獨漉篇樂府一首。休洗紅歌行一首。莫種樹戲代山陰湘公贈懷甯朱侍御歌行一首。五十自定稿。

朱兼五名嗣敏。懷甯人。官僉都御史。　方密之名以智。桐城人。是年正月拜東閣大學士禮部尚書。稱疾不赴。隱居平樂府平西村。後祝髮爲僧更名無可。一名藥地主青原方丈。又稱極丸老人。卒於泰和蕭氏浮春園。永歷實錄有傳。

嚴起恆、字秋冶。山陰人。官吏兵二部尚書、東閣大學士。永歷五年、孫可望遣其將吳將軍索王封。揮銅椎擊起恆腦墮水死。永歷實錄有傳。

清順治七年庚寅。明桂王永歷四年　公三十二歲。

春正月、清兵下韶州。明桂王走梧州。

二月十八日服闋。

繼娶襄陽文學儀珂公女鄭孺人來歸。

家譜續哀雨詩虎止公跋。孺人襄陽吏部尚書鳴峴先生諱繼之之曾姪孫女。雲南通判諱績之之曾孫女也。祖諱抱洵以貢授知州。父諱儀珂郡文學。母高氏光祿公諱達女孫。人年十八。以庚寅歲歸先君子於桂林。案薑齋文集補遺、顯考武夷府君行狀、夫之先娶云云、繼娶娶鄭氏襄陽吏部尚書繼之孫、文學儀珂女、孫上佚從字、廣哀詩鄭生顯祖注、襄陽冢宰公繼之之從孫予內弟也、從上佚曾字、附此辨正、

吳貞毓萬翺程源張孝起等疏攻兵科給事中金堡、太常寺少卿兼吏科給事中丁時魁、僉都御史劉湘客、給事中蒙正發、都御史袁彭年。詔置彭年勿問。逮金堡等下錦衣衛獄拷治。三月。瞿公式耜張公同敞先後諫不聽。公至梧州。拜行人司行人。遂就職。公偕管公嗣裘勸大學士嚴公起恆匍匐進諫。嚴公從之。匍匐舟次泣諫。桂王不聽。

行述。巳而歎曰。此非嚴光高蹈時也。違母遠出以君爲命。死生以爾。就行人司行人介子之職。依曾刻本 潘撰傳。既服闋。歎曰。此非嚴光高蹈時也。卽起就行人司行人。

行述。科臣金公堡、袁公彭年、丁公時魁、劉公湘客、蒙公正發主持振刷。而內閣王化澄悍帥陳邦傳、內豎夏國祥等交害之。指爲五虎。廷杖下獄。將置之死。府君謂嚴公諸君棄墳墓。捐妻子。從王於刀劍之下。而黨人假不測威而殺之。則君臣義絕。而三綱斁。雖欲效南宋之亡。明白慷慨。誰與共之。勸公匍匐求貸。依曾刻本 潘撰傳桂

藩駐肇慶。紀綱大壞。給諫金堡丁時魁、劉湘客、袁彭年、蒙正發、志在振刷。王化澄等害之。目爲五虎。交煽中宮。逮獄。將置之死。先生約中舍管嗣裘與俱告嚴起恆曰。諸君棄墳墓。捐妻子。從王於刀劍之中。而黨人殺之。則志士解體。雖欲效趙氏之亡。明白忼慨。誰與共之者。起恆感其言。爲力請於廷。 嚴起恆傳。起恆匍匐舟次泣奏。諫臣非今所宜譴。嚴刑非今所宜用。請貸堡等。上不聽。

錦衣衞士掠金公堡等舟。公正色責之。乃止。

行述。緹騎掠諸君舟。僕妾驚泣。府君正色責之而止。依曾刻本

清兵下全州。

夏四月、雷德復奏訐嚴公起恆。王化澄調旨嘲激。嚴公稱疾乞骸骨。公與行人董公雲驤交疏。言大臣進退有禮。請權允輔臣之去。勿使再中姦毒。重辱國而灰天下之心。疏入。董公不待報挂冠入南海去。萬翻魯可藻請逮治公。降帥高必正力爭不可。乃止。

永歷實錄、紀雷德復奏訐嚴起恆。起恆稱疾乞骸骨。行人董雲驤王夫之疏諫不聽。

嚴起恆傳、王化澄密約朱天麟。因胡執恭結孫可望爲外援。脅上爲殺起恆地。執

恭欲封可望真王。乃遣子欽華齎金粟徧賂臺省。與相約結。謀既定。給事中雷德復遂露章劾起恆二十四罪。在廷中欽華餌。無不欲逐起恆而封可望。化澄調旨用宋雷有鄰鼎鐺有耳語嘲激之。起恆稱疾請去。行人董雲驤王夫之交疏言大臣進退有禮。請權允輔臣之去。勿使再中姦毒。重辱國而灰天下之心。疏入。雲驤不候報聞。挂冠入南海去。翔可藻請逮治夫之。高必正力爭不可乃已。疏載龍源夜話。

公奉詔云。時方倥偬。欲靜兵刑之氣。先銷脣舌之鋒。科臣雷德復以躁妄褫職。正望大小臣工。和衷一德。共濟時艱。王夫之職非言官。似訐似嘲。偏激輔臣以去。是何肺腸。奉內事姑不深究。該衙門知道。

載龍源夜話。

（未完）

船山師友記第四 續第七期

湘潭羅正鈞遺稿

張宮詹同敞

張同敞號別山。湖廣江陵人。故大學士居正之曾孫也。少爲諸生有名。崇禎三年、追錄居正功。應詔出補中書舍人。崇禎十五年奉敕戒諭楚蜀宗藩。未復命而北都陷。思文皇帝立。乃就閩陛見。復追錄居正邊功。改錦衣衛指揮。奉敕使湖南。閩陷。謁上於全州。隨駕入武岡。復就中書班。改編修。充誥敕撰文官。擢侍講。不合於劉承胤。奉敕出寓靖黔間。永歷三年春。崎嶇達桂林。會何騰蛟敗沒。上命瞿式耜兼督楚師。式耜薦同敞忠勇負宿望。當任以楚事。乃以少詹事兼兵部右侍郎督師復楚。同敞盡瘁行間。爲諸武人所重。四年春。督軍下全州。復東安。圍永州。糧不繼而退。朝廷自失騰蛟。經理錯亂。散遣監軍。事權不一。同敞莫能自行其志。每午夜秉燭起。欷歔悲吟以寄意。嚴起恒奏當舉楚事一委之同敞。然所督者滇楊及馬養麟而已。梧州詔獄起。同敞疏言朝廷方危迫。不宜用北寺獄考掠言官。爲王化澄所惡。會于元燁自楚西來。詣闕求督師。化澄遂擢元燁兵部尙書兼副都御史。盡督王馬滇楊之兵。以奪同敞權。元燁者故大學士愼行之孫。昏耄猥鄙。既至桂林。

飾女以嫁趙印選。印選遂擁之爲軍主。與同敞抗。滅胡一青軍食。孔有德來攻。印選不援。一青孤軍潰。印選遽攜帑走。有德兵薄桂林。同敞單騎麾兵。兵皆驚散。不聽。同敞馳入城。見瞿式耜曰。同敞不死于陣者。爲不欲曖昧自斃耳。願與秉燭行詩。各賦絕命詩。是夕有德屯兵城西北。火光燭城中。同敞據枕高臥。鼾聲如雷。黎明起。與式耜沐櫛整冠服。坐署中。兵入被執。桂林不見雪者十五年矣。臨刑之日。雪霰雜下。林岫皆白。雷電交作。同敞顧謂式耜曰。此非先生及敞乎。式耜笑頷之。同敞姿幹清偉。目灼灼。光出睫外。言笑軒爽。文筆遒勁。給事中陳泰來殉難於閩。家人避難楚西猺峒。游兵或擾之。同敞大書其門曰忠、臣。孝、子、之、家。烈、風、雷、雨。且、將、聽、命。而、况、人、乎。擲筆顧坐客曰。此志氣之必然無足疑者。吾輩死當有以驗之。後果如其言。致雷雪之異焉。（永歷實錄本傳）

南嶽賦（薑齋文集）云。近則荊溪制相江陵詹尹（自注荊溪即褚公仲綝、江陵即張公別山、）拂車轍於層巒。觀初暾之輪囷。拊劍而義魄增。振衣而烈心引。濱九死以崔嵬。拯臯輿之遘閔。

讀四書大全說卷六志士仁人條下云。近則瞿張二公殉難桂林。別山義形於色。稼軒言動音容不改其素。此又氣質之高明沈潛。固非二公之一爲志士一爲仁人可分優劣也。

衡陽縣志流寓張同敞傳云。奉使粵西。兩寓衡陽。與舉人管嗣裘鄒統魯王夫之雅相交歡。每自述先世相業、及再被國恩輒泣下。嘗遊衡嶽。攀陟巉絕。賦詩狂吟。山猿皆驚嘯。

正鈞按、南窗漫記引云。疇昔所辱贈示之作。皆苦思索不得一章。首序張別山先生（詳下第五卷）今詳別山本傳。以永歷三年己丑至桂林。瞿式耜薦授少詹事。是年先生正復由間道赴闕。亦膺瞿薦。考瞿忠宣集小東皋詩序云。江東對伏波山。有林一叢。晻曖蔽空。己丑秋日。訪別山於隔岸小樓。遙望見之。欣然欲往。就而望之。有屋三楹。半毀於兵。鳩工葺之。復爲編籬拓圃。遂成一宅。別山顏之爲小東皋。此與漫記所言太傅瞿公築別館於桂林東岸。宮詹爲題春聯。（詳上第三卷）正是一事。疑先生與別山酬贈。當在遊嶽之時。或卽在己丑冬間。蓋次年春初先生服闋就職。而別山時亦督師出楚也。

朱侍御嗣敏

朱嗣敏字秉五。直隸懷甯人。頗工詩善行書。以諸生參江西呂大器軍。謀用功授衡陽教諭。中湖南丙戌鄉舉。嚴起恆奏授中書舍人。歷粵楚軍中。改御史。監焦璉曹志建軍。擢僉都御史。方受命。桂林陷。上奔南甯。嗣敏崎嶇走賀縣。入志建軍中。鼓勵志建固守不降。未幾以疾卒。嗣敏文辯有餘。非軍旅才。其爲監督也。坐嘯而已。顧守正不婞阿於疆帥。張同敞重之。（永歷實錄本傳）

五十自定稾己丑年有圓通庵初雨睡起聞朱秉五侍御從平西謁桐城閣老歸病戲贈一首（七律）　庚寅年有五日小飲秉五舟中寄人時兩上書忤時相讒譴命故及之一首（七律）

正鈞按。南窗漫記云。丙戌開楚闈於衡陽。秉五本傳云。以衡陽教諭得舉。想其時先生已與相識。後皆從王嶺外。故過從談讌爲更密也。

李司馬芳先

李芳先字廣生。江陵人。熊興麟巡按貴州。黔土擾亂。遲回未赴。留黔陽山中。已與兵部主事李芳先同被執。遂繫解常德。舟至中途。守者欽其志義。寬械繫。夜靜。守者酣寢。芳先蹴

與麟起與謀去。與麟曰。死吾分也。君勉去。吾精爽已馳赴武陵刀下矣。芳先執手垂涕而去。已復歸闕。（永歷實錄熊興麟傳）

百梅花詩自序云。昔同遊者江陵李芳先廣生相見於蒼梧。與洒山陽之涕。李侯謂君不忘浮湘亭上。盃尋百梅之約。爲延陵劍耶。將次成之。會攸縣一狂人亦作百梅惡詩。冒余名爲序。欺人吟輿。抵今十五年矣。乃懷昔耿耿。且思以挂劍三子者、挂劍廣生。遂乘燈下兩夕了之。

五十自定稾庚寅年有李廣生自黔陽生還歸闕。率爾吟贈。並感洪一龍三陽太僕公及郎君鄖石諸逝者。浮湘亭之遊一首。（七律）

正鈞按、廣生與先生同客湘鄉。見南窗漫記。在丁亥之春（詳下第七卷）實錄稱兵部主事當是從王所授職。特自歸闕之後。未知所終。百梅詩序末注乙巳。茱萸塘記、乙巳爲康熙四年。序云以挂劍三子者挂劍廣生。則廣生之沒亦久矣。

姚秀才湘

姚湘字夢峽。餘杭人。杭陷。不冒鬀髮。隨金堡出。飄泊楚粵。丁時魁欲官之。湘駡曰。吾死爲

大明一秀才足矣、何用此腐鼠爲。詩文亦亢爽有奇氣。永歷實錄 金堡傳

五十自定稾庚寅年有答姚夢峽秀才見柬之作兼呈金道隱黄門李廣生彭然石三小司馬一首七律

正鈞按南窗漫記引述疇昔所辱贈示之作、有餘杭姚夢峽湘、蓄郎自定稾見柬之作。

彭司馬焱

彭焱字然石。孝感人。思致明敏。工行草書。官兵部郎中。永歷實錄 晏囂明傳

五十自定稾庚寅年有題彭然石舠壁舫一首七絕

正鈞案、自定稾庚寅年有胡安人挽詩一首。序云小司馬彭然石焱。徵其元配胡安人殉節詩答姚夢峽詩題亦有兼呈彭然石小司馬之語。蓋官行人時相與酬唱之友也。

（未完）

雁影齋題跋卷二 續第七期

湘鄉李希聖亦元遺稿

東萊集註類編觀瀾文七十卷宋本

書頌碑銘論記諸體又次之。乙集則論又在詩前。丙集有各體而無詩。其字句與各家集本亦多異同。文亦駢散兼收。如甲集旣選韓退之平淮西碑。丙集又錄段文昌作。可謂蘭艾同登矣。呂伯恭本受學於少穎。故爲之註。集中所選多人人傳誦之文。故呂註錄前人成說爲多。亦有不註一字者。朱子謂伯恭好用心於駁雜文字。豈此之類乎。阮氏外集乙集僅五卷。又無丙集。此本視宋史藝文志亦多七卷。乃祕笈也。蓋得自日本方氏影寫重刊。可謂好古矣。

勉齋先生黃文肅公文集三十五卷宋本

每半葉十行。行十八字。梁蕉林舊藏也。紙墨皆佳。惜板頗有漶漫。按勉齋集本四十卷。此本止三十五卷。殆不全之本。書賈割去其闕卷目錄耳。勉齋本講學家。詩文均非所長。甚至婚書靑詞亦濫登卷內。宋人婚書多入集、汪大本刻豫章先生遺文、亦有之、然其精要則固布帛菽粟之言也。

漢書宋本

每半葉十行。行十九字。卷首有吉壽堂圖書。及翁覃溪諸印。又有紫珊印。紫珊爲徐渭仁字。蓋春暉堂物也。以紙墨觀之。的爲宋刻。然訛字頗多。如目錄中魏豹作稠隣。樊噲之噲。訛作會。中山王勝之勝。訛作膠。兩龔之兩。訛作雨。宣元六王之王。訛作年。第一卷注二千石有予告有賜告。有賜二字倒。章邯已破項梁。破訛作故。青州俗呼無子遺爲無噍類。呼訛作州。顏註吸音翕。訛作關。漢有天下太半。半訛作平。故父有天下句脫父字。郭蒙與齊將擊、脫將字。入定代地。代訛作大。其餘尚不勝枚舉。其中蓋有補板。殆所謂三朝板者耶。

後漢書

紙墨行欵與前書同。蓋一時印行之本也。卷首印記與前亦同。訛字觸目皆是。目錄鄧禹子訓孫騭、脫騭字。第一卷太公金匱之金訛作日。左傳之左訛作右。弘農七郡之郡訛作司。日月吉凶之凶訛作內。注十三誤也之誤訛作謨。第二卷更謂戍卒之戍訛作戍。今選舉不實之今訛作令。註不以政事爲務之務訛作防。詣諸軍營之詣訛作諸。其餘未及細勘。正類世有好讀誤書者。惟此本目錄帝后紀。一十卷。第一卷、第十卷、分上下不計汲古閣本亦同。抱經堂文集跋云、吳槎客漢書云、汲古所梓漢書、當是據北宋本今世所翻之汲古本則作一十二卷矣。局本韓江書局本均同第一卷上下二字。均在皇帝字下。今翻本亦已更動目錄後有光武起後漢乙酉歲改建武元年。傳及十二帝至獻帝建安二十五年庚申。凡一百九十五年。十二帝后紀一十二卷。志三十卷。八十列傳八十八卷六行。汲古本同。今翻本無兩漢書。以明汪文盛小字爲最。湘潭袁氏有劉好問漢書。爲海內孤本。袁漱六最所矜異。至袁氏所贈曾文正之漢書。莫子偲定爲宋末元初本者。余曾從曾重伯處見之。其中鈔補頗多。實係元本也。黃蕘圃景祐本見於百宋一廛賦者。今尙在聊城楊氏。吳玉搢金石存曹全碑跋云。陽曲傅山先生云、謝承後漢書余家有之。明永樂間揚州刊本。初郃陽曹全碑出。曾從謝書考證。多所裨益。大勝范書。比寇亂亡失矣。今碑中如攻西域罹黨禍。及戊部司馬之類。皆與范書不合。安得謝書一印證之。永樂去今不過五百年。世間容有其書。附記於此。以待留心古籍者物色之。仁和孫志祖頤谷補輯謝承後漢書五卷尙未刊行、見鄭文焯國朝著述未刊書目、

證道歌元本

歌爲永嘉真覺大師所撰。而宏德禪師爲之註頌。前有至元六年釋大訢序。卽其時所刻也。考祖庭事苑。永嘉大師諱玄覺。俗姓戴氏。求證於曹溪六祖。所作證道歌詠播天下。卽此書也。按永嘉卒於先天二年十月十七日。僅後六祖兩月。睿宗命謚無相大師。淳化中詔修龕塔云云。據朱時恩佛祖綱目、作開元二年十月端坐而滅。與事苑所記不同。未知孰是。考葛立方韻語陽秋云。余曾祖通議、自號草堂逸老。參佛日契嵩遂悟真諦。有註證道歌行於世。則此書在北宋時已盛行矣。

古今源流至論別集十卷宋本

每半葉十三行。行二十七字。卷首題新刊箋註決科古今源流至論。其書蓋備科場之用。首篇卽論朱子綱目褒貶之意。繼論周子通書。朱子四書。而以誠字復字別爲一篇。其於洛閩緒言抄摘亦頗得要領。然以太極圖非濂溪作。潛虛非溫公作。亦頗示異同。朱子亦謂潛虛非司馬溫公全書、好事者僞成之云、見方回桐江集此本紙墨甚古。然譌字頗多。如傅堯俞至譌爲渝傅堯。蓋當時麻沙坊本也。

古今源流至論前集十卷後集十卷別集十卷續集十卷宋本

每半葉十三行行二十八字。卷首有范鍇王蔓張廷濟蔣維基諸人印。紙墨頗古雅。在麻沙坊本中尚不甚惡劣。方氏所藏。尚有萬曆庚寅宗文堂本。則不及此遠矣。

金陵新志十五卷元本

書成於至大時。而刊於至正四年。前有索元岱序。據首卷文移分派溧陽州學刊五卷。溧水州學明道書院。各刊三卷、本路儒學刊二卷。共用中統鈔一百四十三定二十九兩八錢九分九釐六文。裕金壼紀聞曰。元時州縣。皆有學田。所入謂之學租。以供師生廩餼。餘則刻書。功大者合數處爲之。故讎校刻畫頗有精者。此本則槧印俱劣。而圖尤甚。其板後歸南監殆明印也。蓋是時元運已衰。江淮之間盜賊蠭起。故刊書事極草草。養新錄平津館鑒藏。及廉石居藏書所記。與此本同。

儀禮圖十七卷儀禮旁通圖一卷宋本

每半葉十行。行二十字。字畫遒勁。略帶隸意。墨光爛然。宋槧中之上品也。每頁夾縫中均詳列某人校。某人重校。某人刊。幾於每頁異人。無一人校刊至三葉者。可以知其精矣。總校者爲閩何據半津館鑒藏記當爲南宋閩中所刻。天祿琳瑯。及拜經樓本。概從此本。出卷首有吳城敦復二朱文印。按楊氏此書。全錄儀禮十七篇。及註疏。宋諸儒之說。而附圖以明之。故爲十七卷。末附旁通圖。則大半皆旁行斜上之表也。其書頗便於。初學。自張皋文儀禮圖出。其考訂精確處。雖非楊氏所及。亦未能遽廢之也。信齋本朱子門人。引朱子語。必稱朱先生。

白虎通德論十卷元本（據周廣業云、白虎通德論本二書原題如是、姑仍之、）

每半葉十行。行十六字。前有大德九年四月張楷及嚴度序。據盧抱經云。白虎通以吳槎客小字宋本爲最善。大德本次之。其佳處往往與小字本合。視明代傅鑰吳琯何允中程榮胡文煥本勝處實多。此本三正作三政。三綱六紀。分作二條。皆與盧氏所言脗合。按王鳴盛尙書後案据譌本白虎通引書無逸篇曰。厥兆天子爵爲書無逸篇之佚文。謂其家所藏宋本白虎通如是。考此本但作書逸篇無無字。則王所据蓋明本也。宋翔鳳序鐵琴銅劍樓書目亦謂宋板大字小字二本及元大德本。均作書逸篇。可證此本之善。（西莊蛾術編、白虎通義一條、言其所藏者、爲元大德九年東平張楷刻、）

祖庭事苑八卷宋本

每半葉八行。行十七字。前有大觀二年法英序。後有紹興甲戌比丘師鑒及紫雲二跋。其書雖爲睦菴善卿所編錄。雲門雪竇懷禪師池陽法眼語而大書分註。僅便於飣餖詞章之用。非彼教中持誦之書也。

理學類編八卷元本

每半葉十四行。行二十二字。前有臨川吳當字伯尙序。卷尾助刊人姓名頗多。是書爲臨川張九韶美和所輯。前三卷均論天文。四卷論地理。五卷論鬼神。六卷論人物。七卷論性命。八卷論異端。以周子二程子張子邵子朱子六先生之言爲主。而本之六經論語孟子。參以諸儒辨論。亦頗有體要。其中所引之書。今亦有未見傳本者。一鱗片甲。藉是以傳。

存復齋集十卷元本

每半葉十一行。行二十字。前有至正九年秋閏七月俞焯序。乃其曾孫夏所編。而項璁爲之校正。卷首有孝友堂印。卷尾有睢陽世家印。卽朱氏家藏本也。朱澤民本以畫名。

詩非其所長。然當時如趙孟頫、虞集、黃溍、康里巙、鄧文原、周伯琦、馮子振皆一代勝流。莫不互相推重。豈因其畫遂并重其詩歟。楊仲弘送朱澤民之京師詩云。君有長材希屈賈。好將詞賦重當時。楊詩見傅習元風雅。元風雅有二、一爲四庫著錄本、一爲阮氏經進本、均未刊刻、余所見皆知不足齋抄本、顧俠君元詩選未見此書、知其流傳甚少矣、然余所見朱氏題畫詩爲此本所無者尚不少。蓄出其後人所搜輯所遺已多。

宋諸臣奏議百五十卷宋本

每半葉十一行。行二十三字。前有淳祐庚戌趙希瀞史季溫二序。此本乃忠定之孫必愿官閩時梓於學宮。季溫之父史容字鄰室以忠定之客嘗與編輯之役。故季溫捐金助刻是書。而朱貔孫爲之監梓。忠定是書編輯於閩。而奏進於蜀。當時即已刊行。自淳熙至淳祐六十年間。蜀板已燬。此板乃閩中所刊。王漁洋居易錄。曾見溫陵黃氏所藏宋刻本。當與此本同。據忠定劄子。本名臣奏議。而陳彭年丁謂夏竦陳升之李清臣邢恕秦檜諸人之作皆與焉。困學紀聞云、文鑑取蔡確送將歸賦、猶楚辭後語之取息夫躬也、忠定亦猶此意、朱子亦議其將王荆公議廟制文字編作細註。爲不能抉擇是非。惟篇後附奏進年月。其例最善。

後有作者。尙當效之。四庫提要、詆朱子名臣言行錄取呂惠卿、實係紀文達之誤、劉後村云、考亭論荆公東坡門人寧取呂吉甫、不取秦少游、其說見文獻通考、言行錄、並無呂吉甫也、魏默深正紀氏之誤、而不及此一條、至魏氏詆楊升庵杜撰、朱子語類大顚書、乃昌黎死案、則語類實有此文、又盜諸葛亦係盜諸葛之誤、魏氏据訛本、不足以服升庵也、

韓非子二十卷明本

前後無序跋。刊刻年月無考。惟第四册首行下有虧四二字。殊不可解。考士禮居藏書題跋記云。去年在坊間購得明刻韓非子。取所校張本。核之多合。固知其爲善本也。然究未知其本之何自出。爰假貞節堂袁氏所藏道藏本手校一過。見卷中有同卷字。又有虧四記號。乃知亦自道藏本出。此本與黃蕘圃所藏本同。蓋明重刻道藏本也。按道藏以千字文記册數。此書四册。當自虧一至四。今惟存虧四二字。宋翔鳳云。韓非子二柄篇。易牙蒸其首子而進之。證以墨子及漢書元后傳。則首子爲是。宋板韓非子作子首。非是。此本亦作子首。吳鼒刻影宋韓非子作首子

韻府羣玉二十卷元本

每半葉十行。前有滕賓序。字玉霄涵虛子論曲、謂滕玉霄如碧漢閒雲、卽其人也、及至大庚戌臘月姚雲序。

目錄後有長方墨印。元統甲戌春梅溪書院刊十字。元統爲順帝紀元之號。甲戌則元統二年也。孫祠書目。嘉慶庚午刻本、書目答問以爲未刊誤矣、有明十行本。不知即此本否。據萬歷時秣陵王孟起刻本。有沔陽陳文燭序言舊梓本歲久板漶漫。蓋指此本也。陳序言葉廷珪海錄不傳、今其書固在、殊爲失考、附訂於此、此本於凡例後附該載事目。王刻本則改曰事類總目。且有所增益。如類目中散事、地理、人名、姓氏、草木、藥名、皆注新增及附字。已非陰氏兄弟之舊。故陳刻自題曰新增說文韻府羣玉。書經明人重刻。無不爲之竄亂。然後知舊本之可貴也。是書本與回溪史韻幷重。故明成祖纂永樂大典時。諭解縉等。朕嘗觀韻府回溪二書云云。朱竹垞盛推史韻而詆子昂謂韻府勝於錢氏書。蓋非平情之論也。

李文公集十八卷元本

每版十行。行二十字。卷首有嚴可均印。朱文 鐵橋印。白文 汪文柏印。柯庭印。繆沅印。白文 冊後有休寧汪季青家藏書籍印。朱文 各體文共一百三首。注明元闕二首。核之、乃疏引見待制官、及歐陽詹傳也。末附戲贈詩一首。而目錄誤作湖增。其他譌字極多。蓋元時坊本也。李習之集。唐藝文志著錄十八卷。而歐陽公所得者、僅五十篇。趙汸東山存稿、書李集後云。十有八卷。凡百四篇。乃蘇天爵藏本。某旣從公傳寫。復總其篇末云云。景泰乙亥。邢讓從陳緝熙傳鈔本。爲徐養元刻本之祖。亦十八卷。汲古閣本卷數同。所闕二篇亦同。四庫著錄。即汲古本。光緒乙亥南海馮焌光、得東洋文政二年刻本十八卷、一百二篇。亦闕其二。乃以嘉靖時刻本及毛本對校刊行。又補遺一卷。得集外文八篇。刊於上海。惟四庫提要、歷數諸本。馮氏又廣爲搜羅。皆不見此本。知其流傳甚少矣。馬少監墓志。馮氏本注原闕。從全唐文補入。此本目錄、不注闕字。而無其篇。答開元寺僧書。則篇目俱闕。（洪盤洲云。建陽小本、獨多答開元寺僧一書、然不著於目錄、）與馮本異。不知海內尚有書錄解題之二十卷本。爲閻百詩所欲尋訪者乎。孫馮翼刻孫可之集。（影宋槧本頗精）跋云。習之集十八卷。蜀本分二十卷。所謂蜀本。當指宋本。然孫氏亦未必見其書也。

雁影齋題跋卷三終。

大學古本易解正編 續第七期

應城易奉乾

經下 凡一千四百五十一字、蓋曾子所釋門人記之、

第一章 釋誠意、兼釋與誠意相關之格致正修諸義、並釋慎獨之君子、其明明德親民、在知止知本之義、

曾子曰。十目所視。十手所指。其嚴乎。富潤屋。德潤身。心廣體胖。故君子必誠其意。此節緊承經上第三章說來、而釋其義、詩云。瞻彼淇澳。菉竹猗猗。有斐君子。如切如磋。如琢如磨。瑟兮僩兮。赫兮喧兮。有斐君子。終不可諠兮。如切如磋者。道學也。如琢如磨者。自修也。瑟兮僩兮者。恂慄也。赫兮喧兮者。威儀也。有斐君子。終不可諠兮者。道盛德至善。民之不能忘也。詩云。於戲前王不忘。君子賢其賢。而親其親。小人樂其樂。而利其利。此以沒世不忘也。此節兼承經上第二章第三章說來、引詩以釋其義、康誥曰。克明德。太甲曰。顧諟天之明命。帝典曰。克明峻德。皆自明也。湯之盤銘曰。苟日新。日日新。又日新。康誥曰。作新民。詩曰。周雖舊邦。其命維新。是故君子無所不用其極。詩云。邦畿千里。惟民所止。詩云。緡蠻黃鳥。止于丘隅。子曰。於止。知其所止。可以人而不如鳥乎、詩云。穆穆文王。於緝熙敬止。爲人君止於仁。爲人臣止於敬。爲人子止

於孝。爲人父止於慈。與國人交止於信。子曰。聽訟吾猶人也。必也使無訟乎。無情者不得盡其辭。大畏民志。此謂知本。此節統承經上各章說來、引古帝王及孔子之言、而釋其義、均正說、故用正結法、

第二章 釋修身在正其心、

所謂修身在正其心者。身有所忿懥。則不得其正。有所恐懼。則不得其正。有所好樂。則不得其正。有所憂患。則不得其正。此節就身反說、心不在焉。視而不見。聽而不聞。食而不知其味。此謂修身在正其心。此節就心正說、故末用正結法、

第三章 釋齊家在修其身、起筆略同前章、而承結之筆不同、是文章變化處、

所謂齊其家在修其身者。人之其所親愛而辟焉。之其所賤惡而辟焉。之其所畏敬而辟焉。之其所哀矜而辟焉。之其所敖惰而辟焉。故好而知其惡。惡而知其美者。天下鮮矣。此節就常人之情反說、故諺有之曰。人莫知其子之惡。莫知其苗之碩。此謂身不修、不可以齊其家。此節引常人之言反證、故末用反結法、

第四章 釋治國在齊其家、

所謂治國必先齊其家者。其家不可教。而能教人者無之。故君子不出家。而成教於國。孝

者所以事君也。弟者所以事長也。慈者所以使衆也。此節說明齊治相因之理、以下拍到心法、並引證而反覆申論之、康誥曰、如保赤子。心誠求之、雖不中不遠矣。未有學養子而後嫁者也。一家仁、一國興仁。一家讓、一國興讓。一人貪戾、一國作亂。其機如此。此謂一言僨事、一人定國。堯舜率天下以仁、而民從之。桀紂率天下以暴、而民從之。其所令反其所好、而民不從。是故君子有諸己而后求諸人。無諸己而后非諸人。所藏乎身不恕、而能喻諸人者、未之有也。故治國在齊其家。此節引書爲證申論之、詩云。桃之夭夭。其葉蓁蓁。之子于歸。宜其家人。宜其家人。而后可以教國人。詩云。宜其兄弟。宜其兄弟。而后可以教國人。詩云。其儀不忒。正是四國。其爲父子兄弟足法。而后民法之也。此謂治國在齊其家。此節引詩爲證申論之、正說故未用正結法、

第五章　釋平天下在治其國、起筆略同前章、而承結之筆不同、是文章變化處、自第一章至此章、各章必拍到心法、以明各條目中體用皆一貫之義、

所謂平天下在治其國者。上老老而民興孝。上長長而民興弟。上恤孤而民不倍。是以君子有絜矩之道也。所惡於上。毋以使下。所惡於下。毋以事上。所惡於前。毋以先後。所惡於後。毋以從前。所惡於右。毋以交於左。所惡於左。毋以交於右。此之謂絜矩之道。此節說明治平

相因之理、以下拍到心法、並引證而反覆申論之、詩云。樂只君子。民之父母。民之所好好之。民之所惡惡之。此之謂民之父母。詩云。節彼南山。維石巖巖。赫赫師尹。民具爾瞻。有國者不可以不愼。辟則爲天下僇矣。詩云。殷之未喪師。克配上帝。儀監于殷。峻命不易。道得衆則得國。失衆則失國。是故君子先愼乎德。有德此有人。有人此有土。有土此有財。有財此有用。德者本也。財者末也。外本內末。爭民施奪。是故財聚則民散。財散則民聚。是故言悖而出者。亦悖而入。貨悖而入者。亦悖而出。康誥曰。惟命不于常。道善則得之。不善則失之矣。此節詳述古昔經訓爲證、反覆申論之、楚書曰。楚國無以爲寶。惟善以爲寶。舅犯曰。亡人無以爲寶。仁親以爲寶。秦誓曰。若有一個臣。斷斷兮無他技。其心休休焉。其如有容焉。人之有技。若己有之。人之彥聖。其心好之。不啻若自其口出。實能容之。以能保我子孫黎民。尚亦有利哉。人之有技。媢疾以惡之。人之彥聖。而違之俾不通。實不能容。以不能保我子孫黎民。亦曰殆哉。唯仁人放流之。迸諸四夷。不與同中國。此謂唯仁人爲能愛人。能惡人。見賢而不能舉。舉而不能先。命也。見不善而不能退。退而不能遠。過也。好人之所惡。惡人之所好。是謂拂人之性。菑必逮夫身。是故君子有大道。必忠信以得之。驕泰以失之。生財有大道。生之者衆。食之者寡。為之者疾。用之者舒。則財恆足矣。仁者以財發身。不仁者以身發財。未有上好仁。而下不好義者也。未有好義其事不終者也。未有府庫財非其財者也。孟獻子曰。畜馬乘。不察於雞豚。伐冰之家。不畜牛羊。百乘之家。不畜聚斂之臣。與其有聚斂之臣。寧有盜臣。此謂國不以利為利。以義為利也。長國家而務財用者。必自小人矣。彼為善之。小人之使為國家。菑害並至。雖有善者。亦無如之何矣。此謂國不以利為利。以義為利也。此節博採各國語言為證、反覆申論之、篇末反正都到、故用兩結之法、

讀經引證下

右經上經下、合為一篇、經上為孔子之言、曾子述之、經下為曾子之言、門人記之、是編按其段落、分上下、並分章節、以便解釋、實則經下緊承經上來、首章首節以下、各有所承、無可分也、學者宜知雖分仍合之讀法、上篇末附證義三篇謂證與補不同、補者補經所無、證者證經所有、無庸補也、今仍本以經證經之意、為之圖解、蓋大學言自天子以至於庶人、壹是皆以修身為本、中庸亦言君子之道本諸身、敢根據大學、參以中庸而成圖、中庸外論孟諸書、可與此經互

相發明者多、故兼參諸書而成解、然則講明古本大學者在是、揭明孔門心法者在是、說明修身之學者、亦在是也、聖哲經訓、言近旨遠、見仁見知、存乎其人、管窺之見、僅足以及此、仍望善讀者之各有所得也、圖解如下、

尊　著

大學古本易解正編

修身爲本圖解

此圖爲圓體、非平面、分而爲三、合而爲一、有心有極、有軸有周、有經有緯、有理與氣、貫乎其中、殆所謂卷之則退藏於密、放之則彌六合者、人也、天地也、道也、細玩之可會其通也、

綱領（知止）之圖

（體）明明德　盡人合天（性）

學　止至善　天人一貫（道）

（用）親民　體天變人（教）

條目（知本）之圖

（一）格物　（二）致知　（三）誠意　（四）正心　成己　反身而成

先〔本之物　始之事〕　身以內以修身統之

（五）修身爲本

後〔末之物　終之事〕　身以外由修身推之

（六）齊家　（七）治國　（八）平天下　成物　誠能動物

心法（愼獨）之圖

忠

（正）忠信而不自欺　好善惡不善君子之所愼　得天命

（反）驕泰而不自謙　著善揜不善小人之所爲　失天命

誠之

〔毋自欺　致中和〕

其理

〔徹上徹下　徹始徹終〕

其道

〔合外內之道也　故時措之宜也〕

用其極

恕

（正）愼而絜矩　好惡與民同本君子之所有而普其利　得天命

（反）辟而貪戾　好惡拂人性善小人之所爲而專其利　失天命

如圖、修身之學。有體有用。兼成己成物而言。成己則必盡人以合天。成物則必體天以愛人。大學所謂明明德親民也。宜從忠恕二字做起。是爲下學工夫。◯愼獨兩字。爲修身學之心法。大學特於篇首揭出。中庸亦然。愼獨由知止知本來。其工夫主毋自欺。所謂不愧屋漏是也。在大學曰愼好惡。在中庸曰致中和。此誠者成己成物之學所由立也。其理徹上徹下。徹始徹終。有位育之功效。斯爲天人一貫之道。一誠也。明親一以貫性教一以貫。忠恕一以貫。先儒謂大學經之、中庸緯之者。此也。此圖卽本此說成之。◯大學之綱領及條目。觀圖自明。心法莫先於愼好惡。治法莫善於同好惡。經文首言如惡惡臭。如好好色。內不欺己也。言愼也。末言所好好之。所惡惡之。外不拂人性也。言同也。愼於物則能勝而格矣。愼於知則能擇而致矣。愼於意則能一而誠矣。愼於心則能嚴而正矣。愼於身則能飭而修矣。愼而同之於家則能和而齊矣。愼而同之於國、則能安而治矣。愼而同之於天下。則能均而平矣。圖中愼屬忠。同屬恕。此忠恕之所以一貫也。◯大學格致誠正諸事。可以修身統之。所謂反身而誠也。或疑格致正修。雖與誠意有關。而經文僅列其目。未詳其義。恐有闕文。而不知不然。觀小人閒居數句。是不能格

專著 大學古本易解正編

不能致之病根。人之視已數句。是不能正不能修之情狀。且道學自修言誠之之功由格致而來。恂慄威儀言誠之之效由身心而見。蓄以誠意縮其全。愼獨握其要也。何闕之有。大學齊治平諸事。可由修身推之。所謂誠能動物也。孝者所以事君三句。言由齊而治之義。上老老而民興孝三句。言由治而平之義。或疑天下與國非庶人所有事。經文雖言自天子以至於庶人壹是皆以修身爲本。讀至治國平天下等章。庶人二字幾成贅文。而不知不然。觀君子不出家而成教於國數句。詩云桃之夭夭十數句。所惡於上毋以使下數句。其教字爲字及以使以事以先以從以交等字。皆庶人所能致力而有其事功者也。何贅之有。此又非圖所能顯者。特爲說明之。○或問天下平以外有事功乎。曰中庸言天下國家可均。中庸不可能。可見平天下猶難而易焉者。更有易而難焉者。其所謂動而世爲天下道。行而世爲天下法。言而世爲天下則。皆本諸身。徵諸民。而爲天下萬世利賴者也。卽左氏所謂立德立功立言三不朽之義。莫非明明德親民中所有事。觀此圖可意會也。又問何人能爲之。曰、達而爲君相。窮而爲師儒。均有當盡之責。可爲之事。能盡能爲。則仁智兼盡。可以贊天地之化育。雖天子不加多。庶人不加少者。孔子不有天下。以匹夫而爲百世師。其賢於堯舜者。以德不以位。曾子子思。均能紹述孔子。而作大學中庸。實得力誠身之學。孟子私淑孔子之傳。以道自任。觀其得志澤加於民。不得志修身見於世。及我欲正人心。樂得天下英才而教育之數語。何等擔當。所言天下國家之本在身。足與此圖相印證。校方今學教育兼個性羣性以觀其成。惟大學修身之義。有同時獨善兼善之量。宜乎言德育者。以孔子之道爲修身之大本。有志之士。可知勉矣。

堯舜　禹稷契皐益……………以上君相

孔子　顏子曾子子思孟子……………以上師儒

中庸言君子時中。玩圖中引合外內之道也。故時措之宜也二句爲證。卽一貫而妙以時中之旨也。是謂至善。君子之體斯道而施之於用。政教不分途。學治不異事。晦顯隆汚。不苟立同異。己立己達者此道。立人達人者亦此道。達則爲君相。窮則爲師儒。其爲君相也。正其誼不謀其利。明其道不計其功。與師儒同。其爲師儒也。以先知覺後知。以先覺覺後覺。與君相同。大行不加。窮居不損。而其立德立功立言。不以窮達異也故生而爲聖沒而爲神。凡有血氣。莫不尊親與天地同其不朽其他有利己殉人兩派各趨一途。各衍一教。或非楊而近於楊。或非墨而近於墨。或又以融化楊墨之迹者。而與偏近楊墨者辯。當其割裂性道治道之說以爲言。固不無賢智雜出乎其中。然而去聖人平實之中道遠矣。下此者巧於營私。輕於犯法柔惡剛惡。殆有甚焉。舉國相尤而效之。更何足挽回刼運哉。嗟乎極端趨熱。人心日狂。極端趨冷。國命誰託。故學說偏宕之流毒。論者謂比洪水猛獸爲尤烈。現在默觀世變。暴行橫議之禍已成。苟安淸談之禍又兆。此世道之憂。卽君子之責。所願講學者及早辨之。探本原以謀挽救也。○至善者極也大學言止至善。言用其極。徵之天人感應之理。而曰命維新。民不忘。其明效大驗。亦何神乎而求其幾則在好惡。劉蕺山云好惡二端最微蓋動而未形有無之間者。動而未形有無之間。爲吉之先見。卽至善之體呈露處。此幾一動。卽授之喜怒哀樂。而賞罰進退生焉。李二曲云。好惡一出於公。則理財用人。事事皆公。與天下同其好惡。而合乎天下人之心。會其有極。歸其有極。此之謂天下平。二儒之論好惡如此。故曰好惡二字。爲大學一篇之骨。卽得失利害之所由生也。篇末三言得失。首曰得衆失衆。次曰善則得。不善則失。三曰忠信以得。驕泰以失。總之不出乎善不善。誠不誠也。誠意之君子。止於至善之域。愼於己而同於人。則有得而無失。否則有失而無得。古今中外。試以此圖得失之理。衡之。有適情乎。書洪範言建極斂福。言大同逢吉。蔡注云。極者福之本。福者極之效。極之所建。福之所集也。此與大學一書所言天人感應之理。有可互相發明者也。

大成節 前第三來復日在荆南中學校講此圖因學生之問筆答如上

戊午秋奉乾吏正稿 （正編完）

專著

大學古本易解正編

文字學辨證　節錄編餘五則　瀏陽李　礫別樵

周官飭力以長地材。謂之農夫。治絲枲以成之。謂之婦功。先王之世。男女無一人無職者。所以維繫於教養之中。莫敢淫心舍力也。古者教養合一、故司徒敷教、教職惟鄉官師保等十餘人任之、其他所措理者、養民之事居多、男以。耕。田。爲。重。故。力。田。爲。男。女。以。治。絲。枲。供。埽。灑。爲。務。故。工。治。糸。爲。紅。女持。帚。爲。婦。男从田力、言男子力於田也、漢哀紀、害女紅之物、鄭食其傳、紅女下機、是古工功紅音義同也、婦服也、从女持帚灑帚也、會意、曲禮、納女於大夫曰備埽灑、男而。仕。屋。下。無。田。事。者。目。爲。宂。人。書厥民析、言散於田、野也、月令、命農勉作、毋休於都、宂散也、从宀儿（卽人字）會意、人在屋下無田事也、周官槁人、掌共宂食者之食、俗作冗、而隴切、女而。不。績。其。麻。市。也。婆娑。則。國。家。不。安。之。象。也。陳風東門序、疾亂也、禮運、男有分、女有歸、注、男安於分、女安於歸也、女以歸爲安、故歸从止从婦省、易治容誨淫、注治卽野、國語罷女無家、史南子招搖過市、曰野、曰無家、曰招搖、皆與安義相反、在易家人利女貞。與頤貞吉同一義例。頤養也、養正則吉也、民生以養爲先務。治家以安爲成功。於文。字乳。也。从子。在。宀。下。安。靖。也。从。女。在。宀。下。宀交覆深屋也、象形、武延切、家室字从之、乳養也、引申爲孳乳、因以爲文字之字、子在宀下、所謂勞來安定之、女在宀下、正與上文野招搖義相反、養而。言。子。可。以。包。男。女。曲禮、子於父母注、言子者、通男女、大明長子維行、孟子而據其此子、注並謂子爲女、安而。言。女。女安。則。無。不。安。也。是猶危訓在高而懼。明在上者危。則下莫不危矣。家人利女貞注、家之難正、莫甚於女子、女正則家道正矣、易家人彖辭言男正位乎外。必先之以女正位乎內者。是其義焉。左桓十八年傳、女有家、男有室、無相瀆也、謂之有禮、亦以女居男前、說文晏安也、从女从日、注、女系日下、陰統乎陽也、婦從夫則安也、○此一則言家之難安、莫甚於女子、故安字从女爲義、古者禮教防內外也嚴。而待男女則一。凡役於人。悉當其罪。固不得以奴婢㜎嬞等字。从女。遂疑於女獨賤也。童妾字並从辛、辛讀若愆、罪也、婢从女卑會意、奴从女又、又所以執役也、㜎女隸也、周官作奚、注、男女沒入縣官爲奴、其少才智者爲奚、朱氏引方言僕臣嬞至賤之號、字作僮、是知男女役於人者、其稱謂對文則別、散文則通、所以豫防於女子者。懼其以委娓之性。流於佞媚之習。委委隨也、娓順也、讀若媚、字皆从女、佞巧諂高材也、从女信省、女子之信近於佞也、嫵媚字从女、周官內宰、禁其奇衺、注謂媚道也、故特以威字表其有威可畏之象。以帥字著其正色帥下之度。威姑也、从女从戌、土生於戌、盛於戌、姑爲正內之主、猶之土爲萬物之母、故从戌、爾雅君姑、卽說文引漢律之威姑、君威雙聲、帥部着讀若威可證、帥佩巾也、或作帨、記女子生、設帨於門右、周官九嬪、掌婦學之法、以教九御婦德婦言婦容婦功、各帥其屬、世婦掌祭祀賓客喪紀之事、帥女宮而濯概、夫如是。婦容二字。僅以婉娩之義釋之。失其旨矣。內則姆教婉娩聽從、注婉順也、娩之言媚也、九嬪注、婦容婉娩之謂、自威字帥字之本義不明。解經者至以有女爪而後爲妥。有女口而後自如。附會於抑搔嬐嬮之說。亦若女人者專務以取悅於人爲媄好。

而嫚婺媟嬻之詞公然等於玩物以相娎嬈此重男輕女之勢所由漸積使然與說文無妥字、段氏補之、解曰、安也、从爪女、安女居於室、妥女近於手、皆以男女人之大欲存焉、故从之會意、如從隨也、从女口、媄好也、从女美、好从女子會意、嫚婺侮易也、媟嬻也嬈擾戲弄也、俗作嬲、娎齒貪也、經傳作汚、〇此一則言古無重男輕女之說、自威帥之義不明、遂啓輕薄之漸、於是嫚婺媟嬻等字、亦若專爲女人製造者、今欲尊重女德、當從研究文字始、

天下之事事物物形形色色皆從妄起妄字从女、卽易爻陽爲君子陰爲小人女子之義、易序卦傳、蠱者事也、注、蠱惑辭也、萬事從惑而起、故以蠱爲事、妄之來目與耳先受之論語九思四勿、皆以視聽居先、惟聖人真人能於此時辨之故聖人善用耳其聽也德聖通也、从耳呈聲、朱氏說、耳順之謂聖、卽耳根圓通之意、聽从耳𢛳會意、𢛳經典作德、真人善用目其覺也正五經無眞字、有誠字、說文作眞、僊人變形而登天也、从匕目會意、匕卽化、言慧眼異乎肉眼也、後漢楚王英傳、佛者覺也、覺从見、詩有覺德行、注覺正也、下此者未有不爲耳目所役者也是以聖賢教人修養曰立則見其參於前在輿則見其倚於衡以端其視論語注、言思念忠信篤敬、有如此者、曰行步則有環佩之聲升車則有鸞和之音以範其聽珩佩上玉也、所以節行步也、从玉从行會意、鑾乘車有鑾鈴、象鸞鳥聲、和則敬也、从金鸞省、記、在車則聞鸞和之聲、行則鳴佩玉、是以非僻之心、無自入也、獨鼻之於臭未聞加以豫防者知復禮功夫必從克制自心始息从心从自、自鼻也、心竅通於鼻也、蓋人受良心之鞭策必

有一㝠向明之候。㝠際見之光也、从上下小白見、此一綫之明、即平旦之氣也、爾時形體既止呼吸未定心靜則息微心暴則息粗非外物所能禁制者心與鼻相與調劑而已天之五行主於火人之五臟主於心。主鐙中火主也、素問、心者君主之官、神明出焉、心之不定多起於火。莊子注、人心擾攘則生火、火之發於外也爲煩爲燥其病於中也爲疢爲癆煩熱頭痛也、从頁、頭也、从火、會意、疢熱病也、从疒从火會意、癆血弱病也、血即水、水弱則火強、故从勞、勞从二火、欲火之熄非克制自心不爲功。熄畜火也、亦曰滅火、注、二義似相反而實相成、止息即所以滋息也、儒者謂之止善佛學謂之生定西人謂之安息其觀身於艮觀。心於復之理則一。定从正、正从止一、艮作𥃩、从匕目、言目有比敍、不得妄動、故艮訓止也、仁義禮知、我固有之、求則得之、如行故道、然、復从彳、行也、从复、复行故道也、周子曰不善之動妄也妄復則无妄矣故无妄次復此一則、言人之視聽、皆可爲之防範、惟氣息呼吸、則視心與鼻之調養、非他人所能禁制者、故息从自心、息心內觀、則克己復禮之功候也、損不善以從善者莫尚乎剛莫貴乎速故易曰損其疾使遄有喜書曰王其疾敬德遄與疾皆速也文王之勤日昃大禹之惜寸陰皆是道也故爲政者玩歲而愒日則治不成爲學者日邁而月征則身將老以上顧氏日知錄、于文及時爲榮失時爲辱爾雅、木謂之華、草謂之榮、二字从艸木者、明虛榮浮華、不可恃也、草木一榮爲一玆、（如言今玆來玆、）猶禾一熟爲一年也、故年作秊、从禾、玆从艸、艸木多也、辱恥也、从辰、時也、从寸、戮也、失時者戮必及之、爲學者進德修業。欲及時也。爲農者有事西疇。亦欲及時也。陶辭、農人告余以春及、乘天之時。因地之利。口謀之。手執之。時不可失也。如是其亟。亟从人在二之間、二天地也、手口並作、徐鍇解之云云、故夫舉手於丑。束身於寅。曰辰爲晨。丮夕爲夙。皆聖人以文字教天下之勤之意。丑从又、手也、丑時當舉手作事也、寅作寅、與申同意、有約束身體意、故寅訓敬、晨从臼、居六切、叉手也、从辰、時也、夙作夙、从丮、九極切、以丮作事、雖夕不休、故从夕、〇此一則、言爲學爲農、皆當抱不及恐失之念、黽勉以赴之、聖人以文字教天下之勤、學者當望文而加警也、

記曰。死亡貧苦。人之大惡存焉。苦之對文爲甘。人情未有不好甘而惡苦者。于文口含一爲甘。舌含一爲旨。甘美也、从口含一、一道也、會意兼指事、旨美也、从甘匕聲、古文作舌、从舌含一、此孟子飽乎仁義。不願膏粱之謂。亦即老氏知止不恥。知足不辱之理。後之人輕言嘗試。嘗口味之也、从旨、左傳、鄭子家以嘗黿而弑君之亂作、而嗜。好。嗜从耆聲、耆从旨聲、而酣。樂。酣酒樂也、从酉从甘會意、而厭。足。厭作猒、从甘犬肉、古者羊以給膳、以大爲美、故美从大羊、反乎大者爲羸弱、羸、亦从羊、羊肉不足、繼以犬肉、故猒足字从甘犬肉三字會意、俗作饜、而尤。甚。甚尤安樂也、从甘匹、記曰、飲食男女、人之大欲存焉、甘飲食也、匹男女也、二者之樂、專於一人、故謂之甚、夫專以甘者歸己。至厭且甚。此貪頑恣睢之心。擴而充之。嫭下志貪頑也、雖注、凡人窮極其欲曰恣睢、雖即睢也、其必

殘忍刻薄。以苦。與人。以辛。與人。明矣。如言重苦吾民、荼毒生靈、荼苦菜也、又如宰割天下、無辜受累、宰辠人在屋下執事者、从宀从辛、辜辠也、字並从辛、易曰服牛乘馬。引重致遠。蓋取諸隨。隨從也、从辵隋省、言以隨從爲性、其人格未有不墮落者、萬物惟人爲靈。而物字从牛者。生曰物、死曰牲、滋生曰犧、品其多少曰件、莫非从牛者、殆聖人務本尙力之義。且閔其無拒人之能。故謂之隨。外此者。茹苦含辛之久。欲得而甘心焉。起視向之以甘專己者。尙能安享無恙乎。未受其甘適得其苦。又何益哉。所以曲禮開首揭之曰。敖不可長。欲不可縱。志不可滿。樂不可極。傲倨也、經傳作敖、欲貪欲也、朱氏說、从欠、㳄之省也、㳄即涎字、晉語、谿壑可盈、欲壑不可塡也、故欲从谷、聖賢。教人。作苦。刻苦。耐苦。喫苦。重戒。無厭之求不爲已甚之事。誠懼乎衆怒難犯。專欲難成。左襄十年傳、合二難以安國、危之道也、非惡甘也。恐失甘也。且以五行之序言之。立夏盛德在火。其味苦。中央土。其味甘。土從火生。是從苦中出者。甘味之正者也。黃爲土色、黃从田、田即土也、从炗、（古文光、）光从火作炗、此甘從苦出之義、人之富貴。福澤。從儉樸勤勞中得來者。享用之正者也。凡言享福、即書嚮用五福之意、晉王右軍云、手植之樹、開一花、結一實、穊之偏愛、食之彌甘、正同此義、〇此一則、言人不可專欲、即夫子放利多怨之意、末言從辛苦得來者、味乃彌甘、莫非勉人以忍辱負重意思、

文苑

船山先師詩錄

曉同叔直方廣寺步洗衲池讀朱菊水司寇所鐫譚友夏嶽遊記此首曾刻入嶽餘集字句互異今兩存

周逸敬選

曲徑紆幽光。知有高人趾。昨宵話寒河。清賞摘雲髓。弱篠念杖藜。茸苔想屐齒。日出寒煙收。一石俯清泚。朝暾不相舍。歷歷字可紀。夏子發笑言。循池屢經此。似有神護蔽。珍重以須子。山川無祕惜。今昔相炊累。何以答古人。雙影戀流水。

文苑

長沙陳繼訓杏驄

文錄

盛孝子傳

盛孝子。長沙人。名孝親。字維元。父位高。母姜氏。年十五而嫁。二十九而嫠。饗壽九十而歾。世所稱盛節母也。生子四。長卽孝子。次新廷。次春霆。次松亭。孝子失怙。才十三齡。窶難自存。仲季二氏。隸工。孝子偕叔氏入戎行。繼念母老。辭歸。博傭貲以贍。爲仲氏授室。不得姑懽。孝子遂鰥以終身。愳還婦不淑。傷母心也。無何。諸弟相繼物故。孝子日出爲人作苦。日入必歸省母。時其暑寒而溫凊焉。中裙椷窬。躬親滌濯。先意以承。聆聲而趨。母有所需。擇精赴之。不用。困約而少拂也。母歿。孝子年逾七十。作孺子泣。月謁厥墓。麻久如新喪。偶得新衣時羞。涓懷母苦。輒嗚咽涕泗。嘗謂母氏曲懸隱艱。歷節鞠孤。吾兄弟不知所以酬之。非人子也。故純孝摶壹。終身不衰。或曰。孝子之孝。庸近無絕殊者。余曰。誠然。愛親達道。孩提知之。顧逮其壯。物欲侵於外。斯天性溺於內者比比然矣舜五十而慕孟子故以大孝歸之況孝子七十八十而孺慕彌烈其庸也乃所以爲至德也歟初孝子供役於蘇敬持司理家蘇封翁庭詰嚴孝子竊聞孝義緒論感激奮發益知所鄉以是知薰擩之效大矣余於孝子行實蓄聞諸蘇氏云

贊曰至行莫大於孝表而襮之固有識者之責顧自古史氏紀錄暨私家篹述篤守善善從長之義名溢其實遑遑而有而孝子曾賃廡黃澍階侍郎里第黃嘉其孝蠲其屋食余之作傳且出自孝子舊主人蘇司理之請非至行感人曷克有此傳稱能竭力事父母雖未學必謂之學然則既學矣其於子道必皆恪盡無疑而世之號稱士大夫其性行如孝子者卒不可輒覯抑又何耶夫孝子固未嘗學問者也

長沙楊孝子墓表

岳陽李澄宇洞庭

禮重爲人後既爲人後於本生父母降服蓄視期功强近之親耳然爲人情所難安故古者天子自藩王入纘大統議追尊本生父母往往聚訟或至興大獄吾於是有感於楊孝子之事孝子名允茲字文遠長沙東鄉高橋農民也生七歲而本生父萬

明卒。有兄文近。從軍未反。所後父曰萬高。母周氏。孝子痛本生母何氏獨居。迎養所後家。何氏不欲。則距里許築室養之。萬高頗富。好施與。孝子順意惟謹。家漸困。弗告。孝子子介生。就外傅。用繁。孝子約之。厲。萬高弗善也。撻孝子。廣坐中。孝子暗泣弗忍辯。所後母周氏卒之歲。孝子年四十。廬墓。每夜視萬高寢畢。過本生母何氏所問安。或已寢。察鼻息和。乃趨墓炷香祝曰兒來矣。如是雨雪無間者三載。嗣萬高病痹。坐臥賴孝子。即舁玩園林。任意所到。未嘗倦。踰年卒。孝子日代本生母何氏。爨夜廬墓。三載。無何何氏卒。孝子廬墓又三載。由是觀之。孝子於本生父母所後父母皆克孝。合古悖古弗計。第行己志耳。軒本生而輕所後。弗敢安。厚所後而薄本生。亦弗敢安也。烏乎。此孝子所以為孝子也歟。孝子既七十歲。買宅瀏陽南鄉渡頭。供木主庭中。出告反面若在日。一果一蔬必先薦乃食。所謂大孝終身慕父母者。非耶。孝子生清道光庚子十二月。卒民國十八年己巳十一月。壽九十歲。葬渡頭竹塆巷左首卯趾酉。配易氏。卒年四十七。子二。長思晉早卒。次介生。後文近。女二。適林適王。孫佩瑋湖南省議會議員。曾孫愷尚幼。我國先聖以孝教天下。孝子之孝有獨至。故揭其鼎鼎在人耳目者於此倘亦先聖所許乎。兵陽李滂宇謹表。

郭君墓碑

湘鄉顏昌嶢貞盦

郭生向陽蒸其考茂林君長沙。以狀來請曰。吾父之葬也。幸得湘陰陳先生銘諸幽。而無以表墓前之石。廣諮同學。僉曰宜求先生之文。予辭無已。乃爲敍曰。君諱桂字茂林。一名永森。先世自桂東移居鄙南七都水口。再遷上達村。遂爲縣人。父英穆。事母孝。居家謹嚴。督子弟治田園。起家鉅萬。樂施與。晚嬰足疾。君侍湯藥。扶持抑搔。夜恆不寐。三載如一日。君爲人伉爽。外和而內介。少讀書。不事章句。好馳馬試劍。思以材武自奮。拔試常冠其曹。已兄弟析居。家財中落。折節事賈。鬻魚鹽。數年。貲大饒。君乃纘父志。事謀所以益利羣生者。山林川澤土田之利。靡不悉心究圖。以盡其材。鄉族積儲。社穀。祠產之有無。自君而以創。以益。舊時書院之在桂東鄙縣治者。有若三台。鄙湖。梅岡。豐鄙。七都之船山學徒膏火之需。賓興之資。由君而封殖。時政更新。蒙養是急。君於是捌立水口新民小學。宗祠蓮新小學。以基聖功。又與族老文圃購置遂譯圖書。使兩家子弟更番管領。以通塞陋。其他輿梁道路。賴君而修繕。閭里嫩行。

因君而宏益者。尤難以遍舉。嗚呼。可謂賢矣。曾參有言。行忠於鄉。大夫則仕可也。澤施於百姓。則富可也。在易漸之大象。君子以居賢德善俗。蓋漸之貞。山也。其悔。風也。君子體山之德。居之厚。而澤施於民。風俗以之而善。此漸所爲進以正。而可以正邦也。君於是義。其庶乎。晚歲避地長沙。勤修淨業。年介耄耋。猶能安步登祝融。禮嶽靈。見者歆歎。春秋七十有六。以民國二十一年壬申十一月十六日。終於長沙南城外熙台嶺寓廬。葬河西熊家衝絲茆坪。坐巽向乾兼巳亥。夫人邱氏先卒。葬酃南焌水江。男子子六。向陽前省議會議員。省立女學校長。垂象力農早世。垂登出後君弟俊香。垂久躬耕。垂遠中央航空學校技正。垂榮幼殤。女子子二。竹蓮冬蓮。其壻朱邦畿唐芹香。孫十餘人。銘曰

此善人。郭君之幽墟。樵牧不踐。以寧其居。後有繼者。其斯如。

湘武述聞初編自序

湘鄉王禮培佩初

粵寇初發難。篝火狐鳴。嘯聚爲一身自適之計。此其志不在大。當是時。海宇乂安久矣。吏治窳壞。風威亦少薄。盜起則諱之。捕之不勝。舉城授之。熛舉燎原。逾嶺東趨。踊

郴永若虛無人圍攻長沙不利一擡而下武漢衆且十萬益擄民船順流千里擊潰江南大營蹶走向張之師踞金陵爲僞都十年之間攻城屠邑殺人盈野糜爛十五六省東盡浙江北抵山西東北及於山東涉汴渡河橫擾近畿壯士輿尸相望於道百戰千攻耗矣哀哉自向榮張國樑不能規畫遠勢與寇爭地形欲以野戰之技挫方張之卒兵熸身死禍亂浩不可止其勢非命世之英不足以夷天下之大難湘軍者起以韋布書生激於義憤馭田夫牧豎之子披輿圖攬形勢扼其要害寇相顧始駭畏時論以天下不可一日無湖南湖南不可一日無湘鄉雖然以百里邑懸一世之安危夫豈犀兕之力賁育之勇所可語於斯乎精誠一德奮其威武無堅不摧無亂不理毒天下而民從者其庶幾矣國史之記載疆臣之奏章功敗不免差殊私家所述或隘於聞見參諸愛憎是非淆惑滋甚當日書出將士憤其失實欲甘心剚刃如袁弘之見竄於密室甚矣師武臣之力上功幕府文吏或持其短長目不睹橫草之烈耳不聞鉦鼓之聲坐而論事叱咤堂皇往往及身不得霑朝廷之雨露沉默若溝異者又不欲自伐其功載筆之士復從而短少之有班固陳壽之汙德而無其美

才令不顯於當時者復不顯於沒世不可知之名有天幸者生則光耀麟閣沒則祠宇峙於都邑有司歲致其祭垂於無窮宜其日暮倒行計畫無復之扼腕殺人也然其書已出不及百年文獻蕩然榮枯得失之數將奚以徵焉今天下去亂未久行間之士日以彫喪並吾世記湘軍者各尊所聞是非定於愛憎何足道哉何足道哉余生也晚猶及見大父方伯公騰騰論戰事私竊志之秋高農隙大父講武訓卒之餘顧謂小子識之某卒某校昔爲某戰功首某卒某校之父死王事或祀有不祀者此其孤也自大父時家僕馬僮皆久戰敢死之餘生忽焉無一存滅獻議捐軀之功不述昧先人之善弗知知而弗傳不明不仁之罪莫大焉嗟乎少小所聞不能綜其終始按其歲年矣官私之書異夫余所聞者不敢苟同幾何不又貽愛憎之說所以譏余猶余之所以譏諸家者哉先世二公始募老湘營事在道光二十九年曾侍郎咸豐二年十二月奉朝命以欽差督辦團練練水師於衡陽相去且三年紀載明備談湘軍者尙昧於所自謂侍郎實始辦團練不已闇於事實而習於其所忽矣乎是編專述老湘營始末訖於乙未遼東之役爲一卷後四卷人自爲篇間著論贊猶史志

也。卽有所聞。踵而成之。將以俟諸後世而不惑。執簡之士。或有取焉。

桐城古文宗派論

長沙羅 傑峙雲

三代兩漢之文尙矣。自茲而降。駢儷爭鳴。用是不競。亦文章升降之關也。有唐中葉韓昌黎氏。與其友柳子厚氏。及其徒李翺張籍皇甫湜之屬。約光聖之旨。御剛大之氣。垂信絜之言。於是六朝淫靡之習。廓然一變。宋時有歐永叔氏。曾子固氏。王介甫氏。及蘇氏父子兄弟。皆陰取三代兩漢有唐諸子。以各成一家之言。金元而降。則有震川荆川遵巖諸子。以文於世。淸初以古文昌者。則有方望溪氏。劉海峯氏。姚薑塢氏。及薑塢從子惜抱氏。四子者。旣產於桐。又遞相傳衍。以故有桐城宗派之目。當惜抱時。海內爭絢淵博。號爲漢學。其意在擯救空疏。其文則蕪冗罕要。惜抱氏乃力排聱沸。綜義理考據詞章爲一貫。以爲義理爲骨。則考據有所麗。而文亦有所歸就。於是承學之士。景從風動。繩依矩赴。江淮以北。五嶺以南。咸取徑桐城矣。雖然。由惜抱之說。以息漢宋之訟。則可。傍桐城數子牆壁。以爲宗派。則不可。何則。學者之於先哲。取其神。不必摹其字。師其意。不必刻其刑。故吳敏樹之言曰。余讀梅先生文。知先生自得於古人而尋聲相逐者。故未之識也。又曰。果以姚氏為宗。桐城為派。曾侍郎殊不謂然。而曾國藩亦謂搔着癢處。嗟乎。聞二子之言。可以知宗派之得失矣。且夫桐城數子之為文也。皆各成一家之言也。豈有冀乎後之學者。不能各家其言而宗派之哉。蓋皆當世鶩名之子。其中不足。往往借面古人。以駭庸俗。或文體詭戾。藉名宗派。陰以自護。然貌桐城之迹。以為宗派。不克自立。其患小。因吾學有宗派之名。而別創其所為宗派。使謭陋之子。溺其說。承其流。幾不知文以著道之意。患乃大也。中國之水。莫大乎江淮河漢。而江淮河漢之就。莫外乎海。甚哉海之為量也。夫道猶海也。堯舜禹湯文武周孔。猶江淮河漢也。而堯舜禹湯文武周孔之義理以為文。其與渭洛入河附河而入於海也。奚以異哉。世之宗桐城而襲其派者。固涇潤之會渭洛。其不及者。涇潤之支流矣。豪傑之士。上之則與堯舜禹湯文武共師其師。為沇水以自達乎海。其次則學堯舜禹湯文武周孔。或為濟。或為菏。或為汶。或為泗沂。或為伊灃或為澎蠡。皆足以附之入海。而何必附乎渭洛為也。然則如之何而可以文也。曰。羣聖之道。大之貫乎天地。細之則散寓乎日用。學焉行焉。其於古今事變之彖乎道者。

則是之之心萌然以生。不翕者而非之之心。亦勃勃然動。是非既明。則言當守。履既篤則所言無愧而氣自壯。而平日又能含味古籍。陽吐陰茹。以雅度其文。夫然言爲我之言。氣爲我之氣。道則共著之而已。孔子曰。有德者必有言。又曰辭達而已矣。孟子曰。我知言。我善養吾浩然之氣。二子豈欺我哉。豈欺我哉。嗚乎今之學者。其與堯舜禹湯文武周孔。共師其師以爲沇乎。抑由姚氏之說。以化一隅之陋。因而平其心以學吾堯舜禹湯文武周孔。爲濟爲菏爲沂泗爲伊瀍爲彭蠡乎。果必宗桐城文派以爲涇渭乎。且爲涇渭之支流乎。學者其自擇焉可也。

瀼瀨散人詩鈔序

湘鄉胡子清少潛

余獲交劉君明蓀有年。明蓀爲言其所學與其所以爲人。多得力於其從兄覲笙先生之教。因得詢先生生平志行。而讀其所著述。悉與其鄉唐佛塵才常。譚復生嗣同。交素篤。然所見不盡同。淸光緒丁酉戊戌之交。譚唐怵於外侮之濅陵。冀有以振厲國人而新其耳目。與湘督學使者江先生標。倡辦湘報。屬先生作原羣上下篇。稿出則以所見與相鑿枘。屛弗錄。今讀其文。所謂私乎名。名軋名。私乎利。利軋利。君子恃其公以決小人之私。則又以公軋私。忤物已甚。物亦得而反之者。不啻舉中國。近數十年。黨爭之烈。早燭照而龜卜也。然則譚唐與先生所見果孰是而孰非耶。先生精三禮。著周禮鄭注句讀若干卷。芟孔疏。使就簡要。於六官中國中邦交甸稍縣都職掌之互異。尤多所發明。蓄將出所學。以問世。胥舉國有志之士。潛心官禮而神明其意。以成。揚榷古今因革損益之文治也。顧遘世溷濁。莫克大展厥志。一官嶺表。旋丁內諱。歸以所居在瀏陽潦水之濟。乃自號潦瀕散人。其胸中所鬱結。一發之於詩。集中多感懷身世親友贈答行旅遊覽之作。其詞婉。其意深。蓋遭際類杜少陵陸放翁暮年詩境似之。誦先生之詩。可以論其世。知其人也。嗣子仲鈞。能傳舊業。贊戎機軍部有聲。余既交明蓀。又因吾族麐松叔祖而識仲鈞。明蓀為言仲鈞將甄集遺著刊行。先以所作古近體詩都若干付剞劂。屬子清為之序。乃述向所聞諸明蓀及讀先生之文之所得。牘諸簡端。其亦孟子說詩以意逆志之義也夫。乙亥初夏湘鄉胡子清謹序。

詩錄

題船山先生行跡圖二律

衡陽彭濟昌穆如

船山正氣淩衡嶽景仰遺風世所尊著沭不關新歲月行藏猶是舊乾坤忠昭越石心同表學本橫渠理共論先哲靈光高節里長沙講舍溯淵源

衡陽故里接墟煙退隱名山有石船國破不臣思桂邸時衰無道乞蒼天亭林並駕分吳楚瞿相同舟泣海田遺像淸高行跡古今朝又見畫圖傳

前題三絕

長沙李世琠行我

賸水殘山夢裏通孤懷遙託買薑翁名儒心迹遺臣節止在雲煙想像中

國步頻更暗自傷果將何計拯危亡不知一掬孤臣淚注入瀟湘幾萬行

匿迹深山四十年文章已見萬人傳偶添畫本摹遺像展卷高風在眼前

題胡公井詩

龍毅夫屬

湘潭黎承禮薇生遺稿

彌勒君桐鄉封井成函阡兆庶感風烈歲時稽拜虔淸有三百載厚士原超前國遜主已辱臣死理則然奈何見危者授命稀聞焉吾友補松寥創例勤蒐編王正重書法不假筆削權（吳子修前輩纂忠義錄書法甚嚴）劬菴亦有錄塋壇恆不甄千古正名誼顧忌誰相沿（同邑羅舜詢正鈞亦著有殉節錄）今誦湘綺銘麟經遡初詮文治逮定哀亂賊甯知悛

聖。神。道。夙。喪。九。牧。紛。戈。鋋。舉。世。汶。汶。久。孰。當。職。其。營。國。蠹。多。竊。弓。臣。憤。誰。噬。旃。唯。君。振。頹。綱。乃。爲。士。恥。㴱。吾。里。徧。榛。棘。何。地。滋。蘭。荃。蹈。河。蟾。申。徒。懷。沙。齊。屈。原。井。象。應。列。宿。旁。通。汨。羅。淵。貞。魄。有。時。見。神。化。龍。蜿。蜒。何。當。起。陸。沈。雲。雷。盼。重。鸞。之。子。篤。高。誼。徵。句。催。題。箋。載。吟。東。井。詩。慕。古。心。悁。悁。

冬日謁宋忠臣李少尹墓感賦

湘潭周詒瑾菽生遺稿

墓。門。風。雨。正。淒。然。世。事。滄。桑。弔。昔。賢。宋。室。邦。畿。餘。落。日。楚。江。寃。轍。滯。殘。煙。成。仁。泮。水。泰。山。重。奉。祀。潭。城。嶽。廟。聯。宿。草。更。尋。同。母。塚。幾。人。忠。孝。似。當。年。瞻嶽門內有宋陳孝子墓相傳與母同塚

題松貞竹孝圖二首有序

長沙陳繼訓杏驄

宗佩珩十丈爲先王母姚太夫人寫松貞竹孝圖、敬題二首、次友人花朝韻、

荒。齋。寂。寞。讀。書。朝。擲。果。頻。煩。大。母。招。苦。憶。秋。林。風。瑟。瑟。疏。櫺。微。雨。動。空。瓢。

嗜。畫。老。蓮。如。嗜。醇。蟠。胸。邱。壑。九。江。濱。書九江孔殷注、九江即今之洞庭、沅水漸水元水辰水敘水酉水澧水湘水資水皆合於洞庭、是名九江也、分。明。一。段。蕭。蕭。意。寫。出。龍。鱗。鳳。尾。春。

再次韻

文苑　詩錄　一四

喔喔鷄聲報曉朝童孫入塾去還招爲憐弱質貧兼病藥竈添薪煑雀瓢余小時孱弱多病先大母粥調湯藥本草女青一名雀瓢

宸章寵賚慰貞嚀璀璨湘灣卅六濱一軸告身塵匣在披圖棖觸故宮春先大母節孝奉旌以繼訓舉光緒甲辰進士供職戶部累封夫人

煥熙述母德爲月下清礎圖記屬題

岳陽李澄宇洞庭

貞比寒松潔比泉孀娥珍重件當年一圖寫盡恩勤未每話清礎涕泫然

桔槔圖外想清礎一樣傷心月下音各寫數行聊互讀祖恩深與母恩深

永順二烈女詩

永順楚六姑九姑以蕭克之難水死門人羅雲濤爲作永順二烈女傳乞余跋以張之

前人

寇至城無人寇退人無身逃生動入網求死艱問津壯士去不遑弱女任何因蓬首懼將及花貌知焉淪時危此禍多惻愴寧具論永順有二女自沉今鳳麟潔死勝辱生得所如避秦二女楚家姝爲學明舊倫六姑年二九九姑十五春逋寇江右來庠序生荊榛出遇寇於塗被虜將何云連繫晝游市並錮宵斷塵如此五六日城外援兵屯涼風吹大旗寇潰尚能軍刃脅二女偕痛極未敢伸一里脫無地二里助無親

遂至五里牌影墜溪水濱六姑語九姑波流可是墳九姑語六姑逝矣良可欣疾躍矚不備玉體惟自珍曹娥以孝著二女以烈聞鼎足屈靈均懷沙為忠臣

劉木屏曲 有序

長沙楊樹穀鄉貽

木屏盧陵人著有个山集明天啟中揚州太守劉鐸之女鐸以忤魏忠賢被殺南都破木屏起義兵不遂乃匿迹湖南之湘潭王壬父先生撰縣志為立傳而不詳劉寅先舍人博考史乘旁搜家譜別為立傳並演傳奇曲本廣徵題詠乃為此曲

城狐社鼠皇綱裂閹宦之勢手可熱齷齪何人請建祠當年楊左高黃獨英烈同時揚州太守劉白日慨歎浮雲浮君恩中絕真如扇詩案烏臺竟作囚（鐸以題詩於扇忤魏忠賢被逮）傷心但有歸魂鶴覔恨仙巢誤假鳩臨刑翻顧髫年女謂是女媧天可補我不為惡歸黃泉他年為善還期汝發篋哀哀讀父書學書學劍度居諸志欲一枝扶大廈紛紛寇盜盡驅除異軍突起江南地堂堂赤日長繩繫散盡金釵復國仇世上腐儒皆詫異誰料當時武臣盡蠢賊不重君父但重色衝冠一怒為紅顏況彼偏裨何須說已入鴻門不辱身稜稜英氣折凶人宛若相如璧歸趙未果荊軻劍擊秦此亦閨中

弱女子八尺鬚眉應愧死注生佛閣坐焚香天寶年間詩是史緹縈代父不能文梁氏桴鼓只助軍何似木屏伶仃孤寡文且武投筆從戎爲報恩此情此義天應泣零落遺聞存什一劉家夫子夙多聞志傳列女愁亡逸上搜家乘補史文下譜曲詞搖綵筆檀板歌來四座驚悲歌慨慷木蘭情吳宮美女先排隊石壕老婦奮請纓婦人轉足揚兵氣世上不平人則鳴吁嗟乎熊熊四鎮徒沙蟲只餘閣部一孤忠難延天水厓山命只見君山竹淚紅往事低徊三百載天命茫茫那又改揚州十日痛猶存桑田又復成滄海我讀君傳淚縱橫我歌此曲恨塡膺弱肉强食尋常事九關戰馬總先騰

題王節母四時作苦圖四首

善化張祖鏞退園

綠水提甕

曲沼環流一鑑平波溶帶荇藻縱橫分表餘翠浮雙袂汲到皺鱗漾短罌瀲灩華涵深水碧淵冷潔稱在山清秪今世澤遺芬烈節苦泉甘震裔紘

夕陽種蔬

機聲乍斷日西晡。藝菽疇憐手足劬。區畫成行鴉糞奮。畦留餘灌鳳頭濡。
敢輕采藻供先祀。慎重芸瓜勖藐孤。劚慰三春暉克報。爲馨常列太官廚。

蟾光照讀

不辭怙恃一身兼。無限慈恩寓自嚴。勵志特教磨鐵鏡。借光何幸託銀蟾。
知耽書味兒童永。悟徹冰心意興恬。此日披帷明月映。簡編狼籍淚痕霑。

寒郊採薪

霜零落葉雪封條。極目荒郊草木凋。爲採薪蒸儲樸樕。那堪冰凍合瓊瑤。
禁寒節較蒼松勁。食報榮宜煒管昭。喜得明庭崇獨行。旌閭坊表矗層霄。

郁烈婦詩.

茶陵譚澤洋惠青

千丁萇竹街。（郁宅住處）不見竹瀰瀰。但見郁家樓。綽楔與樓齊。大書烈婦殉夫事。覽之爲歔欷。一解 婦年十有九。結褵嬪郁宅。翁緣懋遷屢折閱。夫恃攝影藝一家資以活。二解 疾風知勁草。歲暮見真吾。真吾何以名。吾廬婦常語。夫顧名思義。莫是詅癡符。三解 夫劬於業。寒暑罔懈。生計日朘。形神日憊。婦心私憂之。籲天乞身代。四解 更倩

第二卷第八期 三一九一

居士林結壇為誦經法螺梵唄鎮日鳴聾伎瞿曇力藁砧得延齡 五解 天意難回夫病不起婦恆鬱陶心心自揣行年十九多病身有女而無子一日未亡一日為翁累 六解 翁年未篤老尚有四男兒四兒朝夕左右之更何須我為 七解 矧此亂世彝倫攸斁舉國若狂棄焉弗顧仁義豈有常蹈之敢自誤 八解 既覘含殮詭抑哀悰家人防覘寖以疏慵假濯遺衣曝之樓中瞰無人在聳身墜空頭腦虀粉頃刻命終見者驚相告酸鼻述形容 九解 有周院長（救濟院長）聞而起敬志圖表彰白諸縣令令亦太息為臚始末而旌婦請命 十解 於時縉紳儔暨諸英彥輩維世有同情詩歌攄感喟乃至窀穸期萬衆坌來會僉云烈婦烈人紀賴弗墜一死重泰山關繫良非隘 十一解 問婦何籍貫湘潭縣趙氏夫莘伯郁冢子贛安福是故里其時民國廿四年夏歷甲戌歲之紀月丑日庚寅莘伯長已矣又後五日婦以死千秋萬歲應式此 十二解

郁烈婦歌 有序

湘陰柳敏泉

烈婦湘潭趙氏女嫁江右郁莘伯居潭之棻竹街生一女夫患瘵卒婦為含殮伴以曝衣登樓墜而殉哀之作長歌

照潭千尺澄寒綠秀鍾閨媛含靈淑婉娩修儀紹義門年華二九嬪於郁阿翁服賈
牽車牛家在洪都古安福懋遷跡寄潭水濱遠泛萍蓬依萇竹年來貨殖失奇贏甑
塵不果噉鴻腹妙手欣看主器良神奇阿堵傳金粟良緣異地結良儔宜室同心車
挽鹿兩肩分任一身勞十指能支八口足心力勤劬暮復朝生計日饒神日懸欒石
空投醫術窮沈郎頓覺腰圍縮披衣飲泣夜焚香綠章乞把微軀贖嗣聞佛法可延
年居士林中叩西竺梵唄難爲續命符癡心莫副長生祝情天霎陣起悲風離鸞吹
斷傷心曲傷心一曲一酸辛自願此身同槁木左嬌雖有掌中珠太息禦冬無旨蓄
高堂椿老尙聽强晨昏甘旨勞羣叔西河已抱喪明憂忍使衰齡擔俯畜獨憐遺蛻
未藏形爲傳周身親琀玉匠心獨運强開顏環垣耳目伊誰屬薄澣輕襦嗟命同攜
衣佯作登樓曝灑欄一躍凌虛空驀地紛紛飛血肉潔志堪同白石堅芳魂竟向黃
泉逐地老天荒無限情三生舊約他生續烈行傾倒萬衆心殘骸慘動千人目興起
枌榆仗義人數陳死事達民牧旌閭榮邁綠珠樓斐然恰比瞻淇澳鴛鴦營塚下雙
棺白馬素車來簇簇薤歌蒿誄競謳吟花簪白柰生芻束吁嗟世道日淪夷塵海橫

文苑　詩錄　一九

流。決。人。欲。自。由。花。發。情。田。蕪。四。維。頽。杞。彝。倫。黷。覆。水。多。貽。朱。氏。羞。投。河。幾。見。秋。妻。哭。士。夫。更。歎。盡。脂。韋。履。虎。伊。誰。忘。欲。宍。壯。哉。少。歸。勝。鬚。眉。從。容。就。義。籌。之。熟。無。子。家。貧。何。足。生。一。死。能。令。紀。綱。肅。衡。峯。赣。水。同。千。秋。我。爲。長。歌。震。澆。俗。

得從弟峘書獨步城南馳道排悶

湘鄉王禮培佩初

偶。尋。水。石。滌。煩。襟。城。廢。池。平。變。古。今。小。市。秋。光。菊。倘。穉。舊。畦。生。理。草。如。侵。行。邊。飛。角。圍。棊。局。憶。弟。看。雲。晚。歲。心。火。急。著。書。非。細。事。蘆。中。日。月。太。駸。駸。

寄李大浩江南

前人

棲。鴉。流。水。繞。深。秋。轉。轂。興。亡。貉。一。邱。狎。客。尙。憐。璧。月。夜。淸。溪。猶。舞。白。符。鳩。江。聲。送。雨。催。黃。葉。野。色。連。雲。上。戍。樓。三。畝。蓬。蒿。歸。計。謬。市。橋。柱。杖。數。更。籌。

寫定許愼說文解字五十五韻

前人

翳。昔。有。軒。轅。鳥。跡。悟。文。字。惟。天。挺。倉。沮。兢。兢。司。其。事。同。文。啓。周。姬。車。書。稱。郅。治。禹。迹。岣。嶁。留。石。鼓。岐。陽。置。紀。功。表。貞。珉。横。覽。壯。地。緯。秦。皇。愚。黔。首。詩。書。委。荒。裔。官。獄。既。繁。興。隸。卒。趨。便。利。變。古。創。秦。文。點。畫。疑。詭。媚。其。法。如。牛。毛。其。書。逞。私。智。竟。欲。焚。百。家。坑。

儒銷武器漢興承秦弊六藝互憔悴酇侯草律令八體始能試學僮鮮師資諷籀凡
幾輩時維杜與張書林獨揚觶子雲作訓纂點畫辨毛毳初漢九千文存五佚其四
伏波不好武上書實弘毅奠乎南閣翁史籀傳嫡系部居十四篇羣經賴衣被始一
以亥終爰歷視奚翅博通究天人孤立遏橫議何論丞相斯秦刻多割棄日月懸不
刊儔與判軒輊北海蔡中郎鴻都寫鉅製其時去古遠八分不能備三體重黃初騁
博邯鄲衛古文愈於野科斗已龐廁雲擾接典午卑之等自檜規製失端平魚鳥亂
奔肆詞客競聲病六義逐波逝稍喜顧野王玉篇括鉅細中流抱一壺汲古得津逮
唐代陽冰子自詡斯翁次四裔照碑版王著竄靈祕根柢不旁歧新義惜乖剌寫定
五百部茲功誰其嗣銳意校石經齎志乃弗遂開成勸學官諸儒未善繼不習許氏
學莫睹伯喈諦非篆復非分視古抑何戾從知正始前傳箋別涇渭鄭覃殊譾陋大
業損高値沿及宋雍熙孤鳴徐常侍二難紹墜緒羹牆親夢寐洛蜀紛黨爭訓詁等
帚敝語錄鳴鴂舌決潰若犬猘絕響五百年中天忽日麗乾嘉挺鴻博便便五經笥
家有祭酒書開卷如舞轡閉門造車輪長途知老驥百六極今茲狂狡起而伺毒餤

勝秦阮偏師撼漢幟側身避豺虎一鐙供清淚留此證古懽目營更心醉吾方爲此懼爲山期一簣

偶閱胡文忠公一統輿圖有感各繫以詩存十二首　湘潭周逸木崖

北直

黃金猶在昭王古明月依然老樹橫魏武盧龍引軍出遼宗鴨綠渡江征蠮螉塞外添秋思木葉山頭動客情莫道幽燕無壯士幾回試劍聽潮聲

江南

烏衣零落夕陽過極目姑蘇感慨多采石戰圖新宇宙秦淮王氣舊山河玉鉤煬帝千秋恨香水西施一片波休問漁翁箏笛事獨憐桃葉別離歌

浙江

釆蓮西子若耶過當日浣紗棲苧蘿遙望白雲懷謝客空留黃絹弔曹娥王崖石洞煙蘿隱金粟寒堆古篆磨欲向吹台招子晉仙霞去路遠如何

福建

幔亭初建値中秋雲谷桃溪月夜流蒼玉迴環清氣逼丹霞矗立晚煙浮金崎江下空垂釣烏石山頭紀勝遊神過洛陽潮水退一聲笛上野歌樓

江西

重陽已過詠滕王好寫秋屏倚豫章醉到香城忘路遠飽看新婦覺詩狂宜春認立長沙主薦福空題范仲郎何幸梅花留古迹琵琶從此屬潯陽

湖南

高挂蒲帆過岳陽憑風吹到水程鄉碧波層疊襟南北青草芊綿接漢湘韓愈開雲誠曠爽謫仙問月詎荒唐莫愁倘屬無情女安得當年識竹王

陝西

隴坂歌流怨冶遊胭脂失却替人愁藍田水冷裴航夢紫閣峯高杜甫謳鸚鵡四圍嵐翠靄珊瑚一色石蓮浮撫琴響斷明皇夢影泛宮娥是也不

四川

蛾眉突起岷山嶂鳴玉清流草木幽明月圓生明月峽海棠香上海棠州閒來白帝

欲懷古小立青衣不耐秋劍閣未堪回首望杜鵑寥落使人愁

廣東

記向南田去問津泉甘樹茂遶雲濱沉香月照空江靜錦石風催小洞春雷出英靈秋欲老詩題玉宇字通神東坡載酒黎家飲夢到梅花悟美人

廣西

碧蓮石上舊題詞像刻羅池昨夜知靈壽昔年投去易緑珠今日渡來遲海棠南北人間酒楊葉高低霧裏枝好是橫槎光似鐵秋風寫入畫中詩

雲南

惠嬭當年神鳥飛點蒼萬丈狀崔巍春時香水人忙祭晚際煙蘿樹帶暉玉筍蓮雲危聳秀金蓮捧日遠交輝碧鷄俯瞰滇池小西洱雄兵是也非

貴州

試觀芳杜樹南明謾羨龍坑柳影橫洞隱紅巖深莫測寒生白石夏猶淸琵琶月夜徧聞響銅鼓天陰竟發聲休把思印作思印巍巍鹿角最怡情

春杪山行即目四首

長沙陳繼訓杏驄

幽林轉深壑中有幾間屋仙人何處尋白雲時出沒
松高帶嶺橫竹好依山曲有人捲簾看挂起一痕綠
小溪連幛碧曲磴帶蘿青自然安水石潑翠成圍屏
連山無斷處螺黛揭眉宇山凹罅可尋天外一峯補

寄趙侍御三律有序

湘潭吳鎔湘琳

老友趙芷蓀侍御闊別四十餘年矣、近得其來書、有陵遷谷變萬事皆非、吾兩人所差自信者、尙不失書生本色之語、讀之有感、率賦三律、以寄懷思、

卌載不相見人間萬事非憶承靑睞早敢與素心違世亂知何極朋儕嘆益稀尺書如拱璧一誦一神飛
一自滄田變塵囂天地昏飄零吾遂老砥柱子猶存幾輩遲文駕何時對酒尊素居頭並白孤憤與誰論
羨子歸田後幽棲保盛名文章今庾信諫議古陽城老眼看時局高懷念友生相思

難命駕惆悵寄吟情

湘琳老友見懷三首次韻奉和

湘潭趙啓霖芷蓀

別來四十載疑夢復疑非遠辱篇章惠翻嗟教論違瑟居同耐老知己不妨稀一瞥春如許離情逐雁飛

苦憶孤懷在其如八表昏蘅蘭香未遠薑桂性猶存就養希曾晳齋心禮世尊無窮悲憫意蒿目總難論

與君英妙日湘上愧時名橫舍風生座荒祠月近城憂時雙鬢改感舊百端生獨倚停雲望寥天識此情

還山吟題畫贈林子超 選錄白燕盦詩集　己未作

湘陰陳嘉會鳳光

昨日入城市自恨還山晚一朝雲樹深又念斯民遠坐此兩無成蹉跎復繾綣八閩有君子操行同琰琬日抱飢溺懷幽情寄翠巘爲君寫崖谷兩心共關楗何用相校量行藏一仰偃

爲林子超題蘇六朋畫碎琴圖　己未作

前人

碎琴寧作不平鳴珍惜當年指上聲驚動卅間閒耳目僅從破壞得知名
流水高山曲曲寒鍾期已去不堪彈如今世上知音少箏笛前頭一慨歎

爲高天梅題馮柳東楊柳岸曉風殘月圖 己未作　前人

如此淒清最可憐曉風疎柳對嬋娟馮郎詞句王郎畫一段風流憶往年
青衫笠影貌蘧蘧妙句頻伽更起予（郭麐題詩有浩蕩江湖未後期之句）慚媿江湖歸未得淡煙和月夢前渠

赴金陵過漢上別彭又岩范吉六諸友 庚午作　前人

去年梅雨時送我瀟湘去今年梅雨時送往江南路已老去年人不定今年住酒罷又分離獨在船頭步
吾儕近六十相聚能有幾屈指三年中良會多可喜游讌忘朝昏嘲弄無彼此出當念瘡痍處當掃糠粃

彭城登雲龍山頂放鶴亭 庚午作　前人

雲龍山人喚不回當年肥遯東山隈朝朝放鶴西山去建亭山頂何崔嵬我今雖後

八百載曾讀東坡亭記來岡嶺四合尙如昨鶴飛不見空徘徊悵望黃冠與草履寂寞白石兼蒼苔山形起伏作龍勢山石錯落羣羊堆 東坡醉眠雲龍山詩滿岡亂石如羣羊 羊耶雲耶驟莫辨得名或即由此推香光附會雲出碭斬蛇龍德尤嘲恢 董香光重脩雲龍山放鶴亭記附會爲漢祖匿居碭山常有雲氣及斬蛇爲龍德事未免穿鑿 亭前有泉鶴常飲疑有照影餘鶴胎雲龍不去山未改名留迹往存文才東望戲馬臺寄奴威略安在哉西望范增墓策士勛名隨草萊九里山前鼙戰鼓環山一鈌成悲哀古來地險不足恃窮兵黷武餘刦灰下山且據醉牀石東坡薄飲猶堪陪 山半有石牀即東坡醉眠處旁刻所書詩 舉手招鶴鶴倘至山中人兮心爲開

子房山 庚午作

前人

報韓千古意真不爲封留玉貌何年塑蕭聲尙水流蕭條徐泗雨想像石松游今日兵塵滿低回下碧丘

次韻周木崖詠水仙 近作

前人

水清石瘦偏宜靜玉立根盤喜向陽棐几不教凡卉近心清纔許得聞香

蕊珠宮裏謫仙才豔雪輕寒趁曉開一水中央真宛在人間徒歎隔塵埃

題水仙花二首 有序

邵陽盧 賀泮山

木崖先生手植水仙花一本置諸玻璃盆內養以清水培以白石隱然有清白自矢之意時値花蕊盛開木崖賦詩有一生懷抱噴清香之句木崖生於亂世隱於船山學社日與當世名宿研摩經術其志有足嘉者因次其韻和之

梅茶開後即芬芳羞與羣花鬥洛陽贏得一庭春氣暖東風簾外自生香

也知花意最憐才慣向潭州處士開莫作淩波仙子看蕋宮何處有塵埃

前題

浣霞閣主

冰肌端合藏書室獨占明窗一線陽生就孤高清品格不須扶植發幽香

一身清潔自多才日對書齋看汝開都羨好花天上種不因風雨墮塵埃

前題

長沙王壽慈澍芝

循環剝復天心見萬物欣欣盡向陽惟有水仙花信早乾坤一握吐清香

文苑詩錄 三〇

珊珊玉骨本仙才春暖芸窗次第開中有高人勤祓濯濂溪一派淨塵埃

前題 長沙李忠澍

正學蒙芽道漸昌千秋絕學紹衡陽名花亦見精神好一室清幽發古香

揮毫咏物見高才儘有幽芳入句來不向污泥託根荄定知風格絕塵埃

前題 岳陽李澄宇洞庭

蓬萊宮外有仙鄉不羨花王住洛陽白石清泉隨分好那知春近那知香

㠯古幽人戒露才歲寒肯共百花開梅雖雪裏根黏土似爾何從着一埃

前題 湘陰柳敏泉

梅兄馨弟蘭爲友白玉黃冠詠紫陽雪案春寒相對坐氤氳花氣共書香

端宜清品伴清才花解知人得意開世業濂溪堪繼美芙渠同此絕塵埃

前題 湘鄉蕭仲祁理衡

不堪桃李鬥春芳獨守冬心到豔陽肌是冰霜神是玉梅花兄弟共清香 水仙與馨梅同

一風信 退之山石唾凡才幂幌芳瑩愛晚開雪月清新共肝膽玲瓏雙照更何埃 東坡

用退之詩意云縞帶練帨玉川家肝胆清新冷不邪

前題　岳陽鄧振聲瑾珊

亭亭玉立水中央淨几明窗愛晚陽畢竟仙胎無俗骨一分清氣一分香
洛神風骨謫仙才相對幽人笑靨開身在軟紅塵裏住不知何物是塵埃

前題　湘潭譚從炳棣生

素臉含情殊得意芳心對語總隨陽水晶中有真仙子不到人間不肯香
春前桃李幾掄才不讓梅花雪裏開太息名花有仙骨此生出水不沾埃

前題　長沙黃贊元鏡人

託根原不羨高岡淨几明窗對夕陽水石相依偏綽約幽芳合佩令君香
絕豔奇才天所忌冰心雪貌向誰開栽培若未逢知己安見凌波不染埃

前題　安化陶思曾叔惠

瘦骨闌珊葉半黃已拚枯槁謝冬陽殷勤護惜逢高士感遇還酬幾瓣香
不隨同伴豈無才春到人間獨後開清品華容誰比得凌波仙子絕纖埃

前題 湘潭胡作鏞肇修

偶託風塵感消瘦探知根蒂蘊真陽本來骨格非凡品移到書齋發異香 水仙來自閩中在途日久而色黄固宜拙作云風塵消瘦以此

前身明月是仙才應共梅花雪後開堅白一心宜水石培根早已洗纖埃

前題 湘鄉蕭沛霖甘溪

憶君移植佳葩日正值天心復一陽畢竟僊人能崛起衝開泉石噀幽香

名花亦復顯奇才耐冷禁寒突怒開自是清標能出衆絕無一點近纖埃

前題 武岡鄧兆賢醒盦

凌波一去仙凡判笑爾羣芳只向陽今日恰逢青眼客肯容高蹈闕奇香

鉛華淨洗見清才移向南窗緩緩開願與高人長作伴孤標從未着輕埃

前題 仲元先生惠贈船山學報奉和詠水仙詩爲謝 湘潭許銘彝篤齋

聞道名花手自栽水僊枯後令春回莫驚太白情珍重花亦同從上界來

春雲長擁石船山逗出天心碩果繁蘭友梅兄無限好年年游戲在人間

前題　萬休和尙

花以仙名樂水鄉。高標不世暴秋陽。歲寒三友偏居上。淸供添來一段香。

繁華一洗傲春台。曲媚都羞直上開。四壁圖書皆伴侶。漱流枕石遠塵埃。

右水仙各和詩以收到先後編次　編者識

小飲民衆俱樂部感賦　湘潭朱德裳師晦

江湖魏闕兩沈吟。感動當年悲憫心。太息門前數株樹。不堪圖畫尙堪尋。

少潛招飲船山學社即席賦贈並示佩初嵩山鏡人鳳光理衡薌貽木崖暨同坐諸君子乙亥立夏日　前人

七十未爲老。憧憧何所思。春歸如過客。世亂似明時。細雨催花發。閒雲入夢遲。故人今滿座。舉酒話相知。

樹上黃鸝囀。花間白髮過。當時交鄭泰。今日拜維摩。瞋念平生少。詩題良友多。本來無去住。何用說蹉跎。

乙亥立夏日少潛招飲船山學社師晦有詩見示走筆依均奉和並簡同座諸君子　周逸

此日誰招飲。良朋我所思。江湖驚白首。風雨望明時。不醉因心覺。留春得句遲。高談堪下酒。清史廣聞知。師晦鳳光兩君談清德宗與西宮往事故云積翠開庭藹。軒車送影過。刼餘存勝地。船山社址前經變亂改作農民協會後由逸等恢復病後起維摩。癸酉歲在社養痾半年發願唸佛病即愈倦鳥歸林急。飛花入酒多。諸君如不昧。吾道豈蹉跎。

立夏日會飲船山學社師晦以詩見贈因次韻答之並示子固靈生佩初蒿生鏡人鳳光理衡薌詒木崖介石諸君子　湘鄉胡子清少潛

舊雨懽今夕。停雲慰所思。人尋陳迹地。鳥送友聲時。促膝談心久。擎杯漬口遲。廿年無此樂。惟有箇中知。往事一回首。駒光容易過。心胸從此拓。頂踵爲誰摩。朋喜新交少。詩嫌夙債多。齒凋舌猶在。吾輩怎蹉跎。

少潛招飲船山學社適展墓赴鄉未克趨陪即席師晦有句寄贈敬和原韻並簡同集諸公

長沙黃贊元鏡人

展墓荒山遠蓬蒿愧孝思不期良會日正是斷腸時聚散緣前定悲歡悟後遲欲話平生事鷗侶盡相知

蓮社羣賢集松庵一鶴過壯懷欽尙父善病笑維摩香味芝蘭久詩情湖海多幾時重聚首相與慰蹉跎

少潛邀飲船山學社師晦有詩同人多和之因次韻二首

陳嘉會

故友今寥落相看慰所思笑談成老輩意氣想當時日夕酒行急春歸花落遲不堪逢板蕩重與說心知

投老彌珍重芳辰草草過烽煙能讌集耆社得研摩詩筆崢嶸甚豪情感慨多向來文字飲大半屬蹉跎

和木崖登黃鶴樓原韻

攸縣龍紱年天放遺稿

瞭眊難分眺遠眸昔年黃鶴一登樓江涵鷗影日初落樹擁鴉光雲不流脚底長川

隨去住眼中高閣任來游何須浪擲人間句踏破芒鞋已白頭

次韻俞彥文見寄　攸縣龍紱慈杜園

西湖三載與君同最憶梁園舊日風高館張鐙春酒暖畫船吹笛夕陽紅緇衣索米情無那夜雨懷人夢尙融幾樹孤山着花未莫辭消息報詩筒

次韻沈子粹詠弈　湘潭陳學博珮秋遺稿

世事等棋局胡爲苦營營所以高隱士遺懷藉楸枰不爲當局迷何假旁觀明遊心契玄妙境絕風雲生虎穴戒輕入雁陣當先橫勝欣敗亦喜可觀君子爭仙乎爛樵柯伐木忘丁丁

圍棋　前人

晚年思遺興對酒易酩酊閒慕古仙人知心同坐隱松風三徑涼華月一輪靜淸簟坐花間淸心瀹香茗隨意布雁行得子一俄頃勝負皆欣然手談眞上品觀者爛樵柯此樂言不盡世事本如棋刻求殊可哂

題李和笙天籟閣詩集一首　湘潭黃波沛皆遺稿

雨湖湖上春光渺湖邊煙柳春光早回首雨湖詩社人相逢不覺鬢眉皓自別雨湖三十年分途齊著祖生鞭我向吳中隨戰伐一官顛沛復流連君家本是謫仙後吟詩百篇酒一斗去年訪我三吳中今年來會五虎口滄溟白日走鯨蛟不畏狂風涉怒濤袖中詩卷益豪壯浮雲捲盡海天高八閩地本驚鋒鏑忽化干戈爲玉帛留君課子細論文長共琴尊浮大白興酣落筆凌滄洲當年笑傲輕王侯燕雀豈知鴻鵠志風霜敝盡黑貂裘讀君詩集觀君意胡爲落落不得志性靈君自爲愁工我不才人天亦忌同是升沉付性天浮雲富貴讓人先相期歸隱雨湖畔終結香山九老緣

雨湖

湘潭李鶴雲和笙遺稿

雨湖煙柳沿堤綠清歌四面銷魂曲哀絲豪竹不勝情試問幽人何處行人生有淚不沾臆湖上春光愁豈得層樓三疊阿誰家巷頭巷尾開桃花桃花灼灼紅千樹燕子飛來忽飛去請君但看桃柳花旦夕雲煙籠不住

讀陶詩

前人

晉末少臣節忠義如棄遺落落陶徵君清風繼夷齊五斗既已食折腰焉可辭去官

誠有託遂賦歸來詞歸來一匹夫而爲百世師詩篇編甲子後儒休議訾讀書貴得間毋爲古人欺謂余爲不信請讀種桑詩

題雙魚圖

湘潭黃潤昌劭坤遺稿

畫魚要畫一雙魚畫出雙魚好寄書我有故人在天末憑君問訊近何如桃花時節鱖魚肥手把金刀不忍揮更有錦鱗三十六點睛便欲化龍飛

按先王父忠壯公以諸生從戎克復金陵有功旋征黔苗殉難公嗜書史雖戎馬倉皇吟詠不輟遺有雙魚圖題詩手跡藏之篋中七十載矣偶一展玩深有范喬抱硯之感敬以質之 大雅君子倘辱惠題俾斯圖傳之不朽拜賜多矣黃修杞謹識

題黃忠壯公雙魚圖有序

鐘勳姻兄以家藏雙魚圖屬題其上有 大父忠壯公手題二絕臨池揮洒遺墨如新征虜風流猶堪想見率爾走筆即以補空用志欽佩之意

湘潭李鎭藩翰屏遺稿

池光林影久相於在藻依蒲仟展舒挾得風雷上霄漢緋衣金袋一雙魚
神物千年漢洗遺吉祥文字說當時君家亦有雙魚在祖澤箕裘好護持

前題有序　湘潭唐傳杜蓂陔

鐘勳公孫以其　先德忠壯公所題雙魚圖詩見示索題依韻勉成以應

琴高以後少神魚何事雙雙枉寄書知否禪宗耽寂寞幾囘旨趣證如如
相者從來愛犂肥遊魚出聽帝絃揮成龍八十一鱗好免血玄黃四野飛

前題　湘潭何衢特循

燒尾雙雙愛寫真碧紗籠句墨如新龍潭早自蒸雲雨甕谷猶疑泣鬼神
據鞍四顧豁吟眸名將詩人合一流莫向蠻夷悲馬革自留佳句足千秋

前題有序　湘潭謝鼎庸滌荃遺稿

甲戌秋九月鐘勳世兄以其　大父忠壯公所題雙魚圖囑爲貂續先正典型宛然在目率成二絕勉以應命

漢洗同珍一畫圖錦鱗兩兩响江湖暴鬐豈是池中物定向龍門燒尾俱

似客遺來雙鯉魚尺書珍重意何如知君祖澤貽謀遠古物摩挲慶有餘

前題 湘潭宋增馨菊生

三食神仙飽蠹魚將軍茁裔有傳書畫圖一副名人筆雙鯉條條得水如

墨跡模糊認瘦肥龍蛇入筆不停揮高人逸興留餘韻知是當年破壁飛

詞錄

齊天樂 題黃忠壯公雙魚圖

醴陵劉鵬年雪耘

波痕綠上瀟湘岸絲絲柳風吹鬢瀚海鞭鯨長江飲馬生恐壯懷消盡吟邊劍影悵芳草天涯錦鱗無信絹素誰描唼花戲藻碧潭靜 匆匆舊遊似夢記畫船煙雨鮮膾初進桃水深情濠梁逸致併入奚囊佳詠將星夜隕更碧化三年閫寒八陣破壁龍飛恍聞笳鼓競

劄記

船山先師詩錄

分寄方廣避亂諸緇侶八首（一）

周逸敬選

嶽雲三尺雪一尺。爛木枯根焰不生。曾記凍僵雙足重。諸師許我入山深。

（二）

屢逢虎跡如牛掌。晴日鳴風森晚潭。自喜林敲山石碎。百靈能識我無慚。

（三）

燒盡山中貓竹籜。特教瘦上發龍材。可憐春雨騰青削。曾此蕭蕭風雨哀。

（四）

槖晨鶻夜晝鵂鶹。足覆寒蓑聽未休。此自答恩還聖代。山僧莫只話驚鷗。

劄記

恆心堂讀書答問 續第七期

湘潭周逸木崖

問人之立言應取何法方爲有益於天下有益於將來

答文之不可絕於天地間者曰明道也紀政事也察民隱也樂道人之善也若此者有益於天下有益於將來多一篇多一篇之益矣若夫怪力亂神之事無稽之言剿襲之說諛佞之文若此者有損於己無益於人多一篇多一篇之損矣故文不足以載道學何能以經世吾願今世有立言之責者須於有益無益四字上注意庶幾不愧聖賢立言之意

問學者應如何可以刑家可以範俗可以窮不失己達不失望

答學者固不可不讀書然不可流爲學究固須留心世務然不可遂入於功利修諸身見諸行事可以刑家可以範俗窮達一致終始一節方不失爲聖賢之徒也然窮達工夫却有分別豈易致哉吾人果以道義爲重自然惟道義是樂囂囂自

劄記　恆心堂讀書答問　二

得。人知與不知。窮達自不介意。窮則善身。自不失義。達則善世。自不離道。然說時易。允蹈難。反而自思。平生果道義是重。囂囂自得否。果窮不失己。達不失望否。窮不失己。介潔有守者猶能。達不失望。非才足有爲者不能。殷浩未達時。人擬之管葛。咸曰深源不出。其如蒼生何。厥後深源既出。其如蒼生何。甚矣民不失望之難也。故學貴實際。

問。譎詐之人應如何待之

答。待至誠之人。當以至誠。待譎詐之人。尤當以至誠。蓋譎詐之人病在不誠。若以爲其人未可誠動。偶參譎詐。則彼必愈增其技以加我。我又加之。是不惟不得動彼以誠。並且陷我於詐也。而曰人之多詐。豈不謬哉。

問。君子小人之過何以辨之

答。君子之過。如日月之食。過也人皆見之。小人之過也必文。此其所以爲小人歟。吾人果立心欲爲君子。斷當自知非改過。始若甘心願爲小人。則文過飾非可也。李二曲先生云。庸鄙小人不文過。文過者多是聰明有才之小人。肆無忌憚之小人不文過。文者、多是慕名竊義、僞作君子、之小人。蓋居恆不肯檢身、及有過又怕壞名。以故多方巧飾。惟務欺人。然人、卒不可欺。徒自欺、耳。果何益、哉。是故知人之道。驗之以事而觀其辭氣。從人、反躬者。鮮不、爲君子。任己、蓋非者。鮮不爲、小人。噫。爾尙敬爾心術。愼爾行事而和厚爾辭氣。檢點之功有一之未至。將不、逃人、於明、目之一、照。而爲、遠、近、之所、嗤、議而况、人、心、有、神。雖非、明、者。亦未、易、欺。逸按人之欺僞。固不能逃人於明目之一照。所謂人有是非邪正。言則隨乎其人。因言固可以知人。然世有人非言是。人邪言正。又何以辨。曰致飾之言。與根心之言。猶翦綵之花與樹生之花。眞僞自、是不、同。吾人、只要、理明。理明、則、言、無、遁、情。鑑明、則、貌、無、遁、照。人之視己。如見其肺肝然。人亦奈何而文過耶。吾嘗謂過誤人所不免。一文、反成、心疚。學、者、須從此、用力。則凝命、立身、察人、之本。庶幾不昧。

問考據字義而旁及於金石文字何以通儒不認爲是學問

答不知學問之道。不在考據字義及金石文字。夫金石文字之足以資助史學。者不過訂日月。校職官。證瑣事。而於制度云爲安危治亂之端。則其所繫者至小。歐陽子固嘗篤好之然亦其才力有餘偶一旁及耳迨趙德甫而所見益淺矣所爲鑒古而知今畜德以致用者果如是而已乎勞心終日惟外之求而茫然不知身心之所在試之以事而顚頓失措臨之以恐懼患難而失所操持由其玩物喪志在平時故了無肆應曲當之具以此爲儒果足爲繼往開來名世挺生者供洒掃役乎誠使有志之士吾知必不爲俗拘不泥古不遺今博學而反求諸約養心而不蔽於欲斯卓然爲儒大宗矣豈專守一家蒙齷齪小夫之謂哉余嘗謂學問二字人多誤認往往以聞見記誦爲學問以聞見博記誦廣爲有學問故有聞見甚博記誦甚廣而仁義弗由德業未成者求諸耳目而不求諸心故也

問學問眞血脈是否先立乎其大者

答先立乎其大者則其小者不能奪此孟子喫緊爲人示以敦大原立大本處象山先生生平自勵勵人得力全在於此此學問眞血脈也李二曲先生所謂時時喚醒此心務要虛明寂定湛然瑩然內不著一物外不隨物轉方是敦大原立大本能先立乎其大學問方有血脈方是大本領若舍本趨末靠耳自外索支離葛藤

惟訓詁是就。學無所本。便是無本領。卽自謂學尙實踐。非託空言。然實踐而不先乎其大者。則其踐爲踐迹。爲義襲。譬諸土木被文繡。血脈安在。

問何謂事賢友仁

答事賢友仁。原藉以陶淑身心。夾輔德業。苟非賢而事。呈卷送課。以圖知遇。非仁而友。詩酒作緣。以廣聲氣。則其人品可知。若有道德邁衆。或經濟擅長。以至直諒多聞。忠孝廉節。有一於斯。便是賢友。交一賢友。則得一友之益。所交愈多。則取益愈廣。驕奢佚惰。惟宴樂是就者。烏足以語此。李二曲先生云。仲尼。學無。常師。此仲尼。所以。爲聖。也。人人能惟善是師。隨往取益。則人人仲尼矣。

問古人讀書喫緊處何在

答李二曲云。道聽塗說。乃書生通病。若余則殆有甚焉。讀聖賢遺書。嘉言善行。非不飫聞。然不過講習討論。件口度日而已。初何嘗實體諸心。潛修密詣以見之行耶。每讀論語至此。慚悚踧踖。不覺汗下。同人當鑑余覆車。務以深造默成爲喫緊。以騰諸口說爲至戒。又云。每讀論語至焉能爲有。焉能爲亡。中心不勝慚悚。不勝悵

劄記　恆心堂讀書答問　六

恨。慚平生見道未明。德業未就。恨平生凡庸罔似。於世無補。虛度待死。與草木何異。猛然一醒。痛自振奮。少自別於草木。庶不負此一生。逸按李二曲先生行成德尊。猶自刻責如此。況吾因循虛度。更於世無補。每清夜自思。慚悚無地。今而後願與同人共勉。務以深造默成爲喫緊。以騰諸口說爲至戒。視天下無不可爲之時。不論有道無道。直以綱常名教爲己任。撥亂返治爲己責。做一分。算一分。庶不愧讀書聞道之君子。

問古聖賢不以境遷其用心何在

答伊尹一介弗取。千駟弗顧。夫子疏水曲肱而樂。不義之富貴如浮雲。顏子之樂。不以簞瓢改。柳下惠之介。不以三公易。子路縕袍不爲恥。舜禹有天下而不與。蓋用心於內。所好在仁。自不以此爲意。白沙云。人爭一箇覺。纔覺便我大而物小。物有盡而我無窮。夫惟無窮。故微塵六合。瞬息千古。生不知愛。死不知惡。又何暇銖軒冕。而塵金玉耶。（未完）

課藝

船山先師詩錄

分寄云廣避亂諸緇侶八首（二）

周逸敬選

五

有土不容雙足入。寃親寂寞得山僧。若爲一衲寒鐘底。卻解人間劍俠能。

六

兩杖攜歸意暗交。鏗然岳石許晴敲。時艱未靖羞神力。風雨何當補一巢。

七

螺縈萬壘靑難已。縷縷雲來森自平。中有人煨山芋熟。破煙卻喜杖來輕。

八

飢將覓食無方向。飽我山中瓜果根。一片寒香入骨裏。直令清絕是師恩。

課藝

正取第一名廖梲盦

經義 治事 詞章 三篇

經正則庶民興庶民興斯無邪慝矣義

日月行於天也河海流於地也寒暑往來於四時也皆歷古今而無或變者也顧天之變則日月有蝕地之變則河海欲涸四時之變則寒暑僭繆爲災然而蝕者暫也涸者偶也災者有限也雖變而仍復其不變者也人秉之清於天得之寧於地各受氣以生凡尊卑之分貴賤之倫長幼之序男女之別善惡是非之辨皆有萬世不易之常道存乎其中豈容淆惑紛亂以竊風俗溺人心而大禍天下者乎故孟子有言曰經正則庶民興庶民興斯無邪慝矣是說也蓋與萬章論鄉原爲德之賊而發也夫經者常也卽人之常道也如天之日月而常行也地之河海而常流也四時之寒暑而常往來也歷古今而不變者也時至戰國邪說橫流慝行大作卑犯尊賤陵貴長幼無序男女無別善惡無定論是非無眞理風俗腐竊人心陷溺天下之亂至於

課藝

此極。楊墨之道不息。孔子之道不著。於是尙縱橫者一家。捭闔者一家。刑名法術。談天炙輠。堅白同異。論臧三耳者各一家。一時天下庶民。莫解倒懸。日在塗炭。悉養生救死之不贍。誰能勃然而興。去邪遠慝。各守其常。同納於軌物也哉。夫上古之盛。民多純樸。而靡不興於善者。其道何也。曰經正也。父子、之經。尊卑有分也。君臣、之經。貴賤有倫也。兄弟、之經。長幼有序也。夫婦、之經。男女有別也。朋友、之經。善惡是非有辨。互相勸而不相傾也。風俗、人、心、之所、由、正、也。正則、邪、慝、不、戢而、自、消也。夫垂其象也。日月之行。不易其度。地曜其文也。河海之流。不乖其方。四時應其節也。寒暑之往來。不厲其氣。是以無物不長。無生不蕃。無性不順。無情不達。無民不養。欲給求康熙而壽、風俗純、人心厚、經正之效。不尤大彰明較著者哉。且夫邪慝之興。足以紊亂常經。窳風俗、溺人心、災天下之庶民。蓋有由來矣。凡民猶草也。草上風必偃。民猶水也。水下流莫禦。矧其性多喜新而厭故。好奇而改常。有創立新奇可怪之論。欣動時君。昌言改革。謂從吾說者。可以兼幷四海。垂業萬年。時君靡不急功利。騖遠大。故其說行。卽以號令天下。天下之民。不崇朝而丕變矣。雖一二有識者。明知其非。已如草之從風。水之就下。豈此一二者所能遏抑而反諸正耶。上有好者。下必甚焉。促大執之所趨。積久成爲風俗。深入人心。綱紀淪胥。此亂之所由作也。故君子必反其經也。嗟嗟。今日天下之亂。更烈於戰國時也。尊卑無分也。家毀父子之親。貴賤無倫也。國滅君臣之義。長幼無序也。兄弟操同室之戈。男女無別也。夫婦多反目之釁。善善惡惡。是是非非。倒行而逆施也。朋比爲奸。友誼日薄。甲乙肆行傾軋。黨派愈見紛歧。政出多門。法離正軌。治民者則縱欲敗度於其上。爲民者則作姦犯科於其下。相率用夷變夏。舉國若狂。方沈淪於邪慝。已深且固。而莫知反。日月晦矣。一歲之中。虧蝕迭見。河海汙矣。九州之大。旱涸時聞。寒暑乖戾矣。四時之殄疫厲淫行。民失其常。破壞其大經。三綱淪。九法斁。冠冕毀裂。戈兵紛擾。殺機暴發。元氣殘傷。故天爲之昏。地爲之崩。四時爲之紕繆。氣相感召。至於此之速也。天下人猶伈伈焉。俔俔焉。憒然而莫知反乎經也。是不獨爲鄉原。見惡於君子也。國之蠹也。民之賊也。不知孟子復生乎今之世。於斯人又將何誅焉。

改良學校制度平議

課藝 四

我國爲數千年聲明文物之邦。當三代盛時。人才出於學校。黨有庠。州有序。國有學。一時風俗敦樸。人心純正。制度悉臻完善。故世運亦隆。自叔季寖衰。教育不探其本源。邪說橫流。異端紛起。綱常紊亂。名教隳頽。君子道消。小人道長。天下紛紛擾擾。此亂之所由始也。不大可畏哉。慨自前清末葉。政治維新。科舉罷。學校興。遞嬗至民國改元。忽忽垂三十餘年。所造就之人才。已可概見。釀成今日瓜豆剖分。不可收拾之時局。內而國政紛亂。匪氛蔓延。外而邦交決裂。領土喪失。主持文治者。則骫法營私。侈談武略者。則藉寇自重。民生凋敝。國計艱危。人心風俗之澆漓。至於此極。推原其故。悉由學校制度之不良。此卅餘年中所著之成績。而階之厲也。有教育之責者。惡能辭其咎哉。若不汲汲改良。微特遺誤全國青年。而災風俗害人心。流毒百年。亂未有已。贓吏酷於洪水猛獸。脫令神禹伯益復生。亦末由沈澹災害於今之世也。以蒙管見所及。必取近今學校制度。一洗而廓清之。則我國前途。庶其有豸。特不揣謭陋。略舉當務之急者。臚陳於后。幸垂鑒焉。

一恢復祀孔以存禮教也。粵稽我國史籍紀載。歷代帝王之興。其開國典章。靡不首先崇祀孔聖。昌明禮教。垂一王大法。肇百世丕基。否則莫能開物成務。永保天庥。故秦焚詩書。其亡甚速。漢雜黃老。其治不純。晉尚清談。五胡召亂。梁信佛學。羣盜披猖。漢文帝辟雍講學。炎運勃興。唐太宗瀛洲拔士。貞觀極盛。興衰之理。尤屬顯明。民國改元。謂孔子之學爲專制。令行全國學校。廢止讀經。漸至黌宮駐兵。春秋絕祀。禮崩樂缺。正教淪胥。師道失其尊嚴。學規因而敗壞。少壯矜張之氣。子衿佻達之風。目染耳濡。志驕意殆。又醉心平等自由邪說。益加放肆。何所不爲。斷送青年。可哀孰甚。今欲亟謀補救。整頓學風。非首先恢復祀孔。保存禮教。則每況愈下。無可挽回。然祀孔典禮。不僅舉行於學宮。務必每校設立聖位。逢舊歷朔望。由校長暨教職員。率領全校學生。整肅衣冠。陳設俎豆。恪恭將事。拜跪修儀。如臨時學生中有嬉笑不敬。違禮者。必嚴定罰則。重者退學。輕者記過扣分。由校長執行。不容稍貸。以昭慎重。而表嚴肅。俾後生小子。皆知有所遵循。端其趨步。氣質變化於不覺。身心約束於無形。歲月漸摩。便成佳士。毋謂餼羊告朔。不足重輕。須知相鼠有體。深切生死。禮教存亡。可覘國運之隆替。故曰。四維不張。國乃滅亡。禮者爲四維之首。立教之所當先。不可不察。

也。孰謂祀孔爲帝王舊制。民國不宜。應予改革也乎。此卽曲學阿世倡亂之言。致有今日。深惜恢復之不早。將欲失而求諸四夷也。此可爲長太息者也。

一、釐正學說以培根本也。自歐風東漸。學說紛歧。國粹淪亡。異端崛起。所謂博士碩士。航海歸來。竊取西學皮毛。各杜撰一書以欺世駭俗。賁緣教育部。審定頒行。勾結印刷局。版權漁利。於是各學校爭購。奉爲教本。視同玉律金科。研究書之內容。匪獨吐詞屬事荒誕不經。而猥褻鄙俗難堪。尤令人吐嘔。如犬與雞對語。鳥與蝶交談。甚至昌言性交公開。實行獸化。縱欲敗度。絕滅廉恥。逆倫悖理。搗毀紀綱。誠爲名教罪魁。衣冠禽獸。是使小學生捏情造僞。肆意狂談。養成狡詐之心。驅入邪淫之路。積久習氣深錮。變化末由。强者助長其暴戾恣睢。弱者愈趨於陰險柔猾。先入爲主。牢不可破。小之貽害一己之身心性命。大之貽害一國之秩序安寧。今日共匪猖獗橫行。卽因不良學說之流毒蔓延。此旣而猶未艾也。今欲釐正。非將新出版之語體白話光怪陸離。各種教本讀物。悉火而焚之。不足以正本清源。發聾啓瞶。況小學根基尤關重要。蒙以養正。原在聖功。豈可以誨行淫詞。阻其入德之門。誤其成才之日。表曲者影必邪。源清者流必潔。孟子之距楊墨。韓子之闢佛老。皆深得其本也。當代學說之雜。視楊墨佛老而更神奇鬼怪。不可方物。爲往古來今絕未聞見。足令讀者心醉。教者聲揚。使全國人如飲狂泉。如嗅蒙汗。顛倒昏迷。而鮮有知覺。再不從酣夢中大聲疾呼。以喚醒之。則國學先亡。土地種族隨之。可立待也。此釐正學說。洵爲民治之根本。未可忽也。

一慎選教員以重師範也。孟子曰。人之患在好爲人師。禮曰。師嚴然後道尊。甚矣師資難得。而實能爲人師者更不易也。讀韓昌黎師說一篇。竊歎今日各學校教員果能傳道受業解惑者。吾不信也。在中校以上。至於大學各專科無論矣。所最難堪者。爲普通小學教員。政府對於小學教員。明知關係重要。然絕不認真考察。徒有優待之虛文。教育部廳局會之調查。僅憑各校所賫表册考核成績。輾轉敷衍。互相欺蒙。試問今之各小學教員確能勝任者。果有幾人。大率末學陋庸。一知半解。學術毫無根柢。品行又極卑汚。凡造詣稍深者。皆鄙夷小學教員而不屑爲。以功課太勞。薪資太薄。是以愈趨愈下。悉屬濫竽充數。奚有通才。而各鄉區小學教員。比較都市俚鄙更不堪問。其出身原非學界、之無畧識。多由工、商、改業、而來。或在簡易師範肄習數月。取得文憑。出居講席。以此等師資爲後生表率。欲求文明進化人才衆多。何異掩耳盜鈴。挾山超海。再越數年。各小學生皆冠而壯。光陰已過。造就全虛。以之倡亂、則有餘。以之謀生、則不足。中國前途。可爲痛哭。夫十年樹木。百年樹人。如欲真才產生。出而救國。不先從整頓小學入手。慎選師資。卽令新生活如何運動實行。舊德道如何熱烈恢復。而大廈築基不固。終必傾頹。喬木培本不深。安能蓊蔚。茲小學教員卑劣至此。不獨人才絕望。且日日製造、游民、亂黨。是促成、亡國、滅種之慘。無可挽囘。曷不注重小學教員。限定資格。嚴密考試。另立優待條例。厚給薪俸。予以出身。凡經考試不及格之教員。悉行淘汰除名。再不許混入教育。以示區別。庶幾師範不感缺乏。小學可期完善。我國亂源杜塞。何難坐致太平。富强之基。卽在是矣。

綜以上三者。係細察我國病源所在。扼要言之。以國難如此之殷。民困如此之重。端由禮教廢弛。學說龐雜。師道不立。教授無方。撤毀藩籬。敗壞綱紀。元氣凋喪。文物摧殘。執政者不知探索本源。斲枝末節之繁文。層見屢出。日肆紛擾。助長亂萌。果能於此三者。次第實施。即漢申公所云。爲政不在多言。顧力行何如耳。誠欲改良學校制度。千條萬緒。不易得其端倪。但擇病之大者深者。先治其本。而後治其標。俾內藏肅清。則外邪不得乘虛而入。真元堅固。則雜症可以勿藥而除。如恢復禮教。即治全國血熱暴發之癲狂病也。釐正學說。即治齊民癘氣傳染之時疫病也。慎選小學教員。即治全國民後天虧損之童勞病也。三者皆病在內傷外感。陰血凝滯。陽氣消沈。營衛失其調和。清濁紊其升降。已極危險之癥瘕也。儻再誤於庸醫。治術雜投。病益加劇。甚死亡可朝夕定也。醫國亦猶是也。能先此三者。以完固其精神。保全其本體。再議其他制度。以竟全功。如改良學科。須增加讀經也。改良試驗。當嚴重會考也。改良管理規則。宜注意修身。以敦品行也。改良訓育主義。宜首重倫常。以篤天性也。他如貧寒後秀。無力升學。應多方資助之。窮荒區域。未開文化。應設法普及之。至於保存國粹。振興實業。廣立平民學校。寬籌教育基金。均屬切要之圖。允宜循序進行。未可操之過激。或視爲可緩也。彙溷廁講社。歷數十年。舌敝於魯魚亥豕之剖分。筆禿於社鼠城狐之時會。傭書已困。結習猶深。久慨文教之衰。長抱無涯之戚。被髮左衽。不復覩漢官威儀。濯足中流。亦徒作楚詞歌哭。芻蕘勤獻。何補時艱。見獵心馳。不無技癢。本王萬言十上之策。聊吐千慮一得之愚。語出狂夫。罔知忌諱。敢希聖擇。無任屏營。

三月三日續蘭亭修禊序

靑鳥司啓。蒼龍載陽。日躔胃維。月氣參變。俶上巳以春莫。眷良辰而景明。新蕣泛沚。魚躍波騰。華桐發岫。鶯囀簧舌。山渲黛而嫵媚。水醮碧以澶湉。夾岸夭桃。灼爍。揭來前度劉郎。長隄垂柳。旖旎猶憶當年張緒。是日也。序詩曲水。王元長麗藻繽紛。陪輦後湖。顏延年放歌游泳。周京卜室。流觴澗瀍。鄭風采蘭。湔羣溱洧。秦昭王迺有祠祝。徐平原是以禳祈。此禊禮之所權輿。卽名流而修嘉會者也。若夫會稽勝地。於越舊邦。北峙柯亭。西臨梅市。東環玉笥。南帶鑑湖。禹甸王會之圖。葛嶺神明之府。山則層巒嵬嶷。水則激湍瀰漾。茂林蓊蔚。蘭茝鬱芬。修竹篔簹。莘蘿叢豔。況當惠風煦拂。允宜雅讌臚歡。在昔典午中移。元巳高會。風流萃平江表。春禊修於山陰。則有簪纓王謝。領羣賢四十二人。何當藻繪山川。紀流光一百五日。非絲非竹。寫哀樂於中年。或

第二卷第八期 三二三五

泣或歌。悲死生之幻夢。往古慨其陳迹。太上奚以忘情。皞皞蕩蕩。無能名焉。榛榛狉狉。孰主宰是。蒙叟化蝶非身。誤鑿混沌之竅。巢父引牛洗耳。惡聞唐虞之名。圭組不縲。志固澹如。觴詠之敍。懷斯暢矣。今者重探禹穴。載陟越臺。淑氣宜人。陽春召我。冰橋開而試馬。雪溪暖以盟鷗。委宛招隱。頻來踏青。若耶投醪。更當浮白。續永和之軼事。盛會迭興。踵內史之芳蹤。典禮未墜。幽情寄於邱壑。塵慮滌其覞鬖。浴乎風乎。童冠咸集。飛者躍者。鳶魚忘機。衣冠非古。誰侶羲皇上人。宇宙無窮。暫作濠濮閒想。嗟嗟亢二履運。陽九遘災。鶴有乘軒。馬不生角。會見銅駝棘草。感懷金雀觚稜。猶是八王披猖之日。其豆相煎。又見五胡突騎而來。河山半壁。世變如此。國恥方深。何以祓除不祥。願比袍澤。一洗。覽句踐之霸圖。共矢膽薪嘗臥。著東山之遊屐。未遑棋酒從容。方有事於中原。分陰是惜。惟無役於外物。大造何心。田文感雍門之言。能無涕泣。辛有自伊川而過。是以欷歔。信良遇之可珍。繼千載一時之盛。其會心而非遠。覺六合四大皆空。興廢何常。出處自適。形骸無累。彭殤並淹。媿無鐵畫銀鉤之筆。再捋虎鬚。莫補南陔華黍之篇。勉續貂尾。

首藝如長江大河。一瀉千里。平議激昂慷慨、暢所欲言。序亦筆歌墨舞、無懈可擊、其今日學問中豪傑之士乎。 黃 翬批

首藝根據上文君子反經相題有眼、盡情發揮。含蓄一切。自是斲輪老手。次藝於題外平議。卻不離正軌、語重心長。具見憂世之深。辭章撫時感事。寄託遙深。所謂魚躍波騰。華桐發岫。卽以序辭移贈。 周 逸批

經義 治事 詞章 三篇 正取第二名唐兆鳳

居敬而行簡以臨其民義

大學之道。在明明德。在新民。儒者讀聖賢書。所學何事。自當明德新民。爲天地立心。爲萬民立命。於未臨民之先。正心誠意修身齊家。敬以居之。以求內聖外王之本。及臨民時。仁民愛物。提綱挈領。簡以行之。以裕治國平天下之原。民吾同胞。物吾同與。天下一家。中國一人。其所挾持者大。而規模甚宏遠也。聖門如仲弓。固優於德行。夫子許以可使南面。以其有人君之度。必能由明德而新民。由仁民而愛物。昔者嘗問仁於夫子。夫子告以出門如見大賓。使民如承大祭。此居敬之謂也。又嘗問政於夫

子。夫子告以先有司赦小過舉賢才。此行、簡、之謂、也。茲對於夫子發為居敬行簡一語。其得於平日師友之觀摩研究。孕育虞夏甄陶殷周。古人與稽。今人與居。上觀千古。下觀千古於國家興亡治亂。社稷人民。與夫兵刑錢穀閭閻之顛連困苦諸情形。無不洞悉。滿志躊躇。淵源當有自來。非一朝一夕之故。非特天資之美。亦由學力之深。學優可則任。學道卽愛人。有能有為有猷有守。文學政事。兼擅兩科。循吏儒林合編一傳。一旦出身臨民。操刀使割。恢恢乎其於游刃必有餘地矣。良以居敬則心有主宰。有權衡。清如水。明如鏡。片言判斷是非。剖別曲直。有節制。有操持。富貴不能淫。貧賤不能移。威武不能屈。要不使黃農虞夏之志。稍墜卑污。亦不使頑廉懦立之操。少鄰屈抑。舉一身動靜語默。皆收斂於法度準繩之中。以是行簡。擇其事之緊關切要者。行之。最精明。最強幹。最慷慨。最深沉。最涵宏。最鎭靜。凡大小輕重緩急先後有秩有序。有條有理。不亂絲毫。不事繁文瑣碎。先立乎其大者。則小者不能奪。綱張目舉。內直外方。裘帶雍容。無為而理。如子游絃歌布化。如子夏鳴琴在堂。是何刑清政簡。樹之風聲。豈弟君子。民之父母。莫不歌以頌之也。可知居敬為敬。恭爾位之敬。非

課藝

敬。恭。桑。梓。之。敬。行。簡。爲。簡。重。嚴。肅。之。簡。非。簡。略。率。易。之。簡。然。則。仲。弓。之。簡。敬。而。簡。者。也。伯子之簡。簡而簡者也。敬而簡。則自治嚴。簡而簡。則自治疎。簡用於行事上則可。簡用於治己上則不可。若所居不敬而一味行簡。則所行疏放。紀綱廢弛。此王衍清談。所以誤國。曹參酣飲。所以敗事。昭昭其在鑑也。所貴敬以直內。簡以臨人。故堯舜兢兢業業。修己以敬。臨下以簡。御衆以寛。允恭克讓。光被四表。並禹之克艱。湯之聖敬。文之敬止。爲萬世帝王治天下之大綱。亦爲天下百官臨民之大本。正與雍之此言相表裏。學者宜玩索而有得焉。

改良學校制度平議

我國教育制度。肇端於唐虞。尚書載舜命契爲司徒。敷五教。命伯夷作秩宗典禮。夔典樂。此爲國家設綜理教育文化事專官之始。學校在王宮左右者曰上庠、曰下庠、夏代仍沿舊制。略易名稱。國學謂之學。大學爲東序在國中。小學爲西序。在西郊。鄉學謂之校。商代建學。國學謂之學。大學爲右學在西郊。小學爲左學。在國中。鄉學謂之序。立學之旨。在使生徒明五倫之教。學科以禮樂爲主。而兼及於書數。周取四代之制。參而行之。學校之制。於焉大備。天子之學曰辟雍。諸侯之學曰泮宮。鄉立虞庠。州立夏序。黨立商校。閭有塾。立學之旨。在化民成俗。教科以德行道藝爲主。施教之方。則爲禮樂政刑。春秋戰國之時。雖諸侯力政。無暇敷教。然私人講學之風甚盛。如孔老墨等。皆爲當時教育之中堅。教育制度。因而大變。學說亦不免紛歧矣。迨至嬴秦。置博士。具官待問。故云周之士貴。秦之士賤。教之者異也。漢武興學。置博士官。俱以名流爲之。而無考察試用之法。光武始試而用之。文學彬彬。順帝復修黌宮。造搆二百四十房。千八百五十室。質帝時。遊學生三萬餘人。及唐太宗置書算博士三十三員。國學八千餘人。自宋以來。州縣徧設學校。而師生授受之制。終明世未嘗廢。然皆取辦於國家經費。無徵費之令。學校以外。宋明清復有書院。皆發帑置田以給學費。未嘗令生徒出資。迄乎清末。廢科舉。興學校。於是教育制度大變。舉凡學制之訂定。課程之設置。教學之方法。生徒之管理。均皆規撫乎德日。其目綱則以經學爲體。而以西學爲用焉。近則取法乎英美。於教學方法。改善之處頗多。而徵費過重。遂使貧寒優秀子弟。無求學之所。且於吾國數千年聖賢教育之精華。對於正心修身之舊學。竟弁髦視之。甚或鄙夷之爲迂闊。以故廉恥。道喪。人慾橫流。不可遏抑。苟不及時。挽救。則日後科學。實業。發達。功利主義之成效愈昭。國民道德之墮落。亦將愈甚。此現行學制。所以急宜改革也。改善之方。則在教訓之合一。以期管訓乃得嚴密。徵費務必低徵。教化始得宏被。初中外國文不必教授。以便增加國學講授時間。自小學起。注重讀經。藉以培養國民道德。並須於大學校以上。輔以研究院。或學社。專窮六經之精義。而宏教化之本原。特徵登進。同時幷舉。庶乎可稱良制。世有哲士。當不河漢余言也。

三月三日續蘭亭修禊序

賞五百之韶光。愛重三之令節。或卜花以爲娛。或撲蜨以爲戲。或樂會乎東堂。或雅遊於南澗。或登八公山上。或玩九龍池邊。或桃澗柳溝。樂水飾而水戲。或椒臺蕙畝。喜祈祉而祈年。張華喜說。史漢元著。超超郝隆蠻語。陬隅參軍赫赫。此皆在三月三日傳爲盛事。播爲美談者也。於斯時也。有晉代之名賢。訪會稽之逸叟。踵芳辰之韻事。着文采之風流。同修禊於蘭亭。集羣賢於勝地。十六人此唱彼和。恍同白雪陽春。

三百篇扢雅揚風。豈是黃花明日。遙吟俯唱。逸興遄飛。把酒問天。攜謝眺驚人之句。揮毫搖嶽。擅青蓮倚馬之才。聚浣花江畔。儼然孫謝名流。來夢筆橋邊。髣髴周秦故事。看森森錦阜之山。秀如插筆。對汩汩鑑湖之水。清可濯纓。作溱洧上觀。采蘭相沿鄭俗。有濠濮間想。樂魚辯論惠莊。子晉濱洛遨遊。結契在煙霞而外。子桓漳川玩賞。寄情於絲竹之間。乃知人生貴適志。白樂天有事於蓮社。韋涉有事於燭婢。李白有事於桃李園。羊侃有事於金花燭。司馬光有事於真率會。蕭介有事於文酒會。又若陶靖節修斜川之事。王摩詰修輞川之事。蘇髯仙修赤壁之事。類皆瀟灑清標。胸襟磊落。籠四海於身內。挫萬物於筆端。撮古今之須臾。撫天地於一瞬。酒量思吞海。詩豪欲上天。芥視軒冕。鄙南面王不足爲。麈拂清談。惟東方朔是知己。一刻價千金。須及時行樂。斗酒詩百首。快對飲當歌。十八士共登瀛洲。方茲雅韻。七二賢同遊洙泗。比其英才。雲霞契合。莫負冉冉韶華。詩酒因緣。都屬翩翩儒雅。對青山而如笑。所謂伊人。指白水以盟心。印須我友。溯六朝舊事。恍然大夢驚心。看三月煙花。倏忽浮雲過眼。值此良辰美景。須當惜陰。引爲曲水流觴。儘堪暢敍懷清履潔。如在沂水舞雩。

課藝

淑性陶情。幸有茂林修竹。揮灑龍鬚之管。鐵畫銀鈎。擲開魚網之箋。金相玉質。聲聲欬唾。落九天則珠玉隨生。滾滾詞源。倒三峽而波瀾並湧。江山自幸有緣。尚留餘韻。風月何須問價。買不用錢。今則人往風微。年湮代遠。千百年往事。注到心頭。數萬河山。奔來眼底。俯仰蒼茫。不禁望古遙集。長留勝概。幸賴斯人以傳。猗歟盛哉。

首藝法言巽語。層出不窮。尤以敬而簡。則自治嚴。簡而簡。則自治疏。簡用於行事上則可。簡用於治己上則不可。數語極有分寸。次藝所言者確爲學校制度。與泛言教育規則教育行政者亦異。相題有識。不爲浮光掠影之談。禊序數典如懸河。滔滔不絕。若再加以撫時感事。則更佳矣。　趙曰生批

正取第三名李瓊玖

治事

改良學校制度平議

學校之名。古今相同也。學校之制度。古今未必相同也。三代學校之制。經史所載。僅具大端。其詳不可得而聞。以三王不襲禮。五帝不沿樂之理推之。亦必有因革損益之異。而其不得與民變革者。即孟子所謂皆所以明人倫而已。是其制度固可因時

而變更不待言也今日學校之制度本非三代之舊制不過遠採於泰西且泰西學校之制度各國亦不復相同彼爲同一宗教同一地域之國家尙有不可强同者況中國之與泰西宗教旣殊地域各異乎今日學校之制度其採於英歟法歟德歟俄歟非吾儕之所知而其不適用於吾國數十年來固已圖窮而匕見矣吾默默而思之求其何以不適用於吾國之故其支離破碎者不暇詳言其學科之良窳姑且勿論而其犖犖大端則以疆域不同之故此今日學校之制度所以不能不改良也惟以疆域不同之故吾以爲今日學校之制度僅宜於地小民寡地方分治之國耳蓋國小民寡則學校始可遍及全國而人人皆有入學之可能地方分治則政府之督察亦易今以吾國號稱東至於海西至於流沙朔南暨之大數百萬萬人民之衆而襲國小民寡之制度而欲求教育之普及其勢必不可得明矣將由國家而遍設學校乎在國小民寡之地宜其可能而在國大民衆之地安有如此之經濟能力耶卽休息百年吾恐尙不能達此況今日內憂外患民窮財匱之時耶由是言之則在國家經濟之能力所必不能濟者也國家經濟之能力必不能及而責之於地方歟則

三家之村。十室之邑。而必責其必立一小學。其勢亦必不能及矣。則三家之村。十室
之邑之子弟。髫齔之童。而欲責其遠赴十里二十里以外之小學以求學。彼貧農貧
工。豈有富平之車。畜家之奴。以送其子弟入學耶。由是而失學之青年。十之八九矣。
由是道也。以求教育普及。真所謂航斷港而欲通。望絕壁而欲陟。此必無之事也。吾
且再退一步而言之。縱令學校普及。而學費甚昂。以私立學校爲尤甚。國立省立公
立者次之。非辦學者之牟利也。非此則學校之本身不能自存。此決不能責辦學者
之減其費。然而送子弟入學者。不僅捉襟見肘。實有望洋興歎者矣。其極貧者固無
論矣。差足自給者。送一子弟入中學。已有舉鼎折脰之虞。若有子女數人。則亦有望
洋興歎。腐心切齒。而任其失學矣。此非臆測之言也。吾恐中國之同胞。其懷抱此感
者。雖隸首不能算。離朱不能察也。此在國民經濟之能力所必不能負者也。今之言
教育者。莫不曰力求教育之普及。由是而譚。適得其反。試一捫心自問。質諸天良。其
忍大言欺世。以博無識者之盲從歌頌乎。盍亦反其本矣。反本之道如何。撥亂之後。
以簡臨民。減少其科條。解除其束縛。昔高帝之除秦暴。約法三章而已。吾言改良學

校之制度亦祗三章三章維何、一曰規定教科書以一民視聽以免家異其師人異其說之弊二曰自由教授由國家改設書院准社會得設私塾遵用規定之教科書而教授之則國家經濟與國民經濟皆能勝任矣三曰考試升學實行先總理所主張之考試權由考試而升其學位不限年齡則王通幼慧十八而以高第得名梁灝晚登八十始以巍科顯績豈如今之一擊不中便垂頭鎩羽終身不得列於學林乎且也師範人才正有粥少僧多之憾若准設私塾則師範人才之出路更寬此又不止青年之幸福也雖然學道學藝自當分途修己治人之道齊家治國之經此屬於學道者也農工商礦光聲化電此屬於學藝者也屬於道者思想之力人人所同此可得許其自由教授者也屬於藝者重在試驗所需一切之物質非私人之力所能置也則非由國立或省立或公立之學校不足以備凡屬於科學者則於現行之制度爲相宜此又不可不並爲一談者也總之凡屬於道德政治之學得由前說以行之屬於農工商礦光聲化電一切科學則爲別一問題若並爲一談則又必不能適用者宜分別而觀之則得之矣謂今日學校制度。如欲普及。則國家之經濟。與國民之經濟。皆不能勝。自是實情。豈可徒爲大言以欺世。所擬改良三種辦法。（一）規定教科書。（二）自由教授。（三）考試升學。似頗簡而易行。但道藝自當分途。不可并爲一談。始能面面顧到。似此方爲根本改良。非支支節節而爲之者也。　趙曰生批

經義 二篇

正取第四名曾希冏

經正則庶民興、庶民興、斯無邪慝矣義

嗟夫。世道之衰。人心之壞也。人心之壞。正道之微也。正道者、帝王聖賢之大經也。經維繫天下萬世之庶民也。維繫天下萬世庶民之世道人心也。經不正則邪慝起焉。道其所道。非吾所謂道也。道所爲是者而邪慝或以爲非。道所爲非者而邪慝或以爲是。是非之顚倒。孰有甚於此哉。愚庶民之耳目。猶淺。愚庶民之心思。實深。左道之害。伊胡底矣。安望天下萬世之庶民。勃然興哉。此其義、吾蓄於孟子經正則庶民興。庶民興斯無邪慝矣得之矣。經者何。中道也。中則不偏。抑常道也。常則不易。堯以傳之舜。舜以傳之禹。禹以傳之湯。湯以傳之文武周公孔子。孔子而後。數百年來。曲徑

開。歧途出。入楊朱之道者一門。入墨翟之道者一門。入佛老之道者更一門。而正道遂為庶民所詬病。橫議盈天下。正道幾乎息矣。子與氏所謂邪慝者、豈獨一鄉原已哉。夫經之在天也。如日月之麗天。經之在地也。如河嶽之載地。經之所在。正朝廷以正百官。正百官以正萬民。正萬民以正天下。天下之庶民。灼然有定見焉。確然有定守焉。此皆興之義也。興者與豪傑之士。無文王猶興。其義同。由是息邪說。距詖行。放淫詞。非卽孟子正經之旨哉。推之孔子刪詩書。訂禮樂。贊周易。修春秋。又皆孔子正經意也。欲正經以興庶民。欲興庶民以化邪慝。正者修而明之也。興者起而復之也。則者斯者。不期而然也。邪慝之言。一變而為正直之言也。邪慝之行。一變而為蕩平之行也。惜乎今日之天下。一邪慝之天下也。道若大路。庶民舍大路而弗由。道為安宅。庶民曠安宅而弗居。有世道人心之責者。不能行道以繼往。闡正經於數千載以前。亦當傳道以開來。垂正經於數千載而後。異端不塞。正教不流。火其書。殲其族。飭華夏之綱紀。乃能滌夷狄之干戈。整國家之倫常。實以覛衣冠之禽獸。夫而後世道有轉移也。人心有感格也。今日之庶民。忽興焉。而沐唐虞風化也。孟子斯語。蓋深恐

課藝

天下萬世而後。有倡異學而廢正經者。其爲世道人心之害。流弊尙堪問哉。鄉原者德之賊。此昌黎原道篇所由作歟。

居敬而行簡以臨其民義

孔門之爲學也。有子言恭。曾子守約。恭者敬之謂也。約者簡之謂也。不敬則學無以求放。不簡則學無以斂煩。放不求則其心怠。煩不斂則其心浮。本敬簡以治心。聖賢之學術如此。推之帝王之治術。何莫不然。在昔先王。典以欽始。謨以欽終。主敬之道也。危微二字。勤儉一言。執簡之義也。敬則政不慢。不慢則足以臨民也。簡則政不繁。不繁又足以臨民也。此其義、吾蓋於魯論居敬而行簡以臨其民得之矣。致諸春秋。不敬簡者多矣。衛懿公好鶴。好鶴則不敬矣。滕文公好馳馬。好馳馬更不敬矣。他如晉作宮而啓石言之怪。楚築臺而召夜呼之妖。類皆力役頻興。怨讟並作。凡此皆不簡者階之厲耳。有王者興。敬主誠。誠以去萬物之僞。簡尙易。易以格天下之難。敬曰居。貴徵諸實也。簡曰行。恐涉於虛也。臨民者、如日月之照臨下土也。而者以敬矯簡之流弊也。以者推而及之也。詩曰、於緝熙敬止。禮曰、毋不敬。儼若思。皆孔子臨民之道也。書曰、臨下以簡。易曰、簡則易從。又卽孔子臨民之道也。蓋敬卽寓乎簡之中。有主乃能有守。簡不離乎敬之外。勿擾尤貴勿疎。有敬以嚴其操。有簡以固其守。敬也者、在內則怵惕其心。在外則整齊其貌。一事之敬非敬也。而事事必以敬自持。一時之敬非敬也。而時時必以敬自治。由己以施諸人。我之及於民者。有切要之務。民之被於我者、無紛擾之處。簡略之簡非簡也。而敬則以簡嚴爲簡。簡忽之簡非簡也。而敬則以簡易爲簡。心旣先有主張。事必擇乎扼要。如堯舜之兢業。禹之克艱。湯之聖敬。文之敬止。武之執競。古帝王臨天下萬世之庶民。孰有外於敬以行簡者。孔子爲政篇有曰。齊之以禮。禮卽敬之謂也。又曰、道之以德。德卽簡之謂也。至於有恥且格非卽臨民之效乎。吁周末文勝。天下病在煩苛。流弊伊胡底矣。不敬者固不足以臨民。不簡者尤不足以臨民。夫而後敬與簡以一而成。簡與敬以兩而濟。子張問政。孔子示之曰。居之無倦。行之以忠。亦卽此旨也夫。

首藝對於經字正字庶民與無邪慝次藝對於居敬行簡臨民皆字字切實發揮不肯一字放鬆　趙曰生批

課藝

二六

正取第五名周叔侯

治事

改良學校制度平議

我國歷代之學制。皆本乎有周。周制。國有學。州有序。黨有庠。閭有塾。歷代之郡縣學及義學倣之。天子之學曰辟雍。即歷代之大學及國子學。三代之學至周而大備。相襲至于清而不改。逮夫歐風東漸。科學繁多。清德宗之欽定學堂章程。始倣日制。至民國十二年、復改倣美制、近又有中華學制改進社之設立。蓋純乎倣效之制。未能適合國情。而行之既久。未蒙其利。則弊端見矣。查新制之弊。一爲併師範於中學。今則廢止高中師範科。而師範獨立矣。一爲職業學程之不切於近效。今則求應乎民之生活需要。而分科密緻與簡易矣。此特弊之彰著而易於改良者。至其癥弊之所在。則或未之察見。即察見之。亦憚於改革。此學制所以終弊。而爲文化不興。學術不振。社會、不寧之、一大、原因、也。今試問六年制之小學畢業生。其所獲之學識幾何。又三年制之初中畢業生。其所具之人格若何。丁此農村經濟破產。謀生急迫之際。坐令貧苦子弟之無力升學者。虛耗九年之光陰。進無社會之信仰。退乏自修之技能。

負販乃其所恥。執戈鮮不憚勞。是驅之爲游民。習於淫僻浮囂。以戕其身。而危及社會也。謂非癥弊之所在乎。質言其弊。則爲基礎不固。階段單純。效用不宏。成績散漫。四者互爲因果。而基礎不固。階段單純。實爲其最大之弊。因考世界各國之學制。其適應學者之進程。不外夫單軌制與雙軌制。雙軌制者、即歐戰前法國之中小學平行而不相銜接。及今之英制。小學七年畢業。可升入高小。或職業學校。而聰穎之學生。又可於五年修滿。考入中學之類。是單軌制者。即我國與美國。以及戰後之德國。所行之學制是。二制之相比。雙軌制似較優長。然以美國之富力。儘可設施而不必設施。德國以挫敗之餘。毅然廢除雙軌。採用基礎學校之單軌制。是則國家之經濟力强者。固不必採用雙軌。而其經濟力弱者。亦無建設雙軌之力量。如欲增進教育之效率。惟有固其基礎而已。原夫學制之基礎在小學。而學科之基本。則在國文、數學、及世界通行文字如英文三者。爲研究一切學術之工具。而不容敷衍或放棄者。倘基本工具精良。則此後之進修與專攻。皆迎刃而解矣。今欲使青年學子。具有自修與謀生之技能。則基本學科之鍛鍊。與基礎學校之改良。實不容緩。茲準現行之單軌制酌與改良而建設一系之學校。其小學曰基本學校。學童自七歲至十三歲。修業凡七年。卽以此爲義務教育之期。此一貫之基本學校。不得分段。但五年修滿之中材生。遇有急迫需要。得轉入附設之職業講習班。兩年畢業。或轉入簡易職業傳習所。一年畢業。其在中等教育階段。中學得減短一年。爲五年。亦不分段。但二年修滿之學生。得轉入高級職業或師範學校。職業學校。分初高兩級。前二後三。合之爲五年。亦得單獨設立。師範之修業期限爲三年。皆如現制。但不設簡易師範學校自中學所附設之特別師範科外。如遇師資缺乏。則就自修人士。予以講習或旁聽之機會。而檢定之。準是、則師範學校。應設教育講習夜班。或星期講習班。以應急需其在高等教育階段。專科學校如現制。高等師範較舊制減去預科一年、爲四年。最高年級。重專業研究。仍稱研究科。大學之修業期限爲九年。仿宋王安石之大學三舍法。三年一試。以次升舍。上舍修畢。等其成績而褒以學位。其有成績優良而不願升舍者。給以該舍證書。就高師研究科、習教育學一年。始得充當中學教員。原習教育、或心理學者。免其成績平常者。留舍補升。卑劣者、給以學歷證書。或證明書。出舍如遇高等考試。外舍修畢之學生。須經甄別。內舍修畢者免。凡學舍有舍長。由導師兼任。受校長之監督指揮。私立大學不得設上舍。大學之教學。外舍仍用學分制。上舍及內舍。採道爾頓制。由導師指導學生自由研究。而考其成。實爲大學院與大學之混合制。高師與專科畢業生。皆得升入內舍。但須嚴格考試。自大學以下。各級學校之課程。均注重基本學科。中學之教基本學科。應占全學分五分之二。國文占又五分之三。師範酌減英文職業。酌減國文。基本學校之教基本學科。前五學年。國文或國語。占全部時間三分之一。算術占四分之一。不教英文。後二學年。國文占全部時間四分之一。英算合占同。國文之教學程序。爲語體文。專家編撰淺近文言文。短篇古文。論孟春秋左傳節本。屬之基本學校。作文重應用體。如新聞稿及函件之類。例詳淺近文言。禮記、詩經、史記、漢書選本。文選選授。屬之中學。作文重辨論體。職業學校用經史百家雜鈔。說文解字之選授。通於各校。其他各科。應由國家聘請中外學者。以最經濟之程式。編輯之。蓋近代心理學家之研究。各科之內容。繁冗耗費。尚有改善之餘地也。如是、則基本學科之勢力。可以盡量施展。庶不致敷衍放棄。因噎廢食矣。中學附設基本學科補習班。大學設成人、講座、及通訊、研究。藉助貧苦學生、之自修。以上僅爲單軌學制之建議。單軌云者。亦僅就其基礎而言。世界並無純粹之單軌制也。若夫易爲雙軌。則規畫不易◎非集思廣益◎不能盡善◎近有爲三軌制之建議者。卽小學階段。爲預備升學之預備學校。及普通小學。與救濟貧苦子弟之義學。中學階段。爲普通中學。職業學校與職業傳習所。初級書院大學階段。爲大學校、專科學校。高級書院。書院所設之教程。包括文學、數學、社會科學、或加自然科學。任學生自由研究。月課給以膏火。其出路爲國家考試。亦得升學或轉學。此制、爲救濟、寒畯、而設。洵能適應國情。但師範制之潛滅。僅恃教師檢定考試。其爲利弊。尙待考慮。在此制之簡當便利。與夫前制之務本敦末。皆在必行。行之亦各有利。倘就二制而比較之。施行旣各有其難易。其於教育經費之影響。自以前制爲鉅。但施行之效果。後制終遜前制。然亦視教育行政之力量爲何如◎倘教育行政當局之監督不力。視導不周。則學制雖善。亦無效果之可尋。故教育行政之制度◎必隨學制而改進◎始得施展其勢力◎而學制之興革◎又必出之以審愼◎與其改、革、毋寧、改、進◎利不、百、不、變。所慮、失其、固有、也。淸季迫於外患。救亡而急不暇擇。遂盡革其歷代相沿之學制。而純倣日本。又革其考選之制。而純任學校。不知考選之於學校。一如輔車相依。周之登升俊秀。漢之舉賢良文學。唐之制舉貢舉。皆與庠序之制。相輔幷行。從未有孤立之學制。而能造就人才者。慨自科舉之廢。歷二十餘年。始有考試院制之建設。考試雖迭見舉行。學制尙未改進。以致新文化之進程迂緩。而固有文化。且日以衰落。危孰甚焉。今當建設中國本位文化之際。國內明達之士。必能準古酌今。以建設優良圓滿之學制。而非餅管之見所能置議者矣。

詳悉古今中外學制之利弊。對於改良辦法。尤具卓識。非於教學夙有研求者莫辦。

周逸批

正取第六名李澄一

經義

居敬而行簡以臨其民義

羅網畢翳之械多。則鳥亂於上矣。鉤餌罾笱之變出。則魚亂於下矣。法令之滋彰。文告之煩苛。刑之頗類。獄之放紛。則民擾於國矣。讀詩至大風有隧。未嘗不歎民之罔極。民之回遹民之未戾。莫非由貪人敗類在位者之所致。蓋貪則政煩賦重。所以碩鼠而民號樂郊。鴻雁而民無安宅。敗則蕩檢踰閑。所以板板而民卒癉。佌佌而民夭椓。禮煩則亂。法重則馳。政散民流。所由來矣。夫堯曰欽明。舜曰溫恭。禹曰祇承。其居已也。一敬而已。堯曰若采。舜曰惠疇。禹曰惠迪。其臨民也。一簡而已。欲禔躬必精心。欲安民必一意。皆以中立之極也。蓋自堯以允執其中授之舜。舜以惟精惟一授之禹。禹以愼乃在位。臨下以簡。刑期無刑。民協於中。授之湯。湯以祇厥身。代虐以寬。懋昭大德。建中於民而授於周。周公敘六官。開宗明義。則曰惟王建國。辨方正位。體國經野。設官分職。以爲民極。殆卽秉承武王訪箕子。敍彝倫以敬用五事。開始建用皇極居中之家法云。其歷代君臣相誡之詞。曰元首叢脞。卽繼以股肱惰。曰不敢荒寧。卽繼以嘉靖殷邦。曰徽柔懿恭。卽繼以懷保小民。曰康濟小民。卽繼以率自中。曰以敬事上帝。卽繼以率惟謀從容德。曰怠忽荒政。卽繼以莅事惟煩。曰成王不敢康。卽繼以夙夜基命宥密。是知敬則未有不簡。不簡必由於不敬。不敬不簡。則不足以臨民。聖功王道。間不容髮。夫極之言中也。極之所在。卽中之所在。所以習民於涂軌法制之中。以潛消其亡等冒上之念。入則會其有極。出則歸其有極。人心惡得不靖。風俗惡得不淳哉。故大司徒以禮防民之僞而教之中。大宗伯以天產作陰德以中禮教之。皆建中以作極也。記曰、居處有禮。進退有度。百官得其宜。萬事得其序。詩云淑人君子。其儀不忒。其儀不忒。正是四國。此之謂也。又曰、致樂以治心。則易直子良之心。油然生矣。致禮以治身。則莊敬。莊敬則嚴威。故莊敬嚴威臨民之道。易直子良之心。則政簡刑清。所以臨民之本也。故曰樂極和。禮極順。內和而外順。則民瞻其顏色而弗與爭也。望其容貌。而民不生易慢焉。故德輝動於內。而民莫不承聽。理發諸外、而民莫不承順。故曰致禮樂之道。舉而措之天下無難矣。聖人在上、民如野鹿。皞皞如也。我好靜。民自定。我無欲。民自朴。後之人徒特其胸臆之私。與其狙詐恣睢之知翕翕而訿訿。巧觝而文致。以蘄收鹵莽裂滅之效。束縛之馳驟之。使若牛馬然。是使民多罷勞而滋怨讟。此爾無正民亦勞諸篇所以作於世衰道微之日也。故曲禮三百。一言以蔽之曰毋不敬。經禮三千。一言以蔽之曰爲民極。言致敬以立民極也。周頌曰。立我烝民。莫匪爾極。其斯居敬行簡以臨其民之義也與。

馳驟縱橫淋漓頓挫　謝序荃批五月二日

正取第九名向瑾章

治事

顧亭林清議名教篇書後

清議名教之於國。猶飢渴之於飲食。寒暑之於葛裘。天地之於日月。草木之於雨露也。無飲食無葛裘無以生。無日月則晦。無雨露則萎。無清議名教則其國危。愚讀顧亭林清議名教篇而有感焉。顧氏之言曰天下風俗最壞之地。清議尚存。猶足以維持一二。至於清議亡而干戈至矣。鄭伯不敢貪伐許之功。而曰寡人有弟不能和協而使餬其口於四方。况能禋祀許乎。畏清議也。齊桓挾天子令諸侯。威震王室。而猶曰尊周。畏清議也。韓信不從蒯徹之言。起而叛漢。高畏清議也。曹操假扶漢之名爭權吳蜀。而不遽行篡奪。畏清議也。清議之在天下。雖豪强猶且憚之。夏桀不顧清議而殺龍逄。商紂不顧清議而剖比干。秦檜不顧清議而害岳飛。全忠不顧清議而投清流。當時後世非之。清議之可畏如此。顧氏又云古人言名教名節功名。不能使天下之人以義爲利。而猶使之以名爲利。雖非純王之風。亦可以救積洿之俗。孟子曰好名之人。能讓千乘之國。楊子曰。三代下惟恐其不好名。范希文曰。人不愛名。則聖人之權去矣。夫烈士殉名。高人修名。顏常山罵賊不輟。張睢陽守城不降。文天祥臨刑不貳。殉名也。武鄉侯負伏龍之譽。謝安石東山膺公輔之望。修名也。名之所在。忠義以著。功業可成。苟不顧名。則爵祿不足以勸。刑罰不足以懲。名教之憂也。夫清議所以救刑罰之窮。名教所以救行政之窮。堯舜禹湯之時。政教休明。上下一心。上有克讓之風。下有不爭之俗。朝有矜節之士。野無貪冒之夫。保乂定功。化洽黎元。固不恃清議名教以爲治也。自小雅廢而中國微。風俗衰而叛亂作。在上者不能一其政刑。在下者不能循其名分。不得不進鄉評以扶國是。崇名節以挽澆風。由是而清議名教。遂爲斯世所不可忽。顧自清議不復重。而小人無忌憚。君子無所執持。鄉里之所不齒。而忝司民社。名教之所不容。而出入化權。背父母桑梓之義。而以爲砥節奉公。甘嘻笑怒罵之來。而惟知罔寵干進。人心風俗之壞極矣。顧氏之言。蓋嫉有明之季。士大夫風俗頹敗。慨振末流之委靡。迴狂瀾于既倒。大哉言乎。微顧氏吾誰與歸。

指陳治亂上下千古是謂讀書有得警策處足以發人深省　王禮培批

課藝　三六

詞章　正取第十名徐鳌蘇

三月三日續蘭亭修禊敘

在昔右軍流觴。結芳軌於泰路。定武刻石。啓令序於宣游。祈休吉。祛百疴。酌羽爵以交酬。獻遐壽於無極。咨其凱邁。鐲彼音塵。靡不揚造化爲波瀾。植理寓爲根柢。風騷斯擅。體續亦工。時而靜蕤澹沱。趣極夷曠。境外跧促。夐乎尙焉。矧茲風日清和。水木明瑟。三泖九峯之地。勝擅湖山。紅櫻紫笋之天。畢羅蔬饌。循考往迹。抗矚幽遐。佳想透遲。延賞祓飾。匪傳簡楮、奚永快游。會稽山陰蘭亭者。浙東之勝區也。爾其激臺乎匜水。泯四縣。渚雞弄晨。闌鴨語夕。林壑清其顧盼。風雲盪其襟懷。不隨午中移。誠恐良辰易負也。蓋自永和癸丑以後。迄茲已二千餘年。若西園飛蓋、南澗聞箏。庾信華林、元長曲水。觴詠間作。韻事相沿。俯仰盛衰。倏忽旦暮。落落然不知視今視昔也。爰以上巳芳節。命侶徽儔。屬棼尾之好春、謝遨頭之暇日。時藏際沼。輕爵託波。仁風導穌。勾芒禦昊。萃聯幅舄之英。引抗風塵之表。時則挼翠林樾。踏青澗蘋。昵鳧沙明。拍燕浒遠。柳絲颺而雨過。荇風噓而波瀾。暗溽接衿。明黛瀞袂。竹意盪而素壁皆涤。藻痕映而流雲亦嫣。樹影人影。時染空青。蒲枝荻枝。交緯頑碧。於是尋曲渚。臨囘溪。眄徐徐。發欵欵。瑀簧炙而微酣。破珠絡卷而嫩寒生。落絮搓絲。新荷貼葉。鞭絲帽影。偶雜露蘚之香。嵐氣江光。能蕩春鶯之態。挹清芬而洗俗慮。伸素契以樂同羣。冠蓋如雲。笙歌永日。采蘭意遠。鬬草人歸。風浴及時。童冠咸集。良覯嘉序。致足樂矣。然而叩景寓懷。選奇觸賞。簪盍之勝。無讓古人。軫結所萌。匪殊曩昔。何則。彼右軍當日者。神州未復。江左偏安。腥羶染於闕庭。徵調煩於都會。俯欷仰諷。良足愴懷。今復八表同昏。四方多難。內則諸公袞袞。如雀處堂。外則强寇眈眈。如鯨吞海。燐燐磷火。忽落尊前。軋軋機音。倏來雲表。相與諮玄覽。宏遠謨。謦一息於千秋。思異軌而同轍。其能無憂心鬱悒。引喟蒼涼。比劉伶荷鍤之狂。同王尼露車之痛也哉。因是披林消搖。藉草解帶。盱目遐際。則雲日清朗。抗音長嘯。則風飈烈發。洵乃兼四美。並二難。極勝賞於琴尊。縱冲襟於霄漢者也。雖風景不殊。山河迴異。新亭之泣。不亦可以已乎。與斯會者。凡若干人。

修禊一序文境苹縣平昔伏案功深固非時手所能但稍繁稱則才多之累耳

第二卷第八期 三二六一

王禮培批

正取許鴻飛

經義 治事 詞章三篇

經正則庶民興庶民興斯無邪慝矣義

國是之不可不定也邪正之不兩立也黑白之不可淆也冰炭之不相容也薰蕕之不同器也國是不定則民之視聽亂心志惑視聽亂心志惑而望宇內清和咸理無有邪氣姦於其間者是求焰之熄而益其薪覬水之清而投以濁也烏可得哉孟子闢楊墨世稱好辨而七篇將終有經正則庶民興庶民興斯無邪慝之語是何意耶蓋言政治之本繫於國是之不誤而不恃乎辨論之徒繁也當戰國之世學說歧出託於黃帝而爲道家託於禹而爲墨家託於神農而爲農家其他爲法爲名爲從橫亦莫不各有所出之源思以其學易天下舍短而取長補偏而救弊非必全不適用欲悉以其說治天下則天下之亂不止何也以其非堯舜禹湯文武周公孔子相傳大中至正之道也況鄉原似忠信廉潔而不可與入堯舜之道者耶夫無過與不及之謂中不邪之謂正不變之謂常如日月經天江河行地歷萬古而不能廢乃天所

以與我者也。由是而之焉之謂道。足乎己無待於外之謂德。自其出於天而言之。謂之命。自其降於人而言之。謂之衷。自其建於皇而言之。謂之極。自其秉於己而言之。謂之彝。自其生於心而言之。謂之性。自其固有而言之。謂之良知良能。又曰良心。自其分屬於五行而別之。謂之仁義禮智信。遂謂之五常。自其不可變而言之。謂之恆心。謂之常德。謂之經德。亦謂之經。經也者。常也。中庸所謂經綸天下之大經者。比物此志也。此孟子所以於七篇之終。而以經正。挈其要也。夫旣謂之經。則其正可知矣。而又言經正。何耶。蓋患學說歧出。而有以亂之也。譬之明明德。德固明德也。而非己明之。則無以明。是故神禹有正德之文。董生有正誼之語。豈德義而不正耶。德義不能自正。必待人有以正之耳。正經者。所以使民善也。民善足矣。而必言庶民興何也。蓋興之爲言至神也。至普也。譬之穀。大風而禾盡偃。反風而禾盡起。旱則苗槁。雨沛而苗浡然興也。夫人類至不齊也。庶民興。斯無邪慝。又何其篤於自信耶。蓋玉韞而山輝。珠藏而川潤。琴奏而蕤賓躍。銅崩而洛鐘應。其感孚固有如此之速者。又譬之身。天君泰然而百體從令。元氣充實而百沴潛消。故可以信其無也。夫如是。尙安用辨論爲哉。更安有鄉原之亂其德哉。慨自世風日變。議論愈歧。凡所以亂吾先王之道者。視戰國尤烈。而其得禍也更慘。使孟子復生於今世。而居執政之地。吾知其以定國是爲首矣。蓋國是既定。民皆曉然於孝弟忠信禮義廉恥之方。皆吾所固有。而不可以背於是。興起而爲善。譬如羲馭當空。幽潛畢照。尙安有邪氣姦於其間哉。朱子曰。世衰道微。大經不正。故人人得爲異說以濟其私。而邪慝並起。不可勝正。君子於此。亦復其常道而已。常道既復。則民興於善。而是非明白。無所回互。雖有邪慝。不足以惑之矣。吁。此萬世之龜鑑也夫。

顧亭林淸議名教篇書後

朝廷不必有眞曲直。而草野未嘗無眞是非。淸議係是非之表現。而名教則是非之準的也。當二帝三王之世。政與教合一。其爲君者。本之躬行心得之餘。見諸日用尋常之事。其爲臣者。協喜起賡颺之選。陳都俞吁咈之謨。人無唯阿之習。政無瞻徇之私。則視其曲者而曲之。視其直者而直之。賞不僭而刑不濫。豈猶患曲直之顚倒而有輿論之沸騰哉。孔子曰。天下有道。則庶人不議。正謂此耳。及夫季世。政之權屬於君。而教之權屬於師。其在朝者。果君明而臣良。賞罰固未有不當者。若遇暴君。則必逞其喜怒之偏。遇權奸。尤必恣其植黨營私之計。於斯時也。而謂朝廷有真曲直。其誰欺。雖然。良心之賦於天者。世人未盡泯也。禮教之聞於師者。世人未盡忘也。則朝廷之舉措失當。固必有鰓鰓焉議其後者。況一人之品行。同官未必全知。而同里無不洞悉。以其周旋較密。而見聞最確也。某也孝弟。人必知之。反是亦必知之。某也忠信。人必知之。反是亦人必知之。推之於禮義廉恥。莫不皆然。縱其人僥倖而竊富貴。鄉評固在所不予。孔子曰。斯民也。三代之所以直道而行也。又正謂此矣。是以周官選士之法。以鄉三物教萬民而賓興之。漢制最爲近古。亦由人才之出身。必得之於鄉舉里選。故經明行修之士。充爲於天下。而小人之爲不善者。不畏朝廷之法。而畏君子之議。已。茲非其效歟。夫聖人所以甄陶一世之微權。名而已矣。好善惡惡者。天下之公心。隱惡揚善者。君子之仁術。彰善癉惡者。帝王之天職。而月旦者。君子之華衮。小人之斧鉞也。恃賞罰以爲治。賞罰或有所不及。且有時而不公。恃清議以進退天下士。而士自不敢犯。名爲之也。故砥礪名節者。名動之也。建立功名者。名激之也。

正本清源。天下、不可、一日、無清、議。而、必、自、崇、名、教、始。

擬重修定王臺啓

蓋聞。靈光、巋嵬。騷人、詠、魯殿、之、存。修竹、檀欒。過客、羡、梁園、之、麗。僅文采風流之美。彪炳一時。猶登臨詠歌者多低徊不置。俯仰縱成陳迹。留連自有同情。況孝本天地之經。望著門閭之倚。龍種與常人異。肇帝業於春陵。熊湘膺古國封。應星文於軫宿。其事、罔、可歌、可泣。其地、則宜、雨、宜、晴、者、乎。定王臺者。漢景帝唐姬子長沙定王發之故臺。而吾湘省治之名勝也。溯景十三王之傳。濃寫班香。距漢二千載而遙。善登楚寶。分茅胙土。列河、山、帶、礪、之、盟。以蓼、名、園。抱蒿、蔚、缾、罍、之、痛。松楸、安在。莫遂、攀、號。竹柏、可、枯。空揮、涕、淚。於是捐金聾土。插漢干霄。寫生、前、陟、屺、之、心。寓望、空、拜、陵、之、意。叢、蘭、繞、砌。視湖、中、之、思子、彌哀、慈竹、成、林。比湘、浦、之、望夫、尤痛、雖長沙狹小。舞袖難迴。而白水鬱葱。官儀竟復。蓋以、孝、治、天、下、者、漢、治、之、純、而、明、德、有、達、人、者、彼、蒼、之、報、也。不謂光華可接。考亭之題詠如新。棨戟長臨。新建之繕完未遠。乃今當戎馬倥傯之後。民凋俗敝之餘。坐令古道沈霾。遺徽廢墜。其何以仰裨訓政。振起頹風。爰用萃資聿崇鼎建。庶斜陽。秋草。不獨懷賈傅之祠。碧浪春湖。更勝弔吳王之墓。謹啓。

何名譽董事長芸樵覆核經義治事詞章課卷總評

本季課卷作者多注意於文詞。忽視義理。如經正則庶民興。庶民興斯無邪慝矣一題。鮮有注意正與二字者。不知二字實本題之眼目也。夫經字雖訓爲常道。但諸子百家。孰不自謂其書爲經。孰不自謂其言爲常道。使楊墨而自知支離。何至倡無父無君之教。以淆亂人心。此所謂彼亦一是非。此亦一是非也。孟子於經下言一正字。則知凡違背國家之政教典章。以矜奇炫異而仍自命爲經者。終不得稱爲正經矣。其說雖能鼓動羣衆。決難令庶民興起。此一字關係極大、何能輕輕看過。興字與待文王而後興者凡民也。若夫豪傑之士。雖無文王猶興之興字相同。有自振自奮之意。謂自動爲善。不待於國家之政令也。不待於國家之賞罰也。蓋禮義之悅其心。有不期然而然者。尙安有邪慝之事哉。經文一字一句。皆當深切注意。然後始能得聖言之眞。否則蔽者多矣。駢文治事兩類均可。

課藝

叢録

船山先師詩錄

古意

丁未

周逸敬選

堂堂背春日。悠悠送落英。春日無返暄。落英無固情。遙知當决絕。中心澹不驚。
濟水穿河梁。河水無爲清。女蘿縈枯枝。纏緜待新榮。榮謝意亦盡。移言怨孀貞。

叢錄

通訊

廣西省政府圖書館來書

逕啓者承蒙　惠贈船山學報一份。足徵　貴社熱心文化事業。無任感佩之至。除陳列本省府圖書室以供參考外。特此專函致謝。並祈繼續贈閱。爲荷此致

湖南船山學社

廣西省政府圖書館啓

鄧醒盦先生來書

木崖先生道席客冬旅省。獲聆緒論。挹叔度千頃之波。心神爲之一爽。又聞整理社務。不辭勞怨。講學課文。規模大備。興三湘之文學。闢斯道之榛蕪。國粹之光。士林之幸也。弟歲暮還鄉。苦患肝氣。近始屏去藥罏。稍親筆硯。時閱學報。深佩　先生選擇之精。第七八期計已出版。祈專寄一二册。俾先覩爲快。幸甚專泐敬頌

撰安不盡一一

小弟鄧兆賢頓四月念一日

黃雨植先生來書

仲公世丈大人賜鑒。彊自去年受旱災影響。飢驅來省。旅食長沙年餘。雖處窮處變。而心不亂志不撓者皆得益於恆心堂讀書答問因記力太弱鈔成小本以爲袖珍便於攜帶。望 公將此作另刊成集分佈各書肆。使人人得而購讀。挽回世道人心其功不朽矣。專此敬請 道安

世姪黃彊謹啓五月六日

黃修杞先生來書

木崖先生撰席。閱船山學報中 大著恆心堂答問闡道德之精微。宏聖賢之眞理。拂世矯俗。確然特立。莊誦之餘。佩仰無已。但僅閱一卷。未窺全豹。深以爲憾。擬購貴社學報全部。需金若干。望 賜明示爲禱。

黃修杞謹啓端節後四日

湖南船山學社民國二十四年二月至五月新入社員一覽表

譚辛震	洊盦	五二	湘潭
王原一	憲文	三九	湘陰
唐德度	海廬	六九	醴陵

定價表

冊數	每冊	預定全年
定價	四角	一元五角
郵費	照章	

中華民國二十四年乙亥歲六月
出版

船山學報

第八期

廣告例

冊數	一冊	二冊	三冊	四冊
一面	十元	十八元	廿八元	卅二元
半面	五元	九元	十四元	十六元
四分之一	二元五角	四元五角	七元	八元

◎面頁底頁加倍

主編者　湘潭周逸

發行者　湖南船山學社（長沙中山東路）

印刷者　吟章紙業印刷局（長沙中山東路　電話七四二）

代售處　商務印書館（上海　南京　天津　北京　長沙　武昌　福建　廣州）
府正街魏博文書局
湖南船山學社

民國二十四年乙亥歲九月出版

中華郵政特准掛號認為新聞紙類

船山學報

第九期

湖南船山學社印行

湖南船山學社學報章程

一 本學報繼續本社民國六年以前學報辦理仍名曰船山學報

二 本學報暫定每季出版一次按年編號

三 學報內容分類如左

1圖畫 2師說 3講演 4轉載 5通論 6專著 7文苑 8剳記

9說苑 10叢錄

四 本社徵文酬例另定之遺稿專著斟酌酬贈詩詞雜文等不給酬但酌贈書報

五 給酬以登出學報者爲限

六 凡來稿本社得斟酌修改之無論已否登出概不退還惟遺稿專著詩詞文集成册者

不在此限

七 本報費及廣告費另定之

湖南船山學報第九期目錄

第九期

目錄

詩錄

第九期

目錄　四

目錄

第九期

目錄

王船山先生遺像

把鏡相看認不來問人云此是董齋龜於朽後從人卜夢未圓時莫浪猜 誰筆仗此形骸閒愁輸汝兩眉開鉛華未落君還在我自從天乞活埋

先師自題小影詞也淸光緒初元張文心大令從先師祠堂摹得 遺像蓋猶襲明行人司章服 先師以永曆四年任行人司年三十二後又四十一年乃自題小影今摹刻之祠堂者是也湘陰郭筠仙侍郎奉以祀之思賢講舍而爲之贊曰

濂溪混然其道莫窺惟於先生望見端崖約禮明性守道持危闡揚文令是曰先知二百餘年星日昭垂私心之契曠世之師

觀生居

師說

船山先師詩錄

劉護軍基 秋興　　　　周逸敬選

括蒼雲繞縉雲都。萬簇芙蓉翠色鋪。紅雨溼飛烏桕薄。碧波晴點鷺痕孤。
登樓有賦依州牧。長揖無門傲酒徒。不識故園他日淚。蘋花還送暗香無。

楊提舉維楨 嬉春

選勝明朝陌上花。狂夫已宿黃公家。連錢夜洗香泥點。團扇新描輭縠紗。
燕尾掠人霑綠酒。鶯歌隨處呪蘭芽。片雲南浦不成雨。油幕高搴看晚霞。

師說

相宗絡索 續第八期

王夫之

八識十證 一名十理。以十理證知八識體相。此護法師以二乘不知八識。證明其於前五外。實有非妄。

「特種」謂執持一切善染種子。流轉還滅。皆依持此識。以此識本是如來藏白淨識之本體。卽可復真歸元。故能持菩提涅槃之種。不尒衆生必無成佛之理。乃爲七識熏染受異熟果。成阿賴耶。則順流注於七六前五生諸心所。作不淨因。結輪迴果。故能成十二因緣。流轉不息之種。「異熟心」異熟有三義。一變異而熟。謂如貪因得貧果。與因相反。一異時而熟。過去因作現在果。現在因作未來果。三異類而熟。謂人中因天中得果。五趣異類通受夙因爲果。夙習熏染善惡等因。乃至不相應心所。不於當時當位當類得果。而此識流轉趣生。爲總報主。前七斷滅。不復受報。唯此雖異必熟。非但罪福不爽。亦且習氣中於不知不覺之中。成熟而成自然矣。「趣生」、一期報盡。前七俱已消滅。唯此八識。實有不亡。恆相接續。徧生五趣中。趣意而分段不雜。隨其善染周歷五趣。「有受」、色身所有浮塵勝用二根。各各不相執受。五識各依其根。無能統攝。且有間斷昏忘。唯八識總合諸有而攝受之。「生死」、初生前六雖有勝用根而未能發識。末那亦隱。不成心所。壽命將終。惟餘壽未盡。煖息未散。諸識消滅。唯此八識持壽煖不卽散滅。與生俱生。至死不離。唯八識心王而已。「緣」、謂十二因緣中。識緣名色之識。卽此識也。從中有身見一線之光。萬里立赴。卽時緣坿父精母血。結成五蘊。故曰識緣名色。五蘊旣結成後。有識卽處蘊中。故又曰名色緣識。此中前七俱未發起。故知所言識者。卽是八識。「依食」、謂受生後至命終時。依四種時而生。食爲所依。其依之而住者。乃此八識。一類相持。無有間斷。若非此識。前五雖能取食。而何所滋養。令其恆住。「滅定心」、謂二乘入滅盡定。前六王所皆滅。第七染心不起。唯此識不散。其七識一分非染我障。雖未還滅。然亦卽是所執第八之相分。非別有體性。乃至無想天入九地真滅盡定。亦有此八識心王。但無心所。除菩薩定中白淨識。佛定中大圓鏡智。皆是此識爲在定之心。「心染淨」、染淨至七識而結。至六識而具。然染之卽成染淨之卽成淨受染受淨之心。八識心王也。所因以成染淨者。卽用八識心所之五徧行也。七識攬之以爲染根。前六藉之以成現行。離八識外。別無可染可淨之心。蓋前七俱無自體。隨緣現影。此乃染淨眞心也。此義直窮染淨根本徹底透露。異於二乘。但據前六爲染淨心。於彼折伏。冀得淸淨。乃惟識之綱宗。於斯炳矣。此中誤將死時心與生意煖識。合而爲持一。故但有九證。

八識三藏、阿賴耶此翻爲藏。藏有三義。前一就本識言。後二依他立義。其實一也。

能藏義兼王所所執二義。專指心王。

「能藏」、此識體本虛。故能含藏。前七無始熏習染所有善惡種子。又能藏現有前七所作善染諸法。現行爲未來種子。心王旣尒。心所亦然。以五徧行中一切心所皆能建立也。此就八識體量功用而言。謂之能藏。「所藏」、此就前七依之以藏而言。謂之所藏。前七所有善染心所皆藏於此識之中。爲彼所藏。卽定爲彼所染。如一庫藏。本無銅鐵。而用貯銅鐵。爲銅鐵所藏。則名爲銅鐵庫矣。從彼得名。卽受彼染。八識不自還。其真空本來之體量。聽前七據爲所藏。遂無自位。爲前七作總報主。「我愛執藏」、就末那識堅執爲自內我。而寶惜不捨者而言。則爲執藏。乃至九地四空。此愛不忘此識不轉。直至八地菩薩方能除執。能所無執。則雙泯矣。此八識流轉生死之禍苗。皆由七識強攬。而其還滅轉智。亦在七識解縛。還其無所無能之本體。我恆一擢。藏卽捨矣。

八識所熏四義。 所熏者被前七熏成種子。非自有種子也。必揀所熏非能熏者。見還滅轉智不於此識著絲毫工夫。但能絕熏。自無熏染。

一「堅住性」、無始以來真如一分本體。爲末那所執。受其熏染。成其分段種子現行。展轉相因。不離不散。以堅住故。持彼所熏。永不忘失。異生滅法。不能生起抑不忘滅。故受前七熏而不能熏前七。二「無記性」、謂無覆無記也。旣本無善惡。亦無障礙。如清水流于大地。遇沙石則潔。遇泥垢則濁。無必受之熏。亦無不受之熏。力弱志遷。異有勝用。可自作善惡。有覆等現行。三「可熏性」、此揀心所專言心王。常住自如。無所發動。熏至則坐受。不待捐己徇他。異有增減。可者因其可而受之。如人善飲啖。能勝酒食。不傷醉飽。發爲心王。卽有所注嚮。不偏可熏矣。四「與能熏和合」謂八識緣名色而生。前七見相二分和合。成一人分段。自然如父依子。從其安養。全付家業。任彼營爲。受其安危。異他人識。與己有分段。雖熏不受。

七識能熏四義。 能熏者。能熏第（第下應有八字）識也。前五熏八識相分。成未來一切相。七識熏八識見分。成未來一切見。第六二分通熏。

一「有生滅」遇緣則生。緣滅則滅。異堅住性。能久持受。而以有生。故生起八識本無之色法。以熏八識。是有能熏之資。此義前六顯有。第七雖堅持我執。而瞥尒妄生。卽有生命終消滅。後有變易。卽有滅。特不似前六之速遷耳。二「有勝用」七識有執持之強力。六識有分別之善巧。前五有覺了之明慧。異無覆性之體虛而作用不行。以我足熏之力。熏彼普受之量。是具能熏之才。三「有增減」增則自增。減則自減。善染輕重。皆由乎己。欲熏則熏。不受他熏。異可熏性。是有能熏之權。四「與所熏和合」由自阿賴耶生。自末那及前六識自然此熏彼受。如子依父。故能熏彼。而不逢違拒。是有能熏之緣。此義緣兼王所而言。前七王所皆與八識心王相和合也。若八識心所亦有生滅勝用。應不受熏還自熏。心王與前七同爲能熏。以偏行五心。（心下應有所字）貫徹八位識中。雖各分屬。原無二致。非八位中有四十偏行也。

邪見五種。　此六七二識心所根惑中不正見也。其類甚多。要不出此五見之中。

一「身見」、執妄身爲我。起種種貪着。如此土玄門之類。此見七識爲根本。至六識而增長。屬我執無明。二「邊見」、不得中道。墮於一邊。凡有二種。一切不正之見。皆此二見爲主。一「斷見」、謂一切法。究竟消滅。無因果。二「常見」、謂一切法常在不滅破。如幻于非斷非常。亦斷亦常法。各得一邊。執之成妄。此見從六識生起七識。以恆審持之。結習不捨。屬法執無明。三「邪見」、妄立魔天神鬼。信爲生緣。如今世天主教之類。此見全是六識妄結。惱亂他人。屬煩惱。四「見取」、於非果計果。如以無想天爲涅槃之類。此見緣七識執八識爲自內我。因據八識心王不生滅爲果。屬無明。五「戒禁取」、于非因計因。如持牛狗戒。衣艸木。食穢惡。拔髮。熏鼻。臥刺投棘。今之穿脅。燒指。打餓七。坐釘關。乃至積薪自焚。跳火坑等。皆其眷屬。此見全是六識非量結成七識癡疑迷。自惱惱他。屬煩惱。

迷悟二門。二門皆盡唯識宗旨。規矩頌前八句恭頌流轉門。後四句頌還滅門。

「流轉門」、門者。如共一室內開二門。一門爲吉祥之路。一門爲凶禍之塗。唯人所趨。所趨一異。則安危懸隔。蓄生人趣中同此阿賴耶識。悟者由之證涅槃菩提。迷者由之墮五趣生死。惟自所向往之門。決於發足時耳。流轉者、五趣生死之門也。從八識順其習氣瀑流之機。起五徧行。不復囘顧真如。一注七六二識。一注前五識。生諸心所。成隨煩惱。謂之流。從七識違背真如。轉變其圓實之性。染八識無覆爲有覆。變六識別境。令生不定。而具根本六惑。乘前五之發。卽與和合。變成三惑重障。謂之轉。且流且轉。轉而復流。現行種子互相生而不已。因果相仍而不捨。永無出離十二因緣之業海。皆由此門而出也。成唯識論以流轉顯生死因。故順其緣生之勢。立三變門。從真如、變賴耶爲一變。從賴耶、變末那爲二變。從末那、變前六爲三變順序也。

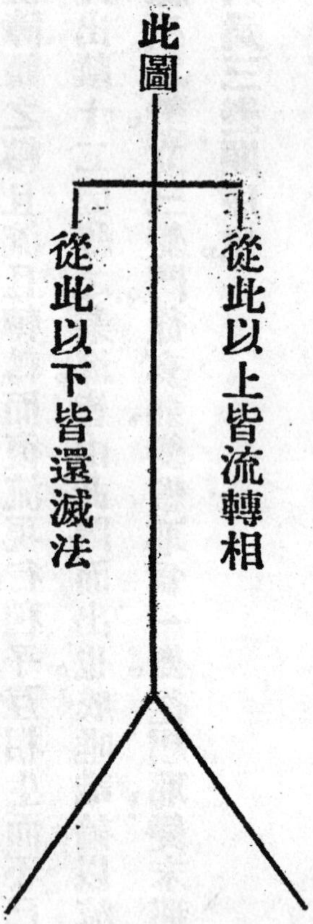

「還滅門」、還滅者滅妄還真。非滅妄不能還真。還真則妄自滅。此所謂十方薄伽梵一路涅槃也。「還」者、逆八識順流之波。窮前五之妄。歸同時之意識。卽還六識。妙觀不轉前五成妄。窮六識之妄歸七識。卽還七識本無之體。不染六識。具諸惑障。窮八識之染因。於七識而本自無覆。卽還本體。不受其染。漸漸捨彼異熟。卽還真如。「滅」者、於七識命根。一刀斬斷。絕滅無餘。六識枝蔓。隨之摧折。七識滅則六識滅。六識滅則七識後念滅。前五同時意識。八識見相二分皆滅。此門唯博地。凡夫早悟唯識宗旨。不爲二乘根門所惑。及阿羅漢、加行成熟。不自懦疑。發大乘心。精進不已。由四資糧至初地。入見道位。於六識滅現行二障。於七識滅分別二執。

至二地入修道位。漸次成熟。入第七遠行地。不假觀門。六識滅盡。至第八不動地。七識我執永滅。唯餘間起之法執。八識因之將還白淨。唯異熟識在。至等覺位一剎那頃。微細俱生法執斷盡無餘。第八異熟卽此頓空。入佛果位。六七二識。得復無妨再用。爲利他權法。照大千界。應十地機。而第八轉成無垢。卽證大圓鏡智。前五因其現量。成無漏功德。分三類身。總還圓成實性。真如本體矣。六七二識還滅最在前。自初地初心而始。以見修二位。皆於此二識施功用故。故謂六七因中轉還滅之功在此二識也。前五及八識。還滅在後。前五尤在最後。八識至八地賴耶始滅。至等覺異熟乃空。還歸無垢。前五直至佛果乃得圓明。初發無漏分身應衆生之用。蓋其還滅之功。在六七二識。在八識倘有一分無功之功。在前五並此而無。故謂五八果上轉。若欲於前五施還滅之功。則是二乘折伏根門愚法。若欲滅盡八識。卽墮外道斷見。七識純用滅。六識半滅半還。自類種子。不因七識染者。亦八識之分注。可用爲觀門。還其本智。因七識染者。七識滅則自滅。前五第八。唯還無滅。規矩說還滅法立四頌。從粗入微。以前五始。以第八終。逆序也。

入識轉四智次第。此約漸教而說。若從相宗悟入。只有徑滅七識。餘七一齊俱轉。相宗、顯標漸教密示頓宗。在人自悟耳。

「前五識轉唯一品」、變相觀空。乃同時意識。入人空觀。雖前五異前心所不立。仍是六識帶轉。前五未能自得無漏真智。不可謂轉。直至佛果方證。即相即空。無觀無變。分身無漏。前五之果。頓轉成智。蓋前五雖與第八俱於果轉。因中無功。而八識猶有澄定擴充無功之功。唯前五自見道修道。直至等覺位。全不於此用修用證。不動絲毫。即成無漏。故言如來亦有肉眼。八識轉後。依舊是舊時人。而三類之身。自現□所以大異於二乘。守定根門。下折伏死功。打車不打牛之大愚者在此。

「六識三品轉」、初三資糧位。入初地見道位中。斷分別我法二執現行。無明煩惱上品障。自二地至七地修道位。斷分別二執中品障。以未能常在雙空觀。俱生二障。猶然間起。而成現行。七位後常在觀門。俱生二障。永不現行。斷下品障。此識但有現行七識。乃其種子。故但於現行轉。不能轉種子。即能轉分別種子。不能轉俱生種子。從八地至等覺位。不於此識修因。亦不於此識得果。八地以上觀察智不行。「七識三品轉」、初地初心入見道位。以六識無漏智。觀我執不生。而法執猶恆此因六識而轉爲下品轉。至第八不動地。我執永伏。法執間起。染性已空。有覆未泯。覺爲有智可得。有佛可乘。爲中品轉。至等覺位。一刹那頃。俱生法執。盡滅無餘。入佛果位。不妨仍示平等智中差別。應十地菩薩堪受之機。爲上品轉。雖有三品。而初發心時。早識此末那爲八識流轉根本。一刀斬斷。不假六識觀門。漸次降伏。尤唯識祕密法也。「八識三轉異名」、初次凡夫直至遠行地。名阿賴耶識。此翻藏識。皆被七識執爲內自我。令藏過去末那所熏一類相續種子。亦藏現在前七現行。我法二執種子。至遠行地入第八不動地。七識俱生我執不起。解放八識之縛。不受拘染。不熏未來種子。而七識俱法執未泯執。此八識有可修可證之法。此無始時來暗藏種子。雖現行不起。而未卽消滅。累此八識帶一分鏡中。遠影藏已捨。而此不捨名毗播伽識。此翻異熟因伏果中。果位不圓。智成有漏。至等覺位。一刹那頃。七識轉盡。從此盡未來際。不受一毫熏染。無始以來。原不曾熏動絲毫。還與真如契合無二。名無垢識。一曰白淨識。解深密經立爲第九識。實卽八識轉後之異名尒。八識與七識同時俱轉。八識無孤轉之理。故曰如束蘆交轉。轉入之功。全在第七。有一分因。卽獲一分果。更無觀待。此已得阿羅漢果。不自憍懷放逸。墮四空天趣。而加修習之功。成熟淨行。四品凡二位升進。

四加行。此位未證唯識。乃二乘進道之階基。二品通四前二因。後二果。

一「煖」、用智慧火燒煩惱薪。薪不盡。火必不斷。常令溫煖。不受業風陰暗逼惱身心。喜悅和暢。二「忍」、於一切淨行難行難忍者。不怖不憂不憚不退。如法修習。忍受擔荷。三「頂」、煖品既熟。一切煩惱盡皆退伏。超出濁欲界中。終不墮陷。四「世第一」、修習忍行已熟。於精進勇猛。成殊勝淨行。世所希有。此四位於阿羅漢果中。勤行不息。不貪天樂。乃得不入四空界地。但猶於根門修習。未證唯識。滅七淨入。故頂者。不脫身中之頂。世第一者。於俗第一。未離三界。特其精進既熟。自然一且能發大心。入三資糧位。（完末）

講演

船山先師詩錄

倪處士瓚 園居　　　　周　逸敬選

長夏新桐洗綠莖。乳鶯歷亂啄朱櫻。不知微雨遮青嶂。卽次流珠濺紫萍。
閒整丹經香篆歇。小臨鶴逕碧苔生。碁枰已斂湘簾捲。稍覺銀鉤挂嶺橫。

貝助教瓊 感亂

正作月來溪上寥。潮聲夜打瀏東城。春花春柳皆他日。羽檄羽書悲此生。
戍火搖烟低片月。歸鴻掠浦警三更。堂堂歲月相欺得。明鏡新添雪幾莖。

講演

子路使門人爲臣曾子易簀爲聖賢禮以奉尊義以立身解 黃翬

子疾病。子路使門人爲臣。病間曰。久矣哉。由之行詐也。無臣而爲有臣。吾誰欺。欺天乎。且予與其死於臣之手也。吾寧死於二三子之手乎。且予縱不得大葬。予死於道路乎。論語原文 曾子寢疾。病。樂正子春坐於床下。曾元曾申坐於足。童子隅坐而執燭。童子曰。華而睆。大夫之簀與。子春曰。止。曾子聞之。瞿然曰。呼。曰。華而睆。大夫之簀與。曾子曰。然。斯季孫之賜也。我未之能易也。元。起易簀。曾元曰。夫子之病革矣。不可以變。幸而至於旦。請敬易之。曾子曰。爾之愛我也不如彼。君子之愛人也以德。細人之愛人也以姑息。吾何求哉。吾得正而斃焉。斯已矣。舉扶而易之。反席未安而歿。檀弓原文

此二者。見聖賢于死生之際。一毫不敢苟且如此。或以子路不應行詐。曾子亦不應先受其簀爲疑。曰。是又不知君子禮以奉尊。義以立身之道也。夫孔子在哀公與季

康子之朝。尊之以國老。奉之爲師傅。欲有謀焉則就之。所謂事之而弗臣之也。夫子之不備有司執事也。以公與康子終不能用其道。是以不欲爲政也。然而固曰吾從大夫之後也。子之疾病也。子路方爲季氏宰。用事于魯。以爲生未用其道。死必備其禮。是以使門人爲臣也。如其病之不間。而以有臣葬夫子。固未爲子路之謬也。夫子之責其欺也。以其違我不爲政之素志也。咎之曰欺天。所以深拒其强爲用也。此見聖人之不受虛隆之禮也。如此。曾子之易簀亦然。夫曾子在季昭子孟敬子之朝。亦國老也。孟敬子則其門人也。是以問疾而詔以君子所貴乎道者三也。季孫之賻曾子以簀也。亦尊賢奉老之禮也。且簀非命車命服。曾子何爲不可受。所謂如其道而不以爲泰也。既受之。何爲不可安居之有。此所以不易于啓手啓足之時而易于童子隅坐執燭之時也。其終勿易也。固未爲曾子之遂斃于非正也。其必易也。則以聞童子之言而我又增一義也。一息尚存而見義必爲之道也。子春與曾元之不欲變。愛親之仁也。非所謂細人姑息也。童子特未計于病革之不可變。且未知曾子之聞言卽欲變。不過以燭光所照而偶及之。而曾子聞之。則慨然以爲非我所斃之正也。

此見聖賢徙義造次顛沛之不違仁。卽正衿結纓之道。夫子之寧死于二三子之手。而不欲死于臣之手。其爲義一也。要之子路尊師之禮。曾元子春愛親之仁。與夫子曾子之道。皆並行而不悖。子夏曰。大德不踰閑。小德出入可也。夫有臣與不易簀不足爲小德之出入。而不死于臣之手。與必易其簀。則以見聖賢之精義入神也。故凡執一以擬議聖賢者。皆嫂溺不援之禮也。惡足以見聖賢之大。惡足以知聖賢之深。或以爲道必無二。是獨不觀微子去之。箕子爲之奴。比干諫而死。夫子皆以爲仁乎。如無夫子三仁之言吾知後世執一者。必以微箕爲不義也。夫子于伯夷叔齊曰求仁得仁。又何怨。而于管仲。亦曰如其仁。如其仁。豈若匹夫匹婦之爲諒也。自經于溝瀆而莫知之也。後人不解器小之義。又謂管仲不能致主于王道。不知湯武之王。有桀紂之殘暴也。管仲若以齊桓公王。豈不背于天威不違咫尺之義。是又未解春秋之道也。故疑受簀之譽。亦非禮之譽也已。

讀經宜知禮要議

黃翬

昔孔子刪訂五經。以示後學。又曰君子博學於文。約之以禮。亦可以弗畔矣夫。是則五經皆宜約之以禮也。不能約禮。卽不能得其體要矣。體要者何。易簡之謂也。易則易知。簡則易從。易知則有親。易從則有功。此學問必然之道也。何以五經之能約以禮也。如易者天道也。人第知易明陰陽而已。而不知陰陽者天之道路也。聖人繼天立極。必以人事達天道之窮通。則有禮存焉。故剝復否泰。爲天道之固然。而悔吝貞厲。爲人道之當然。剝何以能存碩果。否何以能固包桑。泰何以反戒陂平。復何以更憂迷復。且非其禮。則君子豹變而征凶。如其禮則過涉滅頂而无咎。故凡爻辰卦氣錯綜參互。以求陰陽之變通。而爲趨避之術者。皆小人之昧禮而不知天道也。豈聖人之知進退存亡而不失其正者哉。是故不能約禮。不足與言學易。書者人紀也。人第知書道政事而已。而不知政事者帝王之綱紀也。聖人修己以安民。所以能致親睦平章之化。則皆至禮所寓焉。故典謨訓誥。爲四代之陳迹。而祖述憲章。則至聖之集大成。典之咨。卽以煥文章。謨之咈。卽以驗成功。訓之申。所以一君德。誥之嗟。所以孚萬邦。見禮知政。聞樂知德。由百世之下。等百世之王。莫之能違也。豈非知人論世尙友之功哉。若徒爲古今文之辯。武成洛誥之考訂。舜典皋謨之分合。又利其詰屈聲牙之字句。以矜考據之能。是俗儒昧禮而習句讀者也。惡知聖人疏通知遠之教哉。故不能約禮者。不可與言書。詩者古樂章。朝野上下之歌也。夫子教其子與弟子必學詩。謂禮樂之本也。是故郊廟之頌。朝廷之雅。能辨其升歌閒歌。而後能知父子君臣之節。變風美刺。變雅憂思。能定其三訓六義。而後能得興觀羣怨之情。若夫名物之辨。在比賦興。宛鳩弁鷽。仁孝貞變之殊。唐棣蔓草。親愛榮枯之諭。因物生感。得其怨慕之心。若動以爲淫奔之戲。男女之私。於禮何與焉。況乎季札觀風。誤譏鄭魏。行葦宴享。互譌天保。不達於樂。是以誦詩三百。不能專對。今之說詩者。亦皆肄業及之乎。記曰禮交動乎上。樂交應乎下。不能約於禮。亦不可與言詩。春秋者正名分也。名分之辨。莫大於禮。春王正月。敬天尊王也。削字書名。削名書字。黜紀綱也。內中夏外夷狄。罔包桑也。進於中國則中國之。邾莒是也。進於夷狄則夷狄之。杞鄫是也。荆楚先書人。後書爵。嬰齊側圍皆稱公子。知其僭於內。勿僭於外也。秦術楚椒吳札。皆削字也。褒貶何分。石隕鷁退。恆星不見。日月重食。天變也。戒勸何徵。奉祖可以拒父。夫子何以正名。子貢何以申其不爲。九世嘉其復仇。父執兄弟之仇。從父昆弟之仇。

禮何以必嚴等差。魯之臣子何以自忘君父之大仇。凡此乖禮之議。實亂大倫。故不能約以禮。不可與論春秋。禮者天下之達道也。父子君臣兄弟夫婦朋友之倫。百世不可變。朝夕不可離者也。其經何在。曲禮內則是也。其列爲經禮者。則郊社禘嘗。朝覲會同。冠昏喪祭燕饗之分焉。其經何在。則郊特牲大傳禮運禮器祭法祭統是也。其祭義冠義昏義諸篇。則禮經之傳也。唯天下至聖。爲能經綸天下之大經。凡此皆大經之昭垂者也。後世分列三禮。不知其要也。周官者官職制度也。非禮也。如近代之會典耳。無論其爲真爲僞。亦無徵之文獻。此二王所以執持以誤天下也。何也。以因革損益論。亦久革之而非所因也。況其名稱本與尚書春秋無有合者乎。先儒據周官注五經。動爲齟齬牴觸。儀禮之十七篇。儀也。非禮經也。且周末文勝之儀也。何以辨其然也。禮之重者。莫切於五倫。而儀禮不著父子君臣夫婦兄弟朋友晨昏侍奉。朝野交際之威儀。禮之大者。莫大於郊社禘嘗朝會。而儀禮亦無其文。其覲禮一篇。詳於宮牆旗璧。而無協時月正日同律量度衡諸大端。其非隆周制作。概可知已。先儒經傳通解一編。本末倒置。使早删正二戴之書。分其經傳。則後世學者無歧途矣。蒙是以不能已於經傳章句之述也。

申讀經宜知體要議

黃翬

竊維今日讀經。萬不可不削其僞謬。置其無徵。以從易簡。否則無裨實用。枉費心思。昔之爲學者。童年入塾。皓首窮經。而淹通者不數人。況今日乎。今之世變甚矣。中外交通。文化互進。欲求體用博達之才。斷非以僅能讀十三經爲能事。矧十三經幾時可通乎。孔子刪定五經。使人博文約禮。若孔子生今日。又不能不亟謀刪定矣。何以必刪定也。卽正經與民之義也。然則經有不正者乎。曰凡謬僞無徵。不足以興民行者。卽不正也。如易正也。聖人明天道正人事也。而雜以河間女子所獻說卦三篇。無當於悔吝貞咎。徒使後人支離傅會。昧聖人進德修業之義。此足以興民乎。書正也。帝王治道所載也。而讀者徒辯駁古今之文。穿鑿佶屈聱牙字句。而昧九德九功事業。五事五言義理。周官立政典章。課虛求異。足以興民乎。詩正也。子曰興於詩。謂能感發人好善惡惡不能自已之心也。而說詩者不知三訓六義。不辨樂章。不論人世。不體物情。勦以爲男女相悅。淫者戲詞。昧君父友朋之節。與觀羣怨之情。足以興民乎。禮正也。禮曰親親也。尊尊也。男女有別也。此其所不得與民變革者也。故曲禮揭敬以安民。內則重降德之命。所以立人極也。而誤執官儀者反謂此爲小學支流餘裔。乃瑣屑於堂面圖制。領緣尺度。戒宿占筮。而忽晨昏奉養。函丈趨承。臨涖瞻視。篤親興仁大節。獨不聞女叔齊譏魯侯習儀。孔子譏季氏繼燭乎。此所謂不能三年之喪。而緦小功之察。放飯流歠。而問無齒決也。是足以興民乎。春秋正也。聖人筆則筆。削則削。游夏不能贊詞。其於亂賊之誅。戎狄之膺。有不得已之深心。是以晉趙盾許世子之弑君。不稍寬假。而說春秋者。侈於素王之尊。三世昇平之飾。昧褒譏大義。其足以興民乎。凡此皆經之障蔽。障蔽不祛。則經不明。孔子惡莠。恐其亂苗也。惡紫。恐其奪朱也。惡鄉原。恐其亂德也。孟子之距揚墨。亦如是爾。蒙是以必祛謬僞無徵。爲其亂經也。經亂則無以解惑而入道也。晚近造議廢經者。亦緣後世經師。好逞駢枝臆說。以疑人心。然後乘隙得行其因噎廢食之計。今欲復經而不先祛謬僞無徵。是自豎可攻之的。予人以口實也。況乎尤謬僞者。莫僞於周官。莫謬於公羊。周官何以僞。六官分職。如彼繁瑣。而尚書立政任準牧。三宅三事。司寇五正。司空圻父農父宏父。皆莫之載。孟子不聞班爵之詳。其略則同王制。不削僞周官。則詩書孟子皆不可信。且既爲周之大典。何以孔孟不述。諸子百家亦莫之聞。焚坑之後。獨傳漢世。不待智者而知矣。此僞不削。後世必有更執以誤蒼生者。公羊何以大謬春秋書春王正月。明諸侯奉周正朔也。公羊曰王者謂文王。試問三分服事。其卽改正朔乎。以此誣之。反累其至德。衞輒奉祖拒父。大悖正名之義。衞侯燬滅邢。滅同姓也。猶是責備賢者之意。齊襄禽獸。呑滅同姓。則書紀侯大去其國。等諸三叛人書盜。並奪其名也。而公羊誇其復九世仇。夫九世可仇。是使虞夏商周之裔。皆將日尋干戈矣。悖倫倡亂。此謬不削。使學者從於禽獸。無父無君。則天下人相食。人之亂何日已也。無徵者何。儀禮是也。冠昏喪祭。戴禮顯明。冠而後昏。樸愿家鄉。於今未廢。吾學錄諸典所載。皆從宜從俗也。若執儀禮而行。筮廟門數日。筮賓數日。加以宰贊兄弟之期。告有司陳設。不數十日。不能成禮。是倘可行乎。特牲少牢饋食。士大夫薦。如彼繁瑣。必非質明行事。闇朝可退。故曰周末文勝之儀也。況按有司徹。尤無倫類乎。昔張蒿庵三十讀儀禮。五十九始通句讀。爲寧王九溪幼畫堂室圖。至老未辨方位。遂焚之。存分節句讀。是二儒者。世所希有。讀且難之。矧循之以行乎。今自量與學者。果大過於先儒歟。吾見其惑也。方今復經未能。吾儒當切究五經倫禮。庸行庸言。躬親導人。庶可望與民乎。若徒抄襲書目語錄以誇博。高語理障以欺人。是猶治絲而棼之也。蒙是以不惜盡言而忠告道之。

船山注重五經說

黃翼

先生箸述宏博。而獨注重五經者。以是爲孔子所刪定也。漢氏所出多編。未經孔孟稱述者。皆僞謬也。故後世稱七經七緯。九經。十二經十三經。先生未嘗肄業及之。蓋尊守孔子而已。易書詩春秋。夫子手訂成編。惟以禮爲執禮。樂者。所以日率七十子。踐履時習。而不可須斯離者也。自晨昏奉養。函丈趨承。臨涖瞻視。常變交際。辭氣威儀之則。皆載之曲禮內則玉藻諸篇。其郊社禘嘗冠昏食喪之義。則有大傳郊特牲禮運禮器樂記諸篇。皆夫子所示之執禮也。中庸大學祭喪冠昏諸義。則曾子子思。發明夫子執禮之意也。戴氏所傳。雖擇有不精。較之高堂河間所出。則涇渭顯然也。惜後儒經傳通解一編。誤以無徵文獻。反爲日用躬行之隔閡。幸有船山章句。玉池質疑二篇。循流溯源。典型未墜。蒙是以述經傳章句。暨五經述禮。得握其要也。先生深鑒於明季諸儒。經學道學文學。結社聯盟。盛於兩漢唐宋。而終無救於明室之隤敗。是以揭興亡之奥於史論。藏幹濟之用於黃書。示機權之數於俟解噩夢。誠不欲後世學者。徒尋章摘句。無補於中國危亡也。今之世變。更倍於明季矣。明季不過有變夷之患。今則爲獸化之憂。固廢經者釀成如此之人心。吸成如此之風俗。迫成如此之世局。吾輩振鐸而呼。欲以舊道德挽狂瀾於既倒。而上之不能揭聖人廉頑立懦之風。以振興民行。次之不能法豪傑動心忍性之力。以激勵人材。而徒效明清諸儒。呻吟呫嗶。課虛叩寂。抄襲書目語錄。自矜淹博。誇爲理學文章。驅天下青年銳進之子弟。都成爲既黴且尫之徒。有何益乎。有何益乎。蒙是以慨觀於新舊學校。不能已於私憂竊歎也。管子曰。欲正天下者。材不蓋天下。不能正天下。材蓋天下。而工不蓋天下。不能正天下。工蓋天下。而器不蓋天下。不能正天下。器蓋天下。而士不蓋天下。不能正天下。士蓋天下。而教不蓋天下。不能正天下。教蓋天下。而習不蓋天下。不能正天下。習蓋天下。而不徧知天下。不能正天下。徧知天下。而不明於機數。不能正天下。故必有無敵者八而後能出而正天下。管仲且然。而况今之世乎。今之所望於學者。欲其能出而正天下也。欲其能出而正天下。則必思何以鍊其材。何以繕其工。何以大其器。何以成其士。何以正其教。何以端其習。何以老其識。而徧知天下。何以達其慧。而明於機數。是以非有王通之樂育。不能成房杜魏王之才也。曾子曰。士不可以不弘毅。任重而道遠。仁以爲己任。不亦重乎。死而後已。不亦遠乎。將爲今日遠大之器。非抱有伊周之道。管樂之才。瑜亮之智。斷不能一出天下。而能轉危爲安。轉敗爲成者。然而今日中國之危敗。又非無人也。無力也。無非蔽於黑幕而已。今之黑幕。卽教育界。而亦有甚焉者也。不揭開黑幕。而欲教之易入。才之易成。不可得也。今之教授。無論新舊學。必將一切膚廓研究名詞。概行洗刷。一切張皇圖表方式。概行取締。闢開一條大道。使學者坦然由之。然後其道可就也。否則臧穀牧羊。所事雖殊。其亡羊一也。彚以爲於今學者。以道德論。則以篤行爲實。以才藝論。則以毅弘爲能。果能正以易書詩禮春秋之經。緯以天文輿地史志韜略之用。充其惻隱辭讓羞惡是非之心。達其常變經權計數機宜之識。而後澄幾觀變。酌古準今。天下之能事皆備矣。而天下之重遠可任道矣。夫正以易書詩禮春秋之經。則凡經之蔽障蠹賊。不可不去也。緯以天文輿地史志韜略之用。則凡訓詁名物考據詞章非所急也。充其惻隱辭讓羞惡是非之心。則凡墨荀韓非申商之言不可導也。達其常變經權計數機宜之識。則凡虛僞標準表册之形式。可省減也。何者。非奪精移守。即玩物喪志。且曠時廢日也。故學不欲雜。雜則龐。龐則室遠而難入。道不欲分。分則多。多則路歧而難尋。願將藥石之言。用賠繞朝之策。

論宋代詩派 續第七期

湘鄉王禮培佩初

宋初之詩。承晚唐格調。輒爲西崐體。楊億劉筠錢惟演李宗諤以下凡十七人。有西崐酬唱集。負其博麗之才。求工巧於字句對仗剪綵雕蟲砌石補衲。有色無香。有形無神。一題一詩。足了斯義。無興觀羣怨之可言。蓄砌貼多則性情少。事實多則寄託廢。塵開撲地。歌吹拂天之場。必無高人韻士涉足其間。此之謂力盡於外。精竭於內。蘇黃最忌此種。所取者意象之間。所寄者空靈之表。嚴羽羚羊挂角之喻。其空靈在氣概。蘇黃之才高意遠。其空靈在意象分際自殊。知其解者旦暮遇之矣。西崐祖義山。義山麗而能淸。西崐滅盡性靈。所以不如。晏元獻宋景文又揚其波。王元之始獨立於舉世風靡之日。掉鞅詞壇。一變而爲李杜堂堂之陣。雖其識解之超。抑亦風會所趨。有不期而然者。初唐盛唐轉捩移易。莫不皆然。吳孟舉宋詩鈔竟舍西崐而冠王元之。其見自卓。若以語宋初詩派遞嬗之故。卻未合乎知人論世之旨。雖然。元之之變。變西崐也。非變唐也。夫詩至於宋。有不得不變者。山川景物天地絪縕。被唐賢吸收略盡。後人偶拾一二生新之句。曾何與聲律節奏之微。歐梅之興。初變體勢。神氣未完。元祐間蘇黃始致力於典章國故之弘規。師友名臣之言論。仰觀俯察。敷陳詠歎。一時是非得失之故。往往藉詩篇以發其端緒。而貞淫正變。亦由此出。不徒以寄慨芳草美人爲託物起興之詞也。所以別夫唐賢而爲宋賢。置之唐賢集中。不能擬似。舍是而言宋詩。區區較其景物。量其字句。夫豈宋人精神所繫。乃馮班紀昀之徒。趨於韵調之末。挾風人之旨四字。以爲詆諆宋人之資料。其視詩教狹且陋矣。孔子不云溫柔敦厚而不愚。則深於詩者乎。溫柔敦厚。是卽風人之旨。純乎此旨則愚而已。馮班紀昀是也。不然。溫柔敦厚奚以云不愚也。宋人以體量爲形。以空靈爲神。

蘇出於白而白無其趣黃原於杜而杜少其奧是蓋牢籠萬象翕闢陰陽靈慧環生糟粕盡淨驅使古人而不泥就古人者明七子學於盛唐而蹶於盛唐錢劉學於西崐而蹶於西崐皆瞻顧矜持屈己徇人故莫之能拔李于鱗八陣雲開屯虎豹大江潮落見黿鼉之類果何爲而有是言也杜牧之蝴蝶夢中家萬里杜鵑枝上月三更東坡指爲死句陶公採菊東籬下悠然見南山方爲才高意遠黃山谷桃李春風一杯酒江湖夜雨十年燈自謂有砌合之迹不如竹石牧牛四句乃可言至錢劉之酬唱皆砌合之死句須知蘇黃是造句不是鍊字方虛谷更創爲詩眼之說習於宋末鍊字訣非所語於蘇黃也其實五七字有天然轉捩處特用字有能手拙手俗手之別耳蘇黃二公詩境各具空靈之妙用蘇從機趣中取得空靈黃從奧衍中取得空靈皆所謂不犯正位不落邊際者雖然機趣可以興象得之奧衍非從古歌謠中領悟未見其有合也呂紫微謂山谷論作詩當從舜皋陶賡歌及五子歌以下皆加精考故余論詩必斷自唐虞已下今人伏案拈管便爲眼前光景意中字句糾纏筆端如凍蠅投牕揮之不去則胸次不超學識不充爲勢之所必至陳聲伯渚山堂詩話

云。昔人謂許渾千首濕。杜甫一生愁。甫之遭際。不是無病呻吟。效顰則可鄙。許之風雨江湖河海溪澗水泉池沼波浪潮汐等字。無詩不有。誠哉其濕已。他如鄭谷好用僧。薩天錫喜用芙蓉。作者被其糾纏或不自覺。是皆眼前光景之爲累也。陸務觀詩。我得茶山一轉語。文章切忌參死句。自道甘苦之言。滅除死句。便是空靈。山谷亦云。意無窮而人才有限。以有限之才。追無窮之意。雖淵明少陵不得工也。必易其心而造其語。謂之換骨法。規模其意而變化之。謂之脫胎法。錢劉學西崑。十九死句。馮定遠惟不知此法。遂不知國秀才調兩集之精英。恃其虛憍。妄詆宋人。及身而其燄熸矣。南渡之陸范。亦是眼前光景。寫得太多。收功祇在句下。才旣不高。意自不遠。境便不超。昔人謂用事當如水裏著鹽。寓意當如空中散花。決非錢劉之板比。陸范之爛熟所可擬矣。

歐陽永叔爲北宋宗師。有開物成務之功。然敘事寫景。未免辭盡意盡。作詩要以辭隨意遣。爲合乎以意逆志之妙。永叔之詩。略如其文。時際昇平。自無苦語。而於韓公之妥貼排奡。一不能似。雖其力去崑體之砌合。而已傷於冗沓。今之胸無卷軸者。本鮮砌合之資材。欲自託於永叔。文飾其寒陋。隨題敷設。便可數紙。非詩非文。配成韻字。直是無以名之。韓公氣體宏大。天才學力。翕闢行間。其質朴細屑處。自在天真。豈數鹽米而計阿堵者可比。學之則不能似。詠之則不見其際。是皆其氣體與人殊科。有以致然也。永叔自誇其廬山高明妃曲。於子棐謂太白子美不能爲。惟吾能之。何其言之不怍若是。廬山高得太白之奔迅。無其飄逸。與其波瀾。亦長短句庸調耳。行人舉頭飛鳥驚。以形高峻。視少陵下窺指高鳥。俯聽聞驚風二句。快鈍何如。元吳萊作泰山高以仿永叔奇逸之氣。固自勝之。明妃曲多鈍根語。耳目所及尙如此。萬里安能制夷狄。一涉議論。便有學究氣。須憐鐵甲冷澈骨。四十餘萬屯邊兵。又類傖氣。王阮亭譏之。翁覃溪謂非當家之作。明妃曲本和王介甫。而黃山谷獨服介甫。不取其議論也。山谷自書磨崖碑詩。內間張后色可否。外間李父頤指使。言各有當。讀中興碑頌。自異明妃曲。敖器之所云。四瑚八璉。祇可施之宗廟者乎。陳后山裕陵古墨行云。睿思殿裏春夜半。燈火闌殘歌舞散。自書細字答邊臣。萬里風塵入長算。展開局面。光燄燭天。以詠物小品。吸取空靈。不著半點朽腐。自然壓服永叔矣。

梅聖俞詩筆枯淡。思致刻苦。而取徑出味。卻自平淺。人稱其五律澹遠幽深。皮相之論也。彼其澹處傷於易率。遠言幽深。其合者差似姚武功。施愚山驚其扁舟洞庭去。落日松江宿。爲蘇州隨州之比。然未能通篇振作。要作醞藉。自成境界。七律氣局不能彌綸行間。遂爾荼靡。古體亦以淸澹見勝。尙能涵融。晚年鈎稽徑路。令人改觀。以換陳言之法。移入詩境。轉無以狀其所至。韓公是鎚鑿。不是改換。幾微之辨。判若鴻溝。聖俞本藉吟詠爲性命。其云人間詩癖勝錢癖。彼自以爲勝耳。心中不欲言。口中不必言。爲編詩計。乃不惜搜韵索句。與無所託事。無可比流連光景。於六義曾何與乎。永叔推爲樂之苗裔。阿所好而忘其言之悖矣。陳去非語人。聖俞詩愼不可讀者。感觸少也。聖俞有洗滌崑體之功。歸於平澹。敖器之謂宛陵如關河放溜。瞬息無聲。境界亦全不似。聖俞嘗言狀難寫之景。如在目前。含不盡之意。見於言外。論則善矣。狀景或有至者。含意未臻其妙也。本以平衍之筆。必欲從刻削逼仄以顯其效用。又好以强韵驚人。益覺不類。龔嘯云。去浮靡於崑體極弊之餘。存古澹於諸大家未起之先。斯則不爲無功矣。聖兪嘗語蘇子美云。永叔自要作退之。强差我作孟郊。永叔亦云。郊死不爲島。聖俞發其藏。因以閬仙當聖俞。聖俞亦以閬仙自期許也。王明清揮麈後錄記李邯鄲家有聖俞詩善本。世所傳係歐公去其善者。忌能名之壓己。明清辨之。王阮亭許爲知言。余謂文人相輕。自昔而然。其相輕也。卽其相忌。不必强爲歐公辨。近刻郭侍郎嵩燾養知書屋文集。以余所聞。卽有此弊。

蘇子美梅聖俞同爲宋初轉移風氣之先聲。而途徑各別。子美筆力豪雋。劉後村稱其歌詩奔放。勝於聖俞。及蟠屈爲吳體。則極乎妥貼。蓋宋初始爲大雅。古朴中具灝落渟蓄之妙。兩家所同。而梅之深遠閒淡。蘇之超邁橫絕。則又各出機杼。永叔所謂不能優劣者也。余謂子美筆力固自豪雋。肌理。不免鬆疏。但非粗淺之謂。至其性情悱惻。骨幹充實。値皇路清夷之際。音節和緩。祇跌宕頓挫之境。有所不逮。比於幼學。未能壯行。及真宗仁宗之朝。蘇黃始大。荆公鼎足而三。三家之詩。皆宋人所注。蘇之恢嘲。黃之槎枒。王之鋪敍。各具獨到。蘇詩機趣橫生。黃詩支蔓盡除。王詩一綫鑽入。不事轉變。旣別蘇黃。復異宋派。名稱稍後。則相業之累也。

東坡天才散朗。古體極其跌宕。奇偶雜陳。離開唐調。自爲風氣。稍近太白昌黎。亦異歐梅太白有其駿快無其恢嘲昌黎有其傲兀無其禪悅一種疏鬆愉快之致引人改觀篇於性情善處兄弟友朋之間辭溫而意摯大篇選局布勢軒蕩開豁中間鋪張實際寡語撐空引滿待發入後層層收轉遠呼近吸渟蓄頓放一絲不走一滴不漏綜其境界有曠遠有激詭有幽秀有跌宕有奔放有諷刺有雄奇有典重有寄喻無所不包特忌奧衍之筆與山谷異趣耳凡經子野史稗官虞初仙佛玄理無不適曉細大不捐紀曉嵐以晚唐眼光譏其不合風人之旨馮定遠賀黃公且目爲赤體謂唐多風詩比興爲尙則將曰宋多賦體雅頌爲尙可乎爲唐爲宋爲賦爲比思無定位題無定製安有一旨可概其全文廷式芳蓀室談錄譏紀評蘇詩實未脫學究氣余謂紀評瀛奎律髓亦祇是從字句間尋其起伏照應之迹與方虛谷旨趣相同皆非善讀宋詩者東坡諸體皆妙王阮亭謂七律不可學以其調不類唐耳庸詎知東坡原是不欲踐唐人之迹者如奉詔決囚五百字排比對仗一氣渾灝不奢不雜敍述風土因物付物似香山東南行末段挽到子由趁勢結束心手靈敏結兩句不對亦是唐人舊法其去杜祇欠沉欝二字則時代氣運之適然文人所不能爭者也

香山自言生平所遇皆愜心之境。東坡坎軻潦倒。反謂似之。蓋其胸次皆能以禪定平其得喪。故其詩其人其境若或似之。若不似之。我是香山老居士。華顛賞遍洛陽春。讀者可以覘其胸次矣。

山谷詩才高意遠。四字盡之。東坡之言曰。讀山谷詩。如見魯仲連李太白。不敢復論鄙事。秦少游則謂每覽斯編。輒悵然終日。殆忘世事。蓋少游詩境淸淺。明麗語以高遠。自爾媿嘆。有似孔門之言語與爾弗如也。而山谷於晁張。則云晁子智囊可以括四海。張子筆端可以迴萬牛。於東坡則云我詩如曹檜。譾陋不成邦。公才如大國。吞五湖三江。服善之誠。絕不以己之所長。繩尺他人。或疑山谷謂東坡不懂句法。此謂東坡不能鍊字耳。東坡較山谷江字韻詩。山谷見之。謂子瞻何苦收斂光鋩。入此窘步。收斂光芒。反常合道。爲山谷退藏於密之玄機。自來論黃詩學黃詩者。均不能拈出斯旨。吾於紀馮輩。又何譏焉。宋史稱山谷自黔州以後。句法猶高。實天下之奇作。非規模唐調者。所能夢見。劉須溪謂用字寡情少恩。如法家者流。又似息夫人絕世獨立。三年一笑。斯爲善於形似者。劉後村謂豫章稍後出。會萃百家句律之長。究極歷代體製之變。搜討古書。穿穴異聞。作爲古律。自成一家。隻字半句不輕下筆。爲本朝詩家宗祖。余晚讀山谷詩。服其真積力久。格高律熟。意奇句妥。妙脫蹊逕。言侔鬼神。善能奪胎換骨。而歸之於反常合道。冥杳不可探之境。金王若虛謂朱少章論江西詩律。是用崑體工夫。而造老杜渾全之境。余謂此少章之淺。其云江西出於崑體。蓋指其鍊字耳。詎識崑體鍊實字。江西乃鍊虛字。徒齊其末。寧足論古乎。若虛點化陳腐以爲新之論。亦是從字面上尋求山谷之迹象。未悉山谷命篇布局之奧竅。若夫元遺山論詩絕句所云。不啼自道醜態。更不足置辨。山谷之詩曰。待渠弓箭盡。我自味無味。可以知山谷之所志矣。蘇黃迭起。山谷逼處於東坡盛名之下。自非別樹一幟。鞭辟盪決。卽寄籬下爲附庸之國。安能與五伯七雄。馳驅中原。窺其用心。不徒是突過歐陽蘇梅。直欲以孤微之辭旨。崛折之骨幹。排奡其氣體。駘蕩其機趣。奪東坡跌宕豪健之席而據之。不肯北面而朝。更欲南面稱孤。如海上成連。移情在高山流水間。東坡之光芒四射。舒張恢廓。適足與山谷之收斂光芒。确犖槎枒。兩不相謀。一則務在條達心志。一則務在經營意象。善乎陳去非之言曰。東坡賦才大。故解縱繩墨之外。而用之不窮。山谷措意深。故游泳玩味之餘。而索之益遠。兩公同任斯道之重。爲繼往開來之宗。馮定遠又稱山谷有力氣勢轉折。固是高手。則亦能窺見山谷一斑。不似吳修齡純乎不知而作。且言山谷開淺直之門。余謂琢不傷巧。密不露芒。厥惟山谷。

荆公處蘇黃兩大國之閒。爭衡壇坫。將何途之從。則毅然學唐。蘇黃在能變易唐人面目。荆公則不欲遽離唐人面目。運用經史。自出機杼。荆公嘗從宋次道盡假唐人詩集。博觀約取。晚年始悟深婉不迫之趣。其精嚴處。步驟老杜。或謂得杜之工緻。少其悲壯。讀之久。令人筆拘而格退。此亦入徽之論。但時非天寶喪亂之音。無自而生。必欲作無病之呻吟。則明代前後七子優孟衣冠。其獸惡已甚。呂晚村爲吳孟舉作宋詩鈔小傳。則謂安石遺情世外。其悲壯卽寓閒淡之中。似欲迴護荆公。反失其真。余謂荆公於章法句法字法。在在有唐人之妥帖。濟以宋人之紆徐。而能始終不懈。然有議其體格如一。卻少變化者。是則昧於此之所謂。別乎蘇黃。此之所謂宋人學唐。山谷云。格高而體下。斯言得之。楊誠齋讀唐人及半山詩云。半山便遣能滲透。猶有唐人是一關。人服其論之至當。不知已失宋人參唐之旨。純以唐人繩荊公者。必如北地濟南。雙鉤填廓而後謂之學唐。適足爲荊公所竊笑矣。荊公學博無涯涘。舉儒釋老莊。凡將急就。醫卜星象之屬。無不牢籠搞揉。幻其形神。晚年詩律極嚴。古體善押險韻。善使奇字。一綫追入。從昌黎來。惟閉闔精悍。有遜杜陵耳。律體學唐。而去其排場。七律深𥦗精切。東坡猶當讓步。但時有露骨處。如江月轉空爲白晝。嶺猿分暝與黃昏。一水護田將綠繞。兩山排闥送青來。善則善矣。不免畢鼎絕脈痕跡宛然。七絕自宋以來。得唐音遺響。荊公一人而已。楊廷秀自言初學半山七絕。晚乃學唐。可知荊公七絕之原於唐。可知廷秀服荊公七絕之原於唐也。山谷亦言荊公暮年小詩。雅麗清絕。脫去流俗。每諷詠之。便覺沆瀣生牙頰間。其服膺如此。然其詩在宋元之間。無有能讀之者。洛學行而士夫幾以博物爲喪志。江西盛而拘於一隅者。更以學唐爲不脫窠臼。荊公之詩。遂廢而不講。觀於入相未謝。杜門題窗云。霜筠雪竹鍾山寺。投老歸與寄此生。又云三十六陂煙水。白頭想見江南。則入世一念之淺。原非素志。並其詩而不觀。毋亦固陋之甚乎。

陳后山自棄舊作。近師山谷。遠宗少陵。爲江西宗派之首。其贈山谷詩云。陳詩傳筆意。願立弟子行。山谷亦稱其挽司馬公政方隨日化身已要人扶。爲不可及。任淵注山谷。復注后山。其序后山云。讀后山詩。如參曹洞禪。不犯正位。切忌死語。非冥搜旁引。莫能窺其用意深處。因爲作注。蓋法嚴而力勁。學贍而用變。涪翁已後。難可與敵。余謂后山嚴於首尾照顧之法。故於謀篇謀句。擁被微吟。成之甚艱。肌骨聲調。務入純淨。其於涪翁。得法外意。溫崟之中。時露峭崛之態。涪翁如峻阪懸崖。絕人攀躋。不可躐幾。后山徑路透蛇。步步引人。馮定遠謂后山五言貌似老杜。最不可學。其說仍是守其非杜之見。何論后山。然學杜從山谷入。自無框殼。徒具之弊。敖器之評爲深林孤芳。冲寂自妍。框殼云乎哉。

陳簡齋詩風格高舉。筆力沉著。與后山同出於杜。身逢亂離。略同天寶建炎間避地湖嶠。惓惓君國。詩篇清壯之氣。不類后山之孱弱。后山窘於邊幅。簡齋能開拓局勢。處杜陵之時。爲杜陵之詩。故所得在骨格之似。非軀殼之遺。能以簡嚴掃除緐縟。能以溫厲滌洗尖新。品格自在諸家之上。吳修齡謂簡齋詩以趣勝。而受病於此。俊氣終不可掩。夫興趣之與峻氣原爲二道。興趣在意味之間。俊氣乃骨格之似。既受病於興趣。尙何俊氣之可言乎。簡齋學杜。亦是由山谷追入。劉須溪序其詩勝后山。若以擬東坡。則譬之於花。謂高品則色不如香。論逼真則香不如色。是以簡齋之光景明麗。肌骨勻稱。亦東坡所不及。簡齋之言曰。詩至老杜極矣。蘇黃始復振之。東坡才大。故解縱繩墨之外。而用之不窮。山谷措意深。故游泳玩味之餘。而索之益遠。要必識蘇黃之所不爲。然後可以涉老杜之涯涘。玩味斯言。可以定其品格。取其逼真。能去矜持。余每以此旨繩后山。稍覺著力。便犯矜持。小雅之詩曰。訏謨定命。遠猷辰告。德人之深致。固不若昔我往矣。楊柳依依之感發自然。深至可謂玄奧之論。昔人謂簡齋天分既高。用功亦深。意不拔俗。語不驚人。不肯下筆。晚歲齊物寓興之作。紆徐粹美。最耐涵詠。矜持爲作家所必去。然過求拔俗。過求驚人。便落矜持。而不能自覺。蓋詩之爲道。微乎微矣。方虛谷云。嗣陳黃而能恢張悲壯者。陳簡齋也。流動圓活者。呂居仁也。清勁潔雅者。曾茶山也。所評允當。

秦少游詩。呂居仁謂其過嶺以後所作。嚴重高古。自成一家。少游本以輕倩婉約爲務。或識其風光細膩。近於詞句。蓋其少作如是。觀其服膺山谷之詩。有悵然終日殆忘世事之語。其於少作。早已廢然思返。蘇門稱秦晁。晁以氣勝。灝衍而新崛。秦以韻勝。追琢而渟泓。今觀過嶺以後諸詩。仍不離綵絢於蘇門中。壯逸不如无咎。清健不如惠洪。

張文潛史稱其詩宗白居易。樂府效張籍。近體工警不及白。而醞藉閒遠。別有神韻。樂府古詩。用意古雅。亦長慶體爲多。子瞻云。秦得吾工。張得吾易。而工則可求。易則難到。人或忽之矣。山谷云。張子筆端可以迴萬牛。則詩人興會所至。未爲定論。文潛祇落得淸淺二字。

晁无咎詩。有俊逸。蹇刻。之思。不作。平易。寬泛之語。與弟具茨各有獨到處。无咎波瀾較闊。具茨邊幅稍狹。劉後村謂具茨詩惟放翁可繼。殊爲失當。具茨嘗謂呂紫微云。我詩非不如子。祇子差熟耳。意似輕視紫微過熟。紫微答云。熟便是精妙處。蓋亦不滿具茨。故反其意以示之。今觀其詩。雅量沖容。氣勢寬紆。一洗詩家窮餓酸辛之習。乃與放翁各立一境。而一則富有萬首。一則艱於篇什。

韓子蒼本學山谷。呂居仁列之江西宗派圖。子蒼意不樂。以其曾爲東坡所拔識。乃欲自異於江西。其果有異於江西乎。抑有合於東坡乎。恐子蒼亦無以自解。子蒼有磨淬翦裁之功。不吝改竄。寄人數年之詩。復爲更定一二字。故詩不多而密栗以幽。意味古澹。殆欲別立門戶者。汴水自驅三百里一首清空瀏亮通首活躍。馮定遠詆爲死句。不知所謂活句者云何也。有人問詩法於呂居仁。居仁舉此詩云。後之學者。熟讀此詩思過半矣。余玩此詩。全是寫景。祇茫然不悟身何世一句帶動全局。居仁之論詩法。意在斯乎。子蒼之瀏亮清空。有合於居仁。或且譏其詩多官樣。馮定遠則謂汴水一首不落板。吾誠不知何者遂爲落板。何者爲非官樣矣。

曾茶山清遠疏散。無一奥語。無一腐語。以云深厚則未也。其亦子蒼之支流者乎。江湖派專主之。尤楊陸范皆出其門。務觀尤推服之。究其所成。未極渾涵之能事。四庫館臣稱其風骨高騫。含蓄深遠。介乎豫章劍南之間。可謂味於句律者。茶山豫章。相差天淵。不過遞相祖述。烏睹所謂介乎其間者。且務觀爲其門下士。是師之所至而介乎弟子之間。不亦謬乎。今讀劍南詩槀。亦是不能研鍊。遑論渾涵。

呂居仁最服山谷。作江西宗派主客圖。自陳師道已下二十五人。傳者今不及半。殆亦聲氣之感不盡繫乎宗派歟。居仁詩境主於自然。稱彈丸法。其所成就在言從字順。盡反槎枒犖确之態。妙出新意於流動圓活之中。惜墨如金。故語不陳腐。體近茶山。居仁有句云。丁寧入漢魏。委曲上唐虞。學者從丁寧委曲四字悟入。自不患平衍陳踏之弊矣。其後方虛谷又有一祖三宗之說。以繼居仁主客圖。謂杜甫黃庭堅陳師道陳與義也。虛谷欲自託於宗派圖。故繼爲是說。以明自家指歸。

唐子西奧衍屈折。時有生剝處。其善者沉密精嚴之中。饒有疏秀寬綽之致。自南遷海表。詩格益高。曲盡南州景物。並不作憔悴悲酸。三月無君之態。劉潛夫謂其出稍晚。使及坡門。不在秦晁下。識其詩結束精悍。體正而辭奇。藏芒鋩於簡淡之中。寄神韻於聲律之外。可謂服膺之至矣。字裏行間。新機潑潑。於山谷境界之外。別開生面。功力自不易到。子西與東坡同生眉山。同貶惠州。詩境雖較東坡肌理粗疏。而風骨遒邁。不媿小東坡之目。大家名家之別以此。雖然寬之一字。子西所擅也。

范石湖詩縟而不醲。縮而不窘。一種清新嫵媚之致。極似陸魯望之於晚唐也。上法鮑謝。而學力才華。小於務觀。一飛一濳之技。未能遽語高深。姜白石稱其溫潤。七絕尤雅韻宜人。暢於四肢。馮定遠錢蒙叟竭其才力。僅能追步。惜其去幽秀沉著。尙隔一程。

陸務觀詩。出於曾茶山。而序呂居仁詩。又自謂出居仁。要皆爲江西派之支流。其自述得力處云。我得茶山一轉語。文章切忌參死句。余觀務觀詩平熟近居仁。檢點門面。雖無死句。難免膚淺。才富而未能洗刷。自謂不如楊誠齋。殆亦嫌其句冗調庸。難語超脫。但誠齋超脫有失之粗淺處。務觀僅能範我馳驅。譽之者謂其有少陵之心事。有東坡之才。分乃因其平熟易入。不免抬舉失真。劉後村云。近世詩人。博雅者惟對仗。空疏者窘材料。出奇者費搜討。縛力者少變化。惟放翁記問足以貫通。力量足以驅使。才思足以發越。氣燄足以淩轢。南渡當爲一大宗。呂晚村則謂豈惟南渡。雖有宋不多得。以余觀放翁惓惓君國。身世略同陳去非。純乎浣花嫡派。陸學其浩瀚。陳學其精湛。紀曉嵐云。後人選詩。略其感激豪宕沉鬱深婉之作。徒取其流連光景。可資剽竊移擬者。轉相販鬻。放翁詩派。遂爲論者詬病。其詩誠有利鈍。而託意遺辭。

深微雅雋者。指不勝屈。綜諸家之論。比之於少陵東坡。自是過當。卽後村氣燄凌轢之言。曉嵐豪宕沉鬱之論。其如萬首平熟之不可避免何耶。曉嵐譏選詩者之謬。可謂先得我心者。鏡湖若耶之間。林泉幽致。融入毫端。故雖圓熟。却不庸俗。

楊誠齋跳脫灑落。不事修飾。其獨到處。審能沿俗入雅。亦多失之粗。白傳以後。能爲坦蕩平易之音者。一人而已。豪縱處。近太白。但不若太白之縹緲。自序云。始學江西。繼學后山五字律。又學半山七字絕句。晚乃學唐人絕句。後官荆溪。忽若有悟。遂謝去前學。而後渙然自得。時目爲誠齋體。蓋其晚年所悟。卽其平易不事修飾處。自成爲誠齋體。誠齋天才散朗。膽氣粗豪。驅使詞源。奔赴筆端。浩浩滔滔。沙礫雜出。流澌解凍。一遇撞擊。便爾鏗然作聲。特少餘韻耳。五律格雖不高。蕭灑澹蕩。並不若翁覃溪所云。以輕儇佻巧之筆。作劍拔弩張之態。誠齋自焚少作。如露窠蛛卹緯。風語燕懷春。立岸風大壯。還舟鐙小明。疏星熠熠沙貫月。綠雲擾擾水舞苔。坐忘日月三杯酒。卧護江湖一釣船。舉似尤延之。嘆惋曰。詩何必一體。焚之可惜。劉後村謂放翁學力如杜甫。誠齋天分似太白。落盡皮相。自出機杼。誠齋之詩。落盡皮相。放翁未然也。

誠齋晚年頭自掉。人謂爲苦吟所致。元遺山云。成如容易卻艱辛。作詩甘苦。自有此一境。老年頹放。傲然自足。怒張旣所不免。輕佻之譏。亦由此出。宋人學太白。又有郭功甫。叫囂儈俚。甚於誠齋。查初白譏誠齋爲艱澀隱僻。以顯其能。不知其作何語也。彼之才力孱下。豈不能驅駕行間。恣爲詆諆。誠齋之詩具在。焉可誣也。

劉後村以趙紫芝徐道暉四靈一派。擺落近世詩律。斂情約性。因狹出奇。爲合於唐人。乃務爲刻琢精麗。與之並驅。年少氣盛。孤行其意。已而厭之。謂諸人極力馳驟。才能望賈島姚合藩籬。欲息唐律。專造古律。趙南塘曰。言意淺深。存人胸懷。不繫體格。若氣象廣大。雖唐律不爲害。否則手操雲和。而驚飈駭電。隱隱弦撥間也。後村感其言而止。自是思益新。句愈工。涉歷老鍊。布置闊遠。一遵南塘之旨。論者謂江西苦於麗而冗。莆陽得其法。而能瘦能淡。能不拘對。能變化活動。融會衆作。自爲一宗。余謂後村晚年。沉著簡鍊。自盪天機。若鳥啼花發。聲色祇在山水谿逕間。空翠濕衣。塵夢不到。其句法學山谷。其字法入長吉。瘦峭幽微。自非陸范之平熟所可儗。王阮亭謂其喜用本朝事入詩。如讀崇寧長編。建炎繫年。余因以知阮亭之學唐。變北地滄溟之面目以避生呑活剝之誚而爲是神韻綿杳不可究詰之旨此阮亭之善作狡獪欲以欺惑一世而仍未離乎盛唐夫以神韻爲盛唐寧有異於以生呑活剝爲盛唐者乎有清一代作者知攻北地濟南而不知攻阮亭發其奸而擿其伏趙秋谷亦祇能知神韻之說見首不見尾之謬而不知其爲北地濟南之變也北地不用唐已後事阮亭遂以宋人喜用本朝事爲譏其旨寧有別乎。

四靈者翁靈舒徐靈淵徐靈暉趙靈秀皆葉水心弟子近法茶山遠效姚合賈島略其險峭出以沖淡孤寂之音然取徑太狹摉剔煆煉自不免痕迹月泉吟社所云語無排奡體不效崑斯爲評論之當五七言律句中必有一單字方虛谷謂之詩眼其實皆本於自然唐自大歷已後始致力於是初盛無是也當時謂之江湖派王阮亭翁覃溪比之饑材謂其狹而儉也所得不過晚唐側調么弦候蟲啾唧本無不平之鳴自爾醜人清睡評者謂爲蔬筍氣多而劇琢研鍊之風息矣饑材也候蟲也蔬筍也江湖也其卽殷丹陽所謂野體者乎風會升降之故宋之末猶唐之末氣體幽微不足語於泱泱大風之雄已凡夫風花雪月草木禽魚詩酒琴杖無不入其繪寫此

外無聞焉。以言工細。則露斧鑿。以言幽秀。又傷碎瑣。四靈之所以爲四靈。若是焉爾。趙師秀云。一篇幸祇四十字。更增一字。吾末如之何已。其精苦如此。徐璣云。昔人以浮聲切響。單辭隻句。計巧拙。近世乃連篇累牘。汗漫而無禁制。豈能名家。是其略於氣格局勢之大。徒事琢句遣辭之末。吟成五字。拈斷數莖。琴碁僧鶴。茶酒竹石。亦猶是晚唐之風花雪月。草木禽魚也。四靈之中。徐照斷思尤奇。橫絕欻起。冰懸雪跨。讀者踔厲悍慄。肯首吟嘆。不能自已。語意皆人所共知。特腕下道不出耳。乾淳已來。尤楊陸范。號南宋大家。則南宋大家而已。其遂足以當大家之目乎。四靈其細已甚矣。

元人杜本編宋遺民詩。爲谷音二卷。其中作者。本不求人知。而詩則慷慨頓挫。如老杜天寶無家諸篇。是則天地閒氣所鍾。不從詩篇中討生活者。文文山謝翱羽汪水雲鄭所南之流。未可以詩家面目時代氣數限之。文山深於杜。所遭又艱於天寶。故其詩可歌可泣。翱羽之言曰。每執筆遐思。身與天地俱忘。用志不分。鬼神將避之。今讀其古體激昂古麗。頡頏長吉。近體踔厲鬱崛。更非長吉所及。覃溪乃云非盛世之音。時帶巫覡氣。國之將亡。安所得和易之語。所論巫覡氣。則探微之至言也。

九僧者希晝保暹昭文行肇簡長惟鳳惠崇宇昭懷古。而惠崇爲其首。其詩清緊孤遠。絕去重濁之迹。與四靈均從景物中求新警。每首必有佳句佳聯。而忽於起結。起無氣勢。結無韻味。與晚唐注重中四略同。遠祖姚合方干。得其圓暢。加以緊鍊。無賈島之清奇僻苦。僧詩脫不得清字。然僧氣太多。動引內典。亦爲雅中之俗。此可爲知者道耳。方虛谷論詩云。「淡中藏美麗。虛處著工夫。」九僧四靈。盡此十字。—歐陽永叔祇記惠崇。餘八人忘其名字。詩亦不傳。則聲稱僅及一時可知。九僧宋初人。以僧詩附之卷末。

講演 論宋代詩派

第九期

轉載

船山先師詩錄

周逸敬選

裘御史凱　白燕

烏衣莫與怨斜陽。雪色新裁素練裳。隋苑柳疏長帶月。河陽花滿不驚霜。瓊櫳瞥眼窺銀字。玉鏡偷臨矚靚粧。似妬蘋花秋色好。不留淸影照寒塘。

高太史啓　梅花

稍覺逢春客思催。江春無奈促花開。一枝橫水寒潭月。幾點囘風雪砌苔。啼鳥易驚歸客㝱。隴雲空寄故園哀。東風已遣芳心盡。誰與垂楊衍楚臺。

轉載

保全民族應崇尚氣節（七月二十日在民衆教育暑期講習會講演）

何鍵

前日開學時。本人曾將推進農民教育的應用上。提出人格向上。身體強健。務農爲本三事。表面上雖屬平凡。實際上很切實用。尚望各位特別注意。幸勿忽視。朱廳長說。『値此國家危急之秋。須先使人民都知道愛國。才能救國。』這幾句話。更是値得注意的。上次紀念週。我曾講過『救國應先救人心』一題。意在以忠義喚起已死的人心。共救國難。大家莫以此爲迂腐之談。孟子云。『天時不如地利。地利不如人和。』人和力量。可以凌駕一切。雖說是救急方法。實又確是萬策的基本要件。絕對不可忽視。不過忠義二字。含義甚多。僅說大概。恐實行時。難收左右逢源之效。今在民衆教育暑期講習會參加講習的諸位。是各縣市黨部與教育局的優秀人員。對於共救國難。都負有很重大的任務。今天特本着救國應先知愛國與救國應先救人心兩點意義。再提出保全民族應崇尚氣節一題。稍加發揮。以作忠義的助力。

各位如能身體力行。並將這種精神貫澈到一般民衆身上去。則中華民國一定可得到根本上的救濟。

人之所以能爲人者。不在其他。只在保守氣節。氣節一失。雖五官百骸。還與人相似。其實祇是變相的禽獸。孟子云。『人之所以異於禽獸者幾希』此幾希分別之點。就在有沒有氣節。可見氣節與人的關係之密切與重大了。故操守純正。愛國急公的民族。無論遇何危難。決不至於滅亡。所以然者。人民有正氣。有操守。譬如天地日月一般。怎會毀滅呢。反之如果人民無氣節。無操守。那末不僅亡國。並且有滅種之患。此種例證。歷史上是很多的。因此我們就可以知道國家貧弱不足憂。教育不振不足憂。實業不興不足憂。交通不便不足憂。國防不固不足憂。惟國民無氣節。才太大的可憂。什麼道理呢。國以民爲本。民以心爲主。假使人心已死。對國家存亡。視爲沒有什麼關係。今日降甲國。明日事乙族。靦然不以爲恥。人心如此。還有什麼復興的希望呢。近年以來。國難日重。慷慨激昂。熱心爲國的。固然很多。而寡廉鮮恥。甘心作漢奸的。亦不乏人。正氣歌中有云。時窮節乃見。越是時窮勢危之際。愈要崇尚氣節。如無氣節。國家與民族。便永墮泥犂了。

氣節二字。指人的品性而言。凡能實踐孝弟忠信禮義廉恥諸德。剛强不屈。獨立不懼的人。都叫作有氣節之士。氣乃天地間的正氣。在天爲日星。在地爲河嶽。在人爲浩然。孟子云「其爲氣也至大至剛。以直養而無害。則塞乎天下之間」其剛大至於如此者。所以文丞相稱「地維賴以立。天柱賴以尊」天地都少他不得。何況於人。節乃不可逾的操守。如竹之有節。其約束的地方特別堅固。所以執德不同的人。其行爲叫作守節。又一年有二十四氣。又叫作二十四節。每節有每節應守之時令。禮記月令載之綦詳。故節字實含有限制不准逾越的意思在內。

人受天地正氣以生。然後有口鼻呼吸之氣。如正氣消滅。等於自絕於天。其身雖存。其心已死了。但浩然之氣。所以充塞於天地間者。其功夫純在培養。而培養所用的材料是什麽。就是氣節。孟子說集義生氣。人能多作道義之事。久而久之。心泰神怡。無愧無怍。其浩然之氣。自然可以磅礴宇宙。萬古凜然。以事實言之。凡多行道義心地光明正大的人。無論何時何地。都是理直氣壯。剛强無畏。反之。一定是氣餒神低。

胆怯心跳。可見氣節。就是人的精神。無則不僅生不如人。死了還要遺臭萬年。如秦檜洪承疇等之留下千古罵名。氣節與人之關係。可謂至大無比。我們檢閱中外歷史。凡是一個新國出現。或危國復興。其間必有許多氣節之士。做出無數可歌可泣的壯舉。彪炳靑史。即令豪傑力盡而事功不成。但這種民族因爲沾染志士仁人剛强不屈百折不囘的風氣。決不會滅亡。這是一句很肯定的話。如美國之開創。是華盛頓等奮鬥不屈的結果。意大利之復興。是加富爾加里波的瑪志尼等堅苦締造的收穫。他們都有百折不囘的精神。萬難不避的氣節。才能完成這種開創復興的事業。値得後人欽佩。在中國如文丞相史閣部。忠義貫日月。氣節穿金石。雖殺身舍命。無救於危亡。但其烈風勁節。歷久而彌彰。其所以激厲我民族者。比任何的力量都偉大。二公去今已有數百年之久了。然我們一聞二公之名。便不覺的肅然起敬。讀二公的傳記。見其所謀有一線的希望。便不覺的爲之歡欣鼓舞。見其所謀失敗。又不覺爲之頓足。最後見其慷慨殉難。更不覺的流淚沾襟。大都一傳未終。忽而喜。忽而悲。忽而哭。忽而掩卷太息。在讀者自己實在莫名其妙。其氣節感人如是。故二公雖在當時殺身成仁。無救危亡。而精誠所感。卒能推翻元淸。光復故物。現在國步艱難。我們更當崇尙氣節。以振發民族的精神。精神激揚。自然危無不持。顚無不扶。衰無不興。弱無不强。

惟氣節亦不限定亂世始顯。平時大小各事。都可以看出氣節。不過世愈亂愈易表現。古人所謂疾風知勁草。就是這個意思。大凡平日若沒有修養。臨時就不易死守善道。因爲死守善道。不是偶然的。現在有些人激於一時的氣忿。頭也可斷。河也可以投。純出於感情衝動。不算是有氣節。宋文丞相考取狀元的時候。主考王應麟閱卷贊道。『是卷古誼若龜鑑。忠肝若金石。可爲本朝得人賀。』可見文丞相之氣節。是修養有素的。不是倉卒激成的。修養氣節。並沒有什麼祕法。只要能勵行忠義。不變不餒。自然挺挺大節。光芒萬丈。但有兩點。最要注意的。這兩點也可以說是修養氣節的消極方法。兩點是什麼。就是曲禮所謂『臨財毋苟得。臨難毋苟免。』這苟得苟免二者。就是毀人氣節最大的洪爐。本來財之爲物。誰不欲得。難之爲害。誰不欲免。但志士仁人。深知義重於財。仁重於生。覺得取財避難。有乖仁義。與小人之專以利為利。以生為生者。相差不遠。所以非分所有。一介不取。義不當免。萬難不避。不取不避。才能保存他的氣節。但是聖賢也並未教人不要錢。不避難。不過要人不苟而已。所謂苟者。是不當得而得。不當免而免。其言外意思。當然是凡可得可免者也不過於膠執。如孟子於宋受餽七十鎰。於薛受餽五十鎰。不為好貨。卽是可得而得的證明。管子不死公子糾之難。孔子稱之。卽是因可免而免的證明。無如小人。不知此理。一味的苟得苟免。因為一味的苟得。所以貪贓枉法。打家劫舍。賣主求榮的種種醜行。都無所不為。因為一味的苟免。所以屈膝投降。稱臣稱兒。歌功頌德的一切賤舉。都靦不知恥了。昔宋岳武穆有云。『文官不要錢。武官不怕死。則天下太平矣。』這是對宋朝當時文武官吏所下的針砭。至於晚近的官吏。恐怕要錢又怕死。便不分乎文武了。値此國勢日益阽危。所以本人平日極力主張國人要多讀聖經賢傳。與英雄豪傑的傳記。一定能獲得立身要道。平添無數氣力。卽不識字的人。聽得許多可歌可泣的故事。亦可以激發天良。保守氣節。我國古人。最重氣節。試翻二十四史。常常可以看見許多激烈的紀載。尤以東周東漢為最盛。當春秋戰國時人尚任俠。以士爲知己者死。及純潔守信爲制行唯一的標準。果能合此標準。便視生命輕如鴻毛。其中最著者。如介之推隱綿山。公孫杵臼程嬰之存趙孤。吳季子懸劍空壠。專諸之刺王僚。要離之刺慶忌。聶政之刺韓傀荊高之刺秦王。豫讓之報智伯。侯嬴之報信陵君等等。我們對這些人的舉動。雖不個個贊成。但其壯烈行爲。實足表現當時氣節的風氣。其在楚國。更有令尹子文、申包胥、屈原三人。一則毀家紓難。一則哭師復楚。一則憂時傷國。自沈汨羅。他們這種可歌可泣的壯烈行動。實足以奮發人心。爲後人所取法。大學言『楚國無以爲寶。惟善以爲寶』。這三位君子。真可爲楚國之寶了。

此種風氣。直至漢初。猶未衰歇。如田橫五百客。聞田橫在洛陽殉國。便一齊自便。這種精神。大足以廉頑立懦。東漢光武。獎勵氣節之士。在當時雖無若何表現。但到漢末。便吐露異彩了。如黨錮傳中李膺、范滂、陳蕃、王暢等數百人。沒一個不是慷慨愛國。志氣純潔的賢士。此外如陳大邱、郭有道、徐孺子等等。我們現在看其傳記。均足使人興奮。到了唐宋明諸朝。氣節之士也很多。如張巡、許遠、顏杲卿、顏真卿、岳武穆、韓蘄王、文丞相、張世傑、陸秀夫、謝枋得、史閣部、周遇吉、瞿式耜、顧亭林、李二曲、以及吾湘之王船山先生等等。數不勝數。他們的志操、都是我民族的楷模、國家的命脈。現在中國已處於外患內憂交相緊逼時期。國人如欲圖存救亡。應趕快興奮起來。尤其要使國人都知道氣節之可寶貴、才有辦法、否則我們的飛機大砲不如外人之利。雖可向外購來。亦可獻降於敵人。甚至我們最要緊的軍事計畫。也惟利是圖的賣給敵人。所以中國現在如欲救亡。固然要努力邁進的鞏固國防。力修戰備。而根本上的要圖。還是要首先崇尚氣節。勵行忠義。因爲無氣節無忠義的人。一定是苟得苟免。靦不知羞。賣國求榮。無所不爲。只要敵人有錢。則中國一切的一切。都可賣給人家。本人今天特爲提出『保全民族應崇尚氣節』題目來講。就是就個意義。大學云『爲人君止于仁。爲人臣止于敬。爲人子止于孝。爲人父止於慈。與國人交止於信。』我們崇尚氣節。就當止於忠義。忠義是救將死的人心之要藥。忠義是致强的基礎。忠義有不可抵抗的力量。忠義有不可思議的功能。先聖先賢與英雄豪傑等既已發揚光大。我們更加要繼長增高。務使人人知忠義之重要。人人能守氣節。並認定自己與國家之關係。誰要亡我的國家。卽等於要亡我自己的生命。一定要與之拚命。能夠如此。則人心才有生氣。國家才有辦法。語云。『哀莫大於心死。』那末也可以說樂莫大於心生了。這次舉辦民衆教育暑期講習會。實含有棲於會稽生聚教訓的意義。關係至爲重大。專就推廣農民教育而言。本可不必講什麽高深的理論。祇依照本人於開學時所講的三項去實施。一定可以收到很大的效益。現在有些外國人因見中國人迭受强鄰的欺淩。噤不作聲。罵中國人爲死猪。被人宰割。叫都不叫。我們對於抵禦外侮。固然不要空喊口號。徒貼標語。但亦要能夠自覺自救。決不能痳木不仁。如果人人都能以文丞相史閣部的百折不囘。萬難不懼的精神。努力自救。縱令本身無救於危亡。而精誠所激。數年或數十年後。我們的後裔也一定可以如從前之推翻元淸。收復故物。這是本人今天十二分希望大家要效法與努力的地方。（完結）

轉載

保全民族應崇尚氣節

通論

船山先師詩錄

周逸敬選

劉典籤炳　早朝

喧風綠草鳳臺新。金爵浮光射寶輪。雲斂三山澄海氣。日華雙闕起江春。衣裳初識龍文闊。導唱遙欣黼座親。還使故園歸興盡。鳴珂長日惜芳塵。

孫典籍蕡　客思

扁舟下嶠識春寒。五兩隨風度幾灘。古渡鐃吹侵月奏。孤城樓堞帶雲看。故園荔酒經春熟。過嶺梅花度雪殘。一曲滄浪牽客淚。羊城珠斗冷仙壇。

通論

學校讀經以正人心論

長沙黃　翬子固

竊維崇經祀孔。累奉明令。排衆論之鑠金。挽狂瀾於倒海。一髮千鈞。維繫磐石。惟是學校讀經。猶未實行。而當道或疑經爲陳腐。不合於今政體。究之尋繹經義。唐虞三代。實在鈞和。並非一人專恣橫行天下。唯是無主乃亂。不得不定於一耳。試問今之文明國。能無政府以統制之乎。孔子曰唐虞禪。夏后殷周繼。其義一也。唐虞明揚枚卜。固今日選舉之事。卽殷周以仁易暴。天下宗之。亦是小德役大德。小賢役大賢耳。且其時師傅道尊。湯曰聿求元聖。與之戮力。武曰旣獲仁人。祇承上帝。而伊周自任。尹曰唯尹躬曁湯。咸有一德。克享天心。周召曰我二人共貞。天休滋至。其得人共天位。並無權勢之殊。故其時三公坐論。天子稽首。君臣之間。歡如賓友。自稱曰小子不穀。稱臣曰舅曰父。豈若後世堂陛。視其臣如犬馬土芥乎。及至嬴秦專恣。皇帝始尊。漢興以不經之叔孫通制朝儀。遂有非劉不王之誓。唐宋明清。襲承其陋。而硜硜小儒。亦以擁戴一姓爲私義。然則欲求共和極治。莫如删去後世言論。而講習詩書易禮孔孟之言。庶知天位爲公。尙德而不尙位。子思子云。豈不曰以位。則子君也。我臣也。奚敢與君友。以德則子事我者也。奚可以與我友。故湯之於伊尹。桓公之於管仲。皆先學後臣。而不敢召。古之君子。尊德忘勢。上降尊以下賢。下好德而不援上。今之學校國文。不讀經書。而取帖括家言論爲講義。使學者熏心於富貴勢利。而又輸以平等自由之說。不知道德自尊。教者旣相蕪雜。學者亦自牴牾。倀倀何之。莫適所從。於是忮則生求。求則生怨。怨之不已。橫出暴亂。所以枉蹈水火。無非靑年子弟。不急以五經孔孟之書。救其道德。不獨與共和前途。大有妨礙。且使新造後進。永無歸仁之望。毆納陷穽。實可寒心。孟子曰。天下有達尊三。爵一。齒一。德一。今之年少。無德可尊。而妄覬平等。專犯齒爵。此亂之所以無已也。而論者反慮經書帝制。有礙共和。甚矣其不知務也。夫曰皇曰帝曰王曰總統曰主席。由禪讓而繼世。由繼世而共和。時勢變遷。因革損益也。今之列强並峙。或民主。或帝國。亦不能劃一。今欲取經史帝制之迹而删之。能盡删列强之帝國。而不與之交通乎。夫經史使人知歷代升降得失之故。而與其觀感。由近代而漢唐。由漢唐而三代。由三代而唐虞。正可以促文明之進化。是以詩書孔孟之言。莫不以唐虞爲極治。今欲邁近古而進唐虞。正當以五經爲體驗。唯是宋明陋儒褊私之論。與魏晉讖緯亂經之言。所宜刪除。使學者衷於道德。而袪歧疑。若不急刪教科牴牾之言。而議刪經。徒見其抱薪救火。止沸揚湯而已矣。孟子曰不揣其本。而齊其末。方寸之木。可使高於岑樓。取食之重者。與禮之輕者而比之。奚翅食重。取色之重者。與禮之輕者而比之。奚翅色重。今之論者。不揣其本。徒以食色之故。欲盡廢禮。使天下趁兄摟子之輩。接迹於世。孟子曰人之所以異於禽獸者幾希。由今之道。幾何而不盡驅之爲禽獸也。夫倦而思還。道在反本。正經與民。斯無邪慝。日月出而爝火熄。聖人作而萬物覩。正人心而熄邪說。是在執政君子。

第九期

通論　學校讀經以正人心論　四

專著

船山先師詩錄

周逸敬選

高禮曹棣 酬答

彈鋏新從上國行。遙瞻山斗識才名。漢廷屬望賢良策。魯殿初傳絲竹聲。柳色上衣春日酒。梅花吹笛歲寒情。殷勤莫負乘槎約。拂劍欣看碧漢清。

李少師東陽 感春

小園花發鎖簾垂。春草臨堦未覺滋。香尾困風穿逕幕。墨膠凝水帶冰澌。病中藥裹煩南客。篋裏蘭芳記楚辭。猶有湘干田二頃。君恩不許趁耕時。

專著

船山先生年譜卷上　續第九期

八世從孫之春輯

五月。公再疏劾王化澄。

有五日小飲兼五舟中寄人時兩上書忤時相俟譴命故及之詩。潘撰傳。化澄之黨參起恆先生亦三上疏參化澄結奸誤國。

金公堡出獄戍清浪衞。公省之舟中。

南窗漫記。金公堡詔獄後。折足臥舟中。余往省時。拜疏忤羣小。亦將謝病入山矣。

李公芳先自黔陽生還。公與話浮湘亭舊遊。相繼灑涕。將次洪龍諸公舊梅作花百詠。會攸縣一狂人作百梅惡詩一帙。冒公名爲之序。王化澄因之將構公大獄。

有李廣生自黔陽生還歸闕率爾吟贈並感洪一龍三陽太僕山公及郎君鄭石諸逝者。浮湘亭之遊詩和梅花百詠詩序。庚寅夏。昔同遊者。江陵李芳先廣生相見於蒼梧。與灑山陽之涕。李侯見謂君不忘浮湘亭上盍尋百梅之約。爲延陵劍耶。余感其言將次洪伯修龍季霞歐陽予私所作成之會攸縣一狂人亦作百梅惡詩一帙冒予名爲序金谿執爲釁端。將搆大獄擠余於死。 王化澄金谿人。

公憤激咯血。移疾求去。高必正爲請。乃得給假。

章靈賦注。乃以病乞身。遂離行闕。 行述。府君憤激咯血。因求解職。時有忠貞營降帥高必正慕義營救之。乃得給假。依會刻本 潘撰傳。會有降帥高必正者救之。得不死。亦不往謝也。

秋七月偕鄭孺人攜敉公去梧州。由昭平至平樂。遇鄭公古愛。

晨發昭平縣。飛雨過驢脊峽上泊甑灘。會月上有作詩。有金光界波流大火循西指之句。 南窗漫記庚寅秋與鄭子遺中丞遇於昭刻本譌留州。永歷實錄。鄭古愛傳。字子遺。江夏人。四年夏楚事益壞。乃起古愛以僉都圖辰。嘗領敕至平樂。

劉公湘客出詔獄至平樂。初度。公壽以詩。

劉星端學士、昭州初度時初出詔獄詩。有過嶺金風緩當秋暑日懸之旬。

返至桂林。依留守瞿公式耜。

留守相公六袠。仰同諸公次方密之學士原韻詩。有裁詩恰賦芰荷裳。花塢馮留七月仙諸句。

八月初二日。譚太孺人卒於耐園。年七十有四。遺命葬武夷公右。

行狀。夫之閒關兩載。未獲奉臨終之訓。遺命介之。更無餘語。唯葬先君子嶽阡之右。家世節錄。已丑歲夫之不孝。從王嶺外。隔絕無歸理。憂思益劇。遂以八月初二日。横罹崩摧。

清兵逼桂林。公偕鄭孺人挈敉公走永福。

有石板灘中秋無月奉懷家兄詩。

冬十一月。

清兵下桂林。明桂王奔潯州。

雨自十一月至於十二月。幽困永福水砦。臥而絕食者四日。鄭孺人與公謀由閒道南奔歸楚。苦雨不能成行。作桂山哀雨四詩。誦示鄭孺人。破涕相勉。章靈賦注庚寅冬兩粵俱陷死於亂兵者幾矣。 辛丑續哀雨詩序庚寅冬。余作桂山哀雨四詩。其時幽困永福水砦。不得南奔。臥而絕食四日。亡室乃與予謀間道歸楚。顧自桂城潰後。霪雨六十日。不能取道。旦夕作同死計矣。因苦吟以將南枝之戀。誦示亡室。破涕相勉。 桂山哀雨四詩今佚。

明桂王奔南甯。

詩有胡安人挽詩五古一首。晨發昭平縣飛雨過驢脊峽上泊甑灘會月上有作五古一首。不寐五律一首。劉星端學士昭州初度時初出詔獄五律一首。李廣生自黔陽生還歸闕率爾吟贈。並感洪一龍三陽太僕山公及鄖君鄭石諸逝者浮湘亭之遊七律一首。答姚夢峽秀才見柬之作兼呈金道隱黃門李廣生彭然石二小司馬七律一首。五日小飲兼五舟中寄人時兩上書忤時相俟遣命故及之七律一首。留守相公六袠仰同諸公共次方密之學士舊韻七律二首。石板灘中秋無月奉懷家兄七律一律。題彭然石舠壁七絕一首。康州謠追哭督府義興相

公是去秋同郡管二中舍會公地歌行一首。五十自定稿

胡安人、彭然石焱、小司馬原配、見本詩序。姚夢峽名湘。餘杭人。明亡不肯剃

[illegible]髮。隨金堡飄泊楚粵。附永歷實錄金堡傳。彭然石名焱。孝感人。附水歷實錄

晏蕪明傳。

清順治八年辛卯。明桂王永歷五年公三十三歲。

春正月。

[illegible]清兵下梧柳二州。

[illegible]公偕鄭孺人挈救公歸。抵家始奉太孺人諱。

辛丑續哀雨詩。有猶記餘生雪窖歸。及有約三春就夕暉句。

閏二月初二日。石崖公孫生祁生。敞公長子字薇性。邑庠鄉飲大賓。

冬十月。過石僊嶺。問郭公鳳蹮疾。

有過涉園問季林疾遺作早梅詩。

十二月。明桂王奔廣南。

永歷實錄。紀上在太平。冬、孫可望遣兵脅上居興隆。

詩有游子怨哭劉母五古一首。落日遣愁五律一首。偶閱自遣七絕一首。過涉園問季林疾遺作早梅七絕四首。五十自定稿

清順治九年壬辰。明桂王永歷六年公三十四歲。

春正月初一日。公筮。得睽之歸妹。

章靈賦注。壬辰元日。筮得睽之歸妹。

二月。孫可望劫遷明桂王於安隆所。

過蓮花峯。

過西明寺追懷怡一上人示蒼枝慈智詩。有重來春水迷蒼翠之句。　西明寺、蓮峯志在蓮花峯南桐油嶺。

徙居耶薑山側。

章靈賦注。蒸水出耶薑山。今謂之黃帝嶺。時所避地近其處。又時上受孫可望之迎。實為所挾。既拂君臣之大義。首輔山陰嚴公以正色立廷。不行可望之封。

爲可望賊殺。君見挾相受害。此豈可託者哉。是以屏迹幽居。遯於蒸水之原。耶薑山一名大雲山。又名七里山。又名白雲峯。爲南嶽七十二峯之一。跨衡陽祁陽邵陽三縣。

至白雲菴觀劉公惟贊新亭紋石。

小霽過楓木嶺。至白雲菴雨作。觀劉子參新亭紋石。留五宿。劉雲亭下石門石座。似端州醉石。遂有次作詩。有初英見新紫句。（五十自定稿次遊子怨哭劉母後未注年分。其後則乙未春日書情詩。以時事推之。訂爲本年徙居耶薑山後春末夏初所作。）

秋八月。孫可望別將李定國由廣東入衡州招公。欲往不果。

章靈賦注。而可望別部大帥李定國出粵楚。屢有克捷。兵威振耳。當是時也。欲留則不得乾淨之土以藏身。欲往則不忍就竊柄之魁以受命。進退縈回。誰爲吾所當崇事者哉。又如可望者。若巴蛇之飽。颺尾而遊。而大君之威。虎爲狐假。返退養夫巽順若此者。豈足以有爲。神器大名。不可以久借。功之無成。固其所矣。桓溫失轍於枋頭。劉裕覆師於關內。古今如一。有心人去之唯恐不速也。

潘撰傳可望分李定國入粵。遂入衡。招先生。先生不往。作章靈賦。

冬十月。

清兵敗李定國於衡州。定國退屯武岡。

十二月初二日。服闋。

詩有過西明寺追懷怡一上人示蒼枝慈智七絕二首。五十自定稿

清順治十年癸巳。明桂王永歷七年公三十五歲。

明桂王在安隆所。

永歷實錄紀上在興隆。

居耶薑山側。

正月初一日。左公大素。鄒公統魯。期公同劉公惟贊。過白雲菴茶話。

有元日左素公鄒大系期同劉子參過白雲菴茶話詩。家譜。鄒定周序典客

王薑齋先生。與難兄石崖先生。皆先中省公同年友也。後相與共塢而處。衡宇

相望。（未完）

船山師友記第四 續第八期

湘潭羅正鈞遺稿

唐閣學誠

唐誠字存之。號缺庵。武陵人。崇禎癸未進士。授中書舍人。歷詹事府少詹事。國變後。與兄誼奉其父文貞公遺命。破家勤王。助瞿忠宣守桂林。進文淵閣大學士。督五省義師。與何文烈相犄角。大兵逼湘潭。公得報。從桂林倍道援之。不克。奔端州。圖恢復。已 大兵破辰龍關。兄誼不屈死。俘其母入粤。遂自囚贖母。固請死不屈。繫粤西。已釋歸。或薦之入清朝。作詩謝曰。無如世相韓。此義不忍絕。遂隱秦人山以終。沅湘耆舊集小傳

永歷實錄張同敞傳云。唐誠、吳李芳、皆居喪墨絰用翰林兼部院銜。分督馬進忠王進才軍。 瞿式耜傳云。式耜薦一時人望大璫王坤撓不聽。給事中唐誠席稾哭宮門。上意稍動。

正鈞按五十自定稾庚寅胡安人挽詩序。又有云宮詹唐誠以次金黃門堡韻七言四章付余屬和。余別爲五言、擬神絃之曲。誠字爲誠字之譌。鈔胥筆誤耳。

熊閣學開元

熊開元字魚山。嘉魚人。天啓乙丑進士。除崇明知縣。調吳江。崇禎朝徵授吏部給事中。論事逆意。貶二秩外用。不赴。久之起山西按察司照磨。遷光祿寺監事行人司副劾首輔周延儒。與給事中姜埰同受廷杖下獄。所謂熊姜之獄也。卒遣戍杭州。事具明史。南都建起吏科給事中。會丁內艱。不赴。閩中唐王立。以工科召。疏請終喪。連擢太常少卿僉都御史。再疏辭。敕詔入對。開元請重爵祿。簡刑罰。急親征。實聽納。散朋黨。俱嘉納之。越日授御營隨征東閣大學士兼右副都御史權理院事。丹徒諸生錢邦芑言事稱旨。特授御史。開元請改兵部司務。重違王意。已而邦芑復授御史。開元力爭。諸御史合疏劾之。乃引疾汀州破。棄家爲僧於蘇之靈巖。師事南嶽僧退翁。改號蘗庵。開元素精內典。嗣其法。闢居華山三十年。年七十餘卒。南疆繹史本傳

尹郎中民興

尹民興字宣子。平陽人。崇禎初由進士授甯國知縣。調涇縣。行取入都。爲陳啓新所訐。謫福建按察司檢校。尋以兵警疏陳時務十四事。帝嘉之。召爲職方主事。數召對

稱旨。擢本司郎中。周延儒出督師命從軍贊畫。延儒被譴亦下吏除名。久之始釋。南渡起故官旋謝病歸。流寓於涇。南都覆與邑諸生趙初浣宣城諸生吳漢超等據城堅禦。民興多智善謀。大兵攻之損傷最多。久乃克。民興走入閩。唐王授兵部郎中行御史事。閩亡。卒於家。南疆繹史本傳

永歷實錄郭之奇傳云。當上初立。詔徵用文安之王錫袞郭都賢印司奇尹民興劉若金俱中道阻不得達。熊開元倪嘉慶又皆披緇。放浪江湖。無與復志。

正鈞按六十自定稾壬子年知李雨蒼長逝。遙望魚山哭之。弟四首云。赤壁雄風百戰酣。新安碧血灑江南。大觀綽板先君歇。淒絕吳江老蘗庵。自注雨蒼早與金正希尹洞庭熊魚山齊名。時金已殉難。尹亦先逝。熊公僧隱吳江。存亡未審。又落花詩自序。有云庚子冬初得些庵大觀諸老詩。讀而和之。成十首。些庵卽郭天門都賢。攷耆舊集郭都賢小傳云。初依熊魚山開元尹洞庭民興於嘉魚。乃知大觀爲尹民興。別字大觀。而又一字洞庭也。些庵沒於壬子。自庚子以來。與先生常有遙寄之作。寓居嘉魚時。魚山旣係邑人。大觀爾時亦同客。彼先

生旣與些菴雨蒼長通書簡。（雨蒼名古解嘉魚人詳下弟十一卷）則二公在前。不必其相識與否。而同以遺老守貞。互相聞問。故哭雨蒼詩均念及之也。惟正希已早殉難。詳明史本傳正希謝病歸在崇禎中葉。先生與李雨蒼相識爲壬午前。在武昌應試時。（詳後）今哭雨蒼詩及之。則正希亦隸籍嘉魚。先時或曾相見。然以無顯證。未便編入。

錢編修秉鐙

錢秉鐙字幼光。後改名澄之。字飲光。安徽桐城人。生明季。弱冠時有御史某。閹黨也。巡按至皖。謁孔子廟。諸生方出迎。秉鐙忽前攀車。攬其帷。衆莫知所爲。御史大駭。命停車。秉鐙徐正衣冠。昌言以詆之。騶從數十百人。皆視莫敢動。而御史方幸脫逆案。懼其聲之著也。以爲狂而舍之。秉鐙由是名聞四方。與雲間陳臥子夏彝仲嘉善魏學渠交。又嘗問易於黃道周。宏光時。興大獄。秉鐙名在捕中。變姓名逸去。南都亡。走閩中。道周薦授推官。閩亡。入粵。永歷三年臨軒親試。授庶吉士。南雄陷。倉卒逐蹕。凡大詔令悉秉鐙視草。金堡下獄。營救之。改編修。管制誥。高必正黨守素朝梧州吳貞銃郭之奇郊迎。欲藉以殺五虎。逐嚴起恆。適秉鐙過戎政侍郎劉遠生舟必正等先在。曰、舉朝人皆說嚴公不好。想不是好人。秉鐙笑曰。說嚴公不好者。爲救五虎也。五虎攻嚴公而嚴公反救五虎。公以爲何如。必正大感悟。及入對。力言起恆公忠無私。堡等處分過當。乃得改戍。秉鐙尋乞假至桂林。桂林陷。祝髮爲僧。名西頑。久之返里。著田間易學十二卷。初從京房入。故言數頗詳。後乃兼求義理。以朱子爲宗。又著田間詩學十二卷。謂詩與尙書春秋相表裏。必求之三禮以詳其制作。徵諸三傳以審其本末。稽之五雅以核其名物。博之竹書紀年皇王大紀以辨時代之異同與情事之疑信。卽今輿記以古之圖經。而參以平生所親歷。以小序首句爲主。采諸儒論說。自注疏集傳外。凡二十家。持論精核。於名物訓詁山川地理。言之尤詳。秉鐙所著又有藏山閣稾田間集。所知錄。年八十有二而終。（小腆紀傳 國朝先正事略）

永歷實錄晏霈明傳云。及幸肇慶。人士稍集。瞿式耜留守桂林。猶加意延恤。安慶錢秉鐙詩體整健。宜與李來年少善組飾。皆授庶吉士。

正鈞按。飲光田間詩集卷十九客隱集癸丑（康熙十二年）有吳茂孫謁選都門晤間有懷王而農一首云。憶昔分攜端水濱。同時去住困風塵。天南十載悲逋客。冀北三冬遇選人。吾道未妨蹤迹異。交情終在亂離親。衡山曾問牆東隱。聞說終年舊葛巾。癸丑去庚寅從王已二十四年。猶追憶及之。其與先生之交誼可知。茂孫名李芳。邵陽人。飲光著有所知錄。紀永歷元年至四年之事。蓋皆飲光所見而知者。黃梨洲文定三集方烈婦誌銘云。以余所見。唯所知錄、劫灰錄。庶幾與鄧光薦之塡海錄。可攷信不誣。今按其書與永歷實錄所紀皆合。南雷之言信也。（卷四終）

孔子年譜 見歷代尊孔記

陬大夫名紇。字叔梁。以勇力聞諸侯。娶魯施氏。生九女而無子。其妾生孟皮。字伯皮。有足疾。不任繼嗣。乃求婚於顏氏。顏氏有三女。其父問曰。陬大夫祖若父爲卿士。乃先聖王之裔。今其人身長十尺。武力絕倫。吾甚喜之。雖年高性嚴。不足爲疑。三子孰能爲之妻。二女莫對。其幼徵在進曰。從父所制。將何問焉。父曰。卽爾能矣。遂以妻之。周靈王二十一年庚戌。卽魯襄公二十二年。冬十月庚子日。孔子生。十月庚子。卽今之八月二十七日。

一歲。在魯。

二歲。在魯。

三歲。聖父叔梁紇卒。葬於魯東防山。

四歲。在魯。是年弟子秦商生。

五歲。在魯。

六歲。爲兒嬉戲。嘗陳俎豆。設禮容。是年弟子顏路生。

七歲。周靈王崩。景王立。

八歲。在魯。

九歲。在魯。是年弟子仲由生。

十歲。魯襄公薨。昭公立。

十一歲。在魯。是年弟子漆雕開生。

十二歲。在魯。

十三歲。在魯。

十四歲。在魯。

十五歲。子曰吾十有五而志於學。是年弟子閔損生。

十六歲。在魯。

十七歲。魯大夫孟懿子與兄南宮敬叔往學禮焉。

十八歲。在魯。

十九歲。娶宋亓官氏。

二十歲。仕於魯爲委吏。子鯉生。

二十一歲。爲乘田吏。

二十二歲。在魯。

二十三歲。在魯。

二十四歲。聖母顏氏夫人卒。合葬於防。

二十五歲。在魯。

二十六歲。母喪既祥。五日彈琴而不成聲。十日而成笙歌。

二十七歲。郯子來朝。魯人叔孫昭子問官。對曰。吾祖也。我知之。

二十八歲。孔子往見郯子而學焉。既而告人曰。天子失官。學在四夷。猶信。

二十九歲。聞師襄善琴。遂適晉學之。是年弟子冉求商瞿梁鱣生。

三十歲。孔子自謂三十而立。是年弟子高柴巫馬施生。

三十一歲。齊景公遣使來聘。孔子適齊。

三十二歲。周景王崩。敬王立。孔子在齊。景公欲以廩丘之邑爲孔子養。辭不受。謂弟子曰。吾聞之。君子當有功受賞。今吾言而君未行。乃先賜邑。其不知丘亦甚矣。

三十三歲。孔子在齊。景公舍於外館。周使至。言先王廟災。公曰。何王之廟。孔子曰。其釐王之廟乎。公曰。何以知之。孔子曰。釐王變文武之制。作玄黃華麗之飾。宮室崇峻。輿馬奢侈。天災所宜加也。旣而使者報釐王廟災。公驚曰。善乎。聖人之智過人遠矣。

三十四歲。訪樂於萇弘。弘謂劉文公曰。吾觀仲尼有聖人之表。河目而龍顙。黃帝之形貌也。修肱而龜背。長九尺六寸。成湯之形體也。言必稱先王。躬履謙讓。洽聞強記。博物不窮。其聖人之興者乎。周使伯常騫問道。孔子曰。剛者必折。勁者數傷。倨者不親。利者必弊。此四者。君子之所戒也。孔子觀乎明堂。覩四門墉。有堯舜桀紂之象。又有周公抱成王負斧扆朝諸侯之圖。謂從者曰。夫明鏡所以察形。往古所以知今。又入后稷廟。有金人三緘其口。而銘其背曰。古之愼言人也。誡之哉。無多言。多言必敗。無多事。多事多患。安樂必誡。無所行悔。勿謂何傷。其禍久長。勿謂何害。其禍將大。勿謂不聞。神將伺人。焰焰不滅。炎炎若何。涓涓不壅。終爲江河。綿綿不絕。或成網羅。毫末不扎。將尋斧柯。誠能慎之。福之根也。口是何傷。禍之門也。強梁者不得其死。好勝者必遇其敵。盜憎主人。民怨其上。君子知天下之不可尙也。故下之。知衆人之不可先也。故後之。溫恭慎德。使人慕之。人皆趨彼。我獨守此。人皆惑之。我獨不徙。內藏我智。不示人技。我雖尊高。人弗我害。誰能於此。江海雖左。長於百川。以其卑也。天道無親。而能下人。誡之哉。顧謂弟子曰。小子識之。此言實而中。情而信。

三十五歲。孔子與南宮敬叔適周。見老聃而問禮焉。老聃曰。子所言。其人與骨皆已朽矣。獨其言在耳。且君子得時則駕。不得時則蓬累而行。吾聞之。良賈深藏若虛。君子盛德。容貌若愚。去子驕氣與多欲。態色與淫志。皆無益於子之身。吾之所告子者。若此而已。

三十六歲。在齊聞韶。反乎魯。是年弟子樊須生。

三十七歲。自齊歸魯。見延陵季子聘於上國。季子之子死。孔子往觀其葬。曰。延陵季子。其合禮矣。

三十八歲在魯。
三十九歲在魯。是年弟子顏淵澹臺滅明生。
四十歲子曰。四十而不惑。
四十一歲在魯。
四十二歲魯昭公薨。定公立。是年弟子公西赤生。
四十三歲在陳。是年弟子有若生。
四十四歲在魯。是年弟子卜商生。
四十五歲在魯。是年弟子言偃生。
四十六歲在魯。觀於魯桓公之廟。有欹器焉。問於守廟者。此謂何器。對曰。此爲宥坐之器。孔子曰。吾聞宥坐之器。虛則欹。中則正。滿則覆。明君以爲至誠。故常置之於坐側。顧謂弟子曰。試注水焉。乃注之水。中則正。滿則覆。夫子喟然歎曰。嗚呼。夫物惡有滿而不覆者哉。子路進曰。敢問持滿有道乎。子曰。聰明睿智。守之以愚。功被天下。守之以讓。勇力振世。守之以怯。富有四海。守之以謙。此所謂損之又損之之道也。是年弟子魯參顏辛生。

四十七歲。魯定公以爲中都宰。制爲養生送死之節。長幼異食。强弱異任。男女別途。路無拾遺。器不雕僞。爲四寸之棺。五寸之槨。因丘陵爲墳。不封不樹。行之一年。而四方之諸侯則焉。定公謂孔子曰。學子此法。以治魯國何如。孔子對曰。雖天下可也。何但魯國而已哉。於是二年。定公以爲司空。乃別五土之性。而物各得其所生之宜。由司空爲魯大司寇。設法而不用。無奸民。

四十八歲。遷司空。是年弟子顓孫師生。

四十九歲。是年弟子宓不齊生。

五十歲。遷司寇。斷獄必平允。是年弟子叔仲會再孺曹卹伯虔生。

五十一歲。以司寇攝朝政。七日而誅亂政大夫少正卯於兩觀之下。子貢進曰。夫少正卯。魯之聞人也。今夫子爲政而始誅之。或者爲失乎。子曰。天下有大惡五。而竊盜不與焉。心逆而險。行僻而堅。言僞而辨。記醜而博。順非而飾。五者有一於人。則不免君子之誅。少正卯皆兼有之。此乃人之奸雄。故不可赦也。

五十二歲。攝相事。魯定公與齊侯會於夾谷。將盟。齊人加載書曰。齊師出境。而不以兵車三百乘從我者。有如此盟。孔子使茲無還對曰。而不返我汶陽之田。吾以供命者。亦如之。齊侯將設享禮。孔子謂梁丘據曰。齊魯之故。吾子何不聞焉。事既成矣。而又享之。是勤執事。且犧象不出門。嘉樂不野合。享而既具。是棄禮。若其不具。是用粃稗。用粃稗君辱。棄禮名惡。子盍圖之。夫享所以昭德也。不昭。不如其已。乃不果享。

（未完）

雁影齋題跋卷三 續第八期

湘鄉李希聖亦元遺稿

重訂四書輯釋二十卷 元本

每半頁十二行行二十三字。前有至正丙戌長至後七日汪克寬序。及卷首士毅與書賈劉叔簡書。均與四庫著錄本同。其改題輯釋章圖通義大成與所列名亦同。惟朱公遷約說提要誤作約旨耳。卷首有帶經堂陳氏藏書印。考帶經堂書目。此書下注曰元本。陸存齋儀顧堂題跋云。周季貺太守謂陳氏書目爲其孫星村所僞造。以余觀方氏所得帶經堂本亦不下數十種。知周氏之言爲誣矣。錢竹汀養新錄云。公叔文子。朱注作公孫枝。王伯厚以爲傳寫之誤。余見四書輯釋載朱文公論語注。公叔文子。衛大夫公孫拔也。又引吳程曰拔皮八反。俗本作枝誤。卽公叔發。乃知今世所行集注本非考亭之舊。王厚齋所見亦是誤本。今觀此本與錢氏所言合。然其書則不過與其所撰作義要訣。僅供場屋應試之需。猥雜庸陋。棼如亂絲。又爲書賈所增竄。而胡廣等之四書大全竟以此爲藍本。五經大全皆鈔錄前人成說見李默續孤樹裒談永樂君臣之無識。貽笑至今。故雖明代學究如張自烈。亦知痛加攻駁。至掛彈章而王船山讀之。魏文毅纂之。則不可解矣。

儀禮十七卷 明繙宋本

每半頁八行。行十七字。卷首有佐伯文庫印。蓋得自日本。據海寧陳仲魚經籍跋文云。相傳爲明嘉靖中徐氏繙刻宋本三禮。此其一也。顧千里跋黃蕘圃嚴州本儀禮引日知錄云。十三經中儀禮脫誤尤多。士昏禮脫壻授綏云云一節十四字。賴有長安石經據補。而其注疏遂亡。又言鄉射脫士鹿中云云七字。士虞脫哭止云云七字。特牲脫舉觶者祭云云十一字。少牢脫以授尸云云七字。以爲此秦火之未亡而亡於監刻。今各條固儼然具在也。遂以爲希世之珍。此本敬字缺筆。徵讓等字不避。蓋天聖以前刻本。顧氏所舉經注脫文一一皆在。雖係繙刻。而其原則在嚴本之前。紙墨絕精。猶係當時初印。固當與宋本同其寶貴也。顧亭林張蒿庵皆一代通儒。殫精經學。徧搜舊本。至及於開成石經。獨不見此本。則自明代已流傳甚少矣。陳氏以亭林不見真本。說文足本廣韻。一例病之。非通論也。此本可以訂正今本者甚多。陳氏別有校記。其與唐石經合者。經籍跋文已臚舉之矣。

方輿勝覽七十卷 宋本

每半頁十四行行二十八字。前有嘉熙己亥良月望日新安呂午序。後有穆自序。卷首有錢謙益印。朱文牧齋藏書印。白文季振宜印。朱文滄葦印。朱文目錄前有何焯之印。白文屺瞻印。朱文又有稽瑞樓及胡惠孚當湖小重山館胡氏篴江珍藏及蔣維基茹古精舍藏書等印。方氏所藏尙有一元本與此行欵不同。此本爲絳雲舊物。庚寅之火。幸而僅存。考絳雲樓書目地誌類有宋版方輿勝覽。卽此本也。祝和父以朱子母黨嘗從之遊。獨留意詞章。頗與趙蕃相類。其爲此書據其自序亦爲四六而設。與其所撰古今事文類聚。不過同爲飣餖之資。四庫目錄必以失地志古法譏之。則不察其用意之所在矣。方是時。南渡君臣湖山燕衎。已置中原於度外。此書及王象之輿地紀勝。甘泉岑氏南海伍氏兩刻本岑本附校勘記所記亦祇東南半壁。江淮以北。卽一字不登。與樂史太平寰宇記。詳列燕雲棄地者用意各殊。觀於一書而宋之興亡。卽可決矣。

戰國策十卷 元本

每半頁十行。行二十字。前有泰定二年八月吳師道自序。後有至順四年七月吳師道自識。此本紙墨頗精。蓋吳氏自刻本。即四庫提要。所謂舊有曲阜孔氏刊本。頗未是正。此本猶元時舊刻。較孔本多爲可據者也。李錫齡刻入惜陰軒叢書中。惜未能一校。

東維子集三十一卷 元本

每半頁十二行。行二十四字。前有至正二十五年二月貝瓊序。此本爲章貢所刊。屬瓊爲之序。瓊本楊維楨門生也。卷首有烏程劉氏珍藏印。及疏雨蕭習璜川吳氏收藏圖書印。吳名泰來即編彙印書目者也四庫著錄本。僅從陶宗儀輟耕錄增入辨統論於卷首。其餘分卷及句讀疑似之處。均旁注一句字。皆與此本同。 四庫本方氏有震旡咎齋從文瀾閣傳寫者。但譌字甚多耳。

黃四如集四卷 元本

每半頁十行。行二十字。前有元至治三年清明後一日。清源傅定保序。此本乃仲元之子子材刻於閩。定保與仲元爲宋咸淳辛未同榜進士。故子材屬爲之序。卷首有繡谷薰習。朱文蟬華朱文吳焯白文印。蓋繡谷亭舊藏也。書用綠色印行。於古今人名皆旁加匡廓。爲從來槧本中所僅見。此本僅四卷。與提要所言諸本皆不合。惟杭堇浦道古堂集所記與此本同。四如本講學家。而其爲文頗掉弄腔拍。微傷自然。王漁洋稱其文聱牙詰曲。不諧於俗。非知四如者也。所爲諸記。篇末多襲歐陽修豐樂亭記。書名之調。層見疊出。未免爲壽陵之學步邯鄲。錢牧齋屢用余爲誰虞山蒙叟錢謙益也。爲吳殳正錢錄所詆。而不知始自四如。其夢筆記述見孔子授以二筆。皆圍徑三寸。漬墨甚濃。言之鑿鑿。紀曉嵐痛詆吳康齋日記屢夢文王孔子。尤侗明史樂府亦詆之。更不足辨矣。沈景倩野獲編云。本朝大儒吳康齋。每對人輒以兩手作圈勢。自云無時不見太極。浮薄者遂以蘆菔投其中。康齋受侮之多如此。而此則不置一詞。高下在心。宜姚姬傳之斥爲猖獗也。錢竹汀據韓勅碑。及曲阜縣石刻。大中祥符封鄆國夫人制。句容縣石刻封鄆國夫人制。定聖妃爲并官氏。非幵官氏。畢秋帆續通鑑考異。又引柯氏宋史新編正俗本家語之失。在漢學家以爲創獲。而四如敍鄭雲我孔子年譜亦作并官。與黃蕘圃所記之宋本東家雜記同。知其誤自元以後矣。李治敬齋古今黈卷七亦作并官氏。集中有注及評語皆鄙陋無足觀。不知何人所爲。提要以爲出其子。亦臆度之辭耳。

嫏嬛記 舊抄本

字畫遒勁。明人抄本中之善者。有濟陽蔡廷楨金匱蔡氏醉經軒讓王故國人家等印。卷尾有黃蕘圃手跋。爲潘氏刻士禮居題跋時所未見。錄之於此。以當補遺。跋云、道光甲申長至月予有滂喜園之設。一時故家多有以書籍來售者。然爲長孫美鎏習業所收。在於易爲脫手。非儲藏可比。因遇舊刻名抄。老人書魔復動。不免流涎。近所收如黃山谷之大全集。此可爲吾家世守之寶。其餘經史子類。亦復檢取一二。蓋欲重舉祭書之典。即不能盡屬宋刻。無妨稍變其例也。此舊抄嫏嬛記。不知誰所抄。骨董鋪携來求售。始云祝京兆書。又云桑民懌書。此徒見序文而爲此言。毫無影響。其實就書中編次云云。又案諸圖記。當是姚汝積茂善手抄。惜其人未知其詳耳。卷中又云國朝吳一標建先校序。中又云建先歙剛。是必先有刻本。而從此刻抄出者。乃舊刻未見。而今世傳本。止有毛氏津逮中本。其跋云有新安黃氏刻。與此序所云不同。而毛氏似亦未見此本。桑祝及屠之序。或明言之。

或晦言之。初不知其何故。而尤可笑者在隱其序傳其書一語。更不知其何故矣。通校一過。與此序次迥殊。且有異同詳略。似此抄爲勝。惜舊刻不傳。無從識其面目爲恨。歲闌無閑錢置此。姑據此以待友朋之向我索壓賦中物而歸價者與之。亦可謂好事之至。季冬之二十二日。爲乙酉新春後五日見復生識。

藝餘類纂四十卷

國朝杭機撰。機字可庵。仁和人。杭菫浦之父也。其書第一卷爲帝學聖文。二卷至三卷爲天文。四卷至七卷爲地理。八卷至九卷爲政術功勳。十卷爲刑法。十一卷十二卷爲禮儀。十三至十五爲祭祀。十六十七爲音樂。十八至二十爲經典藝文。二十一至二十四爲武功。二十五至三十二爲人事。三十三爲釋道。三十四爲方術巧藝。三十五三十六爲居處。三十七爲產業。三十八爲珍寶布帛。三十九爲儀飾。四十爲食物。每門之中又各分小目。所引之書。皆自本書錄出。與轉相稗販者不同。在類書中尙爲有體要。卷首有序。乃雍正四年其子世駿所作。有篋而藏之。貽我後嗣等語。係菫浦手蹟。此書世無刊本。故詳記之。

文選六十卷 元本

每半葉十行。行二十二字。前有昭明太子序。及李善進文選表。呂延祚進五臣集注表。每卷標題於李善注上。次行有奉政大夫同知池州路總管府事張伯顏助率重刊。皆與天祿琳瑯書目所言脗合。惟書目謂張伯顏無考。按錢竹汀養新錄引鄭元祐僑吳集。有平江路總管致仕張公壙誌云。公諱世昌。字正卿。成宗賜名伯顏。由將作院判官累任慶元路同知。延祐七年。陞奉政大夫池州路同知。泰定五年改福寧州尹。後遷漳州路總管。告老。以平江路總管致仕。卽其人也。(按伯顏壙志原石尙存已破)據卷首余璉序稱張正卿。證之竹汀之言爲不謬。當時館臣如彭元瑞號爲淵博。何以疏略至此。又考蔣生沐東湖叢記。載陳仲魚元本文選跋云。凡六十卷。目一卷。每葉二十行。行二十一字。每卷首題奉政大夫同知池州路總管府事張伯顏助率重刊。元版不及宋版遠甚。以余所聞中吳藏書家、所有宋版、已多不全。似未若斯之完善。復借鈕君非石所藏元版較之。惟末卷後。鈕本無監造路吏劉晉英郡人葉誠十一字。此已剝蝕。其行款字畫纖毫畢合。或云明萬歷間金臺汪諒所刊。未必然也。爰繙一過。始知汲古本所脫者。如上林賦。脫標郭璞注。思元賦。脫爛漫麗藐以迭遏二句、並注。陸士衡答賈長淵詩。脫魯公戾止哀服委蛇二句並注。曹子建箜篌引。脫百年忽我遺生在華屋處二句。鮑明遠放歌行。脫今君有何疾。臨路獨遲回二句。七發、脫自太子有悅色、至然而有起色矣二段。共十九行。並注。宣德皇后令。脫標任彥昇三字。曹子建求通親親表。脫有不蒙施之物一句。若斯之類。遽數難終。惟封禪文。脫上帝垂恩儲祉將以慶成二句。元刊已脫。又如西都賦注。引三倉誤作王倉。閒居賦注。引韋孟詩誤作安韋猛詩。元刊亦然。汲古本蓋仍其誤。而何義門亦不能校正云云。以陳氏所言考之。此本惟上林賦脫標郭璞注。餘皆不脫。封禪文所脫。及西都賦閒居賦誤字亦同。據卷首余璉序。大德九祀。越十有三載。再明年又未幾計之。當刻於英宗至治初。陳本行二十一字。故數七發所脫爲十九行。此本則十八行。陳本有卷末監造一行。即　天祿琳瑯後目所載之本。與此截然有二。明弘治元年。唐藩重繙此本。行欵字數。纖悉皆同。但紙墨略新耳。文選自書錄解題有六臣之本。而單行李注。世遂罕傳。近世所通行之本。惟汲古閣本耳。然四庫提要、謂汲古本陸雲贈當作答提要字誤兄機詩。注中有向日一條。濟曰一條。又贈張士然詩。注中有翰曰銑曰濟曰向日各一條。及左思魏都賦本張載注。乃俱題劉淵林名。羽獵賦用顏思古注。則竟漏本名。幽通賦用曹大家注。則散標句下。又文選之例。於作者皆書其字。而杜預春秋傳序。則獨題名。上十七卷末附載樂府君子行一篇。注曰李善本古詞只三首。無此一篇。五臣本有以爲毛氏因六臣之本。刪去五臣、獨留善注。故刊除不盡。未必眞見單行本也。此本亦雜入五臣注。其他諸條與提要、所謂舛互者均合。蓋已非崇賢原本。然則毛氏所稱從宋本校正者。其言當亦不誣。提要疑爲毛氏所排纂。蓋館臣未見此本。故坐毛氏以贋古之罪耳。（未完）

大學古本易解綴編 續第八期

應城易奉乾

緒言

易解正編既脫稿。及門讀之。生疑信二派。疑者曰。曾子曰云云有所承。似非發端語。信者曰各章發端語多有所承。何獨疑於此章。且何不疑章句之於各章。而獨疑易解之於此章乎。互質於余。余曰。疑信皆是也。惟余則更有說。其語詳編中。著余此編。初仿或問之例。變通而成書。答案不一而足。學記云。教學相長。因念前編待詳者多。谿復討論。或自撰稿。或口授由問難者照錄。罔屬說經。兼有有爲而發之言。積久成帙。恐或散佚。特從而次第之。取連綴之義。名曰綴編。綴音近贅。卽謂之爲贅編可也。奉乾自記。

大學古本易解綴編

大學 小戴禮第四十二篇篇名。凡上下二篇。計一千七百五十三字。

經上 凡三章。計三百有二字。蓋孔子所傳。而曾子述之也。謹按翟氏灝四書攷異云。大學自是一篇書。孔疏分作兩截。誠不得已爲署注之地。未嘗有一毫分章分節之意見。然紬繹疏文。覺其中有暗分章節之處。葛氏宗亮作大學詁。分爲六章。蓋亦本自孔疏云云。又按朱氏彝尊經義考云。朱子分大學經傳。出自獨見。據此是古本原有章次。不分經傳。至朱子章句始分之。今訂古本自篇首至愼其獨也。爲經上。曾子曰至篇末爲經下。學者宜知經上爲曾子追述所聞夫子傳授之言。經下爲曾子詳釋以告門人紀錄之言。簡言之。經上爲孔子所垂之訓。經下爲曾子所釋之辭。此如周易一書。出自羲文周孔之筆。而統名曰經。則大學一書。成於孔曾之言。而仍舊統名曰經。自無疑義。且爲便解計。經上分爲三章。經下分爲五章。是卽經取孔疏析經爲上下兩篇。又分章次之意而變通之也。

第一章 凡二節。總提大學之綱領。揭出明親至善之道。歸重於知止。

大學之道至在止於至善 十六字

此節爲全書之綱領。〇大學二字之解。有狹義。有廣義。狹義則或解爲國學。或並書爲太學。廣義則統鄉學國學通古之學今之學合小成之學大成之學。汎而稱之之名辭也。今欲斷其應從狹義。應從廣義。當先讀大學。並讀堯典孟子學記以證之。大學一書之旨。明明德親民五字而已。格致誠正修。明明德也。齊治平。親民也。欲明明德於天下。將親民納入明明德中。皆以修身爲本。身以內者以修身統之。身以外者由修身推之。猶是明明德以親民之義。此大學一書之旨也。書堯典紀堯之治曰。克明峻德。以親九族。九族旣睦。平章百姓。百姓昭明。協和萬邦。黎民於變時雍。言自明其德以及於民也。孟子述三代之教曰。夏曰校。殷曰序。周曰庠。學則三代共之。皆所以明人倫也。人倫明於上。小民親於下。言明於上以親於下也。庠序校鄉學也。學、國學也。玩一皆字。鄉學國學之教實同。雖劉氏沅大學古本質言。有云大學對庠序校等鄉學言。夫子所言。則天子之大學。而夏氏力恕菜根堂劄記則謂庠序學校之制。固是鄉爲小學。國爲大學。其實小學大學之教。並建於鄉。亦並建於朝。而皆受成於太學。胡氏渭大學翼真云。鄉學國學。各自有大小。不可以鄉爲小學。國爲大學。陳氏選小學集註。且明有家塾小學也。黨庠州序國學大學也之解。總之。大學者。統鄉學國學而言可知已。合堯典孟子觀之。古今治教之法。悉與大學一書之旨相通。又無可疑也。禮學記曰。古之教者。家有塾。黨有庠。術有序。國有學。比年入學。中年攷校。一年視離經辨志。三年視敬業樂羣。五年視博習親師。七年視論學取友。謂之小成。九年知類通達。强立而不反。謂之大成。夫然後足以化民易俗。近者悅服。遠者懷之。此大學之道也。陳子東塾讀書記引此經而按之曰。離經辨志。敬業樂羣。博習親師。論學取友者。格物致知之事也。知類通達者。物格知至也。强立不反者。意誠心正身修也。化民易俗。近者悅服。遠者懷之者。家齊國治天下平也。大學篇首曰。大學之道。學記亦曰。此大學之道也。可見學記與大學相發明。觀陳子引學記證大學如此。則又合小成大成而明其爲大學之道也。如上諸說。足爲大學二字應從廣義解釋之明證矣。所謂道者。何道也。謹案明明德者。成己也。親民者。成物也。明明德以親民者。成己以成物。中庸所謂合外內之道也。自明明德言。則盡人以合天。自親民言。則體天以愛人。大學言天言人。可與中庸互證。然則其學卽天人一貫之學。其道亦卽天人一貫之道也。

○明明德者。學之體也。謹按此句。自來解家有兩讀法。一明德二字連。一德字單出。前者如朱子章句所謂本體之明未嘗息者是。後者如李氏塨大學傳註所謂明而又明者是。余證之下文。則曾子三引書釋之。解得最透。其曰克明曰顧諟者。解上一明字也。曰德曰天之明命曰峻德者。解明德二字也。玩皆自明也句可見。是爲前說之證。或曰盤銘三語。正釋明明二字。蓋日新之謂盛德。其新而又新之謂。卽明而又明之謂。是爲後說之證。惟取古之欲明明德於天下者。及皆自明也。

二句反覆讀之。必如前者之讀法乃合。則所謂明明德云者。明其明德也。明其明德云者。曾子三引書釋之之說是也。就中惟顧諟天之明命句。非覆解之。其義不顯。是可於諸經中求其確解。左傳劉子曰民受天地之中以生。所謂命也。此單解命字。中庸曰天命之謂性。此合解天命字。自天賦之曰命。自人得之曰性。故德卽性。乃人所受於天地之中以生者。大學之所謂明德。中庸之所謂性之德。同一物也。然則明明德者。性命之學。卽全其吾人所受於天地之中以生者是也。顧諟二字。朱子章句云顧謂常目在之。陳氏天祥四書辨疑云。諟審念也。常心在之。如章句之說。乃參前倚衡之象。如四書辨疑之說。乃念茲在茲之象。兩常字下得最好。並透入日新三句之義。此與下文緝熙二字。及中庸文王之德之純。純亦不已二句。均有關會。而不啻皆爲此處註脚也。解家亦有兼存二說者。總之曰明曰明明皆盡人合天工夫。是爲成己之學。○親民者學之用也。謹案此句程子讀親作新。以下文作新民爲證。然下文言自新之民。與此有別。徐氏陽明傳習錄。秦氏經學質疑錄。均辨之。張氏椿四書辨證引舜典百姓不親。孟子小民親於下。證明親字應讀如字。然猶是民之親上。惟禮記王言篇云。上之親下也如腹心。可以證明此親字。竊以親民兼廣狹二義。民人也。廣義則民字對天而言。統君民在內。卽天生蒸民之民字。人羣是也。如下文作新民惟民所止等句之民字。人不如鳥爲人君等句之人字。皆屬之。爲人君爲人臣爲人子爲人父與國人交五者。皆親民之事。孔子謂鳥獸不可與同羣。吾非斯人之徒與而誰與。亦是此意。此爲廢人倫之外教。亂大倫之隱士說法者也。狹義則民字對君師而言。卽天降下民作之君作之師之民字。羣黎百姓是也。如下文民不能忘。民之父母等句之民字。能教人有德此有人等句之人字。皆屬之。爲民父母所好好之。所惡惡之。卽親民之義。中庸謂子庶民亦然。此爲暴君汙吏說法者也。雖兼二義。尤重狹義。總之。皆體天愛人也。是爲成物之學。○止於至善者。言體用之學。要做到恰好處。至善卽所謂恰好處。有下文極字之義。止者做到恰好處。有下文用其極之義。玩止字至字。兼無過無不及而言。書所謂惟精惟一。允執厥中。中庸所謂時中是也。

(附問題)問大學是否三綱領。曰、此三句非平列。故曰、此節爲全書之綱領。又問大學之名辭。固統所學地。所學時。所學事而泛稱之。地不分鄉國。時不判古今。無可疑矣。獨於所學之事。尙不能無疑焉。蓋學記本旨。七年小成。實成於致知之學。九年大成。實成於知至及身修之學。證之大學八條目。所特重者二條目之事。餘則統言之推言之而已。案語或未全合乎。曰、大學與中庸與學記相表裏。大學言修身爲本。身以內者以修身統之。身以外者由修身推之。此何待覆述。中庸言明善誠身。所以明而誠者。博學審問愼思明辨篤行也。學以知入而以知行合一成。與大學首篇由明說到誠同旨。由此證之。大學乃一部兼言明誠之修身學無疑義矣。陳子蓋熟思之而下此案語也。又問明明德句。朱子章句讀若明其明德。李氏傳註讀若明明其德。讀法不同。旣聞之矣。註則孰善乎。曰皆善。章句云明德者。人之所得乎天。而虛靈不昧。以具衆理而應萬事者也。傳註云。德者性之仁義禮智也。惟以下文天之明命句證之。章句眞有體認。又問有讀法不同而同解者乎。曰。安溪李氏大學古本說云。明德卽性也。劉氏大學古本質言云。德卽性也。此則讀法不同而解同也。又問此外別有異解乎。曰。宋以來學派。世稱爲儒釋合衍時代。最近著家有解作靈魂及性識者。誠知大學之所謂明德與中庸之所謂性之德同物。則槩訟之言可息矣。又問解家兼存二說者誰氏。曰劉氏大學古本質言。旣云德字單出。又云謂爲明德亦無害。是兩說原可兼存。余謂兩說不啻一說。且解經兼存二說者多矣。非創例也。又問雖兩說不啻一說。仍貴有折衷。旣讀若明其明德。則是德本明而又明之也。願語我以明其本明之狀。曰明德不易形容。姑引朱斯行四書小參之說證明之。朱云。這個明德如一顆寶珠。人人具足。其寶光皆所自有。但有迷悟。原無得失。故知明卽明明無別明。如雲開日現。垢盡鏡光云云。此非言明其本明之象乎。朱子解此句有爲氣稟所拘人欲所蔽。則有時而昏之說。安溪李氏解此句有昏於欲蔽於物之說。茲以日鏡喻其明。以雲垢喻其蔽。其義亦同。此下文言條目所以有格物之工夫也。說見第二章。又問解止至善句有所本乎。曰江陵張氏云。大學所謂至善。中庸所謂中。皆事理當然恰好處云云。惠氏士奇大學說云。或不及或過之。皆非至善。至善者大中而已云云。此雖非余解所據以立說。而亦不得謂其說無所本也。且此句之至字。卽中庸其至句之至字。引中庸爲證。同有至義。卽同有無過無不及之義。所本在是。此可見大學中庸之相爲經緯也。又問如上云云至善者恰好處也。無過無不及之名也。是之謂中。顧中者定名。敢問何以有時中之義。曰體立而用以行。聖人之用。首在立人極。以下文證之。止於至善者。止於仁敬孝慈信也。分言之曰仁敬孝慈信。合言之曰至善。時乎爲人君。則仁爲至善。時乎爲人臣。則敬爲至善。時乎爲人子。則孝爲至善。時乎爲人父。則慈爲至善。時乎與國人交。則信爲至善。此五者在人。各有賢智之過與愚不肖之不及處則所謂止者。止於中也。仁敬孝慈信。各因其當然而用之。無過無不及。是謂中。是謂至善。是謂立人極。譬之於物。各物同有一中。物物又各有一中。各物同有一極。物物又各有一極。君子無所不用其極者。君子之時中也。子思知此義。故言富貴貧賤夷狄患難。君子無入而不自得。孟子知此義。故斥楊墨之爲我兼愛。並斥子莫之執中無權焉。易經首一卦。卽闡明斯義。周易折中引饒魯之說曰。一爻有一爻之中。如初九潛龍勿用。就以潛爲中。九二見龍在田。就以見爲中。九三君子終日乾乾。就以乾惕爲中。九四或躍在淵。就以或躍爲中。卦

專著 大學古本易解綴編

有才有時有位不同。聖人使之無不和乎中云。又王氏紹奎周易象義合參補略全書引乾艮二卦證時中之義曰。中以時爲主。如乾卦時當潛則潛。時當見則見。時當惕則惕。時當飛則飛。艮之象傳曰時止則止。時行則行。動靜不失其時。其道光明。觀此可以悟孔子聖之時之妙云。竊謂同一聖人。而淸任和不若孔子之時爲集大成者。卽在是。然則庸孟周易之旨皆所以闡明大學止至善之義者也。

知止而后有定 至 慮而后能得 二十六字

此節承上止至善句說來。體用之學。悉莫能外。而關於體道者爲重。何以言之。性命之學。靜有存。動有察。而動察必根於靜存。故以知止入手。章句止者所當止之地。知之則志有定向。靜謂心不妄動。安謂所處而安。茲更約言之。止者止點。定者定向。靜者不擾之謂。安者坦然自如之謂。曾子嘗言君子思不出其位。孟子稱曾子爲守約。而自謂不動心。得力皆在此處。試旁證以孟子之說。必有事焉。則知止而有定矣。而勿正。則定而靜矣。勿忘勿助。則靜而安矣。今欲從淺顯處說明。特以南鍼尺爲喻言之。如測量者不知定點所在。雖執有南鍼尺在手。仍是一不知止之現象。止點所在。卽定點所在也。此時必以求定點爲事。旣知定點所在。乃位置此尺於平地。視準午綫而測之。則有定向矣。定向由定點而生。此知止而后有定之說也。旣有定向。此鍼尙妄動否。假使鍼未離手。手期其動而鍼亦動。或鍼尙注標。標引之動而鍼亦動。手期之於先。標引之於後。是正之之說。此皆未定以前恆有之事。斯以不免於擾。旣定矣而勿正矣。則鍼何至有妄動而擾之候。此定而后能靜之說也。旣不擾而靜。此鍼果能安否。不離乎定向。是守其本然而無所忘。不移夫定向。是順其自然而無所助。謂爲所處而安。夫復何疑。且何有不坦然自如者。則見前此猶或强制。此時從容自在矣。前此猶或矜持。此時好整以暇矣。此靜而后能安之說也。養此心不動以至於是。則神明不亂。天君泰然。泰山崩於前而不驚。猛虎起於後而不懾。非神勇乎。是眞反身而誠之意境。由是用志不紛。乃凝於神。而后能慮矣。慮善以動。動惟厥時。而后能得矣。性命之功如是。謹案此節道理博大精深。此節工夫。爲用甚廣。明親兩項中各項有之。格致誠正修齊治平八條目中各項亦皆有之。試觀曾子所釋各章內知字止字得字善字。散見者不一。

互文見義。可信其爲用之甚廣。就中最宜着眼者。於止知其所止一句。蓋親民本於明明德。專責其知於明明德者。故曰體用之學。悉莫能外。而闗於體道者爲重也。

（附問題）問解止定靜安四字。前人亦有約言者乎。曰王氏龍谿大學首章解義云。止與遷對。定與亂對。靜與動對。安與危對云云。此反證字義之説也。又問如王氏之説。似於層次尚有未顯處。曰許氏謙讀大學叢説云。知止謂知至善所在。定以理言。靜以心言。安以身言。慮以處事言。得謂得其所止。又云定靜安屬知。慮得屬行。定靜在事至之先。安在事至之際。慮在處事之時。得在應事之後。此則層次判然矣。又云靜是心無紛擾。安是不手忙脚亂。此卽余前解靜安二字之義。又問解此節何以必引測量之説爲喻。曰此如朱子解知止二字。引射者爲喻之意。測量者今日學校最普通之知識也。從最普通之知識指點。蓋欲學者人人易於了解。此處一闗先打破。則一切疑團盡釋矣。周易一書。哲理最深。多取譬物象。今余竊取斯義。而以科學家言顯明哲學之理。爲解經者創一別格也。又問劉氏大學古本質言。有虛無清淨寂滅皆定靜安時景象二語。其說近似乎。曰聖學自有真。故前特引孟子之說爲證。其工夫處處用得着。故前引測量之喻。亦說得去。此節道理。博大精深。仁者見仁。智者見智。昔羅氏澤南師弟友朋講學。且根據此節以談兵略。可見任臨一境。任當一事。善用之皆有功效。邱氏倬所謂世之法家知之。兵家知之。文章家知之。下至農工商賈。無不知之者。以此聖言罔包含萬有也。竊嘗謂周易一書。爲萬法之祖。大學一書。爲萬教之宗。是何也。同一周易也。有言理者。有言數者。有言象者。甚至醫家形家各有所言之易。同一大學也。有言道者。有言學者。有言治者。甚至老氏釋氏各有所言之大學。解大學二字爲大覺。解定字爲入定。解靜字爲清靜。而辨之曰有爲無爲。諸法律以援儒入墨之例。可稱曰二氏之大學。謂爲近似。何不可之有哉。然亦不過曰近似而已。讀全書合觀本末始終。蓋有不能揜其異同之迹者也。

（完）

第九期

專著

大學古本易解綴編

文字學辨證 節錄編餘四則

瀏陽李一礫別樵

元與仁二而一者也。善之初動曰元。故元从一。與人爲善曰仁。故仁从二。易善之長也。復其見天地之心乎。程子謂元亨利貞。至誠无息。于動處見天地之心。元从一从兀。兀有高意。元氣動於上也。仁親也。从人从二。春秋元命苞。立字二人爲仁。在天爲元。氣在人爲仁。心莫非生意之謂。凡手足攤瘋曰不仁。生意傷也。果實曰仁。生意伏于內也。天之生意。於何徵之。試一舉目。青青者其色耶。甤甤者其實耶。青東方色也。甤草木實甤甤也。二字皆从生。使塵世間無此蒼翠者以點綴之。則宇宙亦黯黮而無色矣。再徵之動物。人類曰姓。畜類曰牲。使無衆生以繁殖其間。則乾坤或幾乎息矣。姓人所生也。从女生會意。牲亦从生。从牛者。牛爲物大。因以統之。牲。衆生並立之皃。人之起心動念。皆向生路上行。是謂性善。其出言也。常思有益於人。是之謂吉。性人之陽氣性善者也。从心生。吉善也。从士口會意。張文端云。與人相交。一言一語。皆須有益於人。便是善人。吉與善。人之生意也。人之生意與天之生意。互相感召者也。故曰作善降百祥。吉自天祐之。證之經典。無或爽焉。張文端云。人能慈心于物。不爲一切害人之事。即一言有損于人。亦不輕發。推之戒殺生以惜物命。愼剪伐以養天和。無論冥報不爽。即胸中一段吉祥愷悌之氣。自然戾沴不干。而可以長齡矣。易曰。吉人之辭寡。躁人之辭多。分別言之。明躁者必不吉。吉者必不躁也。夫子言勝殘去殺。既得善人。猶俟之百年之後。於以知敷政優優而祿乃遒。君子豈弟而民斯墍。將欲使君子樂得其道。小人樂得其欲。於煦嫗覆育之下。夫豈可語於急功好利之輩也哉。（適聚也．墍息也．日知錄．周末至戰國之際．史之所錄．無非功名勢利之徒．其知正誼不謀其利．明道不計其功者．惟董仲舒一人而已．）歐戰之後。外人講求哲學。與民休養。哲學者以戒殘殺爲第一要義。所謂吉也。（哲知也．古文作嚞．从三吉．隸省作喆．）我國近年。戰禍不絕。死亡人數。胡可紀述。而朝野相欺相奪相殘相殺之機。莫能禁止。論者方謂刦煞使然。不知劫奪之外。無所謂刦。殘殺之外。無所謂煞。刧也。煞也。皆人民罪惡所造成者也。（人欲去以力脅止曰劫．从去从力會意．俗作刼．作刧．殺戮也．漢孫叔敖碑陰．爲寇賊所殺．字作刧煞．後人因之作煞．實殺字也．紀文達筆記．有人述流寇事．因歎刦數難移．一僧云．刦數人所爲．非天所爲也．明之末年．殺戮淫掠．可云慘矣．由其時官吏貪虐．民俗奸盜詐僞．無所不至．是以下伏怨毒．上干神怒．積百年冤憤之氣發於一朝．以我所見聞．其受禍最酷者．皆其稔惡尤甚者也．）今謀挽救之法。必使大衆囘復向善迪吉之念。消弭殺機。共迓天和。宏仁德。培元氣。其斯吉凶貞勝之理也乎。（易吉凶者貞勝者也．言以正則吉善可勝凶殘．○此一則言中國禍亂．不能諉之刦運．當從人民心理上革除罪惡爲挽救良方．）國策。苟無歲何有民。苟無民何有君。民以食爲天。有食然後能養。歲以禾爲主。禾荒卽爲凶年。（書德爲善政．政在養民．養字从食．歲以禾爲主．故年（一作秊）秋熟稔．字皆从禾．穅虛無食也．从禾荒．）周官載師所掌。宅不毛者出里布。田不耕者出屋粟。所以警游惰者如此。乃若雅詩黍與與稷翼翼者。一變而爲莠驕驕。莠楚楚。則又政煩賦重。有以致之。見小雅楚茨序·人皆知天火爲烖。川雝爲巛。而不知有田不耕之爲菑之烈也。天火曰烖·从火𢦏聲·籒文作災·巛祖才切·从川一雝之·經傳皆从災·菑不耕田也·从艸甾聲·經傳借爲災害字·夫至農民不能畜積。工人失所依據。國之不亡。其亦幸矣乎。畜田畜也·从田注·謂力田所蓄積也·如言耕九餘三耕三餘一·貨殖傳任氏非田畜所出弗衣食是也·𢀩所依據也·从𠬪从工會意·少儀工依於法是也·且夫置吏以奉法也。其命在養民也。先王度地授民。首及荒政。卹民之心。於此可見。吏治民者也·从一从史一者法也·左文十三年傳·命在養民·注·君以民爲命民得其養·即君命得其養矣·大司徒掌建邦之土地之圖·與其人民之數·其政首之以荒政十有二聚萬民·次之以保息六養萬民·是故離散者。以力勞來之。流亡者。以手安撫之。窮無告者。以爪提攜之。勑勞也·从力來詩鴻雁序·萬民離散·不安其居·宣王能勞來安定之·撫定也·从手·古文作⿺辶亡·从亡·又⿰亡攴撫也·讀若撫·字亦从亡·⿺尢是不能行爲人所引曰⿺尢是⿺尢爲·二字並从尢（曲脛也·經作尪）从爪後世官吏。以爲犯法不足畏也。取民財不足恤也。及至螟螣荐生。饑饉降喪。則曰非我也。歲也。噫。證之文字。誰其尸之。螟食穀心·蠈食苗葉·蟊食苗根·詩作螣蟊·吏冥冥犯法則生螟·吏乞貸則生蠈·抵冒取民財則生蟊·蟊或作蝥善乎師曠之言曰。天之愛民甚矣。豈其使一人肆於其上。以縱其淫。而棄天地之性。必不然矣。左襄十四年傳·性即生也·言民生也·左傳怨讟並作·莫保其性·如言莫保其生·生命也由是言之。降罰於吏。即譴見於歲。凡以爲民也。嗚呼。可不懼哉。大明去其螟螣·及其蟊賊·無害我田穉·箋·明君以正己而去之·正己可去·則不正可招也·○此一則

言人無釁焉·妖不自作·故螟蟊之害許書認爲官吏犯法罔取民財所致

學記。凡學。官先事。士先志。故官从𠂤。卽詩王事敦我之謂。猶之師从𠂤。卽易容民畜衆之謂。官吏事君也·从宀𠂤·𠂤猶衆也·此與師同意·注·八衆而帀口（音圍）之與事衆而宀覆之·其意同也·自世人誤解𠂤爲堆金積玉之堆。以爲人生以身發財者。莫如作官與師旅長兩途。𠂤小阜也·注·俗作堆·堆行而𠂤廢矣·左襄十年傳·政以賄成·而刑放於寵·官之師旅·不勝其富·於是學子喜混入政場以謀出路。農民不樂田家作苦。而願從軍。爲異日帶兵發財地位。以致奔走形勢。爭逐錐刀。生財之人日少。耗財之人日多。國家所以窮且亂也。夫人民散處鄉村。日從事於闢土地治田野。身無外慕。則心之所守者正而善。日生。故曰惟士物愛厥心臧。若日日向城市徵逐。以惰其四支。蕩其心志。滋其淫侈。長其澆薄。根本之弗圖。欲求風俗淳厚得乎。管子曰。四民勿使雜處。少而習焉。其心安焉。不見異物而遷焉。是故父兄之教。不肅而成。子弟之學。不勞而能。此正本清源之論也。再觀於小宰聽官府之六計。弊羣吏之法。一廉善·二廉能·三廉敬·四廉正·五廉法·六廉辨·而知古人所以課吏德行爲上。才能次之。敬與正。所以立身行己。法與辨。所以執中馭下。要皆以廉爲本。廉也者。全其稜角。葆其端方。而不滑和以汩真也。廉隅也·稜也。从广。滑其利。泊其真。則人心不可問矣。故古者取士曰與廉。調吏曰廉察。所以謹之於始。惡有冥升致富之希冀哉。易冥升在上。消不富也。言昧昧以升官。幸而致富。旋卽消滅。昔者鄭板橋有言。今之人一捧書本。便想作官。如何攫取金錢。造大房屋。置多田產。起初便走錯路頭。後來越做越壞。總沒有箇好結果。蓋痛心疾首其言之也。此一則言人人羨慕作官或帶兵。多賺錢以圖享用舒服。此中國窮而且亂之最大根源。

享天下之大福者。必先天下之大勞。膺天下之至貴者。必執天下之至賤。是以殷王小乙使子舊勞於外。知小人之依。言稼穡爲小民所依賴。周之后妃。亦服澣濯之衣。修煩辱之事。古先王之教。能事人而後能使人。其心不敢失於一物之細。而後可以勝天下之大。以上節日知錄。古者六藝不離射御。鹽谷世宏六藝論。禮樂以養仁。書數以養智。射御以養勇也。軍之大用在車（故軍字从車。）故一器而工聚焉。致精於器械也。以此造材。大可以任將帥。小可以執干戈。考周官大馭戎僕齊僕道僕田僕馭夫諸職。皆大夫士爲之。非如校人趣馬巫馬牧師庾人圉師圉人等有胥徒可役。貴賤所由別也。記曰。射者天下無事。則用之於禮義。天下有事。則用之於戰陳。竊以爲御亦如之。故聖門優爲之。書曰。其侍御僕從。罔非正人。以旦夕承弼厥辟。御固不重哉。於文。規从夫輦亦从夫（輦挽車也·从車·从扶在車前引之·會意）亦猶椞（亘或）从矢。躲（射本字）亦从矢。明六藝之重射御者。所以範人於規矩之正涂。且以見男子丈夫之所有事也（男丈夫者也从力田會意）故御从卩射从寸。規矩之謂也。射者不中反求諸身。御者範以馳驅則爲不失容止。是以射从身御从止也。（詩淑愼爾止·箋容止也·）報載蘇州東吳太學生陳乃聖。課餘拖車。爲日常工作。（當時拖車同志意見·一輕視他·太學生亦不過拖車·一尊重他·雖拖車却是讀書本領·一平等看待他·各人肯以力氣血汗去換金錢·那社會不患不安寧了·）其言曰。我練習最輕而易舉而又最需要之工作。以爲將來失業後之準備。且可以煅煉筋骨云。由是觀之。有職業者。必有學問。有眞學問者。決不厭惡卑下職業。以優入賢聖之域。不然畢業失業。洵可畏哉。（近人張學良曰·畢業學生·社會上無法位置卒之業不得人·人盡無業·〇此一則言不厭惡卑下職業·乃爲眞學問·）

文苑

船山先師詩錄

周逸敬選

陳簡討獻章　晚酌

日暎風微柳市溪。分明莎逕未須迷。鶯聲過澗還如近。蝶翅因花亦屢低。
心迹同原聊共賞。乾坤雙歇恰單提。芒鞵是處尋春好。不揀蒼苔與沁泥。

祝京兆允明　悲秋

獨坐不知秋日短。行年唯有鬢霜新。病過柳市愁京兆。夢記番禺狎海人。
泡影勳名消易得。牢騷日月閱來親。烏藤拄杖明朝事。怕見丹楓映水濱。

文苑

文錄

張資政墓志銘

湘潭王闓運壬父佚稿

君諱修府。字允六。嘉定南翔里人也。祖父式楷。附貢生。承業履豐。遺榮高蹈。父諱家震。儒學彌昌。以貢生敍八品階官。行已端廉。諡爲貞孝。君童齔穎秀。神采蕭森。年十八補縣學生員。俄舉進士第四。授翰林檢討。其時清華望重。褒博雍容。君家有餘金。才優文宴。聲名之美。羨若登仙。元二兵交。通諭團練。散貲投袂。躬督鄉軍。助克上海縣城。論功賞花翎。記名知府。補岳州遺缺。父喪未上。副都御史張公方治徽防。奏留贊畫。服除。被詔書促赴湖南。題補永順知府。谿蠻荒獷。被以文風。流毯鵙鈔。捍之威武。先後捍龍山來賊數十萬。皆單騎入城。完守厲衆。士民一心。翔洽太和。偉績有聞。調長沙守。君愛才禮士。根於性命。見善猶己。惟日孜孜。外臺俗吏。弗能善也。假以徽行。將至深劾。色斯守靜。退處八年。藩使王公里閈同學。慕君才美。手書慰問。雖訪以政事。衆未許其吏材。又例待原缺。邊苗荒瘠。閒居既久。殆絕饔餐。君慨然俗中。彌文彌潔。同治十年。王公撫湘。始令權知永州。其守不堪居貧。遂八年而不復。君樂撫凋罷。鎮其豪族。搜巖考澗。披榛采蘭。徵匠蘇湖。教民蠶織。民日以休。躬日以瘁。債家徵急。官廚無火。或謀棄官。而鄉里敝殘。乃理前遷階。呈改道員。旹曰憚行。實艱載米。惟君、以、少、年、華、腴、之苑。文、采、冠時。耳、厭、於、鼓鼙。形、勞、於、文簿。煩、劇、所、不、能、困。卒、自、窘、於、飢、寒。吁、其、異、矣。君、勞、謙、折、節。下、友、學、僮。見、人、卑、約。至、心、悲、閔。而、苛、於、富、貴。形、之、詞、色。院、司、沉、遇。例、以、疏、狂。俾、撰、通、志。未成而卒。時光緒六年九月庚辰。年五十有九。嗚呼。以、其、好、善、慈、祥。睦、孋、孝、友。位、不、副、德。且、靳、之、年。天、道、杳、然。公、論、未、泯。誠、可、謂、不、陵、不、援。特、立、獨、行、之、君、子。已。內、秉、剛、正。外、摽、倜、儻。篤於。師。友。而不。貪。聲。氣。故悲、惜、哀、念、君、者。皆貧、生、賤、士。其所、識、拔。必在、幽、靏。宜乎、生、不、能、振。沒而、餘、慟。後世、之、傳。文章、之、響。邈矣遐哉。何足計也。孤子貴昭。既返葬君于祖墓右塋。原曰沙涇。君弟廣文修事述狀。請銘。闓運、以、二、永之政、具於民、頌、發揮、私、濾、以諗、三、泉。其詞曰

隆隆。丁科。公卿。雲起。有美。一人。蠻州。之吏。文武。並修。民屬。如子。雖曰。飲水。飢。爍。弗止。

不能奮飛。遂終貧死。有友有徒。必凍必餒。欲弔以文。君爲文累。謂君不仕。仕過畢已。命之終窮。暝斯脫屣。返於南翔。江山靡迤。地下埋憂。九京歸美。

按右銘吾師湘綺集中未刊。今黃子固出示。以其文其人均可傳云。　逸識

萬母馮太君墓誌銘

湘鄉王禮培佩初

禮教之潰決于今爲亟矣。婦道抑又甚焉。人倫造端乎夫婦。而夫婦之道今爲至苦。城闕之青衿。溱洧之芍藥。無論已。仳離起于俄頃。奢侈習爲故常。父兄師保昔之所恃爲督飭者。彼方侈然謂聖賢不足法。人言不足恤矣。老友萬君元杰一日出示其母馮太君事狀。屬禮培紀述懿行。俾無忘先德。且曰元杰不自振作。今年八十。去母夫人之沒若干年矣。失今不述。一旦塡溝壑。先人艱難辛苦之行誼。將遂泯然不得託諸文字以詔子孫。滄海橫流。文運亦丁其阨塞。吾子習於製作。於是敢請。禮培謹按事狀。太君姓馮氏。湘潭人。父故儒學訓導。傳習詩禮。太君姊妹怡怡無間言。凡夫女工刺絍之事。類無不能。事父母先意承志。料衣奉甘。本末無缺。年二十三嬪於萬。萬氏爲邑甲族。元杰父星楡先生已補博士弟子員。蜚騰文譽。就館授徒。歲暮始一

歸。家政之擀節酬酢。端藉太君一手一足之勞。雖然。太君則富家女也。是難能也。咸豐戊午。星榆先生舉於鄉。太君始稍舒眉。而服務家庭。不改常度。於是星榆先生三上春官不第。歸自中州。飛沙眯目成眚。居恆鬱抑憤懣。會劉晏用士。偶綰榷務。則以所入佽助昆弟。經商權子母。蓄太君實左右之。自奉極約。終身無金玉簪珥羅綺之飾。練裙縞袂。若農家嫗。或以爲言。太君曰。君子素位而行。吾以行吾素也。若歲時祭祀。款洽賓客。必精必潔。宗族親友。多有則效。生子三。民熙民臨元杰。教督至嚴。元杰性豪邁跅弛。不受羈束。然卒鮮過失。進取有方。入民國。壹不任事。會都督譚延闓厲行畝捐法。乃獨走長沙。上書極陳民不堪再擾。得中止。邑人至今德之。禮培益嘆母教之賢。其施於澤也。若是其遠矣乎。太君以庚辰年三月二十九日沒。孫兆鶚。曾孫二廷璞述德。銘曰

驕由富生。鮮知檢束。能克其身。婦德乃篤。吾將以託。載筆之末。而傳臣向。列女之續。

右銘係萬淡安由潭寄來行述並函於余、王君佩初見之、欣然作誌茲念萬君八十在病、不忘顯揚、並將來書具載本報通訊欄、以見孝思。　周　逸識

湘潭振武第二校放生池碑亭記

湘潭譚澤洋惠青

已則善矣。而不與人同未善也。人則同矣。而弗及於物亦未善也。天下有至善者。無或私之物。公而已矣。無不愛之物。暨而已矣。夫善而蘄於暨。善其可量也哉。湘潭周芾棠先生。醫產興學。至八九次。人無賢否。莫不以爲難。誠哉其難矣。然未足以盡周君也。周君之志。方爲天地立心。爲萬物立命。以至誠惻怛。化除天下殘忍相殺害之習。虛空有盡。願望無窮。而其端則於放生池見之。放生池者。振武第二校園內之池也。園卽周君居處。並其宅皆屬公。有所謂無或私者非耶。池故小魚塘。歲畜魚。值可十餘緡。周君曰。此非士君子事。旣畜之。復利之。不仁。攘貧民之業。不義。不仁不義。無以爲學子勸。於是因其舊。加深廣焉。而以爲放生之池。嘉樹蓊蔚。濃陰蔽左右。雖際炎歊。而淪漪不變。誠鱗介之樂國哉。余每造周君。樂其窅異。恆低徊不能去。而俯仰之際。疑身在濠濮間。與蒙莊相晤處。忘其爲天撼地岌人欲橫流之世也。嘗値課後。有學童數人偕來休息。覩游魚出泳。屑果餌飼之。相戒以勿恐。魚亦喋喋仰承。若解人意。余心異之。謂庶幾古史所稱與物相友。而無妎物之心者。嗟乎。時至今日。人且相食矣。何有於物哉。而藐爾童子。乃能充不忍之心。是豈無所自乎。於是又嘆周君用意之善。而無言之教。入人之深。收效於無形。如此也。或者顧疑此出世者所有事。然余讀列子。觀趙簡子放生云云。則古之士大夫類如此。而唐肅宗乾元中。詔天下臨池帶郭處置放生池。凡八十一所。又何以稱耶。君灼知此舉於育德尤要也。恐歲月久遠。或偭而改之。乃列詞以請於政府。刊碑池上。垂爲永禁。碑既具。又爲亭而覆之。而以記屬余。余維聖人之教。尊德性。道問學。無偏廢也。今之學校。於問學之事。洵無乎不備矣。至於德性。內基於操存。外驗諸踐履。非一堂都講所能竟其事。不列爲學科。亦勢使然耳。今既有此池。藉以示之鵠。俾知德莫大於好生。而性貴要諸慈善。如水漬物。入之以漸。於以葆其固有之良。而充其不忍之念。證諸所見童子之事。而其效昭然矣。後之君子。因其成效。如驂從靳。先後隨屬。以曁於無窮。斯周君之宏願。亦世道之幸也已。弟七十八甲子之乙亥歲某月譚澤洋記

李行我先生墓誌銘

長沙黃兆枚芥滄

士生衰晚。不毀方以爲通。誙誙守其潔芳。齟齬拂亂。至有隱慟不忍言述之事。迫而

相逼其憂傷困挫方叢沓剝耗無已而二三狷介之士獨相從於荒寒寂寞中話身世吐肝膈聲氣翕合彼其心以爲此數子者乃獨脩然於埃壒之外宜乎神依志連至死猶拳拳也君諱世瑛字仲林晚號行我道人長沙李氏父諱紫林世所稱惜陰山人者也善畫嘗爲長江圖累幅軸魄力雄肆人爭重之君少讀書不得志親承家法亦爲是圖起姑蘇訖湘潭汊港邑聚出沒於雲烟杳靄間余題之謂不著江上下興廢戰爭古今之迹飄然意遠君畫至多其著者則王船山先生行迹一圖按其箸述與其年譜鉤稽勘證於先生出處大節一展讀即瞭然在眼又逐事別爲絕句如干首船山書卷帙浩繁以玆圖輔而行尤易啓人敬慕廉頑立懦之畫也其次則歸去來兮一圖取陶之詞逐段分寫孤情遠意勃躍紙上最爲精絕從其姪歸於陶廣思安思安雖在軍獨好文引交通流有襟抱者藏爲家典亦其宗之韻事遊江寧二十餘年以書畫見知於繆小山嘗爲繪古忠孝事百幀將刊行繆先以上之張文襄文襄賞之不知何人乾沒圖竟不返辛亥後還長沙以其族義塾地與粟家牽涉成訟粟故與君親串憤粟之人欺通書慷慨陳說粟無辭詰駁將謀委曲寢事性峻抗

家人敬憚。既析爨。有弟貧工賈。兼贍親戚貧乏者。人恃賴之。輟業則飢。君念弟負荷重。雖闕遲不肯累弟一錢。楊甥承禎因余始謁君。君知甥貧。歲且盡。杭以事召。苦無車船資。困不得行。則慨然太息。羅掘以贐。余爲堅郤。自與余交。才踰十年。其初郭東史賀俠公在鴻飛軒聯句時。猶未之識也。近益密。去年冬選事遣憂。常集酒樓歌館。迭爲賓主。連夕而不厭。君既爲繪芥滄館圖。又爲繪江亭會飲。西山趁曉。十剎消閒。南河避暑。琴臺寄趣。皖江駐棹。明湖泛艇。莫愁吊古。玄武賞荷。雞鳴瀹茗。掃葉題詩。雨花謁墓。雞林隨節。孤山問鶴。靈隱觀泉。韜光眺遠。十有六圖。裝池成册。飾如麓山續學。信陽促駕。草廠燒鐙。石村息影。諸圖以病而止。許爲續繪。蓋貽余七十生日者。余生當秋晚。君不及期而沒。異時樽酒相歡。裙屐中竟無君。悲夫。以乙亥六月初六日卒。死別詞即先一日作也。年六十有八。配同縣陳氏。又配江蘇六合王氏。女六。長次陳出。餘王出。皆嫁。其弟六女精鍼黹。日習於君。頗知六法。及笄而在室。勤侍君。先君一月而殞。君無子。將子其弟之子。葬於錦繡鎮三甲大山衙。其友黃兆枚哀而銘之。俾納於墓隧。銘曰。

君嘗笑謂其名得挂吾集若爲矜寵而有不死之心然以君皎皎之身處汶汶之世雜迹市廛工肆曾不能受一塵言有章也行有則也今之古人況書摩趙董之壘畫踐元明作者之庭予或藉君以不死而君何反以云茲之誌愴懷生死之際所以紀君抑以哭君

按右銘係黃芥滄哭李行我之作。李之族人轉託社友劉仲方來函。以本報宗旨。提倡國學。闡揚忠孝節義及潛德幽光之事。故以此銘屬登。原稿前綴有李行我死別詞等語一段。未錄。　編者識

跋松貞竹孝圖

湘鄉顏昌嶢息盦

右松貞竹孝圖。長沙陳遁叟爲其宗人杏驄農部之祖母姚太君作也。太君妙齡矢節。撫子承祀。誨育諸孫成立於學。貞壽九十。及見農部成進士。祿養以終。天之報施善人。果不爽也。曾子謂臨大節而不可奪。卽可以託孤寄命之君子。太君蓋其倫矣。遁叟爲此圖。狀農部童時。總角讀書。婉嫕太君之側。太君蒼顏白髮。椎髻布衫。手操靈壽杖。隱几危坐。視農部諷誦。形情宛然。宅邊孤松矗立。蒼稜錯落。圓蓋枝撑。以象

太君歲寒之勁節。其右纖竹萬个。梢影參差。隱示太君孫曾之蕃盛。此作者之微意也。農部國變後。息影丘園。以詩酒文學自娛。所爲立身行己。揚名顯親。庶無媿焉。而於太君峻節高行。旣請寮友趙御史作傳。又得遁叟此圖。博徵題詠。所以報太君之德。流芳躅於無窮者。意靡弗至。豈惟篤於親親哉。令人睪然思三代之隆。景仁孝之治者。非此圖也歟。

跋蟠山風木圖

前人

方生旭芝。繪其考鶴卿先生杖履題咏之蹟。爲蟠山風木圖十二幅。屬題其端。旭芝可謂不死其親矣。雖然。未之至也。莊生云。劵內者行乎無名。卷外者志乎期費。人見其跋。猶之魁然。昔有圖父母塋墓。爲寓思圖以示呂涇野者。涇野曰。此誠孝子思親至意。然思塋墓不若思形容。思形容不若思心志。思心志不若思其所遺於我者。所望於我者而光大之。苟思其遺於我望於我者而光大之。則凡寓形宇內者。皆可思之。使得其所而無負於親。豈非學者之志哉。故君子惕思而後寓思也。旭芝倘聞涇野之言而惕然其思乎。

曹氏學田記　前人

曹拱臣先生歷官湖北施南府知府。國變後棄官歸里。既十有五年。歲在丙寅。乃承祖父道南公遺訓。捐置歸德九都水田百畝於西亭曹氏宗祠。而與族人約別於祠產。擇族中之賢主管之。時其出納而儲其息。歲疏學童七歲以上至十二。貧而失學者。資之。令就所居地學。其年逾十二未登十六。習藝徒者。給知所需之數。息無虛糜。產無典賣。刊石豎碑以垂久遠。昔范文正公置田贍族人。至今蘇常范氏世食其德。錢公輔作義田記。稱其規模宏遠。賢於晏平仲仁及三族。以視今之高爵厚祿。恣一己無等之養。坐視族親操壺瓢為溝中瘠。莫之省憂者。何其遠耶。雖然。分人以財。不若教人以善之為愈也。贍人之身。不若成人之藝之為益也。今先生置田雖祇十一於范氏。而以之施於學藝。則所以嘉惠族眾。令無棄民。以光大曹氏之門祚者。德量殊未有涯。豈第如范氏之族無凍餒之民而已哉。是在繼起有賢能善承先生之志而恢弘之耳。

安化羅次龍先生詩經解鈔序　長沙任福黎壽國

曩者甲申乙酉之交。余隨侍先伯兄內翰壽文先生。讀書麓山。法越方急。時雖髫齡。已有戡定中外之志。故於研究經史義理諸書之外。輒喜言兵。一時鉅人長德。咸樂與游。隱隱以天下付託自任。而寧鄉陳錫齡先生。毓長余卅歲。行爲二老。比於阿衡尙父。不知其爲狂也。陳先生博通朱陸之學。身長六尺。聲如洪鐘。力震屋瓦。尤善爲輿地兵家言。餘姚朱學使逌然督學湖南。所識拔士。其湘英文挹。刻有先生制藝。清代二百餘年。湘省大吏提倡古學者。南海吳荷屋外。厥推逌然。而識拔先生於聲影岑寂之外。亦可見一斑矣。未幾數年。而安化羅君次龍。復與余叔兄壽華同居麓山。稱莫逆交。伯兄亦時時稱羅君。獨余抱病家居。未得之見。甲午之役。余奔走遼渤齊魯間。欲與天下豪傑挽救危亡。出入艱險。九死不悔。鮮臺既割。國勢益孱。南嶺北塞。車輒相尋。萬里庭戶。席不暇暖。故鄉舊雨。晤日鮮矣。滄桑迭換。余遂息影林泉。不問世事。反得以其寬閒歲月。杖策優游。且時與羅君相晤。久而彌篤。一日羅君以詩經鮮鈔屬序。余受而讀之。事冗多牽。未及卒業。乃僭書其端曰。聖人以詩禮設教。故弟子必興於詩。過庭之訓。亦以是始。興觀、羣、怨、之情平。則可、以、理、一、身者。即可、以、理、萬、事。二南敷化。蓋所以正一身朝廷百官萬民者。皆於幃房始之。情欲之感。無介於儀容。宴私之意。不形於動靜。則其旦明屋漏可想矣。以之治心則心明。以之判事則事察。以之好賢則賢悅。以之愛民則民感。豈與夫後世躭吟風月。怡情山水。忘君父之憂危。昧臣民之疾苦者。所可同日語耶。故曰。有關雎麟趾之精意。然後可以行周官之法度。詩教之關於天下如此其重也。學者不察。或侈談夫鳥獸草木之名。或拘泥於佻達淫奔之說。此皆治詩者之過。非聖人刪詩之意。或且附會邪說。迎合時潮。則誣經侮聖。其罪大矣。先伯兄生平學術。淹雅淵懿。博綜漢宋。兼貫中西。然篤守程朱。不稍假借。獨於治詩。多崇毛鄭。蓋學術之貴有師承。不貴創獲。後世之望文生義。穿鑿附會。匪惟不足與道古。亦不足與論今也。羅君之詩經鮮鈔。崇四家之詩。秉先儒之說。不矜門戶。不尙意氣。一准於性情之正。而合於無邪之旨。蓋其有功於經與承學之士匪淺也。獨憾不得起吾先伯兄與吾先友。快談激賞。共浮大白。匪風下泉之歎。其有已乎。然先伯兄平日之所稱許。與羅君數十年治詩之勤。其爲可寶貴無疑。他日右文稽古。必有好學深思之士。徵取刊布。端學術。廣治化。豈淺鮮哉。故余樂得拜乎盥手書之。敬爲天下一言。羅君長余數歲。爲文信公曾孫。辛卯科副貢。政變後。杜門不出。其風節可嘉。不失典範云。中華民國二十四年乙亥歲仲春。愚弟長沙任福黎拜序。

賀王處士叔良窮書

湘潭周　逸木崖

潭州王子。名叔良。有蛟龍志。文苑才。白其目。槁其形。冰其心。胸中所藏。皆十二萬年奇怪之物。王子自歎曰。古人已往。知己難逢。坎坷已極。憤恨莫伸。山之巔。水之涯。笑而悲。悲而哭。終日徬徨於宇宙。聲名連不達於有司。悲哉王子。困於螻蟻。且有歲矣。清光緒末。識王子於邑中雨湖之西窓。孤鐙明電之下。始與之譚。渺無四座之驚。九洲之概。徐徐如黃鶯花外囀。嚦嚦和而清。且淒焉聞之。心欲碎。魄欲裂。突然如過雷霆之猛。風雨之狂。江海之奔騰。萬丈山谷之應響。千里搥胸。拔地慷慨。淒涼。雄壯。其聲。磅礴。其氣。空中樓閣。變幻萬端。陶然樂乎。抑鬱之外。戚戚乎。心不得安。言不得訴。若有感於其間也。嗚呼。蒼海橫流。羣龍見首。獨王子。別有吞吐。環球之慨。懷奇負異。亘古今。窮天地。而不變。其初昭昭。與日月行者。又王子獨能有也。王子之所謂是者。

正世俗之所謂非也其不能逃世俗之所謂非者又王子之所謂是也嗚呼王子處斯世宜其不合於卑汚而合於清流況斯世貴濁尤貴寅緣諂諛之流鷄鳴狗盜之能若是者無惑乎王子之不顯而窮且困也窮乎哉樂詩書困乎哉傲王侯雖然王子之所以窮正造物之所以玉成其才而欲富其身焉且王子之窮不過窮其肉而不能窮其骨不能窮其骨終莫能而窮焉故韓愈之送窮而終不能免其不窮王子之能處窮而終或不窮其窮亦未可知也悲哉王子之引吾為知己也豈其以吾可為同調耶抑天特遺王子與吾譚窮論困耶不然吾與王子何不同遇於揚眉吐氣之地而獨同遇於天涯淪落之中拔劍慷慨悲歌之際吾何以自慰哉吾又何以慰王子哉孟軻氏有言曰天將降大任於是人也必先苦其心志勞其筋骨餓其體膚空乏其身然後舉而加之萬民之上吾欲與王子共勉之庶天下之譚交者知所歸焉今館中課畢日莫風清方識王子之窮故不敢匿王子之志遂放筆以紀王子之窮抑亦不平之鳴歟又從而賀之曰

賀子窮兮學問通學問通時賀子窮造物生才豈如此春波萬丈起蛟龍

右文係余少年之作。曾被人易名竊刊。茲檢舊稿。存之。以紀其實。且重友誼。逸識

慈利姜君墓誌銘

岳陽李澄宇洞庭

君諱清珩。字楚白。湖南慈利人也。其先世國孝。清嘉慶中自沅陵舒溪口遷慈利岩門水。爲岩門水姜氏。世務東作。大父順祖始讀書。屢試不第。父官均亦讀書。以心疾未竟厥業。歿之日。君十三歲。伯兄清璋入泮未久。方肆力科舉文。且治宋學。仲兄清璠喜漁獵。不事家人生產。家事一倚君。越十五載。母米氏歿。伯兄割臂療母未效。傷重。甚家貧。食者又衆。君治喪侍疾。問米鹽瑣屑。夙夜蹇蹇。弗自知苦。明年。奉家事伯兄。懋遷於外。無何。致緡三千餘。慕陶朱公之爲人。欲有以散之。常謂論語重善人。易稱積善。而子產以其乘輿濟人於溱洧。孟子非之。某不敢望爲邦。竊有志積善行一眚。而利大且久者。其惟輿梁乎。於是清宣統己酉之歲。君建岩溪橋。岩溪逍君宅前。龍潭河上流。即岩門水也。明年橋成。長五丈。高三丈餘。橋東爲同善堂一。附義租八石。護橋及施櫬各事隸焉。是役費緡二千餘。取自君。猶以爲未罄。明年辛亥。建箭竹觜橋。箭竹觜距君宅十二里。龍潭河上流支水經此。橋亦長五丈。高三丈餘。雖曰醵

貲。然君自是罄舊緡且舉債矣。易朔後。建桃源麻溪橋黃石橋。慈利零溪橋。皆醵貲。長皆過岩溪箭竹嶺二橋。而黃石橋長二十餘丈。工最巨。君建橋每晏眠蚤起。衣褐卷袖。督工役揣量木石。不毫忽浪耗。又嘗創宗祠縣城。辦小學龍市。率團隊討賊湯溪。衆至今頌賴。他善累累。更未易悉數。君卒不數月。湘大府表其閭曰行義濟人。宜哉。君有子二。丕承、長謀、並戮力國事。有勛烈。孫四。盛嶽、盛岸、盛峻、盛岐、君生清光緒三年丁丑十一月二十六日。卒民國二十二年癸酉三月初三日。春秋五十有六。葬常德德山首某趾某。丕承以狀乞銘。墓銘曰。

孝弟仁本、道濟天下。遠大孰營、小近勤野。是心天祐、後有達者。逝矣永生、文豈譽也。

花朝醻唱集序

長沙陳繼訓杏驄

乙亥花朝。醴陵袁君鍊人招飲城南寓齋。繼訓與武進王君素生、湘陰巢君懋丞、長沙劉君篪生。泉余同年友醴陵卜芸菴、湘鄉蕭理衡、岳陽鄧瑾珊、湘潭胡問村、長沙魏肯梅、諸君咸與。鍊人有詩紀事。越日芸菴讌集於鍊人主辦之交通學校。校即洪恩寺舊址。芸菴有詩次袁韻。諸君屬而和之。惟余擱繫人事。缺然久不報。芸菴疊前韻以速爲誅二章。都二百餘首。褒然巨帙。屬余綴言其耑。湖湘騷雅之地。自昔雄於詩者。唐李羣玉最著。元代茶陵有陳泰者。擅謌行。嶔奇磊落。著有所安遺集。庫目稱氣格似李白。造句類李賀溫庭筠。王阮亭推其在元諸名家中當居虞道園之下。諸公之上。惜位卑名不甚彰。至明李文正公東陽始大顯。公嘗謂吾楚人多不好爲詩。能詩者莫吳越若。似未爲定論。特不若吳越之靡耳。迄於有清。曾羅胡左。勳業震爍。而詞人鉅儒代興者众。前後踵繼。其光燁然。張度西、唐六枳、鄧湘皋、歐陽磵東、何子貞、鄧彌之、諸耆宿。掉鞅詞擅。無媿作者。若夫王而農、魏默深、湯海秋、曾文正、吳南屏、郭養知、王緗綺、王蔡園。經術文章。不嫥工詩者。又未易歷歷而道也。玆之所輯。遠師宋人月泉吟社。近倣鄉先輩同治壬申展禊絜園。光緒丙戌展重九碧湖。而碧湖尤爲著稱。碧湖者。城北開佛寺碧浪湖也。馬氏遺蹟之所存。吾宗程初提軍。禮賢好客。築亭觴咏於此。藏鉤選勝。因以名社。養知老人。實爲盟主。王雁峯太史有句調之云。湘中近事君知否。碧浪湖邊多鯽魚。當時文酒之盛。略可覩矣。鼎革後。兵戈慘黷。流風寖歇。社址淪爲瓦礫。貞元詞客。轟落殆盡。裒裛湖上。烏能無數窮百六之感耶。是集。未。知。較。絜。園。碧。湖。諸。先。輩。何。如。要。之。流。連。景。光。儴。物。寄。嫺。振。遺。響。寫。幽。思。鏤。鉥。肝。腎。彫。今。潤。古。劚。險。搜。奇。視。吳。越。之。靡。又。一。道。也。詩。者。情。志。之。所。發。悲。歡。視。所。觸。遷。展。禊。也。展。重。九。也。花。朝。也。今。之。所。値。擬。諸。同。光。河。山。風。景。天。時。人。事。處。境。攸。異。詩。亦。隨。之。杜工部詩感時花濺淚。花何由淚。以爲淚斯淚焉耳。花歟淚歟。讀者當自得之。

詩錄

謁船山先生祠 乙亥

湘陰仇　鰲亦山

故。宅。深。山。裏。春。陰。覆。草。堂。雲。歸。雙。柏。樹。人。去。一。龕。香。白。首。書。千。卷。黃。冠。淚。萬。行。漫。天。風。雨。急。未。感。石。船。荒。

王船山先生行迹圖紀詠 三十一首

長沙李世琠行我遺稿

風泊城陵磯圖

滿。江。風。厲。阻。歸。舟。晚。泊。荒。磯。各。自。愁。步。到。岳。侯。祠。外。望。一。聯。題。柱。足。千。秋。

先生憩岳陽岳侯祠。有題柱聯云。爲臣死忠。爲子死孝。大丈夫當如此矣。南人歸南。北人歸北。小朝廷豈求活耶。

大會同人於黃鶴樓圖

百人拈韻賦詩工。雅集高樓興倍濃。待到棘闈秋試罷。弟兄聯袂快登龍。

明崇禎十五年。先生會同人於黃鶴樓。與者百餘人。拈韻賦詩。是歲先生中試第五名。先生之兄石崖先生。中試第四十名。

同遊龍沙寺圖

龍沙古寺曲江濱。舉主招遊契合真。回首山河幸無恙。素沙環擁白如銀。

蓮峯避亂圖

弟兄同自楚江歸。沴霧妖氛四面圍。匿迹深山緣避亂。蓮花峯下雨霏微。

臺源寺圖

險阻艱難已飽諳。亂離身世有誰堪。良儔有絜勞相贈。歸賦無衣祇自慚。

黑山訪址圖

訪址營庵至黑山。鐵牛庵外共盤桓。從知戀嚮芳臺下。好把吟窠信手安。

清順治元年。先生將營續夢庵。同夏公汝弼訪址至黑山。抵鐵牛庵。忽不喜。往登至門。望獅子峯。登戀響臺。緣一奇石曲折而上。忽得方址。歸然可臺。

二賢祠圖

堵撫當年拜古祠。嶽雲深處步遲遲。逢僧欲訪遺臣宅。祇嘆前途路險巇。

[illegible]順治二年。湖廣總督堵公胤錫登嶽峯。於方廣拜二賢祠。從寺僧問先生及石崖公避兵處。將往續夢庵。以道險止。

同遊石角山圖

侍父從遊興不窮。奇觀山下紀行蹤。傷心一代興亡感。都在荒煙落照中。

同登浮湘亭圖

世變君奔國步更。浮湘亭上話三生。同看昔日登臨地。徒使英雄淚欲傾。

困居牛架山圖

征夫同困碧山頭。相對無言泣楚囚。霪雨苦經彌月久。一絲一點一聲愁。

武夷公臥病潛聖峯圖

親老年衰病日侵。呻吟不作苦難禁。可憐日落黃昏後。遊子歸來淚欲傾。

舟過濆江峽圖

軍潰衡陽曉角哀。閉關跋涉費疑猜。一帆渡過濆江峽。震耳湘聲滾滾來。

繁龍洲圖

繁龍洲畔片帆過。鼙鼓聲中客感多。極目鄉關歸思切。干戈其奈未休何。

耐園侍養圖

行人初自桂林歸。整理殘書入舊闈。遙望西山愁日暮。耐園門內戀春暉。

徙居耶薑山圖

天崩地坼戰雲屯。鐵馬金戈四處驚。朝市徧成荆棘影。徙居蒸山俟河清。

寓居僧寺圖

寓居僧寺說春秋。日見春王在卷頭。笑問龕中彌勒佛。爲誰歡喜爲誰憂。

鐵牆坳圖

一路看花過小溪。春深三月柳初齊。王郎宅裏靈谿句。千古流傳合品題。

湄水月泛圖

湄水澄清一色平。謫仙招泛試新晴。請看皓月圓如鏡。似到春宵分外明。

風泊青草湖圖

晚泊湘陰青草湖。湖邊風惡一舟孤。未知故里衡陽岸。帶得家書到此無。

重登回雁峯圖

探幽重到嶽巖東。攜手同看七二峯。峯外一峯回雁影。雀峨高立白雲中。

風泊昭潭圖

昭潭風泊不成行。四顧蒼茫野色昏。惟有灘江千古月。年年長照兩姬魂。

斗嶺圖

陡驚風火照平川。斗嶺經過思悄然。惟愛東流湘水碧。一重波湧一重蓮。

過李爲好小居圖

小居過訪笑談親。到老交情轉見深。一夕淹留春病減。好將佳句慰知音。

省兄長夏庵圖

桃花爛漫柳絲勻。長夏庵前景物新。陟彼高岡一瞻望。白頭兄弟老彌親。

過先開上人精舍圖

靜館空林曙色催一株丹桂向窗開請看葉底黃金蕊昨日移從月裏來

夜宿明谿寺圖

荒巖古寺夏生寒夢裏鐘聲月影殘偶賦詩篇破岑寂與僧同伴佛鐙看

耐園奔喪圖

耐園花萼痛凋殘兩袖風清淚不乾獨上鶺鴒原上望可憐孤雁入雲寒

重過三座山圖

三座山前秋色昏偶逢良友慶生存丹楓葉落漁灣冷半是啼痕半血痕

蕉畦授經圖

蕉畦卜築草堂東門外新題兩字紅坐擁一氈青到老祇將經葉繼家風

深山寫照圖

山林野史復相逢十載依違渴念同寫取千絲霜雪影相看仍似舊時容

大羅山圖

大羅山上白雲封百尺豐碑夕照紅亮節高風一迴溯遺蹤都在畫圖中

明遺軼事紀略咏十五首

長沙黃　鞏子固

自世易代更文質異尙顯諱攸殊本欲偕我宗盟博採遺編故籍稗野逸聞詳加討論釐正舊典以示來茲而知德者鮮同心實難天未厭亂民無悔禍世既滔滔家更靡靡分崩離析濟水附塗小慧好行大道罔識慨分修支帙因仍固陋踵襲謬訛未遑立言難爲典要愚窮老家居眇焉寡儔精力既衰搜討難任撫此遷流益滋聳懼編次紀綱不顧謗譏舉所聞知尙論人世作明遺事紀略咏匪示盡心實資興感凡我宗盟尙監斯志

書紀癸甲

公諱學謙字又謙號天益明選拔貢兩中副榜任廣東樂昌教諭調陝西興平知縣見時政日非告歸述古箸周易括象三禮辨疑共百有二十八卷紫巖文集照盃亭詩集國破後感歎悲吟隆永建號徵亦勿就有與某御史及偏沅巡撫傳上瑞將軍胡近雲諸詩皆自言其志編書紀年止於癸甲不知

懷宗以後歲月也年七十一終。

大運難回早脫簪。一編存古自存今。我傷飢溺民無拯。誰挽狂瀾陸半沈。沽酒謝人。紅日落。提筐采藥白雲深。此情已遂羲皇上。周粟商薇兩不歆。

殉夫殯

蔣孺人天益公嬪也。公考終。孺人置幼子於懷。營殯殮畢。五日亦自殉。其時王應熊樊一衡遺師江上。相繼致命長沙之烽火益劇。胡近雲長劉守險之鎮兵動永曆之奔南日亟也。

赤子呱呱猶在抱。蒼髯弗弗已辭塵。雄兵近渡驚江上。棔矣遙飛集比鄰。曾共天涯經百死。好隨地下亦同仁。莫嗟予季難捐愛。偕老西山附逸民。

哀湘吟

學良字達之。號眉最明。癸酉舉人。慟友人馮公棵被獲罵賊不屈死。披髮入山。箸哀湘吟。歷朝詩史。國破後。感憤而死。

浩劫紅羊運已庵。十人九死未遑論。杲卿罵賊剜公舌。屈子憂時譜國魂。湘冢三年

流碧血楚氛四塞鬱黃昏哀吟詩史成天問直訴乾坤萬古寃

醉辭親友

學恆字以占號小淸明增生世亂載酒嘯歌一室鼎革後悽然感歎一日趣家人供具徧集親友悲歌竟日飲曰斯世滔滔吾返靑松白楊間矣不得復與諸公聚首客去沐浴更衣詰旦命家人羅拜端坐而逝

滄桑無賴醉爲鄕惹得千秋說楚狂蹙蹙中原瞻靡騁滔滔南國孰維綱永熙人物糟邱老唐宋衣冠夜雨凉分手莫辭觴十進陽關明日盡松楊

建庵萬山

學俊字蘇門號龍蟠明歲貢生世亂遊心仙佛建庵於萬家坳山谷中日游咏焉國破後遂隱不出

窮岩孤嘯飫煙霞太息平原拱蔓奢衢道幾時驅虎豹河山猶是走龍蛇已聞天府非王國直把燕城賦帝家結宇空門聊自在旃檀一片度年華

明處士

學雅字從之。世亂不屑祿仕。兄弟叔姪相師友。敦行勵節。鼎革後。闃然澗谷。萬緣俱謝。考終囑題明處士。

澗谷盤窩謝俗騶。翛然鹿豕與爲遊。一門師友猶蹌躋。萬里風雲靜睫眸。問曆不知今甲子。編書仍數古春秋。何須天蓋營樓閣。處士題名莫我尤。

殉乙酉

學璞字完甫。明己酉舉人。學質字彬甫。明諸生。學溫字郇之。乙酉滿兵逼湖廣。總督何騰蛟誓衆荆南。與巡撫堵胤錫聲應。時休寧金聲亦起義兵。故三公赴之。身被擒。虜質妻李氏。溫妻王氏。撫夫同殉。兄弟夫婦共五人。照盃亭有鴻雁章之哀。

莫道中興事有成。偏安岌岌失維城。金甌帶礪河山邈。天塹輪囷日月傾。赴難在原邊共急。迎喪哀哭靡餘生。我之懷矣自貽戚。集蓼求辛此際情。

殉戊子

學矩字從心。號默成。明廩生。妻張氏。戊子義師起。永曆盡復湖南州縣。滿兵退長沙。十二月復竄湘潭。公夫婦同日殉。

賈誼。無。端。涕。自。流。土。崩。瓦。解。勢。難。休。少。康。肇。業。由。成。旅。諸。葛。偏。安。運。計。謀。州。縣。此。時。方。盡。復。山。河。指。日。可。全。收。匹。夫。匹。婦。能。同。殉。湖。北。湖。南。曷。有。瘳。

變姓名

黄字號缺。天益公長子。吉藩壻。國破。慷慨悲憤。戊子起湖廣義師。敗後。郭天民救出。變姓名。康熙譜諱其編。畏株連也。

男兒。肝。膽。自。雄。豪。豎。髮。衝。冠。指。怒。濤。投。袂。比。隣。偕。衞。社。修。矛。與。子。賦。同。袍。辭。親。未。了。爲。私。願。磨。蝎。幾。聯。紅。劫。遣。落。日。揮。戈。終。莫。返。心。憂。家。國。兩。忉。忉。

琅竹焚死

鑽字季宣。號雲嶽。攜子遇賊鼎扛橋被獲。賊環竹盤脅從不屈。遂焚死。有白衣人抱其孤兒出。疑爲神異。

血。雨。腥。風。滿。道。衢。橫。流。滄。海。禍。貧。芻。父。兒。已。隔。天。涯。遠。雛。稚。同。歸。鼎。鑊。餘。欲。轉。我。心。終。匪。石。任。他。罥。網。有。微。軀。白。衣。縱。抱。孤。兒。出。此。願。覬。覦。半。點。無。

保山致命

焜字叔闇。號西墅。明天啓舉人。莊烈帝詔求直言。上書賜進士。授密雲兵備道。後擢南京操江都御史。賊梗不能行。國破披髮入山。永曆正位。護蹕南行。己亥督師保山。疆吏以城獻。孤軍力盡死之。箸有帝王芳規經筵廣益真珠船集行世。

經世芳規數萬言
孤臣謇諤叩閽門
投荒志隔隨鴛鷺
赴闕途窮薇蝎蚖
痛哭靈均傷國破
瘡痍靡鬲恤孤存
獻城又被封疆吏
一死終期報故恩

披髮入山

㷷字淑陽。號如晦。與兄西墅師事天益公。勵名節。講道學。國破後。挾其二子禎驄禎駰入山。不知所終。

匹夫何故出風塵
蹈海盟心爲帝秦
即事擘牋書甲子
逃名隱几哭庚申
竹林有道留遺詠
喬梓無柯誤析薪
一入武陵多歲月
任來高士問漁津

舉室同殉

炤字仲郢。明諸生。妻瞿氏。子之琮。字宗玉。妻余氏。　炆字存沖。妻劉氏。四子之垣、之堈、之堣、之堉。　烽字斗昭。與弟煒烈燬及其四子之胄、之允、之裔之系、每家皆十數人同殉。

妖氛慘淡日光寒。鬼哭千村夜未闌。不堪往事談家國。指點荒邱照膽肝。一片赤丹同洒地。九原骨肉共爲團。卽今稽訪徵遺跡。心戰神兢肢骼酸。

抗節瀏山

耀字太璞。燦字伯含。皆明諸生。居貧教授。不願乎外。國破後。與叔父從之公入山抗節不出。

松風竹露石泉清。茅嶺居遊別有情。慷慨數家曾殉國。淒涼萬刼幸偷生。山河已改園林在。日月更新爝火明。此地若無豺虎逼。不妨世世白雲耕。

殉無稽

吾宗十世十一世兩代共百有九十三人。其考終於明者四十人。其獲終於清者亦止四十人。餘皆卒葬無稽。合之夫婦則二百餘人矣。以此推計。而喪亂後之留遺。不及三分之一。此數百人者。或殉於賊。或殉於亂兵。或殉於滿明之爭。赴於水火。逃於方外。匿跡山林。歷久不可得而稽。茲稽其可徵者。尙論其事其人。餘則謹列明淸之際存亡一覽表。而總括其數如此。以爲哀歎。抑又觀於數十公之存者。亦或爲隱逸。或爲徉狂。採芝茹薇。一時取義成仁。皆有同心。後之覽者。撫此孑遺餘黎。旣爲滄桑之懼。又爲古道之思。其亦不能無感於斯文乎。

逸事蒐羅費討論。心傷浩刼滿乾坤。妖氛黯淡風雲泣。龍戰玄黃日月昏。莫遣毛錐旌義鬼。更無稽首釋煩寃。徵文考獻留遺憾。徒表周黎譜國魂。

己巳五月二十五日謁家廟 還湘東行卷二首　攸縣龍紱年穀夫遺稿

焚香始一拜宗祠。千載烝嘗念在茲。肇祚伯高興漢代。首遷悅仲溯元時。故山松檟身初識。小邑雞豚老漸知。不是買臣腰綬返。里人休笑我來遲。

盛節母盛孝子詩　寧鄉傅紹巖梅根

世衰道益微。邪說正橫行。五常根性命。習染無復存。長沙盛節母。生長在農村。夫亡。

諸孤幼奉姑必以誠逮姑見背日喪葬一身營長子曰維元念母茹苦辛傭工事甘旨奉母居會城乃爲弟授室欲以侍晨昏弟婦旣不賢以茲甘獨身母年才十五於歸已載賡年當廿九歲卽稱未亡人其家勸再醮改適以圖生年時悲寡鵠守寂撫孤嬰五年不復歸保身全令名六十一年中無災天式憑生天及大耋福慧有明徵孝子失怙時孤苦亦零丁其年方舞勺樵牧偕諸昆旣長恃傭入竭力奉慈親畜弟以娛母人稱好弟兄豈幃棄養時負土自成墳歲時必省墓誠敬如生存卽今垂八十孺慕終其身篤倫萃一家末世已難能作詩紀至行風示天下人

秋日同仲弟璟自茶陵石牀泛舟長沙卬巾　安化黃鳳岐芳久遺稿

夢醒石牀眠秋風又一年同舟兄及弟歸路侶如仙劍與書隨枕花偕酒泛船論詩猶未已橘柚滿洲前

靑蓮吟爲張貞女作　湘潭李鶴雲和笙遺稿

田田之葉亭亭花花開如玉明無瑕月白風淸花欲語水雲釀就蓮心苦張氏有女曰若蓮蜀琴欲奏鴛鴦絃鴛鴦胡爲不比翼天風怒號吹水立翩翩書記譚家郎降

年不永悲無央齊衰往弔不除服焚椒奠醑吞聲哭泥首堂前拜舅姑舅姑淚落連明珠幾回揮手謝之去吾家那忍留兒住斂容起立牽姑衣新婦欲去愁無歸古人心許猶不變徐君墓上延陵劍嘉禮當年重問名肯令然諾浮雲輕兒名本以蓮爲擬請看蓮子淸如水伏乞慈恩似水深靑蓮在水全天眞

郭貞女辭

湘潭黃潤昌砌坤遺稿

貞女郭姓、父雅言世業儒、居潭邑之水竹灣、字同邑劉氏子甫媒定而夫殞、女聞誓以身殉、家人伺之謹、不獲死、父母度其不可奪、迺諭劉氏使逆女、女麻衣如墓盡哀、入門、行新婦禮、翁姑得媳甚歡、伯氏以下、皆蔑視女、計奪之不可、則虐遇之、女皆不較、定省外、長齋繡佛、泊如也、求伯氏子能爲夫後者、俾立室家、今抱孫年且七十矣、

郭貞女乃在南山之側湘水之湄南山有石湘水有涯媒妁之言父母命郭女許字劉家兒解一兒未婚胡天遽奪兒魂天奪兒魂女遣兒門入門參見姑與舅謂兒雖死婦猶存嗟婦猶存聲已吞解二事我姑女浮屠慰我夫勤撫孤含辛茹苦手拮口瘏死

灰槁木。石爛海枯。解三 石亦毋爛。海亦毋枯。皇皇貞女。誠動天衢。皇帝曰都。旌爾門閭。解四

噫歔嚱。郭貞女。漆室之亞。嬰臼之侶。解五

周烈婦陳氏歌 乙亥夏季

長沙楊樹穀薌詒遺稿

忠臣死節士死義。五百人從田橫墓。平時食祿氣激昂。臨難胡然委之去。陳家女兒字靜元。作嬪周氏只三年。詩書門第世勿貴。貧賤夫妻人共憐。不憐貧賤糟糠日。獨憐書生蒲柳質。憂患偏由識字來。涵濡拼以身從律。一朝觸發病入身。可憐調藥布裙人。和緩難醫膏肓疾。從此蓬頭不復春。持喪臨穴從容度。早將性命同朝露。不漏珠啼破面痕。悄向街頭賣藥處。夜半鐙前把筆書。留告父母與舅姑。一言歸魂須靜室。一言同穴祔金夫。餘言兩家勿悲痛。兒之夙志非鬼驅。五更藥發家人急。生同室處死則俱。距夫沒時十四日。喜從地下認羅敷。余觀葩經雎鳩冠風始。夫婦王道所從起。四維不張國必亡。所重禮義與廉恥。家道不嚴女不貞。世間那有忠臣與孝子。婦人貞操感鬼神。何況烈婦從容殉死乃如此。吾又觀自古義行節孝村。往往賢達昌子孫。蕉枝有甘松有節。天道無恩却有恩。作詩書券告後世。認取麻林周氏門。

潭州胡貞婦詩乙卯

湘潭譚從炳棣生

潭州劉氏女生長已成人貞靜守禮法不爲流俗牽聞人譚節誼默識常不眠許嫁胡氏子年少何翩翩無何所天病不復能永年女始聞其耗涕出如雨零一痛命幾絕奔救始得全含淚告厥父終身不二天阿父語阿女爾宜從所便雖乘素車往境苦難安身阿女告阿父女意金石堅割鼻或割耳古人行我先苟欲易吾志不如搤吾咽况復姑病革牀第尙纏緜正宜從此往稍盡婦職焉胡氏有甥賢一言爲之宣聞者皆起敬既敬仍哀憐乃爲成其志乃爲卜其辰媒者衣黲黲迓者車轔轔拜墓以成服春草共春烟門前松與柏相對泣涓涓儻其墓地裂棺破魂復還好同張鬶母佳話千秋傳（事見太平御覽）惜虖魂不返孤鐙夜與隣倐忽姑病坳憂愁萬有千祖姑與翁在孝敬無稍僭悠悠四五載言咲苦周旋地下相從樂三尸胸臆塡悲哉復悲哉貞魂歸九泉此生長已矣他生會有緣合葬雖非古銘誌字應鐫長歌紀顚末苦雨同寒蟬褒揚須史筆列女傳中編

題胡肇修母夜紡課經圖乙亥

湘潭周逸木崖

課子抽絲際悠然獨有情名因賢母顯學更晚年成勵節秋霜白捫心夜氣清此圖終古在鐙影共書聲

麓山寺碑 近作

湘陰陳嘉會鳳光

有唐書中雄北海獨超逸神韻似晉人用筆北碑密後來米與趙法乳自茲出吾湘少古刻唐碑此奇崛倚石三摩挲仿觀索師碣心畫若親見羨煞追魂術黃鶴字不存英霧亦缺失余齋清初拓開元幸未滅前年游商丘闕齋訪顏筆譬將佛門論李龍顏象埒臨川藏宋本千古眞卓絕況兼刻畫能名山保勿佚

李行我仿沈石田法畫扇見贈余亦戲就扇背仿沈因題即示行我 前人

李君仿石田筆筆有畫意我今強學步筆筆但寫字李君筆能曲深秀鹿床出我筆追硬直果否石田類君畫夏山居我寫秋山寺蓊鬱與杈枒取趣本各異要當論畫好我拙無可避謬託文人畫解嘲出游戲珍重謝李君絕藝道所寄貴異不貴同石田獨辭位

題李行我贈指頭畫山水扇 前人

指頭畫始高恪勤夢入土室觀畫紋私心欲撫筆無有以指蘸水塗紛紛覺來用筆寫不到悟指蘸墨張異軍先作細畫利有甲甲秃潑墨如烏耘自此廢筆專用指興來百幅能挐雲行年七十了不倦眼空世事何足云中間陸（瞻）袁（江）助烘染册篋手卷自染分後來衣鉢太常李（世倬）得其指法深淺文君將七十甘畫隱指頭生活（余藏恪勤指畫絹山水軸有此四字印）忘宵斷遺我便面筆難及指墨入骨如細筋寒林密竹雜烘染巖壑若聽風生斤嗟君絕藝遠紹三百載視此冥鴻雪泥爪跡留清芬（君時寓其弟鴻飛印刷局）

端六日陳子賢招飲聽彈古琴（子賢爲亡友坤載師長之子喜讀書蓄古琴是日彈普菴咒山中憶故人漁樵問答三曲） 前人

斲琴唐代雷（文）與張（越）宋元作者施（木舟）朱（致遠）良張絕雷稀不易得玉徽逸響空茫茫（雷琴上者爲玉徽）自明以來號古琴多屬施朱二氏裝此琴珍蓄自明代窓齋吳氏重收藏鐵畫金題字稠疊牛毛蛇腹紋低昂主人本是將家子兵書讀盡能文章謂當致身不養賊欲以文治干羽揚諸葛琴經辨廉志（禮樂記絲聲哀哀以立廉廉以立志）妙拔不數董庭耶憂時三歎一揮手咒傳海會來慈航忽然彈到山中別爲君感傷三垂岡（用李克用父子）事故人有子原不死浙瀝寥寂絃音商別離亂世亦何有且對莒陽傾一觴調轉絃

挑復勞托繁華閱盡歸平常漁歌自逐西山去柯爛當年訪姓王

旣還長沙再寄靳薦青李少白並示青松上人　前人

憶昨未出游空有廬山夢（東坡初入廬山詩云·如今不是夢·眞箇是廬山）今者罷游歸夢裏廬山送廬山能招人送我亦嘲弄毋乃山中賢使我尻輪動羨君如紫鸞招我騎白鳳雲飛九屛間心落三泉縫歸來理瑤琴松風憶梁棟世亂需賢才萬牛豈辭重由來致用難英雄出磨礱試立廬山巔終見章合貢

薦青少白有詩見酬計程已入江南矣寄憶一首　前人

人生如浮雲聚散飛無定人心如流螢遠近光相應憶戴廬山雲已入江南徑江南秋氣深想君衣棉稱褐來路千里祇爲斯民醒斜月黃龍（寺）鐘長林白鹿（洞）磴談道與救世語重心轉勝獨憐苦心人朝野知誰聽

佩初贈詩言余二十年來經歷險境慰勉有加賦此奉謝卽倣其體　前人

嬾着當年舊鐵衣亡羊挾策等亡幾三三禪說鋒無有七七花開輿亦飛座對高賢驚異彩詩論流別媿同肥（爾雅釋水歸異出同流肥）買書折劍從君老聽唱黃雞心莫違

薦青又岩邀游廬山將行寄懷林子超　前人

十六年前舊贈詩。行藏偃仰若能知。先生當國艱難日。下走還家隱遯時。飢溺益勞忘食念。炎涼誰識住山期。平生訪道匡廬願。皓首重逢話別離。

送黃龍寺普超上人還峨眉　前人

江水三千里。峨眉萬丈雲。送君從此別。天下尚紛紛。

感懷用天放呈芥滄元均卽寄天放兼柬杜園　周逸

讀書不作侯門客。寧傍陶潛五柳宅。寒窗春雨一燈青。硬骨窮途雙眼白。君負天才師芥滄。弟兄佳句滿湖湘。十年黃浦傳詩伯。一夜東風停客航。人閱清福君消幾。我負狂名愧湘綺。五嶽歸來感歲華。千金散盡餘經史。世事浮雲覓釣臺。誰期風雨故人來。（天放癸亥秋由滬回湘）杜園不見知音少。卻喜案頭珠玉堆。

月夜獨遊八仙橋作短歌　丁未　前人

星纔纔。月明明。山色有無。雲縱橫。流水潺潺。急浪聲。幼女不解情。小蛙不解鳴。左不見白沙之洲。右不見湘水之樓。風清。飄煙蒼浮。仙人一去幾千秋。仙人一去幾千秋。

誰能當此良夜兮有舟吾欲與之同遊

和孫谷紉都門秋思原韻 甲寅

前人

紫禁重重曙色開臨風惆悵望金臺忽驚北地悲秋早誰向西山踏月來待價青萍歌古調含羞紅葉避詩媒燕雲今日留才子敢笑昭王不識才

何用浮名絆此身願隨孤鶴出風塵前途路險難迴馬早歲心雄不讓人賈誼孤懷空墮淚西施絕代懶爭顰於今眼底無他物惟見秋江一釣綸

衰草連天接玉門欄杆倚遍近黃昏沙洲雁落驚詩魄茅屋秋深弔菊魂卻恨功名遲我久斷無心事怕人言今宵作客愁難遣明日登樓訪仲宣

和罷陽春字懶修回看明月一勾留縱橫已覺登天夢俯仰難消賣國仇數滴梧桐知露冷聽殘蟋蟀促人愁勸君莫歎江山寂紅落年年不是秋

秋日雜感 十首錄四丁卯

前人

落花筵上不勝哀慘綠年華總恃才一笑橫戈都不管醉看明月酒邊來

青驄疏柳遠離筵長劍西風倚碧天多少閒愁消不得一杯和淚化秋煙

橫逆頻來忍未聲千磨百挫轉無情如今不怕風波惡偏向風波浪裏行
茫茫前路夜漫漫生太聰明死更難我亦素娥能耐冷五銖衣薄不知寒

春日即事兼送周茂才菽生之滬教讀 乙丑 前人

酒色春光爭上裘早將塵事付東流珠盤已定天何問鐵限頻穿跡不留窗外花開
猶止雪江頭風好正行舟知君此去多清興黃浦波平任釣游

雨歇渡靳江河 丁未 前人

一聲風雨來落葉滿江路黑雲天半開秋色夕陽渡

芾棠宗兄於甜園闢放生池賦贈 乙亥 前人

無計傳君美應須贈一詩此心今有住塵事復何期池水堪尋樂園花耐寄癡莫言
成白首明月照窗時

次韻奉題陳母姚太夫人松貞竹孝圖 長沙杏聰農部之祖母 湘潭趙啓霖澥園

彤管旌揚闕幾朝慶門多祜若爲招阿龍雄擅文壇譽手酌天漿一舉瓢
秋霜琨玉性天醇薄俗能回率土濱記取含飴依戀日陳情何止報三春

郊行

長沙陳繼訓杏驄

屐齒何嫌印綠苔。村情山趣任徘徊。得時飛鳥穿林語。隨意雜花臨水開。紅旆引人沽酒去。白雲追我過橋來。日斜西嶺炊煙起。十里沙隄踏月囘。

夏歷之七夕鄰家有沿舊俗向天乞巧者感賦二絕

湘潭吳鏐湘琳

銀河今夕鵲橋間。歲許天孫一往還。自己別離長有恨。尚何餘巧與人寰。

仙家應與俗緣殊。牛女成雙事有無。今日人心嫌太巧。願教一反古之愚。

分袂亭（在湘潭株洲市宋朱文公與張南軒先生別離之地也）

前人

邂逅南來兩大儒。朱張渡口望模糊。此亭雖小留名跡。趙宋江山寸土無。

幾番講學策匡時。南渡偏安勢莫支。爲問當年話離別。兩賢心事有誰知。

稷園觀牡丹（壬午在北平步和陳弢庵原均與陳梅生侍御同作）

前人

歌殘禾黍約看花。紫膩紅嬌簇晚霞。剩有靈根移島國。爭誇異種出天家。社壇此日成香市。（中央公園即前清之社稷壇故又名稷園）輦路當年待翠華。一歲一開吾見慣。也隨裙屐駐遊車。

易代猶存上苑花。觚稜一角鎖烟霞。飄零雨後王孫泣。爛熳風前帝子家。老眼人閒

看富貴癡心刼裏憶繁華遊羣不識滄桑感紛惹香塵逐鈿車

湘鄉廖樹勳廣石

遊頤和園 有序

園內開昆明湖、取湖內之土、積累爲萬壽山、山頂建大佛寺、山前建排雲殿、爲孝貞后頤壽聽戲之處、修飾極其壯麗、已巳七月二十五日遊園自記、

翠微深處是頤和一望昆明水不波最好荷花開去後天光月影鏡新磨

蒼松夾道繞蓬萊更有長橋傍水隈萬盞明燈千槳夜深遙覩朶蓮囘

銅亭高聳五雲開刼後來遊興漫催斜倚雕欄憑眺望西山送入眼中來

排雲殿在壽山前尙有牟尼最上巔仙仗久停僧亦去精華縹渺付雲煙

寄懷李和笙

湘潭陳學博珮秋 遺稿

故人江漢去偏我尙遲遲兔守慚長策鴻飛慰遠思課兒書萬軸對月酒盈巵吹到梅花笛煩君寄一枝

酬贈王湘綺

前人

笑傲王侯五十年三杯草聖類張顚世無李杜誰爲友山近蓬壺不羨仙奏牘黃門

誇博士談經絳帳邁名賢峨嵋絕頂歸來後我得追尋衡嶽天

詠史　前人

莫怪阮公橫白眼當年枉自哭途窮知音除郤中嵇散祇合蘇門嘯碧空

五疊來字韵再寄木崖詩兄並柬適園主人　辛未　攸縣龍紱年天放遺稿

無窮芳藻附書來字字珠璣併不摧羨子近交黃叔度令人翻憶郄方回一行鳥道重宵下三峽猿聲兩岸開風馭絕馳殊不遠相期同舉適園罍

半亭寄木崖　辛未　長沙黃贊元鏡人

半亭風月足淹留歷盡艱辛且退休閑倚花欄觀蝶舞倦眠石枕聽泉流吟壇遲暮追高適意境清閒擬陸游但喜豈韓春不老浮名身外我何求

暮春有感　乙丑　攸縣龍紱慈達夫

春華果虛空紅紫目中眚春華不虛空開落彈指頃人人愛春日愛此虛空華開時狂歡賞落時增怨嗟善病莫如我盡日匡床據蠢蠢觀衆生堂堂看花去我亦衆生耳賞心寧獨違天意莫相妒解嘲猶費詞

病起 乙丑

前人

我生常苦病。因識病中趣。重茵委四體。一枕失朝暮。辛勤擁妻孥。慰問走親故。哀樂攖萬緣。棄置不一顧。茫茫塵沙刼。起滅了無住。脆質不勝藥。病已若天助。盤餐進芳輭。飽飫未投箸。下床垂兩足。頗學兒時步。怪底眼中明。綠盡湖堤樹。

芾棠先生成立放生池詩以誌之

湘潭周鼎新牖民

血迸河流山積骨。殺機動盪危心伏。安得老天生至仁。胞吾民兮與吾物。使君志氣與人殊。壯歲請纓效馳驅。西馬殺賊無反顧。煦煦爲仁非丈夫。公餘圍獵牽所屬。手挽强弓逐雄鹿。一獸中彈臥草間。將軍惻然動衷曲。從玆立誓不戕生。萬里前程滯進行。識透廬山真面目。歸帆一片故鄉情。化家爲國徵先見。華屋腴田非所戀。捐資興學不辭煩。能以精神濟時變。憩園窗外日遲遲。晚年好佛天啓之。道味濃兮世味淡。盤中藜藿甘如飴。見生不願見其死。僅遠庖廚非君子。欲求長日養生機。魚躍鳶飛道在是。故侯宅畔有方沼。兩岸綠楊三徑草。耆英會集白香山。舉網得魚家之寶。使君悠然發遐思。洿池闢作放生池。疏之濬之深且廣。得其所哉千歲龜。或言此地規模小坳堂杯水知多少魚鼈咸若天之仁溝渠那有江湖好豈知作善貴存誠不論形蹟只論心袖裏乾坤目前海發育萬物與天通夫子之道貫以一放彌六合退藏密一池春水皺湘城莽莽黃輿分愛日我感駒光蹙夕陽筆不花兮書倘香祝君大名與高壽池水不腐子孫昌

題憇園放生池　湘潭黃芥彌

將軍歸隱闢芳園濠上無心把釣竿從此一池功德水春風吹綠上闌干

題人物山水圖　二絕　乙亥　浣霞閣主

風雨瀟瀟待曉晴短筇蹊路自扶傾幾人空谷清閒坐莫向蒼天訴不平

空谷無人觸自行遠山蒼翠雨初晴輞川別墅知何在細數橋頭第幾程

題雨中春釣圖　前人

柳岸欹斜雲水鄉雨中春釣笠簑涼漁人消受清閒福穩坐磯頭意味長

夏夜月下吹笛　前人

荷靜閒堦待好風玉盤高掛畫樓東涼宵指上調音韻聲徹雲霄萬籟空

奉和木崖先生詠水仙原韻偶成二絕　湘潭侯瀛翔漢

萬卉凋零挺異芳。爲扶元氣載春陽。托根水石懷貞潔。好奉薑齋一瓣香。

閩南海國種仙才。冷豔寒香獨自開。葉擬幽蘭花擬蕙。靈根端的淨氛埃。

前題　衡陽彭濟昌穆和

一年風景都經過。應運而生氣轉陽。清品宜仙超百卉。幽齋靜對當焚香。

品題多是不凡才。競羨凌波眼界開。修到此花原弗俗。水中涵養淨無埃。

贈木崖丈　湘潭黃强雨植

卓犖周夫子。英年負盛名。論文宗漢魏。講學事朱程。湘綺魂猶在。船山道不傾。古風存一線。挽救竭忠誠。

遊雲麓宮　邵陽盧質泮珊

形勢得靜域。心跡兩相忘。萬壑吟風籟。羣峯護道場。火餘丹竈燬。花放碧桃香。的是樓真地。紅雲近帝鄉。

萬象露深秀。孤懷控杳冥。帆隨九面轉。山似六朝青。曉霽虹垂澗。高風鶴唳岡。吾心

有真主到此是惺惺

放歌

善化張祖鏞退園

醉登女仙峯遙矚瀟湘曲匹練亘長空一水浮天綠水綠鱗皴接五湖波濤險絕無時無估客帆檣駛如織蒼烟狎浪追飛鳬衡嶽開重雲峯巒薄空翠石柱撐天仰祝融萬山蛾伏一山歸嶽麓遙峙煙波間瀟湘帶水相迴環試圖山水狀奇麗放歌長日開心顏

出武昌大東門循洪山至珞珈山大學校望東湖而返

湘潭葛鼎甫遂銘

出從大東門路廣坦不躄前途馬紛騰我駕且無犢足繭形不焦氣盪額豈顯首博洪山觀山靜愛孤獨舉趾夐回旋隨勢倏起伏珞珈橫眼前不厭羣嶂複徐行後者前返顧往而復孤懸恐身墜下瞰令頸縮鳥讙疑舊識林猝眩新沐競走心如飛冷坐情亦熱仰眄雲成梯瀕念神入谷頓忘塵沸囂得受清淨福遠俗常逃形賞勝當啖肉東湖繞山下清波滌煩燠瀕鏡七尺軀高拭萬里目流傷滄海橫教溢江漢淑淵淵萬間廈翼翼百堵屋瞻伊作人楷蔚爾多士穀磨刀斬荊榛振鐸起棫樸邱墳

播中夏聲教暨荒服天心厭奸宄國校賴儒宿平生愛山水兼味書可讀霜風丹滿衣松菊翠盈掬願隨高陽孫滋此居共卜

寄題郭社長尺崖守先學社　前人

窮奇磨銛牙貏貐鑠利觜蛇矜兩頭駢狐擅九尾比出世奸爲倀當朝直無薦蠢蠢梟獍生哀哀鳳麟死壽章侯不作黎邱鬼皆是欽彼戴海鰲恨爾濆隄螘砥柱排長鯨陳倉殺妖雉天荒九重泣地拆萬流駛不歡聖挺生反謗盜不止藩溷汗宮牆衣冠辱泥滓時運那可回人心況如此四顧皆秦阬寸步失闕里黃河湍不清端門血猶紫苦迂（自號苦迂子生）救百刼萬化自一始推源知濫觴反本志嚆矢天梯判高下坤軸析端委頭埶林宗巾足著孔子履大道行坦夷岐趨乃無紀日月重光輝山川翕流峙道古方掀髯談今時切齒但恐聾聵人千喚寐不起松柏山上路蘼蕪水中沚危欄遠凝望日暮恆徙倚

番場賽馬行　前人

番場汗血飛如箭鼓掌千人萬人羨拔地追逾一路煙仰天遂過層霄電九疊屏帷

布短牆百行欄檻繞長廊蘼蕪陌上施朱婦楊柳橋邊傅粉郎奔騰怒眩雙睛煜[illegible]蹵彪揚四蹄蹴驥子羣驚八尺高龍媒共訝三花簇房星爭照錦障泥天廐由來重駃騠神駿有聲來冀北名駒無價自關西中原逐鹿滋封豕壯士聯鑣跨騮紫冒頓猶經幾匝圍燕昭望出千金市遠道須行萬里沙冠軍權坐五雲車試聽塞上黃驄曲便策單前白鼻騧誰知虎兕騷原野忍見鯨鯢沸華夏北地銅駝索靖悲南朝鐵騎劉聰下自古玄狐共一邱祗今黃鶴强登樓駑駘無力還傷足騕褭通神未出頭莫云鄉校多浮議卻怪官庭盡游戲勝負於茲見宦情盛衰那得如人意戀棧供芻未足哀分班立仗本無才伎同走狗非無地掠媲飛鷹尙有臺快馬開閑銜踴躍玉虬嚙鐵搖金絡鑣奪梟盧共一呼腰纏更勝擲蒱樂駕馭羣雄道亦然昂頭不外步爭先鞭笞更欲防奔軼騶唱他年定滿前

讀史

前人

東北幽幷禹甸存中原喬木舊成陰趙州急應官鳴犢魯國危宜用展禽才俊杜門皆裹足闒茸當國總寒心重洋諜報妖氛至內亂何人靖綠林

白馬聯盟竟獨裁。弗持牛耳被人猜。祇聞督亢呈圖去。休望商於踐約來。蛙怒檝王。猶示敬。鵑啼蜀帝未忘哀。爰居欲避知何處。海上寒雲瘴不開。

湘潭朱德裳師晦

題鳳光書畫扇並題詩

三絶詩書畫一身。來去今伶傳當日。事凄惻故人心。出岫看雲散。還家忘陸沈。松風吹白髮。猶作老龍吟。

劄記

船山先師詩錄

周逸敬選

唐解元寅 落花

啼鶯流水怨匆匆。萬頃春華一霎中。芳韻悠悠隨畫角。閑愁點點到簾櫳。
回風無望依瑤草。韶月難期映晚紅。回首繁華能幾日。碧條簇簇惹薰風。

李副使夢陽 懷古

百尺麗譙俯暮原。黃河捲雪擁蛟門。朱仙祠廟青松冷。艮嶽風霾白日昏。
華表定留千載恨。靈旗難返九招魂。寒鴉斜照蒼茫外。酹酒長懷國士恩。

劄記

湘潭周　逸木崖

恆心堂讀書答問 續第八期

問孝子應如何爲最盡事親之道

答孝子事親須事事躬親不可委之使令也。穀梁言天子親耕以供粢盛。王后蠶以供祭服。非無良農工女以爲人之所盡事親其祖禰。不若以己所自親者也。此說最盡事親之道。逸按爲人子者。視於無形。聽於無聲。未嘗頃刻離親也。事親如天。頃刻離親。則有時而違天。天不可得而違也。後生初學。且須理會氣象。氣象好時。百事自當。氣象者。辭令容止輕重疾徐足以見之矣。不惟君子小人於此焉分。亦貴賤壽夭之所由定也。

問克己工夫是否日夜自點檢

答攻其惡。無攻人之惡。蓋自攻其惡。日夜且自點檢。絲毫不盡。卽不慊於心矣。豈有工夫點檢他人邪。逸按中人以下。內無賢父兄。外無嚴師友。而能有成者。未之有也。學者讀書。須要字字分明。

問變律亂常有關乎人心否

答凡變律亂常。則不當乎人心。昔公孫祿斥國師秀顛倒五經。毀師法。宜誅。以慰天下。侯景陳梁武之失曰。敷演六經。排擯前儒。王莽之法也。當彼時猶有是言。彼乘勢怙力以肆說者。果誰欺。溫公曰。經猶的也。一人射之。不若衆人射之。其中者多。此公天下之言。顧肯伸己而屈人。必人之同己哉。逸按害辭未至於害義。害義未至於害教。害教則三綱五常絕矣。謂天不足畏。凶德不足忌。百姓或可咈之類。其害教。奈何。今欲救其蔽。先欲明經言體而不及用。其言用則不及體。體用所自。乃本乎釋氏。博學而不闕疑。則闢先哲而欺後生。崔浩威震宇內。其五經之注。學者尙之。至勒爲石經。浩誅之後。無一人稱道其說者。則前之所傳者。非經也。又有甚者。於詩書。自爲一說以授學者。觀其向背而寵辱之。使之靡然趨己。較之焚書坑儒。其術更有甚焉。明乎此。則變律亂常爲害教。深矣。

問志於道德與志於功名其行如何

答志於道德。功名不足論也。志於功名。富貴不足論也。志於富貴。則其與功名背馳亦遠矣。逸按無爲其所不爲。能正其行而已。無欲其所不欲。則能正其心者也。

問是非與利害古人與今人所見若何

答古人顧是非不顧利害。若顧利害者古人所恥。今人並利害亦不顧。古人責名必責實。但責名者。古人所恥。今人名亦不責。逸按古人顧是非不顧利害者。正古人知利害藏於是非之中。欲明是非。須論學問。學問根本須論是非。不論效驗。如告子。先孟子不動心。其效先於孟子。然畢竟告子不是。

問古人做事何以做得成

答古人精神不閑用。不做則已。一做便不徒然。所以做得事成。須要一切蕩滌。莫留一些方得。陸象山先生所謂。內無所累。外無所累。自然自在。纔有一些子意便沉重了。徹骨徹髓。見得超然於一身。自然輕清。自然虛靈。逸按此語可見精神全要在內。不要在外。若在外。一生無是處。何事做得成。即成。亦非吾之所謂成者。故曰。千古聖賢。只是辦一件事。無兩件事。願學者勉之。

問人之精爽附於血氣其發露於五官者皆正否

答安得皆正。不得明師良友剖剝如何得去其浮僞而歸於眞實。又如何得能自省自覺自剝落。

問人以橫辯之勝爲然其知言否

答事固有其理昭然。而橫辯之勝不可折者。人皆以辯勝者爲然。未可謂知言也。逸按論理論已之所當爲。須從根本上論。論事論人之所當爲。須就事勢上論。今橫辯之勝不可折者。要爲血氣之所使。能忍須臾則進。道義道義之學。君子學之而不以爲勝。此中之神化。豈常人所可得而知耶。

問欲養得氣不挫折是否先要知命

答上蔡學案中有云。知命雖淺近也要信得及。將來做田地。就上面下工夫。余初及第時。歲前夢入內廷。不見神宗而太子涕泣。及釋褐時。神宗晏駕。哲廟嗣位。如此等事。直不把來草草看。卻萬事眞實有命。人力計較不得。吾平生未嘗干人。在書局亦不謁執政。或勸之。吾對曰。他安能陶鑄我。我自有命在。若信不及。風吹草動。便生恐懼憂喜。枉做卻閒工夫。枉用卻閒心力。信得、命、及。便養、得、氣、不、挫、折。逸按、退、步、思、量。不要、驚、外。亦足、以、養、得、氣、不、挫、折。

問學者須是窮理窮理是否欲人識真我

答上蔡有云天下物物有理。窮理、則能、知、人、之所、為。知天、之所、為。則與、天、為、一。與天、為、一。無、往、而、非、理、也。窮、理、則、是、尋、箇、是、處。有我。不能。窮理。人誰。識真。我何者。為、我。理便是我。窮理之至。自然不勉而中。不思而得。從容中道。曰理必物物而窮之乎。曰必窮其大者。理一、而已。一處理窮、觸處皆通。恕其窮理之本、與釋與吾儒有非同非不同處。蓋理之精微處。纔有私意便支離了。逸按窮理二字古人真意絕不支離。如道在天下。加之不可。損之不可。取之不可。舍之不可。要人、自、理、會。人自理、會。卽、識、真、我。

問學者不長進其病安在

答學、者、不長進。只是、好、已、勝。出一言。做一事。便道全是。豈有、此、理。古人、惟、貴、知、過、則、改。見、善、則遷。今各自執己是。被人點破。便愕然。所以不如古人。逸按學者之病。都是志道據德依仁三大端。失所謂養。到今日仍然全是。終無進益。

問人懷勝心見是非當否

答人各有勝心。勝心去盡而惟天理之循。則機巧變詐不作。若懷其勝心。施之于事。必于一己之是非爲正。其間不能無窒礙。又固執之以不移。此機巧變詐之所由生也。孔子曰。不知命無以爲君子。知命只是事事循天理而已。循天理。則于事無固必。無固必則計較無所用。

問何謂操則存

答古之學者。視聽言動。無非禮。所以操心也。至于無故不徹琴瑟。行則佩玉。登車則聞和鑾。蓋皆欲收其放心。不使惰慢邪僻之氣。得而入焉。故曰不有博弈者乎。爲之猶賢乎已。夫博弈非君子所爲。而云爾者。以是可以收其放心爾。說經義。至不可踐履處。便非經義。若聖人之言。豈有人做不得處。學者所以不免求之釋老。爲其有高明處。如六經中自有妙理。卻不深思。只於平易中認了。曾不知聖人將妙理只于尋常事說了。

（未完）

說苑

船山先師詩錄

周　逸敬選

何副使景明　遊歷

軺車明發啓秦關。縹渺河山紫氣殷。清渭波縈勞悵望。蓮峯雲杳阻躋攀。鴻門霸氣蒼烟合。漢寢遺封翠柏間。萬里蕭條隨薄宦。不知明鏡改朱顏。

文待詔徵明　齋宿

星華淺映御池冰。栖鵲寒喧樹影層。獨對畫垣圍藻井。遙知香霧達觚稜。鐘人屢扣流霜杵。羽騎長依帶月燈。應有五雲迎鳳葆。曉風已覺透青綾。

說苑

志果

安化黃鳳岐芳久 遺稿

志果、爲芳老久芳閣叢書之一。晚年輯成四卷。自敘有孔壇之杏。儒之碩果。柱下之李。道之仙果等語。病歿前。不知爲何人攜去。僅存殘藁數頁。中多異行奇事。可爲末世法戒。今其族人宗禹出示屬登。以存此老冀回刼運苦心。 編者識

惜食延年　後漢書、任元公自少至耄。未嘗殘一食。以此更延十年。

還財獲福　宋林積憩蔡州寓。得錦囊。有明珠數百顆。令主人具己姓名告先宿者。周仲津來訪。津至。積驗珠合。悉還之。不受謝。津就佛寺脩齋。爲積求福。後積登第。官至大中大夫。子孫世顯。

還珠再生　感應增注。宋季郡君遇老嫗售珠。既去。珠遺於地。郡君收之。俟嫗復至。悉還之。後郡君病危。夢至冥府。一大人問曰。記還嫗珠事否。曰有之。大人執筆曰。增汝壽二十年。命靑衣人送還。

還產爲神　宋有富人生一子而不肖。逐之。以其財產盡與女壻張孝基。富人死。其子乞於塗。孝基惻然知其能自新。以其父所委財產歸之。卒爲善士。孝基死。爲嵩山主。

出錢葬人　唐郭震少入太學。家送資錢四十萬。有　服者叩門。自言五世未葬。震悉假以治喪。不質名氏。十八舉進士。累官至相。封代國公。此事較王敦斂錢爲阮脩婚。袁申儒沒田爲貢士費。紀瞻嫁陸機幼女。袁毓代桓溫償十萬債。有其過之。

義妓　宋柳永休官流落。死之日。家無餘資。羣妓合金葬之郊外。每春月上塚。謂之弔柳。

誦孝經愈祖　南北徐份陵孫孝如其父。孝克陵嘗疾篤。份燒香涕泣跪誦孝經三日夜。陵疾愈。

寫經尋母　宋朱壽昌三歲。父出其母劉氏。母子不相知者五十年。及長、棄官、刺血寫金剛經。行四方求之。得於陝州。乃迎母並二弟歸養。士大夫歌詩美之。東坡爲序

孝致堇粟　晉劉殷九歲。爲曾祖母王氏冬澤求堇。慟哭得斛餘。孟宗筍 滕曇恭瓜 徐嗣與芰 同一孝

感又夢籬下有粟。掘得十五鍾。

迎養似母　隋黃元仙寓居沅陵。見縣西寡婦類亡母。迎養孝敬。

舐目復明　元靳德進舐盲母目百日。復明。宋唐傑舐繼祖母蔣氏目。復見。又元宮景隆父目失明。祈禱十年。一旦復明。晉盛彥母盲。每食彥必自哺。一日妾進食。而母目復見。又唐力僧護賣身葬父。其母以憶子哭喪明。僧護繼父母俱亡。自蜀還江陵。尋母得見。痛母因已盲。齋叩天地。以水漱口。舐母目。目遂明。

因父報婢　明馮璪父有老婢臥病。璪奉湯藥如事所生。或訝之曰。吾父存日賴其盡勞。忘之是忘吾父也。吾豈忍耶。

因母報傭主　宋劉孝忠毀體醫母。母愈。及卒。爲傭富家。得錢以葬。富家養爲己子。後富翁失明。孝忠舐之。目復見。太祖征太原。召見慰之。

寒素養百口　明車泌書篤孝友。奉父辟亂。不乏旨甘。撫孤姪如己子。養貧妹一門於家。曲體母心。食指數百。以一寒素支持。不減江巨孝。

讓爵　漢韋元成陽病狂。讓弟嗣父爵。朝議高之。立召爲郎。又鄧彪讓國於異母弟荊鳳明帝嘉許賜爵關中侯。

律學昌後　漢郭躬陽翟人。父宏習小杜律。爲決曹掾。折獄無冤。躬傳父業。授徒嘗數百人。累官至廷尉。決獄從寬恕。子孫至公者一人。侯三人。刺史侍中二十餘人。御史至監平甚衆

救路人　宋嚴植之山行。見病者問不能答。載歸營醫。又見患人臥路旁。問之家本荊州。爲傭疾篤。船主拋棄於此。植之亦載歸。經年療愈。其人願終身奴報。植之不許

救疫人　隋辛公義狄道人。刺岷州。岷俗一家病疫。闔家避之。病者多死。公義命凡有疫者。悉與之廳事。躬自撫摩。病者愈。召其家諭之曰。病若相染。吾殆矣。病者子孫皆感泣。合境呼慈母。俗亦變。又宋建炎初大疫。許叔微親行里巷診療。全活者多。大獲神報。

救瘴民　唐曾芳爲程鄉令。因民苦瘴。以大甕藥置井中。令民汲水飲而疾愈。人名曾井。宋仁宗賜飛白書曾氏忠孝泉五大字。

大廳寓病人　南北李脩館陶人。父亮、精醫、大爲廳事。以舍病人。死則棺殯。修遵父

業。仕魏。常在禁城。針藥有效。

醫馬救龍　上古馬師皇黃帝時馬醫。知馬形氣生死理之。卽愈。後有龍向之張口。皇針其脣下口中。以甘草湯飲之。一旦龍負而去。

祿分宗黨　唐李勉京兆人。爲相二十年。所得俸賜皆遺親黨。沒無餘贏。少貧客游梁宋。同舍生病且死。密以白託葬。旣葬。私置餘金棺下。後其家來謁。共發瘞出金付之。

盜不犯義門　隋李知本元氏人。孝友雍順。子孫百數。盜賊過門不入。且相戒無犯義門。往依者五百餘家。又三國胡昭隱陸渾山。盜不犯境。一邑賴全。與宋殷澄止元兵屠城。

救友全一郡　漢荀巨伯許州人。遠省友病。値胡賊攻郡。友勸其去。巨伯不忍。賊至問何敢獨居。曰願代友死。賊義之。一郡獲全。

雪冤得雨　漢殷丹守會稽。有孝婦以誣見殺。天旱三年。丹到郡。刑訟者祭婦墓。應時澍雨。與于公晉曹　唐戴冑同一明允。

說苑志果　六

殺人存嗣　漢陳臨香山人。守蒼梧獲殺犯知其無嗣。令其妻侍獄。後生一男。郡人歌曰。蒼梧府君惠及死能令死人不絕嗣。

校隸救人　宋洪皓建炎中使金。金迫使事劉豫皓不從。粘沒喝將殺之。旁一校曰。此真忠臣也。爲皓跪請免死。流冷山。

義僕規主　南北甄琛中山毋極人。舉秀才入都日夜事弈。僕從乃曰。郎君離父母仕宦。以圍棋不息。豈是向京之意。琛惕然慚感從許叡李彪假書研習。聞見益優。年六十餘納劉晰女爲妻。婚日照給廚費。

大義出妻　漢李充陳留人。家貧兄弟同居。易衣而出。竟日而食。妻挾私欲分異。充黜之。年八十餘卒。

饘粥之功　宋倪閔沙縣人。家富嗜學。用儉而好施。紹興中寇破汀州。官兵獲賊。閔以民愚罹法。日飲食之。歲大飢。閔施糜粥。活者萬計。後赴京。人多夢豎旗里門書曰。饘粥之功。是歲果魁。爲教置贍學田。官祿分貽兄弟姑妹。

弱冠豪俠　唐陳元敬梓州人。子昂父歲飢。散粟萬斛賑鄉里。武后居攝。栖山茹草而終。

陳陶遺色　陶五代劍浦人。操行高潔。郡守嚴譔遣小妾蓮花往視。陶竟夕不納。妾獻詩曰。蓮花爲號玉爲腮。珍重尚書遣妾來。處士不生巫峽夢。空勞雲雨下陽臺。陶答云。近來詩思淸如水。老去風情薄似雲。已向昇天得門戶。錦衾深愧卓文君。

李翺嫁妓　唐李翺刺潭州。席上有妓舞柘枝色悴。問之。乃故韋左司愛姬。翺遂延入與韓夫人相見。選席上一善士嫁之。

豐有俊嫁娼　宋四明人。登靑樓見小娼。疑故人女。屢目之。女亦悟。酒罷。留宿。女羞蹙良久曰。豐官人識妾否。詰之。果故人女。豐曰。某所以留宿者。以席間不得問也。宜各寢。必有以處汝。娼退。豐與京反有舊。明日白尹。且曰。某僅有錢八千。從公更貸二百千嫁之。尹卽載入府。厚奩嫁良士。尹卽王宣子。佐與朱子同科進士。

楊仲希拒奸　宋新津人。微時客成都某氏。主人少婦調之。希拒之。其夜妻夢人告曰。汝夫獨處他鄉。不欺暗室。神明知之。當魁多士。次年果擢第一。

袁昇遺妾　宋鄞縣人。五旬無子。妻付資往臨安買妾。既得妾。察其有憂。且髮束麻。

問之。泣曰。妾乃趙知府女。家四川。且貧。母鬻妾爲歸葬資耳。昇卽送還。母泣曰。財已破用。昇曰。願相送。復贈橐資而歸。妻迎問妾安在。具告其故。妻曰。君設心如是。不患無子。明年生子。後爲顯宦。又岳飛嘗却吳玠送名姝。

劉宏敬嫁婢　唐彭城人將嫁女。抵維揚求女僕。得四人。內有蘭孫殊不類賤。乃備裝資先女嫁之。夜夢一人曰。我蘭孫父。荷君嫁女。今告天延君壽二十四年。後遇前相者亦云。

還妾得報　宋馬涓父從政初無子。置妾。詢知其鬻身葬父母。遂歸妾。不責所負。後夢翁謝曰。我妾父也。聞之上帝。願君家富貴。涓涓不絕。及生涓。因以夢中語爲名。

漢高獲救師　獲新息人。與光武有素。師事司徒歐陽歙。歙下獄當斬。獲帶鈇鑕詣闕請免。帝令改常性。卽辭去。行天文遁甲之術。

魏太子救師　太子從渤海高允受經。允以郎同崔浩修國史。浩被收。事連允。太子請赦。魏主問國書皆浩所爲乎。允曰。浩總裁。臣多著述。魏主怒曰。罪甚於浩。何以得生。太子曰。天威嚴重。允迷失次耳。魏主問信如東宮所言乎。允曰。臣罪當族。殿下哀臣耳。魏主曰。直哉。此人情所難。遂赦之。而敬重之。允官至宰相。貧如寒士。年九十三。此可見直生無罔。罔不必違心苟免也。

附紀更生

柳州張通直舟泊潭州。新婦死七日。魂云在冥府因識金剛經。僧令執堂下。幡脚引起。驚寤而甦。王鞏隨手雜錄

余道人不詳名氏。家劍峯石下。年九十餘。無疾而逝。同日洞南梁姓某亦沒。二人俱復生。事在嘉靖間。廣西通志

陽朔農夫蘇太元妻徐氏。生三子而卒。旣葬。忽一日還家云命未合終。冥府未錄。但聞聲而未見形云。桂林風土志

五代時全州進士唐伯彪一日病卒。心獨溫。復數日還魂。初若夢爲人追。呼入官府見主者曰。誤矣。當還之。已而語唐曰。到人間爲我以法華經爲報。當勸人誦之。遂出。至家而甦。後爲推官。王鞏雜錄

藤州處子姚道姑。汲水感龍孫卽亡。亡復生。不樂其家。居年至六十。專誦妙法華經。

說苑　志果

明教僧契嵩集。僧亦藤州人。七歲出家。嘗戴觀音像

濟南商懋徙居臨賀。病沒更生。云在陰府充賀江巡按使者。事畢歸賀州居所。從屋飛下。其妻正焚香禱真武像。夷堅志

崇禎初。增步屈亞石幼傭廣西。病故。客歸其柩。時已兩月。至肇慶。有報私貨者。官令開驗。人臥其中。目常轉動。飲藥能言。自陳死見閻王。責鬼卒誤捉。放回。簿上有三妻李楊王。後皆驗。張穆異聞錄

晉戴洋吳興人。年十二病死。五日而蘇。說死時神使其爲酒藏吏。既而遣歸。逢老父謂曰。汝後當得道。及長善風角。

飲食果報　晉使入曹。令免僖負覊家族。報盤飧也。翳桑餓人禦公徒救趙宣子。報簞食也。皆恩也。羊斟不與羊羹。以私憾敗宋國。子公不嘗黿味。以染指弒鄭靈。怨也。

漢韓信一飯報漂母千金。膾炙人口矣。後之談俠義者嫌其少。激爲聯語曰。金欲二千酬漂母。鞭須六百撻平王。

南北陰鏗嘗與賓友宴。見行觴者。因回酒炙以授之。衆皆笑。鏗曰。吾儕終日酣醉。執

爵者不知其味。非人情也。後遇亂被賊擒。或救免之。詢卽前觸者。

唐嚴綬者謁湖州尉李達。飯他客不接之。後達謫並州。謁綬。綬亦不顧。

漢陽雍伯設義漿給行人三年。有一人飲訖。出菜子一升與之。且曰。種此生美玉。並得好婦。後果得報。生十男。位至卿相。

教育果報　五代竇禹鈞建義塾數十楹。聚書萬卷。延名儒以教遠近士。貧無供者。咸衣之食之。及在官。賢士賴舉者甚衆。由其門貴顯者接踵。五子相繼登科。

宋汪洙築室西山。月集諸儒講學。以教授族閭之子弟。鄉稱崇儒館。官至觀文殿大學士。子思溫思齊。孫大猷。俱大學士。

宋應本仁慕范文正之爲人。規建義莊。卽其中爲義塾。延名師以訓親族里黨之子弟。時其出納。定其條約。元代猶褒嘉之。黃文獻記於石。世傳爲應家館。

宋林國鈞以積陰德爲心。建紅泉義學。置義田以贍四方從學之士。年九十。齒髮落。復生。作亭名曰囘生。年子二人。俱爲參軍。

著書乞年果驗　宋王炎爲潭州教授。著易解未竟而病篤。夜分祝天曰。願須臾寬死。以成此書。病果瘥。書成乃卒。

知死之果

漢任文公閬中人。公孫述時。蜀武擔石折。公曰。我乃當之。自是常會子孫設酒食。後三月果卒。他如暴風促駕。大風備舟。課家負物。臨難悉脫。皆奇驗也。

唐李嗣真柏人人。流藤州。久得還。自筮死日。豫備棺殮。如言卒桂陽。

唐李適夢與人論大衍數。寤而曰。吾壽止此乎。令其子葬霸陵衣冠。寢石榻上。置撰九經要句及素琴於前。曰同時錢朗一百七十歲。亦預知死期。

五代甘大將象州人。家富常給貧乏。一日聚鄰里告曰。吾厭世矣。因教衆以孝親修身大節。言訖卽逝。鄉人建廟設象祀之。屢著應驗。

宋虞夫人名道永。年八十一。一日語諸子曰。我將行矣。寢六日而歿。朱晦翁稱之曰。其爲子孝。爲婦順。爲妻正。爲母慈。嗇於奉而豐於施。厚於義而薄於利。賢哉。

宋王文憲公柏。從楊時學。又從朱張遊。少孤。事伯兄甚恭。季弟早喪。撫其孤。揞田予之。汪開之沒。爲之殮葬。啓迪四方來學。竭盡無餘。一夕方與江西來學者論學。俄倦就寢。垂沒端坐。揮婦女出寢門。惟子姪門人侍。終年七十八。

宋王中正。岢嵐州人。博學強記。家豪於財。待賓豐而自奉儉。不再娶。亦不就舉。遇神僧。數年。乃出。人覺其談吐異常。問之、不言。臨終預尅期而逝。

明李延枝好善樂施。年九十有九。自知時至。呼子孫十餘人至。沐浴端坐而逝。

明施舉縉雲人。學道妙成觀。年八十四。語曰。往來合散。理之自然。我歸矣。遂坐逝。同時施顯卿古今奇聞類記。自云八十二歲。告成時萬曆四年六月也。

吾鄉廖子敬叟。每釣魚過學舍小坐。必以正心術端品行勖同人。年且八十。自知數限。先數日呼子孫教以壹是。臨終、沐浴、衣冠持杯酒與其夫人共飲。一笑而去。

精魂果現

宋聶賁遠。靖康中登政府。出知絳州。遇害。後張殊過絳。見壁間血書一詩云。流星一箭五心摧。掣電雙眸兩臂開。車馬踐時頭似粉。烏鳶啄處骨如灰。父兄有感空垂淚。子弟無知不學哀。回首臨川歸未得。冥中空築望鄉臺。時謂孤之英魂所作

漢蔣子文為秣陵尉。逐盜鍾山。傷額而死。嘗謂骨貴。死當為神。及吳文帝都建業。子

文嘗乘白馬執白羽扇而出。遂立廟鍾山封蔣侯。又助楊大眼走魏軍凱旋人馬跡皆有泥溼。南唐追封莊武帝。曾極詩云白馬千年繫廟門。爐煙浮動袞龍昏。閒關漫說榮枯定。貴骨猶能履至尊。

唐僧圓澤死。李泌至杭州赴生約。夜泊舟岸下。聞歌曰。三生石上舊精魂。賞月吟風不要論。慚愧情人遠相訪。此身須逝性常存。泌曰。澤公健否。曰。李公真信士。然俗緣未了。愼勿相見。又詩曰。身前身後事茫茫。欲話因緣總斷腸。吳越山川游已徧。却迴煙棹上瞿塘。時大歷九年也。

唐李德裕死。見夢於令狐綯。綯懼曰。衞公。

周大夫韓朋妻美。康王奪之。韓被囚自殺。妻投臺下。綠珠墜樓與此相類遺書於帶。願與朋合葬。王怒。令兩塚相望。經宿。忽梓木生於二塚。根連於下。枝連於上。有二鳥如鴛鴦。常棲其上。旦夕悲鳴。時謂二人精魂。

（完）

叢錄

船山先師詩錄

周　逸敬選

鄭稽勳善夫　送客

相送今朝倒客杯。風高木落試登臺。乾坤帶甲無終日。草澤紆籌幾駿才。南去祗悲湘水鴈。北書唯寄隴頭梅。棲遲沼遞雙極目。大旆孤城畫角哀。

楊殿撰愼　塞垣

碎葉孤城朔鴈飛。安西都護候騎歸。漢旌已覺交龍捲。虜酒初騎撞馬肥。桃葉楊花江上聽。敲冰燧火北庭圍。伏波未洗明珠恨。莫詫中朝有建威。

按以上各詩。係船山先師倣昭代諸家體三十八首。茲依次錄登十八首。後二十首繼續刊出。　編者識

叢錄

通訊

山西省政府來書

敬啓者。頃奉到　貴學社出版之船山學報第八期一册。除收存借鏡外。謹此函謝。此致

湖南船山學社

主席辦公室啓七月十九日

北平民社來書

敬啓者。國家之强弱。以國民程度優劣以爲斷。此常道也。無待繁言。伏以　貴社主持輿論。領導人民。國運所屬。爲益世非淺。敝社自成立以來。十有餘年。常擬追隨　諸先進之後。爲社會謀點滴貢獻。奈才短力薄。不克如願。愧慚之至。今者社址初奠。特闢空房數椽。設立民衆閱覽處。除原有圖書千餘種外。擬再添增報章雜誌若干種。以供衆覽。惟絀於經費。購置維艱。伏乞　貴社允與長期贈送船山學報一份。福國

利民。感激靡已。如不以摛褻見棄。敝社謹當以出版之圖書回贈。聊補庋藏。萬一不能贈送時。請示以閱報處優待辦法。謹當酌量訂購。瑣瀆清神。敬請回示爲盼。

船山學社。

北平民社謹啓 七月二十七日

譚澤洋先生來書

木崖先生道席。翹企高風。爲日久矣。乃識荆願切。而御李緣慳。結轖何如。伏維大道干城。頽波砥柱。守先待後。方軌申韓。甚盛甚盛。弟瑣尾流離。久荒學殖。自惟此生。無復入道之望。乃承矜寵。遠寄南針。百朋之錫。未足爲喻。紉戢之私。實萬恆品。一竢氣爽秋高。水天一色。當扁舟奉訪。一罄積悰。先此致謝。惟澄鑒不宣。

弟譚澤洋頓首 七月二十八日

譚篤材先生來書

木崖編輯先生有道。敬啓者。余拜讀 貴學報久矣。每期出版。急欲先覩爲快。其所以有如此之熱望者。緣 貴社諸公皆爲吾湘耆宿。道德文章。足爲後進楷模。而斯學報之出。洵爲挽救人心。維持名教之傑作耳。余前供職縣教育局時。辱承 雅愛。

按期惠贈一份。俾得藉覩鴻篇。啓予茅塞。私心至爲感泐。茲於本年四月間奉層峯委長本縣第四區。受命以來。於茲數月。區務殷繁。深虞叢脞。唯是僻居鄉村。見聞益陋。除每日治理區務外。幾至無書可讀。伏思　貴學報發刊行世已歷經年。公餘伴此。誠足爲行政臨民之助。修身弘道之方矣。並　貴報剳記欄內恆心堂讀書答問一則。閱之眞令人感奮興起。廉頑立懦耳。謹修蕪函。用答　高厚。並請以後按期逕寄本縣腰坡第四區公所爲荷。專此敬叩箸安。

譚篤材拜啓。七月廿八日於腰坡四區公所

萬淡安先生來書

木厓先生道席。元杰不才而篤老。自三月病痰嗽。旋病腹閉。腰脚痛。坐立行走。皆已不自由。偃息在牀。一至於今。瀕死者數次。乃彌留淹纏。而不卽死者。實以心有夙願而未獲卽達耳。元杰先母實秉懿德。行誼雖無特色。而世之家庭婦女。若能一一式則。式傚其一。家嫻於禮教。秩序井然。子女輩當無不中度中矩矣。元杰少不努力讀書不成。不能顯親揚名。罪戾無極。近讀　貴社學報文苑一部。對於仁人孝子之心多所曲爲成全。使有隱德者。皆不致湮沒。此彌天功德。何可限量。辱知愛數十年。元

杰今日之所述皆　先生昔日之所聞。先生主任編輯。可否能准予玉成故人垂死之呼籲。將元杰所敘述先母事略。登諸文苑部。則我先母也得諸文人碩德覽悉。則元杰於　先生之恩典實銜環結草而不已也。附呈先母馮宜人事略。稟肅此敬請　道安。病中手腕難於作字潦草希　恕。

弟元杰稽首頓首再拜八月一日

萬淡安先生覆周木崖先生書

木崖先生有道。元杰病日重。鎮日偃息在牀。坐立行動。皆不自由。戶居餘氣而已。頃忽接誦　覆扎。欣躍。仰奉　俞允。不勝感激涕零之至。惟是承　示先母傳世文章體裁不合。許就原有屋宇。改良修造。當然一任　工師著手成全。便是是我先母平生德行懿美純樸。更得　文章鉅公藻耀炳煥。而登諸中國最優等之報書。與之不朽。元杰實與先母同不朽矣。鉅儒碩德。發潛闡幽之盛德。其種福豈有涯涘耶。元杰惟日默祝蒼天。假我苟延殘喘。至能親讀此次報書。則甘心瞑目矣。扶病伏案。肅箋奉答。敬希　垂鑒。不盡。順請　道安。

元杰頓首頓首八月七日

中華民國二十四年乙亥歲九月出版

船山學報

第九期

定價表

册數	定價
每册	四角
預定全年	一元五角

郵費照章

廣告例

册數	一册	二册	三册	四册
一面	十元	十八元	廿八元	卅二元
半面	五元	九元	十四元	十六元
四分之一	二元五角	四元五角	七元	八元

◎面頁 底頁 加倍

主編者　湘潭周逸

發行者　長沙中山東路　湖南船山學社

印刷者　長沙萬福街　藻華紙業印刷局　電話五六九

代售處　上海　南京　天津　北京　長沙　武昌　福建　廣州　商務印書館

府正街魏博文書局

湖南船山學社

湖南船山学社　编辑

船山学报

六

湖湘文库编辑出版委员会
湖南师范大学出版社

湖湘文库
甲编

分册目录

诗录

第二卷第十一期……三七四三

诗录 …… 三九〇六

第二卷第十二期

① 正文位置未见此篇。实际上，原电文作为『补遗』置于本期页末，参见四二五三页。

民國二十四年乙亥歲十二月出版

中華郵政特准掛號認爲新聞紙類

船山學報

第十期

湖南船山學社印行

湖南船山學社學報章程

一　本學報繼續本社民國六年以前學報辦理仍名曰船山學報

二　本學報暫定每季出版一次按年編號

三　學報內容分類如左

1 圖畫　2 師說　3 講演　4 轉載　5 通論　6 專著　7 文苑　8 剳記

9 說苑　10 叢錄　11 本社紀事

四　本社徵文酬例另定之遺稿專著斟酌酬贈詩詞雜文等不給酬但酌贈書報

五　給酬以登出學報者爲限

六　凡來稿本社得斟酌修改之無論已否登出概不退還惟遺稿專著詩詞文集成册者不在此限

七　本報費及廣告費另定之

湖南船山學報第十期目錄

目錄

第十期

文苑

文錄

目錄

詩錄

目錄

目錄　八

第十期

叢錄

通訊

公牘

目錄

王船山先生遺像

把鏡相看認不來問人云此是董齋龜於朽後從人
卜夢未圓時莫浪猜　誰筆仗此形骸閒愁輸汝兩
眉開鋁華未落君還在我自從天乞活理
先師自題小影詞也清光緒初元張文心大令從
先師祠堂摹得　遺像蓋猶襲明行人司章服　先
師以永曆四年任行人司年三十二後又四十一年
乃自題小影今摹刻之祠堂者是也湘陰郭筠仙侍
郎奉以祀之思賢講舍而為之贊曰
濂溪混然其道莫窺惟於先生望見端崖約禮明性
守道持危闡揚文令是曰先知二百餘年星日昭垂
私心之契曠世之師

湖南船山學社第二屆社員大會撮影 民國廿四年乙亥九月朔

師說

船山先師詩錄

李廉訪攀龍 登眺

周 逸敬選

絕巘岧嶢接太清。登臨極目羽翰輕。青徐海色侵牛斗。河朔雲山擁鳳城。
漢樹龍鱗秋色爽。秦碑屭贔暮煙橫。探崖欲問長生訣。咫尺蓬壺萬里情。

王司寇世貞 投贈

白雪仙郎雅奏偏。秋曹雲冷采毫傳。迢遙星棹依元禮。蕭瑟高樓憶仲宣。
采藥三山迷蜃氣。長歌萬里看龍淵。東方千騎空籌策。媿爾酬恩紫禁邊。

師說

相宗絡索續第九期

王夫之

資糧三位、此三位、俱於六識用功。淨其現行。未證七八還滅境界。資糧三位凡三十品。

「十住」、始捨二乘根門之學。住菩薩道中。「十行」、捨二乘獨覺行。行菩薩行。「十迴向」、以十行迴向直如發廣大願。得廣大心。超彼根門。證知人法二空。在此一位。疾入初地資糧者。見道之資糧。此大心阿羅漢至頂世第一位。功熟慧生。發廣大心。捨其已證之果。依菩薩道。雖未即證知而如法修行。皆出離分別二障之實法。如人行路。行至方知。不尒但從人間。未能悉彼塗曲折境界。故從十住進十行、十迴向、修習圓滿。得登初地入見道位。與所住、所行、所迴向一一印合雙空至理。

「十住」者。以方便三昧。無沈掉心。現自體。無生滅智慧。住于真如圓性之中。不以生滅心爲其信解此位初捨二乘自守根門之愚。如人捨其卑陋之居。從大宅中安心而住。一「初發心住」、從二乘見佛威神而發。依菩薩道住。二「治地住」、初捨二乘深重我執。發哀閔衆生欲度之心而安住之莊嚴佛土。三「修行住」、觀前諸法皆非堅實而欲修妙淨之行。常住不倦。四「生貴住」、於諸佛至教。深生淨信如託生佛家。不墮下品。五「具足方便住」、凡所修行、皆悉護念衆生。觀知衆生無邊境界。樂住其中。六「正心住」、一心依佛。於諸讚毀心皆不動。七「不退住」、不因佛難出世佛法難學而生退轉。久住不離。八「童眞住」、身語意三業長淨無失全童眞性。九「法王子住」、觀察審知衆生煩惱習氣。知所調護。可以代佛說法。無所疑怯。十「灌頂住」、爲佛乘甘雨灌注。智光加被世界衆生。通體明了。【自注】十品中有初終次序·漸進至十·

十住、初住佛乘。十行、則捨根身而以智慧通行菩提道中具知佛所恆行。卽如法行之。無有疑礙。如住大宅已定。知彼室中所有壁宇。應當修治。所有器具。應當足用。以十波羅密爲其實行。一「歡喜行」、行檀波羅密。具足喜捨。二「饒益行」、行戒波羅密。饒益淨行。三「無違逆行」、行忍辱波羅密。順受有情。四「無屈撓行」、行精進波羅密。不生怯退。五「無癡亂行」、行禪波羅密。澄定不惑。六「善現行」、行般若波羅密。空智現前。七「無著行」、行方便波羅密。無所執著。八「難得行」、行願波羅密。發廣大心。九「善法行」、行力波羅密。護持正法。十「眞實行」、行智波羅密。如法實知。【自注】十品同時竝修無有漸次。

于一切住、一切行、皆悉迴念所發大願深心。不求別福。及餘善果。但用修所應修。覺所應覺。趨入佛位。益利衆生。至此體道功用將次圓足。分別我法二執。以廣大資糧厭伏不起。于佛境界親所歷證。功不淆訛。一登初地見道圓滿。一「救護一切衆生離衆相迴向」、求證人空。二「等不壞迴向」、一切平等不壞世法。求證法空。三「等一切諸佛迴向」、求證法空。四「至一切處迴向」、求證人空。一切處三界九地。五「無盡功德藏迴向」、不以現得功德而自厭足。求證法空。六「入一切平等善根迴向」、求證法空。七「隨順衆生迴向」、求證人空。八「眞如迴向」、捨智求智。求證法空。九「無縛無著解脫迴向」、求證法空。十「入法界

無量迴向」、求證人法雙空。出離分別二障。【自注】十品一心普攝·無分別漸次·

十地、自地前至初地爲見道位。二地至七地爲修道位。六識七識轉盡。七識初地轉起。與八識前五。佛果位方轉盡。

一「歡喜地」、從地前一資糧位如法修習。親歷親證。忽尒得廣大心。灼知分別二執之我見法見。皆與自性了不相關。頓然捨盡。見道位中功已圓滿。識得大自在。生大歡喜。于雙空觀中。意識發現無漏智觀。乃六識轉成妙觀察識之始也。七識因六識後念增長二執者。亦因六識妙觀之力。現行不起。不復增長昏迷。得現行平等。唯除自類末那種子未淨。故此地于八識全不相應。前五亦不受轉。二「離垢地」、初地於見道位中、功已圓滿。而俱生二障伏八識種子中。成七識現行。非見所能攝伏。以見從六識觀起。仍用八識流注。見分不與八識相應。故菩薩進此地時。行起解滅。入修道位。勤修戒定慧三品。雖此三品二乘於根門亦嘗修習。而此地分別執滅。則原是舊時人。不是舊時行履處。此地以純淨心。具足菩薩圓滿妙戒。遠離塵垢。無不嚴淨。三「發光地」、此地以純淨心、入最勝定。總持大口口切清淨妙湛之理。定中顯現。四「燄慧地」、此地以純淨心、證菩提法。智火燄生。燒盡煩惱。燭破無明。永離暗蔽。此三地戒定慧一時同證。而由戒得定。由定得慧。有升進機。五「難勝地」、此後三地。乃前三地戒定慧增長圓滿所登。難勝者。淨戒圓滿。無所揀擇。於真俗二諦。行相相違。皆悉融通。入纏不怖。一切世出世間無能勝者。六「現前地」、印合無爲真如。無境不定。隨所安住。菩提妙法。無不現前。無入定、住定、出定、差別相。此諸位中增一分進修。則滅一分習氣。所謂六七俱生地、地、除也。七「遠行地」、充滿慧體。盡法界際。皆其智量所攝。雙空常在。不立入觀、出觀。有間斷法。修道位中。功已圓滿。至此捨分別意識。而行別路。脫盡情想。全不依根發識。生有漏心。此妙觀察智之極境。六識轉智之勝果。盡於此矣。此上第六識智雙遣。專於意不起。徧行處。淨七八二識。八「不動地」、見修二位、功俱圓滿。至此無見無修。於不作意中。妙凝智體。不口餘有俱生我執。得相惱亂。七識已淨。八識口有我愛執之爲藏者。遂捨藏名。蓋初地以六識淨七識。故但伏現行。不伏種子。八地不假六識觀門。直從七識淨其根本。乃與俱生二惑相應。對治除一分七識卽淨一分八識乃七識因。第八識果。淨之始也。九「善慧地」、藏識旣捨。廓然無我。得大神力。轉諸根身器界皆成般若智體。淨諸生法執中一分粗障。永除帶質境惑。十「法雲地」、大智充滿。如雲集空。一切諸法。悉受總持。無有一法而不在其智中者。將降法雨。加被法界。若大用流行。則俱生。二執俱捨。但在靜函妙法之際。法見獨存。亦是無始以來熏成種子所持。如鐙外遠影。不卽不離。則是俱生。一分微細對影之障未能消隕。以故前五勝果。未得分身無漏。息法界苦輪。法猶在自而不在他也。從此以上法雲久滿。靈雨忽飛。至等覺位。一刹那頃、脫盡無始以來異熟種果中一分法相。相分融化。見分自無。自證分無可證。乃得還其真如本體。成白淨識。前五分日（分日二字義未詳或是見分二字）無量所作所口皆證妙果。在識名爲白淨。盡脫七六前五口名。在智名爲圓鏡。亦無觀察平等之異。前七絲毫不存。第八自然還元。前五自然圓通。等覺道成。佛果卽得矣、

八識轉成四智、

前五識轉爲「成所作智」。三類分身。光明相好。成就衆生。各得解脫。以眼、耳、鼻、

舌、身現諸功德。成其所作。隨緣利物。此佛果位中用此智爲化身大用。若在修習位中。則二地初禪已捨鼻舌、二識。至第三無尋無伺地。五識俱不起。識既不存。智亦不顯。乃至十地。於此前五因地無二。（二應作工）夫果位無功德。直至佛地智果。乃圓。蓋前五直從八識、五徧行流注。成諸心所。故隨八識而轉。在大圓鏡根本智後。故名後得智。此轉乃就其現量。而成化身功德。還而非滅。順轉也。第六意識轉爲「妙觀察智」。妙觀察者、觀中察出人法雙空。不同二乘有相觀也。能使極略極迴之法。昭朗現前。此智最爲先轉。地前已證見道位。初入歡喜地。便能觀察現行分別二執之妄。而證二空。至遠行地。常在雙空觀中。則俱生二執雖未除種子。口永不現行。然意識所轉之智。盡于此地。口口以上不待作意觀空。自證木智。此智不用佛果位中一切妙智。一大圓鏡智所攝。更無用此觀察矣。此有順逆二轉。自八識流注之意。亦是如來藏一分淨光。有觀察之能。以之觀空。即成妙智。順轉也。其自七識所染發見之識。一動念即屬非量。無分善染。俱成有覆。則須滅除。逆轉也。第七末那識轉爲「平等性智」。由有我執故。與物不平。由有法執故。所見不等。

初由第六意識入雙空觀。折伏現行二障。漸證平等。至修道位已滿。證無功口口口刀割斷末那。不執八識爲自內我。不口口口八識口口染之作相。且不就八識見分口口證之總持。則不平不等之根。斷絕無餘。至口果位中。就菩薩機。應菩薩化。而成就之。又若有修有證。一分法相、以八識見分、隨緣化導。然他受用則然。若自受用、則一色平等。卽大圓鏡智。無可現起。就其光明普照。則謂之大圓鏡。就其本體一如。則謂之平等性。其實一智也。此轉滅盡末那。卽成平等。逆轉也。第八阿賴耶識、轉爲「大圓鏡智」。八識本體。口口來藏。無有境量而大。無有虧欠而圓。無不普照而如鏡。由無始以來。七識劃地。忽生熏習覆障。將此執爲內自我。遂成阿賴耶識。然本七識熏成有漏之體。非如來藏。遂爲拘礙縮小。蒙昧不可還復。在見道位中。不得親證。至不動地。七識不能拘執。使成賴耶。則此識乍尒脫縛輕安。金剛道後。宿習消盡。入佛果位。口那之間。大圓鏡智卽尒現前。七識滅盡。口口智自顯。還白淨識。卽圓鏡智不持滅。（完）

按此篇、船山先生與先開和尙所訂、爲一時寄興之作。　編者識

講演

船山先師詩錄

高廉訪叔嗣 宦況

周逸敬選

三晉雲山西爽開。猶憑呼吸近燕臺。時依朱邸陪仙仗。喜際青陽進壽杯。鈴閣雪消春草長。牙旗風急暮笳哀。葵心欲逐桑乾水。縈遶金河輦道苔。

梁秋官有譽 弔古

陸沉不擬盡天涯。囘憶西湖怨㝱華。萬古神州消白浪。中流尺土捲黃沙。雲蒸海氣栖檣燕。樹隱龍宮急暮鴉。遙想講筵當日語。唯留碧血灑魚鰕。

講演

讀船山先生羣龍无首解

長沙黃鞏子固

船山先生解羣龍无首之義。不主王注本義。不爲物先之言。謂不爲物先。則是天下之人。必皆藏頭縮項矣。斯言也。其殆慨然於古今治亂中國存亡。盈虛消長之故。而寓振聾啓瞶之意乎。觀晉宋之淪於夷狄。半皆爲藏頭縮項所誤。是以先生諸史論。每多激厲危言。人以爲立論之偏。非偏也。所謂垂涕泣而道之也。其垂涕泣而道之。非爲晉宋之人。爲當時士大夫與後世人士也。先生身値明社傾隤。中夏鼎沸。而手無斧柯。是以託於箸書。以挽救斯人。使人讀其書而奮乎百世之上百世之下。此先生存中國之徵意也。韓子曰。大凡物不得其平則鳴。聖賢之立言。皆先有不平於胸中。而後發爲不得已之言。文王之演周易。孔子之修春秋。孟子之距楊墨。皆不得已也。非如百家之離堅白異同。與於今墨客喋喋。鬥靡爭妍。妄冀留片羽於人間也。吾輩讀聖賢之書。必先求聖賢之志。知聖賢之志。然後能解聖賢之言。解聖賢之言。然後能學聖賢之學。學聖賢之學。然後能繼聖賢之行。不能求聖賢之志。曰取聖賢之書讀之。無益也。先生解无首之義爲無端倪。謂在潛能潛。在見能見。在惕能惕。在躍能躍。在飛能飛。在亢能悔。所以法天行之健。自强不息。其德充滿無間。而無一端之可擬議也。而又非毋意毋必毋固毋我之謂也。夫君子意誠而後心正。故孝子之事親。先意承志。善說詩者。以意逆志。樂其道者。得意忘言。毋意何以誠正。君子無所不用其極。是期必也。故必明必强。恃乎學問思辨力行。有弗學。學之弗能弗措也。有弗問。問之弗知弗措也。有弗思。思之弗得弗措也。有弗辨。辨之弗明弗措也。有弗行。行之弗篤弗措也。弗措者。必如是也。夫子必也正名乎。必也使無訟乎。必也臨事而懼好謀而成者也。毋必何以止至善。易曰貞固足以幹事。歲寒松柏。碩果包苞桑。皆取堅固。是以君子蒙難。猶有固窮之道也。毋固何以守道。君子爲學。求其在我而已。故曰我欲仁。斯仁至矣。天下歸仁。萬物皆備於我矣。聖人成己成物。皆自我始。毋我何以自成。四者之無。下之則爲波靡苟且之人。上之則爲渾堅白異同之輩。非胥小卽異端。此聖人之所以絕也。乃以聖人之所絕者。爲聖人。則失之遠矣。故每與諸君講學。

必求析古今之疑。不能析古今之疑。無以得聖賢之真也。夫不爲物先。則蹈於藏頭縮項。毋意必固我。則流於波靡苟且。中國前途。尚可問乎。先生激厲斯人。欲人各負乾剛之德。自强不息。則經正民興。頹靡庶幾可振。而更非使人奮鬥之謂也。夫第使人奮鬥。則好勇不好學。而無識小民。從亂如流。將變起蕭牆。禍生肘腋。燎原同潰。莫可收拾。反使外人得以乘我。取亂侮亡。是自强而反以自敗之道也。不然先生之惡夷狄。愛中夏。可謂至矣。然而三藩之變。脫身遠引。拒其徵召。亦如孔子之不見陽貨。君子小人之辨。不較然可覩乎。

孔子不見陽貨欲往公山佛肸之召辨

前人

論語可疑之事。莫大於畔召欲往二節。後儒不徵事實。而將就於欲往二字。以留後學之疑。非所以論聖人。非所以解經也。夫聖人守經行權。皆有大中至正之道。必無苟且於造次顛沛之頃。若賢者出入於小德也。况大節乎。如使大節可以出入。何以爲時中之聖。而能定萬世之依歸。且拜下先進。猶必示所從違。豈出處去就。而忽昧然勦無賴之心思乎。孔子進以禮。退以義。試問畔召禮乎。往畔義乎。且此二節記於不見陽貨之第。吾正不能不審其時。辨其事。觀其人。以深求聖人經權之精義也。考春秋傳。弗擾卽不狃。字子洩。一字子之。定公十二年。與叔輒帥費人襲魯。是時夫子方相魯。使仲由爲季氏宰。墮三都。公山氏拒之。襲魯。焉有敢召夫子之事。其召夫子也。注以爲在定公五年。與陽虎共執桓子時。是也。虎卽貨也。當其時。正逆祀。止季氏璵璠之斂。以張公室爲名。持義甚正。夫子之欲往。亦卽欲墮三都之意也。陽貨欲見夫子。亦爲謀此事。夫子拒陽貨之見。而欲往公山氏者。陽貨奸雄也。公山氏君子也。其終不往也。爲其共謀者陽虎耳。厥後虎敗。而公山氏亦退據於費。以至於畔。使其所與非陽虎。則公山氏之事必不敗。公山氏不敗。而夫子之相魯。不待於季桓子見行可之仕矣。何以言公山氏爲君子也。觀其後奔吳。叔輒與吳王謀伐魯。子洩責叔輒不應覆宗國。後吳王使子洩率師爲導。子洩故導險遠。從武城入。使魯人先爲之備。則公山氏之爲人。大可知已。佛肸之據中牟也。在智趙交攻之日。是時六卿分晉。而肸亦割據中牟。夫子之欲往。亦有乘機定亂。以正天下之權。蓋能定六卿之亂。則晉可正。晉正而天下不難正矣。如之何不可往也。其終不往。亦必審其所與者非其人。或其勢有未可用耳。此夫子審慎之精也。二子之書畔。皆據其敗後而言。其初固名實未定也。且魯論一則曰以費畔。一則曰以中牟畔。以費畔。畔季氏。非畔魯也。以中牟畔。畔趙氏。非畔晉也。此中亦有分曉。夫子一則曰如有用我者。一則曰吾豈匏瓜也哉。明明大有可用之權也。夫豈不可往而爲欲往之意哉。而說者謂夫子以天下無不可變改之人。夫旣以天下爲無不可變改之人。又何以不見陽貨乎。是模稜之說也。尤可笑者。謂匏瓜繫於一處。而不能飲食。人則不如是也。夫豈以夫子艱於飲食而欲依佛肸以爲飲食乎。不能充類。莫如此言。此處食字。乃化字之譌。考古籀化字有从日在上。二人俯仰在下者。取化於日之下之義。與食字形近故譌。夫子欲往。乃欲變化乎天下。非如匏瓜繫寄於人。豈爲求食之故哉。此誤不正。則論語不成爲聖人之書矣。且此章記夫子不見陽貨後。繼以性近習遠。上智下愚不移之言。明明謂陽貨不可轉移之人也。記公山佛肸之後。卽繼以六言六弊之言。明明示子路以仁知信直勇剛之好。必深於學而後能精義入神。善其經權之用也。先儒謂論語難讀。未必不有疑於此數處。今合前後文審之。考其時世。辨其人與事。引伸觸類。相說以解而定一是。諒亦先儒之所欣然也。

聖人法天地以作禮樂說

前人

昔者聖人仰取象于天。俯取度于地。中立法于人。調陰陽之氣。和燥濕之宜。順四時生長收藏之化。以阜物利民。除飢寒之苦。疾疢之災。患害之原。以水火金木土五氣流行之化。察貌言視聽思之情。以作肅乂哲謀聖之用。於是因天地生成之理。立夫婦父子之親而成家。觀七曜列宿之分。布立君臣之義而成國。以四時孟仲季之秩序。立長幼之節而成官。列地而州。分國而治。此人道之大綱紀也。小德役大德。小賢役大賢。各安其分。各効其能。而無輕重偏陂之倚。上唱下和。四海之內。一德同歸。風行草偃。露重實離。至祥和也。世衰道微。而物有妖厲。人有暴强。非聖人之咎也。夫聖人之初。其造書也。以理百事。御繁簡。及其衰也。糾紛以爲姦僞。其立官也。以分教化布政事。及其衰也。朋比以爲欺凌。其作兵也。以禦禽獸。戒不虞。及其衰也。爭奪而相賊殺。天地之道。極則反。盈則虧。聖人之治。久則敝。敝則更。然則剝而復。困而亨。終不外乎天地之道也。何也。日月可以掩衆星。而衆星終不能掩日月。聖人可以御庸衆。

而庸衆終不能御聖賢。天柱高而衆山爲之支。瀛海大而衆流爲之歸。聖人非欲爲高大也。百姓之仰聖人如元首。倚聖人如腹心也。天柱不爲高而奪衆支一卷石。瀛海不爲大而渴衆流一泉源。聖人不爲得天下而傷百姓一命。何也。百姓倚聖人如心首。聖人卽視百姓爲支體。毀傷支體。心首必痛。殺一小民。卽自戕一體。今爲其私利。而動戕千百人生命。是自戕其衆體也。自戕衆體。鮮不敗滅。天之道也。聖人知刑罰不足止盜賊。而教之以禮。使民無盜賊之心。禮何以化盜賊也。能使人止于無欲。聖人知戰爭之不能禁暴亂。而教之以樂。使民無暴亂之氣。樂何以化暴亂也。能導人入于太和。禮何以使民無欲。以其各止于節也。知止于節。則知貨財之無所用。知其無所用。雖貪者必辭之。不知其無所用。雖廉者不能讓也。樂何以導民太和。以其各安所適。各安所適。則知暴殘之戾于躬。知其戾于躬。雖勇者必忍之。不知戾于躬。雖仁者不能讓也。故聖人之制禮。非世俗玉帛威儀之末也。觀于天地之生成。四時之節序。以制爲養生送死之節。使富者不敢過。貧者不至于不給。而後四海之內。合敬同愛。故禮行而百姓昭明。故曰大禮與天地同節也。聖人之作樂。非世俗管絃優伶之聲也。觀于天地之風雷蟲鳥之歌吹。以制爲琴瑟笙竽之器。伯仲之壎篪無間。郊野之絃歌相聞。而後四海之內。異文同樂。故樂行而百獸率舞。故曰大樂與天地同和也。聖人不爲一己便利也。必使天下之人皆便利。聖人不爲一己觀美也。必使天下之人皆觀美。故爲禮使人異于禽獸。爲樂使人遠于小人。唯聖人心同天地。是以能法乎天地也。曰今之爲大同平權之說者。非聖人道乎。曰聖人與民同類而出類拔萃。聖人終不能去形類界也。天不能有日月而無星漢。地不能有泰山而無培塿。水不能有河海而無細流。時不能有歲時而無晝夜。人不能有聖賢而無民衆。使聖人不制君臣父子長幼之禮。是使天下支分而無所繫屬也。聖人不制歌吹鼓舞雍容之樂。是使天下忠孝信慈皆直情徑行也。非天下一家中國一人之道也。故凡不能法乎天地者。皆非聖人之道也。

申剝復否泰之義　前人

剝復否泰之故。乃天地自然成形之通塞。此數之先定。而理之不可易。故一春一秋。寒暑往來。一治一亂。循環無已。生其間者。其上者爲之斡旋運動。以助轉移之力。而萬物並受其福利。此所謂天工人其代之也。其次則順天知命。以盡其在我之道。無怨尤於其間。則亦能無受天損。何以言其數定而理不可易也。凡古今天地之往來不息。無非五行六氣之御天而行。在日爲晝夜百刻。在月爲朔望晦弦。在歲爲春夏秋冬。在世爲否泰剝復。相推相嬗。無斷續。亦無淩序。其在歲時也。冬至後得一甲子。少陽王。在辰爲子爲丑。在卦爲復爲臨。再得一甲子。陽明王。在辰爲寅爲卯。在卦爲泰爲大壯。再得一甲子。爲太陽王。在辰爲辰爲巳。在卦爲夬爲乾。再得一甲子。爲太陰王。在辰爲午爲未。在卦爲姤爲遯。再得一甲子。爲少陰王。在辰爲申爲酉。在卦爲否爲觀。再得一甲子。爲厥陰王。在辰爲戌爲亥。在卦爲剝爲坤。否去泰來。泰去否來。剝則必復。復亦必剝。週而復始。終古不息。是以終古無窮也。古之善養生者。春三月。必達其生機。夏三月。必順其長養。秋三月。必助其成實。冬三月。必固其閉藏。順其四時之行令。是以能毋伐天和。毋亂人紀。毋絕地理。申申夭夭。無羨無欣。與物無忤。與世無營。存順沒甯。隨天付予。是以知天者能達天也。子曰。智者不惑。仁者不憂。勇者不懼。不逆不億。抑亦先覺。何惑之有。不陵不援。正己而不求諸人。何憂之有。無息無荒。一息尙存。不知老之將至。何懼之有。世有剝復否泰。人有去來生死。莊子曰。所以善吾生者。卽所以善吾死。君子之於世也。所以善其泰。卽所以善其否。所以善其復。卽所以善其剝。何以善其泰。卽善其否也。否泰之初爻。皆取拔茅連茹以其彙征爲亨。拔茅連茹者。諭引取後進英才。而廣爲作育之道。此文王棫樸菁莪之化也。其在孔子之裁成狂簡。孟子之好辯答問。王通之得徒。及後世程山易堂之教。皆其道也。不能樂育英才。徒思招留黨徒。互相標榜。以圖名譽。此泰與否皆無當也。易所謂同人于宗。吝之道也。何以善其復。卽善其剝也。剝復之三爻。復則曰頻復厲无咎。傳曰頻復之厲。義无咎也。剝則曰剝无咎。傳曰剝之无咎。失上下也。復必厲而後无咎。剝何以失上下而能无咎哉。孟子曰。君子之阨于陳蔡之閒。無上下之交也。子路曰。君子亦有窮乎。子曰君子固窮。小人窮斯濫矣。又曰陳蔡之閒吾與二三子。庸知其非激憤厲志之始於是乎。聖人於天時人事之窮。直引爲當躬之疢。且資以動心忍性。增益其所不能。此所以大人否亨也。今之人。不可以久處約。不可以長處樂。樂斯淫。約斯濫。聞譽則喜。遇毀卽怒。稍拂於前。僨戾隨之。能免咎乎。不知天地陰陽慾伏之

船山学报　三五三六

氣。順之則舒。逆之則戾。聖人之遇危而安遇難而平也。皆以順氣迎其善機也。今以褊急之衷。偏私之性。當此天方艱難大戾降止之時。見賢不能思齊。見不善不能內省。自矜驕泰。抵觸等夷。此所謂以逆召逆。吾未見其能免咎也。聖人於通者不敢恃其通。塞者思以通其塞。故於泰戒陂平。復憂迷復。剝藏碩果。否固包苞。盡人事之善。以濟天道之窮。知天道之窮。而益懍人事之懼。所謂變而通之也。有時悔吝休咎。全觀義禮而不計命數。故否困爲大人之亨。恆比乃婦人之吉。非其道則君子豹變而征凶。如其道則過涉滅頂而无咎。故工趨避貪便利。葆小諒。忘大道。皆硜硜之小人。非聖人曲成萬物之道也。

倫理出於天秩義　　前人

虞書曰。天秩有禮。自我五禮有庸哉。古不用理字。祇用禮字。論語曰。克己復禮。註曰禮者天理之節文也。故知倫理出於天秩。何以出於天秩也。有天地卽有人物。人倫者始於夫婦也。有夫婦而後有父子。有父子而後有君臣朋友兄弟。夫婦者。天尊地卑之定位也。萬物本乎天。人本乎父。故夫婦之倫立。而後父子之倫定。父子之倫定。

第十期

而後兄弟君臣朋友之倫皆隨之而出。五倫莫始於夫婦。莫親於父子。莫尊於君臣。莫篤於兄弟朋友。一有不至。皆悖逆於天也。天之所秩。人不可亂。此五倫之道。達於古今。貫於中外。順之則治。逆之則亂也。人之性。天所賦也。孩提之童。無不知愛其親也。及其長也。無不知敬其兄也。愛敬出於天性。而達於天下。爲良知能。是以人性無不善也。中庸曰。天命之謂性。率性之謂道。性與道。其有不善者乎。其不善也。悖天也。逆天也。自戕其所生之理也。彼指性爲惡與善惡混者。皆自失其性也。自失其性。是以不達於天人之理也。不達於天人之理。又惡能克己以復禮乎。而且鰓鰓焉言勸學也。兢兢焉言道德也。不知其自絕於天也遠矣。無怪乎昌黎韓子曰。道其所道。非吾之所謂道也。德其所德。非吾之所謂德也。然而韓子之辨道德云者。猶第辨其合仁與義。去仁與義云爾。彼以兼愛言德者。非言仁乎。彼以爲我言道者。非言義乎。孟子何以充類至盡。必惡夫兼愛者之無父也。必惡夫爲我之無君也。且惡夫無父無君者之爲禽獸也。惡夫其言仁義道德。非由良知良能推行。而徒智取術馭。欲以欺世而盜名。則言道德僞也。言仁義亦僞也。以僞道德僞仁義欺一時。而終必至爲天下後世之大禍。此所以爲逼人之禽獸也。孟子又曰人之所以異乎禽獸者幾希。庶民去之。君子存之。何以庶民與君子祇幾希之異也。人固未有望禽獸而入於禽獸者也。然而非明於庶物察於人倫之君子。往往當泯泯胥漸之世。一遇智取術馭之徒。假仁義道德以欺世。而譁然附和。不知遷流之靡底。卽有見微知著之君子在。而漠然視之。或反以爲迂遠不近於世情。迨至災害並至。率獸食人。人將相食。而後知其限於罟擭陷阱而莫之知避。此君子所以常慨然於皆曰予智之徒也。舜何以爲大智也。好問察邇言。以是明於庶物也。不得於親。號泣於旻天。以是察於人倫也。是以雖有頑嚚傲象。而克諧以孝。孟子曰舜盡事親之道。而瞽瞍底豫。瞽瞍底豫。而天下化。瞽瞍底豫。而天下之爲父子者定。此舜之所以克轉移洪水三苗禽獸之世也。武王周公之達孝亦然也。夫孝者善繼人之志。善述人之事。謂以我繼志述事之心。推之於天下。而知其皆有繼志述事之心焉。是以老吾老以及人之老。幼吾幼以及人之幼。推其老老幼幼之行。而天下無不安懷之老幼。此所以制禮作樂。而天下皆知事死如事生。事亡如事存之義焉。此武王周公之所以能轉移狠跋鴟鴞禽獸之世也。孟子曰人人親其親長其長而天下平。又曰古之人所以大過人者無他焉。善推其所爲而已矣。故推恩足以保四海。不推恩無以保妻子。但恐內行本無可推。遇長老而不加敬。遇幼稚而不加愛。遇賢聖而不知慕。不敬老而起慢傲之端。不幼幼而徒暱燕私之好。不慕賢而存自賢之心。則孟子所謂訑訑之聲音顏色。距人於千里之外。士止於千里之外。則讒諂面諛之人至矣。與讒諂面諛之人居國欲治可得乎。不獨國也。修士亦然。修士不能親仁尊賢。幾希所以不能存也。而況望其能轉移夫獸化之世哉。君子則不然也。其導於人也。無非達道之公也。其喻於人也。不外愛敬之良也。其視於人也。無不可與入堯舜之道也。孟子曰知其性則知天矣。知性知天。所以天下歸仁。而萬物皆備於我矣。以其達德。行其達道。充其四端。成其四德。樂其堯舜之道。以與天下共樂堯舜之道。此所以能立人極也。能立人極。所以能與天地參也夫。

論金元兩代詩派續第九期

湘鄉王禮培佩初

金代興於北鄙。作者寥寥。元遺山其首出也。趙秉文劉秉忠李俊民王若虛諸人。體格略同。撐持一代風雅。有王寂者。獨能鑱刻清厲。不趁風會。體近江西。若虛詆江西而推東坡。乃其所作不能近似。戎馬倥傯。此事遂微矣乎。

元遺山學少陵。祇落得膚廓。才力弱而學識淺也。近師趙滏水。趙自詡宗工。其詩出於辛敬之。敬之之詩何似乎。學之者以遺山易入。欲倚之成名。翁覃溪尤深服之。爲之作年譜。施國祁爲之注解。均之陋而已矣。遺山五古學陸務觀而不至。患其苶也。則每疊一韵。以蹴其聲響。此如醫家用峻劑。終害陰陽之和。蓋疊一韵。祇能收突進之效。爲其平衍直下。不能開張局勢。忽出挺特之筆。醒奪心目。識者視之抑蔑矣。此法七古爲宜。覃溪推其七古牢籠百代。得秀色淸揚之致。又云秀拔俊爽。能集大成。豈秀之一字。遂足以牢籠百代乎。遂爲能集大成乎。遺山七古學東坡而不至者。乃云詩到蘇黃盡。吾不知其所指矣。覃溪意平詞平格平。則求之於字於氣於調之說。其果爲遺山之旨乎。遺山果能盡此旨乎。真力不能彌滿。斯無所往。而能求。卽無所往。而不平矣。遺山多庸鈍語。東坡之邁往恢奇。豈許夢到。惟五律差勝。餘體略無精粹之可言。覃溪乃云。五律鬱勃之氣不可掩。所以急發不及細入。仍是平放處多。旣云鬱勃。又云平放。毋乃悖乎。遺山衹到雅正二字。恣口過譽。言出無章。授人口實。無以自解。集中論詩絕句。於元微之云。排比鋪張特一途。藩籬如此亦區區。豈知作詩正在排比鋪張之爲難也。於黃山谷云。古雅難爲子美親。精純全失義山真。以古雅擬杜公。以精純擬義山。以山谷爲學義山。幾於無一不謬。於陳后山云。傳語閉門陳正字。可憐無補費精神。知其於密意經營之作。毫不能入。而以衹知詩到蘇黃盡。滄海橫流卻是誰。隱以自負。亦多見其不知量也。數百年來。譽遺山者衆矣。王湘綺師始大聲斥其初無功力。欲稱大家。取古人之辭而雜糅之。不古不唐。非宋非元。學之必亂。其見自超越尋常。遺山且謂盡法古人之美。竟欲以一手掩人耳目。衹見疏矣。金亡不仕。勒成中州集。以存一代文獻。志潔行芳。具見自序。毛子晉刻十元人集。以遺山冠首。彼爲書賈。不足深責。顧俠君元詩選。欲自附於中州集。盛言書成之日。有古衣冠數十輩。羅拜階前。吾恐遺山不顧而唾矣。

元代作者。變爲典麗矞皇。塗抹金碧。字裏行間。若聞呼號之聲。蓋自南宋之末。江湖蔬筍一派。習之既久。便生厭惡。乃進而爲鏗鏘高亮之音。亦勢所必然之趨向。無足怪者語以長吉飛卿之濃麗似矣而非長吉飛卿也語以王維賈至之臺閣似矣而非王維賈至也語以玉谿冬郎之閨情似矣而非玉谿冬郎也故其失也縟而不淸砌而不靈浮而不沉撐架不住則變本加厲溪喧犬吠其淺者又取姿於一縈一拂之間婢學夫人瞻顧矜持不足以登大雅之堂大要辭餘於意四字盡其長短蓋其於宋人衹賸得一段半致遽以擬唐去之遠已。

虞伯生楊仲弘揭曼碩范德機號稱四家亦稱虞楊趙范揭爲五家均之流俗之評論衹覺其不倫伯生獨立一代主持風雅北宋已後一人而已才兼眾長具體少陵特其學古錄稍泥於一成之法五古醞藉氣韵深遠七古能以渾融泯其迹象五律深秀七律排造嚴重其精凿處純似荆公元運方興昭曠淸夷蔚成一代大家餘子無可倚其門牆者。

楊仲弘時落庸俗功力不厚非伯生之匹揭曼碩比之於三日新婦而自命漢庭老吏然曼碩選辭成句亦傷瞻顧又禁籞臺閣之作空響太多人稱其百戰健兒則幽弁慷慨之作呼號紙上而已。

范德機歌行有格調。放縱自如。但欠精卓。總之揭楊范三家之學古。學其格調而已。不能深造有會於心。道園之學古。力量都到。不徒在聲音笑貌之迹。非三家所可比肩。趙孟頫有開物之功。律體清暢酣足。人稱其中原人物思王猛。江左功名媿謝安。爲有含蓄。余謂李長源渭水波濤喧隴坂。散關形勢軋興元。亦具氣象。元人本擅長七律。實開北地之先聲。脈絡自可尋求。其變也秉氣類之感通。因時會爲轉移。由來者漸。無有能自爲風氣者。

馬伯庸袁伯長才氣開張。在楊范三家之上。而名反次於三家。知人論世之君子。當不隨俗俯仰。貴耳而賤目。

薩天錫嚴整壯麗。才情俱到。其於盛唐。祇欠渾融渟蓄。不及虞伯生處。則幽燕呼號之氣多。山林沉靜之致少也。選辭究似長吉。覃溪謂其才致清逸。直是門外語。

柳傳道黃晉卿稍後出。詩境平緩。自是中晚格調。文體亦是循牆而走。

楊廉夫學長吉鍊字琢句。遂其幽側而近靡俗。自詡甚至。名亦甚高。放誕淫蕩。有以致之也。樂府適成今體。全失古意。不能樸拙。專尚巧思。是以愈離愈遠。流而爲李東陽胡纘宗及清代之尤侗人稱其才氣開拓。余謂其風調縟麗。易悅心目。久久自厭。七言長篇。以奇麗稱雄。與薩天錫張思廉宋子虛皆富於才華。其依倚爲性命者。李長吉也。長吉煅煉辭藻。務去陳言。此境有關天才。太白則天仙羽人。雖具天才。而出塵離類之態。人不敢仰視。決非廉夫躭聲伎而務浮艷者所可擬。竹枝也。宮詞也。典麗婉約焉爾。小乘法所有事。烏足以語其大。廉夫有嬉春體。嘗言元代詩人爲宋體所梏。取老杜江上誰家桃李枝春寒細雨出疎籬之句。爲新體詩。老杜自言效吳體。廉夫習爲艷辭。恐人議其後。特借老杜裝點門面。專從風花雨葉中尋討生活。便侈言去杜不遠。抑何誕妄若此。廉夫平昔謂學杜必先得其情性語。豈所稱情性者竟若是而已乎。東坡野桃含笑竹籬短。溪柳自搖沙水清。又何嘗不可目爲嬉春體。毋乃爲宋人二字所格耶。嬉春新體。取致在一撇一拂之間。而猥曰吾以學杜。吾以變宋。將誰欺乎。宋體之獨到。在能變化唐體。自成境界。原不欲其求似於唐。嘉靖七子力求其似。雙鉤塡廓。愈讀愈厭。王元美晚歲已知悔悟其少作。弇州四部稿續稿。截然兩人。讀者自知所辨矣。

張蛻庵貢玩齋處元代之末。於舉世紛尙才情之日。獨能淸壯深秀。風骨騫騰。令人改觀。玩齋高節。不仕異姓。覃溪謂其詩不讓雁門。然雁門辭麗而調庸。未若玩齋具有齊氣。

王逢吉梧溪集。亦以俊拔激昂。冶宋元爲一爐。舉所謂枯淡穠麗。兩息其燄。亂極思治。元運亦隨以亡矣。

又有吳淵穎者。挺生其間。學富才軼。珠璣滿地。筆力橫逸。絕去依傍。不囿風氣。洗脫金粉。饒有古芬。殊途異境。醒心豁眸。從生硬中斫出。難以迹象求之。有昌黎之排奡。長吉之奇險。馳騁康莊。紛披經史。雖不及虞伯生之正軌。自餘諸子。殆未足當其一顧。駑鈍者得其鞭策。可以箴膏肓而起廢疾。韓公贊東野。橫空盤硬語。妥貼力排奡。淵穎可謂得其排奡。而欠其妥貼者。東坡謂讀山谷詩。如見魯仲連李太白。不敢復論鄙事。吾於淵穎亦云。

自餘顧仲瑛倪雲林張伯雨柯九思仇仁近之流。題畫遊山。自詡高致。時露淸標。有時坦率過當。遂失之俚。俚之於俗。無幾何矣。

論明代詩派

一代之興。必有總持一代風雅之人。生於其間。洗滌勝朝孱痿之餘腥。發爲昌明光大之音調。此非作者之能反之也。氣運之感通有以致之也。明代之詩。亦若唐之有初盛中晚。永樂成化之間。劉伯溫高季廸袁景文貝清江諸人。以清真雅正。盡反元代穠麗纖豔之習。季廸爲正聲之魁。雖格律句調。未極高渾。要其沖和雅淡。微婉芊緜。蔚然盛世之音。伯溫規守少陵。不能綜覽博涉。以成其美。景文尤弱。清江亦少變化。七律澹永。爲其擅長。李東陽沿流繼起。如唐之有沈宋。開李杜之先聲。句律穩稱。才力未宏也。弘治正德。號爲極盛。何景明李夢陽邊貢徐禎卿首倡復古。是爲弘正四傑。益以康海王九思王廷相。而有七子之稱。非漢魏六朝盛唐大歷之詩不觀。標榜門戶。入主出奴。浮響虛弦。皮剝膚附。溫柔敦厚之旨。未始有聞也。嘉靖隆慶以還。王元美李于鱗復揚其波。與謝榛宗臣梁有譽徐中行吳國倫爲後七子。廣爲九子十子。喧呶不已。于鱗謂唐無五言古詩。陳子昂以其詩爲古詩。余以謂子昂之不能比於嗣宗。則將曰。嗣宗之不能比於蘇李可乎。則將曰。明無五言古詩。李何王李以其詩爲五言古詩可乎。李何王李力求其似。便失其真。抵死不悟。其謂之何。愈憲編盛明百家詩三百餘卷。作者姓氏能舉者幾何。並此巨編。亦鮮知者。余嘗覽其所錄。略如一家之言。陳陳相因。令人厭倦。逮夫萬歷。略似中唐。袁宏道兄弟競爽。絀排王李。而效香山眉山。其詩俊利輕新。當時稱公安體。喜以俗語入韻調。其合者差得逸趣。而非能得逸氣者。如一病袁小安。五載江猶淹。尖巧復成何語。朱竹垞云。倡淺率之調。以爲浮響。造不根之句。以爲奇突。是已。及其季也。竟陵鍾惺譚元春。又反之爲賈島孟郊。幽懷側調。幺弦偏張。發爲一種潛伏之音聲。欲以矯弊。致傷和平。當時亦謂之竟陵體。元春尤纖豔。嶽歸堂集。子夜讀曲之歌。蕩人心志。不待王季重之爲文妖。元氣盡斲。國亦淪胥以亡矣。楊鐵崖之亡元。莊士欲置之大辟。投之濁流。文運國運。所關非細故矣。王船山謂李何之詩。毫無意緒。是謂言不由衷。鍾譚輩侈言真性情。欲求其真。流而爲俗矣。余謂去俗之法。取材樂府。以宏其基。則香山之祕密藏。爲得天趣耳。馮定遠云。明人詩一字一句推敲。方知他不好處。非知言者。明人祇是力求外觀。無俟一字一句索其瘢疵。蓋風格氣味之差殊也。賀黃公云。古人詩如乳母。弘嘉之詩。如一生不離乳母懷抱。不能自立。故足賤也。斯言猶信。

轉載

船山先師詩録

屠大儀隆 送别

周逸敬選

高樓清瑟送離羣。欲逐楊花怨夕曛。繡袷春寒三月雨。牙檣風急一江雲。
狂歌戲馬臺前客。囘首鍾山移後文。浩蕩長淮分咫尺。揚州紅藥屬夫君。

朱九江日藩 閨怨

章臺垂柳葉凋秋。孤怨孤栖蕩婦樓。六朝香粉丁都護。萬里戎弢霍小侯。
明月機中雙紐縷。黄雲城上千金鉤。此生不擬長相憶。猶瞟落花逐上流。

轉載

對於教育部推行簡體字表之意見

十月廿八日在擴大紀念週中講演

何鍵

本年八月二十一日教育部公布第一批簡體字表。分十八韻。凡三百二十四字。並制定各省市教育行政機關推行部頒簡字辦法九項。二十二日通令各教育廳局遵行。其要點（一）自明年一月起。凡小學民教各課本兒童及民衆讀物。無論新編及重印。均應一律采用簡字。（二）如不用者教部不予審定。各校不得采用。（三）自明年一月起。各師校注重簡字教學。各學校考試答案簡字得一律遵用（四）各新聞業在可能範圍內應采用簡字排印。按教部毅然決然。頒布推行簡體字者。其理由有二。一中國文字。繁複難識。應趨簡單化。二中國義務教育民衆教育未能普及者。文字繁複為最大原因之一。有此兩種原因。所以依述而不作的原則選定簡字。通令施行。意至善也。惟自令到各地之後。本人接得許多來信。並友人來談。僉以為世界文化。都是由簡單而趨於複雜。因為人事日繁。原有語言文字。不能够用。當然的日有增加。如新起的「她牠粁粍粎……」諸字。竟能通行。就是證例。考中國由結繩而有文字。所有文字必歸六書。凡研究小學的人。都知中國文字的構造。各有其意義。明瞭六書的人。不惟知道某字的音與意義。連造字的原理都能一望而知。是一筆都增減不得的。可見字之容易認識與否。不在筆畫的多寡。而在有無意義。如「人言爲信」「止戈爲武」。意義極易瞭解。由此推想中國字絕對不能再簡的。其繁複處也就是優點之所在。果真倡行簡字。則平常誤寫別字的也可以說是一種簡體。那末人人都可以造字了。並且一個民族。其所以能夠統一團結者。雖由於語言文字風俗習慣等等相同。而文字關係爲尤重大。如用簡字。無形中拆散民族的統一與團結。弊害之大曷可勝言。至義務教育與民衆教育之未能普及。並不是實施簡字與否的關係。而在廣籌經濟。多設學校。如果經費充裕。學校增多。一般民衆與兒童都有讀書機會。則民衆教育與義務教育自然可以普及。否則經費短絀。不能多設學校。徒然厲行簡字教育。仍決難普及。不僅此也。教部頒行簡體字表。其範圍只限於小學短期小學。民衆學校各課本兒童及民衆讀物數者。對新聞業只由各省市縣主管教育行政機關勸令。在可能範圍內採用部頒的簡字。這明明將中國文化。分爲兩截了。一爲簡體字的文化。一爲正體字的文化。可憐一般民衆。認識了簡體字。還是不能讀普通刊物。一定要讀特製的書報。豈非枉費光陰。因此本人將推行簡字的弊害。提出數項。於兩星期前電請教育部加以斟酌。尚未得復。電文已見各報。因爲此事關係重大。且實行之期已迫。故今天特將原電所述六項意見。再提出來說一說。

（一）學子有重識字之苦。中國文字由籀篆隸體而變爲正楷。行之已數千年。不惟造字具有深意。而且含着藝術的意味。如王羲之顏真卿柳公權諸人。都以善寫字爲後人所稱贊。足見民衆對於正體字的印象之深了。如嫌楷書難寫。尚有行書草書。可資通融。不過初學當然是從楷書入手。到了相當程度。才能認寫行草。未聞初學認字的。便從行草入手之理。今教部頒布第一批簡字字體表中。就有許多行書草書。如「發、答、撥、潑、熱、遲、實、師、勢、圖、豎、卒、陳、甚、應、爲、僞」……等等。不僅初學的人不易認識。即認識了。遇着正體字。仍然識不得。勢非更學正體字不可。是求簡得繁。學子反有二重識字之苦。且初學識字的人。正字與簡字相等。並無所謂難易。一則一得永得。一則得而無用。徒耗學子寶貴光陰。殊覺多此一舉。至於初學識字。首當從目前日用字開始。如一二三四……等數目字及父母兄弟日月花草風雨……等字。較爲易識易解。今簡體字表中如（囉、邏、幗、閤、錏、祟、籴、鈹、癱、峠、嚐、痒……）多屬不常用的字。不常用的字。而亦須頒布列入期以必行。似非初學所宜。

（二）有害於書賈及寒士。經營書業的商人。或刊版印書。或收售舊書。原想一面溝通文化。一面藉謀蠅頭之利。如推行簡字。則原有的書版都成過時的廢物。鉛字既須改鑄。書版亦須改刻。此種損失。爲數不貲。尤其是寒士得書很難。祖遺之書。既已沒用。自己又無力購書。除廢讀之外。有何善策。

（三）暗蝕國民經濟。　書賈所受的損失。尚是極顯明者。至於國民的損失。便無法統計了。因爲書賈受損。將來排印新書。非售高價。不足以資取償。無形之中。國民便暗耗了許多金錢。且貧寒之家。哥哥所讀之書。弟妹還可再用。現在規定民國二十五年一月起。未排簡字的書。概屬廢物。值此國民經濟凋敝之時。何堪這種毁舊購新的損失。

（四）失文字真義。降低學術。　中國的語言爲一種獨立的語言。往往一音多義。非象形肖實。文字不便。歐美各國的語言爲一種詰屈語。往往一義多音。（同一「是」字及我。你。他。及過去現在將來。各有其專字。複雜已極。）非特別標音。文字不便。此中外文字不同之點。亦卽中國文字所以優於各國文字之點。據文字學所載。中國無一字不有其真義。如篆文（日月鳥魚山川耳目雲氣爪井……）諸字。都肖實物。又如（目少爲眇手廷爲挺日月爲明。）等等。意義更爲明顯。有此文字。故有此學術。如改用簡字。是將有意義的變爲無意義的。學子除強讀死記簡字以外。別無意趣可尋。則讀書識字。成爲苦事了。並且以後學子讀書。只求能識簡字。便已心滿意足。誰樂再去認識楷字。以求深造而研究中國的學術呢。如此。則中國的學術。一定日益降低。似此將中國以前的文字學術。與以後的文字學術。又分爲兩截了。本屬統一的文字。竟由此而變爲分裂。江河日下。其害何可勝言。目爲降低學術。不是苛論。

(五)自毀國粹。違背立國之精神。　一國之有特殊文字。便是保存國粹最好的工具。中國文化所以能綿延數千年而且每每能使外族同化者。全是文字的力量。常常有一字能包含無量數的道理。如（道德。仁義。性命。中和。）等字。那一個字。都是極平常而蘊藏無量的神妙。甚至有終生鑽研而不能得其精蘊的。實爲外國無意義的文字所不能及。若一味的求簡。將無所不簡。豈止（弄麞伏獵）笑柄重重。恐怕略識之無的村夫。都可成爲造字的聖人了。國粹盡毀。國將不國。尙安望有立國之精神。

(六)不關教育大體。徒擾人心。　一國的教育。第一要有方針。不論那一科。只要合乎國家與民族的需要。便可定爲標準。勇往邁進。第二要廣設學校。普及教育。使人人有讀書的機會。因爲有方針。則功不妄費。廣設學校。則人不向隅。二者都是教育上最急之務。至推行簡字。與教育方針。及普及教育。並無什麽關係。可以說不關教育大體。甚至父兄怕其子弟學無所用。子弟看課本上有簡字。又有括弧內裏的正字。不明頭緒。老師亦怕着學生僅强記簡字。臨時忘了。至於書賈。更怕着錯排簡字。不得教育部的審定采用。舉國紛紛。同在五里霧中。橫衝亂撞。鬧到結果。不知教育的方針在那裏。此事關係全國的文化。不是那一省的事。且實行期迫。希望全國人士。趕早加以注意。

附太原存文會致何主席代電

長沙何主席勛鑒。本會成立。卽發電教部。爲請勿强制推行簡體字事。竊見部頒簡體字表三百二十四字。採用簡單筆畫。取便初學童蒙。初意未嘗不是。惟推行辦法規定。自民國二十五年一月起。凡新編或重印兒童民衆及小學教本與刊物。不用簡體字者。各校不得採用云云。如此强制推行簡體字。不啻逐漸消滅本體字。將來中等以上各校學生。若完全不用本體字。則除教科通俗文字外。一切讀物。皆感困難。必致擱置。若仍須再認本體字。則教者多加一層手續。學者多費一番記憶。是求簡而反繁也。况所頒文字體例不一。窒礙甚多。如萬旁皆作又。然而難易與雞犬不分。歎惜與歡欣無別。盧旁皆作戶。然而滬瀆何以與瀘水同流。盧氏豈可以戶字爲姓。諸如此類。更僕難終。同人以爲俗字別字。通用流行。聽其自然。不加禁止。斯已可矣。若必廢棄本體字。則去古彌遠。治絲而棼。便利初學者之功效甚微。而變字體之損失甚大。應何如修正挽回之處。伏乞重加考慮。審愼推行。斯文幸甚。閱報知先電主張。同人樂爲響應。特此奉聞。順頌勛祺。太原存文會啓。

士紳有正氣才能根本的消弭匪患

曹代主席十二月九日在擴大紀念週中報告　曹典球

何主席昨晚來電。定於日內由京返湘。在京一切事宜。均已料理就緒。電文中値得我們慶欣的。計有兩點。(一)蔣委員長當選爲行政院長。這是中國的軍與政從此可以統一的好現象。(二)蔣委員長對於湖南剿匪的軍事。已定有整個計劃。從此湘省剿匪的指揮。比較更加統一。與敏切。俟主席返湘之後。關於剿匪前途。一定有很大的進展。這次賀蕭股匪南竄。侵入腹地。使邵陽新化安化一帶人民。飽受驚恐。我們認爲是一件很痛心的事。不過匪之出竄。完全是一種擄掠行爲。並無什麽大的企圖。據前綫報告。匪的情況極爲疲敝。値此嚴冬。尙穿單夾衣。故每到達一個地方。就首先搶掠棉衣。可見匪已成爲窮寇。現在委員長已加調大軍圍剿。我四路軍與湘省團隊。已調有很大的兵力正在合圍。一定可以乘此將其澈底殲滅。惟湘省曾經匪盤據以及深山窮谷交通不便的地方。伏莽尚多。還有許多頑梗不化的愚民。值此匪已達到最後總崩潰的時期。彷彿尚不死心。仍有與匪勾結的情事。這是剿匪聲中一個最大的隱患。這個原因何在。實得我們深切的研究。一般人談及這個問題。認爲不外下述兩點。一爲由於人民生計困難。二爲由於受了匪的煽惑。然細加研究。如謂係因生計困難。但是從匪以後。生計不惟不能優裕。而且更加窮困。如謂由於受了匪的煽惑。何以目擊匪已失敗。匪衆已經逃走了以後。還不覺悟過來。所以上述兩個緣因。似均觀察錯誤。然則究竟是何緣因呢。本人可以斷然說。實由於號稱地方鄉紳與士大夫之流。正氣消沈。不足以資觀感。率民以正之所致。孔子云「十室之邑。必有忠信」可以說就是地方上沒有忠信之士。以身作則的。爲民楷模。訓練民衆所致。試看現在各地士紳。不是自私自利。盤剝小民。就是嗜烟嗜賭。自甘墮落。甚至把持地方財政。朋分災民賑欵。凡由地方產生之委員或局長等等。是利之所在。卽無所不用其極的拚命攘奪。本人前在教育廳長任內。每欲更調一個教育局長。即有許多的地方人士。不擇手段的鑽充或挽留。所以本人常對人言。士紳道德墮落。匪患永無肅清之日。前清咸同時代。所以能平定髮匪捻匪而成中興之業者。決非偶然。實由於當時各地方士紳以及在鄉稍有地位與名望的人。大都具有忠義之氣。足爲地方一般民衆的模範。率民以正。以致地方人民。無一不知匪之不可爲。與匪之當殺無赦。不僅此也。並且凡屬爲非作歹的人。不僅爲地方所不容。而深惡痛絕。即其家族。亦引以爲奇恥大辱。因此歹人潛跡。匪源自絕。地方得到根本的鞏固。曾左彭胡。乃得藉此以成其中興的偉業。試閱咸同時代的歷史。地方上每有一次變亂。文如童生監生。武如千百把總等等。死節死義者。不知凡幾。每克復一處。其請旌獎此類死節死義的呈文。真是聯篇累牘。現在各地士紳。只圖私利。正氣消沉。不能率人以正。匪禍焉得肅清。十二分的希望負有領導與訓練責任之各地黨部的同人與教育局長。要將至剛至大的浩然之氣。積極的鼓勵提倡起來。因爲這是消弭匪患的根本工作。即令共匪完全消滅之後。如欲使地方永遠不再有匪患。永遠得到安寧。尤非注重厲行此項根本工作不可。如人生然。大病之後。重在培補元氣。提倡士紳正氣。就是培元的工作。何主席年來提倡八德。就是此意。俟主席回湘之後。本人一定建議。請其將素所提倡之八德。從此更加要從實際上的發揚光大的起來。以弭匪源。而挽救國家。（完）

現在匪勢猖獗。雖經各大軍迭次兜圍追剿。仍復潰竄蔓延。究其原因。確係地方士紳放棄民衆各謀私利。正氣消沈所致。今曹代主席洞悉情形。揭破癥結。倘各省地方士紳。能於根本上團結一致。以愛國爲前題。置死生於度外。忠義奮發。誓不與醜類共生存。父詔兄勉。力翦凶頑。則匪患自消弭矣。編者識

讀了曹代主席「士紳有正氣才能根本的消弭匪患」以後

臣聞

本月九日曹代主席在擴大紀念週中講演士紳有正氣才能根本的消弭匪患一文。遜聽之餘。如暮鼓晨鐘。發人猛省。士紳到今日。正氣消沉已到十二分田地。究竟如何能振頓起來。進一步講。又迴到身居士紳上者。古聖云。君子之德風。小人之德草。草上之風必偃。又曰、上有好者。下必有甚焉者矣。現在鄉間一般潔身自好之士紳。對於縣中政治。久已不願過問。倘有人仗義發言。即受一般靑年所指摘。甚至流

弭地痞。加以劣紳之頭銜。政府對於此輩士紳。素無保障權。一犬吠影。羣犬吠聲。控之黨部。訴之官廳。駡得正紳體無完膚。此閻錫山所以有好人團之組織也。查鄉間人民。未嘗不思有一二正紳。出來主持鄉事。因今日環境惡劣。不許正紳有抬頭之日。祇有那與集團之地痞朋比爲奸。始能生存於社會。各機關所貼標語。何嘗對於士紳之正派者。有所鼓舞。且今日人心之惡險已極。宣布死刑。本人尙不知信。惟有同乎流俗。合乎汚世之人。反快活在社會場中。過其自由生活。彼主張正氣者。實屬思想落伍。此魯人獵較孔子亦獵較也。曹代主席鑑於士無正氣。誠哉有慨乎其言。

我覺得在今日混亂社會場中。士紳固要有正氣以輔助政府下層工作。而政府本身亦要先立起志氣。以爲民衆標準。環顧國內正氣亦極薄弱。試看今日之爲漢奸者。在未發現之前。亦政務人員之一。遠之如九一八時之東三省官員。近之如殷汝耕輩。賣國害家。不復知人間有羞恥事。以身爲公務員尙且如此。又何能怪士紳之不振作哉。再看全國身膺守土之責者。未見有與城共存亡。無槍者固不論。即有槍者亦多被繳械。求其殉難亡身者。百無一二。又何能責士紳不去死難哉。我認爲今日士紳固要有正氣。而政府本身更要有正氣。以己之正氣。爲士紳正氣之表率。竿正影直。上行下效。愛民如子。疾惡如仇。良善之士紳。設法保全之。無賴之痞徒。設法懲治之。政府不作欺己騙民之事。斯士紳有共同合作之心。俾人民共信政府替人民作事。一般士紳。定共出而扶植正氣。主張公道。而正氣伸。正氣伸而匪自然消弭矣。若考其發動機關。其轉移則在政府。民猶水也。欲靜則靜。欲動則動。動靜之關鍵。其權完全在政府。今廣其意曰。士紳有正氣。才能根本的消弭匪患。必先政府有正氣。才能根本的使士紳有正氣以消弭匪患。然乎否乎。特與曹先生一商榷之。

昨編曹代主席士紳有正氣才能根本的消弭匪患一篇。編者認爲有轉載價值。故加圈點。促人注意。今閱臣聞君「讀了曹代主席士紳正氣才能根本的消弭匪患以後」一中有云。我認爲今日士紳固要有正氣。而政府本身更要有正氣。以己之正氣。爲士紳正氣之表率等語。真所謂先得我心者。故附列於此。　編者識

轉載　讀了曹代主席士紳有正氣才能根本的消弭匪患以後　一四

[illegible]

通論

船山先師詩錄

王上舍穉登 月遊

周逸敬選

秋滿吳淞江外江。棠橈波斂夜推牕。月華始出照五兩。白鳥飛來恰一雙。
客散歌聲猶有恨。霜寒酒力未全降。西歸更送山陽笛。寫入落梅別調腔。

于閣學慎行 紀賜

龍胎密孕御園春。蔬署尋芳剝錦鱗。天詔正如裁玉版。臣心未敢擬霜筠。
中宵酒醒香生頰。緩火虀清玉點脣。肉食承恩霑鳳實。秋風忍憶故鄉蓴。

通論

湘潭王闓運湘綺未刊稿

論由乞

自篆變爲隸體。聲隨形改。若也之爲地。巛之爲坤。乾嘉諸儒。始稍稍知之。至於薩之爲薛。𥬇之卽笑。雖有識者。猶未信用也。殳寫爲閃。豈寫爲凱。筆跡大變。不能詰矣。飄虩同出古文。而飄實無取焉。馬頭人爲長。與禾下人爲禿。則何異乎。許叔重名傳諷籀。頗亂六書。象事象形。未能分析。其尤謬者。在不知鬼爲極尊。誣以猴頭。乃云陰賊可畏。讀由爲勿。以致經典由字。不知下筆。世人奉爲圭臬。鬼遂成醜語矣。周禮三大鬼爲大祖。自父以上號焉。故其字由人私言各親其親。不祭非其鬼也。或曰、由从人云云、卽化也。由非鬼頭。鬼頭卽人頭。不得云似母猴頭也。許豈曾見鬼乎。而云博訪通人耶。由之文。蓋从十厶。從其私而充之。故爲自爲從。從二人私而私之。則祭鬼矣。天神卽申。申卽電也。電氣動者。爲天地示。卽氣從上、氣橫看之、似川、氣能上爲地。人鬼則各有所依。列爲三大祀。何此之不能知乎。又以燕爲乚。乚形微小。而燕字煩重。

槩其文似從黃北。郭廷敬謂爲燕趙地名之燕。從北與冀州同意。从黃省者。黃帝所都。不宜爲小鳥制一大字也。乞卽求乞之乞。燕來請子。故借乚爲乞。孔乳從之是也。聲轉爲晏聲耳。請子始於有族。夏以前不必請子。云帝嚳郊禖者謬也。凡此一繹思索。便卽了然。而說相承。積迷不悟。余少而學篆。篤守許書。晚習羣經。未遑溫習。六十以後。偶因說經。爲鬼爲蜮。方始悟焉。徧證六經。無以鬼爲可惡者。因說醜字文酉鬼。卽以酒祭廟宇也。廟有族燕。因訓爲衆。詩言醜也。亦可醜也。皆謂儔匹相配。非今所云可醜也。以牆茨醜辱連文。便云醜惡。又以言長爲惡長。而醜字義晦。豈有祭鬼而醜者也耶。若此之類。觸事可通。錮蔽聰明。以至垂暮。所以企望來哲。出自心眼發明經義。無被人愚。文字旣通。義理自出。必切于實用。順于人情。則訓詁詞章經義通矣。世儒動言章句之學。章句甚不易也。不失之誣。則失之愚。故孔子必正文字。民乃有措。小學豈易言哉。見岣嶁碑而不知其無偏旁。見石鼓文而不知其無義理。是何異讀天法讖寫碧落碑。從形淺妄而已。因論由乞而發其凡如此。

專著

船山先師詩錄

徐秀才渭　懷古

周逸敬選

湖光千頃敞祠宮。雪捲長隄綴蓼紅。血蹟勝殘凋燕壘。靈旗雲閃起蛟風。
局爭成敗天難主。情到華夷感亦同。古鼎香烟飄碧篆。絲絲飛繞六陵東。

湯遂昌顯祖　寄懷

星漢當簷挂素秋。元禽欲去復緘愁。江花笑拂荷衫袖。縠水回迎竹葉舟。
行藥定逢菖九節。懷梅遥愛月三洲。垂楊色色縈歌扇。未遣新箏怨雁樓。

專著

船山先生年譜卷上 續第九期

八世從孫之春輯

有邀公赴安隆所者。公復箋。得睽之歸妹。乃止。作章靈賦以見志。

章靈賦題注。明年癸巳。箋復如之。時可望挾主滇黔。有相邀赴之者。久陷異土。旣以得主而死爲歆。託比匪人。尤以巷遇非時爲戒。仰承神告。善道斯章。因賦以見。又賦注。自違君側。於茲三載。

二月。

淸兵進擊李定國于永州。十二月。孫可望別將據武岡新甯城步。

公三子勿幕生。

詩有元日左素公鄒大系期同劉子參過白雲菴茶話五律二首。春盡五律三首。

五十自定稿。

淸順治十一年甲午。明桂王永歷八年。公三十六歲。

明桂王在安隆所。

永歷實錄紀上在興隆。

春居耶薑山側。

三月哭李公跨鼇。

哭李一超詩。有鶗鴃春先逝。丹心互夜臺之句。辛酉廣哀詩。有李孝廉跨鼇一首。注字一超。避山中乙未卒。案丁丑故孝廉李一超元配林孺人哀詩。有十四年來千種事。是李卒於本年。

秋八月。公避兵零陵北洞釣竹源雲臺山等處。敉公留侍。石崖公旋以避兵被掠遇害。

從子敉遘閔而後。與予共命而活者七年。頃余竄身猺中。不自以必生爲謀。敉因留侍伯兄。時序未改。避伏失據。掠騎集其四維。方間道往迎。已罹鞠凶矣。悲激之下。時有哀吟。草遽佚落。僅存四首。其一有斜日荒荒打棗天。猶向金風淚黯然。其三有岳阡秋草應含怨諸句。　釣竹源雲臺山爲庚戌懷入山以來所棲伏林谷二十九首之二。總注。右零陵北洞。

冬。徙居常甯西南鄉小祗園側西莊源。

丁酉有西莊源所居後嶺。古木清沼。凝陰返暎。念居此三載。行將舍去。因賦一詩。五古。小祗園西莊源、爲庚戌懷入山以來所棲伏林谷二十九首之二。總注右宜江。常甯縣志衡陽王夫之甲午由南嶽移居常甯之西莊源。丙申生子敔。丁酉復返南嶽。爲邑人說春秋。居遊多有題詠。小祗園在常甯縣西南。近甯遠縣桂陽州界。

變姓名爲猺人。隱士王東卜先生文儼常餽公粟。

沅湘耆舊集小傳。嘗匿常甯猺洞。變姓名爲猺人。又王國甲小傳述舊詩注。明季高祖王文儼先生上巾興戰守策鍾山軍乏餉。高祖具酒食約七十里長勳以捐紓國急。高祖親董解軍。晚年隱於東卜園。號東卜先生。衡陽王而農亦來隱於邑之西莊園爲猺人。飲食皆高祖給之。

爲常人說周易春秋。殷公銘以文藝相質。公爲之訂正。常甯文士來者益衆。薑齋文集。殷浴日時藝序。甲午避兵宜江山中。又浴日始以帖括見示。繼此而宜江

士友汎晉與余言帖括。案序浴日少與余同文場·已與余同漂泊·今又與余同爲訓詁師以自給·蓋乙未丙申所作·

殷浴日名銘。常甯人。順治間貢生。沅湘耆舊集有傳。詩有哭李一超五律一首。再哭季林兼追悼小勇匡社舊遊五律一首。晦日五律二首。夏夜五律一首。秦王卷衣五絕一首。長干曲五絕一首。白鼻騧五絕一首。江南曲五絕一首。五十自定稿

清順治十二年乙未。明桂王永歷九年。公三十七歲。

明桂王在安隆所。

永歷實錄紀上在興隆。

春、客游興甯山中。寓於僧寺。有從遊者。爲說春秋。

爲晉甯諸子說春秋。口占自笑詩其一有傷心難自遣。開卷是春王。其三有南岳經聲苦。東林眉宇顰之句。行述自此隨地託迹。或在浯。或在郴。或在耒。或在晉甯。或在漣邵。所寓之處。人士俱極依慕。亡考不久留。輒辭去。

晉甯、晉書疆域志屬桂陽郡。今興甯桂陽桂東縣地。

始作周易外傳。

周易內傳發例跋。乙未於晉甯山寺始爲外傳。

用瞿宗吉詠西湖景。數辛稼軒君莫舞君不見玉環飛燕皆塵土體。作瀟湘小八景。雁峯煙雨、石鼓江山、東洲桃浪、西湖荷花、花藥春溪、嶽亭雪嶺、朱陵仙洞、青草漁鐙詞。

瀟湘小八景詞記。國朝瞿宗吉詠西湖景。數辛稼軒君莫舞君不見玉環飛燕皆塵土體。詞意淒絕。又乙未春。余寓形晉甯山中。聊取其體。仍調寄摸魚兒。

八月老子衍成。

老子衍序。始創之時。歲在旃蒙協洽。又作於壯月己未。

詩有春日書情五古二首。爲晉甯諸子說春秋口占自笑五絕四首。八月梨花五排二首。讀指南集七律二首。君子有所思行樂府一首。劚蕨行樂府一首。山居雜體兩頭纖纖歌行一首。山居雜體五雜俎歌行一首。五十自定稿

清順治十三年丙申。明桂王永歷十年。公三十八歲。

居西莊源。去年至興甯流寓久暫不可考。本年有新秋看洋山雨過詩故以爲居西莊源。

二月明桂王奔南甯。

三月黃書成。

黃書後序歲德在丙。火運宣也。斗建惟辰。春氣全也。文明以應。竊承天也。太原之系。世胄緜也。爲漢大行。忠效捐也。悲滿窮愁。退論旃也。明明我后。遜播遷也。俟之方來。須永年也。黃書之所以傳也。

得敞公去冬寄呈山居雪詠詩。

有春蕭從子敞寄山居雪詠絕句。歘爾隔歲。聊復和之詩。

五月二十八日公四子敔生於西莊源。

敔公字虎止。號蕉畦。明經候選訓導。

冬還衡陽登雙髻峯。至二賢祠。重讀堵公允錫詩。

重登雙髻峯詩。有北望暮雲寒句。　有二賢祠重讀義興相公詩。感賦詩。

詩有春蕭從子敞寄山居雪詠絕句。歘爾隔歲。聊復和之五絕一首。重登雙髻峯五律一首。二賢祠重讀義與相公詩感賦五律一首。痛噭顫寒熱癢哭笑五絕各一首。新秋看洋山雨過五排一首。哭歐陽三弟叔敬沈湘七絕一首五十自定稿。

清順治十四年丁酉。明桂王永歷十一年。公三十九歲。

春、居西莊源。夏四月徙歸衡陽蓮花峯下續夢菴。西莊源後嶺前壑古木淸沼凝陰返暵。念居此三載。行將舍去。詩有游儵遵綠漪。及芳草良未歇之句。

冬十二月。至小雲山下訪劉公近魯。小雲山記。友人劉近魯居其下。有高閣藏書六千餘卷。冬盡過劉庶先夜語效時詩。有端自蓮花瓣裏來句。劉近魯沅湘者舊集傳。字庶先。一字庶僊。衡陽人。

詩有詠櫻桃迎春山礬紫荊杜鵑黃杜鵑金釵股岡梧花五律各一首。卽事五律一首。小步七絕一首。吟得七絕一首。折楊柳七絕一首。冬盡過劉庶先夜話效時七律一首。五十自定稿。

清順治十五年戊戌。明桂王永歷十二年。公四十歲。

明桂王在雲南。

居續夢菴戴先生日煥來謁。

賸稿題戊戌嶽後。戴晉元來訪今來復連榻旃檀。詩有我居雙髻峯句。戴日煥沅湘耆舊集傳字晉元衡陽諸生。家世饒財。明季蕩於寇。年踰冠。尚未就傅。時避兵嶽寺。貧不能具膏火。夜執書就佛鐙讀。遂通五經及諸子。尤邃於易。後遊王船山先生之門。所造益深博。

正月。家聘公子珍之公生子枚。 枚公字吉從。

七月。

清兵定武岡新甯城步。

九月。家世節錄成。

家世節錄序時永歷十有二年季秋月朔日乙未。徵任郎行人司行人介子夫之謹述。

十二月明桂王奔永昌。

永歷實錄紀不載。

詩有明妃曲七絕一首枯魚過河泣樂府一首。五十自定稿。

清順治十六年己亥。明桂王永歷十三年。公四十一歲。

春正月明桂王走騰越。

永歷實錄紀上在雲南。

居續夢菴。

二月。

清兵下永昌明桂王奔緬甸。

詩有山居雜體卦名五古一首。山居雜體吃口詩五絕一首山居雜體藥名五律一首口字詩五絕一首。山居雜體縣名五律一首山居雜體建除五排一首南嶽摘茶詞七絕十首。五十自定稿。

清順治十七年庚子。明桂王永歷十四年。公四十二歲。

明桂王在緬甸阿瓦城。

永歷實錄紀。上在雲南李定國師潰。奉居永昌。

春、居續夢菴。三子勿幕殤。徙居湘西金蘭鄉高節里。卜築於茱萸塘。蓬簷竹牖。植木九柱。編篾爲壁。初造小室。名曰敗葉廬。

茱萸塘敗葉廬爲庚戌懷入山以來所棲伏林谷二十九首之二。總注右湘西。續哀雨詩跋。歲庚子、遷金蘭高節里之茱萸塘。　湘西草堂虎止公記。迄歲庚子。乃徙居湘西之金蘭鄉。卜舍於茱萸塘。初造小室。名之曰敗葉廬。蓬簷竹牖。植木九柱。編篾爲壁。

哭鄭先生顯祖。

哭內弟鄭忝生詩。有春雲覆平野。及舊愁疑在春夢驚之句。　廣哀詩。鄭生顯祖。注。字忝生。襄陽冢宰公繼之之曾從孫。予內弟也。從予學。略成文章。庚子夭。

冬。和郭公都賢尹公民興落花詩。

正落花詩序。庚子冬。初得些菴大觀諸老詩。讀而和之。成十首。以嗣有衆竹命之以正。郭都賢湖南通志。字天門。號些菴。天啓壬戌舉人。由行人累官至僉都御史。巡撫江西。乞歸。福王立。授操江不赴。桂王立。以兵部尙書召。已祝髮爲僧。流寓嘉魚沔陽。沅湘耆舊集。郭都賢些菴小傳。初依熊魚山開元。尹洞庭民興於嘉魚梅熟菴。已流寓沔陽築補山堂。有留別大觀七律二首。壬子。得須竹鄂渚信、知李雨蒼長逝。遙望魚山哭之。詩其六云。赤壁雄風百戰酣。新安碧血染江南。大觀綽板先君歇。淒絕吳江老蘖菴。注、雨蒼蚤與金正希尹洞庭熊魚山齊名。時金已殉難。尹亦先逝。熊公偕隱吳江。存亡未審。

詩有正落花七律十首。落花詩 哭內弟鄭忝生歌行一首。五十自定稿

淸順治十八年辛丑 時桂王永歷十五年 公四十三歲。

明桂王在緬甸赭硜。

永歷實錄紀。永歷十五年。李定國奉桂王奔緬甸。

居敗葉廬。夏續落花詩。

續落花詩序。自冬徂夏。泝落沿開。

六月二十一日、鄭孺人卒年二十有九。葬大羅山。

虎止公續哀雨詩跋。歲庚子、遷金蘭高節里之茱萸塘。次年棄世。虛其左。壬申十月。先君子遺命合葬焉。

九月、補落花詩。

補落花詩序。此帙之登。逢秋斯盡。月寒在夕。葉怨於枝。

登嶽峰、悼鄭孺人。

嶽峯悼亡詩、有楓落一林霜之句。

哭管先生永叙。

哀管生永敍詩、有落葉楓喧夕。嗁鴉柏冷霜之句。

冬十二月。

清兵至緬甸。明桂王被執。明亡。

永歷實錄紀、水曆十六年。上在緬甸。李定國收兵安南。緬甸人叛。劫駕入雲南。

詩有續落花七律三十首。廣落花七律三十首。詠落花七律十首。落花諢體七律十首。補落花七律九首。落花詩 來時路悼亡五古三首。嶽峯悼亡五律四首。哀管生永敍五排一首。續哀雨詩七律四首。初度日口占七絕六首。五十自定稿。

家譜續哀雨詩跋。孺人、襄陽吏部尚書鳴峴先生諱繼之之曾姪孫女。雲南通判諱續之之曾孫女也。祖諱抱洵、以貢授知州。父諱儀珂、郡文學。母高氏。光祿公諱達女。孺人年十八、以庚寅歲歸先君子於桂林。歸而偕隱嶽之雙髻峯。歲庚子遷金蘭高節里之茱萸塘。次年棄世。虛其左。壬申十月。先君子遺命合葬焉。孺人之沒。敔方六齡。蒿蔚虛生。無能表揚。敬撰輓章數詩。庶識大節之共垂不朽爾。不孝敔識

船山先生年譜卷上終

專著

船山先生年譜卷上

船山師友記第五續第九期

湘潭羅正鈞遺稿

伍先生定相

伍定相字學父。一字玉鉉。衡陽人。萬歷時貢生。十三歲。卽通諸經性理通鑑諸書。稍長。益縱覽羣籍。褐衣敝屣。授徒以養母。動靜語默。必與橫渠延平兩先生相脗合。鄒泗山先生稱之曰居敬窮理。實踐虛求。伍子一人而已。爲學綜天文地紀人官物曲兵農水利之書。以淹貫爲主。船山之學所由本也。早歲喜吟詠。謂詩文古今未有合一者。合詩於文。則文不宣理。合文於詩。則詩不達情。因選漢魏來十一代詩文各成一部。名二壘。以貢入南雍。嘗上安民定亂十三策。疾革。嘑門人王朝聘語曰。丈夫不死于婦人之手。子丈夫也。吾死子手矣。遂逝。朝聘、船山先生之父也。祀鄉賢。崇禎間。督學高彙旃先生世泰。題其主曰明布衣理學伍定相之位。有風雅堂集。今不存。所選十一代詩文壘亦不傳。沅湘耆舊集小傳 陳聖典墓志

武夷先生行狀云。先生君子少從鄉大儒伍學父先生定相受業。先生授徒殆百人。先君子爲領袖。雖從事制義。而究極天性物理。斟酌古今。以發抒心得之實。

南窗漫記云。先徵君受學于伍學父先生。先生詩文。爲南楚領袖。先徵君與仲父牧石翁杖履周旋。時相唱和。末年、斂意深靜。不復屬意。夫之幼曾見一篋。爲釋復支利先君韻者。今忘之矣。於卷尾得見過應山絕項一絕句。原草青青入望新。歸雲將雨潤輕塵。祇今江北春將盡。渺渺江南愁殺人。

家世節錄云。先君少師事邑大儒伍學父先生定相。研極羣籍。先生與先君爲師弟子。而相得如友生。先生藏書萬餘卷。居恆謂家君此中郞所以貽仲宣者。行歸之子。後先生猝得熱疾。瘖急不能語。先君躬執藥食。先生目語先君如將有所授者。先君輒俛首不答。歸而歎曰。吾甯負先生治命。不能受仲宣之託也。

小腆紀傳王夫之傳云。父朝聘。受學於衡陽宿儒伍定相。夫之與兄介之能大其業。而夫之尤奇偉。

廣陽雜記（大興劉獻廷箸）云。伍學父疾革時。獨呼脩侯先生而託死焉。予觀其意。詎止目其妻妾爲婦人哉。王氏父子。末年行徑。果丈夫也。則學父爲知人矣。

正鈞按。學父先生。爲武夷先生業師。考逸文。武夷先生行狀有云。歲丙寅。大疫。

學父先生染疾不起。先君子日夕不離牀榻。執手以待瞑。丙寅爲天啓六年。先生時年八歲。已入塾讀書。漫記云。幼曾見其詩。則必常晉謁先生。傳受家學。鄧氏謂伍氏爲船山之學所本。固自不誣。特著于篇。以見淵源之所自焉。

又按家世節錄云。已游鄒泗山先生德溥之門。講性命之學。又春秋家說序云。先徵君早受春秋于西陽楊氏。進業于安成劉氏。四書授義由知德者鮮矣章云。先子曾以此請教于劉望圭先生。答曰。是體認意皆與先生世不相及。故不著。

譚文學允阜（弟允都 允琳）

譚允阜。字惺欿。衡陽人。補邑文學。以績學老于場屋。弟允都允琳。均先生舅氏。允都字小酉。中天啓甲子鄉試。乙丑會試。以闈牘觸閹黨。置乙榜。允琳字玉卿。補郡文學。篤孝養母。國亡後。棄諸生不就試。（家世節錄 譚太孺人行狀）

武夷先生行狀云。曾聞之舅氏惺欿譚公言。典釋憨山德清辨率性之旨。清爲挫屈。夫之舉以請問。徵哂不答。其不欲暴見類如此。又云。歲丙寅大疫。學父先生及舅氏小酉公皆染疾不起。其家人子弟皆匿避去。先君子獨日夕躬省。不離牀榻。執手以待瞑。

石崖先生傳略云。張獻忠陷衡州。索紳士補僞官。吾兄弟以父母衰老。不能越疆。望門無依。賴舅氏玉卿譚翁引匿南嶽蓮花峯下。

七十自定槀戊辰年有崇禎癸未賊購捕峻亟。先母舅玉卿譚翁。以死誓脫某兄弟于虎吻。謝世以來。仰懷悲哽者三十餘年。翁孫以扇索敏姪書字。綴爲哀吟代書。苦不能請先兄俯和。益以老淚淫淫、承睫不止、一首。七律

正鈞按。先生早承父兄之教。而母黨之賢又如此。觀武夷先生行狀所述。則平昔之所染濡可想矣。中惟小酉以天啓丙寅沒。七十自定槀詩題言仰懷悲哽三十餘年。由戊辰上推。則玉卿翁蓋沒于戊戌以前也。

歐陽翁正暘

歐陽正暘。衡陽人見文集石崖先生傳略

石崖先生傳略云。已卯以乙榜詔大學。憶鄉前輩歐陽正暘翁。自北歸。持兄家報。

夫之往領焉。歐陽翁曰。伯兄無日不垂思親之淚。吾誘之以弈。至三兩局則淚滴罫中矣。

正鈞按家世節錄。先生母黨之戚有歐陽炳字元素。炳子瑾。崇禎六年。鄉舉第一人。此正暘翁未知是否一家。俟考。

梁明府志仁

梁志仁。南京人。保定侯銘之裔也。萬歷末年舉于鄉。崇禎六年。授衡陽知縣。調羅田。賊大擾湖廣。志仁日夕警備。羅汝才謂左右曰。羅田城小易克。然梁君長者。吾不忍加兵。俟其去。當取之。會邑豪江猶龍與賊通。志仁捕下獄。猶龍知必死。潛導汝才別校來攻。八年二月。猝攻城。志仁急偕典史單思仁。教諭吳鳳來。訓導盧大受。督民守禦。城陷。志仁持長矛巷戰。殺六賊。力屈被縶。抑使跪。罵曰。我天子命官。肯屈膝賊輩耶。賊怒。碎其支體。焚之。妻唐氏被逼。大罵奪賊刀不得。口齧賊手。遂遇害。思仁等亦不屈死。汝才在英山聞之。馳至羅田。斬其別校曰。奈何擅害長者。以錦繡斂其夫婦屍。詔贈志仁蘄州知州。廕子祭葬有差。（明史忠義本傳）

南窗漫記云。梁東銘先生志仁。上元人。早歲受學于吾鄉曾舜徵先生鳳儀。以鄉舉宰衡陽。清執不合于上官。左調羅田。甲戌。流寇陷城。死之。涖官繁冗。不廢吟詠。曾見其書扇一絕二句云。再來祗恐無尋處。好記懸崖一古松。可謂清絕。又入覲道中寄家兄叔稽近體四首。中一聯云。渡江十日酒。遮屋五更霜。置薛許昌集中。亦爲拔萃矣。

家世節錄云。先君于文詞詩歌不數操觚。夫之所獲見者。送邑侯梁東銘志仁入計序。及贈處士陶翁萬梧（夫之妻父）文。今皆忘之矣。

正鈞按、節錄之入計。與漫記所言入覲。正是一事。觀此則東銘于先生家。其親洽之誼可想。漫記係晚年之書。（引後注戊辰天中日南窗記）猶稱爲先生。則以本邑賢吏。而父兄又均與交好。其殉難在甲戌。先生時年十六。入泮已二年矣。則平居必常接見、無疑也。

鄭尙書逢元

鄭逢元字天虞。又稱天瑜。平溪人。少警敏沈厚。天啓中。進賢熊侍郎明遇。忤魏忠賢。

諭戍平溪。激賞於諸生中。許以公輔器。舉崇禎六年鄉試。由婺川教諭。擢衡州府同知。晉知府。十六年。以平賊守城功。升副使。尋加參政。監滇黔楚蜀粵五省軍。兩京旣覆。妖僧冒福藩者。誘煽平清沅晃間。天虞知其贋。與蜀按米壽圖總兵皮熊計擒之。唐王進天虞太僕卿。永明稱號。召監督羽林。轉太常。戊子冬。進兵部侍郎。右副都御史。總督滇黔楚蜀軍務。以保黔功。尋加尚書右都御史。庚寅。孫可望據黔稱秦王。跋扈。天虞書王命論以諷。適丁父維正憂。卜葬餘慶城南。而奉母居蒲邨。可望强起之。天虞婉辭以書云。絕裾請纓。溫太真之後勁。依劉爲命。李令伯之陳情。杜門不出者八年。永明居滇。特召授禮部尙書。仍兼兵部。參與機務。永明被執。遂祝髮滇之寶臺山。自號天問和尙。與丹徒錢邦芭爲方外交。箸述甚富。兵燹無存。雍正中。裔孫必楷於舊家敗簏中。搜得谷口集一帙。玉屏令東陽杜兆豐及邑子田榕序。刊以傳。皆晚年歸隱後所作也。莫友芝黔詩紀略小傳

永歷實錄。陳友龍傳。隆武元年。有假稱宏光皇帝入沅州。何騰蛟不能辨。遣使起居僉都御史鄭逢元。發其姦。捦之伏誅。病枕憶得。癸未年。有閩郡司馬平溪鄭公

專著　船山師友記第五　八

收復邵陽別家兄往赴之一首。七絕

嶽餘集。有聞鄭天虞先生收復寶邵別家兄下山而西。將以臘杪往赴。愴然而作一首。自注癸未匿嶽五古

正鈞按憶得與嶽餘集二詩互異。蓋憶得爲初起之草。而嶽餘集爲定稾也。考逢元崇禎十四年。爲衡州同知。見通志職官表。耆舊集。劉惟贊傳云。癸未之亂。與衡州同知鄭逢元督義勇殲賊魁。惟贊字子參。與先生至交。天虞旣爲先生本郡官。必舊日相識。而又與子參共事。故欲赴之也。

又按嶽餘集接編月中曉發。僧俗送者三十人。皆攀泣良久。予亦淚別五律二首。則旣出山往赴矣。而蓮峯志總序。有甲申春出自峯下之語。則是行未遠卽返也。

劉水部明遇

劉明遇字浣松。四川人。初官司理。或曰事桂王。入翰林爲經筵日講官。常避亂居武岡洞口。已遷新甯象王峯。著書吟詠以自遣。乏食則講學授徒。給養。所箸有雲勸齋

集。石蒼詩選。明季。新甯多詩人逸老。如劉禹甸、雷在崑、李枝茂、謝國安諸人。皆與之遊。在崑尤師事之。詩有奇氣。寶慶府志遷客傳

家世節錄云。丙戌歲。鄉試楚士于湖南。劉浣松水部明遇。以點定墨牘屬夫之。已授之鐫者。先君怒曰。汝以是爲儒者分內事也。卒不許竟其事。

南窗漫記引云。疇昔所辱贈示之作。如張別山先生。劉端星中丞湘客。金道隱黃門堡。劉浣松太史明遇。及上湘龍季霞孔蒸。餘杭姚夢峽湘。皆苦索不得一章。其他可知也。

病枕憶得丙戌年有劉浣松水部屬余訂丙戌闈牘。賦答一首。五律

正鈞按憶得丙戌一詩頷聯云。文昌來自蜀。衡嶽固爲荆。考是科試士于衡。由何騰蛟奏請。當卽浣松與其事。故得以墨牘屬先生點定。浣松四川人。故云文昌來自蜀。先時鄉試。湖南北皆在武昌。此以兵亂開闈衡陽。故有次句。家譜云。陶孺人葬王衙山。參憲劉明遇誌其墓。按陶孺人以丙戌十一月初四日沒。則亦作于是年也。

又按湖南通志職官表十一。明遇曾爲衡州推官。又爲郴陽知縣。南窗漫記。成于晚歲。稱爲太史。則府志云桂王府翰林者較確。蓮峯志亦誤。于丙戌。詳下第七卷浣松詩已爲編入。則以其爲藩邸僚屬。素所推重可知也。

金觀察九陛

金九陛。全椒舉人。崇禎十四年。官分巡上湖南道。衡陽縣志職官表

文集。石崖先生傳略云。是時觀察全椒金公。念吾兄弟貧甚。欲爲治北裝。邑有劣而梟者。按法當死。公屬意令餉吾兄弟千金。湣之。其人來懇兄顧問夫之曰。何如。夫之答曰。此固不可。兄喜形於色曰。是吾心也。遂峻拒之。

正鈞按。金公此舉。蓋明季風尚如此。雖賢者亦習焉不察。宜先生峻拒之也。金公事實俟考。（卷五終）

孔子年譜續第九期　見歷代尊孔記

五十三歲。爲大司寇。國人謗之曰。麛裘無鞸。投之無戾。鞸之麛裘。投之無郵。既而政化盛行。魯有販羊者沈猶氏。常朝飲羊以詐市人。公愼氏妻淫不制。愼潰氏奢侈踰法。粥六畜者飾僞以儲價。及是則沈猶氏不敢飲羊。公愼氏出其妻。愼潰氏越境而徙。國人誦之曰。袞衣章甫。實獲我所。章甫袞衣。惠我無私。

五十四歲。言於定公。墮三都。

五十五歲。魯國大治。齊人致女樂。膰肉不至。不脫冕而行。乃作猗蘭之操曰。習習谷風。以陰以雨。之子于歸。遠送于野。何彼蒼天。不得其所。逍遙九州。無有定處。世人闇蔽。不知賢者。年紀逝邁。一身將老。遂適衞。

五十六歲。在衞。自衞至曹。自曹至宋。

五十七歲。自宋適陳。過匡。匡人圍之。既而甲者進曰。吾初以爲陽虎也。遂解圍。

五十八歲。在魯。

五十九歲。適衞。靈公老。怠於政。不用孔子。孔子喟然嘆曰。苟有用我者。期月而已。三年有成居衛月餘。去衛適曹。曹人不答。去曹適宋。

六十歲。自宋適鄭。遂至陳。

六十一歲。自陳適蔡。遂適衛。

六十二歲。在衛。佛肸爲中牟宰。趙簡子鞅攻范中行氏。伐中牟。佛肸叛。置鼎於庭。不與己者烹之。使人召孔子。孔子欲往。子路不悅。會簡子使人來聘。西至河。聞竇鳴犢舜華之死。於是回車息鄹鄉。作鄹操以哀之。曰、周道衰微。禮樂凌遲。文武既墜。吾將焉師。周游天下。靡邦可依。鳳鳥不識。珍寶梟鵄。眷焉顧之。慘焉心悲。升車命駕將適晉都。黃河洋洋。悠悠之魚。臨津不濟。還轅息陬。傷予道窮。哀彼無辜。翱翔于衛。復我舊廬。從吾所好。其樂只且。

六十三歲。自衛之陳。陳侯起陵陽之臺。未畢而死者數十人。又執三監吏。將殺之。孔子既見陳侯。與登臺而觀。陳侯曰。昔周作靈臺。亦戮人乎。對曰。文王之興。附者六州。六州之衆。以子道來。不日成之。何戮之有。陳侯赦所執吏。遂罷。孔子自陳如蔡。自蔡如葉。葉公問政。又問孔子於子路。既而反蔡。有沮溺耦耕。丈人荷蓧等事。時宰予在楚。楚昭王欲以安車象飾遺孔子。宰我曰。夫子無以此爲也。自臣從夫子以來。夫子言不離道。動不遺仁。貴義尙德。淸而好儉。仕而不祿。所以爲積。不合則去。退無吝心。妻不服采。妾不衣帛。車器不雕。馬不食粟。道行則樂其治。不行則樂其身。此所以爲夫子也。若夫觀目之麗靡。窈窕之淫音。夫子過之弗視。遇之弗聽。故臣知夫子無用此車也。王曰。今而後知夫子之德也。時齊有一足鳥。飛集於公朝。舒翅而跳。齊侯怪之。使使問孔子。孔子曰。此鳥名商羊。水祥也。昔童兒屈脚振肩而跳。且謠曰。天將大雨。商羊鼓舞。今齊有之。其應至矣。頃之大霖雨。水溢泛。時楚昭王渡江。有一物觸王舟。使使問孔子。孔子曰。此萍實也。其甘如蜜。使曰何以知之。子曰。吾昔之鄭。過乎陳之野。聞小兒謠曰。楚王渡江得萍實。大如斗。赤如日。剖而食之。甘如蜜。得無是乎。是歲。吳伐陳。楚昭救陳。使人來聘。陳蔡圍之。有荅子路慍見之語。孔子曰。芝蘭生於深林。不以無人而不芳。君子修道立德。不以窮困而改節。爲之者人也。生死者命也。昭王興師迎孔子。將以書社地封孔子。令尹子西曰。非楚之福。乃止。孔子自楚反乎衛。

六十四歲。在衛。
六十五歲在魯。
六十六歲。夫人亓官氏卒。
六十七歲。伯魚母死。朞而猶哭。夫子聞之曰。誰歟。門人曰。鯉也。孔子曰。嘻。其甚也。伯魚聞之。遂除之。
六十八歲。在衛。季康子迎孔子。孔子乃歸魯。作丘陵之歌曰。登彼丘陵。峛崺其阪。仁道在邇。求之若遠。遂迷不復。自嬰屯蹇。喟然四顧。題彼泰山。鬱確其高。梁甫四連。枳棘充路。陟之無緣。將伐無柯。患滋蔓延。惟以永嘆。涕泪潺湲。然魯終不能用孔子。孔子亦不求仕。乃删詩正樂。贊周易。修春秋。製孝經。時弟子三千。身通六藝者七十二人。
六十九歲。子伯魚卒。
七十歲。在魯。哀公問政。孔子對曰。政之急。莫大乎使民富且壽也。省力役。薄賦斂。則民富。崇禮教。遠罪戻。則民壽。公曰。寡人欲行夫子之言。恐吾國貧。不能至也。對曰。

詩云。愷悌君子。民之父母。未有子富而父母貧者。公曰。寡人生於深宮之中。長於婦人之手。未嘗知哀知憂知勞知懼知危。不足以行此也。對曰。君入太廟。仰視榱桷。俯察几筵。其器皆存。而不覩其人。以此思哀。則哀可知矣。昧爽夙興。正其衣冠。平旦視朝。慮其危難。一物失理。亂亡之端。以此思憂。則憂可知矣。日出聽政。至於中昃。諸侯子孫。來往如賓。行禮揖讓。愼其威儀。以此思勞。則勞可知矣。緬然長思。出於四門。周章遠望。覩亡國之墟。必將有數焉。以此思懼。則懼可知矣。夫君者舟也。庶人者水也。水能載舟。亦能覆舟。以此思危。則危可知矣。公曰。善、於是廢山澤之禁。弛關市之稅。以惠百姓。

七十一歲。魯哀公十四年春、西狩獲麟。孔子曰。吾道窮矣。乃歌曰。唐虞世兮麟鳳遊。今非其時來何求。麟兮麟兮我心憂。歌畢、反袂拭面。涕淚沾襟。作春秋。絕筆於獲麟。

七十二歲。在魯。

七十三歲。魯哀公十六年。四月乙丑。卽今之二月十八日。孔子卒。葬魯城北泗上。

第十期

專著　孔子年譜　六

雁影齋題跋卷三續第九期

湘鄉李希聖亦元遺稿

六書統溯源十三卷元本

元楊桓譔。每半葉八行。序文上有季振宜字詵兮號滄葦印。朱文卷一上有文徵明印。白文玉蘭堂印。白文卷首有顧千里手札一通。蓋與袁壽階者。卷尾有孫爾準跋。此書四庫已著錄。然僅十二卷。焦弱侯國史經籍志亦同。此本十三卷。疑十二卷本在前。嗣以末卷太多。故析而爲二。惟千頃堂書目、及錢竹汀補元史藝文志。盧抱經補遼金元藝文志。金鳳誥補三史藝文志。均作十三卷。卽此本也。提要稱其卷三至卷十二。皆諧聲字。此本則作形聲。又言獨缺象形一門。名之曰六書。實止五也。然楊氏原書。並無假借。然則名爲六書。實止四矣。提要蓋未嘗深考也。

附顧千里札

壽階吾兄先生閣下。奉到手示並各册。循覽一過。皆真舊刻本。六書統溯源。乃元槧之至精者。考核既極精微。收羅尤爲宏富。惜不爲佞宋主人所見。刻入士禮居內。以餉海內六書家。留案頭十日。遲遲奉繳。愛不釋手耳。

詩經疏義二十卷元本

每半葉十二行。行十五六字不等。第一卷下題後學番陽朱公遷克升疏義。野谷門人王逢原夫輯錄。松塢門人何英積中增釋。書林安正堂劉氏重刊。元槧中之善本也。四庫本爲葉氏所刊。與此本異。朱子詩集傳自輔廣。劉瑾不甚攻小序。朱氏則別於葛藟之刺平王。緇衣之美武公。皆謂其無據。卽如清人之刺文公。明見於左氏傳者。亦以無據斥之。其餘諸條。亦逐加辨駁。惟白華刺幽后一條。獨以爲可信耳。朱子詩集傳未成。呂伯恭卽有異議。其書初出。葉水心見習學記言陳君舉見四朝文見錄皆起而攻之。而朱子自負特甚。謂後世有揚子雲必好吾書矣。其弊遂流爲王魯齋之改二南。刪鄭衛。衛百詩毛朱詩說至以三百篇非孔子原書爲漢人取孔子已刪之詩一切湊合其說出於程篁墩篁墩出於許魯齋馮景解舂文集已駁之矣師心自用。古義寖微。則又非朱子所料及也。

景德傳燈錄三十卷元本

每半葉十三行。行二十四五六字不等。每卷末有四方木印。署延祐三年刻梓於湖州道場禪幽之菴。或署延祐丙辰重刊於湖州道場山。其字或篆或隸或楷。亦前後不同。考宋龔明之中吳紀聞云。永安禪院僧道元纘佛祖訖近世名儒禪語爲傳燈錄三十卷以獻。祥符中詔翰林學士楊億知制誥李維太常丞王曙刊定刻板宣布。則此書在北宋時卽有官刻。不知海內藏書家尙有之否。

古今事文類聚前集六十卷後集五十卷續集二十八卷別集三十二卷。新集三十六卷。外集十五卷。遺集十五卷。元本前後續別四集。宋祝穆撰。新外二集。元富大用撰。遺集元祝淵撰。每半葉十四行。行二十八字。四庫著錄者。與此本同。所謂元代麻沙板者也。宋元人此等類書。幾於汗牛充棟。本無足觀。不過以其舊籍舊板而錄之耳。祝和父本朱子母黨子姪行。故其人倫部外祖孫一門采入朱子記外大父祝公遺事。和父幼孤。朱子育之於家塾。命黃勉齋爲行冠禮。所以提挈之者。無所不至。嘗訓之云。記問之學。不足爲人師。記得十件只是十件。記得百件只是百件。其鍼砭可謂切矣。而其自序則謂此書善足以爲法。不善足以爲戒。講堂之士。亦將有取。豈徒類書之云乎。殆亦自知其非而故爲解免也。

宋史四百九十六卷元本

每半葉十行。行二十字。前有阿魯圖等表。及修史提調官等銜名。後有至正六年中書省咨浙江等處行中書省文云。精選高平大匠依式鏤板。不致差訛。所用工物。本省貢士莊錢內應付。如果不敷。不以(北監本作拘)是何錢內放支。年終照算。仍禁約合屬。毋得因而一概動擾違錯。工畢用上色高紙印造一百部。裝潢完備。差官赴都。解納外。合行移咨。須至咨(北監本誤盜)者。此本每葉均有刊寫人姓名。而紙墨甚精。尙是當時官本。錢竹汀謂監本汲古本孝宗紀缺一葉。此本獨完。其餘可以補正者尙多。卷首有徐渭仁印(白文)紫珊(朱文)張叔未(白文)淸儀閣(朱文)等印。

歐陽文忠公文集一百五十三卷附錄五卷元本

每半葉十行。行二十字。此本爲周益公所編定者。卽四庫著錄本也。然提兩謂無曾三異編校姓名。此本亦無之。考明天順時所刻本。行欵字數。與此悉符。似卽從此本繙出者。後附編定校正人姓名。於孫謙益丁朝佐王伯芻羅泌諸人之外。有紹熙四年郡人鄉貢進士曾三益字無疑。則此本原有曾名。四庫本偶脫耳。方氏藏本。亦脫去周益公序文。卷首有張之洞審定及壺公無競居士等印。

三國志六十五卷元本

每半葉十行。行大字十九。小字二十、二十一字不等。卷首有梁山舟及蔣維基印。前有大德丙午桐鄉朱天錫跋云。江左憲臺命諸路學校、分派十七史鋟梓池庠所刊者三國志。又有池之爲郡。士類率多貧窶。學計歲入寡贏。是舉幾至中輟。總管王亢宗博士孔淯孫董提以底於成云云。魏志十九、二十一、二十三、二十七、二十八、三十後。均有右修職郎衢州錄事參軍蔡宙校兼監鏤板。左迪功郎衢州州學教授陸俊民校正兩行。則此本實從宋本繙出。紙墨尚精。而譌字不少。如首卷第十葉紹使人說太祖欲連和。宋本紹作給。誤矣。此本不誤。間亦可資校正。其餘略一對校。勝監本實多。日知錄馮夢禎爲南祭酒手校三國志猶不免誤終勝他本方氏有顧千里校三國志。所據卽南監本也。

集百家注分類東坡先生詩二十五卷元本

每半葉十三行。行二十三四字不等。卷首有張之洞審定等印。前有趙夔及王十朋序。所采諸家姓氏、後有建安黃善夫刊於家塾之敬室長方木印。紙墨甚精。元本中之初印也。四庫提要、以王十朋及趙夔二序。皆係依託以年月及王梅溪集考之。其僞顯然。其標題稱王狀元。而諸家姓氏內有王龜齡王夢齡王昌齡名。必係當時書賈射利者之所爲。惟提要稱趙夔序分五十類。實止二十九類。蓋有所合併。此本分七十九類。溢於趙夔原序。豈又有所分析耶。所錄諸家姓氏。共九十六人。稱爲百家。亦不爲過。提要以千家注杜詩。五百家注韓柳文之故。示誇誕者相況。殊爲失平。四庫著錄者。爲三十二卷本與此本不同。

稽古錄二十卷 元本

每半葉十行。行字大小不等。卷首有墨林珍賞朱文及陳繼儒印。白文考書錄解題。此書宋刻有二本。越本彙衆諸論於一卷。潭本則分係於各代之後。此本與潭本合。卽四庫著錄本也。然不言潭本爲何人所刻。考朱子大全集有與鄭知院書。某嘗在長沙。嘗得溫公稽古錄正本。別爲刊刻。殊勝今越中本。始知潭本爲朱子在長沙時所刻。不知海內藏書家尚有之否。

（未完）

孝經補傳述禮

長沙黃　鞏子冏

孝經者、合修齊治平之事。而歸之于孝也。故曰孝爲德行之全。百行莫先于孝也。後儒或疑孝經偏重于顯揚。不知孝經言天子之孝。卽由愛敬所推致。則尊親者其分量之所極。而所以能致尊親者。不出乎門內之愛敬也。夫百行之美。一有不能致其極。則于孝子立身之道有虧。使夫人刻刻有不可爲人不可爲子之心。而後立乎天地之中。無一事不敢不自勉。以求克盡乎人道之極。始克盡乎子道。是以賢人君子。自始生以至于歸終。無一息不有旦明之畏。乾惕之心。對天地萬物。皆如臨之以父母。詩曰孝子不匱。能不匱而後克全乎孝也。古聖帝明王賢人君子。皆以大孝稱者。蓋能濟天地之窮。斯能立天地之極。能立天地之極。始克盡事天之職。能盡事天之職。而後天地不虛生有是人。父母不虛生有是子。故事天如事父。事父如事天焉。孝固易言乎哉。此篇與論語同出孔壁。先儒不以列四書。蓋有未達之義。茲進推其義與論語教孝之道一貫。故取補四書。蓋不如此。不知聖人之道之大。不知聖人爲教之切。書成於曾子之門人。而傳脫簡於戴記。今爲考訂補遺。以完其義。

仲尼居。曾子侍。子曰、先王有至德要道。以順天下。民用和睦。上下無怨。汝知之乎。曾子避席曰。參不敏。何足以知之。子曰、夫孝德之本也。教之所由生也。復坐吾語汝。身體髮膚受之父母。不敢毀傷。孝之始也。立身行道。揚名於後世。以顯父母。孝之終也。夫孝始於事親。中於事君。終於立身。大雅云、無念爾祖。聿修厥德。

此曾子之門人所述也。至德謂無加。要道謂至切。順推而理之也。和睦無怨。明明德而致時雝也。此括修、齊、治、平之全德。德本謂起化自身也。教所由生。謂本立而道生也。言孝為為仁之本。膚髮不敢毀傷。敬行父母之遺體。所以全、受、全、歸也。不失其身。而後能事其親。此為孝之始。立身行道。包天子諸侯卿大夫賢人君子而言。謂能顯揚父母。而後為孝之終也。始於事親。守身、奉、養、服、勞之事。中於事君。移孝、作、忠、及為祿仕之義。立身行道。則終、身、尊、親、與、不、辱之義。大雅頌文王之修德。能如舜文之修德。而後能揚名于後世也。

子曰。愛親者不敢惡於人。敬親者不敢慢於人。愛敬盡於事親。而德加於百姓。刑于四。海蓋天子之孝也。甫刑云。一人有慶。兆民賴之。

此言孝之感通天下。但推愛敬之心。爲錫類不匱之道。不敢惡於人。愛人也。不敢慢於人。敬人也。能愛人敬人。而天下又豈有惡慢我者乎。迨至天下和平。德加百姓。刑于四海。而孝子不過盡其愛敬之道。天子之孝。謂舜與文王之事也。夫天子猶不敢惡慢於人。而况天子以下者乎。此卽孟子仁者愛人。有禮者敬人之義。蓋孝之至。所以成其仁禮耳。

在上不驕。高而不危。制節謹度。滿而不溢。高而不危。所以長守貴也。滿而不溢。所以長守富也。富貴不離其身。然後能保其社稷。而和其民人。蓋諸侯之孝也。詩云、戰戰兢兢。如臨深淵。如履薄冰。

諸侯之孝。無過于繼世象賢。蓋保社稷和民人。亦不外于戒驕去泰。不驕所以不危。制謹所以不溢。此卽不敢惡慢于人之道也。詩言戰兢。戒謹之至也。

非先王之法服不敢服。非先王之法言不敢道。非先王之德行不敢行。是故非法不言。非道不行。口無擇言。身無擇行。言滿天下無口過。行滿天下無怨惡。三者備矣。然後能守其宗廟。蓋卿大夫之孝也。詩云、夙夜匪懈。以事一人。
卿大夫之孝無過于敬守宗廟以奉祭祀。愼服謹言敏行。所以循法度而不敢違
禮也。遵先王之法。而後言行不違于禮。交于天下。無口過無怨惡。此宗廟之所以
能守也。卿大夫之孝。亦不敢惡慢于人之心所推也。
資於事父以事母。而愛同。資於事父以事君。而敬同。故母取其愛。君取其敬。兼之者
父也。故以孝事君則忠。以敬事長則順。忠順不失以事其上。然後能保其祿位而守
其祭祀。蓋士之孝也。詩云、夙興夜寐。無忝爾所生。
母親而不尊。與父同愛未同其敬。君尊而不親。與父同敬未同其愛。父則尊親並
至。愛敬兼隆。此常人之情也。資之者準其情以盡其禮也。必資于事父者。謂愛敬
兼隆而後得爲孝也。推之以事君長而忠順之道不失。此士之保祿位守祭祀之
道也。蓋自天子以至于士。無非以愛敬之道爲推致其間。刑四海保社稷宗廟祿
位。則各就其分量而言耳。
用天之道。分地之利。謹身節用。以養父母。此庶人之孝也。故自天子以至於庶人。孝

無終始。而患不及者。未之有也。

天之道。謂春生秋成夏暑冬寒之候。地之利。謂高下燥溼五穀所宜。山鹿豕澤魚鼈所生。謹身節用。戒其惰荒。而無世俗所謂五不孝之事。蓋庶人之孝。竭力用勞。但能致思于父母慈愛。而自有不容自已之心。以行其無所不盡之力。無終始。謂一身無有或間之時。夫庶人之孝思且如此。而況天子諸侯卿大夫士乎。故又自天子以下交勉之。患不及未之有者。謂自用力用勞以至于不匱。雖分有各殊。而道無不可以各自盡其極。故不患有所不及。勿以庶人不能尊顯。有未盡之道也。

右第一章。言孝之道大。無間于天子庶人。而要不外由愛敬之心所推。

曾子曰。甚哉孝之大也。子曰、夫孝天之經也。地之義也。民之行也。天地之經。而民是則之。則天之明。因地之利。以順天下。是以其教不肅而成。其政不嚴而治。先王見教之可以化民也。是故先之以博愛。而民莫遺其親。陳之以德義。而民興行。先之以敬讓。而民不爭。導之以禮樂。而民和睦。示之以好惡。而民知禁。詩云、赫赫師尹。民具爾瞻。

天之經。如日星之昭垂。地之義。如山河之分布。民之行。謂日用飲食之質也。則法效也。日星昭垂。生物之道。陽之明也。山河分布。成物之功。陰之利也。法效天地生成之德。以治理天下。故其政教易行。此孝之推其愛敬也。博愛如篤親不遺故舊老老恤孤之事。德義如尊位重祿忠信之事。敬讓如朝聘送迎之事。禮樂如宴饗贈答之文。好惡如紬陟刑賞之用。蓋天地之生成者萬物。父母之生成者人子。而人君行政教。順天地父母生成之德。以達於道德仁義禮樂刑政之用。無非曲成萬物。敦叙彝倫以遂天地之和。故其道四達而不悖。詩詠具瞻。取上行下效之義也。

子曰、昔者明王之以孝治天下也。不敢遺小國之臣。而况於公侯伯子男乎。故得萬國之懽心。以事其先王。治國者不敢侮於鰥寡。而况於士民乎。故得百姓之懽心以事其先君。治家者不敢失於臣妾。而况於妻子乎。故得家人之懽心以事其親。夫然故生則親安之。祭則鬼享之。是以天下和平。災害不生。禍亂不作。故明王之以孝治天下也如此。詩云、有覺德行。四國順之。

此申上章不敢惡慢於人之義。自天子以至于庶人。莫不皆然也。天子諸侯卿大夫士不惡慢於臣下。則天下舉無敢惡慢之人。無敢惡慢之人而後得天下之人之懽心。以事其先王先君與父母。而平章睦雝之化。萃于一時。生則親安。祭則鬼享。皆和氣所聚也。故治孝之政。教非求悅于民人。乃求悅于親也。孝經之道。合天下百爲之美而切爲之教也夫。

右第二章言孝之爲道。法于天地。和于民人。

曾子曰。敢問聖人之德。無以加於孝乎。子曰、天地之性人爲貴。人之行莫大於孝。孝莫大於嚴父。嚴父莫大於配天。則周公其人也。昔者周公郊祀后稷以配天。宗祀文王於明堂以配上帝。是以四海之內。各以其職來祭。夫聖人之德。又何以加於孝乎。故親生之膝下。以養父母日嚴。聖人因嚴以教敬。因親以教愛。聖人之教不肅而成。其政不嚴而治。其所因者本也。

此推言敬愛之原。天地之性。謂所生也。人爲貴者。謂靈於萬物也。行莫大於孝者。謂能全其所生而推其能以至于參贊化育也。嚴謂敬愛而尊之也。配天謂其德無外也。配上帝謂其尊無及也。四海之內各以其職來祭。所謂以天下養也。郊社之祀。爲禮之至隆。周公因己尊愛之心。而教天下以敬愛之道。此武王周公所以爲達孝也。蓋合四海之人。以尊愛我之親。卽欲合四海之人而各敬愛其親。此周公之教也。所因者本。謂能推己以及人也。

父子之道天性也。君臣之義也。父母生之。續莫大焉。君親臨之。厚莫重焉。故不愛其親。而愛他人者。謂之悖德。不敬其親。而敬他人者。謂之悖禮。以順則逆。民無則焉。不在於善。而皆在於凶德。雖得之。君子不貴也。君子則不然。言思可道。行思可樂。德義可尊。作事可法。容止可觀。進退可度。以臨其民。是以其民畏而愛之。則而象之。故能成其德教。而行其政令。詩云。淑人君子。其儀不忒。

天性謂出于生成之德。故孝之道。更篤于君臣之義。而臨之以君臣。則愛而兼敬。而後不悖于德禮也。若舍天性之恩情。而與他人言愛敬。則必悖于德禮。此後世各種學說。其流弊皆出于逆與凶。而非君子之所貴也。君子之言行威儀。皆以孝爲行仁之本。故可以則象而爲民法也。

右第三章。推言敬愛之原。效天地。和人民。以極尊親之量。

子曰。孝子之事親也。居則致其敬。養則致其樂。病則致其憂。喪則致其哀。祭則致其嚴。五者備矣。然後能事其親。事親者。居上不驕。爲下不亂。在醜不爭。居上而驕則亡。爲下而亂則刑。在醜而爭則兵。三者不除。雖日用三牲之養。猶爲不孝也。子曰。五刑之屬三千。而罪莫大於不孝。要君者無上。非聖人者無法。非孝者無親。此大亂之道也。

此言敬愛之用隨地隨時。而各有所見之道也。樂憂哀嚴。無非敬愛之心所分見其極致。故必備五者。而後能事親。一有不備。則于孝有虧。驕亂爭皆爲逆而不順之氣。故三者不除。非孝也。三牲太少牢與雞豚。德莫大于孝。刑亦莫大于不孝。故無親之罪。與無上無法同。所以禁天下之大亂也。

子曰。教民親愛。莫善於孝。教民禮順。莫善於悌。移風易俗。莫善於樂。安上治民。莫善於禮。禮者敬而已矣。故敬其父則子悅。敬其兄則弟悅。敬其君則臣悅。敬一人而千萬人悅。所敬者寡。而悅者衆。此之謂要道也。

此以下言以孝爲教之道。孝弟之教。通于禮樂政治者。以其推愛敬于人。而能致人之子弟臣友之悅也。所推者寡而所致者衆。故教孝爲治民之要道。

子曰。君子之教以孝也。非家至而日見之也。教以孝。所以敬天下之爲人父者也。教以悌。所以敬天下之爲人兄者也。教以臣。所以敬天下之爲人君者也。詩云、愷悌君子。民之父母。非至德其孰能順民如此其大者乎。

推我孝親悌兄臣君之義。而能使天下之爲父兄君長者皆得其敬。所謂知爲人子。然後能爲人父。知爲人弟。然後能爲人兄。知爲人臣。然後能爲人君。知事人然後能使人者。是也。約之爲愛敬之道。推之爲大順之原。故其德爲至也。

子曰。君子之事親孝。故忠可移於君。事兄悌。故順可移於長。居家理。故治可移於官。是以行成於內。而名立於後世矣。

移忠移順移官之道。無非敬愛之所推。行成於內而名立於後世者。孝友施於有政。千百世不易其道。故千百世不易其名也。

右第四章。言孝之爲教。可以轉亂爲治。

曾子曰。若夫慈愛恭敬。安親揚名。則聞命矣。敢問子從父之令。可謂孝乎。子曰、是何言與。是何言與。昔者天子有爭臣七人。雖無道不失其天下。諸侯有爭臣五人。雖無道不失其國。大夫有爭臣三人。雖無道不失其家。士有爭友。則身不離於令名。父有爭子。則身不陷於不義。故當不義。則子不可以不爭於父。臣不可以不爭於君。故當不義則爭之。從父之令。又焉得爲孝乎。

此以不陷親於不義爲孝。故泰伯虞仲爲孝。而申生止爲恭也。此章之義。合之論語幾諫章。及曲禮之言。爲得其全。所謂不悅與其得罪於鄉里州閭也。寧孰諫。父母怒不悅。而撻之流血。不敢疾怨。起敬起孝者是已。七人不失。如紂之久而後亡。五人不失。如衞靈公。三人不失。如智趙之分。此節之義。不合論語曲禮則義不全。

子曰。昔者明王事父孝。故事天明。事母孝。故事地察。長幼順。故上下治。天地明察。神明彰矣。故雖天子必有尊也。言有父也。必有先也。言有兄也。宗廟致敬。不忘親也。修身愼行。恐辱先也。宗廟致敬。鬼神著矣。孝悌之至。通於神明。光于四海。無所不通。詩云、自西自東。自南自北。無思不服。

專著 孝經補傳述禮 一三

事天明。事地察。郊社之禮明也。長幼順。宗廟昭穆之分也。尊先如昭穆之等。燕毛之序。鬼神著。謂先王先公之列也。通神明。光四海。所謂明乎郊社之禮禘嘗之義。治國如視諸掌也。

子曰。君子之事上也。進思盡忠。退思補過。將順其美。匡救其惡。故上下能相親也。詩云。心乎愛矣。遐不謂矣。中心藏之。何日忘之。

此推言孝悌之道明。而人皆以愛敬爲心。故事上者。有盡忠補過之思。將順其美。陳善導颺之事也。匡救其惡。閉邪之事也。上下相親。和睦之至也。詩言愛在心。則匡導有不容已之意。所謂忠焉能勿誨乎者是也。此節卽明上爭臣爭子之義。

子曰。孝子之喪親也。哭不偯。禮無容。言不文。服美不安。聞樂不樂。食旨不甘。此哀戚之情也。三日而食。教民無以死傷生。毀不滅性。此聖人之政也。喪不過三年。示民有終也。爲之棺椁衣衾而舉之。陳其簠簋而哀慼之。擗踊哭泣。哀以送之。卜其宅兆而安措之。爲之宗廟。以鬼享之。春秋祭祀。以時思之。生事愛敬。死事哀慼。生民之本盡矣。死生之義備矣。孝子之事親終矣。

此備言死事之義。不偯失聲也。無容面深墨也。不文無修辭也。不滅性無危其身也。喪不過三年。天地再週之期。有終謂有始則必有終。無毀滅不已之惑也。喪爲事親之變。盡其居變之道。而後能誠信以成其葬祭之禮。而終其事親之事。故曰、其事備。其義終。謂其事無可再加也。

右第五章、總言事親之常變始終。雖備其義。而情真未盡。故知有脫也。

補傳

此篇言立身守身之義。至大至精。脫於戴記祭義後。今補于此。而孝經之義乃全。

曾子曰、孝有三。大孝尊親。其次弗辱。其下能養。公明儀問於曾子曰。夫子可以爲孝乎。曾子曰、是何言與。是何言與。君子之所謂孝者。先意承志。諭父母於道。參直養者也。安能爲孝乎。

尊親謂舜與周公之事。不辱則顏閔曾孟之立身行道也。能養謂凡竭力用勞者。先意承志。諭父母于道。所以不辱其親也。正曾子養志之道而不自居。或疑不居舜周之位。不足以尊親。曰能不辱而後可以尊親。如孔顏曾孟。德爲聖人。天下悅之。後世奉之宗廟饗之其尊顯又何異于舜周乎。
曾子曰。身也者。父母之遺體也。行父母之遺體。敢不敬乎。居處不莊。非孝也。事君不忠。非孝也。涖官不敬。非孝也。朋友不信。非孝也。戰陳無勇。非孝也。五者不遂。烖及於親。敢不敬乎。烹孰羶薌。嘗而薦之。非孝也養也。君子之所謂孝也者。國人稱願然曰。幸哉有子。如此。所謂孝也已。

曾子以不辱其親爲孝。故重在敬身。推敬身之道。而居處事君涖官交友戰陳之事。無敢不敬。所以兢兢恐辱親也。羶薌之薦。宗廟之饗也。薦饗猶是養。則君子之所重可知已。此與告孟敬子章同意。國人稱願然。如閔子騫之人不間於父母昆弟之言。是已、曰。幸哉有子。蓋非是子。不足以成父母之名者。故事聖賢之親。則以善繼述爲幸。事頑嚚之親。則以幹蠱烝乂爲幸也。

衆之本教曰孝。其行曰養。養可能也。敬爲難。敬可能也。安爲難。安可能也。卒爲難。父母既沒。愼行其身。不遺父母惡名。可謂能終矣。仁者仁此者也。禮者履此者也。義者宜此者也。信者信此者也。强者强此者也。樂自順此生。刑自反此作。

本教謂孝爲百行之先。故以爲教之本。所謂本立而道生也。其行曰養。行孝之道自養始也。養謂左右就養無方。非僅酒食之饌。敬則有尊嚴之心。安謂先意承志。使親心悅而安之。卒則立身行道。揚名於後世之事。此既沒之愼行能終也。由養以至卒。愈行之而愈見難。此所以終身戰兢冰淵也。推之仁禮義信勇之行。無非克全其孝。順則生樂。反則作刑。謂國家之勸懲。亦在是也。

曾子曰、夫孝置之而塞乎天地。溥之而橫乎四海。施諸後世而無朝夕。推而放諸東海而準。推而放諸西海而準。推而放諸南海而準。推而放諸北海而準。詩云、自西自東。自南自北。無思不服。此之謂也。

此言孝之廣大。置樹立也。塞乎天地。謂全受全歸之義。貫乎造化之生成也。溥徧施也。橫乎四海。謂凡有血氣者。莫不尊親也。施諸後世無朝夕者。有晝夜。卽有生成之化也。東西南北之推準。雖夷狄。不可以外生成之德也。

曾子曰。樹木以時伐焉。禽獸以時殺焉。夫子曰、斷一樹。殺一獸。不以其時。非孝也。

此言孝之微小。推其愛以惜物。而一木一生之斷殺。皆乖天地之和。非錫類不匱之義也。

孝有三。小孝用力。中孝用勞。大孝不匱。思慈愛忘勞。可謂用力矣。尊仁安義。可謂用勞矣。博施備物。可謂不匱矣。父母愛之。喜而弗忘。父母惡之。懼而不怨。父母有過。諫而不逆。父母既沒。必求仁者之粟以祀之。此之謂禮終。

小中大以分位而言。用力用勞不匱。亦因分量而致。然而孝子之致思如一也。思慈愛忘勞。則竭力而不自知其竭也。此顓愚之懇摯。尊仁安義。則士大夫之立身行道也。博施備物。則天子諸侯之致其誠孝也。三者皆各有自盡不容已之心。至于愛之喜弗忘。惡之懼弗怨。有過諫弗逆。既沒敬祀之禮終。則自天子至于庶人。所當同致者也。求仁粟。充不辱之心至盡

右第一章記曾子論孝。發明尊顯之義。更爲深切。

樂正子春下堂而傷其足。數月不出。猶有憂色。門弟子曰。夫子之足瘳矣。數月不出。猶有憂色。何也。樂正子春曰。善如爾之問也。善如爾之問也。吾聞諸曾子。曾子聞諸夫子曰。天之所生。地之所養。無人爲大。父母全而生之。子全而歸之。可謂孝矣。不虧

其體。不辱其身。可謂全矣。故君子頃步而不敢忘孝也。今予忘孝之道。予是以有憂色也。

足瘳而數月有憂色。臨深履薄之心。誠中形外而不能已也。善其問而尊重所聞。欲門弟子之敬守弗忘也。天地之篤生。莫大于人。則我不可以不自重其篤生形骸者父母所遺。父母亦天地也。故愛其身所以愛父母。敬其身所以敬父母。敬愛父母。所以敬愛天地。孝子之事親如事帝天。孝子之敬身卽敬帝天。此聖門弟子。莫不守全受全歸之義也。

壹舉足而不敢忘父母。壹出言而不敢忘父母。壹舉足而不敢忘父母。是故道而不徑。舟而不游。不敢以先父母之遺體行殆。壹出言而不敢忘父母。是故惡言不出於口。忿言不反於身。不辱其身。不羞其親。可謂孝矣。

推言舉足出言之兢兢戰懼。壹舉足而不敢忘父母。何至動于非禮。壹出言而不敢忘父母。何至發于非道。孝子之不忘親。不敢辱親也。不敢辱親。何至有非禮非義之言動。此教以孝而天下斷無有非道義之人。世何至于大亂乎。

右第二章、記樂正子春能守敬身之道。此二章充不辱之義至盡。知不辱而後不至汨沒名利。苟求富貴利達。藉口爲顯揚。蓋尊之而實以辱之。不如不辱之爲尊也大矣。然則孝子尊親之心。其可動于非分乎。王船山先生曰。孝子用心之實。敬身之道。不舍孝悌而別爲一端。後世不察于孝經顯親之說。乃以聲名爲重。敬養爲輕。恣其汨沒名利之私。而藉顯親爲口實、乃至戕髮膚。躬薉行。苟求富貴而謂不獲于忠。且盡其孝。禽行猖。人心滅。其禍烈矣。使察乎此。其能伸邪說以自蓋其惡而蠱惑天下乎。按先生此論爲明季無恥臣僚之喪節諂諛者。痛加唾罵也。然今日時事。此義尤不可不申明。今之妄求顯揚而蹈於不義。以致千萬世辱其親。雖有孝子慈孫而莫能改者。比比何多也。聞此義能無毛髮聳然。故孝經之義明。上無貪殘辱國之士。下無犯上作亂之民。而天下何至于有敗亡乎。（完）

湘潭泉冲王氏譜例 幷序

湘潭王道純仲厚 代王振育撰

夫今日中國厄於列强共同侵略之下。而不克自拔者。其弊不在貧弱而在民族之不精誠團結。近代孫文氏創立三民主義。於民族一章。首重團結。固深知欲謀富强必先團結民族。而民族之團結。又必自嚴密宗族組織始也。蓋民族原以血統爲其天然基礎。宗族者血統所附麗。民族於焉託始者也。間嘗考之。族者湊也。聚也。（見廣雅釋言。白虎通宗族篇。及莊子在宥篇。雲氣不待族而雨下。諸注文。）謂恩愛流湊。有會聚之道也。族者屬也。（見國語齊語工立三族注。及左傳孔穎達疏文。）謂子孫連屬。有互助之義也。族者類也。（見書堯典方命圮族傳。及左傳必取其族。國語晉語非是族也。不在祀典。諸注文。）謂必一德一心。始能防彼非類之異心也。族者羣也。（見周書程典工不族居注文。）謂必羣策羣力。始能謀我一族之安全也。族之時義大矣哉。小而宗族。大而民族。何莫由斯道也。既有族矣。自不能不有紀載。紀載之書。在民族爲國史。在宗族爲家譜。雖廣狹不同。而其爲紀載之書則一也。況民族乃諸姓宗族之集團。尤必先有家譜。然後始有國史之可言。是家譜實爲國史之基礎。又非僅注序世統。事資周普已也。我王氏族系出周靈王太子晉公。以直諫廢爲庶人。其子宗敬公（一作宗恭）爲司徒。時人號曰王家。此鄭樵通志所稱太原之王。出於姬姓。以爵爲氏者也。晉公承天潢之源派。衍苗裔於太原。五十七傳至該公。由蜀而廬陵而安福。又十七傳至輔泰公。於元至治三年以舉人官善化教諭。卒於官。子汝礪公卜居湘潭南鄉之泉沖。至正七年舉於鄉。遂爲湘潭縣人焉。二公事蹟。均載湘潭縣志。及湖南通志。輔泰公而上。泝洄至黃帝軒轅氏。閱百一十四世。歷四千零三十一年。考黃帝生於民國紀元前四六一九年。輔泰公卒於民國紀元前五八八年。輔泰公而下。遞傳至今。又已二十三世。凡六百六十九年矣。輔泰公生於民國紀元前六四六年。本譜成於民國紀元後二十三年。此四千六百四十二年。百三十六世考羅泌路史及戴東原文集所載。均疑由后稷至文王不止十五世。而錢大昕廿二史考異。則又謂由霸公至潭公相距僅百三四十年。必無傳世二十之理。是則自黃帝迄今之世數。由前之說。且將過之。由後之說。又將不及也。然本譜所考得之年數世數。計每世相隔平均約三十四年。實與說文三十年爲一世之數。無甚差異。兩說雖難臆斷。要皆無礙於我族世代之推算也。顧說者謂孔聖生於周靈王之二十一年。太子晉公諫壅穀洛在靈王之二十二年。其生年之相去不過十餘稔耳。乃孔氏之世數南房宗派固不得知。然曲阜之衍聖公傳至於今則僅八十世。而晉公則已傳至九十五世。其故何也。曰。是不然。夫世代相隔之遠近。當視乎生育之遲早。孔聖得子遲。晉公得子早。自時厥後。早者愈早。而遲者亦愈遲。傳衍迄今。相隔十餘世。亦屬事理之常。又安可以其相去不遠。遂有所疑耶。以前無論矣。即就我泉沖言之。六百六十九年間。已有七世之隔。而謂四千六百四十二年間。不能隔十餘世乎。之悠久歷史。雖大半已詳正史。而所資以普載世系。敷布事蹟者。則仍不能不惟家譜是賴。夫譜法譜學原出於周而盛於王。考周禮小史掌邦國之志·奠繫世·辨昭穆·觀桓譚新論引太史公語·知譜法當始於周也·又梁武帝詔王僧儒改正百家譜集鈔十五卷·南北譜十卷·一作東南譜十卷·爲當世所重·稱王氏譜學焉·並見南史梁書本傳·及隋書經籍志·其紀載之採入典籍。考裴松之注三國魏志·劉孝標注世說新語·多引王氏譜以爲考證·著爲專篇者。考隋書經籍志·褚覬等撰太原王氏家傳·王褒撰王氏江左世家傳·嘉話錄宰相王方慶進其家自右軍以下至僧虔智永禪師二十五人書帖一卷·謂之王氏世寶·亦名王氏集錄·宋史藝文志王開撰祖儒志·王淹撰槐庭濟美錄·王瓘撰廣軒轅本紀·其著作者·固皆我族先哲·又復屢見迭出。家學淵源。亦既數千百年於茲矣。而謂爲之子孫者。能不纘承先緒。努力以赴之乎。我族由贛遷湘。迭經鼎革。舊譜遺亡。至清乾隆十一年丙寅。始有泉沖初修譜之編纂。自是而後。嘉慶甲子。咸豐壬子。光緒壬辰。各有所續。但皆以輔泰公爲遷湘後之始祖。以上則闕而不錄。蓋亦刪書斷自唐虞之意也。按四修譜梅貞公序·始載有自輔泰公之七世祖庭珪公而上至該公間十一世列祖名諱事蹟·原自廬陵舉人王時王驥之王念琛安福進士王棒蔭諸前輩試卷履歷中採錄而來·及今試卷猶存·概由族校保管·且將諸前輩之[illegible]何支派世系·由廬陵安福兩縣志中·考證明確·分注於本原志基祖分居表備攷欄內·以誌不忘當日敍述本原之所由來也·民國辛酉壬戌間。曾議續修。未果。壬申宗祠禴祭。少長咸集。遂復舊事重提。及時籌備。不二月譜館成立。癸酉夏五月開雕。甲戌秋七月竣梓。十年來求而未得者。今竟如願以償。其欣幸爲何如耶。從茲流湊會聚。連屬互助。一德一心。羣策羣力。則人不獨親其親。子其子。將使老有終。壯有用。幼有長。鰥寡孤獨廢疾者皆有養。誠如是也則大道行矣天下公矣。尙何富强之足道哉。至本屆所訂志表錄記諸大綱。當設計之初。於藍本之有無。程式之何若。編纂之難易。時間之久暫。均未顧及。故自壽梓以還。有急就成篇。致多掛漏者。如箴規志之未採王昶家誠王祥子孫遺令王褒幼訓王紹珪古今孝悌錄王文成傳習錄王中書歡孝歌禮節志之漏列王坦之喪服議待徵錄之漏列盧溪集詞等是。有甲去乙替。編法各異者。如公田契約諸志等是。有顧此失彼。欵式不一者。如紀載事實之失次序稱過名字之未劃一排定卷帙之不均匀以及鉛印木印之不能一致等是。有待稿較遲。勉强補入者。如雜考之補入本原志附錄中及傳贊契約之插入拾遺志等是。有稿凡十易。仍難簡括者。如本志全原是因編輯者寓居長沙每脫出一稿急於寄館付印省鄉隔部寫原底難於調閱故首尾不能相應致多重複漏落之弊。更有殺青之後。仍須重印者。如字名卷頁年齡派系絕房檢查男丁統計表及塋域檢查表等是。遂致歷時三載。費欵萬餘。非敢好大喜功。特欲於世衰道微之日。稍維舊有禮教於萬一耳。慨自海通以後。舉國之人。幾視睦族親宗。爲無與於修齊治平之大道。其害可勝言哉。故於族譜告成之日。詳敍族之意義。譜之重要。姓之原始。欲使後人知數千年聲明文物之邦。實自有其萬古不磨之禮教在也。若夫歷代舊譜之序跋。其書法考證立意措辭。均各有其精神獨到之處。亦經分別性質。弁諸卷首。或列入本原舊章諸志中。更欲使後人於瀏覽之餘。而益念前賢先哲屬望之殷。必求所以奮發之道。則我王氏子孫、庶幾無忝所生矣。

體例述要

王道純

昔杜預序左氏傳有云。其發凡以言例。皆經國之常制。周公之垂法。史書之舊章。仲尼從而修之。以成一經之通體。蓋謂體旣立。則用自宏。例必言斯。凡乃發此。亙古不易之定理也。本譜體例述要十二則。其意義實取諸杜氏。而其名稱則出自晉書。李重傳曰。革法創制。當先盡開塞利害之理。舉而措之。使體例大通。而無否滯。其章法則倣乎史記。太史公自序多以四言韻語行之。非敢立異矜奇。特欲使後人於未閱本譜之先。瞭然於提綱絜領之道。旣閱本譜之後。更恍然於執簡馭繁之方。或亦有補於譜牒之學也歟。

周創譜法。周官小史掌邦國之志。奠繫世。辨昭穆。世本有由。漢書藝文志世本敍黃帝以來祖世所出。漢初得之。由來遠矣。譜錄隋書經籍志譜系篇。周太祖入關。諸姓子孫有功者。並令爲宗長。仍撰譜錄。紀其所承。家牒。文選注劉歆七略載揚雄撰家牒。官譜豈優。鄭氏官譜。世譜後漢書百官志宗正注胡廣曰。又歲一治諸王世譜。差序次第。昭穆。摯虞撰昭穆記。述系難周。隋書經籍志姚最撰述系傳。世家司馬氏世家。史新唐書藝文志劉子元撰家史。傳。宋史藝文志褚覬等撰家傳。血脈趙異世撰血脈圖。又有鮮于氏血脈圖。源流。宋史藝文志李匡文撰源流統譜。賢英宋史藝文志賈執撰賢英錄。又陸師儒撰英賢錄。世錄。宋史藝文志孫祕撰尊祖論世錄。祖儒志修。宋史藝文志王開撰祖儒志。世寶嘉話錄宋王方慶撰。一名集錄。世典。輯徐達沐英郭英三家世系勳伐本末稱爲世典。家乘相侔。兪慶張天水均撰有家乘。淵源元史藝文志汪松壽撰淵源錄。繩蟄。朱宙枝撰繩蟄錄。世系允留。明史藝文志中山徐氏撰世系錄。歐蘇族譜。體例罕儔。歐陽修蘇洵均撰有族譜。歐後豫章羅氏盧龍趙氏義烏黃氏維陽楊氏臨川危氏亦踵爲之。見元史藝文志。然歐蘇體例。則誠前無古人。後無來者。豈非譜聖也哉。述歷代譜牒源流及其體例優劣一。

譜牒名稱。無分新舊。漢魏以還。簡帙實富。隋書經籍志著譜系篇四十一部。新唐書藝文志敍譜牒類十七家。誠巨觀也。以姓繫之。自西晉候。劉注世說。引證無漏。劉孝標注世說新語。曾引王謝桓郗溫馮周羊殷劉庾吳歐諸氏譜。以資印證。地望標明。體亦非陋。隋書經籍志載京兆韋氏譜。新唐書藝文志載滎陽鄭氏譜之類。其體例豈涉於陋哉。並著里居。例不罕覯。如鼎城紀氏譜之類是也。房從枝分。篇非急就。新唐書藝文志載李氏房從譜。韋氏諸房略。隋書經籍志載楊氏枝分譜。紀載詳明。自非一朝一夕所能編就者也。本譜題名。庶幾不謬。是編署名湘潭泉沖王氏族譜。且依房支次第。分載世系事蹟。其體例蓋皆有所師承也。述本譜署名及所取法之體例二。

布列周普。作譜之意。劉熙釋名。譜者布也。布列見事也。劉文心雕龍。譜者普也。注序世紀。事資周普也。古人作譜之意。其在斯乎。不厭精詳。各從其類。歸納爲四。志表錄記。是譜就其性質。分爲志表錄記四類。以總括之。庶不散漫。沿舊增新。十六分志。

計分本原舊章世德塋域祠廟箴規禮節教育著述公田契約義舉惠澤水利交傳拾遺十六志夫族譜者原以紀載世系為主旨也所有祠規家訓祭文壽文墓誌涉贊祠圖墓圖祀田之屬似應倣照蘇氏譜例編為後錄以免淆雜然考舊唐書家譜家傳早已合為一類非若隋書經籍志之以家譜入譜系家傳入傳記分而為二者可比且劉子元史通有云紀傳之外有所不盡雙字片文於斯備錄則一家之書自亦不妨排比類列於諸志之中庶幾舊譜文字備錄靡遺新輯資料亦能詳載也

連續縱橫。十表居次。計分檢查暨男丁統計表年代暨主死統計表婦所出女所適姓氏一覽表同名表嫁娶人數比較表職業統計表歷修人口增減比較表各派平均年齡比較表全族同派年齡差異比較表陰陽歷對照表其附列於志記錄中之各表不與焉

錄數有七。世系尤備。計派分齒錄及于歸待聘式穀殤葬待徵裕後全歸七錄惟派系齒錄系所以紀載生歿葬向者也以其關係重要故較他錄為尤詳耳

記始末者。纂修之事。末附修纂始末記

述本譜分志表錄緒言說明。各述大概。志表錄記已列有緒言說明者體例自在其中故不逐項贅述

記之用意及其名義三。

晉公衍派。受姓曰王。周靈王太子晉公以直諫廢為庶人其子宗敬為司徒時人號曰王家因以為氏是為我族受姓之祖

太原古郡。咸公九世孫霸公始居太原是為我族郡祖

吉安故鄉。該公由蜀遷吉安廬陵再遷安福連嶺是為我族籍祖

金田來宦。振鐸南邦。輔泰公由安福金田遊宦來湘任善化教諭是為我族遷祖

湘潭開派。世有重光。子汝礪公卜居湘潭之泉沖因開派焉兩公同以孝廉為時所重。

初修族譜。斷自遷湘。以前世系。闕而不詳。今茲續纂。仍率舊章。本原另志。數典不忘。我思公纂初修譜以輔泰公為始祖以上則闕而未載蓋其時經費困難無力刊刻原擬俟續修之日公項有餘另成一帙距歲月遷流人事代謝原底散佚遂致

遷湘以前世系事蹟淹沒不傳，此次五修，竭數年調查之力，始克編成本原一志，自黃帝迄於輔泰公，分爲四個時期，而以參考資料調查函件附錄於後，源源本本，如數指上螺紋，蓋亦尊重我思公之遺命也，非列祖在天之靈，潛扶默佑，曷克臻此，

述本族受姓得郡占籍遷湘之原委四。

遷祖四傳，閿闓二系。閿公曾孫，是爲恩憩。感屬另房，闓公之裔。三房而後，卅二支繼。今傳其七，引之勿替。遷湘始祖輔泰公一傳汝礪公，再傳尚玢公，三傳爵盛公，四傳襲閿、襲闓二公。閿公一傳熙公，再傳槐俊公，三傳廷恩、廷憩二公。闓公一傳忽公，再傳槐仲公，三傳廷感，恩憩感三公同屬輔泰公之八世孫，此我族恩憩感三房所由分也。恩公三傳至國策、國順、國禎、國龍、國福、國相、國箴、國春、國泰、國榮、國簡、國遜諸公，憩公三傳至國寧、國守、國寅、國宙、國念、國義、國寶、國宇、國龍、國富、國寶、國安、國賓、國宣諸公，感公三傳至國應、國崇、國韜、國略、國玉、國衡諸公，共爲三十二支，其中僅國順、國禎、國寅、國寶、國富、國韜、國略七公，流分派衍，以迄於今，良可嘆也，

五世一提，欲其連綴。垂系圖之作，從歐氏譜式也，歐譜五重，第一圖末重無注，故第二圖格盡別起，必重書一世，第一二圖間，連連綴排，以下做此，**祇繫名字。餘非所計。一覽斯圖，可知百世。**我族自始遷祖遞傳至十三世，原無規定之派語，我思公纂初修譜，自十四世起撰五言絕詩一首，定爲派語，二三四修之時，各有更改，茲既採用歐氏五世提綱之圖式，則所規定之派系詩句，亦應與世系圖首尾相應，故自二十一世起改定派語十六句，以五言排律成之，合之以前二十世，共爲百世，將祖先重要歷史概括言之，既能與提綱之法彼此相應，又寓意於陳述祖德，不幾於一舉而兩得乎，嗣後命名者，查閱此詩，照派嵌字，或冠首，或殿尾，均須查做，族中先命名者爲定其另一字，則不得占用詩內上下派語中之字，以免含混錯亂，如此命名，如此系派，則開卷一覽，雖百世可知矣，

述本族派系房支及采用世系圖式之例五。

圖後有錄。錄重注釋。圖後有錄·歐譜列舉事蹟之遺式也·錄之於圖亦猶目之於綱·傳之於經也·注釋者所以列舉事蹟者也·稍變舊規。中界行格。錄中界以行格·區別世次·醒眉目也·上書其名。下列事蹟。妻與夫齊。妻者齊也·但夫既爲妻綱·故先列夫名·後標妻氏子承父脈。每男位之上·詳注某某之子·字號子女。記載明白。如有職官。書同竹帛。生歿葬向。此例不易。無論男婦位下·字號功名職業履歷爲一段·生歿年齡爲一段·所葬都甲格名及丈禁碑圖爲一段·子幾女幾均載於後一行·又爲兩段·每段必空一地此譜例之不可移易者也·至於女子則另編於歸待聘錄以別之·疏繁冗也·按語偶書。可堪紬繹。齒錄中偶有變例·書法因亦不同·其理由則詳注按語·閱者觸類旁通·當知意之所在矣·

述齒錄中紀載生歿葬向及附書按語之例六。

撫嗣兼祧。若出於己。撫者附也·己無子而立同宗之子爲後·附之如己出也·嗣者出嗣同宗伯叔爲後·以繼承其世系也·晉書周顗傳·顗三子閔怡頤·閔無子·以弟頤長子琳爲嗣·宋書謝弘微年十歲出繼從叔父峻·此撫嗣之始見經傳者也·祧者一子兼祧兩房也·其事不見禮經·惟清乾隆四十年所定之大清律例中有之·本譜於撫子則注於其所後父母位下·而於本生父母位下·祇注某子出嗣某某字某樣·若本生支數傳而絕·原出嗣之裔·又以其子孫嗣本生支者·則注返嗣字樣·其兼祧兩房者·則雙方均須列位·如娶兩妻·則各書其一·此種事實習慣既久·自不妨從宜從俗·至於現行法律所訂撫嗣兼祧條文·亦曾斟酌採用收養螟蛉。式穀可似。族中有收養異姓以爲子嗣者·舊例不得令其主祭祀·先經理公事四修譜列有養子錄·總其生歿葬向妻子於譜末·而收養人夫婦位下不注養子之名·防混亂也·本屆引詩語式穀似之·改爲式穀錄·字義較爲含蓄·但養子位上書某某似子·收養人男位下·截似子一·婦位下載似子·另錄四字·仍不注名·則猶是舊譜之用意也·養女亦如之·並此無之。祇得書止。己無所出·而又無撫祧之子·則不得不惟似子是賴·若並似子而亦無之·則祭祀止於此矣故書止。出後異姓。歸宗爲是。族人有流離在外被人收養者或母氏再醮隨之下堂者均於本人位下注之以聽其日後歸宗女之在室。實同於子。儀禮女之在室者與子同待聘與字。猶未嫁耳。已嫁曰歸。壻名必紀。未定婚曰待聘已許嫁曰字某某已嫁曰歸某某見儀禮左傳禮記說文等書又女之名字生年月日壻之姓名均詳載於歸待聘錄中如女與壻有學位職官者亦須併注位下若其不嫁。兄弟序齒。族中如有至老不嫁之女願意撫姪爲子者亦可列入正齒錄繼承世系並與兄弟序次分房述撫嗣祧養與在室出嫁男女平等之例七。

周禮所定。同姓不婚。我族初修譜中十派至十五派之娶同姓者計十一人我思公均直書之不稍掩飾且於家規中著慎婚姻一條蓋所以儆將來也後人不察竟於二三四各修譜中妄加更改殊失傳信之義此次編纂齒錄之初僅覓得二修譜一冊遂致以訛傳訛既而覓得初修譜本始悉其中偶有婦氏改更之事然已印完成冊無從挽救六修時仍應依照初修改正以徵實錄曰聘曰娶。其婦尚存。歿而稱配。詩傳之言。見毛詩天立厥配傳文蓋必其從一而終然後與詩傳配媲之義相合也續書爲繼。以別於元。儀禮喪服傳繼母配父與因母同其再三繼者但次第之妾則注副。實所以尊。妾之名初修書次配二修書繼配三修書庶配或書側室四修則不著一稱字以俟來者均非書法之正今注爲副蓋援蘧氏之女儒子副妾之例爲副即所以尊之也未婚守志。節重望門。未婚夫歿而其妻願矢志柏舟者俗謂之守望門寡雖非出於禮訓然其志則可嘉也夫在改嫁。是爲絕恩。夫在改嫁是生與夫絕位上空白下注離異二宗再醮留子。必重其根。夫歿再醮位上則書原娶或原繼字様以示區別其留有子女在堂者婦雖與廟絕亦必詳載姓氏蓋天下未有無母之人也述聘娶配寡及改嫁再醮書法之例

八 清諱帝名。缺筆恭代。君主制度。於今已廢。避諱之例。原出於專制時代。故民國以前凡修譜之中。有於齒錄下加注。二修作某三修作某者。今則時移事異。一以原有名字爲主。固無所謂恭代缺筆之繁文矣。祖名不諱。亦理所在。禮經臨文不諱。若同祖名。則誠有悖。舊例猶存。諄諄是誨。舊譜垂訓。始遷祖以下列祖名諱。及五服內尊長名諱。後人取字命名。均不得稍有干犯。兄弟之間。一族之內。倘有同名。亦多障礙。改不勝煩。另表紀載。族中兄弟名字相同。屬在服內者。原應更改。各族通例。改生不改殁。改幼不改長。改賤不改貴。其在服外者。偶因限於不知。或有未曾更改之事。及至四修譜時。始查得自十三世起。用派語以後。族中兄弟同名者。已有二百餘人。改之既不勝其煩。不改又難於區別。因作同名錄以紀之。今則生齒愈繁。同名者竟增至七百四十五人之多。故祇得仍從舊例。列表存之。述本族名字相同及理應避諱之例九。

前清法令。視爲祕密。故於譜中。摘錄戶律。今既公開。讀之自悉。前清律書。民間不得私置。祇得於譜中刊入戶律。蓋以讀書讀律。曾並重於東坡。懷德懷刑。早還言於孔聖。故有此變通辦理之舉也。今則六法中已訂有親屬繼承諸篇。任人公開研究。故譜中不復贅錄云。

曆之於譜。用紀生卒。書生卒始於揚雄家牒。子雲以甘露元年生。天鳳五年卒。紀氏且別爲生卒譜。蘇氏譜則隨注於名下。今倣蘇式。先記甲子。書甲子始漢書歷律志。載有太歲在子在丑之文。次詳月日。譜紀月日。古無此例。惟左氏傳載絳縣老人所言。正月甲子朔。即魯文公十一年三月朔日。此爲私人紀生年月日之始。今則各姓族譜無不紀者。習慣使然。不必泥於古例也。陰陽並行。兩無所失。民國成立以後。雖曾通令採用陽曆·無如陰曆沿用已久·仍然不能廢止·故齒錄中以陽曆爲主·而以陰曆附注之·律歷漢書。原志爲一。今並及之。聊師班筆。

述删去舊有律文及兼用陰陽兩曆之例十。

孝子所思。冢墓之地。鄭玄曰·冢墓之地·孝子所思慕之處也·縣鄉都甲。地名當備。乳突窩鉗。廿四方位。形家言山有窩鉗乳突之分·方有東南西北之位·以此別之·庶可確定其葬地·頂脅坡觜。均宜詳記。夫婦合冢。先後有次。夫婦同葬一塋·書爲合冢·夫先而婦後者·婦位下書與夫合冢·婦先而夫後者·夫位下書夫婦合冢·但都甲地名·則夫較婦爲詳·夫爲妻綱也·長幼尊卑。葬法有異。子孫葬祖父墳禁者·書祔·弟從兄葬·書伴·皆宜以後從先·尊長葬卑幼之墳禁者·則於尊長名下·載坐某某禁內·而先葬之卑幼名下·祇載都甲地名·墳禁先入爲主也·至未滿十六歲而殤者·其有葬地可查·則另載殤葬鈄·騎頭牽脚。尤宜禁忌。卑幼葬尊長之墳禁·如相距逼近·在其上者·謂之騎頭·在非下者·謂之牽脚·無論親支遠族·均所當忌·雖如出自禮經·要亦尊卑長幼之分所應爾也·若爲改葬。必書所自。改葬者·必先書原葬地名

述詳載男女老幼墳墓及殤葬之例十一。

歷修族譜。各具規模。我族各譜規模·互有同異·惟校勘記名目·係四修時倣照阮刻十三經注疏而設·則爲歷修所無·本屆五修·因倉卒付印·亦多錯誤羨衍俗省等弊·不得不援四修之例·每本附校勘記於後·但以編輯者精神有限·或仍有漏列之處·此則應由閱者隨時留意·改注其旁·以便將來六修分別更正·卷帙漸廣。字號迭殊。我族譜牒·乾隆丙寅初修·計四卷·分訂四本·共二十四冊·領譜字號·用周興嗣千字文前二十四字·嘉慶甲子二修·計十二卷·分訂八本·共三十冊·用泉沖傳脈·源遠而流長十字·而以數字編號·咸豐壬子三修·計十六卷·分訂十六本·共五十一冊·字號倣二修例·光緒壬辰四修·計二十四卷·分

訂二十二本，共六十册，用十天干字，亦以數字編號。本屆五修，計四十二卷，分訂三十本，共八十册，字號做四修例，於每本第一頁照所編某字號，用朱印蓋戳，以免竄冒遺失等弊，並於每册卷末，將各字號編定，注明某字號係某房某人領收，又本屆譜牒，迭經族衆議決，每三年由總祠經理調驗一次，加蓋驗訖戳記，如有毀壞遺失，或輕借盜賣情事，由經理報告族衆，追還原譜，並處以相當家法。

本屆損益。美善是圖。萬餘欵費。兩載時逾。體兼本末。例備精粗。王氏家寶。吾儕勉乎。

我族舊譜有陸放翁題王氏族譜家寶六字，及許魯齋序，斯誠王氏家寶一語，深足念也，此次修纂，同人勉力赴之，豈有他哉，原不欲深負先賢當日屬望之盛意也，然而苦己

後人珍重。毋稍疏虞。分藏各館。千慮之愚。

本譜梓成之後，除族人領存外，尚有餘譜若干册，因分贈北平南京兩國立圖書館，湖南省立圖書館，並江西吉安西城該公總祠各一册，俾得永久保存，蓋近年亦匪所至，無不以殺人放火為前提，以致各處譜牒多遭燬壞，懲前毖後，時切隱憂，是分存之舉，實關重要，但不願愚者千慮之果有一得也，若徒以流傳祖澤，或供人參考視之，則未免有失分存之本意矣。

述本譜卷帙字號及分贈各圖書館保存意義十二。（完）

專著體例述要

文字學辨證 節錄編餘四則

瀏陽李　礫別樵

古者相見以手執物而已于文手執爲摯自金錢出而禮意濶矣（摯从手執會意·贄乃後起之字·从貝則金錢作用也·）故大夫宗婦覿用幣春秋譏之（莊公二十四年·）夫摯男以玉帛禽鳥以示執此德不敢失也女以棗栗脯脩以示修此職不敢廢也今皆用幣則是相交以財相賂以利也外內交賂以財利而天下之禮亂矣（節張氏春秋屬辭辨例編·食貨志注·金錢皆名爲幣·）昔者孔子所以爲教周公所以爲政一與一取無或苟焉蓋聖人之道下學而上達其用之身在辭受取與其施之天下則爲政令教化刑法曰博學於文曰行己有恥自一身以至於天下國家皆學之事也自子臣弟友以至出入往來辭受取與之間皆有恥之事也（節亭林文集·又眞文忠奏疏·宋乾道淳熙間·有位於朝者·以饋遺及門爲恥·受任於外者·以苞苴入都爲羞·）又觀宰夫酒正掌皮委人諸職想見當時不獨上不得違式法而過取卽下亦不得越式法而妄供雖有私心以式法而或戢雖有侈心以式法而不萌國用裕而民力紓周官一書財用雖供於有司式法則頒諸太宰而泰爲論道經邦之大典者此也若月令所稱不當不宜則皆過取妄供之類於人爲失禮於己爲無恥二者無一可也國家財政紊亂恆必由之

月令收祿秩之不當，供養之不宜者。日知錄：禮義廉恥，國之四維。四者之中，恥尤爲要。人之不廉，而至於悖禮犯義，其原皆生於無恥也。馮氏有言。外患日深一日。人民日苦一日。吾人之用度。不可不特別撙節。年來國家財政困難已達極點。每以發公債增稅目而度日。其原因固多。而大半因出於不爲民生之建設。而出於百萬數十之隨便贈人。如是則得款者以爲來路太易。而有隨便揮霍之舉。致成今日之奢風。贈款者得來時。不免錙銖必較。竭力搜括。致成今日不堪之政治。每觀人民之痛苦。官吏之奢侈。實爲痛心萬分云。報載馮玉祥電行政院謝却贈款云云。最近孔部長生日。拒絕送禮。亦云部屬各員關心水災。有意捐廉助賑。造福災黎。本人極端表示歡迎。若以致送壽禮爲名。則可不必云。○此一則。言古人於辭受取與之間。無絲毫苟且者。非獨貴禮。亦所以養廉恥也。學記。凡學士先志。于文。心之所之爲志。志作㞢。从之。之往也。夫子言士志於道。而恥惡衣惡食。未足與議。凡以定其志於爲學之時耳。速學優而仕。則必本其所學所志以定民志。其先務也。學記又曰。君子如欲化民成俗。其必由學乎。此言正與士先志相發明。一爲體。一爲用也。關雎序曰。風以動之。教以化之。蓋自上動曰風。化下循之曰風俗。俗化二字。皆从人。一人民心理所趨嚮而已。曾文正曰。風俗之厚薄奚自乎。自乎一二人之心所向而已。設也。士夫曰志於驕奢淫泆。工賈曰志於奇技淫巧。如孟子所謂朝不信道。工不信度。

如之何其可定也。曰。惟禮可以定之。在易履之象曰。君子以辨上下。定民志。履之爲言禮也。禮履也。注。履足所依也。是故衣服有度。居處有度。服从卩。（同節）冠从寸。寸法度也。居从古。言宮室制度宜法古也。飲酒食肉。莫不有度。卮圜器也。所以節飲食。故从卩。肥作肥。肉不可過多。故从卩。地官大司徒十有二教。九曰以度教節。則民知足。樂記。先王之制禮樂也。非以極口腹耳目之欲也。將以教民平好惡而反人道之正也。由是言之。上有好者。下必甚焉。如欲革除奢侈放肆之惡習。造成公誠樸拙之淳風。非由在上者本身作則不爲功。秋官掌交一職。道王之德意志慮。使咸知王之好惡。誠以在心爲志。發而爲好惡。其關係風俗。實非淺鮮。不可不愼也。或曰。在上者衣服居處飲食。欲敗度。縱敗禮。以速戾於厥躬而已。國家財政。夫何增損之有。曰。是不然。禮運曰。大臣法。小臣廉。官職相序。君臣相正。國之肥也。蓋爲長官者。事事守法。則僚屬以名節相厲。以敗常亂俗相戒。取民有制。恭儉之由。財不中飽。國用自裕。紀文達筆記。賢臣有三。乃心國計民生。不知禍福毀譽者爲上。愛名節者次之。畏法度者又次之。故正百官以正萬民。必自大臣始矣。此从一之義。許書特於吏字發明之。不可不深長思者也。孟子尊賢。父母與天[illegible]之職。父母官之則爲吏。吏治人者也。从一从史。韓詩外傳。擽洪守職。而不聯職非者。人吏也。凡言一者。皆訓法。如正从止一。毋从女。从一以止奸。卿士師師非度。商所以亡。飲酒無度。天下化之。周是以衰。見賓之初筵序·嗚呼。可不。懼。哉。哀公問節醜其衣服卑其宮室·食不貳味·以與民同利·昔之君子之行禮者如此·今之君子好實不厭·淫德不倦·荒怠傲慢·固民是盡·求得當欲·不以其所·今之君子·莫爲禮也·注·實猶富也淫放也·固猶故也·當猶稱也·不以其所·言不以道取於民·故意搜括以稱己之欲也⊙此一則·言上之一好一惡·即下之風俗所係·官吏守法·則國自肥·未可忽視也·時至今日。鼓吹文明。獎進奢侈。適與聖賢勉人勤儉之旨相反。人固習焉未察也。今使語於人曰。傳不云乎。儉德之共也。侈惡之大也。子之汰侈。毋乃害於德而鄰於惡乎。其人必譊譊然有詞。紀文達筆記·富而奢·耗己財而已·貴而奢·其勢必至貪婪·權力重而取求易也·然試思詩人之義。民之無祿。非椓於佌佌蔌蔌者乎。小雅佌佌彼有屋·蔌蔌方有穀·民今之無祿·天夭是椓·椓破也·民之無居。非奪於貪鄙重斂者乎。魏風十畝之間序·言其國削小·民無所居焉·而下章伐檀刺貪·碩鼠刺重斂·泉竭何所自。瓶罄誰之恥乎。常武泉之竭矣·不云自中·蓼莪箋言民勞失養·乃國家之恥·又思孟氏之說。民有飢色。野有餓莩。何與於庖有肉廄有馬者。老弱轉溝壑。壯者散四方。何與於倉廩實府庫充者乎。又思箕子陳洪範五福與六極對文。我而濫用過度。保毋侵占他人。使之至於此極乎。蓋天地生財。祇有此數。此得則彼失。此盈則彼虧。理有折除。事無兼美。當此手工失業物力凋敝之時。或者因奢侈品之增進。致日用生產力之減少。少則價昂。遂以影響於公共生活。使農民交受其困。是不啻戕人以自養也。可乎。張文端云。老年務日服人蔘一二錢。細思吾鄉米價一石不過四錢。今服蔘價或倍之。是一人而兼百數人餬口之具。忍孰甚焉。侈孰甚焉。無論物力不及。即及亦不當為云。如此撫躬自反。一面節制自己。一面顧念他人。不期然而然之中。公理出焉。于文。反身為㠯。㠯歸也。从反身。朱氏云。釋氏書有㠯依字。㠯當从反身作躬。即㠯之俗也。言反身省察之。乃得所依歸之塗徑也。孟子反身而誠。樂莫大焉。強恕而行。求仁莫近焉。言反身而恕道得也。聶雲台云。日日為欲念習氣所役而不能自勝。則以不肯清夜捫心平情推勘耳。推之反己所享以享人曰厚。洪範嚮用。卽享用。享本作亯。反亯為㫗。此為㫗道之㫗。加厂為山陵之㫗。經典並作厚。省己之福以福人曰良。良。善也。从畐省。周氏伯琦曰。畐古良福字。聶雲台云。天地間亂事皆由於人止顧自己任意享用。不替大多數人著想的原故。若是想一想我的衣食住於人有什麼影響。自然會覺得那些費工費料費錢的東西是有害於世人的。就不願意享用了。又云。世界之錢財貨物是不夠分配的。我享用過點分。就有別人短少缺乏的。這是相對的。也是循環的。這種對面的景況。終久也是要輪到我身上的。○此一則言人當清夜撫躬自問。方不為欲念習氣所陷溺也。禮運曰。男有分。分也者。人所得於天多寡之數量。終身率而行之之謂。張文端公云。人生第一件事。莫如安分。分者我所得於天之數也。古人以得天之數少者謂之數奇。謂之不偶。可以識其義矣。于文。七刀為切。八刀為分。皆為正確之判斷。不容有毫釐差爽於其間者也。如言深切著明。切實。剴切。及分明。分開。分別。有分。無分。自分。分等詞。古人有言。與之齒者去其角。附之翼者兩其足。天道造物。各隨分量賦予之。所以範圍天地之化而不過。曲成萬物而不遺。如埴之摶。如爐之冶。

若椀若盂若盎若壺若甕若盎隨象存焉。（見關尹子。）盈虛多寡。惟器之適。如其分。則正而不欹。過其分。則溢而將覆。是故人多而我寡分也。人富而我貧亦分也。（寡字貧字並从分。）既克有定。天亦退無權焉。爾雅曰。台朕賚畀卜陽予也。又曰。卬吾台予朕身甫余言我也。言天之所以賚我畀我予我者。我卽可據爲己有。故予訓推予。又訓我。否則反予爲幻。非天之所能予我者。我而强欲之。是爲幻想。（予推予也。象相予之形。幻相詐惑也。从反予。注。倒予字也。）幻想之不已。而釁生焉。有若鄭國之亂。則釁起於解黿先嘗之日。宋師之衄。則釁起於食羊不與之時。無分之中强使有分。（釁从分从酉（酒也）。言以分酒食而生釁也。）遂致小而舞文。大而弄兵。此易需後受訟。訟後受師之義也。與聖人默察世界貨財不敷分配之時。知必有不安其分者。起而競逐。不奪不饜。故曰。飲食必有訟也。（易序卦傳）然則如之何而可。曰。分爭辨訟。非禮不決。決之者何。亦曰分毋求多而已。（並曲禮文。○此一則言聖賢教人見於禮經者。莫非守分而已。人能參透此理。可消却許多非分妄念。）

文苑

船山先師詩錄

周　逸敬選

袁吏部宏道　放言

乾坤非短亦非長。花落聊紓粉蝶忙。莫遣酒星囚北海。偶逢伏日飽東方。
蠅聰乍裂雙眸闊。狐帽隨拈徹骨香。唯有昭文琴外譜。不從夔曠問宮商。

王太史衡　賞春

幾日新陰輭碧莎。羽笙日日入鶯歌。花如靜女添春繡。月許遊人盡淺蛾。
病減恰逢垂柳瘦。詩成長在野亭多。銀箋欲寄催花句。卻爲情深未訂訛。

文苑

文錄

中憲大夫衡陽程君墓誌銘

湘潭王闓運湘綺 未刊遺稿

君程氏諱書祥。字岏樵。其先休甯人也。有雲麾將軍薨于重安。聖清之初。或賈于衡。瓜瓞綿綿。百年而大。父諱學伊。字春甫。以布衣主湘軍南道轉餉。省志有傳。君其中子也。議敍府通判加四品銜。年未弱冠。參司籌算。四府支應。綜覈有章。父嘉其能。遂總家政。嗇于自養。豐于用財。府城公私之政。久在程氏。日對百客。門通四驛。獻酬羣心。各厭其意。開敏多藝。博聞多愛。彈棋吹笛。評酒聽歌。品玉鑒古之能。和墨斲琴之法。並涉學多通。知方研妙。隱居求志。無意干時。優游卅年。未嘗降辱。若乃從容談宴。弋雁宜肴。有絜膳羞。無蠹口腹。晚菘早韭。鰣鯀□□。閒居之樂。蓋云無負。雖在儔不爭。而見義必爲。近歲巡撫喜言仁政。通飭郡縣。頒法利民。郡吏被符倚君經畫。列縣具文。衡獨收利。陳巡撫部手題堂楄以旌義行。丙午大饑。先謀賑貸。衆議平糶。獨持不可。高價招商。粟充于市。民受其利。而府其怨。屬纊之頃。猶詢積穀。可謂富而好禮。恂恂鄉黨者已。性善理財。尤工心計。爲人則益。爲已則損。自以門戶隆。修約而爲泰。思奉母隱居。欲遯未遑。深計隱憂。菁華竭矣。因感末疾。遂從奄化。年五十有九。光緒卅有四年正月甲子卒。遠近聞知。莫不驚怛。君篤於內行。謹事重親。嘗以家事與兄異趣。王母末訓。祇奉終身。喪柩在殯。火起堂上。寐中驚起。以身蔽殯。烈焰迴止。姻族異之。闓運曩時見善化彭嘉玉手書。推重君。始訪其名。及今四紀。每見益親。則才行可知矣。恭人唐氏先卒。繼娶武陵趙氏。妾慶端。子女四人。粤以其年月日奉葬君于條坤之原。闓運既惜妙才。重傷國器。鐫石銘幽。庶斯文之不瘞。其銘曰。

我昔旅衡。程常是依。曰有羣紀。久而敬之。粲粲門字。溫懿其姿。楚醴常陳。薛魚有櫧。

旣大其門。克隆其譽。百族同歡。六轡在御。稱物平施。惠于矜孀。郡將傾心。牧伯虛佇。

公才有裕。塵事非勞。竹頭綜密。桐尾逍遙。多能多藝。不諂不驕。入作家幹。出亦邦髦。

如何膏蘭。芳明自惜。億中雖賢。屢空亦得。維彼世網。妒此閑福。雖及耆年。未究心力。

蘭菊脩脩。賓庭寂寥。涉蒸浮湘。送子小郊。松深徑幽。竹密峯高。百齡已矣。逸旨誰昭。

論近代名人書法　前人

自有筆墨以來。文學之士。莫不留意書法。以章文采。秦篆、漢分。晉帖、唐碑。變極、日新。復無以勝。趙、宋、騁異。元、明、復古。萬歷、崇禎。又頗昌狂。國朝、康、乾。俱擅、宸翰。久道成化。羣彥雲興。初宗二王。中法、顏、趙、劉、石菴、始仿、鍾、隸。翁、覃谿乃兼宋楷。包、愼伯、發南、北之論。而盛推、鄧、氏。成親、王學歐、趙之格。而謬曰晉、齋。近世、闇翁、極稱、錢氏。比功、校能。則南、園、勝乎。然其、意、趣。不越平原。千文一形。若無變化。及吾涉世。乃覩三君。陳子鶴行草絕倫。莫子偲篆分入聖。何蝯叟早學錢氏。晚專漢碑。至其意、趣、純乎、黑、女。則亦仍包氏之前說。通碑、帖之畦町。要其臨池勤力。日課有程。比於、諸、家。最爲、用、力。其平生自命。方古無慚。然墨、迹、照、曜、上石。則減反不若。陳、莫、小、大、可、鐫。由純用筆鋒。韻趣在墨故也。余不諳運筆。唯好鈔經。自弱冠至今五十七年。驂靳時賢。多見名跡。嘗以、爲、逸、少不如、北、海。子、鶴、勝、於、香、光。循此以求。頗異時好。又包、氏、盛推、鄧、琰。以爲無上。觀其作、篆。乃用、楷、法。點、而、復、畫。全、不、婉、通。包、自言鋪、毫。故、喜、其、法。何、運筆、尖。則本、王、帖。去、古、猶、近、故分書最適。然自唐以來。不講草法。近代有習草者。鮮能名家。鄧沈渠仲。頗學書譜。其所書篆帖。仍無草意。學書必純熟。乃能成字。日本頗有能草者。但不通六書耳。豈能憚其難成。避難就易乎。張旭墨迹。旣不可見。懷素法帖。蓋不足云。徒恃閣搨。無能變化。學書之妙。殆將絕。其國書頗似章書。然嫌太古。亦無師法。不可致功令之通俗。唯篆分行楷。多見勤習。自得其門。要在先識六書。免譏牆面。觀人落筆。得其性情。日課有程。必在千文以外。羲之稱伯英臨池。池水盡墨。書不專功。無因巧也。余自廿五以後經今五十年。日書三千。作字以億兆計。然無他長。比人加黑耳。雖復淡墨輕煙。色如點漆。故曰入木三分。筆重故也。如錐畫沙。書亦如此。何叟每課臨百字。道路不輟。莫陳兩君。則較疏矣。

兪伯鈞編修家傳

湘潭趙啓霖澥園

予同年友善化兪君鴻慶。字伯鈞。幼聰穎有至性。六歲能詩。居祖母喪。有母死兒何依之句。年未冠。有聲諸生間。光緒丙子鄉舉。文譽日高。七上公車。每入都。知舊多留主其家。君以親在不能久離。閒關南北。僕僕不憚勞。旣資館穀養親。懼曠違定省。有遠道重聘者輒辭之。歲壬辰入館選。供職之日淺。仍不時歸覲。依依親闈。朋好中以循例積資相勉。君勿顧也。辛丑丁母氏羅太夫人之喪。贈公適園先生。亦篤老孱病。動止需人。君茹哀護侍。設臥榻於側。終夜必數起視衣枕。歲餘無間。家人見君顏狀漸癯瘠。勸少將息。君勿聽。癸卯二月。贈公棄養。君躬治大事。纖悉必謹。自以迭遘內外艱。傷慟積臆。疾寖篤。仍濡筆爲贈公行狀。僅成數行。卽以三月杪卒於苫次。部使者上其事。詔入國史孝友傳。湘人士無知與不知。皆欽重其爲人。無間言焉。君旣雅負時望。尤練達有幹局。光緒庚寅。英吉利覬長沙商埠。譯署具牒來湘。於時風氣閟蔽。羣情洶洶。大吏未知所出。君爲條具利害凡千數百言。大吏據以牘覆。竟得寢。其後長沙自闢商埠。未授權外人。實基於此。興學議起。諸老先生多持異論。撫部俞公廉三。遴君總理高等學堂。所聘皆一時名師。學子成就甚衆。然此在君特末節耳。

予獨念古昔聖人制爲喪禮。蓋詳也。三日而食。三月沐。期而練。毀不滅性。不以死傷生。其義精矣。顧人子之有至性者。當何怙何恃之際。悲來無端。恆有不能抑止之痛。或愈抑止愈加甚焉。不自期於戕生而死。生固所不暇計也。伯魚之母死。期而猶哭。則未及期以前。其哀必有至難堪者。夫子未聞以時節之。及期聞哭。始言其已甚。其故可思矣去聖久遠古義寖微兩漢以後居喪以毀瘠聞者猶閒見於史傳六朝風俗號爲縱誕其時士大夫居喪偶有不檢輒爲清議所擯兢兢如也其在今日喪禮之存不過千百之什一而排斥名教者相踵也君以毀卒雖於古禮經未免爲賢者之過而當此倫理澌滅之世藉得爲人極於幾希同歲生中有是人增重科名猶其小焉者爾

滕節母譚太君傳

長沙陳繼訓杏驄

王介甫曰俗之壞久矣自學士大夫多不能終其節況女子乎夫廉恥道義之行至宋昌明極矣而介甫之言如此然則欲求貞節女子於異說朋興綱維抗敝之今日蓋尤能之難者而竟有抗志不渝四十年如一日如滕太君其人其可紀爲何如也

太君譚氏故鳳凰右族父興俊兄鶴鳴弟鶴齡諸從軍有名績太君自幼端靚柔惠舉止不苟佐母理家政勤脊有則年二十六歸成美大令大令以貧出佐戎幕於是太君迻其治母家者治夫家精麤劇易兼理並任斷如也事繼姑能愉其意病進方餌歿營殯葬必周必恪不以夫遠役而闕禮內外宗藉藉交讚無異詞初居距縣治

三十里之樂濠。自姑之喪。迺攜其子依舅氏焉。大令沒時。長子劍龍才十齡。次子仲勛五齡耳。聿屏鉛華。閉廬奉佛。然生事彌窘。無朞功親。恃女紅自給。矢節撫孤。撣心力教之。劍龍卽荒怠。太君輒倚機杼訶責之曰。滕氏榮悴。惟眎汝曹。而今若是。言未訖。繼以泣。劍龍亦泣。雖甫踰齔。顧極知母言之悲。自此益勤於學。劍龍年十四。補縣學生員。旋考入省會求實師範諸校。充宣統己酉拔貢生。鼎革後。歷任湖南省督學。湘西軍政府祕書長。湘西十縣自治籌備處處長。湖南省地方自治視察。湖南省政府參議。名公鉅人。禮羅相襲。聞譽翕然。家亦稍稍給。蓋太君齋豰積累有以致之。然豈其初意所計及哉。辟如操破舫於驚飆怒濤之中。黽勉撐柱者人。其幸而獲濟天也。而囘顧阽危。有餘悸焉。宜劍龍追念母氏。往往流涕不能自已也。卒年七十有七。彌留之際。嫥嫥以善事舅氏詔其子。語不及它。其天性老而彌篤如此。光緒時。奉旌如例。吳學使樹梅表其廬曰。沅湘女宗。

陳繼訓曰。鳳凰古吡黔苗俗。尙陋僿。魁桀秀異之士。彪著簡牒者。屢矣。而吾所善。迺得二人焉。曰熊子秉三。滕子劍龍。二子㬎晦雖殊。其學問文章。負一時雅望。殆無或少異。蕭艾、草、蠻花間。而幽蘭挺生。其芬馥烈。有如此者。豈山川淸峻之氣。鬱久而發。鍾於一二人歟。抑人之自爲之也。然二人之母皆賢。湘以西人類能道之。梅伯言所謂漸摩之密致然。非無自也。而滕母含荼茹蘗。處境尤艱。詩曰。教誨爾子。式穀似之。聞劍、龍、曾舉孝廉方正。益信母之過人遠矣。

吳節母史太夫人墓誌銘

岳陽李澄宇洞庭

醴陵西山史氏爲縣右族。節母祖益謙孝廉方正。父芸圃博士弟子。皆顯顯淸季。節母嫻禮法。識書數。年十七、歸同縣吳世轂。世轂喜任俠。家事弗問。委節母。又嗜酒。飲輒醉。且日日飲。節母婉諷或固諫。雖止未止。竟以酒致疾卒。其時節母年二十。上有白頭祖姑暨舅姑。下有呱呱三歲孤。殉不可。於是代夫爲孫焉。爲子焉。爲父焉。家不裕。任重道遠。譬扁舟滿載。重灘急浪中冒風雨行。偶不愼。禍叵測。心苦力殫可想也。洎子長。家漸起。節母故儉約。釵珥錦綺未嘗近。而周急務、愜所欲、有義舉助、恐後治內事有恆。巨細躬任。教子惟行成名立。勿辱親是望。志矯矯。五十餘載未或渝。可謂人倫砥柱已。節母卒民國十五年八月二十四日。春秋七十有五。葬仙石祖屋門首。

庚首甲趾子一其生孫二松前昌溥節母葬既十載其生請追志墓石不獲辭銘曰
節母多賢或傳未傳視其子然報任諸天其昌祚延光光萬年

毓清臣拔貢孝經韻語序 辛酉

桐鄉勞乃宣玉初

孝經之義廣矣大矣識其微者其惟張子西銘乎夫孝始於不忘所生推不忘所生之心故敬宗敬宗故可以收族廣收族之義則四海皆兄弟天下爲一家而與萬物同歸於天故張子曰民吾同胞物吾與也聖人之教人莫大於孝其示民莫嚴於祭易曰觀盥而不薦有孚顒若傳曰聖人以神道設教而天下服矣祭者所以充民愛父母敬鬼神之心充愛父母敬鬼神之心所以廣孝廣孝所以大聚天下易曰萃王假有廟傳曰王假有廟致孝享也王者致孝享於上而民聚於下孝經之義其在是耶張子曰大君者吾父母宗子通其義矣人生而固有愛父母敬鬼神之心聖人因之以爲教順之至也萃傳曰順以說又曰順天命觀傳曰順而巽孝經曰先王有至德要道以順天下而張子亦曰存吾順事吾故以爲西銘獨能識孝經之徵也孔子以聖人而不得其位政無所施教無所被而終不忍斯民之水火也則託其政於春

秋。而以孝經行其教。故孝經緯稱孔子之言曰。吾志在春秋。行在孝經。孝經之作。自古聚訟。要其大旨出於孔子。而孝經緯所載。雖不必果爲孔子之言。要亦孔子之意也。今者廢經之說。方騰於世。而吾友清臣。乃有孝經韻語之作。蒙養以正。意至善已。竊喜吾道之未孤也。用舉所學以質焉。

孝經韻語跋　甲戌

湘陰郭尺崖

孟子云。盡信書則不如無書。嘅斯言之。責人讀書。當知抉擇也。陶淵明謂好讀書不求甚解。正所以責人讀書。重在本文大誼。不在涉於瑣碎之層注疊解。此爲其讀書但觀大略之法也。如孝經一書。有古文今文二本。累至百家。而明皇自采摭先儒之義理允當者。用爲注解。天寶二年。頒行天下。即今京兆石臺孝經也。歷代以來。先儒既示孝經論語。爲啓蒙之始基。則人人於是書。尤在誦讀之力行之。庶正路有由也。後世之才智過人者。以行險爲不迂。以巧取爲不腐。如是根本喪失。一變而爲殘害之天下。人心至此。能無深痛也乎。今毓清臣拔貢。仿吾鄉羅羅山先生小學韻語。便於初學。遂爲孝經韻語。勞玉初提學序之。屬爲跋其後。亦願世之明於聖教者。爲蒙學之立基。余嘗誦黃東發先生之言曰。非聖賢之書不讀。無益之詩文不作。數十年守斯二語。尤願勉告後之學者。

瑞司業詩集跋　甲戌

義甯陳三立伯嚴

余久遯居廬山。癸酉冬始抵故都。益老憊。臥痾踰歲。一日姻舊郭君尺岩偕天乞居士携詩卷過訪。天乞居士者。爲丙戌進士。牓同年。景蘇先生晚所自號也。往歲計偕。曾邂逅一覩顏色。距今垂五十年矣。居士早官禁近。直聲震朝右。頗遭忌。出爲科布多參贊大臣。時妖民肇亂。中外騷然。居士綏疆土。遏禍萌。聲績甚著。既解任。爲蜚語中傷。至繫獄。及遣戍。釋還未幾。復値國變。家產亦蕩盡。居士窮餓拂逆。勵清修不懈。寄跡蕭寺。專躭佛乘。日夕有常課。餘暇或以詩歌自遣。類清超絕俗。與其情欵節概相表裏者也。世欲知居士。亦可一二推而得之矣。獨念滄桑後。列榜諸同年。生已寥若晨星。茲乃有耆志獨行。被濯風雅。落落存天壤不辱吾黨如居士者。老懷於此。輒不禁欷歔於方密之杜于皇一輩人也。

羅次隆先生詩經輯詁解鈔序　乙亥

長沙羅　傑唾葊

傳曰。太上有立德。其次有立功。其次有立言。仲尼曰。有德者必有言。子輿曰。我知言。我善養吾浩然之氣。甚哉立言有如是之難也。吾祖珠公漢時爲令。其子若女以孝著聞。十五傳而至武陵太守企生公、罵桓溫不屈殉。其弟遵生公事親以孝見稱。先文質公從彥其後也。武陵公若干傳而至我崗公。其苗裔兄弟遜產軍戍競先。數傳而至印山公。以詩經教授庠序。其女夫楊學士誠齋爲敍其一經堂集。自印山公至其曾孫。世有令德。詳誠齋所爲傳誌。印山公玄孫權院椅。晚號磵谷老人。傾產助文信國公舉義。聞饒州陷。不食殉。其詩文爲節義所掩。自磵谷公至吾族近支。大都以德行政事文學。流聲當世。其間最名者。爲明布衣先履素公。王文成公守仁爲序其詩集。侍郎菊亭公。蘇撫湘川公。父子行誼。詳李文正公東陽所爲誌記。清之工部尚書南川公。著有琳瑯閣詩集。房叔仙樵運使。經史子集。皆有著作。遺有道在是齋詩文集。先世樹德知言。傑弗克繼述。心滋媿矣。夫學風雅頌與學古近體詩。致力固各各不同。而罔不溯源於溫柔敦厚之旨則一也。甲戌冬、余還自京。羅君次隆屢辱過訪。二人者皆不合時宜。自甘岑寂。相見唏噓。年已七十矣。清之宣統元年。余與君嘗選諮議局議員。姓同、名一字同。冠安化長沙邑榜又同。人竊異之。余初不識君。及應召集。始悉同出遠祖嗣公。而君實爲故雲貴總督文僖公曾孫。自文僖公迄君四世。以孝友文藝著稱南楚。君名亮傑。以光緒辛卯科副舉人。例官直隸州州判。而君高蹈不出。明經飭行。世益重其爲人。余以凡譾。謬承許與。負荷維新之重任。每選必舉余。余未嘗自荐。及有飲食金錢之餽遺也。別後數載一晤。匆遽而散。今年春以所著詩經輯詁解鈔屬序於余。其書漢宋兼采。於毛鄭故訓較夥。而於顧炎武、王夫之、王引之父子、戴東原、段玉裁、孔顨軒、阮文達、吳長發、周元龍、顧震滄、李孝臣、馮柳東、李子黼諸先進之書。所引地形之沿革。人事之曲折。名物之繁瑣。天高星遠之推步。擇精語詳。而不妄下己意。其於各國治亂之原由。男女淫貞之幽隱。一準溫柔敦厚之旨。何愼而篤也。夫學詩匪以騖名。性情感發之資也。古之覘風者。必挹里巷之歌謠。作樂者必甄搜乎可奏之雅頌。夫然後可以得民隱之好惡。而漸致於郅治。藉管絃音韻之委婉。而導納於中和。尊書所輯之詁釋。有協乎先民之詩教。其傳也必矣。適余有恙。將有建業之行。倉卒略讀而還之。其負述者之嘔心與期許不已多哉。

詩錄

夏正九月朔船山先生誕祭有述

岳陽李澄宇洞庭

雲生雲夢接金田。白日荒荒共惘然。不信河山還我日。尙辜嵩嶽降神年。兩間浩氣儒林在。九死遺民道統傳。安得石船船畔水。而今洗恥到遼邊。

孤松慈烏吟爲盛孝子維元作

長沙許崇熙滄江遺稿

孤松何亭亭。上巢子母烏。母老不自食。其子能反哺。盛氏有賢母。三十而嫠居。長子曰維元。相守得親娛。傭工以爲養。純孝老不渝。峨峨侍郞家。旁宅指一區。曰俾若奉母。歲租不責輸。居之四十年。意使人拯扶。母壽終大耋。兒亦七十餘。葬母城南隈。哭母聲嗚嗚。行路共歎息。孤鳳鳴湘湖。是母生是子。報施理不誣。至行本無名。求名卽非夫。邑中有蘇耽。述此聲淚俱。此翁吾所悉。此孝世則無。翁昔傭吾家。吾方習爲儒。翁從問大義。力行不躊躇。我乃爲鮮民。終身負勤劬。翁獨致母壽。怫鬱無須臾。不羨膏與粱。不願紫與朱。母壽與母節。併入南山圖。此殆人勝天。苦心天不辜。松風號歲晏。羣烏護其雛。高吟補楚風。永爲士族模。

賀節婦張氏義生妻

湘潭李可宗寅周遺稿

蔦蘿附蓬麻。綿力艱扶將。有女嫁邊將。身世苦奔忙。妾生不逢時。少小姤阿娘。結縭剛七載。飛鳳忽離凰。青年矢柏舟。節苦亦尋常。夫死羈絕朔。何以還故鄉。胡馬嘶北風。悲笳動遐荒。所幸妾身在。何事空悲愴。迢遞萬餘里。敢云阻且長。竟隨君友殯。扶櫬返瀟湘。波濤駭江漢。鬼神泣蒼茫。酸風悲楚些。血淚染湘篁。妾身何足惜。妾志幸可償。訪問得枌榆。體魄於以藏。相期在同穴。生死兩勿忘。誰曰邊庭陋。巾幗亦有光。鬚眉負義多。聞之應悚惶。

前題

前人

夫子云何往。悲聽塞外笳。河湟雙旅櫬。薩喇一衰麻。猿嘯天山峽。烏啼楚水涯。家山何處是。血淚隕征車。

胡天一回首。萬里苦風沙。腸斷孤墳月。魂銷阿母家。杞梁妻善哭。忠烈義何加。鼓罷湘靈瑟。餘音訴落霞。

烈婦骨有序

瀏陽劉誠發齋遺稿

清烈婦張氏、適李青照、隨夫侍某官之任、官豔其色、屢挑不從、後爲惡黨所給、恐不免、遂投江死、有子六歲、亦遇害、夫旋縊、葬天心閣下、今闢馬路、移傍城立塚焉、

殘骸剩骼餘無幾。一見悽然感慨中。勝國當年褒勁節。遺民異代想清風。紅羊萬刼名彌顯。紫燕雙埋氣尚雄。莫道華山幾甚遠。貞魂夜夜繞城東。

張貞烈女璣光　湘潭楊朱志

杜鵑何事聲啼血。湘浦雲愁湘水咽。黃陵斑竹古人情。脈脈相傳今未絕。本來情性賦天真。性摯情堅不可折。不可折。不可折。試看那義士忠臣殞命捐軀皆緣情固結。春風桃李亦多姿。松柏經冬方見節。幽情各具信無虛。彤管柏舟詞未撤。屈指傳來。有幾人。而今又見女中傑。彼何人兮字璣光。陶園産出荊山玦。美玉深藏不可求。碧簫響遏行雲徹天涯。誰可許知音。幸遇知音兩相悅。同聲相應復相期。跨鳳願諧長生訣。如何造物忌斯人。夭桃莫賦菁華綴。驚傳噩耗赴秦樓。女士潛聞肝胆裂。彼蒼何事太無情。忍教鵲歌悲懨懨。雖然一面恨緣慳。此心默許無改轍。或思奪志誓靡他。古井無波共清潔。延陵掛劍重朋情。況復名成夫婦列。毋兮憐諒莫奈何。已知其

志堅如鐵無何一病入膏肓扁鵲雖靈術亦拙怪哉蛺蝶來無蹤繐帳旋飛復冥滅貞女返璞郎歸真精靈比翼盟仍諧郎死猶呼未婚妻女夢纏綿何懇切總緣一念感至誠連理枝頭花蘂纈生前缺憾復何傷縱未同衾死同穴曾聞頑石化鴛鴦比目傳奇騰口說祇今化蝶繼陶嬰是耶非耶詞一闋自古情能生妙文恨我無情才亦竭君才詠絜我空懷墓門遙望三冬雪

彭烈婦詞

湘陰柳敏泉

毛氏女兒鬟始鴉嬌嬈碧玉生小家銀海未夜先昏花奉母誓試守宮砂彭郎愛玉輕微瑕多情親迎七香車賣漿賃廡足生涯一解

生涯良不惡井臼躬儉約子負我戴至足樂天降鞠凶夫病作稽首慈雲乞良藥續命無方淚珠落吁嗟乎妾命薄二解

妾命薄妾身輕夫死詎忍妾獨生胡爲高臺築懷淸以志殉身身殉情身後綺羅奚足榮不如裙布與釵荊黃泉碧落隨夫行三解

吁嗟乎女德淩夷久牆茨竟忘醜色界混人禽綱紀棄芻狗肥甘饜口珠玉盈手金

盡情乖誰苦守嘉耦明朝成怨耦幾見糟糠同白首何如仗節隨夫後正氣芳名長不朽君不見彭烈婦四解

長沙彭烈婦詩二首

長沙李忠澍雨蓀

烈矣彭門婦賢哉女界師堅凝松柏質孤冷雪霜姿取義山邱重盟心白水知鴛鴦會雙死一瞑勿游移

世界波流濁閨箴已弁髦願將古井水來障海川潮死節須臾事芳聲百代高閫幽儒者任銀管莫辭勞

武昌墩子湖觀賀忠懿逢聖殉節處

湘潭葛鼎甫遂銘

浪花高蹴馮夷翔殉國身隨日月光既與義文參鼎革復從南董說興亡楚天故是沈淵處屈子懷沙幾回顧宋玉招魂聽叫呼賈生悼古觀詞賦天子南征問水濱伍胥東逝作濤神信知舉世滔滔日益見精忠耿耿人楚王失國大變至忠懿歸田本無事解綬猶存愛國心掛冠豈喪勤王志無奈甯南并武陵封侯入相矜門地專閫尊嚴若聖神總戎措置如兒戲誤擁千軍負豹韜縱傳九檄空文字諜報蘄黃蟠賊

横咤聽江夏馬蹄聲宮嬪曳路呼誰氏野婦離家祇避兵道士洑中流不盡爾衡洲畔澄如鏡此處雖云可報君不如湖上堪終命猶記知章祖氏傳罷官爭羨監湖船今古高誼雖無貳墩子湖頭水益涓湖頭綠滿芊芊草碧血新霑人已渺故宅綿延繞市廛新阡冷落環池沼我來游眺履平沙回首還瞻帝子家明歲龍髯攀不到及時魚腹葬爲嘉地老天荒聲唧唧履霜未雨饒先識癸未先彰仕節高甲申免受妖氛逼巨鱷青萍劍一誅老蛟橋下早驅除須知惡蝝當迴避莫觸祥龍頷下珠丹心一片留仙府紫氣澄泓漾瑤浦有客燃犀照膽明焰騰不散如牛渚終古蒼雯氣不衰迎神當自武昌來素車白馬隨潮至須賴於今枚乘才

題周木崖亡妻黃淑華夫人菘梅畫扇有序　前人

湘潭黃名媛、名篤斌、字淑華、家素封、賢淑知書、能繪事、適同邑周處士木崖、有林下風、曾爲畫便面梅一株、菘一本、淑華既逝、木崖感而裝池、珍之甚、湘鄉王孝廉禮培爲題孤山鶴夢於幅端、因而詠焉。

吾聞孤山中林逋一廬結梅當山妻呼蕭然不孤子薈蔚團雲烟冥濛翳寥泬松竹

迺。良。友。傳。壑。冷。不。熱。廣。平。賦。嫵。媚。作。事。堅。愈。鐵。直。幹。張。杈。枒。凡。材。杜。萌。蘖。臥。視。如。登。峯。居。恆。憂。躓。埡。永。與。守。淡。泊。羌。不。致。蹉。跌。西。泠。逸。士。抱。北。宋。徵。君。節。幸。無。封。禪。書。早。與。茂。陵。絕。湖。山。歷。千。劫。古。今。實。一。轍。覽。繪。開。心。襟。數。墨。破。眼。纈。茂。密。仍。蕭。疏。逕。直。復。傲。折。當。其。腕。動。時。放。筆。迅。不。輟。嵉。立。何。清。癯。伊。誰。敢。牽。掣。冰。肌。利。錐。刺。玉。骨。昆。刀。契。寸。晷。經。三。思。雙。眸。耐。千。閱。旁。留。晚。菘。秀。幾。欲。申。手。擷。咬。根。饒。晚。香。接。葉。豔。新。茁。寸。徑。羅。繁。英。雙。清。媲。鮮。潔。園。蔬。甚。雋。永。世。味。真。臭。劣。黔。婁。超。世。士。德。曜。中。閨。傑。糟。糠。并。咀。嚼。簞。豆。異。餔。啜。操。臼。甘。辛。酸。調。羹。叱。饕。餮。玉。石。勤。切。磋。淄。磷。任。磨。涅。隴。頭。旣。縹。緲。庾。嶺。亦。屹。巇。形。影。相。往。還。醒。來。夢。如。揭。物。蛻。光。徘。徊。泉。涓。響。嗚。咽。石。鼎。山。茶。烹。瓊。鑪。海。沈。爇。葑。隄。路。蜿。蟺。柳。浪。波。澄。澈。遺。緗。約。蟾。照。故。軸。防。蟫。蠹。高。緬。題。卷。端。低。吟。愧。詞。拙。靈。境。留。靜。觀。空。庭。可。恆。殼。老。鶴。時。飛。來。掀。翎。皎。如。雪。

前題

湘潭王代懿季果

清。絕。孤。山。韻。不。孤。暗。香。幽。夢。耿。瑤。圖。菜。根。風。味。今。猶。昨。一。卷。黃。書。道。自。腴。

題楊氏義婢百歲婆救主圖 有序 乙亥

湘潭周逸木崖

明末獻賊犯湘。所至蹂躪。郡里爲墟。過寧鄉。兵馬司指揮楊養初黃夫人聞警。抱子率婢竄山中。憩溪旁。乳子。賊聲急。將投於溪。約婢同死。婢不可。促夫人逃。遂負主孩匿籬下。賊聞孩啼。搜出欲殺之。婢力爭。斷其四指。孩以免。未嫁。壽百歲。終於楊家。設龕附祀。姓氏佚。因號百歲婆。後裔楊佑羣請李開運爲圖以彰之。屬題。

乾坤起陰霾。日月昏無光。明末有張寇。氣燄橫披猖。殺伐如破竹。嘯聚擾湖湘。所至皆爲墟。蹂躪過寧鄉。誰家一女婢。負主行倉皇。主母爲幼子。艱步獨徬徨。一步復一步。躑躅憩溪旁。開襟且乳子。乳畢淚成行。忽聞呼聲急。山色莽蒼蒼。顧視賊欲近。避免悲無方。逝將投此子。生命復何望。惟女不可辱。率婢同自戕。婢曰勿爾爾。夫人速逃亡。幼主我能負。籬下堪潛藏。奈何嬰抱疾。呱呱聲外揚。賊聞而復返。猙獰如虎狼。竟爾搜婢出。手持刀如霜。將欲刃此兒。婢跪求免傷。此乃妾幼主。妾願以身當。相持爭一死。挺身何激昂。一賊頗解義。因此發天良。揮刀斷四指。舍之而遠颺。幸而主母還。悲喜交相狂。危急獲保全。履險如康莊。白刃藐可蹈。誓死不迴翔。以此責丈夫。丈夫愧相將。不期弱婢女。慷慨扶紀綱。楊嗣賴以存。子孫熾而昌。厚恩敢不報。設龕薦馨。香。更。藉。丹。青。筆。山。水。增。蒼。泱。姓。氏。雖。曰。佚。百。齡。名。字。彰。不。讓。繪。事。顯。彤。管。終。芬。芳。

次均題松貞竹茎圖兼以書懷（圖爲陳節母姚太夫人事孫名繼訓光緒甲辰進士）　前　人

看。竹。聽。松。歷。幾。朝。端。居。林。下。避。旌。招。讀。書。我。亦。輕。軒。冕。不。讓。顏。回。樂。一。瓢。
詩。律。精。嚴。老。更。醇。元。龍。豪。氣。壓。江。濱。畫。圖。省。識。陳。情。意。蒼。翠。猶。留。上。苑。春。

夜紡課經圖（胡節母張太君事子諸生名作鏞）　李澄宇

機。聲。燈。影。北。江。圖。節。母。劬。勞。亦。類。渠。至。教。無。言。經。籍。代。深。宵。不。寐。紡。車。俱。德。誠。罔。極。難。爲。報。負。否。當。年。請。視。孤。老。向。船。山。尋。墜。緒。西。風。庭。樹。曉。啼。烏。

前題 集古　瀏陽李礫別樵

溫。溫。恭。人。（張遷碑）誕。德。孔。醇。（繁陽令楊君碑）柔。嘉。維。則。（郎中郭君碑）抱。淑。守。真。（北海相景君銘）秉。心。維。常。（尹宙碑）動。履。規。繩。（劉熊碑）約。身。紡。績。（李翊夫人碑）夙。夜。惟。寅。（郭旻碑）劬。勞。日。稷。（郙閣頌稷同昃）守。約。履。勤。（劉熊碑）咸。曰。女。師。（馬江碑）卓。然。嘉。甯。（仲秋下旬碑甯同稱）皓。天。不。弔。（夏承碑）於。穆。我。君。（張遷碑）家。失。所。怙。（鄭固碑）孤。嗣。禪。㷀。（仲秋下旬碑禪同單）勤。養。撈。撈。（李翊夫人碑撈同拳）擨。育。孩。嬰。（逢盛碑擨同撫嬰同嬰）整。齊。珪。角。（逢盛碑）帥。禮。蹈。仁。（北海相景君銘）俾。有。彝。式。（孔宙碑）昭。拂。英。勳。（張公神碑）䄷。述。家。業。（孔謙碑䄷同祖）禮。義。滋。純。（婁壽碑）

朝夕講習 婁壽碑 咀嚼七經 唐扶頌 懼闕曠素 華山亭碑 忠告殷懃 孔宙碑 翼翼瑛彥 郭仲奇碑 文彰
彪繽 劉熊碑 蘭然成就 堯廟碑蘭同爛 接秀擥英 衡方碑 煇喬昌遠 祝睦碑 永永無沂 孔褒碑沂同垠 敬詠
其德 韓勑碑 昭示後緄 綏民校尉熊君碑緄同昆 節度無雙 吳仲山碑雙同雙 天監孔明 堯廟碑 圖象規矩 堯廟
碑柜同矩 于嗟想形 孔褒碑 髣髴若在 史晨後碑 亹載揚聲 孔宙碑亹同僶

嶽雲別業宴集感時書事作示葉吏部

王闓運 未刊稿

張侯昔寓南橫街我時布衣徒步來風塵澒洞三十載又見新張門館開兩公儒冠
恥儒術南海先生相蹋躃改更祖法師呂王誤遵讀書先讀律六臣駢首九夷來李
相乘時然死灰倭人和議重興學明詔始徵天下材先從首善立模楷不比燕昭延
郭隗二張竝命定學制誰料求才空費財改院爲堂一反手獨詔船山可仍舊不知
新舊何異同但怪嚴粱效趨走我時作奏欲言事請言倭利非吾利趙公笑我同葵
園阻遏封章不郵遞二張同時得發舒學費泥沙取錙銖舟車權算無不有騷然緐
費如軍需學子翻然思革命一時鼎沸皆梟獍廿二名城枯朽摧繫組無由依晉鄭
兩臣先死不從亡翻得嘉名謚達襄共欲鑄金師范蠡居然嗚玉步文昌前時庭樹

皆仍舊今我重來酹杯酒因君感慨一長吟北江南海空回首南洼蘆荻更漫天眷影分明不再妍對此沈吟感華屋請公重讀甲申編

甲寅閏月十日夜飲榮仲華亭感作　前人

丞相新居迫禁垣當年櫪馬夜常喧宮衣一品三朝貴門客長裾四海尊調護無慚狄仁傑池亭今似奉誠園祇應遺憾持矛使重對茶瓜感夢痕

甲寅至日前雪夜作寄誠齋袁四公子並序　前人

丙戌上始親郊、余在沛南、郊夜霜寒、時慈禧方嚴約聖躬、中外危疑、故詩中有云、清無鶴漏更三點、始服龍衣尺若干、今三十年、時事遽變、孝欽毅德經畫俱虛、可為氣鬱、因書此為之三歎、

夜寒忽已和時雪曜祥霙良辰接冬至晏處共齊明郊壇曠高寒懍慄懼宵升聖相總隆禮匑匑肅精誠練候豈無感神哉霈先靈九衢既平直四野慶豐盈麥兆信有孚荔挺佇徽響余昔賦龍衣徂年復自驚幸無緇塵污歸與閉柴荊（荔挺卽水仙花）

寄示仲元詩人　辛未　攸縣龍紱年天放遺稿

人言家徒四立壁君更座無一點塵視錢無睹貧轉甚以酒爲名狂愈真簞食瓢飲孰如子布襪芒鞋剛稱身十載離鄉作孤往竟無强近期功親

次均寄仲元 辛未

前人

恨壓春雲入座低故山何處有幽棲書傳海角宜回棹閣上天心不用梯交論雷陳唯舊侶詩凌鮑謝共新題江湖滿地頭先白黃鶴歸來一杖攜

題胡耐盦藏玉池圖翰册

攸縣龍紱慈達夫

玉池軒館半荒萊故國山河幾劫灰孤憤飽禁風雨集百憂驚見海濤開離筵酒醒花無賴北闕雲深夢不回失喜忘年對知己悠悠誰識此心哀養知先生晚歲鄉居先兄研仙時往請謁先生嘗與暢論古今中外大事至謂舉世無人知苦心獨此少年能知之

前題 有序

番禺葉恭綽

子靖先生以玉池翁此册屬題因賦、翁深識遠見、不但當時無兩、恐今日亦罕有能及之者、每念其回斡咸同運會之逸史、知翁所繫於吾國近代史者至大而深惜未竟其用、且發潛顯微者之亦乏其人也、散原丈一跋、斯爲得之、民國二十四

年四月二十日、

卅載傾心郭養知。余十二歲在衡得罪言存略讀之爲服膺玉池先生之始罪言一卷入肝脾。兩賢縱阨猶存直。衆醉難醒況已遲。蕉荔芳馨遺蔭在。椒蘭雜糅昔賢悲。卷中深慨劉錫鴻之爲幻而引丁雨生爲同志又題詩者多一時鄉望焚膏寫出傷心史。兀兀窮年我所思。

酬楊曉南 有序 乙亥

湘潭趙啓霖澍園

曉南仁弟惠臨放賑次和拙作答朱君師晦詩四首仍疊韻奉酬卽以送行

連旬膏雨足。正盼勸農官。閭澤新承渥。輿情到處安。衝泥勞審問。按戶憫凋殘。果慰來蘇望。慈雲萬目看。

臯巘昌山畔。哀鴻所見親。艱難仍望歲。憔悴不知春。靜念循環理。多慚老大身。幾時迴浩刧。消息問天人。

記曾談藝處。雲麓暫淹留。桃李陰如在。楩柟采未休。卅年纔轉瞬。萬變入離愁。復此萍蹤聚。新吟且詠猶。

又値驍征去。遑云襆被安。衆生逢煦嫗。四海奈荒殘。康濟成書在。功名倚劍看。前途善珍護春盡尙徵寒。

重九煙霞洞登高和胡憎仲原韵 有序

安化陶思曾叔惠

庚申九日偕胡憎仲閣丞嗣瑗 趙仲宣運使從蕃 徐勉甫祕書仁釗 夏劍丞廳長敬觀 陳子式廳長昌穀 烟霞洞登高余攜 先曾祖翠微登高圖赴會憎仲閣丞題長句索和

用原韵

九日無風復無雨。言上南山高明處。南陽座上約諸賓。先數日夏劍丞廳長宴客西湖南陽小廬遂定登高之約東海天邊何問主。煙霞古洞菊花黃。潦盡潭清奇景吐。竹輿曉發鼓遊興。城北翩翩相踵武。是日徐勉甫君與予先到元龍湖海氣磅礴。松雪清高筆媚嫵。安定貴溪富風雅。蠟屐偕來日未午。巖亭巉嵯鶩齊飛。海宇澄明潮不怒。隔江山色撲眉低。萬室炊煙還瞰俯。山僧治具解人意。爲把芋煨兼筍煑。劇飲狂談那復計。甯作將軍負腹肚。乾坤一覽思邈然。坐對畫圖今昔撫。當時賓主東南美。翦取秋光八尺楮。八十年來舟壑徙。翠微登高圖係道光丁酉歲作猶賸清涼一邱土。勝地雅遊何日再。不堪塵劫滄桑苦。述德我慚康樂侯。欲借君詩傳千古。興盡相將下山去。白雲紅葉自飛舞。

苦熱七月初四日得雨書感　湘鄉王禮培佩初

綠圖幡薄透天機玄籙朱書隱帶圍便有神仙何足異更銜塵士欲安歸遙山雨過靑眉嫵細水風迴白袷衣老我書城活得計侯封閒煞馬頭韉

立秋日放歌　前人

漆室女子倚楹歗憂天將墜天不弔東魯詩書亂如蓬西竺宗風螢自照秋入房闥氣慘淒夕風搖蕩野雲低發篋攤書校奇字何異枯楊肘生稊我有諸弟散京洛諸兒湖海猶飄泊空江風雨杳如年簷際天聲響緯絡頭白空教賦子虛驢背尋詩防失腳欲把蒼天謚曰荒六竅關塞混沌鑿鄰家酒熟醉燒春荷鍤劉伶真可人安得鐵鋒隱我粟藏身澄泓一碧守谷神

河決　前人

繫壁投河沉白馬從官以下塞瓠子武皇恤民動歌詩其魚其魚嘆微禹移民就寬論太高排河著地毋爭水泰山金隄左右東濬川之策稽往古我昔浮槎客淮泗版築紛紛風兼雨小隄岡陵大連山增高培薄未可恃鄭州歲漫二渠塞東盡海門役

萬指翳桑高浮吾山平。北行無地靡定徙。蛟龍飛驕日光沉。聖人不出誰其俟。吾衰甚矣歲云阻。河復無時書無史。噫乎禹迹茫茫。楗石菑稭薪層疊。徙爾爲。

憶昔行 選錄白燕盦詩集 戊申作

湘陰陳嘉會鳳光

憶昔髫齡嬾讀書。塾中信口稱伊吾。健如黃犢走復躍。赤脚鎮日青泥汙。十三頗學作文字。語氣麤通喜言志。鯉庭責善期古人。即復礫礫辨利義。綠草窠前蝴蝶黃。余初時讀書處顏曰綠草窠。八九歲時。侍讀先君文學公。苦不得解。一日拈出八月蝴蝶黃。雙飛西園草之句。即目生情。遂爲豁然。自此始有悟入處。梅花賦就已堪傷。書齋後園有先三叔父手植老梅一株偃蹇多態最難忘是庭梧句。城郭秋風空斷腸。十六歲時先君命作定王臺詩有庭梧一葉落城郭。秋風起之句。今先君見背八年矣。弱冠揚舲洞庭北。菱湖精舍資游息。論文講道多師儒。貫鯉楊柳今難得。余在兩湖書院。有春曉登樓望前湖詩云。夾岸曉烟楊柳醉。一湖春水鯉魚肥。爲梁節庵師所賞。當時七載如隙駒。家食不足憂版圖。扶桑兩渡滄波綠。塡膺氣欲吞三壺。三十年前我如此。八九失意將老矣。夢眼空捫蕩蕩天。關河徒對蕭蕭水。年來南陌復東城。强與時人紛送迎。亦欲暗中尋我輩。相從林下寄浮生。

立秋後四日辭家北上 戊申作

前人

千里歸來賸此身那堪杯酒又征塵牽衣不語憐嬌子回首依門見老親豈有功名壯弧矢空教風味憶鱸蒓何當買宅湘江住笠雨蓑烟一釣綸

與友人話出處慨然有作 戊申作 前人

壯歲懷書志奮飛行經萬里意多違平心接物窮原分枉道求人直亦微茆屋空山時有夢桃源何處可能歸十年倘見昇平日（近定九年後立憲）老去泥塗未覺非

送禮衡重赴瀋陽從事審判監獄 戊申作 前人

籬菊開殘塞草黴西風送客又吹衣百年詩句銜盃在一夜秋霜挾劍飛眼底河山增感慨戰餘民物念依稀瘡痍補救吾徒事愼獄通經未可譏

七月十五夜偕郭詞伯廖麓樵泛舟萬泉河作（河在瀋陽城東隅）丁未作 前人

同舟攜手歎蹉跎蒲葦蕭蕭碧水多千斛好拌愁裏酒萬泉疑帶戰餘波今宵明月中原夢何處秋聲出塞歌意氣相看轉惆悵眼前陵谷怕重過

余鬢髮近白數莖友人以新添詩料相嘲感而有作 己酉作 前人

束髮披書隘九州祇今憂國拙身謀偶然得句非關瘦總爲孤吟不礙秋（白香山詩云莫怪獨

（吟秋與苦比君找近二毛年）鏡裏蕭疏難拔鑷。樽前感慨半羈遊。請纓意氣何曾減。那識中年欲白頭。

哭張文襄師相 己酉作

前人

歲不在龍蛇起起亦嗟兆棟折與榱崩驚哭無大小國勢益孤危人倫失師表當年湖院游殖學起枯槁謁公秣陵城料理及蓬島（余壬寅冬游歷日本·公方督兩江·餞席屬汪伯棠總監督照料一切·）都中覸講席褒衮齒錚佼（癸卯余任京師八旗學堂教課·公莅堂考查·竟日電告鄂督端公·獎許備至·）甲辰留桑梓責電日紛擾大兒識孔融苛論入微眇（黃克強諸人商請趙次珊中丞·邀余在湘辦學·京師連電挽留·不得至·相誚讓·）惟公闊大度不以此見少乙巳東瀛歸謁公武昌道掀髭開口笑勸入蓮幕好國事頗異論蠡測勞搜討出門尙延佇仍望歸來早（時國內法政尙無萌芽·余以湘官費出洋·欲歸創一校·故堅辭去·公謂湘撫某庸懦·此行必不得志·仍望早來·所言尙可實行六七·）丁未公入相謁公六郎（莊名在頤和園南）曉冠蓋盡揮斥不以鯫生藐（時進謁者直隸布政使廷雍以下三十餘人·均三四品官·門者導入階下·余最後·公立廊前呼曰·只見陳秀才·除均不見·公生平重視讀書人皆如此·）離蹤訊瑣碎却不及溫飽慚非薊子訓相候人顚倒出後辱見招馬軍不了了（余對畢乘下澤車入城·馬車數十輛隨後·深恐招搖·即日移住法政學堂·公遣騎徧訪於湘陰館等處·數日不得·後署爲相府顧問·）夜深屏左右對談或至卯淸燕陪歐

公激烈醉後鼓酒多言轉深憂憤鬱悄悄不以名位卑令舉所知鮑郭復初譚組安郭詞伯賀萃生皆余所薦修論內外臣黃鵠矜牙爪曾勍一督臣舉程雪樓撫皖撫筝無桓伊謝傅腸已惱異日論賢才慨歎謬校考戊申保舉賢才由王大臣面問加考語公慨然謂余曰竟有不賢不才者濫側其間故余所知如喬茂蘐左丞及組安均辭不出非材欲采摘勵語傷懷抱公一日謂喬左丞曰此後須保舉巖穴之士陳生其最穩練者古人得一言誦法貫華皓況乃在我公天下一大老富貴非所期樹黨公所嬌淒涼盧白室長物惟書繞香山諷諭詩洒淚閟遺槀公病中有詩云誠感人心心乃歸君民末世自乖離豈知人感天方感淚洒香山諷諭詩公作詩止於此我哭與人殊私也實皎皎聊備諸葛公故事列詳草黯黯張素幔飛飛見丹旐淵哉不可即迸淚悲浩渺

天津感懷 辛亥作 前人

三邊血戰正紛紛浮薄諸生轉弄文奴主漫爭牛李黨瘠肥豈復越秦分中原事業思王猛上將才名壓冠軍搔首天津橋上望憂時心更戀慈雲

鏡人老友招飲碧沙湖山莊賦贈并簡同座諸君子 湘潭朱德裳師晦

一出南城東復西道旁猶聽午時雞秋光明滅吾將老雲樹微茫天與齊於莊東亭上看雲麓

宮甚齋白髮故人久疏闊青氈舊事可重提我家也有三間屋門對昭山水滿溪。

九還山人見贈原均奉酬二首　長沙黃贊元鏡人

結廬僻在碧湖西客至聊爲黍與雞安得素心晨夕共最宜晚景水雲齊補天無術慚心痒擊楫何人愧耳提垂老自歡休倦往鄰翁肯與醉前溪

一片斜陽古渡西（湖居距朱張渡甚近）牢愁驚覺樹顛雞詩於妙處風雲活夢到圓時物我齊偶集耆賢同洛社每從煙樹認招提（門首見太乙寺樹林）莫嫌地僻阻深轍乘興還來釣小溪

和碧沙主人招飲原均二首　周逸

東過城南日未西秋田一遍欲成溪（君宅旁有田百餘畝因地勢低洼欲改爲塘故云）門前碧水山迴合樓外紅霞樹共齊霜鬢友朋宜慣集玉壺花鳥勸相提今朝漫感滄桑變且領君家黍與雞

主座南隅客座西芙蓉豆乳勝雙雞（少潛云芙蓉羹豆腐味甚佳主人即如其請味果美）狂來氣盛詩無敵老去心平物可齊文藻江山還共賞海天烽火忽頻提此間佳景堪吟醉花滿庭軒水滿溪

次韻黃君鏡人碧沙別墅秋杪木芙蓉盛開招飲　湘鄉胡子清少潛

卜宅城南古寺西（別墅前對東山太乙寺）豁然聞犬復聞雞。爭看智老雙株秀。競放長沙萬朶齊。話到餐英搴木末（余丏主人采芙蓉和豆腐作羹食之味甚美在座咸謂不啻菊花羹）拈來成諦證菩提。臨行相視還三笑。爲送淵明過虎溪。

和黃鏡人老友約觀芙蓉原韵　安化陶思曾叔惠

報道名花放已齊。故人有約具雙雞。華容婀娜秋江晚。綽度娉婷太液西。主客偕來勘省識。色空如是悟菩提。歸途回首流連處。幾點青山一曲溪。

奉和鏡人宗兄招飲次韵　長沙黃鞏子固

主人結廬太乙西。室籠驕犬不籠雞。木芙檻外英方吐。怪石池邊⿰石爾不齊。好畫名家三品重。珍盤美酒百壺提。日斜未盡纏綿意。相送門前繞曲溪。

讀恆心堂讀書答問有作　湘潭黃彊雨植

周公佼佼人中傑。力挽狂瀾闢邪說。手編絕學振頹風。研求義理殊精切。稽古窮經數十年。篇中字字皆心血。我今披讀大文章。恍然如對古賢哲。

過城陵磯覩彭湘德政碑感賦 有序　　前人

庚午夏、城陵磯因久雨湖水暴漲、災黎飄泊、余友彭君湘時任城陵磯徵收局局長、捐廉以拯商民、戴德立碑紀之、來游見此、慨然成詠、用白世人、

久雨湖暴漲。澎湃連天黑。危磯在湖濱。大陸成澤國。哀哀磯上民。屋頂踞爲宅。險境忍饑鴻。嗷嗷倍悽惻。誰具饑溺懷。以拯此奇厄。卓哉彭子賢。捐廉播嘉澤。身無稷契任。乃畫蘇民策。感義入肺脾。建碑表功德。嗟彼富有者。竟視同秦越。不肯拔一毛。匡救此危迫。分祿惠羣氓。末世殊難得。撫茲三歎息。書爲斯民則。

西平園懷黃忠壯　　湘潭李鶴雲和笙遺稿

未遂平西志。長懸報國心。功名猶凜烈。今古此園林。妙筆千秋聖。遺詩百鍊金。人琴傷已杳。何處覓知音。

酬郭子美軍門　　前人

書生非李白。上將是汾陽。功業震寰宇。結交誠老蒼。寒光騰劍匣。利穎脫錐囊。慚抱馮驩鋏。長歌謝孟嘗。

擬陶徵君移居詩二首用原韻　湘陰王鑑清濂遺稿

綢繆未有營。搖搖同泛宅。竭來南村居。欣喜忘旦夕。爽塏何足云。聊以息行役。柴門種榆柳。扶疏蔭几席。北窗日高臥。羲皇懷古昔。素心於以慰。何用嗟蕩析。

風雨既有託。伐木賡新詩。良朋招不來。稅駕命所之。叩門未有言。飢渴已慰思。彈琴復舉酒。何知日夕時。世情任擾擾。此念不在茲。抗言析疑義。古人不我欺。

次韻酬贈傅紹巖　湘潭陳學博佩秋遺稿

豐城劍氣終騰躍。莫歎青雲未早登。才思橫流三峽水。頭銜合署一條冰。長風萬里追宗慤。廣廈千間快杜陵。獨笑龍鍾人已老。尚思東海學揚鷹。

題曹穀笙園林雜謝酒　前人

西園路曲建層臺。碧柳紅蕖取次栽。佳氣化煙林際出。幽情和月水邊來。春深鳥語穿書幌。夜靜花香入酒杯。醉我流霞夢蝴蝶。羨君山館勝蓬萊。（珠江蓬萊山館宴游屢矣境頗似之令人
根觸）

題臨湘八景有序　周逸

乙亥秋末、社友王君澍芝、因修臨湘山志、以八景屬題、山在長沙椰梨市、勢極雄峻、瀏水環經、嵐翠煙螺、天然圖畫、爲陶真人遺蛻之所、賦此以廣其傳、

獅嶺仙蹤

岧嶢獅嶺插雲間。上有仙蹤自往還。塵劫幾經存玉體。風雲常爲護名山。

鵝湖夕照

何處漁翁起棹歌。斜陽野鶩踏青波。吉王曾覺江山夢。也向湖邊學養鵝。

梨江雙渡

梨江橫貫水西東。無限春光入畫中。試問朝朝雙渡客。去來心事幾人同。

茆港孤舟

石橋何處泊孤舟。茆港盈盈一水流。向晚渡河人意適。高高明月照當頭。

撐雲石筍

誰家世代出奇英。石筍撐雲拔地平。指點白衣菴畔玉。當年司馬記分明。

夾岸桃花

何處桃花夾岸開。我從仙境看花來。凡人不識桃源路。塵世勞勞百可哀。

東岡晚眺

白雲深處接衡門。四望東岡野色昏。日暮有人懷古甚。殘碑歷歷認苔痕。

古寺疏鐘

漫道登臨不見峯。隔林風送曉來鐘。準提菴畔圓通路。草色青青露氣濃。

題黃忠壯公潤昌詠雙魚圖 二首 乙亥　前人

誰畫雙魚脫釣鉤。將軍題句亦千秋。刼餘遺墨堪珍重。寄語高門好護留。

摩挲故楮感魚龍。萬古高懷寄此中。亂世猶能徵絕調。詩人何必不英雄。

前題 並序　湘潭盛時廉生

鐘勳世兄先生出其大父忠壯公詠雙魚圖屬題即次原韻

一門忠孝繼皋魚。三代芸香讀父書。留得丹青遺詠在。兩拋金甲問何如。

蘋藻香濃鱖鯉肥。詩成絕調妙毫揮。梅花記得趨庭畫。舊雨當年路寢飛。公子寄谷先生善畫梅余少時曾相晤於公之專祠

前題　茶陵譚澤洋皋農

儒將風流亮以清得瞻遺墨勝瓊瑛雙魚弈世兒孫寶萬馬當年子弟兵卓有奇勳收白下終憑英爽掃黃平羨公身任綱常重餘事還能以蓺名

前題　湘潭周維翰漱衡

手繪雙魚寄所思更揮斑管自題詩百年古物渾如舊想見雲烟落紙時
點睛飛去便成龍克奏平黔第一功卅六錦鱗重展玩桃花流水可憐紅

前題　湘潭郭孝成憫齋

潛鱗寞寞水溶溶但遇風雲合化龍自是先賢曾有意畫圖終古託阿儂
魚水承歡萬古同雙蓮沼任西東浮沈未見關暄寂祗在丹青一幅中

前題　湘潭王銘熹穀平

儒將風流今鮮存雙魚題句語猶溫人生忠烈原非幸重覽圖詞欲斷魂
七十年來遺墨新誰知名將本詩人英雄百戰都成幻贏得高吟寄道真

前題　湘潭黃　珪理中

江山百戰爭功烈。咫尺丹青寄意深。七十年來題句在。更教詞客一沈吟。

真是錦鱗堪化龍。無端雲雨出池中。騰霄莫說偏如意。應念揮毫一點功。

題黃子固譯禹碑 川昌黎岣嶁山均並序

長沙黃　麐麓泉遺稿

子固宗兄得宋拓禹碑舊本、余既詳爲之跋矣、邇來臨摹將近百通、維妙維肖、釋文照古、亦發前人所未有、用昌黎詞均以張之、丙辰中秋後、蓼園七二叟書定王臺下蠡李居、

韓公昔篹淮西碑。點竄二典文字奇。禹碑儻未得紙本。安識鸞飄兼蕤披。碧雲崖拓復出世。篆如蟲鳥盤蛟螭。釋文榛翳翎粲訟。固叟稽古祕獸窺。高樾典謨鏞夏貢。象形會意斠詮之。金簡玉字書光怪。山鬼旁睨哭漣洏。千秋論定寫萬徧。雲開應塞昌黎悲。

遊三海 四首錄二　有序

湘鄉廖樹勳廣石

清宮內有南海、北海、中海、均荷花滿水、六七月間、異香噴發、泛舟游泳、如在冰壺、如遊瓊島、真清涼世界也、南海有瀛臺、矗立水中、高宗常避暑其間、中海居仁堂、

民國總統多住其內、內有圖書館、收藏四庫全書、北海有高塔、全城在目、又有同面觀音佛、披甲持劍、望之肅然、三海中蒼松翠柏、四五人合抱者、不知凡幾、有石質而如枯木者、名曰木石、有木質而如石形者、名曰石木、珍奇異物、窮極天下、壯麗之中更饒風致、

荷花萬朵海中開、引得薰風座上來、當日宸遊清賞地、可堪烽火逐塵埃。

塔高北海對南樓、南海瀛臺水上浮、盛世榮華終一瞬、於今閒煞水邊鷗。

題雪景畫 庚申　　浣霞閣主

晚來歸鳥覓枝棲、大雪漫天路欲迷、江上一蓑寒載酒、扁舟搖櫓過橋西。

題風景畫 庚申　　前人

綠樹撐天不可攀、幽居鎮日掩柴關、惜他草碧花紅外、卻少蒼茫數點山。

題元和江宗師建霞畫桃 來仙嶁堂詩畫冊第七課之一　　葛鼎甫

元和夫子文通家、丹青妙筆真生花、朱砂細研尺蹏布、繪出翠葉紅桃嘉、紅雲朵轉塡金粟、翠黛鴉塗綴蒼玉、二嬢斜窺貌若僊、兩姝幷立神離俗、俗骨從來是棄材、仙

株一疌異根荄丹梯逕上天台去紫極吹從露井開觚棱殿角連昏曉步出吳門灌蓬島金馬門高待漏遲玉皇案吏朝天早督學欣逢到碧湘軺車一路盼文昌潘郎滿縣非云茂狄相盈門託蔭長東方歲宿瑩剛卯偷獻西王印長爪獨惜倉饞彌子瑕漫開笑靨工妖狡翡翠牀頭不律橫珊瑚作架墨華精丹鉛本自殊脂粉朝夕憑將弟子行自從劉阮歸林麓相送扶輪載鐵軸紫陌劉郎去後栽繁葩粲簇鮮盈掬今日桃源欲避秦迷離須問武陵人漁翁尚不知何處太守何曾得問津經年記與程門別猶見垂垂實如結指是靈鶴手澤存眼看化蝀遺蹤說我亦江南籍太湖扶疏青繞故廬迂惜無當日荆關畫畫出穠華滿具區

（附）第九期盧留遊雲麓宮詩結句、吾心有真宰。到此自惺惺。宰誤主、自誤是特此勘正、

劇記

船山先師詩錄

陳徵君繼儒 閒居　　　　周　逸敬選

衡門過雪草心蠲。玉茗胎紅透始暄。乍響青松烹紫筍。閒移斑几就黃綿。
茅山書至兼酬藥。上海鶴歸未買田。熟煑清酤添箸裏。爲移春閏入新年。

鍾少參惺 淮泛

書史笙歌儘未殊。林光江氣各清迂。深知帝里春偏靜。小愛閒官韻不拘。
水有性情鷗鷺得。月函虛鼎藻蘋孤。囘舟羣動皆空謐。隔岸籠燈半有無。

劄記

恆心堂讀書答問 續第九期

湘潭周　逸木崖

問今日撥亂之法有何說可采

答湘綺師有云。治亂之原。各有所由。歷代相禪。各防其敝。撥亂之說。始於春秋公羊家。謂不立章程。就而正之耳。蓋周公六典。思已密矣。仰坐待旦。無慮不周。不及百年。良法盡敝。至於今日。掃地無餘。孔子蓋以傷焉。故曰文武方策。人亡政息。於是始作春秋。就事論事。撥正而已。至於今日。四維不張。利中人心。無復可撥。聖人當此。不遑治民也。行遠自邇。且先自修。治其家人。以及從臣。則大學之說為切矣。大學之道。致知為先。生財為後。皆所以救言利也。戰國之禍在殺。今日之禍在利。殺可以力止之。而用力者必先以利餌人。七國亡。皆以金反間。至漢初猶用其術。利則當以殺止之。不嗜殺人。西洋以此愚我。蓋不殺亦即利也。彼以利得國。亦終以利失國。必超殺機也。則今之撥亂。首在言利。利之害。尤慘於殺。傷人肌。利害人心也。逸按今日撥亂之法。不外孟子所謂欲齊王猶反手也。其注脚就是不離經而用權。不先利而後義。明乎此何亂之不可止哉。

問君子退閑亦是濟時否

答君子退閑。亦是濟時。世方汩于聲利。廉恥之風日喪。而有一君子焉。道不苟合。于以厲天下廉恥之風。豈不謂之濟時乎。余謂附小人累也。附君子亦累也。故記曰中立而不倚。惟受責者能爲君子。

問六經與人心所得如何

答六經之書。焚燒無餘。而出于人心者。常在。則經非紙上語。乃人心中理耳。不然則子雲韓愈董仲舒劉向之徒。何以得傳其書。

問處人所難處始見學力否

答處人所難處。始見學力。至與未至。士當以宏毅自期。乃能任重而力行不怠。居困而心亨自如。今人質旣薄。學且不固。一落莫則大戚戚以悶。苟可以脫寒餓而濟其欲者。無不爲也。不知士君子所謂窮。特其人窮耳。其人之天。孰能窮之。是心如太虛。外物如浮雲。浮雲有去來。太虛無得喪。明此雖臨死生如坦途。況外物乎。

問君子小人之辨。是否驗之以事而觀其辭氣

答胡五峯有云。知人之道。驗之以事而觀其辭氣。從人反躬者。鮮不爲君子。任己蓋非者。鮮不爲小人。噫。爾尙敬爾心術。愼爾行事而和厚爾辭氣。檢點之功。有一之未至。將不逃人於明目之一照而爲遠近之所嗤譏。而況人心有神。雖非明者。亦未易欺。逸按反躬之法。宜以除根在勝人。有一分勝人之心。則任己蓋非而不覺爲小人矣。今之人往往自命不凡。或以名世自許。先憂爲懷。殆驗之以事。觀其辭氣。小人本色畢露矣。世有勝氣凌人者。三復斯言。庶見君子之道。

問人之真。於何處見之

答人之真。常見於飲食言語之末。因偽造次之間。故君子愼獨。除邪之根也。不然畢露矣。余以爲凡心之所不欺。便是天理之真。卽是聖賢成終成始之道。人能於此處用爲。則見道不遠矣。

問如何謂之告之人

答澄其心於淵瑩之天。奉其身於光明之地。言則無一字之遺。而亦無一字之贅。動則如萬鈞之弩。一發便中其機會。此蓄古之人也。故曰有道德者必不多言。有信義者必不多言。有才謀者必不多言。惟見夫細人狂人佞人。乃多言耳。夫未有多言而不妄者也。吾願學者。好學以盡心。誠心以盡物。推物以盡理。明理以盡性。和性以盡神。此非古之人而何。

問人有恥不能之心如何

答人恥其不能而爲之可也。恥其不能而掩藏之不可也。李二曲先生所謂有恥。則砥德礪行。顧惜名節。一切非禮非義之事。自羞而不爲。惟恐有浼乎生平。若恥心一失。放僻邪侈。何所不至。居鄉而鄉行有玷。居官而官常有虧。名節不足。人所羞齒。雖有他長。亦何足贖。逸嘗論士於今日。勿先言才。且先言守。蓋有恥。方有守也。

問技藝之事恥己之不能何如

答技藝不能。安足恥。爲士者當知道。已不知道可恥也。恥之何如。亦曰勉之而已。人安可嫉人之能。而諱己之不能也。

問何謂儒者之學

答五經四書之所載。皆儒者之道也。於此而學之。則儒者之學也。問其要。曰莫要於大學。請問其旨。曰人之有生。莫不有身焉。亦莫不有家焉。仕而在位。則又有國與天下之責焉。修齊治平。莫不有道。此則道之實體也。具此道於此心神性情之間。明德也。行此道於家國天下之際。新民也。明德爲體。而實見於新民之用。新民爲用。而實本於明德之體。蓋內外合一者也。而莫不各有至善之所當止焉。然斯道也。非知之於先。則不能行之於後。故有知止能得之訓焉。此大學之要指也。請問其詳。曰人之生也。莫不有心以爲此身之主。忿懥恐懼好樂憂患。皆心之用也。情也。其未發則性也。方其未發也。必廓然大公。無所偏倚。心之本體。方得其正。一有偏倚則不正矣。此善惡之根也。或曰朱子謂心之未發。如鑑空衡平。無正不正之可言。必其既發。則正不正。始有可見。故章句謂用之所行。或不能不失其正。今乃謂未發之時心已不正。何也。曰心之正不正。雖見於既發之後。實根於未發之前。如鑑之不明。衡之不平。雖未照物懸物。而其體固已不正矣。至於用之所行。或不能不失其正。則修身章內親愛五者之偏。正指此而言。所謂已發而爲情者也。若謂正心傳內不得其正。卽指已發。則修身傳內五者之偏。又何指耶。朱子章句。蓋一時之誤也。其以正心次誠意之後。何也。曰意不誠者。明知善之當行。而不能行。明知惡之當惡。而不能去。蓋自欺之小人也。又何暇論其心之正不正哉。其或誠於好善而惡惡矣。而氣稟識見之偏。心有未正。則接人處事之際。往往隨其所偏而發。不復加察。則雖誠於好善惡惡。不免有時而失理。誠意之後。繼以正心。蓋欲其涵養省察。使其心未發之時。無少偏倚。感物而動之際。又加察焉。使情之所發。用之所行。無一不中乎理。此則儒者之極功焉。然五者之情。各行於接人處事之際。接家人國人天下人。無不然也。而所接莫先於家人。故於修身齊家傳內發之。非謂接他人不然也。格物致知云者。格修齊治平之道。而眞知孰善孰惡也。誠意云者。行修齊治平之道。誠行其善而去其惡者也。至於天下之治亂。天命之得失。則善惡之效。而萬世之勸戒也。此儒學體用之大全也。逸按此節爲黃宗羲明儒學案中之精語。凡欲學儒者之學。舍正心誠意之行修齊治平之道。莫由有成也。

問道俗之分何以辨

答夫學一也。豈有道俗之分。所以分者。在乎心而已。故志乎義。則道心也。志乎利。則俗心也。以道心而爲俗學。則俗學卽道學。以利心而爲道學。則道學卽俗學。只在義利之間而已矣。惟在朝廷則不然。朝廷風化攸繫。故以道學鼓天下。則天下皆道學而義風盛。以俗學鼓天下。則天下皆俗學而利習熾。此程朱所以皆欲朝廷革俗習而崇義方。有以也。若君子自學。苟立志有定。則無不可者也。何俗爲。

問執古通今是否以禮爲斷

答陳剩夫以世人言執古貴乎通今。執古而不通今。猶執一也。此言不然。夫所謂古者。卽先王之制。著於禮經者是也。所謂今者何禮也。豈非流俗之弊。習於性成者乎。姑以喪禮言之。古者以不飲酒食肉爲禮。今人必以飲酒食肉爲禮。如執古則不能以通今。通今則非所謂執古。豈一人眞有兩個口。其一則執古。又其一則通今乎。抑只是一個口。但遇酒食則通今。及醉飽之後。則執古。斯謂可貴乎。逸按執古則不能以通今。通今則非所謂執古。此於禮猶未斷定。不知禮無古今。合乎情則是凡古今居喪而爲孝子者。自不宜飲酒食肉。孟子所謂歠粥面深墨。若飲酒食肉。其心何忍。忍則非禮也明矣。

問公子荆以世家豪胄居室不求華美其居心如何

答其居心平淡可知。真翩翩濁世之佳公子也。世有甫入仕而宅舍一新。宦遊歸而土木未已。以視子荆。其賢不肖爲何如耶。李二曲所謂人無百年不壞之身。世無數百年不壞之屋。轉盼成空。究竟何有。昔之畫閣樓臺。今爲荒邱礫墟者何限。當其金碧輝煌。未嘗不左顧右盼。暢然自快。而今竟安在哉。千古如斯。良足慨矣。余嘗謂人於居室可以蔽身足矣。乃輪奐其居。甲第連雲。以鳴得意。噫以此爲得意。其人可知。

問何謂道之體用

答體卽理。用卽事。人得是理於心曰德。服是事於身曰行。何謂德。知仁聖義中和是也。何謂行。孝友睦姻任恤是也。所謂道無玄妙。只在日用間着實循理行。

問聖人之心如何可學

答聖人之心。一天地生物之心。天地之心。無一物不欲其生聖人之心。無一人不欲其善。所謂聖人之所以爲聖人。只是這憂勤惕厲的心。須臾毫忽不敢自逸。理無定在。惟勤則常有。心本活物。惟勤則不死。常人不能憂勤惕厲。故人欲肆而天理亡。身雖存而心已死。豈不大可哀哉。逸嘗謂學聖希賢。惟在至誠。則五常百行。皆自然無不備也。無欲便覺自在。人只爲有欲。此心便千頭萬緒。做事便有始無終。小事尚不能成。況可學聖人耶。

問孔顏之樂在何處

答孔顏之樂者。仁也。非是樂這仁。仁中自有其樂耳。且孔子安仁而樂在其中。顏子不違仁而不改其樂。安仁者。天然自有之仁。而樂在其中者。天然自有之樂也。不違仁者。守之之仁。而不改其樂者。守之之樂也。語曰。仁者不憂。不憂非樂而何。周程朱子不直說破。欲學者自得之。

問誠可消僞敬可儆邪否

答一誠足以消萬僞。一敬足以儆千邪。所謂先立乎其大者。莫切於此。余以爲欲心誠。先欲心不放。欲心不放。只是不離居處恭。執事敬。與人忠。則心自不放。心不放。則誠矣。今人輕易言語。是他此心不在。奔馳四出了。學者當自謹言語。以操存此心。吾輩做事件件不離一敬字。自無大差矣。

問潘南山素言其精義簡而可法者。試能言之否

答好人譽己而忌稱人之善。惡人毀己而樂道人之惡。民俗斯下矣。無實之名。禍之門也。無名之實。福之基也。居官之本有三。薄奉養。廉之本也。遠聲色。勤之本也。去讒私。明之本也。余以為學然後知過。學之篤然後能改過。故曰人得天地正氣以生。直養之曰正學。順行之曰正道。養之弗直。行之弗順者。邪也。倘今之學者能體而行之。則他日所進。不可限矣。

（未完）

说苑

船山先師詩錄

周逸敬選

譚解元元春 嶽遊

不知猿鳥至何方。葉葉晴容發靜光。潭黑龍能深定力。苔新雲亦戀幽香。
泉於草樹情偏摯。日以森寒影倍長。始覺向來湘艇上。孤危錯擬露鋒鋩。

王僉事思任 登岱

何須大叫帝閽聞。肸蠁通天黍米分。吳練淒迷虧老壽。漢封細碎到亭云。
欲收元氣無堅影。自笑頑軀亦片雲。帝鬼癡靈皆一蟻。强將齋沐溷元君。

說苑

讀史顧思錄有序

湘潭葛鼎甫邃銘

呼孔而非孔。如關西孔子是。呼顏而非顏。如國有顏囘是。呼曾而非曾。如張曾子蔡曾子宗曾子滕曾子賈曾子皆是。亦有借往哲以名其門弟。如向栩譏周要皆冒襲賢名。互相標榜。其尤繆者。則如禰衡謂孔融爲仲尼不死。融答禰衡爲顏囘復生。[illegible]道不倫。卒以賈禍。其最可笑駡者。則宋陳繹之爲熱熱顏囘是也。夫姓名豈可以不辨正哉。不副實。則名辱宣傳。果副實。則名宜廣布。僞學聖賢者。不可襲聖賢之名以亂聽。真學聖賢者。必因聖賢之姓字以俱傳。當今舉世皆聾。羣氓無識。不師鄒魯。奚辨人禽哉。自周以降。陵遲以至於今。痛聖賢之學之難繼。因裒輯史籍諸書中有襲孔子顏子閔子曾子子游子夏子貢孟子姓名。俾益聲聞。借資木鐸。庶有以翊聖垂教於無旣也。章縫之士。當有警覺焉。

後漢書橋玄傳。玄字公祖。梁國睢陽人。初曹操微時。人莫知者。嘗往候玄。玄見而異焉。謂曰。今天下將亂。安生民者。其在君乎。操實感其知己。及後經過玄墓。輒悽愴致祭奠自爲其文曰。操以幼年。逮升堂室。特以頑質見約君子。增榮易觀。皆由奬勗。猶仲尼稱不如顏淵。注論語謂子貢曰。汝與回也孰愈。子貢曰。賜也何敢望回。子曰。吾與汝俱不如也。李生厚歎賈復士死知己。懷此無忘。

後漢書文苑傳邊讓。字文禮。陳留浚儀人。議郎蔡邕深敬之。薦於何進曰。使讓生唐虞。則元凱之次。運値仲尼。則顏閔之亞。又曰。若以年齒爲嫌。則顏子不得冠德行之首。子奇終無阿宰之功。苟堪其事。古今一也。

後漢書左雄傳雄字伯豪。南郡涅陽人也。陽嘉元年。太學新成。雄又上言郡國孝廉。古之貢士。出則宰民。宣協風教。若其面牆。則無所施用。孔子曰。四十不惑。禮稱强仕。請自今孝廉年不滿四十。不得察舉。皆先詣公府。諸生試家法。文吏課箋奏。副之端門。練其虛實。以觀異能。以美風俗。有不承科令者。正其罪法。若有茂才異行。自可不拘年齒。帝從之。於是班下郡國。明年有廣陵孝廉徐淑。年未及舉。臺郎疑而詰之。對曰。詔書曰。有如顏回。子奇。不拘年齒。解見順帝紀 是故本郡以臣充選。郎不能屈。雄詰之曰。昔顏回聞一知十。孝廉聞一知幾耶。淑無以對。乃譴卻郡。

後漢書獨行傳。向栩字甫興。河內朝歌人。向長之後。少爲書生。性卓詭不倫。賓客從就。輒伏而不視。有弟子名爲顏淵子貢季路冉有之輩。

後漢書順帝紀。陽嘉元年十一月辛卯。初令郡國舉孝廉。限年四十以上。諸生通章句。文吏能牋奏。乃得奏選。其有茂才異行。若顏回子奇。不拘年齒。注史記曰。顏回魯人。好學。年二十九髮盡白。早死。新序曰。子奇年十八。齊君使之化阿。至阿。鑄其庫兵。以爲耕器。發倉廩以賑貧窮。阿縣大化。

後漢書朱暉傳。南陽宛人。孫穆字公叔。初舉孝廉。注、謝承書曰。穆少有英才。學明五經、操修矜嚴、疾惡不交非類、年二十爲郡督郵、迎新太守、見穆曰、君年少爲督郵、因族勢爲有令德、穆答曰、郡中瞻望明府。如仲尼。謂非顏回。不足以迎孔子。更問風俗人物、太守甚奇之、曰、僕非仲尼。督郵可謂顏回也。遂歷職股肱。舉孝廉也。

後漢書孔融傳。融字文舉。魯國人。孔子二十世孫。曹操既積嫌忌。而郗慮復構成其罪。遂令丞相軍謀祭酒路粹枉狀奏融曰。少府孔融。前與白衣禰衡跌蕩放言。既而與衡更相贊揚。衡謂融曰。仲尼不死。融答曰。顏回復生。大逆不道。宜極重誅。書奏下獄棄市。

後漢書吳祐傳。字季英。陳留長垣人。時濟北戴宏父爲縣丞。宏年十六。從在丞舍。祐每行園。常聞諷誦之音。奇而厚之。亦與爲友。卒成儒宗。知名東夏。官至酒泉太守。注引濟北先賢傳曰、宏字元襄、剛縣人、年三十二、爲郡督郵、曾以職事見詰、府君欲撻之、宏曰、今鄙郡遭明府、咸以爲仲尼之君國。小人少以宏爲顏回。豈聞仲尼有撻顏回之義。府君異其對。即日教署主簿。

後漢書黃憲傳。字叔度。汝南愼陽人。荀淑至愼陽。遇憲於逆旅。時年十四。淑竦然異之。揖與語。移日不能去。謂憲曰。子吾之師表也。既而前至袁閎所。未及勞問。逆曰。子國有顏子。寧識之乎。注顏子。顏回也。閎曰。見吾叔度耶。嘗著論曰。黃憲言論風旨。無所傳聞。然士君子見之者。靡不服深遠。去玼吝。將以道周性全。無德而稱乎。余曾祖穆侯。以爲憲隤然其處順。淵乎其似道。淺深莫臻其分。淸濁未議其方。若及門於孔氏。其殆庶乎。注易繫詞曰。顏氏之子。其殆庶幾乎。故嘗著論云。

後漢書楊震傳。震字伯起。弘農華陰人。明經博覽。無不窮究。諸儒爲之語曰。關西孔子。楊。伯。起。

三國志魏書陳羣傳。羣字長文。穎川許昌人。文帝在東宮。深敬信焉。待以交友之禮。嘗歎曰。自。吾。有。回。門。人。日。以。親。

三國志魏書荀彧傳。裴松之注引或別傳曰。或爲尚書令。荀攸後爲魏尚書令。亦推賢進士。太祖曰。二荀令之論人。久而益信。吾沒世不忘。鍾繇以爲顏子旣沒。能備九德。不貳其過。唯荀彧然。或問繇曰。君雅重荀君。比之顏子。自以不及。可得聞乎。曰。夫明君師臣。其次友之。以太祖之聰明。每有大事。常先諮之荀君。是則古師友之義也。吾等受命而行。猶成不盡。相去豈不遠耶。

晉書謝尚傳。尚字仁祖。豫章太守鯤之子也。八歲神悟夙成。鯤嘗攜之送客。或曰。子兒。一。座。之。顏。回。也。尚應聲答曰。坐無尼父。焉別顏回。席賓莫不歎異。

晉書陸雲傳。雲字士龍。周浚召爲從事。謂人曰。陸士龍當。今。之。顏。子。也。

晉書羊祜傳。字叔子。泰山南城人。太原郭弈見之曰。此。今。日。之。顏。子。也。

晉書文立傳。立字廣休。巴郡臨江人。蜀時游太學。專毛詩三禮。師事譙周。門人以立爲顏回。陳壽李虔爲游夏。羅憲爲子貢。

宋書隱逸傳。周續之字道祖。雁門廣武人。豫章太守范甯於郡立學。招集生徒。遠方至者甚衆。續之年十二。詣甯受業。通五經。並緯候。名冠同門。號曰顏子。

梁書文學傳。伏挺。字士標。高祖義師至。挺迎謁於新林。高祖見之甚悅。謂曰顏子。

梁書文學劉峻傳。峻字孝標。平原人。著辨命論曰。近代有沛國劉瓛。瓛弟璡。並一時之秀士也。瓛則關西孔子。通涉六經。循循善誘。服膺儒行。

陳書徐陵傳。陵字孝穆。東海郯人。光宅惠雲法師。每嗟陵早成。謂之爲顏回。

陳書岑之敬傳。字思禮。南陽棘陽人。年十六。策春秋左氏制旨孝經義。擢爲高第。御史奏曰。皇朝多士。例止明經。若顏閔之流。乃應高第。梁武帝省其策曰。何妨我復有顏閔耶。

北史薛辯傳。河東汾陰人。道衡字玄卿。河東裴讞目之曰。鼎遷河朔。吾謂關西孔子罕遇其人。今復遇薛君矣。

北史李孝伯傳。孝伯趙郡平棘人。兄孫謐。謐弟子士謙。字子約。一名容郎。髫齔喪父。

事母以孝聞。母嘗歐吐。疑中毒因跪嘗之。伯父瑒深所嗟尙。每稱此兒吾家顏子也。齊吏部尙書辛術。召署員外郎。趙郡王叡。舉德行。皆稱疾不就。和士開亦重其名。將諷朝廷。擢爲國子祭酒。固辭得免。刺史高元海。以禮再致之。稱爲菩薩。隋有天下。畢志不仕。

隋書隱逸傳。李士謙。字子約。趙郡平棘人。髫齔喪父。事母以孝聞。伯父魏岐州刺史瑒深所嗟尙。曰此兒吾家顏子也。

新唐書沈旣濟傳。旣濟、蘇州吳人。子傳師。字子言。貞元末。舉進士。時給事許孟容。禮部侍郞權德輿。樂挽轂士。號權許。德輿稱之於孟容。孟容曰。我故人子。盍不過我。傳師往見謝曰。聞之丈人。脫中第。則累公舉矣。故不敢進。孟容曰。如子。可使我急賢詣子。不可。使子因舊見我。遂擢第。德輿門生七十人。推爲顏子。

舊唐書方技傳。僧一行。姓張氏。先名遂。魏州昌樂人。一行詣道士尹崇。借楊雄太玄經。數日復詣崇。還其書。崇曰。此書意指稍深。吾尋之積年。尙不能曉。吾子試更研求。何遽見還也。一行曰。究其義矣。因出所撰大衍玄圖及義決一卷以示崇。崇大驚。與一行談其奧賾。甚嗟伏之。謂人曰。此後生顏子也。

宋史陳繹傳。繹字和叔。開封人。中進士第。爲館閣校勘。集賢校理。刊定前漢書。英宗臨政。淵嘿。繹獻五箴。判獄多所平反。爲政務摧豪黨。而行與貌違。暮年繆爲敦朴之狀。好事者目爲熱熟顏回。

元史陳祜傳。祜一名天祜。字慶甫。趙州寧晉人。至元十三年。授南京總管兼開封府尹。吏多震慴失措。祜因謂曰。何必若是。前爲盜跖。今爲顏子。吾以顏子待之。前爲顏子。今爲盜跖。吾以盜跖待之。由是吏知修飾。不敢弄法。

明儒學案。徐愛字曰仁。號橫山。餘姚之馬堰人。先生爲海日公之壻。於陽明內兄弟也。陽明出獄而歸。先生即北面稱弟子。及門莫有先之者。其後與陽明同官南中。朝夕不離。學者在疑信之間。先生爲之騎郵。以通彼我。於是門人益親。陽明曰。曰仁吾之顏淵也。先生嘗游衡山。夢老僧撫其背而歎曰。子與顏子同德。亦與顏子同壽。覺而異之。陽明在贛州聞訃。哭之痛。

元遺山詩集箋注卷五南湖先生雪景乘騾圖注。王隱君磵。字逸賓。其先臨洺人。實生於汴梁。嘗以洛川自稱。孝親友弟。誠於人。篤於己。與秉文明昌間參河南轉運幕。

過相謁坡軒居士酈元輿居士曰。君知王逸賓乎。斯人當今顏子也。

後漢書張霸傳霸字伯饒蜀郡成都孝讓合禮鄉人號爲張曾子。

南史卷七十三附孝義吳達之傳達之義與人先是有蔡曇智鄉里號蔡曾子爲高士沈顗所重常云聞曇智之風怯夫勇鄙夫有立志。

南史卷七十三附孝義解叔謙傳時又有宗元卿字希蔣南陽人有至行早孤爲祖母所養祖母病元卿在遠輒心痛大病則大痛小病則小痛以此爲常鄉里宗事之。號曰宗曾子。

南史卷七十六孝義傳滕曇恭豫章南昌人年五歲母楊氏患熱思食寒瓜土俗所不產。曇恭歷訪不能得銜悲哀切俄遇一桑門問其故曇恭具以告桑門曰我有兩瓜分一相遺還以與母舉室驚異尋訪桑門莫知所在及父母卒曇恭並水漿不入口者旬日感慟嘔血絕而復蘇隆冬不著繭絮蔬食終身每至忌日思慕不自堪晝夜哀慟其門外有冬生樹二株時復有神先自樹而起俄見佛像及夾侍之儀容光顯著自門而入曇恭家人大小咸共禮拜久之乃滅遠近道俗咸傳之太守王僧虔引曇恭爲功曹。固辭不就。王儉時隨僧虔在郡。號爲滕曾子。

南齊書劉瓛傳。瓛字子珪。沛國相人。母孔氏甚嚴明。謂親戚曰。阿稱便是今世曾子。阿稱。瓛小名也。

唐書卷一百九十二忠義賈循傳。循父有高節。里中號一龍。以孝著。時號關中曾子。縣人私諡廣孝徵君。

元史卷一百二十六廉希憲傳。廉希憲字善甫。世祖爲皇弟。希憲年十九。得入侍。希憲篤好經史。手不釋卷。一日方讀孟子。聞召急懷以進。世祖問其說。遂以性善義利之旨爲對。世祖嘉之。曰廉孟子。由是知名。（完）

叢錄

船山先師詩錄

曹蘭臺學佺　感時

周　逸敬選

杉關關外幾分春。已報江干惹戰塵。臨水自澆三日酒。看花無那百年人。
仙函難訪龍韜祕。瑤草誰於御輦親。暫與風光相醞藉。巡池杞柳亦芳辰。

倪司徒元璐　抒憤

狂歌不審定因何。夾臆紅潮湃萬波。怖鬼已勤懸紫蟹。沖天無望錮蒼鵝。
姤津日日添風雨。疑網重重長薜蘿。爲愛信陵多縱酒。糟邱無奈醞情魔。

叢錄

通訊

趙澥園先生來書

木崖仁兄有道、老病不出戶庭、緬維 諸君子、提倡國學。不懈益勤。景仰奚似。船山先師誕祭。本應恭詣贊襄。因精神委靡。舉步欹側。如不自持。是以終歲閉門。即里巷近處。亦未嘗涉足。歉咎之私。惟乞 諒之。學報屢承 惠寄。既佩且愧。去年偶爲亡友俞編修作傳一首。茲錄稿奉呈。即希 鑒正。敬請

道安。　社中諸君子均此致候。　啓霖頓首秋社日

綏遠省政府傅主席來書

敬覆者、接奉 大札。並承 惠賜第九期船山學報一冊。送荷 雅賜。感篆莫名。除珍存瀏覽外。專函布謝。順頌

文祺　傅作義啓十月十七日

陝西省政府來書

頃准　大函附送第九期船山學報一册。屬寄各種文稿刊物等由准此。查本府發行刊物。現僅公報一種。除飭科按期奉寄。並嗣後如有其他刊物。再行隨時寄送外。相應函覆。卽希　查照爲荷。此致

湖南船山學社

陝西省政府啓十月二十三

聖約翰大學圖書館來書

逕覆者頃承

寵贈船山學報第九期一册。謹已收領。

貴社昌明絕學。闡發幽光。作大道之干城。爲頹波之砥柱。緬仰

宏規。曷勝欽佩。嗣後仍請逐期

惠贈。俾敝館得以彙萃成帙。垂之久遠。則尤昕夕所切禱者也。此致

湖南船山社

聖約翰大學圖書館啓十月十四日

福建省政府祕書處圖書館來書

巡啓者承

惠贈船山學報一份。至感。茲查第一至八期。迄今尚未收到。即請

查核補足寄下。俾成全璧。至紉公誼。此致

湖南船山學社

福建省政府祕書處圖書館啓十月二十四日

河南省政府來書

准

函送船山學報一册。業經查收。除備參考外。相應函請

查照。此覆

湖南船山學社

河南省政府啓十月二十八日

致趙社長芷蓀先生函

芷老社長道鑒。涼風天末。瞻就方殷。忽値　朶雲飛下。　錦撰同頌。傳誦之餘。片紙摩挲。千金珍重。羣歎爲有關世道人心之作也。當於第十期學報登載。本社九月朔。船山先師誕祭。禮畢。開社員大會。舉行票選。結果均仍舊位。仰見

執事德高望重。景行所歸。惟董事中推易二三人。餘仍連任。茲特奉 聞。用紓霽注。並望 時錫南針。俾資趨向。如 福躬康健。文旆降臨。則同人更得所矜式矣。專此敬請

道安

湖南船山學社同人叩十月五日

公牘

覆湖南省政府祕書處函

逕啓者案准 貴處祕統字第一二八四號公函。徵集民國二十三年湖南省年鑑資料。茲將本社改組以來。至二十三年十二月底止。所有經過情形。及社務概況。編訂成册函送 貴處。請煩 查照斟酌采擇彙編爲荷。此致

湖南省政府祕書處

湖南船山學社啓

附送二十三年以前社務概況一份

湖南船山學社

本社緣起及經過

本社上承思賢講舍爲講學處所。自前淸光緒初元起迄今凡六十年。溯講舍時期、湘陰郭筠仙侍郎嵩燾、湘潭王湘綺先生闓運、皆常主講其間。一時稱盛。鼎革之交。講事中輟。民國二年瀏陽劉蔚廬先生發起。剏辦學社。專爲講求明末遺老衡陽王船山先生六經生面民族精神人禽畛域之學說。以承新化鄧湘皋學博校刊王氏遺書之遺志。及湘陰郭筠仙侍郎創設思賢講舍之遺規。曾經會同海內名流張謇夏壽康、王芝祥、莊蘊寬等。呈請前大總統發交國務院。分行內政教育二部。批准咨行湖南省政府維護。並由國稅項下歲撥基金四千元。藉資開辦在案。歷年以來。國政不綱。內爭迭起。影響學業。生心害政。亂靡底止。所歷坎壈。百紙難罄。其最足驚歎者。爲被壓迫於共產黨執政時代。至將社改爲省農民協會社遂中斷。民國十五年以後。社友星散。共黨尙未消滅。政府無力提倡。展轉移易。至主其事者。又絕不知社爲何物。創社者爲何義。甚至社之名且不存。遑論其他。多數社友。爲此滋戚。民國十七年、由老社員雷鑄寰、周逸、彭兆璜等倡議改組。仍恢復船山學社。

本社社務概況

本社對於學術前途。應負責任至重且大。但絕對不含何種政治意味。不作任何方面之工具。除遵守船山先師遺教外。不立何項派別。力排一切門戶偏私之見。凡關六藝微言。三湘文獻。有應發揚光大者。一引爲任務。民國十九年倡議改組後。於二十年八月呈奉　湖南省政府批准。　省黨部令派蕭度、傅紹巖、彭兆璜、方克剛、張定、任福黎、周逸、石廣權、劉伯遠等九人。爲改組船山學社籌備員。並審定社章。徵集社員。二十一年六月成立董事會。公推蕭度、彭兆璜、石廣權、方克剛、周逸、任福黎、張定、傅紹巖、胡子清、黃士衡、雷鑄寰、易書竹、曾毅、辜天佑、劉策成、楊樹穀、羅傳矩十七人爲董事。七月開第一屆董事會。推胡子清爲董事長。蕭度爲副董事長。又推何主席芸樵爲名譽董事長。曹伯聞、曹典球、彭清藜等爲名譽董事。九月開社員大會。選舉趙啓霖爲社長。陶思曾爲副社長。社務分三部進行。（一）編輯部主任兼祕書周逸、（二）研究部主任爲顏昌嶢。（三）講演部主任爲石廣權。十二月刊布第一期船山學報。二十二年十月舉行船山先師誕祭典禮。並開社員大會。公留原任董事周逸、石廣權、陳嘉會、顏昌嶢、任福黎、楊樹穀、黃贊元、毛樹駿、楊卓新九人。補推董事胡子清、趙恆易書竹、謝鴻熙、程子樞、王禮培、李澄宇、劉約真八人。並成立第二屆董事會。改推石廣權爲董事長王禮培爲副董事長。第二三四期學報。均次第刊行。開講演會二十次。聽衆每次七八十人。或二三百人不等。二十三年四月。由董事會建議。舉行季課。推定王禮培、周逸、顏昌嶢、陳嘉會、謝鴻熙、胡子清、楊樹穀、楊卓新、李澄宇九人。爲季課委員。訂定簡章。並由何名譽董事長出備獎金。幾經集議。始觀厥成。計本社舉行季課兩次。應徵者三百餘卷。取錄一百餘卷。又本社所管房屋與藝芳女校房屋界限未明。曾經雙方爭執多年未決。八月由雙方推舉代表周逸、石廣權、言汝昌、黃士衡等。及曾祠保管董事會曾約農等協商。均采互讓主義。謀雙方便利。計由三面代表協同劃定界址。妥定條約。繪具圖樣。呈准 省政府轉行民教兩廳立案。永昭信守。多年未決之糾紛。今始全部完結。十月舉行船山先師誕祭典禮。並開社員大會。推易書竹爲名譽董事。連任董事周逸、胡子清、陳嘉會、顏昌嶢、楊樹穀、任福黎、王禮培、黃贊元、李澄宇、程子樞、謝鴻熙、楊卓新、劉謙十三人。推舉新董事謝序荃、鄧振聲、張有晉、蕭仲祁四人。繼開第三屆董事會。改推王禮培爲董事長。

黃贊元爲副董事長。並改聘黃子固爲講演主任。本年計開講四十一次。船山學報已出至第六期。湘省耆宿入社者一百六十餘人。增購圖書數十種。此本社改組以來。至民國二十三年社務進行之大概也。

職員姓名

本社職員分董事會及本社兩部。茲分別列表如左（略）

經費概況

本社經費。前經呈准　省政府提交省務會議通過。每歲由教育經費項下。發給補助費四千八百元。嗣經裁減。於民國二十二年七月起。歲發四千二百五十餘元。雖力求撙節。仍屬左支右絀。時感困難。故按季應出之學報。或至愆期。應辦研究諸事。難於進展。而其他搜集船山未刊遺書及建築圖書館等事。亦尚在停頓中。有志未逮。深覺歉然。同人等惟有本着初衷。竭力以赴。倘經濟稍充。仍當次第舉辦也。

復湖南省教育廳函（填送全國學術團體概況調查表（二十三年度））

逕啓者。案准

貴廳五月十七日函開、案奉　教育部二十四年四月高統叁第零四三七一號訓令內開：「案查本部曾於二十年以第八九四號訓令並檢發全國學術團體調查表一份三張、仰卽轉飭各學術團體依式查塡二份、一份存廳、一份彙呈本部、除分令外、合行令仰該廳遵照辦理此令」等因：除分函外、相應檢送表式二份、計六張、卽希查塡二份見復、並希將二十二年度學術團體調查表一並塡復此致等由、准此、查本社二十二年度學術團體調查表、已經塡送茲將本社調查表依式塡就二份、函送　貴廳、請煩　查照爲荷、此致

湖南省教育廳廳長朱

湖南船山學社啓

附全國學術團體概況調查表二份

全國學術團體概況調查表（二十三年度）

名　稱　湖南船山學社

地　址　湖南省　長沙市　中山東路二〇一號

負責人　副社長陶思曾、董事長王禮培、祕書兼編輯主任周逸、

宗旨　以研究船山學說。發揚民族精神。倡明國學。扶翊風教爲宗旨。

沿革　本社爲民國二年瀏陽劉人熙先生就小吳門正街原有之思賢講舍遺址所改建。呈請　中央政府令行　湖南省政府備案、其後爲共產黨執政、本社受其影響。至民國二十年八月奉令改組。二十一年六月成立董事會、九月四日開社員大會。選舉正副社長。

成立年月　民國二十一年七月　日

立案年月　民國二十一年五月呈　中央政府令行　湖南省政府立案

備案年月　民國二十三年九月呈　教育部備案

組織　本社組織係正副社長、總理全社社務、以下分設1.研究、2.講演、3.編輯三部、董事會及正副董事長負責保管社產、稽核帳目、執行社員大會議案、及議決關于社務應興應革之事項、

狀況

社員人數　社員共一四五人

經費　歲入國幣四千八百元、歲出國幣五千餘元、

所辦重要事項　每季刊行船山學報一冊舉行季課徵文一次（奬金由何主席發給）每週星期講演

出版物　叢書十餘種定期刊物一種

備考　本社上承思賢講舍、自清光緒初元起、迄今瀕六十年。湘陰郭筠仙侍郞嵩燾湘潭王湘綺先生闓運皆主講其間、一時稱盛、鼎革後瀏陽劉蔚廬先生改爲船山學社。其中屢經波折。民十六年共產黨執政時、改爲省農民協會。後由社員彭清藜周逸石廣權雷鑄寰彭兆璜等再三倡議。改組仍恢復船山學社。（後略）

致湖南省政府祕書處函

逕啓者昨接

貴處二十四年湖南年鑑一部。繙閱之餘。深佩宏博。惟第十九編文化內載「湖南船山學社業務概況（附）」等字目錄與正文均同。查敝社前送原稿係稱社務概況。茲社務易作業務。與營業性質之機關無分。諒係手民誤檢。至（附）字亦有關係。

緣敝社地位爲講明國學獨立永久之機關。且爲各省所無。正足表湘省文化之特色。倘列作附庸。非獨名實不符。且啓他人輕視。諒非提倡國學之君子所忍出此也。用特函達請加更正。如已發行。能登報聲明正誤。尤所感幸。專此順頌

撰祺

湖南船山學社啓十一月十八日

本社紀事

船山先師詩錄

周逸敬選

陳黃門子龍 贈戍

江潭瑤草不須生。自折疎麻送遠行。九廟威靈元白日。四愁風雨有孤縈。
靑編白簡星光迴。大蠹髙牙落照傾。極目蒼生非海色。唯餘三學傲公卿。

顧秀才闓雍 慟哭

饞蛟風激怒濤腥。逝水東傾夜不扃。無望金山邀北岸。恰逢潮水落皐亭。
烏衣夜色空迷燕。碧血中宵欲化螢。回首五雲蟠御寢。斷腸鵑哭向冬青。

本社紀事

從二十三年十月起
至廿四年十一月止

二十三年十月三十一日下午四時開第三屆董事成立會。出席董事楊樹穀、楊華一、程子樞、周逸、謝序荃、張有晉、謝鴻熙、王禮培、黃贊元、鄧振聲、胡子淸、陳嘉會、顏昌嶢、李澄宇。請假董事劉約眞、蕭仲祁。推定王禮培爲董事長、黃贊元爲副董事長。並推舉胡董事少潛、楊董事樹穀、謝董事鴻熙、陳董事嘉會。審查決算預算。

十一月十六日開秋季季課委員會。出席季課委員王禮培、陳嘉會、胡子淸、謝鴻熙、周逸、顏昌嶢、楊樹穀、張有晉。公推顏昌嶢、王禮培、趙曰生、楊樹穀、謝伯涵爲閱卷委員。閱卷規定文內斷句處用單點。其佳者其單圈或雙圈。卷背尾等第符號。甲等用三圈。乙等兩圈。丙等一圈。附取三點。批紙一律由社發給。閱卷期間限於本月七日起至十七日止。一律齊卷。

十二月三十日開第二次董事常會。出席董事胡子淸、楊卓新、鄧振聲、蕭仲祁、周逸、顏昌嶢、謝鴻熙、劉約眞、黃贊元、陳嘉會、楊樹穀、李澄宇。報告事項。一、楊董事樹穀報告審查學社決算案。議決。上年度決算已經補行審查無異。以後應按社章第二十七條先交董事會審查辦理。討論事項。一、推舉彭施滌先生爲名譽董事案。議決。通過。二、陶思曾、周逸介紹譚從炳、吳昭曦、陶思曾、黃翬介紹李忠澍。劉菼、胡子清介紹陳迪光。爲本社社員案。議決。通過。

二十四年二月二十四日開第三次董事常會。出席董事王禮培。周逸、謝鴻熙、李澄宇、劉約真、張有晉、楊卓新、顏昌嶢、任福黎、請假董事黃贊元、程子樞、楊樹穀、蕭仲祁、討論事項。一、息災法會租賃本社左邊房屋。月租三十元。現該會已經結束。改組佃約須另更換。並每月加行佃洋六元案。議決。通過。二、周逸陶思曾介紹羅傑、鄭鑄心、譚辛震。劉約真顏昌嶢介紹馬惕冰。唐顯度。李澄宇、謝鴻熙介紹王原一、爲本社社員案。議決。通過。

三月十七日開春季季課委員會。出席委員張有晉、李澄宇、黃翬、王禮培、周逸、趙曰生、謝序荃、顏昌嶢、陳嘉會。討論事項。一、增加本會委員人數案。議決。公推張有晉、謝序荃、趙曰生、黃翬四人爲本會委員。二、修改季課簡章案。議決。第一條修改爲本社季課分經義、治事、詞章三類命題。應課者以每類各作一題爲完卷。第五條修改爲評定課卷分正取附取給獎揭榜登報。其最優者選登船山學報。第八條修改爲省會限二十日交卷。外縣限三十日交卷。自出題之日算至付郵之日止。直寄長沙中山東路船山學社。第九條修改爲課卷分正取附取。正取第一名獎銀二十四元。第二名二十元。第三名十六元。第四名十二元。第五名八元第六名至第十名各六元。第十一名至第四十名各四元。附取各三元無定額。

三月二十四日、開季課委員會出席委員張有晉、黃鞏、謝序荃、周逸、謝鴻熙、王禮培、顏昌嶢、陳嘉會。擬定課題如下。甲、經義類一、經正則庶民興庶民興斯無邪慝矣義。二居敬而行簡以臨其民義。乙、治事類一、改良學校制度平議。二、顧亭林清議名教篇書後。丙、詞章類一、擬重修定王臺啓（駢文）二、三月三日續蘭亭修禊序。（駢文）

五月十五日、開季課委員會。出席委員周逸、陳嘉會、顏昌嶢、王禮培、謝鴻熙、張有晉、黃鞏、胡子清、推定周逸、陳嘉會、胡子清、王禮培、謝鴻熙五人爲覆閱課卷委員。

六月十六日、開第六次董事常會。出席董事劉約真、周逸、王禮培、李澄宇、謝鴻熙、陳嘉會、顏昌嶢、胡子清、黃贊元。請假董事蕭仲祁、楊樹穀、任福黎。王董事長禮培報告湖南省黨部執行委員會來令內開。傅紹巖等前任債務、歸繼任人員負責償還、飭令呈覆一案。議決。此案早與本社無涉、據實呈覆。謝董事序荃因病出缺。推舉彭施滌繼任董事案。議決。通過。

八月二十五日、開董事常會。出席董事周逸、謝鴻熙、劉約真、王禮培、胡子清、顏昌嶢、李澄宇、彭施滌、陳嘉會、任福黎。請假董事程子樞、蕭仲祁。報告事項。一、周逸、陶思曾介紹羅亮傑、李鴻羲、譚澤洋爲本社社員案。議決。通過。二、石前董事長處存洋一百元案。議決。卽作石夫馬費核銷。

九月二十二日、開第八次董事常會。出席董事周逸、謝鴻熙、王禮培、李澄宇、黃贊元、胡子清、陳嘉會、程子樞、彭施滌、張有晉。請假董事。蕭仲祁、顏昌嶢、任福黎、劉約真。報告事項。一、董事長王禮培報告本年九月初一日正副社長任期屆滿、須預選社長候選五人案。議決。不記名投票。開票結果陶思曾九票。陳嘉會六票。胡子清六票。趙啓霖五票。黃鞏四票。決定上列五人以最多數當選爲正式候選人。於船山先師誕祭日付社員大會投票選舉。二、本社一年來收支欵清册請審查付印案。議決付印。

九月二十八日、卽夏曆九月初一日。舉行　船山先師誕祭典禮。主祭者爲本社名譽董事長何主席芸樵派曹代主席典球。與祭者有民政廳長凌璋易祕書長銘勛及社員彭施滌周安漢凌恩鳳何元文胡子清等百餘人。上午十時致祭。十二時會餐。下午二時開社員大會。推陶副社長思曾爲臨時主席。由王董事長禮培報告上年度學社收支欵項清册以後。然後舉行選舉。選舉正社長。趙啓霖以二十一票爲最多數當選。選舉副社長。陶思曾以二十六票爲最多數當選。改選楊卓新、程子樞、黃鞏、李澄宇、王禮培、黃贊元、謝鴻熙爲新任董事。以王壽慈補楊董事樹穀之缺。並推舉劉謙、王代懿、彭濟昌爲候補董事。

十月二十七日開第四屆董事成立會。出席董事周逸、王禮培、胡子清、黃鞏、陳嘉會、謝鴻熙、李澄宇、王壽慈、任福黎、黃贊元、楊卓新、顏昌嶢、列席副社長陶思曾。推定臨時主席胡子清。討論事項。一、推舉正副董事長案。議決。仍推舉王禮培先生爲董事長。黃贊元先生爲副董事長。二、推舉周董事逸保管本社房屋契約（計契據壹紙屋圖壹紙）案。議決通過。三、陶思曾周逸介紹凌恩鳳、周逸、王代懿、介紹陳兆璇爲本社社員案。議決通過。

湖南船山學社民國二十四年三月至十一月新入社員一覽表

姓名	別號	年齡	籍貫
王章	馨湝	四十	湘潭
羅亮傑	次龍	七三	安化
黎承禧	秋澄	五六	湘潭
凌恩鳳	拔柵	七四	醴陵
陳兆璇	齊七	五十	桂陽

正誤表

自第一期至九期

第一期

欄目	頁	行	正	誤
弁言	一	四	陞	桯
師說正蒙	十	七	析	晰
專論興復國樂	九	九	鐘下同	鍾下同
專著船山師友記	二	三	稽	稽
專著管子通釋	元	四	湼	湟
專著李氏譜例	五	五	歧	岐
文苑胡公井銘	七	三	侯	候
詩錄公祭船山師詩	十五	五	枉	往
劄記讀書答問	三	九	模	摸

第二期

欄目	頁	行	正	誤
師說正蒙	八	十三	汞	永
通論原治	十三	十	泯	氓
專論興復國樂	遗目誤檢管子校釋序			
專著船山師友記	二	五	枰	秤
專論興復國樂	六	十二	弊	斃
專著師友記	五	八	禎	楨
文苑松山館詩序	三	一	梨	黎
詩錄禰衡墓歌	兲	五	砥下同	底下同
通訊	七	六	紬	細

第十期

正誤表

			誤	正
講演組織講友會	二	五	游	遊
詩錄讀遺與詩	十三	六	薜同下	薛同下
詩錄讀遺與詩	十二	九	坼	圻
專論與復國樂	五	十二	廷	庭
第三期				
特刊夫之先生傳	三	五	稗	裨
講演經學淺釋	四	五	戴	載
講演文學統系	十六	十一	叔	說
第四期				
特刊船山行述	二	七	礪	勵
特刊船山行述	六	一	諡	謚
講演法比教育	七	十	恰	洽
文錄鈍齋胜錄跋	十六	九	嚆	犒

二

			誤	正
專論與復國樂	九	十一	輒	轍
詩錄讀遺與詩	十三	七	啄	喙
詩錄讀遺據詩	十五	二	鍾	鐘
叢錄學社購書記	一	十三	百二家誤作三百家	
講演易學哲理	十三	四	无	旡
專著墨子通釋	六	六	狹	陝
講演勤儉與家國	十七	三	滕	藤
特刊船山行述	五	十二	藜	蘂
講演法比教育	十五	十	陶	淘
詩錄酬章栗坡	三	四	棖	倀
文錄鈍齋錄跋	十六	七	戔	箋

正誤表

第五期

講演 先進禮樂	四七	七	諂	詔
師說 惜餘鬢賦	四	九	稿	稿
師說 惜餘鬢賦	四	九	漿	槳
專論 祀孔禮樂	七	十一	民知有樂有樂誤作民樂有樂	
詩錄 詠史	二六	四	帝下漏宼字	
文苑 鄧琴齋傳	一七	二	睥	俾
文苑 鄧琴齋傳	一八	二	盧	慮
講演 孔道與國家	九	七	桀	傑
專論 祀孔禮樂	一	七	鶩	騖
文錄 鄧琴齋傳	一六	四	藉	籍

第六期

講演 禮記章句	一四	九	諛	腴
講演 禮記章句	一七	二	字	宇
講演 禮記章句	一八	六	匽	⿰𧾷匽
講演 禮記章句	一八	六	倔	⿰𧾷屈
講演	一九	九	侯下同	候下同
講演 申逃闢楊墨	二六	八	蔑	篾
講演 禮記章句	二〇	八	祿下同	錄下同
講演 禮記章句	一八	八	袝	祔
講演 禮記章句	二〇	八	刃下同	仞下同
講演 禮記章句	二一	五	侯下同	候下同
講演 禮記章句	二三	九	洞	泂
詩錄 船山師誕日	三五	一	槁	稿

三

正誤表

第十期

講演中逃闢楊墨	二九	六	隄	提
講演中逃闢楊墨	二九	十	穌	酥
講演君子儒	四一	一	瓜	爪
講演岣嶁碑	四六	二	乂	叉
文錄湘水賦	九	二	彀	㲉
文錄湘水賦	九	四	槪	慨
詩錄船山師誕日	三一	九	辦	辨
文錄傲園詩草序	一七	三	齕	齕
文錄湘水賦	二	三	罶	留
詩錄船山師誕日詩	三五	八	師	解
詩錄盛孝子行	二八	九	温	濕
詩錄盛孝子行	二八	九	介	令

第七期

特刊船山先生傳	四	四	祓禊	袚禊
講演師注老莊	三	三	偏	徧
專著雁影題跋	四	五	薜	薛
通論哲學探源	二	八	涸	汨
專著大學古本	十	七	欺	歎
專著文字辨證	四	七	倉	蒼
通論哲學探源序	二	七	陷	滔
通論哲學探源序	二	七	痼	涸
專著大學古本	十	二	身修而後家齊漏身字	
詩錄孔雀東南飛	三六	八	稟	稾
詩錄擬劉文房	三六	四	鈎	鉤
文苑蔡松坡誄	一六	三	愴	蒼

[illegible] 山 [illegible] [illegible]

專著靜志居詩序	一八	二	郯	郰
文苑楚棄疾論	三	三	戮	戳
詩錄讀船山書有感	三〇	七	稗	裨
詩錄和前韻	三五	十	柚	抽
第八期				
講演插頁 感遇詩		三	[illegible]	衿
講演黃書原極	三	九	苞 同下	包 同下
講演大正篇	二	三	栗	粟
講演原極二篇	五	二	[illegible]	[illegible]
講演大正篇	九	[illegible]	[illegible] 同下	[illegible] 同下
[illegible]	[illegible]	十	[illegible]	[illegible]
[illegible]	四	[illegible]	[illegible]	[illegible]
文苑[illegible]	八	[illegible]	[illegible]	[illegible]
文苑靜志居詩序	一九	五	闡幽顯微誤	作闡微顯微
詩錄郝烈女詩	二五	六	萑	萑
文苑五先生述	十	三	多一吾字	
講演聖人法天地	一四	五	藜	黎
講演大正篇	一	八	[illegible]	[illegible]
專著船山年譜	二	二	踉 同下	跟 同下
課藝續修禊序	十	二	苧	[illegible]
課藝居敬行簡	三五	二	佌	仳
課藝續修禊序	[illegible]	十	[illegible]	[illegible]
課藝[illegible]	[illegible]	[illegible]	[illegible]	[illegible]
[illegible]	[illegible]	[illegible]	[illegible]	[illegible]
[illegible]	[illegible]	一	[illegible]	[illegible]

第 十 期

詩錄偕…歌	九	六	綺	綺
詩錄…山	廿	十	蕭聲	蕭
詩錄雙魚圖	九	六	鱗	[illegible]
劄記…先師詩		八	[illegible]	叢
課藝…序	七	九	綰	宛

第九期

專著師友記	一	五	揣	犄
專著孔子年譜	四	二	戒	誡
講演讀經撮要	五	一	鑿同下	鑿同下
通論讀經以正人心	三	九	息	熄
文錄衡山風木圖	十	八	劵	卷
詩錄題人物山水	四	九	雨	兩
專著雁影題跋	六	二	劍	歛
文錄賀王叔良書	四	三	概	慨

詩錄偕…歌	三	二	婦	歸
詩錄水仙花	廿	一	祓	被
詩錄雙魚圖	九	六	龍	兔
課藝…序	十	二	樊	攀
課藝…正黨民興	九	十	槁	稿
文錄賀王叔良書	四	三	滄	蒼
講演讀經撮要	六	三	社	祉
講演中讀經撮要	七	二	聲	磬
通論讀經以正人心	三	七	紾	趁
講演讀經撮要	三	九	潰	瀆
文錄衡山風木圖	十	九	跋	跋
專著雁影題跋	五	二	亓	并
專著大學古本	四	二	學	舉
文錄賀王叔良書	五	二	貪	賓

定價表

冊數	每冊	預定全年
定價	四角	一元五角
郵費	照章	

中華民國二十四年乙亥歲十二月出版

船山學報

第十期

廣告例

冊數	一冊	二冊	三冊	四冊
一面	十元	十八元	廿八元	卅二元
半面	五元	九元	十四元	十六元
四分之一	二元五角	四元五角	七元	八元

◎面頁　底頁　加倍

主編者　湘潭周逸

發行者　長沙中山東路　湖南船山學社

印刷者　長沙萬福街　藻華紙業印刷局　電話五六九

代售處　上海　南京　天津　北京　長沙　武昌　福建　廣州　商務印書館

府正街魏博文書局

湖南船山學社

民國二十五年丙子歲四月初一日出版

中華郵政特准掛號認為新聞紙類

船山學報

第十一期

湖南船山學社印行

湖南船山學社學報章程

一　本學報繼續本社民國六年以前學報辦理仍名曰船山學報

二　本學報暫定每季出版一次按年編號

三　學報内容分類如左

1圖畫　2特刊　3師説　4講演　5通論　6專著　7文苑　8劄記

9説苑　10叢錄

四　本社徵文酬例另定之遺稿專著斟酌酬贈詩詞雜文等不給酬但酌贈書報

五　給酬以登出學報者爲限

六　凡來稿本社得斟酌修改之無論已否登出概不退還惟遺稿專著詩詞文集成册者

不在此限

七　本報價目另定之

湖南船山學報第十一期目錄

目錄　二

第十一期

詩錄

目錄　四

第十一期

目錄

第十一期

目錄 八

劄記

說苑

公牘

目錄

王船山先生遺像

把鏡相看認不來問人云此是薑齋龜於朽後從人卜夢未圓時莫浪猜　誰筆仗此形骸閒愁輸汝兩眉開鉛華未落君還在我自從天乞活埋

先師自題小影詞也清光緒初元張文心大令從先師祠堂摹得　遺像蓋猶襲明行人司章服　先師以永曆四年任行人司年三十二後又四十一年乃自題小影今摹刻之祠堂者是也湘陰郭筠仙侍郎奉以祀之思賢講舍而爲之贊曰

濂溪混然其道莫窺惟於先生望見端崖約禮明性守道持危闡揚文令是曰先知二百餘年星日昭垂私心之契曠世之師

陳祖壬

特刊

王船山先生學案

長沙唐鑑鏡海遺著

先生諱夫之。字而農。號薑齋。明崇禎舉人。明亡隱於湘西蒸左之石船山。學者稱船山先生云。先生理究天人。事通今古。探道德性命之原。明得喪興亡之故。流連顛沛而不違其仁。險阻艱難而不失其正。窮居四十餘年。身足以礪金石。著書三百餘卷。言足以名山川。遁跡自甘。立心恆苦。寄懷彌遠。見性愈真。奸邪莫之能攖。渠逆莫之能懾。嶔崎莫之能躓。空乏莫之能窮。先生之道。可以奮乎百世矣。其爲學也。由關而洛而閩。力詆殊途。歸宿正軌。觀其於大學補傳。爲之衍曰。經云、事有終始。知所先後。則近道矣。遞推其先。則曰在格物。物格而後知至。而意誠。以及於天下平。皆因焉。是事之始。而爲先所當知者。明矣。故以格物爲始教。而爲至善之全體。非朱子之言也。經之意也。蓋嘗論之。何以謂之德。行焉而得之謂也。何以謂之善。處焉而宜之謂也。何以謂之至善。皆得咸宜之謂也。不行胡得。不處胡宜。則君子之所謂知者。吾心喜怒哀樂之節。萬物是非得失之幾。誠明於心而不昧之謂耳。非君子之有異教也。人之所以爲人。不能離乎君民親友以爲道。則亦不能舍夫人官物曲以盡道。其固然也。今使絕物而始靜焉。舍天下之惡而不取天下之善。墮其志。息其意。外其身。於是而洞洞焉。晃晃焉。若有一澄澈之境。置吾心而偷以安。又使解析萬物。求物之始而不可得。窮測意念。求吾心之所據而不可得。於是棄其本有。疑其本無。則有如去重而輕。去拘而曠。將與無形之虛同體。而可以自矜其大。斯二者乍若有所睹。而可謂之覺。則莊周瞿曇氏之所謂知盡此矣。然而求之於身。身無當也。求之於天下。天下無當也。行焉而不得。處焉而不宜。則固然矣。於是曰。吾將不行奚不得。不處奚不宜。乃勢不容已。而抑必與物接。則又洸洋自恣。未有不蹶而狂者也。不然。則棄君親。殘支體。而猶不足以充其操也。雖然。彼自爲說。而爲君子之徒者。未有以爲可與於聖人之教也。有儒之駁者起焉。有志於聖人之道。而憚至善之難止也。且知天下之憚其難者之衆。吾與之先難而不能從。則無以遂其好爲人師之私欲。以收顯名與厚實也。於是取大學之教。疾趨以附二氏之塗。以其恍惚空明之見。名之曰此明德也。

此致知也。此致良知而明明德也。體用一。知行合。善惡泯。介然有覺。頹然任之。而明德於天下矣。乃羅織朱子之過。而以窮理格物。爲其大罪。天下之畏難苟安。以希冀不勞無所忌憚而坐致聖賢者。翕然起而從之。嗚呼。彼之爲師者。與其繁有之徒。其所用心。吾既知之矣。若其始爲是說者。脩身制行之間。猶不遠於君子。而試之事功者。亦成其蚤歲未惑之先。嘗用力於講習討論之學。故雖判卽異端。而所蓄猶存。可以給其終身之用。乃昧其所得力之本。而疾攻之。則爲誤亦甚矣。將問之曰。今子之所用以立言而制事者。爲離物求覺以後而乃知之乎。抑故然已有所知而陰用之也。其口雖辨。而愧怍亦無以自釋矣。況乎爲之徒者。無其學問之積。而早判其規矩天理無存。介然之覺不可恃。奚怪其疾趨於淫邪而莫之救。與補傳之旨。與夫子博文約禮之教。千古合符。精者以盡天德之深微。而淺者亦不亟判於道。聖人復起。不易朱子之言矣。其衍中庸曰。中庸大學自程子擇之禮記之中。以爲聖賢傳心入德之要典。迄於今學宮之教。取士之科。與言道者之所宗。雖有曲學邪說。莫能違也。則其爲萬世不易之常道。允矣。乃中庸之義。自朱子之時。已病乎程門諸子背其師說。

而淫於佛老。蓋此書之旨言性言天言隱。皆上達之蘊奧。學者非躬行而心得之。則罔不知其指歸之所在。而佛老之誣性命以惑人者。亦易託焉。朱子章句之作。一出於心得而深切著明。俾異端之徒。無可假借。爲至嚴矣。終不能取未涉其域者之蓬心。而一一喻之也。當時及門之士。得體其實於言意之表者。亦寡矣。數傳之後。愈徇跡而忘其真。於是朱門之餘裔。或以鉤考文句分支配擬。爲窮經之能。僅資場屋射覆之用。而無與於躬行心得之毫末。其偏者、則抑以臆測度趨入荒杳。墮二氏之郛廓而不自知。其爲此書之累。不但如游謝侯呂之小有所疵而已也。明興、河東江右諸大儒。旣汲汲於躬行。而立言之未暇。爲干祿之學者紛然雜起而亂之。降及正嘉之際。姚江王氏始出焉。則以其所得於佛老者。殆攀是篇以爲證據。其爲妄也旣莫之窮詰。而其失之皎然易見者。則但取經中片句隻字。與彼相似者。以爲文過之媒。至於全書之義。詳略相因。巨細畢舉。一以貫之。而爲天德王道之全者。則茫然置之而不恤。迨其徒二王錢羅之流。恬不知恥。而竊佛老之士。甚以相附會。則害愈烈。而人心之壞。世道之否。莫不由之矣。夫之不敏。深悼其所爲。而不屑一與之辨也。故僭承朱子之正宗。而爲之衍。以附諸章句之下。庶讀者知聖經之作。朱子之述。皆聖功深造。體驗之實。俾學者反求自得。而不屑從事於文詞之末。則亦不待深爲之辨。而駁儒淫邪之說。亦尙息乎。凡此二篇。今得專行爲學者之通習。而必歸之記中者。蓋欲使五經之各爲全書。以見聖道之大。抑以知凡戴氏所纂四十九篇。皆大學中庸大用之所流行。而不可以精粗異視也。先生之學宗程朱、於是可見矣。其著述之已刊者。周易內傳十二卷。周易外傳七卷。周易大象解一卷。周易稗疏二卷。考異一卷。書經稗疏四卷。尙書引義六卷。詩廣傳五卷。詩經稗疏五卷。考異一卷。禮記章句四十九卷。春秋稗疏二卷。春秋家說七卷。春秋世論五卷。續春秋左氏博議二卷。四書義訓三十八卷。四書稗疏二卷。考異一卷。先生通訓詁、名物象數、辨覈精詳。而又涉獵釋老莊列之中。知其所以亂道者。抉其伏而抵其瑕。於易外傳中往往見之。先生之著書也。大抵爲人心之衰。世道之遞。學述之不明也。汪洋浩瀚。煙雨迷離。以緜邈曠遠之詞。寫沈菀隱幽之志。激而不盡其所欲言。婉而不失其所宜語。蓋胸中之蘊蓄深。而腕下之樞機密也。斯其爲有道君子乎。先生之兄曰介之。字石子。號石崖。與先生同舉於鄉。性至孝。獻賊陷衡州。執其父以購之。與弟百計營護。乃得脫。明亡、匿而不出。先先生卒。先生爲譔傳略。其門人李樸大譔墓誌銘。稱貞獻先生云。著有周易本義質四卷。詩經尊序十卷。春秋四傳質十二卷。（完）

師說

船山先師詩錄

宿雪竹山同茹蘖大師夜話

周逸敬選

不知情在與無情。丈室挑燈魄自驚。海濺雲飛千嶂斷。烟籠雪壓一枝輕。
破船載月浮寒水。別路尋芳駐晚晴。自護楊墳莖草綠。春歸閑唱踏莎行。
師嗣法嘉興楊墳山

長沙旅興

江上紅芽始試春。乳鶯調語正迎人。人間韶日還相識。花下暄風已試新。
鶴杖恰逢苔逕輭。漁舟初繞碧波勻。乘乘生事餘年在。隨處桃花可問津。

師說

思問錄內篇

衡陽王夫之譔

後學周逸箋

船山先師之學。極平實極精微。實哲學政學合一者。成己之仁。成物之智。合內外之道。嚴人禽之界也。顧先生潛龍以不見成德。於寂寥人境之外。獨自翼道探微。守先待後。至今三百餘年。中國之人心所以不死。天理民彝之終不可亡。實賴先生有以繫之。繫之之道无他。不外一眠一食。一動一言。兢業惕厲。乾乾不息。合乎一元之極。不踰神化之位而已。所謂道之所自建。原因人之心思而生。心之有思。因以見事物之有理。非天建地設。有一不可至之境。役人之心以求之也。認得道因心立。卽可識天地之間。綱紀造化流行。古今不言之妙。船山斯作。其大旨蓋不出此。故箋之以顯其微。

學而時習之。不亦說乎。有朋自遠方來。不亦樂乎。人不知而不慍。不亦君子乎。人性之善徵矣。故以言徵性善者。知性乃知善。不易以言徵也。必及乎此。而後得之。誠及乎此。則若火之始然。泉之始達。道義之門。啓而常存。若乍見孺子入井。而怵惕惻隱。乃梏亡之餘。僅見于情耳。其存不常。其門不啓。或用不逮乎體。或體隨用而流。乃孟子之權辭。非所以徵性善也。

徵性善。必及乎此而後得之。得之者何。本也。故告子不知本。不可以言性善。

目所不見。非無色也。耳所不聞。非無聲也。言所不通。非無義也。故曰知之為知之。不知為不知。知有其不知者存。則既知有之矣。是知也。因此而求之者。盡其所見。則不見之色章。盡其所聞。則不聞之聲著。盡其所言。則不言之義立。雖知有其不知而必因此以致之。不迫于其所不知而索之。此聖學異端之大辨。

此教人潛心正道。不容有差。其始甚微。其終則不可救。能於此用功。則不陷溺矣。

目所不見之有色。耳所不聞之有聲。言所不及之有義。小體之小也。至于心而無不得矣。思之所不至。而有理未思焉耳。故曰盡其心者。知其性。心者天之具體也。

不以形求心。而心自得。不以心役形。而形自具。此豈容心於思耶。蓋理有然也。

知仁勇。人得之厚而用之也。至然禽獸亦與有之矣。禽獸之與有之者。天之道也。好學近乎知。力行近乎仁。知恥近乎勇。人之獨而禽獸不得與。人之道也。故知斯三者。則所以修身。治人。治天下國家以此矣。近者天人之詞也。易之所謂繼也。修身。治人。治天下國家。以此。雖聖人惡得而不用此哉。

修身治人治天下國家以此。是不外欲求推於天下。必先行於己身。

太虛一實者也。故曰誠者天之道也。用者皆其體也。故曰誠之者人之道也。

所謂唯天下至誠。實於不見不聞之中。而喻其真理者。天地不得而私之。蓋天地之化育。一誠爲之。而至誠之知。以誠知之。契其所以然。而可與其當然知天地之化育矣。故以太虛爲一實者。以至誠知之也。

無極、無有一極也。無有不極也。有一極則有不極矣。無極而太極也。無有不極。乃謂太極。故君子無所不用其極。行而後知有道。道猶路也。得而後見有德。德猶得也。儲天下之用。給天下之得者。舉無能名言之。天曰無極。人曰至善。通天人曰誠。合體用曰中。皆贊辭也。知者喻之耳。喻之而後可與知道。可與見德。

道之外無物。物之外無道。是天地之間無適而非道也。明此。可與見德。

天不聽物之自然。是故絪緼而化生。乾坤之體立。首出以屯。雷雨之動滿盈。然後無爲而成。若物動而已隨。則歸妹矣。歸妹。人道之窮也。雖通險阻之故而必動以濟之。然後使物莫不順帝之則。若明于險阻之必有而中虛以無心照之。則行不窮而道窮矣。莊生齊物論所濕者照也。火水之所以未濟也。未濟以明測險。人道之窮也。

此教人謀始當愼。故旣濟有初吉終亂之戒。況未濟各不當位。豈可忽哉。

太極動而生陽。動之動也。靜而生陰。動之靜也。廢然無動而靜。陰惡從生哉。一動一靜。闔闢之謂也。由闔而闢。由闢而闔。皆動也。廢然之靜。則是息矣。至誠無息。況天地乎。維天之命。於穆不已。何靜之有。

太極之有動靜。是天命之流行也。故曰。動靜無端。陰陽無始。非知道者。孰能知之。時習而說。朋來而樂。動也。人不知而不慍。靜也。動之靜也。凝存植立。即其動。嗒然若喪其耦。靜也。廢然之靜也。天地自生。而吾無所不生。動不能生陽。靜不能生陰。委其身心如山林之畏佳大木之穴竅而心死矣。人莫悲于心死。莊生其自道矣乎。

君子之終身於學而不自已者。誠有所得於學而不容已也。蓄內已信諸心。而外可徵諸行。是故德可以應天下之求。道可以利民物之用。此吾无所不生之謂也。

在天而爲象。在物而有數。在人心而爲理。古之聖人于象數而得理也。未聞于理而爲之象數也。於理而立之象數。則有天道而無人道。疑邵子

此節可開學易之法門。

乾以易知。惟其健也。坤以簡能。惟其順也。健則可大。順則可久。可大則賢人之德。可久則賢人之業。久大者賢人之以盡其健順也。易簡者天地之道。非人之能也。

知至至之。盡人道也。知終終之。順俟天也。九三上不在天。下不在田。人道之所自立。故夭壽不貳。修身以俟命。所以立人道也。非躍而欲躍。以強合乎天體。非潛而欲潛。以委順而無能自紀。人道不立矣。異端以之。

易學之用。在立人道。否則異端矣。故曰聖人之道。仁義中正而已矣。

誠斯幾。誠幾斯神。誠無爲。言無爲之有誠也。幾善惡。言當於幾而審善惡也。無爲而誠不息。幾動而善惡必審。立於無窮。應於未著。不疾而速。不行而至矣。神也。

誠無爲。實理自然。何爲之有。卽太極也。幾者動之微。善惡之所由分也。

用知不如用好學。用仁不如用力行。用勇不如用知恥。故曰。心能檢性。性不知自檢其心。

能克己復禮。則心自檢。心自檢。則性自善。不知是不知。故不如用好學。知而不爲。是不仁。故不如用力行。爲而不力。是不勇。故不如用知恥。

莊周曰。至人之息以踵。衆人之言動喜怒。一從膺吻而出。故縱耳目之欲。而鼓動其血氣。引其息於踵。不亦愈乎。雖然其多驗也。浚恆之凶也。五官百骸。心腎頂踵。雷雨之動滿盈。積大明以終始。天下之大用。奚獨踵邪。

一元始終之妙。大明於中。通徹无礙。特人患不明此耳。

過去吾識也。未來吾慮也。現在吾思也。天地古今以此而成。天下之亹亹以此而生。其際不可紊。其備不可遺。嗚呼難矣。故曰爲之難。曰先難。泯三際者。難之須臾而易以終身。小人之僥幸也。

此教人大其心。則能體天下之物。故世人之心。止於見聞之狹。哀哉。

乾稱父。父吾乾也。坤稱母。母吾坤也。父母者、乾坤之大德。所以繼吾善也。我日斯邁。而月斯征。夙興夜寐。無忝爾所生。思健順之難肖也。

此論君子之功用。不外德業之進脩。論德業之進脩。不外一誠。一誠之實念。卽人心之良知。總根於一善。良知之動。生生不息。始終依他做去。健順之道也。

不畏心之難操則健。不疑理之難從則順。毫不參以私意。是健順之進。蓋非知至知終之極。而良知莫由所見焉。

力其心不使循乎熟。引而之于無據之地。以得其空微。則必有慧以報之。釋氏之言悟止此矣。覈其實功。老氏之所謂專氣也。報之慧而無餘功易也。爲之難者。不然。存於中歷至賾而不舍。溫故而知新。死而後已。雖有慧。吾得而獲諸。

此教人持心明善。不陷於險。以義斷之。

勇者、曾子之實體也。樂者、顏子之大用也。藏于無所用。體之不實者多矣。見於有所用。用之而不大也久矣。

此教人知勇在守約。樂在簞瓢。故曾子之體實。顏子之用大。正此之謂。

舜之飯糗茹艸若將終身。乃爲天子被袗衣、鼓琴、二女果。若固有之。以處生死視此爾。終日乾乾夕惕若。故無不可用也。先立其大者。以盡人道。則如天之無不覆。地之無不載。近取諸身。飲食居處。富貴貧賤兼容竝包。而無疑也。非此而欲忘之。卑者不可期月守。高者且絕人理。而芻狗天下。愈入於僻矣。

此節末蠶。是揭出老子之道。弊在絕人理。絕人理。何道之可言。

立人之道曰仁與義。在人之天道也。由仁義行以人道。率天道也。行仁義則待天機之動而後行。非能盡夫人之所以異於禽獸者矣。天道不遺於禽獸。而人道則爲人之獨。由仁義行。大舜存人道。聖學也。自然云乎哉。

自非聖人全體。皆仁。則欲、動、情勝。利、害、相攻。人極、不、立。而違、禽、獸、不、遠、矣。

陰禮陽樂。禮主乎減。樂主乎盈。陰陽之撰。可體驗者。莫此爲顯。故曰、明則有禮樂。幽則有鬼神。鬼神、陰、陽、之、幾、也。禮、樂、之、蘊、也。幽者、明、之、藏。明者、幽、之、顯、也。知此。則太極動而生陽。靜而生陰。陰陽有條理。陰有秩敍。非有以生之。則條理不成。秩敍亦無自而殽矣。靜生秩敍。非幽讔闃寂之爲靜可知。嗚呼。靜之所生。秩敍之實。森森乎其不可數。而孰其見之。

陰靜陽動。皆見天地之心。所謂陰陽之撰。可體驗者。莫禮樂之顯。故聖人以爲於

此可以見天地之心焉。

天者道。人者器。人之所知也。天者器。人者道。非知德者。其孰能知之。潛雖伏矣。亦孔之昭。相在爾室。尚不媿于屋漏。非視不見聽不聞。體物而不可遺者乎。天下之器。皆以爲體而不可遺也。人道之流行。以官天府地。裁成萬物而不見其迹。故曰天者器。人者道。

此節卽聖人與天地合其德。日月合其明之旨。太極全體。舍此莫立。如做到尙不媿于屋漏。則純乎无雜。廓乎太虛。內外无礙。庶乎天道人道无迹耳。

人欲、鬼神之糟粕也。好學、力行、知恥。則二氣之良能也。

人之所以爲學。不外乎力行知恥。果明此道。鬼神之欲。造物之心也。

甘食悅色。天地之化機也。老子所謂猶橐籥動而愈出者也。所謂天地以萬物爲芻狗者也。非天地之以此芻狗萬物。萬物自效其芻狗爾。有氣而後有幾。氣有變合。而

攻取生焉。此在氣之後也明甚。告子以爲性。不亦愚乎。

有氣而後有幾。此非食色性也而何。老子遏欲。是以性役於氣。故其道猶槖籥。

天之使人甘食悅色。天之仁也。天之仁。非人之仁也。天有以仁人。人亦有以仁天。仁萬物。恃天之仁。而違其仁。去禽獸不遠矣。

所謂飽食終日。而無所用心。此卽恃天之仁。而違其仁。去禽獸不遠矣。明甚。

有公理。無公欲。私欲淨盡。天理流行。則公矣。天下之理得。則可以給天下之欲矣。以其欲而公諸人。未有能公者也。卽或能之。所謂違道以干百姓之譽也。無所往而不稱愿人也。

君子修德。可見天性之全。不然者。不可以給天下之欲矣。

風雨露雷之所不至。天之化不行。日月星之所不至。天之神不行。君子之言天。言其神化之所至者爾。倒景之上。非無天也。蒼蒼者遠而無至極。惡庸知之哉。君子思不出其位。至於神化而止矣。

位者。所處之分也。萬事各有其所。得其所。則止而安。

神化之所不行。非無理也。所謂清虛一大也。張子神化之所行。非無虛也。清虛一大者。未喪也。清受濁。虛受實。大受小。一受賾。清虛一大者不爲之礙。亦理存焉耳。函此以爲量。澄此以爲安。濁而不滯。實而不塞。小而不煩。賾而不亂。動靜各得其理。而量不爲詘。則與天地同體矣。若必舍其神化之迹。而欲如倒景以上之天。奚能哉。抑亦非其類矣。神化者天地之和也。天不引地之升氣而與同神化。則否矣。仁智者。貌言視聽、思之和也。思不竭貌言視聽之材。而發生其仁智。則殆矣。故曰天地不交否。思而不學則殆。

聖人之道。本日用之常。不求諸心。故昏而無得。不習其事。故危而不安。

五性感而善惡分。周子故天下之惡。無不可善也。天下之惡。無不因乎善也。靜而不覩若覩其善。不聞若聞其善。動而審其善之或流。則恆善矣。靜而不見有善。動而不審善。流於惡之微芒。舉而委之無善無惡。善惡皆外。而外無所與。介然返靜。而遽信爲不染。身心爲二。而判然無主。末流之蕩。爲無忌憚之小人而不辭。悲夫。

不以善惡爲善惡。乃謂之无明。人至无明。善惡渾矣。明者如何。曰恕之而已。

善惡人之所知也。自善自惡。幾微之介。人之所不知也。斯須移易而已。故曰獨。

不學而能。必有良能。不慮而知。必有良知。喜怒哀樂之未發。必有大本。斂精存理。翕氣存敬。庶幾遇之。墮氣黜精。以喪我而息肩者。不知有也。

喜怒哀樂之未發。必有大本。大本者仁也義也。故曰存敬。則氣不墮。

能不以慕少艾妻子仕熱中之慕。慕其親乎。能不以羊烏之孝。蠭蛭之忠。事其君父乎。而後人道顯矣。順用其自然。未見其異于禽獸也。有仁故親親。有義故敬長。秩敍森然。經綸不昧。引之而達。推行而恆。返諸心而夔夔齊栗。質諸鬼神而無貳爾心。孟子之所謂良知良能。則如此也。

良知良能。卽人道自然之理。反而用之。禽獸也。况禽獸猶有忠孝。異于人者乎。

天地之塞。成吾之體。而吾之體不必全用天地之塞。故資萬物以備生人之用。而不以仁民之仁愛物。天地之帥。成吾之性。而吾之性既立。則志壹動氣。斟酌飽滿。以成乎人道之大用。而不得復如天地之帥以爲帥。故喜怒哀樂有權。而生殺不可以無心無用。

人無仁心。是吾體有虧。故喜、怒、哀、樂、有權。而生、殺、之、心、失、用。則吾、性、不、立、矣。

天氣入乎地氣之中。而無不浹。猶火之煖氣入水中也。性陽之靜也。氣陰陽之動也。形陰之靜也。氣浹形中。性浹氣中。氣入形則性亦入形矣。形之撰氣也。形之理則亦性也。形無非氣之凝。形亦無非性之合也。故人之性雖隨習遷。而好惡靜躁。多如其父母。則精氣之與性不相離矣。由此念之。耳目口體髮膚皆爲性之所藏。日用而不知者。不能顯耳。鳶飛戾天。魚躍於淵。道之察、上下。於吾、身、求、之、自、見、矣。

此節是言天地生物。各無不足之理。故君、子、貴精、察、而力、行、之、也。

主一之謂敬。非執一也。無適之謂一。非絕物也。肝魂、肺魄、脾意、腎志、心神、不分而各營。心氣交輔。帥氣充體。盡形神而恭端。以致於有所事。敬一之實也。

辨心於微。實因事而見。敬所謂出門如見大賓。此非實有所事。敬實誠、心、於、敬、也。

無心而往。安而忘之曰適。主敬者、必不使其心有此一幾耳。

無使此心有幾。則无適而不適。奚於外求之方內而已。

靜無而動有。（周子）天下皆靜無而動有也。奚以聖人爲靜無。而不昧其有則明遠動有者。有其靜之所涵感而通而不緣感以生則至正。乃以爲五常之本。百行之原也。

顏子好學。知者不逮也。伊尹知恥勇者不逮也。志伊尹之志。學顏子之學。善用其天德矣。

顏子好學。伊尹知恥。此是不肯讓人明道。故曰當仁不讓於師。其德可久。

世教衰。民不興行。見不賢而內自省。知恥之功大矣哉。

知恥。爲救世之藥。所謂民不興行。知上之不知恥也。久矣。

見不賢而內自省。求己嚴則爲之難。爲之難則達情而無過量之求。亦可以遠怨矣。

此教人加勉修其德。以處險阻之道。

攻人之惡。則樂察。惡樂察人之惡。則惡之條理熟。厲薰心矣。愼之哉。

攻人之惡。是吾之惡。正欲人察。子貢方人。孔子以不暇加之。意深哉。

同歸而殊塗。一致而百慮。故肫肫其仁。淵淵其淵。浩浩其天。德無不備矣。誠未至者奚以學之邪。默而識之。學而不厭。誨人不倦。所以行殊塗。極百慮。而協于一也。不以慮爲慮。學之誠至。洵至矣。所謂肫肫淵淵浩浩。其博大高深。豈可測哉。

天下何思何慮。言天下不可得而逆億也。故曰無思本也。周子物本然也。義者心之制。思則得之。故曰思通用也。周子通吾心之用也。死生者亦外也。無所庸其思慮者也。順事沒甯內也。思則得之者也。不於外而用其逆億。則患其思之不至耳。豈禁思哉。

欲知得與不得。於心氣上驗之。

大匠能與人以規矩。不能使人巧。巧者聖功也。博求之事物。以會通其得失。以有形象無形。而盡其條理。巧之道也。格物窮理而不期旦暮之效者遇之。盡其條理。始爲巧之道。如稍有未盡。非道也。

修辭立其誠。無誠之辭。何以修之哉。修辭誠則天下之誠立。未有者從此建矣。已有者從此不易矣。孔子成春秋而亂臣賊子懼。誠也。

此卽是如非禮勿言之旨。所謂若修其言辭。正爲立己之誠意。乃是體當自家敬以直內。義以方外之實事。能如是修。便是立誠。（未完）

講演

船山先師詩錄

詠雪 癸丑

周逸敬選

素綃霾岫淺黃通。倒影青冥一片濃。鴈背皴含天闕景。魚鱗雲烈晚簷風。
乾坤迴合搖山澤。形魄孤清接混濛。回首少年心緒迴。衝寒狂折野梅紅。

其二

霰外閑飛幾片輕。回瞻平甸已盈盈。梅趺出色翻紅栗。艸甲棲心映綠晶。
雲幕空輪千影轉。風迴池縠萬雙迎。南塘曲岸誰相待。不惜明珠百斛傾。

講演

誤解古書以致道術分裂論

長沙黃　鞏子固

書曰。惟皇降衷于民若有恆性、性者道之源也。其性一。其道豈有異同哉。特患人不能盡其性耳。孟子曰。盡其心者。知其性也。知其性則知天矣。釋迦牟尼以大慈悲大願力爲道言仁也。其無上正覺徹悟色空知天也。耶蘇主教世亦慈悲也。大開性靈與上帝一貫。亦知天也。穆罕默得以樂施善貸爲義。亦博愛也。其排斥異教則爲我之義也。大抵宗教所主持。必假仁義爲途徑。孟子曰仁人、之安宅也。義人、之正路也。未有曠安宅舍正路。而能引動人者。而其經典所傳託始。往往有種種靈異奇怪之事。使人驚疑而不敢信者。推原其故。亦由儒者之誤解古書。不能徵信。而使索隱行怪之徒。變本加厲。以傅會爲能事。如厥初生民之詩。述姜嫄從帝嚳祀於高禖而生后稷也。而解之者曰。履武帝敏。履大人之異跡也。攸介攸止載震載夙明言與帝同居而懷妊。而解之者曰。無人道而娠也。夫高禖之祀。禮載月令。姜嫄既從帝嚳祈祀。何以知其無人道也。其曰先生如達者。如春秋傳宋司徒之所生赤而毛也。其曰不坼不副。無菑無害者。如今之生而有紫衣包裹也。當時以其包裹有毛。驚爲異物。故有棄置之舉。隘巷平林寒冰。所經之地也。鳥覆翼之。鳥乃去矣。后稷呱矣。鳥啄破其包。后稷呱而鳥去也。聞其呱聲。始知其爲人。是以收之。故命其名曰棄。從其始也。以爲無人道而棄置之。何以呱而復收乎。此皆以文害辭。以辭害志之累。又如天命玄鳥降而生商之詩。亦如摯仲氏任。自彼殷商。來嫁于周。及大邦有子。俔天之妹之文也。玄鳥者。玄鳥氏也。少皥氏以鳥名官。因官賜姓。故有玄鳥氏。簡狄者、玄鳥氏之女也。而注家以爲吞玄鳥之卵而協孕。史遷誤之。而箋傳家不能更政。以成千古之幻說。如是以聖人之生。必有天縱之靈異。而從而附和。轉相摭拾。不惜以妄誕矜奇。致有指腹爲妊。生自脇腋。鹿夫人一生五百太子。種種怪謬。不知其非。在此曰我所宗之神聖。如此之異迹也。在彼曰我所宗之神聖。更如此之誕生也。不惟舉之於口。而又筆之於書。愈演愈奇。愈傳愈誕。其知者等於無稽之談。其無識者祕爲靈府之寶籙。遂使光明世界。譔成恆河沙數。無量海樓蜃市夢幻泡影之奇觀。封神列國西遊。小說之家。齊東野語。稷下高談。取悅婦孺。引伸爲經典之文獻。而不自知其不類也。若夫天雨金。虹化玉。麟吐書。奔月宮。騎箕尾。鍊石補天。蘆灰止水。石言龍鬬。鷁退星隕。或爲寓言所寄。或勸懲所加。聖賢經傳。固不以爲典要也。然則讀古人之書者。吾有二道焉。其道爲何。務民之義。敬鬼神而遠之已耳。務民之義。則無論聖經賢傳與方外之言。其關於身心性命與家國天下切要之言。我可奉之爲藥石也。敬鬼神而遠之。則無論聖經賢傳與方外之言。其不近人情。虛無高渺。無當於修齊治平之實用者。我可存之爲不議不論也。然則法先儒之崇正闢邪。非乎。然乎。曰無可闢也。且不勝其闢也。徒爲口舌之爭耳。昔有儈者難予曰。聖賢之道。情欲之感無介乎儀容。燕私之好。不形於動靜。而關雎之詩云。悠哉悠哉。輾轉反側。何其情欲燕私之溺乎。詩人之義。善者可以感發人之善心。惡者可以懲創人之逸志。而褰裳之詩。涉溱涉洧。呼喚狂童。其懲創乎。其感發乎。執註言詩。無以答也。夫關雎賦后妃之誠奉祭祀。內則盡志。外則盡物。故言其寤寐之誠耳。而解之以爲淑女君子之求思。褰裳思大國之正狂童耳。故爲涉溱涉洧之勸。而解之者以爲淫奔之相謔。故古書之義不明。多爲世道人心風俗之慮。又何暇闢方外之言乎。

子夏曰仕而優則學學而優則仕

前人

古者幼而學之。壯而行之。行之者行其所學也。總其前後本末。學之即爲其所以行之用。行之即達其所以學之實。故其學不能爲他日所行之用。非學也。其行不能盡其前日所學之實。非行也。昔者子夏曰仕而優則學學而優則仕。此義可深長思矣。仕何以能優。以其有學也。學何以能優。以其可仕也。然則非由學而仕。其仕必不能優也。非以仕爲學。其學亦無以見其優也。而說者謂以其仕之餘爲學。以其學之餘爲仕。噫。至於仕之餘而後言學。則其學亦已晚矣。至於學之餘而始論仕。則其仕將茫然矣。子夏之所謂優。必非有餘力之謂。謂其本末一貫而無不足之謂也。何也。古人之所謂學者。學修身也。學齊家也。學治國也。學平天下也。非徒詩書絃誦詞章考據之謂也。夫以修身爲學。而其身猶有屋漏之愧。磨涅之汚。非修也。以齊家爲學。而其家猶有嘻嗃之聲。毀侮之患。非齊也。以治國爲學。而其國猶有四郊之壘。廣大之荒。非治也。以平天下爲學。而天下猶有獨夫之橫行。匹夫匹婦之不獲自盡。非平也。

古之人樂堯舜之道於畎畝之中。必使其君爲堯舜之君。必使其民爲堯舜之民。而後其學爲有成功。是故古之人不易言仕也。其筮仕之初。必將一生功業之所造就底定。一一指畫於草茅之中。則其所挾持者大也。奚必仕而始見其優哉。否則徒蹈處士之虛聲而已。曰必課仕之優於學。何以神聖文武之朝。而有頑嚚傲不肖之咨乎。曰不如是不見聖人之優也。承平守成之世。皆庸碌之君相耳。無以考其學。亦無以見其優也。論世者亦無毀無譽焉。唯是號泣可以動旻天。風雷爲之解疑惑。天若特以險阻艱危。以試聖人之謩處。其膚奏之優。皆時敏之效也。曰必課學之優於仕。何以仕止久速之聖。而有未終三年之淹乎。曰必如是。乃愈以成聖人之優也。阿諛容悅之徒。皆苟且之功名耳。無所用其學。又何所論其優也。修史者且難紀其若姓若氏焉。唯是論禮樂則百王莫能違。論法戒則百世莫能易。人亦樂於刪訂纂修。以觀聖人之集大成。其道大莫容。無非時中之化也。中庸曰。致中和。天地位焉。萬物育焉。中和之致。不以窮達異也。位育之功。則察乎天地萬物也。又曰、唯天下至誠。唯能經綸天下之大經。立天下之大本。又曰、唯天下至聖。唯能聰明睿知。足以有臨也。寬裕溫柔。足以有容也。發強剛毅。足以有執也。齊莊中正。足以有敬也。文理密察。足以有別也。能之云者。足之云者。卽優之謂也。以其仕之優。乃以驗其學之大。以其學之優。則以信其仕之能。是以古之人版築可以作相。退休可以明農。學不異仕。仕不異學焉。後世有名位炫赫。而文章無所表見。文章彪炳。而功業無所成就。皆不優之過也。如其優也。則經濟卽爲文章。道德成爲風俗。又何至有所仕非所學。所學非所仕哉。昔者子使漆雕開仕。對曰。吾斯之未能信。而子說。未信云者。未優也。未優而不敢仕。子所以說也。子路使子羔爲費宰。子曰。賊夫人之子。子路曰。有民人焉。有社稷焉。何必讀書。然後爲學。子曰。是故惡夫佞者。鄭子皮欲使尹何爲邑。而子產力諫之。皆惡夫學不優之故也。學之不優。未有仕而能優者。夫使仕優而後論學。亦不過藉爲悠游閒適之意。而非致力之所資也。且子夏如惜其優。何以先課仕而後課學。夫亦本末先後之失次矣。是知一字之誤。其指而義類迥判。甚矣古書之難讀也。

子見南子章辨正解

前人

大凡讀聖賢書。而其情實與理類有不安者。必詳考其事故。細察其時地。而後不至誤會。以留後世莫解之疑。如論語子見南子子路不說一章是也。此章事實。詳載孔安國原本家語。(按此係講者云出榕村劄記)而略於論語。今王肅本與何燕泉本。均逸此章。是以注論語者暗於事實。疏於徵考。而望文生義。不顧將聖與賢相與之情況。衍成大不倫類。夫夫子之見南子。有何違於禮義。有何玷於道德。而使子路艴然起不說之心。即令子路有疑於夫子之一見。而夫子亦不過示以禮義與事勢之權宜。何至指天爲誓。如有不白之寃。呼此常人之師弟朋友。猶無此急遽迫窮之氣象。況賢者乎。況聖人乎。且試觀於公山佛肸之召。子欲往而子路不說。夫子猶爲之慷慨辯論。指示以東周之可爲。互鄉難與言之童子見而門人惑。子亦示以與進與潔。唯何甚之義。今於南子之見也。而獨辭窮理屈。無以自解於無犯無隱者之前哉。如其然也。是大失申申夭夭之氣象。何以能心服於三千七十子乎。考衞事。靈公以夫人之故。逐世子蒯聵。其後命公子郢。郢以亡人之子輒在對。郢之不敢承命者。知晉人之必納蒯聵也。公卒。夫人欲並輒而廢之。來訪於夫子。夫子不答。蓋隱寓有正名之意焉。是時東諸侯方畔晉。故晉人納蒯聵。而齊人擁輒而拒之。而公羊高乃衍出奉祖拒父之謬論。子路亦惑於諸侯之所擁立。其不說者。惡南子以婦人干國政而主廢立也。夫子指之曰。予所否者。天厭之。天厭之。謂南子亂國。已爲天所棄絕。知衛之必不能定。此卽示子路以危邦不入。亂邦不居之意。子路不悟。而猶以衛君待子爲政問。夫子所以特揭正名之義。諄諄以諭子路。猶不解夫子之意。而終仕衛。是以卒受不得其死之傷。此章情詞。考之春秋前後事實。與家語原編。皆昭然明白。唯是後儒誤會。與公羊高誣論。大爲倫紀禮義之乖。而悖聖人正名之義。不可不辨。或曰蒯聵賊母。豈聖人之所與乎。曰幹母之蠱不可貞。聖人曾示其戒矣。南子之穢行。蒯聵之幹母是也。唯是行之未善。或又受人陷害。以成賊母之罪。亦有未可辨之情事。若匡章以責善得罪於父。皆聖賢之所哀也。然而世子爲天倫國本所繫。且伯國之所與。皆順天之道也。觀於春秋書晉趙鞅帥師納衛世子蒯聵於戚。是名正而義順矣。彼拒之者。是何名義哉。嗚呼。匪風思王。下泉思伯。與春秋正名。聖人皆有權衡輕重。維持包桑。不欲變爲戰國之大亂。此中大有微意。唯是論語一書。尤爲聖人言行之所在。尤爲學者服習之所資。一有誤會。而使聖人廉頑立懦之風。致成涅淄磨磷之試。指鹿爲馬。認蚓爲蛇。誣聖謗賢。出於吾黨。其斥爲不近人情。謂聖不可學。賢不可齊。使聖經成爲迂闊高遠之言。害猶小。其借爲宵小口實。謂聖未必聖。賢未必賢。假聖經行爲誨淫邪遁之計。害更大也。故吾黨誦讀聖賢之詩書。服習聖賢之言行。一遇有義未能安。情未能洽者。必先博考羣書。總其前後本末。知人論世。以得聖人大中至正之道。可以使人奮乎百世而上。百世而下。勿如誦關雎輾轉反側之言。誤會爲淑女君子之相求思。使今人戀愛性交之邪說。爲之倚託。故稽古析疑。非指前人之疵瑜也。所以克己復禮。致吾黨至善之良知。而掃除異端邪說之根株。爲正經興民之道也。

樊遲請學稼章解

前人

補苴於近利者。其計小。握持於盈虛者。其計大。古聖人之治天下也。捐金於山。沉珠於淵。非不知金珠之爲寶也。謂我之所寶。有超出於金珠萬萬者。此聖人之所知。而賢者之所忽也。不然。何以樊遲請學稼圃。而夫子歎其爲小人哉。夫樊遲之學稼圃。遲豈欲棄學而耕哉。又豈厭於觀世而如沮溺丈人輩。欲借農圃以逃世乎哉。如其欲棄學而耕也。而夫子不過勉以勞力不如勞心之易爾。如其欲借農圃以逃世也。而夫子不過示以知其不可而爲之之心爾。決不至斥以爲小人也。解之者曰。小人謂細民也。是猶以形迹之民分大小。非論其心事之大小也。且樊遲方居於在下位之小人。而夫子何遽責以在上位者之事也。遲固非在上位之大人也。未居上位。而責以居上位之事。則更不倫。且夫子於子張之學干祿也。則責之。於子路使子羔爲費宰也。則曰賊夫人之子。於漆彫開之吾斯之未能信。顏淵之簞瓢陋巷不改其樂。則說之賢之。子固不輕以在上位之事許人也。即望弟子之皆爲成德達材也。亦不過試以如或知爾則何以而已。然而負郭耕田芸瓜奉養。子未嘗以細民鄙之也。如使聖人見力田者而遂鄙之。是使天下學者。盡爲四體不勤五穀不分之人。必不能爲固窮之君子。吾意夫子必不爾也。噫如是解者。是惡知樊遲所請之意也。又豈知夫子所論之意哉。夫遲之請學稼圃者。目擊夫丘賦田賦之有加無已。使斯民終歲勤勤。不得以養其父母而思於稼圃之中。別有改良之法。如今日農桑學堂之設。將以使斯民擴充土地之利益。以補助在上者之徵求。遲固欲以解細民之痛苦也。子曰。吾不如老農。吾不如老圃者。謂土地之利。農圃竭盡無遺。不能再有推拓之餘力。小人哉樊須也。歎其補苴之謀小。而不知損益盈虛之大道也。夫老農老圃。自后稷教稼穡以來。而又經千百年之聖人。物土之宜。而布其利。固已地無餘利。民無餘力。中國農桑之美。甲於瀛寰。爲人上者。但求無摧殘民事。不必代爲衣食之謀。此所謂禮義信也。何也。禮則知節。義不奪民。信不欺民。敬服用情者。民見上之節用愛人。而以心感心。自無離畔之意。襁負其子而至。諭天下皆歸心也。若爲民代謀耕穫之事。則更擾民而不勝其繁瑣矣。況乎給以肥料。未必能適土之宜。易牛耕而用機械。宜於沙莽。而不適於山谿。古有區田之法。一種可以十收。然而其穀則粗糲。又經三五歲之萊易其土。及灌溉之倍其力。是以南北都棄置其法。故知士食舊德。農服先疇。古昔聖人。前民利用。無可變易。此爲用稼之說也。何以樊遲出而夫子爲此云云也。曰此非責備夫樊遲之言。乃因樊遲之請。而更端感觸。同爲慨世之言也。夫豈勵樊遲以在上位者之事哉。然後知小人之歎。非小其欲爲細民之事。乃小其爲細民之謀者。淺也近也。無益於民。而不能解其棼也。不然。南宮适之言禹稷躬稼也。夫子且贊之曰。君子哉若人。尙德哉若人矣。何至今日於樊遲之請學稼請學圃而鄙之獨深也哉。

論清代詩派續第十期

湘鄉王禮培佩初

清代之詩。莫盛於康熙一朝。太半明之遺逸也。輒有二派。鋪敍平貼。不事富美。源出中唐爲一派。韻調秀發。力求新穎。源出晚唐爲一派。雍乾以後。詩境由平而入於庸。由貼而入於沓。每下愈況。無可擬數。習爲中唐者。若宋初王元之蘇子美歐梅之流。杜于皇孫豹人龔芝麓朱竹垞施愚山宋荔裳周櫟園陳元孝諸人是已。而王元美晚年屛去盛唐。實開其先。習爲晚唐者。若宋初之錢思公劉子儀西崑酬唱之編。馮定遠吳梅村顧黃公李良年諸人是已。而錢牧齋實開其先。何義門之評唐音戊丁兩籤。紀曉嵐之評瀛奎律髓。皆主晚唐者。兩派風起雲湧。時則有若婁東十子。黃忍菴爲之冠。燕臺七子。丁葯園爲之冠。嶺南三家。陳元孝爲之冠。江左三家。錢蒙叟爲之冠。王阮亭宋荔裳田山薑王秋史徐東癡。同時稱雄江左。西冷十子。亦以丁葯園冠。陸麗京毛稚黃又其匹亞。餘若梅藕長有宣城體。潘稼初有三布衣詩。又有吳漢槎王樓村顧茂倫鈕玉樵葉已畦王于一徐巨源輩。各以詩鳴。大率不出於中唐。自謂能師少陵。爭持壇坫者。錢牧齋吳梅村馮定遠王阮亭名最盛。其從入之途。二百年來無有能識其源委。著爲定論者。學者昧於聞見。隨人俯仰。雖多奚益乎。習宋派者。僅查初白勵大鴻孤鳴其間。初白儉嗇而蕪纔。大鴻猥細而虛憍。於蘇黃之超羣絕類。鉤深致遠。尚在門牆之外。更不足道矣。

錢牧齋七律。專學李義山。起結照應。左瞻右顧。一絲不亂。大歷已前諸大家。高瞻遠矚。不必粘題。卻不脫題。不必緊結。卻自收煞。不必求好。卻無不好。此則自然一境。非晚唐人所能望其邊際。學晚唐者。自然去之更遠。清廟明堂之重。豈一丘一壑之士。泥於迹象內。不足而徒事外觀者所可儗乎。詩言情景。三百篇卽景言情。自然意與神會。神與理交。渾成融洽。不是湊借。禪家謂之現在。牧齋沾沾於起結中四。其悟入本淺。屈晦翁謂其未能超詣。是已。謂其才氣太大。學問太博之爲累。則未免震於其名。可見牧齋聲氣之廣。令人不敢議其後。才大而能斂。才以就範。學博而能守約。以施博不逞辭。不縱欲。大歷諸家則然。安有太大太博。猶謂之才猶請之博者乎。吳天章識其博而非大厚而不清大而未化效之則拖泥帶水余謂杜公顧視清高氣深穩可與言詩牧齋則從事於字句之縟厚未可語意義之深厚也大而未化猶難言之牧齋才不大人自易知古體七言每作振迅之態其失也膚淺而淩亂辭浮於意五言又以緩弛而乏神采翁覃溪謂其使才處近於粗豪言情者涉於垢膩搏擊一代作者而獨推李東陽蓋牧齋所習在中晚之間與王元美盡反盛唐弇州四部稿四部續稿截若兩人者將毋同牧齋晚年多引禪語欲以炫博矜能唐人集中無是也錢遵王箋注初學有學兩集或疑爲自注託名遵王以售其博者牧齋小詩清調哀弦吟詠動人可敵范石湖石湖卻遜其情感要之非梅村阮亭所可及已

吳梅村亦源晚唐垢膩甚矣匪惟俗也曼柔移於壯夫襯貼等於窗櫺此亡國惰氣之所乘淫哇之音易以悅人大雅弗尚也世稱其七言歌行足當詩史不知其砌辭堆盤畫界分段形同八股字裏行間無真力爲之斡旋杜韓大篇體格渾灝並不若是次之亦不足儗於香山之敷陳原夫大篇之製作吐納氣息呼吸首尾如關河放溜瞬息千里不聞聲響又如長虵蜿蜒坦道陂陀隨所至爲動定而截斷處如奇峯

突起撐天遺世阻絕攀梯打落鉤鎖一撞一擊濟之以慘淡經營之妙用胸有成竹目不旁瞬梅村分段易意換韻易事痕迹呈露呆木不靈善言弈者辨教師之弈辨國手之弈教師之弈拘死於法國手之弈妙存乎心操縱取舍潛伏其機密抽其緒大蛇中斷喪前王羣馬南渡開新主斯則杜韓之所以爲杜韓者矣梅村五律七絕多可詠玩七律如青衫憔悴卿憐我紅粉飄零我憶卿街頭巷尾唱道情蓮花落尙不若是其無賴以此言詩以此言懷抱牧齋之靡亦不爲是有學初學集祇讀吳宮詹豔體四首其所取於梅村可知已

馮定遠以性情說詩亦源出晚唐者也定遠其果知性情之用乎性情祇是一真字定遠取法西崑摘葉尋枝斲損天真蜣螂轉丸寧得謂爲圓美乎狂毀江西遂足以自成乎定遠之於唐與阮亭之於唐聲調標格而已定遠謂江西直是搓不成團不如西崑之數典村婦潑罵不可嚮邇果其能用故實便推作者則譏江西爲搓不成團亦其宜矣江西使事託之於虛西崑使事泥於其迹定遠其將以搓得成團爲能事乎江西生硬不求譽於人定遠終身銜人所守者韋縠才調集尙不能悉其所選

之旨意云何也。牧齋謂其出入溫李小杜之間。實則去小杜尙遠。王阮亭謂定遠差長香奩。其胸中所激賞。正自有在。此語實爲照妖之鏡。定遠舉唐小說纖手垂鉤對水窗紅葉秋色豔長江二句。宋人不能爲之。其徒吳修齡亦以緣情者爲詩。均之逼真兒女態度而已。宋人偶效吳體。或於題上加以戲字。可見作家原不欲以閨閤恩怨之私。消磨壯夫豪健之氣。王阮亭集中猶能力避其靡也。

王阮亭論詩。有取於嚴滄浪以禪喻詩之旨。謂詩有別材。非關學也。詩有別趣。非關理也。遂倡爲神韻之說。一時承其弊者。遂以空疏膚淺。藉口爲安身立命之所。王孟之蕭散。儲韋之閒淡。皆可借以文其淺陋。幾以吟詠爲別是一事。若是者命之曰假王孟。爲詩道之魔障。然滄浪固申之曰。非多讀書。多窮理。則不能極其所至。並非教人以不學。阮亭亦非不學。乃若其說。不啻爲不學者。別啓途徑。不惜以別材別趣之片辭。厚誣古人。貽誤來者。阮亭淵雅。尙能鋪排。但少清真之致。所選盛唐三昧集古古唐詩選唐人萬首絕句唐人十種唐詩選類。皆自扶藩籬。曲徇其神韻之說。往往裁棄前人之所長。悉入一己之錘鑪。其於唐賢之精神理趣。未遂合也。不涉理路。不落言筌者竟若是其無據乎夫有周召鄭衞之抒懷景物則必有魯頌秦風之堆塡故實詩之爲教廣矣大矣斷非一節一方之用司空圖不著一字盡得風流之旨又豈空疏者所可儗且阮亭祇於聲調求其圓適非能得神韻者況神韻原不能定爲一宗若體格若局勢若鋪敍若停蓄抽放若句律字法無一不麗於實之一境果何者而可以神韻概之神韻云者謂之麗於虛者也虛不能立一旨也實固虛之所麗而豈曰虛爲實所麗乎滄浪固嘗以禪喩詩矣禪家悟入亦自有漸頓二義滄浪祇是頓悟阮亭亦是頓悟盛唐卻不是頓悟翁覃溪曲爲阮亭解謂其能合丰致格調爲一而渾化之爲集大成丰致格調爲一已近於不辭而又曰集大成豈丰致格調遂爲集大成者耶阮亭名位既高聲氣日廣執牛耳以叱詫中原莫敢異議乃其歿及身而熄當時僅一趙秋谷作談龍錄詆其見首不見尾之謬說然秋谷猶未能發其家而挫其頤也自明七子以虛弦驚人人知七子之失爲優孟衣冠而不知阮亭之失猶夫優孟衣冠也七子從盛唐之面貌以求之阮亭則從盛唐之句調聲律以求之源頭既以同而異流波又以異而同均之貽害詩教人攻七子吾甯攻阮亭彼

不落邊際之說、嘲弄風月、可也。語以清廟明堂、典章文物之大、則廢矣。李于鱗選唐詩。不滿少陵。不敢公然出諸口。尋其所錄。卽可窺見其意之所在。阮亭選太白。竟別爲古調唐調。古風五十首。祇收二十八首。類似選體者。亦何異于鱗所云唐無五言古詩之旨耶。巧避後人之譏彈。而陰襲其迹。二百年來。無有摘其奸者。阮亭七絕。猶擅風調。與牧齋定遠。鼎足而三。尙已。阮亭無一字似晚唐。猶定遠無一字似盛唐。牧齋則中晚之間。秋谷斷之曰。王愛好。愛好者。徇人者也。已落第二義。

乾嘉之際。考訂家喜作考訂金石之詩。湊韵衍辭。炫博矜能。甚無謂也。何不逕作考證一篇。恣其辨說。而必爲此有韵之文。令人嘔噦欲絕。果奚爲者。宋人樓大防好爲考證故實之詩。亦墮寒乞相。理學盛而有語錄入詩。以及釋道之符籙偈頌。攙湊其中。相沿相習。益爲外道矣。袁簡齋之言性靈。趙甌北之用故實。庸俗之氣。充溢行間。村學販夫。自適其適。自檜已下。其又何譏焉。

蓋夫詩者。民俗歌謠。貞淫正變之所從出也。代興之際。上承流風。浸漬歲月。始漸改觀。唐之承隋。宋之承唐。徐庾之爲四傑。溫李之爲崑體。一機之振。而李杜歐梅。反爲將衰未落之先兆。江湖四靈之枯淡。久而厭倦。元代作者。反之於穠麗。臺閣之清壯。幽幷之慷慨。宮閨之金粉。萃精力於一字一句之聲響。骨幹已靡於不覺。體近乎長吉。淺人目爲唐音。不知其神與理。散而不會。氣與形。浮而無著。楊士弘選唐音。爲元代風氣之所繫。傳習之。皇元風雅。孫原理之元音。劉仔肩之雅頌正音。皆倚聲響。爲命脈。孰知風會趨勢者。明其非有異。夫隋唐宋初之漸。而有疑乎元之所變。或殊也。若夫劉靜修之磊落放縱。虞疏齋之淡雅溫潤。能不囿於詩人之詩。雖異乎當時之宗尚。實爲詩家之極軌。延祐泰定二十年間。比於唐之大歷。宋之元祐。一時作者。爭自刮劘。鄙夷故習。其初興也。元氣未充。則弱。及其末也。元氣彫喪。則又弱。雖然。弱之所至。各自不同。唐末之弱。傷於淺俗。宋末之弱。傷於獉俗。元末之弱。傷於靡俗。明末之弱。傷於仄俗。易牙能辨淄澠。惟詩亦然矣。譬之於畫。宋人之畫。似唐人之詩。爲其濃厚而深秀也。宋人之詩。似元人之畫。爲其疏逸而澹遠也。更進一解。則元人之詩。似宋人之詞。明人之詞。似元人之詩。蓋元人之詩。遠不逮宋。而明人之詞。又遠不逮元也。唐以詩賦取士。宋以書院掄才。其得其失。即可於其失。以辨其所得。復於其得以究其所失其得也。詩教之所以昌也。其失也。競心之由此萌也。無取悅於人之見。介乎吾之胸臆。立於昭曠之域。驅使百怪而覊萬靈。斯爲貴矣。豈不惜賢達。其如高尙心。孟襄陽超乎塵壒之表。不以維縶移其素志。視榜前潸下淚。衆裏卻嫌身者。混濁奚若也。有一代之獨到。有一人之獨到。啖黃虀之美者。不足以語珍饈之奇。孟子所以論其世知其人也。作者勿高談漢魏也。勿侈言盛唐也。勿夷視北宋也。析其體製相沿相習之故。探討源委。透闢玄奧。隨所淺深。自得師資。蓋自昭明辨體已來。去取雖嚴。已未盡洽於人心。自鍾記室以迄今日。評詩摘句者。不可勝數。類多師心以繩古人。吹聲捕影。見其所見。不見其所不見。未窺古人之全。妄議古人之短。寧有當乎。佛氏言析骨還父。析肉還母。茲可爲論古者痛下針砭。稗販荒蕪。安能親切言之。涕泣道之耶。韓公有言。及之而後知。履之而後難。世固有未及之而自以爲知。未履之而不自以爲難者矣。吾爲此懼。（完）

通論

船山先師詩錄

殘雪 乙卯

周逸敬選

寒心肅肅擁孤清。斷岸無心弄晚晴。舊恨半消隨去鴈。新歡難待到流鶯。
莎叢綠淺愁輕護。蘚砌痕欹感易傾。夙昔南枝曾有約。不貪春早逐初英。

其二

珍重凋零刼後身。人間還遇可憐春。和霜和月猶前日。爭柳爭花非此辰。
睥睨青天悲寂歷。淹留丹巘賞嶙峋。雙飛燕子來何暮。不見瓊田萬頃新。

通論

游華山記 幷序

湘潭王闓運湘綺 未刊遺稿

咸豐初承德諸生李雲麟徒步入關。不齎資糧。懷銀二兩。徧游五嶽。至長沙遇余于曾侍郎家。五嶽各以一字評。衡山曰幽。華山曰秀。時余已登祝融。心以爲非南嶽。李至渾源州。辨其山非北嶽、中嶽名起自漢。又不足論也。漢又以灊霍爲南嶽。李亦登焉。相與語華山之奇。後八年。李與余同至曲陽。欲登恆山。畏豹不敢上。又四年、余上都龐考定九疑爲衡山。以恆亙衡横之義詁之。南北嶽天所以限南北也。泰大華花。禹名各有依据。又十年、乃獨游東嶽。而西嶽未至。當遇李後五年、余客武昌。多隆阿以欽差援陜。欲從西以登華山。多性偏忌儒生。見識字人。則曰此文官也。文官自胡潤芝外。皆陰險害人。與相見則謬爲恭敬。而心猜焉。余聞游不宜。使大將軍防客。以故不果。後四十年。京師兵燹。移試舉人于祥符。改四書文題爲策論。余年七十二。希見此事。欲有陳說。因以游華。扶杖馳輪。因至汝南。積雨斷道。馬瘏僕痡。以故再不果。又二年。夏侍郎請余至南昌。夏移撫陝。因約同行。余命諸門人弟子議當行否。僉以七十之年不可。僕僕後車。夏令其長子從余後行。迫冬盡還家度歲。歲初將行、而陝撫受代。以故三不果。嶽有四。登其三。唯華三阻。湘諺曰、事不過三。詩曰、太華峯頭作重九。遂以乙巳之年。建戌之月。自山莊首途。期以仲冬九日躋于太華。風水閒關。舟輿跋涉。攜陳氏女壻黃氏外孫及長孫同行至長安。夏午詒從送以一轎。二車兩騎。刻日依期屆于華陰西嶽祠。四嶽形勝酈善長注水經。附載致詳。欲記華游。但釋酈說可矣。惟徑路斗絕。登陟至勞。酈雖從下廟至山。蓋未至搦嶺。今故悉依酈記。從祠至山頂。稍加證証。令後游者有考焉。

嶽文從獄。巡狩朝諸侯。聽獄訟之處也。嶽乃後起字耳。

酈曰。自下廟歷列柏南行十一里。東迴三里至中祠。又西南出五里至南村。謂之北君祠。諸欲升山者至此皆祈請焉。

下廟卽華嶽廟也。以神祇祠壇爲廟。自漢以來至今。廟始于漢武。修自袁逢。今在華陰城南五里。規制過于衡恆。列柏靑蒼。比泰祠差減。東有萬壽閣。正對少華。平覩仙掌若在前檐。酈注、河水篇引國語云。華嶽本一山當河。河水過而曲行。河神巨靈手盪脚蹋。開而爲兩。張子平賦亦云。高掌遠蹠。以流河曲。二華之間。有河必矣。斯豈昔河入渭。又決而通洛乎。不然無此道也。今河在華山東北百里而遙。渭水帶經二華。順厓東邁兩山之間。不容行水。相傳談柄。地望全乖。出祠南行。渡黃酸水。無復中祠也。又南行五里至玉泉院。所謂北君祠矣。登山舁負皆集於此。欲登華者。可徑至玉泉宿食。

從此南入谷七里。又屆一祠。謂之石養。父母石龕木主存焉。

西谷謂之張超谷。登山初徑也。漢有張超。河間鄭人。此則張公超耳。胡子夷引方輿紀要云。張公超隱華山。能作五里霧。故受名焉。山泉瀑流。回環轉涉。百步九渡。沿沚成溪。五里屆第一關。蓋石養舊龕處也。既有木主。必石氏所居。但不知石養何人耳。今無復祠宇。而相傳王猛讀書處。猛賣畚山中。宜有廬舍。後立書院。故得留名。又五里爲二關。關南得小平坡。可休與焉。曰莎羅坪。近歲甲申、山潦暴發。破石砅崖。漂流數里。裂處成文。狀若畫魚。石塊高廣數丈。從流如葉。水石神猛。信可駭也。山中小祠。悉從蕩掃所謂大小上方。無復屋壁。水未發時。有道士暮上。欲宿厓庵。忽若神警心動、遽去。中夜雷駭。俱爲濤卷。昔魏源憚于山險。亟稱西谷云。緣水可達龍脊。稍施梯棧。便避幢溝。此實升華之階梯。青雲之捷徑。今東南阪路。上下縈紆。步輦所由。號十八摸阪。盡得毛女洞。云秦時玉姜服餌上昇。玉姜卽毛女矣。洞中琴聲。懸霤滴響。明星玉女。則天仙耳。自此里許。爲青柯坪。蓄松竹後凋。猗猗有實。故得青柯之名也。昇夫例宿于此。寺主供食。游客償其資焉。

又南出一里至天井。井裁容人。穴空迂迴。頓曲而上。可高六丈餘。山上又有微涓細水。流入井中。亦不甚霑。人上者皆所由陟。更無別路。欲出井望空。視明如在室窺窗也。

此則所謂通天門。今分二段。初上囘心石。言欲登者至此皆自退轉也。從石步上。爲千尺幢。鑿石爲梯。不容並足。上幢入井。石罅通天。一綫容光。或時暗摸、云六尺餘者。謂穴口也。罅中謂之百尺峽。並旁扳鐵鎖。徙步猱升。雖復阻難。非必無墮理。人扶天險。鐵片各刻姓名。來値冬時。曾無水潤。沈佺期詩云。冬月闕厓。今則四時可上。自青柯至天井。直上三里。皆須袴褶短衣。如或冠衫。必成顛沛。登封告成。理無由至。信可以迴俗士之駕。謝囂瀆之煩。然詞客探奇。羽流蛻世。往來降陟。日有跫音。及夫春夏禱祠。士民躋棨。不比恆山之荒闃矣。

出井東南行二里。峻阪斗上斗下。降此阪二里許。又復東上百丈厓。升降皆須扳繩挽葛而行矣。南上四里。路到石壁。緣旁稍進。逕百餘步。自此西南出六里。又至一祠。名曰胡越寺。神像有童子之容。

百丈厓。今端人巖也。磴道三百三十五級。又曰老君犂溝。華山北峯。正在其南峯名雲台。因以氏觀山祠。住持悉皆道士。更無佛寺及涉沙門也。自此登南峯。當緣石壁。謂之上天梯。初無斗下之阪。酈誤記耳。胡越寺、巖長明作越寺。寺在三元洞。題曰督龍祠。山正脈也。緣督行龍。故曰督龍。長明書爲都龍。時未修山祠。不知正字。後題楄。明書督龍。知巖未及見也。神像狀猿。故有童容。

從祠南歷夾嶺。廣裁三尺餘。兩廂縣厓數萬仞。窺不見底。祀祠有感。則雲與之平。然後敢度。猶須騎嶺抽身。漸以就進。故世謂茲嶺爲搦嶺矣。度此二里。便屆山頂。

一出督龍。卽度搦嶺。今謂之蒼龍脊也。兩厓之間。天然石梁。南北一里。東西五丈。云三尺者。或今石長耳。深壑萬松。俯窺百仞。無萬仞也。十仞猶令汗出。何假萬仞乎。華山靈秀。盡在斯嶺。然實可昇進。不勞步度。倘或雲平。翻恐誤投。善長蓋未度嶺。故敍次參互。過嶺乃有峻阪。斗上斗下。云鷂子翻身。所屆山頂。卽中峯也。曰五雲峯。出峯南行。爲金鎖關。亦云通天門。在此時有斗磴。皆不甚勞。又二里得土坡。且多下阪。步上南峯。斯爲華頂。南峯南復起重屏。內曰仙嶽。亦有三峯。圓珠相連。勢若筆牀。外則熊罕對華陰城。城中及行道所見三峯。則北峯及東西二峯耳。南峯遮於仙嶽。反不見也。東峯曰玉女。西曰蓮花。南曰落雁。蓮峯上有秦刻博局。蓋秦時惟升東峯。取其易上耳。渭水篇注引韓子曰。秦昭王令工施鈎梯上華山。以節柏之心爲博箭。長八尺。棋長八寸。而勒之曰、秦昭王嘗與天神博于是。神仙傳曰。中山衞叔卿嘗乘雲車。駕白鹿。見漢武帝。帝將臣之。叔卿不言而去。武帝悔、求得其子度世。令追其父。度世登峯。見父與數人博於石上。敕度世令還。是東峯爲仙人博場。故後復有陳摶之賭矣。自青坪至落雁峯廿五里。酈記得十九里。

上方七里靈泉二所。一名蒲池。西流注于澗。一名大上泉。東注澗下。

峯頂純石。南有一泉。名仰天池。稍下復有一泉。忘其土名。卽玉女洗頭盆也。今以東峯爲玉女峯。上有圓泉爲洗頭盆。按山記云。玉女旁有醴泉。此天池不冰。是醴泉也。冬涸井清。初無流注。西流之澗。在中峯之下。縣隔不通。靈泉無由成澗矣。渭水篇注亦云。山下有二泉。東西分流。至若山雨滂湃。洪津泛灑。挂溜騰虛。直瀉山下。卽謂此二泉也。雨溜分流。初非泉派。此之二池以不溢爲異。

上宮神廟近東北隅。其中塞實雜物。事難詳載。自上宮東北出四百五十步有屈嶺。東南望巨靈手跡。惟見洪崖赤壁而已。都無山上下觀之分均矣。

上宮金天宮也。神廟雜物。非宜闚究。云難載者。有可載也。今岱祠于春開山名曰瑣殿。士女賽禱。從門窗投錢金玉珍寶。各稱所願。尅期掃殿。悉充香資。承平時歲得億萬。常相爭殺。官遣吏監之。自頃物力耗減。歲收猶至十萬。三嶽祠禱。無聞此例。蓋代魏之時。華祠亦有掃殿。故云塞實雜物。謂賽神所實也。嶽祠門皆北向。東峯在右。北出卽下峯矣。此言東北。實西南也。手跡實亦在西。而今皆以東言之。於河山大勢在東耳。潘嶽亦云、眺華岳之陰巖。覿高掌之遺跡。以南爲陰。同於目水。自南峯北下。左至西峯。多土少石。九月積雪。四旬未消。石作蓮華。飛蔵五色。巉截如劈。故曰削成。亦或天然圓秀。上排纖幹。滑膩礲光。如杉如筍。疊瓣分瓤。鮮茗可擷。自入山已驚炫燿。及度嶺愈覺蕭森。仰望褒回。無因躋陟。復循中峯。出於金瑣。既過龍脊。便下五梯。昔之游者。往往臨下。眩怯。投書告困。登則阻難。下亦縣危。今此往還。粗領厓略。輒述經見。恨未詳該爾。

專著

船山先師詩錄

殘雪其三

周逸敬選

蒼煙黃日久迷離。猶有牆東片月窺。
身外江山還似舊。寤中蠭蜨儘相疑。
東流徹夜銀濤急。平甸矜春碧艸欺。
不識瑞香花落後。幾人還賦玉樓詩。

其四

回塘曲徑偶相依。不擬春歸尙未歸。
向後生緣隨旦暮。當時心緒在霏微。
珠胎含淚禁疎雨。玉骨凝寒傲夕暉。
子夜輕冰聊邂逅。素心元不藉霜肥。

專著

船山先生年譜後編 續第十期

八世從孫之春輯

清康熙元年壬寅　公四十四歲

居敗葉廬。聞明桂王被執。續悲憤詩一百韻。作長相思樂府。

長相思樂府其一有云。年華詎足惜。腸斷受恩時。其二有云。他生就君結。詩有長相思樂府二首。來日大難樂府二首。爲宋子主人送高漸離入秦七絕一首。迎秋五律八首。詠史六絕。未注年分語意似今年作二十六首。五十自定稿

二年癸卯　公四十五歲

居敗葉廬。三月看杜鵑花至鐵牆坳。入王公愷六新莊。爲和石灰泥壁。讀金公堡前在靈谿洞所作遣興詩。

夕堂戲墨卷二。讀甘蔗生遣興詩。次韻而和之。今春看杜鵑花。不覺到鐵牆坳。王君延我入新齋。爲他和石灰泥壁。忽拈一帙。沒其所自得。教認取誰家筆仗。

卒讀久之。乃知是者跋漢王君笑指石灰桶說。尋常謂道人認得行貨。今乃充此物經紀。眯著眼看秤斛耶。是十三年前借山在靈谿洞所作。其三十二首。有衛公乞打大臣袍句。衛公注、甘蔗生、故字。　己酉。效柏梁體壽王愷六起云。鐵牆拗頭綠鳳樓。

夏六月、次和金公堡遺興詩十五日為之記。　遺興詩序。於是次韻和之。不能寄甘蔗生也。癸卯六月望。茱萸塘漫記。

廣遺興詩、詩序未注年月。蓋亦是年所作。故附於此。

冬有疾。

甲辰。管大兄弓伯挽歌序。有明文學管嗣箕弓伯以今癸卯冬、卒於南嶽百丈山病、乃使余有宿草而不得哭。

詩有五言絕句三首。五十自定稿　讀甘蔗生遺興詩。次韻而和之。七律三十首。廣遺興詩七律三十首。遺興詩

三年甲辰　公四十六歲

居畋葉廬。歐陽先生大生從遊門下。

有又雪同歐子直詩。歐大生、字子直。衡陽人。康熙中貢生。沅湘耆舊集有傳。

往哭管公嗣裘於其故居。

管大兄弓伯挽歌序。其明年姬六以亡託。將改適。返靈筵於高節里之故居。乃申一慟。良慨然矣。

爲子攽娶文學近魯公女劉氏。

生子五、若、茲、蒼、薳、萬、女二。

過小雲山下。訪劉公近魯。劉公導游小雲山。嗣後歲一登之。

小雲山記。予自甲辰嗣後歲一登之不倦。友人劉近魯居其下。有高閣藏書六千餘卷。導予游者。

詩有感遇五古十一首。寒日五律一首。人日七律一首。又雪同歐子直七律一首。五日攜攽兒同子直。洎賢從哲仲。小飲。分得端字七律一首。即事有贈七律一首。管大兄弓伯挽歌歌行二首。五十自定稿

四年乙巳 公四十七歲
居敗葉廬。重訂讀書說。
和梅花百詠詩序。時方重訂讀書說。
正月初七日。龍公簡卿寄到洪公業嘉梅花百詠元稿。讀之淚下。
和梅花百詠詩序。今歲人日。得季霞伯兄簡卿寄到伯修元稿。潸然讀已。
十八十九日連夕和洪公業嘉梅花百詠詩。
和梅花百詠詩序以示歐子直。子直欣然屬和。仍從臾老漢爲前驅祓道。又遂乘燈下兩夕了之。
二十日、序和梅花百詠詩。
和梅花百詠詩序。乙巳補天穿日。茱萸塘記。拾遺記正月廿日。爲天穿日。江東以紅縷繫煎餅置屋上。名補天穿
長女孫生、適兵部尚書劉堯誨嗣孫克謹子法忠。
三月、初三日序瀟湘小八景詞。
瀟湘怨詞序。乙巳上巳茱萸塘記。

過鐵牆拗王公愷六山莊。看鳳仙花。

有愷六鳳仙花盈畝聊題長句詩。

夏、遊大雲山妙峯菴。

雲山妙峯菴云是申泰芝煉丹處。詩有云首夏積翠鮮。亭午條風涼。

秋八月。登小雲山憩劉公近魯小軒。圍碁倦罷。讀王伯穀集。和其梅花絕句十首。

和梅花百詠詩。附追和王伯穀梅花絕句十首敍。乙巳中秋。坐彭城君小軒弈倦。茶闌。索書以讀。得百穀集。就中梅花七絕十首。尤爲清健。因次其韻。

詩有和陶停雲贈芋巖五十初度四言四首。夏日端居五古一首。雲山妙峯菴云是申泰芝煉丹處。五古一首。愷六鳳仙花盈畝。聊題長句五排一首。人日新晴七律一首。秋雨同子直七律一首。又雨七律一首。夜七律一首。（五十自定稿）追和王伯穀梅花七言絕句十首。（附和梅花百詠詩後）

五年丙午　公四十八歲

居敗葉廬。春髮漸白。

早春詩。有誰道髩添綠之句。
詩有秋陰五古一首。歐子直自南嶽返訊之五古一首。詠百合五絶一首。結襪子
五絶一首。早春五律一首。十二月八夜看月五律一首。初九夜再賦五律一首。五十自定稿

六年丁未　公四十九歲

居敗葉廬。春正月初一日。過歐陽先生大生家圍碁。
有元日過子直弈詩。
夏避暑王公愷六山莊。
有避暑王愷六山莊會、夕雨放歌歌行。有雷聲昨夜疎星漢。片片餘雲留岳足
之句。
秋九月、李公跨鼇元配林孺人卒。公往弔。並卹其太孺人。
故孝廉李一超。以懷貞窮愁死。不及有嗣。息元配林孺人掖呭太孺人于痹病
中。十四年不舍榻右。猝遘危疾。臨終悲咽。以不得躬親大事爲憾。啼聲未絶而

逝。余于一超不淺。覩道路感泣者。自踰涯量。裁二詩以將哀。尤爲太孺人慇悼焉。詩其一云轉轉金輪御朔風。其二有云桂輪難滿月三秋。

公與石崖公同被難。劉公象賢居間得寢。招遊虎塘。爲序族譜。會劉公六袠初度。公卽夕爲子敔聘其女爲婦。

有劉若啓爲余兄弟排難。已招泛虎塘。敍其家乘。會當六秩帨辰。歡讌之下。遂允覝室于敔兒詩。 薑齋文集王江劉氏族譜序。王將諸劉潛明經是玉氏湘孝廉若啓氏。奉季昌先生之志。修其家乘。以示夫之而徵言焉。又夫之之舉于鄉也。與若啓氏講以世。石長氏偕以年。而協以寀。夫之伯兄。既與若啓氏講而遊辟廱之歲。與季昌先生壽玉氏。聲玉氏。賜玉氏。胥以齒。 劉象賢沅湘耆舊集傳。字若啓。湘鄉人。崇禎壬午舉人。鼎革後。隱居深山。著書以終。 鼓棹二集。有友人劉懿菴營虎塘頗勝。沒後鞠爲茂草。賦此寄歎。昭君怨詞。

詩有四言雜詩一首。古意五古一首。悶芋巖疾五古一首。正月十六夜重賦五律一首。元日過子直弈七律一首。故孝廉李一超以懷貞窮愁死、不及有嗣息。元配林孺人掖咡太孺人于痹病中。十四年不舍榻右。猝遘危疾。臨終悲咽。以不得躬親大事爲恨。啼聲未絕而逝。余于一超不淺。視道路感泣者自逾涯量。裁二詩以將哀。尤爲太孺人愍悼焉。七律二首。劉若啓爲余兄弟排難。已招泛虎塘。敘其家乘。會當六帙帨辰。歡讌之下。遂允貺室于敔兒。七律一首。湖外遙懷些翁七律一首。寄懷青原藥翁七律一首。竹枝詞七絕十首。忍俊七絕九首。箜篌引樂府一首。避暑王愷六山莊。會夕雨放歌歌行一首。五十自定稿

十年戊申　公五十歲

居敗葉廬。唐先生端笏遊於門下。

與唐須竹夜話詩。其一、有九春初雨歇。花屐不相期。其二、有鼎鼎千秋意。勞勞夜雨傳。六經誰楚漢云云。唐端笏、沅湘耆舊集傳。字須竹。一字躬園。衡陽人。

次女孫生。適文學熊榮祀子時幹字體貞。柳岸吟有讀易贈熊體貞孫倩詩八首

三月、至湘鄉。與李公國相同泛湄水。

湄水月泛同芋巖詩。有春鹽試新晴句。

夏六月、留湘鄉。與劉公象賢期徐公芳遊虎塘遲至。公病。遂先歸敗棄廬。

有期徐蔚子虎塘遲至。余暑病先歸。蔚子獨留萬綠池與若啓月飲。共相太息。寄此謝之詩。徐芳、沅湘耆舊集傳。字蔚子。本姓徐。長沙人。育於湘鄉簡氏。故又從簡姓字在雍。順治末歲貢官常德順導。有種竹亭稿王船山先生序行。

秋七月、成春秋家說。望日壬子。爲之序。

春秋家說序迄今二十二載。夫之行年五十。悼手口之澤空存。念蟪蛄之生無幾。恐將失墜。敬加詮次。著雝涒灘之歲相月壬子望。不孝徵仕郎夫之述。春秋世論序著雝涒灘之歲相月望日壬子·湘西草堂王夫之序·案草堂成於乙卯本年戊申·不應有湘西草堂之名·著雝涒灘四字·傳寫必有譌誤然無從訂正姑附於此

詩有與唐須竹夜話五律一首。始晴五律一首。湄水月泛同芋巖五律一首。春日山居戲效松陵體七律六首。期徐蔚子虎塘遲至。余暑病先歸。蔚子獨留萬綠池。與若啓月飲共相太息。寄此謝之七律一首。答黃庋長七律一首。得青原書七律一首。些翁補山堂詩。和者數十人。今春始枉寄。次韻奉和。並敦翁體歌行一首。十五

自定稿

八年己酉　公五十一歲

居敗葉廬。輯戊子以來所作古近體詩。爲五十自定稿。

五十自定稿。五言古、五言絕句、五言近體、七言近體。七言絕句。皆始於戊子。餘始於己丑乙未乙巳。

再繼娶張孺人。

家譜三配張孺人、生沒失紀。葬金蘭鄉姚家塘。　因林塘小曲築草菴開南窗。不知復幾年。晏坐漫成。詩其四有云釧聲原宿業。崖蜜自先甘。寓目團圞淺初心冷暖諳。

孫夏生

庚戌哭殤孫詩。注以大統歷立夏日名之曰夏。其詩有兩日朱明留不得句。

（未完）

船山師友記第六 續第十期

湘潭羅正鈞遺稿

夏孝廉汝弼

夏汝弼、字叔直。其先祖曰永亨。明初授交趾諒江府同知監造糧舟。開船場於臺源。因家焉。汝弼祖父皆諸生。當崇禎時。夏氏尤盛。何騰蛟奏于衡州試士。汝弼以第五人舉于鄉。時變日棘。不復求仕。性倜儻負勁氣。與王夫之兄弟友善。流寇陷衡州。汝弼居蓮華峯。夫之避亂者依以獲免云。桂王子既稱尊號。保於武岡。汝弼間行衡邵山谷中。知其無成。顧無以自全。遂棄巾服。自號蓮冠道人。歌哭無恆。獨攜一童子。囊琴登邵陽梓田山。就古木鳴泉間。踞石彈琴。或泣或吟。或旁遊白石銅梁諸山觀瀑布。旁皐山中。數日不返。返則仍居山樓。自炊而食。其山臨望官道。桂王子常登焉。所謂車駕山者也。山下有蕭常賡者。數相遇。知其非常人。要之家中。留月餘復去。自此絕迹矣。明亡數十年。遺老舊臣。佯狂敖遊居衡湘者尤衆。或爲沙門。或潛伏巖壑。衣明衣冠。皆莫知其姓字。而汝弼以能詩。人往往傳之。然不能得其里籍。其後有編其詩入楚風補者。始著爲衡陽人。人猶莫能徵也。又二百年。鄧顯鶴搜訪逸民。尤有意乎其人。殷殷求所謂蓮冠者。躬尋車駕山。訪問其軼事。又得王夫之懷夏叔直詩。及李相國晚年亦有哭汝弼詩。始知其終隱九疑以餓死云。顯鶴旣審知其姓名行迹。悲傷其志。以爲庶幾聞伯夷之風者。而汝弼子姓。今實居臺源爲大族。譜牒載其生平世系甚悉。至其後遯迹所在。及平生文辭。亦不能詳矣。汝弼以諸生名動衡湘。又前知二王傾危。無一命之祿。其居於家。當可自安。而一往不顧。甘同朽於草莽。士果各有其志耶。其名若滅若存。垂數百年。雖其子孫。不能增益於他人所聞知之外。尤可哀也。舊志傳汝弼於隱逸。而不言其餓死。餓與否、誠不足爲汝弼輕重。然非顯鶴烏能發其孤衷。其傳枯槁憔悴之情乎。汝弼三弟曰汝爲汝翼汝偕。並有名諸生中。

衡陽縣志

蓮峯志沿革門云。宏光元年夏。堵公允錫隘之作前宇王介之夏汝弼、王夫之實經營之。

述病枕憶得云。丁亥與亡友夏叔直避購索于上湘。借書遣日。益知異志同心。搖蕩聲情。而檠括于興觀羣怨。

惜餘鬒賦自跋（蘉齋逸文）云。丁亥夏。倣少陵文山作七歌。與夏叔直氏將奔辰沅。求義興堵公所在效死。至中湘。道阻不能往。病枕憶得丁丑年有夏日讀史曳塗居聞松聲懷夏叔直先生一首。（七律）

嶽餘集、甲申年有繇戀響臺眺一奇石而上。同夏叔直援石曲折。遂得方址歸然可臺一首。（五絕）曉同叔直出寺拂讀米菊水所鐫譚友夏嶽記一首。（五古）

病枕憶得、丁亥年有淫雨彌月將同叔直取上湘閒道赴行在所、不得。困車駕山。哀歌示叔直一首。（七古）

賸稿、壬辰年有重過蓮花峯爲夏叔直讀書處一首。（七律）

薑齋詩分體稿、辛酉年廣哀詩弟四有夏孝廉汝弼一首。（自注，字叔直，己丑避亂寧遠山中，幽憤而卒。五古）

正鈞按憶得夏日讀史一首。隸于丁丑。丁丑爲崇禎十年。先生時年十九。則與叔直締交最早。按家世節錄。言先君于後進以文字求點定。所鑒別俱爲名孝廉。有郭季林鳳躚夏叔直汝弼諸人。則叔直嘗受業武夷先生。宏光爲福藩所建號。觀賸稿重過蓮花峯詩題云爲叔直讀書處。證以嶽餘集甲申諸詩。則蓮峯當是叔直常居之所。此兩年先生避兵相依。故縣志云然也。同遊車駕山。在丁亥五月。鄧氏所引叔直白峯記甚明。按沅湘耆舊集引夏汝弼白石峯記云。歲丁亥。月在午。梅雨新霽。與王子而農披榛徑登白石峯。夫以是峯之特立于羣山之表。而其上蒼蒼無窮者。且如彼。是果有所謂天也。抑無所復名之。而姑謂之天也。天者果有所幬與。則亦宜有所不幬者存。何居乎其必幬之荒遠。而始以爲大乎。則吾未知其定有天焉否也云云。鄧氏顯鶴云。予既得叔直先生楚風補。所載同夕堂遊車駕山一詩。復從湘鄉縣志搜得此文。而後先生之志事交遊。乃稍稍窺見涯略。而先生旋以父病返衡。見家世節錄次年膺難、走行闕、中間殆未與叔直相聞。而叔直卽以己丑沒也。

夏汝爲汝弼弟諸生。衡陽縣志夏汝弼傳。

衡陽縣志山水弟八云、蒸水西流六里。過臺源寺東。所謂紫霞市也。民俗通呼臺源。王船山遇夏仲力受絮衣之處。集中有詩。嶽餘集、有癸未匿嶽寒甚。下山訪病兒存沒。道中逢夏仲力。下竹舁、惴不能語。哀我無衣。授之以絮。歸山有詠一首。五律

正鈞按劉氏毓崧云。蓮峯志卷三稿本有同邑夏汝爲仲力訂之語。則汝爲字仲力也。

文明經之勇

文之勇。字小勇。衡陽人。明季恩貢生。丁亥藍山遇寇死。分體稿廣哀詩注

南窗漫記云。亡友文之勇小勇有句云。人誰從問字。風不可開門。于江西派體中自居勝地。而其荒涼寒苦之狀。簡傲絕俗之致。亦概可見矣。小勇所居。僦郊外一破屋。每旦待糴而炊。而長日一卷。嘯歌自如。斯人亡後。戚戚憂貧。未壯而氣衰者怴乎風俗。不復知此風味矣。

病枕憶得己卯年有匡社初集。呈郭季林管冶仲文小勇一首。五律　壬午年有朱亭晴寒寄小勇一首。五古

薑齋詩分體稿。辛酉年廣哀詩第二有文明經之勇一首。自注見上

正鈞按柳岸吟鼾睡第四首有云。爲報泉臺舊知己。儂非劉向與揚雄。自注云。亡友文小勇。以二子相獎。廣哀詩有云。波光閉寒帷。論藝終長宵。握交亦有始。耦俱立清標。又有云、所恨委荒草。未能生蕙蘘。商音既中絕。朱絃誰共調。可想交誼之厚。五十自定稿甲午再哭郭季林詩題云。追悼文小勇匡社舊遊。則當

日立社似小勇主其事。丁亥爲順治四年。先生早歲同里友。惟小勇没最早也。

歐陽文學悝

歐陽悝字叔敬。衡陽諸生。丙申溺湘死。薑齋分體稿廣哀詩注

病枕憶得甲申年有東安得歐陽叔敬弟詩見憶賦答一首。五古

五十自定稿。丙申年有哭歐陽三弟叔敬沈湘六首。七絕

薑齋詩分體稿。辛酉廣哀詩第九。有歐陽文學悝一首。自注于予爲中表弟少予二歲餘見上五古

正鈞按廣哀詩注云。于予爲中表弟。考家世節錄云。先太孺人姓譚氏。外王母歐太君生元素公炳。舉于鄉官郡丞。證以叔敬詩第五首有岸谷消沈羊叔子。推恩無分到中郎之語。則叔敬爲母黨之戚無疑。稱之爲弟。應是元素諸孫行。丙申爲順治十三年。先生年三十八歲。詩注云。少予二歲。則叔敬没時年三十有六。常甯縣志流寓傳云。王而農先生。甲午移居常甯。丁酉返南嶽。而五十自定稿丙申年有重登雙髻峯一詩。則是年先生當暫一至衡。而因以哭叔敬也。

郭孝廉鳳躚

郭鳳躚字季林。一作季陵。衡陽人、中崇禎壬午鄉舉人。亂後、隱居石獅嶺下。竹塢藥欄。日吟嘯其中以自娛。有涉園集不傳。沅湘耆舊集小傳

南窗漫記云、豈非天下士所重世間名。令我南原上長吟憶耦耕。此季林見懷詩也。余度嶺孤心。雖未能見諒。然季林自牽其退靜之情殷勤以相規正。固自不忍忘之。自注季林名鳳躚

又云、郭季林有涉園草一帙。竟陵體也。其有意致者。良自灑然。

病枕憶得、庚辰年、有月下步春溪徑抵金錢衝訪季林因與小飲一首。七絕

五十自定稿。辛卯年有過涉園問季林疾遺作早梅詩四首。七絕

甲午年有再哭季林兼悼小勇匡社舊遊一首。五律

正鈞按家世節錄。季林亦嘗受業武夷先生。詳下何一琦傳後憶得。已卯年匡社初集詩題。有呈郭季林之語。詳上文小勇傳後故哭季林詩尚追念及之。先生辛卯由粵返楚。而季林已疾。觀甲午一詩。題云再哭季林。蓋沒于癸巳也。年譜劉氏毓崧云。據南窗漫記所言。此詩當作于先生度嶺之歲。度嶺有兩次。所謂退靜之情殷勤

規正。于受職之時較合。

李孝廉跨鼇

李跨鼇字一超。衡陽人、父早世、十五成諸生。經世亂、奉母避祁邵山中。時大饑。變姓名。爲人傭耕。以給養母。日集方書。親治醫藥。尋還衡長樂鄉。結茅髻山之麓。旦夕衣冠侍母。足不及五里外。舍旁築室經丈。子夜然松脂讀書。聲朗朗徹山外。雪夜月夕。獨攜方竹杖登髻山頂。倏哭倏歌。人目爲狂。年四十卒。無嗣。臨終盡燬所箸詩文。惟作書貽友人。以母相屬云。衡陽縣志

五十自定稿。乙未年有哭李一超一首。五律　丁未年有故孝廉李一超以懷貞窮愁死。不及有嗣息。元配林孺人。掖睸太孺人于痺病中十四年不舍榻右。猝遘危疾。臨終悲咽。以不得躬親大事爲憾。啼聲未絕而逝。余于一超不淺。覞道路感泣者自逾涯量。裁二詩以將哀。尤爲太孺人悲悼焉。二首。五律

薑齋詩分體稿。辛酉年廣哀詩第八。有李孝廉跨鼇一首。衡陽舉人避紊山中乙未沒。五古

正鈞按衡陽縣志列女有李跨鼇妻傳。則跨鼇係衡陽人。哀林孺人詩及廣哀

詩題。均稱爲孝廉。而考衡陽新舊志選舉表。幷無之。一超蓋亦得舉于丙戌也。

按廣哀詩有云。昔從嶺海歸。未知慈日隕。感君獨雪涕。慰勉相援引。（按譚太孺人以庚寅八月沒。先生行狀云聞母病間道歸衡至則母已沒）又有云。君本酒人雄。飛揚越規準。折節從幽棲。嵲屼全元鬚。據此則一超之風節。其與先生之交誼。俱可想見矣。

何孝廉一琦

何孝廉字偉孫。衡陽舉人。（家世節錄）

家世節錄云。先君晚歲端居。屏人事。里社後進。問因夫之兄弟。以文字求點定。時際欣適。亦爲論次。如郭季林鳳躚。夏叔直汝弼。何偉孫一琦。皆所鑒別。俱爲名孝廉。會喪亂。不得竟其用。

正鈞按衡陽縣志明代選舉表注云。傳書有何一琦云。舊鈔科分失考。今詳節錄列于夏叔直之後。偉孫得舉。蓋亦甲申以後榜也。節錄注永曆十二年季秋月述。是時季林叔直皆已前沒。云會喪亂不得竟其用。則偉孫明亡後應亦隱居。或早逝也。

熊渭公霖

熊霖字渭公。黃岡人。移居武昌。嗜古學。尤喜邵子皇極書。頗言未來事。十六年元旦。盡以所撰性理格言圖書懸象大易參諸書付其弟曰善藏之。城破前一日貽書馮雲路。言明日當覓我某樹下。及期。行樹旁。賊追至。躍入荷池以死。明史忠義傳

南窗漫記云。壬午初秋。黃岡王又沂源曾。熊渭公霖。會同人于黃鶴樓。與者百人。各拈韻賦詩。渭公作四言詩。末章云。試望木末。好花翩翩。清明佳氣。勃發楹前。渭公以禮制不與秋試。爲同人祝也。命意不落凡近。清明者豈科名足以當之。渭公篤志正學。有與李文孫論格致書。破姚江之僻。爲余序詩。以眉山淮海爲戒。箸緯恤一帙。皆四言也。有云帝命元老。黃屋左纛。黃屋左纛。命之莫保。以追刺武陵相荆襄僨事而死也。

病枕憶得述云。昔在癸未春。有乾濤園初刻。亡友熊渭公爲序之。亂後失其錄本。

病枕憶得壬午年有黃鶴樓大集。用熊渭公韻一首。四言

薑齋詩分體稿。辛酉年廣哀詩第一。有熊文學霖一首。自注。字渭公。黃岡人。癸未武昌陷。赴通山王遴池死。

五古

正鈞按先生壬午赴計。偕自衡陽。至南昌。明年以道阻由南昌返衡。未嘗復至武昌。而渭公亦卽以是年殉節。乾濤園詩、蓋刻在癸未。而渭公序作于上年也。又按先生早歲外間會文之友。莫著于渭公廣哀詩。有云、勿用學秦觀。眉山同汨沒。生死四十秋。奉此爲津筏。先生生平力排蘇氏之學。其淵源蓋有自矣。

李雲田以默

李以篤。字雲田。別號老蕩子。湖廣漢陽人。性骯髒坦率。嗜讀書。九經諸子百家。縱橫案間。爲文多奇情異趣。不屑科舉業。郝煥元督楚學。謂人曰。吾按視十五郡。無右李生者。入成均。聲下諸名流爭招致。而意落落也。天崇間竟陵鍾譚之說行。幽微僻澀。天下嚮風。以篤獨超然謝去。其不隨流俗俯仰如此。惜僅以詩鳴。著有菜根堂醉白堂集。王氏士禎感舊集補傳　湖北詩人徵略

夕堂永日緒論外編云。因憶昔與黃岡熊渭公罪李雲田以默作一種文字。不犯一時下圓熟語。復不生入古人字句。取精煉液。以靜光達微旨。所業未竟。而天傾

文喪生死契闊。念及祇爲哽塞。

正鈞按感舊集補傳作以篤。當是雲田後所更名。雲田係漢陽人。亦見廖氏楚詩紀。徐電發續本事詩云。雲田才高淪落。龔芝麓爲賦老蕩子行。吳梅邨集。亦有老蕩子失意行。贈李雲田緒論外編。與渭公均屬諸黃岡。蓋傳寫者脫落也。

王又沂源曾　朱靜源　熊南吉

王源曾字又沂黃岡人南窗漫記

正鈞按黃鶴樓之集。據南窗漫記實又沂臮熊渭公主之。病枕憶得壬午有舟發武昌。留別熊渭公王又沂李雲田朱靜源熊南吉七律一首。靜源南吉爵里均俟考。南吉或是渭公宗人。皆爾時會文之友也。

又按劉氏毓崧云。按先生與熊渭公李雲田相識。未知年分。壬午秋、渭公會同人於黃鶴樓。先生亦在座。然未必是時初識面也。熊渭公與雲田皆湖北人。距衡陽頗遠。是時湖南北統稱湖廣。未經分省。鄉試皆在武昌。疑鄉試時。武昌相晤。今按先生年十四入學。至壬午舉於鄉。十年之中。更四次鄉試。其間自應往試武昌。按中間在武昌應試無明文。惟憶得丙子年有黃鶴磯五律一首。則與諸人交接。必非初識於壬午也。

劉行人自煜

劉友光原名自煜。字杜三、攸縣人。前明丙子舉人。入清爲沙河知縣。陞行人。未赴卒。箸有西遊草。南北吟。把茅外紀。終風胥紗。南園雜述。香山草堂正續集。沅湘耆舊集小傳

南窗漫記云。劉杜三自煜。雖自託于竟陵。而不全墮彼法。往往有深秀之句。其將入閩應召。徑衡有夜宿前溪去郡三十里見寄詩。飄零吾久矣。離亂欲何之。愁絕遙天碧。哀餘斫地時。南音同在耳。西爽獨支頤。相見情無限。何能盡所思。固自惻惻警人不昧。又云。杜三後寄余山中詩。亦足增人愴然之懷。病鶴無枝帶箭飛。經年蕪穢惜漁磯。繞牀行脚同香飯。哀筑當筵仍故衣。槃室喜聞名士並。望門真被酒傭非。一蛇隱霧南天遠。綿上何人問割腓。

說文廣義云。攸縣劉杜三自煜作畫自題曰設本周禮設色字較爲雅當。

病枕憶得壬午年有劉杜三馳書見訊以歌者秋影見屬答之一首。七絕 乙酉年有劉杜三將至于前溪渡題畫扇見寄賦答一首。五律

正鈞按憶得賦答前溪見寄一詩。隸于乙酉。則杜三赴閩應召。正唐王稱號隆武之元年。詳桐城錢澄之所知錄云。攸縣舉人劉自□爲督師何騰蛟齎奏至行。在騰蛟力薦其才。召對稱旨。特授檢討。以爲騰蛟德也。詞林中乙榜。惟劉自□一人而已。當卽自煜無疑。其寄山中詩末二句。用介之推事。應在先生從王歸未久。據章靈賦注及自定稿各詩。辛卯以後三數年。先生託迹常在祁邵間。其與相往還著見者。有劉惟贊鄒統魯羅從義諸人。詳下第八卷詩中所言名士。必不出此數君也。

又接友三詩。凄切婉秀者。舊集錄至一百三十首。一時故臣遺老。多有酬贈之作。中有鄧阜山七律一首云。疊級開雲谷漸深。窮猨到此想投林。龍麟洞下松間雨。鶴步涼追竹裏音。丹竈可延亡命客。黃冠難遂故園心。朵雲南望銷魂盡。留得餘生學醉吟。鄧氏顯鶴云。按山在茶陵東八十里。讀此詩。知杜三之不能不出山也。然其言亦可哀矣。

包孝廉世美

包世美。字乃蔚。衡陽人、父友榮。母鍾氏。以孝姑稱。世美中崇禎壬午舉人。沅湘耆舊集小傳

衡陽縣志列女

正鈞按衡陽新志。郭鳳蹮傳云。壬午衡陽舉者七人。而得六節士。按七人先生昆弟外爲李國相管嗣裘鄒統魯郭鳳蹮包世美國相以下四人.均見遺書中.唯包世美無所見。今考鄧氏沅湘耆舊集。凡例、列湖以南詩人。有云、以及船山諸友。下注云、洪業嘉劉維贊管嗣裘包世美諸人。按鄧氏所言。必非無據。所選乃蔚長樂山居一詩。詩云.炎蒸向晚歇。寂[redacted]。坐倚櫩楹。風覺意先[redacted]解水月當郎忽明。瓜陰涼展葉。禾氣疏螢。近覺山居好。聊娛物外情。亦清潔可想見其人則。與先生同年同邑必相友善也。

（未完）

專著

船山師友記

湘綺樓詩經評點　　詩卷一

湘潭王闓運評點　門人周　逸節編

湘綺樓毛詩補箋刊行於世、久矣。是書於箋注之外。專及文義。加以評點。發其妙蘊。可開後人學詩不少法門。書未刊行。鈔存於二三弟子之手。逸深恐散佚。分刊本社報內。以公後學觀摩。凡經文三百五篇。分章評點。一仍原書。抑又聞之師云。世之治詩者。非照此圈點讀不通。故一依其舊。不敢增減。至詩之大序。師之補箋。及漢鄭氏之箋註。皆略不錄。

周南一之一

關雎、后妃之德也、五章章四句（舊本作三章一章四句二章章八句）

關關雎鳩。在河之洲。窈窕淑女。君子好仇。

評、先從夫人發端。是先義後事。史家先論後敘之法。

參差荇菜。左右流之。窈窕淑女。寤寐求之。

評、此以正意在第二章。又專以三章轉折而下。乃後以兩章分承為兩扇。其音洋洋。正合宮音。所謂樂而不淫。哀而不傷。盛世和聲也。凡詩重言者。正意所重。

求之不得。寤寐思服。悠哉悠哉。展轉反側。

參。差。荇。菜。左。右。采。之。窈。窕。淑。女。琴。瑟。友。之。

參。差。荇。菜。左。右。芼。之。窈。窕。淑。女。鐘。鼓。樂。之。

評、博麗重於閨房詩。一洗兒女脂粉語。後傳玄頗效之。以迂爲豔。宮體中知此意者。便超然霞舉。如狂夫不妒妾隨意晚還家。及不惜暫住君前死。愁無西國更生香。皆得味外味。小儒咋舌矣。

葛覃、后妃之本也、三章章六句

葛之覃兮。施于中谷。維葉萋萋。黄鳥于飛。集于灌木。其鳴喈喈。

評、音和神逸。

葛之覃兮。施于中谷。維葉莫莫。是刈是濩。爲絺爲綌。服之無斁。

言告師氏。言告言歸。薄汚我私、薄澣我衣、害澣害否、歸寧父母。

評、三句連用。以煩碎見意。是梁府詞鋪排法。唐人詩云。青絲素絲紅綠絲。其枝流也。

卷耳、后妃之志也、四章章四句

采采卷耳。不盈頃筐。嗟我懷人。寘彼周行。

陟彼崔嵬。我馬虺隤。我姑酌彼金罍。維以不永懷。

陟彼高岡。我馬玄黃。我姑酌彼兕觥。維以不永傷。

陟彼砠矣。我馬瘏矣。我僕痡矣。云何吁矣。

評、三陟二正二反。掉尾作結。以致丁甯。於文藝能使實者俱空。離騷曰。陟升皇之赫羲兮。忽臨睨乎舊鄉。僕夫悲余馬懷兮。踡局顧而不行。不獨學此回斡。並用此詞藻。無人知其沆瀣也。

樛木、后妃逮下也、三章章四句

南有樛木。葛藟纍之。樂只君子。福履綏之。

南有樛木。葛藟荒之。樂只君子。福履將之。

南有樛木。葛藟縈之。樂只君子。福履成之。

螽斯、后妃子孫衆多也、三章章四句

螽斯羽。詵詵兮。宜爾子孫。振振兮。

螽斯羽。薨薨兮。宜爾子孫。繩繩兮。

螽斯羽。揖揖兮。宜爾子孫。蟄蟄兮。

桃夭、后妃之所致也、三章章四句

桃。之。夭。夭。灼。灼。其華。之子于歸。宜其室家。

評、體物精研。

桃之夭夭。有蕡其實。之子于歸。宜其家室。

桃之夭夭。其葉蓁蓁。之子于歸。宜其家人。

兔罝、后妃之化也、三章章四句

肅肅兔罝。椓之丁丁。赳赳武夫。公侯干城。

肅肅兔罝。施于中馗。赳赳武夫。公侯好仇。

肅肅兔罝。施于中林。赳赳武夫。公侯腹心。

芣苢、后妃之美也、三章章四句

采采芣苢。薄言采之。采采芣苢。薄言有之。

評、六采平鋪。不著他語。風詩中更無此格。後來亦無繼者。杜甫八仙歌。自是效漢人品。藻文亦不足成章。

采采芣苢。薄言掇之。采采芣苢。薄言捋之。

采采芣苢。薄言袺之。采采芣苢。薄言襭之。

漢廣、德廣所及也、三章章八句

南有喬木。不可休息。漢有游女。不可求思。漢之廣矣。不可泳思。江之永矣。不可方思。

翹翹錯薪。言刈其楚。之子于歸。言秣其馬。漢之廣矣。不可泳思。江之永矣。不可方思。

翹翹錯薪。言刈其蔞。之子于歸。言秣其駒。漢之廣矣。不可泳思。江之永矣。不可方思。

汝墳、道化行也、三章章四句

遵彼汝墳。伐其條枚。未見君子。惄如調飢。

遵彼汝墳。伐其條肄。既見君子。不我遐棄。

魴魚赬尾。王室如燬。雖則如燬。父母孔邇。

評、指物託諭。忽入正意。杜詩每拉入先帝朝廷。是此法也。小中見大。易開古文家惡派。不知此是朝聘廟堂本色。而以詠馬及大娘。終非其宜也。末二句評宛然人情使人意極

麟之趾、關雎之應也、三章章三句

麟之趾。振振公子。于嗟麟兮。

麟之定。振振公姓。于嗟麟兮。

麟之角。振振公族。于嗟麟兮。

周南之國十一篇三十六章百五十九句（舊本作三十四章）

召南一之二

鵲巢、夫人之德也、三章章四句

維鵲有巢。維鳩居之。之子于歸。百兩御之。

維鵲有巢。維鳩方之。之子于歸。百兩將之。

維鵲有巢。維鳩盈之。之子于歸。百兩成之。

采蘩、夫人不失職也、三章章四句

于以采蘩。于沼于沚。于以用之。公侯之事。

于以采蘩。于澗之中。于以用之。公侯之宮。

被之僮僮。夙夜在公。被之祁祁。薄言還歸。

評、但敍容儀。自然音雅。葛覃主教女自敍故詳於澣衣。此頌夫人。故舉其內政。

草蟲、大夫妻能以禮自防也、三章章七句

喓喓草蟲。趯趯阜螽。未見君子。憂心忡忡。亦既見止。亦既覯止。我心則降。

評、用成語入手。蒼涼幽渺。曹詩云、靑靑子衿。悠悠我心。但爲君故沉吟至今。以引古句爲有韻度也。

陟彼南山。言采其蕨。未見君子。憂心惙惙。亦既見止。亦既覯止。我心則說。

陟彼南山。言采其薇。未見君子。我心傷悲。亦既見止。亦既覯止。我心則夷。

采蘋、大夫妻能循法度也、三章章四句

于以采蘋。南澗之濱。于以采藻。于彼行潦。

于以盛之。維筐及筥。于以湘之。維錡及釜。

評、總敘列國。唯以二器該之。便自了然。此用典之極則。但難索解人耳。余每歎服上官子蘭。聞離騷而大怒。千古知音。無奈今人粗率何也。

于以奠之。宗室牖下。誰其尸之。有齊季女。

甘棠、美召伯也、三章章三句

蔽芾甘棠。勿剪勿伐。召伯所茇。

蔽芾甘棠。勿剪勿敗。召伯所憩。

蔽芾甘棠。勿剪勿拜。召伯所說。

行露、召伯聽訟也、三章一章三句二章章六句

厭浥行露。豈不夙夜。謂行多露。

誰謂雀無角。何以穿我屋。誰謂女無家。何以速我獄。雖速我獄。室家不足。

誰謂鼠無牙。何以穿我墉。誰謂女無家。何以速我訟。雖速我訟。亦不女從。

羔羊、鵲巢之功致也、三章章四句

羔羊之皮。素絲五它。退食自公。委委蛇蛇。
羔羊之革。素絲五緎。委委蛇蛇。自公退食。
羔羊之縫。素絲五總。委委蛇蛇。退食自公。

殷其雷、勸義也、三章章六句

殷其靁。在南山之陽。何斯違斯。莫敢或遑。振振君子。歸哉歸哉。
殷其靁。在南山之側。何斯違斯。莫敢或遑息。振振君子。歸哉歸哉。
殷其靁。在南山之下。何斯違斯。莫敢或遑處。振振君子。歸哉歸哉。

有梅、男女及時也、三章章四句

摽有梅。其實七兮。求我庶士。迨其吉兮。
摽有梅。其實三兮。求我庶士。迨其今兮。
摽有梅。頃筐塈之。求我庶士。迨其謂之。

小星、惠及下也、二章章五句

嘒彼小星。三五在東。肅肅宵征。夙夜在公。寔命不同。

嘒彼小星。維參與昴。肅肅宵征。抱衾與裯。寔命不猶。

江有汜、美偝也、三章章五句

江有汜。之子歸。不我以。不我以。其後也悔。

江有渚。之子歸。不我與。不我與。其後也處。

江有沱。之子歸。不我過。不我過。其嘯也歌。

野有死麕、惡無禮也、三章二章四句一章三句

野有死麕。白茅苞之。有女懷春。吉士誘之。

林有樸樕。野有死鹿。白茅純束。有女如玉。

舒而脫脫兮。無感我帨兮。無使尨也吠。

何彼襛矣、美王姬也、三章章四句

何彼襛矣。唐棣之華。曷不肅雝。王姬之車。

何彼襛矣。華如桃李。平王之孫。齊侯之子。

評、襛豔旖旎、

其釣維何。維絲伊緡。齊侯之子。平王之孫。

騶虞、鵲巢之應也、二章章三句

彼茁者葭。壹發五豝。于嗟乎騶虞。

彼茁者蓬。壹發五豵。于嗟乎騶虞。

召南之國十四篇四十章百七十七句

詩卷一終

專著

湘綺樓詩經評點

專著

雁影齋題跋卷三 續第十期

湘鄉李希聖亦元 遺稿

精選東萊先生左氏博議句解八卷 宋本

每半頁十行。行二十一字。觀其標題板式。蓋閩中麻沙坊所刊也。此書通考作二十卷。而四庫著錄者爲二十五卷。提要稱楊士奇謂別有一本十五卷。題曰精選。黃虞稷稱明正德中有二十卷刊本。坊間鬻本又僅十二卷。非惟篇目不完。併字句亦多妄刪云云。此本僅八卷。又出諸本之外。蓋宋自熙寧後改用策論取士。此書實爲揣摩應試之資。而坊賈亦視爲射利取贏之計。故刻本紛如亂麻。不可究詰。而呂氏原書世久不見全本。近人胡月樵刻入金華叢書者乃足本也。此本刪節過甚。其注亦陋略無足觀。不過以其爲南宋舊刻而錄之耳。

韻補五卷 元本

每半頁八行。行二十字。有鮑覲山農、袖海道人、胡爾滎、陸恩熾諸人印。此書汪鈍翁有刻本。其序見堯峯文集。盛推其淹洽。謂朱子悉采之以協詩三百篇。則實沿朱竹垞經義考之誤。提要不辨汪說。殆未見其書也。至鈍翁序。謂近世好古之儒。往往譏排協韻之非。甚而上之疑孔子之繫易。次之黜顏師古章懷太子之注兩漢書。其說蓋爲顧亭林而發。此則鈍翁之褊衷。而不顧其說之謬矣。

校本孟東野集十卷

周香嚴手校。末有其自跋稱黃復翁於乾隆甲寅秋得小字宋刊孟東野集十卷云云。其跋已見楊紹和楹書偶錄、及士禮居題跋記。惟黃蕘圃跋爲潘寅伯尙書搜輯所未得者。附錄於下。跋云、古今藏書最重通假。非特利人。抑且利己。如予與香嚴居士爲忘年交。所藏書必通假。通假之妙。人知利人。我爲利己。此何以說。卽如此集、余所藏共有三本。香嚴跋已詳言之。予自歲乙亥以來。百宋一廛中完璧斷珪一旦俄空焉。殆天與我以好。不與我以力耶。然書魔故智未克盡除。故鈔寫校讎之力。尙可副我所好。前香嚴在日。曾借手錄倣藏陶淵明集宋刊精本影寫一過。其籤題圖記。無不影摹。茲孟東野集。亦宋刊精本。未及假錄。而香嚴作古。因從其文孫處假歸。因珍重不便假手鈔胥。命三孫美鎬錄之。閱歲始就。還書之日。重感故人子孫不忘通假高誼。俾予鈔錄。以還舊觀。且多香巖手校異同。尤得所指南云。甲申五月蕘夫。卷首有金匱蔡氏醉經軒、及廷相伯卿甫等印。

百川學海 元本

每半頁十四行。行二十八字。前有康熙壬辰長至月。蘿花居士吳焯記。卽其手跡也。卷首有勘書巢珍藏鐵華珍賞新畬審定、尺鳧繡谷薰習等印。此書明弘治時華汝德有刻本。將左氏原帙改分。又移易其先後次第。如元本聖門事業圖後爲學齋佔畢。明刻本則爲漁樵對問。其他次第亦多改動。此本脫去目錄。乃吳尺鳧手鈔補入者。蓋就本書編輯。故不分甲乙十集。吳氏殆未見明本也。然吳氏所鈔目錄其標目下。間附考訂。如釋常談三卷下、附案文獻通考云。釋常談一書不著名姓。祕書丞龔頤正續之。漁樵對問一卷下云案晁氏讀書志云宋張載撰。邵氏言其祖之書也。文獻通考又引晁氏云。皇朝邵雍撰國老談苑二卷。下云、案文獻通考作國老閑談稱夷門君玉、不著姓。按撰者爲王君玉道山清話一卷、下云。案文獻通考云不知何人撰。書尾有其孫暐一跋、不著姓。庚溪詩話二卷下云、國史經籍志有此目。亦失名。今書中有一條、稱宋光宗爲皇太子在恭邸時。嚴肯備員講官。姓侯再考。按係宋陳子象撰四庫總目巳著錄司馬溫公詩話一卷下云。案晁氏讀書志作續詩話司馬光撰。據光自序係續歐公者。端硯譜一卷下云。案跋尾云。縉雲葉樾傳、此譜稱徽廟爲太上皇。當是紹興間人作。歙州硯譜一卷。歙硯說一卷辨歙硯說一卷下云、案硯譜有邁跋云。景伯兄治歙。刻硯說三種。國史經籍志作洪景伯則邁當是洪邁。案文獻通考。歙硯譜。唐積撰。後二種云不知何人。據跋尾亦只言刻。不言自作。通考之說。必有據也。硯譜一卷下、云案晁氏讀書志。硯譜、宋唐詢撰。以紅絲石爲第一。端石次之。此譜列紅絲於端石之前當是唐書。如此之類。亦頗有裨於考證。此本字大不及明本。而實爲左氏原書。又係繡谷亭舊藏。印識宛然。手跡猥籍。殊爲可寶。至明人刊刻古書。無不爲其所亂。顧亭林謂有明一代之書皆盜竊。昔惟著書。卽刊書亦然矣。

通志二百卷 元本

每半頁九行。行二十一字。前有至治二禩壬戌夏五吳繹序。及至治元年五月疏。是書先刻於三山郡庠。及吳繹守閩。乃捐俸摹鋟五十部。傳之北方。乃至治二年九月印造者。附列江浙等處行中書省所委官將仕佐郎太平路當塗縣主簿袁矩承務郎。福建道宣慰使司都元帥府都事江王紀昱。福州路總管府提調官經歷侯維清。福州路總管府提調官知事楊也先。福州路總管府所委提調管福州路儒學教授李長翁。福州路總管府所委提調官福州路錄事司判官蓋從祀七人銜名。與平津館鑒藏記本同。

高麗史一百三十九卷 明鈔

卷首有朱竹垞跋二首。跋見曝書亭集。此則其手跡也。印識宛然。蓋曝書亭舊物。又有吳省蘭印。稷堂印。讀史精舍印。馬玉堂印。笏齋印。卷尾有道光辛卯歲武原馬氏漢唐齋收藏書籍長方楷字印。此書背寫目現藏湘鄉陳氏乙亥春暮男鑑非識 此書四庫在存目中僅二卷。提要以爲偶存之殘帙。非完書矣。平津館影寫本作一百三十七卷。蓋不連目錄二卷計數耳。王漁洋居易錄所見本亦一百三十九卷。居易錄云世家四十六卷志三十九卷長二卷列傳五十卷頗譏其以太祖王建之祖引金寬毅編年通錄。謂爲唐肅宗子閔漬編年綱目。則以爲宣宗。皆誕而不可信。

南北朝雜記 舊鈔本

題新喻劉敞原父撰。所采南北史事共八十條。皆從紀傳錄出其體例與洪邁南朝史精語不同。精語僅摘字句。此則於本人紀傳中錄其一事。而首尾完具。王洙談錄記歐公云。凡看史書須作方略鈔記。殆當時風氣如此。故其時如楊侃之兩漢博聞。丁度之前史精要。皆盛行於世。宋史藝文志因別立史鈔一門。然原父此書宋藝文志無其目。存之於此。姑以志疑。蓋藝文志脫漏之書見於錢竹汀養新錄者。尚不少也。此本元錢塘陳世隆天台徐一夔刻入藝圃搜奇

雁影齋題跋卷三終

（未完）

中國名山彙考卷一

湘潭周逸木崖

歷山按孟子稱舜生於諸馮·遷於負夏·卒於鳴條·東夷之人也·耕處應與始生之地相去不遠·自當以在山東者爲是·今濟南府歷城縣·以山得名·相沿甚久·似尤爲可信·故以此山爲正·而凡他處歷山·亦各分考·附載於後·

濟南府之歷山

天下稱舜耕之歷山有八。在山東者三。在山西者一。在浙江者三。在直隸者一。其在山東者。一在今濟南府城南五里。一名舜耕山。一名大佛頭山。一名千佛山。

按歷城縣志山川、歷山在城南五里。亦名佛山。齊乘曰圖記皆謂齊之南山爲歷山。舜所耕處。故其城爲歷城。爲信然也。

按濟南府志山川、歷山在歷城縣南五里。一名舜耕山。古有舜祠。隋開皇間因石作形。鐫成佛像。又名千佛。生建寺于上。

濮州之歷山

歷山之在山東者。一在東昌府濮州城東南七十里。西南接兗州府曹州界。相傳爲舜耕處。山下有姚城。即舜所生之姚墟也。

費縣之歷山

歷山之在山東者。一在今沂州府費縣城西一百廿里。相傳爲舜耕處。其旁有舜祠。按兗州府志。輿地考。歷山在費縣西一百二十里。其旁有舜祠。漏澤在其東北。世謂之雷澤。相傳以爲舜迹云。

蒲州之歷山

歷山之在山西者。在今平陽府蒲州城東南三十里。相傳爲舜耕處。其山上有舜廟。下有二泉。名嬀汭。相傳卽堯釐降二女處。

上虞之歷山

歷山之在浙江者。一在今紹興府上虞縣城西南四十里。相傳爲舜耕處。其山下有田曰田。象井曰舜井。

餘姚之歷山

歷山之在浙江者。一在今紹興府餘姚縣城北三十五里。相傳爲舜耕處。下有象田舜井。及石牀足蹈處。雙跡宛然。

按潛確類書區宇部。歷山在餘姚縣。舜支庶封此。

蕭山之歷山

歷山之在浙江者。一在今紹興府蕭山縣城西三十里。相傳爲舜耕處。其下爲漁浦。

延慶州之歷山

歷山之在直隸者。在今宣化府延慶州城西北三十里。相傳爲舜耕處。其山形似覆釜。

尼山

曲阜之尼山

尼山一名尼丘山。在今山東兗州府曲阜縣東南五十里。即顏母所禱而生孔子者也。其山五峯連峙。謂之五老峯。中峯之麓。爲宣聖廟。廟東爲中和壑。沂水出焉。下流爲智源溪。溪南流上爲坤靈洞。洞三門。廟西爲尼山神祠。宋仁宗以至聖誕生之地。封山爲毓聖侯。

羽山

舜殛鯀之羽山

第二卷第十一期　三八六三

羽山、在今山東沂州府郯城縣東北七十里。書禹貢蒙羽其藝。及羽畎夏翟。皆指此。卽舜殛鯀之處。有鯀墓在焉。

牛山

齊景公所登之牛山

牛山、在今山東青州府臨淄縣南二十里。淄水自山東北流逕其西。卽齊景公所登處。孟子所言也。北麓有管仲鮑叔牙墓。

琅琊山（琅琊。古作琅邪。俗作琅琊。通志作琅琊。義皆同。今仍其舊。）

山海經之琅琊臺

齊曰琅邪。越曰琅琊臺。（案是山形如臺）卽景公放于琅邪。勾踐所欲徙都之地。爲八祠之一。秦皇漢武。皆嘗登之。漢因之置琅琊郡。今曰琅琊山。在山東青州府諸城縣東南一百五十里。岡背坦平。三面臨海。峯巒環峙。爲名不一。總之皆一山也。

成山

史記八祠之成山

成山、在今山東登州府文登縣西北一百六十里。其山斗入海。因始皇鞭不造橋。後人呼爲神山。漢志亦作盛山。山旁多礁島。爲海道極險處。漢武于此拜日。今其山東猶有日主祠址。

按史記秦始皇本紀。窮成山登之罘。注 成山在文登縣西北一百九十里。窮猶登極也。封禪書八神七曰日主祠成山。成山斗入海。注 韋昭曰。成山在東萊不夜。斗入海。不夜古縣名。索隱曰。案解道彪齊記云。不夜城。古有日夜出。見於東境。故萊子立城以不夜爲名也。斗入海。謂斗絕曲入海也。

大崑崳山

麻姑修道之崑崳山

山屬寧海州。周環數百里。峯巒秀拔。與小崑崳相連。上爲太白頂。中有烟霞洞。女仙麻姑于此上昇。初名姑餘。後訛爲崑崳。至今因之。幽巖勝境。土人不能遍歷也。

按明一統志。山東登州府大崑嵛山。在寧海州東南四十里。與小崑嵛連。本名姑餘。後世訛名崐崙。

蓬萊山

海上三山之蓬萊山

蓬萊山名。起於山海經。詳於列子。浸淫於秦漢諸書。語多不經。從古至今。未有能至其地者。故府縣志皆不載。然史漢已詳言之。此後膾炙人口。後世以之名縣。即古人所謂蓬萊與否。不可得而知。姑即子史及雜書所述。俱收入此部。以俟後人更考。

按山海經。蓬萊山在海中。注 上有仙人宮室。皆以金玉爲之。鳥獸盡白。望之如雲。在渤海中也。釋義 今登州海中有大小竹山。及田室諸島。且其屬邑曰蓬萊。即此。

泰山 案。書曰岱宗。詩曰泰山。禮記曰岱宗。周禮曰岱山。爾雅曰岱嶽。又曰東嶽見於詩書者如此。其陽則魯。其陰則齊。漢置泰山郡。朱注泰山。魯之望也。

東嶽泰山

泰山、在今山東濟南府之東南。泰安府之北。周圍一百六十里。高四十餘里。聯萊蕪歷城諸縣界。凡徂徠新甫等山。皆其輔也。其他峯巒綿亙。岡阜迴環。雖隨地異名。要皆此山之支麓也。

華不注山

左傳之華不注

華不注山。在今山東濟南府城東北十五里。一名靡笄山。亦名金輿山。山下有華泉。以其形如華、跗之注於水。故名。

徂徠山按徂徠。詩本文作徂來。傳作徂徠。水經注作徂徠。又作徂崍。俱仍其舊。

魯頌之徂徠

徂徠山、在今山東泰安府泰山之南。亦曰尤崍山。

新甫山

魯頌之新甫

新甫山、在今山東濟南新泰縣西北四十里。連萊蕪縣界。一名小泰山。又名宮山。其三峯爲義山。

長白山

濟南府之長白山

長白山、在今山東濟南府。跨長山、鄒平、章丘、淄川四縣之地。或曰即古之肅然山。山周六十里。高二千九百丈。其南之高峯曰栰枒山。在章丘縣東五十里。亦名東陵山。北之高峯曰會仙山在鄒平縣西南二十五里·舊傳歲以三月三日爲清明節·則羣仙來集·仙燈夜見土人云·每歲二三月之際·天氣寒栗·風起霧合·此夜定有仙燈·不必清明節也·其最高者曰摩訶頂。在會仙山東南·與摩訶頂相望者爲白雲山。南嶂至大峪山。玉濟山北抵石戶頂、玩湖頂、九龍山、東南爲柱子山。皆其支也。

按山東通志、山川。長白山在濟南府長山縣西三十里。跨鄒平縣界。又名會仙山。山中雲氣長白。元和志曰。山阿有醴泉寺。卽范文正公讀書堂。

龜山或卽陪尾山·

魯頌之龜山

龜山與蒙山相連。在今兗州府泗水縣之東北。沂州府費縣之西北。泰安府新泰縣之西南。其形如龜。故名。

蒙山

禹貢之蒙山　魯頌之龜山　顓臾之東蒙

蒙山、卽東蒙山。高三十里。周圍二百餘里。在今沂州府費縣之西北。蒙陰縣之南。有七十二峯。三十六洞。龜蒙頂爲最勝。諸泉水出其下。流入於沂。

按明一統志。山東山川。蒙山、在沂州府費縣西北七十里。以其居魯地之東。又名東山。孟子所謂登東山而小魯是也。

鳧山

魯頌之鳧繹

鳧山、以形如飛鳧故名。在今兗州府鄒縣之西南。濟甯府魚台縣之東北。土人或呼八卦山。其南有呂公洞。下有東龍泉、西龍泉。有伏羲陵在焉。陵前有廟。

嶧山

禹貢之嶧陽

嶧山、一名鄒山。在今兗州府鄒縣東南二十里。山無土壤。積石相連。絡繹於絲。故名曰嶧。石洞最多。玲瓏通達。土人謂之嶧孔山。多泉水。東北風起。則同時湧漲。其中峯最高者。曰五華峯。凡四十三盤。到頂計八里許。秦始皇觀禮于魯。刻石於其上。命曰書門山。東西凡二十餘里。

沂山按黃帝封泰山。卽此山也。

東鎮之沂山

沂山、一名東泰山。在今山東青州府臨朐縣城西南九十里。其南爲沂水。前代屬沂水縣。今屬臨朐。其西南有百丈崖。汶水之源出焉。西北有二龍灣。巨瀰二水出焉。流入沂水。周禮職方氏正東曰青州。其山鎮曰沂山。自虞夏有望秩之典。漢武欲封不果。令禮官祠之。至唐加公爵。宋封王。歷代致祭。明削爵號。但稱東鎮沂山之神。

之罘山

史記八祠之之罘山

之罘山、在今山東登州府福山縣東北四十里。當海天空闊處。孤峯卓筆。羣巒戴螺。海環四面。一徑南通。其項可望日出。自秦漢至今無異名。始皇漢武皆嘗登此。爲齊八祠之一。

五臺山

華嚴經之清涼山

五臺山、卽佛經之清涼山。五峯高入雲表。頂皆積土。故謂之臺。夏積冰雪。故又名清涼山。華嚴經言文殊師利居之。在今山西代州五臺縣東北一百四十里。周圍五百里。中臺高三十九里。東臺高三十八里。南臺高三十七里。西臺高三十五里。北臺高四十里。華嚴嶺。聖鐘山。清涼嶺。金閣嶺。皆此山之支裔也。

按華嚴經疏。清涼山、卽代州雁門郡五臺山也。歲積堅冰。夏仍飛雪。曾無炎暑。故曰清涼。五峯聳出。頂無林木。有如壘土之臺。故曰五臺。

中條山

左傳之王官　山海經之甘棗山　史記之薄山襄山

中條山、在今山西平陽府境內。西北抵蒲州。西抵夏浮山二縣。南抵芮城。東北抵垣曲。而北則跨解州。及臨晉、安邑、聞喜、平陸諸縣。其山名載於經史者不一。其山之嶺巖洞谷。延袤於各州縣者。其名亦不一。而總謂之中條山。

按春秋左傳文公三年。秦伯伐晉。濟河焚舟。取王官及郊。注　王官晉地。

按地理通釋十道山川攷。河東名山。雷首在河中府河東縣南十五里。一名中條山。

唐司空圖居山之王官谷。

按金史地理志。河東南路河中府東虞鄉。注俱有中條山。又解州芮城夏安邑。注俱有中條山。

按明一統志。山西山川中條山在平陽府蒲州東南一十五里。此山跨平陸芮城、安邑、夏縣、解州。之境。山有桃花元女二洞。及谷口蒼龍等泉。

姑射山

山海經之列姑射　莊子之藐姑射

姑射山、在今山西平陽府西三十五里。與三磴山、平山、石孔山、相連。絳州襄陵太平汾西稷山諸縣。皆在山之東。卽山海經所謂列姑射。莊子所稱藐姑射之山也。有姑射蓮花二洞。姑射洞、又名神居洞。相傳其中時有奇人居之。

壺口山

禹貢之壺口

壺口山、在今山西平陽府吉州之西七十里。大寧縣馬鬭關之南二十里。其山西崖之脚。盡受黃河之水。傾瀉奔放。自上而下。勢如投壺。故名壺口。昔唐堯時大禹治水。

卽始于此。今每逢秋漲。波濤洶湧。震動遠近。洵稱宇內奇觀。

首陽山 按夷齊隱處之首陽。當以在山西蒲州者爲是。經與史注皆然。故以此山爲正。而凡他處之首陽山。傳爲夷齊隱處者。亦各分考。附載此山之後。

蒲州之首陽山

歷觀傳記所稱首陽山。爲夷齊隱處者不一。一說在山西蒲州。一說在河南偃師。一說在直隸永平。一說在陝西鞏昌。諸家所論。蓋各有案據焉。其在蒲州者。卽禹貢雷首。唐風所謂采苓采苦者也。一名方山。一名堯山。又名獨頭山。山南有夷齊墓與祠。

偃師縣之首陽山

首陽山之在河南偃師者。在縣城北二十五里。卽載延之所謂洛陽之東北山也。山有夷齊廟。相傳卽夷齊餓死處。

永平府之首陽山

首陽山之在直隸永平府者。在府城東南十五里。俗名陽山。與孤竹山對峙。相傳爲夷齊隱處。

鞏昌府之首陽山

首陽山之在陝西鞏昌者。在府城西四十里。即曹大家所謂隴西者也。其山爲渭水發源處。山之麓有夷齊祠。及夷齊墓。相傳夷齊採薇於此。

五老山

臨晉之五老山

世傳帝堯時。五老負圖于河。歌而告帝。其事似近荒誕。但其山猶以五老名。則亦似乎可據。今此山在山西蒲州府臨晉縣西南七十里。一名玉峯。亦名靈峯。其中之坪巖洞谷。每有仙跡可尋焉。

按潛確類書區宇部、五老山、在臨晉、上接中條。一名靈峯。名山記謂堯登首山。觀於河渚。有五老人飛爲流星入昴處也。

夏屋山

史記之夏屋

夏屋山、在今山西太原府代州東北三十里。史記趙襄子殺代王於夏屋。即此。其上有磨笄石。

龍門山

禹貢之龍門

龍門山、在今山西絳州河津縣之西北二十五里。陝西同州府韓城縣之東北八十里。其山兩峯壁立。上合下開。河水逕流其間。形如門闕。故名。亦名禹門。謂大禹所鑿也。其峯東西相去不過百步。而巨浪奔濤。旦夕衝激。巖鳴谷應。洵稱天下奇觀。

孟門山

山海經之孟門山

孟門山、在今山西平陽府吉州之西七十里。西南與陝西延安府宜川縣接壤。當洪水未平時。黃河經流其上。逆行肆溢。民苦昏墊。自神禹疏鑿後。昔稱懷襄。今號安流矣。按淮南子曰。龍門未闢。呂梁未鑿。河出孟門之上。卽此山也。又按酈道元水經注曰。孟門。卽龍門之上口也。按平陽府志、同此。按吉州志、山川、孟門山在黃河中流。爲本州八景之一。號孟門夜月。所謂夜月者。蓋當水落石出之時。山高月小。素魄流彩。光映河山。故云。

底柱山 按書作厎柱。史記作砥柱。諸書從經從史者不一。俱仍原本。

禹貢之底柱

底柱山、在今山西解州平陸縣東南五十里。河南之陝州東四十里。特立大河中。其形如柱。故名。西北有三門山。三流並湧。乃禹鑿之以通河者。

按地理通釋。十道山川攷。砥柱、俗名三門山。在陝州硤石縣東北五十里。黃河中、山有三門、河所經、唐太宗勒銘。山在河中。形若柱。水經注。謂禹所鑿。

霍山

中鎮霍山

霍山、卽禹貢岳陽。周禮冀州鎮也。在今山西平陽府境內。歷霍州、及趙城、岳陽、靈石、沁源、四縣地。其山因地立名不一。在霍州爲金鞍嶺。聖佛崖。在岳陽爲蓮花山。黨家山。在沁源爲紫金山。而在霍州亦在趙城者。又爲觀堆峯。山在霍州在靈石者。又爲蛤蟆嶺。要其支麓所分也。歷代有勅祭。今稱中鎮焉。

恆山

北嶽恆山

自虞帝有十一月之巡狩而北嶽以名。歷三代及漢唐相沿至今。雖更名不一。要皆兢兢致祭。罔敢或缺。其山在今山西大同府渾源州之南二十里。直隸正定府曲陽縣之西北一百四十里。高三千九百餘丈。周迴約三千里。峯巖洞峪。爲勝景、爲仙跡者甚衆。嶽廟昔在曲陽。今則移於渾源。

呂梁山 按公羊傳云。梁山者何。河上之山也。

禹貢之梁山

呂梁山、在今山西汾州府永寧州東北一百里。與交城縣接壤。卽大禹治水所經處也。其山巨石崇竦。壁立千仞。河流激盪。震動天地。

白登山

史記之白登山

白登山、在今山西大同府城東一百四十里。史記冒頓圍漢高祖。卽此地也。今其山上有白登臺。

雁門山

山海經之雁門山

雁門山、在今山西太原府代州北三十五里。雁出其門。故名。一名雁門塞。其山上有關。歷代備邊。皆嚴于此。凡山西之關數十處。（約四十餘）類多險固。而聳拔雄壯。當未有過于雁門矣。（地險易守）

析城山

禹貢之析城

析城山、在今山西澤州府陽城西南七十里。卽禹治水所經處也。成湯禱雨亦於此山。今其山尙有龍洞。深不可測。俗傳有龍在其中。宋建有成湯廟。

王屋山

禹貢之王屋

王屋山、在今山西澤州府沁水縣南。絳州垣曲縣東北六十里。河南懷慶府濟源縣西北百里。禹貢底柱、析城、至于王屋。晁氏曰。山狀如屋。其頂曰天壇。東有日精峯。西有月華峯、及各諸嶺。雖名因地各異、而總謂之王屋山。

太行山

禹貢之太行

太行山之在中國最大。連亘數千里。跨直隸、河南、山西、數省地。其支脈所分。華嚴洞谷。近州縣爲人跡可到者。雖因地立名不一。而總謂之太行山。

西山

京師之西山

京城之西三十里爲西山。古所稱太行之第八陘也。其山因地立名不一。今舉其表著。爲遊人屐齒所及者。則爲香山。在順天府西北三十里。玉泉山。在順天府西北三十里。山上有金章宗避暑行宮。甕山。在順天府西。土赤壙童童無草木。盧師山。在順天府西三十里。相傳隋末有僧盧師居此。平坡山。在順天府城西三十里。元時建平坡寺。明憲宗幸至此。見金剛面黑。笑曰。此火裏金剛也。一夕火起。而金剛灰。仰山。在順天府西八十里。崖壁無有斷處故名。昔人避兵其中。金章宗幸此。有詩刻石。潭柘山。在順天府西八十里。華嚴師居此。百花山。在順天府西二百六十里。上下諸嶂。縱橫一翠。聚寶山。在玉泉山西南。白鹿巖。在甕山西北。翠微山。在順天府西三十餘里。上有圓通寺。蓋舊平坡寺也。姚少師常言平坡最幽勝。學佛所宜居。山半有平地。故名。洪熙初始改今名。覺山。在京師西三十里。韓家山。在京師西三十六里。山陰有漢左馮翊韓延壽墓。韓世居於此。俗呼翠山。又呼黑山匯。而諸山中爲崖爲洞。爲嶺爲峪。其立名更不一。而總謂之西山。

天壽山

明諸陵之天壽山

天壽山、在今順天府北百里外。昌平州之東北。舊名東山。明諸帝陵皆在此。成祖閱陵改名天壽山。其綿亙連屬不一。大都因地立名。爲石門山。在昌平州南二十五里。明英宗陵在此。爲寶山。在昌平州西北二十七里。明憲宗陵在此。爲蓮花山。在昌平州西北三十五里。明武宗陵在此。爲大峪山。在昌平州西北十五里。明穆宗陵在此。爲小峪山。在昌平州西北十八里。明神宗陵在此。爲雙鎖山。在昌平州東北二十里。明熹宗陵在此。爲銀泉山。在明陵大紅門西。神宗恭恪皇貴妃葬此。爲錦屏山。在昌平州西。山口內。明愍帝陵在此。爲五鳳山。在昌平州。明萬貴妃葬此。爲岣嶁巖。在昌平州西北德勝口內。巖之前後每冬雨月。蔽不見日。惟短至日。景一線透之。其幽鬱醜怪。若鬼可想矣。爲駐蹕山。在昌平州西二十五里。金章宗駐蹕處。崖鐫駐蹕二大字。山高十餘丈。上有臺。章宗自題棲雲嘯臺四字。山下有洞。名寒崖奧邃。中多異草奇木。爲軍都山。在昌平州西北二十里。即太行山。第八陘。漢盧植隱此講學授徒。昭烈微時曾執弟子禮焉。爲銀山。在昌平州東南。天壽山東北六十里。曰銀山。山之光也。或曰礦焉。近明陵。故禁樵採。

文字學辨證（節錄編餘四則）

瀏陽李欐別樵

國於天地。必有與立。國字从口。所謂禮義廉恥也。四維不張。國不國矣。國从或。七或（即域本字）也从口。音維。管子。禮義廉恥。謂之四維。四者所以維繫人心使不喪失也。物必先腐。然後蟲生。風字从虫。所謂蠹自內蝕也。風俗內壞。外侮至矣。風動蟲生。故風从虫會意。周官九伐注。凡亡人國者。必先亡其風俗。是以城有𡿨達之徒。知學校之早廢。鄭青衿。刺學校廢也。挑兮達兮。在城闕兮。說文引作𡿨兮達兮。𡿨从屮。手飾也。言務爲手飾以招搖也。市有婆娑之舞。識巫風之大行。陳國酣歌恆舞。遂成淫風。坎其擊鼓。東門之枌二詩所由刺也。婆作嫯奢也。娑舞也。二字並从女。古者男曰覡。女曰巫。巫从从。象兩袖舞以降神也。然乞靈於鬼。猶可說也。求媚於人。斯爲下矣。靈从玉。以玉事神也。後改从巫。我國自西學東漸。跳舞之風盛行。美其名曰交際禮節。競相獻媚。舉國若狂。昔者鐵劍利。倡優拙。楚是以霸。范睢傳。鐵劍利則士勇。倡優拙則思慮遠。戈殺疏。婉孌寵。曹因之亡。曹風候人。言令賢者荷戈殺而不之卹。而梁鵜不濡之翼。徒好絜其衣服。湛樂女寵。惜乎歌管方殷。舞衣未卷。而壘已環其四郊矣。又況狎於內亂。獶雜子女者哉。周書。因甲於內亂。注。甲讀爲狎。狎犬所習也。言習爲鳥獸之行。樂記。獶雜子女。不知父子。注。獶獼猴也。言舞者如獼猴然。男女糅雜。不復知有父子尊卑之禮儀也。攻昧取亂。古今一轍。伊可畏也。周官司馬以九伐之法正邦國。一曰內外亂鳥獸行則滅之。報載北平市長袁良驅逐舞女。曰。青年學子。留連忘反。荒廢學業。莫此爲甚。〇此一則。言學生跳舞爲敗風俗亂倫紀之尤。絕不可仿效外人。自取滅亡。

孝經言卿大夫之孝曰。非先王之法服不敢服。非先王之法言不敢道。非先王之德行不敢行。孟氏亦曰。服堯之服。誦堯之言。行堯之行。中庸言修身。必先之以齊明盛服。都人士狐裘黃黃。然後出言有章。行歸於周也。（節錄困學紀聞）而不然者。服之不衷。乃身之災。彼己之子。不稱其服。雖有言行。不足觀也已。然則服固不重哉。于文服从卩冠从寸。皆有法制。過則爲妖。（服从㞋。㞋从又从卩（卽節）朱氏云。事之制也。冠弁冕之總名也。从冂从元。冠有法制。故从寸。洪範五行傳。時則有服妖。）而風俗所係。尤以婦女服飾爲甚。此妝字之義也。（妝。飾也。以女爿聲。裝束乃後起之字。）書曰作奇技淫巧以悅婦人。亦利用其陰柔易於熒惑故耳。蓋婦女富有虛榮心。外來之色相。莫能辨其幻妄。一面羨慕他人。一面誇耀自己服飾。一端所表見也。世宙棼亂。皆此虛妄一念所構而成。觀於法國政府自腐化以至大革命。爲路易十三宮中女子豪華奢侈所致。是可知矣。（德國哲學家叔本華之言。）古者婦人飾於首者。追師掌之。飾於足者。屨人掌之。皆隸於冢宰之下。冢宰者。論道經邦。以化民成俗者也。而內府之職。猶復以禁奇衺一語。（注若今媚道。）總絜而申明之。何莫非以冶容誨淫。所關於風化者大哉。近來婦女裝束。五花八門。不可名狀。袒臂露胸。恬不知恥。國家固已明令取締奇裝異服矣。然服者自若也。最近報載中國婦女脂粉費。每年逾二百餘萬元。夫亦可謂驚人之數矣。論個人私德。佞於外者必失於中。佞巧諂高材也。以女信省。徐曰。女子之信近於佞也。此卽所謂媚道。由其中不信。不得不加以妝飾。論全國大勢。賁之極也必受以剝。易雜卦傳。賁飾也。致飾然後亨則盡矣。故受之以剝。虛美薰心。道德墮落。求國無危。不可得也。漢路溫舒傳。虛美薰心。實禍蔽塞。此秦之所以亡也。○此一則言今世詐欺之罪。不可究詰。而婦女服飾。則表見章章者。

古人論國家所以復興之道。有言曰。文官不要錢。武官不怕死。斯二者于文字可徵焉。以勝負論。未有不勝于力而負于錢者。古者貨貝而寶龜。至秦始有錢。故凡从貝之字。多以表金錢作用。負恃也。从人守貝。有所恃也。勝任也。从力。以興敗論。未有不興于力而敗于錢者。興起也。从舁从同。同力也。舁以居切。共舉也。从臼从廾會意。敗毀也。从攴貝會意。籀文从二貝作敗。段注。多藏必厚亡也。然由夫子棖也慾焉得剛克己天下歸仁之言推之。則知背私爲公。用氣爲甹。所謂不要錢不怕死二義。實相成焉。公平分也。从八从厶會意。八猶背也。韓非子五蠹篇曰。背厶謂之公。甹亟詞也。从丂(气也)从由。或曰。甹俠也。三輔謂輕財者爲甹。段曰。由用也。任俠用气也。段曰。今人謂輕生爲甹命。卽此甹字。普丁切。蓋好義乃能急公。其不能甹命者。必其不能甹財者也。曲禮曰。臨財毋苟得。臨難毋苟免。論語。不知命。無以爲君子也。注。利當趨而有不必趨之利。害當避而有不必避之害。利害之見旣明。而爲君子之道始出。毋字爲字。甚是有力。非篤信好學守死善道者。曷足語此。顧死生亦大矣。姑卽要錢不要錢申論之。記曰。白受采。故以水曰汚。汚濁也。从水。以火曰熏。熏火煙上出也。从黑。从屮。象熏之形。以木曰染。染以繒爲色也。

朱氏說从木者．梔茜橡斗之屬．所以染也．染之數究於九．故从九．从水．與涅同．以土曰涅。涅黑土在水中者．从水．从土．日聲．惟金也久薶不生衣。生於土而不爲土所敗。剛毅斷制等字。皆从金屬。以此也。金生於土．故从土．左右注象金在土中形．剛制从刀．毅从殳．斷从斤．皆金屬也．夫人無智愚。未有不愛潔白者。如言清白傳家．潔身自愛等等．亦未有黑白不能分明者。明者白則暗者黑。皢日之白也．黯深黑也．潔者白則垢者黑。廣雅潔白也．說文黷握持垢也．从黑．直者白則屈者黑。凡言其冤乃白．大冤昭雪．雪亦白也．黜貶下也．字从黑．鮮者白則黴者黑。易說卦爲蕃鮮．注．鮮明也．黴中久雨青黑也．从黑．俗作黴．其大較也何獨至於貪污之毒而昧之。艾迪博士（世界著名學者）來湘講演．有云貪污毒勝過鴉片毒．足以制中國之死命．在易陰方決於外。忽生於內。不期而遇。其卦爲姤。象曰柔道牽也。五陽長盛。決去一陰。其卦爲夬。象曰陽決陰也。姤从女。陰柔之象。夬从又。剛決之象。易凡君子指陽言．凡小人女子．指陰言．說文．夬分決也．从又．屮象決形．春秋之法。責備賢者。貴其能以剛毅之力。斷制欲心也。于文聖从耳有六十耳順之功夫。賢从又有操守不惑之毅力。[redacted]賢从臤．臤堅也．又手也．朱氏說持之固也．中庸誠者。不勉而中。不思而得。從容中道。聖人也。誠之者。擇善而固執之。是其義也。不然利令智昏。其與幾何。更何論生死關頭哉。吾敢即孟氏言而斷之曰。是故所欲有甚於錢者。所惡有甚於死者。人皆知之。賢者能弗喪耳。此一則言不要錢．不怕死．於國有益．於己無損．然知之匪艱。行之惟艱。明辨篤行。是所望於賢者。

古之教育。六藝爲先。當時射御與禮樂並重。蓋必尊重武德。使民知有責任。以服務國家爲天職斯可已。最近蔣委員長在成都訓話。今後教育。應竭力提倡武藝。使武人皆有武德。即智信仁義嚴是也。夫然後能盡其保國衛民之天職。中國歷來君主。爲便利其統治起見。置武官於文官之下。或以文官統率軍隊。如前總督巡撫等。皆領有兵馬大權。其募兵。惟向國內下層及賤視之階級招致。如漢武用兵匈奴。其募兵方法。一死囚。二亡命者。三不良少年。四有罪官吏。五贅壻。六賈人。七從前嘗籍市人者。今試徵之文字。戰傷曰憖。戰敗曰獘。所得曰獲。有功曰獎。其待遇一若犬馬然。左傳。兩軍之士。皆未憖也。注。憖傷也。从犬。斃本作獘。从犬。左傳獘於韓。字作獘。周官朝士注。得而取之曰獲。从犬。獎本作獎。嗾犬厲之也。从犬。史商鞅獎勵將士。彼兵士也。亦以走狗自命。效死馳驅。何嘗知有所謂武德。如狡兔死走狗烹功人功狗是蓋自井田制廢。兵出於募。而已然矣。如是而欲人人親其上死其長也。難哉。井田之制。養比閭族黨之民。即伍兩卒旅之衆。以田賦出兵。不煩生聚教訓。而民盡知兵。此爲兵農合一之制。自秦代兵出於募。兵與民析而二之。其後竟有軍籍民籍之分。爾雅曰。起大事。動大衆。必先有事於社而後出。謂之宜。民爲土著。社爲地主。祭社以弔民也。故謂之宜。土著曰民。外來曰氓。故氓从民亡。會意。朱氏說。又社地主也。从示土。孟子誅其君。弔其民。說文。閔弔者在門也。古文从思民作㦖。彼夫戰功曰多。多者非所宜也。周官司勳。六功以戰功曰多。居於末。於以知先

（王不重戰功也。宜所安也。在宀之下。一之上。从多省聲。）賜爵曰級級从及及猶汲汲亦非所宜也（後漢光武紀注。秦法。斬首一。賜爵一級。因謂之首級。級从及聲。公羊隱元傳。及猶汲汲也。）今日者列强環伺方且磨牙鼓爪寇毀我山河賊敗我法則（寇暴也。从攴完會意。賊敗也。从戈則。言以戈敗壞法則也。）我而出師宜也義也義所在卽我所在亦卽戈所在（義从我。注引董子曰。仁者人也。義者我也。謂仁必及人。義必由中斷制也。我从手。古殺字也。从戈者。取戈自衛也。）故用兵者非爲功也非爲爵也衛國而已非衛國也自衛而已人人自衛卽衛國也（國从或（域本字）从戈以守一。一者地也。）人各則有咎刀和然後利所貴衆志成城（咎災也。从人各會意。利銛也。从刀从和省。刀和然後利也。）執殳以前驅金鼓以聲氣是謂踴躍用兵（左傳殺敵爲果。致果爲毅。毅妄怒也。以殳。果敢之敢[illegible]文作殺。亦从殳。詩伯也執殳。爲王前驅。鎎怒戰也。注。怒有氣。戰用兵。故从金氣會意。左傳敵王所鎎。字作愾。）夫如是忠勇之氣作於心人人皆以國恥印於心中何患殺賊不死（勇氣也。古文从心作恿。記知恥近乎勇。左傳明恥教戰。求殺敵也。）干城之義操在我人人皆有自衛實力外侮奚自而至（兔罝公侯干城。言爲國扞禦侮者。卽此在野逐兔之人也。〇此一則言國不煩徵兵。民自能衛國者。惟在上與下知有武德而後可

文苑

船山先師詩錄

小樓雨枕 戊午

周逸敬選

江城二月催寒雨。山客三更夢嶺雲。青鏡分明知鶴髮。寶刀疇昔撿龍文。
援毫猶記趨南史。誓墓還誰起右軍。飛鳥雲邊隨去往。清猨無事憶離羣。

其二

長鑱斸朮自生涯。短棹衝萍有獨知。偶測天心容杖屨。不從人事整鬚眉。
孤情琴外傳昭氏。病眼花前待子規。閒坐小樓清澈極。垣衣綠潤帶煙垂。

文苑

文錄

船山先生生日釋菜詩序

長沙袁緒欽叔瑜 遺稿

船山先生以明萬曆四十七年己未生。距今歲甲寅幾三百年矣。先是湘鄉曾文正忠襄兩公大刻先生遺書。而侍郎湘陰郭公復爲先生建祠構思賢講舍置書局。今學社在曾祠側。卽舊思賢講舍地也。今年九月之朔。先生生日。社集釋菜。敬瞻遺像。清酤始升。籩豆有嚴。旣卒事。相與譚燕。分韻賦詩。逾月。凡得詩若干篇。屬緒欽爲之序。蒙闇瞀陋。懼不敢承。無已則繹先生之書。以達詠歌之志。其可乎。蓋維天地定位。人參其間。其始渾渾冥冥。有聖智者出。爲之彝倫綱紀禮樂刑政。自授時定曆。則壤析疆。朝廟燕饗之儀。車服圭幣之等。選賢造士之方。農桑井邑之制。林麓藪澤之殖。食貨財賦之經。莫不竭其耳目心思。凡以孕育生人。盡其養與教也。故曰作之君作之師。自三代之衰。便私背公者多。而生民之禍始亟。其間君非聖智。則責在輔弼。及賢人不得志。則責在師儒。而政與學遂歧而爲二。繇秦漢以迄於今。先王典章彝憲。存者已僅。論世者稽國勢之盛衰。訊民生之忻戚。治亂平陂。貞邪雜糅。未有百年無事者。則皆人心侈肆。蔑禮教。崇姦詐。禍延於邦國。毒鋪於黔黎。賢人君子。始則閔亂傷時。痛斯民於水火。繼乃褒殘守闕。甘遠遯於荒寥。怵兆姓之無依。懷三代而未逮。誠未忍一日與民忘也。然此民也。雖屢歷暴君、汙吏之淫威。蜩唐、沸羹之慘慄。而淑秀之倫。猶得長長幼幼。尊卑禮俗。醉飽嬉游。蓄神聖之澤。淪及深微。譬若人受天地之燾載。仰日月之臨照。而相忘於生成煦育之中。此聖人所以立極配天。而搢紳縫掖之徒。復時與講明維繫。亦深懼逸居無教之不可長。人欲橫決之爲害烈也。爰洎近世。高騁遐騖。束閣經傳。滂洋恣肆。矯厲摧蕩。若以前中國並無所謂學者。何其傎也。夫因時趨變。固亦開物成務者所宜知。然苟稍悖乎家國天下之本。倫常禮教之原。民蕩而離。治何由立。若夫究物理之蕃變。窮機製之靈巧。工師之殫精者能爲之。亦豈先於修己治人之大者遠者乎。先生當明季革除之際。嘗馳驅嶺表。一事桂藩。齮齕以歸。避地箸書。盈三百餘卷。究述六藝。旁及百氏。抉經心。執聖權。本其維世弔民之意。故正辭以論史。不屑屑糾斥姦慝。尤嚴責君子。凡立國規模。戎機戰略。君心邪正。民事興壞。風謠習俗。河渠食貨。條貫纖鉅。綜爛幽隱。而其心之惕厲憂危。恥以言見。精契於天人性命之微。明週於古今事物之紀。空山無人。唏噓悼望。巉峭駿厲。肅然深遠。信乎天民大人。可以託生人之命。開來世之太平者也。今社集諸君。懷對越之不違。軫世變之方劇。穆然想先生之含冰茹蘗。必有悱惻悲憂。深自刻厲。思所以正己正物。以徐達於所謂拯民匡世之責者。如徒以詩歌詠歎。託之空言。亦豈先生之意。與立此社之初志哉。緒欽無知。亦附詩一篇。陟陔而趨。深懼先生正色屏斥。責其無誠。不足以與于升降登歌之末也。甲寅冬十月袁緒欽

題何君性存遺稿

湘潭趙啓霖澥園　遺稿

辛亥之變。吾邑得國殤者二人焉。其一石大令家銘。其一何君承鑫也。初余與何君少時同爲諸生。數偕試有司。君逡巡溫雅。未嘗露鋒鍔。不過以文藝相引爲氣類而已。已而彼此睽隔。不相見者逾二十年。一日忽遇君縣城。聆其言論。了無異。恂恂如往時也。君尋遊粵東。入提督秦公炳直幕府。爲訓課子弟。居久之。軍事輒就君參決。

當是時。諸行省銳意練新軍。黨人乘間磐互。武昌飆發。天下響應。秦公故名知兵。方部署戰守。君亦亟助謀畫。而軍中倉猝譁變。不復受節制。各勒部衆以白布纏左臂。瞋目語難。君知事不可爲。正衣冠自裁。予在山齋聞之。蹶然驚起。爲嗟歎者彌日。記曰謀人之軍師。敗則死之。君以區區博士弟子。名不挂朝籍。未嘗食升斗之祿。其在幕府處賓友之位。無職責之繫屬。論分誼殊可以不死。君不死。夫誰訾咎。而詆議之者。而君顧嶽嶽自行其志如此。觀其絕筆數十字。示子姓勉守世傳忠孝。勿爲邪說所移。語不及私。想見平日辨義之嚴也。所守之正也。綱維世道之意之惓惓也。臨變之從容鎭定。神識不亂也。嗚呼。此豈遽恃意氣激于一時。有絲毫獵名要譽之見存耶。君大節凜然。不以文輕重。茲編所錄。遺著雖復寥寥。而清剛峻介之槪。與孤憤所鬱積。觸處流露。自不可掩。信乎素所自期待者。不肯苟同濁世而致命蹈義之志。早含孕於平居無事時。顧不偉哉。其酬接應對之間。一出以蘊藉。不以圭稜鋩角自炫。予又因以歎古來抗節之士。果不在風采議論慷慨激烈之足以動人。而神志內斂者。當危難之際。往往不敢濡忍負心。觀於君而益信也。囘憶與君逐隊場屋。光景宛如在目。不意世變遽至於此。而予尙靦焉假息人間。覽君遺文。如五緯在天。芒寒色正。尤不勝佩仰之私云。

書通州白母沈恭人殉難事　　前　人

光緒二十六年。拳匪肇亂。謀國者挾憒陋之識。橫挑强鄰。八國之師渠入都城。宗社震驚。乘輿播遷。予時奉親里居。聞朝官或避亂他適。或與敵人委迤周旋。甚至有爲酋豪服役。被鞭撻不恥者。求其臨難慷慨。致命於輦轂之地者。百不一二見焉。而婦人女子困居危城之中。慮逼于他族。自糜其軀者。往往而有。彼其驚憂蹴迫。不惜斷脰絕亢。冀免于辱玷。蓋已爲末俗恆情之所難矣。若夫懸隔數千里。一聞國難。引義自裁。則惟通州白母沈恭人一人而已矣。恭人故桐鄉世族。幼承詩禮之訓。每覽古來忠孝大節。輒太息慨慕不能自已。歲庚申。其夫權咸甯令。値逆回煽亂圍城。恭人佐治防守。躬執爨食軍士。自率女婦密縫其身。戒曰。脫有不虞。吾屬殉後院井中耳。士卒聞之。奮感用命。城賴以全。甲午中東之役。恭人適居天津。次子曾烜奉檄轉餉。於時近畿戰壘相望。或諷恭人宜暫引避。恭人曰。吾子方有事兵間。敢言去乎。若事急。門前大河吾死所也。及拳匪事起。曾炬先期奉恭人之官浙中。行次江陰。恭人方午膳。聞京師淪陷。兩宮西幸。輟箸涕泣曰。吾家世受國恩。今朝廷大局潰爛至此。凡有血氣。孰無犬馬戀主之心。吾年七十。丁此喪亂。尚復何心視息人間乎。因爲絕命詩曰。計閏于歸六十春。半生茹苦未亡人。含悲訓讀存宗祀。矢志成仁在我身。聞道烽烟迷故國。傳來車駕遠蒙塵。食毛踐土中心耿。留與兒孫作藎臣。遂堅臥不肯進食飲。家人環勸。潛仰藥以殉。蓋恭人之於節義。造次顛沛。兢兢勿渝。自少至老。如一日。卒痛心君父之難。至性迸激。竟成其志。斯豈憑一時意氣。取決於倉猝者比耶。嗚呼。可不謂烈歟。吾聞恭人自署所居室曰知足常樂。爲善最佳。其課子姓。每授讀畢。輒舉史傳中忠義故事言之。衮衮不倦。其素所懷抱。雖知道君子。卓然踐聖賢義理之學者。何多讓焉。予泚筆述之。益不禁愧汗沾臆也。

何秀才承鑫辛亥殉難傳

湘潭羅正鈞遺稿

何承鑫字性存。湖南長沙府湘潭人。曾祖秀騏以孝聞。祖中瀚縣學生。咸豐甲寅。粵寇破湘潭。脅之降。自奮投水。賊怒殺之。贈訓導。承鑫甫冠。補府學生員。敦篤嗜學。不慕、榮、利。知縣沈錫周課士。賞其文稱薦之。由此知名。同縣秦炳直官廣東。延教其子。既擢提督。以承鑫參軍事。革命黨久根據惠州、辛亥武昌變起。其衆猝集數萬人窺府城。炳直遣兵敗之蠻頭嶺。承鑫欲益師。望省援不至。而民軍益衆。訛言朋興。謂軍官已有通款者。營務處劉殿元倡言於衆曰。我輩以死報國。誓與河山俱碎。有二心者共棄之。復何所顧。承鑫遽起下拜曰。壯哉吾敬子言矣。一時皆爲感奮。博羅歸善告警。承鑫請分兵往援。咸謂兵分則府城守備益單。承鑫力爭二縣如有失。則府城安有存理。先是承鑫與人言。事急必以身殉。聞者以爲激厲士心。莫之意也。已而歸博相繼失守。府城被圍。承鑫愈益悲憤。晨起與幕中會食如平時。入夜書絕命月日。置衣帶中而遺書誡其子曰。勉守世傳忠孝。勿爲邪說所移。我死瞑目。至天明遂自經以死。時九月十九日也。年五十有六。越日而惠州陷。民軍爲具官斂。厝之城外豐湖旁。逾二年。乃歸葬湘潭。承鑫所著有二山堂文集。何氏家傳若干卷。藏於家。

前題　錢塘吳慶坻

君諱承鑫。字性存。湖南湘潭人。幼穎異。長乃沈、濳、宋、五子、之書。尤服、膺、濂、閩、踐、履、篤、實補縣學附生。益務博綜於經。研窮周易戴記許氏說文。於史熟司馬通鑑。出游諸郡縣無所遇。訪同縣秦炳直於潮州。炳直延授二子讀。以道義相劘切。或論難古今。不苟爲異同。炳直擢提督。以惠軍總稽查屬之。惠軍提督所部駐守惠州者也。武昌變起。粵黨人聞風應。惠俗習械鬬。私貯槍礮。官弗能禁。又與新安鄰。黨魁發縱密糾各縣團族。集衆號數萬。九月己卯。惠軍迎戰于鑾頭嶺。大捷。承鑫請重犒軍士。籌戰守。徵聞營官有通敵者。密告炳直。而營務處劉殿元大言曰。城果不守。必聯全軍護主帥。吾縱橫盪決。有難則同死耳。君感劉意。遽俯伏以頭觸地有聲。曰壯哉。吾真服子矣。亡何城中餉匱。薪米盡。援師不至。博羅歸善兩縣失。君語炳直曰。吾與子義當死。毋使民間萬人同盡也。已而攻益亟。癸未爽。自經于署西偏臥室。斂時檢衣帶中自署絕命時日。從容手書也。

前題

長沙黃兆枚宇逵

吳自修提學記辛亥殉難百五十餘人。其中湘人。則黃總兵忠皓、羅參贊長椅、楊參將讓梨、石知府家銘、胡同知國瑞、駱吏目綸、黃哨長新、與何秀才承鑫凡八。自總兵以下至哨長皆有職守。胡同知既解任。猶從容就義。其心蓋甚尊朝廷之命官。獨秀才幕客也。吾友左彤軒大令嘗佐湘潭秦提督炳直治軍惠州。爲余述魏巡檢道秀才死事甚具。辛亥革命軍起。所在潰變。惠軍亦搖動。秀才見勢危迫。入謁提督曰。公以舉人起家。累官至專閫。朝廷眷注優渥。至事無可爲。宜有以自處。承鑫久隨公。公弟畜我。今日公死國。承鑫死友。提督大感動。相對跪泣。秀才退自經。而提督爲家人挾持不得間隙盡命。是時署中驚亂。僕役竄散。庖廁空無一人。秀才死逾二日。始得斂。提督今流寓海上也。秀才與提督同里貫。初名丌鏧。後改今名。字性存。好讀宋五子書。既補諸生。益務博涉經史。尤邃周易戴記許氏說文司馬氏通鑑。始遨遊湖湘諸郡縣間。無所遇。乃走依秦廣東。秦進以教其子。聲氣翕合。謝滌泉戶部言秀才祖某。咸豐間罵賊死。彤軒則嘗推提督命宮自前所歷皆奇中。入某限度。當予謚建祠。考其時。適當辛亥。其意與秀才同。黃哨長亦提督縣人。提督甚信任。事既急。又訛傳主帥死。乃憤自戕。於是秦提督軍中同時得兩烈士。黃梨洲之言曰。陳純德俘戮也。而榮以甲辰之死。丁乾學牖死也。而入之逆閹之難。夫私家紀錄浮濫。史氏據之無所抉擇。遂使無實之名。冒瀆風教。君子蓋深惡之。提學之紀殉難諸人也。拳然于風化之關。其用心至厚。陳繼訓爲余言陸光熙自日本歸。方勸其父以疆圻應時變。其父不許。會事迫盡命。然則光熙實非殉國者。梨洲所稱陳純德丁乾學之類。蓋多也。

承德郎吳先生墓表

王闓運 未刊稿

有市隱君子、曰吳楷亭。諱達江。江夏人也。父諱蓮廣。兄蓮光。無子。以達江後。咸豐初江夏寇亂。從父賈于宋埠。宋埠者、麻城大市也。北鄰光汝。東接穎六。爲羣盜家內、則二黃大寇所往來。然以軍興道梗。商賈尤盛。市中恆苦兵寇擾。君倡議築堡團練。結三縣豪傑長者。以靜姦宄。官軍過者。率不戢僧。鮑部尤橫。民奔走逃匿。則廬室林塘如掃。鮑軍過埠。君率商民三老衣冠持牛酒先迎謁曰。大軍所需柴草。居民避軍去。以致恆缺。缺則四散求之。而以奸掠愬者有辭。以勞軍門。今宋埠人人具稾秸以供芻秣、別獻樅柴一山。願請大令令營官監樵。帥大喜曰。吾不擾民。顧所過無辦事者。即傳令營官各監斫樅。斤三錢。乃得樅柴錢三千萬。兵民皆歡笑。以過軍寇既平。君賈益善。則多在漢口。漢口通商大市。因漢口以通上海。遂爲巨商。然宋埠行店。待君

以決事。宋埠漢口所至。早夜客座常滿。黃安熊汝梅嘗謂之曰。吾嘗爲首縣。縣雖不
若此。凡商率假人資本以期諸爲信。一諾失期。雖百萬資本。不能濟一日。灌輸於是
有說債說者。必推一人主之。漢口鄉會幾無日不說債。衆所信者江夏黃大爹漢陽
王大爹。大爹者。大翁也。王每說或煩難。或怒去。曰安能爲役人之役。君獨在下坐。和
顏平議。曲中主客情僞。人人悅服。則啜茗求去。暑雨未嘗舁轎。漢口商或欲欺上海
商。君獨不耳。上海聞之。凡商販來者相信待亦如宋埠。然游惰求食假以利濟周急
事欺君。君輒信之。如有所惑。人益以是稱君長者。性謙謹。尤敬儒生。靑衿學童。無不
禮下焉。傭夫走卒至其家。必手奉茶。晚有子知名。官儒官。加級封君六品郎。容色衣
服無改也。自賈宋埠往漢口。輙渡武湖二百里。風濤盜刼恆爲行旅害。嘗議設救生
紅船。督撫難之。及君父子顯名。名聞院司。乃申其義。又四年乃定。自往湖上。相度津
出。藏船之地。以光緒二十一年二月乙巳卒於武湖倉子埠。年六十有七。宋埠漢口
聞者。或哭失聲。商客相弔。平利李贊善不妄交者。獨謂君盛德。故君長子光耀奉束
帛請某爲銘表之文。君以光緒二十有二年三月丙申朔葬宋埠北十五里。李宋一

村封柴山。妻王氏。長子光耀。天門學訓導。次光華。長女適同縣鍾氏。次許適江西萍鄉盛氏。孫宗儉宗仁宗厚。銘曰。

新令重商、以求富强、爲仁不富、亦儒所傷、强者死徒、老誠孔明、弗修其本、儒而商行。君商而儒、亦富亦昌、勒銘江漢、俾世歎仰。

清四川提學使趙公墓表

長沙陳繼訓杏驄

清前四川提學使湘潭趙公卒長沙。陳繼訓曰。光緒甲辰。禮部試借汴闈。是科鄉先生任鑒衡者三人。總裁張文達。同考官則蕭編修榮爵、暨公也。湘士獲貢舉十二人。繼訓與焉。卅餘年間。文達先薨。編修與公復相繼捐館舍。而十二人中。亦惟余及張吏部稱達屢存。然且髮纖纖白矣。回憶追隨諸君子。訪古梁園。走馬燕市。後遊邈不可再。而世亂如此。耆舊長德。率顛頓屈怫老死。人之云亡。邦國殄瘁。嗚虖。可勝慨耶。公諱啓霖。字芷蓀。晚號瀞園。曾祖咸霄。妣氏左氏陳。祖照德。妣氏朱。考長春。妣氏蔡。皆以公貴。贈通議大夫。妣淑人。公生而敏特。八齡誦尚書。其父賓諸襄。戲問之曰。汝它日何如人。畣曰。伊尹。年十二。塾師以聖門四科。先德行、後文學、命屬對。卽應聲曰。

大學八條。始格致、終治平。十六、隸學籍。旋食廩餼。光緒壬午。以優貢用教職。歷署麻陽武陵澧州訓導。乙酉舉於鄉。壬辰成進士。入翰林。散館授編修。丙午、補河南道監察御史。掌江蘇道監察御史。丁未用言事落職。是年仍起復。宣統己酉。詔以道員署理四川提學使。明年、以母老乞歸。歸二十六年。以疾卒。距生於咸豐己未。春秋七十有七。葬城子屋場之原。祔大父墓。配周淑人。繼配周淑人。皆同邑處士月池先生之女。副室張氏湯氏。先是公年三十八尚乏嗣。立弟之子家宏。既而湯氏生子家寰、家褰。女三。瓊英、湘瑩、壽筠。孫五。聲琅、聲珩、聲琪、聲璦、聲璩。孫女三。韻芬、澍宜、安貞。曾孫修詵。公自少慕傅伯汲黯、於清端陸清獻之爲人。質直恬靜。氣善色靄。與人言如不能出口。無賢愚。皆樂與暱近。顧於義所否。則堅果執持。勿苟同。擱然獨行己意。罔憚彊禦。必達其所揭櫫而後已。其爲御史也。論官制。論禁煙事宜。論練兵不可徒襲形式。論京師宜辦高等實業學堂。論吉林將軍達桂徇私溺職。宜嚴切查辦。皆樹議謇謇。其尤有裨于名教者。則請將王夫之、顧炎武、黃宗羲三大儒從祀文廟。請令各學堂注重讀經。所植持胥天下萬世大計。會段芝貴獻妓薦賄。賁緣弈劻載振。公具發其事。忤權貴被黜。朝野大譁。陸文愼、江春霖、趙炳麟。交章諍捄。深宮亦知公可大用。尋卽以原官內召。復拜提學四川之命。顧公曦然知時事不可爲。旣抵任。旋自劾免。蓋是時親懿柄臣專擅如故。僉壬充塞。饕冒亦如故。識者扼腕蹙額。謂宗社之隳。昕暮間耳。不盡二稘。國變遂作。夫君子小人之進退。國家安危繫焉。公嘗贈其同年友余參議肇康序云。啓霖與君先後獲譴。一二人之出處。若眇小不足道。而推原消長存亡之肇端。甯得謂無關係乎。參議曾任監司。有名績可指數。徒以與瞿文愼姻連。誣枉牽罣吏議。公言蓋傷之也。在四川。立先儒范景仁、范純夫、張南軒、魏鶴山、四先生祠。以樹師法。設存古學堂。以翊經術。有廖某者。久擁皋比。附會經傳。以狂蠱一世。士習囂然。公立予罷黜。學子踰軌。多所懲竄。未朞月。風教丕振。蜀人滋以爲文翁復興。而遽自引退。措施遂止於是。時論惜之。平居廉介自將。躬躬祗畏。放歸之日。朝士知其困乏。相率餽贐。公堅卻。或不得而已。強受者。迨入蜀。各如其量詶償之。且加厚焉。提學時。甄別優拔。適科舉將罷。兩貢廣額近四百名。舊例、修謁執贄羨盈。公盡蠲。至著爲令。祿賜所入。俵給親族戚舊。梁山古楊守道樂貧。獨禾黍之思。時縈筆札間。讀者可以知其志已。公既已以氣節高海內。又擅詩歌古文辭。歸田後。四方具書幣以求者踵屬。公有應有不應。惟意所可。所著澥園集六卷行世。待梓者如干卷。其孤寫定藏於家。昔李文貞稱方望溪學行踵程朱之後。文章在韓歐之間。公其庶乎。自公出都。繼訓不得見者。餘二十年。然猶有箸述輒就公審勘。牋問不絕。公嘗寓書。猥許澤古甚深。至剌取韓詩喈啾百鳥鳴。忽見孤鳳凰之句以奬進之。嗟乎。黯謭如繼訓。奚足以云。若公者。真所謂威鳳亭亭。嶢然物表。不得其時。孤鳴寡和。卒跧伏叢莽。荒江。寥宋之墟。而悳憒僾蹇以終。夫亦歸諸命數而已矣。繼訓既與公同官京朝。又託文字之契。所見聞志行。宜紀述綦夥。茲特著其大者。

半隱廬碑目記

湘鄉蕭仲祁理衡

有清中葉。海鹽張芑堂嫥精金石。以石鼓文字為性命。坐臥太學之門。摩挲旬日。又裹糧徧訪宋元拓本。鉤搨累數百通。手勒入石。校其文字異同。附諸碑後。築亭藏之。名曰石鼓亭。媕雅淵懿。見重當時。其津逮來學。有足多者。老友陳王夔少承家學。躭悅道藝。平時譔箸已追古人。官大理十餘稔。非其所好。政府南遷。棄官隱北平寓廬。

署曰半隱。文史之外。刻意章草。每得佳篇。命工鉤勒於孔廟國學近京寺院。賞心好事者。傳刻暨於天津房山吉林各處。吾邑先輩以草擅名者。有同宗心莊先生禮容。今所傳多爲枯槎架險倔強不潤一派。王叜則筋骨內涵。峯芒外曜。有登善千文鐵綫縈結而成之概。洵可謂骨既存矣而遒麗加之者。當其淪精豪素。萬慮澄然。手之所運。目之所注。神之所會。惟鍾張二王永師旭素諸人之蹟。往復几席間。得失證諸寸心。妻孥竊而怪詫。斯時也。形如槁木。心如死灰。殆不知時之魏晉。寧復有人世浮榮之見塵溷其襟懷者。昔馬遷自敍云。藏之名山。副在京師。自少傅分藏其集於東林蘇州諸寺。近時翁覃溪亦以其復初齋集置之西湖靈隱。阮文達生平用力於金石。自爲記述。詳言某種刻藏某處。王叜先後刻石凡四十餘所。亦猶夫昔賢存精寓賞。取備闕遺。要與杜征南銘功二石。一置山頭。一投水淵。汲汲沒世之稱者有別。然自帝王殿闕辟廱泮宮暨仙佛梵剎。標列至廣。上之與雲日同輝。次亦不隨陵谷俱變。其風標楷則。照當世而垂無窮。蓋有不期然而然者。曩余客武昌時。王叜每一碑成。輒搨以見餉。彙而集之。褒然巨帙。其中先德篇什。古人文字。自撰詩聯。亦偶及之。

而心經梵筴。蘄資福于先親者居四之一。藹然仁孝之心令人嚮往不能自己。茲又捨其縣城居宅後園。建四恩精舍舍後搆亭以續刻千文石本嵌壁。名曰千草亭。殆有智永樓居永欣寺閣四十餘年。梯梲不下。寫千文八百本流布人間之意。其脫然世累。藝進于道。良足以砥礪末俗。與張芑堂之潛神石鼓有以異乎。右軍之書末年多妙。余知王霎今後製作。人書俱老。未見其止。特綜其前刻各石表爲目錄。寄題四恩精舍。俾吾兩家後輩循繹成功之美。不忘所致之由。他日有能如黃虎癡輯顏碑編年錄之例。詳爲紀述。又余之厚望也。

鄭茱園詩序

王闓運 未刊稿

鄭君茱園。長沙世家。科第聯緜鼎盛。君兄弟尤以才學著顯。先業隆富。至君兄弟稍清貧。以家風樸儉。人但知其貴盛。不知其處約也。余雖生于長沙。而稀接故家。垂老游燕吳。始與君兄弟得相見。以余好爲詩。故知君兄弟工詩。又廿餘年與君同在薊門。乃承以全集見示。起丁卯至甲寅卌八年中。游半天下。所至輙攄寫襄。發揮幽憤。於骨肉友朋國事之哀樂。及山川景物。使讀者乍悲乍喜。若與同游而相唱和也。不知余之好詩然耶，抑詩之能移余情耶？乃其所以然，則家國友朋之感深矣。因以余見刪其率易數首，而不言其格律法門工拙之功，庶乎能知君之詩之真乎。

甲寅秋分後九日王闓運序

詩錄

船山先生生日釋菜詩

長沙袁緒欽叔瑜遺稿

高城細雨涼虹霽，祠園叢桂清嚴地。耆宿冠裾麗偉來，詞流裙屐婆娑至。船山遺像懍清高，冠帶尊嚴故明制。昔當陽九革除年，惜鬢遯荒聊避世。（羅順恂言先生有惜餘鬢賦，集中未載。近讀葉麗廔詩集，作惜餘春。雨同年之言，未知孰是。）老屋沈冥天地黲，空山無人風雨壇。天官尊史訂百家，（古之史家達天人治亂之原，周知事物之紀，自授時正曆以及族姓世系之繁，山川邦國之史，別家禮樂刑政之典，輿服度數之等，考工食貨之經，莫不畢載。夏衰而終古奔商，殷亂而伊摯歸周。周之初，史佚與周公、召公、太公同為四輔，而史籀、史聃、史伯、史克分見于傳記。漢初太史公為天官，位在諸侯王上，亦以總天地人物之記述，備金匱石室之儲藏，九流七略之論列，采風正俗之諏詢，等於三老五更，天子有事咨焉，其職尊也。船山、亭林、梨洲者，遯荒之蒐討文獻，巍然大宗，猶史系也。）古聖傳經肇六藝。青霜斧鉞殛神姦，白日靁霆蘇瞽瞖。流連邦甸歌九府，揮斥埏紘窮四裔。黃書噩夢竢不惑，赤縣靈荃杳已逝。粵維稽古立君師，仰觀俯察肇文治。彝倫攸敘正綱。紀。禮樂。修。明。升。雋。乂。天秩。克。踐。民。無。訛。人道。爲。大。政。有。系。禮記哀公問一篇·推本於倫紀禮教·自婚姻以至敬身敬親·正己正人·祀宗廟配天地物恥以振·國恥以興·而皆歸於孔子對曰·人道政爲大·然則古所謂政者·但責己而不急於責人·所謂修己以安百姓也·乃今所謂政者·汲汲焉以法律督民·而不知自嚴其倫紀禮教之大原·其本已失·一無統系之政也·廟朝。饗。燕。接。邦。君。貢展。立。見。班。圭。幣。伯。父。叔。舅。必。有。尊。天。揖。時。揖。曷。敢。肆。大。公。分。土。各。養。民。有。不。率。者。則。易。置。一。夫。不。獲。時。予。辜。萬。方。有。罪。朕。之。診。農。桑。家。給。娛。父。老。酒。醴。春。臺。嬉。婦。穉。桓。桓。之。旅。守。在。邊。遠。人。綏。徠。迺。撫。字。囿。圉。寧。民。配。蕭。載。王。者。歸。往。帝。者。諦。唐虞公天下·三代亦公天下也·天子之地·僅邦畿千里·以供祭祀鬯饗之需·其餘衆建諸侯·而地皆不過百里·有荒怠者·則貶削·且六師移之·凡以爲民也·天子立見羣臣自稱曰孤寡不德·猶必曰天視自民視·天聽自民聽·一夫不獲時予之辜·萬方有罪·罪在朕躬·其責己勤民如此·曷常以崇高富貴自尊侈哉·爰。泊秦。政。始虐。民。典章。彝憲。悉毀。棄。劉漢。詔。策。閔。元元。頒。勸。力田。敦。孝弟。崇。高。富。貴。去。民。遠。但。有。虛。文。無。實。意。猶。復。乞。言。視。太。學。其。德。愆。儀。禮。愆。器。其。餘。自。鄶。無。譏。焉。歷。史。相。承。更。凋。敝。善。者。崇。文。重。經。術。賴。有。儒。臣。資。講。肄。先。王。教。澤。入。人。深。高。曾。榘。矱。餘。風。被。偶。然。小。康。不。百。年。便。頌。昇。平。侔。上。瑞。生。民。淑。秀。自。相。維。追。論。時。雍。邈。難。逮。邇。來。萬。國。始。交。通。大。瀛。九。洲。天。地。際。其。人。善。思。阜。財。貨。因。以。利。國。民。亦。利。學。於。萬。物。得。其。師。航。海。飛。空。矜。掀。異。指。揮。造。化。洩。精。奇。華嚴仁壽皆如志奈何操術自相斨謬言物競騁殘悖潛淵戾天製火電窮幽極險鼓鱗翅雄都百雉盡焚燎勁旅千夫瞬糜碎善陳善戰古民賊爭城爭地等狂醉近聞西人嗜中學頗綜微言探大義果明禮讓識尊親庶挽頹流杜邪詖（近日英人裴斯脫特譯孔孟之書深以東方風化之純雅士大夫之彬彬禮讓以爲聖道能出入仁義而盡乎宇宙眞理之微箸爲論說於政敎合源導民立國之方頗言之汪洋博暢黃嚴柯嶧希游南洋識其人因以中文譯其大旨意者今歐戰方劇慘痛之餘民族發悟禮讓大同之盛尊親悅服之誠殆漸有其端乎然世方侈强權蔑公理弭兵全民恐亦徒儒生夢想耳）弭兵息戰豈無期舉世大同殆可冀不然宙合發殺機芒芒率獸人相噬人事難測天難知强者得全弱者殪縱橫捭闔市以欺陰血僨張敢爲厲斯人丁此道已窮師儒斷斷曷有濟先生去今三百載世變悠悠莽榛翳當時黎獻顧與黃一髮斯文三老繫禮堂石室寫遺書日月旋天炳光麗空文無補世莫究學子荒經坐冥昧空悲饑溺倒懸厄苦痛老羸溝壑瘞學殖荒落本先剝耆舊嘘唏士隕涕今茲社集奠兩楹釋菜雍容儼昭對謳思三代發明王君社爲輕民則貴生人彝秉同自天橫目冒彥教無類中龢樂職奏康衢況値清秋淩灝氣雷精誕昴鼓神絃肸蠁靈風[illegible]虬駟䱝生寤慨徙區區泚額陳辭滋警勵楚天萬古一長嗟大人軌轍疇能繼

題殉節何君性存小像　趙啓霖 遺稿

讀聖賢書學何事。凜然大節一諸生。獨拚七尺求無愧。始識三綱未可輕。絕筆但留忠孝字。歸魂猶挾海濤聲。天傾地陷從何說。要有男兒與拄撐。

題左君壽人欽敏孝思集　前人

萬事惟須問本根。元黃反覆此心存。孤兒重見籲天錄。羣盜誰過通德門。孝孺宗儀崇譜系。溫公家範示仍昆。即今漢臘何堪說。長念先人漬淚痕。

衡山劉孝女詩　常熟孫雄

錚錚劉四姑。精誠貫金石。母病臂潛刲。血染衫袖碧。和藥勝參苓。元氣融津液。萱堂疾少差。純孝昊穹格。禱天矢身代。穆卜獻圭璧。臨危告元方。筐篚儲布帛。明發懷二人。愛日追駒隙。飾終宜豫籌。誠信慎所擇。吁嗟孝女心。生死皦不易。甲辰迄甲戌。卅載天崩坼。非孝論沸騰。梟獍吾安責。題詩褒懿行。錫類輝簡冊。彝倫期再造。亂賊當誅磔。乾坤待轉旋。造化神翕闢。拒詖承三聖。順親繇一脈。生我報劬勞。寤寐思无斁。

前題　衡山李子茂

馥馥芳心浦上蘭。曇花暫現愴乘鸞。方公片石金陵在。孝女忠臣一例看。

章貞女傳略書後

湘潭李鶴雲和笙遺稿

奇峯峙衡嶽。淑氣蒸清湘。鍾靈在何許。豔說曹與章。
曹郎湘月白。章女湘水清。水月未交映。陰雲天上生。
湘月淪精光。陰雲不能掃。湘水有回波。狂瀾不能倒。
郎年苦不永。妾意悲無央。衰麻而哭泣。匍匐登君堂。
堂前拜舅姑。形影互相弔。有婦代子職。破涕欲爲笑。
本是天上生。偶謫人間世。花雨撲天飛。鶴駕隨風逝。
逝者近何依。言從王母側。會因瑤池宴。乞得蟠桃實。
桃實貽夫弟。幻夢何殊真。移花以接木。絮果與蘭因。傳稱貞女沒後，夫弟夢其來貽桃實一枚，是夜室人產男，因命曰桃，遂以後貞女。
因果證今朝。有子明如玉。聞風興起人。乃製孤凰曲。
悲哉古今人。須眉號男子。食祿懷貳心。胡不愧而死。

夏節母詩

湘鄉蕭仲祁理衡

翹翹湘岸竹。冰霜鍊寒綠。百折抱冬心。高節照巖谷。懿哉姬室女。相攸嬪姒族。在笄譽賢孝。調羹稱婉淑。作苦翼夫子。食貧善旨蓄。庭草不宜男。一索失所育。強笑慰姑夫。宵深惟暗哭。昊天何其酷。所天遽不祿。朝爲共命禽。夕爲孤飛鵠。一死良不恤。衰姑風中燭。男女未可知。遺腹方震夙。上以謀膳羞。下以延似續。生女聊自慰。立嗣誠式穀。朝露理耘鋤。夜燈勤紡讀。養祭必具物。所餐常半菽。紇乾三十載。涕淚不知斛。春氣煦野屋。新篁日簇簇。子舍已成陰。壻鄉復茂郁。昨歲搆新堂。出幽遷喬木。兒孫奉慈母。讙誼快心目。倏忽五十年。憂樂如旋軸。不有母氏賢。詎致蘭桂馥。松筠挺歲寒。凡卉俱俯伏。寄詠清湘濱。庶以貞浮俗。

百歲嫂替主救兒圖 有序

湘潭葛鼎甫遂銘

百歲嫂者。明末兵馬指揮使楊養初家侍其主母黃者也。當張獻忠寇湘。過寧鄉。主母抱其子雙巖。且行且乳。窘步坐溪上。將溺之以免爲賊辱。顧謂婢曰。爾亦不可辱。以是母子婢。得皆不爲俘。此與遇險不救。顧欲炫鬻其姓名以顯世而又不能保全無玷者不類。百歲婁不以姓氏著。終老楊氏。不嫁。而又多壽。故名之曰百歲婁。可貴也。宜紀以詩。

荒荒古行驛。老鳳偕匹雛。豈無反噬鳥。亦有追飛烏。見兔當顧犬。弋雁毋忘凫。拳拳不忍舍。絮絮如相呼。湘南竅如織。自北來綏榆。鴟張祟不斷。鵲面人何辜。逃生古潭路。奔命新康墟。昔屬比鄰境。今畫翠匪區。指揮有命婦。侍奉惟女奴。主欲忿溺嗣。侍婢忙救孤。詭不露名姓。祕欲偵賊徒。試問彼其子。究是誰家姝。據云非碧玉。又說非綠珠。我非魯絜婦。夫壻為秋胡。我非秦氏娃。小字稱羅敷。櫻桃早氏鄭。若蘭原適蘇。不信譜牒贋。孰云宗族誣。佳人斥燕趙。何論越與吳。纖腰愧舞楚。卷舌慚歌虞。高密識詩婢。妙釋遭泥汙。始識女君子。不嫁賤丈夫。遙知女司馬。貞烈轟大都。尙論女統兵。聲威震通衢。牙門樹大纛。甲帳傳陰符。夷孜女進士。省識女尙書。簪纓耀璇閣。籤軸充石廚。秀才譽不薄。博士銜不虛。象笏豔冠帶。靴刀光履絇。張天映羅幕。疊地行氍毹。披鬟奮介鬭。挽髻紛馳驅。肩上負魚服。腰間懸鹿盧。卸卻玉條脫。拔來金僕姑。決拾擊如意。嗚鞭椎唾壺。會當召白澤。相與吞玄狐。欲迅射熒惑。何不張威弧。旄頭

禁夜落驕子當天誅誰令兕出柙孰引虎負嵎須趁此豁盪無復多躊躇誓將救萬
衆甯但存一孥婢曰對賊易保赤宜咨諏根本在桑梓萌蘖防萑蒲內顧犉舐犢外
怖狠生貙巢覆必卵破幹斷憂枝枯懷顧狀皚皚手拍啼呱呱親故望跨竄間諜潛
窺爺千鈞慮中斷一息增力扶山黑不見面林綠思完膚賊性善劫掠搜索琳琅瑚
況此抱中匿所寶稱瑾瑜屏氣護繈褓情急藏綺襦纏腰或負背自旦常至晡百拜
苦救孺免得充爲俘五體任化碧十指仍流朱生還若再世哭罷長嗟吁主曰救孺
難爾又能潔軀堅金鑠不磷結玉磨難渝履險出平易內智若大愚丹心照高迴一
點無模糊一命繼絕世七級崇浮屠氛烟靖伏莽日月臨平蕪避去兩頭颺終成千
里駒巫基賴柱石肯構支門楣亦既有九有安得無三無功宜豎碑碣義合銘盤盂
程嬰救趙氏避難孩密逋男兒負意氣賢媛無差殊山川若憔悴閭壼宜揚揄足使
巾幗彥比倫逢掖儒天地本高厚淩谷隨崎嶇連宵冀復旦久暗思同旰景懷百歲
潄允爲萬禩模蒼雯錫純嘏白首光奇觚傳合補中壘鄉人僉日俞精彩布漁網風
儀揚鼠鬚味道勝甘蔗思艱忘苦荼傳神在阿堵妙手推倪迂氣靜洗脂粉瞳清觀

畫圖。

跋貞女易彭氏行述

岳陽李澄宇 洞庭

再醮禮無譏。柏舟詩所欽。不强人以高。惡奪志使沉。在室未于歸。女也非婦林。九州任所擇。白璧齊黃金。蹇蹇彭氏女。薄俗期勵今。巳字卽吾夫。何必曾共衾。殉夫誠匪難。夫責誰代任。事姑撫弱弟。於茲聊盡心。生壙營墓側。終爲同命禽。泉下比人間。不慚琴瑟音。

題黃忠壯公雙魚圖詩墨

長沙黃兆枚芥滄

漢洗辭珍重。風流殺敵餘。黃圖奠江左。碧血濺黔墟。祖硯傳家在。朝衣故篋儲。中興此遺跡。毫素託雙魚。

前題

湘潭楊度皙子

余戢影海上。鐘勷公孫寄其大父劭坤父雙魚圖詩墨丏題。余之丈人沛皆太守於公爲兄弟行。又同殉王事。頗有故家喬木之感。爲題一絕以遺之。

太息魚龍變化難。高懸素絹曉風寒。功名事業今誰是。留得烟雲拂拭看。

甲午游仙詩五首

湘潭王闓運 佚稿

湘瑟。秋。清。嬾。更。彈。湖南巡撫吳清卿尚書忽於關前自請援高麗妻女泣留不顧而去只言。騎。虎。勝。驂。鸞。余虎恩初欲從吳爲偏將及得名見授總兵許以自將十營便別立名號吳求分二營不得又求分一營亦不許東華。舊。吏。猶。簪。筆。黃瑾瑜爲吳同年一甲進士奏充營務委員南嶽。真。妃。肯。降。壇。魏午莊布政將四營屬吳懲余虎恩之失禮事之甚謹旋以事上書吳置不答魏亦自貳叔夜。儻。憑。金。換。骨。曾重伯編修及陳梅生編修皆被命從吳曾請學洋鎗以千金爲質遂授翼長陳平。何。用。玉。爲。冠。謂營官饒恭壽之流淮王。自。許。能。驕。貴。初起事時李少荃傳相欲以吳爲幫辦吳意不願也却被。人。呼。作。從。官。始召宋慶總統淮軍旋改授恭王又改授劉坤一

只學。吹。簫。便。得。仙。霓旌。絳。節。領。諸。天。朝議欲易淮軍故劉峴莊尚書有統關內外軍之命定知。吳。質。難。成。夢。謂科甲諸君輕劉起行伍劉仲良尚書是也不與。洪。崖。更。拍。肩。劉總統諸軍則直督亦歸節制星闕。乍。辭。先。受。籙。邵友濂張蔭桓王之春出使求和之議與統軍之詔並發神山。欲。望。恐。無。船。南北洋二十餘船鐵甲者七焚其五鳴雞。夜。半。空。囘。首。驚怪。人。間。但。早。眠。京官眷屬先期出都皆請戰效死之臣也

新承。鳳。詔。出。金。閶。爭看。河。西。墜。馬。郎。陳裕三觀察從防黃河撚寇突圍陳己入省賀年墜馬折足幸不。倚。吳。持。玉。斧。陳在吳軍之前有事專稟直隸可能。窺。宋。出。東。牆。宋慶守摩天嶺陳又在其後勞援。仙。帶。招。燕。使。張野秋編修以陳刻扣軍餉事力爭於政府李蘭孫尚書指斥其阿徇只借。天。錢。辦。聘。裝。聞衛汝貴領銀十六萬以十萬寄家陳祇扣二萬故爲廉矣曾受。茅。家。

兄弟訣（陳雖曾忠襄之姻好而奏薦由曾文正）休將十賚損華陽（北語謂出醜爲損）

鬱金堂內下重幃玉女無眠但掩扉（張孝達尚書移督兩江一月以來每日作電報無暇見客唯與余談兩半日）塵暗素

書長自讀（於今西學已塵羹土飯矣）月明烏鵲定何依（張額皆出政府孫萊山尚書猶在前劾恭王者也）蛇珠未必能開

霧（張有誓死督師之志）鴛錦猶聞勸織機（軍械全資外洋上海各局設法甚密）莫道素娥偏耐冷爲君寒透五銖

衣（余在督轅霜月獨登三臺及出夜已五鼓明日遂行不辭不送也）

東華真誥有新封朵殿親題御墨濃眉嫵不描張敞筆（子春相國）額黃猶待景陽鐘（小山中堂）

仙家往事如棋局夜宴來時帶酒容（王夔石前在湘時不服洋藥）青雀定知王母意幾時瑤島駕

雙龍

右稿係同門許篤齋先生寄來。湘綺師遊仙自注。詩已梓行。注未傳出。此注與獨行諸自注。均有關史乘。故特登諸報端。原函另刊叢錄通訊欄。　周　逸識

廉吏歎爲武昌張靖輔知州感賦

湘陰郭尺岩

吾鄉偁廉吏彭游兩尚書景仰足風世平生願盡虛今逢張知州人言交美譽憶昔

淸積案西江陋習除粵軍總支應赫赫名通衢秦（子質軍門）張（堅白制軍）兩知己重倚若璠瑜

世變猶奔走。久滯故都居。天涯同淪落。君更苦甚余。拙性賣文活。頑鈍兼迂疏。君賦廉介性。甯餓轉溝渠。衣食兩困乏。何以堪齟齬。塵世多苦衆。不盡此欷歔。世既逐利資。鮮廉淫侈趨。貪欲剝聚斂。苦痛民肌膚。促促不終日。大亂同摧枯。賢士困窮約。焉用長嗟吁。吾詠廉吏歎。心寒痛有餘。廉吏可爲耶。不可又何如。人各有秉彝。命定胡爲乎。慷慨歌勿怨。毋愧七尺軀。不昧此心理。不背古典謨。人禽幾希界。誰是辨墨朱。禪師清遠大師有大智。知君與衆殊。他年五臺山。終老足清娛。君身有仙骨。而我愧凡夫。青青松與柏。心迹託高孤。

臨湘山八景詩

李澄宇

臨湘山在長沙縣治東三十里。乃孚佑陶真人福佑陶真人叔姪得仙處。孚佑真人名淡字處靜。福佑真人名煊字太仁。相傳梁天監三年。土人遙望臨湘山有二仙跨鶴騰空而去。遺蛻端坐山麓。因廟祀之。禱雨輒應。

一獅天外立。其上有仙踪。鶴尚乘雲去。龍應禱雨逢。青牛遙可擬。白鹿舊相從。異地竹林侶。何如來此峯。獅嶺仙踪獅嶺眞人坐山也

媚絕鵝湖水仙山三里西岸隨芳草遠柳共夕陽低浴月成緋玉棲霞幻紫璆賞心真未晚弔古欲何題（鵝湖夕照明吉王據湘時曾豢鵝於此）

一水對西來二仙東望咍人喧雙渡滿船小百忙開不已鳧相逐於飛燕復回渡頭長似此熙攘亦春臺（梨江雙渡分上下二渡也）

曲曲東茅港橫經仙廟前炊煙孤艇外落日小橋邊喚渡東西急焚香士女便至今談柳氏鴉亦以人傳（茅港孤舟舊以小舟渡行人長橋柳氏乃修石橋橋成有衆鴉步橋而過遂名鴉林橋）

補天人已杳一石忽撐雲是筍寧成竹無梯已出羣白衣庵可認司馬記猶勤那料如椽筆曾書大塊文（撐雲石筍在白衣庵側司馬頭陀有銘記云石筍伴南地高山落下平明堂如仰掌世代出奇英）

夾岸花如錦桃源此地真不須漁父引別有武陵春靖節難成記王微倘繪津夕陽紅滿樹艷絕兩無塵（夾岸桃花在山右）

元代絃歌地於今尚有岡一碑傳舊事萬象赴斜陽俯仰情何極詩書味不忘等閒明月上郤似水雲鄉（東岡晚眺元建東岡書院碑尚存）

人事各千古寺鐘時一聲南無觀自在上界聽分明禪寂偏難靜中空詎不平本來

心是佛曉夜復何驚。（古寺疎鐘山後有圓通寺準提庵）

新華門連理樹

湘潭周維翰澂蘅

新華門內有連理樹。枝葉扶疏。廣約半畝。相傳此地爲香妃所居。妃故回王妃也。生有異禀。肌理皆香。故名。清高宗聞其美。必欲得之。因以大兵征服其部。主帥希上旨。俘妃以獻。上築寶月樓居之。頻頻臨幸。欲仿宋太宗於小周后故事、妃痛亡國之慘。誓死不從。居恆引刀自衞。上亦無如之何。而寵賚日有加。冀回心詞之可重唱也。時太皇太后知其事。恐上罹不測。一日乘輿幸天壇。太皇太后召妃至。命賜帛。妃再拜就義。且曰。國破家亡。相逼至此。久思自戕。恐終無以自白。今日太后實我之恩人也。夫和氣致祥。黷武好色之君。不當有此瑞應。或者謂當日高宗愛妃之心。無可表示。故手植此樹以見意。其說近於荒唐。予以爲忠臣烈女。其行誼與日月爭光。精誠所感。物即應之。岳墳之樹南枝。盼樓之燕年至。其明證也。妃以亡國之餘生。切故夫之慘痛。在天願爲比翼鳥。在地願爲連理枝。淚珠滴地。生此嘉木。理或然歟。西陵松柏。非無紬感之枝。南朝臺樹。儘有相思之樹。敬撰短曲。

上慰貞魂。

連理樹何年生上有黃鸝聲哀鳴鳴聲惻楚酸肺腑似訴淒涼亡國情問鸝何爲哀如許鸝淚盈盈墮花雨自言生小號香妃祇爲嬌容累故主故主囘中一姓王氍毹歌舞好風光自從選入君王側壓倒昭陽姊妹行承恩侍宴賞無數才人纖眉婕妤妒臨春結綺不知秋玉樹庭花曲頻度瓊枝璧月四時新南內風光幾度春射虎天山陪鼙日椎牛毳幕捧觴巵漢家天子思傾國萬里胭脂慕顏色胡塵捲地六軍來瀚海羽書斷消息城頭無奈豎降旗掃穴犁庭萬古悲薄命已歸沙吒利香車傳驛獻龍墀受俘召見天顏喜華清賜浴承恩禮自憐亡國未亡人早把花顏拚一死反顏事仇復何心軟語溫存惡語侵長信淚珠時洗面上陽更漏怕聞碪牀頭秋水寶光逼要斬仇頭吮仇血三尺紅綾慈聖恩香魂萬里還君側休歌芍藥贈將離在地仍爲連理枝古幹交柯風雨急可憐是妾斷腸時我聞鸝言淚沾臆謂鸝何爲長歎息人世歡娛有盡期女貞萬古留顏色祇今天雨洗胡腥留得貞條翠黛凝煙鎖長門攀折少年年杜宇哭冬青。

船山學社後院採桑洗眼賦詩爲紀　安化黃鳳岐芳久 壬申遺稿

社拓船山學諸君作棟梁。周石藤君尤首出力就聆羣講説已發老聾盲。左耳目久患此後院培嘉樹。長竿引菀桑。是日九月二十三爲采桑洗眼佳辰五人同洗眼。自號渭叟最增光瞭焉銀海燦朗若玉山行。爽氣消纖翳幽光闡大明。苞桑維學社稊粟眇滄瀛。仰此南天柱船山夫子端資衆手擎。船山諸君

和黃芳久先生採桑洗目元韻　周逸木崖

讀罷琳琅句餘音繞屋梁。清才猶壯歲高論啓羣盲。綠滿窗前草青餘社裏桑。良辰添雅事何幸仰靈光。

不負船山約飄然緩步行。一杯長醉醒萬事久看明。劍氣沖牛斗文名動海瀛。漫將淮鴨侮神勇避拳擎。芳老自言昔舟過淮海間風阻遇三盜自相謂上岸去買淮鴨吃吧先生知意不善先躍岸上以手劃堤草深入尺許盜訝去

再疊前韻　前人

此心隨所適白屋勝雕梁。學道非爲目。老子有爲腹不爲目之語悲天正憫盲。高歌振荊楚論世感扶桑。欲定安危策還推老霍光。

座上清流客何人識夜行。（鵬冠子有聖人貴夜行語）早尋三徑樂獨坐一燈明高壽齊山嶽新詩遍海瀛秀才重話舊天柱豈難擎

三疊前韵　前人

老去志不挫時時樹脊梁讀書忘歲月避世學聾盲向晚欣看菊當秋憶採桑他年重洗目案上盡珠光

世亂才難用時清道易行羣言啾不息衆目翳無明以此波翻浪公然鼎沸瀛江山惟一醉天折賴誰擎

前題　石廣權一參

老成欣健在隨地獲津梁道力欽孤往仁言啓衆盲奇方今抱樸神化古庚桑恰喜塵根淨人天仰佛光

似翁强不息端爲法天行學道心無欲通經體至明高齡齊渭水往事憶蓬瀛世局淸猶待迴旋仗引擎

前題　陳嘉會鳳光

籠鈎非陌上棟宇異齊梁老眼原無霧調肝啓衆盲覓方翻本草如日浴搏桑吟望
心千載扶危道有光
具眼看前路船山郎景行潤沾猶沃若毫察正秋明飽閱滄桑世難談海客瀛者成
欣健在離象賴提挈

前題　陶思曾叔惠

大道陵夷日羣么肆跳梁世儒存目論正學啓心盲抱樸傳新藥張華識老桑憑將
如炬眼刮垢更磨光
博物磻溪叟奇方詔我行水歌昌谷翦露點赤松明詩筆驅山嶽胸襟盪海瀛滄桑
看變幻因有智珠擎

前題　胡子清少潛

學社開詩社聯翩賦柏梁破魔張慧眼衛道啓羣盲洗眼看雲水高懷眷梓桑歸然
欣在望魯殿一靈光
荆榛方塞道擿埴盡冥行正色淆朱紫崇朝異晦明足傷誰視地口衆只談瀛共努

回天力南天一柱擎

前題　顏昌嶢息盦

舉目河山感幺魔肆跳梁忍能看地裂直欲醒天盲洗耳憐巢父窺垣笑長桑發蒙還振落巍矣魯靈光

獨抱澄淸志周原掉臂行見塵俱掃淨法眼得光明瑞葉爍銀海唐花眇島瀛南天此嘉樹廈柱仗提擎

前題　盧質泮珊

壇坫椎牛耳中流得筏梁洗幾觀大化失路憫聾盲繕性不離酒明農專課桑皤皤人共健刼後仰靈光

曾共蓬萊客金鼇頂上行風華傾玉署霜仗翼承明舊夢縈三海新潮撼八瀛始知大廈覆未可一拳擎

前題　蕭度叔康

船山新學案鄒魯舊津梁孝友懷張仲浮誇讓左盲風雲時變幻田海半滄桑洗眼

觀天下羣陰蔽日光

前廳來坐坐後院復行行一雨當窗暗六經啓聖明譜詞塡學海釣渭寄蓬瀛淮甸兼人勇鷹揚絕技擎

前題　　長沙黃濬仲深

船山宏舊社南學此津梁白髮推年長黃書警目盲奇方徵本草良藥採柔桑洗眼淸如許平增雲水光

世途森大盜掉臂儘遊行膂力華年壯晶瑩老眼明文明蜚北闕武道藐東瀛佇看扶危局婆娑一手擎

前題　　歐陽之鈞重衡遺稿

黃鐘嗟毀棄衆作噪齊梁江夏緒猶續文昌心不盲竹林書法董鐵硯未磨桑頹耄雙眸炯欣占吾道光

短劍橫秋水蜚騰萬里行礪身經百鍊豪氣軼三明砧急催遼瀋塵昏沸海瀛廉頗如用趙一柱手能擎

前題　前人

鱣堂隨驥尾賡和踵河梁敢謝何休學能箴左氏盲芳情紉佩芷瑕釁弭爭桑堪笑蜉蝣撼毋傷日月光

廡祀躋黃顧而今道已行夕堂探妙蘊爝火熄微明自足傳薪燼休誇裨海瀛反經倡正學邪許互相擎

前題　黃贊元鏡人

美意懷耆德高歌繞屋梁宏規纘衆志正學啓羣盲素潔前山鶴青葱後院桑佳辰傳古法洗眼得清光

東望氛難靖南來道未行不期千載過猶放一星明禮樂還前社聲光滿大瀛老成飽憂患天柱賴重擎

前題兼呈周木崖夫子　湘潭侯　瀛遯嵓

訪道薑齋社斯文仰脊梁微言熄邪暴淑身導昏盲廣院留叢桂羣賢擷晚桑眼經明水淨佳句發奇光

偶作長沙客。聊爲洙泗行。家聲傳太極。師範振皇明。用里親風雅。濂溪接閬瀛。船山學誰繼。一木自能擎。

前題　黃宗禹松如

船山維隧緒。湘水奉津梁。騷賦追漁父。麟經熟左盲。紀游多險棘。閱變幾滄桑。色相空諸有。如來慧眼光。

瘠瘓傷滿目。方便喜時行。采藥孫思邈。植桑蜀孔明。（公晚年於種茂園植桑數十株采椹釀酒拾葉醫目並善哮症草藥時采醫人多奇驗）餘閒談獵渭。（公住渭濱）往事溯登瀛。年暮心猶壯。南天柱可擎。

船山學社諸友設宴賀余重游泮水即席賦謝　黃鳳岐（壬申遺稿）

宴我泮重遊。羣公即魯侯。酒隨難老錫。詩效一朝疇。觀旆仍鸞噦。承筐備鹿呦。周行還見示。更望曲江頭。

斯文皆骨肉。尚武亦精神。（泮水詩言允文允武）坐漫推吾長。行當列主人。（此次須仿醵法）藻芹雖典舊。衿佩卻時新。多謝諸君意。奇逢乃夙因。

和黃芳久先生（老八）泮水重遊元韻　周逸

憶昔承明日。輕煙散五侯。雲嵐猶可伴。文酒轉相疇。往事悲龍影。秋風感鹿呦。蟾宮應再步。重見月當頭。

避俗初無意。逃禪且定神。從來稱健者。到底是高人。不信年華老。還欣德日新。前塵懷影事。盃酒豈無因。

前題　前人

重聞泮水遊。上壽等封侯。酒以千甌醉。詩憑一紙疇。從知龍變化。還聽鹿鳴呦。漫道先生老。秋風未白頭。

搦管言泉湧。臨風詩入神。青袍猶是我。白眼敢加人。鐵硯磨今破。湯盤浴日新。好將前夕話。留作萬年因。

前題　前人

黌序唱重游。青山識故侯。酒錢常不足。詩債苦頻疇。試劍知龍躍。開筵賦鹿呦。欲尋吾道樂。活水在源頭。

武勇驚淮甸。文章泣鬼神。平生懷古道。老去愛今人。不恥青袍舊。偏憐白髮新。此心如有寄何必念殊因。

前題　石廣權

欣聞頖再遊卽此傲王侯士稱民之秀天儲壽以齡芹宮鸞噦噦苹野鹿呦呦更宴
中書省紅薇再插頭
武竹驚禁衞文亦動天神亂世辜奇士貧居老異人境窮心自達名舊德恆新醲酒
爲公壽臨風紀綮因

前題　陳嘉會

自昔青衿重名言記故侯（曾文正公言不願家有達官貴人而願世有秀才）簪花想前度介雅喜今齡取次
看芹采重當聽鹿呦咸同諸老後文學說從頭
當世梨洲叟文章亦有神瓊林前代夢黌序再來人絃誦都非舊儒冠別樣新從軍
隨李廣都是秀才因

前題　陶思曾

觀旅紀舊遊燕喜頌公侯人是羲皇上天將壽考齡馬仍行蹻蹻鹿再聽呦呦勝事

休辜負新詩在上頭。

憶我鬢宮雋，君聞足暢神。拔刀來惡客。余入泮先父置酒宴客時芳老授讀曾惠斂家居甚近獨後至詢之是日適有客至塾遽出刀相砍芳老拳捷奪之又以書櫃遙擲芳老亦避去最後復擲一大石於案上卒執之乃前在閩舊識以事誤會特來尋釁也贈策美先人。余入泮芳老賀以聯語兩宋科名兄及弟三蘇文字父爲師蓋余伯兄於庚寅入泮甫二年余繼之故云四十年，如舊三千界已新。他時予繼武，相與話前因。

前題

胡子清

重逢泮水遊，嬌嬌一剛侯。天寶談遺事，在坐陳鳳光石蘊山陶叔惠諸君各纓舉秀才故事香山盛唱醻。共祈鮐背耉，再聲鹿鳴呦。此老還童法，於今尙黑頭。

允文還允武，矍鑠見精神。張楚搜奇士，量才匪異人。今秋湘省舉行國術比賽省府聘先生爲評判員幽情思復古，景運待開新。天下關憂樂，薑齋種夙因。

前題

盧質

歷盡滄桑局，東陵牘故侯。湖山宜作主，詩酒自相醻。舊雨嗟麟角，前塵記鹿呦。摩挲腰下劍，輸却佞臣頭。

避地苦無術。談天正有神。名園前度客。好夢過來人。白髮隨年長。黃花照眼新。莫將興廢事。辛苦話蘭因。

前題　蕭度

黌宮憶舊遊。衣布傲王侯。秋水餘芹藻。船山互唱讎。飛揚鳥翯翯。鳴盛鹿呦呦。自古者英會。蒼顏對白頭。

泮水重遊日。南天嶽降神。最難座上客。同是社中人。卽此昇平頌。祈公景福新。百朋如錫我。三壽豈無因。

前題　黃濬

靈物泮池游。者英話故侯。年推周甲滿。酒應浹辰醻。運再迴龍馭。筵重賦鹿呦。青衿誰似我。曾未出人頭。

角力原無敵。文章更有神。高吟推郢匠。後和愧巴人。國術由來古。文壇此日新。西鄰芳德播。（寒舍居貴寓東）結識豈無因。

前題　歐陽之鈞

盛會未陪游。輸他萬戶侯。攀龍披雅什。泛鎧附賡醻。今已駝棲棘。追維鹿賦呦。博徵文與獻。羣攸買長頭。

叨隨幾應後。傾蓋交盡神。幸此頹瀾日。猶存砥柱人。航珍周鼎費。繇蕞漢儀新。芹藻歌難老。黌宮話舊因。

前題　　前人

羣英冠蓋遊。煬灶薄王侯。世亂名爲累。才高志未醻。遷喬鶯翕羽。見草鹿鳴呦。杖履相扶掖。垂垂盡白頭。

威略營平老。頤真養谷神。冥冥雲表鶴。落落眼中人。攀桂思招隱。磨鉛恥美新。相宗遺箸在。覺路啓迷因。

前題　　黃贊元

蕭條話鄉里。樂道種瓜侯。高會叨陪坐。新詩快獻醻。重歌芹采什。遙聽鹿鳴呦。此宴誰先續。靑衿皆白頭。

較射心如鏡。（國術評判）論文筆有神。拔山寒賊膽。（蕪湖軼事）息影避妖人。（拳變前請假回里）話舊風流

遠傳經歲月新謝公富作述（龍山先生有著作數百卷）同社盡前因

前題兼呈周木崖夫子　　侯瀛

曾侍汝南遊重來揖故侯元戎重文教名宿互庚醻論道天花墜敲詩鹿韻呦頹風頻手挽士氣數從頭經年離亂隔快慰覩丰神道義崇儒行疏狂免俗人陶潛素閒靜庾信倍清新屬和慚貂尾瓊瑤感夙因

奉酬船山學社諸君補祝賤辰五言一首壬申　　黃鳳岐選稿

十月八旬三梅花得雨甘（久晴作雨）喜叨青眼待笑向黑頭簪座上詩朋集樽前劍俠談送迎勞健僕坐長忝元男（諸長弟妹）再聽鸞聲噦羣誇鶴舞堪蹉跎將壽補道德合禪參食肉何論相鑿身未弛擔萬年同醉飽何止壽籛聃

有感用黃芳久先生（孝八）船山學社小集元均一首壬申　　周逸

高詠再而三濃情比蔗甘（先生贈余有共爲天下有情人之語）青衫雖有淚白髮尚堪簪已覺千秋近來尋半日談莫悲無傑士惟楚產奇男骨傲雲嵐合身强酒量堪才高防俗忌世亂

止。禪參滿目河山感。雙肩宇宙擔。麟經慚獨抱。此意竊彭聃。

和芳久先生船社小集元均一首　黃宗禹

自夯百齡三。公自許二百歲頤年不擇甘。頻宮難老錫。船社盍朋簪。詩酒掀髯敍。劍拳抵掌談。鷹揚今尚父。柳下古奇男。公家住柳林台前清楊侍郎頤奏公血性奇男代進練兵條陳奉旨入羽林教習禁衛軍周覽名區勝。隱居陋巷堪。六經猶爛熟。三昧且加參。喜受家貧賀。憂爲國難擔。耄期勤不倦。保固法彭聃。

右稿係黃松如君送來云。日前搜得家芳老在船山學社唱酬遺稿。並諸君子各佳和。已經芳老編選照錄。請裁酌能登入貴社刊。更感。此稿余早欲披露。因存芳老處。今既獲之。當依次照登。以尊重芳老之遺意。

哭趙瀞園先生四絕　盧質

白簡文章海內傳。埋輪難瘏醉秦天。青山故國遺臣老。風雨西陵淚泫然。

晚依廬墓自誅茅。蓬累人間寄一匏。老去怕編禪代史。明夷筮取第三爻。

一臥江湖三十春。干戈寥落不嫌貧。避秦自祕藏書窟。誓墓惟鐫待死臣。

海宇勵勤戰血酣。世情翻覆似雲嵐。壁間遺墨分明在。一樣傷心鄭所南。先生題船山學社聯云。居然天地成今古。何必雲嵐不典型。其感傷可知矣。

哭族兄次龍副貢　羅傑

壇坫依依廿八年。斗山一脈數源淵。賢能副獻虒龍躍。詩禮千秋待鯉傳。念我沉疴嘗劑藥。舉才聞政不論錢。茫茫四海疇知己。追憶平生更惘然。

得天放稱六星詩人有感並序　周逸

余少時。重九遊邑城文昌閣。閣有樓。樓臨河。余直登其上。即萬樓也。樓中立魁星一座。高聳雲表。余有感焉。且題詩於壁。不意書至五里尋幽步萬樓六星臨水一天秋之句。忽聞人聲鼎沸。知有異也。同伴鄧君震生、探悉閣中住有肄業生十餘人。適議今日題詩於萬樓者禁之。吾等不如去乎。言未脫口。有數人直前阻之曰。此壁不許塗詩。況六星乃杜譔。非洗去不得出門。余不理。既而笑曰。文人題詠。江山生色。自來風月任人取用。蓋無有禁之者。汝等何故阻之乎。抑果不知六星之所出乎。一生曰。詩則吾請以從矣。若乃三星在戶。今夜淒涼有四星。及五星聚於東井。則吾所知。惟六星未有所聞。請一一舉之。余曰。一上將。二次將。三貴相。四司祿。五司命。六司寇。此文昌六星之名。見載晉書天文志。於是衆皆忸怩。低首而退。余與震生大步而出。閱一稔。事爲同邑張藻庭明經所聞。作詩贈余。有六星當日無人識。誤喚周郎欲洗詩之句。事過三十年。忘之久矣。今得老友龍天放自攸寄詩稱六星詩人。意者吾邑前有張九鉞詩人。今乃呼余爲六星詩人。豈非詩人先後遙遙。兩相輝映。九鉞六星。不期然而然耶。不然而期然耶。抑然耶。而期不然耶。嗚呼。昔湘綺師戲謂我言大志大。詩亦大。不可一世。皮鹿門先生序余詩。中多艱苦語。謂我是天才。雅不欲願我爲詩人。此皆寬語。日月期之。曠世而無窮者。然而愛之既深。報之無由。期之無限。勉之而已。撫今追昔。忽不覺其百感之橫集也。己巳天貺後十日于長沙西園

笑我忘千載。承君復六星。少年多逸氣。老去更豪情。肝膽逢人處。文章擲地聲。不須悲劍短。風雨作龍鳴。

題萬樓壁 幷序

湘潭王　劉伯良

周子仲元少負才名。多遭人忌。嘗載酒登文昌閣。題詩壁間。有六星臨水一天秋之句。時閣中肄業諸生。羣指六星爲杜譔。迫令洗去。正爭論間。張藻庭學博過此。語之曰。文昌六星見晉書天文志。盍歸而求之。衆始慚退。予於次日。遥至萬樓題壁以解嘲云。

閶闔門高斗柄移。文昌炳炳耀重離。六星慙愧無人識。枉負周郎自洗詩。

難得張華博辯才。一言便解小郎圍。定知謝朓驚人句。應共神龍破壁飛。

附註　事見逸前詩序中、此詩並序、微有出入、蓋伯良兄因傳聞之誤也、

題陶桓公墓門　前人

大名高位兩巍巍。勛業全由母教來。一代衣冠坏土在。九秋風雨墓門哀。秪今斷碣埋荒草。終古寒流咽釣臺。依舊中原猶搶攘。眼中無復八州才。

揚州謁史忠正公祠　前人

古祠高樹對斜曛。終古長留閣部墳。尚有老僧談浩刦。曾於弱歲讀遺文。湖山壯色梅千樹。（葬衣冠處地名梅花嶺）淮海招魂月二分。爲問玉鈎叢葬處。有誰名節類夫君。

寄懷黃子剛大令湘中　湘陰郭尺岩

四十年前友江南共宦遊天荒都落魂人境苦含憂肝膽誰能吐文章老未休不曾忘叔度無以慰清流

答尺岩硯兄一首　長沙黃履直子剛

朋輩多寥落金陵憶舊遊立身蕲適道爲我獨含憂知己天涯隔今生老病休山居忘歲月滄海任橫流

案上水仙盛開仍用原均兼柬見和諸詩友丙子　周逸

生來最喜伴書房不與羣花鬥夕陽何處梅蘭識清品競投珠玉合幽香

去年花發春猶煖今歲春寒花更開羨爾挺生眞出類心清不受一塵埃

和仲元詠水仙原均二首丙子　攸縣龍絨慈達夫

悄悄簾櫳曲曲房美人深坐向朝陽休憐曉氣清如許時與梅花度一香

春鬢昨夜破空來十二樓中玉鏡開記得縞衣新入夢紛紛涼月類輕埃

再次木崖見和卽事原均丙子　浣霞閣主

正是春光蝶舞忙好詩如畫入斜陽漫談唐宋空今古且看花紅並酒香
眼底何人七步才高吟白雪笑顏開平生心靜明如月照徹三千不見埃

和賓次航老人見和水仙原均二首丙子　　周逸

珠玉傳來水一方不期高叟慕南陽惜花心事都無恙清潔爲懷夢亦香
造物如何解愛才年年寂寞賴花開如君欲問南窗事水石依然不雜埃

和周木崖水仙詩十首之三幷序　　衡山賓六龍次航

乙亥冬偶讀船山學報、見周木崖先生詠水仙詩、有一生懷抱噴清香句、想見其人、不勝欽佩、臘八日、余八十生辰、醉後吟寄、以志神交、

水養精神石作胎祇宜水石不塵埃人間天上都能住一染泥汙卽願埋
不親炎熱祇親寒煙火人間久不餐祇有幽香與幽色和同水石煉金丹
水石無年花有年花之生日亦綿綿百年卽有花死日水石連天葬也妍

暮春與曾郭二君訪王直甫遇雨止宿　　湘潭陳博學珮秋遺稿

萬壑鳥聲碎芳園春未休小橋通石徑老樹夾溪流近岸秧針簇遙山畫稿留鷺飛

青草岸魚戲綠莎洲微雨堤邊灑輕雲天際浮水清環白屋樹密隱紅樓漸見芸窗露旋將箬笠收主人迎外戶稚子候前騶夷甫風懷遠林宗意氣稠倚闌看樹色俯閣聽漁謳玉笛吹何處琅玕節正修玲瓏真四面歌詠足千秋饌盛羅雞黍筵開唱酒籌飛觴天忽暮出座雨如油握手殷留宿談心善解憂詩論千古慨酒滌萬年愁重飲情何摯高談意更優一樽人醉倒滿座興夷猶竟夕難成寐羣蛙聲亂投起看天色曙靜聽鳥鳴幽忽動除蝗鼓咸驚上瀨舟登高情欵欵望遠意悠悠話別袂頻把偕行衣共摳驚風翻北畝密雨點西疇路曲迷楊柳波迴撼水鷗名花蓬島麗好鳥鳳鸞儔此地一爲別此心不自由相期消夏日再與賞紅榴

游高華寺　　湘陰王　鑑清濂遺稿

隨着行人去抬頭見寺門禪關依嶺半古木插雲根佛座塵三斗僧房月一痕欲尋題句處雨蝕破牆存

劇記

船山先師詩錄

小樓雨枕 其三

周 逸敬選

小圃桃花發幾株。暫時瀟灑且江湖。柳風乍得吹烏帽。燕壘莫驚長綠蕪。

符璽可容徐廣淚。山河難授馬融圖。千秋歷歷懸青史。不信兵戈有腐儒。

其四

客牕倦雨曉朦朧。乍有晨光半紙紅。江岸夜喧春水長。沙汀波漾燕泥融。

乾坤卽事容心廣。老病隨緣自德充。莫問漁津知處否。綠楊繞屋已陰濃。

劄記

恆心堂讀書答問 續第十期

湘潭周逸木崖

問學何以關乎世運治亂否泰試言之

答夫學始於人心關乎世運治亂否泰咸由於茲故爲明善復初而學則所存所發莫非天理處也有守出也有爲生民蒙其利濟而世運安有不泰爲辭章名利而學則所存所發莫非人欲處也無守出也無爲生民毫無所賴而世運安有不否是一心理欲消長之所由分卽生民休戚世道安危之所由分也

問明善復初之學果力到功深其氣象如何

答果孜孜明善復初力到功深天機舒暢不期悅而自悅方以類聚聲應氣求研理則共相闡發行義則交爲切砥進脩既賴以不孤塤吹篪和爲斯世扶綱常轉相導引爲萬古存幾希學脈又賴以光大悠悠天壤何樂如之人之知不知於此樂原無加損夫何慍慍則便是名根未斷人欲猶雜爲已爲人之分正在於此故近

名終喪已無欲自通紳

劄記　恆心堂讀書答問　二

問人不已知罔無患而不知人其患有關乎治亂否

答吾人學非為人。人之知不知原於己無損。故不以此為患。惟是人不易知。知人實難。我若不能窮理知人。則鑑衡昏昧。賢否莫辨。是非混淆。交人則不能清賢而遠佞。用人則不能進賢而屏奸。在一己關乎學術。在國家關乎治亂。雖欲不患得乎。所謂正直君子易知。邪曲小人難知。蓋正直君子。光明洞達。心事如青天白日。人所易見。邪曲小人則文詐藏奸。迹似情非。令人難覺。若張趙諸公之於秦檜是已。張趙初以張邦昌之僭位。檜不傅會。及與同朝共事。又見其事事克辦。交稱其賢。以為才似文若。以致階以進用。卒之禍天下而賊生靈。貽害無窮。諸公實不得辭其責。由此觀之。人罔未易知。而知人實不易也。故不容不患。患則講究有素。患則慎之於初。

問六經是否救世之言

答六經皆古聖賢救世之言。凡一字一句。無非為後人身心性命而設。今人只當文字讀去。不體認古人立言命意之旨。所以白首窮經。而究無益於自己身心性命也。卽如詩之爲教。原是教人法其所宜法。而戒其所宜戒。爲善去惡。思不至於有邪耳。故曰。詩以道性情。若徒誦其篇章之多。善無所勸。而惡無所懲。則是養性情者。反有以累性情矣。

問六經之言有精粗可辨否

答程伊川先生云。語高則旨遠。言約則義微。大率六經之言。涵蓄無有精粗。欲言精微。言多則愈粗。逸按六經之言。是聖人盡道以其身所行率天下。是欲天下皆至於聖人。故聖人之道。本日用之常。無有精粗之辨。小則治一身。大則治天下。萬世用之而無窮。

問徵心之法如何見其進境

答學問之道。正要遇境徵心。擔得一切煩惱。處人之所不能處。便是進境。所謂心無出入。有出有入者妄也。須令內緣不出。外緣不入。不爲窮通得喪毀譽生死所動搖。時時振。時時惺。不使懈惰因循生。終日乾乾不息。始可徵心。

問人之立身緊要何在

答人之立身。言與行而已。言慎則不招尤。行慎則不招悔。無尤無悔。品始不差。一有玷闕。他長莫贖。易曰言行。君子之樞機。樞機之發。榮辱之主也。言行君子之所以動天地也。可不慎乎。故曰脩身須要謹言。心者身之主宰。口者心之藩籬。藩籬不守。主宰罕存。故守口乃所以守心。

問志在安飽其學如何

答李二曲先生云。自後世豪傑不與正學弗明。學者終身皇皇。亦知敏事。亦知慎言。亦知隆師親友。志非不篤。功非不密。用心非不專且慮。而卒不可與入聖賢之道者。其所從事者。非君子之學也。以其爲安與飽計也。故吾人今日之學。先要淸楚此念。辨箇必爲君子之志。此志誠立。而後所敏爲君子之敏。原是敏吾性命不容已之事。而初非有要於功利。慎爲君子之慎。原是慎吾樞機。躬恐不逮之言。而要非有心於三緘。就有道而正。原是正吾學術不容不辨之實。而初非有意於聲氣。夫然而所學始爲道誼之學。所好始爲正大之好。其人始爲君子之人。余按惟志不在安飽。其品格始定。志不在安飽。於道誼始專。處不爲安飽之圖。則出必不爲肥家之計。如此方爲君子。否則便是小人。

問講學是否脩德之方

答學之所以爲學。只是脩德。德若不脩。則學非其學。講學正講明脩德之方也。不講則入德無由。徙義所以崇德也。不徙則崇德無藉。改不善所以進德也。不改則無步可進。安得不憂。故爲己而憂。是自視欿然。爲人而憂。是視人猶己。

問人品胥壞從何處定之

答李二曲先生云。爲身心性命而學。則學如不及。猶恐失之。君子自強不息之心也。爲富貴利達而學。則學如不及。猶恐失之。鄙夫患得患失之心也。同行異情。人品胥壞。逸按志不在安飽。其品格始定。所謂罕言利。所以定學者之操也。蓋天下事出乎義。便入乎利。儘言義。人猶趨利。若言利。流弊何所底止。底者誠體夫子罕言之意。於此處先要清楚。惟正誼明道。不謀利計功。則立身方有本末。否則何人品之可言。

劄記　恆心堂讀書答問　六

問養德工夫如何下手

答李二曲先生云。學者居處食用儉約方好。禹之無間然處。只是非飲食惡衣服卑宮室。功在萬世。君臨天下者且然。況常人乎。故養德當自儉始。昔章楓山先生官至八座。致仕在家。僅小屋三間。前面待客。後面自居。疏食粗衣。人所不堪。先生處之裕如。門人化之。莫敢華侈。逸以爲人不能戒華侈者。是人所見不透。若見得透時。則知有天下原不足與。天下尚然。況區區尋常所有乎。一或縈懷。便爲心累。夫惟淡忘。斯胷次灑然。道思過半矣。故養德尤宜從淡忘下手。

問富不可求。其說如何

答富若可求。人人皆富矣。人不皆富。非命而何。卽求之而得。齊景千駟之馬。何如夷齊西山之薇。一則死之日民無得而稱。一則民到于今稱之。誠不以富。亦祇以異。君子終不舍此以慕彼。況求無益於得。又豈可隨俗馳逐。徇人而喪已耶。故學者第一要安命守義。不可妄求。

問視富貴如浮雲。其胸懷如何

答富貴本如浮雲。況不義之富貴乎。其爲心體之累。終身之玷。亦猶浮雲之障太虛。掃而去之。則萬里淸徹。光風霽月。其快無涯。

問志道據德依仁游藝四者先後本末應以何者爲重試詳言之

答李二曲云。志道據德依仁而後游藝。先本而後末。由內而及外。方體用兼該華實幷茂。今人所志惟在於藝。據而依之。以畢生平。逐末迷本。騖外遺內。不但體無其體。抑且用不成用。華而不實。可恥孰甚。

古人以道爲先。是以知道者多。今人以藝爲先。是以知道者少。道成而上。藝成而下。審乎內外輕重之分。可與言志矣。

志道則爲道德之士。志藝則爲技藝之人。故志不可不愼也。是以學莫先於辨志。必也道成而方及藝。則朝夕游衍。莫非攝心之助。巨細精粗。一以貫之矣。

古之所謂藝。如禮樂射御書數。皆日用而不可缺者。然古人不以是爲志。必體立而後用行。今之所謂藝。詩文字畫而已。究何關於日用耶。或問楓山何不爲詩文。楓山笑曰。末技耳。予弗暇也。莊渠先生答唐應德書曰。聞開門授徒。無乃省事中。

又添卻一事。誰始爲舉業作俑。不知耗了人多少精神。心中添了多少葛藤蔓說。縱斬絕之。猶恐牽纏。況可引惹乎。朱子謂舉業是一厄。詩文是一厄。簿書是一厄。埋沒了天下多少人才。顧應德卓乎萬物之表。莫以此等攖心。若謂此是正業。是指尋花問柳、與力穡同也。按先生此書。言言警切。辨志者不可不知。

問古人好學。究實在何處用功。試詳言之

答李二曲先生謂學所以約情而復性也。後世則以記誦聞見爲學。以誦習勤。聞見博爲好學。若然。則孔子承哀公之問。便當以博學篤志之子夏。多聞多識之子貢對。夫何舍二子。而推靜默如愚之顏氏爲耶。卽推顏氏。何不推其誦習如何勤。渠聞見如何淵博。而乃以不遷不貳爲好學之實。可見學苟不在性情上用功。則學非其學。性情上苟不得力。縱夙夜孜孜。博極羣籍。多材多藝。兼有衆長。終不可謂之好學。故顏孟而後。學能涵養本原。性情得力。莫如明道先生。蓋資禀既異。而充養有道。純粹如精金。溫潤如良玉。寬而有制。和而不流。其言曰七情之發。惟怒爲甚。能於怒時。遽忘其怒。其於道思過半矣。薛敬軒亦云氣直是難養。余克治用力久矣。而忽有暴發者。可不勉哉。二十年治一怒字。尚未消磨得盡。以是知克己最難。吳康齋所著日錄。則專以戒怒懲忿爲言。有曰去歲童子失鴨。不覺怒甚。今歲復失鴨。雖當下不能無怒。然較之去歲則微。旋卽忘懷。此必又透一關矣。謝上蔡患喜怒。日消磨令盡。而內自省大患乃在矜。痛克之。與程子別一年、來見問所學。對曰。惟去得一矜字。曰何謂也。上蔡曰。懷固蔽自欺之心。長虛憍自大之氣。皆此之由。以上四先生皆實實在性情上用功。此方是學。此方是好學。雖中間用功有難易。得力有淺深。而好其所當好。學其所當學。則一也。逸按戒怒懲忿。真是最難工夫。余平生於怒字最痛克之。有時不免暴發。暴發後深自反省。乃知病在太認真。每見人詐僞。不免怒形於色。忿不可遏。以後凡見人欺我。及工役做事不是均當含忍恕之諒之。庶於戒怒懲忿四字。得其要領。勉之勉之。

問人之不剛。其故何在

答人惟有慾則不剛。不剛則不能直內而方外。故聖賢之學。以無慾爲主。以寡慾爲功。龍惟有慾則爲人制。人惟有慾則爲物屈。言人不以三公易其介。是爲真剛。故曰聖雖學作。所貴者資剛則英毅振迅。入道有其資。否則志氣易於散漫。工夫作輟無常。是知德非剛則不能進。況擔當世道者乎。

問今日急務何在有心世道者其應如何負責

答今日急務。在講明學術。如自己不知學。不可不尋人講。講則自心賴以維持。自己知學。不可不與人共講。講則人心賴以維持。所在講學。學術愈明。則世道賴以維持。是故學之不講固可憂。講而不行尤可憂。所謂治亂生於人心。人心不正。則天下不治。學術不明。則人心不正。故今日急務。莫先於講明學術。以提醒天下之人心。嚴義利。振綱常。戒空談。敦實行。一人如是。則身心平康。人人如是。則世可虞唐。此撥亂反治匡時定世之大根本大肯綮也。全在有立人達人之志者。刻意倡率。隨處覺導。（未完）

說苑

船山先師詩錄

春山漫興

周逸敬選

靑山一曲古今誰。曾向藤蘿挂接䍦。古樹幾逢新蘚長。落花聊遣曉鶯知。

乾坤舊日容雙鬢。戰伐隨時老一枝。擬上懸崖尋片石。苔函無字禹功碑。

其二

碧礎朱櫻始試花。定知紅藥孕丹芽。晶含斜日摇餘雪。縠長輕風皺淺沙。

遊屐未抛資藥力。漁蓑欲捲過霜華。堂堂永晝相容得。臥看牕西映綺霞。

說苑

疊字男名錄

湘潭葛鼎甫遂銘

余既成疊字女名錄。近三百人。未敢自信以急於刊布也。尋復不揣固陋。而謬爲疊字男名。惟是男名少於女名。其多者爲遼金元。尤多者爲元史。譯字不同。幾使人把卷而莫分名氏。固讀史者之障礙也。此錄於歷朝疊字男名外。而於元史之譯名莫辨者。後有改譯。必注其前譯爲何名。俾讀者開卷而其名悉釐然不紊。於讀史不無小補也。或曰何以不稱雙名而曰疊字乎。曰雙名卽二名。春秋譏二名。且二名是二字爲名。非疊字也。固無取焉。作疊字男名錄。

七七

明沈弘正小字錄補。殷七七。名天祥。又名道筌。嘗自稱七七。人久見之。不測其年。嘗於官寮。飲酒。取栗散官妓。皆聞異香。惟笑七七者。栗綴於鼻。不可脫。但聞臭氣。共起狂舞。粉黛狼籍。凡諸術不可勝紀。酌水爲酒。削木爲脯。使人退行。指船卽駐。呼鳥自墜。唾魚即活。撮土畫地狀山川形勢。折茅聚蟻。變成城市。人有曾經行處見之。歷歷皆似。劉浩軍變之時。甘露寺爲衆推落北崖。謂墜江死矣。其後人見在江西十餘年賣藥。入蜀。莫知所之。續仙傳

唐蔣防幻戲志殷七七名天祥。又名道筌。嘗自稱七七。俗多呼之。不知何所人。亦不測其年壽。面光白若四十許人。到處游行。姓名不定。曾於涇州賣藥。時靈臺蕃漢疫厲俱甚。得藥者入口即愈。皆謂之神聖。得錢卻施於人。周寶舊識之於長安。尋爲涇原節度。延而禮之。及移鎭浙西。數年後。七七忽到。復賣藥。寶驚喜召之。師敬益甚。每日醉歌。日彈琴。碧玉調藥。鍊白朱砂。解醞頃刻。酒能開非時花。寶試之。悉有驗。鶴林寺杜鵑高丈餘。每春末花爛熳。寺僧相傳言貞元中有外國僧自天台來。盂中以藥養其根來種之。自後構飾花院。鏁閉時或窺見三女子紅裳豔麗。共遊樹下。人有輒採花折枝者。必爲所祟。俗傳女子花神也。是以人共寶惜。繁盛異於常花。其花欲開。探報分數節。使賓僚官屬。繼日賞翫。其後一城士女。四方之人。無不載酒樂遊。連春入夏。自旦及昏。閭里之間。殆于口業。寶一日謂七七曰。鶴林之花。天下奇絕。嘗聞能

開非時花。此花可開否。七七曰。可也。寶曰今重九將近。能副此日乎。七七乃前二日。往鶴林宿焉。中夜女子來謂七七曰。道者欲開此花耶。七七乃問女子何人。女子曰。妾爲上玄所命下司此夜。然此花在人間已逾百年。非久卽歸閬苑去。今與道者共聞之。於是女子瞥然不見。來日晨起。寺僧忽訝花漸拆蕊。及九日。爛熳如春。乃以聞。寶與一城士庶驚異之。遊賞復如春間。數日。花俄不見。亦無落花在地。後鶴林犯兵火焚寺。樹失根株。信歸閬苑矣。七七偶到官僚家。適値賓會。次主賓趨進。有佐酒倡優甚輕侮之。七七乃白主人。欲以二栗爲令可乎。咸喜。謂必有戲術資子笑。乃以栗循行。接者皆聞異香。驚歎。唯佐酒笑七七者二人。作石綴于鼻端。掣拽不落。但言穢氣不可堪。二人共起狂舞。花鈿委地。相次悲啼。粉黛交下。及優伶輩一時起舞。鼓樂皆自作聲。頗合節奏。曲止而舞不已。一席之人笑皆絕倒。久之。主人禱謝於七七。有頃。石自鼻落。復爲栗。嗅之異香。及花鈿粉黛。悉如舊。略無可損。又酌水爲酒。削木爲脯。使人退行。指船卽駐。呼鳥自墜。唾魚卽活。撮土畫地狀山川形勢。折茅聚蟻。變成城市。人有曾經行處見之。歷歷皆似。但少狹耳。凡諸術不可勝紀。

舒阮詩話總龜卷四十四神仙上。殷七七有異術。過潤州與客飲云。某有一藝。有頃即顧屛上畫婦人曰。可歌陽春曲。婦人應聲遂歌。其音淸亮。似從屛中出。歌曰愁見唱陽春。令人離腸結。郞去未歸家。柳自飄香雪。如此者十餘曲。詩史

按詩話總龜卷四十五神仙門中韋七七名文祥。與蔣防幻戲志所載周寶鶴林寺杜鵑花開事相類。顧幻戲志以爲殷七七。而詩話總龜卷四十五又以爲韋七七。殊不可解。且詩話總龜卷四十四神仙上。已列殷七七。而四十五神仙門中又列韋七七。則是以爲二人矣。兩存之、待考。

八八

元史卷二十成宗紀三元貞五年七月戊申。諸王額默根薨。以其子帕克巴拉原作八八剌嗣

元史卷一百七宗室世系表。帕克巴拉大王。原作八八剌。

元史卷一百八諸王表。帕克巴拉。原作八八剌大王。延祐元年。

八八

舊唐書卷一百二十一李懷光傳。貞元元年秋。朔方部將牛名俊斬懷光。五年。詔以懷光外孫燕八八。賜姓李氏。名承緒。授左衞率府胄曹參軍。承懷光之後。

八八

元史卷七世祖紀四。至元十一年七月戊寅。賜諸王巴拜。原作八八部銀鈔。

元史卷一百八諸王表。巴拜原作八八大王。延祐四年。詔復以世祖所賜印賜其子哈布爾特穆爾。

元史宗室世系表。太祖六子。次六科爾戩。太子位。巴拜大王。原作八八。

十十

新五代史卷三十三死士傳第二十一王思同傳。應順元年二月。潞王從珂反鳳翔。馳檄四鄰。因遣伶奴安十十。以五絃謁思同。欲因其歡以通意。是時諸鎭皆懷嚮背。所得潞王書檄。雖以上聞。而不絕其使。獨思同執十十。及從珂所使推官郝詡等送京師。愍帝嘉其忠。

小小

舊小說九丙集五代仲小小臨洮之境。有山民曰仲小小。衆號仲野牛。平生以採獵爲務。臨洮已西至於疊宕嶓岷之境。數郡良田自祿山以來。陷爲荒徼。其間多產竹牛一名野牛。其色純黑。其一可敵六七駱駝。肉重千萬斤者。其角二。壯夫可勝其一。每飲齕之處。則拱木叢竹。踐之成塵。獵人先縱火逐之。俟其奔迸。則毒其矢向便射之。洎中鏃則挈鍋釜負糧糗躡其踪。緩逐之。矢毒既發。即斃踣之如山。積肉如阜。乾霄中小小出獵遇牛羣於石家山。嗾矢逐之。其牛驚擾。奔一深谷。谷盡南抵一懸崖。犬逐既急。牛相排蹙。居其首者失脚墮崖。居次者不知。其偶墮累累接跡而進。三十六頭皆斃於崖下。積肉不知紀極。秦成階三州士民荷擔之不盡。

休休

徐光溥自號錄居士。類休休謝鳳子儀。　按尙友錄謝鳳、宋元嘉中爲鄞令。在任未幾。惠政大孚。於縣東二里造方勝碶以畜水。歲溉田五千餘頃。碶北阻大溪。復架石爲梁。民不病涉。因名曰謝鳳橋。建祠於碶南祀之。水旱蝗疫有禱輒應。

休休

舊五代史卷五十五唐君立傳。文德初。與汴將丁會牛存節戰於沇河。臨陣之次。騎將安休休叛入汴軍。君立勇退。

舊五代史梁書列傳李重允宋州下邑人。太祖命爲先鋒步軍都頭射中蕃將安休休。

舊五代史卷十五梁書列傳。李罕之陳州項城人。罕之奔於太原。李克用表爲澤州刺史。仍領河陽節度使。三月。克用遣其將李存孝率師三萬助之。來攻懷孟。張言求救於太祖。太祖遣葛從周牛存節戰於流河店。會晉將安休休以一軍奔於蔡。存孝引軍而退。罕之保於澤州。

唐書李罕之傳。罕之窮奔河東。克用表爲澤州刺史。領河陽節度使。遣李存孝薛阿檀安休休。率師三萬攻言。全忠遣丁會葛從周牛存節來降。休休不利。降全忠。

休休

新五代史卷三十六義兒傳第二十四。李存孝傳。文德元年。河南張言襲破河南李罕之。來歸晉。晉處罕之於澤州。遣存孝與薛阿檀安休休等。以兵七千助罕之還擊河陽。梁亦遣丁會牛存節等助言戰於溫縣。梁軍先扼太行。存孝大敗。休休被執。

休休

明詩綜卷八十九。周休休正德間。居建昌隆道觀。題院壁。陌上紅塵撲面飛。近來覺得世情微。白雲深處招黃鶴。不識人間有是非。

休休

宋元學案卷七十七。石余亨字成己。新昌人。石氏世爲講學家。先生守先緒。以咸淳進士官明衢二州。見宋且亡。棄去。隱沃洲。自號休休翁。

佛佛

宋書卷九十五列傳第五十五。索虜。赫連氏。有衞臣者。種落在朔方塞外。朔方以西。西至上郡。東西千餘里。苻堅時衞臣入塞。漸強盛。衞臣死。子佛佛。饒勇有謀算。姚興與相抗。興覆軍喪衆。關中爲之傷殘。高祖入長安。佛佛震慑。不敢動。高祖東還。即入寇北地。安西將軍義真之歸也。佛佛遣子昌破之青泥。俘囚諸將帥。遂有關中。自稱尊號。年號曰真興元年。京兆人韋玄隱居養志。有高名。姚興備禮徵不起。高祖辟爲相國掾宋臺通直郎。並不就。佛佛召爲太子庶子。玄應命。佛佛大怒曰。姚興及劉公相徵召並不起。我有命卽至。當以我殊類。不可理其故耶。殺之。元嘉二年。佛佛死。昌立。至是爲燾所兼。

佛佛

傳燈錄。祖祖佛佛。只說如人。本性本心。別無道理。會取會取。

佛佛

宋陳思小字錄。褚澹之。字仲原。晉義興太守爽子。小字佛佛。位尙書吏部廷尉卿左衞將軍。謚曰質。宋武帝以舊功愛之。會稽郡有闕。朝議欲用蔡廓。爲之。武帝曰。彼自是蔡家佳兒。何關人事。可用佛佛。乃用澹之爲會稽太守。（宋本傳按澹之見宋書褚叔度傳叔度淡之子也）

乞乞

新唐書卷二百十九列傳。北狄渤海本粟末靺鞨附高麗者。姓大氏。萬歲通天中。契丹盡忠殺營州都督趙翽反。有舍利乞乞仲象者。東走渡遼水。樹壁自固。武后封乞乞仲象爲震國公。赦其罪。

特特

舊五代史武皇紀下天復元年。武皇以汴寇方盛。難以兵服。佯降。心以緩其謀。乃遣牙將張特特。幣馬書檄以諭之。請復舊好。

特特

遼史卷十一聖宗統和四年丙戌。次儒州。以大將軍南征。詔遣特特。（原作乞的）先赴本軍。繕甲兵。遼史卷十一攷證。按特特原作乞的。卷十二又作乞得。係一人。統和六年十二月甲寅朔。賜特特戰馬橫帳。

師師

新唐書卷一百九十八列傳。西戎。康國即漢康居之國也。萬歲通天年。則天封其大首領篤婆鉢提爲康國王。仍拜左驍衛大將軍。鉢提尋卒。又册其子泥涅師師爲唐國王。師師以神龍中卒。

落落

舊五代史卷五十一。唐書宗室睦王存乂傳注。梁紀。太祖有子廷鸞落落。

落落

唐書藩鎭羅弘信傳。克用踰洹西北挑戰。行周大破之。禽其子落落。舊五代史卷五十三唐書李存信傳。乾甯三年。兗鄆乞師於武皇。存信與鐵林都將落落。遇汴人於洹水南。汴人爲陷馬坎以待之。存信戰敗。落落被擒。武皇紀下。乾甯三年七月。武皇與汴軍戰於洹水之上。鐵林指揮使被擒。落落武皇之長子也。舊五代史梁書羅紹威傳。父宏信歸欵太祖。李克用領兵攻魏。太祖遣葛從周援之。戰於洹水。擒克用男落落以獻。太祖令送於宏信斬之。舊五代史卷十六梁書列傳。葛從周。字通美。濮州鄄城人。乾甯三年五月。幷師以大軍侵魏。遣其子落落以二千騎屯洹水。從周擊之。擒落落於陣。幷帥號泣而去。舊五代史卷一梁書太祖紀一。景福三年六月。克用帥蕃漢諸軍營於斥邱。遣其男落落將鐵林小兒三千騎薄於洹水。從周與戰。大敗之。生擒落落以獻。克用悲駭。請修舊好。以贖其子。帝不許。遂執落落送於羅宏信斬之。唐書北狄沙陀傳。李存信攻魏。葛從周引衆三萬來援。戰洹水上。夜坎諸野。閧合。克用子落馬陷而顚。克用救之亦顚。追兵迫射之。乃免。舊五代史梁書張歸霸傳。字正臣。淸河人。佐葛從周與晉軍戰於洹水。生獲克用愛子落落。

得得

別號錄卷四十七。五代貫休。字德隱。俗姓姜氏。蘭谿人。七歲出家。日讀經書千字。過目不忘。旣精奧義。詩亦奇險。兼工書畫。天復中入益州。王建禮遇之。署號禪月大師。或呼爲得得來和尚。有集三十卷。全唐詩

得得

宋徐光溥自號錄。居士類。得得任伯雨德翁。又別號錄卷四十七。宋任伯雨。字德翁。號得得居士。見文獻通考。中進士。爲右正言。按任伯雨。眉山人。

得得

舊五代史卷五十四唐書王都傳。李繼陶者。莊宗初略地河朔。俘而得之。收養於宮中。故名曰得得。天成初。安重誨知其本末。付段佪養之。爲兒。佪知其不稱。許其就使王都。素蓄異志。潛取以歸。呼爲莊宗太子。及都叛。遂僭其服裝。時俾乘墉。欲惑軍士。人或知其僞。競詬辱之。城陷。晏球獲之。拘送於闕下。行至邢州。遣使戮焉。（未完）

叢錄

船山先師詩錄

春山漫興 其三

周逸敬選

雨歛平田一鷺輕。西峯新展半園晴。葉光浮上通雲綠。天影低沈透水清。
柔草待收園客繭。冷風欲和子喬笙。百年俄頃春情極。未羨商山摘紫英。

其四

東海無能釣玉璜。嶽陰從昔咀金薑。刀圭鼎鼎千春臼。蓑笠悠悠一雨航。
碁刼屢翻憐日永。琴心自寫到春忘。東方笑爾詼諧甚。濫借金門作隱鄉。

叢錄

通訊

劉龍澤先生來書

木崖先生有道。曩嘗攬涉清初遺聞。於船山先生。最所欽服。惜法曹溷迹。不及考其書之精深。前歲伏讀所編學報。乃得償其晞慕之志。竊用自幸。秋間量移來永。而圖書館竟無此項報章。頗爲詫異。當茲禍患殷流。煌煌維繫人心之大文。竟令士子未由展閱。悲當道之無人。而恐定亂之未有日也。一縣如此。湖外可知。曾文正謂人才之蔚盛。由於一二人心之所向。鄙意船山學報。似宜由大社函請教育廳長通令所屬購定。銷路既多。則出版亦可增加。實於中國存亡大有關係。吾湘鄧武岡雲山讀書記。曾邵陽元史。閻石門三通。以及朱蘭皋克敏湘軍志（岳麓圖書館寫定本）世無傳本。敬乞先生與當局籌及之。皖中先哲叢書已出三期。我公熱心文獻。不讓徐程。區區干求。當不責下走之冒妄。又聞白香亭詩江右許文敏代爲刊行。雲山讀書

記。需款尤鉅。恐其後嗣無此財力。故及之。另呈詩稿。不卜能荷採錄否。天寒。伏維爲

道珍衛　劉龍澤頓首　十一月二十八日

許篤齋先生來書

仲元仁兄先生道席。久疎箋候。貴報疊頒。拜領之餘。且慚且感。頃於故紙中尋出舊錄湘師遊仙自注。詩已梓行。注未傳出。按此注與獨行謠自注。均有關史乘。呈備采錄。芷老逝而道益孤。如何專泐佈謝。敬頌新福　弟銘彝謹啓　小寒後六日

安徽省保安團隊特別黨部來書

逕啓者。頃准大函惠寄船山學報刊物十期一册等由。到會拜閱文光。虛射簡室。珠璣。豐富俾獲觀摩。敬具寸箋。以申謝悃。倘希不棄。按期惠寄。而盡全豹。爲荷此致

船山學社　安徽省保安團隊特別黨部啓　一月十八日

國立北京大學圖書館來書

敬啓者。前蒙貴處贈送船山學報。寵錫有加。感謝無旣。惟查第一、二、三、八期尚付闕如。或爲郵局遺失。擬懇補惠一份。俾成完帙。而便保藏。倘須備價補購。請連同價目

一倂示下。以便寄奉。此致

湖南船山學社　　國立北京大學圖書館啓　二月十二日

國立中央圖書館籌備處來書

逕啓者。前承惠贈船山學報。深感隆誼。曷勝銘謝。茲查貴刊贈至第七期止。已停止贈送。相應再函奉瀆。卽希查照繼續賜寄。藉供衆覽。至爲感荷。此致

湖南船山學社　　國立中央圖書館籌備處謹啓　二月廿二日

公牘

中國國民黨湖南省執行委員會訓令民字第二九一三號

令湖南船山學社

案准　湖南省教育廳經字第四零五五九號公函。爲奉教育部謙代電。催塡二十三年度全國學術團體調查表一案。請轉飭所屬學術團體迅卽塡就彙送過廳以便轉賫等由。准此。除分令外。合行檢發原調查表三份。令仰該社卽便遵照塡記。于文到三日內呈賫來會。以便存轉。爲要。此令。附原調查表三件

黃家聲
常務委員何　鍵
彭國鈞

中華民國二十五年三月二十七日

呈中國國民黨湖南省執行委員會遵令塡賫廿三年度學術團體調査表文

呈爲賫呈學術團體調査表懇予察核轉存事案奉
鈞會民字第二九一三號訓令內開、案准　湖南省教育廳經字第四零五五九號公函、爲奉教育部諫代電催塡二十三年度全國學術調査表一案、請轉飭所屬學術團體迅卽塡就彙送過廳以便轉賫等由准此、除分令外合行檢發原調査表三份、令仰該社卽便遵照塡記、于文到三日內、呈賫來會、以便存轉爲要、此令、等因奉此、遵卽將本社調査表依式塡就三份、賫呈
鈞會、懇
予察核轉存、實爲公便、謹呈

中國國民黨湖南省執行委員會

附全國學術團體職會員一覽表（二十三年度）

職或會員	姓名	性別	年齡	籍貫	略歷	入會年月	備考
社長	趙啓霖	男	七七	湘潭	前清翰林曾任御史等職		
副社長	陶思曾	男	五七	安化	曾任浙江高等審判廳廳長		
秘書兼編輯主任	周逸	男	五六	湘潭	曾任國史館秘書		
講演主任	黃鞏	男	七八	長沙	歷任孔道學校教員		
董事長	王禮培	男	七一	湘鄉	前清舉人		
副董事長	黃贊元	男	五八	長沙	曾任國會議員		
董事	周逸	男	五四	湘潭	曾任國史館秘書		
	陳嘉會	男	六十	湘陰	曾任國會議員		
	顏昌嶢	男	六七	湘鄉	歷任湖南大學教授		
	胡子清	男	六二	湘鄉	現任審計委員		

任福黎	男	六七	長沙	現任孔道學校主辦
王壽慈	男	七二	長沙	前清舉人
楊卓新	男	五十	新化	現任湖南大學教授
謝鴻熙	男	四五	長沙	曾任通俗日報編輯主任
王代懿	男	六一	湘潭	前清附生日本士官學堂畢業
李澄宇	男	五二	岳陽	現任湖南省政府祕書
劉謙	男	五十	醴陵	現任湖南省財政廳祕書
彭施滌	男	六五	永順	現任湖南省政府委員
黃鞏	男	七八	長，	歷任孔道學校教員
蕭仲祁	男	六十	湘鄉	前清舉人
張有晉	男	五七	湘鄉	

總數——職員共二十一人　社員共一百四十五人

以上職員董事均爲本社社員其餘社員百餘人略

全國學術團體概況調查表（二十三年度）

名稱　湖南船山學社、

地址　湖南省長沙市中山東路二零一號、

負責人　副社長陶思曾、董事長王禮培、祕書兼編輯主任周逸、

宗旨　以研究船山學說發揚民族精神、倡明國學扶翊風教爲宗旨、

沿革　本社爲民國二年瀏陽劉人熙先生就小吳門正街原有之思賢講舍遺址所改建、呈請中央政府、令行湖南省政府備案、其後共產黨執政、本社受其影響、改辦省農民協會、至民國二十年八月奉令改組、二十一年六月成立董事會、九月四日開社員大會、選舉正副社長、

成立年月　民國二十一年七月、

立案年月　民國二十一年五月呈中央政府令行湖南省政府立案、

備案年月　民國二十三年九月呈教育廳轉呈教育部備案、

組織狀況　本社組織、係正副社長總理全社社務、以下分段1.研究2.講演3.編輯三部、董事會及正副董事長負保管社產稽核賬目執行社員大會

議案、及議決關於社務應興應革之事項、

職員人數　共二十一人、

社員人數　共一百四十五人、

經　　費　歲入國幣四千八百元、(除折扣外每年實收洋約四千二百元)歲出國幣約五千餘元、

所辦重要事項　每季刊行船山學報一冊舉行季課徵文一次、(獎金由何主席發給)每逢星期日講演一次、

出版物　叢書三十餘種、定期刊物一種、

備考　本社上承思賢講舍、自清光緒初元起、迄今瀕六十年、湘陰郭筠仙侍郎嵩燾、湘潭王湘綺先生闓運皆主講其間、一時稱盛、鼎革後、瀏陽劉蔚廬先生改爲船山學社。其中屢經波折、民國十六年共產黨執政時。將社改爲省農民協會、後由社員彭清藜、周逸、石廣權、雷鑄寰、彭兆璜等再三倡議改組、仍恢復船山學社、

全國學術團體最近概況調查表（二十三年度）

名稱　湖南船山學社、

地址　湖南省長沙市中山東路一零一號、

負責人　副社長陶思曾、董事長王禮培、祕書兼編輯主任周逸、

職員人數　二十一人、

社員人數　一百四十五人、

研究事業　船山學說及近代哲學政學文學、

出版物　船山學報、

備考

民國二十五年三月七日、

湖南省教育廳訓令　經字第四一九九五號

令船山學社

案奉　教育部令頒二十四年度（二十四年八月一日起至二十五年七月底止）

學術團體調查表一份三種、飭仿印轉發所屬學術團體依式查塡二份、一份存廳、一份呈部等因、除分行外、合將原表仿印、檢發二份計六張、仰迅速遵塡、並仰將二十三年度學術團體調查表塡賫、以便分別存轉、此令、附印發原表二份計六張、

廳長朱經農

呈湖南省教育廳遵令塡賫二十四年度學術團體調查表文

民國二十五年三月三十一日

呈爲呈賫學術團體調查表懇予察核轉存事、案奉

鈞廳經字第四一九九五號訓令內開、案奉　教育部令頒二十四年度學術團體調查表一份三種、飭仿印轉發所屬學術團體依式查塡二份、一份存廳、一份呈部、等因、除分行外、合將原表仿印檢發二份計六張、仰迅速遵塡、並仰將二十三年度學術團體調查表塡賫、以便分別存轉、此令、附印發表式二份、計六張、等因奉此、查本社二十三年度學術團體調查表、前已塡賫在案、茲特將二十四年度學術團體調查表二份計六張、依式塡就、賫呈

鈞廳、懇予察核轉存、實爲公便、謹呈

湖南省教育廳廳長朱

附全國學術團體職(會)員一覽表(二十四年度)

職員或會員	姓名	性別	年齡	籍貫	略歷	入會年月	備考
社長	黃昌年	男	八十	長沙	清翰林曾任御史		
副社長	陶思曾	男	五八	安化	曾任浙江高等審判廳廳長		
秘書兼編輯主任	周逸	男	五六	湘潭	曾任國史館秘書		
講演主任	黃鞏	男	七九	長沙	歷任孔道學校教員		
董事長	王禮培	男	七二	湘鄉	前清舉人		
副董事長	黃贊元	男	五八	長沙	曾任國會議員		
董事	周逸	男	五六	湘潭	曾任國史館秘書		
	陳嘉會	男	六十	湘陰	曾任國會議員		
	顏昌嶢	男	六七	湘鄉	歷任湖南大學教授		

叢錄 公牘

二

胡子清	男	六二	湘鄉	現任審計委員
任福黎	男	六七	長沙	現任孔道學校主辦
王壽慈	男	七二	長沙	前清舉人
楊卓新	男	五十	新化	現任湖南大學教授
謝鴻熙	男	四五	長沙	曾任通俗日報編輯主任
王代懿	男	六一	湘潭	前清附生日本士官學堂畢業
李澄宇	男	五二	岳陽	現任湖南省政府祕書
劉謙	男	五十	醴陵	現任湖南省財政廳祕書
彭施滌	男	六五	永順	現任湖南省政府委員
黃鞏	男	七九	長沙	歷任孔道學校教員
蕭仲祁	男	六二	湘鄉	前清舉人
張有晉	男	五七	湘鄉	現任湖南省政政祕書

總數——職員共二十一人 社員共一百六十一人

全國學術團體概況調查表（二十四年度）

名稱　湖南船山學社

地址　湖南省長沙市中山東路二零一號

負責人　副社長陶思曾、董事長王禮培、祕書兼編輯主任周逸、

宗旨　以研究船山學說、發揚民族精神、倡明國學、扶翊風教爲宗旨、

沿革　本社爲民國二年瀏陽劉人熙先生就小吳門正街原有之思賢講舍遺址所改建、呈請中央政府令行湖南省政府備案、其後共產黨執政、本社受其影響、改辦省農民協會、至民國二十年八月奉令改組、二十一年六月成立董事會、九月四日開社員大會、選舉正副社長、

成立年月　民國二十一年七月

立案年月　民國二十一年五月、呈中央政府令行湖南省政府立案、

備案年月　民國二十三年九月、呈教育廳轉呈教育部備案、

組織狀況　本社組織係正副社長總理全社社務以下分設1.研究2.講演3.編

輯三部、董事會及正副董事長負保管社產、稽核賬目、執行社員大會議案、及議決關於社務應興應革之事項、

職員人數　共二十一人

社員人數　共一百六十一人

經費　歲入國幣四千八百元（除折扣外每年實收洋約四千二百元）歲出國幣約五千餘元

所辦重要事項　每年刊行船山學報三冊、舉行春秋兩季季課二次、每逢星期日講演一次、

出版物　叢書三十餘種、定期刊物一種、

備考　本社社員現共百六十一人、照章每年每人應繳納社金一元、自開辦至今四年來、共收入社金二十二元、今以百六十一人四年計算、共六百四十四元、除收二十二元外、尚應收六百二十二元、本社經濟雖屬困窘、曾未索繳、聽人輸納、以重道義故也、

全國學術團體最近概況調查表（二十四年度）

名稱　湖南船山學社

地址　湖南省長沙市中山東路二零一號

負責人　副社長陶思曾、董事長王禮培、祕書兼編輯主任周逸、

職員人數　二十一人

社員人數　一百六十一人

研究事業　船山學說及近代哲學政學文學

出版物　船山學報

備考　本社研究事業、除船山學說及近代哲學政學文學外、特崇孔孟、專重躬行、以明善復初之學、提醒天下之人心、嚴義利、重綱常、戒空談、敦實行爲主、觀本社學報劄記欄恆心堂讀書答問、便知作者憂時之切、

民國二十五年四月九日

湖南船山學社民國二十五年一月至四月新入社員一覽表

姓名	別號	年齡	籍貫
黃昌年	子輿	八十	長沙
黃履直	止盦	七十	長沙
周維翰	漱蘅	六十	湘潭
王道純	仲厚	五十	湘潭
李達	慕慈	五十	浙江

船山學報

第十一期

中華民國廿五年丙子歲四月初一日出版

定價表

冊數	定價	郵費
每冊	四角	照章
預定全年	一元五角	

主編者 湘潭周逸

發行者 長沙中山東路 湖南船山學社

印刷者 長沙萬福街 藻華紙業印刷局 電話五六九

代售處 府正街魏博文書局　中山東路 益美教育用品社　湖南船山學社

民國二十五年丙子歲十月三十日出版

船山學報

中華郵政特准掛號認爲新聞紙類

第十二期

湖南船山學社印行

湖南船山學社學報章程

一　本學報繼續本社民國六年以前學報辦理仍名曰船山學報

二　本學報暫定每季出版一次按年編號

三　學報內容分類如左

1圖畫　2特刊　3師説　4講演　5專著　6文苑　7劄記　8説苑

9課藝　10叢錄　11本社紀事

四　本社徵文酬例另定之遺稿專著斟酌酬贈詩詞雜文等不給酬但酌贈書報

五　給酬以登出學報者爲限

六　凡來稿本社得斟酌修改之無論已否登出概不退還惟遺著專著詩詞文集成册者不在此限

七　本報價目另定之

湖南船山學報第十二期目錄

第十二期

目錄　二

專著

文苑

文錄

詩錄

第十二期

目錄 四

目錄　六

劄記

目錄 八

叢錄

通訊

目錄

第二卷第十二期
三九九九

第十二期

目錄

公牘

目錄 三

目録

王船山先生遺像

把鏡相看認不來問人云此是薑齋龜於朽後從人卜夢未圓時莫浪猜 誰筆仗此形骸閒愁輸汝兩眉開鉛華未落君還在我自從天乞活埋

先師自題小影詞也清光緒初元張文心大令從先師祠堂摹得 遺像蓋猶襲明行人司章服 先師以永曆四年任行人司年三十二後又四十一年乃自題小影令摹刻之祠堂者是也湘陰郭筠仙侍郎奉以祀之思賢講舍而為之贊曰

濂溪混然其道莫窺惟於先生望見端崖約禮明性守道持危闡揚文令是曰先知二百餘年星日昭垂私心之羿曠世之師

木崖紀勝圖

丙子四月朔於湖南船山學社攝影

特刊

船山先師詩錄

洞庭秋三十首

周逸敬選

瀟湘北下巴江東。上蟠下際摶青空。天地忘憂消偪側。淒清作意撩鴻濛。
夔子孤城懸太白。三苗餘壘挂殘虹。古今無那此俄頃。欹危欻爾生蘋風。

其二

月似蘆花煙似水。似如不似勞形容。歎雪凝寒猶清適。涵暉冷燄飛輕鬆。
星漢相看交不昧。心魂欲之亦奚從。但覺晃熠透圓碧。不辨愁來忽已逢。

其三

大儀懸張覆釜幢。誰其至者弗心降。長天纖忽隨泯泯。商飈騷屑入淙淙。
浩瀚無餘一絲挂。清徽欲將九鼎扛。安得沐日仍浴月。東頳西皎晶熒雙。

特刊

船山遺書目錄序

鄧湘皋 遺稿

周易內傳十二卷。發例一卷。周易大象解一卷。周易稗疏二卷。（舊本三卷四庫本四卷）周易考異一卷。（附稗疏後）周易外傳七卷。書經稗疏四卷。尙書考異。（有目未見書）尙書引義六卷。詩經稗疏五卷。（舊本二卷四庫本四卷）詩經考異一卷。（附協韻辨）詩廣傳五卷。禮記章句四十九卷。春秋稗疏二卷。春秋家說七卷。春秋世論五卷。（舊本二卷）讀春秋左氏傳博議二卷。四書訓義三十八卷。（又名授諸生詩義）四書稗疏二卷。（故本一卷）四書考異一卷。讀四書大全說十卷。四書詳解。說文廣義三卷。凡經類二十二部。已見二十部。都一百六十四卷。未見二部無卷數。

讀通鑑論三十卷。宋論十五卷。大行錄。（未見）凡史類三部。已見二部。都四十五卷。未見一部無卷數。

張子正蒙注九卷。近思錄釋。（未見）思問錄內篇一卷。外篇一卷。俟解一卷。噩夢一卷。呂覽釋。未見淮南子注。未見黃書一卷。識小錄一卷。搔首問。未見龍源夜話。老子衍一卷。莊子解三十三卷。莊子通。未見愚鼓歌一卷。相宗絡索一卷。三藏法師八十規矩論贊。

凡子類十七部。已見十二部。都五十一卷。未見五部。無卷數。

楚辭通釋十四卷。薑齋文集十卷。卷一論三首。倣符命一首。連珠二十五首。卷二傳二首。行狀二首。墓志銘四首。記一首。卷三序五首。書後二首。跋一首。卷四啓一首。尺牘十首。卷五九昭。卷六九礪。卷七賦五首。卷八賦三首。卷九像贊一首。雜物贊十六首。銘十一首。卷十家世節錄八則。薑齋詩集十卷。卷一五十自定稿。卷二六十自定稿。卷三七十自定稿。卷四柳岸吟。卷六遣興詩。卷七和梅花百詠。卷八洞庭秋。卷九鴈字詩。卷十倣體。薑齋詩餘三卷。卷一船山鼓棹初集。卷二船山鼓棹二集。卷三瀟湘八景詞。薑齋詩話三卷。卷一詩譯。元附詩經稗疏後。卷二夕堂永日內編。卷三南窗漫記。憶得。未見薑齋外集四卷。卷一船山制義。卷二船山經義。卷三夕堂永日緒論外編。卷四龍舟會雜劇。舊目又有買薇稿。漵濤園初集二書未見。殆亦詩文集也。附識其名於此。夕堂永日八代文選十九卷。八代詩選。未見四唐詩選。未見凡集類十部。已見六部。都六十三卷。未見四部。無卷數。

右衡陽王先生著書五十二種。已見三十八種。都三百二十三卷。著錄於四庫者。曰周易稗疏四卷。考異一卷。曰尚書稗疏四卷。曰詩稗疏四卷。考異一卷。曰春秋稗疏二卷。凡六種。存目於清四庫者。曰尚書引義六卷。曰春秋家說三卷。凡二種。舊已刊者。曰周易大象解一卷。曰春秋世論二卷。曰四書稗疏一卷。考異一卷。曰老子衍一卷。曰莊子解三十三卷。曰楚辭通釋十四卷。曰正蒙註四卷。曰思問錄二卷。曰俟解一卷。凡十種。外文集詩集詩餘詩話。復有數卷。皆奇零不成部帙。餘俱鈔本。其未見者。存佚不可知。舊刊之本。類坊刻。且日久漫漶。顯鶴病之。嘗慨然發憤。思購求先生全書。精校鋟木。嘉惠來學。以是强聒於人。無應者。道光己亥。寓長沙時。方輯沅湘耆舊集。徵求先生遺詩。一日。先生族裔有居湘潭名世全者。介其友歐陽君兆熊。訪余於城南旅寓。以先生詩集來。且具道先生六世孫承全。具藏先生各種遺書於家。世全將謀壽諸梨棗。余大喜過望。次年春。遂開雕於長沙。以校讎之役。屬吾邑人鄒漢勛。其後二年。次第刊成。周易內傳十二卷。周易大象解一卷。周易稗疏二卷。考異一卷。周易外傳七卷。書經稗疏四卷。尚書引義六卷。詩經稗疏五卷。考異一卷。詩廣傳五卷。禮記章句四十九卷。春秋稗疏二卷。春秋家說七卷。春秋世論五卷。讀春秋左氏傳博議二卷。四書授義三十八卷。四書稗疏二卷。考異一卷。大凡十八種。都百五十卷。書成。以全書目錄寄示。顯鶴乃僭書其後曰。班史有言。古之儒者。博學虖六藝之文。六藝者。王教之典籍。先聖所以明天道。正人倫。致至治之成法。自孔子歿而大道微。七十子之徒。遺言墜緒。不絕如縷。遭秦燔滅。蕩然無存。漢興。收拾餘燼。始立專門。各抱一經。私相授受。亦互相嫉妒。馬鄭諸儒。始貫穿羣籍。鑽研訓詁。迄其蔽也。雜於讖緯。墮於支離破碎。魏晉以後。崇尚虛無。流爲佛老。學術紛歧。世運榛塞。聖人之道晞矣。唐代義疏之作。具有端緒。而是非得失。未有折衷。宋世真儒出。羣經乃有定論。至於近代學者。疾陋儒空談心性。逸於考古。遂至厭薄程朱。專考求古人制度名物以爲博。甚則剌取先儒。刪落蹐駁。謬悠之論以爲異。而一二天資高曠之士。又往往誤於良知之說。敢爲高論。狂瞽一世。著書愈多。聖道愈蔀。先生不然。生平論學。以漢儒爲門戶。以宋五子爲堂奧。而學道淵源。尤在正蒙一書。以爲張子之學。上承孔孟之志。下捄來茲之失。如皎日麗天。無幽不燭。聖人復起。未之能易。惟其門人未有殆庶者。而當時鉅公。如富文司馬諸公。張子皆以素位隱居。末由相爲羽翼。其道之行。曾不得比於邵康節之數學。而世之信從者寡。道之誠然者不著。是以不百年而異說興。又不二百年而邪說熾。其推本陰陽法象之狀。往來原反之故。反復辨論。累千百言。所以歸咎上蔡象山姚江者甚峻。或疑其言太過。要其議論精卓。踐履篤實。粹然一軌於正。固無以易也。先生生當鼎革。自以先世爲明世臣。存亡與共。甲申後崎嶇嶺表。備嘗險阻。既知事之不可爲。乃退而著書。竄伏祁永漣邵山中。流離困苦。一歲數徙其處。最後乃定居湘西蒸左之石船山。築觀生居以終。故國之戚。生死不忘。其志潔而芳。其言哀以思。百世下猶將聞風興起。况生同里閈。親讀其書者乎。當是時。海內儒碩。北有容城。西有盩厔。東南則崑山餘姚。而亭林先生爲之魁。先生刻苦似二曲。貞晦過夏峯。多聞博學。志節皎然。不愧顧黃兩先生。顧諸君子肥遯自甘。聲名益炳。羔幣充庭。干旄在野。雖隱逸之薦。鴻博之徵。皆以死拒。而公卿交口。天子動容。其志易白。其書易行。先生竄身猺峒。絕迹人間。席棘飴荼。聲影不出林莽。門人故舊。又無一有氣力者。爲之推挽。歿後四十年。遺書散佚。其子敔始爲之收輯推闡。上之督學。宜興潘先生因緣得上史館。立傳儒林。而其書仍湮滅不傳。後生小子。至不能舉其名姓。可哀也已。當代經師。後先生而起者。無慮百家。所言皆有根柢。不爲空談。蓋經學至清朝爲極盛矣。然諸家所著。有據爲新義。輒爲先生所已言者。

四庫總目。於春秋稗疏曾及之。以余所見。尤非一事。蓋未見其書也。近時儀徵相國。裒輯清朝經解。刻於廣南。所收甚廣。獨不及先生。其他更何論已。先生出處本末。略見潘宜興儲六雅奎謝山余存吾諸文集中。顯鶴增輯楚寶文苑。亦有傳。不具述。獨詳述先生學業之大者著於篇。使世之讀先生書者有所考焉。

師說

船山先師詩錄

洞庭秋 其四

周逸敬選

洞辟虛無淨一規。驚濤相卽不相疑。精金大冶鍊幽釁。俊鶻老鼉愁傾危。

炎心已改何洗滌。高旻受盪還淸嬉。妙香浮動非蘋芷。水霧上攝開輕吹。

其五

乾坤倦遊行將歸。損山容益水光肥。片雲帆側不能影。木葉天際知已飛。

游子去妻百交感。戰伐漁樵雙息機。驅除姝暖返肅爽。禁愁爲惜素心違。

其六

羈心劈破芥浮居。色色消沈遠近如。險目不平夾韻度。涼魂小住姑安舒。

孫劉戰爭問漚沫。懷葛徂伏留蕭疎。情知涕泗無棲泊。放浪磊砢任太虛。

師說

思問錄內篇 續第十一期

衡陽王夫之譔

後學周 逸箋

艮其背、不獲其身。行其庭、不見其人。无咎之道焉耳。觀盥而不薦。非薦之時。然而必盥也。觀我生、君子而後可无咎。觀其生、君子而後可无咎。不然咎矣。內不見己。外不見人。而後得所止焉。其爲天理也孤矣。憂世之將剝。而不與嘗試。非與臣言忠、與子言孝。居處恭、執事敬、與人忠、以爲德。則且與之爲嬰兒。知之益明、而益困矣。艮觀同道。故君子尤難言之。

按艮觀同道。君子之行止。在乎心之一動一靜。而爲行爲止。但心之一動一靜。必先觀我生、以爲進退。辨其當然之宜。庶幾得知止之道。

履德之基也。集義、素履也。宜兄弟、樂妻子、而一以戒慎不覩、恐懼不聞之德行之。所

師說

謂和而至也。九卦以處憂患而此爲基。君子坦蕩蕩。修此故也。

接、履踐履也。人之於禮。是踐行其天理。故履爲禮也。大抵人之涉世。多是危機。不爲所傷。乃見所履。所謂踐履卑遜。何往而不亨乎。

見道義之重。則外物爲輕。故銖視軒冕。塵視金玉。子淵純乎其體。道義者、天下莫匪道義之府。物不輕矣。一介不以與人。一介不以取諸人。非泛然而以銖塵擯斥之也。處貧賤患難。而不易其官天地府萬物之心。則道義不息于己而已常重矣。

君子所貴。世俗所羞。世俗所貴。君子所賤。故君子與世俗之所以異者、道義也。學者、能識道義爲重。則外物雖重亦輕。外物輕而已常重矣。

獨知炯于衆知。晝氣清于夜氣。而後可與好仁、惡不仁。

人欲求好惡當於理。必先齊己有無私心。故曰惟仁者能好人能惡人。

知地之在天中。而不知天之在地中。惑也。山川金石堅确渾淪而其中之天常流行焉。故濁者不足以爲清者病也。以濁者爲病。則無往而不窒。無往而不疑。無往而不憂。安汝止惟幾惟康。被袗衣、鼓琴、二女果。若固有之。簞食瓢飲。不改其樂。無所窒也。

奚憂疑之有哉。

凡天理充滿於心者。則無往而不適。故淸者自淸。而濁者不見爲濁。此其胸懷超曠。獨往獨來。物安能窒。更何憂疑之有。

言幽明而不言有無（張子）至矣。謂有生於無。無生於有。（皆戲論）不得謂幽生于明明生于幽也。（論至則戲論絕）幽明者闔闢之影也。故曰、是故知幽明之故。原始反終。故知生死之說。所謂大易不言有無。言有無。諸子之陋也。按不言有無者。以一陰一陽之謂道。蓋陰陽之運其所以然者。卽道也。體用相因。精粗罔間。不可以有無分。後世異端見之不明。始以道爲無。以器爲有。有者爲幻妄。爲土苴。無者爲玄妙。爲眞空。析有無而二之。皆諸子之陋見也。故張子言幽明而不言有無。至矣。惡乎辯。

天尊地卑。乾坤定矣。卑高以陳。貴賤位矣。動靜有常。剛柔斷矣。此分而爲二。倍而爲四。參而爲六。剖而爲八。參乘四而爲十二。五乘六而爲三十。十二三十相乘而爲三百六十。皆加一倍之定體也。（邵子）知其說者、知天地之自然而已。若夫鼓之以雷霆（震）潤之以風雨。（巽）日月運行。（坎離）一寒一暑。乾道成男。（艮）坤道成女。（兌）交相摩盪而可大

師說

可久之業者焉。則未可以破作四片、破作八片之例、例矣。以例例神化。因其自然而喪其匕鬯。天下之理奚以得。而人惡足以成位于中乎。

按易有乾坤。有貴賤有剛柔。有吉凶。有變化。要皆非聖人鑿空所爲。不過據六合中、所自有者。而偶爲寫出耳。由是以知天下之理。於一動一靜。不外天地自然之道而已。

吉凶得失生死。知爲天地之常然。而無足用其憂疑。亦可以釋然矣。釋然之餘。何以繼之。繼之以惡。而爲餘食贅行。繼之以善。而亦爲餘食贅行。憂疑自此積矣。知者不惑。仁者不憂。惟其不于吉凶生死而謀道矣。

人能愼言愼行。則凶轉乎吉。吉純乎善。自無憂疑存於心。心旣釋然。物來順受。則視得失生死爲自然之常道。不以介懷。故曰智者不惑。仁者不憂。

言無者。激于言有者而破除之也。就言有者之所謂有而謂無其有也。天下果何者而可謂之無哉。言龜無毛。言犬也。非言龜也。言兔無角。言麋也。非言兔也。言者必有所立。而後其說成。今使言者立一無于前。博求之上下、四維、古今、存亡、而不可得、窮矣。

此節言無言有。藉龜兔爲寓言之意。凡天下之理與事。言有則周易明。言無則天下之理與事。皆無所立。由是以推。言有者有窮。言無者無窮矣。

尋求而不得。則將應之曰無。姚江之徒以之。天下之尋求而不得者衆矣。宜其樂從之也。

尋求而不得。是反其性。而不知本然之理。早備於我。能自尋求。未有不得者也。

不略于明。不昧于幽。善學思者也。

此言入至於微妙處。是學旣得於思。故行事無差。思又由於學。故見理無惑也。

畫前有易。無非易也。無非易而舍畫以求之于畫前。不已愚乎。畫前有易。故畫生焉。畫者。畫其畫前之易也。

按畫前之易。天地未闢之時。而易理存焉。故伏羲畫卦。專以明此。然畫前象數俱隱。奚以求之。

兩端者。虛實也。動靜也。聚散也。清濁也。其究一也。張子 實不窒虛。知虛之皆實。靜者靜。

動非不動也。聚于此者散于彼。散于此者聚于彼。濁入淸而體淸。淸入濁而妙濁。而後知其一也。非兩合而以一爲之紐也。

按兩端之義。不外形名之殊。如莊子齊物論。謂大小壽夭可齊。此言虛實動靜聚散淸濁爲一。故謂之兩端則可。紐兩合而一之。則非也。

節者中之顯者也。喜怒哀樂之未發。而未有節者存。則發而中者。誰之節乎。豈天下之有節乎。是從其白于外之說矣。故周子曰。中也者和也。張子曰。大和所謂道卓矣。雖喜怒哀樂之未發。而參前倚衡。莫非節也。充氣以從志。凝志以居德。庶幾遇之。闃寂空窅者。失之遠矣。迨發而始愼之。必有不審不及之憂。

宋儒謂靜時存養。動時省察。存養必先有存養之功。其功卽節也。發時失其省察之功。則非中節矣。彼世之謝絕人事。空閒自居者。平時自覺優乎有餘。一旦臨事。未有不失其所守者。蓋非充氣凝志。存養之功不足也。

【未完】

講演

船山先師詩錄

洞庭秋 其七

周逸敬選

脩然容與清冷都。何求不得須黃壚。函蓋雙樞合驗宕。明暗半絲分有無。
潛蛟旅鴈忘興廢。疏雲片月矜昭蘇。縮爲椰子沁心膂。幻計無忝移山愚。

其八

空有無垠劃徑蹊。分明至極翻凄迷。遠視不正非野馬。客心已窮聊木雞。
蝴蝶賣眼驚天末。檣烏亡賴啼日西。陰光夕灼動綠氣。爕然鬼臂相牽攜。

其九

碧落無疑鵬背揩。入寥天一絕安排。邂逅不停增蹇產。虛空未破猶沈埋。
略遺水光存芥蔕。想知天骨正厓柴。鯨鯢可騎終未稱。吾生箬笠雙青鞵。

講演

學而時習之章義

黃鞏

學不切於躬行。則順之無以導天機之和。逆之無以消氣質之戾。聖人脩道之教。所以致中和之化也。凡示人學詩學禮學文皆舉一端爲言。其總論學。則成己成人。爲人道之大。躬行實踐。推諸天下。以化無形之大亂。何者。惟孝弟忠信則實踐於躬。而得諸心。徵諸人。此說樂之所由生。而乖戾之所以平也。論語開端子曰學而時習之。不亦說乎。朱註學之爲言效也。猶泛也。繼之曰人性皆善。而覺有先後。後覺者必效先覺之所爲。乃可以明善而復初也。切矣。猶未實指其事也。實指其事云何。則孝弟忠信而已。此有子曾子所以引伸於後也。何則。凡效先覺之所爲。或詩或禮或文藝。肄業所及。功成則已。無所謂時習也。日知月亡忘而已。無所謂生於心之說也。惟孝弟忠信。無時可離於躬。無事不見其心之和。何也。事易事之父母。固時得其歡愉。事難事之父母。亦時形其底豫。以忠信與君子。固可以證同道。以忠信與小人。亦可以格豚魚。此說之所以生於心也。時習之習。註如鳥數飛也。鳥數飛可以諭習。不可以諭習之而生說。蓋如雛鳥之學飛也。雛鳥學飛時拂其羽而日喜其有進步。是以說也。觀不亦乎三字有歡忻鼓舞自得之神。其次節曰。有朋自遠方來不亦樂乎。註朋同類也。益者三友。損者三友。益者與益者同類。損者與損者亦同類也。同類之樂亦泛也。說文朋大鵬也。大鵬飛而羣鳥從。諭聖人作而萬物睹。三千七十子之來。無遠弗屆。此非交遊徵逐之朋。而皆遜志時敏之朋也。是以可樂也。樂其我能成己以成人也。否則飲食之招徠。標榜之結納。植黨營私之計畫。非聖賢之所樂也。聖人之樂。樂其與聞吾道之多徒耳。其三節曰。人不知而不慍。不亦君子乎。程子曰必於不慍然後得成爲君子。何以必於不慍然後得成爲君子也。君子者尊賢而容衆。嘉善而矜不能。其於知我者而來願聞其道也。吾固嘉而樂之。其於不知我者而不能聞道也。方且哀矜之不暇。而何至含慍乎。如其慍也。是小人之順我則喜。逆我則怒者耳。其於道與學全未之聞也。其有中和之致。說樂之心乎。君子雖遇梗頑不化之徒。其視以斯人吾與之心一也。故其始也。則侃侃示以共由之大路。其不知也。則又旁徵曲引而諭之。其再不知也。則或舒與委蛇。以待其徐悟。而不遽爲絕之。其終不知也。卽示以不屑教誨之教誨。而要無非曲成不已之心。豈若悻悻然之小人哉。蓄於不慍愈以見其說樂之真耳。此章之義。與孟子君子有三樂章。可以參看。彼所謂父母俱存兄弟無故之樂。卽時習之說也。得其說。然後知其樂耳。彼所謂得天下英才而教育之樂。卽朋來之樂也。彼所謂仰不愧於天俯不怍於人之樂。卽不知而不慍也。我無愧怍於天人。何慍之有。唯是孟子俱以樂言。此則揭明說與不慍。尤爲親切。觀於此。而後知孔顏之樂真也。而後知孔顏之樂大也。疏水曲肱樂也。簞瓢陋巷亦樂也。其大行無所加也。其窮居無所損也。其毀譽無動於中也。其得失無介於懷也。其刪定纂修之功在萬世。而不自有也。其稽覈名實辨論天人。上自羲文。下至無盡。莫之能違。而不與人爭也。故當時之毀者謗者沮者。皆直謂之不知其量也。其何傷於君子乎。而何慍之有乎。程子曰。於不慍然後見君子。以其別於小人之喜怒也。何者天機太和。與氣質乖戾。天壤之判。君子小人之分。不較然可覩乎。

四、歲星辨正

前人

漢至於今以析木爲歲星。無有異說。析木者歲臨一辰。十二歲而週。與天一會。予嘗疑其名實不類。然未得其據也。及讀管子四時五行篇。乃豁然與尙書洪範有觸焉。管子云。東方曰星。其時曰春。其氣曰風。風生木與骨。其德善嬴。而發出節。其事號令。修陰陽神位謹禱。宗正陽。治隄防。耕芸樹藝。正津梁。修溝瀆。甃屋行水。解怨赦罪。通四方弊梗。然則柔風甘雨乃至。百姓乃壽。百蟲乃蕃。此謂星德。星者掌發爲風。是以星者五行之精。掌發爲風。化生萬物。是合金木水火土爲德。而其生氣之用。尤先徵於木。故以東方爲位也。南方曰日。其時曰夏。其氣曰陽。陽生火與氣。其德施舍修樂。其事號令賞賜賦爵。受祿順鄉。謹修神祀。量功賞賢。以動陽氣。九暑乃至。時雨乃降。五穀百果乃登。此謂日德。是以日爲衆陽之宗。在易乾之象。時乘六龍。紀日之御天也。此乾之所以位於南方也。中央曰土。土德實輔四時出入。以風雨節土益力。土生皮肌膚。其德和平用均。中正無私。實輔四時。春嬴育。夏養長。秋聚收。冬閉藏。太和乃極。國家乃昌。四方乃服。此謂歲德。日掌賞。賞爲暑。歲掌和。和爲雨。是以地承天時行。

居日月星辰之中。功輔四序以成歲。故土德位於中央也。西方曰辰。其時曰秋。其氣曰陰。陰生金與甲。其德憂哀靜正嚴順。居不敢淫佚。其事號令。毋使民淫暴。順旅聚收。量民資以蓄積。賞彼羣幹。聚彼羣材。百物乃收。使民毋怠。所惡與察。所欲必得。我信則克。此謂辰德。辰掌收。收爲陰。是以辰者三垣二十八宿之次。辰虛其次。故其用掌收。物生於東。而成於西。故辰主西方也。北方曰月。其時曰冬。其氣曰寒。寒生水與血。其德淳越。溫怒周密。其事號令。修禁徙民。令靜止。地乃不泄。斷刑致罰。無赦有罪。以符陰氣。大寒乃至。甲兵乃強。五穀乃熟。國家乃昌。四時乃備。此謂月德。月掌罰。罰爲寒。是以坤六繫象。紀月之朔望晦弦。此坤爲月。所以位於北方也。觀管子紀日月星辰歲之時位。昭然朗列。然後知歲主中央。如王者之建中立極也。書洪範王省惟歲。卿士惟月。司尹惟日。庶民惟星。歲月日時無易。百穀用成。乂用明。俊民用章。家用平康。日月歲時既易。百穀用不成。乂用昏不明。俊民用微。家用不寧。此卽今人占步輕重之法也。無易既易。謂其輕重失次與否也。何以重歲而輕月與日也。古以地輪爲歲。故歲主中央。於文歲从步从戌。戌中央土也。步者象人所步也。人步於地。地與人最近。故歲德爲至尊。月繞地而行。去人稍遠。故月德次之。日繞月之外。去人最遠。故日更次之。今以析木爲歲。是以庶民之職。居王者之位也。昏明之乂。豈不倒置。何以能望平康哉。但推步家。猶襲洪範之法。而名實混指。終非對越至誠。後世之不如三代。聖人之道不明。是以天人不能一貫也。地每歲與天一會。故歲星之爲地輪。碻不可易。莊子昔者十日並出。萬物皆照。而况德之進於日者乎。日爲衆陽之宗。天地間豈有德進於日者乎。推此寓言。卽洪範之義也。進於日者。卽歲德也。十日並出。卽七曜與歲星而八。加以今日所謂天王海王者是也。羿射九日。羿者眞日也。射謂光射此九行星也。九行星皆借日之光爲光也。蓋十曜之廻旋。皆不外於五行。而五行之精。每一氣而二質。日與熒惑爲火。月與辰星爲水。歲與鎭星爲土。太白爲金。析木爲木。蓋與天王海王。亦一氣二質也。古以羅浮爲金。計孛爲木。是古人之占步已至也。至誤以析木爲歲星。不獨名實不副。而古義槪爲之蔽暗。此書所謂汨陳其五行也。茲將六書製字之義。與洪範之法。推步之次。以證管子之分。位莊子之寓言。照然一貫。爲今日天文科學參一解焉。並可以兼通乎易義。中天數五。地數五。一章之微粹也夫。

孔壁藏書爲聖道存亡關鍵論

前人

自祖龍焚書而古籍幾不能存於後世。其幸而獲存者。則以有孔壁之藏故也。然則是藏也。豈非天人相感。聖道存亡一大關鍵哉。何以不藏易也。知其以爲卜筮之書。與醫藥之書。所必不焚也。何以不藏詩也。知其爲民間歌謠所習。而無庸藏也。且三十六郡之分。獨留衞輝不與衞爲天下之中。而國風獨多於衞。人尙中聲。而傳習之徒獨衆。是以三百篇之言。早留於天下。其在百家之言存於私室。焚之或有不能盡。其爲天下公言。煌煌如尙書春秋禮樂論語孝經者。概爲灰燼矣。尙書春秋禮記論語孝經之晚出。則全以藏於孔壁故也。知孔壁一藏。爲存六經特典。而其不焚者。則亦不藏。此間天人相感之故。匪易易也。而後世之陋儒。猶欲破壞孔壁中書。噫其逆天道也。其拂人性也。觀伏生所傳二十五篇。詰屈聱牙。非以壁中書出互證。幾於不。可卒讀。何也。伏生傳書之時。目不能見。手不能畫。口授其女。而傳諸人。其間點畫之。譌。洛誦之變。伏生皆不可知。而況非由伏生所傳者。其得以存於世乎。故知凡非出於孔壁所藏。伏生所傳而文從字順者。皆非聖人所言也。竹書讖緯官禮諸篇。何以不聞於春秋戰國之前。而留於焚坑禁挾以後。此不待智者而知其爲僞譔也。知其爲僞。而矜重於世。甚矣人之好怪也。然則諸篇何以出也。當漢氏挾書之禁初釋。而徵求遺書之詔日頒。天下之稍通文字者。紛紛趨爲利藪。是以獻書者衆也。迨至真贋莫分。而注箋家擇不精而語不詳。動援引之爲詁訓。遂使詩書易禮春秋之言。多爲胼肢眩惑。此漢唐宋元明清之儒。分受其累也。故僞書不刪。則正經不興。楊墨之言不息。則聖人之道不著。有同然者。夫楊墨以偏陂之言亂道。猶是抵觸於宮門之外。至僞書之亂經。則晦蒙於蕭牆之內。其爲禮樂刑政人心風俗之害。更深且大也。何也。凡破壞壁中藏書者。始於古文尚書。次及禮記。夫尚書可破壞。是舜禹伊傅周召之政治道德。皆破壞矣。禮記可破壞。是子臣弟友晨昏趨承交際之服務。皆破壞矣。而何論語春秋之不皆可破壞乎。夫禮之爲記者。文武之政。布在方策。其禮樂亦布在方策也。儒者服習。舉以爲雅言之教。名之曰記。卽夫子述而不作之義。今誦其書。其在曲禮也。晨昏定省之情。拱立趨承之讓。對越駿奔之敬。常變交際之權。致曲以至誠明動化。莫不在是也。夫子所以有執禮之教也。其在經禮也。郊社禘嘗之義。冠昏食喪之紀。家國天下之經。四時五方之宜。自修身以至齊治平。成已所以成人也。夫子所以經綸大經也。而論者以爲漢儒之僞譔。夫漢儒能譔禮。則不得讓叔孫通定朝儀矣。不過漢儒承喪亡之後。擇不精語不詳耳。乃後儒未察。取筮日戒賓陳設虞儀。以爲禮經。豈不聞夫子之言。禮云禮云。玉帛云乎哉。樂云樂云。鐘鼓云乎哉。又不聞曾子之言。君子所貴乎道者三。動容貌斯遠暴慢矣。正顏色斯近信矣。出辭氣斯遠鄙倍矣。籩豆之事則有司存。孟子之言曰。不能三年之喪。而緦小功之察。放飯流歠。而問無齒決。是之謂不知務。夫舍倫紀內外當務之重。而兢兢於玉帛籩豆之末。此後世之士所以無實行也。而論者又曰有關睢麟趾之精意。而後可以行周官之法度。夫關睢之精意者。以后夫人之德。莫大乎能奉祭祀。故誦其芼羹荇菜之求。極其輾轉反側之誠。此即禮記所謂內則盡志。外則盡物。不得其物。不敢以祭之意也。而解之者以爲淑女君子之相求思。致爲今日戀愛性交者藉口。所謂睢麟之精意。安在乎。經不正。民不興。不可勝言矣。爲反經之君子計。其先以孔壁之藏書爲主。其庶幾可以掃除支蔓而漸反於正乎。

論三仁去就生死之道

前人

昔孔子稱殷有三仁。一去一奴一死。異哉仁之無定也。聖人之稱仁無端倪。無方物也。子曰智士仁人無求生以害仁。有殺身以成仁。信斯言也。比干之諫而死也。是殺身以成仁也。比干仁而奴者非仁矣。去者更非仁矣。何也。箕子之徉狂。畏其死也。微子之去之。避其死也。夫畏其死避其死。豈非求生以害仁乎。而聖人如此。皆謂之仁者。論其心事之仁與不仁。而不於去與奴與死言仁也。何也。當日鼎革之交。其億萬人蹈死者。無一人可稱其仁也。如費仲蜚廉惡來之輩。且謂之不仁也。是知不仁之人。不擇地而蹈死。不死非仁。死亦非仁也。比干之以諫而死也。非欲以死殉也。其諫也。冀其君之一悟也。君一悟而社稷可以存矣。如之何不諫也。君不悟而致之於死。其死也。非比干之所避也。亦非比干之所故蹈也。其一心以爲存社稷天下耳。此所以成其仁也。後世之焚諫草者。不能無愧於比干矣。箕子之徉狂也。非愛其死也。爲其死之無益而不敢蹈也。使無比干之死。而箕子寧知其不蹈於死乎。知其死之無益。則不如忍死須臾。以冀其君他日之一悟。此箕子之志。亦無非爲存天下社稷而爲之也。此箕子之所以不失其仁也。然則後世之知其無益而故蹈死以假名者。其又去箕子遠矣。無濟於世。猶徒假名。則生非仁也。死亦非仁也。何也殉利者私。假名者亦私也。私意縈懷。惡得仁也。彼微子之去也。何以成其仁也。微子固早知其君之不能悟也。不去則非死即奴也。非死即奴。而無益於宗廟社稷。則我不如留其身以有待也。觀其訪於父師少師之言曰。今爾無指告予顛躋若之何其。惇惇以宗社爲憂也。父師告之曰。商今其有災。我興受其敗。商其淪喪。我罔爲臣僕。詔王子出迪。父師罔以微子之去爲道也。何以言乎商今其有災也。謂紂之無道。若不至於喪天下。則僅爲今日商家之災。我之去者。可以興復於敗亡之後。如使商之天下必淪喪也。則我之去者。亦不至爲他人之臣虜也。此皆俟天命以冀存其宗廟社稷之心也。迨至獨夫終不悛。龍戰玄黃。而殷社淪喪。天命有歸。人事無濟。此微箕之無可如何也。無可如何。而安之若命。此微箕之仁也。後世之强逆天命。必爲興復之圖。使斯民共蹈於水火而不能安。此又武庚祿父之所爲。而非微箕之所爲也。觀於此。而仁與不仁。大有辨矣。箕子之陳洪範也。箕子固審慮之矣。我不能有濟於商之天下。則思有以濟乎萬世之天下。則陳之仁也。不陳非仁也。微子之受封於宋。而修其禮物。以保永世。亦然也。我不能存商之天下。而能存商先王之禮物。以保其宗廟子孫於無窮。則承之仁也。不承非仁也。是則微箕之不死。能受天命也。武庚之死也。不受天命也。不受天命。而妄冀遂其私心。使生民之禍流毒於無窮。此心尙可問乎。孔子何以不責管仲之不死也。以其有安天下之心。負安天下之才。更際安天下之時。是以忍須臾之死。出而一匡天下也。使不能一匡天下。則管仲失其仁矣。管仲之一匡天下也。不在霸齊與楚爭強弱也。而在救邢衞以攘夷狄也。當日狄人滅邢滅衞。而宗周有汲汲乎不可終日之勢矣。宗周亡而天下皆淪於狄。此披髮左衽。早已無春秋之天下矣。管仲相桓公。一出而救邢衞。使戎狄不敢逞志於中原。以盟會尊攘。開二三百年之霸局。承以晉宋秦楚。而天下無敢裂冠毀冕之爲。此管仲之力也。或曰伯何益於周之王乎。曰聖人之安天下。亦相時勢而爲之耳。伯之不能如三王。亦猶三王之不能如二帝。然較之七雄與秦項之亂。後世之三國六朝唐之藩鎭五季。宋之遼金元不猶愈乎。

專著

船山先師詩錄

周逸敬選

洞庭秋其十

囘頭搖落悲蟲動。廣大昌明亦自猜。無觸之聲消夢暑。不寒而慄貯騷才。
藏舟後夜同歸壑。張楚初心冀緩哀。馳騖清狂何所吝。寒潭降潦畏相催。

十一

瀰瀰盈盈不借春。千蕭萬瑟屯嶙峋。水力未至溢浩淼。雄心僅可吞清貧。
張樂鼓瑟憑慰藉。巫娥湘后惘逡巡。自然難釋虛無恨。斜月流霜非有因。

十二

目窮差別耳非聞。逼塞諸根但有云。觸法大都無輭美。寬饒何處著慇勤。
如浮今古誰爲紐。儻費煙霄不受熏。一笑中流誇定力。那知悽惻破三分。

專著

船山先生年譜後編 續第十一期

八世從孫之春輯

與唐先生端笏同遊駁閣巖。因留巖中。爲之剖示學術源流。

同唐須竹遊駁閣巖詩起云。昨日初收梅雨天。又有同須竹晏坐駁閣巖詩。沅湘耆舊集。唐端笏傳。引徐令素唐躬園墓誌。躬園嘗得白沙集定山集傳習錄諸書讀之而嗜。迎船山先生往駁閣巖。爲剖示源流。因知有朱陸異同及後來心學之誤。駁閣巖爲庚戌懷入山以來所棲伏林谷二十九首之一。注右湘西。

秋與唐先生端笏同遊昭陽菴。

有昭陽菴同須竹夜話云。乘木葉秋波。探五老之勝。因便送之詩。

至桃塢訪李公國相不遇。

過芋巖不值。詩有云。晴稻收雲白。秋瓜切粉黃。

答朱王孫翠濤聽月樓已而歸山。

聽月樓倦客歸山。留別翠濤王孫詩。有樓前湘水膩碧玉。細細波紋送遠秋。及黃菊將開酒將熟之句。

丙辰有中秋同聖功庶先翠濤須竹飲聽月樓。諸公將送余下湘詩。

九月初一日。公五十齒滿。劉公懿菴李公國相來祝。

有不揆五十齒滿懿菴見過留同芋巖小飲詩。

和郭公都賢補山堂洞庭秋詩。並爲之記。

洞庭秋詩題注遙和補山堂作序己酉秋杪記。

和八閩曉堂上人蘆雁絕句。

雁字詩後。記題此經一年矣。又庚戌秋冬之際敗葉廬記。

冬構草菴開南窗。題曰觀生居。石崖公來過。

有因林塘小曲。築草庵開南窗。不知復幾年。晏坐漫成六首呈桃塢老人。石崖先生同作詩。其一云。暄風淩小雪。當砌炫冬榮。其五云。病畏朔風寒。南窗背嶺安。薑齋文集有南窗銘。觀生居銘。 湘西草堂虎止公記次築觀生居在茱萸塘上。易以茅堵窗楹。少容几杖。

編春秋左氏博議

因林塘小曲築草菴。開南窗。不知復幾年。晏坐漫成六首。其三有家學志春秋句。

詩有過芋巖不値五律一首。深秋望子直五律一首。因林塘小曲築草庵。開南窗。不知復幾年。晏坐漫成。呈桃塢老人。暨家兄石崖先生同作五律六首。家兄觀夫之抄稿云。墨跡似先徵君。垂示以詩。哀定後敬和四韻五律一首。同唐須竹遊騣閣巖七律一首。昭陽菴同須竹夜話云。乘木葉秋波。探五老之勝。因便送之七律一首。不揆五十齒滿。懿菴見過。留同芋巖小酌七律一首。寄和些翁補山堂詩已就。聞翁返石門。復次原韻。寄意歌行一首。粵奴初識雪歌歌行一首。孤雁行和李雨蒼歌行一首。讀涇陽先生虞山書院語錄示唐須竹歌行一首。聽月樓倦客歸山留別翠濤王孫歌行一首。效柏梁體壽王愷六歌行一首。六十自定稿。大統歷閏臘七絶一首。分體詩。洞庭秋七律三十首。洞庭秋詩。題蘆鴈絶句七言十八首。雁字詩。

九年庚戌　公五十二歲

居觀生居夏秋仍居敗葉廬歲以爲常。

鴈字詩。庚戌秋冬之際。敗葉廬記。　壬子有家兄期以中秋過敗葉廬會恙不果。吟見懷念。逾月小愈。補詩下訪適當閏望。是夕人間謂爲中秋夜坐不復對月。敬和來篇奉酬詩。

三女生。　適文學李報瓊子嚮明。

三月孫夏殤。

哭殤孫用羅文毅慰彭敷五喪子韻詩。有兩日朱明留不得句。

秋齒始落。

齒落示敔子詩。有云梧桐一葉已知秋。塞角催霜幾耐愁。

唐先生端笏從其兄端典。以母氏蘇太君六十壽。請侑辭。公爲作孝壽說。

蘇太君孝壽說。庚戌之秋。兩唐子爲其母氏六秩壽。徵侑辭焉。又非直以須竹之數與相遊也。

有疾作前後鴈字詩。附以舊作蘆鴈絕句並記。

鴈字詩。前鴈字詩十九首序。不期病中忽有陽鳥筆陣。如鳩摩羅什兩肩童子出現。因吟十九首。　後鴈字詩十九首詩序。嗣吟十九首。首四十字。

懷入山以來。所棲伏林谷三百里中。小有邱壑。各述以詩。得二十九首。公自注。排子嶺。獅子峯。黑沙潭。續夢菴。雙髻峯。黃沙潭。溪波巖。妙高峯。車輣亭。方廣路。嘯臺。補衲臺。洗衲池。右嶽後。靑谿石門西石門松紋石亭塢雲菴。右祁邵之間。釣竹源。雲臺山。注右零陵北。澗西莊源。小祇園。右宜江。小雲山。昭陽菴。駁閣巖。桃塢。雪竹山。茱萸塘。敗葉廬。觀生居。右湘西。

作廣明大師小傳。

薑齋文集。梳銘跋。新安黃將軍金臺披緇。稱廣明大師。請余爲小傳。銘筆硯墨祕閣硯蓋杖拂子團棋梳南窗觀生居。

蕢齋文集硯銘跋。庚寅冬。桂林覆敗。硯爲叛吏挾家人奪去。既還山。無以和墨。劉平思畀一石子。外璞中膩。參差類小龜。即非至者。亦頗受墨。相隨二十年矣。

詩有擬古五言十九首。懷入山以來所棲伏林谷三百里中小有邱壑。輒暢然興感。各述以小詩。得二十九首五絕。（六十自定稿）擬阮步兵詠懷八十二首。（六十自定稿收二十四首。編年稿收五十八首。）哭殤孫用羅文毅慰彭敷五喪子韻七律二首。齒落示敔子七絕一首。漢宮人五律一首。（編年稿）前鴈字詩五律十九首。後鴈字詩五律十九首。（鴈字稿）

十年辛亥　公五十三歲

居觀生居。夏秋仍居敗葉廬。

複用瞿辛原體。唫瀟湘夜雨。洞庭秋月。平沙落鴈。遠浦歸帆。漁村夕照。山市晴嵐。煙寺晚鐘。江天暮雪。大八景詞。論瀟湘八景因作瀟湘怨一卷。

瀟湘八景詞序。余歌小八景。來十六年矣。又重唫大八景詞。複用瞿辛原體。旌初志也。　瀟湘怨詞。後附十景詞跋。有云瀟湘八景。不知始誰。惟洞庭月瀟湘雨耳。他皆江南五千里所曾攝也。又瀟水出自營浦西北。流五百里。而得湘水合。興安之海陽山與灕背流。既合於瀟。北流千二百里至巴陵。大江自西來注之。瀟湘之名。釋而從江。此千五百里間。縠波繡壁。楓岸荻洲。清絕之名於斯肆矣。蹟不勝探。其尤者得十景焉。曰舜嶺雲峯。曰香潭綠水。曰朝陽旭影。曰浯溪蒼壁。曰石鼓危崖。曰嶽峯遠碧。曰昭山孤翠。曰銅官戍火。曰湘灣曲岸。曰君山浮翠。各題一詞。均寄調蝶戀花。又 情物各有因緣歸宿。不迷於萬古。覩諸帆隝嵐雪。悠悠無擇地者。不猶賢乎。僕欲爲此詞。不知何以未暇歌八景後。驅筆獵之。 舜嶺雲峯。注。瀟水自江華西北流。至甯遠九疑山北疑峯。恆有雲藏其半嶺。飛雨流淙。入瀟水中。 香潭綠水。注。湘水經東安縣東。有沈香塘。石壁鎛插一株。云是沈水香。澄潭淸冷。綠蘿倒影。 朝陽旭影。注。在零陵縣瀟水側。去鈷鉧潭愚溪不遠。北十里爲湘口。是瀟湘合處。 浯溪蒼壁。注。在祁陽縣。元次山勒顏魯公中興頌於崖壁。苔光水影。靜目愉心。 石鼓危崖。注。衡陽縣北二水匯流。潭空崖古。 嶽峯遠碧。注。自衡陽北三十里至湘潭六十里。嶽峯淺碧宛轉入望。 昭山孤翠。注。一峯矗立江次。北去湘潭三十里。下爲暮雲灘。 銅官戍火注。銅官浦在長沙北六十里。脩刻本譌三。蘆汀遠岸。水香生於始夜。漁鐙戍火。依微暮色間。如寒星映水。湘灣曲岸注。湘陰北三十六灣。云是馬殷所開。縈回清澈。出此卽漸入青草湖。李賓之詩三十六灣灣對灣是也。君山浮黛注。湖光極目。至君山始見一片青芙蓉。浮玻璃影上。自此出洞庭。與江水合。謝眺所云。大江流日夜。客心悲未央者。於是始矣。湖南清絕。亦於此竟焉。

李公占解以王文恪公所撰其大父大崖先生墓誌銘見寄。讀竟書後返寄。

薑齋文集讀李大崖先生墓誌銘書後。先生裔孫雨蒼占解年七十三矣。以王文恪公所撰墓誌銘。寄唐生端笏。使與夫之共讀。謹誌其後。以訊雨蒼。當如面談矣。 李雨蒼占解年七十三矣。書至期游南嶽。若必果者。返寄遲望信宿詩。有瀰瀰洞庭水。迢迢諸葛臺。及盈盈秋波生之句。

方公以智屢勸逃禪。公不應。冬書所示劉安禮詩見寄。

極丸老人書所示劉安禮詩垂寄。情見乎詞、愚一往吃吶。無以奉答。聊次其韻。逃懷詩有云。舊識五湖風月好。寒梅春在野塘邊。 南窗漫記。方密之閣學逃禪潔已。授覺浪記。菊主青原。屢招余。將有所授。誦人各有心之語以答之。意乃愈迫。書示吉水劉安禮詩。以寓從臾之至。余終不能從。　劉安禮名仲錞。吉水舉人。隱於梅川。附永曆實錄劉季鑛傳。

十二月敏公子生蕃生。字懷姓。行三邑文庠生。

薑齋賸稿有示姪孫生蕃五古。

過雪竹山。訪茹蘗大師留宿夜話。

宿雪竹山同茹蘗大師夜話。有煙籠雪壓一枝輕之句。　辛酉廣哀詩。雪竹山道者智霈。注字茹蘗。昆明人。本姓張。以鄉舉任衡山令。己未沒於嘉興之楊墳。詩有偶望七律一首。極丸老人書所示劉安禮詩垂寄情見乎詞。愚一往吃吶無以奉答。聊次其韻述懷七律一首。宿雪竹山同茹蘗師夜話七律一首。（六十自定稿。）三月十一夜。夢登沃壽山五律一首。月坐懷須竹南嶽五古一首。李雨蒼年七十三矣。訾至期遊南嶽。若必果者。返旆遲望信宿五古一首。（編年稿。）

十一年壬子　公五十四歲

居觀生居。夏秋居敗棐廬。

春同唐先生端笏往視劉公近魯五十初度。卽席賦詩。

劉庶僊五十初度。卽席同唐須竹詩有云於君燒燭耐春寒。

三月郭公都賢以文字坐繫沒於江陵。公聞遙哭。

補山翁坐繫沒於江陵。遙哭詩其二有幾間落花津之句。　南窗漫記。丙戌屯師湖上。未能前進一咫。而賦斂之重十倍。少司馬天門郭公都賢咏雪詩云。四望郊寒連島瘦。一天白起奈蕭何。督使聞之怒甚。嗾悍帥害之。會潰敗不果。公卒以文字取禍。卒於江陵。

游二中園。

二中園紀事。爲懿菴作詩。其一有云。穿花分柳徑。隨蘚度蘭風。

四女生。　字唐端笏子常適。字無適。戊午夭。

薑齋文集。唐子無適墓表。湘西學者唐常適。字無適。年十八歿。其父躬園子悼之不欲生。又無適凡兩納采。皆未成禮。其一先者。余少女也。亦謹慧。七歲而夭。

七月十六日長孫生若生。字以似。號竹溪。府學歲貢生。候選訓導。

八月石崖公將來敗葉廬。有疾不果。逾月小愈。始來。

有家兄期以中秋過敗葉廬。會恙不果。吟見懷。念逾月小愈。袖詩下訪。適當閏望。是夕人間謂爲中秋。夜坐不復對月。敬和來篇奉酬詩。

方公以智卒於泰和蕭氏。公聞哭之。

聞極丸老人凶問。不禁狂哭。痛定輒吟二章詩。其一云。敗葉雲中哭杜鵑。其二云。五湖烟水一霜林。注傳聞薨於泰和蕭氏浮春園。　廣哀詩青原極丸老人。前大學士方公以智。注字密之。桐城人。國亡披緇稱愚者。智字無可。一號墨歷。壬子。卒於泰和。

得唐先生端笏鄂中書。知李公占解卒於魚山。遙哭之。得須竹鄂渚信。知李雨蒼長逝。遙望魚山哭之詩。其二有剛遺西風吹片葉。其三有柳岸霜風月已殘之句。南窗漫記。嘉魚李雨蒼占解。己酉寄余此詩云。欲涉湖相訪。時年七十矣。閱兩歲。遂長逝。不果所至。

詩有二中闈紀事爲懿菴作五律二首。劉庶僊五十初度。卽席同唐須竹七律二首。聞極丸翁凶問。不禁狂哭。痛定輒吟七律二章。冬夕七律二首。蚤春七絕二首。得須竹鄂渚信。知李雨蒼長逝。遙望魚山哭之七絕二首。六十自定稿。上巳五古一首。春晴七律二首。家兄期以中秋過敗葉廬會。恙不果。吟見懷念。逾月小愈。袖詩下訪。適當閏望。是夕人間謂爲小秋。夜坐不復對月。敬和來篇奉酬七古一首。補山翁坐繫沒於江陵。遙哭五律一首。編年稿。

（未完）

船山師友記第七 續第十一期

湘潭羅正鈞遺稿

朱王孫禋黎

朱禋黎、號紹南。藩支定灼曾孫也。少補州學弟子員。能詩。書法宗二王。武岡碑碣多出其手。性耽禪悅。建一庵。終日坐其中。有不滓軒詩草。與州人劉春萊齊名。鄭親王之取寶慶也。隆囘未坿。禋黎依之以遙應滇黔之師。桂王沒。禋黎以郡王冊寶卒于隆囘。寶慶府志良翰傳。

病枕憶得甲申年。有逢明王孫邀同治仲小飲觀伎卽席賦。王孫名禋黎。書法妙絕。精禪理。比以請兵平亂幾死於賊。七律二首。

正鈞按、是年春先生出蓮花峯。蓮峯志序云。甲申春始出自峯下 道過武岡。因至永州、東安。按憶得是年有武岡道上愴賦一首 東安得歐陽叔敬詩賦答一首 逢王孫詩編於武岡道上一首。後蓍遇王孫於武岡也。又按寶慶府志明代藩支表禋黎爲南安王彥𣳘六世孫。始封岷莊王梗太祖弟十八子十世裔孫。

李徵君繼體

李繼體、字震隅。永興人。性穎異。博通書史。篤孝友。天啓辛酉副榜。應就銓選。以母老不仕。撫兄遺孤如己子。有盜入其室。繼體與語曰。衣物任取。幸勿毁我書籍。盜慚而退。郴州總志濬品。

正鈞按、蕢齋詩分體稿丙寅年。寄訊李爾雅詩。題云爾雅尊人震隅先生。先君同譜執友。乙酉、夫之侍先君、避兵于便館。其宅上詩。末二句云。當日中原雙轡縮。夢中還似憶瑤京。自注、先君與震隅先生、兩次連轡赴都。詳五十自定稿。戊子歲。永興廖鄧二君邀宿石角山僧閣。是侍先君及仲兄鍳齋遊處。五律二首。起二句云。十月寒潭改。三年客艇過。末二句。郴江隨逝水、不與挽流波。按戊子前三年。正是乙酉。與寄爾雅詩。可以互證。蓋震隅以年誼素相親善。時値避寇館其宅上也。爾雅名樸。大詳第十二卷。

洪文學業嘉

洪業嘉、字伯修。湘鄉人。補文學。喜交遊吟咏。與同邑龍孔蒸、歐陽淑稱湘三詩人。永歷丁亥春。降將王進才之兵潰。掠而走湘西。業嘉死於亂兵。著有嬾吟隨草。蕢齋文集孝烈傳沅湘耆舊集小傳。

南窗漫記云。上湘洪伯修業嘉。與同邑龍季霞孔蒸。以吟咏相尚。擺脫凡近。往往得霜鶴唳空之致。丙戌開楚闈于衡陽。伯修落第。歸經嶽後。賦詩六首。寄意宏遠。此豈經生心腎中所能有此種性者。未幾爲亂兵所害。何從更得斯人與遊大雅哉。

梅花百咏自序云。上湘馮子振。當蒙古時。以捭闔游燕中。頗以文字自緣飾。亦或與釋中峯相往還。曾和其梅花百咏。隆武丙戌。湘詩人洪業嘉伯修、龍孔蒸季霞、歐陽淑子私、和馮作各百首。余薄遊上湘。邀余共綴其詞。既已薄其所出。戲作桃花絕句數十首抵之。以示鄭重。

漫記又云。丁亥春。余以窮愁客上湘。日與伯修季霞、歐陽予私淑江陵李廣生芳先痛飲忘昏曉、一夕渡漣水。就宿僧舍。

正鈞按丙戌爲順治三年。其年唐王聿鍵在閩。稱隆武二年。故梅花詩序中倘稱隆武。先生至湘陰。上書章文毅曠。在是年之夏。詳上第二卷而秋間伯修亦倘應鄉試衡陽。以是知先生在湘鄉。與三子相唱和。當是冬初也。攷永歷實錄。王進才兵潰。係丁亥二月。先生病枕憶得。丁亥有元日續夢庵用袁石公韻七律二首。按續夢庵在雙髻峯先生所營。病枕憶得甲申年有將營續夢庵登雙髻峯訪址一首。則丙戌倡和之後。已復返嶽。以丁亥初春復至相槳。未久而伯修亦遂及於難也。

龍孝廉孔蒸

龍孔蒸、字季霞。湘鄉人。崇禎壬午舉人。流寇破長沙。購捕紳士授僞職。走匿萬山中。或携瓢酒登絕巘。悲歌竟日。與同縣洪伯修業嘉湘潭王山長岱友善。自號筆樵。作悠悠筆樵夫四首以見志。丁亥潰兵掠湘鄉。携家避石板橋以護母。遂及於難。所著有類吟自删存草。沅湘耆舊集小傳。

南窗漫記云。季霞與王山長岱夜語詩云。竊聽誰窗外。琅然動壁琴。蓄季霞欲與湖上作者。矯竟陵纖弱之習。追蹤大雅。而有志無時。與伯修同時遇害。悲夫。

正鈞按。南窗漫記。引述疇昔所辱贈示之作。有龍季霞孔蒸。又年譜劉氏毓崧云。蓮峯志卷三稿本。有上湘龍孔蒸季霞訂之語。按蓮峯志當成於丙戌。按志沿革門。稱堵允錫爲楚撫。總序云甲申出自蓮峯下。無歲不至。言無歲不至。必非作於乙酉。若作於丁亥。則桂王已加允錫總制。不得但稱楚撫。先生時客湘鄉。故季霞與於參訂也。

歐陽太僕鎮 子淑

歐陽鎮。字山公。湘鄉人。崇禎壬午舉人。雄於文。湘鄉志文苑傳稱其練博通雅。詩篇雄麗淹洽。湘中稱詩者。推爲老宿。兼工行草書。子淑按南窗漫記淑字子私亦有才名。嘗和海粟百梅詩。一旦夕得二百首。戊子春父子俱殉亂死。或曰鎮官太僕。沅湘耆舊集小傳小腆紀傳百梅詩序云。隆武丙戌湘詩人和馮作各百首。歐陽子私淑炫其英多倍之。脫稿後。一卽相示。

病枕憶得丁亥年、有上湘劇飲陽山公宅上同李廣生洪伯修龍季霞山公鄖君鄭石。夜分歸宿螽慶庵月上有作一首。七律

正鈞按憶得上湘劇飲一詩。與南窗漫記所云。日與伯修季霞歐陽子私淑痛飲忘昏曉。就宿僧舍。正一時事。耆舊集鄧氏顯鶴曰檢船山集中。有李廣生自黔生還歸關率爾吟贈並感洪一龍三陽太僕山公及鄖君鄭石諸逝者一首。

（按自定稿諸逝者下有浮湘亭之逝五字）按洪一名業嘉。字伯修。龍三名孔蒸。字季霞。皆湘鄉名宿。獨山公以官稱太僕。或當日崎嶇嶺粵所受爵。而方志失攷。未之載也。鄭石即予私無疑。

又按劉氏毓崧曰。嶽餘集稿本有同里夏汝弼。上湘歐陽淑訂之語。今詳先生與夏叔直遊白峯。爲丁亥五月。（詳上卷）則洪龍春間遇害後。先生尚未去湘鄉。予私父子殉亂。尚在次年戊子。以此知先生與叔直遊白石峯時。予私必尚相往還。故得共訂其詩也。

蕭一夔常賡

蕭常賡、字一夔。湘鄉人。仕履無攷。（沅湘耆舊集小傳）

惜餘鬢賦自跋（薑齋逸文）云。回憶丁亥夏。倣少陵文山作七歌。與夏叔直氏將奔辰沅。至小湘。道阻不能往。重爲匪人所困。將斃溝瀆。得上湘人士蕭一夔破壁相容。敗屋荒林。相對哀吟。遺稿已亡。參差憶得者如此。

病枕憶得。丁亥年有蕭一夔邀飲桐陰聽叔直彈漁樵問答一首。（五律）

正鈞按者舊集、鄧氏顯鶴曰。湘鄉流寓志載蓮冠道人邑士蕭常賡見而識之。邀至家居月餘乃去。按道人卽夏叔直先生與夕堂老人交篤。其遊東駕山白石峯。常偕常賡邀主其家居月餘。作兩先生東道主人談。何容易則常賡非常人哉。今搜得惜餘鬒賦跋。並憶得丁亥一詩。正足與鄧說相發明。惟遊白石峯時。先生年甫三十。夕堂老人係晚年之稱。鄧說如此。稍未致審。

阮參軍志道

阮志道。字路然。別號淡明。常甯人。早歲讀書太學。釋褐授中城兵馬副指揮。先後以勳蒙溫旨。陞華州同知。攝朝邑興平二縣務。有逆賊猝起。斬關稱號。乘捻礫開之。以最當殊擢。不致請謁用例。陞江西按察司經歷。攝奉新。假歸。（逸文阮淡明墓志）

阮淡明墓志云。昔歲在癸未。余兄弟隨計吏北上。烽屯陸阻。舟次章江。臘酒春燈。過市閭俗。莫不言阮參軍者。攝奉新所治如專吏。加虔顧深惘然。以共嶽雲膚寸。未面交也。戊子夏。芒屩踏暑雨。晤公山中。古貌深情。名言玉屑。聽者莫不神怡。無幾而謝世。卒之四年。嗣君文學鄂以狀請誌。（文存常甯縣志）

正鈞按、先生與管舍人嗣裘舉義兵應。是戊子秋閒。今淡明墓志云。戊子夏。芒屩晤于山中。殆章靈賦注所云涉歷險阻。滑戒同志者歟。

曹明經國光

曹國光、字伯實。邑明經。少博學能文。每試輒冠軍。嘗集漢唐宋人語作八股藝。比偶天成。如出己作。性方介。不妄投分。然通而善諧。郡邑有文譽者皆爭與之遊。及子鶴已成明經。諸孫皆成諸生。又弄孫矣。光乃獨築一室。日手一卷。不少釋。率一月置酒。召子若孫燕歡焉。笑曰。陸賈言數見不鮮。良是也。鄉人有爭。輒往平之。不解。則脫巾以請。有大不循者。自相戒勿使聞。鄉人皆以方高文通王彥方焉。莊居有樹數千株。直可百餘金。比處者誤遺火炮燼。願揩牛豕粟縷及身與妻子充居作償之。光乃詭言野燐。慰遺之。其爲長者行率如此。每每鄉飲。邑宰敦迎。終不赴。卒年九十。耒陽縣志篤行傳。

病枕憶得。乙酉年有耒陽曹伯實翁丈招同陳耳臣廣文訪杜少陵故墓一首。七律

五十自定稿。戊子年有耒陽曹氏江樓遲舊遊不至一首。七律

正鈞按。江樓蓋卽伯實所居。稱爲翁丈。其年輩應長於先生。詳行狀云。已而諸公辟檄兩及府君。臥耒陽不往。證以戊子一詩題云。遲舊遊不至。可見曹氏江樓。爲先生所常寓居之所。先生以戊子冬。兵敗走行闕。據章靈賦注云。遂繇郴桂入粤。則耒陽爲塗所必經。詩頷聯云。韓城公子椎空折。卽指舉義兵敗。楚國佳人橘過秋。知其作於秋末。末二句云。霜華夜覆荒城月。獨倚吳鈎賦遠游。則爲將度嶺言也。

第七卷完

專著

船山師友記第七

湘綺樓詩經評點 續第十一期　　　　詩卷二、

湘潭王闓運評點　　　　門人周逸纂集

邶一之三

柏舟、言仁而不遇也、五章章六句、

汎彼柏舟。亦汎其流。耿耿不寐。如有隱憂。微我無酒。以敖以遊。

評、悲深無際。○下必明點。方與起相襯託。

我心匪鑒。不可以茹。亦有兄弟。不可以據。薄言往愬。逢彼之怒。

評、連用三我字。如觥弦急管。

我心匪石。不可轉也。我心匪席。不可卷也。威儀棣棣。不可選也。

評、正詞轉應樂府詞云。就我詔我結我已深相交矣。忽然不惜紅羅裂。小人一驚。

憂心悄悄。慍于羣小。覯閔既多。受侮不少。靜言思之。寤辟有摽。

評、上太振厲。故舒愉其詞。

日居月諸。胡迭而微。心之憂矣。如匪澣衣。靜言思之。不能奮飛。

評、亦憂深而詞緩。

綠衣、衞莊姜傷己也。四章章四句。

綠兮衣兮。綠衣黃裏。心之憂矣。曷維其已。

綠兮衣兮。綠衣黃裳。心之憂矣。曷維其亡。

綠兮絲兮。女所治兮。我思古人。俾無訧兮。

評、增入一意。泯然無痕。

絺兮綌兮。淒其以風。我思古人。實獲我心。

評、承上只如一事。而意已九轉。

燕燕、衞莊姜送歸妾也。四章章六句、

燕燕于飛。差池其羽。之子于歸。遠送于野。瞻望弗及。泣涕如雨。

評、明點之子于歸。遠送于野。○疾轉。

燕燕于飛。頡之頏之。之子于歸。遠于將之。瞻望弗及。佇立以泣。

燕燕于飛。下上其音。之子于歸。遠送于南。瞻望弗及。實勞我心。

評補敘以申上意。

仲氏任只。其心塞淵。終溫且惠。淑慎其身。先君之思。以勖寡人。

評坐實。

日月、衞莊姜傷己也、四章章六句、

日居月諸。照臨下土。乃如之人兮。逝不古處。胡能有定。寧不我顧。

日居月諸。下土是冒。乃如之人兮。逝不相好。胡能有定。寧不我報。

日居月諸。出自東方。乃如之人兮。德音無良。胡能有定。俾也可忘。

日居月諸。東方自出。父兮母兮。畜我不卒。胡能有定。報我不述。

終風、衞莊姜傷己也、四章章四句、

終風且暴。顧我則笑。謔浪笑敖。中心是悼。

終風且霾。惠然肯來。莫往莫來。悠悠我思。

評入木三分。刻摯之語。

終風且曀。不日有曀。寤言不寐。願言則疐。

曀曀其陰。虺虺其靁。寤言不寐。願言則懷。

評、一層深一層。文亦幽豔動人。

擊鼓、怨州吁也。五章章四句。

擊鼓其鏜。踊躍用兵。土國城漕。我獨南行。

評、開口便如棘門灞上之軍。徒兒戲耳。

從孫子仲。平陳與宋。不我以歸。憂心有忡。

爰居爰處。爰喪其馬。于以求之。于林之下。

死生契闊。與子成說。執子之手。與子偕老。

于嗟闊兮。不我活兮。于嗟洵兮。不我信兮。

凱風、美孝子也。四章章四句。

凱風自南。吹彼棘心。棘心夭夭。母氏劬勞。

評、穆如淸風。邶人善以雅語敍醜事。○入題自然神來之筆。但覺其油然仁孝。側平大雅。

凱風自南。吹彼棘薪。母氏聖善。我無令人。

評、詩用聖字唯此處近於譏。蓋恨之深通篇怨母氏也。

爰有寒泉。在浚之下。有子七人。母氏勞苦。

評、復提起與起處相應。○此處必須明點。不可再含胡矣。

睍睆黃鳥。載好其音。有子七人。莫慰母心。

評、妍雅和平。○於此始正言母言。則下不可再著語矣。

雄雉、刺衛宣公也。四章章四句、

雄雉于飛。泄泄其羽。我之懷矣。自詒伊阻。

評、何其婉媚。

雄雉于飛。下上其音。展矣君子。實勞我心。

瞻彼日月。悠悠我思。道之云遠。曷云能來。

評、提開影照以解上恥。所謂搯美釋廻。○反與商量使人失笑。下遂不能不作正論。使筆如舌。文本天成。儒生那夢見。

百爾君子。不知德行。不忮不求。何用不臧。

匏有苦葉。刺衛宣公也。四章章四句。

匏有苦葉。濟有深涉。深則厲。淺則揭。
有瀰濟盈。有鷕雉鳴。濟盈不濡軌。雉鳴求其牡。
雝雝鳴鴈。旭日始旦。士如歸妻。迨冰未泮。

評、和平吉祥。光采四映。所謂其事愈醜。其文愈美。羯鼓解穢。仍淫聲耳。此如黑暗地獄放大光明。

招招舟子。人涉卬否。人涉卬否。卬須我友。

谷風、刺夫婦失道也。六章章八句、

習習谷風。以陰以雨。黽勉同心。不宜有怒。采葑采菲。無以下體。德音莫違。及爾同死。

評、此篇存其義耳。語多質直。不足風刺。

行道遲遲。中心有違。不遠伊邇。薄送我畿。誰謂荼苦。其甘如薺。宴爾新昏。如兄如弟。
涇以渭濁。湜湜其沚。宴爾新昏。不我屑以。毋逝我梁。毋發我笱。我躬不閱。遑恤我後。

就其深矣。方之舟之。就其淺矣。泳之游之。何有何亡。黽勉求之。凡民有喪。匍匐救之。不我能慉。反以我爲讎。既阻我德。賈用不售。昔育恐育鞫。及爾顛覆。既生既育。比予于毒。

我有旨蓄。亦以御冬。宴爾新昏。以我御窮。有洸有潰。既詒我肄。不念昔者。伊余來塈

式微、黎侯寓于衛、其臣勸以歸也、二章章四句

式微式微。胡不歸。微君之故、胡爲乎、中露。

式微式微。胡不歸。微君之躬。胡爲乎泥中。

旄丘、責衛伯也。四章章四句

旄丘之葛兮。何誕之節兮。叔兮伯兮。何多日也。

何其處也。必有與也。何其久也。必有以也。

狐裘蒙戎。匪車不東。叔兮伯兮。靡所與同。

瑣兮尾兮。流離之子。叔兮伯兮。褎如充耳。

簡兮、刺不用賢也、四章三章章四句一章六句。王本作三章章六句

簡兮簡兮。方將萬舞。日之方中。在前上處。

碩人俁俁。公庭萬舞。有力如虎。執轡如組。

左手執籥。右手秉翟。赫如渥赭。公言錫爵。

山有榛。隰有苓。云誰之思。西方美人。彼美人兮。西方之人兮。

評、雖遠之意。以微婉之詞寫之。文情縣邈。

泉水、衛女思歸也、四章章六句

毖彼泉水、亦流于淇。有懷于衛。靡日不思。變彼諸姬。聊與之謀。

評、與柏舟同一用亦字起。文情婉惻。亦正相似。〇無限委曲。說者乃以思歸釋之。

出宿于泲。飲餞于禰。女子有行。遠父母兄弟。問我諸姑。遂及伯姊。

出宿于干。飲餞于言。載脂載舝。還車言邁。遄臻于衛。不瑕有害。

我思肥泉。茲之永歎。思須與漕。我心悠悠。駕言出遊。以寫我憂。

評、又寫憂思。回腸九轉。〇再重兩句。文氣愈曲。

北門刺仕不得志也。三章章七句、

出、自、北、門。憂心、殷、殷。終窶且貧。莫知我艱。已焉哉。天實爲之。謂之何哉。

評、邶詩每工於發端。後來阮嗣宗亦然。

王事適我。政事一埤益我。我入、自、外。室人、交、徧、讁、我。已焉哉。天實爲之。謂之何哉。

評、寫出危險。

王事敦我。政事一埤遺我。我入自外。室人交徧摧我。已焉哉。天實爲之。謂之何哉。

北風、刺虐也、三章章六句

北風其涼。雨雪其雱。惠而好我。攜手同行。其虛其邪。既亟只且。

北風其喈。雨雪其霏。惠而好我。攜手同歸。其虛其邪。既亟只且。

莫赤匪狐。莫黑匪烏。惠而好我。攜手同車。其虛其邪。既亟只且。

靜女、刺時也、三章章四句

靜女其姝。俟我於城隅。愛而、不、見。搔首、踟、躕。

評、所謂周皇忡驚惕以無意有字爲文。劉知幾等所不能解。

靜女其孌。詒我彤管。彤管有煒。說釋女美。

自牧歸荑。洵美且異。匪女之爲美。美人之貽。

評只是用一牧字典故耳。而意之層折乃至此。善於設譬。

新臺刺衛宣公也。三章章四句

新臺有泚。河水瀰瀰。燕婉之求。籧篨不鮮。

新臺有洒。河水浼浼。燕婉之求。籧篨不殄。

魚網之設。鴻則離之。燕婉之求。得此戚施。

二子乘舟。思伋壽也。二章章四句

二子乘舟。汎汎其景。願言思子。中心養養。

評寫俠勇飄忽之狀。以刺有悲。文亦飄忽。〇不著一字。盡得風流。

二子乘舟。汎汎其逝。願言思子。不瑕有害。

評正意在後。只就勢輕點。

邶國十九篇七十一章三百六十三句舊本作七十二章

國風三

詩卷二終

湘綺樓詩經評點　詩卷三

湘潭王闓運評點　門人周逸節編

鄘一之四

柏舟。共姜自誓也。二章章七句

汎彼柏舟。在彼中河。紞彼兩髦。實維我儀。之死矢靡他。母也天只。不諒人只。

汎彼柏舟。在彼河側。紞彼兩髦。實維我特。之死矢靡慝。母也天只。不諒人只。

牆有茨。衛人刺其上也。三章章六句

牆有茨。不可埽也。中冓之言。不可道也。所可道也。言之醜也。

評。直詞正論。有義形於色之概。

牆有茨。不可襄也。中冓之言。不可詳也。所可詳也。言之長也。

牆有茨。不可束也。中冓之言。不可讀也。所可讀也。言之辱也。

君子偕老。刺衛夫人也。三章一章七句一章九句一章八句

君子偕老。副笄六珈。委委他他。如山如河。象服是宜。子之不淑。云如之何。

玼兮玼兮。玼又作瑳其之翟也。鬒髮如雲。不屑髢也。玉之瑱也。象之揥也。揚且之晳也。胡然而天也。胡然而帝也。

玼兮玼兮。周官注引玼作瑳今本或作瑳上倂作玼非其之展也。蒙彼縐絺。是紲袢也。子之清揚。揚且之顔也。展如之人兮。邦之媛也。

評。上二句近褻。故以此救之。必褻而情始親。必正而義始立。結我紅羅襦。如晃傾襟。不惜紅羅裂。如聞裂帛也。故結句又搖曳以感之。

桑中。刺奔也。三章章七句

爰采唐矣。沬之鄉矣。云誰之思。美孟姜矣。期我乎桑中。要我乎上宮。送我乎淇之上矣。

評。專以矣字見意。其詞迫切。○必用二句以舒其氣。否則側調偏弜矣。

爰采麥矣。沬之北矣。云誰之思。美孟弋矣。期我乎桑中。要我乎上宮。送我乎淇之上矣。

爰采葑矣。沬之東矣。云誰之思。美孟庸矣。期我乎桑中。要我乎上宮。送我乎淇之上矣。

鶉之奔奔。刺衛宣姜也。二章章四句

鶉之奔奔。鵲之彊彊。人之無良。我以爲兄。

評。亦直詞與牆有茨同。

鵲之彊彊。鶉之賁賁。人之無良。我以爲君。

定之方中。美衛文公也。三章章七句

定之方中。作于楚宮。揆之以日。作于楚室。樹之榛栗。椅桐梓漆。爰伐琴瑟。

評。以天文叙京都賦家法門〇與騋牝句皆以小見大。開後世八家文派。

升彼虛矣。以望楚矣。望楚與堂。景山與京。降觀于桑。卜云其吉。終焉允臧。

靈雨既零。命彼倌人。星言夙駕。說于桑田。匪直也人。秉心塞淵。騋牝三千。

評。又以時景點染亦文家色澤。

蝃蝀。止奔也。三章章四句

蝃蝀在東。莫之敢指。女子有行。遠父母兄弟。

専　著　湘綺樓詩經評點　四

蝃蝀于西。崇朝其雨。女子有行。遠兄弟父母。
乃如之人也。懷婚姻也。大無信也。不知命也。
相鼠。刺無禮也。三章章四句
相鼠有皮。人而無儀。人而無儀。不死何爲。
相鼠有齒。人而無止。人而無止。不死何俟。
相鼠有體。人而無禮。人而無禮。胡不遄死。
干旄。美好善也。三章章六句
孑孑干旄。在浚之郊。素絲紕之。良馬四之。彼姝者子。何以畀之。
孑孑干旟。在浚之都。素絲組之。良馬五之。彼姝者子。何以予之。
孑孑干旌。在浚之城。素絲祝之。良馬六之。彼姝者子。何以告之。
載馳。許穆夫人作也。五章一章六句二章章四句一章六句一章八句舊本作
四章二章章六句二章章八句
載馳載驅。歸唁衛侯。驅馬悠悠。言至於漕。大夫跋涉。我心則憂。

旣不我嘉。不能旋反。視爾不臧。我思不遠。

旣不我嘉。不能旋濟。視爾不臧。我思不閟。

陟彼阿丘。言采其蝱。女子善懷。亦各有行。許人尤之。衆穉且狂。

評。詞令妙品。使人意消。〇又自責以杜其口。

我行其野。芃芃其麥。控於大邦。誰因誰極。大夫君子。無我有尤。百爾所思。不如我所之。

鄘國十篇三十章百七十六句 舊本作二十九章

衛一之五

淇奧美武公之德也。三章章九句

瞻彼淇奧。綠竹猗猗。有匪君子。如切如瑳。如琢如磨。瑟兮僩兮。赫兮咺兮。有匪君子。終不可諼兮。

瞻彼淇奧。綠竹菁菁。有匪君子。充耳琇瑩。會弁如星。瑟兮僩兮。赫兮咺兮。有匪君子。終不可諼兮瞻彼淇奥。綠竹如簀。有匪君子。如金如錫。如圭如璧。寬兮綽兮。倚重較兮。善戲謔兮。不爲虐兮。

考槃。刺莊公也。三章章四句

考槃在澗。碩人之寬。獨寐寤言。永矢弗諼。

考槃在阿。碩人之薖。獨寐寤歌。永矢弗過。

考槃在陸。碩人之軸。獨寐寤宿。永矢弗告。

碩人閔莊姜也。四章章七句

碩人其頎。衣錦褧衣。齊侯之子。衛侯之妻。東宮之妹。邢侯之姨。譚公維私。

評入手敘容儀。便點出作意。使人失笑。然用筆不留餘地。頗傷忠厚。蓋衛人之恨莊姜深矣。司馬云。怨毒之于人甚哉。題云閔之。垂戒深矣。〇一口氣說出無數貴人。愈見其陋。周公曰。我文王之子。武王之弟。今王之叔父。亦是敘述夸張。然以戒子不嫌也。今莊姜唯以此自貴。宜不答於夫矣。下又自矜其色。益自賤也。

手如柔荑。膚如凝脂。領如蝤蠐。齒如瓠犀。螓首蛾眉。巧笑倩兮。美目盼兮。

評。詩有事醜而文美者。雝雝鳴雁是也。有文美而意醜者。此七句是也。

碩人敖敖。說于農郊。四牡有驕。朱幩鑣鑣。翟茀以朝。大夫夙退。無使君勞。

評。憎其人者憎其儲胥。使姜知其必不安也。○出作意明其得禍之由也。注家乃以鄙褻意窺之。豈欲君毋以早眠爲安乎。

河水洋洋。北流活活。施罛濊濊。鱣鮪發發。葭菼揭揭。庶姜孽孽。庶士有朅。

氓。刺時也。六章章十句

氓之蚩蚩。抱布貿絲。匪來貿絲。來卽我謀。送子涉淇。至于頓丘。匪我愆期。子無良媒。將子無怒。秋以爲期。

評。言繇詞複。敍述特詳。抵一篇司馬相如自記。

乘彼垝垣。以望復關。不見復關。泣涕漣漣。既見復關。載笑載言。爾卜爾筮。體無咎言。以爾車來。以我賄遷。

評。必須用典禮明點作意。不然便作尋常君臣離合看矣。

桑之未落。其葉沃若。于嗟鳩兮。無食桑椹。于嗟女兮。無與士耽。士之耽兮。猶可說也。

女之耽兮。不可説也。

評。雖是託詞。而垂戒千古。抵一篇苦相篇。

桑之落矣。其黄而隕。自我徂爾。三歲食貧。淇水湯湯。漸車帷裳。女也不爽。士貳其行。士也罔極。二三其德。

評。寫喪妻失位。微而顯。直而婉。然是陳詩體耳。若五七言亦效此。便成謎語。他文效此反是謗書也。○椎心泣血之文。頑不能知。此他人亦不能代作。故決爲頑子文公。頑女許夫人之作也。

三歲爲婦。靡室勞矣。夙興夜寐。靡有朝矣。言既遂矣。至于暴矣。兄弟不知。咥其笑矣。靜言思之。躬自悼矣。

及爾偕老。老使我怨。淇則有岸。隰則有泮。總角之宴。言笑晏晏。信誓旦旦。不思其反。反是不思。亦已焉哉。

評。惜誓回風。有此悲愴。

竹竿。衛女思歸也。四章章四句

籊籊竹竿。以釣于淇。豈不爾思。遠莫致之。
泉原在左。淇水在右。女子有行。遠父母兄弟。
淇水在右。泉源在左。巧笑之瑳。佩玉之儺。
淇水滺滺。檜楫松舟。駕言出游。以寫我憂。

芄蘭刺惠公也二章章六句

芄蘭之枝。童子佩觿。雖則佩觿。能不我知。容兮遂兮。垂帶悸兮。
芄蘭之葉。童子佩韘。雖則佩韘。能不我甲。容兮遂兮。垂帶悸兮。

河廣宋襄公母歸于衞。思而能止。故作是詩也二章章四句

誰謂河廣。一葦杭之。誰謂宋遠。跂予望之。
誰謂河廣。曾不容刀。誰謂宋遠。曾不崇朝。

伯兮刺時也。四章章四句

伯兮朅兮。邦之桀兮。伯也執殳。爲王前驅。
自伯之東。首如飛蓬。豈無膏沐。誰適爲容。

其雨其雨。杲杲出日。願言思伯。甘心首疾。
焉得諼草。言樹之背。願言思伯。使我心痗。

有狐。刺時也。三章章四句

有狐綏綏。在彼淇梁。心之憂矣。之子無裳。
有狐綏綏。在彼淇厲。心之憂矣。之子無帶。
有狐綏綏。在彼淇側。心之憂矣。之子無服。

木瓜。美齊桓公也。三章章四句

投我以木瓜。報之以瓊琚。匪報也。永以爲好也。
投我以木桃。報之以瓊瑤。匪報也。永以爲好也。
投我以木李。報之以瓊玖。匪報也。永以爲好也。

衛國十篇三十四章二百三句

詩卷三終

雁影齋題跋卷第四 續第十一期

湘鄉李希聖亦元遺稿

袖珍方四卷

前有洪武二十四年八月望日序。又有永樂十三年乙未季秋月序。言數年以來。印板糢糊。今令良醫等復校訂正。刊行於世。蓋洪武先有刊板。至永樂時又重刊也。此本卷尾有皇明弘治壬子仲春楊氏淸江書堂重刊。蓋不及百年。已三易板矣。其書計方三千七十又七。分八十一門。而不著撰人名字。作序者亦不著名。據序文知其輯於雲南。而洪武永樂二刻。亦均在滇中。蓋邊遠多瘴。故方書盛行也。

元文類七十卷目錄三卷 元本

每半頁十行。行十九字。前有元統二年四月戊午。鄭王理。及五月五日陳旅二序。觀其卷首文移。乃西湖書院刊本。又有中書省移咨一道。云江浙等處行中書省劄付本司刊板印行。當職近在大都。於蘇參議家。獲睹元編集檢草較正。得所刊板本第四十一卷內缺少下半卷。計一十八板。九千三百九十餘字。不曾刊雕。又於目錄及各卷內較正。得中間九十三板。脫漏差誤。計一百三十餘字。蓋是當間較正之際。失於鹵莽。以致如此。宜從本司刊補改正。庶成完書。今將缺少板數漏誤字樣。錄連在前。關請施行。准此。儒司今將上項文類板本刊補改正。一切完備隨此發去。合下仰照驗收管施行。須至指揮。至正二年二月日施潤。此本蓋當時印行之本。紙墨甚精。卷首有張之洞審定。無兢居士等印。後有元統三年三月三日太原王守誠題。卽葉盛水東日記所謂至正初元刻大字本也。四庫著錄者。乃從此本翻雕。

通鑑續編二十四卷 元本

陳桱撰。每半頁九行。行二十二字。前有至正二十一年周伯琦至正十八年陳基諸人序。桱本元人。入明爲翰林編修。以附楊憲還待制。四庫提要改稱明人。爲得其實。然此書則實在元時所刊。不得以其爲明人而疑之耳。卷首有馬玉堂笏齋印。

朝野僉載十卷

影抄本。其中構字空格注御名。蓋從宋本過錄。有士禮居藏。及黃丕烈復翁等印。

其甲字毛晉私印。汲古主人諸印。則書賈所僞造也。按此書四庫著錄者係六卷。此本分十卷。與唐書宋史藝文志及郡齋讀書志書錄餘題。文獻通考所記皆不合。提要謂張鷟爲開元時人。而書中有寶歷元年資陽石走事。寶歷乃敬宗年號。與鷟時代不相接。此本亦有石走一條。乃在第八卷。而孟宏微對宣宗事。則此本竟無之。其第九卷宗楚客一條。三行以後所記諸珍物及李可及進百年曲皆懿宗女同昌公主事。前後既不相蒙。時代尤不相及。疑亦僉載補遺中語。而提要未嘗指摘。豈內府本無此一條耶。抑當時秉筆者未嘗細勘耶。考宋人所撰五色線（按是書本三卷汲古閣刻者僅二卷）引此書共三條。而太歲在午人馬食土。歲在辰已貨妻賣子。歲在申酉。乞漿得酒一條。此本亦無之。則自宋時流傳之本已不一矣。其中如鄭愔。崔湜掌選一條。李蠡忠破營府一條。桑條韋一條。突厥鹽一條。武媚孃一條。桂曲誅諸韋一條。索元禮一條。喬知之婢碧玉一條。侯思正獮豸豈識字一條。吉頊請祿來俊臣一條。仙人獻果玉女登梯一條。侯敏妻董氏一條。高叡妻秦氏一條。天后夢鸚鵡一條。先天二年正月張燈一條。（與舊唐書嚴挺之傳合）張易之母阿藏一條。安樂公主定昆池一條。張昌儀屬天官侍郎一條。朱前疑諂諛一條。常元楷被誅一條。韋后隔簾拜周仁軌一條。周仁軌過秋分一日平曉斬之一條。宋之遜告王同皎一條。白鐵余埋銅佛一條。李日知行杖一條。薛懷義造夾紵大像及明堂火一條。胡超合長生藥一條。武三思謂張易之是王子晉後身一條。突厥破萬榮新城一條。久視二年三月大雪一條。田歸道不屈默啜一條。皆爲通鑑所釆。其劉仁願以仁軌檢校帶方州刺史一條。李敬玄爲元帥一條。程務挺平稽胡爲儀鳳中一條。駱賓王爲徐敬業畫策取裴炎同起事一條。魚思咺造匭一條。七寶臺散壞爲姚璹語一條。來俊臣徐有功先進狀一條。王孝傑戰死一條。來俊臣三月三日在龍門題朝士姓名一條。孫彥高頑愚一條。武懿宗射閻知微一條。鳩集鳳池驅驢宰相一條。司刑寺囚作聖人迹一條。宋景畢構見鬼人彭君卿一條。崔湜妻及二女皆幸於太子一條。王琚去官侍母一條。薛訥八萬人沒於契丹一條。姚崇縱殺趙海一條。張說諂事王毛仲一條。皆見於考異中爲通鑑所不取。合而觀之。其書之疏密均可見矣。然如補闕連車載。拾遺平斗量。欋椎侍御史。脫腕校書郎。及沈全交續之云云一條。通鑑採之。而胡注乃引容齋隨筆以爲此語出於張鷟。則梅磵蓋未見此書。故其注引長孫無忌以鳥羊毛爲渾脫。及如意初黃麞歌皆不知源出此書也。

孫耕閒集一卷

宋孫銳撰。銳字穎叔。吳江平望里人。咸淳十年進士。授廬州僉判。值元兵南侵。遂絕意仕進。挂冠東歸。年七十九。卒於德祐初。其集爲元至元十八年趙時遠編。前有時遠序。稱其序累若干卷。多散佚不傳。予忝世誼。因搜其遺稿。或扇頭壁上。或蠹簡鼠穴。得數十首云云。此本計詩僅三十五首。卽時遠原編之本也。銳生値亂離。鴻冥物外。本不欲以文章自名。故其詩多模山范水之詞。格調不高。而一邱一壑。自得天機。如漁父詞和玄真子。得家書和陶淵明。又作玄真子吟。至以爲仙去。可以知其所尚矣。然其詠鴟夷子皮及孔明八陣石。亦時露英氣。殆與陶淵明刑天舞干戚。（不用周必大二老堂詩話說沈濤交翠軒筆記則謂刑天當仍作刑夭惟無千歲三字實舞干戚之訛其說甚辯）猛志故常在者。託興相同歟。此書四庫未錄。阮氏經進書亦無之。乃舊帙之僅存者。兩宋名賢小集內無鋭詩。厲鶚宋詩紀事選鋭詩僅三首。吳之振宋詩鈔。曹廷棟宋百家詩存。均未入選。則皆未見矣。此本爲知不足齋舊鈔。丹黃燦然。蓋鮑廷博手校本也。

玉雨堂叢書所刻卽用鮑氏校本沈西雍跋云宋詩紀事曾見此集仕履不全似未附墓誌也翁海雒跋云石湖別墅詩收入顧棠厓宋人名賢小集元眞釣磯邨重建殊勝寺記鶯湖說收入平望志

（未完）

中國名山彙考卷一 續第十一期

湘潭周逸 木崖

大房山

金諸陵之大房山

大房山。在今順天府房山縣西十五里。爲幽燕之奧室。故曰房。綿亙數十里。爲石經山。（在房山縣西南四十里。山上有寺。因藏經。故名。）上方山。（在房山縣西南八十里。上有上方寺。）紅螺嶮。（在上方山東三十里。）雲水洞。（在房山縣西有。昔傳有土人見白龍出。輒化爲魚。又聞樂作聲。）孔水洞。（在房山縣大房山東北。懸崖千尺。石竇如門。源泉湧出。深不可測。中見桃花浮出。疑爲仙境云。有行時白龍出游。往往樵牧聞絲竹聲。昔有人乘桴窮源。有五六日無所抵。但見仙鼠書飛。蝙蝠游泳而已。）皆因地立名。其下有聖水泉。

碣石山

禹貢之碣石

碣石在今直隸永平府之海中。前代紛紜不一。要以王璜所言淪入海者爲是。今山海關海中有大石橫亙數十里。如柱形。則酈道元之說可據。知此山則九河逆流之說。亦不辨自明矣。

盤山

薊州之盤山

盤山在今順天府薊州城西北二十五里。其山險不可登。必盤而登之。故名。一名盤龍山。

按水經鮑丘水注。洵水。又東左合盤山水。水出山上。其山峻嶮。人跡罕交。去山三十許里。望山上水可高二十餘里。素湍皓然。頹波歷谿。沿流而下。自西北轉注於洵水。

竹書紀年梁惠成王十六年。齊師及燕。戰於洵水。齊師遁。卽是水也。

燕山

京東之燕山

燕山在今順天府玉田縣西北二十五里。根自太行。連延綿亙。在京師之西者爲西山。自北而東至薊州之玉田縣。則稱燕山。爲燕地形勝。故名也。或又以爲燕然山脈盡於此故名。今考燕然山。在今宣化府相距不遠。亦連延相屬。則當以在北屬宣化府者爲燕然。而在南屬玉田者爲燕山。

按圖書編。燕山圖攷。燕山在太行滄海間。形勝雄據天下。卽今京師也。以燕然山脈盡於此。故曰燕山。昔燕昭王築黃金臺以招賢者。故又稱金臺。

長白山

奉天府東北之長白山

長白山。在今奉天府之東北。古名不咸山。又名太白山。又名白山。舊志稱橫亘千里。高二百里。今按此山東過寧古塔。西趨奉天府。而開運隆業。諸山皆發脈於此。蓋不止千里矣。山巔一潭。五峯環遶。百泉自山麓旁出。分爲鴨綠圖門混同。（即黑龍江）三大江其體勢高大。支裔綿遠。洵足雄冠五嶽。俯視萬山。

按金史世紀。其在北者有混同江。長白山。混同江。（亦號黑龍江）所謂白山黑水是也。

醫巫閭山

北鎭醫巫閭山

醫巫閭山。在今盛京錦州府廣寧縣城西十里。高十餘里。周圍二百四十里。舜封十二山。以此山爲幽州之鎭。唐封爲公。遼金晉封爲王。明太祖定封號爲北鎭醫巫閭山之神。山上翠雲巖、飛瀑巖、翠雲屏、石門、桃花洞、諸勝。

千山

遼陽之千山

千山、在今遼陽州城南六十里。上有蓮子、彌勒、淨瓶、鉢盂、海螺、臥象、瀨瓊、鵓鴿、諸峯。有羅漢洞二。有祖越、龍泉、香崖、中會、大安、五大寺。及仙人臺諸勝。境遼東多山。以此爲最。

按全遼志山川攷。千山在遼陽城南六十里。世傳唐征高麗駐蹕於此。祖越寺。在龍泉寺東。龍泉寺。城南六十里千山上。崇德五年撥僧人九名給衣糧。香巖寺。在龍泉寺南。有仙人臺。仙人臺。在千山香巖寺仙人對弈之所石枰遺蹟猶存。中會寺。在祖越寺東。

十三山

遼西之十三山

十三山、在今錦州府城東七十五里。高一餘里。周圍七十里餘。五代史及遼史所載十三山。即此山也。山上有潭。下有金牛洞。爲遼西之名勝。

林慮山

太行山以東之林慮山一作隆慮山。

林慮山。在今河南彰德府林縣西北二十里。連接衆山。隨地異名。爲黃華山。（在彰德府林縣西二十里。每秋晚黃華滿谷故名。）天平山。（在黃華谷南二十里。東至林縣二十六里。）玉泉山。（玉泉谷在天平山呂谷南五里。因谷得名。）倚陽山。（在林縣西北四十里。）紫團山。（在林縣西南五十里。）炒米嶺。（在林縣西南四十里。古老云。昔康王被困此山。無水。炒米而食。因名。）礦山（在林縣東北三十五里。有青鐵鑛。中村煽爐至今鐵滓尚在。有磁石。）柏山。（在林縣西北四十里。其山產柏茂盛。因名。）礪山。（在林縣北六十里。其山有礪石。資爲世用。）等山。各山中峯崖洞谷。其名亦不一。而總謂之林慮山。

廣武山

楚漢相拒之廣武山

廣武山。與三皇山相連。在今河南開封府河陰之北十二里。滎澤縣之西十里。汜水縣之東北二里。其山逶迤曲折。連亘數十里。支脈所分。因地立名不一。在滎澤爲三皇山、敖山、五龍頂。在汜水爲孤柏嘴、牛口峪。在河陰爲虎頭飛龍諸項。領軍揚輝諸峪。卽其中古蹟亦甚衆。而總謂之廣武山。

按河南通志山川。三皇山、廣武山、俱在河陰縣北十二里。二山相連。其上有東西廣武二城。卽楚漢屯兵相拒處。其麓東跨滎澤。南跨汜水。連亘五十里。其傍有小山名金山。敖山在河陰縣西二十里。秦時敖氏築倉于上。因以山名。漢酈食其勸高祖據敖氏之粟。又因敖山築道下汴水。即此。古蹟古戰場在廣武山下。鴻溝一名廣武澗。楚漢割此爲界。

具茨山

山海經之大騩山。水經注之具茨山。

大騩山。一名具茨山。亦作大隗山。在今河南開封府境內。歷禹州新鄭密縣地。山上有軒轅廟。避暑洞。在大隗山畔。世傳黃帝避暑於此。

伊闕山

左傳之闕塞。水經之伊闕

伊闕山。一名龍門山。又名龍門龕。在今河南府洛陽縣南二十五里。兩山相對。崖石壁立。曰龍門。伊水中出。北入洛河。禹排伊闕。即此兩山下。

蘇門山

晉孫登隱處之蘇門山

蘇門山。一名蘇嶺，亦作百門，在今河南衛輝府衛輝縣之西北七里。晉孫登隱此。宋邵康節亦于是卜居焉。今其上皆有遺跡。

北邙山

河南府之北邙山

北邙山。一名平逢山，金更名太平山，在今河南河南府城北一十里。其山西自新安接洛陽偃師鞏縣一帶綿亙四百餘里。隨地立名不一。或爲翠雲山。在洛陽縣西北十里，或爲牛吼山。在洛陽縣西北八里，北邙山上老子跨青牛度函谷關，至此而牛鳴，故名，或爲首陽山。河南府治西北十五里，北邙山之最高者，日出光照，故名，或爲磨盤山。在河南府治東北十里，即北邙山之支，而總謂之北邙山。背河面洛。山之陽有天然風水。歷代陵墓多在焉。

熊耳山

伊洛發源之熊耳山

熊耳山。在今河南陝州盧氏縣之西南五十里。形如熊耳故名。伊洛二水所出。禹貢導河。至熊耳。即此。

嵩山

按孟子曰。益避禹之子於箕山之陰。注云。嵩高之北。

中嶽嵩山

嵩山。在今河南省河南府登封縣北五里。書曰外方。詩曰崧高。爾雅曰中嶽。史記曰太室。漢書曰嵩高。要皆一山也。於天地為正中。歷代皆有勅祭。

箕山 按許由巢父之事。傳記所載不同。或曰堯讓天下於許由。許由不受。隱居箕山之陽。又召為九州長。由不欲聞之。遂洗耳於潁水濱。時巢父牽犢欲飲。聞其故。以為汙犢口。遂牽犢而飲於上流。然其事世遠年湮。非可深考。但其隱居之箕山。自漢以來。凡註經釋史者。不曰在嵩山之下。則曰在潁水之陽。今觀河南登封之箕山。正與經史合。且故蹟皆確有據。故以此山為正。而凡他處箕山。傳為許由隱處者。亦各分考。附載於此山之後。

登封縣之箕山

許由巢父之行。雖云過高。然亦千載不可泯滅者。故其隱處之箕山。在史氏既未有定論。而後之作志者。亦遂欒攘之以為郡邑。逸今博覽羣書。得所謂箕山為當日隱處者不一。而似可信者有五。一在河南之登封。一在山西之平陸。一在直隸之行唐。一在山西之遼州。一在山東之莒州。其在河南登封者。距縣城之西南三十里。即中嶽嵩山之一支也。有潁水經流其北。昔人曾於此置縣。即取名潁陽。其山一名鄢嶺。

又名許由山。山上有許由冢。及許由廟。又有巢父冢。棄瓢巖。山之下有牽牛墟。有犢泉。又有洗耳泉。及洗耳池。相傳皆兩人之遺跡云。

平陸縣之箕山

箕山、一在今山西解州平陸縣東北九十里。其形如箕。相傳許由巢父隱此。山上有許由巢父墓。山下有清澗。傳爲洗耳處。

行唐縣之箕山

箕山、一在今直隸正定府行唐縣西北五十里。相傳許由隱此。

遼州之箕山

箕山、一在今山西遼州城東南七十里。相傳爲許由隱處。其上有許由洞。其下有洗耳泉。

莒州之箕山

箕山、一在今山東青州府莒州城西北九十里。晉劉澄之以爲許由隱處。其山一名箕屋山。一名濰山。一名覆舟山。

緱山　王子晉乘鶴吹笙之緱山

緱山、在今河南偃師縣南四十里。孤峯突出。本嵩山之一支。相傳周靈王太子晉好吹笙。後登緱山駕鶴而去。上有石室飲鶴池。（一名覆釜堆）

崤山　左傳之殽陵

崤山、（本名殽後作崤以有夏后臯之墓故稱陵焉又名嶔崟山）在今河南省河南府永寧縣北六十里。即春秋晉敗秦師處也。山上有古崤縣址。

按輿地廣記。二崤山連入硤石界。其南陵夏后臯之墓。其北陵文王之所辟風雨。春秋晉敗秦師于殽。陝州石壕鎮。本殽縣。後魏置。

律音彙考卷之一

瀏陽邱之稑穀士遺稿

原律呂說

嘗讀邵子皇極經世書。而歎律呂之循生不已。與其往而不返。莫非天地自然之道也。律以黃鍾爲本。黃鍾一陽應候。而得天數之始。管長九寸。而備天數之終。故氣應冬至。天開於子是也。是月也復爲辟卦。自復一陽歷臨泰大壯夬乾。所謂陽生於子極於巳。而黃鍾、大呂、太蔟、夾鍾、姑洗、仲呂應焉。自姤一陰歷遯否觀剝坤。所謂陰生於午極於亥。而蕤賓、林鍾、夷則、南呂、無射、應鍾應焉。此陰陽之一大闔闢也。邵子曰無極之前。陰含陽也。有象之後。陽分陰也。陰爲陽之母。陽爲陰之父。故母孕長男而爲復。父生長女而爲姤。是以陽起于復。陰起于姤也。又曰乾坤爲大父母。復姤爲小父母。

先儒謂同位娶妻隔八生子。余謂生子固隔八。娶妻非同位。乃對衝之辰。試以陰陽交媾。律呂相生之次言之。黃鍾生林鍾。實由復一陽與姤一陰交。下生遯之二陰。遯六月卦。林鍾六月律也。林鍾生太蔟。實由遯二陰與臨二陽交。上生泰之三陽。泰正月卦。太蔟正月律也。太蔟生南呂。實由泰三陽與否三陰交。下生觀之四陰。觀八月卦。南呂八月律也。南呂生姑洗。實由觀四陰與大壯四陽交。上生夬之五陽。夬三月卦。姑洗三月律也。姑洗生應鍾。實由夬五陽與剝五陰交。下生坤之六陰。坤十月卦。應鍾十月律也。夫論消息之理。陽極于巳。陰極于亥。幾不可以再生。然相生之數不窮于亥者。乾陽也。生道之始無遽絕之理也。以坤之順交乾之健。則陰陽之氣復息。故應鍾生蕤賓。實由坤之純陰變陽與乾之純陽變陰交。上生姤之一陰。姤五月卦。蕤賓五月律也。蕤賓生大呂。實由姤一陰與復一陽交。上生臨之二陽。臨十二月卦。大呂十二月律也。大呂生夷則。實由臨二陽與遯二陰交。下生否之三陰。否七月卦。夷則七月律也。夷則生夾鍾。實由否三陰與泰三陽交。上生大壯之四陽。大壯二月卦。夾鍾二月律也。夾鍾生無射。實由大壯四陽與觀四陰交。下生剝之五陰。剝九月卦。無射九月律也。無射生仲呂。實由剝五陰與夬五陽交。上生乾之六陽。乾四月卦。仲呂四月律也。此娶妻生子之奧旨。即男女構精。萬物化生之妙義也。至是而仲呂將復生黃鍾乎。曰不能也。生生之數止于此也。如先天卦之序。乾數始於一。坤數終於八也。如先天圖之象一一始於南。八八終於北也。所以往而不返也。按之律呂相生之數無不符。推之陰陽消息之機無不協。則黃鍾爲十一律之本而不受生于十一律尙何疑哉。先儒只知娶妻生子之略。而不明律呂所以配月卦分陰陽之理爲天地自然之機。故終不能制器審音也。或曰如子之說陰陽之理。其終有窮乎。曰否。物窮則變。變則通。通則久。易之義。微矣哉。

按京房因仲呂還生黃鍾。不及原數。創立執始等名目。轉生四十八律。杜佑通典本此。以仲呂不盡之算。三分損益。再生黃鍾以下十一律爲變律。蔡西山律呂新書本通典節取之。以黃鍾林鍾太蔟南呂姑洗應鍾六律爲能具足。定爲變律。且曰應鍾之實又不盡一算數。又不可行。此變律之所以止于六。又謂變律止于應鍾。雖設而無所用。竊謂設無所用。有不如無。卽以變言。古來論樂者。祇五正聲之外有變宮變徵。律至仲呂不能還生黃鍾。實陰陽消息之機。天地自然之理。歷千古而不能變。諸說如此。是爲節外生枝。究于音律。毫無所補。徒累於玆。其失自著。

五聲六律十二管還相爲宮說

昔黃帝使伶倫自大夏之西。昆侖之陰。取竹于解谿之谷。以生而空竅厚薄均者。斷兩節間而吹之。以爲黃鍾之宮。制十二筩。以聽鳳凰之鳴。其雄鳴爲六。雌鳴亦六。以比黃鍾之宮。而皆可以生之。此聲律之所由始也。虞書曰同律度量衡。曰聲依永。律和聲。又曰予欲聞六律五聲八音。周禮太師掌六律六同。以合陰陽之聲。皆文之以五聲。播之以八音。想見虞周盛時。制作大備。秦漢而降。樂經殘缺。聲律之道微矣。其散見諸書者。莫如戴記禮運篇五聲六律十二管還相爲宮之說爲得古人制律之精意。夫聲有正亦有變。正者何宮商角徵羽五聲也。變者何變宮變徵二聲也。言五聲者何不及二變。二變不可統五聲。五聲可統二變也。羽宮之間收一音曰變宮。角徵之間收一音曰變徵。雖名爲變。近于宮前徵前。故仍不離乎宮徵之名，不離乎宮徵之名。因有以濟乎宮徵之音。故合之雖七。而用之則五也。用之則五。而還之又不可無其七也。故五聲成調。二變禁用。如黃鍾宮聲主宮。變宮變徵當二變之位不用。太簇商聲主宮。正宮正徵當二變之位不用。是二變用而五聲中有不用之二變。二變不用。而五聲中又有時出變宮變徵而兼用者。此言五聲可以知其統二變也。何曰律。黃鍾太簇姑洗蕤賓夷則無射也。言六律者何不及六呂。律陽也。大呂夾鍾仲呂林鍾南呂應鍾陰呂也。陰呂不可統陽律。陽律可統陰呂也。故周禮謂六呂爲六同。國語謂六呂爲六間。呂其體也。間其位也。同其高下之情也。陰助陽而理無成有終之義也。故天子之樂。黃鍾主宮。而六律從之。諸呂不敢以上僭。諸候之樂。大呂主宮。而六呂從之。諸律不至于下移。無他。陰陽之道。立君臣之分甚嚴也。此言六律可以知其統六呂也。合律與呂言之。所謂十二管也。且夫律固可以統呂。而陽終不可以亡陰。鄭氏康成曰。六律合陽聲。六呂合陰聲是也。然則律有五聲有二變。呂亦有五聲有二變。陰陽各備正變。合之凡十四聲。而管僅十二何也。管僅十二五正而外。蕤賓林鍾爲變徵。而變宮之聲獨缺焉。缺可乎不可也。律呂止于六。損益相生之數。往而不返。至仲呂而終窮。非可缺也。無其位也。無其位將求變宮于律呂內乎。抑求變宮于律呂外乎。求變宮于律呂之內。而無其位。無怪陰陽錯雜。如漢唐以來。律家以應鍾爲黃鍾宮變宮以黃鍾爲大呂宮變宮。夫應鍾陰呂。不能變黃鍾之宮。黃鍾陽律。不能變大呂之宮。不變強以爲變。雖律家變之。而律終不變。律不變。是求變于律呂之內。而應黃之清濁各判者。兩不與相諧。求變于律呂之外。而仲呂之損益相生者。不能盡其變。求之不得。意者其在不內不外之間乎。何謂不內不外。取聲之法。莫妙于半律三。半呂三。倍律三。倍呂三。三而六之。六而二之。合六律十二管。爲二十四管。以十二管之律合之。得二十四管之多。由是以一而神。體與本管各殊。其長短以兩而化。聲與本管別。具乎高低。長短殊。高低別。而後七聲生。七聲生而後變宮出。

變宮出而後還宮之義著。還宮之義著。而半倍之體裁仍不出律呂之法度。不出律呂之法度。則二十四管不嘗十二管。不嘗十二管。故不曰二十四管。祇曰十二管。亦猶言五聲而二變在其中。言六律而六呂在其中也。孰三半。孰三倍。律莫長于黃鍾太蔟姑洗。呂莫長于大呂夾鍾仲呂。半律半呂者。謂折此三律三呂之管而半之也。律莫短於蕤賓夷則無射。呂莫短於林鍾南呂應鍾。倍律倍呂者。謂加此三律三呂之管而倍之也。半管之音。較正管本音低一律。倍管之首。較正管本音高一律。故以正宮清宮言低一律者。半黃鍾半大呂之管。不應黃鍾大呂之宮音。而應倍無射倍應鍾之變宮音。半太蔟半夾鍾之管。不應太蔟夾鍾之商音。而應黃鍾大呂之宮音。半姑洗半仲呂之管。不應姑洗仲呂之角音。而應太蔟夾鍾之商音。按唐宋言樂者。味于制律之原。謂四半管爲四清聲。不審音之協不協。竟以半黃鍾應黃鍾爲黃鍾清聲。半大呂應大呂爲大呂清聲。半太蔟半夾鍾亦然。至以其音過高。直目爲鄭衛之音者。更屬於理無常。夫鄭衛之音。自當以詞之淫僻分。不當以聲之高下別。風詩具在。較然不爽。高一律者。倍蕤賓倍林鍾之管。不應蕤賓林鍾之變徵音。而應夷則南呂之徵音。倍夷則倍南呂之管。不應夷則南呂之徵音。而應無射應鍾之羽音。倍無射倍應鍾之管。不應無射應鍾之羽音。而應半黃鍾半大呂之高變宮音。不應本音何其故。由于管體之半其長倍其長。而末半其徑倍其徑所以與正管本音不相應。而七聲之所從生也。故曰七聲生而後變宮出。變宮出而後旋宮之義箸焉。今就陽律十二管以黃鍾主宮言之。倍蕤賓居下徵爲弟一位。倍夷則居下羽爲弟二位。倍無射居變宮爲弟三位。黃鍾居宮爲弟四位。太蔟居商爲弟五位。姑洗居角爲弟六位。蕤賓居變徵爲弟七位。夷則居徵爲弟八位。無射居羽爲弟九位。半黃鍾居高變宮爲弟十位。半太蔟居高宮爲弟十一位。半姑洗居高商爲弟十二位。正變各備。高下並陳。旋相爲宮。循環不已。其于宮爲君。商爲臣。角爲民之義。自然不致陵犯焉。由是黃鍾爲宮。（與半太蔟高宮應）則太蔟爲商。（與半姑洗高商應）姑洗爲角。蕤賓爲變徵。夷則爲徵。（與倍蕤賓下徵應）無射爲羽。（與倍夷則下羽應）倍無射爲變宮。（與半黃鍾高變宮應）旋太蔟。（與半姑洗高宮應）則姑洗爲商。蕤賓爲角。夷則爲變徵。（與倍蕤賓下變徵應）無射爲徵。（與倍夷則下徵應）半黃鍾爲羽。（與倍無射下羽應）黃鍾爲變宮。（與半太蔟高變宮應）旋姑洗則蕤賓爲商。夷則爲角。（倍蕤賓下角禁不用）無射爲變徵。（與倍夷則下變徵應）半黃鍾爲徵。（與倍無射下徵應）半太蔟爲羽。（與黃鍾下羽應）太蔟爲變宮。（與半姑洗高變宮應）旋蕤賓則夷則爲商。（倍蕤賓下商禁不用）無射爲角。（倍夷則下角禁不用）半黃鍾爲變徵。

與倍無射下變徵應·半太蔟爲徵。與黃鍾下徵應·半姑洗爲羽。與太蔟下羽應·姑洗爲變宮旋夷則。與倍蕤賓下宮應·則無射爲商。倍夷則下商禁不用如用倍蕤賓下宮則不禁·半黃鍾爲角。倍無射下角禁不用如用倍蕤賓下宮則不禁·半太蔟爲變徵。與黃鍾下變徵應·太蔟爲徵。與半姑洗高徵應·姑洗爲羽。蕤賓爲變宮旋無射。與倍夷則下宮應·則半黃鍾爲商。倍無射下商禁不用如用倍夷則下宮則不禁·半太蔟爲角。黃鍾下角禁不用如用倍夷則下宮則不禁·半姑洗爲變徵。與太蔟下徵應·姑洗爲徵、蕤賓爲羽。夷則爲變宮。與倍蕤賓下變宮應·旋倍無射。與半黃鍾高宮應·則黃鍾爲商。與半太蔟高商應·太蔟爲角。與半姑洗高角應·姑洗爲變徵。蕤賓爲徵。夷則爲羽。與倍蕤賓下羽應·無射爲變宮。與倍夷則下變宮應·推之陰呂十二管亦然。管子所謂下羽之聲。大于宮伶州鳩所謂宮逐羽音。亦卽旋宮之義也。由是五聲二變。旋于七均之中。合淸濁二均爲一十四均。而九十八聲成矣。此皆天地自然之妙。豈人力所能强爲哉。

蕤賓林鍾說

孟子曰。聖人旣竭耳力焉。繼之以六律正五音。六律者。黃鍾太蔟姑洗蕤賓夷則無射也。五音者。宮商角徵羽也。正也者。以黃鍾正宮。以太蔟正商。以姑洗正角。以夷則正徵。以無射正羽也。何以不言十二律也。六律陽也。六呂陰也。陽統陰也。陰助陽而代有終也。然其所以正者。亦若是而已矣。大呂助黃鍾而正宮也。夾鍾助太簇而正商也。仲呂助姑洗而正角也。南呂助夷則而正徵也。應鍾助無射而正羽也。但呂之音每淸于律。陰不敢擬陽也。律呂各六而止用五者。音止于五也。其不用蕤賓林鍾何也。蕤賓中五月律于時卦爲姤。一陰始生于下而遇五陽。女德不貞壯之甚也。由姤而消息。至復卦陽又生矣。陽者君也。復者十一月之卦也。律應黃鍾。黃鍾律呂之本。亦萬事之本也。蕤賓與黃鍾對而不敢自用。臣避君也。故于五音無取也。林鍾亦然。蓋林鍾六月律也。六月于卦爲遯。二陰浸長。陽當避遯。故臨之象曰至于八月有凶。愼之也。夫臨十二月之卦也。是月也律中大呂。大呂助黃鍾以宣物。猶后之助君以理內政也。故林鍾亦與大呂對而退處不用。猶妾媵不敢抗嫡也。然而蕤賓林鍾非終不用也。音居角徵之間。藉以濟角徵之不及。故二律皆中變徵之音。變徵作則五音聯。五音聯則變而可正。變而可正則律呂諧。律呂諧則陰陽和。而萬事無不得其正矣。其七律何也。變徵之外。又有變宮。變宮在十二律之外也。變宮備而後還宮之義見焉。凡此皆陰陽自然之運。不容少假人爲。愚于蕤賓林鍾略參造化之妙矣。

漢儒誤以林鍾爲徵。應鍾爲變宮。是不製律呂之過。故孟子曰不以六律不能正五音也。

聲字配合五聲二變說

古人言樂。但有宮商角徵羽變宮變徵七音。無以工尺字譜名聲調者。蓋五聲二變得六律而始正。而六律非五聲二變。亦無以妙其用。此按律可以知音。亦審音可以定律。二者實互相資也。且律之音。每濁于呂。呂之音恆清于律。律呂二均一管不容混雜。雜則其聲不相和應。故六律六呂有陰陽之別。而五聲二變有清濁之分。聲字之合四一上尺工凡六五九音。蓋混律呂而一之。混律呂而一之。則陽律陰呂之聲。其各以類從者。無由辨。律呂之以類從者無由辨。則五聲二變之清濁不淆者。亦無由明。始猶以聲字代正變爲譜曲之捷法。相沿既久。祇知聲字是依。並不復知有五聲二變矣。此管律之製。所以不傳于後世也。後世失管律之傳。僅以時笛正律呂。細審時笛聲字。合與六四與五同一音而分高下。是聲字之目雖有九。而其音仍不外乎七。七音中一凡禁用。是聲字之音雖有七。而其以正應者。亦不越乎五。以今證古。

以俗證雅。兩相符合。如是溯厥由來。非無明徵。楚詞大招曰。四上競氣。極聲變只。此言聲字之權輿也。何曰四上。就四一上相聯之三聲而取其二也。取何止及四上。蓋四上之間爲一之次。一居四上之中。得聲淆雜。兼收其聲。必致變調。所以云然者。謂四與上之氣兩相競。而一之聲。獨不與相協。故曰極聲變只也。由是推之。則一與四上。非即羽宮之間。取一聲爲變宮之義乎。一居四上之中。取爲變宮。例諸工。凡六相聯三聲。而凡當禁用。非即角徵之間。取一聲爲變徵之義乎。變宮變徵之聲。得推之上爲宮。尺爲商。工爲角。六爲徵。五爲羽。合與六高低相應。爲下徵。四與五高低相應。爲下羽之義。莫不皆明此聲字與五聲二變。所以兩相符合也。世之音審者。誠能備製律呂之管。窮求正變之首。庶五聲二變之清濁。不因聲字之便易而全廢。而六律六呂之陰陽。實因正變之清濁而悉昭。每譜一曲。注明某律某呂主宮。某律某呂起調。區別陰陽。分析清濁。絲毫不混。然後以聲字配合正變。以圖易記。或不致得末而忘本。本末兼該。聲調悉箸。安見古樂之不可遽復哉。時笛合字應蕤賓者爲律笛應林鍾者爲呂笛

五聲配五行說

嘗讀朱子書。有樂聲是土金木火水。洪範是水火木金土之語。竊歎五聲之配五行。與洪範五行。一順一逆。要皆本河圖洛書之數而不可易者也。河圖之數。一變生水。六化成之居北。二化生火。七變成之居南。三變生木。八化成之居東。四化生金。九變成之居西。五變生土。十化成之居中。洛書之數。戴九履一。左三右七。二四爲肩。六八爲足。五居中央。虛十四應洪範五行之始于水。終于土者。生數始于一。終于五也。五行之生序也。萬物成形。以微箸爲漸。五行先後。亦以微箸爲次。五行之體。水最微爲一。火最箸爲二。木形實爲三。金體固爲四。土質大爲五。周子太極圖曰。陽變陰合而生水火木金土是也。若夫樂聲之宮。在聲爲天地之中聲。在氣爲天地之中氣。在性與情爲喜怒哀樂未發之中。發而中節之和。蓋得天地之中數。爲中央土。而以之統乎商金角木徵火羽水者也。數多者聲大而濁。土之生數五。故宮聲最大而沉濁。金之生數四。故商之大次宮。數少者聲細而清。水之生數一。故羽聲最細而清。火之生數二。故徵之細次羽。木之生數三。故角聲居五者之中焉。然世之言中聲者不以角而以宮何也。朱子嘗論之矣。曰凡聲陽也。自下而上。未及其半。則屬于陰。而未陽故不可用。上而及半。然後屬于陽而始和。故卽其始而用之以爲宮。因其每變而益上。則爲商爲角爲變徵爲徵爲羽爲變宮。而皆以爲宮之用焉。是宮之一聲。在五行爲土。在五常爲信。在五事爲思。蓋以其正當衆聲和與未和。用與未用。陰陽際會之中。所以爲盛。若角則雖當五聲之中。而非衆聲之會。且以七均論之。又有變徵以居焉。亦非五聲之所取正也。又有爲宮當配仁之說者。朱子抑又論之矣。曰迹其所以。著以仁。當四德之元。而有包四者之義耳。夫仁木行而角聲者也。以之配宮。則仁既不安。而信亦失據。然以爲可包四者。則不害其有是理也。夫五行之序。木爲之始。水爲之終。而土爲之中。以河圖洛書之數言之。則水一木三而土五。皆陽之生數而不可易者也。故得以更迭爲主而爲五行之綱。以德言之。則木爲發生之性。水爲貞靜之體。而土又包育之母也。故木之包五行也。以其流通貫徹而無不在也。水之包五行也。以其歸根返本而藏于此也。若夫土則水火之所寄。金木之所資。居中而應四方。一體而載萬物者也。故孔子贊乾之四德。而以貞元舉其終始。孟子論人之四端。而不以信列序其間。蓋以爲無適而非此也。由此觀之。宮之統五聲。其理益著。或曰陽律濁聲一均。陰呂清聲一均。總之有十聲。又何說以處此。曰生數陽也。成數陰也。河圖洛書之數。五居中。十亦在中。即陰陽二均之中聲所從出也。土五金四木三火二水一爲生數。陽律之宮商角徵羽也。土十金九木八火七水六爲成數。陰呂之宮商角徵羽也。大史公曰。音樂者所以動盪血脈。通流精神而和正心也。故宮動脾而和正聖。商動肺而和正義。角動肝而和正仁。徵動心而和正禮。羽動腎而和正智。故聞宮音使人溫舒而廣大。聞商音使人方正而好義。聞角音使人惻隱而愛人。聞徵音使人樂善而好施。聞羽音使人整齊而好禮。是樂之有五聲。猶人性之有五常。人身之有五事。聖人以之致中和之用。贊化育之道。本乎此也。非知天地造化之妙者。孰能契其微哉。

律曆相通說

月令以十二律配十二月。不過言其大概。未嘗析及精微。如孟春之月。律中太蔟。若雨水未交。雖孟春過半。其律尚是大呂。不可一見孟春。謂已中太蔟之律。仲春之月。律中夾鍾。若春分未交。雖仲春過半。其律尚是太蔟。不可一見仲春。謂已中夾鍾之律。正如正月律寅。寅與亥合。太陽必雨水氣至。其時其刻方入亥宮。雨水未至之前。氣猶大寒。太陽仍在子宮。二月建卯。卯與戌合。太陽必春分氣至其時其刻。方入戌宮。春分未至之前。氣猶雨水。太陽仍在亥宮。推之十二律十二氣皆然。此音律之道。所以與氣候冥合。爲天地自然之聲。惟製律候氣心通造化者。始可語于斯。故凡按時用律月建已臨。而中氣未至者。某律即中某月尚不可用以主宮。其主宮猶用此月以前之律。記曰。當其可之謂時。不陵節而施之謂孫。其斯之謂與。按文獻通考宋眞宗咸平四年太常寺言樂工習藝匪精每祭享止奏黃鍾宮一調未嘗隨月轉律據此則隨月轉律自古已然不可不詳

卷一完

專著

律音彙考卷之一

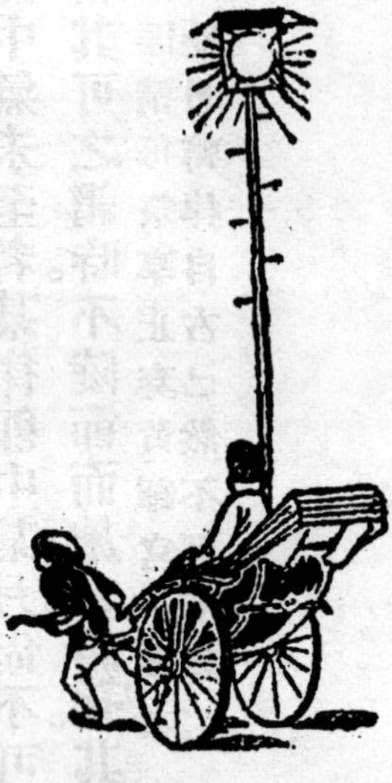

文苑

船山先師詩錄

洞庭秋 十三

周逸敬選

西清啓寒亦有門。扃魂不扃金水魂。方諸津潤遂昌大。青女蛾孀失恭溫。
孤雲峯勢向凌替。海天精彩捐煩冤。空洞雖非萬法侶。臨之未易相貪吞。

十四

遠處波心著戲竿。剛森簇簇護輕安。充形暗氣存黍米。大冶昭質任烹爨。
根株吾豈依墳埔。鬚髮何庸非羽翰。霏蒼颸碧自生意。行與渾儀謀團欒。

十五

遠行之感劇登山。巒斷湍哀夢亦慳。戍火祠煙盪精切。長天白雨怙癡頑。
天涯交臂早無紹。去景凝眸暫不閒。難與此懷覓止竟。征鴻一縷空飛還。

文苑

文錄

題薑齋手稿禮記檀弓兩葉跋

湘潭王闓運佚稿

自漢以來注禮記存者唯有鄭君一家明專宋學求宋人註禮記者無有乃用元陳澔集說全不成書卒無以易也明末王薑齋以開六經生面自命乃作禮記章句以配朱子四書轉徙避兵鈔本未隕道光初湘潭歐陽曉岑因新化鄧湘皋之言江南商人之資悉刊王書禮記鈔本始傳又與鄒叔勣使校改多以己說攙入原鈔本盡入鄒氏旋經寇亂湘鄉曾沅甫重開局刻之前後兩刻余皆與聞然不見其底本亦不問其歸宿也薑齋書經此兩刻而大顯人爭求其手稿此檀弓兩葉未知在兩刻底本之外與抑即兩刻分散而僅存者歟仲明得而珍之以示余因題其軸

題許篤齋答問三卷

前人

孔子言當仁不讓于師而漢人傳經必宗師法無師者不得列儒林至鄭君注周官

箋詩皆下己意。下己意者所謂不讓也。必有師者。所謂儒林也。辯生于末學。而中庸以明辯爲要。功辯在師則爲當仁。辯在他人則爲末學。此古今經術之大關。世道人心之所係。國之所由盛衰。非佔畢之功也。自子夏傳諸經。始發何以者何之例。每送一難。石破天驚。善讀者知其不難于答。而難于問。問必有據。非好學而深思不能據也。世有不知元年爲始年。春爲歲首者乎。承其問者將何以答。故君子有樂乎此。此余生平所致力。而吾縣有隱君子許氏兄弟。閉戶讀書。初未嘗相見。則已能自得師。而斐然有述焉。及余自蜀歸。巡撫張公屬評閱校經弟子經卷。得一卷。湛深經籍。亟拔第一。視其銜署童生。心躊躇不樂。校經生舉貢多矣。實有鄉先生老師宿儒爲其弟子假手者。今一舉而以童生冠首。不羞當世士耶。既而奮然曰。循常而行。何用講學。遂置第一。衆論翕然。詢其故。卽許生篤齋與其兄以經學名。久余在外未聞知耳。卽與朱卓夫編修同往訪之。相見甚歡。翰林故事。非前輩不先詣。以編修訪童生。自有翰林認啓以來。未之有也。而近代不甚重文學。許氏兄弟雖有奇材。巡撫學政。未遑禮聘。浮沉十餘年。絕不復應試。稍稍以經學教授弟子而已。學不進則日退。余每見。必。勗之。篤齋恂恂不敢著書。乃以其答問三卷寄余。車殆馬煩。時夜披讀之。喜其有佳弟子。尤喜其不守一先生之言。而貫通羣經。爲能不讓師也。其所言公羊義爲多。傳公羊者前有邵公。後有王氏。皆體大思精。牆壁峻絕。而兩蘇生能以少年游于羿轂。篤齋能以庖丁之刀。割吾全牛。可不謂偉乎。其所問答。或亦不能無失。要之于學術厖雜之時。而炳燭傳薪。枕經葄史。游心皇古。文致太平。歲暮得此。其樂何極。起予起予。余弗如也。　文內認啓二字係照傳鈔原本疑爲謁故之誤　編者識

清故高平令龍君之碑

前　人未刊稿

君諱汝霖。字皞臣。長沙攸人也。蘭谿令璠之曾孫。泉州府判思見之孫。並有學政著于縣牒。父諱友夔。縣學廩生。高文隱名。歿祀鄉賢。君少端謹。居貧自厲。舉道光丙午鄉試。公車七試。徧友天下名士。前後直言。蘇陳朱尹。相與砥磨。通博雅儒。魏晉伊何。馮莫孫趙。並研今古。故相肅順請爲子師。以謄錄敘知縣。指分山西。尚書手書。薦于巡撫。稱其能經天緯地。到轅上謁。巡撫置書坐右。徧示僚屬。欲以侮之。君徐步自如。其容不改。委佐讞局。能名大彰。曲沃劇縣。繁富。多汙于賄。檄往署事。試觀其志。君脂

膏不潤。聽斷如神。視事一年。吏民敬愛。郵騎千里。謳誦政聲。院司驚異。將專奏補。恥于推挽。乃辭入京。功令已仕者。不得復試。禮部重名。不從常科。得入春闈。復從黜落。于時大沽戒嚴。肅公柄政。見幾而作。仍還候補。吏治方昏。亦貪賢令。歷試未久。奏補高平。循聲既流。令如流水。無情大畏。幽枉悉申。在任五年。外艱歸。至今言晉賢吏。以爲稱首。巡撫張公舉任史館。服除赴選。闓運固諫。以爲盛名難居。宜遂高隱。君素過聽。家事必咨。及樂治民。不從所諫。同治初選鉛山令。藩司妒其卓異。留省察看。又格部議。委權安遠。小縣偏瘠。衆論屈之。君夷然就官。治如曲沃。巡撫淵人。知其抑志。始聽本任。期月化行。不私公錢。悉用興學。而感受邊瘴。驟嬰末疾。慈母召歸。養痾家塾。遭喪過哀。發病而卒。年六十。舊友殂逝。知君者鮮。晉民阻遠。述德無從。嗣子璋以爲營道同方。莫如闓運。既美善之難名。遂屈君于循政。其銘曰。

漢有伯高。見敬伏波。攸與之族。兩世賢科。敦厚必大。鄉賢皤皤。三子同舉。伯也民儀。頤親誨弟。頡頏曾何。友善尚論。靡學不磨。胡靳其用。百里馳驅。期月而已。三年大和。遷地能良。鉛山弦謳。朱邑作公。維尉是模。胡三不朽。乾坤有頗。文翰非寶。與誦弗磨。

何秀才性存墓志銘

湘潭李可宗寅周遺稿

清宣統辛亥歲九月十九日。湘潭烈士何公性存殉難於粵東惠州城。當時革軍感其節義。具棺斂葬於郡城北關豐湖濱。越二年同縣李孝春護公柩還湘。又明年、公之出撫子淵文、以其行述來請銘於可宗。可宗憶昔自葉溪始得謁見何公。觀其胸次開拓。議論宏偉。謂公他日必以節烈死國難、名天下也。烈士姓何氏。諱經度。字式如。號藎臣。册名承鑫。性存其晚號也。世居湘潭。自一世肇盛公至烈士、凡二十傳。世業儒。代有聞人。祖諱中瀚。性剛果。咸豐中髮逆犯潭。執公誘降。公罵曰。某雖諸生頗知義禮。豈從爾反耶。遂遇害。父諱湘沅。篤友誼。豪詩酒。烈士生而穎異。嗜經史。尚氣義。補郡諸生。有祖父風。晚歲秦公炳直以名宦提督粵東。遂往從焉。迄民軍革命。烈士勸秦同死。秦以母在辭。而公獨死焉。同時殉難者有閩省漳州貢生王公少枚一人。今讀二公絕命詞。何曰。吾子孫能免守世傳忠孝。勿爲邪說所移。我死瞑目。王曰。毫髮千鈞重。河山一注孤。勤王心未死。結草赴京都。其孤憤之氣。撲人眉睫。嗟呼。殆所謂疾風勁草。世不多見者歟。烈士德配黃生三男。淵文出後伯兄懋臣公。偉文殤。

敷文甫成童女三、皆未字。死孫緯球降服。烈士生於咸豐丙辰四月辛丑。享年五十有六。癸丑歲由粵東遷柩還湘。明年正月戊寅、營葬于邑之十二都五甲拔茅塘尾山之陽。首乾趾巽。

銘曰：西山槁餓之風。固不敢議。睢陽碎齒之節。竊慕其義。孫繩祖武兮。皆臨死而不避。伊胡不挹其清風而爲之墮淚。

祭何秀才性存文

湘潭秦炳直遺稿

前清宣統三年歲次辛亥九月十九日。廣東革命軍逼惠州府城。我湘潭何君性存茂才。時爲惠軍總稽查。度事無可爲。自縊於提署西廂之記室以殉節焉。炳直職爲全軍繫。城防劇迫。僅倉皇一臨痛哭。不及爲君理後事。翌晨城亡。民軍中有君之門徒。爲營殯殮。葬於郡城北關外豐湖之濱。而機槍炸彈匝提署環之。炳直隔絕於內。自分與君併命。以爲死而有知。無幾日即相見於幽冥。無知則同以一瞑謝天地。既無所自謀。亦何用爲君謀。故未一伸奠醱。乃求間以死而不得。因念有老母在。展轉由滬旋里。君喪已久。逾卒哭不適行禮之期。悲惋無由以宣。茲屆週期。謹具醴饌。爲文以告於君之神位前、曰。

維二儀之普育兮、盈員趾與方顱。或日星而河嶽兮、或朝菌而蟪蛄。君權、重、輕、於、寸、臆兮。審名教之難、誣、及慷、慨、而蛻化兮。夷齊仲連與同符。余初識君於成童兮。不辨雕蟲與雕龍。翹神采而弈弈兮。似矯異於凡朋。旣品蘊雙金之重兮。亦文探六藝之宗。蜚英聲於黌序兮。騰茂實於蒿蓬。胡明珠而不見採兮。久溷淪乎泥滓。嘗饑驅而遠就兮。如以石而投水。累侘傺而訪余兮。牙琴以鍾期爲知己。余擁彗迎於韓江兮。氣誼特親乎桑梓。乃譖、人、之、太、甚、兮。余含、垢、而、忍、尤。君相、從、而、不、舍、兮。譬、喻、以、道、曰、無、憂。箠、副、遺、於、中、路、兮。護、持、兕、痒、於、車、舟。二、子、久、從、而、受、讀、兮。益、欽、淹、雅、之、寡、儔。隆殺熟嫻於戴禮兮。貞悔精研乎周易。遠稽百代之史册兮。近明國朝之典籍。外攷環海之潮流地脈兮。內覈版圖之山川郡邑。兼通醫經命算之雜術兮。旁及野乘稗官之小說。綜生平之博涉兮。皆鈎玄而通津。訓詁參稽於許鄭兮。性理篤守乎濂閩。余利斷金於同心兮。沿討無閒乎夕晨。偶忘形而諧謔兮。面爭無害乎齗齗。君每愴怳懭悢兮。久乃病乎瘳聊。夙輕銖寸積累兮。時苦羽尾之譙翛。余擁臯闔之虛尊兮。無

由處君以潤膏。雖假館以相益兮。曾何濟乎清齋。而君幽蘭自芳兮。不易素心。白璧
自完兮。不欺寢衾。入斗室而稽古兮。出廣坐而談今。獨憂世變於滄桑兮。尤懼道喪
於人禽。陽九會已當厄兮。野有玄黃之龍血。聽風聲而鶴唳兮。數款款而陳策。初主
見幾而決行兮。繼議保近邑之城垤。方一戰而振軍聲兮。聳厚犒以與將士結。余從
違各有擇兮。君諒我義可成仁。相約我同自裁兮。期免波累此編氓。余謂殉城乃守
臣職兮。何牽及於幕賓。既諄切以相諷止兮。轉付託以家人。顧言之相期兮。爰乃相
反。夜猶與君對話兮。曉已紛呶乎哀輓。余方危坐而運籌兮。麗城兵而守塹。旋及士
崩瓦解兮。思飲砒投繯而爲衆捍。已不自戕人又不害兮。欲從君而莫由。念慈闈桑
榆之景兮。乃黃冠而歸故邸。曠良朋之邈山河兮。經風雨霜露而心愀。君奄歿於循
州湖畔兮。果何時返乎湘州。自宗社之成墟兮。易冠裳而變正朔。公侯捐恩如土芥
兮。哀哀安乎長樂。而君乃一命之士兮。臨大節而不奪。中國一人兮。高風誰與埒。余
踐宿諾而未能兮。非敢負君之明。曾爲懇恩卹於先朝兮。已革故而鼎新。痛無以恤
君之嗣兮。又無以揚君之名。似乎昔與君之憂危一一皆前定兮。又似醉夢而非其

真乃復歌曰。君之令祁森勁節今君繩其義尤烈些。君學有用不遇時未老遽喪文與斯些。堯舜周孔道將絕君死傳否誰能決些。我能知君猶負君況不知君混玉珉些。有清二百六八載僅留一君爲士楷些。後恐劉果並無存乾坤兩才任且昏些。君如無靈不欲死督與斯世同譎詭些。君必有靈知我悲不僅悲君悲世夷些。

孝廉方正鄧君墓誌銘

岳陽李澄宇洞庭

君名振岳。字樹峯。岳陽楊林人也。其先江西人。元季有成七者。自南昌遷巴陵長湖。巴陵今岳陽也。孫廷瓚。明左都御史。贈太子少保。諡襄敏。建專祠郡城。其裔遂居郡城南。號襄敏里。清三藩之變。吳三桂有兵駐岳。成七之十二代孫璘。始遷楊林栗城沖。四傳至達交。又遷楊林市。達交生德仁。德仁生全英。嗜學早世。全英生學愈。即君父。痛母守志。輟讀養母。遂服賈。君生數歲。聰朗異常。童塾師以翰苑許之。學愈慨然曰送讀始意豈在此。後聞方君山先生倡洛閩學。敦倫礪品。命就學。越六載。凡先生以身教以言教者嘿爾翕受。罔敢怠。歸之日。事親親歡。教子弟子弟悅。雖嘗入縣庠。

食廪餼。惟言動非禮是懼。未始屑意科名也。常曰學以制行。要必順乎理安於心。有裨斯世。學如是。教如是。烏虖迴已。清宣統嗣位之歲。詔選孝廉方正。衆舉君。太守魏景熊喜得其人。勸赴省驗看。以母老不赴。辛亥鼎革。盜蠭起。莫敢問。君與耆老諭良善毋和。盜漸孤。官軍至。殲厥渠。禍遂已。舊俗有號案戲者。大抵十數村。輪年事一神。至某村。則擊鼓衆優相讌樂。雖頗近古昔賽田祖遺意。然叢賭誨盜。爲害烈。君集衆禁制。以厥費建廟興學。至今利賴。又鄉積穀漸不實。歲饑。貧戶貸穀不可得。君起按理之。始僅二十餘石。越十載。乃近三百石。此事之顯於鄉黨者。族譜久未修。奉父命治譜。年老有識者就商惟謹。或詘費則代納。又君從弟某幼喪父。學愈教養若己出。旣長析居。畀田宅二之一。君承父志無後言。某旋失業。不時周之。恐微傷父意。每子孫侍則君必諄諄舉父訓爲戒。謂家興盛在和。而久長在仁厚。貴勢炫赫。毋慕也。耆艾後。以母老不忍須臾離。偶出慶弔。恐母望。不暮輒返。問寢侍膳。尤數十年如一日。此事之信於宗族者。夫處亂世能爲黃叔度郭林宗皆不易。君澄之不淸。撓之不濁。近叔度。而所爲。尤與林宗使惡者自新。善者益奮。消禍於無形。造事於不覺者。若甚合也。不謂之君子得乎。君生清咸豐壬子歲八月。卒民國己酉歲四月。春秋六十有八。葬道觀墩巽首乾趾。妻張安人。後君一年卒。子四。兆麟太學生。兆黃縣諸生。兆蓮兆祥均業儒。女三。適周。適方。適劉。孫八。曾孫六。君葬既六載。兆黃茂才具狀乞志墓。乃爲銘曰。

世不能有治無亂兮。人豈有善而無惡。賚默挽而潛移兮。迹獨善其焉作。君踽踽非弋後譽兮。台是銘猶妄作。

陳節母周夫人傳

長沙陳繼訓杏驄

夫人新化周海屏翁女。自幼溫敏而裕。年十八。室於同邑陳薪夫府君。府君與其兄慈利教諭石擎先生並負雅問學。博多能。擅分隸畫山水。邃於法度。頗似王煙客。性竺孝。本荐廷翁子。出後叔父緝齋翁。緝齋早逝。事嗣母姜太君如所生。夫人黽沒同心。承歡曲謹。太君寢疾數稔。凡櫛沐飲啜及壹是藥餌甘脆之屬。躬任操作。不假嫗婢。未幾太君卽世。府君以毀患咯血。夫人炷香籲神。訪醫問藥。走數百里。忘其艱遠。無何所天竟不祿。遺孤裁數齡。夫人年廿六。辟擗不欲生。暈絕者再。家人共撫孤始進淖糜。治喪如制。然自是餘十年無戚戚之容。布衣荆鈫。以禮自持。雖已及耄。其次孫自北平歸獻狐貉。斥勿御。曰吾耐寒。勿用此蒙茸爲也。歲壬子。教諭君拟殼玉先公會。贍族之窮乏者。夫人蠲田如干畝以成厥美。辛酉大旱。指囷振荒。趣趯不啻已饑。嘗謂勺米寸縷。所施雖微。倘人人踵興。則賙溉溥矣。烏可以善小而不爲乎。卒年六十又四。子能詮能訏。孫顯儒熹清華大學化學學士。美國依利諾大學化學碩士。顯修肄業雅禮中學。顯偉顯健顯仁。曾孫二人。熹與余兒次庠同教士湖南大學。乞爲傳。

陳繼訓曰。馬遷傳貨殖。揭櫫智仁勇彊尙矣。顧攙錄清寡婦。竊嘗疑其不倫。旣而觀其繫辭。曰寡婦能守其業。用財自衞。不見侵犯。始皇以爲貞爲築女懷清臺。禮抗萬乘。名㬎天下。然後知史熹其善治生。正著其節之所由囘也。吾聞陳氏故豐羨。汔於夫人。勤積儉蓄。家益不訾。雖治生之效。未知較清何如。要之剗亂更劇於秦。而夫人慘澹撐撝。不墮愈進。非智仁勇彊兼具。其何能任。蓋必如夫人者而後可以託孤。可以寄命。可以臨大節而不能奪也。烏虖。豈今之人哉。豈今之人哉。

周畏三家傳

湘鄉顏昌嶢息庵

民國紀元十餘年間。湖湘赤燄滔天。農工楸擾。茶攸瀏醴中貲之家。橫被摧殘者衆矣。而如周君畏三昆季。其遇禍尤烈。蓋君兄弟三人。伯兄宣猷。曾以學博官晃訓導。茶陵縣議會議長。仲光宣。光官永順推事。君雖未仕。而承先世遺德。樂為善行。乃見忮于暴民。瞰君家為奇羨。而君友愛篤至。癸亥之歲。伯兄被掠。君痛哭彌日。傾家貲贖歸。越四年而家燬于寇。盡室在逃。君歸。自伐林木。併仲兄之宅而新之。曰非此無以慰先人。又三年庚午六月。赤匪陷長沙。潰而南竄。是月晦日。君及伯氏俱被擄至蓮花廳匪窟。未幾伯氏病歿。君號泣跽匪前。乞歸兄櫬。匪為心動。旣而不許。君憂傷憔悴。以其年十一月下旬。歿于永新之高坑。越歲丙子正月十六日。君之子名煇。始獲歸君及伯氏之喪。卜葬茶陵某山之原。禮也。君諱吉猷。字畏三。晚自號守拙。先世自蓮花遷居茶陵之河塢。遂為茶陵人。曾祖清章。以農起家。雄于貲。祖慶元。父豐城。君為人狀貌魁偉。頎身嶽立。少聰穎。讀書寓目成誦。諳史事。為文未嘗起艸。屢試有司不第。時論惜之。天賫仁孝。篤於內行。事父母先意承志。所欲必遂。御下以寬。與人溫和有禮茶攸居南北戰爭之衝君常于湖口覘道旁羸卒戰慄求食問之北人也憐之解身上外衣與之且資之金曰汝歸戮力農事猶不失爲良民也已已之歲洣江水漲漂沒人畜屋廬尸橫樹枝蘆葦叢者甚夥君命工人作薄棺一一掩埋之又嘗取家中積年債劵焚之而告於人曰吾家債劵盡焚之矣冀見諒於人而君昆季竟罹患難以死嗟乎此柔桑詩人所爲致慨于民之貪亂寧爲荼毒也乎名煇介門人顏星瑩來學於予端士也狀君行乞爲之傳其詞摯且誠君於是乎有子爲不死矣乃次其事而傳之

千草亭記

前人

人生不過百年而敝精神於蟲魚鳥迹文工墨妙之役冀倖萬世不可知之名豈非天下之至愚哉然且爲之而不捨非是而不樂此非精神氣烈之充溢結轖非有託於物而不紓者乎乃知無所託而氣和者至人也託於有益以平其氣者君子也託於無益而有損者則誠愚惑之人耳王右軍晉代豪傑之士謝安蔡謨溫嶠之倫洪景盧稱其操履識見當世罕匹而爲書名所蓋藝之爲累大矣吾謂右軍不託於書

與當世功名之士相馳騁所成就當不過謝安蔡謨溫嶠安能師表後學爲書家宗令兒童走卒知名也哉吾友陳君壬林官大理有年案無留牘而非性所樂官事餘閒輒寓情於翰墨耽吟咏而工章草永師張顛醉僧皆若神契興之所至揮翰如飛驟雨旋風驚蛇走虺奔赴腕下一篇既出爭摹石鐫流傳都市膠西柯叟稱其書集各家之長而自成一體義寧陳散原老人謂能用其所長自娛身世繇古人墜緒使不絕息洵哉其知言也君歸隱田園卜居孔廟之南左右偏隣茆簷瓦屋田池竹樹相錯列稱高人之居乃於宅後建四恩精舍爲臨池淨修之所舍後作亭刻所草千文於石題曰千草亭屬予爲文以記之予惟君自託於書以攄胸中邁往不屑之氣其高情逸致抗懷物外不爲人役者有似乎晉之右軍而無右軍墓前自誓之憤慨今而修植桑果遊觀田里率諸子抱幼孫銜杯引滿頤養閒暇亦與右軍同茲亭之作其令後之人瞻君遺墨倘能想見君風骨氣韻邈然寘儔翹然自得之樂也豈惟區區博草聖詩人之稱譽已哉

說文演例敍

長沙羅　傑啞庵

至盛之世聖哲挐焉無爲而成不言而化所謂離心緣離文字離語言而各正性命者也社會齒繁人我交觸而教與記判之事以起結繩畫卦以爲未足於是仰觀俯察肖形示事名之曰文衆物萌生表思表名恆苦無代遂以此獨體形益彼獨體形滋胎浸化以別於文遂號爲字是卽蒼頡所造鳥篆蟲書之古字者也姬周代商太史籀更廣衍之是爲籀文亦曰大篆平平古道巍巍峻德悉燦於茲七國凶凶諸侯角政風氣語言不復統合而文字亦各各變異始皇混一以不協秦書李斯因而損益號爲小篆未幾程隸勃興人趨苟便篆體之學幾乎熄矣東漢之季召陵許氏憫世道之衰頹悼古學之淵喪慨然以守先俟後自任箸說文解字一書凡籀篆古文先聖先賢所託以傳心迪世者胥在乎是可謂漢學淵泉矣魏晉六朝二草八分雜以隸體省減不根斯學又幾中絕唐李冰陽氏遠紹斯篇不斷如縷五季炎宋大小二徐伯仲競爽爲許勳臣大體宏軒不無微駁歷元明及淸漢學蔚然小學稱茂民國建元維新之士侈矜西學先民博粹闇焉沉寂夫至德要道齊治均平之術也文字猶之聲也有國家者苟不欲以道德感斯民則已如欲以道德感斯民舍文字安

有戴輪道德之資。今之言西學者。肄西語以爲知彼之梯航。言漢學者。舍許學而誰屬哉。漢學浩如瀛海。未有完書。惟說文幸貽全帙。大學爲文章淵藪。是箸爲漢學匙樞。某少窺門轍。衰疾善忘。鏗鏗講席。何敢濫尸。然斯文絕續。精神所寄。未忍遽謝仔肩。用襲梁庾儀默注演說文。清王貫山撰說文釋例之意。併曰說文演例。劃類有十。曰說文述最。曰六書晰釋。曰許學師承。曰二徐同異。曰部居述概。曰形例舉隅。曰義例舉隅。曰聲例舉隅。曰三例通說。曰諸家派別。識塗老馬。略趁鞭絲。如志專精。務求深造。

讀湘綺樓全書

長沙李肖聃

湖南學術。盛於近世。明清兩代。乃有四王。船山於易尤精。九溪考古最悉。葵園長於史學。湘綺號曰儒宗。其所論著。于經有周易說十一篇。今古文尚書箋二十九篇。詩補箋二十篇。禮經箋十七篇。周官箋六篇。禮記箋四十六篇。春秋公羊何氏箋十一篇。論語集解訓二十篇。爾雅集解注十九篇。尚書大傳補注七卷。夏小正注一卷。逸周書注七卷。穀梁申義一卷。於子有老子注二卷。莊子內篇注七篇。雜篇注二篇。墨子注七十一篇。鶡冠子注一卷。寫定孫子十三篇。於史有湘軍志十六篇。桂陽州志十七篇。衡陽縣志十篇。東安縣志七篇。湘潭縣志十二篇。王氏族譜四卷。史贊十七卷。論夷務書若干卷。日記若干卷。於集有楚詞釋十篇。附高唐賦注一篇。湘綺樓詩集十八卷。杜若集三卷。夜雪集一卷。後集一卷。七夕詞一卷。湘綺樓詩外集二卷。文集二十六卷。外集二卷。詞鈔一卷。其選錄者。曰八代詩選二十卷。唐詩選十三卷。唐十家詩選十六卷。漢魏六朝文選若干卷。別有王志四卷。牋啓八卷。其有目無書。及成書未刻者。尚不在此數也。翁稟上哲之姿。遞前聖之業。學窮道奧。德應昌期。際運代之屯艱。託玄思於素業。詩披神霧。補北海之長箋。書定禮堂。著曲臺之後記。其於公羊之學。尤闡劭公之微。非研衍其師傳。南海襲其緒論。晚清季世。巍然大師。雖天官妄肆譏評。而楚學實成宗派。蚍蜉撼樹。輕薄為文。徒自多其品名。曾何傷於日月。此其經學之淵深也。君子之道。或隱或見。聖人之行。一龍一蛇。道隱小成。學迷玄象。問禮憎於杜下。訪道怨乎七篇。惟翁泯物我之大齊。明儒墨之相用。蟬蛻汙泥。蓬累而行。德既充符。道宜應帝。德機既杜。天倪以和。逍遙大化之中。游戲人間之世。指白非馬。其道猶龍。滑稽玩世。莊諧雜出。足使諸鄒枚口。曼倩降心。天下奉為談宗。麈尾揮其玉屑。則其道術之玄深也。

翁惆悵鴻筆。寖饋麟經。以為秦來文宗。世推班馬。殫精史漢。奮志纂修。久放浪于江湖。未迴翔於玉署。自撰軍志。張我湘人。紀會侯以紹當陽。述籌餉而師平準。較彼朱克敏王定安所造。實乃雅俗區分。其他桂陽衡陽之書。湘潭東安之志。皆斂雄才于方紀。納萬變于小篇。舊日湘中山水之記。先賢耆舊之篇。較此華章。黯然失色。蓋邵陽聖武之記。無此偉觀。玉池湘陰之圖。遜茲雅韻。斯文史裁之麗密也。

湘州文學。始盛東京。典午以來。唯傳羅李。歐陽傑以書著。茶陵稍用詩名。清代則王魏揚聲。鄧曾並美。翁生含秀質。天挺人英。天才自高。工力交至。擬昌谷高軒之過。早成薄命之詩。當士衡入洛之年。能續蘭成之賦。藉甚聖童之譽。巍然詞伯之稱。固已增湖湘之景光。留江山之高韻。及乎圓明詩出。壓元相之連昌。秋醒詞成。過東坡之赤壁。以及狀剛直彭公之行。為伯元叔績之傳。文筆清嚴。華實並茂。足使文儒俯首。宿學傾心。湘中稱名士無雙。海內號勝流第一。雖越縵薇蓀。或肆他端之毀。而江河萬古。何損文章之名。跡其樹義之神。出詞之雅。日光玉潔。周情孔思。卿雲之後。僅見斯文。唐宋以來。無此作者。蕭翁以文若之逸才。勤伯業之老學。復治中培之經術。享伏勝之大年。卓然大成。夐絕百代。此卽居離異域。生不同時。猶或聞聲而相思。觀文而遙契。而況鄉里後進。追隨杖履。晉接音塵。親讀叢書。叩聞口說者乎。本念庵之遺意。署後學以拜陽明。思退之之狂言。非仲尼不稱弟子。敬述其略。以告鄉人。

題胡節母夜紡課經圖贊 幷序

邵陽盧　質泮山

湘潭胡君作鏞、以所製節母夜紡課經圖見示、且曰、作鏞幼而失怙、賴母氏苦心課讀、幸得成立、今老矣、而母又棄養、廻憶兒時、侍母夜讀、猶恍然機聲之在耳也。今製此圖、以誌不忘、子其爲我題之、爰作贊曰、

胡于湘潭。系出文定。五峯肇遷。道術是正。子姓繁衍。世載其慶。鏞也敦篤。克孝以敬。長養於母。勸學好問。母氏勞苦。躬代嚴訓。五夜機聲。咿啞相應。兒旣盹矣。母喚之醒。兒旣惰矣。母加以儆。緊母愛兒。願兒作聖。弗願兒嬉。惟勗以行。鏞拜稽首。曰惟母命。遂通經史。旁獵聲韻。掉厲文場。規橅先正。今且老矣。學猶日進。迴顧髫年。室如破甑。

煢煢在疚。匪母胡振。形影零丁。寒窗燈檠。此情如昨。此恩難罄。圖以誌之。朝夕溫凊。後嗣念哉。是則是傚。

此稿係節孝文字、例應列前、因胡君作鏞巳將所徵題咏節母夜紡課經圖各詩文刊行、惟盧君泮山贊語、以故遺失未寄、茲檢出、值本報文苑欄付印將完、故載篇末、　編者識

詩錄

船山先師誕日釋菜詩

長沙蕭昌世

霍山嵯峨通幹鑾天颷鼓盪雲容衶篤生賢哲鎮綱維曠代高風深景仰明儒氣節爭嶙峋惟有先生更倜儻居鄉咸知有道名救世常進忠言讜甲申變後觀我生欲挽狂瀾伸巨掌勤修學業矯虜庸念切民瘼關痛癢著書何止等身高二百餘年方振響梨洲亭林許頡頏後學聞風資模倣嶽雲湘水鬱蒼蒼禮崇釋菜宜吾黨九月朔逢攙搶辰潭寒水清大氣爽椒漿桂酒陳几筵鮮果時花供薦賞肅瞻遺像精誠通篆裊香煙直騰上吁嗟乎方今時局幻風雲大雅遺型委榛莽修齊平治嗤迂

儒哆口鼓脣逞狂蕩安得　先生一一振聵而發聾策術正軌無欺罔學術治功非兩途不徙開來兼繼往

前題

瀘溪廖名縉

衆愚寶形骸役役生老病帶索榮啓期百年終有竟至人寶性真身外有生命此命無曆算修與天地亘衡陽傳口說鄉耆能記證三百年我賢五百年我聖此語詎云夸自信夙所定尼山作孝經絳衣告斗柄子輿推名世五百知所應世難誰能期要以道力勝攖寧寧不攖天爵我爲政危疑生死交欣愉在心性千古此淒馨百聖相持贈勿謂　先生往康時道方孕幽光出衡嶷漸與秋陽瑩我欲壽船山樂神非笙磬闢學傳千禩知禮成厥性（二百年以我爲賢五百年以我爲聖船山先生正命時遺言也衡湘父老至今傳之）

前題

平江吳光翊

耆老溯前明時危憂學絕正氣存兩間艱難貞苦節嗟哉　王子運會遭淩蔑賊氛逼京師宗社驚崩裂北望一揮淚傷心國祚滅桂藩擁粵西行人職就列無何瞿（留守式耜）嚴（少傅起恆）死大局不可說返我石船山樓居形影子橫渠正蒙書考求獨契悅遺

纘數百卷守道志孤潔何期柘原翁表揚濳德熱後學有津梁我亦羹墻切際茲誕祭期薦誠蘋藻設羅拜遺像前秋風殊懍烈英靈其在旁俯仰懷鬱結

驛柳四首 用船山先生韵

寧鄉張　銑壽荃遺稿

踠地含煙復裊晴長亭七二費逢迎亂鴉古樹爭寒色班馬秋風帶別聲萬古興亡悲漢苑幾人征戰老臺城劇憐攀折年來苦依舊青青繞繫營

萬里蕭關欲寄衣閨中又見翠成圍樓頭砧杵隨風遠月裏關山有夢歸南內草荒春燕去白門煙冷夜烏飛灞橋歷盡傷心地渺渺離魂何處依

古驛蕭蕭黯夕陽那堪送客更他鄉笛中春盡天山雪浦口秋生灞岸霜公子章臺調馬路少年寒食鬬雞場天涯日暮征人遠極目長空有雁行

閱人青眼古邊州十里長堤易惹愁到處旗亭留客子舊時第宅憶王侯江潭搖落歸何晚灞水東西暮更流來往依依官道迴萬條煙雨不勝秋

書劉孝女事略後

通州孫　儆

四姑四姑雖女豎孝思縷縷由天賚母久不瘉心欲碎禱於神前以身代 一解 以身代

兮母不瘳四姑焦思愁更愁割臂利藥亟亟投血漬襟袖心願酬解二母服女藥病尋瘥女體素羸今益憊母能長生志崇拜自問不惜形彫瘵解三母探女病問何創母撫女臂更悲傷堅囑勿洩意務徨孝女之孝久愈章解四孝女病劇合呻吟呻吟唯恐傷母心寧使呻吟不出口此心迺能慰父母解五有布願爲父母裯某物或爲母衣襦此後兩兄服事勤女在泉路亦欣欣解六

陳杏驄農部以其祖慈松貞竹孝圖徵題　長沙黃昌年杼輿

黃鵠不雙幾朝夕存統撫孤猶一脉天爲節母下玉冊松貞竹勁壽金石

杏驄農部宗兄屬題松貞竹孝圖　義甯陳三立

松筠偏與雪霜宜門祚當年一髮維陰教汚隆繫邦國危時及見典型垂

夜紡課經圖題詞　長沙彭清藜少湘

慈訓安能一日忘課經常在紡車旁荻灰欲共兒心熱燈影彌增母節光提命早知期望苦邁征今與歲華長嗟余回憶床頭拜（清藜幼時自塾歸母病在床向床前手一拜母曰予即死當佑汝入學也）捧栝棬益感傷

前題　湘鄉蕭仲祁理衡

一燈青冷夜三更歷歷書聲雜紡聲矮屋荒寒荻畫意圖成容恐未分明
修名終竟報慈仁故、卷摩挲涕淚新悵觸攤書機影夕白頭今日負恩人

前題　長沙陳繼訓杏驄

懿哉節母胡孀嫠北堂隅機緯搖蟾影幮紗護鳳雛冰霜孤夢冷荼蘗半心枯顧陸
丹青手艱貞畫得無

前題　湘鄉胡子清少濟

皋魚風木久增悲苦憶北堂課讀時軋軋機聲相應和熒熒燈影傍幬窺日碑常拜
甘泉畫韋母猶留絳幔垂詩禮一門綿世德吾宗今仰女宗師

楊生浩存挽歌　周逸

盜跖幸長壽顏回慘華年理數不可知裴徊欲問天汝死固可哀汝才更堪憐後起
乃獨秀青年慕高賢何為味拂衣跋涉歷幾千雞鳴適風雨志遠窺山川天涯徒契
闊歸櫬終淒然遺有雙雛鳳萬事稱完全憶昔汝來訪適余北窗眠入坐出一畫開

言致拳拳一別不復見人間隔黃泉我欲倚樓望江樹生秋煙

鈴說四首示昭潭書院諸生

湘潭吳　熙劭之遺稿

時髦多雋才詞賦有同嗜讀經惟恐臥太羹淡無味弱齡耽樸學聰明乃絕世本實既滋培枝葉不勞溉尼山善誘人詩禮三致意後來毛鄭興傳注存古義大哉通德門三禮諸儒冠作注如作經字字洪爐鍛喪祭尤精詳後儒憑論斷學者攬其全經術思過半羣經悄趣殊實與禮一貫（諸經皆作禮讀）可中材精力微愼毋鶩泛濫春秋擇公穀尚書先貢範（愚意讀尙書當先研求禹貢鴻範）易道最閎通旁門衍離坎後人注者多緐生則豈耿

讀書不識字何由通訓詁訓詁且不明說經無乃瞀紛綸淡長編六藝此淵府我皇尊大師美報隆兩廡振起士林風驅之使嗜古乾嘉諸老翁殷勤善鑽取許書乃益畬子孫受諸祖年年穫且耕猶有未墾土曾（文正）鄒（漢勛）學識高轉注立專部（此論發於錢氏大昭）沈薶千百年暗室來一炷假借字之用戴（震）段（玉裁）詳剖別豈知造字初義例出倉頡略舉寡與咸（宀部寡少也从宀从頒頒分賦也故曰少頒本訓大頒而假借爲冀以成寡之義。口部咸皆也悉也从口从戌戌悉也戌本訓滅而假借爲悉。）

（以戒咸之義又彖悉盡也盡則滅此假借而仍不失其本誼者）其他可憭徹吾則稱六書其一無乃缺鄙人叛此論
自謂頗不拙六經逸字多不應遺採擷傳寫脫形聲竄亂買解說胡盧無真本安得
觿解結金壇冋精鑿臆斷亦專輒（以段注盛行以及之）祭酒不復生掩卷每愁絕要當作諍臣
古人亦心折（能知許君疏謬方可謂通小學）
治禮首宮室讀史先地輿地輿不通曉妙處終茫如史家有書志問津此其途兵刑
河漕鹽賦括大用儲揚雄雖僭妄未敢擬春秋紫陽勇自信（朱子在宋儒中最善讀書而詩傳綱目實多可議）
涑水書原優一朝數大事首尾具本末（左傳通鑑宋元明三史各有紀事本末）提要而鉤元條繼焉
先攝史學有精華論人徒淺術事後易譏評胡爲輕奮筆況乎據列傳列傳多不實（精於乙部者必不議論古人）
宋人好高論文章不苟作幽閨信貞潔恆幹實纖弱（誠設宋書士人大戒惟文體則識滯弱然亦言其大概耳如通書西銘之屬何嘗不理精文妙）
問其所以然蕭選束高閣唐賢精選理氣勢遂磅礴八家有雄師爲
伍詎與噲長揖對柳州昌黎當一拜爲商所讀書請劃唐爲界愈古格愈高周秦導
流派莊屈管荀韓一一通沆瀣兩京及六朝美炙皆可嚼氣味嚌匡劉才豔獵徐庾

風神外流岩骨力巾蒼古鳳皇不常鳴幽鳥時一語洋洋三百篇勞者言其苦貧士坎壈纏氣鬱不得吐儻非宣以詩愁疢骨已腐苦吟得佳句快若沈痾愈乃知九轉丹卽在四聲譜

攜幼子賢同黃丙齋茂孝廉登萬樓　前人

記得兒時載酒來吾翁提挈與登臺道光庚戌先學錄君攜余登此樓距今三十有七年矣隔江山色今猶昔赴海湘流去不回一代風騷諸老盡旁有岸花亭陶園詩老及雨湖詩社中人嘗觴詠其上百年懷抱幾人開凭闌欲話傷心事譙鼓西城日暮催

題賓小航冊頁　王闓運佚稿

清霜靜晨樹空館坐蕭疏逝雁行看遠孤雲意有餘綠梧雙釣石紅葉一床書世外雖無事勞君素訪予

羅時雲參事碧血褌幷序　瀏陽劉人熙艮生遺稿

大漢反正、民國初元、君以清資政院議員、過南京被刺、昏眩時、長沙妻孥見君還家覓不可得、洒血於寢室幃中、得耗意必死、而君竟生、民國五年、君供職法制局

參事、相晤京邸、索題此詩、

碧血猶留舊褻衣。人間天上未淒迷。扶危豈免參和議。愛國焉能杜德機。千里歸魂依骨肉。萬金良藥起瘡痍。天如不死誰能殺。太息裴公賊斫時。

前題　王芝祥

太史簡董狐筆。擊賊匆匆渡江楫。物以人重價千鎰。都是萇宏血化碧。羅君之禪亦其一。武昌龍戰血玄黃。猿鶴蟲沙紛猥藉。泰山鴻毛未論定。長江大河血同滴。吾兄不死天所靳。平議憲法起跛躄。

題覺非寺落成寄祜初　湘潭趙啓霖芷蓀遺稿

華嚴彈指已崔巍。夢裏誰教四字揮。塵世到頭還了悟。覺今非是昨非非。

昆明刼火苦難言。小築精籃避萬喧。蒿目衆生憔悴甚。無邊功德給孤園。

趙芷蓀侍御於覺非寺落成後八年補寄楹聯並繫以絕句二首次韻奉和　湘鄉廖樹勳祜初

靈光自昔仰巍巍。更喜高文爲我揮。蘇白三遊傳勝蹟。古今莫辨是耶非。

亂世誰能作正言翻雲覆雨市朝喧一編坐對昌山老賸有逃名栗里園。

昭山　前人

十年重到此風景故依然硋石臨江鎮波光湧月圓片帆飛鳥過大壑老龍眠最好山頭樹葱蘢拂曉煙古寺聳山巓危巖障巨川雲深迷鳥徑燈小隱漁船田野千疇闊兵戈萬竈連天寒聞戍角哀此亂離年。

題陳壬林夢榴堂詩集　前人

卅年東北久胸拓海天淸感世多奇句思親有至情一官難束縛大道自堅貞不藉詩名重詩偏倚馬成夢榴紀前因揮毫自寫真關河鳴劍俠歲月老風塵本有豪雄氣偏甘淡泊身年來傷世變古調幾沉淪。

題自畫山水雜詩 錄白燕盦詩集　湘陰陳嘉會鳳光

我從陽朔看山後覺汝雄奇更一鄉怎奈筆知離別苦畫來猶是憶瀟湘。戊午隨軍退湘南經

桂初至粵爲李小溪畫扇

隔岸晴煙鎖翠垂。柴門臨水竹爲籬。魚羹不用將錢買。自向江頭理釣絲。畫扇贈馬君典

江上孤亭野色開。秋風紅葉委蒼苔。獨憐此地無車馬。可有幽人晚眺來。爲張叔丹畫扇

風物初秋柳未凋。岸邊蘆葦已蕭蕭。扁舟一葉游何處。欲過西湖第六橋。爲周道腴畫扇

水淨沙明曲曲新。茆亭磯畔少行人。迷離煙樹漁莊出。一路名山卽富春。爲周筠樵畫扇

水郵山閣半迷離。占斷人間一段奇。獨坐不知是何世。此心唯許白雲知。爲陳伯簡畫扇

亭邊山勢壓崔嵬。隔水人家沒野苔。沙脚蘆頭之字曲。輕煙晴翠繞溪洄。爲謝蔭南畫扇

一角茆亭壓碧泓。幾叢灌木釀春晴。朝來霧濕前溪路。不見高人挈榼行。爲劉芷芬畫立幅

一松翹秀色靑靑。根底年深長茯苓。更有好山看不足。隔江烟景入茆亭。爲張亞農畫小幅

鼎湖山上靑松樹。個個臨流夾澗隅。偃蹇多姿難得似。寫來聊補歲寒圖。戊午除日作肇慶鼎湖山慶雲寺下院爲趣眞和尙畫絹本堂幅

荔支灣畔雨絲絲。坐對佗城向晚迷。客有憂時聽不得。一燈如豆酒醒遲。爲吳溫叟畫珠江聽雨圖橫幅溫叟淮陰詩人也

槎枒荒樹澹秋亭。隔水烟巒復淺汀。恰似洞庭湖畔坐。醉時忘卻是丹青。

為李小溪畫秋林亭子圖堂幅

彈罷琴聲又水聲。山人心與水俱清。緣何卻話當年事。話到杞園無限情。

為劉霖生畫堂幅·杞園克強齋名也·

陂陀礬石鎖幽叢。竹樹亭邊起晚風。隔岸陣雲飛不斷。青峯如劍割寒空。

為李小溪畫大堂幅

戎馬倉皇出走艱。後軍又報棄雄關。算來只剩哀時淚。灑遍湘南千疊山。

百戰先鋒劉武威。路傳消息太淒其。寫來不是閑風月。流水猶聞下瀨悲。

題自畫關山戎馬圖扇二首·戊午悲劉崑濤也時同譚月波譚組安由零陵退全縣余乘馬過黃沙河後七年乙丑又畫黃沙河走馬圖

一亭秋樹照紅霞。隔岸輕烟護輭沙。最喜數山開更遠。練幬宜着玉川家。

為張叔丹畫扇·

南皮去後講臺空。海內師儒半道窮。當日春風千萬樹。幾株猶見畫圖中。

為湯子壽先生畫萲湖講學圖堂幅·

老屋荒江雲樹奇。閒來寫出意離披。東塗西抹吾聊爾。未必前身是畫師。

為居覺生畫堂幅·

二十年前湖院情。眼看陵谷幾番更。故人他日同携手。要與松陰話太平。

為周道腴畫堂幅·

木崖并序

周逸

宅中有擁腫木頭、高約二尺、徑尺許、古色斑斕、參差莫狀、棄如敝蹝者久矣、同舍某生移置庭中石榴側、種以七里香、龍舌、虎耳、吉祥諸草、石環水繞、色蒼苔綠、蔥蔥勃勃、青翠可掬、歲乙卯余自京師歸、見而異之、暇時招友人聚觀、羣以爲石山、蓋不知木崖也、其得天之厚、迥非凡質比、故賦詩以志不朽、

擁腫曾無入世懷。一株青翠自成崖。幾經風雨悲塵刼。閱盡滄桑傍水涯。枯節已隨明露活。禪心還共白沙埋。散材竟得清閒地。不作人間爨下柴。

次前韻一首

蕭仲祁

雲烟吐納養幽懷。磊砢如樓百丈崖。春漾仇池蘇玉局。月明積水李西涯。西涯家積水潭側。三生結契前身見。一壑能專世慮埋。應記夢中人似蝶。爛柯山下半肩柴。

自題木崖紀勝圖有序丙子

周逸

木崖挺立、清氣過人、早有詩與序、紀其概略、去冬復植小樹、旁發一株、亭亭植立、崖上菖蒲叢繞、生意盎然、虎耳艸植之廿年矣、始于今夏開花、歷兩旬未謝、觀者

巽之因攝影並紀以詩、

獨立賞清幽。天將巽質留。記年詩句在。經亂淚痕收。草色舒青眼。花光映白頭。繞崖嵐翠擁。春氣蕩悠悠。

題花鳥圖　浣霞閣主

春柳拂風前。春花映水邊。依依雙燕子。來繞豔陽天。綠柳紫燕

羨爾超凡豔。無因富貴驕。神仙堪伴侶。情意兩難描。牡丹水仙

菊本因秋豔。楓還向晚丹。相依霜露下。點綴不知寒。黃菊丹楓

山茶花蕊肥。豔色似楊妃。枝間鸚鵡弄。解語倘能飛。山茶鸚鵡

次酬稺盦二首　岳陽李澄宇洞庭

舊人今賸幾。爾獨氣常春。夜飲惟邀月。門關不到塵。夢容莊子樂。鄉敬鄭公身。我亦忘言久。相看意轉新。

故山無恙在。乍見卽回車。典欲忘劉季。才偏譽李華。未宜龍有耳。相勉象無牙。道遠思何極。朱樓倚暮霞。

讀夢遠詩漫書三首錄二并序　　前人

夢遠西湖雜詠、滿紙慧語、予最愛其西冷橋與金山寺僧對話云、爲問今朝何處來。明朝去處可安排。眼前風物閑如此。且共橋頭坐一回。將去來今寫得無罣礙無恐怖、登寶石山望南高峯北高峯云、究竟南高抑北高。雙峯各自逞岧嶢。嶽雲倘有飛來日。蟻垤相看未是驕。高自位置、目無餘子、其得子虛賦意、別湖云、年來幾度此勾留。底事看他未肯休。還是驅車歸去好。故鄉亦有洞庭秋。不囿乎外、退然自足、非大悟後不能有此、戲廣其意、得三絕句、

能忘小大便逍遙。海下翻容萬水朝。若徙崑崙衡嶽畔。也如衡嶽視雙高。

莫問他鄉與故鄉。休論夏景與秋光。眼前風月隨時有。邱壑胸中無盡藏。

登金山寺浮圖　　湘潭王剡伯艮

北固高難竝。南徐近可招。雲連金口樹。風挾海門潮。帝座通呼吸。神州付泬寥。平生不下氣。於此亦魂銷。

孤松　　前人

謖謖風濤起。驚看一樹松。參天獨蒼勁。拔地自蔥蘢。幾壯山川色。難爲桃李容。高標自千古。何用祀龍封。

古石　　前人

何年一片石。結構在南山。獨立難爲偶。孤高未可攀。蒸雲氣磅礴。炙日色斑斕。相顧還相笑。遺民與共頑。

寄酬吳悔晦　　湘鄉顏昌嶢息庵

悔晦先生儒而俠。眼光有稜劍在匣。遭時歷覽險與艱。駕風鞭霆天梯躡。詩成萬首文萬言。皓首埋頭古編牒。竭來示我理書篇。譬揩睡眼視妻妾。佛言五蘊皆是賊。況身外物奚足挾。吾儕偶墮文字障。終朝人役增煩惵。吮毫命墨無已時。嘔心愁肝如病魘。先生胡爲謬推許。倚天拔地擬長鋏。（吳前見贈有倚天拔地爲君碑之句）憶昔曾承見憶辭。耶囘平視感心知。（吳前寄示三十七憶詩憶予有新聞記者古文霸平視耶囘貉一邱之句）而今萬事不挂眼。脩飾語言空爾爲。後之視今猶視昔。毀譽於身竟何益。一例人間飽蠹魚。（用來詩成句）存毀飄零誰復惜。先生肝膽自輪囷。我覺篇章攪心魄。不如眼前日進杯中物。瀟灑幽閑送日月。貪嗔

癡去大自在不懼山前逢李白

丙子上巳南社同人定王臺雅集拈得竝字　前人

蘭亭賡韻事崇臺登絕頂緬想漢皇靈揚鞭九州迴三楚多秀士吾王何峻挺誰言百世下英風難比竝北顧委塵氛中原如沸鼎漫漫惜長夜靡靡傷彼等子方害秋稼豈無傍不肯皇天輔明德熱深須拔拯興言匹夫責令我毛骨醒何用醉流觴佳節酬酩酊努力渡江檝檢點撻秦梃倩語律華社雞鳴光炯炯

禹碑　邵陽盧賢泮珊

嶽麓之峯神所居上有雲氣何模糊巉巖絕巘雜藤葛猙獰怪石森璠璵石上字跡大如斗詭譎不類人間書代傳此係神禹筆蝌文鳥篆紛披拏古今繙譯百輩出詞乖義舛人人殊升菴楊氏較明碻北開臆造何曾無我今刮剔捫波磔但覺凹突生齟齬蜿蜒蝌蚪祖軒頡筆力奇崛難鈎摹鴻荒墳索既以逸僅留此跡窺唐虞在昔洪流遍天下萬民昏墊愁沮洳禹乘四載行萬里胼手胝足焦皮膚九河既導三江入驅逐龍蛇放之菹帝錫玄圭嘉乃績鐫碑南嶽昭鴻圖茫茫宙合陵谷變遂令此

石蘊荒隅七十二峯無覓處林深箐密藏榛蕪神物終竟難久閟一朝發見勞樵夫萬古名山生光彩聲價何止周盤盂至今岣嶁一片石海內傳誦侔典謨是誰摹勒到此嶺點綴湖山光聖模兩碑屹立遙相望靈氣澒洞風雲趨舊有亭榭漸圮隊蒙茸荊棘巢鼪鼯風銷雨蝕日炙灼觀者扼腕徒欷歔湘中達官頗好事伐木采石鳩工徒萬山朝拜擁鑾笏百靈趨謁繁旌旟我來正值淸秋節少昊司令金氣舒海甸昫昫戩明德北望碣石南蒼梧傳聞黃流正衍溢混合淮泗吞勾吳俯仰人間一長嘯導河事業今何如

湘江泛舟 前人

雨洗巒阜出日漾瀟湘碧鳴榜越前渚挂席趁飛鷁川后正揚波湘妃方鼓瑟倒影駴參差浮光炫咫尺澄宇曠無外遠山嬌欲滴雲爪露之而林禽聞格磔境幽趣自深興酣思益發投竿獲赬鱗相期樂今夕

擬杜甫詠懷古跡五首即用其韻 前人

沱潛九派啟荊蠻大國泱泱江漢間一代文章收楚局千秋祠宇重名山洞庭秋老

家何在秦嶺雲深人不還鵑鴂聲中懷故宇卽今哀怨滿江關（三閭大夫祠）

洛陽年少事堪悲痛哭文章百世師生遇聖明誠得主死因絳灌正同時鬼神何必虛前席井宅猶堪繫後思千載才人稱屈賈後先同傳不須疑（賈太傅祠）

陶公聞葬國南門（公封長沙遺囑葬國之南門）墓在長沙第幾村此日三湘猶血食當時八表慨同昏薦灰莫遏隤堤水蜀魄難招待死魂運甓自關天下事江東名士總難論（陶桓公祠）

南軒故宅妙高峯一例先儒祀聖宮書院有人承道統子孫無羨遍湘中偏安時局悲殘宋克己功夫勝乃翁試向城南訪遺蹟芳名直與晦菴同（張南軒故宅）

五季紛爭事已遙馬王祠外月輪高霸圖自足張吾楚柱海猶聞拓不毛裨將起家成割據豆萁相剪陋兒曹息民保境終賢主樽酒聊酬捍衛勞（楚王馬殷廟）

次韻答天津楊味雲京卿同部見懷　長沙陳繼訓杏聰

海瀛流橫肯逐波姓名端合署何何崢嶸曹部李陳迹蒼莽秋懷付短歌藕孔生涯漫送老蘭台舊侶苦無多幾時重對江亭月會飲千瓢椰腹皤（宋詩瓢飲椰子腹空皤江亭即舊京陶然亭也）

丙子重九邑中名流招飲壺山詩社以喪居謝不往感而作此　湘潭劉揆一霖生

烹鰲採菊供家祭。束閣低徊報母身。忍向壺山嗟陟屺。怕從陶墓話延賓。陶公墓在壺山而其賢母墓則難稽攷矣詩情空負題糕意。酒態徒傷落帽神。最是鴒原成急難。插萸高會更何人。

和秋日壺山臨眺原。　釋慧朗

亭影依稀塔影垂。西風吹我上漁磯。懶殘巖下纔拋芋。智儼墳前獨振衣。九面前横千嶂合。雙橋旁繞衆流歸。烟雲掃盡江天闊。高聳吟肩咏夕暉。

黃葉蕭蕭何處亭。祗餘山似佛頭青。巉崖半壁凌蒼竹。檣櫓千艘破錦萍。晉代衣冠終落寞。明藩邸第更凋零。興亡世事都如此。莫向黃壚問醉醒。

剧記

船山先師詩錄

洞庭秋 十六

周 逸敬選

塞臆英多杜口宣。清歌難喚奈何天。古人不見閒邀月。置我無從小學仙。
鐵脊未妨聊旖旎。金輪猶恐不剛堅。餘霞落日關何事。帶影微茫起識田。

十七

法界孤微此泬寥。鯤遊亦竦等鷦鷯。環區不鯁魚頭乙。泓水方凝雀目椒。
濃露可憐添浥潤。片雲何恃得逍遙。窮塗收拾千年恨。鰕國遊誰出斗跳。

十八

歙然斂精歸元包。勻凝活汞停煎炮。穹窿舍此復何有。沆瀣相干故不交。
稍覺絲緍牽靜謐。非分玉笛喧淫咬。神光四映飛芒角。詎倚星月相雜殽。

劄記

恆心堂讀書答問 續第十一期

湘潭周逸 木崖

問今日學者不能進步病在何處

答在不務實不務實即爲人之學故曰古之學者爲己其終至於成務今之學者爲物其終至於喪己伊川所謂爲己欲得之於己也爲人欲見知於人也明道云學者須是務實不要近名方是有意近名則爲僞也大本已失更學何事爲名與爲利淸濁不同然其利心則一也余謂能於此處辨明則學自進終於有成學者勉之

問古之學者一今之學者三異端不與焉其說如何

答一曰文章之學二曰訓詁之學三曰儒者之學欲趨道舍儒者之學不可故朱子曰此切要之言夫子之所志顏子之所學子思孟子之所傳皆是學也愚按古之

劄記　恆心堂讀書答問

學者一。即欲趨道舍儒者之學不可。故易蒙卦云。蒙以養正。此正言爲學愼始也。

問作文害道伊川與朱子之言是否無異試詳言之

答伊川以作文害道。是說凡爲文不專意則不工。若專意則志局於此。又安能與天地同其大也。不能與天地同其大。非害道而何。故呂與叔有詩云。學如元凱方成癖。文似相如始類俳。獨立孔門無一事。只輸顏氏得心齋。古之學者惟務養情性。其他則不學。今爲文者專務章句。悅人耳目。既務悅人。非俳優而何。曰古者學爲文否。曰人見六經便以謂聖人亦作文。不知聖人亦攄發胷中所蘊。自成文耳。所謂有德者必有言也。曰游夏稱文學何也。曰游夏亦何嘗秉筆學爲詞章也。且如觀乎天文以察時變。觀乎人文以化成天下。此豈詞章之文也。朱子所謂貫穿百氏及經史。乃所以辨驗是非。明此義理。豈特欲使文辭不陋而已。義理既明。又能力行不倦。則其存諸中者必也光明四達。何施不可。發而爲言。以宣其心志。當自發越不凡。可愛可傳矣。今執筆以習研鑽華采之文。務悅人者外而已。可恥也矣。由是觀之。伊川與朱子皆以作文害道。是認爲文亦玩物喪志也。不知道者文之根本。文者道之枝葉。惟其根本乎道。所以發之於文者皆道也。三代聖賢文章皆從此心寫出。文便是道。愚按作文能從此心寫出。是文以載道。道以文傳。何害之有。若務以文悅人耳目者。是華而不實。君子不爲也。

問楊子云聖人之言遠如天。賢人之言近如地。此論當否

答此言未當。不若伊川先生與改之曰。聖人之言。其遠如天。其近如地。所謂其遠者。雖子貢猶未易得而聞。其近者雖鄙夫可得而竭也。逸按子貢猶未易得而聞。卽子貢所謂夫子之言性與天道不可得而聞。此言指遠者。若近者卽日用倫常紀綱之言。故鄙夫可得而竭也。

問伊川借杜預學春秋之法以言學。其言何謂

答伊川曰。古之學者優柔饜飫。有先後次序。今之學者。卻只做一場話說。務高而已。常愛杜元凱語若江海之浸。膏澤之潤。渙然冰釋。怡然理順。然後爲得也。今之學者。往往以游夏爲小。不足學。然游夏一言一事。卻總是實。後之學者好高。如人游心於千里之外。然自身卻只在此。逸按務高之病。只是脚不踏地。苟能實踐。從卑

問西銘言宏之道如何學者亦流爲常人地歷階而升則高明矣。

答宏而不毅。如近世龜山之學者。其流與世之常人無以異。毅而不宏。如胡氏門人都恁地撑腸拄肚。少間都沒頓著處。江永所謂宏而不毅者。縱弛。毅而不宏者狹陋。西銘之道。能實體之。渾然與物同體。宏之至也。余嘗謂橫渠教人。多以禮文制度之事。如學者所守不約。汎濫無功。此宏而不毅之說。卽是學者不著地頭了。

問爲學之方應讀何書或以貪多爲病其要如何

答伊川先生少時讀書貪多。如今多忘了。須是將聖人言語玩味入心記著。然後力去行之。自有所得。朱子所謂讀書先讀大學。以定其規模。次讀論語。以正其根本。次讀孟子。以觀其發越。次讀中庸。以求古人之微妙處。由是論之。人要知爲學。須是讀書。書不必多看。要知其約。多看而不知其約。書肆耳。故曰學者先須讀語孟。窮得語孟。自有要約處。以此觀他經甚省力。語孟如丈尺權衡相似。以此去量度事物。自然見得長短輕重。按語孟之書。尤切於學者身心日用之常。得其要領。則易於推明他經而可以權度事物矣。

問聖人無怒容否

答朱子所謂怎生無怒容。合當怒時。必亦形於色。如要治那人之罪。自爲笑容則不可。按舜誅四凶。當其時亦須怒。但當怒而怒。便中節。事過便消了。更不積。故曰。聖人之喜以物之當喜。聖人之怒以物之當怒。是聖人之喜怒不繫於心而繫於物也。明矣。

（未完）

劄記　恆心堂讀書答問

說苑

船山先師詩錄

洞庭秋 十九

周逸敬選

弱骨凌乘一綫操。未憑長目送雄豪。通身冰血爭融結。伸臂煙霄試抑搔。
豈必人生方幻寄。足知厚載不功高。金風但鼓囊中籥。大費尖酸徒爾勞。

二十

晶輝蠙影縈一窩。澄之蕩之夫如何。容裔積已成堅冽。鏦錚喧外絕煩苛。
綠非荇藻發誰浦。光帶露霜自昨波。驚鴻亦知無聞見。抱意長鳴凌嵯峨。

廿一

大圓不息翻河車。閃爍萬頃吹銀芽。化汁一色混灕皛。青氣雙合通荒遐。
無質可搏猶沐浴。有見不盈奚開遮。何得喪耦此孤坐。誰邀明月覓蘆花。

說苑

疊字男名錄 續第十一期

湘潭葛鼎甫遂銘

勃勃

晉書安帝紀義熙三年六月。姚興將赫連勃勃。僭號天王于朔方。 又赫連勃勃載記。赫連勃勃。匈奴左賢王去卑之後。義熙二年。僭稱天王大單于。建元曰龍昇。國號大夏。 重逌銅鼓銘跋。崔鴻十六國書。赫連勃勃以銅爲鼓。及飛廉翁仲銅駝龍虎。以黃金飾之。列於宮殿之前。疑卽此也。

土土

元史卷一百二十二特默齊傳。搭海世祖時從托克托呼。原作土土哈充哈喇齊。 元史卷三十三文宗紀二天歷二年十二月。追封雅克特穆爾祖托克托呼。原作土土哈爲昇王。 元史卷一百二十八托克托呼原作土土哈其先本武平北哲琳川安塔哈山部族。

說苑　疊字男名錄　二

自庫春徙居西北伊埒巴爾山。因以爲氏。號其國曰欽察。其地去中國三萬餘里。托克托呼巴圖徹爾之子也。中統元年。父子從世祖北征。

保保

資治通鑑綱目三編。明太祖洪武四年二月。元平章劉益爲元遼陽行省平章。籍所部來降。詔置遼東衛指揮使司。以益爲指揮同知。未幾。元平章洪保保馬彥翬等殺益。右丞張良佐。執彥翬殺之。保保走依納克楚。良佐權衛事。以狀聞。帝授良佐蓋州衛指揮僉事。

保保

資治通鑑綱目三編。明太祖洪武二十一年。元伊遜岱爾弒其主特古斯特穆爾。特古斯特穆爾爲其下伊遜岱爾所襲。欲往依庫庫特穆爾。不得發。縊殺之。質實。庫庫特穆爾舊作闊闊帖木兒。別一人。非王保保也。

拉拉

元史卷三十三文宗紀二。天歷二年正月。皇兄遣哈喇哈達孫拉拉。原作孫剌剌至京師。

以拜特穆爾扈從有功以幣帛百疋卽行在賜之。

拉拉

元史卷一百三十八。雅克特穆爾傳。泰定帝崩於上都。雅克特穆爾任環衞事。博囉齊拉拉（原作剌剌）等議。以八月甲午率勇士入興慶宮。命迎文宗。

拉拉

元史卷一百三十八。滿濟勒噶台傳。長子托克托。順帝至元元年。騰吉斯。陰謀不軌。事覺伏誅。其黨拉拉等稱兵外應。托克托盡擒以獻。

拉拉

遼史卷十六。聖宗本紀。太平元年十月己未。以右皮室詳衮拉拉（原作聊了）等并大將軍。

秃秃

元史卷二十二。武宗紀一。至大元年三月。莊聖皇后及諸王胡土克圖（原作忽秃秃）人戶。散入他郡。阿都齊托歡降璽書俾括索。

秃秃

元史卷十八成宗紀。元貞元年三月丙辰。給阿爾婁托克托（原作禿禿）軍炒米萬石。

禿禿

元史卷十三世祖紀十。至元二十七年五月乙酉。從托克托呼（原作禿禿合）言。立二千戶總欽察喀喇子弟願爲國宣勞者。 元史卷十六世祖十三。至元二十八年正月。以扎薩克托克托呼（原作禿禿合）總兵於翁科之地。

禿禿

元史卷一百十八布圖傳。察察爾岱展楚琿托音等以兵三萬入寇。布圖遣摩哩托克托（原作磨里禿禿）來告。乃討托音等。掠其輜重。降其民。

禿禿

元史卷一百二十三阿哈勒烏蘇傳。鶻多馬勒囊職。致和元年八月。自上都逃來。丞相雅克特穆爾任爲裨將。圍穆爾特穆爾等。擒之以獻。特賜衣一襲。及托克托默色（原作禿禿馬失）甲金束帶各一。白金百兩。鈔二百錠。

哈哈

元史卷三十二文宗紀一。致和元年九月庚申中書左丞相布哈言。回回人哈勒哈台（原作哈哈的）自至治間貸官鈔違制別往番邦得寶貨無算法當沒官都爾蘇私其種人不許今請籍其家從之。

哈哈

元史卷一百七。宗室世系表科爾戩巴勒喀（原作窠斤八剌哈哈）。

哈哈

近人姚景夔氏族略五。明賜元人姓名哈哈曰陳元。

塔塔

元史卷二十二武宗紀一。成宗大德十一年十二月乙未。奇塔特岱爾（原作赤塔塔兒）等擾檀州民。強取米粟六百餘石。詔官訊之。

塔塔

元史卷十九成宗紀二。元貞二年三月。以赫伯及塔塔喇（原作塔塔剌）所部民饑。振米各千戶。

塔塔

元史憲宗三年夏。命多托爾台。（原作塔塔兒帶）等征痕都斯坦。

塔塔

元史卷一百二十三。徹辰巴爾傳。初事太宗。從攻蔡州。前鋒塔塔爾與金將戰。金將捽其鬚。徹辰巴圖爾進斫金將。乃得脫。

塔塔

元史卷一百二十四哈勒噶齊必嚕傳。齊齊遜呼喇子塔塔爾。

塔塔

元史卷一百二十四塔塔圖該傳。輝和爾人也。奈曼延汗尊之爲傅。掌其金印及錢穀。太宗西征。奈曼國亡。塔塔圖該懷印逃。俄就擒。帝詰之曰。汝負印何之。對曰。欲求故主授之耳。帝善之。命居左右。帝曰。汝深知本國文字乎。塔塔圖該悉以所蘊對。稱旨。命教太子諸王以輝和爾字書國言。

塔塔

元史卷一百三十博果密傳。博果密至元十三年。與同舍生堅通塔塔（原作太答）圖魯等上疏。書奏帝覽之喜。

塔塔

元史卷一百三十五布爾噶蘇傳。子塔塔古爾。（原作答阿兒）從征伯克有功。由宿衛陞武德將軍齊齊克齊拉袞千戶所達嚕噶齊。

塔塔

元史卷一百四十九耶律瑠格傳。瑠格卒。妻約囉氏領其衆。約囉氏携從子塔塔喇。見帝於河西。而朝宰塔喇於朝。

塔塔

金史卷五十九宗室表。宗永（本名塔塔）靈武軍節度使　又金史卷六十五始祖以下諸子傳爲色子宗永。金史考證。考宗室表舛譌疎略之處。宗永本名塔塔。本傳皆一一詳載。而表略而不書。

蘇蘇

元史卷三十二文宗紀一。致和元年七月庚午。泰定帝崩於上都。八月甲午。以前湖廣行省右丞蘇蘇爲中書左丞。八月戊午。以蘇蘇爲中書平章政事。九月十三日。帝卽皇帝位。改元天歷。乙亥。立太禧院。中書平章蘇蘇兼太禧院使。十一月丙子。蘇蘇坐受賂杖一百七。徙襄陽。以母老詔留京師。

元史卷三十三文宗紀二。天歷二年甲寅。監察御史劾前丞相拜布哈昔以贓罷。天歷初。因人成功。遂居相位。旣矯制以瑪魯家貲賜平章蘇蘇。又與蘇蘇等潛呼日者。測聖算。今奉詔已釋其罪。宜竄諸海島。以杜奸萌。

元史卷三十四文宗紀三。至順元年九月。御史臺劾奏前中書平章蘇蘇。叨居台鼎。專肆貪淫。詔永竄雷州。湖廣行省遣人械送其所。

元史卷三十五文宗紀四。至順二年二月。湖廣參政徹爾特穆爾與蘇蘇巴勒丹。俱坐出怨言。鞫問得實。刑部當蘇蘇處死。會赦。蘇徙海南。禁錮終身。

蘇蘇

元史卷二十九泰定帝一。泰定元年十一月癸巳。賜諸王沙卜珠丹伊蘇蘇爾原作也速

速兒鈔。各千五百錠

蘇蘇

元史卷二十九泰定帝一。泰定元年十二月。諸王蘇蘇勒台薨。

蘇蘇 原作蒙速速

元史卷一百六十七張惠傳字廷傑。成都新繁人。惠年十四被俘至杭。愛通諸國語。丞相茂蘇蘇愛而薦之入侍世祖潘邸。

蘇蘇

元史卷一百七十一吳澄傳英宗卽位。有旨寫浮屠經。帝在上都使左丞蘇蘇詔澄爲序。澄曰不可以示後世。會帝崩而止。

蘇蘇

元史卷二十七英宗紀一。至治二年十二月。以參知政事蘇蘇 原作速速 爲中書左丞。

蘇蘇

元史卷一百三十謁爾根薩里傳。以父字爲蘇氏。延祐七年。授太史院使。英宗覗其進止整暇。顧謂參政蘇蘇曰。全院使真故家令子也。

錫錫

元史卷十四世祖十一。至元二十三年二月辛丑。遣使以鈔五千錠。振諸王錫錫原作小薛

元史卷十五世祖十二。至元二十五年四月庚辰。賜諸王錫錫金百兩。銀萬兩。鈔千錠。及幣帛有差。

元史卷二十四仁宗紀一。皇慶元年七月。敕諸王錫錫部歸晉寧。

元史卷十八成宗紀一。元貞元年九月。諸王錫錫部衆擾民。遣官按問杖其所犯重者。餘聽錫錫責之。

元史卷十九成宗紀二。大德二年十二月。免內郡賦稅。諸王錫錫所部三百餘戶散處鳳翔。以潞州田二千八百頃賜之。

元史卷三十一成宗紀四。大德七年二月。諭諸王錫錫及鷹師等毋於真定近地縱獵擾民。

元史卷一百七宗室世系表。太宗皇帝七子。次六哈坦大王哈坦大王位錫錫大王原作小薛

元史卷十五世祖十二至元二十六年十二月。錫錫坐與哈坦多羅子通謀叛伏誅

元史卷十六世祖十三至元二十八年四月。諸王錫錫部曲萬三千六十一戶餼給六十日糧。

錫錫

元史卷一百四十九舒穆嚕額森傳。遼人子曰錫錫。

達達

遼史卷十一聖宗本紀。統和六年十二月甲寅。郎君達達哩原作遼打里劫掠命杖之。

達達

遼史卷三十天祚皇帝本紀。保大二年。金兵日逼天祚播越。達實脊遁。見白達達。遼史考證。按白達達卷六十九部族表。作白達旦。

達達

金史卷三太宗本紀天會八年二月戊戌。取平江汴京亂。三月丁卯。達達（原作友迪里）復取之。

達達

元史卷二十二武宗紀一。至大元年二月戊午。遣布達達實（原作不達達思）等送爪哇使還。

圖圖

遼史卷二十二道宗本紀清寧八年夏五月。武都溫特哩袞圖圖爾噶（原作屯禿葛）等。乞歲貢馬駞。許之。

圖圖

元史卷二百五奸臣特們德爾傳。英宗猶在東宮。特們德爾宣太后旨召蕭拜珠與多爾濟至徽政院與徽政院使實勒們御史大夫圖圖爾噶雜問之。二人棄市。

和和

元史卷一百四十三列傳第三十附庫庫傳。兄和和字子淵。敦默寡言。嗜學能文。與弟庫庫。皆爲時之名臣。號爲雙璧云。

和和

元史卷一百三十博果密傳子和和。（原作囘囘）陝西行省平章政事。

元史卷二十九泰定帝一。泰定元年五月詹事丞和和。（原作囘囘）請如裕宗故事。擇名儒輔太子。敕中書省臣訪求以聞。

和和

元史卷十四世祖十一至元二十三年十月。鄒平縣達嚕噶齊和和。能捕盜理財。進秩有差。

和和

元史卷六世祖三至元五年五月癸酉。賜諸王和和（原作禾忽）幣帛。

元史卷一百七宗室世系表。和和大王位和和。

元史卷一百八十耶律希亮傳中統二年。時六皇后之妹主后位與宗王和和皆欲東覲。希亮母密知其事。攜希亮入見。已而不果。

和和

金史卷一百六珠格高琪傳。故事有奏密事輒屏左右。先是太府監丞游茂以高琪威權太重。常以爲憂奏請裁抑。自是凡屏人奏事必令近臣一人侍立。及蘇嗒請密召至。近侍局給筆札使書所欲言。少頃宣宗御便殿見之。惟留近侍局長趙和和侍立。蘇嗒奏高琪無勳望。宣宗曰子徐思之。蘇勒出。復戒曰。愼無泄也。

金史卷一百九。完顏蘇嗒傳。一名翼字伯揚。貞祐三年正月。蘇嗒自中都計議軍事迴。上書求見。乞屏左右。上遣人諭之曰。屏人奏事朕固常爾。近以游茂因緣生疑間之語。故凡有所引見。必令一近臣立侍。爾有封章。亦無患不密也。尋召至近侍局給紙札令書所欲言。書未及半。上出御便殿見之。悉去左右。惟近侍局直長趙和和在焉。

速速

元吏卷二十四仁宗紀一。皇慶元年五月賜諸王蘇爾蘇達勒（原作速速迭兒）千錠。

速速

元史卷二百十緬傳。至元二十四年正月招緬使齊喇至忙乃緬甸王爲其庶子不速速古里所執囚於昔里怯答剌之地。

庫庫

元史卷一百七。宗室世系表。世祖皇帝十子次八寧王平庫庫楚原作闊闊出又寧王庫庫楚。位庫庫楚。

元史卷一百七。宗室世系表庫庫楚大王。原作闊闊出

元史卷一百三十五。呼魯蘇傳世祖領太府監後。以千戶從皇子庫庫楚出征還。留鎮軍中。

課藝

船山先師詩錄

洞庭秋 廿二

周逸敬選

三湫三楚塡淫荒。誰能不斷憂思腸。遙遙極浦浮雲樹。渺渺生洲迷荻蔣。
馬殷南國飛星白。陸遜西壘落日涼。咫尺千波杳向往。孰爲大壑恣埋藏。

廿三

浮槎無繫巴邱城。縹渺之樓岊若驚。微霜覆袠失殘夢。遠火照帆悲他情。
乘乘宇內慨清澈。厭厭空際或經營。小范於此言憂樂。胸中無敵橫甲兵。

廿四

微風軟縠退以聽。濯濯平遠拔昭靈。吝儉物情不獲已。險阻大造故須經。
餘霞半壁從明滅。征雁萬雙亦伶俜。居然幻泡警涼魄。無數浮心一日扃。

課藝

正取第一名許鴻飛

經義

足食足兵民信之矣義

自古能任天下之事者。必先得天下之心。得天下之心。然後惟所欲爲而無不如意。故課所以裕國者。不恃吾文告之密。而恃吾惻怛之誠。課所以強國者。不恃吾督促之嚴。而恃吾愛護之切。令修於庭戶之間。而風行於千里之外。必其醞釀者深。而非一朝一夕之所能致也。夫子答子貢問政曰。足食足兵。民信之矣。論語訓曰之矣云者。言先須民信也。蓋民以食爲天。非足食何以禦凶年。民以兵衛國。非足兵何以扞外侮。況天災流行。水旱且與兵燹之災同至。不有以足之。如竭蹶何哉。雖然足固未易言也。三年耕。必有一年之食。九年耕。必有三年之食。此恆理也。然試號於衆曰爾當如是以足食。民果從我乎。萬乘之國。提封百萬井。定出賦六十萬井。戎馬四萬匹。兵車萬乘。此大較也。又試語於衆曰。爾當如是以足兵。民果從我乎。語之者我也。不必從者民也民何以不從則以我未得天下之心而不信我故也彼得天下之心者必然其居民上也非以天下奉己而以己身勞天下非以天下尊己而以己身屈天下民何利我則興之民何病我則去之孟子所謂得其心有道所欲與之聚之所惡勿施是也夫然天下之人皆灼然知我之爲民非爲己也於是從而信之民旣信我矣則我之號令未有不行於民者以之積穀而穀有餘以之徵兵而兵無不足縱加之以師旅因之以饑饉宏才肆應措之裕如矣此孔子所爲語子貢以政兵食信三事並列而於信必加之矣兩字明乎信在前兵食在後卽所謂信而後勞其民者也

治事

前人

申包胥復楚留侯報韓厥功不殊史公傳伍員而不傳包胥試論之

劉知幾言兼三長方可爲史三長者才學識是也非才無以汰繁冗非學無以綜本末非識無以昭炯鑒垂世戒然則三長並列而識爲尤重作者固不得貌襲而談者亦未可以皮相也伍員之父奢與兄尙爲楚平王所殺員以吳師破楚復不共戴天之仇其義憤懍然與戰績並彪炳於天壤然出奔之日以吾必覆楚告其友申包胥

包胥亦以興楚自任告員及吳已入郢昭王奔隨包胥如秦乞師哭七晝夜不納勺飲秦感其誠而爲之出兵竟賴秦力却吳存楚此兩人者一孝一忠各磊磊落落以行其志而皆達焉均爲立傳以垂後誰曰不宜乃史公僅爲伍員立傳而包胥之事惟附見於員傳之中豈楚不當復乎抑復楚固劣於覆楚者乎皆非也夫以安社稷爲心者必爲國家籌久遠而不可爲一時苟且之計爲一時苟且之計取便於一時而遺害於他日遺害於一國者其罪尚小遺害於萬世者其罪尤大也包胥乞師之言曰夷德無厭若鄰於君疆場之患也逮吳之未定君其取分焉若楚之遂亡君之土也若以君靈撫之世以事君斯言也列於盲左之傳固亦辭令妙品也而察其流弊則甚大何則大丈夫之生斯世貴自立而不可倚人君子之謀國亦如此耳石敬塘之求救於契丹也劉知遠知其不可其言曰恐異日大爲中國之患敬塘信桑維翰之策賴契丹之力以滅唐然燕雲十六州失外患遂與宋相終始迄假元之力以滅金天下卒歸於元而漢族遂淪於外族百年矣明季闖禍宗社爲傾吳三桂假清廷之兵力以復讎天下遂歸於清而漢族又淪於外族近三百年矣推其乞師之由

豈不效秦廷之哭而其禍乃至是然則史公不爲包胥立傳且並其乞師之詞削去不載蓋立乎千載之前已灼見千載以後之事於是始知史公之識爲不可及也不然包胥復楚留侯報韓厥功不殊豈史公獨厚彼而輕此哉諺曰前門拒虎後門進狼又曰前車覆後車戒借助於人者其加意於自立以爲久遠之計也可

詞章

前人

擬船山春山漫興四首

雲山四面主應誰有客狂歌倒接䍦好雨欲來蠶並出陽春未到鳥先知撐天矗立峯雙柱桌地鏗聲杖一枝禹迹茫茫原在眼字青石赤駁穹碑

養契天人似養花試看元舍吐黃芽兩弦合處方成鼎百鍊精時爲揀沙藥奏八公添玉潤丹還九轉蘊金華今朝寶露壇邊過悟出童顏一飲霞

玉井青蓮萬里輕却來方廣賞春晴汙泥無復人間濁露氣猶聞天上清點水差池看燕剪隨風宛轉聽鶯笙從知黲黷塵埃日倘有桃源燦絳英

佩韋休訝等珩璜辣性由來自命薑雲湧重巖滋笠屐波添一雨利舟航創開生面

羣經在占領名山百慮忘歷盡艱辛餘七尺著書終老白雲鄉

眼高於項心細於髮識時務者爲俊傑信然詩句名儁　黃昌年批

經義

正取第一名郭虛中

足食足兵民信之矣義

按食爲民天兵爲民衞信爲民性所固有而又爲民行所宜遵爲政之要洵莫重於此三者已就食而論洪範八政王制八政皆以食爲首要就兵而論司徒致民司馬致節農隙講武兵民不分古先政要後世宜遵而其有不足者則以農政不修軍政不講遂致凶年饑歲無以給內訌外侮無以消學人入官從政所宜鑒古知今者也至若民生之信本具有生之初特自世風日降民性日漓爲政者又不能相感以誠遂致爲民者莫不盡趨於僞大車無輗小車無軏性術乖而行誼失皆爲政者無以敦篤其本原也今欲爲足食計則必分田制產勞農勸相輕徭薄賦節用時使使士不曠而民不游民安其居樂事勸功則耕三而餘一耕九而餘三遐邇一致上下一心食不期足而足矣欲爲足兵計則凡比閭族黨州鄉之內卽可得伍兩卒旅師軍

之兵但於平時教之以步伐卽可於臨事用之爲干城約計邦畿千里實有百五十萬餘家以家三人計之可任者三倍於茲卽起徒役毋過家一人亦得五百十餘萬人以此言兵而兵無不足矣至於民信則民之常性旣有信上之存心無不信以實心行實政則民於耳目染濡之下必有感發其性天者所謂不言而信也且當兵食並足之餘更有以大孚其心志所謂未施信於民而民信之也是故足食足兵在政能使之足民信之者在政能使之信也夫子答子貢之意蓋如此

治事　前人

申包胥復楚留侯報韓厥功不殊史公傳伍員而不傳包胥試論之

人生可傳者莫如孝子忠臣志願所存歷千辛萬苦之境殫窮年累世之勞而後得以自償而自靖有如伍員之復楚讎張良之報韓國史公爲之立傳宜也乃獨於申包胥之興楚不爲立傳僅附著其事於伍員傳中幾疑其語不詳而事不類究之不足疑也伍員之痛念父兄而欲覆楚與申胥之眷顧宗國而欲興楚其語皆紀於左氏傳中而伍員謀楚迭見於奔吳任職之累年申胥興楚則僅見於乞師於秦之一

事史公附傳之意固以其事之相聯而詳略亦各視事實之真非有意軒輊於其間也至謂事必從類則孔子之論三仁孟子之稱四聖皆誼力各有所至而表章之意但取其殊途而同歸史公紀載季布欒布可同編老子韓子可合傳亦此意也據左氏而論其紀申胥之事亦因伍員而連及之初紀其荅伍員之語次紀其乞秦國之師終紀其逃昭王之賞而昭王之賞乃在六人之下丘明雖得百二十國之寶書不能於左氏之外爲申胥多贅辭也謂乞師卽足以表異則臧宣叔曾乞師於晉以救魯茅成子亦嘗乞師於吳以存邾左氏亦祇附紀其事今包胥之事左氏旣附見於伍員傳中史公之不別爲立傳固亦因左氏之例也

詞章

前人

擬船山春山漫興四首

蓬萊渺隔更尋誰不見宮人着慕羅青眼幾遭黃霧塞素心惟有白雲知偶經南澗欣蘋藻未向東林雜樹枝岣嶁峯頭翹首望神功千古勝殘碑

月宮曾記折瓊花今此山阿尚有芽不比鄰侯居古寺聊同賈傅在長沙蒼顏近對

辭翁節紫艷遙看庶子華欲問幽棲何景好夕陽返照滿紅霞天光冥暗谷風輕陰霧初開喜放晴碧嶂尚看雲似墨黃河未必水真清難期北闕迴龍馭且聽南嶷奏鳳笙却怪靈均惟獨立不曾騷賦引羣英敝帷何用結琦璸夙好惟珍桂與叢木石同居甘陋室寶林欲上待慈航謝公屐着隨行止顏氏心齋每坐忘莫道火維妖怪足峯頭卽是白雲鄉

璧肌分理學識俱超庾信文章老更成何多讓焉　　黃昌年批

經義　　正取第三名易家鉦

足食足兵民信之矣義

人民之生命在於食國家之防衛在於兵所以固結人心而愛護國家者在於信三代以上寓兵於農而兵農不後禮樂正德利用厚生三事固并重也夫子因子貢之問政而舉足食足兵民信以告之者蓋欲行先王之道而非後世富國强兵之術僅爲一時貧弱計耳所謂足食者非加賦以足用也自古神農氏之後繼以后稷之官制爲井田教以稼穡五土必辨三時不害九穀以生而又爲之蔬材以廣其術爲之

荒政以防其敝爲之節儉以制其淫必使仰足以事俯足以畜時方無事各安其壟井耕田之素敦其勤生嗇力之風一旦軍興共挾其急公奉上之忱以應乎徵調轉輸之費蓄百姓足君孰與不足也所謂足兵者兼人與器言之也伍兩卒旅足以其人干戈戚揚足以其器夫修其器械精其訓練備之而足卽去其呰窳裁其老弱汰之而亦足足以禦侮足以自强惟器與人不可偏廢也至若民信者必上之人有以見信於民而不可徒以信責之民也是故漸民以仁摩民以義而又修六禮以節民性明七教以興民德齊八政以防民淫然後民信於上不賞而民勸不怒而民威於鈇鉞上以信施下以信應也獨是分言之曰食曰兵曰信而混言之卽食卽兵卽信也農隙講武兵在食中孝弟力田信從食見干城腹心兵自有信耕耨並修忠信制梃以撻秦楚信在兵食也總之食爲民天食不足非養民之政也兵爲民衛兵不足非安民之政也信爲民心信而後勞其民未信則以爲厲己也此爲政之常經也

治事

前人

申包胥復楚留侯報韓厥功不殊史公傳伍員而不傳包胥試論之

論者謂伍員之覆楚。包胥之復楚。皆於子臣之道有未盡善。竊以爲兩人之所處有輕重緩急之不同。不可以不分辨也。夫子胥之欲覆楚。以其父奢無罪而見殺於平王。故挾弓持矢。去楚奔吳。以伐楚之利干吳王僚。不幸爲公子光所阻。公子光立。是爲闔閭。闔閭欲爲興師。而復讎於楚。子胥又自止之曰。諸侯不爲匹夫興師。逮楚釁而後動。及楚爲沈故圍蔡。子胥爲吳行人以謀楚。入郢之役。子胥雖爲父復讎。而吳固正正之旗。堂堂之鼓。實非爲子胥興師也。且子胥所痛心疾首者。不徒在奢之死。而在建之不得立。蓋欲借兵於吳。扶建之子勝立之楚。廢昭王。誅讒佞。以成父奢之志。而存楚之社稷。豈肯以復楚之名讓之包胥哉。乃不意吳師驟勝而驕。秦人起於外。夫槩反於內。不能定楚而歸。大非子胥之心矣。若申包胥者。明知子胥之能覆楚。乃不於子胥去楚之時。謀所以安社稷者。竟養癰貽患。循至吳師入郢。君出國危。然後如秦乞師。僥倖成功於萬一。亦已晚矣。且當其時。齊晉秦楚。各自稱雄。地醜德齊。莫能相尙。自包胥引秦師入郢。俾秦知楚之虛實。數見侵陵。厥後秦日益强。楚日益弱。卒至秦能滅楚。併吞六國。未始非包胥爲厲之階。是則此際之復楚。功不足以掩罪也。試就子胥包胥之事分析言之。稽其始末。權其輕重緩急。而知史公傳伍員而不傳包胥。且無子胥而不名者。褒子胥卽貶包胥也。抑史公漢人也。留侯輔漢滅秦以報韓。與包胥引秦復楚而終以滅楚者。功同而實異。此又史公不傳包胥之微意也。

詞章

前人

擬船山春山漫興四首

山林深處結茅茨。賦性從來不受羈。巖穴可堪供笑傲。衡門聊復樂棲遲。且隨木石穿三徑。暫學鷦鷯借一枝。燕入堂前尋舊主。故宮無恙敢差池。

雨後山間草木新。者番煙景是陽春。雲根縹緲攜筇徧。鳥道紆迴著屐巡。載酒且停垂柳處。觀棋惟有採薪人。林巒髣髴桃源境。不是漁郎莫問津。

峻嶺崇山列眼前。千紅萬紫共爭妍。桃腮柳眼欣如笑。燕語鶯歌喜不眠。淡蕩春風芳草地。濛茸細雨落花天。試觀喬木年年在。一縷心思付杜鵑。

十分春色到山中。忽聽鶯啼綠映紅。冷淡梨花偏帶雨。顛狂柳絮祇隨風。最憐松柏

增青翠開倚巉巖望碧空若問蘭亭修禊事臨川感慨古今同

經義引用成語自成結構史論讀書得間語必透宗擬詩清麗芊眠信爲能手

黃昌年批

前題　湘潭廖梲盦

江山風月主爲誰四野煙雲蕩翳羅林鳥呼名人莫辨淵魚非我樂安知幽蘭不問春初訊勁柏猶撐雪後枝禹甸茫茫湮舊跡衹今岣嶁勝殘碑

天氣春陰正養花萬千紅紫競抽芽風前舞燕攢青柳洲上閒鷗憩白沙此日漁樵遂初志當年車馬賦皇華中原文物凋零甚珍重桑榆駐晚霞

老農叱犢一犂輕久雨今朝喜放晴風定湘波帆影斂雲開嶽寺磬聲清延年自采山中藥守拙休吹席上笙回首衣冠嘉會日龍飛甲子盡豪英

久厭承明解佩璜閒門種菜雜山薑忽聞欵乃千山曉惟賦邛須一葦航散髮滄浪清可濯寄懷蘭茝慣難忘孤芳獨抱冬青樹空望春歸帝子鄉

前題　南昌涂新晉

春山如笑笑伊誰。花下徘徊倒接䍦。新樹未成鶯浪喜。舊巢宜補燕先知。暖風百尺侵蓬鬢。晴日一簾占柳枝。字愛熊肥偏矯健。倩人且拓麓山碑。

避地依然筆作花。不知紅透牡丹芽。潮移古岸餘靑石。風起天街罩白沙。漫有夢魂歸海國。轉將邱壑換京華。含情獨愛黃昏好。成綺貪看欲散霞。

蒼狗更番到底輕。一峯乍雨一峯晴。琅玕只愛干霄碧。砂礫猶能濾水清。獨宿且尋蝴蝶夢。索居閒煞鳳凰笙。春光如此誰爲主。芳草無言襯落英。

垂釣何須問玉璜。製方獨喜備金薑。新村隱隱千門柳。野渡遙遙一葦航。屈姊不知香草意。封姨竟把美人忘。避秦也愛桃源好。無奈漁郎有故鄉。

前題

許先文

慣看滄海幻桑田。獨讓名山永歲年。芍藥蕊含他日豔。櫻桃花趁早春姸。先期汗漫須行樂。爲誦逍遙願學仙。幽徑亦存濠濮意。不妨策杖聽淸泉。

聞道商山可避秦。翛然偶作采芝人。聘書怨用留侯計。侍從翻成太子賓。驛路馳煙應掃迹。山庭逋客莫逢嗔。松雲白首原吾計。況有桃源可問津。

春滿南天卉吐葩。青山到處可爲家。流離舊事心猶痛。憂患餘年鬢亦華。四壁圖書供笑傲。一竿漁釣寄生涯。危機祓禊知何地。萬丈潭深湧黑沙。

堯封禹甸古今同。伊雒偏遷陸渾戎。草澤萑苻動桴鼓。河山錦繡付持弓。明時獄犴唐虞遠。世事江流日夜東。岣嶁峯尖尋片石。摩挲讀罷意無窮。

前題　李省三

嵂崒縹緲欲何之。谷岸高深幾度移。壯志恐爲蒼狗誤。孤懷猶畏雪衣知。江山有意分南北。瀛海無心畫漢夷。繫馬柳陰尋勝蹟。逢人含淚問殘碑。

大地春來似畫圖。萋萋芳草滿平蕪。一江深水初波浪。幾點雲山乍有無。故國愁看桑作繭。新齋誰念隙過駒。杜鵑啼血聲聲急。且對斜暉倒酒壺。

綠暗紅稀景色明。東風吹葉語流鶯。越禽背燓違南樹。胡馬衝寒擁北平。飄泊登山雙淚熱。瘡痍滿地一身輕。王師未報收東北。城闕徒嗚戰伐聲。

九十春光一殺那。回頭空自嘆蹉跎。烏啼子夜情難禁。雀噪東窗劍尚磨。璞蘊荊山相識少。花飄幽谷可憐多。人生得失隨緣定。閒把南華發浩歌。

前題　常甯李　治

一片春光引勝情。碧巖流覺趁新晴。長條枝倩古藤茂。瘦石縫銜細草生。夕照蒼茫翻蝶彩。飛泉響澈急鶯聲。扶筇絕壁疑無路。迴顧桃花笑語迎。

四圍葱翠接天邊。江外層峯峯外烟。俯瞰淸陰楊柳渡。薄霑紅雨杏花天。消除塊壘無如酒。買得春光不用錢。到處繁華歸眼底。莫將遊興託啼鵑。

風送浮雲過大荒。靑山何事解愁腸。銅駝陌上滋新草。老樹墳邊冷夕陽。幽夢喚醒鸚鵡急。行人歸唱鷓鴣忙。窮通休向君平卜。一卷南華秋水旁。

巖壑幽棲避世譁。不隨塵俗逐紛華。斜風又見來巢燕。去日頻驚赴澗蛇。揚子解嘲徒自遣。長卿賣賦亦堪嗟。人生莫被儒冠誤。合把餘杯醉綺霞。

前題　歐陽瑛

載酒春山欲喚誰。偶攜童冠醉懸陲。柳舒靑眼人先覺。桃破紅腮蝶未知。伏櫪驊騮思遠道。出林鷹隼盼高枝。神州不禁橫流歎。且剔蒼苔讀禹碑。

蘭馨空谷不關花。筍震驚雷漸茁芽。芒屩乍霑幽徑露。緇衣未浣戰場沙。窗前秀色

縈書帶鏡裏流光感鬢華數頃山田堪種豆傲人惟有古煙霞

製就春衣著體輕東皋遙望數峯晴泥啣燕子風初暖萍護魚苗水正清陽院翠娥

呼門草倚樓紅袖笑吹笙故人相遇桃花昕共訪仙源踏落英

蓬峯小隱韞瑤璜新築幽齋擬號黌出岫雲興衡嶽雨渡江風送洞庭航撩人綺夢

春難遣報國雄心老未忘留得匣中三尺劍胡氛淨掃即華鄉

前題

毛兆麟

高歌莫問和予誰載酒尋仙著籬詩思未隨春草長貞心惟有老松知山容帶翠

逢新霽花信傳紅到舊枝小憩巖阿搜古蹟剔開苔蘚認殘碑

爲訪山僧踏落花新茶初試雨前芽著書藏待傳靑簡題句留將罩碧紗雲路在瞻

心益壯仙丹未轉鬢先華懸崖峭壁攜筇徧會有疎鐘送晚霞

獨有樵夫負荷輕芒鞋不擔喜新晴層巒古樹疎還密檠澗流泉淺且淸藜杖曲穿

芳草徑蓬門且賦白華箋侈談廉讓徒欺世誰餌朝霞飲露英

松下清風響佩璜梢頭細雨浥山薑安眠榻上三竿日極目江干一葦航魚躍鳶飛

觀自在市朝巖穴付相忘首陽尙論夷齊世不羨人間衣錦鄉

前題 周源遠

烟霞寄傲更同誰愛把歸雲當接䍦一嶺孤松餘老榦三春好鳥訂新知濤聲幽咽
花邊澗鶯語閒關葉底枝回首中原非禹甸忍將心事泣豐碑
春風裁翦滿林花萬卉欣欣茁嫩芽奪目山桃紅遍野賞心湖草綠鋪沙夜遊太白
尋烟景冒雨庭筠覽物華雅愛芬芳最濃處好邀歌鳥醉流霞
躞蹀崔嵬蠟屐輕放眸三月趁新晴盼來天外山何際行到源頭水更清鴉背帶來
初日影樵歌相送隔林笙引觴莫道無佳饌蘭芷溪邊嚼落英
破衲藤鞋佩玉璜荷鋤蘿畔種新薑禪房花木多僧氣佛土菩提是法航迅足遠遊
春且住清弦靜撫意先忘放晴踏碎千山綠高蹈丹谿自在鄉

前題 李安庭

名山壇坫果爲誰恥學高人倒接䍦駘蕩且看春得意沃天偏羨子無知漫誇騏驥
開先路且學蟭蟟寄一枝欲訂千秋金石譜深岩細繹禹王碑

含愁春雨淚山花。野草連郊盡發芽。薄日無光難化雪。終風有力欲飛沙。好從寂寞探詩境。莫向風塵擲歲華。興罷歸來天色晚。柴扉倚杖看流霞。

坦道遊行步履輕。適逢天氣放新晴。古松蔭日連山綠。細竹吟風入耳清。對客不妨看臘屐。燕賓無復詠吹笙。漫言荒徑無堪賞。澗底幽蘭發紫英。

有誰釣得渭濱璜。且訪山翁學賣薑。探險欲將神作馬。濟人須以道爲航。河山萬里仍如舊。事業千秋未敢忘。約得漁樵常共話。家園猶是白雲鄉。

前題　　廖曄

山河依舊究歸誰。且向深山戴白羅。麥秀離離悲故國。花陰寂寂感新知。神州破碎無全璧。僻壤幽棲得一枝。鎮日消閒惟木石。浮生那望紀功碑。

一壺紅友對山花。市遠無殽采蕨芽。燕啄新泥和曉露。鳧歸遠浦集平沙。風搖紅杏飄香雨。柳映青旗拂翠華。忽看夕曛天欲晚。徘徊松下咏餘霞。

暖逼花脣粉蝶輕。風和雨霽喜新晴。雁峯峭蒨烟浮翠。漁浦綿濛水湧清。柔草成窠迷繡陌。雛鶯學囀和銀笙。芒鞋踏破春無主。誰賦同車咏舜英。

自愛潔身佩玉璜。性甘淡泊。嗜椒薑。眉舒翠黛千條柳。浪湧清流萬葉航。門設常關非好靜。國恩莫報總難忘。頻羅浩刦經錘鍊。巖壑幽深有樂鄉。

前題　周祝封

深林寂寞問伊誰。倒着山翁白接䍦。遊屐漫留新蘚印。孤懷堪與衆花知。歸慚報國成空夢。老爲憐春也折枝。偶上峴山憑眺望。滄然墮淚讀殘碑。

勃勃青山百草花。一朝新雨鬆萌芽。春深曉霽餘霄靄。水漲風輕搏岸沙。游興未殘歸亦樂。吟懷非老鬢先華。乾坤容得閒軀在。且把金樽醉晚霞。

江湖蕭灑一身輕。未免愁懷對晚晴。戰伐幾時銷野哭。漁樵何事獨心清。百年天地悲荆棘。萬古山河付管笙。草莽孤忠惟墮淚。孝陵空自攬羣英。

魚腹何從有玉璜。遺臣空自咀金薑。人間漫說千秋業。塵海初回萬里航。棋局長安今昔異。琴徽古調象形忘。淵明高蹈誰能繼。欲借桃源作醉鄉。

前題　湘潭侯　瀛

板蕩中原逐鹿誰。狂歌爛醉著山䍦。峯巒何處偏堪賞。蘤鳥多情只自知。觸目干戈

羈驤足側身天地託鷦枝傷春一掬孤臣淚剔蘚來看岣嶁碑

東風搖曳放羣花姹紫嫣紅競吐芽萬樹歲煙籠霧縠一江輕浪掩沉沙天荒地變

悽禾黍鳳去麟來怨鬢華暇日銷憂聊騁望夕陽零落黯朱霞

雅服逍遙屐笠輕櫻籬藜杖戀春晴蒼蒼嶽色凌雲秀嵒嵒淵流逝海清偶結[illegible]谿

甘隱釣慣隨緱嶺愛吹笙老憂王室埋荆棘回首西山共採英

早歲蓬萊侍珮璜暮年辛苦瞀餐藿鼎湖龍去烏號墮滇海人歸一葦航操慮孤臣

勞臂畫傾頹神器痛筌忘春愁鬱鬱難摹擬披髮佯狂夢帝鄉

叢錄

船山先師詩錄

洞庭秋 廿五

周逸敬選

崚嶒何來凜氣增。舍此空輪無與勝。吳天海色遙迎送。楚霜蜀凍交消凝。
蕩滌赤日曳素練。消息銀漢絡珠繩。從知白帝威權甚。萬象瀉影涵傾崩。

廿六

鷓鴣聲斷西日浮。君山未愁黃陵愁。白浪幾何傾楚塞。金風既展訖神州。
蕭颯萬个撼斑管。迢遞千古疑膠舟。買至張説爾何物。落拓欲牽萬里憂。

廿七

但哀無端眇淫淫。長嘯不展狂歌瘖。欲與招魂迷南北。橫令此愁亙古今。
蟄雷殘雨無所藉。金樞玉露亦難諶。日暮息棹殊未已。寒波倒射丹楓林。

叢錄

通訊

本社董事會致黃社長籽輿先生書

敬啓者。本社同人。久仰　先生德隆望重。一代儒宗。學問文章。士林矜式。特於四月十九日。召開社員大會。選舉屈爲繼任社長。紀錄在卷。相應函請　察照。並希　道駕早日蒞社。主持社務。不勝盼切之至。此致

黃社長籽輿先生

船山學社董事會公啓　四月二十日

王佩初周木崖致黃籽輿先生書

籽老社長道鑒。邇維　道躬康適。福履平綏。爲慰且祝。本社自民國二年劉民生先生發起。頗歷艱辛。其中顛蹶糾紛。无成績可言。要皆主持者不得其人。同人有感於斯。瞿然傷之。以爲世道人心之變。實士林元氣之不集所致。遂於二十一年改組。

至今四年。設講演。出學報。考季課。兢業惕厲。專提倡正學。以道義相磨。庶於千鈞一髮之際。幸未遺隕越之羞。去冬前社長趙芷老逝世。同人不勝悲悼。失所矜式。僉以繼任者。實難其人爲慮。正徵求之時。得社員郭尺岩由北平來函。極推　先生道高望重。爲士林模楷。旋請令弟子劉子鵠兩先生。爲之先容。轉達同人歡迎之意。並寄船山學報十册。嗣聞　先生雖沉意泉石。隱以滄海橫流爲憂。許出負責。維持名教。卽於四月十九日開社員大會。到社員三十三人。一致選舉　先生繼任社長。仰見德隆望衆。物望所歸。除另具董事會公函外。特具蕪箋。用達　左右。乞　道駕蒞社。主持社務。並請　賜示。何日到省。以便通知各社友屆時歡迎。以表傾慕之忱。諒不遐棄。無任企原。專此敬頌

道安

王禮培周逸仝啓　四月二十日

本社全體社員致黃社長書

杍輿社長先生道席。未見　芝顏。時深葭溯。恭維　道履安康。　潭祺迪吉。爲慰且頌。日前奉得　手教。敬悉謙辭社長。同人爲之失望。惟此次選舉社長。幾經商酌。一

致同仰。德望。萬乞勿萌退讓。茲特推派黃子固周木崖兩先生爲代表。趨謁。尊前面述一切。想。先生覩此狂瀾澎湃。正氣消沉。必思有以挽救。決不　恝然置之也。專此。敬請
道安

王禮培王壽慈任福黎等仝啓　閏二月十二日

黃社長辭職來函因本社遷移時遺失故未登載　編者識

黃社長致黃子固周木崖兩先生書

子固木崖兩先生道席。逕啓者。別後縈悒。不罄欲言。陳東劉蕡。皆應經典。猝未檢詳。特一時未散。綴步耳。桐閣漣館之文。經緯樂材。盥誦心折。府覺樂育。存道孤衷。爺蕤降情。金絲逸響。假年彭祖。再聽鹿鳴。惟祝天日昭融。豈等滄桑餘閏乎。一一薪　爲道息。屬件容遲報。命前讀一參先生橫幅。所稱半社。其取公羊義歟。抑如幾復不主故常歟。公暇幸以教我。齊嬰鄭產。博物濟時。北海小郎。盛名爲累。花飛茵溷。鳥集苑枯。時會則然。文章殆葭管耳。易言白賁。詩歌尙絅。竊願隨　諸君子。效他山之攻錯焉。首夏清和。敬頌　多祺。

昌年頓首

社長黃杍與先生來書

木崖先生道席。陰曆蒲節前數日。曾函候　起居。併繳　屬書聯語二副。又印祥二幅。嗣得　復書。除繳件　察收外。乃有綏靖公署函促。剋日挪川社房之信。併封寄夫馬紙幣八十元。社課卷百零四本。屬爲看評。比以雲詭波譎。此節亦當停頓。轉念非所以慰　諸同志。故竭旬日之力。敷衍了事。特綈衮零星。衰年健忘。諸卷有引用譌誤。字體錯繆者。雖盡糾摘。所粘簽題評。覆視有未煞尾者。其餘笑柄當不少。若能得　公與諸先生重加檢校。換去原批。深爲感激。再者續寄之九卷。因前卷屏當犓畢。又適傷暑。應懇　同社諸老分校半日。即於正附取留額。及額外卷內加入所寄夫馬費封還十元。十一期學報封還一份。爲尋遂初賦。幸相喻不言。專泐。恭敂

道安　　昌年頓首　丙子五月二十二日

周董事覆黃社長書

杍老社長道席。　貴使來城。遞到　手書。並課二包。紙幣十元。展誦之餘。知　公於

梅炎藻夏之際。任量珠揀金之勞。時僅一旬。品評已畢。仰見精力絕倫。佩服佩服。評定各卷。當依評語優劣。以定等差。未閱九卷。自照來示辦理。揭曉之期。擬在六月初間。紙幣十元。係夫馬之正項。業已册報。未便收囘。茲仍送上。乞　察收爲荷。再社址現仍被借用。大局如何。尚未可定。惟租之舊盤街房屋。頗敷辦公。日前陶副社長叔惠君由杭囘省。現住社中。並以奉聞。專此。敬請

道安

周逸頓首　五月二十三日

黃社長復各董事書

佩初叔惠鏡人木崖季果諸道長賜鑒。敬復者。竊夏曆五月下弦。遵　示函繳各件併荷　賜復。以後農田忙迫。粵事恐慌。曾諄囑嶽雲高中學校。小兒　彔韡走稟學社父執諸老。從速開會。另舉社長。繼續維持。又以痼疾纏綿。秋後更加傷寒咳嗽。且暮入地。無可諱言。誕祭一節。昌年既萬不能來。一聽　公等處理。春闈辱承　優待。無任心藏。昇平有象。或能扶杖橋門也。匆復。恭敬

秋禧諸維　亮察

黃昌年頓首　夏歷八月二十四日燈下

廖兆熊先生來書

木崖先生道席。廿年離索。未遂班荆。百里懷思。復稽裁簡。疏嬾脫略。我罪如何。迭承惠頒船山學報。手浣薇露。心開茅塞。感荷厚贈。膜拜加尊。先生宏濟末流。振興墜緒。門牆湘綺。衣鉢薑齋。吾道不孤。斯文未喪。殆天將以爲木鐸。宜人望之若神仙。力挽頹波。聲震薄俗。功誠偉矣。幸何如之。弟倦鳥飛歸。寒蟬聲噤。枯蠹空守。拙鳩應藏。以結習之未除。輒見獵而思逞。腹虛邊笥。經殘欲焚。手無魯柯。山高徒仰。已儒冠之誤我。不如沐浴楚猴。欲閉門以拒人。寧可網羅翟雀。先生眷懷舊雨。能無太息晨星。回憶當年。猶似嬉陳俎豆。駒過隙而太速。馬增齒而動危。垂暮生涯。有如累卵。飢軀力役。頻困傭書。兀兀窮途。無可爲知己告也。耑肅鳴謝。敬請

道安　　弟廖兆熊謹啓　丙子蒲節後二日

劉龍澤先生來書

本翁先生有道。頃承寄十一期船山學報。紉感高誼。難以筆宣。湘綺老人文辭。字字皆金玉。故以太炎之高視。不能不以能盡雅贊之。大報注意及此。實士林之福也。姜

西滇數頁殘稿。浙人詫爲奇寶。影之圖書館月刊。况老人之箸述。唐宋以來所未有。似宜廣爲搜刻。啓迪後進。下走早歲鈔讀所爲易隆觀傳。不忍釋手。未登大報。頗有遺珠之歎。先生爲老人高足。當不笑其妄言也。寄上郵花一百分。除扣第十一期報費外。敬請發下第十期。如有存餘。作爲購買第十三期之用。肅復。伏維

爲道珍衛。　劉龍澤啓　六月四日

再啓者。下走呈鈔各詩。均叨登入大報。仰見大君子錫類之盛心。曾侯所謂。逝者有知。泉臺亦應雨泣者也。紉感高誼。實無涯涘。茲因便續呈一詩。可否採入。敬希裁之。手肅。再頌箸福　龍澤再拜　同日

阮宗權先生來書

叔惠木崖先生道席。宗權未嘗學問。栖託戎麾。日者隨行轅來湘。借駐曾公祠。就近得拜瞻船山先生遺像。肅然嚮慕。莫可名言。旋借讀第十一期船山學報。凡所記載。非采擷精英。即闡釋經義。保一綫之國粹。作千載之指針。不禁躍踊而言曰。斯文今在茲矣。故丐周公達先生代向貴社。自第一期起訂購。冀窺全豹。日昨復荷介。瞻兩公道

貌。誠 宗樵 三生之幸也。承惠賜學報十一冊。敬謹拜嘉。並奉上法幣二元。預訂二十五年份全年。按期乞寄委員長行轅人事科他目如有變更當另函奉達。肅此申謝。祗請 道安。伏維 荃鑒。

阮宗樵謹啓 八月十八日

浙江省立圖書館來書 一

敬啓者。期刊萃新穎之學說。爲時代之明鏡。牖啓民智。媲美圖籍。是以現代圖書館。廣蒐博採。尤措意于期刊之徵集。貴刊讜論宏旨。夙深欽佩。願賜插架。藉公同好。敝館出版「圖書展望」月刊一種。以介紹新出圖書。輔進讀書興趣爲宗旨。創刊伊始。謬承藝林推許。靑眼有加。現爲廣求友聲。願與貴刊相交換。玆特先奉敝刊第八期一冊。藉求教正。如荷鑒許。請卽賜復。並將貴刊自最近期起。賜寄杭州大學路省立圖書館。敝刊卽當按期寄奉也。專此奉達。竚候明教。祗頌公安。

浙江省立圖書館啓 六月五日

浙江省立圖書館來書 二

湖南船山學社大鑒。謹啓者。敝館歷年所藏各種雜志。除陳列公覽外。卽將全卷檢點付裝。以資保存。而便覽者。茲查貴處出版之船山學報。敝館所藏。尚缺後列各期。擬請惠予佽助。將缺期檢出賜寄。俾成完帙。則敝館與士林。當咸拜寵錫矣。如必需備欵價購。亦請示知銀數。當即照奉。專此。即請

公安　浙江省立圖書館啟 六月五日

浙江省立圖書館來書 三

船山學社諸先生大鑒。頃承惠賜船山學報。第二至十期共九册。具徵隆誼。感荷靡既。喜南鍼之寵錫。明示津梁。幸東璧之生輝。珍仝瓊玖。惟貴刊第一期。敝館所藏者。係民國四年八月出版。今蒙惠贈之第二期。乃二十二年五月出版。其間想多遺漏。敢懇一併賜補。俾成全璧。無任盼禱。又接六月十二號大札。囑補圖書展望第一至七期。茲另郵寄奉六七兩册。致一至五期。敝館已無存書。未克補奉。良深歉仄。尚希鑒諒爲幸。此請撰安。

浙江省立圖書館雜誌出納股啟 六月二十二日

江西省立圖書館來書 一

敬啓者。頃蒙惠贈船山學報第十一期。拜受之下。如獲拱璧。喜慰莫名。 船山先生

學行卓絕。今世師表。敝館自開辦以來。卽汲汲搜尋先生之遺著。欲以供覽而示楷模也。今忽承貴社贈此鉅製鴻篇。厚賜如此。感何可言。惟查十一期以前自第一期至第十期。敝館尙付缺如。全豹未窺。不無微憾。擬懇將所缺各期補惠一份。以後且源源惠寄。俾成完璧。而便珍存。倘須備價補購。卽請開示價目。一並寄下。以便匯奉。此致

湖南船山學社。

江西省立圖書館啟　五月卅日

本社覆江西省立圖書館函

逕復者。頃得來函。敬悉貴館汲汲搜求船山先生遺著。以供衆覽而示楷模。與敝社志同道合。欽佩莫名。惟敝社改組四年以來。所贈各處學報。純係義務。未取分文。嗣因索者日多。加以經費異常困難。故難處處贈到。缺如之歎。實所不免。茲將第十一期以前自一期至十期。各寄一册。以報雅意。至購費一節。任貴館公道。（實價三角一册。十册三元。外郵費二角五分。）如收到。請卽示知。以後出版。當如命源源寄送也。此致

江西省立圖書館　　湖南船山學社啟　六月一日

江西省立圖書館來書　二

敬啓者。接讀六月一日惠函。敬悉貴社改組四年以來。所寄各學報。未取分文。似此熱心宣揚　先哲遺教。實不易得。曷勝欽佩。承寄貴學報一期至十期。拜領盛意。至深銘感。敝館現擬自第十二期起。預定全年一份。謹匯上國幣一元五角正。請查收。並發給定單及收據各一紙爲荷。此致

湖南船山學社

江西省立圖書館啓　六月四日

北平燕京大學圖書館來書　一

逕啓者。頃承惠贈船山學報第十一期一册。無任感謝。惟查貴學報第七至第十期。敝館尙未入藏。深爲缺憾。擬懇賜補。並請以後按期繼續寄下。俾資銜接。以供參考。茲附上敝館出版書目一紙。倘擇其中有可與貴刊交換者。當爲檢奉。專此奉達。卽希查照見復爲荷。此致

船山學社

燕京大學圖書館啓　六月一日

北平燕京大學圖書館來書　二

逕復者。接展台函。備悉一是。承賜書籍。亦已收到。卽當登錄庋藏。以備參考。所囑交換刊物。特照檢奉上。請煩察收。並請以後源源賜寄刊物。藉資交換。是所至盼。此致

湖南船山學社　　燕京大學圖書館啓　六月十七日

國立北平師範大學圖書館來書

敬啓者。茲承惠贈船山學報十一期一册。現已收到。以供公閱。荷蒙厚意。銘感實深。嗣後尙希按期寄贈。以成全璧。是所至盼。此致

湖南船山學社　　國立北平師範大學圖書館書啓　六月一日

天津私立南開大學木齋圖書館來書　一

逕啓者。頃承惠贈船山學報第十一期一册。業經收領。除編目陳列。以供衆覽外。特此函達。藉申謝忱。並請以後源源惠寄。爲荷。此致

湖南船山學社。　天津私立南開大學木齋圖書館啓　六月四日

天津私立南開大學木齋圖書館來書　二

敬啓者。承惠贈船山學報一份。至感。茲查第一期至第十期。迄今尚未收到。卽祈查核補足賜下。爲荷。此致

湖南船山學社　天津私立南開大學木齋圖書館啓　六月四日

河北省立保定民衆教育館來書

敬啓者。茲承惠贈貴刊十一期一册。除敬謹妥存備衆參閱外。特此申謝。順頌

公綏。　河北省立保定民衆教育館啓　六月六日

安徽省立圖書館來書

敬啓者。頃承惠贈船山學報十一期一册。內容豐富。議論詳確。拜受之餘。曷勝感佩。除分類陳列。供衆閱覽。以彰高誼外。特此函復。藉伸謝忱。此後再有出版。尙希源源賜寄。俾得彙藏。尤所盼禱。專肅祇頌公綏。　安徽省立圖書館啓　五月三十一日

江蘇私立東吳大學圖書館來書一

啓者。頃承寄贈船山學報第十一期一册。具見貴社發揚國學。表彰先哲。不遺餘力。而嘉惠士林。實足多矣。茲後倘蒙源源賜寄。尤所盼禱。惟第一至十期。尊處尙有存

者亦希見惠。俾得彙訂成帙。而供參考。專謝。此上

船山學社　江蘇私立東吳大學圖書啓　六月三日

江蘇私立東吳大學圖書館來書　二

敬啓者。頃承惠贈圖書一種十冊。謹領之餘。當即入冊編目。妥爲典藏。以供衆覽。嘉惠士林。曷勝感幸。倘蒙源源見賜。尤所盼禱。特此函謝。祇頌台安。

江蘇私立東吳大學圖書館啓　六月十三日

上海時代通訊社湘省分社社長張翌舒先生來書

木崖主任道席。久仰鴻儀。靡由晉謁。爲悵。伏讀貴報。蒐羅宏富。編制精審。盥誦之餘。不忍釋手。方今世道敗壞。人心澆漓。若不推崇聖教。恢復固有道德。不足以挽救陷溺之人心。諸公爲文學之泰斗。闡聖賢之薪傳。其裨益社會。嘉勉學子。良非淺鮮。惟吾湘文化各報。注意蒐羅。用特肅緘。擬懇惠贈八期至十一期。藉資借鏡。是所盼禱。專肅敬請教安

上海時代通訊社湘省分社社長張翌舒謹啓　六月二十六日

濟南私立齊魯大學圖書館來書

逕啓者。頃承惠贈船山學報十一期一册。深紉厚意。業編目珍存供衆瀏覽。並登諸校刊。用彰高誼。倘荷源源見寄。尤當拜賜多多。謹此鳴謝。祇頌公綏

濟南私立齊魯大學圖書館 六月一日

山東省立圖書館來書

茲承惠贈船山學報一册。業經編目歸架。用供衆覽。謹此奉覆。並謝高誼。此致

湖南船山學社

山東省立圖書館敬啓 六月一日

甘肅省立圖書館來書

敬覆者。頃承惠贈船山學報第十、一期一册。除編目陳列。俾供衆閱外。本擬訂購。但因敝館購書費正在核准期間。如能在此期間。敢祈貴社將前報按期贈閱。無任感荷。耑此順頌公綏

甘肅省立圖書館敬覆 六月五日

福建省立圖書館來書

敬覆者。頃承惠贈。深紉隆施。敬謹珍存。以供衆覽。而彰高誼。此後尚希繼續惠贈。並祈將第一期至十期檢送一份。俾成全璧。爲感。肅此鳴謝。祇頌公綏

福建省立圖書館館長王孝總謹啓　六月六日

國立中山大學圖書館來書

逕啓者。前承惠贈貴刊船山學報。現查尚缺下列期數。希照補寄。俾成完帙。爲荷。

此致

湖南船山學社

第一期至第十期

圖書館主任謝明章啓

廣西省立第二圖書館來書

敬啓者。頃承惠贈圖書。殊深感紉。敬當編目珍藏。供諸衆覽。以彰盛誼。專此佈達。並伸謝悃。此致

船山學社

廣西省立第二圖書館謹敬　六月十七日

綏遠省立圖書館來書

逕啓者。頃承惠贈船山學報第十一期一册。深紉厚誼。除分別編存以供衆覽外。謹此鳴謝。敬請查照爲荷。此致

湖南船山學社

綏遠省立圖書館啓　六月九日

南京國立中央圖書館來書

逕啓者。前承惠贈船山學報。隆誼曷勝銘謝。茲查貴刊贈至第十期止。已停止贈送。相應再函奉瀆。卽希查照繼續賜寄。藉供衆覽。至爲感荷。此致

船山學社

國立中央圖書館籌備處謹啟　八月十七日

南京市政府圖書室來書

敬啓者。前承惠贈貴刊。深紉厚意。惟查該刊。下列各期。（計第一期至第十期）尚未收到。用特專函奉達。擬懇准予照補。俾窺全豹。如蒙俯允。無任銘感。嗣後貴處各種出版物。請直接逕寄本府圖書館。以免遺失。祇頌

公綏

南京市政府圖書室謹啓　八月二十二日

公牘

致南寧李德鄰白健生先生快電

南寧李德鄰先生白健生先生勳鑒。月前聯同民衆法團。先後奉上兩電。諒邀　察覽。近閱報載　尊處。紛紛調兵遣將。徵發民團。侵入粵湘。又載有　兩公幡然高蹈。舍棄　中央新命。即將下野放洋等語。兩說紛紜。莫衷一是。由前之說。則國家前途。危如累卵。明達如　兩公。想亦決不出此。由後之說。則　兩公愛國之心。昭然若揭。下野放洋。固表清高。但獨潔其身。此非豪傑所爲。竊爲　兩公不取。今爲兩公計。莫如服從　中央。接受新命。不知者以爲近於巽懦。有玷聲威。在有識者觀之。則爲忍辱負重。爲國爲民。此豈悻悻小丈夫所能比其萬一。況國防委員會爲國家大計所自出。至浙江一省。南作京師之屏藩。東握海疆之鎖鑰。形勢重要。居桂省之上。　兩公或內參樞密。或外護疆圻。抗戰素志。得所發展。嘉謀偉績。必有可觀。且表體諒中央苦心。和衷共濟之雅。務請當機立斷。任之不疑。國家幸甚。亦本社之期望者也。本社砥礪道德。講求國學。素不與聞政治。交通當道。前此兩電。出於被髮纓冠之忱。今因閱報得讀　蔣委員長東電。義正辭平。布衣昆季之誠。藹然言表。令人心折。故

本於愛敬兩公昔日勳名之意及息事寧人之心。特進一言。尙祈

察納

湖南船山學社叩

長沙綏靖主任公署來函

逕啓者頃奉

參謀長諭。

委座行轅日內即將駐長。暫以中山東路曾公祠全部房屋作爲駐址。所有現駐該祠內之公安局保安隊佛教會船山學校限於明(十九)日一律遷移完畢。以便佈置等因特達。即希查照辦理爲荷。此致

船山學校

長沙綏靖公署第二處啓 六月十八日

致湖南省教育廳省黨部省政府三處公函

逕啟者。案准長沙綏靖主任公署函開頃奉

參謀長諭。

委座行轅。日內卽將駐長。暫以中山東路曾公祠全部房屋。作爲駐址。所有現駐該祠內之公安局保安隊佛教會船山學校。限於明(十九)日。一律遷移完畢。以便布置等因。特達。卽希查照辦理。爲荷。此致。等由。准此。本社業於昨六月十九日。暫行遷上營盤街三十七號逸園內。設立通訊處。照常辦公。合亟函請。

察核備案。至爲公便。此致

湖南省教育廳廳長朱

湖南省政府主席何

中國國民黨湖南省黨部特派委員賴

湖南船山學社啓　六月二十日

長沙綏靖主任公署函

敬啓者前准

貴處來函。暫借本社及佛教會房屋。作爲

委座行轅。本社與佛教會。卽於六月十九日遷出。所有遷移及佃賃房屋等費。迄今

兩月有餘。損失甚鉅。茲因
委座行轅業已遷出。又有某師軍隊。繼續駐內。查本社當日與
貴處言定係作　委座行轅。今行轅既經遷移。則房屋應如約交還本社。方爲合法。况本社係私人組織學術團體。與公家性質迥然不同。値此秋季開講在卽。各項社務。急待進行。相應函達
貴處卽乞將本社房屋。及借用一切什物。憑單交還。以踐前約。而利進行。佇候
賜覆。無任盼禱之至。此致
長沙綏靖主任公署主任何

湖南船山學社謹啓　八月二十八日

上廣州蔣委員長電　一

廣州蔣委員長鈞鑒。本社房屋與曾公祠比鄰。前行轅移湘時。由長沙綏靖公署來函。暫借作用。事關大局。遵卽遷讓。昨行轅已奉令移粵。乃又有憲兵七團一營。及第一師軍醫處分駐全部房屋。本社係私人文化團體。開講在卽。特懇鈞座電飭該團

等。即日遷出。並懇頒發。永遠不許駐兵布告。賜下。以便張貼。士林同感。

湖南船山學社陶思曾王禮培周　逸等叩卅

致長沙綏靖主任公署函

逕啓者本社房屋。因　貴署六月十八日來函。暫借作爲
委座行轅。本社以事關大局。倉卒遷讓。舍固有之房屋。而賃他人之房屋。每月租金數十元。損失不少。至佃與佛會之房屋。亦被暫借。尚未收回。其損失更復不少。如此委曲求全。原爲注重。
委座軍務起見。想　貴署亦當曲諒此心也。前因行轅業經移粵。本社上月二十七日。已函請　貴署。立將房屋交還。以踐前約。迄今未見。　回示。本社開講在卽。乃近又有憲兵七團一營。並未通知本社。徑行駐內。似此彼去此來。其如私人團體之主權何。况本社前允暫借。僅指行轅而言。則不得轉借駐其他軍隊。　貴署維持文化。若使本社因故障而廢學務。諒非　貴署之初心。除將此次所受損失。查明數目。另函聲請補償外。用特再陳。乞

迅飭憲兵營卽日遷出。立將全部房屋交還。以重信守。而全道義。爲荷。此致

長沙綏靖主任公署

湖南船山學社啓 九月一日

長沙綏靖主任公署復本社函

逕覆者。接准　貴社來函。以本署前向商借房屋。係暫作委座行轅。乃行轅移粵後。又有憲兵營入駐。請飭卽日遷出。將全部房屋交還。以重信守等由。准此。查憲兵營移駐　貴社。係奉委座命令。本署事前未知。嗣以　貴社開講在卽。派員商請第一師參謀長讓出該師軍醫院現駐佛教會房屋。移駐憲兵營。騰出　貴社房屋。交還應用。業經交涉妥貼。一俟軍醫院遷出。卽行知會接收。惟憲兵營人數頗多。據稱軍醫院騰出房屋恐難盡數容納。或仍須借住一部分。容後再商。准函前由。相應函覆。請煩查照。此致

湖南船山學社

主任何　鍵 九月三日

軍事委員會委員長行轅總務處來函

奉
交下貴社電一件。請飭憲兵一營及第一師軍醫處遷讓房屋。査憲兵營業已調防。第一師軍醫處已電飭遷讓矣。特達　查照爲荷。此致

湖南船山學社

軍事委員會委員長行轅總務處啓　九月三日

上廣州蔣委員長電二

廣州蔣委員長鈞鑒。前上卅電。旋奉鈞轅總處函。仰見維護至意。現一師軍醫處業已遵遷。憲兵一營尚未去。復有第三營駐入。迫懇電飭長沙綏靖公署。速另覓他處。俾憲兵移任。仍懇頒發不許駐兵佈告。爲禱。湖南船山學社陶思曾周　逸等叩文。

長沙綏靖主任公署第二處來函

頃奉
主任何。發下

委員長蔣寒戌侍參羊電開。(銜略)據湖南船山學社陶思曾周逸等電稱。前上卅電。旋奉鈞轅總處函。仰見維護至意。現一師軍醫處業已遵遷。憲兵一營。尚未去。復有第三營駐入。迫懇電飭長沙綏靖署。速另覓他處。俾憲兵移駐。仍懇頒發不許駐兵佈告。為禱。等語。希查核辦理。逕復等因。除函請軍事應接處另為憲兵營代覓駐地。俾便遷移。並分函憲兵一三兩營查照外。相應函達查照。此致

湖南船山學社

處長鄧南驥 九月十六日

復長沙綏靖主任公署第二處函

逕復者。案准

貴處處字第四九號函開。奉

蔣委員長寒戌電。已函軍事應接處。另為憲兵營代覓駐地等因。一案。查憲兵第三營現在尚未遷移。究竟軍事應接處已否覓妥房屋。呈報

貴處。如未覓定。應請再函該處速為辦理。俾本社得早遷囘開講。為荷。此致

長沙綏靖主任公署第二處處長鄧

副社長陶思曾　九月十八日

長沙綏靖主任公署第二處覆函

逕復者。准　貴社來函。以駐紮社內之憲兵第三營。現在尚未遷移。究竟軍事應接處已否另覓房屋。如未覓定。請再函速爲辦理。俾得遷回開講等由。查本署前奉委員長蔣寒戌電。除由本處函請軍事應接處另爲代覓房屋。俾便遷移外。一面函達憲兵營查照去後。旋奉主任何發交憲兵第三營營長湯漳郎報告。稱案准鈞署第二處。九月十六日處字第零零四九號公函。爲奉委員長蔣寒戌侍參羊電。已函軍事應接處。爲本營另覓駐地等由。正準備遷移。間復准軍事應處。九月十七日箋函。囑本營尅日移駐經武門外四十九標兵房等由。自應遵辦。惟查四十九標兵房地處偏僻。本營爲服務城市之憲兵部隊。駐住實不相宜。茲爲便於本營服務。及船山學社講學。兼籌並顧起見。擬將本營現住之房屋。

（共三棟）右邊全棟。及中間前二進。讓與船山學社。（已足敷用）左邊全棟。（本係佛法會。現並不需用）及中間後二進。仍留爲本營駐住。雙方各門出入兩無妨礙。准函前由。除函復軍事應接處外。理合將本營遷移房屋困難情形。備文呈請鈞座鑒核。並乞准如所請。實爲公便等語。同時接准台函。經飭派副官前往憲兵營商洽。所得結果。仍與上項報無異。其所持理由。以該營服務範圍。在於城市軍事應接處代覓之四十九標房屋地處偏僻。實不相宜。爲兼顧貴社講學。騰出一部房屋。雙方分門出入。兩無妨礙。似屬可行。且憲兵暫時服務此間。並非長期駐紮。又以客軍關係。亦未便過於固執。强其遷移。特函復請貴社通融辦理。爲荷。此致

湖南船山學社

長沙綏靖主任公署第二處啓 九月二十五日

上廣州蔣委員長電 三

廣州蔣委員長鈞鑒。憲兵第三營駐紮本社。及佛學會全部房屋。業由省會軍事應接處。覓有駐地兩處。延不遷去。本社無地開講。且船山師誕祭在卽。迫懇巡電湯營

長。速遷爲禱。船山學社陶思曾周逸王禮培李澄宇等叩感

覆長沙綏靖主任公署函

逕覆者。昨接

貴署第二處。九月念五日來函。爲本社房屋。被憲兵第三營借駐事。除原文有案不錄外。後開經飭派副官前往憲兵營商洽。所得結果。仍與上項報告無異。其所持理由。以該營服務範圍。在於城市軍事應接。處代覓之四十九標房屋。地處偏僻。實不相宜。爲兼顧貴社講學。騰出一部房屋。雙方分門出入。兩無妨礙。似屬可行。且憲兵暫時服務此間。並非長期駐紮。又以客軍關係。亦未便過於固執。强其遷移。特函覆請貴社通融辦理。爲荷等由。查湯營長報告。以右邊全棟。及中間前二進。讓與船山學社。(已足敷用)等語。不知本社職員及董事雇員等。均須住社。實不敷用。況船山先師誕祭在邇。屆期自本省軍政長官及學員社友均來與祭。若正中石庫門封閉。皆從夾巷出入。成何事體。且石庫門以內。爲本社中堅之房屋。若被割斷。殊失觀瞻。又該報告左邊全棟。(本係佛法會現並不須用)等語。不知佛法會早賃本社房屋。

押租行租修理等費甚鉅。故正需用甚急。本社既負鉅欠。更不便退佃。此本社對於來函。礙難照辦之實在情形也。現憲兵第三營既不願遷往四十九標營房。及舊督署。應仍請

貴處飭軍事應接處。再行另覓他處。俾得卽日遷移。諒

貴處維護軍學。必有善法處此也。除電懇

蔣委員長電飭湯營長外。相應函覆。卽請

查照爲荷。此致

長沙綏靖主任公署第二處

湖南船山學社啓 九月二十七日

電南京憲兵司令部谷司令官

南京憲兵司令部谷司令官勛鑒。皓電計達。未奉覆示爲悵。貴部第三營駐紮法會學社兩處房屋。迭請遷移。竟屢推卸。昨省會軍事應接處函。以業由綏靖公署代覓駐地兩處。請其遷移。並囑會社同往接收。詎貴部以司令部日內派員來湘點驗等

詞拒絕。竊憲兵爲軍隊模範。今竟若此。祇得再懇貴司令電飭該營尅日遷移。並電檢閱員代爲督促。仍祈賜覆爲禱。湖南護國息災法會王代懿粟戡時船山學社陶思曾周逸等叩歌（十月五日）

致綏靖公署函

逕啓者。昨接軍事應接處函開。查憲兵第三營佔駐貴社及佛學會房屋。節經本處派員交涉。該營已承認船山學社前後房屋全部讓出。並撤銷門衞。以便出入等由准此。本社卽於昨日。派員前往接收。據云。祇允交還前後兩部。其中石庫門內。仍須借作該營營部。其木器則須俟日內檢閱。以後點交。如貴社需要中棟房屋。則需綏靖公署來令卽遷等語。本社因　船山先師誕辰在卽（夏曆九月朔日）須籌備舉行祭祀。又開講時期。亦不能再延。需房屋萬急。且佛學會亦急須房屋應用。業於前月二十七日。致函

貴處。請速交還在案。茲該憲兵營。仍不肯交還。用特函達。仍希

設法。指令該營卽日遷出。爲荷。此致

長沙綏靖主任公署

湖南船山學社啓 十月五日

長沙綏靖主任公署副官處來函

逕啓者。奉
主任發交貴社來函一件。以駐社內之憲兵營。迄不允全部讓出。現 船山先師誕辰在即。須籌備舉行祭祀。又值開講時期。需屋甚急。請飭法令該營即日遷移等由。查軍事應接處前覓定四十九標爲該營駐地。以地點偏僻。於任務上極不相宜。不允遷駐。商准將現駐房屋騰出一半。爲貴社講學之用。業經函達查照在案。茲准前由。復派員前往交涉。該營仍以任務關係。未便照辦爲辭。惟該去員稱憲兵營雖將正屋前棟及右棟房屋讓出。然駐正屋後棟之憲兵營部。仍從正屋前門出入。設有門衛。貴社講學及出入其間。頗有不便。經商妥湯營長。所有該營官兵。悉從左棟側門出入。撤去正面門衛。並將駐憲兵營部之前面及右側兩門扃閉。俾免士兵混入學社。如此辦理。確於講學無礙等語。相應函達查照。仍請通融辦理。爲荷。此致

湖南船山學社

長沙綏靖主任公署副官處啓 十月八日

復長沙綏靖主任公署函

敬復者。昨准

貴署十月八日函開。除原文有案不敘外。後開經商妥湯營長所有該營官兵。悉從左棟側門出入。撤去正面門衛。並將駐憲兵營部之前面及右側兩門扃閉。俾免士兵混入學社。如此辦理。確於講學無礙等語。相應函達查照。仍請通融辦理爲荷等由。查

貴署前暫借本社房屋。係作

委座行轅。事關大局。故本社倉卒覓佃營盤街房屋。押租行租。臨時增加。雖感困難。義不容已。現大局統一。諸事回復原狀。本社房屋。早應全部交還。無任聽憲兵營戀駐之理。況

貴署指定四十九標兵房。卽在小吳門外。距中山東路。並非遙遠。該營聲稱不便。殊

難索解。即令真屬不便。現有舊督軍署。空房甚多。門臨中山馬路。與本社同樣。若令該營遷駐。斷無何種不便之處。前憲兵第一營。曾駐本社。甫遵委座電令遷出。該營即不應再行遷入。今復戀駐。不肯交還。似有故意藐玩。最高級長官命令之嫌。恐非軍人所宜。刻經本社董事會議僉云　綏靖公署復函可感。但事實上礙難照辦。本月十五日為　先師船山先生誕祭。全城文武長官。自主席以下。全體會員。皆須到社。萬不可由狹巷出入本社房屋。仍請　綏靖公署設法。令該營全部遷出。俾便接收。如該營再不全部遷出。致本社職員不能辦公。船山先師誕祭。不能舉行。勢當電訴當局。以明責任所在等語。紀錄在卷。為此函復

貴署。仍請轉飭該營。從速全部遷出。

復示施行為荷。此復

長沙綏靖主任公署

湖南船山學社啓　十月十一日

致湖南省會軍事應接處函

逕啓者。前據

貴處。暫借敝社房屋。作行轅之用。並經

貴處。借用屋內一切什物等項。當由

貴處訂有交點清單。簽印在卷。茲値船山先師誕祭在卽。現由憲兵營騰出前後一部份房屋備用。所有房屋什物。直接間接各損失。另開清單。交由本社鄭庶務與

貴處當面接洽。至什物估價一節。刻經本會議決。未便估定若何價値。仍請依照原物原價賠償。再本社及佛學會房屋。請向該營交涉。從速將全部交還。爲荷。此致

軍事應接處

湖南船山學社啓 十月十二日

失單另鈔

致長沙綏靖主任公署函

逕啓者。前承派員來社。暫行交還本社房屋一部分。以辦船山先師誕辰祭祀。仰見維護之至。茲因秋季將完。亟待講學。需全部騰空。方敷應用。加以狹巷出入。尤感不便。又本社左邊房屋。佃與佛學會。因該會修理費千餘元。索賠此欵甚急。屢函

催促。事實至感困難。不已。用特專緘
貴署。請即爲憲兵營另覓地點。前經指定四十九標及舊督署內房屋。現聞某處駐兵退出。房屋已空。儘可駐紮。懇 令從速遷移。交還本社全部房屋。以供應用。主權所有。維冀 保存。不勝感荷。此致

長沙綏靖主任公署

湖南船山學社啓 十月二十五日

祝蔣委員長五旬儉電

蔣委員長鈞鑒。恭維 總座天縱降靈。百年大衍。四表歸仁。湯武勳業。夷夏尊親。臚電奉祝。邦國永寧。

湖南船山學社公祝 十月二十八日

致綏遠傅主席暨全體將士慰勞電

綏遠傅主席暨全體將士勳鑒。寇兵犯境。全國髮指。公等大伸義憤。殺敵致果。北望風雲。同聲起敬。謹率員工。節食三日。聊助壺漿。

湖南船山學社叩梗

本社紀事

船山先師詩錄

洞庭秋 廿八

周逸敬選

玻璃帝網兩鏡參。玄中之玄清靈酣。露泡影相合不二。水月空觀誰爲三。
中流兩岸四無定。鳥道一碧微自諳。萆持滿汲寒沁骨。容受無多祇大憨。

廿九

青幕白地淸涎黏。濃淡分界唯微纖。未辭天容虧半壁。定疑水氣消餘炎。
披襟不讓雲將御。理楫略挂羚羊尖。鏖空白戰九十日。吸月餐風亦損廉。

三十

玉液統此微胥函。俯仰不知靈與凡。旭霧乍收兜羅捲。陰彩夕湧牟尼嵌。
肉翅欲愁千里倦。顴目難厭一晌饞。蒼螺半點點霜色。謫仙何情强欲芟。

本社紀事

從二十四年十一月起至二十五年十一月一日止

二十四年十二月二十五日、開董事常會。出席董事謝鴻熙、周逸、王禮培、黃贊元、胡子清、彭施滌、任福黎、張有晉、王壽慈、黃鎣、顏昌嶢、楊卓新。請假董事陳嘉會、蕭仲祁、李澄宇。一報告事項王董事長報告本屆董事常會提前開會、係因趙社長去世、特提前召集討論。二趙社長逝世本社應派員前往致祭案。一推舉王董事長代表前往致祭。二弔儀用費以叁拾元為限。三代表旅費等項實報實銷議決通過。三本社於昨晚有輸送隊來社交涉、暫行借用講堂房屋、無法制止、當由該隊長官宋君承認兩星期卽行遷出、各情節議決暫允借用。

二十五年一月二十六日、開第四次董事常會。出席董事陳嘉會、周逸、彭施滌、謝鴻熙、王禮培、任福黎、蕭仲祁、胡子清、李澄宇、顏昌嶢、張有晉。一王董事長報告。本社船山祠兩邊房屋、前被軍隊佔駐月餘、至昨日業已遷出、今後應謀一善後方法、請公決案。議決保留。二、本社社長趙芷蓀先生逝世、應照章改選繼任社長案。董事長提議決、一由本會去函陶副社長、請其回社主持社務。二、擇期召集臨時社員大會、投票選舉社長。三、照章先由本會預選五人爲社長候選人、提交社員大會複選。三、本會董事鄧瑾珊因公出省、並未請假、董事程子樞已經四次未出席董事會、並未請假、均應照章改選、請公決案。董事長提議決、推候補董事劉謙、王代懿繼任、並由本會去函通知劉王兩董事。

二月二十三日開第五次董事常會。出席董事周逸、謝鴻熙、彭施滌、楊卓新、王禮培、李澄宇、劉約真、顏昌嶢、王壽慈、任福黎。請假董事陳嘉會、蕭仲祁、黃翼、王代懿。一、周董事逸提議、本社上年僅舉行季課一次、現在各處多來函詢問、究應如何繼續主辦案。議決、由本社每年舉行春秋兩季、季課各一次、獎金以一百元爲限。二、周董事逸提議、本社既舉辦春秋季課兩次、學報自不能出版四期、應如何縮減案。議決、暫定每年出版兩期。三、王壽慈、周逸介紹黃昌年。郭尺岩、周逸介紹黃履直、周逸、王禮培介紹王道純、周逸、楊華一、介紹劉璞。彭施滌、周逸、介紹方新、周逸、彭施滌、介紹程子楷。周逸、王代懿、介紹周維翰、謝鴻熙、李澄宇、介紹李達。為本社社員議決通過。

三月二十二日、開第六次常會。出席董事顏昌嶢、周逸、王禮培、謝鴻熙、蕭仲祁、王代懿、胡子清、任福黎、王壽慈、黃鞏。請假董事黃贊元、陳嘉會。本社繼任社長亟應預選五人為候選人、以便提交社員大會複選。案王董事長禮培提議。議決、不記名投票。開票結果、黃昌年十票。王禮培八票。任福黎七票。黃鞏五票。蕭仲祁、陶思曾、各四票。顏昌嶢、胡子清各三票。王壽慈二票。彭施滌、周逸、黃贊元、羅正偉各一票。決定以前列之黃昌年、王禮培、任福黎、黃鞏、蕭仲祁為正式候選人。俟擇期開臨時社員大會投票選舉。

四月十九日、開臨時社員大會。到社員周逸、謝鴻熙、劉約真、郭人謙、彭濟昌、楊佑鞏、王壽慈、方永暢、沈醉七、劉國逸、蕭甘溪、李礫、黃贊元。託周逸代表楊蕉園、蕭仲祁、廖樹勳、王禮培、葛遂銘、粟戡時、李忠澍、王道純、黃仲深、陳健民、周維翰、黃鞏、任福黎、言汝昌、彭昺、李達、鄭鑄心、王代懿、辜天佑、郭尺岩、來函請周逸代表投票。報告事項。一王董事長報告本日開會意義、及會之秩序。二推定臨時主席案。議決推王董事長爲臨時主席。並推舉周逸先生爲發票員、王代懿、劉約真先生爲監票員、彭濟昌陳健民先生爲開票員。三選舉社長、發票三十三張。黃昌年得三十二票理合當選。

四月廿六日、開第七次董事常會。出席董事謝鴻熙、周逸、王禮培、胡子清、顔昌嶢、劉約真、李澄宇、蕭仲祁、王代懿、王壽慈。請假董事黃贊元、陳嘉會。報告事項。周董事逸報告上次社員大會選出繼任社長黃衎興先生、業於日前由本會去函、及本人與王董事長私人亦去函敦請涖社主持。討論事項。一、黃董事鞏、周董事逸介紹陳鍾嶽爲本社社員案。議決通過。二、周董事逸提議推舉程灑生先生爲本名譽董事案。議決通過。

五月廿四日、開第八次董事常會。出席董事劉約真、李澄宇、周逸、王壽慈、黃贊元、蕭仲祁、王代懿、陳嘉會、黃鞏、胡子清。請假董事王禮培、謝鴻熙。討論事項。一、周董事逸提議。推舉凌拔桝先生、爲名譽董事案。議決通過。二、舉行本社上期季課案。議決通過。三、推舉社課委員案。議決推周逸、蕭仲祁、黃鞏、胡子清、李澄宇、黃贊元、王壽慈、陳嘉會、顏昌嶢、王代懿、劉約真十一人爲社課委員。並推周逸爲委員長。四、議定社課取錄名額及獎金等第案。議決取錄正取二十名。附取三十名。第一名獎金十二元、第二名八元、第三名六元、第四名五元、第五名四元、第六名至第十名各三元。第十一至第二十名各二元。附取三十名、每名各一元。

六月十八日、開社課委員會。出席社課委員蕭仲祁、請病假周逸、黃贊元、黃鞏、劉謙、王代懿、顏昌嶢、胡子清。討論事項。推定評閱社課課卷案。議決、推黃社長杅與先生評閱。

七月十九日、開第二次社課委員會。出席委員王壽慈、李澄宇、陳嘉會、劉謙、胡子清、蕭仲祁、王禮培、黃贊元、周逸、陶思曾、顏昌嶢、來函請假。一、報告事項。委員長周逸報告今日開本年上期社課揭曉會、並假定教育會門前張貼榜示。二、提議事項。又提議將課卷傳觀請決定等第案。議決照社長評定優劣以分等第。

十月十一日、開臨時董事會。出席董事劉約真、任福黎、周逸、胡子清、李澄宇、陳嘉會、

本社紀事

黃鞏、王禮培、王壽慈、陶思曾討論事項。一、周逸、陶思曾介紹左君年、張葆元、陶企曾、程灝、石唐兆鳳、佘冕爲本社社員案。議決通過。二、擬致函軍事應接處賠償損失案。議決照擬定函稿開列失物單據請照賠償。三、擬致函長沙綏靖公署請退還本社中棟及佛學會房屋案。議決通過。並請陳李王胡諸董事將函稿修正速送綏靖公署稿另存。

十月十五日（夏曆九月朔日）舉行　船山先師誕祭典禮。主祭者本社名譽董事長何主席芸樵。與祭者何市長元文、黃縣長崧甫、社員蕭仲祁等百餘人。上午十時致祭。祭畢。十二時會餐。下午開社員大會。出席社員陶思曾、王禮培、周逸、胡作鏞、毛覺民、黃贊元、黃鞏、任福黎、葛遂銘、黃仲深、彭濟昌、陳嘉會、郭人謙、劉嶽崙、劉約真、顏昌嶢、李忠澍、鄺鴻鈞、郭向陽、王壽慈、蕭仲祁、甘溪、李礫、廖樹勳、彭昺、張斗衡、朱鎔幹、韓君劍。推舉臨時主席案。議決。當推陶副社長爲臨時主席。報告開會意義。繼由秘書兼常務董事周逸報告社務情形三項。一、社長來函。二、本社十年來辦事經過。三、本社收支賬目。提議事項。旋卽議決要案二項。一、本社房屋因綏靖公署暫借與憲兵第三營駐紮、迄未遷出、應如何辦理案。議決。推陳鳳光、周木崖、李洞庭、王佩初、陶叔惠、王澍芝、胡少潛、爲房屋交涉委員。議決通過。二王董事長禮培提議。照章改選董事案。議決。推舉王壽慈、陳嘉會、任福黎、顏昌嶢、劉約真、蕭仲祁、周逸、張有晉、彭施滌、胡子清、爲連任董事。並推舉劉嶽崙、彭濟昌、朱羣幹、韓君劍。爲候補董事。議決通過。

十一月一日、開第五屆董事會成立會。出席董事李澄宇、王代懿、周逸、王禮培、黃翼陳嘉會、胡子清、黃贊元、楊卓新、王壽慈、任福黎。請假董事蕭仲祁、劉約真。當推王董事長禮培、爲臨時主席。報告本年　先師誕祭日。經社員大會推舉王壽慈、任福黎、陳嘉會、顏昌嶢、劉約真、蕭仲祁、周逸、張有晉、彭施滌、胡子清、爲連任董事。並推舉劉嶽崙、彭濟昌、朱羣幹、韓君劍。爲候補董事。本社今日開董事會成立會。改選正副董事長。請依法改選案。議決。本日尚有顏昌嶢、張有晉、謝鴻熙、彭施滌、四董事缺席。應延期舉行改選。定於本月十五日。再由本會去函。通知未到會各董事。選舉正副董事長。議決通過。周董事逸提議。組織下期社課委員會案。議決。委員會卽日成立。推舉已到會董事王禮培、黃贊元、任福黎、陳嘉會、周逸、王壽慈、李澄宇、王代懿、黃鞏、胡子清、楊卓新、十一人爲委員。並推周委員逸爲主任。一、議定取錄名額及獎金等第。議決照上期辦法。正取二十名。附取三十名。第一名獎金十二元。第二名八元。第三名六元。第四名五元。第五名四元。第六名至第二十名。各二元。附取三十名、每名各一元。二、擬定課題於後。經義類(一)當今之時。萬乘之國行仁政。民之悅之。猶解倒懸也義。(二)孟子述天之方蹶。無然泄泄。詩義與傳箋有無異同。試發明之。治事類(一)商鞅開阡陌以盡地力。秦以富強。後儒詆其廢井田變壞古制。試論其得失。(二)王荆公張江陵合論。詞章類(一)謁船山先生故宅。七古不限韻(注)先生故宅在衡陽縣西鄉高節里(二)擬杜工部諸將五首。不限韻本社下期社課分經義治事詞章三類命題。應課者以每類各作一題爲完卷。省會限十日交卷。外縣限二十日交卷。自出題之日起算。至付郵之日止。直寄長沙中山東路船山學社。議決通過。

十一月十五日開第五屆第一次董事會。出席董事劉約真、胡子清、王壽慈、周逸、陳嘉會、王代懿、黃贊元、王禮培、張有晉、顏昌嶢、謝鴻熙、任福黎、黃鞏、楊卓新。請假董事蕭仲祁。因事退席董事劉約真、張有晉。當推王董事禮培爲臨時主席。周董事逸報告本社與市政府交涉房屋經過情形。改選正副董事長案。議決。不記名投票。開票結果。陳嘉會四票當選爲正董事長。王代懿、王禮培各二票。拈鬮決定。以王代懿爲副董事長。

湖南船山學社民國二十五年五月至十月新入社員一覽表

姓名	別號	年齡	籍貫
陶企曾	伯約	六一	安化
余冕	石癡	五九	長沙
唐兆鳳	鳴皋	四六	武岡
左景祜	君年	五〇	湘陰
張伯良	葆元	六五	芷江
程瀛石		五七	寧鄉
劉雖隅	廉生	六二	湘潭

本社紀事

唐大圓　五二　武岡

蘇維嶽　幼中　六〇　新化

補遺

長沙綏靖公署何主任復本社陶副社長電

船山學社陶副社長思曾鑒養電悉所有貴社未移之書物已飭湖南省會軍事應接處妥爲保存特復何鍵敬綏箇印

按右電原編入公牘欄因手民遺漏特爲補出

本期學報正誤表

欄目	頁	行	正	誤
專著湘綺樓詩經評點卷二	四	一	多謌字一個	
同上卷三	一	二	纂集	節編
同上	六	五	過	薖
專著雁影齋題跋	六	三	跋	跛
專著中國名山彙攷	二五	十	牛	牛
專著律音彙攷	四	十二	侯	候
同上	六	六	音	首
文錄祭何秀才性存文	八	七	麗	麗
文錄周畏三家傳	十三	二	俶	椒
詩錄題胡節母夜紡課經圖賛	二十	六	珊	山
課藝詞章	八	四	卓	桌
課藝經義	八	一	鉄	鐵
課藝經義	十四	一	壁	璧
本社紀事	四	九	添社字一個	

更正

本報第十一期專著欄湘綺樓詩經評點門人周逸纂集纂集誤作節編特此更正

第十二期

中華民國廿五年丙子歲十月三十日
出版

船山學報

定價表

冊數	每冊	預定全年
定價	四角	一元五角
郵費	照章	

主編者　湘潭周逸

發行者　長沙中山東路　湖南船山學社

印刷者　長沙萬福街　藻華紙業印刷局　電話五六九

代售處　府正街魏博文書局
中山東路　益美教育用品社
湖南船山學社

湖南船山学社　编辑

船山学报

㈦

湖湘文库编辑出版委员会
湖南师范大学出版社

湖湘文库
甲编

分册目录

诗录

第二卷第十四期……四五一五

① 原件短缺。
② 原件短缺。

第二卷第十五期

民國二十六年丁丑歲三月立夏日出版

中華郵政特准掛號認為新聞紙類

船山學報

第十三期

湖南船山學社印行

湖南船山學社學報章程

一 本學報繼續本社民國六年以前學報辦理仍名曰船山學報

二 本學報暫定每季出版一次按年編號

三 學報內容分類如左

1圖畫 2特刊 3師説 4講演 5轉載 6專論 7專著 8文苑

9劄記 10説苑 11課藝 12叢錄

四 本社徵文酬例另定之遺稿專著斟酌酬贈詩詞雜文等不給酬但酌贈書報

五 給酬以登出學報者爲限

六 凡來稿本社得斟酌修改之無論已否登出概不退還惟遺著專著詩詞文集成册者不在此限

七 本報價目另定之

湖南船山學報第十三期目錄

第十三期

目錄　二

目錄 四

第十三期

目錄 八

第十三期

目錄

叢錄

通訊

第十三期

目錄

王船山先生遺像

癸酉秋日長沙李世瑛行我敬摹

船山先生自題小照詞

把鏡相看認不來問人云此是薑齋龜於朽後隨人卜夢未圓時莫浪猜　誰筆仗此形骸閒愁輸與兩眉開鉛華未落君還在我自從天乞活埋（調寄鷓鴣天）

孤鐙無賴向頹牆破壁爲余出醜秋水蜻蜓無著處全現敗荷衰柳畫裏圈乂圖中黑白欲說元無有祇應笑我杜鵑啼到春後　當日落魄蒼梧雲暗天低準擬藏衰朽斷嶺斜陽枯樹底更與行監坐守句撮指天霜絲拂項皁帽仍黏首問君去日有人還似君否（調寄念奴嬌）

案二詞前詞語意激烈似往年作後詞語意曠達一派衰狀必末年作然行述僅錄前作並錄於此見年譜（見年譜）

薑　齋　灣（薑齋子王子晚年自號也）

薑齋灣在南嶽雙髻峯之下至衡陽城一百六十餘里至衡山城八十餘里明末衡州城陷先生從

顯考武夷君結廬其地因山多黃薑飽人飢餓號爲薑齋時人現名爲薑齋灣廬久不存今特照之亦如象山鹿洞記蹟之意

特刊

船山先師詩錄

桃花流水引

周逸敬選

浩劫天台憶不真。飛花偶掠鬢絲銀。開拋萬點猩猩血。擲與人間喚作春。

其二

桃花柳絮攪春風。細逐溪流總向東。何處海山春不老。綠波啄盡萬堆紅。

其三

今年春事李花先。遲暮桃花忒可憐。紅染春江千斛水。飄零不遣浪紋圓。

特刊

王而農先生事略附兄介之子敔

平江李元度次青撰稿

先生姓王氏。諱夫之字而農。號薑齋。湖南衡陽人。父朝聘副貢生以文學知名。先生少負異才。讀書十行俱下。年逾冠。與兄介之同舉崇禎壬午鄉試。以道梗未與計偕。明年張獻忠陷衡州。士類多汚偽命。其不屈者投之湘江。先生走匿南嶽雙髻峯下。賊執其父以爲質。先生自引刀、刺其肢體。舁往易父。賊見其重創也免之、父子俱得脫。十七年北京陷。先生涕泣不食者數日。明年、王師下金陵。唐桂二王、相繼稱號。督師何公騰蛟屯長沙。堵公允錫駐常德。兩公頗不相能。先生憂之。上書監軍章公曠。請調和南北兩軍防潰變。章公不能用。諸鎮卒殄覆。章公以憂死。順治四年。王師下湖南。先生走桂林。大學士瞿公式耜疏薦於桂王。先生以父憂請終制。服闋授行人。是時桂王建國肇慶。旋移駐武岡。走靖州柳州。大學士嚴公起恆皆從。已復從至肇慶。時朝端水火。有吳黨楚黨之目。主吳者爲朱天麟張孝起吳貞毓堵允錫王化澄諸人。主楚者爲金堡丁時魁劉湘客袁彭年蒙正發諸人。又其時李承棟新附於王。朝政皆決於其子元允。堡等五人附之。吳黨目爲五虎。嚴公居其間不能有所匡正。王在梧州。貞毓等十四人、合疏攻五虎下湘客等於獄。將置之死。先生走告嚴公曰。諸臣棄墳墓。捐妻子。崎嶇從王。而以黨人殺之。則志士將解體。誰與共危亡者。嚴公感其言。跽王舟。力救、貞毓等並惡之。是時化澄已爲言者劾去。貞毓等請召還。因與合攻嚴公。先生亦三上疏劾化澄。化澄恚甚。必欲殺先生。以救得免。返桂林、復依瞿公。聞母病。間道歸。至則母已前卒。其後瞿公殉節桂林。嚴公被害南甯。先生知事愈不可爲。遂決計老牖下。已而緬甸亦覆沒。先生益自晦匿。浪遊郴永漣邵間。所至人士慕從。輒辭去。最後歸衡陽之石船山。築土室曰觀生居。晨夕杜門。學者稱船山先生。所著有周易內傳十二卷。發例一卷。周易大象解一卷。周易稗疏四卷。周易考異一卷。周易外傳七卷。書經稗疏四卷。尙書引義六卷。詩經稗疏四卷。詩經考異一卷。詩廣傳五卷。禮記章句四十九卷。春秋稗疏二卷。春秋家說七傳。春秋世論五卷。

續春秋左氏博議二卷。四書訓義三十八卷。四書稗疏二卷。四書攷異一卷。讀四書大全說十卷。說文廣義三卷。讀通鑑論三十卷。宋論十五卷。張子正蒙注九卷。思問錄內篇一卷。外篇一卷。俟解一卷。噩夢一卷。黃書一卷。識小錄一卷。老子衍一卷。莊子解三十三卷。龍源夜話一卷。愚鼓歌一卷。相宗絡索一卷。楚辭通釋十四卷。薑齋文集十卷。詩集十卷。詩餘三卷。詩話三卷。外集四卷。夕堂永日八代文選十九卷。共計三百二十四卷。其著錄於四庫者。曰周易稗疏考異。尚書稗疏。詩稗疏考異。春秋稗疏。凡六種。存目於四庫者。曰尚書引義。春秋家說。凡二種。先生論學。以漢儒為門戶。以宋五子為堂奧。其所作大學衍、中庸衍。皆力闢致良知之說。以羽翼朱子。而於正蒙一書。尤有神契。謂張子之學。上承孔孟。如皎日麗天。無幽不燭。惜其門人未有殆庶者。而當時鉅公。如文富司馬諸公。張子以布衣貞隱。無緣資其羽翼。其道之行。曾不逮邵康節之數學。是以不百年而異說興。於是究觀天人之故。推本陰陽法象之原。就正蒙精繹而暢衍之。與自著思問錄二篇。皆本隱之顯。原始要終。炳然如揭日月。至其扶樹道教。辨上蔡象山姚江之誤。或疑其言稍過。然議論精嚴。粹然皆軌於正也。先生生當鼎革甲申後崎嶇嶺表。發讜論攻憸邪。備嘗艱險。既知事不可爲。乃退而著書。竄伏窮山四十餘年。一歲數徙其處。故國之戚生死不忘。康熙十八年。吳逆僭號於衡。僞僚有以勸進表相屬者。先生曰。亡國遺臣所欠一死耳。今安用此不祥之人哉。遂逃入深山。作祓禊賦。吳逆平。大吏聞而嘉之。屬郡守餽粟帛。請見。先生以疾辭。未幾卒。葬大樂山之高節里。自題墓碣曰。明遺臣王某之墓。當是時海內碩儒。推容城盩厔餘姚崐山。先生刻苦似二曲。貞晦過夏峯。多聞博學。志節皎然。不媿黃顧兩君子。然諸先生肥遯自甘。聲望益炳。雖薦辟皆以死拒。而公卿交口天子動容。其著述易行於世。惟先生竄身猺峒。席棘飴荼。聲影不出林莽。門人故舊又無一有氣力者爲之表章。歿後四十年。其子敔抱遺書上之督學宜興潘太史宗洛。因緣得入四庫。上史館。立傳儒林。而其書仍不傳。道光庚子。族孫世佺始刻行。咸豐四年燬於兵燹。同治二年。曾中丞國荃復捐俸重鋟焉。本朝經學家後先生而起者。無慮百十人。所言皆有根柢。然有矜爲創獲。不知爲先生所已言者。四庫總目於春秋稗疏中曾論及之。實未易一二數也。兄介之字石子。號石崖。鄉舉後值國變。遂隱居不出。先先生卒。著有周易本義質四卷。詩經倅序十卷。春秋四傳質十二卷。子敔。字虎止。操履高潔。博學有文名。康熙朝貢生。與邵陽車無咎補旃。王元復能愚。攸縣陳之駓桃文。稱楚南四家。又稱楚中三王。謂虎止與能愚。及漢陽王戩伯穀也。潘太史視學楚南。延虎止入幕。與宜興儲大文六雅善。晚築湘西草堂。著有蕉畦存稿。芟雲草。學者稱蕉畦先生。

[illegible]

師說

船山先師詩錄

桃花流水引 其四

周逸敬選

明霞片片挂天西。煙月初升碧海迷。也似人間花落夜。波光紅漾綠玻璃。

其五

碧山張幕帅如油。準擬留儂去不留。灘鷉分波魚浪暝。等閒東下白蘋洲。

其六

淸溪十里九重灣。拧帶峯花去復還。莫惜人間春易老。年年開落在綏山。

師說

思問錄內篇續第十二期

衡陽王夫之譔　　後學周 逸箋

視思明。聽思聰。色思溫。貌思恭。奚以思之哉。儼若思之謂也。旁行而不流。安止而幾。其功密矣夫。

按人能於內裏時刻用功。則視自明。聽自聰。色自溫。貌自恭。然舍思亦無工夫。所謂旁行不流。圓神不倚也。其思之中正而不倚於一偏。早定於神化之域矣。

恃一端之意知以天下嘗試之。強通其所不通則私。故聖人毋意。即天下而盡其意知。以確然于一則公。故君子誠意。誠意者。實其意也。實體之之謂也。

按誠意實體之之謂者。道義充滿天下之極功也。

意虛則受邪。忽然與物感通。物投于未始有之中。斯受之矣。誠其意者意實則邪無所容也。意受誠于心。知意皆心知之素。而無孤行之意。故曰無意。愼獨者、君子加謹之功。善後以保其誠爾。後之學者、于心知無功。以無善無惡爲心知不加正致之功始專恃愼獨爲至要。過之而不勝過危矣。即過之已密。但還其虛。虛又受邪之壑。前者撲而後者熺矣。泰州之徒。無能期月守者。不亦宜乎。

按此言君子愼獨之事。必于意實加謹。則邪無所容。動必以正。則出入由道。所謂清明在躬。志氣如神。精而明也。不疾而速。不行而至。其幾不待過也。

欲修其身者。先正其心。聖學提綱之要也。勿求于心。告子迷惑之本也。不求之心。但求之意。後世學者之通病。蓋釋氏之說。暗中之以七識爲生死妄本。七識者心也。此本一廢。則無君無父。皆所不忌。嗚呼。舍心不講。以誠意而爲玉鑰匙。危矣哉。

按聖學提綱之要。是欲修其身者。先正其心。若舍心不講。則流爲無父無君之途。故後世惑於異端邪說者。往往而莫之所返。哀哉。不求之心。但求之意。危矣。

求放心。則全體立而大用行。若求放意。則迫束危殆。及其至也。逃于虛寂而已。

按學問受用處。全在求放心。故曰操則存。舍則亡。其警人深矣。學者勉之。

默而成之。存乎德行。故德不孤。必有鄰。灼然有其幾。而不可以臆測。無他。理氣相涵。理入氣則氣從理也。理氣者皆公也。未嘗有封畛也。知此則亦知生死之說。存事沒寧之道也。

按默而成之。存乎德行。學者能存德性。則自然默成而信矣。理氣既無封畛之殊。則私心化而大公蕩蕩。又何生死之念哉。

吉凶悔吝生于動。畏凶悔吝而始戒心于動。求其坦蕩蕩也能乎哉。

按此節是聖人之蘊。所謂吉凶悔吝生于動。噫吉一而已。其象四者。一善而三惡。故人之所値福常少而禍常多。不可不謹。朱子曰。所謂懲窒遷改者。皆動而有此失耳。須於方動之時。審之余嘗謂作事慎於始。正恐蹈于凶悔吝之動乎。

神之格思。不可度思。待平旦之氣而後好惡與人相近。危矣危矣。不幸而僅有此。可不懼哉。

按好惡是仁者之事。宜時時以仁者之心爲心。若待平旦之氣而後與人相近。危矣。曷反之則得矣。

死生晝夜也。梏之反復。則夜氣不足以存。故君子曰終。（終則有始天行也）小人曰死。

按死生晝夜之道。君子明之。故雖死猶生。小人昧之。雖生猶死。是在一、反、躬、而、已、

浩然之氣。直養而無害。則塞乎天地之間。塞乎天地之間。則無可爲氣矜矣。閒來無事不從容。無可爲氣矜者也。

按閒來無事不從容。足見養氣之功深。養氣功深。則客氣盡。客氣盡。則不、矜、矣。

盡性以至于命。至于命而後知性之善也。天下之疑。皆允乎人心者也。天下之變皆順乎物則者也。何善如之哉。測性于一區。擬性于一時。所言者皆非性也。惡知善。

按在天爲命。在人爲性。人能盡性。則心自善。心善卽性善。否則惡矣。故一區一時之測擬。非知、性、善、之、全、者也。

命曰降。性曰受。性者生之理。未死以前皆生也。皆降命受性之日也。初生而受性之量。日生而受性之眞。爲胎元之說者。其人如陶器乎。

按性出於天。出於天。無不善。故性者生之理。自然完具。方術家胎元之說。如陶器者。蓋不、知、未、死、以、前、皆、生、之、理、也。

（未完）

講演

船山先師詩錄

偶作 戊辰

周逸敬選

故心欲理病還慵。篝火難醺禁酒容。他日人間誰借問。谿來天問定奚存。
江梅盡落眞如夢。社燕先歸亦偶逢。猶簡殘書支午睡。蠹虫密密裹函封。

絕句 癸亥

何滿子。歌聲斷腸。人間難挽是斜陽。桃花零落留桃葉。皺蕩春風一倍狂。
劍門歸路雨淋鈴。攏馬貂璫鬢已星。莫唱開元太平曲。誰憐霜草舊時青。

講演

此欄無稿。因本社房屋。久被憲兵營入駐。阻礙一切進行。加以損失不貲。故停講半載有餘。其原因詳見雜錄公牘欄。不贅。惟去冬唐大圓居士偶爾莅社。請其臨時講演唯識概論。原稿早見大公報。茲特錄刊。聊餉閱者。

編者識

唯識概論

武岡唐大圓

今日承本社各先生相邀講演唯識。自愧淺膚。何以敢當。蓋唯識是至大無外。至小無內之學問。所謂在太極之先而不爲高。在六極之下而不爲深者。由此可知佛學非尋常宗教可比。亦非一切哲學科學所能及。在此短短時間。祇能講其大概而已。

識義是心之分別。唯義是獨一。如論語言默而識之。謂心之能默然認識一個道理。又多識於鳥獸草木之名等。皆謂用心識去認識外物。

今言唯識者。謂宇宙間萬事萬物。皆唯是心識之所變現。本無實在事物可得。如點燈於此室中。其光之四射。雖遍滿室內。然若撤去此燈。則室即黑暗。不見一物。以此可悟滿室之光。全從此一燈放散而出。燈喻心識。光喻事物。理亦如是。易云。仁者見之謂之仁。智者見之謂之智。是言仁者之心識所變現出者是仁。故又自見其爲仁。智者之心識所變現出者是智。故又自見其爲智。此謂凡人之所見者。並無外物。只是自己心裏所變出者。故特名之曰唯識學。

唯識與物質科學相反。而又相成。何以故。物質則有相。心識無相。故似相反。但物質之相。皆是心識之所變現。故又是相成。

要了解唯識之內容。當先知識有八種。一眼識。二耳識。三鼻識。四舌識。五身識。六意識。七執持識。八藏識。此八種皆從一心發出。但前五識皆有一定之機關。如心到眼之機關能看。到耳能聽。到鼻能嗅。到舌能嘗。到身能觸。此有相之機關。爲心識之所往來者也。至後三識。則無一定之機關可指出。只好就一心中作用之不同。分別六七八之三識。謂心之本體。藏一切法之種子。謂之第八藏識。其中別有一種作用。恆執持第八識爲我者。謂之第七執持識。又有一作用。能出一切主意者。則謂之第六意識。今就後三識爲作一圖明之。「圖略」

中國醫家說肉心及西人說腦筋皆是心之機關。不卽是心。蓋心本無相。有生天生地之能。成賢成聖之用。如詩云中心藏之何日忘之。是卽言識能藏一切法之種子。常存不滅。藏善種者則必爲善。藏惡種者則必爲惡。故人皆有此爲善爲惡之因。然後能在世間作一切善惡等事。如今日各位聽講唯識。聲入心通。卽造成種子在第八識中。他日各於別處能演述此唯識之學。此因種子發出成爲事實。如所謂運籌帷幄之中。決勝千里之外相似。

第八識藏一切法之種子。故第六七兩識之種子。皆藏在第八識中。又藏識喩倉庫。執持識如守倉庫者。意識如管理倉庫之主任。凡運倉庫之種子外出。或將外物收入倉庫中作種子。皆意識司之。所以第六意識能緣一切法。而爲善爲惡之力最强。

論語說子絕四。毋意毋必毋固毋我。此義止可以後三識說明之。心喩一鏡。意必固我喩鏡上之塵垢。心鏡有垢。則聰明減。故孔子絕之。此等妙義。凡漢之訓詁宋之理學。皆不能知。惟用唯識可以闡發最新最妙之義。

孔子之所謂我。即指第八識。有第七識以執藏之。成爲我執。所謂毋我。即欲破去第七識之執藏。使第八識現出本來面目。廓然大公。無一切人我之分別。

我是手持戈。凡人之執有我者。皆欲擴大我之範圍。各爭地盤。如甲執有我。即欲我之勢力充滿宇宙。乙丙丁亦然。皆願其勢力充滿宇宙。但宇宙只有此一個。甲乙丙丁皆欲範圍之。則地盤有限。不敷分配。勢必相爭。爭之不清。勢必大亂。故可云從一我字發生世界之大戰爭。

又我之意義。即是自私自利。說文自營爲厶。背厶爲公。是欲將私分開之。就是孔子毋我之意。然則方今天發殺機。龍蛇起陸。大亂不已之時。果欲言救世救國。是必從根本救起。必講明此種毋我之學說。使全世界人人反省。廢然知返。庶幾有大家放下屠刀之希望。若像現世愚人。專想以殺止殺。以言救國等。不獨無益。更有大害。故吾嘗謂今日救世救國之責任。全在吾輩學者身上。昔人所謂以天下爲己任者。正惟此時。吾輩其勉之。

至於意是主意。必是決斷。固是固執。此三者皆在第六意識中。主意決斷皆有好有醜。孔子所欲絕者。乃其壞主意。偏決斷。等固執最足以障礙道。故亦在當絕之列。但意必固之三者。皆自一我執中發生。若能無我。則是掃除根本。而枝葉自不能存在。故孔子無我之學。故爲高深。正是唯識學之焦點。

尋常學者。對於現在大亂之世。徒喚奈何。幾成一點作用都沒有。只希望武裝同志之保衞。孰知此乃不學無術之流。是真學者。正好闡明此等神妙不可思議之學問以救世。所謂人能宏道。非道宏人。只恐無本領拿出此種學問來。則末如之何。果能如我今日所講。以淺近之語。演述微妙之理。想聞者天良發現。知中國尚有無量寶藏。待吾人開採。以濟天下之窮。豈不興高彩烈。足以自豪耶。

講演 唯識概論

轉載

船山先師詩錄

讀史 丁卯

周逸敬選

靈雨沐芳春。油雲護初曉。飄風良已濟。薄冷還相紹。山氣榮新英。天容澹歸鳥。吾廬適在茲。因之羣動窅。悠然百年內。感彼千秋表。曠世如相接。夫誰惜縹渺。

其二

夏鼎沈泗水。民氣悲天伐。西郊無瑞麟。玉書亂與發。悠然南窗下。心情欲超越。夕陰斂西峯。徘徊露孤月。烱烱閱推移。寸意誰淪沒。引緒旣繽紛。何庸矜緘默。

轉載

擬請明令學校讀經以發揚民族精神而實現總理遺教案

何鍵

查列强制政立教。莫不因其傳統之精神與特殊之文化。以定百年之大計。確保優點。民志不搖。故能取人之長。共成其美。夫列國精神文化之不能盡同。其環境與歷史使之然也。然無礙於强也。迫而盡同。則印度安南朝鮮而已。我國家特殊之文化安在。我民族傳統之精神又安在。不問而知。其爲孔孟之經訓。所謂固有道德是也。先總理革命四十年。足迹遍五洲。廣見博聞。詳考細徵。本其經驗。發爲卓識。始創三民主義。以爲吾黨所宗。其於發揚我民族精神之方法。一則曰恢復固有道德。再則曰恢復固有智識。三則曰恢復固有能力。所以尊視我民族而推爲世界最優秀之人種者。無微不至。夫以總理之聰明智慧。豈不能獨出心裁。創設妙法。而必再三致意於斯者。誠以固有道德。乃陶鑄我民族精神之原素。離之則無此民族也。考我民族最大之危機有二。一爲外來之壓迫。二爲本身之朽腐。夫外來之壓迫。人皆知爲恥辱。而謀洗之雪之。惟本身朽腐。衆反恬不爲怪。如漢奸之認賊作父。爲虎作倀。乃莠民惡吏之敲詐剝削。混亂社會。種種無一不妨阻國策之推進。而授人以可乘之機。先自墮落。與人何尤。雖無敵國外患。而民族固亦未必不亡也。今國難日亟。正發揚總理民族主義之日。乃查民衆對於總理保全民族之辦法。旣不注意。青年爲國家未來之主人。而學校對於恢復固有道德之遺訓。亦淡焉漠焉。毫無關心。以此而言復仇雪恥。殊不知其基礎果安在也。本席奉命剿共有年。心憫被俘之匪。輒以固有道德爲訓。聽者無不幡然覺悟。自悔信仰之謬。積其經驗。深知邪說異論。本不足迷人。惟中無定識。而令人先入爲主。譬飲狂酒。遂悖理而不可制。預防之法。惟有仰體總理恢復固有道德之意。以孔孟經義訓民而已。總理博古通經。其志趣與孔子如出一轍。竊謂研究三民主義。而不研究孔子經義。則不明總理發揚民族精神之妙旨。研究孔子經義而不研究三民主義。則不知孔子爲聖之時者之作用。二者連繫而不可分。合之則光芒並出。離之則體用不全。本黨以救國爲職志。恢復失地。固不可緩發揚民族精神猶為當務之急本席瞻前顧後深覺學生必須研究孔子經義關係極大蓋孔子之經皆從人道立法至中至正和易光明其教則綱常倫紀其言則正心修身其量則民胞物與其業則可大可久其為我文化中心以陶鑄我民族者既數千年總理猶推崇備至炫耀外邦吾輩何敢視為迂遠不加注重竊謂果令學子讀之遵之俾先入為主正其思想奠重心於方寸之間結信仰於靈台之內大本已立外物莫奪聞各種主義學說及是非疑似之辨自能融於心爐歸諸坦道思想既正精神斯揚所謂保民族衛民權與安定民生之策孰有易於此者若言其難非兒童所宜則每次僅可少讀有何困難如深究其義則名儒且不能盡烏能責之兒童乎若謂不合潮流非現代可行則孔子乃聖之時者並無拘執之訓況總理垂教諄諄夫豈不顧潮流者耶且讀經重在修身無礙科學二者相輔愈增東方文化之光華皆不足為反對讀經之理由也不特總理之教為然也蔣委員長身更萬事依其經驗特定禮義廉恥為新生活功效極著四者皆舊道德而以新為名足見新舊無定義貴在合乎需要而已由是言之則研究孔子經義即推行新生活運動

也。豈有推行新生活運動。而不讀孔子之經者乎。不特蔣委員長之行爲然也。二十四年秋。中央明令尊孔。全國景從。夫尊其人而不讀其書。仰其名而不行其道。實無以自解於國人。故讀經於今日。已有水到渠成之勢。特鑿懼陳舊之誚。不願顯言之耳。本席外審國際鉤心鬥角之險惡。內誅人心翻雲覆雨之變幻。倍感民族精神。亟待發揚。故遠體總理恢復固有道德之意。近觀蔣委員長推行四維之旨。並爲實現中央尊孔之令起見。特將學校必須讀經。以便發揚民族精神之理由。提請大會討論。爲減除學生讀經困難計。擬請由小學至中學之十二年間。先讀孝經。孟子。論語。學。庸。五種。平均每二年四月餘始讀一經。經簡期長。尚有何難。其他各經。則規定於大學之中。擇要選讀。既得立身之要道。又知我文化之精華。更收研究國故之實效。尤可用代國文。以助文章之進步。誠一舉而百獲也。至於時間支配。及其他一切辦法。統由教育部負責制訂。務期提前於二十六年秋季。一律開始。嗣後學校訓育。即以此爲指導考核之標準。以期總理恢復固有道德之訓。不落虛空。凡我黨員。尤應、、、、以身作則者也。預計數年之內。民德可厚。共信可立。我民族傳統之精神與特殊之文化。更可發揚光大。日進優良。然後三民主義之政治與國家富强之籌策。亦始有堅固不搖之基礎也。事關民族主義之推行。未敢知而不言。管見所及。相應提出。是否有當。敬候公決。

轉載

擬請明令學校讀經以發揚民族精神而實現總理遺教 六

專論

船山先師詩錄

讀史 其三

周逸敬選

閩儀易昏旦。方軌殊越燕。南北旣分馳。箕畢各回旋。靡艸時已移。菁莪意將遷。居今念三后。遙遙歷歲年。百尒窮指薪。誰能挽逝川。精意詎不殊。勿甎異話言。

其四

亭亭天宇高。迢迢良日永。萬彙競紛動。流觀自幽省。緘之穹谷深。詎測孤光耿。怡然抒幽獨。取適徐俄頃。精魂有去來。消沈從浮影。焉知陵谷遷。非余秋駕騁。

專論

孔子生日攷

湘潭王闓運遺稿

春秋經記生者子同生。皆所以立法。非尊重之詞也。公羊春秋傳於襄公二十一年十月經文後附傳云十有一月庚子孔子生。穀梁襄二十一年傳云冬十月庚子孔子生。左傳無其文。而記孔子卒。公穀之記孔子生者。爲張三世。孔廣森解詁云。此以後爲見世是也。史記孔子世家以爲襄公二十二年生。魯世家十二諸侯年表皆同。杜預從史記。陸德明從之。司馬貞疑之。王應麟云以年則公穀史記有一年之差。以月則公穀有一月之差。今不可考。程登庸說穀梁之十月。卽公羊十二月。寫誤爲十一月。程氏不知公羊用殷歷。以魯本用殷歷也。魯十一月建亥。正當夏十月。程氏以穀梁用夏正是矣。穀梁用夏正者。經用夏正故也。經所以必用夏正者。以無冰隕霜等文。皆不可用周正也。左傳說春王周正月。是不知孔子行夏時也。惟行夏時。

乃可通三統。故有王二月爲魯歷。王三月爲周歷。其以十月爲今八月。庚子爲二十七日。始於金孔元措誤以爲春秋用周正也。宋時世本已亡。而諸儒以爲史記多本世本。故今輯世本亦同史記。史記不書月。而世本亦云冬十月。則亦用夏正。今但當改定八月爲十月。而以十月庚辰朔。定庚子爲何日。則十一月無庚子。庚子乃十二月二十一日。故程遂改公羊十一月爲十二月也。不知公羊十一月。卽注明經之十月。乃殷正十一月。十月庚辰朔。卽十一月庚辰朔。均爲建亥月也。朔爲庚辰。則庚子是二十一日自明。何得云十一月無庚子乎。可謂一時之蔽矣。至史記世本皆無踰年改元之例。君薨子卽位。二君共年。經二十一年。卽史記二十二年。史記他處引經年。則當用經年。記事則可。差一年不足異。亦不爲異也。

按此稿係　湘綺師甲寅建酉月丁丑在北平國史館所撰。是時逸亦在側。聞　湘師云。孔教會某君疑孔子生日不是夏曆八月廿七日。故　湘師所攷如此。近有長沙孔道學校主辦任壽國君。以爲今日聖教陵夷。風俗頹薄。非尊孔不足以救人心而定國是。然欲尊孔。又非確定孔子生日。不足以表至誠而嚴待後。故去秋對於先聖孔子生日詳攷博引。折衷公穀兩家。特改定孔子生日爲夏曆八月廿一日。而一時贊成者均係知名之士。余雖亦贊成之一。但尊孔之實際。似不必斷斷於生日同異。孔子日月也。自强不息。無日非生日。倘尊孔者能於五倫八德上躬行實踐。則孔子日日生日。而萬古不沒矣。吾願世之尊孔者勉之。吾願與世之尊孔者共勉之。

周逸附識

論語要略

周逸

漢書藝文志曰。論語者、孔子應答弟子時人及弟子相與言而接聞于夫子之語也。鄭康成以爲仲弓子游子夏等撰定。柳子厚曰孔子弟子曾參最少。又老而死。是書記曾子之死。則去孔子也遠。當時弟子略無存者矣。黃鶴意謂曾子之弟子爲之也。亦說有子與曾子之弟子爲之。程子謂亦成于有子之門人。洪容齋謂亦出于閔子之門人。以二子稱子爲證。茲不具辨。要之、論語者。蓋六藝之菁華。百家之準的。其義多本於春秋。其言實通於上下。儒學既盛。傳注益繇。漢晉分其章。宋明衍其理。清儒考其典。經厤廣遠。庶幾備矣。然以詞句易瞭。讀者忽之。余治經不分門戶。惟以通用爲主旨並主張熟讀白文深思經意尤重躬行實踐聞道明理而已如治論語當知學而之首篇爲入道之門積德之基學者之先務也所謂學而時習之王肅義說時習學者以時誦習之誦習以時學無廢業所以爲說懌湘綺師王氏曰太學之教也時春夏習干戈秋冬學羽籥春誦弦秋學禮冬讀書分時異師則心暇易開解也朱註學之爲言效也人性皆善而覺有先後後覺者必效先覺之所爲乃可以明善復其初也習鳥數飛也學之不已如鳥數飛也故李充云始於時習中於講繹終於教授是人之所學學爲君子學爲聖賢由時習不厭而有得于中故心喜說其次君子以朋友講習出其言善則千里之外應之遠人且至況其近者乎道同齊味歡然適願所以樂也至於人不知而不慍人者何曰長沮桀溺荷蕢晨門楚狂接輿丈人儀封人是也之七子常諷孔子孔子以其不我知故不慍不慍是君子之工夫非不慍即君子也由是而論凡自時習學始至不慍學終所學無他則學爲君子而已君子成德之名所謂學在己知不知在人何慍之有易曰遯世而無悶非君子不足以語此德余前日所以鄭重講此章者正望諸生讀書學爲君子學爲君子工夫不易次

第而進。自强不息。庶有聞道之日。今雖上論講完。見淺見深。未知所守。第一勿忘所講。有子曰其爲人也孝弟章。當於孝弟上用功。子曰巧言令色章。當於自己身上用功。曾子曰吾日三省吾身章。當於自己身上用功。其餘書中要義固多。乃不外論學、論政、論仁三大端。能於此中窮究。關於身心性命者。力行而實踐之。大義微言者。鑽研而闡發之。將見後生可畏。焉知來者之不如今之余無所聞也耶。故曰逝者如斯夫。光陰可貴。去不再來。言之戰慄。諸生勉之。

莊子概論

前人

世之治莊子者。多樂荒誕。寡能識道。况註釋愈多。傳寫滋誤。瀏覽愈博。義更不明。今余與諸生講習莊學。先宜以人讀書勿以書困人之法治之。庶知道行之而成。適得而幾已。與儒家安仁利仁之道。一貫之理。無適而不自得。一而二。二而一者也。本期爲時間所限。不能詳講。所用書籍。以王船山莊子解。及王湘綺莊子注。王先謙莊子集解。郭孟純莊子集釋。又各家注疏。折衷講解。改定斷句。茲於講解之外。略以莊學分爲（一）莊子事略。（二）學說。（三）文學。（四）諸家說莊要義。以應諸生之請。

（一）莊子事略

莊子名周。宋蒙縣人也。生沒年代。仍難考定。後人考究莊子年代。每於莊周書裏事跡。作爲根據。各家既所見解不同。所得結果。亦自各異。大概莊子沒時。當在西歷紀元前二七五年左右。見（胡適中國哲學大綱）周之生。或在魏文侯元年。當西曆紀元前四二四年。武侯之世最晚。當在惠王元年。當西歷紀元前三七〇年。見（馬敍倫莊子年表莊子義證）葉國慶云。以內篇爲據。莊子與梁惠王齊宣王同時。梁惠元年。當紀元前三七〇年。齊宣元年。當紀元前三四一年。莊周之友惠施爲惠王相。消搖游、「惠子謂莊子曰。惠王貽我大瓠之種。……………」司馬注、「姓惠、名施、爲梁相、」又齊物論、惠施與辯者之言。及惠子據梧也。在在可爲莊惠同時之證。當紀元前三四三年左右。且莊子事跡可考者。尚有史記載楚威王以厚幣聘莊子爲相。莊子不許。所謂其學無所不闚。其要本歸于老子之言。…………………善屬離辭。指事類情。用剽剝儒墨。雖當世宿學。不能自解免也。其言洸洋自恣以適己。故王公大人。不能器之。見（老莊申韓列傳）

(二)學說

莊子思想不可方物。世或以爲道家。然實注重人生哲學。儒家思想。如齊物論中云。「有始也者。有未始有始也者。有未始夫未有有始也者。有有也者。有无也者。有未始有无也者。有未始夫未始有无也者。俄而有无矣。而未知有无之果孰有孰无也。」此明明以爲天地萬物是不可窮詰者。天地萬物不可究竟。即世所稱空間時間之差別亦妄。鵬之與鷃。豈復殊異。鵬不能自大。鷃不能自小。試作他比。鵬又未必爲大。鷃又未必爲小。鵬與鷃之飛。其自適一也。御風而後行。其不自適一也。本無小大之殊。謂之小大者吾人加于物之身而稱之耳。其自性無有也。故吾人可云。「天下莫大於秋毫而泰山爲小。」就時間而言。久暫壽夭之別亦妄。以朝菌視蟪蛄。蟪蛄不爲夭。以大椿視蟪蛄。蟪蛄不爲壽。若以菌視菌。以大椿視大椿。使無所謂壽夭矣。故吾人亦可云。「天下莫壽子殤子。而彭祖爲夭。」由是而知物觀彼此是非之境界。亦泯然無存。物無非彼。物無非是。自彼則不見。自知則知之。故曰。「彼出於是。是亦因彼。」彼是方生之說也。雖然。方生方死。方可方不可。因是因非。因非因是。物所以泯然無界別差等者。由物性自足。欲知物性自足。若惡乎知之。知止其所不知。至矣。至儒家思想人間世中所舉。「臣之事君義也。無適而非君也。無所逃於天地之間。是之謂大戒是已。夫事其親者。不擇地而安之。孝之至也。夫事其君者。不擇事而安之。忠之盛也。所謂事親則慈孝。事君則忠貞。飲酒則歡樂。處喪則悲哀。」此純是儒家口吻。卽人生觀也。不外待事物來則應之。所謂「至人之用心若鏡。不將不迎應而不藏。」旣來則應之。不遂物。不強求。則莊子之安命。更於死生存亡窮達貧富之論知之。是其安命樂天。迥非常人所可及。非儒家孰能有此。

(三)文學

莊子之文學。實本哲理。知眞神全。故其氣宏放。其文渾然。如山出雲。如地出泉。洊施自然。肆應無方。其比物醜類。大至鯤鵬。小至木石。以及洪荒古人。殘廢跛僩之徒。莫不納入篇中。躍然紙上。各盡奇致。夫事有跡可循。記敘易工。理蘊於密。筆墨難狀。莊子乃善爲剖析。出以寓言。明以重言。借實表虛。以具體釋抽象。此其所以遠超百家也。故唐宋以來古文家韓柳蘇諸人。亦無不贊嘆之。崇詡之。司馬遷謂莊子神于文者可謂知言矣。

(四)諸家說莊要義

凡治莊學者。見仁見智。罔不蘄同。論其學說。確有條理。獨標新義。剿剝當代。籠蓋百世。其消搖游自適之旨。實爲識道之門。故王湘綺曰。絕聖棄智。非有本之談。下學上達。乃天知之詣。傳曰。仁者安仁。知者利仁。消搖游之義也。王船山曰。寓形於兩間。遊而已矣。無小無大。無不自得而止。其行也無所圖。其反也無所息。無待也。無待者。不待物以立已。不待事以立功。不待實以立名。小大一致。休于天均。則無不逍遙矣。至於齊物論。湘綺曰。爲學道之階梯。蓋以爲人接物而生。物緣論而異。夫民有血氣心知之性。無哀樂喜怒之常。自是所知。故聖人以讓教之。率人從己。故先王以學養之。讓窮於爭鬥。學止於馴習。則向道之意沮。爲善之報虛。且鬥則有敵。敵小則我亦小矣。窮則有翼。有[illegible]則爲妄矣。故曰我戰則克。得其道也。君子無爭。無所爭也。船山曰。物論者。形開而接物以相構者也。弗能齊也。使以道齊之。則又入其中而與相刃。唯任其不齊。而聽其自己。知其所自興。知其所自息。息皆假生人之氣相吹。而巧爲變。

則見其不足與辨而包含於未始有之中以聽化聲之風濟而反於虛則無不齊矣其養生主解脫之旨實爲神仙家長生不老之羽翼開道教之端倪淸虛無爲之論乃佛教之先導湘綺曰養生主者自修身也其將保無竟之神明照天之識易曰顯諸仁藏諸用鼓萬物而不與聖人同憂言聖人有無憂之道也船山曰形寓也賓也心知寓神以馳役也皆吾生之有而非生之主也以味與氣養其形以學養其心知皆不恤其主之亡者也故曰養生之主者賓其賓役其役薪盡而火不喪其明善以其輕微之用遊於善惡之間而已矣其人間世者湘綺所謂治世之迹也而或以人世澆漓非爭不勝譏聖迂闊疑古誣浮今故重譬所由廣明無患非聖人之不死乃生理之多方故曰君子坦蕩蕩小人長戚戚船山曰人間世無不可遊也而入之也難既生於其間則雖亂世暴君不能逃也亂世者善惡相軋之積惡之軋善也由是而論消搖者是物外任天而遊無窮也齊物論者是非太明足以累心故視天下之言如天籟之旋怒旋已養生主者是順事而不滯於物冥情而不攖其天人間世謂當世也事暴君處汙世出與人接無爭其名而晦其德此善全之道船山所謂此篇

爲涉亂世以自全而全人之妙術。君子深有取焉。至於委心任物之義。道體之發明。影響所及。儒家在經典上。遂拓出一新見地。且植宋儒理學之基。其在政教上。則產生漢初黃老之治。逮至晉代。玄風獨扇。民俗國情。莫不披靡。爲知識界開一思想自由之途。此諸家所說莊子之要義也。

結論

以上所說。雖曰概論。皆屬要義。然亦僅就本期已講之內篇上卷。消搖游、齊物論、養生主、人間世四篇。而發揮之。其所未講者。概不涉及。他日諸生能自得之。則余深所盼也。

按上兩篇、丙子歲下期、余任湖南國學專修學校教授、專講論語莊子兩科、期終時間迫促之際、應諸生請求而作、

周 逸附識

專著

船山先師詩錄

孟冬書懷

周逸敬選

森氣收餘曛。川原滌方夕。裴回弦月升。微映空林碧。積齡畏新露。延賞情易釋。流心及俯仰。夙志存咫尺。年力有屈伸。天度無遷易。何者爲久存。居然安旦宅。浩蕩虛明間。終古領天益。

其二

舊懷不可弭。新感復間之。秋氣倏已謝。玄天無需遲。木葉戀夕亮。蕭條依故枝。凝風無勁力。寒雨詎榮滋。根柯自疇昔。時命安足疑。所以壯士懷。摧落無推移。

專著

船山先生年譜後編續第十二期

八世從孫之春輯

十二年癸丑　公五十五歲

居觀生居。

三月、唐公克峻六十齒滿。爲文壽之。

薑齋文集補遺。有唐欽文六秩壽言。　唐欽文墓誌銘。距生之年萬曆癸丑季春月十九日。　辛酉廣哀詩唐處士克峻。注字欽文己未沒。

秋七月、與唐先生端笏及其兄端典同遊鍾武故城。

有新秋同唐古遺須竹遊鍾武故城。歸坐小軒夜話詩。　鍾武、漢書地理誌屬零陵郡。莽曰鍾桓。應劭曰今重安　故城、在衡陽縣西八十里。

冬有疾。

有家兄小築耐園。俯用夫之觀生居韻。病不能爲偶句倣時體疊前韻奉和詩。

十二月、公疾未愈。

有歲晚養疴詩。

詩有卽事五律一首。晴步五律一首。詠菊答須竹排律一首新秋同唐古遺須竹遊鍾武故城歸坐小軒夜話七絕一首。詠雪七律一首。六十自定稿 期須竹五古一首。家兄小築耐園。俯用夫之觀生居韻。病不能爲偶句倣時體疊前韻奉和五古六首。歲晚養疴五古五首。李供奉集。有笑矣乎悲來乎二歌。識者知爲齊己贋作。辭輸弁滯。既良然矣。亦繇無情而氣矜。如捫天求月。天不可捫。月況可得。若僕今者可以笑未。其悲則已夙矣。因爲補之歌行二首。編年稿

十三年甲寅 公五十六歲

正月、吳逆三桂僞檄至衡州。

公至湘鄉。

上湘旅興詩。有寒山猶半綠。習習江南暖。幾葉帶疏黃。睹句。 湘西草堂記。因

避濆氛。泛宅數載。

二月、吳逆兵陷常德岳州長寶衡永郴桂。相繼淪陷。

三月、與唐先生端笏泛舟至郡。

舟中上巳同須竹詩。有客思蕩如何之句。

游伊山、

伊山詩其一有雲煙開綠畝。金碧動青林之句。伊山在衡陽縣北三十里。晉桓伊讀書處。一名桓伊山。

秋與唐先生端笏渡洞庭。阻風青草湖。

青草湖風泊同須竹與黃生看遠汀落雁詩。有珍重羽衣涼。仙桂綴蟾光。神帶九秋霜。同翔豈稻粱。浣紗人佇久。息機非倦止諸句。

公有疾。寓僧寺安遠靖寇大將軍多羅貝勒公尚善。遣都統劉公省問。

安遠公所遺都護劉君過寓存問。詩以贈之。詩有佛燈灼灼茶碗清。及秋風颭颭蘆花蒼。蘆花如雪寒溪長之句。

送蒙公正發先還故山。

送蒙聖功暫還故山詩。有秋風淫淫吹我衣。涼日當襟返翠微。青山料理勿取次。留之待我慰調飢諸句。

冬。歸、

衡山曉發詩。其一有聯桴遲楓浦。歸心就翠微。其二有綠潤不知冬。嶽雲第幾峯之句。

詩有上湘旅興五律五首。舟中上巳同須竹五律一首。伊山五律二首。衡山曉發五律二首。陳耳臣老矣。新詩猶麗。遠寄題雪諸詠。隨意和之。五律四首。青草湖風泊同須竹與黃生看遠汀落雁五排一首。送蒙聖功暫還故山七律一首。（五十自定稿）

安遠公所遣都護劉君過寓巷問病詩以贈之七古一首。贈俞西巖誰園五古一首。（編年稿）寄懷陳耳臣乘懷安福陳二止七律一首。（賓齋詩賸稿未注年分因本年有和陳耳臣詩附題於此）

陳二止名靚。安福舉人。甘貧砥節。吉安失守。與妻子訣。寓食攸縣山寺。粗糲不給。或飲水以終日。附永曆實錄劉季鑛傳。

十四年乙卯　公五十七歲

公寓郡城北旃檀林。戴先生日煥來謁。

戊戌、獄後戴晉元來訪。今來復連榻旃檀口占詩。有荏苒十八年。夢中時一遇。及同君宿郊庵。四目還相注之句。　旃檀林在郡北二里。

二月至長沙。

長沙旅興詩。有樓船擬趁桃花水之句。

舟泊水綠洲。遇劉先生思肯。過舟。爲公寫小照。

走筆贈劉生思肯詩云。故園枝葉託君家。兄弟風流競筆花。泛宅五湖君自遠。相逢猶幸在長沙。又水綠洲前魚艇多。也來相伴曬漁簑。逢君剪燭當深夜。奈此干戈滿地何。又老覺形容漸不眞。鏡中身似夢中身。憑君寫取千莖雪。猶是先朝未死人。

舟泊湘陰。追哭故明大學士華亭伯章文毅公曠。

有三十六灣初見新綠詩。夜泊湘陰。追哭大學士華亭伯章文毅公詩。

渡洞庭湖至於岳陽。

湖水詩、有湖水春山蠻巴邱戰壘春。及天涯同一寄。未必故園親之句。

三月、歸至長沙。拜故明蔡忠烈公道憲祠。

長沙旅興詩。有漁舟初繞碧波勻。及隨處桃花可問津句。蔡公祠詩。有綠莎生庭際。春雲相淒喧句。分體稿送須竹之長沙七律其二有江門曾薦瓣香哀句。注江門蔡公別號。祠在城西。

還郡。董公達偕章文毅公子有謨由粤西還華亭。道阻不得歸。公遇之。延入旅舍。遂與唐先生端笏同遊門下。受公所注禮記。

行述。時華亭章司馬次子有謨南遊阻道。府君延入。豐共食蕨。夜共燃藜。以所注禮記授之。夜談至雞鳴。爲常遊兵之爲盜者竊聽而異之。相戒無犯焉。沅湘耆舊集。引徐令素唐躬園墓誌。滇師抗命之年。章公子載謀有謨。遊粤西不得歸。因遊於船山之門而問禮。旦夕與躬園偕。沅湘耆舊集。載虎止公送董達五古題云。董公達年八十矣。以章大司馬祠碑及陳烈婦碑文。遠來相訪。並示以載謀公子及公孫近札。遣使入山道繾綣之意。以期一晤。作五言長詩答之。詩云憶昔弱冠時。逢翁戎馬間。言偕章公子。避地入寒山。先君稱執友。往事逃仁賢。丞相迴落日。桑榆摧霜寒。翁爲門下士。鋒矢護完棺。秉彝有同心。言返吳江攢。翁志旣已酬。薄遊俠士壇。俠士葬郊麟。烈女悲貞鸞。上湘陳宜人。抱志沒漣湍。至德必有鄰。水怪匿神姦。洲擁烈婦墳。波激壯士肝。鄧氏顯鶴曰。章文毅公曠卒於永州。陳夫人其妾陳氏也。有武人謀之。陳赴水死。湘人葬之漣溪東岸。大水衝齧溪岸。墓獨無恙。昭山詩、有深春花欲紅句。已未送章載謀歸吳淞詩。有相逢及送別。都在落花時句。

四月初五日。次孫生茲生。　攽公次子。字允在。號佚菴。

六月、與李公綏山章先生有謨同登回鴈峯。

與李綏山章載謀同登回鴈峯。次綏山韻詩。有云小有綠陰堪避暑。相看枯木不驚雷。

秋七月、出郡城。赴李公綏山之約。

出郭、赴李綏山之約。至桓伊山下遇雨詩。有葛衣疏透雨珠閑。習習輕風宿暑闕之句。

八月、與蒙公正發同赴江西至於萍鄉。

萍鄉中秋同聖功對月詩有白頭還作他鄉客。及自笑漁樵非泛宅之句。

九月、歸自江西舟行至湘潭阻風。訪明將張公永明。弔其灘江殉難烈姬孫氏呂氏。

風泊中湘。訪張永明老將。弔孫呂二姬死。讀辛卯以來諸公奬貞之篇。放歌以言情。孫呂事詳故中舍管公記詩云。昭潭萬波疊霜轂。南望灘江暮雲綠。驚鴻叫雲天不開。秋夕孤飛遙痛哭。二十六年春蔓長。我與張君四鬢霜。衰顏不死猶前日。湘女空靈鬱渺茫。茫茫峒雲結煙草。貞魂不舍蒼梧道。哀歌血淚灑青天。管子嗣裘金郎堡。而我悲吟獨待今。二十六年埋愁心。左掖蒙生俱未死。軍中彈淚秋陰深。嗚呼乎。徃恨迷離無再說。一死人間萬事决。君不見張君二婦灘江濱。俄頃千秋如截鐵。 灘江在廣西桂林府城東南。 （未完）

船山師友記弟八（續第十二期）

湘潭羅正鈞纂

劉孝廉惟贊

劉惟贊字子參。祁陽人。崇禎已卯舉人。性剛介尙氣。癸未之亂。與衡州同知鄭逢元。督義勇殲賊魁。國變後以中書屢徵不就。隱居西春之石門庵。榜曰白雲。其地在祁邵之交。宅旁有鯉魚山。所常還往者王船山。鄒艮崖。郭季林諸人外。莫能見也。日坐崖中。吟咏自適。與世事絕。一夕、夢陳忠潔公遺以書。撫膺涕泣曰。澹元其召我矣。未幾遂卒。沅湘耆舊集小傳

永歷實錄嚴起恆傳云。永歷三年春。楚師敗於湘潭。何騰蛟被害。楚兵四十萬失主。洶洶蹂衡永郴寶間。永州舉人劉惟贊徒步詣行在。疏言往者孤倚一騰蛟。其勢已危。今騰蛟且已矣。而諸帥之所共爲尊信者。自輔臣起恆而外。四顧無其人。國之存亡。惟在起恆之一出而已。如以臣言出草茅。不足與聞國計。陛下誠遣一使徧察江楚黔粵將帥。有一不謂臣言爲允者。臣請尸兩觀之誅。若因循不果。勢必一營一督。簡任非人。連雞駭散。民怨兵疑。更無可爲之勢矣。疏入、下廷議。起恆

不果出。已而諸軍無統。以趨於蠱。卒如惟贊言。

冰林詩序（薑齋分體稿）云。癸巳冬。作冰林近體十章。亡友劉子參許以偉麗。子參謝世。稿亦佚亡。今年始春。承臘萬林一色。憶前詩淸思杳不相卽。率爾別裁。不能就泉臺問子參。江文通才盡與否。相賞無人。雖拙何嫌哉。

永州府志名勝。劉惟贊石門記云。環石門而中。處有臺臨流。傍壁高可六尺許。予日坐其中。取宋人九九書讀之。千迴不輟。若將忘爲鄭作者。蓋丁亥冬杪也。距臺十餘武。有瀑泉。予曰濯足泉。泉之左十里爲鯉魚山。去七姑嶺五里。山上有巖。予曰濁巖。或尼之。予曰。涇渭將誰別。纓足自我裁。坐濁巖者。蒸水兩人。資水一人。而已。三子者、數往數來。獨予饔食巖中。歷十望朔。時哭時罵。時笑時歌。嘗占兩語東諸同人。有曰。餓比罌胎猶有飯。寒疑紫窖却無霜。又曰。但得三軍饒葛管。不教一世盡修融。蓄長至先五日也。當是時。世人皆淸。甯容吾濁。濁者惟泉與巖。眷若有情。因蒙斯號。以存形影。不然、高者蒼蒼。深者泱泱。而目是名吾泉與巖。百世之下。耳目之者。不將謂寃此山川哉。兩人者、包子某。鄒子統魯。資水惟羅子英。同人則衡陽二王氏介之夫之。及郭子某甯于朝柱。吾邑徐子璨也。歲著雍困敦初秋。命門人田子山玉鐫之石。

病枕憶得。己卯年。有子參計偕北上。便寄奚中雪一首。五律

五十自定稿。辛卯年、有小霽過楓木嶺。至白雲庵雨作觀劉子新亭紋石留五宿二首。題末自注。劉云亭下石門石座似端州醉石。遂有次作。五古

蕺齋分體稿。辛酉年廣哀詩。弟十七、有劉孝廉惟贊一首。自注。字子參。祁陽人。避跡山中。丙午告終。五古

正鈞按病枕憶得一詩。子參與先生締交甚早。其徒步上疏。以永曆三年春。是歲己丑。先生亦以上年冬至闕。故廣哀詩有念昔弇端州。與子相昂激之句。觀新亭紋石詩注云。似端州醉石。則亦往時所同寓目而感觸及之也。辛卯爲順治八年。按是年桂王在梧州稱永曆五年 是年先生由粵返楚。劉氏年譜云。辛卯夏間。僑寓祁陽。與劉舍人惟贊所居鄰近。時相往還。稽考至爲精確。今按六十自定稿有懷入山所栖林谷二十九首。就中青谿石門西石門松紋石亭塢雲庵四首。自注、右祁邵之間。與惟贊傳所言祁邵之間正同。所詠各處。亦與子參隱居之地

名稱僅亦小異。又廣哀詩有云。結伴逃天刑。數子爭的皪。塵心中夜動。機械同牆鬩。君死遂紛紜。君存猶媿怒。尤與子參偕隱明證。詳冰林詩序。及各詩。其交誼之厚可想。觀紋石詩作於辛卯。而自定稿又有癸巳元日期同劉子參過白雲庵一詩。詳下則此三數年間。以寓居相近。過從留宿爲尤密也。

鄒舍人統魯 左素公

鄒統魯、字大系一字近野。號艮峯。鄒縣籍。衡陽人。修幹美丰儀。天性孝友。崇禎乙亥拔貢。廷試第一。壬午舉人。統魯有至性。舉動奇偉。衡州陷。賊迫紳士受僞職。統魯之父承芬飭之曰。百口小計耳。袁閎土室。黃巾不入。勿我憂。勉爲秦廷之哭可耳。乃單騎之粵。上書總督沈猶龍。謂保粵莫如援楚。猶龍疑之。適統魯之友羅定牧包爾庚在坐。曰。此楚奇士。尚氣節。負經濟才。在南雍同研席。知之最悉。乃從其請。率導總兵宋紀出楚疆。復郴衡各郡。桂王稱號。授中書舍人。後隱居祁邵山中。所在載書簏十數以從。康栖谷隱。人莫得而蹤迹也。統魯居邵久。常主中鄉甯朝柱家。寶慶府志遷客傳 衡陽縣志廣陽雜記大興劉獻廷繼莊著云鄒統魯衡陽人。與王而農先生同舉於鄉。五十自定稿癸巳年。有元日左素公鄒大系期同劉子參過白雲庵茶話二首。五律正鈞按艮峯上沈猶龍書。今存湖南文徵。五十自定稿庚寅、有康州謠、追懷義興相公。是去秋同鄒管二中舍會公地一首。管爲嗣裘冶仲。鄒即艮峯也。章靈賦序云。明年癸巳。雍復如之。善道斯章。因賦以見。又注有云。蒸水出耶薑山。今謂之黃帝嶺。時避地近其處。按水經注。承水出衡陽重安縣西。邵陽縣界。邪薑山。山在今邵陽縣東。據此、則章靈賦作於癸巳。居耶薑山時。今考耆舊集載艮峯詩。正有耶薑山寓齋秋夜七律一首。證之癸巳元日一詩。則先生與劉子參寓邵時。艮峯所居相距不遠也。左素公未詳。

羅文學從義

羅從義、字養浩。邵陽人。祖時仰。父維極。世以隱耀。重子中鄉。從義頎秀美髭髯。穎慧絕倫。明季爲縣學生。以世亂深自韜晦。購書數千卷。閉戶默誦。悠然自得。與同縣車以遵。祁陽劉維贊。及衡陽二王交好。夫之奉其母避亂中鄉。流離之中。適有寧居。皆從義周全之力也。性嚴重。端居言笑不苟。而事孀母彭。不改嬰孺之色。側身兵火。曲盡孝養。母年九十卒。悲感行路。從義內行甚篤。內友諸昆。旁及羣從。遜宗三黨。俱無異視。又以其暇。治田園。廓庭宇。嘉木清沼。自怡其性。故處亂離。而顧瞻俯仰。寬然有餘。年五十七卒。夫之爲志其墓。子瑄。（寶慶府志遺民傳）

寶慶府志遷客。王夫之傳云。初夫之流離避亂。寄居無定所。足迹恆在祁邵間。其奉母居邵陽中鄉。主於羅從義家最久。教其子瑄成名宿。中鄉之人。恆樂親之。從義死。夫之爲志其墓。有云、余之納交於邵人士也。自養浩君始。而君保先孺人於離亂之中。適有寧居。尤余終天之不可忘者。養浩從義字也。

正鈞按養浩墓志。文集失載。府志言奉母居邵。蓋卽據墓志中數語。今詳先生癸未至乙酉。常侍武夷先生避兵。永興。丙戌丁亥兩年。足迹恆在湘鄉。戊子己丑則從王嶺外。先後無奉母居邵事。考譚太孺人行狀篇末云。介之奉母閉草閉。夫之閒關嶺表。不得奉臨終之訓。永歷庚寅八月初二巳時。介之奉諱於祁陽山中。其明年合祔于先君子之右。（按今文集所存無此數語茲從逸文摘出）則奉母確係石崖先生。今養浩墓志。無身侍孺人明文。第云君保孺人於離亂之中。語意正自未泥按五十自定稿。己丑有自南嶽理殘書。西歸慈侍。困于土人。殆瀕不免。太孺人怛愍廢食。既脫。諭令去此。有作聊呈家兄一首。邵陽在衡陽之西。故云西歸慈侍。蓋是時石崖先生正奉孺人在邵。先生歸省。以遇難而諭令去之也。故詩有錯認漁郎歸掉晚。桃花不爲避秦開之句。其始識養浩。必在是時。若所云居邵主其家最久。應在辛卯返楚以後矣。

羅明經英

羅英字若庸。一字得我。邵陽人。歲貢生。與衡陽王介之夫之兄弟爲莫逆交。以經學行義相切劘。邵人所稱貞士逸民。識與不識。皆尊之曰得我先生。明末、瞿式耜知其才。嘗禮致之。英知事不可爲。辭不就。乙未以後。鬀髮令下。英避入蔦山中。當事知其賢。不加迫責。夫之子敔志其墓云。膚髮等泰山之重。冠裳從朔初之風者。指此也。性篤孝。母病盲。求醫數百里外。哀號勸懇。行路感動。吳逆踞衡。邵人士多歛迹於祁郡西偏。英以詩酒往還。當金戈鐵馬之世。不乏琴詠之趣。壽八十有三。(寶慶府志遺民傳)

寶慶府志遷客王夫之傳云。其地有羅英者。尤與爲莫逆交。英字得我。邵人所稱得我先生者也。

七十自定稿丁卯年有重過三山。與故人羅君遇贈之一首。自注羅君名映字若庸邵陽人時垂執先兄之紼。七律

正鈞按府志遷客傳。其地二字。承上居邵陽中鄉。主於羅從義家而言。蓋英亦居中鄉也。與羅君遇詩。注云名映。映字當是英字之譌。詩首二句云三十九年彈指間。居然無恙只青山。丁卯上溯三十九年。爲永曆三年己丑。其年先生由問道赴闕。嘗經邵陽省母。而得我之膺瞿鷹。當亦在是時。詩特以患難之際追念及之耳。遷客傳云爲莫逆交。非僅一見於三十九年之前可知也。傳云。敵志其墓。則得我之歿。應在先生之後。虎止別有挽羅得我先生七絕三首。自注云。先生全髮以道服終。見沅湘耆舊集中。

甯孝廉朝柱

甯朝柱字六擎。一字迴瀾。邵陽人。家貧。年十五、爲人傭。夏夜挽桔槔作歌。里人周宏

道異之資。使學。三年通五經。補諸生。獨居芭蕉峯下。然松脂照讀。苦無書。擇藏書家授徒。得恣覽。益博洽。丙戌以五經魁楚士。名大著。與衡陽王夫之鄉人鄒統魯交好。夫之統魯避亂漣邵間。多主胡柱家。統魯有再至邵陽山中寄甯六槃詩云。朔風一夜變蒼雲。三月鄉關酒未醒。亡命誰開北海壁。還山漫寄草堂文。冰花有意逐人合。橡子何情借鳥分。旌節不須愁滿眼。荊州樓色緊前軍。玩其語意。殆亦謝皋羽黃東發一流人也。（寶慶府志遺民傳）

正鈞按劉子參石門記。述同人有甯子朝柱。寶慶府志。遷客鄒統魯傳云。常主中鄉甯朝柱家。則六槃家亦在中鄉。先生與中鄉諸羅交好。故時亦往來六槃之家也。

王山人文儀

王文儀。常甯人。明季、常上中黃戰守策。鍾山軍乏餉。文儀邀七十里長。動以捐輸國急。親董解赴軍。晚年隱居東卜園。稱東卜先生。衡陽王而農先生來隱常甯之西莊園。爲猺人。食飲皆文儀供贍之。（耆舊集王闕中詩注）

正鈞按耆舊集載王國甲、（小傳云·國甲字鼎三·常甯人縣學生·箸有拾遺山人詩鈔·）述舊詩弟二首云。戰守中興策。切時空復聞。七倉河上粟。一餉鍾山軍。東卜餘殘壁。西園待隱君。承平懷往烈。譜牒有遺文。自注云。明季高祖文儀先生、上中興戰守策。命未下。鍾山軍乏餉。耒陽令奉委催科至。署丞不知所爲。高祖具酒食。邀七十里長、動以捐紓國急。乃預擇縣治西河干民倉七以待。不二旬得十之八。時沿途刼掠。高祖親董解赴軍。晚年、隱于東卜園。號東卜先生。衡陽王而農先生來隱邑之西莊園。爲猺人飲食。皆高祖給之。時湖南兵亂。乃收族修譜。使不流亡。按鄧氏耆舊集。先生小傳云。緬甸既覆沒。益自韜晦。常匿常甯猺峒。變姓名爲猺人。今考常甯縣志流寓。王而農先生甲午由南嶽移居常甯之西莊源。丙申生子敔。丁酉復返南嶽。寓甯三載。爲邑人說春秋。居游多有題詠。與五十自定稿丁酉有西莊源所居。後嶺前壑。木末清沼。凝陰返映。念居此三載。行將舍去。因賦一首五證。則國甲詩注。正足徵信。惟西莊源源字作園。則因聲致譌。又按甲午爲順治十一年。桂王在安隆稱永歷八年。先生時年三十有六。章靈賦作於上年癸巳。

居邵之時。已決志隱遯。鄧傳敘居猺峒事于緬甸覆沒後。小誤。

又按國甲詩注。文儀行誼。殊不愧先生東道主人。劉氏毓崧云。其元孫稱爲文儀先生。當是其字也。其名俟攷。

殷廣文銘

殷銘字浴日。常甯人。順治朝貢生。官澧州學正。與衡陽王薑齋先生交好。爲序其文集行世。沅湘耆舊集小傳

薑齋文集。殷浴日時藝序云。家則棠南歸。以春秋教授。則未知所授者以道聖人經世之意耶。其以爲所授者羔雁之技耶。謝侍郎賁卜與子言孝。與弟言弟。則授以道矣。技道合則則棠可無河漢于疊山何也。進乎道矣。甲午。避兵入宜江山中。有姪子之慟。浴日拂拭而慰之。少間。無以閱日。浴日始以帖括見示。繼此而宜江士友汎晉而與言帖括。浴日少與余同文場。已與余同漂沒。今又與余同爲訓詁師以自給。以意徵言。將期於道。有知言者。當謂余非與浴日言技也。

正鈞按。劉氏毓崧云。浴日本常甯士人。避兵宜江山中。與先生所居相近。並以

授徒自給。故序引家鉉翁之事相勉也。今攷一統志。宜江出常甯東南塔山。六十自定稿。庚戌、懷入山所栖伏林谷得二十九首。就中西莊源小祇園二首。自注、右宜江。據此、則與浴日避兵宜江山中時。當卽寓居王東卜之西莊源也。

（八卷完）

湘綺樓詩經評點續第十二期

詩卷四

湘潭王闓運評點　　門人周逸纂集

王一之六

黍離、閔宗周也、三章章十句

彼黍離離。彼稷之苗。行邁靡靡。中心搖搖。知我者。謂我心憂。不知我者。謂我何求。悠悠蒼天。此何人哉。

評、能言不能言之隱、使人愧悔心服。

彼黍離離。彼稷之穗。行邁靡靡。中心如醉。知我者。謂我心憂。不知我者。謂我何求。悠悠蒼天。此何人哉。

彼黍離離。彼稷之實。行邁靡靡。中心如噎。知我者。謂我心憂。不知我者。謂我何求。悠悠蒼天。此何人哉。

君子于役、刺平王也、二章章八句

君子于役。不知其期。曷至哉。雞棲于時。日之夕矣。羊牛下來。君子于役。如之何勿思。

評、補入喻意。又詩中別調。

按雞棲于時三句、王本無點、逸加之、以醒讀者之目、知師評所指、在此三句、

君子于役。不日不月。曷其有佸。雞棲于桀。日之夕矣。羊牛下括。君子于役。苟無飢渴。

評、生出方法。只就上文變換一二字。便以無限經濟。此爲奇也。

君子陽陽、閔周也、二章章四句

君子陽陽。左執簧。右招我由房。其樂只且。

君子陶陶。左執翿。右招我由敖。其樂只且。

評、亦以一二字換意換韻。此不可學。所謂經籍之光。非枵腹可辦。

揚之水、刺平王也、三章章六句

揚之水。不流束薪。彼其之子。不與我戍申。懷哉懷哉。曷月予還歸哉。

揚之水。不流束楚。彼其之子。不與我戍甫。懷哉懷哉。曷月予還歸哉。

揚之水。不流束蒲。彼其之子。不與我戍許。懷哉懷哉。曷月予還歸哉。

中谷有蓷、閔周也、三章章六句

中谷有蓷。暵其乾矣。有女仳離。嘅其嘆矣。嘅其嘆矣。遇人之艱難矣。

評、無言自泣。黯然神傷。〇一轉便開脫人罪正君臣之分筆利如刀看去只是嗟咨致意。無豪圭角。

中谷有蓷。暵其脩矣。有女仳離。條其歗矣。條其歗矣。遇人之不淑矣。

中谷有蓷。暵其濕矣。有女仳離。啜其泣矣。啜其泣矣。何嗟及矣。

兔爰、閔周也、三章章七句

有兔爰爰。雉離于羅。我生之初。尚無為。我生之後。逢此百離。尚寐無吪。

有兔爰爰。雉離于罦。我生之初。尚無造。我生之後。逢此百憂。尚寐無覺。

有兔爰爰。雉離于罿。我生之初。尚無庸。我生之後。逢此百凶。尚寐無聰。

葛藟、王族刺平王也、三章章六句

緜緜葛藟。在河之滸。終遠兄弟。謂他人父。謂他人父。亦莫我顧。

緜緜葛藟。在河之涘。終遠兄弟。謂他人母。謂他人母。亦莫我有。

緜緜葛藟。在河之漘。終遠兄弟。謂他人昆。謂他人昆。亦莫我聞。

采葛、懼讒也、三章章三句

彼采葛兮。一日不見如三月兮。

彼采蕭兮。一日不見如三秋兮。

彼采艾兮。一日不見如三歲兮。

大車、刺周大夫也、三章章四句

大車檻檻毳衣如菼豈不爾思畏子不敢。

評、兩兩相比。使人匿笑○反樸進一層愈冷愈緊。

大車啍啍毳衣如璊。豈不爾思畏子不奔。

穀則異室死則同穴謂予不信有如皦日。

評、呼天耶。誓墓耶。何其光明斬截。○再加二句愈見凜然。

丘中有麻、思賢也、三章章四句

丘中有麻彼留子嗟彼留子嗟將其來施。

評、春秋有劉公。鄭之宗也。指物歎思。以人遐室邇之感。

丘中有麥。彼留子國。彼留子國。將其來食。

丘中有李。彼留之子。彼留之子。詒我佩玖。

王國十篇廿八章百六十二句

鄭一之七

緇衣、美武公也、三章章四句

緇衣之宜兮。敝予又改爲兮。適子之館兮。還予授子之粲兮。

緇衣之好兮。敝予又改造兮。適子之館兮。還予授子之粲兮。

緇衣之蓆兮。敝予又改作兮。適子之館兮。還予授子之粲兮。

將仲子、刺莊公也、三章章八句

將仲子兮。無踰我里。無折我樹杞。豈敢愛之。畏我父母。仲可懷也。父母之言。亦可畏也。

評、徵而切。

將仲子兮。無踰我牆。無折我樹桑。豈敢愛之。畏我諸兄。仲可懷也。諸兄之言。亦可畏也。

將仲子兮。無踰我園。無折我樹檀。豈敢愛之。畏人之多言。仲可懷也。人之多言。亦可畏也。

叔于田、刺莊公也、三章章五句

叔于田。巷無居人。豈無居人。不如叔也。洵美且仁。

評、隱森可畏。

叔于狩。巷無飲酒。豈無飲酒。不如叔也。洵美且好。

叔適野。巷無服馬。豈無服馬。不如叔也。洵美且武。

大叔于田、刺莊公也、三章章十句

叔于田。乘乘馬。執轡如組。兩驂如舞。叔在藪。火烈具舉。襢裼暴虎。獻于公所。將叔于狃。戒其傷女。

叔于田。乘乘黃。兩服上襄。兩驂雁行。叔在藪。火烈具揚。叔善射忌。又良御忌。抑磬控忌。抑縱送忌。

叔于田。乘乘鴇。兩服齊首。兩驂如手。叔在藪。火烈具阜。叔馬慢忌。叔發罕忌。抑釋掤忌。抑鬯弓忌。

評、意不在賦馬而文自工婉。○孤危隱險兼繪其狀。

清人、刺文公也、三章章四句

清人在彭。駟介旁旁。二矛重英。河上乎翱翔。

清人在消。駟介麃麃。二矛重喬。河上乎消搖。

評、寫不戰偏寫兵氣。所謂犯字決入虎穴得虎子。文情險而以可樂。

清人在軸。駟介陶陶。左旋右抽。中軍作好。

羔裘、刺朝也、三章章四句

羔求如濡。洵直且侯。彼其之子。舍命不渝。

羔求豹飾。孔武有力。彼其之子。邦之司直。

羔求晏兮。三英粲兮。彼其之子。邦之彥兮。

評、職開作結。

遵大路、思君子也、二章章四句

遵大路兮。摻執子之袪兮。無我惡兮。不寁故兮。

遵大路兮。摻執子之手兮。無我魗兮。不寁好兮。

女曰雞鳴、刺不說德也、三章章六句

女曰雞鳴。士曰昧旦。子興視夜。明星有爛。將翱將翔。弋鳧與鴈。

弋言加之。與子宜之。宜言飲酒。與子偕老。琴瑟在御。莫不靜好。

評。文亦靜好、

知子之來之。雜佩以贈之。知子之順之。雜佩以問之。知子之好之。雜佩以報之。

有女同車、刺忽也、二章章六句

有女同車。顏如舜華。將翱將翔。佩玉瓊琚。彼美孟姜。洵美且都。

有女同行。顏如舜英。將翱將翔。佩玉將將。彼美孟姜。德音不忘。

山有扶蘇、刺忽也、二章章四句

山有扶蘇。隰有荷華。不見子都。乃見狂且。

評、危亡如見。

山有槁松。隰有游龍。不見子充。乃見狡童。槁又作橋

蘀兮、刺忽也、二章章四句

蘀兮蘀兮。風其吹女。叔兮伯兮。倡予和女。

評、危亡如見、

蘀兮蘀兮。風其飄女。叔兮伯兮。倡予要女。

狡童、刺忽也、二章章四句

彼狡童兮。不與我言兮。維子之故。使我不能餐兮。

評、鄭風皆不尙文詞。中意而已。吳札謂爲細甚。不合南派故也。子產詞則又緐多。

彼狡童兮。不與我食兮。維子之故。使我不能息兮。

褰裳、思見正也、二章章五句

子惠思我。褰裳涉溱。子不我思。豈無他人。狂童之狂也且。

子惠思我。褰裳涉洧。子不我思。豈無他人。狂童之狂也且。

丰、刺亂也、四章二章章三句二章章四句

子之丰兮。俟我乎巷兮。悔予不送兮。

子之昌兮。俟我乎堂兮。悔予不將兮。

衣錦褧衣。裳錦褧裳。叔兮伯兮。駕予與行。

裳錦褧裳。衣錦褧衣。叔兮伯兮。駕予與歸。

東門之壇、刺亂也、壇唐定本作墠二章章四句

東門之壇。茹藘在阪。其室則邇。其人甚遠。

東門之栗。有踐家室。豈不爾思。子不我卽。

風雨、思君子也、三章章四句

風雨淒淒。雞鳴喈喈。既見君子。云胡不夷。

風雨瀟瀟。雞鳴膠膠。既見君子。云胡不瘳。

風雨如晦。雞鳴不已。既見君子。云胡不喜。

子衿、刺學校廢也、三章章四句

青青子衿。悠悠我心。縱我不往。子寧不嗣音。
青青子佩。悠悠我思。縱我不往。子寧不來。
挑兮達兮。在城闕兮。一日不見。如三月兮。

揚之水、閔無臣也、二章章六句

揚之水。不流束楚。終鮮兄弟。維予與女。無信人之言。人實迋女。
揚之水。不流束薪。終鮮兄弟。維予二人。無信人之言。人實不信。

出其東門、閔亂也、二章章六句

出其東門。有女如雲。雖則如雲。匪我思存。縞衣綦巾。聊樂我云。
出其闉闍。有女如荼。雖則如荼。匪我思徂。縞衣茹藘。聊可與處。

野有蔓草、思遇時也、二章章六句

野有蔓草。零露漙兮。有美一人。清揚婉兮。邂逅相遇。適我願兮。
野有蔓草。零露瀼瀼。有美一人。婉如清揚。邂逅相遇。與子偕臧。

溱洧、刺亂也、二章章十二句

溱與洧。方渙渙兮。士與女。方秉蕑兮。女曰觀乎。士曰既且。且往觀乎。洧之外。洵訏且樂。惟士與女。伊其相謔。贈之以勺藥。

溱與洧。瀏其清矣。士與女。殷其盈矣。女曰觀乎。士曰既且。且往觀乎。洧之外。洵訏且樂。維士與女。伊其將謔。贈之以勺藥。

鄭國廿一篇五十三章二百八十三句

國風七六

詩卷四終

雁影齋題跋卷第四 續第十二期

湘鄉李希聖亦元遺稿

東園客談一卷廣客談一卷

明孫道易撰。錄名人嘉言懿行。及近代軼事遺聞。據當時友朋所書。共三十二則。每條下各出其名。凡錢惟善、全思誠、陶宗儀、趙宜潛、夏文彥、夏頤、孫道明、朱武、郭亨、邵煥、吳祐孫、李堯、孫元鑄、周景方、楊依孫、提要作楊孫誤李升、曾朴計十七人。廣客談共二十三則。凡錢惟善、李升、唐志大、蔣堂、高晉、陸友仁、郭亨、莫晉、黃璋、全思誠、姚廷美、謝晉、錢應庚、夏文彥、莫昌、陳亨道、計十六人。卷末署洪武十二年歲次乙未八月二十九日壬辰雲間映雪老人孫道易寫於華亭平溪草舍時年八十又三。按客談四庫存目於小說類而所數人名。與此有異。陶宗儀說郛所刻者則僅三分之一。且更其名曰友聞。曹溶學海類編又沿其誤。其廣客談一卷四庫既未存目。傳本尤稀。此本爲知不足齋從錢曾述古堂鈔本傳寫者。滿紙丹黃。鮑廷博所手校也。

明十一朝實錄

自永樂至萬歷計二百餘册。每册首有東海蟣蝨臣錢容保拜手恭讀印。蓋明時舊鈔也。明之實錄。是非顛倒。本不足憑。王弇州史乘考誤。糾正頗多。沈德符野獲編、亦載馬昂姿事。武宗實錄與世宗實錄。自相矛盾。桂萼令董中峰玘於武廟實錄中、譏刺王文成縱兵刼掠南昌爲之一空。皆懟筆也。又謂本朝無國史。以列帝實錄爲史。已屬紕謬。乃太祖錄凡三修。當時開國功臣壯猷偉略。稍不爲靖難歸伏諸公所喜者。俱被劃削。建文帝一朝四年。蕩滅無遺。後人搜括捃拾百千之一二耳。景帝事雖附英宗錄中。其政令尚可考見。但曲筆爲多云云。是明代已有攻之者。閻百詩潛邱劄記云。實錄之所載。以方正學之抗節。而史臣至誣之爲乞哀。史乘考誤及朱竹垞高麗史跋亦痛斥之。以謝餘姚之持正。而史臣至詆之爲媚后。弘治元年。太監郭鏞請選女子於宮中。或諸王館以待上服闋冊封二妃。廣衍儲嗣。左庶子謝遷諫止。謂六宮當備。而三年未終。山陵未畢。諒陰猶痛。不宜遽及此事。焦泌陽乘史筆謂謝進此諫詞以諛孝宗繼嗣之不廣。王弇州考誤中駁焦云。此泌陽懟筆。蓋陰刺中宮之擅夕而譏謝公之從臾。時上聖齡甫十九。中宮何以有擅夕之聲。謝疏議甚正。焦乃小人無忌憚耳。蜀氏之論指此。野鶴編。又載楊儀明良記云。謝初在詞林上疏力止孝宗冊妃。以故中宮德之。後來推閣員。一時殆盡。俱不得旨。最後以李長沙及謝名上始依荷簡用。其後中宮妹入宮。上用內意。欲冊爲妃。謝又奏娶堯二女爲比。上是之。竟以外廷力爭而止。此則恐不免有意迎合矣。然則佞如泌陽。固不足以信矣。而賢如文貞。抑果可謂之信史乎。憲宗實錄詆陳白沙甚厲。瑣綴錄以爲丘濬憲章錄以爲張元禎他如世穆兩朝獨裁於江陵。則簡核而可喜。野鶴編今訛永嘉相業者。大抵多溢美則江陵公秉史筆時。以聲氣相附。每追頌其功也。然則當時亦致不滿矣。神宗一代補綴於衆手。則踳駁而不倫。光宗欲正其訛而不果。懷宗欲補其闕而未能。觀於閻氏此論。其得失均可見矣。然當時實錄之進。焚草於太液池。藏真於皇史宬。在朝之臣。非預纂修。均不得見。自申時行當國。始流布於外。得者至艱。況傳至今日。亦甚可寶也。

漢泉漫稿十卷後錄一卷

汲古閣影鈔本。每册首有元本及甲字印。又有毛晉私印。朱文子晉朱文汲古主人朱文毛扆之印。朱文斧季朱文等印。卷末有子晉藏書印。朱文汲古得修綆等印。此書四庫著錄。所謂曹文貞詩集者也。然提要據吳全節跋稱有張夢臣歐陽原功蘇伯修呂仲實四序。今皆無之。此本前有張起巖、呂思誠序。夢臣即起巖之字。仲實即思誠之字也。惟歐蘇二序。則此本亦無之。其總目所列御史臺咨文太常博士諡議。均有錄無書。目中提調校刊謄寫姓名一條。亦未載入。皆與四庫本同。此本每卷下有文林郎、江南諸道行御史臺管勾、男復亨類集。及國子生淩儀胡益編錄二行。四庫本蓋無之。故據吳全節跋。又譌作江南諸道御史臺管勾。殆因原文之誤耶。至曹伯啓詩、及樂府、皆庸音俗調、無一可觀。提要乃以春容和平中原雅調推之。非篤論也。

南詞八十七卷 鈔本

明李東陽編輯。首有天順六年夏四月上浣東陽自序。言從故藏書家得珍祕繕本。宋元諸名家詞凡六十四家。計八十七卷。目為南詞。藏於家塾。其曰南詞者。序所謂六代江南采蓮諸曲。去倚聲不遠也。此書世無傳本。四庫既未著錄。各家書目皆不載。惟德清許氏鑑止水齋書目有懷麓堂詞選二十四本。（西涯所錄。皆全集。不得稱選。）未知即此書否。此本係南昌彭文勤所藏。卷首有文勤硃筆題辭數行。署癸卯中元日雨窗芸楣總目下。有南昌彭氏（朱文）印。知聖道齋藏書（朱文）印。遇讀者善（白文）印。又有李之郇印。序下有宣城李氏瞿硎石室圖書印記。（朱文）按西涯此集。在汲古閣毛氏之先。當時並未付刊。所集六十四家。除已為虞山毛氏、錫山侯氏、及近人臨桂王氏所刻者。餘皆久不經見之書。攷陳振孫書錄解題。列詞集九十二家。而總註其後曰自南唐二主詞以下、皆長沙書坊所刻。號百家詞。其最末一家爲郭應祥。振孫稱嘉定間人。則諸人、皆在寧宗以前矣。今已大半不傳。嘉靖任良幹所刊楊升菴詞林萬選。（四庫提要。疑其依託。至提要引劉子翬汴京書事詩曰。輦轂繁華事可傷。師師垂老過湖湘。縷衣檀板無顏色。一曲當年動帝王。以爲師師流落楚南。此語大誤。按劉詩所指。乃蕭山之湘湖。非楚南也。考張邦基汴都平康記云。政和間汴都平康之盛。而李師師崔念月二妓名著一時。李生門第尤峻。靖康中。李生與同輩趙元奴及築毬吹笛袁綯武震輩。例籍其家。李生流落來浙中。士大夫猶邀之以聽其歌。然憔悴無復向來之態矣。是爲李師師未嘗流落楚南之明證。附訂於此。）序稱升菴藏有唐宋五百家詞。升菴去直齋時三百年。安得有五百家之多。其言未免欺人失實。何元朗序顧氏所刻草堂詩餘。亦祇稱家有宋人詩餘六十餘種。毛子晉竊蒐宋本所刻。自晏殊珠玉詞、至盧炳哄堂詞。共六十一家。可謂詞林之淵海矣。然汲古閣所藏宋人詞集。實不止此。如阮文達四庫未收書目所進之宋曹冠燕喜詞一卷。朱敦儒樵歌詞三卷。王以凝詞一卷。王佑遐給諫所刻之章華詞。皆從汲古舊鈔過錄。而未嘗付刊。蓋毛氏本擬刊宋詞百家。並不以六十一家爲限也。四庫總目於詞曲一門。自晏殊珠玉詞。至國朝曹貞吉珂雪詞僅五十九家。簡略已甚。今自汲古毛氏外合之侯文燦所刻張先子野集。賀鑄東山詞。葛郯信齋詞。吳儆竹洲詞。趙以夫虛齋樂府五家。專粟宋人及王給諫之潘閬逍遙詞。李彌遜筠溪詞。鄧肅栟櫚詞。朱敦儒樵歌拾遺。朱雍梅詞。倪稱綺川詞。高登東溪詞。丘崈文定公詞。曹冠燕喜詞。姜特立梅山詞。趙磻老拙菴詞。袁去華宣卿詞。李處全晦菴詞。管鑑養拙堂詞。王炎雙溪詩餘。陳亮龍川詞補。陳人傑龜峯詞。許棐梅屋詩餘。方岳秋崖詞。李好古碎錦詞。何夢桂潛齋詞。趙必瑑覆瓿詞。歐良所編撫掌詞。章華甫詞。尚不及九十家。此本宋人詞集、為毛侯王三家所未刻。及世無刊本者。尚十三家。真非常之祕笈矣。書為陽湖董綬金比部所藏。余假觀頗久。乃明鈔本。字句與毛刻異同頗多。惜王給諫及朱古微侍郎。文叔問舍人均不在京師。未能一校耳。茲將西涯總目列後。其有刻本者。附註目下。使覽者易於檢尋焉。王漁洋居易錄．言宋牧仲所得李長文學士昌垣鈔本數十家詞不甚流傳者。尚多有之．未知其書尚在否．

南詞總目

宋

南唐二主詞一卷

吳文燦刻入名家詞以後祇稱侯刻

龜峯詞一卷陳人傑著

王鵬運刻入宋元三十一家詞以後祇稱王刻

蓬萊鼓吹詞一卷夏元鼎字宗禹著

逍遙詞一卷潘閬著

王刻

耐軒詞一卷王遂著

文湖州詞一卷

此係喬吉夢符樂府章丘李中麓有刻本不知何以嫁名湖州

珠玉詞一卷晏殊字同叔著

毛刻六十一家詞卷數同以後祇稱毛刻

六一詞四卷歐陽修字永叔著

毛刻六一詞一卷

半山詞一卷王安石字介甫著

附集

小山詞二卷晏幾道字叔原著

毛刻小山詞一卷

虛靖真君詞一卷

（未完）

專著　雁影齋題跋卷第四　八

中國名山彙考卷一 續第十二期

湘潭周逸木崖

香山

唐白居易九老會之香山

香山、在今河南省河南府城南三十里。山上猶有香山寺。及白居易墓。在龍門山左。

桐柏山 按禹貢謂導淮自桐柏。即此。

淮水所出之桐柏山

桐柏山、在今河南南陽府桐柏縣西南三十里。其下淮水出焉。東接湖北隨州。西接棗陽。峯巒極爲奇秀。山北有小山曰胎簪。

終南山

禹貢之終南

終南山、一名太一。一名太乙。一名中南。亦曰南山。在今陝西西安府城南五十里。南入楚塞。連屬東西諸山。周迴數百里。洵稱秦中之勝地也。相傳秦時四皓隱此。

驪山

秦始皇營葬之驪山

驪山、在今陝西西安府臨潼縣東南二里。以昔爲驪戎所居。故名。又名會昌山。又名昭應山。卽始皇葬處也。今其上有陵在焉。

武功山按杜甫詩。遥瞻太白雪。喜近武功天。

太白山南之武功山

武功山、在今陝西乾州武功縣南一百里。北連太白山。最爲秀傑。縣以此得名。

華山

西嶽華山

華山、夏書曰太華。周禮曰華山。爾雅曰西嶽。山海經曰太華。史記及水經注。皆以爲惇物山。在今陝西同州府華陰縣南二十里。其山高五千仞。廣十里。山形四方如削成。是爲太華。西與少華相連。歷代皆有勅祭焉。

太白山

郿縣之太白山

太白山。與終南武功相連。在今陝西鳳翔府郿縣東南四十里。其山冬夏積雪。故名。山上太白祠。相傳旱禱輒應云。

荆山

禹貢雍州之荆山

荆山、在今陝西西安府富平縣西南一十里。禹貢荆岐既旅。卽此。按帝王世紀。禹鑄鼎於荆山。

梁山按朱注。梁山韓之鎮也。在今陝西同州府韓城縣西南。

周太王遷岐所踰之梁山

梁山、在今陝西乾州北三十里。山有古道。相傳卽太王遷岐時所踰者。

岐山

周太王遷居之岐山

岐山、在今陝西鳳翔府岐山縣。東北五十里。禹貢岐山。卽周太王遷居處也。

吳山按吳山。書曰岍山。周禮曰嶽山。禹貢導岍卽此。秦漢以後俱稱吳山。今爲西鎮

西鎮吳山

吳山一名汧山一名岍山·在今陝西鳳翔府隴州西南七十里。汧水所出。歷代皆有封號。今仍歲時致祭焉。

隴山

鳳翔之隴山

隴山、一名隴阪·又名隴坻·亦名隴西·在今陝西鳳翔府隴州西北六十里。山高而長。其頂有泉四注。其坂九回。欲登者七日乃得越。

嶓冢山

禹貢之嶓冢

嶓冢山、在今陝西漢中府寧羌州北九十里。其形如冢故名。漢水所出。禹貢嶓冢導漾。卽此。今其上猶有禹祠。宋王仁裕于此放猿。

金牛峽

蜀五丁所開之金牛峽卽五丁山·

金牛峽、一名五丁山·在今陝西漢中府寧羌州北五十里。秦惠王謀伐蜀。患山險。乃作五石牛。每日置金于尾後。言能糞金。以遺蜀王。蜀王信之。乃令五丁力士開導引之。後爲秦所滅。自古蜀道最險。莫此爲甚。

崆峒山

史記之空桐

崆峒山、一作空桐在今甘肅平涼府西四十里。相傳黃帝訪廣成子於此。

西傾山

禹貢之西傾

西傾山、在今甘肅西寧府之西南。卽禹導水所至之處也。洮水出於此。

鳥鼠山

禹貢之鳥鼠同穴

鳥鼠山、在今甘肅蘭州府狄道州之南。俗呼爲青雀山。渭水出焉。其地鳥與鼠同處一穴。故名鳥鼠同穴。

積石山

禹貢之積石

積石山、在今甘肅蘭州府河州衛城西北七十里。禹貢導河積石即此。

雪山

西方之雪山

雪山、在今甘肅西南界連亙延袤所歷不一處。四時積雪不消。令人遠望若銀屏焉。一名露骨山。

朱圉山

禹貢之朱圉（俗名白崖山）

朱圉山、在今甘肅鞏昌府伏羌縣西南三十里。即禹貢所謂朱圉。

仇池山

鞏昌府之仇池山

仇池山、一名仇夷山。一名百頃山。在今甘肅鞏昌府西和縣南一百里。其山四壁峭絶。中有池方百頃。

賀蘭山

寧夏之賀蘭山

山名賀蘭、本北人以形稱之也。其山在今甘肅寧夏府衛城西六十里。盤踞數州延亙五百餘里。蓋一帶邊方皆倚以為固云。

按甘肅通志山川攷。賀蘭山在寧夏衛西六十里。丹崖翠碧。巍峻鉅麗。盤踞數州。山上多靑白草。遙望如駮馬。北人呼駮馬為賀蘭。故名。鮮卑之類多依山谷為氏族。今賀蘭姓者亦以依此山也。

崑崙山

黃河發源之崑崙山

崑崙山、在今新疆南界綿延靑海境。卽黃河發源之處。周穆王會西王母於此。世因相傳為仙境。

黑山

甘肅邊衛之黑山

黑山、在今甘肅寧夏府之北。與合黎山相接。其下黑水出焉、邊外入中國者。必駐于此。明巡撫余子俊築寨堡植柳萬株。望之宛然若黑。故名。

焉支山

漢將霍去病所至之焉支山　後漢竇憲所登之燕然山

焉支山、一名燕然山一名删丹山一名山丹山又名燕支山。在今甘肅甘州府山丹縣衛東南五十里。

祁連山

漢將霍去病所至之祁連山

祁連山、在今甘肅甘州府衛都司城西南一百里。

律音彙考卷之二續第十二期

瀏陽邱之稑穀士遺著

十二律呂配月卦表

黃鍾	復	䷗	子
大呂	臨	䷒	丑
太簇	泰	䷊	寅
夾鍾	大壯	䷡	卯
姑洗	夬	䷪	辰

仲呂	蕤賓	林鍾	夷則	南呂	無射	應鍾
乾	姤	遯	否	觀	剝	坤
䷀	䷫	䷠	䷋	䷓	䷖	䷁
巳	午	未	申	酉	戌	亥

管體積分容黍表

	管體周尺	積分周尺	容黍（凡餘分過大半者進一黍不及半者不計）
黃鍾	九寸 徑三分三釐八毫五絲一忽餘律同 三分損一得	八百一十分	千二百黍
林鍾	六寸 三分益一得	五百四十分	八百黍
太蔟	八寸 三分損一得	七百二十分	一千零六十七黍

南呂	五寸三分三釐三毫三絲三忽三微三纖有奇三分益一得	四百八十分	七百一十一黍
姑洗	七寸一分一釐一毫一絲一忽一微一纖有奇三分損一得	六百四十分	九百四十八黍
應鍾	四寸七分四釐零七絲四忽零七纖有奇三分益一得	四百二十六分六百六十六釐六百六十六毫有奇	六百三十二黍
蕤賓	六寸三分二釐零九絲八忽七微六纖有奇三分益一得	五百六十分八百八十八釐八百八十八毫有奇	八百四十三黍

大呂	八寸四分二釐七毫九絲八忽三微五纖有奇三分損一得	七百五十八分五百一十八釐五百一十八毫有奇	一千二百二十四黍
夷則	五寸六分一釐八毫六絲五忽六纖有奇三分益一得	五百零五分六百七十九釐零一十二毫有奇	七百四十九黍
夾鍾	七寸四分九釐一毫五絲四忽零九纖有奇三分損一得	六百七十四分二百三十八釐六百八十三毫有奇	九百九十九黍
無射	四寸九分九釐四毫三絲六忽零六纖有奇三分益一得	四百四十九分四百九十二釐四百五十五毫有奇	六百六十六黍

仲呂	六寸六分五釐九毫一絲四忽七微四纖有奇	五百九十九分三百二十三釐二百七十三毫有奇	八百八十八黍

按仲呂三分益一得二寸二分一釐九毫七絲一忽五微八纖、加本分六寸六分五厘九毫一絲四忽七微四纖、得八寸八分七厘八毫八絲六忽三微二纖、較九寸之黃鍾、少一分二厘一毫一絲三忽六微八纖、此仲呂隔八不能還生黃鍾、而黃鍾之所以不爲佗律所役也、

史記律數辨

漢承秦火之後。先王制作無一存。而其假借紊亂者。莫如音律一道。考史記所定律書。以兵械爲重。所引武王伐紂吹律聽聲。猶爲近理。至詳舉歷代征伐數衍成文。于律呂毫不相涉。次列二十八宿十母十二子。語亦穿鑿傅會。不可爲法。學者震其名。未敢議其失。然自識者觀之。已知其學之無本。此猶其易辨者也。其音律之遺誤後人者。莫如律數一節。列九九八十一以爲宮。三分去一五十四以爲徵。三分益一七十二以爲商。三分去一四十八以爲羽。三分益一六十四以爲角。且術曰音始于宮。窮于角。嗚呼。史遷爲有漢一代箸述。所箸律數體用不明如此。無怪以譌承譌。後世之言音律者。皆無所適從。則是六律之不分。五音之不正。誠非無自也。此豈可以不辨哉。夫三分損益者。律呂管體所從生。管體生而後五音出。孟子曰。繼之以六律正五音。是也。遷不以去一益一、爲生某律某呂。而以去一益一、爲得某宮某聲。是六律之生未終。而五音之名先正。宮可以生徵。徵可以生商。商可以生羽。羽可以生角。是五音之名自正。而六律之以徒勞。有是理乎。況有定者律也。無定者音也。何謂有定。如以黃鍾正宮。則太簇爲商。姑洗爲角。蕤賓爲變徵。夷則爲徵。無射爲羽。其不可以佗律混者。體之所以立也。何謂無定。如旋太簇爲宮。則姑洗轉而爲商。蕤賓轉而爲角。夷則轉而爲變徵。無射轉而爲徵。黃鍾轉而爲變宮。其未嘗以轉調窮者。用之所以行也。孰謂宮商角徵羽。可亂爲宮徵商羽角哉。孰謂宮商角徵羽之旋轉不竭者。可任意指爲始于宮而窮于角哉。永嘉陳氏猶謂律呂之法。起于黃帝氏律呂之說。定于太史公知黃帝氏之法。而不知太史公之說。則鷬與制律。知太史公之說而未知黃帝氏之法。則雖不能制律而不害其爲律比儗不倫至于如此。不可不急爲辨正也。惟生鍾之分與以下生者、倍其實三其法、上生者、四其實三其法數語、于古人制律之遺意。爲有合焉耳。

按九九八十一爲宮等語·乃管子琴度生聲法·詳三卷琴考論·遷史不知以定律呂相生之數·遺誤後人·幾二千年·不急辨正·律呂之道·將終不明於後世也·

黃鍾不復與佗律爲役辨

黃鍾不與佗律爲役。雖僅見于前漢志。當是援引古語。蓋謂聲氣之元能生十一律。而不爲十一律所生。故三分損益、隔八相生之數終。于仲呂不能轉生黃鍾。所謂不與爲役者此也。志誤會其意。謂以正相應之聲有同心一統之義，遺及後世。大變古制。如通典諸說。直以仲呂之實三分損益再生黃鍾。及以下十一律以爲變律。所得之寸數半之。以爲變半律。律呂新書曰。正律十二。子聲十二。變律十二。子聲十二。凡四十八聲。最得漢志黃鍾不與佗律爲役之意。又曰、黃鍾爲大呂之變宮。夾鍾之羽。仲呂之徵。蕤賓之變徵。自用變半律聲。非復黃鍾矣。嗚呼。誠如諸說。將視黃鍾如贅旒。竊謂黃鍾雖尊。六律之體。賴以生。六律之聲。尤賴以正。如虛設不用。何成聲氣之元。故義雖象君。非天子之樂歌。不敢用以主宮。若以旋宮言時。可轉而爲商。轉而爲角。轉而爲徵羽、爲二變。即體長音低。恐多陵犯。惟無射主宮。黃鍾爲角。音濁于宮。當用半太簇高宮音代之。其餘爲太簇之變宮。夷則之變徵。得聲淆雜。禁不起調。例當退居不用之列。聲之正者。可轉而爲變。役孰甚焉。若于姑洗宮旋爲下羽。蕤賓宮旋爲下徵。國語曰。宮逐羽音。下羽下徵。其音雖大于宮。律家不忌。至其爲倍無射之商音。較于清宮位自然不犯。由是推之。安見不與爲役也。律呂新書、和聲第五章。謂此乃數之自然。佗律雖欲役之而不可得。且曰此一節、最爲律呂旋宮用聲之綱領。誤矣。合觀前說。其失自辨。

文苑

船山先師詩錄

孟冬書懷　其三

周逸敬選

征鳥迅南景。鷙鸇薦中林。序改非所測。氣至衷已諶。和竊不相卽。去日焉足尋。微風静霜候。回炤轉東岑。宿艸含餘綠。抱晴棲巖陰。怡情俄頃間。資以舒悲心。

其四

玉霜息鼃蛾。珠雨倏靈飛。良耜樂冬興。土脈動宿肥。焉知負薪客。及此歎無衣。所嗟非困窮。所悲在願違。禹甸彌九野。瀛海環中圻。悠悠日月遷。緜緜生理微。春氣在近遠。誰爲惜芳非

文苑

文錄

書羅孺人事

湘潭吳熙劭之遺稿

邑中有里媼羅孺人者。其夫遠出。久無音問。撫子守志三十餘年。已旌表節孝矣。忽一日其夫攜一婦人遠道而歸。入門相見。悲喜交集。孺人愛其婦。禮遇有加。蓋外納之妾也。於是里中親友遠近之人爭來問視。皆嘖嘖驚羨。詫爲異事。因遂播爲嘉話云。孺人姓戴氏。幼失怙恃。年十二歸羅德潤。十六生子正鍔。十九德潤遠遊。正鍔甫三歲耳。無何其翁世舉訪親醬口。數月不反。其後四遠尋覓。杳無蹤跡。孺人事繼祖姑孝謹。撫正鍔以教以養。以至于成立。蚤莫勤禮灶神。焚香筊卜。祝翁若夫得歸。久而知翁必已死。招魂立主。延僧誦經。資冥福。無何繼祖姑亦殁。喪葬、盡禮。蓋代其夫盡爲子爲父之職者三十餘年。而孺人亦老矣。正鍔讀書未成。改業貿易。稟承母訓。

門戶以興又妻生子二人孺人心稍欽慰然終以其夫不歸之故長齋奉佛自若也庚戌三月德潤忽自漢中寄書來潭孺人大喜過望復書催歸德潤又以簿賬未了延至癸丑之春始命正鍔往漢中迎歸適於端午日抵家良辰佳節家慶團圓誠快事也於是孺人正衽斂容謂其夫曰吾已自分爲未亡人矣今君旣有婦吾不得與君共燕寢仍素食終身以嫺孀自處可也其欲貞固以完節義如此噫始則從一而終視夫不在猶在終乃潔身自好視夫在猶不在也其立志亦矯矣哉先是正鍔諸世叔祖父皆無後孺人命以其子兼祧又外家絕祀復命正鍔代置墓田預以彌甥之子出繼爲後莒鄫之義非巾幗所知凡此禮窮則變亦無庸厚非也例得並書

吳嘉遯曰嚮使孺人稍不自持以夫出子穉無以自存改嬪他族則及其夫歸時豈不疚心靦面乎哉乃堅守至三十餘年之久成就其子有恆業家道振起視其父未出時遠勝焉可謂賢且能矣尤可貴者晚年誓不與夫同房室皦然不欺其志夫亦無以閒之以一老婦人而善處經權常變之間曲得其宜有如此者視今之士大夫自命爲讀書人者何如哉故余樂述之以俟採風者錄焉

前清湖南巡撫岑奏在籍湘潭縣紳士王闓運湛深經術淹貫禮文請特予褒獎摺

岑春蓂

奏爲耆紳湛深經術淹貫禮文。懇恩特予褒獎。以維樸學而振儒風。恭摺仰祈聖鑒事。竊維致用必本於通經。而通經莫要於治禮。昔人謂禮爲羣經之根本。故凡治經之家。未有不精於禮學者也。方今朝廷修明典禮。專館特開。上有綿蕞之儒臣。亦下有求野之黎獻。網羅遺典。著作等身。備問山中。宜本草未起之徵士。知名日下。有稽古叨榮之經生。臣疆寄忝膺。訪求名宿。責在表揚。粗知梗概。不敢壅於上聞。查有湘潭縣在籍紳士。禮部奏派禮學館顧問官王闓運。咸豐丁巳補行壬子乙卯科舉人。髮逆之亂。出入於原任大學士。臣曾國藩左宗棠李鴻章。湖北巡撫臣胡林翼諸戎幕。贊畫軍事。不受時名。旣而退居衡陽。以著書立說爲事。原任四川督臣丁寶楨。兵部尙書臣彭玉麟。先後聘主成都之尊經。衡陽之船山各書院講席。凡二十年。成就之士。多至數千人。光緒二十九年。前江西撫臣夏時奏請派充江西高等學堂監督。奉上諭。王闓運昌明經術。學有本源。力拒邪說。深明大義。着傳旨嘉獎等因欽此。旋仍回籍。主講船山書院。迹其生平學力。博通經史。尤覃精三禮。綜其著述。不下三十餘種。所著周易說。尚書箋。詩經箋。禮記箋。四種。前因學部奏准咨行。延訪經師人師。徵送著述。經臣送部查核。其餘已刻者。尚有論語訓。尚書大傳箋。禮經箋。周官箋。公羊穀梁箋中義。爾雅集解。夏小正注。莊子注。墨子注。鶡冠子注。楚辭釋。以及湘軍志。湘潭衡陽桂陽各志。並湘綺樓詩古文辭類。凡二十三種。未刻者則有逸周書校注。二十四史贊。老子校注。水經校注。本草宏道集。及詩詞各選本又數種。元元本本。粹乎攄諸儒之奥。卓然成一家之言。至於曠代藝文。國家掌故。靡不窮源竟委。討論精詳。今行年七十有七矣。猶復睹記聰強。講學不倦。海內耆宿。巍然猶存。洵足光國家右文崇儒之雅化。臣查光緒七年。前兩廣督臣張樹聲奏舉廣東紳士知縣朱次琦。舉人陳澧。光緒十一年。前署撫臣龐際雲奏舉在籍紳士員外郎徐榮。光緒十八年。前撫臣吳大澂奏舉紳士道員周樂。均以敦品積學。蒙恩賞給卿銜。況値此世變所趨。羣言日雜。有能保存古義。昭示來茲者。幾成今日之絕學。尤宜特詔褒揚。以風多士。伏惟聖祖仁皇帝。召試博學鴻詞。一時以布衣諸生。授翰林檢討之職者。頗不乏人皇風沾被百代猶興在聖朝之曠典閱千載而一時而名世之文章亦百年不數覯今舉人王闓運論其議述閱近代之鴻儒語其行年亦中興之耆老人文獨擅士論翕孚合亟仰懇天恩特畀殊榮以昭異數藉資觀感庶藏山之業得天寵而益彰承學之徒知儒修之可貴出自逾格鴻慈臣爲表彰宿儒維持禮教起見謹會同湖廣總督臣趙爾巽恭摺具奏伏乞皇太后皇上聖鑒訓示謹奏

光緒三十四年三月十四日具奏四月初九日差弁賚回原摺奉硃批王闓運著賞給檢討欽此

碧浪新亭記

湘潭王闓運未刊稿

開福寺故馬氏會春園霸府改爲梵宮風景猶勝往年余欲約裴樾岑李次青諸公各造屋三四間環湖堤埤游觀苦其不能避春漲未可卜築也獨佛殿後臨水一圓洲可亭云舊有而後圮余與郭筠仙修禊賦詩於殿後堂嘗議修之郭出銀十二斤徐壽衡自京師寄銀六斤四兩余皆以屬陳總兵鳩工庀材陳時方避暑寺中大有興修以水心亭當巨費乃集少余銀不肯承也昔漢文露台百金尙以爲費今三百

精鏐不能造一亭故當罷之然余自計若得暇督工以百金成之不難故嘗謂彭雪琴他日當以此亭爲君專祠比莫愁棋樓彭薨後衡城專祠費銀六萬兩省城專祠購地已萬兩而余欲以百金敵之夸矣余又嘗借彭千金彭薨義當償還張孝達令鹽局歲餽余家六百金讓不敢受積局中滿三千金乃屬程生及李生以千金成此亭程李估工俱在二千金以外知余銀有餘也余友吝不肯偶與日本僧水野師話之師欣然樂助其成時師方游湘闡佛法開僧學以開福爲壇場亦議飭亭榭與余前意合卽日以五百金興工築亭基合用東西法以避水其費若干余皆不復問取成一亭而已師又謂余曰古人興作輒沈碑水中立石山巓以待陵谷之變今此亭始末當先作記薶基址亦釋家安象塔下之意故余爲文而瘞之

皇表義士榮祿大夫蕭君碑　前人

君諱炳南字鑑亭泰和千秋鄉人也本禾溪蕭氏宋紹興初遷于東頭明初徙上田村緜厤千祀枝條雲蔓父諱奐璧有二子君其次也生而母憂岐嶷自成年十二以貧學賈隨鄉人入蜀俄聞父喪遠不能奔哀迫孤窮勤力悴心克修其業忠信篤敬

孚于商旅。浸明浸昌。遂爲巨翁。子孫文儒。鄉舉連科。登三品階者六七人。出資助義。濟公私求給者。前後捐金巨萬計。海內名門。請爲昏姻。聲氣所通。金錢流衍。京師揚梁。江湘廛肆田邸租稅所在。朘殖中遇兵寇。鐵貨益恢。然謙、身、節用。不忘、前尼。布衣、徒、步。老期無改。尤重、儒術、敬事、士夫。蘄州黃鶴雲。前在兵部。文行有譽。遣子師之。雲鶴稱之曰。仁者、好、偉、斯、言、信矣。年八十卒于里第。自蜀歸五載。家道盛隆。節使式閭。皇旌其義。鬱裾濟濟。號爲儒官。無德不酬。可以勸善。君以議叙候選道員。授中憲大夫。復以長子三品覃恩。封二品階。妻彭氏封夫人。先廿六年卒。子紹棻等以光緒十有八年十有一月。葬君于本縣挑塘山。僉曰、厲俗示後。宜有表著。乃伐石、鑱山勒銘庚隅。其詞曰。

蕭有怡豈。名震于潭。太守請昏。若樂韓墉。翰林候門。恆懼弗談。彼何人兮。逡巡市闠。日秉義方。克勤克謙。懿矣榮祿。奮翼岷江。六子四成。兩舉於鄉。孫又三舉。實光家邦。昔式輪錢。漢武顯封。今倍徒之。以佐大農。湘撫特告。義士是表。揚又鹽盆。國帑所寶。一人經之。三州浩浩。如何憂貧。而洋是效。爲述本起。昭著大道。

真人陶公別傳

長沙陳繼訓杏聰

距長沙縣治如干里。有林蓊然而葱蒨者。臨湘也。有遺像森然而清穆者。陶公與其姪之仙蛻也。古刹閟邃。祝禱輒奇驗。有清如趙申喬王文韶吳大澂。先後撫湘。皆乞雨立霈。吳中丞爲鐫石紀述功德。咸豐二年。洪秀全犯長沙。圍之匝月。垂破復完。父老相傳。寇於夜午。往往見城堞靈旂周麾。有赭袍冠帶者數輩。儀衞儼從綦盛。疑官軍將吏。集矢射之。則按部徐行如故。相驚神助。鬨跳散去。事平。大吏奏言於朝。封公爲孚佑真人。其姪爲福佑真人。晉史載。公侃之孫也。精易卜。伏氣導養。不營問家產。一鹿自隨。有候之者。輒渡澗莫得近。州舉秀才。遂逃羅縣坪山中。不知所終。蘇軾歎其高逸。吾意公厭晉末之亂。志不得紓。迺吐棄一切。羼姓字。遯迹度外。非果忘情民物者。觀於千餘禩後。其精氣猶懃懃爲護生靈。而益知之。世徒震其鍊形尸解。謂公能獨善其身。其惑滋甚。禮於捍菑禦患者則祀之。公捍禦之勳昭著不爽。寗夫逮今而明禋彌厲也歟。公諱淡。字處靜。姪名烜。字太仁。

論曰。儒家諱談神仙。然自古記籍臚列其事蹟甚著。一似重有稽者。而晚近獨寂寂焉。何也。繼訓、湘、人、也。嘗登、衡、峯。訪魏、夫、人、辟、穀、之、處。懶殘、烘、芋、之、爐。鄉饌、農、髯。猶隱、約、可指。爲太、息、徬、徨、者、久、之。臨湘、之、山。距余、家、尺、咫。陶公、結、廬、於、此。仙骨、尚、存。瞻者、肅、然。尤非、燕、齊、迂、怪、方、士、之、所、可、幾、也。先民有言。文王、陟、而、在、上。殁、爲、明、神。黃帝、合、而、不、死。去而、上、仙。直正。明。聰。之。謂。神。玉鈐、經、論、求、仙。以。忠。孝。友。悌。仁。信。爲。本。然。則。必。直。正。明。聰。忠。孝。友。悌。仁。信。其至。德。可。媲。黃。帝。文。王。者。以。語。神。仙。庶。乎。近。焉。繇。今、之、俗。衡、今、之、人、神、仙、之事。絕迹、不、可、邂、逅。又、奚、疑、哉。又、奚、疑、哉。

邑人王澍之孝廉纂輯臨湘山志、屬作此傳、時乙亥冬十月也、繼訓自識

題未晚樓圖記

長沙黃兆枚芥滄

侯方域與魏禧汪琬以古文著稱明清間。其人豪邁不可羈絏。哀感身世。狂怪跅弛。縱情聲伎之中。顧其爲文。神清韻高。才復恣肆。蓋旣斐然而有成者。而其堂乃自顏曰壯悔。則豈不以學之程境無窮。歉然知不足於中。而懲夫前之所爲。將以益赴之與。岳陽李君洞庭。今之侯生。所爲文已嘗盡讀之。皆質、古、有、真、氣。其尤、勝、者。且出、入、諸子。洞庭生長南屏之鄉。南屏能爲古文。或桐城南屏。南屏不服。振辭爭辯。洞庭亦

思樹桐城宗派幟。反復指論。其識甚偉。其取國策語以未晚名其樓也。猶侯生志也。以彼農畝家人。善根器不樂汙隱埋墟莽間。急急自振。書劍雜進。嘗挾懷所習技以南遊江淮。北渡河。西涉汧渭。東至於海。縱橫幾千萬里。城幕野壁。盾餘箸隙。孤嘯詠歌。駐馳陰僕筩中。抗希之心不盡奪於鞅掌。得味塵事之外。夫羊之亡。既往之疏也。牢之補。未來之覺也。樓以是名。其疏已彌。其覺常濬。侯生中歲隕折。而洞庭方爲之無盡期。則躋昌黎龍門之堂。蓋作周秦人語。皆所可至。不惟與方域比是圖作於長沙陳翁。而吾友卜子芸盦爲之題跋。芸盦推闡天人戰勝之機。與運序爭旦暮。其言既足以作諸後生頹放之氣。而洞庭名樓之旨。亦愈彰。吾湘耆碩三百年來。當以衡陽王氏爲魁。自其脫粵難以歸。卽築室船山。取易義名所居曰觀生。杜門箸述。其摘發羣經子史。宏旨大論。多至三百餘卷。皆出自觀生一居之中。今洞庭年未五十。歲月誠未晚。宜無難躡觀生。惟侯生吾洞庭而曰僅乃勝之。吾知其志必又歉然其未盈也。

前題　醴陵卜世藩云盦

南社友洞庭李君。既取國策語名其讀書之樓曰未晚。遁叟又從而爲之圖。一日李君屬余跋其圖之尾。遁叟與余蓋皆未至斯樓者。圖之跋之。扣槃耶。捫燭耶。然即其所爲名樓。思過半矣。夫晚者天也。隨天之晚以爲晚。人也。天爲晚以限人。人乃自爲一不晚以勝天。天奪於人。天且退而聽命矣。是故衞武耄而好學。魯陽麾戈迴日。人不晚。天亦不晚。此天人戰勝之機。間不容髮。余嘗慨乎今之人矣。幼荒於嬉。長又不學。天未晚。人已先爲一晚以自限。曾未四五十。遂昏昏然暮氣乘之。嗒然曰。吾之壯也不如人。今老矣。尙何能爲。則雖有曠世之才。亦退而與妄庸豎子爲伍。此王荆公所爲傷仲永也。李君築樓讀書。而自制嘉名以自儆。意深哉。意深哉。李君有句曰。落日當筵紅可吞。膾炙人口。余戲以李落日呼之。蓋落日晚矣。而曰可吞云者。其中故大有作用。亦仍未晚意也。李君之集曰萬桑園者。詩也。是園嘉樹四圍。或即萬桑耶。著述等身。昭白日而薄霄漢。則雖謂千百年未晚可也。

文字學辨證敘

長沙曹孟其

瀏陽李別樵先生。嫥心文字之學。幾三十年。昨以所著書曰文字學變遷之概要。曰正俗字辨。曰說文部首均語注釋。曰說文釋小。曰編餘數種示我。盖其因得稍稍展讀。於編餘具述古今醇駁之界。以爲凡物皆可於文字中求之。昔章實齋以諸經爲史。今別樵則以文字爲史。讀書得間一也。於是相與坐論。各有然疑。如正俗字辨以子籀文作㜽。俗因之作崽。與余所見不期而合。余以爲古者子與男有別。故列爵五。曰公侯伯子男。公一位。祖父也。侯古文作矦。會意。卽承家之子。名已定。故次於公。伯庶兄弟也。故次於侯。以生系言之。則侯爲子、而伯爲男。子元子也。天子以天下傳之子。諸侯以國傳之子。卿大夫以家傳之子。其降於伯一位。未成君也。男則庶孽。實賤於子。遂類而爲二。蓋古、者、質、樸。以家、人、名、官。第其、尊、卑。卽分、貴、賤。然、於、此、可、證、宗、法、名、分、之、嚴。始造文字。本無定法。許叔重所謂文字異形。所謂詭更正文。鄉壁虛造不可知之書。變亂常行。實爲不能免之事。如於如鳥。如三如川。或象正面。或象側面。或象平流。或象下流。以其爲一物。音讀亦同。於子亦然。在胎、爲、[illegible]。（金文有乙子丁子己子辛子癸子。書生不得其解。設爲種種臆說。今殷虛骨甲文[illegible]。始知子與巳塙爲同文。其讀如字。則后人以其形異。略爲申轉。非元音也。）初生爲[illegible]。爲[illegible]爲巽。

爲巤囟媘之爲□。爲□。稍長爲□。成人爲□。爲□。既老而頹乃爲□。隷作父。則如□之□乳爲□。年歲不同、官骸俱易、於此可證、象形、文因緣、變遷之、道。古人稱子或曰男子之美偁或曰大夫之偁夫子對父而言男也孰非人子美於何有。其分其徵奈何加諸大夫。惟子必爲天子諸侯卿大夫之元子。元子者它日之天子諸侯卿大夫也。故爲可貴。相逢有事。因而子之。雖明知其爲庶孽。仍不敢直呼之爲男則人中之子。已貴於今之所謂老爺。男乃醜於今之所謂姨太太。盡人而子之猶盡妾婦而太太之。是可譏也。於此可證賓客詞命之婉。崽爲□之誤。殆如以文王爲甯王。后儒不識文之古文爲□或作□。斷爲卽隷之甯。又以明明爲文王。不可易也。仍歸之於文王。余疑子古文必有作□者。所以致誤爲崽。象形無定說也。然既誤以子爲崽。而方言列爲楚謂其音如宰與子特殊何也。曰。北人讀子爲子。南人讀子則爲崽。吾湘人不曰豬子狗子雞子。而曰豬崽、狗崽、雞崽。或重其詞曰豬崽子、狗崽子、雞崽子。則北語南來。參互錯用。變之漸也。數遭離亂。民不安居。在湘南者。流離嶺表。仍操土音。蒼梧南海之閒。承其餘韻。凡物皆言崽。不言子。又以仔字代。崽仔在中原。仍讀如子而彼中則定爲崽。陳蘭甫謂廣東多古音。自余視之。多湖南音耳。於此又可證民物遷徙之蹟。一字之細關係如茲。我儕樂之。況好學深思如小、、別樵者邪。別樵督余爲敍。且命申述所見。因紀一端。藉明梗概。至於恢宏衆妙。通匯古今。則讀是書者。當自得之。孟其疑闢。非敢承也。

浣霞詩存序

衡陽彭濟昌穆如

浣霞閣主。姓譚氏。名志學。清松江提督。湘潭青崖宮保五女公子也。髫齡失怙。奉母隨諸兄僑居海上。延名師授讀。心性靈敏。過目不忘。工詩文。善書畫。名重一時。申江女校。重金以聘。循循善誘。準今酌古。道義爲根。從游者、聞風而起。趨向師承。淑慎其身。不尙浮華。屏除邪說異端。行孔孟之大道。以正人心。而端風化。世幻離奇。慈悲爲念。自母失所依。行篋被竊。歷年詩鈔盈帙。亦歸烏有。文字之劫。良可慨矣。時有論婚者。多顯達。皆不之許。甲戌秋、有同邑王湘綺先生高足弟子。周木崖才子名教中端人也。正需絃續。彼此知名。遂成佳耦。志同。道合。互相酬唱。秦少游蘇小妹。再見於今日。後先相映。傳爲湖湘佳話。木崖社友。與安化陶文毅曾孫叔惠觀察。維特道德閨揚正義。社務負責。不遺餘力。頹風共挽。論交非泛常也。濟昌與浣霞同出將門。自先世平定粵匪。分握兵符。水陸績著四十年。同光朝伯氏剛直公。巡閱江海。共慶安瀾。回憶童時。隨先將軍作吾公。得見青崖宮保。視同子姓。勉勵儒修。迨宮移羽換。故舊星散。今浣霞相逢劫後。追溯江南遺事。湘中勳華子弟。隨侍宦遊者。寥寥可數矣。尤不禁今昔之感。茲讀浣霞詩存。頓洗老眼。幸見一斑。如登金焦二山岳陽樓。飲第一泉。游龍華寺諸什。深得唐人三昧。感岳忠武之沉冤。梁夫人之助戰。王昭君之出塞。寄託遙深。其他題名勝。詠花鳥。懷古感時。觸景生情。出自天籟。可見詩中有骨。大家風韻。吐屬不凡。縱謝傳詠絮。蔡識辨琴。史續曹昭。經解伏女。不得專美於前。而又文成織錦。集彙香茗。於風雨飄搖時。爲裙屐後進有所借鏡。更難能而可貴矣。因誼屬通家。不揣譾陋。勉弁數言。未免見嗤大雅。是爲序。丙子冬至日衡陽彭濟昌穆如甫謹識時年六十有九。

詩錄

船山先師誕辰感懷

邵陽處 賀泮珊

古祠寥落壁苔斑遺像莊嚴髣髴間今日蒸嘗同闕里昔時經卷老荒山瓣香不愧
承濂洛高節真堪起懦頑正值橫流遍中國黃書讀罷淚長潸

題何秀才性存二如遺稿

湘潭唐傳杜荄陔

我朝三百載大節出黌宮袞袞誰家子滔滔此日同乾坤拚一死犬馬識孤忠掩抑
空山裏潸然泣鬼神

前題

甯鄉黃錫卣

惠風扇陽和羣禽語如流嚴霜沾野草孤雁悼其儔大氣無慘舒有感成欣憂寒孟
行春令失節良可羞三閭去云遠騷響今未休我馬正縱橫吾骸何以收秉燭覽遺
吟寒飂爲飀飀將相若埃塵忠義足千秋君今在何許猶念恆幹不

前題

湘潭齊鶴安

海上田橫去今無國士風死生關大節天地鑒孤衷著作琳瑯裏鬚眉髣髴中心香
留一瓣吾欲祝南豐

題殉節何君性存小像

甯鄉李瀚昌

梁魚爛。梁魚爛。挺然一骨氣不散。莫謂國無人。斯人眞鐵漢。頭撞地。頭撞地。狀哉熊羆心不二。濺血鼓同袍。痛飲完吾事。遯翁鬢邊有黑子。君乃眉端有黑子。遯翁則遯君則死。今我遯荒哭烈士。

前題　湘潭蕭昌世

范叔本膺天下任。羊城殉節足嗟吁。鴻毛泰嶽誰輕重。不朽乾坤一老儒。

邇來名教全澌滅。苟活人間總赧顏。就義從容完大節。披圖展誦淚汍瀾。

何秀才性存輓詩　湘潭黃遠劭

幕府將軍久見招。霎時危授志無撓。銀塘煙樹寒歸旐。南海風波咽暮潮。素練雉經情激烈。珠江鶴化影迢遙。文翁治蜀離觴共。記否湘城話寂寥。趙君芷蓀提學四川君去廣東餞者與俱余陪末座

前題　湘潭楊超治

淸秋幕府月黃昏。噩耗遙傳淚獨呑。昔日同爲文雅拜。乙未正月冶與楊芷生宗世伯赴奉天防倭軍次迂道河南歸德鎮署時君課讀於楊瑞生鎮軍幕府同出府城遊文雅臺拜孔子石像訪桓魋伐檀故址今爲荷池並觀垤澤門熙朝到底秀才尊。半生。

知己酬淮海，萬里蠻方識性存。（革命軍士見君尸曰此何性存師爺也賻棺葬西湖）何必招魂歸故國，西湖（惠州）含笑夕陽村。

休論地暗與天昏，睥睨塵寰氣欲吞。馬革餘生兒女態，鴻毛一死布衣尊。招魂釃酒文字誅，殉難題碑字尙存。（革命軍士葬君惠州西湖時曾爲立碑如君遺書題字曰湘潭殉難諸生何承鑫墓）收骨瘴江留宿草，徘徊渠月故園村。

湘潭周孝子詩（有序）丁丑

周逸

孝子名邦淇。字福生。性情良善。雖不學。喜親賢。承先人餘業。業米坊。强好義。家道以窮。事母甚孝。母曾病篤。割臂肉入藥中。母服之卽愈。至今創痕。穰然尙在。古之愚孝。不是過耳。船山學社經費極微。百舉在內。上下食者指不十人。故庖丁往往不終月而去。遂雇孝子。兩年來。庶無更易廚役之煩。要抑孝子能克己之所致。去秋孝子於船山先生誕辰之前一日。忽病死於社中。時年五十三歲。有二子。均無力。貧無以爲殮。由社中備金撫恤。相助以葬。余既悉之。乃作詩云。

良庖悲汏遂，孝子志堪傳。割臂而醫母，居貧不怨天。採風雖我責，扶世賴君賢。人事何。爲。貴。倫。常。第。一。篇。

題木屏記絕句十二首

寧鄉鄒可權愼齋初稿

木屏姓劉。一名淑。字淑英。自號个山。先世南康人。即世稱三舍劉氏。父鐸。明萬曆丙辰進士。由刑部郎中。出知揚州。題僧扇語涉譏刺。忤魏忠賢。逮獄死燕市。懷宗立。贈太僕少卿。謚忠烈。鐸就義時。木屏方七歲。母蕭氏攜至刑場。鐸作詩慰之。許爲女中英。稍長能文。旁研兵法劍術。普門經咒。及笄。嫁寧夏巡撫王振奇之子靄爲室。舉一子。逾二年。靄歿。木屏才二十有一耳。時何騰蛟奉唐王命規江西。木屏感傷家國。散家財。募義兵千人。將東出禾川。與楚師會。當時鄉里疑謗。所親多尼之。木屏不稍顧卻。然亦念孤軍徒死無益。會騰蛟部將張先璧。請謁木屏。欲資爲臂助。見之。爲指陳大義。先璧感動。且日報謁先璧軍。先璧涎其美。頗示意。木屏怒。拔劍起。先璧覊困之。幾自屈。木屏刃不釋手。先璧心敬其節。木屏得釋免。曰吾以國難蒙恥至此。事之不濟天也。立散部曲。迎母奉佛。擇地營父葬。並刊其遺稿。未幾。南昌破。變服從者嫗抵湘潭。依父執謝氏。繼而兵禍益烈。木屏匿深谷以免。遂

終於湘。年壽幾何。歸葬與否。均不可考。有个山集八卷行世。子永銓。亦能文云。以上節木屏本傳

同邑劉君寅先宗向別署補過生者。爲考訂其傳。並爲撰劇本二十齣。彰之。署曰木屏記。一曰忠孝女將軍。木屏固奇女子。劉君亦有心人。因題此詩。

已墜金甌不瓦全。興亡何事與嬋娟。淮南狡猾驅雞犬。幻出紅羊換劫年。

弱質呱呱墜地時。遼東烽火報熸師。心傷三百年青史。孱主孤臣殿女兒。

木屏生光宗庚申。正楊鎬經略遼東。爲清師所敗時也。

太僕揚州大節完。遺巢不覆語辛酸。陰霾兩字蒲葵在。莫作桃花扇子看。

木屏父鐸臨刑。與木屏詩。有遺巢不覆君恩重之句。此僧扇有陰霾國是非句。

拏空雌霓怒生芒。三矢前驅負錦囊。誓廟無端數行淚。九原君父太倉皇。

不櫛居然首義兵。微臣蟣蝨可憐生。峨眉自分讒謠詠。悔被狂奴識姓名。

左右旗旄宛洛神。機鈐玄女本天人。將軍誤認投羅雀。未解英雄面目真。

覓是男兒一個無。微詞花蕊信非誣。從今却袖援桴手。但與廝姑訴海枯。

一袈裟地亦艱難。不望明駝返木蘭。鈿合金釵久拋却。粥魚爲母祝加餐。

西山薇蕨尙難專。那許陳人恣意眠。負上恕兒遲廿載。河山寸寸有腥羶。

淒然黃鵠吐哀辭。難遣王郎地下知。不死幸爲留塊肉。燈前能誦个山詩。

身世黃臺再摘瓜。望門張儉已無家。至今江上傳瑤瑟。目斷湘靈水一涯。

一例髭鬚誤子胥。登仙曹福未全虛。家風校本題臣向。僥倖梨園覩異書。

鐸同刑有僕劉福。即曹福登仙俗劇所由來也。相傳劉氏宗祠至今每歲祀先必演此劇。

臺南陳氏二女詩 有序

岳陽李澄宇洞庭

臺灣陳登志士而醫有聲。自臺灣割於日本。盡室徙廈門。製藥爲業。有二女。錦繡瑞雲。鑒從姊適蕭不睦。且弟某弗纘父緒。共矢不嫁。錦繡今五十三歲矣。父前歿瑞雲亦逝。事母守舊業。洎如也。意甚苦而行芳。事極難而志遠。若二女者。殆巾幗之隱逸。而閨閣之狂狷。可無詩與。

萬古男女續。五倫夫婦始。若皆言獨身。道滅世將毀。堯時有許由。龍門記其事。尼父貴中行。亦思狂簡士。常變理萬殊。要各行其是。心可質天地。異迹實同揆。我聞陳氏女。在室古井水。終身父母前。怡怡妹與姊。繼述踰兩男。克家焉待子。但切烏鳥情。不解鴛鴦喜。厥父既北邙。妹亦西山趾。貞木影忽單。死生隔萬里。女年五十三。耄矣母天只。寒暑永相依。蚤夜具甘旨。貞孝在一門。天南雙柱比。行志豈求知。此詩聊代史。

新化鄒烈婦詩有序

邵陽盧　賀泮珊

烈婦彭氏溆浦農家女也。年十六歸新化鄒律師永嚴為妾。甚賢淑。已而鄒在寶慶以病卒。婦料理喪事。哭甚哀。人或以年少諷慰之。婦勃然曰。豈有鄒律師婦而再嫁者。及百日滿。建道場。親友咸來祭奠。婦更新衣。談笑自若。乘夜暗服鴉片。伴媪覺有異。急起喚家人覓醫救治。醫來。婦揮之去。曰若何人。敢入吾室。竟不服藥。臨死無他言。但曰葬我鄒律師旁足矣。親友傷其志。為具棺合葬於新化焉。時民國二十五年正月也。

芙蓉窈窕花。爭及松柏堅。松柏耐歲寒。芙蓉隨風顛。古來節烈婦。秉性殊嬋娟。賢哉彭氏女。事夫及笄年。柔順嫻內則。不待姆教傳。夙夜抱衾裯。同居弭尤愆。時乖命不辰。一旦失所天。從容殉夫子。談笑如安眠。匪為貧所迫。且為嫡所憐。奈何甘自殺。棄此苕華妍。夷齊恥周粟。勝舍稱漢賢。所惡有甚死。所求在自全。貞臣與烈婦。焜耀相

後先此事足歌泣莫令逡泯湮世無鄧湘皐念之長泫然

過湘綺樓 癸亥

寧鄉傅紹巖梅根

零露下百草秋風亦已涼殘書猶插架墮葉紛滿牀高樹拂穹簷晚花明荔牆是翁所手植百年遺澤長同緬葳同開文藻極吾湘先生與二鄧復古崇縹緗更傅公羊學王派東南望海南溯初祖學說誰濫觴我昔客漢滸公歸適連檣先施値予病倒屣慚未遑相見在長沙厚意不可忘大雅久殂謝遺書令我傷茲來湘綺樓不復見毛嬙連簷構造奇想見邸鬱藏兵居滿堂廡旌麾豎崇岡太息斯人遠經過重徬徨

十月十一日郭穀貽招飲心遠廬爲曾文正作生日敬賦五言一首

前人

皇天眷下民篤生我文正辛未年十月維時際嘉慶妖燄剷一紀海宇澂明鏡還流道光末疆吏多秕政金田盜紛起僉曰由牧令歲序未一周東南奔駭獍微公攬轡出何由肅暴橫勳名炤今古詎止追贊晟郭君承明德遭世篤儒行今茲際初冬乍見湘天皇爲公作生日座客皆起敬君祖葛亮流當時應徵聘幕府自高騫佐治功能竟亂平謝軒冕雲臥全真性嚮歎與山林千載同輝映緬懷中興年人才一時盛

世屯於以康豈曰非明聖橫流賴君子如何肆譏評自從辛亥來區宇極變更厄運遘陽九九土洪流迸舟覆棟傾折羣盲起相競迅獸已倀張虎兕遞踰穽鰐鯨奮鬐鬣潛鱗失游泳大位容攫取江山非一姓南北猶分割隙尋互偵詗矯首瞭神州塵氛殊未凈朝已無人焉誰與操政柄安得起曾公再駕全民命豁然張四維寧夏瀚憂悃此望無窮期孤懷託歌詠

謁墓　前人

初日照江城倏然起思慕凌晨步城闉草樹猶含露去城不五里是曰湖蹟渡崇山鬱佳氣流澌類韶頀蟠螭下曲折枝榦兩邊護中間忽巃嵸乃我王父墓羣山自環抱龍起猶迴顧奔騰瞻正脈勢若狻猊怒我聞從兄言生壙祖自具獲茲眥屏營步陟窮千度豈惟免崩塌亦自有深慮今逾七十年馬鬣封猶固孫系出旁枝繼嗣從嬰孺忽覺暮齒近深懷植落懼早夜事丹鉛冥心託縑素謁墓歲一次諒為先靈恕再拜辭邱塋下山容緩步康衢際劫餘斜陽趁歸路

何潛園輓詩　前人

旅居日閉門不復聞外事徐生忽來告潛園昨逝世聞言未及終雙淚涔涔墜念與公別久未由親謦欬幾次詣公居適緣病未會公病久在牀起居動違失可憐篤老傷有懷不得遂疇昔盛文酒月集每三四公於我最親觴詠靡不至丁巳我出游江漢嗟留礪十髮亦移家社集因少替前年海上回長沙再聯袂乃爲老病侵出入需僮侍三年僅兩面竟爾悲長逝鯫生齡未頹怡情在經笥顧以衣食謀所營動拂意公實念我窮一見輒相慰久矣獨居游孤懷等方外公乃長此辭得不傷同氣轉輾聽更籌徹夜不成寐欲哭成酸嘶寒燈半明晦

閒居示友　前人

天地猶羣盜浮沉我未能閒居生白髮老學有青燈庭樹凍逾綠池波夕已澄蕭蕭風葉意何事欲飛騰

息影八首秋日返舊居作　湘鄉王禮培佩初

壖葉學書地窮秋獨閉門小山叢桂發孤月此心存醬瓿玄經字鹽車老驥魂偶來馴鶴徑息影聽潺湲

文苑詩錄

卷褫松陰密飛簾水石寬稻涼農事緩鷥老燕泥閙曉露侵書幌夕風下井欄遂初
方賦罷佛意此中看
瞭亮吹橫笛風迴衣袂長好懷得何穩初雁過江涼沆碭秋生白崦嵫日已黃天門
守獰惡應不礙淸狂
風玉蕭蕭送南牕靜有聲茶宜雙井注人自一經橫巾幘歠遙夜鬚眉照短檠比來
藏退密無事起心兵
杳然吾喪我逝矣歲逢秋冠蓋前朝夢星辰昨夜愁老猶思貂尾功欲讓壺頭雕俎
人加爾寧論鏠與牛
南浦東塘路三三兩兩花蔚藍天似水淸淺月橫沙木雁勞虛辨鳶魚信有涯歲年
深道力細細理根芽
老柏如人立森森纓絡垂晚聞吾共爾沉醉意全癡月色移初夜灘聲響舊時諸緣
渾了澈香散影遲遲
澈夜巡簷雨侵燈上枕函詩從鹽味永禪向鼻端參倚醉公無誤逢人七不堪砌虫

聲。慚。息。天。與。試。嗔。貪。

為兒子傳麟題尹和翁畫梅花册五首　前人

荒。巷。梅。老。見。天。心。便。有。孫。枝。出。舊。林。爲。問。玉。龍。酣。戰。罷。幾。時。飛。雨。作。甘。霖。

誰。把。孤。根。倚。石。栽。風。流。合。比。謫。仙。才。空。山。鶴。影。清。如。許。幾。見。江。南。驛。使。來。

水。邊。竹。外。一。枝。枝。鈎。引。老。夫。七。字。詩。昨。夜。東。風。吹。酒。醒。强。和。花。影。立。多。時。

老。來。閒。煞。耽。春。翁。祇。有。三。更。鶴。夢。通。孤。幹。半。空。心。尙。在。高。寒。端。不。借。東。風。

濺。仗。花。神。護。綠。華。殷。勤。吹。送。野。人。家。清。容。盛。鬋。春。光。淺。獨。繞。中。庭。到。日。斜。

九日同黃山瑾珊同年遊妙高峯登天心閣茗談和黃山四章

湘鄉蕭仲祁理衡

久。視。人。所。樂。因。以。重。九。名。雖。如。陶。公。達。眷。此。節。物。清。良。儔。惜。晴。佳。游。陟。躅。世。情。造。物。厚。孱。軀。幽。勝。接。戶。庭。秋。氣。斂。塵。滓。豁。眸。入。青。冥。萬。象。涵。襟。抱。翛。然。在。蓬。瀛。嘯。歌。天。宇。寬。碧。海。掣。長。鯨。

結。廬。妙。高。下。屹。然。草。堂。靈。東。軒。黛。痕。合。南。榮。林。烟。橫。霜。夕。月。在。山。高。潔。如。銀。鉦。雲。樹。

舊相識道旁拱若迎惜哉土木繁劖削山川精花竹黯無色垣石欲將傾雕琢竭物力渾樸失天成墟墓華屋出鬼語殘碑腥彈指卽陵谷桑海何足驚行行百感集相對心俱酲

繹過宋相墓黨禍情難平低徊將軍塋明亂由倒行外患與內爭紛紜炳汗靑千載誰能欺徒惑當時氓秋蟬抱危枝鳴咽餘悲鳴治亂世相續柄國孰善營舉棋偶一失大廈哀全傾時事安可測害值今玆晴眼底無俗物曷爲世虛榮

衰病畏人事咫尺隔天心經年遘嘉會散策陪登尋澄江碧欲盡衡麓翠入襟歲美市民樂巷歌答嘯吟安知虎狼國海隅搆兵爭世運如林花春秋互枯榮六鰲連一釣三山陂復平仁者國自昌彼蒼有照臨平生涉書史觀往而知今褋此若坐歡明日隨晴陰

和王孝廉佩初息影八章　前人

病久忘人事新詩忽叩門沉吟增氣息枯坐得溫存露重荷擎蓋風高桂鍊魂粉牆搖薜荔飛夢誤潺湲

老來方藥熟靜覺性天寬歲稔牛腰健江澄鷗夢閒灌花扶墜石聞笛度危欄禪意
隨機見拈來掩卷看

漫浪今年甚清談倚夜長敲棋樺燭短覓句酒樽涼砌草秋猶綠籬花晚更黃掉頭
牢閉口人識狄公狂

城南栖板屋喜無車馬聲顧影前塵現看山短策橫雀喧拋脫粟禪靜伴孤檠樂歲
傳吉語西南正解兵

哀時續九辯庭樹已驚秋楚客懷沙恨王郎斫地愁土瀝三戶力籌轉五更頭叩角
臣今老東門夜飯牛

濁水摩尼照秋林眼欲花晚參元化術慵採葛仙砂火熱丹田界雲蒸氣海涯養存
惟自在枯荄啓新芽

妙高尋往迹雲物隔江垂世變天應泣山移我自癡蟬聲餘古怨雁影及斯時細數
循環理巡簷意自遲

不雨秋心苦清篇玉出函百回玄理密三昧宋賢參駿舞今誰待鞭隨我尚堪菊叢

三嗅罷香餌若爲貪

隨魏仲魯知不足齋

湘潭陳學博珮秋遺稿

天道蝕月盈聖功甚時習登山倍見高量海慚不及所以古之人虛心夜繼日縱蓋天下功不學恐無術今人夢夢然浮華鮮崇實鶩廣亦糟粕萬難敵其一僅讀數行書動侈五花筆褎裏笑醯雞禪中慶蠛蠓翩翩佳公子弱冠有心得恍悟幼沖年寸衷紛茅塞學始知不足升堂貴入室珍寶分寸陰磨鍊金玉質持此顏書齋髣髴圖無逸觸目日日新所造豈有極博通天地人面壁功修密我生愧不才理疏牛毛拆謬傳劉向經空草陳琳檄爲君一揮毫三復謙受益

元和江宗師建搬來蟯仙堂詩畫冊謹題二章

湘鄉蕭仲祁理衡

避地雷瓊海依依近十年波濤濺利涉神物有奇緣（畫冊自失而復歸後識善藏之丙寅亦匪擾湘避亂粵南拱此冊朝夕展玩）志業空塵念師承姚隤顛不堪蕙圃地重到幾悽然（蕙圃爲師板輿侍親之地在今省署東偏）

百家灰燼日故物此殘存師友風流盡（師手蹟多紙因鄉宅駐兵多係匪兵將書物揞失無存即讀畏公手札一冊亦於十九年長沙匪亂全失僅贍畫冊內一通茲倂以歸小鶴）因緣夢寐論顏碑傳祚胤（明時季雁山守建昌以重金購得麻姑劉石存於府庫至其孫）

寶之

虞帖笑房邨（虞永興帖爲人競取有分得房村二字者）我亦仙堂蝶遙遙夢裏魂

前題 四絕　　鳳凰熊希齡秉三

淒風殘日古燕臺夢裏春明至可哀寂寞草堂人去後可憐仙蝶不歸來

白頭重讀故人詞畫社題終甲午時泥爪不勝今昔感傷心國難尙如斯

悽然淚墮黨人碑國瘁人亡胡可爲幸有楚材能繼起沅湘蘭芷動遐思

烽鏑光陰四二年刼餘遺墨尙依然人間猶有河汾義記此師生文字緣

前題 丙子夏至　　湘潭胡元倓子靖

清時游宴春明夢故紙雲煙刼後痕白首門生重展讀當年詞客幾人存（此册爲元和師淸末居詞館時友朋燕集之作今社友已無存卽督湘學時承命題詠者亦寥落如晨星矣）

傳經慚負靑氈業興學差盟白水心四十年來知己感吳江墓木久蕭森（余少承家學治經於光緒丁酉選拔試受知於師旋游學海外歸創辦明德學校艱難支拄未遑晉謁師里心常耿耿）

遺編賸託得傳人翰墨因緣一段新絳幔黃爐都寂寞師門風誼忍沉淪（師母汪夫人以此册寄贈譚畏公未幾畏公去世師母亦於今年仙逝）

飄零遺翩共追攀胠篋居然合浦還畏公以此册囑蕭理衡題詠理衡於飲次被竊旋賦歸願借名山護文藻長留鴻雪在人間。丙子入都理衡囑携此册將返之小鶴世兄時柳君翼謀主江蘇國學圖書館商請庋藏館中以存鄉邦文獻并影印分貽同好藉留紀念吾師有知當亦莞許

前題

湘潭葛鼎甫遂銘

悵念靈鵝閣瞻依仙蜨堂一朝傳俊秀千古閱興亡止渴茶溫注除枵飯熟嘗集聯書手贈親切異尋常。

藝圃居猶舊藏山滿陸廚蒐奇原百宋珍祕冠三吳故宅依橋巷江師題來蜨仙堂詩畫册第一集詩第二首云六年曾住縣東橋百宋廛空夢寂寥惆悵年年蒐逸事畫圖今喜見今朝自注云余舊住縣東橋即蕘公故里也寒門接太湖。鼎甫祖籍吳縣洞庭西山有蕅家塢海源書目在。江師刊有手鈔聊城海源閣藏書目見贈此書刊在靈鵝閣叢書中披覽一晞噓。

學署二亭詠 舊作

前人

荒畦漾翠花冥冥眼中突兀懷古亭三芝蓊鬱蝕珠露鴉嘴劚蘚搜殘銘螺鬟玉女

青眸睞鶴髓浮根古銅溉千齡一溷荆莽叢黝穴無花畫晴黛紅塵合沓迷湘垣督

見冷碧融硐矓殘葩細錦唾絨簇畫眉隱隔屏山喧煙雲新構宜春曉月射虹梁漏

聲。小。石。牀。跋。臥。人。夜。諸。春。聲。碎。答。微。颸。搖。絳。蠟。嬌。啼。和。玉。燒。　三芝

金。鑾。僊。人。降。清。署。後。樂。空。餘。舊。亭。處。曲。徑。青。泥。印。屐。痕。芳。園。弱。柳。穿。晴。絮。衰。紅。綴。石。芒。稜。稜。斷。礎。結。花。雲。氣。蒸。苔。紋。細。篆。沙。鳥。立。菜。把。靜。喚。園。丁。膺。湘。山。幾。處。籠。空。翠。靡。蕪。任。逐。鴛。鴦。避。桃。李。東。風。鎖。院。搖。曉。鶯。偷。眼。春。官。醉。詩。魂。不。醒。嬌。羽。呼。紫。茸。暈。地。昏。糢。糊。畛。昴。夜。照。綺。欄。側。湘。玉。衡。琳。素。蛾。拭。蛛。絲。不。斷。情。如。織。　後樂

奉題元和江宗師修書圖　有序　　前人

昔儀徵阮公試浙、曾甡修書圖冊、題詠甚富、今元和江宗師建節試湘、鈎幽抉冥、蒐刻成集、爲影刻宋書棚本唐人小集三十餘家、一踵阮氏故事、中丞吳縣吳公清卿、作是圖贈之、院試事畢、奉江師命雅集試院、因出圖索題以副命云、

儀。徵。扇。儒。風。斯。道。抉。蒙。翳。山。峙。分。高。卑。水。流。別。洪。細。大。鵬。張。高。翮。凍。雀。縮。毿。毳。珍。殺。袪。腥。臊。美。豕。戀。柔。脆。精。懷。珠。玉。光。犳。斥。碔。砆。礪。鐘。鏞。洪。如。雷。箏。琶。弄。疑。嚏。不。才。自。屈。恧。入。世。但。侘。傺。十。思。却。九。顧。一。本。布。萬。諦。萬。象。拱。辰。極。不。敷。小。星。嘒。阮。氏。挺。鍾。毓。遺。書。久。行。世。魁。碩。信。犖。犖。翬。蜚。任。泄。泄。遠。識。瀰。廣。輪。精。鈔。遍。陬。澨。時。若。無。師。承。敎。曷。有

統系伸手起顛躓頓足喚夢囈不痛下鍼砭安能懾疫厲撫膺存弁髦督學變椎髻
英風被開府化雨澍列第注疏求精詳校刊記融叫盧有一字謬謂是千載沴詁經
從典墳纂詁溯篆隸鈎爬金石文鑑核鼎彝製隸首功不滅疇人傳難替翊世資股
肱抱殘劃犹贊東南元氣足先後歷開繼淮海相毗連蘇揚共維繫江左同一隅輔
車不排擠元和振裘領衆彥迅揚袂盤錯成輪囷深宏固根柢棫樸羅滿庭棗梨積
盈砌一心在茅茹萬事不芥蔕用是多英賢罔不贊奮勵非渠實參攷曷物啓智慧
欣有輶軒使出爲寒畯計祕奧當傳鈔缺失應補綴妙縱容獨窺恨難獲乘濟鄴侯
今已殞曹曾昔聞逝訪友覓別離詢途更迢遞鄉環迴莫到酉穴探無際始識籤帶
垂遠勝長裾曳觀今賴剞劂嗜古重書契毋但矜弁言端先辯凡例訛舛懲魚魯[illegible]
誤摘虎帝每見先哲評麻沙尚繆盭百宋與千元搜遺渺難逮最難覓孤本畢世罕
一睨江師多舊藏刊布不深閉讀竇啓荊蓁披驪種蘭蕙中丞撫南楚讀書復談藝
寒鴉枝上立老樹不知歲石氏墨華精毛公筆鋒銳好作名山藏儒林廣嘉惠

送楊潛庵從事江南　湘潭王闓運佚稿

才易財難世所知幾人棗筆共千時通家那用詩爲勢去國難遊學療飢豈有熱心求立憲祇愁冷眼更嗟卑江南正謁騷主時樊山方官甯藩拂拭塵埃定賞奇

題郭尺岩藏家尹晒黑女志

仁和邵章百褧

魏志妍媸无慮百張玄孤本世稱奇何緣嚮榻烏金古絕技未教媛叟知

黑女庵與黑女室印章濺我起樓臺此宜寶薛軒同貴書派東洲百代開

題郭尺岩蔬菜法四絕句

蒙古瑞洵井蘇

白菘綠芋紫彭亨也算山中五鼎烹自是先生甘淡泊早知此味勝侯鯖

桃洞逋民蔬月令治庖方法出清新山膚水豢腥臊味讓與籠頭紗帽人

一畦寒菜已荒涼薇蕨于今竟首陽根觸虛山知已感牓書曾爲署蔬香余舊居有園後圃種菜松禪相國曾題齋額曰蔬香館

槁餓民生欲斷魂薰天酒肉自朱門世間衆苦知多少我亦頻年齩菜根

題郭尺岩蔬菜詩 四首

江寧鄧邦述孝先

莖白芽黃各擅場登盤齩得菜根香家園別有瓠兒種卻對霜天憶故鄉白菜

自調蜀豉糝吳鹽。耐苦何須別味兼。輪與畫師書紙尾。署名休更說酸甜。 苦瓜

次第嬰兒脫錦綳。護持應許入胥凌。卻憐太守膏饞吻。醫俗於今歎未曾。 筍

生兒初喜滿東園。一飽何曾未易言。忽憶舊京深夜裏。賽梨博得市聲喧。 蘿蔔

雨水歎

巴陵吳敏樹南屏 遺稿

六月沉沉雨不止。豊寒蕭颯窮秋似。湖波日夜沒山來。奪取深村入湖裏。良田畝值二萬錢。眼看田上撐過船。人家倚山新作屋。於今走向山頭哭。往聞乾隆歲戊申。湖水漲大無比倫。蜀江西堤忽暴決。橫殺十萬荆州民。今玆甲子周六十。恐是運數循環因。不然雨水生萬物。天公胡此為不仁。秋來纔得三日晴。惡風捲地昏霾橫。太陽藏齒不肯見。愁霖相續無停聲。山田有禾刈不得。秋穀盡作春秧生。刈歸火熯亦作計。柴薪又絕將何營。近湖作湖猶自可。山中變湖真殺我。堯年洪水方阻飢。后稷教稼徒爾為。昨夜雨勢仍翻盆。東山飢蛟攪地奔。吾居閭里幸未沒。人間顛倒安可論。

歲己巳五月、大雨不止。余老病無聊、日與客言憂之、恐其復如道光戊申、大有艱食之慮。因憶彼時曾有詩述其疾苦。檢篋稿錄之、以示坡孫。孫之生辛亥、尚後此

四年頃令誦白傳諷諭詩。亦使知世變可歎、前後相類、有生人之憂也。南屛老人

自長沙赴瀏陽司訓任舟中作　前人

泛宅浮家瀏水頭。儒官風味一漁舟。嬌癡小女不解事。笑拉阿爺歸去休。

暖烘晴日轉船頭。浴水凫鷖盡散愁。醉倒一壺兒女笑。人間何處覓封侯。

此南屛老人遺墨。於船哭我爲弃論六韻。皆自作。密圈蓋極意烹煉之作。未可多得。顧詩被文掩。未讀其詩者甚多。而老人自錄之稿世尤罕睹。亟錄送　木崖居士。請轉載本社學報。用公同好。倘許之乎。　鄉後學李澄宇附識

新牆一首　李澄宇

今夏六月十三日夜季弟支宇在新牆慘遇匪禍始至軍民皆避弟獨不變去且以電燭匪故不免又弟獨不樂新牆屢商別就愧力薄未果卒致此哉　慟

盜迹交中國。軍民若未防。樹諼親幸在。急難弟何殃。悔任鸞棲棘。驚聞雹有光。從今歸舊里。垂涕過新牆。

松海　前人

碧濤無際萬龍吟。動我乘風破浪心。莫向泰山高處望。大夫亡國幾知音。

題自畫山水雜詩 二十首

湘陰陳嘉會鳳光

舊住松雲不記年。幅巾野服自蕭然。閑來閑眼風波裏。點檢當時濟北篇。爲石醉六畫小幅

寺樹初晴猶帶雨。峯巒臨水正梳鬟。閒居小閣從容甚。愛看煙雲過別山。爲陳晴洲畫扇

吳鬌詩骨比山清。爲畫煙巒帶雨晴。得似江南風物否。一溪瓜蔓水初生。爲吳温叟畫扇居金陵最久與當代詩人唱和頗多

年來心念故山薇。世事荒荒與願違。何處可容吾輩住。深林茆屋待雲歸。爲高天梅畫橫幅

溪上長橋又短橋。白雲如水浸山腰。鐘聲已歇青峯寺。泉響猶生碧樹條。

如此風光真可惜。抱琴何日是歸期。一溪春水瓜頭綠。要寫瀟湘畫裏詩。題自畫大扇溪山清興圖二首

小橋流水淡煙勻。柳壓陂陀拂拂春。幽境渾忘何處見。近來溪上少垂綸。爲凌子黃畫堂幅

平林秋色淡如煙。淺水通橋若箇邊。有客蕭齋閒讀易。不知身是亂離年。爲黎蓀丞畫秋林讀易圖堂幅

春巾江上看潮餘。卻掃淸齋自著書。爲寫秋林高士畫。擬君詩境意如何。倣倪高士秋林平遠

畫扇贈譚大武

昔年風雨住深山，曾向燒丹學駐顏。今日圖成蕭寺在，歸舟無恙聽潺湲。為黃桂民畫蕭寺歸舟圖扇

知多世事意還癡，寫到山窮水更奇。試看漫天煙霧裏，有人携杖立多時。為妹倩鄒吟秋畫扇

河山收拾建奇勳，還向丹青寫陣雲。呵筆對君難出手，千秋人識李將軍。為劉步青畫堂幅

老去東莊水石奇，黃花手種意紛披。如何持換山人畫，恐媿西涯賞菊時。為朱彥才畫堂幅彥才先送所種菊百本潤筆吳匏庵冬日賞菊圖有李西涯題句甚佳

鎮日山邊與水邊，春來景物自新妍。前途但覺江山迥，閒向青溪繫釣船。為步青畫堂幅

詩豈窮人畫豈愁，看來世事一般秋。不嫌樗散垂垂老，但恐將軍欲白頭。為步青畫秋林茆屋

題扇二首錄一

閱罷滄桑百不提，門前那復聽荒雞。朝朝寫出煙雲態，是處青山有舊題。為人畫扇

幾日閒居且閉關，林間葉落賸弓彎。亭前未着詩人筆，瘦損溪頭數點山。為黎薇孫畫山居圖

別來六載斷雙魚，七字題圖訊起居。料得先生無箇事，看山食飽日攤書。

四首錄二

江干奇石立如銕。江上晴沙白如雪。心情不許世人知。畫到荒寒轉奇絕。爲人畫扇

十年買得青山好。亂後田園幸未蕪。邱壑寒籐依樣在。郤慚摩詰輞川圖。題自畫仙峯山居圖卷子

丁丑元日與內子浣霞閣主話舊　周逸

共飲屠蘇醉曉春。玉爐香細燭華新。今朝漫說衣冠改。稱體青袍有幾人。

隔簾春到最高枝。細雨寒風話舊時。拾翠三人今剩兩。留君伴我莫嫌遲。注詳下

當年鼓浪作東遊。客裏重逢已十秋。猶幸歸來人未老。依然柳色拂糕樓。

後約稽山豈偶然。安貧吏識孟光賢。前妻黃篤斌字淑華出自名門甚賢淑芭中女師範畢業庚午夏逝世甲戌秋續娶同邑譚宮保青崖公第五女公子名志學號浣霞有夙慧工詩畫曾充滬上各女校教職員有年現任湖大女生指導。與君已領炎涼味。從此隨緣亦了緣。

丁丑元旦和夫子木崖原韵　浣霞閣主

星沙小住恰三春。元日年逢兩度新。梅影搖風花帶雨。者番韶景屬詩人。

一夜東風動柳枝。曉來靜坐憶兒時。花燈竹馬今何似。好道中年已覺遲。

海上歸來倦遠遊。匆匆輪指幾經秋。漫誇柳絮才名盛。且讓君傳湘綺樓。

看慣升沈事了然。自慙無德可稱賢。繁華到底春如夢。入世還應悟夙緣。

和木崖居士與其夫人浣霞閣主元日唱和詩　湘潭劉鼒隅澹園

老共枌榆惜晚春。未溫舊學斂論新。何緣飫領賢中饋。卻羨新人勝故人。

倦鳥還林寄一枝。不才淪落愧明時。浮生得失知何定。運命窮通任早遲。

曾會高軒海上遊。西風吹別幾經秋。珠還合浦傳佳詠。妙手重修五鳳樓。

柳絮才華自斐然。和羹況比孟光賢。情絲信是前生締。更結他生最勝緣。

答澹園居士見和之作　周逸

曉日當窗坐納春。白頭相見意如新。與君杯酒期高蹈。不作江湖醉裏人。

耐雪梅花香滿枝。乾坤寂寂閉門時。世間何事能千古。聞道猶疑夕死遲。

滬瀆聚首憶同遊。二月春光澹似秋。我亦空山悲絕響。不期風笛送南樓。

不求軒冕自超然。獨抱麟經抗昔賢。瘦骨如君詩更健。祇應愁與病無緣。

春居嶽麓湖南大學用前均　浣霞閣主

曉來何處可尋春。嶽麓山頭景倍新。萬古人間如旦暮。寺鐘敲醒幾多人。
山深幽靜鳥棲枝。欲聽流泉趁此時。忽憶斯文天未喪。百年後死不妨遲。
當春士女好清遊。誰識丹楓是豔秋。造物有情多變化。月明無礙掛高樓。
萬事安排任自然。端居鎭日愧高賢。頻年領略名山趣。竟遂平生未了緣。

春日即事再次前均　前人

爲惜韶光一醉春。柳絲蟬鬢共爭新。沽名心淡浮雲外。慣愛看書不詬人。
剛見紛紛雪染枝。又當紅日照窗時。（二月十三日雪後晴）眼前一幅江山景。寫入新篇讀未遲。
漫泛扁舟作勝遊。且吟杜句冷如秋。胸懷自有閒邱壑。何用雲嵐擁翠樓。
微塵滌盡意翛然。不露才華世更賢。終古盛名天亦忌。誰能放卻此因緣。

偶與夫子木崖讀張船山詩集聯句　前人

好詩重讀道心生。浣 天賦淸才見性情。儘有文章消豔福。木 不徒湖海博虛名。一樽
常醉愁難遣。浣 萬事看明氣自平。我亦高懷成獨往。木 負他棋劫到輸贏。浣

讀莊子有感 丁丑

周逸

七十二賢相已宗。魏節山贈余詩內有七十二賢人齊被化之句並注云先生講學國專學校適有七十二門人恰合孔門七十二賢人之數無端寒。雪散春風。當年讀破人間世。誰道莊周在夢中。

和木崖居士與浣霞閣主元日唱和詩

釋萬休

吳宮花草付三春。過隙駒光又倍新。仙女神童生有自。莫嗟遲暮老才人。

燕子歸來借一枝。臥遊不是看山時。飛鳴自在人無忤。苦說相思未必遲。

琴書無恙共優游。鳥語花香不是秋。讀畫敲詩清澈骨。柳絲飛綠上瓊樓。

問天無語亦徒然。誰識才華道蘊賢。幸有濂溪堪匹敵。月圓花好定前緣。

周子木崖以丁丑元旦與其夫人浣霞閣主唱和詩見示即韻和之

安化陶思曾叔惠

聲聲爆竹萬家春。春到清門氣象新。一樹寒梅相掩映。綺窗酬唱兩高人。

爆爛花生筆數枝。陽春白雪正當時。聖童才媛渾忘老。韻事何嫌學道遲。

燈市兒時憶舊遊。繁華過眼幾春秋。篇中禪悟垂垂見。會見華嚴湧閣樓。

眷余伉儷亦能賢病榻相依意邈然元旦內子臥病金陵清福輸君雙領受好憑翰墨證前緣

詠史 寧鄉程瀛石

再詔才人對几筵帝心端復在神仙書生卒上三封事朝貴先讒一少年造託湘流

嗟罔極郎當舞袖悵難旋吾衰侈說英靈地高望雲霄獨灑然

讀周木崖夫子詩集敬題一首 澧縣陳雲龍

鄧鎬詩傳繼雅言先生放筆識沃垠衡湘絕學宗風紹謂船山湘綺正始元音聖士存橫

掃千軍餘墨妙直從三峽溯詞源宣尼以後今誰子且許游楊立雪門

辛酉境潰村舍盡為風浪所毀惟吾廬數椽如故入冬水落還家整葺

賦此自遣 湖北公安鄺曙松

滿目蕭條浩刧餘三間猶剩舊時居壁經排浪多懸脚簷已穿茅待補苴漫整殘編

清破篋更鋤荒隴種冬蔬祇愁債積台難避何處還投乞米書

無題 五首錄二 茶陵譚澤洋皋農

誰使江陵建後梁怪他拓跋太披猖西城戍守客為主南面疇憐厲勝王縱以兒郎

親晉帝是何天子歎劉皇山陽班寵空拋卻可復虞賓率舊章
休將故物視雄封難掩終南詭祕蹤未必鵷鶵真是鳳又何雞狗亦名龍游談雖動
高從誨知止奚如鄖舅容僉否千秋公論在至今齒冷笑吳儂

衡山夜泊　湘潭王時邁純浦

祝融鐘磬落孤棹泊麋城山月皎如雪晚楓紅一林白雲遊子意秋水美人心明日
掛帆去衡陽煙雨深

此詩、係北平大學校王仁熙寄來、云乃祖純公之遺作、詩多、選錄一首、以答孝意、

丁丑春日遊周君芾棠憩園放生池以答憩園主人　浣霞閣主

何處堪遊覽春光滿憩園傳家衣鉢在（君母守窮微時播米瓦鉢留為紀念珍藏有年足見孝思）學佛性天存（君傾家興學長齋禮佛樓上設佛堂中懸孔子像現年六十有五為邑人推重以其親賢好善出於至誠非尋常好名者可比）活水魚吹藻清風柳拂
軒臨池無限意遡矣滌塵根

次韻補酬去年冬月蕭黃鄧諸同年夜飲僘廬之作　陳繼訓猥盦

山房深避庾規塵。尊酒惟餘舊雨親。多事桓譚著新論。不妨蘇子是陳人。（蘇軾詩歸來且喜是陳人）
檢書味永燒殘燭。咬菜根香當異珍。只愧隔年詩債夥。遲還取次到茲辰。（黃魯直詩隔年詩債幾時還）

贈沈大令季律詩 有序

湘鄉廖樹勳祜初

辟七大令新構南城華廈余亦在碧湘街築屋數椽相與比隣得時相顧從喜而有贈

南城十載舊家居。喜地靈新結草廬。我亦買隣錢百萬。綠陰分占意何如。
漫將琴鶴憶當年。虛白堂高幾處傳。（君任華容資興諸縣）笑卻烏紗歸把釣。留侯出處本神仙。
不貪夜識金銀氣。（借句）偏有金山作住廛。（時銀行公會聘君為祕書）居自繁華心自淡。挑燈猶讀舊時書。

述懷次張晴山韻

湘潭王劉伯良

徒聞海外有仙山。青壁連天未可攀。塵世何如一春夢。浮生能得幾時閒。年來故友皆萍散。老去遺民與石頑。難得詩人張子野。不時歎衆破愁顏。

劄記

船山先師詩錄

得安成劉救功書知舉王壽門歐陽公已溘逝三年矣賦哀四首

周逸敬選

死生郴水停驂蹻。（戊子冬遇公于興寧遂成永訣）邂逅章門執雉時。義帝宮荒紛落葉。將軍祠冷涌冰澌。（壬午臘初謁公于南昌劉都督經祠）清宵夢不隨鐘斷。鳥道書長恐雁疑。從此遙天真寂寞。寒山掩淚凝霜髭。

其二

擬將心血答師門。不昧君親一例恩。左掖諫章青史外。西郊箋劄玉書存。河山破碎銀蟾影。文字凋零粉蠹痕。腸斷青螺川下水。湘流難挽濁東奔。

劄記

恆心堂讀書答問續第十二期

周逸

問學貴大成、不貴小用、大成與小用、何以辨之、

答大成者、參于天地之謂也。小用者、謀利計功之謂也。

問堯舜與湯武之處事如何、

答堯舜以天下與人而無人德我之望。湯武有人之天下而無我取人之嫌。是故天下無大事。我不能大、則以事爲大而處之也難。

問小人義士君子三者之用心、其同乎否、

答有毀人敗物之心者。小人也。操譽人成物之心者。義士也。油然乎物各得其分而無爲者。君子也。

問禮文與言辭、其情實何以察之、

答禮文多者。情實必不足。君子交際宜察焉。言辭巧者。臨斷必不善。君子選用宜察焉。故胡五峯有云。能攻人之實病至難也。能受人之實攻尤難也。人能攻我實病。我能受人實攻。朋友之義其庶幾乎。不然。其不相陷而爲小人者幾希矣。

問人之處萬物能盡其性、其學如何、

答五峯先生謂萬物皆性所有也。聖人盡性。故無棄物。人能法之。則君子矣。

問不爲小人之歸、應如何檢點、

答行紛華波蕩之中。慢易之心不生。居幽獨得肆之地。匪僻之情不起。上也。起而以禮制。次也。制而不止者。昏而無勇者也。理不素窮。勇不自任。必爲小人之歸。可恥之甚也。

問人不能自反。是否氣浮心惑。

答氣惑于物。發如雷霆。狂不可制。唯明者能自反。勇者能自斷。事之誤。非過也。或未得馭事之道焉耳。心之惑。乃過也。心過難改。改心過則無過矣。

問好惡之性、小人與君子、何以不同、

答好惡性也。小人好惡以己。君子好惡以道。察乎此。則天理人欲可知。

問生好死惡、是否欲字不能去、

答生本無可好。人之所以好生者以欲也。死本無可惡。人之所以惡死者。亦以欲也。生求稱其欲。死懼失其欲。憧憧天地之間。莫不以欲爲事。而心學不傳矣。

問道充乎身、塞乎天地、而拘于墟者、不見其大、存乎飲食男女之事、而溺于流者、不知其精、諸子百家、億之以意、飾之以辯、傳聞習見、蒙心之言、命之理性之道、置諸茫昧則已矣、悲夫、此邪說暴行所以盛行、而不爲其所以惑者、鮮也、然則奈何、

答在修吾身。夫婦之道、人醜之矣、以淫欲爲事也、聖人則安之者、以保合爲義也、接而知有禮焉。交而知有道焉。惟敬者爲能守而弗失也。語曰。樂而不淫。則得性命之正矣。謂之淫欲者。非陋庸人而何。天得地而後有萬物。夫得婦而後有男女。君得臣而後有萬民。此一之道也。所以爲至也。

問人之心患、應如何救之、庶安于命而通于死生晝夜之道、

答天下莫大于心患。在于不能推之爾。莫久于心患。在于不能順之爾。莫成于命患。

在于不能信之爾。不能推、故人物內外不能一也。不能順、故死生晝夜不能通也。不能信、故富貴貧賤不能安也。

問學欲博、守欲約、博與約何以辨之、

答學欲博、不欲雜。守欲約、不欲陋。雜似博、陋似約。學者不可不察也。

問天命之謂性、性天下之大本也、堯舜禹湯文王仲尼六聖人先後相詔、必曰心而不曰性、何也、

答心也者、知天地宰萬物以成性者也。六聖人盡心者也。故能立天下之大本。人至于今賴焉。不然、異端並作、物從其類而瓜分、孰能一之。

（未完）

淡園答問卷一

湘潭許銘彝篤齋

按許君篤齋。爲 湘綺師大弟子。此編 湘綺師有序。見本學報第十二期文苑欄文錄類第二篇。其文內有認啓兩字。初以原鈔疑爲謁故之誤。後得許君來函云。 湘師題拙著答問。不知何人錄寄。其中認啓兩字係 師親筆如此。究未誤也。後又來函解明認啓兩字。卽同通候兩函。均載本期學報叢錄欄涵訊類。希閱者參照爲幸。 編者周 逸識

答蘇孝㮚問一

問隱公元年、公羊傳王者孰謂、謂文王也、夫春秋託王於魯、故魯用異正、然周自文王受命改元、武王卽位、不聞改正、是周之正、卽文王之正也、今謂王者爲文王、豈徒假文王之名、而不用文王之正耶、論語曰、三分天下有其二、以服事殷、周之德可謂至德也已矣、豈文王未嘗改正、至武王而始有正耶、竊意謂文王初用殷正、周公攝王、未嘗改正、故假而用之、是王正月之正、爲文王未改元以前之正也、未改元以前之正、迺殷王之正、亦何必言文王、豈魯本殷正、而文王又嘗用之、故遂

假文王爲名與、

答孔子作春秋以見王法。全書皆託也。魯周異正。謂託王而改魯正則不然矣。魯正託。魯文王託。文王周文王正非文正王正月者王魯也。曷爲先言王而後言正月。正據周魯異正問也。王正月一王答爲動字言託正月爲文王正月也。不然則當言王之正月。不得言王正月。託王非自王。亦未嘗以魯爲眞王。非亂臣賊子所得藉口。

問孔子不枉道以求仕、然苟生三國時、其將何以自處耶、昔戰國之世、周王尙在位、而孟子以王道勸齊梁諸君王天下、使齊梁有可王之君、則將取周王而放殺之與、抑廢之而爲諸侯與、

答觀武侯所以自處、可以知孔子。觀舜所以處丹朱、可以知孟子。

問公羊隱二年傳紀子伯者何無聞焉爾、豈誠口授相傳有所失耶、抑故爲疑詞以答之耶、廖昺文所言雖似獨到、然喪娶不親迎於內猶譏之、外又何不可譏之有、

答我迺知之。知之者孔子也。無聞自孔子無聞。非口授相傳之失。廖說新穎。然終不若予三世之說爲愈也。

問春秋滅同姓名、而虞師晉師滅夏陽不名、豈使虞首惡、而晉遂無罪耶、抑不待貶而罪惡見耶、虞郭之亡、經皆無見文、蓋春秋不記事、然虞之亡不記、而晉人執虞公則記之、公羊傳曰其言執之何、不與滅也、夫虞滅則不與、而他國與受滅者何也、

答假道取亡。非戰之罪。故春秋不與滅。書滅虞則與滅矣。滅夏陽稱師者。將卑稱師例。非君將。

問易經六十四卦或謂伏羲八卦、文王演爲六十四、而孔子繫辭、蓋取諸離取諸夬等語、其事皆上古之事、是古有六十四卦、文王不過從而爲之辭耳、未知然否、

答伏羲重卦。王弼之說是也。

問論語有婦人焉、王湘綺先生說婦人當作歸人、謂膠鬲也、而顧亭林謂婦人爲文字之誤、豈婦字誤作歸字耶、

答武不得臣先后。歸又不止膠鬲。注訓似均未當。孔子此論。蓋譏閎夭也。史記周本紀。紂囚西伯。閎夭求有莘氏美女獻之紂。紂赦西伯。以周臣之賢。而非婦人不釋

文王。故曰、有婦人焉。九人而已。西伯歸。諸侯皆歸之。猶服事殷。故譏閎夭之後。即稱周至德。此亦一證也。

問唐之郭子儀裴度、皆可謂大將、然出將入相、垂數十年、但見其將略、而未聞當時政治有所匡救者、豈長於用兵而短于治國耶、

答郭裴並見疑忌。一委蛇以保身。一擯斥而去位。匡救難言之。然削平大難。即其相業也。

問論語一書、孔門弟子所記孔子之言、及門弟子之問答、而周有八士等語、何以記哉、

答論語廿篇。似分內外。外篇之詞。多以證內。如此上不施其親。不棄故舊。證內篇之篤親不遺故舊也。無求備於一人。證君子之不器也。八士一節。蓋以證周之多才。不在十亂之列。故不入於內篇。

問合葬非古、而孔子之母死、不別營壟、乃殯五父衢、以俟合葬者何也、且孔子喪母時、近十餘歲、何竟不知父墓而問他人、

答不知其墓殯於五父之衢。十字當作一句讀。人皆以爲葬。孔子亦不知其爲殯。非不知墓也。

問春秋善復古、則凡謂宜悉更張者、非春秋之義也、

答善其復所當復也。非泥古者所得藉口。閔子要經服事。謂古之道不卽人心。退而致仕。孔子善之。

問孔子稱晏平仲曰善與人交、久而敬之、是孔子素與平仲善也、然景公欲用孔子而晏子沮之、論語訓謂時齊不可仕、平仲已仕而悔之、故沮之爲敬之也、夫孔子仕魯三月而魯大治、使孔子仕齊、安見齊不能大治耶、晏子沮之、果足知孔子否

答春秋徵者稱人。此蓋善晏子升僕御爲大夫之事也。久舊也。狎也。以疇昔之僕御。而能升諸公同爲大夫。可謂久而敬之。若實論友。則當善與友交。

問春秋不貴讓國、而凡讓國者、春秋皆善之、豈遂賢者之志而示人以讓道與、

答讓所當讓。則賢之。讓所不當讓。則不貴也。

問孔子曰如有用我者、吾其爲東周、此孔子欲興復周室耶、非也、

答以東周可爲喻。亂可撥。

問春秋之義、誅君之子不立、苟誅君之子、有如禹者、其可立耶、否也、若云不可立、鯀殛而禹興、堯已行之矣、若云可立、是以賢愚而自亂其例也、果若之何而善、

答記曰繼世以立諸侯。象賢也。傳曰誅君之子不立。非怒也。無繼也。明誅君當絕國。子不得繼立。絕誅君非絕子也。子而不賢固不當封。子而賢自當別封。不得繼父。鯀殛禹興。興禹非繼鯀也。解詁謂父誅子當絕。則大非文王之法。罪人不孥。春秋之義。惡惡止其身。以誅君絕子。則是自亂其例也。仲遂當絕而歸父可殺。比例具在。按文可知。

問成王以周公有勳勞於天下、封周公於曲阜、地方七百里、是魯於始封時、即有七百里、後又取邑滅國、則魯地更有出於七百里之外者、而孟子云周公封於魯、爲方百里、今魯方百里者五、何也、若謂明堂位、並附庸地而言、故七百里則附庸、恐未有如此之大、若必謂魯地方百里、而公侯地方百里、伯七十里、子男五十里、是封國之定制、則百里七百里之所以異者何、鄭康成謂上公封地方五百里、而緈

傳未有封五百里之制、鄭氏何所据而言、答上公五百里、据大司徒魯本侯國、而成王命魯用王禮、魯之制度、悉同二王之後耶、抑猶仍侯國之制耶、

答王制曰方百里者。爲方十里者百。爲田九十億畝。又曰方百里者爲田九十億畝。山陵林麓川澤溝瀆城郭宮室塗巷三分去一。其餘六十億畝。然則云百里者開方之得六百六十六里有奇。舉成數故言七百里耳。百里七百里。一据建國之實數。一据開方所得之田之實數。孟子與明堂位本無不合。鄭注未明耳。不得据七百二字。疑其異侯國之制。

問公羊傳曰、五亦有中、三亦有中、未知是侯國之制否、箋以五爲大夫、三爲卿、未知然否、

答五亦有中。五、五官卿也。三亦有中。三、上士、中士、下士。士也。大國則有上士中士下士士伯則有五官。傳意言所以不言三卿而言中軍者。置卿則置士。舍之亦舍士。言軍則卿士見。言卿則士不見也。作三軍傳曰古者上卿下卿上士下士。此五謂卿三謂士之確證。

問春秋之法、有進有退、必譽者進之、而惡者退之、秦歸僖公成風之襚、得二非禮而稱人、以進之者、何也、豈言僖公成風、而非禮遂明、故進者自進耶、

答進其通使不進其非禮。非其乘襚妾。不非其通使。各不相妨也。

問孟子謂春秋無義戰、而王代豐非之、夫所謂無義戰、以春秋之義兵皆託耶、抑義戰與義兵有所殊耶、王非孟語、亦有說否、

答征伐必自天子出。故孟子謂春秋無義戰。力能救之可救之。故孔子成春秋有義兵。孟子之論春秋文不與之義也。非孟非也。

問春秋譏世卿、而孟子謂故國必有世臣、世卿與世臣、未知有所異否、孟子以此對齊王、豈以齊王不信用其臣、故爲此語以警之耶、

答此責宣王待臣之薄也。昔所進。今不知其亡。倘安問世祿乎。世臣、世祿之臣。非世卿也。

（未完）

说苑

船山先師詩錄

得安成劉敉功書知舉主黄門歐陽公已溘逝三年矣賦哀四首

其三　周　週敬選

荒艸瀧岡故里阡。誰酬觀葬客來燕。求砂不屑句漏井。公籍宰北流古句漏地句漏亭滿樓種秫難留下潠田。公從王嶺外田廬沒入醵士虛名空碧眼。家傳風味有青氈。懸情商陸秋前熟。痛哭林間息杜鵑。敉功書云公孫穎悟肯公

其四

故國衣冠涕淚殘。橋山弓劍不重攀。分飛遺恨從邕管。公子南寧以內艱辭闕縹渺忠魂且且蘭。慕艸千山愁盡白。霜林片葉若留丹。玄雲冰沍齊州路。一綫孤煙渡水寒。

說苑

疊字男名錄續第十二期

湘潭葛鼎甫遂銘

元史卷五。世祖紀二。中統四年五月。賞庫庫楚等鈔及幣帛。原作闊闊出

元史卷六。世祖紀三。至元二年正月戊子。諸王塔齊爾使臣庫庫楚。原作闊闊出至北京哈陶驛。手殺驛吏郝用郭和尚。有旨徵鈔十錠給其主贖死。

元史卷十。世祖紀四。至元十二年二月辛酉。以庫庫楚率其部下軍千人及親附軍五百。聽阿爾哈雅節制。凡湖南州縣及瀕水之民有來附者。俾庫庫楚統之。拒敵不降者。就爲招集。

元史卷七。世祖紀四。五月乙未。給庫庫楚海青銀符。八月己亥。諸王庫庫楚。請以分地寧海登萊三州自爲一路。詔從之。

元史。諸王表。寧遠王庫庫楚。至元二十一年封。大德十一年進封寧王。

元史卷十五。世祖紀十二。至元二十六年十二月丁亥。封皇子庫庫楚爲寧遠王。

元史卷二十。成宗紀四。大德七年五月以庫庫楚沒於軍。賜其家鈔有差。 大德八年十一月。寧遠王庫庫楚以馬萬五百餘匹給事。命以鈔五萬二千五百餘錠償其直。大德九年八月。賜寧遠王庫庫楚鈔萬錠。及其所部三萬錠。

庫庫

元史卷三十二。文宗一。致和元年春。大駕出畋柳林。（指泰定帝）以疾還宮。至上都庫庫楚等扈從。泰定帝崩。帝卽位。改元天歷。十月辛巳。以托克托等三人妻賜庫庫楚等三人。

元史卷二十九。泰定帝一。泰定元年六月乙卯朔。遣諸王庫庫楚鎮輝和爾。賜金銀鈔千計。丙寅。遣庫庫楚等詣高麗。取女子三十八。

庫庫

元史卷二十三。武宗紀二。至大三年二月。庫庫楚謀爲不軌。下獄。

庫庫

元史卷三十七。寧宗本紀。庚戌。修郊祀法服。以庫庫楚爲中政院使。

庫庫

元史卷一百七。宗室世系表。烈祖神元皇帝五子。次五。伯勒格台大王。位庫庫楚大王。(原作闊出)

庫庫

元史卷一百三十四。列傳第二十一。多羅台傳。多羅台之弟庫庫楚。亦業弓。嘗獻所造弓。帝(太祖)稱善。問其父何名。對曰。塔爾古台。臣之父也。

庫庫

元史卷一百二十二。列傳第九。安扎爾傳。安扎爾子楚齊格爾。楚齊格爾子庫庫楚(原作闊闊出)爲御史臺都事。至元三十一年。國王蘇肯徽爾之子實迪。既沒。其家有故璽王將獻之。命庫庫楚以示中丞崔彧。御史楊桓辯其文曰。受命於天。既壽永昌。蓋秦璽也。或或請獻之徽仁裕聖皇后。后以鈔二千五百貫賜實迪家。金織文段二。賜庫庫楚。成宗即位。近臣以其事聞。授庫庫楚漢中廉訪僉事。仕至湖南廉訪使。

元史憲宗二年十二月以庫庫楚等(原作闊出)掌帑藏

庫庫

元史卷三十四。文宗紀三。至順元年十一月辛卯。以庫庫台知樞密院事。

元史卷一百四十一。察罕特穆爾傳。曾祖庫庫台元初隨大軍收河南。

庫庫

元史卷一百三十五。列傳第二十二。明安傳至元二十六年十二月。明安至杭愛。強民庫庫台等作亂。明安追擊。卻其軍。

庫庫

元史卷十。世祖七。至元十五年正月己亥。收括拉木伊克官額。庫庫岱等坐易官馬拉木伊克人畜。免其罪。以諸路州縣管民官兼領其事。

元史卷十五。世祖十二。至元二十五年五月戊子。諸王察罕子庫庫岱叛。綽和爾執之以來。

元史卷一百三十一列傳第十八。囊嘉特傳世祖伐宋。從諸王庫庫岱平李璮。皆有功。

庫庫

元史卷七。世祖四。至元八年二月乙巳。大理等處王傅庫庫岱等。協謀毒殺雲南王和克齊。曹鳶楨發其事。庫庫岱伏誅。

庫庫

元史卷十五。世祖紀二。中統三年十月癸酉。都元帥庫庫岱原作闊闊帶卒於軍。以其兄阿珠代之。

庫庫

元史卷十二。世祖紀九。至元二十年十月。中書省臣言雅依密實嘗請諭江南諸郡。募人種淮南田。令乃往各郡徃收民戶。庫庫尼敦言其非便。宜令於治所召募。不可強民。從之。

元史卷十三。世祖十。至元二十二年正月戊子。庫庫尼敦言。先有嚴旨遣軍屯田芍陂。試土之肥磽。請增屯士二千人。從之。

元史卷十四。世祖十一。至元二十三年二月乙巳。以庫庫尼敦爲左丞相。

庫庫（原作課課不花）

元史卷一百十九列傳第六。穆呼哩傳。子博囉。宋將李全陷益都。全降山東悉平。俾庫庫布哈（原作課課布花）以兵三千屯濰沂莒備宋（元史考證。博囉傳庫庫布哈原文作課課不花。他卷又作闊闊不花。今並改）

元史卷一百二十三。列傳第十。庫庫布哈（原作闊闊不花）阿勒坦塔塔喇氏。庚寅。太祖命太師穆呼哩伐金。分特默齊爲五部。各置將一人。庫庫布哈爲五部前鋒都元帥。歲壬辰、從太宗渡河。攻汴梁歸德。分兵渡淮。攻壽州。城中人開門送欵。歲丙申。太宗命五部將分鎭中原。庫庫布哈鎭益都。得分戶六百。立官治其賦。得薦置長吏。以疾卒官。

庫庫

元史卷一百三十七。列傳第二十四。察罕傳。西域巴勒喇哈城人。孫九人。仕者二人。庫庫布哈哈克繖。

庫庫

元史卷一百六十六。列傳第五十三。石高山傳。德興府人。納延叛。督戰有功。賜三珠虎符。蒙古侍制親軍都指揮使。守衛東宮。成宗憫其老。以其子庫庫布哈襲職。

庫庫

元史卷一百三十。列傳第十七。博果密傳。世爲喀喇部大人。喀喇。卽漢高車國也。子庫庫。由浙江行省平章政事。入爲翰林學士承旨。

元史卷一百四十三。列傳第三十。庫庫傳。庫庫、（原作巙巙）字子山。喀喇氏。幼肄業國學。博通羣書。其正心修身之要。得諸許衡及父兄。先是文宗勵精圖治。庫庫嘗以聖賢格言講誦帝側。裨益良多。順帝卽位之後。翦除權奸。思更治化。庫庫侍經筵。日勸帝務學。帝暇日欲觀古名畫。庫庫卽取郭忠恕比干圖以進。因言商王受不聽忠臣之言。遂亡其國。帝一日覽宋徽宗畫稱善。庫庫進言徽宗多能。惟一事不能。帝問何謂一事。對曰。獨不能爲君耳。身辱國破。皆由不能爲君所致。大臣議罷先朝所置奎章閣學士院。及藝文監諸屬官。庫庫進曰。民有千金之產。猶設家塾延館客。豈有堂堂天朝。富有四海。一學房乃不能容耶。帝聞而深然之。卽日改奎章閣爲宣文閣。藝文監爲崇文監。存設如初。就命庫庫董治。又請置檢討等職十六員。以備進講。帝皆俞允。

時科舉旣輟。庫庫從容爲帝言。帝采其論。尋復舊制。一日進讀司馬光資治通鑑。因言國家當及斯時修遼金宋三史。後置局修纂。皆由庫庫發其端。旣而出拜江浙行省平章政事。明年復以翰林學士承旨召還。時平章闕員。近臣知帝意在庫庫。不復薦人。至京七日感熱病卒。實至元五年五月辛卯也。

元史卷四十。順帝本紀三。至元六年七月戊寅。命翰林學士承旨達哈。奎章閣學士庫庫等。删修大元通制。

庫庫

元史卷四。世祖一。中統二年八月辛丑。以庫庫(原作闊闊)爲中書左丞。

元史卷一百三十四。庫庫傳。庫庫(原作闊闊)字子淸。本默爾奇斯氏部族。世居布爾罕呼爾敦地。國初、舉族內附。世祖居潛邸。選庫庫爲近侍。歲甲辰。世祖聞王鶚賢。避兵居保州。遣使徵至。問以至道。命庫庫與廉希憲皆師事之。旣而庫庫出使於外。迨還而鶚已行。歲庚戌。憲宗復召鶚至和琳。仍命庫庫從之游。世祖卽位。特授中書右丞。未幾還大名路宣撫使。以疾卒。年四十。

庫庫

元史卷十六世祖十三。至元二十七年四月。河北十七郡蝗。千戶額森庫庫（原作也先小闊闊）所部民饑。敕河東諸郡量振之。

庫庫

元史卷十七世祖十四。至元二十九年六月。特穆爾岱爾碩色克圖尼古爾台庫庫所部民饑。詔給米四千石付特穆爾岱爾碩色克圖。一千碩付尼古爾台庫庫。俾以振之。

庫庫

元史卷三十四文宗本紀三。至順元年庚辰。升羣玉署爲郡玉內司。秩正三品。置司尉僉司丞。仍隸奎章閣學士院。禮部尚書庫庫兼監郡玉內司事。

庫庫

資治通鑑綱目三編。明洪武八年八月。元庫庫特穆爾卒。自元時帝遣使通好於庫庫特穆爾。留使者不遣。前後七致書。皆不答。既出塞。復遣人招之。亦不應。帝益心敬之。嘗大會諸將問曰。天下奇男子誰也。皆對曰。常遇春。帝曰。遇春雖人傑。吾得而臣之。吾不能臣王保保。保保乃奇男子耳。竟册其妹爲秦王妃。保保、庫庫特穆爾小字也。劉基亦言於帝。庫庫特穆爾未可輕。自徐達敗後。大兵稀出塞。從其主徙金山。至是卒。

元史卷四十六順帝紀九。至正二十二年六月戊子。慧星光芒掃上宰。田豐及王士誠刺殺察罕特穆爾。走入益都。衆乃推察罕特穆爾之子庫庫特穆爾爲總兵官。復圍益都。己亥。益都賊兵出戰。庫庫特穆爾生擒六百餘人。斬首八百餘級。十一月乙己。庫庫特穆爾復益都。田豐等伏誅。二十三年二月。庫庫特穆爾自益都領兵還。（事功多不盡錄）二十五年。封河南王。（元史卷一百八十六陳祖仁傳言庫庫特穆爾事甚多又曹鑑傳亦言之）

庫庫

元史卷十世祖紀七。至元十六年六月。賜征北諸君蒙古軍庫庫巴圖（原作闊闊八都）等力戰有功者銀五十兩。

庫庫

元史卷一百八十七周伯琦傳考證。命篆宣文閣寶。按元史類編載。初改奎章閣爲宣文。朝臣咸謂必命庫庫書牓時周伯琦初在館閣。未爲上知。庫庫曰令書宣文閣牓十数紙。周不識其意。一日有旨命庫庫書閣牓。辭曰真書不古。周伯琦篆書無過之者。上如其言。召之書由是進用。

脫脫

元史卷七。世祖四至元七年二月。高麗王王植來朝以托克托岱爾（原作脫朵兒）焦天翼爲其國達嚕噶齊。護送植還國。

脫脫

元史卷七。世祖四至元八年九月壬申。選冑子托克托穆爾（原作脫木兒）等十人肄業國學。

元史卷十一。世祖紀八。至元十七年十二月。置鎮北庭都護府於輝和爾境。以托克托穆爾（原作脫木兒）等領其事。

元史卷一百三十五。列傳第二十二。塔喇齊傳。嗒喇人也。子托克托穆爾（原作脫木兒）邵武汀州新軍萬戶府達魯噶齊。

脫脫

明史卷二百二。列傳第九十一。寇天敍傳。寇天敍嘉靖三年。以右僉都御史巡撫宣府。未行。改鄖陽。甫三月又改甘肅。回賊犯山丹。督將士擒其長脫脫木兒。

脫脫

元史卷二十二。武宗一。帝於成宗大德十一年五月二十一日壬辰。特授托克托（原作脫脫）御史大夫。

元史卷一百七。宗室世系表。烈祖神元皇帝五子。次四特穆爾鄂綽克王位。遼王托克托。（原作脫脫）

元史卷一百八。諸王表。遼王托克托。（原作脫脫）延祐三年封。

元史卷一百七表第二。太祖皇帝六子。長卓沁太子。位托克托孟克王。（原作脫脫蠻哥）

元史卷一百七。宗室世系表。太祖皇帝子。長卓沁太子。位寧肅王托克托。（原作脫脫）

（未完）

課藝

船山先師詩錄

爲芋巖定遺藁感賦

周逸敬選

嶽峯南下就桃津。霜鬢難消一故人。療肺藕根秋後節。埋心蕉葉雪中春。
井函有字唯思趙。箭鏃無書肯帝秦。醞釀元聲存怨誹。倫書風雅續三豳。

其二

文章君自斬名根。赤炭紅鑪信口吞。白髮千絲傳典訓。湀衣幾幅畫乾坤。
巡簷梅蕊寒籠袖。欹枕槐陰月到門。應笑船山知己未。鴻蹤沙上覓殘痕。

課藝

經義

正取第一名許鴻飛

當今之時萬乘之國行仁政民之悅之猶解倒懸也義

萬民之命懸於君。君虐而懸倒焉。君仁而懸解焉。處倒懸之地。而盼解懸之君。非孟子所謂今之時乎。自古能解倒懸之苦。惟聖人在乎位。上而建極。若堯舜禹湯文武之爲君。下而名世。若皋夔稷契伊呂周召之爲臣。皆得其時行其志者也。孟子獨不幸而生戰國之時。當是時。海內之地。方千里者九。而强大之國七。曰秦楚齊燕韓趙魏。秦東有關河。西有漢中。南有巴蜀。北有代馬。固萬乘之國也。楚西有黔中巫郡。東有夏州海陽。南有洞庭蒼梧。北有陘塞郇陽。亦萬乘之國也。燕東有朝鮮遼海。北有林胡樓煩。西有雲中九原。南有滹沱易水。韓北有鞏洛成皋之固。西有宜陽商阪之塞。東有宛穰洧水。南有陘山。趙則西有常山。南有河漳。東有淸河。北有燕國。魏則南有鴻溝陳汝南許郾昆陽召陵舞陽新都新鄭。東有淮潁黃棗無胥。西有長城之界。

北有河外卷衍酸棗。皆萬乘之國也。而齊南有泰山。東有琅邪。西有清河。北有勃海。車轂擊。人肩摩。尤萬乘之國也。乃皆騖於合從連衡之策。戰勝攻取之術。使人民肝腦塗中原。膏血被野草。而不得一日之安。豈特水深火熱哉。直謂之倒懸已耳。雖然。倒懸者。非遂無生機之謂也。得一人焉解之。則轉禍爲福。易危爲安。而瀕死者究可以得生也。解之之道安在。則非仁政不可矣。夫仁政見於文王之治岐。耕者九一。仕者世祿。關市不征。澤梁無禁。罪人不孥。煢獨尤哀。已非當時之所能及矣。且所謂仁政者。非特仁已之民而已也。必推而及於天下之民。抑洪水驅猛獸無論矣。葛殺一餉耕之童子。而湯爲匹夫匹婦與復讎之師。紂虐汝墳之條枚條肄。而文有遏徂旅。篤周祜。對天下之怒。一人衡行於天下。武且散鹿臺發鉅橋。而懸其首於大白之旗。矣。若是者。兵至如時雨之降。斯民有來蘇之徯。非所謂解倒懸者乎。民烏有不悅者乎。孟子不衆齊而誰屬乎。

治事

前人

商鞅開阡陌以盡地力秦以富強後儒詆其廢井田變亂古制試論其得失

孔子之論百世可知也。卽三代所因所損益者而知之也。馬融謂因者三綱五常。損益者文質三統。斯說也本於禮記之大傳。大傳之言曰。聖人南面而治天下。必自人道始矣。立權度量。考文章。改正朔。易服色。殊徽號。異器械。別衣服。此其所得與民變革者也。其不可得變革者則有矣。親親也。尊尊也。長長也。男女有別。此其不可得與民變革者也。蓋立國之道。惟三綱五常。爲維繫人心。使不淪於禽獸。不溺於禍亂之巨防。歷萬古。橫四海而不可以廢。且不可移者也。若夫法度禮樂刑政之屬。同因勢利導。因時制宜。非一成而不可變者也。吾華爲數千年之古國。而其間以秦爲一大界。秦以上爲封建井田之天下。秦以下封建易爲郡縣。井田易爲阡陌。喜言復古者。尤集矢於廢井田之商鞅。夫井田之法行於古而便。欲復於王莽而不便。欲復於後魏而終不便。豈井田之法不善哉。古今異宜故也。古之井田屬於君。後之阡陌屬於民。已屬之民矣。君不得而奪之。故王莽沒之而民叛。後魏限之而民亦叛也。況古之時。人少而地廣。故授田五十七十百畝而有餘。今之時地少而人衆。故授田二畝有奇而仍不足。地面之積有限。而滋生之盛無窮。非必祇生而不死也。然死者終不敵生者之衆。故復井田者。泥古者也。且鞅廢井田。豈自鞅發之哉。蓋亦有所因矣。憚敬論井田之害曰。十一不足。從而增其征。則賦匱。千乘不足。從而加其卒。則民煩。魯之稅畝。邸甲。晉之州兵。原田。其見於書者也。是故春秋戰國之民。其先世享井田之利。不可見也。自見者。身蒙井田之害而已。利遠則易忘。害近則其去之也速。又曰。觀齊之內政。齊之田。井者少。不井者衆也。觀楚之度九地。楚之田。井者少。不井者衆也。鄭子駟爲田洫而侵人田。鄭之田不盡井也。魏文侯戶口不加。而租賦歲倍。魏之田不盡井也。由敬之言推之。可以知其不創於鞅矣。王制曰。無曠土。無游民。井田之制。不能無曠土。亦不能無游民。以土有所不耕。而田有不足於授故也。井田廢而阡陌行。曠土游民。可以免矣。此秦之所以富強也。然後世猶有未免者。則非法之咎。而惰之咎也。善乎敬之言曰。法之將行也。聖人不能使之不行。法之將廢也。聖人不能使之不廢。廢井田。非鞅之罪也。

詞章　　前人

謁船山先生故宅 七古不限韻

先生故宅在衡陽西鄉高節里

七十二峯森盤紆乾坤淑氣鍾扶輿耆儒崛起振關學清池卜宅開茱萸太息神絕維繫忠義憤發艱崎嶇歸來著作質後聖蟄居敗葉爲吾廬六經生面手自闢百世治亂懷能攄夕堂緒論涉文藝八代四唐供獺漁脩名懼欲同冉冉大覺夢可通遽遽隨手散去落朋好豈意成編超五車斯文未喪有天意道統不共明亡朱孫李黃顧與公並如天五緯光清初諸君名字動天聽獨君貞晦藏林於湘鄉節相苦搜輯始覺照耀騰寰區方今世變感陵谷賴公學說存前模範圍天下恃禮教正蒙始與民胞爭紛紛餘子未足並藐然直繼張橫渠我來正逢秋氣爽肅睹遺像神清臞大樂山頭湧佳氣高節故里延芳譽松風颼颼泉漱玉髣髴詞放傾瓊琚

孟義瞭於七國地形論商君權乎二周世變七古詳於船山隱居可與尙論古昔

黃昌年批

正取第二名廖栻盦

經義

當今之時萬乘之國行仁政民之悅之猶解倒懸也義

夫一國之政。專恃法術禁令。以防民之姦而遏其亂。以爲吾有法。誰敢犯。吾有令。誰敢違。詎知法愈密而犯者愈巧。令愈迫而違者愈頑。不以誠感。不以德化。惟用法術禁令。欲深得乎民之心。納於軌物。登諸衽席。吾未見其可也。是以孟子有言曰。當今之時。萬乘之國。行仁政。民之悅之。猶解倒懸也。是說也。因公孫丑問管仲晏子之功而發也。以管仲晏子當日相齊。得君如此其專。當國如此之久。若推行仁政。以王天下。如運諸掌。豈僅主盟中夏。卒成伯業而已乎。之二子者。皆應時會而興。去古未遠。不難復姬周之舊制。變齊俗而敦龐。乃徒以富強維伯。侈中時君。而開七國以強陵弱。以衆暴寡之漸。使民難水火。日熱日深。管晏不能辭其咎也。尚何功業之足論乎。夫民心非難得也。民心亦易失也。不可以威脅。不可以力服。不可以刑相驅迫。不可以勢為牢籠。動謂民氣難馴。囂張強悍。民俗難化。澆薄浮奢。為政者不先之以教育。厚之以培養。而但用法術禁令。桎梏其手足。剝削其脂膏。惡能折服其心。而使囂張者靜。強悍者柔。澆薄者敦。浮奢者實。是故暴君汚吏。深恨民囂悍之不循吾法也。而執法日肆其殘忍。民澆浮之不奉吾令也。而出令日慾其煩苛。此以民為犬馬為魚肉。不惜誅夷屠僇以行政。其不仁孰甚焉。烏虖。時洎戰國。吾民苦虐政久矣。干戈相尋。戰爭不息。農輟耕於隴。商絕蹟於市。餓莩盈野。井里爲墟。老弱轉徙流亡。父子兄弟不相見。民生憔悴無可告訴。當世之諸侯王方競尚嚴刑峻法。智取術馭。武禁殘酷。威令操切。以荼毒天下之民。民命如倒懸。已危在呼吸間矣。當是時也。如有萬乘之國君出而實行仁政。將一切法術禁令掃除而廓清之。俾老者有養。幼者有撫。飢者食。寒者衣。離散者歸。游惰者業。以及鰥寡孤獨疲癃殘疾者。悉得其所。舉國之民孰不欣欣然有喜色而相告曰。吾儕小民今得脫虎口而慶再生矣。書曰。徯我后。后來其蘇。今吾君足以當之。如解倒懸。此之謂也。漢高祖之入關也。與父老約法三章。三輔之民。從如歸市。曹武惠之下江南也。先戒將士不妄殺一人。婦孺壺漿歡迎夾道。仁政之效。如水就下。如郵傳命。其速也非專恃法術禁令者可以操券而得也。今之從政者。何甞忽其所易而圖其難也哉。

治事　前人

王荆公張江陵合論

甞讀史至宋明兩代中葉。均於神宗時毅然變法。盡棄其舊而謀其新。致衆君子詆誹放逐。羣小人倖進諂諛。黨禍橫流。士氣凋喪。民生日蹙。國勢阽危。馴至宗社爲墟。將中朝數千年文物。大一統山河。淪陷於異族之手。未嘗不掩卷歎息而責王安石張居正兩人執政。何專橫操切。病民誤國之甚也。後先如出一轍。無稍軒輊可得而論焉。當安石之未執政也。於英宗時屢召不應。故意高尙其志。養其資望。以沽當世之名。使一時士大夫悉墮其術中。皆以安石不出爲憾。惟張方平韓琦司馬光二三人深知其姦。賢如富弼歐陽修、猶爲所欺。愛其文章才氣。至交相推薦。及神宗卽位。詔知江寧。遂起視事。尋越次入對。乃言大而夸。媚其君爲堯舜。且以皐夔稷契自抗。而居之不疑。非此不足以聳人主之聽而售其詐也。由是而農田水利青苗均輸保甲免役市易保馬方田諸役。相繼並興。謂之新法。天下紛紛。民不堪命。引呂惠卿章惇曾布諸小人朋比爲奸。力排異己。如司馬光韓琦張方平蘇轍滕元發諸君子。或罷或免。朝廷爲之一空。安石見一時物議沸騰。恐權位搖動。不時告病乞退。以要君罔寵。得爲所欲爲。呂誨上疏。謂安石大姦似忠。大詐似信。外示朴野。中藏巧僞。驕蹇慢上。陰賊害物。文言飾非。罔上欺下。誤天下蒼生。必斯人也。其論安石之罪。已摘發無餘矣。神宗不惟不納其言。且凡有與誨同諫諍而被譴責者。史不絕書也。小人之黨。其把持固結不大可畏哉。若張江陵者。驕矜跋扈。諂上陵下。傾軋忠直。朋黨僉壬。其誤國病民。更甚於安石。洵爲小人之尤。無足比擬也。何也。觀其深結中官馮保。如狼狽相依。賴以接近兩宮。鞏固權位。擅作威福。挾孤兒寡婦以發號施令。天下莫敢誰何。此皆君子所不屑爲。外託伊周之名。內包莽操之險。所謂救時宰相。應當如是耶。且罪之大者。莫著於不奔父喪。奪情起復一事。毀天倫之紀。壞名教之坊。其何以表率百官。整飭庶物。旣不盡孝於其父。豈能効忠于其君。悖理忍心。已至此極。是以逐新鄭。廢遼王。肆志驕橫。早目無兩宮矣。比諸霍光梁冀。其威權尤重。尙不若斯之欺罔無忌也。他如排斥大學士高拱。私贈朱希忠王爵。引用張瀚張四維爲黨。屏黜言官余懋學傅應禎。妄下巡撫劉臺於獄、廷杖鄒元標等。異己者、傾陷不遺餘力。類己者。拔擢以市私恩。刑賞由其愛憎。左右頗行賄賂。塞盈廷忠諫之路。開羣小女謁之門。怙寵慢上。挾權辱下。致兩宮畏憚。海內側目。故身沒未久。朝廷交章彈劾。家破籍沒。盡奪其官。尙有八旬老母。不獲安養終此餘年。居正之罪。當通乎天。非削竹所能釋也之二子者。一則迂拘泥古。偏執而私。一則暴戾僭權。驕横而諂。其妄事更張紛擾。上惑主聽。下賊民生。厥罪爲均。皆無可掩。惟居正黨中官以固寵。毀喪制而忘親。心術之險。品行之卑。安石雖飾詐文姦。尚不至滅倫背本。降志辱身如此之甚也。然二子皆才有餘。惜未聞君子之大道。則足以誤國病民而已矣。宋明季世亡國之禍。未必不自二子倡之。當兩神宗時。天下承平。内外無事。財用並非不足。而二子擅更祖制。變亂舊章。使州郡騷然。掊克聚歛。元氣凋敝。民不聊生。胥小滿廷。賢人去位。由是綱紀日壞。擾攘難支。内而盜匪披猖。外而夷狄侵略。致神明華胄。淪胥以亡。歷代鼎遷。不過易姓受禪。國猶未亡。惟宋滅於元。明滅於滿。亡國之慘。有不忍者。實罕見聞。讀史至玆。推其原因。未嘗不太息痛恨荆公江陵兩執政。當日誤國病民。後先如出一轍也。今世有居高負重。一身繫大局安危者。曷有鑒於二子。以善行其政。而免爲被髮左衽之俘也哉。

詞章

前人

謁船山先生故宅

衡陽之西高節里先生卜居老于此著書閉戶追巢壺勝國孤臣脫簪珥春秋一字褒貶嚴文章八代衰微起先生著作牟神明天人貫澈要終始西山薇蕨亦可餐東林冠冕無餘子運厄陽九廿隱淪大節在三植綱紀中原草木皆羶猩季世民物傷瘡痏此身去國國已亡救世有心心不死六經扶翼攘九夷羣聖集成續千祀緣儒入釋門戶歧鉤河摘洛章句鄙先生奮筆一掃除沙汰碔砆存玉髓藏諸名山諱莫深干犯時王驚俗士鋤姦更銳麟筆鋒專制不許雞林市自從弛禁求遺書書行天下無遐邇曠代經師齊陸王同時正學偕顧李鄒魯孔孟衍心傳伊洛程朱窮性理精氣長存天地間仰鑽那見宮牆美我今膜拜心加尊三百餘年訪遺址泉聲嗚咽滴巉巖苔蘚斑斕印階戺籬邊殘菊自芬芳門前衰柳猶旖旎萋齋古屋感邱墟船山大義粹經史秋風憑弔一欷歔荒煙蔓草斜陽裏千仞高岡欲振衣四郊今日愁多壘感時懷古淚雨傾披髮左衽儒風靡安得先生復爲當路驅犬羊雲開衡嶽澄湘水私淑弟子嗟來遲不及相隨執鞭弭芳躅追尋已渺茫三瓣馨香薦蘭芷

辭藻美穠要約明暢七古楷法俱佳　黃昌牟批

經義

正取第三名許鴻舉

孟子述天之方蹶無然泄泄詩義與傳箋有無異同試發明之

訓有似異而實同者。蓋不可以不察也。板之二章曰天之方蹶。無然泄泄。孟子釋之曰泄泄、猶沓沓也。又申之曰事君無義。進退無禮。言則非先王之道者。猶沓沓也。按孟子此章之意。以遵先王之法爲主。故第二節曰今有仁心仁聞而民不被其澤。不可法於後世者。不行先王之道也。第四節曰遵先生之法而過者。未之有也。第六節曰爲政不因先王之道。可謂智乎。末節曰責難於君謂之恭。所謂責難者。責其君爲堯舜之君。卽所謂遵先王之法者也。反是則謂之泄泄。謂之沓沓矣。恐人不知也。又申之曰。言則非先王之道者。沓沓也。毛傳曰蹶、動也。泄泄、猶沓沓也。此與孟子同者也。鄭箋曰天、斥王也。王方欲艱難天下之民。又方變更先王之道。臣乎、女可憲憲然。無沓沓然。爲之制法度。達其意以成其惡。似與孟子異而實不異者也。何則。箋之釋天爲君也。本於爾雅之釋詁、箋之釋憲憲、泄泄、爲制法度。本於爾雅之釋訓。箋之釋蹶爲變更先王之道。卽引申蹶動之傳文。而以爲變動更改也。爾雅爲詁經之書。創始於周公。亦必為孟子所尊信者矣。孟子之意。當遵先王之法。箋之意。不當別立法度。其意豈有異耶。湘綺先生補箋曰。憲憲泄泄。制法則也。新進多改舊典。以阿王意者。泄當為詍。多言也。得補箋而孟子與傳箋之義。融會貫通矣。而船山先生之詩經稗疏。尤有足以發明者。其言曰。爾雅憲憲詍詍。制法則也。郭注云。佐興虐政。設教令也。厲王暴虐。與幽王淫昏。其惡不一。改易舊章。興利虐民。如弭謗之類。教令煩苛。而榮夷公之屬。為廣設科禁以逢合之。即下文所謂自立辟也。故孟子以改制先生之道者。為泄泄沓沓。泄泄皆水流先迫喧豗之貌。失之急而非失之緩。若以為怠緩悅從。則瑣屑小人。不足以為大害。且厲王苛虐。亦不足以逢其惡也。孟子所指示。亦李悝商鞅申不害之流。非佞幸也。此皆足以羽翼經傳。而救正朱注之誤者也。惟稗疏以水之貌。釋泄泄沓沓。似猶未確。說文口部引泄泄作呭呭。言部引泄泄作詍詍。呭詍並訓多言。曰部。沓語多沓沓也。詍沓並訓多言。此確詁矣。或謂板詩係凡伯刺厲王而作。何以知厲王之朝改舊典。阿王意耶。曰。國語曰。厲革舊典。典法也。革改革也。又此詩之確證也。嗚呼。好言變法以病國病民者。可以鑒矣。

治事

王荆公張江陵合論　　前人

世之最難辨者莫如君子小人。而最易辨者亦莫如君子小人。天下之人品善惡兩途耳。君子固以善自期。小人亦未嘗不以善自飾。既飾以善矣。非智者何從而辨其僞。此所以爲難也。孔子恆以君子小人相對立言。如君子上達。小人下達。君子喻於義。小人喻於利。君子泰而不驕。小人驕而不泰。君子和而不同。小人同而不和。君子周而不比。小人比而不周。皆是也。此君子小人之相反。若冰炭不相容。薰蕕不同器。宜若易辨矣。然彼小人之驕也同也比也。未嘗不自以爲泰爲和爲周也。其所謂利者。尤未嘗不假託於義以文之。其下達也。又未嘗不謬附於上以掩之。天下之智者少而不智者衆。又烏從而辨之。況智者亦有時而爲所欺耶。嗚呼難矣。然而有最易者在焉。則敬與肆是也。宋神宗之用荆公也。專明神宗之用張江陵也。亦專荆公勉其君爲堯舜。江陵纂古今治亂及太祖列聖寶訓實錄。進講經筵。其意豈不美哉。乃荆公之所以得君者。託周官以爲致富强之術。於是青苗方田均輸手實市易免役保甲保馬諸新法病天下。江陵之所以得君者。上結太后。內結中人。於是專擅威福。以朱應禎疏中王安石誤宋之語侵己。而下獄杖戍。以吳中行趙用賢艾穆沈思孝劾己貪位忘親。皆廷杖謫戍。迹其專權自恣。與荊公之排擠忠直。固無以異。扈帝謁陵。具疏乞休。必待帝稱慈聖口諭付託而後出。與荊公之以去要君。亦何以異乎。以荊公之姦。而當時如司馬溫公程明道之屬。初亦未嘗不爲所欺。以江陵之悍。而後世尙有稱爲救時之相。惜其身後禍敗者。吾得而斷之曰。二人皆小人也。皆無忌憚者也。夫君子之飭其身也以敬。然後心不敢肆。心不敢肆。則其才之大者。固足以定天下。才之小者。亦足以勝一職。不然。肆其心之所欲爲而無忌。則其禍天下者。未始有極也。荊公之言曰。天變不足畏。人言不足恤。祖宗不足法。推此語也。則荊公之無忌憚爲何如耶。江陵居喪守制。而人害己。寧犯天下之大不韙。奪情起復以固之。其無忌憚又何如耶。吾故曰。君子小人之易辨也。在敬與肆耳。雖然。荊公之保甲。王文成行之。遂以淸贛南之盜。江陵之任職。胡文忠法之。遂以成中興之功。豈不以其人也哉。

詞章　前人

謁船山先生故宅　七古不限韻　先生故宅在衡陽西鄉高節里

金蘭鄉內遺芳躅。棠荚塘上書堂肅。三百年前敗葉廬。七二峯中浣花屋。高山仰止不勝情。等身著作筆縱橫。鉛華不落英靈在。如聽當年金石聲。

孟義援据周匝要知近說皆襲前人論王張從聖學敬肆看出其說尤醒七古寥寥短章韻鏘金石洵合作也　黃昌年批

治事

商鞅開阡陌以盡地力秦以富強後儒詆其廢井田變壞古制試論其得失　正取第四名易克新

商鞅開阡陌廢井田朱子謂開卽開除之義商鞅決裂阡陌廢去井田法雖便民而聖人之精意蕩然無存矣。間嘗論之。法制之興。因時而興。非聖人意也。勢也。法制之廢。因時而廢。亦非一二人力也。勢也。井田之制。其始興於神農乎。撲厥初民之時。土廣人稀。農業與游牧。方在遞嬗。神農教之稼穡。非合羣力以闢溝洫。立畎畝。出入相友。守望相助。不能耕種也。土皆曠野之土。民皆游牧之民。不井其田。農作何自而施。

故井田之興。非聖人意也。勢也。及乎人口日增。田不足給於授。而阡陌之間。地棄而不耕者多矣。區田一易再易三易。地之遺利浩矣。民有餘力。地有荒土。民食何由而足乎。故井田之廢。亦非一二人力也。勢也。是故開阡陌廢井田。非商鞅一人之力也。何以明之。以孟子之言證之。而其理益顯矣。往者滕文公使畢戰問井地。孟子曰子之君將行仁政。選擇而使子。子必勉之。夫仁政必自經界始。經界不正。井地不均。穀祿不平。是故暴君汚吏必慢其經界。又曰。諸侯惡其害己。而皆去其籍。由是推之。可知當時山東諸國。早已廢去井田而不用。告朔餼羊。無知之者矣。使當時山東諸國。尙行井田之制。則滕文公不必以此爲問。孟子不必以此爲勉。且不必斤斤然言其爲仁政。爲諸侯早去其籍矣。又嘗證以國語所載范氏爭田之言。而知當時土地已漸爲私有。而受田歸田之制。皆成具文也。特當時山東諸侯。不敢公然冒天下之不韙。舉而廢之。而商鞅獨敢於謂爲疑行無名。疑事無功。不顧一切。毅然行之。此後世歸獄商鞅之由也。然商鞅以是力戰於外。疾耕於內。而三晉之民。又樂於趨秦。私有土田之利。輕去其國而入於秦。由是可知民情之便於私有。然一法立一弊生。因人民可以私有土地也。而豪强兼併田連阡陌者有之。無立錐之地終歲勤動不足以養其父母者有之。貧富不均。黠者因以階級鬥爭相煽誘。而人民益不得安息矣。是故漢唐以來大儒如董仲舒師丹元稹張横渠諸先哲。又人主如新室北周後周明太祖諸朝。或爲限田之議。或立均田之法。或行沒收豪田之實。皆欲以救其流弊。然或行之而不得其方。或議之而未克行者。亦以茲事體大也。要之古制之壞在於廢田井。田井之廢在於人口增加。夫人口增加本無已時。無止境。吾知異時田制必又大有變遷。蓋可逆觀矣。

王荆公張江陵合論

前人

王荆公張江陵皆中國近代之大政治家也。當國家晏安日久。暮氣已深。朝野泄沓。上下媮惰日甚一日。雖無敵國外患。終亦必亡。有政治家起而振作其精神。綜核其名實。廢者舉之。弛者張之。庶可以奮興於一時。然有行之而獲效者。有行之而無功者。大抵因乎時代遭遇之殊。未可一概而論也。夫宋明兩朝至兩神宗之時。國勢積弱。紀綱失墜。已呈奄奄一息之狀。如半枯之秋柳。如將熄之晨燈。岌岌不可終日。王荆公張江陵起而刷新之不得不然之勢也後之論者率譽江陵而毀荆公殊非持平之論試即史傳所述二公之政策比事以推略可見矣夫荆公所行者爲農田水利靑苗均輸保甲免役保馬方田等法江陵所行者爲度民田清驛傳蠲逋負賑災荒修河運諸端是二者皆民政之要也二公所見略同所行略同宜乎所收功效不至參差而史稱江陵爲相十年朝廷清明天下乂安荆公爲相二十年天下嗷嗷民情愁苦較其終結逕庭若是豈江陵果優荆公果絀耶是大不然江陵所以見稱於世者以用李成梁戚繼光等拓遼東平南蠻戰功顯著於天下也然明代尙武南朔用兵敗衂頗少江陵承之自易爲力宋經累敗於遼夏之後國人皆有毋忘國恥願一洒之之心荆公所爲內以靜民外以抗敵皆當日萬不容緩者徒以宋代積爲不武相沿成習故荆公討西夏征交阯雖曰應擧之兵而不獲有功然謂爲妄開邊釁過矣且夫荆公當日所行往往有爲後世所倣傚迄今未廢且許爲良法者奈何獨以之訾議荆公然而荆公獨蒙訾議幾無完膚者何也蓋因乎朋黨也當荆公時不獨小人有黨君子亦有黨黨爭起意氣盛賢否曲直混然不明擧措日紛國是靡定

荆公雖得神宗之信任，而諸賢不爲之助，此其所以無成也歟。嗟夫，有治法，無治人，豈獨荆公然哉。豈獨宋神宗之時然哉。此論史者所以深爲江陵幸，而又深爲荆公惜也。

詞章

擬杜工部諸將五首　前人

禹甸平治首冀州。衣冠文物幾千秋。無端僸佅驕夷舞。欲亂滄溟橫絕流。荆棘銅駝重下淚。關山戎馬滿生愁。豈惟陸渾徵披髮。牖下書生抱杞憂。

漢代輪臺舊拓邊。西陲戰血怨殷天。祁連已奪身安息。隴水難磨氣欲咽。飛隼盤空驚霹靂。輕車捲士障烽烟。連營萬里長城遠。三捷音書尚渺然。

萬方多難感倉皇。上將旌旗動未央。當宁謙容授專閫。臨軒策命建重疆。折衝閫道收壇坫。鷹食曾能抗陸梁。悵望龍堆仍黯淡。高秋搔首問旻蒼。

幾多名士渡江來。終古新亭總可哀。安冀弭兵成國是。竟教揖盜任門開。重關已覺泥難塞。百折誰拚志不回。差幸夷吾天下望。安攘畢竟濟時才。

自昔雄都數錦城。瞿塘劍閣險天成。儲胥有類風雲護。飛輓新將道里平。屈已論和舒廟算。哀時哭國偃戎兵。何年漢道中興盛。一洗胡塵罷遠征。

謁船山先生故宅

前人

船山先生去已久。來謁故宅嗟予遲。秋風蕭條日色薄。望古遙集興幽思。明季天下大喪亂。神明裔胄趨淩夷。南都傾覆明社屋。大勢已去無能爲。先生杖策走嶺嶠。備歷艱險空奔馳。退居杜戶守殘缺。融會漢宋刊旁枝。等身著作數百卷。上溯洙泗昭羣疑。同時大儒幾輩出。學行宏啓清人師。在南黃顧北孫李。門牆諸子多乘時。公卿交薦動當宁。身雖不起名隨之。獨有先生最卓絕。息影林莽甘如飴。轉徙祁永及連邵。惟恐姓字爲人知。竄身絕迹不返顧。終老蒸上儕窮黎。幽光潛德終不泯。身後百年始昭垂。傳列儒林耀靑簡。書登四庫經靑藜。鄧[illegible]復與付剞劂。吏崇祀事營專祠。先生學說乃大著。後生小子知所治。至今衡陽高節里。上與通德遙相媲。差勝楚國大夫宅。有待開府誅茅茨。學者無爲慮鄙僿。名山終能孚心期。今我晉謁增感喟。哀此學術長紛歧。微言墜緒垂絕滅。風雨冥晦堪[illegible]唏。安得復有大儒起。掃蕩邪詖開

沈霾臨風悵望一洒淚孤懷煢煢徒嗟咨

史論超卓有見地兩詩甚見工夫　黃昌年批

治事　正取第五名葛翊翚

王荆公張江陵合論

荆公之實用效桑孔荆公之僞學本劉歆借平準以朘民假周官以亂國者也江陵之權謀類管子江陵之專很實商鞅排首輔而不疑結內豎以自固者也荆公所事之主爲中才江陵所事之君爲幼主中才必資羽翼幼主猶賴提攜夫亦何事之不可爲何志之不可遂也哉宋神宗非復如太祖太宗之仁明明神宗非復如高皇成祖之英武其國政之一操於聚斂之臣一操於權奸之手也何足怪哉當荆公時國非無耆碩也尙有呂公著司馬光等在焉然皆與荆公未嘗無齟齬江陵時非無閣臣也尙有申時行馬自强在焉然不及江陵之甚有聲威嗚呼責無旁貸權有獨操執拗性成梟雄素具國寧有豸哉且荆公以三經之謬解六書之武斷上其書欲列之學官雖有榮如華袞嚴如斧鉞之春秋反詆之爲斷爛朝報以視昔之好爲奇異

之甚。謂左氏爲膏肓。穀梁爲廢疾。公羊氏爲賣餅家。其悖不尤甚也哉。宜其不久而荆公所頒用之字學三經。一例禁絕。而不復用也。抑不獨荆公自信太過也。卽在其平日所篤信之呂惠卿。猶復本其三司條例。九府流泉之說以欺人。雖荆公退處金陵。恍然大悟爲呂惠卿所誤。每寫之曰福建子。蓋至此始知僞經之足以禍人。且禍人卽以禍己也。此荆公之不足法者也。至於江陵欲盡毀天下之書院。與荆公有似異而實同者焉。書院者。六經羣史之所儲。諸子百家之所萃者也。祖龍欲愚天下之黔首。故欲焚其書而阬其儒。江陵欲絕天下之公言。故欲封其堂而夷其室。祖龍之舉李斯教之。神宗之舉江陵教之。所謂有虎先有倀。有狼卽有狽者也。惟是防民之口如防川。天下之士日益多。天下之書日益富。自馮瀛王發明鋟板後。凡書院所有之本。幾無不家置一編。縱不能如天祿之燃藜。决不無鄴侯之插架。祖龍時欲焚書。書尚可藏於山巖屋壁。神宗時卽盡毀書院。而嘉陵以後之藏書家。如毗陵唐氏。瑯邪王氏之汗牛充棟。其書顧可盡毀。而口顧可盡緘耶。此萬歷七年事也。其後熹宗天啓五年。御史張訥上疏。請毀其講學書院。東林之禍。至於國亡。推其禍源。未必非江陵階之厲也。且江陵有因文字之故。以致爲天下人所大不韙者。神宗初在講筵。讀論語色勃如也。誤讀爲背。江陵遽厲聲曰。當讀爲勃。神宗悚然驚起。同列皆失色。由此神宗益憚江陵。論者謂其等於霍氏之驂乘。此江陵之聲威震主也。高啓愚於科場以舜亦命禹命題。御史丁此呂奏其爲江陵勸進。言者攻江陵不已。以致身後大獄。此江陵之覬竊神器也。夫罪至於威震神宗。且欲使神宗受禪。誅其心與莽操無殊。何大僚之不臣至此哉。故不孝者可決其不忠。江陵於父沒敢奪情者也。江陵既不孝於其父。江陵卽必不忠於其君。江陵之欲行禪讓。雖有申時行輩之曲護依違。而於御史丁此呂之舉發。高啓愚之命題。確鑿可據。天下皆知。究何以爲教孝教忠者勸哉。夫江陵固國之碩輔。其初亦以文著。顧璘奇其文而許以爲國器者也。觀其江陵全集及張太岳詩。固儼然足以駭儒林而矜多士矣。及其後既膺揆政而大反其初。所謂既得患失。患失則無所不至。自古文人之無行而急於仕進者。固往往如是。今而後知江陵實不滿於心。信非蓋棺之不足以論定也。然則荆公固猶愈於江陵乎。曰。非然也。荆公新政之禍。固始於熙寧元豐。猶僅在神宗當時也。未幾哲宗立而元祐改元。母后秉政。而新政稍更矣。又未幾哲宗長紹聖改元。母后歸政。而新政復熾矣。紛紛至於北宋之末。徽欽北狩。外患相乘。其禍胎實自新政始。此不能爲荆公曲諱也。至江陵固當時跋扈。而其才尚足以持危。神宗時初政可觀。未必非江陵輔弼十年之力。雖曰排高拱以力爭相位。結馮保以內樹助援。其進身實類於卑汙。其陰險有傷於忠厚。然而變足以行權。功足以掩過。宜乎呂調陽張四維之恂恂若屬吏。不敢以同列自處者。尤其能爲國之柱石者。在固邊圉。愼國防。如鎭遼則能用李成梁。鎭薊則能用戚繼光也。當今之世。救國需才。若有江陵。雖不計其咎可也。若荆公者。雖有才而亦不適於用也。

詞章

前人

謁船山先生故宅

黑雲忽露駒光白。陋巷身藏庾塵隔。擬似柴桑陶令居。豈同蜀郡揚雲宅。不貴文章工絕倫。最難高節不稱臣。有人舊臘猶思漢。何物崇朝忽美新。天官朔望承周正。一旦綱屬嬴政。大地縱橫虓虎狠。畢翔蹂躪皆梟獍。閬苑蓬萊任陸沈。瓊宮貝闕可登臨厤姑已見桑田變精衛難塡滄海深公車阻上先嗚唈未到春宮望都邑紫蓋峯迴候雁飛黃河路斷枯魚泣涇渭雙流混不清江山一角又相爭國家南渡支無力欲望西流水不行行轆不將風蕭索緬甸奔馳被酋縛烟暗廊空燕覆巢月明檜動鳥飛暴至此惟應乞活埋國亡何必問尸骸九泉式相聞先殉詩酒邀盟共一儕安居擇地須地敞版築叢齋衆瞻仰岳色千尋滃若雲湘流九曲平如掌寤想神遊手不停酣沈噩夢幾時醒蓮峯志就編猶綠柳岸吟成簡倚青橫渠學爲儒林勸錯解良知本非願慷慨塡成愚鼓詞咿啞譜出瀟湘怨躋堂入室歷階升蹈矩循規正準繩但許章縫來負笈不妨冠帶入擔簦徵君彝立擎天柱學子趨承伴庭廡大匠雖云妙運斤朽株不用重傷斧不羨三槐舊府開望衡幽徑喜蒿萊幾多邸第無人問贏得柴扉喚客來客來細問渠渠屋此地將毋屈原卜抱道由來不厭深儘容藏藥山重複我亦覊棲一畝宮每思杖履覓遺蹤徘徊欲覓船山寓省識衡陽第幾峯

論王張胸有全史斷制謹嚴辭筆老潔信能手也七古酣暢淋漓　黃昌年批

正取第六名馮順村

治事

王荆公張江陵合論

秉國鈞者。固須有過人之才。尤貴無偏黨之見。及患得患失之私。夫苟不能無黨無偏。而又患得患失。則凡與我同者。雖憸壬亦必引進之。以爲吾之助。與我異者。雖眞君子。亦必竭力排之。以去吾之障礙。迨至羣小盈庭。朋比爲奸。知有朋黨而不知有是非。則國事已不堪問矣。豈不重可慨哉。宋之王安石。明之張江陵。其才皆有以過人。然一則當國數年。厲行新法。人民流離。黨禍固結。一則勾結宦豎。貪戀權位。以致謗讟沸騰。身後且遭籍沒之禍。其故何哉。殆皆由於偏黨之見。及患得患失之私。未能克治故也。攷安石新法。約有八條。六條謂足富國。曰農田。曰水利。曰均輸。曰青苗。曰免役。曰市易。曰方田。二條謂足强兵。曰保甲。曰保馬。其農田水利均輸青苗免役市易方田保馬諸法。當時已經推行。人民深罹其害。覆轍具在。久有定評。姑不具論。惟保甲本周官比閭遺意。使人民自相友助。以收淸查戶口防禦奸宄之效。實爲法良意美。後之論政者。尙多主張倣行。而不以人廢言。然安石行之。亦以病民者。蓋自古有治人。無治法。保甲法雖良。無如安石秉性執拗。不問事之可行不可行。而皆挾有必爲之心。及其爲之而爲正人所阻。遂不得不與之爲仇。既與正人爲仇。則其所排擯者。不問可知。而其所援引者。當然係逢迎奔競之小人。夫以良法而授於小人以行。勢必操之過急。以求取悅於上。而爲遷官地步。於是所謂保民者。因欲速不達之故。轉而厲民矣。矧青苗市易諸法。本係頭會箕斂之虐政。又經小人奉行。安得不因緣爲奸。深以病民耶。由是言之。荆公之相業。實坐偏黨二字誤之。又攷安石生平出處。其未秉政也。則矯情干譽。大言欺人。觀其奏對神宗。謂陛下當法堯舜。唐太宗不足道。實屬誇妄。與商鞅之誑秦孝公如出一轍。及其既得主知。又時而稱疾不朝。時而固辭求去。名雖爲退。其實以退爲進也。嗣見民怨沸騰。又上人言不足畏之語以彌縫之。此外欺世矯情之舉尚多。無非爲權位起見。然則安石之爲人。不僅偏黨。且亦患得患失之小人也。若夫張江陵之爲相。與中官馮保表裏爲奸。已非純臣所爲。他如扶植黨羽。專擅威福。以及傾陷同僚之舉。史册所載。不一而足。其尤悖謬者。莫如奪情一事。考江陵父死。雖中使慰問絡繹於途。實未嘗有意留之。且神宗時中外尚稱安謐。並無兵革之事。須援墨縗從戎之禮。以免奔喪。獨奈何陰諷黨羽倡議奪情雖經吳中行鄒元標等抗疏力爭猶不知悟且任其紛紛被杖被謫毫不爲解一時朝內正人幾爲之一空其所以必須如此者蓋因彼握權日久恐一旦去位有人謀已故不惜滅大倫排衆議而出此世徒見其當國十餘年海內無事遂以爲救時良相而孰知其心術隱微之地綱常名教之間有不可問者哉要之荆公偏黨之見實重於江陵江陵患得患失之私則較荆公爲尤甚是皆有過人之才而未聞君子之大道者也嗚乎自古小人誤國兼以自誤者要皆偏黨之見及患得患失之私爲之厲階王荆公張江陵其最著者也洪範曰無偏無黨王道蕩蕩魯論曰鄙夫可與事君也與哉其未得之也患得之既得之患失之苟患失之無所不至大哉聖人之言真萬世有國者之龜鑑矣

詞章

前人

謁船山先生故宅

衡陽西鄉高節里薑齋先生舊居此我來瞻謁値深秋寒潭澂淸暮山紫緬昔朱明鼎革時朝政日非鮮公是蜩塘殘局正難支鷸蚌私爭偏未已先生遭罹百六會痛

心。國。事。難。爲。矣。竄。跡。永。郴。漣。邵。間。獨。全。大。節。恥。登。仕。最。後。定。居。石。船。山。閉。戶。著。書。覺。後。起。力。與。聖。學。掃。粃。糠。昔。徒。高。蹈。慕。黃。綺。當。時。二。曲。亭。林。輩。同。與。先。生。遘。屯。否。雖。亦。著。述。老。林。泉。尙。有。公。卿。知。姓。氏。志。節。易。顯。書。易。行。固。應。赫。赫。在。青。史。誰。意。埋。名。一。老。翁。遺。書。傳。播。無。窮。紀。良。由。天。柱。與。地。維。賴。此。一。篇。不。傾。圮。迄。今。相。距。三。百。年。樹。木。猶。爲。人。仰。止。何。況。微。言。大。義。炳。日。星。願。誦。萬。遍。書。萬。紙。

論王張權衡允當字句簡絜七古翔實高華　　黃昌年批

經義

正取第七名易家鉞

孟子述天之方蹶無然泄泄詩義與傳箋有無異同試發明之

詩板篇之言泄泄。卽孟子時人語之言沓沓也。沓沓之義。孟子固已明言之曰。事君無義。進退無禮。言則非先王之道者云云。以孟子時之語。得孟子所述之義。自確切而不移。詩毛傳曰。泄泄猶沓沓也。此本孟子語以詁詩。與孟子所述詩義無異。而鄭箋則曰。無憲憲然。無沓沓然。爲之制法度。達其意以成其惡。此本爾雅釋訓、憲憲、泄泄、制法則也。蒙按毛傳憲憲、猶欣欣也。是不從爾雅釋訓也。是鄭箋與毛傳異。卽與孟子所述詩義異也。孔疏釋傳謂泄泄猶沓沓。競進之意也。又曰。競隨從而爲之制法也。牽合傳箋强而同之。失其旨矣。按說文口部。呭多言也。又言部。詍多言也。皆引此詩。是此詩之泄泄。或作呭呭。又或作詍詍。其義同也。荀子解蔽篇曰。辨利非以言是則謂之詍。亦以詍屬言詞。此皆與孟子言則非先王之道以泄泄沓沓屬言詞者。其義適合。又按說文曰部。沓、語多沓沓也。詩蕩篇鄭箋云。其笑語沓沓。雖鄭亦嘗以沓沓屬笑語。又詩噂沓背憎。鄭箋云。噂噂沓沓。相對談語。背則相憎。逐。沓亦作𠴲。廣韻云。𠴲本作誻。又云誻亦作沓。荀子愚者之言。誻誻然而沸。註、誻誻多言也。玉篇。誻。誻妄語也。且板詩下文云。辭輯辭懌。孟子引此詩下文云。責難陳善皆以言詞言之。然則泄泄沓沓爲多言妄語無疑矣。至於天謂王者。趙註與鄭箋同。蹶動也。趙註與毛傳同。無異義也。

治事

前人

商鞅開阡陌以盡地力秦以富强後儒詆其廢井田變壞古制試論其得失

世概謂秦廢井田開阡陌。變壞古制。爲商鞅罪。竊謂此未可以罪商鞅也。何以言之。

春秋而降。周室寖衰。暴君汚吏。慢其經界。經界不正。則井地不均。豪强得以兼並。蓋不待商鞅變法之時。而井田之名存實亡。固已久矣。雖無商鞅。猶將有不廢而自廢者。且其時井田既壞。非得聖君賢相如文武周公者。必不可復。彼孝公固非能復井田之君。商鞅亦非能復井田之臣也。井田既不可復。而欲救井田於已敝之餘。勢必愈救而愈敝。況乎三代以上。地廣人稀。故計夫授田行之較易。三代以下。生齒日繁。人浮於地。一夫百畝之制。必不能行。朱子嘗謂欲行井田。須有機會。或經大亂之後。天下無人。田盡歸官。方可給與民。若平世則誠難行。蘇氏洵亦以爲井田必不可復。洵之言曰。川路澮道洫涂溝畛遂徑之制。非窮數百年之力不可。夫誠授民以田有道路可通。有水利可修。亦何必拘泥其制度疆界之末乎。是皆以井田爲不可復者。易曰。窮則變。變則通。通則久。商鞅知其然也。故爲一時救敝之政。廢井田開阡陌。於是阡陌之占田畝者。悉開闢之。不使有尺寸之遺。以盡地力。使民務本力農。任其所耕。不限多寡。數年之間。國富兵强。卒以兼幷天下。不可謂非鞅之功也。由是言之。井田之廢。固運會升降使然。即無商鞅以變亂之。而其勢亦不可久。吾故曰秦之廢井田。未可以罪商鞅也。然則商鞅遂無罪乎。曰是又不然。商鞅以刻薄之性。行嚴厲之法。重告姦之賞。亟連坐之誅。其臨渭論囚。渭水盡赤。使恩不逮於百姓。信不著於諸侯。故秦雖因其遺法。並吞六國。而一傳之後。遽至覆滅。秦有可王之資。而轉受亡國之禍。是則鞅之罪也。假使商鞅施寬平之法。加之以恩。申之以義。亦何至貽僇身亡秦之禍哉。

孟義富於引證。而能解剖論井田。亦猶夫人之說。而無此明暢　黃昌年批

治事　　正取第八名徐崇寶

商鞅開阡陌以盡地力。秦以富强。後儒詆其廢井田變壞古制。試論其得失

商鞅廢井田開阡陌。後儒詆其變壞古制。而朱子謂井田之廢。阡陌之開。未可盡非。以愚觀之。秦之富强。乃孝公敦本力穡之效。並無藉於商鞅。而商鞅之罪。不在盡廢井田。而在盡開阡陌也。夫阡陌者。田間之道。周禮所謂遂徑溝畛洫途澮道。以正經界。通往來。止侵奪。時蓄洩。備水旱者也。自黃帝畫野分州。封建田井。相因而起。天子諸侯。朝會巡狩。通車書於萬國。方軌並進。曾無阻滯者。阡陌之效也。周衰諸侯並吞。

封建寖壞。然齊國佐拒晉戎東之策。猶稱先王疆理。述詩曰南東其畝。則是井田尚存也。楚莊之圍宋。屨及劍及車及。投袂而卽至。則當年阡陌之便捷可想矣。至戰國七雄並峙。暴君汙吏各慢其經界。而井田亦壞。不得專咎秦也。然孟子思爲滕君正之。則是井田之阡陌。猶可尋也。乃商鞅貪一時之利。悍然不顧。盡開阡陌以廢井田。先王之成迹。遂蕩然無餘。鞅誠萬世之罪人也。夫謂世衰法亂。奸弊滋生。耕者限百畝。則人力不盡。阡陌占地廣。則地利有遺。且生齒繁。則自將開墾。朱子之言。誠信而有徵。然使當日者。於平原曠野四達交會之區。北陌南阡。悉仍其舊。而惟除田禁。至窮鄉僻壤。山谷奥阻之異於通衢者。則或開其半。或盡開之。聽民授受。不復限制。吾知田畝可增。人力地力可盡。欺隱陰據之奸可弭。生齒雖繁。交通兆樂。更無逆上之明令者。井田廢而阡陌依然。先王正直蕩平之道。雖至今存可也。吾故曰商鞅之罪。不盡廢井田。而在盡開阡陌也。

謁船山先生故宅　前人

自古哲人久寥落。百代經師更誰作。康成之後二千年。重見先生起南嶽。先生大道傳洙泗蹭蹬明衰不得志浩然楚塞賦歸歟閉門蒐討忘饋頓六經羣子窺秘府一部黃書酌今古侈談史事萬千言言沁入人肝腑先生絕學隱湖湘孤臣心事獨淒涼中原鼎革寇狓猖遺書珍重出滄桑我來正值清秋節湘山楚水添悽惻低徊釁舍訪諸生寂寞黃花餘故宅高節英風尚懍然愁斟醽醁酹先賢三百年來德不孤結隣湘綺峙江墟

直攄胸臆無委瑣拖沓之病允稱合作　黃昌年批

正取第九名郭虛中

治事

王荆公張江陵合論

商書有之曰。君罔以辯言亂舊政。臣罔以寵利居成功。寵利居功之失。咎罔在臣也。辯言亂政之失。失在君而其咎亦在臣。因此而有感於宋之王荆公。與明之張江陵矣。荆公之在宋也。其始說神宗。謂堯舜之道至簡而不煩。至要而不迂。至易而不難。罔將欲堯舜其君民者也。乃從政未久。而泉府利權之說。不本諸堯舜而取諸桑劉。且又託名於周禮。由是新法大興。如農田水利。青苗均輸。保甲免役。市易保馬。手實之類。皆變更舊制。而有害於生民。則至天怒民怨。而乃謂天變不足畏。人言不足恤。祖制不足遵。其辯言亂政爲何如乎。夫荆公立法。欲以致富强也。然使施行有效。則必須贊多人。乃當時除護法善神傳法沙門三數人外。朝野上下皆以爲不可行。則至深宮皇太后。亦泣言其不可行。神宗獨信荆公行之。則與明神宗之信任張江陵異矣。江陵之在明。由講席而執政。受顧命而見重於慈甯宮。神宗之信任宜也。而江陵之在職。舉將才而邊境寧。立章奏考成法而政體肅。上考察之舊儀。進肅雝之殿箴。勗君以量入爲出。省節浮費。至於請賑江南之飢荒。請免天下之逋賦。則與攘利於民者異矣。纂古今治亂百餘條以進講。紀列聖之寶訓實錄四十類以格君。人有効其擅作威福者。則見帝自承。謂臣之所行正威福也。不行則誤國。行之則招譏。此亦似辯言而未嘗亂舊政也。其後抱病居家。四月不愈。而平章大事。雖憊不休。則與居洛而徒書福建子者異矣。合江陵與荆公而觀之。得君之專同也。歷年之久同也。其常乞假以固位。亦同也。而行政之效。與物議之多寡。則異矣。所可惜者。江陵以寵利居成功。身沒逾年而遭追貶。則其不及荆公者以此也。

論王張權衡允當　　黃昌年批

詞章

正取第十名龔　頤

擬杜工部諸將五首

依然帶礪好山河有險難憑百二關一曲悲笳胡塞上千秋浩劫漢陵間心驚鶴唳聲聲急血認鵑痕處處殷天下憂懷猶未解將軍何日始開顏

蜿蜒萬里號長城容易胡來樹壁旌世亂已知無義檜軍威難得有胸兵秋深洛下風經厲浪湧涇陽水倏清報捷不書回紇字中原寇賊屬誰平

洛陽風緊感狼烽寂寞天閽到九重餘燼勢能延北極丸泥計可達東封瘠痍未愈猶思痛租調何容便緩供最是軍儲關國計應提往事說兵農

淒涼銅柱剩孤標誰使天驕悍氣銷干羽格苗何易易明珠出海自寥寥由來野性羣眈虎否有軍心一挾貂翡翠已非梟鳥是惟將毀室貢南朝

百年身事蜀中來歷盡艱難寫盡哀曾重雪山賢節度猶登劍閣舊春臺楓林落葉霜飛鬢秋夜懷人月滿杯兩岸猿啼流自急輕舟誰是濟川才

擬詩疑爲少陵後身　黃昌年批

謁船山先生故宅 七古　正取十一名周榆園

朱明宗祏十七傳。巍峨宮殿均沉淪。禾黍離離麥漸漸。騷人韻士空流連。王黃李顧相比肩。船山先生我鄉賢。儒林祟拜傾誠虔。馨香俎豆三百年。巍巍衡嶽鎮南楚。先生著作高峋嶁。經義詞章兼雜組。胸羅萬象真富有。逃名空谷臥林藪。上承先賢下啓後。山崩川竭文不朽。中西學者齊頫首。秋高氣爽躋堦墀。瓣香晉謁祝公知。五經稗疏讀無遺。嗜好相同味彌滋。許書證經釋羣疑。卓識沁入我心脾。循楹搦管欲題詞。鄙俚無文恐公嗤。吁嗟乎、蝌蚪文字壁中藏。漢代遭逢魯恭王。名山石室壽無疆。大筆縱橫掃秕糠。異學爭鳴如鼓簧。遺書一出昭聾盲。焚坑浩劫禍未央。文運宏開罩八荒。先生教澤欣重光。猗歟厤哉何洋洋。

詩七古奧衍信非俗手　黃昌年批

擬杜工部諸將五首 謹依原韻　正取第二十名袁樾棟

羽書當日檄潼關。斷送元戎指顧間。宰相弄權輸一國。天王無賴欲重山。昔欽北地。

胡心赤今見西原戰血殷已作延秋門外客飽餐麥豆識龍顏
秦皇英武築長城漢族胡人界谿平正苦花門留雜種更堪棄護與聯兵霓裳曲裏
申悲憤花萼樓前未肅清木契銅魚消息斷搖搖心事若懸旌
斥堠依然屢舉烽勤王誰肯紫泥封長安搜索甯三日從諫忠言隔九重中使馬嵬
黃鉞仗叛臣凝碧羽衣供可憐分絲扶風地德沛綸音慰老農
南詔如今不貢朝義軍廿萬姓名銷堂廉高遠聞戎捷粉飾承平壯目標珍果御頒
無實訊鼓鼙從此破清寥黃門應悔貪財物何處儲藏換酒貂
五丁鑿路護金臺秋雨蒙塵劇可哀險地蠶叢悲屈曲極天鳥道訝飛來佇看西蜀
迎仙蹕謾獻南山上壽桮望帝有靈應悶慰府中多少折衝材

擬杜仍作當時語氣亦渾含　　黃昌年批

課藝 詞章

叢錄

船山先師詩錄

田家始春雜興

周逸敬選

靈雨潤今茲。雲光漾微溫。參差春艸生。曳杖行出門。仰視歸鴻飛。有叟過我前。知從罷遠遊。龍𩠏返郊原。欲因問疇昔。微笑無與言。但云歷冰霜。廝。壞耕所使。春事相歎息。稚子促夕飧。行行不相顧。空林栖鳥喧。

按此首、已見第五期學報、因手民遺落、行行不相顧、空林栖鳥喧末兩句、茲特重刊、更正、

編者識

叢錄

通訊

社長黃耔與先生復周漢靜木崖書

木崖先生道席。大雪後奉　惠書併封寄本社下期課卷一百三十七本。囑爲評點。又猥以蠢子無年。致勞唁慰。痛思何極。天寒晝短。國難家囏。直到長至後八日摒擋歲事。先是伻來。曾有復書。當以社產虧耗。璧還三十元。據云、曾奉　令飭。掣出璧款。亦遂將前函取銷。茲將原封兩捲課卷評點封繳。略爲等第。稍有出入。已標識於繳卷橫束紙上。餘容後述。此頌

新禧、唯

照不備、

列列社友並祈　代致。

叔惠先生有書容後作答

許篤齋致周編輯主任書

黃昌年復書

木庵先生道席。久未通候。敬想　多福。惠贈第十二期報。拜讀謝謝。湘師題排著答問。不知何人錄寄。其中認啓兩字係　師親筆如此。究未說也。弟曾以吳砌師詩寄備採擇。承　示錄存。未審付梓時。何以見遺。希　惠復爲幸。順候

譚祺百益

弟銘縣謹啓

許篤齋先生復周編輯主任書

仲元先生經席。奉　復書備稔　社務之繁。館課之密。賢勞燕著。佩慰奚如。惟歲暮天寒。諸宜珍攝。又至以爲念耳。承　詢認啓兩字。憶　湘師偕朱編修見訪時。師謂翰苑前後輩之分極嚴。今以編修拜後輩。乃特典也。以此言之。認啓即同通候。其出處或在翰林記中。（嶺南遺書內有此記見如查得幸見示）惟弟自幼塵視軒冕。何論科第。　師以泰斗之尊。而先施及於後學。高軒過我。可感尤可愧耳。　邵師詩。已荷　登錄。謝謝。當發信時。匆匆未及遍覽。歉仄奚如。敬請

道安　　　弟銘蘇謹啓小寒後五日

湖北省立圖書館來書

敬復者。頃承惠贈后列圖書。深紉高誼。除已鄭重題識編庋。儲供衆覽外。耑此佈達。並伸謝悃。以後倘蒙源源寄贈。尤所感盼。即頌　台綏

計收船山學報第十二期一册

湖北省立圖書館謹啓十二月廿四日

江蘇私立東吳大學圖書館來書

敬啓者。頃承惠贈圖一種一册。謹領之餘。當即入册編目。妥爲典藏。以供衆覽。嘉惠士林。曷勝感幸。倘蒙源源見賜。尤所盼禱。特此函謝。祗頌

台安

江蘇私立東吳大學圖書館謹啓十二月廿八日

國立山東大學圖書館來書

敬復者。承贈船山學報。深紉厚意。除珍存備覽。並彰高誼外。謹函肅謝。倘荷源源賜寄。嘉惠士林。尤所感盼。祇頌

教綏

國立山東大學圖書館啓十二月廿八日

北平燕京大學圖書館來書

敬啓者。頃承惠贈左列書籍。業已拜領。喜亘帙之分頒。感高情之下逮。瀹新知於典籍。明示津梁。沛嘉惠於士林。珍同圭璧。爰事庋藏。以資參考。倘荷源源見賜。永宜拳拳服膺。特肅復椷。藉鳴謝悃。此致

湖南船山學社

燕京大學圖書館啓十二月廿八日

山西省立民衆教育館來書

敬復者。頃承惠贈船山學報十二期一册。除陳諸本館報誌閱覽室。並編目珍存供衆閱覽。以彰高誼外。玆寄奉本館月刊自第三卷第四期起。作爲長期交換。藉表微忱。以後續出各期。乞按期寄下。俾成全璧。至爲感荷。專此佈達。並鳴謝悃。此致

船山學社

山西省立民衆教育館謹啓十二月廿六日

金陵大學圖書館來書

敬啓者。頃承惠贈船山學報第十二期。祗領之下。感荷無已。除即行陳列閱覽室供衆閱讀外。合亟函達。藉申謝悃。並希嗣後按期賜寄一份。以便集成全卷。彙訂成帙。

善爲保藏。而備學者永久之參考。非特敝館之幸。卽闔校師生亦咸拜嘉貺也。專此

敬請　台安

金陵大學圖書館謹啓十二月廿九日

山東省立圖書館來書

船山學社

茲承惠贈船山學報十二期一册。業經編目歸架。用供衆覽。謹此奉覆。並謝高誼。此致

山東省立圖書館敬啓十二月三十日

私立總理故鄉紀念中學校來書

逕啓者。辱蒙貴社惠贈刊物來校。曷勝感荷。用特專函申謝。敬希察照。並希繼續惠寄。俾供衆覽。藉廣見識、爲荷此致

船山學社

總理故鄉紀念中學校圖書館啓十二月廿九日

四川省立重慶大學圖書館來書

湖南船山學社台鑒。頃承惠贈船山學報第十一十二兩期。深紉厚意。除分別編目善爲珍藏。以供衆覽外。謹此鳴謝。祇頌

公綏

重慶大學圖書館啓二十六年一月九日

國立中山大學圖書館來書

逕啓者。前承惠贈貴刊船山學報。現查尚缺下列期數。希照補寄。俾成完帙。爲荷。此致

湖南船山學社

國立中山大學圖書館主任

教育部社會教育司來書

逕復者。頃承以船山學報第十二期一種一册見贈。業經本部圖書館點收。相應專函致謝。即希查照。爲荷。此致

湖南船山學社

教育部社會教育司啓　一月六日

山東省政府來書

逕啓者。頃承惠賜船山學報一册。到府。除存備覽閱外。相應函謝。即希查照。爲荷。此致

湖南船山學社

山東省政府啓　一月七日

福建省政府圖書館來書

逕啓者。前承惠贈船山學報由第一期至第九期、又第十二期。計十册。深荷隆施。敬謹珍藏。以供衆覽。而彰高誼。此後尚希繼續寄贈。並請將第十第十一期兩册補贈

寄下。俾成全璧。尤爲紉感。此致

湖南船山學社　　福建省政府圖書館啓二月四日

漢口王靜德先生致周編輯主任書

木崖先生史席昨從　貴社學報得讀　大著恆心堂讀書答問。不意人心汨泯之秋。得　先生大聲疾呼。風雨如晦。鷄鳴不已。令人感慨繫之。敝齋正搜集圖書。懇將最近所出之第十一十二十三十四期。惠寄各一份。俾武漢人士暇時捧讀。得所遵循。曷勝厚幸。專此敬請

纂安　　王靜德謹啓三月十七日

漢口王靜德先生復本社書

來教奉悉。敝齋由教育界同人組織。其書報供耆碩及新青年瀏覽。不取分文。武漢自二十年洪水爲災。民苦塗炭。亟欲挽回元氣。藉答天庥。然人心非學說昌明。不能發生效力。因見　貴報主持正誼。特懇惠然寄贈。示我周行。則三鎭人士受感深矣。春深猶寒。敬問　愉健。此上

木崖先生　　王靜德啓

李陽生先生來書

船山學社鈞鑒敬覆者、客臘自接　華翰後。卽緘託友人前來領獎。不料其人適有要務他往因致擱延。歉甚。兹奉　朵雲。知荷破格補發。不勝感激。謹將卷首數行錄於別幅上呈　青覽。請將拙稿及獎金除扣除郵費外。一併　惠寄湘鄉青樹坪婁園里至紉。　高誼再有瀆者。此次以一無足重輕之稿。屢勞郵筒下頒。雖　大君子仁恕存心。不加誚讓。晚獨何心。能弗自恧乎。東望衡雲。遙表歉衷。識荆有緣。再容面罄。肅此敬叩　道安不莊　教晚李陽生頓首三月廿二日

公牘

綏遠省政府傅主席來函

湖南船山學社公鑒。逕復者、此次綏東告警。舉國關懷。連日迭接各方函電。或爲物質之輸將。或作精神之援助。備叨勗勉。感愧奚如。顧念捍邊禦侮。分所當然。乃荷囑望之殷。益凜職責之重。兹承　貴社捐洋一十三元零四分。悉出愛國熱忱。用以鼓

勵士氣。謹當拜領。誼不容辭。惟有奉揚仁風。切加激策。庶期三軍振奮。效命彊場。本此血誠。亦即仰答愛國同仁所厚賜也。除通飭前方各部隊一體知照外。特先掣具收據一紙。隨函送請　惠察。至將來詳細分配辦法。一俟規定就緒。再行登報聲明用途。俾昭大信。專此。鳴謝。順頌

籌祺　附收據一紙　傅作義拜啓十二月十四日

致長沙市政府函

逕啓者。本社石庫門中進及右側佛學會房屋。由前綏靖公署借與憲兵第三營暫駐。疊經函請交涉退還。嗣准二十五年十一月四日

貴府函開。據派員歐陽爵修報稱。憲兵營正在籌備另覓房屋搬遷等語。現在為期已久。本社因房屋窒礙。停講已過半年。直接間接之損失。亦屬不貲。本社為道德文化機關。似此情形。難逃社會責備。茲於本月十三日開董事會。全體議決。仍請

貴府派員轉向憲兵第三營交涉。將全部房屋剋日交還。以全軍譽而維文化。為荷。

此致

長沙市政府　　湖南船山學社啓一月十三日

致湖南省會公安局函

逕啓者。本社被憲兵七團第三營佔駐已經數月。屢次函請
貴局及　市政府代該營另覓房屋。早日遷出在卷。前聞　市政府代該營覓定局關祠六號房屋。何以至今仍不遷去。似此遷延長住。實屬有礙本社一切進行。且本社年來爲此房屋損失不貲。事實昭昭。在人耳目。昨本社開董事會議。決本年上學期不能再停講演。並決定開辦學校。需用全部房屋孔亟。除另推代表彭穆如先生面陳一切外。特此專函
貴局。請爲速覓駐地。函知該營剋日遷出。以維文化。而重教育。爲荷此致
湖南省會公安局

湖南船山學社啓二月一日

呈湖南省政府文

呈爲學社房屋久被佔駐。阻礙社務進行。懇予另撥房屋以備客軍駐紮。而維文化。

仰祈
鑒核示遵事。竊本學社係繼承思賢講舍改組文化機關。曾與曾文正祠及藝芳女校劃界刊碑繪圖立約於二十一年九月呈奉
鈞府及　省黨部民教兩廳核准備案。歷年以來。對於事業之進行。雖經費有限。仍儘力以赴。省內外皆知有船山學社矣。而上年六月十八日。忽接准長沙綏靖主任公署第二處函開「逕啓者頃奉　參謀長諭。
委座行轅日內卽將駐長。暫以中山東路曾公祠全部房屋作爲駐址。所有現駐該祠內之公安局保安隊佛教會船山學社。限於明(十九)日一律遷移完畢。以便佈置等因。特達。卽希照辦理爲荷。此致」等因。本社當以大局所關。又值大軍雲集。事勢上不能不迅速遷讓。以備暫作
委員長行轅之用。卽於翌日租佃本市上營盤街三十七號房屋。暫作本社通訊處。曾經呈報在案。比年八月。兩粵事變和平解決。行轅移駐廣州。本社以爲行轅遷去。綏署卽可將所借房屋分別交還。詎料當行轅移粵之際。突有憲兵第一營及第一

師軍醫處。復來分佔本社及佛學會兩處房屋。本社當向綏署第三處及軍事應接處交涉數次。終歸無效。迫不得已。直電廣州
委員長。請電飭該營等卽日遷出。旋奉
委員長行轅總務處公函節開「憲兵一營業已調防。一師軍醫處已電飭遷讓矣。特達查照爲荷」等因。仰見
委員長維護文化之至意。當憲兵一營及一師軍醫處移出之際。忽又有憲兵第三營營部、及第八連連部卽行駐入。私相遞授。迭經本社向綏署及軍事應接處交涉。始允交還船山祠後棟一部份房屋。至正棟中部石庫門。長時關閉。且留側門時閉時開。混入本社自由出入。餘屋佔駐不還。本社當時以船山先師誕祭在卽。祇得暫行遷回。辦理誕祭。旋經本社開社員大會議決。凡未交還之房屋。推舉代表數人。向原借機關交涉。而軍事應接處適於是時結束。綏靖公署亦旋奉
中央命令裁撤。機關雖散。案卷猶存。按理溯源。憑函追物。主權所在。未能放棄。不得不向長沙市政府及省會公安局兩處交涉。請其代憲兵營另覓房屋。俾該營遷去。

乃稽延至今。亦尚未有何種辦法。查本社房屋自被佔以來。一切工作不能進行。損失不貲。事實俱在。停講業逾一期。社會責難。不能辭答。本年開講在卽。萬不能再停講演。並擬開辦學校一所。多研究船山學說。以爲維持世道人心之一助。故本社房屋。亟需應用。萬難任其久佔。伏查軍隊駐紮民房及寺廟學校民團。久經　政府明令嚴禁有案。任何軍隊不能違抗。本社爲紳耆宿學組織之文化團體。各省希有。碩果僅存。其性質更與寺廟迥別。而憲兵又爲其他軍隊之模範。尤不應漠視政府法令。及　委員長電令。自蹈於知法犯法之途。惟憲兵本屬客軍。所駐地址。各省自有一定成規。或由該營自佃民房。或由政府撥定公地。如湘省現無空屋。自當正式構造營房。以免客軍失所。此又本省政府所應爲者也。今久佔民團。不啻摧殘文化。與論惶惑。

鈞座提倡道德。主持文化。於本社維護有素。甚望設法解決糾紛。以伸公理也。爲此

呈請

鈞府鑒核。准予飭屬速爲該營另覓駐地。剋日交還本社及佛學會全部房屋。以保

主權而維文化。不勝迫切屏營待命之至。謹呈

湖南省政府主席何

湖南船山學社公呈三月十日

致長沙市政府湖南省會警察局函

逕啟者。本社房屋。曾由前綏靖公署借作行轅。嗣因憲兵第三營入駐。迭經函請
貴府局代為另覓房屋。俾其遷出在案。迄今日久。未蒙見　覆。本社因阻礙進行。停講
已久。社會責難。不能辭咎。業經呈請　省府設法維護。茲奉　令開。呈悉。准云轉飭
市政府警察局會同另覓地點。函知憲兵營遷移可也。此令等因。奉此。特為函懇
貴府局查照辦理。不勝感盼。據該營將有換防之說。務祈趁此時期。迅速將房屋覓就。
以免該營出入遷移之煩。想
貴府局既贊助用於前。必當維護交還於後也。此致
長沙市政府
湖南省會警察局

湖南船山學社啟三月十九日

船山學報

第十三期

中華民國廿六年丁丑歲三月立夏日 出版

定價表

冊數	定價	郵費
每冊	四角	照章
預定全年	一元五角	

主編者 湘潭周逸

發行者 長沙中山東路 湖南船山學社

印刷者 長沙萬福街 藻華紙業印刷局 電話五五六九

代售處 長沙府正街 魏博文書局
長沙南陽街 開明書局
湖南船山學社

民國二十六年丁丑歲十一月朔日出版

中華郵政特准掛號認為新聞紙類

船山學報

第十四期

湖南船山學社印行

湖南船山學社學報章程

一　本學報繼續本社民國六年以前學報辦理仍名曰船山學報

二　本學報暫定每季出版一次按年編號

三　學報內容分類於左

1圖畫　2師說　3講演　4專著　5文苑　6劄記　7課藝　8叢錄

9本社紀事

四　本社徵文酬例另定之遺稿專著斟酌酬贈詩詞雜文等不給酬但酌贈書報

五　給酬以登出學報者爲限

六　凡來稿本社得斟酌修改之無論已否登出概不退還惟遺著專著詩詞文集成册者

不在此限

七　本報價目另定之

湖南船山學社第十四期目錄

圖畫

師說

講演

專著

目錄 二

文苑

第十四期

目錄 四

目錄

目錄

目錄　八

目錄　十

叢錄

目錄

本社紀事

本社紀事

湖南船山學社民國二十五年十月至二十六年十月新入社員一覽表

第十四期

目録

一四

王船山先生遺像

把鏡相看認不來閒人云此是董齋龜於朽後從人卜夢未圓時莫浪猜　誰筆仗此形骸閒愁輸汝雨眉開鉛華未落君還在我自從天乞活埋

先師自題小影詞也清光緒初元張文心大令從先師祠堂摹得　遺像蓋猶襲明行人司章服先師以永曆四年任行人司年三十二後又四十一年乃自題小影令摹刻之祠堂者是也湘陰郭筠仙侍郎奉以祀之思賢講舍而為之贊曰

濂溪混然其道莫窺惟於先生望見端崖約禮明性守道持危闡揚文令是曰先知二百餘年星日昭垂私心之契曠世之師

師說

船山先師詩錄

避亂石雞村同載謀小憇 己未

周逸敬選

蒼壁不受春。轉入溪流曲。桃花影外天。微波動新綠。
飛鳥隨風葉。梨花漾碧晶。溪山得圓淨。雞犬亦蕭清。
不知身忽輕。已度青茸表。疎雨何妨飛。林端露清曉。
仇池九十泉。桃源千萬樹。古人喪亂中。自選林泉住。

師說

思問錄內篇（續第十三期）

衡陽王夫之譔　　後學周　逸箋

成性存存。存之又存。相仍不舍。故曰維天之命。於穆不已。命不已。性不息矣。謂生初之僅有者。方術家所謂胎元而已。

按胎元之說。是方術家認生初之理未真。不知於穆不已。正見性不息也。

感而後應者。心得之餘也。無所感而應者。性之發也。無所感而興。若火之始然。泉之始達。然後感而動焉。其動必中。不立私以求感於天下矣。寂然不動。感而遂通天下之故。鬼謀也。天化也。非人道也。誠不必豫。待感而通。惟天則然。下此者艸木禽蟲與有之。著龜之靈是也。

按性者萬物之一源。非有我之得私也。惟大人能盡其性。斯盡其道。能盡其道。於是不待感而通焉。所謂至誠之道。可以前知。人道之極則也。至鬼謀之通。蓍龜之靈。亦能有感斯應。但不及無所感而興者遠矣。

大匠之巧。莫有見其巧者也。無感之興。莫有見其興者也。明發不寐。有懷二人。尋過去也。視於無形。聽於無聲。豫未來也。舍其過去未來之心。則有親而不能事。況天下之蠢蠢者乎。

按舍其過去未來之心。則心自我主。心自我主。則不累於物矣。

孩提之童之愛其親。親死而他人字之。則愛他人矣。孟子言不學不慮之中。尙有此存。則學慮之充其知能者可知。斷章取此以爲眞。而他皆妄。洵夏蟲之於冰也。

按孩提之童之愛其親。是有知能學慮以充之。則愛有常心。足以成性矣。

質以忠信爲美德。以好學爲極。絕學而游心於虛。吾不知之矣。導天下以棄其忠信。陸子靜倡之也。

按絕學而游心於虛。是自昧靈根。學不盡性。學非其學。不顧諟天命。學無原本。學無原本。則所學離日用倫常極遠。吾不知之矣。

天下何思何慮。則天下之有無。非思慮之所能起滅明矣。妄者猶惑焉。

按天下何思何慮。明屈伸之變。斯盡之矣。所謂天下之思慮擾擾。止在計較屈伸之途。伸固伸也。屈亦伸也。至虛無所不伸。無入不自得。則又何思慮乎。

有不善未嘗不知豫也。知而未嘗復行豫也。誠積於中。故合符而爽者覺。誠之者裕於用。故安驅而之善也輕。

按此節正是未能如玉。不足以成德。未能成德。不足以孚天下。故曰誠積於中。

聞善則遷。見過則改。損道也。而非益不能無十朋之龜爲寶鑑。則奚所遷而又惡得改之道哉。惘於道。則憚於改矣。

按聞善則遷。見過則改。此非常人所能。故曰聖如大禹。一聞善言則拜。吾人尤當何如。

水之爲漚。爲冰。激之而成。變之失其正也。漚冰之還爲水。和而釋也。人之生也。孰爲固有之質。激於氣化之變而成形。其死也。豈遇其和而得釋乎。君子之知生者。知良能之妙也。知死知人道之化也。奚漚冰之足云。（張子亦有漚冰之喻朱子謂其近釋氏）

按張子謂海水凝則冰。浮則漚。然冰之才。漚之性。其存其亡。海不得而與焉。推是足以究死生之說。故知生無所得。則死無所喪。何哉。盡性也。

至於不可謂之爲無。而後果無矣。既可曰無矣。則是有而無之也。因耳目不可得而見聞。遂躁言之曰無。從其小體而蔽也。善惡可得而見聞也。善惡之所自生。不可得而見聞也。是以躁言之曰。無善無惡也。

按寂然不動於中。謂之無善無惡。是耳目不可得聞見也。中庸曰。戒慎不覩。恐懼不聞。學者不如是。不足以成身。故省過自無始。

我戰則克。慎也。祭則受福。慎也。福者禮成而敏。知神享之。君子以爲福莫大焉。慎於物。慎於儀。慎於心。志壹氣合。雝雝肅肅。不言而靡爭。則禮成而敏。神斯享焉。疾風雷雨不不作。災眚不生。氣志之感盛。孝子之養成矣。君子之所謂福也。若春秋所記仲遂叔弓之卒皆入繹也

按橫渠所謂至當之謂德。百順之謂福。德者福之基。福者德之致。無入而非百順。故君子樂得其道。得其道。不言而靡爭。則災眚不生。非慎於心。神勿享矣。

（未完）

講演

船山先師詩錄

新秋看洋山雨過 丙申

周逸敬撰

南楚秋風日。輕陰太白方。參差分遠巘。明滅互斜陽。旋壓雲間樹。還吹小際香。鷺飛初掠潤。燕語乍矜涼。雲斷天逾碧。林疏野乍光。餘霞侵月淺。晚霧過溪長。薄袂冷泠著。閑愁鼎鼎忘。蕭齋聊隱几。吾道在滄浪。

深夜望歐子直 己酉

蕭蕭夕吹外。雲斂一痕青。杖履隨天地。山川見典型。借碁遲盡紙。醲酒已登瓶。但覺閑情損。歸舟憶洞庭。

講演

周逸

論語大義

總論

按總論。即論語要略。曾已刊行。因今年暑期在本社經學講習會。逸爲講師。故將此稿略加修改。增編論語教授法。提綱挈領。以六藝爲一貫。俾自修者問津有路。尙編有孟子大義。大學大義。中庸大義三篇。預刊此篇。餘俟登入第十五期學報。編者識

漢書藝文志曰。論語者。孔子應答弟子時人及弟子相與語而接聞於夫子之語也。鄭康成以爲仲弓子游子夏等撰定。柳子厚曰。孔子弟子。曾參最少。又老而死。是書記曾子之死。則去孔子也遠。當時弟子略無存者矣。黃鶴意謂曾子之弟子爲之也。亦說有子與曾子之弟子爲之。程子謂亦成於有子之門人。洪容齋謂亦出於閔子之門人。以二子稱子爲證。按論語又稱冉子請粟。冉子退朝。蓋諸弟子之門人嘗雜記其言而卒成其書者。則子厚以爲曾氏之徒是也。要之、論語者。蓋六藝之菁華。百家之準的。其義多本於春秋。其言實通於上下。儒學旣盛。傳注益繁。漢晉分其章。宋明衍其理。淸儒考其典。經歷廣遠。庶幾備矣。然以詞句易瞭。讀者忽之。余治經不分門戶。

講演　論語大義　二

惟以通用爲主旨。並主張熟讀白文。深思經意。尤重躬行實踐聞道明理而已。如治論語。當知學而之首篇。爲入道之門。積德之基。學者之先務也。所謂學而時習之。王肅義說時習。學者以時誦習之。誦習以時。學無廢業。所以爲說懌。湘綺王氏曰。太學之教也。時春夏習干戈。秋冬習羽龠。春誦絃。秋學禮。冬讀書。分時異師。則心暇易開解也。朱注。學之爲言效也。人性皆善。而覺有先後。後覺者必效先覺之所爲。乃可以明善復其初也。習、鳥數飛也。學之不已。如鳥數飛也。故李充云。始於時習。中於講繹。終於教授。是人之所學。學爲君子。學爲聖賢。由時習不厭、而有得於中、故心喜說。其次君子以朋友講習。出其言善。則千里之外應之。遠人且至。況其近者乎。道同齊味。歡然適願。所以樂也。至於人不知而不慍。人者何。曰長沮、桀溺、荷蕢、晨門、楚狂接輿、丈人、儀封人、是也。之七子常諷孔子。孔子以其不我知。故不慍。不慍、是君子之工夫。非不慍卽君子也（本湘綺師口授）由是而論。凡自時習學始。至不慍學終。所學無他。則學爲君子而已。君子成德之名。所謂學在己。知不知在人。何慍之有。易曰。遁世而無悶。非君子不足以語此德。余前日所以鄭重講此章者。正望諸生讀書學爲君子。學爲君子。工夫不易。次第而進。自強不息。庶有聞道之日。今雖倉卒講完。見淺見深。未知所守。第一勿忘所講。有子曰。其爲人也孝弟章。當於孝弟上用功。子曰。巧言令色章。當於自己心上用功。曾子曰。吾日三省吾身章。當於自己身上用功。其餘書中要義固多。乃不外論學論政論仁三大端。能於此中窮究。關於身心性命者。力行而實踐之。大義微言者。鑽研而闡發之。將見後生可畏。焉知來者之不如今之余無所聞也耶。故曰。逝者如斯夫。光陰可貴。去不再來。言之戰慄。諸生勉之。

論語教授法

論語之詩教

學詩章（此歷言學詩之益。以見詩之當學。）

子曰。小子何莫學夫詩。

詩有美有刺。學之其所美者。可以興起好善之心。其所刺者。可以興起惡惡之念。

詩可以興。（感發志意）（此詩之有益於心者。）

詩有美有惡。學之其所謂善。可以觀吾所行之得。其所謂惡。可以觀吾所行之失。

可以觀。（考見得失。）（此詩之有益於身者。）

詩之敘述情好。於和樂之中。不失莊敬之意。固和而不流。學之故可以處羣。

可以羣。（和而不流。）（此詩之處常有益於性情。）

詩之發舒悲憤。則責望之中。猶有忠厚之思。固怨而不怒。學之故可以處怨。

可以怨。（怨而不怒。）（此詩之處變有益於性情。）

邇之莫重於父。學詩得其溫柔之致。自將其愉色婉容。而事父之道以該。遠之莫重於君。學詩得其和平之意。自致其忠愛純篤。而事君之道亦寓。

邇之事父。遠之事君。（此詩之有益於人倫。）

情景所感。因鳥獸以寄意。托草木以傳情。其稱名不一。取類甚繁。學之並可以多識其名。而博洽在其中。

多識於鳥獸草木之名。（此詩之有益於物理。）

三百章（此提出先生以詩教之旨示人。欲人興善念而懲惡念。所思一歸於正。）

子曰。詩三百。一言以蔽之。曰。思無邪。（魯頌駉馬篇辭。）

【集義】先王採風。善惡並陳。聖人删詩。美刺具載。豈盡無邪。然善者美之。可以感發人之善心。惡者惡之。可以懲創人之逸志。詩之爲用。欲使爲善去惡。歸於性情之正而已。無邪一言。足以盡蓋其義。其示人之意亦深切矣。

關雎章（此言詩人性情之正。欲學者識之而知所與。）

子曰。關雎樂而不淫。哀而不傷。

朱子曰。關雎之詩。言后妃之德。宜配君子。求之未得。則不能無寤寐反側之憂。求而得之。則宜其有琴瑟鐘鼓之樂。其憂雖深而不害於和。其樂雖盛而不失其正。夫子稱之。欲學者玩其辭。審其音。而有識其性情之正。

誦詩章(此爲誦詩不能致用者發。)

子曰。誦詩三百。授之以政。不達。使於四方。不能專對。雖多亦奚以爲。(其情合乎事理。可以知風俗之盛。政治之得。其情遠乎事理。可以知風俗之衰。政治之失。)

朱子曰。詩本人情。該物理可以驗風俗之盛衰。政治之得失。其言溫厚和平。長於諷諭。故誦之者。必達於政而能言也。馮氏讀詩。必明其理。明理必達諸用。不明其理。記誦之末學。不達諸用。章內之腐儒。(心記口誦。無所心得。謂之末學。尋章摘句。食古不化。謂之腐儒。)

逸按夫子答陳亢問於伯魚。亦有異聞之語。而知聖人之教子詩與禮而已。所謂不學詩無以言。鯉退而學詩。不學禮無以立。鯉退而學禮。詩本人情物理。學之則事理通達、而無昏塞之患。其爲教溫柔敦厚。學之則心氣和平、而無躁急之慾。所以能言。禮有經有曲。其序不可亂。學之則品節詳明。義精而莫之惑。其教恭儉莊敬。學之則德性堅定。守固而莫之搖。所以能立。

論語之禮教

十世章(此見世變而道不變。即往可以推來。)

子張問十世可知也。（王者易姓受命爲一世。今後十世之事。可得而前知也乎。）

子曰。殷因於夏禮。所損益可知也。周因於殷禮。所損益可知也。其或繼周者。雖百世可知也。

【集義】欲知未來。當觀已往。彼殷因繼夏而爲一世。於三綱五常之大禮。亦因乎殷而不變。至其閒易尙質而尙文。易建丑而建子之類。損太過而益不及。亦不過稍加增減。綱常亙古不易。制度隨時變通。其或繼周而爲王者。所因所革。百世可知。

夏禮章（此夫子深慨二代之禮。有難與周禮並傳。）

子曰。夏禮吾能言之。杞不足徵也。殷禮吾能言之。宋不足徵也。文獻不足故也。足則吾能徵之矣。

周監章（此聖人極贊周禮之至善。）

子曰。周監於二代。郁郁乎文哉。吾從周。

【集義】周有文武爲之君。周召爲之相。則取夏商二代之禮而監之。損其太過。益其不及。自朝廷宗廟以逮閭門閭里。自祭祀會同以至揖讓俯仰。皆盡善盡美。郁郁乎極文采之盛哉。可以開一代之景運。可以範後人之心思。夫子起居出入。由之以終身。動容周旋。資之以寡過。舍周何從焉。

禮本章（此見聖賢維世之心。）

林放問禮之本。

【集義】春秋時專事繁文。一奢易之天下。慨習尙之日以靡。疑古道之別有在。因問之本。以求先王制禮之初意。是亦有心乎世道者。

子曰。大哉問。

禮與其奢也、寧儉。喪與其易也、寧戚。（此節言禮之本。）

【集義】禮有吉凶。言乎吉禮。過乎中者爲奢。不及乎中者爲儉。皆未合禮。然當文勝時。而較言其本。與其侈靡而奢。寧可質樸而儉。禮初始是儉。後漸流於奢。是儉爲禮之本。以言乎凶禮。過乎中者爲易。不及乎中者爲戚。皆未合禮。然當文勝時。而較言其本。與其專治儀節而易。寧可一於哀痛而戚。禮初始是戚。後方習爲易。是戚爲禮之本。返其本、自於禮能酌其中。

楊中立曰。禮始諸飲食。故汙尊杯飲。爲之簠簋籩豆罍爵之飾。所以文之也。則其本儉而已。喪不可以徑情而直行。爲之衰麻哭踊之數。所以節之也。則其本戚而已。周衰世方以文滅質。而林放獨能問禮之本。故夫子大之而告之以此。

先進章（此聖人矯時論之失。而以身維禮樂。）

子曰。先進於禮樂。野人也。後進於禮樂。君子也。如用之。則吾從先進。（此節見時論之失宜。）

陸稼書曰。禮樂之用。上而宗廟朝廷。下而州里鄉黨。大而冠婚喪祭。小而動靜起居。莫不有禮樂。周初參之往代。文質得中。昔固未嘗樸也。以今習於華者較之。覺昔之樸矣。昔亦未嘗拙也。以今習於巧者較之。覺昔之拙矣。由是羣然競尚。衆口一辭。始不過浮薄之徒開此風氣。漸而謹厚者亦爲之。始不過少年之輩倡此議論。漸而老成人亦和之。時人惟昧中。故羣從後進。夫子惟用中。斷在從先進。以一人之趨向。定一世之率循。所謂狂瀾砥柱。不徒自審其從違而已。

論語之樂教

聞韶章（此見聖人深契韶樂。）

子在齊聞韶。三月不知肉味。曰不圖爲樂之至於斯也。

【集義】古聖作樂以象德。舜以性生之德。當揖讓之時。致勳風之休。所以韶樂最爲美盛。後子孫封陳固得用之。自敬仲奔齊。而韶在齊。夫子在齊聞之。學之忽至三月。覺心之所思。神之所遇。目之所接。耳之所凝。惟在於韶。外此無心計及。雖當食時。有不知肉味之爲甘者。深得韶情文之備。舜功德之隆。不覺韶樂之美善。如身在雍熙之間。親見虞帝之聖焉。

謂韶章（此詳舜武之樂。）

子謂韶盡美矣。又盡善也。謂武盡美矣。未盡善也。

朱子曰。舜紹堯致治。武伐紂救民。其功一也。故其樂皆盡美。然舜之德。性之也。又以揖讓而有天下。武之德。反之也。又以征誅而得天下。

【集義】帝舜之功。在六府三事。故於樂有九成。此韶之盡美也。武王之功。在滅商分陝。故於樂有六成。此武之盡美也。重華之德。本於性生。況唐虞交際之間。正泰和文明之會。而舜又躬逢其盛。此韶所以盡善也。敬義之德。成於反身。況商周改命之日。正餘風未殄之時。而武又適遭其窮。此所以未盡善也。

樂正章(此夫子自叙正樂之功。)

子曰。吾自衛反魯。然後樂正。雅頌各得其所。

【集義】樂之作也。創自先王。歷年既遠。殘缺失次。孔子周流四方。參互考訂。以知其說。迨自衛反魯。取其殘缺者補之使全。失次者序之就緒。金石絲竹之不易。宮商徵羽之不亂。同奏一時。而堂上堂下之不混。分奏兩地。而或彼或此之不雜。然後釐然咸歸於正。既正、以雅還雅。以頌還頌。此詩中篇次之得所也。及歌詩之際。聲音各有配合。條理不相紊亂。此樂中用詩之得所也。又細分之。以篇章次序言。如鹿鳴五詩以下燕臣、則序於前。天保爲臣答君、則繼於後。以所用之人言。如雅則出車以勞還帥。不可以勞還卒。杕杜以勞還卒。不可以勞還帥。頌則清廟維清以祀文王。天作以祀太王。昊天以祀成王。彼此不得相混。以

講演　論語大義　十

所用之地言。如我將爲宗祀文王於明堂。不得移之他廟。時邁用於巡狩朝會祭告。不得用之平日。以所用之事言。如四牡爲勞使臣。皇華爲遣使之類。雅中所用之事不同。臣工爲戒農官。豐年爲養農事之類。頌中所用之事不同。此各得其所之正義。亦有名分不紊爲得所者。如王朝侯朝歌何詩。王廟侯廟歌何詩。頌專美盛德歌於廟。二雅雖發先王之德。終是勸戒歌於朝。二南爲房中之樂。推之鄉里邦國用之。十三國之風。以時存肄。豳風七月。逆暑迎寒用焉。惟雅頌各有其所。不可妄用。故獨舉之。

洋洋章(此追歎魯樂之盛。)

子曰。師摯之始。(樂師名摯。在官爲始。對今去言。)關雎之亂。(卒章。)洋洋乎盈耳哉。(美盛。)

按武王作大武樂。朶燕享朝會。必以關雎括通章之意。樂終歌之。推王業根本示子孫。

【集義】儀禮。鄉飲酒禮。鄉射禮。燕禮。樂凡四節。工歌鹿鳴。四牡皇華。所謂升歌三終也。此歌止瑟。有歌無笙。此第一節。笙入堂下。磬南北面立。樂南陔、白華、華黍。所謂笙入三終也。輔笙止磬。有笙無歌。此第二節。笙入三終之後。間歌魚麗。笙由庚。歌南有嘉魚。笙崇邱。歌南山有臺。笙由儀。笙歌迭嬗。故曰間。所謂間歌三終也。此第三節。乃合樂。周南關雎、葛覃、卷耳。召南鵲巢、采蘩、采蘋。則堂上堂下。笙歌並作。所謂合樂三終也●此第四節。以夫子之聖而正樂。以師摯之賢而在官。及是時節文備舉。條理秩如。洋洋乎美盛之至。充盈於耳，自摯適齊。所以追思前事而歎美之。

論語之春秋教

晉文章（此言霸王之降而益下。）

子曰。晉文公譎而不正。齊桓公正而不譎（譎、詭詐也。）

朱子曰。二公皆諸侯盟主。攘夷狄以尊周室者也。雖其以力假仁。心皆不正。（對王者言）然桓公伐楚。仗義執言。不由詭道。（責苞茅不貢。昭王不復。進次不遂。戰既服而與之盟。）猶爲彼善於此。（對晉文言）文公則伐衞以致楚。而陰謀以取勝。其譎甚矣。二君他事亦多類此。故夫子言此以發其隱。（處事正譎。）

楊子邑曰。桓文之事。莫大於會盟。會盟之舉。莫大於葵邱踐土。然葵邱之會。定世子以安王室。公義也。故曰齊桓公正而不譎。踐土之盟。挾天子以令諸侯。私情也。故曰晉文公譎而不正。此尤二公事之大者。

糾合章（此略管仲之心。而取其功。）

子路曰。桓公殺公子糾。召忽死之。（桓公襄公庶子。子糾桓公庶弟。）管仲不死。曰。未仁乎。

按春秋齊襄公無道。鮑叔牙奉公子小白奔莒。及無知弑襄公。管仲召忽奉公子小白奔莒。子糾奔魯。魯人納之。未克。而小白入。是爲桓公。使魯殺子糾。而請管召。召忽死之。管仲請囚。鮑叔牙言於桓公以爲相。子路疑管仲忘君事讎。忍心害理。不得爲仁。

子路曰。桓公糾合諸侯。不以兵車。管仲之力也。如其仁。如其仁。

【集義】春秋時。兵爭禍烈。生民塗炭。桓公起而糾合諸侯。但以大信大義服人。不假兵威。荼毒天下。皆管子天下才之力。雖未得爲仁人。而其利澤及人。則有仁之功。仁之一字。若以德言。則必心無私。而事當理。乃克當之。若言其功。則推利澤及人。有恩有惠。便可稱之。初不計其德之何如。

一匡章（此錄管仲之大功。以明相桓之不非。）

子貢曰。管仲非仁者與。桓公殺公子糾。不能死。又相之。（此節子貢責仲相桓之非仁。）

子曰。管仲相桓公。霸諸侯。一匡天下。民到於今受其賜。微管仲、吾其被髮左衽矣。

周室東遷。夷狄猾夏。天下之不正甚矣。自管仲相桓公。經營四十年國政。主盟中夏而霸諸侯。葵邱之會。尊周以正君臣之大分。召陵之盟。攘夷狄以嚴中外之大防。天下於焉一正。非特當時賴之。民到於今。得以相安於衣冠文物之盛者。皆一匡之賜。則重之不可以無明甚。向微管仲。則相桓無人。一匡誰任。夷狄將入於中國。人其被髮左衽矣。安得有今日哉。

豈若匹夫匹婦之爲諒也。自經於溝瀆而莫之知也。

程子曰。桓公兄也。子糾弟也。仲私於所事。輔之以爭國。非義也。桓公殺之雖過。而糾之死實當。仲始與之同盟。遂與之同死可也。知輔之爭爲不義。將自免以圖後功。亦可也。故聖人不責其死。而稱其功。若使桓弟而糾兄。管仲所輔者正。桓奪其國而殺之。則管仲之與桓。不可同世之讎也。若計其後功而與其事桓。聖人之言。無乃害義之甚。啓萬世反覆不忠之亂乎。如唐之王珪魏徵。不死建成之難而從太宗。可謂害於義矣。從雖有功。何足贖哉

【集義】召忽之失。在於輔子糾以爭國。而不在於死。管仲之得。在於九合。而不在於不死。由賜皆責仲之失節。夫子只稱許仲之功。不以兵車。表仲能以義信保生民之命。一匡天下。表仲能以名分正華夷之分。且桓兄而糾弟。則忽於糾雖有可死之道。而仲於桓亦非無可事之理。是知當死而求生。功莫贖其罪之大。有功而無罪。則生實勝於死之無聞。

論語之書教

孝友章（此明孝友爲居家之政。）

或謂孔子曰。子奚不爲政。（定公初年。季孫意如專權。夫子不仕。人望維持魯政。）

子曰。書云孝乎。（書、周書君陳篇。）惟孝友於兄弟。施於有政。是亦爲政。奚其爲爲政。

【集義】惟君陳能孝於親。因而友於兄弟。又能推廣孝友之心教家人。皆孝友有藹然不容乖之心。有秩然不容混之政。書言孝友正家。如是則以孝友於一國。則爲一國之政。以孝友於一

家。亦爲一家之政。奚其居位。謂之爲政。

按孔子之不仕。有難以語或人者。故托此以告之。要之至理。亦不外是。

按君陳周公遷殷。頑民於下都。親自監之。公沒。成王命君陳代之。君陳篇王若曰。君陳惟爾令德孝恭。惟孝友於兄弟。克施有政。命汝尹茲東郊欽哉。（尹、治也。東郊、洛邑下都。敬哉、無失此孝友施政之令德也。）

論語之易教

學易章（此明易爲寡過之書。而欲修身不已於學。正言此以敎人。使人知易不可不學。）

子曰。加我數年。五十以學易。可以無大過矣。

【集義】易之理不外中與正。乃寡過之書。學則法天道以爲人事進退存亡之道。一如吉凶消長之理。庶幾動靜得其時。趨避由於正。夫子一身全體皆易。其下襲得不易之義。其上律得變易之義。觀其仕止久速。用舍行藏。皆時中之道。其與易理不大相符契哉。

恆德章（此戒人之不恆其德。）

子曰。南人有言曰。人而無恆。不可以作巫醫。善夫。

人之可以有爲者。惟此常久不變之心而已。若人而無恆。處事則作輟鮮終。與人則反覆難測。將何用而可。雖作巫以交鬼神、無恆、則誠不聚而神不享。作醫以治疾病。無恆、則術不精而醫不效。斷斷乎不可。巫醫特賤役耳。尙不可以無恆。况修德立功之大者乎。善夫雖常言實寓至理。

不恆其德。或承之羞。（此下二節引易經訓、而歎其不占。）

人有恆德。不期榮而自榮。苟不恆其德。非惟內省多疚。而且外侮疊至。不論何人。並不止一人。皆得承之以羞。程子云。其德不恆。則羞辱或承之矣。或承之謂有時而至也。

子曰。不占而已矣。

陳新安曰。此章謂無恆者。雖賤役不可爲。且羞辱不可免。總見人欲德業之有成。恥辱之可免。决不可以無恆。按占（說文）視兆問也。【易繫辭】以卜筮者尙其占（疏）占者、視兆以知吉凶也。孔子所謂不占者。謂無恆者、不足以知吉凶也。

結論

論語旣爲孔子門人追記之作。上巳言之矣。然後人欲識夫子之微言。不必他求。卽於六藝中求之。六藝者何。曰詩教。曰禮教。曰樂教。曰春秋教。曰書教。曰易教。是也。今欲明其讀法。略分爲四。（一）考其人物。（二）析其義理。（三）明其教學。（四）覈其政論。

一、考其人物。（當以孔子及弟子爲主。）

二、析其義理。（論語之有裨中國人生哲學、全體大用。具在於此。）

三、明其教學。（孔子曰。「聖則吾不能。我學不厭。而教不倦也。」子貢曰。「學不厭、知也。教不倦。仁也。」嗚呼。此孔子之所以爲萬世師表也。）

四、聚其政論。（夫子至於是邦也。必聞其政。）

此外所論。則有託古寄慨者。有因時立論者。有爲一時言者。有不僅爲一時言者。有衡許古人者。有旁通諸子者。悉數不能盡。而文章之美。語言之工。足垂楷模於斯文。而樹立言之準則。是在善讀者。研而求之。將以所舉一隅之例。反而三之。類而推之。則千流萬派。左右逢源。庶大義明。微言出。聖人之道。復日月中天矣。

禮運大義

顏昌嶢

禮運全篇大旨。蓋謂禮之運行。乃應時世而生。上古不需用禮。而天下大同。後世以禮爲治。裁得小康。若併禮而亡之。則天下國家。必亂以危而國不保矣。此其指也。其言大同小康。特明時世之異。非有所軒輊於其間。曲禮曰。太上貴德。其次務施報。禮尚往來。往而不來。非禮也。來而不往。亦非禮也。言太上渾渾噩噩。人咸貴德。後世乃尙施報。施報、猶今所謂義務權利。往者義務。來者權利也。權利與義務相當。禮之所由起也。禮主對待。敬人者、人恆敬之也。陶淵明詩。「羲農去我久。舉世少復眞。汲汲魯中叟。彌縫使其淳」。禮教之興。所以彌縫世道而使之淳耳。亦此篇之義也。

全篇見孔子維護禮治之意。純是爲天子諸侯說法。見得三代之英。因時制禮。以維持衰世之治。故禮者君之大柄。所以治政安民也。禹湯文武成王周公皆謹於禮。故天下國家可得而正。上下皆謹於禮。則人君立於無過之地。君主爲人民所則。爲人民所養。爲人民所事。君位固而百姓安。立法施政。皆順人情。人皆感義懷德而歸之。由是父子篤。兄弟睦。夫婦和。大臣法。小臣廉。君臣相正。士相信。百姓相睦。四靈爲畜。是謂大順。非然者。上下僭越。則禮無列而政不正。於是有亂國脅君、幽國僭君。君臣混亂爲詭諸弊、而國不保矣。周道傷乎幽厲。惟魯猶秉周禮。舍魯何適。蜡賓遊觀之歎。蓋歎魯亦僭禮耳。

禮不王不禘。王者禘其祖之所自出。以其祖配之。故孝經曰。孝莫大於嚴父。嚴父莫大於配天。嚴、尊也。論語。或問禘之說。子曰。不知也。知其說者之於天下也。其如示諸斯乎。指其掌。禘祭乃自古帝王御天下之大經大法。孔子託爲不知。有深意焉。魯周公之後。成王不敢臣周公。故以二王之後待魯。使得用天子之禮樂於周公之廟。其後乃亦以禘禮祀周公。魯得禘祭。遂並僭郊禮。故孔子曰。魯之郊禘非禮也。周公其衰矣。遊觀之歎，因以啓子游之問。因問而言及大道之行。與三代之英之所以治國者。言我雖不及見。而有古志可徵。如坤乾夏時之類是也。其言大道之行一節。猶今講史學必從上古起也。

大道之行也。天下爲公。選賢與能。講信修睦。至是謂大同。此蓋在上古圖騰社會。由酋長部落。漸入宗法社會之時。人民由漁獵而畜牧。而耕種。地曠人稀。相生相養之事具足。各安所習。自成無數部落。各推賢能者爲之酋長。各立標識。或以花艸如楡枌社牡丹社之類。或以彩色如鑲黃旗鑲白旗之類。西史所謂圖騰社會是也。史言禹合諸侯於塗山。執玉帛者萬國。其時禹域。南不到黔滇粵閩。北不至幽燕。東不及登萊淮徐。西不抵羌戎關隴。而號稱爲國者萬。其國之區城至小。可爲部落生活之明證也。昏制未定之時。知有母不知有父。後雖制定婚禮。漸立室家。而社會共同生活之習慣尚未盡泯。故人不獨親其親。不獨子其子。貨惡其棄於地。不必藏於己。力惡其不出於身也。不必爲己。盜賊無有。外戶不閉。是謂大同。言大和同爲生活也。

迨至生齒既繁。資生之具。漸感困難。由是智力相競、貧富相耀。而風氣日薄。大道既隱。爲酋長者。亦以天下爲家。上既家天下。而下亦各私其骨肉。各親其親。各子其子。貨力爲己。惟恐失之。君官定世及之制、以防爭奪。城郭溝池、以爲守國之固。設爲禮義制度、以定貴賤之等。安貧富之分。舉用勇智之臣以輔治。其所立法度。通謂之禮。禹湯文武成王周公皆謹於此、以立民常。如有不由禮者。在官則去職。在民則以爲殃而被刑。此謂小康。天下亦以之而安。

子游聞此。乃知禮緣不得已而起。故曰、如是乎禮之急也。夫子乃言禮本於天。效於地。順乎人情。達於喪祭射鄉冠昏朝聘。由是天下國家可得而正也。（邱懿辰云。射御、乃射鄉之誤。）昏義曰。夫禮始於冠。本於昏。重於喪祭。尊於朝聘。和於鄉射。此禮之大經也。今按儀禮十七篇。皆此八者之禮。士冠禮一。昏禮二。士相見禮三。此三篇、冠昏也。士喪禮四。既夕五。士虞禮六。特牲饋食禮七。少牢饋食禮八。有司徹九。此六篇、喪祭也。鄉飲酒十。鄉射禮十一。燕禮十二。大射儀十三。此四篇、射鄉也。聘禮十四。公食大夫禮十五。覲禮十六。此三篇、朝聘也。喪服十七。禮運舉此八者、以語子游。又曰。其行之以貨力辭讓飲食。蓋冠昏喪祭射鄉朝聘八者、禮之經也。貨力辭讓飲食六者、禮之緯也。非貨財強力不能舉其事。非文辭揖讓、不能達其情。非酒醴牢羞、不能隆其養。冠以明成人。昏以合男女。喪以仁父子。祭以嚴鬼神。鄉飲以合鄉里。燕射以成賓主。聘食以睦邦交。朝覲以辨上下。天下之人。盡於此矣。天下之事。

亦盡於此矣。

子游再問孔子極言禮之終始。謂禮始於飲食。古來一飲一食。必致敬於始作之神。古來飲血茹毛。食腥飲水。聖王制禮於祭祀。仍依太古之風。用腥不用熟。玄酒血毛。蕢桴土鼓。皆從其朔。凡酒食俎豆之陳列。升降出入之儀式。卽寓尊古卑今。敦重倫理之意。合莫合亨。祝以孝告。嘏以慈告。是爲禮之大成。蓋太古民族無不敬畏鬼神。聖賢利用人民畏敬之心理。因以立教施化。神道設教。無國不然。如印度之婆羅門。埃及猶太之祭司。巴比倫、希拉、羅馬、波斯、日本之神教、皆是。非獨我國禮教注重在祭祀也。左傳國之大事。在祀與戎。以祭祀與兵戎並比。其重視也、如此。說文、禮、履也。所以事神致福也。从示从豊、徐氏云。示者明示之也、豊者、禮器也。禮之祕也、難視。故陳籩豆。設簠簋。爲之揖讓升降趍翔以示之。明示人則履行之。兩君相見。陳禮樂以相示。明則易見也。據此禮之託始於祭祀。察字形而可知。

曰禮者、君之大柄也。曰政者、君之所以藏身也。曰天生時而地生財。人其父生而師教之。四者君以正用之。故君者、立於無過之地也。此謂人君授時理財。生養教訓。兼天地父師之任。乃可以立於無過之地。人君以禮爲大柄。凡事秉禮而行。假託天地祖廟山川五祀以爲藏身之固、而立於無過之地。然則禮之作用。彷彿近世國家之有憲法然。東西各國之首領一切用人行政。遵照憲法而行。則可以無過、而永保其位置。所異者。我國之禮。將國家臣民一切大權。均操之於君主一人之手。不若憲法之有限制。天下之賢君少、而不賢者多。是古今所以治世少、而亂世多也。

故君者、所明也。非明人者也。君者、所養也。非養人者也。君者、所事也。非事人者也。故君明人則有過。養人則不足。事人則失位。故百姓則君以自治也。養君以自安也。事君以自顯也。故禮達而分定。故人皆愛其死、而患其生。此一節。明君權無上。蔑以加矣。所明、謂百姓因君而知所從違也。非明人者也。謂非決從違於他人者也。若君而待明於人。則法不自己立而害生矣。故曰。君明人則有過。此直以立法權、斷制權、專之於君也。百姓則君以自治。言百姓取則於君、以爲治身之法。如滿洲之君剪髮。百姓皆則之以剪髮也。養君以自安。國課早完。自得至樂也。事君以自顯。榮官以顯名也。所明者。王言如綸。所養者。玉食萬方。所事者。率土皆臣。是皆禮之所定。故曰。禮達而分定。故人皆愛重其死。不欲苟且貪生、爲國盡力以博忠臣之名也。中國二千餘年之歷史。皆遵此禮以立國。然而國弱民頑。亦無可諱言已。(鄭註誤)

故國有患。君死社稷謂之義。大夫死宗廟謂之變。(鄭注。變、讀爲辯。非是。)此謂諸侯之國亡則死之。古者、封建諸侯。胙土分茅。使立社以祀后土。立稷以祀先農。故諸侯有守土之責。國亡則亡之。(明崇禎帝。無死社稷之義。京師危可遷都。謀恢復也。)大夫爲國君之臣。大夫得罪止宜出國。若死宗廟。如宋蕩山晉欒盈之抗君是變也。(變不讀辯。遵船山說。)

講演　禮運大義　六

故聖人耐以天下爲一家。以中國爲一人者。非意之也。必知其情。辟於其義。（辟、讀譬。喻也。曉也。）明於其利。達於其患。然後能爲之。此謂聖王所以能融合天下如一家之人者。非不深思之也。（意、是臆斷。鄭注。謂心無所慮也。）必洞悉民情。通曉民義。與其利患。然後乃可以禮治之。下節卽分言。何謂人情。何謂人義。何謂人利人患。聖人測知人之欲惡七情、隱藏於心。而爲制禮以達其情。使人於飲食男女各得所願。而於死生貧苦、亦有以矜全之。此先王所以治人之情。不待刑罰而天下國家自正也。下云人情以爲田。故人以爲奧也、言禮順人情。故人歸之以爲奧主也。

以下乃言人受天地陰陽鬼神五行之靈氣而生。故聖王制禮作樂以治人之情。皆取法於天地陰陽四時日星鬼神五行以爲用也。樂記云。聖人作樂以應天。制禮以配地。禮樂明備。天地官矣。郊特牲云。饗禘有樂。而食嘗無樂。陰陽之義也。凡飲、養陽氣也。凡食、養陰氣也云云。又云。鼎俎奇而籩豆偶。陰陽之義也。又曰。日用甲。用日之始也。又曰。郊之祭也。迎長日之至也。大報天而主日也。樂記曰。及夫禮樂之極乎天而蟠乎地。行乎陰陽而通乎鬼神。窮高極遠而測深厚。又曰。仁近於樂。義近於禮。凡此皆一片神話。孟子曰。教亦多術矣。此殆是也。

故禮義也者。人之大端也。所以講信修睦、而固人之肌膚之會筋骸之束也。所以養生送死、事鬼神之大端也。所以達天道順人情之大竇也。此節言禮而兼義。蓋禮緣義起。下文云。禮雖先王未之有。可以義起也。故併義言之。北人謂門戶爲寶。言禮義爲人所出入必由之門戶也。禮義可以束縛人之筋骸。固人之肌膚。然止能以榮譽歸之。而無制裁之力。不若法律之受制裁。此專爲士大夫以上設也。故曲禮云。禮不下庶人。刑不上大夫。孟子。士之失位也。猶諸侯之失國家也。又引禮曰。犧牲不成。粢盛不絜。衣服不備。不敢以祭。惟士無田。則亦不祭。牲殺器皿。衣服不備。不敢以祭。則不敢以宴。亦不足弔乎。成公十七年穀梁傳云。宮室不設。不可以祭。車馬器械不備。不可以祭。有司一人不備。不可以祭。與孟子略同。可爲禮不下庶人之證。

故唯聖人爲知禮不可以已也。故壞國喪家亡人。必先去其禮。本篇言魯之郊禘非禮。以下接言祝嘏辭說藏於宗祝巫史非禮。醆斝及尸君非禮。大夫具官、祭器不假、聲樂皆具、非禮。以上皆關於祭祀之事。又言冕弁兵革、藏於私家。非禮也。以衰裳入朝、與家僕雜居齊齒。非禮也。大抵皆侵權逾分、尊卑無別之事。左傳。陳氏厚施於民。齊侯以爲患。晏子曰。惟禮可以已之。可見禮制規定君臣上下一切行爲。權限極其分明。不可絲毫逾越。逾越權限。卽爲壞國喪家之兆。此孔子所以遊觀而發歎。故有此篇之文也。

但此所謂壞國喪家者。不過君主失位。卿大夫失官。而非舉一國之人皆爲外族之奴僕。如後世宋明滅國之比也。知此。則知禮制之設。乃專爲天子諸侯鞏固其位置而設。未嘗計及民族之柔懦馴服。但知撫我則后。虐我則仇。稍加恩惠。卽易屈伏。而甘爲蠻裔之順民者。卽此禮教所養成之民族也。此我國歷史上所以多漢奸。以未嘗有民族之學說、灌輸於其心故也。

孫中山先生遊歷數十國。揣情察勢。確定三民主義。爲今日救國之要方。蓋君權不容存。在於廿世紀以後。非有民權民族以代之、則國無主。國土等於甌脫。一任強有力者之攘奪瓜剖。無人顧惜而國滅矣。管子曰。有者異姓滅也。自歐洲大戰發生。中山先生感於鬬爭殺戮之慘。乃倡道大同主義。言大道之行。天下爲公。冀以減少後世之戰禍。此乃對於世界所倡之主義也。淺儒不察。不知杯水不可以救燎原之火。欲以弱國而祈禱世界之和平。以宗教思想來救國。不作參戰準備。而研究二次大戰以後的建設。謂爲捷徑。止見其實行索塗自誤誤國而已矣。

方今世界各國。亦多提倡男女平等與普通選舉之制。廣設養老院。公育場。公共圖書館。娛樂場等。似有趨向大同之勢。然止可謂之一國爲公。而未談及天下爲公。美國倡導軍縮會議與萬國聯合會。皆成具文。生存競爭弱肉強食。未知何日得休。吾人不幸居今日。還是力求自強自衛之方爲急。管子曰。國之所以爲國者。民體以爲國。先王善與民爲一體。則是以國保國。以民保民也。(君臣篇文)國與民不可分離。此則民族立國之義也。（完）

春秋左傳大義

陶思曾

(一)緒論

春秋為孔子所修。列於六經。當時魯國史記。本名春秋。聖人因之。表年以首事。故錯舉以為所記之名也。魯史記僅於赴告策書。載其事實而已。春秋則依事實之善惡。而有筆削之褒貶。於教之所存。文之所害。則刊而正之。以示勸戒。一字之褒。榮於華袞。一字之貶。嚴於斧鉞。故孟子目為天子之事。謂世道衰微。邪說暴行又作。臣弒其君者有之。子弒其父者有之。孔子懼。作春秋。故春秋成而亂臣賊子懼。王道之正。人倫之紀。於是備矣。

孔子修春秋。游夏之徒。不能贊一辭。經成。諸賢為傳以釋經者有五家。即公羊、穀梁、左氏、鄒氏、夾氏、是也。鄒氏無師。夾氏未有書。故今祇三傳。公穀為子夏傳授。惟左丘明受經於聖人。身為國史。躬覽載籍。於列國廢與成敗之迹。君臣善惡邪正之事。廣紀備言。其傳或先經而始事。或後經以終義。或依經以辯理。或錯經以合異。為他傳所無也。

左傳不僅羽翼春秋。凡能旁通諸經。春秋事重卜筮。故於易經多所解證。說卦釋經。冥合事理。春秋時宴饗。主賓皆賦詩見志。左氏記之特詳。且於孔子已删之逸詩。時人自作之詩。亦時或一見。言政事則多引書經。論禮為經國家定社稷者。尤見其大。荀崧謂其書善禮。信不虛也。故左傳於易詩書禮諸經。無不貫串。

左傳於旁通諸經外又開後世史學之門。春秋表年以首事。左傳因之。故爲年史之祖。起隱元年。於獲麟後直紀至孔丘卒。故又爲斷代史之祖。哀二十七年後。續紀至悼公四年。及韓魏反智氏爲止。迨宋司馬溫公修資治通鑑。續而詳之。故又爲通鑑之祖。雖以魯公紀年。而列國之事。靡不畢載。故又爲通史之祖。扶經之心。開史之派。其功偉矣。

春秋時列國並立。五伯迭興。與今世範圍。雖有大小。情事頗屬相同。左傳於列國之政治、兵事、外交、無不究其本原。較諸今日列強之設施。多所暗合。其文多膏腴美辭。猶其餘事。故古今喜讀左傳者。如關壯繆。杜征南、岳武穆、胡文忠、諸人。無不功業爛然。蓋皆有所本也。通經所以致用。有志者其勉之。

（二）總論

春秋起於魯隱公元年。卽周平王四十九年。蓋以隱公爲讓國賢君。平王爲東周之始王也。終於哀公十四年獲麟。計二百四十二年。惟左傳於獲麟後。更紀至哀公二十七年。計二百五十五年。又紀悼公時韓魏反智伯事。則在春秋後二十七年矣。

春秋中。魯十二公。周十四王。魯十二公。卽隱、桓、莊、閔、僖、文、宣、成、襄、昭、定、哀、是也。周十四王。卽平、桓、莊、僖、惠、襄、頃、匡、定、簡、靈、景、悼、敬、是也。

春秋之列國。多沿自古昔。武王克商時共千八百國。後封兄弟同姓異姓之諸侯。爵五品而土三等。公侯百里。伯七十里。子男五十里。不滿五十里爲附庸。東遷初存千二百國。見於經傳者。凡百有餘國。而會盟征伐。章章可考者。僅十四國。卽魯、衞、齊、晉、宋、鄭、陳、蔡、曹、許、秦、楚、吳、越、是也。其他子男附庸之屬百有十三國。然二百四十二年中。亡國有五十二焉。

諸侯棋置。交涉交際頻繁。於是有會盟征伐聘享之事。會者何。約信命事而不殺牲也。盟者何。殺牲載書歃血而約也。會有特會參會主會之分。盟亦有特盟參盟主盟之異。蓋兩國會盟曰特。三國會盟曰參。由伯者主會主盟曰主。然會亦有書遇者。則其禮較會爲簡也。征伐則有鐘鼓曰伐。無曰侵。至聘享不過如今之國際儀節而已。

（三）分論

（子）隱公（名息姑、惠公子、姬姓、侯爵、自周公子伯禽受封、傳世十三、至公攝國、謚法不尸其位曰隱、在位十一年、）

隱公立其弟桓公爲太子。以其年少而自攝位。故稱讓國之賢君。盟邾、盟戎、成宋、後復會鄭伐宋伐許。治績有足稱者。然讓位而復攝位。名卑而權輕。啓臣下專擅之漸。如費伯城郎、公子豫盟邾鄭。新作南門。皆非公命。至翬帥師更甚矣。卒釀羽父之賊弑。可爲深惜也。

隱公時。諸侯中鄭最強。莊公爲王卿士。能以王師伐國。兵屢動而屢勝。有挾天子令諸侯之概。

講演　四　春秋左傳大義

缺周鄭始交質而終交惡。才雖爲雄。終不免爲罪魁也。又其時宋穆公讓位於其姪殤公。而出公子馮於鄭。遂爲衛州吁所用。交亂四國。致宋有十年十一戰之禍。關於當時大局甚巨也。

經傳示例

(經)元年春、王正月。(傳)元年春。王周正月。不書卽位。攝也。

(經)三月。公及邾儀父盟於蔑。(傳)三月。公及邾儀父盟於蔑、邾子克也。未王命。故不書爵。曰儀父。貴之也。公攝位而欲求好於邾。故爲蔑之盟。

(傳)夏四月費伯帥師城郎。不書。非公命也。

傳文選讀

(1)鄭伯克段於鄢　(2)周鄭交質　(3)衛石碏諫立州吁　(4)公矢魚于棠　(5)鄭人大敗戎師

(註)桓公(名軌、史記一名允、隱公弟、諡法辟土服遠曰桓、在位十八年、)

桓公聽羽父之譖。弑隱卽位。敗齊宋衛燕四國之師。平齊紀之難。會艾定許。爲其著者。然納郜鼎以成宋亂。有初鮮終。會嬴而成昏于齊。致爲彭生所害。非不幸也。

桓時之列國。鄭莊射王中肩。下凌上替極矣。莊卒而鄭亂。然楚浸強於南服。故蔡鄭盟鄧而懼之。秦漸起於西方。使芮國魏已兆之。大局較隱世一變。

經傳示例

(經)元年春。王正月。公卽位。　(傳)元年春。公卽位。修好于鄭。鄭人請復祀周公。卒易祊田。公許之。

(經)冬。州公如曹。(五年)　(傳)冬淳于公如曹。度其國危。遂不復。

(經)六年春。正月。寔來。　(傳)六年春。自曹來朝。書曰寔來。不復其國也。

(經)夏五。(十四年、)

傳文選讀

(1)臧哀伯諫納郜鼎　(2)鄭伯射王中肩。　(3)楚武王侵隨　(4)楚莫敖敗鄖蒲騷

(寅)莊公(名同、桓公子、謚法勝敵克亂曰莊、在位三十二年、)

莊公納齊子糾。致有乾時之衂。然長勺之戰。能用曹劌敗齊師。以居五霸首之齊桓。始年乃見挫於魯。可見事在人爲也。乘丘及鄑兩役。皆敗宋師。其武功卓有可觀。

莊公時齊桓稱霸。楚國亦益強盛。曲沃一軍爲晉侯。晉亦自茲始大。王霸興衰之機。於此見之。

經傳示例

(經)(七年)夏四月。辛卯夜恆星不見。夜中星隕如雨。　(傳)夏恆星不見。夜明也。星隕如雨。與雨偕也。

講演　春秋左傳大義　六

(經)十有三年春。齊侯宋人陳人蔡人邾人會於北杏。夏六月齊人滅遂。(傳)十三年春會於北杏。以平宋亂。遂人不至。夏。齊人滅遂而戍之。

傳文選讀

(1)楚武王伐隨　(2)曹劌論長勺之戰　(3)陳敬仲對齊桓公

(卯)閔公(名啓方、史記云名開、莊公子、諡法在國遭難曰閔、在位二年、)

閔公生八年而立。立二歲而見弑。無足稱者。盟齊而納季友。三桓之勢。遂成於斯。爲魯重要關鍵。閔二年中。齊桓救邢救衛。攘夷之功赫然。爲華夏存亡關鍵。而晉作二軍。滅耿滅霍滅魏。機霸之勢成矣。

經傳示例

(經)元年春。王正月。(傳)元年春。不書卽位。亂故也。

(經)二年春。王正月。齊人遷陽。(傳)(無)

傳文選讀

(1)仲孫湫來省難　(2)晉侯作二軍　(3)狄人伐衛　(4)里克諫太子帥師　(5)衛文公大布之衣

(辰)僖公(名申、莊公子、閔公兄、諡法小心畏忌曰僖、在位三十三年、)

僖公以季友敗莒。賜以汶陽之田及費。季氏遂盛。會淮未歸。而魯師滅項。致爲霸主所執。失兵權所致也。敗邾訾婁。得雩縣胥魚門之恥。伐齊而乞師於楚。以中國而屈於夷狄。雖勝無足取焉。終僖之世。爲霸業極盛之時。齊桓服楚召陵。會周葵丘。成九合一匡之功。桓卒而宋襄繼霸。宋襄卒而晉文蹶起。城濮一戰而霸。楚是以再世不競。晉文卒而秦穆漸漸代興。皆在公世。當時之中原。誠多事之秋也。

經傳示例

(經)十有六年春。王正月戊申朔。隕石於宋五。是月。六鷁退飛過宋都。(傳)十六年春。隕石於宋五。隕星也。六鷁退飛過宋都。風也。

(經)(十九年)梁亡。(傳)梁亡。不書其主。自取之也。

傳文選讀

(1)齊桓侵蔡伐楚 (2)宮之奇諫虞假道 (3)秦獲晉侯於韓 (4)陰飴甥會秦伯 (5)重耳及難 (6)秦納重耳 (7)楚子圍宋 (8)晉敗楚於城濮 (9)秦晉圍鄭 (10)蹇叔哭師 (11)弦高犒師 (12)晉敗秦於殽

(巳)文公(名興、僖公子、謚法慈惠愛民曰文、忠信接禮曰文、在位十八年、)

文公逆婦而卿不行。出姜卒不允於魯。取須句以與鄰國叛臣。皆爲非禮。然晉懼無禮。而改陽處父之盟。平衛鄭於晉。敗長狄於鹹。亦可述者。

文之世。晉襄名雖繼霸。靈公幼而失之。秦穆公遂霸西戎。楚莊雖年少卽位。滅庸而霸基已立。情勢較僖不同矣。

經傳示例

(經)(二年)八月丁卯。大事於太廟。躋僖公。(傳)秋八月。丁卯。大事於太廟。躋僖公。逆祀也。

(經)(十八年)冬十月。子卒。(傳)冬十月。仲殺惡及視而立宣公。書曰子卒。諱之也。

傳文選讀

(1)秦穆遂霸西戎　(2)秦以三良爲殉　(3)秦爲令狐伐晉　(4)楚人滅庸　(5)季文子出莒僕

(午)宣公(名倭、一名接、又作委、文公子、謚法善問周達曰宣。在位十八年、)

宣公因襄仲弒立。納賂會齊而定位。慢晉盟主，取黑壤執止之辱。初稅畝以厲民。欲去三桓而志不逮。取根牟征伐在大夫。乞師於楚而釀後患。民心政權邦交。均失之矣。

宣之世楚莊問鼎。侵陳伐鄭。邲戰大敗晉師。遂橫行中夏。晉方滅狄報齊。未足與爭。豈知盟吳越覺伏入郢之機。後半部春秋之大局。隱啓之矣。

經傳示例

(經)(十五年)秋螽(無傳)冬蝝生。飢。(傳)冬蝝生。飢。幸之也。

(經)(十六年)夏。成周宣榭火。(傳)夏。成周宣榭火。人火之也。凡人火曰火。天火曰災。

傳文選讀

(1)宋華元大棘之戰 (2)趙盾弒君 (3)楚子問鼎 (4)楚子伐陳 (5)晉楚戰於邲

(6)桓子請死 (7)楚使申舟無假道於宋 (8)伯宗諫晉救宋 (9)晉滅赤狄

(未)成公(名黑肱、宣公子、謚法安民立政曰成、)

成公為齊故。作丘甲。維暫制。亦累民。畏晉匱盟。為求全之計。敗齊於鞌。勝秦麻隧。皆依盟主諸侯之力。立武非由己也。鄢陵雖後期。要亦勤已。

成之世。晉霸復振。楚勢乃挫。不獨鄢陵撓敗也。晉景用巫臣之計。通吳於晉。楚有奔命之疲。宜其不競。春秋外交之制勝。無逾此者。而世局又一變矣。

經傳示例

(經)(元年)三月。作丘甲。(傳)為齊難故。作丘甲。

(經)(六年)二月辛巳。立武宮。(傳)二月。季文子以鞌之功立武宮。非禮也。聽於人以救其難。不可以立武。立武由己。非由人也。

傳文選讀

(1)晉齊鞌之戰　(2)巫臣諫納夏姬　(3)巫臣通吳於晉　(4)呂相絕秦　(5)晉敗楚鄢陵

(6)晉欒書弒厲公　(7)晉悼即位

(申)襄公(名午、成公子、諡法因事有功曰襄、辟土有德曰襄、在位三十一年、)

襄時魯作三軍。爲三家分公室之始。公臣不備三耦。卑微可見。朝楚而作楚宮。心欲楚矣。襄之世。晉悼復霸。和戎而田以時。三駕而楚不爭。可謂繼文之業。晉平會宋弭兵。而交相見。晉楚同主盟中夏。儼然南北二伯。天下之大變也。然吳楚交兵。始於襄時。更勝迭負數十年。楚終受其困。至鄭子產之內治外交。當時無兩也。

經傳示例

(經)(十三年)夏。取邿。(傳)夏。邿亂。分爲三。師救邿。遂取之。凡書取。言易也。用大師曰滅。弗地曰入。

傳文選讀

(1)魏絳和戎　(2)遂滅偪陽　(3)諸侯從晉伐秦　(4)欒盈入晉　(5)聲子復伍舉　(6)向戌請會宋弭兵　(7)齊慶封來奔　(8)季札觀樂　(9)晉絳縣老人疑年　(10)子皮授子產政　(11)鄭人游鄉校　(12)子皮使尹何爲邑　(13)北宮文子論鄭有禮　(14)北宮文子論威儀

（酉）昭公（名稠、襄公子、謚法威儀恭明曰昭、在位二十五年、遜於齊、在外八年、凡三十三年、薨於乾侯、）

昭時魯舍中軍。而公室愈卑。雖習於儀而不知禮。刼持於強宗故也。伐季氏不聽子家羈之諫。後數有謀。始終不用。卒於乾侯。雖曰天命。亦人事哉。

昭之世。楚靈北合諸侯。通越伐吳。遷許滅陳蔡。使非乾谿之辱。天下事未可知也。晉方有事鮮虞。獲戎失華。致齊怨伐徐。識者有諸侯無伯之歎。然吳用子胥病楚。南風亦不競矣。

經傳示例

（經）（八年）秋。蒐於紅。（傳）秋。大蒐於紅。自根牟至於商衞。革車千乘。

（經）（二十五年）有鸜鵒來巢。（傳）有鸜鵒來巢。書所無也。

傳文選讀

（1）晉侯有疾　（2）晏嬰請繼室於晉　（3）椒舉如晉求諸侯　（4）子產作丘賦　（5）女叔齊論魯侯　（6）韓宣子逆女　（7）子革諫楚王　（8）楚靈王訾梁之潰　（9）韓起聘鄭　（10）齊侯疥遂痁　（11）晏子對齊侯遄臺　（12）子產有疾　（13）吳入州來　（14）齊有彗星　（15）吳子問伍員伐楚

（戌）定公（名宋、襄公子、昭公弟、謚法安民大慮曰定、在位十五年、）

講演　春秋左傳大義　（二）

定公用孔子。會夾谷。歸汶田。墮三都。張公室。而自圍成弗克。是不足與有爲也。繼宋鄭以叛晉。棄僖以來之舊好。亦晉失諸侯致之耳。陽虎欲去三桓。殺桓子。家臣強而三桓微矣。

定之世。劉成公合十六國之師於召陵以侵楚。雖五霸無此盛。晉假王命於先。辭蔡侯於後。失霸宜矣。柏舉之役。吳遠入郢。春秋之戰。無大於此者。而秦哀救楚。於越入吳。世變之奇且大。前未有也。

經傳示例

（經）元年春。王。

（經）（夏六月）戊辰。公即位。

（經）（九月）立煬宮。　（傳）昭公出故季平子禱於煬宮。九月立煬宮。

（經）（八年）盜竊寶玉大弓。

（經）九年得寶玉大弓。（傳）夏。陽虎歸寶玉大弓。書曰。得。器用也。凡獲器用焉曰得。得用焉曰獲。

傳文選讀

（1）蔡昭侯爲兩佩兩裘如楚　（2）劉文公會諸侯於召陵　（3）沈人不會召陵及柏舉之戰

（4）申包胥以秦師至　（5）楚子入郢　（6）陽虎欲去三桓　（7）陽虎歸寶玉大弓　（8）會齊

夾谷 (9)吳越檇李之戰

(亥)哀公（名蔣、定公子、諡法恭仁短折曰哀、在位二十七年、卒於越、）

哀公時築四城以備晉。伐邾致有吳師。用田賦厚斂於民。皆出自三桓。患侈患妄。欲藉伐魯而去之。遜邾如越。魯事不可爲矣。

哀之世。吳越迭霸。吳方先晉於黃池。而越師已入其國。越新得諸侯。執邾子。納衛侯。然爭中原不及夫差也。趙襄甚智伯。晉三分之機已兆。天下入於戰國矣。

經傳示例

(經)(三年)五月辛卯。桓宮僖宮災。 (傳)孔子在陳。聞火。曰。其桓僖乎。

(經)十有四年春。西狩獲麟。 (傳)十四年春。西狩於大野。叔孫氏之車子鉏商獲麟。以爲不祥。以賜虞人。仲尼觀之曰。麟也。然後取之。

傳文選讀

(1)吳敗越於夫椒 (2)陳懷公朝國人問吳楚 (3)吳師在陳 (4)齊人輸范氏粟 (5)伍子胥以彖吳諫王 (6)黃池之會 (7)楚白公之亂 (8)出公以弓問子贛

四 結論

以上所述。僅舉概略。於左氏春秋。指其涂逕而已。熟讀深思。則存乎其人。杜元凱曰。將令學

講演　春秋左傳大義　一四

者。原始要終。尋其枝葉。究其所窮。優而柔之。使自求之。饜而飫之。使自趨之。若江海之浸。膏澤之潤。怡然理順。然後爲得。余竊有會心於斯言也。（完）

尚書大義

長沙韓景蘇編述

第一　叙言有可發明尚書者。特選錄二篇。以資研玩。

(一)漢孔安國尚書正義序。

清四庫全書簡明目錄著錄詞云。『舊本題漢孔安國傳。唐孔穎達疏。安國傳、雖梅賾所依託。然去古未遠。訓詁皆有所受。穎達五經疏。朱子謂易書爲下。然書疏名物典制。終爲考證家所取資。不似易疏之敷衍也。』茲錄孔原序於後。

古者伏羲氏之王天下也。始畫八卦。造書契。以代結繩之政。由是文籍生焉。伏羲神農黃帝之書。謂之三墳、言大道也。少昊顓頊高辛唐虞之書。謂之五典、言常道也。至於夏商周之書、雖設教不倫。雅誥奧義、其歸一揆。是故歷代寶之、以爲大訓。八卦之說。謂之八索。求其義也。九州之志。謂之九丘。丘、聚也。言九州所有、土地所生、風氣所宜、皆聚此書也。春秋左氏傳曰。楚左史倚相。能讀三墳五典。八索九丘。卽謂上世帝王遺書也。先君孔子、生於周末。覩史籍之煩文。懼覽者之不一。遂乃定禮樂。明舊章。删詩爲三百篇。約史記而修春秋。讚易道以黜八索。述職方以除九丘。討論墳典。斷自唐虞。以下訖於周。芟夷煩亂、翦截浮辭、舉其宏綱、撮其機要、足以垂世立教。典謨訓誥誓命之文凡百篇。所以恢弘至道、示人主以軌範也。帝王之制、坦然明白、可舉而行。三千之徒、並受其義。及秦始皇滅先代典籍。焚書坑儒。天下學士逃難解散。我先人用藏其家書於屋壁。漢室龍興。開設學校。旁求儒雅。以闡大猷。濟南伏生、年過九十。失其本經。口以傳授。裁二十餘篇。以其上古之書、謂之尚書。百篇之義、世莫得聞。至魯共王。好治宮室。壞孔子舊宅、以廣其居。于壁中得先人所藏古文虞夏商周之書、及傳論語孝經。皆科斗文字。王又升孔子之堂、聞金石絲竹之音、乃不壞宅、悉以書還孔氏。科斗書廢已久。時人無能知者。以所聞伏生之書。考論文義。定其可知者、爲隸古定。更以竹簡寫之。增多伏生二十五篇。伏生又以舜典合於堯典。益稷合於臯陶謨。盤庚三篇合爲一。康王誥合於顧命、復出此篇並序。凡五十九篇、爲四十六卷。其餘錯亂摩滅。不可復知。悉上送官、藏之書府、以待能者。承詔爲五十九篇。作傳。於是遂研精覃思、博考經籍、採摭羣言、以立訓傳。約文申義、敷暢厥旨、庶幾有補於將來書序。序所以爲作者之意。昭然義見。宜相附近。故引之各冠其篇首。定五十八篇。既畢。會國有巫蠱事。經籍道息。用不復以聞傳之子孫。以貽後世。若好古博雅君子、與我同志、亦所不隱也。

(二)宋蔡沈書集傳序

清四庫全書簡明目錄題詞云。『宋蔡沈撰。其書原出朱子、而與朱子頗有異同。據其子杭進表、尚有小序一卷。朱熹問答一卷。今問答久佚。小序雖存。而宋以來刊本、悉不載。今亦惟以六卷著錄焉。』茲錄沈原序於後。

慶元己未冬、先生朱文公、令沈作書集傳。越十年、始克成編。嗚呼。書豈易言哉。二帝三王治天下之大經大法、皆載此書。其淺見薄識者、豈足以盡發蘊奧。且生於數千載之下、而欲講明於數千載之前。亦已難矣。然二帝三王之治本於道。二帝三王之道本於心。得其心、則道與治固可得而言矣。何者。精一執中、堯舜禹相授之心法也。建中建極、商湯周武相傳之心法也。曰德、曰仁、曰敬、曰誠、言雖殊、而理則一。無非所以明此心之妙也。至於言天、則嚴其心之所自出。言民、則謹其心之所由施。禮樂教化、心之發也。典章文物、心之著也。家齊國治而天下平、心之推也。心之德其盛矣乎。二帝三王。存此心者也。夏桀商受。亡此心者也。太甲成王。困而存此心者也。存則治。亡則亂。治亂之分。顧其心之存不存如何耳。後世人主。有志於二帝三王之道。不可不求其心。求心之要、舍是書何以哉。沈自受讀以來。沈潛其義。參考衆說。融會貫通。迺敢折衷。微辭奧旨。多述舊聞。二典三謨。先生蓋嘗是正。手澤尚新。嗚呼惜哉。集傳本先生所命。故凡引用師說。不復識別。四代之書、分爲六卷。文以時異。治以道同。聖人之心見於書、猶化工之妙著於物、非精深不能識也。是傳也、於堯舜禹湯文武周公之書。因是訓詁。亦可得其指意之大略矣。嘉定己巳三月既望武夷蔡沈序。

第二　未經孔子編定以前之尚書、及孔子删纂後之尚書。

易經雖始於庖犧。然有卦名而無書契。又考堯舜以前。雖亦有墳典丘索諸書。而無載籍可憑、能讀者甚少。尚書斷自唐虞。下訖於秦。皆經孔子纂修刪述。以成完書。東漢王充以尚書爲直出於孔子之筆者、非至當之論也。其謂之爲尚書者。孔傳以爲上古之書。故謂之尚書。蓋上古之時。左史記言。右史記動。言爲尚書。（卽書經）動爲春秋。唐虞夏商。皆有此制。至周尤備。至孔子時求得黃帝玄孫帝魁之書、訖於秦穆公。凡三千二百四十篇。斷遠而求近。取爲世法者，百二十篇。以百二篇爲尚書。史記漢志皆云是百篇。此卽漢時所謂尚書。後世所謂書經是也。

又考稱爲書者。論道經邦。燮理陰陽之書也。然何以謂之尚。前引孔傳已言其爲上古之書。謂之尚書矣。又尚書璇璣鈐曰。尚者上也。上天垂文。寫布節度。如天行也。王肅曰。上所言下爲史所書。故曰尚書也。尚書大傳曰。六誓可以觀義。五誥可以觀仁。甫州（卽呂刑）可以觀誡。洪範可以觀度。禹貢可以觀事。皋陶可以觀治。子夏曰。書之論事也。昭昭若日月之明。離離若星辰之行。上有堯舜之道。下有三王之義。所謂疏通知遠。其言昭灼也。文心雕龍宗經曰。詔策章奏。則書發其源。顏氏家訓。詔命策檄。生於書。文獻通考引書曰。書非一代之言。其文字各隨其世不一。其體大抵簡質淵懿、不可強通。自立政以上。非伊尹周公傅說之辭。則爲仲虺祖乙箕子召公之語。其文峻而旨遠。自立政而下。其中多一時太史之所爲。故其文平易明白。意不過其言。

第三　今文尚書古文尚書之區別。

伏生者、濟南人。故爲秦博士。秦燔書。伏生壁藏之。漢定天下後。求其所自藏書。已亡數十篇。僅得二十九篇。因有求之者。遂取以教授於齊魯之間。武帝時。伏生年過九十。失其本經。以口先授於其女。復轉授於鼂錯、亦祇二十九篇。以隸寫定之。武帝末。魯共王壞孔子宅。而得古文尙書、及禮記論語孝經。凡數十篇。其字皆古字。與漢隸異。篇卷亦各殊。孔安國悉得其書。以考伏生尙書。得多六十篇。是後遂以伏生所口傳者、爲今文尙書。孔壁所出者、爲古文尙書。然孔壁古文。因巫蠱事、不久散佚。西晉王肅僞造古文尙書二十餘篇。稱爲卽屬孔安國所得於壁中之本傳。至東晉梅賾得之以獻之於朝。於是今古文雜糅並行。迨唐陸德明。據古文作釋文、孔穎達據以作成正義。而古文益爲世所信矣。至宋吳棫漸疑之。朱子亦疑古文不類。元吳澄等本朱子之說。相繼攻擊。其僞愈彰。明梅鷟力摘古文之僞。其說尙有未融。人皆不信。惟淸閻百詩惠定宇等。復作註詳辯之。言經者其信乃決。然毛奇齡作古文尙書冤詞。以攻閻程綿莊。復作冤冤詞。以攻毛焦循。復極力爲古文。及孔傳辯護。至今尙無定論。然古人多謂今文艱深奧博。古文平易淺近。文從字順。又謂梅書行世已久。其文大抵采掇佚經。排比而成。言辭不悖。聖人實無可廢之理。而鼂錯穎川人。伏女濟南人。方言不同。恐口授鼂錯時失之。又衞宏曰。錯所不知者。凡十二三。略以其意屬讀而已。如此則所謂今古文。仍當存疑也。

第四　尙書之體例及篇目。

講演　尚書大義　六

尚書之奧旨。大抵皆古昔聖哲。本體國經野之大謨。而發爲訓誥詔令之文詞。蓋雖記言、而實兼記事。非上諭下、即下有以諷喻其上。或爲宰輔官僚相互往來勸告慰勉之爲說。質言之、即古代之公牘文字也。史記曰。尚書記先王之事。故長於政。楊子雲云。說事者莫辯於書。蓋考往古之得失。而觀其會通。所謂百世損益可知也。尚忠尚質尚文。三代不同。其發於文辭者。亦虞書渾渾。商書灝灝。周書噩噩。不能強同也。唐代孔氏穎達謂尚書文體。約可分爲十種。如典謨貢歌誓誥訓命征範是也。其他不以此名篇者。亦無不可包入其中也。始於堯典。終於文侯之命。皆天子之事也。附以費誓秦誓。此孔子對諸侯之特例也。茲將現存篇目。及今文古文之多少有無分列於下。

篇目	今文共廿九篇	古文共五十九篇
虞書五篇		
堯典	有	有
舜典	合於堯典	有
大禹謨	無	有
皋陶謨	有	有
益稷	合於皋陶謨	
夏書四篇		
禹貢	有	有
甘誓	有	有

五子之歌	無	有
胤征	無	有
商書十七篇		
湯誓	有	有
仲虺之誥	無	有
湯誥	無	有
伊訓	無	有
太甲上	無	有
太甲中	無	有
太甲下	無	有
咸有一德	無	有
盤庚上	有	有
盤庚中	合於盤庚上	有
盤庚下	合於盤庚上	有
說命上	無	有
說命中	無	有
說命下	無	有
高宗肜日	有	有
西伯戡黎	有	有
微子	有	有
周書三十二篇		
泰誓上	無	有
泰誓中	無	有
泰誓下	無	有
牧誓	有	有
武成	無	有
洪範	有	有

旅獒	無	有
金縢	有	有
大誥	有	有
微子之命	無	有
康誥	有	有
酒誥	有	有
梓材	有	有
召誥	有	有
洛誥	有	有
多士	有	有
無逸	有	有
君奭	有	有
蔡仲之命	無	有
多方	有	有
立政	有	有
周官	無	有
君陳	無	有
顧命	有	有
康王之誥	合於顧命	有
畢命	無	有
君牙	無	有
冏命	無	有
呂刑	有	有
文侯之命	有	有
費誓	有	有
秦誓	有	有

第五　古文今文派別略述。

孔子刪定尚書後、以授漆雕開。其後至孟子而益精其學。陶潛聖賢羣輔錄。孟子傳尚書、爲疏通知遠之儒。而趙岐注孟子、謂孟子通五經。尤長於詩書。然其說均不傳。惟孔氏世其學。後經秦火散佚。漢興濟南伏生口述二十餘篇。傳於鼂錯張生。張生傳於歐陽生。夏侯都尉。其後歐陽氏、大小夏侯三家。並立於學官。是爲今文尙書之學。孔壁書出。孔安國得之。獻於朝廷。未得立於學官。傳其學者。有都尉朝膠東庸生等。至劉歆益崇信其說。爭欲立於學官。是爲古文尙書之學。然兩漢以來。二者分立。各不相混。至鄭康成出。兼通今古文。參合其說。遂成爲鄭氏之學矣。東漢三國、咸宗其說。逮西晉之世。王肅作僞孔安國書傳。立於學官。始不用鄭義。南北朝時。北崇鄭學。南崇王學。梁陳時代鄭孔並立。至於隋代。鄭學漸微。唐時孔穎達作義疏。直以孔傳爲宗。而鄭義遂絕。宋代治此學者。廢棄古學。專重議論。而蔡沈作集註。亦遵奉王肅之本。元代諸儒亦宗之。惟吳澄本朱子之意。漸疑古文之僞。明胡廣輯書傳大全。復主蔡傳。其後頗爲功令。至清代閻若璩惠棟等。始灼見其弊。復搜考伏生歐陽夏侯之說、以期再興。要之兩漢爲今古文分立時代。漢末至三國。爲鄭學盛行時代。西晉至唐。爲僞孔傳盛行時代。元明爲蔡傳盛行時代。至清世始漸復其舊。此古今尙書家派之大略也。

第六　尙書成後。孔子敘述作者之意。爲序一篇。綴於書末。

【傳說】史遷謂孔子作序、是編次其事。今考孔疏、謂今書序之次。今古文或不同。馬鄭注又異。疑非孔子舊編之次。史記所載書序、有大戊篇目。今本脫之。而僞傳以女鳩女方爲二篇。以足百篇之數。恐非也。當並二篇爲一。增加大戊篇。馬鄭說見書疏。知爲孔子所作者。疏蓋以爲依緯文而知之。釋文云。馬鄭之徒。百篇之序。總爲一書。序云。作序者不敢廁於正經之內、故謙而聚於下。今僞孔傳以此序散入經中。各冠諸篇。非舊式也。

（一）書序創作之意義。漢劉歆曰。孔子修易序書、以記帝王之道。漢書藝文志曰。書之所起遠矣。至孔子纂焉。自堯訖秦、凡百篇。而爲之序。言其各篇中作者之意、以示來者。儒林傳曰。孔子游七十餘君之庭。自衞返魯。究觀古今篇籍。於是敍書斷自堯典。劉歆移博士書。其言亦同。此兩漢諸儒。皆以書序爲孔子所作也。史記孔子世家。以序爲孔子所作。又說。孔子因史文作春秋。紀元年、正時日月、蓋詳也。至於序尚書。則略無年月。或頗有。然多闕而不可錄。故疑則傳疑。蓋其愼也。書集傳、謂今考序文於見存之篇。雖頗依文立義。而淺陋或無所發明。其間至有與經相戾者。至巳亡逸之篇。則依附簡略。尤無所補。其非孔子所作明甚。顧世代久遠。不可復知。故孔安國書傳序。祇謂復出此篇並序。凡五十九篇。而未嘗以爲非孔子所作。又史記說孔子序書。上紀唐虞之際。下至秦繆。編次其事。馬融鄭康成皆謂書序孔子所作。釋文云。馬鄭之徒。百篇之序。總爲一卷。書序云。作序者不敢廁於正經、故謙而聚於下。今僞孔傳以此序散入經中各冠諸篇。非舊式也。馬氏廷燮曰。書序自爲一篇。堯典以後。皆相續之辭。

（二）書序起於唐虞。訖於秦繆。

（甲）虞書

・（一）堯典

（經）昔在帝堯。（鄭云。書以堯爲始。獨云昔在。蓋使若無先之典然）。聰明文思。光宅天下。將遜於位。讓於虞舜。作堯典。（鄭曰。堯尊如故。舜攝其事。舜之美事。皆在堯時。）

沈傳。堯、唐帝名。說文。典、從册。在丌上、尊閣之也。此篇以簡册載堯事。故名曰堯典也。林之奇曰。昔在者、篇首起語之辭。書序自爲一篇。故以昔在帝堯爲篇首。蓋堯耄期而倦於萬幾。將使舜攝行其事而禪焉。卽孟子所謂堯老而舜攝也。朱子曰。小序多可疑。堯典一篇。自是說堯一代爲治之次第。至讓於舜方止。今說是讓舜後。方作舜典。亦是說一代政事之始終。却說歷試諸難。是因要受讓而後作也。馬氏廷鸞曰。案史記維昔黃帝。法天則地。四聖遵序。（顓頊、帝嚳、堯、舜）各成法度。唐堯遜位。虞舜不台。（悅也。音怡。）厥美帝功。萬世載之。作五帝本紀第一。此則太史公序傳之文。與書序堯典之說相同一者也。

（二）舜典

（經）虞舜側微。堯聞之聰明。將使嗣位。歷試諸難。（大麓遇烈風雷雨勿迷）作舜典。

趙岐注。孟子萬章篇云。孟子時尚書、凡百二十篇。逸書有舜典之序。亡失其文。孟子諸所言舜事。皆舜典及逸書所載。案趙氏雖有此言。而孟子所載諸舜事。不稱舜典。未敢據增。

以各書所引佚文。未敢信也。孔安國曰。爲庶人故謂爲微賤。試者、試以治民之事。孔穎達曰。此云側微。卽堯典側陋也。不在朝廷、謂之側。其人貧賤、謂之微。居處褊隘、故言陋。昭八年左傳。自幕至於瞽瞍。無違命。似其繼世相傳。常有國士。孔言爲庶人者。堯典云。有鰥在下。此言虞舜側微。其必近於爲庶人矣。蓋至瞽瞍而始失國也。呂祖謙曰。舜之得聞。本於師錫。而此言堯聞者。君以天下爲耳目。四岳之薦。卽堯之聞。無隔離也。蔡集傳。諸難五典百揆四門、大麓之事也。今案舜典篇中。應備載一代政治之終始。而序止謂歷試諸難。始作舜典。豈足以盡一篇之美。

蔡集傳。此篇今文。合於堯典。而無篇首。『曰若稽古帝舜。曰重華協於帝。至乃命以位二十八字。』唐孔氏曰。晉梅賾上孔傳。闕舜典自『乃命以位』以上二十八字。世所不傳。用王范之註補之。而皆以『愼徽五典』以下。爲舜典之初。齊時姚方興於大航頭得孔傳古文舜典。乃上之。書未施行。而方興以罪死。隋開皇時。購求遺典。始得之。今按孔傳尙書。有曰若稽古以下二十八字。伏生以舜典合於堯典。是以『愼徽五典』一句。上接『帝曰欽哉』之下。而無此二十八子。梅賾既失孔傳舜典。故不知有此二十八字。而愼徽五典以下之文。則固早具於伏生書、故用王范之註以補之。至姚方興得古文孔傳舜典。始知有此二十八字。或者不察。乃謂古文舜典一篇。皆盡亡失。遂疑其後出之僞。蓋過論也。

（三）汩作九共槀飫（此十一篇皆亡）

（經）帝釐下土。方設居方。別生分類。作汩作九共九篇槀飫。

漢孔氏曰。言舜理四方諸侯。各設其官。居其方。生、姓也。別其姓族。分其醜類。使相從也。汩、治也。作、興也。言善治民之功興也。槀、勞也。飫、賜也。十一篇祇共一序。今不可曉也。馬融曰。釐、賜也。理也。共、法也。葉氏夢得曰。別生。因生以賜姓也。分類。胙土以命氏也。故禹平水土後。曰錫土姓。陳氏經曰。隨方別居方之法。如所謂量地制邑。度地居民。

（四）大禹謨臯陶謨棄稷（棄稷一作益稷）

（經）臯陶矢厥謨。禹成厥功。帝舜申之。作大禹臯陶謨益稷。

疏。馬鄭所據書序。此篇名為棄稷。又合此篇於臯陶。皆由不見古文。案僞傳割分臯陶謨。來禹以下為益稷。蓋因暨益暨稷之文。易棄為益也。（此見臯陶謨疏）集傳。謨、謀也。林氏曰。虞史既述二典。其所載有未備者。於是又敘其君臣之間嘉言善政。作成大禹謨。臯陶謨。益稷。三篇。蓋以補二典之未備者。鄭云。大禹謨逸集傳。今文無。古文有。臯陶謨益稷。今文古文皆有。但今文合於臯陶謨。帝曰來禹汝亦昌言。正與上篇末文勢接續。古者簡冊以竹。而所編之簡。不可以得。故釐而二之。禹拜曰都。以下皆稱益稷。兩人之佐其治水成功。故以益稷名篇。

(乙)夏書

集傳夏禹有天下之號也。禹貢作於虞時。而繫之於夏者。以禹之王以治水之功也。

(一)禹貢

(經)禹別九州。隨山濬川。任土作貢。(段玉裁云。作貢下、疑當有作禹貢三字。)

鄭康成曰。任土謂定其肥磽之所生。釋文云。貢字或作贛。鄭注。任土定其肥磽云者。鄭以經中厥田上上等爲地形高下。下卽肥。高卽磽也。孟子云。厥地有肥磽。趙注云。磽、薄也。周禮載師鄭注云。任土者。任其力勢所能生育。且以制貢賦。孔穎達曰。九州之境。水平後。當應從舊定。而云禹別者。以堯遭洪水。制度改新。此爲作貢生文。故言禹別耳。黃度曰舜時雖十有二州。禹幷爲九。商周疆域。微有不同。因時之宜也。以職方界域。與禹貢合觀。卽可見。林之奇曰。禹之取於民。既有田賦。又有貢篚者。鄭氏謂以所出之穀。市其他地所生異物。各獻其所有。蓋九州內。土地所生之物。有可以供朝廷服食器物之用者。必使人民得以辨其多寡。以充每歲之常供。以是知所謂貢者。其實乃在於九等田賦之內。非於田賦。別有貢也。夫九州之貢。雖有上下輕重之異。要皆不過什一。此所以爲任土作貢也。貢乃一切賦稅之總稱。不必專指漆絲纖絺之類。乃謂之貢。蓋倂田賦之所出。包篚之所入。皆在其中矣。沈集傳、上之所取爲賦。下之所供爲貢。是篇有賦有貢。而獨以貢名篇者。孟子曰。夏后氏五十而貢。貢者、校數歲之中以爲常。則貢又是夏時田賦之總名也。呂祖謙曰。先別九州。疆界既定。水乃可治。隨山有兩說。一謂水源皆出於山。山脈與水脈通。隨山卽所以導水。一謂隨山開道。庶易觀察水勢水源而治之。隨山濬川。見禹之智。任土作貢。見禹之仁。

（二）甘誓（集傳。甘、地名。有扈氏國之南郊也。在扶風鄠縣。）

（經）啓與有扈戰於甘之野。作甘誓。

集傳有扈夏同姓國。史記曰。啓立有扈。不服遂滅之。唐孔氏因謂堯舜揖讓。啓獨繼位。是以不服。此乃臆度耳。左傳虞有三苗。夏有觀扈。商有姺邳。周有徐奄。則有扈、殆卽三苗徐奄之類也。黃度曰。啓以賢而嗣立扈。猶不服勞。啓親征而交戰於楚之野。可謂叛矣。禹禪征苗。啓繼位征扈。人心非古。故事變多端也。呂祖謙曰。堯舜禹三聖相承。渾然無間。至啓而有亂臣。與啓相抗。視有苗弗率。罪且大矣。

（三）五子之歌

（經）太康失邦。昆弟五人。須于洛汭。作五子之歌。

注。五子、太康之弟也。太康、啓之子。陸德明曰。五子、名字。書傳無聞。仲康蓋其一也。（仲康太康之弟。）

（經）太康尸位。以逸豫滅厥德。黎民咸貳。乃盤遊無度。畋于有洛之表。十旬弗反。有窮后羿。因民弗忍。距于河。（窮、國名。羿、窮國君之名也。或曰。羿、善射者之名。說文。羿、帝嚳射官。其後善射者。皆謂之羿。有窮之君亦善射。故以羿目之。）羿因民貳。距太康於河北。使不得反。遂廢之）厥弟五人。御其母以從。徯于洛之汭。五子咸怨。述大禹之戒以作歌。

（四）胤征

（經）羲和湎淫。廢時亂日。胤往征之。作胤征。

注。胤、國名。胤侯、胤國之侯。命掌六師。命爲大司馬。是仲康始立時事。次年方有征羲和之命。必本始而言者。蓋史臣善仲康。始登位時。已能掌握兵權。故羲和之征。猶能自朝廷出也。或曰。蘇氏以爲羲和貳於羿。忠於夏者。故羿假仲康之命。命胤侯征之。此非也。今按篇首。即言仲康。肇位四海。命胤侯掌六師。又曰。胤侯承命徂征。詳推文義。蓋史臣善仲康。能命將遣師。胤侯能承命。致討未見。有貶仲康、而罪胤侯。不聽命之意也。林氏曰。羿廢太康。而立仲康。尚未篡也。其篡之成。乃在相之世。仲康不爲羿所篡。至其子相然後見篡。是則仲康猶有以制之也。羿之立仲康也。方將執其威權。以號令全國。而仲康即位之始。即能收回兵柄。交胤后掌之。羲和之罪。雖沈亂於酒。然結黨於羿。同惡相濟。故命胤侯往征之。以翦拔羿其羽翼。故終仲康之世。羿不得逞。若仲康早崩失其權。則羿之篡奪。豈待相而後敢耶。羲氏和氏。夏合爲一官。曰胤后者。諸侯入爲王朝公卿。如禹稷伯夷之謂爲后也。

(丙)商書

契始封商湯。因以爲有天下之號。(商、地名。又國名。在今太華之陽。)

(一)帝告釐沃(鄭曰。帝告釐沃亡。)

(經)自契至於成湯。八遷。湯始居亳。從先王居。作帝告釐沃。

集說。鄭康成曰。亳、今河南偃師縣。有湯亭。地理志。河南郡。偃師尸鄉。成湯所都。孔安國曰。契父帝嚳都亳。湯自商邱遷焉。故曰從先王居。周語。玄王勤商、十有四世而興。(玄王、契也。)史記五帝本紀。帝嚳冢在東郡濮陽頓丘城南亳陰野中。地理志。東郡濮陽故帝丘顓頊墟。案在今河南濬縣西北。湯徙偃師。故云從先王居也。史記正義。亳邑故城。在洛州偃師縣西十四里。本帝嚳之墟。商湯之都也。又云。盤庚所從都之。案偃師今河南縣。與濬縣相近。索隱云。古今人表。告作俈。鄭緇衣注。亦作俈。史公無釐沃者。竊疑帝告釐沃本一篇。釐來聲相近。胥帝嚳來沃土耳。僞傳既云。告來居治沃土。又云二篇豈可爲據。又帝告史遷。告作誥。一作俈。

又集說。孔穎達曰。契至湯十四世。凡八遷其國都。商頌曰。有娀方將帝立子生商。是契居商也。（詩注。有娀、契之母家也。將、大也。司馬貞曰。有娀當在蒲州。朱子曰。舊說有娀國在不周之北。恐不應如此遠絕。商頌曰。天命玄鳥。降而生商。注。高辛氏之妃。有娀氏女。簡狄祈於郊禖。玄鳥遺卵。簡狄吞之而生契。其後世遂爲有商氏。盤庚以前稱商。自盤庚始。商人改稱殷。盤庚既都亳。於是殷商兼稱。商頌所謂宅殷土芒芒者。此後代所稱、而追溯於湯也。朱氏熹曰。有商受命之祥。雖在濬哲相繼之日。而有商受命之基。實定於有娀生契之時。必言有娀者。以契固造商室之人。而有娀固由高辛氏立爲妃、而後生契。則有娀又商人商室之所由生也。相土居夏后之世。承契之業。入爲王官之伯。出長諸侯。商室開基成王業。實基於此。何楷曰。契始封商。至相土遷於閼伯之墟。以主大火。其後湯以亳興。其地卽在商邱東南。是開啓商基者契。而開興王業之源者乃相土。世本云。昭明居砥石。相土遷商邱。湯自商邱遷亳。遷之見經傳者祇四次。其餘四遷。未能詳也。孔言湯自商邱遷亳。以相土之遷商邱。其事見左傳。此蓋不必定然也。何則。相土、契之孫也。自契至湯、凡八遷。若相土至湯。都畿不改。豈契至相土、僅歷三世。而有此七遷之多。相土至湯。必屢遷都。但不知湯從何地而遷於亳。吾謂必不從商邱遷也。經文既亡。其義難明。所言帝告。雖不知眞告何人。然序言從先王居。則當是告帝嚳也。陳櫟曰。契、帝嚳子。舜封之商。賜姓子。嚳元都亳。

（二）湯征

（經）湯征諸侯。葛伯不祀。湯始征之。作湯征。（孔穎達曰。湯爲方伯。得專征伐。葛伯不祀。湯始伐之。仲虺之誥曰。初征自葛是也。孟子曰。湯居亳、與葛爲鄰。葛伯不祀。有童子以黍肉餉。葛伯殺而奪之。湯爲其殺是童子而征之。書經。葛伯仇餉。初征自葛。是言湯征始於葛之事也。湯征之。

（三）汝鳩汝方（書亡）

（經）伊尹去亳適夏。既醜有夏。復歸於亳。入自北門。乃遇汝鳩汝方。作汝鳩汝方。（孔穎達曰。湯欲以誠輔桀。冀其用賢以治。不能、乃伐之。此時未有伐意。故進伊尹使輔之。黃度曰。伊尹耕於莘野。湯進之於桀。伊尹五就桀。幸桀之改德易行也。醜。言其德、垢穢可醜也。於是去夏歸亳。知桀不能化。始入國門。而遇汝鳩汝方。與論夏事。二人商賢俊。二書必有異同之論。惜其亡也。張九成曰。惜二篇之亡。不得見湯尹之心。其言良當。孫武乃曰。商之興也。伊摯在夏。以伊尹爲反間。其言甚可怪也。）

（四）疑至臣扈（此三篇亡）

（經）湯既勝夏。欲遷其社。不可。作夏社。疑至臣扈。

集說。程子曰。聖人不容有妄舉。湯欲遷夏社。衆議以爲不可。湯遂不遷而止。孔守國曰。湯承禪繼之後。革命除暴。改朔易服。變置社稷。然後世無及句龍者。故湯不可而止。知夏社有不可遷之義。孔穎達曰。湯既勝夏。欲遷易其社神。無人可代句龍。故不可而止。大傳云。改正朔。易服色。殊徽號。異度量衡。變易社稷。此其所得。與民變革損益者也。昭二十九年左傳云。共工氏有子曰句龍爲后土。后土爲社。烈山氏之子曰柱爲稷。自夏已上祀之。周棄亦爲稷。自商已來祀之。祭法云。厲山氏之有天下也。其子曰農。能殖百穀。夏之衰也。周棄繼之。故祀以爲稷。共工氏之霸九州也。其子曰后土。能平九州。故祀以爲社。是言變革社稷之事也。湯於初時。社稷俱欲改之。周棄功多於柱。卽令廢柱立棄。而上世治水土之人、其功無及句龍者。故衆議以爲不可、遷而遂止。漢世儒者說。社稷有二。左傳說。社祭句龍。稷祭柱棄。惟祭人神而已。孝經說。社爲土神。稷爲穀神。句龍柱棄。是配食者也。孔子無明說。而此序云遷社。孔傳云。無及句龍。卽以社爲句龍也。疑至臣扈相類。當是二臣名也。蓋亦言其不可遷。而復用此二人以自明也。

（五）上列商代亡書外。尙有逸書多種。玆參考書序。及古籍備錄之。

夏師敗績。湯遂從之。遂伐三朡。俘厥寶玉。誼伯仲伯作典寶。（此篇亡）

集說。三朡、國名。今定陶也。俘、取也。俘取寶玉。恐非聖人所急。孔安國曰。三朡、國名。桀走保之。桀自安邑東入山。出太行。東南涉河。湯緩追之。不迫。遂奔南巢。玉以禮神。使無水旱之災。二臣作典寶。言國之常。當寶者也。所謂庸器非以其珍異爲寶可知矣。

（經）咎單作明居。（此篇亡）

集說。馬曰。咎單、湯司空也。明居、謂明居民之法。孔安國曰。主土地之官。明居、明居民法。

（經）成湯既沒。太甲元年。伊尹作伊訓。肆命。徂后。

鄭曰。伊訓逸肆命者、陳政教所當爲也。徂后者、言湯之法度也。孔安國曰。肆命、陳天命以戒太甲。徂后、陳往古明君與湯以戒。今案肆命徂后二篇亡。伊訓古文存。

（經）沃丁既葬伊尹於亳。咎單遂訓伊尹事。作沃丁。（此篇亡）

（經）伊陟相太戊。亳有祥。桑穀共生於朝。伊陟贊於巫咸。作咸乂四篇。（咸乂四篇亡）

司馬曰。巫咸治王家有成。馬曰。乂治也。又馬巫男巫也。名咸殷之神巫也。鄭曰。巫咸、巫官。

（經）太戊贊於伊陟。作伊陟。原命。（兩篇亡）

孔安國曰。命原告以改過自新。原臣名。孔氏穎達曰。言太戊贊於伊陟。惟告伊陟。不告原也。史錄其事。而作伊陟原命二篇。則太戊既告伊陟。亦告原也。俱以桑穀事告。故序總以爲一文也。其云原命。猶冏命畢命也。

(經)仲丁遷於囂。作仲丁。(此篇亡)

(經)河亶甲居相。作河亶甲。(此篇亡)

(經)祖乙圮於耿。作祖乙。(此篇亡)

鄭曰。祖乙、即甲亶子。祖乙去相居耿。而耿爲水所毀。於是修德以禦之。而不復徙。錄此篇者。善其圮毀。而改政不復徙也。孔安國以河亶甲居相。其子祖乙。復圮於相地。乃又遷都於耿。據序文。圮於耿釋之。圮於耿。謂遷來於耿。復爲水所毀。更須遷他處。故言毀於耿耳。非既毀。乃始遷耿也。盤庚曰。不常厥居。於今五邦及數之。則惟有亳、囂、相、耿、四地而已。知今既毀於耿。復當由耿更遷一處。盤庚又當自此處而遷於殷也。殷本紀云。祖乙遷於邢焉。遷之說耳。鄭云。祖乙居耿。爲水所毀不復徙。其言較爲文便。但未可深信也。

(六)湯誓(集傳。湯、號也。或曰是謚。湯名履。姓子氏。夏桀暴虐。湯往征之。亳衆憚於征役。故湯諭以弔民伐罪之意。此蓋興師時誓於亳都衆庶者也。)

(經)伊尹相湯伐桀。升自陑。遂與桀戰於鳴條之野。作湯誓。

集注。陑、在河曲之陽。鳴條、在安邑之西。升自陑。漢孔氏以爲出桀之不意而伐之。

注。鄭曰。鳴條、南夷地名。史記殷本紀。桀敗於有娀之墟。奔鳴條。括地志高涯原在蒲州安邑縣北三十里。南坡口。卽古鳴條陌也。鳴條戰地。在安邑西。書疏云。陳留平丘縣。今有鳴條亭。淮南子。湯困桀鳴條。擒之焦門。又云。湯整兵鳴條。困桀南巢。放之歷山。夏師敗績。湯伐三嵕。三嵕、在今山東定陶。南巢、在今安徽巢縣。則桀奔地。皆在東南。故鄭以鳴條爲南夷。考舜征三苗。崩葬於蒼梧之野。是南夷地。孟子言舜卒於鳴條。亦鳴條爲南夷之一證也。

集註。孔穎達曰。桀都在亳西。當從東而往。今乃升道從陑升者。從下向上之名。陑者當是山阜之地。歷險遷路。當是出其不意故也。鳴條在安邑之西。桀西出拒。湯故戰於鳴條之野。伊訓造攻自鳴條。朕哉自亳。今安邑尙有鳴條。陑林之奇曰。伊尹旣醜夏歸亳。知桀終無悛改之意。於是決定相湯伐夏。然湯猶必使之再就桀。加以輔導勸阻之功。必至五反不改。然後伐之。天下後世。乃知伐桀非湯本心也。彼以伊尹爲湯作間于夏者。此乃策士以己之私意、臆度伊尹者也。升自陑。當是伐夏必經之道。漢孔氏意謂桀都安邑在亳西。湯當從東而往。湯不由安邑之東、而由其西。是兵法所謂出其不意者。恐有未然也。其說陋矣。唐孔氏又謂湯承禪代之後。嘗爲桀臣。慚而且懼。故必出其不意。以掩飾其伐。果如此說。則湯之伐夏。果有慚德。而恐來世以爲口實矣。

（七）仲虺之誥（仲虺、臣名。奚仲之後。爲湯左相。誥、告也。周禮。一曰、誓用於軍旅。二曰、誥用之於會同。所以喻衆。此但告湯、而亦謂之誥。唐孔氏謂必係對衆庶而言。非特釋湯之慚德也。）

（經）湯歸自夏。至於大坰。仲虺之誥。（坰一作洞、史記作泰卷、一作泰餉、）

（經）成湯放桀于南巢。惟有慚德。曰。予恐來世以台爲口實。

注。南巢、地名。廬江六縣有居巢城。桀奔於此。因放之。湯之伐桀。雖曰除暴。然承堯舜揖讓。後於心終有不安。故愧其德之不古若。而又恐天下後世藉以爲口實也。陳氏曰。堯舜揖讓。後世好名之士。猶少有慕之者。湯武征誅。後世安得不以爲口舌之詆誣哉。此湯所以恐也。

（八）湯誥（湯伐夏歸亳、諸侯率職來朝。湯作誥。以與天下更始。）

（經）湯旣黜夏命。復歸於亳。作湯誥。

（經）惟皇上帝。降衷於下民。若有恆性。克綏厥猷惟聖。

注。天之降命。人皆具仁義禮智信之理、無所偏倚。所謂衷也。（衷、同中。）人稟天命。而得仁義禮智信之理、與心俱生。所謂性也。猷、道也。由其理之自然。而有仁義禮智信之行。所謂道也。以降衷而言。則無有偏倚。順其自然。固有恆性矣。以稟受而言。則不無清濁紳維之異。故必待有賢君師。而後能使之安於其道也。夫天生民有欲、以情言也。上帝降衷於下民、以性言也。仲虺即情以言人之欲。成湯原性以明人之善。聖賢之論。互相發明。然其意則皆以教人化人也。

集說。孔安國曰。黜、退也。黜退其王命。以伐桀大義告天下。孔穎達曰。史錄其黜夏命之事、作湯誥。仲虺在道作誥。此則至亳乃作。故次仲虺之下。史遷黜作絀。說文。黜、貶下也。

（九）伊訓（訓、導也。太甲嗣位。伊尹作書訓導之。史錄爲一篇。經云。『成湯既沒。太甲元年。伊尹作伊訓。肆命。徂后。』肆命徂后、亡。伊訓、古文有。）

（經）成湯既沒。太甲元年。伊尹作伊訓。

（經）惟元祀十有二月乙丑。伊尹祠於先王。奉嗣王祗見厥祖。侯甸羣后咸在。百官總已以聽冢宰。伊尹乃明言烈祖之成德以訓於王。

集傳。孟子曰。湯崩。太丁未立。外丙二年。仲壬四年。太甲立。顛覆湯之典刑。史記。太子太丁未立而死。立太丁之弟外丙。二年崩。又立外丙之弟仲壬。四年崩。伊尹乃立太丁之子太甲。作書序者。以經文首言奉嗣王祗見厥祖。遂云成湯既沒。即是太甲元年。後儒以序爲孔子所作。不敢非之。反疑及孟子所言。與本紀所載。是未深考也。吳氏曰。太甲諒陰。

當服仲壬之喪。是時湯葬已久。仲壬尙在殯。太甲、太丁之子。其行誼視仲壬爲叔父。嗣叔父爲王。而爲之服三年之服。爲之後者。爲其子也。祇見厥祖。當謂至湯之廟。蓋太甲旣立。伊尹訓之於湯廟。故經文稱祇見厥祖。若祇是湯崩奠殯中。旣不當稱奉。亦不當稱祇見厥祖也。蘇軾曰。湯之沒後。二帝七年而後至太甲。其迹明甚。不可不信。而安國獨據經臆度。以爲湯沒而太甲立。凡以是歲改元。學者因謂馬遷爲妄。本無二帝。而馬遷臆增之。太史公豈如此言之誕也。殷道親親。兄死弟及。若湯崩、舍外丙而立太丁之子。則殷宜非親親矣。安國謂湯崩而太甲卽改元。不待明年者。亦因臆解經文所至也。

集注。史遷說。湯崩。太子太丁未立而卒。迺立太丁之弟外丙爲王。卽位三年崩。繼立外丙之弟仲壬爲王。卽位四年而崩。伊尹乃立太丁之子太甲。太甲、湯適長孫也。是爲帝太甲。太甲元年。伊尹作伊訓。肆命。徂后。鄭康成曰。肆命者、陳政教所當爲也。徂后者、言湯之法度也。史記正義。史遷採世本有外丙仲壬。鄭註以肆爲陳者。周禮注同。謂言湯之法度者。徂、往也。后、君也。已往之君。卽湯之法度也。

附錄。孔安國曰。太甲、太丁子。湯孫也。太丁未立而卒。故湯沒。而太甲嗣位稱元年。孔穎達曰。周法以踰年卽位。知此、卽知商以立年稱元年也。此經曰元祀十有二月。伊尹祠於先王。奉嗣王祇見厥祖。太甲中篇云。惟三祀十有二月朔。伊尹以冕服奉嗣王歸亳。若是踰年卽位。二者皆當以正月行事。何以用十二月。明此經十二月、是湯崩之踰月。太甲中篇、三祀十二月。是服闋之踰服。以此知湯崩之年。太甲卽稱元年也。顧氏云。殷家尙質。踰月、卽改元年。以明短制。不必待至正月以爲首也。商謂年爲祀、序稱年者。以周曆言之也。據此經序。及太甲之篇。太甲必繼湯後。而殷本紀不同。何也。陳大猷曰。孔氏謂太丁未立而卒。程子謂年齒也。外丙方二歲。仲壬方四歲。故立太甲。此說是也。邵康節皇極經世書。起於堯卽位之甲辰。歷譜帝王世次。湯起乙未。太甲起戊申。無外丙仲壬也。謂湯崩甲立非同一年。則可。謂中間又猶隔七年。則非。成湯旣沒。而以太甲元年繼之。則太甲繼湯明矣。況康節歷數所譜、悉合於經。又何疑乎。胡一桂曰。案湯後有外丙仲壬二王。蔡氏力主之。邵子經世書。又合孔注。朱子四書集注。則云二說、未知孰是。暫闕之可也。

（十）太甲上太甲中太甲下（注。篇中敘伊尹告戒節次、及太甲往復之辭。故三篇相屬成文。其間或附史官之語以貫篇意。有若史家紀傳之所載也。唐孔氏曰。伊訓、太甲、咸有一德、皆是告戒太甲。不可皆名伊訓。故隨事立稱也。）

（經）太甲旣立不明。伊尹放諸桐三年。復歸於亳。思庸。伊尹作太甲三篇。

集注。史遷曰。帝太甲立。三年不明。暴虐、不遵湯法。亂德。於是伊尹放之於桐宮。鄭康成曰。桐、地名也。有王離宮焉。史遷又曰。三年伊尹攝政當國、以朝諸侯。太甲居桐宮三

第十四期

年。悔過自責遷善。於是伊尹迺迎太甲歸、而授之政。帝太甲修德。諸侯咸歸。百姓以寧。伊尹迺作太甲訓三篇以褒嘉之。釋詁云。思、念也。庸、常也。謂思五常之德。蔡沈曰。桐宮、湯墓陵之地。太甲所爲不義。習與性成。伊尹營之桐宮。使其密邇先王陵墓。朝夕追思先王之訓。與發其善心。又絕其比昵之黨、以革其迷。此所以經言王徂桐宮居憂、克終允德也。次篇伊尹言嗣王克終厥德。又云修厥身。允德協於下。太甲復自言尚賴伊尹匡救之德。終篇伊尹又以『民罔常懷。懷於有仁。』申誥之也。孔穎達曰。經稱營於桐宮。密邇先王其訓。知桐是湯葬地也。舜放四凶。徙之遠裔。春秋放其大夫。流之異域。惟此亦然。故孔安國辨之曰。不明喪禮。不知朝政。當曰放。太甲與彼放逐事同。故亦稱放也。王天與曰。漢孔氏謂思庸、念常道。蘇氏曰。思庸、思用伊尹之言也。陳氏曰。孟子所謂自怨自艾。於桐處仁遷義三年。以聽伊尹之訓己者。卽思庸之義也。

集傳。案孔氏曰。桐、湯葬地也。此疑湯爲未葬之詞。上文祇見厥祖。孔氏誤解爲湯崩在殯、須奠殯。而伊尹奉太甲而使祇見之。不知祇見者、乃至湯之廟而見也。使湯果在殯。則太甲固已密邇其殯側矣。捨殯而欲密邇湯於將葬之地。殆無是理也。孔氏誤解伊訓序文。遺外丙仲壬二帝之嗣位。故書旨不通。孔安國曰。不用伊尹之訓。不明朝堂之政。故曰放。

（十一）咸有一德（伊尹將致仕而歸。恐太甲德不純一。將至任用者非賢才。採錄者非彥士。故作此篇、以陳『戒於德』告太甲。蓋訓體也。故經云。惟尹躬及湯咸有一德。）

（經）伊尹作咸有一德

注。天命無常。惟有德則可常。於是引桀之所以失天命。湯之所以得天命者證之。一德、純一之德。不雜不息之義。卽上文所謂常德也。人皆有此一德。必能上當天心。自新厥德也。

集傳。孔安國曰。言君臣皆須有純一之德以終其身。恐太甲有失德。故以此戒之。孔穎達曰。伊尹致仕後。恐太甲德不純一。故以新厥德戒之。而言人臣有能爲上爲德爲下爲民者。必也其難其愼。惟和惟一。斯言是欲太甲亦任用一德之臣也。經云。任官惟賢才。左右惟其人。是督太甲惟新厥德。終始如一。以敎諭臣僚而善用其長也。朱祖義曰。本書所言。乃示太甲以傳心之要。太甲如能克終允德。德斯惟精惟一。恆久不變矣。然人心無常。一念苟差。則前日之允德。能保其不變勵哉。伊尹告歸之際。猶以爲慮。一德其可須臾離之乎。明乎一德之理、推而爲用。人已一也。君民一也。幽明陰陽。古今終始。無適非一。伊尹心欲太甲君臣、咸有純一無貳之德。故以名篇也。

（十二）盤庚（古文有上中下三篇。今文則三篇合爲一。）

（經）盤庚五遷。將治亳殷。民咨胥怨。作盤庚三篇。

集傳云。盤庚、陽甲之弟。自祖乙都耿。圮於河水。盤庚欲遷殷。巨室世家。安土重遷。小民雖蕩析離居。亦惑於利害、不肯往適安居。盤庚喻以遷之利。不遷之害。上中二篇。未遷時言。下篇既遷後言。王氏曰。上篇告羣臣。中篇告庶民。下篇告百官族姓。左傳謂盤庚之誥。實誥體也。周氏曰。商人稱殷。自盤庚始。以前惟稱商。自盤庚遷都後。殷商兼稱。或祇單稱殷也。

附錄。按篇中有不常厥邑。於今五邦。序遂曰。盤庚五遷。然今細玩於今五邦之下。即繼以今不承於古。罔知天之斷命。則是盤庚之前。已自有五遷。而作書序者。考之未詳。可謂疏漏矣。又五邦云者、五國都也。經言亳囂相耿。數惟四邦。盤庚從湯居亳。似可又謂一邦也。序與經文既已差繆。史記謂盤庚自有五遷。不知有何據也。孔氏穎達曰。商自成湯以來。屢遷都畿。盤庚最在其後。故經總括其言。而曰不常厥邑。於今五邦。故序言盤庚五遷。傳嫌其一身五遷。故辨析之曰。自湯至盤庚凡五遷都也。上文言自契至湯八遷。并數湯為八。此言盤庚五遷。又并數湯為五。湯一人再數。故班固云。殷人屢遷。前八後五。其實止十二也。此序云亳殷。下傳云。殷、亳之別名。則亳殷即是一都。湯遷還亳。從先王居也。

（十三）說命（注曰。說命記高宗命傅說之言。即上篇命之曰以下之文是也。與蔡仲之命微子之命相同。後世命官制册詔令。其源蓋出於此。上篇記審象形求、得說傅巖、應夢賚與良弼之辭。中篇記說作相進戒之辭。下篇記說論學之辭。總謂之命者、高宗命說納誨。實三篇之綱領。故總稱以括之。)

(經)高宗夢得說。使百工營求諸野。得諸傅巖。作說命三篇。

集傳。案經文乃審厥象。俾以形旁求於天下。是蓋高宗夢帝賚以良弼、將以代其言。乃細審狀貌。命人求之於四方。說築傅巖之野。其形象無不酷相肖似。與高宗夢中所見傅說之形無異。又因經有羣臣百官、及爰立作相、王置諸其左右之文。蓋傅說卽將以冢宰兼師保也。荀卿曰。經云。人求多聞。時惟建事。學於古訓乃有獲。故學莫便乎近其人。置諸左右者。卽近其人之學也。孔穎達曰。以工爲官。見其營求者衆多。故經舉百官及說總百官言之。皇甫謐曰。使百工寫其形象。則必謂工爲工巧之人。谿是水流之處。(此指傅巖之谿)巖是山崖之名。序稱得諸傅巖。傳云。得之傅巖之谿。以巖是總名。故序言之耳。蔡沈曰。君奭言武丁時、則有若甘盤。此卽說命下中所謂予小子舊學於甘盤者是也。武丁、卽高宗也。說命中高宗自謂少學於甘盤。(後爲商臣)已而遯於荒野。後又入居於河。自河徂亳。因遷徙不常。歷至廢學。故其學終無所顯明也。無逸言高宗致勞於外。爰暨小人。(未卽位之前、其父使之久居民間、與小民出入同事、故於稼穡艱難備晰知之也、)及其卽位。不敢荒寧。嘉靖殷邦。至於小大、無時或怨。此卽經所謂遯於野、居於河也。唐孔氏曰。高宗爲王子時。其父小乙。欲其知民艱苦。故使下居民間。考傅巖、司馬作傅險。馬曰。高宗始命說爲傅氏。鄭曰。得諸傅巖。高宗因以傅命說爲氏。

注。史遷說。武丁夜夢得聖人。名曰說。以夢所見。視羣臣百吏。皆非也。於是使百工營求之於野。得說於傅險中。是時說爲胥靡。築於傅險。見於武丁。武丁曰是也。與之語。果聖人。舉以爲相。殷國大治。故遂以傅險姓之。號曰傅說。馬融曰。高宗始命爲傅氏。鄭康成曰。得諸傅巖。高宗因以傅命說爲氏。註又云。說文云。夐、營求也。商書高宗夢得說。使百公營求得之傅巖。巖、穴也。一切經音義。身得同體。說文。身、取也。高宗夢得說是也。史公云。使百工營求之野者。百工、百官也。云得說傅巖中者。索隱曰。舊作險。亦作巖也。墨子尚賢篇。昔者傅說居北海之洲。圜土之上。衣褐帶索。庸築於傅巖之城。武丁得而舉之。立爲三公。史記正義。傅巖卽說版築之處。所隱之處窟。名聖人窟。在今陝州河北縣北七里。卽虞國虢國之界。又有傅說祠。水經云。沙澗水北、虞山南、經傅巖。有傅說隱室。前俗名聖人窟。桀胥靡者。晉灼曰。胥、相也。靡、隨也。古者相隨坐。輕刑之名也。馬鄭注俱見書疏。說與史記同也。說。釋文云。本又作兊。音悅。

（一四）高宗肜日高宗之訓（高宗之訓一篇亡。肜、一作彤。）

（經）高宗祭成湯。有飛雉升鼎耳而雊。祖已訓諸王作高宗肜日。高宗之訓。

集註。肜祭、是明日又祭之名。殷曰肜。周曰繹。於肜日有雊雉之異。蓋祭禰廟也。序言湯廟者。恐史誤也。雊、鳴也。(疏)高帝者武丁。武丁者、殷之賢主也。繼世卽位。而慈良於喪。當此之時。殷衰而復興。禮廢而復起。故善美之。善美之、故載之書中。而高且崇之。故謂之高宗是也。宗者、不毁之廟之稱也。肜者、祭名也。釋文曰。繹、又祭也。周曰繹。商曰肜。夏曰復胙。詩疏引孫炎曰。祭之明日、尋繹復祭也。肜者、亦相尋不絕之意。何休注。公羊曰。殷曰肜。周曰繹。繹者、据今日道昨日。不敢斥尊言之文意也。肜者、肜肜不絕。据昨日道今日。斥尊言之質意也。詩。鳧鷖箋。祭天地社稷山川五祀。皆有繹祭。禘祫與四時之祭。明日亦皆爲肜祭。此是祭成湯。其何時之祭。無文可考。案肜卽彤字。从舟隸省。說文。彤、船行也。玉篇。肜、余弓切。祭也。又丑林切。船行也。是知彤字从舟。與从彤之肜異。經云。高宗肜日。越有雊雉。(疏)肜日、祭成湯之明日。史記殷本紀。武丁祭成湯。明日有雉、升鼎耳而呴。呴、漢郊祀志藝文志皆作雊。夏小正云。雉震呴。呴者鳴也。說文。雊、雄雉鳴也。雷始動。雉乃鳴而雊其頸。尙書大傳。有雉升鼎耳而鳴。知雊卽鳴也。說文。雉有十四種。見爾雅釋鳥篇。越同粵。釋詁云。于也。有者。說文云。不宜有也。漢書云。劉向以爲雉雊者雄也。以赤色爲主。於易離爲雉。雉、南方。近赤祥也。劉歆以爲羽蟲之賊且孽者。易。鼎卦。鼎、宗廟器。主器奉宗廟者、長子也。野鳥自外來入、爲宗廟器主。是繼嗣將易也。案通典引賈循議云。殷之盤庚、不序陽甲之廟。而上繼先君、以弟不繼兄故也。疑賈循所議、出古文尚說。或馬鄭等典祀無豐於昵之書注。如其言、是雉雊之祥。爲廟祀不奉陽甲也。陽甲爲祖丁長子。劉歆說。鼎是宗廟之器。主器者長子。雉聞雷則雊。震爲雷。亦爲長子。缺長子之祀。故有此異也。劉向說以離爲雉。雉、南方。近火祥。火爲禮象。是爲宗廟失禮之應。歆又說。野鳥自外來入。繼嗣將易。後不驗者。高宗修德典厥義。則天災消弭也。經中典祀無豐於昵。馬融曰。昵、考也。謂禰廟也。(疏)典者、常也。豐者、厚也。韋昭云。盛也。又昵同暱。說文云。暱、日近也。或作昵。玉篇。昵、親近也。金履祥曰。此篇首記高宗肜日。終篇則言無豐於昵。高宗、廟號也。似謂高宗豐於近廟。又謂高宗之廟。昵近廟也。似是祖庚繹於高宗之廟。惟史記謂此篇作於祖庚之時。其說無確據也。

(十五)西伯戡黎(周人乘黎。祖伊恐奔告於受。作西伯戡黎。)

集說。孔安國曰。祖伊、祖已後。賢臣。陸德明曰。黎、國名。尚書大傳作耆。在上黨壺關之地。鄭曰。咎、惡也。紂聞文王斷虞芮之訟。後又三伐皆勝。(乘勝也)始畏而惡之。拘於羑里。紂得散宜生所獻寶而釋文王。史記。文王出羑里後。獻洛西之地。紂賜以弓矢鈇鉞。使得專征伐爲西伯。文王既受命。黎爲不道。於是舉兵伐而勝之。祖伊知周德日盛。紂惡不悛。勢必由黎及殷。故恐懼奔告於王。望其改也。史錄其言爲一篇。誥體也。林之奇曰。

文王爲西伯專征伐。紂之命也。黎乃侯國。其地近王畿。其君黨惡於紂而虐其民。文王討而勝之。其曰殷始咎周者。非是舉國人皆咎周也。惟指祖伊一人而言耳。史記曰。祖伊知之而始咎周。此言爲得其實。周人既勝黎。明年又伐崇。祖伊恐其將不利於殷。故不能不震恐而奔告於紂也。

（十六）微子（微、國名。子、爵也。）

（經）殷既錯天命。微子作誥父師少師

集傳。鄭曰。微子、名啓。紂之庶母兄也。紂之母、本帝乙之妾。生啓及衍。後立爲后。生紂。微子痛殷將亡。謀於箕子比干。史錄其問答之語爲一篇。亦誥體也。以篇首有微子。因以題篇。孔安國曰。錯、亂也。微子既告二師。箕子復告以各安其義之所當盡。以自達其志。以貢獻於先王。而無所愧怍而已。如我意、則不能復顧忌行遯、而安於義之當死而不悔也。孔穎達曰。不指紂惡。而言錯亂天命者。天生蒸民。立首領將相官吏以臨之。若無司牧撫綏之道。而錯亂天常。其惡甚大。故舉之以見其爲罪之魁禍之首也。林之奇曰。微子箕子。皆有國邑。故以其爵爲稱。比干雖爲三孤。而未有封爵。故不以爵稱。三人紂之懿親。位尊職近。與紂同其休戚者也。紂之暴虐。於人事顛倒錯亂而無所統。故於天命、亦皆至於紛亂。此篇所記。皆其錯亂天命之實也。三子者知其滅亡將至。情迫於中。不能自已。微子謀於

講演　尚書大義　三六

比干箕子。而箕子遂言吾三人者。所處不同。各當順其勢之所宜。因其心之所安以求自靖、而不可以苟同。此微子所以聞箕子之言、後復告以己身去就之義也。又按此篇微子所謀。箕子答之。而比干獨無一言。得非比干安於義之當死而不必言歟。孔子曰。殷有三仁焉。三仁之行雖不同。而皆出於天理之正。各得其心之所安。故孔子皆許以仁。而篇中所謂自靖者。卽各安其義而不違於仁也。（未完）

目錄板本學原始

王禮培

目錄板本之學。蓋一而二。二而一者也。其爲學最古。權輿於漢代劉向劉歆父子。自古書篇籍。遭秦燔滅。漢興大收篇籍。廣開獻書之路。武帝始建藏書之策。置寫書之官。自經傳下及諸子傳說。充集祕府。成帝時復使謁者陳農求遺書於天下。詔光祿大夫劉向校經傳諸子詩賦。步兵校尉任宏校兵書。太史令尹咸校數術。侍醫李柱國校方技醫藥。每一書成。向輒條其篇目。提其旨意。錄而奏之。向卒。哀帝復使向子侍中奉車都尉歆卒成父業。歆乃綜編羣籍。定其甲乙。分爲七略。首輯略爲諸書之總要。意在包括七略而一之。故以冠首。次六藝略。爲六經之屬。次諸子略。次詩賦略。次兵書略。次數術略。次方技略。是謂七略。向所校書。末署官銜臣劉向校上天祿閣爲藏書之地。中祕書爲所藏之書。漢世無板本。五代孟昶始刻九經於蜀中。今最重北宋蜀大字本。爲最古之本。而簡策所流傳。漆書所傳寫。自多異同。又如伏生口授今文尚書。孔壁又獲古文尚書。由互異而爲古今聚訟之案。故知劉向校諸本之異同。實爲讀書必要之途徑。此校讎之義。實爲板本學之濫觴。向所謂條其篇目者。歆之七略。不過因父書之未成而卒成之。其別無著作可知。舉凡學術淵源之所自。治亂興衰之所由。與夫典章制度之所托。敘次之而部居之。六藝之文。粲然大備。故亦爲目錄學之濫觴。班固修漢書。頗仍七略之舊。增分子目。而引其端於目首。分著其家與其書名。勒成藝文志十卷。褎然以經爲之冠。刪去輯略。最爲卓識。梁阮孝緒仿七略而爲七錄。惜與歆書皆不傳。後人莫能分究其得失。隋書又改班書而爲經籍志。而唐以前之史。不盡有書志。自唐已下。志藝文者。盡分經史子集四部。至今仍而不改。宋代有晁公武郡齋讀書志。陳直齋書錄解題。義例頗詳。亦上法劉向。特不若向之文辭茂密。曾子固經序諸篇差近之。然晁陳卒能卓然爲目錄學專書之祖。元明無此製作矣。清代朱彝尊輯詁經之書成經義考三百卷。浩博無涯涘。乾隆中開四庫館。修四庫全書。發內廷所藏永樂大典。命儒臣分輯。其中所收古籍。能編成完書者。至一百三十餘種之多。右文稽古私家祕籍麕集輦下。各省巡撫採進之本。莫多於浙。有浙江巡撫採進遺書目二十卷。而長洲鮑廷博獻遺書二百餘種。庋之翰林院典籍廳。轉發四庫館臣。擇其尤者。採入四庫全書中。置寫書之官。寫完、仍發還原書。鮑氏以獻書最多。得賜古今圖書集成全部。故其藏書印有老屋三間賜書萬卷之榮擧。雍熙盛事。令人神往。四庫館臣以河間紀昀最博雅。提要一書。多出其手。書成命名四庫全書總目提要。爲卷二百有四。就中如經部偏重漢詁。輕詆宋儒。未免囿於當時漢學家言。子部醫家非其所長。所收甚爲龐雜。至其辯駁。亦往往中肯綮。自唐已下之書。幾無不遭其抨擊。當日館臣。殆不能如劉向之分任專家。俾臻完善。爲可惜也。乾隆中又有天祿琳瑯書目、及續目、兩書。爲昭仁殿藏宋元明槧本之善者。於板本源流題跋藏印。無不詳盡。實爲談板本者之津逮。陸誠齋張月霄相繼而起。編次所藏。足資參考。目錄板本。兼擅其能。要而論之。談板本難。談目錄尤難。章學誠自談本者爲橫通家。書估優爲之。士人反不如也。然則通於古。卽爲直通。書估不能抉書中之旨要。正孟子旣竭目力不能旣竭心思之謂。余在京廠。往往見書估於板本指陳明瞭。如數家珍。若目錄之學。上之必如臣向書能於序中提出旨意。次之必如宋之晁陳以逮竹垞曉嵐。下之亦不失爲月霄誠齋之詳實。庶幾其可。然則橫通直通。實一而二。二而一者也。亦有鴻博之儒。精修之士。全昧此旨。律以抱殘守缺之義則廢矣。今言板本而板本耗矣。學者欲按圖索駿。而寓目已難。且先老消落。舊學荒蕪。相長相助。負手茫然矣。

近人至謂司馬遷史記自序。班固漢書敘傳。均爲目錄。彼自述作史之微意。而以目錄當之。多見其不知而作。妄作聰明。實爲此道之門外漢。

專著

船山先師詩錄

湞峽謠五首 戊子

周逸敬選

彈子磯空峙。翻風燕不迷。朝天臺已築。何處着丸泥。（彈子磯）

煙水凝眸遠。醉燕且着花。章臺拔折後。依舊屬韓家。（望夫江）

蒼壁空青破。淸江挪翠開。越王虛勝槪。留待挪東來。（觀音巖）

辛苦湞江水。晨潮接暮潮。飛來金碧影。刼火不曾燒。（飛來寺）

故山元有主。新寵詎難忘。猶恐孫郎妒。相邀弄夕陽。（歸猿洞）

專著

船山先生年譜後編（續第十三期）

八世從孫之春輯

過湘鄉東臺山。

東臺山詩。有百里初見山。西暉客望閑。及半峯明紫樹。漁舟隔浦還諸句。東臺山在湘鄉縣東十里。一名鳳凰山。一名望嶽峯。南連華蓋。下瞰漣水。

還觀生居。於相去二里許石船山下。仍里人舊址。築草堂成。徙而居之。

船山記。顧於此閱寒暑者十有七。辛未深秋記。 草堂成。詩有歸舟湘水北。伐木逮秋清。南窗仍夕暖。冬嶺迓春晴諸句。 湘西草堂記。先子船山記曰。船山者。吾山也。故今之記湘西草堂。亦謹記之曰。湘西草堂者。先子之草堂也。先子自前崇禎癸未張獻忠陷衡後。湘嶽之間三十餘年。夷狄踵接。終全志節。閉門譔著。迄歲庚子。乃徙居於湘西之金蘭鄉。卜舍於茱萸堂。初造小室。名之曰敗葉廬。蓬簷竹牖。植木九柱。編篾爲壁。次築觀生居。在茱萸堂上。易以茅堵窗楹。少容几杖。越十二十年。再徙於石船山下。去觀生居二里許。仍里人舊址。築湘西草堂。因避濱氛。泛宅數載。後復歸草堂。定經詮。秩散稿。輯閒吟。而先子奄背。敔謹固遺書於屋右个。而火災蟻蝕之害。其震驚怵惕不一次也。因聚徒課業於其中。迄敔年六十。從游者數十人。醵金爲余壽。余受其金。授子壻曾生重建草堂。易瓦以茸。支椽以櫨。鍊磚以砌。敔年老病臧。以餘年讀遺書其中。而從游之有志及姻友之有力者。續捐貲刊先子遺書數種。藏版於右閣。敔手植剌松側柏紅梅碧桃等樹成蔭。貧舊幽篁成林。而草堂巋爲都里所共式。逮敔年七十。諸生復醵金如舊。爲余刊小草百篇。小草者。先後所成。時藝不足傳。而愚之不却者。亦以諸君始終培植草堂之意。不可忘也。余嘗至黃州。見王公禹偁所作記之竹樓。今千餘年矣。仍巋然一竹樓。豈有此不蛀不壞之竹樓乎。亦存乎人心之不沒不朽而已。故舉一竹樓而其他爲名賢之遺蹟。不可勝舉。豈非人有同情。有陶令之吾愛吾廬。而人亦愛其屋耶。但念徐文長詩云。庭前幾筆青青草。禁得倪們幾斧斤。今敔七十有五矣。盼新竹之娟娟。而恐放其良心者。亦如牛山之旦旦而召斧斤也。援毫爲文。付諸子孫。讀之者。當如讀鳴鳩而三復也。是爲記。

詩有昭山五絕二首。東臺山五律一首。草堂成五律一首。殘雪七律四首。長沙旅興七律一首。郡歸書懷寄懿巷七律一首。出郭赴李緩山之約桓伊山下遇雨七律一首。萍鄉中秋同聖功對月七律一首。水口道中七絕一首。走筆贈劉生思肯七絕三首。題林良枯木寒鴉圖。圖有李賓之題句七絕四首。風泊中湘訪張永明老將弔孫呂二姬死。讀辛卯以來諸公奬貞之篇。孫呂事詳故中舍管公記。歌行一首。石流篇樂府一首。雉子遊原澤篇樂府一首。門有車馬客樂府一首。夜坐吟樂府一首。豫章行樂府一首。順東西門行樂府一首。猛虎行樂府一首。短歌行樂府一首。六十自定稿長沙旅興七律一首。江春望落日五古一首。三十六灣初見新綠五古一首。夜泊湘陰追哭大學士華亭伯章文毅公七律一首。湖水五律一首。贈程弈先五古一首。三月七日所聞七律一首。詩云、天涯帝子知誰在、今日生開喜欲狂、淮泗補天功造化、蒼梧扶鼎泊衣裳、彤雲日角傳龍種、元霧雲鐵養豹章、重遺孤臣憐雪鬢、萍縱萬一問津航。拜蔡公祠五古一首。次李緩山見寄韻。即用其體書懷遲答五古一首。和程弈先長沙懷古五古三首。觀漲五古一首。與李緩山載謀同登回雁峯次緩山韻七律一首。淥湘雜興五古六首。萍鄉中秋同蒙聖功看月七律一首。留別聖功七律一首。代出自薊北門樂府一首。卻東西門行樂府一首。編年稿 戊戌獄後戴晉元來訪。今來復連榻旃檀口占五古一首。薑齋詩賸稿

十五年丙辰。　公五十八歲。

居湘西草堂。章先生有謨留從門下。

春夕同載謀看月詩。有草堂新築延新月。及湘山布穀未催耕之句。

二月。吳逆僞將引萍鄉敗兵趣湘潭擾茶陵攸縣。

夏。公渡湘至斗嶺。

雨中過蒙聖功斗嶺詩。其五有云。東行渡湘水。碧湧萬重蓮。（斗嶺。在衡州府城東二十里）。

秋七月。在草堂。

有早起草堂寓目牽牛花追憶懿菴詩。

八月。下湘。將至長沙。十五日夕。蒙公正發。劉公近魯。朱王孫翠濤。唐先生端笏。餞飲

聽月樓。

中秋同聖功庶先翠濤須竹飲聽月樓。諸公將送予下湘。詩起云。今宵猶對家山月。江閣同傾送遠杯。

舟中有疾。

風泊昭山夾。病中放歌。詩有云。老病煎肌秋夜淺。及荻葉敲蓬驚夢轉。

九月留長沙。十月至湘鄉。補祝劉公懿菴七十初度。

懿菴七十初度。余留滯長沙。不遂山中歡笑。已乃泝漣訪祝。述懷詩。有黃潤沐霜液。菊樽開已緩。杞實猶堪摘諸句。

十一月。吳逆據衡州。

始撰周易大象解。

周易內傳發例。丙辰始爲大象解。

詩有早起草堂寓目牽牛花追憶懿菴五律一首。春夕同載謀看月七律一首。先秋一日作七律一首。五十自定稿人日有寄七律一首。雨中過蒙聖功斗嶺五絕六首。中秋同聖功庶僊翠濤須竹飲聽月樓。諸公將送予下湘七律一首。風泊船山夾。病中放歌七古一首。漣江夕泛五古一首。褚公池五古一首。懿菴七十初度。余留滯長沙。不遂山中歡笑。已乃泝漣訪祝。述懷五古一首。楠園翠濤諸公作瓶菊詩。命僕和作五律四首。編年稿

褚公池、唐褚遂良爲潭州都督行部湘鄉賦詩處。

十六年丁巳。公五十九歲。

居湘西草堂。

春。乘小舟至郡。登回雁峯。

重登回雁峯詩。有朱轂如夢迷雙岸綠草當春覆一邱。及漁舟戰鼓皆今日。慙愧乾坤一影浮諸句。

二月。

大兵至長沙。吳逆由常德迎戰。敗走衡州。

秋七月。禮記章句四十九卷成。

新秋望載謀詩。其一。注、時載謀授館於翠濤。其二、周秦焚後字句。注、時禮注方竟。

桐城余蕪尊來訪。

桐城余蕪尊昔爲靑原侍者。歸素以來。崎嶇嶺外相値。見訪。爲錄前寄極丸老人詩。仍次原韻贈之。詩有秋聲不斷有蟬吟之句。

詩有新秋望載謀五律二首。重登回鴈七律一首。遣懷七律四首。桐城余蕪尊昔爲靑原侍者。歸素以來。崎嶇嶺外相値。見訪。爲錄前寄極丸老人詩。仍次原韻贈之。七律一首。箜篌引樂府一首。七十自定稿

十七年戊午。　公六十歲。

居湘西草堂。

閏三月。吳逆僭號衡州。其黨以勸進表來屬。公婉詞拒之。逃入深山。作袚禊賦。　行述。維時長嘯一室。作袚禊賦。　潘撰傳。戊午春。吳逆僭號於衡陽。僞僚有以勸進表屬先生者。先生曰。某本亡國遺臣。鼎革以來。久遁於世。今汝亦安用此不祥之人爲。遂逃之深山。作袚禊賦。　沅湘耆舊集小傳。康熙初。吳逆僭號於衡。僞僚有

以勸進表屬者。先生曰。某本亡國遺臣。所欠一死耳。今亦安用此不祥之人哉。遂逃入深山。作祓禊賦。 賦曰。謂今日兮令辰。翔芳皋兮蘭津。羌有事兮江干。疇憑茲兮不歡。思芳春兮迢遙。誰與娛兮今朝。意不屬兮情不生。予躊躇兮倚空山而蕭清。闃山中兮無人。蹇誰將兮望春。

三月初四日。三孫生蒼生。 敔公三子字籀文邑庠生册名文園。

（未完）

船山師友記第九（續第十三期）

湘潭羅正鈞纂

王愷六

王愷六。衡陽人。自定稿

和甘蔗生道興詩序夕堂戲墨卷二云。今春有杜鵑花。不覺到鐵牆坳。王君延入新齋。爲仙和石灰泥壁。忽拈一帙詩。沒其所自得教。認取誰家筆仗。卒讀久之。乃知是跛漢王君。笑指石灰桶說。尋常謂道人認得行貨。今乃充此物經紀。眯著眼看秤斛耶。者是十三年、借山在靈谿所作。於是次韻和之。（按年譜劉氏毓崧曰、按六十自定稿、己酉有效柏梁體壽王愷六詩云、鐵牆坳頭綠鳳棲、此序所云王君、必是愷六、又云詩中用衛公二字、自注云、甘蔗生故字、今考衛公係金堡之字堡、又號借山、亦稱甘蔗生、序中稱跛漢、因其受杖後左足跛也。）

五十自定稿。乙巳年有愷六種鳳仙花盈畝。聊題長句一首。五律避暑王愷六山莊。會夕雨放歌一首。歌行

六十自定稿。己酉年有效柏梁體壽王愷六一首。歌行

正鈞按常甯縣志藝文載知縣張菊人芳寓先生書云。頃纔被雁峯。有客持薑齋落花詩。當非而農王子不能。次日遇君家愷六。乃知方平仙人。不妨戲擲長爪姑

丹砂也。考落花詩序云。庚子冬初。得些庵大觀諸老詩和之。其戲墨中諸落花詩。當是一時之作。據此則愷六之晤張令。必不出此兩年間。詳先生以丁酉去常甯西莊源。返南嶽。戊戌己亥兩年。寓居嶽後。按薑齋詩賸稿、丙辰贈戴晉元詩題云、戊戌嶽後辱訪、五十自定稿、己亥年有南嶽摘茶歌詩。虎止湘西草堂記云。迄歲庚子。乃徙居於湘西之金蘭鄉。卜舍於茱萸塘。造小室曰敗葉廬。庚子先生年四十二歲。自徙湘西。遂爲定居。遣興詩序後注茱萸塘記中云。看杜鵑花不覺到鐵牆坳。則愷六山莊相距不遠。又張菊人書有云。愷六又極言薑齋近日箸述淵廣。覃精經苑。蓋先生還山之初。與愷六往還甚密。故得深悉先生近狀。而愷六之爲人亦可想見矣。惜其名與事迹無攷。觀遣興詩序所云愷六。亦應與道隱諸人相識也。

又按己酉壽王愷六詩云。鐵牆坳頭綠鳳棲。就君踏花踩香泥。君今僦宇當湘西。我旬過五君始躋。年譜劉氏毓崧云。按是年先生五十一歲。愷六五十歲。鐵牆坳爲先生舊遊之地。茲復僦居湘西。蓋與先生卜鄰矣。

李孝廉國相

李國相。字敬公。一字芋巖。原籍富平。嘗應募隨都督劉綎平楊應龍以功赴部聽敘。下三峽。舟覆。負母出巨浪中。功牒漂失。因浪迹湘衡間。崇禎壬午。以衡籍舉於鄉。遂爲衡陽人。性醇摯。外和內剛。人莫窺其涯際。張獻忠陷衡。徧索紳士。强以僞職。不赴者死。國相引刀刲兩股。云不可用。得免。鼎革後。自南嶽轉徙山谷。歲更其處。晚築小室。植桃數株。稱桃塢老人。性與道合。讀書諷詠。得大旨而已。著逸齋賁詞二卷。均佚。沅湘耆舊集小傳 衡陽縣志

南窗漫記云。小築如拳之室。戲作數詩。或和之。唯芋巖一首。深爲枯木撒花。軀殼爲誰留。相看已白頭。從人嗤倔强。責自備春秋。寒盡鴻聲斷。春歸草色柔。餘霞擎晚照。峯翠逐人流。 又云。芋巖李敬公國相遺稿。屬余訂定。今錄其佳句云。絕壑愁難託。遑知自有身。因之微旅況。能不念伊人。日月無私照。山川有異垠。懷哉于役者。落落聽風塵。懷管冶仲百學 孤櫬淪荒域。生辭一夢慳。問天孤雁字。無地釣魚灣。挂劍情誰寄。焚琴恨未刪。蒼梧有舜迹。君志在其間。哭夏叔直九疑

衡陽新志李國相傳云。國相尤善介之兄弟。高冠褒衣。數相往來。夫之多悲憤激發。益力自述作。國相恬淡優游。不役役於文字。或吟詠爲樂。及服食神仙之術。然皆非

其好也。凡隱居三十年。先介之卒。又山水志云。船山南二里有桃塢。李國相隱居之地。王李同志互有歌詩。

五十自定稿。乙巳年有和停雲贈芋巖五十初度四首。四言　丁未年有問芋巖疾一首。五古　戊申年有湄水月汎同芋巖一首。五律　己酉年有過芋巖不值一首。不揆五十齒滿懿庵見過留同芋巖小酌一首。七律

六十自定稿。戊午年有同須竹送芋巖歸窆竟。小艇泝湘轉郡城有作二首。七律

薑齋詩分體稿。辛酉年廣哀詩第十五有李孝廉國相一首。自注字敬公避跡桃塢戊午告終　五古　甲子年有爲芋巖定遺稿感賦二首。七律

正鈞按敬公與先生以壬午同舉於鄉。國變後轉徙山谷三十餘年。其貞苦之節可想。詳先生遁迹後。早歲外聞友朋所與寄贈者尚衆。詳下二卷　而同邑如夏叔直文小勇諸人均早歲淪喪。郭季林亦沒於先生返楚之時。晚歲惟敬公以同志幽栖。數相過從。桃塢地在湘西。五十自定稿、庚戌懷入山來所栖伏巖谷、就中小雲山、昭陽、庵、馭閒巖、桃塢、雩竹山、茱萸塘、敗葉廬、觀生居八題、自注右湘西　六十自定稿。己酉有因林塘小曲築草庵。開南窗。不知復幾年。晏坐漫成六

首。草庵卽指觀生居題云。呈桃塢老人。按詩第三首用十一尤韻、押留頭秋柔流五字、卽漫記所述芋巖所和之原唱、則敬公蓋久已卜鄰於此。觀和陶詩作於乙巳。蓋其年長於先生三歲。下距戊午十三年。則敬公年六十有三而沒也。

又按衡陽縣志李國相傳云。其先貴州人以醫世其家。爲桂王府醫官。故國相著籍衡陽。舉於鄉。鄧氏補輯楚寶國相傳亦言其以醫事桂王府者。舊集係鄧氏晚年之書。其前後互異。必非無據。但劉綎戰沒在萬歷己未。敬公時甫三歲。安得有應募之事。或爲敬公先世事而偶失檢尋也。

管文學嗣箕

管嗣箕。字弓伯。衡陽諸生。與弟嗣裘並以文行見稱。好縱酒傲岸。人莫測也。流寇得嗣箕。索其弟。嗣箕詭言死矣。乃送嗣箕湘潭縶之獄。嗣箕談笑晏如。兩月寇遁得歸。後嗣裘從王死。嗣箕則益託於酒。居鄉中。絕不與諸人往還。以壽終。衡陽縣志

永歷實錄管嗣裘傳云。張獻忠陷衡州。嗣裘走匿深山。獻忠促令捕殺之。其兄嗣箕爲應捕代死。會獻忠去得免。

管大兄弓伯挽歌序云。有明文學管嗣箕弓伯。以今癸卯冬卒於南嶽百丈山。病乃使余有宿草而不得哭。其明年、返靈筵於高節里之故居。乃伸一慟。今勿說弓伯之死。得年五十有二。考終於室。弓伯罔久不期此。癸未賊投入於湘水。雁行相掇。兄犯其不測。以保難弟之節。一死矣。戊子、起兵不利。縲而繫諸潭獄。刻日就白刃者。一死矣。庚寅、流離困病於嶺海。犯難以護難弟於長林。一死矣。以身突其三死。而誰期爲一者之考終。復得此十三年於荒山榛徑之中。昔不爲兄駴。而今爲兄哀耶。妄也。

薑齋詩分體稿。辛酉年廣哀詩第十二、有管文學嗣箕一首。自注字弓伯癸卯沒　五古

王鈞按先生同里友朋。於弓伯兄弟尤爲患難之交。抗歌序云。戊子起兵。卽先生舉義事。當時弓伯蓋同在行間。以兵敗爲賊所繫也。其脫冶仲於難。尙在癸未。而縣志併爲一事。自庚寅至癸卯正十三年。弓伯蓋又偕冶仲至粵。以桂林陷後返楚也。

唐處士克峻

唐克峻。字欽文。衡陽人。文學鳳儀之孫。天性敦篤。執親喪。慎終如禮。于時草澤起家至

大位者相項背。或慫臾出仕。則笑而不答。暇則寓目書史以自怡。口不言財利。每嘆曰。讀者知讀。耕者知耕。舍是而喋喋於賦役獄訟。吾見老輩多矣。未有以此矜能者也。已未沒、鄉人士謚之曰孝亮。（逸文唐欽文墓志）

唐欽文六十壽言（薑齋逸文）云。欽文氏始與其伯子從家兄石崖游。登堂而拜先徵君。吾因得與定交。以至於今。三十七年如一日。

唐欽文墓志（薑齋逸文）云。執友孝亮翁欽文唐君卒於正寢。嗣子端典端笏以誌銘請。含悲增病。不能受命。端典方躬役壙事。端笏越苦次踵門泣曰。吾父待此以安于泉壤。辭不獲命。輟涕而誌。以翁信我爲知己也。　又云。翁少年周旋先徵君杖履間。今四十餘年矣。見予輒愴然道之。不孝不能仰答。與予仲兄鏗齋交。每稱述相與欷歔。故欲彷彿先徵君之典型。則于翁庶幾見之。

逸詩有餘春歌爲欽文世翁壽一首。（自注、欽翁服膺羅一峯先生集、就余借讀、久而不釋、可以信其所至矣、故長言及之、五古）

逸詞有爲欽文世社兄壽惜餘春慢一首。

薑齋詩分體稿辛酉年廣哀詩第十九有唐處士克峻一首。（自注字欽文已未沒　五古）

正鈞按欽文墓志。未載誕生之年。今考逸文有欽文妻蘇氏孝壽說云。庚戌新秋。兩唐子爲其母氏六袠徵侑辭焉。今壽欽文翁、復舉而聯之帙。據此、則欽文壽序。亦作於庚戌。庚戌爲康熙九年。欽文年六十。知其長于先生八歲。庚戌上溯三十七年。歲在甲戌。則與欽文訂交。年甫十六也。端典字古遺。端笏、字須竹。均游先生門。端笏尤有名。詳下第十四卷。

（未完）

湘綺樓詩經評點（續第十三期）

湘潭王闓運評點　　弟子周逸纂集　　詩卷五

齊一之八

雞鳴、思賢妃也、三章章四句

雞既鳴矣。朝既盈矣。匪雞則鳴。蒼蠅之聲。

東方明矣。朝既昌矣。匪東方則明。月出之光。

蟲飛薨薨。甘與子同夢。會且歸矣。庶予子憎。

評、深深款款。珠玉爲心。情既纏綿。文亦玲瓏剔透。

還、刺荒也、三章章四句

子之還兮。遭我乎猺之閒兮。並驅從兩肩兮。揖我謂我儇兮。

評、直是直叙。令人自悟其失。

子之茂兮。遭我乎猺之道兮。並驅從兩牡兮。揖我謂我好兮。

子之昌兮。遭我乎猺之陽兮。並驅從兩狼兮。揖我謂我臧兮。

著、刺時也、三章章三句

俟我於著乎而。充耳以素乎而。尙之以瓊華乎而。

評、婉而多風。

俟我於庭乎而。充耳以青乎而。尙之以瓊瑩乎而。

俟我於堂乎而。充耳以黃乎而。尙之以瓊英乎而。

東方之日、刺衰也、二章章五句

東方之日兮。彼姝者子。在我室兮。在我室兮。履我卽兮。

東方之月兮。彼姝者子。在我闥兮。在我闥兮。履我發兮。

東方未明、刺無節也、三章章四句

東方未明。顚到衣裳。顚之到之。自公召之。

東方未晞。顚到裳衣。到之顚之。自公令之。

折柳樊圃。狂夫瞿瞿。不能辰夜。不夙則莫。

南山、刺襄公也、四章章六句

南山崔崔。雄狐綏綏。魯道有蕩。齊子由歸。既曰歸止。曷又懷止。
葛屨五兩。冠緌雙止。魯道有蕩。齊子庸止。既曰庸止。曷又從止。
蓺麻如之何。衡從其畝。娶妻如之何。必告父母。既曰告止。曷又鞠止。
析薪如之何。匪斧不克。娶妻如之何。匪媒不得。既曰得止。曷又極止。

甫田、大夫刺襄公也、三章章四句

無田甫田。維莠驕驕。無思遠人。勞心忉忉。
無田甫田。維莠桀桀。無思遠人。勞心怛怛。
婉兮孌兮。總角丱兮。未幾見之。突若弁兮

評、忽入此人。文勢突兀。上方言遠。此則至近。

盧令、刺荒也、三章章二句

盧令令。其人美且仁。
盧重環。其人美且鬈。
盧重鋂。其人美且偲。

敝笱、刺文姜也、三章章四句

敝笱在梁。其魚魴鰥。齊子歸止。其從如雲。

敝笱在梁。其魚魴鱮。齊子歸止。其從如雨。

敝笱在梁。其魚唯唯。齊子歸止。其從如水。

載驅、齊人刺襄公也、四章章四句

載驅薄薄。簟笰朱鞹。魯道有蕩。齊子發夕。

評、只是叙事。更無議論。此風詩正體。

四驪濟濟。垂轡濔濔。魯道有蕩。齊子豈弟。

汶水湯湯。行人彭彭。魯道有蕩。齊子翺翔。

汶水滔滔。行人儦儦。魯道有蕩。齊子游敖。

猗嗟、刺魯莊公也。四章章六句

猗嗟昌兮。頎若長兮。抑若揚兮。美目揚兮。巧趨蹌兮。射則臧兮。

評、發端深遠。與碩人頎頎。同用頎字見意。

猗嗟名兮。美目清兮。儀既成兮。終日射侯。不出正兮。展我甥兮。

猗嗟孌兮。清揚婉兮。舞則選兮。射則貫兮。四矢反兮。以禦亂兮。

評、與上相映見意。

齊國十一篇三十四章百四十三句

魏一之九

葛屨、刺褊也、二章一章六句一章五句

糾糾葛屨。可以履霜。摻摻女手。可以縫裳。要之襋之。好人服之。

評、離題別出一意。承接無痕。

好人提提。宛然左辟。佩其象揥。維是褊心。是以爲刺。

評、結亦不承上。而文勢愈緊。

汾沮洳、刺儉也、三章章六句

彼汾沮洳。言采其莫。彼其之子。美無度。美無度。殊異乎公路。

彼汾一方。言采其桑。彼其之子。美如英。美如英。殊異乎公行。

彼汾一曲。言采其藚。彼其之子。美如玉。美如玉。殊異乎公族。

園有桃、刺時也、二章章十二句

園有桃。其實之殽。心之憂矣。我歌且謠。不知我者。謂我士也驕。彼人是哉。子曰何其。心之憂矣。其誰知之。其誰知之。蓋亦勿思。

園有棘。其實之食。心之憂矣。聊以行國。不知我者。謂我士也罔極。彼人是哉。子曰何其。心之憂矣。其誰知之。其誰知之。蓋亦勿思。

陟岵、孝子行役思念父母也、三章章六句

陟彼岵兮。瞻望父兮。父曰嗟予子。行役夙夜無已。上愼旃哉。猶來無止。

陟彼屺兮。瞻望母兮。母曰嗟予季。行役夙夜無寐。上愼旃哉。猶來無棄。

陟彼岡兮。瞻望兄兮。兄曰嗟予弟。行役夙夜必偕。上愼旃哉。猶來無死。

十畝之間、刺時也、二章章三句

十畝之間兮。桑者閑閑兮。行與子還兮。

十畝之外兮。桑者泄泄兮。行與子逝兮。

伐檀、刺貪也、三章章九句

坎坎伐檀兮。寘之河之干兮。河水淸且漣猗。不稼不穡。胡取禾三百廛兮。不狩不獵。胡瞻爾庭有縣貆兮。彼君子兮。不素餐兮。

坎坎伐輻兮。寘之河之側兮。河水淸且直猗。不稼不穡。胡取禾三百億兮。不狩不獵。胡瞻爾庭有縣特兮。彼君子兮。不素食兮。

坎坎伐輪兮。寘之河之漘兮。河水淸且淪猗。不稼不穡。胡取禾三百囷兮。不狩不獵。胡瞻爾庭有縣鶉兮。彼君子兮。不素飧兮。

碩鼠、刺重斂也、三章章八句

碩鼠碩鼠。無食我黍。三歲貫女。莫我肯顧。逝將去女。適彼樂土。適彼樂土。爰得我所。

碩鼠碩鼠。無食我麥。三歲貫女。莫我肯德。逝將去女。適彼樂國。適彼樂國。爰得我直。

碩鼠碩鼠。無食我苗。三歲貫女。莫我肯勞。逝將去女。適彼樂郊。適彼樂郊。誰之永號。

魏國七篇十八章百廿八句

詩卷五終

詩卷六

湘綺樓詩經評點

湘潭王闓運評點　弟子周逸纂集

唐一之十

蟋蟀、刺晉僖公也、三章章八句

蟋蟀在堂。歲聿其莫。今我不樂。日月其除。無已大康。職思其居。好樂無荒。良士瞿瞿。

評、寫出媮安心事。亡國未嘗無材。只坐一姑息壞事。故當刺之。若昏庸人。不值與言也。婉約、

蟋蟀在堂。歲聿其逝。今我不樂。日月其邁。無已大康。職思其外。好樂無荒。良士蹶蹶。

蟋蟀在堂。役車其休。今我不樂。日月其慆。無已大康。職思其憂。好樂無荒。良士休休。

山有樞、刺晉昭公也、三章章八句

山有樞。隰有榆。子有衣裳。弗曳弗婁。子有車馬。弗馳弗驅。宛其死矣。他人是愉。

評、唐詩多直質無文。亦其土風使然。堯煥乎文章。云堯遺風則非也。

山有栲。隰有杻。子有庭內。弗洒弗埽。子有鐘鼓。弗鼓弗考。宛其死矣。他人是保。

山有漆。隰有栗。子有酒食。何不日鼓瑟。且以喜樂。且以永日。宛其死矣。他人入室。

揚之水、刺晉昭公也。三章。二章章六句。一章四句

揚之水。白石鑿鑿。素衣朱襮。從子于沃。旣見君子。云何不樂。

揚之水。白石皓皓。素衣朱繡。從子于鵠。旣見君子。云何其憂。

揚之水。白石粼粼。我聞有命。不敢以告人。

椒聊、刺晉昭公也。二章章六句

椒聊之實。蕃衍盈升。彼其之子。碩大無朋。椒聊且。遠條且。

椒聊之實。蕃衍盈匊。彼其之子。碩大且篤。椒聊且。遠條且。

綢繆、刺晉亂也。三章章六句

綢繆束薪。三星在天。今夕何夕。見此良人。子兮子兮。如此良人何。

綢繆束芻。三星在隅。今夕何夕。見此解覯。子兮子兮。如此解覯何。

綢繆束楚。三星在戶。今夕何夕。見此粲者。子兮子兮。如此粲者何。

杕杜、刺時也。二章章九句

有杕之杜。其葉湑湑。獨行踽踽。豈無他人。不如我同父。嗟行之人。胡不比焉。人無兄弟。胡不佽焉。

有杕之杜。其葉菁菁。獨行睘睘。豈無他人。不如我同姓。嗟行之人。胡不比焉。人無兄弟。胡不佽焉。

羔裘、刺時也、二章章四句

羔裘豹袪。自我人居居。豈無他人。維子之故。

羔裘豹褎。自我人究究。豈無他人。維子之好。

鴇羽、刺時也、三章章七句

肅肅鴇羽。集于苞栩。王事靡盬。不能蓺稷黍。父母何怙。悠悠蒼天。曷其有所。

肅肅鴇翼。集于苞棘。王事靡盬。不能蓺黍稷。父母何食。悠悠蒼天。曷其有極。

肅肅鴇行。集于苞桑。王事靡盬。不能蓺稻粱。父母何嘗。悠悠蒼天。曷其有常。

無衣、刺晉武公也、二章章三句

豈曰無衣七兮不如子之衣安且吉兮

豈曰無衣六兮。不如子之衣。安且燠兮。

評、直刺王使。咄咄逼人。

有杕之杜、刺晉武公也、二章章六句

有杕之杜。生于道左。彼君子兮。噬肯適我。中心好之。曷飲食之。

有杕之杜。生于道周。彼君子兮。噬肯來游。中心好之。曷飲食之。

葛生、刺晉獻公也、五章章四句

葛生蒙楚。蘞蔓于野。予美亡此。誰與獨處。

評、深微。

葛生蒙棘。蘞蔓于域。予美亡此。誰與獨息。

角枕粲兮。錦衾爛兮。予美亡此。誰與獨旦。

評、忽入牀第語。明點題意。

夏之日。冬之夜。百歲之後。歸于其居。

評、兩排反復致意。文氣局寬。意味長。詞章家雙結法。

冬之夜夏之日百歲之後歸于其室

采苓、刺晉獻公也、三章章八句、

采苓采苓首陽之巔。人之爲言。苟亦無信。舍旃舍旃。苟亦無然。人之爲言。胡得焉。

采苦采苦首陽之下。人之爲言。苟亦無與。舍旃舍旃。苟亦無然。人之爲言。胡得焉。

采葑采葑首陽之東。人之爲言。苟亦無從。舍旃舍旃。苟亦無然。人之爲言。胡得焉。

唐國十二篇卅三章二百三句

秦一之十一

車鄰、美秦仲也、三章一章四句二章章六句

有車鄰鄰。有馬白顛。未見君子。寺人之令。

阪有漆。隰有栗。既見君子。並坐鼓瑟。今者不樂。逝者其耋。

阪有桑。隰有楊。既見君子。並坐鼓簧。今者不樂。逝者其亡。

駟驖、美襄公也、三章章四句

駟驖孔阜。六轡在手。公之媚子。從公于狩。

奉時辰牡。辰牡孔碩。公曰左之。舍拔則獲。

游于北園。四馬旣閑。輶車鸞鑣。載獫歇驕。

小戎、美襄公也、三章章十句

小戎俴收。五楘梁輈。游環脅驅。陰靷鋈續。文茵暢轂。駕我騏馵。言念君子。溫其如玉。在其版屋。亂我心曲。

評、緜緻。文生情。情生文。

四牡孔阜。六轡在手。騏騮是中。騧驪是驂。龍盾之合。鋈以觼軜。言念君子。溫其在邑。方何爲期。胡然我念之。

俴駟孔羣。厹矛鋈錞。蒙伐有苑。虎韔鏤膺。交韔二弓。竹閉緄縢。言念君子。載寢載興。厭厭良人。秩秩德音。

評、雙承。秦人剛直。而文乃深婉。所謂北人南相。大貴之徵也。至李斯等。則虛憍亡國矣。

蒹葭、刺襄公也、三章章八句

蒹葭蒼蒼白露爲霜所謂伊人在水一方遡洄從之道阻且長遡游從之宛在水中央

評、寫情入物而蒼涼淒動如洞庭秋風之句爲千古傷心之祖

蒹葭萋萋白露未晞所謂伊人在水之湄遡洄從之道阻且躋遡游從之宛在水中坻

蒹葭采采白露未已所謂伊人在水之涘遡洄從之道阻且右遡游從之宛在水中沚

終南、戒襄公也二章章六句

終南何有有條有梅君子至止錦衣狐裘顏如渥丹其君也哉

終南何有有紀有堂君子至止黻衣繡裳佩玉將將壽考不忘

黃鳥、哀三良也三章章十二句

交交黃鳥止于棘誰從穆公子車奄息維此奄息百夫之特臨其穴惴惴其慄彼蒼者天殲我良人如可贖兮人百其身

交交黃鳥止于桑誰從穆公子車仲行維此仲行百夫之防臨其穴惴惴其慄彼蒼者天殲我良人如可贖兮人百其身

交交黃鳥止于楚誰從穆公子車鍼虎維此鍼虎百夫之禦臨其穴惴惴其慄彼蒼者

天。殲我良人。如可贖兮。人百其身。

晨風、刺康公也。三章章六句

鴥彼晨風。鬱彼北林。未見君子。憂心欽欽。如何如何。忘我實多。

山有苞櫟。隰有六駮。未見君子。憂心靡樂。如何如何。忘我實多。

山有苞棣。隰有樹檖。未見君子。憂心如醉。如何如何。忘我實多。

無衣、刺用兵也。三章章五句

豈曰無衣。與子同袍。王于興師。修我戈矛。與子同仇。

豈曰無衣。與子同澤。王于興師。修我矛戟。與子偕作。

豈曰無衣。與子同裳。王于興師。修我甲兵。與子偕行。

渭陽、康公念母也。二章章四句

我送舅氏。曰至渭陽。何以贈之。路車乘黃。

評、已送而始謀贈。想出倉皇詐僞。

我送舅氏。悠悠我思。何以贈之。瓊瑰玉佩。

權輿、刺康公也、二章章五句

於我乎。夏屋渠渠。今也每食無餘。于嗟乎。不承權輿。

於我乎。每食四簋。今也每食不飽。于嗟乎。不承權輿。

秦國十篇廿七章百八十一句

詩卷六終

中國名山彙考卷一（續第十三期）

湘潭周　逸木崖

鍾山按鍾山、一名蔣山、一名金陵山、又名紫金山、又名聖遊山、又名北山、又名神烈山、

明孝陵之鍾山

鍾山、在今江蘇江寧府東北朝陽門外。山高一百五十八丈。周迴六十里。明太祖陵在焉。

按金陵地記。秦始皇時。有望氣者曰金陵有天子氣。乃埋金玉雜寶于鍾山。鑿秦淮以斷其脈。因名曰秣陵。

按李昕九域志。鍾山、晉永嘉元年。因山有大鍾。從上墜水中。驗銘。是秦時樂器。因以命名。

鬱洲山

水經注之蒼梧

鬱洲山。一名郁州、一名蒼梧、一名九嶺、疑即廣游山、在今江蘇淮安府海州東海城北之海中。世傳此山自蒼梧徙來。上有南方物也。

狼山

通州之狼山

狼山、在今江蘇揚州府通州城南十八里。其形似狼。故名爲狼山。

虎丘山

越絶書之虎丘

虎丘山、（一名海涌山、又名武丘山）、在今江蘇蘇州府城西北九里。相傳吴王闔閭葬於此。葬三日有白虎蹲踞其上。因名。或云秦始皇嘗登此。將發吴。塚有白虎出焉。今其山中劍池古鶴澗。及千人石諸勝。遊者常絡繹不絶云。

洞庭山

太湖之洞庭山

洞庭山、在今江蘇蘇州府城西一百三十里。太湖中有東西兩山。西山一名包山。周八十餘里。東山莫里山。周五十餘里。兩山並峙。而西山爲大。山下有洞。道書所謂林屋洞天是也。

天平山

蘇州府之天平山

天平山、在今江蘇蘇州府城西二十里。其山巍然特立。翠峯拱揖。最爲崷崒。蓋一郡之鎭山也。

靈崖山

吳宮舊地之靈崖山

靈崖山。一名硯石山、在今江蘇蘇州府西南二十五里。乃吳王館娃宮之故地也。下瞰大湖。遠望洞庭。滴翠叢碧。恍在白銀世界中。真宇內奇觀也。

錫山

無錫縣之錫山

錫山、在今江蘇常州府無錫縣西五里。周秦時產鉛錫。故名錫山。東漢以後不復產錫。故縣名無錫云。

惠山

天下第二泉之惠山

惠山、一名慧山·在今江蘇常州府無錫縣錫山之西。其山有泉。卽名惠泉。唐陸羽品天下泉味。以爲第二云。

北固山

梁武帝所登之北固山

北固山、在今江蘇鎮江府城北。下臨長江。其勢險固。故名。梁武帝嘗登此山北望。又名北顧山。

金山

揚子江中之金山

金山、在江蘇鎮江府城西北。唐裴頭陀於此開山得金。故名。其勝概爲天下第一。山下有石。並峙其前。類雙闕然。傳爲郭璞葬處。泉曰中冷。味極甘冽。陸氏水品以爲東南第一水是也。

焦山

揚子江中之焦山

焦山、在今江蘇鎮江府城東北九里。大江中。漢焦光隱此。故名。舊名樵山。宋改爲譙山。又名浮玉山。

塗山

禹會諸侯之塗山

塗山、在今安徽鳳陽府懷遠縣東南八里。與荆山對峙。相傳禹娶塗山。及會諸侯皆於此山。西南有禹墟。及禹會村。

浮渡山

隨書之浮渡山

浮渡山、一名浮山、一名符度山、在今安徽安慶府桐城縣東九十里。其山高三里。周迴五里。其崖三百有五十。而最著三十有六焉。如大通崖、會聖崖、棲眞崖等、

灊山

漢武帝所封之南嶽

灊山、古稱南嶽、又稱霍山、又稱皖山、又稱天柱山、又名萬歲山、在今安徽六安州與安慶府之界。在六安之霍山縣者。為霍山。在安慶之灊山縣者為灊山。為皖山。而其實一山也。漢武帝以衡山遼曠。移嶽神於此。今土人皆呼為南嶽。

黃山

黃帝與容成子浮丘公煉丹之黃山

黃山、在今安徽徽州府城西北一百二十里。舊名黟山。唐天寶末改今名。山有峯三十六。水源三十六。溪二十四。洞十八。崖八。第四峯有泉沸如湯。常湧丹沙。世傳黃帝嘗與容成子浮丘公合丹於此。又有仙人曹阮之流。亦嘗於此修真。故山有浮丘容成諸峯。溪有曹阮之名。

白嶽山

徽州之白嶽山

白嶽山、在今安徽徽州休甯縣西三十里。高三百仞。周三十五里。山西北有崖。名齊雲崖。高三百五十仞。周迴數十里。其山絕壁斷崖。松蘿森蔚。中多名勝。昔人曾比為小武當焉。

敬亭山

李太白獨坐題詩之敬亭山

敬亭山、舊名昭亭、又名查山、在今安徽寧國府城北一十里。其山脈北衍分爲三支。一支爲梅子岡、甑山、佛子嶺、峽石山。一支爲麒麟山、樂義岡、高亭岡、城山、稻堆山。一支爲九里山、黃岡、豹山岡、新豐街、符裏鎮、橫岡山。其高數百丈。周廣百倍之。自昔名賢率多題詠。

荆山

卞和采玉之荆山

荆山、在今安徽鳳陽府懷遠縣城西南一里。高一百八十五丈。周圍一十七里。卽卞和采玉得璞處。

齊山

唐杜牧之九日所登之齊山

齊山、在今安徽池州府城南三里。山有十餘峯。其高齊等。故名。或云因唐刺史齊映得名。唐杜牧之九日登高卽此。

九華山

唐李白所登之九華山

九華山、一名九子山、在今安徽池州府青陽縣南四十里。舊名九子山。唐李白更今名。其山高數千丈。盤踞二百餘里。峯巒之勝。不可名狀。

采石山

明常遇春爭先破敵之采石磯

采石山、一名采石磯一名翠螺山在今安徽太平縣城西北二十里。其山扼江險要。爲南北必爭之地。明常遇春破陳友諒爭先立功。卽於此。

吳山

吳越界之吳山

吳山、在今浙江杭州府城內。春秋爲吳東南界。故名吳山、亦名胥山。其支麓所分爲寶月山。蛾眉山等。因地立名不一。而總謂之吳山。

（卷一終）

雁影齋題跋卷四（續第十三期）

湘鄉李希聖亦元遺稿

屯田樂章詞三卷 柳三變著 字耆卿　毛刻樂章集一卷

東坡詞二卷 蘇軾著 字子瞻　毛刻作一卷

山谷琴趣詞三卷 黃庭堅著 字魯直　毛刻山谷詞一卷

姑溪詞一卷 李之儀著 字端叔　毛刻同

後山詞一卷 陳師道著 字履常　毛刻同

壽域詞一卷 杜安石著　毛刻同

丹陽詞一卷 葛勝仲著 字魯卿　毛刻同

溪堂詞一卷 謝逸著 字無逸　毛刻同

竹友詞 謝薖著 字幼槃

信齋詞一卷 葛郯著 字謙問　侯刻 常州先哲遺書刻

省齋詞一卷 廖行之著 字天民

聖求詞一卷 呂濱老著　毛刻同

專著　雁影齋題跋卷四

初寮詞一卷　王安中著　字履道　毛刻同

酒邊詞一卷　向子諲著　字伯恭　毛刻同

樂齋詞一卷　向鎬著　字豐之

簡齋詞一卷　陳與義著　字去非　毛刻同

樵歌詞三卷　朱敦儒著　字希眞　王刻別行

竹齋詞一卷　沈瀛著　字子受

逃禪詞一卷　楊無咎著　字補之　毛刻同據四庫提要楊應作揚

稼軒詞四卷　辛棄疾著　字幼安　毛刻同

知稼翁詞一卷　黄公度著　字師憲　毛刻同

于湖詞二卷　張孝祥著　字安國　毛刻四卷

松坡詞一卷　京鏜著　字仲遠

竹洲詞一卷　吳儆著　字益恭　侯刻

晦菴詞一卷　李處全著　字粹伯　王刻

養拙堂詞一卷 管鑑著 字明仲 王刻

白石先生詞一卷 姜夔著 字堯章 毛刻同

龍川詞一卷 陳亮著 字同父 毛刻同

龍洲詞二卷 劉過著 字改之 毛刻一卷

西樵語業詞一卷 楊炎正著 字濟翁 毛刻同作楊炎四庫提要已糾其譌倪燦補宋史藝文志亦作楊炎

石屏詞一卷 戴復古著 字式之 毛刻同

樵隱詞一卷 毛幵著 字平仲 毛刻同

履齋先生詞一卷 吳潛著 字毅夫

文溪詞一卷 李昂著 字俊明 毛刻同

空同詞一卷 洪瑹著 字叔璵 毛刻同

烘堂詞一卷 盧炳著 字叔陽 毛刻同烘應作哄

蒲江詞一卷 盧祖皋著 字申之 毛刻同

克齋詞一卷 沈端節著 字約之 毛刻同

專著　雁影齋題跋卷四　四

王周士詞一卷 王以寧著 毛刻一卷

金谷遺音詞二卷 石孝友著 字次仲

白雪詞一卷 陳德武著

綺語詞一卷 張東澤著

僑菴詞一卷 李祺著 字禎昌

樂府補詞一卷 知不足齋刻

金

東浦詞一卷 韓玉著 字溫甫 毛刻同

元

松雪詞一卷 趙孟頫著 字子昂 俟刻

鳴鶴餘音一卷 虞集著 字伯生 此書本八卷

蛻巖詞二卷 張翥著 字仲舉 知不足齋刻本

竹窗詞一卷 沈禧著 字廷錫

古山樂府二卷張埜著字埜夫　侯刻作張野

雲林樂府一卷倪瓚著字元鎮

貞居詞一卷張雨著字伯雨　知不足齋刻本

草堂詩餘三卷　讀畫齋刻本　詞學叢書本

元風雅十二卷鈔本

前集六卷。傅習所采集。後集六卷。孫存吾所續輯也。此書四庫著錄作二十四卷。然提要稱前集。首劉因。凡一百十四家。後集首鄧文原。凡一百六十六家。此本目錄家數皆同。殆四庫本析每卷爲二。其實一本也。卷首有知不足齋諸印。及蔣維基印。凡遇當時應擡寫之處。皆一一擡寫。蓋從元刻本影鈔者。錢竹汀補元史藝文志。亦稱元詩前集六卷。傅習采集。孫存吾編類。元詩後集六卷。孫存吾編。是錢氏所見本亦祇十二卷。必元本如此也。顧嗣立元詩選凡例、所數元詩諸選本。自蘇天爵文類外、如偶武孟乾坤清氣。曾應珪元詩類選。蔣易皇元風雅揭軌。光岳英華。宋公傳元詩體要。孫原理元音。顧瑛草堂雅集。潘訒叔宋元詩。皆所采錄。而獨不及此書。知爲顧氏所未見。乾隆中開四庫館。時江浙采進遺書。凡宋人集大半經厲樊榭點勘者。元人集大半經顧俠君點勘者。二公所見固博。而遺漏亦復甚多。（王鳴盛蛾術編譏樊榭宋詩紀事、漏收伊川程子之母侯氏聞雁憶外五律一首、然實不止此也、吳蘭修跋宋方信儒南海百詠、亦詆樊榭未見其書、愛日精廬藏書志所載、元人才調集中、仕履始末如盧昭藥廣居馬琬李瓚不花帖木兒等、元詩選俱未載、或顧君未見其書云云、）樊榭宋人集多假之馬氏玲瓏山館。俠君元人集多假之徐氏傳是樓也。至提要所謂范氏天一閣所藏有元朝野詩集二册。亦題曰元風雅。不知何人所編云云。當即錢氏藝文志所載。皇元風雅八卷。無撰人名。或云宋褧核其卷數。與提要所言二册、多少亦合。是又在阮氏未收書目蔣易元風雅之外。然則同時有三皇元風雅矣。

（未完）

律音彙考卷二（續第十三期）

瀏陽邱之稑穀士遺著

三律爲三統辨

班固前漢志以黃鍾林鍾太蔟爲天地人三統。而引說卦傳。陰陽柔剛仁義之言以明之。並分乾坤十二爻直十二辰。而以乾初九居子、配黃鍾爲天正。坤初六居未衝丑、配林鍾爲地正。乾九二居寅配太蔟爲人正。此其穿鑿傅會之甚者也。按說卦傳天道地道人道以重卦合言之、則上二畫爲天。中二畫爲人。下二畫爲地。以兩卦各言之。則上與三爲天。五與二爲人。四與初爲地。審爾、則不惟于三律之義無所居。亦于三律之位無所當。且爻辰之說。實牽合于當期之義。遂執乾坤十二爻。配十二月。而因以配十二律也。後世以卦直月。惟十二辟卦爲近理。與律呂相生之氣亦脗合。是即陽八相生法也。可見天地造化、不假人爲。而整齊變化、如此。彼牽合者其奚當。至以三統配三律。則尤爲無說。夏后殷周之改正朔。定爲一代之制。以新天下之耳目。若其時之正令之善。則必推有夏。非比天地人三才亙古不變者也。且以律言黃鍾爲音律之元。即爲萬事之本。固亦知曰尊無與並也。若林鍾太蔟、可鼎足而三。尙得謂尊無與並哉。況地統不以大呂。而以大呂之衡當之。卽婦孺亦知其陋。此不待辨而明。唯蔡邕獨斷以黃鍾配周正。大呂配商正。太蔟配夏正。爲能依文傍義。然于理無所發明。于事無所取法。亦徒亂人耳目而已。何也。夏正建寅。不聞尊太蔟爲律元。商正建丑。不聞尊大呂爲律元。以太蔟大呂于建寅建丑之義無所附也。究其所失。蓋昧制作之原。欲以精深文其淺陋。而又誤解國語紀之以三之一言。愚謂三言黃鍾之管。三其三而爲長九寸。徑其三而爲圍九分。紀者理也。黃鍾理則六律生。六律生則十二律備。故曰紀之以三。平之以六。成于十二也。一字之義不明。其穿鑿傅會遂至于此。嗚乎。音律之道。豈俗儒所敢輕議哉。

正聲無有忽微辨

前漢志曰。黃鍾爲宮。則太蔟姑洗林鍾南呂以正聲應者。無有忽微。非黃鍾它律。雖當其月。自宮者。其和聲之應。有空積忽微。不得其正。且夫律呂各六聲之正。祇及其五者。對變宮變徵而言也。以正宮言之。黃鍾主宮。甤賓爲變徵。其當變宮之位者。倍無射也。以淸宮言之。大呂主宮。林鍾爲變徵。其當變宮之位者。倍應鍾也。位當其正。所應之聲無不正。亦猶位當其變。所應之聲無不變。空積忽微之有無。于正聲何與哉。漢志云。然不過襲史遷律數之謬。然其于制律之法。遺誤豈淺尠哉。試立黃鍾爲宮。以商聲應者。冏七二之太蔟。以角聲應者。冏六四之姑洗。其以徵聲應者爲夷則。非五四之林鍾。以羽聲應者爲無射。非四八之南呂。信如冏言。謂林鍾無忽徵。可正黃鍾之徵。南呂無忽徵。可正黃鍾之羽。以林鍾南呂、爲黃鍾徵羽。按之吹之。較夷則無射音下一律。音下一律。其與黃鍾宮太蔟商姑洗角三聲。不待師曠之聰。皆知其不相和應。奚其正于極不正之中。以爲正。冏豈別具耳力哉。良由不識律爲音之體。音爲律之用。並不識六律六呂各自爲均。絲毫不容假借。故誤以黃鍾下生林鍾。爲宮生徵。太蔟下生南呂。爲商生羽。體用不分。陰陽錯雜。由是不自明其本實之先撥。而謬曰正。嗚呼。世豈有不知審音空談律呂而克有當者。孟子曰。不以六律。不能正五音。可知音之正不正。由於律之不以空積忽徵之有無。于五音何與哉。

六十調圖辨

律呂新書所箸六十調圖。謂以周禮淮南子鄭氏禮記注。孔氏正義定。嘗考周禮大司樂。一曰凡樂。圜鍾爲宮。黃鍾爲角。太蔟爲徵。姑洗爲羽。一曰凡樂、函鍾爲宮。太蔟爲角。

姑洗爲徵。南宮爲羽。一曰凡樂、黃鍾爲宮。大呂爲角。太蔟爲徵。應鍾爲羽。無論不用商聲。不識何義。卽所謂宮角徵羽。被諸管律。無一相協。若謂每樂四章各舉一音而言。總計三樂。共十二調。每調五聲、爲六十聲。是必納商聲于各調之內。方成六十。如此。又與周禮本旨。齟齬不合。竊謂此不可解之經。自當闕疑。不必强爲傅會也。淮南子曰。一律而五音。十二律凡六十音。鄭氏禮運注曰。其管陽曰律。陰曰呂。布十二辰。始于黃鍾。終于仲呂。更相爲宮。凡六十也。按一律一音。十二律祇十二音。曰五音六十音者。謂一音主宮。統商角徵羽。一均爲五音。十二管、還相爲宮。則于十二音中各得正聲。五音爲六十音。如是六十音者。由十二管中還轉而得。非實有其數也。孔氏正義曰。黃鍾爲第一宮。下生林鍾爲徵。上生太蔟爲商。下生南呂爲羽。上生姑洗爲角。至仲呂十二宮。宮各五聲、爲六十聲。是說雖律呂混雜。其所謂宮與聲。與劉鄭二說相發明。並未指聲爲調。如圖說以六十聲、作六十調。則一調七音。六十調、計四百二十音。卽當二變者。不以主宮數。亦未嘗加減。夫管各一宮。故爲十二宮。宮還而調成。宮旣還而商角徵羽。莫不與之俱還。未聞還宮之外。復有所謂還商還角還徵羽之別立其名者。試就圖中黃鍾一均言之。黃鍾宮調、與太蔟之黃鍾商。姑洗之黃鍾角。林鍾之黃鍾徵。南呂之黃鍾羽。同此五音二變。一調而重出者四。是有黃鍾宮。而商角徵羽之重出者爲贅。無射商調、與太蔟之無射角。仲呂之無射徵。林鍾之無射羽。及本調之無射宮。同此五聲二變。亦一調而重出者四。是有無射宮。而商角徵羽之重出者亦爲贅。故曰宮還而商角徵羽莫不與之俱還也。推之夷則角、仲呂徵、夾鍾羽、莫不皆然。推之大呂以下十一宮。莫不皆然。是調雖六十。去其重複十二宮之外。別無佗調。此聲與調之宜辨者也。夫以律呂上下相生之術。爲宮生徵。徵生商。商生羽。羽生角。實由誤會管子絃度生聲數語。乃遷史律數倡之。班固前漢志因之。劉昭後漢志仍之。以後論律者。莫不以譌承譌。奉爲程法。豈獨孔氏淮南子言之。按前八十四聲還宮圖。黃鍾爲宮。太蔟爲商。姑洗爲角。蕤賓爲變徵。林鍾爲徵。南呂爲羽。應鍾爲變呂。推至八音。變黃鍾復爲清宮。大呂爲宮。夾鍾爲商。仲呂爲角。林鍾爲變徵。夷則爲徵。無射爲羽。黃鍾爲變宮。推至八聲。變大呂復爲清宮。無論陽律雜陰呂。陰呂雜陽律。音不相諧。且半黃鍾。半大呂。聲不應黃鍾大呂以爲清宮。又何能諧六十調圖與彼無異。此陰與陽之宜辨者也。至謂起調畢曲。每五聲一均。皆用宮調。如黃鍾至夾鍾並用黃鍾起調。黃鍾畢曲。夫黃鍾宮調。固知用黃鍾。若黃鍾爲無射之商。列於黃鍾宮下。及列無射本位。又曰。無射宮調。二者同一。五聲二變起調畢曲。此宜用黃鍾。彼宜用無射。不識何由分別。偶舉一調例其餘。知爲必窮之道也。猶精言之曰。宮商角三十六調、老陽也。徵羽二十四調、老陰也。且擬諸六甲五子。謂六十調如六十日。皆三十六爲陽。二十四爲陰。謂爲理之對待數之自然。言固徵矣。其如律呂之不爲用何哉。知此、則八十四聲圖可不待辨而自明矣。

候氣便法

自漢以來。候氣之法。皆爲室三重。戶閉塗釁必周密。布緹縵室中、以木爲案。每律各一。內庳外高。從其方位。加律其上。以葭灰抑其內端。按律候之。氣至者灰去。按古法如此繁難。非豪有力之家。氣終難候。因思一捷法。擇靜室內掘一坎。將木版開數孔。以律管納孔中。每中氣將至前。安放坎內。管口向上。覆以素紗。將膠黏定。置葭毫其上。用手抵平。以瓦缶覆坎上。氣至時啟眂。驗葭毫之動不動。然猶嫌缶覆不能明眂。且慮啟缶時。爲風所散。後更設一妙訣。製方匣一個。四圍及頂面皆嵌以頗黎。如前掘坎納孔法。安放亭當。算以頗黎匣。坐眡其旁。時至、灰自可覩。凡言候氣。只防風動。故須密室。此法、即曠野亦無不可。偶爾嘗試。見葭莩漸次森立。如虎示威狀。但鄉落苦無鐘表。難審時刻。氣與管適如其刻。未敢遽信。嘗憶辛卯春分。安置夾鐘四管。其時風雨大作。葭毫皆衝去。竊疑陰氣太盛。慮有水災。竭力提防。夏至前後。水果大發。六日三漲。爲從前所未有。因歎古人所謂灰半出爲和氣吹。全出爲猛氣吹。理或然也。又嘗驗之管徑小而聲稍高者。葭先時而啓。管徑大而聲稍低者。葭後時而啓。必徑合聲應。其隆起之時。方與氣至適合。此中氣之所以難定。而審律之所以非易也。惟實葭灰于管中。而以輕緹素覆其管口。氣至而灰衝素外。則未經驗過。姑存其法。以俟協律之君子焉。（卷二終）

文苑

船山先師詩錄

迎秋八首 壬寅

周逸敬選

昨夜月初明。青楓引露清。稻香三日雨。虹影一溪晴。落照低猶赤。蘋風晚更輕。定情凡幾日。銀漢映階平。其一

斜日颭垂樹。因風欲上黃。侵苔依淺碧。漏月透微涼。去鷺驚溪改。跳魚拂荇香。森森蘆葉滿。幸緩一頭霜。其二

長日倦何以。棋枰早不勝。楊枝愁少府。杜若老吳興。星影微侵幌。螢光幾背燈。西風纔一夕。先與客愁應。其三

文苑

文錄

衡陽劉孝子傳

長沙陳繼訓獲盦

衡陽劉孝子代貽。原名百臣。字颺賡。別署揚庚。父得勝。補用守備。曾忠襄舊部也。母鈕宜人以節遇奉旌。樹綽楔。趙提學啟霖爲作劉節母傳紀其事。同治八年。守備君卽世。孝子生才十七月。節母年廿二。宗人利其再適。羣謷環迫。非人所堪。節母誓貞守。顧家無宿儲。饑則用小鐺煑少許麤糲。和蕪菁雜噉以給。母子相持泣。婁阽於死。洎忠襄廉得其狀。喬詰閔恤。佽百緡修息之。延教女紅資其生。孝子故愿慧。自羈貫嫺書數。亦因緣忠襄。用千總需次兩江督標。迭司榷局。有能名。至是節母之心始少舒。勃孝子追念節母劬勩。年未四十。乞養以終。蓋以爲千鍾易不如一養難也。先是日者言節母運厄在丑。孝子聞而泫然。齋祓構香。輒於日昳禮北斗。喃喃潛禱。減算益親。如是者五載。時方宦遊。一日心怦怦動。亟治任。兼程馳歸。節母果患風痺。孝子昕夕煴湯試藥。補營通兪色察神聽。不越跬步。冬寒。節母溲溺數。孝子躬翼護。未嘗以煩穢而假手家人。卽偶易侍者。亦不衷厥意。屬更相服。必身溫而后衣之。謂恐爐熏。親疢加厲。節母屢痿且痞。深居閟擾。孝子伺春秋佳辰。負而觀遊園林瑒圃。博笑歡。節母籍浙江。常膳載加。厥惟鄉味。手臂不仁。難運匕箸。孝子則多方羅致鱸蒓。親膾羹餚承匙哺之。節母性謹肅。雖病革。不欲醫者切脈。孝子乃置研甗理。代切以告醫。節母歿之前一歲。疽發頸。瀕危。孝子吮其毒。創合。或以爲難。則應曰。身者親之枝。難於何有。蓋侍疾餘十年。節母乃卒。孝子辟踊哀毀。幾烕性。廬墓既歸。猶巡迴省視。流連信宿不能去。遘節母忌日或初度。祭畢啜哭。如新失恃。傳曰。事親者、終身。終、其身也。孝子、之謂、哉。孝子卒年六十有七。

陳繼訓曰。孝子之孤建亞。因醴陵劉約真祕書。持狀並清標集。乞爲傳。且曰。先子臨絕顧言。惟以續梓茲集爲諄諄。不及其他。清標集者。孝子廣徵海內士大夫詩文。揚表節母鈕宜人行實彙集成帙者也。嗚呼。是其慕父母蓋不獨終身而已。夫沒世不稱。君子疾之。況其母之苦節乎。經曰。揚名後世以顯父母。孝之終也。孝子其知之矣。雖然。世之苦節如鈕宜人。而奧灤不宣。雖閭閻至不能舉其姓氏者何可更僕。選紀鈕宜人得孝子而發章。余因以歎人間實有賢子孫也。論而著之。匪惟劉氏之傳。抑以眎天下之爲人子者。樹之鵠焉。

衡山劉太公傳

慈利吳恭亨

太公姓劉氏。諱嶽峻。號蕊珊。衡山人也。劉之在縣廿有曜德。傳至太公曾祖心畲公稱富人。歲入田穀萬石。諸兒並讀書。相嗣附學籍爲生員。門戶日大。太公年二十。亦得之。旋試歲科皆高等。或教以出金食廩餼者。怫然曰。是可錢買耶。不聽。清制。廩膳生員限名額。前者缺出。後者輪補。無缺。雖試連第一。向隅焉。輸粟事例起。生員入貲。聽貢成均。故實缺者往往援案投牒。徑引去也。太公稟氣嚴正。特篤內行。壯年母病。朝夕在視。憔悴惘惘。有豫子可憐之色。逮乎大故。長日衰絰衣。坐起櫬側。及葬。顏色之戚。略如初喪。及禫。內寢之御。假故引避。方是時。高科上第。縣運彝赫。同時輩流。若譚鑫振、李子榮、李子茂、陳嘉言、皆先後踔起入翰林。稱貴仕。人私願望。莫不相互艷子弟之速化。既服闋。會大比。或促入試。則正對以僥倖而干有司。是喪心也。我殆不暇。其後從李子茂福建宦幕。主客稱相得。居二年。獨坐心動。辭歸。歸來而父故無恙也。不二十日。忽病竟不起。

人稔其事。以爲誠孝感給數窮理極。隱與天通云。太公二十年教授。其繩後學。一依朱子小學方案。大之極於天文輿地兵農禮樂宰物經世之賾。小之析於日用飲食治生營闠瓜蓏魚猪字畜之微。其鉤考也勤。其誨汝諄諄。求謀適合於運用也。擧生平所斤斤。不憂功未立名未成。而憂讀書乏發明以利賴民物與蕃息萬彙。不恥生計之絀。而恥出不能師好辯針灸異學。退不能勤著書啓牖方來。匹夫有責。苟活食粟。時時自愧。日日自撾。清儒顧寧人之博大。王薑齋之艱貞。蓋若一一仿彿也。雖未集彼大成。而要無絀於小已也已。太公卒清亡國之歲七月二日。年六十三。子男二。長龍澤。零陵地方法院推事。次湘傑。前長沙地方法院檢察官。女子四。孫男三。經鋤、杞楠、耀曾。孫女三。配向夫人。卒中華民國十三年七月十八日。年七十七。夫人在劉六十載。門內之政。肅如洽如。夷考其行。大都不踰常女婦。常則蒐瑣。常又雷同。載筆家每逡巡斂手焉。今類紀二事。光緒乙未年。衡山大饑旱。餓死枕藉。鄰婦某絕糧二日。勢迫矣。夫人詗知。深夜密撿米。遣心腹遺之。旦日門眺。其屋瓦炊煙縷縷生矣。又家被盜。鳴於團。團保偵知爲某少年。亦鄰也。將告諸官。夫人聞問。見謂到官則廉恥破。一生斷送矣。我失物事小。破敗人一生奈何力持不可。嗟乎。若夫人其眼光豈得概之爲常女婦哉。無非無議。唯酒食是議。嗚呼。吾甚願爲是詩者之下一轉語。

吳恭亨曰。方太公之學政試頻爲高等也。主試官實爲餘姚朱逌然詹事。詹事所采。類多積學士。故湖南文藝。於時甲國內。八比八韻腐爛庸鄙之氣。驟若一洗。綜所甄錄。後來爲讀書謹儒。太公蓋其一也。鄙劣如恭亨。當日受試。亦儼然同隊之魚。追維餘姚流風。誠不敢重自毀棄。今傳太公。竊有餘慕。書此付孤龍澤。茂陵有遺稿。虎賁似中郎。二者迴環往復。吾於太公。又不僅媍媍內行完粹。謂足以盡君子也。

法源寺留春會宴集序

湘潭王闓運佚稿

法源寺者。故唐閔忠寺也。余以己未賃廡過夏。居及兩年。其時夷患初興。朝議和戰。尹杏農主戰。郭筠仙主和。而俱爲淸流。肅裕庭依違和戰之間。兼善尹郭。而號爲權臣。余爲裕庭知賞。亦兼善尹郭。而號爲肅黨。然淸議權謀。必皆有集。則多以法源爲歸。長夏宴游。悲歌薄醉。雖不同荆卿之飲燕市。要不同魏其之睨兩宮。其時湘軍方盛。曾胡犄角。天子憂勤。大臣補苴。猶喜金甌之無缺也。俄而大沽失機。蘇杭並陷。余同郭還湘。肅從西幸。京師被寇。龍髯莫攀。顚命八臣。俱從誅貶。自此東南漸定。號爲中興。余則息影山阿。不聞治亂。中間雖兩至蓉下。率無久留。垂暮之年。忽有游興。粵以甲寅三月。重謁金臺。京國同人。既皆失職。其有事者。又異昔時。懷刺不知所投。認啓不知所問。乃訪舊迹。猶識寺門。遂請導師代通鄙志。約以春盡之日。會於寺寮。丁香盛開。淨筵斯啓。羣英畢至。喜不遐遺。感往欣今。斐然有作。列其佳者。什庶繼蘭亭。亦述所懷。以和友聲云爾。

游溈山寺記　前人

湖南佛寺。溈山最著。蓋地幽而不僻。去使府近而無都會之囂。宿德漸參。棲心習靜。代有名人。守其戒律。遺規具存。香田足給。隱然若世業綿祀。國家之相傳也。湘潭壤地。民俗土音。皆親甯鄉。其先本一縣析分。然近靳遠溈。溈水出益陽馬頭山。今安化東北。當益陽西南。馬頭山。卽溈山也。馬爲皆取獸形名山。因以號水。水有四源。當以最西者爲溈山。而今以山泉縣出者爲溈源。近在寺西南六里。唐時有相地者。以溈水有青蓮花香。尋源入山。得地建寺。則移溈源而並移山。山兩崖不似馬頭。亦不似母猴。非舊圖經溈山也。凡游溈山。率至寺而已。寺在山阿平田間。無登涉之勞。不獨不見溈山。亦不見潙水。但相誇以游山耳。明末時。甯鄉陶密菴檢討與湘潭李湘洲尚書同游。陶作游記。按其文山水奇勝。頃者廖蓀陔典籍以書來。約續陶李之游。爲兩縣故事。歲首人閒。訪廖樻田。時正月八日。大風渡湘。幾不得渡。行六十里。暮宿黃泥舖。明日猶寒。至鳳皇山。廖遣夫力來迎。晡至其家。明日設酒議游事。以二舁三擔幷從人。凡十六出門西行。循烏江水至潙水北。沿平田越陌度阡。率百步九涉。八十里。宿橫鋪市。西二里有雲山書院。縣人劉氏所建也。劉果敏嘗撫陝。故從羅山講學。因於里中作精舍。規制始具。猶未興學。新議肅改書院。立官學矣。明日立春大晴。從者欣喜。二十里飯黃柴。黃木江也。潙山志云。唐大中時敕建密印寺。官運材木至此待水引入。故曰皇木。今潙山杉材。猶自此結篺入湘云。柴者、柴積之非結紫也。自此入山。皆循潙北以西。平沙坦途。山色交映。光影蕭寒。入山徑稍陂陀。稀逢樵汲。間有民舍一兩間。度兩山岡巒不高。而峪岈如門。迤右爲同慶寺。靈佑師塔在寺中。有唐碑。鄭愚文志云。先有密印。後有同慶。蓋佑師不起塔。本寺徒衆復爲建寺護塔耳。從寺外循徑越山。曲折緣躋。隨步稍高。數百步便已造坡頂。平望對山。紫翠重沓。絕似廬山五老峯。惟峻峭稍減。復下入山徑。更度一重。徑接龍巷。至在山亭。嵐黛不及前山。亦幽靜。山農方荷鉏。沿道披榛塡阬。問潙山但云不遠。余按陶記登山。先見瀑泉。又寺後有高峯插天。以爲潙山之勝如彼。及迤邐轉行。豁見平田。依山列垣。有寺臨溪。衆皆云已至山。而不見山。惟寺後倚一峯。高與垣樹齊。入客寮問優盋曇花泉。乃在寺外。與陶記全不合。然游山探泉之興未已。以日暮止宿。專詣旦命舁往探潙水源。主僧導余等出寺。渡小橋東南行五六里。登一山。云泉出對厓。復下磴踐石。沿谿兩山嶔崟。皆純石蒼秀。有瀑泉出厓腰。縣流五六丈。如急雨擠流。次者如決澮水。更下如竹竿通梘水。高下參差。引澗潺潺。不能成潭。所云飛瀑落石四溢。濺雪飛光激上。若千葉蓮花者。或春雨盛流有其勢。而澗底無平田。必不能承泉流。文人推演無實。以欺未至者。如陶記所云。文中之潙山爾。余與蒸陔皆不以泉源爲潙山。故此、不、言、游、潙、山、也。泉流成澗。北屈東行。過同慶寺前。而會正流。游者還寺。亦別僧。自循來徑至同慶看斷碑。潙山遠不可窮。於是俱返。復循水至構舖。更南尋東鶩山。看湯泉。泉與山陽烏江。亦未成池。有三孔皆熱如沸。旁多養鴨者。紫龍寺僧專其利。一鴨至千錢。胥鄉令供長官應徵求。輒取肥大者。然真湯泉鴨乃瘦小。骨髓滿而不脺。鴨卽鶩也。山其以產物名與。時已上元。乃別蓀陔。南北各還。余由冷水井度嶺三十里。即入吾七都地。初夜還山莊。記五日游事。而以游山事爲主云。

陶氏婦墓誌銘

長沙陳繼訓杏驄

陶氏婦、名湘純。湖南安化人。按察使銜四川補用道諱梳之曾孫。舉人內閣中書諱觀儀之孫。附貢生法部主事企曾之子。實太保兩江總督諡文毅諱澍之玄孫也。光宣之際。予與法部君同官京朝。辛亥後。復偕隱省門。過從踰密。知婦婉靜敬眘。識書史。與予三子緗齊年。遂委禽焉。年十七、來歸。內外宗黨驩。閱六年。得瘵疾而歿。婦不逮事其姑。屬纊時。諵諵語少姑。用不克終養君舅爲憾。距生於壬子十二月二十六日。春秋二十有三。葬長沙臨鄉鎮長砂衝祖塋之次。首庚趾甲。子同祖。女佩敏。長者五齡。幼才四齡耳。先是緗肄業湖南大學。婦隨往養痾麓山。以嘉平月朔。値予誕辰。先期趣家人治新裘歸壽予。未浹辰。疾劇。遂不起。悲哉。昔鄉先正何子貞太守。爲子婦季作生日詩。周杏農侍郎丐王葵園祭酒爲子婦余作傳。祭酒賞其出自翁命。尤爲難得。予之銘婦。亦猶何周二公意也。賢可知矣。銘曰。

觥觥文穀。世澤靡垠。篤生淑媛。爰嬪吾門。琴瑟靜好。予心實順。曷爲中道。遘此奇疢。纍峯之下。先靈所宮。往寫左右。幽靈無恫。百年一瞬。疇夭疇壽。不豐其躬。以蕃爾後。

春秋義序

許銘彝篤齋

傳稱孔子制春秋之義以俟後聖。自有春秋逾二千年。其義或用或否。訖未大行。烏覩所謂後聖者耶。雖然。信經義。必行於天下。抑有以信斯言之不誣也。夫天生兆民。林林總總。不有以牧之。孰得而定之。不有以教之。孰得而齊之。此堯舜禹湯文武周公孔子之聖。皆彼蒼篤生。作之君師。以惠黎庶者也。聖人不常有。所恃以存聖人之道者。書編詩書。訂禮樂。作春秋。孔子以繼前世之聖統。貽萬世之謀。而春秋名爲空書。實見行事。二百四十二年之間。人事浹。王道備。學而知之。以應萬事。將放諸四海而無不準。極諸覆載而不尊親。非孔子無以作。非春秋亦何以俟哉。彼黜百家。崇六藝。而漢儒開郅治之基。尊德性。道問學。而宋儒立生民之命。又况繼絕學。明王道。闡微言。申大義。以得諸心者。見諸事。以俟諸昔者。守諸今。撥亂反正。匹夫之責。有不得辭焉者矣。銘彝。魯人也。誦說無所得。然讀春秋深信而不疑。以爲控馭中外。攀追堯孔。其道在是。而所謂後聖者雖未親見庶乎不遠持以語人或信或否。蘇生孝權孝基獨嗜其言。生勤學好問。於經無所不治。尤力於春秋。旣以質疑之書。編爲倉問。受序於湘綺先生。復撰春秋義。採錄傳文。不立辭說。解詁及箋。各別爲傳。以爲博而寡要。勞而少功。儒故爲世病。流俗沉溺。左傳輕詆公羊。又實不知公羊爲何義。今但錄經義。一求簡明。庶授受者据而口說。事半功倍。其不知者讀之。亦足以爽然自失。然不分門別類。比事屬辭。冀讀者自求之。而不恃爲免園之册。嗚呼。生之志甚篤。而其用心亦可謂賢矣。異日以文學侍從。從容進說。坐言起行。孔子俟焉。兩生見焉。銘彝之言。因以益信。其幸也歟哉。其樂而已矣。

詩錄

船山先生生日釋菜詩

瀏陽劉瑞潞

顯晦亦有時。天道不終剝。孔孟栖衰周。斯民稱先覺。一火傳千薪。諸儒各一爝。說或淫異端。世豈絕正學。羶腥汙寓縣。穆清下衡嶽。船山眞天人。冥心在淵邈。仲尼發一矢。箭鋒乃相還。子輿塗其鼻。成風不傷斲。鼓篋播厥精。吹塵去其眊。江表鹿已奔。嶺西雞一喔。江山才滿眼。輿圖不盈握。衣冠坐沈淪。吾道未隨替。神傳言獨在。志隱迹終削。向來聞知士玄感絕依託微言繪遺經空山振木鐸自詭五百年此意非冥漠嚮後道絡行即今夢猶噩稍喜湘水湄芳馨薦清酌茲辰豈不懷 德人如可作

前題

甯遠楊宗岱

過隙鞭白駒電掣列風颸四體百形骸瞬若蛇蜕殼誰能長不死彝巢仰名兒衡陽王先生降神自南嶽典墳服菑畬枅梓勤樸斲靜專僧入定時習鳥飛數書讀十行下利恥衆人逐難兄同鄉舉二玉爲一珏獻賊陷衡州乾衰羣陰剝俗士汚僞命白鳥獨翯翯走匿雙髻峯翁乃爲獻捉引刀自刺肢易父致其慭重創感虎狼喬梓離驚爆厄運丁甲申朝綱絕羿浞寧吞黑允草不入郄超幄服闕官行人國是誤昏椓吳楚水火歷鼎折其形顯瞿公殉桂林毒霧塞遐邈築土觀生居蘊山不獻璞郴永漣邵間氛埃漫騰擢三百廿四卷古今供揚摧藏之名山中譬彼雲漢倬無人噓冷灰舉世眸盡眊七尺伏猺峒耕種苦墝埆席棘飴野茶艱貞不呼譽志節淩窮蒼矢寐永無覺歿後四十年朝野始稱促四庫採遺編陽暴漢江濯闇然終得章帝天鑒貞確學說印腦筋腥羶獲澡刷革命開全權橫空起刀槊湘垣義旗麾辛亥九月朔適値 公生辰稽首若

崩角。惟心造一切。此翁果卓犖。重瞻漢官儀。共和慶同樂。矯枉惜過正。盡人痛昏瞀。同胞口頭禪。蛾眉煽謠諑。金外敗絮中。人面而鳥噣。暗蚊聚成雷。無陽天雨雹。牛驥同一牢。玉石亂純駁。瓦釜雷砰訇。芝蘭反翦撲。狂瀾莫能挽。波靡難救藥。藏山有繼人。識淵行尤卓。紫府留韓琦。青錢選張鷟。蓮社萃邦彥。激揚劃淸濁。宣講來復天。言諄聽誰藐。薑桂老愈辣。抱貞謝辜榷。澡身遂雨人。疇云道大戳。王學知日昌。望衡佇犖确。生日爲磬香。漿酒欣共赦。餘興敲詩鐘。寸莛任撞戳。鬮韻閒徵詞。鬭聲競宮角。團坐佛講經。橫馳孔獵較。賤子百未能。枯喫愧揚踔。老馬棧豆間。呴沫困涔濟。蒿蔚依長松。枝柯殊梢櫂。遁世方無求。茹蔬枕廿蹼。聊貢下里吟。爪觜預鳴搊。盤盂方堆珍。當嗤獻芹陋。覘公勵前修。津梁度來學。

前題　　憨頭陀永光

高躅遺賢在。孤淸噩夢回。苦吟秋夜逈。叢菊一枝開。閱世悲虛幻。無心問刼灰。蔚廬多古意。卮酒更徘徊。

紀劉孝子颺賡 名代貽　　湘潭趙啟霖遺稿

劉子家承陽至性乃天毓是惟節母子藍田古生玉自少游慈訓端謹已越俗長謀菽水資抱關博微祿母氏運行丑日者言命促鬪之涕潸然恨無延壽籙茹素誓五載竭誠向空祝爇香禮北斗竟夕虔且肅減齡以益親天鑒此衷曲會母攖病劇兒心若有觸乘程返馳歸旁皇侍牀蓐慈色察於微纖悉適所欲母漸患風痹幾歷臘與伏未嘗跬步疏翼護屏媼僕夜溲至六七何嘗敢睡熟旋值母患疝頻頻吮其毒每遇更袒衣輒先以身服亦知蕪籠便恐燥疾愈篤侍疾閱十年百身卒莫贖及遘何恃痛呼天日嗁哭思親不可見常就塋兆宿追念母苦節揚表不辭瀆徧徵瓊琚詞千秋有馨馥考叔稱純孝視此得毋恧舉世恣稗說名教日湮汩是母與是子堂堂並高躅予忝舊史官裁詩俟採錄藉以大爲坊彝常免顛覆

湘潭節義婦賀張氏七古

湘潭郭人作梓宇

潭邑北鄉有賀千戎號義生者。十年前遠戍古城。娶西羌張氏女爲室。生二子。六年而寡。千戎彌留時。目直視而氣不絕。氏知其意。誓撫孤扶櫬還湘。乃瞑。歿後柩甫離署。僕役遽捲資而逃。官署不容再入。氏乃於厝所搭蓬而居。思收夫歷年所貸出者為歸計。無一償者。或且利其困而為之媒。氏拔刀誓死不從。人遂不敢強逼。而又旋臂血疾。貧無醫藥。一夕夢神賜以丹丸。服之而痊。時同鄉有在古城者。為追逋欠。并湊資稟官。給牒還鄉。氏前雖以書達夫家。夫姪回書告絕。同鄉人擬請長官派役護送。氏以妨嫌力辭。獨挈二子。僱夫扶櫬首途。又念夫在時。曾允同鄉謝玉華歸骨本鄉。遂並謝柩偕返。沿途行一萬餘里。歷日二百餘旬。及到湘潭。而夫姪已亡。氏苦營夫葬畢。旋送謝柩於甯鄉。歸而與夫姪媳同居。逾三年餘遽卒。都人士欽其節義。為之徵詩表墓。以慰貞魂。余續賡此章。亦欲以風勵末俗云。

噫嘻吁未劫人民天地黑風雲萬變日無色綱常倫理時煙塵文物衣冠成鬼蜮兩間
正氣不終閉不賦男兒賦巾幗我覽湘人節義編賀張氏事真奇闢氏生喇薩本羌人
幼遭喪亂失雙親逆回掠去官軍得奴婢於人受苦辛朝鞭暮撻膚常裂鍊得肝腸堅
似鐵十七齡歸賀義生始慶鸞儔離虎穴賀以千戎鎮古城離湘一萬八千程關隴姍
緣紅線繫瀟湘風月白頭盟六年伉儷弄璋瓦宗祊尤念枌榆社誰知好事折磨多歡
愉未終黃鵠寡賀病彌留目不瞬心傷後事如攢刃氏知夫意泣陳辭誓挈遺孤還旅

櫬可憐夫櫬甫離門悍卒豪奴遽負恩餘資捲盡官銜閉柩居空山慘斷魂天老地荒
無住着殉夫又恐雙雛落路哭頻傾杞婦城途窮幾斷凝妻慟哀動居民舍一塵支蓬
架蒿首邱前蘆花莫禦三冬雪稗穗常虛早暮煙尋思收債爲歸計虎口追羊遭反噬
狂蜂且欲撼貞松拔刀砍案以死誓血書付雁到夫家夫姪同言路太賒迎挐迎柩俱
無力隨雲飛不到長沙湘山望斷湘流絕杜宇聲聲啼碧血血痕濺地誠感天夜夢神
丹得病痊三楚同鄉欽氏節爲追逋欠盤歸櫬長官感動遣兵隨氏凜禮防力却之玉
關獨自張行幕又恐亡夫負友托謝氏玉華臨沒時夫曾允爲返遺骸不成夫志傷夫
信並載雙棺秦隴進呱呱弱息苦提攜渺渺長途頻險艱自夏經冬始到湘寄書夫姪
已先亡泣葬夫塋依祖兆旋將謝柩轉寄鄉義聲感動大邦族命與姪爨居共屋艱貞
不死爲存孤志願已成旌就木嗚呼哀哉兮生世艱難廿九春天教奇女範人倫斂裙
節義有如此愧煞文明世界人末俗動疑天道爽安知不朽在神明神返虛空氣耿耿
名留宇宙性存存君不見黃浦之鄉李家嘴碑文墓表耀乾坤

祁門鄭貞婦詩

寧鄉岳障東

芳史表孤忠。大雅褒一節。倪女年十二。鄭子突夭折。守貞逾十年。于歸矢同穴。皓魄照空梁。寸心餐積雪。苦節又四年。死矣何卓絕。祁門萬山中。萬古女奇傑。

貞婦詩爲同里謝黃氏作　前人

涼衣瑟瑟秋霜墜。炎雨雷燐迸殘淚。夜壁孤鐙山鬼愁。拙毫追賦桓嫠事。陳留貞婦農村女。椎髻年華二十許。隻字寧傳伏氏經。七篇未解曹姑語。雙枚玉鏡早相投。望望星河隔女牛。綠窗厭線貧愁裏。箭鐸春風槲葉秋。春風秋月流光疾。忽報沈荃中道卒。爺孃珍重若瓊身。細語門闌凶耗密。更遣鄰嫗婉致詞。病痊夫壻未須悲。青囊縱使難醫命。紅葉何妨更覓詩。貞婦驚聞正浪猜。更聞阿弟洩言來。仰天頓足失聲哭。酸風颸颸黃雲哀。妾今誓作山頭石。土花千里碧血碧。妾今誓作寢宮鐙。暮雨幽燐照魂魄。誓作園中蓄葹草。莖葉不芬心漸槁。誓作涓涓山下泉。徹瀾不起長鮮皓。行路齊揮淚萬行。此時素服拜姑嫜。藁砧夢裏初謀面。衣褶燈前枉斷腸。燈前夢裏啼痕絕。蕭草餘生心力折。手育螟蛉今十齡。一死泰山重奇節。吁嗟乎。予游南北覽風俗。亘鎭淫娃日深酷。花妓妖童百萬家。番舶到處售新曲。安得貞嫠百數計。布置天壤型靡敝。似此貞操冠薰陶允爲一代綱常衞。嗟嗟惟一代綱常衞。

貞孝篇輓臺南陳女士瑞雲并慰其姊錦繡女士　柳敏泉

義門閨範樹臺南貞木雙雙愧健男品究茶經師陸羽香流橘井繼蘇耽了笄終老懷

堅白寸黍籌家奉旨甘姊妹花殘休悼歎化身端合佛同龕

淒涼破碎舊山河那及家庭聚太和千古綱維幾王舜（附時王舜與妹王粲以貞孝著）一門貞孝兩曹娥

情傷喬木恩何極心戀慈萱志不磨天上人間分侍養幽明雖隔樂如何

爲程璽生妻李氏殉難作　長沙黃履直子剛

賚興程子天下豪意氣傲岸壓其曹談笑元龍隱鱗甲文章老鳳矜羽毛審查省憲持正義讒搆傾軋掃口磬匡扶世教任艱鉅省立議會相周遭落落難合不諧俗魯殿靈光喧邸抄誰知惡潮漸醞釀浩劫從此吼蒲牢無何赤眚走羣魅正人側足無所逃大肆燒殺無人理叫囂隳突神鬼號程子被縛繫縲絏誣書日至如豺嗥其妻系出名門李嶺魚禮教久薰陶聞之柔腸寸寸斷無法營救心焉忉況復戚鄙報睚眦證成藉沒持筆刀思惟一死免侮辱從容就義全其操吁嗟吉人獲免後入宮不見徒號咷慨自

節義久衰歇誰拚生命挽狂濤愧殺昂藏好男子對此能無氣一撓徽音凜烈自千古戔戔俚語何能褒他日輶軒表烈女安定門閭綽楔高

曾烈女詩 有序

岳陽李澄宇洞庭

烈女名碧娥。湘鄉人。父自求。母馮氏。僅二女。烈女其次也。明大義。寡言笑。字同縣舒融齋仲子繼甄爲婦。未娶。繼甄從戎入閩。以瘵返。遂卒。烈女初聞繼甄病。請侍藥。父母弗許。後復請盡喪禮。事舅姑。又弗許。烈女於是誓死殉。一日夢繼甄約偕去。寤乃泣告父母曰。生不容兒入舒門。死願共舒郎一穴耳。母多方慰諭。慟似釋。乘不備縊死。年十九歲。丙子夏五月望日也。

人皆弔屈原惟夏五月五望日弔碧娥忠烈各千古烈死可貞生鑄錯母與父郎病藥願償郎死棺願撫一再不得請吁嗟女命苦明月照淚痕白日窺肺腑立孤奉高堂兩姓光門戶子職可代夫較身殉尤愈厥願莫克償焚香祝死聚誠感夢魂通約效雙飛羽垂涕向二親欲語首先俯生未到舒家死願共郎土母雖善慰諭志決肯囘武自磬畢殘生年乃十九甫舊聞曾湘鄉儒訓重鄒魯大亂戡洪楊異端惡天父女出詩禮門

叔季人倫杜逸民。爲殷死顯顯夷齊伍。

壬子除夕聯句詩與壬秋同作

鄧繹辛眉

序曰。盛衰之異。過境不回。醞釀所同。縈情自惜。緣以動感。聲自靜生。於是撫景爲依。攄情何隱。思前花而并發。聞叩竹而雙應。柏梁襲體。初非舍人之窮。石鼎擅奇。各斂彌明之色。昔杜陵征北。新野哀南。俱取長言以發危苦。而命穎疾下。蠁節同歡。兩志非殊。一時相賞。不矜合美。庶證求聲。

碧海無深淺。紅塵多變遷。涉足詞場還自失。驚心韶歲忽如弦。辛 年來年去知依舊。對影蒼茫重回首。聚散無端間死生。兵戈寥落餘詩酒。詩社人來數去年。壬 岑參兄弟少隨肩。挈侶衡陽呼桂槳。分襟返邵送棠船。過江帆趁秋風渡。辛 仲宣更有登樓句。畫閣輕霜夜不寒。金尊醉酹朝還暮。洛陽才子變騷風。壬 江左詞人工庾賦。此時棠棣倡吟情。此際娛園訂社盟。牡丹花下宵分宴。辛 花氣迎人酒氣醒。春波南浦如烟碧。笙管隔烟初按拍。花前獻壽客紛紛。壬 酒畔聽歌情脈脈。初成花餞客歸妍。更酌紅螺勸玉田江南曲好鸞同坐。辛 河朔人來感少年。驪駒一夜催離別。杜鵑春盡濺殘血。玉樹聲闌

夢逐雲壬金堤人遠花如雪堪憐世事等浮漚又見滕王急送舟烟波潯郴容羈旅辛
車馬長安賦壯遊風雲變色秦天醉遙知南北同兵氣紅巾已報破三州壬貂錦猶聞
爭七貫長星光照長沙城五萬營連五道兵流賊自知軍女子辛朝廷不解用書生書
生意氣空流伯馬周猶作新豐客金門發策遂遺珠壬玉陛爲郎徒執戟獨有王郎拔
劍歌麻鞋間道感蹉跎羅華草檄盧磨盾辛金拆脊眠自枕戈西江令尹長庚輩送友
河梁同慷慨脫身蓮幕謝鶯棲壬擊楫蘭湘防鷁退湘水旌旗在眼中棄繻無策比終
童縋城未說秦師遁辛斷布誰銘葉父功倉皇家室生相見卻敵慚飛魯連箭石壕反
畏隸軍書壬巾幗空知搖羽扇飈傳賊火近南城城北城南比戶驚樓上梯衝如燕舞
辛地中鼓角狀雷鳴羅含執手同悲泣駱丞逃死慭兵入豈聞張浚敗符離壬不見徐
公嚴袴褶幾多狗尾濫蒙恩新有羊頭賜爵尊可堪羣盜登雲麓辛猶賴孤兒衛肇垣
孤兒軍裏稱無敵尚有鄧侯精格鬥首功誰賞大官錢壬久戍遙憐清夜笛笛聲哀怨
夜烏悲紫髯須臾萬瓦飛洞庭天險投鞭渡辛增竈猶疑未解圍圍解登陴徒痛哭蒼
莽塵沙難極目不見當時萬井煙壬山邱零落皆華屋牙籤玉軸化飛灰忽忽前遊付

文苑時錄 三

七哀去日旌心懸未定辛尒時箭眼暫同開鄉關搖落無生意風雪艱難仍負米扁舟再訪舊桃源壬閱盡滄桑惟有涕正愁飄泊困風塵重見當時夢裏人千里相求何感激辛只緣相別轉相親相親相別無時已訪故重逢幾知己挑燈竟夕語殘生壬掩袖同時悲復喜苦憶翩翩雲苑君荆襄兵燹濡羈魂虎窟尚存銷臍臍辛平湖草白淚添痕未學楚人操楚語仍歸吳市隱吳門雲苑重來慰蕭落壬天台作賦逢孫綽貧病猶存老瘦身醉吟慷詠窮愁作千里江山似舊淸辛一杯談笑已前生渡江名士皆無恙只少當年陸士衡士衡落拓京華道壬殘杯冷炙令人老校尉休登廣武臺初明且作通天表昨有元龍湖海人辛共論戎馬淚沾巾亦知蓬轉無時定猶喜萍蹤聚有因萍飄蓬轉難回首壬往日詞場今在否買酒聊爲十日歡聯吟尚有千金帚千金享帚道終窮辛磨蝎從知坐命宮自斷功名艱豎子劇憐時世少英雄楚狂無意論兵事壬武昌又報軍書至重鎭翻同三戶亡可憐人事關天意天心不遣甲兵銷辛將帥逃亡虜更驕君王宵旰知何事驃騎皆言甲第高上游警檄飛煙火壬那見江淮橫鐵鎖陶侃俄聞却米船桓玄又報投[illegible][illegible]鸛鵝池冷雪平鋪辛燕雀堂深得暫娛莫言斂手輸全

局猶得高歌擊唾壺高歌起舞翻長袖王 復社消寒人似舊青眼仍堅白首盟鐲錢全洗盞甆陋擊缽良宵更漏長辛 柏尊紅釀細生香漸覺陽和回曲水微知春意入垂楊異鄉佳節今如此王 忽忽回頭望鄉梓椒頌何人詠歲華桃符未得除新鬼更憶城南年少時辛 當時意氣各相思琴聲消夏紅妝醉燭影變冬白紵詞今日重論事已非王 不獨年年感別離請君莫問城南路臺榭傾欹燕不知人生到處須行樂辛 何用區區苦情縛願射天狼少矢孤尊前有酒須斟酌斟酌窮年戀寂寥王 天涯詣氣屬同袍與子一生同患難相期聯翼共翔翱雲際翱翔終別去辛 經天鉛淚還東注君看湖上春草長便是明年別君路王

投湘綺先生三首

寧鄉岳障東

獻粟賈逵門道涂以萬計李固負笈行遠亦千里詣古人求經師且不憚迢遞而我滸中湘達人幸在鄰中隔荷花塘居接康成第司獄署距公宅僅半里老大假吾緣從公開目翳更勿乞教言實重增罪戾鰥生惡老悖百營一無濟風塵三十年還山官如蟎志學誤此生思之輒霣涕茲游雖賤役忻然心重咄咫尺託門牆庶以慰侘傺

造物於斯文往往造詭福將欲燁之久必使晦之速莘莘盛儒衿大陸競西學奇服鄙絲麻異味厭粱肉做屣眡家珍捐玉愛文櫝孔周在天哂倉頡入地哭晻晻十年間六經道日牿五運始而終大文剝迺復嗟哉嬴秦灰遺經伏生讀隋唐有塲才河汾獨先覺自古易代時天意大儒屬腐木爲几檽不得施丹黝惡石爲杯匜不得論瓊玖誰知化腐惡功在大匠手束髮哦公詩昕夕不去口東南瀾風塵萬里抱書走不得奉瓣香親侍南豐叟伊鬱三十年殷懷殊負負秋風江上來世變俄雲狗大地狼煙中長揖歸田畝子役指珂鄉謂得瞻山斗（因欲隸門下求官來潭）應許杏壇游吾習孔鯉久（與哲嗣恆子先生納交五年矣）

次韻巡撫吳尙書喜雪詩錄寄陳學博佩秋

湘潭王闓運壬父佚稿

每防霜旱援春霖變化調元醞釀深下尺土膏融地脈十分寒骨稱冰心玉龍曉吹初橫笛（是日封印）梅鶴空山待訪林莫道新詩總難和早聞街巷有謳吟

江介流傳美政和故鄉梅發譜新歌應知茂悅同松柏預喜豐穰兆麥禾飛絮一庭連

句好搓縣萬丈覆裘多田家饈粥消年事且得淸吟鬥沈何

丁祭歎

湘潭吳　熙劭之遺稿

徧天下立文宣廟拜跪森嚴奉明詔忽然改作鞠躬三季路慍見夫子笑先師敢視若平交笑汝未知亦既耄素王不是大將軍豈以揖客爲光耀劉季粗疏不讀書首用太牢崇美報後來歷代益加隆開元天子儒尤好樂用宮懸王冕旒鉅典煌煌光廟貌乃者東朝頒懿旨禮升上祀方昭告吁嗟世事倏推遷賀者在門閭乂弔吾道不遼其奈何斧柯空託龜山操有識觀之乃大怒羣兒幾欲毀鄉校西人見君但拱揖拜謁耶穌仍舞蹈堂堂中國帝王師豈反不如基督教褻聖變禮罪必誅攻當鳴鼓如捕盜我聞此語謂無庸是非自古多顚倒舒王配饗抗魏闕徒以馨香供媚奧豈知擁戴冰山高立見掀翻敗葉埽只今三鞠禮雖簡僂俯鼎銘猶頗肖況復聖人靈在天浮海居夷無不到塵凡俯視徧腥聞上界高居實淸妙方將揮手謝時人豈復精靈能感召制當復舊終有時神必不來今可料汝曹殆若兒戲耳吾亦視同老婦灶何如拱立老農前求野無貽失禮誚

師道歌 前人

萬金嫁女夸豪輿百金課子瀏慳恡厚於佗事薄於師兩言說透世人病（昔人云肯用千金嫁女、不肯出百金課子也、）從來師道尙尊嚴能令弟子肅然敬但得復膺一二書保全門戶成賢儁山嶽師恩何以酬金帛戔戔猶土糞無奈人情慣顚倒事味權衡失心秤纏頭百琲費傾城放手千金償博進濁至寒儒食硯田不施一滴資津潤謂如虛牝擲黃金稍有加隆嫌不稱先生本不計報施雖曰勤勞是其分主人豈可昧重輕揮斥泥沙茲獨吝吁嗟乎就商假蓋代護短射羿彎弓爲爭勝聖賢學問奸雄心此皆難以尋常論降至庸材溺末流幾同食力充傭賃作歌（歌）聊以砭頑慳人卽負吾吾不恨

敬繪故園侍讀圖因題乙卯 湘陰陳嘉會鳳光

人生已中年往往悲前事不忘及流寓居止輒挂意况迺先人廬少小瑣碎記兼以患難餘學念詩禮繼嗟余適西東章甫何遷次新居今云樂曩基未可置少陵家杜曲卻感偃斯使（子美寄河南韋尹詩、自注云、甫故居在偃斯、承韋公頻有訪問、）亦以念故情土室不忍棄思鳥戀舊林營魄猶初志忽忽十五載草堂圖未繪茲辰拂毫素弈弈頗得勢舊迹幸未迷廿年持我地

王荆公詩云、二十年前此地、父兄持我東西、今日重來白首、欲尋舊迹都迷、林塘瀹幽迴松露墮蒼翠連畛田縱橫帶煙山破碎書齋屋西頭開戶佳景對披書牕下課猶是趨庭侍髫鬋誨諄諄殷勤豁蒙翳當年謬解事相隨謂百歲何期弱冠後失怙傷顛頽先君文學公、清光緒二十六年就世、往篇尚可尋兒年昔時異憶昔方垂髫游行矜捭臂園中上梅樹千回日不計貪看雙桂花足蹋光階砌桃實喜纍纍未熟已先食一窠釣絲竹個個穿入細楝穀茂陰裏瓜牽子附菜脩綆汲寒泉鑒面乘炊溉春朝與秋夕書聲雜夢寐先君課讀極勤、恆昧旦而起、夜分未寢、故口雖未輟、而有時昏如夢寐、綠草黃蝶飛故宅在湘陰界頭鋪、齋名綠草窠、幼時先君拈出八月蝴蝶黃雙飛西園草之句、卽與指授、遂憬然有悟、此景痛入肺昨年到故園果木舊行壞惟餘梅桂楝各一株、後來植柑樹牕外新如蓋此舍弟等侍讀時手植、祇今百憂愁當年一嬉戲莫言少年樂到老皆酸鼻昔歎餘水墨一點一滴淚念我六世居自高大父居此宅、至大父增脩之、曾大父兄均生長其中、先築宛猶備壞石懸在目音容如可伺首同十步回日疑百數至好爲作祠堂哀敬隆時祭母親謂將來須改立宗祠、惆悵著斯章以永示後嗣勿作畫圖看先聲不可墜

入門望西園松影賦詩

湘鄉王禮培佩初

竹傘藤鞋卸漫遊望中松影意如秋思玄每憶張平子吹笛還登百尺樓看雨長廊僧

入畫沉鉤曲水月，隨舟成龍成佛吾何似，偃蹇荒崖識歲遒。

孤懷　前人

如潮蒼翠入樓寒，擁髻山容待我看。曉洗金鹽臨葛井，夜燒丹竈掛臣冠。花濃柳霧風微暖，鳥喚詩成興未闌。帝子不來瑤瑟冷，酒爐經閣倚更殘。

老境四首　前人

出策畫奇老不能，嵩山幽絕倚崚嶒。眠雲衣上禪心定，每到秋來尙愛鷹。

藏經摺疊擁精廬，駢秀鐙花照夢餘。褐翅鬼蛾棲不穩，破牕一瞥吼僧魚。

巖花開落證無生，一榻千山伴月明。臨濟兒孫風骨在，偶來行樂到青城。

蕭寺霜鐘度萬山，橘洲紅綠鬧秋閒。雞聲人語迷行跡，不道空門亦有關。

題葉裕甫遐庵夢憶圖四首　甯鄉程頌萬子大遺稿

不夢何曾有世間，了知無夢是真閒。遐庵一枕無眠洞，溼透青青萬疊山。

才名四海酒雙卮，畫就眉痕出夢時。終古嶠南無雪意，爲君颿鬢染花枝。

柳外吟情竹裏窩，夢痕肥瘦任風搓。空山掃夢須何世，底費風狂落葉多。

夢去何因更有圖畏廬翻爲寫邇廬別無一縫能藏夢只信扁舟范蠡湖

遼河龍行爲伯葭居士作　前人

腥風塞海獰龍纍大波小波堆作山龍生非天死非海見首甯量身有悔遼波一吸天爲低蜻蜓蔽天天目黧問誰騎汝訴天闕四載東方不生白天門不闢龍不歸忍死挾君須倒飛有君吳龍其不腐晞髮持梳報龍女

贈劉廉生一首　前人

門以傳經立君知己過非老懷因我見宿望與人歸霜始鹽胎足風强鳥力微遥高叩天帝誰授下方衣

秦中懷古　王時邁純浦遺稿

逐鹿英雄指鹿臣灞陵秋草更無春高皇未必真龍種陽翟由來是賈人二世便亡休怨楚六王雖滅却非秦阿房莫作焚書火一笑驪山有積薪

歌風臺　前人

海內英雄罷戰爭故人相見說平生本來高帝是龍種直把真王當狗烹百二關河餘

老淚九重貴賤繫離情。大風雲氣來何暮。似爲韓彭寫怨聲。

淮陰釣臺　前人

淮陰城下水漫漫。秋草孤魂骨已寒。生死王孫兩巾幗。興亡劉項一漁竿。尋常餐飯恩猶報。推解深情背亦難。不信蒯通終莫悔。本來相面祇猴冠。

讀漢史　前人

項如虎。漢如龍。成敗安足論英雄。霸王崛起隴畝中。拔山蓋世眼重瞳。八千子弟渡江東。中原百戰血流紅。一時豪傑無敢與爭鋒。懷王孫心懦且庸。一人擁戴成厥功。江中弒帝者誰子。爲劉爲項杳無蹤。烏知非漢嫁羽禍。羽罪滔天人共攻。嗟哉羽愚不及劉邦天亶聰。亞父一去如黃鶴。張良畢竟從赤松。人謂亞父不去羽必殺。羽胡不向鴻門殺沛公。試看韓彭俎且醢。當時人傑有誰如增得令終。越王長頸烏喙極窮兇。患原可共樂難同。漢高亦如之。又何取乎隆準與斗胸。淮陰身死未央宮。如烹走狗如藏弓。亭長歸來歌大風。鼎上吾翁豈若翁。杯羹不分神爲通。當時暴羽若殺之。無父之國誰從龍。其一曰天之歷數在爾躬。惟兹大度寛有容。辟陽爲之亦侯封。

過落鳳坡懷黃忠壯公

前人

矯矯雲中龍。落落人中鳳。居者守荊蘇。行者相伯仲。成敗安足論。恃險不在衆。千巖萬壑閒。英雄忽斷送。
公非百里才。若乃千頃波。卽今二郎塲。猶古落鳳坡。遙遙雙國士。浩氣壯山河。登堂拜遺像。傷心可奈何。

題雪舫畫

江建霞

寥落幽河瘦夕陽。消黃墮粉翾鴛鴦。板橋西去長干路。不是蕭郎亦斷腸。題柳樹芙蓉
姹紫嫣紅奈老何。春風無奈鬢婆娑。靡蕪徑裏繁華曲。唱得唐宮本事多。題紫藤芍藥
晚風簾幙曉闌干。消得柔香耐得慳。愛是無言恩是怨。一生未解有新寒。題荷花
還他清淨女兒身。不爲凌波賦洛神。多恐相思猶未斷。誤看紅豆奈何春。題天竹水仙

丙申正月二十一日宿辰州馬驛行館、見壁間雪舫畫幀、偶有棖觸、率題四絕句、此彭剛直嘗言古人之傷心人別有懷抱也、靈鶼閣主幷記、

乙亥夏月與友人招雪舫飲于天樂居雪舫年七十矣黃山同年有詩次其韻

蕭仲祁

聞歌如見舊風神。想像先朝草木春。四十年來城郭異。夢回俱是白頭人。

池上荷花歲歲開。鶯簧嚦嚦暖青苔。承平風雅淪桑海。誰伴周郎顧曲來。葵園寓荷花池

拗斷冰絃斂早芳。拈花微笑肺肝香。敬亭垂老甘籬下。慚媿雲間莫後光。雪舲盛年謝客舉業、士人高之、柳敬亭獲莫後光之指授而得名、七十餘猶依馬提督、

隨人顰笑等拘囹。粉墨登場醉不醒。千古褚淵難指數。琵琶忙煞大官伶。

愛士鬟鶼水鏡空。辰州題畫寄郵筒。傷心到處知心在。翰墨奇緣見化工。雪舲畫幀在辰州驛館、江建霞師按試過驛見之題四絕句、有傷心人別有懷抱、爾時江師幷不知雪舲何人、亦奇事矣、

兩寥風流截衆流。當年曾聽竹枝謳。逢君花落心俱醉。太液灰飛賸老鷗。閑止芥滄兩翁曾顧雪舲曲者為舉一觴、重見歡然、

梅邨腸斷惜王郎。末路寃沉那可當。悟徹繁華能早退。清歌憑喚國人狂。王郎為李琳枝擠殘而死、雪舲知幾獨早、賢乎遠矣、

題畫梅 舊作

周逸

無雪無春一樹梅。花枝交放欲低徊。平生不識飄零苦。白玉黃金歲歲開。

狂名 舊作 前人

廿載狂名不自由、幸從湘綺學春秋、文章老處無非淚、世故深時半是愁、海內羣龍爭變化、雲間孤鶴自遨遊、人生何事傷心甚、辜負青年又白頭、

題妙高峯中學卅週年紀念冊即寄方校長筱川 前人

峯外晴嵐隔岸來、南軒坐處白雲開、知君師友多風義、示我圖書盡碧瑰、景物正堪尋往蹟、絃歌不斷傍高臺、門前桃李垂垂發、認是當年赤手栽、

偶成 前人

少年懷抱薄文章、潦倒於今意更狂、窮達死生都不計、暫容風月入詩囊、

題黃松朕冊頁 有序 前人

松朕出示珍藏名人墨寶屬題、適編船山學報、心專一事、不暇他圖、遂稽延月餘、竟與平日自勉今日事今日畢之旨相違、負約如此、倘馬可知、乃閱渭叟所題、不禁感從中來、走筆賦此、以答雅意、

冊中書法渭溪好、渭溪即芳久老人別號 凄涼影散留墨寶、回思講學扶頹風、當年盛名齊九老、誰

知其族尙有人黃子殷殷習文藻雖隱市廛操益堅孤情抱璞存古道

謝木崖先生賜題册頁依韻奉和

安化黃宗禹松腴

趨篋捧誦詩篇好鍾王書法更堪寶曠達直追湘綺翁、師說闡述明遺老船山墜緒苦撐持兩楹朶奐歌蘋藻淵源家學紹濂溪恆心答問勝原道

題木崖居士木崖紀勝圖

茶陵譚澤洋皋農

君不見昔日老泉有木山自爲之記詡奇觀又不見今日周君有木崖繪圖紀勝示朋儕木山之假何足重竹馬紙鳶等玩弄雨零日炙摧爲薪終歸厮養爨下用木崖鬱鬱眞有神堅貞之質石與均碧苔綠蘚自圍繞金莖玉蕊託繽紛拋擲記曾同敝蹝幾年弱在泥塗裏一經拂視乃知奇千秋祥瑞從兹始休將擁腫泥南華無用之用彼所嘉在艮既爲堅多節與玉相比瑜無瑕紛紛佳卉相依護卓如名世居當路疏附後先皆英才飛潛動植各生趣歷盡滄桑渾不知良由勁氣能總持不敎崖檢淊淊是對此貞操應愧之。人言此木心堅定雅與主人德相稱肇錫嘉名亦自名卽人卽物彿同性平生我自重奇臞亦既見止心則降無雙操履無雙。譽分擅無雙合有雙

偶過甜園忻然有作 丁丑六月　　前人

百感閒來付渺茫偶從池畔一相羊風軀雲影飛如蓋日漾水紋泛上牆境皆喜無塵俗慮花開仍作古時香闌珊世味零星話錯被旁人擬惠莊

即事 有序　　前人

右詩既就、蒂棠居士爲余言其家、每於日高舂時、庖丁臨池滌器、撒飯水中、諸水族咸出就食以爲常、或因事少遲、則皆躍出水面以俟、此與化書所載庚辛二氏畜魚聞擊欄策策堂堂之聲、皆踴躍而出、情事相類、東坡云、原同一種性、只是別形軀、感觸鄙情、更以一律奉贊、

非魚非我別形軀即我即魚性不殊肯與東坡參妙義勝從西竺禮浮屠庚辛自昔徵闌梐深廣何須似鏡湖 賀知章乞地爲放生池詔賜鏡湖一曲 最是銜恩成習慣占爻眞箇應中孚

題甜園放生池即壽蒂棠居士　　湘潭孫鼎宜

官吏唯饕食侯鯖飢溺誰肯念民生陶侃孟宗骨已朽賄賂公行鮓何有測盡錙銖到水邊日蹙百里號安全何似周侯心坦蕩脫離宦海歸湘田昔曾射鹿鹿不死戒殺參禪始於此毀家興學豈徒然愛物仁民一貫徹宅旁有池半畝餘淸晨時活網中魚頳

穿長使放翁嘆詈數曾令正叔吁放翁雨霽書事詩小魚誰取置道側紅柳穿頰危將烹、欣然買放寄吾意、草萊無地蘇疲氓、程正叔養魚說齋之前有石盆池家人買魚飼貓見其煦沫因擇其有生者養之、戚戚然有感於中也、古聖王之政、禁數罟不入汙池魚尾不盈尺不中殺、思是魚於是時寧有困耶、客來莫訝池淺窄寄意直與古人俱水族焉能盡得所滄海其猶嘆病諸曰來館我池亭上嘉木蒼蒼屹相向國圉洋洋得飽看子子愉愉耐瞻望盧仝觀放魚詩或掉尾子子或奮鬣愉愉我爾倦游此閒居咫尺濠梁畫不如人鑑水中魚依藻魚耶人耶究何殊樂爾妻孥微壽相安用沙底羨明珠

擬郭景純遊仙詩

寧鄉傅紹巖梅根

簪紱曜朝列山水遂幽棲以彼冠蓋榮未足易蒿萊素抱比激流晚芬齊蘭蕙考槃碩人詠奚貫拾丹梯食貧有黔婁甘寂及其妻功名縛芻狗進退觸藩羝巢許軼俗人高蹈誰與齊

浮邱插天際中有遯世士巖棲杳靄間身臥白雲裏問之不我答無乃赤松子側目睇神州微茫一粟耳天風空際來清波忽然起帝漿置我前冷冷漱玉齒藉曰非蹇脩致茲誰能使

鸑鷟綠蒲上顏色相新鮮白雲生樹杪膚寸倏彌山中有寂寞士靜夜理鳴絃高情振

雲表灑落盟飛泉安期駕上淸倏忽凌紫煙羨門亦聯袂洪崖笑拍肩苟非千齡鶴寧
復識堯年
炎運不久長人事有代謝天變動人愁深秋復如夏橘逾淮變枳梅移故不化雖欲從
華陽蒼虬我寧駕愧無迴日術揮戈止三舍天不眷斯民遂令空歎吒
黃鵠運六翮冷然御風游漁人泝淺波誰復知吞舟美玉匪待價明珠寧暗投山蕙延
晚春澗薖明素秋秋士獨懷悲哀歌淸淚流
閶闔緣閬風嘯拂不爲災長鯨駕海波鬖髿蔽蓬萊神仙凌雲出稅駕瑤臺同仙蹤
長劍長庚持玉杯麻姑紓指爪紫雲獨支頤縹緲一迴旋飛騰盡九垓引年耤綏桃累
百色猶孩漢武本凡骨秦皇豈仙才
皓月如轉丸圓盈始生魄羲和振策出萬㷼垂垂白凝霜集卉菲樵豎摧松柏蟪蛄豈
知秋槿榮不終夕子明獨仙去抱朴餐靈液敬客饗珍羞容成煮白石借問衣黃人何
如採芝客
玉井淨生蓮花開今十丈初日在西山朝霞出林朗松濤鳴澗底餘風送淸響會心觸

耳目已不落塵想胎仙舒雙翅巨靈伸一掌早謝區中緣青山容獨往沈晦差自得聖賢瞻氣象羨仙曷辟穀避刼辭塵網

櫟樕利名中不覺使齡頽逍遥泉石裏寄此好胸懷茲心洗流水震耳鳴春雷鸞鶴翔天風蓬瀛指顧迴遨遊紫極上詄蕩天門開汎芥不成流積蘇忽若堆下眄人間世蠛蠓但可哀

課奴種莧菜詩 舊作

長沙黃　俊黃山

雨傷肥韭蟲蝕菘殘春力去園蔬窮笋奴菌妾已休退分肉市遠疲奚僮呼僮荷鋤理荒穢掘土滲溼梳晴風郊原萬綠正初夏穠草未誤分秧工蹲鴟一區汝野種瓜美欲攝東陵蹤登盤皆後二三月惟有莧陸天所鍾吾鄉此物分紫白紫者尤美風味濃拙芽十日露葉密風搖小蝶翻畦中蕪菁早醃萵苣老鮮嫩誰與爭葱蘢黍香酒熟餉嘉客和以醯蒜逾雞童（鄉諺云四月莧菜當子雞六月莧菜當閹雞）菜根齩斷本素志盛德思學橋溝通閉門自甘老僧事奚必撫髀悲英雄淡陰丈人吾所羨桔槔不用機心空

同黃山沌盦游麓山 丁丑

湘鄉蕭仲祁理衡

一春蟄城闉愁雨春已老羲車送麗旭江山得澄皎鳴儔絕湘流穿林向雲嶂松濤洗耳塵人語出烟杪禪林聊徙倚道宮坐幽窅茗談涉世變遐矚窮天表妙香發柞花春候聞林鳥平皐夏氣稠郊田苗秀少行行訪禹碑嶔崎躋磴道倚石同寫真古色染襟袍筍將何匆匆幽意殊未了客館一憩息芳蕨佐清醥游山如讀書古義良所寶新體恣神怪劖削傷靜好市郭既已夷赭伐窮深窈大醇見奇疵玉璜有瑕考物力輕一擲薄俗獎浮巧山靈如能語叱咤達昏曉吁哉墓下人神魂日憧擾落落仙峯叟一言羣喙掃山林與人物百年兩相保（陳護黃逝議葬衡山與岳麓、其兄鳳光、力主歸葬鄉里、）薄醉感在斯世好猥傎倒攜手尋歸舟衣裾暝烟繞

馮大築宅廬山五老峯下詩以落之

攸縣龍紱慈達夫

馮生講學聲容壯山雨打頭神轉王九天珠玉唾春風萬頃琉璃動高浪山靈歡喜大歎驚破空一夕春雷鳴草萊蕭關狐兔走艱難快覩斯堂成搴帷曉伺谷風變開戶暝納湖煙明一亭虛白月長在三徑屈曲雲徐行長鑱投老命所托欲往將之採靈藥蒼松翠竹任栽移細草幽花助生活清流映帶石數座四壁鑿空書擁閣虛堂懸榻招我

來剪燭一慰平生諾憶昔輕舟犯滄海短衣側帽風流在炫人無術終坎坷徹宵同珍尋尤悔京塵回首復同途老馬惟堪薄笨車逼仄過從巷南北殷勤消息花盈盧後鬈三五還相慰北秀南能一時萃寄語雲中五老翁有情面目休長晦

寄題吟甫醒廬

前人

滄海歸來百感深奈何衆醉秪沈沈卜居聊覓行吟地投老難忘濟世心

匡廬奇秀不勝收昏曉煙雲據一樓此境高寒眠不得最宜支眼看神州

六嶺懷古

邵陽盧　賀泮珊

六嶺、在寶慶城內、宋理宗潛邸時遺址也、俯瞰一城、相傳舊有六亭、今僅存其一、爲邑人登眺雅集之所、

六嶺雨洗煙雲間、黛色縹渺凝翠鬟、美人浴罷碧玉盤、豐容窈窕靚且嫺、下臨清冷之深淵、上倚嶄岩之重關、余湖帶雪不可攀、雲巖明滅夕陽斑、山川滿目飛晴嵐、帝子一去人不還、我今登眺發遐想、欲上會稽探幽巒、理宗崩、葬會稽山之永穆陵、重湖浩淼不可以逕渡、山重水複行路難、穆陵蕭瑟冬青寒、神狐夜嘯聚寶山、元時、番僧掘理宗陵、斷其頭骨、以爲飲器、明洪武二年、詔求

得之、葬於金陵之聚寶山、不如把酒鳴金鞭千年城郭擁壯觀靈烏曉集紅欄干天符夜降飛仙壇蓮開十丈藕如船桃花紅泛茱萸灣龍橋雁塔相迴環惜哉離宮複道今安在惟餘一輪明月供人看白鶴兮飛來與茲嶺兮盤桓靈烏廟、天符廟、白鶴觀、皆六嶺遺跡所在、

題荒江古渡圖莫子晉屬　岳陽李澄宇洞庭

一舟横處疑無路不見人來見煙樹但願山窮水盡時欲渡人人皆得渡

題畫三首　前人

幽居淨世緣到眼但邱壑短橋塵外横大瀑雲外落

浩然歸鹿門理亂未嘗聞諸葛起南陽鼎足成三分我心洗流水高臥看山雲雷雨雖有時陰晴寧具論

崖似門開瀑作簾潭深可有一龍潛而今萬綠濃于海莫遣西風上樹尖

謝劉君縠蓀餽瓜　湘潭朱擘幹

劉君愧我瓜我餽劉君豆親由手種植非從市上購擇業趣相近投贈意逾厚訪君南山下季春獲良覲我豆芽始茁君瓜苗未秀解甲事耕鋤區區志非陋地道雖敏樹學

理。資。尋。究。詁。別。曾。幾。時。風。日。催。物。候。種。瓜。竟。得。瓜。種。豆。亦。得。豆。覓。得。種。子。佳。何。患。無。成。就。攜。此。化。育。心。生。氣。充。宇。宙。劉。君。餽。我。瓜。我。餽。劉。君。豆。有。慚。瓊。瑤。報。所。頌。松。柏。茂。

題道因女居士小照

攸縣龍紱年天放　佚稿

鏡。中。觀。我。相。夢。裏。憶。前。塵。無。限。傷。心。事。其。如。不。住。春。長。齋。惟。奉。佛。多。病。總。愁。人。一。室。維。摩。詰。宜。呈。天。女。身。

偶題小照　丁丑

浣霞閣主

小。影。云。何。現。半。身。終。朝。默。默。翠。眉。顰。高。懷。頗。似。雲。中。鶴。素。質。還。同。畫。裏。人。獨。坐。明。窗。空。色。相。深。居。白。屋。遠。風。塵。看。來。容。易。朱。顏。改。對。此。長。留。面。目。真。

編曾惠敏集題辭　壬午

安化黃鳳岐芳久　佚稿

君。侯。志。甲。科。襲。爵。非。其。好。研。摹。選。樓。學。飫。聞。過。庭。誥。場。屋。恨。緣。慳。何。處。容。毦。毦。天。使。下。重。瀛。銀。槎。星。漢。導。抗。棱。四。裔。中。伊。犂。大。有。造。迎。刃。解。他。紛。名。譽。夏。夷。噪。生。入。定。遠。關。年。未。屬。國。耄。君。命。不。外。辱。臣。謀。入。內。告。金。石。雅。能。爲。拜。手。舞。且。蹈。旁。及。書。畫。餘。那。惜。精。神。耗。一。朝。對。筆。哀。（侯亡先日對筆大哭）未。盡。文。章。報。我。作。檢。遺。編。臨。文。亦。嗟。悼。

採鑛行留別柳館長翼謀並柬蔡君尚思

新化蘇維嶽幼申

清涼嶠崒摩蒼穹盋山左倚衍奇峯小山名胡震寰宇鑛朴杳篠藏其中積累不知幾何歲精英內蘊氣蟲蟲礮彈掀火殃不及、（曡歲附近漢西門一帶軍火屢失愼又有外艦鳴砲以清涼山爲鵠）、鬼物殆有撝呵功平生嗜鑛已成癖維山衡嶽勸鍇攻十載探求鍥不舍腹笥未滿精練窮東山小魯動遐想裹糧來此氣如虹五色渥彩森羅列晰夕靡輟片成風秋去冬來春復至幾見雯日行天空如油潑地刀割面箕畢肆虐欺衰翁雪花猛下踰三白淩澌凍合埋蛟龍天公我久諸艱試奇寒胡復厄丁躬（冬春間大寒四次爲京中往歲所無）手足皸瘃工弗已移山志願堅愚公美哉中郎導先路旁搜博採昭發蒙瑰寶久戢滬江去（蔡君現任滬江大學教授）猶憾山深掘未終我今區域探更狹抱此感想不約同天生五材民並用況此用途尤宏通鎔解服食裨心臟功竝五穀同饑充山靈藏此待人採貨惡棄地心大公更資露布別勤惰鼓舞羣倫類化工寶運資湘歸棹鼓春江水長遡洄從去去低徊與不盡鶯飛草長梅嫣紅

題焦山寺壁

湘潭王剡伯良

危峯岌岌水潺潺見說宸遊到此山御榻敧斜遺廟裏鑾輿想像暮雲間殘碑剝落天

書在細草蒙茸佛寺開欲履巉巖臨絕頂萬松盤鬱路迴環

天寧寺　前人

遺廟千秋尙巋然粉牆丹柱古城邊一樓風雨來天外五夜星河落座前淨室好參觀自在蒲團誰證妙因緣青精飯罷東齋坐閒聽僧談破野禪

維揚客邸值先君諱日　前人

忌日思親益自悲客窗延佇獨移時頻年曠祀終難道往歲遺孤近已衰淮水東流家萬里嶽雲南望淚雙垂惟餘一枕還鄉夢長繞先人壠樹枝

登長沙城樓　前人

自別城南已十秋刼餘何意復重遊江山俯仰成陳迹身世蒼茫觸遠愁生計已隨兵燹盡殺機猶作陣雲浮卻看傻孟多高位肉食何嘗預國謀

空襲　龍達夫

枕上聞悲笛懸知空襲來披衣怨明月滅燭下蒼苔一陣乘虛入千鈞斫地哀不須憂粉碎依舊好樓臺

杜園自金陵寄示空襲詩和答一首 丁丑重陽後十二日

周逸

警鈴頻過耳空襲未曾來長沙兩月來警報已四次幸敵機尚未飛入市空人事如能盡天心尚可回秋風驚木落霜雁薄雲哀碩果今無恙觀生自有臺

次韻木崖居士空襲詩一首

陳嘉會

欲失聞雷箸驚傳空襲來足音趨漸靜望眼怕重回避洞疑脩道呼聲劇可哀存亡判一息須上大風臺

前題

湘潭劉鬐隅賡生

龍戰何寥廓乾坤消息來幾疑神力護頻遣敵機回雷吼三邊裂風號萬壑哀長沙遷客滿還說上春臺

桐岡老人寄示自題梧棲石室圖因感賦此 丁丑立冬後五日

周逸

富貴不可戀佳城聊自圖鳳棲山更秀石冷月同孤待死心還熱求生志尚迂活埋余亦乞船山先生有我自從天乞活埋之句吾道賴誰扶

軀殼百年盡精神萬古存荷鋤君有意化蝶我無痕想到心頭穴應探性命根高吟何

所和日夕正忘言

詠飛艇詩 有序

湘潭周任侯碧梧

偶讀李園漁叔詠飛艇詩、甚有藻思、瀞園老人及其尊人翰屏先生愛而和之、余因興至、和答四章、不計工拙、以博一笑云、

不借長風涉大川無颿無楫自周旋南溟浩浩鵬程徙碧落茫茫鶴影懸有眼盡看全世界此身疑是小神仙八千子弟憑誰散韓信當年仗紙鳶

輕輕如燕入青霄游女尋仙擬短橈不是重陽登泰嶽卻逢七夕渡天橋銀河月朗雙星會雲海風恬一葉搖流覽九州何處最錢塘江上好觀潮

題王伯良詩草二首 丁丑小雪後三日

周逸

龍戰參天避難時故人猶促重題詞早知才調無倫擬同輩相呼杜牧之

高齋清福豈沈淪吾道由來是樂貧富貴憑他輸一着江山文藻屬詩人（用逸成句）

劄記

船山先師詩錄

迎秋八首壬寅

周　逸敬選

舊不解驚秋。於今預理愁。雄風三楚國。殘月四更樓。天外芙蓉劍。人間竹葉舟。涼宵聊邂逅。不似夢中遊。 其四

青山秋緩緩。白髮鬢匆匆。賦筆期霜雁。琴心款夜桐。藕絲侵水碧。魚眼泣波紅。蓮唱歌年少。江南一夢中。 其五

當暑病猶輕。離魂幾日陰。羽笙天上曲。溝水路傍吟。渡鵲無聊事。歸禽有限心。炎光勞繾綣。囘首怨寒砧。 其六

劄記

恆心堂讀書答問（續第十三期）

湘潭周逸木崖

問天命所有、而衆人有之者、聖人皆有之、人以情爲有累也、聖人不去情、人以才爲有害也、聖人不病才、人以欲爲不善也、聖人不絕欲、人以術爲傷德也、聖人不棄術、人以憂爲非達也、聖人不忘憂、人以怨爲非宏也、聖人不釋怨、然則何必別於衆人乎、

答聖人發而中節。而衆人不中節也。中節者爲是、不中節者爲非。挾是而行則爲正。挾非而行則爲邪。正者爲善。邪者爲惡。而世儒乃以善惡言性。邈乎遼哉。

問人心中大段惡念、卻易制伏、最是那不大段計利害、乍往乍來底念慮、相續不斷、難爲驅除、應如何能把持久勝、

答人心如能純靜無念。則私欲自息。然學者工夫。只要時刻操得這箇在。自然不得走入私欲之途。何乍往乍來之足慮哉。

問人固有終身爲善而自欺者、不特外面、有心中欲爲善而常有箇不肯底意思、便是

自欺也、欲除去自欺、須是要意誠否、

答欲去自欺。當是要意誠。所謂意誠而后心正。心正所爲無不善。但工夫不外時刻着緊。常惺惺不要放倒。一念不苟。何自欺之有。

問父子之間不責善、不善是否置之不問、

答東萊云。父子之間不責善。非置之不問也。蓋在乎滋長涵養其良心。逸按滋長涵養其良心一語。是論行於賢父兄之前。故人樂得有賢父兄也。倘其父不賢而子亦不肖。如夫子言而不責之以善。是則父子之道苦矣。故古有易子之教。庶相感以善。今之爲父子者。曷深思之。

問不愧屋漏、其工夫從何處下手、

答不愧屋漏。凡口然而心不然。念慮間有萌動。皆是。逸嘗自省。總覺念慮間有萌動。是知不愧屋漏。工夫極難。前撰有聯云。入夜不妨神鬼察。著書留得子孫看。起句卽是不愧屋漏之意。究否做到。殊不敢言。從今後須於分毫不欺已處用工。久之覺得仍是不是。仍是不是。便是良心。充滿天人一貫。吾願與學者先從分毫不自欺處下手。

庶可言不愧屋漏。

問己不克己、便不知人之克己、其克己工夫、何以驗之、

答人必曾從克己上做工夫。方知自朝至暮。自項至踵。無非過失。而改過之爲難。所以言欲寡過而未能。此使者非獨知蘧伯玉做工夫處。其自己亦必曾去做工夫過。有所體驗。非徒善爲辭命。不自夸張也。學者若才、輕易發言語。便是不、曾、做、工、夫。（見東萊學案論語說）

問何謂政與事之辨、

答東萊先生云。總統一代謂之政。隨時維持謂之事。前漢之政。尙有三代之遺意。光武所設施。皆是事耳。前漢有政。後漢無政。逸按有政無政之說。其義有二。孔子曰。政者正也。冉子退朝。子曰。何晏也。對曰有政。子曰。其事也。是則政與事之分明矣。蓋政、非、一、代、治、亂、興、亡之跡。乃萬、世、倫、常、綱、紀、之則。惟事則非。是三家所行。皆私心聚利。無益於民。無益於後世。故謂之事。是政與事。非一而二。二而一之稱也。

問永嘉之學教人如何、

答就事上理會。步步著實言之必使可行。足以開物成務。蓋亦鑒一種閉眉合眼。矇瞳精神。自附道學者。於古今事物之變。不知爲何等也。夫豈不自然而馴致其道。以計較億度之私。蔽其大中至正之則。進利害而退是非。與刑名之學。殊途而同歸矣。此在心術。輕重。不過一銖。茫乎其難辨也。

問人處憂患時、應如何自解。

答呂東萊所謂人處憂患時、退一步思量。則可以自解。此乃處憂患之大法。

問古人爲學與今之學者、其工夫何以辨之、

答古人爲學。十分之中。九分是動容周旋灑掃應對。一分在誦說。今之學者。全在誦說。入耳出口。了無涵蓄。所謂道聽塗說。德之棄也。呂東萊所謂未至聖人。安能無欠闕。須深思欠闕在甚處。然後從而進之。從而進之。必先見賢思齊。才有一分不如。便不是齊。見不賢內自省。如舜之聖。禹尚以丹朱戒之。此最學者日用工夫。按日用工夫。即是倫常日用之謂。倫常無欠闕。便是聖賢地位。

（未完）

淡園答問卷一（續第十三期）

湘潭許銘鏻篤齋

答蘇孝權問上

問文九年箋云、聖人言天地自用宣夜、不用渾天、宣夜渾天何以分、其以觀天地耶、測星宿耶、

答渾天家言天動地靜。宣夜家言日掖地動。傳曰。動地。不曰地動。是知地恆動矣。

問三科、九旨、七等、六輔、二類、五始、七缺之名、未識始自何時、而六輔二類七缺之名義、其亦有說否、

答胡毋生條例蓋有之矣。類同也。二類、同號同辭也。七缺、去秋冬二。去冬三。五月首時一。五月無夏一。六輔、文實相輔也。專封三。專廢置一。專討一。專執一。與不與相輔。故謂之六輔。

問例表以傳無言月者、謂春秋但有日例、無時月、未知然否、夫傳雖言時月、而有去秋冬、以夏五月爲首時之類、此可爲時月例也否、

答傳雖不言月。經固有時月之異。月不爲科。則三科廢矣。表非也。

問春秋之義、國滅君名正也、而滅國君出奔、或名或不名者、何也、

答例表詳略之說是也。

問春秋新周故宋王魯、或者以傳但有新周而無王魯、故宋之文、遂謂王魯不足信、新周當改爲親周、此當以何辭駁之、舉春秋不故宋、何以爲王者之後、記異、春秋不王魯、何以言王正月也、以駁之耶、

答精警。墨守論功。自是第一。

問孔子但言管仲器小、而盛稱其功、孟子則並其功而卑之、此其言之所以異者、因世而立言耶、亦別有說也、

答孔子稱之所以善。孟子卑之則在自治。皆春秋義。

問孟子滕文公篇、百官族人可謂曰知、或以此不可釋、謂當有闕文、果闕文耶、非也、

答言百官族人並哀。可謂知禮也。此蒙上百官有司。莫敢不哀言之。故不言哀而以可謂曰知稱之。非闕文。下哀戚戚句。兼有百官族人。非獨世子。弔者所以大服。

問襄公廿七年傳、惡人之詰在是、詰謂石惡、惡人果孰謂耶、鱣先以爲衛侯衎、後以爲

衞鱄、夫鱄與衎、固皆惡人、然言鱄則衞侯之罪滅、言衎則可以統鱄、孝權意以惡人爲衎、未知然否、

答襄廿六年傳曰。以惡衞侯衎。則以爲衎者確。

問秦伯不名爲匿嫡、名爲嫡得、匿嫡嫡得之所以異者、果春秋匿之得之耶、抑秦自匿自得也、

答春秋匿之。則春秋得之。不得言嫡得之。秦匿之。則秦得之。又不得言嫡得之。得則名。不得則不名。滕薛亦或名或不名。何以無得不得耶。且秦之得者。又何以獨罃稻也。今按嫡得之也。與襄八年傳適得之句同。此嫡亦當作適。皆敵之古字。匿嫡之嫡。則當讀爲狄。匿讀爲暱。近也。僖廿三年敗狄。文十年伐晉。皆狄秦。秦者夷也。句据狄秦之例以例秦伯不名也。匿嫡之名也。句申秦伯不名近於狄之也。名迺孔子正名之名。非不名其名之名。滕薛皆前不名而後名。秦獨前名而後不名。名者進之。不名者退之。退之者狄之。以秦之終於夷也。其前之進之者。賢穆公之能變而敵晉也。文七年戰令狐。十二年戰河曲。皆敵秦晉。故罃卒名。敵者再。故再名稻以起之。適得之也

者。正謂以敵晉得名。得者。以春秋之義得之。非春秋得其名。尤非秦得其名也。雜記。大夫訃于同國適者。荀子君子篇。告無適也。此適爲古敵字之證。王制。西方曰狄鞮。周禮象胥疏。狄卽敵也。此嫡可讀爲狄之證。敗殽伐晉之秦。及伯卒之秦伯。皆春秋之所名。故傳曰秦者。者、所以起春秋之例也。若本謂秦。則當曰秦夷也。不得言秦者。

問春秋伯子男一也。而箋云杞子杞伯有異、夫旣定制爲一、則稱子稱伯、將何以見其進退耶、例表小國卒葬、表以書杞子卒、非貶杞子、乃見伯子爲一、其說似碻、未知然否。

答僖廿三年杞子卒。湘本箋云。以上城緣陵滅文不明。使若國滅君死或出者然。廿七年來朝。箋云再稱子。起前子卒爲見滅文。襄廿九年來盟。箋云。復稱子。爲上城杞與緣陵同。不以爲伯子男一也見例。又不以爲貶文。其義碻當。固是定論。

問文十三年傳。羣公稱宮。箋謂此春秋例也、宮當爲公、例表謂此魯舊名文家之辭、春秋親廟稱公、改宮爲公、文似不詞、說果然否、且宮廟本魯舊名耶、抑春秋之制耶、例表謂稱宮、非五廟之同生人寢宮耳、夫遠廟既可稱宮稱公、新廟亦何不可之有、又曰、使可假借通詞、則尊卑人鬼瀆矣、春秋貴賤不嫌同號尊卑不嫌、又何不可同詞耶、又曰、故改羣宮爲公而以宮爲譏詞、凡稱宮者、果皆譏詞否也、

答唐虞祖廟稱祖。宗廟稱宗。夏有世室。殷有祖宗。周有廟祧。有牧室。太室。皆不言宮。獨魯祀姜嫄閟宮名宮耳。然則宮名非古也。傳曰魯公之廟曷爲謂之世室。謂之者。春秋謂之。則太廟世室宮之名。魯雖有之。入于春秋。自春秋之定名矣。閔二年傳。其言于莊公何。未可以稱宮廟也。未可稱宮。然後言公。則譏以羣公稱宮之宮爲公之誤字。及例表謂親廟稱公宮爲譏詞。似皆非也。明堂位曰。武公之廟。武世室也。春秋但言武宮。此亦宮廟爲春秋定名之證。

問曲禮曰、君子已孤不更名、則不孤可更矣、而春秋譏二名、謂二名非禮者、何也、且更名亦常事、何至使民疑惑、邦交無據、

答所駁是也。春秋父老子代。從政稱子。忌多皆名。已孤可知。但引曲禮。則非禮已明。

問滅者、亡國之善詞、言上下同力而爲人所滅也、昭廿三年胡子髡沈子盈滅、而後胡沈復見、是未滅也、未滅而云滅、豈善沈胡二君死位、故以自滅爲文耶、

答國君一體。故國雖存而君死于位曰滅。

問順祀善矣而叛者五人何也、箋意以經意未必然、此當時別有一說、未知然否、傳曰、文公逆祀去者三人、定公順祀叛者五人、蓋以叛者不道、而去者得君臣之義耳、箋以義者爲公孫敖、而謂叛者爲陽虎、夫虎固叛者、而公孫敖足當義者乎、且文以二年逆祀而敖至八年以不可使往奔莒事既遠不相關、何得謂爲敖、敖既非義、而當時不聞有去國之人、則三人無從考矣、至釋五人爲陽虎、而陽虎又有陽越諸陽公山弗擾之徒、則以叛者爲陽虎、蓋可無疑與、

答傳意謂國之治亂。不獨在祀之順逆也。去者叛者。皆非祀事。奔可言去。盜不可言去。則箋以敖虎當三五皆是也。

問王制曰不能五十里者、不合於天子、附於諸侯曰附庸、邾婁、魯附庸也、既分一爲小邾婁而魯數取其田邑、邾婁大夫又累以邑來奔、事竟猶能自立、何邾婁若是之大耶、

答田多稱田。邑多稱邑。千室一邑。十室一邑。邑名雖多。地固不大。

問諸侯遂亂反陳蔡、君子不恥不與、蓋以我義而諸侯不義耳、成會諸侯于河隨不見公、公至自會、傳以公幼爲不恥、而箋釋幼爲弱、夫公既爲諸侯所弱、此可恥之大者、而云不恥、何也、豈以公本無不可見之事、而諸侯不見公、故不恥耶、

答成十五年傳曰、宣公死。成公幼。是公之卽位本幼、卽位十六年而會河隨。計其年當二十尙不足。記。人生十年曰幼。二十曰弱。未二十。故猶謂之幼耳。註不誤而箋誤。

問吳越有不並立之勢、非吳幷越、卽越幷吳、越始見于昭、卽稱越人、後以入吳、敗吳而退、稱於越者何也、

答吳憂中國矣。而越入之敗之。是猶以夷狄伐中國。故狄之。

問春秋之義一年不二君、則一國不可有兩君也明矣、襄二十五年有衞侯會于陳儀、而又有衞侯入于陳儀、不嫌國有兩君者何也、夫衞侯以襄十五年奔齊、出絕而入不絕、以視衞侯朔之出入皆絕、又少異、豈以朔得罪于天子、故入皆絕、而衎乃見逐於臣下、故絕其出而不絕其入耶、

答緣終始之義。一年不二君。明繼體也。衎剽爭國。義非終始。不在此例。衎入不名者。上

見會衞侯。此見衞侯入於入名衎。嫌剽無惡。故剽立不書。所以惡衎。衎入不名。又所以惡剽也。

問紀季以酅入于齊、詞同以王猛入于王城、此美惡不嫌同詞之謂也、然服罪而必請後五廟、以存姑姊妹爲詞者、何也、

答季字猛名。不同詞也。請後五廟者。若曰國當滅矣。請勿絕祀耳。存姑姊妹者。婦人有歸宗之義。桓九年。紀季姜歸于京師。姑姊妹迺天王后也。傳曰。有明天子不得爲若行。然則有天王后。亦不得不存紀也。季子之詞婉而嚴。

（未完）

更正

按第十三期劄記。淡園答問第一〇頁、第七行、仲遂當絕而歸父可後。後、誤作設。第一一頁、第五行、開方所得六百六十六里有奇。所、誤作之。又第十一行、方伯則有五官。方、誤作士。

課藝

船山先師詩錄

迎秋八首 壬寅

周逸敬選

投分榴紈扇。懷恩記葛衣。興亡憑一淚。去住恨雙違。戲蝶情還在。元禽巷已非。貯愁蛣蜊能。舊已遺莎肥。 其七

吳繭初成練。商聲畏上絃。到來拚落葉。先事怪鳴蟬。暗溼三更露。公收萬里煙。亭亭蒼壁外。雲岫弄餘妍。 其八

代書答王劍韜 乙丑

洣水東流嶽阜西。魚書遙問浣花溪。千峯舊訪孤輪月。雙脚難拚一寸泥。大誓餘生鬪虎嘯。衰年獨坐弄驢蹄。東山隻屨歸何日。草輭煙柔一杖藜。

課藝

第一名許鴻舉

經義

通經所以致用試綜貫格致誠正修齊治平大義以明致用之効

三代以上。治與學本諸己。而天下有治功。三代以下。治與學不本乎身。而天下無治術。豈今人果不及古人耶。由其所以爲治與學者。未得其本故也。中庸曰。治國其如示諸掌乎。論語曰。知其說者之於天下也。其如示諸斯乎。指其掌。孟子曰。治天下可運之掌上。又曰。武丁朝諸侯。有天下。猶運之掌也。夫以天下之大。而化爲寘諸掌中之小。豈故爲是大言耶。蓋固有運於掌中之道在也。孔子之語曾子曰。吾道一以貫之。其語子貢亦然。曾子釋之曰。夫子之道。忠恕而已矣。曰忠曰恕。其爲詞也二。而以此釋一貫。何耶。中心爲忠。如心爲恕。以忠恕待人。其視人猶己也。己猶人也。人猶己也。豈非所謂一貫者乎。然則聖人之治天下。必自修己始也明矣。此大學所以有格致誠正修齊治平之八條目也。以天下國家而論。則天下之本在國。國之本在家。家之本在身。是故身修而後家齊。家齊而後國治。國治而後天下平。堯之授舜也。自觀厥刑于二女始也。文王之受命而興周也。自刑于寡妻始也。古之聖帝明王衆矣。而孔孟獨取舜文相對立言。

則以其有刑于之化。足爲萬世帝王之模範也。以身而論。則格致誠正乃修身之本。物不格。則知不至。知不至。則意不誠。意不誠。則心不正。心不正。身何由修乎。溯其源。則格致爲最先。顧格致之說。相傳爲卽物窮理。似矣。然格之爲字。字書無訓爲窮者。且物亦未可以謂之理也。欲明格物致知之義。則必求之於樂記。樂記之言曰。人生而靜。天之性也。感於物而動。性之欲也。物至知知。然後好惡形焉。好惡無節於內。知誘於外。不能反躬。天理滅矣。夫物之感人無窮。而人之好惡無節。則是物至而人化物也。人化物也者。滅天理而窮人欲者也。然則大學格物。乃外物之物。格也者。拒而不爲所誘也。不然。物交物。則引之而已矣。淸明在躬。氣志如神。則物格而知至之效也。有格致誠正而後有修齊治平。堯舜禹湯文武皆若此。然修齊治平見於書。詠於詩。而格致誠正未之及。豈猶有所不及耶。非也。凡詩書所謂欽與敬者。卽大學之所謂格致也。凡詩書所謂誠與正者。卽大學之所謂誠正也。以此學自修。乃內聖外王之學也。修己以安百姓。已欲立而立。人已欲達而達人者也。能以天下爲一家。以中國爲一人者也。通經致用。孰有大於此者乎。豈區區詩當諫書。公羊斷事。所可同年而語乎。

治事　　前人

周宣王料民於太原仲山甫諫之其料民之用意後世有援用者利害若何當日太原究在何地試併說之

國語。宣王旣喪南國之師。乃料民於太原。韋昭注。喪亡也。敗於姜戎氏時所亡也。南國。江漢之間也。故詩云。滔滔江漢。南國之紀。料、數也。太原、地名也。蓋宣王三十九年千畝之戰。爲姜戎所敗。損失甚衆。爲蒐乘補卒計。故有料民之舉也。按吳子圖國篇。武侯問料人之道。起對曰。昔齊桓募士五萬以霸諸侯。晉文召爲前行四萬以獲其志。秦穆置陷陳三萬以服鄰敵。故強國之君。必料其民。據此。則料民非僅清查戶口。乃挑選精壯也。

仲山甫之諫。謂民不可料。謂無故而料。天之所惡。害於政而妨於後嗣。蓋司民、司商、司徒、司寇、牧工、場廩、各舉其職。而少多死生。出入往來者。可知也。治農於籍。耨穫亦於籍。蒐於農隙。獮於既烝。狩於畢時。皆習民數。固無庸料也。且料之反示天下以寡弱。諸侯將避遠王室而不親附。其後幽王果有犬戎之禍焉。

周禮。天官小宰。聽閭里以版圖。秋官司民。掌登萬民之數。自生齒以上。皆書於版。異其男女。歲登下其死生。及三年大比。以萬民之數詔司寇。司寇獻其數於王。王拜受之。登於天府。是民數本朝廷所當知。而查考係司民之職。固國家之常事也。今宣王於常事之外。爲特行之件。此仲山甫所以諫也。後世援用其意而變其名。謂之編審。於是有利有害存於其間。

明洪武十四年。令天下編黃册。在城曰坊。近城曰廂。鄉都曰里。共編爲册。册首爲一圖。里有一百十戶。以十戶爲長。餘百戶爲十甲。里長甲首。董一里一甲之事。鰥寡孤獨不任役者。附十甲後爲奇零。其册凡一年一更定。此卽前清五年編審一次之所沿襲也。

課藝　治事　四

賦稅之制。田有租。丁有役。各自爲政。自漢初爲算錢。於是丁又有稅而民困矣。丁册不實。爲避免丁稅計。自人情所難免者。淸聖祖康熙五十一年。因督撫奏編審人丁數目。並未將加增之數開報。洞悉其隱。諭令滋生人丁。永不加賦。世宗雍正四年。又行丁歸地畝之法。高宗乾隆三十七年。據李瀚請停編審造册一摺。諭令嗣後編審之例。永行停止。查康熙四十九年民數二千萬有奇。乾隆五十七年民數乃三萬萬有奇。三朝之休養生息。固有迥出歷代之外者。而亦免錢糧。停編審。乃能得此數之多也。

言編審之利者曰。編審者。治道之根本也。蓋積州縣而成天下。積鄉里而爲州縣。積戶口而成鄉里。故戶口淸而鄉里治。鄉里治而州縣治。州縣治而天下亦治矣。言編審之害者曰。每逢編審之歲。民間派費甚多。有里書里長之費。有州縣造册之費。有院司道府吏書紙筆之費。有部册之費。有黃綫紙張解册諸費。悉向里戶公派。迫索甚於丁糧。由此而言。編審之利未見。而害已徧及於里民。於是有謂編審徒滋繁費。不若力行保甲者。保甲嚴而土匪銷。團練精而鄉兵起。咸同中興之功固基於此矣。管夷吾之相齊也。作內政以寄軍令。五家爲軌。軌爲之長。十軌爲里。里置有司。四里爲連。連爲之長。十連爲鄉。有良人焉。此所謂內政也。以寄軍令者。五家爲軌。故五人爲伍。軌長帥之。十軌爲里。故五十人爲小戎。里有司帥之。四里爲連。故二百人爲卒。連長帥之。十連爲鄉。故二千人爲旅。鄉良人帥之。五鄉一帥。故萬人爲一軍。五鄉之帥帥之。伍之人。世同居。少同遊。故夜戰聲相聞。足以不乖。晝戰目相視。足以相識。其驩欣足以相死。居同樂。行同和。死同哀。是故守則同固。戰則同彊。於是通國皆兵而敵人不知。遂以成桓公之霸業焉。畢士麥之相普魯士也。普人之爲男子者。二十歲即入伍充兵。三年期滿。始許歸農。然他國有失和之事。凡自二十三歲至三十二歲。仍聽調遣。所謂豫備戰兵也。過此九年。自三十三歲至五十歲。充預備守兵。敵師入境則拒之。不必入他國之境。此法行而全國皆兵。敵人不知也。遂以成威廉第一之霸業焉。此兩事。即保甲團練之模範。而料民之有實效者也。雖然有治人無治法。得其人則料民亦良法美意。不得其人。則擾民害民。恐又甚於編審矣。

太原有二。有山西之太原。有甘肅之太原。書禹貢。既修太原。至於岳陽。此山西之太原也。詩六月。薄伐玁狁。至於太原。此甘肅之太原也。而朱子集傳。誤以爲山西之太原。夫周之玁狁。即今之蒙古。周都陝西。玁狁在北。故征玁狁爲北伐。若山西之太原。於周之都爲東。狄兵北來。我師東指。此必無之事也。宣王料民於太原。亦以其地近邊而爲禦戎之備。乃甘肅之太原。顧亭林先生之說是矣。惟先生以爲今之平涼。即後魏之原州。有疑其未確者。戴東原先生毛鄭詩考正。謂太原漢安定郡高平。今平涼府固原州與顧說同。王湘綺先生詩補箋。以太鹵釋太原。謂沙漠之地。在焦穫澤北。其說又高矣。

詞章

前人

久雨歎

江南春色甲天下。雷（雨）中紅杏滿郊野。小樓一夜聽未眠。深巷今朝買盈把。吳中文物本鮮妍。豈意淫雨天爲穿。祇今摧殘不復惜。細帷安得羣經全。

小兒擊器口復呵。秋鳥麥啄來何多。終朝持竿費氣力。鳥腹已飽還傲傞。吁嗟歲計春在首。雨多秋爛愁老叟。皇天無私何不仁。忍縱長喙恣呑取。

秦皇馳道隱金椎。雖麗豈遂西南夷。神州混一二千載。况今施設鶩宏規。村農不解經費遠。但恨竇腴化長阪。如何天意不重農。雨多路崩還覆畹。

論古談今學識兼到船山先生以格物爲遏慾作者引樂記人生而靜一節可爲註釋次論編審保甲歸重治人亦碻論也詩第三章別有會心蓋眞能讀書者　黃昌年批

經義

正取第二名廖梲盦

樊遲請學稼圃而孔子但言上好禮好義好信則四方之民至試申其義

樊遲請學稼圃。孔子一則曰。吾不如老農。再則曰吾不如老圃。何其拒之嚴也。及其出也。復語以上好禮好義好信。則四方之民至。蓋孔子憂世之深。用世之切。未嘗一日忘斯民也。且有慨乎春秋之諸侯卿士。僭奪越禮。驕淫破義。要盟背信之事。不可勝紀。故因樊須之問。而深切言之。非獨爲須勉也。須從孔子遊。轍環天下。惜孔子之道大莫容。特請學稼圃。須其有厭世之心乎。不然。須何爲而發此問也。夫豈不知所問非其所當學者耶。孔子曉之以大人之事。雖恐須之自圃。而悲憫天人之意。非須所能知。故復勗而進之。示以大者遠者。即孟子所謂勞心者治人。勞力者治於人。先聖後賢。其趣一也。夫民心大可畏也。亦非難治也。爲上者當愼其好。則可感而應也。禮者所以爲民彝之則也。義者所以制民事之宜也。信者所以防民智之僞也。如上不好禮。則無威儀可畏。無表率可瞻。民必傲慢而侮辱焉。未足以昭其敬也。如上不好義。則刑賞失當。貪利無厭。民必怨懟而反抗焉。未足以使其服也。如上不好信。則一國三公。朝令夕改。民必紛紛擾而僞詐焉。未足以得其情也。欲昭其敬。當以禮制其傲慢之心。欲使其服。當以義止其怨懟之心。欲得其情。當以信格其詐僞之心。是以上好禮。則貴賤之分不紊。長幼之序有倫。正衣冠。尊瞻視。民莫敢不敬矣。上好義。則黜陟愜乎輿情。出納準諸常度。至公至正。無黨無偏。民莫敢不服矣。上好信。則政治不踰乎法軌。力役無害於農時。令有必行。禁有必止。遐邇一體。上下相孚。民莫敢不用其情矣。夫如是也。聲教所暨。光被四方。孰不襁負其子而至也。此大人勞心治民之效也。惡用勞力以稼圃爲哉。然而孔子不獨以小人爲須慼也。見當世之居民上者。大率好爲暴戾恣睢以滅禮。殘忍苛刻以害義。雄猜詭譎以忘信。如晉之請隧也。楚之問鼎也。季氏之舞八佾也。管氏之有反坫也。此皆越禮之最著者也。如州吁之簒弑於衛也。慶父之作難於魯也。崔子之倡亂於齊也。越椒之篡弑於楚也。此皆害義之最烈者也。如鄭射周禾。射王而中肩也。晉閉秦糴。三施而不報也。宋之盟也。文之譎也。此皆忘信之最顯者也。此春秋所由作也。此孔子東周之志。不能一日忘斯民也。其憂世之深。用世之切。非樊須之所能知。而又不能不令其知也。孔子言之。須若聞而識之。當可以自廣而不囿於稼圃矣。夫何樂而不深造乎大人之學。必欲反其師之所學。而至相拒之嚴。果爲小人也乎哉。

治事　前人

張而不弛文武弗能弛而不張文武弗爲一張一弛文武之道試申其說

古先聖王之治民也。無太過無不及以爲政。適合乎中道而已矣。夫太過則操切。不及則因循。操切則民勞怨而心離。因循則民偸惰而氣靡。心離者兆亂。氣靡者致衰。此皆治道失乎其中。太過不及之爲病也。故禮曰。張而不弛。文武弗能。弛而不張。文武弗爲。一張一弛。文武之道。是道也。卽中道也。張而不弛。操切太過者也。弛而不張。因循不及者也。均非中道也。故文武弗能爲也。以言張而不弛也。秦始皇役戍卒以築長城。隋煬帝竭脂膏而通淮運。商君刻薄。廢封建井田。荆公固執。興靑苗新法。一時民心離叛。亡不旋踵。其去文武之道遠矣。非失之太過歟。以言弛而不張也。漢尙黃老。雜而不純。至桓靈政柄下移。受制於宦官外戚。遂移漢祚。篡奪相乘。晉侈淸談。士大夫放達自恣。召八王五胡之亂。卒致國勢不振。民氣凋傷。宗社爲墟。文武道喪久矣。非失之不及歟。其失之太過也。卽張而不弛也。其失之不及也。卽弛而不張也。文武弗能。不能操切以擾民也。文武弗爲。不爲因循以怠民也。文武之一張一弛也。蓋有道適乎其中也。當其張也。而有所弛焉。當其弛也。而有所張焉。文之經營靈臺者張也。而欲民經始勿亟。非其弛乎。其三分天下有二者。張也。仍服事於殷。非其弛乎。武之牧野誓師。張也。其歸馬放牛。示天下不復用兵。非其弛乎。誅飛廉惡來。滅國五十。張也。其散財發粟。式閭封墓。非其弛乎。觀文武之道。非妙於張弛之用。而得其中者乎。故弗以操切而殫其所能。弗以因循而懈其所爲。誦豳風之詩。觀飲蜡之禮。然後知文武之澤。浸灌民心。鼓舞民氣。順陰陽消長而均勞逸。參天地動靜以定經權。斯無太過無不及。非中道而何。書曰。惟精惟一。允執厥中。由堯以傳舜。舜以傳禹。禹以傳湯。湯以是傳之文武。世至文武。而法制大備。凡因革損益。其所以養民教民者。靡不適乎其中。而神明於張弛之間也。故洪範之篇曰。無偏無黨。王道蕩蕩。無黨無偏。王道平平。無反無側。王道正直。夫所謂蕩平正直者。卽道之合乎中。而權衡張弛。無太過不及以病民也。文武之道。其在斯乎。其在斯乎。

詞章

前人

擬船山先生田家始春雜興（五古用原均）

雨潤百卉腓。春來氣和溫。萿蘇嗟泥滯。彌月未出門。今晨忽開霽。晴嵐當戶前。扶筇巡澗行。

課藝　經義

振衣臨高原。皤皤黃髮叟。相逢問無言。惟聞厭承明。不如耕釣便。卽此永朝夕。何以謀饔飱。去去日云暮。衆鳥還林喧。

春風扇陽和。凝寒氣初釋。農方事東皋。耕耒勞晨夕。原以食爲天。出作而入息。凍雷乃發聲。百果皆甲坼。瞻望杏與蒲。卒歲預謀策。我獨賦黍禾。郊原感今昔。物候任推遷。何苦形于役。田家新釀熟。歡飲聊自適。

披星負鋤出。戴月負鋤返。勞勞隴畝間。筋力亦無損。耕鑿康衢民。知識猶混沌。生不逢堯舜。叩角南山晚。欣欣木向榮。遲遲和景婉。偶聞田歌聲。荷鍤青畦滿。嘔啞互唱酬。往來各操畚。村婦提饁至。撫酒逕香燒。相對敬如賓。曠懷古人遠。

如金在礪如冶在鍛詩可　黃昌年批

經義　第三名余隱之

樊遲請學稼圃而孔子但言上好禮好義好信則四方之民至試申其義

周官經世之書也。八法八柄而外。以九職任民。其曰三農生九穀。園圃毓草木。欲民之各有常業也。而地官辨十有二壤之物。獨言稼穡樹藝者。司稼辨穜稑。場人供果蓏。且世有專官矣。后稷明農。姬氏以農立國。周公規制。循家法也。農圃之學。豈細微哉。樊遲聖門高弟。東周之志。夙聞諸師訓。學稼學圃。其欲行周公之志哉。抑以世變日亟。行道無期。憤激而爲是言歟。吾美樊遲之能見其大也。夫子遜讓不遑。以爲老農老圃。其必如神農之製耒耜。黃帝之畫井疆。厲山之處舜。有莘之伊尹。始足以當之。宋人揠苗助長。丈人植杖而芸。非優於稼圃者也。稼圃豈小人事哉。禮義信即寓於其中也。文之民讓畔而讓路者。非禮乎。堯之民不識而不知者。非義乎。湯之民室家相慶。簞食壺漿以來迎者。非信乎。禮以耕之。義以耨之。信以鋤之。明君制民之產。必使仰足事。俯足畜。即凶年無饑饉之憂。而後老農老圃之職責盡矣。遲之問。即禮義信之事功也。夫子之答。即稼圃之事功也。遲未明言也。夫子喻其意。亦未明言也。其相契以神歟。夫世以稼圃爲小人久矣。遲非志小人之志也。夫子反言之以進於道。若曰遲所學。豈小人事哉。又呼以告鄭重之意也。南宮适以禹稷躬稼爲問。有君子尚德之稱。夫子豈輕稼圃者哉。執鞭可以求富。執御可以成名。不試多能。豈獨於遲而外之。周自公劉徙豳復修后稷之業。迄周公制作大備。無逸一書。所以陳稼穡艱難也。豳風食瓜斷壺之詩。使矇瞍朝夕諷誦之。稼圃之學。立國之宏謨也。遲欲復修周制。於官禮六典中。取元公之精義以行之。特未識禮義信之功效。而四方之民何以襁而往熙而來耳。孟子與私淑孔子之教。而爲齊梁君陳之者。皆兢兢於農桑之制。禮經所載夏小正月令。已成專家學說。後世志藝文者。至列農家爲九流之一。致富奇書。齊民要術。諸編所由作也。遲但欲亟於見功耳。而或以粗鄙近利譏之陋矣。

課藝　治事

前人

二

治事

周宣王料民於太原仲山甫諫之其料民之用意後世有援用者利害若何當日太原究在何地試併說之

國家疆域之廣狹。稅斂之重輕。與夫戶口丁中。賦役多寡之數。皆勤民者所宜燭照而數計也。世謂國運之強弱。徵諸民數之繁減而益知。周禮遂大夫以歲時稽夫家之衆寡。自生齒以上。皆書於版。別其男女。異其死生。司民登之於册。司寇獻之於朝。凡以均力政也。夫子負版必式。圖籍之爲國重。豈今之制哉。周宣王中興令辟也。蠻夷僭據非一日矣。卽位之初。北伐玁狁。南征荊蠻。徐淮底平而後。姜戎犯順。千畝之戰。師徒撓敗。轉徙流亡。敗降相繼。宣王欲僃知其民數。非害於政而防於後嗣也。異哉仲山甫之諫料民也。所言協姓協旅協姦協職諸條。求所以習知民數者。古有明文矣。何於太原異獲之區。獨曉曉置議耶。夷王之世。嘗命虢公伐太原之戎矣。西羌傳載穆王遷戎於太原。卽其地也。顧氏炎武亦以太原卽今甘肅平涼府固原州。後魏立原州。以古太原而名。非山西太原也。禹貢旣修太原。乃爲汾州二府之地。詩曰。薄伐玁狁。至於太原。夷狄內侵。逼近京邑。則太原久爲犬邱大駱之居矣。料民其切要之圖也。辨其貴賤老幼廢疾。均其牛馬車輦之役。無事則農。有事則供力役。周禮會萬民卒伍而用之者此也。法固有利而無害矣。間嘗論之。周自東遷後。訖於暴秦之世。併吞六國。百姓死歿相踵於路。而猶以餘力築長城。戍五嶺。營阿房。驪山。陳項又肆其酷烈之威。新安之坑。彭城之戰。死傷何止兆計。其少多出入死生往來者無可晰也。漢初行算賦更賦之條。自高祖以至孝平戶口最為殷盛。光武崛起閭閻。朝更八帝。民數尚可稽登。晉武與平之後。九州攸同。亦稱極盛。後魏盡有區夏。孝文遷都河洛。戶口之數。比晉太康而倍之。厥後丁口之蕃。與倉廩府庫之盛。莫如隋。然不再世而亡。言極盛者曰唐貞觀開元。李元甫撰元和國計簿。兩稅之制行。遂以戶口增損為最殿。名存而實亡久矣。宋始有丁口主客之名。所紀錄於九域圖志者。恍惚九等之規。五比之例也。元定戶籍法。始有料民之議。所載括中州戶。括人戶。括天下戶。與周制大略相同。憲宗時朝廷料民。令有敢隱實者。誅籍其家。是漢隱口之罰。非先王重民籍盛也。明詔戶部籍天下戶口。置戶帖。編賦役黃册。而登耗有絕不可信者。王圻論之詳矣。清沿明制。其戶口法。仍戶部掌之。所謂鈎檢圖籍。但憑州縣之册報。而脫漏詐注。豈止一端哉。明宣宗嘗與羣臣論歷代戶口。以為其盛也。本於休養生息。而其衰也。由於土木兵戎。誠有慨乎其言之也。法無不良。得其人。則如周制鄉遂縣士方士之設。而官不為先。否則胥吏足以顛倒之矣。豈料民之害哉。今斤斤言行戶籍法矣。而賦斂無藝。徵調不時。版籍之衰減無可諱言也。安得有高熲之歸浮客。李嶠之察流散。稽其阜蕃。辨其減耗。而使食毛之人。皆登先齒之版哉。

詞章　　前人

擬船山先生田家始春雜興三首(原均)

太昊啓東節。青陽淑氣溫。老父西鄰餉。稚子候柴門。新燕尋舊巢。呢喃語我前。朧壞紫筍苗。綠草迷平原。習風曳高枝。桃李爭無言。今年膏雨渥。隴畝荷鋤便。牧人夢維魚。豐稔足饔飧。待看四月秋。麥隴雀先喧。

四眕遵溝洫。耒耜無敢釋。靜聽布穀鳴。炊煙話今夕。願爲擊壤民。出作而入息。蟄蟄雷雨動。草木皆甲坼。嗤彼肉食者。經邦無良策。通才老泥塗。遇艱今猶昔。嬉春而優游。胡爲形役役。耦耕輟不輟。脩然意閒適。

白雲覆簷端。駒光去不返。自春徂夏秋。日月無廢損。無懷葛天氏。渾渾而沌沌。步屧入深林。樵唱人歸晚。徹夜朧黃昏。睍睆聲清婉。瀰瀰陂塘中。春深秧水滿。三月耕新畲。衆人庤插畚。焯焯萬物榮。顏如姝妖嫚。曉起趨南徑。田家風情遠。（据近刻原詩本綴韻非嫚已批他卷）

久雨歎

荒齋苦寂寥。況是雨瀟瀟。一雨連旬日。鄉頓度春宵。徹夜杜鵑泣。林木震飈飈。霹靂雷動。雹疾如飛縹。陰霾羃四野。蟁嶂失岧嶢。誰爲鴟鴞怨。家室愴漂搖。桃浪添三尺。水漲沒溪橋。中閨有怨婦。遠道寄瓊瑤。上言長相憶。雙淚濕紅綃。吟詩酬繾綣。青鐙手自挑。悒悒不能寐。起坐劍橫腰。浙瀝添情緒。愁憑濁酒澆。隴上輕花落。南風大麥黃。雀過泥乘橇。刻刻初分秧。絲絲雨未歇。懸耜意徬徨。溝塍茫無畔。

甌窶祝豐穰。轆轤喧聲寂。桔槔臥道旁。白粲如珠貴。騰踊若回翔。洛陽有糠市。民無隔宿糧。蠶禁三旬過。藥老杜韋娘。當筵聲寂寥。縲絲萬縷長。未營無歡殿。吾王薄農桑。嘔鴉復嘔啞。雛燕舞曲梁。

東郊氣湛和。谷風鳴習習。風號萬竅哀。澎湃潤原隰。甲坼草木滋。浪起蛟龍蟄。但見居民哀。嗷嗷飛鴻集。那知征戰苦。軍人衣履濕。期門叢鼓喧。將士陣前立。戰馬夜嘶鳴。烽煙驚四邑。萬衆壺漿迎。淚傾如雨泣。雲霓我后蘇。望解倒懸急。鶺鴒夜飛翔。嗚咽聲暫戢。何以滌塵氛。寰海干戈戢。

世路盡荊棘。大澤有萑苻。花慘淚痕滴。片片舞春駒。屈盤應龍神。棄置委泥塗。楊子泣岐路。阮生哭窮途。滑澾行不得。山深聽鷓鴣。朧雁瘈犬聲。狂寇若虎貙。田園半蕪穢。官府嚴催租。天心不悔禍。吾民已力痡。願作郇侯膏。東山閔澤敷。須臾三農望。子婦意愉愉。樂極忽悲生。哦詩貌轉臞。曉起望晴霽。密雲四野鋪。

以南宮适君子尙德之褒提高樊遲身分識解超卓論料民太原及後世援用併周宣山甫之所見胸有積軸如數家珍兩詩迴不猶人選樓奇字亦見劬學久雨第四章瘈犬句似可酌改　黄昌年批

經義

樊遲請學稼圃而孔子但言上好禮好義好信則四方之民至試申其義　正取第四名易克新

班氏曰。農家者流。蓋出於農稷之官。播百穀。勸耕桑。以足衣食。故八政一曰食。二曰貨。孔子曰。所重民食。此其所長也。及鄙者爲之。以爲無所事聖王。欲使君臣並耕。誖上下之序。由班氏論次農家之言考。則樊遲請學稼學爲圃之意。蓋欲以勞農爲政教。卽許行爲神農之言之流也。不然。樊遲亦聖門高第弟子。何至以鄙事問於孔子。而孔子但言上好禮好義好信則四方之民至。焉用稼也。吾意當春秋戰國時。諸子並興。而農家者流。則持勞農之說以爲治國安民之道。如長沮桀溺荷蓧丈人。如許行陳相。此外如庚桑楚莊周之徒。大抵皆然。蓋南方之學者相授受之師說也。或者樊遲聞而慕之。遂以問於孔子。孔子固北方之學者。以禮義爲政教。而不以勞農爲政教。蓋懼乎以勞農爲政教。則將誖上下之序。甚且毀滅智理而化人類於鳥獸之徒也。雖然孔子未嘗面斥樊遲。而孟子面斥陳相。且論之綦詳，辨之綦明。極言其流弊所至。將率天下而路。此孟子所以有巖巖之氣象。而功不在於禹之治洪水驅猛獸下也。使當時非有孟子。則勞農毀滅智理之邪說張。乾坤或幾乎熄矣。或曰庚桑楚莊周之說。何謂同於許行。曰庚桑楚或以爲卽子桑伯子。居於畏壘。而畏壘大熟。其爲人莊周亟稱之。而仲弓譏其太簡。莊周又著齊物論。又欲以絕聖棄智。剖斗折衡爲治。其道與許行之以物相倍蓰什百千萬者。比而同之。相去無幾。故知其爲南方學者一流也。由是又可以推知春秋戰國時。有北學南學二派。信非誣言。孟子謂陳良悅周公仲尼之道。北學於中國。亦其一證也。蓋北方之學派。孔子孟子爲之宗。南方之學派。則長沮桀溺荷篠杖人許行陳相庚桑楚莊周陸通之倫。而老聃為之宗。老聃許行皆尚神農黃帝之術。故漢人以黃老並稱也。至於莊周所著書。亦論政治而欲返之於太古無政府時代。未必為論玄學談虛無寂滅者。至晉郭象始刪削改篡而附會之。以為玄學耳。其實殆未必然也。何以知之。嘗讀揚雄法言而得其梗概。法言謂鄒衍莊周罔君臣之義。故可知諸子皆足為學之代表。而與北學相抗衡者。以此參互鉤稽而得之。固非鑿空之談也。由是而知孔子所以匡南學之謬。而釋樊遲之惑者。蓋一語破的。不待煩言而渙然矣。觀於孔子所言。上好禮義信則民至焉用稼。可知樊遲之意。在於欲來四方之民。是即農家者流。欲以勞農為政教之意。而孔子之主張以禮義信為治。與孟子之主張經正則庶民興。庶民興。斯無邪慝者。固一貫之旨也。孔子蓋逆知乎假勞農為政教以來四方之民。將必至於毀滅智理化人類於鳥獸之徒。故鄭重申言禮義信之全體大用。以示為治之要在此。而使後世之為政者與承學者。勿入歧途。即他日語子張以耕也餒在其中亦此意也。噫。世之持勞農之說以為立政之要者。勢必不能行也。

治事

前人

張而不弛文武弗能弛而不張文武弗為一張一弛文武之道試申其說

為國之要。在於因時。無論以法律治國。道德治國。然不可違時而為治則一也。故曰。張而不弛。文武弗能。弛而不張。文武弗為。一張一弛。文武之道。夫惟因時為治。故能張弛咸宜。蓋嘗

課藝　治事

論之。治國如鼓瑟琴。張而不弛。則膠柱而調瑟也。弛而不張。則無絃之琴也。解絃而更張。則因時以爲治也。夫張而不弛者。以往聖人之法治將來。揚雄有言。聖人之法。未嘗不關盛衰焉。昔者堯有天下。舉大綱命禹。夏殷周屬其子。不膠者卓矣。唐虞象刑惟明。夏后肉辟三千。不膠者卓矣。堯親九族。協和萬邦。湯武桓桓。征伐四克。不膠者卓矣。禮樂征伐。自天子所出。春秋之時。齊晉是予。不膠者卓矣。夫民智日開。而欲以狙詐之術。塗民耳目。而收徙木立信之效。慈母尙不能得之於子。文武雖聖。亦安能得之於民哉。若夫弛而不張。乃純用自然之道。黃老之術也。生今之世。而欲端拱無爲。行無懷氏葛天氏結繩之治。豈可得乎。夏裘冬葛。常情所嗤。而況於聖人乎。古所謂無爲自化。今所謂無政府主義。皆不過託之空言。而不能見之實事者也。此文武之有所弗能有所弗爲也歟。善夫董仲舒之言曰。琴瑟不調。甚者必解而更張之。乃可理也。當更張而不更張。雖有良工。不能善調也。當更化而不更化。雖有大賢。不能善治也。由是論之。可知聖人之爲治。在於因時張弛。有斷然者。且夫三代以來帝王之道。同條共貫。沿革損益。百世可知。而大體仍不外乎因時。所謂太上因時。其次不失時。而孔子創大同之治。尤爲聖之時者也。五帝以外無傳人。三王以外無傳政。孔子祖述堯舜。憲章文武。文武之政。卽文武之道。布在方策。其犖犖大端。如井田學校封建。今猶可考見一二。皆因時張弛者也。夫學校之弛。已數千年矣而復張。井田之弛亦數千年矣。而今者又將有採其意而異其制之機。封建久爲世所詬病。實則在於地方分權。亦卽地方自治之宗旨。安知他日不又用其意而更式以行之。要之後世聖人。亦必因時制宜以爲張弛。可預料也。然則文武相傳以迄於孔門之道。亘萬古而不廢也。復何疑哉。

恢詭離合筆意頗近龍門要時略如王粲　黃昌年批

經義　　正取第五名李正之

樊遲請學稼圃而孔子但言上好禮好義好信則四方之民至試申其義

有大人之事。有小人之事。勞其心以治人者。大人也。勞其力以治於人者。小人也。設以小人而爲大人之事。負乘致寇。必不勝任矣。又以大人而爲小人之事。求田問舍。必不相稱矣。此樊遲請學稼圃。孔子所由但言好禮好義好信。以箴之也。夫稼圃小人之事也。禮義信大人之事也。樊遲遊聖人之門。學大人之學。當從吾所好。先立其大。而小者不與焉。故好夫禮。則聲律身度。一踰越而情不適。所以示民之矩範。而使之莫敢不敬也。好夫義。則勝欲去利。一縱侈而心不安。所以納民於正軌。而使之莫敢不服也。好夫信。則推誠布公。一虛僞而意不慊。所以孚民於純厚。而使之莫敢不用情也。表正景直。風行草偃。詩云。自西自東。自南自北。無思不服。此之謂也。又何稼圃之學爲。或謂天地閉。賢人隱。遲所爲請。是賢者避世隱居求志之類。似亦未可厚非。然孔子不云乎。鳥獸不可與同羣耶。沮溺耦耕。聖人不與。學稼學圃奚爲於吾之門也。孔子悲天憫人。欲撥亂世而反之正。故一則曰如有用我。東周可爲。再則曰苟有用我。三年有成。其所爲栖栖皇皇席不暇煖者。蓋欲一日得行其道。率及門弟子。相與爲國以禮。務民之義。而講信修睦。以成大同之治。又安肯營營於小人之事哉。或又謂稼圃爲生人之急需。窮而在下。可以厚生而利用。達而在上。可以富國而裕民。固遠勝夫異端曲學之無實者。樊遲請學。知當務之爲急矣。而聖人絕之何耶。則以稼圃之事。自有襁負之小人。自好之。自學之。爲人上者代之謀而反不如。又焉用此。治天下固不可耕且爲也。後世有農家之學。流爲許行並耕之說。而爲商鞅耕戰。皆迹此而爲之。其禍酷於楊墨。又有讀聖賢書。而勞身心以營雞豚蔬果之務。與園夫紅女之利以爲利者。其害更不可勝窮。皆樊遲之請有以啓之也。孔子絕之。有旨哉。有旨哉。

治事　　前人

張而不弛文武弗能弛而不張文武弗爲一張一弛文武之道試申其義

治民之道。其猶操弓乎。以嚴治民。而使之終歲勤動。曆寒曆暑。民不堪命矣。惡乎治。正猶弓之久張而不弛。則力必絕也。以寬治民。而使之習於偷惰。溺於晏安。民皆玩愒矣。又惡乎治。正猶弓之久弛而不張。則體必變也。蓋一於嚴。則火烈民畏。其失之也多苛殘。苛殘固足以病民。一於寬。則水懦民玩。其失之也多姑息。姑息又適以養奸。寬嚴相濟者。其惟文武之道乎。文王用民之力以築靈臺。勞師勤衆。以伐崇戡。黎似苛擾矣。而發政施仁。視民如傷。又何其寬大也。武王觀兵孟津。血戰牧野。似昔殘矣。而歸馬放牛。大賚四海。又何其寬仁也。此無它。一張一弛。蓋深有得於操弓之術也。孔子與子貢論蜡而推言張弛之喻。文武之道其義可深長思矣。弓必有時而張。有時而弛。民必有時而勞。有時而逸。若勞而不已必疲。疲民不可治也。所謂勞者弗息。睊睊胥讒。非如弓之久張而力絕乎。又若逸而不已必惰。惰民尤不可治也。所謂逸居無教。近於禽獸。非如弓之久弛而體變乎。文武弗能。弗能治也。文武弗爲。弗可爲也。夫帝舜巧於使民。不窮民力。造父巧於使馬。不窮馬力。以此見勞逸之不可不均也。詩曰。民亦勞止。汔可小休。語曰。民逸則淫。淫則忘善。忘善則惡心生。此物此志也。後世有治民之責者。尙其體張弛之喻。法文武之道。寬以濟猛。猛以濟寬。寬猛相濟。政是以和。

詞章

前人

擬船山先生田家始春雜興三首(用原均)

田家何所樂。濁酒有餘温。老翁介眉壽。春風剛到門。試衫小兒女。羅列拜堂前。魚鳥親山澤。雞豚散郊原。欻來三五叟。相見無雜言。但道加餐飯。其樂殊便便。主人原愛客。欣然留久湌。既醉亦既飽。撚鬚笑語喧。

盧室無所思。煩襟頓然釋。但願素心人。相與數晨夕。日出同耕作。日入同憩息。春雷隱隱鳴。百草皆甲坼。農事方漸興。老犢聽驅策。長爲隴畝民。事事悉如昔。遙遙沮溺心。勉勵從茲役。

一幅田家圖。吾自適其適。
薄酒迎春來。皓月隨人返。滃然心忘機。迪爾天無損。緬懷太古風。沕穆而混沌。努力事田疇。
從朝直到晚。承歡兒婦佳。齊眉何嬿婉。豚蹄告稷神。預祝篝簍滿。老子操作勤。刈草常盈畚。
一家翔太和。心開意舒綏。羲皇以上人。誰道神仙遠。

簡明潔淨詩亦卓爾不羣

黃昌年批

經義

正取第六名易龍鍾

通經所以致用試綜貫格致誠正修齊治平大義以明致用之效

經世以致治平聖人參贊化育之事業也。是故明俊德。親九族。平章百姓。協和萬邦。唐堯之所以經世也。徽五典。宅百揆。闢四門。虞舜之所以經世也。任賢去邪。修六府。和三事。夏禹之所以經世也。克寬克仁。彰信兆民。佑賢輔德。顯忠遂良。商湯之所以經世也。周監二代。郁郁乎文。六官五教。燦然大備。長治久安之道於是乎著。然徒法不足以自行。去聖既遠。先王典型。日就淪喪。至其季世。雖以孔子之聖。窮而在下。栖栖皇皇。終莫能行其道。乃不得已。從事刪述。紹先王經世之則。垂之簡册。以爲後世法。是經籍之著。聖人苦心孤詣。不得已之所爲也。後之欲求致用之學者。未可舍此而他求也。

蓋家國天下者。吾人致用之範圍。有小有大也。齊之治之平之。則致用之效見矣。所以致之者。

由於吾之一身。所謂自天子以至於庶人。一是皆以修身爲本也。一身之主宰在心。心之發動爲意。意之生本於所知。所知不離乎物。此格致誠正。所以爲修身之先務。而格物尤其首要也。惟是事物至繁。格之綦難。學者不得其門而入。則終身徘徊蹊徑。無由底於坦途。惟聖人之經籍。概括歷代帝王經世之道。與夫立身行己之方。本末俱備。取用無窮。此格物之所以貴乎通經也。是故不諷詠乎三百篇之歌辭。則無以獲溫柔敦厚之教。而明思無邪之義也。不究乎典謨訓誥之文。則無以會疏通知遠之教。而得知人安民之義也。不嫻乎三百三千之禮儀。則無以達恭儉莊敬之教。而盡毋不敬之義也。不通乎六十四卦三百八十四爻之旨。則無以極絜靜精微之教。而見陰陽消長之機也。不察乎二百四十年政事之變。則無以盡屬辭比事之教。而證誅亂攘夷之義也。此通經之所以爲格物致知之本也。

然世之學者。旣知從事於經訓矣。或有徒知致力於誦讀之功。考據之繁。支離破碎。歧途亡羊。而於其大義之要。旨趣之歸。反晦而莫明者。往往有之。此又從事經訓之蓁蕪。而不能致用之一因也。

明於經術者。取其大義而融會貫通之。則凡詩之言正。書之言欽。易之言誠。禮之言敬。春秋之言名分。其義一也。從此敎之身心舉而措之家國天下莫能外也。或者以爲天下之大。民人之衆。行之維艱。言不可以若是其幾也。抑知衆人之身。同此耳目口鼻。與吾之身固無甚差殊也。衆人之心同此知覺情欲。與吾之心亦無甚差殊也。格物致知之功既深。誠意正心之力愈篤。則六經皆我註脚。大義微言無不綜貫者矣。此大學於治平之道。不外乎絜矩而與民同好惡也。民之所好好之。民之所惡惡之。此之謂民之父母。堯之協和萬邦。首重克明俊德。帝王授受之揭示精一執中。孔子之修己以安百姓。胥此道也。致用之效於斯而見矣。

治事　　前人

周宣王料民於太原仲山甫諫之其料民之用意後世有援用者利害若何當日太原究在何地試併說之

夫民爲邦國之本。政府之設。所以主宰人民也。故民人多寡之數。休戚之情。與政治實有密切之關係焉。唐虞夏商。載籍難稽。至於周官之法。則鄉大夫以歲時登其夫家之衆寡。辨其可任者。其舍者。國中貴者賢者。能者服公事者。老者疾者皆舍。以歲時入其書。載師。凡民無職事者。出夫家之征。閭師凡無職者出夫布。秋官司民掌登萬民之數。自生齒以上。皆書於版。辨其國中與其都鄙。及其郊野。異其男女。歲登下其死生。其於民人之統計。如此其嚴且詳也。及其季世。政教廢弛。先王之制。蕩焉莫存。或有存者。大都例行故事。徒具虛文。蓋至夷厲而陵夷極矣。宣王號稱中興。有周公召公爲之輔。法文武成康之遺風。任申伯仲山甫張仲等更失理喻德教。舉遺士。馴至海內翕然向風。諸侯莫不宗周。亦一時之令主也。然以之比隆文武。則邈乎遠矣。是亦內政尚有欠缺。以致然耳。當王之三十九年千畝之戰。既敗績於姜氏之戎。喪南國之師。

翌年。乃料民於太原。太原之地。說者不一。有以爲在山西陽曲者。有以爲在甘肅固原縣北者。考宣王元年曾伐玁狁於太原。以六月之詩證之。則以在甘肅者爲是。六月之四章曰。玁狁匪茹。整居焦穫。侵鎬及方。至于涇陽。涇陽在涇水之北。今有涇陽縣在焉。其五章曰。薄伐玁狁。至於太原。則是玁狁業已退却。必迴避於涇水流域之上游。已無疑義。故不當如註疏之說。以山西太原當之也。至王之料民。緣千畝之戰。敗績於姜氏之戎。釋者引左傳桓二年杜注西河界休有地名千畝當之。今山西介休縣北有千畝原。是亦有謂爲在山西安澤縣北者。果爾。則王之料民。謂爲山西陽曲之太原。亦無不可。然不究當日周室之地域乎。陝西及甘肅一帶。爲周室之版圖。至山西太原則封之於晉矣。又不究敗績於姜氏之戎乎。今陝西寶雞縣南七里有姜氏城之遺跡在。則其所謂千畝者。必非介休之千畝可知矣。蓋千畝者。以地域之廣狹而命名也。太原者。以地域之平原而命名也。正不必因命名偶合。而附會之也。袁氏綱鑑。注爲原州。通鑑輯覽採用顧氏炎武之說。國語吳註。謂爲與山西太原無涉。均可謂考核無誤者矣。至王之料民於此者。亦以戎勢未戢。藉此壯報仇雪恥之聲威耳。仲山甫之諫。固非謂民不當料。謂當料之於平日也。觀其言曰。古者不料民而知多少。則是當時司民、司商、司徒、司寇、牧工、場廩、等職。必多曠廢。致使民人少多死生出入往來之數不可知也。至於籍蒐獮狩等習知民數之事。在當時亦必有名無實、使宣王必特料民而後知之。則是山甫當時亦未能根本是務。又何能禁宣王之不料哉。且宣王有報仇雪恥之心。而山甫乃曰無故而料民。天所惡也。豈宣王之心。山甫未之知耶。又將何以服宣王之心哉。然山甫之言。確有至理存焉。其曰害於政而妨於後嗣。尤爲深中肯綮。蓋料民在修復先王之政。當整飭於平日。若徒舉行於臨時。則僅勞民傷財而已。且既料之後不聞整頓軍備。而變動時有。又難及諸久遠。則亦何益之有。乃當時宣王徒爲意氣之舉。山甫亦不爲根本之計。此周室之中興事業。所以終不足觀。良堪浩歎也。後世稽查戶口。雖視爲要政。然史籍所載。多不足信。蓋漢以後。以戶口定賦。雖極盛之時。而郡國所上戶口版籍。終不能及三代兩漢之數。蓋以避賦重之故。遞相隱漏。如天寶時戶不應課者。居三之一。乾元時且居其大半矣。逮道宗咸雍時。馬人望會檢括三京戶口三旬而畢。人問之。則曰。民戶若括之無遺。他日必長厚斂之弊。大率十得六七足矣。元憲宗時。朝廷初料民。令民敢隱實者誅籍其家。董文炳爲藁城令。反使民聚而爲居少爲戶數。又如洪武時承元末之亂。戶口反多。其後休養生息垂二十年。反減少二萬七千餘戶。則是有司之造册與部科之稽查皆等諸兒戲矣。蓋先王之政。不能斟酌施行。而能使民籍無誤。收長治久安之效者未之有也。民國建立。戶籍之政。未遑興舉。至十八年厲行自治。始從事調查。派委臨鄉。所費不貲。當時下屆機關。又未將戶籍妥爲保存。至二十四年再度調查。不能因利乘便。祇得重新着手。各機關之開支及人民之負擔。亦不亞於初次調查之後。各種自治工作。終以人才缺乏。無多成績。至未能遠邁宣王時之料民。寧不悲哉。嗟乎。爲政不揣其本。而能卓著功效者。鮮矣。料民特其一端耳。

詞章

久雨歎　前人

去冬無雪亦無雨。今歲季春雨無止。雲幕低垂不曾捲。滿天冥晦遍萬里。有時淋漓連夜下。立刻匯集盈沼沚。有時濛濛隨風舞。綿綿欲斷還復起。是時穀種初侵成。早者苗苗迴墜水。旬餘不覩陽光面。或則慘淡或則死。況復溫度日低落。一綫生機無所企。農夫搔首問蒼天。斯民何辜竟如此。服田力穡徒自苦。他時何以活妻子。吁嗟乎。恆雨恆暘自古有。克盡人事災亦弭。天心由來主仁愛。撥開陰霾在變理。

元元本本殫見洽聞如馬遷敍事無凌亂雜糅之處論太原地點援据極詳料民採用利病可爲長嘆願當世有治人之責者日讀一過詩語敦厚有風人之旨殆老斲輪也　黃昌年批

經義　正取第七名郭虛中

樊遲請學稼圃而孔子但言上好禮好義好信則四方之民至試申其義

古今人羣。有大人之事。有小人之事。大人之事。則思勞心以牖人民。小人之事。則惟勞力以治稼圃。舜耕歷山。尹耕莘野。曾子耕泰山之下。當其時身不居於民上。何嘗不藉小人之事以營生。然推其尊德樂道之心。則身雖與小人伍。而心實與大人同。若樊遲之從學孔子。固亦有志大人者也。乃一日請學稼圃。蓋見春秋之世。紛爭不息。聖道不行。與其務爲大人而無成。無寧學爲小人而有獲。不知此果於忘世之意。固非聖人之所樂許者也。聖人雖東山伏處。而濟世安民之志。無時或釋於懷來。當其聚徒講學。舉凡爲國以禮。使民以義。敬事而信之說。無一不昭示於及門。卽如樊遲之問仁。而示以愛人。問智而示以知人。問崇德修慝辨惑。晳其問而示以功之所由成。無非期其爲身居民上之人。而因示以身居民上之學。玆如禮義信之好。固與仁智同爲五帝之德。而足以懋世牖民者也。民之敬服用情。亦皆由德性之感孚。而無俟政刑之驅迫者也。民莫不敬服用情。則凡有血氣者。莫不尊親。四方之民至。夫何疑哉。如以未居民上。疑此效之難期。則有如舜之所居。一年成聚。二年成邑。三年成都。何嘗必在身居民上哉。在樊遲筮仕宗邦。亦曾薦績戎右。固非從未居民上者比。夫子以焉用稼勗之。蓋深望其審於所好。以感孚乎民。而躋大同之化。所謂大道之行。與三代之英。有志未逮者。冀樊遲之有以成斯志也。若功成治定之後。固以寵利居成功。倣周公之明農。則亦夫子所樂許。而當請學稼圃之時果於忘祖。而自儕於小人。則非夫子所樂許也。此其義可於遇接輿與長沮桀溺。及使子路反見丈人所言參之。

理解透闢引證切當但筆氣稍平耳　　黃昌年批

經義　　正取第九名曾希固

樊遲請學稼圃而孔子但言上好禮好義好信則四方之民至試申其義

古聖王之治國也。如農夫之治田。禮有之。人情者聖王之田也。脩禮以耕之。禮者人情之防範。如農夫之應候興功也。陳義以種之。義者人情之裁制。如農夫之隨地制宜也。講信以耨之。信者人情之趨向。如農夫之去莠存秀也。王道本人情。治人情卽治田也。此其義。吾蓋於樊遲請學稼圃。孔子示以好禮好義好信得之矣。或曰。舜耕於歷山。耕卽稼穡之訓。傳說舉於版築。築卽場圃之事也。豈知古之人雖身不離稼圃之中。而心實超稼圃之外。舜與說以禮義信爲心。而稼圃特寄焉耳。且舜與說以禮義信爲學而稼圃尤偶焉耳。子輿氏云。無君子莫治小人。無小人莫養君子。君子者好禮好義好信也。小人者學稼圃也。所以孔子以小人斥樊遲宜哉。孔孟之語雖萬殊。孔孟之理原一貫。禮非以儀文度數也。必根心之敬。而達之品節文章之盛皆禮也。義非徒以法制禁令也。必根心之制。而達之張弛舉錯之宜皆義也。信非徒簿書期會也。必根心之誠。而達之條教號令。不忍欺。亦不忍詐皆信也。好之云者。本諸身心。而達之政事也。好非虛好也。必實其心以好之。好抑非泛好也。必專其心以好之。樊遲之好在稼圃。而孔子之好在禮義信。禮義信者。對乎稼圃之病而藥之也。上之人稼圃不必好也。奚學焉。且稼圃不屑好也。奚請焉。吾儕無大人之位。有大人之學。學者學其所學。非樊遲之所謂學。乃孔子所謂學也。抑好者好其所當好。乃孔子所謂好。非樊遲所謂好也。孔子以禮義信爲好。不以稼圃爲好也。樊遲以稼圃爲好。不以禮義信爲好也。申其義。樊遲以稼爲稼。而孔子不以稼爲稼。所謂稼之外別有稼也。樊遲以圃爲圃。而孔子以非圃爲圃。所謂圃之中更有圃也。禮義信以爲稼。則天下之民。皆爲我稼也。禮義信以爲圃。則天下之民。皆我圃也。匪特身爲我用。且心爲我用矣。奚必自爲稼自爲圃哉。樊遲三復孔子之言，當恍然而大悟。

久雨歎

吁嗟乎。天降淫雨害粢盛。胡天不弔妨民耕。九十日春春不少。連緜萬里潦縱橫。紅飛綠捲花應瘦。綠到階前草不生。落花多少朝還暮。春盡聲中酒欲傾。小樓夜夜寒燈影。怕聽鳴鳩不喚晴。冬多不雨密飛塵。夏多暴雨懸瀑布。回首江東日暮雲。愴懷渭北春天樹。衡嶽峯堆匝地雲。洞庭波湧連天霧。子規啼罷雨如煙。傷心春好難留住。杏花春雨憶江南。一段離愁誰與訴。

。從稼圃與禮義信相關之處運用經典辨別異同務去陳言獨標精義次論亦有見地詩雅韻欲流得題之神

季課委員會批

經義

正取第十名徐崇寶

樊遲請學稼圃而孔子但言上好禮好義好信則四方之民至試申其義

聖人者處春秋無道之極。而欲撥亂世反之正者也。在昔蚩尤作亂。黃帝戮之。桀紂橫行。湯武誅之。洪水禹抑之。山澤益焚之。夷狄猛獸。周公驅之。豈春秋之亂。而不可自夫子定之乎。故曰。如有用我者。吾其爲東周乎。又曰。苟有用我者。朞月而已可也。三年有成。文武之道。未墜於

地。洵夫子所勝任愉快也。其道維何。亦禮義信而已。列爵分土。官賢位能。修五教重三事。禮也。封墓式閭。散財發粟。興滅國。繼絕世。舉逸民。義也。謹權量。審法度。修廢官。歸馬放牛。櫜弓甲。示天下弗用。信也。禮成。義立。信舉。而四海永清。萬姓悅服。何其盛也。降至春秋而上失道民散久矣。禮失。則君不君。臣不臣。父不父。子不子。瀆倫滅紀。而莫知其極。義失。則怙侈驕恣。黷貨財。捐廉恥。攘竊爭奪而無已。信失。則顛倒常制。變壞典章。矯誣貪詐。而靡所適從。如魯三家晉六卿之分公室。楚商臣齊崔杼陳成子之弒其君。陽虎齊豹邾庶其莒牟夷之叛盜其國。上有好者。下必甚焉。又何怪民之犯上而不敬。叛上而不服。懟上而不肯用情耶。夫子閔之。相魯三月。而一變至道。卻萊兵。拒野饗。反侵田。道不拾遺。男女異途。魯君抑臣。客至如歸。好禮之徵也。權門墮三都。聞人尸兩觀。公慎氏出其妻。沈猶氏損其羊。慎潰氏徙其居。好義之效也。鬻牛馬者不儲價。市羔豚者不加飾。麛裘謗弭。章甫謳興。好信之感也。令當日者女樂不受。膰肉仍致。魯君臣無怠於政事。齊人終懼。四方胥歸。東周其可爲。三年其有成矣。乃卒歌彼婦而出走。是天之不欲平治天下也。雖聖人且奈之何哉。然興周望魯之心。終未已也。四科諸賢。濟濟一堂。較五臣十亂而猶盛。有王者作。舉而措之裕如矣。而彼樊遲者。乃以稼圃瀆請。是大失夫子之望。而不意晨門荷蕢沮溺丈人之出於其門也。兩答以不如。繼辭拒之。非直與老農老圃相較也。迨其出而深警之曰。小人哉。焉用稼。蓋遲以仁智之士。崇德修慝辨惑之旨。不思行義達道。展天民大人之學。乃褊心憤激。欲託田園以避世。令吾徒栖栖匡濟之衷轉晦。此夫子所甚惜也。故所以責晨門荷蕢沮溺丈人者其詞婉。而責樊遲者詞獨切也。不屑斤斤於稼圃之辨。而但進以文武之大道也。遲誠有味乎其言者。好在上而應在民。襁負之盛。奚羨耦耕。當亦爽然自知其失問矣。何也。聖人者處春秋無道之極。而欲撥亂世反之正者也。

必如宣聖乃能重責樊遲所見甚大　黄昌年批

經義　正取第十一名易家鈺

通經所以致用試綜貫格致誠正修齊治平大義以明致用之效

出處判而學術疏。仕學分而吏治壞。縱觀三代下。學非所用。用非所學。爲政者。惟事刀筆筐篋。而無真經濟。讀書者惟務記誦詞章。而無真學問。曲學阿世。苟且投時。以致士習日漓。治道愈下。而烏知大學之敎。兼格物致知誠意正心修身齊家治國平天下。其次第節目之詳。皆本其躬行心得者。見之於實用者也。語曰。通經所以致用。古之人禹貢行水。春秋折獄。詩當諫書。有明徵矣。且所謂經者。其文則易書詩禮春秋。其義則仁義禮智信。其事則父慈子孝兄友弟恭夫義婦順。其用則格物致知誠意正心修身齊家治國平天下。合五經近三十萬言。而大學以一千七百五十三字囊括之。五經爲天下萬世言政言教言治之書。而大學又爲言政言教言治會其通也。所謂格物卽物有本末之物。致知卽知所先後之知。天下之本在國。國之本在家。家之本在身。身之主在心。心之發在意。此物之本末也。誠而正。正而修。修而齊。齊而治而平。此事之始終也。本始所先。末終所後。禮曰學古入官。當知學古爲先。入官爲後。中庸曰成己成物。當知成己爲先。成物爲後。此格物致知之義也。易曰。閑邪存誠。禮曰。著誠去僞。旣無慚於衾影。亦無愧於神明。此誠意之義也。書曰。人心惟危。道心惟微。惟精惟一。允執厥中。蓋道心爲官。自純乎義理之正。人心聽命。不雜以形氣之私。此正心之義也。書曰。檢身若不及。以至於有萬邦。中庸曰。知所以修身。則知所以治人。知所以治人。則知所以治天下國家矣。表直則影端。形直則影正。此修身之義也。書曰。惟孝友于兄弟。克施有政。詩曰。刑于寡妻。至於兄弟。以御于家邦。易曰。父父子子兄兄弟弟夫夫婦婦而家道正。正家而天下定矣。孟子曰。人人親其親。長其長。而天下平。此齊家治國平天下之義也。書曰。克明峻德。以親九族。九族旣睦。平章百姓。百姓昭明。協和萬邦。孟子曰。古之人得志澤加於民。不得志修身見於世。窮則獨善其身。達則兼善天下。此格致誠正修齊治平之義也。噫。讀聖賢書。所學何事。考古今之得失。而講之於平時。是謂通經。本匡居之抱負。而見之手措施。是謂致用。始之以離經辨志。繼之以利物濟人。內之極窮理盡性之功。外之推物與民胞之量。誠如是也。則藏諸身而本末兼賅。施諸世而體用咸備。有不大用大效小用小效者乎。

條理精密　　黃昌年批

課藝　經義　三三

叢錄

船山先師詩錄

即事 癸丑

周 逸敬選

喧氣熏寒月。微霜不改晴。光銜西極影。月轉北街明。川澤淸難已。龍蛇蟄不爭。乾坤餘一淚。長對暮煙橫。

仲冬微雨息。霜吹捲空晶。深紫餘楓在。疎黃片柳輕。餘年消永夜。寒月約孤淸。自問滄江侶。誰爲共濯纓。

過芋岩不值 己酉

周 逸敬選

隱几非疇昔。天遊各徜徉。古槐珠蕊熟。曲岸蓼紅香。晴稻收雲白。秋瓜切粉黃。呼炊忘主客。攜屨已斜陽。

叢錄

通訊

廣東周公達先生來書（按此書因周君充粵行營人事科科長公餘讀墨子故存之）

木崖仁兄先生執事。長沙於役。獲接　清塵。志合道同。如舊相識。弟得此於人也罔寡。執事以此施人者當亦無多。五中忭幸。如何可言。惟是入粵以來。始緣局面未定。繼則捧檄四馳。中間復因原籍田爾公共水分。雀角鼠牙。竟被牽帥。綜計半載以來。旣罕寧居。復尠暇晷。心緒亦忐忑不安。未奉一緘。職是之故。　執事其諒我也。　執事心游書囿。　學富文華。遙想　著作日豐。　與時納祜。至慰至慰。弟近於案牘餘閒取墨子讀之。覺全書之中。惟非儒非樂兩篇。與吾道鉏鋙。其餘大體俱醇。至其所論治國之道。尤多切中時病。第脫誤甚多。高郵王引之所評騭者十之七八。犂然有當於人心。然費解之處。仍復不少。令人讀之如食多骨魚。終感美中不足。側聞吾鄉王湘綺先生曾註釋是書。膾炙人口。未審所註者是否係攻王氏之短。抑於王註之外另有其他創獲。其註本已否付梓。坊間有無出售。　執事親炙湘綺知之必詳。便中尚希　示及。俾廣見聞。是所切禱。書不盡意。祗頌

春祺諸維
朗照。

復周公達先生書　弟周家英頓三月二十一日

公達仁兄先生執事。前接三月二十一日 手書。始悉 行旌駐粵。一往相思。得所寄矣。本擬即函。適值編第十三期學報。加以社務糾紛。不可言狀。（本社房屋現仍被駐兵營所駐、屢與省政府交涉、至今無效、一年以來、損失甚鉅、令人悶極、究不知何日始可遷去、其交涉情形、詳見本社學報第十二十三期通訊欄公牘類、閱之便知、）故稽延至今。歉甚、歉甚。頃將 來書重讀一遍。精神爲快。更知 執事學博才宏。志深識遠。是前之談非虛譽耳。來書謂以此施人者當亦無多。空谷之中足音跫然。求之尚不可得。況今日縱橫權勢之途乎。孔子云。學優則仕。仕優則學。此正 執事之謂歟。承 問研究墨學一節。所云墨子全書之中。惟非儒非樂兩篇。與吾道鉏鋙。其餘大體俱醇。至其所論治國之道。尤多切中時病。第脫誤甚多。高郵王引之所評隲者十之七八等語。足見 執事對於墨子用功之深。惟引之二字。或係其父念孫之筆誤。念孫所著讀書雜志。內有墨子六卷。於誤字、衍字、顚倒字、及後人妄改者。皆一一詳辯之。以復其舊。誠如 執事所論犂然有當於人心也。至費解之處者仍復不少。以無證明。故闕疑耳。至 詢湘綺師註釋墨子是否攻王氏之短。抑於王註外別有創獲。其書已否付梓等語。湘綺師所註墨子七十一篇。

上下二卷。坊間久已刊行。其內容據弟子蕭鶴祥跋稱。墨書向無善本。是編從湘綺師手定繕寫刊成。現今通行單本。迥有同異。編中條例。凡所解釋者小註之。校改者亦如之。其移補者間以陰文別之。其不足重錄者。則通篇如之。就中亦有校增者。則以陰綫圍之。脫漏者亦如之。其陽文中。凡有脫漏者。則以陽口間之。刪去者亦如之。至經上下經說上下排次句讀。尤多所更正云云。此湘綺師所註墨子之大略也。弟釋讀是書。並無攻王氏之短者。但創獲時多見之。執事研究墨學。如以湘綺師之法治之。則當更獲津梁矣。弟偶研墨學。多所未喻。容俟有暇。再澈始終。想執事公餘所獲。驗理更眞。若能擇要示知。俾增廣博。尤爲樂聞。專此謹復。順頌

台祺惟

照不宣　　弟周逸頓　五月二十日

周公達先生來書

木崖仁兄先生執事。接奉環章。誦悉壹是。王念孫父子才鈞力敵。相傳念孫在都。其子引之往省。父子商榷。甚愜。念孫欣然曰。爾眞可以傳余之學矣。考其各種著作。多由父子協力。引之之錄其父說也。曰、家大人。曰、其以己意增入父書也。則曰引之曰。如何如何。念孫注墨子。引之補入己見不少。前函王引之一句。原稿爲王念孫及其子引之所評騭者。旋因繕寫遺字。更繕爲高郵王氏父子云云。不謂於封發之頃。有同寅索觀。周旋之間。仍將遺字之一紙。封入發出

叢錄 通訊 四

。昔殷浩達空函。今弟發謏函。可謂古今有偶同一笑柄者矣。荷蒙指正。感與慚幷。惟是墨子一書。如備城門等篇。專論攻守兵法。世異時移。良不切於今用矣。其親士、所染、法儀、辭過、七患、尙賢、非命等篇。備論求賢治國之道。亦具悲天憫人之懷。辭約義精。實事求是。今之當路者。如肯稍抽餘暇。詳覽而采用之。則轉移風氣。宏濟艱難。又奚俟夫外慕而他求哉。至於大小取、耕柱、貴義、公孟、魯問、公輸等篇。其文似莊子。亦似孟子。六朝以前學者。多以孔墨並稱。隋唐而後。歷代君主。推崇孔孟。罷黜百家。而墨子又爲孟子所深嫉。以故其書不爲世重。嗚呼。周孔不作。孰能文與道俱至。吾人尙論古人。或衡鑑今人。上焉者固須視其學術。是否醇正。其次或醇駁互見。亦宜諒其身世。取醇略駁。所謂不以一眚掩大德。寸朽棄連抱是也。昔者孟子闢楊墨。昌黎韓氏謂其功不在禹下。又曰。孟氏醇乎醇者也。似昌黎之於墨子。在深惡屛斥之列。而於孟氏當無間然矣。然昌黎讀墨子則曰。孔子必用墨子。墨子必用孔子。不相用不足爲孔墨。所著原性。則又曰。孟子之言性曰。人之性善。荀子之言性曰。人之性惡。楊子之言性曰。人之性善惡混。其終詳之。則曰。三子之言性也。舉其中而遺其上下者也。得其一而失其二者也。是其尙論古人。不肯苟同。亦不肯取一而責二。吾以爲如此論人。庶乎內之不失存誠。外之足以信天下傳後世。非常偶儻之士。抱守先待後之志。其用心固宜如此也。吾儒之修齊治平。以及經緯萬端者維何。曰、禮而已矣。禮也者。有親親之殺。尊賢之等殺也。等也、由己以推人。由近以及遠。有此則吉。無則凶者也。就一人一家之等殺言之。孝子孝其親而不孝他人之親。烈婦殉其夫而不殉他人之夫。擴而充之。凡能孝親殉夫者。必不願他人之逆其親背其夫。此必然之理也。以予觀於墨子。其彊本節用。人給家足之道。百家不能廢。昔人論之詳矣。而其所短。在於棄禮自雄。試觀其言曰。視人之國。若視其國。視人之家。若視其家。視人之身。若視其身。又曰。衣三領足以朽肉。棺三寸足以朽骨。死者既葬。生者毋久喪。用哀如此。則泯然無復殺與等矣。無殺與等之流弊。至於無父而與禽獸相去無幾。孟子詆之。良不爲過。或謂我國之教尙禮教也。數千年矣。大率有治人無治法。予所謂禮教之效。果安在哉。應之曰。卑之無高論。請以近事驗之。方今東西列國。因其生齒日繁。最重移民。當其遷移之始。政府助以資財。送以舟車。衞以兵戎。治以官吏。卒之積年累載。所移之民。僅及我國十之二三。我國之人。上無政府之助。下無雄厚之資。且因國勢微弱。所至之處。又動遭欺侮。然而遠之足跡遍於五洲。近之如南洋羣島。香港澳門。以及各處租界。並關外之東四省等。何莫非我國內地之人。居其多數。而其所以能如此者。卽一人得手。則必本其親親之殺。招致其兄弟親戚。其兄弟親戚、又復如是。循環輾轉。愈聚愈多。此親親之效。亦卽尙禮之效。而爲中國所獨有者也。吾故曰。今之當路者。如能對病用藥。采墨子之彊本節用。以革除無等之欲。而又上下一心。輔以禮教。則轉移風氣。宏濟艱難。洵無俟夫外慕而他求矣。弟馳驅鞅掌。舊業益荒。茲辱　明詢。率達臆見。如蒙

繩其紕繆。尤爲至幸。專此奉覆。祇頌
撰祺　　弟周家英頓 六月二十日

復周公達先生書

公達仁兄先生執事。日前接奉　鉛箋。誦畢心朗。前函匆覆。未盡欲言。今欲有言。又多爲執事先出諸口。豈英雄所見大抵略同耶。墨子一書。世稱難讀。稍有讀者。亦覺莫能崇而好之。取而用之。今　執事於聱牙佶屈之處。俱不討論。意在醫時。不效孫仲容爲之間詁字櫛句梳。以爲學者指導。故所舉各篇。簡要精當。一洗俗儒之陋。抒獨到之見。尤能救今日之病。取其長。去其短。眞能讀書觀其要識其大者。況一腔孤憤。集於筆端。而以慷慨吐之。並得詩人敦厚諷刺之旨。即起高郵王氏父子評騭之。亦當首肯許爲同志持衡而平穩者也。逸曾偶讀墨子而不好者。以墨學之流弊。近於禽獸。同孟子之所嫉。與韓愈玩其文之意耳。且疑其生時無考。不知所學有關時代性耶。抑當時利其學而亂稱族耶。荀卿傳云。墨翟孔子時人。或云。翟實六國時人。至周末猶存。故史記云。或曰。並孔子時。或曰。在孔子後。班固亦云。在孔子後。司馬貞按別錄云。墨子書有文子。文子子夏之弟子。問於墨子。如此、則墨子者在七十子後。不知者以爲墨子生時。考與不考。無甚關係。究之、墨子生時。甚有關係。如人之病然。四時脈變。服藥宜愼。春有春藥。夏有夏藥。秋冬亦如之。墨子者對症之良藥。倘劣者醫之。靡不立斃。不若吾儕之學。日月光天。上下明澈。所謂修齊治平之道。放之則彌六合。卷之則退藏於密。仰之彌高。鑽之彌堅。瞻之在前。忽然在後。彷兮彿兮。其中有物。得之則昌。失之則亡。堯以是傳之舜。舜以是傳之禹。禹以是傳之周孔。孟軻韓愈而後。幾不得而傳焉。由是言之。聖人之道。布帛菽粟日用倫常之道也。所謂己欲立而立人。己欲達而達人。由個人正心誠意。推至天下。左右不窮。山川不竭。天地不限。凡有血氣。莫不尊親。故曰。豚魚可感。苗民可格。蠻貊可行。惟欲操而守之。密而察之。力而體之。不以窮達易其境。不以寒暑阻其修。如羹如牆。十目十指。兢兢業業。須臾不可離。何暇於日用倫常之外。舍正路。趨異端。衒奇求遠。孜孜於權位。欺飾爲計。仁義爲敵。外強中乾。其不爲識者所羞幾希。嗚呼。今日何日。邪說橫行之日也。今時何時。聖經敝屣之時也。故人心之壞。世道之衰。皆由學術不正所致。學術不正。而欲急急望郅之隆。烏可得哉。逸之所以主張崇聖學。培元氣。讀經以救世。居今日如不從根本上下手。恐難救正人心。轉移風氣。何則。古今來轉移風氣。維持殘局者。賴皆崇聖學。培元氣。行仁義。以此勵己。正以感人。以此樹風。正以移俗。未有上好仁而下不好義者也。執事於馳驅鞅掌之際。能分陰勤學。此即可爲今日同志中之模範。而又能親切以所獲之心得一一示知。如所謂有切於今用者。如親士、所染、法儀、辭過、七患、尙賢、非命、等篇。備論求賢治國之道。亦具悲天憫人之懷。辭約義精。實事求是。今之當路者。如肯稍抽餘暇。詳覽而采用之。則轉移風氣。宏濟艱難。又奚俟夫外鑠而他求哉。此見　執事得以人讀書勿以書困人之法。如此讀書。書爲我用。砒霜本殺人之藥。治病獲之反愈。是在良醫用之如何耳。倘仁智所見各殊。其流弊不可遏抑。况今日人心不古。舍本求末。偶一失中。泛濫無涯。故君子立言不可不愼。惟越時不可。遜時亦不可。救時不力更不可。逸之迂拘如此。未卜　高明以爲然否。專此奉覆。順頌

台祺　　弟周逸頓　七月二日

大成至聖先師奉祀官孔德成先生來書

逕復者。茲收到　貴社十三期船山學報一册。仍當留置案頭。用備隨時瀏覽。而　盛意足感。特佈謝忱。此致

湖南船山學社

孔德成拜啓　五月二十五日

國立北平圖書館來書

逕啓者迭承　貴處按期惠贈船山學報一份。至爲感荷。業經分別登記陳列。藉供衆覽矣。惟查一至十二期未經收到。擬請各　檢補一册寄下。俾成完帙。無任感盼。專此奉達。即希　察照爲荷。此致

湖南船山學社

國立北平圖書館啓　五月二十一日

山西大學圖書館來書

敬復者。承　惠贈船山學報已收訖。珍列架中供衆瀏覽外。相應函復。謹此鳴謝。此上

湖南船山學社

山西大學圖書館啓　五月十九日

國立北京大學圖書館來書

敬啓者前蒙　貴處贈送船山學報。　寵錫有加。感謝無旣。惟查第十一十二期尙付闕如。或爲郵局遺失。擬懇　補惠一份。俾成完帙。而便保藏。倘須備價補購。請連同價目一併示下。以便寄奉。此致

湖南船山學社

國立北京大學圖書館謹啓　五月二十九日

甘肅省立圖書館來書

敬啓者。値此風俗澆漓。人心險詐之秋。恢復固有道德。爲刻不容緩之務。　諸君早有船山學社之組織。專以發揚國粹。挽回人心爲旨。欽佩欽佩。今讀此報。內容博大精深。堪爲修己治人之圭臬。其第十三期敝館已收到。除陳列圖書室以供閱者參考外。特此專函致謝。倘蒙源源賜寄。嘉惠士林。尤所感盼。祇頌

教綏

甘肅省立圖書館啓　五月二十六日

廣州市立中山圖書館來書

敬啓者、承　惠贈圖書。深紉　厚誼。除分別編目善爲庋藏。以供衆覽外。特此函謝。貴報第

一期至第十二期。亦祈 慨予惠贈。並希源源賜寄。嘉惠士林。深爲感荷。敝館所出之廣州學報。擬與 貴報交換。茲特贈上。再祈 指正。此致

湖南船山學社

廣州市立中山圖書館啓

中央研究院總辦事處圖書室來書

逕啓者。茲承 貴處惠贈下列圖書。業已收到。特此覆謝。並希 查照。此致

湖南船山學社

計收船山學報十三期一册

中央研究院總辦事處圖書室啓 五月二十五日

山西省立民衆教育館來書

敬啓者。頃承 惠贈船山學報十三期一册。除陳諸本館報誌閱覽室。並編目珍存供衆閱覽。以彰高誼外。茲寄奉本館月刊作爲長期交換。藉表微忱。以後續出各期。仍乞 按期寄下。俾成全璧。至爲感荷。專此佈達。並鳴謝悃。此致

湖南船山學社

山西省立民衆教育館謹啓 五月二十日

青島市圖書館來書

敬覆者。承 贈船山學報。深紉 厚意。除珍存備覽。並彰 高誼外。謹函肅謝。倘荷源源賜

寄。嘉惠士林。尤所感盼。祇頌

黨綏

青島市圖書館啓 五月二十一日

濟南私立齊魯大學圖書館來書

逕覆者。頃承 惠贈船山學報十三期一册。深紉 厚意。業經編目珍存。供衆瀏覽。並登諸校刊。用彰 高誼。倘荷源源見寄。尤當拜賜多多。謹此鳴謝。祇頌

公綏

濟南私立齊魯大學圖書館啓 五月十九日

私立之江文理學院圖書館來書

逕啓者。辱承 惠贈船山學報第十三期一册。拜領之餘。彌深欣感。除即陳列館中供衆瀏覽外。相應函謝。敬希 察照。茲查第一期至十二期尚付缺如。敬祈 補足。以成完帙。是所至荷。

此上

湖南船山學社

私立之江文理學院圖書館啓 五月二十日

天津市市立圖書館來書

敬覆者。頃承 惠贈船山學報第十三期一册。除編目珍存。供衆閱覽外。肅此鳴謝。並懇時錫嘉惠。不勝企禱。此頌

公綏

天津市市立圖書館謹啓 五月二十日

國立中山大學圖書館來書

敬啓者。頃蒙　惠贈圖書。具徵公德。嘉惠儒林。同深感紉。敬當分別列入書目。妥爲珍藏。以供衆覽而彰　盛德。專此佈達。並伸謝悃。此致

湖南船山學社

國立中山大學圖書館啓　五月十九日

廣西省政府圖書館來書

敬啓者。敝館爲便利本府各職員之研究參考起見。對於國內外之圖書誌報。無不盡量蒐集。素仰貴社出版後列刊物。紀述翔實。議論宏富。用特函請　惠贈一份。以光東壁而資借鏡。並希見覆爲荷。此致

湖南船山學社

廣西省政府圖書館啓　九月二十七日

黃社長耔與先生覆本社諸董事書

木崖 澍芝 息齋 季果 先生道席頃奉　賜緘。以　船山先師誕期。公推主祭。聞　命之下。莫名悚仄。伏讅尊候。萬福攸同。爲頌無量。乃者海外神山。掀飜大浪。仰維社中　諸君子。從容坐鎭。佩慰殊深。唯鄙人年來耄荒。艱於步履。迭辭　推挽。未獲　諒原。至於拜跪趨蹌。更慚職責。來教莊嚴。想早有措理之方也。耑復恭叩　秋禧

黃昌年頓首　夏曆八月二十八日

董事諸先生併致　官字緘未全繳

廣州行營周公達先生覆周編輯主任木崖書

木崖仁兄先生執事。接奉　手書。承　示以偶讀墨子。不甚崇尚。因其不若吾儒之學。日月光天。上下明澈。又曰。聖人之道。布帛菽粟。日用倫常之道也。何暇舍正路。趨異端。又曰。藥不對症。雖不立斃。又曰。君子立言不可不慎。善哉乎詳言之。於今乃覩　執事之志矣。墨子一書。其難讀之處。時賢有詁字櫛句者。究未免以孤證自鳴。弟恐以爲是書。既經懷祖父子詁註於前。湘綺先生增釋於後。三先生之精深閎博。古今罕有。其闕擬不論之處。他人似可以止。弟之欲取以醫時者。良以晚近以來。縱欲敗度者。隨在皆是。倘有誠篤之君子。居高明之地。以矯而正之。克己以愛人。去奢而崇儉。則風俗轉移。民隱歸厚。亦物極必反之理也。抑弟以爲天地間大中至正者。莫如中庸。而至艱難能者。亦莫如中庸。必也行足以攀躋周孔。言足以賡續六經。而後當之無愧。若夫豪傑之士。懷才不遇。發爲廣己之言。以快意適志。雖揆之於聖。有合有離。而奇偉博辨。可喜可觀。如墨翟荀卿莊周屈原之所作愛文者。又豈忍屏棄之哉。劉大櫆有云。知道者視天下之歧趨異說。皆未肯出於吾道之外。區區之愚。竊慕乎此。又強鄰進逼。戰禍蔓延。選將練兵。堅忍求勝。政府之責也。至於在野之士。出其所學。以扶掖後進。仍爲當務之急。蓋當局之人。此際而倡導佔畢。則是梁武帝於圍城中講老子。固不可也。在野之士。如其遠離戰區。又未躬親鋒鏑。若亦藉口無官守言責。褰裳去之。則昔人所謂干戈興。學校廢。禮義衰。風俗隨之燬壞者。不其復見於今日也哉。質之 高明。以爲然否。此間自上月杪以來。敵人空襲三次。以兵艦襲擊虎門者一次。前者侵入之飛機。先後擊落數架。後者則由礮臺及海空軍。三方協力。擊燬其一。餘悉遁去。執事關懷大局。併以奉 聞。專此祇頌

撰祺諸維

愛照不莊 弟周家英頓。九月十八日

原件短缺

民國二十七年六月戊寅歲夏至日出版

船山學報

中華郵政特准掛號認為新聞紙類

第十五期

湖南船山學社印行

湖南船山學社學報章程

一　本學報繼續本社民國六年以前學報辦理仍名曰船山學報

二　本學報暫定每季出版一次按年編號

三　學報內容分類於左

1圖畫　2轉載　3師說　4講演　5專著　6文苑　7劄記　8說苑　9叢錄

四　本社徵文酬例另定之遺稿專著斟酌酬贈詩詞雜文等不給酬但酌贈學報

五　給酬以登出學報者為限

六　凡來稿本社得斟酌修改之無論已否登出概不退還惟遺著專著詩詞文集成册者不在此限

七本報價目另定之

湖南船山學社第十五期目錄

目錄

專著

文苑

文錄

詩錄

目錄 四

目錄　六

目錄 八

箚記

說苑

叢錄

第二卷第十五期 四八〇三

第十五期

目錄

王船山先生遺像

把鏡相看認不來問人云此是薑齋龜於朽後從人卜夢未圓時莫浪猜　誰筆仗此形骸閒愁輸汝兩眉開鉛華未落君還在我自從天乞活埋

先師自題小影詞也清光緒初元張文心大令從先師祠堂摹得遺像蓋猶襲明衍人司章服先師以永曆四年任衍人司年三十二後又四十一年乃自題小影令摹刻之祠堂者是也湘陰郭筠仙侍郎奉以祀之思賢講舍而為之贊曰

濂溪混然其道莫窺惟於先生望見端崖約禮明性守道持危闡揚文令是曰先知二百餘年星日昭垂私心之昇曠世之師

[illegible]疏訓詁六經於易尤尊闡義文周孔之道漢宋諸儒[illegible]統

[illegible]

[illegible]

理義詞章終身以道為準繼濂洛關閩而起元明兩代一先生

[illegible]

歲在元默涒灘秋九月後學趙[illegible]森敬書

本社與管嗣劃定界址原約攝影

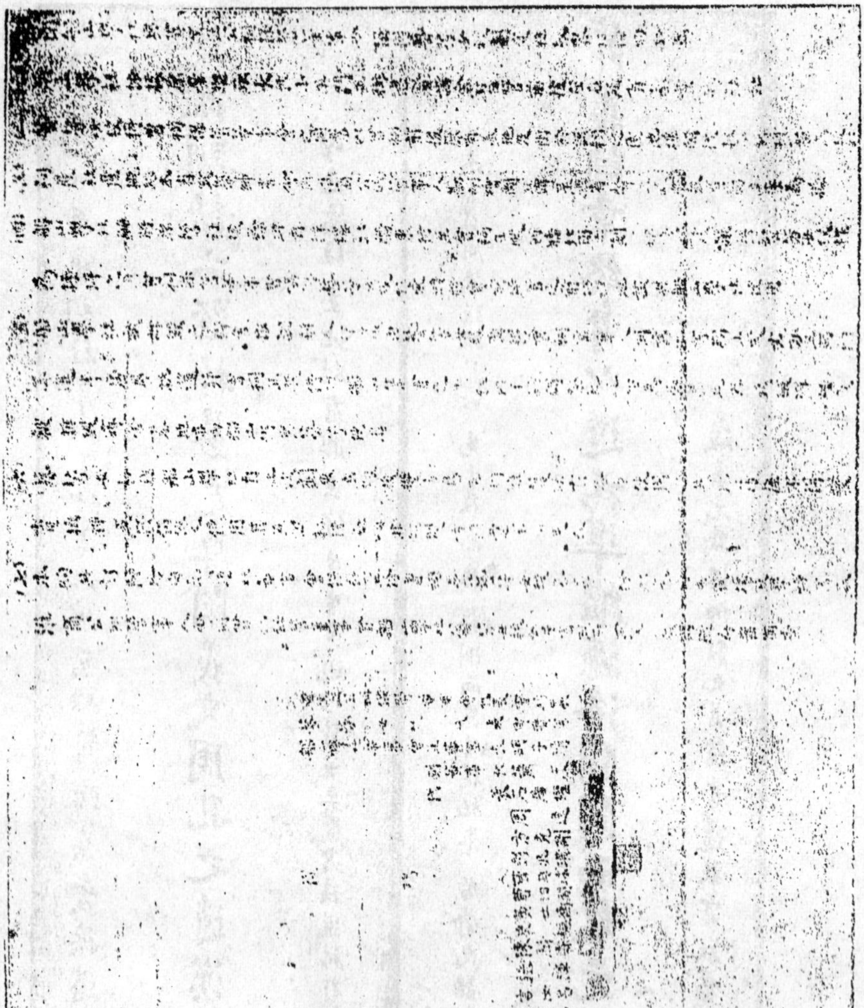

轉載

船山先師詩錄

冬日晚照書懷

周　逸敬選

山滌淨西淸。層雲仍南飛。夕光相宛約。霜氣乍依違。深紫明峯色。餘綠滋垣衣。仰瞻零葉隧。時有寒禽歸。緒心同羣動。斂息無餘機。收照光自炯。專榮道已非。晴日容相借。行將陟翠微。

始夏 戊辰

午睡過微雨。西淸引涼吹。雲光逗新葉。浮綠起新媚。文禽時一飛。水影搖丹翠。物故有今昔。化理無榮悴。遙知薪指窮。未始天容替。閱變遞紛擾。損悲任流逝。嗣者無適期。遐哉閟高寄。

轉載

蔣委員長致各省黨部及各縣地方士紳民衆參加抗戰書（見五月一日國民日報）

各省黨部並轉所屬各縣黨部及各縣地方紳耆士民同鑒。現値二期抗戰進入緊張階段。我前線正規部隊。忠勇將士。已伸再接再厲之威。卽各淪陷區域。我遊擊部隊及民衆武力亦異常活躍。各抱同仇衛國之雄心。爭爲飄風疾雨之突擊。出奇殺敵。建樹尤多。我全國軍民。咸在哀憤怒發之中。寇軍師老氣衰。已有疲於奔命之勢。吾人長期抗戰。最後勝利之信念。至此愈有堅決肯定之把握。本黨各縣地方之黨委黨員。奉行三民主義。許身黨國。處此國家民族生死存亡關頭。冒險犯難。應以犧牲爲天下倡。務當格外奮發。勇往無前。一切動員抗戰事宜。必須與當地官民。通力合作。赴湯蹈火。在所不辭。名位得失。絕非所計。對於地方公正賢明負有聲望之紳耆。尤應傾誠推重。敦請主持。號召民衆。共同抗戰。而我黨部同志。則多方努力。矢志輔助。但求有裨於殺敵。無惜執鞭以相從。更望我各地父老士紳。輾轉告誡。共相策勉。應知此次敵寇。肆其侵略。實欲覆我華夏滅我種族。敵兵所至。屠戮焚掠。順民亦無倖免。迫辱奸淫。老幼胥被淩虐。凡茲慘狀。悉爲實錄。以我詩書禮義之邦家。詎容蛇蝎豺狼之蹂躪。且覆巢必無完卵。束手決難偷生。存亡榮辱。爭於呼吸。爲今之計。舍舉國一心人人振奮隨時隨地與敵作殊死周旋之外。別無可以自全之道。我各地父老士紳。或爲鄉邦輿望所歸。或爲才智優長之傑。務各乘時崛起。當仁不讓。號召鄉里子弟。嚴密組織。本軍法之部勒。爲抗戰之協助。或爲前線部隊。盡工事輸送之勞。或與遊擊偏師。通呼應夾擊之力。即在淪陷區域之內。寇軍結集。多在交通便利之城市。其他鄉村或偏僻縣屬。所有民衆。依舊可以自由活動。提挈運用。儘多機會。其有避難他鄉者。尤盼速歸桑梓。援匹夫有責之義。奮死中求生之圖。率勵民衆。躬爲領導。乘隙抵瑕。伺機挫敵。本委員長總領師干。統籌戰局。凡能披髮攖冠。獻身黨國之賢豪。皆當視同效命疆埸。股肱心腹之袍澤。憂患相同。生死與共。困難必予解除。行動必使便利。其有特殊建樹。協應機宜。懋著勳績者。必予逾格之酬庸。其有不避艱險。取義成仁。因而犧牲者。必予特殊之褒卹。易曰。其亡其亡。繫於苞桑。吾國有史以來。每當異族侵淩之會。特多慷慨忠義之賢。有明一代。倭患披猖。不減今日。其時我晉蘇浙閩各地豪傑。糾集民力。自動殺敵保鄉著績者。不可勝數。緬懷當前之危難。迴想前賢之節概。我各地之父老士紳。救國自救。雪恥復仇。當必有投袂而起。赴義爭先者矣。務盼我各縣黨部同志。以中正此義。廣爲傳達。集衆志以成城。靖大節以報國。時乎不再。願共圖之。　蔣中正手啓　三十日侍祕鄂

逸按右函大義森嚴。智慮周密。凡我國人。無論在朝在野。應一致速起。廣爲宣傳。家喻戶曉。我國立國具有數千年之歷史。炎皇神明之胄。詩書禮義之邦。詎容倭寇侵略。削我版圖。焚燒淫殺。慘不忍聞。此種奇辱。誓當洒之。父勉其子。兄勉其弟。雪恥復仇。保存民族。衞國衞鄉。卽以救己。或持戈殺敵。或毀家紓難。出錢出力。各盡其能。舉國一心。義無他顧。最後勝利。必屬於我。前月七日台莊之捷。　總裁有訓。勝不可驕。敗亦不餒。至哉名言。亙古不易。茲　諭飭各省地方黨部推重公正紳耆。號召民衆。蓋民衆所趨。恆視紳耆爲歸宿。是紳耆在地方有無形之潛移。値此萬分緊急之時。所關尤重。似不可作鄉鄰閉戶置理亂於不聞。急應奮起。以天地之心爲心。大聲疾呼。喚起民衆。參加抗戰。共同救國。盡其力之所及。庶不負天之所以生。與平日之所

轉載　四

期。船山先生思問錄內篇有云。道莫盛於趨時。富貴貧賤夷狄患難。極於俄頃之動靜云爲。以與物接。莫不有自然之道。時馳於前。不知乘以有功。逮其失而後繼之以悔。及其悔而當前之時又失矣。故悔者終身于悔之道也。動悔有悔。終身于葛藟。往而即新。以盡其乾惕。然後得吉焉。故曰吉行。吉在行也。吾雖不敏。願努力勉之。尤願與天下之同志及耆宿共勉之。

編者周　逸識

師說

船山先師詩錄

春夕同章戴謀看月 丙辰

周逸敬選

草堂新築延新月。夕望春煙散夕清。
天地空輪原自昔。鶯花流目不須驚。
東風搖柳拖柔影。綠韭莎肥炫露明。
莫擬華亭歸鶴怨。湘山布穀未催耕。

蚤春 壬子

側砌新苔透暖融。回波搖影碧痕通。
東風向晚吹疏雨。卻送歸雲上淺紅。
小牎春淺不中春。逕次啼鶯煞惱人。
忘隸故心消不得。夕煙約莫柳條新。

師說

思問錄內篇（續第十四期）

衡陽王夫之撰

後學周 逸箋

事人誠而已矣。正己而無求于人誠也。誠斯上交不諂。下交不瀆。故子路問事鬼神。而夫子以事人告之。盡其敬愛。不妄覬求。必無非鬼而祭之諂。再三不告之瀆。無他。不以利害交鬼神而已。

按盡其敬愛、誠之事人也。不妄覬求、誠之正己也。事人正己、皆根於誠、則得於蒙以養正之功深矣。

道莫盛於趨時。富貴貧賤夷狄患難。極於俄頃之動靜云爲。以與物接。莫不有自盡之道。時馳於前。不知乘以有功。逮其失而後繼之以悔。及其悔而當前之時又失矣。故悔者。終身于悔之道也。動悔有悔。終身于葛藟。往而卽新。以盡其乾惕。然後得吉焉。故曰吉行吉在行也。

按此節是勉人有爲。乘時立功。時過則悔。悔則失時。困于葛藟。失時也。故孔子爲時中之聖。是知其不可而爲之者。蓋欲盡其乾惕。盡其乾惕。然後得吉焉。所謂素位而行。其道莫盛於趨時之謂歟。

君子之過。如日月之食。更新而趨時爾。以向者之過爲悔。于是而有遷就補綴之術。將終身而僅給一過也。

按君子之過。如日月之食。是終身不有貳過。學非顏子。不知所悔。知悔已到更新之境。所謂更新而趨時。正改過之時。如日月之明。人人得見。何貳過之有。

人役而恥爲役。如恥之莫如爲仁。若子路人告之以有過則喜。善用其恥矣。夫唯不以悔累其心也。

按不以悔累其心。正見子路人告之以有過則喜。至云人役而恥爲役。知恥卽是仁心之發動。於是用功。則恥轉爲仁矣。

于不可恥而恥。則移其良恥。以從乎流俗。而恥蕩然矣。故曰。知恥者。知所恥也。

按此節是欲人知可恥。正以從乎流俗。從乎流俗爲可恥。濂溪先生所謂人之生。不幸不聞過。大不幸無恥。必有恥則可教。聞過則可賢。蓋救移其良恥之謂也。

一以貫之。聖人久大之成也。曲能有誠。聖功專直之通也。未能即一。且求諸貫。貫則一矣。貫者非可以思慮材力强推而通之也。尋繹其所已知。敦篤其所已能。以熟其仁。仁之熟。則仁之全體現。仁之全體既現。則一也。

按一貫之道。固非可以思慮材力强推而通之。然求一貫之通。必須用力之久。用力久則仁熟。所謂仁之熟。則仁之全體現。仁之全體既現。非一貫而何。

羣龍無首。故一積衆精以自强。無有遺也。有首焉則首一矣。其餘不一也。然後以一貫之。不然者。而强謂之然。不應者而妄億其應。佛老以之。皆以一貫之之術也。

按羣龍無首。乾之上九變也。九變爲一。一首也。故曰。有首焉則首一矣。其餘不一也。吾道以一貫之。自强不息之謂。非佛老所得而以之者也。

主靜以言乎其時也。主敬以言乎其氣象也。主一以言乎其量也。攝耳目之官以聽于心。盈氣以充志。旁行于理之所昭著而不流。雷雨之動滿盈而不先時以發。三者之同功也。

按主靜主敬主一。三者同功。要皆攝耳目之官以聽于心。聽于心。心在內主一也。故曰雷雨之動滿盈。而不先時以發。靜、敬、之功也。靜敬在心。心、主一也。

天地之生人爲貴。惟得五行敦厚之化。故無速見之慧。物之始生也。形之發知皆疾于人。而其終也鈍。人則具體而儲其用。形之發知視物而不疾也多矣。而其既也敏。孩提始知笑。旋知愛親長。始知言。旋知敬兄命。日新而性富有也。君子善養之。則耄期而受命。

按孩提始知笑。旋知愛親長。始知言。旋知敬兄命。日新而性富有也。此言推原天地生人自然之理。皆陰陽剛柔之分。其中之妙。一動一靜。動是狀造物之用。靜是名造物之體。體用具。鈍敏形焉。所謂知笑知言皆性也。明此。則造物之道。寓于人。寓于人宜善養之。故見敦厚之功。

（未完）

講演

船山先師詩錄

春月歌

周逸敬選

晴風初暖溪光紫。楊柳風輕吹不起。滔滔壁月背雲飛。搖蕩春雲映春水。
春水涵空倒碧天。金波微定影初圓。花跌紅斂垂珠露。葉底苔平綴玉錢。
可憐月落留難住。可惜春光來復去。昨日黎花已起風。何時柳絮還粘樹。
柳絮梨花早歲春。芳郊草軟素光勻。綠窗竹葉飄鸞尾。白袷落英照錦鱗。
當時不解留春在。月落月生春易改。胡蜨香迷夢不成。碧桃花褪芳誰采。
采芳踏月當年客。雙鬟銀絲欺素魄。嬋娟不解古今愁。斜轉空山澄輕碧。

講演

孟子大義

湘潭周 逸沐崖

凡子孟書二百六十章。序詩書。述仲尼。論語之言。無所不包。而其所以示人者。莫非操存涵養之要。七篇之指。無所不究。而其所以示人者。類多體驗擴充之功。所以佐明六藝之文義。崇宣先聖之指務。王制拂邪之檃括。立德立言之程式也。眞西山文集載孟子要略後序中有云。蓋性者義理之本源。學者必明乎此。而後知天下萬善。皆由此出。非有假乎外也。故此篇之首。曰性善焉。性果何物哉。曰五常而已耳。仁義者五常之綱領也。故論性之次。曰仁義焉。心者性之主。不可以無操存持養之功。故論心爲仁義之次。事親從兄天性之自然。而本心發見之尤切者也。故孝弟爲心之次。仁義者人心之所同。而所以賊之者、利也。學者必審乎義利之分。然後不失其本心之正。故義利爲孝弟之次。義利明矣。推之於出處。則修吾天爵。而不誘於人爵。推之於政事。則純乎王道。而不雜乎霸功。故義利之次。二者繼之。聖賢之學。循天理之正。所其盡其性也。異端之學。徇人欲之私。所以拂其性也。故以是終焉。先後次第之列。其指豈不甚明也哉。余以爲學者、欲求其全體。玩其要者。則不出七篇之義。七篇之義。又不外分爲五大綱。(一)言人

講演　孟子大義　二

性本善。欲人存心養性以復其初。(二)論孝弟之道。(三)嚴義利之辨。(四)辨王霸之方。明治道之要。(五)孟子何論古人而自言其爲學要領。茲滙其篇。以告讀者。

(一)滕文公爲世子將之楚。過宋而見孟子。孟子道性善。言必稱堯舜。世子自楚反復見孟子。孟子曰。世子疑吾言乎。夫道一而已矣。成覸謂齊景公曰。彼丈夫也。我丈夫也。吾何畏彼哉。顏淵曰。舜何人也。予何人也。有爲者、亦若是。公明儀曰。文王我師也。周公豈欺我哉。今滕絕長補短。將五十里也。猶可以爲善國。書曰。若藥不瞑眩●厥疾不瘳。

集註云。孟子之言性善。始見於此。而詳具於告子之篇。然默識而旁通之。則七篇之中。無非此理。

公都子問曰。鈞是人也。或爲大人。或爲小人。何也。孟子曰。從其大體爲大人。從其小體爲小人。曰、鈞是人也。或從其大體。或從其小體。何也。曰耳目之官不思而蔽於物。物交物。則引之而已矣。心之官則思。思則得之。不思則不得也。此天之所以與我者。先立乎其大者。則其小者。不能奪也。此爲大人而已矣。

按人性皆善。本體也。存心養性以復其初。工夫也。孟子之官。大抵就本體指點。而示人以致功之方。如滕文公章。道性善者。本體也。藥瞑眩者、工夫也。公都子章、非由外鑠者。本體也。求則得之者。工夫也。異於禽獸章。幾希者。本體也。存之者。工夫也。曹交章。

可爲堯舜者。本體也。徐行後長者。工夫也。人皆有不忍章。四端者。本體也。擴充者。工夫也。（曾國藩孟子要略注）

（二）孟子曰、人之所不學而能者。其良能也。所不慮而知者。其良知也。孩提之童。無不知愛其親也。及其長也。無不知敬其兄也。親親、仁也。敬長、義也。無他。達之天下也。孟子曰。仁之實、事親是也。義之實、從兄是也。智之實、知斯二者。弗去是也。禮之實、節文斯二者、是也。樂之實、樂斯二者。樂則生矣。生則惡可已。則不知足之、蹈之。手之、舞之。

孟子曰。事孰爲大。事親爲大。守孰爲大。守身爲大。不失其身。而能事其親者。吾聞之矣。失其身而能事其親者。吾未之聞也。孰不爲事。事親事之本也。孰不爲守。守身守之本也。

夏靈峯曰。親者身之自出。身者親之所遺。理本無二。故事親必自守身始。一失其身。雖日用三牲之養。亦不足以爲孝矣。復何事之可言哉。事君事長、皆事也。必以事親爲本。則忠可移於君。順可移於長。守家守國、守天下、皆守也。必以守身爲本。身正則家齊。國治而天下平。父子路人。而高談忠君愛國。名節掃地。而侈語齊家治國平天下。其本亂而末治者。未之有也、有親而不能事。孰復能事。有身而不能守。孰復能守。至哉孟子之言。新學者流。所當三復書紳矣。

孟子曰。道在邇而求諸遠。事則易而求諸難。人人親其親、長其長、而天下平。

【集義】親長之道。在人甚邇。則不可指意六合。而忽門內之修。親之長之。在人甚易。則不馳思聖神。而略子弟之職。人人各親其親。各長其長。一人行之。固爲家庭之豫順。人人行之。卽爲國海之雍和。彼求諸功利邪說者。天下豈能平哉。

孟子曰。養生者、不足以當大事。惟送死可以當大事。

朱子曰。事生固當愛敬。然亦人道之常耳。至於送死。則人道之大變。孝子之事親。舍是無以用其力矣、故尤以爲大事。而必誠必信。不使少有後日之悔。

滕定公薨(文公之父)世子謂然友曰。(世子之傅)昔者孟子嘗與我言於宋。於心終不忘。今也不幸。至於大故。吾欲使子見於孟子。然後行事。然友之鄒。問於孟子。孟子曰。不亦善乎。親喪固所自盡也。曾子曰。生事之以禮。死葬之以禮。祭之以禮。可謂孝矣。諸侯之禮。吾未之學也。雖然。吾嘗聞之矣。三年之喪。齊疏之服。飦粥之食。自天子達於庶人。三代共之。然友反命。定爲三年之喪。父兄百官皆不欲。曰、宗國、魯先君莫之行。吾先君亦莫之行也。至於子之身而反之不可。且志曰。喪祭從先祖。曰吾有所受之也。謂然友曰。吾他日未嘗學問。好馳馬試劍。今也父兄百官不我足也。恐其不能盡於大事。子爲我問孟子。然友復之鄒問孟子、孟子曰。然。不可以他求者也。孔子曰。君薨聽於冢宰。歠粥面深墨。卽位而哭。百官有司莫敢不哀。先之也。上有好者。下必有甚焉者矣。君子之德風也。小人之德草也。草尙之風必偃。是在世子。然友反命。世子曰然。是誠在我。五月居廬。未有命戒。百官族人。可謂曰知。及至葬。四方來觀之。顏色之戚。哭泣之哀。弔者大悅。

林之奇曰。孟子之時。喪禮既壞。然三年之喪。惻隱之心。痛疾之意。出於人心之所固有者。初未嘗亡也。惟其溺於流俗之弊。是以喪其良心而不自知耳。文公見孟子。而聞性善堯舜之說。則固有以啓發其良心矣。是以至此而哀痛之誠心發焉。及其父兄百官皆不欲行。則亦反躬自責。悼其前行之不足以取信。而不敢有非其父兄百官之心。雖其資質有過人者。而學問之力。亦不可誣也。及其斷然行之。而遠近見聞。莫不悅服。則以人心之所同然者。人性之善。豈不信哉。

(三)孟子見梁惠王。王曰、叟。不遠千里而來。亦將有以利吾國乎。孟子對曰。王何必曰利。亦有仁義而已矣。王曰。何以利吾國。大夫曰。何以利吾家。士庶人曰。何以利吾身。上下交征利。而國危矣。萬乘之國。弒其君者。必千乘之家。千乘之國。弒其君者。必百乘之家。萬取千焉。千取百焉。不爲不多矣。苟與後義而先利、不奪不饜。未有仁而遺其親者也。未有義而後其君者也。王亦曰仁義而已矣。何必曰利。

朱子曰。仁義根於人心之固有。天理之公也。利心生於物我之相形。人欲之私也。循天理則不求利。而自無不利。徇人欲則求利。未得而害已隨之。孟子一書。以遏人欲。存天理爲主

講演　孟子大義　六

。何必曰利。遏人欲也。亦有仁義。存天理也。凡所發言。鮮有不以此該貫者。

按天下之亂起於爭。爭起於欲利。物我角立、而利心生。有利者必有害者。於是乎爭。有家庭之爭。有社稷之爭。有政府之爭。有種族國際之爭。大爭則大亂。小爭則小亂。近者搆釁數十年。遠者禍延數百世。聖人以天地萬物為一體。無內外、無彼此。皆欲有以生養而安全之。使天地萬物各得其所。其體在仁。其用在義。仁義之性。聖愚所同具。利心起而梏之。惻隱微而仁之體虧。廉恥消而義之用亡。聖人立教。以復其性。使人人皆知有天地萬物一體之仁。各得其所之義。擇其賢者能者而與之。共用天下之事。其德與才。足以稱其職。則終身一官而不徙。用人者不以崇卑為重輕。效用者不以貴賤為榮辱。其心惟在於同心協謀。分用合作。以成天下之務。未嘗計及於一身利害之私。其在下者。則農以力田。工以成器。商以通有無。百官得其人。四民盡其職。君焦心於上。而不以宮府為尊。民勤力於下。而不以田野為賤。各效其能以為國。視人如己。視國如家。視天下如一人。知有當盡之責任。不知有可爭之權利。大道為公。於斯盛矣。自仁義息。而功利之說起。在上者相尚以富強詐謀。在下者相炫以繁華利祿。利之所在。內則父子喋血。兄弟剸刃。君臣倒戈以爭。外則盜賊揭竿。夷狄抗命。黨會伏尸以爭。起於春秋。盛於戰國。極於唐漢宋明。人欲肆而天理滅。紛紛擾擾。醉生夢死。遊庠序則羨科學之榮。居郡縣則思督府之尊。任部院則望宰輔之重。一身而兼數器。一日而治數職。任禹皋稷契之不能任。兼夷夔垂益之不能兼。經學適以文其姦。科學適以濟其貪。異域方言之學。適以肆其毒。舉朝野上下。持論萬殊。其稱名借號。未嘗不曰興教育。保治安。整軍經武。通商惠工。謀地方公益。而究其目之所注。心之所營。手足之所經營。則無非朘民之膏血。括人之金錢。天下之治亂。觀於人心。唐虞之人心。有義無利。夏商周之人心。義勝利。漢唐宋明之人心。利勝義。今日之人心。有利無義。仁義治之源。而利者亂之本。有利無義。則亂本成治源絕矣。嗟乎。人心之趨利。若水之赴壑。聖人嚴爲之防。猶懼不能止其泛濫之勢。而況昌言以教天下。則朝庭上下。汲汲焉惟日夜權利之爭。而君臣父子之倫。禮義廉恥。人道之防。有所不暇顧者。孟子尊王道。黜霸功。七篇之書。必以闢利爲首者。利爲亂之所由生。不絕其亂本。則天下之亂不止。士不去其利心。不可以爲學。民不去其利心。不可與爲治。上下交徵利、而國危矣。後義先利。不奪不饜。孟子痛心疾首而道之。有國家者、盍三復孟子之言。（見夏靈峯闢利說）

孟子曰。雞鳴而起。孳孳爲善者。舜之徒也。雞鳴而起。孳孳爲利者。蹠之徒也。欲知舜與蹠之分。無他。利與善之間也。

景春曰。公孫衍張儀。豈不誠大丈夫哉。一怒而諸侯懼。安居而天下熄。孟子曰。是焉得爲大丈乎。子未學禮乎。丈夫之冠也。父命之。女子之嫁也。母命之。往送之門。戒之曰。往之女家。

必敬必戒。無違夫子。以順爲正者。妾婦之道也。居天下之廣居。立天下之正位。行天下之大道得志與民由之。不得志獨行其道。富貴不能淫。貧賤不能移。威武不能屈。此之謂大丈夫。

按此章、亦辨別義利之最嚴者。妾婦之道。阿諛苟容。竊取權勢、利也。丈夫之事。直道而行。浩然無累、義也。故朱子編入此卷。（曾國藩孟子要略注）

（四）齊宣王問曰。齊桓晉文之事。可得聞乎。孟子對曰。仲尼之徒。無道桓文之事者。是以後世無傳焉。臣未之聞也。無以。則王乎。曰、德何如、則可以王矣。曰、保民而王。莫之能禦也。曰若寡人者。可以保民乎哉。曰可。曰何由知吾可也。曰臣聞之。胡齕曰。王坐於堂上。有牽牛而過堂下者。王見之。曰牛何之。對曰。將以釁鐘。王曰。舍之。吾不忍其觳觫。若無罪而就死地。對曰、然則廢釁鐘與。曰、何可廢也。以羊易之。不識有諸。曰有之。曰是心足以王矣。百姓皆以王爲愛也。臣固知王之不忍也。王曰然。誠有百姓者。齊國雖褊小。吾何愛一牛。卽不忍其觳觫。若無罪而就死地。故以羊易之也。曰王無異於百姓之以王爲愛也。以小易大。彼惡知之。王若隱其無罪而就死地。則牛羊何擇焉。王笑曰。是誠何心哉。我非愛其財。而易之以羊也。宜乎百姓之謂我愛也。曰無傷也。是乃仁術也。見牛未見羊也。君子之於禽獸也。見其生不忍見其死。聞其聲不忍食其肉。是以君子遠庖廚也。王悅曰。詩云。他人有心。予忖度之。夫子之謂也。夫我乃行之。反而求之。不得吾心。夫子言之、於我心有戚戚焉。此心之所以合於王者。何也。曰有復於王者。曰吾力足以舉百鈞。而不足以舉一羽。明足以察秋毫之末。而不見輿薪。則王許之乎。曰否。今恩足以及禽獸。而功不至於百姓者。獨何與。然則一羽之不舉。爲不用力焉。輿薪之不見爲不用明焉。百姓之不見保。爲不用恩焉。故王之不王。不爲也。非不能也。曰不爲者。與不能者之形。何以異。曰挾泰山以超北海。語人曰。我不能是誠不能也。爲長者折枝。語人曰、我不能是不爲也。非不能也。故王之不王。非挾泰山以超北海之類也。王之不王。是折枝之類也。老吾老以及人之老。幼吾幼以及人之幼。天下可運於掌。詩云、刑于寡妻。至于兄弟。以御於家邦。言舉斯心。加諸彼而已。故推恩足以保四海。不推恩無以保妻子。古之人所以大過人者。無他焉。善推其所爲而已矣。今恩足以及禽獸。而功不至於百姓者。獨何與。權然後知輕重。度然後知長短。物皆然。心爲甚。王請度之。抑王興甲兵。危士臣。構怨於諸侯。然後快於心與。王曰否。吾何快於是。將以求吾所大欲也。曰王之所大欲。可得聞與。王笑而不言。曰爲肥甘不足於口與。輕煖不足於體與。抑爲采色不足視於目與。聲音不足聽於耳與。便嬖不足使令於前與。王之諸臣。皆足以供之。而王豈爲是哉。曰否。吾不爲是也。曰然則王之所大欲可知已。欲辟土地。朝秦楚。莅中國、而撫四夷也。以若所爲。求若所欲。猶緣木而求魚也。王曰、若是其甚與。曰殆有甚焉。緣木求魚。雖不得魚無後災。以若所爲。求若所欲。盡心力而爲之。後必有災。曰可得聞與。曰鄒人與楚人戰。則王以爲孰勝。曰楚人勝。曰然則小固不可以敵大。寡固不可以敵衆。弱固不可以敵強。海內之地。方千里者九。齊集有其一。以一服八。何以異於鄒敵楚哉。蓋亦反其本矣。今王發政施仁。使天下仕者，皆欲立於王之朝。耕者皆欲耕於王之野。商賈皆欲藏於王之市。行旅皆欲出於王之塗。天下之欲疾其君者。皆欲赴愬於王。其若是。孰能禦之。王曰吾惛不能進於是矣。願夫子輔吾志。明以教我。我雖不敏。請嘗試之。曰無恆產而有恆心者。惟士爲能。若民則無恆產。因無恆心。苟無恆心。放辟邪侈。無不爲已。及陷於罪然後從而刑之。是罔民也。焉有仁人在位。罔民而可爲也。是故明君制民之產。必使仰足以事父母。俯足以畜妻子。樂歲終身飽。凶年免於死亡。然後驅而之善。故民之從之也輕。今也制民之產。仰不足以事父母。俯不足以畜妻子。樂歲終身苦。凶年不免於死亡。此惟救死而恐不贍。奚暇治禮義哉。王欲行之。則盍反其本矣。五畝之宅。樹之以桑。五十者可以衣帛矣。雞豚狗彘之畜。無失其時。七十者可以食肉矣。百畝之田。勿奪其時。八口之家。可以無飢矣。謹庠序之教。申之以孝悌之義。頒白者不負戴於道路矣。老者衣帛食肉。黎民不飢不寒。然而不王者、未之有也。

（五）孟子曰。堯舜性者也。湯武反之也。動容周旋。中禮者、盛德、之志也。哭死而哀。非爲生者也。經德不回。非以干祿也。言語必信。非以正行也。君子行法、以俟命而已矣。孟子曰。禹惡旨酒、而好善言。湯執中、立賢無方。文王視民如傷。望道而未之見。武王不泄邇。不忘遠。周公思兼三王。以施四事。其有不合者。仰而思之。夜以繼日。幸而得之。坐以待旦。

孟子曰。堯舜、性之也。湯武、身之也。五霸、假之也。久假而不歸。惡知其非有也。

孟子曰。聖人百世之師也。伯夷柳下惠是也。故聞伯夷之風者。頑夫廉。懦夫有立志。聞柳下惠之風者。薄夫敦。鄙夫寬。奮乎百世之上。百世之下。聞者莫不興起也。非聖人而能若是乎。而況於親炙之者乎。

孟子曰。仲尼不爲已甚者。

孟子曰。子路人告之以有過則喜。禹聞善言則拜。大舜有大焉。善與人同。舍己從人。樂取於人以爲善。自耕稼陶漁。以至爲帝。無非取於人者。取諸人以爲善。是與人爲善者也。故君子莫大乎與人爲善。

公都子曰外人皆稱夫子好辯。敢問何也。孟子曰。予豈好辯哉。予不得已也。天下之生久矣。一治一亂，當堯之時，水逆行。氾濫於中國，蛇龍居之。民無所定。下者爲巢上者爲營窟。書曰、洚水警余。洚水者、洪水也。使禹治之。禹掘地而注之海。驅蛇龍而放之沮。水由地中行。江淮河漢是也。險阻既遠。鳥獸之害人者消。然後人得平土而居之。堯舜既沒。聖人之道衰。暴君代作。壞宮室以爲汙池。民無所安息。棄田以爲園囿。使民不得衣食。邪說暴行又作。園囿汙池。沛澤多而禽獸至。及紂之身。天下又大亂。周公相武王。誅紂伐奄。三年討其君。驅飛廉於海隅而戮之。滅國者五十。驅虎豹犀象而遠之。天下大悅。書曰丕顯哉文王謨。丕承哉武王烈。佑啓我後人。咸以正無缺。世衰道微。邪說暴行有作，臣弑其君者有之。子弑其父者有之。孔子懼。作春秋。春秋天子之事也。是故孔子曰。知我者其惟春秋乎。罪我者、其惟春秋乎。聖王不作。諸侯放恣。處士橫議。楊朱墨翟之言盈天下。天下之言。不歸楊、則歸墨。楊氏爲我。是無君也。墨氏兼愛。是無父也。無父無君。是禽獸也。公明儀曰。庖有肥肉。廐有肥馬。民有飢色。野有餓莩。此率獸而食人也。楊墨之道不息。孔子之道不著。是邪說誣民。充塞仁義也。仁義充塞。則率獸食人。人將相食。吾爲此懼。閑先聖之道。距楊墨放淫辭。邪說者不得作。作於其心。害於其事。作於其事。害於其政。聖人復起。不易吾言矣。昔者禹抑洪水。而天下平。周公兼夷狄。驅猛獸而百姓甯。孔子成春秋、而亂臣賊子懼。詩云戎狄是膺。荆舒是懲。則莫我敢承。無父無君。是周公所膺也。我亦欲正人心。息邪說。距詖行。放淫辭。以承三聖者。豈好辯哉。予不得已也。能言距楊墨者。聖人之徒也。

萬章問曰。孔子在陳曰。盍歸乎來。吾黨之士。狂簡進取。不忘其初。孔子在陳。何思魯之狂士。孟子曰。孔子不得中道而與之。必也狂獧乎。狂者進取。獧者有所不爲也。孔子豈不欲中道哉。不可必得。故思其次也。敢問何如。斯可謂狂矣。曰如張琴曾晳牧皮者。孔子之所謂狂矣。何以謂之狂也。曰其志嘐嘐然。曰古之人。古之人。夷考其行。而不掩焉者也。狂者又不可得。欲得不屑不潔之士而與之。是獧也。是又其次也孔子曰。過我門而不入我室。我不恨焉者。爲其鄉愿乎。鄉愿、德之賊也。曰何如斯可謂之鄉愿矣。曰何以是嘐嘐也。言不顧行。行不顧言。則曰古之人。古之人。行何爲踽踽涼涼。生斯世也。爲斯世也。善斯可矣。閹然媚於世也者。是鄉愿也。萬章曰。一鄉皆稱愿人焉。無所往而不爲愿人。孔子以爲德之賊。何哉。曰非之。無舉也。刺之無刺也同乎流俗。合乎汚世。居之似忠信。行之似廉潔。衆皆悅之。自以爲是。而不可與入堯舜之道。故曰德之賊也。孔子曰。惡似而非者。惡莠、恐其亂苗也。惡佞、恐其亂義也。惡利口、恐其亂信也。惡鄭聲、恐其亂樂也。惡紫、恐其亂朱也。惡鄉愿、恐其亂德也。君子反經而已矣。經正則庶民興。庶民興斯無邪慝矣。

以上所舉五大綱。不過知孟子要指之一二。若依次求之。則知讀法。亦不出論語惟立言有同有不同者。留意詩書之際。敦教化。明人倫。此與論語同者也。然而不同者論語氣平。孟子氣激。論語辭約而意盡。孟子氣盛而言宣。論語祇言性。而孟子直道性善。論語祇言仁。而孟子兼明仁義。論語祇言志。而孟子深論養氣。至論語論政。祖述堯舜。憲章文武。尙王而未言制。而孟子則明王道。而言制之所宜。治地莫善於助，仁政必始經界。班爵制祿。敷言秩如。以此類求。而研究之方法。愈演而愈進。如言性理、「孟子道性善」：世人之所知也。而孟子之所以道性善者。則或世人之所未知。孟子道性善之方法有二、一以（故）言性。孟子曰。「天下

第二卷第十五期　四八三五

之言性也。則故而已矣」。(離婁下)朱子注、性者、人物所得以生之理也。故者。其已然之迹。若所謂(天下之故)者也。言事物之理。雖若無形而難知。然其發見之已然。則必有迹而易見。故天下之性者。但言其故。而理自明。猶所謂「善言天者、必有驗於人」也。此孟子以(故)言性之說也。二以(情)證性。孟子好以(惻隱)(羞惡)(辭讓)(是非)四端言性。皆(情)也。(情)之爲言(性之感)也、荀子正名篇曰。(生之所以然者謂之性。性之好惡喜怒哀樂謂之情)論衡初稟篇曰「情接於物而然者也」。蓋(生之謂性)。而(情)則性之發。(性)不可見。而(情)可見。故以情證性也。此孟子道性善之方法也。其類甚多。不能悉數。今論二事。聊當舉隅七篇之旨。性善爲要。學者明此。餘義了然。

(完)

大學大義 前人

宋朱熹大學章句序

大學之書。古之太學。所以教人之法也。蓋自天降生民。則旣莫不與之以仁義禮智之性矣。然其氣質之稟。或不能齊。是以不能皆有以知其性之所有而全之也。一有聰明睿智。能盡其性者出於其間。則天必命之以爲億兆之君師。使之治而教之以復其性。此伏羲神農黃帝堯舜所以繼天立極。而司徒之職。典樂之官。所由設也。三代之隆。其法寖備。然後王宮國都以及閭巷。莫不有學。人生八歲。則自王公以下至於庶人之子弟。皆入小學。而教之以灑掃應對進退之節。禮樂射御書數之文。及其十有五年。則自天子之元子衆子。以至公卿大夫元士之適子。與凡民之俊秀。皆入大學。而教之以窮理正心修己治人之道。此又學校之教。大小之節。所以分也。夫以學校之設。其廣如此。教之之術。其次第節目之詳又如此。而其所以爲教。則又皆本之人君躬行心得之餘。不待求之民生日用彛倫之外。是以當世之人無不學。其學焉者無不有以知其性分之所固有。職分之所當爲。而各俛焉以盡其力。此古昔盛時所以治隆於上。俗美於下。而非後世之所能及也。及周之衰。賢聖之君不作。學校之政不脩。教化陵夷。風俗頹敗。時則有若孔子之聖。而不得君師之位。以行其政教。於是獨取先王之法。誦而傳之。以詔後世。若曲禮少儀內則弟子職諸篇。固小學之支流餘裔。而此篇者。則因小學之成功。以著大學之明法。外有以極其規模之大。而內有

講演　大學大義

以盡其節目之詳者也。三千之徒。蓋莫不聞其說。而曾氏之傳。獨得其宗。於是作爲傳義。以發其意。及孟子沒。而其傳泯焉。則其書雖存。而知者鮮矣。自是以來。俗儒記誦詞章之習。其功倍於小學而無用。異端虛無寂滅之教。其高過於大學而無實。其他權謀術數。一切以就功名之說。與夫百家衆技之流。所以惑世誣民。充塞仁義者。又紛然雜出乎其閒。使其君子不幸而不得聞大道之要。其小人不幸而不得蒙至治之澤。晦盲否塞。反覆沉痼。以及五季之衰。而壞亂極矣。天運循環。無往不復。宋德隆盛。治教休明。於是河南程氏兩夫子出。而有以接乎孟氏之傳。實始尊信此篇。而表章之。卽又爲之次其簡編。發其歸趣、然後古者大學教人之法。聖經賢傳之指。粲然復明於世。雖以熹之不敏。亦幸私淑而與有聞焉。顧其爲書。猶頗放失。是以忘其固陋。采而輯之。間亦竊附己意。補其闕略。以俟後之君子。極知僭踰。無所逃罪。然於國家化民成俗之意。學者修己治人之方。則未必無小補云。

按大學之書。古之太學。所以爲學之道也。於今可見古人爲學規模者。賴有此耳。其大義朱子序中闡發已備。茲復析爲四則。(一)大學之解題。(二)大學之作者。(三)大學之本子。(四)大學之讀法。

(一)大學之解題　大學爲禮記四十九篇之一。次第四十二。自宋以前。無別行之本。司馬光有中庸大學廣義一卷。而大學一書。始與中庸駢稱別出。程顥及弟頤世稱二程夫子。爲道學開山之祖。教人自致知至於知止。誠意致於平天下。灑掃至於窮理盡性。表章大學中庸二篇與論語孟子並行。以爲標指。至達於六經。迄宋南渡新安朱熹得程氏正傳。迺撰大學章句與中庸章句。論語孟子集註并行。寧宗朝開僞學禁。稱朱熹四書。自是有四書之目。而大學遂爲四書之一。謂之大學者何。曰大學者。太學之道。禮記鄭玄註「大讀音泰」程子改讀如字。按大小太少。古籍通用。如大宰一曰太宰。小宰一曰少宰之類。不以老稚巨細分也。大學之對小學而得名。雖程朱未之易也。又曰大學者。大人之事。大人以對小人而得名。樊遲請學稼。子曰「小人哉樊須」孟子「體有小大、養其小者爲小人、養其大者爲大人」、所謂言必信。行必果之所以爲小人之硜硜者。以獨善而未能兼善也。必明德親民而止於至善。斯爲大學之究竟義。

(二)大學之作者　鄭玄目錄曰。「名曰大學者、以其記博學可以爲政也、此於別錄屬通論」(禮記正義引)而不言作者何人。(毛奇齡四書改錯云、鄭氏禮註、孔鮒孔叢子並云、大學中庸皆子思所作、此或可據、今檢兩書、不得未識何本)、蓋東漢時。已不得作者姓名。朱熹撰大學章句分經一章。傳十章。以爲「經一章、蓋孔子之言、而曾子述之其傳十章、則曾子之意。而門人記之也」。其答林擇之書云「傳中引曾子曰、知曾氏門人成之」、此則信矣。然孔門記夫子之言必稱「子曰」、「子言之」、「孔子曰」、「夫子之言曰」、以顯之。今大學不著何人之言。以爲孔子義無所據。(汪中述學大學平義)按朱熹以前。實未有以大學爲曾子作者。以曾子作者。自朱熹訂之。

(三)大學之本子 昔蕭山毛奇齡大可撰大學證文四卷。備述諸家大學改本之異同。首列禮記註疏本。大學之眞古本也。次列漢熹平石經本。有錄無書。以原本不傳。且考驗舊文知卽今註疏之本。故不復列。次爲魏正始石經本。明鄞人、豐坊道生所依託者。仍列於前。從其所僞之時代也。次爲高攀龍改本。次爲伊川程子改本。皆僅列其異同之處。而不錄全文。凡十本。而漢熹平石經本。卽註疏本。實九本。宋以前皆用註疏本。宋以後改本不一。而朱熹爲大宗。熹撰章句。蓋折衷於註疏本與程顥本之間者。要之大學一書。以註疏本爲最古。以朱熹本爲最通行。一漢一宋。如日月之經行中天。

(四)大學之讀法 大學之書。文章典則。辭趣宏深。擴其量以平天下。引其緒於明明德。故聖人能以天下爲一家。中國爲一人者。非意之也。六通四辟。運用無乎不在矣茲欲擬爲讀法。亦不外第一明其宗旨。第二覈其篇章。第三釋其訓詁。(一)明其宗旨。 大學者、大人之學不私其我於一己之學。大覺之道。匪以獨覺爲自慊之道。題蘊昭宣。宗旨自明。格物致知者。始事也。誠意止至善者。極功也。所謂誠其意者。毋自欺也。以之修身。謂之明德。以之淑人。謂之親民。以言乎天地之間。則備矣。大學之以至善知止。猶易卦之以未濟終篇。精益求精。人心旣無自慊之日。善又有善。吾道寧有息肩之涯。引之彌長。恢之彌廣。善之鵠的。旣以人羣之造化而彌高。學之勵修。又以鵠的之繼高而精進。此易六十四卦之所以爲終於未濟而止至善。所以爲大學之極詣也。(二)覈其篇章　周秦古書。凡一篇述數事。則必先詳其目而後備言之。首末相應。此不僅大學爲然。獨大學一篇。朱熹分爲經一章。傳十章。最爲淸儒所訾議。然漢鄭玄亦已覈其篇章。(見註疏本)非朱熹始分章也。(三)稽其訓詁　按大學訓詁之聚訟者。不出三事。(一)曰「明明德」鄭玄註「明明德謂在明其至德也」。孔穎達疏「章明已之光明之德。謂身有明德而更章顯之」。註以「明德」爲至善。旣涉浮泛。疏用章顯訓上「明」尤近外鑠。循文爲訓。未中肯要。獨熹章句最爲警切。稱「明明之也、明德者、人之所得乎天。而虛靈不昧。以具衆理而應萬事者也。但爲氣稟所拘。人欲所蔽。則有明而昏。然其本體之明。則有未嘗息者。故學者當因其所發而遂明之以復其初也。上「明」之解用鄭註而特分明了當「明德」之訓。取孔疏而更鞭辟入裏。爾雅釋言、「明朝也」。(二)曰「親民」孔穎達疏稱「親愛於民」而程顥則曰「親當作新」、朱熹章句采焉。淸儒多明孔疏以難程朱。然下文釋「明明德」之後。引湯之盤銘曰、「苟日新、日日新、又日新」、康誥曰、「作新民」、詩曰「周雖舊邦、其命維新」、則是明以新民爲言。而上文必執「親愛」爲訓。前後不照。於義何取。且同聲通段。古書極多其例。何獨於「親當作新」而疑之。(三)曰「格物」、鄭玄註「格來也。物猶事也。其知於善深則來善物。其知於惡深則來惡物」。穿鑿難曉。於上下文義尤扞格。而朱熹章句則曰、「格至也。物猶事也」。

所謂致知在格物者。言欲致吾之知。在卽物而窮其理也」。「物」之「猶事」、旣同鄭玄「格」之詁「至」、語出爾雅。（爾雅釋詁、格至也）、格物猶言隨事也。所謂大學之道。在乎格物以致其知。格物者、窮理之謂也。蓋有是物。必有是理。然理無形而難知。物有迹而易視。故因是物以求之。使是理瞭然心目之間。而無毫髮之差。則應乎事者。自無毫髮之謬。此朱子「格物」之眞實解故。而所以自命一家。蓋合格物而言明德。象山之學也。離明德而言新民。永嘉之學也。（永嘉之學、薛季宣陳傅良、葉適爲著、其學主禮樂制度以求見之事功。而推原以爲得統於程氏）。則是大學者。朱熹之學所自出也。

要指

應城易奉乾著有大學古本易解。其序有云。夫大學爲天人一貫之書。含有六經奧旨者也。昔者聖人作易以順性命之理。大學言明德。不言性命。然明德者、天之明命。實爲中庸首揭天命謂性句所本。大學曰明德。中庸曰性之德。同一物也。則謂大學爲言性命之書也無疑。書敘帝王精一執中之傳。大學言至善不言中。然至善者。極也。極卽中也。大學曰。君子無所不用其極。中庸曰、君子而時中。中者、不偏不倚之謂。極者、無偏無黨無反無側之謂。故書曰建中。亦曰建極。而大學中庸所以相爲經緯也。詩之爲教也。蔽以一言曰。思無邪。大學之教曰誠意。禮之爲教也。蔽以一言曰無不敬。大學之教曰敬止。春秋褒善而貶惡。大學言實善。言迸惡。周官分職而理財。大學言用人。言生財。語云、通經所以致用。雖百王異制。九洲異俗。然試探其政教之原。治學之本。善觀其通。有能出六經之範圍者乎。合六經之全文。近三十萬言。而大學以一千七百五十三字囊括之。然則謂六經爲古今中外言政言教言治言學之原理。而大學卽爲原理之原理。讀大學不啻讀六經。六經或不易讀。大學非不易讀也。徒以解者愈多。經旨轉晦。解者以我解經。聚訟不休。讀者以人讀經。折衷無自。遂使昌言廢經者執爲口實。此離經畔道者所以日多。世道人心所以愈趨愈下也。孟子有言。經正則庶民興。當此世道陵夷。人心陷溺之秋。而欲力謀挽救。舍經正尙安望哉。江希張所謂大學之道。致廣大而盡精微。其大用在治國平天下。其微言在格物致知。使人先要看透了一切的事物。得着眞正的知識。然後能大徹大悟。自明而誠。由智而仁。故「己欲立而立人、己欲達而達人」、達之於天下而後已。此謂大學。此謂學之至也。

（完）

中庸大義

宋朱熹中庸章句序　　前人

中庸何爲而作也。子思子憂道學之失其傳而作也。蓋自上古聖神。繼天立極。而道統之傳有自來矣。其見於經則允執厥中者。堯之所以授舜也。人心惟危。道心惟微。惟精惟一。允執厥中者。舜之所以授禹也。堯之一言。至矣盡矣。而舜復益之以三言者。則所以明夫堯之一言。必如是而後可庶幾也　蓋嘗論之。心之虛靈知覺。一而已矣。而以爲有人心道心之異者。則以其或生於形氣之私。或原於性命之正。而所以爲知覺者不同。是以或危殆而不安。或微妙而難見耳。然人莫不有是形。故雖上智不能無人心。亦莫不有是性。故雖下愚不能無道心。二者雜於方寸之間。而不知所以治之。則危者愈危。微者愈微。而天理之公。卒無以勝夫人欲之私矣。精則察夫二者之間而不雜也。一則守其本心之正而不離也。從事於斯。無少間斷。必使道心常爲一身之主。而人心每聽命焉。則危者安。微者著。而動靜云爲。自無過不及之差矣。夫堯舜禹。天下之大聖也。以天下相傳。天下之大事也。以天下之大聖。行天下之大事。而其授受之際。丁寧告戒。不過如此。則天下之理。豈有以加於此哉。自是以來。聖聖相承。若成湯文武之爲君。皋陶伊傅周召之爲臣。既皆以此而接夫道統之傳。若吾夫子。則雖不得其位。而所以繼往聖。開來學。其功反有賢於堯舜者。然當是時。見而知之者。惟顏氏曾氏之傳得其宗。及曾氏之再傳。而復得夫子之孫子思。則去聖遠而異端起矣。子思懼夫愈久而愈失其眞也。於是推本堯舜以來相傳之意。質以平日所聞父師之言。更互演繹。作爲此書。以詔後之學者。蓋其憂之也深。故其言之也切。其慮之也遠。故其說之也詳。其曰天命率性。則道心之謂也。其曰擇善固執。則精一之謂也。其曰君子時中。則執中之謂也。世之相後千有餘年。而其言之不異。如合符節。歷選前聖之書。所以提挈綱維。開示蘊奧。未有若是之明且盡者也。自是而又再傳以得孟氏。爲能推明是書。以承先聖之統。及其沒而遂失其傳焉。則吾道之所寄。不越乎言語文字之間而異端之說。日新月盛。以至於佛老之徒出。則彌近理而大亂眞矣。然而尙幸此書之不泯。故程夫子兄弟者出。得有所考。以續夫千載不傳之緒。得有所據以斥夫二家似是之非。蓋子思之功。於是爲大。而微程夫子。則亦莫能因其語而得其心也。惜乎其所以爲說者不傳。而凡石氏之所輯錄。僅出於其門人之所記。是以大義雖明。而微言未析。至其門人所自爲說。則雖頗詳盡。而多所發明。然倍其師說而淫於老佛者。亦有之矣。熹自蚤歲。卽嘗受讀而竊疑之。沈潛反復。蓋亦有年。一旦恍然似有以得其要領者。然後乃敢會衆說而折其中。既爲定著章句一篇。以俟後之君子。而一二同志。復取石氏書刪其繁亂。名以輯略。且記所嘗論辯取舍之意。別爲或問。以附其後。然後此書之旨。支分節解。脈絡貫通。詳略相因。巨細畢舉。而凡諸說之同異得失。亦得以曲暢旁通。而各極其趣。雖於道統之傳。不敢妄議。然初學之士。或有取焉。則亦庶乎行遠升高之一助云爾。

按中庸之書。所以開大原。立大本。（王柏古中庸跋）蓋聖學之淵源。入德之大方也。（楊時中庸解序）卒爲是篇。以原聖學。然其大義朱子中庸章句序中亦如大學之意已說明矣。茲仍照編選大學例。分爲四則。（一）中庸之解題。（二）中庸之作者。（三）中庸之本子。（四）中庸之讀法。

（一）中庸之解題　中庸本禮記四十九篇之第三十一。然單篇別出。由來已久。漢書藝文志。有中庸說二篇。隋書經籍志。有宋散騎常侍戴顒禮記中庸傳二卷。梁武帝中庸講疏一卷。私記制旨中庸義五卷。宋仁宗書中庸賜王堯臣。張載以無所不學。當康定用兵時、上書謁范仲淹言兵事。仲淹曰、「名教中自有樂地」、因勸讀中庸。則表章不始二程。朱熹得二程之學。乃以配大學併論語孟子稱爲四書。詳大學篇。而謂之中庸者。詁訓不一。鄭玄目錄云。名曰中庸者。以其記中和之爲用也。庸用也。（禮記正義引）此一說也。程頤曰。「不偏之謂中、不易之謂庸、中者天下之正道。庸者天下之定理」。（楊時中庸解自序）此又一說也。頤爲中庸作解。自以不滿其意而焚稿焉。遂以屬門人郭忠孝。忠孝中庸說。謂「中爲人道之大。以之用於天下國家」。又云。「極天下至正謂之中。通天下至變謂之庸」。（朱彝尊經義考引黎立武說）蓋中之訓。本諸師說。而庸之詁。兼採鄭玄折衷二家之間。此又一說也。朱熹曰。「中者、不偏不倚。無過不及之名。庸平常也。（中庸章句）此又一也。其中程頤之解。宋學所宗。雖異鄭玄。而古訓是式。於誼爲長。朱熹本之而加精密。（不偏不倚、無過不及、）所以爲「天下之正誼」。

（二）中庸之作者　按史記孔子世家曰。「子思作中庸」、鄭玄目錄云。「孔子之孫子思伋作之。以昭明聖祖之德」。（禮記正義引）孔叢子云。出依託然見隋書經籍志著錄。多存漢魏舊說。亦稱爲子思所撰。則「子思作中庸」。乃漢以前相傳舊說。疑可信也。惟孔鮒謂「子思年十六作中庸。」而宋翔鳳過庭錄。乃據孔子世家以辨之曰。孔子世家云。「伯魚年五十先孔子死。伯魚生伋。字子思。年六十二。嘗困於宋作中庸。」鄭康成說。「顏淵死、伯魚尚未葬」則亦卒於魯哀十三年。蓋遺腹生子思。在十四年。年甚幼不及事孔子。故孔子之喪。皆門人所治。以子思在襁褓也。知子思年六十二。當威烈王六年。是年困於宋。作中庸、中庸爲繼聖明道之書。故以年著之。與上文敘孔子大事。必著年若干同例。六十二非卒年也。子思卒年不書。史失之。又十三年。當威烈王十九年。爲魯繆公元年。子思年七十五。繆公亟見子思。尊禮之。果子思年六十二。安得至穆公時。孟子之言。反爲失實矣。」其言甚辯以覈。然宋氏引孟子以證史公紀年之或有則可。而遷就依違則不可。今按世家上下文讀之曰。「伯魚年五十。先孔子死」。曰「子思生白、字子上。年四十七」「子上生求、字子家。年四十五」。則「年六十二者。史公自敘子思卒年。非作中庸之年也。至謂中庸爲子思困於宋而作。亦採孔叢而非史公之意。史公書曰。「嘗困於宋。子思作中庸」。昔堯之命舜曰、「允執厥中」。舜用中於民。而亦以命禹。蓋中庸之義所由本。而王應麟困學紀聞則謂。孔子曰。「國家有道。其言足以治。國家無道。其默足以容。」(原注大戴記家語)曾子曰。「孝子之事親也。居易以俟命。不行險以僥倖」。(按見大戴記曾子曰孝篇)中庸之言本此。然後知朱熹序章句。謂「子思推本堯舜以來相傳之意。質以平日所聞父師之言。更互演繹。作爲此書」。其言爲信而有徵也。或謂中庸是漢儒所撰。非子思作也。其隙罅有無心而發露者。孔孟皆山東人。故論事就眼前指點。孔子曰。「曾謂泰山不如林放」。曰「泰山其頽」。孟子曰、「登泰山而小天下」。「挾泰山以超北海」。就所居之地。指所有之山。人之情也。漢都長安、華山在焉。中庸引山稱「華嶽而不重」。明明是長安之人。引長安之山。此僞託子思之明驗。(葉酉在與袁隨園書)或又謂中庸釋文」本。「載山嶽而不重」。今云「載華嶽而不重」。爾雅釋山云。「河南華、河西嶽」。不是子思之文。當是西漢博士所改也。(兪正燮癸巳存稿二)此亦足以備異聞。資考論焉。

(三)中庸之本子　按漢書藝文志。中庸說二篇。隋書經籍志。有宋散騎常侍戴顒禮記中〇傳二卷。疑古中庸有二篇本。而傳說者遂依分篇卷。猶漢書藝文志著錄易上下經。遂有易傳周氏、服氏、楊氏、蔡公、韓氏、王氏、皆二篇。論語魯二十篇。遂有魯王駿說亦二十篇。今云中庸說二篇。知必有一本中庸二篇也。戴顒爲傳二卷。疑尙見二篇本矣。今按禮記中庸第三十一。而注疏爲兩卷。爲卷第五十二。爲卷第五十三。豈卽古二篇之舊耶。孔叢稱中庸之書四十九篇。則是中庸有四十九篇本也。而在禮記中者一篇。不知其四十九篇之要删歟。抑合併四十九篇而爲一篇歟。朱熹爲章句。因其一篇者分爲三十三章。遂大行於世。其後王柏因朱熹章句訂古中庸二卷。以第一章至第二十章爲上篇。以第二十一章至三十三章爲下篇。離析爲二。自以爲復中庸二篇之古。而章句不改朱熹也。然朱熹訂大學錯簡。而中庸不言。其後亦有訂中庸錯簡。而別爲定本者。就所覩記。則有明楊守陳撰中庸私抄一卷。管志道撰中庸訂釋二卷。周從龍撰中庸發覆編一卷。凡三家四卷。書帙不見。緒論僅存。(見朱彝尊經義考)楊氏「謂中庸之言若散而無統。亂而無倫。但由簡之有錯耳。既移正其簡。又欲更定其章。則文義皆已連屬更無少斷。然後知大學之章可分。而中庸難以章分也。」(楊守陳中庸自序)要之楊氏管氏周氏三家。別出於朱熹之章句而自成一書者也。

(四)中庸之讀法　昔程頤稱中庸之書。始言一理。中散爲萬事。末復合爲一理。放之則彌六合。卷之則退藏於密。其味無窮。而善讀者之玩索而有得焉。(朱熹中庸章句引)粗擬讀法。以當啓蒙。

(第一)明其宗旨　中庸者。盡性之書也。(王漸逵中庸義略自序)其書始言一理者。天命之性也。中散爲萬事者。率性之道也。末復合爲一理者。修道之教也。(張洪中庸講義自序)首之以天命。性之原也。自天而推之於人。則曰「率性之謂道」。自人而復乎天。則曰「修道之謂教」。（洪若水中庸測自序）教者、所以復其性而已。故於篇末。又從下學立心之始言之。推而至於「上天之載。無聲無臭」。則人未始不爲天。天未始不爲人。天人相與之故。中庸之道極矣。（張洪中庸講義自序）

第二　叚其篇章　中庸篇章。各家不同。就所覩記。禮記正義分全篇爲兩卷三十六節。其後。朱儒晁說之撰中庸傳一卷。支分節解。凡八十二節。如天命之謂性。（節）率性之謂道。（節）修道之謂教（節）道也者。（至）非道也（節）因其瑣細。玆不備錄。至朱熹章句則分爲三十三章。而復截爲三大段。以爲首章。子思推本所傳之意以立言。蓋一篇之體要。其下十章。則引先聖之言以明之也。至十二章。又子思之言。其下八章復引先聖之言明之。二十一章以下至於卒章。則又皆子思之言。反復推明以盡所傳之意者也。（朱熹書中庸後）大抵自第六章至十一章。則連之以智仁勇。自十二章至二十章。則連之以費隱。自二十一章至三十二章。則連之以天道人道。王柏訂古中庸因熹章句。析爲二篇。上篇自第一章至第二十章。以「中庸」爲綱領。其下諸章。推言智仁勇。皆以明「中庸」之義也。下篇自第二十一章至卒章。以「誠」「明」爲綱領。其後諸章。詳言天道人道。皆以著「誠」「明」之道也。自黎立武撰中庸分章一卷。及清李光地撰中庸章段一卷。皆與禮記正義朱熹章句多所不合。要之。章分太碎。意欠融貫。爲蔽一也。玆不詳言。留爲自悟。

第三　觀其會通　中庸一書。內貫易理。外通佛道。佛教者。智信圓融之教也。世界諸宗教。無不根植於信。而見破於智。以故宗教與科學不兩立。乃至與哲學亦相違牾。惟佛教則不然。其利樂有情。始於由智生信。復終於由信轉智。觀釋尊四十九年之說法。最初說有。其次說不有而空。最後乃說究竟。而非空非有之中道。此三時所說之教義。無一非極悲智雙運。朗然澄澈之觀。而其鈐鍵尤在第三時之中道教。中道教者。三時教之一。說有空不偏。中道之教也。是法相宗所立。佛法以中道爲究竟義。吾儒以中庸爲第一諦。中庸之以「誠」「明」互修。猶佛法之貴「智」「信」圓融。自明誠謂之教。教之始於由智生信也。自誠明謂之性。道之終於由信轉智也。誠則明矣。明則誠矣」。誠者、天之道也。誠之者、人之道也。誠者不勉而中。不思而得。從容中道。聖人也。誠之者、擇善而固執之者也。「執其兩端。用其中於民」。「中」者無過不及之名。孔子贊易六十四卦。三百八十四爻。位當者言正。不當者非正。而言「中」也重於正。九三六四。皆正也。三多凶。四多懼。以其不中也。九二、六五、當非正也。二多譽。五多功。以其中也。故彖傳言「中」三十有五。象傳言「中」三十有八。正不必中。中無不正也。其言中也。曰「正中」。曰「時中」。曰「大中」。曰「中道」。曰「中行」。曰「行中」。曰「剛中」。曰「柔中」。剛柔非「中」也。而得「中」者無咎。故嘗謂易六十四卦三百八十四爻。一言以蔽之曰。「中」而已矣。子思昭明聖祖之德而作中庸。其義蓋本之易。聖人之作易也。將以順性命之理。和順於道德而理於義。窮理盡性以至於命。（說卦傳）而「天命之謂性。率性之謂道修道之謂教。此子思作中庸之所為開宗明義者也。然堯之傳舜曰。「允執其中」。而舜亦以命禹。洪範九疇。天所以錫禹也。五居九疇之中。故曰「建用皇極」。「皇極」者、「大中之謂也。堯舜以來。言中不言庸。子思之言中庸。何也。所以救「素隱行怪」。「愚而好自用者之失也」。說文、「庸」從庚從用。「庸」之言、用也。然好自用者、不能和衆。而和衆者。必依「中庸」。自性天之所命者言之。謂之中。傳曰、「民受天地之中」、是也。自盡人所率用者言之。謂之中庸。此曰「用其中於民」。是也。「中」無定體。而用「中」莫如隨時。故曰。「君子之中庸也。君子而時中。雖然。「時中」唯聖者能之。而擇「中」而執之。則人皆可勉。中之所在。善之所在也。故亦謂之擇善。聖人之救人也。欲使愚賢不肖之倫。去其過不及而歸之於中。故示之以從入之方。曰「擇乎中庸」。「擇」也者能不能未定之詞也。擇之而得之。得之而固執之。久之而無時之不用其「中」。此之謂「時中」。「此謂之「依乎中庸」矣。然則何以復言中和。曰自「用其中」者而言。謂之「中庸」。自和於衆者而言。謂之「中和」「發而皆中節」者合乎時。和乎衆者也。天有四時。順其序。不奪其倫。謂之太和。人有七情。中其節。不陵於衆。謂之「中和」「中」以「和」為用。「庸」以「中」為體。故博雅訓「庸」為「和」。而中庸」篇首言「致中和」。「中和」、即「中庸」也。惟「中」斯依乎「庸」。惟「庸」乃「和」乎衆。

孔子特發其義於乾之九二。而推極其致於九五。其贊乾九二曰。「龍德而正中者也。庸言之信。庸行之謹。閑邪存其誠。善世而不伐。德博而化。易曰。「見龍在田。利見大人。君德也」。「君」者、羣也。「君德」之言羣德也。夫以龍德正中之德博而化。而基之於「庸言之信」。「庸言之謹」。此依乎「庸」以執中者也。其贊九五曰。「同聲相應。同氣相求。水流溼。火就燥。雲從龍。風從虎。聖人作而萬物覩。本乎天者親上。本乎地者親下。則各從其類也」。蓋聖人先得我心之同然者。故爲「同聲」「同氣」之義。聖人之於人亦類也。故爲「各從其類」之義。彖曰。「乾道變化。各正性命。保合太和」。卽指九五而言。此依乎「庸」以和衆者也。「素隱行怪。後世有述焉」。斯不「庸」者而失「中」也。六十四卦。不外乎「時中」。孔子知其意而特發「中庸」之義於乾文言。惟「時中」。斯因時制宜。無時不「中」。惟「中庸」斯和光同塵無衆不和。莊子知其意而特發中庸之義於齊物論曰。彼亦一是非。此亦一是非。果且有彼是乎哉。果且無彼是乎哉。彼是莫得其偶。謂之道樞。樞始得其環中以應無窮。是亦一無窮。非亦一無窮也。惟達者知通爲一。爲是不用而寓諸庸。庸也者。用也。用也者。通也。通也者。得也。適得而幾已。因是已。是以聖人和之以是非。而休乎天鈞。雖爲言不同。而言「中」言「庸」則一。然則中庸之書。蓋道出於易。而旁通於道佛書者焉。(見錢基博國學叢書)

按錢基博所言中庸之書。蓋道出於易。未始無見。然非錢基博所見如是。而唐文治所撰中庸大義。亦有見乎中庸道出於易者。其序首篇有云。中庸其準周易而作乎。易上經首乾坤。言天道。下經首咸恆。言人道。而中庸當兼天道人道而言。易以山澤雷風水火平天地。中庸則以山水配天地。水土媲天時。易言自強不息。中庸則言至誠無息。易言遯世无悶。不見是而无悶。中庸則言遯世不見知而不悔。易言庸言之信。庸行之謹。中庸則言庸德之行。庸言之謹。易言素履之往獨行願。中庸則言素其位而行。不願乎其外。易言學以聚之。問以辨之。仁以行之。中庸則言博學之。審問之。明辨之。篤行之。易言厚德。言恆久。中庸則言博厚。言悠久。易言致一。中庸則言不貳。易言與鬼神合其吉凶。知鬼神之情狀。中庸則言體物而不可遺。質諸鬼神而無疑。大哉易也。至哉中庸也。天道之奧。人道之本。其悉於此乎。

更正

船山學報　第十四期

講演　論語大義　周逸

第四頁第七行　三百章（此提出先王以詩教人之旨示人）　王誤生

講演　中庸大義

尙書大義 續第十四期

長沙韓景蘇編述

(丁)周書 (傳)周是文王國號。後武王滅商。因以爲有天下之稱。書凡三十二篇。

(一)泰誓上 上篇未渡河作

泰誓中 中篇既渡河作

泰誓下 此篇亦既渡河作

(經)維十有一年。武王伐殷。一月戊午。師渡孟津。作泰誓三篇。

集傳 按伏勝二十八篇。本無泰誓。武帝時僞泰誓出。與伏勝今文尙書。合爲二十九篇。孔壁尙書雖出。而未傳於世。故漢儒所引泰誓。皆用僞泰誓。如曰白魚入於王舟。有火自上復于下。至於王屋流爲烏。其色赤。其聲魄。史遷周本紀。亦載其詞。然僞泰誓。雖知剽竊經傳所成。然所引古書不能盡見。故後漢馬融得疑其僞。謂泰誓按其文詞。若甚淺露。吾又見書傳多矣。所引泰誓而不在泰誓中者甚多。至晉孔壁古文書行。而僞泰誓始廢。吳氏曰。湯武皆以兵受命。然湯之辭裕。武之辭迫。湯之數桀罪也恭。武之數紂罪也傲。學者不能無憾。且疑其書之晚出。非盡當時之本文也。

集說 十一年者。十三年之誤也。序本依照經文。無所發明。偶誤三而爲一。漢孔氏遂以爲十一年觀兵。十三年伐紂。觀兵、是以臣下脅上也。張子曰。一日而天命未絕。則是君上。一日而命絕。則爲獨夫。豈有觀兵二年之後而始伐之者哉、蓋泰誓序中。旣有十一年之文。而篇中又有觀政於商之語。泰誓得自傳聞。故上篇言觀兵之事。下篇言伐紂之事。司馬遷作周本紀。因亦謂十一年觀兵。十三年伐紂。訛謬相承。展轉左證。後世儒者。遂謂實然。且序惟言武王十一年伐殷。下卽繼以一月戊午。師渡孟津。卽記其年其月其日之事也。夫一月戊午。旣爲十三年之事。則上文十一年恐有誤截矣。孔氏乃離而二之。於十一年之伐殷。則釋爲觀兵之時。於一月戊午師渡孟津。則釋爲伐紂之時。上文則年無所繫之月。下文則月無所繫之年。又序言十一年伐紂。一月戊午師渡孟津。而孔氏乃謂十一年觀兵。十三年伐殷。誠甚謬中之謬也。朱子曰。柯國材言序稱十一年。史稱十三年。至洪範謂十三祀。則其爲十三年審矣。使是十一年伐殷。到十三年方訪箕子。不應如是之緩。此說有理。又蔡鼎曰。泰誓三篇。必非一時一地之所能言。序謂作於一日。疑誤也。

(二)收誓　(注)收地名。在朝歌南七十里。水經注、所謂近在方山西北衞縣之西。其地有清水。俗稱覆水者也。商郊牧野。停止宿夜。士卒皆歡樂歌舞以待旦。詩云。肆伐大商。會朝清明。序因追載牧野戰後事及誓詞焉。疏言武王宿夜其樂亡也。案此、是甲子前夕至牧野事。

(經)武王戎軍三百兩。虎賁三百人。與受戰於牧野。作牧誓。

(經)時甲子昧爽。王朝至商郊牧野。乃誓。王左杖黃鉞。右秉白旄以麾。曰逖矣西土之人。

(注)史遷說十一年伐紂至牧野。周公佐武王作牧誓。(經)甲子昧爽。史遷注作二月甲子。馬融曰。昧未旦也。鄭引詩曰。肆伐大商。會朝清明。鄭曰。郊外曰野。將戰于郊。故至牧野而誓。牧一作坶。孔傳云。紂近三十里。地名牧。括地志云。今衛州城。卽殷牧野之地。周武王伐紂築也。水經注云。清水出方山。方山在衛縣西。俗稱雹水。東南歷牧野。自朝歌以南。南暨淸水。土地平衍。據臯跨澤。悉坶野矣。詩所謂牧野洋洋是也。紂都妹土。在朝歌北。隋置衛縣於此。唐武德時。爲衛州治。卽今之淇縣也。牧野當在今淇縣南。迤邐以至汲縣。故九域志謂汲城亦商牧野地也。孔穎達曰。牧是郊上之地。戰在平野。故言野。詩云。于牧之野。禮記大傳云。牧之野武王之大事。繼牧言野。明是牧地。

(三)武成 林之奇曰。此篇是武王克商之後。史官記載其本末。以見其應天順人之大概。自往伐之初。至於歸馬放牛之後。以及祀羣神、告羣后、與所施設政事。皆識于此篇。吳棫云。史記本紀。言武王罷兵西歸。行巡狩。記政事。作武成。班固亦云。歸狩當以狩爲正。又史氏記武王往伐歸獸。祀羣神、告羣后、與其政事。共爲一書。篇中有武成二字。遂以名篇。

(經)武王伐殷。往伐歸獸。(史記作狩)識其政事。作武成。(注)時潤曰。往伐者、一月戊午。師渡孟津。歸獸者、卽歸馬牧牛。政事者、卽列爵分土之事。

(四)洪範 漢志。禹治洪水。天錫洛書。法而陳之。洪範是也。史記。武王克殷。訪問箕子以天道。箕子以洪範陳之。按篇內曰而曰汝者。箕子告武王之詞。意洪範發于禹。箕子推衍其意。增益以成之與。馬融曰。箕、國名。子爵也。箕子、紂之諸父。服虔謂紂庶兄。司馬彪謂名胥餘。

(經)武王勝殷殺受。立武庚。以箕子歸。作洪範。

集說 武王無殺紂事。紂自殺。遂言殺紂也。蘇軾曰。洪範。大法也。武王問洪範者。武王得箕子。師而不臣也。箕子之言曰。殷其淪喪。我罔爲臣僕。箕子無出仕之道。故太史公曰。武王封箕子於朝鮮而不臣 箕子傳誨則可。仕則不可。此卽箕子所言。我不顧行遯之意。蓋藏于衷也久矣。

(五)分器 此篇亡

(經)武王既勝殷。邦諸侯。班宗彝。作分器。

集說 蔡沈曰。宗彝、宗廟彝尊也。史遷作封諸侯。班賜宗彝。作分殷之器物。鄭康成曰。宗彝宗廟尊也。作分器。著王之命。及所受物。班一作般。史遷。班作封者。古借邦爲封。孔穎達曰。邦諸侯者。立邦國。封人爲諸侯也。詩賚序云。大封於廟。謂此時也。釋言。班賦也。周禮有司尊彝之官。鄭云。彝亦尊也。鬱鬯曰彝。彝法也。言爲尊之法正也。然則盛鬯者爲彝。盛酒者爲彝。皆祭宗廟之酒彝也。分宗廟彝器以賜諸侯。既封、乃賜之也。

(六)旅獒 西旅貢獒召公以爲非所當受。作書以戒武王。

(經)西旅獻獒。太保作旅獒。

(經)惟克商、遂通道于九夷八蠻。西旅底貢厥獒。太保(召公)乃作此篇以訓王。(注)西旅。西方蠻夷國名。犬高四尺曰獒。說文云。此犬是知人心可使者。公羊傳。晉靈公嗾獒欲殺趙盾。盾躇階而走。獒亦躇階而從之。則獒能曉解人意。猛而善搏人。異於常犬。非特以其高大也。

(七)旅巢命 (注)此篇亡

(經)巢伯來朝。芮伯作旅巢命。

集傳 孔安國曰。巢伯、殷之諸侯。伯爵也。南方遠國。世一見者。聞武王克商。慕義而來朝。芮伯周同姓國。在畿內。釋詁云。桀奔南巢。注云。南巢、揚州地。巢伯之國也。今廬江居巢縣是也。案巢卽今安徽巢縣。 (疏)旅巢命之旅。亦與西旅同訓。孔穎達曰。武王克商。巢伯卽遠來受周之王命。知巢伯是殷之諸侯。伯、是殷所封之爵也。仲虺之誥云。成湯放桀于南巢。或卽此巢是也。故先儒相傳。皆以爲南方之國。今聞武王克商。慕義而來朝也。鄭玄以爲南方之國。世一見者。孔以夷狄之爵。不能過子。巢伯伯爵。夷夏未明。故安國直言遠國也。故芮國。地理志謂在今陝西朝邑縣南。

(八)金縢　孔穎達曰。案經言周公以身代武王册祝之書。自納於金縢匱中。及爲流言所搖動。周公避而居東。成王感悟而啓金縢之書。欲卜天變。既得周公册祝之文。遂執書以泣。言不必更卜。當親迎以歸。史氏敘其始終。乃作此篇。

(經)武王有疾周公作金縢

集傳　武王有疾。周公以王室未安。殷民未服。根本易搖。周公爲壇墠。植璧秉珪。請命三王。(太王王季文王)願以自代武王之死。異日、武王乃瘳。周公歸。乃納册祝于金縢匱中。自成王開啓。感悟無疑。後史氏錄其册祝之文。再敘其事之始末。合爲一篇。因以金縢名之。金縢謂以金緘其匱也。按此匱、乃周室藏卜筮書。及告神詞等物者。其制每卜則以告神之辭書于册。既卜則納册于匱以藏之。每有卜皆如此。故周公之啓籥見書。乃啓此匱。後成王遇雷風之變。欲卜而啓金縢者。亦啓此匱也。

集說　孔氏穎達曰。經言册祝之書。周公自納金縢之匱。及武王既喪。三叔流言。成王與大夫共啓金縢始知周公代武王之事。史敘其事。乃作此篇。陳櫟曰。周公初不過納祝册之書于匱中耳。周公東歸之後。史作此篇。乃述稱疾事爲始耳。非周公作此書也。

備考。史記武王蚤終。成王年七歲。周公踐阼。攝行國政。且則織緥負之背以朝。成王長、能聽政。於是周公乃還政於成王。當周公之代成王治也。成王臨朝。周公負斧依南面以朝諸侯。及七年後還政成王。北面就臣位。匔匔如畏然。初成王幼時。周公自揃其蚤。沉之於河。以祝於神求代死。而藏其祝策於府。成王病有瘳。及成王用事。人或譖周公。周公奔楚。成王爵弁發匱。見周公策書。乃泣而行。夜迎周公歸。（策書卽祝神之禱書）周公歸。恐成王壯。治有所淫佚。乃作多士及毋逸。毋逸稱相小人。厥父母勤勞稼穡。其業至長久。厥子孫、乃不知稼穡之艱難。以淫逸驕奢覆其家。否則侮厥父母曰。昔之人無聞知。可謂不知康功田功之艱難矣●

集說　鄭康成曰。文王崩後之明年。生成王。武王崩時。成王年十歲。服喪三年畢。成王年十二。明年將踐阼。周公欲代之攝政。羣叔流言。周公避之。居東都。時成王年十三也。居東二年。成王收捕周公之屬黨。時成王年十四也。古尚書說云。武王崩時。成王年十三。後一年。管蔡作亂。周公東避之。成王爵弁以開金縢之書。時成王年十四。當巳冠矣。鄭康成曰。天子諸侯十二而冠●成王此時年十五。于禮巳冠矣。明年秋大熟。遭雷風之變。時周公居東三年。成王年十五。此迎周公反而居攝之元年也。居攝四年。封康叔。作康誥。是時成王年十八也。故書傳云。天子太　子十八、稱孟侯。五年作召誥。七年作洛誥。伐紂。至此十六年也。作康誥時。成王年十八。洛誥時。年二十一也。卽政時。年二十二也。然則成王以文王崩之明年生也。

集說續錄　史公說周公卒後、秋未獲。並說周公在豐病將沒。欲葬成周之事。合之書序。謂周公在豐將歿。欲葬成周。公薨成王葬于畢。告周公。作亳姑。此書逸亡。係成王作。與周公所作金縢。別是一篇。其云告周公者。蓋以天變祝告改葬之。則所云惟朕小子其親迎。我國家禮亦宜之。又上文所云。昔公勤勞王家。惟予沖人弗及知者。今天威惕之。蓋謂逆國家應有之禮者。皆宜遭此天變以彰公德也。此恐必有後人襲取其文。以所啓金縢之詞。誤合於周公納縢中耳。又案大傳云、周公致政。封魯三年後。周公老於豐心不敢遠成王。而欲事文武之廟。於是周公疾時曰。吾死、必葬於成周。示天下臣服於成王。及周公薨。成王欲葬之於成周。天乃雷電以風。禾卽盡偃。大木斯拔。邦人大恐。成王曰。周公生欲事宗廟。死欲聚骨於畢。畢乃文王之墓地。故公死。成王不葬於國。而葬於畢。示天下不敢臣也。所以明有德。尊有功。故周公封於魯。身未嘗居魯也。忠孝之道。成在周公成王之間。故魯郊。成王所以祀周公也。又史記魯世家云。成王少時病。周公乃自揃其蚤、沉之河。以祝于神曰。王少未有識。奸神命者乃旦也。亦藏其策於府。成王病有瘳。及成王用事。人或譖周公。周公奔楚。成王發府。見周公禱書。乃泣迎返周公。又蒙恬傳中恬曰。昔周成王初立。未離襁褓。周公旦負王以朝。卒定天下。及成王有病甚殆。公旦自揃其爪以沉於河。曰。王未有識。是旦執事有罪殃。旦受其不祥。乃書而藏之記府。及王能治國。有賊臣言周公旦欲爲亂久矣。王若不備。必有大事。王乃大怒。周公走而奔於楚。成王觀記府。得公旦沉書。乃流涕曰、孰謂旦欲爲亂乎。殺言之者而迎返周公。恬時百篇未焚。親見之。故能爲此說。史公遂採其言以作魯世家。周公既有爲成王禱疾之事。避居後。成王發府得書。

迎周公其暴風雷雨之事。在周公卒後也。琴操云。金縢者、周公作也。書曰。武王薨。太子誦襲武王之業。年七歲。不能統理海內。周公爲攝政。是時公因誅管蔡之後。有謗公於王者。言公專國大權。將危社稷。成王聞之。將囚周公。周公乃奔於魯、而死。成王以公禮葬之。天乃大暴風疾雨。禾稼皆偃。樹木折傷。成王懼而發金縢之書。見周公爲武王祈禱。以身代死之意。成王泣曰。誰言周公欲危社稷者。取所讒公者而誅之。天乃反風霽雨。禾稼復起。此言周公被讒奔魯。在誅、管蔡之後。與史記同。然不記爲成王禱疾之事。易林言藏璧秉珪。請命於河。周公克敏。冲人瘳愈。亦言爲成王請命。其記載詳略不同。蓋所據之今古文有異也。

(九)大誥　蔡沈曰。武王克殷。以殷餘民封紂子武庚。命三叔監之。武王崩。周公相成王。三叔流言。公將不利於孺子。周公避位。居東二年。作詩貽王。名曰鴟鴞。罪人既得。成王命周公東征以討之。大誥天下。書言武庚、而不言管叔。此爲親者諱也。

(經)武王崩。三監及淮夷叛。周公相成王。將黜殷、作大誥。

集說　孔安國曰。黜絕也。將伸誅叛之義。大誥天下。黃度曰。大誥專爲黜殷而作。湯伐夏、遂黜夏命。武王伐殷。不惟不黜殷命。且存其國、而立其子武庚。武庚叛乃黜殷命。是何也。答曰。湯代夏命。皆以爲天下之公也。天下不幸。復有放伐之事。不可視爲典常。故立武庚繼殷後。其意以爲王位已廢。雖其國猶在。不能病天下。若天將興之。則雖周亦當靜俟大命之所在而退聽之。是亦爲天下之公也。周未改命。而武庚弗克敬畏。惛忿妄作。倡叛亂以搖天下。是豈得復存哉。或曰、武庚於周爲讎。得閒稱兵。將不可乎。答曰。非也。凡殺人而不義。雖君上不得行於匹夫。故非讎當復。若殺之而義者。雖親父不得讎。讎之則死。武王爲天下誅殘賊。而可讎乎。武公能從父於死則善。既受爵而復叛。則不可。凡此皆天下之通義也。史記周本紀言。初管蔡畔周。周公討之。三年而畢。故初作大誥。次作微子之命。又魯周公世家言。管蔡武庚等。果率淮夷而反周公。奉成王命興師東伐作大誥。遂誅管叔、殺武庚、放蔡叔、甯淮夷東土。三年而畢定。又古文尚書。以周公東征爲征管蔡。非辟居東土。又以周公奔楚。在七年還政之後。故此大誥。爲周公所作也。鄭氏以周公避流言居東。成王迎歸、乃伐管蔡。詩東山箋云。成王既得金縢之書。迎周公歸。歸而攝政。三監及淮夷叛。周公乃東伐之。三年而後歸。呂祖謙曰。序言三監而不及武庚者。武庚之叛。乃生於三監之陰謀。搖動其心而牽率之。序有時惟罪武庚。而不及管蔡。爲親者諱。有史中僅言管叔及羣弟。而不及武庚者。所以深著三叔之罪也。

（十）微子之命　蔡沈註、微國名。子爵也。成王既殺武庚。封微子於宋。以奉湯祀。史錄其誥命以成此篇。

（經）成王既黜殷命。殺武庚。命微子啓代殷後。作微子之命。

集說　鄭康成曰。黜殷命、謂殺武庚。微宋地名。微子、帝乙長子。紂之庶兄也。武王克殷。投之於宋。因封之爲宋公。承湯祀樂記云。武王克殷。下車投殷之後於宋。注云。投舉徙之詞。時封武庚於殷墟。所徙者微子後。周公更封而大之。疏引發墨守云。六年制禮樂。封之後、稱公於宋也。

(十一)康誥　蔡沈註、康叔文王之子。武王之弟。武王誥命爲衞侯。康叔名封。舊說謂周公以成王命誥康叔者、此非也。

(經)成王既伐管叔蔡叔。以殷餘民封康叔、作康誥。

集傳　按書序以康誥爲成王命戒之書。今考本篇。康叔爲成王叔父。成王不應以弟稱之。說者謂周公代成王命誥。故可稱弟。然既謂之王。若曰、則非武王。亦非周公代言。而爲成王自言。周公何故而自以弟稱康叔也。且康誥酒誥梓材諸篇。言文王者非一。而略無一語及武王何耶。說者謂寡兄勗爲稱武王尤爲非義。寡兄云者。自謙之詞。苟以之語他人猶可也。武王康叔之兄。家人相語。周公安得以武王爲寡兄。而告戒其弟乎。或謂康叔在武王時尚幼。故無封。然康叔武王同母弟。武王分封時。年已九十。安尚有同母弟極幼者、不可封乎。且康叔文王之子。叔虞成王之弟。周公東征。叔虞已封於唐。豈有康叔受封。反在叔虞之後者、必無之理也。鄭康成曰。言伐管蔡者。因其各有其國也不言霍叔者。蓋赦之也。康爲號謚。初封於衞。至子孫而並有邶鄘也。封一作邦。鄭注書疏謂管蔡爲因其有國者。蓋居前人之故國。因於王制其云。康叔初封於衞。至子孫而並有邶鄘衛。鄭詩譜曰。邶鄘衛者。商紂畿內方千里之地。武王伐紂以其京師封紂子武庚爲殷後。乃三分其地。置三監。自紂城而北謂之邶。南謂之鄘。東謂之衛。成王旣黜殷命。殺武庚復伐三監。更於此三國建諸侯。以殷餘民封康叔於衛。後世子孫稍並彼國。混而名之。是可行也。案胡氏曰。康叔、成王叔父。經文不應曰朕其弟成王。康王猶子也。經文不應曰乃寡兄。其曰兄曰弟者。皆武王命康叔之辭。非成王之言也。選擇不精。無可疑也。

(十二)酒誥 經文見康誥序。

集傳 商紂酗酒、天下化之、妹土妹邦。卽詩之沬鄉。鄘國風之。桑中詩、沬之鄉矣。沬之北矣。卽此篇之妹邦。商之都邑也。薛季宣曰。妹古沬字。沬水在衛之北。地理今釋。今在河南衛輝府淇縣北。妹鄉卽妹邦。孔傳妹爲紂都。朝歌以北是也。沬土染酒惡尤甚。武王以其地封康叔。故作誥教誡之。 案吳氏曰。酒誥一書。本是兩書。以其皆爲酒而誥。故合而爲一。自王若曰。明大命下武王告商紂故都之書也。自王曰封我。西土棐徂邦以下武王告康叔之書也。書爲一人而作。則首稱其人。爲衆人而作。則首稱其衆。爲一方而作。則首稱一方。爲天下而作。則首稱天下。君奭君陳、首稱此兩人爲一人而作也。 甘誓首稱亦誓之人。湯誓首稱格汝衆。此爲衆人作也。湯誥首言萬方有衆。大誥首稱大誥多邦。此爲天下作也。又多方篇。爲四國而作。多士篇爲多士而作。今酒誥爲妹邦而作。 故首言明大命於妹邦。 其爲一書專誥無疑。但旣專誥。妹不應有乃穆考文王之誥。意酒誥雖專對妹邦。而妹邦在康叔封圻之內。則其責康叔實任之。故篇首專訓妹邦。至中篇始向康叔致誥。其曰尙克用文王教者。亦申言文王誥毖之意。（毖戒謹也）陳櫟曰。此以酒戒妹土之人。不專爲康叔言。但責康叔明將酗酒之命告國人。後方呼康叔名以丁寧諭誡之。至末節云。矧汝剛制於酒。則專戒康叔。欲以其身率全國人也。

（十三）梓材　經文見康誥序。

集傳　梓材、亦武王誥康叔之書。書序則以康誥酒誥梓材。爲成王封康叔所作之誥。此篇論以治國之理。欲其通上下之情。寬刑辟之用。而篇中梓材兩字。比稽田作室爲雅。故以爲簡編分析之別。非有深義也。案此篇文多不類。反覆參考。與周公召公進戒之言。若出一口。意簡編斷爛不全也。朱子曰。梓材後都稱王。恐別是一篇。不應王告臣下不稱朕與予而自稱王。斷簡殘篇無從校。祇得於言語句讀中。有不曉者闕之。又朱曰。梓材後半截不是言梓材。緣其中多是勉君。乃臣下告君之詞。未嘗如前一半稱王曰今王惟曰又稱汝。皆爲上告下之辭。雖其餘文字。間有錯亂。而移易恰恰得有好出人意表者。

（十四）歸禾　序云、唐叔得禾異畝同穎。獻諸天子。王命唐叔歸周公於東。作歸禾。

集說　孔安國曰。唐叔食邑內。得異禾異畝同穎。兆天下和同之象。當是周公之德所致。周公東征未還。故命唐叔歸之周公。唐叔後封晉。孔氏穎達曰。歸禾年月。史傳無文。不知在啓金縢之先後。然應正當禾熟之月。若是前年得之。於時王疑未解。必不肯歸周公。若啓金縢之後。則喜悅東土和平。而又有此應。故必以歸周公。昭元年傳成王滅唐而封太叔所謂唐、即晉國也。得禾之時。尚未封唐。後乃稱之爲唐叔耳。

(十五)嘉禾序周公既得命禾旅天子之命作嘉禾。

集傳 唐叔成王母弟。案上文異畝同穎。畝壟也。穎穗也。禾各一壟。合爲一穗。葛氏曰。唐叔雖幼。因得禾必有獻替之言。成王既悟風雷之變。命唐叔以禾歸周公於東二篇亡。孔安國曰。周公已得唐叔之禾。遂陳成王歸禾之命而推美之。善則歸君。天下和同。政之善者。故異禾成王不自有。歸美周公。周公不有。歸美成王。王知有公。而不知有己。周公知有王。而不知有己。此陳經所謂上下和同之德也。二篇雖亡。草木之靈猶在也。釋詁旅陳也。古文旅作魯。大傳云。成王時三苗貫桑葉而生。同爲一穗。其大盈車。長幾充箱。民得而上諸成王。王召周公問之。公曰。三苗爲一穗。抑天下其和而爲一乎。果有越裳重譯而來。韓詩外傳云。成王時有三苗貫桑而生。成王問周公曰。此何物也。公曰。三苗同一秀。意者天下殆同一也。此三年果有越裳氏重譯而至。獻白雉於周公。道路悠遠。山川阻深。恐難於達。故須重譯。周公云。予何以見賜也。譯曰。吾受命國之黃髮曰久矣。天不迅雷疾雨也。海之不溢也。三年於茲矣。意者中國有聖人焉。盍往朝之。於是來也。周公乃敬求其所以來。又說苑辨物篇。敬求作敬受。此或經之佚文也。錄以備查。

(十六)召誥 注鄭康成曰。欲擇土中。建立王國。使召公先往洛邑。視相所居宅。王與周公將自後繼往也。孔疏曰。周公攝政至此已七年。將於洛邑成後、歸政成王。召公恐王怠於政事。故因相宅。作誥以陳戒勉。

(經)成王在豐。欲宅洛邑。使召公先相宅。作召誥。

集傳 左傳曰。武王克商。遷九鼎於洛邑。史記載武王言我南望三塗。(杜預曰在陸渾南)。北望嶽鄙。(杜預曰嶽蓋河北太行山鄙都鄙謂近嶽之邑)顧瞻有河粵瞻洛伊毋遠天室營周居於洛邑而後去。則宅洛者。武王之志。周公成王成之。召公實先往經理之。洛邑既成。成王始政。召公因周公之歸。作書致告。請達之於王。其拳拳於歷年之久。近反復乎夏商之廢興。究其歸則以誠小民為祈天命之本。以疾敬德為誠小民之本。一篇之中。三致意焉。古之賢宰輔。其為國遠慮蓋如此。以係召公所作。故以召誥名篇。

(十七)成王政 集傳此篇亡、政應作征。馬曰、征正也。說文、征正行也。

(經)成王東伐淮夷。遂踐奄作成王政。(注)踐滅也。奄在淮夷之北。此伐淮夷與踐奄。是攝政三年伐管蔡時事。踐籍之也。謂殺其身。執其家。豬其宮。

集說 孔安國曰。成王即政。淮夷奄國又叛。王親伐之。遂滅奄而徙之。唐孔氏曰。周公攝政之

第二卷第十五期 四八七一

初。奄與淮夷從管蔡作亂。周公征而定之。成王即政。又叛。成王親征之。成王即政。始封伯禽於魯。兩夷并興。魯侯征之。此費誓所由作也。王伐淮夷。魯伐徐戎。是同時討伐。知成王即政之年。兩夷復叛。而再征之也。黃度曰。淮夷種類不一。奄蓋其大者也。淮夷前與管蔡叛周。故周公伐奄。成王朝諸侯於洛邑。淮夷又不至。成王於是又東伐淮夷。遂踐奄。奄蓋首亂也。踐跡也。謂滅其國也。成王即政後。始祭大地宗廟。見諸侯。遷殷民。封蔡踐奄。禮樂征伐。無不行焉。作書曰。成王政。言王政自此成也。

（十八）將蒲姑（馬曰蒲姑齊地名、鄭曰其君佞人不可復、故欲徙之於齊、鄭又曰、將蒲姑亡）

（經）成王既踐奄。將遷其居於蒲姑。周公告召公、作將蒲姑。

集說　鄭康成曰。此伐淮夷與踐奄。是攝政三年伐管蔡時事。其編篇經與序。皆未聞踐。讀曰翦。翦滅也。凡此伐諸叛國。皆周公謀之成王臨事乃往。事畢則歸。史公蒲作薄者。蒲薄聲之緩急字。形又相近。馬鄭皆以為齊地。春秋昭九年。左傳有蒲姑商奄。吾東土也。昭二十年。左傳、昔爽鳩氏。始居此地。其後蒲姑氏因之。而後太公因之。漢書地理志。齊地殷末有薄姑氏。至周成王時。薄姑與四國共作亂。成王滅之。以封師尚父蒲姑之地。蓋以蒲姑氏居之而得名。鄭云。其君佞人者。大傳奄君蒲姑。謂祿父曰。武王已死。成王幼。周公見疑矣。此世將亂、請舉事。然後祿父及三監反。是其反有動因也。不可復者。言不可使復國。江聲曰。據大傳蒲姑為奄君名。此序言將遷其君於蒲姑。成王遷奄君。其地遂爲齊有。故左傳云。蒲姑氏因之。而後太公因之。蒲姑氏即奄君也。

(一九)洛誥　註洛邑既定。周公遣使告卜。史官錄之。以爲洛誥。又并記其成王周公問答。及成王命周公留治洛之詞焉。林之奇曰。召誥洛誥二篇。辭雖不同。而其意相爲終始也。故宜合讀之。

(經)召公既相宅。周公往營成周。使告卜作洛誥。

集說　鄭康成曰。居攝七年。天下太平。而此洛邑成。乃名成周也。蔡按周公拜手以下。周公授使者告卜之詞也。王拜手稽首以下。成王授使者以復公之詞也。王肇稱殷以下。周公告成王宅洛之事也。予小子其退以下。成王留公治洛也。王命予來以下。周公許成王留洛之言也。伻來以下成王誥毖殷民。而命其寧周公也。戊辰以後。又記其新邑祭祀册誥。及周公居洛歲月久暫等事。附於篇末。以表周公留治後歲月及歸期。以始終公一身也。而成王舉祀發政之後。即歸於周。而未嘗居洛也。

(二十)多士　注、商民遷洛者亦多有位之士。故周公在洛初政以王命總召多士。而告諭之史官因以名篇亦誥體也。

(經)成周既成。遷殷頑民。周公以王命告作多士。

集傳　遷殷頑民。在作洛之前。作史者考之不詳。以爲成周既成。乃遷頑民。此錯誤也。鄭康成曰。頑民、此皆士也。周謂之民。無知之稱。疏云。頑有多義。書云。庶頑讒說。史記釋爲諸衆讒變。以譌訓庶衆訓頑是也。此頑不當以頑嚚爲訓。周書云。獻民遷於九畢。孔注云。賢民士大夫也。周本紀成王既遷殷遺民。皆不云頑民。鄭康成云。此皆士者。以篇名多士。自非頑之比。左傳云。武王克商。遷九鼎於洛邑。義士猶或非之。即此民也。民無知之稱者。鄭注周禮遂人云。變民言甿。甿無知貌。據上說則殷民非頑嚚與冥頑者也。陳櫟曰。本篇中稱商王士殷多士、殷遺多士。（注商王士者、貴之也）未嘗目爲頑民。今於此稱曰頑。殊失周家忠厚之意。不解其名自何來也。

（二一）無逸　孔安國曰。小人之性好逸豫。故戒以無逸。史遷謂周公恐成王復政後。有所淫佚。乃作無逸以儆之。此訓體也。史記逸作佚。

（經）周公作無逸。

集傳　逸者、人之大戒。自古有國家者。未有不以勤而興。以逸而廢者也。益戒舜曰。罔游於逸。罔淫於樂。舜大聖也。益猶以是戒之。則一切常人。其可忽哉。成王初政。周公懼其知逸。而不知無逸也。故作是篇以訓之。言行法古聖哲。必稱商王者。時之最近也。必稱先王者。王之親也。舉殷三宗者。繼世之君也。詳文王者。耳目之所逮也。是篇歷舉稼穡之艱難。游畋之貶德。

凡七更端。周公皆以嗚呼發之。深嗟永歎。其意深遠矣。

(二二)君奭　集傳蘇氏曰。舊説或謂召公疑周公斯言。據又序謂召公不悅。篇中亦不記召公不悅之事。說近揣摩。不足信也。召公自武王時。已居太保之位。成王卽政之後。將欲與周公退職歸老。故周公作此篇。言已不得不留輔成王。幷欲兼留召公。暫行其政。周公之不歸。察成王此時尙未能獨握政權。未可舍之而去。故召公年老欲歸。周公反復留之。以洛邑雖成。亦不必遽萌去志。此周公所以長慮却顧。知已不可告歸。卽召公終相成王也。

(經)召公爲保。周公爲師。相成王爲左右召公不悅。周公作君奭。

(注)史遷謂成王幼。周公攝政踐阼。召公疑之。作君奭。召公不悅。周公稱湯有伊尹云云。召公乃悅。又集傳按此篇之作。係召公因年老欲告歸。周公留之。史記謂召公疑周公。當國踐阼後。又攝政數年不歸。心疑之。唐孔氏謂召公以周公嘗攝王政。今復在相位。葛氏謂召公不免常人之情。以爵位先後介意。故周公作是篇。以解釋之。然細按本篇旨意。迺召公自以盛滿難居。欲避權位退老。故周公反復勸諭以留之。其文若詳加玩味。可、決定其譜體也。又周公於發言之初。卽呼君奭而與之言。蔡注、謂君者尊之之稱。奭召公名也。古昔尙質。相與對語。多稱其名。卽本篇開始經曰周公。若曰君奭。是其例也。

(二三)蔡仲之命　集傳蔡國名仲字蔡叔之子也。叔沒周公以仲賢。請於成王。復封之蔡。此其誥命之詞也。

(經)蔡叔旣沒。王命蔡仲踐諸侯位。作蔡仲之命。

經首序曰。惟周公位冢宰。羣叔流言。乃致辟管叔於商。囚蔡叔於郭鄰。以車七乘。降霍叔於庶人。三年不齒。蔡仲克庸祗德。周公以爲卿士。叔卒乃命諸王邦之蔡。

(二四)多方

(經)成王歸自奄。在宗周告庶邦。作多方。

集傳 成王卽政。奄與淮夷又叛。成王滅奄。歸作此篇。按費誓言。徂茲淮夷。徐戎幷興。卽其事也。疑當時扇亂、不特殷人。如淮夷西戎者。四方疑多有人。故序言多方。亦誥體也。

(二五)立政 萬氏曰此是誥體。

(經)周公作立政。

集傳 吳氏曰。此書周公戒成王。以任用賢才之道。而其意則又主戒成王。當專擇百官有司之長。如所謂常伯常任準人綴衣虎賁等是也。朱祖義曰。周公告成王以用人之事。不曰如何用人。而以立政爲義。且以名篇。蓋謂得人則政自立也。

(二六)周官 注成王訓迪百官史錄其言。以周官名之。乃訓體也。

(經)成王旣黜殷命。滅淮夷。還歸在豐。作周官。

集傳　孔安國曰。言周家設官用人之法。司馬謂周之官位。尚未有次序。此時周公攝政。故周公作周官成王似字誤。陳櫟曰。周禮是周公未完全而未行之書。周官成王建置訓迪已施行之書也。今當據周官以解周官。其周禮不合處。略之可也。

（二七）賄肅愼之命　集傳馬曰、肅愼北夷也。鄭曰東北夷。

（經）成王既伐東夷。肅愼來賀。王俾榮伯作賄肅愼之命。

集傳　孔安國曰。海東諸夷駒嚴扶餘馯貊之屬。武王克商。皆通道焉。成王即政。而叛伐而服之。故肅愼來賀。榮國名。榮伯周同姓。畿內諸侯爲卿大夫。昭九年傳王謂晉曰肅愼燕亳。吾北土也。魯語武王通道於九夷八蠻。肅愼氏來貢楛矢砮石。孔穎達曰。奄與淮夷。成王時。其近者尚叛。知遠夷必亦叛。成王親伐淮夷而滅之。又使偏師伐東夷而服之。踐奄而徙之。肅愼遠在諸夷外聞諸夷既服。故懼而來賀也。

（二八）君陳　注君臣名唐、孔氏曰。周公遷殷頑民於下都。周公親監。周公既沒。成王命君陳代之。此其策命之祠。史錄其言。以君陳名篇。陳氏曰。天子之國。五十里爲近郊。自王城言之。則下都乃東郊之地。故君陳畢命。皆指下都爲東郊。

（經）周公既沒。命君陳分正東郊。成周作君陳。

集說　陳櫟曰。治洛以化殷民爲重。故君陳畢命。或曰。尹茲東郊。或曰。保釐東郊雖以東郊言。實今付以治洛之任也。君陳繼周公。畢公繼君陳。其職權一也。

(二九)顧命　注、顧還視也。成王將崩。命羣臣立康王。史序其事為一篇。鄭玄曰。回首為顧。臨死回顧而發遺命也。呂氏曰。成王經三監之變。王室幾搖。故此正其終始特詳焉。顧命成王所以正其終。康王之誥。康王所以正其始也。

(經)成王將崩。命召公畢公率諸侯相康王。作顧命。

集說　黃度曰。召公以太保為冢宰。畢公以司馬兼太師。畢公序召公下。名位不同也。召畢率諸侯為諸侯長也。君奭周召相重在師保。顧命召畢相重在率諸侯。

(三十)康王之誥　馬融云。康王上有成王崩。尸釋詁主也。主天子者。主其事而未即位也。

(經)康王既尸天子。遂誥諸侯。作康王之誥。

集傳　尸天子義理欠當。尸者依常義。謂如祭祀之尸。空居其位。又如古人所謂尸祿尸位。不能盡其責者也。再經中太康尸位。羲和尸官。亦皆廢棄其職之稱。此處以作主字解為當。唐孔氏曰。康王既受顧命主天子位。羣官進戒於王。遂報誥諸侯。史敘其事為一篇。名曰康王之誥。伏生以此篇合於顧命為一篇。後人知其不當分而為二也。

(三一)畢命　注康王以成周之衆。命畢公保釐東郊。此其册命也。

(經)康王命作册。畢分居里成周郊。作畢命。

集說　分居里者。表厥宅里。殊厥井疆也。唐孔氏曰。周禮內史云。凡命諸侯大夫則策命之。此言命作冊者。命內史爲冊書。以命畢命。林之奇曰。成周郊。卽君陳序所謂東郊成周。成周爲王城之東郊。故因謂之成周郊也。篇中曰保釐東郊卽此郊。

(三二)君牙　注、君牙臣名。穆王命君牙爲大司徒。此其誥命也。

(經)穆王命君牙爲周大司徒。作君牙。

(疏)周禮地官。乃立地官司徒。又云。大司徒卿一人。則是地官卿也。黃度曰。諸侯有司徒司馬司空司寇。故天子司徒以下稱大以別之。林之奇曰。是時大司徒缺。以君牙爲之。篇內有曰弘敷五典。式和民則。此正大司徒之所掌職務也。

(三三)冏命　注穆王命伯冏爲太僕正。此其誥命也。

(經)穆王命伯冏爲周太僕正。作冏命。

集說　呂氏曰。陪僕暬御之臣。後世視爲賤品。而不選擇。然人主朝夕與居氣體移養常必由之。潛移默奪於冥冥之中。雖有明爭顯諫於昭昭之際。抑末矣。自周公作立政。而欲綴衣虎賁知恤者鮮。周公表而出之。其選擇昭重。穆王之用太僕正。特作命書至與大司徒略等其知本者哉。孔穎達曰。正長也。周禮有大僕下大夫。此言大僕正。則官高於大僕。爲周禮大御矣。且此經云。命汝作大正。正於羣僕。案周禮大御最爲長。既稱正於羣僕。故以爲大御中大夫。且與君同車。最爲親近。故春秋隨侯寵少師爲車右。漢書文帝以所愛趙同爲御。凡執御者無不密昵。故此經云。汝無昵於憸人。大僕雖掌燕朝。非親近之任。是爲下大夫。不得爲長也。

(三四)呂刑　注、呂當作甫。漢書律歷志有甫刑。孟康曰。逸書篇名。蔡集傳呂侯作天子司寇。穆王命訓夏贖刑以誥四方。史錄爲篇。名曰呂刑。

(經)呂命穆王訓夏贖刑。作呂刑。

集說　按此篇專訓贖刑。蓋本舜典金作贖刑之語。今考此書。實不然也。蓋舜典所謂贖者。官府學校之刑也。若五刑則固未嘗贖也。五刑之寬。惟處以流鞭扑之最寬者。方許其贖。或曰。訓夏贖刑。謂訓夏代之贖刑也。然夏亦成治。不聞變法。周禮亦無五刑之贖。其非古代相沿之制明甚。今穆王之法。雖重同大辟。亦與以贖免矣。漢張敞以討羌。兵食不繼。建入穀贖罪制。然未嘗及於殺盜之罪。而當時猶以爲如此。則富者得生。貧者獨死。豈非開利路以增加犯罪者哉。穆王巡游財匱民勞。末年無以爲計。乃出此權宜之術。以斂民財。孔子錄之。蓋以示戒。然其一篇中哀矜惻怛。猶可想見三代忠厚之遺意焉。

(經)謂穆王享國百年耄荒度作刑以詰四方。細讀此文。知穆王耄老尚能車轍馬跡。日行千里。從西王母游。史以耄荒二字包之。亦以贖刑爲穆王耄荒所致而然。篇首即標此耄荒二字發端。其意微矣。蓋以穆王猶有哀矜惻隱之心也。

(三九)文侯之命　註幽王爲犬戎所殺。晉文公與鄭武公迎太子宜臼立之。是爲平王。遷於東都。平王以文侯爲方伯。賜以秬鬯弓矢作策書命之。史錄爲文侯之命。

(經)平王錫晉文侯秬鬯圭瓚。作文侯之命。

集說　孔安國曰。旱麓詩云。瑟彼玉瓚。黃流在中。傳云。玉瓚圭瓚也。黃金所以飾流鬯也。九命然後錫以秬鬯圭瓚。箋云。黃流秬鬯也。圭瓚之狀。以圭爲柄。黃金爲勺。青金爲外。朱中央。此卽祭先廟。裸賓客所用者。平王東遷洛邑。晉文侯及鄭秦迎送安定之故封秦以岐豐之地。而以秬鬯圭瓚錫文侯命焉。陳櫟曰。成王以秬鬯錫周公於作洛之時。見西周所以盛。平王以秬鬯錫文侯於遷洛之始。見東周所以衰。蓋以周室東遷。晉鄭焉依王位已定。國統再興。可以成王待周公者。待文侯矣。記曰。賜弓矢然後征。賜圭瓚然後爲鬯。未賜圭瓚。則資鬯於王室。苟以此律之。則今賜圭瓚。文侯可自爲鬯。不求諸天子矣。錫以圭瓚。則假之禮器。資以弓矢。則假之兵權。又不止於成王待周公矣。嗚呼。其周之東乎。

(三六)費誓　注、費地名淮夷徐戎。並起爲寇。魯侯征之於費誓衆。故以費誓名篇。

(經)魯侯伯禽宅曲阜。徐戎並興。東郊不開。作費誓。

集說　徐、徐戎也。夷、淮夷也。孔穎達曰。經稱淮夷徐戎。序言徐夷。略之也。諸侯之制。於郊有門。恐敵寇侵逼魯境。故東郊之門不開。蘇軾曰。二寇皆在魯東。東郊門不開。非謂寇已至東郊也。如漢烽火通甘泉。而棘門霸上皆屯兵。吳楚七國反而閉函谷耳。蓋戒嚴也。林之奇曰。曲阜、魯之所都。左傳所謂少皞之墟者也。魯之分地。實禹貢徐州之境。其地南抵於淮。徐戎淮夷，蓋東方戎夷種族。錯居魯之境內者也。當紂之時。嘗使入職方之地。肆爲吞噬。則其心必不利於魯之建國。伯禽始居曲阜。而淮夷徐戎並起者。蓋與魯爭也。戎與夷壤地相接。有脣齒犄角之勢。服則俱服。叛則皆叛。常武詩率彼淮浦。有此徐土。不留不處。三事就緒。閟宮詩曰。保有鳧繹。遂荒徐宅。至於海邦。淮夷蠻貊。莫不率臣。言淮浦必言徐土。言徐宅必言徐夷。因此二種族。嘗有並興並廢之勢故也。

(三七)秦誓　注、左傳杞子自鄭使告於秦曰。鄭人使我掌北門之管。若潛師以來。國可得也。穆公訪諸蹇叔。蹇叔曰。不可。公辭焉。使孟明西乞白乙伐鄭。晉襄公敗其師於殽。囚其三帥。穆公悔過。誓告羣臣。蓋悔其用杞子之謀。而悔不聽蹇叔之言也。合左傳記秦晉戰爭。觀之自明。此誓之由來與結果也。

(經)秦穆公伐鄭。晉襄公帥師敗諸殽。(一作崤)還歸作秦誓。

集說　呂祖謙曰。秦穆因杞子之間潛師襲鄭。書法宜曰襲。不宜曰伐。師未加於鄭。移兵滅滑宜書滑。不宜曰鄭。兵端發於鄭。而禍加於滑。晉侯敗秦於殽。乘人之隙者。人亦乘之。所謂出乎爾者。反乎爾者。還歸作誓。開端即舉『古人之曰。民訖自若是多盤。(訖盡也盤安也凡人盡自多安於徇己其責人也無難）責人斯無難。惟受責俾如流。（謂受人之責同如流水略無扞格）是惟難哉」。蓋深悔疇昔安於自徇。而不聽黃髮與彥聖之言。致生杌隉。故深有味乎古人之語。而舉爲誓言之首也。春秋左氏傳三十三年。傳晉敗秦師於殽。獲三師以歸。晉文公夫人文嬴秦女也。請三帥使歸。晉侯許之。秦伯素服郊次向師而哭。於是悔過作秦誓。則秦誓當作於三帥歸時也。秦本紀三十六年。穆公敗晉取王官及鄗。乃自茅津濟河封殽尸而爲發喪。哭之三日。乃誓於軍曰云云。則是三十六年敗晉歸渡河始作此誓。與左傳不合。或是孔氏古文說也。序曰還歸作秦誓。與左傳同。

（完）

專著

船山先師詩錄

來者之日歌

周逸敬選

來者之日還如昨。今我云胡而不樂。去者之日一如今。徘徊今昔傷憂心。東風吹柳鵝黃垂。千條映水搖修眉。一片輕飄墜秋水。葉葉零零飛不起。還丹空煉素銀芽。老聃西度函關死。死生倏忽如朝霜。春日不長冬夜長。行人攀折莫長歎。豹死留皮王彥章。

寄題翠濤新齋 丁卯

湘西開竹館。綠淨清溪源。垂釣不在魚。讀書欲忘言。欲從不能心自飛。白雲奈爾輕霏微。

專著

船山先生年譜後編（續第十四期）

八世從孫之春輯

秋八月吳逆死。

大兵進窺衡州。

四女夭葬敗葉廬左海側。

梅陰塚詩序。船山老人幼女七歲。許字友人唐君之子者。以戊午八月夭。敗葉廬左有梅一株。老人所憩息處。圯梅存。因瘞其側。老人女蚤曉字。動有閑則。嘗自言使我且死。必不亂。垂亡果然。老人哀之甚。且恐此土爲樵犁所侵。詩以誌之。唐君卽須竹先生。子名常適。字無適。薑齋文集補遺有唐子無適墓誌。

九月初一日。公六十初度。徐公芳以松杖朱履青袍竹扇寄壽。公作啓答謝六十初度。答徐蔚子啓。指青松以似我。五丈夫闕世空悲。進赤舄以遨遊。幾兩屐今生更著。青袍無煩嚴武。用支肺病之寒。湘箑不拂元規。持卻熱中之暑。

冬與唐先生端笏會葬李公國相。歸乘小艇泝湘至郡。同須竹送芋巖歸窆竟。小艇泝湘轉郡城。詩其一有飄零人在釣魚船。其二有寒灰墜地皆千載。及孤山錯擬萬株梅諸句。

詩有寄徐蔚子五律一首。小樓兩枕七律四首。春山漫興七律七首。同須竹送芋巖歸窆竟。小艇泝湘轉郡城七律二首。戲作七夕詞七絕三首。梅花七絕四首。梅陰塚歌行一首。六十有定稿

十八年己未　公六十一歲

居湘西草堂。

二月

大兵復衡州。

公與章先生有謨避兵樝林山中。著莊子通。

避亂石雞村。同載謀小憩詩其一有云。桃花影外天。微波動新綠。　莊子通序。己未春。避兵樝林山中。麏麚之室也。衆籟不喧。枯坐得以自念。念予以不能言之心。

行乎不相涉之世。浮沈其側者五年。弗獲已。所以應之者。薄似莊生之術。得無大疚媿。然而予固非莊生之徒也。有所不可。兩行不容。不出乎此。因而通之。可以與心理不背。顏淵蘧伯玉葉公之行。叔山無指哀駘它之貌。凡以通吾心也。又凡生生之說。皆可因以通。君子之道類如此。故不問莊生之能及此與否。而可以成其一說。

還湘西草堂。定經詮秩散稿輯閒吟。

湘西草堂記。後復歸湘西草堂。定經詮秩散稿輯閒吟。

過觀生居。見壁粘比歲人士酬贈韻語。盡爲寓人擲棄。惟陳公五鼎二箋僅存。因和其詠木魚詩二章。

詠木魚引。觀生居壁粘。比歲人士酬贈韻語。時復迎目。如相揚攉。僕與當世偶一往還。觴詠耳。亦不可不容志之。兵警後。爲俗惡寓人盡擲棄之。非有長吉睚眦之怨。浪施和仲箋云之懼。能使人不氣盡耶。唯攸縣陳耳臣二箋僅存。裴回不忍捨目。用覺其詠木魚詩。未嘗作者。輒和二章。不能寄耳。臣差賢於存沒諸公之逢。蠢釁無從靜對耳。其二有馴鴿依簷春雨靜之句。

章先生有謝辭還吳淞。

送章載謀歸吳淞詩。有云相逢及送別都在落花時。

六月序莊子通。

莊子通序是歲伏日南嶽賣薑翁自序。

秋聞蒙公正發訃賦詩挽之。

聞聖功訃遽賦詩。有云回首故人無及籐花開獨坐藉月照霜鬟諸句。

十二月爲唐公克峻作墓誌銘。

薑齋文集補遺文學孝亮翁欽文墓誌銘。歲在己未仲冬月二十一日辰時翁坐而逝。又以是歲季冬月壬申葬。

詩有避亂石雞村同載謀小憩五絕四首送載謀歸吳淞五律一首聞聖功訃遽賦五律一首。詠木魚七律二首。六十自定稿　柳岸吟一卷。六十自定稿序此十年中別有柳岸吟云云究莫定爲何年所作姑附於此

十九年庚申　公六十二歲

居湘西草堂。唐先生如心來遊門下。

唐如心見過。詩有春草初生雪霰零及憐君問禮當深夜諸句。沅湘耆舊集有虎止公夏抄過擷翠堂有作。贈主人唐如心五律二首。

爲子敔娶湘鄉象賢公女劉氏。　生子生范。

輯已酉庚戌以來所作古近體詩爲六十自定稿。三月初三日爲之序。

六十自定稿。五言近體七言近體歌行始已酉。五言古五言絕句始庚戌。七言絕句始壬子。排律始癸丑。樂府始乙卯。　六十自定稿序。庚申上巳湘西草堂記。

作瓶中勺藥排律示諸門人。

有見諸生詠瓶中勺藥聊爲儷句示之排律。

夏四月。扶病過李公爲好山居信宿乃歸。

過李爲好山居信宿詩。其一有紫雲桐花落綠煙莎草凝及薄筵暑風勝淹留春病減諸句。

鼓棹初集。有壽李爲好瑞鶴仙詞。爲好送魚苗謝之漁家傲詞各一闋。

秋作螘門賦。

薑齋文集螘鬬賦題注。庚申賦云。維時靈雨既降。秋風載淸。

九月初四日。四孫生蘧生。攽公四子字內棨。號庸菴。邑庠生。册名大澍。

詩有翠濤摇諸子遊瞻雲閣五古一首。過李為好山居信宿五律二首。伏日五律一首。臘月一日寒雪有作五律一首。見諸生詠瓶中芍藥。聊為儷句示之排律一首。唐如心見過七律二首。七十自定稿　始春試筆五律四首。不雨五律一首。後不雨五律一首。重挽聖功五律一首。李叔晦秋信云同周令公來訪未果五律一首。題翠濤新築五律四首。分體稿

周令公沅湘耆舊集傳。名士儀。號藿園。酃人。崇禎中拔貢。遭世亂不仕。閉戶著書。作史貫十卷。野獲編若干卷。書成。挾之遊徧燕齊吳越諸名勝。所至皆有題詠。有邁秋吟感杭遊雜詠南行句紀諸集。

二十年辛酉　公六十三歲

居湘西草堂。正月十五日夕看月。

元夕詩有望月詠蝣出淺霞句。

三女孫生。　敔公出。適邵陽文學羅珪子智文。

三月有疾。

將夕詩。有餘春矜斷雨。及樂市虛城郭句。復病詩。有消病一春長句。

夏復病。

復病詩。有侵尋看柳絮句。

五月十二日。石崖公曾孫永綿生。　生祁公長子。字[illegible]思。邑庠生。

作詩示劉李二生。

示劉李二生詩。有黃梅何日熟句。　鼓棹二集。有病中與劉李二生夜話。攤破浣溪紗詞。又問劉存孺索香橙清平樂詞。　鼓棹初集。有與李治君夜話致身錄事有感而作。踏莎行詞。有他年莫問草堂荒句　乙丑有送劉生輯夏歸省重慶詩。

武夷府君行述。門下後學邵陽劉永治塡諱。案公集劉李二生凡兩見皆未詳名字故附錄劉李四君於此備考　追悼熊公粟。文公之勇。章公曠。夏公汝弼。瞿公式耜。嚴公起恒。管公嗣裘。李公跨鼇。歐陽公惺。南嶽僧信翰。鄭公顯祖。管公嗣箕。劉公惟贄。方公以智。劉公象賢。李公國相。雪竹山道者智渧。蒙公正發。唐公克峻。爲廣哀詩十九首。廣哀詩題注。辛酉序云。追平生交遊。凋替之頻仍。老棲巖谷。唯病相耦而已。又抑此但述哀情。不以隱顯爲先後。因長逝之歲月序之。杜陵八哀詩。竊嘗病其破蘇李陶謝之體。今乃知悲吟不暇爲工有如此者。熊文學㬎注。字渭公。黃岡人。癸未武昌陷。赴通山王府蓮池死。文明經之勇注。字小勇。丁亥盤山遇亂兵死。　大學士章公曠注。字于野。號莪山。華亭人。贈華亭伯。謚文毅。丁亥死事於永州。　夏孝廉汝弼注。字叔直。已丑避甯遠山中憂憤而卒。　太傅瞿公式耜注。字在田。號稼軒。常熟人。庚寅留守桂林城陷死之。　少傅嚴公起恆注。字秋冶。山陰人。寓籍真定。辛卯以抗孫可望被害。管中翰嗣裘注。字冶仲。說李定國迎蹕拒孫可望不果。甲午遇害於永安州。　李孝廉跨鼇注。字一超。避山中。甲午（原作乙未誤）卒。　歐陽文學惺注。字叔敬。於予爲中表兄弟。少予二歲。丙申溺湘水。　南嶽僧性翰注。丙申沒。　鄭生顯祖注。字忝生。襄陽冢宰公繼之之曾（依續哀雨詩跋補）從孫。予內弟也、從余學。略成文章。庚子夭。　管文學嗣賢注。字弓伯。甲辰沒。劉孝廉惟贇注。字子參。祁陽人。避隱山中。丙午告終。
靑原極丸老人前大學士方公以智注。字密之。桐城人。國亡披緇稱愚者。智字無可。一號墨歷。壬子卒於泰和。　劉孝廉象賢注。字若啓。湘鄉人。丁巳沒。　李孝廉國相注。字敬公。避隱桃塢。戊午告終。　雪竹山道者智霈注。字茹蘗。昆明人。本姓張。以鄉舉任衡山令。己未沒於嘉興之楊墳。　蒙諫議正發注。字聖功。崇陽人。己未沒。　唐處士克峻注。字欽文。己未沒。

秋八月十五日。向夕自觀生居步歸。
有中秋向夕自觀生居同劉生步歸草堂詩。

爲先開上人訂相宗絡索。
南天窩授竹影題用徐天池香烟韻詩。其三有微涼羽扇頻搖曳其七有髙秋已瘦餘淸泚句。其六注時爲先開訂相宗。

爲及門諸子說莊子。
南天窩授竹影題用徐天池香煙韻詩。其六注。並與諸子論莊子。

詩有春讌有會而作五古一首。始冬寓月五古一首。將夕五律一首。復病五律一首。示劉李二生五律一首。得嘉魚李西華兄弟書追憶雨蒼五律一首。中秋向夕自觀生居同劉生小步歸草堂月上五律二首。元夕七律一首。春興七律三首。南天窩授竹影題用徐天池香煙韻七律六首。春月歌歌行一首。來者之日歌歌行一首。七十自定稿廣哀五古十九首。後劚蕨行歌行一首。分體稿

（未完）

船山師友記第九（續第十四期）

湘潭羅正鈞纂

又按分體稿。辛酉廣哀詩序云。追平生交游。凋替之類。仍老栖巖谷。唯病相耦而已。夫之自弱冠。幸不爲人所厭捐。出入喪亂中。亦不知何以獨存。諸所哀者。或道在死。或理不宜死。及其時相棄會。以靖其心而安其命。而不肯獨參差了然者。歲論箴石。卽告語亦杜口矣。德業文章志行。自有等衰。非愚陋所敢定。抑此但述哀情。不以隱顯爲先後。因長逝之歲月序之。杜陵八哀詩。常病其破蘇李陶謝之體。今乃知悲吟不暇爲工。有如此者。詩共十九首。以熊渭公鼎癸未沒始。而殿以欽文翁。先生交游中之最厚者。略具於是。均前後詳著篇中。辛酉爲康熙二十年。先生年已六十有三。自後集中。於外閒友朋。鮮哀輓之作。其晚歲同里往還密者。如劉庶仙朱翠濤諸人。其沒蓋均在先生後也。附識於此。

劉孝廉象賢

劉象賢字若啓。號懿庵。崇禎壬午舉人。少孤。力學事母孝。謹里居撫羣從。篤姻友。見義勇爲。所居虎塘頗勝。作儉德堂於其中。日與同志講學。有終焉之志。或諷以就官則堅

專著　船山師友記第九　二

辭之。嘗侍座主沅撫某公飲。賦詩有擬勒峴山碑一座。他年重待鶴來歸之句。蓋以王炎午自比也。國朝康熙六十年。入祀鄉賢祠。與王船山先生交好。詩格高老。可匹乾濤園諸作。惜不見全集。（沅湘耆舊集小傳　湘鄉縣志遺逸傳）

王江劉氏族譜序（薑齋文集）云。王江諸劉潛明經是玉氏。湘孝廉若啓氏。泰季昌先生之志。修其家乘。以示夫之。夫之之舉於鄉也。與若啓氏講以世。石長氏。偕以年而協以宗。夫之伯兄。既與若啓氏講。而遊辟雍之歲。與季昌先生壽玉氏。賜玉氏胥以齒。

武夷先生行狀（逸文）云。敔娶湘鄉舉人劉象賢女。

五十自定稿丁未年有劉若啓爲余兄弟排難已。招泛虎塘。叙其家乘。會當六袠弧辰。歡讌之下。遂允既室子敔兒一首（七律）。戊申年。有期徐蔚子虎塘。遲至余暑病先歸。蔚子獨留萬綠池。與若啓月飲。共相太息。寄此謝之一首（七律）。

六十自定稿。己酉年。不揆五十齒。淵懿庵見過。留同苧巖小酌一首（七律）。壬子年。有二中園紀事。爲懿庵作三首（五律）。乙卯年。有郡歸書懷寄懿庵一首（七律）。

丙辰年。有早起草堂寓目蘺間牽牛花。追憶懿庵一首（五律）。

蕢齋詩編年稿。丙辰年。有懿庵七十初度。余留滯長沙。不遂山中歡笑。已乃溯漣訪祝述懷一首。五古

蕢齋詩分體稿。辛酉年廣哀詩第十四。有劉孝廉象賢一首。自注、字若啓、湘鄉人、丁巳沒、五古

鼓棹初集。有友人劉懿庵虎塘頗勝。沒後鞠爲茂草。添字昭君怨一首。

王鈞按譜序所言若啓與先生昆弟相交甚早。而先生丙戌丁亥游湘鄉。與湘三子倡和。詳弟六卷 若啓未見名字。續表歸後。十數年轉徙郴邵山谷。足迹未嘗至湘鄉。至丁未。若啓招遊虎塘。始屢見先生詩集。觀詩首句云。此生相聚太從容。海徙山移亂後逢。則從前疏闊可知。若啓丙辰年七十。蓋長於先生十有二歲。而同年友善。並以高蹈著節。患難之餘。申以婚媾。丁未至丁巳。十年中。過從幾無虛歲。宜沒後尤悼之不已也。

又按耆舊集載。若啓泛小艇送王蕢齋劉庶先泊永豐觀音閣片石對月七律一首云。總因無計奈情何。危坐清宵掬玉波。玄石共拋千日醉。伯通舊職五噫歌。雲分月媚搖丹袖。影弄山魂幻素螺。明發歸舟南望杳。黃龍片碧銷煙蘿。與劉庶先

湄水月泛尋懿庵別業一詩。正相印證。詳下新化鄧氏於夏叔直小傳後。引庶先此詩。言叔直與船山交甚摯。蓋誤以懿庵爲叔直別業之名。年譜劉氏知懿庵姓劉。而不知卽爲若啓別號。蓋均未及見湘鄉新志也。

劉文學近魯兄瑋

劉近魯字庶先。一字庶仙。衡陽人。仕履無攷。沅湘耆舊集小傳

游小雲山記云。予自甲辰始游。嗣後歲一登之不倦。友人劉近魯居其下。有高閣藏書六千餘卷。導予游者。

武夷先生行狀逸文云。攽聚劉氏文學近魯女。

五十自定稿丁酉年有冬盡過劉庶先夜話效時一首。七律

薑齋詩賸稿甲辰年有同歐子直劉庶仙登小雲山一首。七律

六十自定稿壬子年有劉庶先五十初度。卽席同唐須竹二首。七律

七十自定稿丁卯年有宿別峯庵庶先策杖來慰。時方從哭先兄歸壟一首。七律

己巳年。有庶仙片紙見訊云。年過七十。未爲非幸。無容局促縈心。旣佩良規。因之自

廣一首。五古

鼓棹初集有壽劉庶仙瑞鶴仙一首。

正鈞按耆舊集載有劉近魯湄水同夕堂老人月泛尋懿庵別業一詩。（詩云、載酒酬奇字、鷗儔一棹攜、片雲思野渡、萬嶺鬱湘西、涼吹翻鷺影、灘花笑短藜、鹿門知遠近、漸入虎塘溪、）詳六十自定稿。庶仙五十初度一詩作於壬子。知其少先生四歲。據武夷先生行狀稱文學則當亦明季諸生。攷廣陽雜記云、修俟先生閉戶潛修。鄉人化之。州縣長聞風造請。皆以疾辭不見。所授生徒。咸知名士。同鄉譚允都、歐陽珠、周應詔、歐陽瑾、夏汝弼、文之勇、劉近魯、及瀘州馬之訓。其最著也。與家世節錄所載較詳。（見弟六卷）則庶仙固嘗受業武夷先生小雲山記云、予以甲辰始游。嗣後歲一登之。則亦時至庶仙之家可知。甲辰爲康熙三年。攷家譜曷功以乙酉生時正弱冠。庶仙之女于歸當亦在是時。已巳、先生年已七十。同志之友。如劉若啓、李芊巖輩已零落殆盡。其時見於詩集所常往還者同邑唯庶先及朱翠濤、熊男公三數人而已。觀見訊片紙。可見其相關之切也。

劉㻋字崑映。衡陽人。讀書所志堅苦。崇禎間。齊梁風靡。獨刻意搜求經傳之旨補文學。

試於鄉不售。乃就山中誅茅構斗室。食貧沒世。（蘐齋文集劉岷映氏墓志銘）

正鈞按墓志云。友人岷映劉君。撤瑟二十年矣。子安其安鎦欲求銘其墓。以叔父庶先氏之命來。蓋岷映即庶先之兄。又銘曰。疇昔過君。溼雲蒙岫。雷雨夕喧。裂窗傾溜。縱酒高吟。天爲條書。弔古悲今。別人分獸。自君之亡。狂言誰奏。觀此則岷映與先生之交誼亦厚矣。

朱王孫翠濤

朱翠濤。明王孫。寓居衡陽。（自定稿）

六十自定稿。己酉年有聽月樓倦客歸山留別翠濤王孫一首。（七古）　庚申年有翠濤攜諸子。游瞻雲閣。有作見寄。遙答一首。（五古）

七十自定稿。丁卯年有翠濤過草堂問病二首。（七律）　翠濤喜雨見懷。病枕賦答一首。（五古）

寄題翠濤新築齋一首。（七古）

薑齋詩分體稿。辛酉年有題翠濤新築四首。（五律）　戊辰年有翠濤將下武昌。恭謁昭王。泊諸侯園墓。馳書留別。愴感贈送一首。（五古）

鼓棹初集。有翠濤以新詩見懷。作此答之。蘇幕遮一首。寄題翠濤山居。賀新郎一首。二集有翠濤作煨榾柮詩索和。以詞代之。漁家傲六首。翠濤六袠。每句戲用采色字。沁園春一首。

正鈞按自定稿各詩。翠濤與先生往還。殆將二十年。聽月樓倦客歸山詩云。樓前湘水膩碧玉。細細紋波送遠秋。寄題翠濤新齋詩云。湘西開竹館。綠淨清溪源。六十自定稿丁巳新秋。望章截謀詩有云。芳草王孫在。閑愁付杖藜。自注、時載謀授館于翠濤。又鼓棹集寄題翠濤山居一首有云。畫駿不臨松雪譜。自注、因憶趙子昂不類。遂及之。合七十自定稿翠濤將下武昌恭謁昭王及諸侯園墓之語觀之。則翠濤應是太宗子楚昭王支裔。亂後寓居衡陽。而其志節又有大過人者。其名與世系。俟攷。

又按芸者韻語（先生孫信芳生荃箸）七絕。有乙卯元日過洪山堂省米丈歸讀先子遺稿。有元夕過翠濤先生洪山堂紀情六首。翠濤先生。先大父船山集中所稱翠濤王孫也。瞻屋之悲。依稀碩果。集中三致意焉。故先子句云。咏鳥柴桑曾伴醉。多情宋玉自悲秋。以此思情情可知矣。感今追昔。敬賡元韻。寄朱十兄弟一首云。三世神交忘賓主。分明甲子兩心珍。弟六首有云。西臺作記人何在。逝水淙淙沒釣磯。年譜劉氏毓崧云。按耆舊集。載虎止懷朱且復五律一首。有秋老蘭應賦。春歸草尙芳之語。疑且復爲翠濤之子姪輩。信芳所稱朱十兄。又且復之子姪行也。

李文學報瓊

李報瓊字爲好。衡陽諸生。七十自定稿　武夷先生行狀

七十自定稿。庚申年。過李爲好山居信宿二首。七律

鼓棹初集。有壽李爲好瑞鶴仙一首。　爲好送魚苗。謝之。漁家傲一首。

正鈞按爲好一再見自定稿及鼓棹集。未著其名。攷薑齋逸文。武夷先生行狀云。夫之側室女一。適文學李報瓊子縉明。以木瓜之詩推之。當是名報瓊。字爲好無疑。行狀未別著邑里。詩題云過山居信宿。則知其爲邑人也。

又按六十自定稿。戊午梅陰家詩序云。船山老人幼女七歲。許字友人唐君之子者。攷逸文有唐無適墓志。爲唐躬園之子。幼女卽許字無適。以戊午八月夭。推之

當生於康熙壬子。武夷先生行狀。作於癸亥。側室之女（按家譜側室張氏）已云適李。其年當已踰笄。詩序既云幼女。又戊午去癸亥僅六年。適李氏女必生於壬子以前。

熊男公（熊畏齋）

熊男公。衡陽人。（七十自定稿）

述病枕憶得云。今年病垂死。得友人熊男公療之而蘇。因教予絕思慮以任氣之去來。

七十自定稿。壬戌年有熊男公過訪一首。（五古）

薑齋詩分體稿。丁卯年有送伯兄歸塋。已夕宿男公山莊一首。（五古）

鼓棹初集有過熊男公夜話。浣溪沙一首。

正鈞按述病枕憶得。末署歲在丙寅。是年分體稿有當暑沈痾五律一首。據此則熊男公之療疾。蓋在夏間。石崖先生以是年正月晦卒。葬於次年之秋。丁卯一詩。題云、已夕宿男公山莊。又鼓棹集云過男公夜話。則男公確係衡陽人。

熊畏齋。衡陽人。（薑齋詩賸稿）

熊畏齋先生小像贊(畏齋文集卷九)云。爐煙篆輕。茗盌香清。天歸綺閣。人在瑤京。談霏玉屑。度挹芝英。養丹山之采鳳。族麗景而飛鳴。

薑齋詩賸稿。有大雲山歌一首。(自注爲熊畏齋社戚翁六秩壽)

正鈞按賸稿詩。以大雲山爲題。畏齋所居。蓋在衡陽大雲山旁也。攷逸文武夷先生行狀云。攷女二。長適文學熊榮祀子時幹。時幹字體貞。游先生門。(詳第十四卷)大雲山歌稱社戚翁。當是時幹倅行。以情事推測。男公與榮祀似卽一人。又按李爾雅貞獻先生墓志云。門人後學熊震鄧文昌與樸大等。百有餘人。私諡之曰貞獻。男公與震。名字似相比附。然均未得顯證。存以俟攷。

湘綺樓詩經評點（續第十四期）　　詩卷七

湘潭王闓運評點　　弟子周　逸纂集

陳一之十二

宛丘、刺幽公也、三章章四句

子之湯兮。宛丘之上兮。洵有情兮。而無望兮。

評、欲抑先揚。使人不敢以風流自賞。

坎其擊鼓。宛丘之下。無冬無夏。值其鷺羽。

坎其擊缶。宛丘之道。無冬無夏。值其鷺翿。

東門之枌、刺亂也、三章章四句

東門之枌。宛丘之栩。子仲之子。婆娑其下。

穀旦于差。南方之原。不績其麻。市也婆娑。

穀旦于逝。越以鬷邁。視爾如荍。貽我握椒。

評、用儷字亦助色。但不可纖巧。

衡門、誘僖公也、三章章四句

衡門之下。可以棲遲。泌之洋洋。可以樂飢。

逸按韓作可以療饑、蔡邕束晳並引泌丠、泌濼又作柲樂、

豈其食魚。必河之魴。豈其取妻。必齊之姜。

豈其食魚。必河之鯉。豈其取妻。必宋之子。

東門之池、刺時也、三章章四句

東門之池。可以漚麻。彼美淑姬。可與晤歌。

東門之池。可以漚紵。彼美淑姬。可與晤語。

東門之池。可以漚菅。彼美淑姬。可與晤言。

東門之楊、刺時也、二章章四句

東門之楊。其葉牂牂。昏以爲期。明星煌煌。

東門之楊。其葉肺肺。昏以爲期。明星晳晳。

墓門、刺陳佗也、二章章六句

墓門有棘。斧以斯之。夫也不良。國人知之。知而不已。誰昔然矣。夫韓作傅

墓門有梅。有鴞萃止。夫也不良。歌以誶之。誶予不顧。顚倒思予。

防有鵲巢、憂讒賊也、二章章四句

防有鵲巢。邛有旨苕。誰侜予美。心焉忉忉。

中唐有甓。邛有旨鷊。誰侜予美。心焉惕惕。

月出、刺好色也、三章章四句

月出皎兮。佼人僚兮。舒窈糾兮。勞心悄兮。

評非親見此等貴人不能作此三字。按王氏本無點。逸加之以醒讀者目。

月出皓兮。佼人懰兮。舒懮受兮。勞心慅兮。

月出照兮。佼人燎兮。舒夭紹兮。勞心慘兮。

株林、刺靈公也、二章章四句

胡爲乎株林。從夏南兮。匪適株林。從夏南兮。

駕我乘馬。說於株野。乘我乘駒。朝食於株。

澤陂刺時也三章章六句、

彼澤之陂。有蒲與荷。有美一人。傷如之何。寤寐無爲。涕泗滂沱。

評溫柔敦厚之至。不意淫昏之朝有此佳士。

彼澤之陂。有蒲與簡。有美一人。碩大且卷。寤寐無爲。中心悁悁。

彼澤之陂。有蒲㰹欿。（㰹欿又作菡萏莟萏）有美一人。碩大且儼。寤寐無爲。展轉伏枕。

陳國十篇廿六章百十四句

國風十三

檜一之十三

羔裘大夫以道去其君也三章章四句

羔裘逍遙。狐裘以朝。豈不爾思。勞心忉忉。

羔裘翱翔。狐裘在堂。豈不爾思。我心憂傷。

羔裘如膏。日出有曜。豈不爾思。中心是悼。

素冠、刺不能三年也、三章章三句

庶見素冠兮。棘人欒欒兮。勞心慱慱兮。

評。天生三素。分作三章。熟於禮者。乃以此巧。

庶見素衣兮。我心傷悲兮。聊與子同歸兮。

庶見素韠兮。我心蘊結兮。聊與子如一兮。

隰有萇楚、疾恣也、三章章四句

隰有萇楚。猗儺其枝。夭之沃沃。樂子之無知。

評、妖冶如見體物妙句。

隰有萇楚。猗儺其華。夭之沃沃。樂子之無家。

隰有萇楚。猗儺其實。夭之沃沃。樂子之無室。

匪風、思周道也、三章章四句

匪風發兮。匪車偈兮。顧瞻周道。中心怛兮。

匪風飄兮。匪車嘌兮。顧瞻周道。中心弔兮。

誰能亨魚。溉之釜鬵。誰將西歸。懷之好音。

專著　湘綺樓詩經評點

鄶國四篇十二章四十五句

國風十四

曹一之十四

蜉游、刺奢也三章章四句

蜉游之羽。衣裳楚楚。心之憂矣。於我歸處。

蜉游之翼。采采衣服。心之憂矣。於我歸息。

蜉游掘閱。麻衣如雪。心之憂矣。於我歸説。

候人、刺近小人也、四章章四句

彼候人兮。何戈與祋。彼其之子。三百赤芾。

維鵜在梁。不濡其翼。彼其之子。不稱其服。

維鵜在梁。不濡其咮。彼其之子。不遂其媾。

薈兮蔚兮。南山朝隮。婉兮孌兮。季女斯飢。

鳲鳩、刺不壹也、四章章六句

鳲鳩在桑。其子七兮。淑人君子。其儀一兮。其儀一兮。心如結兮。
鳲鳩在桑。其子在梅。淑人君子。其帶伊絲。其帶伊絲。其弁伊騏。
鳲鳩在桑。其子在棘。淑人君子。其儀不忒。其儀不忒。正是四國。
鳲鳩在桑。其子在榛。淑人君子。正是國人。正是國人。胡不萬年。

下泉、下泉思治也、四章章四句

冽彼下泉。浸彼苞稂。愾我寤歎。念彼周京。
冽彼下泉。浸彼苞蕭。愾我寤歎。念彼京周。
冽彼下泉。浸彼苞蓍。愾我寤歎。念彼京師。
芃芃黍苗。陰雨膏之。四國有王。郇伯勞之。

曹國四篇十五章六十八句

國風十二 四三二

詩卷七終

湘綺樓詩經評點

國風十五 詩卷八

湘潭王闓運評點 弟子周逸纂集

豳一之十五

七月陳王業也、八章章十一句

七月流火。九月授衣。一之日觱發。二之日栗烈。無衣無褐。何以卒歲。

評、插入二句。聳動聽者。與下言不相貫。下言農。此言女。以女爲主。故作停頓也。

三之日於耜。四之日舉趾。同我婦子。饁彼南畝。田畯至喜。

評、於文法此章當照應衣褐。而別說一章。自爲一章。

七月流火。九月授衣。春日載陽。有鳴倉庚。女執懿筐。遵彼微行。爰求柔桑。

評、桑徑如畫。

春日遲遲。采蘩祁祁。女心傷悲。殆及公子同歸。

評桑出時猶采蘩者。蠶有早晚也。公桑晚於民桑。

七月流火。八月萑葦。蠶月條桑。取彼斧斨。以伐遠揚。猗彼女桑。七月鳴鵙。八月載績。載玄。載黃。我朱孔陽。爲公子裳。

評寫頌禱於叙事。如天衣無縫。

四月秀葽。五月鳴蜩。八月其穫。十月隕籜。一之日於貉。取彼狐狸。爲公子裘。二之日其同。載纘武功。言私其豵。獻豜於公。

五月斯螽動股。六月沙雞振羽。七月在野。八月在宇。九月在戸。十月蟋蟀入我牀下。

評、敘事運典。只於閒文。此所謂天授非人力。聖人經術之文也。

穹窒熏鼠。塞向墐戸。嗟我婦子。曰爲改歲。入此室處。

六月食鬱及薁。七月亨葵及菽。八月剝棗。十月穫稻。爲此春酒。以介眉壽。七月食瓜。八月斷壺。九月叔苴。采荼薪樗。食我農夫。

九月築場圃。十月納禾稼。黍稷重穋。禾麻叔麥。嗟我農夫。我稼既同。上入執宮功。晝爾于茅。宵爾索綯。亟其乘屋。其始播百穀。

二之日鑿冰沖沖。三之日納于凌陰。四之日其蚤。獻羔祭韭。九月肅霜。十月滌場。朋酒斯饗。曰殺羔羊。躋彼公堂。稱彼兕觥。萬壽無疆。

評、蜡祭勞農。鄉飲進士。而野人進禮樂矣。

鴟鴞、周公救亂也、四章章五句

鴟鴞鴟鴞既取我子無毁我室

評、大禮乃以爲毁室致詞婉切忠孝藹然。

恩斯勤斯鬻子之閔斯

評、又作正論以師保自居情理俱到。

迨天之未陰雨徹彼桑土綢繆牖戶今女下民或敢侮予

予手拮据予所捋荼予所蓄租予口卒瘏曰予未有室家。

予羽譙譙予尾消消予室翹翹風雨所漂搖予維音之曉曉。

東山、周公東征也、四章章十二句

我徂東山慆慆不歸。我來自東零雨其濛。我東曰歸。我心西悲。制彼裳衣。勿士行枚。蜎蜎者蠋烝在桑野

評、感物攄情悲涼淒測。

敦彼獨宿亦在車下

評、落日照大旗。中天懸日月。百萬軍中以此孤寂之情。聖人文人。乃能超萬物而別

有懷抱。

我徂東山。慆慆不歸。我來自東。零雨其濛。果臝之實。亦施于宇。伊威在室。蠨蛸在戶。町畽鹿場。熠燿宵行。不可畏也。伊可懷也。

評、三監淮夷徐戎並興。天下騷動。而詩人視若無物。其胸次故不可及。所謂蟭螟蟲睫蠻觸伏尸不值真人一笑也。

我徂東山。慆慆不歸。我來自東。零雨其濛。鸛鳴于垤。婦歎于室。鸛又作鶴說文引鸛垤

評、二公不能逃一萑字。

洒埽穹窒。我征聿至。有敦瓜苦。烝在栗薪。自我不見。於今三年。

我徂東山。慆慆不歸。我來自東。零雨其濛。倉庚于飛。熠燿其羽。之子於歸。皇駁其馬。

評、凱歌別調。所謂兵氣銷爲日月光。

親結其縭。九十其儀。　評、何其深至。　其新孔嘉。其舊如之何。

評、周公前掉文可謂有膽有識。爲王者師。非虛言也。太公尚不能及此。以其封齊開國知之。

第二卷第十五期　四九一七

破斧、美周公也、三章章六句

既破我斧。又缺我斨。周公東征。四國是皇。哀我人斯。亦孔之將。

評、王莽宋儒。一齊咋舌。

既破我斧。又缺我錡。周公東征。四國是吪。哀我人斯。亦孔之嘉。

評、維兵不祥。祥莫大焉。

既破我斧。又缺我銶。周公東征。四國是遒。哀我人斯。亦孔之休。

伐柯、美周公也、二章章四句

伐柯如何。匪斧不克。取妻如何。匪媒不得。

評、聖人亦真有所不能。寫得出周公心事。

伐柯伐柯。其則不遠。我覯之子。籩豆有踐。

評、正意只一點絕高。

九罭、美周公也、四章一章四句三章章三句

九罭之魚。鱒魴。我覯之子。袞衣繡裳。

鴻飛遵渚。公歸無所。於女信處。
鴻飛遵陸。公歸不復。於女信宿。
是以有袞衣兮。無以我公歸兮。無使我心悲兮。
狼跋、美周公也、二章章四句
狼跋其胡。載疐其尾。公孫碩膚。赤舄几几。
評、語寬博亦復跌踢。
狼疐其尾。載跋其胡。公孫碩膚。德音不瑕。
豳國七篇廿七章二百三句
國風十五
詩卷八終

中國名山彙考卷二（續第十四期）

湘潭周逸木崖

秦望山

秦始皇望南海所登之山

秦望山。在今浙江杭州府城南一十二里。高一百六十丈。周迴百步許。相傳秦始皇嘗登此山以望南海。故以秦望爲名。山之東南隸會稽。

靈隱山

杭州之靈隱山

靈隱山。（一名仙居山、亦名西山、曰靈苑山、）在今浙江杭州府城西十二里。山上有寺。名靈隱寺。卽唐宋之間詠詩。駱賓王續成處。

大滌山

餘杭之大滌山

大滌山。在今浙江杭州府餘杭縣城西南十八里。高六百九十餘丈。周迴五十里。其山有仙芝異草。人多不識。

天目山

杭州府之天目山

天目山。在今浙江杭州府臨安縣城西五十里。高三千九百丈。周圍八百里。山上多美木。有池名曰蛟龍池。

徑山

天目東北之徑山

徑山者。以有徑通天目故名也。似與天目爲一山。然其七峯羅列。奇秀峭整。雖與天目連麓。而實自爲靈區。其高三千餘丈。其周五十里。自古名公鉅卿騷人韻士。率多遊覽題詠於斯云。

四明山

道書第九洞天之四明山

四明山。在今浙江甯波府之西。高一萬八千丈。周迴數百里。山有二百八十餘峯。隨地立名不一。要皆其支麓所分也。道書稱第九洞天。峯凡二百八十二。中有芙蓉峯。刻漢隸四明山心四字。其山四穴如天窗。陽山通日月星辰之光。故曰四明。

峴山

湖州府之峴山

峴山舊名顯山。唐避廟諱。因改爲峴。其山在今浙江湖州府烏城縣南二里。山上有晉太守殷康築亭。及唐相李適之石酒罇在焉。

招寶山

東南諸番入貢停舶之招寶山

招寶山舊名候濤山。在今浙江甯波府定海縣東北二里。以番舶入貢寶貨。必停集其下。故改今名。其山半有棋子坪。山巔有觀音洞。山之東南。又有昌國山。登山四望。海天無際。更遇晴空萬里。則朝鮮日本諸夷。皆在指顧中矣。

雪竇山

宋理宗夢遊之雪竇山

雪竇山。在今浙江寧波府奉化縣城西六十里。唐僧雪竇居之。故名。宋理宗夢遊此山。

故又名爲應夢山。

天童山

寧波府之天童山

天童山。在今浙江寧波府鄞縣城東六十五里。昔有僧結廬於此。時有天童給之薪水。曰吾太白星也。言訖而去。故名。山上有玲瓏崖。山下有天童弘法禪寺。

會稽山 按吳越春秋曰禹巡狩天下會計脩國之道以會稽名山太史公曰或言禹會諸侯江南計功而崩因葬焉命曰會稽會稽者會計也

南鎮會稽山

會稽山。一名茅山一名苗山一名防山一名棟山一名覆釜山一名衡山一名塗山一名鎮山一名覆鬴山一名南山 在今浙江紹興府城東南十二里。山下有洞。名陽明洞天。山西北五里爲禹陵。山之陰爲南鎮廟。歷代皆有勑祭焉。

東山 按三才圖會東山圖考東山在會稽南晉太傅文靖謝公安石東山也

晉謝安攜妓往遊之東山

東山。在今浙江紹興府上虞縣西南四十五里。山勢如鸞翔鳳舞。山上有洗屐池。國慶禪院。山半爲薔薇洞。相傳謝安遊此。故土人又呼爲謝安山。山西有太傅墓。

雲門山

晉王獻之所居之雲門山

雲門山。在今浙江紹興府城南三十里。秦望山之南。相傳晉中書令王獻之居此。有五色雲見。詔建雲門寺。山遂以此得名。舊有子敬亭。

大姥山

道書第十四福地之天姥山

天姥山。即天姥岑也。在今浙江紹興府新昌縣南界。高三千五百丈。周六十里。東與天台相對。即劉阮入天台迷路處。

普陀山（按潛確類書區字部稱補陀洛迦山梵語也）

南海中之普陀山

普陀山。舊名梅岑山。漢梅福煉丹於此。故名。其山在今浙江寧波府定海縣東南海中。周迴四十餘里。佛書所謂海岸孤絕處。往時高麗日本新羅諸國。皆由此取道以候風信。一名梅岑山。

天台山

漢劉晨阮肇遇仙之天台山

天台山。在今浙江台州府天台縣城北三里。高一萬八千丈。周廻八百里。山有八重。四面如一。其峯巒延亘。支麓所分。隨地異名。而要皆謂之天台山。即道書第六大洞天。赤城洞也。相傳劉晨阮肇遇仙如此。

金華山

道書第三十六洞天之金華山

金華山。一名金盆山 一名長山 在今浙江金華府城北二十里。自天台赤城發脈。至東陽之大盆山。迤邐至金華蘭溪義烏浦江之境。高一千餘丈。周三百餘里。相傳赤松子得道處。

仙華山

黃帝少女修真之仙華山

仙華山。一名少女峯 一名仙姑山 在今浙江金華府浦江縣北八里。相傳黃帝少女修真於此。

江郎山

通典之須郎山

江郎山。在今浙江衢州府江山縣城南五十里。昔有江氏兄弟三人皆登此化爲石。故名江郎山。又名須郎山。

富春山

漢嚴子陵之釣臺

富春山。一名嚴陵山在今浙江嚴州府桐廬縣西二十五里。前臨大江。上有東西二臺。卽嚴子陵釣處也。

大羅山

東越王所居之泉山

大羅山。一名泉山一名仙崖山在今浙江溫州府境內。延袤約四十五里。其支峯甚多。若帆遊山。仙崖山。雲頂山。皆其所分也。按漢書朱買臣所謂東越王居泉山。一人守險千人不得上。卽此。

白石山

會稽記之白石山

白石山。在今浙江溫州府樂清縣城西三十里。高一千丈。周圍二百三十里。以其純石無土木。故名白石。又名五色山。齊帝立太平館於山。以居褚伯玉孔稚珪。從其受道。於館側立碑。

石門山

道書第三十洞天之青田山

石門山。一名青田山在今浙江處州府青田縣城南七十里。臨溪兩峯壁立。高數百丈。對峙如門。故名。山有洞。即道書所謂石門洞天也。

（未完）

雁影齋題跋卷四（續第十四期）

湘鄉李希聖亦元遺稿

懷古錄三卷 鈔本

宋陳模纂。模字子宏。號月庭。廬陵人。前有寶祐二年甲寅四月既望模自序。此書四庫未錄。各家書目皆無之。惟上元倪燦宋史藝文志補文史類有此書。亦作三卷。然諸書從無徵引及之者。實孤本矣。其書上卷中卷論詩。下卷論文。頗多入微之論。惟模本江西人。故推服黃陳歐王甚至。其論詩則謂后山勝於山谷。至以呂居仁江西詩派不應收后山。后山集中似江西者極少云云。其意似不甚主江西。頗能破除鄉曲之見。（錢大昕養新錄云呂本中江西詩派圖意在尊黃涪翁并列陳后山於諸人中后山與黃同任在門詩亦[illegible]涪翁不相似乃抑之入江西派誕甚矣云云而不知陳氏此書已先論及竹汀蓋未見其書也）故於李義山絕句。摘舉十數首。推為唐人冠冕。視方回瀛奎律髓之獻媚陳黃力排崑體者。其識解亦能出當時風氣之外。其中頗多宋人遺事。不見於他書者。如所舉王荊公詩眠分黃犢草。坐占白鷗沙二句。則為本集所無。寶慶初。大理評事胡夢昱上書言濟王事貶象州。（方回桐江集讀胡評事夢昱書跋言評事在象州作皂角詞有鐵漢之語而不記我詩）蔡光工於詞。靖康間陷虜中。辛幼安常以詩詞參請之。如此之類。亦頗有裨於考證。在宋譚人藝諸書中。實爲佼佼。而傳本甚稀。常熟以旹。張孝達尙書樊雲門按察。皆詫爲未見此本卷首有知不足齋諸印。其中朱黃猶係鮑淥飲手校也。

古今姓氏遙華韻九十六卷　鈔本

元洪景修撰。景修字進可。號達觀。臨川人。自稱布衣。其事跡當考臨川志。據景修至大元年戊申自序。稱自咸淳戊辰始著是書。積歲月。得姓九百有奇。鈔爲姓氏遙華韻。參章定類稿千一百八十九姓。無其人者無信不徵云云。殆窮一生之力以從事於此書者。首有至大三年程鉅夫及至大元年門人姜性仁二序。其書自甲至癸分集十。甲集十卷。乙集十卷。丙集十一卷。丁集十卷。戊集十一卷。己集八卷。庚集十卷。辛集十卷。壬集八卷。癸集十卷。此書見文淵閣書目。四庫未錄。阮氏經進書亦無之。方氏義從豐順丁氏傳錄者。其書以韻隸姓。又采古今名人事蹟。按次時代分隸各姓之後。爲凌迪知萬姓統譜之藍本。四庫錄凌氏書而不數景修此作。蓋未見其書也。考姓氏諸書。自唐林寶元和姓纂。宋鄧名世古今姓氏書辨證以後。如洪忠宣之姓氏指南。洪書今不傳章定之名賢氏族言行類稿。元人之排韻氏族大全。作者甚衆。蓋由南宋啓劄盛行。務切姓氏。類書雜出。便於獺祭之資。蘇東坡贈張子野孔毅父諸詩及山谷化鶴看羊之句亦均切姓不獨駢偶爲然也至鄧名世且以著書得官。景修殆亦聞風興起者歟。其書採摭既繁。榛楛不剪。如收辛幼安而載其上梁一文。未免支離已甚。收秦少遊而謂爲東坡妹壻。至沿市井之談。愛日精廬藏書志稱其戊集末附載董更生王烈女傳一篇備錄全文與全書體例不符爲褒揚忠烈之意似爲得之然所引元以前諸書。頗有足資校正者。如元和姓纂。今從永樂大典錄出者已非全書。景修所引。猶完本也。

（完）

專著 雁影齋題跋卷四 三四

律音彙考卷三（續第十四期）

瀏陽邱之稑穀士遺著

尺

歷代古尺不一。其等。惟周尺爲萬世不易之制。蓋周尺起於黃鍾。一分適中橫黍一粒。累十黍而成一寸。黃鍾管長九寸。徑三分三厘八毫五絲一忽。統而計之。周尺實中聲所自出。但此尺自宋以來不嘗見於世。朱子門人潘仲善從會稽司馬待郎家求得一圖。其間有古尺數等。周尺居其右。因圖此尺式以公於世。此周尺之所由傳與。今取此尺以橫黍校。累十黍。適成一寸。其爲周尺無疑也。以制律管。自合中聲。各器悉準此尺。式列四卷圖首。

鳳簫

鳳簫一名排簫。由來最古。鳳簫之制不定。則律呂不明。律呂不明。則諸器失度。諸器失度。則古樂莫復。故鳳簫爲諸樂綱領。實律呂所由昭。史記黃帝命伶倫制十二筩。以聽鳳凰之鳴。雄鳴爲六律。曰黃鍾太蔟姑洗蕤賓夷則無射。雌鳴爲六呂。曰大呂夾鍾仲呂林鍾南呂應鍾。周禮中之曰。大師掌六律六同。以合陰陽之聲。陽聲黃鍾太蔟姑洗蕤賓夾則無射。陰聲大呂應鍾南呂函鍾（即林鍾）小呂（即仲呂）夾鍾。（六呂逆轉）律呂之判。雌雄分陰陽。古人區之析矣。孰謂律當出呂呂當出律。可兼收並用哉。漢晉以後。不明三分損益隔八相生之故。誤會絃度生聲之說。謬以黃鍾九寸三分去一下生林鍾六寸之管謂爲宮生徵。夫管律之體也。宮聲之用也。制律之道。用不可先體。猶體不可後用。必體立而用始行。卽以聲言。黃鍾固爲正宮。十一律皆可還相爲宮。是黃鍾生十一律。乃制其體之事。以黃鍾立宮。而正五聲。方是及其用之事。如此何得指黃鍾生林鍾爲宮生徵。且黃鍾正宮夾則其徵。林鍾呂管。音低夾則一律。以其生由黃鍾。卽目爲宮生徵。音必不協。焉可混收。今不明體用。術聲音。以律呂相生之法。妄曰宮生徵。徵生商。商生羽。羽生角。職此之故。第一正宮。便三收呂管以亂律。佗何論焉。此說一倡。後世之言音律者。皆奉爲準則。是則律呂之不明。非此數語以亂其聽乎。（詳史記律數辨）唐宋排簫之制。均十六管。夫六律六呂。外加半律半呂各二。共十六管。自是古制。然按其圖籍。皆未察雄鳴雌鳴之別。陽聲陰聲之殊。自黃鍾至半夾鍾止。十六管不分左右。每一律間一呂。由長及短。一順安插。又指半黃鍾半太簇半大呂半夾鍾爲四淸聲。此因不識變宮之聲。原出于倍半之管。即誤以四半管之聲。謂應其本體之管。審音全不憑耳。不應强以爲應。亦與指林鍾爲黃鍾之徵。南呂爲黃鍾之羽。應鍾爲黃鍾之變宮無異。上古十二簫之制。別雄鳴爲律。雌鳴爲呂。自是言鳳簫之祖。蓋分律呂而二之。猶男女有別而不可紊也。爾雅小簫謂之筊。大簫謂之言。自是定鳳簫之數。蓋合律呂而一之。猶乾坤定位而不可移也。博雅小簫十六管。大簫二十四管。唐宋以來。鳳簫皆十六管。殆即爾雅之所謂筊。蓋于十二律呂外。加倍律三倍呂二半律三半呂三。合律呂爲二十四管。詳五聲六律十二管還相爲宮說或即爾雅之所謂言。其灋分爲兩翼。排列左右。左自倍蕤賓起至半姑洗止爲一翼。右自倍林鍾起至半仲呂止爲一翼。務本探原。制灋始定。鳳簫定諸樂悉受其範圍。有不與律呂二均全協者。必徑之大小孔之高低有未當處。鍾磬之厚薄亦然。當竭耳力。求歸至當。但其形參差。異其體必同其徑。體徑寸分。圖列四卷。

洞簫

洞簫之制。一本鳳簫爲標準。其以六律六呂相併折中取聲。灋至微密。人不易曉。欲盡其妙。恐初學終難脫手而成。且竹徑之分寸。殊難符合。制必擇徑。徑苟不合。體即端正。

亦不中用。莫若隨其徑之大小。量其材之長短。先開吹口。以試其聲焉。竊嘗取竹之圓直者。徑或八九分不等。長或二尺內外。審其可而截取之。洞其中節。盡其隔膜。開其吹口。辨其聲音。或應夷則。或應南呂。或應無射應鍾。或應半黃鍾半大呂。應夷則南呂爲夷則南呂簫。應無射應鍾爲無射應鍾簫。應半黃鍾半大呂爲半黃鍾半大呂簫。其管苟中用。應夷則者。低聲必應倍蕤賓管。應南呂者。低聲必應倍林鍾管。餘或應無射應鍾半黃鍾半大呂者。必高低聲合。然後量其管體長短圍徑大小。按定開孔部位。稍爲變通。無一不協。有徑小而體太長者。必裁至恰好處。倍正之聲方合。有徑大而裁使短者。必接至恰好處。倍止之聲方合。有自長至短。屢試而高低之音終不相配者。縱按位開孔。明明律簫聲多出呂。明明呂簫聲多出律。屢試不爽。如是者直天下之棄材。終歸無用。餘無不可制之管焉。其徑最大。而通長之音中夷則律。低音應倍蕤賓管者。第一孔聲中無射律。低聲應倍夷則管。第二孔。高聲應半黃鍾。低聲應倍無射管。此孔聲在六律外。爲黃鍾半體管聲應黃鍾變宮。故律雖止于六。而聲所以有七也。第三孔聲中黃鍾律。子聲應半太蔟管。第四孔聲中太蔟律。子聲應半姑洗管。第五孔聲中姑洗律。

子聲太高于姑洗不甚相應。必氣利善吹者。按下第一孔。方與相合。然太噍急。與鳳簫管不配。似難入調。後出孔聲中蕤賓律。蕤賓倍閆。應夷則不應蕤賓。故其音在通長。此孔無倍半之音。統計夷則簫自通長倍蕤賓低聲起。按至後出孔蕤賓止。中間倍正相應。倍半相應。正半相應者。共得十二聲。與鳳簫左翼六律及倍半管。實符其數。推之南呂簫與右翼六呂及倍半管。莫不皆符。按夷則南呂二簫。以一管而備十二管鳳簫之全。此律呂所以爲天地自然之音。卽三倍律三倍呂三半律三半呂。不可加增。不可或減。是二十四管之大鳳簫。于夷則南呂二簫。已相冥契。其佗應無射應鍾半黃鍾半。大呂者。依此類推。舉一自可知其餘。圖列四卷。

篪

篪與壎。器最雅、音最和、二人合吹。凝神細聽。莫辨其孰爲壎孰爲篪。詩曰伯氏吹壎。仲氏吹篪。蓋亦取其聲之和。古人敦厚之教。卽一吹一詠之餘。宛具宜兄宜弟之樂。此其所以爲不可及。其制類簫。但體較短。管或易取。然亦須先開吹口而辨其高低。音均兩合。方能協律。但第一孔至六孔之寸分。其濾皆自吹口量起。姑洗篪通長音中姑洗律。

開下第一孔中蕤賓律。餘夾則無射半黃鍾黃鍾（以半太簇應）太蔟（以半姑洗應）。皆可依次取聲。仲呂篪。通長音中仲呂律。開下第一孔中林鍾律。餘南呂應鍾半大呂大呂（以半夾鍾應）夾鍾。（以半仲呂應）皆可依次取聲。篪徑大小不一。體之長短。孔之高下。宜稍變通。圖列四卷。

附銘

懿哉雅管、古淡無奇、宮商悉協、律呂易施、伯曰仲氏、爾壎予吹、同聲相應、有如此篪。

笛

時笛恐非古制。然相沿既久。今之所謂管樂者。惟此爲盛行。不從此引入。恐初學終無下手處。但須審的音均必與鳳簫律呂二均各協者。方可收用。又須補綴黏膜之孔。去其淫蕩之聲。始與諸淵穆靜深之品相配。不然直世俗之樂耳。揀選佳竹自製更妙。細較時笛聲字。協律者當曰律笛。協呂者當曰呂笛。律笛之音。六孔齊按。今時所謂六字者。六孔齊開。音自出音孔出。中蕤賓之律。低聲合字。鳳簫倍管無此聲。以蕤賓倍管應夾則不應蕤賓也。第一孔五字。中夾則律。低聲四字應倍蕤賓管。第二孔一字。中無射律。低應倍夾則管。第三孔上字。高應半黃鍾管。低應倍無射管。第四孔尺字。中黃鍾律。高應半太蔟管。第五孔工字。中太蔟律。高應半姑洗管。第六孔凡字。中姑洗律。但以時笛協律。律笛尺字應黃鍾正宮。呂笛尺字應大呂淸宮。若以黃鍾主宮。則尺字還爲上字。工字還爲尺字。凡字還爲工字。六字還爲凡字。五字還爲六字。一字還爲五字。上字還爲一字。還爲上字者爲宮。還爲尺字者爲商。還爲工字者爲角。還爲凡字者爲變徵。還爲六字者爲徵。還爲五字者爲羽。還爲一字者爲變宮。推之大呂淸宮皆然。推至七調皆然。至就時笛之小工調。所命之合四一上尺工凡六五孔分言之。則第三孔上字。低應倍無射管。高應半黃鍾管。第四孔尺字。應黃鍾宮聲。按位還之。俗之所謂小工調。乃倍無射主宮。以上字應黃鍾有商。以尺字應太蔟爲角。以工字應姑洗爲變徵。以凡字應。蕤賓爲徵。以六字應低以合字應夾則爲羽。以五字應低以四字應無射爲變宮。以一字應此聲字之譜。所以與正變悉協。稽之時笛。知五聲二變之流傳未替。但未獲反其本耳。亟引以證合之爲入門之灋。圖列四卷。

笙

爾雅大笙謂之巢。小者謂之和。劉熙逸雅云。笙生也。萬物貫地而生。以匏爲之。故曰匏。國語曰。匏竹利制。蓋取匏竹相合以成聲。陳氏樂書曰。匏之爲物。其性薄而浮。其中虛而通。笙則以匏爲母。象植物之生焉。文獻通考曰。今之笙竽以木代匏。是笙之易匏以木。不自今始。按虞書八音克諧。無相奪倫。匏爲八音之一。易以木。音歸竹類。八缺其一。豈古聖人制作之精意。時用之笙。皆十三簧。卽爾雅之所謂和。然音均淸越。易以匏母。愈見溫潤。分別律呂。全在簧之厚薄。卽不易其體。點以蠟珠。高下其聲。律呂原可通用。與諸管樂之孔徑一定不移者自別。但須鳳簫配的合記。十七管四管無孔。除此自吹口起第一管。合時俗小工調凡字。中姑洗律。以雙聲合。二管工字。中太簇律。以一字合。三管尺字。中黃鍾律。以雙聲合。或四五字合。四管一字。應倍夷則。管以凡字雙聲合。五管凡字。配一管凡字雙聲。六管四字。應倍蕤賓。管以五工字合。七管尺字。配三管尺字雙聲。八管高一字。中無射律。以低一字合。九管五字。中夷則律。以四工字合。十管六字。中蕤賓律。以合尺字合。十一管高上字。應半黃鍾。管以上六字合。十二管上字。應倍無射管。以高上字合。十三管合字。以尺六字合。至其次序淩列。不知當日排定之意。姑仍之以就執。圖列四卷。

附匏塤

八音中七音皆出於本體。獨匏藉笙管之簧以生聲。而無特出之音焉。況近代易匏以木。是古昔之所謂匏音者久絕響於人間。欲補其缺。又慮笙非人人所易制。因就匏體圓正者。倣壎制以開其孔。上一吹口。就其蒂而截平之。前三後二。依塤制。如灋調音。協律者。能具律一均之五聲二變。協呂者能具呂一均之五聲二變。且其聲靜穆溫和。與衆管樂實相浹洽。似可追太古之音。以其全法塤制。故名曰匏塤。非敢謬列雅樂之內。附諸笙後。不過聊備一格以俟知音者之擇用。但其質甚薄。須表裏皆髹以漆。方能堅固。

（未完）

文苑

船山先師詩錄

瓜圃夕涼二首 甲子

周逸敬選

微月流西岑。初發明靑甽。夕雨一以息。樾徑珠露泫。窅爾釋煩疴。泠然得靜辨。吾生豈不夙。物役固未淺。往昔從棄捐。今懷何繾綣。精靈寓天宇。昭滌隨游衍。所思來者遙。孰俟心期展。脈脈霄漢間。悠悠寄孤撰。

淸士抱夕心。畸人今夜悲。幽鸞怨難已。滌覽情自微。兩端趣有定。一致交易虧。今茲何惝怳。搖情憐分歧。緒風愜涼襟。宛轉動素帷。披衣睇霄漢。弦月流半規。居然無外攖。互爾捐中疑。還睇天宇高。今茲素節非。萬族同轂轉。吾生甯依違。戢志受天損。非云懷半馳。

文苑

書劉中丞逸事

石門閻鎮珩季蓉遺稿

同治三年。粵賊由蜀竄入隴。分其黨刼燒南山諸邑。河渭以東。回酋羣起應之。關中大震。天子用四川總督南海駱公之薦。於是以四川布政使湘鄉劉公蓉爲陝西巡撫。公至官。檄告屬令諸山谷往來要隘之所各具圖以進。每聞警。按圖部署諸將兵所出入。諸將用其言往率有功。賊以連蹶。我軍敗於渭上也。賊復振。村民疑賊且大至。倉皇走入城。城中人望見驚恐。請閉門爲備。公不許。西安去渭不四十里。訛言洶動。僚屬皆惶惑。而將軍某者尤怯甚。遽入見白公。公曰。城內外均吾百姓也。彼爲逃死而來。忍拒之乎。將軍色不爽曰。公言固也。然彼來者萬千數不啻。庸知不有奸民依託其中。且事今亟矣。城一危。甯可望復全乎。公曰。吾職守土。義與共存亡。甯一日忘將軍所慮哉。顧以爲賊易與耳。不足憂。如其不虞。我自任之。必無累將軍者。將軍出。公自從數人之南城。陟其闉。冠幘危坐。時四門洞啓。道路繦屬不絕。遲久始定。賊憚公。果不敢犯城。於是將軍及請者皆懈。詬公謝。賊之踞鹿臺。積歲弗下。諸賊往來。陰倚為巢藪。公患之。上疏言師久困。勞無功。臣請自往任滅賊之責。有詔止公相機。俟時而動。公曰將在外。君命有所不受。度吾往賊即破耳。何時之俟。遂行。時議者謂賊堅。不可卒拔。宜少緩師。公辭焉。召將軍二人。使分道攻其城東北門。都統某攻南門。某將佐之。而間賊精銳盡在西門。守禦尤力。於是公自督麾下卒當之。公騎而行。飛砲中其鞭墜地卒。左右皆懼請少避。公峻色曰。彼逆豎耳。奚能傷我乎。督戰益急。城破。賊兩潰。衆尚數萬人。公策賊必由山谷間道走還蜀。預戒徒伏甲遮狹以待。既果與賊遇。出賊不意。俘斬幾盡。罕有脫者。其渠奔入川。他將殲焉。秦州由是無賊。公資稟絕人。好學問。自為布衣。即引天下為己任。既致位開府。常自斂戢。儉身奉下。從卒不過三數人。任將吏盡其誠。嘗言諸君毋以我巡撫。有所阿徇。試自出腹中書。為我言之。回民之未亂也。公慮倡壞吾民為害。乃使人量城外隙地若干里。築垣樹屋。謀遷回民處焉。方奏得可。屬公病去官。事遂中寢。

論曰。始駱公巡撫湖南。湘鄉羅忠節公以諸生入謁。長揖不拜。公引與坐。問討賊之策。竟事無忤容。及劉公以諸生入佐幕。公為其才有諸葛孔明之風。二人者信天下賢士矣。然非駱公烏足知之。予讀史賈生過湘文。沮于馮敬一言。功名之際。善終難矣。劉公、如、不、遇、譏而退。其設、施、豈有異哉。

郭母許淑人家傳

湘潭王闓運湘綺佚稿

許氏湘潭人。父諱中和。母王氏。生有禮度。未笄而嫁。夫曰郭金山。字雲軒。將家也。譜名人佳。於武壯爲族子。從陝甘總督征叛回。纍功至花翎游擊。始歸娶許氏。時年十三。婚未踰月。金山仍還從軍。又六年復歸。則已娶妾生一子與俱還。姻族咸怪之。以爲不情。許氏無幾微怨望。慈順有加。姑王淑人亟稱其賢。於是家人皆愛敬焉。明年夫喪。妊七月矣。乃伺間自刎不殊。血溢而仆。手持刀不釋。夫弟人价驚救。奪其刀。舅姑共諭以待生子。三月生文治。又歎曰。歲月遙遙。奈何。文治稍長。督訓綦嚴。一日忽哀泣。命文治出市雜物。會雨而返。則見母縊矣。驚呼人至。已絕矣。急解救得蘇。乃徙居夫墓西莊。以故居奉舅姑。爲兩子授室。有三孫。年四十八卒。光緒三十四年也。距夫死卅年。正合旌表年例。縣人爲呈請得旌表節孝。入祀縣祠。族子价藩狀其事。且曰。吾族母性嚴重。自奉、儉素、而好施予。嘗登堂修敬。留飯。飭具皆躬親之。其事舅姑奉養定省。禮敬如一日。撫二子、若一、不知其異母也。吾縣女教脩明若淑人者。殆所謂女士歟。因次爲傳以存其家譜。待他日縣牒徵焉。

按此篇、湘綺樓續集鈔本中未收。蓋佚稿也。丁丑仲冬。余由長沙避炸回縣。覓賃城內老君殿巷小雨湖郭廬中先生處。一日有二十年未晤之舊好郭君文治來謁廬中老人。於是會之。班荆道故。始悉其言行。似前後兩人也。旋過我贈新刊深幽堂集兩本。且云。集中忠節錄內有湘綺先生爲先母家傳一篇。此係當時（卽清宣統三年）乞君轉求湘綺先生之作。倘蒙轉登貴社學報。裨闡揚先母之苦節。則更感甚。余曰唯唯而散。方編此稿。適湘綺師令嗣季果兄見訪。余卽出示此篇。季果兄閱未終。卽云。此文不似先父所撰。先父的文章。不得開始曰。許氏湘潭人。況中間語句。多不類湘綺樓之文。余曰。此篇原稿。初係其族某君手筆。確經湘綺師增改數字。後未見其稿。但聞趙太史啓霖書之。今旣獲此。又符本社學報之旨。當可編入。閱者自知。特綴數語。以紀其實。並嘉郭君之孝思云。　編者周　逸識

三丁先生傳

前　人

丁先生長沙人也。父諱某。有四子。次子曰叙忠。字秩臣。弟敏忠遜卿。弟取忠果臣。當道光時。天下學術稱盛。而湖南猶習科舉詞章之末。唐鑑賀長齡倡宋儒性理之說。魏源言經世。何紹基宗許鄭。皆官于外。而曾國藩左宗棠游獵其間。叙忠少則服習程朱之書。言動必依於禮。然好讀史。剌取史事相類者。手錄千百卷。藏之篋中。又泛覽文詞。無所不講習。年未四十。已爲老儒。大布深衣。教授鄉里。鄉先達皆敬禮之。敏忠恂恂寡言。不以學自名。取忠善交游。篤好算術。讀書蹇澀。不能上口。及其既熟。誦萬言琅琅如流。强記者不能敵也。家赤貧。節衣縮食以購算書。人饋遺者。亦以算書。及其晚歲。中外算書無不備。乃自刻算學叢書。費累千金。而兄弟貧益甚。皆爲名諸生以終其身。叙忠和易。而持論嚴正。觀人於本原。不以窮達成敗爲賢否。雖師程朱。有是非未嘗假借。至其誘導後進。隨其所長。引之於道。弟子彭家玉李壽蓉傅文學恒琛稱良吏。猶未云得其一體也。取忠博交海內通人。嘗一出佐胡林翼。伉直敢言。林翼之妻買婢至江夏。取忠言以贈閻敬銘。敬銘議不可。而當時盛稱林翼有名師之用。曾國藩取妾。取忠書責其驕滿。兩兄皆笑其戇。咸豐初元。當舉孝廉方正。衆望歸叙忠。他日人有言湘陰舉左宗棠者。敘忠輯歷曰。左季高爲傀儡耶。羣議遂止。敏忠號通介。晚嘗一涉榷局。逡巡辭去。取忠又嘗送友喪至龍泉。經歷兵寇間。幾瀕於危。到喪家不飯而去。兩兄雖不止之。亦弗善也。其家澤之曜。時比之攸龍甕堯。瀏陽朱春甫。而藝或過之。從子鎮義爲名將。陣亡。三河丁氏益顯。諸子多有從官者。皆以貧不墜其家聲。

楊提督墓志銘

前人佚稿

君諱作霖。字梅生。善化人也。楊氏世爲儒族。兼習營伍。文通武達。姻亞相連。値世貧儆。凡百失職。弱冠孤子。殆不自存。假從姊金布。隸籍水軍。統帥楊公賞其條理。銜鋒百戰。必以自隨。戰蔞湖九洑洲。名爲奇捷。皆大戰也。東南既定。積勛階至記名提督頭品頂戴。然未特將。雖貴益貧。及楊公西征。奏補甘州參將。職總中衡。署提督印。旋補巴里坤總兵官。軍罷告歸。晏如屢空。適湘撫崇福甘涼舊寮。故相親重。俾統水陸各軍。酬其前勛。移家到防。經十七載。商旅蒙康。而軍用浩饒。人思分潤。君節衣縮食。莫猒取求。竟坐飛章奪職。間居。總督方欲論薦。自居老嬾。年七十有五。光緒卅年十一月丙子。卒於湘潭寓第。越年明正月壬寅。還葬善化洋湖。銘曰。

游。戲。中。老。牖。下。雖。不。飛。猶。卧。虎。

更正

船山學報　第三期

木崖軒詩存序　王闓運題　第七葉第一行　今又廿年矣　廿誤十

又第二行　所著述文字并失　著誤注

書干節母事

湘潭孫鼎宜

先大母陸太君之妹。適秦正揚。生女采玉及兩男。采玉者。王節母名也。年十九失怙恃。二十三適王雨生。三年。夫沒無子。一女適徐翼藩。方母之失怙恃也。先大父母憐之。並兩弟養於家。及嫁爲具奩貲。王氏饒富。中落。雨生爨薪爲生。母以鍼黹佐之。無怨色。事姑始終能盡禮。孑然一身。乃依壻以居。不幸女死。足病痰。兩弟已成家。又相繼死。弟之子一人曰渭川。家計亦微。僅能養叔母。力不能及姑也。十餘年來。翼藩已再娶。母仍依以居。今歲戊寅年八十餘矣。三月既望。忽送其貲來。預爲先大母及先父生辰爲之間故。則曰。日者言我仲秋將死。恐不逮冬月爲也。

孫鼎宜曰。余讀西銘、貧賤憂戚、玉汝于成之言、而有感焉。孟子所稱、畎畝版築魚鹽、或士、或海、或市者、孰非自貧賤憂戚來哉。然其後、爲天子、爲將相、澤被當時、聲施後世。猶足以償其艱苦之缺陷。獨至身處閨幃、不幸終始於貧賤憂戚之中、無憀愉之一日。此常人所不堪。而天全以畀斯人。此何意耶。嗚呼。吾得之矣。貞下起元之日。苦節不渝之人。乃爲天地立心。爲生民立命者也。節母可以不朽矣。

易府君家傳

岳陽李澄宇洞庭

府君諱榮爕、字理丞。世居岳陽西鄉大成池。祖錫烈。父澤豐。咸邁於德。府君少慧讀書。負奇氣。以父病目。且母蚤逝。輟學治家政。清光緒甲午之歲娶婦王。上事衰親、盡禮。下教養子、女有法。府君大慰。每商於外。罕內顧憂。歲丙午冬。婦疾棘、得耗遽反。婦泣語府君曰。疾弗可爲矣。事畜正須人。續娶及時。勿復念妾也。遂卒。時府君長子九齡。次五齡。女踰晬耳。府君秉義蹇蹇。嘗自矢曰。昔我伯祖錫位。學優才異。顯譽當世。曾文正極器重之。予不敏。處困未能纘緒。愧且恨。重遭否世。綱紀廢墜。欲救變啓祚。爲前人光。其惟俾孺子、志學、有立乎。若乃續娶害義。弗念前婦苦。予何忍。然哉。於是歷延師。且自任諸役車師。師感府君誠。數於府君家若已家也。望府君子學成若府君自望也。臨湘吳鳳孫先生聞之。促府君長子及門請獎勉之。吳卒。府君乃命長子入岳陽中學。湖南第一聯立師範。並畢業。嗣走武昌。欲考入中華大學。聞府君病返里。府君臨危詔長子曰。而母亡時。予年二十九。今五十歲矣。予不負而母續娶。澣饡咸自爲。且旱潦時有。大局迭變。田土日蹙。歷盡諸苦。猶不敢令而失學。誠欲而遠繩祖武。近慰母意耳。曷哉。府君義行多。既卒。衆道其軼事有泣下者。矧其子孫也。子二。揚翼長沙公安局局長。光質服先疇無倦。孫四。悟南嶽雲中學畢業。慶南立南濟南幼。贊曰。節婦見於史傳及他著述多矣。獨義夫未嘗聞。蓋男子志在四方。不幸婦亡。事父母。教養子女。固宜有人代之也。府君不然。豈鑑閔子蘆絮之事歟。然其言未嘗及此。則顧爲婦義無愧。栢舟靡他也。聞府君在時。行爲不檢之人。或風狂人遇府君。輒避抑。浩然正氣使然乎。

節母湯朱兩太君合傳

湘陰柳敏泉

嘗聞吾邑邑乘。載柳賢成妻湯氏。夫沒家貧。子太湖幼。截指失志。守節三十六年。太湖死。婦朱氏。能繼姑志。事姑以孝聞。守節亦三十六年。並題旌。竊歎兩代窮嫠。一門雙節。

爲世罕覯。想其姑、婦、相依。含辛茹苦。歷境之艱。而矢志之決。未嘗不愀然悲。肅然敬也。
謹按湯太君世希公之冢婦。夫賢成。字厥昌。兄弟三。家極寒窘。太君與姑田炊爨紡織。晨夕操作。無少懟。生子太湖兄弟四。賢成卒。太君年方二十有九。父母憐其少。欲奪其志。太君曰。親老家貧。藐孤何恃。縱不一念逝者。如宗嗣何。入廚拔刀截指自誓。太湖字蘇五。娶婦抱子。太君顧而樂之。詎太湖以疾卒。婦朱太君。年纔二十有四。遺兩孤。伯和興甫五歲。仲和隆甫五月。湯太君悲痛不勝。以爲朱終非柳氏婦矣。顧朱太君告姑曰。余舅死。爲堂上奉者。尙有兩叔。今余夫死。夫弟三。咸不能自贍。奉姑者誰。姑撫四子。賴以成立。今余僅兩髫。而均在襁褓。教養者誰。請從姑終。姑毋戚。於是蓬首垢面。躬井臼。操紡績以自給。撫兩孤。伯讀仲耕。湯太君漸衰。侍之彌謹。饔飧醫藥。罔不先意承志。湯以嘉慶丁巳卒。距生雍正甲辰。壽七十三。越二十六年道光壬午朱卒。距生乾隆甲申。壽七十有八。嗟乎。士、大、夫、安居自負。高談節義。一旦身經事變。翻然不顧。賢者或勉支於一時。而不克終。如兩太君。盤根錯節。奮其身。堅其心。與造物鬥。卒能定厥家。開厥後。以視今世士大夫爲何如。推兩太君之心。罔不美乎國家之旌。然國旣旌之。其後不爲之傳烏乎可爰次其事以示來茲。

請以經古課士啟

湘潭吳 熙劭之遺稿

竊以五經備立。頭銜推博士爲榮。一藝能通。掌故拔高材而補。攷西京之重道。鑽東魯之微言。品祿有章。創行自昔矣。然籍隸太常。計偕京輔。旣設科而射策。迺學古而入官。非徒聚彼齋生。次其品第。逮趙宋意欲作人。斯郡縣命皆立學。書院旣敕題有四。講舍復等列爲三。星奎之聚非虛。日課之名爰始。顧齋分兩事。法程第見於湖州。試待三年。私議僅存於朱子。雖勝鴻都之學。難追鼉鼓之休已。當今化洽右文。治隆前古。鷙薦鶚飛之俊。兩開鴻博之科。說經則不厭紛綸。汲古則各持脩綆。校讎掃葉。遞沿漢宋之波。著作成林。極盛康乾之世。峙浙水文瀾之閣。寶書賜並江淮。登粵城學海之堂。珊網恢從嶺嶠。莫不祁祁橫塾。濟濟精廬。闡經訓之菑畬。探古文之奧突。卽論課藝。亦屬傳書焉。惟我湖湘。代生魁碩。周茂叔圖懸太極。開諸儒道統之先。屈大夫怨寫離騷。爲萬古詞人之祖。前喆之音徽未沫。後生之濡被良多。瀏麓山講道之場。賦湘水校經之室。誰無襟抱。能不軒昂。傳家咸鄙夫籯金。壽世爭謀夫剞劂。邇日武功旣競。文事益修。講義投戈稽經諏史以季考日書爲率乘春華秋實而收擘肌析理供濡染者十四家桂腹撐腸資鉦摫者五千卷斷無狗曲說箕子之茭茲知有鴻生辨束君之竹簡潭邑消漣毓秀洙泗同風士握琳瑯家懷鉛槧麟經作傳胡康侯載筆之鄉燕語留人杜工部尋詩之地涵濡醲化崛起魁儒陳北溪立德立功不囿經生章句張紫峴一觴一詠復興楚客風騷今雖事隔百年人成千古而鄉先生之風韻歷久如新賢師友之淵源相承弗絕味船山之奧旨如將月窺窮探步煙柳之長堤不少雨湖續唱也獨是各守方聞私相講肄不設褒甄之格終虛董勸之方熙等擬定課程籍施獎勵爰協僉同之議樂儲茂異之才用敢公懇父師提唱儒風主持文雅惠英髦而作育依條目以施行俾俸給餐錢都養之煙炊不斷庶詞鳴鏘玉士林之風氣彌蒸徽張載之皋比勸師程子賞王褒之翰墨歸美文翁古既有然今何多讓待異日編成一集無非經術文章定有人業炳千秋永壯湖山景色矣謹啓

蒙澤堂詩序 丁丑

湘潭楊鈞重子

咸同之序宋詩大盛江南數省詩家皆以鄭子尹爲宗善顛沛流離者其思想不免獷

悍面悽惻。亦勢使然也。先師、王、湘綺、先生。獨標新幟。五言、追、漢、魏、以躋、六朝。七言、師、盛、唐、而捨中、晚。湖外才華之士。翕然從風。曾重伯陳完夫陳伯弢其尤著者也。然又有與王先生同里受學。而詩獨異者。八指頭陀張鳥石先生是也。兩人皆生而能詩。僅有內發。不黏外染。八指頭陀之詩似姚合賈島。鳥石先生之詩似李賀孟郊。然兩人所尙皆不及於宋。就彼時言之。旣非鄭冀。復非王學。又一幟矣。是以吾邑之學詩者。每盤桓於數者之間。以自測其志與力焉。伯良先生、性、好、爲詩。老而不衰。且與前所舉諸君子並世吟咏之迹。觸悟已多。故五言宗王先生。近體有似八指頭陀者。旁通所演。更達劍南。其非墨守湖外宗風。於斯可見。夫詩者志之所之也。泥於時代。斯亦固矣。然陶鑄堯舜者。仍堯舜也。曹陸潘左顏謝之後。劉希夷李東川杜子美李太白之流。皆卓然挺立。不可再見。幾使世人不敢言詩。而詩運以絕。夫堯、舜之、道。道之、極、者也。盜跖、之、道。亦道、之、極、者也。堯舜、可、爲。盜跖、亦可、爲。於是閻朝隱劉義盧仝馬異孟郊之流不肯雷同。別開生面嶒崚奇突。莫測端倪。動魄驚心。亦觀止矣。然斯二者。豈易言哉。以故悉依陳迹。不雜蓬心。折矩行規。情和氣蘊。如楊億劉筠何景明李夢陽輩。其言不俚。其法可循。流傳至今未嘗衰歇。蓋學詩者已感於創業之難也。先兄虎禪師未冠時。嘗受業於先生父子仁公。故余與先生爲世交。數言之責非所敢辭。聞見略殊。或慚無當。

詩錄

題海鹽譚子麟祥尋夢圖

平江陳調志鈞

人皆有父母自古誰無死人多有兄弟友愛有時已武原子談子劬學飭篋篋養志事雙親孺慕色長壽怡怡事長兄敬恭無張弛何天不憖遺相繼夢起起無父我何怙無母我何恃雁行翼更折伯塤傷斷毀號泣於旻天哀痛徹骨髓杜鵑啼血猿斷腸海枯石爛城崩圮琴書筆硯杯棬杖履山之巔水之涘都是談子思親思兄思親思兄無已時魂魄依稀來夢裏夢中見父或無母有母無兄不樂只爱思三人同入夢寫入丹青圖一紙色相如生現目前謦欬之聲猶在耳酒斯茶斯飯於斯心神嚮往首翹企捧圖尋夢入睡鄉樂叙天倫情栩栩展讀尋夢圖記文風雨淒其泣神鬼令我孝弟之心油然而生涕如雨哀哉鰥生父母兄黃土一杯長已矣不堪回首戊午年春月妖氛犯梓里阿母暴疾三日終喪葬草草未盡禮厥後父兄相繼亡旅食湘湄暨鄂沚罪孽叢

身百不贖展圖題詞滋愧恥但願天下人楷模談孝子事亡如事存孝弟貫頂趾豈僅事親事兄然齊家治國移風易俗亦莫不基是

歷代名臣殉節詩 二十首錄六

湘潭王　釗伯良

文信國公

綱常名節鎮相關浩氣長留兩大間北地氈旄悲異國南天風雨泣厓山掄才早入龍頭選結局終看馬革還衣帶千秋留絕筆遺書讀竟淚潸潸

方正學

燕師南犯帝君危倒旆迎降問是誰殿上但聞頭觸柱亭中忍見血濡碑寧辭十族干天怒欲把三綱鎮地維當日成王究安在鸞飄鳳泊不勝悲

鐵尚書

包胥乞救苦無秦百辟同甘作二臣為問陣前誰扣馬徒聞殿下獨批鱗魂飛湯火寧知慘氣作河山信有真回首可憐烹醢地令人憑弔淚沾巾

黃待中

臨江一拜自沉淵。羅剎磯頭浪拍天。孝孺精忠同耿耿。巽均遺恨總緜緜。荒阡露草藏鼯鼠。舊死風枝泣杜鵑。悽斷一門同殉國。英魂長伴皖城邊。

蔡忠烈公

逆冠南來竟陷城。長沙司李獨捐生。殺身已足報明主。罵賊還能繼杲卿。徧地黃埃留碧血。經天白日照丹誠。鴟夷馬革俱千古。不是悠悠浪得名。

史忠正公

本來移孝作精忠。再世文山結局同。哭母淚猶沉水底。勤王身已殉軍中。淮南獨拜衣冠塚。江北長追節烈風。最是邗溝嗚咽處。至今猶自泣英雄。

避兵憶兄　湘潭陳學博珮秋遺稿

風勁鶴聲寒。蒼生破膽肝。人貧遭難苦。世亂出門難。血淚揮蓮萼。心旌掛竹竿。圍城兄弟在。愁對脊令看。

江行　前人

山暝斷雲寒。扁舟一枕安。孤燈照殘夢。急雨下危灘。猿嘯愁巴峽。狼煙逼楚蠻。乘風破層浪便欲斬樓蘭。

寄衣曲

湘潭王時邁遺稿

武昌城外月如霜。戰骨縱橫滿路旁。征婦不知人已沒。秋來猶自寄衣裳。

題木崖先生之元配黃夫人菘梅便面遺墨戊申

湘潭許銘彝篤齋

爲識周郎愛晚菘。故將玉骨伴芳叢。月宮仙子鍾情處。總在先生懷袖中。

曾到孤山玩早梅。圖書萬卷綺窗開。河山錦繡今非昔。那及君家畫手裁。

故素新縑一樣奇。詩中有畫畫中詩。人間邢尹歸清福。似否船山兩唱隨。

肉食從來乏遠謀。菜根滋味自爲優。試看數點天心逗。早入佳人筆底收。

題憩園放生池有序

湘潭吳鏐紺琳

周子茀棠、古所謂振奇人也、從戎有功、得官不仕、歸田後、毅然輸產、爲邑中教育經費、並創辦小學數處、近復長齋戒殺、於所居憩園、濬池放生、且建碑亭、園中風景、點綴可觀、讌集里中交好、所得名流題詠、滿壁琳瑯、予偶游息其中、頓覺生機洋溢、率賦以志鄙懷、百戰乞閒身。優游滿腹春。育才先稚齒。愛物及潛鱗。樂趣同濠濮。勳名謝渭濱。此池通七寶。功德浩無垠。

前題

湘潭楊鈞重子

功名忽忽夢中過。轉覺濠梁樂事多。物我相忘俱得所。一池明月戀新荷。

前題

湘潭黎承福薇丞

周侯功高竟解甲。桑枌美舉比鄉洽。橐金散盡育英才。慈普含生宗佛法。老我十年懷故邸。憩園祇向畫中游。何當與君來池上。笑看魚樂同莊周

前題

湘潭張翊六頁吾

四馬歸來鬢已蒼。風雲才略佛心腸。流來八水皆功德。眼底蓮池發異香。

方池一畝即祇林。活潑源流自在心。欲盡微塵成解脫。憩園滿地種黃金。

前題

湘潭李明志漁叔

豐草長林鹿正肥。宛駒和血汗毛衣。彈丸脫手革開處。少日驚飛記打圍。

悲憫原從一念生。夢中蕉鹿久分明。寶刀已鏽琱弓折。懺盡當年見獵情。

善心惟覺靜中知橋下龜魚亦自怡翠沼紅蓮花葉大彼人呼作白家池

前題 有序

湘潭周維翰 潄藩

族弟芾棠、以退隱之身、抱出世之志、晚年捐產興學、於治城北、建築新居、顏曰憩園、自號憩園老人、園後爲老人經營之振武學校、附設放生池、鱗介千頭、游泳自適、無罾罟之患、有濠濮之思、逸致慈心、兩俱有得、蓋以示諸生錫類之仁、爲他日經國之具、非徒如佛氏七寶功德水普度衆生已也、春初承老人相招、參觀竟日、因詩以紀之、

多士弦歌地悠然見此池將軍自閒暇清水任漣漪鱗族皆成佛畸情可入詩此中功德大安望俗人知

前題

醴陵劉鵬年 雪耘

罷獵因傷鹿戎衣卅載歸池臺宜眺矚桃李競芳菲戲藻知魚樂忘機看鳥飛一園生意滿澄碧弄晴暉

前題

岳陽李澄宇 洞庭

萬物不相害大哉宣聖言樂彼濠梁魚莊自適其天桓桓故將軍高懷寄是園一水浴日月竹樹蒼翠閒鱗介有仙鄉放生池在焉好生天地德人何獨不然充此一念仁世界保大千殺機發靡因一一佛果圓

前題　湘潭齊　璜瀕生

征途歸後得閒時魚樂從容子獨知寄語憩園高隱者羨君亭下放生池

贈言題句過三百不見蓮花公子詞作鷰曹邱七千里鐙寒急雪打窗時吾鄉齊伯常老人自號蓮花居士公子謂公甫五爺也

前題　湘潭何　衢特循

飽閱塵寰刼慈懷老更宏春臺千尺築德水一池明雅有觀濠趣渾忘釣渭情菩提心即是願與證無生

前題　湘潭周　恂雅存

憩園老人智且武髫齡歷盡苦中苦風雲際會廬山巔急流勇退學老圃結廬城市車馬稀蒔竹澆花淸淨土東門聊種邵平瓜北窗漫拂王戎塵自傷失學少年時捐產興

學。無。所。私。黃。金。易。得。書。無。價。樹。人。樹。木。日。孜。孜。律。身。儉。約。自。奉。薄。布。衣。脫。粟。甘。如。飴。求。之。叔。世。不。可。得。幾。人。能。效。公。所。爲。華。年。易。逝。垂。垂。老。茫。茫。人。海。回。頭。早。悟。澈。前。身。並。後。身。心。香。一。瓣。皈。三。寶。給。孤。園。內。七。寶。池。八。功。德。水。泛。淸。漪。中。有。修。鱗。億。萬。數。悠。然。自。得。暢。生。機。從。茲。不。落。漁。翁。手。餘。生。幸。脫。老。饕。口。古。來。君。子。遠。庖。廚。惻。隱。之。心。人。皆。有。一。泓。秋。水。淨。無。塵。卅。六。鴛。鴦。護。錦。鱗。物。我。忘。機。適。天。性。何。必。戕。生。造。殺。因。放。生。功。德。眞。無。量。扶。筇。日。夕。來。池。上。始。信。婆。心。即。佛。心。參。透。衆。生。無。我。相。

京滬汽車道中作 丁丑

湘潭沈鎔若

遼。金。元。滿。四。朝。去。此。日。扶。桑。焰。復。紅。三。月。煙。烽。瀰。闔。北。六。年。腥。氣。滿。關。東。鏡。前。試。劍。驚。初。學。夜。上。征。途。恨。正。濃。百。萬。馬。援。齊。赴。敵。漢。兒。肝。膽。鬱。崆。峒。

庚午人日飲散長歌贈沈鎔若

周　逸

去秋送太虛法師回杭。適君亦在城東。送車時太虛師爲之介紹曰。兩君皆同鄉。湘潭先後之神童也。是年除夕復遇之長沙北門外。攜手踏雪。大有閒雲野鶴之趣。今春人日君於五柳軒招飲。退作長歌贈之。

文苑詩錄　二二

去年城東送太虛太虛座上君識余當時一見兩相許潭水神童忘年呼君遲一刻下九天故我長君三十年獨往獨來存浩氣孤懷落落空雲烟湘綺樓師贈我語倚馬萬言同謫仙（昔湘綺樓贈余有倚馬萬言同李白之句）我今以此翻贈汝更期樹志師聖賢聞君前日方歸國何又匆匆言行色且言小別漢皋遊不覺光陰去三月豈知除日凍雲開北門途中踏雪來攜手斜陽興不淺驅車別館殊樂哉清談久坐倚茗味浮生半日强開懷達觀萬古如旦暮莽莽前途奚足哀人生命合本無常到處綠酒紅燈張去年人日醉天涯今年人日醉君家從此人日忘不得銷魂之處人如花君不見海綠山紅春花曉秋風轉眼催人老莫教年少逞五陵芳草王孫愁絕倒又不見門前楊柳垂垂碧人生對此真欲泣陶潛五斗不折腰七尺撐天相勉立

避難潭州除夕有作（丁丑）　前人

圍爐覓句酒初溫底事欒同盡爪痕老作難民悲國恥新居陋室感天恩送窮文字年年在入夜乾坤處處昏獨抱冬心守殘臘待看春色滿柴門（戊寅正月初五日立春）

木崖先生以避難潭州除夕有作見示次韻奉和　許銘彝

慣看治亂等寒溫。引出龍蛇落筆痕。吾道不孤紉友誼。斯文未喪重師恩。琵琴唱和君何恨。星斗迴旋境豈昏。待到闤橋觀聽日。定知桃李豔公門。

奉答篤齊先生見和丁丑除夕之作　周逸

春到枝頭氣漸溫。鳥啼驚枕夢無痕。名山息影慚扶道。瘦骨撑天恥受恩。君繼康成堂更遠。我從宣父志難昏。相期空谷留薪火。他日藏書訪德門。

敬和六崖居士丁丑除夕詩二首錄一　釋萬休

萬壑迴春芋火溫。華胥國破夢無痕。嶙峋大塊三生石。蓬累王孫一飯恩。竹馬舊交皆故鬼。蒲團活計近黃昏。長年悔遂求中蠖。愧對寒梅獨掩門。

前題　李澄宇

我心冷極等猶溫。懶向殘冬數夢痕。危地可居如盛世。故人相念即殊恩。塵多儻令滄溟涸。雲重真教白日昏。畢竟後人能勝昔。更無癡眼掛吳門。

答洞庭社友見和丁丑除夕之作　周逸

云何冷極等猶溫（君有我心冷極等猶溫之句）。無限牢愁任相痕。莫效賈生空灑淚。當知靖節不沾恩。

丹心入世雖難合。白眼看人更覺昏。聖學工夫惟自責。任他神鬼瞰高門。

哀江南用前韵　前人

漫取江南故史溫。六朝金粉尙留痕。誰憐建業成荒景。獨恨樓蘭負舊恩。玄武波翻春色幻。雨花雲黯夕陽昏。何時日月消兵氣。重見詩人詠白門。

寄憩園主人用前韻有序　前人

周子芾棠、吾邑畸士也、自解甲歸田、長齋禮佛、傾產興學、鑿池放生、豈非生有夙根、不爲外物所誘者歟、近聞避亂居鄉、又於宅旁創設小學校、校前之塘、新濬爲放生塘、以救水族、去冬余由長沙偕眷避炸回邑、寓居城內老君殿巷虛中學舍、屢承函約鄉居、余因負船社主編之責、不能遠離、致未踐約、今遇令嗣紹偉兄、知公憩園內有空屋三間、暫賃居此、率賦寄意、藉以闡揚盛德云、

絃歌不斷幾寒溫。又濬新塘漲綠痕。得水洋洋魚自樂。含環藹藹鳥知恩。掛冠早悟功名淡。閱世尤悲日月昏。漫說山居今負約。且憑靑翠隱衡門。

書懷兼答諸友見和原韵　前人

點檢新詞細細溫。模唐訪宋兩無痕。應知風雅原非刺。肯錫箴規總是恩。世亂憑詩寄遙想。愁深賴酒醉黃昏。今宵更觸懷人感。花影臨窗月到門。

送任兒赴雲南用前韻有序　　前　人

任兒前充中央航空某隊機械員、在京漢歷驗艱危、現奉　令由武漢調赴雲南昆明就某職、便道回潭省親、信宿而去、賦此慰之、

此行天氣正和溫。處處雲山記爪痕。過去烽煙如夢泡。未來身世認仇恩。余雖白髮心猶壯。汝更青年志莫昏。試踐艱危成鐵漢。前途珍重廣吾門。

客寓歲除獨客省門索居無俚補吟一律以識鴻爪用木崖居士丁丑除夕原韵　　周維翰

祭罷詩仙酒尚溫。長沙鴻雪印新痕。催人歲月今非昔。平等冤親總亦恩。爆竹通宵動城郭。梅花一樹共朝昏。諸孫嬉稚殊堪憶。銷盡罏香獨掩門。

哀江南用前韵有序二首錄一　　前　人

哀江南名作、前有蘭成、後有湘綺、一賦一詩、古今絕唱、蓋以金陵名勝、號稱上都、兩

公一丁倭寇之亂、一權洪楊之刼、因以哀感頑豔之思、寫陽九百六之厄、洛陽紙貴、固所當然、客歲日軍肆虐、陷我首都、燒殺奸淫、慘過前史、玉麥適園、曾詩以紀之、予雖未親歷斯地、惟六代江山、久縈夢想、不辭貂續、亦風人禾黍之悲也、

休將移棹說桓溫。到此攀條滿淚痕。漢棄珠厓原失策。秦資徐福豈無恩。（始皇資遣徐福率童男女三千求仙東海、爲日本開國之祖、徐墓在長崎熊耳山、）茫茫浩刧天胡醉。莽莽神州日又昏。何日雨花重報捷。凱歌齊入凱旋門。

前題二首錄一　　何衢

故宮蕪訪幾寒溫。遺石猶留血濺痕。北閫失防疏大計。東鄰修怨忘前恩。馬嘶人去黃塵黯。鬼哭天陰白晝昏。寂寂雨花春色黯。可堪回首望都門。

書懷疊前韵三首　　前人

雪後欣逢霽色溫。空堦延賞月留痕。艱危尙覺前途遠。老健難忘造物恩。詩集萬家宗李杜。心經一卷老晨昏。魯連排難非吾事。日掃殘紅靜掩門。

裘葛原期稱體溫。青袍惟恐染塵痕。涅槃指破空和色。城府胸無怨亦恩。賦就落花春

欲。慕。愁。如。中。酒。飲。還。昏。孤。燈。夢。醒。難。成。睡。臥。數。殘。更。月。到。門。

即事用前韻 有序二首錄一

吳　鏐

船山社友周木崖君、避難潭城、以丁丑除夕所作七律一章見示。時余亦於上年冬避炸回縣、過陰曆年、與有同感、悶之彌增悵觸、步和二律、一寫愁懷、

連。月。奔。馳。席。未。溫。自敵機初次來湘轟炸後住處屢遷後乃決計回潭狼。煙。到。處。有。啼。痕。逃。生。反。得。鄉。居。樂。離潭多載近與里中親朋往還談讌極歡投。宿。難。忘。地。主。恩。注長未錄擾。攘。一。年。看。又。盡。蒼。茫。八。表。歎。同。昏。百。千。浩。劫。誰。能。避。佛。法。真。如。不。二。門。

書懷疊前韻

前　人

八。十。餘。生。氣。海。溫。舊唐書柳子華年八十餘歲步履輕便或祈其術曰吾初無術惟未嘗以元氣佐喜怒氣海常溫耳烟。花。夢。影。了。無。痕。詩。惟。寫。意。忘。工。拙。事。少。容。心。泯。怨。恩。厭。世。經。年。身。轉。健。觀。書。得。味。眼。偏。昏。卜。居。陋。巷。名。高。步。可。有。高。人。一。到。門。

傷足書感疊韻

前　人

一。卷。檀。弓。久。未。溫。下。堂。傷。足。滿。瘢。痕。踉。蹌。正。值。華。夷。變。跬。步。寧。忘。父。母。恩。乍。感。顛。危。疑。

骨斷囘思痛苦覺神昏關心故友時存問數月含憂不出門

哀江南用前韵 二首錄一　　周怡

秣陵風月夢重溫鴻雪當年印爪痕烽火千家聞野哭窮途一飯感深恩雨花臺畔笳聲急玄武湖邊日色昏大好河山傷破碎胥潮夜夜打閶門

春日即事疊前韵 二首錄一　　前人

韶光百六氣清溫草綠庭除沒屐痕紫燕飛來尋舊主野花開遍感春恩炊煙縷縷荒村遠漁火星星隔岸昏鎮日長堤飛柳絮無邊春色到蓬門

哀江南用前韵　　湘潭胡燮坤 瑞平

鼎沸秦淮過度溫六朝啼鳥夢無痕金陵自古瞻王氣鐵血于今報國恩莽莽飛沙連紫塞纍纍新塚傍黄昏英魂烈魄心難死夜作胥濤打白門

在湘潭居士林聽經 有序　　衡山尹乾昕 壺菴

戊寅夏歷三月初十日在湘潭居士林聽賓居士講經忽聞敵機轟炸獄麓用溫門韻作詩紀之

七日香留寶鴨溫同人七日至林聽講一次維摩室有散花痕無量因果無量葉幾許愆仇幾許恩五濁氛來從碧落一彈指頃報黃昏從知長老禪心定地動天搖靜掩門

湘潭居士林之集樗叟有詩紀其盛疊韻答和二首　黎丹

心香一瓣爇爐溫可許青天印月痕世外良緣稱淨土經中新譯數慈恩滿牀得醒聾生夢寶炬真昭萬象昏莫訝滄桑驚浩劫大雄無畏是修門

林中茶熟水沈溫客坐鬚眉半斷痕駒隙千秋爭旦暮龍淵三尺辨仇恩圖驚松幹雲橫古詩豔梅花月伴昏洛下香山論盛事瓊篇先逆曲江門

和木崖居士哀江南原均　陳嘉會

怕把南朝舊夢溫秦淮嗚咽臟啼痕青溪寂寞悲江宅古寺頹荒等瑆恩寺名玄武荚藁花咙媚鍾山梟鳥夜啼昏埋金雞壓金陵氣定見欃槍隕戟門

國難日深同人小集船山學社共有新亭之痛用木崖宏齋濕門韻戊寅端節後八日　邵陽石廣權蘊山

江山如畫夢猶溫徧地繁華有血痕哭笑那容談得失寃親何處辨讎恩西方佛寂天

為醉東海瀾狂日已昏無限流亡無限淚忍看車馬塞侯門

感時用木崖宏齋韞山哀江南原韻

湘鄉胡子清少潛

卌年舊事怕重溫破碎河山賸淚痕柔遠竟成今日禍敗文偏負昔時恩彌天毒霧神州黯捲地狂飆海宇昏剝復本來關至理乾坤翕闢正多門

右溫門韻係逸丁丑除夕原韻承各友賜和並各友人轉相唱和登用原韻或哀時或寫懷一時珠玉滿案甚至多者十餘首現集約百首因限於篇幅不能盡登俟下期再選依次披露以答盛意抑振雅也　編者周　逸識

閒遣

長沙陳繼訓猱莽

小拓蕉窗幾扇紗睡餘新瀹雨前茶浮生桑海人如芥閒寫蘭亭眼有花拂拂塵埃塳野馬聲聲鼓吹沸池蛙舊儲白木長鑱柄只合煙畦學種瓜

為人畫溪上尋詩圖扇題 壬申

湘陰陳嘉會鳳光

閒來溪上行尋詩在何所或落山之巔或落水之渚煙景變旦暮會意在無語水渚與山巔何處尋端緒皎皎幽人心方寸有機杼

為自書溪山夏景圖團扇題 有序 壬申

前人

四十七年前汀杭廖祥曾仿麓臺筆意為先君畫秋江話別圖團扇今夏揭付裝池
因保存框柄手澤張以新絹仍用麓臺法恭寫此圖並題

曾讀秋江話別圖司農筆意想蒼瀟而今改作溪山夏不忍秋風與扇俱

前題再賦長句一首書扇背

前人

此扇來自澄江署潮州佳製精磨鑪先君懷袖十五年仲父游幕歸裝豫（仲父樹藩公游澄海知縣蔣公定權幕當齋啓將歸豫製此扇）當時小子十二齡眼見明月雙瞳青廖祥妙畫秋江別握手驢鳴話短亭賢宰蔣侯矜筆陣靈飛小楷倍妍潤（蔣公浙人善書有文學於扇背臨鍾紹京靈飛經極精）硬黃真似碎金書絹光還認鵝溪襯先君對客時一揮清談如屑落霏霏小子愛書兼愛畫眄仰神情興欲飛誰知人事浮雲改死生轉眼五十載無復王公仁者風劇嗟庾亮塵來浼破畫殘書一幨存新紈細素幾番捫留將昔日團圝月來照孤兒斷續魂換寫溪山長夏景筆力司農那能騁補書再作思親詩腕弱何況論詩境先君長物嗟無多日持烏角三摩挲淋漓手澤傳孫子繼述無才奈老何

送伍鍊師入九溪洞鍊劍(壬申)　前人

鍊師從此去，相見定何方。世外雙鳬舄，人間幾鳳皇。望深溪洞雨，氣動劍鋩霜。他日樵柯爛，應留棗共嘗。

戊寅正月六日仙峯雪霽　前人

十七年來今住鄉，發春翌日見晴光。(昨夜立春)一山快雪明仙嶺，萬里殘烽接朔方。且喜亂時聞爆竹，幸逢豐兆免年荒。艱難老幼能安集，(余夫婦與三弟綏荃夫婦率家小同居舊莊)爲想兒曹鐵甲忙。(崇時武崇國抗敵河朔崇法趨偕粵漢岔道備駐軍車)

大雪滿天地二首(戊寅二月八日)　前人

大雪滿大地，中原色一覽。可憐乾淨土，須向此時看。

大雪滿天地，千山白如玉。愛此好河山，不怕寒生足。

次均追和木崖居士避難潭州除夕作(戊寅)　前人

往日圍爐笑語溫，今憂四海有瘡痕。長留我輩看人代，老不他鄉即國恩。得句自含春意在，明心豈慮夜燈昏。仙峯山隔湘潭路，獻歲勞君信到門。(余去臘還仙峯山中省宅何人誤將詩筒退回)

少湘先生挽詩 戊寅

李澄宇

英才樂育共知聞桃李門高弔夕曛不復靈光存一殿猶傳倚相讀三墳平居別具憂時意異日應刊衛道文交愧忘年吾亦老一樽徒奠欲何云

題唐宋元明畫冊邱瀣山屬

前人

江山歷劫已多年留作人間畫本傳卻喜桃源依舊好避秦猶有武陵船

禰夜宴集賦示同座 戊寅

攸縣龍紱慈 逵夫

輕雷急雨可憐春高館張鐙集四鄰世戰浮家歸似客萬方多難聚如蘋敢辭百罰勞佳釀直欲無愁對美人拔劍試從中夜起醉醒肝膽各輪囷

次和稷家江陵見贈之作 二首

前人

滔滔此意共誰申五老雲開面目真攬轡穩調千里馬擁書窮迫百年身名高不落人間世道在終爲席上珍無限江山今古地未容寂寞亂離濱

叩君詩境一何清咫尺波瀾見老成別墅人歸纔有燕小園花發不聞鶯黃埃晚吹蓬猶轉青眼高歌世已驚直是無言將此別映沙鷗鷺總分明

無計 丁丑　　前人

無計酬佳節。何期負菊華。短籬晴亦好。深樹碧相遮。搖落天涯句。商量客裏家。晚英香不死。强飯勝胡麻。

病歸 首 丁丑　　前人

病骨太支離。能歸轉自疑。一舟晴雨夜。殘夢繞江湄。舊燕宜安壘。哀鴻欲滿陂。艱危撐一戰。翹首盼旌霓。

破曉夢初醒。晴光滿洞庭。病隨波氣逝。人受楚天青。往計餘飄泊。沈憂付渺溟。到門無雜語。辛苦別時經。

獨步 丁丑　　前人

獨步乘多暇。千霄級一歌。樓高心自遠。地僻客爭多。慷慨知無敵。飛騰奈若何。明朝應破涕。霜霰渡滹沱。

喜內人卜居定 丁丑　　前人

故鄉仍在客。深念卜居難。附郭三椽足。浮家此日安。倦遊無緩轡。舉室有餘歡。寄語梅

天心閣

前人

陡起高垣控一城。乾坤清氣遶疏櫺。天低沅澧圍衡嶽。水匯瀟蒸下洞庭。賈誼不來誰痛哭。屈原何事獨愁醒。晚來儘有哀時意。都付蒼茫兩鬢星。

馬殷故宮

前人

唐祚初終割據成。長沙崛起已縱横。幾年侵略收交廣。遺孽摧殘鬥萼聲。自古荒淫天所廢。由來黷武戰無功。千年霸業消沉盡。剩有鵂鶹夜夜鳴。

屈子祠

前人

纍臣憂國竟沈湘。寂寂荒祠過客傷。熊繹有基墮靳尚。商於無地葬懷王。大招爾日悲差玉。幽憤他時啓藉康。此際江山更寥落。渚邊沙鳥獨飛翔。

麓山寺

前人

路入青楓石徑重。禪宮寂寂麓雲封。中唐碑在臥殘扆。古寺堂深鎖毒龍。巖壑風雷終古祕。山門草樹一秋穠。人間霜雪渾難到。惟有山翁壁上松。

雲麓宮

前人

南衡一足踞湘流雲麓宮邊萬木稠誰向靜中消萬慮獨於高處著雙眸孤城隔水東西渡橘浦歸帆遠近舟寂寂江山歎搖落幾人覽古到峯頭

嶽麓書院　前人

楚材從古重楩枬嶽麓傳經有晦庵曠代儒宗高宋室前明詩學起湘南朱張講學猶遺渡何李追風合共龕太惜名山有興替一編終古飽魚蟫

道鄉臺　前人

抗疏孤忠晚節堅遂忠從古到湘邊附權郡吏難容客列炬山僧解迓賢嶽麓臺存生碧蘚昭州天鑿涌甘泉當時一宿餘名蹟古木森森倘倚天

劄記

船山先師詩錄

風泊中湘訪張永明老將弔孫呂二姬烈死讀辛卯以來諸公奬貞之篇故歌以言情孫呂事詳故中舍管公記乙卯

昭潭萬波凝霜瀫。南望灘江暮雲綠。驚鴻叫雲天不開。秋夕孤飛遙痛哭。二十六年春蠱長。我與張君兩鬢霜。衰顏不死猶前日。湘女空靈鬱杳茫。茫茫峒雲結煙草。貞魂不舍蒼梧道。哀歌血淚洒青天。管子嗣裘金郎堡。而我悲吟獨待今。二十六年愁埋心。左掖蒙生俱未死。軍中彈淚秋陰深。嗚呼乎往恨迷離無再說。一死人間萬事決。君不見張君二婦灘江濱。俄頃千秋如截鐵。

周逸敬選

劄記

恆心堂讀書答問（續第十四期）

湘潭周逸木崖

問康齋先生謂天下縱有難處之事、若順理處之、不計較利害、則本心亦自泰然、若不以義理爲主、則遇難處之事、越難處矣、此語是明明以義理爲重、處天下難處之事、舍義理實無處之之法、然天下事有不能不計較利害者、計較利害、是利害爲主矣、如今日敵人以無理侵略我國、應何以處之、是否以義理爲主了之、

答此問題殊不易答、實又不難、容寬時日、稍安無燥、不待預言、而自然明白、所謂我國定獲最後之勝利、惟望同志加功努力、即是義理爲主之實踐、亦是計較利害之關頭、明此、則天下無難處之事、以正道順理做去、盡其在我、不可依人、猛勇前進、終見成功、

問古人老而德愈進者、是持守得定、不與血氣同衰也、今日才氣之人、到老年便衰、此何缺點、試言之、

答是無持養之功也。人欲老年不衰。固是血氣之關。亦有先天稟受之異。惟能持養。足可補先天之缺。然補先天之缺。又非參茸鹿龜補品之樂。可能提起精神。欲精神不頹。血氣不衰。純是以義理養其心。端莊整肅。以敬兼內外。能如此養。終無頹敗之氣。如萬物發生然。余閱老人多矣。大凡有德者。均無衰惰之容。自問亦年逾耳順。幸終日閱書做事。尙如壯年。無頭昏神疲之態。惟目力稍減精光。似後天欠養。以後當持敬守靜上用功。但願青年更加勉之。則他日耆老人端之多。實國家元氣之徵。孔子所謂老而不死是爲賊。是謂老而不死者。責其無德而害人。別有所指。非爲萬世立言而發。不然。孔子亦有父母。且孔子自己七十四而亡。況其根本之學在孝弟乎。余便說此。以釋難者。

問男兒須挺然生世間、究如何立志、方能做到此語、

答古人做人。不問所處環境如何。惟立志而已。孔子所謂十五而志於學。三十而立。是孔子開萬世做人立志之根本。惟居今日之青年。尤須立志。立志、當以聖賢第一等人自勉。然非欲人以抱書老死牖下爲歸。實欲人以孔子之志爲志。孔子之志立在

已立人。救國攘夷。今日正攘夷之時。所謂春秋辨九世之仇。其抗敵之謂歟。立志在此。庶不愧男兒挺然生世間。吾黨青年其勉之。其速勉之。

問學者踐履工夫、當以何者爲是、

答大抵學者踐履工夫。從至難至危處試驗過。方始無往不利。若舍至難至危。其他踐履。不足道也。況今日國勢已到至難至危之地。學者尤當踐履。庶興邦可期。

問道體浩浩無窮、吾輩既爲氣質拘住、若欲止據已見持守、固亦自好、終恐規模窄狹、枯燥孤單、豈能展拓得去、應如何治窄狹枯燥之病、使規模闊大、試言之、

答康齋先生所謂古人親師取友。汲汲於講學者。非故汎濫於外也。正欲廣求天下義理。而反之於身。合天下之長以爲一己之長。集天下之善以爲一己之善。庶幾規模闊大。氣質不得而限之。余自問一生之病。是窄狹二字。時從規模闊大用功。終難長進。益見學問之道。必須發大勇猛心。方做得成就。若全不曾發憤。只欲平做將去。可知是做不成也。故曰。孔門唯顏子可當中行。自曾子以至子思孟子。氣質皆偏於剛。然其所以傳聖人之道。則皆得剛毅之力也。朱文公謂世衰道微。人欲橫流。不是剛、

毅的人。亦立脚不住。余嘗擴斯意而勉之。庶不愧聞道之君子。

問若開口告人貧、要人憐我、其人品如何、

答康齋先生云。大丈夫凍死則凍死。餓死則餓死。方能堂堂立天地間。若開口告人貧。要人憐我。以小惠啣沫我。得無爲賤丈夫乎。吁。未知今日貪汚之徒聞此語愧死何地。余嘗謂人品優劣。於操守中辨之。

問人以慳吝狡僞之心待我、或以勝氣凌我、我應何以待之處之、

答應以正大光明之體待之。默然不語。和平之氣處之。如彼不能感化。仍當自責。康齋所謂豈伊人之難化。信吾德之不競。遇逆境暴怒。再三以理遣。蓋平日自己無德。難於專一責人。況化人亦當以漸。又一時過差。人所不免。故中庸之道。不外一恕字。能於恕字用功。則天下逆事。自然處得。排遣下去。故曰處世不合。須以天地之量爲量。聖人之德、爲德。方得恰好。嗟夫。安得同志共勉此事。

問人淸高固好、然淸高太過、則入於黃老、人固難得廣大者、然廣大太過、則入於莊佛、究如何能去此病、方爲正學、

答欲去此病。力戒太過。太過之病根。是放開太早。求樂太早。故皆流於異端。今欲救之。惟窮理之至。一循乎理。則不見其淸高廣大。乃爲正學。

問或以陳白沙先生不大用於世爲可恨者、此見如何、

答是未知天也。不知天生聖賢。固命之以救人心也。救人心。非聖功莫能也。聖功叵測。其可以窮達限耶。且治所以安生也。生生而心死焉。若弗生也。吾於是乎知救人心之功大矣哉。孟子曰。禹稷顏回同道。韓子曰。孟子之功。不在禹下。此之謂也。是以知白沙先生雖窮爲匹夫。道德之風。響天下。天下人心潛移默轉者衆矣。譬如草木。一雨而萌芽者皆是。草木蓋不知也。其有功於世。豈下於抑洪水驅猛獸哉。若此者天也。非人力也。此中精意。豈庸俗所可語耶。

問白沙先生與人論學、以答何幾人之語爲可宗、其要點何謂、試詳述之、

答與賀克恭所言。心地要寬平。識見要超卓。規模要闊遠。踐履要篤實。能此四者。可以言學矣。又與謝元吉曰。人心上容留一物不得。才著一物則有礙。且如功業要做。固是美事。若心心念念只在功業上。此心便不廣大。便是有累之心。是以聖賢之心。廓

然若無感而後應。不感則不應。又不特聖賢如此。人心本體皆一般。只要養之以靜。便自開大。又與崔楫言棄禮從俗。壞名教事。賢者不爲。願更推廣此心於一切事。不令放倒。名節道之藩籬。藩籬不守。其中未有能獨存者也。逸按白沙先生之學。純主自然。其胸懷灑落。於詩見之。先生相憶李孝廉大崖之詩。去歲逢君笑一回。經年笑口不曾開。山中莫謂無人笑。不是真情懶放懷。又有詩曰。從前欲洗安排障。萬古斯文看日星。其本乎。一笑功名卑管晏。六經仁義沛江河。其用乎。時當可出寧須我。道不虛行只在人。其出處乎。所謂吟詠性情而不累於性情者乎。先生不著書。嘗曰六經而外。散之諸子百家。皆剩語也。故其詩曰。他年得遂投閒計。只對青山不著書。又曰。莫笑老傭無著述。真儒不是鄭康成。總之。白沙先生之學。不僅於論學論詩中見其性情之純靜冲淡。要皆得天之厚。非偶然也。吾願學者欲見孔子之道。必也一息莫間。一念莫差。安而行之。純一不已。心與物交。心做得主。於是何患不足開萬世之本哉。勉之。勉之。

（未完）

淡園答問卷一（續第十四期）

湘潭許銘縡篤齋

答蘇孝權問上

問春秋之所以與宋襄爲開國王伯姬爲中興者、以宋襄臨大事而不忘大禮、而賢伯姬之守禮耳、夫既同此一禮、而有開國中興之殊、何也、且二人之美不多著、乃僅以一事之善、卽與爲開國中興者、將舉其一以例餘耶、抑別有故歟、

答殷滅國也。春秋賢宋襄而與之、是開國王矣。襄不忘大禮、而其後得伯姬守禮。是開國於宋襄。中興於伯姬也。以隆禮張王法。不取其餘。

問信陵君馮奉世陳湯均以矯詔立功、然封侯則開倖進之門、不封又無以賞功名之士、權其輕重、將何以處之、

答此當從實與文不與之例。賞之可也。封之不可。

問周公以周官致太平、則其書必徧行於天下矣、夫井田班爵之法、莫詳於周官、而滕文公北宮錡竟不能知、以問於孟子、孟子亦不能究其實、一則曰此其大略也、一則曰嘗聞其略也、何此書推行之廣、而不能得其全書一睹耶、若謂諸侯去其籍、故其

書不可見、然遭秦火之餘、歷數百年而復見、豈當時曾無一遺本耶、說者或以周官晚出、因詆爲劉歆僞撰、固不足論、然何邵公以通經大儒、於春秋則篤信之、而於周禮亦詆爲陰謀之書者何也、

答明堂位。周公踐天子之位。六年制禮。七年致政。據封地一事。周官孟子不同。孟子爲實事。周官爲空言。則朱子謂此書爲周公立規模而未及用者。是矣。既未及用。未必徧行。況諸侯又從而去之。滕文衞錡安得而見之。然六經不廢。如日月之經天。不得疑今之得睹於秦火之後也。何邵公好春秋而疑周禮。王荆公好周禮而疑春秋。各有所蔽。不爲定論。

問漢宣帝謂太子漢家自有制度、本以王霸道雜之、容可雜用否、

答但可謂之霸耳。

問竊以孟子卒明爲哀諱、非爲昭諱、似乎確當不移、然孟子爲同姓之女、經無見文、將何以知爲吳女乎、答孟子卒與卒內女同文。下見會吳。故知吳女。董子曰、春秋不待傳而明、是即無公羊諸傳、必有可據而定爲吳女也、果何以知之、

答昭篇夫人歸氏薨。於喪庶不識見姿母。哀篇孟子卒。於會吳不識見吳女。

問春秋傳曰、婚禮不稱主人、然則曷稱、稱諸父兄師友、夫父兄師友、既皆可稱、而稱必待乎母命者、何也、無母乃稱主人、有母而母不通、則所謂稱諸父兄師友者、果何所謂乎、不識諸父兄及師友之稱、春秋禮經有可證者否、

答禮曰、封君之孫。盡臣諸父昆弟。婚何以稱焉。記曰。當其爲師則勿臣。亦但謂大學語天子無北面。非本不臣。亦不得稱。春秋但見紀宋之例而無他文。然則稱諸父兄師友。當謂大夫以下也。記曾子問。壻之父母已葬。壻之伯父致命女氏。此稱諸父之證。昏禮弟。稱其兄。此稱兄之證。師友則未聞。

問唐太宗礪精圖治、制中書門下及三品官入奏事、必使諫官史官隨之、有失則匡正、美惡皆記之、于是大臣不得專君、而小臣不得爲讒慝、此貞觀之治所以隆于文景耳、而議者以爲不可永制、豈通論乎、且太宗既死之後、許敬宗李林甫用事政多私僻、不令諫官聞仗下之事、而天下幾亂、及宋璟爲相、舉行貞觀之政、而天下又大治、妄在其不可爲永制耶、

答政在得人。法不足恃。大臣專君。小臣讒慝。但用此法遂可免邪。恐未必然。

問紀爲齊滅、不曰齊滅紀、而曰紀侯大去其國者、與襄公復讎而爲之諱乎、繁露乃云紀侯上下同心而俱死亡、故爲諱滅、而箋則謂紀侯大去、爲去國之辭、夫紀侯果死社稷耶、抑國滅而出奔也、賢紀之說、似出穀梁、豈繁露本穀梁而爲此說乎、抑別有所據也、

答言去則不死明矣。董義非穀梁傳。民從者四年而後畢。亦不謂死。

問冬十有一月壬午、公弟叔肸卒、文與三月壬申公子季友卒同、則春秋賢之也審矣、何注謂盛德之士不名、故稱字以賢之、而箋以爲聞世大夫日卒、每公一見、見公弟者、文實異母文不明、二說未知孰是、夫季友之賢著于春秋、而叔肸則無一事可紀、書季友于前、而書叔肸于後者、將以季友之賢起叔肸耶、非也、

答肸生不紀一事。卒稱叔以其屬通。皆以起其不仕。何義是也。

問管子之書、龐雜虛浮、或以爲非出于一人之手、而實爲管子所自作者、未知有幾、史記管晏列傳太史公曰、吾讀管氏山高、乘馬、輕重、九府、及晏子春秋、詳哉其言之也、

夫晏子舉其全書、而管子獨舉此數篇者、豈此數篇爲管子所最要者耶、

答此皆管子所自爲。

問昔劉向校除其重復、定著爲八十六篇、與今刻本同、則或謂他人有所編集亦周秦人也、其義其辭、未知能悉合于管子所作者否、

答有紀述管子事。有解說管子書者。皆治管子之說者爲之也。有同有異。

問漢志以管子入道家、管子不似道家之玄窈、而以入道家、何也、

答管子好稱黃帝言。

問後世又有以管商並稱、夫商子法家、其治極慘礉少恩、豈能望管子之項背、而以並稱者、豈又以管子爲法家耶、

答皆循名責實。

問太史公曰、老子所貴道、虛無因應、變化於無爲、故著書稱微妙難識、莊子散道德放論、要亦歸之自然、今讀老莊之書、不特老子微妙難識、卽莊子亦有難識者、夫所謂虛無因應、變化於無爲、散道德放論者、其大旨果若何耶；莊子王氏注敘說者謂莊

子不知其意之所在、而此叙尤不知其何意、蓋嘗思之、叙蓋以二千年皆謂老莊爲空談而不能實用、故聚古今而深辨之、未知然否、

答此叙探老莊之奧変、窮學術之源流。極有關係之作。

問老子爲周柱下史、孔子往問禮焉、老子曰、所言其人與骨皆已朽矣、獨其言在耳、蓋老子推其原、知禮之將亡、故如是云云也、未久而禮大亡于秦、果如老子之所料、老子不誠智矣哉、孔子之言曰、吾今日見老子其猶龍邪、此服老子之深遠耶、抑驚異之辭耶、

答老子以術御天下。其言陰謀也。莊子則合于春秋。世以老莊並稱。老莊之旨不盡同。要其才皆足以定天下。非空言也。老言道德。莊子放言。故言散道德放論。老言因應。莊亦貫因。故曰亦歸之自然。　禮廢則危。而文之弊也僿。故孔子制春秋。以義斷事。救文之弊而濟禮之所不及。老子之言。未始不有助於孔子也。

問佛之流入中國已二千餘年、然漢至今、以好佛而亡其身國者不可勝數、世人曾不悟其非、而崇信之益篤、以至于家有畫像、里有寺觀、且謂佛能爲禍福、若人之死後、

能延僧誦佛經數十卷、乃可超度、無爲地獄所苦、云云之說、不知從何而生、且佛經淺陋汚穢不堪、若以誦經能解罪、孰若吾聖人之書乎、乃棄聖人之書而以汚穢之經、誦于所畫像前、謂足以解罪、則地獄將無惡人矣、人亦何憚乎爲善哉、以此絕大之惡俗、竟相沿而莫之能解、甚矣習俗之難除也、夫佛之最著莫如觀音、觀音之名、曾不一見于史書、而觀音之寺觀、林立于州縣、今世之奉信者謂觀音能降禍于人、恆于二六九月十九日三期焚香拜謁以求吉祥、吁、亦何愚之過甚乎、且佛之爲教、以淸靜無爲爲主、不知君臣、不知父子、遠處異域、而身又已死數千年、亦何由知人世之是否、而爲之監察耶、昔唐欲迎佛骨于鳳翔、而韓文公非之、今以木偶而對之拜跪、甚無謂也、雖然、佛固不足事、然俗所傳二六九月三期必有風雨、而今驗之或然者、豈古以此三日相傳爲風雨之期候、而俗人欲顯觀音之聖、遂附會爲觀音暴耶、抑別有他故歟、

答謂必不能降福。非也。凡寺觀禱應。亦有效者。皆山川之神。至誠感之。亦自能應。但禍福之小者耳。存亡生死。權不在彼。敬鬼神而遠之。斯爲智者。易緯八風應候而至。今

之所謂風暴。若玉皇觀音之風。蓋皆應候之風。

問何邵公鄭康成皆篤信讖緯、常引以證經、而王氏鑑多駁之、不識讖緯果可證經否、夫緯之爲書、本以副經、似乎可信然既多荒誕、若取其可信者以證經、安知可信者非出于附會耶、

答緯史也。孟子曰。盡信書不如無書。謂史皆可信。必不然矣。然謂史皆不可信。亦不可。如戰龍門死傷滿溝。以證近乎圖之類。何必荒誕。

問春秋之義、臣子一例、蓋爲人後者爲之子、而於所生父母不復自處於子也、周世宗既承周嗣、則必爲郭威之子、而不子於柴氏矣、乃任其生父守禮以小忿殺人、有司不敢詰、而世宗亦置不問、何君臣暗昧之若是耶、昔桃應問于孟子曰、舜爲天子、皋陶爲士、瞽瞍殺人、則如之何、而孟子謂執之而已矣、夫親父犯法、猶將執之、况非若舜之受禪、既爲人子、焉得以父而廢法哉、世宗卽難自問、有司自可相詰也、若任其所爲、苟守禮舉兵犯闕、亦將作福作威耶、雖然、世宗固爲周太祖所養、然養子有歸宗之道、苟世宗以歸宗而論、則守禮之事、直同瞽瞍殺人耳、夫皋陶可執瞽瞍、而舜

猶當竊負而逃、世宗處此、當如孟子所言耶、抑別有以自處也、

答父子以天屬者也。皋陶可執瞽瞍而舜不可執。石曼姑可圍戚而輒不可圍。舜後堯者也。舜不可執瞽瞍而責世宗執守禮。豈其然乎。子曰。父爲子隱。子爲父隱。直在其中。春秋之義。爲親者諱。今律親屬相爲容隱。除謀叛犯上外並不坐。所以教親親厚風俗也。世宗知而不問。歐文忠公謂受屈法之過以申父子之道者是也。至有司不敢詰。疑於爲尊者諱。然法者周之法。天下之法。非柴氏之法。守禮犯法而有司不敢詰。不可以服天下。執而詰之。復援議親之辟以釋之。則可以全世宗父子之恩。而亦未觖於天下之法。若謀危周之社稷。則世宗但竊負而逃。有司有殺之無赦而已矣。

問說苑孔子曰、文王似元年、武王似春王、周公似正月、而繁露謂武王似正月、夫所謂似者、果何所取義於斯耶、抑以三聖所處之世不同也、

答以元年春王正月喻周之能正始。頌開國之盛。非處世不同。繁露以武王似正月。則以文王似春王。亦無他深意。

問桓元年十月不書他事、似令宋殺君與大水相接、以起桓殺隱之罪、而箋謂以正月

書卽位故十月不書他事以起之不知惡所謂起者起何患也、

答起者起繼殺君而言卽位也。是年自卽位外。但記結鄭記災。他事有所不書。則卽位特以纂書明矣。

問春秋母以子貴、何邵公謂妾子立則母得爲夫人、夫齊歸雖妾母、既書夫人以薨、又書小君以葬、則直同於適夫人矣、而大庾以妾母不譏者、何也、

答薨者有司之事記。君之母非夫人。則羣臣無服。故可薨。不譏。故知妾母。

問今世所傳風后握奇經、六韜、孫子、吳子、司馬法五書人多以爲僞撰、不識撰自何時、其書亦有可觀否、

答避止殿屠城。皆秦漢事。六韜吳子二書。作僞當在漢也。握奇首見宋志。而其書緣飾唐人毘陵集八陣圖。記則作僞在唐後矣。孫子精權謀。司馬法稱仁義。二書並難竟其用。太史公稱司馬法。雖三代用兵。未能竟其義。如其文今讀其書。尙足以想見王者仁義之師。而孫子一書。雖名將。用之則勝。違之則敗。非淺人所能。並不得疑其僞也。餘三書雖僞。亦自有用。

問太史公以賈生之遇有似屈原、因爲之合傳、然二人之才智、未知其孰優、世之讀楚辭治安策者、悉委咎懷王棄屈原、而文帝不能用賈生、使當日懷王舉國以委屈子、而文帝大用賈生、楚國漢室之治、究當何如也、

答屈子謀復夔巫以保夷陵、會黃棘以紓近禍。賈生策治安。規畫大計。其言皆中。並曠世才也。屈子志在進賢。賈生志在變法。夫治天下以得人爲本。法其末也。是屈子之優於賈生也。楚漢不用。今爲世惜。使遂見用。有爲可知。

問黃梨洲以明都于燕爲喪國之由、謂有王者起必都金陵、而清朝入關定宅不都金陵、而都于北、未知是失計否、

答明都燕幾三百年。洪逆據金陵十三載耳。順逆雖異。陰陽亦殊。而久暫之相去迥絕。金陵亦未必佳也。明都燕。以天子禦邊。清朝都燕。控馭東北。利於兼顧。正計之得者。若謂近海而各國驚其聲欬。近塞而强俄撤其藩籬。以此爲都燕之咎。智者必能辨之。

問自秦隆督責之術、而君臣之分始嚴、漢室承之、因而不改、故高帝曰、吾乃今日知皇

帝之貴也、從此以至于宋、莫不皆然、及晦翁諸先生起、以君臣之分、猶未密也、又倡尊君抑臣之說、而君臣之分益嚴、于是民情壅塞、而有國者視天下爲己物、黃梨洲深惡之、作原君原臣以論爲君爲臣之道、其說頗中時弊、而說者又以爲平等之說所由起、然則如之何而後爲定論耶、

答儒者立言以救一時之弊、要不能無偏也。列國犯命。天子綴旒。藩鎭跋扈。日尋篡奪。尊君之說昌。而後上下之分定。君惟逞其督責。臣自處於僕妾。並忘乎立君爲民之義。非君輕之說又無以救之。然其弊一至于隔絕。一流爲平等。皆所不免。子曰君使臣以禮。事君盡禮。孟子曰。貴貴尊賢。其義一也。斯則無弊之論也。

問春秋新周故宋王魯、皆于王正月王二月王三月見之、而何邵公謂二月三月皆有王者、二月殷之正月、三月夏之正月、是以春秋正月、爲周正建子之月也、何其與箋大相反乎、襄公二十一年傳、十有一月庚子、孔子生、箋曰、十有一月者、周正月也、魯歷爲十月、夫所以知爲魯十月者、以甲子推之耶、亦別有據也、尙書大傳曰、王者存二代之後、與己爲三、故以三正通三統、今例表謂王二月爲夏正月、此建寅之統而

當周代假爲周正月王三月爲周四月、假爲先代示推遠、不必用其政、其說似乎隱晦不甚顯確、豈春秋改制、故不同於大傳所云耶、答春秋皆託也二月何必丑三月何必寅託而已矣

答魯用殷正。三月立春解凍。據成元年待至二月書無冰則知經正月非周正月。經十月非周十月也。經傳異月。十月有庚辰必無庚子。故知傳十一月迺周正也。若謂經月周正。傳月夏正。則二月非解凍之時。何遽書無冰。孔子雖有行夏時之志。究未生於行夏正之時。傳又何必言殷正。況傳爲夏正。經既爲周正。則周十月迺夏八月。傳又何以言十一月乎。

問武侯街亭之敗、由於馬謖違其節度、夫以武侯之明、而尙有知人之累、其果不知耶、抑蜀無人可用也、魏廷進計而武侯不用、其策果不可行耶、抑實患無制延之人也、蜀自昭烈之崩以來、至此迺大舉伐魏、使街亭不敗、蜀漢之勢、當又何如耶、

答以言取人。孔子尙失之宰予。不必爲武侯回護。子午之策不用。則武侯之知彼也。猶亭街亭之敗。皆天所以挫蜀。不然三分之局未可量也。

問班固譏太史公先黃老而後六經、史公其後六經者與、

答子長深於經術。折衷孔子。推崇至矣。叙六家先黄老。是談非遷。

問顧炎武之日知錄、黄梨洲之待訪錄、王船山之黄書、馮林一之抗議、皆論爲治之損益、其中有可舉行者、有必不可行者、將何以分其優劣耶、

答正欲以此發題。試以所見論之。

問今日之勢病極矣、强鄰迭伺、凡我賞罰之權、盡爲其所奪、地之美者、據之人之賢者、去之、則欲講求富强之術、彼必忌而掣肘、宜以何者爲先、然後可以力圖恢復、

答吏治爲先。

問邵公之學多本於董子、然亦閒有不同者、邵公就本經以解詁其義、而繁露多以春秋義發明爲治之要、所爲不同、其趣則一、然二子傳經之功亦有所優劣否、

答解詁可觀。繁露可讀。優劣以此定之。

問凡公羊傳言未知者、如則未知其宣夫人與、成夫人與、則未知公子喜時從與公子負芻從與、則未知其爲魯公子與、邾婁公子與之類、皆故爲疑詞、而似實有深意、未知其義例若何、

答皆爲我乃知之矣寫照。

問邾婁顏謀殺魯君而受誅於天子、則揆之誅君之子不立、夏父不宜立矣、而叔術致國於夏父、春秋賢之者何也、議者以後世轉房之所借口、由於叔術妻嫂、因至訾之、叔術果賢耶、否也、

答誅君之子不立。謂君殺君父子無可繼也。謀殺列國君不得與殺君父同科。夏父無當絕之義。天子立叔術。叔術死後。有國者盱也。術起而致國於夏父。致盱之國也。春秋之義。不殺爲仁。推爭食之心。勢足以相殺。不可以並立於邾婁。令夏父得殺盱。固不仁。殺夏父以全盱。尤不義。起而致國。殺機頓遏。而有以全父子兄弟之恩。與喜時之逡巡而退。皆可謂爲人所難。以全己志。求仁得仁之流亞。故春秋所亟與也。喜時但全兄弟。叔術並以全父子。雖有妻嫂之惡。不足以掩讓國之賢。此春秋權衡之至當也。若後世禽獸之行。迺同於夷狄。何足以病春秋。

問成八年傳、元年春王正月、正也、其餘皆通矣、何注云、其餘謂不繫于元年者、或言王、或言天王、或言天子、皆相通矣、以見刺譏是非也、箋曰、通者謂稱天子稱天王、去天

去王、皆譏貶之詞也、夫天王天子及王、皆爲刺譏、譏貶則舍元年春王之王、皆非正也、將何以見其刺譏乎、稱天王爲譏、去天則曰春王之王矣、而亦爲譏詞、王者之稱、果以何者爲正耶、春王之王、爲受命王、而又見天子天王、不其有二王乎、成九年傳曰、是子也繼文王之體、守文王之法度、文王之法度、無求而求、故譏之也、豈春秋託王於魯、而又以魯無王者之事、故假周王以示法歟、不然與春王之王、何以爲一貫耶、隱無正月、則發傳而問之、然桓之無王、文之無天、未見其問何也、竊以爲弟子所通知、未識果何以通知、

答正也者。春秋獨春王爲出治之王。其餘皆受治於春秋王者也。王謂文王。王正月者王魯。然不得謂王魯而周不得有其文王。則周王所繼體守法。與春王之王同。何傷乎。無王無天不問者。以無正月明之。從可知例。無正月爲隱不有其正月。則無王者桓無王。無天者文無天。不待問也。

問定哀多微辭、蓋孔子所見之世、不忍直言、故微其辭耳、而聞世如有姑之辭、辭取向之類、例表九旨表、亦以辭爲所聞世之一例、未識辭果與微辭、爲對文否、

答屬辭比事春秋教。全經皆辭也。不但聞世有辭。定哀多微辭。言多則前有可知。又非但見世有之。

問禮經有繼父同居之文、而衞頑娶君母、晉文取懷嬴、又見傳記、議者因此遂謂夫死妻嫁、前代通典、而婦人重節義、乃始于南宋、未知然否、必若所言、豈聖王之世、不重節義耶、

答婦不貳天。重節義之證。然若節不足存孤。則存孤重。故又許有繼父也。

問昔魯公得臧氏之母入養閧有賊、以其子易公抱公以逃、議者以子易公、謂爲非事夫之義、然不易、則無以救公、易之又傷事夫之事、必如之何而後可、夫以夫與君效、君似重于夫、臧氏之所爲、果合於義否、

答舍己子而存兄子。猶必謂之義。何況存君。

（卷一終）

更正

按第十四期劄記、淡園答問卷一、第三頁第十三行、惡人之徒在是、註謂石惡徒

剳記　淡園答問卷二　一八

誤詰、註誤詰、第四頁第十三行、例表謂稱宮非五廟之例、之字下缺例字、又第六頁第十一行、又屢以邑來奔、屢誤累、第七頁第一行、第四行沙隨、沙誤河、

說苑

船山先師詩錄

長歌行 己丑

周逸敬選

博桑無落景。瑤水無逝波。千歲有問津。微生遂經過。偶寄玉露槳。聊弄素女娥。不知人間秋。落葉紛已多。進酒白玉觴。侑之緩聲歌。長旦無凝雲。畢景皆赬霞。俯睨星火流。停歡待伊何。

來日大難 壬寅

周逸敬選

來日大難。毛凋羽殘。不知今者。誰爲妙顏。醇酒肥牛。何用解憂。仙人王喬。足可遨遊。黃金可作。塵世可度。鰍游濁水。龍上天角。沒命黃泉。志存偓佺。遺物獨往。杳若孤煙。軒轅乘龍。嫋嫋雲中。天老操轡。嫋嫋雲內。精魂相存。生死同門。千秋萬歲。樂以言忘。

說苑

疊字男名錄（續第十三期）

湘潭葛鼎甫遂銘

脫脫

明史卷一百二十四。梁王托匝剌瓦爾密。元世祖第五子。太祖以雲南險僻不欲用兵。明年正月。北平等將以所得王遣往漠北使者蘇成來獻。太祖乃命待制王禕齎詔偕成往招諭。王待禕以禮。會元嗣遣使脫脫來徵餉。脫脫疑王有他意。脅以危語。遂殺禕。

脫脫

元史卷一百七。宗室世系表。太宗皇帝七子。次四哈喇徹爾王。位托克托大王。原作脫脫

脫脫

明史卷一百六十一。公主傳。宣宗二女順德公主正德二年下嫁石璟。璟昌黎人。天順五年曹欽反。璟帥衆殺賊。禽其黨脫脫。詔獎勞。

脫脫

元史卷一。太祖帝伐默爾奇斯部。與其部長托克托（原作脫脫）戰於馬尼齊山。

脫脫

明史卷一百三十一。列傳。陸聚不知何許人。元樞密院同知。脫脫敗芝麻李於徐州。彭大等奔濠聚撫戢流亡。繕城保境。寇不敢犯。

脫脫

明史太祖本紀一。十四年冬十月。元丞相脫脫大敗士誠於高郵。脫脫旣破士誠。軍聲大振。會中讒遽改兵柄。江淮亂益熾。

明史卷一百二十三。張士誠傳。至正十四年。元右丞相脫脫總大軍出討。數敗士誠。圍高郵。隳其外城。城且下。順帝信讒。解脫脫兵柄。削官爵。以他將代之。

脫脫

元史卷十四。世祖十一。至元二十三年四月。中書擬托克托呼（原作脫脫忽）參知政事。

脫脫

明史卷一百三十。華雲龍傳。華雲龍定遠人。洪武七年。有言雲龍據元相脫脫第宅。僭用故元宮中物召還。命何文輝往。未至京道卒。

脫脫

明史景帝本紀。瓦刺可汗脫脫不花使來。景泰二年十二月也。先弒其主脫脫不花。

脫脫

元史卷二十。成宗紀三。貞元六年十一月庚戌。禁和琳軍釀酒。惟諸王托克托布色（原作脫脫不沙）等許釀。

脫脫

元史卷二十。成宗紀三。元貞六年七月。賜諸王托克托呼（原作脫脫灰）等鈔。

脫脫

元史卷四十。順帝紀三。至正二年七月己亥。廣遠路莫八聚衆反。攻陷南丹左右兩江等處。命脫克脫濟延（原作脫赤顏）討平之。

脫脫

元史卷四十二。順帝本紀五。至正十二年十一月辛卯。命脫脫台爲行樞密院使。提調二十萬戶賜金繫腰。一銀鈔幣帛有差。

脫脫

隨園詩話卷十二。元人詠脫脫丞相云。百千萬貫猶嫌少。堆積黃金北斗邊。可惜太師無脚費。不能搬運到黃泉。（按此詩究不知所指）

脫脫

元史卷四十六。順帝紀九。至正二十三年六月戊戌。朔。博羅特穆爾遣方托克托（原作脫脫）迎匡福於彰德。庫庫特穆遣兵追之。敗還。匡福據保定。

脫脫

元史卷一百三十八。列傳第二十五。喀喇托克托傳。喀喇托克托。（原作康里脫脫詳見前雅雅）

脫脫

庚申外史。（明葛溪權衡以制編輯）伯顏與右皇太后謀立燕帖古思。而廢帝。其侄脫脫頗聞其謀。竊以告其師胡行可。行可教之以密告於帝。令帝知之而預爲防。　至正三年議修遼金元三史。丞相脫脫意欲成之。於是奏　臣使儒　臣歐陽玄揭　奚斯等於國　史院。修撰遼金宋三史。四年春三史告成。國史合院官稟右丞相脫脫奏聞。脫脫搖首曰。此秀才事。我弗知。或曰。丞相好美名。今此史具列某修。丞相見其名不列。宜其蘊也。盍稟之曰。自古前代之史書。雖以史官秉筆。而總裁則必歸一人。如唐書則歐陽修總裁。資治通鑑則司馬光總裁。今遼金宋三史。某等請以書丞相爲總裁官。於是脫脫大喜。按脫脫元史作喀喇托克托見列傳第二十九本傳　又本於修三史未列惟本紀第二十一順帝四列之　又按本傳喀喇托克托於泰定四年薨

齊齊

元史卷三十三。文宗紀二。天歷二年正月。諸王呼圖克特穆爾薨。取其印及王傅印。以賜沃濟。武寧王齊齊克圖遣使言皇兄啟行之期。天歷二年四月癸卯。皇帝遣武寧王齊齊克圖中書平章政事哈馬圖來錫命。立帝爲皇太子。五月丙子。武寧王齊齊克圖中書平章政事。哈瑪爾圖至自行所致。立皇太子之命賜齊齊克圖金五百兩

元史卷十五。文宗紀四。至順三年。賜武寧王齊齊克圖金銀食邑。

元史卷三十九。順帝二。至元二年四月。詔以太平路爲郯王齊齊克圖食邑。

元史卷三十五。文宗紀四。至順二年。武寧王齊齊克圖來朝。改封郯王。

元史卷二十八。英宗紀。至治三年六月。諸王齊齊克圖（原作徹徹禿）入朝請印。未允。

元史卷二十九。泰定帝一。至治三年九月癸巳。卽皇帝位。十二月丙子命嶺北守邊諸王齊齊克圖月修佛事以却寇兵。泰定元年正月辛丑。諸王大臣請立皇太子。賜諸王齊齊克圖金一錠。銀六十錠。幣帛各百匹。

元史卷一百八。諸王表武寧王齊齊克圖（原作徹徹禿）泰定三年。封至順二年進封郯王。

元史卷一百七。宗室世系表。憲宗皇帝五子。次三永隆喇實王。位郯王齊齊克圖。（原作徹徹禿）

元史卷一百二十一。卓沁台傳子奇塔特。奇塔特子哈達。哈達子托歡。亦嘗從諸王齊齊克圖討珠爾噶台獲之。

元史卷一百二十一。蘇布特傳子烏蘭哈達。招降交趾（憲宗時）不報其國主陳日照隔江列象騎步卒甚盛。烏蘭哈達分軍三隊濟江。齊齊克圖從下流先濟。仍授齊齊克圖方略曰。軍既濟。勿與之戰。齊齊克圖違命。蠻雖大敗。得乘舟逸去。烏蘭哈達怒曰。先鋒違我節度。軍有常刑。齊齊克圖懼飲藥死。

元史卷一百二十八。綽和爾傳。大德二年。北邊諸王都勒幹齊齊克圖等。潛師襲和囉噶圖之地。

元史卷一百三十八。巴延傳。順帝至元五年十月。搆陷郯王齊齊克圖奏賜死。帝未允。輒傳旨行刑。

齊齊

元史卷一百二十四。哈勒噶齊必喇傳。子伊德實伊納克。伊德實伊納克子。齊齊遜呼喇。原作乞赤宋忽兒

齊齊

元史卷一百九十七。孝友傳。輝和爾氏齊齊克原作秋秋侍親不願仕。以祖父蔭讓叔父昆弟云。

察察

元史卷一百七。宗室世系表。烈祖神元皇帝五子。次四特穆爾鄂綽克國王。位察察哩大王。

察察

近人姚景夔姓氏略。明賜元人姓名。察察曰田義。

剌剌

元史卷八。世祖紀五。至元十一年三月。阿爾彬嘗發李璮逆謀爲璮所殺。以其子拉爾錦（原作剌剌吉）襲職。

剌剌

元史卷十二。世祖紀九。至元十九年十二月。詔立帝師達爾瑪巴拉喇吉塔（原作答耳麻八剌剌吉塔）掌玉印。統領諸國釋教。遣帝師帕克斯巴舍利塔。

碩碩

金史卷一。世紀。穆宗末年。阿蘇使德濟。誘扇邊民海蘭甸人執送之。穆宗使碩碩歡撫納海蘭甸。未行穆宗卒。至是遣歸。　中二年甲申。高麗再來伐。碩碩歡再破之。高麗復請和。前所執團練十四人皆遣歸。碩碩歡撫定邊民而還。

金史卷八十。錫默阿里傳。父歡塔。高麗築九城於海蘭甸。歡塔力戰久之。與碩碩歡合兵於圖們水。阿里乘之。殺略幾盡。遂合兵於碩碩歡。道遇敵兵五萬。擊走之。又與碩碩歡遇敵七萬阿里先登奮擊大敗之。碩碩歡曰汝一日之間三破重敵。功豈可忘。乃厚賜之。按金史卷一百三十五列傳外國高麗載康宗時碩碩歡事甚詳碩碩歡原作失束寬見金史卷六十三一葉下面注

實實

金史卷七十。實圖美傳。正隆二年封金源郡王。子實實思敬。實實原作習失康宗時高麗築九城於海蘭甸。實實從烏色軍太祖攻寧江州。實實摧鋒力戰。授明安後使實實統十二明安軍。四境以安。天會四年薨。世宗思太祖太宗創業艱難。求當時郡臣勳業最著者。圖像於衍慶宮。並實實凡二十一人。又思敬傳。宗翰自太原伐宋。從其兄實實攻太原。

金史卷一百二十九。佞幸張仲軻傳。海陵召直長實實入便殿。謂實實曰。汝能戰乎。對曰。受恩日久。死亦何避。海陵曰。汝能料彼敢出兵否。彼若出兵汝果能死敵乎。實實良久曰。臣雖懦弱。亦將與之爲敵矣。海陵曰。彼將出兵何地。曰不過淮上耳。海陵曰。然則天與我也。朕滅宋不過二三年。然後討平高麗夏國。一統之後。論功遷秩。分賞將士。彼必忘勞矣。又金史后妃傳。海陵嫡母圖克坦氏。宗幹之正室也。居永壽宮。海寧乃召

武庫直長實實使弒太后。改寧德宮。

鈕鈕

元史卷一百八十六。張楨傳。至正二十一年。除僉山南道肅政廉訪。至則劾治書侍御史。鈕鈕弄權誤國之罪。不報。方是時。博囉特穆爾駐兵大同。察罕特穆爾駐兵洛陽。而毛貴據山東。勢逼京畿。二將玩寇不進。方以爭冀爲事。朝廷遣鈕鈕往解之。既受命不前進。楨又言其貪懦庸鄙。亦不報。

巴巴

元史卷一百三十三。伊蘇岱爾傳。伊蘇岱爾喀喇人。父阿勒巴巴雅濟呼。（原作愛伯伯牙兀）太祖時率衆來歸。

寶寶

元史卷四十六。順帝紀九。至正二十三年三月丁未。親試進士六十二人。賜巴拜。（原作寶寶）楊輗進士及第。餘出身有差。

寶寶

元史卷四十六。順帝紀九。至正二十五年九月壬子。以洪巴拜原作洪寶寶特古斯布哈納呼圖。並爲中書平章政事。

庚申外史。明葛溪權衡以制編輯至正二十五年七月。孛羅索帝所愛女子。有秀才徐施畚者。命爲待制。帝欲殺孛羅與之謀。與謀者洪寶寶等六人。帝賞殺孛者六人功。徐施畚不受賞。一夕遁去。

扎扎

遼史卷三十。天祚本紀。保大三年。天祚渡河奔夏。隊帥耶律遒里等。劫雅里北走。後三日羣僚共立雅里爲主。改元神歷。烏爾古部節度使扎扎原作紥哲等各率其衆來附。

雪雪

元史卷十三。世祖紀十。至元二十二年十月己亥。遣舒蘇德濟原作雪雪的斤領輝和爾戶一千戍哈喇章。

禡禡

元史卷四。世祖一。中統元年三月辛卯。卽皇帝位。以禡穆特原作瑪瑪爲燕京路宣慰使。

耶耶

元史卷一百七。宗世系表。塔納耶耶。(原作大納耶耶)

帖帖

元史卷一百七。宗室世系表。烈祖神元皇帝五子。次四特穆爾罰綽克王。位必里克圖特穆爾王。(原作別里帖帖木兒)

伯伯

元史卷一百三十五。明安傳。至元二十七年秋。徹伯爾巴圖(原作出伯伯繙)所領軍乏食。奉旨以明安所獲畜牧濟之。

罕罕

元史卷一百三十五。呼魯蘇傳。曾祖博勒和罕扎。(原作不魯罕罕劄)事太祖從平諸國充巴勒喇實千戶。

燮燮

元史卷一百三十六。拜珠傳。初浙民吳機以累代失業之田。賣於司徒劉燮燮。拜珠舉奏盡得其情。以田歸主。

沙沙

元史卷一百三十七。阿爾哈雅傳。文宗入丞大統。帝命復鎮汴省。時當艱難之際。阿爾哈雅出僉事實沙（原作沙沙）在南陽。以聽調用。

闊闊

元史卷一百四十三。巙巙傳。嘗奏除目文宗以筆塗一人姓名而綴將作院官。拉里（原作闊闊）之名。巙巙言拉里爲人誠謹。惟可任教坊司。若以居風憲。則臺綱掃地矣。

安安

蘭苕館外史。桐城許奉恩升平撰。其里乘卷九。有擷錄谿萱軒錄聞一條云。門人金仰之溝美。吳門世家子也。高祖諱祖靜。字安安。以進士官四川布政。少工書法。嘗與張文敏公照同譔天台山賦進呈。仰邀睿賞。

安安

元史卷一百四十三。納琳傳。至正十九年。復由海道趨直沽山東。命督率戰艦斷糧道。

納琳命其子昂阿(原作安安)及同舟人拒之破其衆於海口。

徹徹

元史孝友傳徹辰台(一作徹徹)奎蘇氏。幼喪父事母篤孝。母沒、痛哭、頓絕、居喪有禮。年四十餘。思慕猶如孩童。人問其故。曰人皆有父母我獨無。是以泣耳。至大三年旌異。

普普

金史卷七十五左泌傳。姪光慶。字君錫。光慶好古讀書識大義。喜爲詩。善篆隸。尤工大字。平時喜爲善言。蓄善藥。號普普道人。(又見別號錄)

克克

遼史太祖本紀。太祖七年四月戊寅。北追埒克敗之。其黨庫克克齊(原作庫古只)等皆面縛請罪。(遼史卷一太祖紀考證按庫克克齊原作庫古只卷七穆宗應歷十五年庫古只奏室韋亡入德埒另一人)

布布

遼史卷八十七。蕭孝友傳。孝友塔布布延。(原作撻不衍)小字展貫。

定定

明史太祖本紀二。十六年太祖攻集慶。是時元將定定扼鎮江。於是命徐達攻鎮江。拔之。

貞貞

金史卷一百三十三。叛臣伊喇斡罕傳。正隆六年十二月己亥。斡罕遂稱帝。自泰州往攻濟州。欲邀同知廣寧尹完顏貞貞原作嚴稱等爲左翼。

奴奴

周書卷十九。楊忠傳。楊忠弘農華陰人也。小名奴奴。

失失

元史卷一百二十三。塔本哲爾傳。至元五年入覲。賜白金訥克實原作訥失失及金鞍弓矢等。

乾乾

阮元疇人傳卷四十。毛乾乾。字心易。與梅文鼎論周徑之理。因復推論及方圓相容相變諸率。隱於匡山。號匡山隱者。女壻謝廷逸字野臣。中州人也。一日上元人。於數學甚

有精思。偕隱陽羨。自相師友。著述甚富。多前人所未發。道古堂文集

喜喜

明史卷一百二十九。列傳第十六。傅友德傳傅友德其先宿州人。後徙碭山。元末從劉福通黨李喜喜入蜀。喜喜敗。從明玉珍。

明史卷一百二十二。列傳第十。韓林兒欒城人。至正十七年六月。福通帥衆攻汴梁。且分軍三道。李喜喜趨關中。其秋李喜喜陷興元。破走入蜀。十八年李喜喜餘黨復陷寧夏。略靈武諸邊地。二十一年夏李喜喜等東西轉戰。已多走死。餘黨自高麗還寇二都。孛羅復擊之降。

回回

明史卷二百六十。陳奇瑜傳。奇瑜檄諸將會兵陝州。先是老回回過天星。滿天星。闖塌天。混世王。五六營自楚入蜀。陷夔州。阻險復走還楚。

回回

東華續錄。同治二年八月。諭前因內外臣工奏參勝保摺內。有云勝保倚通匪回弁馬

兆麒。金回回爲心腹用事。

啞啞

東華續錄。同治十年三月辛丑。諭軍機大臣等。甘肅金積堡賊巢業經官軍平毀。逆首馬化漋等伏誅。經左宗棠將明逆首等眷屬。按律分別科罪。請將馬化漋。馬阿西子。馬進孝。馬啞啞。發往新疆等處。給官兵爲奴。

薩薩

東華續錄。同治二年九月諭。張之萬奏宋逆匪黨闌入河朔。著張之萬迅即迎提。並著劉長佑飭令所屬沿途查明催趲前進。薩薩布一員。即著張之萬飭赴豫。

抓抓

東華續錄。嘉慶十九年正月己丑。諭軍機大臣長齡等奏剿股匪。其吳抓抓股匪竄至沔縣黑河一帶滋擾。楊遇春由寶隴一帶前赴沔縣甚近。著即帶領勝兵探明吳抓抓屯聚何處。即星馳趕赴剿除。毋令旁竄。

把把

吳曾祺編舊小說十五戊集二馮步楨快雪堂漫錄。把把賽回回國人以貢生至京。自言從彼國經兩夏至此。私齎玉若干。貢銀三百餘兩。館鄰某心動。與通事謀。以聲妓之遂留連不去。其同使已受讌賞。卽日就道。而把把賽自罄槖金亦盡。竟流落賴善騎射。遂投邊將馬坊兒作家丁。後大同府同知巡邊索保結。衆以把把賽夷人難之。乃自索紙作回文橫書。從左至右。復從右至左。人不識。通事曰。此渠本國鄉貫及所習武藝耳。陳季象在邊親見之。哀訴流落之故。且曰我在中國惟添得三絃子一藝。蓋在伎家所學也。

翁翁

厲鶚樊榭山房續集。蕭照中興瑞應圖詩云。前後不錄太平功就稱翁翁。紹興間禁中呼秦檜為太平翁翁見資退錄西湖歌舞驕春風。倦勤竟受天下養。瑞應圖呈德壽宮。

何何

佩文韻府五歌何何引。

圖繪寶鑑。何尊師不知何許人。問其姓氏年壽。但云何何。問其鄉里。亦但云何何。時人因號曰何尊師。

還還

如不及齋別號錄卷十四。宋還還先生。高荷。字子勉。江陵人。上山谷長篇警句云。蜀天何處盡。巴月幾回彎。因此得名。後知涿州而死。自號還還先生。山谷詩集注。荷極有篆力。使之凌厲中州。恐不減晁張。書畫譜引山谷集

自號錄。先生類。還還。高荷子勉。

恠恠

別號錄卷三十六。元馮子振。字海粟。官至翰林學士。雖不以書名。其筆法似宗黃山谷。號恠恠翁。書畫譜引劉璋書畫史

笑笑

別號錄卷三十八。宋文同。字與可。梓州梓潼人。同方口秀眉。以學名世。操韻高潔。自號笑笑先生。圖繪寶鑑云。漢文翁之後。稱石室先生。又自號錦江道人。又古人別號有丹淵之號。善詩文篆隸。行草飛白。又善畫竹。元豐初。知湖州。宋史本傳與可亦善山水。書畫譜引畫史會要

明史卷一百三十七。劉三吾傳。劉三吾茶陵人。初名如孫。以字行。洪武二十六年授晉世子經。三吾爲人慷慨。不設城府。自號坦坦翁。

坦坦

別號錄卷三十九。明陳復。字啓陽。號坦坦居士。燕山人。詩文清奇。尤長於作畫。山水松石皆有矩度。亦精寫照。由儒士仕至國子典簿。圖繪寶鑑續纂

坦坦

別號錄卷三十九。元王堅字學周。號坦坦道人。松江人。書蹟宗趙魏公。書畫譜引書畫史

慥慥

別號錄卷三十八。明王越字世昌。濬縣人。景泰辛未進士。又至少保兼太子太傅。有雲山老嬾集。明詩綜。王公歌詩雄邁跌宕。若不屑意。而奇偉不羣。明詩綜李賓之評。江村銷夏錄。有慥慥齋之印。

癡癡

如不及齋別號錄卷四。明史。忠字廷直。號癡翁。本姓徐名端本。又號癡癡道人。金陵人。

愚愚

如不及齋別號錄卷七。愚愚。元人。林逸字國安。自號愚愚。龍溪人。早喪父。獨奉母以居。

囂囂

如不及齋別號錄卷十六。元囂囂老人。曹珏字子玉。滏陽人。徙居方城二十年。以教授爲業。方城入。有倉卒避吏。留一僕而去。年餘事定。其人復來。驗僕封識不動。至大末以文行徵。復居襄溪。號囂囂老人。萬姓統譜

生生

如不及齋別號錄卷十九。明生生子。孫一奎。字久垣。號生生子。又號東宿。新安休陽人赤水玄珠

存存

如不及齋別號錄卷二十七。元存存子。黃鎮成。邵武人。年弱冠。厭棄榮利。慨然以聖賢道學自力。學者號曰存齋先生。續文獻通考有存存子之號。至正間。隱居不仕。著述甚

宮萬姓統譜。

玄玄

如不及齋別號錄卷十五。張君寶字全一。一字玄玄。七修類稿以玄玄爲別號。別號保和容忍。三豐字人目爲邋遢張。遼東懿州人。金時修煉寶雞縣之金臺觀。元時學道鹿邑太淸宮。洪武初復來寶雞。太祖聞其名。四求不得。成祖靖難後。至京師。天順末。或隱或見。英宗聞之。封爲通微顯化眞人。書畫譜引名山藏

酴酴

茶香室續鈔十七。酴酴和尚宋朱長文吳郡圖經續記云。智顯禪院在橫山下。梁人吳廣施所居爲寺。祥符中。心印柯禪師重建。初酴酴和尚以錫叩石。淸泉爲流。雖水旱不增減。輒師引泉足用。迄今猶存。

如如

茶香室續鈔。十八。趙如如。國朝無名氏述異記。蜀人趙如如。長髯偉軀。明時爲邊將。已殉難矣。康熙癸卯。與岷山何英相遇。於浙之衢州。何疑其鬼也。徐曰。吾與子爲異姓昆

弟。不知晉爲學道人耶。蓋趙兼天文算數之學。兼習五行遁法。其殉難也。若古人尸解者然。歲甲子。客有自普陀至者。趙寫書於何云在南海修道。按先君印雪軒隨筆。載周忠武部將侯老道事。余於叢鈔卷十四載闖賊將李亦謝事。趙如如殆亦其流亞乎。

如如

傳燈錄。心性無染。本自圓成。但離妄緣。即如如佛。

昭昭

茶香室續鈔。十五。柳應辰。押字一條。國朝沈濤銅熨斗齋隨筆云。宋柳拱辰字昭昭。柳應辰。字明明。見應辰押字詩。及火星巖記。兄弟皆以疊字爲字。亦好奇之過也。

明明

見昭昭類。

（完）

按此刊前有某社友閱之。頗不謂然。以爲皆鈔襲成言。殊滅價值。不知此刊亦係社友葛遂銘君之作。葛君品端學優。現年逾七十。終日兀坐。仍手不釋卷。深可敬佩。至疊字男名錄。本爲短篇小品。但其採錄事實。合于十分出本報忠孝節義之範圍。且

說苑　壘字男名錄　二四

本報宗旨謹嚴。凡不關闡揚潛德幽光。挽救世道人心。及保存國粹一類文字。概不採登。況本欄名說苑。既不登綺情小說。白話笑林。則欲令人興趣不止之作。亦寥寥不易得。仁者見仁。智者見智。我相人相。不住俱空。故仍將此篇登完。以慰葛君之望。特綴數言。以告閱者。（編者識）

叢錄

船山先師詩錄

周逸選

箜篌引 丁未

彈箜篌。擊鼉鼓。款留君。君不住。素絲玉壺白水清。博山蘭膏飛烟輕。華月徹風吹鳳笙。他人不語君含情。胡爲乎凌狂波而亂流。從君不果心縈憂。東海之魚不可得。西飛之鳥不可留。往者不諫。來者徒傷。寸心炯炯明月光。千里萬里隨君傍。君淩濁水不見影。青天高懸獨傍徨。

小步 丁酉

新虹釀暝帶餘清。雲裏東峯一曲晴。步步看花兼看葉。胎紅乳白各分明。

叢錄

公牘

呈長沙市土地登記處文二十六年十二月十六日

呈爲陳明本社土地權源請予登記事竊本社社址係繼承前湖南思賢講舍而來思賢講舍之來源則出自鹽商之捐贈於前清光緒五年（曾文正祠係光緒二年落成）由湘紳郭嵩燾李元度成果道俞錫爵周樂淮商領袖朱昌琳諸前輩發起在淮商公餘項下酌提款項購地建築講舍定學額二十四名中有安徽江西各二名蓋以四岸鹽商捐款之故事極明瞭命名爲思賢因崇拜王船山先生之故舍內立有船山祠即其明證民國二年前都督劉人熙呈明前大總統發交國務院令行湖南省政府立案保護始改名爲船山學社至今相仍二十餘年毫無異議惟社址之來源固出自鹽商之捐贈其一切證據文件因年代久遠屢經時局變遷檔案散佚無從查考至民國二十一年本社與曾文正公祠保管董事代表曾約農等訂約劃界亦經鹽商代表史鎰等會同民教兩廳

列名簽押有案可稽實爲有力之證據尙希查照登記實紉公誼謹呈

長沙市土地登記處

湖南船山學社董事陳嘉會王代懿任福黎王壽慈

周逸蕭仲祁胡子淸顏昌嶢張有晉劉謙王禮培黃

贊元劉釐隅傅紹巖石廣權彭濟昌李天祐

民國廿七年六月十五日呈土地登記處請依法登記並懇扣銷曾祠朦請登記之所有權狀由

爲呈請依法登記並懇扣銷曾祠朦請登記之所有權狀事緣船山學社所管長沙市小吳門正街卽現中山東路二百零一號房屋基地一所於去年七月申請登記因鈞處有令呈明權源後將權源詳確呈復久候未蒙　批示昨乃又至　鈞處依法備費申請登記呈繳證約蒙塡發元字第五百零一號收據一紙同時忽發覺曾祠代表竟將船山學社土地全部朦混登入曾祠至爲駭異比卽提出抗議幸所有權狀尙未發給查船山學社自去年七月起申請登記至十二月遵令呈覆權源皆在　鈞處認爲船山學社與曾祠經界未曾確定暫緩登記之期何以曾祠忽獨得將　鈞處認爲經界未曾確定之土地並船山學社一切土地概行朦混登記爲曾祠所有而本學社竟寸土俱無此在業權及法理上實空前所未有應懇　鈞處將曾祠朦請登記之所有權狀依法扣銷並懇將船山學社申請之登記予以依法登記而保業權立候批示實爲公便謹呈

長沙市土地登記處處長孫陳

湖南船山學社董事會 董事長 陳嘉會

副董事長 王代懿

常務董事 周逸

董事 石廣權等

長沙市土地登記處指令市字第1162號

令湖南船山學社董事會

二十七年六月十六日爲呈請依法登記並懇扣銷曾祠朦登所有權狀由

呈悉據稱各節業經本處致函曾文正公祠董事會查詢眞相一俟函復到處再行核辦仰即知照

此令

兼處長 陳國鈞

兼副處長 孫郯

本期學報正誤表

欄目	頁	行	正	誤
轉載蔣委員長致各省黨部及各縣地方士紳民衆參加抗戰書	二	八	避	僻
同上	二	九	淬	卒
講演孟子大義	一	一	孟子	子孟
同上	一	一二	旨	者
同上	九	六	云	訓
同上	一三	一〇	落子字	
同上	一三	一四	琴張	張琴
講演大學大義	二	五	肯	育
同上	五	六	德	善
同上	五	七	衆	象
同上	五	一〇	朗	朝
講演中庸大義	五	一一	落庸字	
講演尚書大義	一五	一五	落郊字	

同	上	二六	七	落稱子	
同	上	二七	五	濟	齊
專著雁影齋題跋卷四	上	一	六	蘇	在
同	上	一	六	落輿字	
同	上	一	一〇	其	我
文苑詩錄		一四	六	天	大
同	上	一五	八	京	君
同	上	一六	八	鳴	嗎
同	上	一六	一一	脊	脊
同	上	二〇	三	塵	麈
同	上	三三	四	門	門
劄記恆心堂讀書問答	上	二	六	瑞	端
同	上	二	一三	在立	立在
說苑畾字男名錄		二	七	史	曾
同	上	三四	三	者	著

船山學報

第十五期

中華民國[illegible]七年六月戊寅歲夏至日出版

定價表

冊數	每冊	預定全年
定價	四角	一元五角
郵費	照章	

主編者 湘潭周逸

發行者 長沙中山東路 湖南船山學社

印刷者 長春街十八號 松華鉛印工廠

代售處 長沙府正街 魏博文書局 湖南船山學社

图书在版编目(CIP)数据
船山学报/湖南船山学社编．—影印本．—长沙：湖南师范大学出版社，2009.10
ISBN 978-7-5648-0105-2

Ⅰ．船…　Ⅱ．湖…　Ⅲ．哲学社会科学—期刊—汇编—中国—民国　Ⅳ．C55

中国版本图书馆CIP数据核字(2009)第186920号

湖湘文库(甲编)
湖湘文库编辑出版委员会

船山学报（共7册）

编　　辑　［民国］湖南船山学社
资料来源　湖南省图书馆
策划编辑　黄　林
责任编辑　刘苏华
责任校对　邹水杰
整体设计　郭天民
出版发行　湖南师范大学出版社
网　　址　http://press.hunnu.edu.cn
地　　址　长沙市岳麓山
邮　　编　410081
营销部电话　(0731)88873071
经　　销　湖南省新华书店
印　　刷　长沙化勘印刷有限公司
版　　次　2009年10月第1版第1次印刷
开　　本　960×640　1/16
印　　张　333
字　　数　3410000
书　　号　ISBN 978-7-5648-0105-2
全套定价　1508.00元

如有印装质量问题，请与承印厂斢换
厂址：长沙市青园路4号　邮编：410004

ISBN 978-7-5648-0105-2
9 787564 801052 >